# O PODER PÚBLICO BÉLICO
# EM DIREITO INTERNACIONAL:
## O USO DA FORÇA PELAS NAÇÕES UNIDAS
## EM ESPECIAL

# Eduardo Correia Baptista

Professor na Faculdade de Direito da Universidade de Lisboa

# O PODER PÚBLICO BÉLICO
# EM DIREITO INTERNACIONAL:
## O USO DA FORÇA PELAS NAÇÕES UNIDAS
## EM ESPECIAL

Dissertação de Doutoramento
em Ciências Jurídico-Políticas
na Faculdade de Direito
da Universidade de Lisboa

ALMEDINA

| | |
|---|---|
| *TÍTULO:* | O PODER PÚBLICO BÉLICO EM DIREITO INTERNACIONAL |
| *AUTOR:* | EDUARDO CORREIA BAPTISTA (ecbap@bigfoot.com) |
| *EDITOR:* | LIVRARIA ALMEDINA – COIMBRA<br>www.almedina.net |
| *LIVRARIAS:* | LIVRARIA ALMEDINA<br>ARCO DE ALMEDINA, 15<br>TELEF.239 851900<br>FAX. 239 851901<br>3004-509 COIMBRA – PORTUGAL<br>livraria@almedina.net<br><br>LIVRARIA ALMEDINA<br>ARRÁBIDA SHOPPING, LOJA 158<br>PRACETA HENRIQUE MOREIRA<br>AFURADA<br>4400-475 V. N. GAIA – PORTUGAL<br>arrabida@almedina.net<br><br>LIVRARIA ALMEDINA – PORTO<br>R. DE CEUTA, 79<br>TELEF. 22 2059773<br>FAX. 22 2039497<br>4050-191 PORTO – PORTUGAL<br>porto@almedina.net<br><br>EDIÇÕES GLOBO, LDA.<br>RUA S. FILIPE NERY, 37-A (AO RATO)<br>TELEF. 21 3857619<br>FAX: 21 3844661<br>1250-225 LISBOA – PORTUGAL<br>globo@almedina.net<br><br>LIVRARIA ALMEDINA<br>ATRIUM SALDANHA<br>LOJAS 71 A 74<br>PRAÇA DUQUE DE SALDANHA, 1<br>TELEF. 21 3712690<br>atrium@almedina.net<br><br>LIVRARIA ALMEDINA – BRAGA<br>CAMPUS DE GUALTAR<br>UNIVERSIDADE DO MINHO<br>4700-320 BRAGA<br>TELEF. 253 678 822<br>braga@almedina.net |
| *EXECUÇÃO GRÁFICA:* | G.C. – GRÁFICA DE COIMBRA, LDA.<br>PALHEIRA – ASSAFARGE<br>3001-453 COIMBRA<br>Email: producao@graficadecoimbra.pt<br><br>NOVEMBRO, 2003 |
| *DEPÓSITO LEGAL:* | 201669/03 |

# Índice Sistemático

**Parte I**
**Conceito**

**Capítulo I**
**Noção**

# Capítulo II
## Caracterização

**Parte II**
**Regime Jurídico**

**Capítulo I**
**Exercício pelas Nações Unidas**

**B – Uso privado habilitado.**

**α – A habilitação.**

**β – Fundamento.**

### Capítulo II
### Pressupostos e limites

**I – Introdução.**

**II – Pressupostos.**

**Capítulo III**
**Controlo e Responsabilidade**

# Abreviaturas

ABGILJ – Across Borders – Gonzaga International Law Journal (http:/
/www.law.gonzaga.edu/boarders/).
ADI – Anuario de Derecho Internacional.
ADRPILC – Annual Digest and Reports of Public International Law
Cases.
AEDI – Actualité et Droit International (http://www.ridi.org/adi).
AFDI – Annuaire Française de Droit International.
AFLR – Air Force Law Review.
AFP – Agence France Presse.
AHLADI – Anuario Hispano-Luso-Americano de Derecho Interna-
cional.
AIDI – Annuaire de l'Institut de Droit International.
AIW – Amnesty International World Wide Web Site (http://
web.amnesty.org).
AJCL – American Journal of Comparative Law.
AJHR – Australian Journal of Human Rights (http://www.austlii.
edu.au/).
AJICL – Arizona Journal of International and Comparative Law.
AJIL – American Journal of International Law.
AJPIL/OZORV – Austrian Journal of Public and International Law/Österrei-
chische Zeitung für Öffentliches Recht und Völkerrecht.
AL – Army Lawyer.
ALR – Albany Law Review.
ANU – Annuaire des Nations Unies.
AP – The Associated Press.
APYLS – The Avalon Project at the Yale Law School (http://www.yale.
edu/lawweb/avalon/).
APSR – American Political Science Review.
ASDN – Annuaire de la Société des Nations.
ASICL – Annual Survey of International and Comparative Law.
ASIL – American Society of International Law - Proceedings.
ASILI – American Society of International Law Insights (http://
www.asil.org/insights.htm).
ASILN – American Society of International Law Newsletter.

ASQ – Arab Studies Quarterly.
AUILR – American University International Law Review.
AUJILP – American University Journal of International Law and Policy.
AV – Archiv des Völkerrechts.
AYIL – Asian Yearbook of International Law.
BCLR – Boston College Law Review.
BFD – Boletim da Faculdade de Direito de Coimbra.
BG – Boston Globe.
BJIL – Brooklyn Journal of International Law.
BMJ – Boletim do Ministério da Justiça.
BMP – Le bulletin Le Maintien de la paix (http://www.ulaval.ca/iqhei).
BUJIL – Buffalo Journal of International Law.
BUILJ – Boston University International Law Journal.
BWBB – The British War Blue Book – Documents concerning German-Polish Relations and the Outbreak of Hostilities Between Great Britain and Germany on September 3, 1939, London.
BYIL – British Yearbook of International Law.
BYUJPL – Brigham Young University Journal of Public Law.
CALR – California Law Review.
CDSP – Current Digest of the Soviet Press.
CFI – Chronologie des Faits Internationaux d'Intérêt juridique (Michèle Poulain), Annuaire Française de Droit International.
CHRLR – Columbia Human Rights Law Review.
CHJIL – Chicago Journal of International Law.
CI – La Comunità Internazionale – Rivista Trimestrale della Società Italiana per l'Organizzazione Internazionale.
CIA – Conferencias Internacionales Americanas, Recopilación de Tratados y otros Documentos: 1889-1936, Washington, 1936.
CILJ – Cornell International Law Journal.
CJICL – Cardozo Journal of International and Comparative Law.
CJIL – Connecticut Journal of International Law.
CJTL – Columbia Journal of Transnational Law.
CLF – Criminal Law Forum.
CLQ – Cornell Law Quarterly.
CLR – Columbia Law Review.
CMIE – Chronology Of Major International Events From 1931 Through 1943, With Ostensible Reasons Advanced For The Occurrence Thereof, U. S. Government Printing Office, Washington, D.C., 1944.

CNN – CNN Web Site (http://www.cnn.com).

CNUDT – Conférence des Nations Unies sur le Droit des Traités – Première et Deuxième Sessions – Documents Officiels (Documents de la Conférence), New York, 1971 (Doc. A/Conf. 39/11/Add. 2).

CNUSEMT – Conférence des Nations Unies sur la Succession d'États en Matière de Traités (Session de 1977 et Reprise de la Session en 1978), Documents Officiels, New York, 1979.

CPUNRIL – Contemporary Practice of the United States relating to International Law (Sean D. Murphy) – AJIL.

CSM – The Christian Science Monitor.

CUD – Corps Universel Diplomatique du Droit des Gens Contenant un Recueil des Traités d'Alliance, de Paix, de Trêve (Jean du Mont), Amsterdam/Haye, 1726.

CULR – Catholic University Law Review.

CYIL – The Canadian Yearbook of International Law.

CWIHP – Cold War International History Project Web page (http://cwihp.si.edu/working-papers-pre.htm).

CWILJ – California Western International Law Journal.

CWRJIL – Case Western Reserve Journal of International Law.

DAFP – A Decade of American Foreign Policy: Basic Documents, 1941-49, Washington, DC, 1950 (texto em APYLS).

DALJ – Dalhousie Law Journal.

DCLJILP – Detroit College of Law Journal of International Law and Practice.

DD – Democrazia e Diritto.

DDC – Documentação e Direito Comparado.

DDFYB – Diplomatic Documents (1938-1939), "The French Yellow Book", Papers relative to the events and negotiations which preceded the opening of hostilities between Germany on the one hand, and Poland, Great Britain and France on the other, France – Ministry of Foreign Affairs, New York, 1940.

DDP – Digesto delle Discipline Pubblicistiche (Torino).

DIA – Documents on International Affairs (ed. Stephen Heald/London).

DILJ – DePaul International Law Journal.

DJCIL – Duke Journal of Comparative and International Law.

DJIL – Dickinson Journal of International Law.

DJILP – Denver Journal of International Law and Policy.

DLJ – Duke Law Journal.

DLR – Dickinson Law Review.

DRJ – Dispute Resolution Journal.

DT – The Daily Telegraph.

DUNCIO – Documents of the United Nations Conference on International Organization (San Francisco, 1945), London/New York, 1945.

ED – Enciclopedia del Diritto.

EJIL – European Journal of International Law (http://www.ejil.org).

EILR – Emory International Law Review.

FA – Foreign Affairs – An American Quarterly Review.

FFWND – Facts on File - World News Digest.

FILJ – Fordham International Law Journal.

FJIL – Florida Journal of International Law.

FRUS – Foreign Relations of the United States - Diplomatic Papers, Department of State, Washington.

FSULR – Florida State University Law Review.

FT – Financial Times.

GILJ – Georgetown Immigration Law Journal.

GJICL – Georgia Journal of International and Comparative Law.

GLJ – Georgetown Law Journal.

GWLR – The George Washington Law Review.

HALR – Hamline Law Review.

HHRJ – Harvard Human Rights Journal.

HICLR – Hastings International and Comparative Law Review.

HILCB – Harvard International Law Club Bulletin.

HILJ – Harvard International Law Journal.

HJIL – Houston Journal of International Law.

HLJ – Hastings Law Journal.

HLR – Harvard Law Review.

HOLR – Hofstra Law Review.

HRB – Human Rights Brief.

HRQ – Human Rights Quarterly.

HRWW – Human Rights Watch Web Site (http://www.hrw.org).

IA – International Affairs.

ICJW – International Court of Justice Web Site (http://www.icj-cij.org/).

ICLQ – International and Comparative Law Quarterly.

ICRCW – International Committee of the Red Cross World Wide Web Site (http://www.icrc.org/).

IICLR – Indiana International and Comparative Law Review.

IJGLS – Indiana Journal of Global Legal Studies.

IL – International Lawyer.

ILF – International Law FORUM du droit international.

ILJ – Indiana Law Journal.

ILM – International Legal Materials.

ISQ – International Studies Quarterly.

ILSAJICL – ILSA Journal of International and Comparative Law.
      IO – International Organization.
      IP – International Peacekeeping.
    IRPL – International Review of Penal Law/Revue Internationale de Droit Pénal.
    IRRC – International Review of the Red Cross (http://www.icrc.org/eng/review).
      IS – International Security.
    JCSL – Journal of Conflict and Security Law.
    JCWS – Journal of Cold War Studies.
      JDI – Journal du Droit International (Clunet).
     JDW – Jane's Defence Weekly.
     JHA – Journal of Humanitarian Assistance (http://www-jha.sps.cam.ac.uk/).
    JHIL – Journal of the History of International Law.
     JILB – Journal of International Law & Business.
     JILS – Journal of International Legal Studies.
       JP – The Journal of Politics.
      JPR – Journal of Peace Research.
     JTLP – Journal of Transnational Law and Policy.
  KCDHTD – The Kosovo Conflict: A Diplomatic History Through Documents (eds. Philip Auerswald/David Auerswald), Cambridge/The Hague, 2000.
    KJLPP – Kansas Journal of Law & Public Policy.
      KLJ – Kentucky Law Journal.
      LAT – Los Angeles Times.
      LCP – Law and Contemporary Problems.
      LJIL – Leiden Journal of International Law.
  LLAICLJ – Loyola of Los Angeles International & Comparative Law Journal.
    LLALR – Loyola of Los Angeles Law Review.
      LLR – Louisiana Law Review.
      LM – Le Monde.
     LND – League of Nations Documents – United Nations Office (http://www.unog.ch/frames/library/archives/lon/library/docs3.html).
  LNRRAA – League of Nations – Resolutions and Recommendations adopted by the Assembly.
    LNTS – League of Nations, Treaty Series – Publication of Treaties and International Engagements Registered with the Secretariat of the League of Nations.
    MAER – Ministère des Affaires Etrangères – Rambouillet (http://www.france.diplomatie.fr/actual/evenements/rambouillet.gb.html).

MERIA – Middle East Review of International Affairs (http://www.biu.ac.il/SOC/besa/meria/).
MET – The Map of Europe by Treaty (Edward Hertslet), 1875.
MILLR – Military Law Review.
MILR – Minnesota Law Review.
MJIL – Michigan Journal of International Law.
MJILT – Maryland Journal of International Law and Trade.
MLR – Michigan Law Review.
MTDSG – Multilateral Treaties Deposited with the Secretary-General (http://untreaty.un.org/).
NATOW – North Atlantic Treaty Organizations Web Site (http://www.nato.int).
NDJLEPP – Notre Dame Journal of Law, Ethics and Public Policy.
NDLR – Notre Dame Law Review.
NEICLA – New England International and Comparative Law Annual.
NELR – New England Law Review.
NILR – Netherlands International Law Review.
NJIL – Nordic Journal of International Law.
NLR – Naval Law Review.
NRG – Nouveau Recueil Général de Traités et Autres Actes Relatifs aux Rapports de Droit International – ed. G. F. de Martens e outros.
NRT – Nouveau Recueil de Traités, reimp. (George Frédéric Martens), Göttingen.
NSR – Nazi-Soviet Relations, 1939-1941, Documents from the Archives of the German Foreign Office (ed. Raymond J. Sontag/James S. Beddie), Department of State (Publication 3023), Washington, D. C., 1948.
NW – Newsweek.
NYIL – Netherlands Yearbook of International Law.
NYRB – The New York Review of Books (http://www.nybooks.com).
NYUJILP – New York University School of Law Journal of International Law and Politics.
NYLSJICL – New York Law School Journal of International & Comparative Law.
NYULR – New York University Law Review.
NYT – The New York Times.
ODPR – Official Documents concerning Polish-German and Polish-Soviet Relations: 1933-1939. The Polish White Book, London/Melbourne/Ministry for Foreign Affairs of the Republic of Poland.
OJEC – Official Journal of the European Communities.
OLR – Ottawa Law Review.

OSLJ – Ohio State Law Journal.
PILR – Pace International Law Review.
PECHR – Publications of the European Court of Human Rights.
PI – Política Internacional.
PIR – Peacekeeping & International Relations.
PRLPJ – Pacific Rim Law & Policy Journal.
PW – Peace and War: United States Foreign Policy: 1931-1941, Department of State, Washington, 1943.
PYIL – Polish Yearbook of International Law.
QLJ – Queen's Law Journal.
RAGA – Resolutions adopted by the General Assembly.
RDES – Revista de Direito e de Estudos Sociais.
RBDI – Revue Belge de Droit International.
RCIS – Russia And The Commonwealth Of Independent States – Documents, Data, and Analysis (Zbigniew Brzezinski/Paige Sullivan), Armonk/London, 1996.
RDC – Recueil des Cours de la Académie de Droit International (La Haye).
RDGAOR – Resolutions and Decisions Adopted by the General Assembly – General Assembly Official Records.
RDI – Rivista di Diritto Internazionale.
RDILC – Revue de Droit International et de Législation Comparée.
RDISDP – Revue de Droit International, Sciences Diplomatiques et Politiques.
RDSCOR – Resolutions and Decisions Adopted by the Security Council – Security Council Official Records.
REDI – Revista Española de Derecho Internacional.
RFDUL – Revista da Faculdade de Direito da Universidade de Lisboa.
RGDIP – Revue Générale de Droit International Public.
RILC – Report of the International Law Commission.
RIS – Review of International Studies.
RJ – Revista Jurídica (Associação Académica da Faculdade de Direito de Lisboa).
RMTSN – Résumé Mensuel des Travaux de la Société des Nations.
RPSC – Repertoire of the Practice of the Security Council.
RPUNO – Repertory of the Practice of United Nations Organs.
RSC – Report of the Security Council.
RSCCUN – Report of the Special Committee on the Charter of the United Nations and on the Strengthening of the Role of the Organization.
RSSC – Resolutions and Statements of the Security Council.
SAMJ – Strategic Analysis: A Monthly Journal of the IDSA (http://www.idsa-india.org/an-content.htm).

RT  – Recueil des Traités, 2ª ed. (George Frédéric de Martens), Göttingen.
SCOR  – Security Council Official Records.
SD  – Security Dialogue.
SFDI  – Société Française pour le Droit International.
SILJ  – Southern Illinois Law Journal.
SJIL  – Stanford Journal of International Law.
SJILC  – Syracuse Journal of International Law and Commerce.
SLPD  – St. Louis Post-Dispatch.
SLW  – Sierra Leone Web (http://www.sierra-leone.org/).
SNJO  – Société des Nations, Journal Officiel.
SOTLR  – South Texas Law Review.
ST  – Sunday Times.
STLR  – Suffolk Transnational Law Review.
STTLR  – St. Thomas Law Review.
SULR  – Seattle University Law Review.
TE  – The Economist.
TELR  – Tennessee Law Review.
TG  – The Guardian.
TI  – The Independent (London).
TL  – The Transnational Lawyer.
TICLJ  – Temple International and Comparative Law Journal.
TILJ  – Texas International Law Journal.
TIT  – The Irish Times.
TJCIL  – Tulsa Journal of Comparative and International Law.
TJICL  – Tulane Journal of International and Comparative Law.
TJLR  – Thomas Jefferson Law Review.
TLCP  – Transnational Law & Contemporary Problems.
TLR  – Tulane Law Review.
TNI  – The National Interest.
TNR  – The New Republic.
TR  – The Revue (International Commission of Jurists).
TS  – The Toronto Star.
TT  – The Times.
TUNCLS  – Third United Nations Conference on the Law of the Sea, Official Records, United Nations, New York.
TWQ  – Third World Quarterly.
UCDJILP  – University of California Davis Journal of International Law & Policy.
UCLAJILFA  – UCLA Journal of International Law and Foreign Affairs.
UCLR  – University of Chicago Law Review.
UDMLR  – University of Detroit Mercy Law Review.
ULR  – Utah Law Review.

UMLR – University of Miami Law Review.
UNCIOSD – The United Nations Conference on International Organization – Selected Documents, United States, Government Printing Office, Washington, 1946.
UNCM – United Nations and Conflict Monitor (http://www.brad.ac.uk/acad/confres/monitor/index.html).
UNLR – United Nations Law Reports.
UNPR – United Nations Press Release.
UNTS – United Nations, Treaty Series – Treaties and International Agreements Registered or Filed and Recorded with the Secretariat of the United Nations.
UPJIEL – University of Pennsylvania Journal of International Economic Law.
UPLR – University of Pittsburgh Law Review.
UPELR – University of Pennsylvania Law Review.
USAFAJLS – USAFA Journal of Legal Studies.
USDSD – United States Department of State Dispatch (http://www.state.gov/www/publications/dispatch/).
USDSWS – United States Department of State Web Site (http://www.state.gov).
USNWR – U.S. News & World Report.
VJIL – Virginia Journal of International Law.
VJTL – Vanderbilt Journal of Transnational Law.
VLR – Virginia Law Review.
VN – Vereinten Nationen (http://www.dgvn.de/publikationen/).
VS – The Vancouver Sun.
WILJ – Wisconsin International Law Journal.
WJILDR – Willamette Journal of International Law & Dispute Resolution.
WMLR – William and Mary Law Review.
WP – Washington Post.
WPS – World Politics.
WQ – Washington Quarterly.
WUJLP – Washington University Journal of Law & Policy.
XNA – Xinhua News Agency.
YHRDLJ – Yale Human Rights and Development Law Journal.
YILC – Yearbook of the International Law Commission.
YJIL – Yale Journal of International Law.
YLJ – Yale Law Journal.
YUN – Yearbook of the United Nations.
ZAORV – Zeitschrift für Ausländisches Öffentliches Recht und Völkerrecht.
ZV – Zeitschrift für Völkerrecht.

# Preliminares

**1. Objecto.** O presente estudo incide sobre a problemática do poder da Comunidade Internacional para utilizar a força, seja directamente, seja por intermédio de uma entidade internacional por si criada para o efeito. Compreendido fica igualmente o uso da força por Estados ou organizações internacionais/regionais com uma habilitação da Comunidade ou da entidade para tal competente segundo um regime paralelo. Trata-se de situações que se engloba sob a denominação de poder público bélico em sentido amplo. No actual quadro jurídico-internacional, este corresponde ao poder bélico que cabe à Organização das Nações Unidas ou a entidades habilitadas por esta.

Contudo, analisa-se igualmente outros fundamentos, ou alegados fundamentos, para a utilização da força baseados em causas de justificação e de exclusão de responsabilidade. Assim, desde logo, é abordado o uso da força em legítima defesa por uma entidade pública, isto é, criada com tal objectivo pela Comunidade Internacional; actualmente, pelas Nações Unidas. Neste caso, já não se estará perante um exercício do poder público bélico, pois a força é utilizada com base numa causa de exclusão da ilicitude e não enquanto poder que goza de um regime jurídico próprio. Mas se não se trata de um exercício do poder público bélico, ainda deve ser considerado um uso público da força, pelo critério da entidade que juridicamente o exerce.

Mas, por força das ligações entre o poder público bélico e a legítima defesa pública e os fundamentos invocáveis (ou invocados) por outros sujeitos de Direito Internacional Público, igualmente a utilização da força por estes é objecto de análise, sob a denominação de uso privado. Com efeito, este tratamento justifica-se devido ao facto de se integrar no seio do poder público bélico em sentido amplo o denominado uso privado habilitado, isto é, actos bélicos praticados sob controlo privado, mas que foram habilitados publicamente. Depois, igualmente por força da circunstância do exercício do poder público poder precludir ou limitar a utilização da força por outras entidades.

A análise do uso privado da força justifica-se ainda por ser muito difícil interpretar o regime de utilização pública da força sem ter presente o regime da sua utilização pelos Estados ou organizações internacionais. É impossível determinar a natureza e regime do poder público bélico sem conhecer o âmbito da proibição de utilização privada da força. O mesmo se diga em relação ao regime da legítima defesa pública sem conhecer o regime da privada, dos actuais poderes das organizações regionais sem analisar o regime da intervenção privada em conflitos internos ou, em parte, a questão da utilização do poder público bélico com fins humanitários sem abordar previamente as questões ligadas à intervenção humanitária ou mesmo ao resgate armado dos cidadãos no estrangeiro. Porventura, tem sido a especialização da maioria da Doutrina no uso da força pelas Nações Unidas ou, no plano oposto, no uso da força pelos Estados e outras organizações internacionais, que tem impedido o esclarecimento de alguns aspectos do regime do primeiro.

Depois, pela circunstância do poder público ter surgido de forma a tornar viável a proibição do uso privado da força, um risco ou uma violação efectiva desta constitui o primeiro pressuposto do exercício do primeiro. Ora, sem conhecer o seu regime jurídico torna-se difícil de determinar o que seja uma agressão ou uma ruptura da paz.

Deste modo, é necessário concluir que, por força da íntima relação entre o poder público bélico e o uso privado da força, o objecto do presente estudo compreende simplesmente o regime da utilização da força à luz do Direito Internacional, embora concentrado na questão do poder público bélico.

No âmbito do estudo do regime jurídico do poder público bélico compreende-se a sua caracterização, que passa pela demonstração do seu fundamento consuetudinário, a análise do seu titular e da relação que estabelece com os Estados e com a Organização das Nações Unidas, as faculdades que compreende e a sua natureza. Numa segunda parte aborda-se então o seu regime concreto tendo em conta a Carta das Nações Unidas. Este passa pela análise dos seus órgãos competentes para o exercer, seus pressupostos e requisitos, bem como os meios de controlo a que se encontra sujeito e regime da responsabilidade pelo seu abuso.

Outros aspectos conexos, como a mera ameaça do uso da força ou medidas coercivas pacíficas são analogamente abordadas na medida em que tal possa ajudar à compreensão daquele. O mesmo se diga em relação ao poder público geral, de que o poder público bélico é apenas uma das faculdades e que, consequentemente, é igualmente analisado.

**2. Objectivos.** Poder-se-á questionar o interesse da elaboração de mais um estudo sobre um tema, o recurso à força, que é de longe aquele que tem suscitado maior atenção da Doutrina jusinternacionalista. Com efeito, mesmo a questão da utilização da força pela Organização das Nações Unidas foi já objecto de vários estudos de fôlego.

Contudo, segundo se julga, a leitura das mais destacadas obras sobre a questão deixa ainda por resolver vários problemas importantes.

Assim, primeiramente, a elaboração técnica da figura do poder público bélico tem sido insuficiente, em particular a problemática do seu carácter costumeiro. Esta coloca questões como a relação que se estabelece entre o uso da força sob direcção ou habilitação das Nações Unidas e a norma internacional costumeira, e convencional, que proíbe o uso privado da força; isto é, se a Comunidade Internacional, ou uma entidade por esta criada com poderes bélicos, se encontra igualmente sujeita a esta, e o seu poder bélico constitui uma causa de justificação própria, ou se, simplesmente, não se encontra abrangida por aquela norma. Ou a da forma de compatibilizar, em qualquer daqueles casos, esta figura, com clara base na Carta das Nações Unidas, com o Direito Costumeiro *iuris cogentis* sobre a matéria que veda aos Estados e organizações a utilização da força nas relações internacionais. A serem incompatíveis, o próprio artigo 42 da Carta seria inválido, o que, claro está, não faz sentido. A resposta a estas, e outras questões, tem importância quanto a aspectos como os limites, e logo o controlo das decisões, ou a responsabilidade que o exercício ilícito do poder público bélico pode implicar.

As relações entre o poder público bélico em sentido estrito, portanto aquele que é dirigido publicamente, e o uso privado habilitado são mais uma fonte de problemas complexos e que se julga merecerem maior atenção. Assim, para lá de alguma Doutrina continuar a analisar alguns fundamentos para o uso privado da força como excepções à proibição do recurso à força, e não causas de justificação ou eventualmente de exclusão de responsabilidade, a própria existência de algumas destas causas é controversa. Trata-se de debate em que se entra por, como ficou escrito, se considerar que constitui um pressuposto para a análise do regime do poder público bélico e do uso público da força em geral. Também integra os objectivos do presente estudo a tentativa de esclarecer diversas outras questões, como a subsidiariedade do uso privado perante o uso público, as suas fronteiras ou os efeitos do fim do estado de guerra, enquanto situação jurídica novatória, sobre os diversos usos da força.

Os problemas da ligação do recurso à força à Responsabilidade Internacional não se ficam por aqui. Uma série de questões relacionadas com o seu regime em geral merecem atenção, especialmente em relação a actos das Nações Unidas: a responsabilidade por meros incentivos e pelas habilitações nas suas diferentes formas, bem como os efeitos desta sobre os Estados membros, entre outros.

Sendo a norma que proíbe o uso privado da força a mais importante norma internacional vigente são enormes os problemas que coloca, estando muitos destes ainda por ser resolvidos e, seguramente, mesmo por ser descobertos. Tal nada tem de surpreendente. A proibição limitada de recorrer à força entre entidades independentes, segundo se julga, existe há séculos, pelo menos no Direito Internacional regional europeu. Mas a proibição completa, à luz do Direito Internacional Costumeiro, mesmo entre Estados, é recente; tem menos de 50 anos. Em tão curto espaço de tempo não seria de esperar que o panorama fosse diferente. Acresce que durante este período se tem encontrado sob fogo contínuo de práticas contrárias que colocam delicados problemas. Levantam, designadamente, o problema de saber se estas práticas não provocaram uma diminuição da eficácia jurídica da norma internacional que proíbe a utilização privada da força; isto é, se não terão surgido normas costumeiras que excluem a ilicitude ou responsabilidade de alguns dos seus incumprimentos.

No plano da realidade internacional, com o fim da chamada Guerra-fria, a última década do século XX, em termos de utilização da força, ficou marcada pelo ressurgimento do poder público bélico, particularmente sob a forma de uso privado habilitado, mas igualmente no seu sentido mais restrito e próprio de uso coercivo da força pelas Nações Unidas. Uma simples análise do aumento de produção jurídica pelo Conselho de Segurança e dos seus actos que invocam o Capítulo VII da Carta facilmente o confirma. Este maior protagonismo da mais poderosa organização internacional parece, pois, justificar igualmente outro renovado olhar sobre as suas competências e modo do seu exercício.

**3. Sistematização.** O presente estudo encontra-se dividido em duas partes. A primeira incide sobre o conceito do poder público bélico, isto é, aspectos do seu regime que integram o núcleo que o caracteriza e diferencia perante outras figuras. Esta compreende um primeiro capítulo sobre a sua definição e diferenciação de outras figuras, incluindo as diversas formas de uso privado da força, cujo regime fica igualmente explanado. Segue-se um segundo capítulo que procura caracterizar a figura, que passa pela análise da sua Fonte Jurídica, da sua titularidade, do seu âmbito e da sua natureza à luz do Direito Internacional Costumeiro.

Na segunda parte aborda-se o regime jurídico do poder público bélico em sentido amplo, tendo em conta não apenas o regime consuetudinário, mas em particular o decorrente da Carta das Nações Unidas. Nesta analisa-se as entidades competentes à luz da Carta e os pressupostos e limites a que o poder público em sentido estrito e o uso privado habilitado da força se encontram sujeitos. Bem como, seguidamente, os meios de controlo do respeito deste regime e a responsabilidade pela sua violação.

# Parte I
## Conceito

## Capítulo I
### Noção

**I – Definição.**

**4. Público e Privado em Direito Internacional Público.** Em Direito Internacional Público, considera-se que o termo público deve ser reservado para denominar situações e figuras próprias da Comunidade Internacional e não as que cabem a cada um dos Estados individualmente ou agrupados restritamente. Em relação a cada um destes últimos utiliza-se antes o termo privado. É neste sentido que se emprega o termo interesse público como sinónimo de interesse da Comunidade Internacional[1] ou o de poder público bélico como sinónimo de um poder de uso da força de que é titular esta Comunidade.

Com efeito, tal como nas comunidades estaduais cada indivíduo tem a sua esfera privada que se contrapõe ao domínio público, também na

---

[1] Esta terminologia é utilizada em sentido paralelo por alguma Doutrina: Pierre-Marie Dupuy, *Action Public et Crime International de l'État: a Propos de l'article 19 du Projet de la Commission du Droit International sur la Responsabilité des États*, AFDI, vol. XXV, 1979, pág. 539-554, na pág. 548-551 e em *Observations sur le Crime International de l'État*, RGDIP, tome 84, 1980, n. 2, pág. 449-486, na pág. 481-483; Giuseppe Barile, *Obligationes Erga Omnes e Individui nel Diritto Internazionale Umanitario*, RDI, vol. LXVIII, 1985, n. 1, pág. 5-31; Bruno Simma, *Does the UN Charter Provide an Adequate Legal Basis for Individual or Collective Responses to Violations of Obligations Erga Omnes*, em *The Future of International Law Enforcement, New Scenarios – New Law* (ed. Jost Delbrück), Berlin, 1992, pág. 125-146, na pág. 129 e 135-136 (embora coloque a ênfase na dimensão autoritária do "público" e não no aspecto comunitário); Claudia Annacker, *The Legal Régime of Erga Omnes Obligations in International Law*, AJPIL/OZORV, vol. 46, 1994, pág. 131-166 e em *Die Durchsetzung von erga omnes Verpflichtungen vor dem Internationalem Gerichtshof*, Hamburg, 1994, pág. 53.

Comunidade Internacional cada Estado surge como um indivíduo perante a colectividade, dotado da sua esfera própria. Os seus interesses, e os seus direitos em geral, integram, pois, uma esfera privada, enquanto domínio que se contrapõe e, por vezes, se opõe ao da colectividade ou esfera pública. Do mesmo modo, a sua actuação deve ser considerada uma actuação privada. Esta não se confunde, claro está, com a actuação de meros indivíduos e entidades colectivas criadas por estes, para a qual se reserva o termo de actividades de particulares.

Assim, o domínio próprio e acção de cada Estado estão sujeitos a uma dupla perspectiva: a internacional, em que surge como um mero domínio e acção privados; e a perspectiva interna, em que assume natureza pública perante os interesses particulares das pessoas sujeitas à sua jurisdição.

**5. Poder público bélico e uso público da força.** De idêntica forma, o uso da força, da perspectiva internacional, pode ser qualificado como público ou privado em função do facto de ser, respectivamente, um uso comunitário internacional ou um uso não comunitário (por exemplo, estadual) da força. Necessário se torna, porém, identificar o elemento que permite caracterizar como comunitário/público um emprego da força, de forma a o distinguir do uso estadual ou, em geral, privado, já que o seu regime jurídico é bastante diferente.

Em Direito interno, regra geral, a diferenciação é relativamente simples e prende-se com a natureza dos intervenientes. Se se está perante um uso da força da responsabilidade de indivíduos que têm um vínculo permanente ao Estado ou outra entidade de Direito Público, não restam dúvidas de que se trata de uma utilização pública. Só em situações excepcionais, como quando existe um recurso temporário a indivíduos sem ligação estável ao Estado, este critério se revela insuficiente.

Na Comunidade Internacional só de forma excepcional e muito restrita existem Forças estritamente públicas[2]. Na constituição de forças internacionais, máxime, das Nações Unidas, a grande maioria dos seus efectivos integram contingentes, organizados nacionalmente, fornecidos pelos Estados membros; característica que apenas permite qualificar o seu estatuto como misto[3], ainda que para efeitos externos se trate de forças das Nações Unidas;

---

[2] Ver, *infra*, sobre a Força de segurança das Nações Unidas, parág. 58.4.

[3] Sobre a relevância jurídica deste estatuto em matéria de regime e disciplina militar, bem como de quase codirecção da força pelos Estados participantes, ver, *infra*, parág. 58.4, 100.1 e 53.

isto é, sob comando desta organização e cujos actos lhe são imputados[4]. Ainda assim, a intervenção destas forças mistas não é obstáculo a que se qualifique como uso público da força. Este critério do vínculo permanente não é, pois, viável.

A decisão quanto ao recurso à força revela-se um critério mais operacional, mas ainda insuficiente. Assim, se se estiver perante uma decisão exclusivamente estadual, não restam dúvidas que se estará perante um uso privado. Já se a decisão couber à Comunidade Internacional, ou a uma entidade por esta constituída (máxime, as Nações Unidas por meio do seu órgão Conselho de Segurança), estar-se-á fora do domínio estritamente privado, pois houve uma intervenção decisiva com natureza pública. Resta saber como qualificar uma situação desta espécie, em que a intervenção pública se limite a uma habilitação, que não é acompanhada de qualquer modo efectivo de direcção pública da sua execução.

A decisão foi pública, mas são executados sob comando militar privado, máxime, de um ou alguns Estados ou de uma organização intergovernamental. A decisão pública de habilitação claramente constitui um exercício do poder público bélico. Trata-se de uma decisão política de que a força pode ser utilizada. Segundo se julga, o exercício efectivo da força pelas entidades privadas habilitadas deve ser integrada no sentido amplo de poder público bélico, mas deve ser excluída do seu sentido estrito. Constitui um uso da força que se denomina uso privado habilitado. Integra o poder público bélico em sentido amplo pela circunstância de se basear numa decisão pública constitutiva quanto ao recurso à força e, portanto, se exercer ainda no âmbito do regime público do uso da força, que neste caso cria uma excepção específica ao regime privado deste[5]. Mas encontra-se excluído do seu sentido estrito pelo facto de a utilização efectiva da força ser realizada sob comando puramente privado[6]. Isto é, é a entidade, ou entidades privadas, que dirigem e se responsabilizam por todas as decisões militares e logísticas.

Ou seja, o critério a utilizar para distinguir o poder público bélico de outras utilizações da força inclui o da natureza da entidade que tomou a

---

[4] Ver, *infra*, parág. 54.1.

[5] Ver, sobre a sua natureza, *infra*, parág. 38-39 e 71.

[6] Sobre a noção de uso privado habilitado, ver, *infra*, parág. 9 e, sobre o seu regime, parág. 70-73. Os casos mais frequentes têm sido acções militares levadas a cabo por um ou alguns Estados, sob comando supremo de um ou em estreita cooperação puramente estadual, com base numa habilitação do Conselho de Segurança. Exemplos paradigmáticos foram as operações no Conflito Coreano e no Conflito do Golfo de 1991 (ver sobre esta prática, *infra*, parág. 75.3).

decisão quanto ao recurso à força, mas sobretudo o critério da entidade que dirige e controla o exercício da força.

Esclarecido este ponto, resta acrescentar um elemento adicional: uso público da força não se identifica com a figura do poder público bélico. Ambos integram o objecto de análise adoptado, mas têm natureza e âmbito distintos. No uso público da força, o elemento identificador é a entidade que dirige o seu exercício, que tem de ser pública. Isto é, compreende todo e qualquer uso da força dirigido publicamente. Na segunda, o elemento essencial é existir um acto do poder público internacional. A força é utilizada com base num acto de autoridade constitutivo da autoria de uma entidade pública, mesmo que (no sentido amplo de poder público bélico, que abrange o uso privado habilitado) depois seja exercida sob direcção privada. Neste último caso, este acto de autoridade constitutivo altera a situação jurídica dos Estados ou organização regional, seja o da entidade alvo do uso da força, seja mesmo marginalmente de todos os restantes Estados e outras entidades. Irá levar a um uso da força à luz de um regime específico que se encontra em contradição com o regime do uso privado desta.

Assim, o chamado uso privado habilitado integra o poder público bélico em sentido amplo, mas não é uso público, por ser dirigido por entidades privadas, daí a denominação de uso privado habilitado. Por outro lado, o uso da força em legítima defesa por uma Força internacional comandada publicamente (isto é, no actual quadro decorrente da Carta das Nações Unidas, uma Força desta organização), também não é tecnicamente um exercício do poder público bélico, pois baseia-se numa causa de exclusão da ilicitude. O seu regime jurídico será o da legítima defesa pública e não a do poder público bélico[7]. Mas integra a noção de uso público da força por ser exercida sob comando público.

Deste modo, em sentido estrito, entende-se por poder público bélico a decisão quanto ao uso da força e a sua efectiva utilização sob comando público (isto é, actualmente, das Nações Unidas) com base numa faculdade bélica independente de qualquer causa de justificação. Contudo, tendo presente as semelhanças de natureza e regime jurídico, aceita-se um poder público bélico em sentido amplo. Este compreende ainda o uso privado da força com base numa mera habilitação pública, sem que seja acompanhada de um efectivo controlo público; isto é, o uso privado habilitado.

---

[7] Ver, *infra*, sobre a natureza do poder público bélico, parág. 38-39; e sobre a legítima defesa pública, parág. 6 e 51.

Esquematicamente, poder-se-á dizer que o poder público bélico em sentido amplo compreende o poder público bélico em sentido estrito e o uso privado habilitado. Em todos existe uma decisão pública, mas só no primeiro existe uma direcção pública, pois no segundo esta é privada, máxime, estadual ou da responsabilidade de uma organização intergovernamental. Quando não for especificado, utilizar-se-á o termo poder público bélico para designar o seu sentido estrito e não o amplo.

Lado a lado com esta classificação, encontra-se a distinção entre uso público e uso privado da força, em função do comando ser (actualmente) das Nações Unidas ou de Estados/organizações internacionais, que inclui no primeiro o poder público bélico em sentido estrito e a legítima defesa pública, mas que relega para o segundo o uso privado habilitado e todas as restantes formas de uso da força sob comando privado.

Dentro do poder público bélico é ainda possível distinguir entre o originário e o derivado, em função de a decisão pública de recurso à força caber directamente à Comunidade Internacional, formal ou materialmente, ou caber a uma entidade por esta criada para o efeito. No actual quadro jurídico vigente, dominado pelas Nações Unidas, integraria o primeiro um exercício do poder público bélico decidido pela Assembleia Geral[8]; no seio do segundo cabe uma utilização deste decidida pelo Conselho de Segurança, seja esta depois executada sob comando das Nações Unidas, seja (no seu sentido amplo) levada a cabo por Estados ou organizações intergovernamentais[9].

---

[8] Tal, contudo, não se afigura legítimo à luz do actual regime vigente; ver, *infra*, parág. 44-45.

[9] Ver, *infra*, parág. 46 e segs..

## II – Figuras afins.

**6. Legítima defesa pública.** Referiu-se já algumas noções próximas da principal figura em análise. Cabe agora precisá-las melhor, sem prejuízo de análise posterior do seu regime, começando pela que ficou denominada legítima defesa pública; isto é, a realizada por membros de uma Força dirigida publicamente; no presente quadro jurídico, uma Força das Nações Unidas, contra uma agressão[10] ilícita e actual (incluindo as iminentes).

Teoricamente, a distinção entre o poder público bélico e a legítima defesa pública é simples, porém, na realidade nem sempre o será. A legítima defesa pública é baseada numa causa de justificação. Já o poder público bélico, como se procurará demonstrar[11], não se baseia numa causa de justificação. Este não visa defender a Força das Nações Unidas, mas sim levar a cabo os seus objectivos pelo recurso à força se tal se revelar necessário e proporcionado. Mas ambas as figuras integram a noção de uso público da força.

Mas a legítima defesa pública também não se limita a servir para a protecção física da Força. Esta pode visar a protecção de terceiros e mesmo ter por objectivo a manutenção das condições necessárias à execução do mandato da Força.

Especialmente esta figura da legítima defesa para levar a cabo o mandato[12] torna a distinção em relação ao poder público bélico mais com-

---

[10] E não necessariamente um ataque armado, ver, *infra*, parág. 51.

[11] Ver, *infra*, parág. 39.

[12] Trata-se de uma figura frequente na prática das Nações Unidas. Assim, o Conselho de Segurança, na sua Resolução 467 (1980), de 24 de Abril (texto em RDSCOR, 1980, pág. 7-8), a propósito da UNIFIL, afirmou no seu preâmbulo: "(d) That "self-defence would include resistance to attempts by forceful means to prevent it from discharging its duties under the mandate of the Security Council"". Esta posição seria reafirmada na Resolução 488 (1981), de 19 de Junho (texto em RDSCOR, 1981, pág. 3-4), preâmbulo; Resolução 498 (1981), de 21 de Dezembro (texto em RDSCOR, 1981, pág. 6-7), parág. 5; e Resolução 501 (1982), de 25 de Fevereiro, parág. 3 (texto em RDSCOR, 1982, pág. 2-3).

Posteriormente, um caso que seria exemplar de extensão ao limite da legítima defesa pública seria o da Resolução 836 (1993), de 4 de Junho (texto em RDSCOR, 1993, pág. 13-

plexa. Nesta situação, a Força internacional utiliza meios bélicos para impedir que o cumprimento do seu mandato seja colocado em causa; por exemplo, para garantir a sua liberdade de circulação ou as posições que ocupa[13]. Mas

---

14), que depois de, no parág. 5, ter alargado o âmbito do mandato da UNPROFOR na Bósnia--Herzegovina de modo a fazer cessar os ataques às áreas de segurança criadas pela sua Resolução 824, dispõe no parág. 9: "Authorizes UNPROFOR, in addition to the mandate defined in resolutions 770 (1992) of 13 August 1992 and 776 (1992), in carrying out the mandate defined in paragraph 5 above, acting in self-defence, to take the necessary measures, including the use of force, in reply to bombardments against the safe areas by any of the parties or to armed incursion into them or in the event of any deliberate obstruction in or around those areas to the **freedom of movement** of UNPROFOR or of protected humanitarian convoys". Sublinhe-se, contudo, que alguns aspectos desta delegação de poderes não podiam ser considerados como mera legítima defesa, já que, com excepção de Srebrenica, que foi desmilitarizada, as restantes zonas seguras tinham sido impostas aos sérvios bósnios (ver, *infra*, parág. 67). Já o uso da força para garantir a segurança de comboios humanitários contra ataques, numa legítima defesa de terceiros, ou a sua própria segurança e liberdade de movimentos, compreendia-se dentro do âmbito da legítima defesa pública. Mas já não seria possível ir mais longe. Se fosse permitido usar a força para levar à retirada dos grupos rebeldes ou para os desarmar, já se trataria de um exercício do poder público bélico. Também, por exemplo, é um caso claro de legítima defesa, aliás com expressa qualificação, o da resolução 871 (1993) de 4 de Outubro (texto em RDSCOR, 1993, pág. 26-27), parág. 9 ("Authorizes UNPROFOR, in carrying out its mandate in the Republic of Croatia, acting in self-defence, to take the necessary measures, including the use of force, to ensure its security and its freedom of movement").

Igualmente a Resolução 918 (1994), de 17 de Maio (texto em RDSCOR, 1994, pág. 6), Parte A, parág. 4 ("Recognizes that UNAMIR may be required to take action in self-defence against persons or groups who threaten protected sites and populations, United Nations and other humanitarian personnel or the means of delivery and distribution of humanitarian relief"); Resolução 925 (1994), de 8 de Junho (texto em RDSCOR, 1994, pág. 8), parág. 5 (idêntico, em relação à UNAMIR no Ruanda). Refira-se ainda, por exemplo, a Resolução 1270 (1999), de 22 de Outubro (texto em RSSC, 1999, pág. 68-71), que cria a UNAMSIL na Serra Leoa, afirma no parág. 14: "Acting under Chapter VII of the Charter of the United Nations, decides that in the discharge of its mandate UNAMSIL may take the necessary action to ensure the security and freedom of movement of its personnel and, within its capabilities and areas of deployment, to afford protection to civilians under imminent threat of physical violence, taking into account the responsibilities of the Government of Sierra Leone and ECOMOG".

[13] Trata-se de uma figura há muito identificada pela Doutrina e delimitada perante a mera legítima defesa própria: John W. Halderman, *Legal Basis for United Nations Armed Forces*, AJIL, vol. 56, 1962, pág. 971-996, na pág. 979; D. W. Bowett, *United Nations Forces. A Legal Study of United Nations Practice*, Stevens, London, 1964, pág. 278-279; Oscar Schachter, *Uses of Law in International Peace-Keeping*, VLR, Vol. 50, 1964, pág. 1096-1114, na pág. 1112; Mona Gagnon, *Peace Forces and the Veto. The Relevance of Consent*, IO, Vol. 21, No. 4, 1967, pág. 812-836, na pág. 835; Olivier Corten/Pierre Klein, *Action Humanitaire et Chapitre VII*, AFDI, XXXIX, 1993, pág. 105 e segs., na pág. 121-122 e 124-125;

se o seu mandato visar uma alteração da situação de facto criada militarmente contra a vontade de uma das partes, a sua execução pressupõe que lhe tenham sido atribuídos poderes públicos bélicos, não se estando já perante legítima defesa. Daí a importância de determinar o mandato da força[14].

Os elementos distintivos no poder público bélico são que exista uma delegação para o uso da força para levar a cabo o mandato numa situação em que a parte prejudicada não aceitou o fim visado por este ou, por vezes, nem sequer a presença da Força. Ou em que foi aceite, mas o mandato compreende a execução dos termos aceites pela força, se necessário. E em que a situação de facto é de ordem a que a obtenção do fim visado pela Força apenas possa ser concretizada por via bélica, independentemente de qualquer actuação activa da parte contrária. Já na legítima defesa para levar a cabo o mandato, o uso da força só será necessário se a parte contrária adoptar alguma conduta activa contra a execução daquele. Aqui a legítima defesa exerce-se por uma actividade reactiva contra alguma actuação activa, enquanto o poder público bélico será um uso activo da força para alterar um estado de coisas, mesmo contra uma mera resistência passiva.

A faculdade de usar a legítima defesa para garantir o exercício do mandato deve ser delegada nos membros da Força, mas não necessita de o ser expressamente, podendo decorrer implicitamente da forma como lhe foi atribuído o mandato e termos deste[15]. Por maioria de razão, a legítima defesa pública para a protecção da Força contra actos das partes beligerantes não necessita de qualquer habilitação. Esta figura, por um lado, ainda tem um fundamento último na legítima defesa pessoal dos membros da Força e, depois, deve considerar-se como um direito atribuído pelo Direito Costumeiro de que gozam não apenas os Estados, mas também as organizações internacionais[16].

---

L. William Heinrich Jr./Akiho Shibata/Yoshihide Soeya, *UN Peace-Keeping Operations: a Guide to Japanese Policies*, Tokyo/New York/Paris, 1999, pág. 95.

[11] Alguns casos concretos de distinção complexa entre a legítima defesa pública e o poder público bélico são analisados a propósito dos poderes da ONUC (ver, *infra*, parág. 64), da UNPROFOR (ver, *infra*, parág. 67) e da UNAMSIL (ver, *infra*, parág. 68).

[15] Como afirma o Secretário-Geral, os membros de forças de manutenção da paz estão "authorized to use its weapons only in self-defence, though this is understood to include resistance to attempts by forceful means to prevent it from discharging its duties under the mandate given to it by the Security Council" [cfr. *Requirements for United Nations peace-keeping operations – Report of the Secretary-General* (UN Doc. A/45/217, 8 May 1990), pág. 4, parág. 13].

[16] Ver, *infra*, parág. 51.

**7. Legítima defesa pessoal.** Diferente da legítima defesa pública é a legítima defesa pessoal dos membros da Força, enquanto indivíduos. Esta é exercida por qualquer um destes para se defender pessoalmente contra uma agressão ilícita, contra a sua pessoa ou propriedade ou de terceiro.

A primeira questão que esta figura coloca é a de determinar se faz sentido falar num direito de legítima defesa pessoal reconhecido pelo Direito Internacional aos membros de uma Força das Nações Unidas em todos os casos. Com efeito, apenas é possível falar num direito de legítima defesa pessoal, ou outro, contra actos ilícitos. A simples invocação do direito à vida ou outros direitos humanos nem sempre será base suficiente[17]. É que, como princípio, embora com diversas excepções, os direitos humanos internacionais não produzem efeitos *erga omnes* individuais, isto é, não são oponíveis a outros indivíduos, mas apenas aos Estados e outras entidades que exerçam poderes públicos internos[18]. É esta circunstância que explica a escassez de consagrações da legítima defesa pessoal em Direito Internacional[19]. Ora, em algumas situações, os responsáveis pela agressão podem ser meros indivíduos; para se falar em legítima defesa ter-se-á de demonstrar que estes estão a praticar actos ilícitos contra o membro ou membros da força ao os agredir[20].

---

[17] Como faz: Dale Stephens, *Rules of Engagement and the Concept of Unit Self Defense*, NLR, Vol. 45, 1998, pág. 126-151, na pág.147-148. Este direito à vida poderá, porém, ser limite contra o próprio Estado, proibindo determinado tipo de ordens que se revelem suicidas, como bem refere o autor.

[18] Ver, *infra*, parág. 15.2.

[19] Assim, a Declaração Universal dos Direitos Humanos (aprovada pela Assembleia Geral pela sua Resolução 217 A (III) de 10 Dezembro de 1948: texto em RDGAOR, 3th session, 1948, pág. 71-77) vai ao ponto de consagrar o direito de resistência no seu preâmbulo ("if man is not to be compelled to have recourse, as a last resort, to rebellion against tyranny and oppression"), mas não contém qualquer referência à legítima defesa pessoal. O mesmo se diga do Pacto Internacional dos Direitos Civis e Políticos de 19 de Dezembro de 1966 (texto em UNTS, vol. 999, 1976, n. 14668, pág. 171-346, na pág. 172-186: inglês).

[20] Estando-se perante actos de exércitos estaduais, os actos individuais de cada militar do Estado agressor serão ilícitos enquanto actos do Estado. Não já como actos individuais, visto que não existe responsabilidade individual por agressão internacional. Recorde-se que os julgamentos de Nuremberga e Tóquio apenas consagraram responsabilidade por crimes contra a paz em relação a oficiais superiores. Igualmente o crime de agressão previsto no artigo 16 do Projecto de Código de Crimes contra a Paz e Segurança da Humanidade da Comissão de Direito Internacional restringia a responsabilidade penal a "An individual who, as leader or organizer, actively participates in or orders the planning, preparation, initiation or waging of aggression committed by a State" (texto em RILC, 1996, Chapter II e comentário, parág. 2) (também neste sentido: Quincy Wright, *Prevention of Aggression*, AJIL, vol. 50, n.º 3, 1956, pág. 514-532, na pág. 522; Rachel Peirce, *The Definition Of The Crime Of*

O que significa que apenas faz sentido defender a existência desta figura oponível *erga omnes*, mesmo contra indivíduos, se existir uma proibição individual de realizar ataques contra membros de Forças das Nações Unidas.

Mas, na realidade, o Direito Internacional Humanitário convencional estendeu a estas forças a imunidade contra actos bélicos e mesmo actos individuais de que gozam os civis, pelo menos enquanto estas mantiverem o seu estatuto de Forças de manutenção de paz, tendo este regime actualmente base igualmente no Direito Internacional Costumeiro[21]. Deste modo, pode-se concluir que o Direito Internacional Costumeiro reconhece aos membros de Forças internacionais (pelo menos de manutenção da paz), bem como aos de organismos humanitários, o direito de legítima defesa pessoal não apenas em relação a acções das partes beligerantes, como em relação a indivíduos, independentemente sequer de existir qualquer conflito armado aberto. Será sempre lícito o exercício da legítima defesa à luz deste Ordenamento e não apenas à luz de eventuais normas internas[22].

---

*Aggression And International Criminal Court*, BYUJPL, Vol. 15, 2001, pág. 281-299, na pág. 289). Ainda que o crime de agressão venha a ser julgado pelo Tribunal Penal Internacional, este deve ser igualmente aplicado apenas nestas circunstâncias. A possibilidade de militares subalternos realizarem um juízo jurídico sobre a licitude de uma acção militar (juízo que raramente é consensual, mesmo entre os especialistas na questão) e se recusarem a cumprir ordens é ilusória no actual quadro jurídico e político das relações internacionais.

[21] Ver, *infra*, a propósito da responsabilidade por actos contra as Nações Unidas, parág. 102.

[22] Trata-se de regime que decorre do artigo 21 da Convenção sobre Segurança do Pessoal das Nações Unidas e Associado (adoptada pela Resolução 49/59, de 9 de Dezembro de 1994, da Assembleia Geral; texto em RDGAOR, 49th Session, 1994, Vol. I, pág. 299, que contém o texto em anexo) ("Nothing in this Convention shall be construed so as to derogate from the right to act in self-defence"), que parece ser suficientemente amplo para abranger não apenas a legítima defesa pública, mas igualmente a legítima defesa pessoal dos membros da Força.

Mais claro, o Estatuto de Roma do Tribunal Penal Internacional de 17 de Julho de 1998 (texto em Doc. A/CONF.183/9, de 17 de Julho de 1998; rectificado designadamente por instrumentos de 10 de Novembro de 1998 e 12 de Julho de 1999), no seu artigo 31, al. c), consagra a legítima defesa pessoal como uma causa de exclusão de responsabilidade criminal. De facto, não se trata da legítima defesa ou auto-tutela defensiva privada, pois a parte final do preceito esclarece que não basta estar-se no exercício de uma operação militar de defesa para que o preceito possa ser invocado. Tal não faria sentido, já que o Direito Internacional Humanitário vincula mesmo o exercício da legítima defesa e trata-se de procurar justificar actos que violam gravemente este Direito. Está, pois, em causa sim a defesa de direitos individuais. Apenas no caso de o acto contra o qual se reage constituir um crime de guerra contra a propriedade de um Estado ou organização internacional se poderá considerar que já existe uma legítima defesa deste Estado ou organização em defesa desta. Neste caso está-se

A aplicação da legítima defesa pessoal a forças de imposição da paz, que nem sempre gozam desta protecção[23], já tem de se basear em diferentes fundamentos. Por terem sido estabelecidas unilateralmente, com base numa decisão baseada necessariamente no Capítulo VII, o fundamento da ilicitude dos ataques contra esta poderá ser exclusivamente a Carta e os poderes vinculativos que atribui ao Conselho de Segurança. Nos casos em que as partes tenham aceite por tratado estes poderes da Força, o fundamento da ilicitude já será igualmente internacional, com base neste tratado. De facto, o tratado, tal como a decisão do Conselho, vinculará todos os indivíduos sujeitos à jurisdição das partes[24].

O regime da legítima defesa pessoal não é tão liberal como o aplicável à legítima defesa pública, máxime, quanto a acções preemptivas. Mas é menos rigoroso do que o da legítima defesa privada[25]. Assim, também não é necessário verificar-se um ataque armado para que possa ser exercida, ao contrário do que se passa na privada. É esta coincidência parcial de regime que coloca a questão de saber se a legítima defesa pessoal terá alguma autonomia em relação à legítima defesa pública (ou privada). Se um ou dois membros de uma Força das Nações Unidas são agredidos por alguns civis devido a uma querela, claramente, podem defender-se ainda que a agressão não seja armada e parta de dois ou três indivíduos que nada têm a ver com as partes beligerantes. Mas em rigor não estão a utilizar a legítima defesa pessoal. Por estarem no exercício das suas funções, a sua acção é ainda uma actuação da Força; portanto, uma actuação pública e só secundariamente pessoal.

---

perante uma consagração de uma figura de defesa ilegal (já que viola regras do Direito Humanitário aplicável que podem ter dado lugar a uma acusação criminal) contra actos que constituem crimes de guerra.

O problema que o preceito coloca é que exige que a actuação contra a qual se reagiu em violação do Direito Humanitário seja ilícita. Ora, em conflitos internos tal actuação só será ilícita internacionalmente se existir uma violação do Direito Internacional Humanitário. Um rebelde que tenta atingir um soldado governamental não pratica um acto ilícito internacional (mas apenas à luz do Direito interno que, para estes efeitos, é irrelevante). Deste modo, em conflitos internos nem se pode falar em legítima defesa, mas num mero estado de necessidade defensivo. A exigência de que o acto seja ilícito tem de ser interpretada tendo em conta esta particularidade dos conflitos internos. Apenas num conflito internacional se pode considerar que os actos dos soldados do Estado agressor são actos ilícitos, embora mesmo aqui, como ficou escrito, apenas enquanto actos do Estado e não dos militares como indivíduos.

[23] Ver, *infra*, parág. 102.
[24] Ver, *infra*, parág. 20.5.
[25] Sobre esta, ver, *infra*, parág. 12.

Assim, a legítima defesa pessoal apenas terá autonomia em situações em que os membros da Força actuem fora das suas funções, enquanto meros indivíduos. Nestas situações, o princípio geral estabelece que sendo a acção levada a cabo pelo indivíduo a título privado, esta, ainda que ilícita, não dará lugar a responsabilidade da pessoa colectiva de que seja órgão[26]. No entanto, no que diz respeito a forças armadas, a regra costumeira vigente é a de que o Estado é responsável por todos os actos praticados por membros destas, ainda que a título privado[27]. Ora, faz todo o sentido aplicar esta

---

[26] O artigo 4 do Projecto sobre Responsabilidade dos Estados aprovado definitivamente pela Comissão de Direito Internacional em 2001 (texto em RILC, 53rd Session, 2001, UN Doc. A/56/10, Chapter IV, pág. 43-59) estipula a este propósito: "The conduct of any State organ shall be considered an act of that State under international law, whether the organ exercises legislative, executive, judicial or any other functions, whatever position it holds in the organization of the State, and whatever its character as an organ of the central government or of a territorial unit of the State". Do facto de se fazer referência ao exercício de funções parece poder fazer-se retirar este princípio, que é reafirmado expressamente no artigo 7, quando exige que o órgão, ao abusar dos seus poderes, "acts in that capacity". No seu comentário, a Comissão frisa que se mantém o mesmo regime da não imputação ao Estado de actos privados (cfr. RILC, 2001, pág. 91, parág. 13 do comentário a este artigo 4).

De qualquer modo, bem mais claro neste ponto era o artigo 5 do Projecto de 1996: "For the purposes of the present articles, conduct of any State organ having that status under the internal law of that State shall be considered as an act of the State concerned under international law, **provided that organ was acting in that capacity in the case in question**" (texto em RILC, 1996, Chapter III). Faria sentido uma referência expressa a este requisito no artigo 4. Ver também o comentário da Comissão a este artigo e jurisprudência arbitral citada em apoio da exclusão de responsabilidade (cfr. YILC, 1973, Vol. II, Part 2, pág. 192-193, parág. 7-10; ainda comentário ao artigo 11 em YILC, 1975, Vol. II, Part 2, pág. 70-83, parág. 3-4), onde reconhece as sérias dificuldades para delimitar certos actos, como os de pilhagem praticados por soldados sem comando.

Ainda assim, nesta matéria as dificuldades não têm razão de ser, tendo em conta o que fica referido no texto. De qualquer modo, mesmo em geral, parece claro que o princípio deve ser o de que os actos de órgãos de um Estado devem ser considerados como actos do Estado, especialmente quando utilizem meios fornecidos por estes, incluindo servirem-se da sua posição, mesmo que depois pratiquem actos por interesse pessoal. Caberá, pois, ao Estado que pretende desonerar-se desta forma, a prova de que o titular do seu órgão agiu a título privado [neste sentido: Theodor Meron, *Human Rights and Humanitarian Norms as Customary Law*, Oxford, 1991 (reimp. ed. 1989), pág. 156, nota 64 e 161]. Seja como for, este princípio é claramente aplicável aos actos de órgãos de organizações internacionais. Note-se ainda que em Direito Internacional são considerados órgãos todos os indivíduos ou conjunto de indivíduos (no caso de órgãos colegiais) que exerçam cargos públicos à luz do Direito interno ou actuem de facto como tal, sujeitos a ordens ou a um controlo, não existindo uma categoria autónoma de agente (ver, *infra*, parág. 9.1 e 54.2).

[27] Estabelecida na sequência do artigo 3 da Convenção (IV) relativa às Leis e Costumes da Guerra de 18 de Outubro de 1907 (artigo da Convenção e não do Regulamento anexo que

norma igualmente às organizações internacionais, incluindo as Nações Unidas. Ainda assim, parece que o regime aplicável será o da legítima defesa pessoal, mesmo que a acção acabe por vincular a organização. Sendo o fim privado, não se justifica aplicar o regime mais liberal da legítima defesa pública.

Em relação à legítima defesa pessoal, esta é um direito que cabe aos indivíduos do corpo das Nações Unidas. Não sendo uma actuação formal da Força resulta claro que nunca será necessária qualquer habilitação para cada um daqueles poder recorrer a esta. Qualquer indivíduo atacado tem direito de se defender, enquanto indivíduo, se tal for necessário e desde que a sua reacção seja proporcionada.

Mas sendo a legítima defesa pública em parte ainda uma emanação da pessoal, cabe questionar se esta segunda não pode em alguns casos levar a extensões da primeira. Parece aceitável defender que apesar de uma Força não ter um mandato, expresso ou implícito, para proteger civis, os seus membros possam ainda assim excepcionalmente intervir na defesa de actos gratuitos de violência contra estes que lhes seja perfeitamente possível evitar sem colocar em perigo os fins da Força. Estas acções poderão, pois, ser justificadas enquanto legítima defesa pública, por imperativo da legítima defesa pessoal de terceiro.

Claro está, por se tratar de uma actuação que prossegue ainda fins que se enquadram necessariamente nos fins do mandato recebido não é possível considerar estes actos como puros actos particulares de legítima defesa pessoal. As Nações Unidas terão em qualquer caso de assumir responsabilidade por estes, mesmo não tendo sido permitidos pelo órgão criador da Força[28].

---

esta aprovou: "It shall be responsible for all acts committed by persons forming part of its armed forces"; texto da Convenção em NRG, 3.ª Série, tomo III, pág. 461-503); norma reproduzida no artigo 91 do Protocolo Adicional I de 8 de Junho de 1977 (texto em UNTS, vol. 1125, 1979, No. 17512, pág. 4-57: inglês). Ver também T. Meron, *Human Rights* (...), cit., pág. 161. Recorde-se que o Tribunal Militar Internacional de Nuremberga considerou a propósito da Convenção de 1907 e do seu Regulamento anexo que "by 1939 these rules laid down in the Convention were recognized by all civilized nations, and were regarded as being declaratory of the laws and customs of war" (cfr. *Trial of Major War Criminals Before the International Military Tribunal*, Nuremberg, 14 November 1945 – 1 October 1946, vol. I, Nuremberg, 1947, pág. 254). O Tribunal Militar Internacional de Tóquio adoptou também posição semelhante: "the Convention remains as good evidence of the customary law of nations, to be considered by the Tribunal along with all other available evidence in determining the customary law" (cfr. *In Re Hirito and Others*, 12 November 1948, em ADRPILC, vol. XV, 1948, pág. 356-376, na pág. 366)].

[28] Note-se que um sujeito de Direito Internacional que exerça poderes de autoridade é responsabilizado mesmo pelos actos dos seus órgãos realizados em contradição com as ordens

Assim, em relação a forças das Nações Unidas a legítima defesa pessoal tem uma relevância circunscrita já que a legítima defesa pública não se encontra dependente da ocorrência de um ataque armado. Mesmo em relação a forças multinacionais esta não será muito mais relevante. Embora estas Forças, por serem organizadas e comandadas por Estados ou organizações, fiquem sujeitas normalmente (a menos que tenham sido habilitadas a usar a força sob o regime liberal da legítima defesa pública) ao requisito da existência de um ataque armado para poderem recorrer à legítima defesa privada, podem sempre recorrer à figura da auto-tutela defensiva[29].

**8. Poder público bélico interno.** A figura do poder público bélico interno é de simples explanação pela sua contraposição com o poder público que cabe a cada Estado em relação aos particulares sujeitos à sua jurisdição, já que este último poder compreende igualmente aquele.

De facto, o poder bélico interno constitui uma faculdade conferida a uma entidade de utilizar a força contra particulares sujeitos à sua jurisdição; decorre portanto destes poderes de jurisdição. Trata-se de faculdade característica do poder público em todas as comunidades e que pertence a qualquer Estado ou, em certos casos, a entidades públicas territoriais menores ou mesmo, transitoriamente, a movimentos armados[30], e que é utilizada para a manutenção da ordem interna. No fundo, tem natureza paralela, embora não idêntica, ao poder público bélico (internacional, para o distinguir deste interno), mas aplica-se por cada entidade em relação a particulares sujeitos à sua jurisdição e não em relação a outras entidades territoriais dotadas de poderes públicos com pretensão a serem supremos no território que controlam.

Apesar do seu paralelismo com os poderes dos Estados, o poder público bélico interno não se identifica totalmente com o poder bélico que cabe a qualquer Estado nos espaços sob sua jurisdição, antes é uma das faculdades que este último compreende. Os poderes estaduais compreendem

---

recebidas (cfr. artigo 7 do citado Projecto sobre Responsabilidade dos Estados de 2001 da Comissão de Direito Internacional que é perfeitamente aplicável às organizações internacionais: "The conduct of an organ of a State or of a person or entity empowered to exercise elements of the governmental authority shall be considered an act of the State under international law if the organ, person or entity acts in that capacity, even if it exceeds its authority or contravenes instructions").

[29] Ver sobre esta, *infra*, parág. 12.1.
[30] Sobre o regime destes sujeitos menores e a sua distinção perante os meros bandos armados, ver, *infra*, parág. 15.2 e 34.4.2.

ainda a utilização da força contra movimentos armados[31], no exercício dos seus poderes bélicos a nível interno contra cidadãos seus que se rebelaram. Já o poder público bélico interno não compreende poderes desta espécie. Se estes forem atribuídos a uma entidade, em rigor já se estará a conferir-lhe o poder público bélico em sentido próprio (isto é, internacional), portanto, aquele que é dirigido contra entidades que de direito ou facto controlam um determinado território, sem ter por base qualquer causa de justificação. Ora, a sua utilização por forças das Nações Unidas depende sempre de uma delegação nesse sentido.

Em suma: se for atribuído a uma Força das Nações Unidas o poder de manter a ordem contra simples particulares ou meros bandos armados, está-se perante uma consagração do poder público bélico interno. Caso tal poder seja dirigido contra um Governo ou um movimento armado, portanto que controle efectivamente território, já se estará perante uma consagração do poder público bélico em sentido próprio (isto é, internacional).

A Carta das Nações Unidas[32] prevê a possibilidade[33], e a prática várias vezes a concretizou, de se atribuir poder público interno às Nações Unidas, incluindo implicitamente o poder bélico inerente. Tal pode ocorrer em casos em que a tutela de um território seja assumida pelas Nações Unidos[34], em

---

[31] Um Estado pode igualmente usar a força contra outros Estados ou organizações intergovernamentais que actuem ilicitamente no seu território, mas neste caso não o faz no exercício de qualquer poder próprio, mas necessariamente nos termos de alguma das causas de justificação reconhecidas pelo Direito Internacional, sob pena de ser ilícito. Com efeito, esta utilização da força já não será em qualquer caso um uso interno da força, mas sim um uso internacional que se encontra vedado pelo artigo 2, n.º 4, só podendo ser exercido com base numa causa de justificação (ver, *infra*, parág. 15.1).

[32] Assinada pelos Estados presentes na Conferência de S. Francisco em 26 de Junho de 1945 (texto em DUNCIO, vol. XV, pág. 335-354; também em YUN, 1946-1947, pág. 831-843; e em AJIL, *supplement*, vol. 39, 1945, pág. 190-215). Entrou em vigor em 24 de Outubro de 1945 (cfr. MTDSG).

[33] O artigo 81, parte final, CNU admite que a autoridade administrante dos territórios sob tutela possa ser a própria organização. Claro está, entre os poderes desta autoridade cabe o poder bélico interno.

[34] Assim, a Resolução 181 (II), de 29 de Novembro de 1947 (texto em RDGAOR, 2nd Session, 1947, pág. 131-150), pela sua parte III, sujeitava a cidade de Jerusalém a uma situação que embora não fosse qualificada como de tutela se afigura enquadrável nesta, sob responsabilidade do Conselho de Tutela (considera que não era uma situação de tutela: Francis Sayre, *Legal Problems Arising from the United Nations Trusteeship System*, AJIL, Vol. 42, N.º 2, 1948, pág. 263-298, na pág. 296; em sentido positivo: Matthias Ruffert, *The Administration of Kosovo and East-Timor by the International Community*, ICLQ, Vol. 50, 2001, pág. 613-

situações em que a organização passou a administrar transitoriamente um território à margem do sistema de tutela[35] e naquelas em que tal poder é

-631, na pág. 615). Porém, a resolução nunca foi executada. A aplicação de uma tutela a toda a Palestina chegou a ser defendida, designadamente pelos EUA, perante o fracasso esperado da Comissão das Nações Unidas para a Palestina criada pela mesma Resolução 181. Assim, em 25 de Março de 1948, o então Presidente americano defendia "The United States has proposed to the Security Council a temporary United Nations trusteeship for Palestine to provide a government to keep the peace" (cfr. DAFP). Mas para lá desta referência, nunca este poder das Nações Unidas recebeu qualquer concretização efectiva. Apenas houve propostas nesse sentido de alguns Estados. Assim, mais uma vez, os EUA sustentaram que as colónias italianas deveriam ficar sujeitas a tutela das Nações Unidas de forma a evitar conflitos entre os vencedores [cfr. *Report by Secretary Byrnes*, May 20, 1946 (cfr. DAFP)].

Após o Conselho de Segurança ter terminado o último mandato existente sobre Palau pela sua Resolução 956 (1994), de 10 de Novembro (texto em RDSCOR, 1994, pág. 128), o Conselho de Tutela suspendeu a sua actividade em 1994, decidindo apenas reunir-se quando necessário. Este passou a ser constituído apenas pelos cinco membros permanentes, nos termos do artigo 86 CNU (cfr. UNPR, TR/2425, 26 October 1998) Fala-se na sua abolição em futura revisão da Carta (cfr. UNPR, L/2755, 28 February 1996), embora o Secretário-Geral e alguns Estados tenham proposto que este fosse reformulado convertendo-se no guardião dos espaços qualificados como Património comum da Humanidade (cfr. RSCCUN, 2000 [Supplement No. 33 (A/55/33)], pág. 27-28, parág. 156-158). De facto, os artigos 77 e 78 CNU, tal como se encontram redigidos, constituem obstáculos a que este possa voltar a ter relevância formal (rejeita correctamente a tutela sobre um membro, apesar da existência de consentimento ou de uma decisão do Conselho de Segurança nos termos do Capítulo VII: Ruth E. Gordon, *Some Legal Problems with Trusteeship*, CILJ, Vol. 28, 1995, pág. 301-347, na pág. 325-326), designadamente em relação a Estados membros em situação de anarquia interna (como alguns têm sustentado: A. Peter Mutharika, *The Role Of The United Nations Security Council In African Peace Management: Some Proposals*, MJIL, Vol. 17, 1996, pág. 537-562, na pág. 552; ver crítica destas soluções: Ruth Gordon, *Saving Failed States – Sometimes a Neocolonialist Notion*, AUJILP, Vol. 12, 1997, pág. 903-974, na pág. 923-926 e 963-965), salvo em relação a territórios disputados como a Antárctida que não são Estados membros. Isto sem prejuízo de se poder criar situações transitórias paralelas.

[35] A primeira concessão formal deste poder foi estabelecida pelo artigo 2 do Anexo ao Tratado de Paz com a Itália de 10 de Fevereiro de 1947 (texto em UNTS, 1950, n.º 747, pág. 124-234), que contêm o Estatuto da Cidade livre de Trieste. Neste são atribuídas às Nações Unidas responsabilidades, incluindo quanto à manutenção da ordem, em relação a este território. As Nações Unidas aceitaram tais responsabilidades, depois de uma discussão quanto à existência de poderes nesse sentido, pela Resolução 16 (1947), de 10 de Janeiro (texto em RDSCOR, 1947, pág. 1), mas o projecto acabou por se malograr por falta de consenso quanto à nomeação do administrador.

O segundo caso, embora não tenha passado do papel, de atribuição transitória de poder público interno a um órgão das Nações Unidas nestas condições, ficou plasmado na citada Resolução 181 (II), de 29 de Novembro de 1947, em relação à Palestina (excepto Jerusalém que ficava sujeita à referida situação de tutela). A sua parte I-B criava uma Comissão das

Nações Unidas para a Palestina que tinha, entre outros poderes, autoridade para manter a ordem no território.

Posteriormente, para lá de terem existido elementos desta no período de transição na Líbia entre 1949 e 1952, a mesma atribuição seria feita a favor da Autoridade Executiva Provisória das Nações Unidas (UNTEA) para administrar o território do Irião ocidental (Nova--Guiné) no período de transição da administração da Holanda para a da Indonésia (possibilitado pelo Memorando de Entendimento sobre o Cessar-Fogo entre ambos de 15 de Agosto de 1962: texto em UNTS, 1962, No. 6312, pág. 292-312) nos termos do artigo II e XII do Tratado de 15 de Agosto de 1962 entre estes dois Estados (texto em UNTS, 1962, No. 6311, pág. 273-290). Entre os seus poderes encontravam-se os necessários para manter a ordem, além de poderes legislativos (artigo V, VII e XI do referido Tratado). Estes poderes funcionais das Nações Unidas seriam aceites pela Resolução 1752 (XVII), de 21 de Setembro de 1962, parág. 2-3 (texto em RDGAOR, 5th Special Session, 1967, pág. 1-2). No desempenho do seu mandato contou com o apoio da Força de Segurança das Nações Unidas (UNSF) criada para o efeito com um efectivo total de militares que ultrapassou os 1500 elementos. Iniciada em Outubro de 1962, foi levada a cabo sem baixas até Abril de 1963. A assunção final da soberania pela Indonésia seria reconhecida pela Assembleia pela sua Resolução 2504 (XXIV), de 19 de Novembro de 1969 (texto em RDGAOR, 24th Session, 1969, pág. 3), apesar da recusa da primeira em realizar um referendo.

O mesmo poder foi atribuído ao Conselho das Nações Unidas para o Sudoeste Africano, mas igualmente este não chegou a obter qualquer efectividade. Assim, na sequência da extinção do mandato da África do Sul sobre o Sudoeste Africano pela sua Resolução 2145 (XXI) de 27 de Outubro de 1966, parág. 4 (texto em RDGAOR, 21st Session, 1966, pág. 2--3), a Assembleia Geral pela sua Resolução 2248 (S-V) de 19 de Maio de 1967 (texto em RDGAOR, 5th Special Session, 1967, pág. 1-2), criou este Conselho com poderes legislativos e administrativos e com funções de manutenção da ordem [parág. 1, al. a), b) e d)]. Criou ainda o cargo de Comissário em quem o Conselho para o Sudoeste Africano poderia delegar as competências atribuídas (parág. 3). Nessa mesma sessão nomeou o Comissário. Mas perante a recusa da África do Sul em aceitar retirar-se do território, os poderes do Conselho apenas nominalmente foram exercidos.

Esta situação jurídica só seria terminada pela independência da Namíbia em 1990, possibilitada pelos tratados celebrados em 1988 entre Angola, Cuba e a África do Sul depois de morosas negociações: assim, os Princípios para uma Resolução Pacífica no Sudoeste de África de 20 de Julho de 1988, entre estes três Estados (texto em ILM, Vol. 28, 1989, pág. 950); o Protocolo de Genebra de 5 de Agosto de 1988 (texto em ILM, Vol. 28, 1989, pág. 953); o Protocolo de Brazzaville de 13 de Dezembro de 1988 (texto em ILM, Vol. 28, 1989, pág. 951); o Acordo de Nova Iorque de 22 de Dezembro de 1988 entre estes três Estados para a Execução da Resolução 435 (1979) do Conselho de Segurança (texto em ILM, Vol. 28, 1989, pág. 957-958); e o Acordo com a mesma data entre Angola e Cuba para a Retirada do Contingente Militar Cubano (texto em ILM, Vol. 28, 1989, pág. 959-960).

A transição na Namíbia foi assegurada pelo Grupo Transitório de Assistência das Nações Unidas (UNTAG), criado inicialmente pela Resolução 435 (1978), de 29 de Setembro, parág. 3 (texto em RDSCOR, 1978, pág. 13). Mas que só viria a ter algum papel efectivo, monitorizando as eleições e garantindo a sua segurança, com a execução dos referidos acordos. Nessa altura, o seu mandato foi confirmado pela Resolução 629 (1989), de 16 de Janeiro (texto em RDSCOR, 1989, pág. 2-3).

O mesmo poder foi reconhecido à Autoridade Transitória das Nações Unidas para o Camboja (UNTAC), criada pela Resolução 745 (1992), de 28 de Fevereiro (texto em RDSCOR, 1996, pág. 39-41), parág. 2 (que remete para os termos do relatório do Secretário-Geral de 19 de Fevereiro de 1992) e 8, já que lhe cabia igualmente manter a ordem interna durante o período de transição no Camboja nos termos do artigo 2 e 6 do Acordo sobre uma Resolução Política Compreensiva do Conflito no Camboja de Paris de 23 de Outubro de 1991 e respectivo Anexo 1 (texto em ILM, Vol. 31, 1992, pág. 174-199). Este durou desde Março de 1992 até à promulgação da nova Constituição e tomada de posse do Governo em Setembro de 1993. Chegou a atingir um efectivo superior a 25.000 pessoas, entre os quais quase 20.000 militares e polícias.

Poderes idênticos foram conferidos à Administração Transitória das Nações Unidas para a Eslavónia Leste, Baranja e Sirmium Oeste (UNTAES), criada pelo Conselho mediante a sua Resolução 1037 (1996), de 15 de Janeiro (texto em RDSCOR, 1996, pág. 25), parág. 1, que nos termos dos seus parág. 10 e 11 e segundo o acordo básico de 12 de Novembro de 1995 celebrado entre a Croácia e a comunidade Sérvia das três regiões, tinha amplos poderes administrativos. O seu objectivo era a sujeição pacífica das três regiões habitadas predominantemente por sérvios à administração da Croácia. Exerceu o seu mandato de Janeiro de 1996 a Janeiro de 1998, administrando as regiões e supervisionando as eleições locais e regionais realizadas, com um efectivo que ultrapassou os 5.000 indivíduos.

O mesmo poder foi atribuído à Missão de Administração Interina das Nações Unidas no Kosovo (UNMIK), criada pelo Conselho de Segurança pela sua Resolução 1244 (1999), de 10 de Junho (texto em RSSC, 1999, pág. 30), já que goza de poderes importantes (parág. 11), que são exercidos pelo representante especial do Secretário-Geral. Assim, o *Regulation no. 1999/1 on the Authority of the Interim Administration in Kosovo* (UN Doc. UNMIK/REG//1999/1, 25 July 1999), aprovado pelo representante, estabelece na secção 1, n.º 1 "All legislative and executive authority with respect to Kosovo, including the administration of the judiciary, is vested in UNMIK and is exercised by the Special Representative of the Secretary-General" (trata-se de uma acto legislativo, que serviu de modelo ao da UNTAET, com sérias anomalias jurídicas à luz das garantias judiciais reconhecidas pelo Direito Internacional, como o poder a que se arroga de demitir juizes sem estabelecer qualquer pressuposto, para lá da retroactividade consagrada). Esta encontra se apoiada por uma Força multinacional, a KFOR, que portanto não é uma estrutura criada pelas Nações Unidas (sobre a sua criação, ver, *infra*, parág. 32.6).

Igualmente à Administração Transitória das Nações Unidas em Timor-leste (UNTAET) foi reconhecido o mesmo poder, mas neste caso em termos que compreendem também o poder público bélico internacional, já que foram delegados poderes nos seus órgãos dirigentes que compreendiam a autoridade para impor mesmo a movimentos armados a autodeterminação nos termos decididos em referendo. No entanto, porque a oposição nunca passou de meros bandos armados, sujeitos a uma simples poder público interno, em rigor aquele poder nunca chegou a ser utilizado (sobre a UNTAET, ver, *infra*, parág. 69).

conferido a uma operação de manutenção ou imposição da paz, em relação ao território em que actua e em paralelo com os poderes do Governo do Estado anfitrião, normalmente para levar a cabo medidas de consolidação da paz (*Peace-building*)[36].

Neste poder encontra-se compreendido o de utilizar a força, incluindo em situações que não são de legítima defesa, para proceder a detenções ou impedir actos de violência ou ilícitos em geral[37]. Mas por os seus destinatários

---

[36] É o caso, por exemplo, da UNEF I no Egipto, criada nos termos da Resolução 1000 (ES-1), de 5 de Novembro de 1956, parág. 1 e Resolução 1001 (ES-1), de 7 de Novembro de 1956, parág. 2 (textos de ambas em RDGAOR, 1st Emergency Special Session, 1956, pág. 2-3), da ONUC no Congo (ver, *infra*, parág. 64) ou da UNOSOM II na Somália (ver, sobre esta, *infra*, parág. 66).

[37] Os poderes públicos conferidos a estas estruturas das Nações Unidas (ou mais correctamente, ao órgão das Nações Unidas que se encontrar à sua frente) têm variado. Por vezes, são essencialmente de natureza administrativa, caso da UNTAES e da UNMIK. Tal passa-se, designadamente, quando a futura entidade que irá assumir os poderes deverá ter competências restringidas a esse nível. Em outro casos, ao órgão das Nações Unidas cabem a generalidade dos poderes políticos, administrativos e mesmo judiciais, como foi o caso da UNTAC ou da UNTAET, além de teoricamente aos Conselho da Palestina e do Sudoeste Africano. Tal verifica-se nos casos em que está em causa o surgimento de um novo Estado a quem caberão poderes ainda superiores, designadamente "constituintes", já que estes não poderão nunca ser exercidos formalmente pelas Nações Unidas. O poder público bélico interno é por vezes acompanhado de poder bélico internacional quando é utilizável contra movimentos armados; foi o caso da ONUC e da UNTAET. Por vezes, associado a uma Autoridade das Nações Unidas, encontra-se uma Força privada internacional (isto é, estadual, multinacional, baseada numa organização internacional ou num acordo que compreende ambas) a quem compete por habilitação o exercício de poderes bélicos, especialmente o internacional. Trata-se do caso da KFOR associada à UNMIK.

Esta concessão de poderes públicos internos (administrativos, incluindo bélicos, e mesmo político-legislativos) às Nações Unidas tem derivado quer de situações de descolonização (Jerusalém, Irião ocidental, Namíbia e Timor-Leste) quer de situações de desintegração das instituições estaduais (Camboja e em parte Eslavónia Leste, Baranja e Sirmium Oeste). Especialmente em relação a estas últimas situações, alguma Doutrina considera correctamente que o Conselho de Segurança goza de um poder à luz da Carta para se substituir às instituições estaduais, exercendo os atributos da soberania que se revelem necessários [neste sentido: John W. Halderman, *United Nations Territorial Administration and the Development of the Charter*, DLJ, Vol. 13, 1964, pág. 95-108, na pág. 99 e 105 (mas entende que houve uma emenda por força da prática); Fausto Quadros, *Direito das Comunidades Europeias e Direito Internacional Público*, Coimbra, Lisboa, 1991, pág. 367 (mesmo por acto da Assembleia Geral); Steven R. Ratner, *The Cambodia Settlement Agreements*, AJIL, Vol. 87, 1993, pág. 1-41, na pág. 9; R. Gordon, *Some Legal Problems* (...), cit., pág. 331-332; Daniel Thürer, *The "failed State" and international law*, IRRC, 1999, n. 836, pág. 731-761, ponto II; Ralph Wilde, *From Bosnia to Kosovo and East Timor: The Changing Role of The United Nations In The Administration Of Territory*, ILSAJICL, Vol. 6, 2000, pág. 467-471, na pág. 470-471]. O fundamento na Carta

serem meros civis não se trata de um poder público internacional. Como ficou escrito, só se pode considerar que se está perante um exercício do poder público internacional quando este é dirigido contra Estados ou entidades que, por força do seu posicionamento armado no terreno, exercem por sua vez, ou têm a pretensão credível de exercer, poderes públicos internos sobre os civis que se encontram em territórios que controlam; isto é, meros movimentos armados.

São estas as entidades que podem de forma eficaz oferecer resistência susceptível de pôr em perigo os objectivos de uma qualquer operação de paz. É também por este motivo que são estas as que se enquadram na noção de "principais partes num conflito interno", sendo necessário obter o seu consentimento para instalar uma operação de manutenção da paz no terreno que controlem[38].

Isto é, o conceito de poder público interno, com aparente tautologia, poderá ser definido como um poder que se exerce sobre entidades destituídas de poderes públicos, isto é, meros particulares.

**9. Uso privado habilitado.** Ficaram já referidos os termos em que deve ser realizada a distinção entre o poder público bélico em sentido estrito e o uso privado habilitado. O elemento essencial reside na entidade a quem são atribuídos poderes jurídicos de direcção e controlo sobre o emprego da força; isto é, na cadeia de comando. Este aspecto deve-se não apenas a um princípio geral do Direito Internacional da Responsabilidade, mas igualmente ao facto de as forças utilizadas terem sido sempre forças nacionais ou, quando muito, regionais, dado não existir nenhuma Força permanente das Nações Unidas com capacidade para levar a cabo missões militares.

No caso de se tratar de exercício do poder público bélico em sentido estrito, o comando caberá à Comunidade Internacional, no actual quadro jurídico vigente, às Nações Unidas, residindo em última instância no Conselho

---

para esta capacidade das Nações Unidas decorre do referido artigo 81, parte final, CNU. Se a organização através do seu Conselho de Tutela pode exercer a tutela de um território por períodos longos de tempo, também poderá exercer poderes mais restritos em situações transitórias, ainda que em relação a um Estado membro, quando esteja em causa a manutenção da paz. O artigo 78 não será obstáculo, visto que não se trata de uma situação de tutela, mas de um período transitório de restruturação de um Estado que mantém formalmente a sua independência e correspondentes direitos [ver também: R. Gordon, *Some Legal Problems* (...), cit., pág. 331-332; M. Ruffert, *The Administration* (...), cit., pág. 616 e 620-621].

[38] Sobre a relevância de critérios de efectividade na determinação destas entidades, ver, *infra*, parág. 55.2.

de Segurança; sem prejuízo de delegação em outro órgão da organização. É o facto do comando caber à organização que converte um conjunto de contingentes armados de vários Estados membros numa Força das Nações Unidas e, portanto, a sua acção militar num uso público da força[39]. Tratando-se de uso privado habilitado, o comando compete a um ou mais Estados ou a uma organização intergovernamental, exercendo as Nações Unidas, quando muito, um controlo posterior predominantemente teórico.

Assim, se a sujeição dos contingentes facultados às Nações Unidas for clara, quaisquer problemas de imputação dos seus actos a esta organização estarão normalmente resolvidos, sendo os seus actos considerados actos desta a menos que praticados em âmbitos manifestamente fora dos termos acordados[40]. De facto, ainda que depois em concreto a direcção das Nações Unidas por força de desobediência de algum contingente nem sempre se efective, para todos os efeitos os seus actos serão imputados a esta organização[41]. Esta é normalmente a situação em que se encontram as forças

---

[39] Assim, a referida Convenção sobre Segurança do Pessoal das Nações Unidas e Associado de 1994 estabelece no artigo 1, al. c): "'United Nations operation" means an operation established by the competent organ of the United Nations in accordance with the Charter of the United Nations and **conducted under United Nations authority and control**".

[40] A este propósito, o artigo 6 do referido Projecto sobre Responsabilidade dos Estados da Comissão de Direito Internacional de 2001 estabelece que "The conduct of an organ placed at the disposal of a State by another State shall be considered an act of the former State under international law if the organ is acting in the exercise of elements of the governmental authority of the State at whose disposal it is placed". O anterior artigo 9 do Projecto de 1996 continha uma expressa referência a organizações internacionais, consagrando a possibilidade das forças colocadas à disposição do Estado serem de uma organização; referência que fora omitida já no correspondente artigo 8 do Projecto intermédio da Comissão de redacção aprovado provisoriamente em segunda leitura (texto em UN Doc. A/CN.4/L.600, 11 August 2000) por se estar perante um projecto relativo à Responsabilidade de Estados. Claro está, esta norma é válida igualmente para a situação em que seja um Estado a colocar à disposição de uma organização as suas forças. Segundo se julga, deve-se entender por "colocar à disposição" a sujeição das forças a uma cadeia de comando formal, isto é, a uma situação de subordinação a uma direcção jurídica.

[41] Cfr. o citado artigo 7 do Projecto sobre Responsabilidade dos Estados da Comissão de 2001. Do mesmo modo, o Tribunal Americano dos Direito Humanos afirmou: "under international law a State is responsible for the acts of its agents undertaken in their official capacity and for their omissions, even when those agents act outside the sphere of their authority or violate internal law" [cfr. *Velasquez Rodriguez Case*, Judgment of July 29, 1988, Inter-Am.Ct.H.R. (Ser. C) No. 4 (1988), parág. 170]. Igualmente a Secção de Recurso do Tribunal Penal das Nações Unidas para a ex-Jugoslávia: *Prosecutor v. Dusko Tadic*, Appeals Chamber, Case No: IT-94-1-A, Judgement of 15 July 1999, parág. 121).

organizadas das Nações Unidas, em que são claros os termos de sujeição à organização dos contingentes fornecidos, normalmente por Estados membros. Nestes casos não existirá qualquer dúvida para determinar se se está perante um exercício do poder público bélico pelas Nações Unidas ou se em face de um mero uso privado habilitado.

**9.1. Critérios de imputação no Direito da Responsabilidade.** Mas existem situações em que os termos pelos quais determinadas forças foram associadas às Nações Unidas estão longe de ser claros. Trata-se de casos de fronteira em que se verifica uma concorrência de comandos em situações complexas de cooperação, até devido à circunstância de a delegação a favor de um órgão das Nações Unidas (regra geral, o Secretário-Geral[42]) e/ou a habilitação aos Estados ser vaga, não precisando exactamente se a actuação dos Estados fica sujeita a comando, ou sequer a aprovação prévia, das Nações Unidas[43].

Nestes casos, estar-se-á perante uma actuação das Nações Unidas se for possível imputar-lhes os actos dos Estados à luz do Direito Internacional da Responsabilidade. Em última análise, a questão tem a ver com o grau de liberdade que é concedido aos Estados para actuar sem consultar as Nações Unidas. Julga-se que os critérios a utilizar devem ser o do controlo efectivo ou o da existência de instruções específicas[44]. Trata-se dos critérios

---

[42] Sobre a desconsideração das competências da Comissão de Estado-Maior (artigo 47 CNU) e sua substituição pelo Secretário-Geral, ver, *infra*, parág. 53.

[43] Assim, um exemplo típico de dificuldades para qualificar a situação, na sequência da Resolução 770 (1993), de 13 de Agosto (texto em RDSCOR, 1992, pág. 24-25), que não chegou a ser aplicada, resultou da Resolução 836 (1993), de 4 de Junho (texto em RDSCOR, 1993, pág. 13-14), parág. 10, em que o Conselho "Decides that (...) Member States, acting nationally or through regional organizations or arrangements, may take, under the authority of the Security Council and subject to close coordination with the Secretary-General and UNPROFOR, all necessary measures, through the use of air power, in and around the safe areas in the Republic of Bosnia and Herzegovina, to support UNPROFOR in the performance of its mandate set out in paragraph 5 and 9 above". Tendo em conta a necessidade de coordenação estreita com o Secretário-Geral e a UNPROFOR, a interpretação que prevaleceu foi a de que tais ataques, a ser realizados pela OTAN, dependiam de uma aprovação prévia do Secretário-Geral e mais tarde, por força de uma delegação deste, do comandante da UNPROFOR. Ou seja, conclui-se que se tratou de um exercício do poder público bélico pelas Nações Unidas, isto é, em sentido estrito, e não de um mero uso privado habilitado (sobre a situação mais desenvolvidamente, ver, *infra*, parág. 67).

[44] Os critérios para determinar se um acto de terceiro é internacionalmente imputável a uma entidade não são inteiramente líquidos. O Tribunal Internacional de Justiça estabeleceu

os dois referidos a pensar em movimentos armados. A existência de instruções específicas quanto à comissão do acto, a propósito da ocupação da embaixada americana em Teerão: "Their conduct might be considered as itself directly imputable to the Iranian State only if it were established that, in fact, on the occasion in question the militants acted on behalf on the State, **having been charged by some competent organ of the Iranian State to carry out a specific operation**" (cfr. *United States Diplomatic and Consular Staff in Tehran*, Judgement, May 24, 1980, *I.C.J. Reports* 1980, pág. 29, parág. 58).

Bem como o segundo critério da existência de um controlo efectivo; assim, sustentou que: "All the forms of United States participation mentioned above, and even the general control by the respondent State over a force with a high degree of dependency on it, would not in themselves mean, without further evidence, that the United States directed or enforced the perpetration of the acts contrary to human rights and humanitarian law alleged by the applicant State. Such acts could well be committed by members of the contras without the control of the United States. For this conduct to give rise to legal responsibility of the United States, it would in principle have to be proved that **that State had effective control of the military or paramilitary operations** in the course of which the alleged violations were committed"; cfr. *Military and Paramilitary Activities* (Nicaragua c. United States of America), Merits, Judgement, 27 June 1986, *I.C.J. Reports* 1986, pág. 64-65, parág. 115].

A mesma posição seria adoptada pela Segunda Secção de Primeira Instância do Tribunal Penal das Nações Unidas para a ex-Jugoslávia: "Consequently, the Trial Chamber must consider the essence of the test of the relationship between a de facto organ or agent, as a rebel force, and its controlling entity or principal, as a foreign Power, namely the more general question whether, even if there had been a relationship of great dependency on the one side, there was such **a relationship of control** on the other that, on the facts of the instant case, the acts of the VRS, including its occupation of opstina Prijedor, can be imputed to the Government of the Federal Republic of Yugoslavia" (cfr. *Prosecutor v. Duško Tadic*, Trial Chamber II, Case No. IT-94-1-T, Judgement of 7 May 1997, parág. 588).

A este propósito, o artigo 8 do mencionado Projecto sobre Responsabilidade dos Estados da Comissão de Direito Internacional de 2001 estabelece "The conduct of a person or group of persons shall be considered an act of a State under international law if the person or group of persons is in fact acting on the instructions of, **or under the direction or control of**, that State in carrying out the conduct". O critério da direcção e controlo encontra-se ainda consagrado no artigo 17 do Projecto, a propósito da responsabilização de um Estado por actos materialmente praticados pelo aparelho de um outro, mas noutra formulação. Enquanto no artigo 8 este surge como alternativa (direcção ou controlo), neste artigo 17 ficam consagrados de forma conjunta. Tal foi intencional e visa consagrar um critério menos pesado quanto à imputação de actos de privados a um Estado. De qualquer modo, a Comissão deixa por esclarecer se o seu critério de controlo corresponde ou não ao utilizado pelo Tribunal Internacional de Justiça em 1986 (cfr. RILC, 2001, cit., pág. 106-107 e 108, parág. 5 e 7). A ausência do adjectivo "efectivo" sugere que talvez seja menos pesado. Resta saber se tal corresponde ao Direito Internacional Costumeiro sobre a questão; segundo se julga, não: o critério é efectivamente exigente. Parece igualmente a posição de James Rowles, *"Secret Wars", Self-Defense and the Charter*, AJIL, Vol. 80, No. 3, 1986, pág. 568-583, na pág. 571;

tradicionais, consagrados jurisprudencialmente. Precedentes recentes de aligeirar o primeiro de forma a imputar actos de grupos ou movimentos armados a Estados não têm ainda peso suficiente para se considerar que levaram a uma alteração deste regime, sem prejuízo de tal se poder vir a verificar[45]. De qualquer modo, apenas se aplicariam a estes grupos ou

---

ver, contudo, sustentando critérios menos exigentes: J. Azeredo Lopes, *Agressão, Crime Internacional e Crise do Golfo*, em *A Crise do Golfo e o Direito Internacional*, Porto, 1993, pág. 61-137, na pág. 78; Gregory Townsend, *State Responsibility for Acts of De Facto Agents*, AJICL, Vol. 14, 1997, pág. 635-678, na pág. 640-641; John Cerone, *Acts of War and State Responsibility in 'Muddy Waters': The Non-state Actor Dilemma*, ASILI, September 2001, texto nota 5-6).

[45] Assim, a Secção de Recurso do Tribunal Penal das Nações Unidas para a ex-Jugoslávia considerou que bastava um critério de controlo genérico. Embora tenha correctamente rejeitado as posições que sustentam que a qualificação de conflitos como internacionais se faz à luz de um critério distinto do da imputação no Direito da Responsabilidade (posição sustentada por: Theodor Meron, *Classification of Armed Conflict in the Former Yugoslavia: Nicaragua's Fallout*, AJIL, Vol. 92, 1998, pág. 236-242, na pág. 239-242; Kristijan Zic, *The International Criminal Tribunal For The Former Yugoslavia: Applying International Law To War Criminals*, BUILJ, Vol. 16, 1998, pág. 507-533, na pág. 524-525; e mesmo a Comissão de Direito Internacional parece deixar sugerido em RILC, 2001, pág. 106-107, no parág. 5 do seu comentário ao artigo 8 do Projecto de 2001) entendeu que se aplicava um critério mais liberal: "The Appeals Chamber has concluded that in general international law, three tests may be applied for determining whether an individual is acting as a de facto State organ. In the case of individuals forming part of armed forces or military units, as in the case of any other hierarchically organised group, the test is that of overall control by the State" e "By contrast, international rules do not require that such control should extend to the issuance of specific orders or instructions relating to single military actions, whether or not such actions were contrary to international humanitarian law" (cfr. *Prosecutor v. Dusko Tadic*, Appeals Chamber, Case No: IT-94-1-A, Judgement of 15 July 1999, parág. 146 e 145).
A sentença desta Secção é cuidada, com citações relevantes de jurisprudência, mas revela-se pouco convincente, até por força da interpretação que realiza das sentenças citadas como apoio. Assim, invoca a sentença do Tribunal Europeu dos Direitos Humanos no caso *Loizidou*, mas não é líquido que o possa fazer. O Tribunal Europeu estava a apreciar actos de forças regulares turcas que a Turquia considerou não lhe serem imputáveis por se encontrarem ao serviço da "República Turca do Norte de Chipre" (TRNC). E foi para rejeitar este argumento que sustentou que "It is not necessary to determine whether (...) Turkey actually exercises detailed control over the policies and actions of the authorities of the "TRNC", pois, na realidade, o exército da Turquia "exercises effective overall control over that part of the island. Such control, according to the relevant test and in the circumstances of the case, entails her responsibility for the policies and actions of the "TRNC"". Deste modo, parece ter considerado desnecessário apreciar detalhadamente o controlo, por ser "obvious from the large number of troops" (parág. 56) que a Turquia "exercises effective control of an area outside its national territory" (parág. 52) e sobre a dita "República" [cfr. *Case of Loizidou v. Turkey* (Merits), Judgement of 18 December 1996 (40/1993/435/514),

parág. 56 e 52 (texto, designadamente, em ILM, Vol. 36, No. 2, 1997, pág. 440-471, na pág. 453-454)]. Por conseguinte, o Tribunal mais do que rejeitar o critério de controlo efectivo, parece tê-lo confirmado.

A Secção de Recurso cita ainda em apoio a sentença do Iran – United States Claims Tribunal, em *Kenneth P. Yeager, United States Of America v. The Islamic Republic Of Iran*, Chamber One, Award NO. 324-10199-1, November 2, 1987. Porém, mais uma vez, sem aparente fundamento. Este Tribunal afirmou que "**Nor has the Respondent established that it could not control the revolutionary "Komitehs" or "Guards" in this operation**. Because the new government accepted their activity in principle and their role in the maintenance of public security, calls for more discipline, phrased in general rather than specific terms, **do not meet the standard of control required in order to effectively prevent these groups from committing wrongful acts against United States nationals**. Under international law Iran cannot, on the one hand, tolerate the exercise of governmental authority by revolutionary "Komitehs" or "Guards" and at the same time deny responsibility for wrongful acts committed by them. On the basis of the evidence in this Case, therefore, the Tribunal finds the acts of the two men who took the Claimant to the Hilton Hotel attributable to Iran" (parág. 45). Isto é, o Tribunal cita mais do que um fundamento de imputação. Refere a aceitação das suas actividades de manutenção da ordem numa situação de transição (critério de imputação reconhecido pelo artigo 9 do Projecto sobre Responsabilidade da Comissão de Direito Internacional de 2001), mas igualmente pressupôs o controlo efectivo das autoridades sobre estes comités, daí a censura ao seu não exercício e a imputação dos actos, mesmo que em desobediência a instruções.

Assim, se o controlo específico se aplica em relação a movimentos a operar em território do próprio Estado (excepto se realizam acções de manutenção da ordem), são necessárias grandes cautelas no seu alargamento quanto à imputação de actos de movimentos armados a actuar em território estrangeiro. Imputar actos bélicos no território de um Estado a um outro Estado deve ser algo a realizar apenas com base em dados seguros. De facto, tal imputação significará que o Estado vítima pode considerar, caso o movimento armado leve a cabo operações de envergadura no seu território, que estão reunidos os pressupostos de um ataque armado de um Estado que embora, por exemplo, não financie ou sequer apoie materialmente de forma directa este movimento, ainda assim, por motivos políticos, tenha um poder genérico sobre este. Provavelmente a União Soviética gozou desse poder em relação a alguns partidos comunistas da Europa ocidental, ao menos em certas fases, mas ninguém defenderá que, em exemplo materialmente absurdo, a Grécia em 1946-1947 podia atacar militarmente a União Soviética em legítima defesa em consequência dos actos dos rebeldes comunistas (sobre o conflito civil na Grécia, ver, *infra*, parág. 20.3).

É geralmente aceite que a pretensa "agressão indirecta" (pelo incentivo e apoio a movimentos armados noutro Estado) não pode dar lugar a legítima defesa [o Tribunal Internacional de Justiça afirmou: "the Court is unable to consider that, in customary international law, the provision of arms to the opposition in another State constitutes an armed attack on that State" (cfr. *Military and Paramilitary Activities*, cit., *I.C.J. Reports* 1986, pág. 119, parág. 230; também pág. 127, parág. 247)], daí que as contramedidas adoptadas se devem restringir ao território do próprio Estado vítima ou, por sua vez, ao apoio a movimentos de oposição no seio do Estado responsável pela "agressão indirecta" e não já por um ataque directo contra este (ver, *infra*, parág. 16.2).

Os ataques terroristas nos EUA de 11 de Setembro de 2001 e a consequente reacção deste Estado contra o Afeganistão (ver, *infra*, parág. 12.4.1) apenas confirmam que é necessário uma interpretação prudente deste regime. De resto, apesar das declarações proferidas de que os EUA não fariam distinções entre o movimento responsável e os seus apoiantes ["We will make no distinction between the terrorists who committed these acts and those who harbor them" (cfr. *Text of Bush's address*, CNN, September 11, 2001 Posted: 10:39 PM EDT (0239 GMT)) e "If any government sponsors the outlaws and killers of innocence, they have become outlaws and murderers themselves", (cfr. *Bush announces opening of attacks*, CNN, October 7, 2001 Posted: 4:43 PM EDT (2043 GMT))], na realidade os Talibãs não foram de modo algum responsabilizados directamente pelos actos do bando armado, mas apenas por cumplicidade, apesar de este ter sede em seu território. E a preocupação em frisar este aspecto sugere que os EUA tinham consciência de não estarem a seguir o regime internacional vigente.

Acresce que mandar aplicar o Direito Internacional Humanitário dos Conflitos Internacionais a esta espécie de conflitos em que existe um controlo genérico estrangeiro em relação aos rebeldes será algo com que normalmente o próprio Estado vítima da acção discordará abertamente. De facto, tal forçá-lo-á a tratar os rebeldes como prisioneiros de guerra, que estará proibido de julgar salvo por crimes internacionais; e, à luz desta visão, tal assim se deverá passar ainda que estes não tenham qualquer apoio interno e se limitem a desenvolver acções bélicas localizadas. Por esta via estar-se-á a alargar o artigo 1, n.º 4 do citado Protocolo Adicional I a todos os conflitos internos em que os rebeldes se encontrem sob controlo genérico do exterior. Duvida-se que tal corresponda ao Direito Internacional actualmente vigente.

A tentativa do Tribunal para a ex-Jugoslávia de alargar o Direito Internacional Humanitário aplicável aos conflitos internos tem bastante a perder com a subversão da distinção entre os conflitos internacionais e os destituídos deste carácter. Não se trata apenas de confundir duas realidades que continuam normalmente a seguir um regime jurídico diferente, máxime, quanto à licitude do recurso à força (sobre o uso interno desta, ver, *infra*, parág. 10.5 e 15). Ao se alargar a qualificação de conflitos internacionais pela destruição dos critérios tradicionais da responsabilidade internacional, pode-se conseguir aplicar todo o Direito Humanitário dos Conflitos Internacionais a alguns conflitos internos, mas estar-se-á a ignorar o Direito dos Conflitos Sem Carácter Internacional e a torná-lo de mais restrita aplicação. A uniformização estar-se-á a fazer pela tentativa (para já, ainda impossível) de eliminar ou restringir fortemente a categoria dos conflitos sem carácter internacional, em vez de pelo alargamento do âmbito de aplicação do Direito Humanitário a todos os conflitos.

De qualquer modo, tenha-se presente que embora tal uniformização mereça um claro aplauso em termos de Direito a constituir, já suscita fortes reservas o desenvolvimento deste regime com eficácia retroactiva pela prática de um Tribunal. Estando em causa normas penais, tal contradiz o Direito Internacional dos Direito Humanos *iuris cogentis* (cfr. artigo 11, n.º 2 da Declaração Universal dos Direitos Humanos), que é claramente aplicável aos actos das Nações Unidas (ver, *infra*, parág. 82). Como, aliás, esta Secção do Tribunal reconheceu: "it

movimentos e não às relações entre Estados ou entre estes e organizações internacionais, em particular às Nações Unidas[46].

Pensa-se que estes critérios são aplicáveis por princípio a todas as situações em que se trata de imputar actos de uma entidade a uma outra que à luz do Direito Internacional é considerada distinta da primeira, a menos que um critério seja especificamente estabelecido[47]. Este tanto é aplicável para responsabilizar um Estado por actos de indivíduos que à luz do seu Direito interno não fazem parte da sua orgânica, como para responsabilizar uma outra entidade, como uma organização internacional, por actos de contingentes militares de um ou mais Estados. Insista-se, porém, que estes critérios só são aplicáveis quando não exista uma sujeição jurídico-formal clara destes contingentes perante as Nações Unidas.

Uma entidade deve ser responsabilizada pelos actos de terceiros quando estes actuam de facto como seus órgãos; tal passa-se quando existe efectivamente uma cadeia de comando entre estes terceiros e membros da estrutura formal de poder daquela entidade. Será esta situação que permitirá à entidade ordenar os actos a praticar ou a não praticar e deste modo responsabilizá-la por todos os actos praticados, quer tenham sido especificamente ordenados, quer não. Os terceiros passam a ser seus órgãos (quer de facto, quer de Direito, à luz do Direito Internacional) e, deste modo, a entidade responde objectivamente, independentemente dos superiores integrados na sua estrutura de poder formal terem ordenado, consentido ou sequer conhecido da prática dos actos ou apesar de as suas ordens terem sido naquele caso concreto desobedecidas, tal como se passa em relação a qualquer outro dos seus órgãos[48]. Existindo uma cadeia de comando, a entidade poderia ter sempre

---

is open to the Security Council – **subject to respect for peremptory norms of international law (jus cogens)** – to adopt definitions of crimes in the Statute which deviate from customary international law" (cfr. *Prosecutor v. Dusko Tadic*, Appeals Chamber, Case No: IT-94-1-A, Judgement of 15 July 1999, parág. 296). Aparentemente, o Tribunal referia-se à possibilidade de o Conselho adoptar âmbitos mais restritos quanto aos crimes consagrados no Estatuto, como a exigência de intenção discriminatória nos crimes contra a humanidade.

[46] Tenha-se presente que a aplicação do critério do controlo efectivo foi igualmente consagrada concretamente em relação às Nações Unidas no citado artigo 1, al. c) da Convenção sobre Segurança do Pessoal das Nações Unidas e Associado de 1994.

[47] Já se viu que é o que se passa em relação a particulares que actuem no território do Estado para manter a ordem em situações de ausência desta (cfr. o artigo 9 do citado Projecto da Comissão de 2001). Também Iran – United States Claims Tribunal, em *Kenneth P. Yeager, USA v. Iran*, cit., November 2, 1987, parág. 45; *Prosecutor v. Dusko Tadic*, Appeals Chamber, Case No: IT-94-1-A, parág. 127 e 144.

[48] Cfr. o citado artigo 7 do Projecto sobre Responsabilidade dos Estados da Comissão de 2001.

cessado as actividades com que discorda e teria os meios e a obrigação de tomar conhecimento destas. Só esta situação permitirá responsabiliza-la completamente. Não basta, pois, a existência de um controlo genérico.

O elemento decisivo é a organização internacional poder dar ordens a que as forças obedecerão. Se o órgão das Nações Unidas responsável pode não apenas vetar a prática de um acto por estas, mas igualmente ordenar a prática destes, existe verdadeiramente uma cadeia de comando e deste modo os membros da força convertem-se em órgãos das Nações Unidas. A sua actuação será, pois, uma actuação pública. Se esta envolver o exercício de um poder bélico, estar-se-á perante um poder público bélico em sentido estrito pelo qual as Nações Unidas responderão em sede de eventual responsabilidade internacional[49].

A mesma conclusão vale para situações em que, mesmo não existindo uma cadeia de comando entre as Nações Unidas e as forças dos Estados, às primeiras cabe exclusivamente o poder de decidir actuar, podendo estes segundos, porém, fazer um juízo de oportunidade sobre esta decisão e eventualmente recusar-se a executá-la. Nestes casos, ainda se está perante um uso público da força (embora seja privado simultaneamente), já que os Estados, se decidirem actuar, o farão ainda como instrumentos das Nações Unidas, mesmo que os seus efectivos utilizados não possam ser considerados como órgãos da organização (por não existir controlo efectivo pleno). Só podem recorrer à força se estas entenderem em cada caso específico que tal se justifica e dentro de limites relativamente determinados. É, pois, cumprido o critério de imputação acima referido da existência de instruções específicas.

É precisamente esta falta de autonomia positiva dos Estados (ou orga-nização internacional) que leva a excluir que neste caso se esteja perante

---

[49] Como afirmou o Secretário-Geral: "In joint operations, international responsibility for the conduct of the troops lies where operational command and control is vested according to the arrangements establishing the modalities of cooperation between the State or States providing the troops and the United Nations. In the absence of formal arrangements between the United Nations and the State or States providing troops, responsibility would be determined in each and every case according to the degree of effective control exercised by either party in the conduct of the operation" [cfr. *Report Of The Secretary-General – Administrative And Budgetary Aspects Of The Financing Of United Nations Peacekeeping Operations* (UN Doc. A/51/389 (1996), 20 September 1996; texto igualmente em ILM, Vol. 37, No. 3, 1998, pág. 700-712), parág. 18]. Ver, porém, de forma inesperada, contra: Danesh Sarooshi, *The United Nations and the Development of Collective Security: The Delegation by the UN Security Council of Its Chapter VII Powers*, Oxford, 1999, pág. 163-165 (considera que basta um controlo genérico pelo Conselho que se satisfaz com uma habilitação seguida de apreciação de relatórios fornecidos).

um uso privado habilitado. Estes Estados só gozam de uma autonomia negativa no sentido em que podem recusar-se a cumprir a instrução. Mas deixam de se colocar os problemas daquela figura derivados da autonomia positiva que confere aos seus destinatários. Só a sua omissão poderia ser qualificada como puramente privada. A utilização da força acabará por ser igualmente pública, em resultado da sua imputação às Nações Unidas. Mas para que tal assim se passe é necessário que o poder de decisão caiba de facto às Nações Unidas e que não seja deixada grande margem de autonomia às forças privadas, além de estes terem de acatar os termos das instruções[50].

De qualquer modo, através de uma instrução específica, as Nações Unidas tornam-se responsáveis pelo acto, mas os efectivos utilizados pela entidade não se convertem em forças das Nações Unidas. Não existe qualquer poder de direcção ou controlo efectivo positivo sobre estas que fundamente esta conclusão[51]. Daí que em caso de incumprimento positivo da instrução, pelo facto de esta ter sido levada a cabo com violação das condições estabelecidas ou contra outro alvo, as Nações Unidas não serão já responsabilizadas[52]. Consequentemente, nestes casos a actuação é simultaneamente privada e pública: privada por os efectivos privados não se converterem numa Força das Nações Unidas, mas pública porque os actos serão imputados a esta organização. O que significa que também neste caso existe a criação de uma excepção à proibição privada de uso da força semelhante à habilitação, mas que não confere a mesma latitude que esta atribui.

Nos casos em que a habilitação seja vaga, será necessário averiguar como esta foi interpretada na sua execução para apurar se existiu um controlo efectivo ou instruções específicas por parte das Nações Unidas ou não e desta forma poder concluir se se esteve perante um uso público ou um uso privado habilitado.

---

[50] Foi o que se passou na questão da Rodésia do Sul com a instrução específica constante da Resolução 221 (1966), de 9 de Abril (texto em RDSCOR, 1966, pág. 5), parág. 5, segunda parte, dirigida ao Reino Unido para deter um petroleiro específico caso este descarregasse o seu petróleo em Moçambique (ver, *infra*, parág. 65); bem como o que se passou em vários dos casos dos bombardeamentos levados a cabo pela OTAN contra os Sérvios da Bósnia-Herzegovina sob instruções do Secretário-Geral das Nações Unidas ou do comandante da UNPROFOR, por delegação do Conselho de Segurança (ver, *infra*, parág. 67).

[51] Que é o que justifica o regime do citado artigo 7 do referido Projecto sobre Responsabilidade da Comissão de Direito Internacional de 2001 que responsabiliza a entidade mesmo pelos actos abusivos dos seus órgãos.

[52] Neste sentido, no que diz respeito às relações entre particulares e Estados: Comissão de Direito Internacional, parág. 8 do comentário ao artigo 8 do seu mencionado Projecto sobre Responsabilidade dos Estados de 2001, em RILC, 2001, pág. 108-109.

**9.2. E poder público bélico delegado.** De qualquer modo, teoricamente o uso privado habilitado distingue-se do uso público facilmente, mesmo que apresentem semelhanças em situações em que exista uma delegação do Conselho de Segurança a um outro órgão das Nações Unidas. De facto, nestas situações, em ambas existe um acto do Conselho que permite o exercício de poderes por outra entidade ou órgão. Actos que colocam em parte as mesmas questões[53].

Mas, no primeiro caso, trata-se de uma delegação interna às Nações Unidas[54]. Já no caso de uma habilitação, esta é concedida a uma ou várias

---

[53] Daí que alguma Doutrina aborde conjuntamente as duas questões, as qualifique a ambas como "delegações" ou que pelo menos qualifique a habilitação como tal: Burns Weston, *Security Council Resolution 678 and Persian Gulf Decision Making: Precarious Legitimacy*, AJIL, Vol. 85, No. 3, 1991, pág. 516-535, na pág. 517; D. Momtaz, *La Délégation* (...), cit., pág. 105-106, 110 e 113-114 (embora também fale em autorização); Ugo Villani, *L'Intervento nella Crisi del Golfo*, em *Interventi delle Nazioni Unite e Diritto Internazionale* (dir. Paulo Picone), Padova, 1995, pág. 15-59, na pág. 42; Richard Falk, *The Haiti Intervention: A Dangerous World Order Precedent For The United Nations*, HILJ, Vol. 36, 1995, pág. 341 e segs., texto notas 71-72; Sean D. Murphy, *Nation-Building: A Look At Somalia*, TJICL, Vol. 3, 1995, pág. 19-43, na pág. 37-38; D. Sarooshi, *The United Nations* (…), cit., pág. 4; Frederic L. Kirgis, *Book Review and Note: Decision-Making in the UN Security Council. By David M. Malone; The United Nations and the Development of Collective Security. By Danesh Sarooshi*, AJIL, Vol. 93, 1999, pág. 970-975, na pág. 974 (correctamente afasta as habilitações aos Estados das delegações, mas depois inesperadamente considera delegações as habilitações a organizações ou Estados organizados regionalmente); Vera Gowlland-Debbas, *The limits of unilateral enforcement of community objectives in the framework of UN peace maintenance*, EJIL, Vol. 11, 2000, pág. 361-383, na pág. 368.

[54] Não se pode afirmar que o termo delegação seja utilizado na prática exclusivamente em relação a actos que permitem a um outro órgão da mesma pessoa colectiva o exercício de poderes. De facto, existem precedentes de qualificação como delegações de formas de concessão de poderes realizadas a entidades externas, mesmo às Nações Unidas. Assim, o artigo 6 do Acordo sobre uma Resolução Política Compreensiva do Conflito no Camboja de Paris de 23 de Outubro de 1991 (texto em ILM, Vol. 31, 1992, pág. 174-199) estabelece: "The SNC hereby delegates to the United Nations all powers necessary to ensure the implementation of this Agreement, as described in annex 1". O Conselho Supremo Nacional (SNC) consistia no órgão que reunia os representantes das facções no conflito interno cambojano e que fora reconhecido como órgão supremo do Camboja durante a fase de transição. Como ficou referido, as Nações Unidas exerceram os poderes recebidos por intermédio da Autoridade Transitória das Nações Unidas para o Camboja (UNTAC) [ver também S. Ratner, *The Cambodia* (...), cit., pág. 10-11; Jarat Chopra, *United Nations Authority In Cambodia*, T. J. Watson Jr. Institute, 1994, pág. 1]. Mas não parece que a qualificação pelas partes de uma determinada concessão de poderes às Nações Unidas possa levar a alterar uma terminologia e especialmente um regime específico que decorre da Carta. Aliás, o termo delegação surge na prática com vários sentidos. Assim, na sua Resolução 1338 (2001), de 31 de Janeiro [texto em UN Doc.

entidades externas. A sua execução deixa de constituir uma acção das Nações Unidas para passar a ser das entidades habilitadas. Ora, esta circunstância diminui os poderes de fiscalização do Conselho e as duas situações vão seguir um regime jurídico parcialmente diferente.

Com efeito, por um lado, o órgão destinatário de uma delegação tem um dever de exercer as competências delegadas. Pelo contrário, uma entidade destinatária de uma habilitação não tem qualquer obrigação de utilizar os poderes concedidos, a menos que se tenha vinculado a tal. Ora, tal implica que o Conselho pode censurar a entidade habilitada por actos que tenha adoptado e mesmo exigir-lhe que se abstenha destes, mas já não pode exigir que a entidade adopte actos bélicos específicos. Esta não terá qualquer dever de os praticar. Isto é, o Conselho tem um poder de a fiscalizar, mas não goza de um poder positivo de instrução, como tem já numa delegação em relação ao órgão delegado. Igualmente o poder de avocar a decisão de uma questão específica pode bulir com esta autonomia da entidade habilitada[55].

Por outro lado, em caso de prática de actos ilícitos no exercício do poder concedido, no caso de uma delegação, serão apenas as Nações Unidas a entidade responsável, visto que foram estas que actuaram, ainda que utilizando meios fornecidos por Estados membros[56]. No caso de uma habilitação a uma entidade externa, será esta a principal responsável. As Nações Unidas apenas poderão incorrer em responsabilidade pelo incentivo ou cumplicidade moral[57].

De facto, a mera habilitação, assuma esta uma forma neutra de autorização ou seja acompanhada de uma recomendação quanto ao uso da força, será sempre demasiado genérica para se poder considerar que cumpre ao menos o critério das instruções específicas. Serão as entidades habilitadas que decidirão exactamente como executar os termos da habilitação, cabendo-lhes decidir se e como usar a força.

---

S/RES/1338 (2001)], preâmbulo e parág. 3, o Conselho afirma "Requests the Special Representative of the Secretary-General to continue to take steps to delegate progressively further authority within the East Timor Transitional Administration (ETTA) to the East Timorese people". A expressão delegar surge como sinónimo de integrar no seio da UNTAET mais naturais de Timor-leste e não qualquer delegação de poderes em sentido técnico.

[55] Ver sobre os poderes de controlo do Conselho sobre as entidades habilitadas, *infra*, parág. 73.

[56] Estes Estados apenas poderão ser chamados a responder por cumplicidade; ver, *infra*, parág. 100.2.1.

[57] Ver, *infra*, parág. 101.

Finalmente, a estes dois aspectos, acresce um terceiro que se prende com o regime jurídico de limites a que ficam sujeitos. É certo que quanto à aplicação do princípio da necessidade e proporcionalidade ao poder público ou ao uso privado habilitado o regime é idêntico. Mas a relevância do limite teleológico é distinta. O fim é essencialmente um limite negativo para o uso habilitado da força, enquanto para o exercício do poder público por delegação constitui um verdadeiro limite positivo, mesmo ao nível interno da formação da vontade[58]. Trata-se, pois, de figuras perfeitamente distintas[59].

Consequentemente, o uso da força por um órgão delegado das Nações Unidas constitui um exercício do poder público bélico em sentido estrito por esta organização. Já o uso da força por Estados ou outras organizações no uso de uma habilitação é ainda um uso privado da força em relação ao qual a habilitação se limitou a excepcionar os destinatários do dever de respeitar

---

[58] Ver, *infra*, parág. 89.3.

[59] Contra, entendendo que os Estados que utilizam a força com base numa habilitação exercem o mesmo poder do Conselho por força de uma verdadeira delegação: D. Sarooshi, *The United Nations* (...), cit., pág. 13; V. Gowlland-Debbas, *The limits of unilateral* (...), cit., pág. 368. O primeiro dos autores com argumentos interessantes sustenta que se trata de uma delegação do mesmo poder porquanto mantém a mesma natureza discricionária. Que uma autorização seria sempre muito mais restrita. Na realidade, como reconhece, a terminologia de autorização é utilizada igualmente em situações em que o destinatário desta já goza de um direito e esta é um mero acto externo que legitima o seu exercício (o que não é o caso, claro está, nas habilitações). Claramente, nestes casos a situação do autorizado seria sempre mais livre do que a dos destinatários de uma habilitação sob a forma de uma autorização. Nem vale a pena invocar a sentença do Tribunal Internacional de Justiça no caso *Application for Review of Judgement No. 158 of the United Nations Administrative Tribunal*, Advisory Opinion, 12 July 1973, *I.C.J. Reports* 1973, pág. 175, parág. 23 (que, depois de considerar que não houvera uma delegação do seu poder pela Assembleia Geral, concluiu que "the Committee on Applications for Review of Administrative Tribunal Judgements is an organ of the United Nations, duly constituted under Articles 7 and 22 of the Charter, and duly authorized under Article 96, paragraph 2, of the Charter to request advisory opinions"). O Tribunal não utilizou o termo "duly authorized" com o seu sentido técnico, antes o fez por influência da terminologia menos feliz do artigo 96, n.º 2 CNU. Pretendeu simplesmente afirmar que a Assembleia criara este órgão subsidiário e lhe conferira competência própria para pedir pareceres nos termos do artigo 96, n.º 2 e não que lhe delegara a sua própria competência conferida pelo artigo 96, n.º 1. Neste sentido, igualmente o artigo 96, n.º 2 não utiliza o termo autorização com o seu sentido próprio, de acto que permite a prática de um determinado acto numa dada situação, como surge nos artigos 47, n.º 4 e 53, n.º 1, segunda parte, CNU. Ao conceder competência própria ao comité a Assembleia fê-lo normalmente para todas as situações futuras, portanto, em termos gerais e abstractos. Aliás, a Carta utiliza o termo autorização em dois outros preceitos em termos igualmente pouco técnicos: artigos 2, n.º 7 e 107.

a proibição de uso privado da força e a impor determinados limites e fins normalmente vagos. O regime jurídico tem semelhanças, mas a natureza da faculdade exercida é distinta.

Igualmente a questão do fundamento de cada um destes diferentes actos coloca problemas distintos. Embora ambos levantem questões quanto à sua compatibilidade com a Carta, as habilitações têm sido abertamente contestadas em si mesmas por alguns Estados e partes da Doutrina, enquanto que as delegações o têm sido essencialmente em relação a determinados casos concretos, designadamente por força da sua extensão[60].

Ora, se o regime é distinto, igualmente as figuras devem ser distinguidas, incluindo na denominação. Acresce que o termo delegação para designar a concessão de poderes pelas Nações Unidas a uma entidade terceira não tem qualquer apoio na Carta ou na prática do Conselho. Tal acto é qualificado pela Carta como uma autorização e não como uma delegação (artigo 53, n.º 1, segunda parte). Prefere-se a expressão habilitação pelo facto de esta poder igualmente compreender uma eventual vertente injuntiva, caso exista um acordo prévio dos destinatários desta, ou uma recomendação. Até ao presente, todos os casos de habilitação têm consistido em meras autorizações ou recomendações[61].

**9.3. Estadual e regional.** No seio do uso privado habilitado da força deve ainda ser feita uma distinção entre as situações em que a habilitação tem por destinatários um ou mais Estados que se organizam para o efeito e aquelas em que a entidade habilitada é uma organização ou um grupo de Estados previamente organizado regionalmente. A primeira pode ser denominada como habilitação estadual e a segunda como habilitação regional, embora esta segunda possa ter por destinatário igualmente uma organização ou grupo de Estados transregional; isto é, que compreende Estados ou tem um âmbito que abrangem mais do que uma região.

Esta segunda tem consagração clara, como decorre do artigo 53, n.º 1, segunda parte, CNU. De facto, na primeira parte do preceito afirma-se que o Conselho de Segurança utilizará quando entender apropriado estruturas regionais para levar a cabo acções bélicas sob sua direcção. Mas a segunda parte do preceito contém duas outras normas: uma primeira que proíbe acções bélicas por parte destas estruturas e uma segunda que estabelece que esta proibição pode ser excepcionada por uma autorização do Conselho de

---

[60] Ver, *infra*, parág. 53, 61-62 e 75.
[61] Ver, *infra*, parág. 75.3.

Segurança; isto é, por uma habilitação que não implica qualquer direcção ou controlo efectivo por parte das Nações Unidas. Na primeira e segunda parte do artigo 53, n.º 1 encontram-se, portanto, consagrados o poder público bélico em sentido estrito (a exercer nos termos do artigo 42 CNU) e o uso privado habilitado, sob a forma de uma habilitação regional[62, 63].

Deste modo, a estrutura regional assim habilitada poderá adoptar as medidas bélicas que considerar mais adequadas sem qualquer comando pelas

---

[62] A Declaração sobre o Reforço da Cooperação entre as Nações Unidas e Acordos ou Organizações Regionais na Manutenção da Paz e Segurança Internacional, aprovada pela Resolução 49/57 de 9 de Dezembro de 1994 da Assembleia Geral (texto em RDGAOR, 49.ª, 1994, vol. I, pág. 296-297), nos parág. 1-d e 10 (que forças regionais serão utilizadas "when necessary, under the authority **or** with authorization of the Security Council"), distingue claramente, de acordo com o artigo 53, n.º 1 CNU, entre o uso de forças regionais pelo Conselho de Segurança e a habilitação destas para levarem a cabo medidas coercivas.

Igualmente, a Nova Zelândia afirmou: "Article 53 authorized measures of regional organizations under the direction or with the authority of the Security Council" (cfr. RPSC, 1952-1955, Chapter XII, pág. 166; 20 de Junho de 1954, 675.ª reunião). Também o Secretário-Geral sustentou a admissibilidade de autorizações (e não meras execuções) por parte do Conselho a organismos ou acordos regionais [cfr. *An Agenda for Peace Preventive diplomacy, peacemaking and peace-keeping* (UN Doc. A/47/277 – S/24111, 17 June 1992), parág. 65], embora sem estabelecer grande diferença em relação às situações de utilização de forças regionais pelas Nações Unidas. Posteriormente, em 1995, num relatório complementar, voltaria a aceitar habilitações a organismos regionais para o recurso a medidas coercivas, embora cite o caso do apoio da NATO à UNPROFOR na Bósnia-Herzegovina que não parece constituir um caso de habilitação: *Supplement to an Agenda for Peace: Position Paper of the Secretary-General on the Occasion of the Fiftieth Anniversary of the United Nations* – UN Doc. A/50//60 – S/1995/1, 3 January 1995, parág. 79 e 86, al. c).

[63] Na Doutrina a questão da distinção destas duas figuras consagradas no artigo 53, n.º 1, primeira e segunda parte, tem sido pouco tratada ou ignorada; uma excepção é Georg Ress, *Article 53*, em *The Charter of the United Nations – A Commentary* (ed. Bruno Simma), München, 1994, pág. 722-752, na pág. 730 e 732; ver igualmente U. Villani, *L'Intervento* (...), cit., pág. 31 e 42-43. A maioria dos autores ignora a distinção: Don Wallace, Jr., *International Law and the Use of Force: Reflections on the Need for Reform*, IL, Vol. 19, 1985, pág. 259 e segs., texto nota 17; U. Villani, *L'Intervento* (...), cit., pág. 41-42; Enzo Cannizzaro, *Sull'attuazione di risoluzioni del Consiglio di sicurezza da parte di organizzazioni regionali*, RDI, vol. LXXVI, 1993, n.º 2, pág. 408-410, na pág. 408 e Djamchid Momtaz, *La Délégation par le Conseil de Sécurité de l'Exécution de ses Actions Coercitives aux Organisations Régionales*, AFDI, XLIII, 1997, pág. 105-115, na pág. 106-107, 110 e 114 (consideram que uma mera habilitação converte as Forças regionais em órgão das Nações Unidas, o que não se pode aceitar); M. Perrin de Brichambaut, *Les Nations Unies et les Systèmes Régionaux*, em *Le Chapitre VII de la Chartre des Nations Unies* (SFDI – Colloque de Rennes), Paris, 1995, pág. 97-106, na pág. 98 (sustenta que o Conselho controla todos os actos regionais, que seriam puramente executivos); Cristiana Fioravanti, *La Carta delle Nazioni Unite e il trattato Nato*, 1999, 2-A.

Nações Unidas. A utilização do termo direcção na primeira parte do artigo 53, n.º 1, perante o termo autorização na segunda parte indica uma diferença de regimes. Existirá apenas uma obrigação de informar aquelas das medidas tomadas e das razões que as motivaram, como decorre do artigo 54 CNU[64]. Pelo contrário, nos termos da primeira parte do artigo 53, n.º 1, a referência ao uso das forças pelo Conselho sob sua autoridade indica a existência de um exercício do poder público bélico em sentido estrito porquanto apesar de utilizadas igualmente forças da estrutura regional, estas o são sob direcção (isto é, com base numa hierarquia formal de comando) das Nações Unidas na execução das suas decisões. Neste último caso, as forças regionais convertem-se num mero instrumento, tornando-se em forças das Nações Unidas[65].

Esta afirmação não impede que em concreto possam surgir dúvidas de qualificação, por ser difícil determinar o grau de autonomia que foi deixado às forças regionais para decidir exactamente as medidas a adoptar. Em última análise, como ficou escrito, o critério assenta nos requisitos que o Direito Internacional da Responsabilidade impõe para que se possa imputar uma determinada acção a uma entidade, apesar desta ter sido executada por uma outra[66].

---

[64] Sobre o regime da habilitação, ver, *infra*, parág. 70-73.

[65] O conselho por diversas vezes nas suas habilitações bélicas utiliza a expressão "under the authority of the Security Council" [por exemplo, entre tantas, a Resolução 665 (1990), de 25 de Agosto, parág. 1 (texto em RDSCOR, 1990, pág. 21-22)]; ou seja, emprega terminologia da primeira parte do artigo 53, n.º 1. No entanto, tais expressões não têm um mínimo de apoio na realidade. A expressão "authority" no artigo 53, n.º 1, primeira parte, pretende designar direcção jurídica formal ou, no mínimo, controlo efectivo. Isto é, remete directamente para o artigo 42. Regula, pois, outra forma de constituir forças das Nações Unidas, para lá da prevista expressamente no artigo 43 (ver, *infra*, parág. 58.3).

Porém, por meio das habilitações, o Conselho renuncia a qualquer direcção, cabendo-lhe um mero controlo posterior, de duvidosa eficácia prática (ver, *infra*, parág. 73). Assim, a expressão utilizada nestas resoluções constitui essencialmente uma mera figura de estilo para procurar dar maior conformidade literal com o texto da Carta a estes actos, especialmente quando dirigidos directamente a Estados e, quando muito, sublinhar o poder do Conselho de em qualquer altura revogar ou alterar a habilitação. O seu regime efectivo é o do artigo 53, n.º 1, segunda parte, (ou paralelo, quando têm Estados por destinatários) e não o da primeira parte, que remete para o artigo 42, exigindo direcção efectiva do Conselho. Daí normalmente a utilização da expressão autorização constante da segunda parte do preceito.

[66] Um precedente que exemplifica as dificuldades de delimitação entre o uso privado estadual habilitado, o uso privado regional habilitado e mesmo o poder público bélico é fornecido pela Resolução 917 (1994), de 6 de Maio (texto em RDSCOR, 1994, pág. 47), parág. 10, em que o Conselho de Segurança declarou: "Acting also under Chapter VIII of

Já o primeiro caso de habilitação estadual é de fundamento mais controverso[67]. No fundo, trata-se de fazer reviver o modelo que aparentemente vigorou no Pacto da Sociedade das Nações de meras habilitações aos Estados, sem qualquer direcção da Sociedade[68].

the Charter of the United Nations, calls upon Member States cooperating with the legitimate Government of Haiti, acting nationally or through regional agencies or arrangements, to use such measures commensurate with the specific circumstances as may be necessary under the authority of the Security Council to ensure strict implementation of the provisions of the present resolution and earlier relevant resolutions, and in particular to halt outward as well as inward maritime shipping as necessary in order to inspect and verify their cargoes and destinations (...)". Assim, existe uma habilitação em relação a Estados, mas também em relação a organizações regionais (embora o Conselho, de forma pouco respeitosa para com a personalidade jurídica autónoma das organizações regionais, tenda a referir-se-lhes de forma indirecta), no caso concreto, especificamente a Organização de Estados Americanos. Mas depois o Conselho afirma que tal uso da força deve ser realizado sob sua autoridade, lançando aparentemente a confusão sobre a natureza do acto, por se poder estar perante uma utilização de forças regionais pelo Conselho (artigo 53, n.º 1, primeira parte, CNU), perante uma mera habilitação regional (artigo 53, n.º 1, segunda parte, CNU) ou estadual (Capítulo VII, à luz da prática do Conselho). É, pois, necessário verificar quem exactamente exerceu a habilitação e em que termos.

Assim, ficou já esclarecido que a utilização da expressão "under the authority of the Security Council" é pouco mais do que uma figura de estilo que depois não tem correspondência na prática. Sendo esta autoridade meramente nominal, como efectivamente o foi, tem de se concluir que neste caso se esteve perante um uso privado habilitado estadual, já que foi uma força multinacional dirigida pelos EUA que executou os actos de controlo marítimo e esteve prestes a intervir militarmente sem qualquer direcção efectiva do Conselho (ver, *infra*, parág. 75.3.2).

[67] Sobre o fundamento desta figura, ver, *infra*, parág. 75.

[68] Ver, *infra*, parág. 19.3.

## III – Outras figuras bélicas.

### A – Uso privado (não habilitado) da força.

**10. A proibição internacional vigente.** Nos termos expostos, o uso privado (não habilitado) da força é distinto do uso público. O primeiro compreende acções bélicas desencadeadas sob decisão exclusiva e autoridade de um ou alguns Estados ou de uma organização internacional (ou associação de Estados) que não foi criada para o efeito pela Comunidade Internacional[69].

O Direito Internacional Público, depois de uma evolução secular, acabou por proibir o uso privado da força nas relações internacionais[70]. Apesar de tal não ser inteiramente pacífico, como se procura demonstrar, julga-se que esta regra apenas tem actualmente uma verdadeira excepção e duas excepções meramente interpretativas, por se encontrarem fora do seu âmbito. A primeira decorre da existência de uma habilitação das Nações Unidas ao uso privado da força. As duas segundas prendem-se com a acção bélica directa desta organização e com o uso da força a nível interno. Fora destes casos, apenas pode ser desrespeitada com base em causas de exclusão da ilicitude (ou de responsabilidade) e estas não são verdadeiras excepções[71].

**10.1. Âmbito.** A posição assumida tem apoio na Jurisprudência, porém, está longe de ser consensual na Doutrina. Em relação ao artigo 2, n.º 4 CNU, bem como quanto ao seu carácter consuetudinário, têm surgido diferentes posições.

Uma primeira considera que a proibição que aquele consagra se converteu essencialmente numa mera proibição de utilização da força com fins de

---

[69] A questão do uso da força por outros sujeitos internacionais menores que exerçam poderes internos de natureza pública (máxime, movimentos armados) é abordada, *infra*, parág. 10.5 e 15.2.

[70] Sobre esta evolução, ver E. Correia Baptista, Ius Cogens *em Direito Internacional*, Lisboa, 1997, pág. 106-120 e 198-203.

[71] Sobre a diferença entre excepção e causa de exclusão da ilicitude, ver, *infra*, parág. 38.

conquista territorial, designadamente, por força de práticas contrárias[72].
Uma segunda procura interpretar o artigo 2, n.º 4 de forma restritiva, sustentando que não proíbe certas utilizações da força ou que, designadamente
associado a uma interpretação própria do artigo 51 CNU, deixou intocadas
certas utilizações tradicionalmente reconhecidas pelo Direito Internacional
Costumeiro. Finalmente, uma terceira adopta uma posição abrangente quanto
à proibição, idêntica à que se adopta, e restritiva quanto à admissibilidade
da invocação de causas de justificação para desrespeitos desta[73].

A primeira tese procura justificação na circunstância de o sistema de
segurança colectiva estabelecido pela Carta não ter funcionado durante
décadas e de, em rigor, só parcialmente ter sido concretizado. Que os Estados consentiram em renunciar ao recurso à força na expectativa de que
aquele sistema funcionasse; logo, perante o seu fracasso, poderiam legitimamente reassumir os seus direitos bélicos[74].

---

[72] Neste sentido: Thomas Franck, *Who Killed Article 2(4)*, AJIL, Vol. 64, No. 4, 1970,
pág. 809-837, na pág. 835-836 (embora o autor posteriormente tenha adoptado posições
incompatíveis com esta; assim, designadamente, ver o seu *When, If Ever, May States Deploy
Military Force Without Prior Security Council Authorization?*, WUJLP, Vol. 5, 2001, pág. 51-
-68, na pág. 64-65 e 68 em que sustenta uma mera tolerância para pontuais usos da força em
situações extremas); W. Michael Reisman, *Criteria for the Lawful Use of Force in International
Law*, YJIL, Vol. 10, 1985, pág. 279-285, na pág. 281-283; Anthony C. Arend/Robert J. Beck,
*International Law and the Use of Force: Beyond the UN Charter Paradigm*, London/New
York, 1993, pág. 184-185.

[73] Trata-se da posição, entre outros citados *infra*, de: Ian Brownlie, *International Law
and the Use of Force by States*, Oxford, 1983 (reimp. ed. 1963), pág. 264-281; Quincy
Wright, *The Middle East Problem*, AJIL, Vol. 64, No. 2, 1970, pág. 270-281, na pág. 273;
Louis Henkin, *The Reports of the Death of Article 2 (4) Are Greatly Exaggerated*, AJIL, Vol.
65, 1971, pág. 544-548; Paul Szasz, *Is the ASIL Policy on Divestment in Violation of International
Law? Further Observations*, AJIL, Vol. 82, 1988, pág. 314-318, na pág. 316; Oscar Schachter,
*The Legality of Pro-Democratic Invasion*, AJIL, Vol. 78, 1984, pág. 645-649, na pág. 648-649
(embora admita uma excepção para uma intervenção restrita para resgate de cidadãos em
risco); Albrecht Randelzhofer, *Article 2 (4)*, em *The Charter of the United Nations – A
Commentary* (ed. Bruno Simma), München, 1994, pág. 106-128, na pág. 117-118; John
Murphy, *Force and Arms*, em *United Nations Legal Order* (ed. O. Schachter/C. Joyner), Vol.
I, New York/Melbourne, 1995, pág. 247-317, na pág. 255-256.

[74] Posição sustentada por: Robert Tucker, *Reprisals and Self-Defense: The Customary
Law*, AJIL, Vol. 66, No. 3, 1972, pág. 586-596, na pág. 588-589 (alargamento desmesurado
da "legítima defesa") e 594, nota 5; W. Michael Reisman, *Coercion and Self-Determination:
Construing Charter Article 2(4)*, AJIL, Vol. 78, 1984, pág. 642-645, na pág. 642-643 e em
*Criteria for the Lawful Use of Force in International Law*, YJIL, Vol. 10, 1985, pág. 279-285,
na pág. 280 e 281; A. Arend/R. Beck, *International Law* (...), cit., pág. 178-180; Anthony
D'Amato, *Review: Right v. Might. International Law and the Use of Force*, AJIL, Vol. 85,

Na verdade, obrigações semelhantes foram subscritas pela esmagadora maioria dos Estados então existentes em dezenas de tratados no final dos anos vinte e durante os anos trinta do Século XX, sem que à altura tivesse sido estabelecido um sistema mais eficaz do que aquele que vigora efectivamente na actualidade[75]. Não parece, pois, fazer sentido fazer depender a eficácia das obrigações decorrentes do artigo 2, n.º 4 (ou artigo 53, n.º 1, segunda parte[76], em relação às organizações internacionais) da Carta da concretização do sistema previsto nesta. Tais disposições entraram em vigor imediatamente, sendo certo que se sabia que o sistema baseado nos acordos do artigo 43 poderia demorar tempo a ser concretizado, daí o artigo 106 CNU. Acresce que tais obrigações decorrem actualmente do Direito Internacional Costumeiro não se encontrando sujeitas à Alteração de circunstâncias ou a qualquer condição de eficácia das Nações Unidas[77, 78].

---

1991, pág. 201-204, na pág. 202; Byron F. Burmester, *On Humanitarian Intervention: The New World Order and Wars to Preserve Human Rights*, ULR, 1994, pág. 269-323, na pág. 300; Brian K. McCalmon, *States, Refugees, and Self-Defense*, GILJ, Vol. 10, 1996, pág. 215-239, na pág. 229.

[75] Tal foi criticado e foi uma das causas do falhanço do sistema, mas poucos autores contestaram a vinculatividade das obrigações então assumidas com base na falta de estruturação de um sistema de garantia destas (assim, também: Pitman Potter, *Is the Establishment of Peace and Disarmament Dependent Upon the Perfection of International Law and Organization?*, AJIL, Vol. 27, No. 1, 1933, pág. 125-129, na pág. 126-127 e 129).

[76] "But no enforcement action shall be taken under regional arrangements or by regional agencies without the authorization of the Security Council".

[77] Recorde-se que o Tribunal Internacional de Justiça afirmou em 1949 quando a paralisia do sistema da Carta era já bem visível: "The Court can only regard the alleged right of intervention as the manifestation of a policy of force, such as has, in the past, given rise to most serious abuses and such as cannot, **whatever be the present defects in international organization**, find a place in international law" [cfr. *The Corfu Channel Case (Merits)*, Judgement of April 9th, 1949, *I.C.J. Reports* 1949, pág. 35]. Nesta referência aos defeitos de organização da Comunidade Internacional existe uma implícita inclusão da situação de ineficácia das Nações Unidas. A ideia a retirar da posição do Tribunal sobre a questão é que nenhum defeito desta organização, incluindo este, pode justificar a perda de vigência da proibição do uso da força. Ver também Natalino Ronzitti, *Rescuing Nationals Abroad Through Military Coercion and Intervention on Grounds of Humanity*, Dordrecht, 1985, pág. 9; Jens Elo Rytter, *Humanitarian Intervention without the Security Council: From San Francisco to Kosovo – and Beyond*, NJIL, Vol. 70, No. 1/2, 2001, pág. 121-160, na pág. 131.

[78] Em sentido semelhante: Oscar Schachter, *In Defense of International Rules on the Use of Force*, UCLR, Vol. 53, 1986, pág. 113-146, na pág. 125-126; N. Ronzitti, *Rescuing* (...), cit., pág. 9 e 10; Rex. J. Zedalis, *Protection of Nationals Abroad: Is Consent the Basis of Legal Obligation?*, TILJ, Vol. 25, 1990, pág. 209-270, na pág. 230; J. Rytter, *Humanitarian Intervention* (...), cit., pág. 130; J. Murphy, *Force and Arms* (...), cit., pág. 256.

Esta visão não pode ser acusada de afectar os direitos dos Estados à luz do Direito Internacional que, perante a ineficácia do sistema, ficariam sem um meio de os executar. Salvo nos casos de legítima defesa ou outras causas de justificação, que precisamente tutelam os mais importantes direitos dos Estados, na esmagadora maioria dos casos, a força tem sido utilizada para prosseguir fins manifestamente contrários ao Direito Internacional e não para garantir direitos reconhecidos por este[79]. Os poucos Estados que têm procurado encontrar pretextos jurídicos para diminuir o âmbito do artigo 2, n.º 4 não pretenderam normalmente acautelar direitos próprios (que mesmo proclamados, nem putativamente existiam), mas alterar a sua situação jurídica ou a de terceiros pelo uso da força.

É uma realidade que o artigo 2, n.º 4 literalmente se presta a mais do que uma interpretação. Efectivamente, este não se limita a proibir simplesmente todo e qualquer uso da força nas relações internacionais pelos Estados, fechando definitivamente a porta a qualquer excepção de forma a admitir somente uma utilização no exercício de uma causa de justificação, como a legítima defesa[80]. Em vez disso, utiliza expressões que se pretenderam ser

---

[79] Ver casos de uso da força condenados pelas Nações Unidas, *infra*, parág. 10.4.

[80] Trata-se da técnica utilizada pelo artigo 1 ("to refrain in their international relations from the threat or use of force") do Pacto de Varsóvia de 14 de Maio de 1955, entre a União Soviética, a Hungria, Polónia, Albânia, Checoslováquia, Roménia, Bulgária e a República Democrática Alemã (texto em UNTS, 1955, No. 2962, pág. 23-32). Pelo artigo 3, n.º 2 do Acordo relativo às Actividades dos Estados na Lua e outros Corpos Celestes de 18 de Dezembro de 1979 (texto em UNTS, Vol. 1363, No. 23002, 1984, pág. 21-86): "Any threat or use of force or any other hostile act or threat of hostile act on the moon is prohibited. It is likewise prohibited to use the moon in order to commit any such act or to engage in any such threat in relation to the earth, the moon, spacecraft, the personnel of spacecraft or man-made space objects". A França em declaração realizada no momento da sua assinatura afirmou que este artigo 3, n.º 2 se limitava a consagrar o que decorria da Carta (cfr. UNTS, cit., pág. 86). Redacção paralela é utilizada pela Carta da Organização de Estados Americanos de 30 de Abril de 1948 (texto original em UNTS, 1952, No. 1609, pág. 47-92) que estabelece no seu artigo 22: "The American States bind themselves in their international relations not to have recourse to the use of force, except in the case of self-defense in accordance with existing treaties or in fulfillment thereof". Embora, a última parte possa ainda fornecer base para interpretações extensivas, dado que o Tratado do Rio está longe de ser cristalino. Igualmente o Tratado de Segurança Colectiva entre os Estados da Comunidade de Estados Independentes de Tashkent de 15 de Maio de 1992 (texto em UNTS, Vol. 1894, No. 32307, 1995, pág. 313--323; em 1995 vinculava a Arménia, Azerbaijão, Belarus (Bielorússia), Cazaquistão, Geórgia, Quirguistão, Rússia, Tadjiquistão e Uzbequistão, mas posteriormente no final do prazo de cinco anos de validade do artigo 11, o Azerbaijão, a Geórgia, e o Uzbequistão não renovaram a sua participação), dispõe no seu artigo 1: "The States Parties reconfirm the obligation to abstain to use or threat of force in interstate relations. They shall resolve all the differences among them and other States only by peaceful means".

abrangentes, na verdade fornecem bases para que alguns Estados ou autores procurem encontrar excepções neste. Alegam estes que certos usos da força, mesmo fora de situações de legítima defesa, não seriam dirigidos contra a integridade territorial, independência política ou de qualquer forma contrários aos fins das Nações Unidas[81, 82].

---

[81] Na prática internacional encontram-se excepcionalmente declarações de Estados neste sentido. Assim, os EUA, além da necessidade de defender os seus cidadãos, alegaram a propósito da sua intervenção na República Dominicana, na reunião 1198.ª do Conselho, em 4 de Maio de 1965: "Neither had there been any violations by the United States of Article 2 (4), since it was not employing force against the territorial integrity or against the political independence of the Dominican Republic" (cfr. RPSC, 1964-1965, Chapter VIII, pág. 150). Refira-se, porém, que o mesmo Estado afirmara, em 18 de Dezembro de 1961, na 987.ª reunião do Conselho: "The Charter, in its categorical prohibition of the use of force in the settlement of international disputes, makes no exceptions, no reservations" (cfr. RPSC, 1959--1963, Chapter XII, pág. 286). Também a União Soviética afirmou para tentar justificar a invasão da Checoslováquia: "The acts of the socialist countries were not directed against the political independence or the territorial integrity of Czechoslovakia and, therefore, did not fall within the purview of the prohibitions of Article 2 of the Charter (cfr. RPSC, 1966-1968, Chapter XII, pág. 237; declaração proferida em 22 de Agosto de 1968, na 1443.ª reunião do Conselho). Igualmente a Bélgica em 10 de Maio de 1999, nas suas alegações orais em *Case Concerning Legality of Use of Force* perante o Tribunal Internacional de Justiça, afirmou: "this is an armed humanitarian intervention, compatible with Article 2, paragraph 4, of the Charter, which covers only intervention against the territorial integrity or political independence of a State" [cfr. CR 99/15 (translation), Monday 10 May 1999 at 3 p.m.; texto em ICJW)].

O Tribunal Internacional de Justiça afirmou a este respeito: "If a State acts in a way prima facie incompatible with a recognized rule, but defends its conduct by appealing to exceptions or justifications contained within the rule itself, then whether or not the State's conduct is in fact justifiable on that basis, the significance of that attitude is to confirm rather than to weaken the rule" (cfr. *Military and Paramilitary Activities*, cit., *I.C.J. Reports* 1986, pág. 98, parág. 186). Claramente, se as excepções alegadas forem rejeitadas pela maioria dos outros Estados, como o Tribunal estava a assumir, esta afirmação é correcta. Caso contrário, se estas alegações forem aceites pelos restantes Estados, tal afectará decisivamente a norma.

[82] Na Doutrina, a mesma posição quanto à existência de excepções no artigo 2, n.º 4 é sustentada por: Josef Kunz, *The Chaotic Status of the Laws of War*, AJIL, Vol. 45, No. 1, 1951, pág. 37-61, na pág. 53-54; W. T. Mallison, Jr, *Limited Naval Blockade or Quarantine Interdiction: National or Collective Defense Claims Valid Under International Law*, GWLR, Vol. 31, 1962, pág. 335-398, na pág. 381-382; Anthony D'amato, *Israel's Air Strike Upon The Iraqi Nuclear Reactor*, AJIL, Vol. 77, 1983, pág. 584-588, na pág. 584-586 e *Review: Right v. Might* (...), cit., pág. 202; American Law Institute, *Restatement of the Law*, Third, Foreign Relations Law of the United States, 1985-1987, parág. 703, Reporters' Note 8; Shah Alam, *Indian Intervention in Sri Lanka and International Law*, NILR, Vol. XXXVIII, 1991, pág. 346-359, na pág. 355; Malvina Halberstam, *The Copenhagen Document: Intervention in Support of Democracy*, HILJ, Vol. 34, 1993, pág. 163-175, na pág. 167; Ved Nanda/T. Muther,

No entanto, os trabalhos preparatórios da Carta indicam que a inclusão da referência a estes objectivos visou conferir maior abrangência à proibição de utilizar a força, retirando bases para uma interpretação que procure encontrar excepções decorrentes da letra do preceito[83]. O que se pode

---

Jr/A. Eckert, *Tragedies In Somalia, Yugoslavia, Haiti, Rwanda and Liberia – Revisiting the Validity of Humanitarian Intervention Under International Law- Part II*, DJILP, Vol. 26, 1998, pág. 827-868, na pág. 864; Gregory Travalio, *Terrorism, International Law, And The Use Of Military Force*, WILJ, Vol. 18, 2000, pág. 145-191, na pág. 166-167, 174-175 e 178-179.

[83] O artigo tem base no n.º 4 do Capítulo II das Propostas de Dumbarton Oaks que tinha a seguinte redacção: "All Members of the Organization shall refrain in their international relations from the threat or use of force in any manner inconsistent with the purposes of the Organization" (texto das propostas em YUN, 1946-1947, pág. 4-9). A não inclusão de uma proibição pura e simples do uso da força justificava-se pelo facto de as Propostas, na sequência da tradição de tratados anteriores que proibiram o recurso à guerra como o Pacto Briand-Kellog de 28 de Agosto de 1928 (texto em LNTS, vol. XCIV, 1929, n.º 2137, pág. 57-64) ou o Tratado Anti-bélico de 10 de Outubro de 1933 (texto em LNTS, vol. CLXIII, 1935-1936, n.º 3781, pág. 393-413), não consagrarem a justificação da legítima defesa. Durante a Conferência de S. Francisco entendeu-se restringir ainda mais a proibição com a inclusão de "against the territorial integrity or political independence of any state" por proposta da Austrália. Interpretando o preceito final, o *Report of Rapporteur of Committee I/1 to Commission I* (Doc. 944, June 13), afirma: "The Committee wishes to state (...), that the **unilateral use of force or similar coercive measures is not authorized or admitted**. The use of arms in legitimate **self-defense** remains admitted and unimpaired. The use of force, therefore, remains **legitimate only to back up the decisions of the Organization** at the start of a controversy or during its solution in the way that the Organization itself ordains" (texto em UNCIOSD, pág. 490-503, na pág. 498).

Também o Secretário de Estado norte-americano, no seu relatório sobre a Carta, afirma: "Under this principle Members undertake to refrain from the threat or use of force in any manner inconsistent with the purposes of the Organization. This means that force may be used in an organized manner under the authority of the United Nations to prevent and to remove threats to the peace and to suppress acts of aggression (...). Under Article 51 force may also be used in self-defense before the machinery of the Organization can be brought into action, since self-defense against aggression would be consistent with the purposes of the Organization" [cfr. *Charter of The United Nations Report to the President on the Results of the San Francisco Conference by the Chairman of the United States Delegation, the Secretary of State June 26, 1945 1*, Department of State Publication 2349 – Conference Series 71, pág. 41].

Deste modo, a fórmula actual visou alargar a proibição e não permitir excepções [também neste sentido: I. Brownlie, *International Law and the Use of Force* (...), cit., pág. 265-269; R. Zedalis, *Protection* (...), cit., pág. 224-225; A. Randelzhofer, *Article 2 (4)*, cit., pág. 117-118; Otto Kimminich, *Der Mythos der humanitären Intervention*, AV, Band 33, Heft 4, 1995, pág. 430-458, na pág. 440; Sean D. Murphy, *Humanitarian Intervention: The United Nations in an Evolving World Order*, Philadelphia, 1996, pág. 71-72; Jonathan I. Charney, *Anticipatory Humanitarian Intervention in Kosovo*, VJTL, Vol. 32, 1999, pág. 1231-1248, na pág. 1234].

concluir destes é que a força apenas podia ser usada nos termos da Carta, isto é, com base em legítima defesa, sob direcção ou habilitação (no caso de organizações ou acordos regionais, artigo 53, n.º 1, segunda parte, CNU) do Conselho de Segurança, com base no artigo 106, ou ainda contra ex-inimigos (artigos 53, n.º 1, terceira parte, e 107 CNU)[84].

O facto de, ao contrário da maioria dos instrumentos internacionais que a precederam, a Carta proibir a utilização da força e não apenas a guerra também sugere que se visou interditar usos menores da força. A mesma conclusão se pode retirar do seu preâmbulo quando afirma que "to ensure by the acceptance of principles and the institution of methods, **that armed force shall not be used, save in the common interest**"[85]. E esta conclusão decorre ainda do artigo 2, n.º 3 CNU que obriga os membros a resolver por meios pacíficos as suas controvérsias internacionais de forma a evitar que a paz e segurança sejam afectadas. Ora, se um Estado tem a obrigação de resolver pacificamente as suas controvérsias internacionais tal significa que se encontra proibido de recorrer à força em todas estas (salvo em legítima defesa, como causa de justificação pelo desrespeito desta obrigação, ou outras causas internacionalmente reconhecidas).

Depois, a proibição de uso da força contra a "integridade territorial" e especialmente contra a "independência política" parecem abranger qualquer uso da força contra um Estado ou o seu território. Acresce que a parte final do preceito que proíbe qualquer uso da força contrário aos fins das Nações Unidas é uma cláusula geral que deve ser entendida como abrangendo todo e qualquer uso da força[86] mesmo que para prosseguir outros fins da organização, como o respeito dos direitos humanos. De facto, à luz da Carta, a paz prevalece sobre a justiça ou sobre o princípio do respeito pelos direitos humanos, precisamente porque um conflito armado constitui o atentado paradigmático aos mais básicos valores humanitários[87].

---

[84] Os artigos 106, 53, n.º 1, parte final, e 107 perderam entretanto vigência; ver, *infra*, parág. 75.2.2 e 30.

[85] Neste sentido: Ian Brownlie, *The Principle of Non-Use of Force in Contemporary International Law*, em *The Non-Use of Force in International Law* (ed. W. E. Butler), Dordrecht, 1989, pág. 17-27, na pág. 22; Jens Elo Rytter, *Humanitarian Intervention without the Security Council: From San Francisco to Kosovo – and Beyond*, NJIL, Vol. 70, No. 1/2, 2001, pág. 121-160, na pág. 130.

[86] Neste sentido: Yoram Dinstein, *War, Aggression and Self-defence*, 2nd ed., 1994, pág. 85.

[87] Ver, *infra*, parág. 14.4.

Uma última palavra para a questão dos actos abrangidos pela proibição. Tem sido fonte de algum debate a questão do âmbito do termo força no artigo 2, n.º 4 CNU. Se se reporta exclusivamente a força bélica, ou se abrange igualmente ao menos a coerção económica.

Parece claro que certas formas de coerção económica se encontram proibidas[88], apesar dos contornos desta proibição serem vagos e esta estar sujeita a práticas contrárias generalizadas[89]. No entanto, não é possível considerar que tal proibição decorra do artigo 2, n.º 4 ou que tenha conteúdo idêntico à que consta deste preceito[90]. Assim, por exemplo, serão admissíveis fortes represálias económicas, mas já não o serão represálias armadas[91]. Não é, pois, possível integrar a coerção económica na proibição de utilização da força[92], sem prejuízo de vigorar uma proibição de algumas das formas desta coerção enquanto norma autónoma.

---

[88] Assim, a Declaração sobre os Princípios de Direito Internacional afirma no preâmbulo "Recalling the duty of States to refrain in their international relations from military, political, economic or any other form of coercion aimed against the political independence or territorial integrity of any State" [aprovada pela Resolução 2625 (XXV), de 24 de Outubro de 1970, da Assembleia Geral: texto em RDGAOR, 25th Session, 1970, pág. 121-124]. Também a Conferência de Viena sobre o Direito dos Tratados de 1968-1969 aprovou uma Declaração que condena a utilização de meios de pressão económica e política (texto em CNUDT, pág. 307). Do mesmo modo, o artigo 20 da citada Carta da OEA estabelece: "No State may use or encourage the use of coercive measures of an economic or political character in order to force the sovereign will of another State and obtain from it advantages of any kind". O mesmo faz a Declaração relativa ao Reforço da Efectividade do Princípio da Proibição de Recorrer à Ameaça ou ao Uso da Força nas Relações Internacionais, aprovada pela Resolução 42/22 de 18 de Novembro de 1987 da Assembleia Geral (texto em RDGAOR, 42nd Session, 1987, vol. I, pág. 287-289), no preâmbulo: "Reaffirming the duty of States to refrain in their international relations from military, political, economic or any other form of coercion" e parág. 8.

[89] Mesmo no âmbito do procedimento de aprovação de actos das Nações Unidas; ver a referência aos condicionalismos que rodearam a aprovação da Resolução 678 (1990), *infra*, parág. 89.3.

[90] De facto, a Definição de Agressão da Assembleia Geral aprovada pela sua Resolução 3314 (XXIX), de 14 de Dezembro de 1974 (texto em RDGAOR, 29th Session, 1974, pág. 142-144), não contém qualquer referência a uma agressão económica. Afirma no seu artigo 1: "Aggression is the use of armed force".

[91] Ver, *infra*, parág. 12.3 e 12.4.

[92] No sentido de que o artigo 2, n.º 4 se reporta à força armada: Humphrey Waldock, *The Regulation of the Use of Force by Individual States in International Law*, RDC, 1952, II, tome 81, pág. 455-517, na pág. 492; James A. Delanis, *Force under Article 2(4) of the United Nations Charter: The Question of Economic and Political Coercion*, VJTL, Vol. 12, 1979, pág. 101-131, na pág. 117 e 130; American Law Institute, *Restatement* (...), cit., parág. 905, Comment g); Oscar Schachter, *The Right of States to Use Armed Force*, MLR, Vol. 82, 1984,

Serão igualmente difíceis de configurar violações do artigo 2, n.º 4 pelo recurso a outros meios, como os informáticos[93] ou ambientais[94]. Mesmo

---

pág. 1620-1646, na pág. 1624; Tom J. Farer, *Political and Economic Coercion in Contemporary International Law*, AJIL, Vol. 79, 1985, pág. 405-413, na pág. 412-413; A. Lopes, *Agressão, Crimes* (...), cit., pág. 67; A. Randelzhofer, *Article 2 (4)*, cit., pág. 113; Franz Cede, *Die Grundsätze und Ziele der Vereinten Nationen*, em *Die Vereinten Nationen – Recht und Praxis* (hrsg. F. Cede/L. Sucharipa-Behrmann), Wien/München, 1999, pág. 11-24, na pág. 22. Parece aceitar uma extensão do artigo 2, n.º 4 à coerção económica extrema: Julius Stone, *Hopes and Loopholes in the 1974 Definition of Aggression*, AJIL, vol. 71, No. 2, 1977, pág. 224-246, na pág. 231 (a pensar no boicote Árabe às vendas de petróleo ao Ocidente em 1973; claro está, o valor desta posição seria tentar legitimar o recurso à força contra medidas desta espécie; segundo se julga, tal é inaceitável, desde logo, por não existir qualquer ataque armado).

[93] Tentativas de afectar estruturas de comunicação, como satélites ou redes informáticas, incluindo a Internet, por meios que não a utilização da força constituem violações do Direito Internacional, do respeito devido aos bens sob propriedade ou jurisdição de outros Estados, mas dificilmente poderão ser consideradas como violações do artigo 2, n.º 4 CNU (contudo, ver aceitando que possam constituir uma violação deste: Michael N. Schmitt, *Computer Network Attack and the Use of Force in International Law*, CJTL, Vol. 37, 1999, pág. 885-937, na pág. 913-916 e 934-935).

Mesmo um ataque por meios informáticos a um sistema que o bloqueie provocando acidentes (aviões, comboios ou danos financeiros graves) tem natureza distinta de um acto armado. Os danos são provocados indirectamente, tal como se poderá passar pela simples interferência em comunicações ou fornecimento de informações enganosas. Mas, mais importante, ainda que as consequências sejam idênticas às de um ataque armado, faltar-lhes-á a actualidade, por serem normalmente breves. Mesmo no caso de ataques contínuos, uma acção militar dificilmente cumprirá o princípio da necessidade, visto que estes são muitas vezes realizados por intermédio de computadores de terceiros controlados para o efeito sem o seu consentimento, de modo a que um ataque militar contra o centro da operação não impediria a sua continuação (os denominados *denial of service*). Acresce que existem meios informáticos para evitar esta espécie de ataques, mesmo depois de estes se terem iniciado.

Julga-se que estes actos legitimam represálias pacíficas contra o autor, incluindo represálias idênticas, no respeito pela distinção entre alvos civis e militares, mas raramente permitirão um uso da força. Seria necessário um ataque com efeitos semelhantes aos de um ataque armado, que perdurasse no tempo, que fosse insusceptível de ser evitado ou terminado por qualquer meio não armado e que pudesse ser terminado com sucesso por um ataque armado. Trata-se de condições difíceis de cumprir.

[94] Não se pode excluir que o causar de uma catástrofe ambiental de forma deliberada possa ser considerado uma violação do artigo 2, n.º 4, mas dificilmente justificaria o recurso à legítima defesa (contra: Michael K. Murphy, *Achieving Economic Security with Swords as Ploughshares: The Modern Use of Force to Combat Environmental Degradation*, VJIL, Vol. 39, 1999, pág. 1181-1219, na pág. 1217-1218). Faltar-lhe-ão normalmente o elemento de continuidade/actualidade e extensão que caracteriza um ataque armado. Podem, porém, justificar um uso limitado da força em auto-tutela defensiva se efectivamente a catástrofe se estiver a desenrolar e poder ser minorada pelo uso da força.

que não se possa excluir que pelas suas consequências e carácter deliberado possam ser reconduzidos a este preceito. De qualquer modo, dificilmente justificarão respostas bélicas.

Em suma, julga-se que o artigo 2, n.º 4 CNU estabelece uma proibição completa de utilização pelos Estados da força armada nas relações internacionais que apenas pode ser desrespeitada licitamente com base numa causa de justificação[95, 96]. Literalmente, a Carta só reconhece uma destas

---

Mais frequente será a catástrofe não ter sido intencional, mas derivar de mera negligência ou mesmo simplesmente de situações de acontecimento fortuito e nem sequer existir a prática de um acto ilícito. Nestes casos, o uso da força poderá ser justificado por perigo extremo (*Distress*) ou estado de necessidade em função da situação [neste sentido: Robert Ago, *Addendum to the Eight Report on State Responsibility* (doc. A/318 and Add. 5-7), em YILC, 1980, vol. II, Part 1, pág. 13-70, pág. 44. nota 143 (estado de necessidade); Boisson de Chazournes, *Unilateralism and Environmental Protection*, EJIL, Vol. 11, No. 2, 2000, pág. 315-338, na pág. 333-336 (estado de necessidade); Daniel Bodansky, *What's so bad about unilateral action to protect the environment*, EJIL, Vol. 11, 2000, pág. 339-347, na pág. 344 e 346-347 (mas sem qualificar o fundamento da acção)].

Recorde-se que o Tribunal Internacional de Justiça considerou que a defesa do ambiente no seu território era um interesse essencial tutelável por estado de necessidade: "The Court has no difficulty in acknowledging that the concerns expressed by Hungary for its natural environment in the region affected by the Gabcikovo-Nagymaros Project related to an "essential interest" of that State, within the meaning given to that expression in Article 33 of the Draft of the International Law Commission [cfr. *Case Concerning The Gabcíkovo-Nagymaros Project* (Hungary/Slovakia), Judgement, 25 September 1997, *I.C.J. Reports* 1997, pág. 41, parág. 53]. Assim, por exemplo, esta última figura ficou consagrada no artigo I e V da Convenção Internacional sobre Intervenção no Mar Alto em caso de Poluição Petrolífera de Bruxelas de 29 de Novembro de 1969: texto em UNTS, 1975, Vol. 970, No. 14049, pág. 212-283). De facto, não se estará então sequer a agir contra um acto ilícito, mas contra um perigo. Não é contra a eventual recusa ilícita de auxílio por parte do Estado responsável que se reage ou sequer contra a sua provável negligência no surgimento do perigo, mas contra este (sobre o uso da força em estado de necessidade, ver, *infra*, parág. 12.3). Se o Estado procurar impedir as operações pela força, então poderá existir auto-tutela defensiva contra estes actos (sobre esta figura, ver, *infra*, parág. 12.1).

[95] Igualmente a Assembleia Geral tem interpretado desta forma o artigo 2, n.º 4 em diversas resoluções. Assim, denominou a sua Resolução 2160 (XXI), de 30 de Novembro de 1966 (texto em RDGAOR, 21st Session, 1966-1967, pág. 4), "Observância Rigorosa da Proibição de Ameaça ou Uso da Força nas Relações Internacionais e do Direito de Auto-determinação", embora depois se limite a reproduzir a fórmula constante do artigo 2, n.º 4. Na sua Resolução 31/9, de 8 de Novembro de 1976 (texto em RDGAOR, 31st Session, 1976-1977, pág. 31), sobre a adopção de uma convenção sobre a matéria, afirma no parág. 1 do preâmbulo: "Recalling the principle proclaimed in the Charter of the United Nations that States shall refrain in their international relations from the threat or use of force", sem qualquer referência adicional às especificações do artigo 2, n.º 4. Do mesmo modo, a sua Resolução 33/72 A, de 14 de Dezembro de 1978 (texto em RDGAOR, 33th Session, 1978, pág. 54), no

causas: a legítima defesa[97]. Como ficou escrito, julga-se que actualmente esta proibição de uso privado da força só tem duas excepções interpretativas (que, portanto, se encontram fora do seu âmbito): medidas bélicas levadas a cabo pelas Nações Unidas[98] e utilização da força fora do âmbito das relações internacionais[99], bem como uma excepção efectiva: o uso privado da força com habilitação das Nações Unidas. Estas situações constituem efectivamente excepções e não causas de justificação[100].

**10.2. A alegada excepção do estado de guerra.** Deixou de ser aceitável a invocação da excepção mais importante a este regime: o estado de guerra.

De facto, tradicionalmente, em tempo de paz vigorava uma proibição de utilização da força que só admitia actos bélicos com fundamento em causas de justificação. Estas eram mais amplas do que as que vigoram actualmente, mas a maior fraqueza do sistema era a facilidade com que era possível fugir a esta proibição pelo desencadear de um estado de guerra. A permissibilidade era tal que alguns autores da época e modernos sustentam

---

parág. 2 do preâmbulo, afirma: "noting that the non-use of force or threat of force in international relations is one of the fundamental principles enunciated in the Charter of the United Nations (...)". Igualmente a sua Resolução 39/11, de 12 de Novembro de 1984 (texto em RDGAOR, 39th Session, 1984-1985, pág. 22), adopta a Declaração sobre o Direito à Paz, cujo parág. 3 estabelece: "Emphasizes that ensuring the exercise of the right of peoples to peace demands that (...) the renunciation of the use of force in international relations". Ver ainda a Resolução 40/9, de 8 de Novembro de 1985 (texto em RDGAOR, 40th Session, 1985-1986, pág. 20). Do mesmo modo, o Acto final de Helsínquia de 1 de Agosto de 1975 (texto em ILM, vol. XIV, 1975, pág. 1292-1325), estabelece na Parte II da sua Declaração sobre os Princípios Reguladores das Relações entre os Estados Participantes, depois de citar o artigo 2, n.º 4 CNU, que "Accordingly, the participating States will refrain from any acts constituting a threat of force or direct or indirect use of force against another participating State".

[96] Trata-se da posição acolhida pelo Tribunal Internacional de Justiça: "The essential consideration is that both the Charter and the customary international law flow from a common **fundamental principle outlawing the use of force in international relations**" (cfr. *Military and Paramilitary Activities*, cit., *I.C.J. Reports* 1986, pág. 96-97, parág. 181). O Tribunal usa por vezes o termo excepção a este princípio ("The general rule prohibiting force allows for certain exceptions": pág. 102, parág. 193), mas pretende referir-se a causas de justificação, em particular a legítima defesa, embora também possa estar a pensar na utilização da força pelo Conselho de Segurança, que constitui efectivamente uma excepção. Na pág. 98, parág. 186, refere-se a "exceptions or justifications", parecendo tratá-las como figuras idênticas.

[97] Determinar qual o âmbito desta e se existem outras causas reconhecidas pelo Direito Internacional Costumeiro são os objectivos dos parágrafos 11-14.

[98] Ver, *infra*, parág. 39.

[99] Sobre esta, ver, *infra*, parág. 15.

[100] Ver, *infra*, sobre a distinção entre ambas, parág. 38.

que existia uma completa liberdade de recorrer à guerra. Posição que não se pode aceitar[101].

Uma vez entrado em vigor o estado de guerra, o que nem sempre era simples de determinar[102], ao Direito Internacional da Paz substituía-se o Direito Internacional da Guerra. Este permitia a prática de quaisquer actos bélicos necessários, sujeitos apenas a limites humanitários restritos.

Contudo, actualmente deve-se entender que a figura do estado de guerra enquanto situação dotada de um regime próprio de utilização da força, designadamente, à margem do da legítima defesa, se encontra ultra-passada[103]. Com a proibição costumeira do recurso à guerra agressiva a figura perdeu sentido. Deste modo, o fim da guerra como situação jurídica com eficácia novatória deu-se quando os limites ao recurso à força (em tempo de paz) se identificaram com os limites impostos ao recurso à guerra,

---

[101] Ver, mais desenvolvidamente, C. Baptista, Ius (...), cit., pág. 106-119.

[102] Ver, *infra*, a controvérsia entre a tese objectivista e subjectivista quanto ao início do estado de guerra, parág. 19.3.

[103] Neste sentido: Quincy Wright, *The Outlawry of War and the Law of War*, AJIL, Vol. 47, No. 3, 1953, pág. 365-376, na pág. 365 e 368; Georges Scelle, *Quelques Réflexions sur l'Abolition de la Compétence de Guerre*, RGDIP, 1954, tomo LVIII, pág. 5-22, na pág. 17--18; Elihu Lauterpacht, *The Legal Irrelevance of the "State of War"*, ASIL, 62º Year, 1968, pág. 58-68, na pág. 63; Dietrich Schindler, *Transformations in the Law of Neutrality Since 1945* em *Humanitarian Law of Armed Conflict Challenges Ahead-Essays in Honour of Frits Kalshoven*, Dordrecht/Boston/London, 1991, pág. 367-386, na pág. 376; Louis Henkin, *The Invasion of Panama Under International Law: A Gross Violation*, CJTL, Vol. 29, 1991, pág. 293-317, na pág. 302 e em *War Powers "Short of War"*, UMLR, Vol. 50, 1995, pág. 201-208, na pág. 203; Natalino Ronzitti, *Guerra*, DDP, vol. VIII (1993), pág. 16-49, na pág. 19-20 (ainda que cautelosamente); Simon Chesterman, *Rethinking Panama: International Law and the US Invasion of Panama, 1989*, em *The Reality of International Law – Essays in Honour of Ian Brownlie* (ed. G. Goodwin-Gill/S. Talmon), Oxford, 1999, pág. 57-94, na pág. 78.
Contra, considerando que tal estado implica um regime próprio por si: R. R. Baxter, *The Legal Consequences of the Unlawful Use of Force Under the Charter*, ASIL, 62º year, 1968, pág. 68-75, na pág. 71 (mas de forma muito limitada); Yehuda Blum, *The Beirut Raid and the International Double Standard*, AJIL, vol. 64, 1970, pág. 73-105, na pág. 77-78; Christopher J. Greenwood, *The Concept of War in Modern International Law*, ICLQ, vol. 36, part 2, 1987, pág. 283-306, na pág. 303 (de forma limitada); Y. Dinstein, *War, Aggression* (...), cit., pág. 47--48 e 150-151; Louis Beres, *Preserving the Third Temple: Israel's Right of Anticipatory Self-Defense Under International Law*, VJTL, 1993, Vol. 26, pág. 111-148, na pág. 117-118. Outros autores tentam superar a distinção em condições que se julga ultrapassadas pela prática: Philip Jessup, *Should International Law Recognize an Intermediate Status between Peace and War?*, AJIL, Vol. 48, No. 1, 1954, pág. 98-103, na pág. 101-102; Myres McDougal, *Peace and War: Factual Continuum with Multiple Legal Consequences*, AJIL, Vol. 49, No. 1, 1955, pág. 63-68, na pág. 66-67.

perdendo relevância a distinção, por identidade de regime jurídico. Actualmente, nenhum Estado pode invocar uma situação de alegada guerra para legitimar a prática de actos bélicos que não se encontrem justificados por uma situação efectiva de ataque armado ou situações paralelas que tornem permissível a invocação de alguma causa de justificação, máxime, a legítima defesa[104, 105].

---

[104] A prática confirma a superação da diferença de regime entre o Direito da Guerra e o Direito aplicável a qualquer uso da força; de facto, esta desaparece formalmente, em grande medida, à luz das Convenções de Genebra de 12 de Agosto de 1949 que expressamente se visam aplicar a situações de guerra ou a qualquer conflito armado [artigos 2, n.º 1, idênticos, da primeira referente à Melhoria das Condições dos Feridos e Doentes das Forças Armadas Terrestres (ou em Campanha) (texto em UNTS, vol. 75, n. 973, pág. 31-83); da segunda relativa à Melhoria das Condições dos Feridos, Doentes e Náufragos Membros das Forças Armadas no Mar (texto em UNTS, vol. 75, n. 973, pág. 85-134); da terceira relativa ao Tratamento dos Prisioneiros de Guerra (Texto em UNTS, vol. 75, n. 975, pág. 135-286); e da quarta referente à Protecção dos Civis em Tempo de Guerra (texto em UNTS, vol. 75, n. 976, pág. 287)].

Na realidade, estas não entram em vigor com uma declaração de guerra, mas apenas com os primeiros actos bélicos. Ou, em rigor, também se pode afirmar que se encontram permanentemente em vigor, proibindo antecipadamente a prática de certos actos, em paz ou conflito armado, como corolário de direitos humanos aplicáveis em todas as situações. De facto, uma parte que pretenda desencadear uma acção armada (seja a que título for) já se encontra vinculada por todo o Direito Internacional Humanitário, incluindo todas as suas convenções de que seja parte, aquando da emanação das meras ordens para que as operações sejam desencadeadas e mesmo no seu planeamento. Qualquer outro entendimento forçaria a concluir que a primeira operação bélica estaria isenta destas normas. A explicação para esta vinculação contínua deriva também da circunstância de todos os Estados se encontrarem vinculados ao respeito dos direitos humanos, ao menos à luz do Direito Internacional Costumeiro. Com o início de um conflito armado, os Estados beligerantes podem invocar estado de necessidade em relação aos civis (máxime, da outra parte) para se desobrigar dos direitos humanos susceptíveis de ser desrespeitados com base nesta figura. O Direito Internacional humanitário limita-se a concretizar obrigações decorrentes dos direitos humanos cuja suspensão é proibida. Deste modo, em rigor, as suas obrigações, ou pelo menos obrigações idênticas ou ainda mais severas, encontram-se permanentemente em vigor, decorrendo por maioria de razão dos direitos humanos numa situação de ausência de conflito armado.

É certo que na prática dos Estados ainda se encontra referência não apenas a Tratados de Paz, como a um estado de guerra e tempo de paz. Assim, por exemplo, o Tratado de Paz entre Israel e o Egipto de 26 de Março de 1979, no seu artigo 1 ("The state of war between the Parties will be terminated and peace will be established between them upon the exchange of instruments of ratification of this Treaty"; texto em UNTS, Vol. 1136, No. 17813, 1979, pág. 115-194). Também no preâmbulo e artigo III. Igualmente os EUA alegaram que os ataques de 11 de Setembro de 2001 constituíram actos de guerra [cfr. *Bush gets strong support from Congress, NATO*, CNN, September 12, 2001 Posted: 10:50 p.m. EDT (0250 GMT); ver, *infra*, parág. 12.4.1]. Mas estes elementos, que derivam sobretudo de uma prática secular e de um desejo de conferir maior solenidade à celebração de acordos, não afectam

Sustentar outra posição seria colocar em causa o maior progresso verificado a nível do Direito Internacional: a proibição de recurso à guerra e o fim do estado de guerra. De facto, a grande revolução não foi a consagração de uma proibição de uso da força. Como ficou escrito, esta sempre existiu em tempo de paz, mesmo que sujeita a causas de justificações liberais quanto ao seu desrespeito. Invocar actualmente a figura do estado de guerra seria esvaziar a proibição do artigo 2, n.º 4 da Carta[106] e regressar em grande medida ao regime que vigorava no início do Século XX.

---

minimamente a circunstância de nenhum Estado poder criar um qualquer estado de guerra ou aproveitar-se deste para recorrer à força. Uma declaração de guerra é juridicamente ineficaz como modo de alterar as obrigações dos Estados e apenas pode ser considerada como um acto hostil que justifica a tomada de medidas preparativas de defesa e que deve ser tomado pelo Conselho de Segurança como uma clara ameaça à paz.

Assim, já em 1951, na sua Resolução 95 (1951), de 1 de Setembro (texto em RDSCOR, 1951, pág. 10-11), o Conselho de Segurança, depois de um amplo debate a propósito da questão dos direitos de beligerante alegados pelo Egipto contra Israel, veio afirmar que "*Considering* that since the armistice regime, which has been in existence for nearly two and a half years, is of a permanent character, neither party can reasonably assert that it is actively a belligerent or requires to exercise the right of visit, search and seizure for any legitimate purpose of self-defence". Ou seja, o alegado estado de guerra invocado pelo Egipto foi considerado irrelevante por não se verificarem actos bélicos. A maioria dos conflitos da segunda metade do Século XX terminou sem qualquer tratado formal de paz, falando-se apenas em cessação permanente de hostilidades quando algum foi celebrado (por exemplo, o artigo 2 do Acordo quanto ao Fim da Guerra e Restabelecimento da Paz no Vietname de 27 de Janeiro de 1973; texto em UNTS, No. 13295, 1974, pág. 6-201).

[105] Igualmente a Jurisprudência apoia esta conclusão. O Tribunal Internacional de Justiça, logo em 1949, parece apenas ter dado peso à existência de efectivos actos bélicos e não a meras declarações de guerra. Assim, depois de concluir que "North Corfu Channel should be considered as belonging to the class of international highways through which passage cannot be prohibited by a coastal State in time of peace", acrescentou: "that Greece had made territorial claims precisely with regard to a part of Albanian territory bordering on the Channel, that Greece had declared that she considered herself technically in a state of war with Albania, and that Albania, invoking the danger of Greek incursions, had considered it necessary to take certain measures of vigilance in this region. The Court is of opinion that Albania, in view of **these exceptional circumstances** would have been justified in issuing regulations in respect of the passage of warships through the Strait, but not in prohibiting such passage or in subjecting it to the requirement of special authorization" [cfr. *The Corfu Channel* (...), cit., *C.I.J. Reports* 1949, pág. 29]. Ou seja, apesar de reconhecer que numa situação de conflito armado o direito de passagem pode ser proibido, não aceitou que o alegado estado de guerra entre a Grécia e a Albânia justificasse tal proibição.

[106] Os trabalhos preparatórios parecem confirmar que este preceito exclui qualquer estado de guerra. Assim, o *Report of Rapporteur of Subcommittee I/1/A to Committee I/1* (Doc. 723, June 1), a propósito deste afirma: "It was furthermore clear that there will be no legitimate wars in any sense" (texto em UNCIOSD, pág. 476-489, na pág. 486).

**10.3. Consequências da posição adoptada.** A defesa de um âmbito alargado da proibição de uso da força nas relações internacionais tem consequências importantes, designadamente quanto à questão da solução a dar quando se está perante uma utilização da força cuja licitude não é líquida.

Aceita-se que em Direito Internacional, na falta de norma (isto é, princípio geral ou regra específica) que proíba uma acção, esta deverá ser considerada como lícita[107]. Ou seja, que os Estados têm o direito de fazer tudo o que não é proibido; é este o corolário do princípio da soberania, isto é, da liberdade dos Estados.

---

[107] Assim, a Convenção Inter-Americana de Montevideo sobre os Direitos e Deveres do Estado de 26 de Dezembro de 1933 (texto em LNTS, vol. CLXV, 1936, n.º 3802, pág. 19-43), no seu artigo 3, afirma: "The exercise of these rights has no other limitation than the exercise of the rights of other states according to international law". O Tribunal Permanente de Justiça Internacional sustentou também esta posição: "This way of stating the question is also dictated by the very nature and existing conditions of international law. International law governs relations between independent States. The rules of law binding upon States therefore emanate from their own free will as expressed in conventions or by usages generally accepted as expressing principle, of law and established in order to regulate the relations between these co-existing independent communities with a view to the achievement of common aims. Restrictions upon the independence of States cannot therefore be presumed" e "leaves them in this respect a wide measure of discretion which is only limited in certain cases by prohibitive rules" (cfr. *The Lotus*, Judgment of 7 September 1927, P.C.I.J., Series A, No. 10, pág. 18). Igualmente o Tribunal Internacional de Justiça acabou por se basear no mesmo princípio quanto à ameaça ou uso de armas nucleares, com o seu *non liquet* final, embora sem se comprometer abertamente (cfr. *Legality Of The Threat or Use of Nuclear Weapons*, Advisory Opinion, 8 July 1996, *I.C.J. Reports* 1996, parág. 21-22), precisamente por nesse caso tal proibição decorrer dos direitos dos restantes Estados e ser necessário demonstrar que a legítima defesa compreende esse uso (ver, *infra*, parág. 38 e 82.2).

Também neste sentido: Hans Kelsen, *Principles of International Law*, 2nd ed., New York, 1966, pág. 440; Paul Guggenheim, *Traité de Droit International Public*, tome I, Genève, 1967, pág. 151, nota 3 (embora vão longe demais, ao exigir norma específica, sob pena de necessária interpretação *a contrario*, por inadequadamente não aceitarem a existência de lacunas).

Neste aspecto, os Estados encontram-se em Direito Internacional numa situação idêntica à dos indivíduos perante o Direito interno. Este raciocínio apenas é prejudicado, tal como em Direito interno, pela existência de princípios gerais e interpretações extensivas (incluindo a denominada integração por analogia) que muitas vezes acabam por tornar esta liberdade numa realidade essencialmente teórica e não efectiva. Os autores que criticam o princípio parecem dirigir as suas críticas mais contra a exigência de uma norma específica (ver Christian Tomuschat, *Obligations Arising for States Without or Against their Will*, RDC, 1993, IV, tomo 241, pág. 195-374, na pág. 237) do que propriamente contra esta base de raciocínio, sem prejuízo da aplicabilidade dos princípios gerais que, claro está, são normas jurídicas como quaisquer outras.

Mas este raciocínio não é válido quando se está a discutir se uma causa de justificação é reconhecida pelo Direito Internacional ou se abrange uma determinada actuação. Como é óbvio, o facto de o Direito não ser claro sobre esta questão funciona contra o Estado que pretende exercer a causa de justificação. Neste caso, a inexistência da norma justificativa implica que se aplique a norma cujo desrespeito se pretende justificar: no caso da legítima defesa, a que proíbe o recurso à força. Se se está a apreciar se, por exemplo, uma defesa preemptiva é lícita ou não, concluir-se que o Direito não é claro quanto à questão de determinar se a legítima defesa compreende esta espécie de actos implica que se conclua que estes são ilícitos. Tudo o que não se encontrar claramente justificado é ilícito.

Mas se, pelo contrário, se partisse do princípio de que o artigo 2, n.º 4 não proibia todas as utilizações da força e que a legítima defesa constituía uma excepção (interpretativa, por se encontrar fora do âmbito da proibição) a situação mudaria de figura. Se se entendesse que o aspecto discutível seria saber se o artigo 2, n.º 4 proíbe ou não esta forma de utilização da força, então o raciocínio inverter-se-ia. A falta de clareza da proibição funcionaria a favor do Estado que pretendesse recorrer à força, pois na falta de uma proibição dever-se-ia entender que a actuação seria lícita[108].

Deste modo, o entendimento de que a proibição de utilizar a força privada nas relações internacionais é abrangente e apenas comporta desrespeitos lícitos com base em causas de justificação dificulta seriamente a tarefa de demonstrar que existem utilizações lícitas da força à margem da Carta. Será necessário comprovar que são aplicáveis causas de justificação que satisfazem os critérios existentes quanto à formação de normas internacionais costumeiras.

**10.4. Carácter costumeiro.** Julga-se que o preceito constante do artigo 2, n.º 4 CNU corresponde hodiernamente ao regime costumeiro vigente, sem prejuízo de este se afastar parcialmente dos termos da Carta em matéria de causas de justificação; de facto, julga-se que subsiste uma figura restrita de auto-tutela defensiva, além de a força poder ser utilizada licitamente ainda com base em estado de necessidade e em perigo extremo (*Distress*). Acresce ainda o facto de estas três figuras poderem, mesmo com desrespeito parcial dos seus pressupostos, ainda assim, levar a uma exclusão de responsabilidade de certos usos da força. Igualmente determinadas represálias armadas restritas

---

[108] Ver ainda, *infra*, parág. 38.

podem gozar da mesma exclusão[109]. Este afastamento em relação à Carta resulta claro especialmente se se entender que esta ao reconhecer apenas a legítima defesa pretendeu com tal excluir em qualquer caso a invocação de outras causas de justificação[110].

Este carácter costumeiro da norma do artigo 2, n.º 4 CNU tem bases suficientes para se poder considerar como tendencialmente adquirido[111, 112, 113].

---

[109] Ver, *infra*, parág. 11, 12.1, 12.3, 12.4, 13.1, 13.3 e 14.1 e 14.3.

[110] À luz das propostas de Dumbarton Oaks esta posição não era aceitável, já que estas não consagravam a legítima defesa. A versão final da Carta já fornece mais apoio para este entendimento. Também os trabalhos preparatórios apontam neste sentido, visto que ficou declarado que qualquer uso unilateral da força ficava proibido, salvo em legítima defesa [ver o citado *Report of Rapporteur of Committee I/1 to Commission I* (Doc. 944, June 13), em UNCIOSD, pág. 490-503, na pág. 498].

[111] A prática dos membros do Conselho de Segurança na defesa desta proibição, mesmo em relação a não membros das Nações Unidas, nem sempre foi coerente, por força do veto de membros permanentes; mas a grande maioria dos Estados na Assembleia Geral, apesar da inconsistência de alguns, tem adoptado uma postura tendencialmente uniforme de condenação das utilizações mais graves da força em violação deste preceito que colmata em parte as omissões do primeiro órgão: Resolução 1133 (XI), de 14 de Setembro de 1957, parág. 4-5 (texto em RDGAOR, 11th Session, 1957, pág. 1; condena, na sequência de um inquérito, a União Soviética pela sua invasão da Hungria e a constituição de um Governo fantoche imposto pela força:). Resolução 3485 (XXX), de 12 de Dezembro de 1975, parág. 4 (lamenta vivamente a invasão de Timor-Leste pela Indonésia; texto em RDGAOR, 30th Session, 1975, pág. 118-119); Resolução 34/22, de 14 de Novembro de 1979, preâmbulo (condena a invasão do Camboja pelo Vietname: texto em RDGAOR, 34th Session, 1979-1980, pág. 16-17); Resolução ES-6/2, de 14 de Janeiro de 1980, parág. 1 (condena a invasão Soviética do Afeganistão; texto em RDGAOR, 6th Emergency Special Session, 1980, pág. 2); Resolução 38/7, de 2 de Novembro de 1983, parág. 1 (condena a intervenção Norte-Americana em Granada; texto em RDGAOR, 38th Session, 1983-1984, pág. 19-20); Resolução 41/31, de 3 de Novembro de 1986, parág. 1 (exige o cumprimento pelos EUA da citada sentença do Tribunal Internacional de Justiça no caso *Nicarágua* que os condena por actos bélicos e intervenção nos assuntos internos da Nicarágua; texto em RDGAOR, 41st Session, 1986, pág. 23); Resolução 44/240, de 29 de Dezembro de 1989, parág. 1-2, aprovada por 75 votos a favor, 20 contra e 40 abstenções (condena a invasão do Panamá pelos EUA em 1989: texto em RDGAOR, 44th Session, 1989, pág. 52: "Strongly deplores the intervention in Panama by the armed forces of the United States of America, which constitutes a flagrant violation of international law").

O Conselho pediu a retirada das forças indonésias de Timor Leste, lamentando as perdas de vidas pela Resolução 384 (1975), de 22 de Dezembro, preâmbulo e parág. 2 (texto em RDSCOR, 1975, pág. 10). Lamentou ("deeply disturbed") a invasão Argentina das Malvinas/Falkland pela Resolução ·502 (1982), de 3 de Abril, preâmbulo e parág. 2. Defendeu a integridade do Líbano ("Gravely concerned at the violation") e exigiu a retirada de Israel do Líbano pelas suas Resoluções 508 (1982), de 5 de Junho, preâmbulo, 509 (1982), de 6 de Junho, parág. 1 e 517 (1982), de 4 de Agosto, parág. 2 (textos em RDSCOR, 1982, pág. 5-

6 e 8-9). Defendeu o direito da Nicarágua a escolher o seu sistema político e instou à não intervenção nos seus assuntos internos, por força dos actos dos EUA, nas suas Resoluções 530 (1983), de 19 de Maio, parág. 1 (texto em RDSCOR, 1983, pág. 10) e Resolução 562 (1985), de 10 de Maio, parág. 1, 3 e 4 (texto em RDSCOR, 1985, pág. 14). Condenou a invasão Iraquiana do Kuwait na sua Resolução 660 (1990), de 2 de Agosto, parág. 1 (texto em RDSCOR, 1990, pág. 19). Ver, *infra*, sobre condenações colectivas externas às Nações Unidas provenientes de grupos de Estados a propósito de outras utilizações da força, especialmente, nos anos 90 do Século XX, parág. 12.3, 12.4.1, 13.2 e 14.2.

Também sustentam uma tendencial coerência da maioria dos Estados na matéria: Thomas Franck, *Of Gnats and Camels: Is There a Double Standard at the United Nations?*, AJIL, Vol. 78, 1984, pág. 811-833, na pág. 818-819; Oscar Schachter, *Is There a Right to Overthrow an Illegitimate Regime?*, em *Le Droit International au Service de la Paix, de la Justice et du Développement – Mélanges Michel Virally*, Paris, 1991, pág. 423-430, na pág. 426; Michel Virally, *Article 2: Paragraphe 4*, em *La Charte des Nations Unies* (Jean-Pierre Cot/Alain Pellet), Paris, 2ª ed., 1991, pág. 115-127, na pág. 121-122 (embora referindo que nem sempre foi perfeitamente coerente).

A Assembleia Geral confirmaria o carácter consuetudinário do artigo 2, n.º 4 CNU na citada Declaração relativa ao Reforço da Efectividade do Princípio da Proibição de Recorrer à Ameaça ou ao Uso da Força de 1987, parág. 1, quando afirma: "Such a threat or use of force **constitutes a violation of international law** and of the Charter", numa referência implícita ao Direito Internacional Costumeiro. No parág. 2 acrescentou: "The principle of refraining from the threat or use of force in international relations **is universal in character** and is binding, regardless of each State's political, economic, social or cultural system or relations of alliance". O preceito, além de reafirmado em dezenas de resoluções das Nações Unidas, tratados multilaterais e bilaterais (sobre alguns destes, ver, *infra*, parág. 12.1), é reproduzido nos seus exactos termos pelo artigo 301 da Convenção das Nações Unidas sobre o Direito do Mar de 10 de Dezembro de 1982 (texto em UN doc. A/CONF. 62/122, em TUNCLS, vol. XVII, pág. 151-221).

Assim, se é verdade que existem registos de várias violações da proibição, também o é que estas têm deparado geralmente com a condenação da Comunidade Internacional. Ora, como afirmou avisadamente o Tribunal Internacional de Justiça a propósito desta mesma norma: "The Court does not consider that, for a rule to be established as customary, the corresponding practice must be in absolutely rigorous conformity with the rule. In order to deduce the existence of customary rules, the Court deems it sufficient that the conduct of States should, in general, be consistent with such rules, and that instances of State conduct inconsistent with a given rule should generally have been treated as breaches of that rule, not as indications of the recognition of a new rule" (cfr. *Military and Paramilitary Activities*, cit., *I.C.J. Reports* 1986, pág. 98, parág. 186).

De resto, por vezes uma violação pode constituir uma ocasião para reforçar a norma. Assim, a grave violação da proibição de uso privado da força nas relações internacionais que constituiu o ataque do Iraque ao Kuwait de 2 de Agosto de 1990 e a reacção que causou reforçaram esta norma em vez de a enfraquecer. Alguns aspectos da utilização da força nesta reacção suscitam sérias dúvidas quanto à sua licitude (ver, *infra*, parág. 36), mas da próxima

Apenas em relação à proibição da mera ameaça de recorrer à força se poderiam levantar algumas questões, tendo em conta as frequentes violações sem grandes reacções de terceiros[114, 115].

vez que uma potência média pensar anexar um pequeno Estado vizinho seguramente lembrar-se-á deste precedente. É certo que diversas violações de Estados poderosos não têm deparado com a mesma firmeza, mas o mesmo se passa com violações das restantes normas internacionais. Não é fácil impor o Direito ao poder. Quem pretenda seguir esta via de argumentação é melhor então simplesmente pregar no deserto contra a juridicidade do Direito Internacional [como faz Charles Krauthammer, *A World Imagined*, TNR, 15/03/1999 ("Britain, North Korea, and Burundi have no shared norms about how nations ought to behave. And, even if they did, there is no international authority to force compliance with these norms, as the police and courts do in domestic society. And, in any social system, whether of individuals or nation-states, where there is no enforcer, there can be no real law"); sobre o desaparecimento de defesas credíveis desta posição: C. Baptista, *Direito* (...), cit., pág. 59-60].

[112] O Tribunal Internacional de Justiça considerou esta norma na prática idêntica à norma consuetudinária, incluindo no que diz respeito à mera ameaça de uso da força: "the Charter gave expression in this field to principles already present in customary international law, and that law has in the subsequent four decades developed under the influence of the Charter, to such an extent that a number of rules contained in the Charter have acquired a status independent of it. The essential consideration is that both the Charter and the customary international law flow from a common fundamental principle outlawing the use of force in international relations" (cfr. *Military and Paramilitary Activities*, cit., *I.C.J. Reports* 1986, pág. 96-97, parág. 181). Embora o Tribunal tenha admitido que existissem pontuais discrepâncias entre o artigo 2, n.º 4 e a correspondente norma costumeira (pág. 94, parág. 175), na realidade pela leitura da sentença fica-se com a sensação que se tratou de uma admissão de mera prudência, sem significado efectivo. A conclusão do Tribunal tem sido contestada, designadamente, pela insuficiente fundamentação apresentada na prática dos Estados (assim: Anthony D'amato, *Trashing Customary International Law*, AJIL, vol. 81, No. 1, 1987, pág. 101-105; M. H. Mendelson, *The* Nicaragua Case *and Customary International Law*, em *The Non-Use of Force in International Law* (ed. W. E. Butler), Dordrecht, 1989, pág. 85-99, na pág. 91-95, mas sem contestar as conclusões). A crítica é legítima, mas infelizmente trata-se de uma postura sistematicamente seguida por este Tribunal. De qualquer modo, mesmo insuficientemente fundamentada, as suas conclusões merecem geralmente acolhimento. Para as impugnar não basta criticar este aspecto, é necessário demonstrar a inexistência de prática que as confirme ou, melhor ainda, a existência de prática relevante que as inquine. Segunda se julga, nenhuma destas demonstrações foi realizada.

[113] Neste sentido, entre outros: I. Brownlie, *International Law and the Use of Force* (...), cit., pág. 112-113; O. Schachter, *In Defense* (...), cit., pág. 125-126; James P. Rowles, *Nicaragua versus the United States: Issues of Law and Policy*, IL, Vol. 20, 1986, pág. 1245 e segs., texto nota 72; A. Randelzhofer, *Article 2 (4)*, cit., pág. 126-127 (exclui os aspectos controversos).

[114] Céptica quanto ao carácter costumeiro da proibição da mera ameaça: Romana Sadurska, *Threats of Force*, AJIL, Vol. 82, 1988, pág. 239-268, na pág. 248-249. Em sentido favorável, com algum desenvolvimento sobre a questão: Nigel White/Robert Cryer, *Unilateral Enforcement of Resolution 687: A Threat Too Far?*, CWILJ, Vol. 29, 1999, pág. 243-282, na pág. 246-248.

Trata-se de um regime costumeiro que impõe obrigações *erga omnes*. Isto é, é devido por cada entidade vinculada por este em relação a todos as outras, de modo a que a sua violação legitima (e em termos restritivos, impõe mesmo) a reacção de todas as outras. Este seu carácter confirma que se trata de uma norma costumeira de Ordem Pública, o que impõe a conclusão de que se está perante uma norma de *Ius Cogens*. Segundo se julga, a prática confirma-o inteiramente. Entende-se igualmente que o âmbito do seu carácter *iuris cogentis* coincide completamente com o seu âmbito normativo, não devendo ser restringido apenas ao uso agressivo da força[116].

Esta proibição costumeira vincula todos os Estados e entidades por si constituídas que não tenham sido criadas pela Comunidade Internacional especificamente com vista a actuarem sob o regime do poder público bélico. Deste modo, a proibição constante do artigo 53, n.º 1, segunda parte, CNU, de as organizações regionais (os Estados partes em meros acordos regionais já se encontram directamente vinculados pelo artigo 2, n.º 4) adoptarem actos coercivos sem habilitação do Conselho deve igualmente ser considerada como consuetudinária[117].

Trata-se, aliás, de uma proibição aplicável a quaisquer organizações intergovernamentais ou associações de Estados que não tenham sido criadas pela Comunidade Internacional com poderes públicos, por identidade de razão. Não faz sentido que os Estados possam criar entidades com poderes que estes isoladamente não gozem à luz do Direito Internacional Costumeiro, a menos que este Direito preveja o contrário[118]. Será o que se passa em

---

[115] O Tribunal Internacional de Justiça interpretou o artigo 2, n.º 4 no sentido de este proibir qualquer ameaça de uso da força em violação dos seus termos: "Whether this is a "threat" contrary to Article 2, paragraph 4, depends upon whether the particular use of force envisaged would be directed against the territorial integrity or political independence of a State, or against the Purposes of the United Nations" [cfr. *Legality Of The Threat* (…), *I.C.J. Reports* 1996, parág. 48] e "The notions of "threat" and "use" of force under Article 2, paragraph 4, of the Charter stand together in the sense that if the use of force itself in a given case is illegal ‹ for whatever reason ‹ the threat to use such force will likewise be illegal" (parág. 47).

[116] Ver C. Baptista, Ius (…), cit., pág. 204-212 e 429-432.

[117] A confirmação desta conclusão à luz da prática de organizações regionais, *infra*, parág. 32.7.

[118] A referida Definição de Agressão da Assembleia Geral afirma que no artigo 1, alínea b) que a expressão Estado "Includes the concept of a "group of States" where appropriate", o que parece compreender igualmente entidades criadas por grupos de Estados, embora as organizações internacionais ou associações de Estados não sejam referidas expressamente.

relação a uma organização criada para o efeito pela Comunidade Internacional[119].

**10.5. Aplicação a sujeitos menores.** Mas determinados estes pontos de partida, é necessário apurar se para lá de Estados, organizações internacionais (excepto, actualmente, as Nações Unidas) ou associações de Estados (como confederações, uniões reais ou outras *sui generis*), algumas outras entidades se encontram igualmente vinculadas ou protegidas pela proibição de uso da força codificada no artigo 2, n.º 4 CNU.

**10.5.1. Vinculação de movimentos armados face a Estados terceiros.** Os principais candidatos são movimentos armados que controlem em termos estabilizados a totalidade ou parte do território de um Estado, mas que não tenham obtido o consentimento deste (ou da outra parte no seio de um Estado) quanto à sua secessão e não tenham sido reconhecidos geralmente como Estado/Governo.

De facto, segundo se julga, nesta situação, qualquer reconhecimento destes como Estado terá eficácia constitutiva, podendo ganhar eficácia *erga omnes* se tiver ou adquirir natureza colectiva[120]. O que significa que sem este uma organização efectiva sobre um determinado território não poderá opor o seu estatuto de Governo do pretenso Estado aos restantes Estados ou a sua própria pretensão de constituir um Estado.

Tal não significa que a efectividade não lhes atribua deveres e excepcionalmente alguns direitos. Desde logo, ficam vinculados a respeitar os direitos humanos no território que controlem e o Direito Internacional Humanitário nas suas operações bélicas[121], bem como os direitos dos outros Estados[122]. Mas a simples efectividade não lhes atribui direitos de repre-

---

[119] Ver, *infra*, parág. 17 e 20-21.

[120] Sobre o reconhecimento, ver, *infra*, parág. 34.4

[121] A prática, designadamente dos Estados membros do Conselho de Segurança, aponta nesse sentido (ver, *infra*, parág. 15.2.2 e 15.2.3). A sua vinculação pelo Direito Internacional Humanitário Costumeiro nas suas operações bélicas não está actualmente sequer dependente de qualquer efectividade (ver, *infra*, parág. 15.2.3 e 20.5).

[122] A vinculação aos direitos dos outros Estados decorre de condenações, por exemplo dos Talibãs no Afeganistão, por responsabilidade na morte de diplomatas iranianos [cfr. Resolução 54/185, de 17 de Dezembro de 1999 da Assembleia Geral (texto em RAGA, 54th Session, Part I, pág. 490-493), parág. 4 ("Reiterates its condemnation of the killings of Iranian diplomats and the correspondent of the Islamic Republic News Agency by the Taliban, **which constituted flagrant violations of established international law**"]. Embora se possa sustentar que já constituíam o Governo do Afeganistão, na verdade as Nações Unidas tinham-se recusado a reconhecê-los como tal (ver, *infra*, parág. 12.4 e 34.4.4).

sentação internacional da população e poderes oponíveis *erga omnes* sobre o território que controlam. Apenas excepcionalmente gozarão de alguns direitos, como o de obter o consentimento de uma Força das Nações Unidas para que esta seja colocada no seu território, a menos que esta seja estabelecida com base nos poderes públicos do Conselho à luz do Capítulo VII[123]. Deste modo, a efectividade implica sobretudo obrigações e, na ausência de consentimento do Estado prejudicado na sua integridade territorial, apenas o reconhecimento lhes atribuirá limitados poderes políticos de representação internacional.

A prática quanto à aplicação a estas entidades efectivas da proibição de uso da força tem sido inconsistente. Daí que ainda que seja possível determinar quando é que uma entidade passou a ser objectivamente um Estado[124], já não é simples precisar exactamente quais os efeitos de reconhecimentos insuficientes.

Um ponto parece relativamente pacífico, tal como se encontram vinculados pelas normas internacionais dos direitos humanos e humanitárias e que tutelam os outros Estados, a prática atesta que estes movimentos se encontram igualmente vinculados em relação a Estados terceiros pela proibição de uso da força e respeito da sua soberania[125]. Claro está, tal vinculação já

---

[123] Ver, *infra*, parág. 55.2.

[124] Ver, *infra*, parág. 34.4.3.

[125] A sujeição destas entidades ao dever de não usar a força contra Estados terceiros tem raízes antigas na prática dos Estados. Assim, o Reino Unido exigiu reparações à Confederação rebelde no Conflito interno nos EUA e, já no século XX, aos rebeldes no Conflito interno na Espanha por ataques contra navios militares seus; o mesmo fizeram os EUA em relação à detenção de uma tripulação de um navio militar seu durante o Conflito no México em 9 de Abril de 1914 (cfr. a prática referida pela Comissão de Direito Internacional, YILC, 1975, Vol. II, Part 2, pág. 91-99, comentário ao então artigo 14 do seu Projecto sobre Responsabilidade dos Estados, parág. 28). Esta aplicação resulta igualmente da prática resultante do Conflito Coreano e da condenação das autoridades do norte da Coreia (já é menos relevante a condenação do Governo comunista da China, visto que este era já o Governo da China) como autoras de "aggression" pela sua acção militar contra os Estados aliados pela Resolução 498 (V), de 1 de Fevereiro de 1951, parág. 1, 3 e 5 (texto em RDGAOR, 5th Session, 1950-1951, pág. 1) da Assembleia Geral.

Do mesmo modo, o Conselho de Segurança, na sua Resolução 947 (1994), de 30 de Setembro (texto em RDSCOR, 1994, pág. 41), parág. 12: "Urges the Bosnian Serb party fully to respect the territorial integrity of the Republic of Croatia and to refrain from any actions that are threatening its security". Ora, os sérvios bósnios não passavam de um movimento armado no conflito interno na Bósnia-Herzegovina (sobre este, ver, *infra*, parág. 67). Situação semelhante, mas ao contrário, foi condenada pela Declaração Presidencial 1994/66, de 13 de Novembro (texto em RSC, 1994-1995, pág. 122) em que se afirma: "The Security Council

não se verifica em relação ao próprio Estado de que são nacionais, ou que controla o território que o movimento reivindica, e contra o qual luta. Neste caso estar-se-á perante uma mera utilização interna da força, ainda que o movimento utilize igualmente território de um Estado vizinho para realizar os seus ataques[126].

**10.5.2. Protecção de movimentos armados.** Mas o caso muda de figura quando se trata de conferir a estes movimentos o direito de protecção pela proibição de uso da força. Tudo indica que os critérios para a aplicação desta proibição são bastante exigentes[127], como se julga ficar comprovado por alguns casos exemplares.

**10.5.2.1. Aplicação inicial ou posterior: Alemanha, Coreia e Formosa.** Só excepcionalmente parece ter existido um reconhecimento geral praticamente automático quanto à aplicação da proibição a uma destas entidades, mesmo na falta de qualquer acordo formal entre as partes nesse sentido.

---

condemns any violation of the international border between the Republic of Croatia and the Republic of Bosnia and Herzegovina. It demands that all parties and others concerned, and in particular the so-called Krajina Serb forces, fully respect that border and refrain from hostile acts across it". Desta vez foi a violação da fronteira da Bósnia pelo movimento armado sérvio na Croácia que foi condenada. Mais veemente seria ainda a Declaração Presidencial 1994/69 de 18 de Novembro (texto em RSC, 1994-1995, pág. 123) que afirma: "The Security Council condemns in the strongest possible terms the attack on the safe area of Bihac by aircraft belonging to the so-called Krajina Serb forces, (...). The Security Council also condemns the shelling by the so-called Krajina Serb forces from the United Nations protected areas **as a flagrant violation of the territorial integrity of the Republic of Bosnia and Herzegovina** and relevant Security Council resolutions".

Ver também I. Brownlie, *International Law and the Use of Force* (...), cit., pág. 379-380 (embora coloque a ênfase na condenação do Governo da China); Anne H. Hsiao, *Is China's Policy to Use Force Against Taiwan a Violation of the Principle of Non-Use of Force Under International Law*, NELR, Vol. 32, 1998, pág. 715-742, na pág. 727.

[126] Ver, *infra*, parág. 12.3 e 15.2.

[127] Assim, desde logo, esta aplicação não tem grande apoio na citada Definição de Agressão da Assembleia Geral. No artigo 1 desta, no seu ponto a), afirma-se: "In this Definition the term "State": (a) Is used without prejudice to questions of recognition or to whether a State is a member of the United Nations". Ou seja, estando-se perante um Estado, a proibição de agressão aplica-se mesmo que um dos Estados não tenha reconhecido o outro. O problema é quando não se está (ainda) perante um Estado. Deste modo, a Definição não fornece qualquer apoio à aplicação da noção de agressão em relação a entidades que não sejam Estados ou grupos de Estados.

Uma das situações mais claras é a relativa às relações entre as duas Alemanhas até à sua admissão nas Nações Unidas em 12 de Junho de 1973[128]. Parece claro que houve um entendimento quanto à aplicação da proibição de uso da força durante este período. Claro está, esta proibição foi considerada aplicável nas relações entre os Estados de cada bloco e a respectiva Alemanha.

Assim, o Pacto de Varsóvia de 14 de Maio de 1955, entre a União Soviética, a Hungria, Polónia, Albânia, Checoslováquia, Roménia, Bulgária e a República Democrática Alemã[129], no artigo 1, considera aplicável entre as partes a proibição de uso da força nas relações internacionais de acordo com a Carta. No que diz respeito aos Estados ocidentais estes implicitamente aceitaram a aplicação desta proibição ao reconhecerem a Alemanha como Estado no artigo 1, n.º 2 da Convenção sobre as Relações entre as Três Potências e a República Federal da Alemanha de 26 de Maio de 1952 (alterada em 23 de Outubro de 1954)[130]. Mais importante, em relação à Alemanha democrática, no artigo 7, n.º 2 da mesma convenção obrigam-se a cooperar para obter a reunificação da Alemanha por meio pacíficos. Ou seja, comprometeram-se a não utilizar a força. Provavelmente este reconhecimento explica-se pela circunstância de tropas de Estados estrangeiros terem permanecido em solo alemão, o que implicaria quase necessariamente um conflito internacional entre estas em caso de invasão de uma das partes da Alemanha pela outra.

Noutros casos, pelo contrário, cada parte sustentou inicialmente posições opostas e só posteriormente, depois de intervenção estrangeira, a situação se estabilizou no sentido de uma aplicação desta proibição: seja depois de um conflito armado aberto inconclusivo, como na Coreia; seja depois de meros incidentes que não impediram a consolidação da situação, como entre a China e a Formosa.

Deste modo, a propósito do conflito na Coreia, na sua Resolução 82 (1950), de 25 de Junho[131] e na Resolução 83 (1950), de 27 de Junho[132], o Conselho de Segurança qualificou apenas como ruptura da paz o ataque das autoridades da zona norte da Coreia (então Estado unitário) às autoridades

---

[128] Cfr. MTDSG.
[129] Texto em UNTS, 1955, No. 2962, pág. 23-32.
[130] Texto em AJIL, Vol. 49, No. 3, 1955, *supplement*, pág. 57-69.
[131] Texto em RDSCOR, 1950, pág. 4-5: por 9 votos a favor, nenhum contra, uma abstenção e a ausência da União Soviética.
[132] Texto em RDSCOR, 1950, pág. 5.

do Sul. É certo que falou igualmente em "armed attack", mas a expressão não pode ser entendida aqui no seu sentido técnico de grave forma de agressão[133].

A Assembleia Geral na sua Resolução 498 (V), de 1 de Fevereiro de 1951, parág. 1, 3 e 5[134] qualificou como autores de "aggression" quer as autoridades do norte da Coreia, quer o Governo (comunista) da China. Contudo, para ser possível realizar esta qualificação (por discutível que seja) no que diz respeito às primeiras, seria necessário considerar aplicável o artigo 2, n.º 4 às relações entre as duas autoridades no então Estado unitário da Coreia, o que não parece aceitável. O bloco de leste considerou, com boas razões, o conflito como uma guerra civil[135]. As autoridades do sul tinham sido reconhecidas como único Governo da Coreia pela Assembleia Geral[136], mas com os votos negativos dos Estados socialistas liderados pela União Soviética que tinham reconhecido como Governo as autoridades do Norte. Acresce que as autoridades do sul apenas eram efectivas na zona a sul do paralelo 38.

Assim, a aplicação automática da proibição de uso da força às relações entre as duas autoridades da Coreia não tinha grande fundamento, até porque a Coreia nem era parte na Carta e se tratou do primeiro precedente expresso. De qualquer modo, o Acordo de Armistício de 27 de Julho de 1953 entre o Comandante das "Nações Unidas", o Supremo Comandante do Exército da Coreia do Norte e o dos "Voluntários" chineses[137] não remete para qualquer dever costumeiro de não uso da força ou para a Carta. Já às relações entre o Governo (comunista) chinês e os Estados aliados a aplicação de tal dever era líquida, apesar de a grande maioria destes não o ter reconhecido[138]. Mas neste caso já se estava perante uma relação entre Estados.

No entanto, a situação posterior parece sugerir que a proibição de uso da força (embora estruturada igualmente no acordo de cessar-fogo) teve aplicabilidade até ao reconhecimento geral das duas Coreias como Estados distintos com a sua admissão nas Nações Unidas em 17 de Setembro de

---

[133] Ver, *infra*, parág. 12.1 e 44.2.

[134] Texto em RDGAOR, 5th Session, 1950-1951, pág. 1.

[135] Ver sobre o conflito na Coreia, *infra*, parág. 42.2.

[136] Pela Resolução 195 (III) de 12 de Dezembro de 1948 (texto em RDGAOR, 3th Session, 1948, pág. 25-27), parág. 2 ("Declares that there has been established a lawful government (...); and that this is the only such Government in Korea").

[137] Texto em AJIL, Vol. 47, No. 4, 1953, *supplement*, pág. 186-206.

[138] Ver sobre o carácter declarativo do reconhecimento de um Governo efectivo e excepções, *infra*, parág. 34.4.4.

1991[139]. Assim, durante este período, a Assembleia Geral em diversas resoluções frisou o objectivo de reunificação da Coreia "by peaceful means"[140].

O caso das relações entre a China e a Formosa (Taiwan) tem semelhanças.

Os EUA em 27 de Junho de 1950 decidiram impedir a invasão da Formosa por parte das forças comunistas chinesas por meio da interposição da 7.ª esquadra no Mar da China e a instalação de forças aéreas americanas na Formosa com o consentimento das autoridades nacionalistas chinesas instaladas nesta última. Porém, esta tentativa de aplicar o regime do artigo 2, n.º 4 e do artigo 51 (embora os EUA não o tenham invocado abertamente) à situação deparou com um protesto violento do Governo comunista da China[141].

Parece bem que o Governo chinês tinha fundamentos para esta sua reacção. A situação não adquirira qualquer efectividade com significado. Esteve-se, pois, perante uma intervenção militar directa estrangeira num conflito armado generalizado interno, que deve ser considerada como ilícita, mesmo a pedido de uma das partes[142]. Desde então os EUA têm sustentado a inadmissibilidade de uma resolução da questão pela força[143].

Não se afigura possível aceitar que o Governo chinês tenha actualmente direito de usar a força para controlar a Formosa, isto apesar de esta ter perdido progressivamente qualquer reconhecimento do seu estatuto de Governo da totalidade da China, desde a sua exclusão como representante desta nas Nações Unidas[144]. Daí que a Formosa tenha renunciado a este estatuto em 1991, tendo reconhecido o Governo chinês como Governo do continente[145]. Deste modo, a questão da Formosa deixou de constituir um problema de reconhecimento de Governo, para constituir um caso de reconhecimento de Estado. No entanto, as suas tentativas para ser admitida nas

---

[139] Cfr. MTDSG.

[140] Cfr. Resolução 2132 (XX), de 21 de Dezembro de 1965, parág. 1 (texto em RDGAOR, 20th Session, 1965-1966, pág. 12).

[141] "That action was a direct armed aggression on the territory of China and a total violation of the United Nations Charter" (cfr. RPSC, 1946-1951, Chapter VIII, pág. 358).

[142] Ver, *infra*, parág. 16.1.

[143] "With respect to Taiwan, the President reiterated the need for a peaceful resolution of cross-strait differences, while mentioning our continued adherence to a "one China" policy" (cfr. USDSD, May 1999, pág. 9).

[144] Ver, *infra*, parág. 34.4.4.

[145] Cfr. Ross H. Munro, *Giving Taipei a Place at the Table*, FA, 1994 (Nov.-Dec.), pág. 109 e seg..

Nações Unidas têm fracassado, tendo obtido escasso apoio[146] e encontram-se votadas ao fracasso por força do veto da China[147, 148].

---

[146] Assim, ver a discussão da questão na Comissão Geral da Assembleia Geral: UNPR GA/9092 1st Meeting (AM) 18 September 1996; UNPR GA/9593, 15 September 1999.

[147] A China tem declarado a este propósito: "Article 4 of the Charter clearly stipulated that United Nations membership was open only to sovereign States, he said. As a province of China, Taiwan was in no position to participate in the work or activities of the United Nations or its specialized agencies. The issue of Taiwan was fundamentally different from those of Germany and Korea and could not be placed on a par with them" (cfr. UNPR GA/9593, 15 September 1999). A mesma posição é sustentada por Che-Fu Lee, *China's Perception of the Taiwan Issue*, NELR, Vol. 32, 1998, pág. 695-706, na pág. 700; Jianming Shen, *Sovereignty, Statehood, Self-determination, and the Issue of Taiwan*, AUILR, Vol. 15, 2000, pág. 1101-1161, na pág. 1139-1140.

[148] Existe quem entenda, sem aparente fundamento, que a China não tem soberania sobre a Formosa e que esta já é um Estado [assim: Stephen Lee, *The Issue Of The De Facto And De Jure Status Of Taiwan And Sovereignty*, BUJIL, Vol. 2, 1995/1996, pág. 323-327, na pág. 324; Parris Chang/Kok-Ui Lim, *Taiwan's Case For United Nations Membership*, UCLAJILFA, Vol. 1, 1996/1997, pág. 393-430, na pág. 417-419; Lung-chu Chen, *Taiwan's Current International Legal Status*, NELR, Vol. 32, 1998, pág. 675-683, na pág. 677-678; Angeline G. Chen, *Taiwan's International Personality: Crossing the River by Feeling the Stones*, LLAICLJ, Vol. 20, 1998, pág. 223-255, na pág. 249-250; Y. Frank Chiang, *State, Sovereignty, And Taiwan*, FILJ, Vol. 23, 2000, pág. 959-1004, na pág. 998-1000; Christopher J. Carolan, *The Republic Of Taiwan: A Legal-Historical Justification For A Taiwanese Declaration Of Independence*, NYULR, Vol. 75, pág. 429-468, na pág. 450 e 457 (Estado de facto)]. No entanto, mesmo que as Declarações do Cairo de Novembro de 1943 (texto em AJIL, Vol. 38, 1944, *Supplement: official documents*, pág. 8: "all the territories Japan has stolen from the Chinese, such as Manchuria, Formosa, and the Pescadores, shall be restored to the Republic of China") e de Potsdam de 2 de Agosto de 1945 (texto do comunicado de Potsdam em AJIL, Vol. 39, 1945, *Supplement: official documents*, pág. 257), bem como as renúncias pelo Japão à sua soberania sobre a Formosa e Pescadores constante do artigo 2, al. b) do Tratado de paz com o Japão de 8 de Setembro de 1951 (texto em UNTS, 1952, No. 1832, pág. 45-164) e os artigos II e III (reconhecimento tácito da soberania da China sobre esta) do Tratado de Paz entre a "China", pelas autoridades nacionalistas, e o Japão de 28 de Abril de 1952 (texto em UNTS, 1952, No. 1858, pág. 38-54) não tivessem por si estabelecido a soberania da China sobre a Formosa (desde logo, porque só a sua execução produziria efeitos "reais"), a verdade é que a China manteve a sua ocupação desta sem contestação por intermédio do Governo (depois meras autoridades) nacionalista (também em sentido semelhante: D. P. O'Connell, *The Status of Formosa and the Chinese Recognition Problem*, AJIL, Vol. 50, No. 2, 1956, pág. 405-416, na pág. 414). O abandono da pretensão das autoridades da Formosa em constituir o Governo da China numa viragem rumo à secessão não legitima que se ignore esta postura de quarenta anos. A China foi e continua a ser um Estado unitário que tem ocupado a Formosa, ainda que por autoridades rebeldes.

Formalmente, a Formosa não declarou a independência, mas reivindica soberania num estatuto ambíguo de parte num Estado Chinês dividido[149]. A sua pretensão em ser admitida nas Nações Unidas constitui, porém, uma tácita afirmação de independência[150], sem prejuízo de aceitar uma reintegração futura na China.

Esta pretensão tácita de independência, porém, não recebeu um reconhecimento com significado, visto que apenas cerca de 30 Estados mantêm relações diplomáticas formais com a Formosa, grande parte destes reconhecendo-a como um Estado distinto da China[151]. No entanto, apesar da sua clara efectividade, a falta de consentimento da China exclui que se possa considerar a Formosa como um Estado[152]. A maioria dos Estados mantém meros contactos com a Formosa por intermédio de associações formalmente privadas mas que são meras extensões da sua administração[153].

Apesar disso, a situação de mais de 50 anos de efectividade e os anteriores reconhecimentos não podem deixar de ter um peso significativo. Julga-se, pois, que a Formosa pode invocar a seu favor a proibição de uso da força, apesar de não existir qualquer cessar-fogo[154]. Deste modo, em caso

---

[149] Ambiguidade que tem sido apoiada por alguns autores: Mark S. Zaid, *Taiwan: It Looks Like It, It Acts Like It, But Is It a State?*, NELR, Vol. 32, 1998, pág. 805-818, na pág. 817-818.

[150] Também neste sentido: Tzu-wen Lee, *The International Legal Status Of The Republic Of China On Taiwan*, UCLAJILFA, Vol. 1, 1996/1997, pág. 351-392, na pág. 381-382. Contra: James W. Soong, *Taiwan And Mainland China: Unfinished Business*, UCDJILP, Vol. 1, 1995, pág. 361-366, na pág. 365; Nii Lante Wallace-Bruce, *Taiwan and Somalia: International Legal Curiosities*, QLJ, Vol. 22, 1997, pág. 453-485, na pág. 467-468, também entende que esta não proclamou a independência.

[151] Cfr. UNPR GA/9593, 15 September 1999.

[152] Ver, *infra*, parág. 34.4.3.

[153] Cfr. Cheri Attix, *Between the Devil and the Deep Blue Sea: Are Taiwan's Trading Partners Implying Recognition of Taiwanese Statehood*, CWILJ, Vol. 25, 1995, pág. 357-387, na pág. 364-365.

[154] Também neste sentido: A. Hsiao, *Is China's Policy* (...), cit., pág. 742; Nicholas Rostow, *Taiwan: Playing for Time*, NELR, Vol. 32, 1998, pág. 707-713, na pág. 710-711; Peter R. Rosenblatt, *What is Sovereignty: The Cases of Taiwan and Micronesia*, NELR, Vol. 32, 1998, pág. 797-800, na pág. 800; A. Chen, *Taiwan's International Personality* (...), cit., pág. 251 (mas por entender que a Formosa é já um Estado); Jonathan I. Charney/J. R. V. Prescott, *Resolving Cross-Strait Relations between China and Taiwan*, AJIL, Vol. 94, 2000, pág. 453-477, na pág. 477; ver, porém, as hesitações de Glenn R. Butterton, *Signals, Threats, And Deterrence: Alive And Well In The Taiwan Strait*, CULR, Vol. 47, 1997, pág. 51-111, pág. 66-71; Christa T. Lin, *The International Criminal Court: Taiwan's Last Hope?*, PRLPJ, Vol. 6, 1997, pág. 755-772, na pág. 769 (considera que seria uma "agressão" meramente interna)].

de um ataque armado, outros Estados poderão auxiliar directamente a Formosa em legítima defesa colectiva. Tal não significa que a Formosa tenha direito de secessão. Apenas o consentimento da China (ou, como fundamento para um eventual título de secessão, um ataque armado desta) poderá legitimar que a Formosa se constitua em Estado[155].

A confirmá-lo, encontra-se a crise de 1996, em que os EUA destacaram para a zona forças navais importantes quando pareciam existir sérios riscos de uma escalada da crise entre a China e a Formosa[156] provocada pelas eleições nesta, bem como pela anterior visita "privada" do Presidente da Formosa aos EUA em Junho de 1995[157]. Daí que a venda de armas à Formosa[158] não possa ser considerada como uma intervenção nos assuntos internos da China, pelo menos se estas não forem desproporcionadas em relação a meros fins de defesa[159].

### 10.5.2.2. Não aplicação: Vietname, Chechénia, Krajina e Palestina.

A aplicação da protecção da proibição de uso da força a favor de um movimento armado foi, ao contrário, rejeitada em vários casos.

Assim, em relação à situação no Vietname, Estado dividido com duas entidades a proclamarem o seu estatuto de Governo, existiu uma tentativa de aplicação do artigo 2, n.º 4 e 51 CNU pelas autoridades do Sul que enveredaram pela secessão com o apoio de Estados terceiros. Mas a sua

---

[155] Ver, *infra*, sobre a secessão, parág. 14.4 e sobre o reconhecimento de novos Estados, parág. 34.4.3.

[156] O Secretário-Geral das Nações Unidas declarou a propósito "The issue of Taiwan was of course an internal one on which the General Assembly had ruled unequivocally in its 26 session. The Secretary-General noted China's firm and long-standing position that this issue would be resolved solely by peaceful means" (cfr. UNPR DH/2097, 8 March 1996, pág. 4-5).

[157] Cfr. Zhengyuan Fu, *China's Perception Of The Taiwan Issue*, UCLAJILFA, Vol. 1, 1996-1997, pág. 321-350, na pág. 328-329.

[158] Cfr. UNPR GA/DIS/3129, 24th Meeting (AM), 5 November 1998, pág. 11.

[159] A China reconheceu esta realidade jurídica no seu Comunicado conjunto de 17 de Agosto de 1982 com os EUA [em que estes declaram: "does not seek to carry out a long-term policy of arms sales to Taiwan, that its arms sales to Taiwan will not exceed, either in qualitative or in quantitative terms, the level of those supplied in recent years (...) and that it intends gradually to reduce its sale of arms to Taiwan, leading, over a period of time, to a final resolution"; texto em ILM, Vol. 21, No. 5, 1982, pág. 1147; ver também David J. Cheffer, *Law of Treaty Termination As Applied to the United States De-Recognition of the Republic of China*, HILJ, Vol. 19, 1978, pág. 931-1009, na pág. 940, nota 25; James Lilley, *The United States, China, and Taiwan: A Future With Hope*, NELR, Vol. 32, 1998, pág. 743--750, na pág. 744].

aplicação foi rejeitada pelas autoridades do Norte que consideraram tratar-se de um uso interno da força não proibido e que acabaram por levar as suas intenções avante.

Os EUA acusaram as autoridades do então Vietname do Norte de agressão na forma de ataque armado que alegadamente teria legitimado o recurso à legítima defesa colectiva na defesa do Vietname do Sul. Embora não tenham sustentado expressamente a aplicação do artigo 2, n.º 4 à situação, invocaram o precedente da Coreia e o armistício[160]. O que foi rejeitado pelas autoridades do Norte do Vietname com o apoio do bloco soviético, que lhes forneceu abertamente armas e apoio[161].

A complexa situação no Vietname é talvez um dos casos que melhor demonstra a debilidade da aplicação desta proibição em situações em que o estatuto das entidades não é líquido, espelhado em reconhecimentos contraditórios. Uma das partes e seus aliados sustenta que se trata de uma guerra civil, enquanto a outra e seus aliados afirmam estar-se perante uma agressão.

A diferença em relação à Coreia (que, de qualquer modo, inicialmente foi igualmente um conflito interno[162]), reside na falta de efectividade das autoridades do Sul do Vietname, que apenas graças a apoio externo se mantiveram contra a própria oposição interna, mesmo que esta tenha tido apoio do Norte a partir de pelo menos 1962. O melhor entendimento é que se tratou efectivamente de um conflito interno, por as autoridades do Sul não serem um Estado[163].

Igualmente frequentes têm sido os casos de existência de uma entidade que proclama a sua independência e consegue obter uma autonomia de facto temporária que termina com a sua reocupação militar pelo Estado. O facto de o Estado, como na Chechénia, ter reconhecido *de facto* a situação não constituiu obstáculo.

Assim, a Chechénia, que fora parte da região autónoma da Chechénia--Inguchia da então União Soviética, proclamou a independência em 1 de

---

[160] Cfr. Department of State (Leonard Meeker), *The Legality of United States Participation in the Defense of Viet-Nam*, em *Contemporary Practice of the United States Relating to International Law*, AJIL, Vol. 60, 1966, pág. 565-585, na pág. 569-570.

[161] Cfr. NYT, April 8, 1972, Page 31, Column 6; ver também WP, September 2, 1978, pág. A1.

[162] Ver, *infra*, parág. 44.2.

[163] Neste sentido: Q. Wright, *Legal Aspects of the Vietnam* (...), cit., pág. 758-759; Wolfgang Friedmann, *Law and Politics in the Vietnamese War: A Comment*, AJIL, Vol. 61, No. 3, 1967, pág. 776-785, na pág. 779 e 783.

Novembro de 1991, o que desencadeou um conflito aberto com a Rússia. No entanto, esta concedeu um reconhecimento limitado da situação pelo Acordo de Cessar-Fogo de 31 de Agosto de 1996; isto depois de dois anos de combates pautados por outros mal sucedidos acordos de cessar-fogo[164].

Apesar disso, em Dezembro de 1999, a Rússia voltou a invadir o território depois de alguns atentados terroristas cuja autoria imputou às autoridades na Chechénia[165]. A reacção da Comunidade Internacional foi nula, tendo existido mesmo declarações de apoio à integridade da Rússia. As condenações incidiram exclusivamente nas violações do Direito Humanitário por parte das forças russas[166].

Alguma Doutrina condenou como agressão o ataque, bem como os anteriores[167], mas sendo a questão controvertida, resulta claro que a reacção dos restantes Estados é a melhor indicação de onde traçar a fronteira quanto à aplicação da proibição do uso da força, bem como quanto ao surgimento de Estados[168, 169].

Assim, este caso confirma que situações de autonomia de facto numa parcela do território de um Estado por um movimento armado, mesmo que

---

[164] Cfr. Thomas D. Grant, *A Panel of Experts for Chechnya: Purposes and Prospects in Light of International Law*, VJIL, Vol. 40, 1999, pág. 115-191, na pág. 132-135.

[165] Ver a posição russa, pelo seu embaixador nos EUA, Yuri V. Ushakov, *Humanitarian And Legal Aspects Of The Crisis In Chechnya*, FILJ, Vol. 23, 2000, pág. 1155-1168, na pág. 1161.

[166] Cfr. Human Rights Watch, *Russia/Chechnya – The "Dirty War" In Chechnya: Forced Disappearances, Torture, And Summary Executions*, March 2001, vol. 13, no 1(d) e em *Russia/Chechnya – Burying The Evidence: The Botched Investigation Into A Mass Grave In Chechnya*, May 2001, Vol. 13, No. 3 (D), pág. 4 (textos em HRWW).

[167] Embora sustentando que a Chéchénia era já um Estado: Luke P. Bellocchi, *Self-Determination in the case of Chechnya*, BUJIL, Vol. 2, 1995, pág. 183-191, na pág. 188 e 191; Peter Dipaola, *A Noble Sacrifice? Jus ad Bellum and the International Community's Gamble in Chechnya*, IJGLS, Vol. 4, 1997, pág. 435-469, na pág. 459-464; ver ainda, mas de forma bastante mais restritiva: Trent N. Tappe, *Chechnya and the State of Self-Determination in a Breakaway Region of the Former Soviet Union*, CJTL, Vol. 34, 1995, pág. 255 e segs., na nota 111 e 112.

[168] Correctamente, nega carácter de Estado à Chéchénia: Duncan B. Hollis, *Accountability In Chechnya: Addressing Internal Matters with Legal and Political International Norms*, BCLR, Vol. 36, 1995, pág. 793-846, na pág. 816-817.

[169] É, pois, provável que a acção interposta pelo "Estado" da Chéchénia contra a Rússia perante o Tribunal Internacional de Justiça por genocídio não tenha grandes probabilidades de ser aceite sequer para a fase de apreciação do pedido de medidas provisórias, por força do artigo 43, n.º 1 do Estatuto do Tribunal (apesar de ocasionais apoios: Shara Abraham, *Chechnya: Between War and Peace*, HRB, Vol. 8, 2001, pág. 9-37, na pág. 36-37).

tenham sido objecto de um reconhecimento limitado por este, não são suficientes para que seja aplicável a proibição de recurso à força, sendo necessário que a situação perdure por um período largo.

A mesma conclusão restritiva quanto à aplicação desta proibição a favor de um movimento armado se retira do caso da Eslavónia Oeste e Krajina, então dominada pela minoria sérvia. Esta tinha-se rebelado contra as autoridades centrais croatas e proclamado a "República Sérvia da Krajina", depois de realizar uma limpeza étnica. Em 22 de Janeiro de 1993, quando se iniciou a ofensiva croata, que por fases levaria à sua reocupação pela Croácia, encontrava-se instalada no terreno uma operação de manutenção da paz das Nações Unidas. Esta circunstância também não constituiu obstáculo jurídico. A ofensiva provocou várias baixas, incluindo civis e membros da UNPROFOR que patrulhavam a zona.

O Conselho de Segurança condenou a ofensiva da Croácia, as baixas entre civis e na Força das Nações Unidas pela sua Resolução 802 (1993), de 25 de Janeiro[170], exigindo um cessar-fogo. Mas sem invocar qualquer proibição de uso da força e sim apenas o plano de manutenção da paz das Nações Unidas (parág. 1-4). Apesar dos termos peremptórios da Resolução, esta não invoca o Capítulo VII ou qualifica o ataque como uma ameaça da paz (e muito menos como uma ruptura desta). De qualquer modo, esta reacção apenas atrasou a reocupação completa, tendo a Croácia mantido o controlo da parcela de território reocupada[171].

A restante reconquista seria levada a cabo somente a partir de 1 de Maio de 1995 e terminada em Agosto de 1995. O início da ofensiva de Maio seria lamentada pela Declaração Presidencial 1995/23 no próprio dia 1 de Maio[172] e o Conselho exigiu à Croácia o seu fim em nome do Acordo de Cessar-Fogo de 29 de Março de 1994. Porque a Croácia continuou a sua ofensiva, o Conselho manifestou pela sua Declaração Presidencial 1995/25 de 4 de Maio de 1995[173] a sua condenação desta e exigiu a retirada das forças croatas. Um cessar-fogo seria celebrado no dia 7 de Maio, mas as forças croatas não retiraram do território entretanto reocupado. Esta situação seria lamentada pela Resolução 994 (1995), de 17 de Maio[174] e seria exigida a retirada das forças da zona de separação (parág. 2).

---

[170] Texto em RDSCOR, 1993, pág. 19-20.
[171] Cfr. *The United Nations And The Situation In The Former Yugoslavia*, United Nations, 1995, pág. 4.
[172] Texto em RDSCOR, 1995, pág. 30.
[173] Texto em RDSCOR, 1995, pág. 31.
[174] Texto em RDSCOR, 1995, pág. 31.

A ofensiva final de Agosto de 1995 seria recebida da mesma forma. Condenações verbais pelas Declarações Presidenciais 1995/37 de 3 de Agosto e 1995/38 de 4 de Agosto[175], seguida de nova condenação pela Resolução 1009 (1995), de 10 de Agosto[176]. Mas entretanto, no terreno, a nova situação de reocupação quase completa do seu território pela Croácia fora atingida[177].

As condenações tiveram por base sempre exclusivamente a violação do Acordo de cessar-fogo, para lá dos ataques contra a Força das Nações Unidas e contra civis. Esta reocupação acabou por levar à fuga da grande maioria dos sérvios que habitavam a zona[178] que voltou ao controlo da Croácia. A Eslavónia Leste ainda controlada por sérvios seria colocada provisoriamente sob administração das Nações Unidas passando para controlo da Croácia em 1998[179].

Outro caso demonstra como mesmo a existência de um reconhecimento maioritário é insuficiente para que se verifique a aplicação da proibição de uso da força quando a maioria de apoio não cumpre os requisitos para um reconhecimento comunitário constitutivo e com eficácia *erga omnes*; trata-se do caso da Palestina.

Assim, esta foi alvo de um reconhecimento parcial (por cerca de 125 Estados) como Estado, mas que é rejeitado pelos EUA e não é apoiado por outras grandes potências (isto é, membros permanentes do Conselho). Assim, a Resolução 43/177, de 15 de Dezembro de 1988[180] da Assembleia Geral, no seu parág. 1, afirma: "Acknowledges the proclamation of the State of Palestine by the Palestine National Council on 15 November 1988", mantendo à OLP um estatuto de observador equivalente ao dos delegados de Governos de Estados não membros.

Julga-se que a falta de independência efectiva (que ainda subsiste, apesar das concessões no processo de paz) constituem obstáculos para a atribuição automática do estatuto de Estado por força do Direito Internacional.

---

[175] Textos em RDSCOR, 1995, pág. 33.

[176] Texto em RDSCOR, 1995, pág. 34.

[177] O que facilitou o acordo na Bósnia-Herzegovina e explica as meras condenações inconsequentes, já que em privado alguns membros permanente apoiaram mesmo a acção da Croácia; ver, *infra*, parág. 67.

[178] Fala-se em cerca de 200.000: cfr. *The fall of Srebrenica – Report of the Secretary-General pursuant to General Assembly resolution 53/35* (UN Doc. A/54/549, 15 November 1999), pág. 95, parág. 434.

[179] Ver, *supra*, parág. 8.

[180] Texto em RDGAOR, 43rd Session, 1988, Part I, pág. 62; pág. 348: por 104 votos a favor, dois contra e 36 abstenções.

E, em relação à atribuição deste estatuto de forma constitutiva pela Comunidade Internacional, em que estes elementos de facto já não serão obstáculos insuperáveis, existe a barreira constituída pela rejeição reiterada do seu reconhecimento pelos EUA, enquanto grande potência com direito de veto na questão[181]. Daí que não se afigure possível considerar que a Palestina seja já objectivamente um Estado[182].

Estes reconhecimentos não têm impedido Israel de utilizar a força em relação ao território sob controlo da autoridade palestiniana como se de território israelita se tratasse. Tendo em conta que a Palestina não pode ainda ser considerada objectivamente um Estado, não parece que este carácter seja oponível a Israel. A reacção da Comunidade Internacional em relação às retaliações israelitas contra os ataques aos seus militares e actos terroristas em geral tem sido de grande tolerância, mesmo por parte da Assembleia Geral[183].

Assim, constitui mais um caso que torna problemática a extensão do artigo 2, n.º 4 CNU a entidades que ainda não são Estados, apesar de um reconhecimento maioritário como tal, se não existir um período de efectividade duradouro.

**10.5.2.3. Conclusões.** Deste modo, só é possível sustentar a aplicação desta proibição de forma a proteger movimentos armados contra o Governo do Estado ou outra parte num conflito interno, perante situações que se estabilizaram de forma bastante duradoura.

---

[181] Ver, *infra*, parág. 34.4.3.

[182] A maioria dos autores considera que a Palestina ainda não é um Estado: James Crawford, *The Creation of the State of Palestine: Too Much Too Soon?*, EJIL, Vol. 1, 1990, 1-2, pág. 307 e segs., Part II e V e, já depois dos Acordos posteriores a 1993, em *Israel (1948-1949) and Palestine (1998-1999): Two Studies in the Creation of States*, em *The Reality of International Law – Essays in Honour of Ian Brownlie* (ed. G. Goodwin-Gill/S. Talmon), Oxford, 1999, pág. 95-124, na pág. 120-124; Kathryn McKinney, *The Legal Effects of the Israeli-PLO Declaration of Principles: Steps Toward Statehood for Palestine*, SULR, Vol. 18, 1994, pág. 93-128, na pág. 114; Justus R. Weiner, *The Hebron Protocol: The End of the Beginning or the Beginning of the End of the Israeli-Palestinian Peace Process*, BUILJ, Vol. 15, 1997, pág. 373-432, na pág. 381 e 415; Sanford R. Silverberg, *Diplomatic Recognition of States in Statu Nascendi: The Case of Palestine*, TJCIL, Vol. 6, 1998, pág. 21-47, na pág. 24 ("is a state in statu nascendi"). Contra: Francis A. Boyle, *The Creation of the State of Palestine*, EJIL, Vol. 1, No. 1/2, 1990, pág. 301-306; John Quigley, *The Israel-PLO Interim Agreements: Are They Treaties?*, CILJ, Vol. 30, 1997, pág. 717-740, na pág. 724-726.

[183] Cfr. a Resolução 55/55 de 1 de Dezembro de 2001 (UN Doc. UN Doc. A/RES/55//55); ver ainda, *infra*, parág. 12.3.

A existência de reconhecimentos de diversos Estados da entidade como um novo Estado, ainda que insuficientes para se verificar um reconhecimento colectivo[184], será um elemento igualmente importante que poderá fazer diminuir o período de tempo necessário para se chegar à conclusão de que se aplica a proibição costumeira de uso da força. A aceitação da situação de facto e a aparente desistência em alterá-la pelo uso da força será outro elemento importante[185]. De qualquer modo, não é possível quantificar mecanicamente quanto tempo é necessário que passe. Tudo depende das entidades implicadas, dos apoios respectivos e pacificação ou não da situação.

Nestes casos pontuais, esta aplicação tem lugar quer entre entidades nesta situação que dividam o território de um Estado, quer de uma destas entidades perante o Governo reconhecido do Estado de que ocupa uma parcela do território. Além de, como se procurou demonstrar, esta proibição vincular estas entidades em relação a Estados terceiros ou de estes por sua vez não poderem atacar o território ocupado por estas, sob pena de violação

---

[184] A. Hsiao, *Is China's Policy to Use Force* (...), cit., pág. 729-732, sustenta igualmente uma posição restritiva que faz depender a situação da existência de reconhecimentos, embora exija reconhecimentos colectivos da entidade de facto como entidade jurídica distinta e não meros reconhecimentos contraditórios. Na realidade, entidade jurídica distinta até um bando armado ou um indivíduo o é, independentemente de qualquer reconhecimento (ver, *infra*, parág. 34.4.2).

[185] A Doutrina que sustenta a aplicação da proibição do uso da força a entidades sem carácter estadual não define com grande rigor os pressupostos desta, parecendo ser mais liberal. Assim: I. Brownlie, *International Law and the Use of Force* (...), cit., pág. 380-381; Quincy Wright, *Legal Aspects of the Viet-Nam Situation*, AJIL, Vol. 60, No. 4, 1966, pág. 750-769, na pág. 751; John N. Moore, *The Lawfulness of Military Assistance to the Republic of Viet-Nam*, AJIL, Vol. 61, No. 1, 1967, pág. 1-34, na pág. 4; A. Randelzhofer, *Article 2 (4)*, cit., pág. 115; Thomas D. Grant, *The Recognition of States: Law and Practice in Debate and Evolution*, Westport (Connecticut)/London, 1999, pág. 21 e em *Afghanistan Recognizes Chechnya*, AUILR, Vol. 15, 2000, pág. 869-894, na pág. 893-894.

Autores que sustentam uma tese puramente declarativista e exclusivamente factual do reconhecimento tendem a defender uma aplicabilidade directa da proibição a quaisquer entidades que cumpram os tradicionais requisitos de Povo, território, Governo efectivo e capacidade para desenvolver relações internacionais na sequência dos artigos 1 e 13 da Convenção Inter-Americana de Montevideo sobre os Direitos e Deveres do Estado de 26 de Dezembro de 1933 (texto em LNTS, vol. CLXV, 1936, n.º 3802, pág. 19-43). Assim: A. Randelzhofer, *Article 2 (4)*, cit., pág. 116; P. Dipaola, *A Noble Sacrifice?* (...), cit., pág. 447--450 e 459-460. Segundo se julga, o reconhecimento só será meramente declarativo quando se está perante uma entidade efectiva e esta obteve o consentimento quanto à sua independência do Estado ou outra parte ou partes directamente afectadas ou exerceu um direito de secessão reconhecido pelo Direito Internacional (ver, *infra*, parág. 34.4.3).

do princípio da não intervenção, mesmo que exista consentimento do Governo do Estado afectado.

Fora destes casos restritos, não se estará perante um uso da força nas "relações internacionais", mas sim perante um uso interno que goza de uma excepção em relação ao artigo 2, n.º 4 CNU e à correspondente norma costumeira[186].

Note-se que aplicar simplesmente o artigo 2, n.º 4 aos conflitos em que uma ou mais das suas partes são entidades meramente estabilizadas não é necessariamente a melhor solução. De facto, esta aplicação implicaria o direito de intervenção de outros Estados no exercício do direito de legítima defesa do lado da parte que considerassem atacada. Há muito que as regras tradicionais da neutralidade rigorosa perderam aplicabilidade. Actualmente, qualquer Estado com interesses num conflito, na ausência de uma decisão do Conselho de Segurança, decide unilateralmente quem são o agressor e o agredido e sente-se autorizado a auxiliar este último, se necessário com as suas forças armadas[187].

Já tratando-se de um conflito armado interno entre um Governo e um movimento armado ou entre movimentos armados, qualquer intervenção é mais delicada[188]. Deste modo, considerar que se está perante um conflito sujeito ao artigo 2, n.º 4 e 51 CNU pode ser um meio de o agravar e não de o terminar e muito menos de o prevenir[189]. Para criar um conflito armado normalmente basta que uma das partes o deseje. Logo, a eficácia preventiva da aplicação da proibição de uso da força pode ser pequena quando uma das

---

[186] Ver, *infra*, parág. 15.1 e 16.1.

[187] Foi o que se passou em vários dos conflitos entre Estados depois da Segunda Guerra Mundial: pense-se na entrada da Jordânia no conflito dos Seis Dias do lado do Egipto e da Síria perante o ataque de Israel em 1967 (e a ameaça séria de intervenção soviética; ver, *infra*, parág. 12.1); no auxílio norte-americano a Israel em 1973 no Conflito do *Yom Kippur* em face do ataque dos mesmos Estados Árabes; na participação militar directa de Cuba em auxílio de Angola contra a UNITA e África do Sul (ver, *infra*, parág. 12.3); na acção da Líbia do lado do Uganda em Março de 1979 perante a invasão deste pela Tanzânia (cfr. WP, March 31, 1979, pág. A17; ver ainda sobre este caso, *infra*, parág. 14.2); ou na acção militar da China do lado do Camboja perante a invasão deste pelo Vietname em 1979 (ver, *infra*, parág. 14.2). Isto sem prejuízo de alguns destes casos não terem reunido os pressupostos da legítima defesa colectiva. Nos casos de simples assistência, tratou-se de uma postura de mera não beligerância. Ver sobre esta figura e a neutralidade, *infra*, parág. 71.2.

[188] Ver, *infra*, parág. 16.

[189] Esta conclusão vale mesmo para as competências do Conselho de Segurança, já que este as pode exercer perante um mero conflito armado interno; ver a propósito da noção de ameaça à paz, *infra*, parág. 79.

partes considera o preceito inaplicável com algum fundamento, visto que a determinação da verificação dos pressupostos de aplicação da proibição de uso da força nestes casos não é simples.

**11. Causas de exclusão da ilicitude e da responsabilidade.** As causas de justificação são fundamentos que permitem a um Estado, ou outro sujeito, vinculado por uma norma internacional, praticar licitamente um acto que em condições normais seria ilícito à luz daquela. Isto não significa que constituam excepções à norma desrespeitada ou que esta seja suspensa por operação da causa de justificação. A norma primária em causa permanece em vigor e é por força da concorrência de uma segunda norma, com natureza secundária[190], que se verifica o efeito justificativo[191]. De qualquer modo, para todos os efeitos, o acto torna-se lícito, sem prejuízo de em determinados casos poder causar responsabilidade por actos lícitos[192].

---

[190] Seguindo a distinção introduzida pela Comissão de Direito Internacional nos seus trabalhos sobre a Responsabilidade Internacional enquanto Direito Secundário (cfr. YILC, 1980, vol. II, Part two, pág. 27). Distinção que apesar de alvo de algumas críticas se considera aceitável (ver também James Crawford, *First report on State responsibility*, Addendum, U.N Doc. A/CN.4/490, 24 April 1998, pág. 4-6, parág. 12-18).

[191] Ver, sobre a relevância da distinção entre causa de justificação e excepção, *infra*, parág. 38.

[192] Como estabelece o artigo 27 do citado Projecto da Comissão de Direito Internacional sobre Responsabilidade dos Estados de 2001. No seu comentário ao artigo, a Comissão confirma que se trata de responsabilidade por acto lícito (cfr. RILC, 2001, pág. 210, parág. 4 do comentário; ver igualmente YILC, 1980, Vol. II, Part 2, pág. 61-62, parág. 4). A Comissão sublinha que no seu Projecto as causas são de justificação e não de mera exclusão de responsabilidade (cfr. comentário inicial ao seu Capítulo V em YILC, 1979, Vol. II, Part 2, pág. 106-109, parág. 2; igualmente, embora de forma menos clara, no parág. 2 do comentário inicial ao Capítulo V do Projecto de 2001; RILC, 2001, pág. 169).

Alguma Doutrina, porém, entende que figuras como o perigo extremo (*distress*), força maior ou o estado de necessidade serão antes causas de "exculpação", subsistindo a responsabilidade (como o projecto ainda admite no artigo 27) mas igualmente a ilicitude. Isto teria como consequência que seria possível usar medidas de defesa contra acções desta espécie [neste sentido: Peter Malanczuk, *Countermeasures and Self-Defense as Circumstances Precluding Wrongfulness in the International Law Commission's Draft articles on State Responsibility*, em *United Nations Codification of State Responsibility* (ed. Marina Spinedi/ /Bruno Simma), 1987, pág. 197-286, na pág. 202; James Crawford, *Revising the Draft Articles on State Responsibility*, EJIL, Vol. 10, No. 2, 1999, pág. 435-460, na pág. 444 (o autor não afirma que estas figuras permitem medidas de defesa, mas fica implícito); ver também as suas declarações em RILC, 1999, pág. 189, parág. 403]. Igualmente alguns Estados parecem aceitar esta posição (ver, *infra*, nota neste parágrafo). Mas, a existir uma tal figura exculpatória, que deixa subsistir quer a ilicitude, quer a responsabilidade, cabe questionar a sua eficácia

Mas deve-se questionar se, além de causas de justificação, o Direito Internacional não reconhecerá igualmente causas de exclusão da responsabilidade dos Estados.

Não se trata de aplicar causas de exclusão da culpa no Direito Internacional da Responsabilidade dos Estados. É inequívoco que estas existem no domínio da responsabilidade internacional penal e civil dos indivíduos[193].

---

jurídica. Para nada serviria senão, eventualmente, de mera atenuação da responsabilidade. Ora, resulta claro que se um avião com uma avaria (Perigo extremo) ou por força de uma tempestade (Força maior) entra no espaço aéreo de um Estado sem autorização, tais circunstâncias devem excluir a ilicitude. Qualquer oposição a esta entrada deve por sua vez ser considerada ilícita. O mesmo vale para a figura mais problemática do estado de necessidade.

O Tribunal Internacional de Justiça sustentou claramente não apenas que este é uma figura costumeira, como que é uma causa de justificação: "The Court considers, first of all, that the state of necessity is a ground recognized by customary international law for precluding the wrongfulness of an act not in conformity with an international obligation. It observes moreover that such ground for precluding wrongfulness can only be accepted on an exceptional basis" [cfr. *Case Concerning The Gabcíkovo-Nagymaros* (...), cit., *I.C.J. Reports* 1997, pág. 40, parág. 51].

Julga-se, pois, de afastar esta posição. A responsabilidade, a existir, será por acto lícito. O que pode suceder é existir um excesso no exercício destas figuras ou verificar-se uma invocação abusiva. Nestes casos existe a prática de actos ilícitos que, claro está, permitem a tomada de medidas de defesa e implicam responsabilidade.

[193] Por exemplo, a defesa de ordens superiores em associação com a inconsciência da ilicitude no Direito Internacional Penal é uma causa de atenuação da culpa e não da ilicitude. Trata-se de um regime que decorre de vários preceitos: cfr. o artigo 8 do Estatuto do Tribunal Internacional de Nuremberga (texto em *Trial of Major War Criminals Before the International Military Tribunal*, Nuremberg, 14 November 1945 – 1 October 1946, vol. I, Nuremberg, 1947, pág. 10-16; também em AJIL, vol. 39, 1945, pág. 257-264); artigo 6 do Estatuto do Tribunal de Tóquio (principais artigos em ADRPILC, vol. XV, 1948, pág. 357-358); artigo 2, n.º 3 da Convenção Contra a Tortura aprovada pela Resolução 39/46, de 10 de Dezembro de 1984 (texto em RDGAOR, 39th session, 1984-1985, pág. 197); artigo 7, n. 4 do Estatuto do Tribunal Penal das Nações Unidas para a Ex-Jugoslávia [texto em UN. Doc. S/25704 and Add. 1 de 3/5/1993; alterado pela Resolução 1166 (1998), de 13 de Maio (texto em RSSC, 1998, pág. 33; Resolução 1329 (2000), de 30 de Novembro (texto em RSSC, 2000, pág. 75-80)]; artigo 6, n. 4 do Estatuto do Tribunal Penal das Nações Unidas para o Ruanda [texto em anexo à Resolução 955 (1994), de 8 de Novembro, do Conselho de Segurança (texto em RDSCOR, 1994, pág. 15) que cria o Tribunal, com alterações introduzidas pela Resolução 1165 (1998), de 30 de Abril (texto em RSSC, 1998, pág. 30) e pela citada Resolução 1329 (2000)].

Assim, o Tribunal Internacional de Nuremberga afirmou: "That a soldier was ordered to kill or torture in violation of the international law of War has never been recognized as a defence to such acts of brutality (...) (se uma) moral choice was in fact possible" [cfr. *Trial* (...), vol. I, cit., pág. 223-224]. A Comissão de Direito Internacional consagrou também o mesmo princípio em três dos seus projectos: nos Princípios de Direito Internacional Consagrados pelo Estatuto do Tribunal de Nuremberga e na sua Sentença de 1950, princípio IV (texto em RILC, 2nd session, 1950, parág. 105-106, em AJIL, Vol. 44, No. 4, 1950, supplement, pág. 105-148, na pág. 128-129; também em *La Commission du Droit International et Son Oeuvre*, 4ª ed., Nations Unies, New York, 1989, pág. 136-137); também no seu Código de Crimes contra a Paz e Segurança da Humanidade de 1954, artigo 4 [texto em *La Commission* (...), cit., pág. 137-139]; e finalmente no seu Código de Crimes Contra a Humanidade de 1996, artigo 5 (em cujo ponto 5 do comentário afirma: "A subordinate is subject to a lesser punishment only when a superior order in fact lessens the degree of his culpability") (texto em RILC, 48th session, 1996, Chapter II), que daria lugar, com alterações importantes, ao Estatuto de Roma.

Também a Doutrina rejeitou a sua relevância como causa de exclusão da ilicitude, aceitando-a apenas a nível de atenuação: George Finch, *The Nuremberg Trial and International Law*, AJIL, vol. 41, 1947, pág. 20-37, pág. 21; Stefan Glaser, *Introduction a l'Étude du Droit International Pénal*, Bruxelles/Paris, 1954, pág. 113-131; A. Quintano Ripollés, *Tratado de Derecho Penal Internacional e Internacional Penal*, Tomo I, Madrid, 1955, pág. 178-184; Maxwell Cohen, *Human Rights, the Individual and International Law*, em *René Cassin, Amicorum Disciplumque Liber*, vol. III, Paris, 1971, pág. 69-77, na pág. 72-73; B. V. A. Roling, *Criminal Responsibility for Violations of the Law of the War*, RBDI, vol. XII, 1976, n. 1, pág. 8-26 pág. 17-20; Igor Blishchenko, *Responsabilité en Cas de Violations du Droit International Humanitaire*, em *Les Dimensions Internationales du Droit Humanitaire* (AA. VV.), Pedone/Unesco, 1986, pág. 327-343, na pág. 341; G. Barile, *Obligationes* (...), cit., pág. 27; Malcolm Shaw, *Genocide and International Law*, em *International Law at a Time of Perplexity – Essays in Honour of Shabtai Rosenne* (ed. Y. Dinstein), Dordrecht/Boston/London, 1989, pág. 797-820, na pág. 812-813; International Congress on Criminal Law (XIV, Viena-1989), resolução *Efforts to Recognize and to Codify International Crimes*, parág. 3, n. 2 em IRPL, vol. 61, 1990, pág. 131-133; Antonio Cassese, *Abraham, Antigone et les impératifs en conflit, em Violence et Droit dans un Monde Divisé* (trad. ed. italiana), Paris, 1990, pág. 145-194, em especial, pág. 174-194; Lyal Sunga, *Individual Responsibility in International Law for Serious Human Rights Violations*, Dordrecht/Boston/London, 1992, pág. 55-58; Lucia Cavicchioli, *Sull'Elemento Soggettivo nei Crimini contro la Pace e la Sicurezza dell'Umanità*, RDI, vol. LXXVI, 1993, n. 4, pág. 1047-1097, na pág. 1083-1085; Rosemary Rayfuse, *The Draft Code of Crimes against the Peace and Security of Mankind. Eating Disorders at the International Law Commission*, CLF, Vol. 8, 1997, pág. 43-86, na pág. 53.

Porém, o artigo 33 do citado Estatuto de Roma do Tribunal Penal Internacional de 1998, veio criar um regime sobre a questão parcialmente distinto ("1. The fact that a crime within the jurisdiction of the Court has been committed by a person pursuant to an order of a Government or of a superior, whether military or civilian, shall not relieve that person of criminal responsibility unless: (a) The person was under a legal obligation to obey orders of the Government or the superior in question; (b) The person did not know that the order was unlawful; and (c) The order was not manifestly unlawful. 2. For the purposes of this article, orders to commit genocide or crimes against humanity are manifestly unlawful"). Ou seja, os crimes de guerra ficam sujeitos a ser desculpados, num efeito resultante conjugadamente da ordem e da falta de consciência da ilicitude, sob condição de que o carácter antijurídico da ordem não seja manifesto, sem ser necessário existir coacção moral.

Trata-se de uma corrente quanto à relevância de ordens que tem raízes antigas. Deixando de lá a tese que considerava sempre como relevantes ordens superiores (sustentada por Lassa Oppenheim, *International Law: A Treatise*, Vol. II, London, 1906, pág. 264-265, parág. 253), a tese do carácter manifesto ou conhecimento pelo destinatário da sua antijuridicidade foi consagrada pelo Supremo Tribunal de Leipzig, na sequência do então regime alemão vigente [cfr. *Judgment in Case of Commander Karl Neumann*, 4 de Junho de 1921 (texto em AJIL, Vol. 16, No. 4, 1922, pág. 704-708, na pág. 707-708: inocente por desconhecimento) e *Judgment in Case of Lieutenants Dithmar and Boldt*, 16 de Julho de 1921 (texto em AJIL, Vol. 16, No. 4, 1922, pág. 708-724, na pág. 721-722: condenado por a ordem ser "universally known to everybody (...) to be without any doubt whatever against the law")] e, mesmo depois de Nuremberga, por algumas legislações nacionais. Também A. Cassesse, *Separate and Dissenting Opinion*, em *Prosecutor* v. *Drazen Erdemovic*, Appeals Chamber, Judgement of 7 October 1997, Case No: IT-96-22-A, parág. 15, parece defender que ordens serão relevantes se não forem manifestamente antijurídicas (mas em artigo *infra* rejeita tal posição). Contudo, a sua aplicabilidade em relação aos crimes de guerra será restrita, tendo em conta a gravidade destes [ver as críticas: Paola Gaeta, *The Defence of Superior Orders: The Statute of the International Criminal Court versus Customary International Law*, EJIL, Vol. 10, 1999, pág. 172-191, na pág. 190-191; Antonio Cassese, *The Statute of the International Criminal Court*, EJIL, Vol. 10, 1999, pág. 144-171, na pág. 156-157; Charles Garraway, *Superior orders and the International Criminal Court: Justice delivered or justice denied*, IRRC, 1999, No. 836, pág. 785-794, texto notas 20-21 (defende o regime, limitando os casos a que será aplicável)].

De qualquer modo, julga-se que esta é ainda regulada como uma causa de exclusão da culpa e não da ilicitude. Isto apesar de o mero facto de se falar em exclusão da responsabilidade ("shall not relieve that person of criminal responsibility unless") não ser decisivo, já que o artigo 31 utiliza a mesma expressão e não consagra apenas causas de exclusão da culpa, já que inclui igualmente a legítima defesa pessoal (al. c), que deve ser considerada como uma causa de exclusão da ilicitude. Ainda assim, este consagra outros fundamentos para a exclusão da responsabilidade que se julga dever qualificar como causas de exclusão da culpa: é o caso de incapacidade mental permanente (al. a) ou acidental (al. b) e a coacção moral (al. d), além da inconsciência da ilicitude (artigo 32, n.º 2).

Claro está, coloca-se a questão de saber qual a relevância para o Estado autor do acto do facto de o seu órgão responsável pela decisão se encontrar numa destas situações. Existem situações em que estas poderão ser relevantes, por exemplo, como fundamento de invalidade de um acto adoptado nestes termos, incluindo um tratado [cfr. artigo 51 da Convenção de Viena sobre o Direito dos Tratados de 23 de Maio de 1969 (texto em UNTS, vol. 1155, 1980, n. 18232, pág. 331-512, na pág. 332-353 – inglês); sobre a incapacidade intelectual, ver E. Correia Baptista, *Direito Internacional Público – Conceito e Fontes*, vol. I, Lisboa, 1998, pág. 307-308]. Mas em sede de responsabilidade internacional do Estado serão regra geral irrelevantes. Isto é, o indivíduo responsável pela decisão ou sua execução não incorrerá em responsabilidade penal ou civil, mas o seu Estado incorrerá nesta última. Tal só não ocorrerá se se estiver perante uma violação de uma norma internacional que faça depender a sua concretização da existência de dolo ou negligência e a causa excluir estes elementos (ver, *infra*, parág. 101).

Estas constituem fundamentos que, sem excluir a ilicitude do acto, eliminam a responsabilidade por este com base em circunstâncias pessoais. São circunstâncias ligadas à liberdade de decisão do autor ou à sua consciência da ilicitude. Mas faz pouco sentido transpor tais causas de exclusão da culpa para o Direito Internacional da Responsabilidade dos Estados. Este baseia-se predominantemente num fundamento objectivo de imputação, normalmente incompatível com considerações de negligência ou dolo[194] e sobretudo de culpa[195, 196].

---

[194] Trata-se da posição adoptada pela Comissão de Direito Internacional, no seu citado Projecto sobre Responsabilidade dos Estados de 2001, artigos 1 e 2. Nem existe qualquer referência expressa ao dolo ou à negligência no projecto, salvo lateralmente na consagração do caso fortuito. Tal não significa que estes sejam excluídos como requisitos de imputação em todos os casos. Ver sobre a questão, *infra*, parág. 103.

[195] Parte-se do princípio de que a culpa não se identifica com a negligência e dolo. Que esta se prende sim com considerações de liberdade de decisão [deixando de lado a questão da ficção penal que é presumir a existência de liberdade] e consciência da ilicitude. No entanto, é frequente igualmente a utilização da expressão culpa para designar simplesmente a negligência [assim, a secção de recurso do Tribunal Penal das Nações Unidas para a Ex-Jugoslávia: "a high degree of carelessness (*culpa*)" (cfr. *Prosecutor v. Dusko Tadic*, Judgement of 15 July 1999, Appeals Chamber, Case No. IT-94-1-A, parág. 219: texto em ILM, Vol. 38, 1999, pág. 1518 e segs.)].

Em relação à questão da consciência da ilicitude e da sua relação com o dolo ou com a culpa, o Estatuto de Roma do Tribunal Penal Internacional, nos seus artigos 32, n.º 2 e 33, não esclarece a questão de saber se esta consciência integra o primeiro ou a segunda. Por um lado, afirma no artigo 32, n.º 2 que a falta de consciência da ilicitude pode excluir o elemento psicológico necessário, isto é, o dolo (*mens rea*). Ora, este regime sugere que esta consciência é um elemento do dolo. Por outro lado, parece colocar-se em sede de exclusão da responsabilidade (em consequência de falta de culpa) e não da tipicidade ou ilicitude, especialmente no artigo 33, cuja aplicação depende igualmente da falta de consciência da ilicitude. Ora, se a consciência da ilicitude fosse parte do dolo, a sua falta implicaria a inexistência de dolo, e não sendo punível a prática do acto com mera negligência, constituiria uma causa de exclusão da tipicidade e não meramente da responsabilidade. Finalmente, o artigo 30 define o dolo sem qualquer menção à consciência da ilicitude, o que também a parece remeter para a culpa.

Não será fácil é então conciliar o artigo 32, n.º 2 com o artigo 30, pois neste caso a falta de consciência da ilicitude não excluirá o dolo. O facto de um combatente desconhecer que praticou um crime é irrelevante à luz do artigo 30 se ele teve a intenção e consciência de consumar um facto que preenche um tipo penal, isto é, um crime. O que significa que a causa de exclusão da culpa constante do artigo 32, n.º 2, segunda parte, será de difícil aplicação [A. Cassese, *The Statute* (...), cit., pág. 155-156, parece, pois, preocupado sem grandes razões]. Deve-se interpretar o preceito no sentido de este excluir a responsabilidade penal quando a falta de consciência da ilicitude for de ordem a excluir a culpa e não exactamente "the mental element required by such a crime". Como se trata de o interpretar em termos mais generosos para o arguido esta interpretação não coloca qualquer dificuldade à luz do princípio da tipicidade ("legalidade") dos crimes.

Mas já é perfeitamente admissível que se aceite a existência de causas de exclusão de responsabilidade fundadas em outros motivos para lá da culpa. Tratar-se-ia de ter em consideração aspectos éticos, políticos ou outros juridicamente atendíveis, na medida em que a prática os tenha tido em conta. A sua função será precisamente excluir o dever de indemnizar ou outras consequências negativas decorrentes de actos praticados no exercício de uma destas causas, sem com tal afectar a ilicitude do acto[197]. A prática[198] e Jurisprudência[199] parecem apoiar uma consagração pontual destas causas[200].

---

[196] É também uma figura que se justificará mais em relação à exclusão de uma responsabilidade penal e não tanto no que diz respeito a uma responsabilidade civil. É muito mais simples excluir a punição de alguém por não ter tido culpa do que precludir um dever de indemnizar que visa reconstituir a situação de alguém ilicitamente prejudicado. Ora, a responsabilidade dos Estados é uma responsabilidade equiparável à responsabilidade civil interna, ou seja, que visa a reparação de danos e não a punição do responsável (ver, *infra*, sobre os artigos 40 e 41 do citado Projecto da Comissão, parág. 99).

[197] A possibilidade de existirem atenuações da ilicitude (e não apenas da responsabilidade) não deve ser totalmente excluída, mas num sistema de responsabilidade civil estas parecem ser de pouca relevância.

[198] Em inúmeros casos, o Conselho de Segurança, depois de debater uma situação que se apresentava à primeira vista como uma violação do Direito Internacional, absteve-se de a condenar. Diversas destas situações devem-se ao veto de um membro permanente ou a considerações puramente extra-jurídicas, mas em outras parecem ter pesado circunstâncias atenuantes ou absolutórias de responsabilidade (ver, *infra*, parág. 12.3, 12.4.1, 13.2 e 14.2). Também membros do Conselho têm manifestado opiniões explícitas neste sentido. Assim, o Uruguai, em 1 de Agosto de 1966, na 1293.ª sessão do Conselho de Segurança, afirmou: "if both Syrian and Israel incidents were viewed against the general background of hostility which had prevailed in that region since 1947, **the responsibility of both parties would be considered mitigated**. It was obvious, however, that armed reprisals could not in any circumstances be recognized as a lawful instrument (…). **Reprisals could be explained by the extenuating circumstances** but they could not be justified" (cfr. RPSC, 1966-1968, Chapter XII, pág. 229). Também a Suécia declarou a propósito da intervenção de Israel em Entebbe: "While unable to reconcile the Israeli action with the strict rules of the Charter, did not find it possible to join in a condemnation in that case" (cfr. RPSC, 1975-1980, Chapter VIII, pág. 288).

Alguns Estados sustentam mesmo que as causas de justificação da Responsabilidade dos Estados são antes causas de exclusão da responsabilidade. Assim, o observador da Suíça na Sexta Comissão da Assembleia Geral, em 1 de Novembro de 1999, afirmou em relação ao Projecto da Comissão de Direito Internacional: "recommended that the chapter titled «circumstances precluding wrongfulness» should be changed to «circumstances precluding responsibility»" (cfr. UNPR, GA/L/3125, 1 November 1999). Ver também declarações da Venezuela (cfr. UNPR, GA/L/3126, 2 November 1999). Igualmente o Japão questionou: "whether circumstances, except those of counter-measures and self-defence, should preclude responsibility rather than wrongfulness" (cfr. UNPR, GA/L/3057, 7 November 1999).

[199] Neste sentido, o Tribunal Internacional de Justiça declarou: "The Court recognizes that the Albanian Government's complete failure to carry out its duties after the explosions,

Perguntar-se-á qual a relevância de sustentar a ilicitude do acto quando este não responsabiliza o seu autor[201]. A relevância pode ser grande. Por um

---

and the dilatory nature of its diplomatic notes, **are extenuating circumstances for the action of the United Kingdom Government. But to ensure respect for international law, of which it is the organ, the Court must declare that the action of the British Navy constituted a violation of Albanian sovereignty** [cfr. *The Corfu Channel* (...), cit., *C.I.J. Reports* 1949, pág. 35]. Provavelmente o Tribunal estará disposto a admitir em certas situações que tais circunstâncias possam excluir totalmente a responsabilidade, ao ponto de nem sequer ser devida qualquer satisfação, mesmo não estando reunidos os pressupostos da legítima defesa ou outra causa de justificação, sem que a acção possa ser considerada lícita.

[200] Igualmente na Doutrina se encontram referências a circunstâncias atenuantes, alguns falando mesmo em exclusão da responsabilidade, embora sem grande teorização da figura: E. Jiménez de Aréchaga, *International Law in the Past Third of a Century – General course in International Law*, RDC, 1978, I, tome 159, pág. 1-344, na pág. 92; Philipe Cahier, *Cours Général de Droit International Public*, RDC, 1985, VI, tomo 195, pág. 9-374, na pág. 79; Alan Berman, *In Mitigation of Illegality: The U.S. Invasion of Panama*, KLJ, Vol. 79, 1991, pág. 735-800, na pág.788-789; Philippe Weckel, *Cour Internationale de Justice – Affaires relatives à la licéité de l'emploi de la force (Yougoslavie c. Allemagne et autres), Ordonnances du 2 juin 1999*, RGDIP, 1999, n.º 3, pág. 697-708, na pág. 706 (atenuantes que excluem a responsabilidade); Thomas Franck, *Lessons of Kosovo*, AJIL, Vol. 93, 1999, pág. 857-860, na pág. 859 (atenuantes). Ver também Vaughan Lowe, *Precluding Wrongfulness or Responsibility: A Plea for Excuses*, EJIL, Vol. 10, No. 2, 1999, pág. 405-411, na pág. 411 (mas em termos de Direito a constituir). A defesa de que existem meras causas de exclusão de responsabilidade é antiga. Ver, neste sentido: Lassa Oppenheim, *International Law: A Treatise*, Vol. I, London, 1905, pág. 177-178, parág. 129, pág. 183, parág. 135 e pág. 185, parág. 136.

[201] Trata-se de questão colocada pela Comissão de Direito Internacional no comentário introdutório ao Capítulo V do seu projecto inicial (texto em YILC, 1979, vol. II, Part 2, pág. 107, parág. 5). Afasta em consequência a figura, sustentando, aliás, que estas poderiam minar o Direito Internacional por constituírem figuras que o esvaziariam da sua sanção normal, a responsabilidade. Na verdade, serão figuras excepcionais, que resultam precisamente em alguns casos de uma deficiência do Direito Internacional provocada pela inacção dos seus principais aplicadores, os Estados. De qualquer modo, inicialmente a Comissão afirmava no comentário ao seu projecto que o Capítulo V não pretendia ser exaustivo ou afastar a possibilidade de que outras causas de exclusão da ilicitude pudessem ser reconhecidas pelo Direito Internacional (cfr. comentário ao seu artigo 34, parág. 29, em YILC, 1980, Vol. II, Part 2, pág. 61). No entanto, no comentário no início do Capítulo V do Projecto final de 2001 a Comissão já sugere que este é exaustivo quanto às causas de exclusão reconhecidas pelo Direito Internacional; parág. 9, em RILC, 2001, pág. 172-173).

Julga-se, de facto, que a Comissão deixou de fora pelo menos a auto-tutela defensiva enquanto causa de justificação (ver, *infra*, parág. 12.1), mas que tal pode ser considerado como ressalvado pelo artigo 56 que remete para o Direito Internacional Costumeiro as questões não reguladas. De qualquer forma, mesmo que este fosse exaustivo em relação a causas de justificação tal não afectaria a possibilidade de existirem meras causas de atenuação ou exclusão da responsabilidade. A atenuação da responsabilidade é aceite pela Comissão no artigo 39 do seu Projecto de 2001, mas apenas por força de negligência ou actos ilícitos da

lado, o Estado prejudicado pode recorrer a todos os meios reconhecidos pelo Direito Internacional para se defender e tentar pôr cobro ao acto ilícito. Isto significa que se este estiver a ser levado a cabo por recurso a um ataque armado, o Estado poderá utilizar a legítima defesa contra este. Ou, de uma forma geral, adoptar represálias legítimas contra o seu autor e recorrer ao Conselho de Segurança com vista a obter a cessação do acto, embora já não para obter uma reparação.

Por outro lado, esta espécie de causas é flexível o suficiente para permitir meras atenuações da responsabilidade ou de exclusão da responsabilidade em relação a um acto, mas não em relação a outro.

Segundo se julga, estas figuras têm-se manifestado quanto à utilização da força especialmente em aspectos em relação aos quais existe prática contrária ao artigo 2, n.º 4 CNU sem que esta tenha suscitado condenações da maioria dos Estados, mas sem ter igualmente obtido o seu apoio. Nestas situações, a divisão na Comunidade Internacional tem levado à adopção de actos neutros ou à impossibilidade de obtenção da maioria necessária de apoio a uma condenação. Deste modo, à luz da prática, existem actos bélicos que se não são apoiados, também não são condenados, sem que tal se fundamente em considerações puramente extra-jurídicas; o que aponta no sentido da existência da figura.

Claro está, nas situações em que esta reacção, ou a ausência dela, se deve não ao acto em si, às circunstâncias em que foi levado a cabo ou aos seus objectivos, mas simplesmente ao Estado seu autor ou ao Estado visado, tais silêncios não podem ser considerados como relevantes. Mas quando tal tolerância começa a demonstrar um padrão objectivo, então existem motivos para se tentar encontrar um fundamento jurídico para esta.

Esclareça-se, pois, que não se trata de remeter para esta figura as situações em que o Direito não é líquido. Como ficou esclarecido, julga-se que o Direito escrito sobre a matéria é bem claro: existe uma proibição de toda e qualquer utilização privada da força nas relações internacionais[202]. De modo a que qualquer defesa de que este foi revogado ou minado (constituindo--se causas de justificação da sua violação) por normas costumeiras contrárias

---

parte do Estado vítima que tenham contribuído para os danos. Ou seja, a conduta da outra parte é aqui tida em conta apenas para determinar a extensão do dano causado pelo acto ilícito (ver o comentário ao artigo 39, parág. 2, em RILC, 2001, pág. 275) e não com vista a decidir se o Estado autor do acto ilícito deve ou não ser responsabilizado pela totalidade dos danos que provocou.

[202] Ver, *supra*, parág. 10.1 e 10.4.

tem de ser estruturada em prática (estadual e realizada abertamente) geral, reiterada e consistente[203]. O facto de a norma a revogar ou minar, a que proíbe o uso da força nas relações internacionais, ser *iuris cogentis* não a excepciona da possibilidade de sofrer alterações por força de práticas contrárias; tornará apenas tais modificações mais difíceis de concretizar[204].

Segundo se julga, além da respeitante à legítima defesa, esta prática existe em relação ao estado de necessidade, ao perigo extremo e a uma figura restrita de tutela defensiva enquanto causas de justificação de incumprimentos limitados da proibição de uso da força[205]. Para lá destas figuras, apenas parecem ser admitidas geralmente exclusões de responsabilidade, já que embora exista prática de alguns importantes Estados no sentido do seu alargamento, esta não tem sido reconhecida de forma generalizada como legítima. Ora, nenhum Estado, por mais poderoso que seja, pode alterar unilateralmente sem base no Direito Internacional as suas obrigações internacionais assumidas em dezenas de tratados e actos unilaterais.

O efeito destas segundas causas será, portanto, o de excluir a responsabilidade do Estado autor dos actos abrangidos. Por tal exclusão tornar inaplicável qualquer obrigação de indemnizar, não existe sequer um dever de conceder uma satisfação ou um direito de os restantes Estados condenarem o acto. Nem a exclusão de responsabilidade deriva de uma compensação de responsabilidades no caso de o Estado prejudicado pela acção abrangida por uma destas causas ter previamente praticado actos ilícitos. De facto, neste caso, este Estado terá um dever de indemnizar, mas não o Estado autor da acção.

A exclusão da responsabilidade, porém, não parece decorrer de novas causas, mas antes aplicar-se a situações de alargamento pontual do âmbito dos pressupostos de causas de justificação consagradas pelo Direito Internacional. A prática sugere que a legítima defesa preemptiva em certos casos extremos[206], represálias armadas prontas contra forças militares responsáveis pelos actos bélicos que as causaram (ou retaliações nas mesmas circunstâncias contra actos de movimentos/bandos armados baseados em território de um Estado vizinho com base em estado de necessidade impróprio)[207], uma acção militar exclusivamente para resgate de cidadãos com

---

[203] Ver C. Baptista, *Direito* (...), cit., pág. 104-111.
[204] Ver C. Baptista, Ius (...), cit., pág. 387-388.
[205] Ver, *infra*, parág. 12.1.
[206] Ver, *infra*, parág. 12.2.
[207] Ver, *infra*, parág. 12.3.

base em estado de necessidade ou tutela defensiva impróprios[208], bem como uma intervenção estritamente humanitária baseada em perigo extremo ou tutela defensiva, apesar de em termos igualmente insusceptíveis de justificar a acção[209], gozam de um regime de exclusão de responsabilidade.

Como se tentará de seguida demonstrar, julga-se que uma análise do regime internacional de utilização privada da força aponta neste sentido.

**12. A Legítima defesa e figuras afins.** A legítima defesa é o fundamento mais pacífico para justificar um desrespeito da proibição de utilização privada da força, dada a sua consagração na Carta (artigo 51). É igualmente consensual a sua qualificação como uma causa de exclusão da ilicitude[210]. Contudo, trata-se de uma figura que coloca diversas questões.

Uma primeira, por assim dizer prévia, prende-se com a questão de determinar se o artigo 51 terá pretendido limitar qualquer invocação da legítima defesa aos estritos limites que estabelece ou se, pelo contrário, terá visado salvaguardar o recurso à legítima defesa tal como era entendida tradicionalmente[211].

---

[208] Ver, *infra*, parág. 13.3.

[209] Ver, *infra*, parág. 14.3.

[210] Assim, designadamente, o artigo 21 do citado Projecto da Comissão de Direito Internacional de 2001 [ver comentário n.º 1 ao artigo 34 do projecto inicial; YILC, 1980,   vol. II, Part 2, pág. 52-61, embora por vezes utilize igualmente a expressão "excepção", mas com o mesmo sentido de causa de justificação; ver parág. 9; o comentário ao artigo 21 do Projecto de 2001, parág. 1 (cfr. RILC, 2001, pág. 177), contudo, sugere que a legítima defesa constitui uma excepção interpretativa ao artigo 2, n.º 4 da Carta e não aparentemente uma causa de justificação (sobre a diferença de regime entre ambas, ver, *infra*, parág. 38), mas trata-se de uma manifesta infelicidade em contradição com a letra do próprio artigo 21 que fala em preclusão de ilicitude ("The wrongfulness of an act of a State is precluded")]. Se existe ilicitude para ser excluída, necessariamente não se estará perante uma excepção. Igualmente o Tribunal Internacional de Justiça utilizou por vezes a expressão excepção, mas não o fez com a intenção de lhe conferir natureza distinta da de uma causa de exclusão da ilicitude (cfr. *Military and Paramilitary Activities*, cit., *I.C.J. Reports* 1986, pág. 98, parág. 186 e pág. 102, parág. 193).

[211] Esta última posição é sustentada por: H. Waldock, *The Regulation* (...), cit., pág. 496-498; D. W. Bowett, *Collective Self-defence under the Charter of the United Nations*, BYIL, Vol. 32, 1955-1956, pág. 130-161, na pág. 131-132 e 136-139; Myres Mcdougal, *The Soviet-Cuban Quarantine and Self-Defense*, AJIL, Vol. 57, No. 3, 1963, pág. 597-604, na pág. 600; O. Schachter, *The Right of States* (...), cit., pág. 1634 (mas com dúvidas e restritivamente); James F. Gravelle, *The Falkland (Malvinas) Islands: An International Law Analysis Of The Dispute Between Argentina And Great Britain*, MILLR, Vol. 107, 1985, pág. 5-69, na pág. 58; S. Schwebel, *Dissenting Opinion* em *Military and Paramilitary Activities*, cit., *I.C.J. Reports* 1986, pág. 347-348, parág. 173; Jane A. Meyer, *Collective Self-Defense And Regional Security:*

Embora o problema tenha suscitado longas discussões, este parece de solução relativamente clara. Julga-se que não faria sentido a Carta estabelecer um pressuposto bem claro e rígido como a ocorrência de um ataque armado para que o exercício da legítima defesa fosse possível se não tivesse a intenção de o tornar aplicável em todos os casos. Originalmente o artigo 51 encontrava-se no Capítulo VIII relativo a acções por organizações regionais, mas sempre incluiu a referência à legítima defesa própria e não apenas à colectiva. E, de qualquer modo, veio a ficar consagrado no Capítulo VII, com clara intenção de ser aplicado genericamente e de suplantar e restringir o Direito Costumeiro como resulta do termo direito "inerente". De facto, ao regular este direito inerente, estava claramente a limitar a figura consagrada consuetudinariamente[212].

Se a Carta não pretendesse restringir a legítima defesa limitar-se-ia a declarar que esta ficava salvaguardada. Mas, pelo contrário, esta afirma que nada prejudicará a legítima defesa se as condições do artigo 51 estiverem cumpridas. Sustentar que os Estados membros podem ignorar estas exigências invocando um alegado direito de legítima defesa garantido pelo Direito Internacional Costumeiro ou Direito Natural[213] que não teria sido prejudicado pelos termos da Carta afigura-se uma forma inaceitável de esvaziamento dos seus termos[214].

---

*Necessary Exceptions to a Globalist Doctrine*, BUILJ, Vol. 11, 1993, pág. 391-433, na pág. 396-397; Craig Scott/Qureshi/Michell/Kalajdzic/Copeland/Chang, *A Memorial For Bosnia: Framework Of Legal Arguments Concerning The Lawfulness Of The Maintenance Of The United Nations Security Council's Arms Embargo On Bosnia And Herzegovina*, MJIL, Vol. 16, 1994, pág. 1-135, na pág. 50-51.

[212] Neste sentido: I. Brownlie, *International Law and the Use of Force* (...), cit., pág. 273-274; F. Michael Higginbotham, *International Law, the Use of Force in Self-defense and the Southern African Conflict*, CJTL, Vol. 25, 1986-1987, pág. 529-592, na pág. 534, nota 18.

[213] Em relação às posições que sustentam o carácter suprapositivo do direito de legítima defesa, alegadamente insusceptível de ser limitado pelo Direito Costumeiro, ancoradas designadamente no adjectivo "inherent/natural" constante do artigo 51, basta referir a jurisprudência do Tribunal Internacional de Justiça: "there is a 'natural' or 'inherent' right of self-defence, and it is hard to see how this can be other than of a customary nature, even if its present content has been confirmed and influenced by the Charter" (cfr. *Military and Paramilitary Activities*, cit., *I.C.J. Reports* 1986, pág. 94, parág. 176); também crítico destas teses: Oscar Schachter, *Self-Defense and the Rule of Law*, AJIL, Vol. 83, 1989, pág. 259-277, na pág. 259-260.

[214] Neste sentido: I. Brownlie, *International Law and the Use of Force* (...), cit., pág. 273-275; L. Henkin, *The Invasion* (...), cit., pág. 306 e nota 55; P. Picone, *Interventi delle Nazioni Unite* (...), cit., pág. 536-537; Stanimir A. Alexandrov, *Self-Defense Against the Use of Force in International Law*, The Hague/London/Boston, 1996, pág. 94; S. Chesterman, *Rethinking Panama* (...), cit., pág. 68-69.

Julga-se mesmo poder afirmar que os termos da Carta quanto à legítima defesa constituem actualmente parte do Direito Internacional Costumeiro não havendo, pois, em qualquer caso, um direito de legítima defesa para que se possa apelar que não esteja limitado por exigências idênticas às da Carta[215]. Tem-se especialmente presente a exigência do pressuposto de ocorrência de um ataque armado[216, 217], já que o seu carácter "provisório" em associação com as competências do Conselho de Segurança parece ser um mero corolário do princípio da necessidade[218]. Esporadicamente alguns Estados têm proferido declarações ambíguas de invocação da legítima defesa que podem ser interpretadas como apelos a um regime costumeiro mais liberal[219]. Mas estas têm sido isoladas e foram rejeitadas pela grande maioria dos Estados, pelo menos no que diz respeito à justificação de actos não defensivos.

De facto, apesar da Carta ter colocado em causa, ao menos inicialmente entre as partes, o regime tradicional da legítima defesa não significa que no seu período de vigência não se tenham formado práticas à margem dos seus termos que sugerem a constituição de uma causa de justificação formalmente autónoma para actos defensivos limitados. Mas trata-se de uma figura distinta com um regime jurídico próprio e não de legítima defesa. Esta figura espe-

---

[215] Ver, *infra*, parág. 12.1.

[216] Ver os tratados citados que consagram o regime do artigo 51, mesmo entre Estados à altura não membros das Nações Unidas, *infra*, parág. 12.1.

[217] Esta conclusão tem também apoio na jurisprudência do Tribunal Internacional de Justiça: "under international law in force today – whether customary international law or that of the United Nations system – States do not have a right of "collective" armed response to acts which do not constitute «armed attack»" [cfr. *Military and Paramilitary Activities*, cit., *I.C.J. Reports* 1986, pág. 110, parág. 211; ver ainda pág. 120, parág. 232] e "In the case of individual self-defence, the exercise of this right is subject to the State concerned having been the victim of an armed attack" (pág. 103, parág. 195).

[218] Ver, *infra*, parág. 12.5.

[219] Assim, em 1 de Agosto de 1951, na 551.ª reunião do Conselho, o Egipto afirmou, citando selectivamente Kelsen: "the provisions of Article 51 do not necessarily exclude this right of self-defence in situations not covered by this Article", tendo sustentado o carácter *iuris cogentis* deste direito. A sua posição seria rejeitada pelos restantes Estados (cfr. RPSC, 1946-1951, Chapter XI, pág. 449-450) e pela citada Resolução 95 (1951), de 1 de Setembro, do Conselho de Segurança. Igualmente Israel, em 12 de Junho de 1981, na 2280.ª reunião do Conselho, afirmou que o seu bombardeamento do reactor atómico iraquiano fora "an act of self-preservation with which Israel had exercised its right of self-defence as understood in international law and as preserved in Article 51 of the Charter"; cfr. RPSC, 1981-1984, Chapter VIII, pág. 203). Tal seria igualmente rejeitado pelo Conselho e pela Assembleia Geral (ver, *infra*, parág. 12.2).

cífica parece excluir a ilicitude de actos de defesa contra agressões que não constituem ataques armados, outras violações graves da soberania dos Estados ou mesmo para a defesa de indivíduos.

Mas esclarecido que o único regime quanto aos pressupostos (mas não quanto aos limites[220]) da legítima defesa é o consagrado no artigo 51, nem por isso deixam de subsistir vários problemas. Os mais delicados prendem--se com os seus pressupostos; isto é, as condições de facto que têm de estar reunidas para que exista uma situação de legítima defesa. Já são mais pacíficas as questões relacionadas com os requisitos que devem ser cumpridos para que, existindo legítima defesa, o seu exercício seja lícito.

Em relação aos problemas relacionados com os pressupostos, o principal prende-se com a determinação da espécie de acto ilícito que pode dar lugar a uma defesa armada legítima. As duas outras questões clássicas estão relacionadas com a actualidade da legítima defesa. Quando é que já estão reunidos os pressupostos desta: e então coloca-se a questão da legítima defesa contra actos iminentes ou da chamada legítima defesa preventiva. E no outro extremo, quando é que deixam de estar reunidos estes pressupostos: e surge a questão da sua delimitação em relação às represálias armadas.

Em qualquer caso, a apreciação da existência dos pressupostos da legítima defesa, bem como o respeito dos seus requisitos pelas medidas de defesa, constitui uma questão juridicamente regulada que não cabe a cada Estado determinar unilateralmente. Um Estado vítima de um ataque armado pode realizar uma primeira apreciação própria e reagir em conformidade, mas a sua reacção ficará sujeita ao escrutínio dos restantes Estados e outras entidades competentes, a começar pelas Nações Unidas, designadamente, por intermédio do Conselho de Segurança. Sem excluir, claro está, um tribunal com jurisdição para o efeito. Qualquer outro entendimento implicaria esvaziar a proibição de uso da força da sua juridicidade[221, 222].

---

[220] Ver, *infra*, parág. 12.6.

[221] Assim, o Tribunal Militar Internacional de Nuremberga afirmou: "But whether action taken under the claim of self-defense was in fact aggressive or defensive must ultimately be subject to investigation and adjudication if international law is ever to be enforced" [cfr. *International Military Tribunal* (Nuremberg), Judgment and Sentences, October 1, 1946, AJIL, vol. 39, 1945, pág. 172-333, na pág. 207].

[222] Trata-se posição consensual: I. Brownlie, *International Law and the Use of Force* (…), cit., pág. 238-239; Roberto Ago, *Addendum to the Eighth Report on State Responsibility* (doc. A/318 and Add. 5-7), em YILC, 1980, vol. II, part. 1, pág. 13-70, na pág. 70, parág. 123; M. A. Weightman, *Self-defense in International Law*, VLJ, Vol. 37, 1951, pág. 1095--1115, na pág. 1115.

**12.1. Ataque armado e auto-tutela defensiva.** Quanto ao problema dos actos que justificam uma reacção em legítima defesa, tradicionalmente o Direito Internacional permitia-a contra qualquer espécie de acto armado ilícito[223]. Porém, a Carta veio estabelecer, no artigo 51, que apenas existe legítima defesa contra "ataques armados".

Ora, a noção de "ataque armado" é mais restrita (pressupondo um uso mais grave da força) do que a de agressão[224]; e a noção de agressão, por

---

[223] O artigo 2 do Tratado de Garantia Mútua de Locarno de 16 de Outubro/1 de Dezembro de 1925 entre a Alemanha, a Bélgica, a França, a Grã-Bretanha e a Itália (texto em NRG, 3.ª Série, tomo XVI, pág. 7-12; também em AJIL, Vol. 20, No. 1, 1926, Supplement: Official Documents, pág. 22-25) reconhecia legítima defesa contra um ataque, uma invasão ou um recurso à guerra. O Tratado de Não Agressão (Pacto Oriental) de 8 de Julho de 1937, entre o Afeganistão, Irão, Iraque e Turquia (texto em NRG, 3ª série, tomo XXXVI, pág. 714--717), no seu artigo 4, segunda parte, ponto 1, define a legítima defesa como: "la résistance à un acte d'agression tel qu'il est défini ci-dessus", entre os quais se incluía como agressão não apenas uma invasão, como também um ataque contra o território, navios ou aeronaves de outro Estado. Em ambos os tratados, da contraposição entre a invasão e o mero ataque era possível concluir-se que este último podia constituir um acto relativamente localizado.

[224] A ideia de que ataque armado é uma noção mais restrita do que a de agressão está consagrada na Carta da Organização de Estados Americanos (texto original em UNTS, 1952, No. 1609, pág. 47-92), artigo 29: "any American State should be affected by an armed attack or by an act of aggression that is not an armed attack". A mesma frase consta do Tratado Inter-Americano de Assistência Mútua do Rio de Janeiro de 2 de Setembro de 1947 (texto em AJIL, Vol. 43, No. 2, 1949, *Supplement*, pág. 53-58), no seu artigo 6. Do mesmo modo, o artigo IV do Tratado de Defesa Colectiva do Sudoeste Asiático de 8 de Setembro de 1954 (Pacto de Manila), sujeita as medidas de defesa a uma "aggression by means of armed attack" (texto em UNTS, 1955, No. 2819, pág. 28-36). Esta visão encontra-se igualmente subjacente à citada Definição de agressão adoptada pela Assembleia Geral quando se contrapõe no artigo 3, al. a) "The invasion or attack by the armed forces of a State of the territory of another State" às outras espécies de agressões nas restantes alíneas, sem prejuízo de algumas destas poderem constituir igualmente ataques armados.

O Tribunal Internacional de Justiça não esclareceu a questão da relação entre agressão e ataque armado. Quando afirma que "Honduras in the Security Council in 1984 asserted that Nicaragua had engaged in aggression against it, but did not mention that a request had consequently been made to the United States for assistance by way of collective self-defence" [cfr. *Military and Paramilitary Activities*, cit., *I.C.J. Reports* 1986, pág. 121, parág. 234], parece identificar agressão com ataque armado, já que sugere que basta a primeira para existir legítima defesa. Mas em outras passagens sugere que ataque armado é uma noção mais restrita do que agressão. Assim quando afirma "the prohibition of armed attacks may apply to the sending by a State of armed bands to the territory of another State, if such an operation, because of its scale and effects, would have been classified as an armed attack rather than as a mere frontier incident had it been carried out by regular armed forces" (cfr. pág. 103, parág. 195). Nesta passagem fica implícita a ideia de que uma agressão apenas será um ataque armado se tiver uma apreciável escala e efeitos.

sua vez, é mais restrita do que a de utilização ilícita da força, isto é, utilização contrária aos termos do artigo 2, n.º 4. Assim, a noção de uso ilícito da força é a mais ampla, integrando a de agressão e esta segunda compreende no seio os mais graves ataques armados[225], enquanto pressupostos da legítima defesa[226]. Tudo indica que há actos de utilização agressiva ou em geral excessiva ou simplesmente ilícita da força que não constituem ataques armados e que, por conseguinte, não podem ser repelidos por legítima defesa[227, 228].

---

[225] A citada Resolução 3314 da Assembleia Geral relativa à Definição de Agressão não é inteiramente clara. No seu preâmbulo, afirma: "since aggression is the most serious and dangerous form of the illegal use of force" e o artigo 3 da Resolução que a aprova afirma "Calls upon all States to refrain from all acts of aggression and other uses of force contrary to the Charter". Isto é, ambas as passagens confirmam que existem usos ilegais que não são agressões. O artigo 1 da definição, porém, sugere que qualquer violação do artigo 2, n.º 4 da Carta constitui uma agressão. De qualquer modo, a Assembleia aceita que existam agressões mais graves (ataques armados) do que outras, como se depreende do enunciado de formas de agressão que apresenta na sua definição. O Tribunal Internacional de Justiça foi mais claro: "it will be necessary to distinguish the most grave forms of the use of force (those constituting an armed attack) from other less grave forms" e "Alongside certain descriptions which may refer to aggression, this text includes others which refer only to less grave forms of the use of force" [cfr. *Military and Paramilitary Activities*, cit., *I.C.J. Reports* 1986, pág. 101, parág. 191]. Ou seja, segundo se julga, a definição de agressão da Assembleia contém referência a meros usos ilícitos da força, a agressões e ataques armados, mas numa diferenciação confusa, em que não fica clara a fronteira entre estes.

[226] Ataque armado é uma expressão que pode ser aplicada a qualquer uso da força em larga escala, independentemente de qualquer valoração jurídica. Assim, é possível que um Estado no exercício do seu direito de legítima defesa contra um ataque armado leve a cabo um contra-ataque armado, altura em que se estaria fora do âmbito da noção de agressão e mesmo de uso ilícito da força. Mas no texto está-se a utilizar a noção jurídica de ataque armado enquanto pressuposto da legítima defesa. Os usos da força abrangidos por esta noção constituem sempre agressões.

[227] O Tribunal Internacional de Justiça entendeu que não existia legítima defesa contra usos da força ilícitos que não constituíssem um ataque armado: "In the view of the Court, under international law in force today – whether customary international law or that of the United Nations system – States do not have a right of "collective" armed response to acts which do not constitute an «armed attack»" [cfr. *Military and Paramilitary Activities*, cit., *I.C.J. Reports* 1986, pág. 110, parág. 211] e "In the case of individual self-defence, the exercise of this right is subject to the State concerned having been the victim of an armed attack" (pág. 103, parág. 195; ver ainda pág. 120, parág. 232).

[228] Esta não equivalência entre os actos ilícitos à luz do artigo 2, n.º 4 e os actos que permitem legítima defesa à luz do artigo 51 tem sido sublinhada pela Doutrina: N. Ronzitti, *Rescuing* (...), cit., pág. 11-12; P. Malanczuk, *Countermeasures* (...), cit., pág. 244; R. A. Müllerson, *The Principle of Non-Threat and Non-Use of Force in the Modern World*, em *The*

Existem actos bélicos pontuais que apenas poderiam ser considerados como um ataque armado para efeitos do artigo 51 da Carta se se realizasse uma interpretação da noção que fizesse depender o seu sentido da natureza do alvo. Assim, um ataque armado teria de ser um ataque em escala significativa se o alvo fosse o território de um Estado. Mas estando em causa um navio, um avião ou um grupo de militares, já poderia ser interpretado como abrangendo actos bélicos pontuais. Porém, trata-se de interpretação que não parece ter apoio na Jurisprudência internacional, ou em outros textos[229], e que não justificaria reacções de defesa em todos os casos.

---

*Non-Use of Force in International Law* (ed. W. E. Butler), Dordrecht, 1989, pág. 29-38, na pág. 32-33 e 35; Albrecht Randelzhofer, *Article 51*, em *The Charter of the United Nations – A Commentary* (ed. Bruno Simma), München, 1994, pág. 661-678, na pág. 664-665; Paolo Picone, *Interventi delle Nazioni Unite e Obblighi "Erga Omnes"*, em *Interventi delle Nazioni Unite e Diritto Internazionale* (dir. Paulo Picone), Padova, 1995, pág. 517-578, na pág. 534--535; Rosalyn Higgins, *Peace and Security: Achievements and Failures*, EJIL, Vol. 6, No. 3, 1995, pág. 445-460, texto notas 2-3.

[229] Já se referiu que quer o artigo 6 do Tratado do Rio de 1947, quer o artigo 29 da Carta da Organização de Estados Americanos consagram a visão de que ataque armado é uma noção mais restrita do que agressão. Mas do artigo 3 do mencionado Tratado do Rio decorre igualmente que a legítima defesa só é possível em relação a um ataque armado, aparentemente em larga escala, e não já contra uma mera agressão. A mesma exigência de um ataque armado se retira do artigo VIII do Tratado Americano de Resolução Pacífica dos Conflitos de Bogotá de 30 de Abril de 1948 (texto em UNTS, 1949, n.º 449, pág. 83-116). Idêntico pressuposto é estabelecido para a legítima defesa no artigo 4 do Tratado de Colaboração Económica, Social e Cultural e Legítima Defesa Colectiva de 17 de Março de 1948 [Tratado de Bruxelas (texto em UNTS, 1948, n.º 304, pág. 52-63) que alterado pelo Protocolo n.º 1 de 23 de Outubro de 1954 (texto em UNTS, 1955, n.º 304, pág. 342-357) daria lugar à União da Europa Ocidental]. O artigo 2 do Tratado de Defesa Conjunta e Cooperação Económica entre os Estados da Liga Árabe de 17 de Junho de 1950 (texto em APYLS) utiliza a terminologia francesa de "armed aggression", mas não pretende alterar as obrigações das partes nos termos da Carta, como é sublinhado pelo seu artigo 11. A mesma noção de ataque armado consta dos artigos IV e V do Tratado de Defesa Mútua entre os EUA e as Filipinas de 30 de Agosto de 1951 (texto em UNTS, 1953, n.º 2315, pág. 133-138). Nos artigos IV e V do Tratado de Segurança entre os EUA, Austrália e Nova Zelândia (ANZUS) de 1 de Setembro de 1951 (texto em UNTS, 1952, n.º 1736, pág. 83-88), que embora não refira explicitamente medidas de legítima defesa as sujeita a um ataque armado. Remete-se para o artigo 51 da Carta no Preâmbulo do Tratado de Amizade e Colaboração entre a Turquia, Grécia e Jugoslávia, de 28 de Fevereiro de 1953 (texto em UNTS, 1953, n.º 2199, pág. 22-29) e no artigo II do Tratado de Aliança, Cooperação Política e Assistência Mútua de 9 de Agosto de 1954, entre as mesmas partes (Pacto Balcânico) (texto em UNTS, 1955, n.º 2855, pág. 239-247), que refere igualmente o termo "armed aggression". Do artigo IV do citado Tratado de Defesa Colectiva do Sudoeste Asiático de 8 de Setembro de 1954 (Pacto de Manila), embora este não refira expressamente a legítima defesa, sujeita as medidas a uma "aggression by means of armed attack". Do artigo

Designadamente, reacções militares contra meros incidentes de fronteira, como por exemplo disparos de armas ligeiras dirigidos contra fortificações, sem as colocar minimamente em perigo[230].

---

1 do Pacto de Cooperação Mútua entre o Reino Unido, Iraque, Turquia, Paquistão e Irão de 24 de Fevereiro de 1955 (Pacto de Bagdade: texto em UNTS, Vol. 233, 1956, n.º 3264, pág. 210-216: inglês-francês), que remete para o artigo 51 da Carta. No artigo 4 do Tratado de Amizade, de Cooperação e de Assistência Mútua de 14 de Maio de 1955 (Pacto de Varsóvia) (texto em UNTS, 1955, No. 2962, pág. 23-32). Já o Tratado de Segurança Colectiva entre os Estados da Comunidade de Estados Independentes de Tashkent de 15 de Maio de 1992 (texto em UNTS, Vol. 1894, No. 32307, 1995, pág. 313-323), permite legítima defesa perante uma mera agressão (artigo 4, 6 e 8, parág. 2), mas remete expressamente para o artigo 51 da Carta e declara não afectar o direito de legítima defesa previsto na Carta.

A nível de tratados bilaterais, vários estabelecem deveres de assistência em caso de mera agressão para a tomada das medidas necessárias, embora remetam para a Carta ou não concretizem estas medidas como reacções armadas. Por exemplo, o Tratado de Cooperação em matérias de Defesa entre a França e os Comores de 10 de Novembro de 1978 (texto em UNTS, vol. 1306, 1983, n.º 21779, pág. 271-273), artigo 1 ("external aggression", mas remete para o artigo 51 CNU). O Tratado de Amizade e Aliança entre a Líbia e o Chade de 15 de Junho de 1980 (texto em UNTS, vol. 1201, 1980, n.º 19185, pág. 404-406), artigo 1 ("direct or indirect foreign aggression").

Existe, porém, uma aparente excepção importante no artigo 5 do Tratado do Atlântico Norte relativo à OTAN de 4 de Abril de 1949 (texto em UNTS, 1949, n.º 541, pág. 243-255). A versão original deste seguia a Carta, mas foi alterada pelo Protocolo de Adesão da Grécia e Turquia de 17 de Outubro de 1951 (texto em UNTS, 1952, n.º 541, pág. 350-355) de modo a abranger um ataque armado "on the forces, vessels, or aircraft of any of the Parties". O singular "aircraft" parece constituir um alargamento importante do termo, embora a prática não o confirme, já que os diversos derrubes ilícitos de aviões dos EUA e outros aliados nos anos 50 não foram entendidos como legitimando um recurso aos mecanismos da OTAN em legítima defesa contra a União Soviética (aliás, tal constituiria uma violação do princípio da necessidade e da proporcionalidade; ver casos citados, *infra*, neste parágrafo). Acresce que o artigo 7 subordina o tratado à Carta, sublinhando que não pretende alterar os direitos conferidos por esta e que não deverá ser interpretado como tal.

Mas o Protocolo relativo a Assistência Mútua para Defesa de 29 Maio de 1981 (texto em UNTS, Vol. 1690, No. 29137, 1992, pág. 51-63) adoptado pelos Estados membros da ECOWAS vai mais longe, pois permite medidas de assistência à defesa perante qualquer agressão (artigo 3) e esta é definida no seu artigo 1 como um uso da força contrário essencialmente aos termos do artigo 2, n.º 4 CNU. Fora este aspecto, não remete para os termos da Carta. Mas também não qualifica como medidas de legítima defesa as previstas no referido artigo 3, podendo ser visto como uma consagração da mera auto-tutela defensiva.

[230] Contra, entendendo que qualquer acto bélico entre Estados pode ser considerado um ataque armado e, logo, permite legítima defesa: Josef Kunz, *Individual and Collective Self-Defense in Article 51 of the Charter of the United Nations*, AJIL, Vol. 41, No. 4, 1947, pág. 872-879, na pág. 878; John L. Hargrove, *The Nicaragua Judgment and the Future of the Law of Force and Self-Defense*, AJIL, Vol. 81, No. 1, 1987, pág. 135-143, na pág. 139-140;

A noção de ataque armado parece, pois, compreender apenas operações bélicas em grande escala, como invasões do território de um Estado ou acções de gravidade paralela[231], e não meros incidentes que no passado (muitas vezes fabricados) serviram de pretexto para agressões armadas[232].

Coloca-se, pois, a questão de determinar se um Estado deve sofrer sem ripostar actos bélicos que não constituam ataques armados, recorrendo a meios pacíficos, ou se, pelo contrário, pode recorrer a actos de defesa.

Se a legítima defesa não é aplicável, a abrangência da proibição de utilização da força constante do artigo 2, n.º 4 da Carta, e a circunstância de esta apenas consagrar aquela figura no artigo 51 como meio de defesa privado, parecem sugerir que o Estado não pode recorrer à força para se defender nestes casos. Contudo, segundo se julga, esta conclusão conduz a situações absurdas, permite situações de violação de direitos individuais e encontra-se em desconformidade com a prática dos Estados e a Jurisprudência internacional.

Leva a soluções absurdas, pois, ainda que o sistema estabelecido pela Carta funcionasse na sua pureza, sempre existiriam situações de utilização pontual mas ilícita da força que um Estado não deve estar obrigado a sofrer sem opor qualquer resistência. Assim, se tropas de um Estado se infiltram no território de um Estado vizinho para, por exemplo, espiar ou tentar obter qualquer peça de armamento secreto, resulta claro que o Estado vítima pode

---

Y. Dinstein, *War, Aggression* (...), cit., pág. 192; Helmut Freudenschuß, *Kollektive Sicherheit*, em *Die Vereinten Nationen – Recht und Praxis* (hrsg. F. Cede/L. Sucharipa-Behrmann), Wien/München, 1999, pág. 69-84, na pág. 70 (entende que à luz da prática, a legítima defesa foi alargada em relação a qualquer ataque ou incidente fronteiriço).

[231] Como afirmou o Tribunal Internacional de Justiça, um ataque armado deve ser de "significant scale" (cfr. *Military and Paramilitary Activities*, cit., *I.C.J. Reports* 1986, pág. 104, parág. 195).

[232] Pense-se nos incidentes fabricados pela Alemanha, em 1939, como modo de tentar justificar a sua invasão da Polónia [assim, o memorando alemão de 3 de Setembro de 1939 ao ultimato britânico com a mesma data: "[to] The last attacks of the Poles threatening Reich territory they answered with similar measures" (texto em BWBB, documento 119, pág. 225--228, na pág. 227)]. Também a passagem do telegrama de 1 de Setembro de 1939 do embaixador britânico em Berlim, afirmando que o Ministro dos Negócios Estrangeiros Alemão lhe declarara: "he wished to state that it was not Germany who had aggressed Poland, that on the contrary it was Poland who had provoked Germany for a long time past; that it was the Poles who had first mobilised and that yesterday it was Poland that had invaded German territory with troops of the regular army" (texto em BWBB, documento 111, pág. 217-218, na pág. 217). Sublinhe-se, porém, que não seria necessária a restrição da legítima defesa aos casos de ataques armadas para permitir a condenação destes actos. Estes seriam sempre ilícitos por violação manifesta dos princípios da necessidade e da proporcionalidade, ainda que os incidentes fossem reais.

tentar capturá-las, se necessário por recurso à força. A prática confirma-o[233].
Seria absurdo afirmar-se que o Estado vítima deve fazer retirar todas as
tropas dessa zona e permitir que as forças do Estado vizinho se apropriem
do material que procuram, enquanto se limita a apresentar um protesto junto
do Estado responsável e do Conselho de Segurança.

A necessidade de as forças do Estado vítima recorrerem à força pode,
em algumas situações, ser mesmo uma imposição dos direitos individuais
dos seus próprios militares. De facto, se os membros da unidade do Estado
vizinho usarem a força, os militares do Estado vítima terão direito de
legítima defesa pessoal[234] contra este acto. Estará em causa a sua vida e
integridade física. A legítima defesa propriamente dita pode depender de um
ataque armado nos termos da Carta. Mas a legítima defesa pessoal depende
de uma mera agressão actual e ilícita contra a pessoa, seu património, ou
pessoa ou património de terceiro. Trata-se de uma exigência do direito à
vida e à propriedade pessoal consagrados internacionalmente que são oponíveis
nas relações entre qualquer indivíduo e um Estado, mesmo estrangeiro, sob
pena de se poderem esvaziar completamente. Impõe-se, pois, reconhecer que
actos defensivos bélicos de militares do Estado vítima terão de ser considerados como lícitos internacionalmente, mesmo enquanto actos do Estado[235].

---

[233] Assim, entre dezenas de outros incidentes semelhantes, pode-se citar a reacção
bélica de Chipre à intervenção do Egipto no aeroporto de Larnaca em 19 de Fevereiro de
1978 que levou a um combate de cerca de uma hora entre as suas forças, com 15 mortos do
lado do Egipto (sobre este caso, ver, *infra*, parág. 13.2). Igualmente o caso do submarino
norte-coreano que encalhou na costa da Coreia do Sul em 18 de Setembro de 1996. Alguns
dos seus vinte e seis tripulantes e soldados que transportava infiltraram-se em território desta
última. Nos dias seguintes, a Coreia do Sul procedeu a uma caça ao homem realizada por
milhares dos seus militares que acabaria por levar à captura ou morte daqueles, alguns depois
de aceso combate que provocou baixas igualmente nas suas forças. Segundo a Coreia do Sul,
o submarino tinha desembarcado cinco sabotadores e espiões, mas encalhou na altura em que
pretendia recolher dois deles (11 dos desgraçados suicidaram se assim que perceberam que
estavam em território da Coreia do Sul; cfr. TI, September 21, 1996, pág. 21; FT, September
23, 1996, pág. 4).

A serem alguns efectivamente sabotadores, os seus actos seriam claramente imputáveis
à Coreia do Norte (tal só poderia ser discutível no caso de estes se tentarem fazer passar por
locais, altura em que passariam a ficar sujeitos ao complexo regime da espionagem) e, por
conseguinte, os conflitos provocados pela sua captura constituíram um uso da força entre dois
Estados, ou seja, nas relações internacionais. Ninguém se lembrou de considerar que a Coreia
do Sul violara a proibição de recurso à força nestas operações de captura.

[234] Sobre esta figura, ver, *supra*, parág. 7.

[235] Também D. Stephens, *Rules of Engagement* (…), cit., pág. 147-148, sublinha
correctamente que as regras relativas ao uso da força nas relações internacionais, em particular
o artigo 51 CNU, não podem impor limitações que impeçam a auto-defesa do direito à vida.

A prática confirma a legitimidade de utilizações pontuais da força para fazer frente a actos actuais e ilícitos de outros Estados contra o território e outros espaços ou bens sob jurisdição dos Estados. Assim, já se verificou que tem sido considerada legítima a utilização da força por um Estado contra incursões de tropas estrangeiras no seu território.

Mas o mesmo se diga em relação a incursões hostis de aviões no seu espaço aéreo. Existe prática no sentido de que um Estado pode mesmo usar a força em certas circunstâncias contra um avião que revele fins hostis, como espionagem, sem qualquer aviso. Ou que pode abrir fogo contra aviões militares que se recusem a abandonar o seu espaço aéreo ou, se se tiverem introduzido profundamente neste ou estiverem sobre zonas proibidas, a aterrarem. Em alguns precedentes desta forma de utilização da força, o Estado que enviou o avião não protestou contra o seu derrube ou contra a utilização da força. Pelo contrário, é o Estado autor do derrube que protesta contra a violação do seu espaço aéreo.

A prática nesta matéria posterior à entrada em vigor da Carta surge logo nos primeiros anos[236], sendo particularmente abundante durante o período entre 1950 e 1953[237]. Mas, mesmo posteriormente, continuam-se a registar

---

[236] Assim, em 9 e 19 de Agosto de 1946, dois aviões militares de transporte (C-47) Norte-Americanos foram abatidos por caças jugoslávos sobre território da Jugoslávia. Os EUA, porém, neste caso, protestaram insistentemente, designadamente em nota de 21 de Agosto de 1946 ("The use of force by Yugoslavia under the circumstances was without the slightest justification in international law, was clearly inconsistent with relations between friendly states, and was a plain violation of the obligations resting upon Yugoslavia under the Charter of the United Nations not to use, force except in self-defence" e que "The deliberate firing without warning on the unarmed passenger planes of a friendly nation is in the judgment of the United States an offense against the law of nations and the principles of humanity" (texto em Oliver Lissitzyn, *The Treatment of Aerial Intruders in Recent Practice and International Law*, AJIL, vol. 47, n.º 4, 1953, pág. 559-589, na pág. 571; a Jugoslávia acabaria por aceitar compensar as famílias de cinco aviadores mortos, mas sem pagar os aviões ou admitir que violara o Direito Internacional. O direito de usar a força parece não ter sido contestado, desde que antecedido de aviso; cfr. pág. 573).

[237] A maioria dos casos durante estes anos foram da responsabilidade da União Soviética e explicam-se também pelo ambiente internacional criado pelo Conflito Coreano, em que os confrontos aéreos entre pilotos soviéticos e a aviação dos aliados foram frequentes; ver, *infra*, parág. 44.2). Este Estado alegou sistematicamente os mesmos factos: um avião militar estrangeiro violara o seu espaço aéreo; depois de exigida a sua aterragem, este respondera disparando, tendo forçado o avião soviético a responder. Claramente, em diversos casos, a alegação de que o avião abatido disparara foi falsa; no entanto, a União Soviética sempre se recusou a indemnizar.

Assim, em 8 de Abril de 1950, um avião da marinha Norte-Americana foi abatido no Báltico. Segundo os EUA, este não violou o espaço soviético e não estava armado. Em

episódios de utilização da força contra aviões militares, de espionagem ou com outros fins considerados hostis[238]. Pelo contrário, o uso da força contra aviões civis sem fins hostis será sempre ilícito[239].

Novembro de 1951, um bombardeiro igualmente Norte-Americano foi abatido no Mar do Japão. Os EUA rejeitaram que este tivesse violado o espaço soviético. Em 13 e 16 de Junho de 1952, dois aviões desarmados suecos (um DC-3 e um Catalina) foram abatidos pela aviação soviética. Em 7 de Outubro de 1952, caças soviéticos abateram um B-29 Norte-Americano na zona entre o Norte do Japão e as Ilhas Soviéticas na região. Os EUA negaram a violação do espaço soviético e rejeitaram a acusação habitual de que o seu avião disparara, sustentando que as suas armas estavam fora de serviço. Os EUA acabariam por interpor uma acção perante o Tribunal Internacional de Justiça contra a União Soviética, mas que seria a primeira de várias a ser removida pelo Tribunal por falta de jurisdição contra esta [cfr. *Aerial Incident of 7 October 1952* (USA v. USSR), Order 14 March 1956, *I. C. J. Reports* 1956, pág. 11, onde cita declaração da União Soviética de 30 de Dezembro de 1954 onde esta afirma "American military aircraft violated the frontier of the U.S.S.R. and opened fire without any reason upon Soviet fighter aircraft").

Em 12 de Março de 1953, um bombardeiro Lincoln britânico foi abatido na fronteira entre o sector britânico e o soviético na Alemanha. Os britânicos reiteraram que o seu avião não podia ter disparado, pois encontrava-se sem munições. Em 15 de Março de 1953, um avião RB-50 Norte-Americano foi alvo de disparos de caças soviéticos e mais uma vez acusado de ter sobrevoado território soviético e de ter disparado previamente. Em 29 de Julho de 1953, no Mar do Japão, houve uma troca de tiros entre um avião RB-50 Norte-Americano e dois caças soviéticos. A União Soviética alegou violação do seu espaço e que apenas disparara em legítima defesa. Os EUA negariam a violação e que tinham sido os caças soviéticos a disparar primeiro. Do lado dos EUA, por diversas vezes aviões soviéticos foram escoltados para fora do espaço japonês sem recurso à força. Porém, em 16 de Fevereiro de 1953, a sua força aérea disparou sobre dois caças de fabrico soviético no espaço aéreo japonês depois de estes se terem recusado a aterrar. Estes afastaram-se, um deles com alguns danos. Não houve qualquer reacção a esta acção [uma resenha destes casos em: O. Lissitzyn, *The Treatment* (...), cit., pág. 574-580; Eric Edward Geiser, *The Fog of Peace: The Use of Weapons Against Aircraft in Flight During Peacetime*, JILS, Vol. 4, 1998, pág. 187 e segs., texto nota 21-22].

Igualmente a Checoslováquia utilizou a força, por intermédio de um *Mig* da sua força aérea, contra um avião militar Norte-Americano em 10 de Março de 1953. Novamente, os EUA alegaram que o seu avião fora abatido na sua zona na Alemanha, tendo a Checoslováquia alegado violação do seu espaço aéreo. Os primeiros voltariam a interpor uma acção perante o Tribunal que seria removida por este tal como as restantes contra a União Soviética, por falta de jurisdição [cfr. *Aerial Incident of 10th, 1953* (USA v. Czechoslovakia), Order 14 March 1956, *I. C. J. Reports* 1956, pág. 6, na pág. 8].

[238] Em 4 de Setembro de 1954, um avião patrulha P2-V (Neptuno) Norte-Americano foi igualmente abatido também pela União Soviética, desta vez no Mar do Japão. Os EUA interpuseram nova acção contra a União Soviética, que seria igualmente removida por falta de jurisdição [cfr. *Aerial Incident of 4 September 1954* (USA v. USSR), Order 9 December 1958, *I. C. J. Reports* 1958, que na pág. 159 cita a costumeira justificação da União Soviética: "American military aircraft of the Neptune-type violated the state frontier of the USSR in the

Cape Ostrovnoi region and opened fire on Soviet fighters first"]. Em 7 de Novembro de 1954, caças soviéticos abateram outro B-29 Norte-Americano sobre o Mar do Japão. Novamente o caso foi levado perante o Tribunal Internacional de Justiça pelos EUA e removido pelo Tribunal por falta de jurisdição [cfr. *Aerial Incident of 7 November 1954* (USA v. USSR), Order 7 October 1959, *I. C. J. Reports* 1959, pág. 276; na pág. 277, o Tribunal cita a declaração crónica Soviética "the violation of the Soviet State border by the American plane which was the first to fire the Soviet fighter-planes is an indisputable fact").

O caso mais conhecido diz respeito ao derrube, em 1 de Maio de 1960, de um U-2 Norte-Americano pela União Soviética quando este sobrevoava território soviético com fins de espionagem. A União Soviética, na sua nota de 10 de Maio de 1960, não invocou expressamente a legítima defesa como justificação, embora tenha qualificado a violação do seu espaço aéreo por um avião espião como um acto agressivo (afirmou: "The Government of the Soviet Union makes an emphatic protest to the Government of the United States of America in connection with aggressive acts of American aviation and warns that, if similar provocations are repeated, it will be obliged to take retaliatory measures, responsibility for the consequences of which will rest on the governments of states committing aggression against other countries"). Os EUA, depois de inicialmente terem tentado ocultar a natureza do avião, assumiram perante provas apresentadas que se tratava de um avião de espionagem, sem terem protestado contra o derrube [ver notas dirigidas à União Soviética de 6 e 11 de Maio de 1960 e Declarações do Secretário de Estado Norte Americano de 9 de Maio e do Presidente de 11 de Maio (textos em APYLS); ver ainda FRUS, 1958-1960, Vol. X, Part 1, doc. 147-156]. A questão seria discutida no Conselho de Segurança tendo levado à aprovação da Resolução 135 (1960), de 27 de Maio (texto em RDSCOR, 1960, pág. 2-3). O seu parág. 2 tem um apelo a que os Estados respeitem, designadamente, a soberania e integridade territorial, numa implícita condenação da acção norte-americana, mas não contém qualquer crítica à reacção soviética.

Pouco tempo depois, em 1 de Julho de 1960, um avião de patrulha RB-47 da aviação Norte-Americana foi novamente abatido pela União Soviética sob acusação de sobrevoar o espaço aéreo sobre as suas águas territoriais. Ao contrário do incidente do U-2, esta alegou ter ordenado previamente que o avião aterrasse. Contudo, desta vez, os EUA protestaram, embora apenas por sustentarem que o avião nunca estivera a menos de 30 milhas da costa soviética; isto é, sem contestarem o direito de derrube do avião. Em 1 de Novembro de 1962, um U-2 foi novamente abatido, desta vez por Cuba, durante a Crise dos Mísseis, além de esta ter tentado abater outros que regularmente sobrevoavam o seu território. Os EUA não contestaram que tinham violado o espaço de Cuba ou negaram o direito de uso da força contra um avião nestas circunstâncias, embora tenham alegado que tudo fariam para proteger os seus aviões, incluindo destruir as baterias de mísseis SAM se os seus U-2 continuassem a ser atacados (cfr. FRUS, 1961-1963, Vol. XI, doc. 158, nota 4). A vigilância aérea norte-americana sobre Cuba posteriormente continuou, tendo a União Soviética reiterado que "these U-2 planes would be shot down" (declarações de um adido soviético em reunião com o procurador-geral Robert Kennedy em 3 de Abril de 1963 referidas no Memorando deste ao Presidente com a mesma data: texto em FRUS, 1961-1963, Vol. VI, doc. 94). Igualmente o Governo Chinês comunista afirmou ter derrubado quatro U-2 nacionalistas sobre o continente alegadamente mandados pelos EUA entre 1958 e Setembro de 1962 (cfr. telegrama de 20 de Setembro da embaixada norte-americana em Varsóvia: texto em FRUS, 1961-1963, Vol. XXII, doc. 94).

Posteriormente, em 13 de Maio de 1975, o Camboja disparou, provocando-lhes danos ligeiros, contra dois aviões norte-americanos que, em violação do seu espaço aéreo, procuravam fazer um reconhecimento da situação do Mayaguez, um navio mercante norte-americano detido pelas autoridades cambojanas sob a acusação de espionagem (cfr. a Carta do então Presidente norte-americano ao Congresso de 15 de Maio de 1975; texto em FFWND, May 17, 1975, pág. 332 A2).

Designadamente, visto que já tinham existido incidentes anteriores, em 19 de Agosto de 1981, dois caças líbios, em zona do Alto Mar (60 milhas da costa líbia) reivindicada pela Líbia (Golfo de Sidra), procuraram abater dois caças norte-americanos que ripostaram, o que levou à destruição dos dois caças líbios (cfr. *Transcript Of News Conference At Pentagon On The Dogfight With Libyans*, NYT, August 20, 1981, pág. A8). A Líbia afirmou que "will fight by all means for its territorial waters" (cfr. *U.S. Reports Shooting Down 2 Libya Jets That Attacked F-14's Over Mediterrane*, NYT, August 20, 1981, pág. A1). A Líbia tinha declarado dias antes em relação aos exercícios norte-americanos: "reserves the right to take all measures... to safeguard its airspace and territorial waters" (cfr. *U.S. Navy Fighters Shoot Down 2 Libyan Jets*, WP, August 20, 1981, pág. A1). O protesto dos EUA foi baseado no facto de os aviões se encontrarem em águas internacionais [cfr. *U.S. Reports Shooting* (…), cit.].

Mais recentemente, o Iraque tem aberto fogo diversas vezes contra aviões norte-americanos e britânicos que têm violado o seu espaço aéreo nas zonas impostas de exclusão aérea, especialmente depois da chamada operação *Desert Fox* de 16 a 19 de Dezembro de 1998 (ver, *infra*, parág. 14.2 e 72).

Finalmente, em 1 de Abril de 2001 verificou-se uma colisão entre um caça chinês e um avião de vigilância/espionagem EP-3 norte-americano, aparentemente resultante de uma tentativa por parte do caça de forçar o segundo a alterar a sua rota. O caça acabou por se despenhar e o avião norte-americano foi forçado a uma aterragem de emergência nas Ilhas Hainan na China [cfr. CNN, April 1, 2001, 7:12 am edt (11:12 gmt)]. A China considerou que lhe era devida uma desculpa. Os EUA apesar de lamentarem a perda do piloto chinês, rejeitaram a apresentação de desculpas, alegando que o seu avião se encontrava em espaço internacional. Ou seja, a aparente responsável pela medida coerciva, a China, considerou-se como vítima, sem que tal estatuto lhe tenha sido inteiramente negado pelos EUA.

[239] Em diversas situações, os Estados responsáveis pelo derrube de um avião civil têm reconhecido ter-se verificado um erro de apreciação da sua parte. Vários casos têm dado lugar, designadamente, à interposição de acções junto do Tribunal Internacional de Justiça. Assim, na sequência do derrube pela Bulgária de um avião civil Israelita em 27 de Julho de 1955, Israel, os EUA e o Reino Unido (cidadãos seus tinham sido mortos) interpuseram acções contra a primeira, apesar de esta se ter oferecido para compensar as vítimas. O Tribunal não conheceria do fundo em nenhum dos casos, por falta de jurisdição no caso de Israel contra a Bulgária [cfr. *Aerial Incident of 27 July 1955* (Israel v. Bulgaria), Judgment 26 May 1959, *I. C. J. Reports* 1959, pág. 146] e de desistência da parte do Reino Unido no seu

Ora, julga-se claro que o mero envio de um avião, especialmente desarmado, não pode ser considerado como uma agressão e muito menos

---

caso [cfr. *Aerial Incident of 27 July 1955* (UK v. Bulgaria), Order 3 August 1959, *I. C. J. Reports* 1959, pág. 264-265] e dos EUA [cfr. *Aerial Incident of 27 July 1955* (EUA v. Bulgaria), Order 30 May 1960, *I. C. J. Reports* 1960, pág. 146-148].

Em 31 de Agosto de 1983, a União Soviética abateu um Boeing 747 das linhas Sul-Coreanas (o KE007), tendo falecido 269 pessoas, a totalidade da tripulação e passageiros. Depois de algumas tentativas de encobrimento, a União Soviética apresentaria um relatório de inquérito em que acusava o avião de espionagem, de ter desobedecido a vários avisos e ordens para aterrar (texto do relatório em ILM, Vol. 23, No. 4, 1984, pág. 864 e segs., anexo F), mas na 2476.ª reunião do Conselho de Segurança, em 12 de Setembro de 1983, apenas referiria os avisos. Os EUA aceitaram a possibilidade de terem existido avisos, mas consideraram que ainda assim a acção fora uma violação do Direito Internacional (cfr. RPSC, 1981-1984, Chapter VIII, pág. 267 e 268). A União Soviética vetaria o projecto de Resolução que a condenava. Mas viria a ser condenada por uso ilegítimo da força pela Agencia da Aviação Civil Internacional, na sua Resolução de 6 de Março de 1984 (parág. 1: "CONDEMNS the use of armed force which resulted in the destruction of the Korean airliner and the tragic loss of 269 lives"; texto em ILM, Vol. 23, No. 4, 1984, pág. 924 e segs., anexo B). A proibição de utilizar a força contra aviões civis seria consagrada pela adição pelo Protocolo de Montreal de 10 de Maio de 1984 de um artigo 3-bis à Convenção de Chicago de 1944 sobre Aviação Civil Internacional, cuja alínea a) estipula: "The contracting States recognize that every State must refrain from resorting to the use of weapons against civil aircraft in flight and that, in case of interception, the lives of persons on board and the safety of aircraft must not be endangered". Este preceito seria invocado na Declaração Presidencial do Conselho de Segurança 1996/9, de 27 de Fevereiro (texto em RDSCOR, 1996, pág. 85), que deplorou o derrube de dois aviões civis da oposição pela aviação cubana em 24 de Fevereiro de 1996.

Um outro caso levaria a mais um processo interposto no Tribunal Internacional de Justiça, desta vez por força do derrube em 3 de Julho de 1988 de um avião civil iraniano (com a morte das 290 pessoas a bordo) por um navio Norte-Americano no Golfo, por erro quanto aos pressupostos da legítima defesa (ver, *infra*, parág. 101). O caso seria retirado por acordo das partes em que os EUA aceitaram indemnizar pelo acto [cfr. *Case concerning the Aerial Incident of 3 July 1988* (Iran v. USA), Judgment 22 February 1996, *I. C. J. Reports* 1996, pág. 9-11].

Refira-se ainda o derrube de um Boeing 727 da República Democrática do Congo, em 9 de Outubro de 1998, com a morte de 40 pessoas, alegadamente por forças do Uganda, que seria uma das causas da acção interposta pelo Congo contra o Uganda perante o Tribunal Internacional de Justiça em 23 de Junho de 1999. O Tribunal viria a adoptar medidas provisórias no âmbito desta [cfr. *Case concerning Armed Activities on the Territory of the Congo* (Democratic Republic of the Congo *v.* Uganda), Provisional Measures, Order 1 July 2000 (texto em ICJW), parág. 47]. Em 21 de Abril de 2001, o Peru depois de um avião caça seu derrubar por erro um avião missionário norte-americano lamentou vivamente as mortes de passageiros ("The Peruvian Air Force deeply regrets the loss of life") [cfr. CNN, April 21, 2001, 1:53 AM edt (0553 gmt), que refere terem sido abatidos 25 aviões suspeitos de tráfico de droga no Peru entre 1994 e 1997].

como um ataque armado para efeitos de legítima defesa[240]. Sem prejuízo, claro está, de dever ser considerado como ilícito, enquanto violação da soberania territorial do Estado alvo. Tendo em conta esta situação, a Doutrina tem aceite sem enquadramento teórico a utilização da força no abate de aviões estaduais que violem deliberadamente ou com intenções hostis o espaço aéreo de um Estado estrangeiro e se recusem a aterrar ou a abandonar este espaço[241].

A mesma solução vigora em relação a navios ou submarinos que se infiltrem nas águas territoriais do Estado com fins hostis ou que se recusem a abandoná-las[242].

---

[240] Contra, afirmando ser legítima defesa: E. Geiser, *The Fog* (...), cit., texto notas 36-37; Roger Scott, *Territorially Intrusive Intelligence Collection and International Law*, AFLR, Vol. 46, 1999, pág. 217 e segs., texto notas 26-30.

[241] Aceitam tal uso, sem apresentar um fundamento teórico: O. Lissitzyn, *The Treatment* (...), cit., pág. 587 e em *Some Legal Implications of the U2 and RB-47 Incidents*, AJIL, vol. 56, n.º 1, 1962, pág. 135-142, na pág. 138 (sublinhando que a falta de protesto Norte--Americano no caso do U-2 sugere mesmo a desnecessidade de um pré-aviso, mesmo que seja patente que o avião não constitui um perigo, se tiver fins como a espionagem); Quincy Wright, *Legal Aspects of the U-2 Incident*, AJIL, vol. 54, n.º 4, 1960, pág. 836-854, na pág. 850 (questiona apenas a necessidade de um pré-aviso); John Phelps, *Aerial Intrusions by Civil and Military Aircraft in Time of Peace*, MILLR, Vol. 107, 1985, pág. 255-303, na pág. 291--292.

[242] Assim, a Suécia, perante diversos incidentes provocados por submarinos soviéticos que deliberadamente penetraram nas suas águas territoriais (em 1981 ocorreu um caso; em 1982, perante novos casos, a Suécia recorreu a cargas de profundidade contra submarinos em mais do que uma ocasião; em 1984 terão ocorrido mais de vinte situações em que foram detectadas por sonar entradas de submarinos nas suas águas; em 1990 voltou a ocorrer um caso, tendo a Suécia recorrido novamente a cargas de profundidade que terão atingido um submarino desconhecido que conseguiu escapar-se) recorreu à força contra estes, sem que a sua acção fosse condenada como violadora do Direito Internacional. Quer o artigo 14, n.º 6 da Convenção de Genebra sobre o Mar Territorial e Zona Contígua de 29 de Abril de 1958 (texto em UNTS, No. 7477, vol. 516, pág. 205-225), quer o artigo 20 da Convenção das Nações Unidas sobre o Direito do Mar de 1982 (texto em UN doc. A/CONF. 62/122, em TUNCLS, vol XVII, pág. 151-221) exigem que os submarinos exerçam o direito de passagem inofensiva à superfície. No entanto, esta última Convenção de 1982 proíbe no seu artigo 301 a utilização da força no exercício dos direitos que confere. Ainda assim, a Doutrina considerou esta utilização da força como compatível com o Direito Internacional [assim: Ingrid Delupis, *Foreign Warships And Immunity For Espionage*, AJIL, Vol. 78, 1984, pág. 53-75, na pág. 73-74 e 75 (considera que é legítima defesa); Roma Sadurska, *Foreign Submarines in Swedish Waters: The Erosion of an International Norm*, YJIL, Vol. 10, 1985, pág. 34-58, na pág. 52, 55 e 58 (legítima defesa, mas sustenta que este caso se afastou da prática tradicional, sem protestos internacionais) e em *Threats of Force*, cit., pág. 264-265; Dale G. Stephens, *The Impact of the 1982 Law of the Sea Convention on the Conduct of Peacetime Naval-Military*

O uso da força em todas estas situações constitui um direito com conexões com os poderes públicos do Estado sobre particulares em espaços sujeitos à sua jurisdição (paralelo ao poder público bélico interno[243]), mas que não se identifica com este. Este segundo tem por destinatários meros particulares, enquanto o primeiro descrito se dirige contra forças ou objectos de outros Estados. O primeiro será uma utilização da força meramente interna e que, portanto, não se encontra interdita pelo artigo 2, n.º 4 CNU. Mas a segunda já constituirá uma utilização nas relações internacionais abrangida por esta proibição que necessita, pois, de ser fundada numa causa de justificação.

Outros casos de utilização da força considerados como legítimos à luz da prática internacional são os que resultam de situações em que navios ou aviões de guerra (ou mesmo navios ou aviões civis) sejam alvos de acções militares ou de outras medidas abertamente hostis, designadamente em espaços internacionais. Assim, é relativamente consensual que um navio de guerra alvo de um ataque, mesmo que realizado por meios limitados, como

---

*Operations*, CWILJ, Vol. 29, 1999, pág. 283-311, na pág. 309 (considera, correctamente, que se trata da figura restrita que se apelida de auto-tutela defensiva sustentada pelo Tribunal Internacional de Justiça).

Igualmente o Japão perseguiu e realizou disparos de aviso contra navios em 24 de Março de 1999, aparentemente vindos da Coreia do Norte, que alegadamente visariam fins de espionagem, sendo a primeira vez que o fazia desde um incidente semelhante com navios soviéticos, em 1953 [cfr. AFP, April 05, 1999 07:00 GMT; CNN, March 24, 1999, 12:06 a.m. est. (0506 GMT); CNN, March 25, 1999, 12:27 a.m. est. (0527 GMT)].

Ora, a Convenção de 1982 reconhece o direito de perseguição contínua no seu artigo 111, e parece claro que este pode implicar uma utilização restrita da força (neste sentido: Robert C. Reuland, *The Customary Right of Hot Pursuit Onto the High Seas: Annotations to Article 111 of the Law of the Sea Convention*, VJIL, Vol. 33, 1993, pág. 557-589, na pág. 585; David J. Letts, *The use of force in patrolling Australia's fishing zones*, Marine Policy, Vol. 24, 2000, pág. 149-157, na pág. 155). O mesmo poder se encontra subjacente a outros preceitos da Convenção que permitem, por exemplo, a detenção de navios encontrados a violar direitos de pesca na Zona económica exclusiva (artigo 73, n.º 1). Mas este direito não é utilizável contra navios de guerra ou ao serviço público de um Estado (também: R. Reuland, ob. cit., pág. 565). De facto, uma utilização da força contra estes últimos converte-se num uso da força nas relações internacionais, o que é proibido designadamente pelo citado artigo 301. Segundo se julga, o desrespeito desta proibição pode ser justificado por meio da auto-tutela defensiva, mas precisamente apenas numa situação de defesa e não de perseguição (igualmente: R. Reuland, ob. cit., pág. 585). Uma vez afugentado o intruso, e existindo bases para se entender que se trata de um navio ou avião estadual, não é legítimo o uso da força dado já não estarem reunidos os pressupostos da auto-tutela defensiva.

[243] Ver, *supra*, parág. 8.

armas ligeiras, pode ripostar[244]. Ora, uma agressão com armas ligeiras contra um navio não parece satisfazer em qualquer caso o pressuposto de

---

[244] O Reino Unido a propósito do incidente da Baia de Tonkim entre os EUA e o Vietname do Norte afirmou, em 5 de Agosto de 1964, na 1140.ª reunião do Conselho de Segurança: "It was the right of every nation whose ships were subjected to acts of aggression on the high seas to take immediate measures to that end in accordance with the right of self--defence" (cfr. RPSC, 1964-1965, Chapter XI, pág. 195).

O Tribunal Internacional de Justiça aceitou implicitamente a licitude de actos de defesa ao afirmar: "In the above-mentioned telegram of October 26th, the Commander-in-Chief reported that the passage 'was made with ships at action stations in order that they might be able to retaliate quickly if fired upon again'. In view of the firing from the Albanian battery on May 15th, this measure of precaution cannot, in itself, be regarded as unreasonable" [cfr. *The Corfu Channel* (…), cit., *C.I.J. Reports* 1949, pág. 29]. Ou seja, se um navio pode ir pronto para disparar para o caso de ser atacado, é porque pode legitimamente defender-se com medidas de força. O Tribunal, porém, não qualificou a justificação para este uso da força.

Este raciocínio vale igualmente para a defesa de navios mercantes atacados ilicitamente por navios militares de um outro Estado. Neste ponto, a figura avizinha-se da Protecção de cidadãos no estrangeiro. Mas porque se trata de proteger bens ainda sob jurisdição do Estado (os seus navios), numa zona de Alto Mar, existe base para distinguir o seu regime do aplicável àquela forma de intervenção (sem prejuízo de se considerar que a figura tem um papel no resgate armado de cidadãos; ver, *infra*, parág. 13.1 e 13.3).

Problemas mais delicados derivam da protecção de navios particulares com o pavilhão de um Estado terceiro sem que este o tenha solicitado, embora se possa sustentar que a exigência de tal pedido apenas é aplicável em relação à legítima defesa (ver, *infra*, neste parágrafo) e não já em relação a esta espécie de tutela defensiva quando estejam em causa civis e não forças militares do Estado. Existe prática que apoia esta posição: a França já se tinha predisposto a defender navios neutros atacados no Golfo no início de 1988 durante o Conflito entre o Irão e o Iraque; o mesmo fizerem os EUA, embora fazendo depender essa assistência de um pedido nesse sentido (cfr. FT, April 25, 1988, pág. 1). Aliás, o princípio da protecção de navios mercantes, mesmo estrangeiros, em comboio armado, remonta aos sistemas da neutralidade armada nos termos dos Tratados de Copenhaga entre a Rússia e a Dinamarca de 9 de Julho de 1780 e entre a Rússia e a Suécia, a que aderiu a Holanda (textos em RT, tome III, pág. 189-198 e 198-205) e o Tratado de S. Petersburgo entre a Rússia e a Prússia de 18 de Dezembro de 1800 (texto em RT, tome VII, pág. 188-196); o mesmo regime consta do artigo 61 da Declaração de Londres sobre o Direito da Guerra Marítima de 26 de Fevereiro de 1909 (texto em NRG, 3.ª Série, tomo VII, pág. 39-72), quanto à isenção de revista, embora sem especificar que o comboio pode ser multinacional. Outra solução utilizada durante o Conflito entre o Irão e o Iraque foi a alteração do pavilhão do navio. Os EUA aplicaram o seu pavilhão a vários petroleiros do Kuwait a pedido deste com vista a poder protegê-los em Março de 1987 (cfr. Margaret G. Wachenfeld, *Reflagging Kuwaiti Tankers: A U.S. Response in the Persian Gulf*, DLJ, Vol. 37, 1988, pág. 174-202, na pág. 174).

Reconheça-se, porém, que o Tribunal Internacional de Justiça, embora parecendo entrar em contradição, deixou sugerido que medidas que se considera integráveis nesta figura restrita da tutela defensiva apenas poderiam ser adoptadas pelo próprio Estado e não por terceiro (cfr. *Military and Paramilitary Activities*, cit., *I.C.J. Reports* 1986, pág. 110, parág. 210; mas na

"ataque armado" do artigo 51, pelo menos à luz da referida jurisprudência e prática internacional.

Porém, em todos estes casos referidos, deve-se considerar que a utilização da força pelo Estado vítima constitui um emprego desta nas relações internacionais, proibida pelo artigo 2, n.º 4 CNU[245]. Trata-se de um conflito entre forças de dois Estados, ainda que ocorra exclusivamente no território de apenas um[246]. Mas, não se estando perante um ataque armado, é necessário encontrar outra justificação para estes actos de defesa, excluída que está a legítima defesa.

Nestes casos pontuais, julga-se que subsiste ainda à luz do Direito Internacional Costumeiro uma figura, que anteriormente integrava a legítima defesa e que sobreviveu ou ressurgiu apesar das limitações introduzidas pela Carta. Em algumas situações tem sido reconduzida à legítima defesa[247], mas em outras tem sido considerada uma figura *sui generis* que legitima utilizações pontuais da força em situações como as referidas[248, 249]. Trata-se de uma

---

pág. 127, parág. 249, sugerira o contrário já que pareceu aceitar uma figura análoga à legítima defesa colectiva; de qualquer modo, a sua conclusão não parece ter apoio na prática). Ver A. V. Lowe, *Self-Defence at Sea*, em *The Non-Use of Force in International Law* (ed. W. E. Butler), Dordrecht, 1989, pág. 185-202, na pág. 188 ("This right to defend ships is generally acknowledged, but writers have avoided explaining its basis") e 197-198 (legítima defesa, com base num alargamento da noção de ataque armado); N. Ronzitti, *Rescuing* (...), cit., pág. 148 (legítima defesa); David K. Linnan, *Iran Air Flight 655 and Beyond: Free Passage, Mistaken Self-Defense, and State Responsibility*, Vol. 16, YJIL, 1991, pág. 245-389, na pág. 309-310 (legítima defesa); ver as dúvidas quanto à sua qualificação de I. Brownlie, *International Law and the use* (...), cit., pág. 395.

[245] Contra: O. Schachter, *The Right* (...), cit., pág. 1626.

[246] Por isso mesmo, deve-se considerar que constitui uma violação da Carta o recurso à força contra, por exemplo, um comboio militar estrangeiro que, devidamente autorizado, segue de forma inocente por território do Estado que usou a força.

[247] Alguma Doutrina que aceita a legitimidade da defesa contra actos que não constituem ataques armados sustenta que se trata ainda de legítima defesa, alargando, pois, o seu âmbito: H. Waldock, *The Regulation* (...), cit., pág. 497; I. Delupis, *Foreign Warships* (...), cit., pág. 73-74 e 75; E. Geiser, *The Fog* (...), cit., texto notas 36-37; R. Scott, *Territorially Intrusive* (...), cit., texto notas 26-30; também A. V. Lowe, *Self-Defence* (...), cit., pág. 197-198 e 200 (mas reconhecendo as dificuldades para enquadrar a figura).

[248] Assim, o Tribunal Internacional de Justiça sustentou que: "if one State acts towards another State in breach of the principle of non-intervention, may a third State lawfully take such action by way of counter-measures against the first State as would otherwise constitute an intervention in its internal affairs? A right to act in this way in the case of intervention would be analogous to the right of collective self-defence in the case of an armed attack, but both the act which gives rise to the reaction, and that reaction itself, would in principle be less grave" e, sobretudo, "It might however be suggested that, in such a situation, the United

auto-tutela defensiva que não se afigura possível considerar ilegítima[250]. Deve ser considerada como uma reacção da prática às restrições que a Carta procurou (neste ponto, com sucesso apenas teórico) impor à legítima defesa. O seu regime será muito semelhante ao da legítima defesa, sendo exercível apenas por actos defensivos contra actos ilícitos actuais[251] para a defesa de alguns direitos essenciais do Estado, incluindo o seu território[252],

---

States might have been permitted to intervene in Nicaragua in the exercise of **some right analogous to the right of collective self-defence, one which might be resorted to in a case of intervention short of armed attack**" (cfr. *Military and Paramilitary Activities*, cit., *I.C.J. Reports* 1986, pág. 110, parág. 210). Mais à frente, porém, o Tribunal embora tendo aceite a figura, pareceu afastar a possibilidade de esta ser exercida por terceiro: "The acts of which Nicaragua is accused (…) could only have justified proportionate counter-measures on the part of the State which had been the victim of these acts" (pág. 127, parág. 249). É difícil não ver nestas duas passagens uma contradição, mesmo se o Tribunal não é peremptório na primeira. Em qualquer caso, o Tribunal evitou esclarecer abertamente se estas medidas poderiam implicar o uso da força, mas claramente não o excluiu. O motivo é óbvio, tal implicaria ter de reconhecer que o artigo 51 da Carta não constitui única justificação para a utilização da força entre Estados, logo nas relações internacionais.

[249] Também neste sentido, todos inspirados pela sentença do Tribunal Internacional de Justiça no caso *Nicarágua* de 1986, mas normalmente sem desenvolver a figura: Oscar Schachter, *Self-Defense – Remarks*, ASIL, Vol. 81, 1987, pág. 350-354, na pág. 353; Louis B. Sohn, *The International Court of Justice and the Scope of the Right of Self-Defense and the Duty of Non-Intervention*, em *International Law at a Time of Perplexity – Essays in Honour of Shabtai Rosenne* (ed. Y. Dinstein), Dordrecht/Boston/London, 1989, pág. 869-878, na pág. 877-878; S. Alexandrov, *Self-Defense* (...), cit., pág. 139 (parece concordar com L. Sohn); D. Stephens, *The Impact of the 1982 Law* (...), cit., pág. 296, 298, 302, 304 e 309 (artigo de grande interesse, pois aplica igualmente a figura a mais do que uma situação, cuja leitura infelizmente só foi possível quando já se encontrava concluído este Capítulo).

[250] Note-se que não se trata de fazer reviver a *self-help* e muito menos a *self-protection* tradicional. Estas figuras encontram-se demasiado ligadas a um passado de quase anarquia quanto à utilização da força. Trata-se de reconhecer que aspectos pontuais da primeira se mantiveram à luz da prática, constituindo uma figura específica de aplicação puramente defensiva, embora podendo aplicar-se para tutela de terceiro, incluindo indivíduos. Recorde--se, alias, que o Tribunal Internacional de Justiça rejeitou igualmente as figuras da *self-help* e *self-protection*: "The United Kingdom Agent, in his speech in reply, has further classified 'Operation Retail' among methods of self-protection or self-help. The Court cannot accept this defence either. Between independent States, respect for territorial sovereignty is an essential foundation of international relations" [cfr. *The Corfu Channel* (...), cit., *C.I.J. Reports* 1949, pág. 35].

[251] Embora pareça permitir reacções preemptivas, ver *infra*, parág. 12.2.

[252] E, como se verá, mesmo os seus cidadãos, quer em espaços internacionais, quer no território de outros Estados, mas aqui como uma mera causa de exclusão de responsabilidade (ver, *infra*, parág. 13.1 e 13.3); bem como na defesa de cidadãos estrangeiros contra os actos do seu próprio Estado, servindo de base técnico-jurídica para a figura da intervenção humanitária

por meios necessários e proporcionais. Segundo se julga, pode igualmente ser aplicado na defesa de Estados terceiros nas mesmas condições em que o é a legítima defesa[253]. Nem sempre serão simples de determinar as suas fronteiras em relação à legítima defesa, mas o regime desta apenas se distinguirá do da auto-tutela defensiva nas situações em que o Estado atacado se encontra perante uma invasão em escala apreciável. Nestes casos, as exigências quanto ao carácter puramente defensivo dos seus actos deixam de ser aplicáveis em nome das necessidades militares. Isto é, um Estado pode levar a cabo ataques armados, portanto em apreciável escala, contra o território do Estado atacante numa situação de legítima defesa, o que já não será possível na mera auto-tutela defensiva[254].

Esclarecido que a legítima defesa apenas se aplica em relação a ataques armados (agressões graves realizadas por efectivos apreciáveis), mas que subsiste uma figura paralela contra usos restritos ilícitos da força, cabe abordar a questão da actualidade do ataque armado.

**12.2. Legítima defesa preemptiva e "preventiva".** Tem sido bastante debatido o problema da legítima defesa contra ataques armados que ainda não iniciaram a sua execução, seja por se encontrarem iminentes, seja por serem esperados (isto é, subjectivamente) a prazo. No primeiro caso, colocar-se-á a questão da legítima defesa preemptiva; no segundo, o problema da denominada legítima defesa preventiva. A distinção entre ambas tem sido esquecida, mas julga-se que tem de ser frisada já que se trata de figuras com consequências diferentes.

Em relação à alegada legítima defesa preventiva, não se tem grandes dúvidas em negar a sua licitude. A letra do artigo 51 é clara ao exigir a ocorrência de um ataque armado como condição para qualquer acto defensivo de força. Aliás, se o artigo 51 permitisse "legítima defesa preventiva" a excepção constante do artigo 53, n.º 1, terceira parte, relativa às medidas preventivas contra ex-inimigos (em termos mais amplos do que os previstos pelo artigo 107, já que remete igualmente para acordos regionais e não apenas para este artigo)[255], não teria qualquer utilidade. De facto, neste

---

numa das suas vertentes, mas igualmente como uma mera causa de exclusão de responsabilidade (ver, *infra*, parág. 14.1 e 14.3).

[253] Ver, *infra*, parág. 12.7.

[254] Salvo, como mera causa de exclusão da responsabilidade, em casos de intervenção humanitária (ver, *infra*, parág. 14.3).

[255] Sobre o seu âmbito e a sua caducidade, ver, *infra*, parág. 30.

preceito encontra-se consagrada uma situação directamente enquadrável naquilo que se tem denominado "legítima defesa preventiva". Mas tal apenas era permitido em relação a ex-inimigos[256].

A prática confirma que o artigo 51 proíbe esta figura[257], por muito que alguma Doutrina sustente o contrário[258].

---

[256] Como afirmou a França, sem oposição, na Conferência de S. Francisco em relação aos artigos 51 e 53: "This text makes a clear distinction between the prevention and the repression of aggression. As far as prevention of aggression is concerned, it vests in the Security Council the task of making the necessary Provision and taking whatever measures are necessary. It renders obligatory the authorization of the Council for the measures which the states concerned would take, with an exception in the case of the application of treaties for the prevention of fresh aggressions by our present enemies. And this exception will endure until the signatories think that the Security Council is in a Position to take over the task. But as far as repression of aggression is concerned – and that is a form of legitimate individual or collective defense – the text indicates the right of the signatories of regional understandings or treaties of mutual assistance to act immediately without awaiting the execution of the measures taken by the Security Council" [cfr. *Verbatim Minutes of Second Meeting of Commission III, June 13* (doc. 972, 1078 e 1198; June 14, 18 e 25), em UNCIOSD, pág. 783-790, na pág. 789]. Mais clara rejeição da alegada "legítima defesa preventiva" seria difícil.

[257] Israel durante o debate no Conselho de Segurança invocou legítima defesa preventiva para justificar o seu bombardeamento da central nuclear iraquiana em 7 de Junho de 1981, citando selectivamente H. Waldock, *The Regulation* (...), cit., pág. 497-498 e 463-464 e sustentando que "while the concept of a State's right to self-defence had not changed, its scope had broadened with the technological advance and that consequently the concept had taken on new and far wider application with the advent of the modern era". O delegado Iraquiano rejeitaria tal alegação citando correctamente Waldock (cfr. RPSC, 1981-1984, chapter 11, pág. 326). O Conselho de Segurança, por unanimidade, condenaria a acção israelita como uma violação da Carta e das "norms of international conduct" [cfr. Resolução 487 (1981), de 19 de Junho, parág. 1; texto em SCOR, 1981, pág. 10]. A Assembleia Geral, na Resolução 36/27, de 13 de Novembro de 1981 (texto em GAOR, 1981, pág. 17), por 109 votos contra 2 e 34 abstenções condenaria em termos duros o acto, que considerou de agressão premeditada e sem precedentes, apoiada também em resoluções da Agência de Energia Atómica que considerou colocado em causa o seu papel controlador (ver declarações neste sentido do seu director perante o Conselho de Segurança, em 19 de Junho de 1981, na sua 2288.ª reunião; cfr. RPSC, 1981-1984, *Chapter VIII*, pág. 203). Até 1986 a Assembleia Geral continuaria a aprovar resoluções sobre a matéria, reafirmando o direito do Iraque a uma indemnização (cfr. Resolução 41/12, de 29 de Outubro de 1986, parág. 3; texto em GAOR, 1986, pág. 22). A não invocação por parte dos Estados Unidos da legítima defesa preventiva no caso da Crise dos Mísseis de Cuba é também esclarecedora a este respeito (sobre esta, ver, *infra*, parág. 32). A legítima defesa preventiva tem sido mais recentemente invocada igualmente para justificar actos que são efectivamente represálias ou retaliações (é o caso dos EUA, na sequência dos seus ataques contra os Talibãs de Outubro de 2001; ver, *infra*, parág. 12.4.1). Mas, a serem legítimos alguns destes actos, é mais correcto designá-los pelos seus nomes e aceitar que se está a legitimar represálias armadas e não qualquer pretensa legítima defesa preventiva que contém em si o germe da destruição da norma que proíbe o uso da força.

A existência de armas de destruição massiva é um argumento contra ataques preventivos e não a seu favor. A admitir-se a "legítima defesa preventiva", qualquer uma das partes na Guerra Fria teria tido legitimidade para atacar a outra em mais do que uma ocasião em que a guerra pareceu iminente com o argumento de que a sua própria sobrevivência se encontrava em risco. Em parte, foi também a consciência da necessidade de se estar perante um efectivo acto de força para estar justificado um ataque defensivo (designadamente à luz da opinião pública interna, internacional e dos respectivos aliados) que permitiu que o conflito nunca ocorresse. Em qualquer caso, a subsistência de capacidade de resposta nuclear mesmo depois de se sofrer um primeiro ataque de surpresa com armas nucleares por parte das duas então grandes potências, retirou valor à necessidade de qualquer ataque prévio. Um ataque preventivo não impedirá uma retaliação massiva do inimigo a partir de silos de mísseis nucleares sobreviventes ou submarinos.

---

[258] A sua defesa tem surgido especialmente a propósito da apreciação de casos concretos em termos que por vezes revelam pouca isenção. Assim, a "legítima defesa preventiva" é defendida por: W. Mallison, Jr, *Limited Naval Blockade* (…), cit., pág. 362-364, 382 e 392--393; C. G. Fenwick, *The Quarantine Against Cuba. Legal or Illegal?*, AJIL, Vol. 57, No. 3, 1963, pág. 588-592, na pág. 589, 590 e 592; Brunson Macchesney, *Some Comments on the Quarantine of Cuba*, AJIL, Vol. 57, No. 3, 1963, pág. 592-597, na pág. 596; M. Mcdougal, *The Soviet-Cuban* (…), cit., pág. 599-600 (sem referir a figura, aceita-a pela amplitude da sua posição e pela legitimação da quarentena a Cuba que realiza: pág. 603); R. Tucker, *Reprisals and Self-Defense* (…), cit., pág. 588-589; Derek Bowett, *Reprisals Involving Recourse to Armed Force*, AJIL, vol. 66, 1972, pág. 1-36, na pág. 4; Beth Polebaum, *National Self-defense in International Law: An emerging Standard for a Nuclear Age*, NYULR, Vol. 187, 1984, pág. 187-229, na pág. 201-204; Uri Shoham, *The Grenada Intervention: the Israeli Aerial Raid upon the Iraqi Nuclear Reactor and The Right of Self-Defense*, MILLR, Vol. 109, 1985, pág. 191-223, na pág. 200; Wallace Warriner, *The Unilateral Use of Coercion Under International Law: A Legal Analysis of The United States Raid on Libya on April 14, 1986*, NLR, pág. 49-95, na pág. 64; Louis Beres, *On Assassination As Anticipatory Self-Defense: The Case of Israel*, HOLR, Vol. 20, 1991, pág. 321-340, na pág. 322 e em *After the Gulf War: Israel, Preemption and Anticipatory Self-Defense*, HJIL, Vol. 13, 1991, pág. 259-280, na pág. 262 e em *Israel and Anticipatory Self-Defense*, AJICL, Vol. 8, pág. 89-99, na pág. 90 e ainda em *Preserving* (…), cit., pág. 122-123 (invoca Grotius e Vattel como apoio!, além do inevitável caso *Caroline*); Louis Beres/Yoash Tsiddon-Chatto, *Reconsidering Israel's Destruction of Iraq's Osiraq Nuclear Reactor*, TICLJ, Vol. 9, 1995, pág. 437-440, na pág. 438; R. Scott, *Territorially Intrusive* (…), cit., texto notas 29-31; George K. Walker, *Anticipatory Collective Self-Defense in the Charter Era. What the Treaties Have Said*, CILJ, Vol. 31, 1998, pág. 321-376, na pág. 369-370 e 375 (longa citação de tratados mas incompreensivelmente interpretados); Byard Clemmons/Gary Brown, *Rethinking International Self-Defense: The United Nations' Emerging Role*, NLR, Vol. 45, 1998, pág. 217-246, na pág. 228; parece também a posição de Covey Oliver, *International Law and the Quarantine of Cuba*, AJIL, Vol. 57, No. 2, 1963, pág. 373--377, na pág. 375-376.

Considera-se que uma admissão plena da "legítima defesa preventiva" contra um ataque que não passa ainda de uma mera hipótese, com todos os riscos de abusos[259] e erro, significaria o fim da proibição de uso privado internacional da força, pela sua conversão numa mera proibição do uso da força com fins de conquista territorial ou não provocada; isto é, um regresso ao regime anterior a 1928[260, 261].

---

[259] Os advogados dos arguidos acusados de crimes contra a paz no processo perante o Tribunal Militar Internacional de Nuremberga invocaram legítima defesa preventiva para justificar a invasão da Dinamarca e da Noruega pela Alemanha em 9 de Abril 1940, invocando um plano da Grã-Bretanha e da França para ocuparem a prazo a segunda. O Tribunal rejeitou a alegação, invocando o caso *Caroline*: "It must be remembered that preventive action in foreign territory is justified only in case of "an instant and overwhelming necessity for self-defense leaving no choice of means, and no moment of deliberation"" [cfr. *International Military Tribunal*, cit, AJIL, vol. 39, 1945, pág. 172-333, na pág. 205]. Ou seja, rejeitou a legítima defesa preventiva e somente aceitou a preemptiva.

[260] Estas posturas encontram actualmente eco a propósito da proliferação das armas de destruição massiva. Além dos defensores do citado bombardeamento de Israel de 7 de Junho de 1981 contra o reactor iraquiano, surgem agora aqueles que pretendem ressuscitar o alegado direito de autopreservação (invocado por Israel perante o Conselho, em 12 de Junho de 1981, na sua 2280.ª reunião, para justificar o acto: "an act of self-preservation with which Israel had exercised its right of self-defence as understood in international law and as preserved in Article 51 of the Charter"; cfr. RPSC, 1981-1984, Chapter VIII, pág. 203), que legitimaria ataques preventivos contra a não proliferação [neste sentido: Michael Lacey, *Self-Defense or Self-Denial: The Proliferation of Weapons of Mass Destruction*, IICLR, vol. 10, 2000, pág. 293-315, na pág. 309-315 ("juris ad vitae" contra "unstable or dangerous regimes", invocando em apoio os clássicos!, embora reconheça que a legítima defesa não permite estes actos); também em termos de Direito a constituir: Guy B. Roberts, *The Counterproliferation Self-Help Paradigm: A Legal Regime For Enforcing The Norm Prohibiting The Proliferation Of Weapons Of Mass Destruction*, DJILP, Vol. 27, 1999, pág. 483-359, na pág. 517-527; outros procuram fundá-los na "legítima defesa preventiva": Mark E. Newcomb, *Non-Proliferation, Self-Defense, and the Korean Crisis*, VJTL, Vol. 27, 1994, pág. 603-634, na pág. 630 e 633-634; Michael P. Scharf, *Clear And Present Danger: Enforcing the International Ban on Biological and Chemical Weapons Through Sanctions, Use of Force, and Criminalization*, MJIL, Vol. 20, 1999, pág. 477-521, na pág. 493-494].

Mas, salvo a citada acção de Israel, condenada pelos seus próprios aliados (os EUA afirmaram: "the means chosen by Israel hurt the peace and security of the area and that Israel had not exhausted the available diplomatic approaches"; cfr. RPSC, 1981-1984, Chapter VIII, pág. 203), acções desta espécie não têm qualquer apoio na prática. Os EUA durante os anos cinquenta chegaram a equacionar a hipótese de um ataque nuclear "preventivo" para evitar o desenvolvimento da capacidade nuclear soviética, mas rapidamente a afastaram (cfr. Campbell Craig, *Destroying the Village: Eisenhower and Thermonuclear War*, New York, 1998, Part II, 3, texto entre notas 20-24, citando documentos norte-americanos publicados no FRUS). Imagine-se a catástrofe que teria ocorrido se uma acção destas tivesse sido desencadeada. Em relação ao bloqueio de Cuba, os EUA procuraram baseá-lo abusivamente numa decisão da Organização de Estados Americanos e não em qualquer "legítima defesa preventiva" (ver, *infra*, parág. 32).

Uma acção desta espécie também não foi seriamente equacionada nem sequer ao longo de 1994 quando atingiu o auge a crise desencadeada pelas declarações da Coreia do Norte de Março de 1993 no sentido de que iria denunciar o Tratado de Não Proliferação de Armas Nucleares. A posição dos EUA foi a de defender exclusivamente a adopção de sanções económicas ("We see no reason why this problem cannot be resolved in a peaceful way which is in the interests of everybody, even the North Koreans. So if there is military action, it will be as a result of decisions taken by North Korea"; cfr. NYT, March 25, 1994, Friday, Late Edition, Section A, pág. 13). Esta posição não mudaria mesmo quando, em 13 de Junho de 1994, a Coreia do Norte declarou a sua intenção de abandonar a Agência de Energia Atómica (cfr. NYT, June 14, 1994, Tuesday, Late Edition, Section A, pág. 1). As acções desencadeadas contra o Iraque pelos EUA e Reino Unido na denominada operação *Desert Fox* (16 a 19 de Dezembro de 1998) contra alegados locais de produção e armazenamento de armas de destruição massiva não constituem qualquer precedente. Porque estes Estados tentaram legitimá--las nas resoluções do Conselho de Segurança e não em qualquer abusiva "legítima defesa preventiva" e porque estas acções foram condenadas pela maioria dos Estados (ver, *infra*, parág. 72).

Tendo em conta que estes actos são proibidos pelo artigo 2, n.º 4 CNU e não existe prática que os apoie, seja em correcção do artigo 51 CNU, seja como uma figura puramente costumeira, em rigor, juridicamente nada mais é necessário acrescentar. O assunto encontra--se encerrado. Defender a sua legitimidade é identificar o Direito vigente com aquele que, da perspectiva do intérprete, deveria vigorar. Mas ao realizar tal identificação o intérprete deixa de o ser para se converter num legitimador político de actos ilícitos sob a capa de pretensas normas jurídicas.

De qualquer modo, mesmo em termos de Direito a constituir, considera-se que estas posições (bem como, em parte, a que legitima represálias armadas contra actos terroristas, ver, *infra*, parág. 12.4) permitiriam actos de força arbitrários contra todos os regimes não amigos. É disso que se trata. Todos estes são perigosos. Na verdade, a maioria têm Governos reconhecidos (por exemplo, o da Coreia do Norte, Iraquiano, Iraniano ou Chinês ou, porque não?, o Indiano ou Paquistanês), e por muito criticáveis que alguns sejam pela repressão que realizam sobre os seus próprios cidadãos, têm actualmente uma política externa mais respeitadora do Direito Internacional do que a de alguns Estados ocidentais. E estas doutrinas funcionam para ambos os lados. Se o Direito Internacional permitisse que um Estado tentasse manter o monopólio das armas de destruição massiva nas suas mãos ou nas dos seus Estados amigos pelo uso da força, também permitiria a estes Estados vítimas a utilização da força sob qualquer outro pretexto, desde logo, para vingar os ataques sofridos, se necessário por recurso a grupos infiltrados.

A proliferação nuclear é efectivamente uma ameaça séria ao Ocidente. É possível que possa vir a surgir uma situação em que, no curto prazo, uma acção destas nos pudesse ser vantajosa. Mas no médio prazo iria sair muito cara [como tem o bom senso de reconhecer: G. Roberts, *The Counterproliferation* (…), cit., pág. 486: "If the United States fails to use its power in ways that others will accept as just and legal, a terrible backlash could result. The

Mais problemática é a questão da legítima defesa preemptiva. Os dados existentes são algo contraditórios. Por um lado, a prática não é clara: o artigo 51 não apoia a sua existência, embora não se possa afirmar que a exclua terminantemente e os restantes elementos apontam em diferentes sentidos, sejam normativos[262], sejam concretos[263]. Por outro lado, a Jurisprudência[264] e a Doutrina encontram-se divididas[265].

---

consequences could be weakened cooperation, the de-legitimization of US leadership, and current international nonproliferation regimes could collapse"]. E, de qualquer modo, obviamente, o facto de um acto nos ser favorável não o torna lícito. À luz do actual regime, actos destes seriam puras agressões. E a sua legitimação futura implicará praticamente o fim do artigo 2, n.º 4 CNU.

[261] Rejeitam também esta figura, além dos autores que nem sequer admitem a legítima defesa preemptiva: Pitman B. Potter, *Preventive War Critically Considered*, AJIL, Vol. 45, No. 1, 1951, pág. 142-145, na pág. 144 (embora pareça admitir a preemptiva); I. Brownlie, *International Law and the Use of Force* (...), cit., pág. 259-261 e 275-278 e em *The Principle of Non-Use* (…), cit., pág. 24-25; L. Henkin, *The Reports* (…), cit., pág. 545; A. D'Amato, *Israel's Air Strike* (…), cit., pág. 587-588; O. Schachter, *The Right* (...), cit., pág. 1635 (mas aceita a preemptiva); John Quigley, *A Weak Defense of Anticipatory Self-Defense*, TICLJ, Vol. 10, 1996, pág. 255-257, na pág. 257; James C. Hsiung, *Anarchy & Order – The Interplay of Politics and Law in International Relations*, Boulder/London, 1997, pág. 55.

[262] A maioria dos citados defensores da legítima defesa preventiva ou preemptiva, baseados na alegada subsistência do Direito Internacional Costumeiro anterior à Carta que permitiria ambas estas formas de acção, invocam a famosa nota do Secretário de Estado norte-americano Webster de 27 de Julho de 1842 sobre o caso *Caroline* (texto desta em Robert Jennings, *The Caroline and McLeod Cases*, AJIL, Vol. 32, No. 1, 1938, pág. 82-99, na pág. 89). Resulta claro, até pelos pormenores do caso (uma acção britânica contra um navio norte-americano particular que iria auxiliar rebeldes canadianos) que este caso apoia uma acção preemptiva, mas nunca uma preventiva. Um acto que é apenas receado mas não se encontra iminente (isto é, para ser levado a cabo, em função das circunstâncias, no espaço de dois ou três dias), deixa claramente tempo para tentar recorrer a outras opções. No espírito da Carta, a opção será recorrer ao Conselho que deverá tomar as medidas necessárias. Se este o não fizer e se verificar um ataque armado existirá então lugar à legítima defesa.

Acresce que mesmo em relação a acções preemptivas este regime do Século XIX foi colocado em causa pelos desenvolvimentos ocorridos nesta matéria entre 1919 e 1939. Recorde-se que o Tratado de Garantia Mútua de Locarno de 16 de Outubro/1 de Dezembro de 1925 entre a Alemanha, a Bélgica, a França, a Grã-Bretanha e a Itália (texto em NRG, 3.ª Série, tomo XVI, pág. 7-12; também em AJIL, Vol. 20, No. 1, 1926, Supplement: Official Documents, pág. 22-25) faz depender a legítima defesa de um ataque, invasão ou recurso à guerra. A legítima defesa de terceiro ficava sujeita a um regime ainda mais restritivo no artigo 4, n.º 3, já que apenas se aplicava perante uma violação flagrante do artigo 2 e as medidas de defesa tinham de ser comunicadas ao Conselho e sujeitas à sua apreciação. Também a Convenção de Londres de 3 de Julho de 1933 sobre a Definição de Agressão, entre o Afeganistão, Estónia, Letónia, Polónia, Roménia, Turquia, União Soviética e Pérsia e, por adesão, Finlândia (texto em NRG, 3ª série, tomo XXIX, pág. 33-36; também em ODPR, pág. 172-175), bem como a Convenção idêntica igualmente de Londres de 4 de Julho de 1933 (entre a União Soviética, Roménia, Checoslováquia, Turquia e Jugoslávia)(texto em NRG, 3.ª série, tomo XXIX, pág. 37-40), no artigo 2, definem um agressor como o Estado que primeiro, designadamente, declare guerra ou utilize a força, seja qual for o pretexto. A mesma noção foi recebida por outros instrumentos, como o Tratado de Não Agressão (Pacto Oriental) de 8 de Julho de 1937, entre o Afeganistão, Irão, Iraque e Turquia, no seu artigo 4, segunda parte, ponto 4 (texto em NRG, 3ª série, tomo XXXVI, pág. 714-717). Ver também I. Brownlie, *International Law and the Use of Force* (...), cit., pág. 258-259 e em *The Principle of Non-Use* (...), cit., pág. 19 e 21; Müllerson, *The Principle of Non-Threat* (...), cit., pág. 32.

Deste modo a invocação das declarações do *Report of Rapporteur of Subcommittee I/1/A to Committee I/1* (Doc. 723, June 1), de que: "It was clear to the Subcommittee that the right of self-defense against aggression should not be impaired or diminished" (texto em UNCIOSD, pág. 476-589, na pág. 486) e do *Report of Rapporteur of Committee I/1 to Commission I* (Doc. 944, June 13), em UNCIOSD, pág. 490-503, na pág. 498 ("The use of arms in legitimate self-defense remains admitted and unimpaired", não chegam como fundamento para fundar a legítima defesa preemptiva à luz da Carta e muito menos a "preventiva", já que esta última nem sequer é apoiada pelo citado caso *Caroline* ou pelos trabalhos preparatórios já citados da Carta, nem muito menos pelo seu texto (contraposição do artigo 51 perante os artigos 53, n.º 1, terceira parte e 107).

Posteriormente à entrada em vigor da Carta, pelo contrário, a referida Definição de Agressão da Assembleia Geral não consagra a posição de que o primeiro atacante é necessariamente um agressor. O seu artigo 2 sustenta que "The First use of armed force by a State in contravention of the Charter shall constitute **prima facie** evidence of an act of aggression **although the Security Council may, in conformity with the Charter, conclude that a determination that an act of aggression has been committed would not be justified in the light of other relevant circumstances,** including the fact that the acts concerned or their consequences are not of sufficient gravity". Esta noção tem sido interpretada no sentido de ficar aberta a porta à admissibilidade do recurso à legítima defesa perante situações de ataque iminente [neste sentido: Carin Kahgan, *Jus Cogens and the Inherent Right to Selfdefense*, ILSAJICL, vol. 3, 1997, pág. 767-827, na pág. 789, nota 95]. Admita-se que a Definição evitou tomar posição sobre a questão, mas não é líquido que seja essa a intenção da ressalva. A parte final da noção sugere que o juízo de agressão poderia não ser aplicável sobretudo por força da pouca gravidade dos factos ou da existência de atenuantes. Acresce, e este elemento é mais importante, que o facto de não se estar perante uma agressão não significa que o acto não tenha sido ilícito. A agressão é uma espécie do género actos de força ilícitos (ver, *supra*, parág. 12.1).

²⁶³ A prática concreta não tem fornecido grandes indicações quanto à licitude da legítima defesa preemptiva, muito embora em diversos casos de acusações da existência de um ataque armado iminente o Estado alvo se tenha limitado a protestar contra este, sem recorrer a qualquer acção defensiva. O caso do Conflito dos Seis dias (de 5 a 10 de Junho de 1967) entre Israel e Egipto, Síria e Jordânia, iniciado pelo primeiro, sob alegação de iminência do ataque dos segundos, não é suficientemente claro. E, de qualquer modo, o seu valor como precedente ficaria sempre diminuído pelo facto de Israel ter mentido abertamente ao declarar

que tinha sido o Egipto a atacar primeiro. Às 3h e 10m (de Nova Iorque) de 5 de Junho de 1967, o representante permanente de Israel declarou ao Presidente do Conselho (Dinamarca) que "had just received reports that Egyptian land and air forces had moved against Israel and Israel forces were engaged in repelling the Egyptian forces" (cfr. RPSC, 1966-1968, Chapter VIII, pág. 138).

Ora, a prática tem de ser realizada abertamente para que possa ter efeitos constitutivos na formação do Direito Costumeiro [ver C. Báptista, *Direito* (...), cit., pág. 98-99]. Um Estado que mente, procurando ocultar os seus actos, só reconhece com isso que os considera ilícitos. É esta ocultação que explica em alguma medida que o Conselho de Segurança não se tenha pronunciado quanto à existência de um agressor [cfr. Resolução 233 (1967), de 6 de Junho, parág. 1: limita-se a um neutro apelo a um cessar-fogo; Resolução 234 (1967), de 7 de Junho, parág. 1: exige sem identificar as partes um cessar-fogo; Resolução 235 (1967), de 9 de Junho, parág. 1 e 2: reafirma o cessar-fogo, agora em relação à frente com a Síria; Resolução 236 (1967), de 11 de Junho, parág. 1 e 4, condena violações do cessar-fogo; texto das quatro resoluções em RDSCOR, 1967, pág. 2-4]. Nega que tenha sido legítima defesa: J. Quigley, *A Weak Defense* (...), cit., pág. 256-257; também algo cépticos: I. Brownlie, *The Principle of Non-Use* (...), cit., pág. 24; Giancarlo Guarino, *Palestina e Assemblea Generale delle Nazioni Unite*, em *Interventi delle Nazioni Unite e Diritto Internazionale* (dir. Paulo Picone), Padova, 1995, pág. 101-147, na pág. 121; as dúvidas de Q. Wright, *The Middle East* (...), cit., pág. 270; no sentido de que foi legítima defesa: Eugene Rostow, *The Illegality of the Arab Attack on Israel of October 6*, 1973, AJIL, Vol. 69, No. 2, 1975, pág. 272-289, na pág. 278-279 (cita um entendimento de 1957, aquando da retirada Israelita do Egipto, de que qualquer bloqueio armado do Estreito de Tiran seria considerado um acto de guerra por Israel, embora reconheça que o Egipto nunca aceitou tal e, de qualquer modo, tal entendimento constituiria um acordo inválido, por derrogação da norma *iuris cogentis* que proíbe o uso da força); Y. Dinstein, *War, Aggression* (...), cit., pág. 191; Louis Beres, *A Rejoinder*, TICLJ, Vol. 9, 1995, pág. 445-449, na pág. 449.

Os factos não são completamente líquidos, mas afigura-se que as declarações belicosas árabes nas semanas anteriores ao conflito, incluindo as iniciativas do Egipto quanto à concentração de tropas no Sinai, à exigência da retirada da UNEF do seu território (17-18 de Maio; ver, *infra*, parág. 91.2.2) e bloqueio do Estreito de Tiran (22 de Maio; acto ilícito, apesar das alegações do Egipto, então República Árabe Unida, na 1343.ª reunião de 29 de Maio de 1967 de que o acesso ao Estreito por Israel era ilícito, por ter sido obtido de forma contrária ao Armistício Geral: cfr. RPSC, 1966-1968, Chapter VIII, pág. 136), constituíram medidas para consumo do mundo Árabe. É bem provável que se devessem às rivalidades entre os seus dirigentes sem terem subjacente uma efectiva vontade de desencadear um conflito armado de grandes proporções (neste sentido: Michael Barnett, *Dialogues in Arab Politics: Negotiations in Regional Order*, New York, 1998, 5, texto entre notas 188-209). O facto de após a retirada da UNEF terem passado mais de 15 dias sem nada mais do que incidentes fronteiriços parece confirmá-lo.

Mas, sublinhe-se, estes factos eram suficientes para conferir a Israel bons motivos para se encontrar apreensivo (como, aliás, o Secretário-Geral reconheceu no seu relatório de 19 de Maio de 1967, ao declarar que a situação era "more menacing, than at any time since the fall of 1956"; cfr. RPSC, 1966-1968, Chapter VIII, pág. 134). O Egipto não podia fazer retirar a UNEF e clamar que era Israel que tinha intenções belicosas. De qualquer forma, ainda que se admitisse que se tratou de legítima defesa preemptiva (e independentemente de constituir uma causa de exclusão da ilicitude ou apenas da responsabilidade), a reacção Israelita só poderia ser considerada como conforme com o princípio da proporcionalidade se comparada com um hipotético ataque massivo que os Estados Árabes nem em 1973 revelaram capacidade bélica para concretizar. A destruição que provocou, bem como todo o sofrimento do Povo Palestiniano resultante de uma ocupação de mais de 30 anos, não são facilmente justificáveis. Só a ameaça de uma intervenção soviética (que alguns afirmam que esteve iminente: Isabella Ginor, *The Russians Were Coming: The Soviet Military Threat in the 1967 Six-Day War*, MERIA, Vol. 4, No. 4, 2000, texto notas 68-72) e as pressões dos EUA levaram Israel a acatar o cessar-fogo, depois de capturar os Golã Sírios. E a ocupação perdurou e perdura mesmo quando os Estados Árabes depois da paz com o Egipto deixaram de ser uma ameaça real. Se entretanto a paz não se fez tal deveu-se não apenas à postura ilícita de vários Estados Árabes de alegar direitos de beligerância contra Israel e de lhe pretenderem recusar o direito à existência, mas igualmente às pretensões territoriais e anexações ilícitas deste.

[264] Já se viu que o Tribunal Militar Internacional de Nuremberga, embora tenha rejeitado uma "legítima defesa preventiva", aceitou em abstracto uma legítima defesa preemptiva ao citar o caso *Caroline* [cfr. *International Military Tribunal*, cit, AJIL, vol. 39, 1945, pág. 172- -333, na pág. 205]. Mas a sua posição pode igualmente ser justificada como uma mera cedência de raciocínio, visto que acabou por rejeitar a alegação de legítima defesa. Também o Tribunal Militar Internacional para o Extremo Oriente (Tóquio) defendeu um direito de legítima defesa preemptiva quando afirmou: "The right to self-defence involves the right of the State threatened with impending attack to judge for itself in the first instance whether it is justified in resorting to force" [cfr. *In Re Hirito and Others*, sentença de 12 de Novembro de 1948 (partes principais em ADRPILC, vol. XV, 1948, pág. 356-376, na pág. 364)]. Em consequência, considerou os réus como responsáveis por agressão igualmente contra a Holanda, embora esta na sequência do ataque a *Pearl Harbor* tenha declarado guerra ao Japão em 8 de Dezembro de 1941 quando o ataque deste contra si se encontrava iminente, mas ainda não fora concretizado. Mas, em relação à sentença do Tribunal de Tóquio, a acção da Holanda podia justificar-se ainda como legítima defesa de terceiro. Por outro lado, em relação a ambos os Tribunais, estes estavam a apreciar actos praticados antes da entrada em vigor da Carta.

Já o Tribunal Internacional de Justiça decidiu expressamente não tomar posição sobre a questão: "the issue of the lawfulness of a response to the imminent threat of armed attack has not been raised. Accordingly the Court expresses no view on that issue" (cfr. *Military and Paramilitary Activities*, cit., I.C.J. Reports 1986, pág. 103, parág. 194; também pág. 27-28, parág. 35). Trata-se de uma posição normalmente adoptada pelo Tribunal quando considera que o Direito sobre a matéria não é líquido.

[265] No sentido da sua admissibilidade: H. Waldock, *The Regulation* (...), cit., pág. 497- -498 e 463-464; J. Kunz, *The Chaotic Status* (...), cit., pág. 54; A. Gonçalves Pereira/Fausto Quadros, *Manual de Direito Internacional Público*, 3ª ed., Coimbra, 1993, pág. 484-485; P. Potter, *Preventive* (...), cit., pág. 144; Christopher Joyner, *The United States Action in Grenada: Reflections on the Lawfulness of Invasion*, AJIL, Vol. 78, 1984, pág. 131-144, na

Sublinhe-se, porém, que a questão da legítima defesa preemptiva não prejudica uma reacção em legítima defesa contra actos que iniciaram já a sua execução. Se um Estado lança mísseis que tudo indica que têm como alvo o território de um outro Estado, este último pode legitimamente procurar abatê-los mesmo que ainda não tenham entrado no seu espaço aéreo, e se encontrem ainda em espaços internacionais (sobre o Alto Mar ou no espaço exterior) ou mesmo em zonas sob jurisdição do Estado atacante. Neste caso não se trata de legítima defesa preemptiva, mas de pura legítima defesa contra um ataque em execução[266]. A possibilidade de erro, por se tratar, por exemplo, de um exercício com mísseis controlados, é bem pequena comparada com a de um ataque preemptivo contra um Estado que apenas ainda adoptou meros actos preparatórios.

Julga-se que é indiscutível que a iniciativa, especialmente quando permite um ataque de surpresa, pode constituir a diferença entre a vitória e a derrota. A simples preparação para a guerra por parte de um Estado que receia um ataque não fornece a mesma vantagem[267]. Contudo, a identificação

---

pág. 134 (embora rejeite a preventiva); O. Schachter, *In Defense* (...), cit., pág. 120, em *The Right* (...), cit., pág. 1635 e em *The Lawful Resort to Unilateral Use of Force*, YJIL, Vol. 10, 1985, pág. 291-294, na pág. 291 e 293 (com restrições); Ruth Wedgwood, *The Use of Armed Force in International Affairs: Self-Defense and the Panama Invasion*, CJTL, Vol. 29, 1991, pág. 609--628, na pág. 619-620; Rosalyn Higgins, *International Law and the Avoidance, Containment and Resolution of Disputes – General Course on Public International Law*, RDC, 1991, V, tomo 230, pág. 9-342, na pág. 310-311.

Contra: J. Kunz, *Individual and Collective* (...), cit., pág. 878 (à luz da Carta); Quincy Wright, *Prevention of Aggression*, AJIL, vol. 50, 1956, pág. 514-532, na pág. 529; I. Brownlie, *International Law and the Use of Force* (...), cit., pág. 259-261 e 275-278; A. Randelzhofer, *Article 51*, cit., pág. 676 (admite a legítima defesa preemptiva somente num caso em que o responsável pelo ataque assuma que um ataque armado se encontra iminente); C. Tomuschat, *Obligations* (...), cit., pág. 253; J. Hsiung, *Anarchy & Order* (...), cit., pág. 55.

[266] Neste sentido: Y. Dinstein, *War, Aggression* (...), cit., pág. 189-191 (que o qualifica de "interceptive self-defence", mas com exemplos que não se acompanha: a intercepção da frota japonesa ainda a mais de mil quilómetros de Pearl Harbor não seria legítima defesa interceptiva, mas preemptiva. Quando muito, a intercepção dos aviões japoneses em aproximação às águas territoriais do Hawai seria integrável nesta figura. O Conflito dos Seis Dias também não é um exemplo desta); Malcolm N. Shaw, *International Law*, 4th ed., Cambridge, 1997, pág. 790.

[267] As vantagens proporcionadas pela surpresa em conflitos modernos dominados por primeiros ataques aéreos ficaram bem espelhados, por exemplo, na esmagadora vantagem obtida por Israel no Conflitos dos Seis Dias, bem como pelos iniciais sucessos do Egipto e da Síria no Conflito do *Yom Kippur*, mesmo em situações em que ambas as partes tinham consciência do sério risco de eclosão de um conflito e se tinham, melhor ou pior, preparado para este.

das reais intenções subjacentes aos actos de um Estado com vista a determinar se um ataque se encontra efectivamente iminente constitui uma tarefa normalmente impossível. Reconhecer a licitude de legítima defesa preemptiva abriria a hipótese de, numa situação de tensão crescente, ambas as partes poderem legitimamente reivindicar o uso da figura. Assim, os riscos de erro e abuso impõem cautelas. Esta posição é confirmada pela falta de prática clara que permita uma conclusão quanto à admissibilidade da legítima defesa preemptiva, e pela letra do artigo 51. Ambas apontam no sentido de levar a considerar como ilícito um primeiro ataque preemptivo em legítima defesa. Um Estado verdadeiramente interessado na paz não desencadeará um ataque armado sem que a outra parte tenha adoptado actos bélicos que demonstrem a intenção de proceder a uma invasão. Não bastam concentrações de tropas na fronteira, outros actos análogos ou meros incidentes de fronteira para legitimar um ataque armado, desde logo à luz do princípio da proporcionalidade[268].

Ainda assim, uma situação de ataque efectivamente iminente, comprovado posteriormente por terceiros e baseada em inequívocos actos hostis e preparatórios generalizados, poderá constituir um factor atenuante forte de uma reacção defensiva preemptiva[269]. É possível que em certas circunstâncias

---

[268] Trata-se de um argumento avançado por I. Brownlie, *International Law and the Use of Force* (...), cit., pág. 259 e em *The Principle of Non-Use* (...), cit., pág. 24.

[269] Note-se que a actualidade do ataque armado não exigirá em todos os casos que o Estado que reage em legítima defesa se encontre a ser vítima de acções militares no preciso momento em que recorre à força. Podem existir situações em que, por força da gravidade do ataque armado ocorrido, um Estado possa reagir contra o Estado responsável, mesmo que este assegure que as suas acções cessaram. Assim, se um Estado numa situação de ausência de conflito armado lança repentinamente mísseis sobre uma cidade de outro ou mesmo uma base militar, causando centenas de baixas, de pouco lhe servirá assegurar que o ataque terminou e que não será retomado. Depois de uma agressão aberta como esta, as declarações do Estado agressor de que esta cessou de pouco servirão como garantia. Ou este pode demonstrar que se tratou de um incidente do seu sistema de defesa ou provavelmente o Estado agredido poderá adoptar imediatamente medidas militares contra o Estado agressor.

É esta circunstância que justifica, num conflito armado aberto, medidas militares em legítima defesa contra o Estado agressor, mesmo quando este, ao menos temporariamente, cessou os seus ataques e não ocupa território do Estado agredido. Mas também parece claro que se o Estado não reagir imediatamente, à medida que os dias forem passando sem mais qualquer incidente, a sua legitimidade para recorrer à força se irá perdendo. Desde logo, à luz do princípio da necessidade, para lá do desaparecimento da actualidade do ataque. Se os ataques efectivamente cessaram, deixaram de existir elementos que justifiquem o entendimento de que se encontram verdadeiramente iminentes, já que os dias passaram sem o seu recomeço, a legítima defesa deixa de ser aplicável. Existe tempo para a diplomacia, para o recurso ao

o Estado atacante possa gozar de uma causa de exclusão de responsabilidade nos termos em que ficou conceptualizada[270]. A prova das intenções agressivas do Estado atacado, a serem concretizadas num breve período de dois ou três dias, a ser possível, parece que constituiria fundamento suficiente para que a Comunidade Internacional tolerasse uma acção preemptiva. Mas sublinhe-se que a prática não é suficiente para o poder afirmar de forma conclu-dente[271, 272, 273].

---

Conselho de Segurança e aos meios pacíficos de resolução de conflitos, como forma de assegurar a concretização da responsabilidade internacional do Estado agressor pelos danos que provocou e obter garantias de não repetição. De qualquer modo, este raciocínio apenas se aplica depois da ocorrência de um ataque armado e não perante um alegadamente iminente.

[270] Ver, *supra*, parág. 11.

[271] A não condenação de Israel em 1967, uma vez apurada a falsidade da sua alegação de que os Estados Árabes tinham atacado primeiro, aponta neste sentido. Mostra também como a Comunidade Internacional pode ser tolerante quando o Estado ou Estados atacados foram igualmente responsáveis pela situação, como se verificou claramente em 1967. A citada jurisprudência dos Tribunais de Nuremberga e Tóquio também não pode ser ignorada completamente, apesar de se reportar a factos ocorridos antes da entrada em vigor da Carta.

[272] Também T. Franck, *When, If Ever, May* (…), cit., pág. 60, 64-65 e 68, embora sem conceptualizar a figura da exclusão de responsabilidade, fala numa tolerância em relação a acções "preventivas" que parecem constituir defesas preemptivas.

[273] Não é inteiramente líquido se a figura de aplicação restrita que ficou denominada auto-tutela defensiva permite justificadamente reacções preemptivas. A resposta, porém, parece dever ser considerada como positiva. Existe alguma prática neste sentido, embora adoptada em situações criticáveis, mesmo se também existe prática contrária. Assim, os EUA e o Reino Unido têm invocado legítima defesa como forma de justificar o uso da força pelos seus aviões que patrulham as zonas de exclusão aérea no Iraque contra o mero acto de identificação destes aviões pelos radares das defesas iraquianas, acto que é um pressuposto para que estas possam eficazmente ser utilizadas contra aqueles (cfr. declarações na Câmara dos Lordes britânica: TT, February 20 2001). Tendo em conta que nos últimos dois anos (desde a operação *Desert Fox*: 16 a 19 de Dezembro de 1998) o Iraque abriu fogo contra estes inúmeras vezes, afigura-se de aceitar que um acto destes coloque o avião numa situação de legítima defesa preemptiva. O problema é que a violação do espaço aéreo do Iraque pelos EUA e Reino Unido é ilícita e, portanto, é o primeiro que pode exercer auto-tutela defensiva contra estes aviões e não estes segundos Estados (ver, *infra*, parág. 72).

Já as condenações em relação à prática de Israel contra os seus Estados vizinhos (ver, *infra*, parág. 12.3) parecem negar a licitude de reacções preemptivas restritas. É possível, porém, que tal se deva em parte à falta de título por parte de Israel em relação aos territórios que ocupa e, por outro lado, aos nítidos abusos da parte deste. Quer em termos de pro-porcionalidade, quer em termos de necessidade, por em muitos casos a acção não se encontrar efectivamente iminente, tendo os seus actos bélicos natureza puramente retaliatória. De facto, em relação à legítima defesa preemptiva pode-se admitir que ainda exista iminência quando o ataque armado é esperado dentro de um prazo de dois ou três dias; mas já quanto a uma acção restrita, a iminência implica uma questão de minutos (como nos casos citados no

**12.3. Represálias armadas e estado de necessidade.** A questão da actualidade do ataque armado coloca-se quer quanto ao estabelecimento de uma fronteira inicial, cujo cruzamento permite considerar que o ataque iniciou a sua execução; quer quanto à fronteira final, a partir da qual se tem de considerar que já cessou o ataque armado. Surge então o problema da diferenciação da legítima defesa perante as represálias armadas.

O problema tem enorme importância já que enquanto o exercício da legítima defesa no respeito dos seus requisitos é lícito, as represálias que impliquem o uso da força são ilícitas[274, 275, 276].

---

Iraque) ou, quando muito, umas horas, em caso de agressões transfronteiriças, quando existem já movimentações e se espera a concretização destas. Assim, a União Soviética, no início de Agosto de 1993, depois de um ataque em 13 de Julho de rebeldes tadjiques a partir do Afeganistão contra as suas tropas que patrulham a fronteira, que provocou 25 mortos entre estas (cfr. FT, July 20, 1993, pág. 3; NYT, August 8, 1993, Section 1; Page 17; Column 1), veio afirmar "it might have to carry out a "preventive strike" on Tajik rebels "massing for a large-scale attack" south of the river. So far, it said, Russian troops had refrained from doing so, but warned that the possibility could not be excluded and nearby villages should be evacuated" (cfr. TG, August 2, 1993, pág. 7). O Afeganistão protestou, afirmando que não dava qualquer apoio aos rebeldes e acusou a Rússia de ter já realizado ataques do género, o que parece ter sido confirmado por fontes fidedignas (cfr. FT, July 20, 1993, pág. 3), sustentando que tinham morto mais de 300 civis (cfr. ST, July 18, 1993, Overseas news). Mas por se estar perante acções de rebeldes que não são ilícitas à luz do Direito Internacional, a União Soviética apenas poderia reagir em estado de necessidade (ver, *infra*, parág. 12.3), não se tratando de auto-tutela defensiva. De qualquer forma, uma reacção preemptiva massiva, que implicasse a necessidade de evacuar aldeias, seria bem difícil de justificar com base em estado de necessidade (sobre a intervenção russa no Tadjiquistão, ver, *infra*, parág. 32.1).

O que justifica que acções preemptivas em auto-tutela defensiva sejam lícitas, mas já não em legítima defesa (embora em alguns casos, possam gozar de uma exclusão de responsabilidade), são as suas diferentes consequências. A legítima defesa por se aplicar perante um ataque armado permite acções de uma amplitude que a mera auto-tutela não pode justificar. Um Estado que invoque legítima defesa preemptiva está a antecipar um ataque armado em apreciável escala, regra geral, visando uma ocupação territorial. Pode, pois, desencadear um ataque armado de magnitude pelo menos idêntica (ver, *infra*, parág. 12.6 e 88). Um erro ou abuso tem, portanto, consequências muito mais graves. Ou seja, uma defesa preemptiva justificada deve ser sempre pontual e restrita e não em larga escala.

[274] A conclusão quanto à ilicitude de represálias armadas é relativamente pacífica, encontrando-se estruturada em prática clara e explícita, para além de inúmeros actos em que a sua ilicitude decorre do facto de o acto bélico ter sido condenado, ainda que não tenha sido qualificado como represália ou retaliação. Assim, na sua Resolução 56 (1948), de 19 de Agosto (texto em RDSCOR, 1948, pág. 24), o Conselho de Segurança, a propósito de incidentes na Palestina, afirmou no parág. 2, al. d): "No party is permitted to violate the truce on the ground that it is undertaking reprisals or retaliations against the other party". Viria a reafirmar esta posição, entre outros actos, no preâmbulo da sua Resolução 61 (1948), de 4 de Novembro

(texto em RDSCOR, 1948, pág. 28-29); na sua Resolução 101 (1953), de 24 de Novembro (texto em RDSCOR, 1953, pág. 4), parte A, parág. 1, que condena a acção retaliatória Israelita sobre Qibya; na sua Resolução 111 (1956), de 19 de Janeiro, parág. 2 e 3 (texto em RDSCOR, 1956, pág. 1-3), que condena a acção de Israel contra a Síria de 11 de Dezembro de 1955. Igualmente, na Resolução 188 (1964), de 9 de Abril (texto em RDSCOR, 1964, pág. 9), a propósito da acção militar do Reino Unido contra o Iémen, depois de citar no preâmbulo o artigo 2, n.º 4 e n.º 3 da Carta, afirmou no parág. 1: "**Condemns Reprisals** as incompatible with the purposes and principles of the United Nations", tendo deplorado a acção do Reino Unido (que louvavelmente se absteve em cumprimento do artigo 27, n.º 3, parte final CNU). Igualmente na sua Resolução 228 (1966), de 25 de Novembro (texto em RDSCOR, 1966, pág. 11), parág. 3: "*Emphasizes* to Israel that actions of military reprisal cannot be tolerated"; Resolução 248 (1968), de 24 de Março (texto em RDSCOR, 1968, pág. 8), parág. 3: "such actions of military reprisal and other grave violations of the cease-fire cannot be tolerated". De modo idêntico, a Resolução 270 (1969), de 26 de Agosto (texto em RDSCOR, 1969, pág. 4), parág. 4; Resolução 316 (1972), de 26 de Junho (texto em RDSCOR, 1972, pág. 14), preâmbulo.

    Do mesmo modo, a Assembleia na sua Declaração sobre os Princípios de Direito Internacional relativos às Relações Amigáveis [aprovada pela citada Resolução 2625 (XXV), de 24 de Outubro de 1970], afirma: "States have a duty to refrain from acts of reprisal involving the use of force". Igualmente o Acto final de Helsínquia de 1 de Agosto de 1975 (texto em ILM, vol. XIV, 1975, pág. 1292-1325), estabelece na Parte II da sua Declaração sobre os Princípios Reguladores das Relações entre os Estados Participantes: "they will also refrain in their mutual relations from any act of reprisal by force". Ainda assim, a prática de alguns Estados importantes, especialmente, nos últimos anos, os EUA, não se tem pautado por estas regras. Mas tem tentado legitimar estes actos não pela negação deste regime e sim pela tentativa de alargar a noção de legítima defesa (ver, *infra*, no presente parágrafo e 12.4.1).

    [275] Assim, o Tribunal Internacional de Justiça afirmou: "The Court does not have to examine, in this context, the question of armed reprisals in time of peace, which are considered to be unlawful" [cfr. *Legality Of The Threat* (…), *I.C.J. Reports* 1996, parág. 46]. O Tribunal encontra-se ainda a apreciar um caso em que será de esperar que se pronuncie novamente sobre o regime das represálias armadas. Trata-se da controvérsia relativa às represálias desencadeadas pelos EUA contra três plataformas petrolíferas do Irão em 19 de Outubro de 1987 e 18 de Abril de 1988. Esta última acção surgiu na sequência da colocação de minas pelo Irão que provocaram danos sérios numa fragata norte-americana em Abril de 1988 (cfr. WP, April 20, 1988, pág. A1). Depois de perder na fase das excepções preliminares à jurisdição e admissibilidade [cfr. *Oil Platforms* (Islamic Republic of Iran v. United States of America), Preliminary Objection, Judgment 12 December 1996, *I. C. J. Reports* 1996, pág. 821, parág. 55], os EUA vieram em reconvenção invocar igualmente a responsabilidade do Irão pelos actos que deram causa às represálias, o que seria aceite pelo Tribunal (cfr. *Oil Platforms*, Counter-Claim, Order 10 March 1998, *I. C. J. Reports* 1998, pág. 206, parág. 46-A). O caso encontra-se ainda pendente.

    [276] Neste sentido: H. Waldock, *The Regulation of the Use of Force* (…), cit., pág. 493; Jean-Claude Venezia, *La Notion de Représailles en Droit International Public*, RGDIP, 1960,

A legítima defesa visa necessariamente afastar um ataque armado ainda em curso. Este tem de ser actual. O mesmo se aplica à figura que ficou identificada como auto-tutela defensiva (ou tutela defensiva quando se aplica em relação a terceiros), aplicável contra meras agressões que não constituam ataques armados: esta pressupõe igualmente a actualidade da agressão, embora se satisfaça com a mera iminência[277]. A represália, pelo contrário, verifica-se num momento em que o acto ilícito contra o qual se reage já se encontra consumado e qualquer acção de pura defesa perdeu sentido. Deste modo, esta visa levar o responsável pelo acto inicial a passar a respeitar as suas obrigações, abstendo-se de repetir os actos que a provocaram, e, eventualmente, forçá-lo a pagar uma reparação pelos danos provocados por estes actos[278, 279, 280].

---

tome LXIV, pág. 465-498, na pág. 494; I. Brownlie, *International Law and the Use of Force* (...), cit., pág. 281-282 e 348; P. Malanczuk, *Countermeasures* (...), cit., pág. 215 e 285; Alfred Verdross/Bruno Simma, *Universelles Völkerrecht – Theorie und Praxis*, Berlin, 1984, pág. 912; Gregory F. Intoccia, *American Bombing of Libya: An International Legal Analysis*, CWRJIL, Vol. 19, 1987, pág. 177-213, na pág. 198-199; Mark B. Baker, *Terrorism And The Inherent Right Of Self-Defense (A Call To Amend Article 51 Of The United Nations Charter)*, HJIL, Vol. 10, 1987, pág. 25-49, na pág. 35; T. O. Elias, *Scope and Meaning of Article 2 (4) of the United Nations Charter*, em *Contemporary Problems of International Law – Essays in Honour of Georg Schwarzenberger on his Eightieth Birthday*, (ed. B. Cheng/E. D. Brown), London, 1988, pág. 70-85, na pág. 72; D. N. Hutchinson, *Solidarity and Breaches of Multilateral Treaties*, BYIL, 1988, Vol. 59, pág. 151-215, na pág. 195; G. Arangio-Ruiz, *Counter-measures and Amicable Dispute Settlement Means in the Implementation of State Responsibility*, EJIL, vol. 5, 1994, n. 1, pág. 20-53, na pág. 22-23; Gregory H. Fox, *Addendum to ASIL Insight on Terrorist Attacks*, ASILI, September 2001; John W. Head, *The United States and International Law After September 11*, KJLPP, Vol. 11, 2001, pág. 1-11, na pág. 6.

[277] Ver, *supra*, parág. 12.2.

[278] A exigência de actualidade para distinguir a legítima defesa das represálias não foi explicitada pelo Conselho de Segurança, mas encontra-se claramente subjacente a todas as suas qualificações de actos como represálias.

Muitos autores referem-se à actualidade como um limite/requisito da defesa que seria o carácter imediato da reacção ou reconduzem-na à necessidade. Ou seja, esta seria um limite da reacção e não um elemento do ataque armado, como pressuposto da legítima defesa [assim, ver: R. Ago, *Addendum to the Eighth Report* (...), cit., pág. 70, parág. 122 ("There remains the third requirement, namely that armed resistance to armed attack should take place immediately, i.e., while the attack is still going on, and not after it has ended. A State can no longer claim to be acting in self-defence if, for example, it drops bombs on a country which has made an armed raid into its territory after the raid has ended and the troops have withdrawn beyond the frontier"); Schwebel, *Dissenting Opinion*, em *Military and Paramilitary Activities*, cit., *I.C.J. Reports* 1986, pág. 368, parág. 213 (que cita Ago); W. Warriner, *The Unilateral* (...), cit., pág. 91; A. Surchin, *Terror and the Law* (...), cit., pág. 474-475; L. Campbell, *Defending* (...), cit., pág. 1081-1084].

Julga-se que se trata de uma abordagem inadequada. Não existindo uma agressão actual nem vale a pena discutir se se está perante medidas necessárias: a resposta é ilícita, mesmo que seja proporcionada. Nunca será necessária por não se tratar de uma defesa. Entender que a actualidade era um requisito da defesa significaria entender que uma reacção posterior ainda seria legítima defesa, mas excessiva. Mas não é o caso; estar-se-á sim perante represálias armadas. O Tribunal Internacional de Justiça distinguiu claramente pressupostos e limites da legítima defesa: "Since the Court has found that the condition sine qua non required for the exercise of the right of collective self-defence by the United States is not fulfilled in this case [um ataque armado] (...) even if the United States activities in question had been carried on in strict compliance with the canons of necessity and proportionality, they would not thereby become lawful" [cfr. *Military and Paramilitary Activities*, cit., *I.C.J. Reports* 1986, pág. 122, parág. 237].

Nesta sentença, o Tribunal não enunciou a actualidade como característica do ataque armado, mas porque o problema era determinar se tinha existido um ataque armado. Tendo concluído que não, não valia a pena entrar na questão da sua actualidade. No entanto, a propósito da actualidade do perigo no estado de necessidade, que é idêntica, afirmou: "the "peril" constituting the state of necessity has at the same time to be "grave" and "imminent". "Imminence" is synonymous with "immediacy" or "proximity" and goes far beyond the concept of "possibility". (...) the "extremely grave and imminent" peril must "have been a threat to the interest at the actual time" (...). That does not exclude, in the view of the Court, that a "peril" appearing in the long term might be held to be "imminent" as soon as it is established, at the relevant point in time, that the realization of that peril, however far off it might be, is not thereby any less certain and inevitable" [cfr. *Case Concerning The Gabcíkovo-Nagymaros* (...), cit., *I.C.J. Reports* 1997, pág. 42, parág. 54]. É provável, porém, que o Tribunal tenha ido longe demais. Mesmo inevitável, um perigo a prazo não parece legitimar estado de necessidade, já que permite tempo para obter uma solução negociada. Desde logo, qualquer medida não poderá ser considerada como estritamente necessária.

[279] Trata-se de uma distinção teoricamente pacífica, embora alguma Doutrina se baseie igualmente no alegado carácter punitivo das represálias [assim: D. Bowett, *Reprisals* (...), cit., pág. 3; Elisabeth Zoller, *Peacetime Unilateral Remedies: An Analysis of Countermeasures*, New York, 1984, pág. 40; G. Intoccia, *American Bombing* (...), cit., pág. 198-200; J. Hsiung, *Anarchy & Order* (...), cit., pág. 56-57] o que não se afigura correcto (neste sentido: Karl Zemanek, *The Unilateral Enforcement of International Obligations*, ZAORV, 1987, vol. 47/1, pág. 32-43, na pág. 37-38; Linos-Alexander Sicilianos, *The Relationship between Reprisals and Denunciation or Suspension of a Treaty*, EJIL, vol. 4, 1993, pág. 341-359, na pág. 344, nota 12; John Quigley, *Missiles with a Message: The Legality of the United States Raid on Iraq's Intelligence Headquarters*, HICLR, Vol. 17, 1994, pág. 241-274, na pág. 265-266; igualmente a Comissão de Direito Internacional, em balanço das posições dos Estados na 6.ª Comissão da Assembleia Geral, considerou que a rejeição do carácter punitivo das contra-medidas obtivera apoio geral, em *Topical Summary of the Discussion held in the Sixth Committee*, doc. A/CN.4/446, de 25/1/1993, pág. 46, parág. 173; vide também a posição da Comissão em RILC, 1992, pág. 52, parág. 153).

[280] Sobre o regime das represálias, ver C. Baptista, Ius (...), cit., pág. 314-316, nota 110, 444-445 e 473-474.

Consequentemente, não deve ser considerada como uma represália uma reacção de defesa de um Estado contra uma agressão restrita fronteiriça ou contra um navio ou avião militar seu, mesmo que este não possa ser considerado como um ataque armado. Esta espécie de reacções gozam da referida causa de exclusão da ilicitude que não tem base na Carta, a auto--tutela defensiva. Por conseguinte, se um Estado provoca um incidente fronteiriço realizando disparos e bombardeamentos restritos contra o território de outro, embora sem desencadear qualquer invasão, o Estado atingido pode ripostar imediatamente, procurando destruir as armas utilizadas no ataque enquanto este perdurar, mesmo que estas se encontrem em território do Estado atacante. E isto mesmo que pela sua escala não seja possível qualificar o incidente como um ataque armado.

Julga-se que se deve ainda distinguir uma outra situação. A que se prende com a existência de incidentes bélicos provocados por grupos armados. No caso de estes serem enviados a mando do Estado vizinho, ou de este exercer um controlo efectivo sobre estes, reagir contra estes grupos é idên-tico a reagir contra actos deste Estado vizinho. Os actos dos grupos são--lhe imputados, como se verificou[281]. Logo, está-se perante actos interes-taduais, proibidos pelo artigo 2, n.º 4 CNU, existindo auto-tutela defensiva contra estes ou legítima defesa se forem de ordem a poder ser considerados como ataques armados[282].

Mas a questão muda de figura caso estes bandos sejam meramente assistidos, tolerados ou mesmo impostos ao Estado vizinho por incapacidade por parte deste para os expulsar. Neste caso, estes actos bélicos não podem ser considerados como actos estaduais ou sequer regulados pelo artigo 2, n.º 4 CNU[283]. Este apenas proíbe os actos bélicos entre Estados, organizações internacionais ou, quando muito, actos praticados por movimentos armados contra Estados terceiros (isto é, outros Estados para lá daquele de que são nacionais) ou, muito excepcionalmente, actos contra ou entre entidades

---

[281] Ver, *supra*, parág. 9.1.

[282] Quanto à aplicação da legítima defesa neste último caso: "in customary law, the prohibition of armed attacks may apply to the sending by a State of armed bands to the territory of another State, if such an operation, because of its scale and effects, would have been classified as an armed attack" (cfr. *Military and Paramilitary Activities*, cit., *I.C.J. Reports* 1986, pág. 103, parág. 195).

[283] Apenas a assistência do Estado aos bandos o poderá ser, mas que não justifica uma defesa bélica por si [cfr. *Military and Paramilitary Activities*, cit., *I.C.J. Reports* 1986, pág. 103, parág. 195: "the Court does not believe that the concept of 'armed attack' includes (...) assistance to rebels"].

territoriais paralelas estabilizadas: é isso que se deve entender por "nas relações internacionais"[284]. Assim, actos de bandos nem sequer serão ilícitos à luz da Carta ou do Direito Internacional Costumeiro[285]. Apenas o poderão ser à luz de algum acordo de cessar-fogo. Não existe, pois, legítima defesa ou auto-tutela defensiva contra estes, já que é pressuposto destas defesas a existência de um uso ilícito da força à luz do Direito Internacional[286].

Nestes casos, o fundamento dos actos de resposta do Estado agredido pelos grupos armados é duplo: em relação exclusivamente aos grupos armados o fundamento é idêntico ao que seria caso estes actos fossem realizados a partir do seu próprio território: simplesmente o seu poder de jurisdição sobre este e sobre os indivíduos que actuam neste ou contra este, que inclui poderes bélicos, seja contra civis, seja contra qualquer grupo ou movimento armado[287]. Trata-se de actos que nem sequer estão sujeitos ao artigo 2,

---

[284] Ver, *supra*, parág. 10.5.

[285] Estes bandos armados não podem ser qualificados como movimentos armados, por não controlarem território. Pode, porém, dar-se o caso de estes controlarem partes do território do Estado vizinho, apesar de não controlarem território no Estado de que são nacionais ou que ocupa o seu território, no caso de tratar-se de um movimento de libertação nacional. Neste caso, deverão ser qualificados como movimentos armados e não como simples bandos armados. Ora, como se procurou demonstrar, movimentos armados encontram-se vinculados pelo dever de não usar a força contra Estados terceiros, mas não contra o Estado de que são nacionais ou que controla o seu território, mesmo que lutem contra este a partir do território de um outro Estado (ver, *supra*, parág. 10.5 e, *infra*, parág. 34.4.2). Só poderão ser qualificados como ilícitos os seus actos de ocupação do território do Estado vizinho, não já os seus actos contra o Estado de que são nacionais, que são puros actos internos de força, não regulados pelo artigo 2, n.º 4 ou a sua correspondente norma costumeira.

[286] Ver, *infra*, sobre o uso da força por movimentos armados, parág. 15 e, sobre os actos de 11 de setembro de 2001, parág. 12.4.1.

[287] É o mesmo poder que fundamenta a jurisdição criminal extraterritorial do Estado contra indivíduos que tenham praticado crimes geralmente aceites contra os seus cidadãos (princípio da personalidade passiva; isto é, da cidadania da vítima) ou contra a segurança do seu território, ainda que a partir do território de um Estado terceiro (recorde-se que o Tribunal Permanente de Justiça Internacional sustentou que "It does not, however, follow that international law prohibits a State from exercising jurisdiction in its own territory, in respect of any case which relates to acts which have taken place abroad (...). Far from laying down a general prohibition to the effect that States may not extend the application of their laws and the jurisdiction of their courts to persons, property and acts outside their territory, it leaves them in this respect a wide measure of discretion, which is only limited in certain cases by prohibitive rules; as regards other cases, every State remains free to adopt the principles which it regards as best and most suitable" (cfr. *The Lotus*, Judgment of 7 September 1927, P.C.I.J., Series A, No. 10, pág. 19); ver ainda American Law Institute, *Restatement* (...), cit., parág. 402, Comment G; Joshua Robinson, *United States Practice Penalizing International Terrorists Needlessly*

n.º 4 CNU (por visarem meros bandos armados); está-se ainda perante um uso não internacional da força, apesar de cruzar fronteiras. É uma mera manifestação transfronteiriça deste poder; o Estado não tem de fundar numa causa de justificação internacional os seus actos em relação a grupos ou movimentos armados que actuam no ou contra o seu território[288].

Mas, obviamente, porque este acto afecta igualmente o território do Estado vizinho, constituindo uma violação da sua soberania, é necessário que este seja justificado à luz do Direito Internacional em relação a este Estado. O consentimento prévio pode ser uma forma de legitimar o acto, subtraindo-o do âmbito do artigo 2, n.º 4 pelo período em que esse consentimento seja efectivo. A acção será por esta forma convertida numa actuação consentida[289].

Mas, segundo se julga, na falta deste consentimento, o fundamento para a actuação bélica contra grupos armados em território de outro Estado será o estado de necessidade. De facto, apesar de, existindo assistência pelo Estado vizinho ao bando armado, se verificarem actos ilícitos deste (como cúmplice)[290], já se viu que esta assistência não satisfaz os pressupostos da

---

*Undercuts Its Opposition to the Passive Personality Principle*, BUILJ, Vol. 16, 1998, pág. 487-505, na pág. 488-489).

O mesmo se passa com o poder subjacente à jurisdição universal em relação a certos crimes internacionais, incluindo a repressão do crime de pirataria no Alto Mar. Não existindo jurisdição genérica de nenhum Estado sobre esta zona, facilmente surgiu a ideia que um navio pirata não devia gozar da protecção do pavilhão do Estado (caso utilize um pavilhão), ficando plenamente sujeito aos poderes dos outros Estados. A mesma consideração levou à extensão deste poder igualmente a outras situações, como o tráfico de escravos ou à situação em que o navio não tenha pavilhão ou o altere em função da conveniência. Ver, designadamente, o artigo 110 da citada Convenção sobre o Direito do Mar de 1982. O mesmo fundamento se encontra subjacente à jurisdição para a repressão de outros crimes internacionais, embora nestes casos muitas vezes não se encontre subjacente qualquer interesse material do Estado em causa, que assume jurisdição para punir os responsáveis em nome de um interesse comum (ver, *infra*, parág. 14.1).

[288] O que não significa que não possa incorrer em responsabilidade internacional contra os indivíduos membros destes bandos por excesso no exercício dos seus poderes. Mesmo que estes indivíduos sejam criminosos ("terroristas") à luz das suas leis, nem por isso estes deixam de gozar dos direitos humanos reconhecidos pelo Direito Internacional. Mas à luz do Ordenamento Internacional, os seus poderes de jurisdição legitimam a sua actuação bélica, se necessária e proporcional, incluindo o respeito do Direito Internacional Humanitário aplicável aos conflitos armados sem carácter internacional.

[289] Ver, *infra*, parág. 16.1.

[290] Ver, *infra*, parág. 12.4.1 e 100.2.1.

legítima defesa ou da auto-tutela defensiva[291]. O Estado ao defender-se dos actos bélicos não está a reagir contra a assistência, mas contra estes actos, que nem sequer são actos do Estado vizinho. Quando muito, se os actos de assistência militar por parte deste Estado vizinho se praticarem em espaços sujeitos à jurisdição do Estado afectado[292] poderá existir contra estes auto-

---

[291] Contra: Y. Blum, *The Beirut Raid* (...), cit., pág. 86 e 89-90 (embora a propósito de represálias); Barry Levenfeld, *Israel's Counter-Fedayeen Tactics in Lebanon: Self-Defense and Reprisal under Modern International Law*, CJTL, Vol. 21, 1982-1983, pág. 1-48, na pág. 11-13.

Não é possível invocar como fazem estes autores o princípio da responsabilidade objectiva. No que diz respeito a zelar para que o seu território não seja utilizado por bandos armados, vigora em relação aos Estados neste aspecto um princípio de responsabilidade subjectiva, no sentido de ser aplicável uma medida de diligência. O Estado está apenas vinculado a fazer tudo o que lhe for possível e razoável para impedir a utilização do seu território. E, em qualquer caso, mesmo que assista ilicitamente o bando armado, tal não legitima actos de legítima defesa ou tutela defensiva. Acresce que nas situações de impossibilidade absoluta de expulsar os rebeldes do seu território, o Estado sempre poderia invocar força maior (cfr. artigo 23, n.º 1 do citado Projecto de Responsabilidade dos Estados da Comissão de Direito Internacional de 2001) como modo de excluir qualquer eventual ilicitude da sua omissão. Mas, segundo se julga, este fundamento nem sequer chega a ter qualquer relevância nas situações de impossibilidade, dado que não existe qualquer acto ilícito da parte do Estado. Um exemplo paradigmático é a situação do Iraque a partir de 1991 em relação aos movimentos e grupos rebeldes Curdos no Norte do seu território, alguns dos quais são responsáveis por acções contra a Turquia (ver, *infra*, neste parágrafo).

Trata-se de conclusão subscrita pela maioria da Doutrina: Comissão de Direito Internacional, comentário 4 ao artigo 14 do seu Projecto sobre Responsabilidade dos Estados de 1996 ("It will rarely be possible to accuse a State of failing in its own **obligations of vigilance and protection** in relation to the conduct of organs of an insurrectional movement because, most of the time, the actions in question **are entirely beyond its control**") (texto em YILC, 1975, Vol. II, Part 2, pág. 91-99; ver do mesmo modo o comentário ao correspondente artigo 10 do Projecto de 2001, pág. 112-113, parág. 2-4 e pág. 118, parág. 15); igualmente o artigo 12 do Projecto de Codificação *The Law of the Responsibility of States for Damage Done in Their Territory to the Person or Property of Foreigners* (relator Edwin Borchard), em AJIL, Vol. 23, No. 2, 1929, *Supplement*, pág. 131-239, na pág. 134 ("A state is responsible if an injury to an alien results from an act of insurgents, if the state has failed to **use due diligence** to prevent the injury and it local remedies have been exhausted without adequate redress for such failure"); Silva Cunha, *Direito Internacional Público, Relações Internacionais*, Lisboa, 1990, pág. 113-114; E. Jiménez de Aréchaga/Atilla Tanzi, *International State Responsibility*, em *International Law: Achievements and Prospects* (ed. M. Bedjaoui), Paris, 1991, pág. 347-380, na pág. 360 e 361-362; Jeremy Levitt, *Conflict Prevention, Management, And Resolution: Africa – Regional Strategies For The Prevention of Displacement and Protection of Displaced Persons*, DJCIL, Vol. 11, 2001, pág. 39-79, na pág. 50.

[292] As tentativas de estender este direito ao Alto Mar têm sido rejeitadas [neste sentido: I. Brownlie, *International Law and the Use of Force* (...), cit., pág. 306-308]. Os artigos 110

-tutela defensiva perante resistência à acção para lhe pôr termo. Mas já não existirá legítima defesa, visto que não se está perante qualquer ataque armado.

Esta solução resulta mais clara quando o Estado vizinho não tem qualquer responsabilidade pelos actos dos grupos armados por incapacidade de os controlar. Qualquer ideia de auto-tutela defensiva perde toda a base. Apenas o estado de necessidade poderá fornecer uma base para qualquer uso da força[293], já que não se encontram reunidos os pressupostos do perigo extremo (*distress*)[294].

Mas admitido que o estado de necessidade possa constituir um fundamento teórico para uma reacção estritamente defensiva contra disparos transfronteiriços por parte de grupos armados em relação ao Estado titular do território vizinho, cabe apurar se estes actos respeitam os requisitos da figura e se tal tem apoio na prática. Julga-se ultrapassado o alegado obstáculo de o estado de necessidade não ser invocável para justificar o desrespeito de uma norma *iuris cogentis*, no caso a proibição de uso da força nas relações internacionais (já que embora os actos bélicos enquanto dirigidos contra os grupos armados não a desrespeitem, pelo facto de atingirem o território do Estado vizinho já entram no âmbito desta), apesar de se

---

e 111 da citada Convenção sobre o Direito do Mar de 1982 não o permitem, salvo perseguição contínua desde espaços sujeitos a alguma espécie de jurisdição do Estado costeiro. Por isso já será admissível direito de revista na Zona Contígua contra navios suspeitos de transportarem assistência para rebeldes, tendo em conta os poderes dos Estados nesta (cfr. artigo 33, n.º 1 da mesma Convenção). Claro está, perante um conflito armado internacional que o justifique a solução será distinta, tendo em conta os tradicionais direitos beligerantes de revista e apresamento (ver, *infra*, parág. 37).

[293] Ver também: Robert Ago, *Addendum to the Eight Report on State Responsibility* (doc. A/318 and Add. 5-7), em YILC, 1980, vol. II, part. 1, pág. 13-70, na pág. 44, parág. 65; Comissão de Direito Internacional, parág. 23 do comentário ao artigo 33 do seu Projecto inicial sobre Responsabilidade dos Estados, YILC, 1980, vol. II, Part 2, pág. 44; C. Gutierrez Espada, *El Estado de Necesidad y el Uso de la Fuerza en Derecho Internacional*, Madrid, 1987, pág. 93 e 113-114 e nota 78; ver ainda P. A. Pillitu, *Lo Stato di Necessità nel Diritto Internazionale*, Perugia, 1981, pág. 264, nota 347; Michael F. Keiver, *The Pacific Salmon War: The Defence of Necessity Revisited*, DALJ, Vol. 21, 1998, pág. 408-428, na pág. 413--414 (de modo restritivo); John-Alex Romano, *Combating Terrorism and Weapons of Mass Destruction: Reviving the Doctrine of a State of Necessity*, GLJ, Vol. 87, 1999, pág. 1023--1057, na pág. 1054-1056. Contra, porém: N. Ronzitti, *Rescuing* (...), cit., pág. 13 (nega a existência de prática suficiente que apoie o estado de necessidade como justificação para o uso da força).

[294] Ver sobre a sua distinção, *infra*, parág. 13.1 e 14.1.

entender que todo o âmbito desta proibição goza desta natureza[295]. Considera--se igualmente claro que estes actos bélicos, se actuais, constituem uma fonte de perigo efectivo que coloca em causa um interesse essencial do Estado, respeitando este pressuposto do estado de necessidade. Mas não é líquido que se possa considerar que a acção não afecta seriamente um interesse essencial do Estado alvo da acção, isto é, aquele cujo território é utilizado pelos grupos armados[296, 297].

[295] Julga-se que a restrição constante do artigo 26 do Projecto da Comissão de Direito Internacional que vem alargar a todas as causas de justificação o regime constante do anterior artigo 33, n.º 2, al. a) do Projecto inicial, relativo ao estado de necessidade, e que proíbe a invocação desta causa de justificação contra qualquer violação de uma norma *iuris cogentis*, não tem apoio no Direito Internacional. Nem em rigor faz sentido. A legítima defesa constitui uma causa de justificação em relação à proibição *iuris cogentis* de uso da força nas relações internacionais (e este carácter abrange todo e qualquer uso da força nas relações internacionais e não apenas o uso agressivo: ver, *supra*, parág. 10.4), as represálias podem implicar o desrespeito de algumas normas internacionais *iuris cogentis* no domínio dos direitos económicos, sociais e culturais ou no domínio do Direito Internacional Humanitário, o perigo extremo pode igualmente implicar desrespeito de normas *iuris cogentis*, embora nestes casos se esteja perante um caso de colisão de normas *iuris cogentis*; do mesmo modo, o estado de necessidade pode ter o mesmo efeito em relação a diversas normas *iuris cogentis* no domínio dos direitos humanos. Mas, claro está, esta divergência decorre de diferentes opiniões quanto à noção e âmbito do *Ius Cogens* [ver C. Baptista, Ius (...), cit., pág. 321-330 e 429-432].

[296] Como estabelece o artigo 25, n.º 1, al. b) do Projecto da Comissão de 2001. Exigência considerada como conforme com o Direito Internacional Costumeiro pelo Tribunal Internacional de Justiça em passagem já citada [cfr. *Case Concerning The Gabčíkovo-Nagymaros* (...), cit., *I.C.J. Reports* 1997, pág. 40, parág. 51].

Note-se que a Comissão deu preferência a uma visão absoluta dos limites, não fazendo o âmbito do estado de necessidade variar em função da importância do interesse a tutelar ou do interesse a sacrificar. Antes exige que este último não seja essencial e que aquele o seja, além de exigir o respeito do princípio da necessidade ("only means"). Isto é, consagrou um princípio de inferioridade necessária do dano provocado perante o dano que se visa evitar. O Estado apenas pode actuar no caso de tal ser estritamente necessário para acautelar um interesse essencial seu, não podendo nunca afectar um interesse essencial do Estado alvo. Assim, mesmo que uma violação temporária da soberania territorial do Estado alvo não constitua necessariamente um interesse essencial que preclude sempre a invocação do estado de necessidade, tal não significa que possa ser invocado perante situações de interesses menores do Estado interventor, como o cumprimento da lei ou a punição de criminosos. Por conseguinte, um Estado não pode invocar esta figura para perseguir dentro do território de outro Estado um mero criminoso de delito comum. Já perante um conflito interno sério no seu território que ameace a sua integridade territorial, o seu Governo ou a vida dos seus cidadãos, a resposta já poderá ser diferente.

[297] Existem situações em que a prática sugere que o estado de necessidade pode justificar acções bélicas, é o caso do direito de revista, presa e mesmo de destruição em determinados casos de navios e mesmo aviões neutros ou não beligerantes num conflito armado de proporções que o justifique (ver, *infra*, parág. 37).

Apesar de normalmente serem qualificados como de legítima defesa, mesmo contra meros bandos armados, a prática parece sugerir que estes actos de defesa transfronteiriça são aceites como lícitos, pelo menos se o título do Estado interventor sobre o território que visa defender não for contestado[298]. Afigura-se de aceitar que um Estado não tenha de suportar

---

[298] A justificação de legítima defesa é frequente nestas acções, especialmente quando efectiva ou alegadamente constituíram respostas defensivas imediatas. Portugal, na sequência da sua acção bélica de 30 de Junho de 1969, em território da Zâmbia, procurou justificar-se na 1486.ª reunião do Conselho, em 22 de Julho de 1969, afirmando: "it could not allow its security forces in the frontier area to be harassed and tired upon by hostile elements stationed across the border without those security forces **reacting in self-defence**" (cfr. RPSC, 1969-1971, Chapter VIII, pág. 137). Voltaria a alegar o mesmo fundamento para justificar as suas acções de 25 de Novembro de 1969 contra o Senegal, na 1516.ª reunião do Conselho, em 4 de Dezembro de 1969 (cfr. RPSC, cit., pág. 141). Ambas as alegações seriam rejeitadas, tendo Portugal sido condenado pela Resolução 268 (1969), de 28 de Julho (texto em RDSCOR, 1969, pág. 7-8), em relação à acção contra a Zâmbia; e pela Resolução 273 (1969), de 9 de Dezembro (texto em RDSCOR, 1969, pág. 9), pela acção contra o Senegal.

Mas o fundamento da rejeição parece ter sido de que "Portugal's claim of the right of self-defence was unacceptable because Portugal's continued colonial presence in Africa was illegitimate". Afirmação subscrita por diversos Estados do bloco de leste e Não-Alinhados (cfr. RPSC, cit., pág. 141 e nota 428). Ou seja, o fundamento para esta rejeição é que o próprio poder de jurisdição que Portugal pretendia exercer se encontrava inquinado. Tendo Portugal perdido os seus direitos sobre os territórios em consequência do direito de autodeterminação, os seus habitantes tinham direito de resistência contra este. Os actos destes não só não constituiriam violações do artigo 2, n.º 4 CNU (o que é pacífico), como seriam tutelados pelo direito de resistência dos Povos reconhecido pelo Direito Internacional (ou mesmo, para alguns, pela legítima defesa, o que não se aceita; ver, *infra*, parág. 15.2]. Mas fora destas circunstâncias de colonialismo, o fundamento provavelmente teria sido aceite.

Assim, tem sido nítida a tolerância da Comunidade Internacional às reacções da Guiné contra os ataques do principal movimento rebelde na Serra Leoa (FUR) ao seu território ao longo de 2001, mesmo quando estas reacções têm atingido o território da Serra Leoa. Apenas existiu alguma manifestação de preocupação quando civis foram atingidos [cfr. Nono Relatório do Secretário-Geral sobre a UNAMSIL, de 14 de Março de 2001 (texto em UN Doc. S/2001/228), parág. 23, em que afirma: "The Government of Sierra Leone has expressed concern about the loss of lives and property of the civilian population as a result of this military activity. A joint Guinea-Sierra Leone military body has, therefore, been set up to ensure that Guinean forces avoid causing civilian casualties during their military operations against RUF positions. **I welcome this initiative** and urge that all involved exercise restraint in order to avoid any suffering on the part of the civilian population"]. Esta tolerância pode, porém, ser justificada no consentimento da Serra Leoa a estas acções, dado o conflito interno em que se encontra com a FUR (ver sobre a UNAMSIL, *infra*, parág. 68). Mas não deixa de ser significativa. A circunstância de os ataques da FUR contra a Guiné poderem ser considerados como internacionalmente ilícitos (dado esta se encontrar, enquanto movimento armado, vinculada pelo artigo 2, n.º 4 em relação à Guiné) não altera os dados do problema. O ponto

ataques restritos só porque estes são realizados a coberto de uma fronteira, especialmente quando o Estado com jurisdição sobre o território de onde foram realizados prestou assistência aos autores. Os próprios militares ao seu serviço que são alvos destes actos gozam de direitos individuais que não podem ser simplesmente ignorados considerando-se como internacionalmente ilícitos pelo seu Estado actos que pratiquem em defesa pessoal. Mas a reacção deve ser defensiva (ou seja, deve realizar-se enquanto a agressão se encontra em curso), estritamente proporcionada e respeitar todas as normas do Direito Humanitário dos Conflitos Armados, normalmente o seu ramo aplicável a conflitos sem carácter internacional.

Já é bem menos líquido que o Estado atingido possa licitamente não se limitar a bombardear os atacantes, mas igualmente entrar com as suas forças na zona de território do Estado vizinho por estes utilizada para realizar os seus ataques. Admite-se que o possa ser se o incidente o justificar em termos de necessidade e proporcionalidade. Se os actos forem da responsabilidade directa do Estado vizinho estar-se-á perante auto-tutela defensiva ou legítima defesa, se constituírem um ataque armado. Se forem actos de um movimento armado, mais uma vez, não se estará perante legítima defesa, auto-tutela defensiva ou represálias (já que também estas pressupõem a prática prévia de actos ilícitos). Apenas o estado de necessidade poderá legitimar estes actos, o que, naturalmente, limitará a sua extensão a uma rápida incursão para eliminar as posições utilizadas nos ataques[299].

A reacção negativa dos restantes Estados a acções "preventivas" de ocupação unilateral de partes do território de um Estado vizinho em que os

em questão é o do fundamento da acção da Guiné em relação à Serra Leoa (já que esta não é responsável pelos actos da FUR) e não em relação à FUR.

O mesmo se tem verificado em relação às acções da Macedónia contra os rebeldes albaneses. Em 25 de Março de 2001, uma vila do Kosovo foi atingida por disparos de morteiros, tendo ambas as partes negado responsabilidade. Na altura, as Nações Unidas procuraram investigar o incidente com cuidado, pois tinham morrido três civis e 16 tinham ficado feridos (cfr. CNN, March 29, 2001; CNN, March 30, 2001). Claro está, estas acções não serão acções preemptivas, mas normalmente puras retaliações contra os ataques dos rebeldes. Ainda que aparentemente, não fora terem atingido civis, poderiam ser integradas no núcleo restrito de retaliações que têm sido toleradas (ver, *infra*, no texto).

[299] A Comissão de Direito Internacional, parág. 23 do comentário ao artigo 33 do seu Projecto, YILC, 1980, vol. II, Part 2, pág. 44, admite que o estado de necessidade possa justificar actos desta espécie. Também outros autores defendem a mesma posição em relação a actos de Estados ou grupos armados, mas com base em legítima defesa: Eugene Rostow, *The Legality of the International Use of Force By and From States*, YJIL, Vol. 10, 1985, pág. 286-290, na pág. 289 (embora de uma perspectiva "patriótica"); M. Baker, *Terrorism* (...), cit., pág. 40; J. Murphy, *Force and Arms* (...), cit., pág. 260.

grupos armados têm as suas bases sugere que estas ocupações são ilícitas e implicam responsabilidade. Estas condenações têm-se verificado não apenas quando o título do Estado interventor ao território (ou a partes deste) atacado é contestado[300], mas igualmente quando a sua jurisdição sobre este é geralmente reconhecida[301].

---

[300] Deste modo, Israel ocupou o Sul do Líbano durante mais de 20 anos, desde 1978 até 2000, invocando a incapacidade ou indisponibilidade deste para manter a paz no seu território, considerando tratar-se de legítima defesa. Assim, no Conselho de Segurança, na 2374.ª reunião, em 5 de Junho de 1982, durante a discussão da sua segunda invasão do Líbano, Israel invocou "the PLO campaign of terror, including the attempted assassination of the Israeli Ambassador. He charged that the PLO had committed some 150 acts of terrorism since July 1981 and warned that Lebanon could not claim the benefits of international law if it did not carry out its duty to interdict Palestinian attacks from its soil against Israeli targets" (cfr. RPSC, 1981-1984, Chapter VIII, pág. 148-149) [não se considera necessário averiguar os factos descritos por Israel; estes têm sido contestados por alguns observadores: ver Noam Chomsky, *"Limited War" in Lebanon*, Z Magazine, September 1993 (texto em http://www.zmag.org/chomsky/index.cfm)].

Porém, a maioria dos Estados pronunciaram-se contra esta justificação. O Conselho nas suas Resoluções 508 (1982), de 5 de Junho, e 509 (1982), de 6 de Junho (textos em RDSCOR, 1982, pág. 5-6), mostra-se preocupado pela violação da soberania e território do Líbano, exige o cessar-fogo e a retirada incondicional de Israel, mas sem uma condenação explícita da actuação deste, por imposição dos EUA. A sua Resolução 425 (1978), de 19 de Março (texto em RDSCOR, 1978, pág. 5), adoptada na sequência da primeira invasão israelita, apela ao cessar fogo e à retirada de Israel, mas igualmente sem uma condenação expressa. Israel apenas faria uma retirada parcial, sem sofrer grandes condenações por isso [cfr. Resoluções 427 (1978), de 3 de Maio, parág. 3 (insiste na retirada completa); 429 (1978), de 31 de Maio; 434 (1978), de 18 de Setembro; 438 (1978), de 23 de Outubro e 441 (1978), de 30 de Novembro (textos em RDSCOR, 1978, pág. 5-8)].

Igualmente a África do Sul ocupou partes do território de Angola até aos acordos que possibilitaram a independência da Namíbia (sobre estes, ver, *supra*, parág. 8). Esta invocou considerações semelhantes às de Israel, face ao apoio de Angola à SWAPO e ANC: "the Angolan Government was providing facilities for thousands of ANC terrorists on its territory as well as actively arming them and preparing them for the perpetration of acts of terrorism against South Africans. It was an established principle that a State might not permit activities on its territory for the purpose of carrying out acts of violence on the territory of another State, and therefore South Africa would take whatever action was necessary and appropriate to defend itself" (cfr. RPSC, 1985-1988, Chapter XI, pág. 428). A justificação não seria aceite, tendo o Conselho de Segurança condenado as acções militares sul-africanas, bem como as suas ocupações em Angola desde 1976 até 1987: Assim, na sua Resolução 387 (1976), de 31 de Março (texto em RDSCOR, 1980, pág. 10-11); Resolução 428 (1978), de 6 de Maio (texto em RDSCOR, 1978, pág. 9-10); Resolução 447 (1979), de 28 de Março; Resolução 554 (1979), de 2 de Novembro (textos em RDSCOR, 1979, pág. 17-19); Resolução 475

(1980), de 27 de Junho (texto em RDSCOR, 1980, pág. 21-22); Resolução 545 (1983), de 20 de Dezembro, parág. 1 ("Strongly condemns South Africa's continued military occupation of parts of southern Angola which constitutes a flagrant violation of International law") (texto em RDSCOR, 1983, pág. 20). Resolução 546 (1984), de 6 de Janeiro (texto em RDSCOR, 1984, pág. 1-2); Resolução 567 (1985), de 20 de Junho; Resolução 571 (1985), de 20 de Setembro; Resolução 574 (1985), de 7 de Outubro; Resolução 577 (1985), de 6 de Dezembro (textos em RDSCOR, 1985, pág. 16-19); Resolução 581 (1986), de 13 de Fevereiro (texto em RDSCOR, 1986, pág. 9-10); Resolução 602 (1987), de 25 de Novembro e Resolução 606 (1987), de 23 de Dezembro, parág. 1 ("Strongly condemns the racist regime of South Africa for its continued occupation of parts of the territory of the People's Republic of Angola and for its delay in withdrawing its troops from that State") (textos em RDSCOR, 1987, pág. 12-13). O Conselho condenou igualmente incursões da África do Sul no Lesoto [entre outras: Resolução 527 (1982), de 15 de Dezembro (texto em RDSCOR, 1982, pág. 20); Resolução 535 (1983), de 29 de Junho (texto em RDSCOR, 1983, pág. 16-17) e Resolução 580 (1985), de 30 de Dezembro (texto em RDSCOR, 1985, pág. 25-26)], Moçambique [Resolução 411 (1977), de 30 de Junho (texto em RDSCOR, 1977, pág. 9-11) e Zâmbia [entre outras: Resolução 393 (1976), de 30 de Julho (texto em RDSCOR, 1976, pág. 12-13)].

[301] Assim, a Turquia durante as décadas de 80 e 90 do Século XX realizou várias incursões militares em território do Iraque para repressão dos movimentos armados de independência Curdos e mesmo ocupações temporárias. Nos anos 80, chegou a fazê-lo com o consentimento do Iraque, já que igualmente este se encontrava a braços com um movimento separatista entre a sua minoria curda, apoiado pelo Irão, que desviava importantes meios militares da frente militar do seu conflito armado com este segundo Estado. Deste modo, a invasão de Junho-Julho de 1983 da zona fronteiriça do Norte do Iraque pela Turquia foi publicamente aprovada pelo Iraque (cfr. WP, July 6, 1983, pág. A6). Em 17 de Outubro de 1984, num discurso na Assembleia turca, o então Primeiro-Ministro declarou que na sequência de um encontro do seu Ministro dos Negócios Estrangeiro nessa semana com o Presidente iraquiano se chegara a um "''agreement on principles" on cooperation and coordination in intelligence and some joint action" quanto à repressão dos Curdos (cfr. CSM, October 19, 1984, pág. 9). Ao mesmo tempo que realizava o discurso, forças turcas levavam a cabo a operação *Sun* em território turco, mas com ocasionais bombardeamentos do Norte do Iraque e com avanços neste de cerca de 10 milhas já durante o mês de Setembro. Igualmente o bombardeamento de 4 de Março de 1987, em aparente represália por um atentado terrorista curdo na Turquia em que morreram 16 pessoas, parece ter tido igualmente a aprovação do Iraque (cfr. FT, March 5, 1987, pág. 2).

Nos anos 90, o Iraque encontrou-se numa situação de incapacidade praticamente total para controlar a sua fronteira norte por força da zona de exclusão imposta pelos EUA e Reino Unido (ver, *infra*, parág. 14.2 e 72). Assim, em 20 de Março de 1995, a Turquia aproveitou para realizar a maior operação militar no Norte do Iraque com cerca de 35.000 militares contra as bases do movimento separatista Curdo. O Iraque desta vez protestou fortemente, tendo a União Europeia por intermédio do Ministro dos Negócios Estrangeiros francês afirmado que estava "worried by the massive character of the intervention, (which began Monday) going way beyond its (Turkey's) right to pursue" (cfr. AFP, March 23, 1995). Em Novembro de 1996 e, sobretudo, em 14 de Maio de 1997, novamente a Turquia invadiu o Norte do Iraque, vangloriando-se no dia 20 de ter morto cerca de 1.300 "terroristas Curdos". O seu Ministro da Defesa afirmou tratar-se de uma "humanitarian mission" realizada a pedido de um dos dois movimentos Curdos Iraquianos (KDP) contra o principal movimento Curdo Turco (PKK) (cfr. FFWND, May 22, 1997, pág. 352-D2). A Primeira-Ministra Turca seria bem mais honesta sobre a matéria na Assembleia Geral: "Turkey would not tolerate terrorist elements to use northern Iraq to stage terrorist acts against its territory. Her country was determined to take all necessary measures to protect its legitimate security interests and to deny terrorist elements the possibility of launching terrorist operations from northern Iraq" [cfr. UNPR GA/9108 15th Meeting (PM) 30 September 1996, pág. 3]. O Iraque voltou a protestar, mas os EUA consideraram que a acção fora realizada no exercício do "right of self-defense" (cfr. FFWND, cit.). A questão seria levada perante o Conselho de Segurança, mas não seria discutida nem em 1997-1998 (cfr. RSC, 1997-1998, Chapter 35, pág. 147), nem em 1998-1999 (cfr. RSC, 1998-1999, Chapter 35, pág. 181), nem em 1999-2000 (cfr. RSC, 1999-2000, Chapter 47, pág. 224-225).

Estas últimas investidas da Turquia foram, porém, condenadas pela maioria dos Estados. Assim, o Movimento dos Não Alinhados no seu comunicado de 23 de Setembro de 1999: "We strongly condemn the repeated actions of Turkish armed forces violating the territorial integrity of Iraq under the pretext of fighting guerrilla elements hiding inside Iraqi territory. These actions of Turkish armed forces constitute stark illegal violations of the international boundaries mutually recognized between the two countries and a threat to regional and international peace and security. We also reject the so-called "hot-pursuit' measures adopted by Turkey to justify such actions that are abhorrent to international law and to the norms of practice amongst States" (texto do comunicado em UN Doc. A/54/469-S/1999/1063, pág. 22, parág. 93).

As acções turcas nos anos 90 certamente mereceram tal condenação pelo facto de se revelarem desproporcionadas e diversas vezes com carácter retaliatório e não de defesa. As incursões realizadas nos anos 80 que foram consentidas pelo Iraque não podem ser qualificadas como ilícitas, salvo por violação do Direito Internacional Humanitário. O consentimento fez com que o acto passasse a constituir uma acção legítima que não é proibida pelo artigo 2, n.º 4, por não constituir utilização da força nas relações internacionais. O alvo deixa de ser um Estado (ver, *infra*, parág. 16.1).

Este regime é confirmado pelo acordo de 1996 celebrado entre o comando militar russo no Tadjiquistão e as autoridades afegãs que controlam a fronteira no sentido de permitir que as forças do primeiro penetrassem em território do Afeganistão numa zona de 25km em perseguição dos rebeldes tadjiques (cfr. Relatório do Secretário-Geral ao Conselho de Segurança de 5 de Dezembro de 1996, UN doc. S/1996/1010, parág. 10). Igualmente pelo referido acordo de cooperação entre a Guiné e a Serra Leoa de Março de 2001 no combate da primeira no território da segunda contra a FUR [cfr. Nono Relatório do Secretário-Geral sobre a UNAMSIL, de 14 de Março de 2001 (texto em UN Doc. S/2001/228), parág. 23].

De qualquer forma, uma ocupação não consentida revela-se ilícita à luz das reacções contra Israel, a África do Sul e a Turquia, isto é, constitui um prejuízo sério para um interesse essencial do Estado vizinho que o estado de necessidade não pode legitimar. Ora, as medidas

Deve-se, porém, questionar se o Estado agredido poderá adoptar uma reacção apenas no dia seguinte ou dias depois. Com efeito, muitas vezes estas agressões restritas têm por alvo localidades civis que não têm meios para ripostar. Ou o ataque é tão rápido que impossibilita qualquer reacção imediata. Ou ainda esta depende de uma decisão política que a torna morosa, perdendo a sua natureza defensiva.

Reacções desta espécie deixam de ser defensivas. A agressão cessou, logo não há actualidade, pressuposto da legítima defesa e da auto-tutela defensiva, no caso de se estar perante actos do Estado vizinho. Nem existirá ameaça de perigo actual, pressuposto do estado de necessidade, caso se trate de actos de bandos. Está-se, portanto, perante represálias armadas ou, em caso de grupos armados, de retaliações. A questão relevante é, pois, a de determinar se nestes casos estas podem ser legítimas.

A sua defesa tem sido especialmente sustentada em situações em que se verifica uma cadeia de breves ataques por grupos armados que atravessam as fronteiras de um Estado em incursões rápidas ou realizam disparos frequentes a partir de território de um outro Estado. Tem-se alegado que ao formar-se uma série persistente de ataques, estes como que ganham uma unidade e importância que permite falar num ataque armado global, ainda que intermitente, em relação ao qual existiria legítima defesa, mesmo quando cessou cada um dos ataques que o compõem[302].

---

possibilitadas por estado de necessidade são bem mais limitadas do que as permitidas por legítima defesa ou auto-tutela defensiva. Entende-se que o primeiro fundamento pode justificar actos bélicos de um Estado no território de um outro Estado utilizado por um movimento armado que luta contra o primeiro, mas estes terão de ser estritamente necessários e proporcionados, numa defesa directa contra acções bélicas. Uma ocupação preventiva não satisfaz tais requisitos, já que manifestamente "seriously impair an essential interest of the State towards which the obligation existed" [cfr. artigo 25, n.º 1, al. b) do citado Projecto da Comissão de Direito Internacional sobre Responsabilidade dos Estados de 2001]. O facto de a norma que proíbe o uso da força ser *iuris cogentis* não é obstáculo, já que a exigência do artigo 26 do Projecto não se encontra consagrada pelo Direito Internacional Costumeiro, nem sequer em relação ao estado de necessidade [ver C. Baptista, Ius (...), cit., pág. 321-330].

[302] Trata-se de uma posição sustentada especialmente por Israel. Assim, este afirmou, em 5 de Setembro de 1970, na 1551.ª reunião do Conselho: "It was against this background of continuous acts of aggression committed from Lebanese territory and of the admitted helplessness of the Lebanese authorities to control their own territory that Israel had been compelled to exercise its right of self-defence in the present instance". Anteriormente, na 1466.ª reunião do Conselho, em 27 de Março de 1969, sustentara que "Until an end was put to the Arab war against Israel (...) Israel's right to self-defence would remain inalienable. It could not be questioned or curtailed by labelling Israeli counteractions as reprisals, a concept which had no application to the present situation in the Middle East" (cfr. RPSC, 1969-1971,

A reacção militar de um Estado contra esta série de acções pode ser compreensível. Mas a Comunidade Internacional não tem demonstrado compreensão por estas represálias ou retaliações. Tem condenado de forma clara, apesar de cada vez mais inconsistente, reacções contra alvos militares, políticos ou simbólicos sem directa conexão com os responsáveis pelos actos bélicos. E esta condenação tem sido dirigida quer em relação a reacções contra uma série de incidentes fronteiriços, quer contra actos terroristas[303]. A mesma condenação têm sofrido represálias armadas adoptadas como forma de forçar ao cumprimento de Resoluções do Conselho de Segurança à margem de qualquer habilitação deste[304].

No entanto, alguns actos de represálias ou retaliações[305] dirigidos contra forças militares do Estado (se responsável directo) ou movimento/ /bando armado responsável pelos actos bélicos contra os quais se pretende reagir, que se encontrem nas proximidades do local de onde partiu o ataque, que sejam adoptadas num breve espaço de tempo, que não provoquem danos muito superiores aos causados por aqueles actos e que respeitem o Direito Internacional humanitário aplicável (designadamente o princípio da distinção entre alvos militares e civis ou outros protegidos), têm deparado com alguma tolerância. A Comunidade Internacional, sem reconhecer a sua licitude, por vezes tem-se abstido de os condenar[306]. Assim, é possível que estes actos gozem efectivamente de uma causa de exclusão de responsabilidade[307].

---

Chapter VIII, pág. 118 e 110). Ver também a sua defesa em: Y. Dinstein, *War, Aggression* (...), cit., pág. 201 e 224-226; Alan D. Surchin, *Terror And The Law: The Unilateral Use of Force and the June 1993 Bombing of Baghdad*, DJCIL, Vol. 5, 1995, pág. 457-497, na pág. 488-489 e 491-493.

[303] Ver, sobre estas, *infra*, parág. 12.4.1.

[304] Esta questão é analisada a propósito das habilitações a Estados membros para utilizarem a força, *infra*, parág. 72.

[305] Sublinhe-se que quando os actos contra os quais se reage sejam da autoria de movimentos/bandos armados, em relação a estes, mais uma vez, não se estará em rigor perante represálias. Os actos contra os quais se reage não são ilícitos à luz do Direito Internacional. Estar-se-á novamente perante uma manifestação transfronteiriça dos poderes de jurisdição de um Estado contra movimentos/bandos rebeldes com carácter retaliatório. Apenas em relação ao Estado territorial vizinho alvo destes se colocará o problema da sua justificação internacional, desde logo, por força da violação da sua soberania territorial. Se este for cúmplice dos grupos armados, poder-se-á considerar que estes actos são ainda represálias armadas contra si, especialmente se visarem igualmente as suas forças. Mas, segundo se julga, actos desta espécie são insusceptíveis de serem justificados ou tolerados.

[306] Alguma Doutrina sustenta que algumas represálias seriam "razoáveis" e esta ausência de condenação as teria tornado lícitas ou estaria em vias de o fazer: Richard Falk, *The Beirut Raid and the International Law of Retaliation*, AJIL, vol. 63, 1969, pág. 415-443, na pág. 430 e 440-442; Y. Blum, *The Beirut Raid* (...), cit., pág. 77-79 e 89-90; D. Bowett, *Reprisals* (...),

cit., pág. 2, 10-11, 20 e 21-22 (cuidada análise da prática do Conselho que revela alguns casos de tolerância); R. Tucker, *Reprisals and Self-Defense* (…), cit., pág. 595; William V. O'Brien, *Reprisals, Deterrence and Self-Defense in Counterterror Operations*, VJIL, Vol. 30, 1990, pág. 462-478, na pág. 475-476 (ignora a prática que cita que considera "manifestly unfair", reconduzindo estas represálias à legítima defesa); Y. Dinstein, *War, Aggression* (...), cit., pág. 223-226 (de forma alargada); Robert J. Beck/Anthony C. Arend, *"Don't Tread on Us": International Law and Forcible State Responses to Terrorism*, WILJ, Vol. 12, 1994, pág. 153-219, na pág. 215-216; A. Surchin, *Terror and the Law* (...), cit., pág. 491-493 (de forma alargada); J. Hsiung, *Anarchy & Order* (...), cit., pág. 57.

Sublinhe-se, porém, que alguns destes autores vão mais longe do que outros e que todos estes vão bem mais longe do que a posição que fica sustentada no texto. Apenas se admite uma reacção atrasada ainda contra os autores militares do acto ou cúmplices ainda no teatro de operações e não já contra alvos militares ou políticos da mesma entidade que se encontrem num local diferente do contexto militar. Trata-se, pois, de tolerar uma reacção que já não é estritamente defensiva, mas que tem por alvo ainda as forças atacantes ou forças que lhe deram ou dão apoio directo. É, portanto, um mero relaxar da exigência da actualidade e não uma abertura a represálias "políticas", contra alvos militares simbólicos, visando desencorajar decisões políticas futuras, como é defendido pelos citados autores. Segundo se julga, apenas estas acções "atrasadas" têm sido efectivamente toleradas e não quaisquer outras, apesar de algumas inconsistências ainda não esclarecidas.

Não se pode concordar que a invocação do critério da qualidade da prática possa justificar estes actos [como defendem: R. Beck/A. Arend, *"Don't Tread* (…), cit., pág. 215-216]. Considera-se um facto que a prática dos Estados mais poderosos e com interesses directos na matéria tem maior peso do que a de pequenos Estados [a conhecida afirmação do Tribunal relativa à prática costumeira: "provided it included that of States whose interests were specially affected", cfr. *North Sea Continental Shelf* (F. R. Germany/Denmark; F. R. Germany/Netherlands), Judgment 20 February 1969, *I.C.J. Reports* 1969, pág. 42, parág. 73]. Mal tal permitir-lhes-á, quando muito e excepcionalmente, impedir a formação de normas costumeiras e não criar normas contra a prática negativa da maioria dos Estados [ver C. Baptista, *Direito* (...), cit., pág. 104-106 e 107-109]. É certo que mais importante do que o que os Estados afirmam é o que efectivamente fazem e deste modo tem de ser tida em conta a contínua atitude de Israel em persistir em adoptar represálias apesar das condenações [de forma ostensiva, na 2573.ª reunião do Conselho, afirmou: "the draft resolution then before the Council (S/ 17000), were it to be adopted, would not stop Israel from defending its men, women and children against attack" (cfr RPSC, 1985-1988, Chapter XI, pág. 427)]. Mas resulta claro que o comportamento de dois ou três Estados nunca em caso algum poderá criar Direito contra a posição da grande maioria dos restantes pertencentes aos dois principais grupos de Estados da Comunidade, pelo menos enquanto estes manifestarem publicamente a sua oposição.

Note-se que não é possível invocar como apoio à legitimação de represálias ou retaliações a ausência de condenação em relação às retaliações levadas a cabo por Israel em reacção à nova revolta palestiniana e especialmente a alguns actos de terrorismo que se seguiram àquilo que o Conselho qualificou como a provocação israelita de 28 de Setembro de 2000. De facto, para lá da condenação contida na Resolução 1322 (2000), de 7 de Outubro (texto em RSSC, 2000, pág. 65-66), parág. 1-3, em relação ao uso excessivo da força por Israel, posteriormente o Conselho como que se apagou em relação à questão e aos sucessivos actos de violência de ambas as partes, mas especialmente em relação às semanais retaliações de Israel ao longo de 2001 e ocupações de território autónomo palestiniano. De facto, a sua Resolução 1351 (2001), de 30 de Maio [UN Doc. S/RES/1351 (2001)], Resolução 1365 (2001), de 31 de Julho, parág. 15 [UN Doc. S/RES/1365 (2001)] e a Resolução 1381 (2001), de 27 de Novembro [UN Doc. S/RES/1381 (2001)], bem como as suas Declarações Presidenciais 2001/15, de 30 de Maio (UN Doc. S/PRST/2001/15) e 2001/37, de 27 de Novembro (UN Doc. S/PRST/2001//37), com o seu mero patético apelo à conclusão de um acordo de paz, constituíram uma demissão em relação à questão. Esta é explicável pela ameaça de veto pelos EUA. Igualmente a Assembleia Geral com a sua Resolução 55/55 de 1 de Dezembro de 2000 (UN Doc. A/RES/55/55; preâmbulo: "Expressing its deep concern over the tragic events in Occupied East Jerusalem and the Occupied Palestinian Territory since 28 September 2000, which have resulted in a high number of deaths and injuries, mostly among Palestinian civilians") preferiu insistir no dever de retirada israelita dos territórios ocupados, sem grandes considerações quanto ao uso da força, o que possibilitou uma votação de 149 a favor, dois contra (EUA e Israel, claro está) e três abstenções.

Mas esta tolerância não pode ser vista como um precedente de legitimação de retaliações contra actos de terrorismo (muitos dos actos não podem ser qualificados como tal, já que atingiram alvos militares; mas os que têm visado deliberadamente civis são-no incontestavelmente) visto que não sendo a Palestina ainda objectivamente um Estado (mas apenas em relação aos cerca de 125 Estados que a reconheceram; ver, *infra*, parág. 34.4.3) não é possível aplicar a norma costumeira codificada no artigo 2, n.º 4 CNU às relações entre esta e Israel (ver sobre a questão, *supra*, parág. 10.5). Sem prejuízo de muitos dos referidos actos de Israel serem igualmente ilícitos, por constituírem repressão ilegítima do direito de autodeterminação do Povo Palestiniano, bem como usos ilícitos da força em retaliações perfeitamente desnecessárias, mesmo que a Autoridade Palestiniana possa ser acusada de violação dos seus deveres de prevenção e repressão destes actos.

De qualquer modo, esta prática continua a ser restrita a poucos Estados. Estados estes que se encontram vinculados por normas convencionais sobre a matéria que também inicialmente interpretaram do modo geralmente aceite e somente posteriormente pretenderam alterar unilateralmente (assim, declarações de Israel em 1 de Agosto de 1951, na 551.ª reunião do Conselho: "Article 51 of the Charter allows a nation to undertake action of self-defence only on two conditions, both of which are absent here. One of them is that that country shall be the victim of armed attack", considerando de seguida que um mero armistício era uma intervenção do Conselho que preclude a legítima defesa nos termos do artigo 51 CNU: cfr. RPSC, 1946-1951, Chapter XI, pág. 450; e dos EUA: "The representative of the United States stated that the large-scale Israel military action, the nature and the consequences of which had far surpassed the cumulative total of the various acts of terrorism conducted against the frontiers of Israel, could not be justified, explained away or excused by the incidents which had preceded it and in which the Government of Jordan had not been implicated. The policy of retaliation was in violation of obligations undertaken by Israel in the General Armistice Agreements, and was also contrary to the requirements both of the Charter and of the Security Council (cfr. RPSC, 1966-1968, Chapter XII, pág. 231; declaração proferida em 16 de Novembro de 1966, na 1320.ª reunião do Conselho).

Já não se aceita que a Comunidade Internacional tenha aceite a sua licitude, visto que estes não têm sido reconhecidos como lícitos, mas sido simplesmente tolerados[308]. De qualquer modo, estar-se-á perante represálias ou, no caso de actos de movimentos/bandos armados perante retaliações fundadas num estado de necessidade impróprio por o perigo não ser rigorosamente actual (e daí apenas existir uma exclusão de responsabilidade) e não de qualquer legítima defesa preventiva, com vista a evitar a comissão de novos actos.

Como é pacífico, o principal fim das represálias é precisamente levar o alvo destas a cumprir as suas obrigações internacionais[309]. A diferença entre actos de defesa e actos de represália/retaliação reside unicamente no factor temporal, na actualidade do ataque que torna necessários actos de defesa que visam tornar impossível materialmente que este continue. Não têm, pois, por objectivo influenciar as decisões futuras dos responsáveis pelos ataques de forma a prevenir a hipótese da sua repetição, como se passa nas represálias.

**12.4. Reacções armadas contra actos "terroristas".** Mas se existe uma categoria de represálias/retaliações armadas que parece ser objecto de

---

[307] Parece igualmente a posição de: P. Malanczuk, *Countermeasures* (...), cit., pág. 223; ver também G. Intoccia, *American Bombing* (...), cit., pág. 199-200 (embora alargue de forma inaceitável a legítima defesa). O. Schachter, *The Lawful* (...), cit., pág. 293, considera que actos destes são lícitos por não serem represálias, mas legítima defesa. Pelo que fica escrito, discorda-se: são represálias (ou retaliações) ilícitas, mas podem gozar de uma causa de exclusão da responsabilidade.

[308] A reafirmação pelo Tribunal Internacional de Justiça da ilicitude em geral das represálias armadas em 1996 [cfr. *Legality Of The Threat* (...), I.C.J. Reports 1996, parág. 46] parece confirmar esta conclusão.

Num plano já doutrinário, refira-se igualmente a reafirmação da proibição de represálias armadas constante do artigo 50, n.º 1 do referido Projecto sobre Responsabilidade dos Estados de 2001 da Comissão de Direito Internacional: "Countermeasures shall not affect: (a) The obligation to refrain from the threat or use of force as embodied in the Charter of the United Nations".

[309] Deste modo, o Tribunal Internacional de Justiça sustentou: "one other condition for the lawfulness of a countermeasure, namely that its purpose must be to induce the wrongdoing State to comply with its obligations under international law" [cfr. *Case Concerning The Gabcíkovo-Nagymaros* (...), cit., I.C.J. Reports 1997, pág. 56-57, parág. 87]. Igualmente o artigo 49, n.º 1 do mencionado Projecto sobre Responsabilidade de 2001 da Comissão de Direito Internacional: "An injured State may only take countermeasures against a State which is responsible for an internationally wrongful act in order to induce that State to comply with its obligations". Estas compreendem especialmente a obrigação primária de cumprir a norma violada inicialmente (cfr. artigo 29 do Projecto).

tolerância por força de uma causa de exclusão da responsabilidade, cabe questionar se esta não abrange igualmente reacções armadas contra acções violentas[310] não já fronteiriças mas de grupos infiltrados.

À luz do critério avançado de retaliações toleradas se dirigidas contra as forças de um movimento/bando armado responsáveis pelo ataque, a resposta deve ser negativa. As reacções armadas contra actos bélicos de grupos infiltrados, normalmente urbanos, que se fazem passar por civis, raramente incidem sobre estes, mas sim sobre alvos políticos ou militares que pouco têm a ver com os efectivos armados responsáveis pelo ataque. Normalmente são o exemplo paradigmático de represálias/retaliações que visam exclusivamente influenciar a tomada de decisões do Estado ou movimento responsável político pelo ataque, nada tendo a ver com uma acção defensiva. Resta saber se à luz da prática não se formou igualmente uma causa de exclusão de responsabilidade em relação a estes.

**12.4.1. Prática.** Estas reacções armadas tornaram-se progressivamente mais frequentes na prática dos últimos cerca de 20 anos, mesmo que da responsabilidade de essencialmente três Estados. E, como se verá, têm deparado com uma reacção da Comunidade Internacional cada vez mais tolerante.

Estas reacções têm assumido quer a forma de represálias contra actos de grupos infiltrados a mando (ao menos alegado) de um Estado, quer, mais frequentemente, de retaliações contra actos de grupos autónomos em relação a um Estado em particular; sem prejuízo de estas serem fundamentadas igualmente em acusações de cumplicidade contra os Estados cujos territórios são utilizados por estes grupos como bases e que se convertem assim também em alvos da retaliação.

Apenas se referem as represálias/retaliações, e reacções que suscitaram, quando incidiram sobre alvos simbólicos, logísticos ou políticos contra acções de grupos infiltrados e não já as realizadas contra ataques de natureza fronteiriça que têm incidido contra as próprias forças responsáveis por estes ou as suas bases nas proximidades[311].

Assim, pela sua Resolução 262 (1968), de 31 de Dezembro[312], parág. 1, o Conselho de Segurança condenou por unanimidade a acção israelita no

---

[310] Estas podem ou não ser actos terroristas, tendo em conta a noção de terrorismo, enquanto violação do Direito Humanitário em acções violentas com fins políticos por parte de bandos armados infiltrados, que se utiliza (ver, *infra*, parág. 15.2).

[311] Que ficaram já analisados, *supra*, parág. 12.3.

[312] Texto em RDSCOR, 1968, pág. 12.

aeroporto civil de Beirute, que destruiu vários aviões, desencadeada em represália contra um ataque terrorista contra um avião da *El Al* em Atenas, alegadamente por um grupo com apoio do Líbano.

A Resolução 573 (1985), de 4 de Outubro[313], parág. 1 do preâmbulo e parág. 1-2, condena vigorosamente a "armed aggression" de Israel contra a Tunísia constituída pelo bombardeamento aéreo levado a cabo pelo primeiro da sede da OLP em Tunes, em reacção aos ataques desta contra alvos em Israel. Este Estado sustentou a propósito desta condenação que a sua acção constituíra uma acção de legítima defesa[314].

Já o bombardeamento dos EUA da Líbia (Tripoli e Bengazi), em 15 de Abril de 1986, em reacção a um atentado numa discoteca de Berlim ocidental que matou 2 soldados americanos e feriu 229 pessoas, alegadamente organizado pela Líbia, escapou à condenação do Conselho de Segurança por força dos vetos dos EUA, França e Reino Unido. Mas foi objecto de uma condenação pela Assembleia Geral, pela sua Resolução 41/38, de 20 de Novembro de 1986[315], parág. 1 ("Condemns the military attack")[316].

O mesmo já não se passou com o bombardeamento americano de 26 de Junho de 1993 à sede dos serviços secretos Iraquianos em Bagdade na sequência de um plano de homicídio de um ex-Presidente norte-americano de visita ao Kuwait, aparentemente organizado pelo Iraque. Em notificação com a mesma data, alegadamente baseada no artigo 51 CNU, os EUA vieram invocar legítima defesa. A questão seria debatida no Conselho em 27 de Junho de 1993, na 3245.ª reunião e merece destaque por constituir um precedente perigoso.

---

[313] Texto em RDSCOR, 1985, pág. 23. Foi adoptada por 14 votos a favor e a abstenção dos EUA.

[314] Afirmou: "Security Council resolution 573 (1985) distorted both the principle of self-defence and the very concept of aggression, not only by denying Israel the right to defend it-self but also by condemning it for having done so" (cfr. RPSC, 1985-1988, Chapter XII, pág. 441-442, ver igualmente as acusações feitas contra a OLP).

[315] Texto em RDGAOR, 41st Session, 1986, pág. 34-35.

[316] Refira-se que este terá morto cerca de 200 civis e familiares de alguns destes interpuseram uma acção perante a justiça norte-americana, designadamente, contra o então Presidente dos EUA por crimes de guerra. O tribunal e, posteriormente, o Supremo Tribunal Americano rejeitaram a acusação invocando a imunidade do Presidente (apesar do Direito Internacional não a reconhecer por crimes internacionais) e este segundo Tribunal chegou a multar o advogado por litigância de má-fé: ver a crítica de Anthony D'Amato, *The Imposition of Attorney Sanctions for Claims Arising from the U.S. Air Raid on Libya*, AJIL, Vol. 84, No. 3, 1990, pág. 705-711.

Os EUA reafirmaram que se tratava de legitimada defesa[317]. O preocupante é que esta afirmação descabida de que um ataque realizado contra
um alvo político em reacção a um plano de assassínio (que nem passou da
fase dos actos preparatórios), depois de meses de investigação, constitui
legítima defesa foi aceite expressamente por dois membros permanentes do
Conselho e outros quatro consideraram a acção justificada[318]. Dois outros
membros foram menos favoráveis, embora a compreendessem[319]. Os Estados
que criticaram a acção fizeram-no normalmente em termos diplomáticos[320].

Assim, esta acção não foi condenada pelo Conselho e, apesar de
condenada formalmente por um grupo que compreende mais de metade dos
Estados existentes, foi apoiada por outros, o que é explicável pelo estatuto
de pária do Iraque. Desta vez, não foi, pois, necessário qualquer veto para
evitar a condenação e a Assembleia Geral não se pronunciou[321].

---

[317] "We responded directly, as we are entitled to do under Article 51 of the United
Nations Charter, which provides for the exercise of self-defence in such cases. Our response
has been proportionate and aimed at a target directly linked to the operation against President
Bush" (cfr. UN Doc. S/PV.3245, de 27 de Junho de 1993, pág. 6; também pág. 8).

[318] Assim, a França considerou que a acção fora adoptada "in the name of the right to
self-defence" (cfr. UN Doc. S/PV.3245, pág. 13) e a Rússia que "the actions by the United
States are justified since they arise from the right of States to individual and collective self-
defence" (cfr. doc. cit., pág. 22). O Japão (pág. 15), a Hungria (pág. 18-20: apoia mesmo
abertamente a acção), o Reino Unido (pág. 21-22) e a Nova Zelândia (pág. 23) consideraram
a acção justificada, embora sem a qualificar.

[319] Assim, o Brasil lamentou a perda de vidas inocentes, mas pareceu aceitar o ataque
(pág. 18). Igualmente a Espanha, lamentou a morte de inocentes e que tivesse sido necessário
adoptar aquelas medidas extremas, mas compreendeu a acção, condenando a acção Iraquiana
(pág. 24).

[320] Além do Iraque, que referiu a morte de civis no ataque e rejeitou as acusações
americanas (idem, pág. 8 e 11), Cabo Verde leu um comunicado do Movimentos dos Não
alinhados onde se apela a que os Estados se abstenham "of use of force inconsistent with the
purposes of the United Nations" e se acrescenta "deeply regret the loss of life caused by the
attacks (...) in Baghdad" (pág. 16). A China declarou "We are opposed to any action that can
contravene the Charter of the United Nations and norms of international relations. We do not
endorse any action that might intensify the tension in the region, including the use of force"
(pág. 21).

[321] Na Doutrina houve rejeições da alegação de legítima defesa e condenações do acto
dos EUA (neste sentido: Luigi Condorelli, *A propos de l'attaque américaine contre l'Irak du
26 juin 1993*, EJIL, Vol. 5, 1994, No. 1, pág. 134 e segs., I, texto entre notas 5-6 e notas 8-
-9; John Quigley, *Missiles with a Message* (...), cit., pág. 265-266, e em *The United Nations
Security Council: Promethean Protector or Helpless Hostage*, TILJ, Vol. 35, 2000, pág. 129-
172, na pág. 138-139; Ugo Villani, *La Nuova Crisi del Golfo e l'Uso della Forza contro l'Iraq*,
RDI, vol. LXXXII, 1999, n. 2, pág. 451-462, na pág. 452; ver, porém, a compreensão de W.

A reacção bélica seguinte integrada nesta categoria foi constituída pelos bombardeamentos americanos de 20 de Agosto de 1998 do Sudão e Afeganistão em reacção aos actos terroristas de 7 de Agosto que destruíram as suas embaixadas em Nairobi (Quénia) e Dar-es-Salaam (Tanzânia), provocando cerca de 250 mortos e 3.000 feridos. Estes actos foram condenados pelo Conselho na sua Resolução 1189 (1998), de 13 de Agosto[322], parág. 1.

Mais uma vez, os EUA notificaram o Conselho da sua acção, invocando legítima defesa por carta de 20 de Agosto de 1998[323]. Voltariam a reiterar tal posição na Assembleia Geral[324]. O Sudão, pelo contrário, na Assembleia Geral, rejeitou as acusações de apoio à acção, sustentando que procurara abertamente cooperar com os EUA[325].

As Nações Unidas voltaram a não reagir a estes bombardeamentos dos EUA. O Secretário-Geral limitou-se a uma declaração ambígua inconsequente sobre a questão[326]. A reacção seria puramente externa à organização. O Movimento dos Não-Alinhados[327] no comunicado da sua reunião em Durban

---

Michael Reisman, *The Raid on Baghdad: Some Reflections on its Lawfulness and Implications*, EJIL, Vol. 5, 1994, No. 1, pág. 120-133, II e III; A. Surchin, *Terror and the Law* (...), cit., pág. 491-493 e 496: apoia a acção).

[322] Texto em RSSC, 1998, pág. 70.

[323] Em que afirmam: "In accordance with Article 51 of the Charter of the United Nations, I wish, on behalf of my Government, to report that the United States of America has exercised its right of self-defence in responding to a series of armed attacks against United States embassies and United States nationals" (cfr. UN Doc. S/1998/780, 20 August 1998).

[324] Sustentaram que: "United States had hoped that Sudan would end its support for terrorists and terrorist groups. The United States, in its attack on the chemical factory, **had acted in self-defence**. The call by the Sudan for a fact-finding mission was an attempt to divert attention from its support for terrorism" (cfr. UNPR GA/L/3093 25th Meeting (AM) 11 November 1998, 1a).

[325] Declarou que: "In the wake of the explosions in Nairobi, Kenya, and Dar es Salaam, United Republic of Tanzania, his Government had welcomed contacts between Sudanese and American security authorities and assured them of their full cooperation, he said. Then, on the evening of 20 August, the Sudanese people were shocked by a grave act of terrorism, as heinous and cowardly as those in Kenya and Tanzania. The "El-Shifa" pharmaceutical plant, which produced essential and life-saving medicines (...) was completely destroyed" [cfr. UNPR GS/9457 19th Meeting (AM) 29 September 1998, pág. 10; ver também UNPR GA/SHC/3503 41st Meeting (PM) 10 November 1998, pág. 21].

[326] Em que afirma "is concerned over these developments" (cfr. UNPR SG/SM/6675, 20 August 1998).

[327] Recorde-se que o Movimento dos Não Alinhados é composto por 115 Estados, mesmo se alguns dos seus comunicados são da responsabilidade da sua Presidência e têm o apoio de apenas uma parte dos Estados do Movimento. O Movimento perdeu alguma força com o fim da Guerra Fria, com a perda do apoio político que muitas vezes recebia do antigo

(África do Sul), de 3 de Setembro de 1998, condenou fortemente o bombardeamento contra o Sudão, que qualificou como agressão[328]. Condenação idêntica consta do comunicado do mesmo Movimento de 9 de Abril de 2000[329]. O mesmo princípio de condenação de acções militares unilaterais fora reiterado pelo mesmo Movimento no seu comunicado da reunião de Nova Iorque de 23 de Setembro de 1999[330].

Sublinhe-se que não se considera relevante para a questão da licitude do uso da força pelos EUA que o Sudão ou os campos do grupo atingido no Afeganistão tenham tido responsabilidades no acto terrorista ou que a fábrica no Sudão atingida efectivamente produzisse elementos para armas químicas[331]. Mesmo que assim fosse[332] o acto não deixaria de ser ilícito[333].

---

Bloco Socialista (graças à política de dividir para reinar, visto que jogava com a rivalidade entre as superpotências). Mas ganhou alguma força numérica, já que foi reforçado por vários Estados da Ex-União Soviética, contando com Estados como a Índia, a África do Sul, a Nigéria ou a Indonésia e a China como observadora. Além de coordenar as suas posições com o Grupo dos 77 (hoje com 133 Estados e em que a China tem igualmente estatuto de observador), com uma divisão de trabalho normalmente baseada nas questões políticas para o primeiro e as questões económicas para este Grupo dos 77 (ver Thalif Deen, *Globalisierung 2000 (II): Dritte Welt auf dem Rückzug – Die neue Machtverteilung in den Vereinten Nationen*, VN, 1/2000, pág. 6).

[328] Em que se afirma: "The Heads of State or Government (…) expressed their deep concern over the air attack carried out by the United States Government against the El-Shifa Pharmaceutical Plant in the Sudan on 20 August 1998, and considered this as a serious violation of the principles of international law and the United Nations Charter (…). They further considered this attack as a unilateral and unwarranted act. The Heads of State or Government condemned this act of aggression" (texto em http://www.nam.gov.za/nam.html).

[329] Texto em UN Doc. S/2000/580, parág. 104.

[330] "We reaffirm the sanctity of the United Nations Charter and reiterate our firm condemnation of all unilateral military actions" (texto em UN Doc. A/54/469-S/1999/1063, 18 October 1999, pág. 7, parág. 8).

[331] Trata-se da alegação avançada pelos EUA para justificar o seu bombardeamento. Em 16 de Outubro de 1998, o Subsecretário para as Questões Políticas norte-americano alegou que: "evidence implicating the al Shifa factory in the manufacture of chemicals for use in weapons of mass destruction was clear and convincing"; cfr. USDSD, November 1998, pág. 14.

[332] Existem investigações credíveis que o negam e é esclarecedor que os EUA tenham rejeitado a comissão de inquérito pedida pelo Sudão. Neste sentido: Barry Kellman/Stephen Dycus, *International Security*, IL, Vol. 33, 1999, pág. 591-612, texto nota 11; Jules Lobel, *The Use of Force to Respond to Terrorist Attacks: The Bombing of Sudan and Afghanistan*, YJIL, Vol. 24, 1999, pág. 537-557, na pág. 550; J. Quigley, *The United Nations Security Council* (…), cit., pág. 134-137; Leah M. Campbell, *Defending Against Terrorism: A Legal Analysis of the Decision to Strike Sudan and Afghanistan*, TLR, Vol. 74, 2000, pág. 1067-1096, na pág. 1090-1091. Sobre as desastrosos consequências na produção de farmacêuticos no Sudão

Não é possível reconduzi-lo à legítima defesa, por os actos que os provocaram terem partido de um mero bando armado e por manifesta falta de actualidade do ataque quando se verificou a reacção militar[334]. O mesmo se diga quanto à aplicação da figura da auto-tutela defensiva. Pode-se, contudo, questionar se os bombardeamentos dos campos de treino do grupo terrorista no Afeganistão não se enquadrarão nas retaliações que têm sido toleradas. A resposta deve ser considerada negativa. Tais campos, situados a milhares de quilómetros dos locais dos actos terroristas, não se enquadram no conjunto de alvos militares cuja destruição pode ainda ser considerada defensiva. Dias depois tinham retomado a sua operacionalidade ou tinham sido transferidos para outros locais. A sua destruição foi puramente política. Visou simplesmente vingar a destruição das embaixadas e procurar influenciar decisões políticas futuras do grupo atingido: em suma, constituíram puras retaliações.

A reacção seguinte integrável nesta categoria prende-se com o ataque dos EUA e do Reino Unido contra o Afeganistão na sequência dos trágicos ataques terroristas de 11 de Setembro de 2001 nos EUA.

Assim, no dia seguinte, o Conselho de Segurança aprovou a sua Resolução 1368 (2001), de 12 de Setembro[335], em que condena vigorosamente os ataques, considerando-os uma ameaça à paz (parág. 1) e sublinha a responsabilidade não apenas dos autores, como dos organizadores e apoiantes, bem como de quem os ajudasse, apoiasse ou concedesse refúgio (parág. 3). Mostrou-se igualmente pronto para assumir as suas responsabilidades de

---

em resultado da destruição da fábrica ver Noam Chomsky, *Reply to Casey* (texto em http://www.zmag.org/).

[333] No sentido da sua ilicitude: Lobel, *The Use of Force* (...), cit., pág. 542-543; Maureen F. Brennan, *Avoiding Anarchy: Bin Laden Terrorism, the U,S, Response, and the Role of Customary International Law*, LLR, Vol. 59, 1999, pág. 1195 e segs., notas 95-105; L. Campbell, *Defending* (...), cit., pág. 1093-1096; também as reticências, embora hesitantes, de Federica Bisone, *Killing a Fly With a Cannon: The American Response to the Embassy Attacks*, NYLSJICL, Vol. 20, 2000, pág. 93-115, na pág. 113-114. Porém, a sua defesa em: G. Travalio, *Terrorism* (...), cit., pág. 167-168; Ruth Wedgwood, *Unilateral action in the UN system*, EJIL, Vol. 11, 2000, pág. 349-359, na pág. 359; Walter Sharp, Sr., *The Use of Armed Force against Terrorism: American Hegemony or Impotence?*, CHJIL, Vol. 1, 2000, pág. 37--47, na pág. 46; também o hesitante apoio, ao menos em termos de direito a constituir, de W. Michael Reisman, *International Legal Responses to Terrorism*, HJIL, 1999, pág. 3-61, na pág. 38-39, 46-47, 49 e 54.

[334] A pretensa legítima defesa preventiva ficou já rejeitada; ver, *supra*, parág. 12.2.

[335] UN Doc. S/RES/1368 (2001), 12 September 2001.

acordo com a Carta na repressão deste acto (parág. 5)[336]. Porém, no seu preâmbulo, afirma: "Recognizing the inherent right of individual or collective self-defence in accordance with the Charter".

Assim, numa altura em que não existia qualquer indicação quanto à origem dos ataques, se tinham sido organizados internamente ou externamente e, neste caso, se tinham sido da responsabilidade de algum Estado, o Conselho já reafirmava no preâmbulo o direito de legítima defesa. A acta da reunião não lança qualquer luz sobre a intenção desta reafirmação, já que a resolução foi previamente acordada entre os Estados membros, na sequência da criticável prática de negociações privadas adoptada pelo Conselho nos últimos anos[337].

A Assembleia Geral, no mesmo dia 12 de Setembro, na sua Resolução 56/1[338], limitou-se a condenar os actos de terrorismo (parág. 1) e a confirmar que, designadamente, aqueles que concediam refúgio aos seus autores materiais, organizadores ou apoiantes seriam responsabilizados (parág. 4)[339].

Mais claro, mas cauteloso, foi o Conselho da OTAN que ainda no mesmo dia sustentou que, se os ataques tivessem origem externa, consideraria

---

[336] "Expresses its readiness to take all necessary steps to respond to the terrorist attacks of 11 September 2001, and to combat all forms of terrorism, in accordance with its responsibilities under the Charter of the United Nations".

[337] Nenhum dos Estados presentes na 4370.ª reunião do Conselho se referiu à legítima defesa, pelo contrário a maioria apoiou que fosse o Conselho de Segurança a adoptar medidas: o Mali afirmou "solidarity (...) with any decision to be taken by the Security Council in this regard" (cfr. UN Doc. S/PV.4370, 12 September 2001, pág. 3); Singapura sustentou que "we hope that the Security Council will come together and deliver a very effective response to ensure that the events of yesterday are not repeated" (pág. 4); a China declarou que "As the organ with the primary responsibility of maintaining international peace and security, the Security Council should also play a leading role in that respect" (pág. 5); Bangladesh: "We must collectively face this challenge" (pág. 6); a França defendeu que: "The Security Council is the principal organ entrusted with international peace and security. It should work on this in a spirit of urgency"; a Noruega sublinhou "It is important that a unified Security Council now take appropriate steps" (pág. 6); e a Colômbia afirmou: "I express my delegation's willingness to participate with all members of the Council in the adoption of immediate measures in keeping with the responsibilities of the Council under the Charter" (pág. 7).

[338] UN Doc. A/RES/56/1, 18 September 2001.

[339] Nas declarações oficiais na reunião plenária que levou à adopção da Resolução nenhum delegado se referiu a qualquer acção em legítima defesa. Apenas os EUA afirmaram que "Because this attack struck at all of us, it is right that we should work towards a coalition to defend our shared values against terrorism. Working in coalition, we can multiply the effectiveness of our response" (cfr. A/56/PV.1, 12 September 2001, pág. 8), parecendo dar prevalência a uma acção multilateral.

aplicável o artigo 5 do Tratado da OTAN, por o seu regime de legítima defesa colectiva continuar válido perante ataques terroristas[340].

Perante indícios de que os ataques nos EUA tinham sido patrocinados pelo mesmo bando armado responsável, designadamente, pela destruição das embaixadas norte-americanas no Tanzânia e Quénia em 7 de Agosto de 1998, os EUA realizaram um ultimato às autoridades de facto[341] do Afeganistão: exigiram que encerrassem todos os campos deste e entregassem os dirigentes do grupo[342, 343]. Rejeitaram quaisquer negociações e as propostas de entregar os indivíduos com vista a serem julgados num terceiro Estado.

---

[340] Afirmou: "The Council agreed that if it is determined that this attack was directed from abroad against the United States, it shall be regarded as an action covered by Article 5 of the Washington Treaty, which states that an armed attack against one or more of the Allies in Europe or North America shall be considered an attack against them all. The commitment to collective self-defence embodied in the Washington Treaty was first entered into in circumstances very different from those that exist now, but it remains no less valid and no less essential today, in a world subject to the scourge of international terrorism" (cfr. Press Release (2001)124, 12 September 2001; texto em NATOW).

Como se verá, a ser interpretado desta forma ou a ser tacitamente alterado por acordo das partes de forma a consagrar este regime, o Tratado da OTAN será contrário ao artigo 51 da Carta e ao Direito Internacional Costumeiro. Desde logo, a legítima defesa aplica-se entre entidades vinculadas pela proibição de uso da força nas relações internacionais e não contra actos terroristas, além de pressupor a actualidade do ataque. Mas como este tratado remete para o artigo 51, no fundo trata-se é de uma interpretação ilegal da Carta.

[341] As autoridades do movimento talibã não foram reconhecidas pelas Nações Unidas, tendo apenas sido reconhecidas como Governo por três Estados. O assento na organização continuava a ser detido pelo anterior Governo que controlava apenas cerca de 5% do território do Afeganistão. À luz do Direito Internacional, os fundamentos para recusar o estatuto de Governo aos Talibãs não se afiguram muito sólidos, parecendo ter derivado das suas violações do Direito Internacional dos Direitos Humanos ou mesmo de motivos políticos e não baseados no tradicional critério da efectividade; embora a questão seja complicada pelo facto de ter sido uma postura assumida colectivamente (ver, *infra*, parág. 34.4.4).

[342] Esta última exigência tinha já sido estabelecida pelo Conselho. Assim, este tinha "exigido" na Resolução 1214 (1998), de 8 de Dezembro, parág. 13 (texto em RSSC, 1998, pág. 113-115), que tinha base no Capítulo VI, sendo uma mera recomendação, que os Talibãs cessassem o seu apoio a terroristas. Posteriormente, pela sua Resolução 1267 (1999), de 15 de Outubro (texto em RSSC, 1999, pág. 63-65), veio considerar que o desrespeito pela anterior Resolução constituía uma ameaça à paz. Em consequência, exigiu com base no Capítulo VII que os Talibãs extraditassem o dirigente do grupo acusado da destruição das referidas Embaixadas (parág. 2) e adoptou sanções para levar ao cumprimento da exigência (parág. 4). Estas seriam agravadas pela Resolução 1333 (2000), de 19 de Dezembro (texto em RSSC, 2000, pág. 88-92), parág. 5-8. Apenas na Resolução 1363 (2001), de 30 de Julho [UN Doc. S/RES/1363 (2001), 30 July 2001], o Conselho qualificou a própria situação no Afeganistão como uma ameaça à paz, convalidando, para o futuro, as suas sanções. Embora se limite a reforçar o sistema de controlo destas [sobre estas Resoluções e a qualificação

Posteriormente, em 21 de Setembro, o órgão de consulta do citado Tratado Inter-Americano de Assistência Mútua do Rio, considerou que os actos de 11 de Setembro constituíam ataques em relação a todos os Estados partes, aplicando, pois, os seus termos[344]. O regime do Tratado do Rio, à luz do artigo 6, é aplicável igualmente a situações de "an aggression which is not an armed attack or by an extracontinental or intra-continental conflict, or by any other fact or situation that might endanger the peace of America". Ora, esta última parte do preceito compreende claramente os actos de 11 de Setembro. Mas a terminologia empregue na declaração enquadra-se no artigo 3, n.º 1, quanto a ataques armados.

Entretanto, depois de terem vindo a público notícias das primeiras acções de forças especiais norte-americanas e britânicas no Afeganistão e de violações do espaço aéreo deste, o Conselho adoptou a Resolução 1373 (2001), de 28 de Setembro[345]. No seu preâmbulo volta a reafirmar o direito de legítima defesa "as recognized by the Charter of the United Nations", mas reafirma igualmente "Reaffirming the need to combat by all means, **in accordance with the Charter of the United Nations**, threats to international peace and security caused by terrorist acts". De seguida, invocando o Capítulo VII, estabeleceu uma série de medidas financeiras com vista a estrangular as fontes e recursos financeiros dos grupos terroristas (parág. 1) e exigências de cessação de apoio a estes grupos, seu controlo e repressão (parág. 2)[346, 347, 348].

---

abusiva como ameaça à paz do desrespeito de uma mera recomendação, ver, *infra*, parág. 79].

[343] O ultimato foi apresentado no dia 20 de Setembro num discurso do Presidente dos EUA perante o Congresso [cfr. *Bush vows justice will be done*, CNN, September 21, 2001 Posted: 12:29 PM EDT (1629 GMT)]. Na sua justificação da acção militar contra o Afeganistão, este relembrou o ultimato: "More than two weeks ago, I gave Taliban leaders a series of clear and specific demands: Close terrorist training camps; hand over leaders of the al Qaeda network; and return all foreign nationals, including American citizens, unjustly detained in your country. None of these demands were met. And now the Taliban will pay a price" (cfr. *Presidential Address to the Nation*, October 7, 2001; texto em http://www.whitehouse.gov/news/releases/2001/10/20011007-8.html).

[344] Cfr. Montserrat Gorina-Ysern, *Inter-American Regional Security Against Terrorism: A Shield and a Sword*, ASILI, 2001.

[345] UN Doc. S/RES/1373 (2001), 28 September 2001.

[346] A acta da reunião, mais uma vez, não fornece qualquer auxílio na interpretação da resolução. Tem apenas algumas linhas, não houve qualquer intervenção oral, salvo as puramente formais do Presidente do Conselho (cfr. UN Doc. S/PV.4385, 28 September 2001).

[347] No parágrafo 3, c) apela aos Estados para "Cooperate, particularly through bilateral and multilateral arrangements and agreements, to prevent and suppress terrorist attacks and

No dia 7 de Outubro de 2001, pelas 20h e 45m, hora do Afeganistão, iniciou-se a ofensiva militar aberta contra os Talibãs por parte dos EUA e do Reino Unido.

As reacções a esta foram essencialmente de apoio[349]. Apenas alguns Estados a criticaram[350]. Os EUA e o Reino Unido em cartas ao Conselho de Segurança invocaram legítima defesa como fundamento para a acção[351].

---

take action against perpetrators of such acts". Resulta claro que tal não constitui qualquer habilitação ao uso da força, mas um mero apelo a que utilizem os seus poderes internos na prevenção e repressão do terrorismo (em sentido paralelo: Frederic L. Kirgis, *Security Council Adopts Resolution on Combating International Terrorism*, ASILI, October 1, 2001; Carsten Stahn, *Security Council Resolutions 1368 (2001) and 1373 (2001): What They Say and What They Do Not Say*, EJIL (Web site), 2001, pág. 10; contra, porém: Jordan J. Paust, *Security Council Authorization to Combat Terrorism in Afghanistan*, ASILI, October 23, 2001).

[348] Esta Resolução, pela sua abstracção, visto que visa aplicar-se a qualquer grupo terrorista (apesar de os não definir) e não apenas ao acusado dos ataques de 11 de Setembro de 2001, suscita sérias reservas, tendo em conta a limitação dos poderes do Conselho em relação ao caso concreto. Trata-se de um acto que visa forçar os Estados a adoptarem medidas contra qualquer "grupo terrorista" e não um específico, cuja acção tenha sido considerada em concreto como uma ameaça à paz. Tem, pois, carácter legislativo (ver a crítica desta Resolução, *infra*, parág. 36). Sem prejuízo de os Estados a poderem cumprir voluntariamente, tem-se sérias dúvidas que possa ser considerada vinculativa em relação a outros grupos para lá do acusado dos actos de 11 de Setembro (sobre o direito de resistência a actos inválidos do Conselho, ver, *infra*, parág. 91.2.1).

[349] Todos os Estados europeus apoiaram a acção. A Espanha chegou mesmo a considerá--la como "an exercise of legitimate defence". Do mesmo modo, os 23 Estados partes no Tratado do Rio Inter-Americano de Assistência Mútua apoiaram a acção por intermédio do *Committee for Follow-up to the Twenty-fourth Meeting of Consultation of Ministers of Foreign Affairs* que declarou: "That the measures being applied by the United States of America and other states in the exercise of their inherent right of individual and collective self-defense have the full support of the states parties to the Rio Treaty" (texto em http://www.oas.org/oaspage/crisis/follow_e.htm; ver igualmente o comunicado de imprensa em http://www.oas.org/OASpage/press2002/en/Press2001/October01/213.htm).

Igualmente outros Estados do grupo ocidental, ou seus apoiantes, como o Canadá, o Japão, a Austrália ou a Nova Zelândia. A própria Rússia, avisada antecipadamente, apoiou a acção (cfr. *Attack on Afghanistan: Reaction: World leaders rally round allies: West gives full support for strikes*, TG, October 8, 2001, pág. 6). Mas mesmo Estados do Movimento dos Não Alinhados ou próximos, como a Índia ou a China (embora pedindo que não fossem atingidos civis) aceitaram a acção. Igualmente o Egipto a apoiou (cfr. *Mubarak Backs Strikes By U.S. on Afghanistan; Other Arabs Wary of American Motives*, WP, October 10, 2001, pág. A17). Até o Vaticano, em finais de Setembro, sustentara que compreendia se os EUA recorressem a meios agressivos de "self-defense" (cfr. *Response To Terror; Ethics Of War*, LAT, September 30, 2001, Part A, Part 1, Page 1).

[350] Apenas o Iraque [este afirmou perante a Assembleia Geral, em 16 de Outubro de 2001: "The same applies to Afghanistan. The unarmed and destitute people of that country

Em plena campanha militar, o Conselho aprovou a Resolução 1378 (2001), de 14 de Novembro[352], cujo preâmbulo contém uma passagem susceptível de ser entendida como um apoio à acção: "Supporting international efforts to root out terrorism, in keeping with the Charter of the United Nations". No entanto, a referência à Carta sugere que os seus membros não se quiseram mais uma vez comprometer com a acção. Ao contrário do que se passou em relação à acção militar contra a nova Jugoslávia, o Conselho refere-se à situação no terreno, registando os desenvolvimentos relativos à queda de Cabul. Chega mesmo a condenar os Talibãs pelo apoio ao terrorismo e "in this context supporting the efforts of the Afghan people to replace the Taliban regime"; omite, no entanto, qualquer referência à acção dos EUA

---

are being subject to military aggression that is merely destroying the ruins left behind by previous aggressions. There is nothing left to destroy, but civilians are being killed and displaced while the Security Council refuses to debate the issue (...). Does this issue have no bearing on international peace and security? Have the Charter and international law not been violated? We believe that the legitimate right of self-defence cannot be invoked arbitrarily and absolutely. It is a right prescribed by international law; if it is not so exercised, it constitutes aggression" (cfr. UN Doc. A/56/PV.28, 16 October 2001, pág. 8)] e o Irão (que "real objective was domination and expansionism") condenaram abertamente a acção. Além destes dois Estados, somente o Sudão, a Malásia e a Síria os criticaram. Outros Estados, como a Indonésia, mostraram apenas o seu "deep concern". A maioria dos Estados árabes evitou pronunciar-se (cfr. *Air Strikes On Afghanistan: World Reaction: Islamic Militants Threaten To Hunt Down Foreigners*, TI, October 9, 2001, pág. 12). Embora os 22 Estados da Liga Árabe tenham "warned Washington against widening the attacks to countries other than Afghanistan" [cfr. *Air Strikes On Afghanistan: Riot Squads Fire Tear Gas To Quell Islamic Militants; World Reaction*, TI, October 10, 2001, pág. 4; *Mubarak Backs Strikes* (...), cit., WP, October 10, 2001, pág. A17].

[351] Na carta dos EUA afirma-se "In accordance with Article 51 of the Charter of the United Nations (...) the United States of America, together with other States, has initiated actions in the exercise of its inherent right of individual and collective self-defence following the armed attacks that were carried out against the United States on 11 September 2001. The attacks on 11 September 2001 and the ongoing threat to the United States and its nationals posed by the Al-Qaeda organization have been made possible by the decision of the Taliban regime to allow the parts of Afghanistan that it controls to be used by this organization as a base of operation" e que "In response to these attacks, and in accordance with the inherent right of individual and collective self-defence, United States armed forces have initiated actions **designed to prevent and deter further attacks** on the United States"; deixam no ar ainda perigosas sugestões: "We may find that our self-defence requires further actions with respect to other organizations and other States" (cfr. UN Doc. S/2001/946, 7 October 2001). É, pois, a legítima defesa preventiva que os EUA invocam. O mesmo no essencial consta da Carta do Reino Unido (cujo texto consta do UN Doc. S/2001/947, 7 October 2001).

[352] UN Doc. S/RES/1378 (2001), 14 November 2001.

e Reino Unido ou ao apoio russo à Frente Unida, o que confirma mais uma vez que o Conselho evitou avalizar a acção. Fazendo uso dos seus poderes previstos no artigo 37, n.º 2 CNU[353], fez várias recomendações quanto ao futuro Governo do Afeganistão (parág. 1).

Na sua Resolução 1383 (2001), de 6 de Dezembro[354], o Conselho apoiou a assinatura do Acordo de Bona em 5 de Dezembro entre as diferentes facções afegãs quanto à formação de um Governo. Mostrou-se disposto a adoptar medidas para auxiliar à execução deste (parág. 4).

Na sua Resolução 1386 (2001), de 20 de Dezembro[355], reafirma no preâmbulo a mesma passagem constante da referida Resolução 1378 (2001) de apoio à repressão do terrorismo no respeito pela Carta, refere o pedido constante do Acordo de Bona para a instalação de uma Força internacional no Afeganistão e sustenta que a situação no Afeganistão "still constitutes" uma ameaça à paz. Trata-se, pois, de um retorno ao quadro da Resolução 1363 (2001), em que a própria situação fora pela primeira vez qualificada como tal. Assim, depois de referir a disponibilidade do Reino Unido para dirigir tal força, nos termos do Capítulo VII, autoriza por seis meses a constituição da Força Internacional de Assistência e Segurança (ISAF) com vista a auxiliar a Autoridade interina a manter a ordem em Cabul e arredores (parág. 1). Esta fica autorizada a exercer poderes bélicos internacionais ("all necessary means"; parág. 3), mas deve fazê-lo em cooperação com a Autoridade interina afegã e com o Representante especial do Secretário-Geral (parág. 4).

Ou seja, tendo em conta a limitação do seu mandato, geográfica (Cabul e arredores) e substancial (manter a ordem e treinar as forças de segurança afegãs; parág. 10), esta habilitação ao uso privado da força[356] não serve de fundamento para as operações militares dos EUA de captura dos dirigentes do regime talibã ou do grupo terrorista.

---

[353] Também o artigo 39 constitui fundamento para, designadamente, recomendações quanto à questão de fundo (ver, *infra*, parág. 36), mas neste caso o Conselho não realizou qualquer qualificação da situação à luz deste preceito, parecendo ter abandonado provisoriamente a sua qualificação da situação como uma ameaça à paz constante da Resolução 1363 (2001). É certo que a questão também não foi identificada como uma controvérsia e constituía uma clara ruptura da paz, mas o Conselho pode ainda assim enquadrá-la nos termos do Capítulo VI (ver, *infra*, parág. 49.1).

[354] UN Doc. S/RES/1383 (2001), 6 December 2001.

[355] UN Doc. S/RES/1386 (2001), 20 December 2001.

[356] Que só seria necessária para expulsar as forças de algum movimento armado de Cabul, com vista a executar o Acordo de Bona quanto à sua retirada. O que é pouco crível que alguma vez possa ocorrer.

Os factos descritos constituem mais uma situação complexa de recurso à força que, segundo se julga, não pode ser reconduzida à legítima defesa ou sequer à auto-tutela defensiva.

A legítima defesa, como ficou esclarecido[357], pressupõe que a proibição de uso da força tenha sido violada pela entidade contra a qual se reage sob a forma de uma agressão em escala apreciável, isto é, um ataque armado. É certo que os movimentos armados, incluindo os Talibãs (ainda que não fossem considerados como o Governo do Afeganistão), se encontram vinculados pela proibição de uso da força em relação a Estados terceiros[358], mas não parece que os actos terroristas de 11 de Setembro lhe sejam imputáveis.

Os elementos divulgados parecem confirmar que o bando armado terrorista sediado no Afeganistão foi efectivamente responsável por estes actos[359]. Mas, mesmo que o regime Talibã possa ser acusado de cumplicidade em tais actos[360], tal só por si não permite imputar-lhe a autoria destes. Esta imputação apenas poderia basear-se na existência de controlo efectivo deste bando armado pelos Talibãs ou que estes tivessem dado instruções específicas quanto à prática dos actos[361]. Ora, aparentemente, era este grupo que exercia grande influência sobre o regime, ao ponto deste acabar por enveredar por um combate perdido que levou à sua queda, e não o contrário. Deste modo, mesmo que se aplicasse um critério mais leve quanto à imputação de actos, não parece que ainda assim esta fosse possível. Aliás, os EUA não acusaram os Talibãs pelos actos, mas apenas por cumplicidade. O mesmo foi feito pelo Conselho de Segurança. A não distinção entre autores materiais e cúmplices referida pelos EUA[362], não corresponde ao Direito Internacional vigente e nem sequer foi seguida formalmente por estes, apesar de substancialmente tal não ter tido a menor diferença no desfecho da situação.

---

[357] Ver, *supra*, parág. 12.3.

[358] Ver, *supra*, parág. 10.5.

[359] Cfr. *Bin Laden calls Sept. 11 attacks 'blessed terror'*, CNN, December 27, 2001 Posted: 5:42 AM EST (1042 GMT).

[360] E tal pressupõe que tenha tido conhecimento antecipado deste, já que a cumplicidade implica consciência dos actos (cfr. o artigo 16 do Projecto sobre Responsabilidade dos Estados de 2001 da Comissão de Direito Internacional). Ver, sobre esta, *infra*, parág. 100.2.1.

[361] Ver, *supra*, parág. 9.1.

[362] "We will make no distinction between the terrorists who committed these acts and those who harbor them" [cfr. *Text of Bush's address*, CNN, September 11, 2001 Posted: 10:39 PM EDT (0239 GMT)] e "If any government sponsors the outlaws and killers of innocence, they have become outlaws and murderers themselves" [cfr. *Bush announces opening of attacks*, CNN, October 7, 2001 Posted: 4:43 PM EDT (2043 GMT)].

Deste modo, os actos, mesmo que materialmente possam, por força da sua trágica gravidade, ser equiparados a ataques armados, juridicamente foram da autoria de um mero bando armado que não se encontra vinculado pela proibição de uso da força. Apesar de terem constituído crimes contra a humanidade[363], não constituíram uma violação desta proibição. Acresce que a reacção militar dos EUA tem de ser justificada em relação ao Afeganistão/Talibãs e não em relação ao bando armado. Ora, a legítima defesa não é invocável simplesmente contra a chamada "agressão indirecta", decorrente do mero apoio a bandos armados. Esta não constitui um ataque armado[364, 365].

A este obstáculo formal dos actos terem partido de um mero bando armado, acresce o mais importante problema decorrente da actualidade. Os ataques ocorreram em 11 de Setembro e a reacção militar aberta foi desencadeada em 7 de Outubro depois de um ultimato contra os Talibãs. Será possível considerar que existia um ataque actual? A resposta é obviamente negativa, não existia qualquer ataque no dia 7 de Outubro[366], para lá dos

---

[363] Ver, *infra*, parág. 15.2.

[364] Como afirmou o Tribunal Internacional de Justiça: "the Court is unable to consider that, in customary international law, the provision of arms to the opposition in another State constitutes an armed attack on that State" (cfr. *Military and Paramilitary Activities*, cit., *I.C.J. Reports* 1986, pág. 119, parág. 230; também pág. 127, parág. 247).

[365] Não aceitam igualmente a alegação de legítima defesa ou, pelo menos, reconhecem que esta alegação se afastou dos termos do Direito vigente, em particular por força do autor dos ataques: G. Fox, *Addendum* (…), cit.; Antonio Cassese, *Terrorism Is Also Disrupting Some Crucial Legal Categories Of International Law*, EJIL (Web site), 2001, pág. 4-5 (embora com uma surpreendente possível admissão de que o Direito sobre a matéria possa ter sido alterado apenas por este precedente infeliz, criado numa situação dramática, a favor do Estado mais poderoso implicitamente contra um Estado pária); Alain Pellet, *No, This is not War!*, EJIL (Web site), 3 October 2001; Giorgio Gaja, *In What Sense was There an "Armed Attack"?*, EJIL (Web site), 2001; Pierre-Marie Dupuy, *The Law after the Destruction of the Towers*, EJIL (Web site), 2001 (embora com algumas cedências a mudanças do Direito); C. Stahn, *Security Council Resolutions 1368* (…), cit., pág. 6-8 (porém, pág. 14-16, parece aceitar inesperadamente a aplicação da figura a alguns dos actos). Em sentido contrario: Frederic L. Kirgis, *Terrorist Attacks on the World Trade Center and the Pentagon*, ASILI, September 2001 (invocando legítima defesa preventiva e um alargamento do artigo 51 a actos terroristas); Jordan Paust, *War and Responses to Terrorism*, ASILI, September 2001; Robert K. Goldman, *Certain Legal Questions and Issues Raised by the September 11th Attacks*, HRB, Vol. 9, 2001, pág. 2-4.

[366] Igualmente neste sentido: A. Cassese, *Terrorism* (…), cit., pág. 5. As dúvidas de Paul Tavernier, *Les Etats-Unis peuvent-ils invoquer la légitime défense?*, 6 octobre 2001, em *Débat – Les Etats-Unis sont-ils en situation de légitime défense à la suite des attentats du 11 septembre 2001?*, AEDI. Parecem, contudo, aceitar que ainda existiria actualidade, mas negando- -a para acções subsequentes: C. Stahn, *Security Council Resolutions 1368* (…), cit., pág. 15;

incidentes com antraz, insusceptíveis de serem considerados ataques armados pelas suas consequências pontuais[367]. Os EUA confirmaram inteiramente este entendimento, já que invocam como fundamento a necessidade de prevenir ataques futuros[368]. Trata-se, pois, de uma invocação da legítima defesa preventiva, cuja legitimidade à luz do Direito Internacional ficou já rejeitada[369].

Ou seja, segundo se julga, não existiu qualquer ataque armado para efeitos do artigo 51, nem este era actual em 7 de Outubro. E, no entanto, mesmo em termos abstractos, o Conselho de Segurança referiu-se à legítima defesa e igualmente a OTAN o parece ter feito, bem como de forma expressa as partes no Tratado do Rio. No entanto, ao contrário do que fez em anteriores afirmações da legítima defesa a favor de um Estado[370], o Conselho

---

J. Head, *The United States* (...), cit., pág. 3-4 e 5 (embora apenas contra ataques iminentes, considerando fins como a captura dos terroristas como represálias).

[367] Ficou referido que perante um ataque armado de proporções graves, a exigência de actualidade não prejudicará uma acção algo retardada, perante os riscos de que tal ataque se repita (ver, *supra*, parág. 12.1). Contudo, quase um mês depois, nada indicava que se encontrasse iminente um novo ataque e, acima de tudo, que este pudesse ser evitado com o ataque ao Afeganistão. Pelo contrário, tal ataque apenas exacerbou os ânimos e incentivou no curto e médio prazo mais actos terroristas. Resulta claro que qualquer ameaça contra os EUA ou Reino Unido viria sobretudo de indivíduos residentes nestes países e não vindos propositadamente do Afeganistão. As medidas de defesa a adoptar eficazes seriam, pois, internas. A prazo de vários meses ou um ou dois anos novas ameaças poderiam emergir do Afeganistão, mas o uso da força não é legítimo contra meras ameaças hipotéticas longínquas.

Assim, aparentemente, no plano dos factos, nada parece ter mudado desde que, em 1916, depois do ataque de 9 de Março por um rebelde mexicano contra a cidade de Columbus, no Novo México, os EUA levaram a cabo uma expedição militar punitiva no México. Esta tentou durante quase um ano capturar sem sucesso o rebelde, movimentando-se livremente pelo território deste Estado, apesar dos seus protestos. Desta vez, porque o ataque que sofreram foi bem mais grave, além de circular com os seus meios aéreos sobre território afegão e atacar os responsáveis por este, decidiram derrubar o Governo efectivo do Afeganistão, com graves consequências para muito do pouco que ainda restava intacto neste país.

Claro está, a força pode ser usada contra um bando ou Força de um Estado que organizou um atentado e está prestes a o desencadear, numa acção verdadeiramente preemptiva, em estado de necessidade ou auto-tutela defensiva. Mas como todas as acções de defesa deve dirigir-se contra o bando ou unidade armada responsável directa pela acção de forma a evitá-la materialmente e não contra alvos logísticos (onde putativamente se fabricam as armas ou se treinam os indivíduos), simbólicos ou sequer contra os responsáveis políticos pelo atentado em actos de retaliação ou represália (como tem sido prática israelita contra dirigentes e activistas de bandos armados terroristas, com os seus assassínios selectivos).

[368] Cfr. a sua citada carta ao Conselho de Segurança de 7 de Outubro.

[369] Ver, *supra*, parág. 12.2.

[370] Assim, na sua Resolução 546 (1984), de 6 de Janeiro (texto em RDSCOR, 1984, pág. 1-2), o Conselho afirmou no seu parág. 5: "Reaffirms the right of Angola, in accordance

não declarou que os EUA tinham direito de recorrer a esta, designadamente, contra os autores ou cúmplices destes. Por algum motivo tomou tal cuidado[371]. Existiu clara reserva em o sustentar abertamente. Acresce que a existir verdadeiramente um ataque armado para efeitos do artigo 51 teria necessariamente de se ter verificado uma agressão e ter cessado a paz internacional. No entanto, na referida Resolução 1368 (2001) o Conselho limitou-se a qualificar a situação decorrente como uma ameaça à paz[372].

A OTAN considerou aplicável o artigo 5 do respectivo tratado, mas, em rigor, por unanimidade, as partes num tratado têm direito de o considerar aplicável a qualquer caso que entendam, já que o podem alterar livremente. O mesmo se diga da decisão das partes no Tratado do Rio. Estas qualificações não são, portanto, decisivas, mesmo se a invocação de legítima defesa por parte das partes neste último Tratado não possa deixar de ser tida em conta[373].

Cabe questionar, porém, se a acção dos EUA e Reino Unido poderá ser legitimada nos termos do princípio da não intervenção. À luz deste princípio, os EUA e o Reino Unido encontravam-se claramente obrigados

---

with the relevant provisions of the Charter of the United Nations and, in particular, Article 51, to take all the measures necessary to defend and safeguard its sovereignty, territorial integrity and independence", contra actos da África do Sul. Idêntico reconhecimento existe na Resolução 574 (1985), de 7 de Outubro (texto em RDSCOR, 1985, pág. 18), parág. 4, igualmente quanto à questão entre Angola e a África do Sul. Também na sua Resolução 661 (1990), de 6 de Agosto (texto em RDSCOR, 1990, pág. 19-20), no parág. 6 do seu preâmbulo, reconhece o direito de legítima defesa contra o ataque armado do Iraque ao Kuwait. Apenas na Resolução 1234 (1999), de 9 de Abril (texto em RSSC, 1999, pág. 17-18), sobre a situação na República Democrática do Congo (ex-Zaire), se limita a invocar em abstracto a legítima defesa no preâmbulo, implicitamente a favor do Congo contra as acções do Uganda e Ruanda no seu território.

[371] Igualmente: C. Stahn, *Security Council Resolutions 1368* (...), cit., pág. 4, 6-8 e 9.

[372] Como bem sublinha A. Cassese, *Terrorism* (...), cit., pág. 4.

[373] Não vale a pena discutir a questão da abertura de um "estado de guerra" como fundamento para este uso da força. As declarações nesse sentido ["they were acts of war"; cfr. *Bush gets strong support from Congress, NATO*, CNN, September 12, 2001 Posted: 10:50 p.m. EDT (0250 GMT)], puramente políticas, são juridicamente irrelevantes. O estado de guerra desapareceu como situação jurídica (ver, *supra*, parág. 10.2), daí, aliás, a invocação de legítima defesa pelos EUA e não de qualquer estado jurídico de liberdade quanto ao uso da força. Alguns autores, porém, dedicaram alguma atenção à questão, mesmo que para rejeitar que este existisse, embora com argumentos desnecessários, mas aparentemente não a propósito da questão da legitimidade do uso da força [assim, ver J. Paust, *War and Responses* (...), cit.; A. Pellet, *No, This is not War!*, cit.; P.-M. Dupuy, *The Law after the Destruction* (...), cit.].

a não intervir num conflito armado interno, em que o Governo nominal reconhecido apenas dominava 5% do território e a oposição talibã se convertera no Governo efectivo. Nestas situações, o Governo não tem qualquer legitimidade para consentir na intervenção[374]. Esta apenas pode ser legitimada enquanto contra-intervenção. Ora, deve-se questionar se esta não constitui fundamento bastante para esta acção. Com efeito, tendo em conta que os Talibãs apoiaram ilicitamente um bando armado contra os EUA, o Direito Internacional permite que em reacção os EUA apoiem a oposição/Governo afegão contra os Talibãs[375].

Existem, porém, alguns obstáculos a esta justificação. Primeiro, porque a contra-intervenção do lado de um Governo que se converteu em mera oposição de facto, mesmo que a pedido deste, parece ser sempre ilícita. Apenas o apoio militar parece ser legítimo, não já uma intervenção militar directa[376].

Depois, à luz do princípio da necessidade[377], não parece que os meios pacíficos tenham sido minimamente esgotados, apesar de ter existido mais do que tempo para os utilizar. Os EUA simplesmente adoptaram uma política de apresentar um ultimato inegociável.

À luz do princípio da proporcionalidade, o violento ataque militar aliado contra os Talibãs, e sua aniquilação como força militar e política, parece manifestamente desproporcionado em relação ao mero apoio que facultaram ao bando armado responsável pelos actos terroristas. Se os Talibãs fossem responsáveis directos por estes, a situação seria distinta. Mas um mero apoio (ou mesmo cumplicidade) a bandos armados não justifica um ataque armado massivo que poderia ter causado milhares de vítimas civis, mortas à fome e frio. Provavelmente, um mero apoio massivo em armas à oposição/Governo nominal afegão teria sido uma medida justificada à luz do Direito Internacional, mas não o ataque armado realizado.

Segundo se julga, a acção militar dos EUA e do Reino Unido enquadra--se antes num ataque de represália contra os Talibãs pela sua recusa do ultimato apresentado por aqueles Estados[378]. Deste modo, a reacção de

---

[374] Ver, *infra*, parág. 16.1.
[375] Ver, *infra*, parág. 16.2.
[376] Ver, *infra*, parág. 16.2.
[377] O Tribunal Internacional de Justiça aplicou expressamente o princípio da necessidade a contra-intervenções [cfr. *Military and Paramilitary Activities*, cit., *I.C.J. Reports* 1986, pág. 122, parág. 237].
[378] Ver igualmente: G. Fox, *Addendum* (…), cit.; J. Head, *The United States* (…), cit., pág. 5-6 (considera que para os fins que acabaram por ser visados a acção seria uma represália).

tolerância e mesmo apoio reservado da Comunidade Internacional a esta acção constitui mais um elemento de prática que mina fortemente o princípio da não intervenção e, especialmente, o da proibição de uso da força nas relações internacionais e o seu corolário quanto à proibição de represálias armadas. Pela sua efectividade de 5-6 anos e extensão do território que controlavam, o regime talibã gozava já de protecção à luz destes princípios[379].

Consequentemente, julga-se que os EUA e o Reino Unido violaram de forma grave a proibição de uso da força nas relações internacionais. No entanto, aparentemente, a responsabilidade por esta violação foi remitida pela Comunidade Internacional atendendo as circunstâncias: o facto de a situação ter sido desencadeada por um ataque criminoso com consequências trágicas, de o alvo ter sido o Estado mais poderoso e de a vítima ser um Estado pária, com um Governo de facto não reconhecido. O verdadeiro teste à norma ocorrerá se vier a ser realizado mais alguma ofensiva unilateral contra outro ou outros Estados[380]. Mas tratou-se de mais um precedente que não pode ser ignorado.

**12.4.2. Conclusões.** Depois dos anos de vigorosas condenações, especialmente pela Assembleia Geral, mas igualmente pelo Conselho de Segurança, têm-se verificado silêncios preocupantes por parte das Nações Unidas em relação a estes actos, apenas rompido pela maioria dos Estados em declarações colectivas externas à organização. Mais recentemente, mesmo estas condenações parecem ter desaparecido, ao menos temporariamente, com a agravante de o Conselho de Segurança ter já adoptado actos ambíguos, de discreto apoio ou, pelo menos, tolerância em relação à última destas reacções bélicas.

Assim, a proibição de represálias armadas, já enfraquecida por uma causa de exclusão de responsabilidade em relação a acções quase imediatas dirigidas contra as forças armadas de movimentos e bandos armados res-

---

[379] Tal é manifesto em relação ao princípio da não intervenção, já que este se aplica em qualquer conflito armado entre dois movimentos armados, isto é, que controlem efectivamente parcelas de território. Quanto à aplicação da proibição do uso da força, se se entender que não existiam bases para considerar inválido o título dos Talibãs, estes eram já o Governo do Afeganistão, gozando claramente desta. A questão não é clara, já que a recusa em aceitar as credenciais das suas autoridades foi adoptada pela Assembleia Geral. Em qualquer caso, tendo em conta que controlavam quase 95% do território, é difícil negar-lhes a protecção da proibição de uso da força à luz do carácter automático tradicional da aquisição do título de Governo (ver, *infra*, parág. 34.4.4).

[380] Como os EUA na sua referida Carta de 7 de Outubro deixam em suspenso.

ponsáveis, em particular, por actos bélicos fronteiriços[381], parece estar igualmente a ser minada por uma nova causa de exclusão de responsabilidade: desta vez aplicável a acções bélicas, mesmo contra alvos políticos ou logísticos, desencadeadas em reacção a acções violentas de grupos infiltrados[382].

Não se julga que esta segunda causa de exclusão se encontre já formada, visto que alguns elementos militam ainda no sentido do reforço da norma, ao menos no plano da licitude[383]. Mas foram já dados passos importantes nesse sentido, dado que têm o apoio de alguns Estados poderosos[384].

---

[381] Ver, *supra*, parág. 12.3.

[382] E não vale a pena tentar evitar esta conclusão com qualquer elaboração de um regime de "legítima defesa" que abranja actos que efectivamente constituem represálias com vista a tentar nominalmente manter a proibição destas últimas [como admite A. Cassese, *Terrorism* (...), cit., pág. 6-8 e 5, quanto a represálias; e é defendido por alguns autores há muito: R. Tucker, *Reprisals and Self-Defense* (...), cit., pág. 595; W. O'Brien, *Reprisals, Deterrence and Self-Defense* (...), cit., na pág. 475-476; G. Intoccia, *American Bombing* (...), cit., pág. 199-200]. No dia que tal regime abrangente entrasse em vigor deixariam de existir represálias armadas, passando o seu regime a ser o da "legítima defesa abrangente", que poderia ou não ser aplicável em função de estar respeitado o princípio da necessidade e da proporcionalidade.

[383] Assim, a Convenção Internacional para a Eliminação de Ataques Terroristas, adoptada pela Assembleia Geral pela sua Resolução 52/164, de 15 de Dezembro de 1997 (texto em RDGAOR, 52nd Session, 1997, Vol. I, pág. 389), afirma no seu artigo 17: "The States Parties shall carry out their obligations under this Convention in a manner consistent with the principles of sovereign equality and territorial integrity of States and that of non-intervention in the domestic affairs of other States".

Recorde-se novamente que o Tribunal Internacional de Justiça, em 1996, muito depois do início destes elementos de prática contrária à proibição de represálias armadas, sustentou que estas eram proibidas [cfr. *Legality Of The Threat* (...), *I.C.J. Reports* 1996, parág. 46].

[384] Em relação aos EUA, Robert Kennedy, então Procurador-Geral/Ministro da Justiça norte-americano, durante a Crise dos Mísseis de Cuba, em 19 de Outubro de 1962, afirmou: "it would be very, very difficult indeed for the President if the decision were to be for an air strike, with all the memory of Pearl Harbor and with all the implications this would have for us in whatever world there would be afterward. **For 175 years we had not been that kind of country. A sneak attack was not in our traditions.** Thousands of Cubans would be killed without warning, and a lot of Russians too" (cfr. FRUS, 1961-1963, Vol. XI, doc. 31). São palavras que estão em risco de perder sentido.

Está a confirmar-se que é muito difícil manter normas inconvenientes, especialmente a proibição de uso da força, para qualquer Estado que tenha um poder esmagador que elimine o equilíbrio de poderes (sobre a relevância deste entre os membros permanentes, ver, *infra*, parág. 48). Actualmente, por estranho que pareça, o único real equilíbrio de poderes que existe é no seio dos próprios EUA, entre o Estado Federal e os cidadãos, graças ao poder eleitoral destes últimos. As únicas entidades (para lá do Congresso, que raramente tem autonomia

As consequências em relação à proibição de uso da força da formação de mais esta causa de exclusão serão graves, já que poderão permitir a eclosão de conflitos armados graves em consequência de apoio mais ou

---

ou inclinação para tal, dado tender a apoiar a política externa americana) que podem afectar o poder do Presidente dos EUA e a sua administração são os eleitores americanos e não quaisquer Estados, pelo menos sem consequências devastadoras para si próprios. Assim, quando estiverem verdadeiramente em causa os seus interesses, os EUA só terão como obstáculo determinante a sua opinião pública; ora, esta, por vezes, pode mesmo ser um incentivo para o uso da força e não para o contrário (as alegações de que certas condições internas têm incentivado utilizações da força de diversão parecem ter algum apoio em estudos empíricos da prática dos EUA; ver Benjamin Fordham, *The Politics of Threat Perception and the Use of Force: A Political Economy Model of U.S. Uses of Force, 1949-1994*, ISQ, 42, 1998, pág. 567--590, na pág. 583-584).

Externamente, os EUA dificilmente poderão deparar com um obstáculo intransponível, mesmo se uma conjugação de esforços diplomáticos entre os seus mais próximos aliados ou o receio de criar precedentes possam ainda surtir algum efeito. O princípio do equilíbrio de poderes a nível internacional não é mais do que uma manifestação paralela ao princípio da divisão de poderes a nível interno. Sem ele, o Direito Internacional não tem grandes condições para passar de um conjunto de normas de cerimonial, tal como o Direito Público a nível interno sem a separação de poderes. O que significa que o Direito Internacional se encontra actualmente protegido em parte por um conjunto de eleitores que nada ou pouco sabem sobre este.

O único aspecto paradoxal é que, ao contrário do sucedido no passado, o desequilíbrio de poderes não tem minado o poder dos EUA, pela concentração de esforços por parte dos outros Estados. Confiantes no carácter benigno do domínio norte-americano, os seus aliados e mesmo antigos adversários parecem aceitá-lo com maior ou menor entusiasmo e apenas em certas situações limite manifestam alguma inclinação em associar-se contra a única superpotência [como a aproximação entre a Rússia e a China, a propósito do projecto de defesa estratégica anti-míssel dos EUA; cfr. *Le Système Américain De Défense Antimissile Nationale (NMD)*, BMP, Bulletin N° 47, septembre 2000, pág. 4; Rein Müllerson, *The ABM Treaty: Changed Circumstances, Extraordinary Events, Supreme Interests and International Law*, ICLQ, Vol. 50, 2001, pág. 509-539, na pág. 536-537], O reforço do poder em instituições internacionais, especialmente a nível para-universal, poderia ser uma forma de contrabalançar este desequilíbrio, mas apenas se tem manifestado a nível regional. Os movimentos regionais de cooperação política são também uma tentativa de concentração de esforços para obter capacidade de influência diplomática que os respectivos Estados membros isoladamente nunca poderiam almejar. Pense-se na União Europeia ou no Movimento dos Não Alinhados depois do fim da Guerra Fria.

Este raciocínio não pode, porém, ser levado demasiado longe, já que como Estado mais rico, os EUA serão os primeiros a sofrer economicamente com as consequências na paz e segurança internacionais provocadas pelo descalabro do princípio da proibição do uso da força nas relações internacionais. Qualquer uso da força por estes que mine o princípio terá, portanto, um custo económico bastante pesado que tem sido tido necessariamente em conta, embora nem sempre com resultados satisfatórios.

menos discreto a grupos armados por Estados ou mesmo por força de meras acusações de apoios inexistentes[385].

**12.5. Relação com o poder público.** Abordado o regime dos pressupostos da legítima defesa, cabe uma referência aos seus limites, já que um destes se encontra mesmo relacionado com o poder público internacional, conferindo àquela um carácter apelidado de transitório. Trata-se do limite estabelecido na Carta de que a legítima defesa apenas pode ser exercida até que o Conselho de Segurança adopte as medidas necessárias à manutenção da paz e segurança internacionais. A Carta exige ainda que o Estado que a exerça notifique o Conselho das medidas defensivas que adoptar (artigo 51, segunda parte).

Em relação a este segundo requisito, é necessário frisar que o seu não acatamento não implica a ilicitude da legítima defesa em relação ao Estado agressor[386]. Limita-se a torná-la irregular perante as Nações Unidas. As consequências serão, pois, restritas às relações entre a organização e o Estado membro que não acatou esta exigência. Outra solução seria incompatível com os termos do artigo 51.

Não é possível depreender que a sua segunda parte é um pressuposto da primeira, já que esta se encontra redigida em termos peremptórios e independentes da exigência de notificação. Aliás, esta afirma que nada na presente Carta afectará o direito de legítima defesa; neste caso pode-se entender que nem sequer a segunda parte do preceito. Acresce que, como é reconhecido na Carta, é normalmente impossível informar das medidas que se vai adoptar. Perante um ataque surpresa, as forças do Estado atacado têm logo de adoptar as medidas de defesa e só depois cumprir o seu dever de informação. Ora, estes actos de defesa são um exercício lícito de legítima

---

[385] Recorde-se que a Primeira Guerra Mundial começou exactamente por constituir uma guerra de represália da Áustria-Hungria contra a Sérvia por força do assassinato em 28 de Junho de 1914 do herdeiro do trono da primeira às mãos de um grupo sérvio. A situação de tensão entre a Índia e o Paquistão, duas potências nucleares, na sequência do ataque por um bando armado contra o Parlamento indiano em 13 de Dezembro de 2001 [cfr. *India, Pakistan exchange border fire*, CNN, December 23, 2001 Posted: 5:27 PM EST (2227 GMT); *Pakistan, India 'move missiles' to border*, CNN, December 26, 2001 Posted: 1:08 AM EST (0608 GMT); *High alert on India-Pakistan border*, CNN, December 24, 2001 Posted: 8:28 PM EST (0128 GMT)], apenas confirma o perigo de permitir reacções militares nestes casos.

[386] Também neste sentido: R. Moura Ramos, *A Crise do Golfo e o Direito Internacional – Aspectos Gerais*, em *A Crise do Golfo e o Direito Internacional*, Porto, 1993, pág. 19-35, na pág. 32.

defesa apesar de só ser possível informar o Conselho algum tempo depois. A exigência do artigo 51 de que a comunicação deve ser imediata deve ser entendida como um "logo que possível". Outra conclusão teria resultados completamente desrazoáveis. Implicaria que um Estado atacado seria considerado igualmente responsável pelos seus actos de defesa apenas por força da ausência ou atraso de uma notificação. A prática parece confirmar o carácter secundário do dever de notificação dos actos de defesa adoptados[387].

Segundo se julga, a exigência de informar a Comunidade Internacional, ou qualquer instituição criada para o efeito por aquela (neste caso, o Conselho enquanto órgão das Nações Unidas), das medidas de legítima defesa adoptadas deve ser considerada como consagrada no Direito Internacional Costumeiro. Basta ter em conta a série de tratados de defesa que a consagram ou remetem para os termos do artigo 51 CNU, mesmo vinculando Estados que à altura não eram membros das Nações Unidas[388, 389].

---

[387] Assim, o Kuwait na sua Carta de 2 de Agosto de 1990, no mesmo dia do ataque do Iraque, ao Presidente do Conselho de Segurança, limita-se a um formal "Upon instructions from my Government, I have the honour to request an immediate meeting of the Security Council to consider the Iraqi invasion of Kuwait in the early morning of 2 August 1990" (cfr. UN Doc. S/21423, 2 August 1990). Não há qualquer referência aos actos de legítima defesa do Kuwait ou sequer ao artigo 51 CNU. Evidentemente, a carta é um mero acto formal, os factos foram previamente descritos oralmente pelo representante permanente do Kuwait. Mas a desconsideração das exigências do artigo 51 é sintomática da insignificância da exigência de notificação, ao menos quando os factos se afiguram claros.

[388] Ver tratados citados, *supra*, parág. 12.1. Recorde-se igualmente que já o Tratado de Garantia Mútua de Locarno de 16 de Outubro/1 de Dezembro de 1925 entre a Alemanha, a Bélgica, a França, a Grã-Bretanha e a Itália (texto em NRG, 3.ª Série, tomo XVI, pág. 7-12; também em AJIL, Vol. 20, No. 1, 1926, *Supplement: Official Documents*, pág. 22-25), no seu artigo 4, n.º 3, sujeitava o exercício de pelo menos a legítima defesa de terceiro a uma comunicação posterior ao Conselho da Sociedade das Nações.

[389] O Tribunal Internacional de Justiça considerou que esta exigência não tinha carácter costumeiro, mas por considerar correctamente que faz pouco sentido uma norma costumeira que imponha deveres em relação a um órgão criado por um tratado [afirmou: "in customary international law it is not a condition of the lawfulness of the use of force in self-defence that a procedure so closely dependent on the content of a treaty commitment and of the institutions established by it, should have been followed" (cfr. *Military and Paramilitary Activities*, cit., *I.C.J. Reports* 1986, pág. 105, parág. 200; também, pág. 121, parág. 235). Mas este obstáculo é superado se o dever consuetudinário for formulado em termos abstractos em relação à Comunidade Internacional ou a uma entidade por esta criada para o efeito, desta forma libertando-se da Carta. O Tribunal reafirmaria posteriormente esta exigência de comunicação à luz da Carta [cfr. *Legality Of The Threat* (…), *I.C.J. Reports* 1996, parág. 44].

No que diz respeito ao primeiro dos referidos limites, o seu alegado carácter transitório, é necessário concretizar o que entender por "medidas necessárias à manutenção da paz e segurança internacionais". Segundo se julga, as medidas adoptadas pelo Conselho devem ser eficazes na reposição da paz para que se possa considerar que fica precludida definitivamente a legítima defesa[390]. Mas isto não significa que o Estado agredido possa desobedecer sem mais a uma resolução do Conselho. Se este se limitar a ordenar o cessar-fogo e o agressor continuar o seu ataque armado, obviamente, o Estado agredido poderá legitimamente defender-se, apesar da ordem de cessar-fogo.

A justificação para esta possibilidade que aparentemente contradiz o artigo 25 CNU retira-se do próprio artigo 51 quando afirma que nada na Carta prejudicará o direito de legítima defesa até que o Conselho adopte as referidas medidas necessárias[391, 392]. Ora, se medidas necessárias não terão

---

[390] Neste sentido: Hans Kelsen, *Collective Security and Collective Self-Defense Under the Charter of the United Nations*, AJIL, Vol. 42, No. 4, 1948, pág. 783-796, na pág. 793; H. Waldock, *The Regulation of the Use of Force* (...), cit., pág. 498; Nicholas Rostow, *The International Use of Force after the Cold War*, HILJ, vol. 32, n.º 2, 1991, pág. 411-421, na pág. 417-420; Eugene Rostow, *Until What: Enforcement Action or Collective Self-Defense?*, AJIL, vol. 85, No. 3, 1991, pág. 506-516, na pág. 510-511; Oscar Schachter, *UN Law and the Gulf War*, AJIL, vol. 85, No. 3, 1991, pág. 452-473, na pág. 458-459; C. Scott/Qureshi/Michell/Kalajdzic/Copeland/Chang, *A Memorial For Bosnia* (...), cit., pág. 66-71; M. Ramos, *A Crise do Golfo* (...), cit., pág. 31-32; Lino-Alexandre Sicilianos, *Le Contrôle par le Conseil de Sécurité des Actes de Légitimité Défense*, em *Le Chapitre VII de la Chartre des Nations Unies* (SFDI – Colloque de Rennes), Paris, 1995, pág. 59-95, na pág. 72-74; S. Alexandrov, *Self-Defense* (...), cit., pág. 266-267 (embora na pág. 105 sustente que cabe ao Conselho decidir se as medidas são adequadas e quando deve cessar a legítima defesa); Ziyad Motala/David ButleRitchie, *Self-Defense in International Law, the United Nations, and the Bosnian Conflict*, UPLR, Vol. 57, 1995, pág. 1-33, na pág. 27; U. Villani, *L'Intervento* (...), cit., pág. 49; Théodore Christakis, *L'Onu, le Chapitre VII et la Crise Yougoslave*, Montchrestien, 1996, pág. 116-117; Malvina Halberstam, *The Right to Self-Defense once the Security Council Takes Action*, MJIL, Vol. 17, 1996, pág. 229-248, na pág. 237, 239, 244-245 e 248; P. Canelas de Castro, *De Quantas Cartas se Faz a Paz Internacional?*, Ab Vno Ad Omnes – 75 Anos da Coimbra Editora, Coimbra, 1998, pág. 1005-1060, na pág. 1050-1051; J. Hsiung, *Anarchy & Order* (...), cit., pág. 56.

Contra: Thomas Franck/Faiza Patel, *UN Police Action in Lieu of War: The Old Order Changeth*, AJIL, Vol. 85, No. 1, 1991, pág. 63-74, na pág. 64 e 65; Christopher Greenwood, *How legitimate is force against Iraq?*, TT, August 10, 1990, Section: Features; Michael Mattler, *The Distinction Between Civil Wars and International Wars and Its Legal Implications*, NYUJILP, 1994, pág. 655-700, na pág. 696-697.

[391] Encontra-se na prática dos Estados apoio para este entendimento. Assim, durante a discussão da questão das Falkland/Malvinas no Conselho de Segurança, afirmou-se: "Argentina claimed that under Article 51 of the Charter hostilities must cease after the Council had

adopted a resolution. The United Kingdom counter-argued that the reference in Article 51 to measures necessary to maintain international peace could be taken **to refer only to measures that were actually effective to bring about the stated objective**" (cfr. RPSC, 1981-1984, Chapter 11, pág. 326).

Esta interpretação foi confirmada pela maioria dos Estados membros das Nações Unidas. Assim, na Resolução 47/121 de 18 de Dezembro de 1992 (texto em RDGAOR, 47th Session, 1992, vol. I, pág. 44-45), parág. 15 do preâmbulo, a Assembleia Geral, por 102 votos a favor, nenhum contra, mas com 57 abstenções, declarou: "Reaffirming also that the Republic of Bosnia and Herzegovina has the inherent right to individual or collective self-defence in accordance with Chapter VII, Article 51, of the Charter, until the Security Council has taken the measures necessary to maintain international peace and security" (texto em RDGAOR, 47ª, 1992, vol. I, pág. 44-45). Igualmente na sua Resolução 48/88 de 20 de Dezembro de 1993, parág. 18 (texto em RDGAOR, 48.ª, 1993, vol. I, pág. 40-42) e Resolução 49/10 de 3 de Novembro de 1994, parág. 23 (texto em RDGAOR, 49ª, 1994, vol. I, pág. 9-10), a Assembleia Geral continuou a sustentar que a Bósnia-Herzegovina gozava do direito de legítima defesa nos termos do artigo 51 da Carta, apesar de entretanto terem sido adoptadas várias medidas pelo Conselho nos termos do Capítulo VII. Isto é, a maioria dos Estados da Organização entende que não basta a adopção de medidas coercivas pelo Conselho de Segurança, mesmo que impostas a uma ou várias partes no conflito, como os embargos decretados, para que fique precludida a legítima defesa. Confirmam, pois, que estas medidas devem ser efectivamente adequadas.

O próprio Conselho de Segurança aceitou esta interpretação nas suas Resoluções 546 (1984), de 6 de Janeiro, parág. 5 e 574 (1985), de 7 de Outubro, parág. 4, ambas em relação ao conflito entre Angola e a África do Sul. De facto, ambas reconhecem o direito de legítima defesa de Angola, sem deixar de sublinhar as medidas anteriores do Conselho contra a África do Sul (respectivamente, parág. 4 e 5); no caso, o embargo de material bélico adoptado pela Resolução 418 (1977) nos termos do Capítulo VII. Igualmente na sua Resolução 661 (1990), de 6 de Agosto (texto em RDSCOR, 1990, pág. 19-20), a propósito do Conflito do Golfo, cujo parág. 3 e 4 impõe sanções comerciais e financeiras contra o Iraque, mas onde no parág. 6 do seu preâmbulo se sustenta a legitimidade do recurso à legítima defesa no caso concreto: "Affirming the inherent right of individual or collective self-defence, in response to the armed attack by Iraq against Kuwait, in accordance with Article 51 of the Charter".

[392] Não se afigura adequado justificar a legitimidade desta "desobediência" na invalidade de uma resolução do Conselho que afectasse o direito de legítima defesa por força do seu alegado carácter *iuris cogentis* |como sustentam: Craig Scott/Qureshi/Michell/Kalajdzic/ Copeland/Chang, *A Memorial For Bosnia* (...), cit., pág. 57-67; C. Kahgan, *Jus Cogens* (...), cit., pág. 824-826; Z. Motala/D. ButleRitchie, *Self-Defense* (...), cit., pág. 14-15; também M. Halberstam, *The Right to Self-Defense* (...), cit., pág. 238]. Sem dúvida que se a Resolução do Conselho procurar restringir directamente um exercício da legítima defesa contra um ataque em progresso efectivo levantar-se-ão questões sérias quanto à validade desta e, consequentemente, poderá surgir um direito de desobediência (ver, *infra*, sobre o controlo pelos Estados da acção do Conselho, parág. 91.2.1).

Mas este regime não decorre de qualquer violação do *Ius Cogens* e sim, simplesmente, da Carta, já que esta garante a legítima defesa, vinculando o Conselho. Se uma parte do

de ser obrigatoriamente medidas bélicas, na realidade têm de ser no mínimo medidas adequadas ao restabelecimento da paz. Isto é, mesmo que a situação se mantenha insegura, pelo menos as medidas adoptadas devem levar à cessação da agressão armada para que o direito de legítima defesa não seja aplicável. O artigo 25 deve ser interpretado no sentido de ser compatibilizado com o artigo 51.

De resto, nem faria sentido que o Conselho de Segurança pretendesse em qualquer situação forçar um Estado agredido a suportar a agressão passivamente e deixar o agressor ocupar o seu território e destruir as suas forças armadas sem ripostar[393]. Uma ordem de cessar fogo deve ser entendida como dirigida a ambos os beligerantes, mas no caso de um destes continuar as operações militares contra o território do outro, este terá todo o direito de se defender. Deve-se, pois, entender que qualquer ordem de cessar-fogo não prejudica a legítima defesa contra uma violação desta.

---

núcleo essencial da legítima defesa pode ser considerada como um corolário do direito de autodeterminação dos Povos e de outros direitos humanos *iuris cogentis*, na realidade, pensa--se que o *Ius Cogens* não tutela direitos dos Estados que são sempre para estes disponíveis [ver C. Baptista, Ius (...), cit., pág. 277-281 e 487-489]. Um Estado pode vincular-se por tratado a não ter exército e, portanto, a alienar qualquer possibilidade prática de legítima defesa. Registe-se, contudo, uma interessante posição do Egipto, em 1 de Agosto de 1951 (vários anos antes da adopção da Convenção de Viena sobre o Direito dos Tratados de 1969), na 550.ª reunião do Conselho de Segurança, citando Kelsen: "'Although the right of self--defence is supposed to be established by a rule of general international law which has the character of 'jus cogens' so that it cannot be affected by any treaty, it has been considered not as superfluous to stipulate this right expressly in the Charter" (cfr. RPSC, 1946-1951, Chapter XI, pág. 449).

[393] Durante a Guerra do Golfo, o Iraque atacou Israel tendo disparado contra este cerca de 40 mísseis. A pedido da coalizão contra o Iraque, em 18 de Janeiro de 1991, Israel declarou que se defenderia dos mísseis, mas que não responderia aos ataques (cfr. Clayton R. Newell, *Historical Dictionary of the Persian Gulf War 1990-1991*, Lanham/London, 1998, pág. XLI). Consequentemente, limitou-se a procurar abater os mísseis Scud iraquianos, num exercício de pura legítima defesa passiva, sem procurar sequer atingir as bases de onde aqueles eram lançados. Israel teria todo o direito de se defender de forma mais agressiva contra estes ataques, mas aceitou conter o exercício deste seu direito, embora o Conselho de Segurança não tenha tido qualquer intervenção na questão. Julga-se que o Conselho teria tido autoridade para lhe impor que aceitasse, em nome do objectivo de conter o diferendo, sofrer os bombardeamentos sem responder activamente, visto que tinham sido adoptadas medidas adequadas. Mas já não teria poder para lhe exigir que os sofresse sem tentar abater os mísseis atacantes. Isto é, haverá sempre um mínimo irredutível do direito de legítima defesa que o Conselho não poderá colocar em causa, desde logo, por força dos próprios termos da Carta.

Mas este ponto de partida pacífico deixa por esclarecer a questão de saber se é lícito o recurso à legítima defesa numa situação em que as hostilidades cessaram, mas permanece a ocupação do território pelo Estado agressor, apesar das medidas adoptadas pelo Conselho. Como ficou escrito, julga-se claro que o Estado agredido pode recorrer à legítima defesa caso o Estado agressor recomece os combates, independentemente das medidas decididas pelo Conselho. Mas poderá este recorrer à força para obrigar o agressor a retirar do seu território, mesmo depois de o Conselho ter adoptado medidas vinculativas?

Entende-se que a resposta deve ser positiva, excepto em duas situações específicas. Num caso em que o Conselho expressamente tenha proibido o recurso à força já depois do falhanço das negociações. Isto é, não basta que tenha imposto um cessar-fogo no início das hostilidades. É necessário que proíba o exercício da legítima defesa mesmo perante o esgotar sem sucesso dos meios pacíficos e adopte algumas medidas para resolver a questão. E também não será possível o recurso à legítima defesa enquanto continuarem negociações ou o Conselho se mantiver activamente empenhado na resolução da questão, adoptando medidas progressivamente mais duras. Permitir aqui uma utilização unilateral da força seria contrário à boa-fé que as partes devem manter enquanto negociam, bem como perturbador para a acção do Conselho. Tal poderia colocar em causa a autoridade e responsabilidade do Conselho em violação da segunda parte do artigo 51 CNU. Existindo uma situação de paz precária, esta deve ser mantida até se esgotarem as vias pacíficas.

Mas uma vez cessadas as negociações por qualquer uma das partes ou bloqueado o Conselho pelo veto ou pela insuficiência de apoio político a medidas mais eficazes e apurada a ineficácia clara das adoptadas, o recurso à força para expulsar o ocupante antes que a situação se consolide[394] deve

---

[394] É certo que a referida Definição de Agressão da Assembleia Geral considera uma ocupação como uma agressão permanente [artigo 3, al. a)], mas precisamente não a considera um ataque armado. Ora, a agressão só por si não permite qualquer legítima defesa. Não existe, pois, um direito de legítima defesa permanente contra uma ocupação. Tal entendimento seria mesmo perigoso, especialmente perante situações consolidadas em que nada justifica a utilização da força para expulsar o alegado ocupante [também: Thomas M. Franck, *Dulce Et Decorum Est: The Strategic Role Of Legal Principles In The Falklands War*, AJIL, Vol. 77, 1983, pág. 109-124, na pág. 115-119; O. Schachter, *The Right* (...), cit., pág. 1626-1628].

No rigor das exigências da actualidade, uma vez cessadas as hostilidades, qualquer retirada de um território deveria ser obtida exclusivamente por meios pacíficos (neste sentido: Thomas Yoxall, *Iraq and Article 51: A Correct Use of Limited Authority*, IL, Vol. 25, 1991, pág. 967 e segs., na nota 123). A prática, contudo, parece aceitar uma reacção não imediata em algumas circunstâncias de ocupação de território, que permite considerar ainda existir pelo menos uma agressão actual. Assim, a actualidade da reacção em legítima defesa não prejudica defesas atrasadas por força de impossibilidades materiais, desde que se mantenha uma ocupação (como a reacção britânica à ocupação das Falklands/Malvinas pela Argentina, por força da distância do teatro de operações) (também neste sentido: P. Malanczuk, *Countermeasures* (...), cit., pág. 254-255; ver igualmente Nicolas J. Watkins, *Disputed Sovereignty In The Falkland Islands: The Argentina-Great Britain Conflict Of 1982*, FSULR, Vol. 11, 1983, pág. 649-676, na pág. 670-671). Ou reacções atrasadas por força de uma ordem do Conselho de cessar-fogo e retirada, até se verificar que o Estado ocupante se recusa terminantemente a respeitar a ordem de retirada e o Conselho se revela incapaz de o forçar a tal (ver neste sentido autores referidos, *infra*, neste parágrafo).

Talvez seja mesmo compatível com uma reacção atrasada por força de uma derrota militar [neste sentido: J. Hsiung, *Anarchy & Order* (...), cit., pág. 56; ver invocações da legítima defesa pelo Reino Unido e EUA após a ocupação do Kuwait pelo Iraque, *infra*, neste parágrafo], desde que o período de demora na reacção para readquirir o território ocupado seja o absolutamente necessário para adquirir os meios militares para o efeito e durante esse período os meios pacíficos sejam esgotados sem resultado, incluindo o recurso ao Conselho de Segurança. Segundo se julga, este período não poderá ser superior a dois anos. Considera--se que este prazo constitui um período razoável a partir do qual a situação se consolida aos olhos de toda a Comunidade Internacional, tornando a acção militar para readquirir o território responsável directa pela ruptura da paz. Trata-se de prazo que tem apoio na afirmação do Conselho: "*Considering* that since the armistice regime, which has been in existence for **nearly two and a half years**, is of a permanent character, neither party can reasonably assert that it is actively a belligerent or requires to exercise the right of visit, search and seizure for any legitimate purpose of self-defence", a propósito da situação entre Israel e o Egipto [cfr. Resolução 95 (1951), de 1 de Setembro, preâmbulo (texto em RDSCOR, 1951, pág. 10-11); ver também declarações da Holanda, em 1 de Agosto de 1951, na 551.ª reunião do Conselho (cfr. RPSC, 1946-1951, Chapter XI, pág. 450); ver, porém, as reservas a esta interpretação de Thomas K. Plofchan, Jr., *Article 51: Limits On Self-Defense?*, MJIL, Vol. 13, 1992, pág. 336--373, na pág. 369-370; em sentido paralelo: O. Schachter, *The Lawful* (...), cit., pág. 292 (aceita um limite temporal para a reacção, mas não avança um prazo); R. Higgins, *International Law* (...), cit., pág. 309 [parece aceitar que se extinga, mas não em apenas um ano, citando a reocupação pela Croácia da Krajina em 22 de Janeiro de 1993; mas neste caso não se tratou de uma operação contra outro Estado, mas contra um movimento armado que controlava território considerado internacionalmente como croata (ver, *supra*, sobre a questão, parág. 10.5)]. Contra ainda: U. Villani, *L'Intervento* (...), cit., pág. 47 (parece entender que a legítima defesa contra uma ocupação ilícita é lícita a todo o tempo).

Daí que, por exemplo, a reacção Árabe, com o desencadear do Conflito do *Yom Kippur* em 1973 para pôr termo às ocupações de Israel resultantes do Conflito dos Seis dias de 1967 tenha sido claramente atrasada. Ver também E. Rostow, *The Illegality of the Arab Attack* (...), cit., pág. 277-279 e 288; embora o autor parta de outra ideia, a de que a Resolução 242 (1967), de 22 de Novembro (texto em RDSCOR, 1967, pág. 8), alegadamente tornada obrigatória pela Resolução 338 (1973), de 22 de Outubro (texto em RDSCOR, 1973, pág. 10)

ser considerado como um exercício da legítima defesa[395]. O Conselho não terá adoptado as medidas adequadas à manutenção ou restabelecimento da paz e segurança. Com a sua intervenção obteve apenas um cessar fogo que perpetua uma situação ilícita de ocupação não consolidada, acompanhada das previsíveis medidas de repressão contra a população civil[396].

Casos semelhantes são os que decorrem de certas medidas do Conselho que dificultem o exercício da legítima defesa, como um embargo de armas

---

tornou lícita a manutenção Israelita nos territórios Árabes ocupados na sequência da Guerra dos Seis Dias, que considera um exercício de legítima defesa. Parece claro que existe uma intenção na Resolução 242 de não forçar à retirada Israelita enquanto não existisse paz e reconhecimento mútuo, para evitar o sucedido em 1957, em que houve retirada sem paz (esta intenção tem alguns traços nos debates no Conselho, de 9 a 22 de Novembro de 1967: cfr. RPSC, 1966-1968, Chapter VIII, pág. 148-151; ver também Q. Wright, *The Middle East* (…), cit., pág. 272 e 274-275).

Mas, a menos que se sustente que existe um princípio costumeiro que permite ocupações para forçar a um reconhecimento e celebração de uma paz definitiva (e independentemente da licitude do recurso à força que levou à ocupação, já que o de 1967 é no mínimo controverso), as citadas resoluções não poderiam ter tal efeito jurídico, embora tenham tido um efeito de legitimação política. Ambas não passam de recomendações aprovadas nos termos do Capítulo VI. O termo "Decide" que consta do parág. 3 da Resolução 338 é insusceptível de a tornar obrigatória só por si (ver, *infra*, parág. 49.1) e muito menos o parág. 2 que faz referência à Resolução 242 com um mero "Calls". O Conselho de Segurança, porém, nesta sua Resolução 338 (1973), sobre o conflito do *Yom Kippur*, absteve-se de condenar qualquer uma das partes.

De qualquer forma, uma vez consolidada uma situação de ocupação, não é legítimo utilizar a força para lhe pôr termo, mesmo que aquela seja ilícita.

[395] Em sentido semelhante: E. Rostow, *Until What* (...), cit., pág. 510-511; O. Schachter, *UN Law and the Gulf War*, cit., pág. 458-459; T. Plofchan, Jr., *Article 51* (…), cit., pág. 372-373; M. Halberstam, *The Right to Self-Defense* (…), cit., pág. 237. Contra: Kathryn Elliott, *The New World Order and the Right of Self-Defense in the United Nations Charter*, HICLR, Vol. 15, 1991, pág. 55-81, na pág. 74 e 75-76.

[396] A questão colocou-se a propósito da ocupação do Kuwait pelo Iraque. Até à aprovação da Resolução 678 (1990), 29 de Novembro (texto em RDSCOR, 1990, pág. 27-28) que habilitaria à utilização da força, os EUA e o Reino Unido sustentaram que teriam direito de usar a força em legítima defesa independentemente de qualquer habilitação nesse sentido do Conselho [assim, a então Primeira-Ministra britânica afirmou na Câmara dos Comuns, em Setembro de 1990, que: "We hope that sanctions will prove sufficient. That is why they must be strictly enforced. But we are not precluded by reason of any of the Security Council resolutions from exercising the inherent right of collective self-defence in accordance with the rules of international law. To undertake not to use military force without the further authority of the Security Council would be to deprive ourselves of a right in international law expressly affirmed by UN resolution 661" (cfr. Manchester Guardian Weekly, September 16, 1990, pág. 6). Tudo indica que teriam razão nos termos descritos.

que abranja quer o Estado agressor, quer o Estado agredido. Deve entender-
-se que, mesmo que o embargo prejudique fortemente o segundo, deverá ser
respeitado a menos que se conclua que a decisão do Conselho que o impôs
é inválida. Esta conclusão só será admissível numa situação de agressão
inequívoca[397, 398].

---

[397] O exemplo paradigmático é constituído pelas alegações de que o embargo ao
comércio de armamento para os Estados que compunham a ex-Jugoslávia imposto pelas
Resoluções 713, 727 e 787 do Conselho de Segurança (sobre estas, ver, *infra*, parág.
67) seria inválido em relação à Bósnia-Herzegovina por impedir o exercício do seu direito de legítima
defesa contra a agressão organizada externamente. E que constituiria mesmo cumplicidade no
genocídio que estaria a ocorrer contra uma das etnias constitutivas da Bósnia-Herzegovina,
a dos muçulmanos.
      Assim, em 15 de Novembro de 1993, a Bósnia-Herzegovina declarou ser sua intenção
accionar o Reino Unido perante o Tribunal Internacional de Justiça, alegando que este violara
o seu dever de prevenir qualquer genocídio e que fora mesmo cúmplice num, ao apoiar a
manutenção do embargo de armas contra si. Em 20 de Dezembro seguinte, numa declaração
conjunta, o primeiro Estado anunciou a desistência de tal iniciativa (cfr. ICLQ, Vol. 43, N.º
3, 1994, pág. 714). Entre tantas outras ocasiões, na 3336.ª reunião do Conselho, em 14 de
Fevereiro de 1994, a Bósnia alegou que "It is clear to us that the arms embargo imposed by
resolution 713 (1991) does not apply to the Government of the Republic of Bosnia and
Herzegovina. We are a country under attack from a much better-armed aggressor bent on
territorial conquest and genocide. It is clear that the aggression continues and that the Council
still has not fully confronted the aggressor. Our rights under Article 51 of the Charter are clear
and absolute" (cfr. UN Doc. S/PV.3336, 14 February 1994, pág. 13). Igualmente na 3575.ª
reunião do Conselho, em 8 de setembro de 1995, afirmou que o embargo impedia "the legal
Government of the Republic of Bosnia and Herzegovina to exercise the inherent right of
every Member of the United Nations to self-defence (cfr. UN Doc. S/PV.3575, 8 September
1995, pág. 11). Viu-se já que a Assembleia Geral, sem ter ido tão longe, chegou a incentivar
os membros a actos de cooperação com a Bósnia-Herzegovina que podiam ser entendidos
como indo contra o embargo.
      Também o Secretário-Geral Kofi Annan sustentou que o embargo violara o direito de
legítima defesa da Bósnia: "**The arms embargo** did little more than freeze in place the
military balance within the former Yugoslavia. It left the Serbs in a position of overwhelming
military dominance and **effectively deprived the Republic of Bosnia and Herzegovina of its
right, under the Charter of the United Nations, to self-defence**" (cfr. *Report of the Secretary-
General pursuant to General Assembly resolution 53/35 – The fall of Srebrenica*, UN Doc. A/
/54/549, 15 November 1999, parág. 490). Igualmente no mesmo sentido: C. Scott/Qureshi/
/Michell/Kalajdzic/Copeland/Chang, *A Memorial For Bosnia* (...), cit., pág. 57-67; Z. Motala/
/D. ButleRitchie, *Self-Defense* (...), cit., pág. 33; Jordan J. Paust, *Peace-Making And Security
Council Powers: Bosnia-Herzegovina Raises International And Constitutional Questions*, SILJ,
Vol. 19, 1994, pág. 131-151, na pág. 135-138; Lori F. Damrosch, *Recent Security Council
Actions Concerning Internal Conflicts: Economic Sanctions*, ASILI, 1994; Stanley Hoffmann,
*Humanitarian Intervention in the Former Yugoslavia*, em *The Ethics and Politics of Humanitarian
Intervention* (ed. S. Hoffmann), Notre Dame, 1997, pág. 38-60, na pág. 50 e em *Thoughts*

*on the UN at Fifty*, EJIL, Vol. 6, No. 3, 1995, pág. 317-324, Part III; C. Kahgan, *Jus Cogens* (...), cit., pág. 825-826 (implicitamente).

A correcção desta posição depende, claro está, do papel da nova Jugoslávia em apoio do movimento armado sérvio na Bósnia e, consequentemente, de uma qualificação do conflito na Bósnia-Herzegovina. De facto, a entender-se que, a partir de 19 de Maio de 1992, data da proclamada retirada do exército federal Jugoslavo da Bósnia, se tratou de um conflito interno (como ficou sustentado em *Prosecutor v. Duško Tadic*, Trial Chamber II, Case No. IT--94-1-T, Judgement of 7 May 1997, parág. 607; ver também: Stefan Oeter, *Kriegsverbrechen in den Konflikten um das Erbe Jugoslawiens*, ZAORV, 53, n. 1, 1993, pág. 1-48, na pág. 7, 15 e 17), a legítima defesa não seria aplicável, já que esta pressupõe uma reacção de defesa contra um uso ilícito da força e uma utilização por simples rebeldes contra o seu Estado não o será (ver, *supra*, parág. 10.5 e, *infra*, parág. 15.1). No entanto, tal qualificação não é pacífica. A Secção de Recurso do Tribunal Penal para a ex-Jugoslávia veio contrariar este entendimento da Secção de Primeira Instância, entendendo que se tratou de um conflito internacional durante toda a sua duração por considerar que os actos dos Sérvios da Bósnia eram imputáveis à nova Jugoslávia, mas baseado em critérios de imputação que não se aceita (cfr. *Prosecutor v. Dusko Tadic*, Appeals Chamber, Case No: IT-94-1-A, Judgement of 15 July 1999, parág. 162; no mesmo sentido quanto à qualificação: Antonio Tanca, *Sulla Qualificazione del Conflitto nella ex Iugoslavia*, RDI, vol. LXXVI, 1993, n. 1, pág. 37-51, na pág. 45-49; Theodor Meron, *International Criminalization of Internal Atrocities*, AJIL, vol. 89, No. 3, 1995, pág. 554-577, na pág. 556 e em *Classification of Armed Conflict* (...), cit., pág. 239--242; George Aldrich, *Jurisdiction of the International Criminal Tribunal for the Former Yugoslavia*, AJIL, Vol. 90, No. 1, 1996, pág. 64-69, na pág. 66-69; ver ainda, *supra*, parág. 9.1).

A tratar-se de um conflito internacional entre a Bósnia e a nova Jugoslávia, então a primeira poderia invocar legítima defesa contra os ataques armadas dos Sérvios da Bósnia por se entender, como a Secção de Recurso fez, que os actos destes são atribuíveis à Jugoslávia. Tem-se, contudo, sérias reservas em relação a esta imputação, embora a questão dependa de circunstâncias de facto, máxime, do grau de controlo que a nova Jugoslávia tinha sobre o movimento sérvio da Bósnia e o seu exercício por esta. De facto, não basta provar que a Jugoslávia tinha um poder efectivo sobre os sérvios da Bósnia, é necessário demonstrar que esta o exerceu incentivando ao combate. Ora, esta posição parece difícil de sustentar a partir de 1 de Agosto de 1994, quando a nova Jugoslávia cortou as suas relações com o movimento sérvio bósnio por força da recusa deste em assinar o plano de paz do Grupo de Contacto. Corte que foi suficientemente credível para que o Conselho de Segurança suspendesse as sanções contra esta (ver, *infra*, parág. 67).

De qualquer modo, julga-se que o Conselho não tem competência para proibir que um Estado exerça o seu direito de legítima defesa se não tiver adoptado medidas eficazes. Mas já pode proibir que os Estados lhe forneçam armamento se entender que a situação não é suficientemente clara quanto à existência de um Estado agressor. Em qualquer caso, sustentar que o embargo completo contra ambos os lados do conflito não foi uma boa solução política [entendimento que o Conselho confirmou ao adoptar políticas de embargo unilaterais contra rebeldes, como em Angola (ver, *infra*, parág. 20.5) ou na Serra Leoa (ver, *infra*, parág. 68)] é uma coisa, entender que este violou a Carta é outra. Registe-se as palavras do então

Em suma, a conclusão a retirar é que a relação com o poder público bélico só excepcionalmente afecta a legítima defesa. O facto de esta cessar quando o Conselho adopte as medidas eficazes é um corolário do seu regime. Tendo sido adoptadas medidas bélicas adequadas, claro está, as medidas de legítima defesa não serão necessárias, logo não haverá lugar a esta. Terão sido consumidas pelo exercício do poder bélico, mas não por força de um imperativo jurídico e sim por considerações de facto que implicam a sua não aplicação por desnecessidade. Para que esta não seja aplicável perante meras medidas compulsivas pacíficas é indispensável que o ataque armado tenha cessado, pois no caso de este ser retomado a legítima defesa voltará a aplicar-se. É, pois, necessário não sobrestimar o alegado carácter transitório da legítima defesa.

**12.6. Necessidade e proporcionalidade.** Mas, para além de ter de preencher os seus pressupostos, e cumprir o requisito procedimental de informação ao Conselho de Segurança, a legítima defesa está ainda sujeita

---

Secretário-Geral sobre a questão: "the lifting of the arms embargo in favour of the Government of Bosnia and Herzegovina, would change the nature of the United Nations presence in the area and imply unacceptable risks to UNPROFOR. (...) would be tantamount to fanning the flames that the United Nations is deployed to extinguish. In both cases the result would be a fundamental shift from the logic of peace-keeping to the logic of war and would require the withdrawal of UNPROFOR from Bosnia and Herzegovina" [cfr. Relatório do Secretário-Geral de 17 de Setembro de 1994 (UN Doc. S/1994/1067), parág. 43]. Além de que iria em qualquer caso dividir o Conselho, por força da oposição da Rússia que, provavelmente, vetaria tal decisão.

[398] Mais complexa é a questão quando a decisão que limita o exercício da legítima defesa consta de uma sentença do Tribunal Internacional de Justiça, por exemplo, de uma medida provisória. Assim, em *Military and Paramilitary Activities in and Against Nicaragua* (Nicaragua c. United States of America), Provisional Measures, Order of 10 May 1984, *I.C.J. Reports* 1984, pág. 187, parág. 41, o Tribunal proibiu acções que eram consideradas pelos EUA como medidas de legítima defesa. Alguma Doutrina sustentou que uma sentença que limitava o direito de legítima defesa deveria ser considerada como nula (neste sentido: J. Norton Moore, *The Secret War in Central America and the Future of World Order*, AJIL, Vol. 80, 1986, pág. 43-127, na pág. 99 e 100). Mas tal conclusão esvaziaria de obrigatoriedade qualquer decisão judicial sobre o uso da força, já que normalmente ambas as partes invocam legítima defesa. A parte derrotada consideraria sempre violado este seu direito. E, de qualquer modo, não sendo a legítima defesa tutelada por uma norma *iuris cogentis*, não se vê porque reservar este raciocínio apenas para este direito. Teria de ser estendido a todos os outros direitos importantes dos Estados e, por maioria de razão, a normas *iuris cogentis*, ainda que a violação não fosse grosseira [ver C. Baptista, Ius (...), cit., pág. 507]. Seria o fim da obrigatoriedade das sentenças judiciais internacionais e, em particular, do artigo 94, n.º 1 CNU.

a requisitos substantivos. O seu regime distingue-se dos pressupostos pela circunstância de a sua violação não implicar necessariamente a ilicitude de todas as medidas. Deste modo, uma acção que viole estes requisitos, ainda é legítima defesa, mas excessiva. Isto significa que apenas o excesso será ilícito[399], não já as medidas que os respeitem[400].

Os requisitos substantivos são dois: a necessidade e a proporcionalidade[401].

---

[399] O Conselho de Segurança na sua Resolução 884 (1993), de 12 de Novembro (texto em RDSCOR, 1993, pág. 73-74), preâmbulo, afirmou a propósito do conflito armado entre a Arménia e o Azerbaijão, num clara alusão ao excesso de legítima defesa: "Noting with alarm the escalation in armed hostilities as consequence of the violations of the cease-fire and excesses in the use of force in response to those violations".

[400] Verificou-se que alguma Doutrina inclui entre os requisitos da legítima defesa igualmente o carácter imediato da defesa (ver, *supra*, parág. 12.3). Porém, não se trata de um requisito ou característica da defesa e sim um pressuposto desta, enquanto característica do ataque armado. Não existindo uma agressão actual nem vale a pena discutir se se está perante medidas necessárias: a resposta é ilícita, mesmo que seja proporcionada. Nunca será necessária por não se tratar de uma defesa.

O Tribunal Internacional de Justiça distinguiu claramente pressupostos e limites da legítima defesa: "Since the Court has found that the condition sine qua non required for the exercise of the right of collective self-defence by the United States is not fulfilled in this case [um ataque armado] (…) even if the United States activities in question had been carried on in strict compliance with the canons of necessity and proportionality, they would not thereby become lawful" (cfr. *Military and Paramilitary Activities*, cit., *I.C.J. Reports* 1986, pág. 122, parág. 237).

[401] Assim, o Tribunal Internacional de Justiça afirmou: "Moreover the Charter, having itself recognized the existence of this right, does not go on to regulate directly all aspects of its content. For example, it does not contain any specific rule whereby **self-defence would warrant only measures which are proportional to the armed attack and necessary to respond to it, a rule well established in customary international law**" (cfr. *Military and Paramilitary Activities*, cit., *I.C.J. Reports* 1986, pág. 94, parág. 176; também pág. 122-123, parág. 237). Posteriormente, acrescentou: "The submission of the exercise of the right of self-defence to the conditions of necessity and proportionality is a rule of customary international law [cfr. *Legality Of The Threat* (…), *I.C.J. Reports* 1996, parág. 41], considerando aplicáveis tais exigências a qualquer uso da força porque "these constraints are inherent in the very concept of self defence" (idem, parág. 40). Contra: J. Kunz, *Individual and Collective* (…), cit., pág. 578 (parece rejeitar ambos os princípios); R. Ago, *Addendum to the Eighth Report* (…), cit., pág. 69, parág. 121 (reconduz a proporcionalidade à necessidade das medidas de defesa); S. Schwebel, *Dissenting Opinion, Military* (…), cit., pág. 368, parág. 212 (segue Ago).

Tendo em conta a exigência pesada que a Carta impõe ao exercício da legítima defesa (a existência de um ataque armado) podia-se ser tentado a questionar se a necessidade e a proporcionalidade não deveriam ser excluídas como limites a esta. Mas para lá da prática e da Jurisprudência citada, a verdade é que o próprio Direito Humanitário dos Conflitos Armados é um corolário destes dois princípios. Negar qualquer um destes seria colocar em perigo a

O requisito da necessidade limita as medidas adoptadas às necessárias para defender o Estado do ataque armado de que foi alvo[402]. Isto significa que só poderão ser admitidas as medidas que no momento da reacção se afigurassem como adequadas para fazer frente ao ataque armado e, devendo--se escolher dentro destas, as menos gravosas.

Por a legítima defesa apenas se aplicar perante ataques armados esta permite o recurso a meios bem mais drásticos do que a figura denominada auto-tutela defensiva. Enquanto esta deve ser estritamente defensiva (embora por poder visar a defesa de terceiro, poder igualmente consistir numa acção ofensiva, embora restrita por não se estar perante um ataque armado), a legítima defesa é compatível com ataques armados em reacção ao primitivo ataque armado. Neste sentido, parece que o princípio da necessidade se aplica em termos mais estritos à auto-tutela defensiva do que à legítima defesa. Num conflito armado aberto, em que cada Estado luta pela sua sobrevivência ou integridade territorial, a prática não apoia uma sujeição de todas as medidas bélicas adoptadas a um escrutínio de estrita necessidade. Algumas podem não ser estritamente necessárias, mas, tendo em conta os riscos, o Direito Internacional admite que o Estado atacado decida "jogar pelo seguro". Esta espécie de raciocínio é inaplicável a uma mera auto-tutela defensiva[403, 404].

O princípio da proporcionalidade força a excluir dentro das medidas necessárias aquelas que seja de esperar que causem danos manifestamente

---

aplicação deste ramo jurídico (ver, sobre as ligações entre estes, *infra*, parág. 88.1) e teria consequências desastrosas. Assim, a fome de civis pode ser uma arma necessária para abreviar um conflito, mas nem por isso deixa de ser uma violação da proporcionalidade proibida pelo Direito Humanitário [assim, ver artigo 23 da citada Convenção (IV) de Genebra relativa à Protecção de Civis em Tempo de Guerra; artigo 54 e 70 do Protocolo Adicional I de 8 de Junho de 1977 (texto em UNTS, vol. 1125, 1979, no. 17512, pág. 4-57: inglês); igualmente em relação aos conflitos sem carácter internacional, ver o artigo 14 do Protocolo Adicional II com a mesma data: texto em UNTS, vol. 1125, 1979, pág. 609-699); ver sobre a aplicação destes princípios ao Conselho de Segurança, *infra*, parág. 87-88].

[402] O Tribunal concretizou a necessidade da seguinte forma: "Thus it was possible to eliminate the main danger to the Salvadorian Government without the United States embarking on activities in and against Nicaragua. Accordingly, it cannot be held that these activities were undertaken in the light of necessity" [cfr. *Military and Paramilitary Activities*, cit., *I.C.J. Reports* 1986, pág. 122, parág. 237].

[403] Recorde-se que o teste do caso *Caroline* foi estabelecido para uma situação que à luz do Direito actual seria considerada como de estado de necessidade e para uma acção preemptiva (ver, *infra*, parág. 87).

[404] Sobre o princípio da necessidade, ver, *infra*, mais desenvolvidamente, sobre a sua aplicação como limite ao exercício do poder público bélico, parág. 87.

mais gravosos do que os que foram e estão a ser causados pelo ataque armado[405].

Já se julga de rejeitar qualquer requisito de ordem psicológica, isto é, uma intenção defensiva[406]. O Direito Internacional da Responsabilidade, onde se integra a legítima defesa, baseia-se essencialmente em fundamentos objectivos de imputação[407]. As intenções dos Estados são na maioria dos casos irrelevantes. Assim, o que é importante é que os actos de defesa do Estado cumpram objectivamente os dois requisitos. Já é dispensável que o Estado ao os adoptar tenha em vista exclusivamente ou sequer essencialmente fins defensivos[408].

**12.7. Legítima defesa colectiva.** Outras exigências para que o uso da força em legítima defesa possa ser considerado lícito já se prendem exclusivamente com a chamada legítima defesa colectiva. Esta em rigor é uma legítima defesa de terceiro e não exactamente colectiva[409].

---

[405] Ver mais desenvolvidamente, *infra*, parág. 88.2.

[406] Alguns autores, baseados na teoria da guerra justa, exigem uma "intenção recta" (assim: Mark E. Deforrest, *Just War Theory and the Recent U.S. Air Strikes Against Iraq*, ABGILJ, Vol. 1, 1997, pág. 8 e segs., texto notas 70-76 e 105-108; trata-se de exigência já realizada por Tomás de Aquino, *The Summa Theologica*, ed. 1947, Part II, II, Question 40, 1: "Thirdly, it is necessary that the belligerents should have a rightful intention, so that they intend the advancement of good, or the avoidance of evil"), mas fazem-no à margem do Direito Internacional.

[407] Ver, *infra*, sobre a relevância do dolo ou negligência, parág. 101.

[408] Neste sentido, o Tribunal afirmou: "The existence of an additional motive, other than that officially proclaimed by the United States, could not deprive the latter of its right to resort to collective self-defence" (cfr. *Military and Paramilitary Activities*, cit., *I.C.J. Reports* 1986, pág. 71, parág. 127). Sustentou que assim seria "even though there may be the possibility of an additional motive, one perhaps even more decisive for the United States, drawn from the political orientation of the present Nicaraguan Government" (pág. e parág. cit.).

[409] A expressão em língua inglesa ainda coloca mais dificuldades, já que *collective self-defence* contém uma contradição entre o *collective* e o *self*. Se é própria, não pode ser colectiva [neste sentido: Hans Kelsen, *The Law of the United Nations – A Critical Analysis of Its Fundamental Problems*, London, 1950, pág. 792). Nem sequer fará sentido se a entidade colectiva atacada que a exerce tiver personalidade jurídica, pois, a ser assim, deixará de ser colectiva para passar a ser própria.

Já D. Bowett, *Collective Self-defence* (...), cit., pág. 136-139 e 152, sustenta, em linhas interessantes, que a legítima defesa colectiva ainda é própria, entendendo que quando um Estado actua em defesa de um aliado atacado estaria ainda a actuar em auto-defesa em relação ao perigo iminente para si próprio causado pelo ataque. Daí que restrinja fortemente os casos em que é admitida a legítima defesa colectiva (embora seja forçado a admiti-la igualmente a título preventivo, o que acaba por alargar de forma muito mais perigosa o âmbito da figura,

Resulta claro que não é necessário existir qualquer tratado de assistência mútua para que se possa recorrer a esta forma de legítima defesa. Contudo, à luz do Direito Internacional Costumeiro, é necessário que o Estado vítima tenha qualificado a agressão como um ataque armado e solicitado o auxílio de um terceiro para que seja lícito a este exercer esta forma de legítima defesa[410, 411].

Quando muito dever-se-á questionar se tal pedido de auxílio não pode decorrer previamente de um tratado. Isto é, saber se um Estado não pode imediatamente iniciar o seu auxílio ao Estado atacado independentemente de um pedido nesse sentido, se tal possibilidade constar expressamente de um tratado[412, 413].

---

em contradição com a Carta). O problema desta posição é que apenas tem apoio no termo "colectiva" utilizado pelo artigo 51. De resto, colide com a exigência de um ataque armado e não tem apoio na prática generalizada decorrente da celebração dos citados tratados de aliança que consagram a fórmula "um ataque contra um constitui um ataque contra todos". Desconsidera também a defesa colectiva do Direito Internacional e anula uma forma de solidariedade a favor dos Estados mais desprotegidos. Constitui, em suma, uma forma radical de legítima defesa puramente subjectiva, isto é, para tutela exclusivamente do próprio Estado, que tem consequências perigosas, por causa da sua componente preventiva.

[410] Exigência defendida pelo Tribunal Internacional de Justiça: "the Court finds that in customary international law, whether of a general kind or that particular to the inter-American legal system, there is no rule permitting the exercise of collective self-defence in the absence of a request by the State which regards itself as the victim of an armed attack. The Court concludes that the requirement of a request by the State which is the victim of the alleged attack is additional to the requirement that such a State should have declared itself to have been attacked" (cfr. *Military and Paramilitary Activities*, cit., *I.C.J. Reports* 1986, pág. 105, parág. 199). Também neste sentido: J. Rowles, *"Secret Wars"* (…), cit., pág. 573-574. Contra: John N. Moore, *The Nicaragua Case and the Deterioration of World Order*, AJIL, Vol. 81, No. 1, 1987, pág. 151-159, na pág. 156.

[411] Como estabelece o artigo 3, n.º 2 do referido Tratado Inter-Americano de Assistência Mútua do Rio de Janeiro de 2 de Setembro de 1947 ["On the request of the State or States directly attacked (...), each one of the Contracting Parties may determine the immediate measures which it may individually take"].

[412] Será o caso do citado Tratado relativo à OTAN, artigo 5: "The Parties agree that an armed attack against one or more of them in Europe or North America shall be considered an attack against them all, and consequently they agree that, if such na armed attack occurs, each of them, in exercise of the right of individual or collective selfdefence recognised by Article 51 of the Charter of the United Nations, will assist the Party or Parties so attacked (...)". Não se faz referência a qualquer pedido.

[413] O Tribunal Internacional de Justiça discutiu a questão, sustentando a posição já citada. Mas não parece que tenha tido a intenção de excluir a validade de qualquer disposição de um tratado que reconhecesse a outros Estados o direito de actuar imediatamente, independentemente de um pedido. Limitou-se a dizer que o Direito Internacional Costumeiro não reconhecia tal direito.

Aparentemente sim, embora caso o Estado atacado recuse tal auxílio o outro não tenha direito de o forçar a aceitá-lo, especialmente se tal implicar a entrada em zonas sob a jurisdição do primeiro. Outra solução implicaria estar-se a atribuir um direito aos Estados de executar um tratado pela força, o que é proibido pelo artigo 2, n.º 4 CNU. Se o tratado for claro na atribuição do direito de auxiliar, este será exercível até que o Estado atacado se oponha a tal auxílio. O máximo que o Estado assistente poderia fazer seria, nos termos gerais, pedir uma reparação por violação dos termos do tratado, mas não parecem configuráveis danos quando o Estado responsável é o Estado atacado. Caso ambos tenham sido alvos do ataque armado, já é configurável a existência de danos provocados pela impossibilidade de utilização do território deste último em violação dos termos do tratado. Mas neste caso, claro está, o outro Estado já poderá fazer uso da legítima defesa própria, desde que fora do território do primeiro.

Deve-se questionar se a exigência de um pedido do Estado atacado é um pressuposto da legítima defesa de terceiro ou um mero requisito. No primeiro caso, o Estado assistente nem sequer pode invocar legítima defesa, incorrendo em responsabilidade contra o Estado alvo das medidas que adoptar (isto é, o Estado responsável pelo ataque armado). No segundo, haveria um exercício irregular desta, que quando muito implicaria uma hipotética responsabilidade em relação ao Estado assistido. A solução correcta será a primeira. Na falta de um pedido, ou ao menos de um consentimento ou tratado nesse sentido até existir oposição, o Estado assistente não pode invocar qualquer legítima defesa, sendo ilícita a sua actuação contra o próprio Estado atacante[414].

Este peso de pressupostos subjectivos no regime vigente da legítima defesa de terceiro força a ter de concluir que esta figura é um meio de tutela predominantemente subjectivo; isto é, de protecção dos direitos do Estado afectado e não da Ordem Jurídica Internacional violada. Trata-se de um regime próprio de uma Comunidade que claramente suspeita de qualquer utilização estadual da força "altruísta" (como poderá ser o caso de uma

---

[414] O Tribunal afirmou que "There are however other considerations which justify the Court in finding that neither these incursions, nor the alleged supply of arms to the opposition in El Salvador, may be relied on as justifying the exercise of the right of collective self-defence" (cfr. *Military and Paramilitary Activities*, cit., *I.C.J. Reports* 1986, pág. 120, parág. 231), apreciando imediatamente de seguida a questão da existência de um pedido para o exercício de legítima defesa pelos EUA contra a Nicarágua. Fica, pois, implícito que o Tribunal considera que a inexistência deste implica ausência de legítima defesa colectiva

legítima defesa de terceiro não solicitada), só aceitando as empregues na defesa de direitos próprios[415]. Pode não ser a solução ideal, mas parece ser o corolário de um sistema meramente semi-institucionalizado, em que cada Estado tem ampla autonomia na defesa dos seus direitos, não podendo ser vinculado a defendê-los desta ou daquela forma, mas apenas proibido de usar certas defesas. Deste modo, se o próprio Estado decide não se defender ou não solicitar auxílio, outros Estados não têm o direito de o defender.

**13. O resgate armado de cidadãos no estrangeiro.** No período anterior à Carta, esta figura constituiu um dos fundamentos com maior apoio na prática internacional e Doutrina. Já durante esse período se deve entender que tinha a natureza de uma causa de justificação visto que o seu exercício era incompatível com o estado de paz, por implicar uma violação da soberania do Estado alvo. Ou seja, fora de uma situação jurídica de guerra, era esta sua natureza que a tornava lícita à luz do Direito Internacional. Esta compreendia não apenas a defesa da vida, integridade física e liberdade dos cidadãos, mas igualmente da sua propriedade[416, 417].

---

[415] Este regime terá como consequência que um mero acto unilateral de um Estado (o pedido de assistência) pode tornar ilícita ou lícita a utilização da força por outro, embora este acto dependa sempre de um dado objectivo: o ataque armado. O mesmo se passa em relação à intervenção estrangeira num conflito interno restrito do lado do Governo (ver, *infra*, parág. 16.1).

[416] Neste sentido: Jean-Gaspar Bluntschli, *Le Droit International Codifié*, 5.ª ed. (trad. ed. alemã), Paris, 1895, pág. 226, artigo 380; William Hall, *A Treatise on International Law*, 2nd ed., Oxford, 1884, pág. 254-258, parág. 87 (pág. 256-257, nega aplicação em relação a dívidas). A intervenção armada do próprio Estado na defesa dos cidadãos ganha premência com o fim das represálias privadas no final do Século XVIII [ver sobre estas C. Baptista, Ius (...), cit., pág. 59, nota 121 e 132, nota 379], tradicionalmente consideradas o meio coercivo normal pelo qual os particulares faziam justiça pelas suas próprias mãos contra os bens de estrangeiros com uma autorização para tal do Rei ou magistrado competente (assim, ver: George F. Martens, *Précis du Droit des Gens Moderne de l'Europe*, 2.ª ed., Gottingue, 1801, pág. 153, parág. 96).

[417] A figura, porém, sofreu igualmente os reflexos da prática contrária dos anos 20 e 30 do século XX. Recorde-se que a Convenção de Londres de 3 de Julho de 1933 sobre a Definição de Agressão, entre o Afeganistão, Estónia, Letónia, Polónia, Roménia, Turquia, União Soviética e Pérsia e, por adesão, Finlândia (texto em NRG, 3ª série, tomo XXIX, pág. 33-36; também em ODPR, pág. 172-175), bem como a Convenção idêntica igualmente de Londres de 4 de Julho de 1933 (entre a União Soviética, Roménia, Checoslováquia, Turquia e Jugoslávia)(texto em NRG, 3.ª série, tomo XXIX, pág. 37-40), no seu anexo ao artigo III afirmam que não pode justificar uma agressão "la violation ou le danger de violation des droits ou intérêts matériels ou moraux d'un Etat étranger ou de ses ressortissants".

**13.1. Aspectos teóricos.** O resgate armado de cidadãos, por força dos meios bélicos utilizados pode ser designado como uma intervenção[418] armada, isto é, uma acção unilateral realizada com recurso à força (efectivo ou potencial) para resgatar cidadãos que se encontram numa situação de grave risco para a sua vida ou para a sua integridade física num espaço sujeito à jurisdição de um Estado terceiro responsável pela situação ou que não se encontra em condições ou disposto a pôr-lhe termo[419].

Esta figura pressupõe que a acção seja realizada sem o consentimento do Estado com jurisdição sobre a zona em que se encontram as pessoas a resgatar. De facto, existindo consentimento do Estado não se colocará uma questão de intervenção para defesa dos cidadãos, mas de uma acção consentida[420]. O problema também não se colocará no caso de existir uma habilitação do Conselho de Segurança; passará a estar-se perante um uso privado habilitado, sujeito ao regime do Capítulo VII e, eventualmente, Capítulo VIII (artigo 53, n.º 1, segunda parte).

E já se estará perante a figura da intervenção humanitária[421] no caso dos indivíduos a proteger serem de nacionalidade do próprio Estado titular da jurisdição sobre a zona. Caso se trate de cidadãos de um Estado terceiro,

---

[418] O termo tem raízes históricas e é esse o motivo porque se o utiliza. Actualmente um número apreciável de intervenções armadas deixou de ser juridicamente intervenções. De facto, intervenção é a denominação jurídica para um acto de ingerência em questões que o Direito Internacional reserva à liberdade dos Estados (à sua jurisdição interna), ou seja, que não se encontram sujeitas a obrigações internacionais. Ora, actualmente estas intervenções armadas são normalmente execuções coercivas de obrigações internacionais, isto é, questões que não se encontram sujeitas à jurisdição interna dos Estados, como a defesa de direitos individuais, incluindo de minorias, ou direitos colectivos, como a autodeterminação. Logo, não são violações do princípio da não intervenção, mas desrespeitos da proibição de uso da força (ver, *infra*, sobre a não intervenção, parág. 16). O aspecto polémico deixou de ser o objectivo destas (algo que tradicionalmente competia a cada Estado decidir soberanamente), mas os meios utilizados. Assim, intervenção passou a identificar-se com acção que utiliza meios por regra ilícitos para a resolução de questões que tradicionalmente eram qualificadas como internas, como um conflito interno ou o tratamento de minorias, mas que hodiernamente já o não são.

[419] Trata-se de uma definição, nos seus traços gerais, relativamente consensual: H. Waldock, *The Regulation* (...), cit., pág. 466-467; O. Schachter, *The Right* (...), cit., pág. 1629--1630; N. Ronzitti, *Rescuing* (...), cit., pág. XIV; T. Farer, *Panama* (...), cit., pág. 505-506; A. Arend/R. Beck, *International Law* (...), cit., pág. 94; Y. Dinstein, *War, Aggression* (...), cit., pág. 226-227; Thomas Wingfield, *Forcible Protection of Nationals Abroad*, DLR, Vol. 104, 2000, pág. 439-469, na pág. 440-441.

[420] Ver, *infra*, parág. 16.1.

[421] Ver, *infra*, parág. 14.

estar-se-á perante uma figura específica, mas o regime parece ser ainda o da protecção de cidadãos próprios. Tal resulta claro pelo menos quando a acção vise resgatar quer cidadãos próprios, quer cidadãos estrangeiros. Com efeito, como se verá, um dos problemas específicos da intervenção humanitária é que esta obriga a alterações graves no Estado visado: ou do seu Governo, ou do seu território (com o apoio a uma secessão) ou da sua soberania em geral, com uma instalação prolongada de tropas estrangeiras no seu território. Na intervenção para defesa de cidadãos próprios ou de um Estado terceiro esta poderá ainda ser concretizada por um mero resgate destes, breve e sem consequências duradouras no Estado visado[422].

A figura do resgate armado de cidadãos tem ainda a seu favor o facto de, tal como na legítima defesa própria, o Estado defender interesses substantivos seus – os seus cidadãos – ao contrário do que faz na intervenção humanitária, em que se defende cidadãos do próprio Estado visado por estarem em causa violações de obrigações *erga omnes*. Ora, este carácter altruísta da intervenção humanitária torna-a suspeita aos olhos dos restantes Estados. Os Estados estão longe de ser instituições de beneficência internacional. Quando um destes proclama estar disposto a arriscar a vida de cidadãos seus para salvar terceiros em nome de fins humanitários, os restantes raramente acreditam que é apenas isso que o move. Já estando-se perante a defesa da vida de cidadãos seus, esta circunstância torna mais compreensível a reacção, aumentando as probabilidades de que tal acção não exceda as medidas necessárias a concretizar tal fim.

No entanto, por constituir uma acção armada, é necessário concluir que, tal como se verificou com outros fundamentos para o uso da força, esta forma de intervenção foi colocada em causa pela entrada em vigor da Carta, pelo menos entre os membros das Nações Unidas. Como decorre da interpretação sustentada para o artigo 2, n.º 4, qualquer utilização privada da força nas relações internacionais ficou proibida. Com a obtenção de carácter consuetudinário por parte desta proibição, todos os Estados e organizações internacionais ficaram vinculados. Por conseguinte, segundo se julga, o único modo de considerar lícita esta forma de intervenção será pela demonstração de que constitui uma causa de justificação reconhecida pelo Direito Internacional.

A primeira causa de justificação candidata seria a legítima defesa. Porém, embora alguma Doutrina tenha tentado justificar a protecção dos

---

[422] Ver também N. Ronzitti, *Rescuing* (...), cit., pág. XV.

cidadãos por recurso a esta figura[423], parece bem que tal posição não é aceitável. É verdade que existe uma agressão ilícita e actual, mas esta não constitui um ataque armado, nem é dirigida contra o Estado[424]. Uma figura que pode ser invocada com maior sucesso será a denominada tutela defensiva. Embora exista Jurisprudência que coloca em causa que esta seja aplicável para a defesa de terceiros, seria sempre possível argumentar que os cidadãos do próprio Estado não seriam exactamente terceiros. E, de qualquer modo, existe prática no sentido da utilização da força em situações enquadráveis nesta figura para protecção de nacionais em zonas não sujeitas à jurisdição do Estado responsável pelas agressões e mesmo em relação a nacionais estrangeiros[425]. O problema é que neste caso se trata de aplicar a figura em espaços que se encontram sob jurisdição de um outro Estado.

---

[423] A ideia base é a de que os cidadãos seriam um dos elementos do Estado. Um ataque a estes seria uma agressão contra o Estado [trata-se de ideia que se encontra em Emer De Vattel, *The Law of Nations or Principles of The Law of Nature Applied to the Conduct and Affairs of Nations and Sovereigns* (trad. obra 1758), Philadelphia, 1883, Book II, Chapter VI, parág. 71; tradicionalmente os autores tratavam a figura a propósito da autopreservação, e não da intervenção, o que é igualmente sintomático: W. Hall, *A Treatise* (...), cit., pág. 254-258, parág. 87; ver no sentido de que se trata de legítima defesa: H. Waldock, *The Regulation* (...), cit., pág. 467 e 497; C. G. Fenwick, *The Dominican Republic: Intervention or Collective Self--defense*, AJIL, Vol. 60, No. 1, 1966, pág. 64-67, na pág. 64; M. Baker, *Terrorism* (...), cit., pág. 38-40; David Turndorf, *The U.S. Raid on Libya: A Forceful Response to Terrorism*, BJIL, Vol. 14, 1988, pág. 187-221, na pág. 219-220; T. Farer, *Panama* (...), cit., pág. 505 (assimilado a legítima defesa); Nikolai Krylov, *Humanitarian Intervention: Pros and Cons*, LLAICLJ, Vol. 17, 1995, pág. 365-405, na pág. 377-378 e 380; J. Charney, *Anticipatory* (...), cit., pág. 1235--1236; H. Freudenschuß, *Kollektive Sicherheit*, cit., pág. 70]. Contudo, identificar esta figura com a legítima defesa seria esvaziar de conteúdo a exigência de um ataque armado constante do artigo 51 CNU, além de a legítima defesa se aplicar em relação a actos dirigidos contra Estados e não contra os seus cidadãos. É necessário reconhecer que as figuras têm pontos de contacto, mas a existir um paralelismo este existe em relação à figura da tutela defensiva, tal como ficou definida (ver sobre esta, *supra*, parág. 12.1 e, quanto a questão da sua aplicação a estes resgates, *infra*, no texto).

[424] Neste sentido: R. Bohan, *The Dominican Case* (...), cit., pág. 809; N. Ronzitti, *Rescuing* (...), cit., pág. 11-13 (considerações cuidadas); I. Brownlie, *The Principle of Non-Use* (...), cit., pág. 23; S. Alexandrov, *Self-Defense* (...), cit., pág. 203-204.

[425] Se um guarda fronteiriço dispara contra elementos armados do exército do Estado vizinho que se infiltraram para pilhar propriedades de particulares ou um navio militar dispara contra um outro no Alto Mar em defesa de um navio mercante com o seu pavilhão, em ambos os casos, se está perante uma tutela defensiva com semelhanças à protecção de nacionais no estrangeiro (no primeiro caso, o guarda defende ainda a soberania territorial do seu Estado, mas no segundo já não), mas que se realiza em espaços que não estão sujeitos à jurisdição do Estado responsável pelos actos, daí que a questão da sua licitude deva ser considerada como pacífica. O mesmo já se passou em relação à defesa de navios mercantes estrangeiros. Ver, *supra*, parág. 12.1.

Igualmente o estado de necessidade e o perigo extremo (*distress*) poderiam ter um papel na justificação de acções de resgate de cidadãos quando o Estado titular do espaço em que se encontram (máxime, o seu território) não tivesse responsabilidade no acto, mas se encontrasse incapaz de lhe pôr termo. A distinção entre ambas as figuras passa pela circunstância de o estado de necessidade acautelar interesses do Estado, enquanto o perigo extremo visa proteger interesses individuais[426]. A primeira poderia ser utilizada quando os cidadãos em perigo fossem funcionários estaduais, enquanto a segunda seria invocável perante situações em que estão em causa simplesmente cidadãos do Estado.

O problema é que a aplicação destas duas figuras para o resgate de cidadãos no estrangeiro está longe de ser líquida. Desde logo, não é líquido que o perigo extremo seja aplicável para justificar actos de defesa de terceiros. Este foi elaborado pela prática em relação a actos de órgãos do Estado que se encontrem eles próprios numa situação de perigo ou para salvaguardar pessoas ao seu cuidado[427]. Não parece que esta última condição seja satisfeita por um Estado em relação aos seus cidadãos. Depois a figura encontra-se consagrada na prática de forma inequívoca em relação a um perigo natural e não contra actos humanos, quer estes possam ser considerados como internacionalmente ilícitos ou não[428]. Acresce que a figura da protecção de cidadãos tem sido aceite precisamente por se entender que neste caso o Estado ainda actua no exercício de um interesse próprio. Esta acção seria

---

[426] Assim: R. Ago, *Addendum* (...), cit., pág. 14; também a Comissão de Direito Internacional, no parág. 3 do comentário ao artigo 33 do seu Projecto inicial (YILC, 1980, vol. II, Part 2, pág. 34-35).

[427] A situação paradigmática sempre foi a de um navio ou avião que viola uma fronteira sem autorização em busca de refúgio. No entanto, a Comissão de Direito Internacional no seu comentário ao artigo 24 do seu Projecto sobre Responsabilidade dos Estados de 2001 refere um caso de violação da fronteira austríaca por soldados italianos em 1862 para salvar uma pessoa em perigo [cfr. RILC, 2001, pág. 191, parág. 4, nota 390; também YILC, 1979, Vol. II, Part 2, pág. 133-136, parág. 4, nota 3].

[428] Contudo, existem já casos da sua invocação contra actos humanos, mesmo a propósito do resgate de cidadãos. Assim, a China, em 7 de Julho de 1978, afirmou: "it is international practice and the inalienable right of a sovereign country to send ships to another country to bring back nationals in **distress, especially those whose lives are in jeopardy**" [cfr. Hungdah Chiu, *China's Legal Position On Protecting Chinese Residents In Vietnam*, AJIL, Vol. 74, 1980, pág. 685-689, na pág. 687]. As fontes do perigo não eram causas naturais, mas o tratamento conferido pelo Vietname aos nacionais chineses. Acresce que se julga que quando o perigo seja derivado de actos de grupos armados e não do Estado, que a figura invocável para excluir a responsabilidade por uma intervenção humanitária é efectivamente o perigo extremo, existindo uma ou outra declaração nesse sentido (ver, *infra*, parág. 14.2).

uma mera extensão da protecção diplomática. É esta circunstância que justifica a sua diferenciação em relação à intervenção humanitária. Internacionalmente estará ainda em causa um interesse do Estado e não directamente ou apenas um interesse individual, daí que a figura do perigo extremo não seja neste caso a adequada.

Em relação ao estado de necessidade, julga-se de aceitar que este é invocável para justificar usos restritos da força[429], o que significa que não se pode considerar que a utilização da força no território de um outro Estado constitua sempre um prejuízo sério para um interesse essencial deste Estado de forma a precludir a invocação desta figura[430, 431]. Isto não implica, porém, que a prática confirme que a mesma conclusão se aplica quando se trate de resgatar pela força cidadãos do Estado no estrangeiro. Uma coisa é considerar justificada uma reacção contra ataques directos em curso levados a cabo por um movimento armado, numa situação paralela à legítima defesa, em que apenas os membros deste em princípio serão atingidos. Apenas a soberania do Estado titular da jurisdição no território é afectada. Outra é permitir uma intervenção armada profunda num Estado, por vezes na sua capital, que pode mesmo implicar ataques contra as suas forças armadas, isto é, um conflito armado internacional, ao menos restrito. É muito duvidoso que tal não afecte seriamente um interesse essencial do Estado alvo[432].

Assim, ainda que teoricamente se possa considerar que a tutela defensiva e o estado de necessidade serão abstractamente susceptíveis de aplicação para justificar o resgate de cidadãos no estrangeiro caberá sempre demonstrar que esta aplicação tem apoio na prática. Tendo sempre presente que, não sendo a prática clara, será necessário considerar que o desrespeito não se encontra justificado, tendo sido violada a norma primária que proíbe o uso da força nas relações internacionais.

---

[429] Ver, *supra*, parág. 12.3.

[430] Cfr. o referido artigo 25, n.º 1, al. b) do Projecto da Comissão de Direito Internacional sobre Responsabilidade dos Estados de 2001, considerado como conforme com o Direito Internacional Costumeiro pelo Tribunal Internacional de Justiça [cfr. *Case Concerning The Gabcíkovo-Nagymaros* (…), cit., *I.C.J. Reports* 1997, pág. 40, parág. 51].

[431] Neste sentido: Comissão de Direito Internacional, parág. 23 do comentário ao artigo 33 do seu Projecto inicial sobre Responsabilidade dos Estados, YILC, 1980, vol. II, Part 2, pág. 44.

[432] Aceitam a aplicação do estado de necessidade para resgate de cidadãos: Comissão de Direito Internacional, parág. 23 do comentário ao artigo 33 do seu Projecto inicial, YILC, 1980, vol. II, Part 2, pág. 44; Roman Boed, *State of Necessity as a Justification for Internationally Wrongful Conduct*, YHRDLJ, 2000, pág. 1-43, na pág. 33.

**13.2. Prática.** Uma análise da prática sugere que esta figura apenas tem tido um apoio consistente por parte dos Estados ocidentais. Com apenas duas excepções, apenas estes Estados têm procedido a resgates de cidadãos seus por meio da força contra a vontade do Estado alvo.

A primeira das excepções é o caso da acção do Egipto em 19 de Fevereiro de 1978 no aeroporto de Larnaca, em Chipre. Dois palestinianos tinham como reféns 15 indivíduos, quatro deles de nacionalidade egípcia, além de três membros da Organização de Libertação da Palestina (OLP), num avião que tinham obtido do Governo de Chipre depois de negociações no dia anterior. Isto depois de terem assassinado um director de um jornal egípcio.

Aparentemente (os Egípcios forneceram mais do que um relato do acontecimento), enquanto as negociações decorriam, um avião transportando um comando egípcio de 74 militares foi autorizado a aterrar sob a alegação de que transportava um ministro e vinha buscar o corpo do director de jornal assassinado. Posteriormente, Chipre soube da existência do comando e exigiu que este não interferisse, que as negociações estavam quase terminadas. Quando as negociações tinham já chegado a bom termo, o comando egípcio interveio, disparando sobre o avião em que se encontravam os dois palestinianos[433]. Forças cipriotas abriram então fogo contra os egípcios num conflito que durou quase uma hora, tendo morto 15 membros do comando egípcio e capturado outros[434].

O incidente provocou uma ruptura diplomática entre os dois Estados por iniciativa do Egipto no dia 22 de Fevereiro[435]. Os egípcios capturados foram libertados, mas Chipre recusou a extradição dos dois palestinianos. A acção não parece ter causado reacções internacionais. Aparentemente, também um comando da OLP se encontrava em Chipre desde dia 18 com a intenção de resgatar pela força os reféns, em que se encontravam três membros seus, mas o plano foi rejeitado por Chipre[436]. De qualquer modo, a OLP não é um Estado e apenas pretendia levar a cabo a operação com o consentimento do Chipre.

---

[433] O comandante destas alegou que "had no way of knowing if conditions had been worked out for the release of the 11 hostages and four crewmen of the plane" (cfr. AP, February 21, 1978).

[434] Cfr. FFWND, February 24, 1978, pág. 117-A1; AP, February 21, 1978; TE, February 25, 1978, pág. 13.

[435] O Presidente de Chipre afirmou: "wished to express publicly to Sadat and the Egyptian people "our sorrow, grief and condolences for those who have been killed." But he said the responsibility for the incident "rests with the Egyptian side"" (cfr. AP, cit.).

[436] Cfr. FFWND, cit., pág. 117-A1.

Refira-se um segundo caso, embora a alegação de resgate de cidadãos pareça ter sido um puro pretexto. De qualquer modo, parece constituir um apoio à figura. Assim, a Líbia, pelo seu dirigente máximo, declarou em 5 de Janeiro de 1987 que tinha centenas de efectivos no Chade (o que sempre negara), mas exclusivamente com vista a resgatar cidadãos seus capturados lá[437]. Na realidade, a intervenção directa da Líbia no Chade era bem anterior e não visava tal objectivo[438].

Fora destes casos, situações de intervenções por parte de Estados não integrados no bloco ocidental apenas se encontram com base na alegação de necessidade de protecção de etnias idênticas às suas e não dos seus cidadãos. Assim, a Jordânia numa mensagem discutida perante o Conselho de Segurança, em 17 de Maio de 1948, fundamentou a intervenção na Palestina com a necessidade de proteger os Árabes[439]. Mas, não se estando já perante cidadãos, a figura aplicável parece dever ser a intervenção humanitária[440].

Os casos protagonizados por Estados ocidentais podem ser divididos em dois grupos. Um primeiro que compreende aqueles em que manifestamente os limites da figura foram ultrapassados, como fica confirmado por condenações generalizadas do acto. Nestes casos, longe de resgatar os seus cidadãos, que não se encontravam efectivamente ameaçados, o Estado interventor muitas vezes aproveitou para derrubar o Governo do Estado alvo, colocando no poder um mais conforme com os seus interesses ou pelo menos para influenciar a situação política interna. Estes abusos apenas ilustram os perigos da figura enquanto instrumento nas mãos dos Estados mais poderosos para constituir um pretexto e uma pretensa justificação para actos de agressão.

Assim, entre os casos que se considera abusivos, refira-se a intervenção do Reino Unido e da França contra o Egipto em 1956. A alegação de necessidade de protecção dos cidadãos no estrangeiro, apresentada apenas a título secundário pelo Reino Unido, bem como outros fundamentos invocadas por estes dois Estados no dia anterior à sua intervenção, não foram aceites pelos outros membros do Conselho de Segurança. Estes votaram

---

[437] "hundreds of Libyan soldiers are in neighboring Chad trying to free captured countrymen" (cfr. CSM, January 6, 1987, pág. 2).

[438] Ver, *infra*, parág. 16.2.

[439] Afirmou "his armed forces were compelled to enter Palestine to protect the Arabs there" (cfr. RPSC, 1946-1951, Chapter VIII, pág. 328).

[440] Ver, *infra*, parág. 14.1.

maioritariamente em 30 de Outubro de 1956, na 749.ª reunião, duas Resoluções que visavam evitar a consumação do ultimato ao Egipto; apenas o veto destes dois Estados impediu a sua aprovação[441]. A Assembleia Geral, reunida na sua primeira sessão especial de emergência, afirmou na sua Resolução 997 (ES-I), de 2 de Novembro de 1956[442], preâmbulo: *"its grave concern* over these developments"*, embora sem uma condenação explícita.

Considera-se igualmente a intervenção da Bélgica no Congo em 1960 como insusceptível de ser fundamentada nesta figura, apesar deste Estado a ter invocado[443]. A sua acção seria apoiada pela Itália, Reino Unido e França que manifestaram a opinião de que esta podia ser qualificada como uma "intervenção humanitária"[444]. Deste modo, esta não foi abertamente condenada pelo Conselho de Segurança, mas este insistiu várias vezes na retirada das tropas belgas, cuja permanência no Congo foi muito para lá do necessário para resgatar os seus cidadãos. A Bélgica foi, consequentemente, acusada várias vezes de apoiar a secessão do Katanga[445].

Outra intervenção que foi para lá dos limites da figura foi a levada a cabo pelos EUA na República Dominicana em 1965. Estes, entre outros fundamentos, invocaram efectivamente a figura, embora esta tenha sido rejeitada por alguns Estados[446]. De qualquer modo, além de não parecer existir um perigo efectivo para os cidadãos americanos, os EUA acabaram por intervir na situação política do Estado, tudo indicando que se tratou do

---

[441] Cfr. RPSC, 1956-1958, Chapter VIII, pág. 100.

[442] Texto em RDGAOR, 1st Emergency Special Session, 1956, pág. 2.

[443] Esta afirmou, designadamente, em 20 de Julho de 1960, na 877.ª reunião do Conselho: "Belgium would withdraw its intervening troops as soon as, and to the extent that, the United Nations effectively ensured the maintenance of order and the safety of persons" (cfr. RPSC, 1959-1963, Chapter VIII, pág. 163).

[444] "Belgian troops had intervened to keep law and order and **to protect lives of Belgian and other nationals threatened with violence or to facilitate their withdrawal. Their action was a necessary temporary action and a humanitarian intervention in accordance with international law**" (cfr. RPSC, 1959-1963, Chapter XII, pág. 283).

[445] Ver, *infra*, parág. 64.

[446] Assim, afirmaram na 1196.ª reunião do Conselho, em 3 de Maio de 1965: "the situation was completely "out of control", that the police and other authorities could no longer give any guarantee concerning the safety of citizens of the United States or of some thirty other countries. Faced with that emergency, the United States on 28 April had dispatched the first of its security forces sent to Dominican territory" (cfr. RPSC, 1956-1958, Chapter VIII, pág. 149). A alegação seria rejeitada pela União Soviética ("the false pretext of protecting American lives") e por Cuba que não aceitou a figura como fundamento de uso unilateral da força (cfr. RPSC, 1956-1958, Chapter XII, pág. 203-204).

seu objectivo determinante. O Conselho viria a adoptar a Resolução 203 (1965), de 14 de Maio[447] que se limita a um "Deeply concerned at the grave events in the Dominican Republic".

Na mesma situação se encontra a intervenção dos EUA em Granada, em 25 de Outubro de 1983. Estes voltaram, entre outros fundamentos, a alegar a necessidade de proteger os seus cidadãos[448]. Mas apenas o seu veto (em causa própria em violação do artigo 27, n.º 3, parte final, CNU) salvaria os EUA de ser condenado pelo Conselho[449]. Mesmo os seus aliados se abstiveram (11 votos a favor da condenação, um contra e três abstenções). Os EUA, porém, seriam condenados pela Assembleia Geral pela sua Resolução 38/7, de 2 de Novembro de 1983, parág. 1[450]. Trata-se de reacção que confirma que qualquer intervenção para protecção de cidadãos tem de se circunscrever a um mero resgate e não à interferência política no seio do Estado alvo, como se passou com esta intervenção americana, para lá dos seus pressupostos não parecerem ter estado reunidos.

Esta conclusão é confirmada pela reacção internacional à intervenção dos EUA no Panamá em 20 de Dezembro de 1989[451]. O então Presidente na sua declaração de 21 de Dezembro, cerca das 7h e 40m da manhã, entre outros fundamentos[452], invocou o perigo grave em que se encontravam os cidadãos americanos[453].

Mais uma vez, os EUA furtar-se-iam à condenação do Conselho graças ao seu veto, apoiado pelo do Reino Unido e França. Mas seriam condenados novamente pela Assembleia Geral na Resolução 44/240, de 29 de Dezembro

---

[447] Texto em RDSCOR, 1965, pág. 10.

[448] Afirmaram: "the United States troops were involved for the purpose of protecting American citizens, to facilitate the evacuation of those citizens who wished to leave and to provide support for the Eastern Caribbean forces as they assisted the people of Grenada in restoring order and establishing functioning governmental Institutions" (declarações do seu delegado em 25 de Outubro de 1983, na 2487.ª reunião do Conselho; cfr. RPSC, 1981-1984, Chapter VIII, pág. 271).

[449] Cfr. RPSC, 1981-1984, Chapter VIII, pág. 274.

[450] Texto em RDGAOR, 38th Session, 1983-1984, pág. 19-20.

[451] Entre outros, cfr. NYT, December 20, 1989, Section A; Page 1.

[452] Constantes já de discurso anterior em 11 de Maio de 1989; texto em NYT, May 12, 1989, Section A, Page 8.

[453] Afirmou que tomara a decisão "after reaching the conclusion that every other avenue was closed and the lives of American citizens were in grave danger" (cfr. WP, December 21, 1989, pág. 1A; ver também declaração da Casa Branca à 1h e 30m: texto em NYT, December 21, 1989, Section A; Page 19).

de 1989[454], parág. 1 ("Strongly deplores the intervention in Panama by the armed forces of the United States of America, which constitutes a flagrant violation of international law"), por 75 votos a favor, 20 contra e 40 abstenções. A maioria só não foi mais vasta por vários Estados considerarem os termos demasiado duros. A própria Organização de Estados Americanos condenou o acto em termos nunca utilizados contra os EUA por 20 votos contra um: "deeply regret the military intervention in Panama"[455].

Existe um outro grupo de casos em que, independentemente do concreto juízo jurídico aplicável, a situação pode, ao menos quanto à reunião dos seus pressupostos, ser reconduzida à figura. Daí que nestes casos a questão por vezes nem tenha sido levada perante as Nações Unidas ou não tenha sido possível obter uma maioria de aprovação no seio destas que possibilitasse uma condenação do Estado interventor.

De qualquer modo, parece existir uma clivagem nas reacções a estes resgates. Nos casos em que estes não implicaram o uso da força (ainda que esta tenha estado latente, pelo facto de terem sido utilizados meios militares na operação), estas operações foram recebidas sem qualquer protesto significativo. Por vezes foram mesmo expressamente aceites pelo Estado territorial apesar de o seu consentimento não ter sido solicitado.

Dentro deste subgrupo de precedentes, refira-se a série de acções dos EUA logo nos primeiros anos após a entrada em vigor da Carta que parecem ser compatíveis com os limites da figura e, tanto quanto se apurou, não provocaram incidentes dignos de nota.

Assim, em 1948, um corpo de fuzileiros foi destacado para Jerusalém para defender o Consulado geral dos EUA durante o conflito de independência de Israel. Registe-se, porém, que desde a retirada britânica a soberania sobre o território tornou-se controvertida, sendo difícil identificar um Estado que pudesse legitimamente protestar em 1948. Em 1948-1949, os EUA remeteram igualmente fuzileiros para Nanquim para proteger a sua embaixada depois da queda da cidade nas mãos dos comunistas chineses. Em 1954-1955, forças navais americanas retiraram das Ilhas Tachen (próximas da costa da China no estreito da Formosa), civis e pessoal militar nacionais dos EUA. Em 1956, por ocasião do Conflito do Suez, os EUA retiraram nacionais seus de Alexandria sob protecção de um batalhão de fuzileiros. Em 1974, na sequência da intervenção turca em Chipre, forças americanas evacuaram

---

[454] Texto em RDGAOR, 44th Session, 1989, pág. 52.
[455] Cfr. *OAS Votes to Censure U.S. for Intervention*, WP, December 23, 1989, pág. A7.

cidadãos dos EUA. Igualmente em 1975, perante a iminência da queda do regime no Vietname do Sul, forças terrestres (865 fuzileiros) e aéreas (70 helicópteros) dos EUA evacuaram os seus cidadãos (cerca de 1.400) e outros refugiados (cerca de 5.500). Em Abril de 1975 fizeram o mesmo em relação aos seus cidadãos no Camboja[456].

Tem sido invocado o resgate norte-americano de cidadãos seus do Líbano em 27 de Junho de 1976 e depois em 22 e 23 de Julho do mesmo ano[457]. Mas o navio da armada que realizou a primeira operação encontrava-se desarmado[458], apesar de ter estado ao largo uma força norte-americana preparada durante os dois meses anteriores[459]. De qualquer modo, a atracagem e embarque foi feito sem o consentimento do Governo Libanês. Apenas foi obtido o da OLP[460]. A segunda intervenção de Julho já foi realizada por helicópteros militares, tendo resgatado 250 americanos e outros europeus, cujo comboio de evacuação ficara bloqueado por lutas entre facções[461]. A acção não parece ter provocado incidentes ou protestos.

Idêntica foi a reacção à intervenção pelos EUA na Libéria para evacuar cidadãos seus e de Estados terceiros em 5 de Agosto de 1990. Esta merece destaque por ter sido aprovada posteriormente pelo próprio Governo da Libéria e não ter suscitado oposição dos dois outros movimentos partes no conflito armado interno[462], apesar de ter sido levada a cabo sem o seu consentimento. A intervenção foi motivada pela tomada de reféns estrangeiros por uma das três partes beligerantes com a explícita intenção de provocar com tal acto uma intervenção que auxiliasse a pôr termo ao conflito[463]. Os EUA invocaram expressamente a necessidade de proteger os seus cidadãos[464]. A evacuação decorreu sem problemas, não se tendo verificado conflitos armados entre as forças americanas e os movimentos locais. Esta acção também não parece ter provocado protestos internacionais. Tal pode ser

---

[456] Cfr. Ellen C. Collier, *Instances of Use of United States Forces Abroad, 1798-1993*.

[457] Ctr. N. Ronzitti, *Rescuing* (...), cit., pág. 36-37; A. Arend/R. Beck, *International Law* (...), cit., pág. 98-99.

[458] Cfr NW, June 28, 1976, US ed., pág. 35.

[459] Cfr. FFWND, June 19, 1976, pág. 425-A1.

[460] Cfr. NW, August 9, 1976, US ed., pág. 13.

[461] Cfr. E. Collier, *Instances of Use of United States Forces Abroad* (...), cit..

[462] Cfr. FT, August 6, 1990, pág. 12.

[463] Cfr. NYT, August 9, 1990, pág. A7.

[464] Afirmaram "The marines will remain in Liberia as long as necessary to ensure the safety of US citizens in that country. The marine presence does not indicate or constitute any intention on the part of the US Government to intervene militarily in the Liberian conflict" (cfr. FT, August 6, 1990, pág. 12).

explicado pelo consentimento posterior do ainda reconhecido Governo da Libéria, mas provavelmente igualmente por não ter chegado a existir uso efectivo da força. Deste modo, este precedente não basta para se poder concluir que a intervenção com uso da força tenha passado a ser justificada.

A mesma tolerância internacional foi conferida à operação de evacuação de cerca de 300 cidadãos americanos da Serra Leoa, em 3 de Maio de 1992, na sequência do golpe militar de 29 Abril de 1992. Esta foi levada a cabo por aviões militares. Não há notícias de ter havido qualquer incidente[465]. Não é de crer que os EUA tenham solicitado autorização às novas autoridades que nem sequer reconheciam. No entanto, não se encontrou referência a protestos.

Da mesma tolerância parece ter gozado a acção dos EUA para resgate de cidadãos seus na Albânia em Março de 1997, durante a revolta popular no território deste Estado. Durante esta operação, por mais de uma vez militares americanos foram forçados a usar pontualmente a força contra ataques realizados contra si, mas aparentemente apenas contra revoltosos e não em relação a forças leais ao Governo.

Outro Estado que tem invocado o fundamento da necessidade de resgatar os seus cidadãos para justificar acções é a França. Além de outras que foram consentidas[466], de 9 a 12 de Abril de 1994, a França (500 soldados), a Bélgica (450 soldados) e a Itália (100 soldados) evacuaram cerca de 1400 cidadãos seus e outros estrangeiros do Ruanda, na altura em que o genocídio neste Estado estava prestes a iniciar-se[467].

Pelo contrário, nos casos em que estas intervenções implicaram o uso efectivo da força contra as forças do Estado territorial (mas não em relação a meros bandos ou movimentos responsáveis pelos actos), depararam com imediatos protestos, não só do Estado alvo, mas na maioria dos casos igualmente de Estados terceiros. Alguns casos confirmam esta afirmação.

Assim, em 14 de Maio de 1975, os EUA intervieram no Camboja para resgatar o navio Mayaguez e os 39 membros da sua tripulação de cidadania norte-americana capturados pelas autoridades cambojanas sob acusação de espionagem. Esta provocou, designadamente, o afundamento de três lanchas e a destruição de 17 aviões cambojanos (além de muitas baixas humanas, embora não tenha sido possível determinar exactamente quantas), bem como

---

[465] Cfr. NYT, May 4, 1992, Section A, Page 6, Column 1; WP, May 4, 1992, First Section, pág. A18; LAT, May 4, 1992, Part A, Page 34, Column 4.

[466] Ver, *infra*, parág. 13.3.

[467] Cfr. LM, 24 Juin 1994, section: Etranger.

a perda de três helicópteros americanos, a morte de 5 militares e 16 desaparecidos, além de dezenas de feridos[468].

Os EUA invocaram oficialmente como fundamento da acção a protecção dos seus nacionais[469], mas aparentemente o principal motivo foi o de mostrar firmeza numa altura em que a derrota no Vietname deixara os EUA internacionalmente enfraquecidos[470]. Se esta motivação não tivesse tido reflexos práticos na acção seria irrelevante, mas acabou por ter. Segundo parece, a acção continuou mesmo depois de os EUA terem recebido informações de que o Camboja pretendia libertar o navio e tripulação às 8h e 15m de dia 14, hora de Washington[471].

Além do Camboja, igualmente a Tailândia protestou contra a utilização de uma base em seu território para levar a cabo a operação. Este protesto foi apoiado pelos restantes Estados da ASEAN (Associação de Estados do Sudeste Asiático)[472]. Também a China e a Argélia condenaram o acto[473]. Tendo em conta a possibilidade de a acção ter sido desnecessária e os elevados danos pessoais e materiais em ambos as partes julga-se que os princípios da necessidade e proporcionalidade não foram respeitados.

O caso paradigmático de operação que parece ter cumprido os requisitos da figura foi a intervenção Israelita em Entebbe, no Uganda, em 28 de Junho de 1976, para resgatar 96 cidadãos seus detidos por um comando árabe que desviara o avião em que viajavam. Na acção foram mortos os raptores, além de alguns soldados do Uganda.

A questão foi levada perante o Conselho de Segurança pelo Uganda, tendo sido discutida da sua 1939.ª à 1943.ª reuniões, de 9 a 14 de Julho de 1976[474]. Israel acusou este de cumplicidade com os raptores, o que foi rejeitado. A acção israelita foi condenada pela Mauritânia, em nome dos

---

[468] Cfr. FFWND, May 17, 1975, pág. 329-A1 e 330-A2,

[469] Afirmaram "Our continued objective in this operation was the rescue of the captured American crew along with the retaking of the ship Mayaguez" (cfr. a Carta do então Presidente norte-americano ao Congresso de 15 de Maio de 1975; texto em FFWND, May 17, 1975, pág. 332-A2).

[470] "The stakes, Kissinger is said to have argued, were larger than the lives of crewmen; American's relations with its allies – most immediately South Korea and the Philippines – were likewise at hazard" (cfr. NW, May 26, 1975, US ed., pág. 16).

[471] Cfr. FFWND, May 17, 1975, pág. 330-A2.

[472] Cfr. FFWND, cit., pág. 329-A1; TE, May 24, 1975, pág. 54.

[473] Cfr. N. Ronzitti, *Rescuing* (...), cit., pág. 36.

[474] O texto das declarações a seguir citadas consta do RPSC, 1975-1980, Chapter VIII, pág. 286-290.

Estados Africanos[475], e pelo Qatar, em nome dos Estados Árabes[476]. O mesmo faria a China, a União Soviética, a Índia, o Panamá[477] e outros Estados Africanos.

Mas mesmo Estados normalmente alinhados com o grupo ocidental lamentaram a acção ou mostraram escasso apoio. Assim, o Japão deplorou a acção[478]. A Itália sublinhou a necessidade de esclarecer o Direito aplicável. A Suécia, implicitamente, admitiu a existência de uma causa de exclusão da responsabilidade[479]. Mesmo o Secretário-Geral, logo na 1939.ª Reunião, manifestou as suas dúvidas quanto ao Direito aplicável[480].

Ao contrário, o Reino Unido sustentou a consagração da figura no Direito Internacional[481]. Os EUA apoiaram abertamente a acção[482]. A França, depois de inicialmente ter colocado a responsabilidade nos raptores, sustentou que a acção era compatível com a Carta[483].

Uma resolução proposta por Estados Africanos e Árabes que condenava Israel não foi colocada a votação e o projecto do Reino Unido e EUA não

---

[475] Sustentou que "Israel violated the sovereignty and independence of a State Member of the United Nations and the OAU. (...) this act of aggression was incompatible with Article 2 of the United Nations Charter and particularly paragraph 4 of that Article".

[476] Declarou: "called on the Security Council to condemn Israel in the strongest possible terms for its aggression against Uganda".

[477] Considerou que "it was obvious that the violation of the sovereignty and territorial integrity of Uganda by the Israeli military operation had constituted a use of force not authorized by the United Nations Charter".

[478] Afirmou: "although Japan had supported the two-Power draft resolution, it wished to state that the Israeli military action, prima facie, constituted a violation of the sovereignty of Uganda which Japan very much deplored".

[479] Sustentou que "While unable to reconcile the Israeli action with the strict rules of the Charter, did not find it possible to join in a condemnation in that case".

[480] Considerou que a questão era delicada e colocava questões "for which currently no commonly agreed rules or solutions existed".

[481] Afirmou que "States existed for the protection of their people, and they had the right, and perhaps the duty, to exercise that right".

[482] Declararam: "there was a well-established right to use limited force for the protection of one's own nationals from an imminent threat of injury or death in a situation where the State in whose territory they were located was either unwilling or unable to protect them. The right following from the right of self-defence was limited to such use of force as was necessary and appropriate to protect threatened nationals from injury. The requirements of that right to protect nationals were clearly met in the Entebbe case".

[483] Considerou que o seu fim "was not to infringe the territorial integrity or the independence of that country but exclusively to save endangered human lives", citando o artigo 2 da definição de agressão quanto à possibilidade de se ter em conta "other relevant circumstances".

recebeu o número suficiente de votos, já que os primeiros Estados, descontentes com o seu texto, não participaram na votação.

Se é certo que uma parte da reacção negativa se deve ao facto de ser Israel o autor da acção, algumas das condenações colocaram a ênfase no risco de abuso desta figura por parte dos Estados poderosos. E censuras de Estados como o Japão e o Panamá e dúvidas da Itália mostram como mesmo o bloco ocidental, ou Estados próximos deste, não apoiam a figura, mesmo quando se estava perante um caso paradigmático da sua aplicação.

Também se enquadra dentro dos limites da figura a intervenção falhada dos EUA para resgatar os 53 reféns americanos em Teerão em 24-25 de Abril de 1980. Problemas técnicos em três dos oito helicópteros impediram a realização do resgate, já que se tinha considerado que seis disponíveis seriam o mínimo. Para rematar, na retirada, uma colisão entre um dos helicópteros e um dos aviões C-130 utilizados matou oito soldados americanos que tiveram de ser abandonados no Irão. No total, as forças estiveram no Irão cerca de três horas, tendo detido temporariamente algumas dezenas de cidadãos deste[484] e destruído um camião-tanque.

Os EUA afirmaram que se tratara de uma missão para resgatar os reféns[485]. Esta, porém, seria condenada pelo Irão[486], pela União Soviética[487], pela Roménia, pela Checoslováquia, pelo Paquistão, pela Índia[488] e pela China[489]. Também a Líbia e o Iémen do Sul condenaram a acção. O mesmo faria a comunicação social na Jordânia e Kuwait, o que traduz a posição do poder nestes países[490]. Idêntica posição foi assumida pela Síria e Argélia[491]. Bem como pelo Vietname.

---

[484] Cfr. FFWND, April 25, 1980, pág. 297-A1; FFWND, May 2, 1980, pág. 321-A1; FFWND, August 29, 1980, pág. 644-B1.

[485] "to prepare for a rescue of our hostages" (cfr. FFWND, April 25, 1980, pág. 297--A1).

[486] Que a considerou "an act of war against Iran" (cfr. FFWND, May 2, 1980, pág. 322--A3).

[487] Esta sustentou que "hostages are only a pretext for pursuing an aggressive, hegemonistic American policy" (cfr. FFWND, May 2, 1980, pág. 324-B1).

[488] Que afirmou que esta fora "military adventurism" e "could have large-scale and long-term negative implications for stability and peace in the West Asia region" (cfr. FFWND, May 2, 1980, pág. 324-B1).

[489] Embora esta tenha condenado a tomada de reféns pelo Irão, sustentou "operation to rescue the hostages in violation of Iran's territorial integrity and sovereignty, are not helpful toward a solution, but would rather worsen the situation. We express regret at such u.s. actions" (cfr. XNA, April 27, 1980).

[490] Cfr. FFWND, May 2, 1980, pág. 324-B1.

[491] Cfr. XNA, April 27, 1980.

Mesmo no seio do grupo ocidental surgiram censuras: a Itália pelo menos inicialmente foi crítica[492]. Igualmente o Secretário-Geral da OTAN não apoiou a acção[493]. Do mesmo modo, o Japão lamentou a acção[494].

Apoio ou pelo menos compreensão vieram da Alemanha, Reino Unido, Israel, Egipto (na sequência da sua posição adoptada em Larnaca), bem como um silêncio sobre a matéria por parte da França, embora não tenham apreciado o facto de não terem sido avisados[495].

A reacção foi, pois, globalmente negativa, com apoio apenas entre alguns dos aliados dos EUA. E, porém, mesmo que considerações eleitoralistas americanas tenham pesado[496], os pressupostos da figura estavam reunidos, já que havia algum perigo para a vida dos reféns[497]. Acresce que as consequências práticas para o Irão foram praticamente nulas, apenas alguns cidadãos detidos durante duas ou três horas, embora a intenção deliberada de usar a força tenha estado subjacente. Deste modo, a reacção a esta acção é muito negativa para uma pretensão de considerar como causa de justificação o resgate pelo uso efectivo da força de cidadãos no estrangeiro.

Refira-se, finalmente, um caso passado em inícios de Fevereiro de 1976 em que não é líquido que os pressupostos da figura tenham estado reunidos. Um grupo de (seis ou sete) terroristas que lutava pela independência do actual Djibouti (que pertencia a um movimento que a França afirmou ser apoiado pela Somália) tomou como reféns um autocarro com trinta crianças francesas residentes no Djibouti com idades compreendidas entre os 6 e os 12 anos. O grupo ameaçava matá-las a menos que algumas exigências fossem satisfeitas.

Depois de dois dias de negociações falhadas, uma Força francesa tomou o autocarro quando o grupo fugia para a Somália a apenas alguns metros da fronteira com esta em 4 de Fevereiro de 1976. No tiroteio que

---

[492] Afirmou a sua "clear opposition to the recourse to actions of force in any circumstance for the liberation of the hostages" (cfr. FFWND, May 2, 1980, pág. 324-B1).

[493] Sustentou que "further complicated the already delicate situation in the Middle East" (cfr. FFWND, May 2, 1980, pág. 324-B1).

[494] Afirmou que se tratou de um "regrettable incident", embora a compreendesse em termos humanitários (cfr. XNA, April 26, 1980).

[495] Cfr. FFWND, May 2, 1980, pág. 324-B1.

[496] Cfr. TE, May 3, 1980, pág. 33.

[497] Depois da acção, o homem forte no Irão declarou: "I am warning President Carter that if he commits another stupid act we won't be able to control the youths now holding the nest of espionage and spies and he will be responsible for their lives" (cfr. FFWND, May 2, 1980, pág. 322-A3).

se seguiu e em que morreram os terroristas (além de uma das crianças, tendo outras cinco ficado feridas, uma vindo a falecer, e uma outra tendo sido já raptada para a Somália, aparentemente antes da intervenção) um conflito eclodiu (em circunstâncias que não se conseguiu apurar) entre as tropas francesas e os guardas fronteiriços da Somália em que morreu pelo menos um destes[498].

Mas o conflito não se ficou por aqui. Sob alegação da existência de cúmplices dos terroristas na localidade fronteiriça de Loyada na Somália, as forças francesas entraram nesta onde o conflito continuou, com baixas entre civis.

No Conselho de Segurança, em 18 de Fevereiro de 1976, na sua 1889.ª reunião, o delegado francês rejeitou a acusação de agressão[499]. A Somália pediu sem sucesso uma comissão de inquérito. O Conselho absteve-se de proferir qualquer condenação.

Se a intenção dos Franceses ao entrar em Loyada foi procurar resgatar a última criança alegadamente raptada esteve-se perante mais uma situação de resgate armado de cidadãos no estrangeiro. O facto de terem estado em causa crianças parece explicar a relativa tolerância da reacção internacional à acção, apesar dos naturais protestos do Estado alvo desta. Sugere, pois, que em alguns casos limite uma acção bélica para resgate de cidadãos pode ser tolerada mesmo que implique o uso da força. Mas se a intenção das forças francesas foi resgatar a criança, não deixa de ser estranho que o delegado francês o não tenha alegado no Conselho. Não se pode excluir, pois, que a acção tenha sido simplesmente uma represália contra (alegados) cúmplices, claramente ilícita, ou, quando muito, uma reacção contra disparos realizados por estes a partir da Somália.

**13.3. Conclusões.** Destes actos e da reacção que suscitaram julga-se poder concluir que mesmo nos casos em que a força foi utilizada estritamente para resgatar cidadãos em perigo, num aparente cumprimento escrupuloso dos seus limites, a reacção da maioria dos Estados foi crítica. O bloco dos Estados em desenvolvimento condenou a acção, sendo acompanhado de outros Estados. E mesmo no seio dos Estados ocidentais se verificaram

---

[498] Cfr. TE, February 7, 1976, pág. 42; USNWR, February 23, 1976, pág. 38.

[499] Mas acrescentou "that France deeply regretted any loss among Somali civilians during the brief encounter between French forces and the accomplices of the terrorists stationed on Somali territory" (cfr. RPSC, 1975-1980, Chapter VIII, pág. 257-258).

divisões. Isto apesar de com o fim do bloco socialista a figura ter ganho mais algum apoio[500, 501].

---

[500] Assim, o então Presidente Russo, em 27 de Setembro de 1994 de visita aos EUA, declarou em relação aos Estados da antiga União Soviética: "'We can't stay indifferent to the fate of our countrymen," he said. "I do not mean special rights or privileges. But the people of Russia will not understand if I don't say now [that] the independent states have to prove through their actions that guaranteeing the human rights of national minorities is indeed the cornerstone of their foreign policy.'" (cfr. WP, September 27, 1994, pág. A10). Embora estas declarações constituam uma invocação de um direito (de contornos vagos) de defender as minorias russas e não exactamente cidadãos russos; ora, uma acção desta espécie será antes integrável na figura da intervenção humanitária.

Ainda assim, o Presidente russo viria a adoptar um decreto em 3 de Novembro de 1994 relativo à protecção de nacionais no estrangeiro em que se atribui competência para decidir sobre a necessidade de "applying specific means and forces in order to ensure the evacuation of Russian nationals", o que provocou reacções na Polónia (cfr. Polish News Bulletin, November 4, 1994, Section: News). A referência à evacuação e a nacionais já sugere que se está perante a consagração do resgate de cidadãos e não da defesa de minorias russas no estrangeiro. Igualmente o Ministro dos Negócios Estrangeiros Russo em 21 de Abril de 1995 proferiu declarações sobre a necessidade de proteger os nacionais russos no estrangeiro (cfr. The Russian Information Agency ITAR-TASS, April 21, 1995).

No entanto, as intervenções russas nos Estados vizinhos da Comunidade de Estados Independentes têm-se realizado sob a capa de decisões desta e com aura de "Forças de manutenção da paz", com o consentimento (mais ou menos livre) dos Estados alvo ou como puros actos de intervenção ilícita, sem se invocar a defesa dos cidadãos russos, já que as minorias russas na zona não têm tal estatuto (ver, *infra*, parág. 32.1-32.2).

[501] Outros elementos de prática não lançam grande luz sobre a questão. Assim, a Convenção contra a Tomada de Reféns adoptada pela Assembleia Geral pela sua Resolução 34/146, de 17 de Dezembro de 1979 (texto em RDGAOR, 34th session, 1979, pág. 245-247), no seu artigo 14, estabelece que "Nothing in this Convention shall be construed as justifying the violation of the territorial integrity or the political independence of a State in contravention of the Charter of the United Nations". O preceito é essencialmente neutro em relação à questão da licitude da intervenção para resgate de reféns, já que embora sublinhe que nada na convenção o permite, não estabelece que fica proibido, como ficava estabelecido numa proposta não adoptada [neste sentido: N. Ronzitti, *Rescuing* (...), cit., pág. 51-52; G. Espada, *El Estado de Necesidad* (...), cit., pág. 109 e nota 64].

Também deve ser referido o Acordo sobre Defesa Mútua e Assistência entre o Reino Unido e Malta, de 21 de Setembro de 1964 (texto em UNTS, 1967, no. 8518, pág. 55-122), no seu artigo 4, estabelece que "The Government of Malta grants to the Government of the United Kingdom in peace and war the right to station armed forces and associated British personnel in Malta and to use facilities there for the purposes of (...) the protection of the citizens of the United Kingdom and Colonies or of Malta". Mas o preceito visa a protecção de cidadãos no território de outros Estados que não Malta e, de qualquer modo, é um mero tratado bilateral. Confirma apenas a posição já conhecida do Reino Unido sobre a questão e demonstra que Malta apoia tal posição ao ponto de aceitar ser cúmplice nestas acções.

A ilustrar as dificuldades da figura, a Doutrina encontra-se dividida[502] e a Jurisprudência não se pronunciou abertamente sobre a questão[503].

---

[502] Em sua defesa: H. Waldock, *The Regulation* (...), cit., pág. 467 e 497; J. Kunz, *The Chaotic Status* (...), cit., pág. 53-54; C. Fenwick, *The Dominican Republic* (...), cit., pág. 64; Comissão de Direito Internacional, parág. 23 do comentário ao artigo 33 do seu Projecto inicial, YILC, 1980, vol. II, Part 2, pág. 44 (de forma cautelosa); Oscar Schachter, *International Law in Theory and Practice – General Course in Public International Law*, RDC, 1982, V, tome 178, pág. 9-396, na pág. 147-148 e em *The Right* (...), cit., pág. 1630-1631; American Law Institute, *Restatement* (...), cit., parág. 703, Reporters' Note 8; Ronald M. Riggs, *The Grenada Intervention: A Legal Analysis*, MILLR, Vol. 109, 1985, pág. 1-81, na pág. 32-33; Ved Nanda, *U.S. Forces in Panama. Defenders, Aggressors or Human Rights Activists: The Validity of United States Intervention in Panama Under International Law*, AJIL, Vol. 84, 1990, pág. 494-503, na pág. 496 (restritivamente, já que rejeita que o Panamá o tenha sido); Tom Farer, *Panama: Beyond the Charter Paradigm*, AJIL, Vol. 84, 1990, pág. 503-515, na pág. 505-506 (restritivamente, pois rejeita que o Panamá o tenha sido); L. Henkin, *The Invasion* (...), cit., pág. 296-297 (restritivamente, pois rejeita que o Panamá o tenha sido); R. Zedalis, *Protection Nationals* (...), cit., pág. 268-270 (baseado em considerações pouco lineares); A. Arend/R. Beck, *International Law* (...), cit., pág. 110; Antonio Tanca, *Foreigner Armed Intervention in Internal Conflicts*, Dordrecht/Boston/London, 1993, pág. 123-124; J. Murphy, *Force and Arms* (...), cit., pág. 259; N. Krylov, *Humanitarian Intervention* (...), cit., pág. 380; C. Castro, *De Quantas* (...), cit., pág. 1036-1037; T. Wingfield, *Forcible Protection* (...), cit., pág. 468; R. Boed, *State of Necessity* (...), cit., pág. 33.

Contra a sua admissibilidade: I. Brownlie, *The Principle of Non-Use* (...), cit., pág. 23; R. T. Bohan, *The Dominican Case: Unilateral Intervention*, AJIL, Vol. 60, 1966, pág. 809-812, na pág. 809-810; N. Ronzitti, *Rescuing* (...), cit., pág. 64; Michael Meyer, *Book Review: Rescuing Nationals Abroad Through Military Coercion and Intervention on Grounds of Humanity. By Natalino Ronzitti*, AJIL, Vol. 81, 1987, pág. 793-794, na pág. 793 (parece concordar com as conclusões de Ronzitti); A. Berman, *In Mitigation* (...), cit., pág. 754-756; A. Randelzhofer, *Article 2 (4)*, cit., pág. 125-126 (mas fala em norma costumeira em emergência).

[503] O Tribunal Internacional de Justiça encontrava-se a apreciar a questão dos reféns americanos em Teerão, na sequência da acção interposta pelos EUA contra o Irão, quando se deu a reacção referida do primeiro para os tentar resgatar. Ora, o Tribunal indicara anteriormente medidas provisórias que incluíam a exigência de que "The Government of the United States of America and the Government of the Islamic Republic of Iran should not take any action and should ensure that no action is taken which may aggravate the tension between the two countries or render the existing dispute more difficult of solution" [cfr. *United States Diplomatic and Consular Staff in Tehran* (United States of America v. Iran), Indication of Provisional Measures, Order, December 15, 1979, *I.C.J. Reports* 1979, pág. 21, parág. 47]. Deste modo, na sua sentença final, embora não se tenha pronunciado sobre o fundo da questão, afirmou: "The Court therefore feels bound to observe that an operation undertaken in those circumstances, from whatever motive, is of a kind calculated to undermine respect for the judicial process in international relations" [cfr. *United States Diplomatic* (...), cit., *I.C.J. Reports* 1980, pág. 43, parág. 92], citando de seguida a sua medida provisória. No parágrafo seguinte o Tribunal

A prática confirma que o consentimento do Estado alvo, conferido antecipadamente por um Governo internacionalmente reconhecido, torna lícita a acção, embora não como causa de justificação e sim simplesmente por fazer subtrair a acção do âmbito do artigo 2, n.º 4[504, 505]. Igualmente um

considerou não ter de se pronunciar sobre a questão, já que não lhe tinha sido pedido. A sua crítica deve-se, portanto, exclusivamente ao incumprimento desta exigência e ao desrespeito que tal implicou, pelo seu julgamento e não quanto à questão de saber se a acção americana foi substantivamente lícita. Deve-se questionar, porém, se o Tribunal não foi demasiado severo, tendo em conta que o Irão pura e simplesmente ignorara as suas medidas provisórias e os reféns corriam algum perigo.

[504] Contra: Natalino Ronzitti, *Use of Force, Jus Cogens and State Consent*, em *The Current Legal Regulation of the Use of Force* (ed. A. Cassese), Dordrecht/Boston/Lancaster, 1986, pág. 147-166, na pág. 148, 152-154 e 157. Daí que o actual relator da Comissão de Direito Internacional tenha proposto a eliminação do consentimento de entre as causas de justificação, alegando que mesmo quando é conferido posteriormente este não será um meio de justificação, mas de remissão da responsabilidade: RILC, 1999, pág. 165-167, parág. 289-305; J. Crawford, *Revising* (...), cit., pág. 445 e 455; James Crawford/Pierre Bodeau, *Second Reading of the ILC Draft Articles on State Responsibility- Further Progress*, ILF, Vol. 2, 2000, pág. 45-54, na pág. 51. A Comissão decidiu manter o artigo apenas para evitar as possíveis confusões que esta eliminação poderia provocar. Para evitar esta confusão, provavelmente bastaria uma ressalva dos efeitos do consentimento no artigo 27 do Projecto final de 2001 depois de se alterar a sua epígrafe.

[505] Assim, em 24 de Novembro de 1964, com base em consentimento do Chefe do Governo do Congo (manifestado por carta de 21 de Novembro ao Embaixador dos EUA no Quénia), a Bélgica levou a cabo uma nova operação (depois da referida intervenção abusiva de 1960) no Congo/Zaire, com apoio da aviação dos EUA que forneceu o transporte [cfr. Collier, *Instances of Use of United States Forces Abroad* (...), cit.]. O objectivo foi resgatar cidadãos seus e estrangeiros que se encontravam em território ocupado pelos rebeldes que tinham ameaçado usá-los como reféns. No final de Novembro, mais de 1.300 estrangeiros tinham sido evacuados.

Foi com base no consentimento da Somália que um comando da Alemanha Federal interveio em Outubro de 1977 para resgatar reféns num avião da Lufthansa que fora dominado por terroristas em Mogadíscio (cfr. TE, February 25, 1978, pág. 13).

Igualmente em Maio de 1978 uma operação ("Bonite") da França (800 legionários) e da Bélgica (1700 soldados), com apoio logístico de aviões dos EUA, teve o consentimento do Zaire para resgatar cerca de 2.200 europeus tomados como reféns na cidade mineira por rebeldes. A operação não conseguiu impedir que entre 120 e 150 reféns europeus e cerca de 500 africanos tivessem sido assassinados. Os rebeldes terão tido cerca de 300 baixas. Os legionários franceses, que realizaram a maioria das operações bélicas, tiverem dois mortos e nove feridos (cfr. WP, May 23, 1978, pág. A1). A retirada das forças europeias suscitou o desagrado do Zaire, que tinha pedido a sua manutenção (cfr. WP, May 24, 1978, pág. A14; WP, May 26, 1978, pág. A1).

O espírito com que os Estados africanos encaravam as intervenções da França foi traduzido pelo Presidente da Costa do Marfim, a propósito desta intervenção e da subsequente retirada: "We count on the support of France. We have complexes about that. The European

tratado pode conferir um direito de intervenção para resgate de cidadãos, mas deve-se entender que este será inválido por contradição com a norma costumeira *iuris cogentis* que proíbe o recurso privado à força caso permita que a intervenção seja levada a cabo apesar da oposição do Estado alvo[506]. Isto é, a função destes tratados será apenas a de permitir a intervenção sem ser necessário qualquer consentimento expresso. Bastará uma mera notificação

members of NATO call upon the United States in case of attack and the states of Eastern Europe call upon Russia. There is no reason that France, faithful to its traditions, should not honor its commitments toward us, that is to say, to come to our aid if we should be attacked" (cfr. WP, May 24, 1978, pág. A14). O problema é que em alguns casos se trata de "ataques" dos seus próprios Povos, cansados de ditaduras, várias delas corruptas.

Em Maio de 1990, unidades francesas com cerca de 1000 efectivos (reforçada por tropas remetidas expressamente na ocasião, para além das 600 que se encontravam já no território: TI, May 25, 1990, pág. 10; LAT, May 25, 1990, Part A, Page 7, Column 1; TG, May 26, 1990; TT, May 28, 1990, Overseas news; TI, May 29, 1990, pág. 11) evacuou a maioria dos franceses residentes, bem como cidadãos estrangeiros do Gabão na sequência de manifestações, distúrbios e pilhagens em Libreville e Porto Gentil provocados por protestos contra o Governo. A acção foi consentida (e em parte solicitada) pelo Presidente do Gabão na sequência do Acordo de Defesa entre a França e o Gabão de 17 de Agosto de 1960 (texto em UNTS, No. 11730, 1972, pág. 18-39) cujo artigo 3, parág. 1, permite a assistência francesa em matéria de "defesa" interna. Deste modo, as tropas francesas colaboraram com as tropas governamentais no controlo dos distúrbios (cfr. TG, May 28, 1990), embora inicialmente a França tenha declarado que não apoiaria o velho ditador do Gabão, apesar de um pedido nesse sentido (cfr. TG, May 26, 1990). Curiosamente, mesmo a oposição pedira a intervenção francesa mas para ajudar à deposição do regime e à instituição da Democracia, depois do falecimento do seu dirigente em condições estranhas (cfr. FT, May 25, 1990, pág. 6).

Igualmente tropas Francesas e Belgas por mais de uma vez entre 1990 e 1993 evacuaram cidadãos seus e de outros Estados do Ruanda. A França, porém, levou mais longe a sua intervenção, lutando do lado do Governo do Ruanda contra movimentos armados na denominada operação *Noroit* (cfr. LM, Juin 24, 1994, Section: Etranger). Trata-se de uma acção de duvidosa licitude mas que poderá ser justificada no facto dos rebeldes terem recebido igualmente um apoio forte do exército do Uganda, num acto manifestamente ilícito (ver, *infra*, parág. 16.2).

Em Janeiro de 1997, na sequência de motins no exército da República Centro-Africana que provocaram dois mortos, as forças francesas estacionadas neste Estado intervieram do lado do Governo, dominando os rebeldes. A França invocou legítima defesa por intermédio do seu Ministro da Defesa ["C'est un acte de légitime défense (...). On ne peut laisser tuer impunément, et sans réagir, des soldats français", bem como a necessidade de proteger os cidadãos franceses (cfr. LM, 7 Janvier 1997, Section: International)]. Claro está, a intervenção exorbitou estes objectivos, só podendo ser legitimada pelo consentimento.

[506] Existe um caso paradigmático que apoia esta conclusão, embora não seja exactamente um caso de protecção de cidadãos. Trata-se do relacionado com o Tratado de Garantia de 16 de Agosto de 1960, celebrado entre Chipre e a Grécia, Turquia e Grã-Bretanha (texto do tratado em UNTS, vol. 382, 1960, n. 5475, pág. 3-7). Ver sobre este, *infra*, parág. 16.1.

ao Estado alvo e a sua não oposição. Se o tratado não for claro deve ser realizada uma interpretação conforme com o *Ius Cogens* de forma a evitar a sua invalidade[507].

Caso haja oposição, o tratado não poderá ser executado. Outra solução permitiria uma utilização da força de um Estado contra o outro, o que é internacionalmente vedado. O consentimento específico à intervenção subtrai-a do âmbito da proibição privada de uso da força precisamente pelo facto de existindo consentimento ser muito pouco provável que chegue a existir qualquer conflito entre as forças dos dois Estados. Quando muito, existirá um conflito entre as forças do Estado interventor e as forças do movimento ou grupo responsável por colocar em perigo a vida dos cidadãos daquele Estado. Questão que se encontra fora do âmbito da proibição de uso da força nas relações internacionais[508].

Mas fora dos casos de consentimento ou tratado, a prática existente de apoio à figura não satisfaz os critérios necessários para se poder considerar que o Direito Internacional Costumeiro da Responsabilidade dos Estados consagra a recondução do resgate armado de cidadãos quer à figura da auto-tutela defensiva (quando o próprio Estado alvo é responsável pela situação de perigo para a vida dos cidadãos do Estado interventor), quer à do estado de necessidade (quando o responsável pelo perigo é uma entidade terceira) em termos que permitam justificar a acção. Nem que esta constitua uma causa de justificação autónoma. Falta-lhe generalidade[509].

É certo que, nos casos em que a intervenção não provocou qualquer conflito armado com as forças do Estado alvo, a reacção internacional, como se procurou demonstrar, tem sido de clara tolerância. Tal sugere que o resgate de cidadãos no estrangeiro será lícito quando apenas implique uma violação da soberania do Estado alvo e não já da proibição de uso privado da força[510].

---

[507] Ver C. Baptista, *Direito* (...), cit., pág. 264.

[508] Salvo nos casos excepcionais em que estes movimentos gozem da protecção da norma que proíbe o uso da força (ver, *supra*, parág. 10.5.2.3).

[509] Também: N. Ronzitti, *Rescuing* (...), cit., pág. 64.

[510] O próprio Governo comunista da China em declaração já citada de 7 de Julho de 1978, a propósito da controvérsia com o Vietname quanto ao modo como este tratava nacionais chineses, declarou: "it is international practice and the inalienable right of a sovereign country to send ships to another country to bring back nationals in distress, especially those whose lives are in jeopardy" [cfr. H. Chiu, *China's Legal Position* (...), cit., pág. 687]. Mas a China não invocou a necessidade de proteger os seus cidadãos como fundamento para a sua acção de 1979 contra o Vietname, mas a legítima defesa colectiva por força do ataque deste ao Camboja (ver, *infra*, parág. 14.2).

Mas das condenações de um importante sector da Comunidade Internacional quando estas intervenções têm provocado confrontos armados com as forças do Estado alvo pode-se depreender que estas não podem implicar uso internacional da força, sob pena de ilicitude. Ou seja, a figura justifica um incumprimento do princípio do respeito pela soberania dos Estados, mas não parece que em qualquer uma das suas formas justifique um desrespeito pela proibição de uso da força entre forças de Estados. Isto significa que um Estado interventor, apesar de estar a agir no exercício de um direito, não o pode executar licitamente pela força uma vez tendo deparado com resistência da parte do Estado territorial, bem como se a situação for de ordem a ser de esperar tal resistência. Tal será óbvio quando for o próprio Estado o responsável pelo risco para a vida dos cidadãos estrangeiros.

Mas, por um lado, não deixa de ser estranho que seja precisamente nos casos em que o próprio Estado territorial tem responsabilidades nas violações dos direitos dos estrangeiros, que o Estado de que são nacionais nada possa fazer por ser de esperar um incidente armado com o Estado responsável. Por outro lado, a prática parece sugerir que ao menos em alguns casos uma acção bélica poderá ser tolerada[511]. Isto é, que poderá existir uma causa de exclusão da responsabilidade.

Por outro lado, não se encontrou utilizações da força nos últimos anos de um Estado contra as forças de outro para resgate dos seus cidadãos. É possível que, terminada a Guerra Fria, não existindo os mesmos riscos de escalada em consequência de uma acção unilateral (mesmo restrita), que a Comunidade Internacional esteja mais aberta a tolerar acções realizadas por um Estado contra outro que seja responsável por violações do direito à vida de cidadãos estrangeiros ou que pareça estar preste a levá-las a cabo ou a ser cúmplice nestas. A tolerância com que tem encarado intervenções militares por Estados terceiros na defesa dos direitos básicos dos próprios cidadãos do Estado responsável aponta nesse sentido. Faz pouco sentido tolerar a intervenção humanitária e não o fazer em relação ao mero resgate de cidadãos. Mas, sublinhe-se, que esta tolerância de que tem gozado a intervenção humanitária é o argumento mais importante para apoiar esta exclusão da responsabilidade[512]. A prática concreta da figura só por si não parece bastante em relação a resgates que impliquem uso da força contra as forças do Estado alvo. Apenas o parece admitir, tendo em conta o precedente dos

---

[511] O referido caso de intervenção da França na Somália possivelmente para resgatar uma das crianças raptadas (ver, *supra*, parág. 13.2).

[512] Ver, *infra*, parág. 14.2.

EUA na Albânia (1997), contra bandos ou movimentos armados responsáveis pelo perigo contra os cidadãos.

Ou seja, concluindo, admite-se que vigore uma causa de exclusão da ilicitude para acções de resgate não violento de cidadãos no estrangeiro quando a sua vida esteja em risco ou de uso da força contra responsáveis pelo acto que não integrem as forças do Estado alvo. Bem como uma causa de exclusão da responsabilidade para um uso restrito, necessário e proporcional da força contra estas últimas forças para levar a cabo esta acção[513].

As figuras que apoiam juridicamente esta conclusão são a tutela defensiva e o estado de necessidade em função de o Estado alvo ser ou não responsável pelo perigo para os cidadãos. A primeira quando a acção tenha sido realizada pelo uso da força apenas exclui a responsabilidade tendo em conta que estará em causa uma acção no território ou outro espaço sujeito à jurisdição de outro Estado.

Nos casos em que o Estado alvo não é responsável pela situação em que se encontram os cidadãos vítimas, o estado de necessidade é aplicável de forma a excluir a responsabilidade em relação a este e não em relação ao movimento ou particulares responsáveis pela situação. Em relação a estes o Estado interventor não necessita de qualquer justificação internacional. A protecção dos seus cidadãos é algo que se encontra no âmbito dos poderes que o Direito Internacional lhe reconhece. Está-se simplesmente perante uma manifestação extraterritorial destes poderes que só necessita de justificação em relação ao Estado senhor do território[514].

---

[513] Ver também neste sentido: P. Cahier, *Cours Général* (...), cit., pág. 79; alguns outros autores, muito restritivos em relação à figura, parecem chegar às mesmas conclusões, ao admiti-la em situações extremas, mesmo com recurso à força, como algo tolerável: I. Brownlie, *International Law and the Use of Force* (...), cit., pág. 301; S. Chesterman, *Rethinking Panama* (...), cit., pág. 73-74 ("it appears tantamount to abdicating responsibility for a particular class of cases"). Ou seja, em termos técnico-jurídicos, gozaria de uma causa de exclusão da responsabilidade.

[514] Os responsáveis pela situação de violação dos direitos dos cidadãos do Estado interventor na maioria dos casos estarão a praticar actos que violam o Direito Internacional (ver, *infra*, parág. 14.1 e 15.2.2 e 15.2.3). Mas, como ficou escrito, julga-se que a actuação contra estes não se exerce no âmbito de uma causa de justificação como a tutela defensiva, mas no exercício de um poder, isto é, que goza de uma excepção quanto à proibição de utilização da força. Esta proibição apenas se aplica nas relações internacionais, isto é, entre Estado ou entidades criadas por estes com competências nas relações entre estes ou, excepcionalmente, sujeitos menores (ver, *supra*, parág. 10.5.2.3). Trata-se de situação paralela à actuação contra piratas no Alto Mar. Estes, segundo se julga, praticam um crime internacional, mas a actuação dos Estados na sua repressão realiza-se no âmbito de um poder e não de uma causa de justificação (ver, *supra*, parág. 12.3 e *infra*, parág. 14.1). Isto tem consequências

No entanto, quando exista recurso à força contra forças do Estado alvo, a prática apenas aponta no sentido de que o estado de necessidade se limite a produzir uma mera exclusão da responsabilidade e não uma justificação do acto. À sua luz, o valor da defesa dos cidadãos, normalmente em número limitado, não justificará o ataque às forças estaduais. O que significa que o estado de necessidade é aplicado com adaptações ao seu regime normal.

**14. A intervenção humanitária.** Trata-se de mais uma figura que tem apoio suficiente na prática dos Estado europeus no século XIX para se poder considerar que gozou do estatuto de uma causa de justificação para o uso da força nesse período. Tratava-se de uma figura que justificava em tempo de paz uma utilização da força contra um Estado quando este fosse responsável por violações massivas da vida e integridade física dos seus cidadãos, com vista a fazer cessar estes actos[515].

Contudo, ainda que se admitisse que esta figura sobrevivera até 1945, o que não é nada claro tendo em conta o Pacto Briand-Kellog, o artigo 2, n.º 4 da Carta terá igualmente levado ao seu desaparecimento jurídico. É verdade que, como ficou referido, o facto de esta ser proibida pela Carta[516] não exclui necessariamente a sua licitude enquanto exercício de uma causa de justificação. Estas causas visam precisamente justificar actos que são proibidos. Embora o facto de a Carta aceitar expressamente apenas a legítima defesa constitua um argumento no sentido de que outras causas de justificação não eram aceites.

Mas nada impediria a formação de uma norma costumeira justificativa com base em prática posterior à entrada em vigor da Carta. É certo que o artigo 103 estabelece a prevalência das obrigações decorrentes da Carta sobre as de outros tratados e a Carta, enquanto tratado, derroga as normas costumeiras dispositivas contrárias. Deste regime poder-se-ia retirar a conclusão de que fica excluída qualquer invocação de figuras constante de uma norma costumeira como forma de justificar uma violação do artigo 2, n.º 4.

---

para efeitos da justificação dos seus actos. Provado que se tratava de piratas a actuação encontra-se legitimada pelo referido poder, não sendo necessário justificar os seus actos em relação ao Estado do pavilhão, a existir.

[515] Sobre a prática neste período ver C. Baptista, Ius (...), cit., pág. 166-171.

[516] Já se procurou demonstrar porque motivo não podem ser aceites as tentativas de a justificar numa excepção ao artigo 2, n.º 4 CNU, com alegações de que não afectaria a soberania, a integridade territorial ou qualquer fim das Nações Unidas (ver, *supra*, parág. 10.1).

No entanto, pelo menos o perigo extremo não pode ser considerado como uma figura meramente tutelada pelo Direito Internacional dispositivo, ao que acresce que nada impede que o Direito Costumeiro, mesmo dispositivo, mine a eficácia da Carta. Deste modo, a questão de saber se a intervenção humanitária pode ser reconduzida a uma causa de justificação capaz de excluir a ilicitude do uso da força só pode ser respondida pela prática. Os primeiros candidatos serão mais uma vez a tutela defensiva[517] e o estado de necessidade em função de as violações massivas serem da responsabilidade do Estado alvo ou não. Mas igualmente deverá ser discutido o perigo extremo como alternativa ao estado de necessidade.

De qualquer forma, sublinhe-se que não se estará perante uma intervenção humanitária nas situações em que exista consentimento do Estado alvo à acção[518] ou em que exista habilitação do Conselho de Segurança nos termos do Capítulo VII. Neste último caso estar-se-á simplesmente perante um uso privado habilitado da força com fins humanitários[519].

Da intervenção humanitária deve igualmente ser distinguida a mera assistência humanitária que se concretiza pela distribuição não discriminatória e neutra de alimentos, medicamentos e outros bens de primeira necessidade, bem como na prestação de cuidados médicos. Ao contrário da primeira, esta segunda é levada a cabo por entidades não governamentais ou, pelo menos, entidades governamentais desarmadas e de forma não violenta, tendo por objectivo exclusivo apoiar humanitariamente (alimentos, cuidados médicos ou abrigo) a população civil, não podendo em caso algum interferir na actuação do Estado alvo ou no conflito armado (caso exista).

A assistência humanitária por entidades não governamentais deve ser considerada como uma figura perfeitamente lícita mesmo sem o consentimento do Estado alvo, quer em conflitos internacionais, quer em conflitos internos[520],

---

[517] A aplicabilidade da legítima defesa deve ser excluída pelos mesmos motivos que o foi em relação ao resgate de cidadãos no exterior: não se está perante um ataque armado, nem o alvo das agressões é um Estado (ver, *supra*, parág. 13.1).

[518] Ver, *infra*, parág. 16.1.

[519] Ver, *infra*, parág. 70-75.

[520] Em bom rigor, esta figura já se encontra consagrada na citada Convenção IV de Genebra de 1949, relativa à protecção de civis em conflitos internacionais. O seu artigo 23 estabelece a obrigação de consentir nestes em termos claros ("Each High Contracting Party shall allow the free passage of all consignments of medical and hospital stores (...)". It shall likewise permit the free passage of all consignments of essential foodstuffs (...)", embora sujeita a algumas limitações militares]. O artigo 70 do referido Protocolo I sujeita tais acções ao consentimento do Estado, mas tendo em conta a proibição de utilizar a fome como arma

(artigo 54), julga-se que se trata de um consentimento vinculado. Uma recusa será normalmente vista como ilícita e parece permitir uma acção pacífica não consentida. Este regime também é aplicável em relação aos conflitos internos. Consta do artigo 18, n.º 2 do citado Protocolo Adicional II de 1977 relativo aos Conflitos sem carácter internacional.

Entre outras, a Resolução 43/131, de 8 de Dezembro de 1988 da Assembleia Geral (texto em RDGAOR, 43rd Session, Vol. I, 1988, pág. 207), depois de reafirmar a soberania dos Estados, limita-se a afirmar no seu parág. 4: "Invites all States in need of such assistance to facilitate the work of these organizations in implementing humanitarian assistance, in particular the supply of food, medicines and health care, for which access to victims is essential". Mais veemente tem sido o Conselho de Segurança. Assim, a propósito do recomeço do conflito entre o Governo Angolano e a UNITA, na sua Resolução 811 (1993), de 12 de Março (texto em RDSCOR, 1993, pág. 55), parág. 11, declarou: "Strongly appeals to both parties strictly to abide by applicable rules of international humanitarian law, including unimpeded access for humanitarian assistance to the civilian population in need"; mais clara ainda, a Resolução 819 (1993), de 16 de Abril (texto em RDSCOR, 1993, pág. 6-7), no parág. 8, afirma: "Demands the unimpeded delivery of humanitarian assistance to all parts of the Republic of Bosnia and Herzegovina, in particular to the civilian population of Srebrenica and its surrounding areas and recalls that **such impediments to the delivery of humanitarian assistance constitute a serious violation of international humanitarian law**"; também a Resolução 834 (1993), de 1 de Junho, parág. 13 e a Resolução 851 (1993), de 15 de Julho, parág. 19 (textos em RDSCOR, 1993, pág. 56-57 e 58-59). Na Res. 876 (1993), de 19 de Outubro, parág. 7, dirigida às partes no conflito na Geórgia: "Calls for unimpeded access for international humanitarian relief assistance in the region" (texto em RDSCOR, 1993, pág. 67). Na Resolução 985 (1995), de 13 de Abril, a propósito do conflito na Libéria, parág. 6, declarou: "(...) demands that these factions facilitate such deliveries [apoio humanitário] and that they strictly abide by applicable rules of international humanitarian law".

Do mesmo modo, o Tribunal Internacional de Justiça sustentou: "There can be no doubt that the provision of strictly humanitarian aid to persons or forces in another country, whatever their political affiliations or objectives, cannot be regarded as unlawful intervention, or as in any other way contrary to international law" e "the provision of 'humanitarian assistance' is to escape condemnation as an intervention in the internal affairs of Nicaragua, not only must it be limited to the purposes hallowed in the practice of the Red Cross, namely 'to prevent and alleviate human suffering', and 'to protect life and health and to ensure respect for the human being'; it must also, and above all, be given without discrimination to all in need" (cfr. *Military and Paramilitary Activities*, cit., *I.C.J. Reports* 1986, pág. 124, parág. 242, e pág. 125, parág. 243). Dado que o Tribunal se encontrava a apreciar as acções dos EUA na Nicarágua, realizadas contra a vontade desta, parece que este considerou que o consentimento do Estado não era necessário para tornar lícitas estas actividades, ainda que estas partam de outro Estado.

Estes elementos confirmam a existência de um verdadeiro dever de consentir nestas ajudas humanitárias e um direito de as prestar mesmo sem o consentimento do Estado alvo [assim: Mario Bettati, *The Right of Humanitarian Intervention or the Right of Free Access to Victims?*, TR, n. 49, 1992, pág. 1-11, na pág. 4-10; Yvez Sandoz, *«Droit» or «Devoir d'Ingérence» and the Right to Assistance: the Issues Involved*, TR, n. 49, 1992, pág. 13-22,

quer em situações de urgência derivadas de outras causas. De facto, por ser levada a cabo por entidades particulares nem pode ser considerada como proibida pelo Direito Internacional, designadamente pela proibição de não intervenção. Afirmar-se que é um acto lícito significa que se trata de um direito individual de auxiliar outros indivíduos e que tal direito deve ser reconhecido pelo Estado[521].

Parece bem que a conclusão quanto à sua licitude deve ser estendida a acções com os mesmos fins de entidades governamentais desarmadas ou, pelo menos, sem uso da força, salvo em auto-defesa[522]. Caso implique uso

---

na pág. 21-22; J. Mourgeon, *L' intervention* (...), cit., pág. 648-649 e 650; René Jean Dupuy, *Droit d'Ingérence et Assistance Humanitaire*, em *Hacia un Nuevo Orden Internacional – Estudios en Homenaje al Profesor Dom Manuel Diez de Velasco*, Madrid, 1993, pág. 273-277, na pág. 275-276; J. Gomes Canotilho, *Nova Ordem Mundial e Ingerência Humanitária (Claros-escuros de um Novo Paradigma Internacional)*, BFD, vol. 71, 1995, pág. 1-26, na pág. 9-10; F. Almeida, *0 Princípio* (...), cit., pág. 393-395 (com cautelas); Isabel Raimundo, *Imperativo Humanitário e Não Ingerência*, Lisboa, 1999, pág. 73; Roland Koch, *The Relations of UN Agencies and Non-governmental Organizations in Cross-border Humanitarian Assistance*, em *International Security Management and the United Nations* (ed. M. Alagappa/T. Inoguchi), Tokyo/New York/Paris, 1999, pág. 210-242, na pág. 221-226 e 236; mais restritivo, exigindo consentimento: Yogesh K. Tyagi, *Humanitarian Intervention Revisited*, MJIL, Vol. 16, 1995, pág. 883-910, na pág. 895-897; Zama Coursen-Neff, *Preventive Measures Pertaining To Unconventional Threats To The Peace Such As Natural And Humanitarian Disasters*, NYUJILP, Vol. 30, 1998, pág. 645-707, na pág. 693 e 702].

[521] Em sentido paralelo Christian Dominicé, *La Contrainte entre États à l'Appui des Droits de L'Homme*, em *Hacia un Nuevo Orden Internacional – Estudios en Homenaje al Profesor Dom Manuel Diez de Velasco*, Madrid, 1993, pág. 261-272, na pág. 265.

[522] A realização de actos de assistência humanitária por Estados não é inteiramente pacífica, embora quando exercida de forma isenta e sem interferir no desenrolar das operações militares não tenha deparado com oposição relevante de Estados terceiros. Assim, em 4 de Junho de 1987, cinco aviões de transporte, escoltados por quatro caças *Mirage* da Índia entraram em espaço aéreo do Sri Lanka sem a autorização deste e lançaram 25 toneladas de mantimentos e material médico na Península de Jaffna para assistir a população civil a sofrer com o bloqueio militar das tropas do Sri Lanka aos rebeldes Tamil. A Índia apenas recorreu à sua aviação depois do Sri Lanka ter bloqueado uma primeira tentativa de transporte da ajuda humanitária por meio de navios pesqueiros. Notificou igualmente o Sri Lanka da sua acção com 35 minutos de antecedência (esta é a versão deste; a Índia afirma que o fez com três horas de antecedência). A acção não provocou incidentes com a aviação do Sri Lanka, que não interveio.

O Primeiro-Ministro da Índia terá escrito a vários homólogos estrangeiros a explicar esta iniciativa. Além de considerações humanitárias, declarou tratar-se (erradamente, quereria dizer perigo extremo ou, quando muito, estado de necessidade) de "a case of force majeure" (cfr. NYT, June 7, 1987, Section 4; Page 3, Column 4). O Sri Lanka protestou ["naked act of aggression" (cfr. NYT, June 7, 1987, cit.) e "the unwarranted assault on our sovereignty and territorial integrity" (cfr. FT, June 5, 1987, pág. 1)], mas a reacção da Comunidade

da força ou interfira de qualquer modo no conflito armado ficarão necessariamente sujeitas ao regime da intervenção humanitária.

**14.1. Aspectos teóricos.** Em relação à intervenção humanitária, é necessário também sublinhar que as referidas causas de exclusão da ilicitude (estado de necessidade, perigo extremo ou tutela defensiva) apenas relevam nas relações entre o Estado interventor e o Estado alvo.

Mesmo nos casos em que as violações massivas de direitos humanos que provocaram a intervenção sejam causadas por movimentos ou bandos armados, a actuação do Estado interventor contra estes não se realiza à luz de uma causa de justificação, mas de um poder que lhe é reconhecido pelo Direito Internacional de impedir a prática de crimes internacionais por parte de entidades que não são Estados, organizações internacionais ou entidades paralelas que excepcionalmente pode ter reflexos extraterritoriais[523]. Só em

---

Internacional foi escassa. Excepcionando, claro está, o Paquistão, bem recordado da última intervenção humanitária da Índia (este afirmou que o acto fora uma "deplorable infringement of international law"; cfr. NYT, June 6, 1987, Section 1; Page 4, Column 5), segundo o Sri Lanka, os embaixadores do Butão, do Nepal e do Bangladesh manifestaram-lhe igualmente a sua solidariedade (cfr. NYT, June 6, 1987, cit.).

A citada jurisprudência do Tribunal Internacional de Justiça confirma a conclusão quanto à sua licitude, já que o Tribunal se encontrava a apreciar os actos dos EUA e não de entidades não governamentais.

[523] O dever de cumprir e fazer cumprir estas normas é reconhecido ao Estado em relação aos particulares sob sua jurisdição e igualmente em relação aos restantes Estados quanto a fazer cumprir obrigações *erga omnes* que tutelem interesses humanitários (colectivizados pelos Estados) [ver C. Baptista, Ius Cogens (...), cit., pág. 295-297]. Mas deve ser estendido igualmente a particulares que se encontrem sujeitos à jurisdição de um outro Estado, pelo menos, quando este consinta na prática destes actos. Quando se mostra incapaz para evitar a prática destes actos, o estado de necessidade pode justificar a adopção de actos defensivos contra ataques de movimentos e bandos armados no território de outro Estado em relação a este (ver, *supra*, parág. 12.3).

O regime de jurisdição universal contra os responsáveis pela sua prática vem apoiar este entendimento [cfr. artigo 49 da citada Convenção de Genebra I de 1949 sobre Feridos em Conflito Terrestre; artigo 50 da referida Convenção de Genebra II, sobre Feridos no Mar; artigo 129 da mencionada Convenção de Genebra III, sobre Prisioneiros de Guerra; artigo 146 da aludida Convenção de Genebra IV, sobre Protecção de Civis; artigo 85 do citado Protocolo Adicional I; o artigo 1 da Convenção sobre a Prevenção e repressão do Crime de Genocídio de 9 de Dezembro de 1948 (texto em UNTS, 1951, No. 1021, pág. 277-286) também é interpretável neste sentido, apesar do seu artigo 6 atribuir jurisdição ao Estado que exerce soberania sobre o território onde ocorreu o genocídio]. De qualquer modo, não faria sentido reconhecer que um Estado pode em certas circunstâncias usar a força no território de um outro Estado e não lhe permitir que o fizesse contra os particulares sujeitos à jurisdição deste último Estado responsáveis pelos actos que suscitaram a reacção.

relação a Estados, organizações e estas entidades paralelas (que se encontram vinculadas pela proibição de uso da força) é que qualquer actuação violenta que vise este fim terá de ser realizada necessariamente no exercício de uma causa que justifique a violação do artigo 2, n.º 4 CNU.

Cabe agora apreciar a questão de saber se se encontram reunidas as condições abstractas para se poder tentar aplicar a figura da tutela defensiva, neste caso de terceiro, o estado de necessidade ou o perigo extremo (*distress*) com vista a justificar ou excluir a responsabilidade de uma acção militar para pôr termo a uma situação de violação massiva de direitos humanos básicos, como o direito à vida ou à integridade física[524]. Considera-se aplicável a figura da tutela defensiva em relação à defesa de particulares, quer nacionais, quer estrangeiros, como é confirmado pela prática[525]. Deste modo, sendo ilícitos os actos de perseguição de um Estado aos seus próprios cidadãos, entende-se que, em abstracto, a figura poderá ser aplicável para justificar uma acção bélica humanitária contra um Estado responsável por esta perseguição. Sublinhe-se, porém, que tal não significa que concretamente o Direito Costumeiro reconheça esta aplicabilidade. Tal terá de ser confirmado pela análise da prática.

A questão da aplicação do perigo extremo ou do estado de necessidade volta a colocar-se numa situação em que as violações massivas sejam da responsabilidade de movimentos ou bandos armados. Já se verificou que o perigo extremo não será uma figura adequada em relação ao resgate de cidadãos no estrangeiro[526], embora o motivo determinante seja a circunstância de nesta ainda estar em causa um interesse do Estado, a protecção dos seus cidadãos. Em relação a esta será, pois, mais adequada a figura do estado de necessidade.

Este obstáculo não existe na intervenção humanitária já que esta visa proteger interesses individuais; precisamente a espécie de interesses tutelados pelo perigo extremo. Contudo, o actual Direito Internacional dos Direitos

---

[524] Que a violação generalizada destes dois direitos por um Estado em relação aos seus cidadãos constitui uma violação do Direito Internacional é algo que já praticamente ninguém contesta, mesmo à luz do Direito Internacional Costumeiro. Segundo se julga, este regime na Europa em relação às minorias já remonta ao século XIX [ver C. Baptista, Ius Cogens (...), cit., pág. 162-171 e, para o regime jurídico costumeiro actual, pág. 406-410]. Sobre os pressupostos da intervenção humanitária, ver, *infra*, parág. 14.4.

[525] Ver, *supra*, as referências à protecção da navegação neutra mercante estrangeira durante a Guerra entre o Irão e o Iraque, parág. 12.1 e, quanto ao resgate armado de cidadãos, parág. 13.1 e 13.3.

[526] Ver, *supra*, parág. 13.1.

Humanos atribui igualmente a cada Estado um interesse na protecção dos direitos humanos dos cidadãos dos restantes Estados[527] e, deste modo, a figura do estado de necessidade poderá entrar por esta via.

Já é menos relevante como obstáculo a circunstância de o perigo extremo se encontrar consagrado pelo Direito Internacional Costumeiro tradicional em relação a situações de defesa de interesses individuais do próprio órgão que actua ou de pessoas a seu cargo e não tanto de terceiro[528]. Nem igualmente por a figura ter tradicionalmente sido invocada para justificar actos causados por situações naturais (factos jurídicos em sentido estrito) e não por actos (humanos)[529, 530]. Com efeito, existem elementos de prática nos últimos anos que sugerem o seu alargamento na justificação de actos de defesa de terceiros contra actos (humanos)[531].

---

[527] Trata-se de regime decorrente do carácter *erga omnes* das obrigações que impõe aos Estados; ver C. Baptista, Ius Cogens (...), cit., pág. 432-433 e 294-298.

[528] Embora a Comissão de Direito Internacional cite um caso antigo, já referido, de defesa de terceiro [cfr. YILC, 1979, Vol. II, Part 2, pág. 133-136, parág. 4, nota 3].

[529] Insista-se que não é relevante o facto de os próprios actos dos movimentos armados, bandos ou particulares de violação dos direitos humanos serem internacionalmente ilícitos. Estando em causa movimentos armados, isto é, que controlam efectivamente território, estes actos serão sempre ilícitos, visto que estes movimentos se encontram vinculados pelo Direito Internacional dos Direito Humanos. Quando estejam em causa meros bandos armados, normalmente os seus actos não serão ilícitos, salvo se violarem o Direito Humanitário aplicável, ou outras normas internacionais penais (ver, *infra*, parág. 15.2.2-15.2.4).

Mas, em todo o caso, o estado de necessidade ou o perigo extremo serão invocados contra o Estado senhor do território onde estão a ocorrer os actos e não contra os grupos responsáveis por estes actos ilícitos ou seus membros. É certo que mesmo este Estado pode ser responsável por um acto ilícito por omissão ou cumplicidade, mas esta omissão/cumplicidade só por si não justifica que se invoque tutela defensiva contra si. A acção defensiva é utilizada contra os directos responsáveis pelos actos. Esta só poderia ser necessária em relação ao Estado alvo se este interferisse. Acresce que podem existir casos em que o Estado seja totalmente incapaz de controlar a situação, não actuando pois ilicitamente.

[530] James Crawford, enquanto relator especial da Comissão de Direito Internacional para a questão da Responsabilidade dos Estados, negou que o perigo extremo, tal como historicamente fora delineado, se pudesse aplicar à intervenção humanitária, considerando antes que seria estado de necessidade, até por ao se aplicar o perigo extremo em relação a terceiros a situação perder o mesmo carácter compulsivo (cfr. RILC, 1999, pág. 180, parág. 367 e 373). Porém, outros membros questionaram se essa visão estaria de acordo com a evolução do Direito Internacional quanto aos direitos humanos (cfr. pág. 181, parág. 369). Também M. Carmona/M. Silva/M. Vieira/S. Figueiredo, *Direito de Intervenção Humanitária*, RJ, n.º 20, 1996, pág. 259-297, na pág. 286.

[531] Ver, *infra*, parág. 14.2.

A questão da figura aplicável em abstracto não é destituída de efeitos práticos. Mesmo sendo certo que se considera dever rejeitar a diferença que resultaria da alegada proibição de invocar estado de necessidade perante violações do *Ius Cogens*, tendo em conta a natureza *iuris cogentis* da norma que proíbe o uso privado da força nas relações internacionais[532]. Para lá deste aspecto, existem diferenças de regime importantes quanto à aplicação do princípio da proporcionalidade.

O regime de proporcionalidade numa situação de perigo extremo proíbe que se provoque danos idênticos ou superiores aos que se visa salvaguardar com a acção. Os danos terão de ser necessariamente inferiores[533]. Mas o regime do estado de necessidade é ainda mais rígido, já que proíbe em qualquer caso que um Estado o possa invocar quando afecte um interesse essencial de outro, mesmo que tal seja necessário para proteger um interesse ainda mais essencial do primeiro Estado[534].

Pela comparação com o perigo extremo, que não impõe esta restrição quando estão em causa vidas humanas, resulta claro que a protecção da vida, mesmo de cidadãos estrangeiros, tendo em conta o carácter *erga omnes* da obrigação de respeito pelo direito à vida, deverá ser considerado como um interesse essencial, mesmo para efeitos do estado de necessidade. Ainda assim, se se considerasse como aplicável apenas o estado de necessidade como fundamento jurídico da intervenção humanitária tal implicaria ter de se concluir que esta nunca poderia provocar certas situações, como uma ocupação duradoura, uma secessão ou uma alteração do Governo pela força. De facto, julga-se que estas são consequências que necessariamente afectarão um interesse essencial do Estado alvo. Já uma invocação do perigo extremo poderia legitimar actos desta espécie.

É certo que estas duas figuras aplicar-se-iam em situações em que o Estado não é responsável pela situação de violações massivas. E uma alteração do Governo pela força dificilmente será essencial numa situação destas. Mas uma secessão ou, pelo menos uma ocupação, pode revelar-se necessária devido a antagonismos no seio do próprio Povo do Estado.

Ora, estes actos (por parte de um outro Estado, mas já podem ser realizados livremente pelo próprio Povo[535]) nunca poderão ser legitimados por

---

[532] Ver, *supra*, parág. 12.3.
[533] Cfr. artigo 24, n.º 2, al. b) do Projecto sobre Responsabilidade da Comissão de Direito Internacional de 2001.
[534] Sobre este regime, ver, *supra*, parág. 12.1 e, sobretudo, 12.3.
[535] Ver, *infra*, parág. 15.2.

uma invocação de estado de necessidade sem o consentimento válido do Estado alvo tendo em conta que afectam um interesse essencial seu. Em abstracto, apenas o perigo extremo poderia legitimar estas consequências da intervenção humanitária. Igualmente a tutela defensiva poderia, em abstracto, legitimá-las, mas esta apenas poderia ser aplicada perante uma situação de responsabilidade directa do Estado nas violações massivas.

Segundo se julga, só a prática poderá responder à questão de saber se a intervenção humanitária poderá ser legitimada numa das referidas duas figuras, ou na tutela defensiva. Também só a prática poderá, em caso afirmativo, esclarecer qual o regime aplicável e, por esta via, permitir uma conclusão sobre qual a figura aplicável nos casos em que o Estado alvo não tem responsabilidades directas nos actos de violação de direitos humanos.

**14.2. Prática.** A confirmar a proibição da Carta, a figura da intervenção humanitária desapareceu da prática dos Estados nos primeiros 25 anos de vigência desta[536, 537].

Posteriormente, no período entre 1970 e 1990 há quatro situações de uso da força nas relações internacionais em que os pressupostos da figura poderão ter estado reunidos. Porém, mesmos nestes casos, apenas em um caso o fundamento humanitário foi invocado e, mesmo assim, apenas em

---

[536] A Jordânia numa mensagem discutida perante o Conselho, em 17 de Maio de 1948, afirmou "his armed forces were compelled to enter Palestine to protect the Arabs there" (cfr. RPSC, 1946-1951, Chapter VIII, pág. 328). Igualmente a Liga Árabe procurou justificar a mesma intervenção na Palestina alegando "the Arab States were compelled to intervene in Palestine for the sole purpose of restoring peace and security and establishing law and order" (cfr. RPSC, cit.). Mas trata-se de um caso em que a figura não foi alegada de forma conclusiva e não parece que os pressupostos estivessem minimamente reunidos. Não foi por causa de alegados massacres que os Estados Árabes intervieram, mas para impedir a independência de Israel. O Conselho apesar disso não condenaria qualquer uma das partes no conflito. Assim, na sua Resolução 49 (1948), de 22 de Maio (texto RDSCOR, 1948, pág. 19), aprovada na sequência dessas declarações, afirma no parág. 1: "*Calls upon* all Governments and authorities, without prejudice to the rights, claims or position of the parties concerned, to abstain from any hostile military action in Palestine".

[537] Daí que o Tribunal Internacional de Justiça terá descrito correctamente o regime jurídico vigente quanto afirmou em geral em 1949: "The Court can only regard the alleged right of intervention as the manifestation of a policy of force, such as has, in the past, given rise to most serious abuses and such as cannot, whatever be the present defects in international organization, find a place in international law. Intervention is perhaps still less admissible in the particular form it would take here; for, from the nature of things, it would be reserved for the most powerful States, and might easily lead to perverting the administration of international justice itself" [cfr. *The Corfu Channel* (...), cit., *C.I.J. Reports* 1949, pág. 35].

termos coadjuvantes; mesmo neste caso, a reacção internacional foi essencialmente negativa numa primeira fase, apenas posteriormente se tendo acomodado aos factos consumados.

Trata-se do caso da intervenção de 1971 da Índia no Paquistão oriental, actual Bangladesh, numa situação de graves atrocidades cometidas pelo Governo Paquistanês contra a população, em consequência de um movimento de independência local. Este fora criado em resultado da anulação pelo Governo paquistanês das eleições locais que tinham dado vitória a um partido federalista. Esta repressão causou uma corrente massiva de milhões de refugiados que afluiu ao território indiano.

A então Primeira-Ministra da Índia alegou expressamente que se tratava de uma intervenção humanitária perante a comunicação social. No entanto, no Conselho de Segurança, em 6 de Dezembro de 1971, na 1608.ª reunião, a Índia procurou fundamentar a sua acção em legítima defesa, embora tenha igualmente invocado preocupações humanitárias[538].

As suas alegações seriam rejeitadas pelos EUA e pela China, que consideraram, respectivamente, que existira uma violação da Carta e uma agressão. Mas a União Soviética apoiou a Índia, tendo considerado que uma das propostas de resolução se revelava inadequada para enfrentar a situação repressiva no território[539]. A maioria (onze) dos membros do Conselho, em sucessivas votações de propostas de resolução vetadas pela União Soviética, apoiaram a cessação dos combates e a retirada (das forças indianas, a que se opunha a Índia e a União Soviética), não parecendo convencidos pelos argumentos humanitários.

A questão acabaria por ser transferida para a Assembleia Geral nos termos da *União para a Paz*[540]. A Assembleia, na Resolução 2793 (XXVI), de 7 Dezembro de 1971[541], preâmbulo e parág. 1, também não foi sensível

---

[538] Alegou que fora vítima de uma "refugee aggression, i.e., disruption of India's social and economic structure through an influx of refugees and then through military aggression", e que consequentemente "Indian troops had gone into Pakistan territory after 21 November 1971 only in the exercise of the right of self-defence". Embora tenha acrescentado que continuaria "to help the people of Bangladesh in any way it could, short of fighting their battles" e que "India would not be a party to any solution that would mean continuation of the oppression of East Pakistani people" (cfr. RPSC, 1969-1971, Chapter VIII, pág. 156).

[539] Sustentou que esta era "inadequate in meeting the situation created by the policy of repression pursued by the Government of Pakistan against the people of East Pakistan" (cfr. RPSC, cit.).

[540] Ver sobre esta, *infra*, parág. 44.3.

[541] Texto em RDGAOR, 27th Session, 1971, pág. 3.

à posição da Índia, mas adoptou uma posição diplomática. Embora se limite a demonstrar preocupação pela abertura de hostilidades (depois de chamar a atenção para o artigo 2, n.º 4 CNU no preâmbulo), sem uma condenação da Índia, exige de forma neutra a retirada das tropas de território, embora apenas a Índia ocupasse território do Paquistão. Negou, pois, legitimidade à defesa militar por parte da Índia das suas preocupações humanitárias.

A manutenção temporária do *status quo* no terreno sem retirada viria, porém, a ser aceite pelo Conselho de Segurança pela sua Resolução 307 (1971), de 21 de Dezembro[542], parág. 1. E apesar de ter sido criado graças a uma intervenção militar externa, o Bangladesh viria a ser aceite como membro das Nações Unidas, pouco tempo depois, em 17 de Setembro de 1974[543], depois do reconhecimento pelo Paquistão da sua independência. Anteriormente, em 25 de Agosto de 1972, na 1660.ª reunião do Conselho de Segurança, a admissão do Bangladesh fora rejeitada, designadamente por veto da China[544]. Esta seria recomendada à Assembleia pela Resolução 351 (1974), de 10 de Junho[545].

Deste modo, os objectivos da Índia acabaram por ser alcançados, mas essencialmente por força de uma política de facto consumado, já que inicialmente as posições em relação à sua intervenção foram geralmente negativas.

No segundo caso, relativo à intervenção do Vietname no Camboja de Dezembro de 1978, o fundamento humanitário não chegou a ser alegado e a acção foi geralmente condenada, tendo levado a uma longa ocupação injustificada.

A situação criada foi discutida no Conselho de Segurança nas reuniões 2108.ª a 2112.ª, de 11 a 15 de Fevereiro de 1979. Apesar das gravíssimas atrocidades levadas a cabo pelo então Governo cambojano[546], o Vietname invocou legítima defesa (e o pedido do "Povo" cambojano) como fundamento

---

[542] Texto em RDSCOR, 1971, pág. 11.

[543] Pela Resolução 3203 (XXIX), com a mesma data, da Assembleia Geral (texto em RDGAOR, 29th Session, 1974, pág. 2).

[544] Cfr. RPSC, 1972-1974, Chapter VII, pág. 73 e 74.

[545] Texto em RDSCOR, 1974, pág. 15.

[546] O número avançado é de 1.700.000 vítimas, cfr. *Report of the Cambodian Genocide Program*, 1994-1997 (A Report to the United States Department of State – February 1998: http://www.yale.edu/cgp/readings/report94-97_v3.html); David Chandler, *The Burden of Cambodia's Past*, em *Cambodia and the International Community: The Quest for Peace, Development, and Democracy* (eds. Frederick Brown/David Timberman), New York: Asia Society, 1998, Introduction e texto nota 7.

para a sua intervenção e não considerações humanitárias[547]. Apenas a União Soviética invocou os crimes do regime deposto, mas sem pretender com isso alegar qualquer intervenção humanitária[548].

De qualquer modo, os restantes Estados participantes condenaram a intervenção vietnamita e apenas o veto soviético evitou a aprovação de uma resolução condenatória[549]. A Assembleia Geral, na sua Resolução 34/22, de 14 de Novembro de 1979[550], condenou igualmente a intervenção e a ingerência nos assuntos internos do Camboja ("Deeply regretting the armed intervention by outside forces in the internal affairs of Kampuchea"; preâmbulo), sem ter uma palavra de condenação contra as violações dos direitos humanos pelo regime deposto. Nos anos seguintes, o Governo instalado pelo Vietname veria as suas credenciais rejeitadas pela Assembleia Geral[551].

Foram necessários vários anos para que a acção do Vietname começasse a ser reabilitada, embora por Estados com interesse em tal. Assim, a Holanda, em 10 de Junho de 1999, invocou-a no Conselho com vista a tentar justificar a acção da OTAN contra a Jugoslávia[552].

No terceiro caso durante este período, a intervenção da Tanzânia no Uganda em 20 de Janeiro de 1979, apesar de a acção ter sido tolerada, a Tanzânia procurou desvalorizar a sua actuação e fundá-la em outros fundamentos.

Esta acção da Tanzânia levou ao derrube do então ditador do Uganda. Este ficara tristemente célebre pelos seus crimes contra a sua própria população[553]. Oficialmente, a Tanzânia sustentou que a invasão fora levada a cabo com o objectivo de defesa do seu território e honra e não de derrubar

---

[547] Afirmou: "Viet Nam had attempted to solve its border conflict with Kampuchea through peaceful negotiations, but Kampuchea, supported by China, had rejected Viet Nam's proposals and Viet Nam was determined to exercise its legitimate right of self-defence recognized by the Charter" (cfr. RPSC, 1975-1980, Chapter VIII, pág. 338 e 340; 2108.ª reunião do Conselho, em 11 de Janeiro de 1979).

[548] Invocou "the crimes of the Pol Pot régime" (cfr. RPSC, 1975-1980, Chapter VIII, pág. 340, na 2112.ª reunião do Conselho, em 15 de Janeiro de 1979).

[549] Cfr. RPSC, 1975-1980, Chapter VIII, pág. 338-340.

[550] Texto em RDGAOR, 34th Session, 1979-1980, pág. 16-17.

[551] Ver, *infra*, parág. 34.4.4.

[552] Assim, referiu "the shameful episode of the 1980s, when the United Nations was apparently more indignant at a Vietnamese military intervention in Cambodia, which almost all Cambodians had experienced as a liberation, than at three years of Khmer Rouge genocide (cfr. UN Doc. S/PV.4011, 10 June 1999, pág. 13).

[553] Alguns falam em centenas de milhares de mortes que levaram os EUA a embargar o comércio com o Uganda em Outubro de 1978 (cfr. WP, November 7, 1978, pág. A18).

o ditador[554], muito embora durante a ocupação de parte do seu território um editorial de um jornal governamental e autoridades da Tanzânia tenham proclamado o objectivo de o depor[555].

Efectivamente, o Uganda tinha sido responsável por uma invasão limitada da Tanzânia na primeira quinzena de Novembro de 1978[556], mas entretanto as suas forças tinham retirado[557], em consequência de uma reacção da Tanzânia que levou as suas forças a penetrarem igualmente em território do Uganda em finais de Novembro e princípios de Dezembro de 1978[558]. Não existia, pois, qualquer fundamento aceitável para recorrer à legítima defesa. Apesar do Uganda se ter recusado a indemnizar a destruição, pilhagem e atrocidades contra civis que provocara[559] e a situação se mantivesse tensa em Janeiro de 1979, as hostilidades tinham terminado[560].

A invasão da Tanzânia iniciou-se em 20 de Janeiro de 1979[561]. A acompanhar o seu exército seguiam forças da oposição ugandesa que há muito era apoiado pela Tanzânia, cujo dirigente (anterior governante do Uganda deposto) apelara recentemente à deposição do ditador ugandês fazendo acusações de genocídio[562]. A invasão foi condenada pela Líbia que acabou por decidir intervir do lado do Uganda com pára-quedistas[563]. O Conflito apenas terminou em Junho de 1979, com a derrota das forças do ditador do Uganda[564].

Posteriormente, na cimeira da Organização de Unidade Africana, em 17 de Julho de 1979, o Sudão criticaria a intervenção da Tanzânia como uma violação da Carta da Organização de Unidade Africana e por ter criado um precedente perigoso[565]. Também a Nigéria criticou a Tanzânia com os mesmos

---

[554] Alegou que visava "safeguard Tanzania's territory and honor and that any change of regime in Kampala is the business of Ugandans themselves" (cfr. WP, March 2, 1979, pág. A10).

[555] Afirmava-se no jornal: "Our sense of duty to Africa and the rest of mankind behooves us to deal with Amin in the manner he understands most – destroying him and his aggressor troops along with their weaponry" (cfr. WP, November 12, 1978, pág. A23).

[556] Sobre a causa, ver WP, November 9, 1978, pág. A29.

[557] Em 15 de Novembro de 1978 (cfr. WP, November 17, 1978, pág. A14).

[558] Cfr. WP, November 29, 1978, pág. A25; WP, December 2, 1978, pág. A13.

[559] Como acusou a Tanzânia: cfr. WP, November 16, 1978, pág. A43.

[560] Cfr. WP, January 16, 1979, pág. A14.

[561] Cfr. WP, January 26, 1979, pág. A19.

[562] Cfr. WP, January 13, 1979, pág. A15.

[563] Cfr. WP, March 31, 1979, pág. A17.

[564] Cfr. WP, June 4, 1979, pág. A20.

[565] Acusou-a "of violating the OAU Charter by resorting "to the sword" to overthrow Amin" (cfr. WP, July 18, 1979, pág. A22).

fundamentos[566]. No entanto, esta recebeu um implícito apoio do Presidente da Organização, a Libéria, que criticou os silêncios cúmplices dos Estados Africanos perante as violações dos direitos humanos pelos seus vizinhos[567].

Parece claro que a acção da Tanzânia terá sido predominantemente vingativa contra o ditador do Uganda e só secundariamente humanitária, mas aparentemente esta cumpriu os requisitos da figura e este Estado não retirou qualquer benefício material da empresa. A sua economia ficou de rastros em consequência do Conflito[568]. Também não foi invocado o carácter humanitário da operação como justificação, antes se procurou ocultar o objectivo de derrubar o Governo do Uganda, o que ilustra o valor escasso que foi atribuído àquele fundamento enquanto justificação.

Finalmente, o quarto caso até 1990 foi o relativo à deposição do ditador da República Centro-Africana pela França em 20 de Setembro de 1979. Apesar de a acção em si ter sido tolerada, a França procurou deliberadamente ocultar a sua participação nesta e acabou por adoptar actos ilícitos de intervenção nos assuntos internos do Estado alvo.

Assim, embora esta tenha sido levada a cabo numa operação clandestina, ficou claro para toda a Comunidade Internacional quem a organizara e fora o responsável pelo sucesso da deposição[569]. A França colocou no poder o anterior Presidente deposto em 1965, tendo aparentemente sido a primeira vez que depôs um Governo que reconhecia diplomaticamente. O golpe foi realizado com o ditador ausente na Líbia, não tendo provocado qualquer baixa[570].

O ditador, que sempre fora apoiado pela França apesar de inúmeros actos de repressão brutal, fora acusado pela Amnistia Internacional de ser responsável pela morte de cerca de 100 crianças em Abril de 1979[571] que tinham boicotado as aulas em protesto contra um novo decreto que obrigava ao uso de uniformes escolares caros[572]. Uma vez confirmadas estas acusações

---

[566] Cfr. N. Ronzitti, *Rescuing* (...), cit., pág. 105-106.

[567] Cfr. WP, July 18, 1979, pág. A22.

[568] Cfr. WP, July 14, 1979, pág. A14.

[569] O representante do departamento de Estado norte-americano instado a comentar limitou-se a um irónico "Vive la France" (cfr. WP, September 25, 1979, pág. A10; WP, September 23, 1979, pág. A29).

[570] Cfr. TE, September 29, 1979, pág. 64.

[571] Segundo parece, algumas às suas próprias mãos; mas as alegações francesas de canibalismo parecem falsas: cfr. NYT, November 5, 1996, pág. B7.

[572] Cfr. WP, September 25, 1979, pág. A1; WP, October 1, 1979, pág. A1; também WP, September 22, 1979, pág. A1.

por uma comissão internacional, a França cortou toda a assistência (salvo humanitária) à República Centro-Africana em Junho de 1979[573]. O Presidente francês terá ficado bastante embaraçado e revoltado com estas atrocidades. A última gota que levou à intervenção (para lá de um episódio em que o ditador terá desligado o telefone ao Presidente francês) foi a declarada intenção de celebrar um acordo militar com a Líbia para compensar a falta de fundos provocada pelo fim do auxílio francês[574]. No entanto, as violações dos direitos humanos foram oficiosamente invocadas como justificação[575]. À deposição seguiu-se a colocação no terreno de cerca de 1000 militares franceses a pedido do novo Presidente[576].

As reacções negativas a esta acção aparentam ter sido muito restritas. Apenas se encontrou referência às críticas de Cuba[577]. Mesmo a União Soviética aplaudiu a deposição do ditador, mas condenou as acções seguintes da França de influenciar a composição do novo Governo em função dos seus interesses como uma intervenção nos assuntos internos[578]. Também a Zâmbia apoiou a acção francesa, bem como a imprensa no Quénia[579].

Este episódio é paradigmático em relação aos aspectos positivos e negativos destas acções unilaterais. Como uma intervenção humanitária estritamente necessária pode obter um resultado feliz e um silêncio cúmplice, mas simultaneamente constituir uma oportunidade para uma intervenção que determina os novos titulares do poder em função dos interesses do Estado interventor. De qualquer modo, a tentativa da França de ocultar a sua acção na deposição do ditador sugere que mesmo esta não considerou a sua actuação como conforme com o Direito Internacional.

Também alguns actos adoptados durante este período não parecem apoiar a existência da figura, embora não possam ser considerados como decisivos.

---

[573] Cfr. WP, August 18, 1979, pág A18.

[574] Cfr. WP, September 25, 1979, pág. A1.

[575] "French officials stressed that President Valery Giscard d'Estaing had acted because of Bokassa's systematic violations of human rights" (cfr. WP, September 23, 1979, pág. A29).

[576] "asked France to send the troops to prevent disorders" (cfr. TE, September 29, 1979, pág. 64).

[577] Que afirmou "French military intervention in the Central African Republic is part of the bellicose escalation of imperialism, which has once again taken to the seas unfurling the pennants of the colonial reconquest" (cfr. BBC, September 27, 1979, citando a Rádio Havana).

[578] Cfr. BBC, September 24, 1979, acusação que parece ter o apoio da BBC, que cita "the massive demonstrations in Bangui against French military interference" e as críticas do líder da oposição francesa.

[579] Cfr. BBC, September 24, 1979.

Assim a Declaração sobre a Inadmissibilidade da Intervenção ou Interferência nos Assuntos Internos ou Externos dos Estados, aprovada pela Assembleia Geral por meio da sua Resolução 36/103, de 9 de Dezembro de 1981[580], no seu parág. 2, II, al. l) afirma: "The duty of a State to refrain from the exploitation and the distortion of human rights issues as a means of interference in the internal affairs of States, of exerting pressure on other States or creating distrust and disorder within and among States or groups of States". O seu sentido não é inteiramente claro, já que os termos exploração e distorção podem ser entendidos como proibindo apenas intervenções que se sirvam dos direitos humanos simplesmente como pretexto abusivo e sem fundamento. De qualquer modo, a Declaração não foi consensual, tendo sido aprovada por 120 votos a favor, 22 contra e seis abstenções[581]. Mas não deixa de ser um elemento que mostra como a questão era encarada pela maioria dos Estados.

Igualmente a citada Declaração relativa ao Reforço da Efectividade do Princípio da Proibição de Recorrer à Ameaça ou ao Uso da Força de 1987 da Assembleia Geral, parág. 3, afirma: "No consideration of whatever nature may be invoked to warrant resorting to the threat or use of force in violation of the Charter". Uma passagem semelhante em relação ao recurso à agressão aparece no artigo 5, n.º 1 da citada Definição de Agressão da Assembleia Geral ("No consideration of whatever nature, whether political, economic, military or otherwise, may serve as a justification for aggression"). Reconheça-se, porém, que se evitou incluir explicitamente os fundamentos humanitários no enunciado de considerações consideradas irrelevantes para tentar justificar o uso da força. E que um uso da força nestas circunstâncias poderia escapar à qualificação de agressão, ainda que fosse ilícito.

Em sentido negativo quanto à vigência desta figura milita igualmente a Jurisprudência[582].

Porém, a partir de 1990 a situação da prática parece ter sofrido alterações, sendo possível citar alguns precedentes importantes. Pode-se referir

---

[580] Texto em RDGAOR, 36th Session, 1981-1982, pág. 78-80.

[581] Cfr. RDGAOR, cit., pág. 286.

[582] Assim, o Tribunal Internacional de Justiça rejeitou que a protecção dos direitos humanos constituísse um fundamento para o uso da força: "the protection of human rights, a strictly humanitarian objective, cannot be compatible with the mining of ports, the destruction of oil installations, or again with the training, arming and equipping of the contras. The Court concludes that the argument derived from the preservation of human rights in Nicaragua cannot afford a legal justification for the conduct of the United States" (cfr. *Military and Paramilitary Activities*, cit., *I.C.J. Reports* 1986, pág. 135-136, parág. 268).

dois casos da responsabilidade de Estados do grupo ocidental. Mas existem igualmente dois precedentes de acções enquadráveis na figura levadas a cabo por Estados em desenvolvimento. Num destes o fundamento humanitário foi expressamente invocado.

Assim, para lá dos precedentes anteriores das referidas intervenções da Índia, Tanzânia e Vietname, a Comunidade Económica de Estados do Oeste Africano (ECOWAS) interveio com a sua ECOMOG em 24 de Agosto de 1990 na Libéria. Um dos fundamentos invocados foi o humanitário. É certo que o Governo ainda reconhecido, bem como uma das facções rebeldes, apoiaram a intervenção, mas uma terceira facção viria a exigir a sua retirada, tendo-se desencadeado um conflito aberto entre esta e a ECOMOG. Apesar disso, a reacção da Comunidade Internacional foi de apoio aberto à iniciativa[583].

O segundo caso é o decorrente da acção dos aliados da coalizão anti-iraquiana no Norte do Iraque iniciada em 17 de Abril de 1991 com vista a proteger a minoria Curda que se tinha revoltado contra o Governo iraquiano da repressão deste.

Apesar dos protestos do Iraque e de algumas ameaças iniciais, este Estado não resistiu ao avanço limitado dos aliados na sua zona fronteiriça (cerca de 40km dentro desta, ao longo de uma faixa de cerca de 100km) com a Turquia na denominada operação *Provide Comfort*. A Força foi constituída por cerca de 13.000 soldados da Austrália, Espanha, EUA, França, Grã-Bretanha, Holanda e Itália, entre outros. A operação terminou em Julho 1991, com a retirada da força multinacional[584]. O Iraque foi ameaçado de represálias no caso de exercer qualquer repressão a norte do paralelo 36[585], zona de exclusão que ainda se mantém em vigor[586]. Esta intervenção no conflito, com a criação de zonas seguras não apenas para os refugiados, mas igualmente para os guerrilheiros Curdos, impossibilita qualquer qualificação da acção como uma mera assistência humanitária[587].

Na sequência da referida repressão pelo Governo do Iraque da revolta curda no final da Guerra do Golfo, o Conselho de Segurança na sua

---

[583] Ver a análise desta acção, *infra*, parág. 32.3.

[584] Cfr. *Last allies pull out of north Iraq*, FT, July 16, 1991, pág. 6.

[585] Cfr. *Bush Sees Accord On 'Safe Havens' For Kurds In Iraq*, NYT, April 12, 1991, Section A; Page 1; Column 3; *US troops to enter north Iraq to help refugees*, DT, April 17, 1991, pág. 1.

[586] Ver sobre esta questão, *infra*, parág. 72.

[587] Ver, *supra*, parág. 14.

Resolução 688 (1991), de 6 de Abril[588], reconhecera a gravidade da situação, considerando que constituía uma ameaça à paz no preâmbulo[589] e no parág. 1. Embora sublinhando que eram as consequências transfronteiriças da repressão que a justificavam. Ou seja, colocou-se em sede do Capítulo VII da Carta (apesar de o não referir expressamente[590]). Daí que a sua condenação da repressão (parág. 1), exigência da sua cessação (parág. 2) e de abertura à assistência humanitária fossem actos obrigatórios. Mas a assistência deveria ser levado a cabo por "international humanitarian organizations". Aos Estados apenas era feito um apelo para que contribuíssem para tal auxílio humanitário.

Apesar do Iraque não ter aceite a Resolução 688, viria a celebrar o Memorando de Entendimento com o representante do Secretário-Geral de 18 de Abril de 1991[591], bem como o Acordo de 25 de Maio de 1991 com o representante do Secretário-Geral[592], em que concordou com a criação dos Centros Humanitários das Nações Unidas (UNHUCs) no Iraque, com vista a organizar a assistência humanitária em coordenação com o Governo iraquiano.

De qualquer modo, de nenhum dos preceitos da Resolução 688 (1991) se pode depreender uma habilitação a uma intervenção armada estadual para proteger os Curdos ou para impor quaisquer zonas de exclusão às forças militares do Iraque. A intervenção pelos referidos Estados fez-se à margem da Resolução 688 e, portanto, da Carta[593], embora com algum apoio na teleologia da Resolução.

---

[588] Texto em RDSCOR, 1991, pág. 31-32.

[589] Afirma-se neste: "Gravely concerned by the repression of the Iraqi civilian population in many parts of Iraq, including most recently in Kurdish populated areas, which led to a massive flow of refugees towards and across international frontiers and to cross-border incursions, which threaten international peace and security in the region" e que "Deeply disturbed by the magnitude of the human suffering involved".

[590] Ver, *infra*, parág. 49.1.

[591] Texto em anexo ao UN Doc. S/22513, de 22 de Abril de 1991, pág. 4-5.

[592] Texto em anexo ao UN Doc. S/22663, de 31 de Maio de 1991.

[593] Também neste sentido: Peter Malanczuk, *The Kurdish Crisis and Allied Intervention in the Aftermath of the Second Gulf War*, EJIL, Vol. 2, No. 2, 1991, pág. 114 e seg., part III; Gregory L. Naarden, *Un Intervention After The Cold War Political Will And The United States*, TILJ, Vol. 29, 1994, pág. 231-256, na pág. 252; A. Mutharika, *The Role Of The United Nations* (...), cit., pág. 552; Jeremy Levitt, *Humanitarian Intervention by Regional Actors in Internal Conflicts and the Cases of Ecowas in Liberia and Sierra Leone*, TICLJ, Vol. 12, 1998, pág. 333-375, na pág. 352-353; N. White/R. Cryer, *Unilateral Enforcement of Resolution 687* (...), cit., pág. 278; Bartram S. Brown, *Humanitarian Intervention At A Crossroads*, WMLR, Vol. 41, 2000, pág. 1683-1741, na pág. 1705; Martha Brenfors/Malene M. Petersen, *The Legality of Unilateral Humanitarian Intervention – A Defence*, NJIL, Vol. 69, No. 4, 2000,

Os Estados que participaram nesta operação dividiram-se entre aqueles, como os EUA, que fundaram a acção nas Resoluções das Nações Unidas, em especialmente a 688 (1991)[594]; aqueles que invocaram um fundamento humanitário e, embora em termos simplistas, uma causa de exclusão de responsabilidade, mas de forma pouco clara[595]; e aqueles, como o Reino Unido, que invocaram de forma explícita a intervenção humanitária como fundamento[596].

---

pág. 449-499, na pág. 495; Christoph Schreuer, *Is there a Legal Basis for the Air Strikes Against Iraq?*, ILF, Vol. 3, 2001, pág. 72–75, na pág. 73.

    Contra, consideram a Resolução 688 como base da acção: Fernando R. Teson, *Collective Humanitarian Intervention*, MJIL, Vol. 17, 1996, pág. 323-371, na pág. 347; O. Schachter, *UN Law and the Gulf War*, cit., pág. 468-469 (pouco claro); J. Delbrück, *Article 25* (...), cit., pág. 417-418; Jon E. Fink, *From Peacekeeping To Peace Enforcement: The Blurring Of The Mandate For The Use Of Force In Maintaining International Peace And Security*, MJILT, Vol. 19, 1995, pág. 1 e segs., texto nota 86.

    [594] Os EUA afirmaram que "the plan was "consistent" with UN resolutions" e invocaram a Resolução 688, declarando que "The resolution provides full authority for the President's plan to assist with the refugee situation" (cfr. *Legal Scholars Debate Refugee Plan, Generally Backing U.S. Stand*, NYT, April 19, 1991, Section A; Page 8; Column 1).

    [595] Assim, declararam que "the suffering in northern Iraq was so acute that the UN should be prepared to turn a blind eye" (cfr. DT, April 18, 1991, pág. 10).

    [596] Em 19 de Agosto de 1991, numa entrevista rádio à BBC, o Ministro dos Negócios Estrangeiros Britânico (D. Hurd) afirmou: "We operate under international law. Not every action that a British government or an American government or a French government takes has to be underwritten by a specific provision of a UN resolution provided we comply with international law. **International law recognises extreme humanitarian need... We are on strong legal as well as humanitarian ground on setting up this "no fly" zone**" [citado por Tim Youngs/Mark Oakes/Paul Bowers, *Kosovo: NATO and Military Action*, Research Paper 99//34 (House Of Commons Library), 24 March 1999, pág. 35].

    Mais tarde, em 2 de Dezembro de 1992, um consultor jurídico do Governo britânico afirmou perante a comissão de negócios estrangeiros do Parlamento: "the intervention in northern Iraq `Provide Comfort' was in fact, not specifically mandated by the United Nations, but the states taking action in northern Iraq did so in exercise of the customary international law principle of humanitarian intervention" (cfr. a longa citação destas declarações realizada por Ian Brownlie, *Memorandum – Foreign Affairs Committee*, 1999, invocando como fonte "*Parliamentary Papers*", 1992-93, HC, Paper 235 – iii, pp 85, 92").

    O mesmo fundamento continuaria a ser invocado posteriormente pelo Reino Unido para fundamentar as zonas de exclusão aérea, mas já sem qualquer credibilidade à luz do princípio da necessidade ou sequer do pressuposto das violações massivas dos direitos humanos. Assim, afirmou no Conselho de Segurança, na 3980.ª reunião, em 22 de Fevereiro de 1999: "The no-fly zones were established to protect people in the north and south from repression by the Government of Iraq, and that repression had been detailed by the Special Rapporteur. The zones were justified under international law by the overwhelming humanitarian necessity" [cfr. UNPR SC/6646 Resumed 3980th Meeting (AM & PM) 22 February 1999, pág. 27].

A acção deparou com as reticências do Secretário-Geral[597], mas, apesar disso, foi recebida sem oposição significativa dos restantes Estados. Para lá dos naturais protestos do Iraque iniciados já na sequência dos primeiros sobrevoos da zona[598], apenas se encontrou referência à condenação por Cuba, em 22 de Abril de 1991[599]. A Rússia e a China, apesar de não terem condenado a acção, não se mostraram dispostos a apoiar que as Nações Unidas se encarregassem desta, com receio de constituir um precedente[600].

Segundo se julga, os acontecimentos em 1991 e sua fundamentação, constituíram um importante precedente de apoio a uma intervenção humanitária, onde os seus pressupostos e limites foram inicialmente respeitados. Mas mostram igualmente como este fundamento, mesmo nestas circunstâncias, é facilmente abusado, com a conversão das zonas de exclusão aéreas criadas, supostamente temporárias, em instrumentos permanentes de uma ocupação arbitrária por parte dos EUA e do Reino Unido. Assim, a intervenção de Setembro de 1996 no Iraque alegadamente para proteger os Curdos das forças iraquianas já não parece ter qualquer credibilidade e as restantes fazem-se em nome da necessidade de executar as resoluções do Conselho de Segurança[601].

O terceiro precedente, relativo a este período posterior a 1990, prende-se com a intervenção da ECOMOG da ECOWAS na Serra Leoa em 1998

---

Na mesma reunião, os EUA também já não invocaram as resoluções do Conselho como fundamento, passando também a tentar justificá-las em fundamentos parcialmente humanitários: "no-fly zones were created for the express purpose of protecting Iraqi civilians from the Iraqi regime, which had demonstrated its intent to display force against civilians, and mosques, and so forth. The threat to its own population was continuing. The no-fly zone also served to protect Iraq's neighbours" [cfr. UNPR SC/6646 (...), cit.].

[597] Afirmou: "the plan would require the approval of Baghdad and the UN Security Council, and suggested it could be illegal in the absence of a formal go-ahead. "If this is to be a military presence under United Nations auspices it must first have the consent of the Security Council," he said in Paris after a meeting on the Kurdish crisis with President Mitterrand" (cfr. DT, April 18, 1991, pág. 10).

[598] Cfr. a sua Carta de 21 de Abril de 1991, dirigida ao Secretário-Geral (texto em anexo a UN Doc. S/22513, de 22 de Abril de 1991, pág. 2-3), onde afirma "constitute a serious, unjustifiable and unfounded attack on the sovereignty and territorial integrity of Iraq"; ver igualmente *Iraq protests U.S., British violation of its air space*, XNA, April 8, 1991; *Refugees pour back to towns in north Iraq*, TT, April 30, 1991, Overseas news.

[599] Considerou que se tratava de "open aggression against a destroyed and defeated country" (cfr. *Cuba condemns sending of foreign troops to North Iraq*, XNA, April 22, 1991).

[600] Cfr. *Moscow cool to U.N. role in north Iraq*, TS, May 14, 1991, pág. A7; ver igualmente *UN wrangles over Major's proposal*, FT, April 10, 1991, pág. 6.

[601] Ver, *infra*, parág. 72.

depois do golpe de Estado de 25 de Maio de 1997 que fora apoiada anteci-padamente pela Organização de Unidade Africana e pelo Conselho de Segurança (enquanto Força de manutenção da paz e não interventora). Embora não tenham sido invocados de forma expressa fundamentos huma-nitários, mas a necessidade de repor o Presidente eleito que fora deposto, parecem ter estado reunidos os pressupostos de uma acção humanitária.

De facto, verificava-se uma situação de anarquia geral resultante da aliança entre os golpistas e o movimento armado que lutava contra o anterior Governo. Apesar de uma leve censura implícita pela deposição pela força da junta militar, o Conselho elogiou a acção global da ECOMOG[602].

Finalmente, outro precedente relevante é o criado pela acção da OTAN contra a nova Jugoslávia iniciada em 24 de Março de 1999, a propósito da repressão pelas autoridades jugoslavas do movimento armado de indepen-dência no Kosovo.

Os Estados responsáveis de uma forma geral invocaram fundamentos humanitários, mas igualmente a necessidade de cumprir as resoluções do Conselho de Segurança[603]. Mas mais importante ainda é a reacção dos outros Estados.

A acção da OTAN seria censurada pelo Grupo do Rio constituído pelos Estados da América Latina e Caraíbas no seu Comunicado de 25 de Março de 1999[604]. Mas os restantes Estados seriam muito mais polidos. Assim, esta seria levemente censurada por oito Estados [Arménia, Belarus (Bielorússia), Cazaquistão, Moldávia, Quirguistão, Rússia, Tadjiquistão e Ucrânia] da Comunidade de Estados Independentes pela Resolução da sua Assembleia inter-Parlamentar de 3 de Abril de 1999, como uma ameaça à paz[605]. Mas qualificar um claro ataque armado como uma mera ameaça à paz e estabilidade dificilmente poderá constituir uma condenação pesada. Igualmente o Movi-mento dos Não Alinhados pela Declaração sobre a questão de 9 de Abril de 1999 censurou muito levemente a acção[606].

---

[602] Ver a análise, *infra*, parág. 32.4.

[603] Ver, *infra*, parág. 32.6.

[604] Que manifestou a sua "anxiety about the commencement of air strikes by the North Atlantic Treaty Organization against Serbian military targets" e "regrets the recourse to the use of force in the Balkan region in contravention of the provisions of Article 53, paragraph 1" (texto em UN Doc. A/53/884 – S/1999/347, 26 March 1999, anexo).

[605] Que a considera "a challenge to the current system of international relations, and a real threat to peace and stability in Europe and the world in general" (texto em UN Doc. A//53/920 – S/1999/461, 22 April 1999, anexo 2).

[606] Afirma-se: "deeply alarmed at the worsening crisis in Kosovo, Federal Republic of Yugoslavia, and the Balkan region", a que se segue uma reafirmação da responsabilidade primária do Conselho de Segurança (texto em anexo ao UN Doc. S/1999/451, 21 April 1999).

A esta escassa reacção é necessário juntar as condenações abertas da China, da Rússia e da Índia no Conselho de Segurança que tentaram sem sucesso aprovar uma resolução que condenava a OTAN[607], bem como a condenação do México[608].

No entanto, para uma acção daquela gravidade, é necessário reconhecer que foi pouco. Especialmente a resolução do Movimento dos Não Alinhados é uma desilusão para qualquer crítico da acção. A leveza da sua reacção pode, contudo, ser justificada pela circunstância de ter sido aprovada depois do início das expulsões massivas no Kosovo da responsabilidade da Jugoslávia[609], o que apoia a ideia de que a situação humanitária teve grande peso na apreciação da acção. Ao contrário, a reacção mais negativa inicial do Grupo do Rio e, sobretudo, da Rússia, China, Índia e México pode ser justificada pelo carácter abusivo do recurso à força, pelo menos até às expulsões massivas[610].

A posterior aceitação pela Resolução 1244 (1999) de 10 de Junho[611] do Conselho de Segurança da situação consumada e ratificação de um acordo imposto pela força, embora não possa ser considerado como uma legitimação da acção militar, também não pode ser ignorado. Ainda que se possa considerar que o conteúdo do Acordo obtido decorria essencialmente dos princípios aplicáveis, não deixou de ser uma aceitação de uma situação criada à margem das Nações Unidas em desrespeito dos artigos 2, n.º 4 e 53, n.º 1, segunda parte, da Carta.

---

[607] O projecto, apresentado na 3989.ª reunião do Conselho, em 26 de Março de 1999, condenava com termos muito duros a intervenção (texto em UNPR SC/6659, 26/03/1999), mas foi rejeitado por três votos (China, Namíbia, Rússia) contra 12. Ver, *infra*, parág. 32.6.

[608] Este afirmou: "Yesterday had seen the start of a military campaign against a Member State, without Security Council authorization, by an alliance to which belonged three of the five permanent members of the Council. That action was a clear violation of the Charter [cfr. UNPR GA/PK/160 154th Meeting (PM) 25 March 1999, pág. 5].

[609] A que faz referência: "deeply concerned by (...) the displacement, both internal and to neighbouring countries, of vast numbers of the Kosovo civilian population" (cfr. a referida Declaração de 9 de Abril).

[610] A intervenção da OTAN é analisada, *infra*, parág. 32.6. Chega-se à conclusão de que esta não só foi ilícita, como, pelo menos inicialmente, não gozou de uma exclusão de responsabilidade.

[611] Texto em RSSC, 1999, pág. 30.

**14.3. Conclusões.** Apesar destes elementos de prática, não se julga possível concluir que uma intervenção humanitária deva ser considerada como justificada à luz do Direito Internacional Costumeiro[612, 613].

---

[612] A Doutrina encontra-se dividida sobre a questão, embora depois da intervenção contra o Iraque e, particularmente, após a da OTAN contra a Jugoslávia, uma boa parte se incline no sentido de que esta é lícita e não de que goza apenas de uma exclusão de responsabilidade. De qualquer modo, muitas das tomadas de posição favoráveis são fundamentadas sem grande atenção à prática, já que o tema se encontra em voga. Nota-se igualmente uma clivagem entre os autores norte-americanos e os autores europeus. Com os primeiros maioritariamente a apoiarem a figura, enquanto a maioria dos segundos a rejeitam.

Contra a sua licitude: Thomas Franck/Nigel Rodley, *After Bangladesh: The Law of Humanitarian Intervention by Military Force*, AJIL, Vol. 67, No. 2, 1973, pág. 275-305, na pág. 302-304; O. Schachter, *International Law in Theory* (...), cit., pág. 144 e em *The Right* (...), cit., pág. 1629; G. Espada, *El Estado* (...), cit., pág. 119; I. Brownlie, *The Principle of Non-Use* (…), cit., pág. 25 e em *Memorandum – Foreign Affairs Committee*, 1999, parág. 47 e 80; David J. Bederman, *Book Review: Humanitarian Intervention: An Inquiry into Law and Morality. By Fernando R. Teson*, AJIL, Vol. 83, 1989, pág. 406-408, na pág. 408; A. Arend/ /R. Beck, *International Law* (…), cit., pág. 136; Jost Delbrück, *A Fresh Look At Humanitarian Intervention Under The Authority Of The United Nations*, ILJ, Vol. 67, 1992, pág. 887-901, na pág. 891; Anthony C. Ofodile, *The Legality of ECOWAS Intervention in Liberia*, CJTL, Vol. 32, No. 2, 1994, pág. 381-418, na pág. 395; Jacques Mourgeon, *L' intervention internationale à titre humanitaire*, JDI, 121, 1994, n.º 3, pág. 643-652, na pág. 650; A. Randelzhofer, *Article 2 (4)*, cit., pág. 124; O. Kimminich, *Der Mythos* (...), cit., pág. 455; F. Ferreira de Almeida, *0 Princípio da Não Ingerência e o Direito Internacional Humanitário*, BFD, vol. 71, 1995, pág. 373-401, na pág. 390-391; Richard Falk, *The Complexities Of Humanitarian Intervention: A New World Order Challenge*, MJIL, Vol. 17, 1996, pág. 491-513, na pág. 509-511; Patrice Despretz, *Le droit international et les menaces d'intervention de l'OTAN au Kosovo*, AEDI, novembre 1998; Bruno Simma, *NATO, the UN and the Use of Force – Legal Aspects*, EJIL, Vol. 10, 1999, pág. 1-22, na pág. 5-6; M. Murphy, *Achieving* (…), cit., pág. 1211-1214 (embora aceitando o seu valor moral); Michael Bothe/Bernd Martenczuk, *Die NATO und die Vereinten Nationen nach dem Kosovo-Konflikt: Eine völkerrechtliche Standortbestimmung*, VN, 4/1999, pág. 125-132, na pág. 130-131; J. Charney, *Anticipatory* ( ), cit., pág. 1241; Richard B. Bilder, *Kosovo And The New Interventionism – Promise or Peril*, JTLP, Vol. 9, 1999, pág. 153-182, na pág. 163 e 167; Christoph Schreuer, *Is there a Legal Basis for the NATO Intervention in Kosovo?*, ILF, Vol. I, No. 3, 1999, pág. 151-154, na pág. 152-153; N. D. White, *The Legality of Bombing in the Name of Humanity*, JCSL, Vol. 5, No. 1, 2000, pág. 27-43, na pág. 33; Jules Lobel, *Benign Hegemony: Kosovo And Article 2(4) Of The U.N. Charter*, CHJIL, Vol. 1, 2000, pág. 19-36, na pág. 27-28 e 32-33; Clara Portela, *Humanitarian Intervention, NATO and International Law*, Berlin, 2000, pág. 7 e 12-13; Eric Suy, *NATO's Intervention in the Federal Republic of Yugoslavia*, LJIL, Vol. 13, No. 1, 2000, pág. 193-205, na pág. 196-197 e 204; Zsuzsanna Deen-Racsmány, *A Redistribution of Authority Between the UN and Regional Organizations*, LJIL, Vol. 13, 2000, pág. 297-331, na pág. 326-327; Tarcisio Gazzini, *NATO Coercive Military Activities in the Yugoslav Crisis (1992-1999)*, EJIL, Vol. 12, No. 3, 2001, pág. 391-435, na pág. 433; J. Rytter, *Humanitarian Intervention* (…), cit., pág.

133, 144, 148, 157 e 158 (mas aceita que pode ter bases morais: 150-151). Igualmente de forma restritiva e em termos de Direito a constituir: D. Murphy, *Humanitarian Intervention* (...), cit., pág. 387-388; Frederik Harhoff, *Unauthorised Humanitarian Interventions – Armed Violence in the Name of Humanity?*, NJIL, Vol. 70, No. 1/2, 2001, pág. 65-119, na pág. 106--107; Sara Guerreiro, *Intervenção Quase Humanitária*, RFDUL, Vol. XLI, No. 2, 2000, pág. 887-915, na pág. 909-910.

A favor da sua licitude: Richard Lillich, *Humanitarian Intervention trough the United Nations: Towards the Development of Criteria*, ZAORV, Vol. 53, n.º 3, 1993, pág. 557-575, na pág. 560-561 e 572 e em *Kant and the Current Debate Over Humanitarian Intervention*, JTLP, Vol. 6, 1997, pág. 397-404, na pág. 399 e 403; Anthony D'Amato, *Nicaragua And International Law: The "Academic" And The "Real"*, AJIL, Vol. 79, 1985, pág. 657-664, na pág. 659-661 e em *The Invasion of Panama was a Lawful Response to Tyranny*, AJIL, Vol. 84, 1990, pág. 516-524, na pág. 523 (incluindo para fins "democráticos"); S. Alam, *Indian Intervention* (...), cit., pág. 354-356; W. Michael Reisman, *Sovereignty and Human Rights in Contemporary International Law*, AJIL, Vol. 84, No. 4, 1990, pág. 866-876, na pág. 875; em *Humanitarian Intervention and Fledgling Democracies*, FILJ, Vol. 18, 1995, pág. 794-805, na pág. 794 e 800-801; em *Kosovo's Antinomies*, AJIL, Vol. 93, 1999, pág. 860-862 e ainda em *Unilateral action and the transformations of The World Constitutive Process: The Special Problem of Humanitarian Intervention*, EJIL, Vol. 11, 2000, No. 1, pág. 3-18, na pág. 15-17; Y. Tyagi, *Humanitarian* (...), cit., pág. 893-894; Felix Lopez, *The Lawfulness of Humanitarian Intervention*, USAFAJLS, Vol. 2, 1991, pág. 97-107, na pág. 99-100 e 105; V. Nanda/Muther, Jr/Eckert, *Tragedies* (...), cit., pág. 864-867; David M. Kresock, *Ethnic Cleansing in the Balkans: The Legal Foundations of Foreign Intervention*, CILJ, Vol. 27, 1994, pág. 203-239, na pág. 237-238; B. Burmester, *On Humanitarian Intervention* (...), cit., pág. 300-301; P. Picone, *Interventi delle Nazioni Unite* (...), cit., pág. 524-525; Lois E. Fielding, *Taking The Next Step In The Development Of New Human Rights: The Emerging Right Of Humanitarian Assistance To Restore Democracy*, DJCIL, Vol. 5, 1995, pág. 329-377, na pág. 331 e 374; Malvina Halberstam, *The Legality Of Humanitarian Intervention*, CJICL, Vol. 3, 1995, pág. 1--8, na pág. 7-8; Binaifer Nowrojee, *Joining Forces: United Nations And Regional Peacekeeping – Lessons From Liberia*, HHRJ, Vol. 8, 1995, pág. 129 e segs., texto nota 8; Tom Farer, *Intervention in Unnatural Humanitarian Emergencies: Lessons of the First Phase*, HRQ, Vol. 18, No. 1, 1996, pág. 1-22, na pág. 20 (com habilitação de organizações regionais); F. Teson, *Collective* (...), cit., pág. 323-324; Stephan A. Wangsgard, *Secession, Humanitarian Intervention, And Clear Objectives: When To Commit United States Military Forces*, TJCIL, Vol. 3, 1996, pág. 313-334, na pág. 321-322; Ravi Mahalingam, *The Compatibility Of The Principle Of Nonintervention With The Right Of Humanitarian Intervention*, UCLAJILFA, Vol. 1, 1996, pág. 221-263, na pág. 258-259; Patricia Y. Reyhan, *Genocidal Violence In Burundi: Should International Law Prohibit Domestic Humanitarian Intervention?*, ALR, Vol. 60, 1997, pág. 771-779, na pág. 786-787; Mitchell A. Meyers, *A Defense Of Unilateral Or Multilateral Intervention Where A Violation Of International Human Rights Law*, ILSAJICL, Vol. 3, 1997, pág. 895-913, na pág. 902-903, 906-908 e 912-913 (de forma pouco credível); Julie Jackson, *An Update On Self-Determination And Humanitarian Intervention In A Community Of Power*, DJILP, Vol. 26, 1998, pág. 917-932, na pág. 931; B. Brown, *Humanitarian Intervention* (...), cit., pág. 1686, 1689-1690 e 1697-1698; Stephen A. Garrett, *Doing Good and Doing Well:*

An Examination of Humanitarian Intervention, Westport (Connecticut)/London, 1999, pág. 178-179, 183 e 187; Nico Schrijver, *NATO in Kosovo: Humanitarian Intervention Turns into Von Clausewitz War*, ILF, Vol. I, No. 3, 1999, pág. 155-159, na pág. 157; Roland Adjovi, *L'intervention Alliée en RFY et le Débat sur le Maintien de la Paix en Afrique*, AEDI, 1999; Ruth Wedgwood, *NATO's Campaign in Yugoslavia*, AJIL, Vol. 93, 1999, pág. 828-834, na pág. 833-834; Christine M. Chinkin, *Kosovo: A "Good" or "Bad" War?*, AJIL, Vol. 93, 1999, pág. 841-847, na pág. 843-844 e 846-847; J. D. Godwin, *Nato's Role In Peace Operations: Reexamining The Treaty After Bosnia And Kosovo*, MILLR, Vol. 160, 1999, pág. 1-95, na pág. 54; Ved P. Nanda, *NATO's Armed Intervention in Kosovo and International Law*, USAFAJLS, Vol. 10, 1999/2000, pág. 1-19, na pág. 17-18; Julie Mertus, *Reconsidering The Legality Of Humanitarian Intervention: Lessons From Kosovo*, WMLR, Vol. 41, 2000, pág. 1743-1787, na pág. 1779-1780 e em *The Imprint Of Kosovo On The Law Of Humanitarian Intervention*, ILSAJICL, Vol. 6, 2000, pág. 527-540, na pág. 534-537; Laura Geissler, *The Law Of Humanitarian Intervention And The Kosovo Crisis*, HALR, Vol. 23, 2000, pág. 323-347, na pág. 327-328 e 335; Aaron Schwabach, *Yugoslavia v. Nato, Security Council Resolution 1244, and the Law of Humanitarian Intervention*, SJILC, Vol. 27, 2000, pág. 77-101, pág. 83 e 101 (algumas referências relevantes a prática ligada à intervenção no Kosovo e ainda cauteloso); Klinton W. Alexander, *NATO'S Intervention In Kosovo – The Legal Case For Violating Yugoslavia's National Sovereignty In The Absence Of Security Council Approval*, HJIL, Vol. 22, 2000, pág. 403 e segs., texto notas 204-206; John J. Merriam, *Kosovo and the Law of Humanitarian Intervention*, CWRJIL, Vol. 33, 2001, pág. 111-154, na pág. 126; Michael E. Smith, *NATO, the Kosovo Liberation Army, and the War for an Independent Kosovo*, AL, 2001, pág. 1-22, na pág. 19 e 21; M. Brenfors/M. Petersen, *The Legality* (...), cit., pág. 498; Nicholas J. Wheeler, *Humanitarian Intervention After Kosovo: Emergent Norm, Moral Duty or the Coming Anarchy*, IA, Vol. 77, No. 1, 2001, pág. 113-128, na pág. 122-123.

O actual Secretário-Geral das Nações Unidas tem adoptado uma posição algo ambígua sobre a questão, embora pareça não aceitar a figura. Tem defendido expressamente a intervenção humanitária, mas parece estar a referir-se exclusivamente às baseadas em decisão do Conselho de Segurança, que em rigor deixam de ser intervenções: *We The Peoples – The Role Of The United Nations in the 21st Century*, United Nations, 2000, Chapter III, pág. 48, especialmente parág. 219, e *Report of the Secretary-General on the work of the Organization* [UN Doc. (A/55/1), 30 August 2000], pág. 5, parág. 37. Assim, no seu relatório *The causes of conflict and the promotion of durable peace and sustainable development in Africa* (UN Doc. S/1998/318, 13 April 1998) afirmou: "Where significant force is likely to be required the Security Council has in recent years frequently chosen to authorize action by willing Member States or coalitions of States. This has been the case, for example, in Albania, Bosnia and Herzegovina, Haiti, Iraq and Somalia. **The obligation to obtain Security Council authorization prior to the use of force is clear**". E estava a pensar igualmente em intervenções humanitárias, como decorre do parág. 16. Também pareceu censurar a acção da OTAN contra a Jugoslávia (ver, *infra*, parág. 32.6).

[613] Julga-se que os Estados ocidentais reagiriam bastante mal se a Comunidade de Estados Independentes realizasse uma intervenção humanitária contra a Turquia por força da sua repressão excessiva dos Curdos, designadamente pelas suas acções no Norte do Iraque [que têm sido condenadas pela maioria dos Estados, designadamente pelo Movimento dos

De facto, o grupo de Estados em desenvolvimento parece continuar a rejeitar a figura, pelo menos em abstracto[614]. No entanto, é necessário sublinhar que, colocado perante as intervenções concretas, este grupo se tem abstido de as condenar ou tem manifestado meramente uma leve preocupação. Afigura-se que os Estados que o compõem recusam reconhecer a figura por receio de se virem a encontrar numa situação em que sejam seus alvos. Mas que, perante uma situação concreta que apenas afecte um outro Estado que seja responsável por violações massivas de direitos básicos, já estão dispostos a "olhar para o outro lado".

Mais importante, os Estados africanos, na sequência do seu apoio por intermédio da Organização de Unidade Africana às referidas acções da ECOWAS, consagraram pela primeira vez de forma explícita num tratado internacional a legitimidade da figura, pelo menos com base numa decisão regional. Assim, o Acto Constitutivo da União Africana estabelece, no seu artigo 4, al. h), "the right of the Union to intervene in a Member State pursuant to a decision of the Assembly in respect of grave circumstances, namely: war crimes, genocide and crimes against humanity". Considera-se que não se trata de uma consagração de qualquer poder público regional, mas simplesmente de uma intervenção humanitária.

Ora, esta tolerância e esta consagração não podem deixar de ter consequências jurídicas. Dado que estas, ainda assim, são acompanhadas de uma rejeição abstracta da figura pelo Movimento em bloco não se julga possível falar ainda numa justificação da intervenção humanitária. Mas, no caso concreto, tem-se verificado uma exclusão da responsabilidade, com a renúncia por parte das Nações Unidas e da grande maioria dos Estados em condenar

---

Não Alinhados no seu comunicado de 23 de Setembro de 1999 (UN Doc. A/54/469-S/1999/1063, pág. 22, parág. 93; ver, *supra*, parág. 12.3)] ou contra Israel por força dos seus excessos contra a revolta dos Palestinianos que ao longo de 2001 já custou cerca de setecentos mortos, só entre estes [excessos reconhecidos pelo Conselho na sua Resolução 1322 (2000), de 7 de Outubro (texto em RSSC, 2000, pág. 65-66), parág. 2; também Amnesty International, *Israel and the Occupied Territories: Mass Arrests and Police Brutality*, MDE 15/058/2000, 10//11/2000 (texto em AIW)]. Ver igualmente R. Bilder, *Kosovo* (...), cit., pág. 162-163.

[614] Assim, o Movimento dos Não Alinhados rejeitou a figura da intervenção humanitária. O comunicado da sua reunião de Nova Iorque de 23 de Setembro de 1999 afirma: "**We reject the so-called «right of humanitarian intervention», which had no legal basis in the UN Charter or in the general principles of international law**" (texto do comunicado em UN Doc. A/54/469-S/1999/1063, pág. 40, parág. 171; igualmente o já citado parág. 8, na pág. 7). Ver também declarações da Jordânia, invocando este comunicado [cfr. UNPR GA/SPD/164 10th Meeting (AM) 18th October 1999)].

abertamente estas intervenções[615], a aceitação das situações criadas e dos seus resultados jurídicos. Afigura-se ser este o actual regime jurídico da intervenção humanitária. Esta não pode ser considerada como tendo base numa causa de justificação, mas parecem existir bases suficientes para considerar que, respeitados os seus pressupostos e limites, goza de uma causa de exclusão da responsabilidade[616, 617].

---

[615] De facto, apesar da Rússia, China e Índia terem condenado a acção da OTAN no Kosovo, aceitaram sem protestos as anteriores acções no Iraque em 1991 e da ECOWAS na Libéria e Serra Leoa. A Índia foi mesmo responsável pela intervenção contra o Paquistão de 1971, daí que a sua legitimidade para condenar acções que respeitem os termos da figura se afigure escassa. Acresce que estas condenações se devem igualmente ao facto da acção da OTAN não ter respeitado o regime da intervenção humanitária (ver, *infra*, parág. 32.6).

[616] A própria relutância dos Estados da OTAN (ou dos órgãos desta organização) em invocar expressamente ou unicamente a figura como fundamento para a sua acção contra a Jugoslávia de 1999 aponta neste sentido. A generalidade dos Estados alegaram fundamentos humanitários, especialmente a necessidade de prevenir uma catástrofe humanitária, mas apenas o Reino Unido e, perante o Tribunal Internacional de Justiça, a Bélgica, invocaram de modo explícito a legalidade da acção com base exclusiva nesta figura. Outros membros invocaram além da catástrofe humanitária, igualmente a necessidade de executar as Resoluções do Conselho de Segurança sobre a questão que a qualificou como uma ameaça à paz. Assim, a Alemanha, em nome dos restantes membros da União Europeia, bem como de mais 12 Estados europeus afirmou: "This humanitarian tragedy of enormous scale, and especially the repression of the civilian population in Kosovo, began last year and resumed with increasing intensity from the beginning of March this year. **This, and the repeated violations of Security Council resolutions**, led the North Atlantic Alliance to take military action in support of the objectives of the international community" [cfr. UN Doc. S/PV.4011 (Resumption 1), 10 June 1999, pág. 2; ver a análise da intervenção da OTAN, *infra*, parág. 32.6). O mesmo já ocorrera na intervenção no norte do Iraque em 1991.

Julga-se, porém, excessivo afirmar que estas hesitações por parte dos Estados interventores fragilizaram em vez de fortalecerem a figura da intervenção humanitária [como sustenta: N. White, *The Legality of Bombing* (...), cit., pág. 33; também em parte J. Lobel, *Benign Hegemony* (...), cit., pág. 33]. Não foi esse o sentido geral da Doutrina ou sequer dos Estados, como prova a pressa dos Estados não alinhados em rejeitar a figura em abstracto. Acresce que a referência às resoluções do Conselho de Segurança visou tentar limitar a legitimidade da intervenção humanitária a casos em que a situação de catástrofe humanitária tenha sido reconhecida previamente pelo Conselho de Segurança. Deste modo, os Estado ocidentais poderiam ainda controlar as invocações da figura graças ao seu triplo veto. Não parece é que o bloco ocidental tenha conseguido atingir este objectivo.

De qualquer modo, não se tenha a menor dúvida que, na improvável passagem à fase do mérito dos processos interposto pela Jugoslávia perante o Tribunal Internacional de Justiça contra dez membros da OTAN (tendo as acções contra os EUA e Espanha sido retiradas pelo Tribunal por manifesta falta de jurisdição), todos sem excepção invocariam a intervenção humanitária como fundamento. Se o não fizeram, foi porque o processo se encontrava em fase de medidas provisórias e jurisdição/admissibilidade. Mas todos reservaram a sua posição sobre a questão de fundo na eventualidade de uma passagem a esta fase.

A prática sugere que esta intervenção pode ser realizada numa situação em que o próprio Estado é responsável pela situação de violações massivas dos direitos humanos por recurso à tutela defensiva, que neste caso produzirá um efeito de mera exclusão de responsabilidade[618]. Mas igualmente numa situação em que o Estado não é responsável (ou pelo menos não o principal) por estes actos[619]. Neste caso terá de entrar em jogo o estado de necessidade ou o perigo extremo para excluir a responsabilidade pelos actos bélicos adoptados no território do Estado em causa em relação a este, mesmo que os seus alvos sejam apenas os movimentos armados ou grupos responsáveis por estes actos[620].

Dos precedentes parece decorrer que, mesmo nos casos de responsabilidade menor (ou nula) do Estado nas violações, esta intervenção pode implicar uma ocupação relativamente longa e o desenvolvimento de operações armadas importantes no seu território. Ora, a tolerância em relação a estes actos sugere que o regime do estado de necessidade dificilmente poderá constituir fundamento para esta figura[621]. É certo que se trata de uma mera exclusão de responsabilidade e não de uma justificação, mas resulta claro que estas ocupações e operações armadas violam um interesse manifestamente essencial do Estado[622]. Afigura-se difícil falar aqui em estado de necessidade

---

[617] Igualmente neste sentido: J. Aréchaga, *International Law* (…), cit., pág. 92; P. Cahier, *Cours Général* (…), cit., pág. 79. Ver igualmente, menos claros: Louis Henkin, *Kosovo and the Law of Humanitarian Intervention*, AJIL, Vol. 93, 1999, pág. 824-828, na pág. 826- -827 (fala pouco tecnicamente em "turning a blind eye", embora não tome posição clara e sugira que se trata de uma figura extra-jurídica); T. Franck, *When, If Ever, May* (…), cit., pág. 64-65 e 68 (fala em tolerância e que "The system responded benevolently").

[618] Como se passou nas intervenções contra o Iraque e, a terem sido cumpridos os seus pressupostos e limites, contra a Jugoslávia.

[619] Como se verificou na Libéria ou na Serra Leoa.

[620] Poderá existir uma concorrência de causas, com a tutela defensiva aplicando-se aos actos bélicos adoptados contra as forças do Estado, enquanto o perigo extremo o será para excluir a responsabilidade (em relação a esse mesmo Estado) pelos actos adoptados (no seu território) contra os movimentos armados ou grupos com vista a os impedir de praticar mais atrocidades.

[621] O Reino Unido, em 24 de Março de 1999, no Conselho de Segurança, pareceu invocar estado de necessidade como fundamento para a acção da OTAN contra a Jugoslávia: "on grounds of **overwhelmingly humanitarian necessity**, military intervention was legally justifiable" (cfr. UNPR SC/6657, 24/03/1999). Mas existindo actos ilícitos da Jugoslávia, por violação do Direito Internacional Humanitário, parece que tal fundamento seria em qualquer caso inadequado.

[622] Esta conclusão retira-se das citadas condenações das ocupações realizadas por Israel no sul do Líbano, pela Turquia no norte do Iraque e pela África do Sul no Sul de Angola; ver, *supra*, parág. 12.3.

quando um dos elementos essenciais do seu regime quanto aos limites é completamente ignorado[623]. Parecendo neste caso existir uma concorrência dos pressupostos desta figura com a do perigo extremo, será mais adequado considerar aplicável esta segunda[624].

Assim, as respostas às duas questões inicialmente levantadas serão as de que uma intervenção humanitária pode não acarretar responsabilidade para os seus autores se respeitar determinados pressupostos e limites e que tal exclusão se dará por força da tutela defensiva ou do perigo extremo em função do Estado ser ou não responsável pelas violações de direitos humanos.

**14.4. Pressupostos e limites.** Quanto aos pressupostos da figura, esta parece exigir violações massivas e actuais do direito à vida e à integridade física[625], mas afigura-se poder compreender igualmente situações de limpeza étnica massiva[626]; mas não já simples violações de direitos políticos[627].

---

[623] Igualmente: J. Rytter, *Humanitarian Intervention* (…), cit., pág. 135 e 149.

[624] Existe alguma prática de invocação de perigo extremo (distress) em situações criadas por actos humanos e para a defesa de terceiros. A China, em 7 de Julho de 1978, afirmou: "it is international practice and the inalienable right of a sovereign country to send ships to another country to bring back nationals in **distress, especially those whose lives are in jeopardy**" (cfr. H. Chiu, *China's Legal Position* (…), cit., pág. 687). A fonte do perigo não era uma causa natural, mas o tratamento conferido pelo Vietname aos nacionais chineses.

A Índia procurou justificar a sua assistência humanitária de 4 de Junho de 1987, em que lançou ajuda no Sri Lanka na zona dominada pelos rebeldes e respectiva população civil que se encontrava cercada, como "a case of force majeure" (cfr. NYT, June 7, 1987, Section 4; Page 3, Column 4). Claro está, não se tratou de força maior, dado que esta pressupõe uma reacção involuntária, de coacção física, em que é impossível ao órgão controlar a situação. Mas sugere a relevância do perigo extremo. Embora neste caso se devesse antes falar em tutela defensiva, já que o Sri Lanka estaria a violar obrigações humanitárias e talvez mesmo a usar a fome como arma. Ou seja, ter-se-á estado perante actos ilícitos da sua parte.

Mais relevante é a defesa oral da Bélgica em 10 de Maio de 1999 perante o Tribunal Internacional de Justiça, no caso *Case Concerning Legality of Use of Force* "The purpose of NATO's intervention is **to rescue a people in peril, in deep distress**. For this reason the Kingdom of Belgium takes the view that this is an armed humanitarian intervention" [cfr. CR 99/15 (translation), Monday 10 May 1999 at 3 p.m., texto em ICJW)]. Resulta claro que, sendo o perigo para os indivíduos que provocou a intervenção da OTAN causado por actos ilícitos (em parte) por parte da Jugoslávia, também não era possível invocar perigo extremo (*Distress*) neste caso. Mas trata-se de outro caso de invocação de perigo extremo em consequência de actos humanos deliberados e não de meras ocorrências naturais.

[625] Estas poderão ser iminentes, mas será necessário que tais violações se tenham já iniciado e existam bases objectivas para entender que o seu agravamento é seguro e, claro está, que não existe qualquer outro meio para o evitar por exigência do princípio da necessidade.

[626] Este alargamento parece ter algum apoio no precedente da intervenção da Índia contra o Paquistão por causa dos milhões de refugiados do actual Bangladesh e, sobretudo,

no da intervenção da OTAN contra a Jugoslávia por causa das suas expulsões massivas no Kosovo, depois de iniciado o ataque (ver, *infra*, parág. 32.6). Como se verificou, o Acto Constitutivo da União Africana vai mais longe e permite-a perante a prática de crimes internacionais, mesmo apenas crimes de guerra.

[627] Não se tem grandes dúvidas em rejeitar o alargamento da intervenção humanitária a favor da garantia de direitos políticos. Segundo se julga, a denominada intervenção democrática não tem apoio na prática dos Estados (ver ainda sobre a questão, *infra*, parág. 16.1 e sobre o princípio democrático em Direito Internacional, parág. 34.4.4). Este alargamento foi invocado pelos EUA para tentar justificar a sua intervenção no Panamá em 1989, mas a sua acção foi condenada pela grande maioria dos Estados da Comunidade Internacional (ver sobre esta condenação, *supra*, parág. 10.4). Em Agosto de 1994, perante o golpe militar no Lesotho, a Comunidade de Desenvolvimento do Sul de África (SADC) terá ameaçado os golpistas com uma intervenção militar para repor a ordem constitucional. Mas tal não passou das palavras, já que os golpistas cederam. Este fundamento esteve também parcialmente presente no caso da intervenção da ECOWAS na Serra Leoa em 1998, mas esta não passou sem uma ligeira advertência da parte do Conselho de Segurança para a necessidade de cumprir as normas sobre manutenção da paz, apesar do Conselho já ter ordenado a reposição no poder do Presidente eleito. Acresce que estariam igualmente reunidos os requisitos da intervenção humanitária (ver sobre esta intervenção e censura, *infra*, parág. 32.4). O caso do Haiti em 1994 constitui um caso de uso privado habilitado, não podendo ser utilizado como precedente para uma acção unilateral (ver, *infra*, parág. 75.3.2).

Daí que o Tribunal Internacional de Justiça tenha rejeitado a existência da figura: "It has to consider whether there might be indications of a practice illustrative of belief in a kind of general right for States to intervene, directly or indirectly, with or without armed force, in **support of an internal opposition** in another State, **whose cause appeared particularly worthy by reason of the political and moral values with which it was identified**". O tribunal acabaria por concluir que não: "The Court therefore finds that no such general right of intervention, in support of an opposition within another State, exists in contemporary international law" (cfr. *Military and Paramilitary Activities*, cit., *I.C.J. Reports* 1986, pág. 108, parág. 206 e pág. 109, parág. 209).

Ver, contudo, a sua defesa em: W. Reisman, *Coercion and Self-Determination* (...), cit., pág. 644-645 e *Humanitarian Intervention* (...), cit., pág. 800-801; A. D'Amato, *The Invasion of Panama* (...), cit., pág. 523; M. Halberstam, *The Copenhagen* (...), cit., pág. 167 e 171; L. Fielding, *Taking The Next Step* (...), cit., pág. 331 e 374 (embora pareça também exigir a prática de "atrocidades").

Porém, a sua rejeição por: O. Schachter, *The Legality of Pro-Democratic* (...), cit., pág. 648-649; V. Nanda, *U.S. Forces in Panama* (...), cit., pág. 498-499; T. Farer, *Panama* (...), cit., pág. 508-509; G. Espada, *El Estado* (...), cit., pág. 115-116; A. Berman, *In Mitigation* (...), cit., pág. 774-775; L. Henkin, *The Invasion* (...), cit., pág. 298-299 e 307; A. Randelzhofer, *Article 2 (4)*, cit., pág. 118, nota 93; David Wippman, *Defending Democracy Through Foreign Intervention*, HJIL, Vol. 19, 1997, pág. 659-687, na pág. 663; James Hathaway, *America, defender of democratic legitimacy?*, EJIL, Vol. 11, 2000, No. 1, pág. 121-134, na pág. 130--132; Gregory H. Fox/Brad R. Roth, *Democracy and international law*, RIS, Vol. 27, 2001, pág. 327–352, na pág. 336-377 e 339-340.

Do facto de praticamente todas as intervenções em que o fundamento humanitário foi abertamente invocado terem sido realizadas por parte de grupos de Estados ou organizações regionais pode-se depreender que uma intervenção estadual unilateral estará excluída ou, pelo menos, que exigirá situações objectivamente bem mais graves[628]. Um Estado que aja unilateralmente terá um pesado ónus para elidir a natural presunção de responsabilidade pelos seus actos[629].

A circunstância de a situação humanitária ter sido reconhecida pelas Nações Unidas é outro elemento de peso significativo na exclusão da responsabilidade, embora não se afigure uma condição necessariamente indispensável[630].

Em relação às medidas que esta pode implicar, resulta claro que não é possível excluir qualquer possibilidade que se revele estritamente necessária e proporcionada[631]. Até a secessão poderá no limite ser imposta[632], passando

---

[628] Como se terá passado com a Índia contra o Paquistão.

[629] Algum Doutrina aceita apenas a intervenção humanitária colectiva: T. Farer, *Intervention* (…), cit., pág. 20; F. Teson, *Collective Humanitarian* (...), cit., pág. 323-324 (embora em obra anterior tenha ido mais longe); Urs Saxer, *Kosovo und das Völkerrecht – Ein Konfliktmanagement im Spannungsfeld von Menschenrechten, kollektiver Sicherheit und Unilateralismus*, Basler Schriften, 1999, pág. 75; J. Merriam, *Kosovo* (…), cit., pág. 135-136 (quando possível).

[630] Esta esteve presente nas intervenções contra o Iraque em 1991, na Serra Leoa em 1998 e no Kosovo em 1999. Mas esteve ausente na intervenção da ECOWAS na Libéria em 1990 bem como em todos os anteriores casos.

[631] A sujeição da figura a estes princípios é consensual: R. Lillich, *Humanitarian* (…), cit., pág. 562-563 e 572; F. Lopez, *The Lawfulness* (…), cit., pág. 106; P. Reyhan, *Genocidal Violence* (…), cit., pág. 787-788; B. Brown, *Humanitarian Intervention* (…), cit., pág. 1722--1723; Linda A. Malone, *Seeking Reconciliation Of Self-Determination, Territorial Integrity, And Humanitarian Intervention*, WMLR, Vol. 41, 2000, pág. 1677-1682, na pág. 1680.

[632] Mais uma vez o precedente do Bangladesh aponta nesse sentido. A situação do Kosovo ainda se encontra em aberto. A secessão é uma possibilidade, aliás, reconhecida pela citada Declaração sobre os Princípios de Direito Internacional da Assembleia Geral de 1970, pela Declaração de Viena da Conferência Mundial dos Direitos Humanos de 25 de Junho de 1993 (texto em Doc. A/CONF. 157/23), parág. 2, n. 3, bem como pela Declaração de Comemoração do Quinquagésimo Aniversário das Nações Unidas aprovada pela Resolução 50/6, de 24 de Outubro de 1995, parág. 1 (texto em RDGAOR, 50th Session, 1995, vol. I, pág. 13), que declaram que o direito de autodeterminação não pode colocar em causa a integridade territorial de Estados "conducting themselves in compliance with the principle of equal rights and self-determination of peoples and thus possessed a Government representing the whole people belonging to the territory without distinctions of any kind". Admitindo, pois, que o façam quando um Estado desrespeite estas exigências. Ver também: Georges Abi-Saab, *Wars of National Liberation in the Geneva Conventions and Protocols*, RDC, 1979, IV, tomo 165, pág. 353-446, na pág. 396-397; H. Gros Espiell, *The Right to Self-Determination,*

*Implementation of United Nations Resolutions* (UN Doc. E/CN- 4/Sub- 2/405/Rev. I, 1980), pág. 10, parág. 60; Heather Wilson, *International Law and the Use of Force by National Liberation Movements*, Oxford, 1988, pág. 82-83 e 88; Asbjorn Eide, *Possible Ways and Means of Facilitating the Peaceful and Constructive Solution of Problems Involving Minorities* (UN Doc. E/CN. 4/Sub.2/l993/34, 10/8/1993), pág. 17-19, parág. 77-88 (embora exigindo graves e insolúveis violações); Dietrich Murswiek, *Die Problematik eines Rechts auf Sezession – Neu betrachtet*, AV, vol. 31, n. 4, 1993, pág. 307-332, pág. 310 e 329-330; C. Blanco Morais, *O Direito à Autodeterminação dos Povos – O Estatuto Jurídico do Enclave de Cabinda*, Lisboa, 1998, pág. 285 e 311-312; Valerie Epps, *Self-Determination in the Taiwan-China Context*, NELR, Vol. 32, 1998, pág. 685-693, na pág. 688-689.

Contudo, a aplicação prática desta excepção tem sido muito restritiva. O único caso posterior ao seu reconhecimento na referida Declaração sobre os Princípios de Direito Internacional de 1970 é precisamente o do Bangladesh, já que o da Eritréia se deveu a uma vitória militar essencialmente interna do movimento separatista e ao consentimento da Etiópia à secessão baseada num referendo e não a uma aplicação desta excepção. Outros casos de reconhecimento de novos Estados fora do domínio da descolonização (domínio em que o caso de Timor Leste se insere ainda) têm derivado de dissoluções [União Soviética, Jugoslávia, Checoslováquia; nos dois primeiros houve actos de secessão, mas que, salvo reconhecimentos isolados (ver, *infra*, parág. 34.4.3), apenas foram reconhecidos geralmente após se confirmar a existência de uma dissolução] e não de secessões.

Mesmo os casos verificados entre 1945 e 1971 são igualmente difíceis de configurar como verdadeiras secessões: a do Paquistão, em 14 de Agosto de 1947, em relação à Índia, verifica-se no dia anterior a esta se tornar verdadeiramente um Estado soberano, decidida pelo Reino Unido. Isto apesar de já então a Índia ser membra das Nações Unidas, numa anomalia de raiz histórica que deriva da prática da Sociedade das Nações (ver, *infra*, parág. 19.1); que, de qualquer modo, não foi a única, visto que foram admitidos como membros fundadores outras entidades que não eram Estados. A separação de Singapura em 1965 em relação à Federação da Malásia é pouco relevante, já que a sua integração nesta durara apenas cerca de dois anos. O caso da Síria em Setembro de 1961 em relação à República Árabe Unida é um caso de dissolução de uma união efémera fundada em Fevereiro de 1958.

Mesmo movimentos separatistas que obtiveram vitórias militares ou autonomias de facto estabilizadas têm visto as suas pretensões de independência rejeitadas pela Comunidade Internacional [caso da Formosa (Taiwan) (ver, *supra*, parág. 10.5.2.1), da República Turca do Norte de Chipre (ver, *infra*, parág. 16.1), dos Curdos do Norte do Iraque (ver, *supra*, parág. 14.2), da Somalilândia (ver, *infra*, parág. 66), do Nagorno-Karabakh (ver, *infra*, parág. 34.4.3), da Ossétia do Sul, da Abkházia, do Transdniestre (ver sobre estes três casos, *infra*, parág. 32.2), ou da Chéchénia (ver, *supra*, parág. 10.5.2.2]. Ou seja, não basta uma situação de independência de facto, alcançada ou não por meio de uma vitória militar; é necessário que se tenham verificado discriminações graves e sistemáticas e, na prática, que a Comunidade Internacional reconheça que estas justificam a independência, o que provavelmente implicará que tais discriminações tenham provocado violações graves do direito à vida. Daí a recusa em desmembrar a Bósnia-Herzegovina, apesar da independência de facto obtida pelos Sérvios e Croatas (em grande medida graças, respectivamente, ao apoio da nova Jugoslávia e da Croácia), e a concessão à República Srpska dos primeiros de um estatuto estadual mas inserido numa associação *sui generis* com a Federação da Bósnia-Herzegovina (Bósnios e Croatas, também eles parceiros relutantes) (cfr. A Constituição da Bósnia-Herzegovina consta do anexo 4 ao Acordo de Dayton de 21 de Novembro de 1995 entre a República da Bósnia-Herzegovina, a Croácia e a Jugoslávia; texto em ILM, Vol. 35, No. 1, 1996, pág. 75-168, na pág. 117-128).

Como ficou referido, no caso do Bangladesh, foi necessária uma situação de repressão massiva e uma independência de facto e, ainda assim, apenas após o reconhecimento pelo Paquistão da situação criada aquele foi admitido como membro das Nações Unidas. Embora se possa argumentar que esta concessão à soberania do Paquistão foi meramente formal. Na realidade, este foi fortemente pressionado a reconhecer o Bangladesh. É mesmo provável que, se o Paquistão se obstinasse na sua resistência, as Nações Unidas acabassem por admitir o Bangladesh como membro apesar desta. De facto, só o veto da China impediu que tal ocorresse inicialmente (ver, *supra*, parág. 14.2).

Têm existido diversos defensores do direito de secessão do Kosovo (assim: Jennifer P. Harris, *Kosovo-An Application of the Principle of Self-Determination*, HRB, Vol. 6, 1999, pág. 28-30); Ted Baggett, *Human Rights Abuses in Yugoslavia: To Bring an End to Political Oppression, the International Community Should Assist in Establishing an Independent Kosovo*, GJICL, Vol. 27, 1999, pág. 457-476, na pág. 473-474; Thomas D. Grant, *Extending Decolonization: How the United Nations Might Have Addressed Kosovo*, GJICL, Vol. 28, 1999, 9-54, na pág. 38-39; Diane F. Orentlicher, *The Imprint Of Kosovo On International Law*, ILSAJICL, Vol. 6, 2000, pág. 541-545, na pág. 544-545 (mas cautelosamente); Henry J. Richardson, *A Critical Thought On Self Determination For East Timor And Kosovo*, TICLJ, Vol. 14, 2000, pág. 101-107, na pág. 102-103; Jonathan I. Charney, *Self-Determination: Chechnya, Kosovo, and East Timor*, VJTL, Vol. 34, 2001, pág. 455-467, na pág. 464) e, certamente, a expulsão massiva de que foi alvo cerca de metade da população fornece um fundamento aceitável para a secessão à luz da referida excepção ao princípio da integridade territorial.

Mas o desaparecimento da referência à realização de uma consulta popular do Acordo quanto aos Princípios aplicáveis ao Kosovo baseado no plano do G-8 e aprovado pelo Conselho na citada Resolução 1244 (1999), de 10 de Junho (texto em RSSC, 1999, pág. 30, no anexo II, que no parág. 5 e 8 consagra a integridade territorial da Jugoslávia, no respeito da qual a autonomia será exercida), a reafirmação expressa por esta Resolução da integridade territorial da Jugoslávia (preâmbulo: "Reaffirming the commitment of all Member States to the sovereignty and territorial integrity of the Federal Republic of Yugoslavia"), bem como a admissão da nova Jugoslávia como membro das Nações Unidas em 1 de Novembro de 2000, sugerem que dificilmente será reconhecida qualquer independência (ver também restritivos: Sophie Albert, *Le droit international et le statut d'autonomie du Kosovo*, AEDI, novembre 1998; Valerie Epps, *Self-Determination After Kosovo And East Timor*, ILSAJICL, Vol. 6, 2000, pág. 445--454, na pág. 454: o direito de secessão apenas ainda em formação; Lorie M. Graham, *Self--Determination For Indigenous Peoples After Kosovo*, ILSAJICL, Vol. 6, 2000, pág. 455-466, na pág. 459-460: a questão encontra-se em aberto; David Wippman, *Secession, Territorial Claims, and the Indeterminacy of Self-Determination*, YJIL, Vol. 25, 2000, pág. 287-289, na pág. 288; Alfred P. Rubin, *Secession and Self-Determination: A Legal, Moral, and Political Analysis*, SJIL, Vol. 36, 2000, pág. 253-270, na pág. 259, 261 e 269: rejeita qualquer direito

por uma longa ocupação e operações bélicas drásticas no respeito pelo Direito Internacional Humanitário.

Não parece que se deva exigir qualquer intenção humanitária subjacente, nem sequer predominante[633]. O que é essencial é que a acção empreendida respeite objectivamente estes limites. O facto de o Estado ter agido com motivações políticas será por si irrelevante se a sua actuação efectiva se pautar estritamente pelos limites decorrentes do fim humanitário[634, 635]. Claro está, a existência de uma intenção humanitária será uma garantia de que a intervenção não ultrapassará os limites que a regulam. Mas trata-se de uma exigência de bom senso que um Estado interventor (ou o Conselho de Segu-

---

de secessão; Helen Quane, *A Right to Self-Determination for the Kosovo Albanians?*, LJIL, Vol. 13, No. 1, 2000, pág. 219-227, na pág. 227).

A solução constituída pelo puro e simples reconhecimento das situações de facto criadas (como sustenta: Paul C. Szasz, *The Irresistible Force of Self-Determination Meets the Impregnable Fortress of Territorial Integrity-Kosovo and Elsewhere*, GJICL, Vol. 28, 1999, pág. 1-8, na pág. 6-7; Michael J. Kelly, *Traveling the Road to Rambouillet: Is the Imposition of Federalism in Kosovo Pragmatic Foreign Policy or Unwise Meddling*, SOTLR, Vol. 40, 1999, pág. 789-810, na pág. 797 e 800: acolhe as propostas de "troca" do Kosovo pela República Srpska) não ocorrerá sem o reconhecimento do Estado lesado na sua integridade territorial. E este não o concederá sem ser para isso pressionado pela Comunidade Internacional. Ora, só em situações de factos consumados inviáveis e violações que a justifiquem esta parece estar disposta a aceitar ou impor ao Estado afectado a via da secessão, com receio que tal seja o destapar da boceta de Pandora.

[633] Alguns autores exigem, porém, que a intenção seja predominantemente humanitária: Michael L. Burton, *Legalizing the Sublegal: A Proposal for Codifying a Doctrine of Unilateral Humanitarian Intervention*, GLJ, Vol. 85, 1996, pág. 417-454, na pág. 451; P. Reyhan, *Genocidal Violence* (...), cit., pág. 787-788; J. Mertus, *Reconsidering* (...), cit., pág. 1789; S. Garrett, *Doing Good* (...), cit., pág. 119 e 142-144 (que esteja presente); J. Merriam, *Kosovo* (...), cit., pág. 134. Outros exigem mesmo uma intenção humanitária: R. Lillich, *Humanitarian* (...), cit., pág. 562-563 e 572. Existe quem sustente que nestes termos nenhuma intervenção humanitária teria alguma vez ocorrido, por serem sempre predominantes interesses políticos: Frederick J. Petersen, *The Facade Of Humanitarian Intervention For Human Rights In A Community Of Sovereign Nations*, AJICL, Vol. 15, 1998, pág. 871-904, na pág. 903-904; Rein Mullerson, *Review: Humanitarian Intervention. The United Nations in an Evolving World Order. By Sean D. Murphy*, AJIL, Vol. 92, 1998, pág. 583-586, na pág. 584-585; existe até quem condene cinicamente qualquer altruísmo nas relações internacionais [assim: C. Krauthammer, *A World Imagined* (...), cit. ("Nations are not individuals. They live in a state of nature with no higher authority to protect them. If they do not protect themselves, they die. Ignoring one's interests, **reacting in fits of altruism**, is an invitation to a ruinous squandering of blood and treasure")].

[634] Já se citou jurisprudência neste sentido em relação à legítima defesa (cfr. *Military and Paramilitary Activities*, cit., *I.C.J. Reports* 1986, pág. 71, parág. 127).

[635] Trata-se de posição igualmente adoptada por M. Halberstam, *The Legality Of Humanitarian* (...), cit., pág. 2.

rança caso esteja a decidir uma habilitação nesse sentido) determine qual a intenção predominante nos seus parceiros de intervenção e não uma exigência jurídica.

Mas, sublinhe-se, estes actos de intervenção humanitária no actual estádio de evolução do Direito Internacional não são lícitos, são ilícitos e, portanto, não devem ser praticados salvo em situações extremas. Gozam de uma mera exclusão de responsabilidade no respeito dos seus limites. O poder de intervir humanitariamente cabe às Nações Unidas por intermédio do Conselho de Segurança e não aos Estados ou outras organizações internacionais. Cada Estado encontra-se vinculado em relação aos restantes e aos seus cidadãos por obrigações *erga omnes* quanto aos direitos humanos e a sua "soberania" tem claros limites funcionais, encontrando-se sujeita ao poder da Comunidade Internacional. Mas às Nações Unidas, por meio do Conselho de Segurança, deverá caber a decisão. Se a situação for efectivamente grave certamente os cinco membros permanentes saberão colocar-se de acordo apesar das divisões políticas.

Uma intervenção à margem das Nações Unidas poderia fazer sentido quando a utilização dos poderes do Capítulo VII se circunscrevia às relações entre Estados ou, quando muito, a direitos colectivos, como o de autodeterminação. Com o alargamento da noção de ameaça à paz e a consequente prática de acções humanitárias habilitadas pelo Conselho de Segurança ao longo dos últimos 10 anos, a figura tem menor relevância[636]. Acresce que o desprezo pelos poderes das Nações Unidas poderá levar ao descrédito da actual organização da Comunidade Internacional; com todos os riscos que tal acarreta.

Não vale a pena argumentar com o primado dos direitos humanos sobre a soberania dos Estados. Ainda que tal primado existisse à luz do Direito Internacional, a verdade é que a norma que é violada por estas "intervenções" não é apenas (ou sequer principalmente) a que tutela a soberania ou sequer o princípio da não intervenção[637]. A norma violada na esmagadora maioria dos casos será a proibição do uso da força nas relações internacionais e esta

---

[636] Ver, *infra*, parág. 79.

[637] Estas "intervenções", como ficou escrito, não são tecnicamente intervenções, já que constituem acções de execução coerciva de obrigações internacionais do Estado alvo, as relativas aos direitos humanos violados, incluindo o dever de fazer cumprir os particulares sujeitos à sua jurisdição, quando são estes os responsáveis pelas violações. Não incidem, pois, sobre questões reservadas pelo Direito Internacional aos Estados. Implicam uma violação da soberania territorial do Estado, mas não se trata de acções tendentes a impor-lhe obrigações que não decorrem do Direito Internacional, como se verifica nas intervenções em sentido próprio (ver, *supra*, parág. 13.1).

não está ligada primeiramente à soberania. Esta proibição internacional, de longe a mais importante norma jurídica vigente, não é um corolário da soberania, mas essencialmente um limite a esta. É um limite à soberania ("liberdade") de cada Estado de impor violentamente a sua vontade a um outro. Mas é ainda um limite à soberania deste, visto que mesmo que dois Estados estejam ambos dispostos a resolver pela força uma controvérsia, o Direito Internacional proíbe-o. A obrigação imposta por esta norma não é bilateral, mas *erga omnes* e *iuris cogentis*. O Direito Internacional proíbe o uso da força não, pois, apenas em nome da soberania, mas em nome dos direitos dos indivíduos que serão os primeiros sacrificados no campo de batalha. A proibição de uso da força é, pois, uma norma humanitária. A mais importante na defesa dos indivíduos, pois um conflito armado é a maior ameaça para estes[638, 639].

Acresce que os abusos da figura da intervenção humanitária não são uma possibilidade, são uma certeza. Esta abertura conferida pela prática foi criada ilicitamente (e ainda o é) e com base nesta já surgiram casos de instrumentalização clara. Figuras como esta apenas devem ser utilizadas em situações limite, sendo preferível que constem de zonas obscuras do Sistema Jurídico. Com uma consagração clara, facilmente os interesse políticos se sobreporão a quaisquer considerações humanitárias e a prepotência do poder cegará os Estados poderosos levando-os a actos abusivos à custa dos outros[640, 641]. É possível que as vidas salvas ainda assim sejam superiores

---

[638] Ver C. Baptista, Ius (...), cit., pág. 429.

[639] Mesmo quando o princípio da distinção entre combatentes e não combatentes é respeitado (e este não é absoluto), os militares passam a ser alvos legítimos, com a exclusão do seu direito à vida em qualquer conflito armado. É verdade que este corolário humanitário não é levado ao seu extremo, proibindo igualmente os conflitos armados internos. Mas lentamente o Direito está a evoluir nesse sentido. Ver, *infra*, parág. 15.2.4.

[640] Já no passado, apesar de todas as incertezas sobre a figura, esta foi usada e abusada como forma de tentar justificar alargamentos territoriais. Assim, depois da ocupação da Boémia e Morávia pela Alemanha em 15 de Março de 1939, o então secretário de estado do ministério dos negócios estrangeiros alemão afirmou ao embaixador francês em Berlim: "German blood has been shed and the German Government felt compelled immediately to come to the rescue of the threatened German minority" (cfr. *M. Coulondre, French Ambassador in Berlin, to M. Georges Bonnet, Minister for Foreign Affairs*, Berlin, March 15, 1939; texto em DDFYB, doc. 70, pág. 84). Refira-se igualmente o telegrama de 25 de Agosto de 1939 do embaixador britânico em Berlim, praticamente em vésperas do início da Segunda Guerra Mundial, sobre uma conversa que tivera com o então ditador da Alemanha nesse mesmo dia, em que se afirma: "Herr Hitler refused to guarantee this on grounds that Polish provocation might at any moment render German intervention to protect German nationals inevitable" (cfr. BWBB, documento n.º 69, pág. 158). Claro está, estas pessoas não tinham cidadania alemã, devendo considerar-se que se tratou de uma invocação da intervenção humanitária.

Certamente que se pode alegar que nestes casos a inexistência da figura pouco alteraria. O Estado sempre levaria a sua avante, com base em outro pretexto [neste sentido: N. Krylov, *Humanitarian Intervention* (...), cit., pág. 404; M. Burton, *Legalizing* (...), cit., pág. 423-424; ver ainda as pouco convincentes alegações de Dino Kritsiotis, *Reappraising Policy Objections To Humanitarian Intervention*, MJIL, Vol. 19, 1998, pág. 1005-1050, na pág. 1021-1026]. Daí a criação do famoso incidente fronteiriço com a Polónia que permitiu à Alemanha alegar "legítima defesa" [cfr. o já citado memorando alemão de 3 de Setembro de 1939 ao ultimato britânico com a mesma data (texto em BWBB, documento 119, pág. 225-228, na pág. 227) e o telegrama de 1 de Setembro de 1939 do embaixador britânico em Berlim (texto em BWBB, documento 111, pág. 217-218, na pág. 217)]. Sublinhe-se, porém, que o verdadeiro perigo de abuso da figura não vem dos Estados fora da lei; o risco de abuso da figura virá de Estados que normalmente cumpririam o Direito Internacional.

Estas invocações abusivas já começaram a verificar-se desde que a figura se começou a "popularizar" a partir do final da Guerra Fria. Assim, a Turquia, por intermédio do seu Ministro da Defesa, qualificou a sua intervenção de 14 de Maio de 1997 no Norte do Iraque como uma "humanitarian mission" realizada a pedido de um dos dois movimentos Curdos Iraquianos (KDP) contra o principal movimento Curdo Turco (PKK) (cfr. FFWND, May 22, 1997, pág. 352-D2). A Primeira-Ministra Turca em discurso na Assembleia Geral reconheceria que os objectivos visados eram exclusivamente a segurança da Turquia [cfr. UNPR GA/9108 15th Meeting (PM) 30 September 1996, pág. 3], como fora confirmado pelo número de mortos que a intervenção provocou, mais de 1.300, e pelas acções turcas anteriores na região (ver, *supra*, parág. 12.3). Ou seja, a Turquia levaria a cabo a intervenção independentemente daquele fundamento.

Mas, mais grave, as intervenções de Estados da coalizão no Iraque em 1991 em defesa dos Curdos e dos Xiitas, embora inicialmente se tenham enquadrado nos limites da intervenção humanitária, posteriormente institucionalizaram-se. Passaram a ser permanentemente executadas pela força zonas de exclusão aérea no Norte e Sul do Iraque por meio de violações diárias (desnecessárias e provocadoras, visto que é perfeitamente possível controlar se o Iraque se prepara para realizar uma ofensiva independentemente destas) do espaço aéreo do Iraque. Converteram-se deste modo em acções ilícitas e que responsabilizam plenamente os seus autores (ver, *infra*, parág. 72).

Depois a própria intervenção da OTAN contra a Jugoslávia por causa do Kosovo deve, à luz da análise que se realiza, ser qualificada também como abusiva, pelo menos inicialmente até à massiva limpeza étnica desencadeada pelas autoridades sérvias e, posteriormente, por violação do princípio da proporcionalidade. Ora, é bem possível que aquela intervenção não tivesse sido levada avante se não existisse ao menos uma possibilidade de a legitimar juridicamente na figura da intervenção humanitária. É bom recordar que foi levada a cabo por Estados que se afirmam Estados de Direito. Muitos deles reconhecem a jurisdição do Tribunal Internacional de Justiça (cfr. MTDSG). É natural que considerações jurídico-internacionais tenham pesado na sua decisão, embora apenas uma minoria destes as tenham alegado expressamente (ver, *infra*, parág. 32.6).

[641] "for, from the nature of things, it would be reserved for the most powerful States, and might easily lead to perverting the administration of international justice itself" [cfr. *The Corfu Channel* (...), cit., *C.I.J. Reports* 1949, pág. 35].

àquelas que certamente serão sacrificadas, mas mesmo esta possibilidade está longe de ser uma probabilidade. A sujeição da sua aplicação a uma decisão regional, como no seio da União Africana, oferece maiores garantias; mas os precedentes da Libéria e Serra Leoa não inspiram grande confiança.

De qualquer modo, como todas as questões de Direito Internacional, caberá aos Estados determinar se esta figura continuará nas margens da juridicidade ou se será legitimada, alargando-se o perigo extremo e a tutela defensiva de forma a justificar a intervenção humanitária. Tudo depende da sua prática.

**B – Uso interno da força.**

**15. Pelo Estado ou entidades menores.** Ficou analisado o uso privado da força que se encontra sujeito à proibição constante dos artigos 2, n.º 4 e 53, n.º 1, segunda parte, CNU e das correspondentes normas costumeiras, bem como as causas de exclusão da ilicitude ou responsabilidade com base nas quais aquele uso se pode ainda concretizar. Mas para lá da excepção a esta proibição que constitui o poder público bélico, cabe ainda abordar a segunda excepção (interpretativa) que esta comporta: o uso da força fora das relações internacionais.

**15.1. Noção de "relações internacionais".** De facto, o artigo 2, n.º 4 visa expressamente somente se aplicar aos Estados membros nas relações internacionais. O facto de este preceito codificar actualmente uma norma costumeira permite afastar a exigência de que se esteja perante Estados membros, como o artigo 2, n.º 6 CNU já sugeria. Mas, como se verificou, em associação com o artigo 53, n.º 1, segunda parte, deve-se ir mais longe e incluir igualmente quaisquer organizações intergovernamentais que não tenham sido criadas pela Comunidade Internacional com poderes especiais no domínio da manutenção da paz.

Mas para precisar quais são os limites de aplicação do artigo 2, n.º 4 (e logo, que usos da força se encontram fora do seu âmbito) é necessário determinar exactamente o que se deve entender por "relações internacionais" para efeitos deste preceito. Resulta claro, que se trata da mesma noção que consta do artigo 2, n.º 3. Mas tal nada tem de surpreendente já que os n.º 3 e 4 do artigo 2 mais não são do que os dois lados de uma mesma moeda. O seu âmbito é exactamente o mesmo, se se excepcionar a proibição da mera ameaça de uso da força[642].

Pode-se desde já afastar qualquer aproximação à noção de jurisdição interna dos Estados constante do artigo 2, n.º 7 CNU. Esta noção pouco tem a ver com o conceito de "relações não internacionais" para efeitos do artigo

---

[642] Ver, *supra*, parág. 10.1.

2, n.º 4 (e n.º 3)[643]. Como se procura demonstrar, a jurisdição interna constitui o conjunto das questões em que o Direito Internacional não impõe obrigações, permitindo deste modo que os Estados as decidam como bem entenderem[644]. O uso interno da força não é uma destas questões. Quer a decisão de usar a força a nível interno, quer o modo como essa força será usada são questões actualmente reguladas de modo relativamente minucioso pelo Direito Internacional, embora no respeito por este tal uso permaneça em princípio lícito. Assim, a decisão de usar a força encontra-se limitada pelo Direito Internacional dos Direitos Humanos, por exigências de necessidade e proporcionalidade. O modo de usar a força a nível interno encontra-se sujeito ao mesmo Direito e a estas exigências[645], bem como ao Direito Internacional Humanitário aplicável aos conflitos sem carácter internacional.

Deste modo, a noção de jurisdição interna do artigo 2, n.º 7 baseia-se, pelo menos segundo o texto original da Carta, na ausência de obrigações na matéria decorrentes do Direito Internacional. A noção de relações não internacionais, isto é, internas, para efeitos do artigo 2, n.º 4 e n.º 3 reporta-se não à ausência de regulamentação internacional, mas à espécie de sujeitos de Direito Internacional que são partes na relação ou situação em causa. Apenas são relações internacionais, para efeitos da aplicação da proibição de uso privado da força, aquelas que se estabelecem entre Estados, organizações internacionais ou associações de Estados (ou excepcionalmente por entidades menores). Isto é, o artigo 2, n.º 4 e o artigo 53, n.º 1, segunda parte, apenas proíbem o uso da força por parte de um Estado, organização internacional ou associação de Estados contra um outro destes sujeitos de Direito Internacional.

---

[643] H. Kelsen, *The Law* (...), cit., pág. 780-782 aproxima excessivamente estas duas figuras.

[644] Embora a prática tenha restringido o preceito constante do artigo 2, n.º 7; ver, *infra*, parág. 86.2.

[645] Deste modo, o Conselho de Segurança, por exemplo, na sua Resolução 1322 (2000), de 7 de Outubro (texto em RSSC, 2000, pág. 65-66), parág. 2, afirmou: "*Condemns* acts of violence, especially the excessive use of force against Palestinians, resulting in injury and loss of human life". Tratou-se de condenar situações em que Forças israelitas dispararam com fogo real contra civis armados de pedras [cfr. Amnesty International, *Israel and the Occupied Territories: Mass Arrests and Police Brutality*, MDE 15/058/2000, 10/11/2000 (texto em AIW)]. A Assembleia Geral no Código de Conduta para Agentes de Polícia (aprovado pela sua Resolução 34/169, de 17 de Dezembro de 1979; texto em RDGAOR, 34th Session, 1979, pág. 185-187), no artigo 3, estabelece: "Law Enforcement Officials may use force only when strictly necessary and to the extent required for the performance of their duty". No seu comentário, sublinha-se que se deve entender que fica consagrado igualmente o princípio da proporcionalidade.

A razão de ser da utilização deste sentido restritivo da expressão é histórica. As relações internacionais (isto é, as reguladas pelo Direito Internacional[646]) em 1945 eram em grande medida as que se realizavam entre estes sujeitos. Entretanto, o âmbito das relações reguladas pelo Direito Internacional alargou-se consideravelmente. Mas, como se procura demonstrar, tal alargamento não pode ser aplicado nos mesmos termos ao artigo 2, n.º 4. Existem relações internacionais dos Estados em que estes não estão sujeitos a este preceito, máxime, as que se estabelecem com os seus próprios cidadãos, e outros sujeitos colectivos menores, em questões reguladas pelo Direito Internacional.

**15.2. Conflitos armados internos.** Como é pacífico, o artigo 2, n.º 4 não proíbe que um Estado utilize a força no seu próprio território contra a sua população[647], apesar deste uso se encontrar igualmente sujeito ao Direito Internacional quanto aos meios e alvos. Também se deve entender que o artigo 53, n.º 1, não proíbe que uma organização internacional utilize a força para a manutenção da ordem num território que se encontre sujeito à sua jurisdição. Trata-se de uma faculdade inerente aos poderes de administração[648].

Daí que, por maioria de razão, o artigo 2, n.º 4 (ou qualquer outra norma internacional) não proíba que indivíduos num Estado se rebelem contra o Governo, seja com vista a o substituírem[649], seja com o objectivo

---

[646] Ver C. Baptista, *Direito* (...), cit., pág. 24.

[647] Que o Direito Internacional, e o artigo 2, n.º 4 em particular, não proíbe em si as guerras civis é posição tradicional pacífica: H. Kelsen, *The Law* (...), cit., pág. 781-782; J. Kunz, *The Chaotic Status* (…), cit., pág. 54; Edwin Hoyt, *The United States Reaction to the Korean Attack: A Study of the Principles of the United Nations Charter as a Factor in American Policy-Making*, AJIL, vol. 55, 1961, pág. 45-76, na pág. 47; J. Duy-Tân, *The Law* (...), cit., pág. 793; A. Randelzhofer, *Article 2 (4)*, cit., pág. 116; Kimberly D. Barnes, *International Law, The United Nations, And Intervention In Civil Conflicts*, STLR, Vol. 19, 1995, pág. 117-151, na pág. 132; Kenneth D. Heath, *Could We Have Armed The Kosovo Liberation Army? The New Norms Governing Intervention In Civil War*, UCLAJILFA, Vol. 4, 2000, pág. 251-323, na pág. 276.

[648] Daí a figura do poder bélico interno que pode ser exercido mesmo pelas Nações Unidas (ver, *supra*, parág. 8).

[649] Esta posição pode sofrer algumas restrições por força dos direitos políticos internacionalmente reconhecidos. Parece claro que simples indivíduos não se encontram vinculados por estes direitos visto que têm como destinatários os Estados. Mas um golpe de Estado, por definição, é levado a cabo por órgãos do Estado, ainda que militares. Parece que enquanto órgãos deste estarão internacionalmente vinculados a respeitar estes direitos individuais e, deste modo, a não derrubarem Governos eleitos no respeito dos direitos políticos internacionalmente garantidos [isto é, com base em eleições livres e genuínas; cfr., a nível universal,

de obterem mais regalias para um determinado grupo da população ou mesmo a independência em parte do território do Estado. Neste sentido, o uso da força por movimentos de libertação nacional ou outros movimentos armados internos nunca foi proibido pela Carta[650, 651]. Tal não significa que

---

o artigo 21 da Declaração Universal dos Direitos Humanos (aprovada pela Resolução 217 A (III) de 10 de Dezembro de 1948; texto em RDGAOR, 3th session, 1948, pág. 71-77); artigo 25 do Pacto dos Direitos Civis e Políticos (adoptado pela Resolução 2200 A (XXI) de 16 de Dezembro de 1966; texto em RDGAOR, 21st session, 1966, pág. 49-60; sobre os direitos políticos e consequências no reconhecimento de Governo, ver, *infra*, parág. 34.4.4]. Por conseguinte, um golpe militar pode ser considerado como uma violação de uma norma internacional que impõe obrigações *erga omnes*. A mesma solução parece já não valer para uma revolta popular ou levada a cabo por movimentos ou bandos armados que não integram o aparelho do Estado. Movimentos armados encontram-se vinculados por todos os direitos humanos, mas apenas em relação aos indivíduos que controlam (como a prática sugere; ver, *infra*, parág. 15.2.2). Meros bandos armados muito menos poderão ser acusados de violar os direitos políticos da maioria dos cidadãos, visto que parecem só estar vinculados pelo Direito Humanitário ou outros normas internacionais que tutelam direitos humanos básicos, como aquelas que gozam de tutela penal. De facto, não têm um controlo sobre indivíduos que justifique uma vinculação alargada a todos os direitos humanos (ainda que o Direito sobre a matéria esteja em constante evolução). Ou seja, em Direito Internacional vinculação à generalidade dos direitos humanos depende proporcionalmente do poder da entidade, aquela aumenta em função deste.

Assim, o derrube de um Governo por uma revolta popular, movimentos ou bandos armados não será uma violação do Direito Internacional. Mas uma vez assumido o poder, estes passarão a estar obrigados por esses mesmos direitos em relação a todos os cidadãos que passaram a controlar. Deste modo, se não realizarem eleições serão responsáveis por uma violação destes, o que implica um ilícito *erga omnes*. Este poderá suscitar represálias de outros Estados [ver, *infra*, parág. 34.4.4] ou, em última análise, ser qualificado como uma ameaça à paz pelo Conselho de Segurança (ver, *infra*, parág. 79). Embora, claro está, não legitime uma intervenção armada estrangeira privada (ver, *supra*, parág. 14.4 e, *infra*, parág. 32.7).

[650] Por vezes o uso da força por movimentos armados em Estados tem sido condenado (por exemplo, o Conselho de Segurança na sua Resolução 1345 (2001), de 21 de Março [UN Doc. S/RES/1345 (2001)], parág. 1, afirmou: "Strongly condemns extremist violence, including terrorist activities, in certain parts of the former Yugoslav Republic of Macedonia and certain municipalities in southern Serbia, Federal Republic of Yugoslavia", tendo exigido o seu fim no parág. 4). Outras vezes foi-se mesmo mais longe. Assim, a Assembleia Geral, na sua Resolução 48/88, de 20 de Dezembro de 1993 (texto em RDGAOR, 48th Session, 1993, Vol. I, pág. 40-42), no preâmbulo, foi ao ponto de afirmar: "*Alarmed also* at the collusion between **Serbian forces and extremist Bosnian Croat elements and others to seek the dismemberment of the Republic of Bosnia and Herzegovina, in clear violation of the principles of the Charter of the United Nations** and in total disregard of the relevant resolutions of the General Assembly and those of the Security Council". Mas esta revolução na interpretação do Direito Internacional não seria reafirmada na seguinte Resolução 49/10 de 3 de Novembro de 1994 (texto em RDGAOR, 49ª, 1994, vol. I, pág. 9-10), que se limita a um "*Condemning* the

sejam tutelados por esta. Normalmente, as acções bélicas destes movimentos serão simplesmente actos não regulados pelo Direito Internacional, salvo quanto à imposição de certos limites.

---

Bosnian Serb party for its non-compliance with the relevant resolutions of the Security Council, as well as its rejection of the proposed peace plan of the Contact Group" (preâmbulo). De facto, julga-se que os movimentos sérvios e croatas da Bósnia se encontravam vinculados pela Carta das Nações Unidas, designadamente em matéria de direitos humanos e Capítulo VII/artigo 25 em relação aos poderes do Conselho de Segurança (interpretado extensivamente pela prática deste órgão; ver, *infra*, parág. 20.5), mas só com uma alteração no Direito Internacional se poderá sustentar que estes estivessem vinculados pelo princípio da integridade territorial em relação à Bósnia-Herzegovina. O princípio da integridade territorial vincula os outros Estados, mas não o próprio Estado ou o seu Povo ou mesmo partes deste. O fundamento destas condenações só pode ser político, baseado em considerações de manutenção da paz, humanitárias ou de defesa política da integridade territorial como forma de desencorajar separatismos, deste modo evitando os custos humanos que estes acarretam [sem prejuízo de este apoio tácito à repressão de separatismos por vezes ter tido grandes custos, basta lembrar o milhão de mortos (especialmente Ibos à fome) no conflito interno na Nigéria por causa da tentativa de secessão do Biafra entre 1967 e 1970 (esta postura de salvaguardar as fronteiras a todo o custo tem sido criticada: Michael Barutciski, *Politics Overrides Legal Principles: Tragic Consequences Of The Diplomatic Intervention In Bosnia-Herzegovina (1991-1992)*, AUJILP, Vol. 11, 1996, pág. 767-791, na pág. 785-786; P. Szasz, *The Irresistible Force* (...), cit., pág. 6-7; M. Kelly, *Traveling the Road* (...), cit., pág. 800)]. Visto que a Assembleia Geral ou o Conselho de Segurança não estão obrigados, pelo artigo 2, n.º 7 CNU em relação aos movimentos armados internos, mas apenas em relação aos Estados, podem realizar condenações puramente políticas.

Apenas recentemente surgiu uma tendência do Conselho em conferir fundamento jurídico a tais condenações por uma reinterpretação (em rigor, uma emenda a este) do Capítulo VI no sentido de o aplicar igualmente aos conflitos internos (ver, *infra*, parág. 15.2.4). Mas, por constituir na realidade uma emenda da Carta (que altera drasticamente as obrigações dos Estados e as alarga a movimentos armados internos) e ainda não ter sido assumida abertamente, ainda está longe de poder ser considerada como Direito (vigente). Acresce que esta tendência não é baseada no princípio da integridade territorial, mas da manutenção da paz.

651 Também: Quincy Wright, *United States Intervention in the Lebanon*, AJIL, Vol. 53, 1959, pág. 112-125, na pág. 121; L. Henkin, *The Reports* (...), cit., pág. 546; Michael Akehurst, *A Modern Introduction to International Law*, 6th ed., London/New York, 1992 (reed. 1987), pág. 60 e 281-282; Thomas Franck, *Fairness in the International Legal and Institutional System-General Course on Public International Law*, RDC, 1993, III, tomo 240, pág. 9-498, na pág. 135; David Wippman, *Change And Continuity In Legal Justifications For Military Intervention In Internal Conflict*, CHRLR, Vol. 27, 1996, pág. 435-485, na pág. 435; J. Azeredo Lopes, *Autodeterminação dos Povos, Uso da Força e Responsabilidade Internacional*, em Juris et De Jure – *Nos Vinte Anos da Faculdade de Direito da Universidade Católica Portuguesa*, Porto (coord. A. Vaz/A. Lopes), Porto, 1998, pág. 453-527, na pág. 485; Sophie Albert, *Le droit international* (...), cit.,. Ver, contudo, em sentido distinto: B. Morais, *O Direito à Autodeterminação* (...), cit., pág. 260-261, 268-269 e 285.

**15.2.1. Uso da força por movimentos de libertação nacional.** Este regime sofre, porém, uma excepção quanto à legitimidade do uso da força por parte de movimentos de libertação nacional contra domínios coloniais, ocupações estrangeiras ou regimes estruturados num sistema de discriminação racial[652].

O uso da força nestes casos específicos é considerado um direito reconhecido pelo Direito Internacional como corolário do direito de autodeterminação dos Povos sujeitos a estas situações. Por força deste direito, a luta destes Povos encontra-se sujeita ao Direito Internacional Humanitário dos Conflitos Armados Internacionais, tendo os seus combatentes direito ao estatuto de prisioneiro de guerra[653]. Mas a internacionalização destes conflitos

---

[652] Outra questão será determinar se, além dos casos de colonialismo, ocupação estrangeira ou discriminação racial sistemática, não existem outras situações em que os Estados têm tratado de modo diferenciado rebeliões. Parecem existir elementos que apontam neste sentido quando a rebelião se dirige contra um regime opressivo violador de direitos humanos básicos, numa concretização do direito de resistência implicitamente consagrado no parág. 3 do preâmbulo da Declaração Universal dos Direito Humanos (ver também neste sentido: G. Abi-Saab, *Wars of National* (…), cit., pág. 423-425; Antonio Cassese, *The International Community, Terrorism and Human Rights*, em *Studi in Onore di Giuseppe Sperduti*, Milano, 1984, pág. 475-498, na pág. 479).

Assim, tem sido nítida a diferenciação da reacção internacional em relação à repressão da rebelião armada da etnia albanesa na Macedónia em 2001 e a que ocorreu na Jugoslávia (Kosovo) em 1998-1999. Resulta claro que tal diferenciação se prende igualmente com questões puramente políticas. Mas afigura-se que têm também pesado considerações quanto ao carácter justificado ou não da rebelião. Assim, o Secretário-Geral da OTAN, em 24 de Maio de 2001, afirmou a propósito do conflito na Macedónia: "We must be very clear that the Former Yugoslav Republic of Macedonia is an established and well functioning democracy" e "There is no justification for any citizens of this nation to take up arms against the government" [cfr. CNN, May 25, 2001 Posted: 2:47 AM EDT (0647 GMT)]. Isto é, existem situações em que uma rebelião se encontrará justificada e os Estados estão decididos a ter tal em conta na sua reacção, quer à rebelião, quer à sua repressão. A prazo, tal levará à proibição, não apenas de certas formas de repressão violadoras do Direito Humanitário, mas de toda e qualquer repressão quando os rebeldes tenham fundamentos atendíveis para se revoltarem. Mas trata-se de uma tendência ainda não consolidada.

[653] Este regime encontra-se actualmente consagrado no citado Protocolo Adicional I de 1977 às Convenções de Genebra (artigo 1, n.º 4) e foi reafirmado pela Assembleia Geral em inúmeras Resoluções mesmo em relação a Estados não partes no Protocolo [cfr., por exemplo: Resolução 38/36, de 2 de Dezembro de 1983, Parte A, parág. 56: "Declares that the liberation struggle in Namibia is a conflict of an international character in terms of article 1, paragraph 4, of Additional Protocol I to the Geneva Conventions of 12 August 1949 and, in this regard, demands that the Conventions and Additional Protocol I be applied by South Africa, and in particular that all captured freedom fighters be accorded prisoner-of-war status as called for by the Geneva Convention Relative to the Treatment of Prisoners of War and Additional Protocol thereto". Declarações idênticas, igualmente em relação à Namíbia, constam de:

para efeitos do Direito Humanitário não significa que estes sejam inter-nacionalizados igualmente para efeitos do artigo 2, n.º 4. O uso da força por potências coloniais, ocupantes de um território não autodeterminado ou racistas contra os respectivos Povos não constitui um uso da força nas relações internacionais proibido pelo artigo 2, n.º 4. Constitui antes um uso interno da força que é ilícito somente por ser contrário aos direitos humanos e ao direito de autodeterminação em particular. Não lograram apoio gene-ralizado na prática internacional as tentativas de ver nestas formas de domínio "ataques armados" permanentes que fundariam o recurso à legítima defesa por parte destes Povos, com a consequente licitude da legítima defesa colectiva por parte de Estados terceiros na sua defesa[654].

Resolução 39/50, de 12 de Dezembro de 1984, Parte A, parág. 66; Resolução 40/97, de 13 de Dezembro de 1985, Parte A, parág. 72; Resolução 41/39, de 20 de Novembro de 1986, Parte A, parág. 75; Resolução 42/14, de 6 de Novembro de 1987, Parte A, parág. 7; Resolução 43/26, de 17 de Novembro de 1988, Parte A, parág. 5. Em relação à luta contra o Apartheid na África do Sul: Resolução 36/172, de 17 de Dezembro de 1981, Parte A, preâmbulo e parág. 14 ("Demands that the apartheid regime treat captured freelom fighters as prisoners of war under the Geneva Conventions of 1949 and Additional Protocol I thereto"); Resolução 43/50, de 5 de Dezembro de 1988, parág. 3, al. b) ["(...) demands that the racist regime: (a) Stop the execution of political prisoners at present on death row; (b) Recognize prisoner-of--war status of captured freedom fighters in accordance with the Geneva Conventions of 12 August 1949 and Additional Protocol I of 1977 thereto". A África do Sul apenas em 21 de Novembro de 1995 ratificou o Protocolo I (cfr. ICRCW)]. Segundo se julga, esta extensão do estatuto do prisioneiro de guerra deve ser considerada como consuetudinária [ver C. Baptista, Ius (...), cit., pág. 448-450 e nota 179].

Sublinhe-se, aliás, que o Protocolo Adicional I em Julho de 2001 tinha 158 partes, incluindo Estados como a Itália, a Rússia, a Alemanha, o Reino Unido ou a França (cfr. ICRCW) que, regra geral, se abstiveram ou votaram contra as referidas resoluções. Registe--se, porém, que o Reino Unido formulou uma reserva no sentido de que "The United Kingdom will not, in relation to any situation in which it is itself involved, consider itself bound in consequence of any declaration purporting to be made under paragraph 3 of Article 96 unless the United Kingdom shall have expressly recognised that it has been made by a body which is genuinely an authority representing a people engaged in an armed conflict of the type to which Article 1, paragraph 4, applies" (cfr. ICRCW). O que torna a aplicação do artigo 1, n.º 4 em relação a si dependente do seu consentimento. Mas, em relação a terceiros, aceita o seu regime. Igualmente a reserva n.º 18 da França tem o mesmo conteúdo. Já a Declaração da Alemanha em relação a este preceito constitui uma mera declaração interpretativa que se limita a confirmar o seu sentido: "10. The Federal Republic of Germany understands paragraph 3 of Article 96 of Additional Protocol I to mean that only those declarations described in subparagraphs (a) and (c) of paragraph 3 of Article 96 that are issued by an authority which genuinely satisfies all the criteria contained in paragraph 4 of Article 1 can have legally binding effect" (cfr. ICRCW).

[654] É certo que existiram defesas de tal posição, especialmente da parte de Estados em desenvolvimento, que sustenta a legítima defesa dos Povos coloniais ou vítimas de ocupação

contra a potência responsável. Assim, o Líbano afirmou em 13 de Agosto de 1969, na 1498.ª reunião do Conselho: "Lebanon could not be held responsible for the actions of Palestinian Arabs who, as freedom fighters and people seeking self-determination, were fighting in self-defence against the aggressor and occupier" (cfr. RPSC, 1969-1971, Chapter VIII, pág. 112). Ver igualmente neste sentido: J. Iglesias Buigues, *La Prohibición General del Recurso a la Fuerza y las Resoluciones Descolonizadoras de la Asamblea General de las Naciones Unidas*, REDI, vol. XXIV, 1971, n. 1-2, pág. 173-206, na pág. 180 e 200; James Crawford, *The Criteria for Statehood in International Law*, BYIL, 1976-1977, vol. XLVIII, pág. 93-182, na pág. 172; Géza Herczegh, *Development of International Humanitarian Law*, Budapest, 1984, pág. 199; Giovanni Bruno, *L'Azione delle Nazioni Unite nell'Africa Australe: Il caso dell'Angola*, em *Interventi delle Nazioni Unite e Diritto Internazionale* (dir. Paulo Picone), Padova, 1995, pág. 407-444, na pág. 431.

Na realidade, as defesas desta posição não lograram qualquer consagração geralmente aceite. Designadamente, a Assembleia Geral condenou o uso da força por Estados coloniais como violações do direito de autodeterminação ou, quando muito, da proibição de intervenção [cfr. a referida Resolução 2160 (XXI), de 30 de Novembro de 1960, parág. 1-b)] e não da proibição de uso da força nas relações internacionais (artigo 2, n.º 4 CNU). O seu corolário, único verdadeiramente importante, que seria o direito de Estados terceiros de intervir militarmente do lado destes Povos no exercício da legítima defesa colectiva, também não foi reconhecido. Somente ficou consagrado consensualmente um mero direito de auxílio e, por maioria, um direito de assistência moral, financeira, material ou quando muito logística, com o fornecimento de armas, e não directamente por meio de forças armadas. Assim, a referida Declaração da Assembleia Geral sobre os Princípios de Direito Internacional consagra somente "In their actions against, and resistance to, such forcible action in pursuit of the exercise of their right to self-determination, such peoples are entitled to seek and to receive support in accordance with the purposes and principles of the Charter". E a Definição de Agressão da Assembleia Geral aprovada pela sua Resolução 3314 (XXIX), de 14 de Dezembro de 1974 (texto em RDGAOR, 29th Session, 1974, pág. 142-144), limita-se a afirmar que não fica prejudicado "the right of these peoples to struggle to that end and to seek and receive support, in accordance with the principles of the Charter".

Ver igualmente rejeitando que se trate de legítima defesa ou de uma excepção ao artigo 2, n.º 4 CNU: Jose-Luiz Fernandez-Flores, *Del Derecho de la Guerra*, Madrid, 1982, pág. 159; C. Gutiérrez Espada, *El Uso de la Fuerza y el Derecho Internacional después de la Descolonización*, Valladolid, 1988, pág. 41-42; M. Akehurst, *A Modern* (...), cit., pág. 300--302; A. Randelzhofer, *Article 2 (4)*, cit., pág. 121-122; A. Lopes, *Autodeterminação* (...), cit., pág. 472-473, 500-502 e 515-516.

Acresce que esta não seria sequer a solução mais vantajosa para os próprios Povos coloniais ou sujeitos a ocupação, se excepcionarmos casos em que existisse um Estado disposto a intervir militarmente do seu lado. Com efeito, mesmo que fosse possível considerar estes domínios como "ataques armados permanentes" ou, pelo menos, como agressões que justificariam uma forma de auto-tutela defensiva por parte destes Povos [como a Assembleia Geral tem sustentado em alguns casos; assim, por exemplo, na sua Resolução 39/50 A, de 12 de Dezembro de 1984 (texto em RDGAOR, 39th Session, 1984-1985, pág. 28-33), parág. 10,

**15.2.2. O terrorismo e a tutela dos direitos humanos.** Segundo se julga, esta conclusão quanto ao regime do uso interno da força por movimentos ou indivíduos não é inquinada nem pela cooperação internacional na repressão do terrorismo, nem pela eficácia horizontal de certos direitos humanos consagrados pelo Direito Internacional[655].

em relação à ocupação da Namíbia pela África do Sul], ainda assim, a sujeição dos seus actos ao artigo 2, n.º 4 iria tornar ilícito qualquer uso excessivo da força da sua responsabilidade. Ora, tal legitimaria uma intervenção em legítima defesa colectiva por parte de Estados terceiros do lado da potência colonial/ocupante/racista contra o excesso. Ao se reconhecer que estes Povos gozam de um mero direito de uso da força não regulado pelo artigo 2, n.º 4, qualquer excesso destes exorbita o direito (deixando de ser tutelado internacionalmente), mas não torna lícita uma intervenção estrangeira do lado da potência colonial nos termos do artigo 51 CNU ou da tutela defensiva.

De qualquer modo, a permissão internacional de auxiliar estes Povos, que é clara (embora não os seus exactos limites) constitui uma excepção ao princípio da não intervenção (mas não ao da proibição do uso da força nas relações internacionais). Mas por se tratar de uma situação em que a potência colonial/ocupante/racista se encontra vinculada pelo Direito Internacional não se pode sustentar que seja uma ingerência nos seus assuntos internos, portanto, livres de vinculações internacionais. Constitui antes o recurso a meios (normalmente ilícitos) de apoio à resistência contra o Estado para o levar a cumprir as suas obrigações internacionais.

O Tribunal Internacional de Justiça pareceu aceitar esta excepção. Assim, afirmou a propósito do princípio de não intervenção: "The Court is not here concerned with the process of decolonization; this question is not in issue in the present case" (cfr. *Military and Paramilitary Activities*, cit., *I.C.J. Reports* 1986, pág. 108, parág. 206), sugerindo, pois, que nesta matéria o princípio não se aplicaria. Como afirmou Schwebel, na sua opinião dissidente à sentença: "by these statements, the Court may be understood as inferentially endorsing an exception to the prohibition against intervention, in favour of the legality of intervention in the promotion of so-called 'wars of liberation'" (id., pág. 351, parág. 179; embora este juiz tenha rejeitado que a assistência pudesse ir mais longe do que o mero apoio humanitário). Igualmente o Tribunal Penal para a ex-Jugoslávia citou com aparente aprovação "the international practice concerning national liberation movements" no que diz respeito ao fornecimento a "movements such as the PLO, SWAPO or the ANC with a territorial base or with economic and **military assistance (short of sending their own troops to aid them)**" (cfr. *Prosecutor v. Dusko Tadic*, Appeals Chamber, Case No: IT-94-1-A, Judgement of 15 July 1999, parág. 130).

[655] Com efeito, pode-se questionar se a consagração dos direitos individuais pelo Direito Internacional não implica a ilicitude ou, pelo menos limita, os actos bélicos internos mesmo que sejam da responsabilidade de indivíduos e não de Estados. Ou seja, por outras palavras, saber se as normas internacionais relativas aos direitos humanos apenas criam obrigações para os Estados ou vinculam também outros sujeitos de Direito Internacional. Em relação a entidades colectivas menores, como movimentos armados que não tenham o estatuto de Governo, mas que exerçam efectivamente poderes, seja na totalidade ou em parte do território, a resposta é positiva. Também estes se encontram vinculados pelas normas relativas aos direitos humanos em relação aos indivíduos que controlam, pelo menos as consagradas pelo Direito Internacional

Costumeiro. Assim, por exemplo, o Conselho de Segurança afirmou a pensar particularmente nos Talibã no Afeganistão: "Demands that the Afghan factions put an end to discrimination against girls and women and other violations of human rights, as well as violations of international humanitarian law, and adhere to the international norms and standards in this sphere" [cfr. Resolução 1214 (1998), de 8 de Dezembro, parág. 12; texto em RSSC, 1998, pág. 113-116); ver também T. Meron, *Human Rights* (...), cit., pág. 163, nota 86 e 169].

Igualmente um Tribunal dos EUA declarou: "The customary international law of human rights, such as the proscription of official torture, applies to states without distinction between recognized and unrecognized states (...). It would be anomalous indeed if non-recognition by the United States, which typically reflects disfavor with a foreign regime – sometimes due to human rights abuses – had the perverse effect of shielding officials of the unrecognized regime from liability for those violations of international law norms that apply only to state actors" [cfr. *United States: Court Of Appeals For The Second Circuit Decision In Kadic v. Karadzic*, October 13, 1995 (texto em ILM, Vol. 34, No. 6, 1995, pág. 1592-1614, na pág. 1607)]. Embora o Tribunal parta do princípio de que qualquer entidade efectiva é um Estado, o que não tem apoio na prática (ver, *infra*, parág. 34.4.3).

De qualquer modo, esta vinculação não proíbe os movimentos armados de levar a cabo as suas operações militares, desde que no respeito pelo Direito Internacional Humanitário aplicável. Podem invocar em geral estado de necessidade como fundamento para os seus actos que destruam propriedade particular ou mesmo que atinjam civis, desde que tenham adoptado medidas razoáveis para o evitar ou tal possa ser justificado à luz do princípio da proporcionalidade. Trata-se de normas que podem ser retiradas dos artigos 13, n.º 2 e 17, n.º 1 do citado Protocolo Adicional II de 1977 e dos princípios gerais.

Já esta aplicabilidade em relação a indivíduos é bem mais reduzida. Embora se trate de uma matéria em evolução, a resposta parece ainda ser a de que apenas gozam de uma eficácia horizontal directa (isto é, inter-individual) as obrigações nesta matéria cuja violação foi internacionalmente incriminada directamente e o tipo penal não tenha sido limitado a órgãos do Estado (como, por exemplo, no caso da tortura). Tem sido esta a forma utilizada para garantir directamente o respeito individual de alguns direitos humanos básicos consagrados internacionalmente. Um indivíduo pode, pois, ser responsabilizado por violações dos direitos humanos que constituam, designadamente, crimes contra a humanidade ou de guerra, em relação a estes segundos ao menos em situações de conflito armado. Provavelmente em ambos os casos, o indivíduo poderá ser responsabilizado mesmo que não integre qualquer bando armado e tenha agido a título individual. Fora dos casos de crimes internacionais, não se conhece precedentes de responsabilização directa de um indivíduo por violação dos direitos de um outro (ver, *infra*, parág. 15.2.3).

Claro está, um Estado pode ser responsabilizado pelos actos de um indivíduo contra outro por não ter adoptado as medidas necessárias a fazer respeitar estes direitos por outros indivíduos. Efectivamente, cabe aos Estados não só estabelecer por legislação interna deveres impostos aos indivíduos de respeitar estes direitos, como o de criar meios policiais e judiciais para prevenir e reprimir estas violações. Neste sentido, o Tribunal Americano dos Direitos Humanos afirmou: "The second obligation of the States Parties is to "ensure" the free and full exercise of the rights recognized by the Convention to every person subject to its jurisdiction. This obligation implies the duty of the States Parties to organize the governmental apparatus

De facto, em relação ao "terrorismo", julga-se que a cooperação para a sua eliminação não levou a uma alteração deste estado jurídico das coisas. Para lá de todos os problemas quanto à definição de terrorismo[656], as diversas convenções sobre a matéria[657] têm-se limitado a estabelecer obrigações para os Estados em termos de cooperação na extradição dos acusados ou a criar um princípio de jurisdição universal. Não criaram um dever internacional individual que proíba directamente a prática individual de

---

and, in general, all the structures through which public power is exercised, so that they are capable of juridically ensuring the free and full enjoyment of human rights" [cfr. *Velasquez Rodriguez Case*, Judgment of July 29, 1988, Inter-Am.Ct.H.R. (Ser. C) No. 4 (1988), parág. 166]. Em caso de incumprimento, poderá ser responsabilizado pela sua omissão ou falta de diligência.

[656] Ver Hans-Peter Gasser, *Interdiction des Actes de Terrorisme dans le Droit International Humanitaire*, IRRC, 1986, ano 68, n. 760, pág. 207-221, na pág. 209-210; Matthew H. James, *Keeping the Peace – British, Israeli, and Japanese Legislative Responses to Terrorism*, DJIL, Vol. 15, 1997, pág. 405-450, na pág. 407-409; J. E. Santos Bispo, *State Sponsored Terrorism and the States Right to Self-Defence: A Call for Judicial Supervision*, RJ, n.º 23, 1999, pág. 89-137, na pág. 93-96 e 103-109.

[657] As duas mais importantes são a Convenção Internacional para a Eliminação de Ataques Terroristas, adoptada pela Assembleia Geral pela sua Resolução 52/164, de 15 de Dezembro de 1997 (texto em RDGAOR, 52nd Session, 1997, Vol. I, pág. 389) e a Convenção para a Eliminação do Financiamento do Terrorismo de 9 de Dezembro de 1999/10 de Janeiro de 2000 (ainda não registada, mas cujo texto pode ser encontrado em http://untreaty.un.org/ /English/Terrorism.asp). Além destas existem mais sete a nível regional essencialmente com o mesmo objecto [a Convenção da Organização de Estados Americanos de 2 de Fevereiro de 1971; a Europeia de 27 de Janeiro de 1977; a da Associação do Sul da Ásia para a Cooperação Regional de 4 de Novembro de 1987; a da Liga Árabe de 22 de Abril de 1998; a da Comunidade de Estados Independentes de 4 de Junho de 1999; a da Conferência Islâmica de 1 de Julho de 1999; e a da Organização de Unidade Africana de 14 de Julho de 1999 (o texto da maioria destas encontra-se disponível em http://untreaty.un.org/English/Terrorism.asp)] e várias outras sobre actos específicos, como a Convenção contra Infracções e outros Actos cometidos a bordo de Aviões de 14 de Setembro de 1963 (texto em UNTS, 1969, No. 10106, pág. 219-240), a Convenção para a Repressão da Captura Ilícita de Aviões de 16 de Dezembro de 1970 (texto em UNTS, 1973, No. 12325, pág. 105 111), a Convenção para a Repressão de Actos Ilícitos contra a Segurança da Aviação Civil de 23 de Setembro de 1971 (texto em UNTS, Vol. 974, 1975, No. 14118, pág. 177-184), a Convenção para a Prevenção e Repressão de Infracções contra Pessoas que gozem de uma Protecção Internacional, incluindo Agentes Diplomáticos de 14 de Dezembro de 1973 (texto em UNTS, Vol. 1035, 1977, No. 15410, pág. 167-172), a Convenção Contra a Tomada de Reféns de 17 de Dezembro de 1979 (texto em UNTS, Vol. 1316, 1983, No. 21931, pág. 205-211), a Convenção contra a Repressão de Actos Ilícitos contra a Segurança da Navegação Marítima de 10 de Março de 1988 (texto em UNTS, Vol. 1678, 1992, No. 29004, pág. 221-234). Existem ainda Protocolos Adicionais para protecção de Plataforma Fixas na Plataforma Continental e de Aeroportos.

actos bélicos com fins políticos, designadamente, contra alvos militares. A sua proibição continua a ser uma tarefa a cargo dos Direitos internos[658, 659].

Acresce que estas convenções têm sido objecto de diversas reservas que limitam o seu âmbito em função daquilo que cada Estado considera objectivos legítimos para o uso interno da força. Compreende-se o motivo das dificuldades; incriminar internacionalmente estes actos implicaria passar um atestado de legitimidade jurídica a cada Governo em relação ao Povo que governa. Trata-se de um atestado que, correctamente, os Estados não estão dispostos a conceder a todos os restantes[660]. É, designadamente, esta circunstância que explica que o referido Estatuto de Roma que estabelece o Tribunal Penal Internacional não incrimine o terrorismo autonomamente, apesar das tentativas nesse sentido feitas por parte de alguns Estados[661].

É certo que se encontram condenações do terrorismo como injustificável em qualquer caso, mas normalmente estas condenações não são acompanhadas de qualquer noção deste, designadamente, para precisar se se referem a actos proibidos pelo Direito Internacional Humanitário ou a quaisquer actos bélicos políticos individuais em geral[662]. Assim, segundo se julga, a única

---

[658] Assim, o Tribunal da Cassação (Supremo Tribunal) Francês, referindo-se a "une entreprise terroriste", sustentou: "alors qu'en l'état du droit international, le crime dénoncé, quelle qu'en soit la gravité, ne relève pas des exceptions au principe de l'immunité de juridiction des chefs d'Etat étrangers en exercice" [cfr. Cour de cassation – Chambre criminelle, *Arrêt n° 1414 du 13 mars 2001* (00-87.215) (texto em http://www.courdecassation.fr/agenda/ /arrets/arrets/00-87215.htm)]. Ora, ao negar uma excepção às imunidades dos Chefes de Estado, pareceu estar a rejeitar implicitamente a sua qualificação como crime internacional. Sem prejuízo de mesmo a prática de um crime internacional não autorizar um tribunal interno a julgar um Chefe de Estado estrangeiro.

[659] De facto, a Doutrina discute apenas as obrigações dos Estados na matéria ou rejeita expressamente a vinculação de indivíduos directamente: T. Meron, *Human Rights* (...), cit., pág. 163, nota 86; Luigi Migliorino, *La Dichiarazione delle Nazioni Unite sulle Misure per Eliminare il Terrorismo Internazionale*, RDI, 1995, N.° 4, Vol. LXXVIII, pág. 962-972, na pág. 966-967. Ver, porém, em sentido contrário: A. Cassese, *Terrorism* (...), cit., pág. 1-2.

[660] Ver também: Edward McWhinney, *The Legal Interdiction of International Terrorism*, em *Staat und Völkerrechtsordnung – Festschrift für Karl Doehring* (Hrsg. K. Haibronner/G. Ress/T. Stein), Berlin/Heidelberg, 1989, pág. 567-577, na pág. 574; Alfred P. Rubin, *Dayton, Bosnia, and the limits of law*, TNI, 1996, No. 46, pág. 41 e segs..

[661] Igualmente a Comissão de Direito Internacional não o incluiu no seu Projecto de Código de Crimes contra a Paz e Segurança da Humanidade de 1996 não obstante propostas nesse sentido (cfr. RILC, 1996, Chapter II, Introduction, parág. 40).

[662] Por exemplo, a Resolução 1269 (1999), de 19 de Outubro (texto em RSSC, 1999, pág. 67-68), do Conselho de Segurança, que sob o título "Condemnation of terrorism", afirma no parág. 1: "Unequivocally condemns all acts, methods and practices of terrorism as criminal and unjustifiable, regardless of their motivation, in all their forms and manifestations, wherever and by whomever committed, in particular those which could threaten international peace and security".

qualificação de terrorismo que pode ser considerada juridicamente consagrada é a que se aplica a ataques contra alvos civis ou excepcionalmente outras pessoas internacionalmente protegidas, ou seja, actos que são efectivamente proibidos directamente pelo Direito Internacional enquanto crimes individuais de guerra e, quando generalizados ou sistemáticos, contra a humanidade, incluindo o genocídio. A tomada de reféns ou o desvio de aviões civis não vão além deste quadro, salvo por se aplicarem mesmo na ausência de qualquer conflito armado.

**15.2.3. Crimes contra a humanidade e de guerra.** Deste modo, o terrorismo pode constituir uma violação do Direito Internacional quando implique a prática de crimes internacionais.

Em relação aos crimes contra a humanidade é cada vez mais pacífico que estes não estão dependentes da existência de um conflito armado interno[663]. Deste modo, actos terroristas que atinjam civis, de forma generalizada ou sistemática, ou mesmo em que um só acto provoque deliberadamente grande número de mortes de civis, devem ser considerados como crimes contra a humanidade[664]. E não será necessário que os seus autores

---

[663] Estes crimes foram estabelecidos pelo Estatuto do Tribunal Internacional de Nuremberga (texto em *Trial of Major War Criminals Before the International Military Tribunal*, Nuremberg, 14 November 1945 – 1 October 1946, vol. I, Nuremberg, 1947, pág. 10-16; também em AJIL, vol. 39, 1945, pág. 257-264) associados aos crimes contra a paz e de guerra [artigo 6, al. c): "Crimes Against Humanity: namely, murder, extermination, enslavement, deportation, and other inhumane acts committed against any civilian population, before or during the war; or persecutions on political, racial or religious grounds in execution of or in connection with any crime within the jurisdiction of the Tribunal, whether or not in violation of the domestic law of the country where perpetrated"], daí que este Tribunal tenha declarado que não tinha jurisdição em relação às perseguições políticas realizadas pela Alemanha até ao início da Segunda Guerra Mundial apesar de "revolting and horrible as many of these crimes were" [cfr. *Trial of Major War* (…), cit., pág. 254].

Mas, já à luz do Estatuto deste Tribunal, estes não pareciam depender da existência de um conflito armado ("before or during the war") e de qualquer modo existe jurisprudência posterior que os desliga da existência de um conflito. Assim, o Tribunal Penal para a ex-Jugoslávia afirmou: "customary international law may not require a connection between crimes against humanity and any conflict at all" (cfr. *Decision on the Defence Motion for Interlocutory Appeal on Jurisdiction in Prosecutor v. Dusko Tadic*, Appeals Chamber, No. IT-94-1-AR72, October 2, 1995, parág. 141; texto em ILM, vol. 35, n.° 1, 1996, pág. 32-74, na pág. 72; ver também Theodor Meron, *War Crimes Law Comes Of Age*, AJIL, Vol. 92, 1998, pág. 462-468, na pág. 464).

[664] Neste sentido, a pensar nos actos de 11 de Setembro de 2001: F. Kirgis, *Terrorist Attacks* (…), cit.; A. Pellet, *No, this is not War*, cit.; A. Cassese, *Terrorism* (...), cit., pág. 1-2; R. Goldman, *Certain Legal* (…), cit., pág. 3; J. Head, *The United States* (…), cit., pág. 7.

constituam membros de um movimento armado, portanto que ocupe efectivamente território. Membros de um simples bando armado, incluindo um mero bando clandestino urbano ou, segundo se julga, no limite, um único indivíduo, podem ser responsabilizados por crimes contra a humanidade[665].

Cabe questionar se não é possível ir mais longe e considerá-los, mesmo que não tenham carácter generalizado ou sistemático, como crimes de guerra, desde que sejam dolosamente dirigidos contra pessoas que claramente tenham o estatuto de civis. Porque os crimes contra a humanidade têm sido ligados a uma acção generalizada ou sistemática[666], uma aplicação abrangente do Direito Internacional Humanitário dos Conflitos Não Internacionais a qualquer acção bélica com fins políticos, mesmo ataques esporádicos de bandos armados, será uma forma que permitirá responsabilizar criminalmente os autores de ataques pontuais deliberados contra civis.

É certo que o próprio Estatuto de Roma, no seu artigo 8, n.º 2, al. d) e f), na sequência do artigo 1, n.º 2 do referido Protocolo Adicional II, sublinha que não se aplica a actos esporádicos de violência. Vai ao extremo criticável de alargar essa ressalva às violações do artigo 3 comum às Convenções de Genebra de 1949, que não a estabelecem. Esta ressalva visa, em parte, manter a aplicação do regime normal dos direitos humanos, reservando o regime mais liberal do Direito Humanitário para os conflitos armados[667]. Mas a razão determinante da sua inclusão foi a de que os Estados não quiseram sujeitar as suas forças a eventual responsabilidade penal internacional pelos seus actos de repressão de distúrbios e actos de violência localizada. De facto, o regime dos direitos humanos, salvo crimes contra a humanidade, não estabelece qualquer responsabilidade penal, muito menos em relação a meros bandos armados, que normalmente nem sequer vincula.

---

[665] O Tribunal Penal para a ex-Jugoslávia parece concordar com esta conclusão: "the law in relation to crimes against humanity has developed to take into account forces which, although not those of the legitimate government, have de facto control over, or are able to move freely within, defined territory", incluindo entidades "without international recognition or formal status of a *de jure* state, **or by a terrorist group or organization**" (cfr. *Prosecutor v. Duško Tadic*, Trial Chamber II, Case No. IT-94-1-T, Judgement of 7 May 1997).

[666] O artigo 6, al. c) do referido Estatuto do Tribunal de Nuremberga e o artigo 5 do citado Estatuto do Tribunal para a ex-Jugoslávia não o exige, mas estes requisitos constam do artigo 3 do Estatuto do Tribunal Penal para o Ruanda e do artigo 7 do Estatuto de Roma do Tribunal Penal Internacional.

[667] Neste sentido: Comité International de la Croix-Rouge, *Commentary on the Additional Protocols of 8 June 1977 to the Geneva Conventions of 12 of August 1949* (ed. Y. Sandoz, C. Swinazski, B. Zimmermann), Geneva, 1987, pág. 1328, parág. 4378.

A prática, contudo, tem aplicado as normas costumeiras que reproduzem no essencial as contidas no Protocolo II[668] sem qualquer consideração pelos requisitos estabelecidos por este Protocolo em relação às características dos rebeldes, aplicando-se a qualquer conflito armado entre um Estado parte e grupos armados organizados ou entre estes. Trata-se de regime que foi codificado no artigo 8, n.º 2, c) a f) do referido Estatuto de Roma sobre o Tribunal Penal Internacional[669]. Não se exige, pois, que sejam movimentos que controlem território ou que se encontrem sob um comando responsável unificado[670]. Basta um conflito armado com um grupo organizado.

Mas existem já registos de prática que vão ainda mais longe. Encontram--se mesmo invocações de responsabilidade penal individual por actos pratica-dos fora do âmbito de um conflito armado que violam normas internacionais que tutelam direitos humanos básicos, mesmo em simples conflitos urbanos

---

[668] Que vão mesmo mais longe do que este, designadamente em matéria de respon-sabilidade criminal individual, na sequência do artigo 4 do Estatuto do Tribunal Penal das Nações Unidas para o Ruanda, embora este artigo no momento da sua aprovação não fosse pacífico [ver T. Meron, *International Criminalization* (...), cit., pág. 561-565; Payam Akhavan, *The International Criminal Tribunal for Rwanda: The Politics and Pragmatics of Punishment*, AJIL, Vol. 90, No. 3, 1996, pág. 501-510, na pág. 503-504].

[669] Que definem conflito armado sem carácter internacional como "protracted armed conflict between governmental authorities and organized armed groups or between such groups". Trata-se da noção consagrada na jurisprudência do Tribunal Penal para a ex-Jugoslávia: "an armed conflict exists whenever there is a resort to armed force between States or protracted armed violence between governmental authorities and organized armed groups or between such groups within a State" (cfr. *Prosecutor v. Duško Tadic*, Trial Chamber II, Case No. IT--94-1-T, Judgement of 7 May 1997).

[670] Para todos os efeitos, estas exigências do Protocolo II encontram-se revogadas. Por um lado, o citado Estatuto de Roma do Tribunal Penal Internacional não as consagra e, logo que entre em vigor, revogará convencionalmente estas exigências entre os Estados que sejam partes nos dois tratados, pelo menos quanto às normas humanitárias constantes de ambos. É certo que as constantes do Estatuto são, em parte, mais restritivas, visto que consagram apenas aquelas cuja violação implica responsabilidade penal. No entanto, se as suas normas penais se aplicam a conflitos armados contra meros bandos armados, parece que por maioria de razão simples normas humanitárias sem sanção penal deverão igualmente aplicar-se. De qualquer modo, tendo em conta que o Direito Internacional Costumeiro reproduz actualmente no essencial as normas do Protocolo II [já em 1996 o fazia em grande medida, ver C. Baptista, Ius (...), pág. 459-464], este perdeu relevância. Aliás, existe igualmente alguma prática de interpretação liberal das exigências do artigo 1 do Protocolo II [cfr. Resolução 42//137 de 7 de Dezembro de 1987 da Assembleia Geral, preâmbulo e parág. 3, considera aplicável o Protocolo II ao conflito em S. Salvador; texto em RDGAOR, 42nd Session, 1987, pág. 228-229; Resolução 53/164, de 7 de Dezembro de 1998, considera-o aplicável ao Kosovo; texto em RAGA, 53th Session, Part I (PR GA/9541), pág. 435-439].

ou ataques esporádicos da responsabilidade de grupos clandestinos, máxime, quando os seus actos atingem vidas de civis[671]. Trata-se, porém, de uma prática ainda não consolidada. E não fica claro se se está perante uma tentativa de alargar a aplicação do Direito Internacional Humanitário (que deixaria de ser um Direito dos Conflitos Armados para o ser de qualquer acção bélica com fins políticos) ou em face de uma incriminação autónoma de violações dos direitos humanos. Resulta claro que o alargamento do primeiro seria aquele que alcançaria mais facilmente os objectivos de tutela visados, dado que se encontra já perfeitamente estruturado, para lá de poder vir a permitir a intervenção do Tribunal Penal Internacional, dada a sua jurisdição sobre crimes de guerra.

**15.2.4. Restrição do uso da força a nível interno?** Ao nível dos conflitos internos, existem igualmente alguns traços novos de uma tendência que visa restringir o poder dos Estados de usar a força em relação à sua própria população, bem como paralelamente de limitar o uso da força por movimentos armados.

Para lá das reacções internacionais parecerem variar em função da responsabilidade do Estado no surgimento da rebelião interna (designadamente, em função da sua responsabilidade em violações dos direitos humanos, seja políticos, seja das minorias ou outros), longos conflitos internos parecem estar a deparar com uma resistência progressivamente maior da Comunidade Internacional. Existe alguma prática ainda não assumida abertamente no

---

[671] Assim, entre as resoluções do Conselho de Segurança, refira-se a Resolução 1160 (1998), de 31 de Março (texto em RSSC, 1998, pág. 21-24), preâmbulo: "Condemning the use of excessive force by Serbian police forces (...) as well as all acts of terrorism by the Kosovo Liberation Army or **any other group or individual**"; também a 1199 (1998), de 23 de Setembro (texto em RSSC, 1998, pág. 85-88) e 1203 (1998), de 24 de Outubro (texto em RSSC, 1998, pág. 93-96). A Resolução 1189 (1998), de 13 de Agosto (texto em RSSC, 1998, pág. 70), parág. 1 e 4 ("apprehend the perpetrators of these cowardly criminal acts and to bring them swiftly to justice", embora a pensar na justiça nacional), em relação à destruição das embaixadas americanas no Quénia e Tanzânia. Mas a mais significativa é a Resolução 1264 (1999), de 15 de Setembro (texto em RSSC, 1999, pág. 58), preâmbulo: "Expressing its concern at reports indicating that systematic, widespread and flagrant violations of international humanitarian and human rights law have been committed in East Timor, and stressing that **persons committing such violations bear individual responsibility**"; também a Resolução 1272 (1999), de 25 de Outubro (texto em RSSC, 1999, pág. 73-76); é de destacar a invocação do Direito dos Direitos Humanos e o facto das violações do Direito Internacional Humanitário terem sido da responsabilidade material de meros bandos armados numa situação que não podia ser qualificada como um conflito armado em sentido tradicional por terem como vítimas a população civil; ver sobre Timor Leste, *infra*, parág. 69).

sentido de estender a obrigação de resolução pacífica a estes conflitos internos de grandes proporções e longa duração⁶⁷².

Mas tal não significa que exista uma extensão idêntica da proibição do artigo 2, n.º 4 CNU em relação aos Estados e movimentos quanto aos conflitos internos. Resulta claro que os Estados terão sempre de ter um poder público de usar a força internamente, no mínimo, para a manutenção da

---

⁶⁷² Assim, na Declaração Presidencial 2000/25, de 20 de Julho de 2000 (texto em RSSC, 2000, pág. 118-121) o Conselho de Segurança afirmou: "The Council underlines the importance of the peaceful settlement of disputes and recalls the obligation of the parties to disputes to seek actively a peaceful solution in accordance with the provisions of Chapter VI of the Charter of the United Nations. The Council also recalls the obligation of all Member States to accept and carry out its decisions, including those for the prevention of armed conflict". Embora o Conselho não mencione expressamente que se está a referir igualmente a uma obrigação de resolução pacífica dos conflitos internos, resulta da leitura da Declaração que é particularmente nestes que está a pensar. Daí a referência ao dever das partes de resolver o conflito pacificamente sem falar em Estados. Esta interpretação é confirmada por referências aos conflitos alimentados pelos diamantes e em particular a sua referência a que "The Council will also take appropriate measures, with the consent of the **State concerned**, aimed at preventing the recurrence of armed conflicts, through, inter alia, developing adequate programmes for the **disarmament, demobilization and re-integration of ex-combatants**, including child soldiers". Não se refere aos Estados implicados, mas ao Estado no singular, isto é, aquele em que se verifica o conflito interno. As medidas de desarmamento e desmobilização são igualmente típicas desta espécie de conflito.

Ou seja, o Conselho está a interpretar o Capítulo VI (ou ao menos a obrigação contida no seu artigo 33 e no artigo 2, n.º 3 CNU) no sentido de este se aplicar igualmente às partes num conflito interno o que constitui uma revolução na interpretação da Carta. Basta ter em conta que o artigo 2, n.º 3 é expresso em se restringir às relações internacionais, bem como as referências à paz internacional constante deste Capítulo VI, a expressão Estados utilizada no artigo 35 ou a referência no artigo 36, n.º 3 ao recurso pelas partes ao Tribunal Internacional de Justiça que se encontra restringido aos Estados (artigo 34, n.º 1 do Estatuto do Tribunal) (ver, ainda, sobre o alargamento da noção de ameaça à paz, *infra*, parág. 79).

A mesma ideia transparece da utilização da noção de agressão em conflitos internos dirigido contra meros movimentos, como no conflito na Bósnia-Herzegovina (viu-se que o Tribunal Penal das Nações Unidas para a ex-Jugoslávia considerou que este constituiu um conflito internacional, mas partindo da ideia de que os Sérvios da Bósnia eram órgãos de facto da nova Jugoslávia, o que não é líquido; ver, *supra*, parág. 9.1 e 12.5). Assim, a Assembleia Geral na sua Resolução 48/88, de 20 de Dezembro de 1993, no preâmbulo, fala em "unprovoked armed hostilities and aggression continue against the Republic of Bosnia and Herzegovina" e "*Alarmed* at extremist Bosnian Croat military elements for their aggressive acts against the Republic of Bosnia and Herzegovina". Condenando-os depois como violadores do Direito Internacional. Não se tratou de sustentar que se tratava de uma agressão pelo facto de a Assembleia entender que eram actos imputáveis à nova Jugoslávia, mas enquanto actos do próprio movimento.

ordem, defesa dos direitos ou execução de decisões judiciais contra simples indivíduos. Trata-se simplesmente de tentar impor um limite à intensidade e duração deste uso da força[673].

Mas neste domínio existe ainda um longo caminho a percorrer. É certo que se verifica uma intervenção diplomática sistemática dos restantes Estados nestes conflitos com insistências na sua resolução pacífica[674]. Mas, na realidade, as condenações das acções repressivas de Estados contra movimentos armados internos limitam-se a invocar como fundamento a violação do Direito Humanitário e não qualquer proibição internacional específica de usar a força para lá de determinado período de tempo ou sequer intensidade, desde que compatível com o princípio da proporcionalidade[675].

**16. Por outros Estados ou organizações internacionais.** Bem mais delicado, e fonte de intermináveis discussões, é o problema da intervenção de um Estado ou organização internacional (destituída de poderes públicos), ou entidade paralela, em questões de jurisdição interna de um outro Estado. Problemas paralelos implicam acções em relação a questões que, embora não integrem a jurisdição interna, sejam realizadas por meios normalmente ilícitos, como a força ou a assistência ao uso desta quer do lado dos rebeldes, quer do lado do Governo por meio de forças estrangeiras, num conflito armado interno em que os rebeldes controlem território de modo efectivo.

O princípio geral é relativamente pacífico. Qualquer forma de apoio a um movimento armado que lute contra o Governo de outro Estado ou, do mesmo modo, um uso interno da força contra um destes movimentos do lado do Governo (pois caso seja contra o Governo do Estado ou terceiro já se

---

[673] Que ao extremo poderá levar a uma extinção de algumas das faculdades bélicas compreendidas nos poderes dos Estados; aquelas que são dirigidas contra movimentos armados dotados de efectividade territorial e cuja repressão implica sempre conflitos internos intensos e prolongados (ver, *supra*, parág. 8).

[674] Que por vezes têm sido condenadas por autores como constituindo legitimações de actos de secessão [assim: T. Christakis, *L'Onu* (...), cit., pág. 33, a pensar nas iniciativas diplomáticas europeias em relação às primeiras repressões do então exército federal jugoslavo contra os Estados federados da ex-Jugoslávia].

[675] Daí que o artigo 8, n.º 3 do citado Estatuto de Roma do Tribunal Penal Internacional afirme que o estabelecimento de crimes internacionais nos conflitos sem carácter internacional não afectará: "the responsibility of a Government to maintain or re-establish law and order in the State or to defend the unity and territorial integrity of the State, by all legitimate means". O mesmo já fazia o Protocolo Adicional II de 1977, no seu artigo 3, n.º 1.

tratará de um uso internacional da força proibido) constitui um acto proibido pelo princípio da não intervenção[676, 677, 678].

---

[676] A nível universal, a Declaração sobre a Inadmissibilidade da Intervenção nos Assuntos internos dos Estados, aprovada pela Resolução 2131 (XX), de 21 de Dezembro de 1965 (texto em RDGAOR, 20th Session, 1965-1966, pág. 11-12), afirma no preâmbulo, designadamente: "direct intervention, subversion and all forms of indirect intervention are contrary to these principles and, consequently, constitute a violation of the Charter of the United Nations". No mesmo sentido, a referida Declaração sobre os Princípios de Direito Internacional relativos às Relações Amigáveis entre Estados (aprovada pela Resolução 2625 (XXV), de 24 de Outubro de 1970 da Assembleia Geral), afirma consagrando as duas vertentes do princípio: "no State shall organize, assist, foment, finance, incite or tolerate subversive, terrorist or armed activities directed towards the violent overthrow of the regime of another State, or interfere in civil strife in another State". O mesmo faz extensivamente a Declaração sobre a Inadmissibilidade da Intervenção ou Interferência nos Assuntos Internos ou Externos dos Estados, aprovada pela Assembleia Geral por meio da sua Resolução 36/103, de 9 de Dezembro de 1981 (texto em RDGAOR, 36th Session, 1981-1982, pág. 78-80), especialmente parág. 2, II.

[677] O Tribunal Internacional de Justiça sustentou o seu carácter costumeiro: "The principle of non-intervention involves the right of every sovereign State to conduct its affairs without outside interference; though examples of trespass against this principle are not infrequent, the Court considers that it is part and parcel of customary international law" e "The Court therefore finds that no such general right of intervention, in support of an opposition within another State, exists in contemporary international law" (cfr. *Military and Paramilitary Activities*, cit., *I.C.J. Reports* 1986, pág. 106, parág. 202; também pág. 126, parág. 246: carácter costumeiro e rejeição de intervenção a pedido da oposição). Também anteriormente rejeitara qualquer direito de intervenção [cfr. *The Corfu Channel* (...), cit., *C.I.J. Reports* 1949, pág. 35], mas aí a pensar em usos da força dirigidos directamente contra um Estado e não na intervenção num conflito interno apoiando o Governo ou um movimento armado que contra este lute.

[678] O princípio da não intervenção é mais lato, proibindo interferências em questões em relação às quais o Direito Internacional não impõe qualquer obrigação de resolução em qualquer sentido. Como o Tribunal Internacional de Justiça afirmou: "A prohibited intervention must accordingly be one bearing on matters in which each State is permitted, by the principle of State sovereignty, to decide freely" (cfr. *Military and Paramilitary Activities*, cit., *I.C.J. Reports* 1986, pág. 108, parág. 205). Deste modo, este tem um âmbito idêntico à proibição constante do artigo 2, n.º 7, pelo menos tal como esta foi inicialmente consagrada (ver sobre esta, *infra*, parág. 86).

No entanto, existe igualmente uma tendência para falar em intervenção como uma acção realizada para a resolução de questões que hodiernamente não se encontram no âmbito da jurisdição interna do Estado alvo (como o tratamento das minorias ou dos direitos humanos em geral, incluindo o direito de autodeterminação), mas que é levada a cabo por meios coercivos (intervenção para resgate de cidadãos ou humanitária ou apoio bélico a determinados movimentos ou contra estes). É este um dos motivos porque se aborda a questão sob a epígrafe "uso interno da força" e não do princípio da não intervenção. Deste modo, apenas é relevante para o objecto deste estudo a intervenção por meios bélicos, a ameaça desta ou a assistência em material bélico, vise esta uma ingerência numa questão sob jurisdição interna

Este princípio decorre directamente do princípio do respeito pela soberania dos outros Estados, isto é, do artigo 2, n.º 1 CNU, na vertente que proíbe qualquer apoio a movimentos que lutam contra o Governo de um Estado estrangeiro. Mas decorre igualmente do princípio da autodeterminação dos Povos organizados em Estados (artigo 1, n.º 2 CNU) na vertente que proíbe intervenções do lado do Governo contra movimentos armados efectivos que lutem contra este. A proibição dos casos mais graves abrangidos pela primeira vertente tem igualmente sido retirada pela prática da proibição de uso privado da força nas relações internacionais[679].

Mas este princípio da não intervenção nas suas duas vertentes tem duas excepções[680]; isto é, o âmbito da proibição que impõe não abrange duas situações[681].

---

ou não. É relevante o meio utilizado e apenas secundariamente o objectivo (ver, *supra*, sobre a noção de intervenção, parág. 13.1).

[679] A prática quanto à proibição da chamada "agressão indirecta" por decorrência do artigo 2, n.º 4 CNU tem sido generalizada. Assim, por exemplo, na sua Resolução 748 (1992), de 31 de Março (texto em RDSCOR, 1992, pág. 52-54), o Conselho de Segurança afirmou: "Reaffirming that, in accordance with the principle in Article 2, paragraph 4, of the Charter of the United Nations, every State has the duty to refrain from organizing, instigating, assisting or participating in terrorist acts in another State or acquiescing in organized activities within its territory directed towards the commission of such acts, when such acts involve a threat or use of force" (parág. 6 do preâmbulo).

Igualmente o Tribunal Internacional de Justiça sustentou: "The Court concludes that acts constituting a breach of the customary principle of non-intervention will also, if they directly or indirectly involve the use of force, constitute a breach of the principle of non-use of force in international relations" (cfr. *Military and Paramilitary Activities*, cit., *I.C.J. Reports* 1986, pág. 109, parág. 209) e ainda que "In the view of the Court, while the arming and training of the contras can certainly be said to involve the threat or use of force against Nicaragua, this is not necessarily so in respect of all the assistance given by the United States Government" (id., pág. 119, parág. 228; também pág. 124, parág. 242). Esta posição é igualmente subscrita pela Doutrina: O. Schachter, *The Right* (...), cit., pág. 1624-1625.

[680] Além da excepção relativa às guerras de libertação nacional, em que o apoio moral e a assistência material e militar (mas não o uso da força directamente) ao movimento de libertação é considerado como não proibido pelo princípio da não intervenção, desde logo, pelo facto da potência colonial, ocupante ou racista estar a violar as suas obrigações internacionais. Embora este argumento, claro está, seja insuficiente; apesar de não existir intervenção no sentido técnico da palavra, existirá a utilização de um meio normalmente ilícito. Ver, *supra*, parág. 15.2.1 e sobre a noção de intervenção, *supra*, parág. 13.1.

[681] O facto de existir um processo de integração entre dois ou mais Estado não altera estes dados. A simples constituição de uma confederação ou outra Associação de Estados não torna lícita qualquer intervenção de um eventual exército confederal fora dos termos à frente descritos quanto à relevância do consentimento ou de tratado ou de reacção a uma prévia intervenção ilícita. Esta solução só será distinta no caso de o processo de integração ser de

**16.1. Com base em consentimento do Governo.** Uma primeira excepção prende-se com a relevância do consentimento do Estado alvo na legitimação de uma intervenção de um Estado estrangeiro ou organização internacional.

A questão não pode ser resolvida simplesmente alegando-se que a proibição de uso privado da força nas relações internacionais é *iuris cogentis* e, logo, que é nulo qualquer consentimento ou tratado que a vise legitimar independentemente de um consentimento expresso no momento da intervenção[682].

Não se tem grandes dúvidas em sustentar a nulidade de um tratado que vise legitimar um uso da força não fundado em qualquer causa de justificação[683] por forças armadas estrangeiras contra a vontade expressa do Estado alvo[684, 685]. Mas a solução já deverá ser diferente no caso de o tratado

---

ordem a levar a uma perda de soberania pelos Estados com o surgimento de um Estado federal ou uma União Real. Neste caso, aqueles Estados perderão o seu estatuto de membros da Comunidade Internacional e igualmente das Nações Unidas. Foi o que sucedeu com a Alemanha Democrática perante a Alemanha federal ou da Síria e Egipto em relação à efémera República Árabe Unida. Enquanto tal não se verificar, aplicar-se-ão as regras gerais descritas. Como decorre do artigo 78 CNU não é admissível a existência de tutelas de um membro sobre outros membros.

Assim, o Acto final de Helsínquia de 1 de Agosto de 1975 (texto em ILM, vol. XIV, 1975, pág. 1292-1325), embora considerado como um documento político [seria, porém, designadamente, invocado pelo Tribunal Internacional de Justiça (cfr. *Military and Paramilitary Activities*, cit., *I.C.J. Reports* 1986, pág. 107, parág. 204)], estabelece na Parte VI da sua Declaração sobre os Princípios Reguladores das Relações entre os Estados Participantes: "The participating States will refrain from any intervention, direct or indirect, individual or collective, in the internal or external affairs falling within the domestic jurisdiction of another participating State, **regardless of their mutual relations**". Embora esta precisão tenha sido consagrada a pensar em blocos regionais estruturados em meras organizações internacionais, parece bem que se aplicará igualmente a associações de Estados.

[682] Trata-se da posição de: George Zotiades, *Intervention by Treaty Right – Its Legality in Present Day International Law*, Thessaloniki, 1965, pág. 34-35 e 36-39; Mohamed Bennouna, *Le Consentement a l'Ingérence Militaire dans les Conflits Internes*, Paris, 1974, pág. 79-80; W. Michael Reisman, *Termination of the USSR's Treaty Right of Intervention in Iran*, AJIL, Vol. 74, 1980, pág. 144-154, na pág. 150-153 (em termos mais restritivos).

[683] O tratado já será válido se tal uso da força poder ser justificado em legítima defesa, auto-tutela defensiva, estado de necessidade ou perigo extremo (ver, *supra*, parág. 12, 13 e 14).

[684] Exemplo histórico clássico de tratado com um consentimento ao uso da força que, actualmente, seria claramente inválido consta do artigo III do Tratado entre os EUA e Cuba de 22 de Maio de 1903, que tem a seguinte redacção: "The Government of Cuba consents that the United States may exercise the right to intervene for the preservation of Cuban independence, the maintenance of a government adequate for the protection of life, property,

and individual liberty (...)" (texto do Tratado em NRG, 2ª série, tomo XXXII, pág. 79-82). A referência à manutenção de um Governo adequado sugere claramente que se pretendia legitimar intervenções mesmo contra o Governo efectivo de Cuba.

[685] Um caso de tratado que parece encontrar-se nesta situação é o Tratado de Garantia de 16 de Agosto de 1960, celebrado entre Chipre e a Grécia, Turquia e Grã-Bretanha (texto do tratado em UNTS, vol. 382, 1960, n. 5475, pág. 3-7). O seu artigo IV dispõe: parág. 1: "In the event of a breach of the provisions of the present Treaty, Greece, Turkey and the United Kingdom undertake to consult together with respect to the representations or measures necessary to ensure observance of those provisions". Parág. 2: "In so far as common or concerted action may not prove possible, each of the three guaranteeing Powers reserves the right to take action with the sole aim of re-establishing the state of affairs created by the present Treaty".

Na altura dos conflitos étnicos de Dezembro de 1963 em Chipre, a Turquia invocou um direito de intervenção à luz do citado artigo. Porém, em reunião do conselho de segurança de 27 de Fevereiro de 1964, o delegado de Chipre afirmou: "Turkey (...) appears to interpret this Article as giving to it the right of unilateral military intervention. (...) we firmly reject this interpretation" e "It is quite clear that article IV of the Treaty of Guarantee as interpreted by Turkey is contrary to peremptory norms of international law, *ius cogens* (...) as well as the basic principles contained in Article 2 (1) and Article 2 (4) of the Charter" e ainda que "Among the most obvious and best settled rules of *jus cogens* mentioned in the Commission's report of the fifteenth session (...) is first and foremost a treaty contemplating an unlawful use of force contrary to the principles of the Charter" e "the rule against forcible intervention by one State in the internal affairs of another, being inconsistent with the basic principles of the independence and sovereign equality of States, falls within the description of *jus cogens* and constitutes a peremptory rule of general international law" (Cfr. SCOR, Nineteenth Year, 1098th meeting: 27 February 1964 (doc. S/PV. 1098), pág. 16, parág. 94-95 e pág. 18-19, parág. 102 e 104).

O Conselho de Segurança das Nações Unidas, na sua Resolução 186 (1964) de 4 de Março de 1964 (texto em RDSCOR, 1964, pág. 2-4), não refere a questão da invalidade das disposições do tratado, mas do preâmbulo consta "Considering the positions taken by the parties in relation to the treaties signed at Nicosia on 16 August 1960" e "Having in mind the relevant provisions of the Charter of the United Nations in its article 2, paragraph 4". No parágrafo 1 insta as partes a se absterem de qualquer acção que agrave a situação, ignorando o direito conferido pelo tratado. O mesmo faria na Resolução 187 (1964), de 13 de Março, parág. 1 (texto em RDSCOR, 1964, pág. 4) perante as renovadas intenções da Turquia de "by virtue of the right conferred upon it under article IV of the Treaty of Guarantee "to take appropriate action", if the Greek Cypriot leaders did not put an end to the atrocities, and establish law and order in the island" (cfr. RPSC, 1964-1965, Chapter VIII, pág. 112). Não fica, porém, esclarecido se o fez com base no artigo 103 da Carta, no *Ius Cogens* ou em ambos, ainda que a exclusiva invocação da Carta aponte para a primeira hipótese.

Estes apelos, bem como a instalação no terreno da UNFICYP criada pela citada Resolução 186 (1964), apenas conseguiram adiar a intervenção Turca que se viria a concretizar em 20 de Julho de 1974 depois de um golpe de Estado no dia 15 de Julho levado a cabo por uma junta baseada na comunidade cipriota grega (que, em 16 e 19 de Julho, o representante

fazer depender tal uso da força de um pedido ou pelo menos da não oposição do Estado. Com efeito, o que a proibição de uso da força nas relações internacionais visa impedir são conflitos armados entre forças de Estados, organizações internacionais ou entidades paralelas. Existindo consentimento é quase seguro que não existirá qualquer conflito entre as forças do Estado interventor e as do Estado territorial. Quando muito poderão ocorrer combates entre as forças estrangeiras e as de grupos armados internos. Daí que neste último caso qualquer uso da força seja um uso contra entidades não protegidas pelo artigo 2, n.º 4 e, logo, um uso fora das relações internacionais[686].

O consentimento do Estado (desde que válido, isto é, conferido sem qualquer vício relevante e por um órgão legítimo) faz subtrair a utilização da força do âmbito da proibição do artigo 2, n.º 4 ou 53, n.º 1, segunda parte, CNU. Não actua como justificação para uma violação da proibição contida nestes preceitos, antes constitui um elemento de facto que retira a acção da sua previsão normativa[687]. Não se estará perante um uso nas

---

cipriota no Conselho de Segurança, que pouco depois seria alvo de uma tentativa de demissão pelo novo poder, e o Presidente de Chipre acusaram de ter sido planeado em Atenas e realizado com o apoio de elementos do exército Grego que se encontravam em Chipre e cuja retirada fora pedida pelo Presidente em 2 de Julho; a acusação seria corroborada pela Turquia, mas rejeitada pela Grécia; ver RPSC, 1972-1974, Chapter VIII, pág. 150).

A intervenção Turca [desaprovada implicitamente juntamente com a grega pela Resolução 360 (1974), de 16 de Agosto, parág. 1, na sequência da exigência de retirada de todas as forças militares estrangeiras de Chipre, incluindo as gregas, bem como a restauração do Governo deposto, constante da Resolução 353 (1974), de 20 de Julho, parág. 3-5] levaria à declaração do Estado Federado Turco de Chipre em 13 de Fevereiro de 1975 e depois à declaração de independência como República Turca do Norte de Chipre em 15 de Novembro de 1983 que, até ao momento, apenas foi reconhecida pela Turquia. A intervenção Turca foi formalmente justificada à luz do artigo IV do referido Tratado de Garantia, mas a Turquia não deixou de frisar a necessidade de proteger a comunidade Turca Cipriota: "wished to leave no doubt with regard to its intention to safeguard its legitimate rights and interests, enshrined in international agreements, as well as those of the Turkish community in Cyprus" (1779.ª reunião do Conselho, em 16 de Julho de 1974; cfr. RPSC, 1972-1974, Chapter VIII, pág. 149). De qualquer modo, esta não invocou qualquer figura de protecção de nacionais no estrangeiro (já que os cipriotas turcos não eram seus cidadãos). Preferiu basear-se no Tratado e não em figuras polémicas.

[686] Q. Wright, *The Outlawry of War and the Law* (...), cit., pág. 370 procura compatibilizar este regime com o artigo 2, n.º 4 argumentando que tal uso não será contrário aos fins das Nações Unidas, não estando abrangido pelo preceito. Como se verificou, as referências aos fins das Nações Unidas visaram ampliar e não diminuir o seu âmbito (ver, *supra*, parág. 10.1). A excepção encontra-se antes na limitação às relações internacionais.

[687] Ver também em termos semelhantes: David Wippman, *Treaty-Based Intervention: Who Can Say No*, UCLR, Vol. 62, 1995, pág. 607-687, na pág. 622 (embora sem fundar tal

relações internacionais, mas em face de um uso interno da força. Deste modo, os tratados que conferem estes direitos servem para evitar a necessidade de um pedido prévio, bastando-se com o silêncio da parte das autoridades do Estado territorial perante a notificação apresentada pelo Estado interventor. Mas não podem ser executados pela força, isto é, por meio de uma intervenção apesar dos protestos do Estado, precisamente porque tal poderá desencadear um conflito armado proibido pelo artigo 2, n.º 4 CNU[688].

---

excepção na noção de relações internacionais). Contra: N. Ronzitti, *Use of Force* (...), cit., pág. 148, 152-154 e 157; igualmente A. Tanca, *Foreigner Armed Intervention* (...), cit., pág. 13-14 e 47 (embora nesta última página o autor acabe por adoptar o entendimento preconizado). Ficou já referido que o actual relator da Comissão de Direito Internacional propôs a eliminação do consentimento de entre as causas de justificação na Responsabilidade dos Estados, alegando que a sua concessão antecipada retira a acção do âmbito da proibição e mesmo quando conferido posteriormente o consentimento não será um meio de justificação, mas de remissão da responsabilidade: RILC, 1999, pág. 165-167, parág. 289-305; J. Crawford, *Revising* (...), cit., pág. 445 e 455; J. Crawford/P. Bodeau, *Second Reading* (...), cit., pág. 51. A Comissão decidiu manter o artigo 20 no Projecto final apenas para evitar possíveis confusões.

   [688] Isso não significa que o tratado seja inválido. Será perfeitamente válido, podendo o Estado faltoso incorrer em responsabilidade pelo seu incumprimento. Outra solução, como permitir um direito de denúncia livre [como defende D. Wippman, *Treaty-Based Intervention* (...), cit., pág. 631] pelo Estado territorial em caso de discordar com a intervenção pode entrar em colisão com o Direito Internacional dos Tratados, pelo menos nos casos em que expressamente foi proibido um direito de denúncia ou em que este tenha ficado dependente de um pré-aviso. Sem negar que tratados desta espécie possam ser denunciados mesmo quando o tratado nada diz sobre a questão, por este direito de denúncia decorrer da sua natureza [artigo 56, n.º 1, al. B) da citada Convenção de Viena de 1969], a verdade é que um prazo razoável de pré-aviso é normalmente exigido (a Convenção de Viena de 1969, no seu artigo 56, n.º 2, exige 12 meses). Assim, se um Estado se obrigou a consentir numa acção militar externa restrita, deve mesmo permiti-la, sob pena de responsabilidade internacional. Mas caso viole o tratado, recusando permitir a acção, o Estado interessado tem de renunciar a exercer o seu direito à luz do tratado e limitar-se a recorrer aos meios pacíficos de resolução dos conflitos. Permitir que este interviesse em execução do tratado apesar da recusa do Estado territorial implicaria estar a permitir a execução coactiva dos tratados entre Estados, o que é proibido pelo artigo 2, n.º 4 CNU.

   É certo que um Estado pode exercer um direito de passagem inocente por território de um outro Estado com meios militares e ir preparado para responder em auto-tutela defensiva perante uma agressão armada do Estado que exerce soberania sobre a zona. De facto, o Tribunal Internacional de Justiça afirmou "But four warships-two cruisers and two destroyers-passed in this manner, with crews at action stations, ready to retaliate quickly if fired upon. They passed one after another through this narrow channel, close to the Albanian coast, at a time of political tension in this region. The intention must have been, not only to test Albania's attitude, but at the same time to demonstrate such force that she would abstain from firing again on passing ships. Having regard, however, to all the circumstances of the case, as described above, the Court is unable to characterize these measures taken by the United

Cabe, porém, questionar se o consentimento poderá excepcionar a aplicação do princípio da não intervenção decorrente dos citados artigos 1, n.º 2 e 2, n.º 1 CNU. Da prática decorre que sim. São diversos os tratados que consagram intervenções seja contra grupos armados que utilizam o território de uma das partes para atacar a outra[689], seja com vista a auxiliar na manutenção do regime político[690]. A sua execução não tem suscitado protestos dignos de nota quando o Estado alvo não se opõe a esta.

---

Kingdom authorities as a violation of Albania's sovereignty" [cfr. *The Corfu Channel* (...), cit., *C.I.J. Reports* 1949, pág. 31]. Mas neste caso estava-se perante um direito de passagem inocente e não de uma intervenção militar contra rebeldes que têm as suas bases no território do Estado vizinho, que proibiu tal intervenção apesar de estar obrigado a aceitá-la.

Em caso de dúvida quanto a determinar se o tratado pretende permitir uma intervenção mesmo contra a vontade do Estado territorial, deve-se realizar uma interpretação conforme com o princípio da não intervenção e da proibição de uso da força nas relações internacionais, com vista a salvar a validade do tratado. Isto é, deve-se entender que este não o permite.

[689] Já ficaram referidos alguns acordos quanto ao uso transfronteiriço da força: o acordo de Outubro de 1984 (cuja existência foi reconhecida em 17 de Outubro pela Turquia) entre a Turquia e o Iraque no sentido da primeira poder entrar no território do segundo em perseguição de guerrilheiros curdos turcos e de cooperação entre os dois Estados (cfr. CSM, October 19, 1984, pág. 9). Também o acordo de 1996 (não se conseguiu apurar a respectiva data precisa) celebrado entre o comando militar russo no Tadjiquistão e as autoridades afegãs que controlavam a fronteira no sentido de permitir que as forças russas penetrassem em território do Afeganistão numa zona de 25km em perseguição dos rebeldes tadjiques (cfr. Relatório do Secretário-Geral ao Conselho de Segurança de 5 de Dezembro de 1996, UN doc. S/1996//1010, parág. 10).

Igualmente o Uganda alegou perante o Tribunal Internacional de Justiça com vista a tentar justificar a presença das suas forças no território do Congo (Zaire) que "This arrangement with President Kabila was formalized by written agreement dated 27 April 1998... This agreement expressly recognizes the existence of armed irregulars conducting military activities across the Ugandan/Congolese border, and it provides for joint action by Ugandan and Congolese armed forces in the Democratic Republic of the Congo to stop them" [cfr. *Case Concerning Armed Activities On The Territory Of The Congo* (Democratic Republic of the Congo v. Uganda), Request for the Indication of Provisional Measures, Order 1 July 2000 (texto em ICJW), parág. 24; o Tribunal acabaria por indicar medidas provisórias, mas estas não incluíram a retirada das tropas do Uganda: parág. 47].

Finalmente, o Acordo de Março de 2001 entre a Guiné e a Serra Leoa relativa à cooperação entre ambos os Estados na luta da primeira contra o principal movimento rebelde da segunda (FUR), inclusive em seu território [cfr. Nono Relatório do Secretário-Geral sobre a UNAMSIL, de 14 de Março de 2001 (texto em UN Doc. S/2001/228), parág. 23 (que apoia esta cooperação)]. Isto para lá de outras situações de consentimento expresso ou tácito pontual a acções específicas.

[690] Assim, o artigo 1 do Tratado de Segurança entre os EUA e o Japão de 8 de Setembro de 1951 estabelece que os EUA fornecerão assistência ao Japão "including assistance given at the express request of the Japanese Government to put down large scale internal riots and

São igualmente consideráveis as intervenções a pedido do Governo contra golpes de Estados, motins ou meros bandos armados realizadas ao abrigo desses tratados ou de acordos específicos[691]. O entendimento de que

---

disturbances in Japan, caused through instigation or intervention by an outside power or powers". É certo que se invoca a intervenção estrangeira como fundamento, mas basta uma mera instigação o que claramente não justifica uma intervenção por existência de uma prévia intervenção ilícita.

O Acordo de Defesa entre a França, o Chade, a República Centro-Africana e o Congo de 15 de Agosto de 1960 (texto em UNTS, No. 11761, 1972, pág. 300-313), no seu artigo 3, parág. 1, refere-se de forma ambígua a defesa externa e interna, sugerindo que os deveres de assistência do artigo 4, parág. 1 abrangem igualmente esta segunda. Mais claro é o Acordo de Defesa entre a França e o Gabão de 17 de Agosto de 1960 (texto em UNTS, No. 11730, 1972, pág. 18-39) que no seu artigo 3, parág. 1 afirma que "The Gabonese Republic shall be responsible for its internal defence. It may request aid from the French Republic in accordance with the terms laid down in special agreements". O mesmo fica estabelecido no artigo 2, parág. 1 do Acordo de Defesa entre a França e Madagáscar de 27 de Junho de 1960 (texto em UNTS, No. 22050, Vol. 1323, 1983, pág. 179-191). Regime idêntico consta do artigo 2 do Acordo de Defesa entre a França e a Mauritânia de 19 de Junho de 1961 (texto em UNTS, No. 13424, 1974, pág. 119-123). Também do artigo 2 do Acordo de Defesa entre a França e o Togo de 10 de Julho de 1960 (texto em UNTS, No. 10365, 1970, pág. 24-27).

Do mesmo modo, o Acordo de Defesa Mútua e Assistência de 12 de Março de 1968 entre o Reino Unido e a Maurícia (texto em UNTS, No. 9267, 1968, pág. 3-28) estipula no seu artigo 3 que em caso de "any threat to the internal security" a Maurícia poderá solicitar assistência ao Reino Unido. O Tratado de Amizade e Aliança entre a Líbia e o Chade de 15 de Junho de 1980 (texto em UNTS, vol. 1201, 1980, n.º 19185, pág. 404-406), pelo seu artigo 7, atribui ao Chade o direito de pedir assistência quando estiver em causa meramente a sua segurança interna.

[691] Assim, entre muitos outros casos, a França realizou várias intervenções militares em Estados estrangeiros a pedido do respectivo Governo: no Senegal em 1962 perante uma tentativa de golpe de Estado. No Gabão em 1964 para apoiar o então Presidente contra a oposição. Também na República Centro-Africana, em 1979, depois da deposição do então ditador por sua iniciativa (ver, *supra*, parág. 14.2), a França instalou um contingente de tropas para apoiar o novo Presidente a pedido deste, que desde então tem permanente no território, tendo constituído base de apoio para as suas intervenções no Chade (cfr. LM, January 9, 1997, Section: Horizons). No Togo, em 1986, em apoio do seu Presidente perante uma tentativa de golpe de Estado. Nos Comores, em 1989, depois do assassinato do seu Presidente pela sua própria guarda (cfr. uma resenha destas intervenções no LM, 24 Juin 1994, section: Etranger). A França e a Bélgica apoiados pelos EUA realizaram em 1978 uma operação consentida de resgate de reféns no Zaire (ver, *supra*, parág. 13.3). A França organizou e garantiu com as suas tropas em Agosto de 1993 a segurança das eleições na República Centro--Africana (cfr. AFP, August 21, 1993). Igualmente a França realizou novamente uma intervenção consentida na República Centro-Africana sob pretexto de legítima defesa das suas tropas lá colocadas e de protecção dos seus cidadãos em Janeiro de 1997 (ver, *supra*, parág. 13.3).

Os EUA intervieram em 1 de Dezembro de 1989 com a sua aviação instalada nas Filipinas em apoio da Presidente destas contra uma tentativa de golpe de Estado (cfr. NYT,

um uso restrito da força por um Estado no território de outro a seu pedido é lícito tem apoio igualmente na prática do Conselho de Segurança[692] e na Jurisprudência[693].

Este regime necessita, porém, de precisões. Resulta claro que este pedido de assistência ou consentimento à intervenção estrangeira está sujeito às condições de validade de qualquer acto jurídico unilateral, designadamente quanto a vícios de vontade, em particular a liberdade na sua prática[694], bem como quanto à legitimidade do órgão para a sua prática. Em relação a este aspecto, julga-se que em princípio apenas o Chefe de Estado, Chefe de Governo ou o Ministro dos Negócios Estrangeiros poderão validamente realizar um convite a uma intervenção[695].

---

December 17, 1989, Section 4, Page 3, Column 3). Igualmente em 1998 apoiaram com tropas no terreno a repressão do narcotráfico na Colômbia, embora não na repressão da guerrilha rebelde. Assim, um porta voz do Departamento de Estado Americano declarou em 1 de Dezembro de 1998: "We do not provide assistance for counter-guerrilla operations in Colombia. Our assistance is provided to combat narcotics production and trafficking and may be used to counter all those who are actively involved in the drug trade. When personnel and equipment are attacked during counter-drug operations, whether by guerrillas, paramilitary or narcos, they will return fire in self-defense" (cfr. *Transcript: State Department Noon Briefing*, December 1, 1998; texto em USDSWS).

[692] Assim, a Declaração Presidencial de 8 de Novembro de 1993 (texto em RDSCOR, 1993, pág. 68) afirma: "In this connection, the Security Council notes the appeal by the Government of the Republic of Georgia to the Russian Federation, the Azerbaijani Republic and the Republic of Armenia for assistance to protect and ensure the uninterrupted operation of railroads in the Republic of Georgia. These are crucial communication links for the three Transcaucasian countries. **The Council welcomes the improvement in security for the lines of communication that has followed the Russian Federation's response, which was made in accordance with the wishes of the Government of the Republic of Georgia**". Na realidade, a intervenção russa nos dois conflitos internos que decorriam na Geórgia foi bem mais ampla (ver, *infra*, parág. 32.2). Mas o ponto a assinalar é esta expressa confirmação da relevância do consentimento.

[693] Assim, o Tribunal Internacional de Justiça afirmou a admissibilidade de uma intervenção a pedido do Governo, mas a inadmissibilidade desta a pedido da oposição: "As the Court has stated, the principle of non-intervention derives from customary international law. It would certainly lose its effectiveness as a principle of law if intervention were to be justified by a mere request for assistance made by an opposition group in another State (...). Indeed, it is difficult to see what would remain of the principle of non-intervention in international law if intervention, **which is already allowable at the request of the government of a State**, were also to be allowed at the request of the opposition" (cfr. *Military and Paramilitary Activities*, cit., *I.C.J. Reports* 1986, pág. 126, parág. 246). Não concretizou, contudo, qual a magnitude que a intervenção consentida pode atingir.

[694] Ver C. Baptista, *Direito* (...), cit., pág. 404-407.

[695] As Convenções de Viena sobre o Direito dos Tratados de 1969 e de 1986 apenas reconhecem legitimidade para vincular um Estado ao Chefe de Estado, Chefe de Governo ou

Acresce ainda que este apenas é válido quando parta de um Governo internacionalmente legítimo. Isto é, não basta que este tenha sido reconhecido pelo Estado interventor depois de o ter instalado pela força. É necessário que se trate de um Governo efectivo com um título jurídico válido à luz do Direito Internacional[696, 697].

Por esta via conclui-se que são destituídos de qualquer valor os pedidos de Governos fantoche colocados no poder pelo Estado interventor que procura depois um simulacro de legitimidade por meio de uma pretensa ratificação da sua acção[698]. Por maioria de razão o pedido dos rebeldes

---

ao Ministro dos Negócios Estrangeiros [artigo 7, n.º 2, al. a)] numa disposição que deve ser considerada como consuetudinária. Julga-se, pois, que esta é aplicável igualmente em relação a convites para intervenções a menos que a Constituição do Estado estabeleça outro órgão com competência expressa sobre a questão (o que é improvável, embora tenham existido alegações nesse sentido a favor do governador-geral em Granada, por força da intervenção dos EUA, em 1983; ver, *infra*, parág. 34.4.4, que, porém, foi condenada; ver, *supra*, parág. 13.2) ou o órgão tenha sido habilitado para realizar tal convite por um dos três referidos.

Assim, em 3 de Maio de 1965, na 1196th reunião do Conselho, os EUA afirmaram para tentar justificar a sua intervenção na República Dominicana que "in the absence of any governmental authority, Dominican law enforcement and military officials informed the United States Embassy that the situation was completely "out of control"" (cfr. RPSC, 1964-1965, Chapter VIII, pág. 149), mas sem considerarem que, apesar da falta de um Governo, estas entidades tinham competência para formular um convite. Aliás, a sua intervenção foi condenada por alguns membros do Conselho, apesar de este na sua Resolução 203 (1965), de 14 de Maio (texto em RDSCOR, 1965, pág. 10), se limitar a um "Deeply concerned at the grave events in the Dominican Republic".

[696] Ver sobre o reconhecimento de Governo, *infra*, parág. 34.4.4.

[697] Em sentido semelhante: Lauri Hannikainen, *Peremptory Norms (Ius Cogens) in International Law – Historical Development, Criteria, Present Status*, Helsinki, 1988, pág. 341; A. Tanca, *Foreigner Armed Intervention* (…), cit., pág. 50 e 135; David Wippman, *Treaty-Based Intervention* (...), cit., pág. 621 e em *Military Intervention, Regional Organizations, And Host-State Consent*, DJCIL, Vol. 7, 1996, pág. 209-239, na pág. 209; P. Cahier, *Cours Général* (…), cit., pág. 80.

[698] A prática confirma inteiramente esta desvalorização dos pedidos de Governos fantoche, que nem sequer são internacionalmente reconhecidos como Governos (ver, *infra*, 34.4.4). Assim, a União Soviética invocou o pedido do "Governo" húngaro para tentar justificar a sua invasão da Hungria de Outubro de 1956: "The Hungarian Government had been compelled to bring armed forces into action and had appealed to the Government of the USSR for assistance. In response to this request, "Soviet military units which were stationed in Hungary in conformity with the Warsaw Pact came to the help of the Hungarian forces and Hungarian workers defending the Hungarian State"." (cfr. RPSC, 1956-1958, Chapter XI, pág. 181; declaração proferida na 746.ª reunião do Conselho de Segurança, em 28 de Outubro de 1956). Apesar do veto da União Soviética, a questão seria levada perante a Assembleia Geral. Esta, após um inquérito que confirmou que o "Governo" fora instalado pela União Soviética, condenou a intervenção soviética pela sua Resolução 1133 (XI), de 14 de Setembro de 1957

nunca pode ser juridicamente relevante como meio de legitimar uma intervenção[699].

Nestas condições, um consentimento válido pode legitimar intervenções humanitárias, para protecção dos nacionais ou para repressão de grupos armados mesmo em situações em que estas não se encontrem justificadas numa causa de exclusão da ilicitude. Pode igualmente legitimar intervenções militares directas menores para auxiliar um Governo internacionalmente legítimo a enfrentar um golpe de Estado[700, 701]. Mas, apesar de a prática não

---

(texto em RDGAOR, 11th Session, 1957, pág. 1), parág. 4: "(a) The Union of Soviet Socialist Republics, in violation of the Charter of the United Nations, had deprived Hungary of its liberty and political independence and the Hungarian people of the exercise of their it fundamental human rights; (b) **The present Hungarian regime has been imposed on the Hungarian people by the armed intervention** of the Union of Soviet Socialist Republics".

Igualmente durante o debate no Conselho de Segurança da situação no Afeganistão, em 7 de Janeiro de 1980, a União Soviética afirmou "that the deployment of Soviet forces in Afghanistan was a legitimate exercise undertaken **at the invitation of the Government** of Afghanistan pursuant to the mutual treaty of friendship between the two countries". A maioria dos Estados participantes rejeitou este fundamento considerando a acção "as a military invasion of Afghanistan, in violation of the Charter of the United Nations and of the principles of international law aimed at creating a puppet régime" (cfr. RPSC, 1975-1980, Chapter VIII, pág. 349-350). Perante o veto soviético à proposta de resolução que condenava a sua intervenção, o Conselho aprovou a Resolução 462 (1980), de 9 de Janeiro (texto em RDSCOR, 1980, pág. 2), que, invocando a sua paralisia, convoca uma sessão de emergência da Assembleia Geral.

Esta reuniria, tendo aprovado a Resolução ES-6/2, de 14 de Janeiro de 1980 (texto em RDGAOR, 6th Emergency Special Session, 1980, pág. 2), cujo parág. 1 afirma: "Reaffirms that respect for the sovereignty, territorial integrity and political independence of every State is a fundamental principle of the Charter of the United Nations, any violation of which **on any pretext whatsoever** is contrary to its aims and purposes". A sua rejeição de qualquer pretexto é pelo menos uma recusa em aceitar a legitimidade de um pedido à intervenção apresentado por um novo Governo instalado pelas próprias forças interventoras.

A Assembleia voltaria a reiterar esta tomada de posição em posteriores resoluções sobre a questão (cfr. Resolução 35/37, de 20 de Novembro de 1980; 36/34, de 18 de Novembro de 1981; 37/37, de 29 de Novembro de 1982; 38/29 de 23 de Novembro de 1983; 39/13 de 15 Novembro de 1984; 40/12 de 13 de Novembro de 1985; 41/33 de 5 de Novembro de 1986 e 42/15 de 10 de Novembro de 1987), até à celebração dos acordos de Genebra de 14 de Abril de 1988 quanto à retirada Soviética (aplaudidos pela sua Resolução 43/20 de 3 de Novembro de 1988).

[699] Cfr. a passagem já citada em *Military and Paramilitary Activities*, cit., *I.C.J. Reports* 1986, pág. 126, parág. 246.

[700] Neste sentido: Q. Wright, *The Outlawry of War and the Law* (...), cit., pág. 370 (uso da força a pedido do Governo ou nos termos de tratado, incluindo de protectorado, não é proibido pela Carta) e em *The Middle East* (...), cit., pág. 273-274; I. Brownlie, *International Law and the Use of Force* (...), cit., pág. 327; O. Schachter, *The Right* (...), cit., pág. 1641-

ser inteiramente clara, já não parece que o consentimento do Governo possa justificar intervenções militares contra um movimento armado que controle território do Estado de forma efectiva. Ou seja, não se afigura lícita a intervenção a pedido do Governo num conflito armado interno aberto (isto é, a denominada guerra civil[702]), mesmo que a sorte do conflito não dependa exclusivamente das forças militares estrangeiras[703, 704, 705].

---

1642; L. Hannikainen, *Peremptory* (...), cit., pág. 346-347; D. Wippman, *Change And Continuity* (...), cit., pág. 446-447 e em *Defending Democracy* (...), cit., pág. 671; A. Tanca, *Foreigner Armed Intervention* (...), cit., pág. 47, 50 e 135; K. Heath, *Could We Have* (...), cit., pág. 304.

[701] Contra, rejeitando qualquer intervenção directa de tropas, como violadora da Carta, mesmo a pedido do Governo efectivo: E. Hoyt, *The United States Reaction to the Korean Attack* (...), cit., pág. 47 e 64; M. Akehurst, *A Modern* (...), cit., pág. 287-288 (só aceita assistência militar). O último autor levanta a pertinente questão de o conflito poder surgir entre dois órgãos políticos do Estado (cfr. o caso do Congo em Setembro de 1960; ver, *infra*, parág. 64), altura em que aplicar este critério se torna difícil. Supostamente, a intervenção só será lícita a pedido da autoridade constitucional, não já daquela que for responsável pelo golpe. Sendo impossível determinar qual a responsável, a solução óbvia é não se intervir. De qualquer modo, trata-se de um caso particular que não prejudica a relevância do pedido nos restantes.

[702] Que juridicamente nunca foi guerra em sentido técnico, visto que só podia existir guerra entre Estados. Quando muito o reconhecimento de beligerância poderia criar uma situação deste género entre o autor do reconhecimento e as partes, mas trata-se de figura que desapareceu da prática dos Estados, se é que alguma vez se encontrou consagrada no Direito Internacional Costumeiro de forma clara (ver, *infra*, parág. 34.4.2).

[703] Numa situação em que as forças estrangeiras fossem colocadas à disposição e sob comando político e militar do Governo do Estado assistido, em rigor passariam a fazer parte da sua estrutura militar e a responsabilizá-lo exclusivamente e não ao Estado que as disponibilizou (artigo 6 do citado Projecto sobre Responsabilidade dos Estados de 2001 da Comissão de Direito Internacional). Mais do que uma intervenção armada de um Estado estrangeiro, existiria nestes casos uma mera assistência militar em homens e material. Mas não parece que tal altere o regime aplicável. O Direito Internacional tem pouco de ingénuo. Como resulta de casos típicos [intervenção dos EUA no Vietname (1960-1973); intervenção da União Soviética no Afeganistão (1979-1988)], especialmente quando as forças estrangeiras são em grande número, o que se passa é exactamente o contrário. As forças estrangeiras passam a controlar o exército local e mesmo o próprio Estado.

[704] Assim, na citada Declaração sobre os Princípios de Direito Internacional a Assembleia Geral afirmou: "Also, no State shall (...) organize, assist, foment, finance, incite or tolerate subversive, terrorist or armed activities directed towards the violent overthrow of the regime of another State, or **interfere in civil strife in another State**". Mas já não declarou como ilícita a assistência a um regime de outro Estado contra um golpe, motins ou meros bandos que ainda não se converteram em qualquer movimento armado (isto é, dotado de efectividade por controlar parcelas do território), não constituindo um conflito armado aberto interno, tal como se encontra definido no artigo 1 do citado Protocolo Adicional II de 1977 (embora esta noção tenha entretanto sido revogada por práticas mais liberais; ver, *supra*, parág. 15.2.3).

Trata-se, aliás, da solução mais conforme com a segunda vertente do princípio da não intervenção enquanto corolário do direito de autodeterminação dos Povos constituídos em Estado. Cabe a cada Povo decidir qual o seu Governo, se necessário pelo recurso à força. Um apoio militar directo a um Governo num conflito armado interno que faça desequilibrar a correlação de forças a favor deste constitui uma interferência na autonomia do Povo do Estado alvo[706]. Acresce que o facto de existir um conflito armado declarado, em que o Governo necessita de pedir assistência estrangeira, torna duvidosa a sua representatividade[707].

Claro está, esta norma tem a deficiência de não ser simples determinar exactamente quando se está perante um conflito que opõe um movimento armado a um Governo e não um golpe de Estado, motins ou acções por bandos armados. O critério para distinguir entre um movimento armado e um bando armado passa pela efectividade dos primeiros. Estes devem controlar uma parcela de território com alguma estabilidade, não se limitando a acções pontuais de guerrilha ou atentados urbanos.

---

Trata-se da política seguida, por exemplo, pela maioria dos Estados no conflito armado espanhol, inicialmente mesmo pela Alemanha, Itália e a União Soviética que aderiram formalmente a esta entre 21 e 24 de Agosto de 1936 (cfr. CMIE, pág. 102-103). No outro grande conflito interno do Século XX, o da China, igualmente entre 1945 e o fim deste, apesar de ambos os lados terem recebido assistência externa em material bélico, os comunistas por parte da União Soviética (que lhes entregou o material confiscado aos japoneses depois da rendição destes) e os nacionalistas por parte dos EUA (apesar de durante o período em que tentou mediar o conflito estes tenham suspenso o auxílio), não chegou a existir qualquer intervenção estrangeira por meio de tropas.

[705] Neste sentido: I. Brownlie, *International Law and the Use of Force* (...), cit., pág. 327 (aceita intervenção a pedido para manter ordem, mas em princípio não já quando o conflito se converteu em guerra civil); também O. Schachter, *The Right* (...), cit., pág. 1641-1642; A. Ofodile, *The Legality of ECOWAS* (...), cit., pág. 407-408; A. Arend/R. Beck, *International Law* (...), cit., pág. 85 e 92 (embora defendendo que têm existido práticas contrárias em defesa de povos coloniais e de "democratas"); D. Wippman, *Military Intervention* (...), cit., pág. 212 e em *Change And Continuity* (...), cit., pág. 446-447. Em sentido contrário, conferindo ao consentimento do Governo eficácia mesmo em conflitos armados abertos: Z. Deen-Racsmány, *A Redistribution* (...), cit., pág. 325.

[706] Neste sentido: I. Brownlie, *International Law and the Use of Force* (...), cit., pág. 327; O. Schachter, *The Right* (...), cit., pág. 1641-1642 (embora o autor considere que será igualmente uma utilização da força proibida pelo artigo 2, n.º 4 CNU, mesmo que dirigida exclusivamente contra os rebeldes com o consentimento do Governo, o que já não se pode aceitar) e em *The Lawful* (...), cit., pág. 291-292; D. Wippman, *Change And Continuity* (...), cit., pág. 445.

[707] Assim: W. Hall, *A Treatise* (...), cit., pág. 269, parág. 94; M. Akehurst, *A Modern* (...), cit., pág. 285; D. Wippman, *Change And Continuity* (...), cit., pág. 442, nota 36 e 446.

Apesar de tudo, a distinção continua a ser complexa e tem ainda outro defeito: uma intervenção feita do lado do Governo perante um golpe de Estado pode facilmente descambar numa intervenção num conflito armado interno por força da conversão dos golpistas num movimento graças ao seu progressivo reforço. Nesta situação, as forças estrangeiras devem-se retirar[708]. Mas, como é confirmado pela realidade, é mais simples conseguir a sua entrada, do que a sua retirada. O próprio Governo será o último a estar interessado nisso. E as forças estrangeiras, apesar das baixas, normalmente não aceitam bem uma retirada que será vista como uma derrota.

Outra questão que este princípio de não intervenção em conflitos armados internos em que os rebeldes dominam território coloca é o de determinar se este apenas proíbe uma intervenção militar directa com tropas de um Estado terceiro (a favor de qualquer um dos lados) ou se o Governo reconhecido pode continuar a ser assistido militarmente por outros Estados, ao nível de fornecimento de armamento ou de informações (mas não já o apoio de conselheiros militares que parece encontrar-se abrangido pela proibição). Da prática parece decorrer a proibição desta espécie de apoio em relação aos rebeldes[709] mas não em relação ao Governo, por muito lógica e sensata que fosse a aplicação desta norma em relação a ambos os lados. E isto mesmo que o conflito seja puramente interno[710]. Claro está, trata-se

---

[708] Existe quem sustente, em sentido contrário, que devem apenas manter o nível de auxílio inicial, sob pena de a sua retirada poder converter-se num auxílio aos rebeldes [ver A. Arend/R. Beck, *International Law* (…), cit., pág. 85; D. Wippman, *Change And Continuity* (…), cit., pág. 446-447].

[709] Por decorrência simples do princípio na sua vertente de respeito pela soberania do Estado; na prática, do seu Governo efectivo.

[710] Não se encontrou condenações gerais da assistência militar por parte de Estados terceiros a um Governo que se encontre a braços com um conflito armado interno. Assim, o Reino Unido embora tenha proclamado o dever de não intervir num conflito armado puramente interno, assistiu militarmente o Governo da Nigéria no seu conflito interno com o Biafra (1967-1970), tal como a União Soviética. O Reino Unido ofereceu igualmente armamento à Macedónia em Abril de 2001 na sua luta contra os rebeldes de etnia albanesa, sem procurar justificar a sua acção pelo apoio decisivo que os albaneses do Kosovo (que não são um Estado) concederam aos rebeldes [cfr. CNN, April 5, 2001, 8:28 AM EDT (1228 GMT)]. Governos que lutam em conflitos armados internos têm-se abastecido abertamente nos mercados legais de armas, sem qualquer oposição ou restrição. Pense-se no Governo da Serra Leoa ou do Governo de Angola. No sentido da licitude da assistência ao Governo: M. Akehurst, *A Modern* (…), cit., pág. 287-288; A. Tanca, *Foreigner Armed Intervention* (…), cit., pág. 133--134. Contra: O. Schachter, *The Right* (...), cit., pág. 1643 (embora admitindo que a prática não confirme esta proibição). Apenas um embargo de armas decretado pelo Conselho de Segurança pode alterar este estado jurídico das coisas.

de uma norma que cria uma manifesta desigualdade em relação aos rebeldes. No entanto, o Direito Internacional é criado pelos Governos. É lógico que procurem proteger-se e que tal se reflicta na sua criação.

Outra questão prende-se com os efeitos no princípio de não intervenção de uma violação por uma das partes de um acordo de paz global (não é relevante uma violação de uma mera trégua ou mesmo de um armistício[711]). O princípio da não intervenção assenta na ideia de que ambas as partes com a sua acção não se encontram a violar o Direito Internacional. Coloca-se, pois, a questão de saber se alguma coisa se altera se uma destas partes violar um acordo que para todos os efeitos deve ser qualificado como um tratado[712]. No entanto, salvo uma intervenção do Conselho de Segurança, que tem sido frequente, com a criação de um embargo de armas, não parece que tal altere este regime. Em relação ao apoio ao Governo já é possível assisti-lo e não parece que uma violação de um acordo pelos rebeldes legitime uma intervenção directa por meio de tropas de Estados terceiros do lado do Governo[713].

Em relação aos rebeldes, uma violação de um acordo de paz pelo Governo também não parece legitimar qualquer intervenção militar em defesa dos primeiros. De facto, tal levaria a um conflito directo entre as forças do Governo do Estado em que se desenrola o conflito e as forças do Estado interventor. Ou seja, um conflito nas relações internacionais para

---

[711] Estes dois tipos de acordos são mais estáveis e complexos do que o mero acordo de cessar-fogo, que é uma mera suspensão de hostilidades. O armistício é nestes aspectos superior à trégua e normalmente resultado de negociações directas entre as partes; mesmo se não pode ser considerado como um acordo de "paz" final por ser relativo apenas a questões militares (neste sentido: Sydney Bailey, *Cease-Fires, Truces, and Armistices in the Practice of the UN Security Council*, AJIL, Vol. 71, No. 3, 1977, pág. 461-473, na pág. 470-472).

[712] Dado que consiste num acordo cujo fundamento de validade é o Direito Internacional [ver C. Baptista, *Direito* (...), cit., pág. 151-153], celebrado, aliás, entre dois sujeitos internacionais. De facto, como se procura demonstrar, os movimentos armados são automaticamente sujeitos internacionais por força do Direito Internacional Humanitário e dos Direitos Humanos, encontrando-se sujeitos à maioria das normas internacionais (ver, *infra*, parág. 34.4.2).

[713] O Reino Unido interveio militarmente na Serra Leoa em 2000-2001 em apoio restrito do Governo depois dos rebeldes terem violado o acordo de paz. A sua acção chegou a ser elogiada pelo Conselho de Segurança e pelo Secretário-Geral, apesar de ter provocado protestos da parte da Libéria. Mas esta intervenção fez-se em apoio e cooperação com as Nações Unidas. Em pouco diferiu de uma participação directa do Reino Unido na UNAMSIL, salvo o facto de não ter sujeitado as suas tropas à autoridade da Organização (ver sobre esta acção e a UNAMSIL, *infra*, parág. 68).

efeitos do artigo 2, n.º 4 CNU, cuja violação só poderia ser justificada com base em legítima defesa ou tutela defensiva. Apesar da violação do acordo de paz constituir uma violação do Direito Internacional, não parece que estejam reunidos os pressupostos de nenhuma destas figuras. Os rebeldes não podem invocar a protecção da proibição de uso da força. A solução só será distinta se estes tiverem adquirido uma autonomia de facto e a situação se tiver estabilizado de forma efectivamente duradoura. Altura em que existem alguns precedentes pontuais de aplicação da proibição de uso privado da força nas relações entre ambas as partes, com a consequente aplicação da legítima defesa colectiva[714].

Igualmente a mera assistência em material bélico aos rebeldes num caso de violação do acordo de paz pelo Governo não parece ter apoio. Os conflitos armados internos continuam a ser vistos como duelos em relação aos quais cabe aos outros Estados isoladamente essencialmente um papel de observadores na fiscalização do cumprimento das regras aplicáveis; e não qualquer papel directo, pelo menos do lado dos rebeldes. Mas pode-se sustentar que, neste caso, será aplicável o dever de não assistir o Governo à luz das regras da proibição da cumplicidade num acto internacionalmente ilícito (a violação do acordo)[715]. Apenas o Conselho de Segurança poderá ditar uma alteração a estas regras.

A mesma solução parece valer numa situação em que ocorra um golpe militar contra um Governo democraticamente eleito. Isto é, não se julga que a prática internacional de favorecer regimes democráticos e de condenar golpes de Estado contra estes tenha já levado a alterações às normas referidas[716]. Um Governo eleito (tal como um ditatorial) pode receber licitamente apoio por meio de uma intervenção armada estrangeira perante um golpe de

---

[714] Ver, *supra*, parág. 10.5.2.

[715] Artigo 16 do Projecto sobre Responsabilidade dos Estados de 2001 da Comissão de Direito Internacional ("A State which aids or assists another State in the commission of an internationally wrongful act by the latter is internationally responsible for doing so if: (a) That State does so with knowledge of the circumstances of the internationally wrongful act; and (b) The act would be internationally wrongful if committed by that State"). Ver, sobre a cumplicidade, *infra*, parág. 100.2.1.

[716] Já ficou sublinhado que o Direito Internacional não proíbe revoltas internas, embora da consagração internacional dos direitos políticos individuais se possa retirar uma proibição (embora não seja absoluta) de golpes de Estado contra um Governo eleito legitimamente de acordo com os direitos políticos internacionais estabelecidos, embora não já de revoltas por parte de grupos não integrados na estrutura do Estado (ver, *supra*, parág. 15.2 e, *infra*, parág. 34.4.4).

Estado. Mas se este se converter num conflito armado interno por força da implantação no terreno dos golpistas (e não de apoio externo) não se afigura lícita a continuação da intervenção militar estrangeira do lado do Governo. A presunção tem sido a de que sem apoio externo o movimento rebelde não conseguirá resistir a menos que tenha apoio popular forte. Logo, se conseguir resistir, a representatividade do Governo poderá ficar em causa, apesar da sua eleição (que pode ter sido obtida por meio de abusos), o que significa que deve cessar a intervenção externa[717]. Por maioria de razão, não

---

[717] A prática parece ainda apontar neste sentido, mas existe alguma tolerância para intervenções em apoio de um Governo democraticamente eleito num conflito armado aberto contra um movimento de oposição, ainda que este último não tenha apoio externo. A resistência de alguns movimentos armados graças exclusivamente ao seu domínio de recursos naturais em alguns Estados (como a Serra Leoa e Angola) e não no apoio maioritário da população sugere que tal se pode verificar, mantendo o Governo eleito a sua legitimidade. Ora, esta tolerância indicia a formação progressiva de uma causa de exclusão de responsabilidade que, contudo, ainda não está formada, nem é líquido que se venha a formar.

Assim, o Senegal interveio em 1998 na Guiné-Bissau do lado do Presidente eleito contra uma revolta militar e continuou a sua intervenção apesar de esta se ter convertido num conflito armado aberto graças ao apoio interno obtido pelos rebeldes. O Conselho de Segurança limitou-se a apoiar a retirada das suas forças nos termos do acordo de paz, sem condenar a intervenção [cfr. Declaração Presidencial 1998/31, de 6 de Novembro de 1998 (texto em RSSC, 1998, pág. 150-151) e Resolução 1216 (1998), de 21 de Dezembro (texto em RSSC, 1998, pág. 117-118)] (ver sobre o caso, *infra*, parág. 32.5).

Na Serra Leoa, a ECOMOG da ECOWAS foi mais longe pois interveio militarmente depois do golpe de Estado de 25 de Maio de 1997 e reinstalou pela força em Março de 1998 o Presidente eleito deposto. O Conselho anteriormente exigira que o poder fosse devolvido ao Presidente, tendo mesmo adoptado sanções contra a junta militar a impor pela ECOWAS. Consequentemente, na Declaração Presidencial 1998/5, de 26 de Fevereiro (texto em RSSC, 1998, pág. 126-127) mostrou satisfação pela deposição da junta militar e acrescentou: "commends the important role that the Economic Community of West African States (ECOWAS) has continued to play towards the peaceful resolution of this crisis. The Security Council **encourages** the Military Observer Group of ECOWAS (ECOMOG) to proceed in its efforts to foster peace and stability in Sierra Leone, **in accordance with relevant provisions of the Charter of the United Nations**". Esta última passagem contém uma leve censura implícita à acção da ECOWAS. A condenação não terá sido mais explícita porque a situação humanitária era desastrosa, estando provavelmente reunidos os pressupostos de uma intervenção humanitária (ver sobre esta acção na Serra Leoa, *infra*, parág. 32.4).

Já se referiu igualmente a intervenção do Reino Unido na Serra Leoa em 2000-2001 essencialmente contra os rebeldes e do lado do Governo eleito, mas em cooperação com as Nações Unidas (ver, *infra*, parág. 68).

Mas tem existido alguma tolerância a estas intervenções. Não parece, porém, que se possa afirmar que a legitimidade democrática do Governo tenha tornado lícita uma intervenção armada directa estrangeira do lado deste num conflito puramente interno (apesar de poder

é lícita qualquer intervenção do lado do Governo deposto, se o golpe for bem sucedido e muito menos do lado da oposição "democrática" com vista a derrubar o Governo, ainda que ditatorial[718, 719]. A menos, mais uma vez, que exista uma decisão constitutiva das Nações Unidas, por intermédio do Conselho de Segurança.

estar em formação uma exclusão de responsabilidade, especialmente em situações em que existam laços de tipo confederal entre os Estados implicados) e muito menos uma intervenção para depor autoridades saídas de um golpe de Estado contra um Governo eleito [ver também: D. Wippman, *Change And Continuity* (...), cit., pág. 457-458 e 464; K. Heath, *Could We Have* (...), cit., pág. 304 (mas aceita intervenções regionais, desde que ratificadas posteriormente pelo Conselho); esta forma de intervenção tem tido, como se verificou, alguns escassos defensores: W. Reisman, *Coercion and Self-Determination* (...), cit., pág. 644-645 e *Humanitarian Intervention* (...), cit., pág. 800-801; A. D'Amato, *The Invasion of Panama* (...), cit., pág. 523; M. Halberstam, *The Copenhagen* (...), cit., pág. 167 e 171; L. Fielding, *Taking The Next Step* (...), cit., pág. 331 e 374 (embora pareça também exigir a prática de "atrocidades")].

De algum modo, um Governo democrático deposto perde legitimidade para consentir na intervenção [contra: Z. Deen-Racsmány, *A Redistribution* (...), cit., pág. 325]. Não se pode falar exactamente em caducidade automática do seu estatuto enquanto órgão do Estado por impossibilidade de a exercer (embora a Comunidade Internacional possa decidir que tal se verificou; ver, *infra*, parág. 34.4.4). A prática tem demonstrado que a situação de Governo no exílio pode manter-se por períodos longos em função do juízo realizado pela Comunidade Internacional (por exemplo, o Governo deposto do Camboja na sequência da intervenção do Vietname manteve a representação nas Nações Unidas do Camboja até 1993, apesar de ter participação dos Khmeres Vermelhos). No entanto, por perder o controlo da estrutura do Estado, deixa de ter capacidade para impedir que uma intervenção crie um conflito armado entre forças estrangeiras e as forças organizadas do Estado (mesmo que lideradas por um órgão não reconhecido), o que é proibido pelo artigo 2, n.º 4 CNU.

Deste modo, qualquer ataque contra o novo Governo efectivo não reconhecido será ilícito. Sendo ineficaz o consentimento do anterior Governo, existirá um ataque contra o aparelho do Estado. Nestes casos, não vale a pena tentar negar esta violação do artigo 2, n.º 4 na alegação de que sendo efectivas as novas autoridades, estas passaram a dominar a estrutura do Estado; e que, consequentemente, qualquer ataque contra as autoridades efectivas e forças do Estado que se lhe encontram subordinadas não será um ataque contra o Estado, mas contra uma organização armada que passou a controlar o antigo aparelho de Estado. Para todos os efeitos, o aparelho continua a ser o do Estado e um ataque contra este será proibido pelo artigo 2, n.º 4 CNU. Este argumento só poderá ser procedente nos casos em que, por força de um prolongado conflito armado interno que o movimento armado acaba por vencer, o Governo e o aparelho de Estado é substituído completamente pelo aparelho do movimento vencedor. Mas mesmo nestes casos, ainda que não exista violação do artigo 2, n.º 4, existirá sempre uma violação do princípio da não intervenção.

[718] Como aliás o Tribunal Internacional de Justiça deixou claro em 1986, em passagens já citadas (cfr. *Military and Paramilitary Activities*, cit., *I.C.J. Reports* 1986, pág. 108, parág. 206 e pág. 109, parág. 209).

[719] Sobre a rejeição da "intervenção democrática", ver, *supra*, parág. 14.4.

Finalmente, a constituição de uma Força de manutenção da paz[720] não deve ser considerada como uma intervenção. Como resulta da prática, estas podem ser constituídas quer por organizações regionais, quer mesmo por Estados, sendo consideradas lícitas independentemente de qualquer habilitação nesse sentido do Conselho de Segurança[721].

**16.2. Em reacção a intervenção ilícita prévia.** O princípio da não intervenção em conflitos armados internos tem uma excepção pacífica, embora de aplicação problemática: trata-se da situação causada por uma prévia intervenção ilícita de outro Estado (ou organização internacional), quer do lado do Governo, quer do lado dos rebeldes. Isto é, não basta ter existido uma intervenção para que seja lícito assistir a parte adversária, é necessário que a intervenção tenha sido ilícita[722].

Trata-se de um fundamento para uma intervenção que tem grande apoio na prática dos Estados[723], na Jurisprudência[724] e na Doutrina[725].

---

[720] Isto é, consensual (com o consentimento do Governo e dos rebeldes), isenta e com direito de uso da força limitado à legítima defesa (ver, *infra*, parág. 55.2).

[721] Ver, *infra*, parág. 32.7.

[722] Por conseguinte, o facto de, perante simples bandos armados, o Governo receber assistência ou mesmo forças de um Estado estrangeiro não legitima que um Estado terceiro intervenha com assistência àqueles bandos.

[723] Como casos de invocação deste fundamento, refira-se entre muitos outros: a União Soviética alegou subsidiariamente para tentar justificar a sua intervenção na Hungria em 1956 "that «anti-popular elements» supported and directed from outside had arisen in arms against the lawful Hungarian Government and had succeeded" (cfr. RPSC, 1956-1958, Chapter XII, pág. 181). Também os EUA intervieram no Líbano em 1958, a pedido do Governo Libanês, alegando o apoio da Síria aos rebeldes (ver, *infra*, parág. 61). A intervenção dos EUA no Vietname por alegação de que as autoridades do Norte estavam a apoiar a guerrilha no Sul [cfr. Department of State (Leonard Meeker), *The Legality of United States* (...), cit., pág. 569-570]. Igualmente a intervenção repetida da França no Chade em 1968, 1978, 1983, 1986 e 1992 em apoio do Governo contra os rebeldes no norte apoiados pela Líbia, tendo o contingente francês alcançado o número de 4.000 efectivos (cfr. LM, 24 Juin 1994, section: Etranger).

[724] O Tribunal Internacional de Justiça pareceu aceitar uma intervenção em resultado de prévia intervenção ilícita de outro Estado, ao afirmar: "Hence it has not to determine whether, in the event of Nicaragua's having committed any such acts against El Salvador, the latter was lawfully entitled to take any particular counter-measure. It might however be suggested that, in such a situation, the United States might have been permitted to intervene in Nicaragua in the exercise of some right analogous to the right of collective self-defence, one which might be resorted to in a case of intervention short of armed attack" (cfr. *Military and Paramilitary Activities*, cit., *I.C.J. Reports* 1986, pág. 110, parág. 210).

[725] Neste sentido: Q. Wright, *United States Intervention* (...), cit., pág. 123-124; O. Schachter, *The Right* (...), cit., pág. 1641-1642; M. Akehurst, *A Modern* (...), cit., pág. 287;

Deste modo, se num conflito armado interno os rebeldes forem assistidos por um ou mais Estados terceiros, igualmente outros Estados podem não só assistir militarmente o Governo, como mesmo intervir directamente com tropas suas do lado deste, pelo menos se o apoio aos rebeldes o justificar à luz dos princípios da necessidade e da proporcionalidade[726]. Não se trata de uma aplicação da legítima defesa colectiva, a menos que o apoio aos rebeldes seja de ordem a permitir qualificá-lo como um ataque armado dos Estados apoiantes, o que será raro e pressupõe que os actos dos rebeldes sejam imputáveis a estes Estados[727].

Nas situações normais de mera "agressão indirecta" (isto é, assistência a rebeldes, sua organização e apoio), os Estados interventores do lado do Governo poderão apenas invocar a figura que ficou qualificada como tutela defensiva para justificar a intervenção com tropas suas no conflito armado interno. Este fundamento já não autoriza ataques directos contra os Estados que assistem os rebeldes[728]. Poderão apenas, quando muito, assistir militarmente eventuais oposições no seio dos Estados que intervieram ilicitamente do lado dos rebeldes enquanto contramedida[729].

O mesmo vale num caso em que o Governo seja (ilicitamente) apoiado por tropas estrangeiras num conflito armado interno (não já em meras acções de bandos armados em que este apoio é lícito) altura em que se torna lícito a assistência aos rebeldes[730]. Mas, mais uma vez, parece existir desi-

---

A. Randelzhofer, *Article 2 (4)*, cit., pág. 116-117; John Linarelli, *An Examination Of The Proposed Crime Of Intervention In The Draft Code Of Crimes Against The Peace And Security Of Mankind*, STLR, Vol. 18, 1995, na pág. 1-51, na pág. 48; D. Wippman, *Change And Continuity* (...), cit., pág. 452.

[726] O Tribunal Internacional de Justiça aplicou o princípio da necessidade e da proporcionalidade a contra-intervenções, embora neste caso às levadas a cabo contra um Governo e não contra rebeldes: "Whatever uncertainty may exist as to the exact scale of the aid received by the Salvadorian armed opposition from Nicaragua, it is clear that these latter United States activities in question could not have been proportionate to that aid" (cfr. *Military and Paramilitary Activities*, cit., *I.C.J. Reports* 1986, pág. 122-123, parág. 237). Duvida da aplicação rigorosa da proporcionalidade: O. Schachter, *The Right* (...), cit., pág. 1644-1645.

[727] Sobre a questão, ver, *supra*, parág. 9.1.

[728] Como ficou sublinhado, trata-se de uma causa de justificação para actos bélicos defensivos limitados. Só em casos excepcionais, de agressões transfronteiriças, permite reacções defensivas contra os agressores que impliquem o cruzamento temporário de fronteiras (ver, *supra*, parág. 12.1), para lá das situações excepcionais do resgate armado de cidadãos (ver, *supra*, parág. 13.3) ou da intervenção humanitária (ver, *supra*, parág. 14.3).

[729] Como o Tribunal Internacional de Justiça pareceu aceitar na passagem citada.

[730] A União Soviética assistiu militarmente o Vietname do Norte (embora este não pudesse exactamente ser qualificado como rebelde) na sequência da intervenção dos EUA no

gualdade no tratamento dos rebeldes, pois não é lícita em qualquer caso uma intervenção militar directa de um Estado terceiro do lado destes. Uma acção destas não seria já apenas um desrespeito pelo princípio da não intervenção. Constituiria igualmente um manifesto desrespeito pela proibição do uso da força nas relações internacionais por ser dirigida contra o Governo, logo contra o Estado.

Assim, esta implicaria sempre uma utilização da força entre dois Estados, logo, nas "relações internacionais", o que significa que ficaria sujeita ao artigo 2, n.º 4 CNU[731]. Daí que só será admissível com base numa causa de justificação, máxime, a legítima defesa ou, quando muito, tutela defensiva e não em simples contra-intervenção. Ora, a legítima defesa colectiva não pode ser invocada para apoiar rebeldes contra ataques das forças de um Estados terceiro que interveio do lado do Governo. A legítima defesa é uma figura própria das relações entre Estados ou organizações internacionais, visto que constitui um meio de reacção a uma violação grave ("ataque armado") da proibição de uso da força que se aplica quase exclusivamente entre estes sujeitos[732]. Não é possível invocá-la para a defesa de rebeldes, mesmo contra as acções ilícitas de um Estado terceiro. Mais curial seria invocar a tutela defensiva, já que esta parece uma figura mais abrangente que permite mesmo a defesa de indivíduos. Mas, de qualquer modo, a

---

Vietname [assim, em Abril de 1972, o Secretário da Defesa dos EUA acusava: "The Soviet Union has been and it remains the major supplier of military arms and the munitions which are being used in North Vietnam" (cfr. NYT, April 8, 1972, Page 31, Column 6); ver também WP, September 2, 1978, pág. A1]. Os EUA, o Egipto e o Paquistão fizeram o mesmo aos rebeldes muçulmanos no Afeganistão contra o Governo comunista apoiado militarmente por tropas da então União Soviética [cfr. *CIA cash funds Afghan rebels at war – and on holiday*, TT, January 11 1988; NYT, January 17, 1988, Section 4, Page 2, Column 1; LAT, July 16, 1988, Part 1, Page 4, Column 1 ("the United States and Pakistan reserved the right to continue supplying the resistance if the Soviets also continued arming the Afghan government"]. Os EUA, o Congo (então Zaire) e a África do Sul assistiram a UNITA em Angola contra o Governo invocando (cfr. NYT, January 17, 1988, Section 4, Page 2, Column 1) a intervenção do contingente cubano do lado deste.

[731] Trata-se também da posição do Tribunal Internacional de Justiça, visto que este deixou sugerido que todas as relações entre Estados, mesmo por meio de bandos armados a mando do Estado se encontravam sujeitos à proibição de uso da força ("in customary law, the prohibition of armed attacks may apply to the sending by a State of armed bands to the territory of another State"; cfr. *Military and Paramilitary Activities*, cit., *I.C.J. Reports* 1986, pág. 103, parág. 195). Igualmente M. Akehurst, *A Modern* (...), cit., pág. 283-284; A. Tanca, *Foreigner Armed Intervention* (...), cit., pág. 130-131. Contra: A. Randelzhofer, *Article 2 (4)*, cit., pág. 116.

[732] Ver, *supra*, parág. 10.5, 12.4.1 e 13.1.

prática não parece apoiar uma intervenção militar directa em ajuda de rebeldes apenas a título de contra-intervenção[733].

---

[733] A prática de contra-intervenções militares directas do lado dos rebeldes é escassa, decorrendo de situações particulares ou tendo sido ocultada ou condenada. Tem sido mais frequente como intervenção directa (e não contra-intervenção) com vista a derrubar um Governo inconveniente. Foi o caso da organização pelos EUA da aventura da Baía dos Porcos em Cuba (15 a 19 de Abril de 1961). De facto, a Força rebelde empregue para todos os efeitos constituiu uma Força dos EUA, visto que se encontrava sob seu controlo efectivo (ver, *supra*, parág. 9.1), ainda que fosse composta por exilados cubanos (cfr. a documentação em FRUS, 1961-1963, Volume X). De qualquer modo, o seu carácter ilícito foi reconhecido pelos próprios EUA ao terem inicialmente tentado ocultar e negado publicamente a sua participação.

Entre as contra-intervenções militares directas, a mais importante foi a da China do lado das autoridades da Coreia do Norte depois da passagem do paralelo 38 pelos aliados; mas numa situação estabilizada e que passara por uma fase anterior de internacionalização, com a presença soviética e americana de cada um dos lados. Não era, pois, líquido que se pudesse qualificar as autoridades do norte como simples rebeldes (ver, *infra*, parág. 44.2). Também a intervenção directa das autoridades do norte do Vietname do lado dos rebeldes contra as autoridades no Sul não pode ser vista como um apoio de um Estado a rebeldes em outro. Nenhuma das partes do Vietname podia invocar o estatuto objectivo de Estado/Governo, nem parece que se aplicasse entre ambas a proibição costumeira de uso da força (ver, *supra*, parág. 10.5.2.2).

O Vietname procurou justificar a sua invasão do Camboja em 1979 alegando, além de legítima defesa, que constituíra apenas "the support and assistance of Viet Nam for the armed revolutionary struggle of the people of Kampuchea at their request" (cfr. RPSC, 1975-1980, Chapter VIII, pág. 341; 2115.ª reunião do Conselho de Segurança, em Fevereiro de 1979). Mas apesar da situação humanitária, a acção seria condenada pela Assembleia Geral (ver, *supra*, parág. 14.2).

Outras intervenções militares directas do lado de rebeldes como a da Índia em 1971 ou a dos aliados da coalizão anti-iraquiana em 1991 no Norte do Iraque não constituíram contra-intervenções, mas intervenções com fins humanitários. O mesmo se diga da intervenção da OTAN contra a Jugoslávia em 1999 que também não pode ser considerada como uma contra-intervenção do lado dos rebeldes. Os seus objectivos foram humanitários e a Jugoslávia não estava a receber qualquer apoio ilícito externo. Acresce que esta visou igualmente restringir as pretensões separatistas do movimento albanês. Daí que a OTAN se tenha recusado a assistir militarmente este movimento, além de estar obrigada a abster-se de o fazer por força do embargo de armas decretado pelo Conselho de Segurança (ver sobre esta intervenção, *infra*, parág. 32.6).

Mais importante é a intervenção directa dos EUA e do Reino Unido do lado da oposição//Governo afegã contra os Talibãs em Setembro e depois abertamente a partir de 7 de Outubro de 2001, que pode ser considerada como uma contra-intervenção, dado o apoio dos Talibãs ao grupo terrorista responsável por ataques contra os EUA. Não parece, contudo, que esta possa ser considerada como lícita, apesar dos apoios que recebeu e da circunstância de a entidade auxiliada ainda ser declarada como o Governo do Afeganistão, apesar de não ter efectividade significativa (ver, *supra*, parág. 12.4.1).

As intervenções de forças russas em 1992 do lado dos rebeldes nos conflitos da Moldávia na região da Transdniestre e na Geórgia (Abkházia e parcialmente na Ossétia do Sul), bem como a intervenção no mesmo ano no Tadjiquistão não foram igualmente contra-intervenções. E é necessário ter em conta que as tropas intervenientes já se encontravam nesses territórios, algumas das intervenções foram da responsabilidade das próprias unidades e não de Moscovo (sem prejuízo de responsabilizarem internacionalmente a Rússia) e, finalmente, que a Rússia tentou negá-las ou minimizá-las. Assim, acabou por obter o consentimento do Governo da Moldávia à presença do seu 14.º Exército no Transdniestre fiscalizado por uma Força de manutenção da paz conjunta com a Moldávia e os rebeldes. No caso da Abkházia alegou que apenas respondera a bombardeamentos contra as suas forças e no Tadjiquistão conseguiu convertê-las numa Força de manutenção da paz apoiada pela Comunidade de Estados Independentes (ver sobre estes casos, *infra*, parág. 32.2 e 32.3). Apesar das fortes presenças de minorias russas nesses conflitos, a Rússia não invocou formalmente o direito de intervir do lado destas, embora por vezes tenha sustentado em abstracto a aplicação extensiva da protecção dos cidadãos no estrangeiro (ver, *supra*, parág. 13.3).

Igualmente a Líbia interveio com tropas do lado dos rebeldes no Chade. No entanto, embora em 5 de Janeiro de 1987 tenha reconhecido que tinha centenas de soldados no Chade, o que sempre negara, procurou justificar esta presença militar na necessidade de resgatar cidadãos líbios e não como reacção à intervenção da França do lado do Governo (cfr. CSM, January 6, 1987, pág. 2).

O apoio da nova Jugoslávia aos rebeldes sérvios na Bósnia, que colocou mesmo unidades do antigo exército federal à disposição destes, constituiu uma intervenção directa do lado dos rebeldes. Mas a Jugoslávia não procurou justificá-las como contra-intervenções e, de qualquer modo, o Tribunal Penal das Nações Unidas condenou estes seus actos, bem como o Conselho de Segurança e a Assembleia Geral, tendo levado à adopção de sanções (ver, sobre a UNPROFOR, *infra*, parág. 67).

As intervenções da África do Sul no conflito interno em Angola não foram exactamente em apoio directo da UNITA, antes terão sido levadas a cabo com vista a reprimir a SWAPO e o ANC que com o apoio e bases em Angola realizava as suas acções militares na Namíbia e na África do Sul. E, de qualquer modo, estas intervenções foram condenadas pelo Conselho de Segurança como uma agressão [por exemplo, a Resolução 546 (1984), de 6 de Janeiro (texto em RDSCOR, 1984, pág. 1-2), parág. 3 do preâmbulo e parág. 1; ver outras condenações, *supra*, parág. 12.3].

No Congo (então ainda Zaire), o conflito armado interno, que irrompeu em Setembro de 1996, é ainda uma herança do genocídio de 1994 no Ruanda (sobre este, ver, *infra*, parág. 75.3.3). De facto, as suas causas devem-se em parte às largas centenas de milhares de refugiados Hutus fugidos do Ruanda que permanecem no Congo e que exacerbaram os conflitos étnicos com a minoria Tutsi do Congo, que a levaram a iniciar uma revolta. Aparentemente, esta seria depois apoiada pelo Ruanda (que confessou o seu apoio) e Burundi, onde os Tutsis mantêm o poder, como forma de lutar contra movimentos rebeldes Hutus que têm as suas bases no Congo, bem como ainda pelo Uganda. De facto, a partir destes refugiados formaram-se bandos armados (incluindo partes do exército do anterior Governo do Ruanda) que desde então têm combatido especialmente o Governo do Ruanda controlado em grande

Se nem em defesa de movimentos de libertação nacional que exercem um direito na sua luta contra potências coloniais, ocupantes ou racistas o Direito Internacional permite uma intervenção militar directa. Fará sentido sustentar que a permite em alegada defesa do direito de autodeterminação de um Povo constituído em Estado contra uma intervenção ilícita de um Estado terceiro? Não se encontrou na prática internacional defesas da licitude de uma intervenção deste género, mesmo enquanto contra-intervenção[734].

De qualquer modo, ainda que constitua somente um fundamento para uma intervenção armada do lado do Governo ou para assistência militar aos rebeldes (já que a assistência ao Governo afigura-se ser sempre lícita e a intervenção militar contra este do lado dos rebeldes, salvo qualquer causa de justificação, ser sempre ilícita por violação do artigo 2, n.º 4 CNU), a figura da contra-intervenção contém em si o germe da destruição do princípio

---

medida pelos Tutsis. Igualmente Angola terá apoiado os rebeldes [cfr. Human Rights Watch, *Zaire*, 1997; Raymond W. Copson, *IB96037: Congo (formerly Zaire)*, NCSE, January 19, 2001]. Mas, com excepção do apoio desta última (motivado pelo apoio do Congo aos rebeldes angolanos da UNITA, mas em claro excesso), as restantes intervenções não podem ser consideradas como contra-intervenções.

De qualquer modo, já depois da queda do regime do anterior ditador, eclodiu nova rebelião contra o novo poder em Julho de 1998. E, pelo seu lado, Ruanda e Uganda, antigos aliados, iniciaram um conflito entre si em território do Congo pelo domínio dos seus recursos naturais. Cada qual com os seus aliados entre os vários bandos armados rebeldes que pululam no Congo, uns congoleses, outros do Ruanda, outros do Burundi e ainda do Uganda. A situação foi agravada pela intervenção em Agosto de 1998 de Angola, Zimbabwe e Namíbia do lado do Governo do Congo [cfr. Segundo Relatório do Secretário-Geral sobre a MONUC de 18 de Abril de 2000 (texto em UN Doc. S/2000/330), parág. 33-38; Terceiro Relatório do Secretário-Geral sobre a MONUC de 12 de Junho de 2000 (texto em UN Doc. S/2000/566), parág. 13, 16-17 e 22-25]. Quanto ao número de partes beligerantes compostas de várias entidades, é um conflito armado mais complexo que a própria Segunda Guerra Mundial. De qualquer modo, o Ruanda e o Uganda foram condenados pelo Conselho de Segurança pela sua Resolução 1304 (2000), de 16 de Junho (texto em RSSC, 2000, pág. 32-35), parág. 4, a) e a retirada das suas forças foi exigida novamente pela Resolução 1332 (2000), de 14 de Dezembro (texto em RSSC, 2000, pág. 85-88), parág. 10, que apelou igualmente à retirada das forças dos Estados aliados do Governo, de acordo com os termos do Acordo de Cessar-Fogo de Lusaka de 10 de Julho de 1999. A mesma exigência, mas agora realizada com invocação do Capítulo VII, consta da Resolução 1341 (2001), de 22 de Fevereiro [UN Doc. S/RES/1341 (2001)], parág. 2. Igualmente o Tribunal Internacional de Justiça adoptou medidas provisórias na acção interposta pelo Congo contra o Uganda [cfr. *Case Concerning Armed Activities* (…), cit., parág. 47].

[734] Também só aceita intervenção militar directa do lado do Governo: I. Brownlie, *International Law and the Use of Force* (…), cit., pág. 327. Contra: A. Randelzhofer, *Article 2 (4)*, cit., pág. 116-117.

da não intervenção. Alegadamente feita em nome deste princípio (isto é, para fazer frente a uma intervenção ilícita), esta tem constituído o maior pretexto para violações deste. Normalmente ambas as partes acusam a outra de ter intervindo anteriormente e de ter provocado a sua contra-intervenção. O facto de estas acções serem normalmente encobertas, mesmo quando em contra-intervenção, torna difícil o apuramento dos factos, o que facilita os abusos. Apesar deste defeito grave, trata-se do Direito aplicável, como decorre de prática geral, reiterada e consistente, apoiada igualmente pela Jurisprudência.

# Capítulo II
# Caracterização

## I – Fonte jurídica.

**17. Introdução.** A questão do carácter consuetudinário do poder público bélico tem merecido escassa atenção ao contrário do que se passa com a análise deste carácter em relação à norma que proíbe o uso privado da força nas relações internacionais[735]. Mas a questão está longe de ser irrelevante em termos práticos.

---

[735] As discussões do carácter consuetudinário deste poder têm-se limitado a declarações breves, sem fundamentação [assim: Q. Wright, *The Outlawry of War and the Law* (...), cit., pág. 371-372; D. Sarooshi, *The United Nations* (…), cit., pág. 29-30 (implicitamente e sem se pronunciar quanto à sua eficácia em relação a terceiros)] ou a posições ainda unilateralistas, assentes no poder dos Estados individualmente considerados [ver P. Picone, *Interventi delle Nazioni Unite* (…), cit., pág. 538-539, e nota 72, 540-541 e 554]. Outra solução avançada por alguns autores para justificar a vinculação de terceiros pelos actos das Nações Unidas tem partido do seu carácter de representante da Comunidade Internacional (assim: Josef Soder, *Die Vereinten Nationen und die Nichtmitglieder: Zum Problem d. Weltstaatenorganisation*, Bonn, 1956, pág. 262-265 e 273-274; Myres S. McDougal/W Michael Reisman, *Rhodesia and the United Nations: The Lawfulness of International Concern*, AJIL, Vol. 62, No. 1, 1968, pág. 1-19, na pág. 11, nota 44; C. Tomuschat, *Obligations* (…), cit., pág. 256-257; Bardo Fassbender, *The United Nations Charter As Constitution of The International Community*, CJTL, Vol. 36, 1998, pág. 529-619, na pág. 567-568 e 583-584 (e com base na pretensão de que a Carta constitui a Constituição da Comunidade Internacional).

Não é líquido, contudo, que a relação entre as Nações Unidas e os Estados membros//Comunidade Internacional corresponda exactamente à de representação (ver, *infra*, parág. 27.3). De qualquer modo, o elemento central que estes últimos autores pretendem transmitir é o de que as Nações Unidas devem a sua legitimidade ao facto de terem sido criadas pela Comunidade Internacional, o que se aceita que é um elemento importante; mas não suficiente para justificar poderes especiais. Todas as organizações internacionais para-universais foram criadas por esta Comunidade e nem por isso têm poderes públicos.

**17.1. Relevância do carácter costumeiro.** É compreensível o pouco tratamento doutrinário da questão dos poderes que cabem aos Estados, à luz do Direito Internacional Costumeiro, quando se reúnam conjuntamente ou concorram progressivamente para a tomada de uma decisão colectiva.

Por um lado, subsiste ainda a ideia de que, também em Direito Internacional, o resultado final não pode ser superior à soma das partes. Isto é, que o conjunto dos Estados reunidos em conferência não pode gozar de poderes qualitativamente superiores aos que cabem a cada um destes; que a diferença seria necessariamente meramente quantitativa. Assim, se um, dez ou cinquenta Estados não podem vincular um outro sem o seu consentimento, o facto de a decisão com pretensão a vinculativa partir da totalidade dos restantes Estados, ou pelo menos de uma maioria qualificada dos Estados, nada alteraria. O dogma da soberania de cada Estado a tal se oporia[736]. O mesmo valeria quanto à utilização da força fora do âmbito das causas de justificação existentes.

Por outro lado, a questão não tem suscitado grande interesse por força do aparente carácter limitado da sua relevância prática. Porquê discutir quais serão os poderes do conjunto dos Estados existentes à luz do Direito Internacional Costumeiro se estes já se encontram expressamente regulados, designadamente, em matéria de segurança internacional, na Carta das Nações Unidas e esta vincula a quase totalidade dos Estados existentes?

Claro está, a mesma questão se pode colocar em relação à proibição internacional de recurso privado à força e à legítima defesa, já que se encontram regulados do mesmo modo na Carta das Nações Unidas. E, contudo, é acesa e contínua a discussão quanto ao carácter costumeiro destas normas[737]. Pelo contrário, em relação aos poderes do Conselho, não existe grande debate quanto ao seu possível fundamento consuetudinário. Quando muito, este tem-se ficado por afirmações genéricas sem fundamentação na prática internacional.

Contudo, a Carta é apenas um tratado, sujeito a várias vicissitudes que podem afectar a sua vigência ao menos em relação a cada uma das partes. À luz da prática, basta uma secessão internacionalmente reconhecida ou

---

[736] Assim, os EUA, na 7ª sessão (1978) da Terceira Conferência das Nações Unidas sobre o Direito do Mar, declararam: "But the United States could not accept the suggestion that, without its consent, other States would be able, by resolutions or statements, to deny or alter its rights under International Law" (cfr. TUNCLS, vol. IX (1980), 109th meeting, parág. 27, pág. 104). Declarações paralelas foram realizadas pela França (parág. 43, pág. 106) e pela Bélgica (parág. 53, pág. 107).

[737] Ver, *supra*, parág. 10.4.

mesmo uma dissolução de um Estado para que o novo ou novos Estados se encontrem desvinculados formalmente da Carta. De facto, é pacífico que ainda que um destes novos Estados pretenda continuar a personalidade de um Estado "dissolvido", só dentro de condições limitadas tal pretensão será aceite pelas Nações Unidas[738, 739], bem como pela maioria das restantes organizações[740, 741]. No caso do novo Estado decidir não pedir a admissão

---

[738] Trata-se do que se verificou em relação à União Soviética [embora tenha sido aceite que a Rússia continuava a sua personalidade, além da Belarus (Bielorrússia) e da Ucrânia que já eram membras] e especialmente em relação à dissolução da Checoslováquia e da Jugoslávia. Foi o que se passou na secessão do Paquistão em relação à Índia, do Bangladesh em relação ao Paquistão, da Eritréia em relação à Etiópia, bem como de todos os casos de novos Estados independentes que resultaram do processo de descolonização. Em relação ao Estado que perdeu o território por força da secessão, entendeu-se que a sua personalidade não se extinguira, não se dando qualquer caso de sucessão, mas de pura continuidade. Só em casos excepcionais tal não se verificou, como o da "dissolução" da República Árabe Unida, em que a Síria retomou o seu assento sem necessidade de solicitar nova admissão (e o Egipto foi considerado como continuador da personalidade da União, o que sugere que não houve dissolução, mas secessão da Síria), bem como no referido caso da União Soviética (cfr. MTDSG). Ver também no sentido da não sucessão quanto aos tratados constitutivos de organizações internacionais: A. Gonçalves Pereira, *Da Sucessão dos Estados quanto aos Tratados*, Lisboa, 1968, pág. 231; Yehuda Z. Blum, *Russia Takes Over the Soviet Union's Seat at the United Nations*, EJIL, Vol. 3, No. 2, 1993, pág. 354-362, Part III; Detlev F. Vagts, *State Succession – The Codifiers' View*, VJIL, Vol. 33, 1993, pág. 275-297, na pág. 293; Oscar Schachter, *State Succession – The Once and Future Law*, VJIL, Vol. 33, 1993, pág. 253-260, na pág. 257; Michael P. Scharf, *Musical Chairs: The Dissolution of States and Membership in the United Nations*, CILJ, Vol. 28, 1995, pág. 29-69, na pág. 64-65 e 68-69 (embora o autor sustente, com base em prática seguida pelo Fundo Monetário Internacional, que as Nações Unidas deveriam passar a aceitar a sucessão de Estados formados a partir de Estados membros, mas essencialmente em termos de Direito a constituir).

[739] Esta postura assumida pelos Estados membros das Nações Unidas está ligada ao papel da admissão na organização como determinante da existência de um reconhecimento genérico por parte da Comunidade Internacional. O condicionamento da admissão constitui um meio de pressão sobre o candidato de forma a levá-lo a respeitar o Direito Internacional, especialmente nos casos em que por insuficiente efectividade este reconhecimento colectivo tem efeitos constitutivos. Mas esta admissão não é o único meio de reconhecimento. O reconhecimento unilateral por cada Estado ou conjunto restrito de Estados continua a ter um papel incontornável até à admissão do Estado (ver, *infra*, parág. 34.4.3).

[740] Por exemplo, foi o que se passou em relação à Organização Mundial de Saúde, em que igualmente Estados resultantes de secessões, dissoluções ou do fim de situações coloniais se tornaram membros pelo processo normal de admissão (cfr. MTDSG).

[741] Deste modo, a norma consagrada no artigo 4, n.º 2 da Convenção de Viena sobre Sucessão dos Estados quanto a Tratados de 23 de Agosto de 1978 (texto em UN doc. A//CONF. 80/31 em CNUSEMT, vol. III, pág. 197-208) não pode ser considerada como codificatória do Direito Internacional Costumeiro sobre a matéria. Aliás, esta excepciona

às Nações Unidas colocar-se-á a questão da sua sujeição aos poderes da organização, especialmente os constantes do Capítulo VII da Carta. A mesma questão sucederá no caso de um abandono da organização por parte de algum membro[742] ou, em última análise, de dissolução da organização. Neste último caso, o problema dos poderes da Comunidade ter-se-ia de colocar enquanto não se formasse uma nova entidade colectiva.

Depois, num aspecto mais relevante, a fundamentação no Direito Consuetudinário destes poderes é a única justificação jurídica aceitável para o alargamento dos poderes das Nações Unidas, por intermédio do seu Conselho de Segurança, em termos que nunca uma alteração da Carta, enquanto mero tratado, poderia legitimar. Este alargamento verifica-se pela prática de procurar vincular entidades terceiras em relação à Carta ou pelo efectivo exercício de poderes contra estas[743].

**17.2. Paradoxos lógicos.** Deixou-se já claro que se considera que o poder público bélico, bem como o poder público em geral, derivam actualmente do Direito Internacional Costumeiro. Cabe, porém, apresentar os elementos que levaram a chegar a esta conclusão. Para lá da prática[744], existem alguns fundamentos lógicos, simplesmente retirados da aplicação do actual Direito Internacional.

Tendo em conta que em Direito Internacional é permitido tudo o que não é proibido[745], no fundo o que é necessário é demonstrar que a Comunidade Internacional não se encontra vinculada pelos direitos de soberania dos Estados que a compõem nos mesmos termos em que se encontram os Estados[746]. E que, consequentemente, pode desrespeitá-los por um acto de vontade que legitima a utilização da força contra Estados quando são responsáveis por actos que colocam em causa a manutenção da paz.

---

imediatamente as regras quanto à admissão de membros na organização, perdendo pois grande parte da sua relevância directa.

[742] Sobre esta possibilidade, ver, *infra*, parág. 27.3.

[743] Ver, *infra*, parág. 20.3-20.5.

[744] A analisar, *infra*, em particular, parág. 20-21.

[745] Ver, *supra*, parág. 10.3.

[746] Outra solução seria entender que a Comunidade Internacional estaria vinculada nos mesmos termos por estes direitos, mas gozaria de uma figura própria que justificaria os seus actos que os desrespeitassem. Mas esta posição implicaria que se considerasse o poder público bélico como uma causa de justificação, o que não se afigura correcto (ver, *infra*, parág. 38--39).

Contudo, a questão não pode ser resolvida argumentando-se simplesmente que tudo o que não é proibido é lícito, logo os Estados conjuntamente podem intervir contra um outro perante determinados pressupostos e no respeito de certos limites, por não estarem sujeitos à proibição estadual de uso da força. A ideia de que os Estados conjuntamente têm mais poderes do que isoladamente remonta apenas ao Século XX, mesmo se podem ser encontrados alguns traços desta em passado mais remoto. Ora, dado que a Comunidade é o conjunto dos Estados, é necessário demonstrar que em algum momento passou a existir uma norma costumeira que isenta a Comunidade, ou uma organização criada para o efeito por esta, de cumprir a norma que hoje se encontra codificada nos artigos 2, n.º 4 e 53, n.º 1 CNU, segunda parte, que alarga a primeira a quaisquer organizações regionais ou outras.

De facto, os actuais dados de partida são que existe uma proibição de uso privado da força nas relações internacionais, proibição esta que se aplica quer a Estados (nos termos codificados no artigo 2, n.º 4 CNU), quer a entidades criadas por estes, máxime, organizações internacionais, nos termos do referido artigo 53, n.º 1. Este preceito literalmente aplica-se apenas a organizações regionais, mas parece claro que se aplica igualmente a outras organizações universais, sem que tal proibição derive apenas da sua falta de capacidade para decidir questões bélicas à luz do seu tratado constitutivo. De facto, deve-se entender que a criação de qualquer outra organização universal com competência concorrente à das Nações Unidas em matéria de titularidade dos poderes de exercício do poder público deveria ser considerada como inválida, a menos que esta viesse substituir as Nações Unidas por decisão da Comunidade Internacional[747, 748].

---

[747] Foi o que se passou com as Nações Unidas em relação à Sociedade das Nações. Recorde-se que esta última na sua resolução de dissolução de 18 de Abril de 1946 afirma no preâmbulo: "Considering that the Charter of the United Nations has created, for purposes of the same nature as those for which the League of Nations was established, an international organisation known as the United Nations to which all States may be admitted as Members on the conditions prescribed by the Charter and to which the great majority of the Members of the League already belong; Desiring to promote, so far as lies in its power, the continuation, development and success of international co-operation in the new form adopted by the United Nations; Considering that, since the new organisation has now commenced to exercise its functions, the League of Nations may be dissolved" (texto da Resolução em IO, Vol. I, No. 1, 1947, pág. 246-251). Ou seja, existe um reconhecimento das Nações Unidas pela Sociedade das Nações como entidade apta a continuar as suas funções e especialmente que não faz sentido existir mais do que uma entidade com as mesmas funções. A mesma conclusão se retira do artigo 103 da Carta com a sua pretensão de prevalecer sobre qualquer outro tratado,

A questão a colocar é como se justifica que a atribuição do poder público bélico a uma outra organização, em especial regional, seja inválida e, pelo contrário, a sua atribuição às Nações Unidas por força do Capítulo VII da Carta escape a este desvalor. Sendo a proibição de uso privado da força uma norma internacional costumeira *iuris cogentis*[749], a única justificação para que esta proibição costumeira não invalide estes preceitos da Carta é que estes são uma mera concretização de normas costumeiras que permitem o seu exercício por uma organização criada para o efeito pela Comunidade Internacional.

Não vale a pena argumentar que as disposições da Carta não serão inválidas por a norma constante do artigo 53, n.º 1, segunda parte, não ser *iuris cogentis*. Se esta não tivesse tal qualidade seria possível que dois Estados não membros das Nações Unidas criassem validamente uma organização regional com poder para utilizar a força sem base em qualquer causa de justificação em relação a si próprios independentemente de qualquer consentimento específico. O artigo 103 não seria aplicável[750].

Um argumento no sentido de que a proibição de uso da força não invalida as disposições do Capítulo VII por apenas a proibição de agressão ser *iuris cogentis* também não colhe. O Conselho de Segurança tem poderes para usar legitimamente a força (ou habilitar um Estado a fazê-lo) em situações em que se fosse um Estado a fazê-lo unilateralmente estar-se-ia perante uma agressão dificilmente contestável[751].

---

incluindo qualquer um outro quase universal, que previsse a atribuição de poderes idênticos a outra entidade, criando uma contradição com o artigo 24 e Capítulo VII da Carta.

[748] Defesas da aplicação do método utilizado na revisão do GATT na revisão da Carta, pela adopção de uma postura unilateral de abandono da organização e constituição por um número restrito de Estados de uma nova organização com vista a forçar os restantes Estados a aceitar a nova organização (ver Ernst-Ulrich Petersmann, *Constitutionalism and International Organizations*, JILB, Vol. 17, 1997, pág. 398-469, na pág. 457-459) colocam, pois, problemas delicados. De qualquer modo, quem teria maior interesse em recorrer a tal metodologia seriam os membros não permanentes como forma de fugir ao veto dos permanentes. Acresce que tal metodologia não estaria a respeitar as regras aceites quanto ao abandono das Nações Unidas, ainda que o regime efectivo pareça ser um pouco mais liberal (ver, *infra*, parág. 27.3).

[749] Ver, *supra*, parág. 10.4.

[750] Imagine-se, por exemplo, que a Sérvia e o Montenegro (que se tornaram membros das Nações Unidas enquanto nova Jugoslávia apenas em Novembro de 2000; ver, *infra*, sobre a questão, parág. 20.1), em vez de constituírem uma Federação tinham constituído uma confederação ou mesmo uma mera organização regional com poderes para utilizar a força de forma agressiva contra os seus dois Estados membros dentro de certas circunstâncias.

[751] Pense-se no caso da intervenção no Haiti em 1994 (ver, *infra*, parág. 75.3.2). A força não chegou a ser efectivamente utilizada, salvo de forma restrita, posteriormente, num ou dois

Insista-se que também não é possível simplesmente afirmar que a proibição de uso privado da força não se aplica a uma organização criada pela Comunidade Internacional com capacidade quanto à manutenção da paz para escapar à aplicação da norma codificada no artigo 53, n.º 1, segunda parte. É necessário que existam normas costumeiras que concretizem quais os requisitos que têm de ser respeitados para que esta organização não se confunda com as restantes organizações internacionais ficando sujeita a esta proibição codificada no referido preceito. Bem como normas que atribuam e regulem os pressupostos e limites deste poder, visto que não faz sentido que se sustente que tal poder é ilimitado.

Deste modo, não se trata de o Direito Internacional Costumeiro atribuir o poder público às Nações Unidas ou a um dos seus órgãos. Não parece que o Costume, enquanto Fonte de Direito, modo de formação de normas jurídicas, possa atribuir poderes a uma organização internacional específica. Acresce que se entende que o Costume cria normas jurídicas hierarquicamente superiores a qualquer outra Fonte Jurídica, incluindo o Tratado[752]. Deste modo, não faz sentido sustentar que o Direito Costumeiro atribui poderes a um órgão de uma entidade específica criada por um tratado, por mais importante que este seja[753]. Tal implicaria que a norma costumeira se encontrasse completamente dependente do tratado, sendo lógico que se sustentasse que perderia vigência caso o tratado a perdesse igualmente.

O Direito Internacional Costumeiro simplesmente reconhecerá o poder público bélico a qualquer entidade criada pela Comunidade Internacional (isto é, por força da abrangência dos seus membros), com capacidade para tal.

Mas se esta conclusão parece logicamente incontornável, sob pena de se ter de aceitar a conclusão absurda de que a Carta é inválida, cabe ainda assim apresentar os precedentes concretos que a parecem apoiar.

---

casos. Mas a ter sido usada, e a não existir habilitação pelo Conselho, seria difícil não qualificar como uma agressão a acção. A alegada intervenção "democrática" não tem bases no Direito Internacional (ver, *supra*, parág. 14.4 e, *infra*, parág. 32.7).

[752] A fundamentação em C. Baptista, Ius (...), cit., pág. 379-381 ou em *Direito* (...), cit., pág. 70-71.

[753] Assim, o Tribunal Internacional de Justiça, a propósito do dever de comunicação das medidas de legítima defesa ao Conselho de Segurança, afirmou: "**in customary international law** it is not a condition of the lawfulness of the use of force in self-defence that **a procedure so closely dependent on the content of a treaty commitment and of the institutions established by it, should have been followed**" (cfr. *Military and Paramilitary Activities*, cit., *I.C.J. Reports* 1986, pág. 105, parág. 200; também, pág. 121, parág. 235).

**18. Precedentes de figuras paralelas.** Existem na prática histórica dos Estados alguns casos de actuações que têm semelhanças com o exercício do poder público bélico, mas às quais faltam características essenciais que levam a que se exclua a sua qualificação como verdadeiros precedentes deste. Ou porque ocorreram no seio de uma comunidade que tinha uma natureza específica; ou porque, mesmo que sendo movidas por um interesse comum a vários Estados, estes não podiam considerar-se como actuando legitimamente em nome da Comunidade que integravam.

**18.1. Primeiros casos.** Já durante o período medieval existem precedentes de adopção de actos que constituíram exercícios de um poder público bélico a nível europeu. Assim, houve papas que reivindicaram o poder de habilitar os membros da *Respublica Christiana* ocidental a utilizar a força contra um dos membros que entendessem ser responsável por actos que colocavam em causa a sua autoridade ou Direito[754].

No entanto, a Comunidade Europeia medieval não pode ser comparada com a actual Comunidade Internacional. A primeira constituiu, pelo menos em alguns períodos, uma Associação de Nações de base hierocrática em que os membros sofriam limitações importantes na sua soberania. Acresce que o então Direito Canónico não pode ser qualificado como um Direito Internacional[755].

---

[754] Assim, reconhecia-se ao Papa o poder de declarar nulas leis internas ou tratados contrários ao Direito Divino ou Canónico, bem como a outros conceitos gerais que lhe atribuíam enorme autonomia, e ainda de dispensar do cumprimento de tratados e compromissos internos. Mas, para lá destes poderes públicos genéricos, eram-lhe reconhecidos importantes poderes bélicos. Quer nas guerras com entidades externas à Comunidade, pela sua qualificação como cruzadas, quer mesmo nos conflitos entre Nações cristãs e contra os ditos heréticos. O Papa podia emanar interdições a nações e autorizar as restantes a perseguir os seus cidadãos e apropriar-se dos seus bens ou mesmo a depor o seu rei. E este poder gozou de apreciável efectividade durante alguns séculos. Assim, para lá de outros episódios em relação a nações menores, já num período de decadência papal, em 1588, o então papa (Sisto V) habilitou qualquer rei da cristandade a tomar pela força o trono inglês, na sequência de anteriores excomunhões contra os reis protestantes ingleses. Foi, em parte, com base nesta habilitação que a Espanha tentou invadir a Inglaterra sem qualquer declaração de guerra nesse mesmo ano (cfr. François Laurent, *Histoire du Droit des Gens – Études sur l'histoire de l'Humanité*, Vol. X, Paris, 1865, pág. 430-431; Ernest Nys, *Le Droit International et la Papauté*, RDILC, 1978, vol. X, pág. 501-538, na pág. 520; Jules Basdevant, *Étude sur quelques pratiques du Droit des Gens a la fin du XVI Siècle et au commencement du XVII, d'après les "Annales" et "Histoires" de Grotius*, RGDIP, 1903, tomo X, pág. 619-650, na pág. 631-633).

[755] Ver C. Baptista, Ius Cogens (...), cit., pág. 37-38.

Com o fim da Comunidade medieval, na Europa, entre o Século XVII e o Século XIX apenas se encontram manifestações esporádicas de coligações para a prossecução de interesses que podem ser qualificados como comuns, por vezes transcendendo mesmo o grupo de aliados[756]. No entanto, nenhuma destas coligações poderia reivindicar qualquer carácter comunitário, nem qualquer destas teve tal pretensão.

**18.2. A Santa Aliança e o Concerto Europeu.** No século XIX, seria tentador ver no sistema de congressos instituído pela Santa Aliança[757] e

---

[756] Os exemplos paradigmáticos foram as alianças que se formaram contra a potência dominante com vista a evitar um desequilíbrio de poderes a nível europeu. Mas, por um lado, tratava-se de um fim extra-jurídico, já que o princípio do equilíbrio de poderes não adquiria natureza jurídica. Por outro lado, não basta a prossecução de interesses comuns para se estar perante uma acção pública. Esta depende necessariamente de uma decisão comunitária. Ora, estas alianças restringiram-se às grandes potências e a outras directamente afectadas [ver C. Baptista, *Ius Cogens* (...), cit., pág. 43, nota 78].

[757] As raízes da Santa Aliança encontram-se nas coligações que se formaram contra a França revolucionária. Assim, a Rússia e a Prússia aliaram-se com a declarada intenção de utilizar a força com vista a "mettre le Roi de France en état d'affermir dans la plus parfaite liberté, les bafes d'un gouvernement monarchique", considerando que a sua situação é de "intérêt commun à tous les fouverains de l'Europe" (cfr. Declaração de Pillnitz de 27 de Agosto de 1791, subscrita pelos dois Estados; texto em RT, tomo V, pág. 260). Igualmente na correspondência trocada com a Dinamarca com vista a obter o seu apoio de Maio-Junho de 1792: "les dangers dont la propagation des principes françaises menace plus ou moins, plus tôt ou plus tard, les autres états" (texto em RT, tomo V, pág. 334). Existia a consciência de estar em causa um interesse colectivo que forçava a impor pela força das armas o princípio legitimista. É este, mais do que a manutenção da paz, que permite o surgimento de vontade política para dar à Europa esta primeira forma de estruturação, enquanto comunidade regional.
O termo Santa Aliança consta do artigo 3 do Tratado de Paris entre a Rússia, a Áustria e a Prússia de 26 de Setembro de 1815 (texto em NRT, tomo II, pág. 656-658), mas este é apenas constitutivo de uma aliança inspirada em princípios místicos e aberta a todos os Estados da Europa nos termos do referido artigo 3. De facto, a grande maioria dos Estados da Europa viriam a aderir a este (ver notícia em NRT, tomo II, pág. 659), com excepção da Grã-Bretanha (esta invocou condicionalismos constitucionais, apesar de ter afirmado a sua adesão aos mesmos princípios), da Santa Sé e da Turquia.
Mas é o Tratado da Quádrupla Aliança, entre a Rússia, Áustria, Prússia e Grã-Bretanha de 20 de Novembro de 1815 (composto de 5 tratados bilaterais idênticos: texto em NRT, tomo II, pág. 734-737), que vem estruturar este directório das grandes potências vitoriosas. Além de uma aliança, o seu artigo 6 estabelece o procedimento dos congressos como forma de manter a paz na Europa. Mas ao contrário do primeiro, este é um tratado fechado, não se encontra aberto à ratificação dos restantes Estados da Europa. Ou seja, estrutura uma realidade distinta da aliança geral de 20 de Setembro, apesar de denominada geralmente com o mesmo nome. A França seria convidada a juntar-se ao sistema pela nota de 4 de Novembro de 1818

continuado pelo denominado Concerto Europeu, com as suas intervenções colectivas, manifestações de exercício de um poder público bélico[758].

Com efeito, a instituição da Santa Aliança foi acompanhada de várias propostas que visavam estruturar um sistema de segurança colectiva aberto a todos os Estados, embora sujeito a um directório restrito dos cinco Estados, então reconhecidos como grandes potências. Porém, estas propostas foram recusadas e apenas o modelo de directório foi adoptado, embora sujeito a deveres de consulta dos Estados directamente interessados[759]. Daí que as decisões de intervenção da Santa Aliança sejam sempre da responsabilidade exclusiva das grandes potências (e nem sempre todas), apenas apoiadas nominalmente pelos reis dos Estados alvos[760].

---

adoptada pelos mesmos quatro Estados no Congresso de Aix-la-Chapelle (texto em MET, Vol. I, pág. 564-566). A França responderia positivamente pela nota de 12 de Novembro de 1818 (texto em MET, Vol. I, pág. 567-568), constituindo-se a chamada Pentarquia.

[758] A Santa Aliança é reconhecida como a primeira tentativa de estruturação da Comunidade regional europeia (ver: H. L. Randall, *Legal Antecedents of a League of Nations*, YLJ, Vol. XXVIII, 1919-1920, No. 4, pág. 301-313, na pág. 309; Franck Goodnow, *Former Plans for a League of Nations*, CLR, Vol. 20, 1920, pág. 51-67, na pág. 63-64; Boris Mirkine-Guetzévitch, *L'Influence de la Révolution Française sur le Développement du Droit International dans l'Europe Orientale*, RDC, 1928, II, tomo 22, pág. 299-457, na pág. 448; Maurice Bourquin, *La Saint-Alliance – Un Essai d'Organisation Européenne*, RDC, 1953, II, tomo 83, pág. 373--461, na pág. 381, 401 e 403-404; Richard Elrod, *The Concert of Europe: A Fresh Look at an International System*, WPS, Vol. 28, No. 2, 1976, pág. 159-174, na pág. 160-162 e 171).

[759] Assim, o parág. 4 do Protocolo do Congresso de Aix-la-Chapelle assinado pelos cinco Estados da Pentarquia de 15 de Novembro de 1818, depois de reafirmar o recurso ao procedimento dos congressos, estabelece: "and that in the case of these meetings having for their object affairs specially connected with the interests of the other States of Europe, they shall only take place in pursuance of a formal invitation on the part of such of those States as the said affairs may concern, and under the express reservation of their right of direct participation therein, either directly or by their Plenipotentiaries" (texto em MET, Vol. I, pág. 571-572). Trata-se da raiz histórica do artigo 4, parág. 5 do Pacto da Sociedade das Nações e dos artigos 31, 32, 44 e 69 da Carta das Nações Unidas [como bem sublinha M. Bourquin, *La Saint-Alliance* (...), cit., pág. 435; também quanto às propostas apresentadas pela Rússia em 1804-1805 e 1818, ver pág. 386-389, 404-405 e 418-424].

[760] As intervenções da Santa Aliança são realizadas com o objectivo de reprimir revoluções na Europa para salvaguardar o princípio da legitimidade monárquica. Este direito de intervenção é afirmado no Congresso de Troppau, pela Rússia, Prússia e Áustria, apesar das então reservas da França e oposição da Grã-Bretanha. Assim, em circular dos três primeiros Estados de 8 de Dezembro de 1820 sobre as questões de Espanha, Portugal e Nápoles, declara-se: "The Powers have exercised an undeniable right, in concerting together upon means of safety against those States in which the overthrow of a Government caused by revolution, could only be considered as a dangerous example, which could only result in an hostile attitude against constitutional and legitimate Governments". Declarando então a decisão de intervir em Nápoles para pôr termo à revolução de 2 de Julho de 1820: "As the Revolution of Naples daily takes

O mesmo se diga de intervenções posteriores, baseadas em considerações de equilíbrio de poderes, humanitárias ou em nome do princípio das nacionalidades. A responsabilidade pela sua realização foi sempre de algumas grandes potências, à margem dos restantes Estados europeus[761].

deeper root, that no other imperils the tranquillity of neighbouring States to a danger so certain and so imminent, and that it is not possible to act so immediately and so promptly upon any other, they have come to the conviction of the necessity of proceeding according to the above principles, towards the kingdom of the Two Sicilies" (texto em MET, Vol. I, pág. 658-661).

A Grã-Bretanha responderia por uma circular igualmente enviada às suas missões no estrangeiro de 19 de Janeiro de 1821: "They do not regard the Alliance as entitled, under existing Treaties, to assume, in their character as Allies, any such general powers, nor do they conceive that such extraordinary powers could be assumed, in virtue of any fresh Diplomatic Transaction amongst the Allied Courts, without their either attributing to themselves a supremacy incompatible with the rights of other States, or, if to be acquire through the special accession of such States, without introducing a federative system in Europe" (texto em MET, Vol. I, pág. 664-666).

Apesar desta oposição, no Congresso de Laybach decide-se encarregar a Áustria de intervir em Nápoles e, porque entretanto irrompera uma revolução em Piemonte, igualmente neste Estado. O rei de Nápoles e o Rei da Sardenha (Piemonte) foram convidados a participar no Congresso (ver a Declaração do Congresso de Laybach de 12 de Maio de 1821; texto em MET, Vol. I, pág. 667-669). Ou seja, estas intervenções foram realizadas com o consentimento das autoridades reconhecidas internacionalmente dos Estados alvo, os seus reis, embora não seja líquido que estes tivessem poder para autorizar as intervenções [a maioria da Doutrina critica-as: Henry Wheaton, *History of the Law of Nations in Europe and America*, New York, 1845, pág. 518-520 (parece adoptar a posição britânica e dos EUA sobre a questão); John Westlake, *Chapters on the Principles of International Law*, Cambridge, 1894, pág. 124-125; T. J. Lawrence, *Les Principes de Droit International* (trad. 5ª ed. inglesa), Oxford, 1920, pág. 137; O. Nippold, *Le Développement Historique du Droit International depuis le Congrès de Vienne*, RDC, 1924, I, tomo 2, pág. 5-121, na pág. 34].

Finalmente, no Congresso de Verona decide-se a intervenção em Espanha para pôr termo ao regime constitucional saído da revolução de 8 de Março de 1820, deste vez por insistência da França. A Áustria e a Prússia inicialmente opuseram-se à intervenção. Apenas a Rússia a apoiou, o que seria formalizado na sua nota à Espanha de 26 de Novembro de 1822. Mais tarde, os dois primeiros Estados aceitaram dar o seu apoio moral à França em caso de conflito com a Espanha, tendo remetido a este último Estado notas de, respectivamente, 22 e 26 de Novembro de 1822 nesse sentido. Apenas a Grã-Bretanha manteve a sua oposição aberta à intervenção [texto das referidas notas publicadas pelo delegado francês ao congresso, depois Ministro dos Negócios Estrangeiros: François-René de Chateaubriand, *Congrès de Vérone, Guerre d'Espagne de 1823, Colonies Espagnoles*, Paris, 1997, Chapitre XXIII-XXVII; também as suas *Mémoires d'Outre-tombe* (edição original de 1861), Paris, 1997, 3 L27 Chapitre 2, e 3 L28 Chapitre 1 ("Ma guerre d'Espagne, le grand événement politique de ma vie") e ainda o seu *Discours sur l'intervention en Espagne, prononcé à la chambre des pairs, en mai 1823*, em *Politique – Opinions et discours* (edição original de 1861), Paris, 1997].

[761] Para lá de algumas intervenções unilaterais, destacam-se as intervenções colectivas em 1827 contra a Turquia a favor da independência da Grécia, por motivos humanitários; a

Por força da sua capacidade militar para controlar os Estados secundários, as grandes potências sentiram-se autorizadas a adoptar actos em nome daquilo que consideravam interesses comuns e mesmo a falar em nome da Europa. Mas tal poder comunitário não lhes fora atribuído pelos restantes Estados, não podendo ser considerado como legítimo. Não é, pois, possível qualificar estas intervenções como um poder público bélico a nível da comunidade regional europeia[762]. O que permite falar num poder público internacional não são os seus fins ou meios utilizados, mas o tratar-se de uma acção coerciva decidida pela Comunidade. Os fundamentos de legitimidade destas acções colectivas no Século XIX, a existirem, têm de ser procurados no discutível consentimento dos Estados alvo por intermédio dos seus reis, considerados seus órgãos internacionalmente legítimos, como represálias armadas para forçar ao cumprimento de obrigações *erga omnes* ou em fundamentos humanitários[763].

---

intervenção a favor da independência da Bélgica em relação à Holanda em 1831; a intervenção humanitária da França na Síria parte integrante da Turquia, com o consentimento coagido desta e apoio de outras grandes potências, em Agosto de 1960; ou a declaração de guerra da Rússia à Turquia, aparentemente também consentida pelas restantes potências por motivos humanitários. Sobre estas intervenções, ver C. Baptista, Ius Cogens (...), cit., pág. 166-169.

[762] Certa Doutrina, contudo, considera que algumas destas iniciativas, bem como em geral medidas de força para prevenir ou forçar ao fim de um guerra entre terceiros, prosseguiam fins daquilo que qualificam como uma acção de polícia internacional: W. Hall, *A Treatise* (...), cit., pág. 269-270, parág. 95 (aceita que este poder compreenda acções por alguns Estados de boa-fé em nome e no interesse de todos, embora mais em termos morais do que jurídicos); Pitman B. Potter, *Contemporary Problems of International Organizations*, AJIL, Vol. 59, No. 2, 1965, pág. 291-304, na pág. 32 (mas considera a figura controversa); D. Sarooshi, *The United Nations* (...), cit., pág. 28-29 (poder que considera paralelo ao do Conselho de Segurança). Ver, porém, as reservas legítimas de I. Brownlie, *International Law and the Use* (...), cit., pág. 345.

[763] A nível regional, apenas a Comunidade Americana esteve em condições de realizar a mesma pretensão, mas a sua estruturação não foi suficientemente rápida. Esta foi a primeira Comunidade regional a organizar-se colectivamente, mediante as Conferências Inter-Americanas, em que participavam praticamente todos os Estados Americanos. Assim, a primeira destas conferências reuniu 18 Estados em Washington, de 2 de Outubro de 1889 a 19 de Abril de 1890 (ver a resolução aprovada, designadamente, quanto à proibição de guerras de agressão e direito de conquista em NRG, 3.ª série, tomo VI, pág. 120-121; restantes documentos adoptados nas sucessivas Conferências até 1936 constam da colectânea CIA). Porém, esta Comunidade regional não se arrogou à titularidade de qualquer poder público bélico. No momento em que atingia a maturidade já existia a Sociedade das Nações e, posteriormente, foi criada a Organização das Nações Unidas, ambas com a pretensão de exercer em monopólio o poder público bélico.

De qualquer modo, o seu sucesso levaria os EUA a propor um sistema paralelo de organização da Comunidade Internacional na Conferência de Paz de Haia de 1907, embora

**19. A Sociedade das Nações.** No entanto, estas intervenções colectivas foram precursoras de uma realidade jurídica que emergiria no Século XX. O Pacto da Sociedade das Nações[764] vem consagrar juridicamente, portanto, com o consentimento dos Estados afectados, este poder já exercido de facto, em parte à margem do Direito, pelas grandes potências colectivamente.

A necessidade de consagrar este poder só surge com o estabelecimento de limitações severas ao recurso à guerra. Com efeito, sendo relativamente ténues as limitações quanto à abertura de um estado de guerra no Século XIX, foi possível legitimar as referidas primeiras utilizações da força na prossecução de interesses comuns sem necessidade de um fundamento específico. É certo que na maioria das vezes estas intervenções colectivas foram realizadas ainda à luz do Direito Internacional da Paz, portanto, sem ser constituído um estado de guerra[765]. Mas tal também podia ser justificado

---

sem resultado. Esta conferência, mais ainda do que a de 1899 (que reuniu 26 Estados), conseguiu reunir a Comunidade Internacional. Encontraram-se presentes 44 Estados, mas o seu papel foi codificatório e não organizativo ou político-militar. Posteriormente, em 25 de Junho de 1910, o Congresso Norte-Americano adoptou uma resolução em que autorizava o Presidente a negociar "of constituting the combined navies of the world an international police force for the preservation of universal peace" (cfr. Clarence Berdahl, *United States and the League of Nations*, Vol. 28, No. 6, 1929, MLR, pág. 607-636, na pág. 610; também Warren F. Kuehl/Lynne K. Dunn, *Keeping the Covenant – American Internationalists and the League of Nations, 1920-1939*, Kent, 1997, pág. 183). A iniciativa, porém, não obteria acolhimento.

[764] O texto do Pacto é constituído pelos primeiros 26 artigos, que são idênticos, dos tratados que puseram termo à Primeira Guerra Mundial: Tratado de Versalhes de 28 de Junho de 1919 entre as potências aliadas e associadas e a Alemanha (texto em NRG, 3ª série, tomo XI, pág. 323-677); Tratado de St. Germain-en-Laye de 10 de Setembro de 1919, entre as potências aliadas e associadas e a Áustria (texto em NRG, cit., pág. 691-837); Tratado de Neuilly-sur-Seine, de 27 de Novembro de 1919, entre aquelas potências e a Bulgária (texto em NRG, 3ª série, tomo XII, pág. 323-422); Tratado de Trianon de 4 de Junho de 1920, entre as mesmas potências e a Hungria (texto em NRG, cit., pág. 423-565); Tratado de Sevres de 10 de Agosto de 1920, entre as potências e a Turquia, que não chegou a ser ratificado (texto em NRG, cit., pág. 664-779).

[765] A intervenção da França contra a Espanha em Abril de 1823 não foi precedida de qualquer declaração de guerra, o que aliás seria protestado pela Espanha na sua declaração de guerra de 23 de Abril de 1823 contra a França (texto desta em MET, Vol. I, pág. 697). O comandante das tropas francesas declarou em 3 de Abril: "nous allons replacer un roi sur son trône, réconcilier son peuple avec lui, et rétablir dans un pays en proie à l'anarchie l'ordre nécessaire au bonheur et à la sûreté des deux Etats" [cfr. Chateaubriand, *Congrès de Vérone* (...), cit., Chapitre LVIII). Igualmente, na sua Declaração de intervenção no conflito entre a Turquia e a Grécia adoptada em 12 de Julho de 1827, a Grã-Bretanha, França e Rússia afirmam à Turquia que esta sua acção não pretende "porter aucune atteinte aux relations amicales" com a Turquia (texto em NRT, tome XII, pág. 7-8); não havia, pois, a intenção de criar qualquer estado de guerra apesar do ultimato contido na declaração.

de modo muito mais simples do que depois da entrada em vigor do Pacto da Sociedade das Nações. As regras internacionais quanto ao uso da força em tempo de paz no Século XIX eram bem mais liberais do que as vigoraram no segundo quartel do Século XX.

**19.1. Carácter comunitário.** Mas a primeira questão a colocar é se a Sociedade das Nações não sofria do mesmo vício da Santa Aliança; isto é, cabe determinar se era efectivamente abrangente em relação à então Comunidade Internacional.

Como resulta do seu artigo 1, n.º 2, o Pacto estava aberto a todos os Estados independentes e mesmo a entidades territoriais que não podiam ser qualificadas como tais. Visava, pois, a universalidade, não se encontrando os seus membros sujeitos a qualquer limitação regional ou de grau de poder. Encontrava-se aberto a todos os Estados, independentemente da sua importância, e não apenas às grandes potências. Claro está, o directório das grandes potências manifestava-se na existência de membros permanentes do Conselho; mas tal, por si, não prejudicava a abrangência dos seus membros ou o carácter comunitário de um órgão restrito dominado por aqueles, desde que tal directório tivesse sido consentido por todos os membros, como ocorreu por meio do Pacto.

Ainda assim, para considerar que as decisões da Sociedade pudessem ser imputadas à então Comunidade Internacional não bastava esta abertura. Segundo se julga, para considerar que uma determinada entidade colectiva compreendia no essencial esta Comunidade, no período 1919-1939, era necessário que esta fosse composta pela quase totalidade dos Estados ou, pelo menos, que os não membros cooperassem com a Sociedade ou não manifestassem oposição significativa ao acto em concreto. Com efeito, a unanimidade, em homenagem ao princípio da soberania, era então ainda o princípio dominante.

No entanto, já com o Pacto foram criadas as primeiras excepções a este princípio[766]. Assim, não é curial sustentar que uma decisão apenas poderia ser qualificada como comunitária se fosse aprovada em nome de todos os Estados ou que nenhum se opusesse a esta. A não admissão forçada de alguns Estados exíguos ou a ausência voluntária de outros da Sociedade não deve ser considerado como um obstáculo a que se considere que as decisões da Sociedade eram dotadas de carácter comunitário, ainda que aqueles manifestassem a sua oposição. Desde que esta fosse pouco significativa.

---

[766] Ver, *infra*, parág. 34.1.

Mas, porque, na realidade, bem como à luz do Pacto, os Estados não eram todos iguais, era sempre necessário que os Estados reconhecidos como grandes potências[767] aceitassem tais decisões ou, pelo menos, não formulassem objecções a estas, salvo se fossem partes na controvérsia.

Inicialmente, apenas cinco Estado foram reconhecidos como grandes potências pelos membros da Sociedade das Nações, ao ser-lhes atribuída a qualidade de membros permanentes no Conselho[768]. Os outros que anteriormente eram titulares deste estatuto tinham sido derrotados militarmente, sendo necessário uma renovação do seu reconhecimento como tais[769].

Julga-se que, mesmo aplicando uma exigência de elevada participação na Sociedade como pressuposto do seu carácter comunitário, pelo menos no seu auge[770], era possível qualificar as suas decisões como comunitárias

---

[767] A qualidade jurídica de grande potência dependia, tal como ainda depende, de um reconhecimento constitutivo pela Comunidade Internacional (ver, *infra*, parág. 35.1)

[768] Trata-se dos EUA, Grã-Bretanha, França, Japão e Itália (nos termos do artigo 4, n.º 1 do Pacto que remete para o preâmbulo dos referidos Tratados constitutivos da Sociedade que os consideravam como "Principal Allied and Associated Powers"), mas o primeiro Estado nunca se tornou parte na Sociedade.

[769] Tal reconhecimento foi concedido à Alemanha, que se juntaria à Sociedade das Nações como membro permanente em 8 de Setembro de 1926, bem como à União Soviética quando foi admitida em 18 de Setembro de 1934, por decisões da Assembleia nos termos do artigo 4, n.º 2 do Pacto. A Áustria, claro está, tinha perdido tal estatuto. Quando em Dezembro de 1920 foi admitida como membro não lhe foi conferido qualquer estatuto de membro permanente no Conselho.

[770] O Pacto entrou em vigor em 10 de Janeiro de 1920, juntamente com o Tratado de Versalhes. Nesta data, a Sociedade tinha já 23 membros, tendo alcançado 42 membros quando a primeira Assembleia reuniu em 15 de Novembro de 1920. Em 1934 atingiu o número máximo de 58 membros. Ao longo da sua história vinculou 63 entidades, mesmo que algumas não tivessem exactamente a qualidade de Estados [tal deveu-se à inclusão como membros com iguais direitos de cinco partes integrantes do Império Britânico: Canadá, África do Sul, Índia, Austrália e Nova Zelândia. Tal favorecia o Reino Unido na Assembleia e foi uma das causas das críticas nos EUA (cfr. C. D. Allin, *Representation on the Council of the League of Nations*, MILR, Vol. 4, 1919-1920, pág. 117-154, na pág. 119-120), embora estes domínios estivessem longe de serem meros instrumentos britânicos, divergindo da Grã-Bretanha em diversas ocasiões (cfr. C. D. Allin, *International Status of the British Dominions with Respect to the League of Nations*, MILR, Vol. 4, 1919-1920, pág. 190-218, na pág. 210)].

Aparentemente, salvo os EUA, o Nepal, a Arábia Saudita e Estados com algumas restrições na sua capacidade internacional (Mónaco, São Marino, Liechtenstein, Islândia, Danzig e Andorra; embora os quatro primeiros tenham pedido a admissão, o que seria recusado ou descontinuado o pedido), todos os Estados no período integraram a Sociedade das Nações durante algum período da sua existência (cfr. AJIL, Vol. 38, 1944, supplement, pág. 136-139, que inclui ainda o Vaticano num total de 73 Estados existentes; Manley Hudson, *Membership in the League of Nations*, AJIL, Vol. 18, No. 3, 1924, pág. 436-458, na pág. 436-449).

quando recebessem apoio ou não fossem opostas pelos Estados não membros importantes ou por um conjunto de Estados secundários. É certo que vários Estados, incluindo grandes potências, abandonariam a organização ao longo da sua existência[771]. Ainda assim, algumas das suas decisões merecem a qualificação de comunitárias por força do apoio que granjearam, mesmo entre Estados que não eram membros[772].

---

Mesmo os EUA cooperaram com a Sociedade, participando como observadores em várias conferências internacionais organizadas por esta. Se é certo que, como afirmava o então Presidente dos EUA no seu discurso inaugural, em 4 de Março de 1929: "Our people have determined that we should make no political engagements such as membership in the League of Nations" (cfr. Herbert Hoover, *Inaugural Address*, em *Inaugural Addresses of the Presidents of the United States*; texto em APYLS), na realidade, os EUA encontravam-se divididos sobre a questão [ver Berdahl, *United States* (...), cit., pág. 615-616, 621, 629-630 e 634-635; W. Kuehl/L. Dunn, *Keeping the Covenant* (...), cit., pág. 7-18, 165-168 e 176]. A crise da Manchúria, provocada pelo ataque de 18 de Setembro de 1931 do Japão à China, aproximaria os EUA da Sociedade, existindo uma coordenação das suas reacções e participação deste Estado oficialmente no Conselho em Outubro de 1931, embora tal política não tivesse durado muito. Acresce que as decisões políticas relevantes nas situações de ruptura da paz internacional foram apoiadas pelos EUA ou, pelo menos, estes não lhes manifestaram qualquer oposição.

[771] Assim, saíram da Sociedade os seguintes Estados (as datas indicam o momento da entrega da declaração de recesso; o abandono só se efectivava passados dois anos, nos termos do artigo 1, n.º 3 do Pacto): Costa Rica (24 de Dezembro de 1924); Brasil (14 de Junho de 1926, embora continuasse a cooperar com a organização); Japão (27 de Março de 1933); Alemanha (19 de Outubro de 1933); Paraguai (Fevereiro de 1935); Guatemala (Maio de 1936); Nicarágua (Junho de 1936); Honduras (Julho de 1936); El Salvador (Agosto de 1937); Itália (Dezembro de 1937); Chile (Janeiro de 1938); Venezuela (Julho de 1938); Hungria (Abril de 1939); Peru (Abril de 1939); Espanha (Maio de 1939); Roménia (Julho de 1940); Haiti (Abril de 1942). Além disto, a Rússia foi expulsa (Dezembro de 1939) e a Sociedade perdeu de facto mais três membros na sequência de três anexações formais: a da Etiópia pela Itália (9 de Maio de 1936); a da Áustria pela Alemanha (em Março de 1938); a da Albânia pela Itália (Abril de 1939). Para lá das anexações da Lituânia, Letónia e Estónia pela União Soviética já durante o período de efectiva suspensão da Sociedade.

[772] A Sociedade atingiu formalmente o seu auge em 1934, quando, como ficou escrito, alcançou o número de 58 Estados membros numa Comunidade de cerca de 73 Estados (cfr. AJIL, Vol. 38, 1944, *supplement*, pág. 136-139). Mas em 1933 dois Estados, reconhecidos como grandes potências, tinham notificado o seu abandono: o Japão e a Alemanha. O primeiro fora directamente reconhecido como tal pelos Tratados constitutivos, enquanto a segunda o fora pela sua admissão em 8 de Setembro de 1926 como membro permanente, além de no passado o ter sido na Santa Aliança (ainda como Prússia) e no Concerto Europeu. Mas a Sociedade teria ainda um último fôlego com a admissão da União Soviética, em 18 de Setembro de 1934, embora de seguida entrasse em decadência. Mas, no período do seu auge, esta compreendia mais de três quartos dos Estados existentes e obteve ainda o apoio da única

A partir de Novembro de 1937, a Sociedade passou a reflectir a crescente divisão no seio da Comunidade Internacional, à medida que a oposição a esta e aos princípios jurídicos que sustentava se organizou. A divisão incidia sobre aspectos jurídicos essenciais, como a legitimidade do uso da força ou do direito de conquista, com uma parte significativa dos seus membros a reivindicarem este direito e a colocarem em causa princípios basilares como o *Pacta sunt servanda*. Esta divisão levou ao abandono voluntário ou compulsivo de Estados que se opunham a estes princípios, bem como à saída de outros em consequência da perda de credibilidade que causou à organização[773, 774]. Apenas por meio da catástrofe que foi a Segunda Guerra Mundial foi possível voltar a reunificar esta Comunidade.

---

grande potência que não era membra, os EUA. De fora estavam essencialmente pequenos Estados ou ex-membros, como o Brasil, que continuaram a cooperar com esta.

Assim, em 1931, as condenações da Sociedade contra o Japão em consequência da sua agressão contra a China poderiam ser consideradas como comunitárias, até porque tiveram o apoio dos EUA e da União Soviética (ver, *infra*, no parág. 19.2).

No entanto, seguiram-se-lhe as saídas do Japão e da Alemanha, já anunciadas, mas efectivadas, respectivamente, em 27 de Março de 1935 e em 19 de Outubro de 1935 (cfr. ASDN, 1936, Sixième Année, pág. 404). Apesar disso, as medidas adoptadas contra a Itália em 1935-1936 mereciam ainda a qualificação de comunitárias, já que aqueles dois Estados, embora não as acatassem, declararam a sua neutralidade quanto à questão. Isto é, também não se opuseram a estas, tendo a Alemanha adoptado sérias restrições ao comércio com os beligerantes que afectaram quase exclusivamente a Itália (ver, *infra*, no parág. 19.2). A sua postura podia, pois, ser aproximada de uma abstenção que, à luz da prática e tal como ficou consagrado nos Regimentos da Assembleia e do Conselho da Sociedade, não constituía obstáculo à tomada de decisões (ver, *infra*, parág. 34.1).

Já é bem menos líquido que se possa considerar como comunitárias as condenações e apelos ao Japão em 1937 e, sobretudo, em 1938, na sequência da sua segunda agressão contra a China, apesar de terem tido o apoio dos EUA. Entretanto, mais alguns Estados tinham abandonado a organização e, sobretudo, a Alemanha opôs-se a estas e a Itália, a partir de 6 de Novembro de 1937 (data da sua adesão ao Pacto Anti-Comintern entre a Alemanha e o Japão) passou também a opor-se, daí o seu abandono da Sociedade em Dezembro de 1937 (ver, *infra*, no parág. 19.2).

Deste modo, igualmente a condenação da União Soviética e o apelo a que os membros fornecessem assistência à Finlândia já não teve qualquer legitimidade comunitária (ver, *infra*, no parág. 19.2), mas simplesmente é decorrente das normas internacionais vigentes aplicáveis genericamente a cada Estado.

[773] A partir de 18 de Dezembro de 1939, a acção da Sociedade no domínio da segurança colectiva seria nula, restringindo-se a uma actividade técnica (cfr. John B. Mason, *Review: Report on the Work of the League during the War*, AJIL, Vol. 41, No. 1, 1947, pág. 338-339).

[774] A dissolução formal da Sociedade por decisão da sua Assembleia em Resolução de 18 de Abril de 1946 já pouco mais foi que uma certidão de óbito (texto da Resolução em IO, Vol. I, No. 1, 1947, pág. 246-251).

**19.2. Poderes públicos.** O Pacto estabelece alguns poderes da Sociedade que cabe apreciar de modo a determinar se podem ser qualificados como a primeira consagração de um poder público bélico. Porque este último é simplesmente uma espécie integrada no género poder público, cabe começar por determinar se a Sociedade tinha poderes públicos; isto é, a capacidade para adoptar unilateralmente (em nome da Comunidade Internacional) decisões constitutivas obrigatórias, portanto, susceptíveis de criar ou alterar a situação jurídica dos membros, em aspectos externos ao funcionamento da própria organização.

O Pacto só de forma indirecta concedia à Sociedade o poder de vincular os membros por um acto constitutivo. De facto, quanto à resolução pacífica das controvérsias, o seu artigo 15 apenas lhe atribuía um poder limitado. Este era aplicável em relação a qualquer controvérsia não submetida pelas partes a resolução arbitral ou judicial que pudesse levar a uma ruptura entre estas. Isto é, o seu pressuposto de aplicação não era apenas uma situação de guerra, mas igualmente uma simples situação de risco de ruptura[775].

O recurso ao Conselho era realizado unilateralmente por qualquer uma das partes (artigo 15, n.º 1), mas não podia ser exercido pelo Conselho oficiosamente[776]. Porém, o relatório do Conselho com a decisão quanto à questão de fundo apenas tinha uma eficácia jurídica limitada no caso de ser adoptado por unanimidade, com excepção das partes na controvérsia. Neste caso, todos os membros da Sociedade, incluindo, claro está, as partes na controvérsia, ficavam vinculados a não recorrer à guerra contra a parte que acatasse o relatório.

Não é possível considerar que o relatório, mesmo que aprovado por unanimidade, era obrigatório e que existia um dever de o executar. O Pacto claramente não o afirma[777]. Antes pelo contrário, qualifica a decisão do Conselho como uma recomendação (cfr. 15, n.º 4 e n.º 7). É certo que o artigo 15, n.º 6 permitia implicitamente o recurso à guerra para o executar[778],

---

[775] Deste modo, os pressupostos do poder público (mas não do bélico) da Sociedade tinham semelhanças com a figura da ameaça à paz consagrada na Carta como pressuposto do poder público bélico do Conselho de Segurança das Nações Unidas (ver, *infra*, parág. 79).

[776] Era possível a um Estado terceiro em relação à controvérsia pedir a intervenção da Sociedade por meio do artigo 11, n.º 2, mas este formalmente não criava uma situação reconduzível ao artigo 15.

[777] Contra: Paul Fauchille, *Traité de Droit International Public*, Tome Ier, Troisième Partie – *Paix*, 8.ª Edition, Paris, 1926, pág. 637, parág. 970-22 (sustenta que neste caso a solução se impõe às partes).

[778] Trata-se de conclusão geralmente reconhecida: Chandler Anderson, *Harmonizing the League Covenant with the Peace Pact*, AJIL, Vol. 27, No. 1, 1933, pág. 105-109, na pág. 106;

mas não exactamente por existir um dever jurídico de o cumprir. Entendeu-se sim que neste caso não se deveria limitar o direito de recurso à guerra que cabia aos Estados segundo o Direito Internacional Costumeiro já que seria de presumir que o Estado teria a razão do seu lado.

Esta conclusão é confirmada pela possibilidade que o artigo 15, n.º 7 conferia a qualquer uma das partes de recorrer à guerra na impossibilidade de se obter um apoio unânime no seio do Conselho ao relatório. Isto é, o recurso à guerra não era consentido apenas à parte beneficiada pelo relatório, mas igualmente à outra ou outras. Permitia-se implicitamente o recurso à guerra para impor uma solução distinta da recomendada pelo Conselho. Deste modo, caso a decisão não fosse unânime esta era destituída até deste efeito jurídico mínimo de precludir o direito de recurso à guerra contra a parte que acatasse o relatório.

Ainda assim, existindo uma decisão unânime, é indiscutível que esta tinha um efeito jurídico importante. As partes não eram obrigadas a executar a decisão, mas aquela que a rejeitasse ficava proibida de recorrer à força contra uma outra que a executasse. Caso a parte inconformada desrespeitasse esta obrigação seria considerada como agressora, ficando sujeita ao artigo 16. Existe, pois, aqui um limitado poder público do Conselho. Este era igualmente exercível pela Assembleia nos termos do artigo 15, n.º 9 e 10 do Pacto.

Qualquer relatório, mesmo adoptado apenas por maioria, tinha ainda o efeito de adiar obrigatoriamente um uso da força pelo prazo de três meses nos termos do artigo 12, com vista a dar tempo à parte recalcitrante de acatar o relatório ou acalmar os ânimos e permitir uma reponderação diplomática da questão. Mas tratava-se de um efeito automático que se produzia independentemente do conteúdo da decisão. Julga-se que seria mesmo aplicável no caso de o Conselho se declarar incompetente por se tratar de uma questão sujeita à jurisdição interna do Estado (artigo 15, n.º 8).

No entanto, estes dois aspectos quanto ao recurso à guerra perderiam relevância com a ratificação por virtualmente todos os Estados existentes de tratados multilaterais ou bilaterais que extinguiam estes direitos bélicos[779].

---

I. Brownlie, *International Law and the Use* (...), cit., pág. 60-61. Ver ainda A. Marques Guedes, *O Direito e a Guerra*, em *A Crise do Golfo e o Direito Internacional*, Porto, 1993, pág. 37-59, na pág. 51).

[779] Recorde-se que o Pacto Briand-Kellog de 28 de Agosto de 1928 (texto em LNTS, vol. XCIV, 1929, n.º 2137, pág. 57-64) foi ratificado por 63 Estados (cfr. AJIL, Vol. 38, 1944, supplement, 138-139), numa Comunidade de Estados que à altura tinha 73 membros. Dezenas

Mais relevante quanto a poderes públicos parece ser o artigo 16, n.º 1, mas não se afigura inteiramente líquido que efectivamente os confira. A qualificação de uma determinada situação como constituindo um recurso à guerra contrário aos termos dos artigos 12, 13 e 15 tornava aplicável automaticamente o dever de empregar medidas compulsivas pacíficas contra o Estado responsável. Porém, o Pacto não esclarecia a quem caberia tal qualificação. A resposta que se afigura óbvia é que este caberia aos órgãos da Sociedade. Mas não foi exactamente esta a interpretação seguida. O entendimento que prevaleceu foi o de que tal qualificação caberia aos Estados membros[780]. Claro está, no fundo tratava-se de uma mera homenagem à soberania dos membros, já que o regime jurídico que era aplicado era essencialmente o dos órgãos da Sociedade; daí a exclusão da opinião das

---

de tratados multilaterais [ver sua resenha em C. Baptista, Ius (...), cit., pág. 199-201, nota 122] e bilaterais estenderam as suas obrigações virtualmente a todos os Estados com um mínimo de significado.

[780] A questão foi bastante discutida entre os membros, designadamente em 1921. A Assembleia em 4 de Outubro de 1921 adoptou 19 resoluções [cada uma com apenas um parágrafo; texto em LNRRAA, Second Session (September 5th to October 5th, 1921), pág. 24-26] sob o título "The Economic Weapon", quanto a aspectos da interpretação do artigo 16. A sua resolução 4 consagrou a interpretação de que tal juízo caberia aos Estados membros, mas que seria uma qualificação vinculada pelos termos do Pacto (esta afirma: "the fulfillment of their duties under Article 16 is required from the members of the League by the express terms of the Covenant, and they cannot neglect them without a breach of their treaty obligations"). A prática seguiria este entendimento. Assim, esta resolução seria frequentemente invocada; por exemplo, pelo Presidente do Conselho em 7 de Outubro de 1935 a propósito do juízo dos 14 membros do Conselho quanto à qualificação do ataque da Itália contra a Etiópia como guerra realizada em violação do artigo 12 do Pacto (excerto da acta da reunião do Conselho em AJIL, Vol. 30, No. 1, 1936, Supplement: Official Documents, pág. 40).

Assim, a nota de 16 de Janeiro de 1932 dirigida ao Japão na sequência da sua agressão contra a China foi denominada "Note by members of the Council of the League of Nations other than China and Japan to Japan", iniciando-se "The twelve members of the Council recall the terms of article X of the Covenant" (texto em AJIL, Vol. 26, No. 2, 1932, pág. 343). A propósito da agressão da Itália à Etiópia, os membros da Assembleia adoptaram o mesmo procedimento em 10 de Outubro de 1935. O seu Presidente declarou: "It must be made clear that no organ of the League has power to decide, in such a way as to bind all the members, that one of them has violated the Covenant. That obligation derives directly from the Covenant, and must be observed by members of the League in virtue of the respect due to treaties" (cfr. excerto das actas da Assembleia em AJIL, Vol. 30, No. 1, 1936, Supplement: Official Documents, pág. 40-41). Ver também: Amos Taylor, *Economic Sanctions and International Security*, UPLR, Vol. 74, 1925-1926, pág. 155-168, na pág. 161; Denys P. Myers, *The League of Nations Covenant*, APSR, Vol. 33, No. 2, 1939, pág. 193-218, na pág. 209 e nota 54).

partes na controvérsia. Contudo, por este meio escapavam igualmente à exigência de unanimidade[781].

No entanto, esta atribuição aos membros do direito de interpretar o artigo 16, n.º 1 do Pacto limitava o poder público da Sociedade quanto à sua aplicação. Uma vez operada a qualificação, o Conselho limitava-se a coordenar por meio de uma mera recomendação as medidas a serem adoptadas cujo regime era paralelo ao das represálias de Estados "terceiros", que se tornariam frequentes na defesa de normas que impunham obrigações *erga omnes*. Mas aceita-se que o facto de serem recomendadas pela Sociedade as legitimaria de forma praticamente automática, fazendo com que perdessem a natureza excepcional que têm as represálias enquanto causas de justificação. A sua adopção fora aceite pelos Estados membros da Sociedade, incluindo a entidade alvo destas, ao se vincularem ao Pacto. Havia, pois, aqui um exercício do poder público na aprovação do acto que habilitava à adopção de determinadas medidas em particular, ainda que formalmente fosse exteriorizada por meio de uma mera recomendação e de uma qualificação formalmente realizada pelos Estados membros e não pela Sociedade.

De qualquer modo, o preceito só teria uma aplicação formal[782]. Outras situações que justificavam plenamente a sua aplicação foram objecto de

---

[781] Esta postura seria igualmente aplicada às chamadas opiniões da Sociedade que estariam isentas da exigência da unanimidade à luz da prática. Assim, o Presidente da Assembleia a propósito dos protestos da Itália pela falta de unanimidade quanto à opinião dos Estados membros deste órgão de que esta violara o artigo 12 do Pacto no ataque à Etiópia, afirmou: "As regards any doubts concerning the vote upon the text in question, I think that our Italian colleague would be entirely in the right if that text constituted a formal resolution of the Assembly. In that case, the question of a majority vote or unanimity vote would arise. I was anxious to make it clear at the outset that, in the present case, this is not a resolution, in the strict sense of the word, but an invitation addressed by the Assembly to the States members" (texto em AJIL, Vol. 30, No. 1, 1936, Supplement: Official Documents, pág. 40-41). Ver a aceitação crítica deste regime jurídico em John F. Williams, *League of Nations and Unanimity*, AJIL, Vol. 19, 1925, pág. 475-488, na pág. 481 e 488.

[782] Trata-se do caso resultante da agressão da Itália contra a Etiópia em 3 de Outubro de 1935. No dia 7 de Outubro, o Presidente do Conselho afirmou: "I take note that fourteen members of the League of Nations represented on the Council consider that we are in presence of a war begun in disregard of the obligations of Article 12 of the Covenant" (cfr. excerto da acta da reunião do Conselho em AJIL, Vol. 30, No. 1, 1936, Supplement: Official Documents, pág. 40; apenas a Itália discordou), no que foi apoiado pela Assembleia por resolução (que não foi considerada formalmente como tal e teve o apoio expresso ou tácito de 50 Estados, com crítica de apenas quatro, incluindo a Itália) de 10 de Outubro (texto em SNJO, *Supplément Spécial* n.º 151, pág. 83; também em AJIL, cit., pág. 40-41).

Os EUA, no dia 5 de Outubro, decretaram um embargo de armas contra ambas as partes (cfr. *Proclamation by the President of the United States*; texto em AJIL, cit., pág. 63-65), mas um embargo mais alargado contra a Itália ficou limitado a um apelo moral aos cidadãos americanos. Muitas empresas não fizeram caso deste e aumentaram as suas exportações. No entanto, a política dos EUA foi claramente de ver com censura estas exportações e de apoiar as medidas da Sociedade ["there are certain commodities such as oil, copper, trucks, tractors, scrap iron, and scrap steel which are essential war materials, although not actually "arms, ammunition, or implements of war", and that **according to recent Government trade reports a considerably increased amount of these is being exported for war purposes. This class of trade is directly contrary to the policy of this Government** as announced in official statements of the President and Secretary of State, as it is also contrary to the general spirit of the recent neutrality act", afirmava o Secretário de Estado dos EUA referindo-se às exportações americanas para a Itália em *Statement by the Secretary of State, November 15, 1935* (texto em PW, doc. 60, pág. 292-293, na pág. 293)]. Daí que os EUA tenham respondido à nota da Sociedade das Nações que indicava a imposição de sanções referindo a citada proclamação do seu Presidente (cfr. SNJO, *Supplément Spécial* n.º 151, pág. 87-88).

Deste modo, as medidas decididas pela Sociedade (as mais importantes entraram em vigor em 18 de Novembro), incluindo um embargo de armas, financeiro e comercial restrito (ver Proposta I do Comité de Coordenação de 11 de Outubro de 1935, que recomenda o fim de qualquer embargo de armas contra a Etiópia; Proposta II de 14 de Outubro, quanto a medidas financeiras; Proposta III de 19 de Outubro, sobre a proibição de importações de bens italianos; Proposta IV da mesma data, sobre embargo a certas exportações para Itália; textos das propostas em AJIL, cit., pág. 42-46; Denys Myers, *Procedure for Applying Sanctions*, AJIL, Vol. 30, No. 1, 1936, pág. 124-130, na pág. 129, qualifica o Comité como uma mera conferência dos Estados e não um órgão da Sociedade, o que não parece conclusão líquida) foram colocadas em causa por este aumento de exportações dos EUA e, de qualquer modo, não foram abrangentes, já que acabaram por não incluir as exportações de petróleo, carvão ou borracha.

Também o Japão e a Alemanha não as seguiram; ambos os Estados não eram já membros da Sociedade quando estas entraram em vigor e declararam a sua neutralidade em relação ao conflito e às medidas da Sociedade. Mas a segunda adoptou uma política de restrições ao comércio com os beligerantes mais drástica do que a dos próprios EUA [cfr. *Memorandum by the Secretary of State Regarding a Conversation With the Italian Ambassador (Rosso)*, Washington, November 22, 1935 (texto em PW, doc. 61, pág. 293-301, na pág. 297)]. Os quatro membros que desde o início tinham apoiado a Itália também as não aplicaram e alguns outros apenas o fizeram parcialmente, mas por motivos económicos e políticos e não por discordarem destas. De qualquer forma, estas medidas foram apoiadas por entre 50 e 52 Estados. O Egipto e o Liechtenstein, Estados não membros, indicaram à Sociedade que as tinham adoptado igualmente (cfr. SNJO, *Supplément Spécial* n.º 151, pág. 88). Assim, a escassa oposição não tem significado suficiente para retirar carácter comunitário às medidas.

Em 15 de Julho de 1936, a Assembleia cancelou as sanções por influência britânica (alguns Estados continuaram-nas, caso da África do Sul, que declarou em 1 de Julho na Assembleia em relação à decisão de cancelamento: "The Union of South Africa cannot, without protest, subscribe to a declaration to the world which, in their profound belief, will shatter for generations all international confidence and all hope of realism or peace" (texto da declaração em LND), sob alegação de que a agressão se tinha concretizado [ver declarações

meras condenações verbais ou meros apelos de assistência ao Estado vítima[783]. O máximo até onde se foi ficou-se pela expulsão do Estado membro responsável, embora se tratasse de um membro permanente[784].

---

do futuro Primeiro-Ministro Britânico no Parlamento em 10 de Junho de 1936 (cfr. CMIE, pág. 97; igualmente em LND) e do então ainda Primeiro-Ministro em 23 de Junho (cfr. CMIE, pág. 98)], com a derrota da Etiópia [obtida em boa parte pelo recurso massivo ilícito a gases condenado implicitamente pelo Comité dos Treze nomeado pela Sociedade em 9 de Abril de 1936 que relembrou a aplicação do Protocolo de 17 de Junho de 1925 (texto em NRG, 3.ª Série, tome XXVI, pág. 643-645) que as proíbe (cfr. CMIE, pág. 92; ver também a crítica de John Spencer, *The Italian-Ethiopian Dispute and the League of Nations*, AJIL, Vol. 31, No. 4, 1937, pág. 614-641, na pág. 635)].

Desde o início que a Grã-Bretanha e a França se mostraram mais preocupados em não alienar a Itália levando-a a aproximar-se da Alemanha, do que com a Etiópia (cfr. George Baer, *Sanctions and Security. The League of Nations and the Italian-Ethiopian War*, 1935--1936, IO, Vol. 27, No. 2, 1973, pág. 165-179, na pág. 166-168). Daí que os reforços italianos passassem imperturbados pelo canal do Suez [o Tribunal Permanente de Justiça Internacional afirmara que a neutralidade era compatível com a concessão do direito de passagem de navios com contrabando de guerra por canais (cfr. *S.S. Wimbledon*, Merits, Judgment No. 1, August 17, 1923, P.C.I.J. Series A No. 1, pág. 28), mas neste caso a situação não era de neutralidade, mas de adopção conjunta de medidas contra a Itália]. A acção da Sociedade confirma que um mero papel (o Pacto), e os compromissos que consagra, podem levar Estados a adoptar actos que vão contra aquilo que consideram os seus interesses em nome de princípios, mas que só por si não fazem milagres (ver igualmente Gerhart Niemeyer, *The Balance-Sheet of the League Experiment*, IO, Vol. 6, No. 4, 1952, pág. 537-558, na pág. 547-548). Os apelos da Etiópia à aplicação integral do artigo 16 (cfr. SNJO, *Supplément Spécial* n.º 151, pág. 82) acabaram por ter concretização escassa.

[783] Deste modo, as agressões do Japão contra a China foram alvos de meras condenações. A reacção conjunta da Sociedade e dos EUA ao ataque de 18 de Setembro de 1931 do primeiro à segunda não passou de uma condenação verbal e da adopção da Doutrina Stimson de não reconhecimento do Estado fantoche [este carácter do Manchukuo é confirmado nas memórias do ex-imperador chinês, nomeado imperador deste pelo Japão: Pu Yi, *El Ultimo Emperador – Autobiografía* (trad. ed. original chinesa), Madrid, 1990, pág. 214 e 227-233] criado pelo Japão na Manchúria (texto das notas de 7 de Janeiro de 1932 do Secretário de Estado Norte Americano Stimson dirigidas ao Japão e China em PW, pág. 161; também em AJIL, Vol. 26, n. 2, 1936, pág. 342; a sua doutrina seria confirmada por nota do Conselho da Sociedade, excluindo a China e o Japão, de 16 de Janeiro de 1932 (texto em AJIL, cit., pág. 343) e pela Assembleia da Sociedade das Nações em resolução de 11 de Março de 1932 (texto em ASDN, 1936, Sixième Année, pág. 397-398; também, excerto, em AJIL, cit., pág. 343). A aprovação unânime pela Assembleia de um relatório favorável à China em 24 de Novembro de 1932 à luz do artigo 15, n.º 4 do Pacto (cfr. ASDN, 1936, Sixième Année, pág. 403), acabaria por levar à notificação de abandono da Sociedade pelo Japão em 27 de Março de 1933 (cfr. ASDN, cit., pág. 404) (ver ainda, *infra*, parág. 34.4.4). O apoio dos EUA à acção da Sociedade ficou expresso em declarações do seu Secretário de Estado: "the American Government acting independently through its diplomatic representatives will endeavor to

reinforce what the League does" [cfr. *The Secretary of State to the Consul at Geneva (Gilbert)*,Washington, October 9, 1931-6 p. m., texto em PW, doc. 3, pág. 157-158, na pág. 158].

Igualmente a União Soviética, o outro Estado importante que não era membro (embora à altura não pudesse ser qualificada juridicamente como grande potência, visto que este seu estatuto ainda não fora renovado depois da sua derrota perante a Alemanha na Primeira Guerra Mundial; era, ainda assim, um Estado com um peso incontornável para aferir o critério referido da inexistência de oposição significativa para determinar o carácter comunitário de um acto) apoiou a acção da Sociedade das Nações em reacção à ocupação japonesa da Manchúria. Esta ocupação viria a provocar um conflito com o Japão. Na fronteira entre os dois a tensão cresceu, com problemas relacionados com a linha de caminho de ferro do leste da China ao longo de 1933 (cfr. CMIE, pág. 36). A situação depois degradar-se-ia num conflito armado aberto na Mongólia e na fronteira entre a União Soviética e a Manchúria, com vários incidentes e mesmo batalhas entre 1937 e 1939 [cfr. a descrição da ocorrida em 18 de Maio de 1939 em escrito de *The German Ambassador in the Soviet Union (Schulenburg) to the State Secretary in the German Foreign Office (Weizsäcker)*, Moscow, June 5, 1939, texto em NSR, pág. 18-20, na pág. 20]. Existem, pois, bases para sustentar que estas condenações constituíram uma reacção comunitária.

As mesmas condenações seriam realizadas aquando do reinicio das hostilidades pelo Japão em 7 de Julho de 1937, ainda que indo um passo além. Depois da adopção do seu relatório de 5 de Outubro de 1937 pelo Comité Consultivo sobre o Extremo Oriente (que conclui que a acção japonesa "can be justified neither on the basis of existing legal instruments nor on that of the right of self-defence, and that it is in contravention of Japan's obligations under (...) the Pact of Paris of August 27, 1928". A Assembleia da Sociedade aprovaria este, bem como dois outros relatórios com a mesma data. A resolução da Assembleia de 6 de Outubro de 1937 afirma: "Expresses its moral support for China, and recommends that Members of the League should refrain from taking any action which might have the effect of weakening China's power of resistance and thus of increasing her difficulties in the present conflict, and should also consider how far they can individually extend aid to China" (texto dos relatórios e resolução em DIA, 1937, pág. 686-701). Os EUA apoiariam os relatórios e resolução em declaração do mesmo dia (texto em DIA, 1937, pág. 590-591).

Este apelo diplomático dirigido aos Estados à ponderação quanto ao nível de auxílio a conferir individualmente dificilmente poderá ser enquadrado no artigo 16 do Pacto, por aplicação do artigo 17, n.º 3 (o Japão deixara entretanto de ser membro da Sociedade, mas a China continuava a ser membra). A China pedira a aplicação do artigo 17 nas suas cartas de 12 de Setembro de 1937 ("In the name of my Government I hereby invoke the application of Articles 10, 11, and 17 of the Covenant and appeal to the Council to advise upon such means and take such action as may be appropriate and necessary for the situation under the said articles") e de 11 de Setembro de 1938 ("request the Council to give immediate effect to Article 17 of the Covenant, which the Council has hitherto failed to apply but which, in the opinion of the Chinese Government, provides the most relevant procedure for effective action by the League in the present case") (texto de ambas as cartas em LND).

Mais uma vez, estas condenações foram apoiadas pelos EUA (cfr. *Press Release Issued by the Department of State on October 6, 1937*: "the action of Japan in China is inconsistent

Acresce que apesar de o artigo 16, n.º 1 ser claro quanto à obrigatoriedade da adopção de medidas compulsivas pacíficas[785, 786], à medida que o

---

with the principles which should govern the relationships between nations and is contrary to
the provisions of the Nine Power Treaty of February 6, 1922, regarding principles and policies
to be followed in matters concerning China, and to those of the Kellogg-Briand Pact of August
27, 1928. Thus the conclusions of this Government with respect to the foregoing are in
general accord with those of the Assembly of the League of Nations" (texto em PW, doc. 94,
pág. 387-388, na pág. 388). Mas a Alemanha, em 29 de Outubro de 1937, recusou-se a
participar na Conferência de Bruxelas (cfr. CMIE, pág. 135), que reuniu as partes no Tratado
das Nove Potências (*Open Door Policy*) em 6 de Fevereiro de 1922 (texto em NRG, 3.ª Série,
tomo XIV, pág. 325-331) com vista a procurarem adoptar uma posição comum sobre o
conflito. Claro está, o Japão, em 27 de Outubro, recusara-se igualmente a participar (cfr.
CMIE, pág. 135). A Itália que, ainda enquanto membro da Sociedade não se opusera à
resolução de 6 de Outubro de 1937, depois da sua adesão ao Pacto Anti-Comitern entre a
Alemanha e o Japão em 6 de Novembro de 1937, alterou a sua postura. Assim, embora tenha
participado na Conferência de Bruxelas, votou contra a resolução de 15 de Novembro de
1937 da referida Conferência de Bruxelas que criticava o Japão (texto desta e resultado da
votação em PW, doc. 96, pág. 390-393). Posteriormente, em 11 de Dezembro, a Itália abandonou
a Sociedade das Nações (cfr. CMIE, pág. 139). Não parece, pois, possível considerar como
comunitárias as condenações da Sociedade sobre a questão, tendo em conta o peso destes
Estados.

[784] Tratou-se da situação causada pela agressão da União Soviética à Finlândia em 30
de Novembro de 1939. Perante o apelo da Finlândia, a Assembleia e o Conselho da Sociedade
reuniram-se em 14 de Dezembro de 1939, já em plena Segunda Guerra Mundial, naquelas
que seriam as suas últimas reuniões (salvo a última de dissolução em 1946). A Assembleia
condenou duramente a União Soviética por violação do Pacto e do acordo de não agressão
com a Finlândia (texto da Resolução da Assembleia de 14 de Dezembro de 1939 em *Appel
du Gouvernement Finlandais a la Société des Nations*, RMTSN, Supplément Spécial, Décembre
1939, pág. 73-74). O Conselho, fazendo suas as acusações da Assembleia contra a União
Soviética, expulsou-a nos termos do artigo 16, n.º 4 (texto da Resolução do Conselho em
*Appel du Gouvernement* (…), cit., pág. 82-83).

Esta expulsão coloca, porém, alguns problemas devido à ausência de alguns dos membros
quando o artigo 16, n.º 4, numa interpretação literal, exige uma decisão de todos os restantes
membros do Conselho, com excepção do Estado a expulsar (entendendo que não estava
reunido o quórum necessário: Leo Gross, *Was the Soviet Union Expelled From the League of
Nations?*, AJIL, Vol. 39, No. 1, 1945, pág. 35-44, na pág. 39). Existe, no entanto, a possibilidade
de a apoiar igualmente na excepção do não cumprimento (ver, *infra*, parág. 44.1).

Na sequência destas resoluções, o Secretário-Geral da Sociedade dirigiu um apelo aos
Estados membros de 18 de Dezembro para que fornecessem assistência material e humanitária
à Finlândia e que se abstivessem de qualquer acção que pudesse prejudicar a sua resistência
[texto em *Appel du Gouvernement* (…), cit., pág. 87].

[785] A Assembleia adoptou mesmo, em 4 de Outubro de 1921, uma proposta de emenda
ao artigo 16, n.º 1 estabelecendo expressamente esta obrigatoriedade [texto em LNRRAA,
Second Session (September 5th to October 5th, 1921), pág. 14], mas que não chegou a entrar
em vigor. Pela sua Resolução 1 igualmente de 4 de Outubro sobre "The Economic Weapon"

clima de guerra se instalava, foram surgindo defesas de interpretações em sentido contrário que na realidade constituíam emendas deste[787].

Por conseguinte, é necessário concluir que os poderes públicos da Sociedade eram muito restritos[788].

---

(texto em LNRRAA, cit., pág. 24) declarou que, caso esta e as restantes emendas adoptadas nesse dia não entrassem formalmente em vigor, seriam vistas como elementos na interpretação do artigo 16.

[786] Trata-se de conclusão pacífica: Quincy Wright, *The Test of Aggression in the Italo-Ethiopian War*, AJIL, Vol. 30, No. 1, 1936, pág. 45-56, na pág. 46 e 48-49; D. Myers, *The League* (…), cit., pág. 210, nota 57.

[787] A situação acabou por levar a Assembleia pela sua Resolução de 30 de Setembro de 1938 [texto em *Resolutions Adopted by the Assembly during its Nineteenth Ordinary Session* (from September 12th to 30th, 1938), pág. 28; também em SNJO, *Supplément Spécial* n.º 183, pág. 142] a comunicar aos membros um relatório com as posições assumidas quanto à interpretação a conferir ao artigo 16 e que nos seus parágrafos introdutórios afirmava que o preceito se mantinha inalterado, que as medidas bélicas do artigo 16, n.º 2 não eram obrigatórias, mas que vários membros tinham declarado não se poderem considerar como obrigados a adoptar as medidas económicas contra um agressor [ver sobre este relatório D. Myers, *The League* (…), cit., pág. 207-208].

Já em 14 de Dezembro de 1939, a Grã-Bretanha afirmou no Conselho da Sociedade que a interpretação quanto à não obrigatoriedade das medidas previstas no Pacto fora geralmente aceite e que respeitava a neutralidade dos Estados membros [cfr. *Appel du Gouvernement* (…), cit., pág. 85].

[788] Discutiu-se se a Sociedade poderia recorrer às medidas previstas no artigo 16, n.º 1 para dar cumprimento a sentenças nos termos do artigo 13, n.º 4, parte final ou em geral por violações menores do artigo 12 [as dúvidas de: P. Fauchille, *Traité* (…), cit., Tome Ier, Troisième Partie – *Paix*, pág. 639-640]. A mesma questão se poderia levantar em relação a actos contra Estados não membros nos termos do artigo 17, n.º 4 ou em geral nos termos dos artigos 10 e 11, n.º 1. A Assembleia, na sua Resolução 2 sobre "The Economic Weapon" de 4 de Outubro de 1921 [texto em LNRRAA, Second Session (September 5th to October 5th, 1921), pág. 24], sustentou que o artigo 16 apenas se aplicaria nos casos nele previstos, com excepção do caso especial do artigo 17. No entanto, depois de o Instituto de Direito Internacional na sua resolução de 10 de Agosto de 1923, parte II, sustentar que o artigo 16 seria aplicável a uma violação do artigo 10 (resolução que seria comunicada à Sociedade), uma votação na Assembleia da Sociedade de 24 de Setembro de 1923 sobre uma proposta de resolução que adoptava a mesma posição não atingiu a unanimidade, sendo o resultado de 29 a favor, um contra e 13 abstenções ou ausências (textos completos de ambas as resoluções em James B. Scott, *Interpretation of Article X of the Covenant of the League of Nations*, AJIL, Vol. 18, No. 1, 1924, pág. 108-113, na pág. 109-110).

Parece que, por maioria de razão, o artigo 16 à luz do texto do Pacto deveria ser aplicado num caso de violação do artigo 10. Mas, como se verificou, o artigo 16 sofreu alterações pela prática ao longo da existência da Sociedade. De qualquer modo, fora esta situação, o artigo 16, n.º 1 parece bem claro em aplicar-se apenas aos artigos 12, 13 e 15 e 17, n.º 3, por força dos próprios termos deste último. Este incluiria violações menores do

**19.3. Poder público bélico.** Mas cabe questionar se no seio dos poderes da Sociedade estaria compreendido alguma forma de poder público bélico nos termos do artigo 16, n.º 2.

É pacífico que a adopção das medidas bélicas do artigo 16, n.º 2 pelos membros não era estritamente obrigatória[789]. A intervenção do Conselho realizava-se por uma mera recomendação. A questão a colocar é se os membros podiam adoptar tais medidas por sua própria iniciativa ou se apenas o podiam fazer com base na recomendação do Conselho. Ou, por outras palavras, se a intervenção do Conselho era constitutiva de uma nova situação jurídica ou se se limitava a sugerir medidas que os membros já tinham legitimidade para adoptar uma vez realizada a qualificação do artigo 16, n.º 1. Da resposta a esta questão depende a qualificação da figura consagrada no artigo 16, n.º 2. No primeiro caso, estar-se-á perante a primeira consagração do poder público bélico que engloba o mero poder de habilitação ao uso privado da força[790].

A qualificação do acto do Conselho como uma mera recomendação não é obstáculo a esta possibilidade, já que é pouco relevante a forma obrigatória ou não para os destinatários da habilitação. Mesmo não sendo obrigatória,

---

artigo 12, como fica comprovado pela posição da Sociedade no conflito entre a Itália e a Etiópia, mas não se afigura que incluísse outras [também: D. Myers, *The League* (…), cit., pág. 209].

[789] No anexo F ao citado Tratado de Locarno as partes neste Tratado ou tratados bilaterais anexos (a França, a Itália, a Grã-Bretanha, a Checoslováquia e a Polónia perante a Alemanha; texto em AJIL, Vol. 20, No. 1, 1926, Supplement: Official Documents, pág. 32) interpretam o artigo 16 do Pacto no sentido de que ainda impunha alguns deveres de cooperação: "the obligations resulting from the said article on the members of the League must be understood to mean that each state member of the League is bound to cooperate loyalty and effectively in support of the Covenant and in resistance to any act of aggression to an extent which is compatible with its military situation and takes its geographical position into account". Trata--se de interpretação que constava igualmente do artigo 11, n.º 2 do Protocolo de Genebra sobre Resolução Pacífica dos Conflitos de 2 de Outubro de 1924 (texto em SNJO, 1924, Supplément Spécial n.º 24, première commission, annexe 18, pág. 136-140) e que tinha tido o apoio da maioria dos membros da Assembleia na citada proposta de resolução de 24 de Setembro de 1923. Mas esta interpretação acabaria por ser colocada em causa à medida em que a Sociedade entrava em crise e as grandes potências voltavam ao tradicional sistema das alianças militares e do equilíbrio de poderes, com a consequente procura da neutralidade (isto é, auto-colocação à margem do equilíbrio de poderes) por parte de grande parte dos pequenos Estados. Já ficou referido que o entendimento dominante nos finais dos anos 30 era o de que o artigo 16 não impunha qualquer obrigação aos Estados de participar nas medidas militares e, por alteração tácita, mesmo nas medidas compulsivas pacíficas do seu n.º 1.

[790] Ver, *supra*, parág. 9 e, *infra*, 36 e 49.

a habilitação a ser constitutiva produz efeitos em relação ao Estado alvo e aos Estados membros, atribuindo-lhes legitimidade (mas não um dever) para praticar actos bélicos[791].

Mais importante é a circunstância de, ao contrário dos artigos 10 e 11 que abrangem igualmente meras ameaças, o artigo 16, n.º 1 apenas se aplicar perante um recurso à guerra. A prática confirma que se devia interpretar "recurso à guerra"[792] como abrangendo não apenas a constituição

---

[791] Ver, *infra*, parág. 71.

[792] Esta terminologia de "recurso à guerra" tem sido alvo de críticas compreensíveis [assim: I. Brownlie, *International Law and the Use* (...), cit., pág. 59-60]. Ainda assim, apesar de a noção ter sido utilizada por Estados como forma de procurarem furtar-se aos poderes da Sociedade, negando que a sua acção constituísse guerra, na realidade estes esforços não tiveram qualquer sucesso. A Sociedade nunca considerou não ter jurisdição sobre uma situação bélica com o fundamento de que esta não derivava da prática de actos de guerra.

Assim, o conflito entre a Grécia e a Bulgária, desencadeado por um incidente de fronteira em 19 de Outubro de 1926, levou à adopção de medidas bélicas pela Grécia, que esta considerou serem represálias legítimas. O Conselho não concordou, tendo-a considerado responsável pelos prejuízos causados, no valor de cerca de 219.000 dólares da altura. A Grécia aceitou a decisão (ver James Garner, *Settlement of the Graeco-Bulgarian Dispute*, AJIL, Vol. 20, No. 2, 1926, pág. 337-339). Também já se referiu a qualificação pelos membros do Conselho em 7 de Outubro de 1935 como guerra contrária ao artigo 12 do ataque da Itália contra a Etiópia que foi desencadeado sem que tivesse sido declarada guerra ou reconhecida a sua existência (ver, *supra*, parág. 19.2).

Daí que parte da Doutrina considerasse que o Pacto proibia mesmo as represálias armadas (assim: N. Politis, *Les représailles entre États membres de la Société des Nations*, RGDIP, tome 31, 1924, pág. 5-16, na pág. 13, invocando a reacção à ocupação em Setembro de 1923 pela Itália da ilha de Corfu para forçar a Grécia a indemnizar a morte de um militar italiano em território grego). A preferência por esta terminologia em vez de uma referência à força visou deixar entreaberta a porta quanto a utilizações lícitas e restritas da força em situações pontuais, como o resgate de cidadãos no estrangeiro, que era frequente, com base numa causa de justificação (deste modo perdem sentido críticas como as de Philip M. Brown, *The Geneva Protocol*, AJIL, Vol. 19, No. 2, 1925, pág. 338-340).

A terminologia do Pacto conseguiu a proeza de praticamente eliminar as declarações de guerra da prática dos Estados, até à Segunda Guerra Mundial. Registe-se, porém, a excepção do Conflito Chaco entre o Paraguai e a Bolívia que se desenrolou durante três anos (Junho de 1932 a 14 de Junho de 1935). Inicialmente a Bolívia pareceu sair-se bem graças à sua superioridade militar e mostrou inclinações bélicas. Mas o pequeno Paraguai acabou por declarar-lhe guerra (10 de Maio de 1933) e alterar drasticamente a situação militar, persistindo numa postura bélica que custaria a vida a 50.000 Bolivianos e 35.000 Paraguaios. O Paraguai recusou as recomendações da Assembleia (ver relatório de 9 de Maio de 1934 adoptado pela Comissão da Sociedade para a questão; texto em AJIL, Vol. 28, No. 4, 1934, Supplement, pág. 137-208) e abandonou a Sociedade. A questão seria resolvida pelo Tratado de Paz de 21 de Julho de 1938 (texto em AJIL, Vol. 32, No. 4, 1938, Supplement, pág. 139-141) e selada por uma decisão arbitral dos Presidentes dos EUA, Argentina, Brasil, Chile, Peru e

de um estado de guerra, mas igualmente qualquer acto ilícito de força de gravidade paralela às praticadas numa situação de guerra independentemente de qualquer declaração ou reconhecimento de existência de guerra[793]. Deste modo, não é simples distinguir os pressupostos de aplicação do artigo 16, n.º 2 dos da legítima defesa de terceiro.

Curiosamente, existe prática que sugere que o artigo 16, n.º 3 poderia ser invocado directamente pelos membros independentemente de uma aplicação das medidas do artigo 16, n.º 1 ou n.º 2, bastando que os membros implicados realizassem a qualificação do artigo 16, n.º 1. Mas não parece que este consagrasse uma forma de legítima defesa de terceiro, mas antes uma cooperação na execução de medidas recomendadas pelo Conselho[794].

---

Uruguai (nos termos do artigo 2: "as arbitrators in equity, who acting *ex aequo et bono*"), que atribuiu três quartos do estéril território do Chaco ao Paraguai (texto da decisão arbitral em AJIL, Vol. 33, No. 1, 1939, pág. 180-182), numa moderada consagração do direito de conquista em desrespeito da declaração de não reconhecimento de alterações de fronteiras pela força emanada por dezanove Estados americanos em 3 de Agosto de 1932 (cfr. CMIE, pág. 18). Ver igualmente neste sentido L. H. Woolsey, *The Settlement of the Chaco Dispute*, AJIL, Vol. 33, No. 1, 1939, pág. 126-129, na pág. 128-129.

[793] Neste sentido: Edwin Borchard, *War and Peace*, AJIL, Vol. 27, No. 1, 1933, pág. 114-117, na pág. 114-115. Teorias objectivistas da guerra, isto é, independentemente de qualquer declaração ou reconhecimento da existência de guerra, eram frequentes: Thomas Baty, *Abuse of Terms: "Recognition": "War"*, AJIL, Vol. 30, No. 3, 1936, pág. 377-399, pág. 398-399; William Ronan, *English and American Courts and the Definition of War*, AJIL, Vol. 31, No. 4, 1937, pág. 642-658, na pág. 654, 656 e 658; L. H. Woolsey, *Peaceful War in China*, AJIL, Vol. 32, No. 2, 1938, pág. 314-320, na pág. 318. Mas muitas das críticas à teoria subjectivista eram absurdas. Se um Estado agressor não declarasse guerra tal não o absolvia do dever de cumprir as normas do Direito da Guerra. Qualquer incumprimento destas, quer em relação a neutros, quer a civis ou combatentes, apenas agravava a sua responsabilidade, já que o Direito da Paz se mantinha em vigor. De qualquer modo, alguma Doutrina sustentou que o Pacto se referia estritamente a um estado de guerra reconhecido, mas que a Sociedade podia reconhecer um estado de guerra para efeitos do artigo 16 apesar de as partes rejeitarem a sua existência: Q. Wright, *The Test of Aggression* (...), cit., pág. 51. A questão encontra-se ultrapassada com o desaparecimento do "estado de Guerra" (ver, *supra*, parág. 10.2).

[794] O Tratado de Locarno entre a França e a Polónia de 16 de Outubro/1 de Dezembro de 1925 estabelece no seu artigo 1, n.º 1: "In the event of Poland or France suffering from a failure to observe undertakings arrived at this day between them and Germany, with a view to the maintenance of general peace, France and, reciprocally, Poland, acting in application of Article 16 of the Covenant of the League of Nations, undertake to lend each other immediate aid and assistance, if such a failure is accompanied by an unprovoked recourse to arms". O mesmo estabelece o Tratado com a mesma data e local entre a França e a Checoslováquia (texto em AJIL, Vol. 20, No. 1, 1926, Supplement: Official Documents, pág. 32-33).

Estes tratados não concretizam qual o preceito do artigo 16 que pretendiam aplicar, mas os termos utilizados reportam-se ao seu n.º 3. O facto de estabelecerem que o dever de

Ainda assim, outros elementos sugerem que, apesar das suas semelhanças, os pressupostos quanto à aplicação do regime do artigo 16, n.º 2 e os da legítima defesa de terceiro eram parcialmente diferentes, além de estarem sujeitos a um juízo distinto[795]. Os membros poderiam recorrer à legítima defesa de terceiro, mas tal não constituiria uma utilização da força nos termos do artigo 16, n.º 2. A aplicação deste dependia de uma recomendação do Conselho.

Julga-se, pois, poder afirmar que o artigo 16, n.º 2 consagrava o poder da Sociedade de recomendar constitutivamente (isto é, segundo um regime específico que entrava em vigor por força do acto de habilitação) a adopção de medidas bélicas[796]. Tratava-se, pois, de uma habilitação ao uso privado da força[797]. Ora, este acto de habilitação realizado por uma entidade dotada

---

assistência deve ser exercido imediatamente e que se aplica perante um recurso às armas sugere que as partes interpretavam o artigo 16, n.º 3 como consagrando uma forma de legítima defesa de terceiro contra a agressão inicial. Porém, esta interpretação não é nada líquida. O artigo 16, n.º 3 parece condicionar a sua aplicação a uma utilização das medidas do n.º 1 ou do n.º 2. Isto é, a necessidade da assistência deriva da aplicação destes dois preceitos e não da agressão inicial que deu lugar à aplicação do artigo 16 (assim, a propósito das sanções contra a Itália, ver a Proposta V de 19 de Outubro de 1935 do Comité de Coordenação da Sociedade que invoca o artigo 16, n.º 3 a propósito da "Organization of Mutual Support"; texto em AJIL, Vol. 30, No. 1, 1936, Supplement: Official Documents, pág. 46-48). E, deste modo, trata-se de uma situação de cooperação mútua na execução das medidas recomendadas pelo Conselho. A conclusão a retirar é que o Pacto não consagrava especificamente a legítima defesa, nem sequer de terceiro, e que a interpretação realizada por estes dois tratados não seria conforme com o artigo 16.

[795] Assim, o citado Protocolo de Genebra sobre Resolução Pacífica dos Conflitos de 2 de Outubro de 1924 diferencia no seu artigo 2 a resistência a uma agressão de uma situação de utilização da força decidida pela Sociedade. Também o Tratado de Garantia Mútua de Locarno de 16 de Outubro/1 de Dezembro de 1925 entre a Alemanha, a Bélgica, a França, a Grã-Bretanha e a Itália (texto em NRG, 3.ª Série, tomo XVI, pág. 7-12; também em AJIL, Vol. 20, No. 1, 1926, Supplement: Official Documents, pág. 22-25) diferencia no artigo 2 entre a legítima defesa (parág. 1) e uma acção em aplicação do artigo 16 do Pacto (parág. 2), sublinhando pois que se trata de figuras distintas. A legítima defesa, pelo menos a de terceiro, ficava sujeita a um regime restritivo no artigo 4, n.º 3, já que apenas se aplicava perante uma violação flagrante do artigo 2 e as medidas de defesa tinham de ser comunicadas ao Conselho e sujeitas à sua apreciação.

[796] Ver também: C. Anderson, *Harmonizing* (...), cit., pág. 106-107; mais vago: Lobo d' Ávila Lima, *Da Sociedade das Nações*, Lisboa, 1927, pág. 110-111.

[797] Deste modo, a Assembleia na Resolução 18 sobre o artigo 16, aprovada em 4 de Outubro de 1921 [texto em LNRRAA, Second Session (September 5th to October 5th, 1921), pág. 26], admitia a criação de um bloqueio efectivo para impor as suas medidas compulsivas pacíficas, cuja execução ficaria a cargo de alguns Estados membros; supostamente com poder para usar a força para fazer cumprir o bloqueio recomendado pela Sociedade.

de carácter comunitário[798] e o decorrente uso privado habilitado integram o poder público bélico[799]. Constituiu, portanto, a primeira consagração internacional da figura[800].

---

[798] Não é inteiramente líquido se igualmente a Assembleia poderia exercer os poderes do artigo 16. Ao contrário do artigo 15, aquele artigo não contém qualquer referência quanto à possibilidade de a questão de aplicação do artigo 16 ser sujeita à Assembleia. Ainda assim, o artigo 3, n.º 3 parece ser base suficiente para fundamentar a assunção pela Assembleia dos poderes do artigo 16. O referido Protocolo de Genebra sobre Resolução Pacífica dos Conflitos de 2 de Outubro de 1924, no seu artigo 2, sugeria que igualmente a Assembleia podia recomendar o uso da força. Mas já os seus artigos 10 a 14 apenas se referem ao Conselho. Dado que o artigo 16, n.º 2 não chegou a ser aplicado, não é possível retirar conclusões seguras. Ainda assim, terão existido bases suficientes para que, existindo vontade política e sendo necessário para a prossecução das atribuições da Sociedade, a Assembleia assumisse tal poder. Tal significa que o Pacto criou bases que permitiam quer um poder público derivado, quer um poder público originário em sentido amplo (sobre estas figuras, ver, *supra*, parág. 5).

[799] O uso privado apenas integra o seu sentido amplo; ver, *supra*, parág. 5 e 9.1.

[800] O artigo 16 não concretiza a questão de saber como seriam organizadas as forças armadas a ser utilizadas contra um agressor, nem a quem competiria o seu comando e que relação existiria entre estas e o Conselho. Resulta claro que se trataria de forças nacionais, mas poderiam estas ficar sob comando da Sociedade, pela nomeação de um comandante sujeito à hierarquia do Conselho e não do Estado de que era nacional? O Pacto não o esclarece, mas os Estados membros chegaram a tentar seguir por esta via, consagrando um verdadeiro poder bélico em sentido estrito; isto é, uma utilização da força sob decisão política e comando militar internacional.

Assim, o malogrado Tratado de Assistência Mútua adoptado pela Comissão de Desarmamento em 8 de Agosto de 1923 (texto em SNJO, 1923, Supplément Spécial n.º 16, Troisième Commission, pág. 202-206), consagrava no seu artigo 5 o poder do Conselho de decidir obrigatoriamente aplicar as sanções económicas do artigo 16, n.º 1 (al. a); designar os Estados membros que deveriam participar nas operações militares, embora em princípio apenas os do continente em que a crise se verificasse (al. b); "Déterminer les forces que chaque Etat assistant devra mettre à sa disposition" (al. c); "désigner le commandement en chef et lui fixer le but et la nature de sa mission". Não surpreende que o projecto não tenha passado disso mesmo, este criava uma estrutura que quase 80 anos depois ainda não existe, nem sequer no papel.

A Sociedade chegou a constituir forças de manutenção da paz, mas não de imposição da paz (ver, *infra*, sobre estas noções, parág. 55.2); isto é, consensuais, imparciais e podendo utilizar a força apenas em legítima defesa ou no exercício do poder público interno, portanto, contra particulares. Depois da desistência quanto à criação de uma Força para supervisionar o projectado plebiscito de Vilna em 1920, foi criada uma pequena Força composta exclusivamente por tropas colombianas que se encontrou ao serviço da Comissão da Sociedade encarregada de administrar um território disputado (Leticia) entre o Peru e a Colômbia em 1933-1934. Apesar da composição exclusivamente colombiana da Força, existindo direcção desta por órgãos da Sociedade, não se tem dificuldades em a qualificar como Força desta. O

**19.4. Carácter costumeiro dos seus poderes?** O poder público bélico da Sociedade nunca foi exercido. Quanto aos seus diminutos poderes públicos pacíficos, estes resumiam-se ao de proibir o recurso à guerra contra uma decisão unânime sua (que cedo perdeu relevância, com a proibição de recurso à guerra) e de legitimação e coordenação das medidas compulsivas pacíficas.

Em relação aos não membros, entidades de referência essencial quanto a qualquer conclusão sobre o Direito Costumeiro, resulta claro que os actos de coordenação de medidas compulsivas pacíficas não os vinculavam. Outra conclusão não seria possível, já que estes tinham natureza de mera recomendação e eram baseadas formalmente na opinião dos Estados membros quanto à existência de um recurso ilícito à guerra. No plano do Direito Costumeiro, a prática confirma a não vinculação dos não membros[801].

Mas pode-se discutir se, sendo comunitário o acto, seria legítimo estender o efeito da habilitação a Estados não membros. Caso o Estado alvo das medidas fosse membro da Sociedade, resulta claro que tal extensão seria admissível, por força do próprio Pacto. O Estado estaria a violar as suas obrigações e o artigo 17 forneceria base para legitimar esta extensão. Mas sendo um Estado terceiro que recusara assumir as obrigações do Pacto, a questão não é líquida. Se a vítima fosse membra da Sociedade, o artigo 17 estabelece que o artigo 16 seria aplicável, mas tal não significa que o fosse enquanto poder público. Podia-se entender que neste caso o Pacto estaria apenas a legitimar represálias contra um terceiro[802], embora a pura remissão

---

Conselho criou ainda uma Força de cerca de 3300 efectivos, com contingentes de origem britânica, italiana, holandesa e sueca para o plebiscito do Sarre que exerceu funções de segurança em 1935-1936. Sob comando formal de um oficial britânico, a Força desempenhou com sucesso a sua missão [cfr. D. Bowett, *United Nations* (...), cit., pág. 10-11; A. Karaosmanoglu, *Les actions militaires coercitives et non coercitives des Nations Unies*, Droz, Genève, 1970, pág. 28-29].

[801] Já ficou referido que os EUA (salvo o embargo militar, adoptado antes da decisão da Sociedade e que abrangia igualmente a Etiópia em contradição com a recomendação do Comité de Coordenação da Sociedade), a Alemanha (que adoptou medidas semelhantes às dos EUA) e o Japão não respeitaram as sanções contra a Itália (ver, *supra*, parág. 19.2).

[802] A questão colocou-se a propósito do citado ataque do Japão contra a China em 1937, que foi condenado pela Sociedade e pelos EUA conjuntamente, embora não pareça ter tido apoio comunitário, devido à oposição da Alemanha e, posteriormente, da Itália. Como se verificou, a China invocou sem sucesso o artigo 17 do Pacto em 1937 e 1938. Mas as medidas não passaram de condenações e de um apelo dúbio. Posteriormente, as situações relevantes, como as ameaças de uso da força da Alemanha contra a Checoslováquia e contra a Polónia, bem como invasão desta, passaram à margem da Sociedade. Apenas a da Finlândia seria

para o regime do artigo 16 sugira que os autores do Pacto entenderam não dever distinguir o regime aplicável. Tal parece ter sido a sua perspectiva, mas não era necessariamente aquela que se encontrava efectivamente consagrada pelo Direito Costumeiro. A prática não esclareceu a questão[803].

Assim, na falta de prática, não é possível retirar qualquer conclusão clara quanto a saber se a Sociedade gozou de um poder público costumeiro de habilitar à tomada de medidas compulsivas pacíficas. Em princípio a resposta deve ser negativa. De qualquer modo, mesmo que este existisse, nem por isso seria possível estender tais conclusões em relação ao poder bélico da Sociedade. Mais uma vez não existiu prática que apoiasse essa extensão.

É certo que o desenvolvimento de normas costumeiras, que se parecem ter consolidado nos finais dos anos 30, quanto à proibição do uso agressivo da força apontaria para a necessidade de ser reconhecida uma excepção costumeira quanto a usos privados habilitados pela Comunidade Internacional ou uma organização dotada de carácter comunitário. Mas como os pressupostos deste uso da força em pouco se distinguiam da legítima defesa de terceiro, a questão da existência desta excepção não era premente.

É necessário concluir que não existem bases claras para se poder afirmar que algum destes poderes da Comunidade, ou da organização por si criada para os exercer, tenha adquirido carácter costumeiro durante este período. Em termos seguros, apenas se pode afirmar que a experiência da Sociedade das Nações não passou de uma criação de precedentes que seriam

---

analisada pela Sociedade, mas numa altura em que a União Soviética ainda era membra. Quando muito o referido apelo, igualmente dúbio, manifestado pelo Secretário-Geral da Sociedade em 18 de Dezembro de 1939 para que os Estados membros assistissem material e humanitariamente a Finlândia e, no fundo, se abstivessem de assistir a União Soviética, poderia ser considerada como um apelo à adopção de medidas contra um Estado não membro. Mas este era perfeitamente enquadrável em medidas de legítima defesa de terceiro. A França e a Grã-Bretanha chegaram a organizar um corpo expedicionário de auxílio à Finlândia. Mas este nunca chegaria a partir.

[803] Os EUA em declarações do seu Secretário de Estado de 2 de Novembro de 1935, em relação à manifestação de interesse pelo Comité de Coordenação a respostas de Estados não membros quanto às medidas adoptadas contra a Itália, limitou-se a um "It views with sympathetic interest the individual or concerted efforts of other nations to preserve peace or to localise and shorten the duration of war" (texto do comunicado de imprensa n. 318 norte--americano em LND). Em 2 de Fevereiro de 1939, manifestaria o seu interesse em colaborar com a Sociedade, mas apenas em matérias técnicas e não já nas políticas (cfr. RMTSN, Vol. XIX, N. 1, Janvier 1939, pág. 79). Em sentido positivo, mencione-se a referida adesão do Egipto e do Liechtenstein, Estados não membros, às medidas adoptadas pela Sociedade contra a Itália por força da agressão à Etiópia (cfr. SNJO, *Supplément Spécial* n.º 151, pág. 88).

desenvolvidos e incorporados pelo Direito Internacional Costumeiro já depois da entrada em vigor da Carta das Nações Unidas.

**20. As Nações Unidas.** A criação das Nações Unidas vem numa linha de continuidade quase perfeita de progressiva estruturação e reconhecimento de poderes à Comunidade Internacional. Mas, como se verificou, não se pode afirmar de forma segura que em 1945 os poderes públicos desta Comunidade pudessem ser considerados uma realidade costumeira[804].

---

[804] O período imediatamente a seguir ao final da Segunda Guerra Mundial também ficou marcado por alguns actos com semelhanças ao exercício de um poder público. Trata-se dos actos adoptados pelas grandes potências vitoriosas em relação aos Estados do Eixo derrotados. Actos que não se podem justificar à luz dos poderes conferidos pelo Direito Internacional às potências ocupantes, embora a situação dos Estados vencedores em relação à Alemanha e ao Japão não pudesse ser qualificada como de mera ocupação, mas de assunção dos poderes de jurisdição destes (neste sentido: Hans Kelsen, *The Legal Status of Germany According to the Declaration of Berlin*, AJIL, vol. 39, 1945, pág. 518-526, na pág. 519, 521--522, 524 e 525; Josef Kunz, *Ending the War with Germany*, AJIL, Vol. 46, No. 1, 1952, pág. 114-119, na pág. 118; parcialmente contra: Pitman Potter, *Legal Bases and Character of Military Occupation in Germany and Japan*, AJIL, vol. 43, n.º 2, 1949, pág. 323-325, na pág. 324; contra: Kurt Laun, *The Legal Status of Germany*, AJIL, Vol. 45, No. 2, 1951, pág. 267--285, na pág. 275 e 283). Pense-se na demarcação das fronteiras da Alemanha e, especialmente, na ratificação da expulsão massiva dos residentes alemães dos territórios perdidos por esta a favor da então União Soviética e da Polónia, bem como da Checoslováquia e Hungria, que constituíram violações do Direito Internacional [ver C. Baptista, Ius (...), cit., pág. 243-244]. Na realidade, estas e outras decisões tomadas nas Conferência de Ialta (4 a 11 de Fevereiro de 1945; texto do comunicado em AJIL, Vol. 39, 1945, Supplement: official documents, pág. 103-108) e de Berlim/Potsdam (de 17 de Julho a 2 de Agosto de 1945; texto do comunicado de Potsdam em AJIL, Vol. 39, 1945, Supplement: official documents, pág. 257) foram da responsabilidade apenas dos EUA, União Soviética e Grã-Bretanha, no que seriam depois apoiados pela França. As referências à necessidade de consulta dos restantes Estados da aliança das Nações Unidas (cfr. *Statement on consultation with the Governments of other United Nations*, constante da Declaração de Ialta) pouco passaram do papel.

Apenas a adopção dos Tratados de Paz de Paris de 1947 [Tratado de Paz com a Itália de 10 de Fevereiro de 1947 (texto em UNTS, 1950, n.º 747, pág. 124-234); Tratado com a Bulgária com a mesma data (texto em UNTS, 1949, n.º 643, pág. 49-133); Tratado com a Finlândia (texto em UNTS, 1950, n.º 746, pág. 227-303); Tratado com a Hungria (texto em UNTS, 1949, n.º 644, pág. 167-262); Tratado com a Roménia (texto em UNTS, 1949, n.º 645, pág. 33-124)] foi feita em termos mais alargados. A necessidade de estes tratados serem adoptadas não apenas pelas grandes potências, mas por todos os Estados participantes na Guerra, foi defendida pelos EUA na primeira reunião, de 11 de Setembro a 2 de Outubro de 1945, do Conselho de Ministros dos Negócios Estrangeiros das cinco grandes potências: "The American Delegation took the position that, in an interdependent, democratic world, peace cannot be the exclusive concern of a few presently powerful states; that unless we were to revert to a world of isolationism none of the states which we wanted invited to the peace

Sucintamente, a Carta veio consagrar importantes poderes a favor das Nações Unidas, a serem exercidos pelo seu órgão Conselho de Segurança. Trata-se de poderes que constam do seu Capítulo VII (artigos 39, 40, 41 e

conference could be said to be not directly concerned in the peace. We urged that those states, both large and small, which had fought and suffered in the war must make the peace" (cfr. *Report by Secretary Byrnes, October 5, 1945*; texto em APYLS). No entanto, estes tratados foram aceites pelas partes, especialmente, pelos Estados derrotados, não podendo ser considerados como exercícios de um poder, isto é, uma faculdade de adopção de decisões unilaterais obrigatórias.

Em relação à situação em que se encontravam a Alemanha e o Japão, esta constituía uma situação de verdadeira suspensão da sua personalidade jurídica que conferia às grandes potências vencedoras plenos poderes sobre a respectiva população e território. O título jurídico destes poderes em relação à primeira era exclusivamente a *debellatio* e não um tratado [assim, no caso da Alemanha, a Declaração de 5 de Junho de 1945 adoptada pelos aliados: "The Governments of the United Kingdom, the United States of America and the Union of Soviet Socialist Republics, and the Provisional Government of the French Republic, hereby assume supreme authority with respect to Germany, including all the powers possessed by the German Government, the High Command and any state, municipal, or local government or authority" (texto em AJIL, vol. 39, 1945, *supplement*, pág. 171-176). Já em relação ao Japão, ainda que de forma mais mitigada, existiu um título convencional, pois o instrumento de rendição incondicional de 1 de Setembro de 1945 (texto em AJIL, Vol. 39, 1945, *supplement*, pág. 264--265) estabelece no parág. 8: "The authority of the Emperor and the Japanese Government to rule the state shall be subject to the Supreme Commander for the Allied Powers, who will take such steps as he deems proper to effectuate these terms of surrender". A situação do Japão seria normalizada poucos anos depois com o Tratado de Paz com o Japão de 8 de Setembro de 1951 (texto em UNTS, 1952, No. 1832, pág. 45-164)]. Daí os poderes das grandes potências (ainda que limitados) para alterar os seus territórios (num complexo Governo colectivo: Eli Nobleman, *Quadripartite Military Government Organization and Operations in Germany*, AJIL, Vol. 41, No. 3, 1947, pág. 650-655).

O direito de conquista podia legitimar as apropriações territoriais, já que não parece que este à altura se encontrasse extinto para conflitos de legítima defesa (ver as dúvidas de Jochen Abr. Frowein, *The Reunification of Germany*, AJIL, Vol. 86, No. 1, 1992, pág. 152-163, na pág. 156-157). Tal não impede que tenham sido praticado actos abusivos, como as anexações de território polaco, checoslovaco, romeno e finlandês e especialmente da Lituânia, Estónia e Letónia pela então União Soviética, em actos que claramente não podiam ser considerados como de legítima defesa. Acresce que pela Declaração do Atlântico de 14 de Fevereiro de 1941 (texto em ANU, 1948, pág. 2), ponto I e II, reafirmada pela Declaração das Nações Unidas de 1 de Janeiro de 1942, em que era parte a União Soviética (texto e adesões em ANU, cit., pág. 1-2), os Estados aliados tinham renunciado ao direito de conquista (ver as críticas a estas anexações de Quincy Wright, *The Status of Germany and the Peace Proclamation*, AJIL, Vol. 46, No. 2, 1952, pág. 299-308, na pág. 306-307).

Mas se a anexação não seria lícita, parece que a mera vitória numa guerra de legítima defesa forneceria à luz do Direito Internacional então vigente um título jurídico para uma assunção de poderes de jurisdição sobre a Alemanha [em sentido semelhante: Josef Kunz, *Ending the War* (...), cit., pág. 118 e em *The Contractual Agreements with the Federal*

42), do artigo 53, n.º 1, segunda parte e do seu artigo 94, n.º 2[805]. O aspecto relevante neste momento é apenas determinar se tais poderes têm carácter público. Tal dependerá da circunstância das Nações Unidas compreenderem como membros um número de Estados suficiente para se considerar que estes constituem a Comunidade Internacional. E, seguidamente, se tais poderes têm apenas base convencional ou se adquiriram estatuto costumeiro.

**20.1. Carácter comunitário.** Assim, elemento essencial para poder qualificar como públicos os poderes das Nações Unidas é que estas sejam dotadas de carácter comunitário, por terem sido criadas/reconhecidos pelo titular destes, a Comunidade Internacional.

A resposta à questão de saber se as Nações Unidas gozam actualmente deste estatuto comunitário tem pouco de problemática tendo em conta o número dos seus membros. Sendo esta organização constituída por 189 Estados[806], incluindo todas as grandes potências presentes e passadas, resulta

---

*Republic of Germany*, AJIL, Vol. 47, No. 1, 1953, pág. 106-114, na pág. 110 (com mais reservas); Q. Wright, *The Status of Germany* (…), cit., pág. 305-307 (o autor nega mesmo que a Segunda Guerra Mundial tenha sido uma guerra no sentido técnico tradicional, entendendo que se tratou de uma acção de legítima defesa contra uma agressão); contra: K. Laun, *The Legal* (…), cit., pág. 272-273, 279-280 e 281], máxime, com vista a impedir uma renovação de uma política de agressão. O artigo 107 CNU ao legitimar as acções "taken or authorized as a result of that war" parece apontar neste sentido, pois sugere que o simples facto da vitória na guerra legitimou algumas das acções tomadas (ver, *infra*, sobre os artigos 107 e 53, n.º 1, última parte, CNU, parág. 30).

A situação da Alemanha Federal apenas seria normalizada, com o seu reconhecimento como Estado (embora ainda com severas restrições) com a entrada em vigor em 5 de Maio de 1955 do Tratado de Bona entre os EUA, Reino Unido e França com aquela de 26 de Maio de 1952, com as alterações introduzidas pelo Protocolo de Paris de 23 de Outubro de 1954 (texto com as alterações em AJIL, Vol. 49, No. 3, 1955, *Supplement: Official Documents*, pág. 57-69).

[805] Ver, *infra*, parág. 49-50.

[806] Durante o ano 2000 foram admitidos como Estados membros o Tuvalu, em 5 de Setembro (Estado independente desde 1978, com cerca de 10.000 habitantes, reconhecido pela Comunidade Internacional enquanto tal; assim, designadamente, tem relações diplomáticas com os EUA; cfr. USDSWS) e a nova República Federal da Jugoslávia (Sérvia e Montenegro) em 1 de Novembro (cfr. MTDSG).

Esta última alimentou um folhetim quanto à sua ligação às Nações Unidas que se arrastou por vários anos. De facto, depois da dissolução da República Federal Socialista da Jugoslávia e com o reconhecimento das declarações de independência da Eslovénia, Croácia, Macedónia e Bósnia-Herzegovina, a Sérvia e o Montenegro constituíram em 27 de Abril de 1992 uma nova Federação. Esta foi proclamada continuadora jurídica da anterior Federação, tendo os seus representantes tentado assumir a qualidade de membro das Nações Unidas da antiga Jugoslávia. Contudo, esta pretensão foi negada pelo Conselho de Segurança e pela Assembleia Geral. O primeiro na Resolução 757 (1992), de 30 de Maio (texto em RDSCOR, 1992, pág. 13-16), no parág. 10 do Preâmbulo, bem como na Resolução 777 (1992), de 19 de Setembro (texto em RDSCOR, 1992, pág. 34), preâmbulo e parág. 1, afirmou que a antiga Jugoslávia deixara de existir e que a nova Jugoslávia não fora geralmente reconhecida como sua continuadora. Que consequentemente deveria requerer a admissão nas Nações Unidas, como tinham feito os restantes Estados da antiga Jugoslávia.

A Assembleia Geral, na sua Resolução 47/1, de 22 de Setembro de 1992 (texto em RDGAOR, 47th Session, 1992, Vol. I, pág. 12), no parág. 1, adoptou a mesma solução, proibindo-a de participar nos seus trabalhos. Como a Jugoslávia não tomou qualquer iniciativa formal, o Conselho reiterou a sua posição na Resolução 821 (1993), de 28 de Abril de 1993 (texto em RDSCOR, 1993, pág. 30-31), decidindo que a nova Jugoslávia também não deveria participar nos trabalhos do Conselho Económico e Social. A Assembleia, na sua Resolução 47/229, de 5 de Maio de 1993 (texto em RDGAOR, 47th Session, 1992-1993, Vol. II, pág. 6) e Resolução 48/88 de 20 de Dezembro de 1993 (texto em RDGAOR, 48th Session, 1993, Vol. I, pág. 40-42), parág. 19, adoptou perspectiva idêntica.

Esta fora igualmente a posição assumida pela Comissão de Arbitragem da Conferência para a Paz na ex-Jugoslávia. Assim, no seu Parecer n.º 1 de 29 de Novembro de 1991, parág. 3, concluiu "que la République socialiste fédérative de Yougoslavie est engagée dans un processus de dissolution" (texto em RGDIP, tome 96, 1992, n.º 1, pág. 264-266). Mais tarde, no seu Parecer n.º 8, de 4 de Julho de 1992, depois de sustentar que a Sérvia e o Montenegro tinham constituído um novo Estado Federal em 27 de Fevereiro de 1992, no parág. 4 afirmou que: "que le processus de dissolution de la R.S.F.Y. (…) est arrivé à sont terme et qu'il faut constater que la R.S.F.Y. n'existe plus" (texto em RGDIP, tome 97, 1993, n.º 2, pág. 588-590). No seu Parecer n. 9, igualmente de 4 de Julho de 1992, seria ainda mais clara: "qu'il doit être mis un terme à la qualité de membre de la R.S.F.Y. dans les organisations internationales (…) et qu'aucun des Etats successeurs ne peut revendiquer en tant que tel et pour lui seul le bénéfice des droits détenus jusqu'alors par la ancienne R.S.F.Y. en sa qualité de membre" (texto em RGDIP, tome 97, 1993, n.º 2, pág. 591-593). Finalmente, no seu Parecer n. 10, com a mesma data, concluiu no parág. 5: "la R.F.Y. (Serbie et Monténégro) apparaît comme un Etat nouveau qui ne saurait être considéré comme l'unique successeur de la R.S.F.Y." (texto em RGDIP, tome 97, 1993, n.º 2, pág. 594-595).

O Tribunal Internacional de Justiça, que teve igualmente oportunidade de se pronunciar sobre a questão, evitou fazê-lo: "the question whether or not Yugoslavia is a Member of the United Nations (…) is one which the Court does not need to determine definitively at the present stage of the proceedings" (cfr. *Application of the Convention on the Prevention and Punishment of the Crime of Genocide Case*, Provisional Measures, Order of 8 April 1993, *I.C.J. Reports* 1993, pág. 14, parág. 18). Tomou a mesma posição a propósito da questão do Kosovo, designadamente, em *Case Concerning Legality of Use of Force* (Yugoslavia v. Portugal), Provisional Measures, Order of 2 June 1999 (texto em ICJW), parág. 32.

A questão apenas se complicou, convertendo-se num caso interessante de continuidade unilateral falhada, porque no seio do Secretariado das Nações Unidas foram adoptadas práticas no sentido de considerar que a antiga Jugoslávia não tinha perdido a qualidade de membra, sendo cobradas as suas quotas à nova Jugoslávia. A própria Assembleia Geral, na sua citada

claro que os seus membros constituem a Comunidade Internacional[807] e que, deste modo, podem atribuir capacidade às Nações Unidas para o exercício do poder público bélico[808].

---

Resolução 52/215, de 22 de Dezembro de 1997, incluiu ainda como Estado membro uma Jugoslávia, sujeita ao pagamento de quotas. Ainda assim, tendo em conta que a nova Jugoslávia não tinha tido quaisquer direitos de voto nos órgãos das Nações Unidas e que mesmo os Estados observadores pagam quotas (cfr. parág. 3-b da citada Resolução 52/215), julga-se que se encontrava numa situação *sui generis*, semelhante à de um Estado observador e não à de um Estado membro. De facto, tendo em conta as posições expressas dos órgãos políticos sobre a sua situação e não sendo aceitável a figura da admissão tácita de um Estado, especialmente sem o concurso da vontade do Conselho de Segurança (artigo 4, n.º 2 da Carta), a referência a uma Jugoslávia como Estado membro não podia ser entendida como uma referência à nova Jugoslávia. Seria antes um resquício da qualidade de membra da antiga Jugoslávia, mantida para efeitos financeiros; isto é, para que fosse possível a cobrança de quotas ao único Estado que estava disposto a pagá-las, a nova Jugoslávia. A posterior admissão desta confirma este entendimento e criou um precedente para futuros casos de tentativas unilaterais de continuidade da personalidade de um Estado (em sentido semelhante: Vladimir--Djuro Degan, *UN Membership of the Former Yugoslavia*, AJIL, Vol. 87, No. 2, 1993, pág. 240-244; também Ove E. Bring, AJIL, Vol. 87, No. 2, 1993, pág. 244-246; M. Kelly Malone, AJIL, Vol. 87, No. 2, 1993, pág. 246-248 (categoria *sui generis* de membro); David Lloyd, *Succession, Secession, And State Membership In The United Nations*, NYUJILP, 1994, pág. 761-796, na pág. 782. Contra, entendendo que os direitos da Jugoslávia foram violados: Yehuda Z. Blum, *UN Membership of the Former Yugoslavia*, AJIL, Vol. 87, No. 2, 1993, pág. 248-251, na pág. 250; Vladislav Jovanovic, *The Status Of The Federal Republic Of Yugoslavia In The United Nations*, FILJ, Vol. 21, 1998, pág. 1719-1736, na pág. 1731-1735).

Essencial, para uma pretensão bem sucedida de continuidade da personalidade de um Estado que tenha sofrido um processo de (aparente) dissolução ou sucessivas secessões, será que este continue a compreender a maioria da população e território. A existência de um reconhecimento da maioria dos Estados que o integravam quanto a esta continuidade [como existiu da parte de 10 dos outros 14 Estados da ex-União Soviética que reconheceram tal qualidade à Rússia pela Declaração de Alma-Ata de 21 de Dezembro de 1991 (texto em RCIS, pág. 47-49)] será um outro elemento com algum peso. Outros fundamentos, como o respeito do Direito Internacional por parte do Estado com pretensões a continuador, podem influenciar o juízo político [indo mais longe quanto ao peso deste: D. Lloyd, *Succession* (...), cit., pág. 779 e 782]. Mas não parece que um elemento desta espécie deva influenciar um juízo quanto à continuidade de Estados que deve ser algo a determinar materialmente. Quando muito, trata--se de um elemento que se poderia ter em conta no reconhecimento de Governo, mas mesmo nesta sede tal não é pacífico (ver, *infra*, parág. 34.4.4). Como se verá, a determinação da exacta posição da nova Jugoslávia em relação às Nações Unidas tem grande importância quanto à determinação dos poderes costumeiros da organização em relação a Estados não membros. De facto, a conclusão de que não era um Estado membro confirma o alargamento consuetudinário dos poderes da organização (ver, *infra*, parág. 18.3).

[807] Dos Estados existentes, apenas a Suíça e a Cidade do Vaticano não são membros das Nações Unidas. Em relação ao segundo, é a Santa Sé que exerce internacionalmente soberania sobre este, o que lhe confere um estatuto paralelo ao de um Estado [em sentido paralelo:

Herbert Wright, *The Status of the Vatican City*, AJIL, 1944, 3, Vol. 38, pág. 452-457, na pág. 452 e 455; C. G. Fenwick, *Review: The Legal Position of the Holy See before and after the Lateran Agreements*, AJIL, Vol. 38, 1944, pág. 713-714, na pág. 714 (parece concordar que o Vaticano constitui um Estado); AJIL, Vol. 38, 1944, *supplement*, pág. 136-139 (inclui o Vaticano na resenha de Estados existentes); Josef Kunz, *The Status of the Holy See in International Law*, AJIL, Vol. 46, No. 2, 1952, pág. 308-314, na pág. 313 (entende que a Cidade do Vaticano constitui um Estado vassalo da Santa Sé); A. Marques Guedes, *Direito Internacional Público* (policopiado), Lisboa, 1985, pág. 240-243 (Vaticano é um Estado atípico); American Law Institute – *Restatement of the Law*, Third, Foreign Relations Law of the United States, 1985-1987, parág. 201, Reporters Notes: 7; Stefania Marottoli, *La Santa Sede nel Diritto Internazionale*, Bari, 1997-1998, Capítulo I, 6 e Capítulo II, 6-8 (embora sustente uma tese monista quanto à personalidade da Santa Sé e do Vaticano); Roland Minnerath, *The Position of The Catholic Church Regarding Concordats from a Doctrinal and Pragmatic Perspective*, CULR, Vol. 47, 1998, pág. 467-476, na pág. 470; Nguyen Quoc Dinh/Patrick Daillier/Alain Pellet, *Droit International Public*, 6ª ed., Paris, 1999, pág. 452 (consideram aplicável à Santa Sé alguns elementos do estatuto dos Estados exíguos, embora contestem este estatuto em relação ao Vaticano); Thomas D. Grant, *States Newly Admitted to the United Nations – Some Implications*, CJTL, Vol. 39, 2000, pág. 177-192, na pág. 186. Contra: G. Pereira/F. Quadros, ob. cit., pág. 375 (a sua relação com o território do Vaticano seria essencialmente idêntica à conferida por meras imunidades diplomáticas concedidas pela Itália); Yasmin Abdullah, *The Holy See at United Nations Conferences: State or Church?*, CLR, Vol. 96, 1996, pág. 1835-1875, na pág. 1873-1875 (mas reconhece que as Nações Unidas têm conferido estatuto de Estado à Santa Sé)].

De facto, a sua soberania sobre a Cidade do Vaticano foi reconhecida internacionalmente (por exemplo, os EUA reconhecem o Vaticano como um Estado; cfr. USDSWS) e não apenas pelos artigos 2-4 e 7, n.º 2, 9 e 24 do Tratado de Latrão de 11 de Fevereiro de 1929 com a Itália (texto em NRG, 3.ª Série, Tome XXI, pág. 18-27; ver também o texto original da Lei da Cidadania do Estado do Vaticano de 9 de Junho de 1929: texto em NRG, cit., pág. 51--57, para lá da sua Constituição absolutista de 7 de Junho de 1929: texto em NRG, cit., pág. 40-43). Daí que qualquer tentativa de alterar o estatuto do Vaticano pela Itália constituiria uma violação do Direito Internacional Costumeiro, quanto ao respeito pelo território de terceiros, e não do Tratado de Latrão, que é o mero título já executado neste aspecto. Em rigor, não foi este tratado que criou o Vaticano, mas a sua execução. Mais do que os termos deste, interessa o modo como foi executado e a reacção dos restantes Estados perante este facto jurídico. Este regime não é minimamente colocado em causa pela nova Concordata celebrada entre a Santa Sé e a Itália em 1984.

Quer a Santa Sé, quer a Suíça, têm o estatuto de observadores conferidos aos Estados não membros perante as Nações Unidas, que é distinto do estatuto de observadores conferido às organizações intergovernamentais, movimentos de libertação nacional e organizações não governamentais. Os Estados observadores gozam de direitos de participação nos trabalhos dos órgãos das Nações Unidas semelhantes aos dos Estados membros, salvo o direito de voto, além de terem direitos à luz da Carta (artigos 4, 11, n.º 2, 32, 35, n.º 2, 50 e 93, n.º 2). Têm igualmente de contribuir para as despesas da organização (assim, ver a Resolução 52/215, de

Mais complexo era o seu estatuto aquando da entrada em vigor da Carta. A não ser possível reconhecer carácter comunitário às Nações Unidas, já no momento da sua criação, seria impossível considerar as competências coercivas bélicas do Conselho de Segurança como um poder público em 1945. A consequência prática seria que a sua actuação continuaria a ser uma actuação privada, mesmo que sob a capa de uma organização internacional, até que tal estatuto comunitário lhe fosse reconhecido. Tal significaria que ficaria sujeita aos limites decorrentes do Direito Internacional Costumeiro *iuris cogentis* já em 1945[809], que não permitiriam um uso da força perante uma simples ameaça à paz, especialmente contra um Estado não membro.

Cabe ao Direito Internacional Costumeiro a determinação do número de Estados que têm de apoiar uma decisão para que esta possa ser considerada uma decisão comunitária. Como se procurou demonstrar, até 1939, no período de existência da Sociedade das Nações, a regra aplicável seria a de uma maioria qualificada bastante agravada, não muito longe da totalidade dos Estados[810]. Mas esta regra, que sofreu erosão forte pela prática dos Estados no seio da Sociedade, seria colocada em causa na sequência das circunstâncias que causaram a Segunda Guerra Mundial.

A nova postura da Comunidade Internacional seria reflectida nas regras de formação da vontade das Nações Unidas no seio dos seus órgãos, que afectaram de forma decisiva a regra da unanimidade[811]. Esta regra foi mantida (e mesmo reforçada) em relação às decisões de exercício do poder público quanto aos Estados com o estatuto de grande potência. Mas foi eliminada em relação aos restantes.

---

22 de Dezembro de 1997: texto em RDGAOR, 52nd Session, 1997, Vol. I, pág. 325-333). O estatuto de observadores, porém, deriva exclusivamente do Direito das Nações Unidas e da prática (ver: A. Glenn Mower, Jr., *Observer Countries: Quasi Members of the United Nations*, IO, Vol. 20, No. 2, 1966, pág. 266-283, na pág. 270-271; Michael Gunter, *Switzerland and the United Nations*, IO, Vol. 30, No. 1, 1976, pág. 129-152, na pág. 140), já que não é regulado pela Carta. A Suíça depois da rejeição da admissão pelo seu referendo de 1986, parece decidida a aderir, na sequência de novo referendo positivo. O tratamento estadual conferido à Santa Sé sugere que esta conseguiria tornar-se membra das Nações Unidas.

Em relação a outros candidatos a Estados, ver, sobre o seu actual estatuto de meros movimentos armados, *infra*, parág. 34.4.3.

[808] Sobre a relação existente entre a Comunidade Internacional e as Nações Unidas, ver, *infra*, parág. 27.3.

[809] Ver C. Baptista, Ius (...), cit., pág. 199-202 e pág. 204-212.

[810] Ver, *supra*, parág. 19.1.

[811] Ver, *infra*, parág. 34.2.

Assim, julga-se que existem bases para se sustentar que uma decisão para ser qualificada como comunitária teria de ter o apoio de uma maioria qualificada dos Estados da Comunidade Internacional. A regra seria menos pesada do que a que vigorou durante o período da Sociedade das Nações. Pensa-se que cedo se enraizou a regra dos dois terços dos Estados, incluindo as grandes potências. Trata-se da regra que foi adoptada para a formação da vontade no seio da Assembleia Geral para as questões importantes, bem como em conferências internacionais[812]. Regra semelhante ficou consagrada para o exercício de tais poderes pelo Conselho de Segurança. Deste modo, só se poderia considerar como um exercício de poderes públicos uma decisão das Nações Unidas pelo seu Conselho de Segurança na matéria se as Nações Unidas compreendessem no seu seio esta maioria[813].

Ora, tendo em conta que as Nações Unidas tiveram 49[814] membros fundadores numa comunidade que, à altura, rondava os 70 Estados[815], parece bem que as decisões aprovadas pelo Conselho de Segurança tinham sido aceites por esta maioria comunitária de dois terços. Acresce que os cinco Estados reconhecidos pela maioria dos restantes como grandes potências (no artigo 23 CNU) aderiram à organização. O facto de os Estados derrotados, incluindo aqueles que no passado tinham tido o estatuto de grandes potências, terem sido excluídos inicialmente não retira carácter comunitário à organização. Efectivamente, a derrota militar tem sido o critério decisivo para despromover uma grande potência, pelo menos até que tal estatuto lhe volte a ser conferido[816]. Depois, os Estados derrotados que tinham tido tal estatuto

---

[812] Ver, *infra*, parág. 35.2.

[813] Trata-se de conclusão que como se verá neste parágrafo tem apoio na Jurisprudência do Tribunal Internacional de Justiça.

[814] A Ucrânia e a Bielorússia foram os outros dois membros que perfazem o número de 51 membros. Mas claramente não eram Estados, nem o foram até ao momento da dissolução da União Soviética, em 1991.

[815] No AJIL, Vol. 38, 1944, *supplement*, pág. 136-137, apresenta-se uma lista de 73 Estados (incluindo todos os membros da Sociedade das Nações, apesar de nem todos terem esta qualidade, mas deixa-se esse elemento de lado). A esta lista cabe retirar Danzig, anexada pela Polónia e, provavelmente, igualmente a Lituânia, a Letónia e a Estónia, por suspensão da sua personalidade, por força da ocupação pela União Soviética. Pelo mesmo motivo da exclusão dos Estados Bálticos, deve-se excluir igualmente a Alemanha e o Japão, por força da assunção de poderes pelas quatro grandes potências sobre a primeira e pelos EUA sobre o segundo. E somar o Líbano, as Filipinas e a Síria. De facto, apesar de o seu estatuto como Estado ainda não estar esclarecido, participaram na Conferência de S. Francisco e foram membros fundadores. Fica-se, portanto, com um número de 70 Estados.

[816] Foi assim que se passaram as coisas com a França em 1818 na Santa Aliança e com a Alemanha e a União Soviética na Sociedade das Nações (ver, *supra*, parág. 18.2 e 19.1).

ficaram numa situação de suspensão da sua personalidade jurídica[817], sendo os seus poderes exercidos pelas grandes potências vitoriosas. Deste modo, os Estados vencedores podiam considerar-se representantes destes, não sendo de considerar a sua ausência como um factor de perda de carácter comunitário por parte das Nações Unidas.

Posteriormente, durante o período em que estes Estados vencidos readquiriram o seu estatuto internacional, foram admitidos mais Estados[818], acabando mesmo aqueles por se tornarem membros[819].

Julga-se, pois, que desde a sua criação as Nações Unidas puderam reivindicar, à luz do Direito Costumeiro, o título de organização comunitária para as questões compreendidas nos seus fins, já que os seus Estado membros eram em número suficiente para poderem considerar que as suas decisões eram decisões consentidas por esta Comunidade[820, 821]. A organização cons-

---

[817] Este aspecto aplica-se especialmente em relação aos dois Estados mais importantes, a Alemanha e o Japão, já que a situação dos restantes foi normalizada pouco tempo depois pelos diversos tratados de paz sem que estes fossem imediatamente admitidos nas Nações Unidas (ver, *supra*, parág. 20).

[818] Assim, logo em 1946, foram admitidos o Afeganistão, a Islândia, a Suécia, a Tailândia; o Paquistão e o Iémen em 1947; a Birmânia (Myanmar) em 1948 e Israel em 1949. A Indonésia em 1950 e, depois de um bloqueio de cinco anos, em 1955, num segundo grupo (Albânia, Áustria, Bulgária, Camboja, Finlândia, Hungria, Irlanda, Itália, Jordânia, Laos, Líbia, Nepal, Portugal, Roménia, Espanha e Sri Lanka), seriam já abrangidos vários dos Estados vencidos (cfr. MTDSG). Este procedimento foi marcado por divergências jurídicas e políticas quanto à interpretação do artigo 4 CNU, que as consultas ao Tribunal Internacional de Justiça apenas acirraram, e que apenas por via de uma acomodação política seriam resolvidas (cfr. Leo Gross, *Progress Towards Universality of Membership in the United Nations*, AJIL, Vol. 50, No. 4, 1956, pág. 791-827, na pág. 793-798).

[819] O Japão em 19 de Dezembro de 1956 e as duas Alemanhas em 18 de Setembro de 1973, a que se seguiria a sua fusão nas Nações Unidas em 3 de Outubro de 1990 por adesão da Alemanha Democrática à República Federal da Alemanha (cfr. MTDSG).

[820] Os trabalhos preparatórios da Conferência de S. Francisco confirmam que os Estados participantes se viam a si próprios desta forma. Assim, a propósito da adopção do actual artigo 2, n.º 6 CNU, afirmou-se: "The vote was taken on the understanding that the association of the United Nations, **representing the major expression of the international legal community**, is entitled to act in a manner which will insure the effective cooperation of non-members states with it, so far as that is necessary for the maintenance of international peace and security" [cfr. *Report of Rapporteur of Subcommittee I/1/A to Committee I/1* (Doc. 723, June 1), texto em UNCIOSD, pág. 476-489, na pág. 487].

Também a Comissão de Direito Internacional, no seu projecto de Declaração sobre os Direitos e Deveres dos Estados de 1949, afirma no terceiro parágrafo do preâmbulo: "Whereas a great majority of the States of the World have accordingly established a new international order under the Charter of the United Nations, and most of the other States of the world have

titui, portanto, uma entidade jurídica por meio da qual esta Comunidade se organizou juridicamente para garantir a paz e a segurança em sentido amplo e a quem atribuiu importantes poderes.

Esta conclusão, claro está, leva a concluir que se deve qualificar os poderes bélicos atribuídos às Nações Unidas como um poder público, isto é, uma faculdade de uma Comunidade de aprovar unilateralmente decisões constitutivas obrigatórias para os seus membros e de, se necessário, as impor pela força. E que estes poderes devem ser qualificados como públicos desde o momento da constituição das Nações Unidas.

Mas cabe determinar se, por força desta ligação à Comunidade Internacional, todos os poderes das Nações Unidas consagrados na sua Carta se tornaram oponíveis e exercíveis contra entidades não vinculadas por esta ou se, pelo contrário, apenas o podiam ser aqueles que eram reconhecidos pelo Direito Internacional Costumeiro à Comunidade Internacional e a uma entidade por si criada para o efeito.

**20.2. A Carta e terceiros.** As disposições da Carta em relação a terceiros têm suscitado algumas divergências interpretativas.

Assim, existem alguns autores que sustentam que o artigo 2, n.º 6 cria obrigações em relação aos Estados que não são membros[822]. Na realidade, pouco na Carta, incluindo a letra do preceito, apoia esta conclusão.

---

declared their desire to live within this order" (texto em RILC, 1st Session, 1949, parág. 46; texto em AJIL, Vol. 44, No. 1, 1950, *supplement*, pág. 1-21, na pág. 15-18).

[821] O Tribunal Internacional de Justiça acolheu implicitamente esta tese quando sustentou logo em 1949 que: "the Court's opinion is that fifty States, **representing the vast majority of the members of the international community** had the power, in conformity with international law, to bring into being an entity possessing objective international personality, and not merely personality recognized by them alone (...)" (cfr. *Reparation for Injuries Suffered in the Service of the United Nations*, Advisory Opinion, April 11th, 1949, *I.C.J. Reports* 1949, pág. 185). Isto é, o número de membros fundadores das Nações Unidas era suficiente para proceder a um reconhecimento objectivo, oponível a terceiros. O que, segundo se julga, é o mesmo que afirmar que podiam tomar decisões comunitárias (ver sobre o reconhecimento constitutivo como forma de exercício do poder público, *infra*, parág. 34.4).

[822] Defendem que a Carta vincula terceiros: Hans Kelsen, *The Old* (...), cit., pág. 49, em *The Draft Declaration on Rights and Duties of States*, AJIL, Vol. 44, No. 2, 1950, pág. 259-276, na pág. 262-263 (mas em termos pouco firmes), e em *Théorie du Droit International Public*, RDC, 1953, III, tome 84, pág. 1-201, na pág. 153; J. F. Lalive, *International Organization and Neutrality*, BYIL, Vol. 24, 1947, pág. 72-89, na pág. 85-86; L. Hannikainen, *Peremptory* (...), cit., pág. 222-223; R. J. Macdonald, *The Charter of the United Nations and the Development of Fundamental Principles of International Law*, em *Contemporary Problems of International Law – Essays in Honour of Georg Schwarzenberger on his Eightieth Birthday* (ed. B. Cheng/E. D. Brown), London, 1988, pág. 196-215, na pág. 204 e 205; Ian Brownlie,

A entidade vinculada à luz do artigo 2, n.º 6 é as próprias Nações Unidas ("A Organização fará") e não os Estados terceiros[823]. O preceito não impõe que estes Estados ajam de acordo com os princípios do artigo 2, antes estabelece o dever de a Organização adoptar medidas que levem estes Estados a agir de acordo com os referidos princípios.

Este artigo 2, n.º 6 refere-se aos princípios constantes dos n.º 3, n.º 4 e à obrigação de não assistir um Estado alvo de acção da Organização constante do artigo 2, n.º 5, embora se possa entender que o cumprimento destes deve ser realizado de acordo com o princípio costumeiro da boa-fé constante do n.º 2[824]. Os restantes são inaplicáveis, visto que dizem respeito

---

*Principles of Public International Law*, 4ª ed., Oxford, 1990, pág. 694; Antonio F. Perez, *On the Way to the Forum: The Reconstruction of Article 2(7) and Rise of Federalism Under the United Nations Charter*, TILJ, Vol. 31, 1996, pág. 353-450, na pág. 447-448; B. Fassbender, *The United Nations* (...), cit., pág. 583-584; Andreas Stein, *Der Sicherheitsrat der Vereinten Nationen und die Rule of Law*, Baden-Baden, 1999, pág. 79; Constance J. Schwindt, *Interpreting the United Nations Charter: From Treaty to World Constitution*, UCDJILP, Vol. 6, 2000, pág. 193-215, na pág. 208.

[823] Neste sentido: Josef Kunz, *Revolutionary Creation of Norms of International Law*, AJIL, vol. 41, 1947, pág. 119-126, na pág. 125-126 e *General International Law and the Law of International Organizations*, AJIL, vol. 47, No. 3, 1953, pág. 456-462, na pág. 457-458; Georg Schwarzenberger, *A Manual of Public International Law*, 5ª ed., London, 1967, pág. 161 e em *International Law as Applied by International Law and Tribunals*, Vol. III, London, 1976, pág. 228; Jean Combacau, *Le Pouvoir de Sanction de L'O.N.U.*, Paris, 1974, pág. 135--136 e nota 9; Philippe Cahier, *Le Problème des Effets des Traités à l'égard des Etats Tiers*, RDC, 1974, III, tome 143, pág. 589-736, na pág. 714-716; Kelvin Widdows, *Security Council Resolutions and Non-Members of the United Nations*, ICLQ, vol. 27, n. 2, 1978, pág. 459--462, na pág. 460-462; R. ST. J. Macdonald, *Fundamental Norms in Contemporary International Law*, CYIL, vol. XXV, 1987, pág. 115-149, pág. 127-128; Vera Gowlland-Debbas, *Collective Responses to Illegal Acts in International Law United Nations Action in the Question of Southern Rhodesia*, Dordrecht, 1990, pág. 531; Ahmed Mahiou, *Article 2, Paragraphe 6*, em *La Charte des Nations Unies* (Jean-Pierre Cot/Alain Pellet), Paris, 2ª ed., 1991, pág. 133-139, na pág. 137-138; Wolfgang Vitzthum, *Article 2 (6)*, em *The Charter of the United Nations – A Commentary* (ed. Bruno Simma), München, 1994, pág. 131-139, na pág. 137; Jochen Frowein, *Reactions by Not Directly Affected States to Breaches of Public International Law*, RDC, 1994, IV, tomo 248, pág. 345-438, na pág. 357; C. Tomuschat, *Obligations* (...), cit., pág. 252.

[824] O artigo 2, n.º 6 no Projecto de Dumbarton Oaks encontrava-se integrado no n.º 6 do Capítulo VI, juntamente com a actual segunda parte do artigo 2, n.º 5. Segundo os trabalhos preparatórios da Conferência de São Francisco: "The Subcommittee, by recommending a distinct number to that section, intended to establish it more clearly as a general principle of a general application, and not limited only to refraining from giving the assistance mentioned" (no actual artigo 2, n.º 5) [cfr. *Report of Rapporteur of Subcommittee I/1/A to Committee I//1* (Doc. 723, June 1), texto em UNCIOSD, pág. 476-489, na pág. 487]. Ou seja, o preceito

à estruturação da organização (n.º 1), a um dever de assistir positivamente a Organização que não será exigível a Estados terceiros (n.º 5, primeira parte) e o seu n.º 7 limita apenas a Organização, consagrando um direito dos Estados e não qualquer dever para estes.

O facto de a Carta vincular a Organização a levar os Estados não membros a respeitar estes princípios traduz a convicção de que as Nações Unidas têm um carácter especial. Trata-se de uma confirmação de que os próprios Estado membros assumiam que constituíam a Comunidade Internacional e que a organização era sua emanação quando agia no limite dos seus poderes quanto à manutenção da paz[825].

No entanto, a Carta sugere que meras situações típicas do Capítulo VI não legitimam qualquer acto da Organização em relação a Estados terceiros já que reconhece que estes Estados não se encontram vinculados aos poderes do Conselho ou da Assembleia. Daí fazer depender qualquer apelo de um Estado terceiro perante a Organização da aceitação das obrigações de resolução pacífica das controvérsias (artigo 35, n.º 2 CNU)[826]. Isto indica que a

---

visa especialmente que a organização evite que os Estados não membros assistam um Estado agressor, evitando a ocorrência de episódios de frustração de medidas compulsivas idênticos aos verificados com as recomendadas pela Sociedade das Nações. A sua alteração, com uma tentativa de generalização, não permite alargar desmesuradamente o seu objectivo em contradição com outros termos da Carta.

[825] Este entendimento tem consagração expressa nos trabalhos preparatórios da Carta numa passagem já citada [cfr. *Report of Rapporteur of Subcommittee I/1/A to Committee I/1* (Doc. 723, June 1), texto em UNCIOSD, pág. 476-489, na pág. 487].

[826] São inúmeros os actos que atestam a sujeição de Estados não membros às Nações Unidas, mesmo logo nos seus anos iniciais, à luz deste preceito. Assim, entre muitos outros, a Albânia e a Bulgária em 1946 aceitaram as obrigações decorrentes da Carta perante o Conselho de Segurança na controvérsia que as opunha à Grécia derivada das acusações de intervenção no seu Conflito interno (cfr. RDSCOR, 1946, pág. 6). Novamente a Albânia voltou a aceitar a autoridade do Conselho entre Janeiro e Abril de 1947 a propósito da controvérsia com o Reino Unido sobre os incidentes do Estreito de Corfu (cfr. RDSCOR, 1947, pág. 2-4; RPSC, 1946-1951, Chapter III, pág. 113, convite nos termos do artigo 32 CNU), que dariam lugar à adopção da Resolução 19 (1947), de 27 de Fevereiro (texto em RDSCOR, 1947, pág. 2-3), e Resolução 22 (1947), de 9 de Abril (texto em RDSCOR, 1947, pág. 4). Também a Jordânia, na sequência de um convite nos termos do artigo 32, aceitou as obrigações decorrentes do artigo 35, n.º 2 em Outubro de 1950 por causa da questão da Palestina (cfr. RPSC, 1946-1951, Chapter III, pág. 113-114). Do mesmo modo, as autoridades do Sul da Coreia em Junho de 1950 na sequência da invasão pela Coreia do Norte (cfr. RPSC, 1946-1951, Chapter III, pág. 114). Igualmente, o Governo comunista da China (embora não se tratasse de um não membro, mas do Governo efectivo da China) foi admitido a participar nas deliberações do Conselho, com base no artigo 39 do seu Regimento, em 29 de Setembro de 1950, pela Resolução 87 (1950) (texto em RDSCOR, 1950, pág. 7-8), a propósito das

Organização apenas está obrigada à luz do artigo 2, n.º 6 a levar Estados terceiros a resolver pacificamente as controvérsias que no mínimo criem uma ameaça à paz; isto é, situações próprias do Capítulo VII.

A Carta também não indica que o Conselho possa usar os seus meios jurídicos autoritários contra Estados não membros de forma contrária ao Direito Internacional Costumeiro. De facto, só considera as resoluções do Conselho de Segurança obrigatórias para os Estados membros (artigo 25) e, consequentemente, só estes são referidos pelo artigo 41 como entidades vinculadas a aplicar as medidas "preventivas" que consagra. Aparentemente, os meios a utilizar contra Estados ou entidades terceiras seriam as meras pressões diplomáticas e, uma vez falhadas, a adopção de medidas compulsivas ou coercivas bélicas contra estes, se fossem responsáveis por uma agressão ou ruptura da paz. No caso de estar em causa uma mera ameaça à paz, parece que apenas seriam admitidas contra Estados terceiros meras medidas pacíficas, enquanto represálias[827].

Mas tais actos não seriam adoptados à luz de poderes conferidos pela Carta contra não membros, já que esta claramente não lhos atribui, nem sequer de adoptar meros actos obrigatórios para estes (artigo 25). O fundamento, segundo se julga, seria o Direito Internacional Costumeiro.

Tal não significa, porém, que o Direito Costumeiro reconhecesse às Nações Unidas, designadamente, contra terceiros, os poderes que a Carta lhe atribui. Estes iam muito para lá daqueles que o Pacto atribuíra à Sociedade das Nações e não é nada líquido que mesmo estes limitados poderes tivessem carácter costumeiro em 1939. Em 1945, estes apenas poderiam ser utilizados na sua plenitude entre Estados membros com base na Carta. O consentimento destes constituía, portanto, uma base de apoio para estes, tendo em conta a relativa indefinição do Direito Costumeiro sobre a matéria.

Para analisar o carácter costumeiro dos poderes constantes da Carta o critério tradicional decisivo, que continua válido, passa por determinar se este foi utilizado contra entidades não vinculadas pela Carta e qual a sua reacção perante esta utilização.

**20.3. Poderes costumeiros contra Estados não membros.** A prática de exercício do poder público bélico contra Estados não membros iniciou-

---

alegações de invasão de Taiwan, bem como em 8 de Novembro de 1950, pela Resolução 88 (1950) (texto em RDSCOR, 1950, pág. 7), já sobre a questão do conflito na Coreia.

[827] É bem discutível que em 1945 fosse legítima a adopção de medidas bélicas numa situação de mera ameaça à paz causada por um Estado terceiro à luz do Direito Internacional Costumeiro; ver, *infra*, parág. 20.3.

-se logo nos primeiros anos das Nações Unidas. Mas, por força da Guerra Fria, e do consequente bloqueio do Conselho de Segurança, posteriormente as manifestações deste poder praticamente desaparecem até 1990, num momento em que o número de Estados não membros passara a ser muito reduzido[828, 829].

---

[828] A Carta das Nações Unidas constitui um dos casos em que melhor se manifesta o denominado "paradoxo de Baxter" que afirma que à medida que o número de partes num tratado vai crescendo se torna cada vez mais difícil determinar o carácter costumeiro das suas normas por desaparecerem os Estados terceiros cuja prática é decisiva na apreciação deste [assim: R. R. Baxter, *Treaties and Custom*, RDC, 1970, I, tome 129, pág. 25-106, na pág. 64 e 73; T. Meron, *Human Rights* (...), cit., pág. 50; Edward Kwakwa, *The International Law of Armed Conflict: Personal and Material Fields of Application*, Dordrecht/Boston/London, 1992, pág. 33].

[829] De 1945 a 1990 há a registar escassas manifestações do poder público bélico das Nações Unidas. O elemento de prática bélica mais relevante regista-se logo em 1950 com o Conflito Coreano, sob a forma de uma habilitação ao uso privado da força. Quer o Conselho de Segurança, quer a Assembleia Geral, adoptaram medidas bélicas contra as autoridades do Norte da Coreia, sendo certo que a Coreia não era então membra das Nações Unidas (sobre a acção na Coreia, ver, *infra*, parág. 44.2 e, *supra*, parág. 10.5.2.1). A primeira não podia ser considerada um Estado, já que a Coreia era considerada por ambas as partes e Comunidade Internacional como um Estado único. Seria uma mera organização armada em território integrante do Estado Coreano, onde existiam duas entidades com pretensão a ser Governo, cada qual reconhecida por alguns elementos da Comunidade Internacional [a Assembleia Geral reconhecera o Governo de Seul como o único Governo legítimo da Coreia pela Resolução 195 (III) de 12 de Dezembro de 1948 (texto em RDGAOR, 3th Session, 1948, pág. 25-27), parág. 2 ("Declares that there has been established a lawful government (...); and that this is the only such Government in Korea"), porém com o voto contrário da União Soviética; esta e os Estados do seu bloco reconheceram o Governo comunista; e, de qualquer modo, o poder das autoridades do sul não gozava de efectividade em cerca de metade do território].

No entanto, não sendo a Coreia um Estado membro, nenhuma das partes se encontrava vinculada pela Carta, não servindo esta de base jurídica para as medidas adoptadas. As que foram adoptadas pela Assembleia Geral contra esta não são isentas de crítica jurídica, mas apenas a tentativa de reunificação da Coreia pela força pode levantar problemas igualmente pelo facto desta ser um Estado não membro (ver, *infra*, parág. 44.2).

Já as medidas adoptadas pela Assembleia contra a China (comunista) não levantam problemas relacionados com esta questão, visto que o Governo comunista se encontrava vinculado pela Carta, já que esta obrigava o Estado Chinês [senão por força da sua aceitação pelo Governo nacionalista, então geralmente reconhecido, já que esta aceitação se deu quando existia há muito guerra civil, apenas transitoriamente suspensa pela invasão japonesa (ver, *infra*, parág. 20.5.1)], ao menos pela sua confirmação tácita pelo Governo chinês comunista quando procurou ocupar a posição chinesa na organização. Isto sem prejuízo de estas medidas levantarem problemas de outra natureza.

A Resolução 500 (V), de 18 de Maio de 1951 da Assembleia (texto em RDGAOR, 5th Session, 1950-1951, pág. 2), parág. 1, recomenda que "every State" adopte um embargo de bens de relevância militar contra as autoridades do Norte da Coreia e Governo da China (continental). Já na altura sete Estados não membros (Alemanha Federal, Itália, Japão, Laos, Espanha, Vietname e Portugal) aceitaram cumprir os seus termos (cfr. Howard J. Taubenfeld, *International Actions and Neutrality*, AJIL, Vol. 47, No. 3, 1953, pág. 377-396, na pág. 394, nota 102). Claro está, a considerar-se que se esteve perante uma mera recomendação à adopção do embargo enquanto represália, como se julga a melhor solução, não terá existido qualquer dever de adoptar a medida, nem sequer para os Estados membros.

As medidas adoptadas pelo Conselho de Segurança contra o movimento de independência do Katanga no Congo em 1960-1963 (ver, *infra*, parág. 64), bem como contra a Rodésia (ver, *infra*, parág. 65), também não devem ser consideradas como medidas adoptadas contra Estados não membros, já que nem podiam ser considerados como Estados. Para todos os efeitos, a Rodésia não passou de uma colónia revoltada do Reino Unido, estando vinculada pela Carta por força da aceitação britânica desta. Já a questão do Katanga coloca outras questões. Com efeito, no momento da aprovação da Resolução 146 (1960), de 9 de Agosto (texto em RDSCOR, 1960, pág. 6-7) que converteu a ONUC numa Força compulsiva em relação ao movimento do Katanga, forçando a sua entrada no território controlado por este, o Congo já apresentara o seu pedido de admissão e este fora aceite pelo Conselho, mas não pela Assembleia Geral. Este ainda não era, pois, um Estado membro. A aprovação desta resolução constituiu, pois, mais um precedente de exercício de poder público contra uma entidade não membra. O movimento do Katanga viria, porém, a aceitar a entrada da ONUC no seu território e quando esta iniciou o exercício do poder público bélico contra aquele movimento, já a Carta se encontrava plenamente em vigor contra este, visto que a aceitação das obrigações resultantes desta fora anterior à declaração de independência por este movimento (ver, *infra*, parág. 64).

De qualquer modo, especialmente a actuação na Coreia e a conversão da ONUC numa Força compulsiva à luz do artigo 41 sugere que o regime a que estariam sujeitas as Nações Unidas na sua actuação contra ou em Estados não membros constituía um regime público específico, distinto do aplicável aos Estados e outras organizações internacionais.

Este regime seria confirmado já na década de 1991-2000, com a Resolução 787 (1992), de 16 de Novembro (texto em RDSCOR, 1992, pág. 13-16), cujo parág. 12 habilita ao uso privado da força (por Estados ou organizações) para impor o embargo comercial completo contra a nova Jugoslávia [estabelecido pela Resolução 757 (1992), na sequência já do embargo à venda de armamento constante da Resolução 713 (1991)], que como se procurou demonstrar não era então membra das Nações Unidas. Este ainda não podia ser considerado um uso da força necessariamente contra a nova Jugoslávia, já que os navios interceptados poderiam ter pavilhão de Estados terceiros ou serem controlados por nacionais destes. Mas a Resolução 820 (1993), de 17 de Abril (texto em RDSCOR, 1993, pág. 7-10), parág. 29, foi mais longe, pois permitiu o uso da força mesmo nas águas territoriais da nova Jugoslávia, isto é, uma zona que constitui juridicamente um espaço sujeito à sua soberania. Permitiu, pois, um uso coercivo da força no território de um Estado, contra os seus interesses e se necessário contra os seus navios e forças. Tratou-se de um exercício do poder público bélico em sentido amplo (uso privado habilitado) contra um Estado não membro, já que este se limitara a aceitar unilateralmente a Carta, mas tal aceitação não fora aceite pela organização. De resto, tudo indica que as Nações Unidas teriam actuado da mesma forma ainda que a nova Jugoslávia não tivesse aceite a Carta.

Apesar disso, dos elementos existentes pode-se concluir que as Nações Unidas podiam agir militarmente contra Estados que não fossem membros responsáveis por agressões ou rupturas da paz[830, 831]. E segundo um regime

---

[830] Deste modo, não parece que durante a década de 1950 as Nações Unidas pudessem utilizar a plenitude dos seus poderes contra Estados não membros, designadamente perante uma mera ameaça à paz. Tal âmbito de poderes, quer de decisão, quer de execução bélica, era bem mais vasto do que o que coubera à Sociedade das Nações e mesmo este não é líquido que tenha adquirido estatuto consuetudinário (ver, *supra*, parág. 19.4). Assim, as Nações Unidas poderiam adoptar medidas coercivas bélicas e não bélicas segundo um regime específico (isto é, com base em decisões próprias com carácter constitutivo) contra um Estado não membro responsável por uma agressão, em termos diferentes daqueles aplicáveis à luz do Direito Internacional Costumeiro aos Estados [isto é, com base em legítima defesa (com o consentimento do Estado agredido e no caso de a agressão constituir um ataque armado) e represálias pacíficas; ver, *supra*, parág. 12]. O seu poder público costumeiro abrangeria, portanto, não apenas reacções contra ataques armados, mas provavelmente igualmente meras agressões.

Mas já não parece que o pudesse exercer contra não membros com base numa mera ameaça à paz. No entanto, a prática das Nações Unidas parece ter-se orientado no sentido de um alargamento, embora sob liderança da Assembleia Geral, por força dos frequentes bloqueios do Conselho causados por vetos de membros permanentes. Mas, reconheça-se, é difícil determinar o regime costumeiro neste período, até por não ser fácil traçar a linha que separa o lícito do ilícito na actuação das Nações Unidas. Julga-se que esta linha foi cruzada no Conflito Coreano, mas os termos em que o foi não são pacíficos (ver, *infra*, parág. 44.2).

[831] Em sentido semelhante: H. Kelsen, *The Old* (…), cit., pág. 49 (parece aplicar todo o regime da Carta, embora com base no artigo 2, n.º 6 da Carta); Q. Wright, *The Outlawry of War and the Law* (...), cit., pág. 371-372 (considerando que a Carta por força do seu número de partes se convertera em "general international law"); J. Soder, *Die Vereinten Nationen* (...), cit., pág. 262-265 e 273-274; D. Bowett, *United Nations* (...), cit., pág. 31; Finn Seyersted, *United Nations Forces in the Law of Peace and War*, Leiden, 1966, pág. 174-175, e nota 188 (mas apenas em caso de agressão por parte do Estado não membro).

A Comissão de Direito Internacional, no seu projecto de Declaração sobre os Direitos e Deveres dos Estados de 1949, afirma no seu artigo 10: "Every State has the duty to refrain from giving assistance to any State which is acting in violation of article 9 [recurso ilícito à guerra ou à força], or against which the United Nations is taking preventive or enforcement action" (texto em RILC, 1st Session, 1949, parág. 46; texto em AJIL, Vol. 44, No. 1, 1950, *supplement*, pág. 1-21, na pág. 15-18). Assim, parece considerar que apenas existe um dever de abstenção de assistência a um Estado, mas não já um dever de assistência às Nações Unidas, embora fique sugerido que uma mera ameaça à paz bastava para tornar aplicável este dever, já que este é aplicável mesmo perante a adopção de meras medidas nos termos do artigo 41 CNU. Do comentário da Comissão resulta expressamente que houve uma intenção de considerar a Declaração aplicável quer aos Estado membros, quer não membros (cfr. RILC, cit., parág. 47, pág. 18).

Assim, deste texto resulta implicitamente a competência das Nações Unidas para actuar contra Estados não membros, provavelmente igualmente com base numa mera ameaça à paz.

jurídico distinto daquele que seria aplicável a um Estado ou conjunto de Estados. Ora, este regime só parece encontrar justificação no nexo que existia já entre as Nações Unidas e a Comunidade Internacional e a sua consequente legitimidade para exercer os poderes públicos que à altura fossem reconhecidos pelo Direito Internacional Costumeiro.

Esta conclusão tem apoio forte na prática generalizada das Nações Unidas (e, portanto, dos seus Estados membros), por intermédio do Conselho de Segurança, de adoptar actos no exercício do seu poder público jurídico contra Estados não membros ou de ameaçar quanto à sua adopção[832]. Bem

---

De qualquer modo, parece bem que não houve uma intenção de estabelecer estes direitos e deveres com base exclusivamente no Direito então vigente, existindo alguma medida de progressivo desenvolvimento. Tal foi reconhecido pela Assembleia Geral que considerou que a Declaração era "a notable and substantial contribution towards the progressive development of International Law and its codification" (cfr. Resolução 375 (IV), de 6 de Dezembro de 1949, parág. 2, que tem em anexo também o texto da Declaração; texto em RDGAOR, 4th Session, 1949-1950, pág. 66-67). Ver igualmente: H. Kelsen, *The Draft Declaration on Rights* (...), cit., pág. 261 e 271-272.

[832] Assim, logo nos primeiros anos, quando a representatividade das Nações Unidas era menos evidente, o Conselho assumiu competência para adoptar medidas contra Estados não membros, mesmo perante situações de mera ameaça à paz, mas não as chegou a concretizar. Quer na sua Resolução 4 (1946), de 29 de Abril (texto em RDSCOR, 1946, pág. 8), quer na Resolução 7 (1946), de 26 de Junho (texto em RDSCOR, 1946, pág. 9), afirmou-se disposto a determinar medidas concretas a adoptar contra a Espanha, que à altura não era um Estado membro, caso se viesse a confirmar que a situação política nesta constituía uma ameaça à paz, mas acabou por nada decidir.

O mesmo sucederia na questão da Palestina. Depois de várias Resoluções não vinculativas desrespeitadas, o Conselho, na sua Resolução 50 (1948), de 29 de Maio (texto em RDSCOR, 1948, pág. 20), ameaçou recorrer aos meios do Capítulo VII, sendo certo que Israel (à altura ainda não reconhecido genericamente como Estado) e a Jordânia, partes no Conflito, não eram membros.

Mas, mais importantes, são as medidas compulsivas pacíficas e coercivas adoptadas contra a nova Jugoslávia já na década de 1991-2000, tendo em conta que esta não foi reconhecida como membra das Nações Unidas e que acabaria por aceitar esta situação ao solicitar a admissão e ser admitida em Novembro de 2000. É certo que se tratou de um Estado que aceitara já as obrigações decorrentes da Carta por força da sua pretensão de continuidade da personalidade da antiga Jugoslávia, mas esta pretensão foi rejeitada (ver, *supra*, parág. 20.1). Deste modo, todas as medidas decididas pelo Conselho contra esta ao longo do Conflito na Ex-Jugoslávia, incluindo a habilitação ao uso da força nas suas águas territoriais para executar o embargo contra esta (sobre estas, ver, *infra*, parág. 67), constituíram medidas contra um Estado não membro.

A confirmar a sua autoridade, o Conselho afirmou na sua Resolução 1160 (1998), de 31 de Março (texto em RSSC, 1998, pág. 21-24), parág. 17: "notes that the authorities of the Federal Republic of Yugoslavia have an obligation to cooperate with the Tribunal [para a ex--Jugoslávia] (...)", apesar de rejeitar que esta fosse um Estado membro. O mesmo se diga das qualificações realizadas e da excepcional decisão tomada pela Resolução 1244 (1999), de 10 de Junho (texto em RSSC, 1999, pág. 30), relativa à resolução da questão do Kosovo (ver, *infra*, parág. 32.6). Trata-se de importantes precedentes que confirmam que o Conselho goza actualmente de um poder contra Estados que não são membros equivalente ao que a Carta consagra em relação aos Estados membros.

Durante os anos iniciais, também merecem referência as iniciativas da Assembleia Geral que adoptou algumas recomendações visando Estados não membros, muitas vezes por iniciativa do Conselho que retirou a questão da sua agenda [cfr. a Resolução 10 (1946), de 4 de Novembro (texto em RDSCOR, 1946, pág. 9), relativa a Espanha; Resolução 34 (1947), de 15 de Setembro (texto em RDSCOR, 1947, pág. 5), relativa à questão na Grécia; ambas retiram a questão da agenda do conselho] para evitar dificuldades causadas pelo artigo 12 CNU. Foi esta quem, na sua Resolução 39 (I), de 12 de Dezembro de 1946 (texto em RDGAOR, 1st Session, 1946, pág. 63-64), apelou aos Estados membros que chamassem os chefes das suas representações diplomáticas em Madrid. É certo que se tratou de uma mera retorsão, perfeitamente legítima, mas tratou-se de um primeiro passo.

Posteriormente, na sua Resolução 193 (III), de 27 de Novembro de 1948 (texto em RDGAOR, 3th Session, 1948, pág. 18-20), parág. 9, afirma "Recommends to all Members of the United Nations and to all other States that their Governments refrain from any action designed to assist directly or through any other Government any armed group fighting against the Greek Government", numa implícita recomendação para que proibissem a exportação de material bélico para a Jugoslávia, Albânia e Bulgária. Uma comissão de inquérito nomeada pela Assembleia concluíra que estes Estados estavam a apoiar em grande escala o movimento armado comunista no Conflito interno que se verificava na Grécia [cfr. Resolução 109 (II), de 21 de Outubro de 1947 (texto em RDGAOR, 3rd Session, 1947-1948, pág. 13-14), parág. 3]. Ora, a Albânia e a Bulgária não eram ainda membros das Nações Unidas. Apenas em 14 de Dezembro de 1955 seriam admitidos. A proibição das exportações bélicas podia constituir uma violação de algum tratado bilateral sobre a matéria com um Estado que viesse a adoptar esta medida. Contudo, esta justificava-se perfeitamente como uma represália. Mesmo que o apoio à guerrilha grega, apesar da sua extensão, não pudesse considerar-se uma agressão [à luz do artigo 3, al. g), parte final, da citada Definição de Agressão aprovada pela Resolução 3314 (XXIX), de 14 de Dezembro de 1974; alínea a propósito da qual o Tribunal Internacional de Justiça afirmaria: "Article 3, paragraph g of the Definition of Aggression annexed to General Assembly resolution 3314 (XXIX), may be taken to reflect customary international law" (cfr. *Military and Paramilitary Activities*, cit., *I.C.J. Reports* 1986, pág. 103, parág. 195)], por não existir controlo efectivo sobre a guerrilha, ainda assim, tal apoio constituía uma intervenção ilícita que justificaria represálias de Estados "terceiros", dado implicar uma violação de uma obrigação *erga omnes* [ver C. Baptista, Ius Cogens (...), cit., pág. 288-289].

No entanto, é o referido precedente da sua actuação no Conflito Coreano que terá sido determinante para o alargamento dos poderes costumeiros das Nações Unidas, mesmo que nem todas as medidas adoptadas possam ser consideradas conformes com a Carta e o Direito Internacional Costumeiro. A actuação contra a nova Jugoslávia seria simplesmente a confirmação destes poderes.

como na sua pretensão de vincular Estados não membros às medidas compulsivas adoptadas contra Estado membros[833] e, muito particularmente, na aceitação por parte dos Estados não membros em cumprir tais medidas.

---

[833] O Conselho de Segurança tem utilizado este poder, por vezes com interpretações discutíveis do artigo 2, n.º 6 CNU. Assim, na sua Resolução 314 (1972), de 28 de Fevereiro (texto em RDSCOR, 1972, pág. 7), parág. 2, afirmou radical: "**Urges all States to implement fully all Security Council resolutions** establishing sanctions against Southern Rhodesia, **in accordance with** their obligations under Article 25 and **Article 2, paragraph 6, of the Charter** of the United Nations and deplores the attitude of those States which have persisted in giving moral, political and economic assistance to the illegal regime".

Anteriormente, igualmente sobre a Rodésia, na Resolução 232 (1966), de 16 de Dezembro (texto em RDSCOR, 1966, pág. 8-9), parág. 7 e Resolução 253 (1968), de 29 de Maio, parág. 14 (texto em RDSCOR, 1968, pág. 5-7) limitara-se a um "Urges, having regard to the principles stated in Article 2 of the Charter of the United Nations, States not Members of the United Nations, to act in accordance with the provisions of paragraph 2 of the present resolution". Posteriormente, regressaria a esta postura mais moderada [assim, na resolução seguinte sobre a Rodésia, a Resolução 318 (1972), de 28 de Julho (texto em RDSCOR, 1972, pág. 8), no parág. 6, refere-se apenas aos membros; na sua Resolução 388 (1976), de 6 de Abril (texto em RDSCOR, 1976, pág. 6), também em relação à Rodésia, no parágrafo 1, afirma: "Decides that all Member States shall take appropriate measures (...)" e em relação a Estados não membros limitou-se ao habitual "Urges States not Members of the United Nations, having regard to the principles stated in Article 2 of the Charter of the United Nations, to act in accordance with the provisions of the present resolution" (parág. 3); também a Resolução 409 (1977), de 27 de Maio (texto em RDSCOR, 1977, pág. 8), parág. 2, volta a invocar o artigo 2, n.º 6, mas em termos apelativos].

Na altura, a Alemanha Federal respeitou plenamente o embargo. Já a Suíça não o acatou, com fundamento na sua neutralidade, limitando-se a manter o seu comércio com a Rodésia ao nível a que este se encontrava no período 1964-1966 (cfr. FFWND, January 13, 1978, pág. 22-E2, que refere também proibições da Suíça aos seus cidadãos de servirem de intermediários em comércio ou empréstimos à Rodésia, o que se estava a vulgarizar), de forma a que os seus produtos não se convertessem numa forma de apoio a esta, tendo em conta o natural aumento das suas exportações por força do embargo dos parceiros habituais da Rodésia. Estas limitadas restrições foram suspensas depois de terminadas as sanções (cfr. XNA, December 23, 1979) pelo parág. 2 da Resolução 460 (1979), de 21 de Dezembro (texto em RDSCOR, 1979, pág. 15-16).

Em relação à África do Sul, o Conselho voltou a adoptar uma postura mais autoritária em relação aos não membros. Assim, na sua Resolução 418 (1977), de 4 de Novembro (texto em RDSCOR, 1977, pág. 5-6), que cria com base no Capítulo VII um embargo de armas, parág. 5, declara: "Calls upon all States, including States non-members of the United Nations, to act strictly in accordance with the provisions of the present resolution". O mesmo faz na Resolução 591 (1986), de 28 de Novembro (texto em RDSCOR, 1986, pág. 17-18), parág. 12, que o reitera.

Na década de 1991-2000, o Conselho continuou a não utilizar termos peremptórios em relação aos Estados não membros, embora muitas vezes se dirija simplesmente a todos os

Estados. Assim, na Resolução 661 (1990), de 6 de Agosto (texto em RDSCOR, 1990, pág. 19-20), que impõe sanções contra o Iraque, depois de, no parág. 3, afirmar "**Decides** that all States shall prevent (...)", no parág. 5, faz uma referência aos Estados não membros, mas utilizando um mais suave "insta": "**Calls** upon all States, including States non-members of the United Nations, to act strictly in accordance with the provisions of the present resolution". Ver também termos idênticos na Resolução 748 (1992), de 31 de Março (texto em RDSCOR, 1992, pág. 52-54), parág. 7, relativa a medidas contra a Líbia; Resolução 757 (1992), de 30 de Maio (texto em RDSCOR, 1992, pág. 13-16), parág. 11, relativa à então Jugoslávia; da Resolução 883 (1993), de 11 de Novembro (texto em RDSCOR, 1993, pág. 113-115), parág. 12, contra a Líbia; Resolução 917 (1994), de 6 de Maio, parág. 12 (texto em RDSCOR, 1994, pág. 47), relativa a medidas contra o Haiti; da Resolução 918 (1994), de 17 de Maio (texto em RDSCOR, 1994, pág. 6), parte B, parág. 15, relativa ao Ruanda.

Nestas, e em resoluções posteriores, o Conselho dirige-se igualmente com termos vinculativos em relação a todos os Estados, sem fazer distinções. Assim, na Resolução 955 (1994), de 8 de Novembro (texto em RDSCOR, 1994, pág. 15), relativa ao Tribunal Penal das Nações Unidas para o Ruanda, parág. 2: "Decides that all States (...)". A mesma frase pode ser encontrada, entre outras, na Resolução 1160 (1998), de 31 de Março (texto em RSSC, 1998, pág. 21-23), parág. 8, contra a nova Jugoslávia; Resolução 1171 (1998), de 5 de Junho (texto em RSSC, 1998, pág. 41-42), parág. 5, contra os rebeldes na Serra Leoa; Resolução 1173 (1998), de 12 de Junho (texto em RSSC, 1998, pág. 44-46), Parte B, parág. 11, contra a UNITA em Angola; Resolução 1192 (1998), de 27 de Agosto (texto em RSSC, 1998, pág. 73-74), parág. 4, em relação à Líbia; Resolução 1244 (1999), de 10 de Junho (texto em RSSC, 1999, pág. 30-34), parág. 18 ("Demands that all States in the region"), em relação à nova Jugoslávia; Resolução 1298 (2000), de 17 de Maio (texto em RSSC, 2000, pág. 25-27), parág. 6, com sanções contra a Etiópia e Eritréia; Resolução 1306 (2000), de 5 de Julho (texto em RSSC, 2000, pág. 39-42), Parte A, parág. 1, contra os rebeldes na Serra Leoa; Resolução 1333 (2000), de 19 de Dezembro (texto em RSSC, 2000, pág. 88-92), parág. 5, 8 e 10, contra os Talibãs no Afeganistão; Resolução 1343 (2001), de 7 de Março [texto em UN Doc. S/RES/1343 (2001)], parág. 22, em relação à Libéria.

No entanto, a prática do Conselho tem tido algumas flutuações, por vezes tem-se dirigido apenas aos membros, sem aparente critério. Assim, na Resolução 1192 (1998), de 27 de Agosto, relativa à Líbia, no seu parág. 8, afirma: "resolutions 748 (1992) and 883 (1993) remain in effect and binding on **all Member States**". Igualmente na Resolução 1295 (2000), de 18 de Abril (texto em RSSC, 2000, pág. 15-19), Parte A, parág. 1, afirma: "Stresses the obligation of **all Member States** to comply fully with the measures imposed against UNITA (…), and emphasizes that non-compliance with those measures constitutes a violation of the provisions of the Charter of the United Nations". Ainda na Resolução 1306 (2000), de 5 de Julho (texto em RSSC, 2000, pág. 39-42), Parte B, preâmbulo: "Stressing the obligation of **all Member States**, including those neighbouring Sierra Leone, to comply fully with the measures imposed by the Council".

Um elemento importante é que a Suíça, apesar da sua neutralidade, com o fim da Guerra Fria, passou a acatar estas decisões (ver Dietrich Schindler, *Neutrality and Morality: Developments in Switzerland and in the International Community*, AUILR, Vol. 14, 1998, pág. 155-170, na pág. 162). Assim, aderiu às sanções contra o Iraque, como anunciou em 7 de

Assim, o Conselho passou a ter autoridade, pelo menos desde 1990, para vincular Estados terceiros à luz do Direito Internacional Costumeiro, seja quando estes são responsáveis pela situação, alterando a sua situação jurídica, ao estabelecer medidas compulsivas contra estes e mesmo para estabelecer obrigações quanto à solução de fundo de questões[834]; seja quando o não são, mas vinculando-os a adoptar tais medidas[835]. Consequentemente,

---

Agosto de 1991 (cfr. AP, August 7, 1990; AP, August 8, 1990). E a partir desta data, a Suíça tem respeitado todas as medidas compulsivas adoptadas pelo Conselho (cfr. FT, May 17, 2000, pág. 2). Por conseguinte, o único Estado (para lá da Santa Sé/Vaticano) que não integra as Nações Unidas, passou a respeitar formalmente de modo escrupuloso estas decisões. Refira--se igualmente que este Estado aceitou desde 1946 a autoridade do Conselho quanto à execução das sentenças do Tribunal Internacional de Justiça, de cujo Estatuto é parte [cfr. Resolução 11 (1947), de 15 de Novembro, do Conselho de Segurança (texto em RDSCOR, 1947, pág. 15) e Resolução 91 (I), de 11 Dezembro de 1946, da Assembleia Geral] e que, tal como a Santa Sé/Vaticano, é um Estado observador perante as Nações Unidas, o que implica mais do que um mero reconhecimento da sua existência. Em suma, apesar de alguma flutuação, existe um efectivo exercício do seu poder em relação aos Estados não membros, bem como um acatamento por parte destes das suas decisões. Julga-se que se encontra reunida prática mais do que concludente.

[834] Em que o caso da nova Jugoslávia é marcante, em particular pela citada Resolução 1244 (199), sobre o Kosovo.

[835] O Tribunal Internacional de Justiça admitiu a possibilidade de o Conselho ter alguma autoridade sobre Estados não membros por força de as Nações Unidas serem à luz do Direito Internacional Costumeiro a autoridade para exercer certas competências, no caso em relação à Namíbia: "As to non-member States, although not bound by Articles 24 and 25 of the Charter, they have been called upon in paragraphs 2 and 5 of resolution 276 (1970) to give assistance in the action which has been taken by the United Nations with regard to Namibia. In the view of the Court, the termination of the Mandate and the declaration of the illegality of South Africa's presence in Namibia are opposable to all States in the sense of barring erga omnes the legality of a situation which is **maintained in violation of international law** (...). The Mandate having been terminated by decision of the international organization in which the supervisory authority over its administration was vested, and South Africa's continued presence in Namibia having been declared illegal, **it is for non member States to act in accordance with those decisions**" [cfr. *Legal Consequences for States* (...), cit., *I.C.J. Reports* 1971, pág. 56, parág. 126].

Já o Tribunal Penal das Nações Unidas para a ex-Jugoslávia, pela sua Secção de Recurso, assumiu uma posição mais restritiva: "As for States which are not Members of the United Nations, in accordance with the general principle embodied in Article 35 of the Vienna Convention on the Law of Treaties, they may undertake to comply with the obligation laid down in Article 29 by expressly accepting the obligation in writing. This acceptance may be evidenced in various ways. Thus, for instance, in the case of Switzerland, the passing in 1995 of a law implementing the Statute of the International Tribunal clearly implies acceptance of Article 29" (cfr. *Prosecutor v. Tihomir Blaskic*, Appeals Chamber, Judgement on the Request of the Republic of Croatia for Review of the Decision of Trial Chamber II of 18 July 1997, Case No: IT-95-14-AR108 *bis*, 29 October 1997, parág. 26).

mesmo tendo em conta o número limitado de precedentes[836], julga-se que existem bases suficientes para entender que igualmente o seu poder bélico à luz do Direito Internacional Costumeiro contra Estados que não são membros tem uma extensão equivalente à consagrada na Carta. De facto, o poder de os vincular por actos unilaterais criou sempre maiores resistências do que o de adoptar medidas bélicas contra estes que em parte gozariam sempre de parcial apoio no tradicional direito de legítima defesa de terceiro, ainda que segundo um regime distinto.

Assim, pensa-se que a prática das Nações Unidas e dos Estados que não eram seus membros, ao longo do mais de meio século que tem de existência, permite concluir que o Direito Internacional Costumeiro reconhece a uma entidade cujos membros compreendam a Comunidade Internacional o poder de vincular *erga omnes* todos os Estados existentes em matérias de paz e segurança internacionais, independentemente da Carta ou de qualquer outro tratado, bem como de exercer o poder público bélico contra estes. O que é necessário é existir tal nexo entre a entidade e a Comunidade, o que pressupõe um acto unilateral desta última ou um acordo entre estas[837].

Deste modo, insista-se, não se trata de o Direito Costumeiro reconhecer especificamente ao órgão Conselho de Segurança das Nações Unidas uma determinada competência ou sequer poderes a esta organização em concreto. Trata-se antes de a reconhecer a toda e qualquer entidade internacional criada pela Comunidade Internacional com capacidade neste domínio. Isto

---

[836] Que em rigor se reduzem ao referido caso da Coreia, em parte ao do Congo (Zaire) e da nova Jugoslávia nos termos da citada Resolução 820 (1993), parág. 29. Os restantes casos de exercício do poder público bélico, seja em sentido estrito, seja em sentido amplo, foram sempre dirigidos contra Estados membros ou entidades que internacionalmente integravam Estados membros.

[837] Q. Wright, *The Outlawry of War and the Law* (...), cit., pág. 371-372, embora sem grande fundamentação, parece aceitar esta conclusão. Outros autores, baseando-se simplesmente na representação da Comunidade Internacional pelas Nações Unidas aceitam a vinculação de terceiros, embora sem fundamentarem os seus poderes no Direito Internacional Costumeiro: J. Soder, *Die Vereinten Nationen* (...), cit., pág. 262-265 e 273-274; C. Tomuschat, *Obligations* (...), cit., pág. 256-257. Em C. Baptista, Ius (...), cit., pág. 357, nota 221, falou-se numa competência universal baseada no consentimento de todos os Estados, considerando-se inadequado falar numa norma costumeira, dado que estas não seriam uma fonte de poderes para órgãos específicos de uma dada organização criada por um tratado. Resulta claro que tal consentimento existe. Mas generalizando-se a norma de forma a atribuir tal poder à Comunidade Internacional e a faculdade desta transferir o seu exercício para uma qualquer organização para-universal este obstáculo é ultrapassado.

é, de reconhecer a esta Comunidade o poder de constituir com eficácia *erga omnes* uma entidade internacional capaz para o efeito[838].

Por conseguinte, quer os poucos Estados não membros, quer novos Estados que não se tornem seus membros, bem como algum ou alguns que abandonem a organização, permanecerão vinculados pelos seus actos.

### 20.4. Poderes costumeiros contra organizações internacionais.

Também se julga que a prática apoia a existência deste poder consuetudinário de vincular uma outra espécie de entidades que não são membras, as organizações internacionais, mesmo se a Carta apenas contém um ou dois preceitos que apoiam parcialmente esta conclusão.

Assim, no seu artigo 48, n.º 2, parte final, são os membros das Nações Unidas que estão obrigados a adoptar as medidas coercivas não bélicas decididas pelo Conselho nos termos do artigo 41 CNU. Será por intermédio da sua participação nas organizações internacionais, máxime, as da família das Nações Unidas[839], de que sejam igualmente membros, que se obterá o acatamento destas em relação a estes actos. Estas organizações formalmente não estão obrigadas a respeitar as decisões obrigatórias do Conselho ou sequer a Carta[840].

---

[838] Isto, claro está, a menos que a própria Comunidade se encontre impedida juridicamente de o fazer por força de um tratado, como se passa actualmente pela Carta das Nações Unidas. Portanto, pela Carta, a Comunidade já atribuiu este poder a uma entidade, as Nações Unidas, por intermédio de um órgão, o Conselho de Segurança, e, deste modo, enquanto a Carta permanecer em vigor, não poderá atribui-lo a outro órgão ou sequer exercê-lo, como se procurará demonstrar (ver, *infra*, parág. 44-45).

[839] Nos termos do artigo 57 CNU estas são organizações internacionais, intergovernamentais, de fins especializados no âmbito "económico, social, cultural, educacional, de saúde e conexos", associadas às Nações Unidas. Não deixa de ser surpreendente que a Comunidade Internacional se tenha decidido estruturar por recurso a inúmeras organizações, cada uma especializada em função de uma determinada matéria, em vez de criar uma única organização com competências genéricas, no domínio político e técnico. Trata-se de uma herança do passado, já que as primeiras organizações surgem em domínios específicos e o mesmo modelo foi adoptado pela Sociedade das Nações. Além de os Estados não estarem dispostos a criar uma única organização internacional com competências concentradas, com receio de criar um super Estado. Mas imagine-se um Estado organizar-se internamente por recurso a vários Parlamentos e Governos, cada um competente numa determinada matéria ou mesmo uma comunidade territorial organizar-se politicamente pela criação de várias pessoas jurídicas, cada uma com atribuições especializadas... actualmente, incluindo as organizações regionais, o número de organizações internacionais ultrapassa já o número de Estados.

[840] O Pacto da Sociedade das Nações tinha uma posição mais autoritária. O seu artigo 24 sujeitava à direcção da Sociedade as organizações especializadas futuramente constituídas e, com o consentimento das partes, igualmente as já existentes. O sistema só era compatível

Com efeito, embora a vontade destas organizações seja determinada pelos seus Estados membros e estes, actualmente na sua quase totalidade, se encontrem vinculados pela Carta, as organizações em si não o estão. Estas são sujeitos de Direito Internacional formalmente autónomos em relação aos seus membros. A menos que os seus tratados constitutivos, ou algum outro tratado, ou uma norma de uma outra Fonte Jurídica, máxima, o Costume, as sujeite às Nações Unidas, não têm de acatar os seus actos. É claro que qualquer membro das Nações Unidas tem um dever de não celebrar e não aplicar tratados que atribuam poderes a uma entidade regional incompatíveis com a Carta, como decorre do artigo 52, n.º 1, parte final, e artigo 103 CNU. Mas tal não impede que a entidade assim criada pudesse formalmente exercê-los[841]. Apenas os membros que fossem ao mesmo tempo membros das Nações Unidas incorreriam em responsabilidade internacional pelos seus actos nas deliberações da organização.

No entanto, dada a agregação destas organizações ao sistema das Nações Unidas, nos termos do artigo 63, n.º 1 CNU, esta organização, por intermédio do Conselho Económico e Social e da Assembleia Geral, celebrou com aquelas tratados definindo os termos em que serão vinculadas directamente pelos seus actos[842]. Daí que na sua prática, o Conselho de Segurança

---

com o princípio da relatividade dos tratados com base em preceitos específicos constantes dos tratados constitutivos destas organizações. Assim, a Constituição da Organização Internacional do Trabalho [que integrava a parte XIII do Tratado de Versalhes de 28 de Junho de 1919 entre as potências aliadas e associadas e a Alemanha (texto em NRG, 3ª série, tomo XI, pág. 323--677)], no seu texto original, colocava-a numa situação de estreita colaboração com a Sociedade das Nações, cujos membros eram automaticamente membros desta organização (artigo 1).

[841] Contra: Richard H. Lauwaars, *The Interrelationship Between United Nations Law and the Law of other International Organizations*, MLR, Vol. 82, 1984, pág. 1604-1619, na pág. 1605, 1606 e 1610-1611 (entende que as próprias organizações estão vinculadas por força do artigo 103).

[842] Assim, por exemplo, na sequência do artigo 69 da sua Constituição de 22 de Julho de 1946 (texto original em UNTS, 1948, No. 221, pág. 185-285) que a qualifica como uma organização especializada nos termos do artigo 57 CNU, a Organização Mundial de Saúde celebrou com as Nações Unidas o Acordo de 12 de Novembro de 1948 (texto em UNTS, 1948, No. 115, pág. 193-216), cujo artigo VII estabelece: "The World Health Organization agrees to co-operate with the Council in furnishing such information and rendering such assistance for the maintenance or restoration of international peace and security as the Security Council may request". Preceito semelhante consta do artigo VI do Acordo entre as Nações Unidas e a União Internacional de Telecomunicações (aprovado pela primeira em 4/9/1947 e pela segunda em 15/11/1947; protocolo de entrada em vigor de 26 de Abril de 1949; texto em UNTS, 1949, No. 175, pág. 316-334), embora este ressalve os direitos dos Estados membros da União que não sejam membros das Nações Unidas.

se dirija directamente a estas organizações, sem necessitar de se basear nas obrigações dos membros nos termos do artigo 48, n.º 2 CNU[843].

---

Refira-se ainda o Acordo entre as Nações Unidas e a União Postal Universal e Protocolo de 15 de Novembro de 1948 (texto em UNTS, 1948, No. 116, pág. 219-232), artigos IV (recomendações) e VI. Igualmente o Acordo entre as Nações Unidas e a Organização da Aviação Civil Internacional e Protocolo de 1 de Outubro de 1947 (texto em UNTS, 1947, No. 45, pág. 315-342), pelos seus artigos V (quanto a recomendações da Assembleia Geral nos termos do artigo 58 da Carta) e VII ("The International Civil Aviation Organization agrees to co-operate (...) and rendering such assistance to the Security Council as that Council may request, including assistance in carrying out decisions of the Security Council for the maintenance or restoration of international peace and security"). Do mesmo modo, os artigos IV e VII que são idênticos aos anteriores do Acordo entre as Nações Unidas e a Organização Internacional dos Refugiados e Protocolo de 7 de Fevereiro de 1947 (texto em UNTS, 1949, No. 153, pág. 299-320). Preceitos paralelos constam de acordos celebrados entre 1947 e 1949 com a Organização Internacional do Trabalho, com a Organização das Nações Unidas para a Educação, Ciência e Cultura (UNESCO), ou a Organização para a Alimentação e Agricultora (FAO).

Os acordos com o Fundo Monetário Internacional e com o Banco Mundial referem expressamente as decisões do Conselho com base nos artigos 41 e 42, mas estabelecem obrigações mais restritas. Afirmam que "The Fund takes note of the obligation assumed, under paragraph 2 of Article 48 of the United Nations Charter, by such of its members as are also Members of the United Nations, to carry out the decisions of the Security Council through their action in the appropriate specialized agencies of which they are members, and will, in the conduct of its activities, have due regard for decisions of the Security Council under Articles 41 and 42 of the United Nations Charter" [cfr. artigo VI, n.º 1 do Acordo entre as Nações Unidas e o Fundo Monetário Internacional e respectivo Protocolo de 15 de Abril de 1948 (texto em UNTS, 1948, No. 108, pág. 325-338); artigo VI, n.º 1 do Acordo entre as Nações Unidas e o Banco Internacional para a Reconstrução e Desenvolvimento e respectivo Protocolo de 15 de Abril de 1948 (texto em UNTS, 1948, No. 109, pág. 341-356)]. Igualmente em relação a recomendações dos órgãos das Nações Unidas, fica estabelecido que antes de qualquer uma dirigida a estas entidades ser aprovada a questão deve ser objecto de consultas e as Nações Unidas assumem a obrigação de respeitar a independência destas instituições e não fazer recomendações em relação a específicos financiamentos ou às suas condições (artigos IV, n.º 2 e n.º 3).

Contudo, seria impensável que uma destas instituições continuasse, por exemplo, a apoiar financeiramente um Estado alvo de um embargo total decidido nos termos do Capítulo VII pelo Conselho de Segurança. Tal pode ser explicado pelo artigo 48 da Carta em relação aos membros destas, mas, segundo se julga, justifica-se igualmente no poder consuetudinário das Nações Unidas. Deste modo, é inútil qualquer construção que procure ver nas acções destas instituições ameaças contra a paz (como fica sugerido por Anne Orford, *Locating the International. Military and Monetary Interventions after the Cold War*, HILJ, Vol. 38, 1997, pág. 443-485, na pág. 478--480). Para todos os efeitos, estas encontram-se sujeitas às Nações Unidas.

[843] Ver também Brun-Otto Bryde, *Article 48*, em *The Charter of the United Nations – A Commentary* (ed. Bruno Simma), München, 1994, pág. 651-655, na pág. 654; V. Gowlland-Debbas, *Collective Responses to Illegal Acts* (...), cit., pág. 545-546.

Acresce que mesmo dentro dos actos que dirige directamente a organizações se verifica uma evolução que apoia a conclusão de que o seu poder se foi libertando do amparo convencional dos tratados celebrados com estas. Inicialmente o Conselho ainda invocava estes tratados como fundamento para a obrigação de acatamento dos seus actos por parte das organizações especializadas, mas mais recentemente a sua prática é de simplesmente de dirigir as suas decisões a todas sem distinções ou qualquer referência a apoio convencional. Tal prática sugere que não são apenas as organizações do sistema das Nações Unidas que se encontram vinculadas, mas todas as organizações internacionais e regionais[844].

De qualquer modo, a Carta contém preceitos que vão no mesmo sentido e que se arrogam a criar directamente obrigações para outras organizações internacionais no domínio da manutenção da paz.

Assim, o artigo 53, n.º 1, segunda parte, afirma que "Nenhuma acção coerciva será, no entanto, levada a efeito em conformidade com acordos ou organizações regionais sem autorização do Conselho de Segurança". Esta proibição é um limite directo às actividades de organizações regionais, sem distinguir se todos ou sequer a maioria dos seus membros são igualmente

---

[844] Assim, na sua Resolução 85 (1950), de 31 de Julho (texto em RDSCOR, 1950, pág. 6-7), parág. 4, o Conselho de Segurança ainda requer às organizações especializadas que, "in accordance with the terms of their respective agreements with the United Nations", forneçam assistência ao Comando Unificado na Coreia no apoio à população civil.

Mas, nos anos 90 do Século XX desaparecem quaisquer referências a estes acordos. Assim, por exemplo, o Conselho na sua Resolução 748 (1992), de 31 de Março (texto em RDSCOR, 1992, pág. 52-54), parág. 7, relativa a medidas contra a Líbia, afirmou: "Calls upon all States, including States not Members of the United Nations, and **all international organizations**, to act strictly in accordance with the provisions of the present resolution"; os mesmos termos constam da Resolução 757 (1992), de 30 de Maio (texto em SCOR, 1992, pág. 13-16), parág. 11, relativa a sanções contra a então Jugoslávia; da Resolução 883 (1993), de 11 de Novembro (texto em RDSCOR, 1993, pág. 113-115), parág. 12, contra a Líbia; Resolução 917 (1994), de 6 de Maio (texto em RDSCOR, 1994, pág. 47), parág. 12, relativa a medidas contra o Haiti; da Resolução 918 (1994), de 17 de Maio (texto em RDSCOR, 1994, pág. 6), parte B, parág. 15. Na Resolução 1037 (1996), de 15 de Janeiro (texto em RDSCOR, 1996, pág. 25), parág. 17, afirma: "Requests **all international organizations** and agencies active in the Region to coordinate closely with UNTAES". Posteriormente, a citada Resolução 1298 (2000), de 17 de Maio, parág. 9, em relação à Eritréia e Etiópia, afirma: "Calls upon all States and all international and regional organizations to act strictly in conformity with this resolution"; a mencionada Resolução 1306 (2000), de 5 de Julho, parág. 9, sobre a Serra Leoa, contém a mesma frase; também a referida Resolução 1333 (2000), de 19 de Dezembro, parág. 17, em relação aos Talibãs. Bem como a mencionada Resolução 1343 (2001), de 7 de Março, parág. 22, em relação à Libéria.

membros das Nações Unidas. Actualmente tal será certo, mas no passado não o foi. Esta disposição, à luz do princípio da relatividade dos tratados, apenas poderá ganhar sentido se se entender que a proibição das organizações internacionais de recorrerem à força nas relações internacionais (fora de situações de legítima defesa, ou com base em outra causa de exclusão da ilicitude), tem carácter consuetudinário[845]. Mas a segunda norma que decorre do preceito, a que estabelece uma excepção a esta proibição com base em habilitação do Conselho, pressupõe uma autoridade deste sobre as organizações regionais que não pode decorrer da Carta. Antes, tal como o artigo 2, n.º 6, deriva de uma pretensão por parte das Nações Unidas de exercerem uma autoridade sobre estas organizações que apenas pode ter base directa em acordo com estas, dos respectivos tratados constitutivos e/ou do Direito Internacional Costumeiro.

O mesmo se passa com o artigo 54. Este impõe uma obrigação de informação que tem sido acatada directamente pelas próprias organizações e não apenas pelos seus Estados membros[846], o que juridicamente também só pode ser explicado nos mesmos termos.

---

[845] Como se procura demonstrar, julga-se que a conclusão é correcta; ver, *infra*, parág. 32.7 e, *supra*, parág. 10.4.

[846] Os tratados constitutivos das principais organizações regionais, a Organização de Estados Americanos, a Organização de Unidade Africana (de 25 de Maio de 1963; texto em UNTS, Vol. 479, No. 6947, 1963, pág. 69-86) ou o Pacto da Liga Árabe (de 22 de Março de 1945; texto em AJIL, vol. 39, 1945, *Supplement*, pág. 266-272), não contêm qualquer referência ao artigo 54 CNU (o último por ser anterior à Carta). O mesmo se diga do acto da União Africana, apesar do seu artigo 3.º, al *e*). Mas encontra-se uma expressa referência a este no artigo 5 do citado Tratado Inter-Americano de Assistência Mútua do Rio de Janeiro de 2 de Setembro de 1947, embora a cargo dos Estados partes e não da Organização de Estados Americanos.

Na prática, estas organizações têm comunicado oficialmente às Nações Unidas documentação relativa às suas decisões em matéria de manutenção da paz e posteriormente mesmo em relação a decisões em matéria de direitos humanos e outras. Os exemplos são inúmeros, por exemplo, em relação à Organização de Estados Americanos, incluindo o Comité de Paz Inter-Americano, ver as 13 comunicações no período de 1946-1951 (cfr. RPSC, 1946-1951, Chapter XII, pág. 492); outras 13 comunicações no período de 1952-1955 (cfr. RPSC, 1952-1955, Chapter XII, pág. 163); seis comunicações em 1956-1958 (cfr. RPSC, 1956-1958, Chapter XII, pág. 185-186); 40 em 1959-1963 (cfr. RPSC, 1959-1963, Chapter XII, pág. 311-313); 145 comunicações em 1964-1965 (cfr. RPSC, 1964-1965, Chapter XII, pág. 208-213); 29 comunicações em 1966-1968 (cfr. RPSC, 1966-1968, Chapter XII, pág. 240-241); nove comunicações em 1969-1971 (cfr. RPSC, 1969-1971, Chapter XII, pág. 227-228); oito comunicações em 1975-1980 (cfr. RPSC, 1975-1980, Chapter XII, pág. 422); duas comunicações em 1981-1984 (cfr. RPSC, 1981-1984, Chapter XII, pág. 348).

Igualmente a Liga Árabe procurou justificar a sua intervenção na Palestina em comunicado de Maio de 1948 (cfr. RPSC, 1946-1951, Chapter VIII, pág. 328). A Organização

Esta submissão perante as Nações Unidas decorre igualmente de alguns tratados constitutivos, designadamente de alianças militares (constitutivas ou não de organizações internacionais), de que alguns Estados partes não eram ainda membros das Nações Unidas, em que as partes se obrigam a comunicar ao Conselho de Segurança nos termos do artigo 51 CNU as medidas de legítima defesa a que tenham recorrido e a terminá-las quando este adoptar as medidas necessárias para a manutenção da paz[847].

---

de Unidade Africana, pelo seu Secretário-Geral, comunicou em 17 de Março de 1965 as suas iniciativas quanto ao Congo (cfr. RPSC, 1964-1965, Chapter XII, pág. 208); realizou quatro comunicações no período 1966-1968 (cfr. RPSC, 1966-1968, Chapter XII, pág. 239-240); igualmente em comunicado de 19 de Julho de 1972 remeteu o texto das decisões da sua Assembleia na sua 9.ª sessão (cfr. RPSC, 1972-1974, Chapter XII, pág. 238).

Desta resenha fica a imagem de uma progressiva diminuição desta prática que tem na Organização de Estados Americanos a sua maior responsável, especialmente no período 1959-1968. Bem como a ausência de referências, ao menos, às comunicações da Liga Árabe na secção relativa ao Capítulo VIII por parte do Repertório das Nações Unidas. Os textos relevantes são comunicados ao Conselho mas por iniciativa de Estados membros.

[847] Caso dos artigos 3, n.º 4 e 5 do citado Tratado Inter-Americano de Assistência Mútua do Rio de Janeiro de 2 de Setembro de 1947. Do artigo 5 do referido Tratado de Colaboração Económica, Social e Cultural e Legítima Defesa Colectiva de 17 de Março de 1948 entre o Reino Unido, a França, a Bélgica, a Holanda e o Luxemburgo (União da Europa Ocidental). Do artigo 5, n.º 2 do mencionado Tratado do Atlântico Norte de 4 de Abril de 1949 relativo à OTAN. Do artigo 2 e 11 do citado Tratado de Defesa Conjunta e Cooperação Económica entre os Estados da Liga Árabe de 17 de Junho de 1950 (respeito pelas competências do Conselho de Segurança). Do artigo 4, n.º 2 do mencionado Tratado de Defesa Mútua entre os EUA e as Filipinas de 30 de Agosto de 1951. Do artigo 4, parág. 2 do referido Tratado de Segurança entre os EUA, Austrália e Nova Zelândia (ANZUS) de 1 de Setembro de 1951. Do artigo 7 do aludido Tratado de Aliança, Cooperação Política e Assistência Mútua de 9 de Agosto de 1954, entre a Grécia, a Turquia e a Jugoslávia (Pacto Balcânico) (além de consagrar o dever de informar o Conselho de Segurança, contém ainda referência à Assembleia Geral e à Resolução *União para a Paz*). Do artigo IV, parág. 1 do nomeado Tratado de Defesa Colectiva do Sudoeste Asiático de 8 de Setembro de 1954 (Pacto de Manila). Do artigo 4, n.º 3 do também aludido Tratado de Amizade, de Cooperação e de Assistência Mútua de 14 de Maio de 1955 (Pacto de Varsóvia). Sujeição aos termos da Carta quanto ao uso da força, designadamente o seu artigo 51, é reafirmada ainda nos artigos 1 e 3 do citado Pacto de Cooperação Mútua de 24 de Fevereiro de 1955 (Pacto de Bagdade) entre o Iraque, a Turquia, Reino Unido, Paquistão e o Irão e no Preâmbulo. No artigo 4 do mencionado Tratado de Segurança entre os EUA e o Japão de 8 de Setembro de 1951. No Preâmbulo do referido Tratado de Amizade e Colaboração entre a Turquia, Grécia e Jugoslávia, de 28 de Fevereiro de 1953.

Igualmente o Estatuto do Conselho da Europa de 5 de Maio de 1949 (texto em UNTS, Vol. 87, No. 1168, 1950, pág. 103-128; também em AJIL, Vol. 43, No. 4, 1949, Supplement, pág. 162-172) estabelece no seu artigo 1, al. c) "Participation in the Council of Europe shall not affect the collaboration of its members in the work of the United Nations (...)". Também

A mesma conclusão se aplica em relação a outras entidades internacionais, constituídas por Estados, como Confederações e outras associações de Estados[848].

Assim, esta prática, que tem ido mais longe do que o que ficou estabelecido nos referidos tratados entre as Nações Unidas e estas organizações[849],

---

o Acordo Geral sobre Pautas Aduaneiras e Comércio (GATT) de 30 de Outubro de 1947 (texto em UNTS, 1950, No. 814, pág. 187-316), no artigo XXI, al. c), estabelecia: "Nothing in this Agreement shall be construed (...) to prevent any contracting party from taking any action in pursuance of its obligations under the United Nations Charter for the maintenance of international peace and security". A mesma ressalva consta do artigo 73, al. c) do Acordo relativo a Aspectos Comerciais dos Direitos de Propriedade Intelectual de 15 de Dezembro de 1993, anexo ao Acto Final do Uruguai Round (texto em UNTS, Vol. 1867, No. 31874, 1995, pág. 3-507; também em ILM, Vol. 33, No. 1, 1994, pág. 83-108).

[848] Assim, a sujeição da União Europeia aos princípios da Carta e poderes dos seus órgãos decorre dos tratados que a constituíram com as alterações introduzidas posteriormente: ver parág. 7 do preâmbulo, artigos 177, n.º 3 (antigo 130-U) e 302, n.º 1 (antigo 229) do Tratado da Comunidade Europeia de 25 de Março de 1957, com alterações posteriores, designadamente do Tratado de Amsterdão de 2 de Outubro de 1997 (texto em ILM, Vol. 37, 1998, pág. 79-140). Também artigos 11, n.º 1 e 19, n.º 2 do Tratado de Maastricht de 7 de Fevereiro de 1992, alterado pelo referido Tratado de Amsterdão (texto em ILM, Vol. 37, 1998, pág. 67-78). Igualmente neste sentido: R. Lauwaars, *The Interrelationship* (...), cit., pág. 1610--1611; Juliane Kokott/Meike Conrads, *International Decision: The Queen v. Hm Treasury And Bank Of England Ex Parte Centro-Com SRL. Case No. C-124/95. Court of Justice of the European Communities, January 14, 1997*, AJIL, Vol. 91, 1997, pág. 722-727, na pág. 725--727.

Aliás, a prática da União de aplicar as sanções estabelecidas pelo Conselho de Segurança, bem como junto das Nações Unidas como observadora confirma igualmente esta sujeição (cfr. Peter Brückner, *The European Community and the United Nations*, EJIL, Vol. 1, No. 1/2, 1990, pág. 174 e segs., Part I; contra, porém: Sebastian Bohr, *Sanctions by the United Nations Security Council and the European Community*, EJIL, Vol. 4, No. 2, 1993, pág. 256 e segs., texto notas 55-79 e nota 83-84 e 96-100 (limita-se a aceitar que o artigo 224 do Tratado de Roma era base para cumprimento destas resoluções pelos membros).

O Tribunal de Justiça da União Europeia não esclareceu a questão, limitando-se a aceitar que os membros poderiam adoptar medidas de execução das resoluções do Conselho de Segurança: "A measure intended to apply sanctions imposed by a resolution of the United Nations Security Council in order to achieve a peaceful solution to the situation in Bosnia--Herzegovina, which forms a threat to international peace and security, therefore falls within the exception provided for by Article 11 of the Export Regulation [que regula "a Member State's internal security and its external security and that, consequently, the risk of a serious disturbance to foreign relations or to peaceful coexistence of nations may affect the external security of a Member State"]" (cfr. *The Queen ex parte: Centro-Com Srl v HM Treasury and Bank of England*, Case C-124/95, Judgments, 14 January 1997).

[849] Dado que estes acordos apenas se referem a actos do Conselho de Segurança, designadamente, após a adopção da Resolução *União para a Paz*, surgiram iniciativas informais

apoia a conclusão de que vigora uma norma costumeira que permite que os órgãos de uma organização cujos membros compreendam a Comunidade Internacional em questões de manutenção da paz, actualmente as Nações Unidas, vincule com os seus actos todas as organizações internacionais e entidades públicas internacionais paralelas. Esta norma vai, pois, bastante mais longe do que é estipulado nesta matéria pela Carta.

**20.5. Poderes contra outros sujeitos internacionais.** A eficácia pessoal dos actos das Nações Unidas alarga-se ainda a outros sujeitos internacionais menores, embora esta eficácia decorra regra geral ainda da Carta, não necessitando de se apoiar no Direito Internacional Costumeiro.

**20.5.1. Vinculação destes sujeitos à Carta.** De facto, estes sujeitos menores actuam quase sempre em espaços que, segundo o Direito Internacional, se encontram sujeitos à jurisdição de um Estado. Ora, se este Estado for membro das Nações Unidas, o seu consentimento em relação à Carta terá vinculado todas as entidades sujeitas *de iure* à sua jurisdição: sejam os seus cidadãos, sejam outras entidades particulares controladas de facto por estes ou que actuem no seu território, sejam ainda estrangeiros ou apátridas residentes[850], sejam mesmo movimentos armados que se tenham revoltado contra

---

para que igualmente actos da Assembleia fossem acatados por estas organizações. De facto, a maioria dos Acordos entre as Nações Unidas e estas organizações já impunha um dever de ter em consideração estes actos. Estas organizações de uma forma geral têm aceite as recomendações da Assembleia Geral.

Excepções têm sido o Fundo Monetário Internacional e o Banco Mundial. Estas duas instituições, tendo em conta a prevalência no seu seio dos Estados ocidentais, devido ao seu sistema de voto ponderado em função da quota financeira dos Estados membros, têm resistido a respeitar as recomendações da Assembleia Geral quanto à adopção de represálias comerciais e financeiras contra alguns Estados membros. Assim, por exemplo, na sua Resolução 37/2, de 21 de Outubro de 1982 (texto em RDGAOR, 37th Session, 1982, pág. 14), a Assembleia chegou a afirmar: "Again requests the International Monetary Fund to refrain from granting any credits or other assistance to South Africa" (parág. 1). O apelo foi sem sucesso, já que esta organização acabou por conceder o empréstimo solicitado pela África do Sul. Na realidade, estas resistências têm algum apoio nos artigos IV, n.º 3 dos referidos Acordos que estas duas organizações celebraram com as Nações Unidas, pelos quais estas últimas se obrigam a não adoptar recomendações em relação a um determinado empréstimo ou às suas condições. De qualquer modo, esta oposição não coloca problemas em relação à conclusão que se avançou sobre o Direito Costumeiro. Estão em causa actos não obrigatórios aprovados pela Assembleia Geral que não goza de poderes públicos, já que se deve considerar que a Resolução *União para a Paz* foi para lá do que a Carta permite (ver, sobre esta, *infra*, parág. 44.3).

[850] É pacífico que o Direito Internacional confere aos Estados poderes sobre os apátridas que se encontrem em espaços sob sua jurisdição, como aliás o faz em relação aos estrangeiros.

a sua autoridade, salvo eventualmente em relação a tratados celebrados pelo Estado após estes movimentos terem adquirido efectividade no seu território.

Com efeito, segundo se julga, os movimentos armados encontram-se vinculados por todos os tratados que obriguem o Estado em que operam, incluindo a Carta das Nações Unidas, na medida em que estes visem aplicar-se a entidades sem carácter estadual. A questão tem sido discutida a propósito da aplicabilidade do Direito Internacional Humanitário aos conflitos sem carácter internacional.

Existe quem sustente que os movimentos armados apenas ficarão vinculados pelo citado Protocolo II de 1977, relativo ao Direito Humanitário dos Conflitos sem Carácter Internacional, e restantes disposições das convenções aplicáveis a estes conflitos, caso adiram a estas[851].

Na realidade, o artigo 1, n.º 1 e n.º 2 do Protocolo II é bastante rigoroso na delimitação das entidades a que se aplica, fazendo depender a sua aplicação aos rebeldes do facto de estes constituírem um movimento armado organizado e sob um comando responsável que domine uma parte do território. Mas, uma vez reunidos os seus requisitos, o Protocolo aplica-se automaticamente, seja às forças governamentais, seja às forças do movimento rebelde. Fazer depender tal aplicação de um consentimento dos rebeldes sob alegação de que só o seu consentimento os levará a respeitar tais normas seria um argumento utilizável mesmo contra a aplicação do Direito Internacional Costumeiro que, claramente, não depende de qualquer consentimento dos rebeldes.

A vinculação dos rebeldes pelo Direito Humanitário Convencional tem também apoio no regime das quatro Convenções de Genebra. Com efeito, estas não fazem depender a aplicação automática aos rebeldes do seu artigo 3 comum do consentimento destes[852]. Claro está, a referência às partes no

---

Assim, a Convenção relativa ao Estatuto do Apátrida de 28 de Setembro de 1954 (texto em UNTS, No. 5158, 1960, pág. 130-172) estabelece mesmo, numa técnica invulgar, que: "Every stateless person has duties to the country in which he finds himself, which require in particular that he conform to its laws and regulations as well as to measures taken for the maintenance of public order". O correspondente poder do Estado sobre os apátridas que se encontrem em espaços sobre a sua jurisdição encontra-se subjacente ao artigo I, n.º 2, al. c) da Convenção sobre Redução da Apatridia de 13 de Agosto de 1961 (texto em UNTS, Vol. 989, No. 14458, 1975, pág. 175-182).

[851] Neste sentido: Antonio Cassese, *The Status of Rebels under the 1977 Geneva Protocol on Non-International Armed Conflicts*, ICLQ, Vol. 30, Part II, 1981, pág. 416-439, na pág. 428-429; H. P. Gasser, *Interdiction des Actes de Terrorisme* (...), cit., pág. 217.

[852] Pelo contrário, este é expresso em afirmar que "No caso de conflito armado que não apresente um carácter internacional e que ocorra no território de uma das Altas Potências

conflito engloba um dos Estados partes e os rebeldes no seu território. Apenas a aplicação do resto do regime das Convenções fica dependente de acordo entre as partes, isto é, o Estado e o movimento/bando armado, como fica claro no parág. 3 do mesmo artigo 3[853, 854]. Por isso mesmo, o Protocolo II não estabelece qualquer forma de manifestação do consentimento dos movimentos armados em relação às suas disposições. Acresce que as correspondentes normas costumeiras que reproduzem no essencial as contidas no Protocolo II nem sequer fazem depender a sua aplicação do cumprimento pelos rebeldes dos requisitos estabelecidos por este Protocolo, aplicando-se a qualquer conflito armado entre um Estado parte e grupos armados organizados ou entre estes[855].

De qualquer forma, não faz sentido a ideia de que movimentos armados não estão vinculados pelas disposições de quaisquer tratados celebrados pelo Estado pelo simples facto de terem deixado de estar submetidos ao poder de facto daquele. É levar a um extremo inaceitável a ideia de que a obrigatoriedade do Direito é baseada na força. Da perspectiva do Direito Internacional, um Governo efectivo (que não se estruture numa violação de normas internacionais *iuris cogentis*[856]) é o representante legítimo do seu Povo e pode exercer poderes sobre todos os indivíduos que o integram ou quaisquer outros que se encontrem sob sua jurisdição. Os actos internacionais que pretendam ter eficácia directa em relação a indivíduos criam direitos e deveres individuais imediatamente a partir do momento em que entrem em vigor quanto aos Estados, independentemente do sistema interno que estes

---

contratantes, cada uma das Partes no conflito será obrigada a aplicar pelo menos as seguintes disposições".

[853] Que prescreve "As Partes no conflito esforçar-se-ão também por pôr em vigor por meio de acordos especiais todas ou parte das restantes disposições da presente Convenção".

[854] Também neste sentido: Comité International de la Croix-Rouge, *Commentaire I – I a Convention de Genève pour l'Amélioration du Sort des Blessés et des Malades dans les Forces Armés sur Mer* (dir. Jean Pictet), Genève, 1952, pág. 54-55; e em *Commentaire II – La Convention de Genève pour l'Amélioration du Sort des Blessés et des Malades dans les Forces Armés sur Mer* (dir. Jean Pictet), Genève, 1959, pág. 34) e em *Commentaire III – La Convention de Genève Relative au Traitement des Prisonniers de Guerre* (dir. Jean Pictet), Genève, 1958, pág. 43-44; e ainda em *Commentary on the Additional Protocols* (…), cit., pág. 1372, nota 18; G. Herczegh, *Development* (…), cit.,, pág. 208; T. Meron, *Human Rights* (...), cit., pág. 169; Joële Duy-Tân, *The Law Applicable to Non-International Armed Conflicts*, em *International Law: Achievements and Prospects* (ed. M. Bedjaoui), Paris, 1991, pág. 787-809, na pág. 801--802.

[855] Ver, *supra*, parág. 15.2.3.

[856] Ver, *infra*, parág. 34.4.4.

utilizem para vincular os seus tribunais e administração a acatar tais actos (recepção ou transformação). Em consequência, ainda que um Estado não tenha recebido internamente um tratado sobre direitos humanos ou humanitário, nem por isso os seus cidadãos perdem o direito de recorrer a meios internacionais de garantia estabelecidos por estes[857].

De resto, se um movimento revolucionário pretende vir a tornar-se Governo, faz pouco sentido que não se considere obrigado pelo Direito que vincula o Estado de que quer tornar-se órgão. No caso de movimentos de libertação nacional, não podem invocar o regime da sucessão nos tratados em relação a novos Estados independentes, enquanto não reunirem os pressupostos estabelecidos para a formação de um novo Estado ou tiverem sido reconhecidos colectivamente de forma constitutiva como tal[858]. Só depois poderão então repudiar os tratados anteriores em relação a quaisquer das suas partes. Até este momento, encontram-se vinculados por estes, incluindo, claro está, os humanitários. De outro modo, os movimentos armados poder-se-iam encontrar numa situação ainda mais favorável que os próprios Estados, já que não é pacífico que novos Estados que surjam fora de situações coloniais possam igualmente considerar-se desvinculados de todos os tratados anteriores[859].

A conclusão quanto à vinculação de todos os movimentos que operem num Estado em relação aos tratados que obrigam este Estado é apoiada por prática dos Estados membros do Conselho de Segurança, igualmente no domínio do Direito Humanitário[860].

---

[857] Ver C. Baptista, *Direito* (...), cit., pág. 424.

[858] Ver, *infra*, parág. 34.4.3.

[859] O artigo 34, n.º 1 da Convenção de Viena sobre Sucessão dos Estados quanto a Tratados de 23 de Agosto de 1978 (texto em UN doc. A/CONF. 80/31 em CNUSEMT, vol. III, pág. 197-208) impõe a sucessão nestes casos, mas o carácter costumeiro desta norma não é pacífico. Daí que o Tribunal Internacional de Justiça apesar de se ter pronunciado favoravelmente quanto ao carácter costumeiro do artigo 12 desta Convenção, se tenha abstido de se pronunciar quanto ao deste artigo 34: "The Court does not find it necessary for the purposes of the present case to enter into a discussion of whether or not Article 34 of the 1978 Convention reflects the state of customary international law" [cfr. *Case Concerning The Gabcíkovo-Nagymaros* (...), cit., *I.C.J. Reports* 1997, pág. 71, parág. 123].

[860] Assim, por exemplo, na sua Resolução 941 (1994), de 23 de Setembro (texto em RDSCOR, 1994, pág. 30), em relação à Bósnia-Herzegovina, parág. 1: "Reaffirms that all parties to the conflict are bound to comply with their obligations under international humanitarian law and **in particular the Geneva Conventions of 12 August 1949**". A Bósnia-Herzegovina encontrava-se vinculada a estas pela sua declaração de sucessão de 31 de Dezembro de 1992 (cfr. ICRCW). E na Resolução 1234 (1999), de 9 de Abril (texto em RSSC, 1999, pág. 17- -18), relativa ao conflito no Congo (antigo Zaire), parág. 6: "Calls upon all parties to the

Segundo se julga, este poder de vinculação do Estado em relação aos movimentos armados internos só poderá ser contestado no caso de se estar perante tratados celebrados depois de estes terem sido objecto de reconhecimento geral como movimentos de libertação nacional ou, no caso de outros movimentos armados (com fins revolucionários ou nacionais mas em relação a uma minoria que internacionalmente não goza do estatuto de Povo), tenham obtido uma efectividade que o Governo se mostre incapaz de colocar em causa. Não é necessário que sejam reconhecidos como beligerantes, figura que desapareceu da prática dos Estados[861]. Neste caso, um tratado celebrado posteriormente poderá ser ignorado pelo movimento[862].

---

conflict in the Democratic Republic of the Congo to protect human rights and to respect international humanitarian law, in particular, as applicable to them, **the Geneva Conventions of 1949 and the Additional Protocols of 1977, and the Convention on the Prevention and Punishment of the Crime of Genocide of 1948**". O mesmo apelo consta da Declaração Presidencial 1999/6, de 12 de Fevereiro (texto em RSSC, 1999, pág. 96-97), relativa ao respeito em geral do Direito Humanitário.

[861] Ver, *infra*, parág. 34.4.2.

[862] A prática não é inteiramente clara. Em 1858-1859, os EUA, na sequência do seu reconhecimento do Governo constitucional do México, celebraram com este importantes tratados, incluindo de cessão territorial desfavoráveis ao México. Ora, decorria neste Estado um conflito armado aberto, em que os rebeldes controlavam a capital. O então representante diplomático americano em 25 de Junho de 1859 questionou a validade desses tratados, tendo em conta a sua importância, dada a situação militar (cfr. H. Lauterpacht, *Recognition of Governments* – I, CLR, Vol. XLV, 1945, pág. 815-864, na pág. 822, nota 11; o autor também duvida da sua validade). Igualmente os EUA, em 1861, mostraram-se dispostos a aderir à Declaração de Paris de 1856 que proibia o Corso com vista a impedir os Estados confederados de utilizar navios corsários no conflito armado interno americano. Porém, os restantes Estados partes recusaram-se a atribuir tal efeito à sua adesão e os EUA acabariam por desistir [cfr. Carlos Testa, *Le Droit Public International Maritime* (trad. ed. portuguesa), Paris, 1886, pág. 164-165].

Na sua sentença de 31 de Julho de 1989, o Tribunal Arbitral sobre a determinação da fronteira marítima da Guiné-Bissau/Senegal não aceitou a vigência de uma norma internacional que tornasse inválidos tratados (ou, no caso de tratados multilaterais, o consentimento) celebrados pela potência colonial uma vez iniciada a luta armada pelo movimento de libertação nacional: "il n'existe aucune norme impérative qui l'oblige à déclarer nuls les traités conclus pendant cette période ou à les récuser" (texto da sentença em RGDIP, 1990, n. 1, pág. 204--275, parág. 40-44, pág. 233-235).

Mas com a posição sustentada não se pretende ir tão longe. Com efeito, está-se a estabelecer uma regra para todos os movimentos armados e não apenas para os movimentos de libertação nacional. Estes têm particularidades derivadas da circunstância das suas lutas serem qualificadas como conflitos internacionais, e legitimadas como exercícios de um direito de resistência [ver, *supra*, parág. 15.2.1]. Ora, tal tem subjacente um juízo de ilegitimidade da acção bélica do Estado colonial ou ocupante, embora se possa igualmente argumentar que

Se o movimento armado dominar a quase totalidade do território poderá ir mais longe e recusar validade aos tratados celebrados posteriormente pelo Governo não apenas em relação a si, mas em relação ao próprio Estado, ainda que não tenha sido reconhecido. O reconhecimento de um Governo efectivo é puramente declarativo, daí que a existência de um reconhecimento colectivo seja irrelevante nestes casos, desde que o facto de o poder ter sido tomado pela força não seja internacionalmente contestado[863, 864].

Deste modo julga-se que a Carta, tal como qualquer outro tratado, vincula sempre movimentos armados que se formem no território de Estados membros, apenas o poderá não fazer quanto a Estados que se vinculem a esta já depois de o movimento ter adquirido efectividade duradoura. Ainda assim, mesmo neste caso, como se procura demonstrar de seguida, o movimento encontrar-se-á vinculado pelos poderes públicos das Nações Unidas à luz do Direito Costumeiro.

A vinculação de alguns sujeitos menores por actos das Nações Unidas (máxime, do Conselho de Segurança) tem sido contestada com base em argumentos dualistas[865] que, segundo se julga, não têm apoio na Carta[866].

---

se limita a colocar as partes em pé de igualdade, conferindo os mesmos direitos a protecção a todos os combatentes. De qualquer modo, nos restantes conflitos em princípio não existe tal juízo. Daí que, por um lado, não baste o mero iniciar da luta armada; é necessário uma efectividade duradoura. Por outro lado, tal apenas afectará a obrigatoriedade desses tratados em relação ao movimento armado e território que controla e não necessariamente a validade do consentimento do Governo em relação a si próprio e restante território sob seu domínio, enquanto tal domínio perdurar. É de aceitar, contudo, que tratados de disposição (e não mera administração) por parte do Governo celebrados quando o movimento era já dotado de efectividade duradoura possam depois ser contestados por este se se converter em novo Governo.

[863] Assim, o Governo comunista chinês recusou reconhecer validade em relação ao Estado Chinês dos tratados celebrados pelo Governo nacionalista depois da sua retirada para a Formosa. Esta posição foi reafirmada ao tomar o assento da China nas Nações Unidas em declaração de 29 de Setembro de 1972 ("As from October 1, 1949, the day of the founding of the People's Republic of China, the Chiang Kai-shek clique has no right at all to represent China. Its signature and ratification of, or accession to, any multilateral treaties by usurping the name of 'China' are all illegal and null and void": texto em MTDSG).

[864] Ver, *infra*, parág. 34.4.4.

[865] Ver Gaetano Arangio-Ruiz, *Le Domaine Réservé – L'Organisation Internationale et le Rapport entre Droit International et Droit Interne*, RDC, 1990, VI, tome 225, pág. 9-484, na pág. 136-137 e 414 (o autor invoca como fundamento o artigo 2, n.º 7 que alegadamente proibiria a adopção de actos contra particulares) e também em Arangio-Ruiz, *"The Federal Analogy" and UN Charter* (...), cit., parte VI.

[866] É certo que a competência para vincular directamente sujeitos menores sujeitos à jurisdição de um Estado é um elemento importante que constitui um dos critérios que permite

De facto, literalmente, o Capítulo VII apenas no artigo 50 refere como destinatário das medidas do Conselho um Estado. Nos restantes preceitos limita-se a referir os destinatários dos seus actos como as partes. Nada exige, pois, que o regime apenas seja aplicável em relação a Estados, incluindo o próprio artigo 50[867].

Neste sentido, ou se entende que o artigo 25 deve ser interpretado extensivamente de forma a abranger outras entidades para lá dos Estados membros ou é necessário entender que este não é o único fundamento de obrigatoriedade dos actos do Conselho. Que tal obrigatoriedade para outros sujeitos decorrerá igualmente do Capítulo VII que não limita a sua eficácia apenas aos Estados.

Deste modo, por força da sua vinculação à Carta, quando este tratado obrigar o Estado em que actuam, estes movimentos armados estarão vinculados pelas decisões do Conselho de Segurança[868].

---

distinguir meras organizações internacionais de associações de Estados. Alguma Doutrina tradicional sustentava mesmo que seria o critério que permitiria distinguir as confederações das federações, se acompanhado dos necessários poderes executivos, mas num período em que as organizações internacionais ainda eram desconhecidas [assim: Alexander Hamilton, *Federalist 15* e *16*, em Alexander Hamilton/J. Madison/J. Jay, *The Federalist*, 1787-1788; L. Oppenheim, *International Law* (…), cit., Vol. I, pág. 129-130, parág. 89] ou não se tinham generalizado.

Mas este elemento não é critério suficiente. Actualmente só se pode afirmar que uma entidade tem população e território, podendo ser qualificada como uma Associação de Estados, quando exerce tal poder de vinculação sobre particulares de forma normal e sistemática, sendo este um pressuposto necessário da sua actividade. Acresce que, tendo em conta o enraizamento internacional dos direitos políticos, um elemento esclarecedor será a existência de alguma forma de legitimação directa dos seus órgãos, com a intervenção do voto popular [ver C. Baptista, *Direito* (...), cit., pág. 444, nota]. Assim, as Nações Unidas não podem ser qualificadas como uma Associação de Estados pelo facto de por intermédio do Conselho de Segurança poderem à luz do Capítulo VII adoptar actos dotados de aplicabilidade directa.

[867] Para lá da prática do Conselho, a ser referida no subparágrafo seguinte, o Secretário-Geral na 884.ª reunião do Conselho, em 8 de Agosto de 1960: "pointed out that it had drawn attention to Articles 25 and 49 (...)" na sua resposta ao dirigente do movimento rebelde no Katanga e "asked whether there could be a more explicit basis for hoping that the Council could count on active support from Governments directly concerned and **for expecting that local authorities would adjust themselves to the obligations which their country had incurred**" (cfr. RPSC, 1959-1963, Chapter XII, pág. 307-308).

[868] Também neste sentido: Hans Kelsen, *Recent Trends in the Law of the United Nations*, London, 1951, pág. 933; D. Bowett, *United Nations* (...), cit., pág. 181-182; Jochen Frowein, *Article 39*, em *The Charter of the United Nations – A Commentary* (ed. Bruno Simma), München, 1994, pág. 605-616, na pág. 616; C. Tomuschat, *Obligations* (…), cit., pág. 255; Frederic Kirgis, *The Security Council's First Fifty Years*, AJIL, Vol. 89, No. 3, 1995, pág. 506-539, na pág. 525 (em relação a indivíduos e aos próprios tribunais nacionais, isto é, confere-

**20.5.2. Poderes costumeiros.** Julga-se, contudo, que esta vinculação resulta igualmente do Direito Internacional Costumeiro. Este último será relevante como fundamento para vincular entidades que actuem em Estados não membros.

A prática do Conselho de Segurança tem confirmado que este tem autoridade para vincular comunidades que proclamaram a sua independência mas que não são Estados, autoridades efectivas não reconhecidas como Governo (por o seu título ser inválido) ou quaisquer movimentos armados ou políticos[869, 870]. Os seus actos gozam pois de plena aplicabilidade directa,

---

-lhes aplicabilidade directa). Ver igualmente Leo Gross, *Expenses of the United Nations for Peace-Keeping Operations*, IO, Vol. 17, No. 1, 1963, pág. 1-35, na pág. 22.

[869] Assim, por exemplo, na sua Resolução 46 (1948), de 17 de Abril (texto em RDSCOR, 1948, pág. 15-17), parág. 1, afirmou: *"Calls upon* **all persons and organisations** in Palestine, and especially upon the Arab Higher Committee and the Jewish Agency, to take immediately (...) the following measures"*. Do mesmo modo, na Resolução 186 (1964) de 4 de Março de 1964 (texto em RDSCOR, 1964, pág. 2-4), parág. 3: "Calls upon **the communities** in Cyprus and **their leaders** to act with the utmost restraint", quando Chipre tinha um Governo perfeitamente reconhecido. Também a Resolução 509 (1982), de 6 de Junho (texto em RDSCOR, 1982, pág. 5-6), entre muitas outras, relativa à invasão do Líbano por Israel em perseguição da OLP, embora não refira esta última, afirma: "Demands that all parties observe strictly the terms of paragraph 1 of resolution 508 (1982) which called on them to cease immediately and simultaneously all military activities within Lebanon and across the Lebanese-Israeli border".

Do mesmo modo, em relação aos conflitos na ex-Jugoslávia, são várias as suas resoluções que contêm expressões idênticas em relação às partes, incluindo movimentos armados sérvios. Por exemplo, a Resolução 743 (1992), de 21 de Fevereiro, parág. 9 (texto em RDSCOR, 1992, pág. 8-9); Resolução 752 (1992), de 15 de Maio, parág. 1, 5 e 11 (texto em RDSCOR, 1992, pág. 12-13); Resolução 757 (1992), de 30 de Maio, parág. 17 (texto em RDSCOR, 1992, pág. 13-16); Resolução 758 (1992), de 8 de Junho, parág. 7-8 (texto em RDSCOR, 1992, pág. 17-18); Resolução 824 (1993), de 6 de Maio, parág. 5-6 (texto em RDSCOR, 1993, pág. 11-12).

Também, em relação à situação na Somália, na Resolução 918 (1994), de 17 de Maio, parág. 1 e 11 (texto em RDSCOR, 1994, pág. 6); Resolução 925 (1994), de 8 de Junho, parág. 6-8 e 11 (texto em RDSCOR, 1994, pág. 8) e Resolução 929 (1994), de 22 de Junho (texto em RDSCOR, 1994, pág. 10), parág. 9 ("Demands that all parties to the conflict and others concerned immediately bring to an end all killings of civilian populations in areas under their control and allow Member States cooperating with the Secretary-General to implement fully the mission set forth in paragraph 3 above"); Resolução 954 (1994), de 4 de Novembro, parág. 7 (texto em RDSCOR, 1994, pág. 59).

Ou contra a UNITA em Angola: Resolução 804 (1993), de 29 de Janeiro, parág. 11; Resolução 811 (1993), de 12 de Março, parág. 2-3 e 5-6; Resolução 851 (1993), de 15 de Julho, parág. 5-6, 9, 15 e 17; Resolução 864 (1993), de 15 de Setembro, parág. 6-8 e 11 (texto das quatro resoluções em RDSCOR, 1993, pág. 53-54, 55, 58-59 e 59-61); Resolução

se o Conselho decidir atribuir-lhes tal eficácia. Esta autoridade abrange todos os seus poderes, incluindo, se se justificar, o de impor medidas compulsivas à luz do artigo 41[871] ou o de utilizar a força nos termos do artigo 42 contra entidades menores[872].

---

1127 (1997), de 28 de Agosto, parág. 1-3 e 4 (texto em RSSC, 1997, pág. 44-47); Resolução 1164 (1998), de 29 de Abril, parág. 4 (texto em RSSC, 1998, pág. 28-30); Resolução 1173 (1998), de 12 de Junho, parág. 2-5 e 11-12 (texto em RSSC, 1998, pág. 44-47).

Refira-se ainda a Resolução 1072 (1996), de 30 de Agosto (texto em RDSCOR, 1996, pág. 8), parág. 6: "*Demands* also that **all of Burundi's political parties and factions** without exception, whether inside or outside the country and including **representatives of civil society**, initiate unconditional negotiations immediately". Igualmente a Resolução 1199 (1998), de 23 de Setembro (texto em RSSC, 1998, pág. 85-88), actuando nos termos do Capítulo VII, afirma no parág. 1: "Demands that **all parties, groups and individuals** immediately cease hostilities and maintain a ceasefire in Kosovo"; ou a Resolução 1203 (1998), de 24 de Outubro (texto em RSSC, 1998, pág. 93-96), parág. 4 ["Demands also that the Kosovo Albanian leadership and all other elements of the Kosovo Albanian community comply fully and swiftly with resolutions 1160 (1998) and 1199 (1998) (...)"], numa altura em que a nova Jugoslávia não era membra das Nações Unidas. Igualmente na Resolução 1345 (2001), de 21 de Março [UN Doc. S/RES/1345 (2001)], parág. 4, afirma: "Demands that all those who are currently engaged in armed action against the authorities of those States immediately cease all such actions, lay down their weapons and return to their homes".

[870] Assim, o Tribunal Penal para a ex-Jugoslávia afirmou a propósito das medidas do artigo 41: "These powers are coercive *vis-à-vis* the culprit State **or entity**" [cfr. *Decision on* (...) *Jurisdiction in Prosecutor v. Dusko Tadic*, Appeals Chamber, October 2, 1995, parág. 31, ILM, cit., pág. 43)].

[871] Assim, o Conselho adoptou medidas contra a Rodésia, então mera colónia revoltada do Reino Unido, nos termos do Capítulo VII pela sua Resolução 232 (1966), de 16 de Dezembro (texto em RDSCOR, 1966, pág. 8-9), parág. 2 (embargo de armamento e outros bens com relevância directa ou indirecta). As sanções foram agravadas pela Resolução 253 (1968), de 29 de Maio (texto em RDSCOR, 1968, pág. 5-7), parág. 3-6, atingindo o nível do embargo comercial, financeiro, aéreo, e naval total, apenas com limitadas excepções humanitárias. A interrupção de todas as relações diplomáticas e a suspensão da Rodésia das organizações especializadas seria decidida pela Resolução 277 (1970), de 18 de Março, parág. 9 e 13-14 (texto em RDSCOR, 1972, pág. 7). Seriam, designadamente, reafirmadas pela Resolução 288 (1970), de 17 de Novembro, parág. 3 (texto em RDSCOR, 1970, pág. 7); Resolução 314 (1972), de 28 de Fevereiro, parág. 1 (texto em RDSCOR, 1972, pág. 7); Resolução 388 (1976), de 6 de Abril, parág. 1 (texto em RDSCOR, 1976, pág. 6).

Adoptou igualmente sanções contra a UNITA em Angola: Resolução 864 (1993), de 15 de Setembro (texto em RDSCOR, 1993, pág. 53-54), parág. 19 (embargo de armas); Resolução 1127 (1997), de 28 de Agosto, parág. 1-3 e 4 (texto em RSSC, 1997, pág. 44-47); Resolução 1173 (1998), de 12 de Junho, parág. 2-5 e 11-12 (texto em RSSC, 1998, pág. 44-47). Reafirmadas, designadamente, pela Resolução 1237 (1999), de 7 de Maio, parág. 5 (texto em RSSC, 1999, pág. 21-24); Resolução 1295 (2000), de 18 de Abril (texto em RSSC, 2000, pág. 15-20), parág. 6 ("Further undertakes to consider, by 18 November 2000, the application of additional measures **against UNITA under Article 41** of the Charter of the United Nations").

O Conselho tem utilizado estes poderes igualmente contra indivíduos: quer aprovando actos que os têm como destinatários, com apelos, ordens, condenações de acções suas ou ameaças de sanções criminais[873], quer mesmo

Refira-se ainda as sanções abrangentes adoptadas contra os Sérvios da Bósnia pela Resolução 942 (1994), de 23 de Setembro, parág. 7-18 (texto em RDSCOR, 1993, pág. 30--32). Bem como sanções contra as facções rebeldes na Serra Leoa: Resolução 1132 (1997), de 8 de Outubro (texto em RSSC, 1997, pág. 51-54), parág. 5-6, aprova um embargo de armas e petrolífero contra a junta militar que tomara o poder pela força, sem ser reconhecida como Governo; Resolução 1171 (1998), de 11 de Junho (texto em RSSC, 1998, pág. 41-42), parág. 1-3, termina as medidas contra o Governo que retomara funções, mas mantém o embargo de armas contra os rebeldes; Resolução 1306 (2000), de 5 de Julho (texto em RSSC, 2000, pág. 39-43), parág. 1 e 5, adopta um embargo ao comércio de diamantes por parte dos rebeldes. E contra os Talibãs no Afeganistão: a Resolução 1267 (1999), de 15 de Outubro, parág. 4 (embargo aéreo a aviões dos Talibãs e congelamento de fundos); Resolução 1333 (2000), de 19 de Dezembro (texto em RSSC, 2000, pág. 88-92), parág. 5, 6-8 e 10-11 (impõe um embargo ao comércio de armas e diplomático, parcial, bem como à venda de químicos necessários para a produção de ópio e ainda um embargo aéreo).
    Igualmente a Assembleia Geral, pela sua Resolução 500 (V) de 18 de Maio de 1951 (texto em RDGAOR, 5th Session, 1950-1951, pág. 2), no seu parág. 1, al. a) recomendou a adopção de um embargo de armas, bem como em relação a outros produtos de utilidade bélica, contra o Governo chinês comunista e autoridades da Coreia do Norte. O primeiro devia já ser considerado como Governo da China, mas as segundas não o eram da Coreia.
    [872] Com efeito, as medidas coercivas bélicas adoptadas à luz do artigo 42 têm sido sistematicamente contra entidades sem natureza estadual. Foi o caso da ONUC contra o Katanga (ver, *infra*, parág. 64), da UNOSOM II contra as facções na guerra civil na Somália (ver, *infra*, parág. 66) ou da UNPROFOR e a intervenção contra os Sérvios da Bósnia--Herzegovina (a justificação de que se tratou de acções decretadas nos termos do artigo 42, *infra*, parág. 67), da UNAMSIL contra os rebeldes na Serra Leoa (ver, *infra*, parág. 68) e da UNTAET contra os bandos armados em Timor (ver, *infra*, parág. 69).
    No que diz respeito à concessão de habilitações ao uso privado da força, apesar de excepções pontuais, quase todas foram dirigidas também contra sujeitos menores: contra as autoridades do norte da Coreia, mera organização armada; contra as autoridades na Rodésia, embora podendo atingir navios de Estados terceiros; contra as facções no conflito na Somália; essencialmente (com alguns desvios) contra os ex-governantes e seus apoiantes responsáveis pelo extermínio e genocídio no Ruanda; contra as autoridades não reconhecidas como Governo do Haiti, portanto, uma entidade que não representava o Estado; contra os bandos armados em Timor (embora apoiados por elementos do exército indonésio); ou contra bandos armados no Afeganistão. As únicas excepções são a habilitação contra o Iraque e, marginalmente, contra a nova Jugoslávia, quanto à imposição do embargo nas suas águas territoriais e no Kosovo (ver, *infra*, parág. 75.3).
    [873] Assim, a já citada Resolução 46 (1948), de 17 de Abril, parág. 1 (*"Calls upon* **all persons and organisations** in Palestine"). Em alguns casos, o Conselho chegou a dirigir resoluções contra dirigentes de movimentos, identificando-os pelo nome, por exemplo: "Demands that the leader of UNITA, Mr. Jonas Savimbi" [cfr. Resolução 1219 (1998), de 31

criando instituições com vista a impor estas sanções[874]. Estas acções têm-se verificado não apenas em relação a situações em que o Estado se desintegrou por força de um conflito armado interno, mas igualmente em outras em que, apesar do conflito, continuou a existir um Governo internacionalmente reconhecido que manteve o controlo sobre parte do território do Estado. O Conselho, apesar de flutuações, em alguns casos parece mesmo sugerir que as suas resoluções que visem em última análise vincular os cidadãos dos Estados gozam de aplicabilidade directa em relação a estes e que apenas a punição da sua violação ficará normalmente a cargo dos Estados[875].

---

de Dezembro, parág. 2 (texto em RSSC, 1998, pág. 121-122); também Resolução 1237 (1999), de 7 de Maio, parág. 3 (texto em RSSC, 1998, pág. 21)]. Igualmente a Declaração Presidencial 2000/14 de 4 de Maio de 2000: "The Security Council considers Mr. Foday Sankoh, as leader of the RUF, to be responsible for these actions, which are unacceptable and in clear violation of their obligations under the Lomé Agreement (…). The Council believes that he must be held accountable, together with the perpetrators, for their actions" (texto em RSSC, 2000, pág. 110).

Em relação a responsabilidade criminal, entre muitas outras: contra o Iraque e indivíduos responsáveis por crimes no Kuwait: a Resolução 670 (1990), de 25 de Setembro, parág. 13 (texto em RDSCOR, 1990, pág. 24-25). Responsabilidade criminal individual por limpezas étnicas na Bósnia-Herzegovina: Resolução 787 (1992) de 16 de Novembro, parág. 7 (texto em RDSCOR, 1992, pág. 29-31); Resolução 819 (1993), de 16 de Abril, parág. 7 (texto em RDSCOR, 1993, pág. 6-7); Resolução 941 (1994), de 23 de Setembro, parág. 3 (texto em RDSCOR, 1994, pág. 30). Responsabilidade por crimes no Ruanda: Resolução 978 (1995), de 27 de Fevereiro, preâmbulo e parág. 5 (texto em RDSCOR, 1995, pág. 86-87) e na Serra Leoa: Resolução 1315 (2000), de 14 de Agosto, preâmbulo e parág. 1 (texto em RSSC, 2000, pág. 56-58).

[874] Assim, pelas suas Resoluções 808 (1993), de 22 de Fevereiro (texto em RDSCOR, 1993, pág. 28) e Resolução 827 (1993), de 25 de Maio (texto em RDSCOR, 1993, pág. 29), o Conselho criou o Tribunal Penal das Nações Unidas para a ex-Jugoslávia. Pela sua Resolução 955 (1994), de 8 de Novembro (texto em RDSCOR, 1994, pág. 15), criou o Tribunal Penal das Nações Unidas para o Ruanda. Na sua citada Resolução 1315 (2000), de 14 de Agosto, o Conselho recomendou a criação de um Tribunal Penal Especial para a Serra Leoa, a ser estabelecido por acordo celebrado entre as Nações Unidas, por intermédio do Secretário-Geral, e o Governo daquela (parág. 1). Sobre estes, ver, *infra*, parág. 96.1.

[875] Com efeito, em princípio, o Conselho deixa aos Estados o encargo de forçar os seus cidadãos a acatar as suas resoluções, mas por vezes vincula-os a adoptar legislação interna que puna as desobediências. Assim, por exemplo, entre muitas semelhantes, a citada Resolução 1306 (2000), de 5 de Julho, parág. 17, estipula: "<u>Reminds</u> States of their obligation to implement fully the measures imposed by resolution 1171 (1998), and <u>calls upon</u> them (…) to enforce, strengthen or enact, as appropriate, legislation **making it a criminal offence under domestic law for their nationals or other persons operating on their territory to act in violation of the measures imposed by paragraph 2 of that resolution**". Fica, pois, sugerido que a Resolução já goza de aplicabilidade directa em relação aos indivíduos e que apenas a

O Conselho não tem feito quaisquer distinções entre os actos que dirige contra movimentos, grupos ou indivíduos em Estados membros ou em relação a outros que se encontrem em Estados não membros, o que sugere que igualmente este seu poder adquiriu natureza consuetudinária[876].

**21. Poderes costumeiros da Comunidade Internacional.** Como se procurou demonstrar, a prática das Nações Unidas sugere que estas podem não apenas utilizar o seu poder bélico contra entidades não vinculadas pela Carta, como igualmente adoptar actos que vinculam qualquer entidade: quer movimentos armados no território de um Estado membro ou simples particulares destes Estados, quer mesmo outras organizações internacionais ou Estados não membros, bem como adoptar sanções contra estes e recorrer a medidas bélicas para os levar a acatar tais decisões.

E que se o seu poder para vincular movimentos armados e particulares de Estados membros deriva ainda da Carta, já o poder de vincular Estados não membros (e respectivos particulares e movimentos) e organizações internacionais apenas pode derivar do Direito Internacional Costumeiro, a menos que tal dever conste de algum acto que as vincule, como um tratado celebrado com estas ou, no caso das organizações internacionais, o seu tratado constitutivo.

Ora, se as Nações Unidas gozam hodiernamente destes poderes costumeiros, julga-se que esta conclusão tem igualmente reflexos na medida de poderes costumeiros da Comunidade Internacional.

---

sua punição caberá aos Estados. De qualquer modo, o Conselho encontra-se sujeito ao princípio da necessidade. Uma tentativa sua de estabelecer directamente sanções contra desobediências individuais pelas suas resoluções, quando os Estados membros se mostram disponíveis e capazes para o fazer, constituirá normalmente uma violação deste princípio.

Mas, sendo necessário, já o poderá fazer. De facto, tal ocorreu em relação ao sancionamento das violações do Direito Internacional Humanitário com a criação dos referidos Tribunais Penais das Nações Unidas. Mas ocorreu igualmente em relação ao cumprimento de um embargo comercial decretado por si. Assim, a Resolução 820 (1993), de 17 de Abril (texto em RDSCOR, 1993, pág. 7-10), parág. 24 e 25, estabeleceu um bloqueio (que não se pode considerar que respeitasse a exigência de efectividade clássica, sendo em grande medida fictício, mas o artigo 42 da Carta não exige que o bloqueio respeite tal exigência) contra a nova Jugoslávia, com a permissão de confisco dos meios de transporte e bens capturados em desrespeito do embargo [decidido pelas citadas Resoluções 713 (1991), 757 (1992) e 787 (1992); ver, ainda *infra*, parág. 82.2]. Tratou-se, pois, de uma sanção com eficácia individual.

[876] Recorde-se a referida acção contra as autoridades do Norte da Coreia, bem como as decisões dirigidas ao movimento albanês no Kosovo ou a autoridade conferida ao mencionado Tribunal Penal para a ex-Jugoslávia mesmo em relação a cidadãos da nova Jugoslávia, que não era à altura membra das Nações Unidas (ver, *supra*, parág. 20.1).

Com efeito, uma entidade criada para exercer determinados poderes não pode ter mais poderes à luz do Direito Costumeiro do que a entidade que a criou[877]. Se as Nações Unidas têm hoje poderes públicos costumeiros vinculativos, bem como para o exercício do poder bélico, mesmo contra entidades não vinculadas pela Carta, por maioria de razão, a Comunidade de que constitui uma emanação também os terá de ter nos mesmos termos.

Por conseguinte, é necessário concluir que, por força da prática dos Estados, seja membros das Nações Unidas por intermédio dos seus órgãos, seja não membros, os poderes da própria Comunidade Internacional à luz do Direito Internacional Costumeiro têm sido consolidados e alargados. Isto explica-se pelo facto de os Estados, progressivamente, terem enraizado consuetudinariamente tais poderes, designadamente levando a que esta organização os exercesse contra Estados não membros ou procurasse vinculá--los[878, 879].

---

[877] Os Estados membros não podem atribuir ao Conselho pela Carta poderes que mesmo em conjunto não têm. Podem atribuir-lhe poderes sobre os seus cidadãos e sobre si próprios, mas não poderiam conceder-lhe legitimamente poderes sobre entidades que não controlam juridicamente, como Estados não membros, se conjuntamente, enquanto Comunidade, já não gozassem de tais poderes. Mas podem decidir atribuir-lhe determinados poderes sobre si próprios e a faculdade de os exercer por decisão maioritária, ainda que o Direito Internacional Costumeiro não o permita à Comunidade Internacional. De facto, os Estados são livres de ir mais longe por acto voluntário do que aquilo que está estabelecido pelo Direito Costumeiro. O que efectivamente se terá passado no início da vigência da Carta, onde à luz do Direito Costumeiro a Comunidade Internacional não tinha os poderes que a Carta atribuiu às Nações Unidas. O que já não fará sentido é o Direito Costumeiro atribuir à entidade criada mais poderes, ou um modo menos restritivo de os exercer, do que os que estabelece para a Comunidade Internacional, titular originário destes.

[878] Trata-se de posição que se sustentou sucintamente já em C. Baptista, *Direito* (...), cit., pág. 236, nota 685.

[879] Diferente é a posição de P. Picone que sustenta que os Estados adquiriram pela prática recente direitos bélicos costumeiros, não abrangidos pelo artigo 2, n.º 4 CNU e pela correspondente norma costumeira, para reagir contra violações graves de obrigações *erga omnes*. Que as Nações Unidas apenas poderão exercer estes direitos em nome destes [cfr. Paolo Picone, *Nazioni Unite e Obblighi "Erga Omnes"*, CI, Vol. XLVIII, 1993, N. 4, pág. 709--730, na pág. 717-719 e em *Interventi delle Nazioni Unite* (...), cit., pág. 538-539, e nota 72, 540-541 e 554-556]. Na realidade, uma acção privada, mesmo na prossecução de fins públicos (os tutelados por obrigações *erga omnes*), continua a ser uma acção privada unilateral. Tal só assim não seria se fosse habilitada pela Comunidade Internacional, o que o autor não exige. Apenas podem ser consideradas como acções comunitárias aquelas que pelas regras vigentes de imputação forem da responsabilidade da Comunidade Internacional/Nações Unidas. Nenhum Estado, por mais importante que seja, ou convencido que esteja que foi investido de uma missão comunitária, pode arrogar-se a representar o conjunto dos restantes sem o consentimento destes. O conjunto dos Estados encontra-se de facto investido de uma titularidade nua destes

Deste modo, o Conselho, com o apoio dos Estados membros e mesmo dos não membros, ao alargar os seus poderes para lá dos termos da Carta, desenvolveu o Direito Costumeiro sobre a matéria beneficiando também o titular originário daqueles. Sublinhe-se, porém, que este poder consuetudinário da Comunidade Internacional neste momento tem uma relevância prática secundária. Enquanto a Carta estiver em vigor com os termos actuais, esta não os poderá exercer, nem sequer por intermédio do órgão das Nações Unidas que materialmente se identifica consigo, a Assembleia Geral. É o Conselho de Segurança que mantém o monopólio destes[880]. Apenas com a extinção, alteração ou suspensão da Carta, a Comunidade Internacional poderá reassumir estes poderes. Todavia, se tal vier a ocorrer, esta Comunidade encontrar-se-á investida de poderes bem mais amplos do que aqueles de que gozava no momento em que aquela organização foi criada.

De qualquer modo, os poderes da Comunidade Internacional estão restringidos a certas matérias. Esta pode adoptar decisões obrigatórias para o caso concreto quando esteja em causa (em termos amplos) a paz e segurança internacionais, mas não de uma forma arbitrária. Encontra-se em apreciável medida limitada pelo Direito Internacional, mesmo quando pode ir para lá do regime aplicável aos Estados nas mesmas circunstâncias quanto aos meios que pode adoptar: máxime, pode executar as suas decisões por recurso a medidas coercivas não bélicas ou mesmo pela força e dar ordens às partes que podem afectar alguns direitos secundários seus[881].

---

direitos bélicos, daí que precisamente não os possa exercer, nem sequer colectivamente (e muito menos um ou alguns destes unilateralmente), enquanto não se alterar o actual quadro jurídico decorrente da Carta que atribui o seu exercício exclusivamente às Nações Unidas.

A não ser assim, nem sequer se conseguiria justificar a necessidade (e legitimidade) de uma habilitação das Nações Unidas para legitimar o uso privado da força nestes casos. Deste modo, qualquer actuação de um ou alguns Estados, ainda que para prosseguir fins públicos, será meramente privada, encontrando-se proibida pelo artigo 2, n.º 4 CNU, salvo habilitação pela organização. Cabe exclusivamente às Nações Unidas a execução bélica (ou a habilitação desta) das obrigações *erga omnes*, para as quais tenha capacidade, pelo menos até a Carta ser alterada ou suspensa; a menos que os Estados possam legitimar a sua acção numa causa de exclusão da ilicitude nos termos que ficaram determinados (ver, *supra*, parág. 11-14). Também D. Sarooshi, *The United Nations* (...), cit., pág. 28-29, sustenta uma titularidade conjunta quer dos Estados, quer da Comunidade Internacional, embora pareça entender que a dos Estados terá entretanto sido suplantada pela desta segunda. Porém, o autor não retira qualquer consequência do carácter costumeiro deste poder, designadamente, em relação a entidades terceiras face à Carta.

[880] Ver, *infra*, parág. 44-45.

[881] Ver sobre a extensão e limites deste poder, *infra*, parág. 36-37 e 77-90.

Mesmo este poder coercivo da Comunidade tem precedentes. Efectivamente, qualquer Estado pode recorrer a medidas coercivas em determinadas situações. Assim, perante qualquer ameaça directa à paz que implique uma violação de uma obrigação *erga omnes*, perante uma ruptura desta ou agressão, o Direito Internacional permite a qualquer Estado condenar o comportamento do Estado responsável, exigir o fim daquele comportamento e adoptar represálias contra este em caso de incumprimento[882]. Em última análise, estando-se perante um ataque armado e com o consentimento do Estado vítima, pode mesmo utilizar a força contra o agressor em legítima defesa. É certo que um Estado que actue nestes termos se encontra obrigado a um respeito rigoroso do Direito Internacional, encontrando-se bem mais limitado do que a Comunidade Internacional, especialmente no que diz respeito à reunião dos necessários pressupostos da actuação coerciva. Mas existem semelhanças entre os poderes que cabem a cada um.

Mesmo os poderes da Comunidade em relação aos restantes Estados que não o responsável pela situação têm semelhanças com os que assistem a um Estado que seja vítima de uma agressão. O direito dos beligerantes de impedir os neutros de comerciar material bélico, ou susceptível de ser utilizado para fins militares, com os seus inimigos é um princípio tradicional. Este compreende direitos de presa sobre contrabando de guerra transportado por navios neutros[883], bem como o de bloquear pela presença de uma Força efectiva no local uma costa ou porto do inimigo e confiscar qualquer navio neutro que tente penetrar[884].

---

[882] Assim, ver os artigos 41 (que criticavelmente restringe as suas violações a normas de *Ius Cogens*, como se não existissem normas convencionais que impõem obrigações *erga omnes* sujeitas a um regime idêntico), 48 e 54 do Projecto sobre Responsabilidade dos Estados de 2001 da Comissão de Direito Internacional. Também C. Baptista, Ius (...), cit., pág. 298-299.

[883] Cfr. parág. 2 da Declaração sobre Direito Marítimo de 16 de Abril de 1856 (texto em NRG, 1.ª Série, tomo XV, pág. 791-792); artigo 22, 24 e 30 da Declaração de Londres sobre o Direito da Guerra Marítima de 26 de Fevereiro de 1909 (texto em NRG, 3.ª Série, tomo VII, pág. 39-72). Esta última não chegaria a ser ratificada, mas como consta do seu preâmbulo, a maioria das suas disposições eram codificatórias do Direito Internacional Costumeiro. Não seria, porém, o caso da distinção entre contrabando de guerra absoluto e condicional. A prática dos Estados nos conflitos seguintes foi no sentido de ignorar a distinção e aplicar o direito de presa constante do artigo 30 a ambas as categorias, independentemente do destino directo do navio ser já território inimigo [ver C. Baptista, Ius (...), cit., pág. 135-136, 140-141, 217 e 455-456].

[884] Cfr. parág. 4 da Declaração sobre Direito Marítimo de 1856; artigos 1 a 21, especialmente este último, da citada Declaração de Londres de 1909.

Tendo em conta o fim da relevância do "estado de guerra", julga-se que o Estado agressor não pode invocar estes direitos, mas o Estado vítima pode exercê-los contra os neutros/não beligerantes com fundamento em estado de necessidade[885]. Aliás, mesmo não existindo uma qualificação de uma das partes como agressor pelo Conselho de Segurança, qualquer Estado está obrigado a não prestar assistência, especialmente militar, a um Estado agressor[886]. Assim, o Direito Internacional Costumeiro permite que um Estado vítima de um ataque armado execute, se necessário pela força, obrigações impostas pelo Direito Internacional aos restantes Estados mesmo contra a vontade destes, limitando o seu comércio com o Estado agressor.

Deste modo, mesmo que se aceite que existem diferenças qualitativas entre os poderes conferidos a um Estado vítima de um ataque armado e os que cabem à Comunidade Internacional, devido à ampla margem que é concedida a esta e à diferente natureza do seu poder, este poder não pode ser considerado como algo revolucionário no Direito Internacional.

---

[885] A justificação em   C. Baptista, Ius (...), cit., pág. 455-456, nota 195.

[886] Como decorre substancialmente da norma codificada no artigo 2, n.º 5, parte final, CNU e se encontra expressamente consagrado no artigo 16 em associação com o artigo 41 do projecto relativo à Responsabilidade dos Estados de 2001 da Comissão de Direito Internacional (texto em RILC, 2001, Chapter IV, pág. 43-59).

## II – Titularidade.

## A – Comunidade Internacional e Estados.

**22. Relações.** Já se deixou claro que se considera que é a Comunidade Internacional o titular originário do poder público bélico. Cabe agora justificar esta titularidade.

A noção de Comunidade Internacional não é unívoca[887]. Se se trata de analisar esta Comunidade da perspectiva dos criadores, e em última análise executores, das normas originárias (isto é, as costumeiras) deste Ordenamento, esta Comunidade identifica-se com os Estados existentes, como resulta dos artigos 53 das citadas Convenções de Viena sobre o Direito dos Tratados de

---

[887] Alguma Doutrina distingue entre uma comunidade e uma mera sociedade. Supostamente, a primeira seria uma forma de associação caracterizada por uma comunhão de valores e solidariedade entre os seus membros, ao contrário da segunda.

Considera-se a distinção juridicamente pouco relevante. Qualificar o conjunto dos Estados como uma comunidade ou uma sociedade não altera minimamente as obrigações e direitos destes. De qualquer modo, tendo em conta o desenvolvimento de princípios no domínio dos direitos humanos que criam obrigações *erga omnes* e mesmo em domínios como o desenvolvimento (com a criação de alguns sistemas de discriminação positiva, mesmo que ainda pouco relevantes) e o Ambiente, julga-se que hodiernamente a Comunidade Internacional poderá ser qualificada como uma comunidade. É certo que os interesses nacionais continuam a campear, mas tal também se verifica ao nível das comunidades nacionais, em que os interesses regionais, de classe ou estrato social as dividem igualmente. O que distingue estas comunidades da Comunidade Internacional não é a ausência de valores comuns nesta. Os valores existem, não se encontram é apoiados por um sistema executivo centralizado como acontece no plano interno [assim, também: C. Tomuschat, *Obligations* (…), cit., pág. 237--239; G. Pereira/F. Quadros, *Manual* (…), pág. 37 (sustentam que se encontra em transição); B. Fassbender, *The United Nations* (…), cit., pág. 564-566; Bruno Simma/Andreas L. Paulus, *The 'International Community': Facing the Challenge of Globalization*, EJIL, Vol. 9, No. 2, 1998, pág. 266 e segs., part 3-4 (ainda em evolução). Ver, contudo, defendendo que se trata de uma sociedade: Georg Schwarzenberger, *The Rule of Law and the Disintegration of the International Society*, AJIL, Vol. 33, No. 1, 1939, pág. 56-77, na pág. 66 (mas em 1939); Richard Van Wagenen, *The Concept of Community and the Future of the United Nations*, IO, Vol. 19, No. 3, 1965, pág. 812-827, na pág. 812, 818 e 826; J. Silva Cunha/M. Vale Pereira, *Manual de Direito Internacional Público*, Coimbra, 2000, pág. 11-13].

1969 e de 1986. É esta a noção técnica da figura[888]. Com efeito, a Comunidade Internacional não é uma pessoa jurídica, mas simplesmente o conjunto dos Estados existentes[889, 890].

---

[888] Sem prejuízo de se encontrar igualmente consagrada uma noção mais ampla de Comunidade Internacional que engloba todos os sujeitos de Direito Internacional, incluindo os indivíduos e pessoas colectivas privadas. Trata-se de entendimento que se encontra presente em inúmeras resoluções da Assembleia Geral. Assim, por exemplo, esta afirmou: "Notes with appreciation the assistance given by the international community in support of the Bethlehem 2000 project, and calls for the acceleration of assistance and engagement by the international community as a whole, including private sector participation" (cfr. Resolução 54/22 de 10 de Novembro de 1999, parág. 3; texto em RAGA, 54th Session, First Part, 1999, pág. 15).

[889] No seu projecto de Declaração sobre os Direitos e Deveres dos Estados de 1949, a Comissão de Direito Internacional afirma no primeiro parágrafo do preâmbulo: "Whereas the States of the World form a Community governed by international law" (texto em RILC, 1st Session, 1949, parág. 46; texto em AJIL, Vol. 44, No. 1, 1950, supplement, pág. 1-21, na pág. 15-18).

[890] O Tribunal Internacional de Justiça pareceu identificar a Comunidade Internacional simplesmente com o conjunto dos Estados, já que fala alternativamente em ambos, a propósito da sua defesa da existência de obrigações erga omnes: Barcelona Traction, Light and Power Company, Limited (Belgium v. Spain), Judgment 5 February 1970, I. C. J. Reports 1970, pág. 32, parág. 33. Também: Gerald Fitzmaurice, Dissenting Opinion em Legal Consequences for States of the Continued Presence of South Africa in Namibia (South West Africa) Notwithstanding Security Council Resolution 278 (1970), Advisory Opinion of 21 June 1971, I.C.J. Reports 1971, pág. 241, parág. 33; Giorgio Gaja, Jus Cogens beyond the Vienna Convention, RDC, 1981, III, tomo 172, pág. 271-316, na pág. 280-281; Paolo Picone, Obblighi Reciproci ed Obblighi Erga Omnes degli Stati nel Campo della Protezione Internazionale dell'Ambiente Marino dall'Inquinamento, em Diritto Internazionale e Protezione dell'Ambiente Marino (Dir. Vicenzo Starace), Milano, 1983, pág. 15-135, na pág. 54-55, nota 84 e em Interventi delle Nazioni Unite (...), cit., pág. 528, nota 41; L. Hannikainen, Peremptory (...), cit., pág. 5; P. Galvão Teles, Obligations Erga Omnes in International Law, RJ, n.º 20, 1996 (Nov.), pág. 73-137, na pág. 20; G. Arangio-Ruiz, "The Federal Analogy" and UN Charter Interpretation: A Crucial Issue, EJIL, Vol. 8, 1997, pág. 1 e segs., parte V, nota 26.

Alguma Doutrina tem, porém, defendido a tese da personalidade da Comunidade Internacional: A. Gomez Robledo, Le Jus Cogens International: sa Genèse, sa Nature, ses Fonctions, RDC, 1981, III, tome 172, pág. 9-217, na pág. 204; H. Gros Espiell, No Discriminación y Libre Determinación como Normas Imperativas de Derecho Internacional, em AHLADI, vol. 6, 1981, pág. 33-81, na pág. 74; Roberto Ago, Obligations Erga Omnes and The International Community, em International Crimes of States – A Critical Analysis of the ILC's Draft Article 19 on State Responsibility (ed. Weiler/Cassese/Spinedi), Berlin/New York, 1989, pág. 237-239, na pág. 238.

[891] É o que se passa com o seu direito de protesto e mesmo de adoptar represálias (pacíficas) ou recorrer a meios judiciais disponíveis perante violações de obrigações erga omnes [ver C. Baptista, Ius (...), cit., pág. 493-495]. Igualmente os citados artigos 41, 48 e 54 do Projecto sobre Responsabilidade dos Estados de 2001 da Comissão de Direito Internacional.

Quaisquer dos direitos e obrigações atribuídos à Comunidade Internacional recaem, pois, sobre os Estados, devendo ser exercidos conjuntamente por estes, a menos que exista norma que lhes permita reagir unilateralmente[891]. Em relação ao poder público bélico, a necessidade de este ser exercido colectivamente ou por meio de uma entidade com carácter comunitário decorre simplesmente da proibição de uso privado da força. Com efeito, não decorre minimamente da prática que um ou alguns Estado possam utilizar a força legitimamente sem base numa específica causa de justificação só porque o objectivo que visam é a prossecução de um interesse público, isto é, um interesse da Comunidade[892].

**23. Titular.** Assim, poder público bélico é um poder colectivo que cabe ao conjunto dos Estados existentes, sendo de exercício necessariamente colectivo. Isto é, a decisão quanto ao exercício do poder público bélico deverá ser tomada pela Comunidade ou por uma entidade por esta criada para o efeito, embora exista a possibilidade de a decisão ser depois executada por um ou mais Estados com a devida habilitação comunitária.

Julga-se pacífica a conclusão que todos os Estados, independentemente do seu poder, são, e sempre foram desde a origem da figura, à luz do Direito Internacional Costumeiro, igualmente contitulares deste poder público bélico. Esta conclusão retira-se do princípio da igual soberania de cada Estado (artigo 2, n.º 1 CNU) e dos seus direitos bélicos tradicionais, formalmente idênticos. É certo que existem algumas práticas no Século XIX de restringir as decisões quanto ao uso colectivo da força exclusivamente às grandes potências[893]. E, mesmo actualmente, no seio das Nações Unidas, o poder público encontra-se atribuído em exclusividade ao Conselho de Segurança, órgão onde as grandes potências têm direitos especiais. No entanto, segundo se julga, as referidas práticas de restrição do seu exercício às grandes potências não constituem precedentes de um poder público bélico, por força

---

[892] Tal não se altera pelo facto de a existência de tal interesse numa dada situação ter sido reconhecida pelas Nações Unidas, mesmo por intermédio de uma resolução vinculativa do Conselho de Segurança; ver, sobre a execução de resoluções deste, sem a devida habilitação, *infra*, parág. 72.

[893] Assim, durante a Santa Aliança e o Concerto Europeu, no século XIX; ver, *supra*, 18.2. Esta realidade tem ainda algum amparo no regime especial aplicável aos membros permanentes e, muito particularmente, no artigo 106 CNU, mas este preceito parece ter perdido vigência (ver, *infra*, parág. 75.2.2).

precisamente de tal restrição. E a actual distribuição de poder no seio das Nações Unidas foi aceite por todos os Estados membros[894].

De qualquer modo, a concessão às grandes potências de um papel de destaque por força do seu peso económico, militar e político tem uma tradição efectiva de quase dois séculos. Tendo em conta esta realidade e as dificuldades de tomar decisões quanto ao exercício do poder numa assembleia constituída por todos os Estados, a prática no século XX seguiu no sentido de os Estados se organizarem em instituições para-universais e, no seio destas, de transferirem o seu exercício para um órgão restrito, seja em concorrência com o órgão geral, seja em monopólio. Neste órgão restrito têm tido presença permanente as grandes potências e um número limitado de Estados eleitos pelos restantes.

Devido à inexistência de forças militares verdadeiramente internacionais, quanto à forma de recrutamento, desde o início que a prática se consolidou no sentido da admissibilidade da intervenção pública se restringir a uma mera habilitação ao uso da força por Estados membros e a um controlo a *posteriori* essencialmente teórico. Mesmo actualmente, perante o quadro vigente decorrente da Carta das Nações Unidas, que se procurou afastar deste modelo, tal prática encontra-se já fortemente enraizada[895]. De facto, só pontualmente têm surgido precedentes de verdadeiros exercícios do poder público bélico (isto é, em sentido restrito) pela entidade criada pela Comunidade para o efeito, presentemente, as Nações Unidas[896].

Deste modo, a titularidade originária do poder público bélico cabe colectivamente à totalidade dos Estados. Mas encontra-se consagrada a sua entrega a um órgão restrito de uma organização internacional para-universal, com abertura para a sua delegação noutros órgãos da organização ou mesmo para a habilitação de um ou mais Estados para o seu exercício.

Mas, como se trata de uma atribuição sem carácter definitivo, não está excluída a possibilidade de assunção deste seu poder pela Comunidade, uma vez alterado o actual quadro vigente, marcado pela Carta das Nações Unidas.

---

[894] Ainda que obtido pelas habituais pressões políticas que caracterizam as negociações internacionais; ver, sobre as resistências de vários Estados ao regime do veto na Conferência de S. Francisco, *infra*, parág. 35.2.

[895] Trata-se da figura do uso privado habilitado da força, consagrada no artigo 16, n.º 2 do Pacto da Sociedade das Nações (ver, *supra*, parág. 19.3) e, hodiernamente, no artigo 53, n.º 1, segunda parte, CNU e pela prática do Conselho de Segurança (ver, *supra*, parág. 9 e, *infra*, parág. 74-75).

[896] Ver, *infra*, parág. 64-69.

## B – Comunidade Internacional e Nações Unidas.

**24. Relações.** Segundo se julga, é actualmente difícil de contestar que as Nações Unidas podem reivindicar carácter comunitário à luz do Direito Internacional Costumeiro[897].

Mas, partindo desta base, é necessário apurar mais concretamente quais os fundamentos deste carácter e quais as relações que se estabelecem entre os órgãos desta organização e a Comunidade Internacional. Designadamente, identificando o órgão ou órgãos das Nações Unidas que podem reivindicar carácter comunitário directo ou indirecto. Finalmente, aborda-se a questão da natureza da atribuição de poderes que se verificou desta Comunidade a favor das Nações Unidas.

**25. Carácter comunitário da Assembleia Geral.** Entre os órgãos das Nações Unidas avulta a Assembleia Geral, dado tratar-se do único órgão em que estão representados todos os Estados membros (artigo 9, n.º 1 CNU). É esta composição que, no seio das Nações Unidas, tal como na Assembleia da Sociedade das Nações, permite considerá-la como o órgão cujos membros podem reivindicar que, além de membros da organização, materialmente constituem igualmente a Comunidade Internacional[898]. Com efeito, tendo em conta a quase universalidade da organização, existe uma identidade substancial entre os seus membros e a Comunidade Internacional, isto é, a totalidade dos Estados existentes[899].

---

[897] Ver, *supra*, parág. 20.1.

[898] Também: N. White, *The Legality of Bombing* (...), cit., pág. 37. Ver igualmente, genericamente: Wojciech Morawiecki, *Some Problems Connected with the Organs of International Organizations*, IO, Vol. 19, No. 4, 1965, pág. 913-928, na pág. 916-917.

[899] Ficou já referido que a Assembleia Geral se refere muitas vezes à Comunidade Internacional como uma figura mais vasta que compreende todos os sujeitos de Direito Internacional, incluindo organizações não governamentais, empresas privadas e indivíduos. Daí que muitas vezes lhe dirija apelos, como uma entidade distinta e externa. Mas outras vezes fala em nome desta Comunidade. Assim, afirmou: "Reaffirming the commitment of the international community to the goal of the total elimination of nuclear weapons (...)" (cfr. Resolução 54/54-P, de 1 de Dezembro de 1999, parág. 2 do preâmbulo; também parág. 3 do preâmbulo da 54/54-Q; textos em RAGA, 54th Session, First Part, 1999, pág. 157-199).

Assim, as Nações Unidas são a forma jurídica pela qual a Comunidade Internacional se organizou e decidiu exercer os seus poderes. Em vez de os exercer directamente de forma colectiva, constituiu uma entidade jurídica que juridicamente os exerce, embora continue a determinar a sua vontade. Assim, esta circunstância não impede que a actuação da Assembleia Geral seja formalmente uma actuação das Nações Unidas, pela qual esta organização responde[900]; mas, na verdade, são igualmente actos dos seus membros e estes, substancialmente, compõem aquela Comunidade.

Um eventual exercício do poder público bélico pela Assembleia Geral equivale substancialmente, portanto, a um uso comunitário, respeitadas as regras quanto à formação da vontade que juridicamente é qualificada como comunitária, já que não correspondem exactamente às da Assembleia Geral[901] [902]. Seria, pois, um exercício originário do poder público bélico, por substancialmente estar a ser exercido pelo seu titular originário.

**26. Carácter comunitário de outros órgãos políticos.** Com a Sociedade das Nações, estabeleceu-se, pela primeira vez, um verdadeiro poder público. No seio desta organização este foi confiado em primeira linha ao Conselho, onde se destacavam as grandes potências. Embora ainda se manifestasse um peso do comunitarismo, já que este órgão restrito sofria a concorrência da competência paralela na matéria da Assembleia (artigos 15, n.º 9 e 3, n.º 3 Pacto)[903].

Também a Carta criou um órgão restrito, controlado pelas grandes potências, o Conselho de Segurança. Inicialmente composto por apenas 11 membros, posteriormente, com a emenda de 17 de Dezembro de 1963[904] ao artigo 23 CNU, alargado para 15 membros. Nos termos do artigo 24, n.º 1, reforçado pelo artigo 11, n.º 2, parte final, e artigo 12[905], é a este órgão que cabe primariamente a responsabilidade pela manutenção da paz.

---

[900] Ver, *infra*, sobre o regime da sua responsabilidade, parág. 100.1.

[901] A situação jurídica dos Estados no seio da Assembleia Geral não corresponde à da Comunidade Internacional à luz do Direito Internacional Costumeiro devido às limitações a que este órgão está sujeito à luz da Carta quanto às suas competências, que não existem em relação ao conjunto dos Estados exclusivamente à luz do Direito Costumeiro. Mas enquanto a Carta permanecer em vigor com o actual conteúdo esta diferença não existe. Igualmente a Comunidade Internacional (isto é, os Estados) se encontra limitada pela Carta.

[902] Ver, *infra*, parág. 35.

[903] Ver, *supra*, parág. 19.2-19.3.

[904] Que entrou em vigor em 31 de Agosto de 1965.

[905] Sobre estes, ver, *infra*, parág. 44.1.

Como afirma o mesmo artigo 24, n.º 1 CNU, na sua parte final, os membros das Nações Unidas aceitaram que o Conselho de Segurança actue em seu nome em relação a esta matéria. Tecnicamente, estes poderes são conferidos pelos membros às Nações Unidas e não ao Conselho de Segurança, mas este, como seu órgão, age igualmente em nome daqueles[906].

Para que este carácter não seja uma ficção, a Carta, no seu artigo 24, n.º 2, estabelece que os 10 membros não permanentes devem ser eleitos pela Assembleia Geral, designadamente, segundo critérios de distribuição regional equitativa[907]. Deste modo, embora o Conselho não possa reivindicar qualquer identidade com a Comunidade Internacional, a Carta estabelece uma ligação jurídica entre os seus membros, isto é, esta Comunidade, e o Conselho baseado no consentimento daqueles. Este pode, pois, exercer, nos termos da sua competência que lhe foi conferido pelos membros através da Carta, todos os poderes públicos. E, como se verá, até à revisão, emenda ou eventual suspensão da Carta, com exclusividade[908].

De crescente importância, é o Secretário-Geral. Trata-se do único órgão político das Nações Unidas independente dos Estados membros. O respeito da sua independência é um dever para o Estados (artigo 100, n.º 2 CNU), mas igualmente para este próprio (artigo 100, n.º 1 CNU). Apesar da sua independência, o facto de ser eleito pela Assembleia Geral sob recomendação do Conselho de Segurança (artigo 97 CNU) confere a este órgão uma ligação directa aos Estados membros e desta forma à Comunidade Internacional.

---

[906] A redacção do preceito tem sido criticada [assim: Jost Delbrück, *Article 24*, em *The Charter of the United Nations – A Commentary* (ed. Bruno Simma), München, 1994, pág. 397-407, na pág. 404], com algum fundamento. Tecnicamente, o Conselho ou as Nações Unidas não são exactamente representantes dos Estados membros, caso contrário os seus actos seriam directamente imputados aos membros. Mas, na realidade, externamente, são as Nações Unidas que respondem por estes (ver, *infra*, parág. 100). Assim, o Conselho não é tecnicamente um representante nem dos membros, nem das Nações Unidas. A relação entre o Conselho e as Nações Unidas não é de representação. O Conselho é as Nações Unidas: é seu órgão, existe uma relação orgânica e não de representação. O artigo 24, n.º 1 quer dizer simplesmente que as Nações Unidas (através do Conselho) agem em nome dos membros, isto é, com o seu consentimento fundado na Carta. Ver sobre esta questão, em conexão com a da natureza do acto de concessão de poderes às Nações Unidas, *infra*, parág. 27.3.

[907] A mesma distribuição equitativa regional encontra-se presente na eleição dos 54 membros do Conselho Económico e Social pela Assembleia Geral, embora a Carta não o exija (artigo 61, n.º 1), mas as suas competências em matéria de paz e segurança internacional são puramente consultivas (cfr. artigo 65 CNU).

[908] Ver, *infra*, parág. 44-45.

Em última análise, responde perante aqueles órgãos, estando sujeito a não ser reeleito em função do seu desempenho[909].

Para lá de funções administrativas próprias, como órgão máximo da Administração das Nações Unidas, este tem tido decisivas competências delegadas no domínio da manutenção da paz e segurança internacionais. Seja por parte do Conselho de Segurança, seja mais restritamente por parte da Assembleia Geral. Todas as iniciativas quanto ao exercício do poder público de utilizar a força têm sido comandadas em última instância, em grande medida, por si, embora formalmente tal caiba ao Conselho de Segurança. A sua importância neste domínio tem sido tal que acabou por, em termos práticos, substituir o órgão que a Carta previa para exercer estas funções, a Comissão de Estado-Maior, cada vez mais relegada ao esquecimento[910].

**27. A atribuição de poderes.** Procurou-se demonstrar que a Comunidade Internacional é titular de um poder público e que este é legitimamente exercido pelas Nações Unidas por decisão daquela. Cabe agora analisar a natureza da atribuição de poderes que se operou entre ambas, começando pela análise da natureza do acto pelo qual esta se concretizou.

**27.1. Natureza da Carta.** Esta concessão de poderes deu-se por intermédio de um tratado entre os Estados membros, a Carta das Nações Unidas. Mas esta, da perspectiva das Nações Unidas, constitui um acto unilateral. Com efeito, esta organização não é parte na Carta, mas encontra-se vinculada por esta. Porém, entre os seus membros, a Carta vale como qualquer outro tratado que os vincula à luz do incontestado Princípio *Pacta sunt servanda*[911].

---

[909] Sobre os seus poderes e controlo exercido por estes órgãos, ver, *infra*, parág. 60--62.

[910] Ver, *infra*, parág. 53.

[911] O Tribunal Internacional de Justiça afirmou: "the Charter is a multilateral treaty, albeit a treaty having certain special characteristics" [cfr. *Certain expenses of the United Nations* (Article 17, paragraph 2 of the Charter), Advisory Opinion of 20 July 1962: *I.C.J. Reports* 1962, pág. 157; também em *Legality of the Use by a State of Nuclear Weapons in Armed Conflict*, Advisory Opinion, 8 July 1996, *I.C.J. Reports* 1996, parág. 19]. Igualmente o Tribunal Penal para a ex-Jugoslávia, pela sua Secção de Recurso, sustentou que: "The Security Council is an organ of an international organization, established by a treaty which serves as a constitutional framework for that organization" [cfr. *Decision on (...) Jurisdiction in Prosecutor v. Dusko Tadic*, Appeals Chamber, October 2, 1995, parág. 28, ILM, cit., pág. 42]. Do mesmo modo, a sua Secção de Primeira Instância sustentara: "the nature of the Charter as a treaty" (cfr. *Decision On The Defence Motion On Jurisdiction In Prosecutor v. Dusko Tadic*, Trial Chamber, Case No. IT-94-1-T, 10 August 1995, parág. 15).

Ainda assim, a questão da natureza da Carta tem suscitado algum debate, não faltando quem a qualifique como uma Constituição[912].

A noção de Constituição tem estado ligada à ideia de Estado e, portanto, à de acto que regula o exercício normal de poderes supremos sobre uma comunidade territorial. É certo que as Nações Unidas tem capacidade para exercer tais poderes excepcional e transitoriamente, quer com base no consentimento desta comunidade, quer mesmo de forma imposta em situações de ameaça à paz, ruptura desta ou agressão[913]. No entanto, tal poder não pode ser exercido de forma normal, mas apenas excepcionalmente. As Nações Unidas gozam de poderes que nenhum Estado possui que podem exercer sempre que estão reunidos os seus pressupostos. E podem mesmo exercer poderes estaduais em relação a um determinado território, mas a sua função normal não é essa. Como resulta óbvio as Nações Unidas não são um Estado.

Mas ainda que se entendesse que não são apenas os Estados que têm Constituição e se tentasse aplicar a sua noção em relação à Carta, mesmo assim, deparar-se-ia com diferenças estruturais. Não é apenas o facto de a Carta não ser a lei fundamental da Comunidade Internacional, por existir Direito com hierarquia superior a esta, o Direito Internacional Costumeiro[914], e que algumas das normas deste implicaram já a extinção de preceitos da Carta[915, 916]. Com efeito, segundo se julga, uma Constituição nunca é um

---

[912] Neste sentido, a maioria sustentando em consequência que a Carta vincula terceiros: J. Lalive, *International* (...), cit., pág. 85-86; L. García Arias, *El Principio Representativo de los Estados en la Organización Internacional*, em *La Guerra Moderna y la Organización Internacional*, Madrid, 1962, pág. 423-486, na pág. 430-431, nota 15; Nicholas Onuf, *The Constitution of International Society*, EJIL, Vol. 5, 1994, No. 1, pág. 1 e seg., Part VII (apenas o seu capítulo I); A. Perez, *On the Way* (...), cit., pág. 373, 376, 388, 396-397, 402, 447-448; B. Fassbender, *The United Nations* (...), cit., pág. 584; D. Sarooshi, *The United Nations* (...), cit., pág. 26, nota 101; A. Stein, *Der Sicherheitsrat* (...), cit., pág. 78-79; C. Schwindt, *Interpreting* (...), cit., pág. 206-209 e 212-214.

[913] Ver sobre o poder público interno, *supra*, parág. 8 e sobre a UNTAET, *infra*, parág. 69.

[914] Ver, *infra*, parág. 27.2.

[915] É o caso do artigo 53, n.º 1, terceira parte e artigo 107 relativos aos ex-inimigos (ver, *infra*, parág. 30). Trata-se de realidade que foi reconhecida expressamente pela Assembleia Geral na sua Resolução 49/58 de 9 de Dezembro de 1994 (texto em RDGAOR, 49th Session, 1994, pág. 297), por 155 votos a favor, nenhum contra e uma abstenção: "Considering that the provision of Article 107 and parts of Article 53 have become obsolete" [parág. 12-14 do preâmbulo; também parág. 4, c)]. Acresce que, enquanto tratado, a Carta encontra-se integralmente sujeita ao Direito Internacional Costumeiro dos Tratados, como foi reconhecido

acto supremo, existindo sempre normas superiores a esta, desde logo, de Direito Internacional. Mas igualmente em quase todos os Estados (salvo aqueles que foram criados directamente com base num acto de Direito Internacional, num período transitório, até à formação destas normas) existem normas costumeiras internas com supremacia sobre a Constituição e que são o seu fundamento de validade.

Também não se pode retirar qualquer natureza constitucional do facto da Carta ser o acto jurídico que preenche o pressuposto de atribuição pelo Direito Internacional Costumeiro de poderes públicos às Nações Unidas. Trata-se de um mero acto pressuposto e não um acto para os termos do qual o Direito Costumeiro remeta. As Nações Unidas têm em relação a outras entidades os poderes atribuídos por este Direito e não os previstos pela Carta. Actualmente estes coincidem, mas nem sempre assim foi. Acresce que embora a Carta tenha ainda assim reflexos em entidades terceiras, tais reflexos nem sequer decorrem directamente da Carta em si, mas da sua efectiva execução, pela criação das Nações Unidas. Segundo se julga, é esta a única particularidade da Carta (idêntica à de todos os actos constitutivos de novos sujeitos colectivos de Direito Internacional), de resto não passa de um acordo entre as partes, um simples tratado multilateral.

Assim, a Carta é um tratado, isto é, um contrato entre as partes[917]. Ora, um tratado é um acto plurilateral, enquanto uma Constituição é um acto unilateral. Seguem, pois, regimes jurídicos diferentes. O primeiro pode ser impugnado em relação a qualquer parte, o segundo apenas poderá ser questionado em termos absolutos. Isto é, uma parte num tratado pode alegar um vício de vontade para se desvincular. Uma entidade que tenha participado na aprovação de um acto unilateral conjunto (portanto, criado por várias entidades) apenas poderá invocar um vício de vontade no caso de o seu consentimento ter sido decisivo para aprovação do acto e, nesse caso, todo

---

pelo Tribunal Internacional de Justiça quanto às regras da sua interpretação. O mesmo se pode dizer em relação ao recesso em relação a este (ver, *infra*, parág. 27.3) e, em geral, a todo o Direito dos Tratados.

[916] Contra, sustentando que a Carta é o Direito supremo, superior ao Direito Internacional Costumeiro: B. Fassbender, *The United Nations* (...), cit., pág. 584-588. A Carta teria então uma pretensão semelhante à do Barão de Münchhausen (militar germânico, que viveu entre 1720 e 1797, popularizado numa obra do Século XVIII, em que alega ter-se puxado a si próprio pelos cabelos e ao seu cavalo para fora de um pântano), encerrando em si própria o seu fundamento de validade e obrigatoriedade jurídica.

[917] Ver C. Baptista, *Direito* (...), cit., pág. 153.

o acto será inválido em relação a todos os seus destinatários e não apenas em relação a quem o invoca[918].

Ora, segundo se julga, não faz sentido considerar como uma Constituição um tratado como a Carta que tem as partes como principais destinatárias (normalmente os únicos[919]). Apenas um tratado que contenha igualmente um acto obrigatório em termos idênticos em relação a outras entidades, como particulares, poderá ser qualificado como tal. Assim, só um tratado que contenha uma lei fundamental para um determinado Estado, que tem como destinatários primordiais os seus cidadãos, e outros particulares, poderá ser qualificado igualmente como uma Constituição[920]. Só nesta situação o tratado constitui fundamentalmente um acto unilateral em relação aos particulares sujeitos à jurisdição do Estado e só acessoriamente um tratado entre partes que normalmente serão igualmente destinatárias da Constituição (mas que podem não ser, designadamente, Estados que constituam seus garantes).

Mas não é claramente este o caso das Nações Unidas. Apenas em relação a esta organização a Carta constitui um acto unilateral[921]. Assim, somente no que diz respeito às Nações Unidas e seus funcionários esta poderia assumir tal natureza, não em relação aos Estados membros. E são estes que dominam a organização. Seria em relação a estes que tal natureza teria de ser aplicável. Acresce que o conteúdo da Carta pouco tem de

---

[918] Ver C. Baptista, *Direito* (...), cit., pág. 149-150.

[919] Já se viu que particulares de Estados membros podem igualmente ser vinculados excepcionalmente pelo Conselho de Segurança à luz da Carta, bem como os particulares de Estados não membros à luz do Direito Internacional Costumeiro (ver, *supra*, parág. 20.5).

[920] Existe um caso que preenche exactamente estas exigências. Trata-se do Anexo 4 ao Acordo de Dayton de 21 de Novembro de 1995, que contém a Constituição da Bósnia-Herzegovina (texto em ILM, Vol. 35, No. 1, 1996, pág. 75-168, na pág. 117-128). Trata-se de um caso de um tratado entre representantes das três etnias dominantes (anexado a um outro tratado) que é simultaneamente uma Constituição do Estado, que os vincula não apenas a si, mas igualmente a todos os indivíduos na Bósnia.

Em plano diferente se encontra já a Constituição de Chipre de 1959. Esta é referida e garantida pelo Tratado de Garantia entre o Reino Unido, a Grécia, a Turquia e Chipre de 16 de Agosto de 1960 (texto do tratado em UNTS, vol. 382, 1960, n. 5475, pág. 3-7), cujo artigo II estabelece uma garantia igualmente em relação ao "state of affairs established by the Basic Articles of its Constitution". Mas o texto desta foi estabelecido num acordo à parte entre as duas comunidades que formalmente não integra nenhum dos Estados implicados, embora estes tenham tido um grande peso na sua negociação. Igualmente este acordo, tendo em conta a sua internacionalização, deve ser qualificado como um tratado.

[921] Em relação a entidades terceiras autónomas, é o Direito Internacional Costumeiro o fundamento da sua vinculação; só em relação a entidades sujeitas à jurisdição de um membro, como movimentos/bandos armados ou particulares, esta será marginalmente também um acto unilateral.

constitucional em termos de exercício normal de soberania. Segundo se julga, chamar-lhe Constituição não só seria juridicamente irrelevante[922], como poderia ser fonte de confusões inúteis[923].

**27.2. A emenda da Carta, especialmente tácita.** Estando-se perante um tratado, este encontra-se sujeito a todas as normas relativas ao Direito Internacional dos Tratados, designadamente quanto à sua revisão.

Assim, os Estados membros, por acordo unânime, podem alterar sem qualquer limite a Carta, sem que nenhum órgão das Nações Unidas possa formular qualquer objecção[924]. Podem, claramente, extinguir a organização e assumir os poderes públicos de que são titulares originários em matéria de segurança colectiva e recurso à força ou limitar-se a abolir o Conselho de Segurança e transferir os seus poderes para a Assembleia Geral. Os mesmos resultados podem ser obtidos pelo procedimento de emenda regulado no artigo 108, por uma mera maioria qualificada, já que este não impõe qualquer limite material[925].

---

[922] A Carta não deixaria de se encontrar sujeita a todas as normas do Direito dos Tratados, incluindo interpretação (como é confirmado pela jurisprudência do Tribunal Internacional de Justiça), eficácia ou emenda.

[923] Neste sentido: J. Soder, *Die Vereinten Nationen* (...), cit., pág. 250 e 271-272; J. Kunz, *La Crise* (...), cit., pág. 60-61; Arangio-Ruiz, *"The Federal Analogy" and UN Charter* (...), cit., parte VI; Matthias J. Herdegen, *The Constitutionalization of the UN Security System*, VJTL, Vol. 27, 1994, pág. 135-159, na pág. 150-152.

[924] Dado que o órgão político independente é o Secretário-Geral, só faria sentido ser este a protestar; mas, claro está, não teria qualquer direito de o fazer.

[925] As diferenças entre o regime do artigo 108 e o do artigo 109 não são absolutamente claras. Nenhum destes faz depender a entrada em vigor da revisão de um acordo unânime; para que esta se verifique basta que dois terços dos Estados membros aprovem à luz das suas regras internas a alteração. Mas à luz do artigo 109, a minoria que a rejeite, contrariamente ao estabelecido no artigo 108, não fica vinculada por esta [contra, porém: H. Kelsen, *The Law* (...), cit., pág. 818; Jacques Dehaussy, *Article 108*, cit., pág. 1436; W. Karl/B. Mützelburg, *Article 109*, em *The Charter of the United Nations – A Commentary* (ed. Bruno Simma), München, 1994, pág. 1179-1189, na pág. 1180; Jorge Miranda, *Direito Internacional Público – I*, Lisboa, 1995, pág. 270-271 e em *Direito Internacional Público – I (Substituições e Aditamentos)*, Lisboa, 2000, pág. 12; B. Fassbender, *The United Nations* (...), cit., pág. 578--579].

Com efeito, a vinculação da minoria em detrimento do Direito Internacional Costumeiro da Revisão não se pode presumir. A omissão da referência à vinculação da minoria no artigo 109, n. 2 (omissão que já não se verifica para o direito de veto dos membros permanentes), ao contrário do que prevê o artigo 108, só autoriza a pensar que a minoria não fica vinculada. A analogia, neste caso com o artigo 108, sem ser um procedimento a excluir na interpretação dos tratados, deve ser realizada com cautelas e perante motivos ponderosos. De resto, outra

Levanta-se, porém, a questão da possibilidade de uma emenda informal, isto é, meramente tácita, à luz deste artigo, que cumpra os seus requisitos substanciais; isto é, a maioria necessária. Esta possibilidade parece ser

---

solução tornaria a revisão prevista no artigo 109 idêntica ao procedimento de emenda do artigo 108. Há muito que a Assembleia Geral adopta textos de tratados, de modo a que só formalmente existiria qualquer distinção face ao procedimento do artigo 108, o que implicaria estar a esvaziar o segundo de relevância [sobre a distinção entre procedimento de revisão e emenda: C. Baptista, *Direito* (...), cit., pág. 270-272].

Acresce que esta interpretação tem apoio directo nos trabalhos preparatórios. Assim, numa declaração aprovado pela Conferência de S. Francisco ficou consagrado o direito de recesso em relação à Carta dos Estados membros "if its rights and obligations as such were changed by **Charter amendment** in which it has not concurred and which it finds itself unable to accept, or if an amendment duly accepted by the necessary majority in the Assembly or in a general conference fails to secure the ratification necessary to bring such amendment into effect" [texto em *Verbatim Minutes of the Ninth Plenary Sess`on*, June 25 (Doc. 1210, June 27), em UNCIOSD, pág. 905-920, na pág. 908]. Ou seja, permite-se o recesso se os direitos e deveres forem alterados por emenda que o Estado se recusa a aceitar, não se prevê a hipótese de estes serem alterados pela conferência contra a vontade de um Estado, precisamente por se entender que as alterações aprovadas por esta não vinculem aqueles que as não ratifiquem. Não se trata de um lapso, pois já se refere alterações introduzidas pela conferência que podem levar a um abandono no caso de uma proposta apoiada pelo Estado (e não recusada e que entre em vigor) e aprovada pela conferência não entre posteriormente em vigor (por força, designadamente, de não ser ratificada por um membro permanente).

Mas deve-se aceitar que, pelo artigo 109, os Estados membros não permanentes do Conselho de Segurança aceitaram renunciar a levantar obstáculos à aplicação do novo texto, não podendo invocar o anterior texto da Carta para a defesa de direitos seus que tenham sido limitados pela revisão. O facto do artigo 109 afirmar que a alteração entra em vigor imediatamente uma vez atingido o necessário número de ratificações aponta neste sentido. Deste modo, existe ainda uma derrogação parcial do regime decorrente do Direito Costumeiro. Por força deste aspecto e devido ao direito de veto dos membros permanentes. Com efeito, à sua luz, estes membros poderão evitar a entrada em vigor das alterações. Os não permanentes poderão apenas não se considerar vinculados pelo novo texto. Para estes, tudo se passará como se as Nações Unidas se tivessem extinguido, sem necessidade de as terem de abandonar formalmente. Deixam de ser automaticamente membros destas, a partir do momento em que declarem não ter intenção de aprovar internamente a revisão. Trata-se de uma interpretação que tem apoio num elemento histórico, já que era o regime consagrado no artigo 26, n.º 2 do Pacto da Sociedade das Nações.

Acaba por ser este o elemento que distingue a sua situação perante o artigo 109 da que decorre do artigo 108. Em face de uma emenda com que discordem, aprovada nos termos do artigo 108, para não ficarem vinculados por esta terão de abandonar formalmente a organização. Ficando sujeitos ao regime de abandono e, portanto, a verem a sua pretensão recusada pelos restantes membros e organização por, porventura, entenderem que não estão reunidos os requisitos deste (ver sobre estes, *infra*, no texto).

confirmada pela prática dos Estados membros[926]. Com efeito, diversas disposições da Carta têm sido alteradas pela prática destes[927]. Se esta for seguida ou acatada por uma maioria mínima de dois terços dos membros, incluindo

---

[926] Diferente é a situação em que a norma seja revogada não por uma emenda tácita, mas por uma norma costumeira. Segundo se julga, o Direito Internacional Costumeiro tem uma hierarquia superior ao Tratado, já que é a fonte do Direito onde este segundo encontra o seu fundamento de validade e o seu regime jurídico, bem como limites ao seu conteúdo [ver C. Baptista, *Direito* (...), cit., pág. 149-150]. Consequentemente, o Direito Costumeiro não altera disposições específicas de um tratado que apenas fazem sentido integradas neste. Uma norma costumeira não pode ter a sua vigência dependente de um tratado [o Tribunal Internacional de Justiça parece ter concordado com esta posição ao afirmar: "in customary international law it is not a condition of the lawfulness of the use of force in the self-defence that a procedure so closely dependent on the content of a treaty commitment and of the institutions established by it, should have been followed" (cfr. *Military and Paramilitary Activities*, cit., *I.C.J. Reports* 1986, pág. 105, parág. 200)].

Assim, ou a norma costumeira revoga a norma convencional, vigorando independentemente do tratado ou, tratando-se de uma mera alteração pontual, ter-se-á de entender que existiu um acordo modificatório tácito. Julga-se não fazer sentido uma norma costumeira meramente modificatória de uma dada disposição convencional, que se passaria a integrar no seio do tratado e a seguir o seu regime jurídico e as suas vicissitudes. Isto é, também o Direito Costumeiro pode levar a alterações da Carta, mas pela revogação, parcial ou total, dos seus preceitos perante uma norma costumeira independente contrária e não pela inserção de norma no sistema da Carta [contra, porém, alguns autores defendem emendas por Costume a aspectos da Carta que efectivamente se inserem nesta: Benedetto Conforti, *Organizzazione delle Nazione Unite (ONU)*, ED, vol. XXXI (1981), pág. 265-303, na pág. 283; Krzysztof Skubiszewski, *Implied Powers of International Organizations*, em *International Law at a Time of Perplexity – Essays in Honour of Shabtai Rosenne* (ed. Y. Dinstein), Dordrecht/Boston//London, 1989, pág. 855-868, na pág. 857; G. Pereira/F. Quadros, *Manual* (...), cit., pág. 500].

[927] A mais conhecida é a alteração ao artigo 27, n.º 3 quanto ao valor da abstenção de um membro permanente (ver, *infra*, parág. 48.1), mas muitas outras se verificam: o esvaziamento parcial de relevância do artigo 2, n.º 7 (ver, *infra*, parág. 86), a quase revogação do artigo 12, n.º 1 (ver, *infra*, parág. 91.1), o alargamento da noção de ameaça à paz (ver, *infra*, parág. 79), a consagração da figura do uso privado habilitado mesmo a Estados não organizados regionalmente (ver, *infra*, parág. 75.3), o fim do dever de celebrar acordos de fornecimento de efectivos segundo o modelo previsto no artigo 43 (ver, *infra*, parág. 58.1-58.2), a eliminação da exclusividade de certas competências da Comissão de Estado-Maior estabelecidas pelo artigo 47, n.º 3 (ver, *infra*, parág. 53), a revogação do artigo 106 (ver, *infra*, parág. 75.2.2) ou, em certa medida, a possibilidade de criação de Forças de manutenção da paz à luz do Capítulo VI (ver, *infra*, parág. 56.2). Outras modificações parecem resultar de alteração de circunstâncias, como a perda de vigência do regime dos ex-inimigos (artigo 53, n.º 1, terceira parte, e n.º 2 e artigo 107; ver, *infra*, parág. 30) ou simples desuso, como o que atinge diversos preceitos da Carta [artigos 26, 27, n.º 3 (quanto ao dever de abstenção das partes), 44-47, 75-91 (devido à ausência de territórios sob tutela) e 109, n.º 3].

os membros permanentes do Conselho de Segurança, deve-se entender que provocou uma emenda tácita da Carta, ainda que uma minoria de Estados se oponha a tal prática ou a considere antijurídica[928, 929].

Não se julga necessário que seja clara a intenção de alterar a Carta. É frequente a procura de legitimar estas alterações sustentando que tal regime já decorre interpretativamente da Carta. É pacífico que a prática subsequente é um elemento decisivo para a interpretação de um tratado, mesmo que não seja constitutiva de um acordo unânime entre as partes[930].

---

[928] Em sentido semelhante: M. Akehurst, *A Modern* (....), cit., pág. 205; Margarida Salema O. Martins/A. D'Oliveira Martins, *Direito das Organizações Internacionais*, vol. II, 2ª ed., Lisboa, 1996, pág. 58, nota 34; Jacques Dehaussy, *Article 108*, em *La Charte des Nations Unies* (J.P. Cot/A. Pellet), 2ª ed., Paris, 1991, pág. 1425-1436, na pág. 1437-1438; B. Simma/ /Brunner, *Article 27*, em *The Charter of the United Nations – A Commentary* (ed. Bruno Simma), München, 1994, pág. 430-446, na pág. 452. Nigel D. White, *Keeping the peace: the United Nations and the maintenance of international peace and security*, Manchester/New York, 1993, pág. 139-140, aceita a revisão por prática, mas sem ter em conta o artigo 108 e a exigência do apoio ou pelo menos a abstenção dos membros permanentes o que o leva a uma ou outra conclusão contestável. Também sem exigir o respeito da maioria prevista no artigo 108: A. Perez, *On the Way* (...), cit., pág. 399-400; C. Schwindt, *Interpreting* (...), cit., pág. 205 e 212. Ver igualmente em geral: Ibrahim F.I. Shihata, *The Dynamic Evolution of International Organizations: The Case of the World Bank*, JHIL, Vol. 2, 2000, pág. 217-249, na pág. 219-221.
[929] O Tribunal Internacional de Justiça parece ter consagrado esta posição quando aceitou a validade de resoluções sujeitas ao artigo 27, n.º 3 mas adoptadas com a abstenção de um membro permanente: "However, the proceedings of the Security Council extending over a long period supply abundant evidence that presidential rulings and the positions taken by members of the Council, in particular its permanent members, have consistently and uniformly interpreted the practice of voluntary abstention by a permanent member as not constituting a bar to the adoption of resolutions (...). This procedure followed by the Security Council (...) has been generally accepted by Members of the United Nations and evidences a general practice of that Organization" [cfr. *Legal Consequences for States of the Continued Presence of South Africa in Namibia (South West Africa) Notwithstanding Security Council Resolution 278 (1970)*, Advisory Opinion of 21 June 1971, *I.C.J. Reports* 1971, pág. 22, parág. 22]. Note-se que o Tribunal não afirma "aceite por todos os membros", mas apenas "aceite geralmente por estes". Ou seja, da sua perspectiva, não é necessária a unanimidade.
Do mesmo modo, o Tribunal Penal para a ex-Jugoslávia afirmou: "It can thus be said that there is a **common understanding, manifested by the "subsequent practice" of the membership of the United Nations at large**, that the "threat to the peace" of Article 39 may include, as one of its species, internal armed conflicts" [cfr. *Decision on (...) Jurisdiction in Prosecutor v. Dusko Tadic*, Appeals Chamber, October 2, 1995, parág. 30, ILM, cit., pág. 43]. O Tribunal refere-se igualmente a uma prática seguida pela generalidade dos membros e não necessariamente de todos.
[930] A Convenção de Viena sobre o Direito dos Tratados de 1969, no seu artigo 31, n.º 3, al. b), apenas consagra como elemento sistemático a ter em conta prática de que seja

A alteração do tratado por prática subsequente que seja constitutiva de um acordo também é relativamente pacífica[931]. No caso da Carta, tendo em

possível fazer decorrer um acordo das partes quanto à interpretação. Mas o Direito Costumeiro é mais liberal do que esta Convenção. Mesmo prática das partes que não constitua um acordo é tida em conta na interpretação do tratado. Assim, há muito que a Jurisprudência aceita a relevância da prática das partes sem exigir que tenha constituído um acordo.

Deste modo, já na jurisprudência do Tribunal Permanente de Justiça Internacional: "The facts subsequent to the conclusion of the Treaty of Lausanne can only concern the Court in so far as they are calculated to throw light on the intention of the Parties at the time of the conclusion of that Treaty" (cfr. *Article 3, Paragraph 2, of the Treaty of Lausanne*, November 21st, 1925, P.C.I.J., Series B, No. 12, pág. 24) e "The intention of the Parties, which is to be ascertained from the contents of the Agreement, taking into consideration the manner in which the Agreement has been applied, is decisive. This principle of interpretation should be applied by the Court in the present case" (cfr. *Jurisdiction of the Courts of Danzig*, March 3rd, 1928, P.C.I.J., Series B, No. 15, pág. 18).

O Tribunal Internacional de Justiça considerou o artigo 31, n.º 3, al. b) da Convenção de Viena uma norma costumeira, embora sem ter negado que a prática tivesse ido mais longe ou exigir que fosse constitutiva de qualquer acordo entre todas as partes: "The Chamber considers that, while both customary law and the Vienna Convention on the Law of Treaties (Art. 31, para. 3(b)) contemplate that such practice may be taken into account for purposes of interpretation" [cfr. *Land, Island and Maritime Frontier Dispute* (El Salvador/Honduras: Nicaragua intervening), Judgment, 11 September 1992, *I.C.J. Reports* 1992, pág. 586, parág. 380]. Do mesmo modo: "According to the customary rule of interpretation as expressed in Article 31 of the 1969 Vienna Convention on the Law of Treaties" (cfr. *Legality of the Use* (…), cit., *I.C.J. Reports* 1996, parág. 19).

Ver também Jessup, *Dissenting Opinion*, em *South West Africa* (Ethiopia v. South Africa; Liberia v. South Africa), 2nd Phase, Judgment 18 July 1966, *I.C.J. Reports* 1966, pág. 352 e 362; Jean-Pierre Cot, *La Conduite Subséquente des Parties a un Traité*, RGDIP, tome LXX, 1966, pág. 632-666, na pág. 654-657.

De qualquer modo, não exigindo a própria Carta um acordo entre todas as partes para a sua emenda (artigo 108), muito menos exigiria para a sua interpretação (sobre esta e a questão da vinculação da minoria, ver, *infra*, parág. 91.2.1).

[931] Como era expressamente reconhecido no artigo 38 do projecto de Artigos sobre o Direito dos Tratados da Comissão de Direito Internacional (texto em CNUDT, pág. 7-101, na pág. 60), que admitia a modificação de um tratado pela prática posterior das partes de onde decorresse a existência de um acordo nesse sentido. A disposição apenas não foi incluída na Convenção de Viena de 1969 por receios de que tal constituísse um incentivo para o desrespeito dos tratados. Ninguém tentou seriamente rejeitar o seu regime. É geralmente reconhecido que a teoria do acto contrário, que exigia um acto com idêntica forma para que se desse a revisão de um tratado, não tem consagração em Direito Internacional [neste sentido: J.-P. Cot, *La Conduite* (…), pág. 664-666; Robert Jennings, *General Course on Principles of International Law*, RDC, 1967, II, tomo 121, pág. 323-606, na pág. 556-557; F. Capotorti, *L'Extinction et la Suspension des Traités*, RDC, 1971, III, tomo 134, pág. 417-588, na pág. 490 e 492-493; Paul Reuter, *Introduction au Droit des Traités*, Paris, 1985, pág. 116; I. M. Sinclair, *The Vienna*

conta o seu regime de emenda, não se julga necessário exigir a unanimidade, bastando a maioria qualificada necessária para uma emenda formal[932].

**27.3. Natureza da atribuição.** Concluído que a Carta não passa de um tratado, cabe agora analisar a natureza do acto de criação e atribuição de poderes às Nações Unidas.

Uma primeira solução seria considerar que se trata de uma simples delegação[933, 934]. O facto de as delegações serem actos unilaterais não seria

---

*Convention on the Law of Treaties*, Manchester, 2ª ed., 1984, pág. 107; W. Czaplinski/G. Danilenko, *Conflicts of Norms in International Law*, NYIL, vol. XXI, 1990, pág. 3-42, na pág. 19-20]. Deste modo, um tratado oral ou mesmo tácito pode alterar um tratado escrito, mesmo solene.

[932] Contra, raciocinando em relação a alterações da Carta por prática: Percy Spender, *Separate Opinion*, em *Certain expenses* (...), *I. C. J. Reports* 1962, cit., pág. 189-190; J. S. Watson, *Autointerpretation, Competence, and the Continuing Validity of Article 2(7) of the UN Charter*, AJIL, Vol. 71, No. 1, 1977, pág. 60-83, pág. 77 (embora partindo do princípio que se teria de formar uma norma costumeira, esquecendo o artigo 108 CNU). Alegam, designadamente, que a prática de órgãos das Nações Unidas não pode ser equiparada à prática das partes e que muitas vezes os Estados membros votam nestes órgãos de modo inconsistente em função de motivações exclusivamente políticas.

Na verdade, por um lado, foram os Estados membros que atribuíram aos órgãos (e organização) competência para agirem. Por outro, estes órgãos colegiais são compostos por representantes dos Estados membros, sendo a sua prática igualmente prática destes. Eventuais inconsistências verificam-se então de ambos os lados. Pois se alguns Estados ora se opõem a uma decisão, ora a apoiam numa outra situação, a inconsistência existirá quer entre os apoiantes, quer entre os objectantes, quer em ambos simultaneamente. Se esta inconsistência não impedir que se forme em cada momento uma maioria de apoio à decisão, esta maioria reiteradamente afirmada será suficiente para que se forme objectivamente uma prática relevante para a alteração da Carta. Os Estados que votaram de modo inconsistente (ainda que sejam efectivamente a maioria dos membros que vai oscilando na sua decisão) não podem ignorar que em cada momento em que permitiram que com o seu voto positivo uma resolução fosse aprovada sobre a questão constituíram mais um precedente que estilhaça a relevância das suas objecções inconsistentes. Entre o apoio e as objecções, ambos inconsistentes, o que sobressai efectivamente é a resolução aprovada. É essa que fica aprovada com objectiva consistência. A citada jurisprudência do Tribunal Internacional de Justiça apenas o confirma. Aceita-se, contudo, que esta inconsistência torne mais morosa a alteração da Carta.

[933] O Tribunal Para a Ex-Jugoslávia, pela sua Secção de Primeira Instância, sustentou: "the nature of the Charter as a treaty delegating certain powers to the United Nations" [cfr. *Decision* (...) *In Prosecutor v. Dusko Tadic*, Trial Chamber, Case No. IT-94-1-T, 10 August 1995, parág. 15].

[934] Neste sentido: Thomas Franck, *The «Powers of Appreciation»: Who is the Ultimate Guardian of UN Legality*, AJIL, vol. 86, 1992, n.º 3, pág. 519-523, na pág. 520; D. Sarooshi, *The United Nations* (...), cit., pág. 28; A. Stein, *Der Sicherheitsrat* (...), cit., pág. 46; Julian G. Ku, *The Delegation of Federal Power to International Organizations: New Problems with Old Solutions*, MILR, Vol. 85, 2000, pág. 71-145, na pág. 88-89 e 93.

um obstáculo. Embora a Carta constitua um tratado, para a Organização das Nações Unidas, como ficou sublinhado, esta constitui um acto jurídico unilateral, já que se encontra vinculada a esta sem ser parte. Ou seja, poder--se-ia alegar que se trataria de uma delegação conjunta dos Estados membros nas Nações Unidas. Só da perspectiva das relações destes uns com os outros se estaria perante um tratado, não já na perspectiva central das relações entre os delegantes e o delegado.

Mesmo um poder paralelo ao de avocação estaria presente, embora não se possa considerá-lo tecnicamente como integrando esta figura[935]. A Carta, enquanto tratado, vincula a quase totalidade dos Estados da Comunidade Internacional e estes não a podem deixar de acatar fora dos termos em que um tratado pode ser desrespeitado pelas partes. Portanto, seja por revogação da Carta (extinção das Nações Unidas) ou pela sua alteração formal (nos termos dos artigos 108 ou 109 CNU), ou, no mínimo, em termos informais; seja ainda pela invocação de alguma causa de suspensão ou outra causa de extinção dos tratados. Mas por estes meios poderão terminar ou alterar a concessão de poderes que realizaram às Nações Unidas.

Os Estados membros poderão mesmo recorrer a uma simples suspensão como forma de reassumirem os seus poderes originários. Com efeito, se podem proceder a uma emenda, também poderão decidir uma suspensão. Assim, por decisão de dois terços destes, incluindo os membros permanentes do Conselho, poderão suspender a Carta, reassumindo os poderes conferidos às Nações Unidas durante um período transitório[936].

No entanto, tecnicamente, não se trataria de uma avocação; esta constitui a reassunção de poderes pelo delegante em relação a uma ou algumas determinadas questões, mantendo-se em vigor a delegação. Ora, neste caso, a reassunção implica uma suspensão total da delegação e mesmo de qualquer possibilidade de acção do delegado, as Nações Unidas, que ficariam numa situação de "coma jurídico".

Da perspectiva de cada Estado membro muito menos se pode falar numa delegação. Cada Estado encontra-se vinculado em relação aos restantes a

---

[935] Rejeita que exista um poder de avocação: M. Almeida Ribeiro, A Organização das Nações Unidas, Coimbra, 1998, pág. 112-113, na nota 36.

[936] Julga-se que a Sociedade das Nações desde a última reunião dos seus órgãos de 14 de Dezembro de 1939 até às suas reuniões em 1946, que levariam à decisão de dissolução de 16 de Abril desse ano (texto da Resolução em IO, Vol. I, No. 1, 1947, pág. 246-251), se encontrou numa situação jurídica de suspensão, por decisão tácita dos seus membros. De facto, durante a Segunda Guerra Mundial apenas funcionaram alguns dos seus órgãos administrativos e serviços auxiliares (ver, supra, parág. 19.1).

acatar a Carta. De facto, dado que as Nações Unidas não são partes na Carta e apenas passaram a existir a partir do momento em que esta foi executada[937], não se pode afirmar que estes se comprometeram à luz da Carta, enquanto tratado, perante a organização a cumpri-la. Mas vincularam-se mutuamente uns perante os outros a cumpri-la igualmente em relação às Nações Unidas, daí designadamente a obrigação de cumprir os seus actos obrigatórios (artigo 25 CNU) e de assistir a organização (artigo 2, n.º 5 CNU).

Deste modo, por meio do acto unilateral que é a Carta em relação às Nações Unidas os membros impuseram-lhe deveres, mas concederam-lhe igualmente poderes funcionais, que as Nações Unidas têm o direito de exigir aos Estados membros que respeitem. Assim, apesar de não existir uma relação convencional entre esta organização e os membros a sua situação é semelhante à de uma entidade terceira em relação à qual um tratado atribui direitos ou impõe deveres. A situação é distinta apenas pelo facto de não ser necessário qualquer consentimento para que estes poderes ou deveres lhe sejam oponíveis, mantendo esta atribuição carácter puramente unilateral[938]. Daí que não seja necessário o consentimento das Nações Unidas para que estes sejam alterados por meio de emenda ou revisão da Carta[939].

---

[937] O efeito de surgimento do novo sujeito de Direito Internacional não ocorreu com a simples entrada em vigor da Carta, mas apenas com a sua execução. Isto é, com a primeira reunião dos seus órgãos políticos. Segundo se julga, os tratados apenas criam obrigações de execução, não criando designadamente efeitos "reais" quanto à transferência de soberania ou a criação de um novo sujeito, seja um Estado ou uma organização internacional [ver C. Baptista, *Direito* (...), cit., pág. 250-251].

[938] No mesmo sentido, a Secção de recurso do Tribunal Penal para a ex-Jugoslávia afirmou: "Furthermore, the obligation set out – in the clearest of terms – in Article 29 [do Estatuto do Tribunal] is an obligation which is incumbent on every Member State of the United Nations *vis-à-vis* all other Member States. The Security Council, the body entrusted with primary responsibility for the maintenance of international peace and security, has solemnly enjoined all Member States to comply with orders and requests of the International Tribunal. The nature and content of this obligation, as well as the source from which it originates, make it clear that Article 29 does not create bilateral relations. Article 29 imposes an obligation on Member States towards all other Members or, in other words, an "obligation *erga omnes partes*"" (cfr. *Prosecutor v. Tihomir Blaskic*, Appeals Chamber, Judgement, Case No: IT-95--14-AR108 *bis*, 29 October 1997, parág. 26). Isto é, trata-se de uma obrigação entre os Estados membros de cumprir as decisões do Tribunal e não formalmente uma obrigação bilateral destes em relação ao próprio Tribunal.

[939] Ao contrário do que estabelecem os artigos 35, 36 e 37 da citada Convenção de Viena sobre o Direito dos Tratados entre Estados e organizações internacionais ou entre estas de 1986, em especial quanto à criação de obrigações. Consentimento este que, quando necessário, à luz desta Convenção e da de 1969, cria um novo tratado entre as partes e o terceiro [ver C. Baptista, *Direito* (...), cit., pág. 235].

Mas um dos poderes concedido foi o de exigir o cumprimento dos seus actos, bem como a aceitação da fiscalização e sancionamento por parte desta de qualquer incumprimento. Assim, em termos práticos, os Estados membros encontram-se sujeitos a obrigações unilaterais para com a organização.

As restrições na sua soberania que os Estados aceitaram sofrer decorrentes dos poderes da organização são acompanhados de obrigações em relação a todos os outros Estados que limitam a extinção unilateral daquelas restrições. De facto, embora cada membro possa abandonar a organização, o melhor entendimento é que este abandono não é inteiramente livre, existindo alguns limites. A Carta não regula a questão do abandono da Organização. A omissão foi deliberada e visou evitar que a consagração expressa da possibilidade do recesso em relação à Carta levasse a uma situação semelhante à que ocorreu com a Sociedade das Nações. Vários Estados importantes abandonaram esta organização durante o seu período de existência[940].

Contudo, foi adoptada uma declaração sobre o recesso em relação à CNU pelos participantes na Conferência de S. Francisco que a adoptou[941]. Esta dispõe que um Estado que não aceite uma emenda que implicou uma alteração do estatuto jurídico dos membros ou que veja uma alteração que apoia e foi adoptada não ser ratificada pela maioria necessária, poderá abandonar a ONU[942]. Deste modo, a Carta constitui um caso claro de aplicação da norma costumeira meramente codificada no artigo 56, n.º 1, al. a) da citada Convenção de Viena sobre o Direito dos Tratados de 23 de Maio de 1969[943]. O mesmo regime se poderia retirar por aplicação da norma

---

[940] Ver, *supra*, parág. 19.1.

[941] Cfr. *Verbatim Minutes of the Ninth Plenary Session*, June 25 (Doc. 1210, June 27); texto em UNCIOSD, pág. 905-920, na pág. 911 (com declaração de voto contrária da então União Soviética, mas apenas em relação a certos termos e não ao direito de recesso em si).

[942] A parte principal da declaração tem a seguinte redacção: "The Committee adopts the view that the Charter should not make express provision either to permit or to prohibit withdrawal from the organization (...). It is obvious, however, that withdrawal or some other form of dissolution of the Organization would become inevitable if, deceiving the hopes of humanity, the Organization was revealed to be unable to maintain peace or could do so only at the expense of law and justice. Nor would it be the purpose of the Organization to compel a Member to remain in the Organization if its rights and obligations as such were changed by Charter amendment in which it has not concurred and which it finds itself unable to accept, or if an amendment duly accepted by the necessary majority in the Assembly or in a general conference fails to secure the ratification necessary to bring such amendment into effect" [texto em *Verbatim Minutes of the Ninth Plenary Session*, cit., UNCIOSD, pág. 908].

[943] Claro está, a Convenção de Viena nunca poderia ser aplicada à Carta das Nações Unidas, visto que esta é de 1945 e aquela embora se aplique a tratados constitutivos de organizações internacionais (artigo 5), não tem qualquer intenção de ser retroactiva (artigo 4).

constante do seu artigo 31, n.º 2, al. a)[944]. A prática, embora muito escassa, tem sido ainda mais liberal[945].

---

[944] "The context for the purpose of the interpretation of a treaty shall comprise, in addition to the text, including its preamble and annexes: (a) any agreement relating to the treaty which was made between all the parties in connexion with the conclusion of the treaty;". Ver também Egon Schwelb, *Withdrawal from the United Nations: The Indonesian Intermezzo*, AJIL, Vol. 61, No. 3, 1967, pág. 661-672, na pág. 664-665.

[945] Assim, o Primeiro-Ministro da Indonésia, numa carta de 20 de Fevereiro de 1965 dirigida ao Secretário-Geral das Nações Unidas, afirmou que "Indonesia has decided at this stage and under the present circumstances to withdraw from the United Nations". Na sua resposta de 26 de Fevereiro de 1965 o Secretário-Geral não contestou minimamente o recesso, limitando-se a expressar "the earnest hope that in due time [Indonesia] will resume full co-operation with the United Nations". Em 19 de Setembro de 1966, num telegrama, o Governo indonésio informou o secretário geral que "has decided to resume full co-operation with the United Nations and to resume participation in its activities starting with the twenty-first session of the General Assembly". Em 28 de Setembro de 1966, o presidente da Assembleia Geral, depois de referir esta troca de correspondência, concluiu que "it would appear, therefore, that the Government of Indonesia considers that its recent absence from the Organization was based not upon a withdrawal from the United Nations but upon a cessation of co-operation". Em resultado, solicitou aos representantes dos Estados membros que se pronunciassem sobre a aceitação desta interpretação dos actos da Indonésia e, na falta de oposição, convidou os representantes indonésios a retomarem o seu lugar (cfr. MTDSG).

Portanto, a Indonésia abandonou as Nações Unidas sem tal acto ter provocado qualquer protesto dos órgãos da organização ou da generalidade dos membros e, posteriormente, retomou o seu lugar sem ter de formular um pedido de adesão, pois o seu abandono foi considerado, *a posteriori*, uma mera suspensão de colaboração. No entanto, existiu de facto um recesso que foi assumido como tal desde 20 de Fevereiro de 1965 até 28 de Setembro de 1966. O lugar deixado vago pela Indonésia em alguns órgãos subsidiários foi substituído, a sua bandeira foi retirada, bem como o seu nome da lista dos Estados membros. O incidente ainda hoje se encontra registado no *Multilateral Treaties Deposited with the Secretary-General*. E tais actos ocorreram sem qualquer reacção formal. Apenas o Reino Unido declarou considerar que o abandono não respeitara as regras decorrentes da declaração adoptada pela Conferência. Assim, segundo se julga, a sua transformação em suspensão foi um mero expediente técnico para evitar problemas políticos e a criação de um precedente expresso [contra, entendendo que não chegou a existir abandono: E. Schwelb, *Withdrawal* (...), cit., pág. 672 (por ser inválido); J. Frowein, *Reactions* (...), cit., pág. 357, nota 10].

Não se tem grandes dúvidas de que o abandono por parte da Indonésia não respeitou as exigências decorrentes da declaração. No entanto, o artigo 54, al. b), da mesma Convenção de 1969 permite um recesso de um tratado realizado em desrespeito das normas aplicáveis com o consentimento das restantes partes. Parece bem que o consentimento no caso da Carta pode ser manifestado por uma simples maioria de dois terços dos Estados membros presentes e votantes na Assembleia Geral. Trata-se da maioria necessária para a admissão (artigo 18, n.º 2 CNU). Nos termos gerais, perante uma notificação, seguida de silêncio e actos que se afiguram de aceitação, pode-se presumir que foi concedido o consentimento necessário. A

Julga-se, contudo, que não se pode considerar que o abandono é livre. Uma saída arbitrária, especialmente como forma de se procurar furtar a obrigações decorrentes da Carta em relação a uma determinada situação concreta, decerto depararia com a oposição dos restantes membros e órgãos das Nações Unidas. Esta seria vista seguramente como uma auto-suspensão quanto ao exercício dos seus direitos e não como um acto susceptível de libertar o membro das suas obrigações. O Estado em causa ficaria numa situação paralela à prevista no artigo 5 CNU, salvo quanto ao modo da sua terminação, que ficaria dependente meramente da sua vontade.

De qualquer modo, uma saída unilateral serviria de pouco. As obrigações mais importantes decorrentes da Carta encontram-se consagradas pelo Direito Internacional Costumeiro, incluindo a que vincula ao cumprimento das resoluções obrigatórias do Conselho de Segurança[946].

Assim, a relação entre Estados membros e órgãos das Nações Unidas não é uma relação delegante – delegado, embora tenha semelhanças vista da perspectiva do conjunto dos Estados membros, designadamente, o facto de poder ser livremente revogada por estes colectivamente ou mesmo por uma maioria de dois terços que compreenda os membros permanentes.

Depois, é necessário ter em conta que os poderes que em 24 de Outubro de 1945, data da entrada em vigor da Carta, foram conferidos por esta às Nações Unidas não eram reconhecidos ao conjunto dos Estados pelo Direito Internacional Costumeiro[947]. Os Estados fundadores não concederam às Nações Unidas um poder preexistente. Antes criaram um poder novo num domínio que o Direito Internacional Costumeiro ainda não regulava detalhadamente. Restringindo a sua soberania, assumiram as obrigações decorrentes do acatar do exercício deste poder por parte da organização. E foi por meio da sua prática no seio da organização que vieram a assumir a titularidade costumeira da totalidade desses mesmos poderes já na década de 1991-

---

única dúvida deriva da necessidade do consentimento de todos os membros permanentes pela intervenção do Conselho na admissão (artigo 4, n.º 2 CNU) numa decisão não procedimental (artigo 27, n.º 3 CNU). Ora, um destes membros manifestou o seu entendimento de que tinha sido violado o Direito aplicável ao abandono, o Reino Unido. No entanto, não adoptou qualquer iniciativa consequente, não parecendo que com tal estivesse a considerar sem efeito a acção da Indonésia. Ora, a extinção da vinculação do Estado a um tratado pelo acordo das outras partes aplica-se precisamente em situações em que tal recesso é ilícito, caso contrário não seria necessário qualquer consentimento.

[946] Ver, *supra*, parág. 20.3.

[947] Como se procurou demonstrar, *supra*, parág. 19.4 e 20.

-2000[948]. Um entendimento de que se verificou uma "delegação" ou mesmo uma efectiva transferência fica prejudicado.

Para além destas dificuldades, a tese de que os poderes das Nações Unidas derivam de uma delegação depara ainda com outro problema, mesmo da perspectiva do conjunto dos membros.

A atribuição de poderes realizada pelos Estados membros às Nações Unidas (a ser exercidos pelo seu órgão Conselho de Segurança) tem a particularidade de ter sido realizada em relação a uma pessoa criada especificamente para os exercer com quem os Estados membros estabelecem uma relação complexa. Assim, ainda que aprovados pelos Estados, os actos pelos quais estes poderes se exercem são imputados às Nações Unidas e serão exclusivamente estas que responderão por estes, desde logo, porque a sua personalidade jurídica tem carácter objectivo, sendo oponível *erga omnes*[949]. Por força do surgimento de uma nova pessoa, os Estados como que se apagam sob a personalidade da organização.

Ora, este apagamento da sua personalidade não torna simples a qualificação da sua relação enquanto pessoas jurídicas distintas. Não se julga adequado considerar que as Nações Unidas são um órgão dos Estados/ /Comunidade Internacional[950]. Tendo em conta que a Comunidade Internacional não é uma pessoa jurídica, mas apenas o conjunto dos Estados existentes[951], parece que se deve evitar falar em órgão. De resto, e mais importante, mesmo que uma pessoa colectiva pudesse ser órgão de uma outra pessoa colectiva, tal apenas faria algum sentido quando existisse imputação directa de todos os actos na segunda, incluindo os actos ilícitos, o que como se frisou não se passa nas relações entre os Estados membros/ /Comunidade Internacional e Nações Unidas. Não se está, pois, perante qualquer relação no seio de uma mesma pessoa colectiva. A atribuição de poderes é realizada em relação a um sujeito jurídico formalmente autónomo dos Estados. Ora, em Direito Internacional a delegação é um acto próprio das relações entre órgãos da mesma pessoa colectiva, especialmente quando

---

[948] Ver, *supra*, parág. 20.3 e 21.

[949] Para as outras organizações em geral, ver, *infra*, parág. 34.4.2.

[950] Trata-se, porém, de posição que tem alguns defensores na Doutrina: P. Picone, *Interventi delle Nazioni Unite* (...), cit., pág. 528 e nota 41; Giuliana Capaldo, *Verticalità della Comunità Internazionale e Nazioni Unite. Un Riesame del Caso Lockerbie*, em *Interventi delle Nazioni Unite e Diritto Internazionale* (dir. Paulo Picone), Padova, 1995, pág. 61-99, na pág. 81 e 84-85; Valentina Grado, *Il Consiglio di Sicurezza e la Crisi Iugoslava*, em *Interventi delle Nazioni Unite* (...), cit., pág. 149-199, na pág. 190.

[951] Ver, *supra*, parág. 22.

estão em causa entidades independentes. As concessões de poderes entre estas afiguram-se incompatíveis com os poderes normais atribuídos ao delegante em relação ao delegado. O seu regime jurídico é, pois, distinto do da delegação[952].

Uma outra solução mais adequada para explicar a relação entre cada Estado e o conjunto destes, enquanto Comunidade Internacional, e as Nações Unidas, seria entender que existe uma relação de representação desta organização em relação àquela Comunidade e cada Estado[953]. Tal teria algum apoio no artigo 24, n.º 1, quando se afirma que os Estados membros aceitam que o Conselho actue em seu nome.

No entanto, este nexo não segue o regime comum da representação, que pressupõe que o representante se apaga perante a figura do representado, na esfera do qual serão imputados todos os seus actos jurídicos. O representante actua não em nome próprio, mas em nome do representado. Contudo, insista-se, não é esse o regime que segue a relação entre as Nações Unidas e os Estados membros, mesmo quando materialmente são estes os autores dos actos da organização[954]; é esta que responde externamente por estes[955]. A existir uma representação esta é puramente interna, não tendo reflexos em relação a terceiros, o que constitui um claro desvio do regime comum.

Finalmente, uma outra característica própria desta situação, que já se assemelha ao regime da delegação, encontra-se na circunstância de as Nações Unidas e o Conselho de Segurança terem o dever perante os membros de exercer esses poderes; gozam de um mero poder funcional, ainda que discricionário, e não de um direito[956].

Assim, julga-se que se estará perante uma figura que reúne algumas características da delegação (a existir, como existe actualmente, um poder

---

[952] Ver, *supra*, parág. 9.2 e, *infra*, parág. 61-62, 73 e 89.3.

[953] Parece a posição de J. Soder, *Die Vereinten Nationen* (...), cit., pág. 262-265; Antonio Cassese, *International Law in a Divided World*, Oxford, 1988, pág. 159; C. Tomuschat, *Obligations* (...), cit., pág. 256-257; P. G. Teles, *Obligations Erga Omnes* (...), cit., pág. 119; B. Fassbender, *The United Nations* (...), cit., pág. 567-568.

[954] De facto, especialmente em relação aos actos da Assembleia Geral, pelo facto dos Estados membros terem assento na Assembleia Geral, materialmente estes actos são actos da Comunidade Internacional (ver, *supra*, parág. 23), mesmo que formalmente o acto seja imputado às Nações Unidas.

[955] Esta relação não determinaria que estes tivessem de responder pelos actos ilícitos da organização, já que estes não vinculam o representado, mas a verdade é que formalmente são as Nações Unidas que assumem a responsabilidade por todos os seus actos e não os Estados membros (ver, *infra*, parág. 100.2.2).

[956] Ver sobre a natureza do poder público, *infra*, parág. 38-39.

que cabe às entidades que o concedem), mas que não tem a característica de precariedade própria desta. Antes surge como uma verdadeira atribuição, ainda que não necessariamente definitiva. Tem alguns aspectos do mandato, por se realizar entre duas pessoas distintas e por o seu exercício ser obrigatório para o mandatário. Mas distingue-se do mandato pelo seu carácter unilateral. Efectivamente, sendo uma criação dos membros, a pessoa colectiva não se encontra numa situação de igualdade que imponha que esta tenha de aceitar o mandato, dando-lhe natureza contratual. Esta fica obrigada pelo tratado entre os membros que, como ficou escrito, da sua perspectiva, é um mero acto unilateral.

Em conclusão, trata-se de uma figura específica impossível de ser reconduzida a qualquer outra, mas que é comum a qualquer criação de uma organização internacional ou mesmo de qualquer pessoa colectiva de base associativa, incluindo os Estados a nível interno, sem prejuízo de algumas particularidades de regime.

## C – Comunidade Internacional e comunidades regionais.

**28. Introdução.** Verificou-se que nunca em rigor qualquer comunidade regional procurou reivindicar um poder idêntico ao poder público bélico, mesmo se se encontram algumas manifestações regionais de faculdades similares[957].

Com a Sociedade das Nações, e por força do idealismo que a promoveu, consagrou-se claramente uma sobreposição da lógica universal à regional. Deste modo, procurou-se minar quaisquer iniciativas de estruturação de poderes paralelos regionais. É certo que o seu Pacto consagrava uma cedência ao regionalismo no seu artigo 21, que considerava como conformes acordos regionais estabelecidos com o fim de manter a paz, em que era incluída expressamente a Doutrina Monroe[958]. Mas o Pacto não lhes reconhecia qualquer poder de recorrer à força à margem das suas regras. Os artigos 10-13, 15-17 e 20 não deixavam margem a uma organização regional para que adoptasse medidas bélicas contra um Estado, fosse este membro ou não da Sociedade[959].

Ainda assim, posteriormente, na Conferência de S. Francisco, existiram manifestações regionalistas de autonomia em relação aos poderes bélicos das Nações Unidas. O regime decorrente da Carta, especialmente o seu artigo 53, n.º 1, segunda parte, só foi aceite depois da consagração da legítima defesa no artigo 51, especialmente na sua vertente "colectiva"[960].

Resta questionar se no actual quadro jurídico, em que avulta a Carta das Nações Unidas e o Direito Internacional Costumeiro consolidado à sua sombra, cabe algum poder público a organizações regionais.

---

[957] Ver, *supra*, parág. 18.

[958] Tratou-se de uma concessão aos EUA com vista a procurar, inutilmente, obter o acordo do Senado destes em relação ao Pacto o que se frustraria, num erro histórico trágico, em Novembro de 1919 e Março de 1920 (ver, *supra*, parág. 19.1).

[959] Ver, *supra*, parág. 19.2-19.3.

[960] Cfr. *Verbatim Minutes of Second Meeting of Commission III, June 13*, em UNCIOSD, pág. 783-790.

**29. Noções de comunidade e estrutura regional.** Um ponto prévio é a determinação do conceito de comunidade regional, bem como o de estrutura regional (organização ou acordo regional), tendo em conta o Capítulo VIII da Carta.

A noção de organização ou acordo regional deste Capítulo não é inteiramente líquida. Sublinhe-se, contudo, que com a perda de vigência da disposição constante do artigo 53, n.º 1, terceira parte, que permitia um uso restrito da força contra um Estado que tivesse sido inimigo durante a Segunda Guerra Mundial[961] e com a generalização das habilitações a alguns ou mesmo um único Estado, a questão perdeu a maioria da sua relevância prática[962].

Tendo em conta esta indeterminação, o conceito de comunidade regional terá tido alguma importância nos primeiros anos das Nações Unidas na concretização das noções de organização e acordo regional do Capítulo VIII. Na sequência de posições de alguns Estados, e opiniões doutrinárias, pareceu ter algum peso um entendimento que considerava as organizações regionais como organismos criados por verdadeiras comunidades regionais. Estas seriam estruturadas em grandes blocos geográficos ou com enraizados laços históricos e culturais. Segundo esta perspectiva, para ser enquadrável no Capítulo VIII, uma instituição parecia dever ter de ser criada por uma destas comunidades e ser uma organização (e não mero acordo) estável e de fins genéricos. Idealmente, deveria constituir um fórum de debate e harmonização de interesses conflituantes regionais, aberto a todos os Estados da região, independentemente do seu posicionamento político ou geo-estratégico. A sua actuação seria em relação aos membros e não contra não membros, portanto, vocacionada numa vertente interna e não externa. Seria, pois, estruturada à imagem das Nações Unidas[963, 964, 965].

---

[961] Sobre este, ver, *infra*, parág. 30.

[962] Ver, *infra*, parág. 75.3.

[963] Assim, o Egipto afirmou a este propósito: "The Egyptian Delegation asked that all allusions to military alliances and pacts of mutual assistance should be disconnected from the text on regional agreements. They fully understand that countries which were victims of the Axis want to maintain their military alliances, but they think that in view of the different nature of regional agreements and of their provisional character, these military alliances should be mentioned in a special chapter of the Charter; that the allusion in Chapter XII for the prevention of any new aggression by enemy states should not be in the chapter an regional agreements but should go into the chapter an transitional measures, since these are of a purely temporary character. The Egyptian Delegation had also proposed a definition of regional agreement which underlined their permanent character and, as in the same words as the Dumbarton Oaks Proposals, had to depend on immediate geographical vicinity. I am sorry

Esta perspectiva poderia invocar a seu favor uma contraposição entre o artigo 52, n.º 2 e n.º 3, e o artigo 33, n.º 1, que ao falar em organizações ou acordos regionais, desde logo, exclui as puras alianças militares; de facto, a estas não compete a resolução pacífica dos conflitos[966].

É à luz deste entendimento que surgem as primeiras qualificações expressas ou tácitas de organizações regionais pelas Nações Unidas: a Organização de Estados Americanos, a Liga Árabe e a Organização de Unidade Africana[967, 968] e que explica alguma reticência inicial em as alargar a outras estruturas regionais.

---

that the texts which have been adopted, after long negotiations taking place outside the Committee, have shown traces of regrettable confusion" (cfr. *Verbatim Minutes of Second Meeting of Commission III, June 13*, em UNCIOSD, pág. 783-790, na pág. 788). A França, em resposta, recusaria esta interpretação (pág. 789-790). De qualquer modo, apesar de criticar a "confusão" entre organizações regionais e alianças militares, o Egipto reconhece que esta ficou consagrada.

[964] Trata-se de posição sustentada por alguma Doutrina: E. Cannizzaro, *Sull'attuazione* (...), cit., pág. 410; M. Bothe/B. Martenczuk, *Die NATO und die Vereinten Nationen* (...), cit., pág. 127; Shiro Harada/Akihiko Tanaka, *Regional Arrangements, the United Nations, and Security in Asia*, em *International Security Management and the United Nations* (ed. M. Alagappa/T. Inoguchi), Tokyo/New York/Paris, 1999, pág. 323-346, na pág. 332-333.

[965] De que o exemplo paradigmático seria a Organização de Segurança e Cooperação na Europa, especialmente antes do fim da guerra fria enquanto constituía ainda uma mera conferência. No entanto, por esta em rigor abranger membros de duas regiões, a Americana e a Europeia, além dos Estados que compunham a União Soviética, pode-se contestar que esta organização se enquadre perfeitamente na noção restritiva, embora a sua zona de actuação seja a europeia. Ainda assim, por força dos seus membros, rigorosamente, esta seria uma organização transregional. No entanto, a prática não tem feito tais distinções e qualificou a Organização de Segurança e Cooperação na Europa como uma organização regional (ver, *infra*, neste parágrafo). Aliás, esta assumiu-se como tal mais do que uma vez. Assim, a Carta para a Segurança Europeia de 19 de Novembro de 1999 (texto em ILM, Vol. 39, No. 2, 2000, pág. 255-268) afirma: "We reaffirm the OSCE as a regional arrangement under Chapter VIII of the Charter of the United Nations and as a primary organization for the peaceful settlement of disputes within its region and as a key instrument for early warning, conflict prevention, crisis management and post-conflict rehabilitation. The OSCE is the inclusive and comprehensive organization for consultation, decision-making and co-operation in its region".

[966] Esta noção restrita seria então aproximada da noção de organização regional estruturada num grande bloco geográfico utilizada no artigo 47, n.º 4, como a Organização de Estados Americanos ou a Organização de Unidade Africana. Não se identificaria, porém, com a categoria prevista no artigo 48, n.º 2, parte final, já que esta se refere a organizações essencialmente universais e sem fins políticos, tendo especialmente presente as organizações especializadas da família das Nações Unidas.

[967] As três foram qualificadas como tal pela Assembleia Geral bastante cedo: assim, na sua Resolução 477 (V), de 1 de Novembro de 1950 (texto em RDGAOR, 5th session, 1950, pág. 74) a Assembleia Geral limitou-se a convidar o Secretário-Geral da Liga Árabe para

Mas este entendimento não parece de modo algum o que decorre do Capítulo VIII. Os termos deste dificilmente poderiam ser mais liberais quanto aos requisitos que uma estrutura deve cumprir para ser qualificável como regional. Não se exige sequer que estas tenham personalidade internacional ou uma estrutura permanente. Uma mera conferência pode ser considerada como um acordo regional para efeitos deste Capítulo[969]. O artigo 52 também se limita a exigir o carácter regional da organização ou acordo e que esta tenha como objectivo a manutenção da paz e da segurança internacional. A única dúvida que esta exigência coloca é a de saber se nesta noção podem ser incluídas medidas de legítima defesa.

A prática dos últimos anos das Nações Unidas abandonou as cautelas iniciais e tem seguido uma interpretação abrangente dos termos do Capítulo VIII que consagra um entendimento amplo da noção de estrutura regional.

---

passar a assistir às suas reuniões. Mas, posteriormente, tem citado com aparente aprovação a auto-proclamação da Liga Árabe como organização regional, com uma passagem frequente: "Recalling the decision of the Council of the League of Arab States that it considers the League a regional organization within the meaning of Chapter VIII of the Charter of the United Nations" (parág. 3 do preâmbulo da Resolução 52/5 de 22 de Outubro de 1997; texto em RDGAOR, 52nd Session, 1997, vol. I, pág. 7). Ver também o preâmbulo do Acordo de Cooperação entre as Nações Unidas e a Liga Árabe de 6 de Outubro de 1989 (texto em UNTS, Vol. 1526, No. 1030, 1989, pág. 333-336), que invoca os preceitos da Carta sobre o papel de estruturas regionais, embora sem invocar formalmente o Capítulo VIII.

Em relação à Organização de Unidade Africana, a Assembleia reconheceu-lhe tal estatuto implicitamente ao a associar ao Capítulo VIII. Assim afirmou: "Calls upon the United Nations to coordinate its efforts and to cooperate with the Organization of African Unity in the context of the pacific settlement of disputes and the maintenance of international peace and security in Africa, as provided for under Chapter VIII of the Charter of the United Nations;" (Resolução 52/20 de 24 de Novembro de 1997, parág. 6; texto em RDGAOR, 52ª, 1997, vol. I, pág. 21).

No que diz respeito à Organização de Estados Americanos, a sua já citada Carta, no artigo 1, parág. 1, proclama-a como organização regional para efeitos da Carta das Nações Unidas ("Within the United Nations, the Organization of American States is a regional agency"). A Assembleia Geral por diversas vezes tem citado esta qualificação com aprovação: assim, a Resolução 42/11, de 28 de Outubro de 1987 (texto em RDGAOR, 42nd, 1987, vol. I, pág. 22), preâmbulo, afirma: "Recalling also that the Charter of the Organization of American States reaffirms these purposes and principles, and provides that that organization is a regional agency under the terms of the Charter of the United Nations".

[968] No sentido deste seu carácter: Keith Kane, *The Security Council*, FA, Vol. 24, 1, 1945-1946, pág. 12-24, na pág. 17; Majid Khadduri, *The Arab League as a Regional Arrangement*, AJIL, Vol. 40, No. 4, 1946, pág. 756-777, na pág. 772-775; Charles Fenwick, *The Inter-American Regional System: Fifty Years of Progress*, AJIL, Vol. 50, No. 1, 1956, pág. 18-31, na pág. 25 e 27.

[969] Como confirma a prática do Conselho de Segurança; ver, *infra*, neste parágrafo.

O Conselho de Segurança tem sido bastante liberal na recondução de organizações regionais ao regime deste Capítulo. O critério predominante tem sido puramente regional, sendo abrangidas organizações da mais diversa índole[970]. Também a Assembleia Geral nos anos 90 adoptou uma postura idêntica[971]. Deste modo, a única questão de resposta dúbia que se poderá

---

[970] Na Resolução 199 (1964), de 30 de Dezembro (texto em RDSCOR, 1964, pág. 18--19), no preâmbulo, afirma: "Convinced that the Organization of African Unity should be able, in the context of Article 52 of the Charter of the United Nations, to help find a peaceful solution to all the problems and disputes affecting peace and security in the continent of Africa"; no seu parág. 6 invoca o artigo 54. Nas Resoluções 713 (1991), de 25 de Setembro (texto em RDSCOR, 1991, pág. 42-43), e 743 (1992), de 21 de Fevereiro (texto em RDSCOR, 1992, pág. 8-9), sobre a então Jugoslávia, cita o Capítulo VIII em relação à Comunidade Europeia e à então Conferência de Segurança e Cooperação na Europa. Nas Resoluções 724 (1991), 15 de Dezembro (texto em RDSCOR, 1991, pág. 45-46), 779 (1992), de 6 de Outubro (texto em RDSCOR, 1992, pág. 34-35), e 820 (1993), de 17 de Abril (texto em RDSCOR, 1993, pág. 7-10), sobre a ex-Jugoslávia, invoca o Capítulo VIII parecendo estar a pensar na Conferência Internacional para a Paz na ex-Jugoslávia. Nas Resoluções 727 (1992), de 8 de Janeiro (texto em RDSCOR, 1992, pág. 7), 752 (1992), de 15 de Maio (texto em RDSCOR, 1992, pág. 12-13), e 757 (1992), de 30 de Maio (texto em RDSCOR, 1992, pág. 13-14), também sobre a ex-Jugoslávia, refere-o em associação com a Comunidade Europeia. Na Resolução 733 (1992), de 23 de Janeiro (texto em RDSCOR, 1992, pág. 55-56), na Resolução 746 (1992), de 17 de Março (texto em RDSCOR, 1992, pág. 56-57) e na Resolução 751 (1992), de 24 de Abril (texto em RDSCOR, 1992, pág. 57-58), sobre a Somália, invoca este Capítulo VIII referindo-se à Liga Árabe, à Organização da Conferência Islâmica e à Organização de Unidade Africana. Nas Resoluções 740 (1992), de 7 de Fevereiro (texto em RDSCOR, 1992, pág. 7-8), e 795 (1992), de 11 de Dezembro (texto em RDSCOR, 1992, pág. 37-38), sobre a então Jugoslávia, invoca-o em relação à então Conferência de Segurança e Cooperação na Europa. Nas Resoluções 788 (1992), de 19 de Novembro (texto em RDSCOR, 1992, pág. 99-100), e 813 (1993), de 26 de Março (texto em RDSCOR, 1993, pág. 108-109), em relação à Libéria, bem como na Resolução 1132 (1997), de 8 de Outubro (texto em RSSC, 1997, pág. 51-54), parág. 8, em relação à Serra Leoa, invoca este Capítulo a propósito da ECOWAS (Comunidade Económica de Estados do Oeste de África) Na Resolução 841 (1993), de 16 de Junho (texto em RDSCOR, 1993, pág. 119-120), sobre o Haiti, invoca este Capítulo em associação com a Organização de Estados Americanos. Na Resolução 1197 (1998), de 18 de Setembro (texto em RSSC, 1998, pág. 82-84), sobre manutenção da paz em África, invoca este Capítulo a propósito da Organização de Unidade Africana e da ECOWAS. Igualmente na Resolução 1306 B (2000), de 5 de Julho (texto em RSSC, 2000, pág. 39-43), parág. 22, onde afirma "Requests the Committee to strengthen existing contacts with regional organizations, in particular ECOWAS and the Organization of African Unity (...)".

[971] Assim, a Assembleia Geral, depois de na sua Resolução 47/10 de 28 de Outubro de 1992 (texto em RDGAOR, 47°, 1992, vol. I, pág. 16), no parágrafo 1 do preâmbulo, ter apoiado a proclamação por parte da então Conferência de Segurança e Cooperação na Europa do seu estatuto de acordo regional para efeitos do Capítulo VIII, veio afirmar expressamente na sua Resolução 47/21, de 25 de Novembro de 1992 (texto em RDGAOR, 47°, 1992, vol.

colocar é precisamente a de saber se é possível integrar no seio da noção de "acordos e organizações regionais" simples acordos regionais de defesa, isto é, alianças militares.

Um argumento favorável à integração destas alianças nesta noção deriva do próprio artigo 53, n.º 1. Todas as suas três partes se reportam a utilizações da força: a primeira sob direcção e controlo das Nações Unidas (poder público bélico), a segunda com uma mera habilitação (uso privado habilitado)[972] e, literalmente, a terceira, contra ex-inimigos[973]. Ora, a expressão "acção coerciva" constante da Carta reporta-se a medidas bélicas e não a meras medidas compulsivas pacíficas. Tal é confirmado por uma interpretação histórica e sistemática[974]. Ora, apenas organizações ou acordos com uma componente militar, de que as alianças defensivas são o exemplo paradigmático, se encontram em condições para levar a cabo acções bélicas. É certo que igualmente organizações regionais políticas podem ter uma vertente militar[975], mas a amplitude das acções bélicas previstas nas três partes do artigo 53, n.º 1 são de ordem a pensar que este visava incluir também as organizações defensivas previstas no artigo 51[976]. As medidas adoptadas contra ex-inimigos seriam claramente levadas a cabo por alianças militares dirigidas contra estes Estados, que não se contava que nos primeiros

---

I, pág. 22), parág. 11 do preâmbulo: "*Recognizing* that the Conference on Security and Cooperation in Europe is a regional arrangement in the sense of Chapter VIII of the Charter of the United Nations". Contudo, como ficou referido, não seria simples a agora Organização de Segurança e Cooperação na Europa (OSCE) cumprir o critério restritivo da necessidade de estas organizações serem representativas de comunidades regionais. Não está em causa que preencha os requisitos do Capítulo VIII tal como ficaram interpretados, sem dúvida que o faz; mas seria problemático considerar que existe uma comunidade regional que liga Estados como os EUA e a Rússia, passando pelos Estados europeus, mesmo depois do fim da Guerra Fria. À luz da noção restritiva, a OCSE seria uma organização transregional ou internacional em sentido estrito, apesar de visar exercer a sua actividade apenas na Europa. Ou seja, a Assembleia abandonou o critério limitativo baseado numa vizinhança geográfica e unidade cultural. Na Europa, apenas o Conselho da Europa poderia aspirar à qualificação de representativo da comunidade da Europa, mas não tem poderes em matéria de manutenção da paz [ver o artigo 1, al. b) e d) do seu citado Estatuto].

[972] Sobre a distinção entre a primeira e a segunda parte do artigo 53, n.º 1 CNU e sua relevância jurídica, ver, *supra*, parág. 9.2 e, *infra*, parág. 74 e 75.2.1.

[973] Esta entretanto perdeu vigência; ver, *infra*, parág. 30.

[974] Ver, *infra*, parág. 31.2.

[975] Assim, é o caso da Organização de Estados Americanos (artigos 66-68 da respectiva Carta).

[976] Daí a tal "confusão", criticada pelo Egipto durante a Conferência de S. Francisco, na passagem citada.

anos se tornassem seus membros. Estar-se-ia, pois, perante uma acção externa, dirigida contra não membros.

A prática do Conselho, embora ainda com cautelas, parece de facto ir no sentido de incluir nesta noção igualmente organizações militares[977].

---

[977] Assim, na Resolução 816 (1993), de 31 de Março (texto em RDSCOR, 1993, pág. 4-5), depois de invocar o Capítulo VIII no preâmbulo (parág. 6), o Conselho de Segurança, no parág. 4, autorizou os Estados membros a, isoladamente ou mediante organismos e acordos regionais, usar a força para impor a zona de exclusão aérea na Bósnia-Herzegovina. Na realidade, as forças que intervieram foram as da OTAN, circunstância que era do pleno conhecimento do Conselho. Embora não se tratasse de um uso privado habilitado, mas de um exercício do poder público bélico em sentido estrito, dada a estreita dependência em que ficaram as forças da OTAN em relação ao Secretário-Geral (ver, *infra*, parág. 67), na realidade houve uma qualificação implícita da OTAN como organização regional para efeitos de aplicação do artigo 53, n.º 1, primeira parte.

O mesmo já se verificara com a Resolução 770 (1992), de 13 de Agosto (texto em RDSCOR, 1992, pág. 24-25), no seu parág. 2 e 4; embora nesta última não seja invocado o Capítulo VIII, permite-se a intervenção de organizações e acordos regionais. Também na Resolução 836 (1993), de 4 de Junho (texto em RDSCOR, 1993, pág. 13-14), parág. 10; Resolução 908 (1994), de 31 de Março (texto em RDSCOR, 1994, pág. 38), parág. 8; Resolução 958 (1994), de 19 de Novembro (texto em RDSCOR, 1994, pág. 45), parág. 2 e Resolução 981 (1995), de 31 de Março (texto em RDSCOR, 1995, pág. 23-25), parág. 6. Na sua Resolução 1031 (1995), de 15 de Dezembro (texto em RDSCOR, 1995, pág. 23), parág. 12, 14 e 25, que cria a força multinacional IFOR dirigida pela OTAN na Bósnia-Herzegovina, bem como na Resolução 1088 (1996), de 12 de Dezembro de 1996 (texto em RDSCOR, 1996, pág. 42), relativa à sua substituição pela SFOR [cujos poderes são reafirmados nos mesmos termos na Resolução 1174 (1998), de 15 de Junho (texto em RSSC, 1998, pág. 47); Resolução 1247 (1999), de 18 de Junho (texto em RSSC, 1999, pág. 38); pela Resolução 1305 (2000), de 21 de Junho (texto em RSSC, 2000, pág. 35), parág. 10-13 e pela Resolução 1357 (2001), de 21 de Junho [texto em UN Doc. S/RES/1357 (2001)], parág. 10-13], o Conselho refere-se indirectamente à OTAN como a organização referida no Anexo 1 A do Acordo de Dayton), mas sem nunca a qualificar como organização regional ou referir o Capítulo VIII da Carta. Na Resolução 1203 (1998), de 24 de Outubro (texto em RSSC, 1998, pág. 93), parág. 4 do preâmbulo e parág. 1 e 4, refere-se pela primeira vez directamente à OTAN, mas novamente sem a qualificar. O mesmo faria o Presidente do Conselho na sua declaração 1999/12 de 14 de Maio de 1999 (texto em RSSC, 1999, pág. 102). Na sua Resolução 1244 (1999), de 10 de Junho (texto em RSSC, 1999, pág. 30), em que cria, designadamente, a KFOR, o Conselho parece arrepiar caminho e implicitamente refere-se à OTAN como uma organização internacional (parág. 7 e 10). Ou seja, como uma organização transregional.

Esta postura do Conselho em relação à OTAN parece, contudo, dever-se exclusivamente à resistência desta organização e dos seus Estados membros [porém, a propósito das acções da OTAN ao abrigo da Resolução 836 (1993), na 3336.ª reunião do Conselho, os EUA qualificaram a OTAN como uma organização regional: "In so doing, for the first time a regional security organization, NATO, has acted to implement a decision of this Council to use

Deste modo, o Capítulo VIII será de considerar-se aplicável a qualquer organismo ou acordo de composição não universal e de incidência regional cujos fins respeitem a Carta e reúna as condições políticas e/ou militares para desempenhar eficazmente tarefas de resolução de controvérsias, se necessário pela força, sob direcção das Nações Unidas, ou pelo menos com uma habilitação destas.

Perde, consequentemente, base a distinção entre entidades regionais com fundamento no artigo 51 CNU, isto é, alianças para o exercício do direito de legítima defesa colectiva, e as que têm base no artigo 52 CNU. Qualquer destas pode, nos termos do seu tratado constitutivo, desempenhar ambas as funções[978].

De qualquer modo, confrontando o artigo 52 com o artigo 53, ter-se--á de concluir que algumas organizações ou acordos regionais poderão cumprir os objectivos do primeiro, mas não do segundo. O inverso será igualmente verdadeiro. Assim, uma organização puramente política poderá cumprir funções de resolução pacífica dos conflitos, mediando conflitos, oferecendo os seus bons ofícios, constituindo comissões de conciliação ou arbitragem, *etc.*. Poderá ainda participar em sanções político-diplomáticas e, eventualmente, mesmo comerciais, se tiver poderes na matéria, mas já não poderá oferecer efectivos para constituir Forças das Nações Unidas. Do mesmo modo, um acordo puramente militar, poderá fornecer efectivos para estas, mas poderá não ter estruturas políticas para desempenhar um papel significativo na resolução pacífica das controvérsias.

---

force under Chapter VII of the United Nations Charter (cfr. UN Doc. S/PV.3336, 14 February 1994, pág. 9-10)] em aceitar a qualificação de organização regional; aparentemente como forma (inútil, já que o seu regime se aplica a todas as organizações, sejam ou não regionais, com excepção das próprias Nações Unidas por terem sido criadas pela Comunidade Internacional com poderes públicos) de se tentar subtrair ao regime do Capítulo VIII. Tal, portanto, não revela qualquer oposição do Conselho à qualificação de meras alianças militares como organizações regionais.

[978] Neste sentido: E. N. Kleffens, *Regionalism and Political Pacts*, AJIL, Vol. 43, No. 4, 1949, pág. 666-678, na pág. 674; Hans Kelsen, *Is the North Atlantic Treaty a Regional Arrangement?*, AJIL, 1951, pág. 162-166, na pág. 163 e 166 (embora admita outras interpretações); T. Plofchan, Jr., *Article 51* (...), cit., pág. 362-363 (que aceita mesmo uma mera aliança bilateral de defesa); S. Alexandrov, *Self-Defense* (...), cit., pág. 233-234; D. Momtaz, *La Délégation* (...), cit., pág. 110; Christoph Schreuer, *Regionalism v. Universalism*, EJIL, Vol. 6, No. 3, 1995, pág. 477-499, texto notas 55-58; Alan K. Henrikson, *The United Nations And Regional Organizations: "King-Links" Of A "Global Chain"*, DJCIL, Vol. 7, 1996, pág. 35-70, na pág. 40-41. Contra: M. Bothe/B. Martenczuk, *Die NATO und die Vereinten Nationen* (...), cit., pág. 128.

Por conseguinte, dentro da noção de acordo ou organização regional é possível identificar espécies próprias do artigo 52 e do artigo 53 em função dos poderes que lhes são atribuídos pelos seus tratados constitutivos.

No limite, qualquer acordo ou organização restrita, portanto, sem pretensão de universalidade, já estruturada e não criada para enfrentar a situação específica que se pretende resolver, que tenha os necessários poderes, pode ser reconduzida ao Capítulo VIII. A importância de se tratar de uma realidade já estruturada deve-se ao facto de meros acordos específicos serem normalmente dominados por uma mesma visão unilateral da crise para a resolução da qual foi especificamente criada. A sua habilitação pelo Conselho de Segurança para o uso da força levará a uma utilização sectária desta. Uma habilitação a uma entidade regional preexistente já fornece um pouco mais de garantias de um mínimo de isenção ou pelo menos de debate[979] quanto à escolha dos meios a utilizar e quanto à concretização dos fins a prosseguir que poderão estar definidos em termos excessivamente genéricos no acto de habilitação. Contudo, nada impede que se trate de uma entidade criada para o efeito, enquanto emanação de uma organização preexistente[980].

Por este motivo, embora ambas as figuras integrem o denominado uso privado habilitado da força, deve-se distinguir entre organizações e acordos regionais reconduzíveis ao Capítulo VIII e meros acordos específicos, criados para enfrentar uma crise que coloca em causa a paz internacional, como um aliança militar temporária, que ficam à margem daquele Capítulo[981]. Neste caso, está-se simplesmente perante Estados membros que celebraram acordos entre si, susceptíveis de ser enquadrados apenas no artigo 51 e não já no

---

[979] Estas cautelas levaram o Secretário-Geral a afirmar: "At times the impartiality or neutrality of their member States may be questioned, for historical reasons or for political or economic reasons (...). Judgment and caution must be exercised in associating the United Nations with regional, subregional or multinational efforts but the potential for positive cooperation should continue to be explored" (cfr. *The causes of conflict and the promotion of durable peace and sustainable development in Africa*, Report of the Secretary-General, UN doc. S/1998/318, 13 April 1998, parag. 44).

[980] Caso da Conferência Internacional para a Paz na ex-Jugoslávia criada pela Comunidade Europeia referida em associação com o Capítulo VIII nas citadas Resoluções 724 (1992), 15 de Dezembro, 779 (1992), de 6 de Outubro, e 820 (1993), de 17 de Abril.

[981] Assim, por exemplo, não é possível considerar como partes num acordo regional para efeitos do Capítulo VIII os membros da coalizão formada contra o Iraque na sequência da sua invasão do Kuwait. Tratou-se de uma liga temporária para enfrentar uma crise específica que abrangeu Estados partes em mais do que uma aliança militar. Ultrapassada a crise, esta coalizão desvaneceu-se, embora deixando algum rasto (ver sobre a questão, *infra*, parág. 75.2.1).

artigo 53, n.° 1. Daí que em relação aos primeiros a questão do fundamento de uma habilitação quanto ao uso da força conferida pelo Conselho não se coloque, já que o artigo 53, n.° 1, segunda parte, é expresso em permiti--las. Enquanto em relação a coalizões pontuais de Estados a questão do fundamento da habilitação é bem menos líquida[982].

Concluindo, a noção de comunidade regional não tem relevância jurídica, quer como identificadora dos candidatos únicos à titularidade de pretensos poder públicos regionais, quer mesmo como critério identificador de uma categoria de organizações regionais dotada de um regime específico em sede de manutenção da paz. Com as organizações regionais que hoje podem ser consideradas como emanações de comunidades regionais concorrem na reivindicação de poderes específicos uma série de organizações de âmbito não universal. Seria possível sustentar que as primeiras seriam as que se encontrariam em melhor posição para invocar a titularidade de alegados poderes públicos regionais, mas tal não tem apoio na Carta ou na prática[983].

Deste modo, qualquer organização ou acordo regional pode não só fornecer efectivos para a criação de uma Força das Nações Unidas nos termos do artigo 53, n.° 1, primeira parte, a ser utilizada sob direcção das Nações Unidas, como ser destinatário de uma habilitação para o uso da força, nos termos do artigo 53, n.° 1, segunda parte. Aliás, por alargamento[984], o regime do Capítulo VIII passou mesmo a aplicar-se igualmente a organizações transregionais.

---

[982] Ver, *infra*, parág. 75.

[983] Neste momento, a única relevância para noção de comunidade regional parece ser terminológica, levando a que se qualifique como organização subregional as organizações regionais restritas, cujos membros integram igualmente uma organização regional comunitária. Será o caso da qualificação de algumas organizações regionais africanas, como a ECOWAS, como organização subregional perante a Organização de Unidade Africana. Assim, a Declaração da reunião do Milénio a nível de Chefes de Estado e de Governo, adoptada pela Resolução 1318 (2000), de 7 de Setembro (texto em RSSC, 2000, pág. 59-62), na Parte VII afirma: "Emphasizes the importance of continued cooperation and effective coordination between the United Nations and the Organization of African Unity and African subregional organizations in addressing conflict in Africa (...)". Do mesmo modo, tem qualificado zonas geográficas integradas no âmbito de comunidades regionais como sub-regiões. Assim, a sua Resolução 1297 (2000), de 12 de Maio (texto em RSSC, 2000, pág. 24-25), sobre o conflito entre a Etiópia e a Eritréia, no preâmbulo, afirma: "Stressing also that renewed hostilities constitute an even greater threat to the stability, security and economic development of the subregion". Mas o regime das organizações regionais e subregionais é idêntico, quando muito as segundas terão alguns deveres de informação em relação às primeiras.

[984] Tendo em conta a utilização de efectivos da OTAN em acções imputadas às Nações Unidas e o facto de o Conselho lhe ter concedido habilitações para a IFOR/SFOR e KFOR (ver, *infra*, parág. 67, 75.3.1 e 75.3.5).

**30. Poderes contra ex-inimigos.** A Carta regula os poderes dos Estados organizados em acordos regionais ou membros de organizações regionais no seu Capítulo VIII. O seu regime consagra ainda alguns poderes relevantes em sede de manutenção da paz.

Literalmente, o mais significativo, é atribuído pelo artigo 53, n.º 1, terceira parte. Trata-se de um direito limitado de uso da força a favor destas organizações, autónomo em relação aos poderes do Conselho de Segurança, contra um Estado que durante a Segunda Guerra Mundial tenha sido inimigo de qualquer signatário da Carta no caso deste procurar renovar a política agressiva de que foi responsável durante o referido conflito. Ou seja, não seria necessário estar-se perante uma efectiva agressão e, deste modo, perante uma situação de legítima defesa nos termos do artigo 51 CNU. O texto da Carta literalmente consagra um terceiro fundamento autónomo para o recurso à força que devia ser aproximado da denominada "legítima defesa preventiva"[985].

Porém, este direito, que nunca teve qualquer aplicação prática, foi implicitamente colocado em causa pelos tratados de paz celebrados entre os Estados vencedores e cada um dos Estados vencidos, onde se afirma que as relações entre ambos serão pautadas pelo artigo 2 CNU[986]. É certo que nos termos do artigo 103 CNU as obrigações decorrentes da Carta devem prevalecer sobre as constantes de qualquer tratado em relação aos Estados membros. No entanto, neste caso não se trata de qualquer obrigação, mas de um direito. A Carta, no seu artigo 53, n.º 1, terceira parte, ou artigo 107, não obriga os Estados membros a adoptarem medidas coercivas contra qualquer ex-inimigo, mesmo perante uma renovação da política de agressão,

---

[985] Ver sobre esta qualificação, *supra*, parág. 12.2.

[986] Ver Tratado de Paz com o Japão de 8 de Setembro de 1951, artigo 5, al. B) (texto em UNTS, 1952, n. 1832, pág. 45-164); Tratado de Paz entre a China (nacionalista) e o Japão de 28 de Abril de 1952, artigo VI (texto em UNTS, 1952, n. 1858, pág. 37-54). Tratado de Paz entre a China (Comunista) e o Japão de 12 de Agosto de 1978, artigo 1 (texto em UNTS, 1981, n.º 19784, vol. 1225, pág. 268-270). O mesmo estava já implícito nos tratados de paz entre os Aliados e outros Estados vencidos que estabeleciam obrigações de recorrer a comissões de árbitros em caso de divergências quanto à aplicação dos tratados: Tratado de Paz com a Itália de 10 de Fevereiro de 1947, artigos 83 e 87 (texto em UNTS, 1950, n.º 747, pág. 124--234); Tratado com a Bulgária com a mesma data, artigos 31 e 36 (texto em UNTS, 1949, n.º 643, pág. 49-133); Tratado com a Finlândia, artigos 31 e 35 (texto em UNTS, 1950, n.º 746, pág. 227-303); Tratado com a Hungria, artigos 35 e 40 (texto em UNTS, 1949, n.º 644, pág. 167-262); Tratado com a Roménia, artigos 32, 33 e 38 (texto em UNTS, 1949, n.º 645, pág. 33-124).

antes lhes atribui um direito de o fazer. Este direito pode ser renunciado por tratado.

Este entendimento é mesmo confirmado pelo artigo 53, n.º 1, parte final, quando admite que os Estados interessados podem requerer ao Conselho de Segurança que assuma responsabilidades na prevenção de qualquer nova política de agressão por estes Estados. Isto é, este direito, que introduz uma derrogação ao sistema de segurança colectiva estabelecido pela Carta, encontra-se na disponibilidade dos seus titulares. Assim, ao renunciarem ao seu exercício nos referidos tratados, mais não estiveram a fazer do que sujeitar à competência do Conselho eventuais questões que pudessem surgir igualmente nesta matéria.

De resto, julga-se que este direito perdeu vigência por alteração de circunstâncias. De algum modo, o artigo 107 CNU[987] justificava-se como uma forma de uso interno da força, já que salvaguardava um verdadeiro poder bélico de Estados que exerciam transitoriamente poderes de soberania sobre Estados subjugados[988]. Deste modo, o artigo 107 perdeu sentido a partir do momento em que terminou a administração conjunta dos Estados vencidos. Já o artigo 53, n.º 1, terceira parte, apenas terá perdido sentido quando os Estados visados foram aceites como membros de pleno direito da Organização, enquanto Estados considerados "amantes da paz" (artigo 4, n.º 1, CNU). A sua aplicação colocá-los-ia numa situação de desigualdade injustificada perante qualquer outro membro[989]. A prática das Nações Unidas confirma expressamente este entendimento[990].

---

[987] Quando fala em "taken or authorized as a result of that war by the Governments having responsibility for such action". Julga-se que o artigo 107 apenas salvaguardava situações resultantes directamente da guerra e não situações, por exemplo, decorrentes de um tratado de paz posterior. Neste sentido, o artigo 53, n.º 1, terceira parte, era mais amplo do que o artigo 107, já que remetia para este, mas também para acordos regionais. O artigo 107 parece consagrar um uso interno da força enquanto se mantivesse a situação de administração aliada dos Estados inimigos. Já o artigo 53, n.º 1, terceira parte, seria mais vasto, ao remeter para acordos regionais, tendo aplicação mesmo depois de cessada a situação de sujeição. Deste modo, tendo em conta a sua consagração do direito de acção militar com vista a prevenir uma renovação de uma política de agressão por parte destes Estados julga-se que consagrava uma forma de "legítima defesa preventiva", o único precedente que se conhece e que deve ser interpretado *a contrario* (ver, *supra*, parág. 12.2).

[988] Ver, *supra*, parág. 20.

[989] Neste sentido: A. Cassese, *International Law* (...), cit., pág. 137; A. Randelzhofer, *Article 2 (4)*, cit., pág. 119. Contra, entendendo que o preceito ainda está em vigor: I. Brownlie, *International Law and the Use of Force* (...), cit., pág. 336 (mas em 1961); A. Henrikson, *The United Nations* (...), cit., pág. 40.

[990] Assim, a Assembleia Geral na sua Resolução 49/58 de 9 de Dezembro de 1994 (texto em RDGAOR, 49th Session, 1994, pág. 297), por 155 votos a favor, nenhum contra

Os requisitos estabelecidos pelo artigo 62 Convenção de Viena sobre o Direito dos Tratados de 1969, codificatório do regime costumeiro da Alteração de circunstâncias, não se encontram integralmente cumpridos. Entende-se, porém, que a prática se inclina no sentido de alargar este preceito às situações em que, por força de uma modificação das situações, perderam sentido deveres convencionais que sujeitam Estados a situações de grave desigualdade[991].

Finalmente, tendo em conta que o artigo 2, n.º 4 e o artigo 51 CNU, segundo se julga, proíbem claramente a denominada "legítima defesa preventiva", existem bases para entender que esta proibição ao adquirir natureza costumeira e *iuris cogentis* teria em qualquer caso implicado a revogação do artigo 53, n.º 1, terceira parte, nos termos do regime instrumental codificado no artigo 64 das citadas Convenções de Viena sobre o Direito dos Tratados de 1969 e 1986.

Assim, igualmente esta norma não coloca em causa a conclusão de que, actualmente, quer as comunidades regionais, quer agregações de Estados com base em acordos ou organizações, não têm qualquer direito próprio ao exercício do poder público bélico.

**31. Poderes genéricos.** O Capítulo VIII da Carta consagra igualmente um regime aplicável às organizações regionais e grupos de Estados organizados regionalmente que lhe confere determinados poderes aplicáveis genericamente.

**31.1. Relação com os poderes do Conselho de Segurança.** O artigo 52, n.º 2 CNU estipula que os Estados membros partes nestes acordos, ou

---

e uma abstenção (Coreia do Norte) afirmou: "Recalling that the Charter of the United Nations contains references in article 53 and Article 107 to particular security arrangements concerning certain States; Noting that the States to which those references have been directed are members of the United Nations and represent a valuable asset in all the endeavours of the Organization; **Considering that the provision of Article 107 and parts of Article 53 have become obsolete**" [parág. 12-14 do preâmbulo; também parág. 4, c) do articulado que propõe a revogação do termo Estados inimigos].

[991] Assim, a Finlândia, em 5 de Janeiro de 1991, considerou unilateralmente que os artigos 13 a 22 (que estabelecem disposições de limitação das suas forças armadas) do citado Tratado de Paz com os Aliados de Paris de 10 de Fevereiro de 1947, bem como o artigo 1 do Tratado de Amizade, de Cooperação e Assistência Mútua de 6 de Abril de 1948 com a Rússia, na sequência da unificação das duas Alemanhas, "avaient perdu leur signification" (cfr. CFI, 1991, pág. 1048). A citada posição da Assembleia Geral em relação às referidas normas dos artigos 53, n.º 1, terceira parte, e 107 CNU confirma este entendimento. Sobre estes aspectos, ver C. Baptista, *Direito* (...), cit., pág. 337-338.

membros destas organizações, deverão procurar resolver as controvérsias surgidas de forma pacífica por recurso a estas estruturas regionais antes de recorrer ao Conselho de Segurança. Trata-se de uma obrigação que surge na sequência do artigo 33, n.º 1, CNU que integra o recurso a estas realidades regionais no seio dos meios pacíficos de resolução de controvérsias.

No entanto, é necessário sublinhar que esta obrigação que, à primeira vista, implica uma subsidiariedade do Conselho, não prejudica o direito de cada Estado de apresentar a questão perante o Conselho como é frisado pelo artigo 52, n.º 4. Ou seja, a obrigação constante do artigo 52, n.º 2 cede perante o direito previsto no artigo 35. Se um Estado parte numa controvérsia que pela sua subsistência possa vir a fazer perigar a paz (ou, por maioria de razão, que seja já uma ameaça à paz) entender que o recurso à estrutura regional foi incapaz de a resolver ou que este recurso seria sempre inútil, pode recorrer directamente ao Conselho[992, 993, 994]. A obrigação contida no

---

[992] Assim, o Secretário de Estado norte-americano, no seu relatório sobre a Carta, afirma: "These modifications make it clear that regional means of pacific settlement such as those provided for in the inter-American system, including the procedure of collective consultation, shall be given the fullest possible opportunity to attempt a solution of local disputes and that the Security Council is to encourage and facilitate such na attempt. It is definitely recognized nevertheless that there shall be no impairment of the authority of the Security Council to determine, at its own instance or at the request of a member or non-member state, whether the dispute endangers international peace, or to proceed to take other measures should local remedies fail to settle the dispute" [cfr. *Charter of the United Nations – Report to the President* (...), cit., pág. 105].

[993] Em 19 de Junho de 1954, a Guatemala apresentou uma queixa perante o Conselho por agressão da parte das Honduras, da Nicarágua e dos EUA, acusando-os de terem organizado e apoiado uma força rebelde que invadira a Guatemala a partir de território do primeiro Estado. A questão foi discutida no Conselho em 20 de Junho, na sua 675.ª reunião, tendo suscitado a questão da relação entre os artigos 52, n.º 2 e 35 CNU. A Guatemala afirmou "that the Peace Committee of the Organization of the American States had met the previous day, but the Guatemalan Government, in exercise of its options as a member of that Organization, had officially declined to allow the Organization of American States and the Peace Committee to concern themselves with the situation". As Honduras, a Nicarágua, o Brasil, a Colômbia consideraram que a questão devia ser deixada à Organização de Estados Americanos. Esta última afirmou que o artigo 52, n.º 2 "was not "a right which can be renounced because the States which signed the Charter undertook this obligation"". A sua posição foi apoiada pelo Reino Unido e no essencial pela França, Nova Zelândia e EUA. No entanto, a Guatemala responderia correctamente que "Articles 33 and 52 were inapplicable since the case was not a dispute but "an outright act of aggression". The request of the Government of Guatemala was based on Articles 34, 35 and 39, which gave his country the "unchallengeable right to appeal to the Security Council". Under these Articles, the Council could not deny Guatemala "its right of direct intervention by the Council, not intervention through a regional organization", which was safeguarded by Article 52 (4)". A sua posição seria apoiada pela União Soviética

artigo 52, n.º 2 apenas terá plena aplicação em relação a controvérsias que não se enquadrem no Capítulo VI da Carta. Em controvérsias integráveis neste Capítulo apenas marginalmente poderá ter alguma aplicação. Nunca terá qualquer aplicação perante situações do Capítulo VII, ainda que as partes possam de comum acordo tentar resolver regionalmente a controvérsia. Daí a utilização da expressão "controvérsias locais" pelo artigo 52, n.º 2 que deve ser entendida como remetendo não apenas para um critério geográfico quanto às partes na controvérsia, mas igualmente quanto à sua gravidade. Uma situação típica do Capítulo VI (e muito menos típica do Capítulo VII) não deve ser considerada como "local"[995]. Claro está, igualmente o Conselho

---

(as várias declarações em RPSC, 1952-1955, Chapter VIII, pág. 119 e Chapter XII, pág. 165--166). Uma proposta de Resolução que essencialmente remetia a questão para a Organização de Estados Americanos foi vetada pela União Soviética. Foi então adoptada a Resolução 104 (1954), de 20 de Junho (texto em RDSCOR, 1954, pág. 4), que afirmava "Calls for the immediate termination of any action likely to cause bloodshed and requests all Members of the United Nations to abstain, in the spirit of the Charter, from rendering assistance to any such action.".

Porque a Resolução não foi acatada, tendo subsistido o conflito na Guatemala apoiado externamente, esta voltou a recorrer ao Conselho no dia 22 de Junho. Em consequência deu--se a 676.ª reunião do Conselho, em 25 de Junho de 1954, onde a questão voltou a ser debatida. Os EUA, o Brasil, a França, China e Dinamarca continuaram a sustentar a competência da Organização de Estados Americanos que entretanto declarara ter nomeado uma comissão de inquérito, embora alguns tenham sublinhado que o Conselho podia em qualquer altura intervir e deveria ser informado de todas as iniciativas. Só a União Soviética se opôs a tal interpretação e a Nova Zelândia levantou algumas reservas. Deste modo, a queixa da Guatemala não foi incluída na agenda por decisão procedimental (cfr. RPSC, 1952-1955, Chapter XII, pág. 167-168). O Governo da Guatemala viria a ser derrubado em consequência da acção rebelde.

Deste modo, a maioria dos Estados considerou que o artigo 52, n.º 2 prevalecia sobre o artigo 35 apesar da letra do artigo 52, n.º 4 e da circunstância de se estar perante um caso que no mínimo deveria ser considerado uma ameaça à paz própria do Capítulo VII. Contudo, éste precedente não pode ser considerado de ordem a modificar o regime que claramente decorre da Carta, ao menos quanto à inaplicabilidade do artigo 52, n.º 2 perante casos típicos do Capítulo VII.

[994] Essencialmente neste sentido: Josef Kunz, *The Inter-American System and the United Nations Organization*, AJIL, Vol. 39, No. 4, 1945, pág. 758-767, na pág. 766; Francis O. Wilcox, *Regionalism and the United Nations*, IO, Vol. 19, No. 3, 1965, pág. 789-811, na pág. 798-799; American Law Institute, *Restatement* (…), cit., parág. 902, reporters notes 5; Isaak I. Dore, *The United States, Self-Defense and the U.N. Charter*, SJIL, Vol. 24, 1987, pág. 1--19, na pág. 5-6 (embora pareça esquecer o artigo 52, n.º 4); S. Alexandrov, *Self-Defense* (…), cit., pág. 242.

[995] Assim, mas mais restritivamente, a União Soviética afirmou ainda a propósito da questão guatemalteca "Aggression knew no territorial limits, and wherever it was committed,

de Segurança pode oficiosamente proceder a uma investigação dos factos independentemente de qualquer pedido (artigo 52, n.º 4 e 34 CNU)[996].

Assim, quando se trate de controvérsias próprias do Capítulo VI da Carta, as estruturas regionais têm ainda alguma prevalência, devendo-se recorrer às Nações Unidas apenas se uma das partes o entender necessário. Se se estiver perante uma situação própria do Capítulo VII, o artigo 52, n.º 2 não terá qualquer aplicação, embora as partes possam tentar resolvê--la regionalmente, sempre sem prejuízo de uma intervenção do Conselho de Segurança. Esta intervenção será obrigatória se existir necessidade de uma resolução não pacífica, visto que a competência quanto a estas cabe exclusivamente ao Conselho de Segurança nos termos do artigo 53, n.º 1, segunda parte, quando estabelece que nenhuma medida coerciva será adoptada salvo com base em autorização deste órgão.

Esta supremacia das Nações Unidas, por intermédio do Conselho, sobre as organizações regionais é plenamente confirmada pelo artigo 54 CNU. Este impõe um dever de informação que naturalmente, tendo em conta o princípio da relatividade dos tratados, é dirigido aos Estados membros que sejam simultaneamente membros de organizações regionais ou partes em acordos regionais. Estabelece este não apenas um dever de informação das medidas adoptadas, mas igualmente das medidas que se pretende adoptar no domínio da manutenção da paz[997].

---

even in Central America, the Security Council was in duty bound to consider the case and take prompt action to put an end to it." (cfr. RPSC, 1952-1955, Chapter XII, pág. 166).

[996] Em 7 de Maio de 1965, na 1203.ª reunião do Conselho, a propósito da questão da República Dominicana, a Holanda afirmou: "it seemed clear from Articles 33 and 52 of the Charter that the first and normal way to try to solve a dispute in the Western Hemisphere was through the OAS. However as evident from Article 52, paragraph 4, there was no denial of the competence of the Security Council to take cognizance of such a dispute and to make, if necessary, recommendations in regard thereof. On the other hand, the Council should bear in mind the self-limitation which followed from both the letter and the spirit of the Charter, i.e., the Council was fully competent to consider all disputes which might endanger international peace and security, but a solution of such a dispute should in the first place, as the Charter provided, be solved through resort to a regional organization whenever such organization existed. In accordance with Article 52, paragraph 3, the Council should encourage the settlement of local disputes through regional arrangements. Meanwhile, the matter should be kept on the Council's agenda, and if the efforts of the regional agency failed, the Council should discuss it again" (cfr. RPSC, 1964-1965, Chapter XII, pág. 217). Também Cuba, na 1198.ª Reunião, em 4 de Maio de 1965 e na 1221.ª reunião, em 7 de Junho de 1965, a propósito da mesma questão (cfr. RPSC, cit., pág. 216).

[997] Viu-se que muitas vezes tal dever tem sido acatado pelas próprias organizações num corolário dos poderes consuetudinários das Nações Unidas; ver, *supra*, parág. 20.4.

**31.2. Poderes quanto à manutenção da paz.** O artigo 52 constitui, pois, o preceito que regula os poderes genéricos das organizações e acordos regionais. Mas este também está longe de ser claro. Permite que estas estruturas desempenhem um papel em termos de manutenção da paz, desde que conforme com a Carta. Claramente, a maior limitação que esta estabelece é mesmo o citado artigo 53, n.º 1, segunda parte.

A conjugação destes dois preceitos deixa em aberto algumas questões. Resulta claro que será possível aplicar medidas coercivas em legítima defesa, nos termos do artigo 51 CNU. Mas é necessário apurar se é possível estas estruturas regionais criarem operações de manutenção da paz, bem como adoptarem sanções compulsivas pacíficas ou mesmo irem mais longe.

O sistema da Carta sugere que estas estruturas podem efectivamente criar forças de manutenção da paz nos termos das normas gerais das Nações Unidas sobre estas: consensualidade, imparcialidade e utilização da força somente em legítima defesa[998]. Segundo se julga, podem fazê-lo mesmo sem qualquer habilitação do Conselho[999], já que se trata de uma medida conforme aos fins e princípios das Nações Unidas (artigo 52, n.º 1, parte final), máxime, não é contrária ao artigo 53, n.º 1, segunda parte. Existindo apenas com base no consentimento das partes e com fins de interposição entre estas, ou outros paralelos, uma Força desta espécie constitui uma medida conforme com o Direito Internacional, não devendo ser considerada como uma intervenção ilícita no conflito[1000]. A prática confirma este entendimento[1001].

A questão do recurso por parte destas estruturas a sanções compulsivas pacíficas tem suscitado debate aceso. A questão tem sido centrada na interpretação a dar ao termo "acção coerciva" constante do artigo 53, n.º 1, segunda parte, CNU. De facto, tem-se entendido que se este termo abranger não apenas medidas bélicas, mas igualmente medicas não bélicas compulsivas,

---

[998] Ver sobre a prática, *infra*, parág. 32.7.

[999] Neste sentido. Brian L. Zimbler, *Peacekeeping without the UN: The Multinational Force in Lebanon and International Law*, YJIL, Vol. 10, 1984, pág. 222-251, na pág. 226-227; N. White, *Keeping the Peace* (...), cit., pág. 211; Lilly Sucharipa-Behrmann, *Die friedenserhaltenden Operationen der Vereinten Nationen*, em *Die Vereinten Nationen – Recht und Praxis* (hrsg. F. Cede/L. Sucharipa-Behrmann), Wien/München, 1999, pág. 85-100, na pág. 91. Já não se aceita que se vá mais longe e se sustente que podem igualmente levar a cabo intervenções humanitárias à luz deste preceito: B. Nowroje, *Joining* (...), cit., texto nota 8.

[1000] Já se viu em que termos é lícita a intervenção a pedido do Governo legítimo; ver, *supra*, parág. 16.1.

[1001] Ver a análise da prática, *infra*, parág. 32, o seu subparágrafo 7 em particular.

as organizações regionais ficarão proibidas de as adoptar. Julga-se que a questão não é tão linear.

Por uma interpretação sistemática e histórica julga-se dever concluir que o termo acção coerciva apenas se refere a medidas bélicas. As organizações regionais apenas necessitarão de obter uma habilitação do Conselho para a adopção desta espécie de contramedidas[1002].

De facto, a Carta, em diversos preceitos, opõe as medidas coercivas às medidas preventivas (artigo 1, n.º 1; artigo 2, n.º 5; artigo 5 e artigo 50). Resulta claro que as medidas preventivas a que se refere são as medidas compulsivas pacíficas do artigo 40 e 41. De facto, o artigo 40 expressamente qualifica-se como tendo fins preventivos. E o artigo 41 enquadra-se dentro da mesma categoria, já que são as únicas "medidas colectivas eficazes" constantes do Capítulo VII que não implicam o uso da força utilizáveis para enfrentar[1003] ameaças à paz (artigo 1, n.º 1, primeira parte CNU). Este entendimento é confirmado pelo simples facto de que esta categoria das medidas preventivas já constava das propostas da Conferência restrita de Dumbarton Oaks[1004], mas o artigo 40 não. Isto é, foi objectivo dos criadores da categoria que esta abrangesse as únicas então previstas que se enquadram: as medidas agora constantes do artigo 41. Este entendimento é igualmente confirmado pela prática[1005].

Ou seja, quando a Carta visa designar as medidas do artigo 41 qualifica--as como preventivas e não como coercivas. A expressão acção ou medidas

---

[1002] Ver igualmente: Christopher Borgen, *The Theory and Practice of Regional Organization Intervention in Civil Wars*, NYUJILP, 1994, pág. 797-835, na pág. 803, 824 e 826; H. Freudenschuß, *Kollektive Sicherheit*, cit., pág. 81-82.

[1003] Apesar da terminologia do artigo 1, n.º 1, não é possível prevenir uma ameaça à paz por recurso às medidas do Capítulo VII, visto que estas pressupõem que já existe uma ameaça à paz. Já só é possível removê-la e prevenir rupturas da paz ou agressões [como bem refere H. Kelsen, *The Law* (...), cit., pág. 14; o autor também critica a distinção entre medidas "coercivas" e medidas "preventivas", por aquelas também terem efeitos preventivos, pág. 14--15. Mas a distinção aqui não tem em conta os diferentes fins, mas sim os diferentes meios utilizados: pacíficos ou bélicos; mas, reconheça-se, o termo "preventivas" é infeliz, muitas delas são puramente compulsivas, quando a paz já foi quebrada e já não há nada a prevenir].

[1004] Constavam dos preceitos correspondentes aos actuais artigo 1, n.º 1; artigo 2, n.º 5; artigo 5 e artigo 50. Isto é, o n.º 1 do Capítulo I; o n.º 6 do Capítulo II e o n.º 3 da Secção B do Capítulo V. O n.º 11 da Secção B do Capítulo VIII, correspondente ao actual artigo 50 não continha a distinção, tendo sido alterado na Conferência de S. Francisco (texto das propostas de Dumbarton Oaks em YUN, 1946-1947, pág. 4-9).

[1005] Assim, o delegado Soviético, em 18 de Junho de 1946, na 47.ª reunião, afirmou: "the measures recommended in Article 41 of the Charter are of a preventive character" (cfr. RPSC, 1946-1951, Chapter 11, pág. 443).

coercivas[1006] é utilizada por esta para designar medidas bélicas adoptadas nos termos do artigo 42. É assim no artigo 2, n.º 5 e n.º 7; artigo 5; artigo 45 e artigo 50. No artigo 2, n.º 5, artigo 5 e artigo 50 tal resulta claro da contraposição com as medidas preventivas. No artigo 45 a conclusão é líquida, dado se tratar da utilização de meios aéreos militares. É certo que no artigo 2, n.º 7 esta conclusão suscita algumas dúvidas[1007], mas este caso não é suficiente para afectar a conclusão de que igualmente no artigo 53, n.º 1 a Carta pretendeu referir-se somente a medidas bélicas.

Mas isto não significa que uma organização regional possa adoptar medidas compulsivas pacíficas livremente. Estas medidas serão sempre retorsões ou represálias. As primeiras podem efectivamente ser sempre adoptadas livremente, já que são em si mesmas lícitas. Já as segundas estão sujeitas a um regime restritivo. À luz do Direito Internacional Costumeiro, devem ser necessárias e proporcionais e ser adoptadas unicamente em reacção a um prévio acto ilícito do Estado seu destinatário[1008]. É certo que nem todos os aspectos do regime costumeiro das represálias são de *Ius Cogens*. Assim, marginalmente, alguns aspectos deste regime poderão ser derrogados pelo tratado constitutivo da organização regional, permitindo a esta adoptar sanções compulsivas pacíficas em termos mais latos do que os que o Direito Internacional Costumeiro determina para os Estados. Mas trata-se de um regime que normalmente colide com direitos humanos *iuris cogentis*, incluindo o direito a um nível de vida condigno[1009]. Deste modo, a margem de mano-

---

[1006] "Enforcement"; "coercitive"; "coercitiva".

[1007] Ver, *infra*, parág. 86.

[1008] Sobre o regime das represálias, ver C. Baptista, Ius (...), cit., pág. 314-316, nota 110. A questão da obrigação de recorrer previamente a meios pacíficos suscitou intenso debate no seio da Comissão de Direito Internacional (cfr. RILC, 1996, 48th Session, Chapter III, Section D-2, comentário ao artigo 48, parág. 2-3, que refere que certas represálias, como o congelamento de contas apenas podem ser eficazes se realizadas imediatamente). Deste modo, o seu citado Projecto de 2001 sobre Responsabilidade dos Estados no artigo 52 praticamente eliminou qualquer exigência prévia relevante para a adopção de represálias. Trata-se de um regime que parece reflectir a prática internacional [ver também Oscar Schachter, *Dispute Settlement and Countermeasures in the International Law Commission*, AJIL, Vol. 88, No. 3, 1994, pág. 471-477, na pág. 474-475 (embora se refira ao anterior regime mais restritivo); James Crawford, *Counter-measures as Interim Measures*, EJIL, Vol. 5, 1994, pág. 65-76, na pág. 73-76; Christian Tomuschat, *Are Counter-measures Subject to Prior Recourse to Dispute Settlement Procedures?*, EJIL, Vol. 5, 1994, pág. 77-88, na pág. 85-87: defensor de um regime liberal semelhante ao consagrado] mas que poderia ter ficado consagrado em termos mais restritivos, como um desenvolvimento progressivo razoável.

[1009] Que são um alvo directo das represálias económicas, sejam comerciais, sejam financeiras. Ver, *infra*, sobre este direito e as medidas compulsivas económicas, parág. 82.1.

bra de uma organização regional será sempre curta. Julga-se que esta conclusão é de manter ainda que a organização seja estruturada numa verdadeira comunidade regional[1010].

Deste modo, não se pode entender que só porque se organizaram regionalmente os Estados perderam o direito de recorrer a represálias colectivamente contra violações de obrigações *erga omnes*, mas nem por isso adquirem direitos especiais à luz do Direito Internacional Costumeiro. Julga-se, pois, que a distinção essencial não é entre as medidas bélicas e as não bélicas, mas sim entre as que estas estruturas podem já adoptar à luz do Direito Internacional Costumeiro e as que não podem[1011].

De facto, medidas bélicas até um qualquer Estado ou uma simples aliança militar pode adoptar, desde que no exercício da legítima defesa (artigo 51 CNU). Assim, uma organização regional poderá adoptar medidas coercivas (pacíficas ou bélicas) se for possível legitimá-las com base em alguma causa de exclusão da ilicitude reconhecida genericamente a todos os Estados. Respeitado o regime internacional das figuras, pode adoptar medidas de força em legítima defesa e sanções económicas como represálias contra alguma violação de uma obrigação *erga omnes* pelo destinatário, como o pode fazer qualquer Estado. Mas se estas medidas coercivas não forem susceptíveis de justificação nestes termos, então necessitarão obrigatoriamente de uma habilitação. Ao contrário das Nações Unidas, que gozam de um regime de excepção à luz do Capítulo VII da Carta, os organismos regionais encontram-se circunscritos aos termos do Direito Internacional ou quando muito aos do seu tratado constitutivo desde que estes sejam compatíveis com as normas *iuris cogentis* daquele[1012].

---

[1010] Já se viu que a noção de comunidade regional é juridicamente irrelevante; ver, *supra*, parág. 29.

[1011] Em sentido semelhante: F. Wilcox, *Regionalism* (...), cit., pág. 800 (embora pareça aceitar que medidas pacíficas constituem acção coerciva); D. Momtaz, *La Délégation* (...), cit., pág. 112; C. Schreuer, *Regionalism v. Universalism*, cit., texto notas 64; H. Freudenschuß, *Kollektive Sicherheit*, cit., pág. 81-82.

[1012] A prática parece confirmar esta conclusão. Em 20 de Agosto de 1960, a Organização de Estados Americanos (OEA) adoptou medidas diplomáticas e económicas contra a República Dominicana em resultado de acções suas contra a Venezuela. Em 8 e 9 de Setembro, nas 893.º e 895.º reuniões do Conselho de Segurança, analisou-se a compatibilidade das medidas adoptadas em face da Carta. A União Soviética, embora manifestando a sua concordância com estas, sustentou que apenas com o consentimento do Conselho a OEA as poderia adoptar, por constituírem medidas coercivas para efeitos do artigo 53 CNU. A Argentina duvidou que a interpretação soviética que atribuía ao Conselho um poder de declarar inválidas actuações da OEA fosse a correcta. Sustentou que entendia que o artigo 53 apenas se aplicaria a

O facto de o acto utilizado pela organização regional ter uma forma vinculativa ou não é irrelevante para a questão da sua licitude. Claro está, se o acto for vinculativo para os Estados membros, a responsabilidade da organização será acrescida. Mas igualmente uma mera recomendação para a adopção de medidas ilícitas constitui uma forma de incentivo, que deve igualmente ser considerada como ilícita[1013].

Determinado que, incluindo quanto à proibição de adopção de medidas militares não justificadas, o regime do Capítulo VIII se limita a remeter para

medidas bélicas, mas considerou que uma interpretação final do artigo deveria ser adiada para outra circunstância mais favorável. Os EUA negaram igualmente a posição soviética. Defenderam que a OEA apenas tinha o dever de comunicar às Nações Unidas as medidas, nos termos do artigo 54, o que fizera e **"Moreover, the action taken collectively by members of the OAS could also be taken individually by any sovereign nation on its own initiative"** (cfr. RPSC, 1959-1963, Chapter VIII, pág. 187). A Resolução 156 (1960), de 9 de Setembro (texto em RDSCOR, 1960, pág. 9-10), a seguir aprovada, que suscitaria interpretações contraditórias, limita-se a tomar conhecimento das medidas adoptadas, sem se pronunciar quanto à questão do artigo 53. O caso parece confirmar a posição de que as organizações regionais podem adoptar medidas que qualquer Estado, à luz do Direito Internacional Costumeiro, já poderia tomar.

Igualmente, em 31 de Janeiro de 1962, a OEA decidiu a suspensão de todo o comércio de armamento com Cuba e o seu Conselho ficou encarregue de estudar o alargamento do embargo a outras matérias com fundamento na violação por esta da Declaração de Caracas de Março de 1954 (além de ter excluído o Governo de Cuba da participação nos seus órgãos, ver, *infra*, parág. 44.1). Esta Declaração, posteriormente reiterada, continha o compromisso dos Estados Americanos de rejeitar o comunismo (Resolução adoptada na VII Reunião de Consulta de Ministros dos Negócios Estrangeiros, Punta del Este, 22-31 de Janeiro de 1962, Parte VII; texto da em AJIL, Vol. 56, 1962, pág. 612-613).

Cuba, por carta de 8 de Março de 1962, apresentou queixa perante o Conselho de Segurança contra estas medidas, entendendo que violavam o artigo 53, n.º 1 CNU e constituíam uma agressão contra si. Pedia que o Conselho solicitasse ao Tribunal Internacional de Justiça um parecer sobre as várias questões jurídicas subjacentes. Os EUA rejeitaram as alegações Cubanas de violação do artigo 53 na 993.ª reunião, em 15 de Março de 1962. O Chile, na reunião seguinte de 16 de Março, argumentou que "coercive measures within the meaning of Article 53 of the Charter involved the use of armed force", o que não era o caso. A proposta de resolução de Cuba seria rejeitada por 7 votos contra, dois a favor e uma abstenção (cfr. RPSC, 1956-1963, Chapter VIII, pág. 199-201). Ou seja, a maioria parece ter entendido que as medidas da OEA não violavam o artigo 53 CNU.

[1013] A questão, porém, não é pacífica. Designadamente, a Comissão de Direito Internacional no comentário ao seu então artigo 27 do Projecto de 1996 sobre Responsabilidade dos Estados defende que o mero incentivo não deve ser qualificado como participação, seja como cumplicidade, seja como autoria moral, não devendo ser considerado como ilícito (cfr. YILC, 1978, vol. II, Part 2, pág. 99-105, parág. 6). Daí que o correspondente artigo 16 do seu Projecto final de 2001 apenas consagre como ilícita a ajuda material ou assistência. Sobre esta questão e outras conexas, ver, *infra*, parág. 101.

o regime do Direito Internacional Costumeiro quanto ao âmbito de medidas bélicas que as estruturas regionais podem adoptar, cabe tentar determinar à luz de algumas iniciativas regionais ocorridas nos últimos anos se estas gozam de algum regime de excepção em relação ao aplicável aos Estados actuando isoladamente ou em concertação pontual[1014].

**32. Prática de acordos ou organizações regionais.** Durante a Guerra Fria, quer os EUA, quer a União Soviética realizaram intervenções em alguns dos Estados do seu bloco ou localizados nas suas "zonas de influência". Os primeiros utilizaram normalmente a Organização de Estados Americanos como apoio[1015], enquanto os segundos se serviram do Pacto de Varsóvia e

---

[1014] Tal como ficou identificado, *supra*, parág. 10-16.

[1015] Assim, durante a crise dos Mísseis de Cuba, o então Presidente Norte-Americano, em carta de 23 de Outubro de 1962 dirigida ao então Secretário-Geral Soviético, procurou basear a "quarentena", isto é, o bloqueio marítimo decretado contra Cuba, afirmando "the basis of which was established by the vote of the Organization of American States this afternoon" (texto em FRUS, 1961-63, Vol. XI, doc. 52). O segundo responderia, correctamente, em carta de 24 de Outubro: "Reference to the decision of the Organization of American States cannot in any way substantiate the demands now advanced by the United States. This Organization has absolutely no authority or basis for adopting decisions such as the one you speak of in your letter" (texto em FRUS, 1961-63, Vol. XI, doc. 61).

O debate no Conselho de Segurança, de 23 a 25 de Outubro de 1962, 1022.ª e 1024.ª--1025.ª reuniões, não conduziria a qualquer resolução, mas apenas a uma decisão de adiamento de forma a permitir negociações. EUA, União Soviética e Cuba insistiram nas suas posições, tendo o Secretário-Geral, então interino, iniciado algumas diligências diplomáticas a pedido de vários Estados. Resolvida a questão por negociações, os EUA e a União Soviética, em carta conjunta de 7 de Janeiro de 1963, agradeceriam os seus esforços, considerando desnecessária a manutenção da questão na agenda do Conselho (cfr. RPSC, 1959-1963, Chapter VIII, pág. 201-204 e nota 521).

Resulta claro que o bloqueio naval a Cuba em 1962 foi ilícito, constituindo uma violação do princípio da liberdade dos mares que só o Conselho de Segurança poderia legitimar. Dado que não se tratou de uma mera imposição de um embargo, mas de um bloqueio executado sob ameaça de recurso à força, esta iniciativa não pode ser considerada como uma medida pacífica, apesar de o bloqueio ser tradicionalmente apelidado de pacífico. Recorde-se que a citada Definição de Agressão da Assembleia Geral considera como agressão "The blockade of the ports or coasts of a State by the armed forces of another State" [artigo 3, al. c)]. A defesa da legitimidade do bloqueio com base em legítima defesa preventiva [neste sentido: W. Mallison, Jr, *Limited Naval Blockade* (...), cit., pág. 362-364, 382 e 392-393; C. Fenwick, *The Quarantine Against Cuba* (...), cit., pág. 589, 590 e 592; B. Macchesney, *Some Comments on the Quarantine* (...), cit., pág. 596; Mcdougal, *The Soviet-Cuban* (...), cit., pág. 603] é inaceitável (ver, sobre esta, *supra*, parág. 12.2). Desde logo, a colocação dos mísseis em Cuba não era sequer ilícita, quanto mais um "ataque armado" (como é correctamente sublinhado por Quincy Wright, *The Cuban Quarantine*, AJIL, Vol. 57, No. 3, 1963, pág. 546-

de acordos de garantia política[1016]. Parece claro que ambos os Estados e estes organismos foram responsáveis por violações dos artigos 2, n.º 4 e 53, n.º 1, segunda parte, CNU e das correspondentes normas costumeiras.

-565, na pág. 549-551; que considera ilegítimo o bloqueio e incompetente a Organização de Estados Americanos para o legitimar: pág. 557, 559 e 560; também I. Dore, *The United States, Self-Defense* (…), cit., pág. 8-10).

Aliás, como se verificou, nem os EUA invocaram a legítima defesa como fundamento, temendo acertadamente que tal constituísse um precedente que os pudesse vir a prejudicar. É certo que durante os debates entre Kennedy e os seus assessores em Outubro de 1962 quanto às medidas a adoptar alguns destes sustentaram a tese da legítima defesa como justificação [ver declarações de dois dos seus assessores na reunião de 19 de Outubro de 1962. Mas um terceiro já não foi da mesma opinião ("The Charter contained a general prohibition against the use of force except in certain limited kinds of situation. One of these was "armed attack," but the situation in Cuba did not constitute armed attack on any country"), tendo sugerido o recurso a uma decisão da Organização de Estados Americanos que poderia fornecer base para tentar enquadrar a acção no Capítulo VIII da Carta e que "If the contention were advanced that a defensive quarantine voted under the Rio Treaty constituted "enforcement action" under Article 53 of the United Nations Charter, and therefore required the authorization of the Security Council, we would be able to make a reasonably good argument to the contrary" (texto da acta da reunião em FRUS, 1961-63, Vol. XI, doc. 31). Como se verificou, foi precisamente esta a iniciativa e justificação que viria a ser adoptada pelos EUA.

[1016] A União Soviética levou a cabo duas intervenções militares em larga escala com base nas estruturas do Pacto de Varsóvia, visto como modo não apenas de garantir a defesa contra um inimigo externo, mas especialmente como estrutura de repressão de movimentos anticomunistas ou antisoviéticos internos (cfr. Philip Bergman, *Self-Determination, The Case of Czechoslovakia, 1968-1969*, Lugano-Bellinzona, 1972, pág. 119-120 e 125-135; Christopher Jones, *Soviet Hegemony in Eastern Europe: The Dynamics of Political Autonomy and Military Intervention*, WPS, Vol. 29, No. 2, 1977, pág. 216-241, na pág. 231-232). Uma primeira na Hungria em 1956 e uma segunda em 1968 na Checoslováquia.

Em relação à primeira, a justificação soviética foi a do consentimento do Governo húngaro, embora igualmente os Acordos do Pacto de Varsóvia: "The Hungarian Government had been compelled to bring armed forces into action and had appealed to the Government of the USSR for assistance. In response to this request, "Soviet military units which were stationed in Hungary in conformity with the Warsaw Pact came to the help of the Hungarian forces and Hungarian workers defending the Hungarian State"." (cfr. RPSC, 1956-1958, Chapter XI, pág 181; declaração proferida na 746.ª reunião do Conselho de Segurança, em 28 de Outubro de 1956). O problema é que o Governo Húngaro em cartas e telegramas de 1, 2 e 3 de Novembro de 1956 pedira a intervenção do Conselho, sendo o alegado "Governo húngaro" citado pela União Soviética um conjunto de indivíduos nomeados por si. Esta realidade seria confirmada por uma comissão de inquérito designada pela Assembleia Geral. Este órgão, invocando o inquérito, condenou a intervenção soviética pela sua Resolução 1133 (XI), de 14 de Setembro de 1957, parág. 4-5 (texto em RDGAOR, 11th Session, 1957, pág. 1).

Em relação à intervenção na Checoslováquia, a União Soviética alegou: "the acts of the Soviet Union and of other socialist countries were in accord with the right of States to self-defence, individually and collectively as provided for in the Warsaw Pact. He maintained that

Depois do final da Guerra Fria, nem por isso se deixaram de verificar situações de utilização da força que no mínimo devem ser qualificadas como imposições da paz. Algumas vezes foram mais longe e não passaram de puras intervenções bélicas nos assuntos internos dos Estados alvos destas. Apenas se analisam casos em que a intervenção se verificou sob organização ou capa de uma estrutura regional sem habilitação das Nações Unidas, ainda que na realidade esta tenha sido da responsabilidade efectiva de um único Estado.

**32.1. Tadjiquistão.** As causas da situação de conflito no Tadjiquistão remontam ao período anterior à sua independência. Nos dias 11 e 12 de Fevereiro de 1990, uma série de motins e distúrbios tinham levado à declaração do estado de emergência e à entrada na capital Baku de forças soviéticas da 201ª Divisão. Autoridades centrais assumiram o controlo da situação, o que criou na população não russa um sentimento de animosidade contra o poder central e uma clivagem aberta com a população de origem russa.

A oposição democrática que cedo se organizou contra o partido comunista local foi apelidada pelo Governo de fundamentalista muçulmana como forma de obter apoio contra esta. A tentativa de golpe de Estado de Agosto de 1991 na União Soviética, que recebeu o apoio do partido comunista local, apenas aumentou o peso da oposição. Manifestações massivas levam o então Presidente comunista do Azerbeijão a resignar. Seguiu-se a declaração de independência em 9 de Setembro de 1991 e a dissolução do partido comunista local. O então Presidente provisório é eleito para o cargo em Novembro.

Em Março de 1992, desencadeiam-se conflitos entre movimentos baseados em clãs tadjiques pró-comunistas e movimentos islâmicos que dão lugar ao conflito armado interno em Maio, depois do fracasso de um Governo de coligação.

---

the granting of assistance to Czechoslovakia by the socialist countries within the framework of separate and collective security could not juridically be considered interference in the domestic affairs" e que "the question of Czechoslovakia was an internal affair of that country and "the common cause and affair of its partners in the socialist community under the Warsaw Treaty" (cfr. RPSC, 1966-1968, Chapter VIII, pág. 172; declaração proferida na 1141.ª reunião, consagrando a denominada Doutrina Brejnev). Que a Checoslováquia tenha protestado contra a "assistência" dos seus aliados parece ter sido considerado um pormenor desprezível pela União Soviética.

Apesar da independência, a 201ª divisão russa permaneceu em território do Tadjiquistão[1017]. Na falta da constituição de um exército nacional, é pelo

---

[1017] Tal presença encontrava-se essencialmente legitimada pelos acordos que constituíram a Comunidade de Estados Independentes que viria a vincular 12 dos 15 Estados resultantes da dissolução da União Soviética. Esta foi constituída pelo Acordo de Minsk entre a Rússia, a Ucrânia e a Belarus (Bielorússia) de 8 de Dezembro de 1991 [texto em RCIS, pág. 43-45) a que aderiram os restantes Estados, com excepção dos três Estados Bálticos. Este Acordo considerou no seu preâmbulo que "the USSR has ceased to exist as a subject of international law and a geopolitical reality"; esta conclusão não deriva de qualquer revogação do Tratado de 1922, acto que os três Estados só por si não teriam legitimidade para realizar sem o concurso dos restantes, mas de uma verificação da situação decorrente das sucessivas declarações de independência de todos os Estados que integravam a União Soviética (contra: Sergei A. Voitovich, *The Commonwealth of Independent States: An Emerging Institutional Model*, EJIL, Vol. 4, No. 3, 1993, pág. 418 e segs., Part II). Na realidade, julga-se que existiu antes uma série de secessões em relação à União Soviética/Rússia, que continua a ser o mesmo Estado. A ficção da dissolução terá constituído um meio de permitir o acesso ao poder por parte do então Presidente do Estado federado da Rússia, com a exclusão do então Presidente da URSS.

A adesão à Comunidade de Estados Independentes foi realizada pela Declaração de Alma-Ata de 21 de Dezembro de 1991 (texto em RCIS, pág. 47-49), assinada pelos referidos 12 Estados, excepto a Geórgia. Seria ainda assinado o Acordo sobre o Conselho de Chefes de Estado e de Governo de 30 de Dezembro de 1991 (texto em RCIS, pág. 52-53). Alguns destes Estados, porém, demorariam cerca de três anos a ratificar os acordos. Na mesma data de 30 de Dezembro, foram ainda assinados dois acordos entre a Rússia, Arménia, Belarus (Bielorússia), Cazaquistão, Quirguistão, Tadjiquistão e Uzbequistão com efeitos legitimatórios quanto à existência de tropas russas em território dos restantes Estados partes, na ausência de oposição destes. Trata-se do Acordo sobre os poderes dos Órgãos Supremos da Comunidade de Estados Independentes (texto em RCIS, pág. 527-529) que consagra a existência de um exército comum (preâmbulo e artigos 2, 3 e 4, que estabelece um alto comando conjunto). E ainda do Acordo sobre a Guarda de Fronteiras e das Zonas Económicas Marítimas com a mesma data (texto em RCIS, pág. 529-530). Este no seu artigo 2 estabelece que a guarda das fronteiras poderá caber a forças da Comunidade ou dos Estados membros. O artigo 3 proíbe que os Estados membros da Comunidade "undertake actions on state borders and in maritime economic zones that are to the detriment of the political, economic, or other interests of other Commonwealth member states". O artigo 5 sujeita a colocação no terreno das forças de acordos entre os membros ou de decisões do Conselho.

Posteriormente, seria celebrado o Acordo sobre o Estatuto das Forças Fronteiriças (texto em RCIS, pág. 531-532; refere como data 30 de Janeiro de 1991, mas trata-se de uma clara gralha; nem se pode reportar a 30 de Janeiro de 1992, já que o acordo no seu artigo 4 refere um acordo de 14 de Fevereiro de 1992. Será provavelmente esta também a sua data). O seu artigo 1 estabelece que as forças não devem levar a cabo outras acções para lá da mera vigilância, salvo fazer face a "consequences of natural calamities, accidents, and disasters". Este regime é confirmado pelo Acordo sobre o Estatuto das Forças Estratégicas de 15 de Fevereiro de 1992 (texto em RCIS, pág. 532-535) pelo qual os Estados partes aceitam a existência no seu território destas forças (artigo 2, n.º 3) responsáveis especialmente pelo

tráfico aberto de armas do exército russo que os movimentos se equipam[1018]. A intervenção russa é gradual, sendo inicialmente mais produto da simpatia dos oficiais russos pela população de origem russa e clãs afectos a esta, do que de uma política clara de Moscovo[1019].

O conflito entretanto levaria a uma emigração em bloco da população russa do Tadjiquistão para a Rússia. Esta, de cerca de 380.000 pessoas em 1989, reduz-se para menos de 100.000 em meados de 1993[1020].

Em 15 de Maio de 1992, na Cimeira da Comunidade de Estados Independentes (CEI) de Tashkent, por pressão do Uzbequistão, é tomada uma decisão de intervenção pela Comunidade no conflito interno Tadjique consentida pelo seu Governo. Procurou-se desta forma legitimar uma presença alargada russa, mas igualmente a entrada de um contingente de tropas do Uzbequistão, sob a capa de uma Força de manutenção da paz da CEI. Outros Estados, como o Cazaquistão e o Quirguistão, tiveram uma participação puramente secundária. O Uzbequistão encontra-se preocupado com a extensão do fundamentalismo islâmico ao seu território e com a minoria Uzbeque que vive no Tadjiquistão. Inicia-se, pois, a intervenção essencialmente russa e uzbeque sob capa de uma organização regional[1021, 1022].

---

armamento nuclear. O seu artigo 2, n.º 4 dispõe: "The strategic forces do not interfere in the internal affairs of the host state".

Foram ainda assinados o Acordo sobre Forças de Fins Genéricos de 14 de Fevereiro de 1992 (texto em RCIS, pág. 535-536), o Acordo sobre Forças Armadas Conjuntas para o Período Transitório de 20 de Março de 1992 (texto em RCIS, pág. 537) e o Acordo sobre Comando Conjunto das Forças Fronteiriças com a mesma data (texto em RCIS, pág. 538). Posteriormente, seria ainda celebrado o Tratado de Segurança Colectiva de 15 de Maio de 1992 (texto em UNTS, No. 32307, Vol. 1894, 1995, pág. 313-323), embora este estabeleça igualmente estruturas próprias. Finalmente, a Comunidade sofreria uma restruturação pela celebração da sua Carta de 22 de Janeiro de 1993 (texto em UNTS, No. 31139, Vol. 1819, 1994, pág. 57-98).

[1018] Embora o tráfico de armas pelo Afeganistão se generalize em 1992; cfr. TG, September 5, 1992, pág. 10.

[1019] Cfr. Arkady Yu. Dubnov, *Tadjikistan*, em *U.S. and Russian Policymaking with Respect to the Use of Force* (ed. Jeremy R. Azrael/Emil A. Payin), Rand, 1996, texto notas 1-9.

[1020] Cfr. Ken Aldred/Martin Smith, *Imperial Ambition or Humanitarian Concern? Russia and its 'Near Abroad'*, JHA, 1997, 4 July, texto nota 17. Em 1992 ainda seriam cerca de 320.000 (cfr. CSM, September 30, 1992, pág. 11). Ver também LAT, July 28, 1992, Page 3; Column 1.

[1021] Cfr. NYT, August 8, 1993, Section 1; Page 17; Column 1 ("Tajikistan has become a client state of Russia and Uzbekistan"); John P. Willerton, *Russian Security Interests and The CIS*, WJILDR, Vol. 5, 1997, pág. 29-53, na pág. 45-46. O cepticismo em relação ao carácter de manutenção da paz destas forças foi visível: Marc Holzapfel, *The Implications of Human Rights Abuses Currently occurring in the Baltic States against the Ethnic Russian National*

No entanto, até Maio de 1993, a intervenção russa continuaria a ser restrita e sem apoio aberto de Moscovo. Oficialmente a política russa é de neutralidade. No terreno, porém, unidades da 201ª divisão, por vezes por iniciativa própria, bem como as forças do Uzbequistão, tomam parte nos combates contra as forças muçulmanas do lado do principal movimento ex-comunista, a Frente Popular. A situação agrava-se com o auxílio que as forças islâmicas obtêm dos movimentos muçulmanos radicais no Afeganistão, tornando em zona de combate a fronteira entre ambos os Estados[1023].

Mas a política russa na questão vai sofrendo flutuações. No início de Outubro de 1992, o então Primeiro-ministro Russo ainda reafirma ao Governo Tadjique o fim do apoio das forças russas às partes no conflito[1024]. Tal declaração leva a que, durante algum tempo, o exército russo procure não se imiscuir no conflito, ficando à margem da tentativa de golpe que ocorre em 24 de Outubro, levada a cabo pela Frente Popular.

Entretanto, a questão é pela primeira vez discutida pelo Conselho de Segurança em 30 de Outubro de 1992, sendo aprovada a Declaração Presidencial com a mesma data[1025], em que se lamenta as consequências do conflito e se apoia as iniciativas diplomáticas da CEI, sem, porém, nada se dizer quanto à sua intervenção no terreno.

No Tadjiquistão, em Novembro – Dezembro de 1992, a Frente Popular acaba por ser bem sucedida em chegar ao poder graças a um novo golpe de força apoiado militarmente pelo Uzbequistão, esperançado numa política mais agressiva contra os movimentos islâmicos[1026]. Após conseguirem que

---

*Minority*, BUJIL, Vol. 2, 1995-1996, pág. 329-373, na pág. 535-536; Bakhtiyar Tuzmukhamedov, *The Legal Framework of CIS Regional Peace Operations*, IP, Vol. 6/1, 2000, pág. 1-6, na pág. 5 (mas que o Conselho de Segurança tolerou este carácter).

[1022] Perante acusações de "occupying Tajikistan and striving to establish its hegemony in the southern part of Central Asia as well as expanding its territory at the expense of neighboring countries", a embaixada do Uzbequistão na Rússia numa carta à *Nezavisimaya Gazeta* de 25 de Maio de 1993, declarou "The absurdity of such allegations is obvious" (texto traduzido da carta em RCIS, pág. 358-360).

[1023] Cfr. CSM, September 24, 1992, pág. 1.

[1024] Embora a Rússia continue a reforçar as forças da 201.ª divisão; em 20 de Setembro de 1992 juntaram-se-lhes mais 800 militares (cfr. CSM, October 2, 1992, pág. 6).

[1025] Texto em RDSCOR, 1992, pág. 109-110.

[1026] Cfr. A. Dubnov, *Tadjikistan* (…), cit., texto notas 19-22; R. Grant Smith, *Tajikistan: The rocky road to peace*, Central Asian Survey, vol. 18, n.º 2, Jun 1999, pág. 243-251; Thomas Rotnem, *Tajikistan: Refugee Reintegration and Conflict Prevention* (review), *Peace Review*, vol. 11, n. 4, 1999, pág. 617-619.

o Presidente apoiado por uma coligação pró-islâmica e de democratas se demitisse em 7 de Setembro[1027], acabam por consolidar a sua posição depois de alguns dias de combates.

O Secretário-Geral cria então, em 21 de Dezembro de 1992, a Missão de Observadores das Nações Unidas no Tadjiquistão, acto do qual dá conta ao Conselho em carta da mesma data[1028]. Trata-se de um acto que integra a sua competência, tendo em conta o seu carácter restrito, desde que não depare com a oposição do Conselho[1029]. Na verdade, este apoio-a como fica expresso em carta do Presidente do Conselho de 29 de Abril de 1993[1030] e na Declaração Presidencial de 23 de Agosto de 1993[1031], onde se apela a um cessar-fogo e se continua a apoiar as iniciativas diplomáticas no seio da CEI e da então Conferência de Segurança e Cooperação na Europa, voltando-se a omitir qualquer referência aos apoios militares ao novo Governo. Claro está, este silêncio também se explica pela consciência de que qualquer condenação ou mesmo censura depararia com o veto soviético.

O apoio militar vai-se generalizando, apesar de oficialmente a Rússia sustentar que as suas forças são de mera manutenção da paz[1032]. Em 25 de Maio de 1993, a celebração do Tratado de Amizade entre a Rússia e o Tadjiquistão e acordos bilaterais fronteiriços[1033] vem formalizar juridicamente a situação efectiva, embora sem ser assumida a aliança militar de facto entre

---

[1027] Cfr. WP, September 9, 1992, First Section, pág. A25.

[1028] Cfr. RDSCOR, 1993, pág. 117.

[1029] Ver, *infra*, parág. 60.

[1030] Cfr. RDSCOR, 1993, pág. 117.

[1031] Texto em RDSCOR, 1993, pág. 117-118.

[1032] Em artigo publicado na *Nezavisimaya Gazeta*, o então Ministro dos Negócios Estrangeiros Russo afirmava: "Russian Federation soldiers and officers have had to stand between the warring sides in order to stop the bloodshed, and in some areas they still are doing so. But in all cases, without exception, Russia's peacemaking and peacekeeping efforts in the former USSR have been made with the consent of and at the request of the parties to the conflicts, and its peacekeeping contingents have been sent into the conflict zones on the basis of appropriate agreements. These agreements are not at variance with the UN Charter. This was the case in South Ossetia and the Dniester region, and operations in Abkhazia and Tajikistan are being readied in accordance with the same principles." (texto da tradução do artigo em RCIS, pág. 82-83). Mas é necessário ter igualmente em conta a bem mais directa declaração do então Presidente russo numa conferência de imprensa: "I think the moment has come when responsible international organizations, including the United Nations, should grant Russia special powers as a guarantor of peace and stability in the region of the former union. Russia has a heartfelt interest in stopping all armed conflicts on the territory of the former Soviet Union" (cfr. NYT, March 1, 1993, Section A; Page 7; Column 3).

[1033] Cfr. A.  Dubnov, *Tadjikistan*, cit., texto notas 22-26; RCIS, pág. 651.

a primeira e o novo poder no Tadjiquistão contra a oposição interna. Durante os dois meses seguintes, continuam as operações militares conjuntas, entre as Forças russas e as do poder no Tadjiquistão, de acordo com uma nova postura, mais agressiva da Rússia, em relação aos Estados que anteriormente integravam o seu império[1034]. No entanto, as baixas entre as suas tropas, levam a Rússia a convocar a cimeira da CEI em 7 de Agosto de 1993, para procurar obter apoio para uma solução negociada.

Conversações preliminares entre o Governo e a oposição sob a égide do representante do Secretário-Geral desenrolam-se de 5 a 19 de Abril de 1994 em Moscovo. Apenas se obtém um acordo preliminar e um apelo quanto à abstenção de adoptar actos que pudessem colocar em perigo as negociações[1035].

A situação no terreno, contudo, continua a ser marcada por violentos confrontos quase diários, especialmente junto da fronteira com o Afeganistão. Dão-se igualmente combates entre Uzbeques e Tadjiques, em paralelo com confrontos idênticos no Afeganistão. Em Maio-Junho verificam-se actos de força na Capital Duchambé que custam a vida a sete elementos das forças russas, sem que a sua autoria seja claramente identificada[1036].

As negociações seguintes em Teerão, Irão, de 18 a 28 de Junho, não obtêm qualquer acordo de cessar-fogo[1037]. A intenção do regime em proceder a eleições sem o acordo da oposição leva a um reacender do conflito. Contudo, por pressão do Uzbequistão, as eleições são adiadas e um cessar-fogo formal é finalmente acordado pelo Governo e forças rebeldes em Teerão, em 17 de Setembro de 1994[1038]. Acto saudado pela Declaração Presidencial 1994/56, de 22 de Setembro[1039].

De 20 a 1 de Novembro de 1994 as conversações continuam em Islamabad, Paquistão, sob mediação do representante do Secretário-Geral, e

---

[1034] Cfr. WP, August 14, 1993, First Section, pág. A17; Michael Croft, *Russia's peacekeeping policy, Part I: Domestic imperatives and the Near Abroad*, PIR, vol. 25, n.º 4, 1996, pág. 13.

[1035] Cfr. Relatório do Secretário-Geral de 5 de Maio de 1994, UN doc. S/1994/542, parág. 2 e 5; texto das declarações adoptadas em anexo.

[1036] Cfr. Relatório do Secretário-Geral de 16 de Junho de 1994, UN doc. S/1994/716, parág. 2-3.

[1037] Cfr. Relatório do Secretário-Geral de 28 de Julho de 1994, UN doc. S/1994/893, parág. 7.

[1038] Texto do acordo em anexo ao Relatório do Secretário-Geral de 27 de Setembro de 1994, UN doc. S/1994/1102.

[1039] Texto em RDSCOR, 1994, pág. 120.

com observadores da Organização de Segurança e Cooperação na Europa, da Organização da Conferência Islâmica e de alguns Estados da região. O que conduz à renovação do cessar-fogo até 6 de Abril de 1995 e à criação de uma comissão conjunta para vigiar a sua execução[1040].

O novo acordo é aplaudido pelo Conselho de Segurança pela Declaração Presidencial 1994/65 de 8 de Novembro de 1994[1041]. O Conselho pela sua Resolução 968 (1994), de 16 de Dezembro[1042], parág. 2, cria uma alargada Missão de Observadores das Nações Unidas no Tadjiquistão (UNMOT), na sequência da proposta apresentada pelo Secretário-Geral[1043].

A situação acalma, apesar de incidentes fronteiriços entre forças russas que patrulhavam a fronteira e grupos de rebeldes que procuravam passar do Afeganistão para o Tadjiquistão, bem como problemas causados pelos amplos poderes conferidos a estas forças russas pelo referido Tratado de 25 de Maio de 1993 que entram em conflito com os termos do acordo de cessar-fogo[1044]. As partes acordaram informalmente num prolongamento do cessar-fogo.

Seguiram-se conversações em Moscovo de 19 a 26 de Abril de 1995 que levam a um reafirmar do procedimento de paz num comunicado conjunto que assinala igualmente o reconhecimento pelas autoridades russas do dever das suas forças respeitarem os termos do acordo de cessar-fogo[1045]. O procedimento é reforçado pelo encontro entre o Presidente Tadjique e o dirigente das Forças rebeldes em Cabul de 17 a 19 de Maio, continuando as negociações em Almaty de 22 de Maio a 1 de Junho de 1995[1046]. No terreno continuam-se a verificar incidentes, especialmente na fronteira com o Afeganistão[1047], mas a situação permanece globalmente mais calma[1048].

O Conselho depois de tomar posições de apoio à paz nas Declarações Presidenciais 1995/16 de 12 de Abril de 1995 e 1995/28 de 19 de Maio de

---

[1040] Cfr. Relatório do Secretário-Geral de 30 de Novembro de 1994, UN doc. S/1994//1363, parág. 4.

[1041] Texto em RSSC, 1994, pág. 190.

[1042] Texto em RDSCOR, 1994, pág. 121.

[1043] Cfr. o citado relatório de 30 de Novembro de 1994 (parág. 12 e seguintes).

[1044] Cfr. Relatório do Secretário-Geral de 4 de Fevereiro de 1995, UN doc. S/1995/105, parág. 2-7.

[1045] Texto da declaração comum em anexo ao Relatório do Secretário-Geral de 12 de Maio de 1995, UN doc. S/1995/390.

[1046] Cfr. Relatório do Secretário-Geral de 10 de Junho de 1995, UN doc. S/1995/472, parág. 3.

[1047] Onde se registam combates durante a primeira quinzena de Abril de 1995, com dezenas de baixas (cfr. TG, April 12, 1995, pág. 12; TG, April 11, 1995, pág. 12).

[1048] Relatório citado, parág. 9-15.

1995[1049], vem a adoptar a Resolução 999 (1995), de 16 de Junho[1050], em que além de reafirmar tal apoio, prolonga o mandato da UNMOT (parág. 2).

Depois de um novo encontro em 19 de Julho em Teerão entre o Presidente do Tadjiquistão e o Chefe da oposição, negociações indirectas levam à adopção em 17 de Agosto de 1995 de um Protocolo sobre Princípios Fundamentais para a Paz[1051]. O progresso é aplaudido pelo Conselho na Declaração Presidencial 1995/54, de 6 de Novembro[1052], e pela sua Resolução 1030 (1995), de 14 de Dezembro de 1995[1053], mas igualmente lamentada a sua lentidão (parág. 6).

Entretanto, nova ronda de negociações iniciara-se em 30 de Novembro de 1995, enquanto no terreno se agravava a situação entre as forças governamentais e da oposição desde finais de Agosto de 1995[1054], com registo de combates abertos. Estes só terminam em 17 de Dezembro graças a esforços dos Governos Russo e Norte-Americano[1055]. Contudo, as negociações não trouxeram um acordo sobre as questões decisivas, como a distribuição de poder, e no terreno os combates voltam a agravar-se em 29 de Janeiro de 1996, incluindo com forças russas responsáveis pela vigilância da fronteira com o Afeganistão[1056, 1057]. No terreno a situação agrava-se continuamente ao longo dos meses seguintes, com a oposição a conseguir algumas vitórias sobre as forças governamentais[1058]. A situação seria condenada na Declaração Presidencial 1996/25 de 21 de Maio de 1996[1059].

O Conselho na sua Resolução 1061 (1996), de 14 de Junho[1060], mostrou grande preocupação pelo agravar da situação, mas renovou o mandato da

---

[1049] Textos de ambas em RDSCOR, 1995, pág. 78 e 79.

[1050] Texto em RDSCOR, 1995, pág. 79.

[1051] Cfr. Relatório do Secretário-Geral de 16 de Setembro de 1995, UN doc. S/1995/799, parág. 3-8.

[1052] Texto em RDSCOR, 1995, pág. 82.

[1053] Texto em RDSCOR, 1995, pág. 82.

[1054] Cfr. Relatório do Secretário-Geral de 8 de Dezembro de 1995, UN doc. S/1995/1024, parag. 10-20.

[1055] Cfr. Relatório do Secretário-Geral de 22 de Março de 1996, UN doc. S/1996/212, parág. 3.

[1056] Cfr. Relatório citado, parág. 9.

[1057] As forças russas ou controladas por estas no Tadjiquistão atingiam os 25.000 homens (cfr. NYT, January 2, 1995, Section 1, Page 23, Column 1; FT, November 27, 1995, pág. 14; LAT, September 18, 1994, Part A; Page 4; Column 3; LAT, December 24, 1996, Part A; pág. 10).

[1058] Cfr. Relatório do Secretário-Geral de 7 de Junho de 1996, UN doc. S/1996/412, parág. 2-8.

[1059] Texto em RDSCOR, 1996, pág. 102.

[1060] Texto em RDSCOR, 1996, pág. 103.

UNMOT (parág. 3), embora sujeito à condição de o cessar-fogo continuar em vigor.

A situação de combate continuaria ao longo de 1996, alargando-se a outras zonas do país, embora as partes tenham renovado o cessar-fogo nas negociações que decorreram de 8 a 21 de Julho de 1996[1061]. Registaram-se igualmente ataques e atentados contra forças da Comunidade de Estados Independentes e contra as forças russas fronteiriças. Estas celebram um acordo com as autoridades afegãs que estabelece uma zona de 25 milhas dentro de território afegão no qual podem penetrar em perseguição contínua de rebeldes. No plano negocial, as conversações de Teerão de 9 a 17 de Outubro de 1996, ficam-se por um acordo preliminar sobre certos aspectos[1062].

O Conselho de Segurança, na sua Resolução 1089 (1996), de 13 de Dezembro[1063], condenaria a escalada de violência, responsabilizando justamente especialmente a oposição (parág. 2), embora renovando novamente o mandato da UNMOT (parág. 5).

A situação melhoraria a partir de 10-11 de Dezembro de 1996, com um primeiro encontro preliminar entre o Presidente do Tadjiquistão e o chefe da oposição, seguido de um encontro formal em Moscovo em 21 de Dezembro. A que se seguiram novas negociações entre as delegações das duas partes em Teerão de 6 a 19 de Janeiro de 1997. Estes avanços permitiram a aplicação efectiva do cessar-fogo acordado a partir de 15 de Dezembro de 1996[1064]. Apesar de uma crise provocada pela tomada de membros da UNMOT como reféns, a situação militar permaneceu calma, enquanto as conversações continuavam, primeiro, entre os chefes de ambas as partes em 20 e 21 de Fevereiro, posteriormente, com uma nova ronda de negociações em Moscovo de 27 de Fevereiro a 8 de Março[1065].

O Conselho aplaudiria os progressos na Resolução 1099 (1997), de 14 de Março[1066].

---

[1061] Cfr. Relatório do Secretário-Geral de 13 de Setembro de 1996, UN doc. S/1996/754, parág. 4-8 e 17-22.

[1062] Cfr. Relatório do Secretário-Geral de 5 de Dezembro de 1996, UN doc. S/1996//1010, parág. 2-11 e 23.

[1063] Texto em RDSCOR, 1996, pág. 104.

[1064] Cfr. Relatório do Secretário-Geral de 21 de Janeiro de 1997, UN doc. S/1997/56, parág. 2-8.

[1065] Cfr. Relatório do Secretário-Geral de 5 de Março de 1997, UN doc. S/1997/198, parág. 2-12 e 15-16.

[1066] Texto em RSSC, 1997, pág. 9-11.

A situação militar continuaria calma e progressos seriam feitos nos meses seguintes, com a adopção de alguns acordos parcelares em negociações iniciadas em 22 de Maio de 1997, em Moscovo[1067]. Na sua Resolução 1113 (1997), de 12 de Junho[1068], o Conselho continuaria a incentivar as partes a concluir o acordo definitivo de paz.

Este seria finalmente celebrado em 27 de Junho de 1997, em Moscovo, tendo como garantia a participação de vários Estados vizinhos, constituintes do grupo de contacto (Afeganistão, Irão, Cazaquistão, Quirguistão, Paquistão, Rússia, Turquemenistão e Uzbequistão), além da Organização de Segurança e Cooperação na Europa[1069]. Embora contenha disposições sobre questões que dividiram as partes, como a constituição da Comissão de reconciliação nacional, amnistia, liberdade partidária, participação da oposição no Governo e administração, desarmamento, *etc.*, deixou ainda em aberto diversas outras. Algumas minorias, como a Uzbeque, não se revêem quer no governo, quer na oposição, não os aceitando como seus representantes[1070].

O Conselho na sua Resolução 1128 (1997), de 12 de Setembro[1071], aplaudiria a celebração do acordo.

Inicialmente, houve progressos na execução do acordo de paz, bem como o acalmar da situação entre ambas partes, embora se registem conflitos entre forças governamentais, bem como atentados. As forças da Comunidade de Estados Independentes, agora com o consentimento de ambas as partes no conflito quanto à sua presença, passaram a restringir as suas actividades à mera manutenção da paz. Em Dezembro de 1997, aceitaram também passar formalmente a garantir a segurança do pessoal da UNMOT, embora a oposição não tenha aceite tal nos territórios que ocupava[1072].

Seguindo as propostas do Secretário-Geral[1073], O Conselho na sua Resolução 1138 (1997), de 14 de Novembro[1074], parág. 4 e 6, alargou o

---

[1067] Cfr. Relatório do Secretário-Geral de 30 de Maio de 1997, UN doc. S/1997/415, parág. 6 e 9.

[1068] Texto em RSSC, 1997, pág. 23-24.

[1069] Organização que ao longo do conflito desempenhou sempre, em paralelo com a UNMOT, um papel importante na contenção das partes, incluindo as acções da Força da Comunidade de Estados Independente.

[1070] Cfr. Relatório do Secretário-Geral de 4 de Setembro de 1997, UN doc. S/1997/686, parág. 3-4.

[1071] Texto em RSSC, 1997, pág. 47-48.

[1072] Cfr. Relatório do Secretário-Geral de 5 de Novembro de 1997, UN doc. S/1997/859, parág. 5 e 16-19.

[1073] Cfr. Relatório citado de 4 de Setembro de 1997, parág. 34-36.

[1074] Texto em RSSC, 1997, pág. 63-65.

número de observadores militares da UNMOT de 45 para 120, bem como o seu mandato, de forma a compreender a monitorização do desarmamento das forças rebeldes, bem como a sua eventual integração nas estruturas estaduais.

Posteriormente, o procedimento de paz progrediu com altos e baixos, tendo surgido dificuldades na integração dos representantes da oposição no Governo e desarmamento das suas forças, bem como na negociação de aspectos centrais na alteração da Constituição[1075]. Estas reflectiram-se no eclodir de diversos incidentes, que contudo não prejudicaram irremediavelmente os progressos alcançados[1076]. Em 20 de Julho de 1998, contudo, estes levaram à morte de quatro membros da UNMOT[1077]. O Conselho de Segurança, em diversas Resoluções, limitou-se a apoiar o processo, renovar o mandato da UNMOT e condenar as violações[1078].

Ao longo de 1999 a situação evolui positivamente. Os referidos problemas jurídico-políticos foram parcialmente superados, mantendo-se a paz entre as partes[1079]. Foi realizado um referendo constitucional que aprovou as alterações acordadas pelas partes e em 6 de Novembro realizaram-se eleições presidenciais em que o anterior Presidente foi reeleito.

---

[1075] Relatório do Secretário-Geral de 10 de Fevereiro de 1998, UN doc. S/1998/113, parág. 10-17; Relatório do Secretário-Geral de 6 de Maio de 1998, UN doc. S/1998/374, parág. 6, 8 e 9; Relatório do Secretário-Geral de 13 de Agosto de 1998, UN doc. S/1998/754, parág. 2-6 e 15; Relatório do Secretário-Geral de 3 de Novembro de 1998, UN doc. S/1998/ /754, parág. 9-18; Relatório do Secretário-Geral de 8 de Fevereiro de 1999, UN doc. S/1999/ /124, parág. 2-8.

[1076] Relatório citado de 10 de Fevereiro de 1998, parág. 5; Relatório citado de 6 de Maio de 1998, parág. 4-5 e 7; Relatório citado de 13 de Agosto de 1998, parág. 18; Relatório citado de 3 de Novembro de 1998, parág. 2-3; Relatório citado de 8 de Fevereiro de 1999, parág. 11-14. Este último descreve incidentes provocados por uma terceira Força, que entrou no Tadjiquistão pelo Uzbequistão, e que terminou derrotada por forças conjuntas governamentais e da oposição. Que o primeiro Estado acusou o segundo de ter apoiado aquela Força, o que este negou. Contudo, as actividades do comandante da referida Força, que já em 1997, ainda integrado no exército governamental, causara problemas, situaram-se na zona de Leninabade, junto da fronteira com o Uzbequistão, e este comandante sempre foi visto como um protector dos interesses da minoria Uzbeque [cfr. R. Smith, *Tajikistan* (...), cit., parte final]; minoria pela qual o Uzbequistão sempre teve natural preocupação.

[1077] Relatório citado de 13 de Agosto de 1998, parág. 10.

[1078] Ver Resolução 1167 (1998), de 14 de Maio, parág. 2; Resolução 1206 (1998), de 12 de Novembro, parág. 2, 6 e 10 (textos de ambas em RSSC, 1998, pág. 35 e 98); Resolução 1240 (1999), de 15 de Maio, parág. 2 e 9 (texto em RSSC, 1998, pág. 26).

[1079] Relatório do Secretário-Geral de 6 de Maio de 1999, UN doc. S/1999/514, parág. 3-7 e 9-11.

Este progresso seria aplaudido pelo Conselho na sua Resolução 1274 (1999), de 12 de Novembro[1080], parág. 2-4, que renova o mandato da UNMOT até 15 de Maio de 2000 (parág. 11).

Posteriormente, a situação normalizou-se, terminando o longo conflito interno. Em 27 de Fevereiro de 2000 realizaram-se eleições parlamentares multipartidárias e livres, apesar de alguns incidentes durante a campanha eleitoral[1081]. Na Declaração Presidencial 2000/9, de 21 de Março[1082], o Conselho congratulou-se com o sucesso do procedimento de paz e aceitou a sugestão do Secretário-Geral de retirar a UNMOT no final do período do seu mandato em 15 Maio de 2000. Tal retirada viria a ocorrer dentro do prazo[1083]. Na Declaração Presidencial 2000/17 de 12 de Maio[1084], manifesta novamente a sua satisfação pelo sucesso do procedimento e elogia mais uma vez as forças de manutenção da paz da Comunidade de Estados Independentes.

O Tadjiquistão manterá, porém, uma forte presença militar russa, sob capa de forças fronteiriças da CEI, porquanto, na sequência do referido tratado de vigilância de fronteiras e de um tratado assinado em Abril de 1999[1085], um contingente fronteiriço russo, de cerca de 8000 elementos[1086], continuará a vigiar as fronteiras por um período de 25 anos.

Deste longo conflito, da perspectiva jurídico-internacional, fica sobretudo a tolerância e apoio com que o Conselho de Segurança tratou as forças russas, depois convertidas em forças de Manutenção da Paz da Comunidade de Estados Independentes, mesmo quando estas excederam o seu papel de manutenção de paz, convertendo-se em interventoras ou no mínimo executantes de uma paz não aceite por ambas as partes. No entanto, tendo em conta a proibição de intervenção directa em conflitos armados entre um Governo e um movimento armado, estas suas acções parecem ser de bem contestável licitude[1087].

---

[1080] Texto em RSSC, 1999, pág. 77-78.
[1081] Ver o Relatório do Secretário-Geral de 14 de Março de 2000, UN doc. S/2000/214, parág. 8-10
[1082] Texto em RSSC, 2000, pág. 104.
[1083] Ver o Relatório do Secretário-Geral de 5 de Maio de 2000, UN doc. S/2000/387, parág. 5.
[1084] Texto em RSSC, 2000, pág. 112.
[1085] Cfr. Nikolai Novichkov, *Tajikistan and Russia near deal*, JDW, vol. 31, n.º 15, April 14, 1999, pág. 1.
[1086] Cfr. Anthony Davis, *Russia battle drug smugglers on Tajikistan border*, JDW, vol. 32, n.º 4, July 28, 1999, pág. 1.
[1087] Ver, *supra*, parág. 16.1.

Vem também confirmar os riscos de confiar operações de manutenção da paz a organizações regionais, sem um controlo efectivo das Nações Unidas. Os interesses demasiado próximos dos seus membros raramente permitem a contenção necessária, ou sequer a vontade de impedir que se convertam em puras forças interventoras. Apesar destes incidentes e graças à vontade política das partes em pacificar a situação, ao apoio do grupo de contacto de Estados mediadores e à acção das Nações Unidas e da OCSE, o procedimento acabou por ser um sucesso.

A tolerância do Conselho em relação às iniciativas da Rússia sob escudo jurídico da Comunidade de Estados Independentes não se ficaria por este caso.

**32.2. Geórgia (Abkházia).** Apesar de constituir um pequeno Estado, 30% da população da Geórgia pertence a minorias étnicas, as principais concentradas em duas zonas, a Ossétia do Sul e a Abkházia. Estas minorias levaram a dois conflitos cujas primeiras manifestações remontam ao período pré-independência[1088].

A Abkházia chegou a constituir uma república autónoma em 1921, tendo-se federado com a Geórgia no mesmo ano. Em Fevereiro de 1931

---

[1088] O conflito armado na Ossétia do Sul surge em Dezembro de 1990, na sequência da independência da Geórgia. Mas os seus aspectos militares foram (ao menos temporariamente) resolvidos por meio do recurso a uma Força de manutenção da paz criada à margem de qualquer organização regional. Esta é composta por tropas russas, georgianas e da Ossétia do Norte, mas a sua criação derivou de um mero acordo bilateral entre a Geórgia e a Rússia de 24 de Junho de 1992. O único papel de uma entidade regional foi assumido pela então Conferência de Segurança e Cooperação na Europa que mantém uma missão de monitorização da Força e de apoio humanitário em geral. Toda a criação da Força e o próprio conflito foi subtraído da jurisdição das Nações Unidas sem que tal tivesse sido reconhecido por qualquer resolução do Conselho. Apenas o Secretário-Geral faz referências pontuais ao conflito na Ossétia do Sul nos seus relatórios ao Conselho de Segurança sobre a situação na Abkházia (assim, ver Relatório de 1 de Julho de 1996, em UN Doc. S/1996/507, parág. 12; Relatório de 10 de Outubro de 1996, em UN Doc. S/1996/843, parág. 6 e 10).

Um outro conflito, que irrompeu na Moldávia, na região do Transdniestre, onde existiu uma intervenção do 14.º exército russo do lado dos rebeldes, foi controlado por recurso a uma força de interposição criada por acordo de 21 de Julho de 1992 entre a Moldávia e a Rússia. Nem a Comunidade de Estados Independentes, nem as Nações Unidas tiveram qualquer participação na decisão da sua criação (cfr. RCIS, pág. 629; Irina F. Selivanova, *Trans-Dniestria*, em *U.S. and Russian Policymaking with Respect to the Use of Force* (ed. Jeremy R. Azrael/Emil A. Payin), Rand, 1996, texto notas 22-23; Gennady Zolotukhin, *Armed Forces of the Russian Federation in Peacekeeping Operations in the CIS Region: Legal Sources for Participation*, IP, Vol. 6/1, 2000, pág. 6-10, na pág. 9).

tornou-se uma república autónoma no seio desta. Apesar deste estatuto, manteve-se um forte movimento nacionalista e de ressentimento pela sua sujeição às decisões centrais da Geórgia.

Em 1989 irromperam conflitos entre georgianos e abkhazes que vieram aprofundar as divisões no seio da Abkházia, onde uma parte da população é abkhaz[1089]. Na sequência da independência da Geórgia em 9 de Abril de 1991, estas divisões exacerbaram-se. Aproveitando a instabilidade e situação de quase guerra civil causada pelo golpe de Estado de Dezembro de 1991 na Geórgia, bem como a descrita situação na Ossétia do Sul, a Abkházia foi-se autonomizando progressivamente durante a primeira metade de 1992. O Governo local assumiu jurisdição sobre o território e polícias, tendo criado um embrião de exército. Em 23 de Julho de 1992, a Abkházia revogou a sua Constituição de 1978, repondo em vigor a Constituição de 1925 que a qualificava como república soberana. Embora sem proclamar a independência em relação à Geórgia, os laços que pretendia manter com esta eram mínimos[1090].

Em reacção, o exército georgiano, que entrara na Abkházia em perseguição de apoiantes do anterior Presidente deposto, iniciou em 14 de Agosto de 1992 a ocupação das principais cidades da Abkházia. Esta acção provocou combates generalizados que levaram à retirada das forças abkhazes[1091].

As forças abkhazes começaram por receber apoios de voluntários de regiões da Rússia de etnias próximas[1092]. A nível estadual, apesar da Presidência e Governo russo terem assumido uma postura neutral, uma parte substancial do Soviete Supremo Russo apoiou a Abkházia. De qualquer modo, inicialmente as forças russas instaladas ainda na Geórgia, enquanto forças soviéticas do período pré-independência, não intervieram directamente, apesar do tráfico de armas russas ter sido significativo.

A mediação do Presidente Russo permitiu a celebração do acordo entre as partes de Moscovo de 3 de Setembro de 1992[1093] que consagrava um

---

[1089] Embora mesmo aí os Georgianos fossem largamente maioritários segundo o censo de 1989, tendo mais de 40% da população, perante os apenas cerca de 20% de abkhazes (cfr. TI, September 25, 1992, pág. 12; RCIS, pág. 581).

[1090] Já em 25 de Agosto de 1990, o Soviete Supremo da Abkházia proclamara a soberania da república, o que foi considerado no dia seguinte sem qualquer efeito pelo Soviete Supremo da Geórgia (cfr. S. Neil MacFarlane/Larry Minear/Stephen Shenfield, *Armed Conflict in Georgia: A Case Study In Humanitarian Action And Peacekeeping*, Brown University, 1996, pág. 99).

[1091] Cfr. CSM, August 17, 1992, pág. 2; TG, August 22, 1992, pág. 2.

[1092] Cfr. CSM, September 1, 1992, pág. 2.

[1093] Texto em UN Doc. 24523, de 8 de Setembro de 1992.

cessar-fogo (artigo 1, parág. 2), uma comissão de monitorização trilateral, com participação russa (artigo 1, parág. 3), a manutenção da ocupação pela Geórgia (artigo 1, parág. 5), bem como a sua integridade territorial (artigo 1, parág. 1) e o regresso dos refugiados (artigo 5, parág. 1). O artigo 8 vinculava as partes ao respeito pelos direitos das minorias, o artigo 9 exigia a neutralidade das forças russas que se encontravam "temporariamente" em território da Geórgia e o artigo 11 proibia a intervenção de voluntários de regiões russas vizinhas.

Este acordo seria apoiado pelo Conselho de Segurança no seu primeiro acto sobre a questão: a Declaração Presidencial de 10 de Setembro de 1992[1094]. Além de apoiar os seus termos, sublinha a inadmissibilidade de qualquer violação da integridade territorial e das fronteiras da Geórgia[1095], embora mande respeitar igualmente os direitos das suas etnias. Registava igualmente com aprovação a intenção do Secretário-Geral de mandar um enviado seu.

Porém, enquanto no terreno se multiplicavam os incidentes, em 25 de Setembro, o Soviete Supremo Russo aprovou resoluções em que criticava a Geórgia e propunha a criação de uma Força russa de interposição, em claro desprezo pelo acordo celebrado.

Sentindo-se apoiado, o movimento abkhaz iniciou uma ofensiva para repelir as forças da Geórgia para fora dos limites territoriais da república que teve algum apoio directo das forças russas locais. Aparentemente, mesmo o Presidente russo acabou por concluir que favorecia os interesses da Rússia o enfraquecimento da Geórgia, designadamente, como meio de a pressionar a aderir à Comunidade de Estados Independentes e para obter outras concessões. A Geórgia protestaria contra esta intervenção russa[1096].

No plano diplomático, o Conselho manifestou a sua apreensão pelo agravar da situação pela Declaração Presidencial de 8 de Outubro de 1992[1097]. Insistiu no respeito do acordo de 3 de Setembro e apoiou as iniciativas diplomáticas do Secretário-Geral de enviar nova missão à Geórgia, bem como a intenção da então ainda Conferência de Segurança e Cooperação na Europa[1098] de destacar igualmente uma missão à Abkházia para monitorizar a situação.

---

[1094] Texto em RDSCOR, 1992, pág. 107.

[1095] Membra das Nações Unidas desde 31 de Julho de 1992 (cfr. MTDSG).

[1096] Cfr. o Relatório do Secretário-Geral de 28 de Janeiro de 1993 (texto em UN Doc. S/25188), parág. 13.

[1097] Texto em RDSCOR, 1992, pág. 107-108.

[1098] Esta apenas alteraria a sua denominação na sua Decisão de Budapeste de 6 de Dezembro de 1994, com eficácia a partir de 1 de Janeiro de 1995 (texto em ILM, Vol. 34,

Mas no terreno os combates prolongaram-se por 1993, existindo novos registos de intervenção de forças russas do lado dos rebeldes[1099], o que levaria a Geórgia a renovar os seus protestos. A Rússia procurou responder--lhes com alegações de que as suas forças se limitavam a reagir contra ataques da Geórgia contra as suas instalações locais.

Entretanto, o Conselho de Segurança, pela Declaração Presidencial de 29 de Janeiro de 1993[1100], manifestava a sua preocupação pelo contínuo agravamento do conflito e apelava ainda ao respeito pelo defunto acordo de 3 de Setembro de 1993. Mas sem uma palavra, que teria sido vetada pela Rússia, de censura contra a intervenção desta. O mesmo faria pela Declaração Presidencial de 2 de Julho de 1993[1101], limitando-se a um apelo "on all the parties to cease military action immediately" e a cumprirem um cessar-fogo de 14 de Maio que mal passara do papel.

Dias depois o Conselho aprovaria a primeira Resolução sobre a questão, a 849 (1993), de 9 de Julho[1102], em que apoia as iniciativas do Secretário--Geral com vista a obter um cessar-fogo apoiado por uma operação de manutenção da paz.

Graças a estas diligências e a pressões da Rússia, um cessar-fogo seria assinado em 27 de Julho de 1993. Este consagrava efectivamente a criação de uma Força de manutenção da paz no âmbito das Nações Unidas[1103]. O Conselho, pela sua Resolução 854 (1993), de 6 de Agosto[1104], aprovou a colocação no terreno de um primeiro grupo de 10 observadores militares das

---

No. 3, 1995, pág. 773-776), Parte I, parág. 1 e 29 (embora afirmando que a alteração de nome não implicava uma modificação do seu carácter).

[1099] Em 14 de Dezembro de 1992 e 18 de Janeiro de 1993, helicópteros russos que participavam aparentemente em missões humanitárias foram abatidos ou forçados a aterrar. Em 22 de Fevereiro de 1993, aviões SU-25 russos bombardearam Sukhumi, capital da Abkházia, então ainda dominada pela Geórgia; e em 19 de Março, um SU-27 russo foi abatido [cfr. o Relatório do Secretário-Geral de 28 de Janeiro de 1993 (texto em UN Doc. S/25188), parág. 11-12; MacFarlane/Mincar/Sheinfield, *Armed Conflict* (...), cit., pág. 101; Dov Lynch, *Russian Peacekeeping Strategies in the CIS: The Cases of Moldova, Georgia and Tajikistan*, Palgrave, 2000, pág. 137]. Igualmente no sentido de ter ocorrido uma intervenção russa: Evgeny M. Kozhokin, *Georgia-Abkhazia*, em *U.S. and Russian Policymaking with Respect to the Use of Force* (ed. Jeremy R. Azrael/Emil A. Payin), Rand, 1996, texto notas 4-5; RCIS, pág. 579.

[1100] Texto em RDSCOR, 1993, pág. 63.

[1101] Texto em RDSCOR, 1993, pág. 64.

[1102] Texto em RDSCOR, 1993, pág. 64-65.

[1103] Cfr. E. Kozhokin, *Georgia-Abkhazia*, cit., texto notas 4-5.

[1104] Texto em RDSCOR, 1993, pág. 65.

Nações Unidas (parág. 1). Posteriormente, na sua Resolução 858 (1993), de 24 de Agosto[1105], aprovou a criação da Missão de Observação das Nações Unidas na Geórgia (UNOMIG) dotada de 88 elementos com vista a monitorizar o respeito do cessar-fogo (parág. 2).

No entanto, este cessar-fogo seria mais uma vez violado pelos Abkhazes na segunda quinzena de Setembro de 1993. O Conselho, por intermédio da Declaração Presidencial de 17 de Setembro de 1993[1106], condenou a acção militar como uma violação do acordo e ameaçou com "serious consequences" em caso de continuação desta. Apesar de alguns protestos iniciais e mesmo a adopção de sanções económicas limitadas contra estes, a Rússia aceitou o facto consumado da vitória dos rebeldes.

De facto, estes, após a conquista de Sukhumi a 27 de Setembro, acabaram por expulsar o exército da Geórgia para lá dos limites da república. A Geórgia acusou Moscovo de cumplicidade na acção, o que seria negado[1107]. Este conflito provocara ao longo destes meses um êxodo massivo de entre 240.000 e 300.000 habitantes[1108] georgianos[1109].

O Conselho, pela sua Resolução 876 (1993), de 19 de Outubro[1110], considerou que a continuação do conflito ameaçaria a paz (colocando-se, pois, ainda no domínio do Capítulo VI), sublinhou a integridade territorial da Geórgia (parág. 1), voltou a condenar a acção como uma violação do acordo de cessar-fogo e condenou as violações do Direito Internacional Humanitário (parág. 2). Na sua Resolução 881 (1993), de 4 de Novembro[1111],

---

[1105] Texto em RDSCOR, 1993, pág. 65-66.

[1106] Texto em RDSCOR, 1993, pág. 66.

[1107] E. Kozhokin, *Georgia-Abkhazia*, cit., texto notas 4-5, considera como bastante provável a cumplicidade russa. Ver também NYT, June 8, 1994, Section A; Page 3; Column 1.

[1108] Este último número é o avançado pela Resolução 896 (1994), de 31 de Janeiro (texto em RDSCOR, 1994, pág. 61).

[1109] As autoridades abkhazes seriam por diversas vezes condenadas por apoiarem ou tolerarem actos de limpeza étnica contra as populações georgianas (cfr. na Decisão sobre a Geórgia da Organização de Segurança e Cooperação na Europa adoptada na Cimeira de Budapeste em 6 de Dezembro de 1994 (texto em ILM, Vol. 34, No. 3, 1995, pág. 778-779), afirma-se no parág. 2: "They expressed their deep concern over "ethnic cleansing", the massive expulsion of people, predominantly Georgian, from their living areas and the deaths of large numbers of innocent civilians". Igualmente o Conselho de Segurança, entre muitas outras, afirmou em relação a este conflito: "*Condemns* ethnically motivated killings and other ethnically related acts of violence" [cfr. Resolução 1065 (1996), de 12 de Julho, parág. 9 (texto em RDSCOR, 1996, pág. 53].

[1110] Texto em RDSCOR, 1993, pág. 67.

[1111] Texto em RDSCOR, 1993, pág. 67-68.

tendo em conta a nova situação militar, manteve a UNOMIG, mas com um mandato e número de membros reduzido.

A derrotada Geórgia deparou ainda com um renovado foco de rebelião política interna na região de Mingrelia da parte do Presidente deposto. Perante o risco de colapso do Governo, o seu Presidente Shevardnadze, em 8 de Outubro de 1993, declarou estar disposto a aderir à Comunidade de Estados Independentes, invocando coacção económica e política da Rússia[1112]. No dia 9 assinou um acordo legitimando a presença das tropas russas na Geórgia e no dia 13 o seu Ministro dos Negócios Estrangeiros apelou ao auxílio militar russo em troca da concessão de bases militares na Geórgia. A Rússia no dia 19 respondeu que não sendo a Geórgia parte da Comunidade de Estados Independentes, tal auxílio seria visto como uma ingerência nos seus assuntos internos. Porém, há pelo menos rumores no sentido de que tropas russas participaram na repressão das forças rebeldes em Mingrelia[1113]. Coincidência ou não, no dia 25 de Outubro, a Geórgia assinou o referido Tratado de Segurança Colectiva de 1992 da Comunidade de Estados Independentes. A partir dessa data forças russas participam na protecção das linhas de abastecimento da Geórgia[1114].

Esta última intervenção russa foi expressamente legitimada pelo Conselho de Segurança, pela Declaração Presidencial de 8 de Novembro de 1993[1115], numa confirmação da validade abstracta do pedido por parte do Governo internacionalmente legítimo como forma de subtrair uma acção militar estrangeira da proibição do artigo 2, n.º 4 CNU[1116, 1117]. Claro está,

---

[1112] Cfr. RCIS, pág. 586. A sua adesão concretizou-se em 19 de Abril de 1994, data em que se efectivou a sua ratificação da referida Carta da Comunidade de Estados Independentes de 22 de Janeiro de 1993 (cfr. UNTS, Vol. 1819, No. 31139, pág. 58).

[1113] Cfr. MacFarlane/Minear/Shenfield, *Armed Conflict* (...), cit., pág. 12; S. Neil MacFarlane, *On the front lines in the near abroad: The CIS and the OSCE in Georgia's civil wars*, TWQ, Vol. 18, No. 3, 1997, pág. 509-525, texto notas 14-15; RCIS, pág. 586.

[1114] Cfr. RCIS, pág. 586. Quanto à chantagem russa e a capitulação da Geórgia, ver NYT, October 27, 1993, Section A, Page 23, Column 1.

[1115] Texto em RDSCOR, 1993, pág. 68.

[1116] Ver, *supra*, parág. 16.1.

[1117] Esta afirma: "In this connection, the Security Council notes the appeal by the Government of the Republic of Georgia to the Russian Federation, the Azerbaijani Republic and the Republic of Armenia for assistance to protect and ensure the uninterrupted operation of railroads in the Republic of Georgia. These are crucial communication links for the three Transcaucasian countries. **The Council welcomes the improvement in security for the lines of communication that has followed the Russian Federation's response, which was made in accordance with the wishes of the Government of the Republic of Georgia**".

tendo em conta as circunstâncias, o consentimento da Geórgia é de bem discutível validade dada a situação de coacção apoiada externamente; mas visto que a acção foi desejada efectivamente, neste ponto, nada há a criticar.

Um memorando de entendimento é assinado em 1 de Dezembro entre a Geórgia e as autoridades abkhazes, que é saudado pela Resolução 892 (1993), de 22 de Dezembro[1118]. Esta reforça ainda a UNOMIG (parág. 2). O seu mandato seria renovado pela Resolução 896 (1994), de 31 de Janeiro[1119] e Resolução 906 (1994), de 25 de Março[1120].

As negociações vão-se prolongar por 1994. A Geórgia viria a concordar com a instalação de uma Força de manutenção da paz para pôr termo aos sucessivos incidentes com as forças abkhazes, embora pressionasse para que esta contivesse forças de Estados ocidentais igualmente e não apenas russas. Perante a recusa ocidental em envolver-se, a Geórgia acabou em 14 de Maio de 1994 por celebrar um acordo quanto à instalação de uma Força de manutenção da paz, que apesar de ser criada formalmente no âmbito da Comunidade de Estados Independentes, acabaria por ser formada exclusivamente por cerca de 3.000 militares russos[1121]. Cedeu ainda na sua pretensão de que a Força fosse colocada apenas na fronteira entre a Rússia e a Geórgia – Abkházia, aceitando que esta se instalasse entre o seu exército e os Abkhazes. Estes, claro está, aceitaram igualmente a sua criação nestes termos, que consolidava a situação de facto[1122].

Esta Força seria registada com satisfação e qualificada como de manutenção da paz (parág. 4: "CIS peace-keeping force") pelo Conselho de Segurança na sua Resolução 934 (1994), de 30 de Junho[1123], embora sem ter sido aprovada formalmente por este órgão. A mesma qualificação decorre da Resolução 937 (1994), de 21 de Julho[1124, 1125], que alargou o mandato da UNOMIG e o seu pessoal para 136 militares, de acordo com as propostas do Secretário-Geral (parág. 5 e 6)[1126].

---

[1118] Texto em RDSCOR, 1993, pág. 68-69.

[1119] Texto em RDSCOR, 1994, pág. 61.

[1120] Texto em RDSCOR, 1994, pág. 63.

[1121] Cfr. CSM, June 10, 1994, pág. 7; LAT, September 18, 1994, Part A; Page 4; Column 3; RCIS, pág. 589-590 e 591.

[1122] A debilidade da posição da Geórgia é confirmada pelas concessões que por tratado de Fevereiro desse ano fizera à Rússia, permitindo-lhe a criação de três bases no seu território (cfr. E. Kozhokin, *Georgia-Abkhazia*, cit., nota 5).

[1123] Texto em RDSCOR, 1994, pág. 65.

[1124] Texto em RDSCOR, 1994, pág. 65.

[1125] Preâmbulo: "the deployment of a CIS peace-keeping force to the area is predicated upon the request and consent of the parties to the conflict".

[1126] Relatório de 12 de Julho de 1994 (UN Doc. S/1994/818), parág. 12.

A Força atingiu o objectivo de fazer cessar o combate, salvo pontuais incidentes[1127], tendo efectivamente desempenhado essencialmente funções de manutenção da paz[1128]. A sua coordenação com a UNOMIG funcionou igualmente bem[1129].

A Rússia depois de obter as concessões que pretendia da Geórgia, passou a pressionar a Abkházia para que fosse alcançado um compromisso. Rejeitou, pois, a intenção desta última de se unir à Federação Russa, bem como a sua pretensão de independência veiculada a 6 de Dezembro de 1994 baseada na nova Constituição de 26 de Novembro[1130]. Esta não recebeu também qualquer apoio da Organização de Segurança e Cooperação na Europa[1131] ou das Nações Unidas.

De qualquer modo, tal como na Ossétia do Sul, desde então a situação tem-se mantido num impasse. A Geórgia desistiu da sua pretensão de se manter como um Estado unitário e os Abkhazes, a partir de Fevereiro de 1995, formalmente abandonaram a sua pretensão de independência. Mas não aceitam mais do que uma mera confederação, enquanto a Geórgia apenas concede a criação de uma Federação. A situação desde então, apesar de relativamente pacificada, mantém-se inalterada.

O problema dos refugiados, apesar de ter existido um retorno substancial, ainda não se encontra resolvido, tendo mesmo existido ocasionais retrocessos

---

[1127] Cfr. "*Noting* that the Agreement on a Cease-fire and Separation of Forces (...) has been generally respected by the parties over the past year with the assistance of the Commonwealth of Independent States (CIS) peace-keeping force and the United Nations Observer Mission in Georgia (UNOMIG), but *expressing* concern at the continued lack of a secure environment, in particular recent attacks on civilians in the Gali region" [preâmbulo da Resolução 993 (1995), de 12 de Maio (texto em RDSCOR, 1995, pág. 45].

[1128] Muito embora as regras relativas ao uso da força não tivessem sido estabelecidas de forma clara [cfr. S. Neil MacFarlane, *On the front lines* (...), cit., nota 20]. O Secretário-Geral, no seu Relatório de 12 de Julho de 1994 (UN Doc. S/1994/818), parág. 19, sugere que apenas poderia utilizar a força em legítima defesa. Tal é conforme com a sua qualificação da Força como de manutenção da paz.

[1129] Entre outras fontes, ver o Relatório do Secretário-Geral de 1 de Julho de 1996 (UN Doc. S/1996/507), parág. 41.

[1130] Cfr. RCIS, pág. 579 e 103.

[1131] Na citada Decisão sobre a Geórgia da Organização adoptada na Cimeira de Budapeste em 6 de Dezembro de 1994 afirma-se no parág. 2: "The participating States expressed their concern about the unilateral acts of 26 November 1994 by the authorities of Abkhazia, Republic of Georgia. This undermines both United Nations and CSCE efforts to promote a peaceful political settlement through negotiations between the conflicting parties in Georgia".

(como em Maio de 1998, onde milhares de georgianos voltaram a fugir[1132]), por força de conflitos na Abkházia entre integracionistas e separatistas. É este o problema mais delicado, mais ainda do que a questão do estatuto político da Abkházia no seio da Geórgia. Um retorno completo dos refugiados é visto pelos abkhazes como uma ameaça ao seu domínio, já que são uma minoria.

A Comunidade Internacional, apesar de algumas condenações, pouco tem feito para alterar a situação[1133]. As Resoluções do Conselho têm-se limitado a censurar a situação de impasse e a condenar as resistências da Abkházia em permitir o retorno dos refugiados, enquanto vai renovando o mandato da UNOMIG[1134].

**32.3. Libéria.** O conflito interno na Libéria desencadeou-se em 24 de Dezembro de 1989, com a entrada em território desta de uma Força rebelde, a Frente Nacional Patriótica da Libéria (FNPL). Esta, alegadamente apoiada pelo Burkina Faso, Costa do Marfim e Líbia, acabou por conquistar a Capital Monróvia, numa batalha desastrosa em termos humanitários, onde a FNPL foi responsável por massacres de civis. O conflito fora agravado por uma dissidência importante no movimento rebelde, com o surgimento da IFNPL que imediatamente entrou em combate com a FNPL[1135].

---

[1132] O Conselho de Segurança afirmaria "Reiterates its grave concern at the resumption of hostilities which took place in May 1998" [cfr. Resolução 1187 (1998), de 30 de Julho (texto em RSSC, 1998, pág. 66-69].

[1133] A Comunidade de Estados Independentes aprovou em 19 de Janeiro de 1996 sanções económicas contra a Abkházia [cfr. B. Tuzmukhamedov, *The Legal Framework* (...), cit., pág. 6], mas não é seguro que estas tenham sido efectivamente aplicadas.

[1134] Cfr. Resoluções 971 (1995), de 12 de Janeiro (texto em RDSCOR, 1995, pág. 44); 993 (1995), de 12 de Maio (texto em RDSCOR, 1995, pág. 45); 1036 (1996), de 12 de Janeiro (texto em RDSCOR, 1996, pág. 50); 1065 (1996), de 12 de Julho (texto em RDSCOR, 1996, pág. 53); 1077 (1996), de 22 de Outubro (texto em RDSCOR, 1996, pág. 54); 1096 (1997), de 30 de Janeiro (texto em RSSC, 1997, pág. 4-7); 1124 (1997), de 30 de Julho (texto em RSSC, 1997, pág. 40-43); 1150 (1998), de 30 de Janeiro (texto em RSSC, 1998, pág. 4--7); 1187 (1998), de 30 de Julho (texto em RSSC, 1998, pág. 66-69); Resolução 1225 (1999), de 28 de Janeiro (texto em RSSC, 1999, pág. 5-7); Resolução 1255 (1999), de 30 de Julho (texto em RSSC, 1999, pág. 47-49); Resolução 1287 (2000), de 31 de Janeiro (texto em RSSC, 2000, pág. 4-5), que no parág. 5 condena a realização de eleições autónomas e um referendo na Abkházia; 1311 (2000), de 28 de Julho (texto em RSSC, 2000, pág. 49-51), que aplaude a celebração de um acordo de estabilização entre as duas partes em 11 de Julho; 1339 (2001), de 31 de Janeiro [texto em UN Doc. S/RES/1339 (2001)] e 1364 (2001), de 31 de Julho [texto em UN Doc. S/RES/1364 (2001)], parág. 20 (quanto à renovação do mandato da UNOMIG).

[1135] Cfr. TI, August 21, 1990, pág. 11.

Na sequência do fracasso de uma primeira iniciativa diplomática, a Comunidade Económica de Estados do Oeste de África (ECOWAS)[1136] interveio com o seu braço armado, a ECOMOG, em 24 de Agosto de 1990, com um contingente de cerca de 3000 militares, formado pela Nigéria, Gana, Serra Leoa, Guiné e Togo. A decisão de intervenção não foi, porém, unânime. O Burkina Faso e a Costa do Marfim, alegados apoiantes dos rebeldes, opuseram-se e outros Estados membros mostraram-se renitentes.

As bases jurídicas invocadas para a entrada desta Força foram fundamentos humanitários[1137]. O Protocolo relativo a Assistência Mútua para Defesa de 29 Maio de 1981[1138] celebrado entre os membros da ECOWAS, incluindo a Libéria, não foi formalmente invocado, embora da justificação apresentada perante as Nações Unidas se refira "Conscious of its responsibility for the maintenance of peace and security in the subregion". Este Protocolo

---

[1136] Esta tem raiz nos Artigos de Associação para o Estabelecimento de uma Comunidade Económica do Oeste de África de 4 de Maio de 1967 e formalizada pelo Tratado de Lagos de 28 de Maio de 1975, cujo texto foi revisto pelo Tratado sobre a Comunidade Económica de Estados do Oeste de África de 24 de Julho de 1993 (texto deste em ILM, Vol. 35, No. 3, 1996, pág. 660-697).

[1137] Assim, o Ministro dos Negócios Estrangeiros da Nigéria, em nome da ECOWAS, na Declaração de 8 de Agosto de 1990 afirmou: "I must emphasize that the ECOWAS Monitoring Group (ECOMOG) is going to Liberia first and foremost to stop the senseless killing of innocent civilian nationals and foreigners, and to help the Liberian people to restore their democratic institutions. ECOWAS intervention is in no way designed to save one part or punish another" (a declaração consta de anexo a carta dirigida ao Secretário-Geral das Nações Unidas de 9 de Agosto de 1990; texto em UN Doc. S/21485, de 10 de Agosto de 1990). E no comunicado do final da cimeira da ECOWAS afirmou-se que "the sole purpose of the... peacekeeping force is to create the necessary conditions for normal life to resume to the benefit of all Liberians" (cfr. LAT, August 8, 1990, Part A; Page 4; Column 1). Igualmente o Chefe de Estado da Nigéria, principal contribuinte para a formação da Força, afirmou: "I believe the United States shares our desire to bring peace to Liberia and **halt the daily carnage there**, especially around Monrovia, **urgently** and we are hoping that this operation will get the support of America" (cfr. NYT, August 9, 1990, Section A; Page 7, Column 1)

Um outro motivo determinante da intervenção terá sido evitar que o poder fosse conquistado militarmente, visto que a FNPL estava prestes a vencer o conflito armado. Com efeito, não deixa de ser estranho que a ECOWAS se tenha decidido a intervir apenas passado oito meses, numa altura em que o Governo estava prestes a cair e existiam fortes probabilidades de o segundo movimento rebelde não se conseguir opor à vitória do primeiro.

[1138] Texto em UNTS, Vol. 1690, No. 29137, 1992, pág. 51-63. Este em 1992 vinculava 11 dos membros da ECOWAS: Burkina Faso, Costa do Marfim, Guiné, Libéria, Senegal, Serra Leoa, Togo, Nigéria, Niger, Gana e Guiné-Bissau. O Benin, a Gâmbia e a Mauritânia assinaram o Protocolo, que formalmente entrou em vigor provisoriamente em relação a estes nos termos do seu artigo 24, n.º 1, mas não o chegaram a ratificar até 1992.

estabelece que a ECOWAS pode intervir militarmente, em caso de conflito interno que seja "actively maintained and sustained from outside" [artigo 18, n.° 1 e artigo 4, al. b)], mas não já quando o conflito seja puramente interno (artigo 18, n.° 2). Em qualquer caso, exige que seja formulado um pedido por escrito do Estado membro (artigo 16)[1139].

Pedido de intervenção que, de facto, existiu, por carta de 14 de Julho de 1990, do então ainda Presidente em título[1140]. O problema é que não parece que se pudesse qualificar o conflito na Libéria como activamente mantido do exterior. Ainda que inicialmente a FNPL tenha sido apoiada por outros Estados, no momento da intervenção afigura-se que este seria um conflito interno, sujeito à proibição de intervenção do artigo 18, n.° 2[1141]. O facto de ter continuado a existir algum apoio externo, a nível de fornecimento de armamento, não parece legitimar que se considere aplicável o artigo 18, n.° 1. Nem tal apoio externo foi invocado como fundamento.

Assim, a legitimidade da acção da ECOWAS é questionável, já que a intervenção humanitária, seja na forma de estado de necessidade ou de perigo extremo, à altura ainda não tinha apoio seguro[1142], nem sequer enquanto causa de exclusão da responsabilidade[1143]. Embora se possa aceitar que a figura tinha já alguns precedentes relevantes, encontrando-se em maturação.

---

[1139] Tendo em conta que se considera que uma acção estrangeira limitada a pedido do Governo internacionalmente reconhecido é lícita, especialmente quando existe apoio activo aos rebeldes, entende-se que este Protocolo é conforme com o Direito Internacional Costumeiro e a Carta (ver, *supra*, parág. 16). De facto, o Protocolo proíbe a intervenção no que diz respeito a conflitos puramente internos.

[1140] Cfr. Comfort Ero, *ECOWAS and the Subregional Peacekeeping in Liberia*, JHA, 1995-September, texto notas 24-30; A. Perez, *On the Way* (...), cit., pág. 404, nota 308.

[1141] Davis Brown, *The Role of Regional Organizations in Stopping Civil Wars*, AFLR, Vol. 41, 1997, pág. 235-282, na pág. 257-258, levanta ainda a questão de a decisão de intervenção não ter sido unânime, embora conclua pela sua licitude aparentemente à luz do princípio dos poderes implícitos. De facto, apesar dos artigos 2 a 4 do Protocolo permitirem acções de assistência unilaterais, o artigo 4, al. b) exige uma decisão da autoridade no caso de conflitos internos. A exigência de unanimidade não consta expressamente do Protocolo, podendo-se discutir se, na falta de disposição em contrário, os princípios gerais exigirão necessariamente a aplicação desta regra. Já A. Ofodile, *The Legality of ECOWAS* (...), cit., pág. 411, interpreta o artigo 18 no sentido de exigir um apoio activo de um Estado não membro da ECOWAS, o que não parece ter base no preceito.

[1142] Entendendo que se tratou de uma intervenção humanitária: Seth Appiah-Mensah, *Lessons from Liberia, United States Naval Institute – Proceedings*, vol. 126, n. 3, 2000 (Março), pág. 66-68.

[1143] Ver, *supra*, parág. 14.3.

Também não seria possível legitimar a sua intervenção qualificando-a como uma Força de manutenção da paz. Esta não reunia os seus requisitos no momento da sua entrada na Libéria e muito menos os passou a reunir à luz da sua prática[1144]. Embora a sua intervenção tenha sido apoiada por duas partes no conflito[1145], a FNPL desde o início que questionou a isenção da ECOMOG. Ora, este movimento à altura controlava quase 90% do território e de imediato surgiram conflitos armados abertos entre ambos. É graças a estes que a ECOMOG consegue expulsar a FNPL de Monróvia e instalar um governo de transição cuja autoridade era restrita à capital.

E no entanto, a acção recebeu o apoio da Organização de Unidade Africana[1146]. E igualmente implicitamente das Nações Unidas. Com efeito, apesar das atenções do Mundo estarem concentradas na invasão do Kuwait, em 22 de Janeiro de 1991, o Conselho de Segurança discutiu a questão da Libéria, na sua 2974.ª reunião. Na sequência desta, o Conselho, por intermédio da Declaração com a mesma data do seu Presidente[1147], apoiou a intervenção da ECOWAS, incentivando os seus esforços para promover a paz na Libéria[1148]. O mesmo apoio constaria da Declaração de 7 de Maio de 1992 e da Resolução 788 (1992), de 19 de Novembro de 1992[1149, 1150]. Esta última

---

[1144] Também neste sentido: C. Borgen, *The Theory and Practice of Regional* (...), cit., pág. 817; A. Ofodile, *The Legality of ECOWAS* (...), cit., pág. 412-413; Colin Scott/Larry Minear/Thomas Weiss, *Humanitarian Action and Security in Liberia, 1989-1994*, Occasional Paper 20, The Watson Institute, 1995, pág. 9; C. Ero, *ECOWAS* (...), cit., texto nota 44.

[1145] Cfr. NYT, August 9, 1990, Section A; Page 7, Column 1.

[1146] O apoio foi manifestado pelo seu Secretário-Geral (cfr. LAT, August 8, 1990, Part A; Page 4; Column 1).

[1147] Texto em RDSCOR, 1991, pág. 2.

[1148] Esforços que permitiriam a celebração do Acordo de Yamoussoukro IV de 30 de Outubro de 1991 entre as partes beligerantes e a ECOMOG, com mediação de vários Estados da ECOWAS (texto em UN Doc. S/24815, de 17 de Novembro de 1992, pág. 6-8).

[1149] Textos em RDSCOR, 1991, pág. 98 e 99-100.

[1150] Sustentando que o Conselho apoiou a intervenção por entender que esta não necessitava de aprovação sua: D. Brown, *The Role of Regional* (...), cit., pág. 258; Anthony C. Arend, *The United Nations, Regional Organizations, And Military Operations: The Past And The Present*, DJCIL, Vol. 7, 1996, pág. 3-33, na pág. 25-26. Contra: A. Ofodile, *The Legality of ECOWAS* (...), cit., pág. 414-415, que apenas visou não se comprometer. Entendendo que o Conselho a legitimou pelas suas Resoluções: J. Levitt, *Humanitarian Intervention* (...), cit., pág. 334, nota 7; Matthew S. Barton, *ECOWAS and West African Security: The New Regionalism*, DILJ, Vol. 4, 2000, pág. 79-113, na pág. 96-97 (embora aparentemente por entender que criou um precedente de legitimidade de intervenção de organizações regionais em conflitos internos).

invoca o Capítulo VII para estabelecer um embargo de armamento contra a Libéria (parág. 8) e condena os ataques contra a ECOMOG que qualifica como Força de manutenção da paz (parág. 4 e 9). Isto é, não atribui à ECOMOG qualquer habilitação para o exercício do poder público bélico, mas apoia a sua acção. O Conselho apoiando a acção desta como uma mera operação de manutenção da paz parece querer ignorar a natureza dos seus actos como forma de tentar não criar um precedente. Mas, claro está, não o conseguiu. O precedente de apoio a uma Força colectiva de intervenção (não habilitada para o efeito) num conflito armado interno ficou criado, com base em considerações humanitárias.

O mesmo apoio consta da sua Resolução 813 (1993), de 26 de Março[1151], parág. 2 e 6, que aplaude as suas iniciativas e condena os ataques contra as Forças de "manutenção" da paz da ECOWAS, além de qualificar a situação como uma ameaça à paz (preâmbulo); o que ficara implicitamente feito com a invocação do Capítulo VII na Resolução 788 (1992), pelo menos quanto ao fornecimento de armas. Igualmente a Declaração do seu Presidente de 9 de Junho de 1993[1152], que condena um massacre de civis que ocorrera, apoia novamente a ECOWAS.

Com efeito, no terreno, a ECOMOG iniciara uma série de ofensivas militares contra a FNPL completamente incompatíveis com qualquer pretensão de manutenção da paz. Acresce que a sua natureza de Força de imposição da paz seria expressamente reconhecida pelo Acordo de 25 de Julho de 1993 entre o Governo interino de Unidade Nacional (criado pela ECOMOG), a FNPL e o terceiro movimento (o Movimento Unido de Libertação da Libéria para a Democracia)[1153] que reconhecem a ECOMOG como força neutra (artigo 3, n.º 1), mas com poderes coercivos bélicos para impor os termos do acordo[1154] e desarmar combatentes pela força (artigo 6, n.º 6). Este prevê ainda a instalação de uma missão de observação das Nações Unidas com competência para monitorizar a actuação das partes e da ECOMOG (artigo 3, n.º 1). Com a entrada em vigor do Acordo, a ECOMOG seria reformulada com a diminuição do peso do contingente da Nigéria.

Este Acordo suscita problemas. Neste as partes concedem à ECOMOG o poder de o executar pela força contra si próprias ou as suas forças, claro

---

[1151] Texto em RDSCOR, 1993, pág. 108-109.
[1152] Texto em RDSCOR, 1993, pág. 109.
[1153] Texto em anexo ao UN Doc. S/26272 de 9 de Agosto de 1993.
[1154] O seu artigo 8, n.º 3 estipula: "Should the violating party not take the required corrective measures, the ECOMOG shall be informed thereof and shall thereupon resort to the **use of its peace-enforcement powers against the violator**".

está, independentemente de qualquer consentimento específico da direcção de cada um dos movimentos ou do próprio "Governo". Segundo se julga, este acordo tem a natureza de um tratado, mas independentemente desta natureza, nenhum acordo poderia atribuir validamente os poderes que este estabelece a favor da ECOMOG. No que diz respeito ao "Governo", permitir a execução do acordo contra este pela força constituiria uma violação do artigo 2, n.º 4 CNU[1155]. Mesmo a sua execução contra os movimentos rebeldes constituiria uma intervenção num conflito armado interno aberto que dificilmente poderia ser reconhecida como lícita em condições normais[1156]. Ou seja, se a ECOMOG tinha tais poderes, estes não derivaram do Acordo, pois este juridicamente teve escassa relevância. Não fora a situação humanitária e seria claramente inválido.

No entanto, a confirmar a natureza específica da situação, o Conselho na sua Resolução 856 (1993), de 10 de Agosto[1157], aplaudiu a celebração do Acordo (preâmbulo) e aprovou o envio de observadores para preparar a instalação da UNOMIL (parág. 1) e 30 militares com vista a integrarem o Comité de monitorização do cessar-fogo criado pelo Acordo (parág. 2).

Na Resolução 866 (1993), de 22 de Setembro[1158], na primeira experiência desta natureza, cria então a UNOMIL para monitorizar de forma mais próxima a acção das partes e da ECOMOG (parág. 2 e 3), tal como o Acordo de 25 de Julho previa. A alínea h) deste último parágrafo não confere à UNOMIL qualquer competência para adoptar medidas coercivas, mas deixa sugerido que a ECOMOG as terá, embora sem lhos atribuir de forma juridicamente relevante.

Até meados de 1996 o conflito prossegue, com sucessivas violações de cessar-fogos e dos termos dos acordos celebrados, atestadas nas subsequentes Resoluções do Conselho sobre a matéria, substancialmente idênticas, em que o mandato da UNOMIL é renovado e são condenadas as constantes violações do embargo de armas[1159]. Só em finais de 1996, com o início do desarmamento

---

[1155] Claro está, este não passava de uma emanação da ECOMOG (em situações distintas seria considerado um Governo fantoche), sendo uma pura ficção a abertura à execução do Acordo pela segunda contra o Governo.

[1156] Ver sobre os limites de validade de tratados quanto à intervenção externa, *supra*, parág. 16.1.

[1157] Texto em RDSCOR, 1993, pág. 110.

[1158] Texto em RDSCOR, 1993, pág. 110-111.

[1159] Cfr. Resoluções 911 (1994), de 21 de Abril; 950 (1994), de 21 de Outubro; 972 (1995), de 13 de Janeiro; 985 (1995), de 13 de Abril; 1001 (1995), de 30 de Junho; 1014 (1995), de 15 de Setembro; 1020 (1995), de 10 de Novembro, cujo parág. 2 reformula marginalmente o mandato da UNOMIL; 1041 (1996), de 29 de Janeiro; 1059 (1996), de 31 de Maio; 1071 (1996), de 30 de Agosto; 1083 (1996), de 27 de Novembro.

das facções em Novembro, a situação estabiliza, permitindo a realização de eleições em 19 de Julho.

As melhorias na situação reflectem-se no optimismo das Resoluções 1100 (1997), de 27 de Março e 1116 (1997), de 27 de Junho[1160]. Esta última estende o mandato da UNOMIL, pela última vez, até 30 de Setembro de 1997. Pela Declaração 1997/41, de 30 de Julho[1161], o Presidente do Conselho regozija-se pelo sucesso das eleições. Regularizada a situação militar e constitucional, a UNOMIL foi retirada, mantendo-se a ECOMOG transitoriamente apenas para consolidar a segurança no país e ajudar à reestruturação da polícia e exército da Libéria no quadro de acordos com este Estado[1162]. As Forças da ECOMOG apenas viriam a retirar em finais de Julho de 1999[1163].

Apesar do sucesso na obtenção da paz, é necessário assinalar que foi precisamente a FNPL, movimento rebelde combatido pela ECOMOG, quem saiu vitoriosa das eleições, sendo eleito Presidente o seu dirigente[1164]. Cabe questionar se o respeito pelas regras da manutenção da paz por parte da ECOWAS, designadamente, a obtenção do acordo da FNPL para a sua instalação no terreno, a renúncia a forçar uma certa paz pela força e a não imposição de um Governo fictício, não teria afinal limitado temporal e humanitariamente o conflito.

**32.4. Serra Leoa.** A situação na Serra Leoa remonta a Março de 1991, quando a Frente Unida Revolucionária (FUR), apoiada pela NPFL da Libéria, iniciou a partir desta uma séria de acções em território da Serra Leoa, incluindo ataques contra a população civil.

O conflito interno levou ao fortalecimento do exército, mas criou igualmente descontentamento no seu seio, levando a um golpe de Estado

---

[1160] Textos em RSSC, 1997, pág. 11-12 e 27-28.

[1161] Texto em RSSC, 1997, pág. 107-108.

[1162] Cfr. Último Relatório do Secretário-Geral sobre a UNOMIL, UN doc. S/1997/712, de 12 de Setembro de 1997, parág. 5.

[1163] Cfr. UNCM, n. 4, 1999 (Summer).

[1164] Não obstante os graves crimes de guerra e contra a humanidade dos quais foi o responsável último e que o fizeram pedir desculpas publicamente e a existência de acusações de coacção moral dos eleitores, por ameaças de regresso dos conflitos armados caso perdesse as eleições. Posteriormente, o Presidente eleito seria acusado de intervenção no conflito armado interno na Serra Leoa, em apoio da FUR e do tráfico dos diamantes organizado por esta, que acabaria com a aprovação de sanções pelo Conselho de Segurança contra a Libéria (ver, *infra*, parág. 32.5 e 68).

bem sucedido em 29 Abril de 1992[1165]. A partir deste foi constituída uma junta militar que governou o país nos quatro anos seguintes.

No entanto, o conflito interno com a FUR prosseguiu, com a prática de crimes contra a população de ambos os lados, embora mais graves por parte do movimento rebelde, que deixava um rastro de terror. O conflito torna-se mais confuso com a entrada em cena de uma terceira parte, os *Kamajors*, no final de 1992, que combatem essencialmente a FUR, mas com algumas responsabilidades também por violações do Direito Internacional humanitário. Graças à desorganização no exército, a FUR, com apenas cerca de 3000 a 4000 combatentes, em 1995 encontrava-se numa posição progressivamente mais ameaçadora, próxima já da Capital[1166].

Para contrariar a situação militar, a Junta militar, apoiada financeiramente por uma multinacional, contratou uma empresa de segurança Sul-Africana[1167], que em Maio de 1995 intervém no conflito com um contingente de cerca de 200 homens. Esta em menos de dois meses fez recuar a FUR, apoiada por algumas unidades do exército e pelos *Kamajors*.

Apesar de um golpe no seio da Junta militar, forçada militarmente, a FUR aceita iniciar negociações. Ao mesmo tempo, em Fevereiro de 1996, realizam-se eleições que levam à eleição de um Presidente afecto à Junta.

As negociações, não obstante a continuação dos combates, levam à assinatura do Acordo de Abidjan em fins de Novembro de 1996 com a FUR. Na sequência deste, dá-se a retirada do grosso das forças particulares ao serviço do Governo, bem como a entrada de um contingente de tropas nigerianas, com vista a constituir uma Força de manutenção da paz da ECOMOG. Porém, devido a divergências no seio da FUR, os combates continuam.

A situação acaba por levar a um novo golpe militar em 25 de Maio de 1997. O novo Conselho Revolucionário das Forças Armadas (CRFA) convida a FUR a juntar-se numa aliança, ao que se seguiu um período de quase completa anarquia, com o colapso das estruturas estaduais.

O golpe viria a ser condenado pelo Conselho de Segurança, pelas Declarações do Presidente 1997/29, de 27 de Maio, e 1997/36, de 11 de

---

[1165] Cfr. WP, May 2, 1992, First Section, pág. A24; LAT, May 3, 1992, Part A; Page 33; Column 2.

[1166] Cfr. Abiodun Alao, *Sierra Leone: Tracing The Genesis of a Controversy*, Briefing Paper No. 50 – Royal Institute of International Affairs, 1998, texto notas 1-4.

[1167] A *Executive Outcomes*, que chegara já a prestar serviços ao Governo Angolano para combater a UNITA (cfr. David Pratt, *Sierra Leone: The Forgotten Crisis*, Report to the Minister of Foreign Affairs, Canada, April 23, 1999, Part I).

Julho[1168]. Nesta segunda, sustenta-se que o golpe criou uma situação "which endangers the peace, security and stability of the whole region", embora, portanto, sem a qualificar como uma ameaça à paz internacional. Mas apoia vigorosamente a decisão da Organização de Unidade Africana de 4 de Junho de 1997 em que esta apela à ECOWAS para que "ajude" o Povo da Serra Leoa a restaurar a Ordem Constitucional, num acto ambíguo, facilmente interpretável como uma habilitação para uma utilização da força de forma idêntica à realizada na Libéria. O Conselho deixou também em aberto o recurso a medidas necessárias no caso da normalidade constitucional não ser reposta.

Considerações semelhantes seriam feitas na Declaração 1997/42 de 6 de Agosto[1169], na sequência do fracasso de uma iniciativa diplomática de alguns membros da ECOWAS[1170]. Na Resolução 1132 (1997), de 8 de Outubro[1171], o Conselho vai mais longe. Qualifica a questão como uma ameaça à paz internacional e invoca o Capítulo VII (parág. 9 e 10 do preâmbulo). Decreta um embargo parcial à Serra Leoa, confirmando medidas que já tinham sido adoptadas pela ECOWAS em 29 de Agosto de 1997[1172], e, invocando o Capítulo VIII, autoriza esta a fiscalizar o embargo, controlando o tráfego marítimo para a Serra Leoa. Permite-lhe implicitamente o uso da força para levar a cabo este controlo (parág. 8). Trata-se de uma habilitação ao uso privado da força[1173] que visa ratificar as medidas já decididas pela ECOWAS.

A decisão seguinte do Conselho fica-se por mais uma Declaração Presidencial, a 1997/52, de 14 de Novembro[1174], de apoio às iniciativas pacíficas da ECOWAS para procurar resolver a crise.

---

[1168] Textos em RSSC, 1997, pág. 98-99 e 103-104.

[1169] Texto em RSSC, 1997, pág. 108-109.

[1170] Cfr. UNCM, 1997, No. 2.

[1171] Texto em RSSC, 1997, pág. 51-54.

[1172] Cfr. *Decision on Sanctions against the Junta in Sierra Leone*, Community Of West African States, Twentieth Session of the Authority of Heads of State and Government, Abuja, 28-29 August 1997 (texto em SLW). Os artigos 2 a 4 estabelecem um embargo comercial total, além de um congelamento de fundos dos membros da Junta e seus familiares. O artigo 7 vai mais longe e permite implicitamente a utilização da força para impor este embargo. Trata-se, porém, de uma habilitação que a ECOWAS não tinha poder para conferir, designadamente, em relação a navios ou aeronaves com o pavilhão de Estados não membros. O Secretário-Geral, porém, apoiou as medidas na sua carta de 7 de Outubro para o Presidente do Conselho (texto em UN doc. S/1997/776). É esta decisão de uso da força que força o Conselho a aprovar uma habilitação expressa, conferindo-lhe o fundamento que lhe faltava, numa ratificação para o futuro da decisão da ECOWAS.

[1173] Ver, *supra*, parág. 9 e, *infra*, parág. 70-75.

[1174] Texto em RSSC, 1997, pág. 116-117.

No entanto, as forças da ECOMOG instaladas no terreno acabam por entrar em combate aberto com as autoridades militares saídas do golpe, com a situação a tornar-se ainda mais confusa pela continuação das hostilidades por parte das forças da FUR[1175]. Consequentemente, e em resultado do fracasso das negociações, em Fevereiro de 1998, a ECOMOG, depois de intensos combates, consegue depor o Governo de facto do CRFA, expulsando as suas forças e da sua aliada FUR de Freetown.

Na sequência destes desenvolvimentos, o Conselho tem a primeira reacção de leve censura à ECOWAS e ECOMOG. Na Declaração Presidencial 1998/5, de 26 de Fevereiro[1176], mostra-se preocupado pela continuação dos combates, pedindo genericamente o fim das hostilidades. Apesar de elogiar a acção da ECOWAS e a deposição da junta militar, pede a reinstalação do Presidente deposto e, em tom levemente condenatório, pede que a acção desenvolvida pela ECOMOG se paute pelas regras da Carta[1177]. Isto é, pode-se retirar desta passagem que o Conselho considera que a actuação da ECOMOG não foi inteiramente conforme com a Carta, apesar do objectivo visado ter sido estabelecido pelo Conselho. E, no entanto, em vez de condenar abertamente o acto, elogiou a acção global da ECOMOG, embora não em particular esta acção. Trata-se de mais um elemento que apoia a existência de uma causa de exclusão da responsabilidade de intervenções, especialmente colectivas, em situações humanitárias extremas, como as existentes na situação de anarquia total que caracterizava a Serra Leoa[1178].

O Presidente deposto é reinstalado em 10 de Março de 1998 e o Conselho, na sua Resolução 1156 (1998), de 16 de Março[1179], parág. 1, aplaude a reposição da normalidade constitucional. Contudo, porque a oposição da FUR/CRFA continuou, o Conselho, na sua Resolução seguinte, a 1162 (1998), de 17 de Abril[1180], parág. 5, criou uma pequena Missão de Observação de 10 membros para monitorizar a situação e assistir o Governo e a ECOMOG.

---

[1175] Cfr. Relatório do Secretário-Geral de 21 de Outubro de 1997, UN doc. S/1997/811, parág. 6-9.

[1176] Texto em RSSC, 1998, pág. 126-127.

[1177] Karsten Nowrot/Emily W. Schabacker, *The Use of Force to Restore Democracy: International Legal Implications of the ECOWAS Intervention in Sierra Leone*, AUILR, Vol. 14, 1998, pág. 321-412, na pág. 364-365, sublinham correctamente que não é possível de modo algum considerar que o Conselho apoiou neste aspecto a acção da ECOMOG.

[1178] Ver, *supra*, parág. 14.3 e, *infra*, parág. 32.7.

[1179] Texto em RSSC, 1998, pág. 14-15.

[1180] Texto em RSSC, 1998, pág. 26-27.

Na Declaração Presidencial 1998/13, de 20 de Maio[1181], o Conselho condena a continuação dos combates e as atrocidades contra civis cometidos pela FUR e CRFA, bem como o apoio que estas estavam a receber do exterior. Para procurar terminar com este, na sua Resolução 1171 (1998), de 5 de Junho[1182], parág. 2, 4 e 5, impõe um embargo de armas apenas em relação aos movimentos rebeldes. Na Resolução 1181 (1998), de 17 de Julho[1183], parág. 6, cria a Missão de Observação das Nações Unidas na Serra Leoa (UNOMSIL), que constitui um alargamento do anterior grupo de observadores.

A partir da segunda quinzena de Dezembro de 1998 a situação no terreno altera-se. Apoiados por ex-membros de partes beligerantes na Libéria e mercenários, incluindo europeus[1184], forças rebeldes rechaçam um ataque da ECOMOG e pouco a pouco conquistam importantes posições, incluindo parte da capital Freetown, forçando à retirada parcial da UNOMSIL[1185, 1186].

A Declaração Presidencial 1999/1, de 7 de Janeiro[1187], fica-se por uma quase patética condenação da continuação da luta armada pelos rebeldes e pelo apoio que estes recebem a partir do território da Libéria, apesar de o Governo desta negar em termos pouco credíveis tal apoio.

Perante as dificuldades da ECOMOG em impor pela força a paz, o então Presidente da ECOWAS veio apelar ao cessar-fogo e pacificação entre as partes na Serra Leoa frisando que a ECOMOG era uma Força de paz[1188]. A Resolução 1220 (1999), de 12 de Janeiro[1189], denota o desaparecimento das expressões autoritárias e limita-se a renovar o mandato da UNOMSIL.

---

[1181] Texto em RSSC, 1998, pág. 133-134.

[1182] Texto em RSSC, 1998, pág. 41-42.

[1183] Texto em RSSC, 1998, pág. 57-60.

[1184] Especialmente ucranianos, cfr. D. Pratt, *Sierra Leone* (...), cit., Part II. Ver também BG, April 23, 1999, pág. 23.

[1185] Cfr. O Relatório Especial do Secretário-Geral de 7 de Janeiro de 1999, UN doc. S/ /1999/20, parág. 2-10.

[1186] As consequências para a população civil foram desastrosas, com a FUR e o CRFA a levarem a cabo crimes generalizados de homicídio, amputação de membros, violações, recrutamento obrigatório de crianças e rapto em geral de civis para servirem de escudos humanos [cfr. Human Rights Watch, *Sowing Terror: Atrocities Against Civilians In Sierra Leone*, 1998, Vol. 10, No. 3 (A), parte III (texto em HRWW)].

[1187] Texto em RSSC, 1999, pág. 93.

[1188] Cfr. Relatório de 7 de Janeiro citado, parág. 15 e 18.

[1189] Texto em RSSC, 1999, pág. 1-2.

Um melhoramento da situação militar, com contra-ataques da ECOMOG que reconquistam a capital[1190], levam o Conselho a aprovar a Resolução 1231 (1999), de 11 de Março[1191], onde renova o mandato da UNOMSIL e condena as graves atrocidades praticadas pelas forças rebeldes contra a população civil. Mas nada diz em relação às medidas bélicas levadas a cabo pela ECOMOG que claramente se tornara numa das partes principais no conflito[1192], do lado do Governo[1193]. A mesma condenação existe na Declaração Presidencial 1999/13, de 15 de Maio[1194], mas igualmente um apoio às negociações de Lomé entre o Governo e as forças rebeldes. Idêntico apoio se encontra na Resolução 1245 (1999), de 11 de Junho[1195].

Em 7 de Julho de 1999 é obtido o Acordo de Paz de Lomé entre o Governo e a FUR[1196]. Além do cessar-fogo (artigo 1), este consagra uma partilha de poderes, com a conversão da FUR num partido político (artigo III), constituição de um Governo de unidade nacional com vários elementos da FUR (artigo V) e uma amnistia completa (artigo IX)[1197]. O acordo seria

---

[1190] Cfr. Quinto Relatório do Secretário-Geral sobre a UNOMSIL de 4 de Março de 1999, UN doc. S/1999/237, parág. 2-6.

[1191] Texto em RSSC, 1999, pág. 13-15.

[1192] E também ela responsável por violações do Direito Internacional Humanitário (cfr. Michelle Parlevliet, *Truth Commissions in Africa: the Non-Case of Namibia and the Emerging Case of Sierra Leone*, ILF, Vol. 2, 2000, pág. 98-111, na pág. 106).

[1193] Em meados de 1999 o conflito já causara cerca de 50.000 vítimas (cfr. UNCM, 1999, Autumn, Africa E-Z).

[1194] Texto em RSSC, 1999, pág. 102-103.

[1195] Texto em RSSC, 1999, pág. 35-36.

[1196] Texto em anexo ao UN Doc. S/1999/777, de 12 de Julho de 1999.

[1197] A questão da validade destas amnistias tem provocado alguma controvérsia. Não é possível impugná-las à luz do referido Protocolo Adicional II às Convenções de Genebra. Este Protocolo deve ser considerado aplicável, visto que se tratou de um conflito interno, que não foi internacionalizado, dado que a intervenção estrangeira se verificou contra os rebeldes e não contra o Governo reconhecido, e a Serra Leoa é parte no Protocolo. O apoio estrangeiro aos rebeldes não foi de modo algum de nível a legitimar considerá-lo como factor de interna-cionalização (parcialmente contra: Babafemi Akininade, *International Humanitarian Law and the Conflict in Sierra Leone*, NDJLEPP, Vol. 15, 2001, pág. 391-454, na pág. 441-442 e 411-413; sobre a questão da internacionalização de conflitos internos, ver, *supra*, parág. 9.1 e, *infra*, parág. 102.1). Ora, o artigo 6, n.º 5 insta, em termos pouco preceptivos, que seja conferida uma amnistia o mais ampla possível no final do conflito. Tentativas de excepcionar do seu âmbito crimes contra a humanidade foram rejeitadas durante a conferência de Genebra. Igualmente a prática, apesar dos Tribunais das Nações Unidas para a ex-Jugoslávia e Ruanda, é pouco consistente. Nos últimos anos foram decretadas várias amnistias em conflitos internos (ver no sentido da inexistência de um dever consuetudinário de accionar penalmente por crimes internacionais: Michael P. Scharf, *Swapping Amnesty for Peace: Was There a Duty to*

*Prosecute International Crimes in Haiti*, TILJ, Vol. 31, 1996, pág. 1-41, na pág. 38-39 e 41 e em *The Scope Of The International Legal Obligation To Prosecute Human Rights Crimes*, LCP, Vol. 59, 1996, pág. 41-61, na pág. 51-52 e 59 (embora pareça aceitar deveres que limitam o âmbito das amnistias); Karen Gallagher, *No Justice, No Peace: The Legalities and Realities of Amnesty in Sierra Leone*, TJLR, Vol. 23, 2000, pág. 149 e segs., texto notas 200--229).

Mas se um dever de punir criminalmente não decorre do Protocolo II ou do Direito Internacional Costumeiro, tal não significa que não existam alguns deveres que implicam a invalidade de certas formas de amnistia. Assim, o Tribunal Americano dos Direitos Humanos interpretou o artigo 1, n.º 1 da Convenção Americana, no sentido de que: "The second obligation of the States Parties is to " ensure " the free and full exercise of the rights recognized by the Convention to every person subject to its jurisdiction (...). As a consequence of this obligation, **the States must prevent, investigate and punish any violation of the rights** recognized by the Convention and, moreover, if possible attempt to restore the right violated and provide compensation as warranted for damages resulting from the violation" [cfr. *Velasquez Rodriguez Case*, Judgment of July 29, 1988, Inter-Am.Ct.H.R. (Ser. C) No. 4 (1988), parág. 166; também parág. 177]. Mais longe foi a Comissão Inter-Americana que tem entendido que a Convenção proíbe amnistias e que impõe que o Estado identifique os autores dos crimes e os sujeite a adequada punição. Se esta não implica necessariamente uma punição criminal, já uma amnistia completa que isente os criminosos mesmo de deveres de indemnização deve ser considerada como contrária ao Direito Internacional Costumeiro.

Resulta claro que os Estados têm um direito de jurisdição universal para punir estes crimes e que, pelo menos, o Estado em cujo território estes ocorreram tem um dever de não conceder amnistias totais, que isentem os autores dos actos de qualquer espécie de responsabilidade, mesmo civil. O dever de os accionar penalmente ainda não se encontra formado. Deste modo, a amnistia na Serra Leoa que não só isentava de qualquer responsabilidade (o artigo 9, n.º 3 proibia qualquer acção oficial ou judicial contra os responsáveis), como premiava mesmo membros da FUR com o direito de acesso à função pública e ao Governo, seria contrária ao Direito Internacional (neste sentido, mas com posição ainda mais rigorosa: Amnesty International, *Sierra Leone: A peace agreement but no justice*, AFR 51/007//1999, 09/07/1999 (texto em AIW); Human Rights Watch, *The Sierra Leone Amnesty under International Law*, August 3, 1999 (texto em HRWW), com uma longa citação de prática relevante. O próprio Secretário-Geral, no seu Quinto Relatório sobre a UNAMSIL, de 31 de Julho de 2000 (texto em UN Doc. S/2000/751), parág. 10, afirma: "the possibility was raised that the amnesty in the Lomé Agreement be revoked to the extent of its legality under international law".

Claro está, tal amnistia nunca vincularia Estados terceiros ou as Nações Unidas que poderiam continuar a exercer o seu direito de jurisdição universal. De qualquer modo, com a violação do Acordo de Lomé pela FUR, a amnistia foi considerada sem efeito por força da excepção do não cumprimento, daí a criação do Tribunal Penal Especial para a Serra Leoa consagrada na Resolução 1315 (2000), de 14 de Agosto (texto em RSSC, 2000, pág. 56-58) que afirma no seu preâmbulo "Recalling that the Special Representative of the Secretary--General appended to his signature of the Lomé Agreement a statement that the United Nations holds the understanding that the amnesty provisions of the Agreement shall not apply

apoiado pelo Conselho por meio da Resolução 1260 (1999), de 20 de Agosto[1198].

Este acordo estabelece ainda a interposição de um Força neutral que não poderia ser constituída pela ECOWAS visto que esta se convertera em parte no conflito. É neste contexto que o Conselho de Segurança cria a UNAMSIL, a quem, segundo se julga, viria a reconhecer poderes públicos bélicos[1199] e que irá substituir a ECOMOG[1200], pondo termo a mais este caso de intervenção regional.

**32.5. Guiné-Bissau.** O conflito interno na Guiné-Bissau desencadeou-se em 7 de Junho de 1998, em resultado de uma revolta militar causada por acusações de tráfico de armas contra o então chefe de estado-maior das forças armadas.

O então Presidente, perante a superioridade das forças rebeldes, solicitou ao Senegal e Guiné a sua intervenção militar, o que agravou fortemente o conflito. O Senegal terá aceite intervir em consequência do alegado suporte das forças rebeldes ao Movimento das Forças Democráticas de Casamança, que lutam contra o Governo Senegalês[1201].

Depois de duros combates, com mediação da Comunidade de Países de Língua Portuguesa e de Estados da ECOWAS, as partes chegaram a um acordo de cessar-fogo celebrado na Cidade da Praia, Cabo Verde, em 26 de Agosto de 1998[1202]. Mas cedo os combates recomeçaram com redobrada intensidade.

---

to international crimes of genocide, crimes against humanity, war crimes and other serious violations of international humanitarian law". Ainda assim, o Conselho de Segurança não foi ao ponto de declarar inválida a amnistia ou de afirmar que existia um dever de reprimir criminalmente tais crimes, tendo-se limitado a um "that the international community will exert every effort to bring those responsible to justice".

[1198] Texto em RSSC, 1999, pág. 52-54.

[1199] Sobre a UNAMSIL, ver, *infra*, parág. 68.

[1200] As últimas tropas da ECOMOG retiraram da Serra Leoa apenas em 2 de Maio de 2000, precisamento numa altura em que os rebeldes iniciaram acções militares de monta [cfr. Quarto Relatório do Secretário-Geral sobre a UNAMSIL (texto em UN Doc. S/2000/455), de 19 de Maio de 2000, parág. 59]. Claro está, parte dos contingentes da ECOMOG passaram simplesmente para a UNAMSIL, ficando subordinadas às Nações Unidas; caso de parte do importante contingente da Nigéria.

[1201] Cfr. *West Africa: Senegal begins to explain Guinea Bissau intervention*, JHA, 23 August 1998; UNCM, n. 4, 1999 (Summer).

[1202] Texto do Acordo em anexo a UN Doc. S/1998/825 de 1 de Setembro de 1998 (pág. 2-3); com dois apêndices (pág. 4-5) e a declaração conjunta da ECOWAS e da Comunidade de Países de Língua Portuguesa sobre a questão (pág. 6-8).

Novo acordo seria obtido, este já com medidas de fundo para a resolução do conflito, em Abuja, Nigéria, em 1 de Novembro de 1998[1203]. Este, além do cessar-fogo (parág. 1), estipulava a criação de um Governo de Unidade Nacional (parág. 4), a retirada de todas as tropas estrangeiras (parág. 2), a instalação de uma Força da ECOWAS (parág. 2 e 3) e a realização de eleições presidenciais (parág. 5), o mais tardar em Março de 1999.

Na sua Declaração Presidencial 1998/31, de 6 de Novembro de 1998[1204], o Conselho apoiou o procedimento de paz, assinalando que o Acordo estabelecia a retirada das forças estrangeiras, embora sem condenar a sua intervenção[1205]. Em 3 de Dezembro de 1998, estabilizada provisoriamente a situação, foi nomeado o novo Primeiro-Ministro e, em 15 de Dezembro, foi celebrado em Lomé um Protocolo Adicional.

O Conselho de Segurança, na sua Resolução 1216 (1998), de 21 de Dezembro[1206], num precedente, aprovou o mandato da ECOMOG, impondo--lhe uma rigorosa manutenção da paz (parág. 4) e permitindo-lhe recorrer a acções necessárias para garantir a sua liberdade de movimentos (parág. 6). Esta habilitação torna o caso da Guiné-Bissau relevante. Parece que o Conselho que primou pela tolerância em relação à ECOMOG quanto às suas intervenções na Libéria e Serra Leoa, desta vez num excesso de cautela decidiu aprovar algo que não necessitava de aprovação, já que fora aceite por ambas as partes no conflito. Não parece que mesmo o uso defensivo da força para garantir o cumprimento do mandato necessitasse de uma habi-litação, visto que pode ser justificado por auto-tutela defensiva[1207]. Mas o Conselho foi mais longe; aprovou o próprio mandato e instalação da Força.

Mas em 31 de Janeiro de 1999 apenas se encontravam na Guiné-Bissau 110 soldados da ECOMOG, provenientes do Togo, e as Forças do Senegal ainda não tinham retirado. É nesta data que o conflito armado se reacende. Por iniciativa do Presidente do Togo, à altura na presidência da ECOWAS, um cessar-fogo é obtido em 3 de Fevereiro; o que permite, no dia seguinte,

---

[1203] Texto do Acordo em anexo a UN Doc. S/1998/1028 de 3 de Novembro de 1998.

[1204] Texto em RSSC, 1998, pág. 150-151.

[1205] Esta inicialmente poderia ser justificada no consentimento do Governo eleito; mas tendo em conta a efectividade demonstrada pela Junta Militar dos rebeldes, que cedo mostrou ter grande apoio, ao menos entre os militares, a retirada das forças estrangeiras era a única opção legítima, sob pena de violação do princípio da não intervenção num conflito armado (ver, *supra*, parág. 16.1).

[1206] Texto em RSSC, 1998, pág. 117-118.

[1207] Ver sobre esta questão, a propósito de outras habilitações paralelas na Albânia e República Centro-Africana, *infra*, parág. 75.3.5.

a entrada na Guiné-Bissau de um novo contingente de 300 soldados da ECOMOG. Entretanto, as tropas Senegalesas abandonam progressivamente o país. No dia 17 de Fevereiro, em Lomé, os dirigentes de ambas as partes afirmam a sua vontade de não voltar a recorrer à força e no dia 20 toma posse o novo Governo[1208].

O Conselho, na sua Resolução 1233 (1999), de 6 de Abril[1209], reitera o seu apoio aos procedimentos em curso, criando um gabinete de apoio das Nações Unidas (UNOGBIS) para levar a cabo medidas de consolidação da paz (parág. 7).

A execução das medidas previstas nos acordos seguia o seu curso quando, em 7 de Maio, elementos ligados à Junta Militar depõem o então Presidente, que se refugia na Embaixada de Portugal. Na sequência destes eventos, a ECOWAS condena o golpe e decide fazer retirar a ECOMOG[1210].

O Governo de Unidade Nacional comprometeu-se a realizar eleições, que efectivamente vieram a ocorrer sem grandes problemas: em 28 de Novembro de 1999, eleições legislativas e a primeira volta das eleições presidenciais[1211]; em 12 de Janeiro de 2000, a segunda volta das eleições presidenciais[1212]. Estes desenvolvimentos seriam saudados pela Declaração Presidencial 2000/11, de 29 de Março de 2000[1213].

Posteriormente, a situação normalizou, apesar de algumas perseguições aos anteriores partidários do Presidente deposto e de dificuldades de rela-cionamento entre o novo poder político e a ex-Junta Militar. Estas dificuldades viriam a culminar nos acontecimentos de Novembro de 2000 que terminaram pela sujeição dos militares revoltosos ao poder civil democraticamente eleito. Estes problemas e a necessária sujeição dos militares ao novo poder civil seriam sublinhados pela Declaração Presidencial 2000/37, de 29 de Novembro de 2000[1214].

---

[1208] Cfr. Relatório do Secretário-Geral de 17 de Março de 1999, UN doc. S/1999/294, parág. 3, 6-9 e 11-12).

[1209] Texto em RSSC, 1999, pág. 15-17.

[1210] Cfr. Relatório do Secretário-Geral de 1 de Julho de 1999, em UN doc. S/1999/741, parág. 7-8 e 10-12.

[1211] Cfr. Relatório do Secretário-Geral de 23 de Dezembro de 1999, em UN doc. S/ /1999/1276, parág. 20-24.

[1212] Cfr. Relatório do Secretário-Geral de 24 de Março de 2000, em UN doc. S/2000/ /250, parág. 2 e 4.

[1213] Texto em RSSC, 2000, pág. 106-107.

[1214] Texto em RSSC, 2000, pág. 129-130.

Na fronteira com o Senegal têm-se verificado incidentes com os rebeldes de Casamança, mas localizados[1215].

**32.6. Jugoslávia (Kosovo).** Nenhuma acção militar parece ter suscitado maior debate doutrinário na História do Direito Internacional do que a desencadeada pela OTAN em 24 de Março de 1999, cerca das 20h (hora local na Jugoslávia)[1216], contra a nova Jugoslávia[1217].

---

[1215] Cfr. Relatório do Secretário-Geral de 16 de Março de 2001, em UN doc. S/2001/ /237, parág. 12.

[1216] Cfr. Press Conference by Secretary General, Dr. Javier Solana and SACEUR, Gen. Wesley Clark, NATO HQ – 25 Mar. 1999 15.00 Hours (texto em NATOW).

[1217] A Doutrina sobre a questão é imensa. Poucos autores se abstiveram de participar no debate e este está longe de ter terminado. Como é habitual, as conclusões não são consensuais.

Existe um grupo que entende que a acção foi ilícita: P. Despretz, *Le droit international* (…), cit. (pronuncia-se apenas sobre as ameaças de 1998); J. Charney, *Anticipatory* (…), cit., pág. 1232 e 1241 e em *Anticipatory Humanitarian Intervention in Kosovo*, AJIL, Vol. 93, 1999, pág. 834-841, na pág. 834-835; V. Nanda, *NATO's Armed Intervention* (…), cit., pág. 18-19 (por desnecessária e desproporcionada, pois aceita a intervenção humanitária); I. Brownlie, *Memorandum* (…), cit., parág. 87; R. Bilder, *Kosovo* (…), cit., pág. 167; C. Schreuer, *Is there a Legal Basis* (…), cit., pág. 152-154 (admitiria atenuações derivadas de considerações humanitárias, mas não aceita os meios usados); N. Schrijver, *NATO in Kosovo* (…), cit., pág. 158-159 (aceita a intervenção humanitária, mas rejeita os meios usados); N. White, *The Legality of Bombing* (...), cit., pág. 33-37; J. Lobel, *Benign Hegemony* (...), cit., pág. 30 e 32-33; Edward Mcwhinney, *International Law Antinomies and Contradictions of An Era of Historical Transition: Retrospective on the Nato Armed Intervention in Kosovo*, ILSAJICL, 2000, pág. 433-436, na pág. 434-435; C. Portela, *Humanitarian Intervention* (...), cit., pág. 25; E. Suy, *NATO's Intervention* (…), cit., pág. 204; Nicholas N. Tsagourias, *Humanitarian Intervention After Kosovo and Legal Discourse: Self-Deception or Self-Consciousness?*, LJIL, Vol. 13, No. 1, 2000, pág. 11-32, na pág. 30-31; T. Gazzini, *NATO Coercive* (…), cit., pág. 435.

Um segundo que sustenta que esta foi lícita, regra geral baseados na intervenção humanitária: Walter Gary Sharp, Sr., *Operation Allied Force: Reviewing The Lawfulness Of Nato's Use Of Military Force To Defend Kosovo*, MJILT, Vol. 23, 1999, pág. 295-329, na pág. 321-322 e 325 (com base também em legítima defesa!); Anthony D'Amato, *International Law and Kosovo*, UNLR, Vol. 33, 1999, pág. 112-114; J. D. Godwin, *Nato's Role* (…), cit., pág. 54; R. Wedgwood, *NATO's Campaign* (…), cit., pág. 833-834; C. Chinkin, *Kosovo* (...), cit., pág. 843-844 (mas desproporcionada); J. Mertus, *Reconsidering* (...), cit., pág. 1780; L. Geissler, *The Law Of Humanitarian* (…), cit., pág. 344-345; Ivo H. Daalder, *NATO, the UN, and the Use of Force*, Brookings Institution, 1999 (parte final); K. Alexander, *NATO'S Intervention* (...), cit., texto notas 204-206; Abraham D. Sofaer, *International Law and Kosovo*, SJIL, Vol. 36, 2000, pág. 1-21, na pág. 15 (com base na duvidosa metodologia de *New Haven*); Aaron Schwabach, *The Legality Of The Nato Bombing Operation In The Federal Republic Of Yugoslavia*, PILR, 1999, pág. 405-418, na pág. 411, 415 e 417-418 (com base

Os factos que rodearam a intervenção são conhecidos[1218]. Desde finais de 1997 que tinha irrompido um conflito armado desencadeado por movimentos de libertação dos albaneses do Kosovo contra as autoridades sérvias centrais. O conflito tinha a sua raiz próxima[1219] na severa restrição de que foi alvo em 1989 o estatuto de província autónoma de que gozava o Kosovo

---

em "legítima defesa preventiva"); J. Merriam, *Kosovo* (...), cit., pág. 137-153; M. Smith, *NATO, the Kosovo* (...), cit., pág. 21; M. Brenfors/M. Petersen, *The Legality* (...), cit., pág. 497--498.

Um terceiro conjunto de autores defende que esta, ainda que inicialmente ilícita, criou Direito ou deixou de ser ilícita ou fonte de responsabilidade (ou goza de fortes atenuantes) por força de outros factores: T. Franck, *Lessons* (...), cit., pág. 858-859 e em *Sidelined in Kosovo? The United Nations' Demise Has Been Exaggerated; Break It, Don't Fake It*, FA, 1999 (July-August), pág. 116 e segs. (ilícita, mas admitindo circunstâncias atenuantes); P. Weckel, *Cour Internationale de Justice* (...), cit., pág. 706-707 (com atenuantes; mas também contesta a ilicitude, com base em considerações inaceitáveis sobre o artigo 53 CNU) ; Michael F. Glennon, *The New Interventionism: The Search for a Just International Law*, FA, Vol. 78, 1999, pág. 2 e segs. (ilícita, mas justa por inadequação das actuais normas que cairão em desuso); Marc Weller, *The Rambouillet Conference on Kosovo*, IA, Vol. 75, No. 2, 1999, pág. 211-251, na pág. 251; Antonio Cassese, *Ex iniuria ius oritur: Are We Moving towards International Legitimation of Forcible Humanitarian Countermeasures in the World Community?*, EJIL, Vol. 10, No. 1, 1999, pág. 23 e segs. (foi ilícita, mas encontra-se em vias de formação uma norma permitindo acções coercivas humanitárias); Kai Ambos, *NATO, the UN and the Use of Force: Legal Aspects*, EJIL, Vol. 10, No. 1, 1999 (web site) (segue Cassese); Saxer, *Kosovo und das Völkerrecht* (...), cit., pág. 73-75 (segue Cassese). Alguns invocam como tendo efeito convalidatório a aprovação da Resolução 1244 (1999): L. Henkin, *Kosovo* (...), cit., pág. 827; Alain Pellet, *"La guerre du Kosovo" – Le fait rattrapé par le droit*, ILF, Vol. I, No. 3, 1999, pág. 160-165, na pág. 164 (além de falar na justiça da causa) e em *Brief Remarks on the Unilateral Use of Force*, EJIL, Vol. 11, No. 2, 2000, pág. 385-392, na pág. 389; A. Schwabach, *Yugoslavia* (...), cit., pág. 83 e 101; J. Rytter, *Humanitarian Intervention* (...), cit., pág. 156 (ilícita, mas com base moral)].

[1218] Embora contados de diferentes maneiras. De uma forma geral, procurou-se basear a análise nos relatórios do Secretário-Geral. Estes embora por vezes pequem por excessivamente diplomáticos, ponderam bem as acusações e tendem a apresentar uma visão isenta da situação. Uma deficiência resulta do facto de que as Nações Unidas não tinham monitores no Kosovo, tendo estes relatórios de se basear em observações realizadas por outras entidades, como a OSCE, mas que ainda assim constituem fontes credíveis.

[1219] A sua raiz imediata está também relacionada com a atitude da Comunidade Internacional, especialmente dos Estados da União Europeia, de reconhecerem a nova Jugoslávia em 1996 sem que primeiramente estivesse resolvida a questão do Kosovo. O facto de a Conferência de Dayton ter deixado a questão de lado constituiu uma desilusão grande para os Kosovares que os levou a recorrer às armas (assim: Richard Caplan, *International Diplomacy and the Crisis in Kosovo*, IA, Vol. 74, No. 4, 1998, pág. 741-761, na pág. 750; Lawrence Freedman, *Victims and victors: reflections on the Kosovo War*, RIS, Vol. 26, 2000, pág. 335-358, na pág. 346).

no seio da República Sérvia à luz das Constituições Jugoslava de 1974 e Sérvia[1220]. A grande maioria da população desta região é de origem albanesa (cerca de 90% dos cerca de 2 milhões de habitantes em 1998) e ressentia--se das políticas nacionalistas sérvias na região em matérias como a educação na língua materna, a igualdade no acesso à função pública, a sua representação política, *etc.*[1221]. Resulta claro que tais políticas constituíam violações dos direitos das minorias internacionalmente reconhecidos.

Em reacção ao surgimento de grupos armados de kosovares de origem albanesa, a Sérvia em Fevereiro de 1998 iniciou uma política de repressão policial e militar que suscitou imediatas críticas internacionais. Em resposta, estes grupos armados no Kosovo prosseguiram uma política de atentados, alguns destes indiscriminados e contra alegados colaboradores albaneses com as autoridades. Vários Estados, alarmados pelo modo como a situação evoluíra na Bósnia, estavam decididos a evitar que o mesmo se repetisse no Kosovo.

Com este objectivo em mente ressuscitou-se o grupo de contacto cons-tituído já em 1992 para fazer frente ao conflito na Ex-Jugoslávia pelos EUA, Reino Unido, França, Itália, Alemanha e Rússia com vista a mediar uma solução para o conflito que passaria pela concessão de ampla autonomia ao Kosovo no seio da Jugoslávia. Este grupo apresentou algumas propostas ao Conselho de Segurança que seriam adoptadas pela sua Resolução 1160 (1998), de 31 de Março[1222]. Este, depois de condenar os actos de repressão excessiva das autoridades sérvias e os actos terroristas dos movimentos armados de etnia albanesa, qualificou a situação como uma ameaça à paz. Em consequência, actuando nos termos do artigo 41 CNU, impôs um embar-

---

[1220] As alterações à Constituição Sérvia de 1989 terão sido aprovadas pela assembleia do Kosovo em 23 de Março do mesmo ano quando esta se encontrava cercada por tropas sérvias (cfr. KCDHTD, pág. 5; Sarah Aird, *Kosovo: History of a Human Rights Crisis: Part one*, HRB, Vol. 9, 1999, pág. 30 e segs.).

[1221] Daí que numa consulta popular semi-clandestina de 26 a 30 de Setembro de 1991, organizada localmente pelas estruturas de "Governo" da etnia albanesa no Kosovo, a grande maioria da população se tenha manifestado a favor da independência. Dos alegados 1.051.357 votantes na região, participaram 87%, tendo 99.87% destes votado pela independência (cfr. KCDHTD, pág. 7). O número de pouco mais de um milhão de votantes suscita, contudo, dúvidas, já que a população local alcançava cerca de dois milhões, não sendo crível que só cerca de 50% fossem maiores de idade. O que sugere que apenas foram recenseados uma parte destes. Ainda assim, a maioria da população votou favoravelmente. De resto, a vontade de independência dos albaneses do Kosovo nunca foi seriamente contestada; esta afigura-se indiscutível.

[1222] Texto em RSSC, 1998, pág. 21-24.

go de armas e material bélico à Jugoslávia, abrangendo igualmente os rebeldes no Kosovo, bem como qualquer apoio a estes (parág. 8). Além de apoiar as referidas propostas de fundo do grupo de contacto (parág. 5), insistir em negociações da Sérvia com os representantes albaneses [parág. 4 e 16, al. b)] e na retirada das forças especiais de polícia e cessação da repressão contra a população civil (parág. 16).

A Resolução produziria algum eco no terreno, visto que a situação acalmou. Continuaram, porém, a registar-se ataques da guerrilha contra polícias sérvios e "colaboradores", bem como medidas de controlo abusivas pelas autoridades em relação à população civil de etnia albanesa e algumas acções bélicas pontuais contra os rebeldes[1223]. As negociações continuaram sem qualquer progresso, por força da recusa dos representantes albaneses em negociar sob condição do estatuto do Kosovo não afectar a integridade da Jugoslávia, bem como por força da recusa da Sérvia em aceitar a participação de Estados terceiros[1224].

A situação posteriormente agravar-se-ia, com uma nova escalada de conflitos entre as forças rebeldes e sérvias. Estes ocorreram especialmente na fronteira com a Albânia. A Jugoslávia informou o Secretário-Geral de que desde 1 de Janeiro a 27 de Maio teriam ocorrido 356 actos "terroristas", sobretudo contra as forças sérvias[1225]. Desde Fevereiro as baixas de ambos os lados, incluindo civis, atingiriam o número de 200, no final de Maio. Quer as forças sérvias, quer rebeldes, foram responsáveis por ataques contra civis, sendo vulgares os raptos e atentados contra "colaboradores" por partes das segundas. Nesta data existiriam cerca de 42.000 refugiados, entre sérvios e albaneses[1226].

Uma ofensiva sérvia em 22 de Maio viria agravar os combates, incluindo na zona da fronteira com a Albânia. Ainda assim, aparentemente, não existia

---

[1223] Cfr. Relatório da União Europeia sobre a situação no Kosovo de 21 de Abril de 1998, parág. 6-9 (texto no anexo I ao Relatório do Secretário-Geral de 30 de Abril de 1998; UN Doc. S/1998/361); *Information on the situation in Kosovo and on measures taken by the Organization for Security and Cooperation in Europe*, Warsaw, 20 April 1998, parág. 1-2 (texto no anexo II ao referido Relatório do Secretário-Geral).

[1224] Cfr. Relatório da União Europeia, cit., parág. 3-5; *Information on the situation* (...), cit., parág. 4-5. O Relatório da Rússia de 14 de Abril de 1998 é bastante mais favorável em relação à posição da Jugoslávia e crítico das resistências dos albaneses (texto em Anexo III ao referido Relatório do Secretário-Geral).

[1225] Cfr. Relatório do Secretário-Geral de 30 de Junho de 1998 (UN Doc. S/1998/470), parág. 13-15.

[1226] Cfr. Relatório do Secretário-Geral de 30 de Junho de 1998, parág. 16-17 e 19.

ainda tráfico de armas em larga escala ou de armas pesadas a partir da Albânia, embora o terreno não permitisse uma fiscalização rigorosa por parte das autoridades albanesas[1227].

No plano diplomático, uma primeira reunião entre o Presidente da Jugoslávia e o dirigente do principal partido albanês do Kosovo seria realizada em 15 de Maio em Belgrado, sendo seguido de outras conversações no dia 22 de Maio. Mas a Jugoslávia continuou a recusar a participação de Estados terceiros[1228].

A situação voltaria a agravar-se no final de Maio e ao longo de Junho, tendo escalado para um conflito armado interno aberto em que o principal movimento armado de etnia albanesa ["Exército de Libertação do Kosovo" (KLA)] controlava cerca de 3.000 km2, uma área onde se encontravam localizadas cerca de 250 localidades habitadas por umas 700.000 pessoas. Existiu igualmente um aumento significativo do tráfico de armas e pessoas a partir da Albânia. As negociações entre Belgrado e a liderança albanesa não tiveram entretanto qualquer progresso e foram condenadas pelos movimentos armados como contrárias ao objectivo de obter a independência do Kosovo[1229].

Tendo em conta esta situação, os Estados do grupo de contacto adoptaram sanções económicas unilaterais contra a Jugoslávia. Medida que poderia ser considerar-se justificada, enquanto represálias de "terceiro" por força de violação de obrigações *erga omnes* por parte da Jugoslávia. Embora se possa duvidar que estas as justificassem. Em 15 de Junho de 1998, alguns dos seus Estados foram mais longe e realizaram uma exibição intimidativa de poder aéreo na Albânia e Macedónia, junto às fronteiras com a Jugoslávia[1230]. Afigura-se, porém, que tal não implicou por si uma violação do artigo 2, n.º 4 CNU.

O agravamento da situação prossegue ao longo de Julho de 1998, depois de uma breve acalmia na segunda metade de Junho, provocando um total de cerca de 110.000 refugiados segundo o Alto Comissário das Nações Unidas para os Refugiados[1231]. Os combates, com ataques de ambos os

---

[1227] Cfr. Relatório do Secretário-Geral de 30 de Junho de 1998, parág. 20-23.

[1228] Cfr. Relatório do Secretário-Geral de 30 de Junho de 1998, parág. 32, 34 e 36.

[1229] Cfr. *Information on the situation in Kosovo and on measures taken by the Organization for Security and Cooperation in Europe* [texto em anexo V ao Relatório do Secretário-Geral de 30 de Junho de 1998 (UN Doc. S/1998/608)].

[1230] Cfr. *Information on the situation in Kosovo* (...), cit., I.

[1231] Cfr. Relatório do Secretário-Geral de 5 de Agosto de 1998 (UN Doc. S/1998/712), parág. 13.

lados, generalizaram-se, especialmente a partir de 20 de Julho nas proximidades da fronteira com a Albânia, onde existem registos de grandes movimentações de efectivos e armas em apoio do KLA. As baixas entre civis cresceram[1232].

As negociações não foram retomadas, tendo os albaneses endurecido a sua posição, por influência directa e indirecta da KLA e dos seus sucessos no alargamento da área por si controlada[1233]. Autoridades locais sérvias no Kosovo apresentaram em meados de Julho a representantes da OSCE uma lista de 30 Albaneses e 14 Sérvios que teriam sido mortos desde o início do ano pelo KLA, bem como uma lista de 111 outras pessoas raptadas. Representantes albaneses afirmaram na mesma altura que desde o início do ano teriam sido mortos pelas autoridades 300 albaneses e 150.000 outros se encontravam deslocados das suas residências[1234].

É este desenrolar favorável aos rebeldes das operações militares que tornam duvidoso que se pudesse à altura condenar com justiça as autoridades sérvias e jugoslavas de uso desproporcionado da força. Resulta claro que à Jugoslávia e Sérvia coube a responsabilidade pelo iniciar do conflito, devido às suas violações dos direitos da minoria albanesa, mas estas pareceram levar a sério a reacção internacional e moderaram as suas reacções bélicas. Os sucessos dos rebeldes parecem confirmá-lo.

O Secretário-Geral, em 4 de Setembro de 1998, tendo em conta os combates que se prolongaram pelo Verão, falava já em 600 a 700 vítimas civis e num total de cerca de 230.000 deslocados[1235]. A responsabilidade pela situação parecia ser de ambas as partes no conflito, incluindo quanto à manutenção da situação de carências humanitárias[1236].

Entretanto, o Conselho de Segurança, por intermédio da Declaração Presidencial 1998/25, de 24 de Agosto[1237], manifestara as mesmas preo-

---

[1232] Cfr. *Information on the situation in Kosovo and on measures taken by the Organization for Security and Cooperation in Europe*, parág. 1-6 (texto em anexo ao referido Relatório do Secretário-Geral de 5 de Agosto de 1998).

[1233] Cfr. *Information on the situation in Kosovo* (...), cit., parág. 12-14.

[1234] Cfr. *Report of the technical assessment mission on its visit to the Federal Republic of Yugoslavia from 14 to 22 July 1998*, parág. 12 e 15 [texto em anexo ao último citado *Information on the situation in Kosovo* (...)].

[1235] Cfr. Relatório do Secretário-Geral de 4 de Setembro de 1998 (UN Doc. S/1998/834), parág. 7; ver também o *Report of the Inter-Agency Needs Assessment Mission dispatched by the Secretary-General of the United Nations to the Federal Republic of Yugoslavia* (texto em UN Doc. S/1999/662, 9 June 1999), parág. 14 (fala em 700 vítimas).

[1236] Cfr. Relatório do Secretário-Geral de 4 de Setembro de 1998, parág. 9, 16-17 e 28.

[1237] Texto em RSSC, 1998, pág. 144-145.

cupações do Secretário-Geral e apelara ao cessar fogo e ao diálogo, tendo condenado ainda os actos de violência e terrorismo de ambas as partes, bem como a violação do Direito Internacional Humanitário.

Posteriormente, adoptou a Resolução 1199 (1998), de 23 de Setembro[1238]. Nesta reitera aquelas posições e, nos termos do Capítulo VII, após ter qualificado a situação como uma ameaça à paz, exige um cessar fogo (parág. 1), insta à abertura imediata de negociações com mediação internacional (parág. 3) e exige à Jugoslávia que cesse a repressão de civis e retire as forças responsáveis por esta, permita uma monitorização internacional do conflito, facilite o regresso dos refugiados e obtenha resultados nas referidas negociações (parág. 4). Insiste igualmente que a liderança albanesa condene as acções terroristas e ainda que esta deveria prosseguir os seus fins por meios pacíficos. No parág. 16 decide ponderar a adopção de outras medidas no caso das exigências feitas não serem acatadas.

No terreno os combates prosseguiram pelo mês de Setembro, por força de iniciativas das forças sérvias e jugoslavas que provocou mais 20.000 deslocados, embora a situação acalme em finais do mês e princípios de Outubro[1239]. Aparentemente, com vista a separar os civis dos guerrilheiros, o exército jugoslavo estava a adoptar tácticas de aterrorizar os civis, muitas vezes com a destruição das suas habitações e propriedade. As estimativas eram de cerca de 6.000-7.000 edifícios destruídos em 269 localidades. Ainda mais grave, havia notícias de execuções sumárias de civis. De 12 a 23 homens em 27 de Setembro e 20 homens, mulheres e crianças no dia 28. A Jugoslávia negou responsabilidade por tais actos[1240]. Mais de 200.000 pessoas continuavam deslocadas das suas residências, quer no Kosovo, quer na Macedónia, Albânia, Montenegro e Bósnia-Herzegovina. O número só não era maior graças a alguns retornos com o acalmar da situação em inícios de Outubro.

Também os rebeldes parecem ter sido responsáveis por actos de limpeza étnica, homicídio e rapto de civis sérvios nas regiões que estiveram sob seu controlo[1241]. A ofensiva sérvia de Agosto e princípios de Setembro fê-los perder algum do terreno que controlavam e passar a recorrer a tácticas de guerrilha. Esta evolução da situação no teatro de operações é um excelente

---

[1238] Texto em RSSC, 1998, pág. 85-88 (a China absteve-se).
[1239] Cfr. Relatório do Secretário-Geral de 3 de Outubro de 1998 (UN Doc. S/1998/912), parág. 5.
[1240] Cfr. Relatório do Secretário-Geral de 3 de Outubro de 1998, parág. 7-9.
[1241] Cfr. Relatório do Secretário-Geral de 3 de Outubro de 1998, parág. 10 e 28.

indicador de que efectivamente a Jugoslávia abandonara a sua política de relativa contenção na reacção e começava a recorrer a todos os meios disponíveis, mesmo os ilícitos[1242].

É neste contexto que a OTAN adopta a primeira ameaça formal de recurso à força. Assim, em 13 de Outubro de 1998, o Conselho da OTAN autorizou o recurso a ataques aéreos contra posições militares sérvias no Kosovo[1243]. Segundo se julga, a ameaça contida neste acto foi ilícita tendo em conta o artigo 53, n.º 1, segunda parte, em associação com o artigo 2, n.º 4 CNU. Mas, dado o agravar do conflito e o facto de não se ter concretizado, é possível que pudesse gozar de uma exclusão de responsabilidade, ponderados os seus fins humanitários, com base em tutela defensiva; neste caso dos civis afectados no Kosovo pelos actos, agora abertamente ilícitos, adoptados pela Jugoslávia[1244].

De qualquer modo, a ameaça lograria os seus efeitos e não se concretizaria de imediato. Na sua sequência, foi celebrado no mesmo dia 13 um acordo entre o Presidente da Jugoslávia e um enviado especial dos EUA que estabelecia princípios políticos para a resolução do conflito e continha um cessar-fogo (pelo menos unilateral da parte da Jugoslávia)[1245]; bem como

---

[1242] O Conflito no Kosovo entre a Jugoslávia e os rebeldes encontrava-se sujeito ao artigo 3 comum das referidas Convenções de Genebra de 1949, bem como ao citado Protocolo Adicional II aplicável aos conflitos sem carácter internacional, que impõem a distinção entre alvos militares e civis, protegendo estes últimos (artigo 13, n.º 2 e n.º 3). Já quanto à remoção das populações civis das suas casas, o artigo 17 é mais permissivo, mas exige que as necessidades básicas destas sejam garantidas, o que não é nada seguro que o estivesse a ser. A destruição deliberada de propriedade ou ameaças com vista a aterrorizar civis é igualmente proibido pelo artigo 13, n.º 2. A Jugoslávia é parte no Protocolo II por sucessão em relação à ex-Jugoslávia que o ratificou em 11 de Junho de 1979, tendo em conta a sua pretensão de continuidade quanto à personalidade desta segunda (ver, *supra*, parág. 20.1). A Assembleia Geral na sua Resolução 53/164, de 7 de Dezembro de 1998 [texto em RAGA, 53th Session, Part I (PR GA/9541), pág. 435-439], parág. 8, considerou aplicável o Protocolo II ao conflito no Kosovo. Entendeu, pois, que estavam reunidos os requisitos do seu artigo 1. De qualquer modo, as correspondentes normas internacionais costumeiras estabelecem requisitos bem mais leves (ver, *supra*, parág. 15.2.3).

[1243] "This move was designed to support diplomatic efforts to make the Milosevic regime withdraw forces from Kosovo, cooperate in bringing an end to the violence and facilitate the return of refugees to their homes" (Cfr. *NATO's role in relation to the conflict in Kosovo*; texto em NATOW).

[1244] Ver, *supra*, parág. 14.3.

[1245] Texto do Acordo, bem como a sua aprovação pelo Governo jugoslavo em UN Doc. S/1998/953, de 14 de Outubro de 1998. O seu parág. 2 previa que "Violence and terrorism, as inadmissible means, contrary to all international norms, must stop immediately".

um segundo Acordo de dia 15 de Outubro entre a Jugoslávia e a OTAN[1246] que estabelecia um sistema de monitorização aérea do Kosovo a cargo desta organização (a Missão da OTAN de Vigilância no Kosovo). Seria ainda celebrado o Acordo de 16 de Outubro entre a Jugoslávia e a OSCE que criava a Missão de Verificação no terreno[1247, 1248].

Estes acordos seriam apoiados pelo Conselho de Segurança na sua Resolução 1203 (1998), de 24 Outubro[1249], no preâmbulo e parág. 1-3, o que confirma a sua validade apesar de obtidos por ameaça do uso da força. Tal apenas pode ser explicado por o Conselho ter entendido que a ameaça não fora contrária aos termos da Carta[1250] ou que os seus efeitos deveriam ser ressalvados por existir uma exclusão de qualquer responsabilidade, incluindo quanto a eventual invalidade de actos jurídicos derivados da ameaça ilícita. Mas a ameaça da OTAN não passou sem uma censura implícita, já que o preâmbulo reafirma o evidente: "Reaffirming that, under the Charter of the United Nations, primary responsibility for the maintenance of international peace and security is conferred on the Security Council". Fora estes aspectos e a isenção da Missão de Monitorização no Kosovo da OSCE em relação ao embargo de armas estabelecido pela Resolução 1160 (1998) (parág. 15), a Resolução limita-se a reafirmar no essencial o que consta das duas anteriores.

A Assembleia Geral adoptou as mesmas posições do Conselho de Segurança em relação a toda a questão na sua Resolução 53/164, de 7 de Dezembro de 1998[1251]. Apoiou igualmente a celebração dos referidos acordos (parág. 1)[1252].

---

[1246] Texto do Acordo em anexo a UN Doc. S/1998/991, de 23 de Outubro de 1998. A sua secção relativa à Protecção da Força previa o recurso imediato a mecanismos de arbitragem bilaterais para o caso de se verificar qualquer violação dos seus termos. Não estava, pois, previsto qualquer mecanismo unilateral de execução das suas obrigações.

[1247] Texto do acordo em UN Doc. S/1998/978 de 20 de Outubro de 1998. O parág. 2 da sua Parte IV (Composição e facilidades) previa que a Missão de Verificação da OSCE alcançasse um número de 2.000 elementos desarmados.

[1248] Ver também o Relatório do Secretário-Geral de 12 de Novembro de 1998 (UN Doc. S/1998/1068), parág. 6.

[1249] Texto em RSSC, 1998, pág. 93-96. Esta teria a abstenção da China e da Rússia.

[1250] Recorde-se que o artigo 52 da citada Convenção de Viena sobre o Direito dos Tratados de 1969 apenas considera nulos acordos obtidos por ameaça do uso da força contrária aos princípios contidos na Carta.

[1251] Texto em RAGA, 53th Session, Part I (PR GA/9541), pág. 435-439. Igualmente na Resolução 53/85, de 7 de Dezembro de 1998 (texto em RAGA, 53th Session, Part I, pág. 93-95), parág. 8, apoiou a criação da Missão de Monitorização no Kosovo da OSCE, criada na sequência do Acordo de 16 de Outubro.

No terreno, o cessar-fogo seria formalmente mantido, embora se continuassem a verificar incidentes sangrentos e cerca de 200.000 pessoas continuassem deslocadas das suas casas. A situação política também não sofreu qualquer progresso, porquanto nenhum acordo foi alcançado quanto à questão de fundo. Muitos albaneses exigiam a independência e aqueles que aceitavam uma autonomia exigiam mais do que Belgrado estava disposta a conceder. Aproveitando a contenção das forças sérvias, os movimentos armados albaneses retomaram as posições perdidas durante a ofensiva de Verão[1253]. Segundo a Jugoslávia, em 7 de Dezembro, 282 pessoas, entre civis e polícias, tinham sido raptadas, sendo desconhecido o paradeiro de 136[1254].

Os maus prognósticos para a situação seriam confirmados. A partir de Janeiro os conflitos agravam-se, irrompendo mesmo em áreas que tinham permanecido calmas no Verão. Com destaque pela negativa encontra-se o massacre de 45 civis albaneses de Racak, incluindo mulheres e pelo menos uma criança, que parece ter sido da responsabilidade das forças jugoslavas. Mas, particularmente, generalizam-se os atentados localizados contra civis de ambas as etnias, normalmente não reivindicados[1255]. 180.000 pessoas continuavam deslocadas em inícios de 1999.

O referido massacre de Racak seria condenado pela Declaração Presidencial 1999/2, de 19 de Janeiro[1256], bem como as responsabilidades de ambas as partes na escalada do conflito. Dias depois, pela Declaração Presidencial 1999/6, de 12 de Fevereiro[1257], o Conselho voltaria a insistir nas negociações e cessar-fogo, apoiando as iniciativas do grupo de contacto e da OSCE.

Ainda assim, a situação bélica entre as partes durante os meses que levaram à intervenção não se agravou ao ponto de retornar aos níveis do Verão de 1998. Embora os combates prosseguissem à margem do cessar-fogo de Outubro. A Jugoslávia remetera forças para o Kosovo que eram o

---

[1252] Foi ao ponto de recomendar que "To abide by the principle that no person will be prosecuted in state courts for crimes related to the conflict in Kosovo, except for crimes against humanity, war crimes and other crimes covered by international law" (parág. 14, al. b e igualmente a al. d, embora algo contraditoriamente).

[1253] Cfr. Relatório do Secretário-Geral de 24 de Dezembro de 1998 (UN Doc. S/1998//1221), parág. 4 (que fala em 50 mortos entretanto), 5, 7, 11-14.

[1254] Cfr. Relatório do Secretário-Geral de 24 de Dezembro de 1998, parág. 16.

[1255] Cfr. Relatório do Secretário-Geral de 30 de Janeiro de 1999 (UN Doc. S/1999/99), parág. 3-4, 8-10, 11-13 e 29.

[1256] Texto em RSSC, 1999, pág. 93-94.

[1257] Texto em RSSC, 1999, pág. 96-98.

quíntuplo do acordado em 25 de Outubro[1258], sem que tal tivesse impedido o KLA de ocupar zonas que até então nunca controlara, bem como de continuar a realizar ataques localizados contra as forças jugoslavas[1259]. Depois de algum agravamento em Janeiro, a situação acalma em Fevereiro[1260].

De qualquer modo, o que assume consequências desastrosas são os sucessivos ataques contra indivíduos de ambas as etnias[1261]. Realizados de forma dissimulada, quase sistematicamente não reivindicados, muitas vezes atingem membros proeminentes das duas comunidades, defensores da convivência entre ambas, intelectuais moderados ou albaneses leais a Belgrado. Em outros casos atingem estabelecimentos onde sérvios e albaneses conviviam até então sem conflitos[1262]. A responsabilidade pelos ataques não é clara. Seguramente houve actos deste género praticados por sérvios e, provavelmente, mesmo pelas forças sérvias[1263], mas afigura-se que vários destes tenham sido da responsabilidade de radicais albaneses, defensores do fim das relações amigáveis entre ambas as comunidades. Os raptos e detenções de sérvios pelo KLA continuaram igualmente, mas em números reduzidos e muitas vezes libertados de seguida[1264].

---

[1258] Ver o *Monthly report on the situation in Kosovo pursuant to the requirements set out in United Nations Security Council* (Mid-January 1999 – Mid-February 1999) da OSCE, pág. 4 (texto em UN Doc. S/1999/214, 26 February 1999). Trata-se de um acordo militar cujo texto aparentemente ainda não foi publicado, mas a que o Primeiro Ministro Britânico fez referência em 24 de Março de 1999 como "to reduce Serb forces to the pre-February 1998 levels and withdraw his heavy weapons, so that was the agreement he made last October" (texto da declaração em KCDHTD, pág. 721-722).

[1259] Cfr. Relatório do Secretário-Geral de 17 de Março de 1999 (UN Doc. S/1999/293), parág. 33.

[1260] "While the level of military conflict was reduced in February, KLA attacks on the Serb police, isolated clashes and sporadic exchange of gunfire, including at times the use of heavy weapons by the VJ, continued to take place" [cfr. *Monthly report on the situation in Kosovo* (...), cit., pág. 4].

[1261] Assim, no referido Relatório de 17 de Março de 1999, parág. 5, o Secretário-Geral afirma: "**While clashes between the Serbian security forces and Kosovo Albanian paramilitary units continued at a relatively lower level**, civilians in Kosovo are increasingly becoming the main target of violent acts. An increasingly common pattern of individual killings throughout the region accounts for the majority of deaths. Most violent incidents have remained unclaimed. This has contributed to the climate of fear and insecurity, causing deep distrust among communities and adding to the humanitarian and social problems in Kosovo".

[1262] O Secretário-Geral refere dezenas de atentados individuais de Janeiro a 17 de Março de 1999 que provocaram 65 mortos (parág. 4 e 6-15).

[1263] Como parece admitir o Secretário-Geral no relatório de 17 de Março, parág. 32.

[1264] Cfr. Relatório do Secretário-Geral de 17 de Março de 1999, parág. 17-18.

O número de deslocados em meados de Março era da ordem dos 236.000, mas cerca de 40.000 eram sérvios. Tendo em conta que estes em 1989 apenas constituíam 10% da população do Kosovo, trata-se de números proporcionalmente superiores aos deslocados de origem albanesa. Segundo dados de Belgrado, 90 localidades onde os sérvios eram uma minoria em 1989 tinham deixado de ter qualquer elemento sérvio na sua população[1265].

No plano diplomático, em 30 de Janeiro de 1999, o Conselho da OTAN, depois de declarações do grupo de contacto do dia anterior que insistiam numa resolução negociada com mediação internacional, voltou a aprovar a realização de ataques aéreos contra a Sérvia se tal se viesse a revelar necessário, tendo feito avisos nesse sentido a ambas as partes[1266]. Também o Secretário-Geral das Nações Unidas parece ter apoiado o uso da força em Declarações de 28 de Janeiro de 1998, em Bruxelas, na sede da OTAN, embora não seja nada claro que estivesse a apoiá-la mesmo no caso de não ter subjacente uma decisão do Conselho nesse sentido[1267].

Esta segunda ameaça de uso da força convenceu as partes a reunirem-se em Rambouillet, perto de Paris, de 6 a 23 de Fevereiro de 1999.

Nesta conferência, os Estados do Grupo de Contacto procuraram levar quer a liderança kosovar quer a Jugoslávia/Sérvia a aceitarem um acordo. Inicialmente esta segunda adoptou uma postura de bloqueio[1268], mas a partir de 17 de Fevereiro, após uma iniciativa diplomática junto de Belgrado, as

---

[1265] Cfr. Relatório do Secretário-Geral de 17 de Março de 1999, parág. 26.

[1266] A declaração afirma: "If these steps are not taken, NATO is ready to take whatever measures are necessary in the light of both parties' compliance with international commitments and requirements, including in particular assessment by the Contact Group of the response to its demands, to avert a humanitarian catastrophe, by compelling compliance with the demands of the international community and the achievement of a political settlement. The Council has therefore agreed today that the NATO Secretary-General may authorize air strikes against targets on FRY territory" (cfr. *Statement by the North Atlantic Council on Kosovo*, Press Release (99)-12, 30 Jan. 1999, parág. 5, texto em NATOW).

[1267] Este afirmou em 28 de Janeiro que "The bloody wars of the last decade have left us with no illusions about the difficulty of halting internal conflicts – by reason or by force – particularly against the wishes of the government of a sovereign State. But nor have they left us with any illusions about the need to use force, when all other means have failed. We may be reaching that limit, once again, in the former Yugoslavia" (cfr. UNPR SG/SM/6878 28 January 1999).

[1268] Insistindo que os Kosovares assinassem uma declaração de princípios, cujo texto se encontra na página do Ministério dos Negócios Estrangeiros da Jugoslávia (http://www.mfa.gov.yu/Press/Statements/120299_1_e.html).

negociações progrediram[1269]. A primeira proposta dos mediadores foi corrigida de modo a acolher as perspectivas do Governo jugoslavo, designadamente de forma a que ficasse consagrado o princípio da integridade territorial da Jugoslávia de modo a limitar as pretensões de independência do Kosovo (embora sem as excluir completamente), bem como restringir a sua autonomia durante o período interino de três anos[1270]. No dia 23 de Fevereiro, último dia da conferência, depois de algumas pressões, os Kosovares manifestaram a sua concordância com os termos do acordo, sujeita apenas a consultas no Kosovo. Já a Jugoslávia mostrou-se mais renitente em aceitar que o texto do acordo político fosse considerado como definitivo[1271].

---

[1269] Numa conferência de imprensa, em 17 de Fevereiro de 1999, o Ministro dos Negócios Estrangeiros do Reino Unido afirmou: "we are quite clear that there have been instructions given to the Serb delegation and one would expect that, and they are engaged in the work, we met with them today, they have put in a number of comments on the political text" e "Q. – Was Mr Hill's visit to Belgrade a success? MR COOK – The test of whether it was a success will be on Saturday at noon" [cfr. *Joint Press Briefing Given by M. H. Vedrine, Minister Of Foreign Affairs, and Mr Robin Cook, British Secretary of State for Foreign Affairs* (Paris, 17th February 1999); texto em MAER].

[1270] Em Carta do então Presidente da Jugoslávia de 22 de Março de 1999 dirigida aos Ministros dos Negócios Estrangeiros da França e do Reino Unido, co-Presidentes da Conferência de Rambouillet, afirmava-se: "That other document, which you call the Rambouillet Agreement, however, is not the Rambouillet Agreement. For neither in Rambouillet, nor in Paris, people who came to negotiate, did not negotiate. There were no talks between them, therefore there could be no common document to be accepted or rejected" (texto em http://www.sps.org.yu/engleski/news/odgovor/index.html). Tanto quanto se pode apurar esta afirmação não é verídica, já que a Jugoslávia negociou a partir de 17 de Fevereiro (assim, em declarações de 18 de Fevereiro o Ministro dos Negócios Estrangeiros francês terá dito que "It seems things are moving a bit"; cfr. BG, February 18, 1999, pág. A3) e que algumas das suas posições foram tidas em conta apesar dos protestos da delegação kosovar [esta criticou as alterações à Constituição provisória do Kosovo introduzidas no projecto final apresentado pelos mediadores de dia 19 de Fevereiro (cfr. NYT, February 19, 1999, Section A, page 13, column 1); ver igualmente a análise (embora criticavelmente não cite as suas fontes) de M. Weller, *The Rambouillet Conference* (...), cit., pág. 230-232; também quanto a negociações em relação a crimes internacionais: Paul R. Williams, *The Norm of Justice and the Negotiation of the Rambouillet/Paris Peace Accords*, LJIL, Vol. 13, No. 1, 2000, pág. 207-217, na pág. 211-212]. Formou-se, contudo, uma opinião mais ou menos generalizada no sentido de que as posições da Jugoslávia não foram minimamente tidas em conta (por exemplo: I. Brownlie, *Memorandum* (...), cit., parág. 92), mas trata-se de uma confusão entre o que se passou em Rambouillet com o que se passou depois em Paris. Mas também não são correctas as acusações dos EUA de que a Jugoslávia era responsável por "refusal to negotiate to resolve the issue peacefully" (cfr. UNPR SC/6657, 24/03/1999) e que "refused even to discuss key elements of the peace agreement" (cfr. *Clinton addresses nation on Yugoslavia strike*, March 24, 1999; texto em CNN).

[1271] Na conferência de imprensa de 23 de Fevereiro de 1999 o Ministro dos Negócios Estrangeiros da França afirmou que a delegação jugoslava afirmara em relação ao texto do

Outra fonte de problemas derivou dos termos do Acordo relativos à presença internacional militar cujas propostas foram apresentadas (pelo menos à Jugoslávia) já no final da Conferência. Aparentemente, o atraso deveu-se a divisões no seio do grupo de contacto quanto aos seus termos. Deste modo, o anexo militar (integrado no Acordo como Apêndice B) foi apresentado unilateralmente apenas pelos Estados do grupo membros da OTAN, já que a Rússia discordava dos seus princípios, designadamente da liderança da Força pela OTAN[1272, 1273]. A discussão quanto aos anexos, bem como a assinatura do Acordo político, ficou marcada para a Conferência de Paris em 15 de Março[1274, 1275].

Na data convencionada, as partes reuniram-se, tendo a delegação kosovar manifestado a sua concordância com os termos do acordo e seus anexos. Porém, a delegação jugoslava recusou-se a aceitar os seus termos e apresentou uma contraproposta que colocava em causa grande parte dos elementos do acordo político e recusava qualquer presença internacional no terreno, com

---

acordo político: "Yes, but we have a number of points that still have to be discussed" e que "the letter from the Serb side commits them to substantial autonomy for Kosovo and gives their consent to be present on March 15 in order to discuss the implementation of an international presence" [cfr. Joint Press Conference by the Two Co-Chairmen (Rambouillet, February 23); texto em MAER].

[1272] Assim, a Rússia, em 24 de Março de 1999, afirmou nas discussões no Conselho de Segurança: "the military component of that package had been discussed without the participation of the Russian Federation. Its partners in the Contact Group had chosen to prepare that aspect behind the back of the Russian Federation" (cfr. UNPR SC/6657, 24/03/1999).

[1273] O seu parág. 8 suscitou viva oposição da Jugoslávia já que garantia plena liberdade de circulação dos membros da KFOR não apenas pelo Kosovo, mas igualmente pelo restante território daquela, além de direitos de utilização de instalações, *etc.*.

[1274] Deste modo, afirma-se na Declaração final da Conferência de Rambouillet da autoria da Presidência britânica e francesa: "A political framework is now in place, as set out in the Rambouillet Accords, and the groundwork has thereby been laid for finalising the implementation Chapters of the Agreement, including the modalities of the invited international civilian and military presence in Kosovo. It is essential that the agreement on the interim accord be completed and signed as a whole. In this spirit, the parties committed themselves to attend a conference, **covering all aspects of implementation**, in France on 15 March" [cfr. *Rambouillet Accords: Co-Chairmen's Conclusions* (Rambouillet, February 23); texto em MAER]. Na citada conferência de imprensa de 23 de Outubro, o Ministro britânico reconheceu que "We did not obtain an agreement on such a military force. That will be part of the discussions on implementation" [cfr. Joint Press Conference by the Two Co-Chairmen (Rambouillet, February 23); texto em MAER].

[1275] O texto do "Acordo" de Rambouillet e respectivos anexos consta do UN Doc. S//1999/648 de 7 de Junho de 1999, anexo.

excepção dos observadores da OSCE[1276]. Perante a rejeição por parte dos mediadores em renegociar os termos globais do acordo político, a Jugoslávia recusou-se a assinar todo o acordo[1277]. A Rússia recusou-se igualmente a participar na cerimónia de assinatura do acordo pela delegação kosovar de dia 18 de Março por divergências quanto ao anexo militar[1278].

No terreno, as forças sérvias reiniciaram os combates contra as posições da guerrilha, depois de terem reforçado fortemente as suas forças especialmente em redor do Kosovo (mas não tanto no seu interior)[1279].

Em consequência daquela recusa de assinatura e deste reinício da ofensiva sérvia, depois do fracasso de uma missão de última hora a Belgrado do enviado dos EUA, a OTAN iniciou a sua intervenção militar.

O principal fundamento alegado foi precisamente o carácter humanitário da intervenção, embora numa acção essencialmente preemptiva[1280]. No entanto,

---

[1276] Cfr. CNN, *Kosovo peace talks appear on brink of collapse* – March 17, 1999 (com albaneses a afirmarem que a delegação jugoslava "were trying to change 70 percent of the proposed political agreement — changes that would give the ethnic Albanian majority even less autonomy than it has now").

[1277] Cfr. CNN, *Kosovo mediators remain firm on peace proposal* – March 16, 1999.

[1278] Cfr. CNN, *Kosovo Albanians sign accord; Serbs brace for NATO attack* – March 18, 1999.

[1279] O Secretário-Geral em 22 de Março de 1999 manifestou-se "gravely concerned at the escalation of violence in Kosovo. He is particularly alarmed that the humanitarian situation has seriously deteriorated **during the past week due to the ongoing offensive by Yugoslav security forces** with intensified fighting between them and Kosovar Albanian paramilitary units" (cfr. UNPR SG/SM/6936, 22 March 1999).

[1280] Em 23 de Março de 1999, na data da decisão de início dos bombardeamentos, o Secretário-Geral da OTAN declarou: "Our objective is to prevent more human suffering and more repression and violence against the civilian population of Kosovo" e "We must halt the violence and bring an end to the humanitarian catastrophe now unfolding in Kosovo" [cfr. Press Release (1999)040, 23 March 1999; texto em NATOW]. O mesmo afirmaria no dia seguinte, após o início da campanha [cfr. Press Release (1999)041, 24 Mar. 1999; texto em NATOW]. Ver também o escrito do Secretário-Geral adjunto da OTAN: Sergio Balanzino *Nato's Actions To Uphold Human Rights And Democratic Values In Kosovo*, FILJ, Vol. 23, 1999, pág. 364-377, na pág. 373.

Na mesma data, os EUA declararam no Conselho de Segurança que "The United States and its allies had begun military action only with the greatest reluctance. But it believed it was necessary to respond to Belgrade's brutal persecution of Kosovar Albanians, violations of international law, excessive and indiscriminate use of force, refusal to negotiate to resolve the issue peacefully, and recent military build-up in Kosovo, all of which foreshadowed a humanitarian catastrophe of immense proportions. Today's action had begun **to avert humanitarian catastrophe and to deter further aggressions and repression in Kosovo**" e que "the United States believed that the NATO action was justified and necessary to stop the violence and **prevent an even greater humanitarian disaster**". Também o Reino Unido

esta justificação foi rejeitada por alguns membros do Conselho de Segurança e por outros Estados[1281]. Mas uma resolução condenatória da acção[1282], apre-

declarou: "The action being taken was legal (…). It was justified as an exceptional measure **to prevent an overwhelming humanitarian catastrophe**" e "**In such circumstances, and as an exceptional measure on grounds of overwhelmingly humanitarian necessity, military intervention was legally justifiable**". Também defenderam a intervenção o Canadá, Gâmbia, a Holanda, a França, a Alemanha, Albânia, Bósnia-Herzegovina e a Eslovénia; igualmente a Malásia pareceu compreender o recurso à força (cfr. UNPR SC/6657, 24/03/1999).

Do mesmo modo, a Alemanha, através do seu Chefe de Governo, afirmou em 24 de Março de 1999: "NATO began launching air strikes against military targets in Yugoslavia this evening. In doing so, the Alliance wants to stop further serious, systematic human rights violations and prevent a humanitarian catastrophe in Kosovo" (texto da declaração em KCDHTD, pág. 723-724).

O Reino Unido e, implicitamente os EUA e a Alemanha nas referidas declarações, foram dos poucos Estados implicados a invocar expressamente a intervenção humanitária como fundamento jurídico único. Igualmente a Bélgica faria o mesmo perante o Tribunal Internacional de Justiça em *Case Concerning Legality of Use of Force* [cfr. CR 99/15 (translation), Monday 10 May 1999 at 3 p.m.; texto em ICJW)]. Estes Estados nas suas alegações no mesmo caso perante o Tribunal, como os EUA, a Holanda ou a Alemanha, deixaram o fundamento meramente implícito e invocaram igualmente as resoluções do Conselho de Segurança.

[1281] Assim, a Rússia declarou: "Attempts to justify strikes as preventing humanitarian catastrophe were not recognized by international law (...). The use of unilateral force would lead to a situation with devastating humanitarian consequences. No considerations of any kind could serve to justify aggression. Violations of law could only be combated on the solid basis of the law". Numa Segunda intervenção, acrescentou que: "some Council members had also stated during the debate that due to the position of one or two permanent members it had not been possible for the Security Council to fulfill its duties. The Russian Federation (…) had not been approached with the text of any draft resolution on a settlement of the crisis in Kosovo" (cfr. UNPR SC/6657, 24/03/1999). O embaixador russo nas Nações Unidas numa entrevista à publicação russa *Segodnya* em 25 de Março afirmou ainda: "there is no provision either in the U.N. Charter or in any other international document which gives permission to humanitarian intervention" (texto em KCDHTD, pág. 744)

Também a Namíbia na mesma reunião do Conselho criticou a intervenção: "Military action against the Federal Republic of Yugoslavia was not the solution. The implications of such action might go beyond that country and threaten the peace and security of the region. He appealed for immediate cessation of military action and an exhaustive search to resolve the issue through political means". De modo mais claro, a China condenou abertamente a acção: "That act, taken today, amounted to a blatant violation of the United Nations Charter, as well as the accepted norms in international law. The Chinese Government strongly opposed such an act". A Jugoslávia, depois de afirmar que a acção constituía uma violação clara da Carta e do Direito Internacional, afirmou: "NATO attacks were taken against his country only because Yugoslavia, as a sovereign and independent State, had refused to allow foreign troops to occupy its territory and to reduce its sovereignty. The excuse for that NATO action was the alleged refusal of his country to sign the so-called agreement, which had never been endorsed

sentada pela Belarus (Bielorússia), Rússia e Índia, em 26 de Março de 1999, seria rejeitada por três votos a favor (China, Namíbia, Rússia) e 12 contra[1283]. Analisados os factos, que pensar da intervenção da OTAN?

Tendo em conta o que ficou escrito sobre a intervenção humanitária, mesmo depois desta intervenção[1284], resulta claro que não é possível sustentar

---

by all members of the Contact Group, nor negotiated with his country. The meetings in France were not negotiations about the autonomy of Kosovo/Metohija, but a crude and unprecedented attempt to impose a solution clearly endorsing the separatist objectives, under pressure, blackmail and threat of the use of force". Também a Belarus (Bielorússia) condenou a acção como uma agressão e a Índia como uma violação da Carta; o Brasil lamentou o recurso à força (cfr. UNPR SC/6657, 24/03/1999).

Mesmo o Secretário-Geral das Nações Unidas, apesar de anteriormente ter deixado sinais de apoio a uma acção bélica e de reconhecer que "there are times when the use of force may be legitimate in the pursuit of peace", acrescentou "under the Charter the Security Council has primary responsibility for maintaining international peace and security – and this is explicitly acknowledged in the North Atlantic Treaty. **Therefore the Council should be involved in any decision to resort to the use of force**" (declaração de 24 de Março de 1999; texto em KCDHTD, pág. 725). Ou seja, os tempos para usar a força dependiam ainda assim de uma decisão do Conselho.

Outras reacções negativas vieram do Grupo do Rio, constituído por Estados latino-americanos. No seu Comunicado de 25 de Março de 1999 manifestou a sua "anxiety about the commencement of air strikes by the North Atlantic Treaty Organization against Serbian military targets" e "regrets the recourse to the use of force in the Balkan region in contravention of the provisions of Article 53, paragraph 1" (texto em UN Doc. A/53/884 – S/1999/347, 26 March 1999, anexo). Igualmente oito Estados [Arménia, Belarus (Bielorússia), Cazaquistão, Moldávia, Quirguistão, Rússia, Tadjiquistão e Ucrânia] da Comunidade de Estados Independentes na Resolução da sua Assembleia inter-Parlamentar de 3 de Abril de 1999 censuraram levemente a acção ("a challenge to the current system of international relations, and a real threat to peace and stability in Europe and the world in general": texto em UN Doc. A/53//920 – S/1999/461, 22 April 1999, anexo 2). Já a reacção do Movimento dos Não Alinhados na sua Declaração sobre a questão de 9 de Abril de 1999 foi praticamente neutra ("deeply alarmed at the worsening crisis in Kosovo, Federal Republic of Yugoslavia, and the Balkan region", a que se segue uma reafirmação da responsabilidade primário do Conselho de Segurança: texto em anexo ao UN Doc. S/1999/451, 21 April 1999, anexo). Esta tímida reacção da parte de um grupo alargado de Estados constitui um golpe na eficácia do artigo 2, n.º 4 CNU que só pode ser explicado pela circunstância de entretanto se ter verificado a limpeza étnica massiva levada a cabo pela Jugoslávia no Kosovo.

[1282] Do parág. 3 do preâmbulo constava: "Affirming that such unilateral use of force constitutes a flagrant violation of the United Nations Charter, in particular Articles 2 (4), 24 and 53"; depois de invocar o Capítulo VII, exigia-se no seu parág. 1 o fim do recurso à força e o recomeço das negociações (trata-se do UN Doc. S/1999/328; texto em UNPR SC/6659, 26/03/1999).

[1283] Cfr. UNPR SC/6659, 26/03/1999.

[1284] Ver, *supra*, parág. 14.3-14.4.

que foi uma acção lícita. Segundo se julga, tratou-se de uma acção contrária ao Direito Internacional, incluindo a Carta das Nações Unidas. Mas a questão é determinar se, embora ilícita, esta não gozou de uma causa de exclusão da responsabilidade, já que ficou sustentado que se trata do regime actualmente vigente para acções bélicas com fundamentos humanitários com base em tutela defensiva ou perigo extremo, em função do Estado alvo ser responsável ou não pelas violações.

Cabe apreciar os factos que conduziram a esta intervenção à luz dos pressupostos e requisitos desta espécie de acção. É necessário em primeiro lugar estar-se perante violações sistemáticas de direitos básicos como o direito à vida e à integridade física ou, se forem generalizadas, de violações da proibição de limpezas étnicas, com as consequentes expulsões massivas.

Ora, dos factos apurados até ao início das operações, não parece que as violações fossem de ordem a escusar a intervenção da OTAN[1285]; escusariam quando muito ameaças de uso da força, mas não a intervenção bélica em si. Notou-se da parte das autoridades jugoslavas e sérvias em vários períodos uma nítida restrição da sua repressão. A prová-lo encontram-se os sucessos no terreno das forças rebeldes. Parece claro que a Jugoslávia cometeu violações do Direito Internacional Humanitário, mas não bastam estas para legitimar uma intervenção[1286].

Mesmo as baixas entre civis, por condenáveis que sejam, não se assemelham de modo algum às causadas, por exemplo (sem ser necessário sair do âmbito dos Estados europeus), em 1997, com a ofensiva da Turquia contra os Curdos em território do Iraque, que terá causado 1.300 mortos em poucos dias (embora, alegadamente, de combatentes)[1287] ou pela acção da Rússia na Chechénia poucos meses depois em Dezembro de 1999 e ao longo de 2000[1288]. Esta realidade é reconhecido pelos Estados da OTAN quando

---

[1285] Também neste sentido: J. Lobel, *Benign Hegemony* (...), cit., pág. 30, apesar do autor falar em 2.000 vítimas civis, número que não é nada líquido, embora tenha sido igualmente avançado pela comunicação social: CNN, *Kosovo peace talks on brink; Belgrade masses troops* – March 18, 1999.

[1286] As próprias forças das Nações Unidas cometeram violações do Direito Internacional Humanitário, em actos perfeitamente desnecessários, na Somália (ver, *infra*, parág. 100.1).

[1287] Tendo, ainda assim, sido qualificada como legítima defesa pelos EUA; ver, *supra*, parág. 12.3.

[1288] Ver sobre as condenações das suas violações do Direito Internacional Humanitário, *supra*, parág. 10.5.2.2. Igualmente Israel matou mais de 700 palestinianos entre terroristas, membros das forças da autoridade palestiniana, guerrilheiros, manifestantes violentos de rua ou meros civis a partir de Setembro de 2000 e até finais de 2001 (ver, *supra*, parág. 15.2.2.2). A própria OTAN reconheceu ter morto igualmente cerca de 500 civis em apenas 78 dias de

declararam que se tratou de uma acção que visou prevenir uma catástrofe humanitária, isto é, esta ainda não existia.

Ou seja, a questão é determinar se uma mera situação de risco sério de uma catástrofe humanitária pode escusar uma intervenção. Claramente, não existe qualquer precedente nesse sentido quanto à aplicação da intervenção humanitária. Quando muito, a tutela defensiva poderá ser exercida preemptivamente. Ou seja, seria admissível se uma catástrofe humanitária estivesse de facto iminente e a intervenção militar fosse a única alternativa. O que leva à questão de saber se a intervenção foi efectivamente necessária.

Para poder apreciar a questão é preciso determinar exactamente o que é que se passou de errado nas Conferência de Rambouillet e de Paris. A tarefa não é simples, dado que as actas desta não se encontram publicadas. Mas dos elementos já referidos parece poder retirar-se que a Conferência de Paris estava já condenada. O momento chave terá sido o da apresentação pelos restantes Estados do anexo militar à margem da Rússia na sequência das divergências quanto a este. Esta sentiu-se marginalizada e no período entre as duas conferências terá encorajado (deliberadamente ou não[1289]) a Jugoslávia a resistir[1290]. Daí a postura com que esta se apresenta na Conferência

---

ofensiva aérea (cfr. *NATO's Role in Relation to Kosovo*; texto em NATOW), na sequência das acusações nesse sentido do Human Rights Watch, *Civilian Deaths In The Nato Air Campaign*, 2000 e em *New Figures on Civilian Deaths in Kosovo War*, 2000 ("a third of all the incidents and more than half the deaths occurred as a result of attacks on illegitimate or questionable targets. Nine incidents were a result of attacks on targets that Human Rights Watch concludes were non-military in function. This includes the headquarters of Serb Radio and Television in Belgrade, the New Belgrade heating plant, and seven bridges"). Segundo declarações da Jugoslávia no Conselho de Segurança em 10 de Junho de 1999, a acção da OTAN causou cerca de 2.000 mortos e 6.000 feridos (cfr. UN Doc. S/PV.4011, 10 June 1999, pág. 4), embora esta seja acusada pelo Human Rights Watch de empolar os números.

De qualquer modo, mesmo os números avançados de 500 mortos somente entre civis só confirmam que se pode existir uma acção militar restrita humanitária, já a ideia de um conflito armado ("guerra") humanitário é uma contradição nos termos. O mesmo é confirmado pelas consequências graves da acção da ECOWAS na Libéria e Serra Leoa (ver, *supra*, parág. 32.3 e 32.4). Pelo menos enquanto o desenvolvimento tecnológico das armas não letais não permitir conflitos armados sem baixas de ambos os lados. Para já, apenas o lado vencedor pôde no Conflito do Kosovo e, praticamente, no do Afeganistão de 2001-2002, reivindicar o feito.

[1289] Há notícias de que a Rússia declarou ter incentivado a Jugoslávia a assinar o Acordo (cfr. CNN, *Kosovo peace negotiations fail* – March 18, 1999). Mas é no mínimo estranho que a Rússia encorajasse convictamente a Jugoslávia a assinar um acordo que enquanto mediadora se recusou a assinar por discordar do anexo militar.

[1290] É, pois, da sua marginalização que a Rússia se queixa ainda no dia 24 de Março no Conselho na passagem já citada: "the military component of that package had been

de Paris decidida a colocar em causa aspectos do projecto de Acordo político em relação aos quais dera sinais de concordância durante a Conferência de Rambouillet[1291]. Já em relação à instalação da KFOR, a posição Jugoslava não se alterou significativamente. Esta sempre a rejeitara, só entreabrindo a porta a uma presença (não necessariamente uma Força) internacional[1292].

A responsabilidade da ruptura parece, pois, se dever mais às divergências no grupo de contacto do que à Jugoslávia que sem o apoio da Rússia teria sido obrigada a vergar-se. De facto, a arrogância cega dos Estados da OTAN que lideraram o processo diplomático não terá sido contra a Jugoslávia, já que a posição desta parece ter sido tido em conta, mas contra a Rússia. Ora, os riscos de uma alienação da Rússia deviam ter sido melhor ponderados. A insistência na liderança da OTAN da Força internacional por parte dos Estados ocidentais revelou-se, pois, um erro que custou a vida a milhares de pessoas[1293]. Se efectivamente foi este aspecto o elemento decisivo, então

---

discussed without the participation of the Russian Federation. Its partners in the Contact Group had chosen to prepare that aspect behind the back of the Russian Federation". E é precisamente esta alienação que a Jugoslávia invoca em primeiro lugar contra a legitimidade do Acordo: "which had never been endorsed by all members of the Contact Group" (cfr. UNPR SC/6657, 24/03/1999), bem como o apoio da Rússia à sua posição no mesmo dia quando os ataques se encontravam iminentes ("the strong support of Russia to the efforts of Yugoslavia to protect its sovereignty and territorial integrity, in conditions of the imminent danger of NATO strikes, is of great significance"; Declaração do Presidente da Jugoslávia de 24 de Março de 1999: texto em KCDHTD, pág. 726-727).

[1291] Na sua declaração de 24 de Março de 1999 o Presidente francês manifestou estranheza por esta viragem de posição: "the Serbs, who had initially given the impression that they accepted the political agreement, rejected it without reason, just as they refused the presence in Kosovo of a military force to ensure both parties' compliance with the Accords" (texto da declaração em KCDHTD, pág. 722-723). Mas, como se verificou, os Sérvios tinham uma razão, embora num erro grave de apreciação a tenham sobrestimado.

[1292] Cfr. CNN, *Kosovo talks stretch into the night in final hours before deadline* – February 19, 1999; CNN, *U_S_ Milosevic refuses to meet with U_S_ mediator about Kosovo* – February 19, 1999; CNN, *Albright presses Kosovo Albanians to give up independence bid* – February 21, 1999; CNN, *U_S_ says Kosovo Albanians to sign agreement* – February 23, 1999; CNN, *Diplomats ratchet up pressure for Serbs to sign Kosovo accord* – March 15, 1999; CNN, *Ethnic Albanians ready to sign Kosovo peace accord* – March 15, 1999; CNN, *Kosovo peace talks appear on brink of collapse* – March 17, 1999; CNN, *Monitors, diplomats leave Yugoslavia as NATO bombs loom* – March 19, 1999; CNN, *Monitors evacuate Kosovo under threat of NATO strikes* – March 20, 1999; CNN, *Kosovo talks deadlocked after deadline* – February 23, 1999.

[1293] O Ministro dos Negócios Estrangeiros Britânico, na citada conferência de imprensa de 23 de Fevereiro de 1999 insistiu sobre o ponto: "if other countries want to participate, we'd agree and we'd explore the practical aspects. But the force will be NATO-commanded".

claramente não justificava minimamente um conflito armado. Parece razoável pensar que teria sido possível um acordo e uma interposição entre as partes de uma Força sob comando conjunto OTAN – Rússia, dirigida pelas Nações Unidas ou mesmo pela OTAN mas em termos com que a Rússia concordasse[1294]. Se assim se passaram as coisas, então é necessário concluir que a via armada não era a única possível[1295].

A sensação que fica da intervenção é que esta se deveu a uma iniciativa diplomática arrogante e arriscada da OTAN de tentar impor um acordo baseado num elemento militar decidido unilateralmente contra um membro essencial do grupo de contacto, a Rússia. E que uma vez esta falhada, por questões de prestígio e credibilidade[1296], a organização e os seus Estados membros não se sentiram com outra alternativa do que levar em frente a ameaça[1297, 1298].

---

[1294] Segundo o *New York Times* "On Sunday [14 de Fevereiro] at a Contact Group meeting, Russia said that **under certain conditions, it would join a NATO-led force in Kosovo**" (cfr. NYT, February 18, 1999, Section A; Page 14; Column 5).

[1295] Concluem que se tratou de um recurso desnecessário à força: Richard A. Falk, *Kosovo, World Order, and the Future of International Law*, AJIL, Vol. 93, 1999, pág. 847-857, na pág. 854-855; R. Bilder, *Kosovo* (…), cit., pág. 179-180; V. Nanda, *NATO's Armed Intervention* (…), cit., pág. 18; J. Lobel, *Benign Hegemony* (...), cit., pág. 32. Ver ainda H. Cabral de Moncada, *Algumas Considerações sobre o Conflito do Kosovo no Quadro da Desintegração da Jugoslávia*, Coimbra, 2001, pág. 84-85.

[1296] Não foi por acaso que o então Presidente dos EUA afirmou na sua mensagem ao Povo americano em que procurou justificar a intervenção: "Imagine what would happen if we and our allies instead decided just to look the other way as these people were massacred on NATO's doorstep. **That would discredit NATO, the cornerstone on which our security has rested for 50 years now**" (cfr. *Clinton addresses nation on Yugoslavia strike*, March 24, 1999; texto em CNN).

[1297] Ver também: R. Bilder, *Kosovo* (…), cit., pág. 156; Jonathan Marcus, *Kosovo and after: American primacy in the twenty-first century*, WQ, Vol. 23, No. 1, 2000, pág. 79 e segs. ("NATO simply couldn't blink first"); N. Tsagourias, *Humanitarian Intervention* (...), cit., pág. 29.

[1298] Se o objectivo foi este, então a acção foi um "sucesso". Apesar de a OTAN ter acabado por ceder em aspectos que constavam do Acordo de Rambouillet/Paris assinado pelos Kosovares (desapareceu qualquer referência à realização de uma consulta popular e a secessão passou a ser uma miragem), a destruição na Jugoslávia foi tal que da próxima vez que esta organização (ou os EUA) exigir algo de outro Estado (pequeno ou médio), sob ameaça de uso da força, provavelmente este cederá sem grande resistência, ainda que se trate de metade do seu território. Claro está, tal pode nem sempre funcionar, como fica demonstrado pela resistência dos Talibãs perante as exigências dos EUA depois dos ataques de 11 de Setembro de 2001 (ver, *supra*, parág. 12.4.1). Existem Estados que têm muito a perder e outros que perderam já tudo; estes foram e serão sempre os mais difíceis de fazer vergar.

Se esta visão dos factos é verdadeira, então não se vê como escusar a acção bélica da OTAN. Esta não só foi ilícita, como não pode ser escusada em tutela defensiva, enquanto causa de exclusão da responsabilidade. Foi desrespeitado o pressuposto de violações massivas dos direitos humanos, bem como o requisito da necessidade. É certo que existiram atenuantes, tendo em conta o número de baixas já verificado por força da acção excessiva da Jugoslávia, pela sua acção prévia ilícita na Bósnia e pelo facto de ter sido a sua política de violação dos direitos das minorias que provocou o conflito. Mas mesmo que estas atenuantes levem a afastar a acusação de agressão (o que não é líquido), dificilmente a organização poderá deixar de ser responsável por uma violação do artigo 53, n.º 1, segunda parte CNU e da correspondente norma costumeira[1299].

As consequências ficaram à vista. Atacada ilicitamente, a Jugoslávia decidiu vingar-se sobre as pessoas que considerava responsáveis e tentar resolver de modo igualmente ilícito o problema albanês no Kosovo com uma limpeza étnica massiva. O que, infelizmente, já seria de esperar. Nos primeiros oito dias depois do início dos bombardeamentos, cerca de 200.000 kosovares de etnia albanesa foram expulsos deliberadamente pelas forças sérvias das suas residências. No total, o número de refugiados que procuraram abrigo nos Estados vizinhos atingiu o número de 850.000 em princípios de Junho de 1999[1300].

Paradoxalmente é esta limpeza étnica massiva por parte da Jugoslávia que se julga que tornou escusável a acção da OTAN a partir do momento

---

[1299] O Tribunal Internacional de Justiça não se pronunciou expressamente sobre o ataque da OTAN, limitando-se a afirmar que "Whereas the Court is **profoundly concerned with the use of force in Yugoslavia**; whereas under the present circumstances such use **raises very serious issues of international law**" [cfr., designadamente, *Case Concerning Legality of Use of Force* (Yugoslavia v. United States Of America), Provisional Measures, Order of 2 June 1999, parág. 16 (texto em ICJW)]. O que não deixa de conter uma implícita censura. Não é possível de modo algum considerar que a sua afirmação "Whereas the Court is deeply concerned with the human tragedy, the loss of life, and the enormous suffering in Kosovo which form the background of the present dispute, and with the continuing loss of life and human suffering in all parts of Yugoslavia" (parág. 15), com a ênfase no sofrimento no Kosovo constitua um apoio à intervenção humanitária [como sustenta A. Schwabach, *Yugoslavia v. Nato* (...), cit., pág. 95]. Desde logo, porque se segue o citado parágrafo 16.

[1300] Cfr. *Report of the Inter-Agency Needs Assessment Mission dispatched by the Secretary--General of the United Nations to the Federal Republic of Yugoslavia* (texto em UN Doc. S//1999/662, 9 June 1999), parág. 17. Também *Report on the Integrated Appeal of the International Red Cross and Red Crescent Movement in Response to the 1999 Balkan Crisis*, ICRC//International Federation Steering Group, Geneva, 2000 (texto em ICRCW), pág. 1 (aparentemente considera os bombardeamentos da OTAN também responsáveis por algum do êxodo).

em que a política de êxodo compulsivo se sistematizou. De facto, o precedente da fuga massiva dos habitantes do futuro Bangladesh por força da acção bélica do Paquistão foi um dos fundamentos da intervenção da Índia[1301]. O facto da Jugoslávia ter sido ilicitamente atacada não justificava ou desculpava de modo algum a sua acção de limpeza étnica[1302].

A conclusão em relação ao carácter ilícito e não escusável inicial da acção da OTAN não é colocada em causa pela aprovação da Resolução 1244 (1999) do Conselho, já que a habilitação que esta contém à instalação da KFOR controlada pela OTAN no Kosovo não pode ser considerada como uma legitimação dos meios utilizados[1303]. É certo que o resultado obtido foi sancionado, mas tratava-se de um resultado que decorria em grande medida dos princípios do Direito Internacional aplicáveis: máxime, cessação do

---

[1301] Ver, *supra*, parág. 14.2.

[1302] É certo que existem precedentes, mesmo criados pelos Estados vencedores da Segunda Guerra Mundial. Basta recordar a ratificação pela Conferência de Potsdam das expulsões massivas de 14 milhões de alemães dos territórios anexados pela então União Soviética, Polónia e mesmo das minorias da Checoslováquia e Hungria. Mas já à altura tratou-se de violações graves do Direito Internacional [ver C. Baptista, Ius (...), cit., pág. 243-244 e, *supra*, parág. 20). Acresce que o Direito Internacional dos Direitos Humanos é actualmente um ramo muito mais desenvolvido e exigente.

[1303] Também neste sentido: I. Brownlie, *Memorandum* (...), cit., parág. 86-87; N. White, *The Legality of Bombing* (...), cit., pág. 32; J. Mertus, *The Imprint Of Kosovo* (...), cit., pág. 532; contra: L. Henkin, *Kosovo* (...), cit., pág. 827; A. Pellet, *Brief Remarks* (...), cit., pág. 389.

Dois membros permanentes, a Rússia e a China reiteraram no momento da sua aprovação (com abstenção da segunda) que consideravam a intervenção da OTAN como ilícita ("Russia has strongly condemned the NATO aggression against a sovereign State" e a China afirmou: "In taking this action, NATO seriously violated the Charter of the United Nations and norms of international law, and undermined the authority of the Security Council, thus setting an extremely dangerous precedent in the history of international relations"; cfr. UN Doc. S/ /PV.4011, 10 June 1999, pág. 7 e 8).

O mesmo se diga da aprovação da Resolução 1239 (1999), de 14 de Maio (texto em RSSC, 1999, pág. 25-26), que se limita a lamentar a situação e a apelar a um acordo político (parág. 5), da Declaração do Presidente do Conselho 1999/12, de 14 de Maio de 1999 (texto em RSSC, 1999, pág. 102), que se limita a condenar o bombardeamento da embaixada chinesa em Belgrado, sem se pronunciar sobre os bombardeamentos em geral, bem como da Resolução 53/241, de 28 de Julho de 1999 (texto em RAGA, 54th Session, 1999, pág. 589-592) da Assembleia Geral, pela qual esta autorizou a realização das despesas necessárias para concretizar a UNMIK. De facto, as habilitações, seja a Estados, seja a organizações, tal como quaisquer ratificações de acções, devem ser claras. A mera abstenção de condenar um acto não pode ser vista como uma ratificação constitutiva deste. Pode ser explicada por meros motivos de falta de consenso político entre os membros do Conselho. Ver, sobre o carácter necessariamente expresso das habilitações, *infra*, parág. 72.

conflito armado em nome da tutela da vida e autonomia para o Kosovo por aplicação restrita do princípio da autodeterminação, na sua denominada vertente interna.

Claro está, a passagem do ataque da OTAN da fase I do bombardeamento de alvos puramente militares, para uma fase II de alargamento a alvos de relevância militar secundária ou nula dificilmente poderá ser escusada, no que diz respeito a estes segundos ataques em concreto. Embora um juízo mais preciso dependa da análise do Direito Internacional Humanitário aplicável[1304]. Isto é, trata-se já de uma questão relativa aos meios bélicos utilizados e alvos seleccionados e não tanto quanto ao uso da força em si, que constitui a questão em análise.

**32.7. Conclusões.** Destes casos de acções bélicas levadas a cabo por organizações regionais desde o final da "Guerra Fria" e da reacção que suscitaram da parte dos restantes Estados, em particular através de órgãos das Nações Unidas, julga-se poder retirar algumas conclusões.

A primeira é que, apesar de alguma tolerância da parte dos restantes Estados em relação a acções coercivas (bélicas), estas organizações regionais têm aceite no essencial a norma constante do artigo 53, n.º 1, segunda parte, CNU, que não podem levar a cabo estas acções sem autorização do Conselho de Segurança. Com efeito, longe de reivindicarem poderes públicos bélicos próprios, estas têm procurado apresentar causas jurídicas para justificar o seu não acatamento ou têm tentado minimizar as suas acções qualificando--as como operações de manutenção da paz. Têm, pois, procurado escapar ao regime do artigo 53, n.º 1 invocando uma causa de justificação ou tentando reconduzir as suas acções ao artigo 52, n.º 1 CNU.

De facto, a prática atesta que estruturas regionais (e mesmo Estados isoladamente) podem criar forças de manutenção de paz rigorosas, isto é, consensuais, imparciais e sem poderes bélicos; sem necessitarem para o efeito de qualquer habilitação do Conselho de Segurança[1305, 1306]. Em relação

---

[1304] A questão de determinar se a OTAN e as forças dos Estados membros que utilizou (que fossem partes no Protocolo Adicional I) se encontravam sujeitas a este Protocolo depende da qualificação das relações que se estabelecem entre estes, designadamente quanto ao controlo efectivo dos membros sobre todos os actos da organização (ver, *infra*, parág. 100.2.2). De qualquer modo, no que diz respeito às Convenções de Genebra ou anterior Direito Humanitário, a questão não se coloca, já que devem ser vistas como parte do Direito Internacional Costumeiro. O mesmo se diga em relação a grande parte das normas do Protocolo I [ver C. Baptista, Ius (...), cit., pág. 435-474], que vinculam qualquer organização internacional.

[1305] Na Declaração sobre o Reforço da Cooperação entre as Nações Unidas e Acordos ou Organizações Regionais na Manutenção da Paz e Segurança Internacional, aprovada pela

a organizações regionais, apenas o precedente da ECOMOG na Guiné--Bissau contraria esta conclusão, mas não é suficiente para a colocar em questão. Este deveu-se a uma cautela do Conselho em evitar que se verificassem novamente os excessos praticados pela ECOMOG na Libéria e Serra Leoa[1307].

Deve-se mesmo ir mais longe e afirmar que a prática do Conselho revela igualmente um grau forte de tolerância em certos casos em relação a forças regionais mesmo quando assumem um papel interventor que as converte em verdadeiras forças de imposição da paz ou mesmo em puras forças de intervenção. Para que se verifique esta tolerância basta que exista uma situação humanitária desastrosa no terreno. Esta conclusão é confirmada pela prática do Conselho em relação às iniciativas da ECOWAS com o seu braço armado, a ECOMOG, na Libéria e na Serra leoa, da Força da CEI no Tadjiquistão, bem como pelo silêncio apoiado maioritariamente do Conselho em relação à intervenção da OTAN no Kosovo.

---

Resolução 49/57 de 9 de Dezembro de 1994 (texto em RDGAOR, 49ª, 1994, vol. I, pág. 296--297), a Assembleia Geral no preâmbulo afirma: "Emphasizing also that peace-keeping activities undertaken by regional arrangements or agencies should be conducted with the consent of the State in the territory of which such activities are carried out". Reconhece, pois, que estas acções se integram no âmbito de poderes que a Carta reconhece a estas estruturas regionais.

A prática anterior também apontava nesse sentido, embora normalmente marcada por alguns abusos. Podem-se registar algumas forças que se proclamaram como de manutenção da paz: a Força organizada pela Liga Árabe em 1976 no Líbano, com cerca de 30.000 militares, em grande parte sírios; a Força organizada pela Organização de Unidade Africana no Chade em 1981, com vista a interpor-se entre as partes beligerante no seu conflito interno, que seria retirada em 1982 depois do seu fracasso (cfr. Margaret A. Vogt, *Regional Arrangements, the United Nations, and Security in Africa*, em *International Security Management and the United Nations* (ed. M. Alagappa/T. Inoguchi), Tokyo/New York/Paris, 1999, pág. 295-323, na pág. 306-307). O Conselho de Segurança, na sua Resolução 504 (1982), de 30 de Abril (texto RDSCOR, 1982, pág. 16), no parág. 1, limitou-se a um "Takes note of the decision of the Organization of African Unity to establish, in agreement with the Government of the Republic of Chad, a peace-keeping force for the maintenance of peace and security in Chad". Mas o seu apoio à iniciativa foi ao ponto de, no parág. 2, indicar ao Secretário-Geral que constituísse um fundo de apoio à Força baseado em contribuições voluntárias.

Outro caso de constituição de uma Força de manutenção da paz puramente estadual foi a Força multinacional ocidental instalada no Líbano de 1982-1984 [cfr. B. Zimbler, *Peacekeeping* (...), cit., pág. 223].

[1306] Também neste sentido: B. Zimbler, *Peacekeeping* (...), cit., pág. 226-227; N. White, *Keeping the Peace* (...), cit., pág. 211.

[1307] O mesmo se diga em relação às forças multinacionais constituídas na Albânia e República Centro Africana (ver, *infra*, parág. 75.3.5).

A prática do Conselho parece, portanto, confirmar o entendimento que ficou sustentado de que uma acção bélica (especialmente regional ou, pelo menos, colectiva) será tolerada se estiverem reunidos os requisitos para uma intervenção humanitária. Isto é, uma acção que, embora ilícita, gozará de uma exclusão de responsabilidade se cumprir os pressupostos e limites da tutela defensiva ou do perigo extremo (em função do Estado alvo ser responsável ou não pelas violações do Direito Internacional Humanitário ou dos Direitos Humanos)[1308]. Ou seja, é necessário insistir que não se trata de reconhecer que estas acções são lícitas, nem muito menos que são exercidas no âmbito de qualquer poder público regional criado pela revogação consuetudinária do artigo 53, n.º 1, segunda parte, CNU[1309].

Esta conclusão não é desmentida pelo Acto Constitutivo da União Africana de 12 de Junho de 2000, vigente formalmente desde 21 de Maio de 2001. O seu artigo 4, al. h) estabelece "the right of the Union to intervene in a Member State pursuant to a decision of the Assembly in respect of grave circumstances, namely: war crimes, genocide and crimes against humanity". Mas esta disposição não pode ser considerada como a atribuição de um poder bélico pelos Estados membros a esta organização. Tal significaria que se teria de considerar que seria de exercício discricionário e que gozaria de uma presunção de licitude, o que parece incompatível com a Carta das Nações Unidas. A ser interpretada desta forma estar-se-ia perante uma contradição com o seu artigo 53, n.º 1, segunda parte que proíbe acções coercivas regionais sem uma habilitação. Resulta claro que as acções da União em aplicação desta figura ficarão sujeitas a um escrutínio por parte do Conselho de Segurança que não parece compatível com qualquer presunção de licitude ou ampla discricionariedade típicas de um poder público.

Deste modo, segundo se julga, o Acto da União Africana consagra simplesmente uma causa de exclusão relevante para efeitos do Direito da Responsabilidade Internacional por incumprimento do artigo 53, n.º 1, segunda parte

---

[1308] Ver, *supra*, parág. 14.3-14.4.

[1309] A confirmar que a norma contida neste artigo mantém a sua eficácia, o Conselho reafirmou-a expressamente. Assim, na Declaração Presidencial 1998/35 de 30 de Novembro de 1998 (texto em RSSC, 1998, pág. 153-155), afirma: "The Council reaffirms that all such **activity taken under regional arrangements or by regional agencies, including enforcement action, shall be carried out in accordance with Articles** 52, **53** and 54 of Chapter VIII of the Charter of the United Nations. It also underlines the importance of all such activity **being guided by** the principles of sovereignty, political independence and territorial integrity of all States, and by **the operational principles for United Nations peacekeeping operations** set out in the statement of its President of 28 May 1993 (S/25859)".

CNU e da correspondente norma costumeira. Tem, portanto, função idêntica à que cabe ao artigo 51 CNU, quanto aos Estados, em relação à proibição de uso da força.

Parece, porém, ir mais longe do que o Direito Internacional Costumeiro em matéria de intervenção humanitária. De facto, esta figura fica consagrada como direito da União, o que sugere que se trata de uma causa de justificação e não meramente de exclusão de responsabilidade. A expressão "direito da União" já é, tecnicamente, criticável em si por se tratar de um poder funcional e não de um direito a ser exercido livremente e em interesse próprio. Mas maiores reservas suscita a sugestão de que a acção da União Africana, mesmo contra o Governo de um Estado membro em cujo território se pratiquem crimes internacionais, se encontrará justificada.

O facto desta consagração não ter suscitado oposição da parte dos órgãos das Nações Unidas é um elemento adicional no sentido do progressivo enraizamento da intervenção humanitária como causa de exclusão, baseada em tutela defensiva ou perigo extremo. Só a aplicação concreta desta figura com apoio (mas não habilitação) das Nações Unidas e não silêncio embaraçado, ou camuflagens como a sua qualificação como Forças de manutenção da paz, poderá esclarecer se efectivamente passou a constituir uma causa de justificação, ao menos a favor de organizações regionais ou conjuntos de Estados que revelem alguma isenção.

Existe quem vá mais longe e sustente que entidades regionais poderão levar a cabo intervenções (humanitárias, "democráticas" ou outras) desde que estas sejam posteriormente ratificadas retroactivamente pelo Conselho[1310]. Julga-se que tal ratificação é efectivamente possível[1311], mas nunca com

---

[1310] Neste sentido: D. Momtaz, *La Délégation* (...), cit., pág. 113; P. Picone, *Interventi delle Nazioni Unite* (...), cit., pág. 565-566; J. Levitt, *Humanitarian Intervention* (...), cit., pág. 360; K. Heath, *Could We Have* (...), cit., pág. 304; T. Franck, *When, If Ever, May* (...), cit., pág. 56-57.

[1311] Existe um precedente que aponta nesse sentido, o único que se conhece claro. Trata-se do criado pela citada Resolução 1132 (1997), de 8 de Outubro, em que o Conselho, depois de citar as decisões da ECOWAS sobre a situação na Serra Leoa, qualificar esta situação como uma ameaça à paz internacional e invocar o Capítulo VII (parág. 9 e 10 do preâmbulo), decretou um embargo parcial à Serra Leoa e, igualmente nos termos do Capítulo VIII, autorizou a ECOWAS a fiscalizar o embargo, controlando o tráfego marítimo. Permite--lhe implicitamente o uso da força para levar a cabo este controlo (parág. 8). Mas com esta resolução limitou-se a ratificar o embargo decidido pela ECOWAS pela decisão de 29 de Agosto de 1997 [cfr. *Decision on Sanctions against the Junta in Sierra Leone*, Community Of West African States, Twentieth Session of the Authority of Heads of State and Government, Abuja, 28-29 August 1997 (texto em SLW)], que cita no preâmbulo, em que esta decidira

eficácia retroactiva. Um regime retroactivo seria sempre um incentivo a intervenções regionais abusivas. Se não fosse possível obter posteriormente a ratificação do Conselho, paciência, os factos estavam consumados. O que significa que as entidades regionais estão efectivamente obrigadas a obter uma habilitação prévia e não a vir pedir uma ratificação uma vez consumada a acção, sob pena de serem (ao menos teoricamente) responsáveis pelos actos ilícitos iniciais[1312]. Para todos os efeitos, estar-se-á ainda perante uma habilitação, embora concedida *a posteriori*.

De qualquer modo, estes casos serão sempre raros. A regra é o Conselho limitar-se a tomar nota ou apoiar a acção, mas sem manifestar qualquer intenção de a ratificar juridicamente. De facto, tal implicaria ter de considerar que a acção fora ilícita por a estrutura ter violado a disposição do artigo 53, n.º 1, segunda parte CNU, ao não ter pedido uma habilitação prévia.

Em suma, no actual estado da prática, trata-se essencialmente de uma aplicação das mesmas regras aplicáveis a todas as acções privadas. É certo que uma acção regional deparará com maiores facilidades em ser tolerada do que uma acção estadual unilateral. Mas este grau de facilidade é idêntico àquele que será concedido a qualquer outra acção que ofereça idêntico nível de isenção, como será o caso de uma acção multinacional levada a cabo por Estados de diferentes regiões. O facto de estas organizações terem subjacente uma comunidade regional, ou uma mera comunidade subregional, tem sido ignorado, o que confirma a irrelevância da noção de comunidade regional.

Outras acções, como as da CEI no Tadjiquistão, receberam igualmente alguma tolerância apesar de não terem estado reunidos os pressupostos da intervenção humanitária. No fundo, este fechar de olhos pouco tem a ver com a circunstância de se estar perante uma acção de uma organização regional. A mesma tolerância foi concedida às intervenções ilícitas da Rússia na Moldávia e na Geórgia. Esta explica-se mais em função do facto de estar em causa a Rússia, membro permanente do Conselho, de se tratar de Estados ainda em convulsão em que as forças russas se encontravam originariamente instaladas enquanto forças soviéticas, bem como pela habilidade de camuflar as forças utilizadas sob a capa da manutenção da paz.

---

também executá-lo pelo controlo do tráfego marítimo para a Serra Leoa. Ora, esta execução no Alto Mar contra navios de pavilhão de Estados terceiros constituiria uma utilização da força nas relações internacionais. Mas, nada autoriza a pensar que o Conselho pretendeu convalidar eventuais medidas que tenham sido adoptadas pelas forças da ECOMOG entre 29 de Agosto e 8 de Outubro. Nem o Conselho teria autoridade para justificar retroactivamente actos ilícitos (ver, *infra*, parág. 72).

[1312] Ver, *infra*, parág. 72.

Deste modo, julga-se que o regime vigente, apesar da erosão que tem sofrido às mãos da intervenção humanitária, não atribui um poder público bélico a nenhumas organizações regionais ou a eventuais comunidades regionais que as tenham criado. Estas não são titulares de quaisquer poderes públicos e têm agido com base em causas de exclusão da ilicitude ou responsabilidade ou, simplesmente, de forma ilícita.

De qualquer modo, a afirmação de que estas não são titulares de poderes próprios costumeiros não significa que o Direito Internacional universal proíba que exerçam poderes jurídicos limitados à decisão da questão e à adopção de medidas compulsivas pacíficas para a sua execução. Este apenas lhes proíbe que exerçam poderes bélicos autónomos. Nada impede que os membros destas comunidades atribuam a estas organizações poderes jurídicos de decisão e de execução pacífica, portanto baseadas numa decisão constitutiva, nos termos dos respectivos tratados constitutivos, à margem (mas no respeito das normas deste que vedam determinadas represálias) do Direito Internacional Costumeiro. Necessário é que estes não impliquem faculdades bélicas para a sua execução.

Mas de públicos estes poderes nada terão. Ainda que sejam exercidos por organizações criadas por comunidades regionais, estar-se-á perante poderes derivados apenas dos tratados constitutivos. Poderes convencionais que podem ser conferidos a qualquer organização, tenha esta sido ou não criada por uma comunidade regional.

Concluindo, apenas a Comunidade Internacional universal é titular de poderes públicos bélicos a serem exercidos pelas Nações Unidas, pelo menos à luz do actual Direito Internacional Costumeiro.

## III – Formação da vontade comunitária.

**33. Unanimidade e maioria.** Ficou sustentado que o Direito Internacional Costumeiro consagra um poder público em geral, que compreende faculdades bélicas, cujo titular é a Comunidade Internacional.

Cabe agora determinar como se forma a vontade comunitária.

Os Estados, na hodierna Comunidade Internacional, já não se encontram num puro estado de natureza[1313]. Mas, reconheça-se, constituem a comunidade cuja regulamentação ainda hoje mais se aproxima dessa mítica anarquia em que cada membro da comunidade apenas estaria vinculado pelas normas que aceitasse.

De facto, a regra tradicional para a tomada de decisões constitutivas com eficácia *erga omnes*, isto é, que alteravam a situação jurídica de todos os Estados destinatários, foi sempre a da unanimidade; portanto, era necessário o consentimento de todos estes. A sua eficácia pessoal não ultrapassava pois o âmbito dos seus autores directos. É o regime que ainda vigora na conclusão do Tratado, por força da norma costumeira *Pacta Tertiis*[1314].

No entanto, apesar de se deparar na prática dos Estados com declarações de resistência em aceitar ser vinculados contra a sua vontade[1315], não parece que este regime seja aplicável na formação do Direito Internacional Costumeiro. O procedimento de formação do Direito Costumeiro pode conter momentos de imposição de normas a uma minoria escassa dissidente[1316].

---

[1313] Embora existam autores que ainda o sustentam; Anthony Carty, *The Decay of International Law – A Reappraisal of the Limits of Legal Imagination in International Affairs*, Manchester, 1986, pág. 1 e 108; C. Krauthammer, *A World Imagined*, cit..

[1314] Codificada no artigo 34 das citadas Convenções de Viena sobre o Direito dos Tratados de 1969 e de 1986. Ver C. Baptista, *Direito* (...), cit., pág. 234-241.

[1315] Já se referiram declarações nesse sentido dos EUA, na 7ª sessão (1978) da Terceira Conferência das Nações Unidas sobre o Direito do Mar ("the United States could not accept the suggestion that, without its consent, other States would be able, by resolutions or statements, to deny or alter its rights under International Law" (cfr. TUNCLS, vol. IX (1980), 109th meeting, parág. 27, pág. 104). Declaração similar seria feita pela França (parág. 43, pág. 106) e pela Bélgica (parág. 53, pág. 107).

[1316] A alegada norma do objector persistente (que permitiria que um Estado que desde o início da formação da norma costumeira a rejeitou de forma consistente não ficasse vinculada

Mas se é verdade que a vontade da Comunidade Internacional tem um grande peso na formação do Direito Internacional Costumeiro, tal não significa que se possa considerar que este é um produto directo da vontade desta. Existem aspectos culturais, axiológicos e de efectividade que são determinantes na sua formação, para lá da mera vontade[1317]. Assim, o modo de operar do Costume não é um argumento determinante para uma superação da regra da unanimidade na formação da vontade da Comunidade Internacional.

No entanto, a aceitação da vigência de uma qualquer forma de princípio maioritário na formação da vontade comunitária é essencial. Por um lado,

---

por esta) não tem base na prática dos Estados [ver C. Baptista, *Direito* (...), cit., pág. 106-109 e 91-93].

É certo que existem alguns traços na Jurisprudência desta figura. Assim, no caso *Tinoco*, o Árbitro pareceu sustentar a tese do Costume como um pacto tácito quando afirmou "it certainly has not been acquiesced in by all the nations of the world, which is a condition precedent to considering it as a postulate of international law" [cfr. *Arbitration between Great Britain and Costa Rica*, Opinion and Award of William H. Taft, Sole Arbitrator, Washington, D. C., October 18, 1923, texto em AJIL, Vol. 18, 1924, pág. 147 e segs., na pág. 153].

Igualmente o Tribunal Internacional de Justiça pareceu inicialmente conferir-lhe algum apoio teórico, mas na realidade nunca a aplicou efectivamente. Assim, sustentou que "But even if it could be supposed that such a custom existed between certain Latin-American States only, it could not be invoked against Peru which, far from having by its attitude adhered to it, has, on the contrary, repudiated it" [cfr. *Asylum* (Colombia/Peru), Judgment 20 November 1950, *I.C.J. Reports* 1950, pág. 277-278]. Mas estava em causa simplesmente uma norma costumeira local e, de qualquer modo, tratou-se de um argumento de reforço. Pouco depois afirmou "In any event the ten-mile rule would appear to be inapplicable as against Norway inasmuch as she has always opposed any attempt to apply it to the Norwegian coast" [cfr. *Fisheries* (United Kingdom v. Norway), Judgment 18 December 1951, *I.C.J. Reports* 1951, pág. 116, na pág. 131]. Mas como considerou que a regra das 10 milhas não se convertera numa norma de Direito Internacional Costumeiro, tratou-se mais uma vez de uma alegação meramente de reforço.

Acresce que posteriormente o Tribunal sustentou posições que aparentam ser incompatíveis. Assim, afirmou a pensar em reservas mas que parece directamente aplicável: "in the case of general or customary law rules and obligations which, by their very nature, must have equal force for all members of the international community, and cannot therefore be the subject of any right of unilateral exclusion exercisable at will by any one of them in its own favour" [cfr. *North Sea Continental Shelf* (...), cit., *I.C.J. Reports* 1969, pág. 38-39, parág. 63]. Admitiu igualmente que na formação de um norma costumeira "instances of State conduct inconsistent with a given rule should generally have been treated as breaches of that rule" (cfr. *Military and Paramilitary Activities*, cit., *I.C.J. Reports* 1986, pág. 98, parág. 186). Ora, para ser legítimo condenar práticas dissidentes como violações da norma costumeira é necessário rejeitar a regra do objector persistente.

[1317] Ver C. Baptista, *Direito* (...), cit., pág. 91-93.

como forma de a viabilizar em termos práticos, visto que a unanimidade entre 191 Estados será muito difícil de obter, especialmente em matérias de manutenção da paz em que exista um ou mais agressores e alguns cúmplices morais.

Por outro lado, só a aplicação deste princípio atribuirá à Comunidade um poder que não resulta da mera soma dos poderes dos Estados que a constituem e que permitirá concluir que afinal o resultado da soma das partes pode ser superior ao resultado aritmético destas: conferir o poder de vincular um destes sem o seu consentimento ou apesar da sua oposição.

Cabe, pois, analisar a prática com vista a tentar apurar se tal poder de vinculação *erga omnes* tem alguma consagração no Direito Internacional Costumeiro.

**34. Prática de vinculação de Estados sem o seu consentimento.** Existem precedentes quanto à existência de um poder de vinculação de Estados sem o seu consentimento por parte de entidades que actuavam (ou tinham a pretensão de actuar) em nome da Comunidade Internacional.

**34.1. No Pacto da Sociedade das Nações.** Em matéria de manutenção da paz, o princípio do consentimento sofreu as suas duas primeiras brechas na Sociedade das Nações. Assim, o Pacto consagrou a possibilidade de os Estados serem juridicamente afectados por uma decisão em que foram forçados a abster-se por serem partes na controvérsia subjacente (artigo 15, n.º 6, n.º 7 e n.º 10 do Pacto; refira-se ainda o 16, n.º 4)[1318].

Depois, o Pacto atribuía o direito a um Estado membro afectado particularmente nos seus interesses pela matéria objecto de uma decisão do Conselho que tomasse assento neste órgão, como membro efectivo[1319], isto é, mesmo com direito de voto[1320], salvo se fosse obrigado a abster-se por estar em causa uma controvérsia em que era parte. No entanto, uma segunda brecha na unanimidade decorria da circunstância de os membros, quando não fossem afectados particularmente pela questão, não terem direito a

---

[1318] Embora tendo em conta a limitação dos poderes decisórios da Sociedade, tal não tenha constituído uma grande revolução (ver, *supra*, parág. 19.2).

[1319] Artigo 4, n.º 5 do Pacto: "Any Member of the League not represented on the Council shall be invited to send a Representative to sit as a member at any meeting of the Council during the consideration of matters specially affecting the interests of that Member of the League".

[1320] Trata-se de interpretação pacífica: Hans Kelsen, *The Old and The New League*, AJIL, vol. 39, n.º 1, 1945, pág. 45-83, na pág. 55.

participar na tomada de uma decisão pelo Conselho da Sociedade das Nações que os podia vir a afectar[1321].

Uma outra limitação importante a esta regra decorreu da interpretação realizada do artigo 5, n.º 1 no sentido de que a exigência da unanimidade (além de não prejudicar meras abstenções[1322]) não se aplicaria a meras "opiniões" do Conselho ou da Assembleia[1323].

Mas além de tais brechas terem sido consentidas por cada Estado pela vinculação ao Pacto, tendo base convencional e não consuetudinária, a segunda viu a sua relevância fortemente limitada, por força da importante prática de a Assembleia passar a tomar algumas das decisões determinantes em matéria de segurança internacional (tendo em conta a sua competência concorrente com a do Conselho) e de se aplicar nesta igualmente a regra da unanimidade (artigos 5, n.º 1 e 16, n.º 10 do Pacto).

No que diz respeito à relação do Pacto e dos órgãos da Sociedade com os Estados não membros, aquele fazia expressamente depender a eficácia das suas obrigações de resolução pacífica dos conflitos do consentimento destes (artigo 17, parág. 1)[1324]. No entanto, caso o Estado não membro não

---

[1321] Outra excepção importante derivava do facto de ser possível admitir novos membros por meio de uma mera decisão de dois terços dos membros da Assembleia (artigo 1, n.º 2). Ora, esta decisão tinha implicações fortes nas relações entre a entidade admitida e Estados membros que tivessem votado contra, visto que estes eram obrigados a passar a respeitar o Pacto em relação àquela contra a sua vontade. Finalmente, o artigo 5, n.º 2 do Pacto sujeitava as questões procedimentais à regra da maioria, podendo compreender a realização de inquéritos.

[1322] Quer a Assembleia, no artigo 19, n.º 5 do seu Regimento, quer o Conselho, no artigo 9, n.º 3 do seu Regimento, consagraram a regra de que a abstenção não impediria a formação da unanimidade. O primeiro previa que os Estados que se abstivessem seriam considerados como ausentes, enquanto o segundo estipulava que os seus votos não seriam considerados. Assim, por exemplo, em 14 de Dezembro de 1939, na aprovação da Resolução do Conselho que expulsou a União Soviética da Sociedade das Nações, o Presidente do Conselho afirmou expressamente que as abstenções não impediam a unanimidade (cfr. *Appel du Gouvernement Finlandais a la Société des Nations*, RMTSN, Supplément Spécial, Décembre 1939, pág. 85). Ver igualmente: L. Gross, *Was the Soviet Union* (...), cit., pág. 37 e 42; B. Simma/Brunner, *Article 27*, cit., pág. 434.

[1323] Viu-se já que, por exemplo, tal interpretação foi aplicada pela Assembleia na sua "opinião" sobre a agressão da Itália à Etiópia (ver, *supra*, parág. 19.2).

[1324] O Tribunal Permanente de Justiça Internacional, perante a questão de sujeitar a Rússia (que em 1923 não era membra) ao artigo 17 do Pacto para a resolução do seu conflito com a Finlândia a propósito da Carélia Oriental, afirmou: "As concerns State not members of the League, the situation is quite different; they are not bound by the Covenant. The submission, therefore, of a dispute between them and a Member of the League for solution according to the methods provided for in the Covenant, could take place only by virtue of their consent" (cfr. *Status of Eastern Carelia*, July 23rd, 1923, P.C.I.J., Series B, No. 5, pág. 27-28).

aceitasse resolver a controvérsia nos termos do Pacto e recorresse à guerra, os membros deveriam recorrer aos meios do artigo 16 contra este. Mas este regime não se distinguia em termos significativos do aplicável pelo Direito Internacional Costumeiro vigente às represálias ou à legítima defesa de terceiro[1325].

**34.2. Na Carta das Nações Unidas.** A Carta das Nações Unidas foi mais longe, já que embora permita a participação de Estados afectados pela questão (cfr. artigo 31 e também artigo 32 e 44) nas reuniões do seu órgão restrito com poderes vinculativos, o Conselho de Segurança, só no caso do artigo 44 lhes atribui direito de voto[1326]. Portanto, foi generalizada esta excepção. De qualquer modo, tendo em conta a vigência do princípio maioritário no seio deste órgão, apenas excepcionado em relação aos membros permanentes em questões não procedimentais (artigo 27, n.º 2 e n.º 3), a Carta veio colocar definitivamente em causa a regra do consentimento subjacente à necessidade da unanimidade.

O mesmo princípio se aplica em relação aos restantes órgãos colegiais, incluindo a Assembleia Geral (artigo 18, n.º 2 e 3 CNU) que tem uma competência em matéria de manutenção de paz que não é desprezível. A começar pelos poderes sobre a matéria que lhe advêm da sua competência exclusiva em matéria orçamental[1327].

Porém, a partir desta base convencional, não é possível concluir pelo carácter costumeiro da aplicação da regra da maioria com base em meros argumentos lógicos. O facto de o Conselho de Segurança ter poder para adoptar decisões obrigatórias para os Estados membros[1328], bem como para decidir o exercício do poder público bélico[1329], por maioria dos seus membros e sem o consentimento dos que o não são[1330], não significa que os Estados

---

[1325] Ver, *supra*, parág. 19.4.

[1326] Sobre este artigo, ver, *infra*, parág. 58.1.

[1327] Ver, sobre esta, *infra*, parág. 91.1.

[1328] Quanto ao âmbito destes poderes, ver, *infra*, parág. 36 e 49.

[1329] Ver, *infra*, parág. 50.

[1330] Conformemente, o Tribunal Internacional de Justiça afirmou: "Thus when the Security Council adopts a decision under Article 25 in accordance with the Charter, it is for member States to comply with that decision, including those members of the Security Council which voted against it and those Members of the United Nations who are not members of the Council. To hold otherwise would be to deprive this principal organ of its essential functions and powers under the Charter [cfr. *Legal Consequences* (...), cit., *I.C.J. Reports* 1971, pág. 54, parág. 116]. Mas o Tribunal refere-se apenas aos Estados membros. À luz da Carta, somente estes se encontram nesta situação.

reunidos como Comunidade Internacional (à margem do regime da Carta das Nações Unidas) possam por decisão maioritária exercer tal poder, vinculando a minoria que se opôs. Os poderes do Conselho derivam dos Estados membros pelo facto de cada um destes ter decidido individualmente reconhecer-lhe tal poder ao se vincular à Carta. É esta a base que o fundamenta.

**34.3. Dos Estados das Nações Unidas em relação a terceiros.** Como ficou referido, o Conselho de Segurança e a Assembleia Geral têm utilizado os seus poderes contra Estados não membros, bem como em relação a outras entidades não vinculadas pela Carta, como organizações internacionais[1331].

Ora, esta prática demonstra não apenas o carácter consuetudinário do poder conferido ao Conselho (como ficou sublinhado), como igualmente a inaplicabilidade do princípio do consentimento quanto às suas manifestações, ao menos em relação a estas entidades terceiras. Entidades estas que não consentiram, ao menos formalmente, neste regime. Mas, se assim se passam as coisas, então tem-se uma base para concluir que, por força do princípio da igualdade soberana dos Estados, o mesmo se passará em relação aos restantes[1332]. A menos que uma decisão da Comunidade Internacional aponte noutro sentido (como se passa com os Estados reconhecidos como grandes potências[1333]). Se os Estados não membros podem ser vinculados por decisões das Nações Unidas à luz do Direito Internacional Costumeiro, faz todo o sentido que, numa situação de extinção da Carta e reassunção pela Comunidade Internacional dos seus poderes, igualmente uma minoria de Estados pudesse ser vinculada pelas decisões desta apesar de terem votado contra estas.

**34.4. Por meio de reconhecimentos colectivos constitutivos.** Existe uma área onde o papel da vontade colectiva da Comunidade Internacional tem vindo a ser sublinhado: trata-se do reconhecimento de entidades enquanto sujeitos de Direito Internacional com determinada capacidade de gozo ou enquanto órgãos de um Estado.

---

[1331] Ver, *supra*, parág. 20.3-20.5.

[1332] Pode-se argumentar que os dois Estados que actualmente não são membros (Suíça e Santa Sé/Vaticano) não o são porque não o desejam e, deste modo, aceitaram a sua situação. Ao que acresceria que teriam conferido tacitamente o seu consentimento a serem vinculados. Mas esta postura de abertura das Nações Unidas em relação à adesão de Estados não membros nem sempre foi seguida. E mesmo durante o período de restrição à admissão de novos membros, a organização não alterou a sua prática em função do destinatário dos seus actos ser um Estado membro ou um Estado não membro. O mesmo se diga em relação a organizações internacionais, já que o Conselho não tem dirigido os seus actos aos Estados membros, mas directamente a estas (ver, *supra*, parág. 20.4).

[1333] Ver, *infra*, parág. 35.2.

**34.4.1. Teorias quanto à sua eficácia.** Como é sabido, a questão dos efeitos do reconhecimento tem suscitado grande polémica doutrinária. Têm-se oposto a teoria da eficácia declarativa e a da eficácia constitutiva.

A primeira entende que a entidade a reconhecer já existe enquanto tal, limitando-se o reconhecimento a ser um atestado subjectivo da parte do Estado seu autor no sentido de que aquela entidade reúne efectivamente os requisitos necessários. Deste modo, esta tese sustenta que o Direito Internacional regula minuciosamente os pressupostos de formação de um novo sujeito internacional e que juridicamente este surge automaticamente: decorre directamente do Direito Internacional[1334]. Assim, um Estado já seria um Estado a partir do momento em que reunisse os tradicionais requisitos: um Povo, um território, um Governo efectivo e a capacidade para desenvolver relações internacionais[1335]. Teria, pois, imediatamente todos os direitos conferidos aos Estados que poderia opor mesmo aos Estados que o não reconhecessem. Estes, contudo, teriam plena liberdade em recusar conceder o reconhecimento[1336].

---

[1334] A defesa do seu carácter declarativo tem apoio no artigo 3 ["The political existence of the state is independent of recognition by the other states. Even before recognition the state has the right to defend its integrity and independence (...)"] da Convenção Inter-Americana de Montevideo sobre os Direitos e Deveres do Estado de 26 de Dezembro de 1933 (texto em LNTS, vol. CLXV, 1936, n.º 3802, pág. 19-43). O mesmo preceito consta da citada Carta da Organização de Estados Americanos, artigo 13, embora o artigo 14 também refira que "Recognition implies that the State granting it accepts the personality of the new State, with all the rights and duties that international law prescribes for the two States", o que pode também ser lido à luz de uma visão constitutiva do reconhecimento.

Do mesmo modo, um dos Tribunais dos EUA sustentou: "Under international law, a state is an entity that has a defined territory and a permanent population, under the control of its own government, and that engages in, or has the capacity to engage in, formal relations with other such entities (...) it does not require recognition by other states" [cfr. *United States: Court Of Appeals For The Second Circuit Decision In Kadic v. Karadzic*, October 13, 1995 (texto em ILM, Vol. 34, No. 6, 1995, pág. 1592-1614, na pág. 1606)]. Em consequência o Tribunal adoptaria a excessiva conclusão de que a entidade sérvia da Bósnia fora um Estado durante o período em que gozou de independência efectiva.

[1335] Assim, o artigo 1 da referida Convenção Inter-Americana sobre os Direitos e Deveres do Estado: "The state as a person of international law should possess the following qualifications: (a) a permanent population; (b) a defined territory; (c) government; and (d) capacity to enter into relations with the other states". Igualmente a referida sentença *Decision In Kadic v. Karadzic*.

[1336] Na Doutrina, defendem o seu carácter declarativo: John Fischer Williams, *Some Thoughts on the Doctrine of Recognition in International Law*, HLR, Vol. 47, 1934, pág. 776--794, na pág. 779-780 e 793-794; Institut de Droit International, *Resolutions Concerning the*

A tese da eficácia constitutiva do reconhecimento afirma, pelo contrário, que é este acto que atribui à entidade a reconhecer o seu estatuto de Estado (ou de outro sujeito) ou a legitimidade para vincular um Estado enquanto seu Governo perante o autor do reconhecimento. Os seus partidários sustentam, portanto, que a atribuição do estatuto de Estado, e mesmo a personalidade jurídica de entidades colectivas, ou de Governo, dependeria sempre do reconhecimento; nunca decorrendo directamente do Direito Internacional. Isto significa que uma entidade poderia constituir um Estado perante um outro Estado que a reconheceu, mas não perante um terceiro que recusou conceder tal reconhecimento. Em qualquer caso, entendem que o Direito Internacional coloca alguns limites ao reconhecimento, proibindo os reconhecimentos prematuros, mas que não estabelece de forma rígida os pressupostos do reconhecimento, mesmo o de Estado ou de Governo. A cada Estado competiria com apreciável margem decidir se o reconhecimento deve ou não ser concedido[1337]. Por força do carácter gravoso da ausência do reconheci-

---

*Recognition of News States and News Governments*, April 1936, artigo 1, parág. 2, texto em AIDI, 1936, Vol. II, pág. 300-305 (também em AJIL, Vol. 30, No. 4, 1936, *Supplement*, pág. 185-187); Philip M. Brown, *Recognition of New States and Governments*, AJIL, Vol. 30, No. 4, 1936, pág. 689-694, na pág. 692-693 e em *Legal Effects of Recognition*, AJIL, Vol. 44, No. 4, 1950, pág. 617-640, na pág. 639-640; Edwin Borchard, *Recognition and Non-Recognition*, AJIL, Vol. 36, No. 1, 1942, pág. 108-111, na pág. 109; Herbert Briggs, *Recognition of States: Some Reflections on Doctrine and Practice*, AJIL, Vol. 43, No. 1, 1949, pág. 113-121, na pág. 118-119; Josef Kunz, *Critical Remarks on Lauterpacht's "Recognition in International Law"*, AJIL, vol. 44, n.º 4, 1950, pág. 713-719, na pág. 119-120; Joe Verhoeven, *La Reconnaissance Internationale: Déclin ou Renouveau*, AFDI, 1993, pág. 7-40, na pág. 29-31; Colin Warbrick, *Recognition of States – Part 2*, ICLQ, vol. 42, 1993, pág. 433-442, na pág. 433-434 e 441 (embora de forma pouco clara); P. Dipaola, *A Noble Sacrifice* (...), cit., pág. 447-449; T. Lee, *The International Legal Status* (...), cit., pág. 385-386; Y. Chiang, *State, Sovereignty* (...), cit., pág. 969-970.

[1337] A defesa da natureza constitutiva do reconhecimento do Estado em W. Hall, *A Treatise* (...), cit., pág. 82, parág. 26; L. Oppenheim, *International Law* (...), cit., pág. 109, parág. 71; Clarence Berdahl, *The Power of Recognition*, AJIL, Vol. 14, No. 4, 1920, pág. 519--539, na pág. 519; Dionisio Anzilotti, *Corso di Diritto Internazionale*, vol. I, 4ª ed., Padova, 1964 (reed.), pág. 153-158; Hans Kelsen, *Recognition in International Law – Theoretical Observations*, AJIL, Vol. 35, 1941, pág. 605-617, na pág. 608-609; H. Lauterpacht, *Recognition of Governments – I*, cit., pág. 815; Quincy Wright, *The Chinese Recognition Problem*, AJIL, Vol. 49, No. 3, 1955, pág. 320-338, na pág. 325 (tese mista); Bin Cheng, *Custom: The Future of General State Practice In a Divided World*, em *The Structure and Process of International Law: Essays in Legal Philosophy Doctrine and Theory* (ed. R. St. J. Macdonald/Douglas M. Johnston), Dordrecht/Boston/Lancaster, 1986, pág. 513-554, na pág. 517; D. Hollis, *Accountability In Chechnya* (...), cit., pág. 816-817; Christian Hillgruber, *The Admission of New States to the International Community*, EJIL, Vol. 9, 1998, No. 3, pág. 491-509, pág. 492 e 498; T. Grant, *States Newly* (...), cit., pág. 183-184.

mento, alguns autores defensores desta tese chegaram mesmo a defender que existiria um dever de reconhecer, quer Estados, quer Governos.

Os defensores de ambas as teses, regra geral, sustentam que o reconhecimento é um acto individual que cria relações meramente bilaterais entre o Estado autor e a entidade reconhecida. E, em relação a sujeitos menores, como insurgentes ou beligerantes, tendem a concordar que o seu reconhecimento teria carácter constitutivo.

**34.4.2. Reconhecimento de sujeitos menores.** Como se procura demonstrar, pensa-se que o reconhecimento só excepcionalmente visa atribuir personalidade jurídica a entidades, tenha tido eficácia declarativa ou constitutiva. Mesmo os sujeitos menores são normalmente automaticamente personalizados pelo Direito Internacional[1338]. Deste modo, mesmo quando

---

[1338] Uma excepção encontra-se ainda na personalidade das organizações internacionais (governamentais) regionais ou restritas. Em relação às organizações para-universais, que compreendam como membros a grande maioria dos Estados existentes, vale ainda a jurisprudência do Tribunal Internacional de Justiça que, a propósito da personalidade das Nações Unidas, numa passagem já citada, sustentou que esta era oponível a terceiros [cfr. *Reparation for Injuries* (…), cit., *I.C.J. Reports* 1949, pág. 185]. O Tribunal não esclareceu se se tratava de um reconhecimento constitutivo ou se, pelo contrário, a personalidade da organização valia *erga omnes* automaticamente por força da sua criação efectiva, pela execução do seu tratado constitutivo, a partir do momento em que este reunisse como partes a maioria dos Estados. Independentemente de qual foi a intenção do Tribunal, há mais de cinquenta anos (a sentença tem sido correctamente considerado um marco sobre a questão: David J. Bederman, *The Souls of International Organizations: Legal Personality and the Lighthouse at Cape Spartel*, VJIL, Vol. 36, 1996, pág. 275-377, na pág. 369-371), é provável que seja este último o melhor entendimento. Ou seja, qualquer reconhecimento de uma organização para-universal é desnecessário, terá efeitos meramente declarativos, mesmo por Estados terceiros.

Em relação às restantes organizações, a questão tem dividido a Doutrina, o que não é surpreendente, tendo em conta as divisões que ainda existem em relação à personalidade dos Estados e outras entidades bem mais antigas. A atribuição de personalidade automática às organizações não constitui uma excepção ao princípio da relatividade dos tratados, já que esta personalidade não deriva do tratado, mas da sua execução e da alteração da realidade que esta provoca com o surgimento de um novo actor internacional. No entanto, trata-se ainda de um efeito jurídico que tem de decorrer do Direito Internacional Costumeiro, visto que se está a permitir que a acção de alguns Estados provoque alterações, ao menos marginais, na situação jurídica de Estados terceiros. Ou seja, na falta de prática suficientemente clara, deve-se entender que as organizações não universais não gozam de personalidade automaticamente oponível a Estados ou outras entidades terceiras em relação ao tratado constitutivo. Ora, apesar desta personalidade automática ser sustentada [assim: G. Pereira/F. Quadros, *Manual* (...), cit., pág. 432; Margarida Salema O. Martins/A. D'Oliveira Martins, *Direito das Organizações Internacionais*, vol. I, 2ª ed., Lisboa, 1996, pág. 143; Bimal Patel, *The Accountability of International Organisations*, LJIL, Vol. 13, 2000, pág. 571-597, na pág. 577], não se encontra

bases para o poder afirmar de forma concludente. Uma interpretação *a contrario* da sentença do Tribunal Internacional de Justiça aponta igualmente no sentido da exclusão desta personalidade, já que só as organizações para-universais cumprem o requisito de generalidade de membros em que se baseou. Igualmente o Supremo Tribunal Filipino sustentou que organizações "created by the agreement of a considerable number of States (...) In so far as they are autonomous and beyond the control of any one State (...) must be deemed to possess a species of international personality of their own" (cfr. *Southeast Asian Fisheries Development Center Aquaculture Department v. NLRC* (G.R. No. 86773 [1992]); partes do texto da sentença em AYIL, 1994, pág. 268). Manteve, pois, os termos da sentença do Tribunal Internacional de Justiça.

É certo que posteriormente este Tribunal Internacional afirmou em termos genéricos "International organizations are subjects of international law" (cfr. *Interpretation of the Agreement of 25 March 1951 between the WHO and Egypt*, Advisory Opinion, 20 December 1980, *I. C. J. Reports* 1980, pág. 89, paróg. 37) e "The Court need hardly point out that international organizations are subjects of international law which do not, unlike States, possess a general competence" [cfr. *Legality of the Use* (...), cit., *I.C.J. Reports* 1996, paróg. 25], apesar de estar a referir-se à Organização Mundial de Saúde. Não parece, contudo, que estas declarações esclareçam a questão. São sujeitos em relação aos seus membros; o Tribunal não esclareceu se o são em relação a terceiros.

Existem ainda outros elementos que podem ser interpretados no sentido de uma atribuição automática de personalidade. Assim, o facto do artigo 6 da Convenção de Viena sobre o Direito dos Tratados entre Estados e Organizações Internacionais ou entre estas de 21 de Março de 1986 (texto em UN Doc. A/CONF. 129/15) se limitar a remeter a capacidade das organizações internacionais para a celebração de tratados para o respectivo tratado constitutivo e, especialmente, o de estar aberta à adesão de qualquer organização internacional (artigo 84, mas não já à assinatura e logo confirmação formal: artigos 82 e 83), tal como outros tratados importantes (por exemplo, o Anexo IX à citada Convenção das Nações Unidas sobre o Direito do Mar). Mas, trata-se de elementos insuficientes para defender de forma segura a personalidade objectiva de todas as organizações internacionais [no mesmo sentido: American Law Institute, *Restatement* (...), cit., paróg. 467, comment a) e paróg. 223; I. Brownlie, *Principles* (...), cit., pág. 695; Q. Dinh/P. Daillier/A. Pellet, *Droit* (...), cit., paróg. 392; Michael Singer, *Jurisdictional Immunity of International Organizations: Human Rights and Functional Necessity Concerns*, VJIL, Vol. 36, 1995, pág. 53-109, na pág. 69-72]. O mesmo vigora para os Estados e nem por isso tal tem influenciado a Doutrina quanto à questão da sua personalidade.

Deste modo, o seu reconhecimento será constitutivo, respondendo os Estados membros em relação a Estados que as não tenham reconhecido (ver, *infra*, paróg. 100.2). Esta exigência justifica-se especialmente pela circunstância dos Estados membros, a menos que a organização não tenha qualquer autonomia em relação a estes, não responderem pelos actos ilícitos desta (ver, *infra*, paróg. 100.2.2). No entanto, estas organizações podem ser objecto de reconhecimentos colectivos, susceptíveis de ser veiculados por organizações universais. Quando nesse acto de reconhecimento participar a maioria necessária de Estados para que se verifique um reconhecimento constitutivo colectivo (ver, *infra*, paróg. 35.2), julga-se que a sua personalidade passará a ser oponível mesmo a Estados terceiros. A concessão de estatuto de observador

constitutivo, este visa sobretudo atribuir direitos de tomar decisões em nome de uma comunidade e de jurisdição sobre esta e sobre um determinado território. Daí que as figuras dos insurrectos (por vez igualmente denominados como insurgentes) e dos beligerantes tenham desaparecido da prática internacional[1339], por força da evolução do Direito Internacional, em particular o Humanitário e o da Responsabilidade Internacional, que lhes fez perder toda a relevância.

O desaparecimento da figura dos insurrectos deriva da circunstância de esta figura apenas a nível regional ter tido alguma relevância quanto à aplicação de deveres de "neutralidade" pelo Estado estrangeiro que reconhecia os rebeldes; isto é, uma aplicação rigorosa de deveres de não intervenção[1340]. Em rigor, nunca teve reflexos ao nível do Direito Internacional aplicável a conflitos armados internacionais. Julga-se que não tinha sequer qualquer relação necessária com a existência de limitados direitos beligerantes no mar territorial em relação aos navios mercantes de Estados terceiros[1341].

---

junto das Nações Unidas normalmente constitui fundamento suficiente para este reconhecimento de personalidade.

[1339] Alguns autores distinguiam ainda rebeldes de insurrectos. No primeiro caso existiriam meros actos esporádicos de violência em cuja repressão Estados estrangeiros poderiam sempre participar a pedido do Governo (assim: Roger H. Hull, *The Kissinger Commission's Omission*, IL, Vol. 18, 1984, pág. 504 e segs., seguindo outros autores).

[1340] Tal como resulta da prática tradicional dos Estados da América Latina: I. Brownlie, *International Law and the use of force* (...), cit., pág. 324-325.

[1341] Existe quem sustente que os EUA reconheceram os rebeldes cubanos em 1895 como insurrectos e que a França e o Reino Unido fizeram o mesmo em relação aos rebeldes espanhóis em 1936 e 1937; que tal decorreria de lhe terem sido reconhecidos direitos beligerantes (exclusivamente) no mar territorial de Espanha (assim: Vernon O'Rourke, *Recognition of Belligerency and the Spanish War*, AJIL, Vol. 31, No. 3, 1937, pág. 398-413, na pág. 403-404). Mas é bem duvidoso que tais direitos não decorressem já então directamente do Direito Internacional independentemente de qualquer reconhecimento (como O'Rourke, ob. cit, pág. 408, acaba por reconhecer). Acresce que os rebeldes nunca poderiam ser qualificados como piratas no mar territorial, já que se trata de uma figura exclusiva do Alto Mar, para além de esta se aplicar a actos com fins privados e não fins políticos [assim: Gilbert Gidel, *Le Droit International Public de la Mer*, tome I, Vaduz/Paris, 1981 (reimp. ed. 1932), pág. 345-346; Harvard Law School, *Draft Convention and Comment on Piracy*, em AJIL, vol. 26, No. 4, 1932, supplement, pág. 743-747, artigo 3; Raoul Genet, *The Charge of Piracy in the Spanish Civil War*, AJIL, vol. 32, 1938, pág. 252-263, na pág. 266-257 e 263; Abraham D. Sofaer, *Terrorism And The Law*, FA, 1986, pág. 901 e segs., Part V (embora discorde da solução). Contra: Malvina Halberstam, *Terrorism On The High Seas: The Achille Lauro, Piracy And The Imo Convention On Maritime Safety*, AJIL, Vol. 82, 1988, pág. 269-310, na pág. 276; ver ainda C. Baptista, Ius (...), cit., pág. 252 e 476-477 e nota 268]. Sem prejuízo de poderem ser julgados pelo Estado do pavilhão do navio atacado ou da nacionalidade dos indivíduos

Actualmente, as normas costumeiras do Direito Internacional Humanitário aplicável a conflitos sem carácter internacional aplicam-se em bloco automaticamente uma vez que quaisquer indivíduos armados organizados iniciem uma actividade bélica, independentemente de terem qualquer controlo de território, de terem capacidade para levar a cabo operações militares concertadas e, sobretudo, de qualquer reconhecimento. É o regime que decorre do já referido Estatuto de Roma do Tribunal Penal Internacional, artigo 8, n.º 2, f), que parece meramente codificatório[1342]. Por conseguinte, os pressupostos estabelecidos no artigo 1 do citado Protocolo Adicional II encontram-se ultrapassados por normas costumeiras menos restritivas quanto à sua aplicação[1343]. A aplicação deste ramo verifica-se, portanto, independentemente de qualquer reconhecimento nesse sentido do Estado ou de terceiros[1344]. É automática. Ora, se estes bandos armados têm deveres e direitos humanitários, tal significa que são sujeitos de Direito Internacional[1345]. Qualificá-los, bem como a movimentos armados, como insurrectos é completamente destituído

---

atacados. Mas já não se aplicará a jurisdição universal. Este regime decorre actualmente de forma clara do artigo 15, n.º 1 da Convenção de Genebra sobre o Alto Mar de 28 de Abril de 1958 (texto em UNTS, No. 6465, Vol. 450, pág. 82-103) e do artigo 101 da Convenção das Nações Unidas sobre o Direito do Mar de 1982 (texto em UN doc. A/CONF. 62/122, em TUNCLS, vol. XVII, pág. 151-221).

[1342] Este considera como conflito armado sem carácter internacional "protracted armed conflict between governmental authorities and organized armed groups or between such groups" na sequência da jurisprudência do Tribunal Penal para a ex-Jugoslávia que afirmou: "an armed conflict exists whenever there is a resort to armed force between States or protracted armed violence between governmental authorities and organized armed groups or between such groups within a State" (cfr. *Prosecutor v. Duško Tadic*, Trial Chamber II, Case No. IT-94-1-T, Judgement of 7 May 1997).

[1343] Ver, *supra*, parág. 15.2.3.

[1344] Como afirmou o Tribunal Penal para a ex-Jugoslávia, o Direito Internacional Penal pode ser violado por entidades "without international recognition or formal status of a de jure state, or by a terrorist group or organization" (cfr. Prosecutor v. Duško Tadic, Trial Chamber II, Case No. IT-94-1-T, Judgement of 7 May 1997).

[1345] O artigo 3 comum às referidas Convenções de Genebra de 1949, bem como o artigo 4 do citado Protocolo Adicional I sublinham que o seu regime não altera o estatuto jurídico das partes. Mas com tal não se pode colocar em causa o resultado óbvio de que as partes a quem são atribuídos direitos e deveres internacionais são automaticamente sujeitos menores de Direito Internacional. Ver também: Hernán Montealegre, *Conflictos Armados Internos y Derechos Humanos*, em *Etudes et Essais sur le Droit International Humanitaire et sur les Principes de la Croix-Rouge en l'Honneur de Jean Pictet* (ed. C. Swinarski), Genève/La Haye, 1984, pág. 735-742, na pág. 741; Comité International de la Croix-Rouge, *Commentary on the Additional Protocols* (…), cit., pág. 1322 e 1344 (em que sublinha que a sua aplicação nada tem a ver com a figura da beligerância) e 1372, nota 18.

de efeitos e implica englobar sob a mesma designação duas realidades distintas.

O reconhecimento de beligerância perdeu igualmente relevância pelos mesmos motivos e porque era politicamente inconveniente[1346]. A aplicação

---

[1346] É geralmente reconhecido que a figura da beligerância perdeu relevância e que desapareceu da prática dos Estados: M. Akehurst, *A Modern* (...), cit., pág. 284, nota 9; D. Wippman, *Change And Continuity* (...), cit., pág. 444; K. Heath, *Could We Have* (...), cit., pág. 304. Existe quem alegue que as autoridades do norte da Coreia e o Governo comunista da China constituíram beligerantes no Conflito da Coreia [neste sentido: D. Bowett, *United Nations* (...), cit., pág. 35; A. Hsiao, *Is China's Policy to Use Force* (...), cit., pág. 726], mas não foram reconhecidas como tal. É mais simples explicar o seu estatuto por um acordo inicial tácito entre as partes quanto à aplicação do Direito Humanitário dos Conflitos Armados Internacionais. De qualquer modo, para todos os efeitos, o Governo comunista chinês deve ser considerado como o Governo da China à luz do Direito Internacional Costumeiro então vigente (ver, *infra*, parág. 34.4.4). Daí que depois da sua contra-intervenção deveria mesmo ser aplicado o Direito Humanitário dos Conflitos Internacionais, pelo menos entre as suas forças e a dos aliados (sobre a distinção entre conflitos internacionais e sem este carácter, ver, *infra*, parág. 9.1 e 102.1). Tal resulta claro em relação a Estados como o Reino Unido que já o tinham reconhecido. Mas pensa-se que vale do mesmo modo em relação aos que o não tinham feito.

É certo que a figura se encontra consagrada no artigo 1, n.º 3 da Convenção Americana sobre Deveres e Direitos dos Estados em caso de Guerra Civil de 20 de Fevereiro de 1928 (texto em AJIL, Vol. 22, No. 3, 1928, Supplement, pág. 159-161). Bem como no artigo 2 do seu Protocolo Adicional de 1 de Maio de 1957 (texto em UNTS, No. 4138, 1957-1958, pág. 201-214). Ambos mandam aplicar as regras da neutralidade em relação a um Estado que reconheça rebeldes como beligerantes. No entanto, segundo se julga, estes preceitos não receberam qualquer aplicação.

De facto, nos conflitos armados internos do Século XX, os outros Estados não aceitaram que os rebeldes tivessem direitos beligerantes, o que sugere que consideraram inaplicável o Direito dos Conflitos Armados Internacionais. Assim, durante o conflito armado interno na Espanha, a generalidade dos Estados recusou direitos beligerantes no Alto Mar a qualquer uma das partes.

Deste modo, no Acordo de Nyon para pôr Termo aos Ataques de Submarinos a Navios Mercantes de 14 de Setembro de 1937, entre a Bulgária, Egipto, França, Grã-Bretanha, Grécia, Roménia, Turquia, União Soviética e Jugoslávia (texto em NRG, 3ª série, tomo XXXIV, pág. 666-670), que visava reprimir como "piratas" submarinos (aparentemente italianos que lutavam do lado dos rebeldes) responsáveis por ataques no Mediterrâneo à navegação mercantil estrangeira, afirma-se no preâmbulo: "Que, sans aucunement admettre le droit de l'un ou l'autre parti en lutte en Espagne d'exercer les droits de belligérants ou de contrôler la navigation de commerce en haute mer".

É certo que houve hesitações e manifestações de abertura quanto à concessão do reconhecimento de beligerância, quer da parte de Portugal [em 21 de Agosto de 1937, ao aderir ao compromisso franco-britânico de não intervenção no Conflito espanhol afirmou que não considerava como intervenção "recognition of belligerent rights of the rebels and of a new government" (cfr. CMIE, pág. 102)], quer da Alemanha e Itália (cfr. CMIE, pág. 123 e

do Direito Internacional Humanitário dos Conflitos Internacionais aos conflitos sem este carácter verifica-se por acordo entre as partes (expresso ou tácito) e não por força de reconhecimentos unilaterais[1347].

No que diz respeito à responsabilidade internacional, o Estado nunca é responsável por actos de movimentos ou bandos armados no seu território que não tenha capacidade para controlar, independentemente de os ter reconhecido como beligerantes[1348]. Se o bando ou movimento armado vier

---

126), mas igualmente do Reino Unido, como forma de obter um acordo de retirada dos voluntários (cfr. CMIE, pág. 125). Mas estas declarações não passaram formalmente do plano das hipóteses. Dado que o reconhecimento de beligerância implicava deveres de neutralidade, os três primeiros Estados preferiram simplesmente reconhecer ilicitamente os rebeldes como novo Governo. A Alemanha e a Itália tinham-no já feito em 18 de Novembro de 1937 (cfr. CMIE, pág. 109) e intervieram militarmente posteriormente. Portugal fê-lo em 12 de Maio de 1938 (cfr. CMIE, pág. 153).

O desaparecimento da figura da beligerância foi facilitado pelo facto de, nos termos gerais da teoria do reconhecimento, ser sustentado que o reconhecimento de beligerantes era livre, não tendo estes direito a ser reconhecidos; assim: V. O'Rourke, *Recognition* (…), cit., pág. 402. Alguns, porém, falavam em um dever "moral": James Garner, *Recognition of Belligerency*, AJIL, Vol. 32, No. 1, 1938, pág. 106-113, na pág. 112.

[1347] Assim, o artigo 3 comum às referidas quatro Convenções de Genebra de 1949 permite que as partes num conflito armado interno coloquem em vigor entre si o regime internacional, sem fazer qualquer referência à possibilidade de tal operar unilateralmente por reconhecimento. Esta possibilidade existia tradicionalmente, mas apenas quando muito o reconhecimento do Governo dos rebeldes como beligerantes poderia afectar *erga omnes* outros Estados. O reconhecimento por estes apenas vinculava o autor do reconhecimento [também neste sentido: V. O'Rourke, *Recognition* (…), cit., pág. 402-403 (mas com dúvidas quanto aos efeitos do reconhecimento pelo Governo); H. Kelsen, *Recognition* (...), cit., pág. 616]. Os rebeldes reconhecidos, normalmente só tinham a ganhar com isso, por verem alargados os seus poderes bélicos em relação ao autor do reconhecimento, fosse este o Governo ou Estados estrangeiros.

Actualmente, julga-se que um reconhecimento como beligerante dos rebeldes pelo próprio Governo não alterará a situação destes perante Estados terceiros, designadamente, não atribuirá a qualquer das partes direitos beligerantes marítimos no Alto Mar contra a navegação sob pavilhão estrangeiro. Só caso a caso, em função da gravidade do conflito, com base em estado de necessidade, será possível avaliar se se justifica reconhecer ao Governo (e não aos rebeldes) tais direitos.

[1348] A irresponsabilidade completa do Estado era um dos efeitos que era atribuído ao reconhecimento de beligerância: Charles Hyde, *The Recognition of the Czecho-Slovaks as Belligerents*, AJIL, Vol. 13, No. 1, 1919, pág. 93-95, na pág. 94; artigo 13, al. a) do Projecto de Codificação *The Law of the Responsibility of States for Damage Done in Their Territory to the Person or Property of Foreigners* (relator Edwin Borchard), em AJIL, Vol. 23, No. 2, 1929, *Supplement*, pág. 131-239, na pág. 134; H. Kelsen, *Recognition* (...), cit., pág. 616 e 617. Mas mesmo esta irresponsabilidade não era nada líquida quando existisse clara negligência

a converter-se em Governo ou num Estado independente responderá pelos seus actos praticados durante o conflito, tenha ou não sido reconhecido[1349]. Quando muito, o Estado poderá ser responsabilizado em função da sua capacidade e falta de diligência na repressão daqueles, mas apenas pela omissão negligente no controlo do seu território e protecção de terceiros[1350].

Nas restantes situações, especialmente quando se esteja perante um movimento armado estabilizado, este responde internacionalmente pelos seus actos, podendo ser responsabilizado por estes perante outros Estados, sem que tal implique qualquer reconhecimento como Estado/Governo. Qualquer outra posição implicaria retirar qualquer relevância prática à sua vinculação pelo Direito Internacional. Se o próprio indivíduo pode incorrer em responsabilidade internacional (máxime, penal), porque motivo não o poderia uma entidade colectiva menor[1351]?

---

do Estado em proteger a vítima [neste sentido: Comissão de Direito Internacional, comentário ao artigo 14 do seu Projecto sobre Responsabilidade dos Estados de 1996 (texto em YILC, 1975, Vol. II, Part 2, pág. 91-99)].

[1349] O Projecto de Responsabilidade dos Estados de 1996 da Comissão de Direito Internacional no seu artigo 14, n.º 1 afirmava: "The conduct of an organ of an insurrectional movement which is established in the territory of a State or in any other territory under its administration shall not be considered as an act of that State under international law". Entendeu-se desnecessário estar a consagrar o artigo na versão final, mas o regime é claro (cfr. comentário da Comissão ao artigo 10 do Projecto de 2001, parág. 2-3, RILC, 2001, pág. 112) e no seu artigo 10, n.º 1 e n.º 2 estabelece o regime descrito quanto à vitória pelo movimento, seja convertendo-se em Governo, seja num novo Estado. Não faz qualquer menção à necessidade de um reconhecimento. Esta realidade já era reconhecida por alguns autores mesmo quando a beligerância era uma figura aceite: V. O'Rourke, *Recognition* (…), cit., pág. 401.

[1350] Ver, *supra*, parág. 12.3.

[1351] A responsabilização de entidades que ainda não foram geralmente reconhecidas como Estados tem amparo na prática e mesmo apoio indirecto na Jurisprudência. O Tribunal Internacional de Justiça considerou que as Nações Unidas tinham capacidade para exigir uma reparação de um Governo *de iure* ou *de facto*, embora tenha entendido que tal pressupunha "claims against a State", limitação que não estaria na intenção da Assembleia Geral [cfr. *Reparation for Injuries* (…), cit., I.C.J. Reports 1949, pág. 177; o Tribunal responderia que as Nações Unidas tinham tal capacidade: pág. 187]. De facto, o pedido resultava de acontecimentos ocorridos em Israel em 17 de Setembro de 1948, altura em que este ainda não cumpria os requisitos de efectividade necessários para a formação automática de um Estado, nem fora reconhecido colectivamente como tal; isto é, não passava de um movimento armado. Israel acabou por aceitar indemnizar as Nações Unidas por negligência na protecção do mediador destas que morrera num atentado, mesmo que tenha negado que tivesse sido negligente.

Igualmente no sentido da responsabilidade dos movimentos armados ver o artigo 14, n.º 3 do Projecto da Comissão de Direito Internacional sobre Responsabilidade dos Estados

No que diz respeito ao dever de não intervenção militar directa do lado do Governo (e claro está, em qualquer caso, do lado dos rebeldes), este aplica-se perante qualquer conflito armado contra um movimento armado rebelde (isto é, que controle efectivamente parte do território), independentemente de qualquer reconhecimento de beligerância[1352]. Evidentemente, um reconhecimento de beligerância pode ser entendido como uma declaração de não intervenção, mesmo sob a forma de mera assistência ao Governo. Mas entender que se aplicam as regras da neutralidade[1353] é ignorar que estas se encontram em clara crise[1354].

Deste modo, actualmente a distinção relevante entre sujeitos menores automáticos (isto é, independentemente de qualquer reconhecimento) de Direito Internacional é entre movimento armado e bando armado; em função de, respectivamente, controlarem ou não de forma efectiva uma parcela de território do Estado. Em qualquer caso, são ambos automaticamente sujeitos de Direito Internacional, independentemente de qualquer reconhecimento[1355], já que este estatuto decorre directamente do Direito Internacional Humanitário e dos Direitos Humanos (de forma mais significativa em relação a movimentos armados[1356]). Estes terão, pois, não apenas de respeitar estes deveres, como igualmente o direito de ver estes deveres ser respeitados em relação aos seus membros. Consequentemente, qualquer reconhecimento destes movimentos

---

de 1996 ("Similarly, paragraph 1 is without prejudice to the attribution of the conduct of the organ of the insurrectional movement to that movement in any case in which such attribution may be made under international law") e o seu comentário ao artigo, parág. 4-5 e para elementos de prática nesse sentido, designadamente pedidos de reparação do Reino Unido contra os rebeldes nos Conflitos Internos Americano e Espanhol, o seu parág. 28 (cfr. YILC, 1975, Vol. II, Part 2, pág. 91-99).

A Comissão entendeu correctamente que o preceito não deveria ser integrado num Projecto sobre Responsabilidade dos Estados, mas no seu comentário ao artigo 10 do Projecto de 2001 continua a aceitar a responsabilidade de movimentos armados (cfr. RILC, 2001, pág. 118, parág. 16). Isto sem prejuízo de, excepcionalmente, um Estado poder ter de assumir responsabilidade por obrigações contraídas por um movimento armado no seu território que seja vencido quando beneficiou dos seus actos (cfr. Haig Silvanie, *Responsibility of States for Acts of Insurgent Governments*, AJIL, Vol. 33, No. 1, 1939, pág. 78-103, na pág. 101-103), embora tal possa ser melhor justificado à luz das regras do enriquecimento sem causa.

[1352] Ver, *supra*, parág. 16.1.

[1353] Como afirma o artigo 1, n.º 3 da citada Convenção Americana sobre Deveres e Direitos dos Estados em caso de Guerra Civil de 1928, bem como o artigo 2 do referido Protocolo Adicional de 1957.

[1354] Ver, *supra*, parág. 10.5.2.3.

[1355] Contra: C. Hillgruber, *The Admission* (...), cit., pág. 498.

[1356] Ver, *supra*, parág. 15.2.2.

enquanto tais terá efeitos meramente declarativos; para os efeitos descritos será perfeitamente despiciendo. Tal nada tem de novo. Igualmente os indivíduos são sujeitos de Direito Internacional independentemente de qualquer reconhecimento[1357].

Os movimentos armados têm ainda um direito derivado da sua efectividade, que é o de recusarem a instalação de uma Força de manutenção da paz e, sobretudo, o direito de exigir que entidades terceiras não intervenham directamente com as suas forças no conflito do lado do Governo[1358]. Mas, segundo se julga, quaisquer outros direitos já só lhes serão atribuídos por força de um reconhecimento constitutivo[1359].

O reconhecimento constitutivo terá, portanto, o efeito de conferir a uma entidade legitimidade internacional para tomar decisões em nome de uma população/Povo e para tomar algumas decisões quanto à administração de um território. No caso de ter por objecto um grupo ou movimento armado não lhe confere personalidade internacional, visto que estes já a têm por força do Direito Internacional. Limita-se sim a alargar-lhes a capacidade de gozo.

Se os indivíduos, grupo ou movimento armado visarem representar um conjunto de indivíduos que goza plenamente do direito de autodeterminação[1360] podem ser reconhecidos como movimento de libertação nacional[1361].

---

[1357] Não vale a pena desenvolver a questão da personalidade jurídico-internacional do indivíduo, esta deve ser considerada actualmente um dado assente. Tenha-se presente, por exemplo, o artigo 19, n.º 1 da citada Convenção Internacional para a Eliminação de Ataques Terroristas, adoptada pela Resolução 52/164, de 15 de Dezembro de 1997: "**Nothing in this Convention shall affect other rights, obligations and responsibilities of** States and **individuals under international law**, in particular the purposes and principles of the Charter of the United Nations and international humanitarian law".

[1358] Por força do princípio da não intervenção, sem prejuízo do movimento poder ser confrontado com esta intervenção se receber ilicitamente auxílio de entidades terceiras (ver, *supra*, parág. 16).

[1359] A menos que passem a dominar efectivamente a totalidade ou quase totalidade do território do Estado, altura em que poderão reivindicar o estatuto de Governo, a menos que o seu título de poder seja internacionalmente inválido (ver, *infra*, parág. 34.4.4).

[1360] Segundo se julga, este conjunto de indivíduos, Povo, não constitui um sujeito de Direito Internacional [contra: Raymond Ranjeva, *Peoples and National Liberation Movements*, em *International Law: Achievements and Prospects* (ed. M. Bedjaoui), Paris, 1991, pág. 101- -110, na pág. 102 (embora distinga pessoas e sujeitos de Direito Internacional); Igor Grazin, *The International Recognition of National Rights: The Baltic States' Case*, NDLR, Vol. 66, 1991, pág. 1385-1419, na pág. 1385 e 1395]. O direito de autodeterminação é um direito colectivo que cabe ao conjunto dos indivíduos e não o direito de uma pessoa colectiva. Daí que a existência de um "Povo" para efeitos deste não necessite de qualquer reconhecimento formal. Claro está, a existência de um reconhecimento colectivo (que será formalmente

Visto que à luz da prática tal apenas se tem verificado em relação a casos de ocupações estrangeiras, coloniais ou domínios racistas, a figura encontra-se em declínio. Este reconhecimento não depende de qualquer efectividade, embora deva existir alguma medida de controlo político da população pelo movimento[1362]. A medida de capacidade de gozo que atribui à entidade depende essencialmente da vontade dos Estados autores, visto que tem carácter constitutivo.

Se se estiver perante um movimento armado, que portanto controla já efectivamente parcelas do território, e este visar alterar o Governo do Estado ou representar uma minoria que não goza de um direito de autodeterminação pleno, podem-lhe ser reconhecidos precariamente alguns direitos adicionais

---

puramente declarativo) de que um conjunto de indivíduos residentes num determinado território goza do estatuto jurídico de um Povo terá importância prática decisiva [o Tribunal Internacional de Justiça afirmou: "The right of self-determination leaves the General Assembly a measure of discretion with respect to the forms and procedures by which that right is to be realized" (cfr. *Western Sahara*, Advisory Opinion, 16 October 1975, *I.C.J. Reports* 1975, pág. 36, parág. 71)]. Mas as normas relativas aos direitos humanos aplicam-se automaticamente independentemente de qualquer reconhecimento, incluindo esta [sem prejuízo das dificuldade em determinar os contitulares deste direito, mas tal nada tem de novo, existem outras situações de direitos com titular relativamente indeterminado]. Mas uma entidade que pretenda representar internacionalmente um destes Povos terá de ser objecto de um reconhecimento constitutivo, enquanto movimento de libertação nacional.

A realidade dos direitos humanos colectivos é sustentada em relação aos direitos das minorias [ver David Wippman, *Review: Peoples and Minorities in International Law (eds. Catherine Brolmann/Rene Lefeber/Marjoleine Zieck)*, AJIL, Vol. 88, No. 2, 1994, pág. 388--391, na pág. 390], ainda que neste caso na quase totalidade dos casos se trate de direitos individuais de pessoas integradas num grupo e não de direitos colectivos, daí que o artigo 27 do citado Pacto dos Direitos Civis e Políticos refira "persons belonging to such minorities shall not be denied the right"]. Alguns direitos colectivos adicionais têm sido reconhecidos a uma espécie particular de minorias, as minorias indígenas (possam ou não ser qualificadas como Povos para efeitos de autodeterminação limitada, isto é, dita interna) [assim: Lucia Fresa, *A new interpretation of the term 'indigenous people': what are the legal consequences of being recognised as 'minorities' instead of as 'indigenous people' for the indigenous people of the world?*, 1999/2000, III.2.A (texto em http://www.studiperlapace.org); ver ainda C. Baptista, Ius (...), cit., pág. 418-419].

[1361] Assim, a Assembleia Geral, por exemplo, na sua Resolução 43/160A, de 9 de Dezembro de 1988 (texto em RDGAOR, 43rd Session, Vol. I, 1988, pág. 277-278), depois de invocar no preâmbulo a sua concessão de estatuto de observador à Organização de Libertação da Palestina (OLP) e à Organização Popular do Sudoeste Africano (SWAPO), veio alargar-lhe os seus direitos quanto à participação nos trabalhos das Nações Unidas, no caso por meio da circulação dos seus comunicados como documentos oficiais.

[1362] Assim: R. Ranjeva, *Peoples* (...), cit., pág. 107-108; G. Pereira/F. Quadros, *Manual* (...), cit., pág. 321.

de representação política[1363]. Trata-se de um reconhecimento constitutivo mas que, por consistir numa intervenção nos assuntos internos do Estado, só pode ser realizado em termos restritivos[1364]. Este decorre de situações como a realização de negociações entre o movimento e o Governo sob mediação internacional, da sua audição formal por Estados ou organizações internacionais, da colocação no terreno com o seu consentimento de uma operação de manutenção da paz, da distribuição governamental de ajuda humanitária nos territórios que controla ou da celebração de tratados com este para garantir os direitos dos nacionais do Estado, *etc.*. Pelo contrário, a sua condenação por violações do Direito Internacional ou a sua sujeição a sanções não implica qualquer reconhecimento de um alargamento da sua capacidade. Este já tem personalidade jurídica enquanto mero movimento armado, que constitui suporte suficiente para a sua condenação ou sujeição a sanções. De qualquer modo, não parece que este alargamento de capacidade seja de ordem a permitir falar numa figura reconhecida como tal pelo Direito Internacional a quem é atribuída uma capacidade determinada. Tudo depende do reconhecimento.

O reconhecimento como movimento de libertação nacional ou o reconhecimento de direitos de representação a movimentos rebeldes implicam um alargamento da sua capacidade internacional (visto que, no caso de terem por objecto grupos ou movimentos armados, estes já terão personalidade

---

[1363] O Conselho de Segurança tem designado como "rebels movements" entidades que parecem ter sido objecto de reconhecimentos tácitos com a eficácia descrita: Resolução 1202 (1998), de 15 de Outubro, preâmbulo, sobre a UNITA em Angola; Resolução 1258 (1999), de 6 de Agosto (texto em RSSC, 1999, pág. 50-52), parág. 4, sobre o Congo; Resolução 1343 (2001), de 7 de Março [UN Doc. S/RES/1343 (2001)], no preâmbulo, sobre a FUR na Serra Leoa. A mesma designação é por vezes utilizada pela Assembleia Geral, por exemplo, na sua Resolução 52/169 F, de 16 de Dezembro de 1997, parág. 7, sobre o conflito no Sudão. Igualmente o Secretário-Geral denomina como movimentos rebeldes mesmo movimentos que entretanto passaram a integrar o Governo: Assim, o seu Primeiro Relatório sobre a UNAMSIL na Serra Leoa (cfr. UN Doc. S/1999/1223, de 6 de Dezembro de 1999), parág. 39; a mesma designação consta, por exemplo, do seu Sétimo Relatório sobre a MINURCA na República Centro-Africana (texto em UN Doc. S/1999/788 de 15 de Julho), parág. 28; do Relatório de 12 de Julho de 2000 sobre Angola (texto em UN Doc. S/2000/678), parág. 2 e 9; do Quarto Relatório sobre a MONUC no Congo (cfr. UN Doc. S/2000/888, de 21 de Setembro de 2000), parág. 37, 67 e 76.

[1364] De qualquer forma, não se confunde de modo algum com o tradicional reconhecimento de beligerante, já que não tem qualquer efeito sobre o Direito Humanitário aplicável, que continuará a ser o dos conflitos internos, ou sobre a responsabilidade do Estado por actos do movimento.

internacional) e a atribuição de poderes limitados de representação e administração. De qualquer modo, qualquer violação do território do Estado, mesmo o que se encontre sob controlo do movimento rebelde, continuará a implicar responsabilidade também em relação ao Estado "representado" pelo Governo reconhecido e não apenas perante o movimento.

Estes movimentos têm ainda uma apreciável capacidade para celebrar tratados, quer com o Governo (de que os acordos de cessar-fogo ou acordos de paz são os exemplos por excelência[1365]), quer com Estados terceiros, com vista a regular aspectos relacionados com o território que controlam.

**34.4.3. Reconhecimento de Estados.** Apurado o regime do reconhecimento de sujeitos menores[1366], necessário se torna abordar o reconhecimento do Estado.

---

[1365] Que se trata de tratados decorre da circunstância de estes movimentos tratarem de igual para igual com o Governo, não reconhecendo deste modo o Direito criado por este. Outra solução será considerar que se trata de acordos baseados em Direito Costumeiro interno. Mas, primeiramente, não é líquido que tal direito exista em todos os casos. Em segundo lugar, em situações em que existe mediação internacional, qualquer pretensão de os considerar acordos internos perde credibilidade. São acordos fundados no Direito Internacional, cuja violação implica responsabilidade internacional, logo são tratados [ver C. Baptista, *Direito* (...), cit., pág. 151-153].

É esta circunstância que explica as condenações pela sua violação por parte das Nações Unidas e as exigências quanto ao seu cumprimento. Embora esta organização muitas vezes não seja parte ou sequer mediadora, a sua intervenção, designadamente por meio do Conselho de Segurança, justifica-se na circunstância de a sua violação poder constituir ao menos uma situação que pela sua subsistência pode fazer perigar a paz, isto é, típica do Capítulo VI da Carta. De qualquer modo, a Convenção de Viena sobre o Direito dos Tratados de 1969 no seu artigo 3 e, especialmente, a de 1986, no seu artigo 3, al. iv), reconhecem a existência de tratados ("acordos internacionais") celebrados por outras entidades para lá de Estados e de organizações internacionais, mesmo entre si.

[1366] Sem prejuízo de existirem outros, tendo em conta que nesta matéria o Direito Internacional confere grande liberdade aos Estados. Cabe a cada um destes decidir dentro de escassos limites (designadamente, a proibição de intervenção nos assuntos internos dos restantes Estados) que entidades reconhecer, sendo livre de estabelecer com estas relações internacionais, embora esta qualidade não seja oponível a terceiros sem o seu reconhecimento.

Trata-se, por exemplo, do que vigora em matéria de atribuição de personalidade internacional a entidades públicas menores, como Estados federados ou regiões administrativas. Assim, o artigo 5, n.º 2 do projecto da Comissão de Direito Internacional quanto ao Direito dos Tratados (texto, designadamente, em CNUDT, pág. 7-101) previa que cabia à Constituição do Estado Federal determinar a personalidade e capacidade dos Estados federados. A norma só não consta da Convenção de Viena de 1969 sobre a matéria porque se receou que fizesse reviver normas constitucionais em desuso.

Do que ficou dito resulta que a entidade objecto de um reconhecimento como Estado tem quase sempre já personalidade jurídica internacional. O Estado, como resulta do Direito Internacional da Responsabilidade, constitui a personalização do aparelho de poder no seio de uma comunidade territorial[1367]. No entanto, esta estrutura em praticamente todas as situações já existe e foi personalizada automaticamente pelo Direito Internacional por força da sua vinculação ao Direito Internacional dos Direitos Humanos e, eventualmente se existir um conflito armado, ao Direito Humanitário. Normalmente, o aparelho de poder do movimento armado converte-se no do novo Estado. Mas mesmo quando tal não ocorre, se os seus órgãos dirigentes forem os mesmos indivíduos, para todos os efeitos o movimento armado encontra-se sob a sua direcção e, consequentemente, os seus membros convertem-se em órgãos do Estado. E, de qualquer modo, quando os dirigentes têm o cuidado de distinguir as estruturas do movimento das do Estado, tal significa que o Direito Internacional mantém a personalidade do movimento (se este mantiver estruturas efectivas de poder) e personaliza imediatamente a da entidade que visa constituir um Estado, logo que esta adquire uma estrutura de poder que não pode deixar de se encontrar vinculada pelas referidas normas internacionais que tutelam direitos humanos ou direitos dos outros Estados.

Deste modo, dificilmente o reconhecimento criará em qualquer caso a personalidade do Estado. Quando muito, irá operar a promoção da sua personalidade de mera organização armada a Estado, pela ampliação da sua capacidade de gozo.

O problema é saber se, apesar de não criar normalmente a sua personalidade, o reconhecimento ainda assim tem efeitos constitutivos sobre esta promoção e alargamento de capacidade: isto é, na conversão de uma mera organização armada em Estado. Segundo se julga, não é possível dar a mesma resposta em todos os casos. Existem situações em que sim. Mas existem igualmente outras em que este tem efeitos puramente declarativos.

---

[1367] Isto é, são considerados como actos do Estado os praticados pelos seus órgãos e estes são todos os indivíduos que façam parte da sua estrutura formal nos termos do seu Direito interno ou todos aqueles que se encontrem sob controlo efectivo de indivíduos integrados nesta. É a caracterização que decorre do Direito Internacional Costumeiro tal como está codificado nos artigos 4 a 10 do referido Projecto de 2001 sobre Responsabilidade dos Estados da Comissão de Direito Internacional. Ou seja, o Estado nada tem a ver com a população ou o território (daí que os actos dos seus cidadãos que não integram o seu aparelho não o vinculem), é uma organização jurídica que apenas os pressupõe, mas não se identifica com estes. O Estado é o chamado Estado-pessoa, um aparelho de poder personalizado, e não o alegado Estado-Comunidade.

Com efeito, considerar que o reconhecimento tem sempre efeitos constitutivos seria entender que não pode existir qualquer direito à independência, já que este só se concretiza verdadeiramente pela constituição de um Estado. Ora, se só existissem Estados com base no reconhecimento, tendo em conta que este é considerado um acto livre[1368], seria necessário considerar que um

---

[1368] A tentativa de autores que defendem a tese da eficácia constitutiva [assim: H. Lauterpacht, *Recognition of Governments* – I, cit., pág. 815-817; J. Dugard, *Recognition* (...), cit., pág. 80 (parcialmente), bem como alguns defensores da tese declarativa, mesmo em relação ao reconhecimento de Estado: E. Borchard, *Recognition* (...), cit., pág. 110-111] em sustentar a existência de um dever de reconhecimento formal não aparentam ter base segura na prática dos Estados. Existem situações óbvias em que uma entidade já é um Estado (máxime, por ter sido objecto de um reconhecimento colectivo, isto é, pela Comunidade Internacional, que se manifesta de forma evidente pela sua aceitação como membro das Nações Unidas) e que, ainda assim, não se tem sustentado existir qualquer dever de reconhecimento por parte de Estados que o não o tenham feito. Isto apesar do Estado não reconhecido e o que persiste na recusa em reconhecer estarem vinculados por todas as normas internacionais costumeiras.

Assim, o Conselho de Segurança, na sua Resolução 1003 (1995), de 3 de Julho (texto em RDSCOR, 1995, pág. 11), parág. 3, afirmou, sem adoptar termos vinculatórios: "*Renews* its **call** for early mutual recognition between the States of the former Yugoslavia within their internationally recognized borders, **recognition** between the Republic of Bosnia and Herzegovina and the Federal Republic of Yugoslavia (Serbia and Montenegro) being an important first step, and *urges* **the authorities of the Federal Republic of Yugoslavia (Serbia and Montenegro) to take it**". Ver também Resolução 947 (1994), de 30 de Setembro (texto em RDSCOR, 1994, pág. 41), parág. 4 do preâmbulo. O mesmo já fizera a Assembleia Geral, designadamente na sua Resolução 49/10 de 3 de Novembro de 1994, parág. 14 (texto em RDGAOR, 49ª, 1994, vol. I, pág. 9-10). Apesar de se tratar de situações claras em que o reconhecimento teria mera eficácia declarativa visto que já ocorrera um reconhecimento colectivo, os restantes Estados por intermédio das Nações Unidas não foram além de meros apelos quanto ao reconhecimento.

Igualmente a Comissão de Arbitragem da Conferência de Paz para a Jugoslávia afirmou no seu parecer n.º 10 de 4 de Julho de 1992, que "la reconnaissance (...) est une acte discrétionnaire" (texto em RGDIP, tomo 97, 1993, n.º 2, pág. 594-595, na pág. 595).

Assim, a história do reconhecimento mostra que este tem sido utilizado como um meio de provocar alterações jurídicas desejáveis por meio de um acto livre. Contudo, cedo se verificou que a única forma de garantir que tais alterações se verificassem efectivamente, sem estarem dependentes da prática de actos puramente políticos como o reconhecimento, foi a de as tornar automáticas, isto é, por força da própria norma internacional. A tentativa de forçar a que estas se dessem pela defesa da existência de um dever de reconhecimento fracassou sempre. É sabido que não é fácil forçar os Estados a praticar actos com reflexos políticos que podem ser indesejáveis. A aplicação do Direito Humanitário aos conflitos internos por meio do reconhecimento de beligerância, como se verificou (ver, *supra*, parág. 34.4.2), foi um fracasso completo. E as tentativas de desenvolver deveres de reconhecimento desta figura outro tanto. A única via viável foi a da aplicação automática, tornando o reconhecimento

Povo, independentemente dos meios que utilizasse, nunca teria direito a constituir um Estado, mesmo que obtivesse o consentimento do Estado que exerce jurisdição sobre si. Segundo se julga, esta conclusão não tem apoio na prática dos Estados. Um Estado Federal tem todo o direito em dissolver--se e os Estados federados que o compõem passam a ter todos os direitos de um Estado "soberano" por força automática do Direito Internacional. O reconhecimento por parte da Comunidade Internacional terá, pois, natureza declarativa[1369].

Sustentar o carácter constitutivo do reconhecimento em todos os casos, tendo em conta o carácter livre deste, significaria defender que a formação dos Estados não se encontra sujeita a quaisquer normas jurídicas internacionais positivas; que, quando muito, se limitaria a estabelecer pressupostos para a concessão do reconhecimento. Que os restantes Estados teriam um direito de vetar em todos os casos o surgimento de novos Estados, independentemente da sua formação ter sido aceite pelas partes interessadas. Segundo se julga, tal seria um sério retrocesso para a evolução do Direito Internacional, ao arrepio do que ficou já consagrado em tratados vigentes sobre a matéria[1370]. Compreende-se que os Estados visem salvaguardar a sua integridade ter-ritorial. Com efeito, estando a totalidade do território emerso do planeta

---

perfeitamente dispensável. É igualmente este o caminho que tem sido percorrido em relação ao reconhecimento de Estado, já que no que diz respeito ao reconhecimento de Governo tal é actualmente relativamente consensual (ver, *infra*, parág. 34.4.4).

[1369] O caso da dissolução da Checoslováquia em 1 de Janeiro de 1993 é um exemplo paradigmático. Aceita-se que os Estados teriam o direito de não reconhecer a República Checa e a Eslováquia (por muito anómalo que tal fosse) e mesmo de lhes recusarem a admissão nas Nações Unidas (apesar do entendimento do Tribunal Internacional de Justiça, quanto à interpretação do artigo 4, a prática sugere que cada Estado tem apreciável margem de autonomia na interpretação das exigências do preceito; ver, *infra*, sobre a questão do desvio de poder, parág. 89.3). Mas estes eram já Estados desde 1 de Janeiro de 1993 e qualquer reconhecimento foi puramente declarativo. O mesmo vale para a criação da Eritréia por acordo com a Etiópia de 1991, seguido do referendo positivo de 1993.

Isto sem prejuízo, insista se, de a Comunidade Internacional poder recusar o seu reconhecimento como forma de forçar o Governo do novo Estado (mas que já o será, a menos que a existência do Estado se estruture numa violação permanente de uma norma de *Ius Cogens*) a respeitar determinadas obrigações internacionais. Nestes casos, o reconhecimento de Estado, por implicar o de Governo, acaba por ficar sujeito aos pressupostos deste (ver, *infra*, parág. 34.4.4).

[1370] Ficou já referido que a tese declarativa quanto ao reconhecimento do Estado se encontra consagrada nas citadas Convenção de Montevideo e Carta da Organização de Estados Americanos (ver, *supra*, parág. 34.4.1). É certo que são tratados meramente regionais, mas não deixam de vincular um número significativo de Estados, alguns destes bastante importantes.

sujeito à jurisdição de algum Estado, novos Estados apenas poderão surgir à custa dos já existentes. Mas numa situação em que exista um acordo entre o Estado afectado e o novo Estado, compreende-se mal que os restantes tenham o direito de impedir o primeiro Estado de determinar, no respeito das normas imperativas, como resolver as suas questões territoriais.

Mesmo em situações em que a constituição do novo Estado derivou de um acto unilateral, julga-se que o Direito Internacional num caso excepcional considera imediatamente como Estado a entidade separatista: basta que esta tenha um direito claro em realizar a secessão: é o caso dos Povos coloniais.

Mas com a perda de relevância destas situações[1371], e tendo em conta o carácter excepcional do direito de secessão[1372], parece bem que os únicos casos em que normalmente se poderá falar na criação de Estados, independentemente de reconhecimento, será mesmo por acordo das entidades interessadas, máxime, do Estado que exercia jurisdição sobre o território e Povo do novo Estado. Necessário será que a entidade cumpra ainda os quatro requisitos factuais tradicionais: Povo, território, Governo efectivo e capacidade para desenvolver relações internacionais[1373]. Nestes casos, o reconhecimento será igualmente meramente declarativo.

Ou seja, estes quatro pressupostos tradicionais, mais consentimento do Estado com direitos de jurisdição[1374, 1375], implicam a constituição imediata

---

[1371] O caso mais importante que ainda resta é o Sara Ocidental, cuja República Árabe Saraui Democrática foi aceite pela Organização de Unidade Africana como Estado membro em 1984, não obstante a ocupação de Marrocos do seu território [cfr. *The Situation Concerning Western Sahara*, Relatório do Secretário-Geral de 12 de Julho de 1994 (UN Doc. S/1994/819), parág. 31]. O seu direito à autodeterminação (mas não o seu estatuto de Estado) foi reconhecido pela Assembleia Geral. Assim, designadamente, pela sua Resolução 3292 (XXIX), de 13 de Dezembro de 1974 (texto em RDGAOR, 29th Session, 1974, pág. 103-104) em que depois de reafirmar no preâmbulo que a população do Sara Ocidental é titular deste direito, pediu um parecer ao Tribunal Internacional de Justiça para esclarecer alguns aspectos da questão. O Tribunal viria a sustentar que "has not found legal ties of such a nature as might affect the application of resolution 1514 (XV) in the decolonization of Western Sahara and, in particular, of the principle of self-determination" (cfr. *Western Sahara*, cit., *I.C.J. Reports* 1975, pág. 68, parág. 162). A realização do referendo tem, contudo, sido arrastada por desconfianças entre as partes e problemas causados por desacordo quanto aos indivíduos com direito a participar neste.

[1372] Ver, *supra*, parág. 14.4.

[1373] Estes dois últimos facilmente se podem fundir se se qualificar o Governo como Governo independente, já que todos estes têm sempre capacidade de facto para desenvolver relações internacionais.

[1374] Esta exigência tem sido considerada como um dado adquirido para uma constituição regular de um novo Estado fora das situações de descolonização ou de dissolução de uma

Federação por força da vontade da maioria dos Estados federados seus membros que representem a maioria dos seus cidadãos e do território. Foi este essencialmente o critério estabelecido pela Comissão de Arbitragem da Conferência de Paz para a Jugoslávia no seu parecer n.º 8 de 4 de Julho de 1992 para que se verifique uma dissolução de um Estado federal [esta afirmou "l'existence d'un Etat fédéral, composé de plusieurs entités fédérées distinctes est gravement mise en cause lorsqu'une majorité de celles-ci, englobant la majorité du territoire et de la population de la fédération, se constituent en Etats souverains, de telle sorte que l'autorité fédérale ne peut plus y être exercée en fait" (texto em RGDIP, tomo 97, 1993, n.º 2, pág. 588-590, na pág. 589)]. Só não se a acompanha na exigência de que esta maioria de Estados federados tenham de se tornar em Estados independentes para que se dê a dissolução. Obviamente, se já são Estados independentes é porque a Federação já não existe. Basta que manifestem a sua vontade e a concretizem numa independência de facto. Só se tornarão automaticamente Estados, após a dissolução da Federação, quando os Estado que reunam estas condições sejam em número suficiente de modo a cumprir a tripla maioria estabelecida pela Comissão.

Fora do contexto da dissolução de Federações, a solução das situações das duas Alemanhas e das duas Coreias por força do seu reconhecimento mútuo mostra a importância que os Estados conferem ao consentimento do Estado ou outras partes afectadas, embora a Guerra Fria tenha pesado igualmente. O sucesso da secessão da Eritréia é, porém, um exemplo livre de considerações relativas à rivalidade entre grandes potências, que só se justifica por força da existência de consentimento do Estado afectado.

Mesmo o reconhecimento geral do Bangladesh pela sua admissão nas Nações Unidas apenas se verificou após o reconhecimento da secessão pelo Paquistão em 1974, embora tenham existido previamente vários reconhecimentos e uma tentativa de admissão nas Nações Unidas, falhada por força do veto chinês, o que aponta no sentido da relevância também do restrito direito de secessão neste caso (ver, *supra*, parág. 14.4).

A admissão da Estónia, Lituânia e Letónia em 17 de Setembro de 1991 nas Nações Unidas (cfr. MTDSG), portanto antes do Acordo de Minsk entre a Rússia, a Ucrânia e a Belarus (Bielorússia) de 8 de Dezembro de 1991 (texto em RCIS, pág. 43-45), em que as partes reconheceram a dissolução da União Soviética, que seria confirmada pelos restantes Estados sucessores pela Declaração de Alma-Ata de 21 de Dezembro de 1991 (texto em RCIS, pág. 47-49), explica-se, desde logo, por força do próprio reconhecimento da indepen dência dos três Estados Bálticos pela União Soviética em 6 de Setembro de 1991 (cfr. *Soviet Union recognises Baltic states*, FT, September 7, 1991, pág. 22). É certo que anteriormente a este reconhecimento, designadamente, em 27 de Agosto, os membros da União Europeia (cfr. *West Europeans Agree To Establish Ties With Baltics*, LAT, August 28, 1991, Part A; Page 7; Column 5) e, em 2 de Setembro, os EUA (cfr. *Quiet welcome for US recognition of Baltics*, FT, September 3, 1991, pág. 3) tinham aplaudido a sua independência e declarado a sua intenção de constituir relações diplomáticas, mas sem usar o termo reconhecimento. Com efeito, esta sua antecipação ao consentimento da então União Soviético deveu-se a um outro fundamento. Tratou-se de uma aplicação da Doutrina Stimson de não reconhecimento (pelo menos por estes Estados, salvo a Holanda e Espanha que tinham reconhecido a anexação) de situações criadas pelo uso ilícito da força; e, portanto, de uma recuperação do seu estatuto pelos Estados Bálticos que, juridicamente, de um ponto de vista teórico, nunca terão perdido

(também: Lauri Mälksoo, *Professor Uluots, the Estonian Government in Exile and the Continuity of the Republic of Estonia in International Law*, NJIL, Vol. 69, No. 3, 2000, pág. 289-316, na pág. 309, 312 e 313-314).

Em relação a outros Estados da então União Soviética, a Ucrânia, depois do referendo de 1 de Dezembro de 1991, no dia seguinte, foi reconhecida por alguns Estados, caso da Polónia e do Canadá (cfr. *Bush Applauds Ukraine's Vote For Independence*, SLPD, December 3, 1991, pág. 1A), portanto, antes dos referidos acordos. Mas tratou-se de reconhecimentos pontuais. Os EUA e a União Europeia só viriam a reconhecê-la e aos outros Estados depois da demissão do Presidente Soviético Gorbachev, respectivamente, no dia 25 de Dezembro (texto da declaração do Presidente dos EUA em NYT, December 26, 1991, Section A; Page 16; Column 1) e no dia 26 de Dezembro (cfr. *EC recognises ex-republics*, TG, December 27, 1991).

No polo oposto, confirmando igualmente pela negativa o consentimento como pressuposto, encontram-se as situações da Formosa (Taiwan) (ver, *supra*, parág. 10.5.2.1), da República Turca do Norte de Chipre (embora aqui também por força da intervenção da Turquia; ver, *supra*, parág. 16.1), dos Curdos do Norte do Iraque (ver, *supra*, parág. 14.2), da Somalilândia (ver, *infra*, parág. 66), do Nagorno-Karabakh (embora a intervenção da Arménia seja igualmente um obstáculo), da Ossétia do Sul, da Abkházia, do Transdniestre (ver sobre estas três últimas, *supra*, parág. 32.2), ou, até à sua reocupação, da Chéchénia (ver, *supra*, parág. 10.5.2.2). Algumas das populações em causa entretanto abandonaram, mas apenas em consequência de forte pressão internacional, a sua proclamação de independência.

Estas situações de facto que não deram origem a Estados têm levado ao ressuscitar de teses constitutivas do reconhecimento. Mas em rigor, julga-se, sim, que se está perante a confirmação de um novo pressuposto da constituição de um Estado. Assim, pensa-se que o consentimento livre dos Estados afectados converteria a maioria destas situações em Estados automaticamente. Sem este estas entidades não passam de organizações armadas. Têm personalidade internacional, encontrando-se vinculadas pelo Direito Internacional dos Direito Humanos, bem como pelos direitos dos outros Estados (ver, *supra*, parág. 10.5.1 e 15.2.2), mas não são Estados.

Não vale a pena argumentar que não são Estados apenas por violarem normas *iuris cogentis*. Em nenhum destes casos a situação se estrutura numa violação de uma norma desta espécie. Mesmo quando houve um uso da força que provocou violações de normas *iuris cogentis* em domínios como os direitos humanos ou o Direito Humanitário ou intervenção estrangeira ilícita, ainda assim, tal não afectou o desejo real de independência das populações rebeldes. Muito menos existe qualquer violação do direito de autodeterminação do Povo do Estado afectado, visto que este direito vincula os restantes Estados mas não os indivíduos que o integram. O mesmo se diga em relação ao princípio da integridade territorial do Estado de que são nacionais (ver, *supra*, parág. 15.1).

As únicas situações problemáticas são as da República Turca do Norte de Chipre e do Nagorno-Karabakh por força das intervenções militares directas da Turquia (sobre esta, ver, *supra*, parág. 16.1) e Arménia (a extensão da intervenção desta é objecto de uma análise cuidada por S. Neil MacFarlane/Larry Minear, *Humanitarian Action And Politics: The Case Of Nagorno-Karabakh*, Watson Institute, Occasional Paper No. 25, 1997, pág. 28). Ambos os

de um Estado. Tal como um novo Governo formado de acordo com as normas internas em caso algum necessita de qualquer reconhecimento para manter as suas relações diplomáticas, do mesmo modo um novo Estado formado no respeito do Direito interno do Estado (ou pelo menos com o seu

---

Estados interventores foram condenados pelas suas intervenções e foi recusado o reconhecimento da independência proclamada [em relação a Chipre, cfr. Resolução 541 (1983), de 18 de Novembro (texto em RDSCOR, 1983, pág. 15-16), parág. 1, 2 e 7 ("Deplores the declaration of the Turkish Cypriot authorities of the purported secession", "Considers the declaration referred to above as legally invalid" e "Calls upon all States not to recognise any Cypriot state other than the Republic of Cyprus"); em relação ao Azerbaijão, cfr. Resolução 822 (1993), de 30 de Abril e a Resolução 853 (1993), de 29 de Julho, parág. 1 ("Condemns the seizure of the district of Agdam and of all other recently occupied areas of the Azerbaijani Republic"); ver ainda designadamente: Resolução 874 (1993), de 14 de Outubro e Resolução 884 (1993), de 12 de Novembro; textos em RDSCOR, 1993, pág. 70-74]. Estes Estados interventores aparentemente controlam de forma efectiva as duas regiões.

Em relação à Turquia, trata-se da conclusão do Tribunal Europeu dos Direito Humanos, que afirmou ser "obvious from the large number of troops" (parág. 56) que a Turquia "exercises effective control of an area outside its national territory" (parág. 52) e sobre a dita "República" [cfr. *Case of Loizidou v. Turkey* (Merits), Judgement of 18 December 1996 (40/1993/435/514), parág. 56 e 52 (texto em ILM, Vol. 36, No. 2, 1997, pág. 440-471)]. Chipre já afirmara que "Turkey was solely responsible for the purported declaration of independence, and that the Denktas regime was a mere puppet maintained and controlled by Turkey" (cfr. RPSC, 1981--1984, Chapter VIII, pág. 195; 2497.ª reunião do Conselho em 17 de Novembro de 1983).

Em relação ao Nagorno-Karabakh, nada parece ser decidido no enclave sem o consentimento da Arménia que mantém tropas na região [cfr. David Rieff, *Nagorno-Karabakh: Case Study in Ethnic Strife*, FA, March/April, 1997, pág. 118 e segs. ("nothing happens in Nagorno-Karabakh without at least Armenia's tacit assent"); também WP, August 01, 1996, pág. A22]. De facto, apesar da população de ambas as regiões parecer aprovar a ocupação estrangeira, a existir um controlo efectivo, para todos os efeitos estas duas entidades não existem internacionalmente. Os seus actos são da responsabilidade do Estado ocupante. Uma resolução da situação no sentido da independência dependeria de uma retirada das tropas estrangeiras, sob pena de não existir Governo efectivo e sim um mero Governo fantoche [em sentido paralelo. J. Crawford, *The Criteria* (...), cit., pág. 166; também James Garner, *Non-Recognition of Illegal Territorial Annexations and Claims to Sovereignty*, AJIL, Vol. 30, No. 4, 1936, pág. 679-688, na pág. 679 e 686].

[1375] Também no sentido da necessidade deste pressuposto: Carsten T. Ebenroth/Matthew J. Kemner, *The Enduring Political Nature of Questions of State Succession And Secession And The Quest For Objective Standards*, UPJIEL, Vol. 17, 1996, pág. 753-819, na pág. 810-813 e 816-817; Paul R. Williams, *Creating International Space for Taiwan: The Law and Politics of Recognition*, NELR, Vol. 32, 1998, pág. 801-804, na pág. 804 (embora aceite a sua substituição por um referendo, o que não tem apoio na prática); B. Morais, *O Direito* (...), cit., pág. 261-262 e 268-269 (também parece considera-lo um pressuposto do surgimento de um Estado); Thomas D. Grant, *East Timor, the U.N. System, and Enforcing Non-Recognition in International Law*, VJTL, Vol. 33, 2000, pág. 273-310, na pág. 284.

consentimento) que tenha jurisdição internacional sobre o seu Povo e território não necessita de qualquer reconhecimento para gozar do estatuto de Estado à luz do Direito Internacional[1376]. A exigência do consentimento do Estado alvo constitui um corolário do princípio do respeito da integridade territorial dos Estados que, à luz da prática actual, se entende precludir qualquer concessão automática do estatuto de Estado. Este princípio impõe mesmo aos restantes Estados um dever de não reconhecimento que nem uma situação efectiva pode afectar. Trata-se, pois, de um pressuposto puramente jurídico que vem retirar à formação dos Estados o seu carácter puramente factual[1377].

Existindo consentimento, só não se formará um novo Estado se a sua própria existência se estruturar numa violação de uma norma *iuris cogentis*. Não que estas se tenham tornado em pressupostos específicos do surgimento de um Estado, antes a sua violação torna nula a sua existência[1378, 1379].

---

[1376] J. Verhoeven, *La Reconnaissance* (...), cit., pág. 11, intuitivamente, afirma que em rigor apenas numa situação de crise o reconhecimento se torna necessário; embora entenda que mesmo nas situações de crise este é declarativo, no que já não se o acompanha em todos os casos.

[1377] Já J. Crawford, *The Criteria* (...), cit., pág. 144-145 sublinhava que lado a lado com a efectividade se tinham formado outros critérios jurídicos quanto à criação de Estados, a pensar no respeito por certas normas *iuris cogentis*, que, porém, não são pressupostos específicos desta criação, mas sim de qualquer acto ou situação jurídica válida.

[1378] Os exemplos paradigmáticos são as declarações de invalidade ou nulidade pela Comunidade Internacional dos bantustões reconhecidos pela África do Sul no seu seio [existiam quatro "independentes" (Transkei, Bophuthatswana, Venda e Ciskei) e outros seis apenas com autonomia]. Assim, a Assembleia Geral pela sua Resolução 31/6-A de 26 de Outubro de 1976 (texto em YUN, 1976, vol. 30, pág. 134), no parág. 2, declarou inválida a independência do bantustão Transkei. O mesmo faria em geral na Resolução 32/105-N de 14 de Dezembro de 1977, no parág. 2 (texto em YUN, 1977, vol. 31, pág. 175-176). Pelas Declarações Presidenciais de 21 de Setembro de 1979 (texto em RDSCOR, 1979, pág. 19-20) e de 15 de Dezembro de 1981 (texto em RDSCOR, 1981, pág. 1-2), o Conselho declarou inválida, respectivamente, a independência do bantustão Venda e do bantustão Ciskei.

O entendimento é que se tratou da criação de Estados fantoche que constituíram meros instrumentos de suporte do *Apartheid* pela divisão da maioria de origem africana e a estadualização de guetos. Deste modo, estas declarações não constituíram políticas de não reconhecimento baseadas em doutrinas políticas, mas antes declarações de nulidade estruturadas em princípios jurídicos *iuris cogentis*, no caso, a proibição da discriminação racial e a autodeterminação dos Povos [também neste sentido: Merrie F. Witkin, *Transkei: An Analysis of the Practice of Recognition – Political or Legal?*, HILJ, Vol. 18, 1977, pág. 605-627, na pág. 626; John Dugard, *Recognition and the United Nations*, Cambridge, 1987, pág. 102-108 e 162-163; L. Hannikainen, *Peremptory* (...), cit., pág. 302-305].

O caso da Rodésia do Sul levanta outras questões. Aqui não era a existência em si do Estado que constituía uma violação permanente de uma norma *iuris cogentis*. O problema

Contudo, para além da formação de Estados por esta via juridicamente regulada, aos Estados cabe um poder de determinar discricionariamente o surgimento de um Estado com desrespeito destes requisitos. Tal opera por via de um reconhecimento constitutivo. Este reconhecimento permite suprir a ausência de um ou mais dos elementos de facto referidos[1380].

---

decorria antes de o seu Governo não ser representativo e assentar igualmente num sistema de *Apartheid*. Daí alguma ambiguidade na reacção da Comunidade Internacional.

A Resolução 216 (1965), de 12 de Novembro (texto em RDSCOR, 1965, pág. 8), do Conselho de Segurança, condenou a declaração unilateral de independência do dia anterior e apelou ao não reconhecimento do regime da Rodésia, isto é, do seu Governo. A Resolução 217 (1965), de 20 de Novembro (texto em RDSCOR, 1965, pág. 8-9), considerou a declaração como inválida (parág. 3). O mesmo apelo e entendimento constam das Resoluções seguintes. Pretendeu-se sublinhar que não estava em causa o direito à independência da Rodésia, mas que este não podia ser exercido naqueles termos. Daí que, por a declaração de independência ter sido emanada deste Governo, igualmente a questão do estatuto de Estado da Rodésia tenha ficado em causa [em sentido semelhante: Isaak I. Dore, *Recognition of Rhodesia and Traditional International Law: Some Conceptual Problems*, VJTL, Vol. 13, 1980, pág. 25-41, na pág. 39-41; J. Dugard, *Recognition* (...), cit., pág. 92-95]. Até porque, sendo nulo o estatuto das autoridades enquanto Governo, não obstante a sua efectividade, se pode contestar que a Rodésia tivesse um Governo mesmo para efeitos da formação de um Estado.

[1379] Neste sentido: J. Dugard, *Recognition* (...), cit., pág. 131 e 147; contra: J. Crawford, *The Criteria* (...), cit., pág. 145, 148, 164 e 173; N. Wallace-Bruce, *Taiwan* (...), cit., pág. 456 e 466. No fundo esta oposição não tem significado prático. Não se pode considerar que o respeito das normas de *Ius Cogens* constitua um pressuposto da formação de um Estado. O seu respeito é um pressuposto da validade de qualquer acto, incluindo a proclamação da independência (neste ponto J. Crawford não tem razão). Isto significa que o Estado ainda se forma, mas sendo nula a sua formação, para todos os efeitos é como se este não se tivesse formado.

Deste modo, as operações pela África do Sul contra alguns bantustões depois do fim do *Apartheid* [que provocaram ainda alguns episódios sangrentos; depois da violenta repressão de activistas do ANC em 17 de Junho e Setembro de 1992 (cfr. *South Africa peace talks set back*, TS, September 9, 1992, pág. A1; *ANC demands homeland leader resign*, VS, September 10, 1992, pág. A13), igualmente a África do Sul tomou algumas iniciativas policiais em território destes (cfr. TE, April 10, 1993, pág. 48; pág. 58 da edição britânica)], não constituíram utilizações da força nas relações internacionais proibidas pelo artigo 2, n.º 4 CNU. Para todos os efeitos, estes não eram Estados.

[1380] Assim, a Guiné-Bissau foi implicitamente reconhecida como Estado independente pelos Estados que votaram favoravelmente a Resolução 3061 (XXVIII) de 2 de Novembro de 1973 (texto em RDGAOR, 28th Session, 1973, pág. 3), parág. 1, onde é aplaudida a sua declaração de independência e qualificada como Estado soberano; consequentemente, invoca-se no preâmbulo o artigo 2, n.º 4 e considera-se as operações de Portugal no território como agressões (parág. 2 e 3). Na Resolução 3181 (XXVIII) de 17 de Dezembro de 1973 (texto em RDGAOR, 28th Session, 1973, pág. 8-9), que aprovou as credenciais dos representantes, as de Portugal foram aceites com reserva em relação aos seus territórios coloniais e, em

Menos claro é se a Comunidade Internacional pode por meio de um reconhecimento constitutivo suprir a falta do consentimento formal do Estado afectado, quando a entidade separatista não tem direito de secessão. Tal reconhecimento constituiria uma decisão sobre uma questão de fundo que deve respeitar integralmente o Direito Internacional Costumeiro, incluindo as suas normas dispositivas que tutelam os direitos dos Estados[1381], em que se insere o direito à integridade territorial e a proibição de intervenção nos assuntos internos. De facto, na falta do consentimento do Estado afectado, o reconhecimento de um novo Estado pode constituir uma intervenção ilícita nos assuntos internos do Estado afectado na sua integridade territorial, bem como uma violação desta última.

Assim, apesar de este reconhecimento operar por meio de um acto colectivo constitutivo da Comunidade Internacional[1382, 1383] não se afigura

---

particular, da Guiné-Bissau que é qualificada como um Estado independente. Não obstante Portugal manter as suas tropas no território e os combates continuarem. O Conselho de Segurança, pela sua Resolução 356 (1974), de 12 de Agosto (texto em RDSCOR, 1974, pág. 15), recomendou por unanimidade à Assembleia Geral a admissão da Guiné-Bissau quando Portugal ainda não reconhecera formalmente a sua independência, o que só viria a fazer em Setembro. Porém, neste caso, a desconsideração da sua aparente falta de consentimento formal deve-se ao facto de as suas colónias gozarem de um direito de secessão por força do direito de autodeterminação dos Povos coloniais.

O suprimento da ausência de um Governo efectivo ocorreu igualmente com a admissão do Congo (Zaire), em 20 de Setembro de 1960, como membro nas Nações Unidas, quando se encontrava dividido por mais do que um conflito armado e com a ONUC instalada no seu território (ver, *infra*, parág. 64). Bem como em relação a Angola, em 1 de Dezembro de 1976, quando o conflito interno entre os então três movimentos armado continuava. O mesmo ocorreu com a admissão da Bósnia-Herzegovina em 22 de Maio de 1992. Do mesmo modo, o implícito reconhecimento como Estado da Palestina pela maioria dos Estados que aprovou a Resolução 43/177, de 15 de Dezembro de 1988 (texto em RDGAOR, 43rd Session, 1988, Part I, pág. 62; pág. 348: por 104 votos a favor, dois contra e 36 abstenções; a que acresceriam mais cerca de 20 reconhecimentos posteriores). Em relação a esta última, por força da falta de um Governo efectivo e da oposição dos EUA não parece que a Palestina possa ser considerada objectivamente como um Estado (ver sobre a questão, *supra*, parág. 10.5.2.2 e, *infra*, parág. 35.2), apenas o será para os Estados que a reconheceram.

[1381] Ver, *infra*, parág. 36-37 e 83.

[1382] Este carácter colectivo do reconhecimento tem sido consagrado em alguma prática dos últimos anos. Assim, o Conselho de Segurança afirmou na sua Resolução 757 (1992), de 30 de Maio, no preâmbulo: "Noting that the claim by the Federal Republic of Yugoslavia (Serbia and Montenegro) to continue automatically the membership of the former Socialist Federal Republic of Yugoslavia in the United Nations **has not been generally accepted**". Ver também a Resolução 777 (1992), de 19 de Setembro, parág. 3 do preâmbulo, e a Resolução 821 (1993), de 28 de Abril, parág. 3 do preâmbulo. Bem como a Resolução 47/1, de 22 de Setembro, parág. 1, da Assembleia Geral.

que este possa legitimamente criar um novo Estado contra a vontade do Estado afectado. A prática não o confirma[1384]. Ainda assim, porque cabe a

---

[1383] No mesmo sentido: Q. Wright, *Some Thoughts* (...), cit., pág. 557-558; J. Dugard, *Recognition* (...), cit., pág. 125-127; T. Grant, *States Newly* (...), cit., pág. 183-184.

[1384] A prática sugere que a Comunidade Internacional aceita a sua vinculação ao respeito pela integridade territorial do Estado afectado pela entidade separatista. Apontam nesse sentido os vários casos referidos de entidades que conseguiram uma independência de facto e que, ainda assim, não obtiveram qualquer reconhecimento do seu estatuto como Estados (ver, *supra*, nota 1374). A mesma conclusão se retira da sua referida vinculação pelos direitos dos Estados nas suas decisões de fundo (ver, *infra*, parág. 83).

É certo que existem precedentes de Estados vitoriosos no final de guerras tomarem decisões quanto à criação de Estados artificiais ou de proibição de uma união entre dois Estados, designadamente em nome do princípio do equilíbrio de poderes.

Exemplo claro da criação de Estados artificiais pela decisão de potências vitoriosas é a criação de Danzig, pelos artigos 100-108 do Tratado de Versalhes de 28 de Junho de 1919 (texto em NRG, 3.ª série, tomo XI, pág. 323-673).

Mais frequentes são as decisões constitutivas de proibir uniões entre Estados. Assim, a proibição de união da França e da Espanha sob a mesma coroa foi consagrada no artigo VI do Tratado de Paz e Amizade de Utrecht entre Luís XIV e Ana da Grã-Bretanha de 31 de Março/11 de Abril de 1713 (texto em CUD, tomo VIII, parte I, pág. 339-342). No século XX, o caso paradigmático é o decorrente das relações entre a Áustria e a Alemanha. A independência da Áustria foi imposta (salvo autorização do Conselho da Sociedade das Nações) pelo artigo 88 do Tratado de Paz de St. Germain-en-Laye de 10 de Setembro de 1919 entre as Potências Aliadas e a Áustria (texto em NRG, 3.ª série, tomo XI, pág. 691-837) que colocou termo à Primeira Guerra Mundial entre ambas as partes. Esta proibição seria depois concretizada pelo Protocolo n.º 1 de Genebra de 4 de Outubro de 1922 entre a Grã-Bretanha, a França, a Itália, a Checoslováquia e a Áustria, que continha a Declaração Sobre a Reconstrução Financeira e Económica da Áustria (texto em LNTS, vol. XII, 1922, n. 334, pág. 385-389; também em NRG, 3ª série, tomo XIV, pág. 351-352). O Tribunal Permanente de Justiça Internacional viria a considerar que uma projectada união aduaneira entre a Áustria e a Alemanha constante do Protocolo de 19 de Março de 1931 era incompatível com este Protocolo n.º 1 de 1922 (cfr. *Austro-German Customs Union Case*, Advisory Opinion No. 20, September 5th, 1931, P.C.I.J., Series A/B, No. 41). A mesma proibição constava do artigo 80 do citado Tratado de Versalhes. Uma cláusula idêntica constava do artigo 73 do Tratado de paz de Trianon com a Hungria, proibindo igualmente a união com a Alemanha (texto em NRG, 3ª Série, tomo XII, pág. 423-565).

Estas cláusulas de inalienabilidade da independência foram consideradas por alguma Doutrina como contrárias ao *Ius Cogens* Internacional (assim: F. Von Der Heydte, *Die Erscheinungsformen des Zwischenstaatlichen Rechts; Jus Cogens und Jus Dispositivum im Völkerrecht*, ZV, 1932, vol. XVI, pág. 461-478, na pág. 469-470, nota, referindo-se ao artigo 88 do Tratado de St. Germain-en-Laye; ver também já Ludovico Casanova, *Del Diritto Internazionale – Lezioni*, 3ª ed., vol. II, Florença, 1876, lição XVI, pág. 75). Mas tendo em conta os precedentes existentes, não parece fácil sustentar tal posição.

A Áustria seria, porém, anexada pela Alemanha em 12 de Março de 1938 (ver a compreensão de E. T. Williams, *The Conflict Between Autocracy and Democracy*, AJIL, Vol.

esta Comunidade criar o Direito Internacional, esta poderá sempre alargar os termos do direito de secessão e considerar que um Povo goza deste numa dada situação. Resulta claro que este poder teoricamente não pode ter eficácia retroactiva e a sua primeira aplicação será ilícita, mas criará um precedente aplicável de forma progressivamente lícita a futuros casos.

De qualquer modo, especialmente quando se trate de suprir a falta de um elemento de facto, a sua natureza constitutiva resulta clara[1385], atribuindo

---

32, 1938, pág. 663-679, na pág. 666-667 e 668-669; e as críticas de Herbert Wright, *The Legality of the Annexation of Austria by Germany*, AJIL, Vol. 38, 1944, pág. 621-635, na pág. 622-623 e 635). Mas a Declaração sobre a Áustria, aprovada em 30 de Outubro de 1943 pela Conferência de Moscovo entre os Ministros dos Negócios Estrangeiros dos Estados Unidos, da Grã-Bretanha e da União Soviética, afirma: "They regard the annexation imposed upon Austria by Germany on march 15, 1938, as null and void" (texto em AJIL, Vol. 38, 1944, *Supplement*, pág. 7). Em consequência, o Tratado de Estado para o Restabelecimento de uma Áustria Independente e Democrática entre os EUA, França, Reino Unido e União Soviética e a Áustria de 15 de Maio de 1955 (texto em AJIL, Vol. 48, 1955, *Supplement*, pág. 162-194), no seu artigo 4, n.º 1, estabelece drasticamente que "political or economic union between Austria and Germany is prohibited". O seu n.º 2 obriga mesmo a Áustria a reprimir qualquer movimento popular de união. Não se proíbe, pois, apenas uniões impostas. Mesmo uma união democraticamente sufragada ficou proibida. Os EUA e a Rússia, contudo, não levantaram problemas à adesão da Áustria à União Europeia.

Sem dúvida que estas cláusulas constituem uma forte limitação, não apenas aos poderes do Estado austríaco, mas mesmo à soberania do seu Povo. Mas trata-se de decisões de Estados estabelecidas na sequência de vitórias militares e aceites, de livre vontade ou não, pelo Estado afectado. Formalmente não são decisões unilaterais da Comunidade Internacional. Por outro lado, os limites actualmente vigentes quanto à defesa dos direitos das populações afectadas são bem mais drásticos do que os que vigoravam nas primeiras décadas do Século XX. Não parece aceitável que a actual Comunidade Internacional tomasse decisões paralelas, sem prejuízo de poder impor a desmilitarização completa de um Estado.

[1385] A teoria constitutiva tem deparado com alegações de que permitiria a existência de um Estado em relação aos Estados que o reconheceram mas não em relação aos que não concederam tal reconhecimento. Adoptada uma perspectiva colectiva do acto esta situação já será mais difícil de se concretizar. É certo que quando o reconhecimento colectivo decorrer de uma mera justaposição progressiva de reconhecimentos individuais, inicialmente pode-se verificar uma situação destas. Tal resulta claro quando não existe qualquer entidade que possa legitimamente considerar que tal reconhecimento viola os seus direitos [pense-se no reconhecimento da Palestina, em relação ao qual Israel não tem base para considerar que constitui uma violação dos seus direitos (ver, *supra*, parág. 10.5.2.2 e sobre os territórios árabes ocupados, ver, *supra*, parág. 12.2. e 12.5)].

Quando estes constituem reconhecimentos prematuros que afectem direitos de um Estado pode-se sustentar que não produzem quaisquer efeitos, mesmo bilateralmente (assim, o reconhecimento pela Alemanha e pela Itália dos rebeldes como Governo no conflito armado espanhol não serviu de fundamento legítimo para a sua intervenção ilícita do lado deste). Mas podem surgir situações em que uma entidade seja Estado apenas em termos relativos. Assim,

o estatuto de Estado a uma entidade, que lhe confere o direito a opor a sua personalidade *erga omnes*, apesar da falta de alguma efectividade, mesmo ao Estado prejudicado na sua integridade territorial, se o Povo do novo Estado gozar de direito de secessão[1386, 1387]. Depois de um Estado ter sido

---

provavelmente os defensores da teoria constitutiva estarão dispostos a aceitar que a Palestina pode ser tratada como um Estado pelos Estados que a reconheceram como tal, mesmo que objectivamente não o seja.

As alegações de que Estados têm exigido reparações de outros Estados/entidades que não reconhecem não são argumentos contra a teoria da eficácia constitutiva nos casos descritos. Como ficou esclarecido, o reconhecimento não cria a personalidade jurídica da entidade que tem já capacidade para incorrer em responsabilidade internacional. Tal decorre do facto desta já se encontrar, enquanto movimento armado, vinculada pelo Direito Internacional (ver, *supra*, parág. 10.5.1 e 15.2.2). Como se procurou demonstrar, o reconhecimento quando seja constitutivo limita-se a atribuir-lhe o estatuto de um Estado, isto é, provoca uma mutação de natureza e amplitude na personalidade da entidade: de mera organização territorial para um Estado.

Também não vale a pena alegar que uma entidade de facto estabilizada, especialmente quando passa a gozar da protecção da proibição de uso da força, em nada se distingue de um Estado. Na realidade, apesar de ter praticamente todos os deveres de um Estado, não goza de alguns direitos importantes. Desde logo, os tradicionalmente atribuídos aos Estados como o direito de se vincular formalmente a tratados multilaterais abertos (já que celebrar tratados bilaterais poderá sempre se a outra parte estiver disposto a a aceitar como parte), de se tornarem membros de organizações internacionais restritas a Estados ou o direito de entrar em relações diplomáticas formais. Mas igualmente direitos básicos como os de representar o Povo e território que controla dependem de um reconhecimento pontual nesse sentido. Não parece sequer que tenham direito de exigir uma reparação por violações do território que controlem por parte de um Estado terceiro, ainda que tal já possa ocorrer perante uma violação aberta da proibição de uso da força nas situações em que gozem deste direito.

[1386] O Tribunal Internacional de Justiça acolheu a tese do reconhecimento colectivo e com efeitos *erga omnes* em relação à personalidade das Nações Unidas: "the Court's opinion is that fifty States, representing the vast majority of the members of the international community had the power, in conformity with international law, to bring into being an entity possessing objective international personality, and not merely personality recognized by them alone (...)" [cfr. *Reparation* (...), cit., *I.C.J. Reports* 1949, pág. 185].

[1387] Também neste sentido: J. Dugard, *Recognition* (...), cit., pág. 80; M. J. Peterson, *Review: Recognition and the United Nations. By John Dugard*, AJIL, Vol. 82, 1988, pág. 391-394, na pág. 392 (parece concordar com Dugard neste ponto); T. Grant, *States Newly* (...), cit., pág. 184; Quincy Wright, *Some Thoughts About Recognition*, AJIL, Vol. 44, No. 3, 1950, pág. 548-559, na pág. 552, 557 e 558.

Contra, rejeitando que o reconhecimento da maioria vincule a minoria: J. Crawford, *The Creation of the State of Palestine* (...), cit., Part II, notas 6-7 e IV e em *Israel (1948-1949) and Palestine* (...), cit., pág. 114; M. Shaw, *International Law*, cit., pág. 313; ver também C. H. Alexandrowicz-Alexander, *The Quasi-Judicial Function in Recognition of States and Governments*, AJIL, Vol. 46, No. 4, 1952, pág. 631-640, na pág. 637-638.

Esta rejeição, contudo, segundo se julga, não tem apoio na prática internacional. Sustentar que o reconhecimento da maioria nunca pode vincular uma minoria dissidente significa

colectivamente reconhecido, o reconhecimento individual por outro Estado é juridicamente irrelevante, sendo puramente declarativo. Em relação ao dever de respeitar o Direito Internacional Costumeiro, o não reconhecimento de um Estado por outro é destituído de efeitos, se este tiver sido já comunitariamente reconhecido[1388]. O mesmo se diga em relação à Carta das Nações Unidas, tendo em conta o seu regime maioritário de admissão.

Ou seja, o reconhecimento pode ser meramente declarativo, se estiverem reunidos os quatro requisitos factuais tradicionais e o consentimento do Estado com jurisdição (e a sua existência não implicar uma violação de uma norma *iuris cogentis*), bem como o reconhecimento individual de um Estado que tenha sido previamente reconhecido pela Comunidade Internacional. Mas pode igualmente ser constitutivo quando visa criar um Estado que não

---

sustentar que os Estados Árabes que ainda não reconheceram Israel têm direito a ignorar a sua existência não estando, designadamente, vinculados pelo artigo 2, n.º 4 em relação a este. Não vale a pena invocar armistícios. Por exemplo, o Iraque não chegou a assinar nenhum. E, de qualquer modo, enquanto tratados, os armistícios encontram-se sujeitos a diversas causas de cessação de vigência, designadamente, a excepção do não cumprimento. Claro está, um defensor de uma tese puramente declarativa pode argumentar que os Estados Árabes estão vinculados independentemente do seu reconhecimento, por Israel ser já um Estado. Resta saber se a nova Jugoslávia o estava igualmente quando a Bósnia-Herzegovina foi reconhecida implicitamente ao ser admitida nas Nações Unidas apesar da falta de efectividade do seu Governo. Segundo se julga, sim. Mas uma tese puramente declarativa e que rejeite a vinculação da minoria dissidente não terá bases para o defender, já que será difícil sustentar que esta era já um Estado por força directa do Direito Internacional.

[1388] Já em relação a tratados multilaterais, uma declaração expressa de não reconhecimento visa normalmente evitar relações convencionais entre as partes, o que é normalmente possível [o Tribunal Internacional de Justiça evitou pronunciar-se sobre a questão: "in this case, the Court has no need to settle the question of what the effects of a situation of non- recognition may be on the contractual ties between parties to a multilateral treaty" (cfr. *Application of the Convention on the Prevention and Punishment of the Crime of Genocide Case*, Preliminary Objections, Judgement, 11 July 1996, *I.C.J. Reports* 1996, pág. 613, parág. 26)].

Mas não já em relação a tratados integrais, que apenas podem funcionar em bloco, como os constitutivos de organizações internacionais. Em relação a estes, designadamente, não são possíveis reservas, a menos que tenham sido aceites pela organização [cfr. o regime costumeiro do artigo 20, n.º 3 das mencionadas Convenções de Viena sobre o Direito dos Tratados de 1969 e 1986; ver C. Baptista. *Direito* (...), cit., pág. 213-215]. Uma declaração de não reconhecimento embora vise partes e não o conteúdo do tratado ficará sujeita ao mesmo regime. Não terá, pois, qualquer efeito jurídico, a menos que a própria organização a aceite. Esta conclusão tem apoio na prática das Nações Unidas em que as declarações de não reconhecimento por parte dos Estados Árabes em relação a Israel nunca foram aceites como justificação para violações da Carta em relação a este. Nem, em rigor, foram seriamente invocadas nesse sentido pelos seus autores (ver, *supra*, parág. 12.3 e 12.5).

reúne os quatro requisitos factuais estabelecidos directamente pelo Direito Internacional[1389].

Interessa particularmente esta forma de reconhecimento constitutivo colectivo, porque precisamente constitui uma forma de exercício do poder público em que se aplica um princípio maioritário. De facto, admitindo que o reconhecimento constitutivo, para obter eficácia *erga omnes*, deve ser colectivo, faria pouco sentido a unanimidade, sob pena de se voltar a cair no reconhecimento individual.

O reconhecimento de Estado constitui uma matéria que não integra as atribuições das Nações Unidas (sem prejuízo de estas se poderem manifestar sobre a questão), tendo permanecido nas mãos da Comunidade Internacional, isto é, dos Estados. Contudo, a admissão nas Nações Unidas, por estar reservada exclusivamente aos Estados, contém um reconhecimento pelos membros que tenham votado favoravelmente que a entidade a admitir como membro constitui um Estado (artigo 4, n.º 1 CNU)[1390, 1391]. Sem prejuízo, claro está,

---

[1389] Trata-se de posição também subscrita por Q. Wright, *Some Thoughts* (...), cit., pág. 556-558, embora considere este efeito constitutivo uma mero corolário da incerteza do Direito aplicável e não exactamente um efeito decorrente de um poder formal. Segundo se julga, a Comunidade Internacional pode realizar um reconhecimento mesmo quando é claro que não estão reunidos os pressupostos geralmente aceites, salvo o consentimento do Estado afectado.

A Comissão de Arbitragem da Conferência para a Paz na Jugoslávia tomou uma posição dúbia mas que é compatível com este duplo estatuto da eficácia do reconhecimento. Por um lado, afirmou expressamente o seu carácter declarativo ["l'existence ou la disparition de l'Etat est une question de fait; que la reconnaissance par les autres Etats à des effets purement déclaratifs" (cfr. Parecer n.º 1 de 29 de Novembro de 1991 (em RGDIP, tomo 96, 1992, n.º 1, pág. 264-266, na pág. 264)], mas, por outro lado, depois de reafirmar esta posição, veio defender que pelo seu reconhecimento os Estados conferem ao novo Estado "certains droits et certaines obligations au regard du droit international" (cfr. Parecer n.º 8 de 4 de Julho de 1992, texto em RGDIP, 1993, n.º 2, tome 97, pág. 588-590, na pág. 589).

[1390] É certo que inicialmente alguns dos membros não eram Estados. Tratou-se do caso das Filipinas (que apenas se tornou independente em 4 de Julho de 1946), da Índia, da Ucrânia e da Bielorrússia, além de à altura o estatuto da Síria e do Líbano ainda não se encontrar completamente esclarecido. Tal constituiu uma entorse em relação aos termos do artigo 3 que qualificava os participantes na Conferência de S. Francisco como Estados. Mas posteriormente esta situação alterou-se. É relativamente pacífico que todos os actuais membros das Nações Unidas são Estados e que só estes poderão ser admitidos, mesmo que alguns membros sofram sérias limitações na sua soberania [caso do Butão em relação à Índia, do Liechtenstein em relação à Suíça, da Micronésia e das Ilhas Marshall em relação aos EUA ou do Mónaco em relação à França; cfr. Michael P. Scharf, *Bridging the Taiwan Strait-Problems and Prospects for China's Reunification or Taiwan's Independence: Foreword*, NELR, Vol. 32, 1998, pág. 661-664, na pág. 662, nota 4; P. Rosenblatt, *What is Sovereignty* (...), cit., pág. 797-800].

de ser possível obter um reconhecimento geral por via dos reconhecimentos individuais.

Ora, nos termos do artigo 18, n.º 2 CNU, a Assembleia Geral aprova a admissão dos Estados membros por uma maioria de dois terços dos Estados presentes e votantes. O seu regimento[1392] estabelece no artigo 67 que esta pode deliberar com a presença da maioria dos seus membros. Assim, por não se contarem as abstenções, uma simples maioria de dois terços dos votos expressos pode reconhecer um novo Estado, desde que os membros permanentes não se tenham oposto no momento da aprovação da recomendação do Conselho de Segurança.

Segundo se julga, este regime não pode deixar de ser tido em conta na análise da regra de quórum e maioria aplicável à Comunidade Internacional, já que precisamente os Estados ao admitirem por intermédio de uma decisão das Nações Unidas um novo membro na organização, estão igualmente a actuar enquanto Comunidade Internacional.

Igualmente a Jurisprudência apoia o entendimento de que o reconhecimento pela Comunidade Internacional se realiza por meio de uma maioria qualificada e não por unanimidade[1393].

---

[1391] Em sentido idêntico: M. Peterson, *Review: Recognition* (...), cit., pág. 392-393; Roland Rich, *Recognition of States: The Collapse of Yugoslavia and the Soviet Union*, EJIL, Vol. 4, No. 1, 1993, pág. 36-65, F. Conclusions (embora citando posições em sentido contrário do Chile e do Sri Lanka); Craig Scott/Qureshi/Michell/Kalajdzic/Copeland/Chang, *A Memorial For Bosnia* (...), cit., pág. 132; T. Grant, *States Newly* (...), cit., pág. 183-184; J. Verhoeven, *La Reconnaissance* (...), cit., pág. 9 e 19; J. Miranda, *Direito Internacional* (...), cit., pág. 259; C. Ebenroth/M. Kemner, *The Enduring Political* (...), cit., pág. 809.

Ao contrário, outros autores [caso de: H. Kelsen, *Recognition* (...), cit., pág. 614 (a pensar na Sociedade das Nações); Q. Wright, *Some Thoughts* (...), cit., pág. 552; J. Dugard, *Recognition* (...), cit., pág. 79-80; Michael S. French-Merrill, *The Role Of The United Nations And Recognition In Sovereignty Determinations: Australia-Timor Gap Treaty*, CJICL, Vol. 8, 2000, pág. 285-318, na pág. 303-304] entendem que a própria organização tem poderes para reconhecer com eficácia *erga omnes* um Estado pelo facto dos Estados membros lhe terem conferido tal poder pela Carta.

Na realidade, é pressuposto do poder das Nações Unidas (ou da Sociedade das Nações) de admitir uma entidade como membro que esta já seja um Estado. É o que decorre do artigo 4 CNU. Deste modo, a entidade só poderia ser admitida exclusivamente pela acção da organização nos casos de reconhecimento puramente declarativo, em que o novo membro já constitui um Estado independentemente de qualquer reconhecimento. Não já nos casos de reconhecimento constitutivo. Assim, não é a admissão em si pelas Nações Unidas que confere o reconhecimento. Este encontra-se implícito no acto de admissão e é conferido pelo Direito Internacional directamente ou pelos Estados ao votarem favoravelmente a admissão.

[1392] O texto consta do U.N. Doc. A/520/Rev. 15.

[1393] Recorde-se que numa passagem já citada o Tribunal Internacional de Justiça afirmou que entendia que "fifty States, representing the **vast majority of the members of the**

**34.4.4. Reconhecimento de Governos.** A questão do reconhecimento de Governo[1394] é a que, dentro da temática do reconhecimento, à primeira vista, se revela mais complexa no que diz respeito ao seu regime jurídico. A questão dos seus pressupostos, limites e efeitos tem ocupado a Doutrina há séculos[1395]. As soluções têm sido particularmente obscurecidas pelo facto de, aproveitando a natureza livre do reconhecimento, alguns Estados procurarem atingir fins políticos por meio da ameaça do não reconhecimento do novo Governo.

Assim, um estudo da prática dos Estados revela ainda indicações algo contraditórias quanto ao regime jurídico aplicável, embora desde os anos 80 do Século XX a questão se tenha progressivamente clarificado[1396]. De qualquer forma, uma análise da prática no seio das organizações internacionais, em particular das Nações Unidas, apresenta dados relativos à postura colectiva dos Estados que esclarecem de forma relativamente líquida quais os termos daquele.

É certo que existe quem sustente que a aprovação das credenciais de um indivíduo como delegado do Governo de um Estado nada tem a ver com a questão do reconhecimento de Governo[1397]. Porém, as credenciais são

---

**international community** had the power, in conformity with international law, to bring into being an entity possessing objective international personality, and not merely personality recognized by them alone (...)" [cfr. *Reparation* (...), cit., *I.C.J. Reports* 1949, pág. 185].

[1394] Claro está, a referência a Governo não designa aqui o órgão do Estado, mas sim o seu sistema de órgãos políticos e o respectivo título jurídico.

[1395] Assim, Cornelius Van Bynkershoek escrevia em 1737: "When a state is torn by civil wars, the question is, in my opinion, which faction retains the governmental functions; if one part has them wholly as they were, and this part does not need the consent of the other to perform the duties of government, this alone has the right of legation, and the representatives of this part are fully competent to act as envoys" [cfr. *Quaestionum Juris Publici Libri Duo*, Vol. II (The Classics Of International Law), Oxford, 1930 (trad. ed. 1737), Book II, Chapter III (On The Right Of Legation), pág. 156-160].

[1396] Ver, *infra*, neste subparágrafo.

[1397] Assim, o então Secretário-Geral das Nações num memorando sobre a questão, a propósito da representação da China, afirmou: "From the standpoint of legal theory, the linkage of representation in an international organization and recognition of a government is a confusion of two institutions which have superficial similarities but are essentially different" [cfr. *Memorandum on the Legal Aspects of the Problem of Representation in the United Nations*, March 8, 1950 (UN Doc. S/1466); texto em IO, Vol. 4, No. 2, 1950, pág. 356-360, na pág. 357]. Parece, contudo, que esta posição se deveu à preocupação do Secretário-Geral de desvalorizar a questão da representação de forma a conseguir convencer os Estados da importância de conceder a representação a um Governo efectivo, isto é, ao novo Governo comunista da China.

necessariamente emanadas pelo Chefe de Estado, de Governo ou Ministro dos Negócios Estrangeiros[1398] e, consequentemente, a aprovação das credenciais de um novo delegado de um Estado implica um juízo sobre se o indivíduo que as assina é efectivamente um dos três referidos órgãos supremos do Estado. Deste modo, ainda que a aprovação das credenciais pelos outros Estados não implique um reconhecimento político formal do novo Governo, acarretará sempre no mínimo um reconhecimento informal[1399], isto é, um reconhecimento indirecto, politicamente secundário, mas juridicamente relevante[1400].

Com efeito, da prática, quer da Sociedade das Nações, quer, com um ou outro desvio, das Nações Unidas, pode-se retirar que o elemento essencial tradicional da constituição de um novo Governo era a efectividade do seu poder sobre o território e Povo do Estado de que pretendia ser órgão[1401].

---

Ainda assim, a Assembleia Geral, na sua Resolução sobre a aprovação de credenciais, a 396 (IV), de 14 de Dezembro de 1950 (texto em RDGAOR, 4th Session, 1950-1951, pág. 24-25), no parág. 4, afirmou que "Declares that the attitude adopted by the General Assembly or its Interim Committee concerning any such question shall not of itself affect the direct relations of individual Member States with the State concerned". Contudo, os trabalhos preparatórios da Resolução demonstram que os critérios discutidos foram precisamente os aplicados no reconhecimento de Governo e as divergências surgidas que impossibilitaram a consagração de qualquer critério na Resolução só o confirmaram. Alguns Estados afirmaram que a decisão da organização quanto à representação e o reconhecimento de Governo eram problemas interdependentes (cfr. Yuen-Li Liang, *Recognition by the United Nations*, AJIL, Vol. 45, No. 4, 1951, pág. 689-707, na pág. 695-700 e 704).

[1398] Trata-se de exigência decorrente em geral do Direito Internacional Costumeiro em relação a plenos poderes, já que apenas estes órgãos gozam de uma presunção de plenos poderes funcionais para a prática de qualquer espécie de acto [cfr. o artigo 7, n.º 2, al. a) das Convenções de Viena sobre o Direito dos Tratados de 1969 e 1986]. Ao nível das Nações Unidas, a mesma limitação consta do artigo 27 do Regimento da Assembleia Geral ou do artigo 13 do Regimento do Conselho de Segurança.

[1399] Essencialmente em sentido idêntico: Q. Wright, *Some Thoughts about Recognition*, cit., pág. 553; C. G. Fenwick, *Recognition of De Facto Governments in the Inter-American System*, AJIL, Vol. 58, No. 1, 1964, pág. 109-113, na pág. 112; Obiora C. Okafor, *The Global Process of Legitimation and the Legitimacy of Global Governance*, AJICL, Vol. 14, 1997, pág. 117-140, na pág. 119. Ver ainda Philip Brown, *The Recognition of the Government of URSS*, AJIL, Vol. 27, No. 2, 1933, pág. 290-293, na pág. 291 (participação numa conferência multilateral implica reconhecimento *de facto*).

[1400] Alguma Doutrina chamar-lhe-ia um reconhecimento *de facto*, figura que o Institut de Droit International nas citadas *Resolutions Concerning the Recognition of News States and News Governments*, April 1936, artigo 11, definiu como um reconhecimento provisório ou limitado a certos efeitos restritos.

[1401] Não há registo de credenciais de um novo Governo efectivo de um membro terem sido rejeitadas pela Sociedade das Nações não obstante ter sido instituído por meio de um golpe de Estado ou na sequência de um conflito armado interno. A prática formou-se sob liderança do Secretariado, mas terá sido sempre ratificada pelos Estados membros [cfr. Malbone Graham, *Some Thoughts on the Recognition of New Governments and Regimes*, AJIL, Vol. 44, No. 2, 1950, pág. 356-360, na pág. 358-359 (é autor de uma importante obra de 1933 sobre reconhecimento de Estados no âmbito da Sociedade das Nações)].

Esta prática foi seguida pelas Nações Unidas (e respectivas organizações especializadas do seu Sistema) até ao caso da representação da China [cfr. *Memorandum on the Legal Aspects* (...), cit., pág. 358-359 ("It is a remarkable fact that, despite the fairly large number of revolutionary changes of Government and the large number of instances of breach of diplomatic relations among members, *there was not one single instance of a challenge of credentials of a representative* in the many thousands meetings which were held during four years")] provocado pela derrota do Governo nacionalista pelos rebeldes comunistas. Depois do entrincheiramento do primeiro na Formosa, o Governo comunista, apesar de dominar a totalidade do território continental chinês, não foi reconhecido como representante da China pela maioria dos membros das Nações Unidas; apesar de por carta de 18 de Novembro de 1949 aquele ter notificado as Nações Unidas da sua pretensão de ocupar o lugar da China e de por um cabograma de 20 de Janeiro de 1950 ter indicado ter nomeado uma delegação de representantes junto da organização (cfr. RPSC, 1946-1951, Chapter I, pág. 15, caso 18; e ainda no MTDSG). A delegação chinesa continuou a ser assegurada pelo Governo nacionalista localizado na Formosa. A situação foi desencadeada pelo facto de existirem dois Governos a reclamar a representação da China, facto que ainda não ocorrera, por os Governos derrubados nos anos anteriores em Estados membros da organização terem sido completamente substituídos. A situação prolongar-se-ia até 1971.

Do que ficou já dito sobre o reconhecimento decorre o seu carácter livre. Deste modo, os Estados tinham o direito de se recusar a reconhecer formalmente o novo Governo chinês. Não tinham, contudo, à luz do Direito Internacional então vigente, o direito de se recusar a cumprir sem um fundamento jurídico os direitos da China reconhecidos pela Carta, designadamente, o de participar nos trabalhos das Nações Unidas, máxime, como membro permanente, através do seu Governo efectivo. A menos que a efectividade do novo Governo comunista, efectividade até então sempre reconhecida como título bastante, pudesse ser juridicamente impugnada, o título do Governo nacionalista não poderia ser mantido: este efectivamente já não era o Governo da China. É certo que ainda ocupava a Formosa e ilhas adjacentes, porém, salvo algumas destas últimas, não é inteiramente líquido que em 1949 estas ilhas já pudessem ser consideradas formalmente como território da China. Acresce que a manutenção desta ocupação foi em parte permitida pela intervenção ilícita dos EUA no conflito interno chinês em 1950 (ver sobre o estatuto da Formosa e esta intervenção, *supra*, parág. 10.5.2.1).

Ao se desviar da prática precedente, os Estados membros das Nações Unidas e a própria organização violaram os termos da Carta e os direitos da China [assim, julga-se que a União Soviética teria fundamento para sustentar que "any participation in the voting on the part of the representative of "the Kuomintang group" would be illegal and would have no juridical value, for the Government of the People's Republic of China, which represented China and the Chinese people in the international field and in their relations with other States, considered his presence in the Council illegal and insisted upon his exclusion" (cfr. RPSC, 1946-1951, Chapter I, pág. 16; 460ª reunião do Conselho, em 12 de Janeiro de 1950). Mesmo a Assembleia Geral, na Resolução 2758 (XXVI), de 25 de Outubro de 1971 (texto em RDGAOR, 26th Session, 1971, pág. 2), pela qual expulsou os representantes das autoridades nacionalistas, aceitando os representantes do Governo comunista, afirmou que se tratava de um imperativo jurídico: "Recognizing that the representatives of the Government of the People's Republic of China are the only lawful representatives of China to the United Nations and that the People's Republic of China is one of the five permanent members of the Security Council" e "Decides to restore all its rights to the People's Republic of China and to recognize the representatives of its Government as the only legitimate representatives of China to the United Nations, and to expel forthwith the representatives of Chiang Kai-shek from the place **which they unlawfully occupy** at the United Nations and in all the organizations related to it".

Em sentido semelhante: Herbert Briggs, *Chinese Representation in the United Nations*, IO, Vol. 6, No. 2, 1952, pág. 192-209, na pág. 199 e 207-208; Q. Wright, *The Chinese Recognition* (...), cit., pág. 335-336. Contra: Josef Kunz, *Legality of the Security Council Resolutions of June 25 and 27, 1950*, AJIL, Vol. 45, No. 1, 1951, pág. 137-142, na pág. 141; D. Bowett, *United Nations* (...), cit., pág. 36; Pitman Potter, *Communist China: Recognition and Admission to the United Nations*, AJIL, Vol. 50, No. 2, 1956, pág. 417-418, na pág. 417 (mas reconhece que constituiu um desvio da prática anterior); Myres S. McDougal/Richard M. Goodman, *Chinese Participation in the United Nations: The Legal Imperatives of a Negotiated Solution*, AJIL, Vol. 60, No. 4, 1966, pág. 671-727, na pág. 719 e 722]. Assim, a conclusão a retirar é que a maioria dos Estados membros procurou, por motivos políticos, impedir que o novo Governo tomasse posse de algo que era seu de direito, o assento permanente no Conselho de Segurança.

Questão delicada é a consequência que tal teve sobre a validade dos actos do Conselho de Segurança entre 20 de Janeiro de 1950 (data da notificação das Nações Unidas da nomeação de uma delegação do Governo comunista) e 1971, quando esta foi admitida finalmente. A China declarou que considerava todos os actos adoptados na sua ausência como nulos (cfr. Byron S. Weng, *Communist China's Changing Attitudes Toward the United Nations*, IO, Vol. 20, No. 4, 1966, pág. 677-704, na pág. 681; Hungdah Chiu/R. R. Edwards, *Communist China's Attitude Toward the United Nations: A Legal Analysis*, AJIL, Vol. 62, No. 1, 1968, pág. 20-50, na pág. 29-30). A reacção inicial da União Soviética foi igualmente de defesa da invalidade dos actos adoptados pelo Conselho sem a presença do Governo comunista chinês. Assim, na 461.ª reunião, em 14 de Janeiro de 1950, afirmou que "the Union of Soviet Socialist Republics will not recognize as legal any decision of the Security Council adopted with the participation of the representative of the Kuomintang group, and will not be guided by any such decisions" (cfr. RPSC, 1946-1951, Chapter IV, pág. 176, casos 193-199). Em cabograma de 29 de Junho de 1950 afirmou: "that the resolution of 27 June had no legal force since it had been passed in the absence of two permanent members, the USSR and China, the latter having not been duly represented" (cfr. RPSC, 1946-1951, Chapter VIII, pág. 356, nota 614; documento publicado sob o número S/1517). Mas acabou por abandonar esta posição, desde que em 1 de Agosto de 1950 retomou o seu assento no Conselho.

Não se tem grandes dúvidas em sustentar que os actos do Conselho deixaram de ser oponíveis ao Governo comunista chinês. Mas a generalidade dos membros parece ter aceite que estes mantinham a sua validade em relação aos restantes Estados membros (ver ainda, *infra*, parág. 47).

Quaisquer outras considerações foram normalmente ignoradas na aprovação das credenciais de novos Governos instituídos de forma contrária às regras constitucionais internas[1402, 1403].

---

Posteriormente, como se poderá verificar, a prática dos Estados membros das Nações Unidas quanto à aprovação de credenciais alterou-se, embora não de forma inteiramente consistente, o que aponta para uma tendência no sentido da alteração do regime jurídico aplicável.

[1402] Claro está, o reconhecimento de Governo só se coloca quando ocorreu uma ruptura clara na Ordem Constitucional do Estado. Quando a alteração de Governo se verifica no cumprimento das normas constitucionais não se coloca qualquer questão de reconhecimento internacional.

[1403] Igualmente na prática dos Estados se encontram tomadas de posição que apoiam esta conclusão ou que até pretenderam ir mais longe. Assim, a conhecida Doutrina *Estrada* sustentou o reconhecimento automático dos Governos efectivos, independentemente do modo como adquiriram o poder, indo ao ponto de rejeitar a figura do reconhecimento de Governo, considerando-a uma ingerência nos assuntos internos e que qualquer Estado estava obrigado a aceitar os Governos efectivos de outros [assim, afirma designadamente: "the Mexican Government is issuing no declarations in the sense of grants of recognition, since that nation considers that such a course is an insulting practice and one which, in addition to the fact that it offends the sovereignty of other nations, implies that judgment of some sort may be passed upon the internal affairs of those nations by other governments, inasmuch as the latter assume, in effect, an attitude of criticism, when they decide, favorably or unfavorably, as to the legal qualifications of foreign régimes"; texto da Declaração do Secretário (Ministro) dos Negócios Estrangeiros Mexicano Estrada de 27 de Setembro de 1930 em AJIL, vol. 25, No. 4, 1930, supplement, pág. 203].

A defesa da existência de um dever de reconhecer um novo Governo efectivo, apesar de minoritária, há muito que tem os seus defensores [neste sentido: J. Bluntschli, *Le Droit International* (...), cit., artigo 35, pág. 75; Th. Funck-Brentano/Albert Sorel, *Précis du Droit des Gens*, 3eme ed., Paris, 1900, pág. 209; D. Anzilotti, *Corso* (...), cit., pág. 167; H. Lauterpacht, *Recognition of Governments* – I, cit., pág. 817-819. Em sentido contrário: J. Williams, *Some Thoughts* (...), cit., pág. H. Briggs, *Recognition* (...), cit., pág. 118-119; J. Kunz, *Critical Remarks* (...), cit., pág. 713, 714-716 e 719].

Mas a tese que ganhou mais adeptos (embora em termos práticos chegue a resultados essencialmente idênticos) é a do carácter declarativo do reconhecimento de Governo e da sua consequente desnecessidade, por juridicamente irrelevante. Trata-se de tese consagrada pelo Árbitro (William Taft) na Arbitragem entre a Costa Rica e o Reino Unido no caso *Tinoco* em que lhe confere mera eficácia de prova: "The non-recognition by other nations of a government claiming to be a national personality, is usually appropriate evidence that it has not attained the independence and control entitling it by international law to be classed as such. But when recognition of a government is by such nations determined by inquiry, not into its *de facto* sovereignty and complete governmental control, but into its illegitimacy or irregularity of origin, their non-recognition loses something of evidential weight (...). Such non-recognition for any reason, however, cannot outweigh the evidence disclosed by this record before me as to the *de facto* character of Tinoco's government, according to the standard set by international law" (cfr. *Arbitration between Great Britain and Costa Rica*, Opinion and Award

Significa isto, portanto, que o Direito Internacional tradicional reconhecia a efectividade como fundamento único de legitimidade de um novo Governo[1404], atribuindo a este automaticamente a qualidade de órgão do

of William H. Taft, Sole Arbitrator, Washington, D. C., October 18, 1923, texto em AJIL, Vol. 18, 1924, pág. 147 e segs., na pág. 154; o Árbitro foi ao ponto de entender que o não reconhecimento por parte do próprio Reino Unido não o precludia de vir exigir reparação por actos do então Governo da Costa Rica contra os seus cidadãos: pág. 155-157). Ver igualmente no sentido da irrelevância do reconhecimento de Governo: H. Kelsen, *Recognition* (...), cit., pág. 615-616; J. Irizarry Y Puente, *Doctrines of Recognition and Intervention in Latin America*, TLR, Vol. 28, 1954, pág. 313-342, na pág. 316 e 320-325; J. Dugard, *Recognition* (...), cit., pág. 3-5 e 166; J. Verhoeven, *La Reconnaissance* (...), cit., pág. 15-16.

No fundo, reconhece-se que mesmo não existindo um dever de reconhecer formalmente um novo Governo (e muito menos de estabelecer relações diplomáticas com este), na realidade, existem situações em que um Estado não pode recusar praticar certos actos perante um Governo que não reconheceu (por exemplo, por força de um tratado anterior) sob pena de praticar um acto ilícito e que tais actos implicam no fundo um reconhecimento informal (alguns falariam em reconhecimento *de facto*). Sublinha-se, pois, a diferença entre os efeitos jurídicos automáticos da concessão do estatuto de Governo pelo Direito Internacional com a questão do reconhecimento enquanto acto político, que continua a ser considerado um puro direito de exercício livre.

A prática da maioria dos Estado parece seguir neste sentido, com uma decadência clara do reconhecimento expresso de Governo, embora por vezes se encontre subjacente ao reconhecimento de Estado exigências derivadas do facto de deste derivar igualmente o reconhecimento de Governo. Aparentemente, Estados como os EUA (desde 1977), a então União Soviética, a Grã-Bretanha [em 1980, o então Ministro dos Negócios Estrangeiros declarou no Parlamento: "[W]e have conducted a re-examination of British policy and practice concerning the recognition of Governments. This has included a comparison with the practice of our partners and allies. On the basis of this review we have decided that we shall no longer accord recognition to Governments" (texto completo da declaração em http://www.gwdg.de/~ujvr/allgemein/00-01-VR-para2.htm; é citado como fonte House of Lords, H.L. Deb., Vol. 48, cols 1121-22, April 1980)], a França, a Alemanha, a Espanha, a Bélgica, a Áustria, Portugal, a Finlândia, a Suíça, a Irlanda, a Arábia Saudita, Senegal, Quénia ou Madagáscar têm adoptado esta prática de, quando muito, se limitarem a reconhecimentos tácitos de Governo [cfr. M. J. Peterson, *Recognition of Governments Should Not Be Abolished*, AJIL, Vol. 77, 1983, pág. 31-50, na pág. 43; J. Verhoeven, *La Reconnaissance* (...), cit., pág. 15-16; Michael E. Field, *Liberia v. Bickford: The Continuing Problem Of Recognition Of Governments And Civil Litigation In The United States*, MJILT, Vol. 18, 1994, pág. 113 e segs., texto nota 79]. Apenas o não reconhecimento explícito tem na maioria dos casos relevância. Só em situações pontuais de conflitos armados ou para esclarecer situações equívocas uma declaração expressa de reconhecimento de Governo será útil.

[1404] Trata-se do critério considerado decisivo pela maioria dos autores tradicionais: J. Whitla Stinson, *Recognition of de Facto Governments and the Responsibility of States*, MILR, Vol. IX, 1924, pág. 1-20, na pág. 2-3 e 18 (embora considerando-o uma manifestação do consentimento tácito do Povo); C. G. Fenwick, *The Recognition of New Governments Instituted by Force*, AJIL, Vol. 38, No. 3, 1944, pág. 448-452, na pág. 448-450 e em *The Recognition*

Estado. O reconhecimento de um Governo efectivo era, pois, normalmente, puramente declarativo. Daí que, embora os restantes Estados pudessem recusar-se a reconhecê-lo (em consequência do carácter livre do reconhecimento), deveriam, ainda assim, reconhecer a eficácia extraterritorial dos seus actos dentro dos limites do Direito Internacional, máxime, as suas respectivas Ordens Públicas (internas)[1405].

---

*of de Facto Governments*, AJIL, Vol. 42, No. 4, 1948, pág. 863-866, na pág. pág. 865 (embora referindo igualmente o critério de manifestação de vontade de cumprir as suas obrigações internacionais); H. Lauterpacht, *Recognition of Governments* – I, cit., na pág. 825- -826; Q. Wright, *The Chinese Recognition* (...), cit., pág. 326 (que reconduz o cumprimento das obrigações ainda à efectividade, de forma forçada).

[1405] Como afirmou o Institut de Droit International nas suas referidas *Resolutions Concerning the Recognition of News States and News Governments*, April 1936, artigo 17, parág. 2: "These extraterritorial effects, however, do not depend on the formal act of recognition of the new government. Even in the absence of recognition, they should be acknowledged by the competent jurisdictions and administrations when, considering especially the actual character of the power exercised by the new government, these erects are in conformity with the interests of good justice and the interest of individuals". Também James Jay Allen, *Effect of Acts and Decrees of Non-Recognized Governments upon Private Litigants*, GLJ, Vol. 46, 1957-1958, pág. 322-338, na pág. 323 e 338.

O mesmo se diga quanto à concessão de imunidades (os tribunais dos EUA, sempre mais restritivos, já nos anos 30 as reconheciam ao Governo não reconhecido da então União soviética; cfr. Comment, *Effects in Private Litigation of Failure to Recognize New Foreign Governments*, UCLR, Vol. 19, 1951, pág. 73-96, na pág. 76). Menos líquido é se se encontrarão vinculados a dar acesso aos bens propriedade do Estado (máxime, contas bancárias e imóveis) ao Governo que não reconhecem, bem como a aceitá-lo como autor em acções perante os seus tribunais. Segundo se julga, a resposta deve ser positiva [a Doutrina tradicional era, porém, contra: J. Allen, *Effect of Acts* (...), cit., pág. 324 (em relação às imunidades); M. Field, *Liberia v. Bickford* (...), cit., texto notas 77-78 (contra o direito de aceder aos tribunais)], embora a prática ainda não seja inteiramente conclusiva. Tem existido alguma resistência, especialmente em tribunais dos EUA, mas não já nos tribunais europeus [cfr. M. Peterson, *Recognition* (...), cit., pág. 35-36]. A questão complica-se quando existem duas autoridades a reivindicar o estatuto de Governo. O critério tradicional da efectividade deve ditar a solução.

A resposta já deverá ser diferente se a própria entidade não reunir os pressupostos estabelecidos pelo Direito Internacional para a formação automática de um Estado (incluindo o consentimento do Estado afectado pela secessão) ou não tiver sido reconhecida de forma constitutiva pela Comunidade Internacional enquanto Estado. Os actos das suas autoridades não terão de ser aceites nestes casos, nem gozarão de quaisquer imunidades que não lhes tenha sido atribuída voluntariamente pelo Estado. Por ainda não existir qualquer Estado, também não é natural que existam bens no estrangeiro adquiridos por um anterior Governo. Claro está, bens adquiridos legitimamente pelas próprias autoridades não reconhecidas deverão ser-lhes entregues. O mesmo se diga em relação aos casos em que, embora já existindo um Estado, o título jurídico das autoridades enquanto Governo seja nulo à luz do Direito Internacional. Nestas três situações apenas deve ser reconhecida eficácia (sempre nos limites

Ora, estes dados quanto à eficácia do reconhecimento no essencial ainda são correctos, mas a prática dos Estados parece estar a alterar-se. Lentamente formou-se a ideia, que actualmente se considera enraizada, de que um novo Governo mesmo efectivo não será reconhecido se a sua efectividade se estruturar na violação de determinadas normas internacionais *iuris cogentis*. Nestes casos, a sua efectividade é desconsiderada, considerando-se nulo o seu título jurídico.

A prática sugere que se estará perante situações desta espécie quando o Governo foi instituído com intervenção bélica decisiva de um Estado estrangeiro e apenas se mantém graças ao seu apoio militar directo, pouco mais sendo do que um Governo fantoche[1406]. Bem como quando o Governo

---

impostos pelo Direito Internacional e pela *Lex Fori*) a actos destas quando estejam em causa direitos de particulares (ver, *infra*, no presente parágrafo).

[1406] Um importante precedente, embora incidindo directamente sobre a própria constituição do Estado, foi a reacção à criação do Manchukuo em território da China por parte do Japão depois do sucesso da sua invasão de 18 de Setembro de 1931. O então Secretário de Estado dos EUA afirmou nas suas notas de 7 de Janeiro de 1932 dirigidas ao Japão e à China, que estabeleceram a Doutrina Stimson: "the American Government (...) does not intend to recognize any situation, treaty or agreement which may be brought about by means contrary to the covenants and obligations of the Pact of Paris of August 27, 1928" (texto em PW, pág. 160; também em AJIL, Vol. 26, No. 2, 1936, pág. 342). Esta Doutrina foi confirmada por nota dos membros (excluindo a China e o Japão) do Conselho da Sociedade das Nações (texto em AJIL, cit., pág. 343) e pela Assembleia da Sociedade das Nações em resolução de 11 de Março de 1932 (texto em ASDN, 1936, Sixième Année, pág. 397; também, excerto, em AJIL, cit., pág. 343). É natural que pelos seus termos e teleologia esta fosse aplicável igualmente contra a criação de Governos fantoches. O Estado e Governo do Manchukuo eram claramente uma ficção para encobrir a anexação japonesa [cfr. Pu Yi, *El Ultimo Emperador – Autobiografía* (...), cit., pág. 214 e 227-233].

Na prática das Nações Unidas o apelo à rejeição de credenciais de uma delegação com fundamento no alegado ou verídico carácter de Governo fantoche de um Estado estrangeiro por força de uma intervenção militar tem sido relativamente consistente: o primeiro caso surgiu a propósito da Espanha. Assim, a Assembleia Geral aprovou a Resolução 39 (I), de 12 de Dezembro de 1946 (texto em RDGAOR, 1st Session, 1946, pág. 63-64), em que afirma "Recommends that the Franco Government of Spain be debarred from membership in international agencies established by or brought into relationship with the United Nations (...) until a new and acceptable government is formed in Spain". O fundamento foi precisamente o entender-se que este era um Governo "which was imposed by force" por uma intervenção estrangeira. Assim, na sequência desta Resolução a Organização da Aviação Civil Internacional alterou o seu Tratado constitutivo, com a adição do artigo 93-bis (texto em UNTS, 1949, No. 45, pág. 324) para permitir qualquer expulsão recomendada pela Assembleia Geral. Este não chegaria, porém, a entrar em vigor e, na realidade, a Espanha acabou por sair voluntariamente da organização (cfr. Louis Sohn, *Expulsion or Forced Withdrawal from an International Organization*, HLR, Vol. 77, 1964, pág. 1381-1425, na pág. 1403).

Também o Governo nacionalista da China procurou justificar a manutenção do seu estatuto e assento permanente na organização citando a Doutrina Stimson e sugerindo que o Governo comunista fora instalado no poder graças ao apoio da União Soviética. Apesar deste fundamento não ter sido geralmente aceite, na prática a maioria dos Estados aceitou a sua manutenção.

A propósito da intervenção da União Soviética na Hungria em 1956, a Assembleia Geral aprovou a Resolução 1133 (XI), de 14 de Setembro de 1957 da (texto em RDGAOR, 11th Session, 1957, pág. 1), cujo parág. 4, al. b), afirmava: "The present Hungarian regime has been imposed on the Hungarian people by the armed intervention of the Union of Soviet Socialist Republics". Em consequência, a Organização Internacional do Trabalho rejeitaria as credenciais do novo Governo húngaro em 1958 e em 1959, não sendo a sua delegação admitida a representar a Hungria. Esta postura foi, porém, abandonada em 1960 [cfr. FRUS, 1958-60, Vol. X, Part 1 05 – Eastern Europe, No. 27 (*Despatch From the Legation in Hungary to the Department of State*, July 6, 1960, nota 4)]. Igualmente perante a Assembleia Geral das Nações Unidas, os EUA procuraram de 1957 a 1962 que estas fossem rejeitadas, mas nenhuma decisão foi tomada, tendo consequentemente a delegação húngara mantido o seu assento na Assembleia (cfr. FRUS, cit.). Posteriormente, a questão foi esquecida.

Na sequências das intervenções dos EUA, quer em 1983, em relação às novas autoridades em Granada, quer em 1989, a propósito do novo Governo do Panamá, foi a vez dos EUA se verem acusados pela maioria dos Estados de os terem imposto pela força (sobre a condenação destas intervenções pela Assembleia Geral, ver, *supra*, parág. 10.4); e que, consequentemente, deveria ser mantida a anterior delegação e rejeitadas as credenciais da nova delegação. Em relação a Granada, inicialmente foram os EUA que começaram por contestar o anterior delegado no Conselho de Segurança (cfr. RPSC, 1981-1984, Chapter I, pág. 3-4; 2491.ª reunião, em 27 de Outubro de 1983). As credenciais das novas delegações acabariam por ser aceites. Ainda assim, na questão do Panamá, inicialmente, as credenciais do delegado nomeado pelo novo Presidente foram rejeitadas pelo Conselho da Organização de Estados Americanos que, de seguida, lamentou vivamente a invasão americana, com o voto do delegado nomeado pelo anterior Governo (20 a favor, os EUA contra e cinco abstenções). Vários Estados da América Latina recusaram-se a reconhecer o novo Governo do Panamá (cfr. *OAS Votes to Censure US for Intervention*, WP, December 23, 1989, pág. A7). Só uma vez pacificada a situação e tendo o novo Presidente começado a exercer as suas funções é que a sua delegação seria aceite.

Mais relevante é o precedente do Camboja. Perante uma pretensão de que as novas autoridades do Camboja fossem reconhecidas e que fossem rejeitadas as credenciais do anterior Governo dos Khmeres vermelhos deposto pela intervenção vietnamita de 1979, o delegado da China afirmou: "the credentials of the delegation of Democratic Kampuchea were in order and that the People's Revolutionary Council was a puppet organization created by Viet Nam" (cfr. RPSC, 1975-1980, Chapter VIII, pág. 340; 2114.ª reunião do Conselho de Segurança, em 23 de Fevereiro de 1979). Na sequência da decisão da sua comissão de credenciais, a Assembleia Geral viria a rejeitar as credenciais do delegado do novo Governo. A situação seria mantida com a representação do Camboja assegurada por um Governo no exílio de coligação da oposição (incluindo os Khmeres vermelhos) até às eleições de 1993.

administra um território enquanto potência colonial[1407] ou se mantém apenas graças a um sistema de discriminação racial sistemática[1408].

---

Igualmente parte da reacção da Comunidade Internacional em relação à "República Turca do Norte de Chipre" e ao Nagorno-Karabakh se deve à intervenção e presença de tropas de Estados estrangeiros, respectivamente, a Turquia e a Arménia (sobre estes casos, ver, *supra*, parág. 16.1 e 34.4.3).

[1407] Assim, na Resolução 3181 (XXVIII) de 17 de Dezembro de 1973 (texto em RDGAOR, 28th Session, 1973, pág. 8-9), que aprovou as credenciais dos representantes, as de Portugal foram aceites com exclusão em relação aos seus territórios coloniais e, em particular, da Guiné-Bissau, já então qualificada como um Estado independente.

[1408] Como se verificou, subjacente à recusa de reconhecimento da independência da Rodésia do Sul, em rigor, encontrava-se uma recusa em reconhecer as suas autoridades como Governo, por força do sistema de *Apartheid* em que se sustentavam (ver, *supra*, parág. 34.4.3).

Precedente ainda mais significativo foi a recusa das credenciais passadas pelo então Governo Sul-Africano à sua delegação pela Assembleia Geral a partir de 1970 que levou à exclusão da participação nos trabalhos desta pela decisão do seu Presidente de 12 de Novembro de 1974. Esta decisão foi questionada, mas viria a ser apoiada por uma decisão da Assembleia de 91 votos contra 22 e 19 abstenções. A Assembleia pela sua Resolução 3207 (XXIX), 30 de Setembro de 1974 (texto em RDGAOR, 39th Session, 1974, pág. 2), invocou esta rejeição explicitamente (já que as Resoluções que refere se limitam a aprovar sem mais o relatório da Comissão de Credenciais) "Recalling its resolutions 2636 A (XXV) of 13 November 1970, 2862 (XXVI) of 20 December 1971 and 2948 (XXVII) of 8 December 1972 and its decision of 5 October 1973, by which it decided to reject the credentials of South Africa". Segundo se julga, tratou-se de uma declaração implícita de nulidade do título jurídico a Governo das autoridades na África do Sul [ver o apoio de Alden Abbott/F. Augusti/P. Brown/E. Rode, *General Assembly, 29th Session: The Decredentialization of South Africa*, HILJ, Vol. 16, 1975, pág. 576-588, na pág. 583-584; L. Hannikeinen, *Peremptory* (...), cit., pág. 485 e 488-489; O. Okafor, *The Global Process* (…), cit., pág. 123; e a crítica de: Leo Gross, *On the Degradation of the Constitutional Environment of the United Nations*, AJIL, Vol. 77, 1983, pág. 569-584, na pág. 570-571; Malvina Halberstam, *Excluding Israel from the General Assembly by a Rejection of Its Credentials*, AJIL, Vol. 78, 1984, pág. 179-192, na pág. 185 e nota 32 e 187--191]. Só em 1994, depois das primeiras eleições com participação universal, é que a Assembleia Geral aceitaria as credenciais dos delegados da África do Sul, agora Presidida por Nelson Mandela.

A legitimidade desta acção seria posteriormente abundantemente confirmada pela prática consensual dos últimos anos no mesmo sentido [porém, ver ainda céptico quanto a esta utilização do sistema da rejeição das credenciais: Matthew Griffin, *Accrediting Democracies: Does The Credentials Committee Of The United Nations Promote Democracy Through Its Accreditation Process, And Should It?*, NYUJILP, Vol. 32, 2000, pág. 725-785, na pág. 769--770 e 773-775 (apesar da análise correcta da prática, avança contra alguns argumentos teóricos que à luz daquela pouco mais são do que considerações metafísicas).

A Organização Internacional do Trabalho, depois de um mal sucedido convite para que a África do Sul se retirasse (visto que a sua Constituição não continha qualquer cláusula de expulsão, que só foi introduzida em 1964, no artigo 2, n.º 6, mas que em 1995 ainda não

Mas nos últimos dez anos, depois do fim da Guerra Fria, os Estados foram ainda mais longe. Existem alguns precedentes de impugnação da força como meio de adquirir o poder. Isto é, sem se afirmar que apenas a legitimidade democrática constitui um título jurídico, já que Governos efectivos são aceites independentemente da origem do seu poder, o uso da força para os alterar não tem, na maioria dos casos, sido reconhecido até que tal situação tenha sido legitimada pelo voto popular[1409]. Esta condenação parece

---

entrara em vigor), recusou as credenciais do Governo Sul-Africano já em 1962 e 1963, tendo esta deixado de participar na maioria dos seus órgãos, salvo na Conferência Geral da Organização. Estas pressões levá-la-iam a abandonar a Organização em 1964. O mesmo acabaria por fazer em relação à Organização para a Alimentação e Agricultora (FAO) [cfr. L. Sohn, *Expulsion* (…), cit., pág. 1415 e 1416, nota 178].

Já a tentativa de aplicar o mesmo sistema a Israel em 1982 parece não ter fundamento jurídico, visto que este apenas é juridicamente viável quando o próprio título jurídico do Governo se encontra em causa e não por a sua actuação violar o Direito Internacional. O título do Governo israelita apenas poderia ser contestado em relação aos territórios ocupados; mas na realidade, salvo em relação a alguns destes (ilicitamente), Israel não reivindica a sua soberania. A este ultimo caso, salvo uma alteração significativa da prática, apenas se poderão aplicar os artigos 5 e 6 da Carta.

[1409] A partir de 1990 a Comissão de Credenciais da Assembleia Geral, com o apoio desta, que tem aprovado sempre os seus relatórios, adoptou uma política, ainda não inteiramente consistente, de rejeição de credenciais de novos Governos instituídos pela força. A Comissão é constituída por nove Estados membros (três dos quais têm sido sistematicamente os EUA, a Rússia e a China, apesar de tal não ter qualquer consagração formal no artigo 28 do Regimento da Assembleia).

Assim, em 1992, a Assembleia Geral rejeitou de forma consensual as credenciais das novas autoridades no Haiti resultantes do golpe de Estado de 29 de Setembro de 1991 na sequência das Resoluções 46/7 de 11 de Outubro de 1991 e 46/138 de 17 de Dezembro de 1991 (textos de ambas, aprovadas por consenso, em RDGAOR, 46th Session, Vol. I, 1991, pág. 13 e 211). A situação acabaria por levar mesmo à aprovação de uma habilitação pelo Conselho de Segurança para o uso da força para repor o Governo constitucional (ver, *infra*, parág. 75.3.2).

Também, depois da deposição do Governo na Libéria em 1990 (e posterior morte do então Presidente), a sua delegação continuou a ter assento na Assembleia Geral até à eleição dos novos órgãos em 19 de Julho de 1997, apesar da sua completa ausência de poder efectivo. Só por meio das eleições o principal movimento rebelde legitimou o seu poder de forma aceitável para a Comunidade Internacional (sobre a situação, ver, *supra*, parág. 32.3).

A comissão de credenciais da Assembleia Geral tem também deparado com a apresentação sucessiva das credenciais de dois Governos no Afeganistão desde 1996, uma do anterior Governo e outra dos Talibãs. Apesar destes segundos dominarem a grande maioria do território afegão, viram as suas credenciais sistematicamente preteridas. Em carta de 3 de Outubro de 1996 declararam como "not authoritative and legally valid" os actos praticados pela delegação aceite (cfr. *First Report of the Credentials Committee*, UN Doc. A/51/548, de 23 de Outubro de 1996, parág. 7). Contudo, na decisão de 1996, embora formalmente tenha diferido a

relativamente firme quando o Governo derrubado fora democraticamente eleito em eleições organizadas pelas Nações Unidas.

Esta reacção internacional tem-se igualmente manifestado a nível regional de forma relativamente consistente[1410], bem como na prática dos Estados

---

decisão final sobre a questão, a comissão na realidade manteve as credenciais do anterior Governo e rejeitou as destes. Os fundamentos alegados variaram. Os EUA alegaram a "complex situation and the circumstances on the ground" [cfr. *First Report* (...), cit., parág. 9]. A Holanda alegou que o anterior Governo "was still the Government" [cfr. *First Report* (...), cit., parág. 10]. A Rússia além de afirmar que "the situation in Afghanistan was confused", afirmou que o anterior Governo "had confirmed its agreement to Assembly and Security Council decisions seeking a fair and lasting settlement of the situation" [cfr. *First Report* (...), cit., parág. 11]. Isto é, invocou um argumento que tinha já a ver com o comportamento das partes. De facto, parece que os actos dos Talibãs tiveram grande peso na decisão de aceitar as credenciais do anterior Governo e não as do Governo destes [cfr. *First Report* (...), cit., parág. 14], máxime as suas violações dos direitos humanos. Assim, designadamente, na sua Resolução 54/185, de 17 de Dezembro de 1999 (texto em RAGA, 54th Session, Part I, pág. 490-493), a Assembleia condenou-os por múltiplas violações dos direitos humanos, em particular, discriminações contra as mulheres. Do mesmo modo, o Conselho de Segurança, na sua Resolução 1333 (2000), de 19 de Dezembro (texto em RSSC, 2000, pág. 88-92) denomina-os "Afghan faction known as Taliban, which also calls itself the Islamic Emirate of Afghanistan". Em consequência, nos anos seguintes a comissão de credenciais limitou-se a adoptar a mesma decisão, rejeitando as credenciais da delegação dos Talibãs (assim, *First Report of the Credentials Committee*, UN Doc. A/54/475, de 18 de Outubro de 1999, parág. 9; *First Report of the Credentials Committee*, UN Doc. A/55/537, de 1 de Novembro de 2000, parág. 6 e 8). Não se afiguram inteiramente compatíveis com a prática anterior a ponderação de considerações destas na determinação da representatividade de um Governo. Trata-se de uma prática que parece idêntica à assumida por Estados no passado de fazer depender o reconhecimento do cumprimento pela nova entidade das suas obrigações internacionais. Acaba-se por estar a impugnar o título das autoridades por força do modo como exercem o seu poder. Embora, por o terem adquirido pela força, o seu título fique por esta via efectivamente sujeito a ser impugnado.

Do mesmo modo, na sequência do golpe no Camboja em Julho de 1997, a Assembleia Geral aprovou o relatório da comissão de credenciais que rejeitava as credenciais de ambos os pretendentes ao estatuto de Governo em 1997, deixando o Camboja sem representação (cfr. *First Report of the Credentials Committee*, UN Doc. A/52/719, de 11 de Dezembro de 1997, parág. 5). Só depois das eleições de Julho de 1998 e do acordo entre os dois partidos de Novembro de 1998 é que a nova situação foi reconhecida com a aceitação das suas credenciais em Dezembro de 1998 [cfr. *New Permanent Representative of Cambodia Presents Credentials* (UNPR BIO/3211, 11 Dec 1998)].

Igualmente em 1997, apesar do Governo eleito da Serra Leoa ter sido deposto, as credenciais que a sua delegação apresentou foram aceites. Este apenas seria reinstalado em 10 de Março de 1998 (ver, *supra*, parág. 32.4).

[1410] Assim, o artigo 9 da Carta da Organização de Estados Americanos (alterado pelo Protocolo de Washington de 1992; em vigor desde Setembro de 1997) estabelece: "A Member of the Organization whose democratically constituted government has been overthrown by force may be suspended from the exercise of the right to participate (...)" nos trabalhos da Organização, por uma decisão de dois terços dos membros da Assembleia Geral (alínea b). Já anteriormente a Organização de Estados Americanos excluíra o Governo de Cuba de participar nas suas actividades, com fundamento no seu regime político e nas suas ligações ao então bloco comunista. No entanto, não se tratou de um não reconhecimento. O Governo tinha já sido reconhecido, até pelos próprios EUA, e participou durante quase três anos na Organização. Foi uma sanção que não implicou, nem poderia implicar, qualquer prejuízo para o reconhecimento do Governo cubano. É possível que o seu fundamento possa ser encontrado na excepção do não cumprimento, tendo em conta as obrigações contraídas pelos Estados americanos quanto à rejeição do comunismo (ver, *infra*, parág. 44.1).

Ainda a nível da América, refira-se o papel do Grupo de Rio, sistema subregional que compreende os Estados da América Latina e Caraíbas que já suspendeu a participação das autoridades da Guatemala, Panamá, Peru e Paraguai em resultado de acções que colocaram em perigo a sua Ordem democrática [cfr. Cristina Eguizábal, *Regional Arrangements, the United Nations, and Security in Latin America*, em *International Security Management and the United Nations* (ed. M. Alagappa/T. Inoguchi), Tokyo/New York/Paris, 1999, pág. 347-368, na pág. 357].

O Estatuto do Conselho da Europa de 5 de Maio de 1949 (texto em UNTS, Vol. 87, No. 1168, 1950, pág. 103-128; também em AJIL, Vol. 43, No. 4, 1949, *Supplement*, pág. 162-172), no seu artigo 8 estabelece "Any member of the Council of Europe which has seriously violated Article 3 may be suspended from its rights of representation and requested by the Committee of Ministers to withdraw under Article 7. If such member does not comply with this request, the Committee may decide that it has ceased to be a member of the Council as from such date as the Committee may determine". O artigo 3 estabelece o princípio do Estado de Direito e do respeito dos direitos humanos, que incluem a obrigação de realizar eleições livres regulares nos termos do artigo 3 do Protocolo I de 20 de Março de 1952 à Convenção Europeia dos Direitos Humanos (texto desta e do Protocolo I em UNTS, Vol. 213, 1955, No. 2889, pág. 221-271).

Também a Organização de Segurança e Cooperação na Europa adoptou uma série de actos de apoio à Democracia e Estado de Direito nos Estados membros que apontam no sentido do não reconhecimento de qualquer Governo instituído pela força. Assim, no Acto da Cimeira de Copenhague de 29 de Junho de 1990 (texto em ILM, Vol. 29, 1990, pág. 1306-1322), no parág. 6, declara-se "They recognize their responsibility to defend and protect, in accordance with the laws, their international human rights obligations and their international commitments, the democratic order freely established through the will of the people against the activities of persons, groups or organizations that engage in or refuse to renounce terrorism or violence aimed at the overthrow of that order or of that of another participating State". Também no Acto da Cimeira de Moscovo de 3 de Outubro de 1991 (texto em ILM, Vol. 30, 1991, pág. 1670-1691), parág. 17.3 afirma-se "The Participating States will support vigorously, in accordance with the Charter of the United Nations, in case of overthrow or attempted overthrow of a legitimately elected government of a participating State by undemocratic means, the legitimate organs of that state (...)". Posteriormente, designadamente, ver a sua Carta para a Segurança Europeia de 19 de Novembro de 1999 (texto em ILM, Vol. 39, No.

isoladamente ou a nível de Associações de Estados[1411]. Esta parece, pois, estar a minar a simples efectividade como fundamento de legitimidade de um Governo, embora não se possa considerar que este desenvolvimento se

---

2, 2000, pág. 255-268), em que depois de reafirmar no seu parág. 25 as obrigações no domínio da democracia, afirma no parág. 15 "We are determined to consider ways of helping participating States requesting assistance in cases of internal breakdown of law and order. We will jointly examine the nature of the situation and possible ways and means of providing support to the State in question". Claro está, em nenhum destes preceitos está em causa qualquer autorização ao uso da força contra autoridades saídas de um golpe (ver, sobre a pretensa intervenção democrática, *supra*, parág. 14.4). Mas admite-se a intervenção em assistência do Governo perante tentativas de golpes ou perturbações por bandos armados. Ir mais longe seria contrário ao Direito Internacional (ver, *supra*, parág. 16.1).

Já ficou referida a reacção da Organização de Unidade Africana ao golpe na Serra Leoa em 1997 que apoiou a intervenção armada da ECOWAS para repor o anterior Presidente, embora tendo igualmente em conta a desastrosa situação humanitária (ver, *supra*, parág. 32.4). A propósito desta condenação, os Estados membros declararam "not to tolerate military coups, saying they will seek to persuade countries to promote democracy" [cfr. *African leaders pledge to oppose coups, support democracy*, CNN, June 4, 1997, 8:35 p.m. EDT (0035 GMT)].

[1411] A então Comunidade Europeia e os seus Estados membros, na sua *Declaration on the Guidelines on the Recognition of New States in Eastern Europe and in the Soviet Union* de 16 de Dezembro de 1991 (texto em ILM, Vol. 31, No. 6, 1992, pág. 1486), embora formalmente a propósito do reconhecimento de Estado, estabeleceram na realidade requisitos para o reconhecimento de Governo. Com efeito, por o reconhecimento de Estado implicar o do seu Governo efectivo (salvo declaração em contrário, como foi o caso dos EUA em relação a Angola) é perfeitamente compreensível que o primeiro possa conter requisitos próprios do segundo. Ora, uma das exigências era o respeito pela "rule of law, democracy and human rights". Os EUA, de forma técnica e juridicamente bem mais correcta, deixaram tal claro na declaração do seu Presidente de 25 de Dezembro de 1991: "the United States also recognizes today as independent states the remaining six former Soviet republics — Moldova, Turkmenistan, Azerbaijan, Tadzhikistan, Georgia and Uzbekistan. We will establish diplomatic relations with them when we are satisfied that they have made commitments to responsible security policies and **democratic principles**, as have the other states we recognize today" (texto da declaração em NYT, December 26, 1991, Section A; Page 16; Column 1). De qualquer modo, pelo seu carácter vago e incerto da prática à data em que foram proferidas, estas exigências constituíram ainda condições políticas para um reconhecimento formal político de Governos que na maioria dos casos já o eram à luz do Direito Internacional Costumeiro. Ou seja, estes reconhecimentos na maioria dos casos tiveram eficácia jurídica puramente declarativa.

Vários golpes de Estado têm deparado com condenações internacionais. Por exemplo, o golpe na então União Soviética de 18 de Agosto de 1991 foi condenado, designadamente, pela Comunidade Europeia e pelo Japão, que suspenderam o auxílio económico (cfr. CFI, 1991, pág. 1068), até que o golpe acabou por malograr-se. Mesmo a anulação da primeira volta das eleições em Janeiro de 1992 na Argélia, apesar da ameaça de vitória dos fundamentalistas, não evitou as condenações internacionais, embora a ênfase tenha sido colocado

encontre já enraizado[1412], ao contrário da ilegitimidade dos Governos impostos por intervenção estrangeira, coloniais ou racistas. Embora fins democráticos estejam presentes, como é demonstrado pela reacção negativa perante o derrube de um Governo democrático e pela aceitação da situação uma vez realizadas eleições, a rejeição de credenciais resulta de uma aliança entre

---

nas violações dos direitos humanos pelas novas autoridades. A Comunidade Europeia, designadamente, ameaçou cortar o auxílio económico em declaração de 17 de Fevereiro (cfr. CFI, pág. 1992, pág. 1171). No Peru, o golpe levado a cabo pelo então Presidente em 5 de Abril de 1992, apesar de ter prometido realizar novas eleições, foi condenado pela Organização de Estados Americanos (cfr. CFI, 1992, pág. 1177).

A Nigéria foi suspensa em 1995 da *Commonwealth* britânica e os EUA suspenderam o seu auxílio económico em resultado da anulação das eleições presidenciais de 1993 e da execução de opositores políticos em Novembro de 1995. A suspensão da Nigéria da *Commonwealth* só foi terminada com a tomada de posse do novo Presidente democraticamente eleito em 29 de Maio de 1999. Em Agosto de 1994, perante o golpe militar no Lesotho, a Comunidade de Desenvolvimento do Sul de África (SADC) terá ameaçado os golpistas de uma intervenção militar para repor a ordem constitucional. Os golpistas acabaram por ceder em Setembro seguinte. Na sequência do golpe militar de 25 de Julho de 1996 no Burundi, seis Estados vizinhos, num movimento inédito entre Estados africanos, adoptaram sanções contra este no dia 31 de Julho (cfr. NYT, August 1, 1996; TT, August 1, 1996). O Paquistão foi objecto de algumas sanções económicas por parte de diversos Estados na sequência do golpe militar de 1999, embora estas tenham entretanto sido revogadas por ocasião do seu apoio aos EUA contra os Talibãs depois dos ataques terroristas de 11 de Setembro de 2001.

[1412] Tem havido alguns casos de reconhecimento de credenciais apesar de ter ocorrido um golpe de Estado, mesmo contra um Governo relativamente democrático. Assim, em Julho de 1994 ocorreu um sangrento golpe na Gâmbia que depôs o Presidente eleito. Tanto quanto se conseguiu apurar, as credenciais do novo Governo foram aceites, quer em 1994, quer em 1995 (cfr. UNPR GA/9033, 11 December 1995). Apenas em Setembro de 1996 seriam realizadas eleições presidenciais, na sequência de reacções internacionais, mas que foram geralmente condenadas como forjadas por uma lei eleitoral feita à medida do líder do golpe. Igualmente o golpe de Julho de 1996 no Burundi não parece ter causado qualquer impedimento na aprovação das credenciais do novo Governo (cfr. *First Report of the Credentials Committee*, UN Doc. A/51/548, de 23 de Outubro de 1996, parág. 4), apesar de este ter sido condenado internacionalmente e suscitado mesmo a adopção das referidas medidas económicas por parte de outros Estados africanos. O mesmo parece ter sucedido em relação aos casos referidos da Nigéria e do Paquistão.

Uma explicação para esta inconsistência pode dever-se à circunstância do anterior Governo simplesmente cessar de existir e a sua delegação aceitar o novo Governo, não surgindo qualquer disputa de credenciais. Embora, claro está, esta situação não explique porque razão nestes casos a Assembleia Geral simplesmente não adoptou a solução aplicada contra o Camboja em 1997, rejeitando quaisquer credenciais. Assim, estas flutuações sugerem que apenas em situações manifestas de deposição de um Governo eleito democraticamente (máxime, cuja eleição foi não apenas monitorizada pelas Nações Unidas, mas mesmo organizada por estas) a sanção da rejeição de credenciais será adoptada.

democratas e conservadores. A preocupação primeira destes segundos é proteger os seus Governos de qualquer golpe. Daí continuar-se a aceitar a representatividade de Governos saídos de golpes relativamente recentes ou que nunca realizaram qualquer eleição em toda a sua existência[1413].

Ainda assim, doutrinas políticas, que no passado Estados procuraram executar por meio da ameaça do não reconhecimento político com vista a influenciar os assuntos internos de outros Estados[1414], têm-se lentamente enraizado como princípios jurídicos[1415], mesmo que sujeitos ainda a

---

[1413] Assim, na Birmânia, as autoridades não aceitaram o resultado das eleições pluralistas de Maio de 1990 e têm governado ditatorialmente o país desde então. A Assembleia Geral tem-nas condenado anualmente por violação dos direitos humanos e desrespeito dos resultados eleitorais (cfr. Resolução 54/186, de 17 de Dezembro de 1999, parág. 10; RAGA, 54th Session, First Part, 1999, pág. 493-496). Mas tem aceite as suas credenciais.

Por outro lado, Governos como o da Arábia Saudita ou o dos Emirados Árabes Unidos, que nunca realizaram qualquer eleição, genuína ou sequer forjada, em toda a sua existência (na primeira, a reforma de 1992 criou um mero conselho consultivo de 60 elementos nomeados pelo rei; este detém todos os poderes políticos e legislativos) continuam a ver as suas credenciais aceites.

A participação generalizada de comissões de observação das Nações Unidas na monitorização de eleições tem, de acordo com os princípios gerais, sido puramente consensual; isto é, depende de um convite nesse sentido do Estado.

[1414] A Doutrina Tobar (que tinha já raízes em tratados latino-americanos de 1825, além da sua versão perversa na Santa Aliança; ver, sobre esta, *supra*, parág. 18.2) que consagrou este princípio de não reconhecimento não foi um mero princípio político já que foi estabelecido em tratados entre as Repúblicas Centro-Americanas (Costa Rica, Guatemala, Honduras, Nicarágua e São Salvador). Assim, ver a Convenção Adicional ao Tratado Geral de Paz e Amizade de Washington de 20 de Dezembro de 1907 entre estes Estados (texto em NRG, 3.ª Série, Tome III, pág. 102-104), artigo 1 ("The Governments of the High Contracting Parties shall not recognize any other Government which may come into power in any of the five Republics as a consequence of a coup d'état, or a revolution against the recognized Government, so long as the freely elected representatives of the people thereof, have not constitutionally reorganized the country"). Mas esta, com reformulações, foi adoptada por outros Estados, enquanto mera doutrina política para ser aplicada em relação a Estados terceiros que a não tinham aceite [cfr. I. Puente, *Doctrines of Recognition* (…), cit., pág. 317-323; A. Lleonart Y Amselem, *Evolución del Derecho Internacional Americano y el Problema del Reconocimiento de Gobiernos "De Facto"*, REDI, Vol. XXIII, n.º 1, 1970, pág. 76-90, na pág. 79-83 e 86-88]. É certo que os EUA que a adoptaram até 1930 se tinham vinculado informalmente a esta em relação aos referidos Estados que a tinham aceite (cfr. Chandler Anderson, *The Central American Policy of Non-Recognition*, AJIL, Vol. 19, No. 1, 1925, pág. 164-166, na pág. 166). Mas o mesmo não tinham feito outros Estados terceiros afectados por políticas de não reconhecimento.

[1415] Para lá dos elementos de prática referidos, o direito a eleições livres e genuínas encontra-se consagrado em instrumentos vinculativos em relação à grande maioria dos Estados, embora seja objecto de interpretações divergentes [cfr. artigo 25 do referido Pacto dos Direitos Civis e Políticos de 1966; artigo 3 do mencionado Protocolo I de 20 de Março de 1952 à Convenção Europeia dos Direitos Humanos; artigo 23 da Convenção Americana dos Direitos Humanos de 22 de Novembro de 1969 (texto em UNTS, Vol. 1144, 1979, No. 17955, pág. 143-212); artigo 13 da Carta Africana dos Direitos Humanos e dos Povos de 27 de Junho de 1981 (texto em ILM, Vol. 21, 1982, pág. 58-68); os referidos actos adoptados no seio da Organização de Segurança e Cooperação na Europa; do artigo 5, al. c) da Convenção sobre a Eliminação de Todas as Formas de Discriminação Racial de 21 de Dezembro de 1965 (adoptado) – 7 de Março de 1966 (aberto para assinatura) (texto em UNTS, vol. 660, 1969, n. 9464, pág. 195-318, pág. 212-239: inglês/francês) e o artigo 1 da Convenção sobre os Direitos Políticos da Mulher de 31 de Março de 1953 (texto em UNTS, 1954, No. 2613, pág. 135-173), para lá do artigo 21 da citada Declaração Universal dos Direitos Humanos, acto cujo conteúdo deve ser considerado como parte do Direito Internacional Costumeiro; cfr. C. Baptista, *Ius* (...), cit., pág. 409-412, ainda que sujeito a interpretações ainda não consensuais].

Alguns autores têm defendido a vigência ou a formação em estado avançado de uma norma costumeira que impõe uma organização democrática pluralista: W. Reisman, *Sovereignty* (...), cit., pág. 867-868 e 872; Hubert Thierry, *L'Évolution du Droit International – Cours Général de Droit International Public*, RDC, 1990, III, tomo 222, pág. 9-186, pág. 170-171 (em relação aos Estados da Organização de Segurança e Cooperação na Europa, mas como invoca o art. 21, n. 3 da Declaração Universal parece não o excluir em relação aos restantes Estados); Thomas Franck, *The Emerging Right to Democratic Governance*, AJIL, Vol. 86, No. 1, 1992, pág. 46-91, na pág. 79 e em *Fairness* (...), cit., pág. 100 e 122-123; Gregory H. Fox, *The Right to Political Participation in International Law*, YJIL, Vol. 17, 1992, pág. 539-607, pág. 603-604 e nota 263 (foi pioneiro na Doutrina na defesa da aplicação da rejeição de credenciais em caso de golpe de Estado); C. Tomuschat, *Obligations* (...), cit., pág. 234; Stefania Negri, *L'Intervento delle Nazioni Unite nella Crisi Haitiana e Il Principio de Legittimità Democratica nell'Ordinamento Internazionale*, em *Interventi delle Nazioni Unite e Diritto Internazionale* (dir. Paulo Picone), Padova, 1995, pág. 337-405, na pág. 404 (ainda em formação); Christina M. Cerna, *Universal Democracy: An International Legal Right or Pipe Dream of The West?*, NYUJILP, Vol. 27, 1995, pág. 289-329, na pág. 291; Reginald Ezetah, *The Right To Democracy: A Qualitative Inquiry*, BJIL, Vol. 22, 1997, pág. 495-534, na pág. 509; L. Fielding, *Taking The Next Step* (...), cit., pág. 332-339; G. Fox/B. Roth, *Democracy* (...), cit., pág. 337-338 (de forma cautelosa e essencialmente em termos de direito a constituir).

Porém, cépticos, vide: Thomas Carothers, *Empirical Perspectives on the Emerging Norm of Democracy in International Law*, ASIL, 86, 1992, pág. 261-267, na pág. 262, 264, 266-267; Olivier Corten, *La Résolution 940 du Conseil de Sécurité Autorisant une Intervention Militaire en Haïti: L'Émergence d'un Principe de Légitimité Démocratique en Droit International?*, EJIL, vol. 6, n. 1, 1995, pág. 116-133, na pág. 130-132; M. Griffin, *Accrediting Democracies* (...), cit, pág. 782; Ellen L. Lutz, *Regional Commitment To Democracy And The Protection Of Human Rights*, HJIL, Vol. 19, 1997, pág. 643-657, na pág. 652 (apenas a nível regional); Brad R. Roth, *Governmental Illegitimacy in International Law*, Oxford, 1999, pág. 3-4 e em *Governmental Illegitimacy And Neocolonialism*, MLR, Vol. 98, 2000, pág. 2056-2065, na pág. 2060; Alain Pellet, *Book Review And Note: Governmental Illegitimacy in International Law. By Brad R. Roth*, AJIL, Vol. 94, 2000, pág. 419-421, na pág. 421; ver ainda M. Griffin, *Accrediting Democracies* (...), cit., pág. 769-770 e 773-775.

interpretações que não são inteiramente uniformes[1416]. Deixaram de ser meras imposições arbitrárias unilaterais[1417] para estarem em vias de adquirir um estatuto no Direito Internacional e, por esta forma, limitarem a efectividade como título jurídico de um novo Governo. Este enraizamento, nos casos de Governos impostos por intervenção estrangeira, coloniais ou racistas, foi ao ponto de impor um dever (jurídico) de não reconhecimento como Governo do conjunto de indivíduos detentores efectivos do poder. Nestas situações, o título do anterior Governo é mantido juridicamente como válido embora destituído de efectividade. Embora possa igualmente suceder que se entenda que o mandato do anterior Governo caducou por impossibilidade superveniente para o exercício das suas funções. E, deste modo, entender que esse Estado não tem representação internacional até que se verifique uma alteração política no seu seio[1418, 1419].

---

[1416] Os Estados partes no Pacto dos Direitos Civis e Políticos (que em Outubro de 2001 eram 147; cfr. MTDSG) encontram-se claramente vinculados a um sistema multipartidário. Tem sido esta a interpretação do Comité dos Direitos Humanos criado pelo seu Protocolo Adicional I. Assim afirmou: "the Committee observes that restrictions on political activity outside the only recognized political party amount to an unreasonable restriction of the right to participate in the conduct of public affairs" [cfr. *Chiiko Bwalya v. Zambia*, Communication No. 314/1988, U.N. Doc. CCPR/C/48/D/314/1988 (1993), parág. 6.6]. Esta interpretação tem igualmente apoio nos trabalhos preparatórios do preceito [cfr. Karl Josef Partsch, *Freedom of Conscience and Expression, and Political Freedoms* em *The International Bill of Rights – The Covenant on Civil and Political Rights* (ed. L. Henkin), New York, 1981, pág. 209-245, na pág. 240, e nota 142, pág. 461]. O Comité afirmou ainda que "The rights enshrined in article 25 should also be read to encompass the freedom to engage in political activity individually or through political parties, freedom to debate public affairs, to criticize the Government and to publish material with political content" [cfr. *Adimayo M. Aduayom, Sofianou T. Diasso and Yawo S. Dobou v. Togo*, Communications Nos. 422/1990, 423/1990 and 424/1990, U.N. Doc. CCPR/C/51/D/422/1990, 423/1990 and 424/1990 (1996), parág. 7.5].

[1417] Assim, na já referida sentença do Árbitro no caso *Tinoco* afirma-se em relação ao não reconhecimento com fundamento em tomada do poder por meio da força em violação da Constituição: "however justified as a national policy non-recognition on such a ground may be, it certainly has not been acquiesced in by all the nations of the world, which is a condition precedent to considering it as a postulate of international law" [cfr. *Arbitration between Great Britain and Costa Rica* (...), cit., pág. 153].

[1418] Foi, como se verificou, o caso do Camboja em 1997-1998.

[1419] Assim, mesmo nestes casos não se estará perante uma revogação do reconhecimento. É geralmente admitido que o reconhecimento não é revogável [assim: artigo 6 da referida Convenção Inter-Americana sobre os Direitos e Deveres do Estado ("Recognition is unconditional and irrevocable"); Institut de Droit International, *Resolutions Concerning the Recognition* (...), cit., artigo 5].

De facto, sendo este um acto que pretende produzir os efeitos (quanto a novos Governos, essencialmente políticos, particularmente no domínio das relações diplomáticas) imediatamente,

Este carácter jurídico do fundamento do não reconhecimento implica alguns corolários específicos, que se afastam da teoria pacífica do reconhecimento. Assim, apesar de não ser possível revogar reconhecimentos, já é possível que por força da evolução do Direito Internacional que um Governo perca o seu título jurídico como tal, apesar de não existir qualquer ruptura no seu sistema constitucional[1420].

Depois, embora o mero não reconhecimento com base em fundamentos políticos não afecte a obrigação de reconhecer a validade dos actos do Governo efectivo, se conforme com as referidas normas *iuris cogentis*, já um não reconhecimento imposto por estas normas deriva da nulidade do título de Governo das autoridades. Consequentemente, os seus actos são inválidos. Assim, os seus efeitos apenas poderão ser reconhecidos à luz da teoria geral da salvaguarda dos actos nulos em nome da tutela das expectativas, designadamente, dos particulares[1421]. Podem, e devem, portanto, ser des-

---

deve-se entender que este verdadeiramente se esgota nesse momento, cessando vigência. A função do reconhecimento por parte de cada Estado é o de vincular o seu autor e eventualmente contribuir para a formação de um reconhecimento colectivo. Mas uma vez conferido, não é a sua manutenção que faz a entidade reconhecida manter a sua existência jurídica. Mesmo quando este tem efeitos constitutivos, esta ganhou existência à luz do Direito Internacional Costumeiro e não a pode perder, mesmo que se tentasse retirar o reconhecimento. A existência da entidade torna-se independente do reconhecimento, que produziu todos os seus efeitos ao ser concedido.

Podem-se, contudo, verificar situações em que, por exemplo, devido ao surgimento de um novo Governo dotado de efectividade que obtém reconhecimento geral, o anterior o perca, por impossibilidade de desempenhar as suas funções ou por se ter dissolvido. Assim, por exemplo, na Declaração de Potsdam de 2 de Agosto de 1945, os EUA, Reino Unido e União Soviética declararam: "The establishment by the British and United States Governments of diplomatic relations with the Polish Provisional Government of National Unity has resulted in the withdrawal of their recognition from the former Polish Government in London, which no longer exists" (texto em AJIL, vol. 39, 1945, pág. 245-257; ver também Declaração de Ialta de 11 de Fevereiro de 1945, sobre a Polónia, texto em AJIL, cit., pág. 103-108). Neste caso, e em outros paralelos, não existiu qualquer revogação de reconhecimento. O Governo Polaco de Londres é que deixou de existir por si, por ter sido substituído por um outro, especialmente porque era um Governo no exílio, sem qualquer poder efectivo. Agora, pelo contrário, a revogação simples do reconhecimento de um Governo por meio acto de vontade não baseado em qualquer alteração a nível dos factos é algo sem sentido.

[1420] Foi o que se passou, como se verificou, em relação à África do Sul perante as Nações Unidas, concretamente, da sua Assembleia Geral.

[1421] Assim, o Tribunal Internacional de Justiça afirmou: "while official acts performed by the Government of South Africa on behalf of or concerning Namibia after the termination of the Mandate are illegal and invalid, this invalidity cannot be extended to those acts, such as, for instance, the registration of births, deaths and marriages, the effects of which can be ignored only to the detriment of the inhabitants of the Territory" [cfr. *Legal Consequences for States* (…), cit., I.C.J. *Reports* 1971, pág. 56, parág. 125].

considerados pelos tribunais dos restantes Estados, os bens governamentais podem ser congelados ou rejeitado o acesso a estes tribunais, bem como interrompidas as relações diplomáticas.

A tomada de decisões colectivas sobre a questão do respeito por estas regras integra as atribuições das Nações Unidas, visto que o seu funcionamento pressupõe necessariamente a sua tomada de posição sobre a representação de cada membro perante si própria. Ora, como se procurou demonstrar, a tomada desta decisão pela organização implica para os Estados (mesmo os que tenham votado contra a aceitação das suas credenciais) um reconhecimento informal de um determinado conjunto de indivíduos como Governo de um Estado membro.

No seio das Nações Unidas, é a Assembleia Geral que tem a competência primordial quanto à tomada de decisões quanto ao não reconhecimento de um Governo pela recusa das suas credenciais[1422]. Mas não parece que esta vincule outros órgãos[1423], pelo menos quando se trate de uma decisão constitutiva. Já quando se trate simplesmente de rejeitar o reconhecimento de um novo Governo em aplicação de uma norma de Direito Internacional a sua decisão limitar-se-á a concretizar uma situação jurídica automática. Os restantes órgãos da organização e as organizações especializadas devem ter

---

[1422] De facto, na citada Resolução 396 (IV), de 14 de Dezembro de 1950, sobre a questão, afirma no seu parág. 3: "Recommends that the attitude adopted by the General Assembly or its Interim Committee concerning any such question should be taken into account in other organs of the United Nations and in the specialized agencies". No entanto, os termos da resolução são meramente indicativos, como seria de esperar de um acto com mera eficácia de recomendação.

Os EUA apoiaram a competência da Assembleia na questão: "With regard to the broad question of Chinese representation in the United Nations, I would certainly hope that the Security Council would not be asked, now or in the future, to take action on that question. The Security Council, composed of only fifteen members-less than one eighth of the membership of the United Nations-is manifestly the wrong organ in which to deal with a political question of great moment that concerns every single Member of the Organization. That fact was recognized from the very beginning of the controversy over Chinese representation, when the General Assembly in 1950 adopted resolution 396 (V)" (cfr. RPSC, 1969-1971, Chapter I, pág. 5, caso 4; reunião 1565.ª reunião do Conselho, em 9 de Fevereiro de 1971). O delegado chinês considerou igualmente a Assembleia Geral como o órgão competente (cfr. RPSC, cit.).

[1423] Assim: Eugene A. Danaher, *The representation of China in the United Nations*, HILJ, Vol. 13, 1972, pág. 448-457, na pág. 453 (reporta-se às organizações especializadas, mas invoca os mesmos termos indicativos da referida Resolução 296); Q. Wright, *Some Thoughts* (...), cit., pág. 554 (parece admitir a não obrigatoriedade, ao aceitar divergências no seio da organização); M. McDougal/R. Goodman, *Chinese Participation* (...), cit., pág. 720--721.

tal em conta. No entanto, se se tratar de uma decisão constitutiva, portanto, que não se limita a concretizar uma norma internacional, já não é líquido que vincule outros órgãos, especialmente se tiver a oposição de um ou mais membros permanentes do Conselho (salvo em relação a um que seja visado directamente pela decisão)[1424]. Obtido o apoio dos membros permanentes, claro está, não será possível ao Conselho de Segurança afastar-se dos seus termos.

No seio do Conselho de Segurança, não é líquido se a questão pode ser desvalorizada como meramente procedimental. Parece bem que numa situação em que se trate de excluir a delegação de um membro cujas credenciais já foram aceites, considerar que se trata de uma questão desta natureza é um artifício[1425, 1426]. De qualquer modo, ainda que seja uma

---

[1424] A prática é contraditória. Embora nos dois casos que se conhece se pudesse alegar que se estava perante uma decisão puramente declarativa, tal é mais claro no primeiro do que no segundo. Assim, no caso da expulsão da delegação nacionalista chinesa, além do voto contrário desta, igualmente os EUA votaram contra e, contudo, a decisão da Assembleia foi aceite, mesmo pelo Conselho de Segurança. Embora a não insistência das autoridades nacionalistas chinesas e sucessivas declarações quanto à competência da Assembleia para decidir a questão possam explicar esta aceitação da sua decisão com eficácia igualmente para o Conselho de Segurança. Além de esta parecer ter bases jurídicas mais sólidas, tendo em conta o princípio da efectividade como fundamento da representatividade dos Governos que impunha a aceitação do Governo comunista.

Já a rejeição das credenciais da delegação da África do Sul pela Assembleia Geral, aprovada com a oposição dos três membros permanentes ocidentais, não produziu efeitos sobre o Conselho. A África do Sul continuou a ser ouvida pelo Conselho de Segurança nos casos em que tinha direito a tal (assim, designadamente, para o período de 1975-1980, cfr. RPSC, 1975-1980, Chapter III, pág. 35, 36, 40, 43 e 44; também RPSC, 1975-1980, Chapter VIII, pág. 228 ou 234). A proposta da sua expulsão apresentada no Conselho de Segurança foi vetada pelos mesmos três membros permanentes (cfr. RPSC, 1972-1974, Chapter VII, pág. 79; 1808.ª reunião do Conselho, em 30 de Outubro de 1974). É possível que tal se deva ao facto de se tratar do primeiro precedente de rejeição de credenciais num caso em que apenas existia uma delegação pretendente.

Os casos seguintes de rejeição de credenciais já não são invocáveis como verdadeiros precedentes quanto à competência da Assembleia Geral em vincular o Conselho na matéria, já que foram decisões consensuais.

[1425] O delegado do Governo nacionalista chinês reivindicou implicitamente o direito de veto na questão: "Although the USSR draft resolution spoke of credentials, what it called into question was really the right of his Government to be represented at all. That was not a question of mere procedure but a political question of the utmost importance, and he would treat it as such" (na 460.ª reunião do Conselho, em 12 de Janeiro de 1950; cfr. RPSC, 1946-1951, Chapter 1, pág. 16). Mas outros Estados consideraram aplicável o artigo 17 do regimento do Conselho relativo às credenciais (cfr. RPSC, cit.), deste modo, sugerindo que se tratava de uma mera questão de procedimento.

questão não procedimental, resulta claro que, quando esteja em causa um membro permanente, este não poderá intervir na votação ou, pelo menos, o seu voto deverá ser desconsiderado. Estar-se-á perante uma situação em que a aplicação do princípio subjacente ao artigo 27, n.º 3, parte final, parece incontornável[1427, 1428].

Mas apurado este regime, que conclui pelo carácter declarativo do reconhecimento de um novo Governo efectivo, pelo menos se tiver sido posteriormente legitimado pelo voto popular, cabe questionar se as Nações Unidas, enquanto emanação da Comunidade Internacional, não podem ir mais longe no uso do seu poder público. Trata-se de saber se podem reconhecer com eficácia *erga omnes* como novo Governo um conjunto de indivíduos que não tem qualquer poder efectivo no Estado.

Julga-se que a resposta deve ser positiva, desde que exista fundamento jurídico para tal. O mais simples de descortinar é o resultante da anulação de eleições internacionalmente reconhecidas como livres e genuínas pelo anterior Governo num determinado Estado. Julga-se que as Nações Unidas terão autoridade para não reconhecer a manutenção do anterior Governo e reconheceram os indivíduos eleitos como novos titulares do poder no Estado, apesar de estes não gozarem, nem nunca terem gozado, de qualquer poder efectivo[1429].

---

De qualquer modo, quando a delegação nacionalista foi expulsa pela decisão da Assembleia Geral todas as partes afectadas aceitaram que esta decisão teria eficácia imediata em relação ao Conselho de Segurança. As autoridades nacionalistas renunciaram a exercer qualquer direito de veto, declarando que abandonavam as Nações Unidas. Os membros do Conselho de Segurança limitaram-se a citar a Resolução da Assembleia Geral e a aceitar as credenciais do delegado do Governo comunista chinês, com declarações de boas vindas, não estando presente já a delegação do Governo nacionalista (cfr. RPSC, 1969-1971, Chapter I, pág. 6; reunião 1599.ª reunião do Conselho, em 23 de Novembro de 1971).

[1426] Ver também: M. McDougal/R. Goodman, *Chinese Participation* (...), cit., pág. 722 e 723 (embora se trate de um artigo "patriótico"); contra, porém: H. Briggs, *Chinese Representation* (...), cit., pág. 208.

[1427] A exclusão da delegação nacionalista da China, como se viu, aponta neste sentido.

[1428] Ver, *infra*, parág. 35.2 e 48.3.

[1429] Circunstância que permite distinguir esta situação de outros casos de Governos no exílio já reconhecidos pela Assembleia Geral, como foi o caso do Governo do Camboja até 1993. O caso da criação do Conselho das Nações Unidas para o Sudoeste Africano (Namíbia) pela Assembleia Geral por meio da sua Resolução 2248 (S-V) de 19 de Maio de 1967 (texto em RDGAOR, 5th Special Session, 1967, pág. 1-2) (ver, *supra*, parág. 8) não pode ser considerado como um reconhecimento de Governo. Embora este tivesse formalmente poderes legislativos e administrativos e funções de manutenção da ordem [parág. 1, al. a), b) e d)] era um órgão das Nações Unidas transitório; e, de qualquer forma, a Namíbia não foi reconhecida como Estado. A única semelhança com o presente caso hipotético foi a sua completa falta de efectividade.

No seio da organização, tendo em conta a primazia da Assembleia Geral em matéria de determinação dos representantes de um Estado, existe aqui uma base na qual este órgão pode procurar fundamentar um exercício do poder público sem necessitar do concurso formal do Conselho. De facto, não existindo qualquer precedente de reconhecimento de um Governo nesta situação, é necessário sublinhar que se tratará de uma decisão constitutiva. Deste modo, se tiver o apoio das cinco grandes potências, de forma a obter o apoio do Conselho de Segurança, estar-se-á perante um caso de manifestação de poder público (substancialmente) originário no âmbito das Nações Unidas[1430].

Contudo, igualmente o Conselho de Segurança, com base num juízo de que a anulação das eleições constitui uma ameaça à paz (isto é, tendo por base o Capítulo VII), poderá tomar uma decisão idêntica com eficácia vinculativa *erga omnes*.

**34.5. Conclusões.** Resulta claro que sustentar a vigência de um poder consuetudinário da maioria de Estados, enquanto Comunidade Internacional, de tomar decisões vinculativas, bem como de as executar pela força, mesmo em relação a Estados que votaram contra, constitui uma conclusão que faz estremecer os alicerces construídos ao longo de séculos, desde o fim da Comunidade Medieval Europeia. No entanto, julga-se que é o que se pode retirar da prática dos Estados, mesmo interpretada restritivamente.

Esta revolução inicia-se, no plano convencional, cautelosamente, com a Sociedade das Nações; desenvolve-se firmemente com as Nações Unidas e enraíza-se, no plano consuetudinário, com prática dos Estados no seio da organização em relação a terceiros. Este regime é confirmado pelo direito colectivo dos Estados de atribuir com eficácia *erga omnes* o estatuto de Estados ou mesmo de Governo a entidades que não reúnem os requisitos estabelecidos pelo Direito Internacional Costumeiro para a formação automática destes.

Aliás, uma vez admitido o carácter consuetudinário do poder público[1431], sustentar que este pode ser exercido pelas Nações Unidas com base num número restrito de Estados membros do Conselho de Segurança, mas que o seu exercício directo pela Comunidade Internacional teria de ser realizado por unanimidade (incluindo o voto positivo do Estado responsável pela ameaça à paz, ruptura desta ou agressão), será absurdo.

---

[1430] Ver, *infra*, parág. 45.
[1431] Carácter que se julga difícil de negar; ver, *supra*, parág. 20.3-20.5 e 21.

Depois de uma experiência de quase um século de gestão comunitária ao longo do Século XX e início do Século XXI (para lá dos primeiros precedentes dominados pelo abusivo monopólio de facto das grandes potências no Século XIX), mesmo que as Nações Unidas venham um dia a extinguir-se (sem serem substituídas por outra entidade internacional), nada será como dantes. O balanço globalmente positivo (apesar do desastre que constituiu a Segunda Guerra Mundial e do consequente desaparecimento da Sociedade das Nações) desta experiência dificilmente será esquecido. Os Estados estarão sempre dispostos a reunir-se, a tomar decisões e a executá-las por meios que o Direito Internacional não permite a cada um destes. Exigir que tal se exerça por unanimidade implicará o regresso ao unilateralismo e à pura lei da força; isto é, à negação do Direito Internacional.

De qualquer modo, o que é de esperar que ocorra, salvo algum acontecimento catastrófico, é uma progressiva maior institucionalização da Comunidade Internacional e não um regresso à anarquia da não institucionalização. Deste modo, estes poderes costumeiros da Comunidade Internacional continuarão a ter somente discretas aplicações em relação a entidades terceiras à Carta e, sobretudo, em domínios como o reconhecimento e menos na manutenção da paz em que é de esperar que esta continue a ser assegurada pelas Nações Unidas ou, quando muito, por uma entidade que lhe suceda.

**35. Quórum e maioria aplicável.** Como ficou referido, o Direito Internacional Costumeiro atribui à Comunidade Internacional a titularidade de um poder, no qual cabem faculdades bélicas. Tudo indica que este poder pode ser exercido por esta de forma unilateral, ou seja, por actos adoptados por uma mera maioria dos Estados que a compõem.

Ora, cabe começar por determinar o regime formal deste exercício originário do poder público. Isto é, desde logo, o quórum comunitário, portanto, o número concreto de Estados que têm de estar presentes para se poder considerar que está reunida a Comunidade Internacional.

**35.1. Quórum.** A Comunidade Internacional não é uma pessoa jurídica; identifica-se simplesmente com o conjunto dos Estados independentes (isto é, que gozam da plenitude de direitos à luz do Direito Internacional Costumeiro, ainda que posteriormente os tenham restringido por tratado a favor de um Estado terceiro) existentes[1432]. A prática sugere que esta Comunidade

---

[1432] Ver, *supra*, parág. 22.

pode exercer os seus poderes de duas formas alternativas: ou reunida em conferência internacional ou de forma inorgânica, pela mera soma dos actos unilaterais ou colectivos (mas insuficientes por si) dos Estados[1433, 1434].

É em relação à primeira forma, a decisiva quanto a questões de manutenção da paz, que se coloca a questão de saber se faz sentido aplicar um quórum. De facto, para que esta Comunidade possa tomar decisões susceptíveis de serem qualificadas como comunitárias não é necessário que todos aqueles se encontrem presentes. No entanto, não se estando perante um órgão de uma entidade, deve-se questionar se será aplicável um quórum.

Resulta claro que não se pode exigir que todos estejam presentes para que se possa aprovar decisões comunitárias. Tal atribuiria a cada Estado um veto absoluto quanto à própria reunião da Comunidade. Mas, do mesmo modo, também não se pode deixar de exigir a presença de um número mínimo essencial de Estados. Esta exigência decorre de ser necessário um mínimo de abrangência para que se possa falar numa decisão comunitária. Resulta ainda do facto de ser essencial evitar que a maioria possa, com vista a obter a aprovação de uma decisão que em condições normais seria rejeitada, tentar impedir a presença de uma minoria importante de Estados[1435].

Mas mesmo estas considerações não impõem necessariamente que exista um quórum. Pode-se evitar tal exigência aplicando a maioria de formação da vontade comunitária directamente à totalidade dos Estados existentes e não à dos Estados presentes. Não sendo obtida a maioria, seria necessário recorrer a apoios suplementares de Estados não participantes; isto é, à segunda via inorgânica de exercício do poder público.

---

[1433] Esta forma normalmente não será utilizável em relação à maioria das decisões. Não é juridicamente possível que um Estado recorra à força unilateralmente e posteriormente tente encontrar o apoio necessário dos restantes Estados para procurar justificar a sua acção como um exercício de uso privado habilitado. Ainda que tal fosse juridicamente possível (e actualmente não o é, por força do monopólio sobre a matéria que cabe às Nações Unidas e, concretamente, ao Conselho de Segurança, que exige que tal ratificação constitua sempre um acto da organização), sempre tal ratificação comunitária apenas produziria efeitos para o futuro. Isto é, não justificaria a acção inicial até ter sido obtido o apoio necessário dos Estados (sobre as ratificações do Conselho, ver, supra, parág. 32.7 e, infra, parág. 72). Mas esta forma inorgânica já é vulgar quando se trate de exercer o poder público quanto a reconhecimentos.

[1434] No domínio do reconhecimento, ver neste sentido Q. Wright, Some Thoughts About Recognition, cit., pág. 558.

[1435] No fundo, foi o que se passou com as sucessivas recusas de admissão de novos Estados nas Nações Unidas que ocorreram, especialmente de 1949 a 1955, em resultado da Guerra Fria (ver, supra, parág. 20.1).

Deste modo, a questão de saber se é possível aplicar um quórum à Comunidade Internacional só poderá ser respondida cabalmente quando se apurar a questão da maioria aplicável e as exigências que esta estabelece, para determinar se se aplica a Estados presentes ou à totalidade dos existentes.

No entanto, provisoriamente, pode-se procurar estabelecer a regra de quórum aplicável. Assim, segundo se julga, a ser aplicável, o quórum da Comunidade Internacional quando esta se reúna em conferência é a regra geral da presença necessária da maioria dos seus membros. Esta conclusão tem apoio na prática da reunião de conferências internacionais, já que se tem adoptado como quórum deliberativo a maioria dos Estados participantes na Conferência. Isto é, não se exige que estejam presentes metade dos Estados existentes e sim simplesmente metade dos Estados participantes na conferência[1436]. Mas porque tais conferências não visam exercer um poder da Comunidade, mas apenas regular interesses de acordo com o princípio do consentimento, tal exigência da presença da maioria dos Estado existentes não faria sentido. Pelo contrário, tratando-se de uma reunião da Comunidade Internacional, isto é, de todos os Estados existentes, julga-se que será necessário respeitar pelo menos esta regra.

É possível retirar um argumento adicional neste sentido da possibilidade do poder de reconhecer ser exercido pelos Estados reunidos na Assembleia Geral. Porque actualmente praticamente todos os Estados existentes[1437] têm assento neste órgão e tendo em conta que igualmente em relação a este vigora o quórum da maioria dos Estados membros (artigo 67 do seu Regimento), a regra da maioria dos Estados existentes tem uma aplicação quase completa. Nem sempre o teve formalmente, quando existiam vários Estados que não eram membros das Nações Unidas. Contudo, ainda assim, terão sido raras as situações em que não se encontraram mais de metade dos

---

[1436] Assim, por exemplo, o artigo 19 do Regulamento da Quarta Conferência Mundial sobre a Mulher de 1995 estabelece: "The President may declare a meeting open and permit the debate to proceed when at least one third of the representatives of States participating in the Conference are present. **The presence of representatives of a majority of such States shall be required for any decision to be taken**" (texto em U.N. doc. A/CONF.177/2, 16 June 1995). Exactamente a mesma disposição consta do artigo 19 do Regulamento da Conferência Diplomática das Nações Unidas para o Estabelecimento de um Tribunal Penal Internacional de 1998 (texto em U.N. doc. A/CONF.183/2/Add.2, 14 April 1998).

[1437] Em rigor, todos os Estados existentes têm assento na Assembleia, incluindo os dois Estados não membros, a Suíça e a Santa Sé/Vaticano, enquanto Estados observadores. Contudo, estes dois Estados não são tidos em conta na formação do quórum da Assembleia Geral, mas a diferença é ignorável.

Estados existentes presentes nas suas reuniões, visto que normalmente participam nas suas deliberações a grande maioria dos Estados membros. Consequentemente, se os Estados reunidos em Assembleia (com prévio concurso dos Estados membros no Conselho) podem reconhecer uma entidade como Estado ao a admitirem nas Nações Unidas, então parece que o poder público pode ser exercido se estiverem presentes metade dos Estados existentes.

É possível ainda exercer o poder público da segunda forma. Assim, uma decisão, por exemplo, de reconhecer um novo Estado, pode ser tomada não de forma colectiva, mas por meio de sucessivos reconhecimentos. Neste caso, claro está, não existe qualquer quórum. Daí que a maioria necessária de aprovação do acto será simplesmente aplicada em relação à totalidade dos Estados existentes e não dos presentes.

Nos casos em que não foi possível obter a presença da maioria dos Estados existentes na conferência internacional ou em que a decisão foi tomada (de forma anómala) numa conferência restrita, fechada à presença dos restantes Estados, deverá igualmente ser aplicada esta exigência agravada. Assim, o facto de não terem estado presentes mais de metade dos Estados existentes não será motivo de nulidade da decisão, mas esta só poderá reivindicar a eficácia das decisões comunitárias quando obtiver o apoio da maioria necessária dos Estados existentes à formação da vontade. A impossibilidade de aplicar a regra da maioria simplesmente a um quórum de presentes nestes casos deve-se à necessidade de evitar qualquer fraude à exigência de igual participação de todos os Estados na formação da vontade comunitária[1438]. Porque estão em causa decisões que, uma vez reunida a maioria necessária, vinculam todos os Estados, uma exclusão de Estados do procedimento da sua aprovação só poderá ser suprida pela aplicação da maioria em relação a todos os Estados e não apenas aos presentes.

Mas apurado que, nos casos em que a Comunidade se reúne em conferência, poderá eventualmente haver lugar à aplicação de um quórum quantitativo da maioria dos Estados existentes, cabe questionar se não é igualmente necessário um quórum qualitativo. Isto é, se não é necessária a presença de alguns Estados em particular, as grandes potências. Efectivamente,

---

[1438] Esta exigência tem apoio numa analogia com o regime resultante da prática da convocação de conferências multilaterais gerais que são por excelência reuniões da Comunidade Internacional. O mesmo resulta da regra quanto à revisão dos tratados, codificado no artigo 40, n.º 2 da referida Convenção de Viena sobre o Direito dos Tratados entre Estados de 1969, que impõe o dever de notificar todas as partes e lhes confere direito a tomar parte na decisão de convocação da conferência de revisão, bem como de participar nesta.

há muito que, designadamente[1439] em matéria de segurança internacional, estas assumem um papel destacado[1440].

Claro está, coloca-se a questão da determinação de quais os Estados que integram a noção de "grandes potências". Segundo se julga, esta posição de destaque depende do reconhecimento dos restantes Estados para produzir efeitos jurídicos. Portanto, é indiscutível que um Estado importante tem um maior destaque político, mas para que tal destaque produza efeitos jurídicos quanto ao exercício do poder público é necessário um reconhecimento comunitário.

Na Sociedade das Nações este reconhecimento foi operado pelo respectivo Pacto, constando a indicação das grandes potências, principais vencedoras da Primeira Guerra Mundial, do preâmbulo dos tratados que puseram termo a esta[1441]. O artigo 4 do Pacto atribuía efeitos jurídicos a este reconhecimento ao conferir-lhes o estatuto de membros permanentes do Conselho. Na Carta das Nações Unidas este reconhecimento consta do seu texto (artigo 23)[1442].

É inegável que, neste mais de meio século que decorreu desde a adopção da Carta, vários outros Estados para lá dos cinco membros permanentes do Conselho de Segurança assumiram um enorme relevo na cena internacional. Mas até existir um reconhecimento formal deste seu estatuto, em princípio por uma emenda à Carta, o seu destaque terá efeitos meramente políticos.

Mas determinado que as grandes potências para este efeito são os actuais membros permanentes do Conselho, cabe questionar se estes terão necessariamente de estar presentes, podendo com a sua ausência impedir a adopção de decisões eficazes.

---

[1439] O Tribunal Internacional de Justiça já admitiu o papel predominante das grandes potências na formação do Direito Costumeiro, embora sob uma designação de Estados cujos interesses fossem mais afectados: "provided it included that of States whose interests were specially affected", cfr. *North Sea Continental Shelf* (F. R. Germany/Denmark; F. R. Germany/ /Netherlands), Judgment 20 February 1969, *I.C.J. Reports* 1969, pág. 42, parág. 73). Mas, claro está, tal afectação não se mede pelo interesse subjectivo manifestado por cada Estado e sim objectivamente tendo em conta, sobretudo, a sua importância em relação à questão a ser regulada. Ver C. Baptista, *Direito* (...), cit., pág. 104-105.

[1440] Ver, *supra*, parág. 18.2 e 19.1.

[1441] Tratava-se dos EUA, do Império Britânico, da França, Itália e Japão (para a referência aos tratados cujos instrumentos compreendiam o Pacto, ver, *supra*, parág. 19.1). Posteriormente, seriam ainda reconhecidos como grandes potências a Alemanha e a União Soviética pela atribuição que lhes foi feita do estatuto de membros permanentes do Conselho (ver, *supra*, parág. 19.1).

[1442] Sobre o reconhecimento deste estatuto na Santa Aliança, ver, *supra*, parág. 18.2.

A resposta, segundo se julga, é negativa. A prática da Assembleia Geral, cujo Regimento se limita a exigir a presença da maioria dos membros, sem distinguir, indica que não será de fazer distinções nesta matéria. As grandes potências devem ter direito a estar presentes, mas a sua simples ausência não será um obstáculo à adopção de decisões eficazes. Também a prática do Conselho de Segurança confirma esta solução. A ausência voluntária de um ou mais membros permanentes não é um obstáculo à tomada de decisões válidas, apesar de no seio deste órgão estes membros gozarem de direito de veto, mesmo em causa própria[1443]. Ora, se assim se passam as coisas no Conselho, pelo menos por identidade de razão a ausência voluntária não deve ser obstáculo no seio da Comunidade.

Concluindo, quando os Estados se reúnem em conferência, a ser possível aplicar um quórum, será necessário que se encontrem presentes mais de metade dos Estados existentes. Caso o não estejam, qualquer decisão tomada terá necessariamente de ser ratificada por um número de Estados que permita obter a maioria aplicável às decisões comunitárias agora calculada não com base em metade dos Estados existentes, mas da sua totalidade.

**35.2. Maioria.** Mas apurado o quórum que eventualmente poderá ser aplicável à Comunidade Internacional, necessário se torna determinar o segundo elemento formal essencial no procedimento de aprovação de actos por um colégio: o da maioria necessária de votos favoráveis para que tal se verifique.

Como se procurou demonstrar, julga-se claro que a exigência de unanimidade não é aplicável quanto às decisões da Comunidade Internacional e que o Direito Costumeiro se satisfaz actualmente com uma mera maioria qualificada. Necessário se torna determinar exactamente que maioria é esta.

A prática aponta para que o exercício dos poderes da Comunidade se faça por uma maioria de dois terços dos Estados, embora os termos exactos desta não sejam líquidos. De facto, a maioria de dois terços dos Estados presentes e votantes é a estabelecida na Carta das Nações Unidas para a formação da vontade no seio da Assembleia Geral nas questões importantes, incluindo expressamente as relativas à manutenção da paz e à admissão de novos membros (artigo 18, n.º 2). Tal significa que, como é esclarecido pelo artigo 86 do Regimento da Assembleia Geral, os membros que se tenham abstido não são contados para a formação dos dois terços[1444].

---

[1443] Sobre a maioria no Conselho, ver, *infra*, parág. 48.1 e 48.4.

[1444] Regime idêntico consta de tratados constitutivos de outras organizações internacionais. Por exemplo, o artigo IV, n.º 4 e n.º 8 da Constituição da Organização das Nações

O mesmo regime ficou consagrado na adopção de textos de tratados em conferências internacionais[1445], podendo ser considerado como a regra consuetudinária aplicável neste domínio preciso da adopção, pelo menos no caso de fracasso do consenso[1446].

Mas uma exigência bem mais pesada consta dos artigos 108 e 109 CNU, onde mesmo em relação à adopção de actos pela generalidade dos Estados se estabelece a necessidade de uma maioria de dois terços de todos os Estados membros[1447] [1448]. Trata-se da maioria que espelha a necessidade de maior consenso em questões decisivas.

Ora, a diferença entre uma maioria de dois terços de todos os Estados ou dos presentes e uma maioria de apenas os presentes e votantes (ou seja dos votos expressos) é significativa. Neste segundo caso, em última análise, se só estivessem presentes 95 Estados (quórum da Assembleia Geral cumprido) e 92 se abstivessem, uma resolução ou o texto de um tratado poderiam ser adoptados por dois votos a favor e um contra: isto é, dois terços dos votos dos membros presentes e votantes.

Contudo, evidentemente, esta possibilidade teórica não tem sido seguida pela prática[1449]. Um acto aprovado com esta maioria não teria qualquer legitimidade. É tentador simplesmente entender como aplicável a maioria de dois terços dos Estados. Se esta maioria fosse dos Estados existentes, como se verificou, seria mesmo dispensável qualquer quórum. O que seria necessário era o apoio de dois terços dos Estados existentes a uma decisão para que

---

Unidas para a Educação, Ciência e Cultura (UNESCO) de 16 de Novembro de 1945, embora a regra seja a mera maioria dos membros presentes e votantes. Igualmente o artigo 60, al. a) da Constituição da Organização Mundial de Saúde de 22 de Julho de 1946 (texto original em UNTS, 1948, No. 221, pág. 185-285). Do mesmo modo, o artigo 10, al. b) ("Decisions shall be by a two-thirds majority of the votes cast for and against") da Convenção da Organização Meteorológica Mundial de 11 de Outubro de 1947 (texto em UNTS, 1950-1951, No. 998, pág. 143-188).

[1445] Como ficou consagrado no artigo 9, n.º 2 das mencionadas Convenções de Viena sobre o Direito dos Tratados de 1969 e 1986.

[1446] Ver C. Baptista, *Direito* (...), cit., pág. 176.

[1447] Além do apoio dos membros permanentes, questão abordada ainda neste parágrafo.

[1448] Mesmo no artigo 109, n.º 2 é o regime aplicável à recomendação realizada pela conferência, já que esta é constituída pelo conjunto dos membros das Nações Unidas (n.º 1). Os dois terços terão de ser calculados com base no número de Estados membros e não apenas dos presentes e muito menos dos presentes e votantes.

[1449] A esmagadora maioria das resoluções da Assembleia Geral são adoptadas por consenso ou por maioria de dois terços com ampla participação. Ver a resenha extensa em anexo a Rüdiger Wolfrum, *Article 18*, em *The Charter of the United Nations – A Commentary* (ed. Bruno Simma), München, 1994, pág. 317-327, na pág. 325-327.

esta pudesse ser considerada como comunitária. Não se tem grandes dúvidas em considerar que esta exigência (incluindo não oposição das grandes potências) é a que (ultrapassada a regra inaceitável da unanimidade) tem apoio mais seguro na prática dos Estados. Uma decisão que obtenha esta maioria ficará imune a qualquer contestação do seu carácter comunitário[1450].

Contudo, existem traços na prática quanto à aplicação de uma regra mais liberal, que manda aplicar a regra da maioria dos dois terços aos Estados presentes e votantes (votos expressos) e não à totalidade dos existentes. Assim, os Estados na Assembleia Geral (com o concurso do Conselho de Segurança quanto à admissão de novos membros) podem exercer poderes públicos por maiorias que seguem simplesmente este regime que é o constante do artigo 18, n.º 2 CNU[1451, 1452].

----

[1450] Recorde-se que o Tribunal Internacional de Justiça considerou que a "vast majority of the members of the international community" teria poder para reconhecer objectivamente uma organização internacional [cfr. *Reparation* (…), cit., *I.C.J. Reports* 1949, pág. 185]. Esta exigência parece ser plenamente satisfeita por esta maioria de dois terços dos Estados existentes. É possível, porém, que o Tribunal não tivesse em mente estabelecer uma maioria tão pesada e sim simplesmente sublinhar que esta fora atingida, ainda que não fosse estritamente necessária. Acresce que este se estava a pronunciar em relação ao Direito Internacional vigente há mais de meio século.

[1451] Assim, na mais polémica admissão de um Estado nas Nações Unidas, a Resolução 273 (III), de 11 de Maio de 1949 (texto em RDGAOR, 3rd Session, 1948-1949, pág. 18), que admitiu Israel, foi aprovada apenas por 37 votos a favor, 12 contra e nove abstenções; o que não chega a perfazer uma maioria de dois terços dos Estados presentes, e muito menos dos existentes. E, no entanto, foi um acto plenamente conforme com a Carta, que produziu todos os efeitos previstos nesta, incluindo forçar os Estados que votaram contra a conceder todos os direitos atribuídos por esta a Israel. É certo que o peso então dominante da efectividade (e os Acordos de Armistício entre Israel e o Egipto, a Jordânia, o Líbano e a Síria) leva a pensar que se tratou de uma decisão puramente declarativa. Mas nada se teria alterado se a decisão tivesse sido constitutiva. A sua eficácia teria sido idêntica. Actualmente, pela mesma maioria, seria possível, por exemplo, não fora a oposição dos EUA, a admissão da Palestina numa decisão constitutiva.

Embora nunca tenha ocorrido, encontra-se entreaberta a possibilidade de a Assembleia exercer o poder público pelo reconhecimento constitutivo de Governos que nunca foram efectivos, pela mesma maioria de dois terços dos votos expressos (ver, *supra*, parág. 34.4.4).

A Assembleia Geral pela sua Resolução 376 (V), de 7 de Outubro de 1950 (texto de Resolução em RDGAOR, 5th Session, 1950-1951, pág. 9-10), procurou exercer (sem competência para tal) o poder público bélico ao recomendar implicitamente a unificação da Coreia pela força durante o Conflito Coreano. Este acto satisfez a maioria dos dois terços dos votos expressos e dos Estados presentes, embora não a dos dois terços dos Estados então existentes; de facto, a Resolução foi aprovada com 45 votos favoráveis, 5 contra (incluindo a então União Soviética) e 7 abstenções (ver, *infra*, parág. 44.2).

[1452] Esta questão tem sido simplesmente ignorada pela Doutrina. Mas os autores que aceitam o papel da vontade comunitária, máxime, ao nível de um reconhecimento com

Uma solução possível que se considera equilibrada será exigir na formação da vontade comunitária uma maioria de dois terços dos Estados presentes e votantes desde que esta seja superior à maioria dos Estados presentes, incluindo, portanto, os que se abstiveram ou não participaram na votação. Por esta forma se evitará os referidos casos de decisões tomadas por escassas maiorias por força de um elevado número de abstenções. Mas sublinhe-se que esta forma de aplicar a maioria de dois terços (portanto, a um simples quórum) não se encontra completamente enraizada. A maioria de dois terços dos Estados existentes é bem mais segura.

De qualquer modo, tendo em conta o que ficou dito quanto ao quórum comunitário, no caso de não estarem presentes a maioria dos Estados existentes qualquer decisão comunitária terá mesmo de ser apoiada posteriormente pela maioria de dois terços dos Estados existentes. Só a partir desse momento adquirirá a eficácia própria das decisões comunitárias.

Seja como for, em relação à formação desta maioria, um papel determinante é conferido aos Estados reconhecidos como grandes potências, identificadas hodiernamente com os membros permanentes do Conselho de Segurança[1453]. Com efeito, embora a solução não seja de modo algum a melhor, não se encontra bases para lhes negar completamente à luz do Direito Internacional Costumeiro o direito de veto de que são titulares à luz da Carta (artigo 27, n.º 3 e 108 e 109) e de que gozaram nos termos do Pacto da Sociedade das Nações e do princípio do consentimento (unanimidade) consagrado no Direito Internacional Costumeiro tradicional.

É certo que não se pode simplesmente ignorar o regime do artigo 18, n.º 2 CNU mesmo ao nível do Direito Internacional Costumeiro argumentado que este foi pensado para um órgão das Nações Unidas que só tem competência para adoptar recomendações e apenas em relação aos Estados membros que a aceitaram. Na realidade, a Assembleia tem competências vinculativas significativas, não apenas de veto a iniciativas do Conselho em que a Carta impõe a sua cooperação, mas igualmente para criar deveres positivos para os Estados membros no domínio orçamental[1454]. Matérias

---

eficácia *erga omnes*, parecem aceitar que esta se possa manifestar simplesmente nos termos da maioria exigida pelo artigo 18, n.º 2 CNU: Q. Wright, *Some Thoughts About Recognition*, cit., pág. 552, 557 e 558; J. Dugard, *Recognition* (…), cit., pág. 80; M. J. Peterson, *Review: Recognition* (…), cit., pág. 392; T. Grant, *States Newly* (…), cit., pág. 184 (contudo, ver ainda o seu *Book Review: Brad R. Roth, Governmental Illegitimacy in International Law. Oxford. Clarendon Press, 1999*, EJIL, Vol. 11, No. 3, 2000).

[1453] Ver, *supra*, parág. 35.1.

[1454] Ver, *infra*, parág. 91.1.

estas que não se encontram formalmente sujeitas a veto. Acresce que existem alguns precedentes de tentar aplicar as regras enunciadas no artigo 18, n.º 2 à formação da vontade colectiva no seio da Assembleia Geral quanto à tomada de decisões que se afiguravam exercícios de poder público bélico. Porém, estes depararam sempre com acusações de antijuridicidade por parte de uma minoria, segundo se julga, com bons fundamentos[1455].

Ora, por muito razoável que pareça uma solução (neste caso, negar direito de veto a um só membro permanente uma vez cessada ou suspensa a vigência da Carta ou em relação a questões não abrangidas por esta, como o reconhecimento de Estado) não é possível simplesmente ignorar a prática evidente quanto à consagração deste direito de veto. O regime de formação da vontade da Comunidade Internacional evoluiu no sentido de ser eliminado o princípio do consentimento em relação à generalidade dos Estados mas deixou uma excepção clara em relação aos Estados que sejam reconhecidos como grandes potências[1456]. Só existem bases seguras para poder considerar como vinculativa uma decisão comunitária baseada numa maioria qualificada

---

[1455] Ver, *infra*, sobre as tentativas de exercício de poderes públicos pela Assembleia Geral, parág. 44.2 e 44.3.

O reconhecimento implícito pela admissão de um novo membro nas Nações Unidas não é argumento para levar à exclusão do direito de veto, visto que esta admissão se encontra sujeita a tal veto, por força da necessidade da recomendação positiva prévia do Conselho. Assim, o Tribunal Internacional de Justiça afirmou que "the admission of a State to membership in the United Nations, pursuant to paragraph 2 of Article 4 of the Charter, cannot be effected by a decision of the General Assembly when the Security Council has made no recommendation for admission" (cfr. *Competence of the General Assembly for the Admission of a State to the United Nations*, Advisory Opinion, March 3, 1950, *I. C. J. Reports* 1950, pág. 10). Ver, contudo, contra: Marie S. Klooz, *The Role of the General Assembly of the United Nations in the Admission of Members*, AJIL, Vol. 43, No. 2, 1949, pág. 246-261, na pág. 251 e 260-261.

[1456] Daí as alegações de que a consagração do veto não consistiu na atribuição de qualquer direito novo às grandes potências, mas simplesmente da renúncia por parte dos restantes Estados do seu direito de não serem vinculados sem o seu consentimento. Assim, na denominada Declaração de S. Francisco (texto em UNCIOSD, pág. 751-754), aprovada pelas cinco grandes potências durante esta Conferência sobre o procedimento de votação no Conselho de Segurança, afirma-se no parág. 7: "The Yalta voting formula substitutes for the rule of complete unanimity of the League Council a system of qualified majority voting in the Security Council. Under this system non-permanent members of the Security Council individually would have no 'veto'. As regards the permanent members, **there is no question under the Yalta formula of investing them with a new right, namely, the right to veto, a right which the permanent members of the League Council always had**". Ver igualmente Francis Wilcox, *The Yalta Voting Formula*, APSR, Vol. 39, No. 5, 1945, pág. 943-956, na pág. 949-950; também Keith L. Sellen, *The United Nations Security Council Veto In The New World Order*, MILLR, Vol. 138, 1992, pág. 187-262, na pág. 234.

que compreenda estas potências ou, pelo menos, que não depare com a sua oposição. Assim, não se pode sustentar a existência de uma norma quanto à formação de uma vontade colectiva, vinculativa de Estados sem o seu consentimento, sem um mínimo de apoio. E, na dúvida quanto à existência desta norma, deve-se entender que esta não existe. É o que decorre do princípio da soberania, isto é, da liberdade dos Estados de actuar em quaisquer questões não reguladas pelo Direito Internacional e que a vigência de normas internacionais não se pode presumir[1457]. Deste modo, pensa-se que só uma decisão que não seja objectada por nenhum Estado reconhecido como grande potência poderá ser qualificada de forma segura como comunitária e susceptível de exercer o poder público internacional. Outra posição só será possível com uma alteração significativa na prática dos Estados[1458].

Sublinhe-se, contudo, que a ausência de uma ou mais grandes potências não é obstáculo à adopção de decisões comunitárias. Como se defendeu, estas não integram o quórum da Comunidade Internacional. Necessário é que as decisões lhes sejam comunicadas (tal como a todos os Estados ausentes)[1459] e que nenhuma grande potência venha a manifestar a sua oposição. Ou seja, a mera abstenção ou a não participação destas na decisão não é obstáculo a que seja qualificada como comunitária. Trata-se de conclusão plenamente apoiada pela prática no seio da Sociedade das Nações e das Nações Unidas, no que diz respeito ao seu direito de veto[1460], tendo mesmo algum apoio na prática em geral[1461].

---

[1457] Ver, *supra*, parág. 10.3.

[1458] Contudo, esta revela uma tendência no sentido exactamente oposto que se vincou ainda mais depois do fim da Guerra Fria, com um cavar do fosso entre o poder económico e tecnológico (logo, igualmente militar) das grandes potências perante as restantes. O que se tem verificado é uma clara clivagem entre as primeiras, e seus aliados, e as segundas, com as aquelas cada vez mais ciosas dos seus privilégios e menos abertas a renunciar ao seu exercício quando os seus interesses se encontram em causa. O esvaziamento na prática da Resolução *União para a Paz* só o confirma (ver, *infra*, parág. 44.3). As defesas de que esta deveria ter sido aplicada como modo de justificar a acção contra a Jugoslávia em 1999 por força da sua repressão no Kosovo [neste sentido: R. Bilder, *Kosovo* (...), cit., pág. 164; N. White, *The Legality Of Bombing* (...), cit., pág. 39-41; E. Mcwhinney, *International Law Antinomies* (...), cit., pág. 434; T. Franck, *When, If Ever, May* (...), cit., pág. 67], são pouco realistas. Da perspectiva das grandes potências, seria um precedente muito mais perigoso do que uma acção unilateral. Tendo em conta que nenhuma domina a maioria dos Estados, tal implicaria o fim do seu direito de veto. Em qualquer situação se poderiam ver confrontadas com uma superação deste por iniciativa de outros Estados.

[1459] Ver, *supra*, parág. 35.1.

[1460] Ver, *supra*, parág. 34.1. e, *infra*, parág. 47.

[1461] O sucesso dos EUA em impedir que os cerca de 125 reconhecimentos de que foi alvo a Palestina enquanto Estado tenham provocado qualquer alteração da situação no terreno

Para lá deste aspecto, o seu direito de veto consuetudinário tem limites. Desde logo, não se aplica às decisões sobre questões procedimentais[1462], como resultava do Pacto da Sociedade das Nações (artigo 5, parág. 2) e consta da Carta (artigo 27, n.º 2). Esta continuidade de regime entre estes dois tratados constitutivos das duas organizações mundiais é suficiente para se entender que o princípio do consentimento das grandes potências sofreu aqui uma limitação inequívoca.

Em segundo lugar, julga-se que o direito de veto não será aplicável em qualquer caso em que uma grande potência seja parte na controvérsia que provocou a ameaça à paz, ruptura da paz ou agressão. Isto é, não existirá direito de veto nem sequer em situações próprias do Capítulo VII em que a Carta permite ainda um veto em causa própria (artigo 27, n.º 3). É certo que o dever de abstenção constante da Carta em relação às partes no conflito

---

aponta no sentido da efectividade deste veto. Assim, quando a entidade não seja um Estado automaticamente por força do Direito Internacional, por não estarem reunidos os pressupostos impostos por este, é necessário uma decisão comunitária constitutiva nesse sentido para que este se forme. Decisão que nos termos gerais ficará sujeita a veto de cada grande potência. Sublinhe-se, porém, que tal veto normalmente não impede que a nova entidade se torne um Estado nas relações entre aquela e o Estado que a reconheceu, a menos que esta implique uma violação do Direito Internacional. Impede apenas que esta ganhe a eficácia própria das decisões comunitárias, sito é, a eficácia *erga omnes*. Israel pode, pois, continuar a recusar licitamente tratar a Palestina como um Estado, sem prejuízo dos seus deveres de garantir a autodeterminação do Povo Palestiniano que não tem cumprido (ver, *supra*, sobre a Palestina, parág. 10.5.2.2, 12.3 e 12.5).

As mesmas dificuldades têm surgido para tentar impor a um membro permanente reconhecimentos de sujeitos menores, como é o caso dos movimentos de libertação nacional. Assim, como ficou referido (ver, *supra*, parág. 34.4.2) a Assembleia Geral reconheceu a Organização de Libertação da Palestina (OLP) como um destes movimentos, tendo-lhe conferido o estatuto de observador perante as Nações Unidas desde 1972.

Porém, os EUA durante muitos anos consideraram a OLP como uma organização terrorista e recusaram conceder vistos de entrada aos seus membros, impedindo-os de participar nos trabalhos da Assembleia Geral e restantes órgãos da organização, visto que a sede principal destas é em Nova Iorque. Daí os sucessivos apelos da Assembleia, por exemplo na Resolução 47/29, de 25 de Novembro de 1992 (texto em RDGAOR, 47th Session, Vol. I, 1992, pág. 283--284), para que os Estados concedam "to the delegations of the national liberation movements recognized by the Organization of African Unity and/or by the League of Arab States and accorded observer status by international organizations, the facilities, privileges and immunities necessary for the performance of their functions" (parág. 2) [apelos aprovados sempre com votos contra: 100 votos a favor, nove contra e 34 abstenções (cfr. RDGAOR, cit., pág. 340)]. Esta oposição dos EUA demonstra como estes não estão dispostos a aceitar a obrigatoriedade de uma decisão maioritária contra a qual tenham votado.

[1462] Sobre esta noção, ver, *infra*, parág. 48.2.

relativo a questões do Capítulo VI e do artigo 52, n.º 3 tem sido desrespeitado em diversos casos. Mas, por um lado, este desrespeito não levou à revogação da norma[1463]. Por outro lado, neste caso, o dever de abstenção não terá aplicação, podendo o Estado reconhecido como grande potência votar em causa própria, simplesmente o seu voto negativo não terá efeito de veto em relação à decisão comunitária.

Encontra-se em causa um princípio fundamental que vem do Pacto da Sociedade das Nações (artigos 15, n.º 6, n.º 7 e n.º 10 e 16, n.º 4), mesmo numa época em que o princípio da unanimidade campeava. Seria um grave retrocesso considerar como parte do Direito Internacional Costumeiro um regime que, embora tenha vigorado nos últimos anos, resultou de um aproveitamento das grandes potências quando se encontravam numa posição de força resultante de uma situação histórica ultrapassada[1464]. Julga-se que o actual artigo 27, n.º 3 CNU, parte final, quando impõe um dever de abstenção reflecte ainda o Direito Costumeiro sobre a matéria que sofre simplesmente uma limitação convencional quanto ao seu âmbito. Cessada ou suspensa a vigência da Carta, voltar-se-á a aplicar o regime consuetudinário de proibição de vetos em causa própria em homenagem ao princípio fundamental *nemo iudex in re sua*[1465]. Outro entendimento constituiria uma limitação abusiva do poder consuetudinário da Comunidade Internacional que implicaria a sua paralisia, num regresso à situação típica da Guerra Fria. É certo que uma utilização da força contra uma grande potência será improvável e de eficácia problemática[1466], mas ficará sempre aberta a porta aos meios compulsivos pacíficos.

---

[1463] Ver, *infra*, parág. 48.4.

[1464] Durante a Conferência de S. Francisco apenas por um voto deixou de ser anexada ao relatório do Comité III/1 uma declaração proposta pela Índia que afirmava que o veto das grandes potências tal como ficara consagrada na dita fórmula de Ialta apenas fora aceite por força da posição destas de ameaçarem rejeitar toda a Carta caso fosse alterado [cfr. *Verbatim Minutes of the Fifth Meeting of Commission III, June 20* (Doc. 1150, June 22); texto em UNCIOSD, pág. 810-831, na pág. 819. A Colômbia, o Peru e a Nova Zelândia queixaram-se do mesmo (respectivamente, pág. 812, 813 e 815)]. Ver ainda, *infra*, parág. 48.

[1465] Cujo respeito é essencial para a legitimidade da decisão (assim: Michael Stephen, *Natural Justice at The United Nations: The Rhodesia Case*, AJIL, Vol. 67, No. 3, 1973, pág. 479-490, na pág. 488).

[1466] Embora tenha de facto ocorrido no Conflito da Coreia, devido aos combates entre os Estados aliados, habilitados pelo Conselho, e a China (representada legitimamente, dada a sua efectividade à luz do Direito Internacional então vigente, automaticamente pelo Governo comunista; ver, *supra*, parág. 34.4.4) apoiada militarmente pela União Soviética. Independentemente do mérito jurídico da acção, é inegável que foi eficaz na manutenção do *status quo* (sobre este conflito, ver, *infra*, parág. 44.2 e, *supra*, parág. 10.5.2.1).

Julga-se mesmo que este princípio deverá ser aplicado extensivamente de forma a abranger igualmente situações em que uma grande potência seja efectivamente uma das interessadas directas, ainda que não tenha surgido uma controvérsia formal. É certo que os precedentes constantes do Pacto e da Carta à primeira vista impõem a irrelevância do voto ou o dever de abstenção apenas de uma parte numa controvérsia e não a de um interessado directo numa situação. Mas na realidade, o Pacto no artigo 16, n.º 4, já se aplicava a uma situação e não exactamente a uma controvérsia, visto que estava em causa a expulsão de um membro[1467].

Depois, as situações serão bastante frequentes em relação a questões internas, em que por força de violação dos direitos humanos ou golpes de Estado, não existe qualquer controvérsia, pelo menos até se iniciarem protestos de terceiros e rejeições destes pelo Estado responsável. Ora, estas situações só começaram a ser frequentes com o forte desenvolvimento do Direito Internacional dos Direitos Humanos, depois da Segunda Guerra Mundial. A aplicação da proibição de veto nestas situações impõe-se, portanto, actualmente, bastante mais do que quando o Pacto foi adoptado.

Acresce que o Direito Internacional Costumeiro se preocupa pouco com distinções formais, especialmente quando estas são problemáticas de realizar. A teleologia do dever de abstenção aplica-se claramente a casos de interesse directo numa situação. De qualquer modo, mais uma vez, não se trata de recusar o direito de voto ou impor um dever de abstenção, mas tão só de colocar a grande potência numa situação de igualdade com os restantes Estados ao menos num caso em que esta pretende ser juíza em causa própria[1468].

Concluindo, a vontade comunitária forma-se de forma segura com o apoio de uma maioria de dois terços dos Estados existentes, não podendo qualquer grande potência opor-se à decisão, a menos que seja parte interessada directamente ou esteja em causa uma questão procedimental. De forma menos clara, é possível sustentar que esta vontade se forma igualmente com uma simples maioria de dois terços dos Estados presentes (desde que satisfaçam o quórum da maioria dos Estados existentes) e votantes, desde que compreenda a maioria absoluta dos Estados presentes e não depare igualmente com a oposição de uma grande potência nos termos referidos.

---

[1467] Sobre a distinção entre situação e controvérsia, ver, *infra*, parág. 48.4.

[1468] Julga-se que este é o regime costumeiro que se mantém ainda, mesmo que derrogado pela Carta. Com efeito, a Carta afasta-se do seu regime de forma clara, já que efectivamente o direito de abstenção literal e sistematicamente apenas se aplica a controvérsias e a prática ou Jurisprudência não fornecem qualquer apoio para ir mais longe, antes pelo contrário (ver, *infra*, parág. 48.4). Mas tratou-se de uma derrogação que se julga não ter ainda prejudicado a vigência do princípio, mas apenas a sua aplicação às Nações Unidas.

## IV – Faculdades compreendidas.

**36. Atribuídas às Nações Unidas.** Tendo-se concluído que a Comunidade Internacional pode adoptar decisões por maioria com eficácia *erga omnes*, é necessário começar por sublinhar que os seus poderes continuam a restringir-se essencialmente ao domínio do reconhecimento e da segurança internacional, embora entendida em sentido lato[1469], e a serem restritos ao caso concreto.

Ainda assim, mesmo dentro destes limites, são poderes vastos. É possível avaliar a sua extensão pela análise das disposições da Carta relativas aos poderes do Conselho de Segurança em matéria de manutenção da paz, já que, como se procurou demonstrar, os poderes consuetudinários da Comunidade Internacional têm actualmente extensão idêntica aos que a Carta atribui às Nações Unidas[1470].

Sublinhe-se que não se trata de lhe reconhecer qualquer competência legislativa para vincular por um acto de vontade os seus membros e outras entidades em termos abstractos[1471, 1472]. Só marginalmente os seus actos

---

[1469] Sobre os pressupostos e limites destas decisões, ver, *infra*, parág. 77-89.

[1470] Ver, *supra*, parág. 20.3-20.5 e 21.

[1471] Igualmente neste sentido: Michael Bothe, *Le Droit de la guerre et les Nations Unies: A Propos des Incidents Armés au Congo*, Genève, 1967, pág. 183; Oscar Schachter, *United Nations Law*, AJIL, Vol. 88, No. 1, 1994, pág. 1-23, na pág. 1, nota 2; G. Arangio-Ruiz, *On the Security Council "Law-Making"*, RDI, Vol. LXXXIII, 2000, n.º 3, pág. 609-725, na pág 629-630 (nega quaisquer poderes de criação jurídica).

Adopta posição contrária, mas sem apresentar justificação: Linda A. Malone, *"Green Helmets": A Conceptual Framework For Security Council Authority In Environmental Emergencies*, MJIL, Vol. 17, 1996, pág. 515-536, na pág. 521 e 522-523. Igualmente Christoph Schreuer, *The Changing Structure Of International Organization*, TL, Vol. 11, 1998, pág. 419 e segs. (*D. Introduce New Forms of Collective Lawmaking*), sustenta que será compatível com a Carta poderes legislativos do Conselho em matéria de teste de armas e desarmamento geral, o que não se aceita. O artigo 26 é expresso em exigir que o Conselho sujeite à aprovação dos membros os seus planos de desarmamento, que devem, portanto, ser adoptados sob a forma tradicional do tratado.

[1472] O Conselho de Segurança por vezes tem emanado resoluções sobre determinados assuntos adoptando sobre estes posições gerais e abstractas. Regra geral, esta espécie de tomadas de posição era assumida sob a forma de Declarações do Presidente do Conselho. Mas nos últimos anos têm igualmente sido adoptadas resoluções com o mesmo conteúdo. Assim, a Resolução 1261 (1999), de 25 de Agosto (texto em RSSC, 1999, pág. 54-56), relativa à protecção das crianças em conflitos armados, a Resolução 1308 (2000), de 17 de Julho, sobre manutenção da paz e o vírus HIV; a Resolução 1314 (2000), de 11 de Agosto, ou a Resolução 1325 (2000), de 31 de Outubro, sobre as Mulheres e a Paz e Segurança (texto das últimas três em RSSC, 2000, pág. 45-46, 53-56 e 68-70); ou a Resolução 1377 (2001), de 12 de Novembro [UN Doc. S/RES/1377 (2001)], que pela primeira vez aprova uma Declaração em anexo sobre o terrorismo, onde aliás o qualifica como ameaça à paz.

No entanto, o Conselho ainda não tinha utilizado terminologia vinculativa ou invocado o Capítulo VII. Com efeito, os seus poderes restringem-se a cada caso concreto qualificado à luz do artigo 39. De resto, embora possam ocorrer, não serão vulgares as situações que constituam uma ameaça à paz que, pela sua generalização, sejam susceptíveis de ser reguladas em termos gerais e abstractos; muito menos o serão as agressões e rupturas da paz. O normal é que as situações de ameaça à paz surjam a propósito de um ou alguns casos específicos. Em qualquer caso, devem ser apreciadas pelo Conselho cada uma por si, em termos concretos.

Porém, com a Resolução 1373 (2001), de 28 de Setembro (UN Doc. S/RES/1373 (2001), 28 September 2001), o Conselho passou o Rubicão. Assim, qualificou, com muito duvidosa legitimidade, qualquer acção de terrorismo internacional como uma ameaça à paz (terceiro parágrafo preambular). Contudo, insista-se, as qualificações à luz do artigo 39 incidem sobre determinadas situações, com partes ou interessados identificados, e não sobre uma multiplicidade de situações distintas decorrentes das acções de dezenas de diferentes entidades, como são as causadas por estes grupos. Mas o preocupante é que não se tratou de uma qualificação retórica, idêntica às realizadas em anteriores resoluções sobre actos terroristas. O Conselho retirou desta todos os efeitos decorrentes de uma qualificação à luz do Capítulo VII. Assim, invocando este Capítulo, adoptou uma série de medidas compulsivas que os Estados devem adoptar contra qualquer grupo terrorista, apesar de os não ter sequer definido (refere--se em termos genéricos aos "motivated by intolerance or extremism"; sexto parágrafo pream-bular), e não apenas em relação ao acusado dos ataques de 11 de Setembro de 2001. Trata--se de um acto que visa forçar os Estados a adoptarem medidas contra qualquer "grupo terrorista" e não um específico, cuja acção tenha sido considerada em concreto como uma ameaça à paz. Estas exigências têm, pois, carácter abstracto, aplicando-se a um número indeterminável de situações visto que visam permanecer em vigor.

Desta forma, a Resolução 1873 tem carácter legislativo e está a usurpar um papel que no âmbito da Comunidade Internacional tem sido desempenhado pelo Direito Costumeiro e pelo Tratado e só excepcionalmente, com base expressa nos respectivos tratados constitutivos, por organizações internacionais especializadas.

Claro está, esta tendência do Conselho de aprovar actos gerais e abstractos sob a forma de resolução, depois de discretamente ter abandonado a de declaração presidencial, bem como a Resolução 1373 (2001), sugerem que os membros permanentes estarão dispostos a ir mais longe e tentar reforçar ainda mais os poderes do Conselho assumindo poder legislativo. Caberá aos membros não permanentes e à Assembleia Geral travar cerce esta prática manifestamente abusiva, sob pena de poder acabar por ter de se reconhecer que, consentida

poderão gozar de alguma abstracção, mas sempre em relação a uma determinada situação, embora abrangendo aspectos diversos e futuros desta[1473]. Esta limitação decorre do Capítulo VI que se visa aplicar apenas a controvérsias ou situações e, igualmente, do artigo 40, que se refere a uma situação com partes interessadas, portanto, claramente determinadas. Igualmente o artigo 50 se refere a medidas adoptadas contra um determinado Estado. Mesmo que não se possa restringir os destinatários destas a Estados, esta menção mostra que estes devem ser entidades identificadas ou directamente relacionadas com uma situação em concreto. O mesmo carácter se retira dos pressupostos do artigo 39; agressão e ruptura da paz são necessariamente situações concretas e nada autoriza a pensar que a ameaça à paz possa ter natureza geral e abstracta. Aliás, um entendimento de que a ameaça a paz poderia ter tal natureza permitiria que o Conselho tivesse poderes mais vastos (legislativos) precisamente nestas situações que são menos graves do que as duas outras previstas no artigo 39.

---

pelos Estados membros, alargou os poderes deste órgão igualmente para o campo legislativo. Seria grave que se atribuísse a um órgão restrito poderes tão vastos.

Nem se diga que tal poder é necessário para a manutenção da paz. O Conselho pode perfeitamente enfrentar as ameaças à medida que estas se concretizam. É este compasso que justifica a diferença entre as suas competências à luz do Capítulo VI e as compulsivas próprias do Capítulo VII. Também não é procedente a alegação de que será sempre necessário o concurso de pelo menos quatro membros não permanentes para que estes actos sejam aprovados, existindo deste modo algum controlo. O desequilíbrio de poderes entre membros permanentes e não permanentes é normalmente tão grande que os primeiros, por recurso aos meios habituais da ameaça e do prémio, conseguirão sempre obter o consentimento de quatro destes. Assim, em rigor, apenas entre os membros permanentes poderá existir alguma resistência a certos actos; porém, mesmo entre estes a ameaça e o prémio económico têm um grande peso, favorável ao mais poderoso, pelo menos quando os outros se encontram divididos.

[1473] De facto, os destinatários principais dos actos adoptados pelo Conselho são identificados por categorias ("Estados", "organizações internacionais"), sendo pois indeterminados, embora sejam determináveis. São-no por faltar a estes actos abstracção. Visam aplicar-se a uma dada situação específica e não a eventuais situações futuras. Em relação a possíveis destinatários secundários, os indivíduos, já se pode verificar abstracçao. Quando a citada Resolução 820 (1993), de 17 de Abril, parág. 24 e 25, ao estabelecer um bloqueio, permitia o confisco de navios, aviões ou outros veículos que tivessem violado os termos das Resoluções 713 (1991), 757 (1992) e 787 (1992), estava a criar uma disposição com generalidade e abstracção. As situações futuras a que se aplicaria eram não apenas indeterminadas, mas mesmo indetermináveis. Era impossível identificar a que situações se aplicariam. Mas o pressuposto central das decisões ainda era perfeitamente concreto, a crise causada pelo conflito na Jugoslávia. O mesmo se diga das Resoluções que criaram os Tribunais Penais das Nações Unidas e aprovaram os seus Estatutos, especialmente o relativo à Ex-Jugoslávia dado a sua jurisdição não estar sujeita a um limite temporal de validade (ver, infra, parág. 96.1).

Nos termos do Capítulo VII da Carta, cabe ao Conselho de Segurança competência para adoptar não apenas decisões quanto a medidas de que as partes se devem abster para não agravar as consequências da controvérsia ou situação (artigo 40), mas igualmente o poder de decidir com efeitos obrigatórios medidas para a resolução da questão de fundo que a provocou (artigo 39). Trata-se de um poder determinante que o Conselho tem utilizado com grande moderação, mas que se julga de difícil contestação, quer nos termos da Carta, quer à luz da prática deste órgão[1474].

---

[1474] Assim, em relação ao Iraque, na sua Resolução 687 (1991), de 3 de Abril (texto em RDSCOR, 1991, pág. 11-15), que constitui o acto formal de cessação das hostilidades, o Conselho de Segurança foi ao ponto de traçar a fronteira definitiva entre este e o Kuwait (parte A) [cfr. a Resolução 833 (1993), de 27 de Maio, parág. 4-6 (texto em RDSCOR, 1993, pág. 36-37)], criar uma zona desmilitarizada entre ambos (parte B), impor ao Iraque a proibição da posse de mísseis balísticos com alcance superior a 150 km (parte C), armas que são perfeitamente lícitas à luz do Direito Internacional Geral e das obrigações convencionais do Iraque, bem como mecanismos indemnizatórios para a concretização das responsabilidades deste Estado.

O Iraque na sua Carta de 6 de Abril de 1991 aceitou os seus termos sob protesto ("Such injustices and such assaults on the rights of a member country of the United Nations and its people cannot under any circumstances be in conformity with the purposes and objectives of the Charter. The Council had a duty to discuss the issues before it with objectivity and in accordance with the provisions of international law and the principles of justice and equity"; texto em anexo a UN Doc. 22456 de 6 de Abril de 1991, pág. 6), mas sem negar abertamente a competência do Conselho para adoptar uma resolução contendo a solução para a questão de fundo. Embora tenha sublinhado que constituía um acto sem precedente. Já anteriormente o Egipto, em 16 de Agosto de 1951, na 553.ª reunião do Conselho, alegara que: "Any arbitrary resolution of the Council denying Egypt its belligerent rights would be an attempt by the Council **to impose on Egypt a political settlement. The Council is not empowered to enforce political settlements**" (cfr. RPSC, chapter XII, pág. 488).

Resulta claro que a Resolução 687 coloca alguns problemas. Não tanto quanto à demarcação da fronteira com o Kuwait, já que esta já fora aceite pelo Iraque no Acordo de 4 de Outubro de 1963, embora este alegue que este Acordo nunca fora ratificado internamente. Problemas bem mais melindrosos resultam da proibição unilateral de armas perfeitamente conformes com o Direito Internacional como os mísseis balísticos com alcance superior a 150 km. Claro está, no passado foram impostas limitações bem mais sérias por tratados de paz a Estados vencidos (por exemplo, a Parte V do citado Tratado de Versalhes com a Alemanha). E, não se tem grandes dúvidas que limitações do género podem ser lícitas como forma de garantir a manutenção da paz, se forem estritamente necessárias. Ora, tendo em conta que se mantêm no poder os responsáveis pela agressão contra o Kuwait, afiguram-se justificadas as medidas discriminatórias contra o Iraque (também: Oscar Schachter, *United Nations Law in the Gulf Conflict*, AJIL, Vol. 85, 1991, pág. 452-473, na pág. 456-457; Keith Harper, *Does The United Nations Security Council Have The Competence To Act As Court And Legislature?*, NYUJILP, 1994, pág. 103-157, na pág. 112-120; José Alvarez, *Judging the Security Council*, AJIL, vol. 90, n.º 1, 1996, pág. 1-39, na pág. 22 e 17, nota 92). Mas já não se aceita que estas se mantenham em vigor uma vez que o Governo seja substituído por um que dê garantias de alteração de política. Outra solução implicaria uma perpétua discriminação contra todo um Povo em violação do Direito Internacional que o Conselho tem o dever de acatar na decisão de questões de fundo (ver, *infra*, parág. 83).

Julga-se que o facto do Iraque ter aceite estas medidas é irrelevante. Por um lado, tal implicaria fazer depender a legitimidade das medidas do Conselho da sua contratualização. Ou seja, a legitimidade da Resolução 687 ficaria dependente de um tratado que se estabelecera com base no consentimento do Iraque. Por outro lado, um consentimento sob ameaça de uso da força é juridicamente pouco relevante, mesmo que esta não seja ilícita. Ainda que os termos acordados não sejam inválidos à luz do regime codificado no artigo 52 da citada Convenção de Viena sobre o Direito dos Tratados entre Estados e Organizações Internacionais de 1986 (já que se trataria de um tratado entre as Nações Unidas, por intermédio do Conselho, e o Iraque), julga-se que o consentimento do Iraque não libertou o Conselho do seu dever de respeitar o Direito Internacional e a "justiça" nos termos do artigo 1, n.º 1 e 24 CNU (ver, *infra*, parág. 83).

Quanto às alegações do Iraque de que apenas este ficou obrigado a indemnizar e não os Estados da coalizão pelos danos desproporcionados que causaram (carta citada, pág. 4-5), é difícil negar-lhe razão. É evidente que o Conselho não foi isento nesta matéria. Mas um Estado que desencadeou agressivamente um conflito armado e cometeu o gravíssimo erro de apreciação de persistir em ocupar o território que dominou por este meio, mesmo perante a iminência de um desastre militar, é sobretudo de si próprio que se deve queixar.

Do mesmo modo, em relação à resolução do conflito na Bósnia-Herzegovina, o Conselho embora não tenha imposto um plano de paz, depois de ter qualificado novamente a situação como uma ameaça à paz e invocado o Capítulo VII no preâmbulo, estabeleceu princípios inegociáveis para a resolução do conflito na sua Resolução 859 (1993), de 24 de Agosto (texto em RDSCOR, 1993, pág. 16-17). Alguns eram puramente declarativos de normas internacionais *iuris cogentis*, mas outros como a manutenção da soberania e integridade territorial da Bósnia ou a sua qualidade de membro das Nações Unidas apenas tinham amparo no facto do Governo reconhecido da Bósnia insistir no seu respeito. Ainda assim, não se pode sustentar que tais exigências fossem contrárias aos direitos das partes no conflito, incluindo os sérvios bósnios. Estes não tinham um direito internacional à independência (ver, *supra*, parág. 14.4).

Em relação à nova Jugoslávia, para a solução da situação no Kosovo, o Conselho na sua Resolução 1244 (1999), de 10 Junho (texto em RSSC, 1999, pág. 30), afirmou: "Decides that a political solution to the Kosovo crisis shall be based on the general principles in annex 1 and as further elaborated in the principles and other required elements in annex 2" (parág. 1). É certo que, como o Conselho afirma no parág. 9 da Resolução, a Jugoslávia aceitara no dia 3 de Junho (ver, a acta da reunião, designadamente, em UNPR SC/6686, de 10/06/99) estes termos, mas abertamente coagida pelo recurso ilícito à força. De qualquer modo, o Conselho não se limita a encorajar as partes a resolver a questão nestes termos, antes os incorpora em anexo na Resolução e os torna um acto unilateral imposto juridicamente pelas Nações Unidas no exercício do seu poder público, embora militarmente o tenham sido à sua margem (sobre o uso da força no Kosovo, ver, *supra*, parág. 32.6).

Deste modo, não lhe compete apenas pacificar as relações entre as partes na controvérsia, mas igualmente pronunciar-se sobre a questão de fundo causa do litígio. Recomendando ou impondo obrigatoriamente a solução mais conforme com o Direito Internacional ou, no respeito por este, mais adequada à luz de princípios de justiça, isto é, critérios equitativos[1475]. De facto, poderá ser esta a única solução para conseguir garantir a paz entre partes irredutíveis na defesa das suas posições. Este regime decorre do próprio artigo 1, n.º 1 (para o qual remete o artigo 24), quando permite que a resolução pacífica de questões possa ser feita nos termos do Direito Internacional ou dos princípios da justiça.

---

[1475] Esta referência a princípios da justiça pode ser entendida como uma remissão para critérios extra-jurídicos, numa decisão paralela à decisão judicial *ex aequo et bono* [figura distinta da decisão baseada em critérios de equidade; ver C. Baptista, *Direito* (...), cit., pág. 72-73] ou simplesmente para princípios equitativos, quando o Direito Internacional permita a sua tomada em consideração. Considera-se que esta é a melhor solução. Uma permissão de o Conselho ter em consideração critérios extra-jurídicos sem acordo nesse sentido das partes implicaria uma contradição entre a remissão para o Direito Internacional e os princípios da justiça [como é reconhecido por: H. Kelsen, *The Law* (...), cit., pág. 16-18; Hanspeter Neuhold, *Das System friedlicher Streitbeilegung der Vereinten Nationen*, em *Die Vereinten Nationen – Recht und Praxis* (hrsg. F. Cede/L. Sucharipa-Behrmann), Wien/München, 1999, pág. 57-68, na pág. 59], visto que não será possível basear uma decisão em critérios jurídicos e extra-jurídicos simultaneamente. Claro está, pode-se argumentar que entender que os princípios de justiça são ainda princípios jurídicos implica uma repetição inútil no preceito [como alega H. Kelsen, *The Law* (...), cit., pág. 16-18]. No entanto, pode-se entender que a referência aos princípios da justiça pretende apenas sublinhar que o Conselho não se deve limitar a uma abordagem puramente formal e que deve ter em conta figuras do Direito Internacional que remetem para juízos materiais, como a alteração de circunstâncias, a usucapião, a boa-fé, o *estoppel* e a equidade quando o Direito Internacional para esta remete. E que o Conselho pode adoptar uma decisão *ex aequo et bono* quando as partes assim consentirem (por exemplo à luz do artigo 38 CNU), num regime paralelo ao previsto para o Tribunal Internacional de Justiça (artigo 38, n.º 2 do seu Estatuto).
Outra solução será entender que o Conselho se encontra plenamente vinculado ao Direito Internacional quando adopte decisões vinculativas sobre a questão de fundo, mas que já pode fazer recomendações às partes para alterarem os termos de uma dada situação à luz de critérios extra-jurídicos de "justiça"; embora sublinhando que se desviou dos direitos das partes, num mero convite a que formalizem os novos termos por meio de um acordo sobre a questão, em nome da paz. Casos os desvios a favor e contra cada uma das partes se compensassem poderia ser uma via de acordo possível. Mas trata-se de uma via melindrosa se não existir acordo prévio das partes quanto à sua aplicação. Ora, existindo acordo, volta--se a cair na figura da decisão *ex aequo et bono* por vontade das partes. Sobre a vinculação do Conselho de Segurança pelo Direito Internacional Costumeiro, ver, *infra*, parág. 83.

Trata-se de uma competência que se encontra explicitamente consagrada no Capítulo VI, nos seus artigos 37, n.º 2 e 38[1476], embora à luz deste o Conselho apenas a possa exercer por meio de recomendações[1477]. Mas esta competência pode ser igualmente exercida nos termos do Capítulo VII. Se o pode à luz do Capítulo VI, pareceria estranho que o não pudesse à luz do Capítulo VII. Com efeito, se nos termos dos artigos 33, n.º 2 e 36 se trata de formular recomendações quanto aos meios de resolução pacífica de controvérsias, à luz do artigo 37 e 38, como ficou referido, já estão em causa soluções substantivas para resolver o conflito de fundo.

Assim, é relativamente líquido que as recomendações a que se refere o artigo 39 podem conter indicações quanto aos termos de resolução da questão de fundo subjacente a uma controvérsia ou mesmo situação, independentemente de qualquer acordo das partes nesse sentido[1478].

Quanto à possibilidade de o artigo 39 constituir uma base para a adopção de decisões obrigatórias sobre as questões de fundo, o facto de este referir a tomada de decisões conformemente ao artigo 41 e 42 poderia

---

[1476] Sobre o regime dos artigos 37 e 38, ver, *infra*, parág. 56.2.

[1477] À luz destes dois preceitos, a situação do Conselho tem sido equiparada à de um mediador, dado que apesar de apresentar uma proposta de solução da questão de fundo, esta não é obrigatória para as partes na controvérsia [neste sentido: Torsten Stein/Stefan Richter, *Article 37*, em *The Charter of the United Nations – A Commentary* (ed. Bruno Simma), München, 1994, pág. 547-560, na pág. 548]. Contudo, a mediação é menos formal. O mediador vai oferecendo sucessivas propostas que adapta em função das posições das partes. O Conselho de Segurança embora esteja obrigado a ouvir as partes decide de uma forma muito mais formal e a sua recomendação em princípio não será alterada. Tem também poderes de investigação dos factos independentes das partes (cfr. artigo 34 CNU). A sua actuação é pois antes equiparável à de uma comissão de conciliação, tal como o era a que cabia ao Conselho da Sociedade das Nações à luz do artigo 15 do Pacto.

[1478] Assim, por exemplo, a Resolução 1160 (1998), de 31 de Março (texto em RSSC, 1998, pág. 21) que invoca o Capítulo VII no seu preâmbulo em relação à situação no Kosovo, afirma no seu parág. 5: "Agrees, without prejudging the outcome of that dialogue, with the proposal in the Contact Group statements of 9 and 25 March 1998 that the principles for a solution of the Kosovo problem should be based on the territorial integrity of the Federal Republic of Yugoslavia and should be in accordance with OSCE standards, including those set out in the Helsinki Final Act of the Conference on Security and Cooperation in Europe of 1975, and the Charter of the United Nations, and that such a solution must also take into account the rights of the Kosovar Albanians and all who live in Kosovo, and expresses its support for an enhanced status for Kosovo which would include a substantially greater degree of autonomy and meaningful self-administration". Dado ressalvar o resultado das negociações e utilizar o termo "should", resulta claro que se trata de uma recomendação quanto aos termos de solução da questão.

sugerir que apenas as decisões das espécies previstas nestes artigos seriam possíveis. Porém, o próprio artigo 41 refere expressamente a prévia adopção de decisões obrigatórias a serem executadas nos seus termos, isto é, adoptadas à luz do artigo 39 e 40. Igualmente quando o artigo 39 permite ao Conselho a adopção de medidas compulsivas nos termos do artigo 41 e 42 está a atribuir implicitamente poder ao Conselho para aprovar decisões à sua luz que serão executadas compulsivamente, visto que as medidas executivas visam sempre concretizar medidas dispositivas que afectarão sempre em alguma medida a situação jurídica das partes[1479]. A mesma conclusão tem algum apoio no artigo 40, já que este permite a adopção de medidas provisórias antes do Conselho adoptar recomendações "ou decidir a respeito das medidas previstas no artigo 39". Nada sugere que a referência a estas decisões se reporte exclusivamente às medidas previstas no artigo 41 e 42, já que neste caso bastaria referir estes preceitos expressamente. Acresce que quando este artigo 40 afirma que o Conselho não se pode pronunciar sobre a questão de fundo de modo a restringir os direitos, pretensões ou posições das partes, está a sugerir que à luz do artigo 39 o poderá fazer. Igualmente os trabalhos preparatórios parecem apontar no sentido de que o Conselho pode exercer este poder[1480].

Claramente, esta competência do Conselho está sujeita a pressupostos mais rigorosos à luz do Capítulo VII do que do Capítulo VI, pois apenas

---

[1479] Como é correctamente referido por N. D. White, *The UN Security Council and the Settlement of Disputes*, parág. 27 e parág. 28 (texto em http://www.nottingham.ac.uk/~llzweb/TEXTNDW.HTM).

[1480] Assim afirmou-se na Conferência de S. Francisco: "When the organization has used the power given to it and the force at its disposal to stop war, then it can find the latitude to apply the principles of justice and International Law, or can assist the contending parties to find a peaceful solution" [cfr. *Report of Rapporteur of Committee I/1 to Commission I* (Doc. 944, June 13), em UNCIOSD, pág. 490-503, na pág. 494]. Ou seja, perante uma situação que claramente constituiu uma ruptura da paz ou agressão ("stop war"), o Conselho depois de usar os seus meios compulsivos tem duas soluções: assistir as partes a encontrar uma solução pacífica (por meio de recomendações à luz do artigo 39, visto que a situação continuará a constituir normalmente pelo menos uma ameaça à paz) ou aplicar directamente os princípios de justiça e Direito Internacional por meio de actos seus. Ou seja, impor uma solução de fundo a uma ou ambas as partes.

Igualmente no *Report of Rapporteur of Committee I/1 to Commission I* (Doc. 944, June 13), se afirma: "The use of force, therefore, remains legitimate only to back up the decisions of the Organization at the start of a controversy **or during its solution in the way that the Organization itself ordains**" (texto em UNCIOSD, pág. 490-503, na pág. 498). Fica, pois, sugerido que o Conselho tem poder para estabelecer vinculativamente uma solução de fundo para uma controvérsia e executá-la pela força.

será possível em relação a controvérsias que dêem lugar a uma ameaça à paz, ruptura da paz ou agressão. A imposição de uma solução de fundo às partes deverá constituir uma medida extrema, a recorrer apenas quando o arrastar da solução possa agravar o conflito e deve respeitar o Direito Internacional, seja imperativo, seja dispositivo[1481].

Consequentemente, julga-se que, à luz deste artigo 39, o Conselho pode desde logo aprovar actos puramente declarativos (como nos termos do Capítulo VI), como condenar a violação de normas internacionais e exigir obrigatoriamente o seu cumprimento[1482] ou declarar a nulidade de actos de umas das partes[1483]. Mas pode ir bem mais longe e realizar inquéritos compulsivos no território de um dos Estados[1484, 1485], ou outra parte, e, em associação com o artigo 40, ordenar a uma ou ambas as partes que se abstenham de actos, ainda que estes em abstracto sejam compatíveis com o Direito Internacional[1486], ou impor os termos de um acordo para o litígio de modo a pôr fim a uma controvérsia ou conflito armado[1487]. No entanto, estas

---

[1481] Ver, *infra*, parág. 83.

[1482] Por exemplo, na Resolução 667 (1990), de 16 de Setembro (texto em RDSCOR, 1990, pág. 23-24), afirma: "Acting under Chapter VII of the Charter of the United Nations, 1. Strongly condemns aggressive acts perpetrated by Iraq against diplomatic premises and personnel in Kuwait, including the abduction of foreign nationals who were present in those premises". Igualmente na Resolução 794 (1992), de 3 de Dezembro (texto em RDSCOR, 1992, pág. 63-64), depois de qualificar a situação na Somália como uma ameaça à paz, no parág. 4, afirma: "Further demands that all parties, movements and factions in Somalia immediately cease and desist from all breaches of international humanitarian law".

[1483] Assim, entre muitas outras: a Resolução 662 (1990), de 9 de Agosto, parág. 1 e Resolução 664 (1990), de 18 de Agosto, parág. 3 (textos em RDSCOR, 1990, pág. 20 e 21), que declaram a nulidade da anexação do Kuwait pelo Iraque.

[1484] Caso dos inquéritos compulsivos realizados no Iraque para apurar a existência de armas proibidas pelos termos da citada Resolução 687 (1991), tal como esta estabelece no seu parág. 9, b)i). Ver igualmente a Resolução 1284 (1999), de 17 de Dezembro (texto cm RSSC, 1999, pág. 86), parág. 1, que cria a Comissão de Monitorização, Verificação e Inspecção das Nações Unidas (UNMOVIC) em substituição da anterior comissão especial de inspecção; ambas aprovadas nos termos do Capítulo VII.

[1485] Igualmente neste sentido: Ernest L. Kerley, *The Powers of Investigation of the United Nations Security Council*, AJIL, Vol. 55, 1961, pág. 892-918, na pág. 901-902.

[1486] Exemplo paradigmático será, numa situação de iminência de conflito, impor a retirada parcial a ambas as partes dos seus exércitos que se encontrem concentrados ameaçadoramente na sua fronteira. Claro está, uma ordem desta espécie não seria simples de fazer cumprir, mas no plano jurídico seria plenamente válida.

[1487] Este preceito tem sido subestimado pela maioria da Doutrina quanto à amplitude dos poderes jurídicos que confere. Ver, porém, em sentido semelhante ao que se defende: A. Arend/R. Beck, *International Law* (…), cit., pág. 48; N. White, *The UN Security Council* (...),

últimas decisões deverão ser declarativas da situação jurídica dos Estados, pois estão sujeitas ao Direito Internacional Costumeiro, incluindo o dispositivo, pelo menos quando se tratar de uma situação permanente[1488]. Consequentemente, o papel do Conselho será essencialmente jurisdicional, impondo jurídico-formalmente uma solução que ambas as partes já tinham, ao menos teoricamente, o dever de respeitar.

Especificamente no seio das suas faculdades bélicas compreende-se a de decidir o uso da força sob sua direcção suprema, por meio de contingentes militares cedidos voluntariamente[1489] pelos Estados membros ou por organizações intergovernamentais ou, em última análise, por recurso a efectivos recrutados directamente[1490]. Em alternativa, pode habilitar Estados membros organizados regionalmente, organizações regionais ou, à luz da prática, Estados membros organizados para o efeito, a usar a força com vista a executar as suas decisões obrigatórias[1491].

---

cit., parág. 27-28; O. Schachter, *United Nations Law in the Gulf Conflict*, cit., pág. 456-457 (apoia as decisões do Conselho na Resolução 687 com base no artigo 39); outros autores aceitam a figura à luz da prática: T. Franck, *Lessons* (…), cit., pág. 857-858. Igualmente Robert Jennings, *Kosovo and International Lawyers*, ILF, Vol. I, No. 3, 1999, pág. 166-170, na pág. 169-170 (considera que o Conselho tem competência para tomar "policy decisions", a pensar em questões como o destino do Kosovo); Clyde Eagleton, *The Charter Adopted at San Francisco*, APSR, Vol. 39, No. 5, 1945, pág. 934-942, na pág. 937 e 941 (afirma que a Carta não é clara, embora entenda que o Conselho tem um poder que na prática é equivalente; isto é, considerando a alternativa uma ameaça à paz, pode exercer os seus poderes compulsivos e bélicos no sentido de impor na prática uma determinada solução; o que Eagleton concretiza em *Palestine and the Constitutional Law of the United Nations*, AJIL, Vol. 42, No. 2, 1948, pág. 397-399, na pág. 398-399). G. Fitzmaurice, *Dissenting Opinion*, em *Legal Consequences for States* (…), cit., *I.C.J. Reports* 1971, pág. 294, parág. 115, afirma "The Security Council might, after making the necessary determinations under Article 39 of the Charter, order the occupation of a country or piece of territory in order to restore peace and security, but it could not thereby, or as part of that operation, abrogate or alter territorial rights". Concorda-se que os não pode alterar, a questão é saber se os pode declarar ou "esclarecer", numa actividade essencialmente jurisdicional.

Contra, negam que o Conselho possa decidir questões de fundo à luz do Capítulo VII, pelo menos alterando a situação jurídica das partes: Philippe Manin, *L'Organisation des Nations Unies et le maintien de la paix – Le respect du consentement de l'Etat*, Paris, 1971, pág. 31 (nega que o artigo 39 possa constituir base para adoptar decisões obrigatórias); U. Villani, *L'Intervento* (...), cit., pág. 57-59; P. Picone, *Interventi delle Nazioni Unite* (…), cit., pág. 550-551.

[1488] Ver, *infra*, parág. 83.

[1489] Visto que o artigo 43, n.º 1 e n.º 3, quanto à obrigatoriedade de celebrar acordos nesse sentido, parece ter perdido vigência (ver, *infra*, parág. 58.1).

[1490] Ver, *infra*, parág. 58.3 e 58.4.

[1491] Ver, *infra*, parág. 70-75.

Também a Assembleia Geral tem competência para adoptar medidas de fundo para a resolução de qualquer questão nos termos do artigo 14 CNU[1492]. Claro está, não o poderá fazer de forma vinculativa, visto somente poder adoptar recomendações. Contudo, literalmente, os pressupostos da sua competência são menos rigorosos do que os do Conselho, mesmo à luz do Capítulo VI. Este apenas pode actuar numa questão cuja subsistência possa "constituir um perigo para a manutenção da paz e da segurança internacionais". Já a Assembleia Geral pode actuar em relação a questões que "julgue prejudicial ao bem-estar geral ou às relações amistosas entre nações" (artigo 14 CNU)[1493].

Ainda assim, apenas pode ser qualificado como um poder público uma competência para adoptar tais medidas de fundo com eficácia vinculativa. De facto, o carácter obrigatório é um elemento fundamental da noção de acto de exercício de um poder jurídico[1494]. Quer a competência da Assembleia, quer a do Conselho à luz do Capítulo VI, não integram portanto aquele poder, já que os seus actos têm o valor de uma mera recomendação, isto é, não vinculativa[1495].

**37. Atribuídas à Comunidade Internacional.** Tendo em conta o carácter consuetudinário dos poderes atribuídos às Nações Unidas, é possível pois concluir que igualmente a Comunidade Internacional é titular destes.

---

[1492] O artigo 14 tem a sua origem remota no artigo 19 do Pacto da Sociedade das Nações relativo à revisão (dita "pacífica", por contraste com o método tradicional de revisão, por meio de um tratado de paz na sequência de uma guerra, em que o vencedor impunha as suas condições ao vencido) dos tratados em função de uma evolução das circunstâncias. Isto é, à luz do seu regime, tendo em conta a figura da Alteração de circunstâncias, era possível a intervenção da Assembleia da Sociedade, que poderia convidar as partes a proceder à revisão de tratados ou à alteração de determinadas situações. O artigo 14 viria a consagrar de forma pouco clara um regime semelhante. Mas a sua relevância vai bastante para lá deste domínio e os poderes que confere à Assembleia Geral são mais amplos do que os que o artigo 19 concedia. Sobre o artigo 14, ver, *infra*, parág. 43.2 e 44.1.

[1493] Sobre estas noções, ver, *infra*, parág. 79.

[1494] Neste sentido, igualmente o Tribunal Internacional de Justiça, por força da obrigatoriedade dos seus actos em relação às partes exerce um poder. A sua qualificação como público depende da sua representatividade em relação à Comunidade Internacional. Tendo em conta que constitui um órgão das Nações Unidas e graças à eleição dos seus membros pela Assembleia Geral e pelo Conselho de Segurança é possível, pois, sustentar que igualmente o Tribunal exerce um poder público no domínio da manutenção da paz que, porém, é bem mais limitado.

[1495] Sobre o carácter não vinculativo das competência do Conselho à luz do Capítulo VI, ver, *infra*, parág. 49.3.

Como ficou escrito, não faria sentido considerar que a entidade criada goza de mais poderes do que a entidade criadora à luz do Direito Costumeiro[1496].

Deste modo, o poder público consuetudinário da Comunidade compreende a faculdade de estabelecer proibições de certos actos, mas igualmente a de impor soluções de fundo para questões cuja falta de resolução coloque em perigo a paz, tenha levado a uma ruptura desta ou a uma agressão. A existência de uma situação desta espécie é um pressuposto fundamental destas.

Mas estas faculdades, tal como as das Nações Unidas, encontram-se estruturalmente direccionadas para a decisão de um caso individual e concreto, não podendo ter carácter geral e abstracto, ainda que possam dar lugar a actos que terão um efeito genérico em relação aos seus destinatários[1497].

Com efeito, sendo pressuposto da sua actuação autoritária, a existência de uma ameaça à paz, ruptura da paz ou agressão, resulta claro que estes se encontram estruturalmente limitados a determinados casos concretos. Mesmo que uma corrida aos armamentos a nível mundial possa ser considerada como uma ameaça à paz, à luz da Carta, o Conselho não é competente para determinar em termos gerais e abstractos a proibição de certas armas ou a sua limitação a determinados níveis em abstracto. De idêntico forma, a Comunidade Internacional não deve ser considerada como titular de poderes mais extensos, por evidente falta de prática que apoie tal conclusão.

As suas faculdades bélicas são idênticas às que cabem às Nações Unidas, podendo usar a força directamente por meio de forças comandadas por indivíduos que respondem exclusivamente perante si; ou, em alternativa, habilitar Estados ou entidades por estes criadas a usar a força com vista a executar as suas decisões.

As suas decisões e, em geral, as suas actuações, encontram-se ainda sujeitas a determinados limites jurídicos[1498]. Mas para levar ao cumprimento destas decisões goza da faculdade de recorrer a uma série de medidas compulsivas que podem culminar na utilização da força.

---

[1496] Ver, *supra*, parág. 21.
[1497] Ver, *supra*, parág. 36.
[1498] Sobre os pressupostos e limites deste poder, ver, *infra*, parág. 77-89.

## V – Natureza.

**38. Causas de justificação e excepções jurídicas.** Tem-se designado o poder público bélico como um poder colectivo do conjunto dos Estados, actualmente exercido pelas Nações Unidas. Mas cabe esclarecer se este se baseia numa causa de exclusão da ilicitude ou se constitui uma verdadeira excepção à proibição de recurso à força. A questão está longe de ser destituída de relevância prática[1499].

Existe uma corrente doutrinária que sustenta que as causas de exclusão da ilicitude mais não são do que elementos negativos da proibição e, portanto, excepções a esta[1500, 1501]. Desta perspectiva, claro está, a questão

---

[1499] Alguma Doutrina manifesta dúvidas quanto à relevância da distinção entre estas figuras: V. Lowe, *Precluding Wrongfulness* (...), cit., pág. 408.

[1500] O próprio Tribunal Internacional de Justiça numa passagem infeliz referiu-se às alegações dos EUA quanto ao uso da força como: "exceptions or justifications contained within the rule itself" (cfr. *Military and Paramilitary Activities*, cit., *I.C.J. Reports* 1986, pág. 98, parág. 186). Mas nada sugere que o Tribunal se estivesse a referir a verdadeiras causas de justificação. Este estaria a pensar nas teses restritivas quanto ao âmbito da proibição de uso da força e igualmente no uso da força pelo Conselho de Segurança, esta sim, como se procura demonstrar (ver, *infra*, parág. 39) uma excepção interpretativa ao artigo 2, n.º 4 e 53, n.º 1, segunda parte, CNU. De qualquer forma, posteriormente adoptou posições sobre a natureza e efeitos das causas de justificação incompatíveis com esta posição [cfr. *Case Concerning The Gabcíkovo-Nagymaros* (...), cit., *I.C.J. Reports* 1997, pág. 39, parág. 48 e pág. 63, parág. 10; ver citação *infra*, neste parágrafo].

[1501] Trata-se da posição de H. Kelsen, *The Draft Declaration* (...), cit., pág. 262 e 265, que rejeita que a legítima defesa seja um direito, entendendo que o artigo 2, n.º 4 simplesmente não proíbe o uso da força em legítima defesa. Tal está ligado à sua posição negativista quanto à autonomia da figura do direito subjectivo (pág. 264). A Comissão de Direito Internacional, no parág. 10 do comentário introdutório ao Capítulo V do seu citado Projecto sobre responsabilidade dos Estados de 1996, critica correctamente esta posição e seus defensores (cfr. YILC, 1979, Vol. II, Part 2, pág. 108-109, nota 13 e 14). Isto apesar de no comentário 1 ao artigo 21 do Projecto de 2001 (cfr. RILC, 2001, pág. 177) parecer sugerir em termos infelizes que a legítima defesa é uma excepção e não uma causa de justificação. A nível da Doutrina do Direito Penal esta teoria é apelidada de teoria dos elementos negativos do tipo. Daí a identidade defendida pelos seus defensores entre causa de exclusão da tipicidade e da ilicitude.

da relevância da distinção entre ambas não teria razão de ser. Não se considera, contudo, de aceitar tal posição. Embora se encontrem algumas semelhanças entre o regime de uma excepção e uma causa de justificação, estas são estruturalmente distintas e seguem regimes jurídicos distintos.

Mas primeiro que tudo, é necessário identificar o que entender por uma excepção. De facto, existem situações de não aplicação de uma norma que derivam do sentido dessa mesma norma. Aqui em rigor não existe uma verdadeira excepção, é tudo uma questão de interpretação. É o que se pode denominar como excepções interpretativas[1502]. A mesma solução vale para uma situação em que literalmente não é o próprio preceito a retirar uma questão do seu âmbito, mas um outro. Neste caso a norma obtida por interpretação sistemática contém o contributo de mais do que um preceito da fonte, como é normal, mas é ainda a previsão da própria norma a considerar que aquele caso não se encontra abrangido[1503]. Estas excepções são puramente interpretativas.

Uma verdadeira excepção existirá apenas em situações como a que se verifica quando é criada uma derrogação para um caso particular a uma determinada norma vigente por meio de um acto posterior que deixa intocado o conteúdo da norma, incluindo o seu âmbito de aplicação. Isto significa que o acto posterior em causa deve reportar-se a uma situação concreta. Este acto torna perfeitamente lícitos comportamentos que à primeira vista violam a norma em causa. O acto tem, pois, uma natureza constitutiva (embora dependa de uma outra norma, de competência, cuja aplicação se concretiza por meio deste acto constitutivo), criando uma situação jurídica nova no caso concreto que suspende eventuais direitos subjectivos contrários, sem verdadeiramente alterar o Direito[1504]. Tudo se passa como se existisse uma excepção interpretativa, como se a própria norma se considerasse inaplicável àquela situação.

---

[1502] Assim, o artigo 2, n.º 4 CNU apenas se aplica ao uso da força nas relações internacionais. Isto significa que a utilização interna da força se encontra fora do seu âmbito. Não se trata, pois, de uma verdadeira excepção, mas de uma mera excepção interpretativa (ver, *supra*, parág. 15.1).

[1503] Assim, se o artigo 2, n.º 4 CNU não fizesse referência à limitação do seu âmbito às relações internacionais, seria ainda possível concluir que era esse o sentido da previsão da sua norma por contraposição com a referência a este carácter constante do dever de resolução pacífica de apenas as controvérsias internacionais no artigo 2, n.º 3 CNU.

[1504] Era o que se passava tradicionalmente com o estado de guerra; ver, *supra*, parág. 10.2.

Pelo contrário, as causas de justificação operam por meio de uma verdadeira colisão de normas. A norma justificativa não limita interpretativamente a previsão da norma primária (proibitiva ou impositiva). As suas previsões coincidem parcialmente, já que a da norma primária é mais ampla, mas as suas estatuições são opostas[1505]. Existe, pois, uma colisão que é ainda resolvida interpretativamente, mas apenas num segundo momento por intervenção de uma segunda norma justificativa e não simplesmente pelo afastamento imediato interpretativo (por força da própria norma primária por ser inaplicável ao caso) da norma primária.

Ora, este compasso jurídico tem consequências. Os actos praticados no uso de uma causa de justificação são ainda considerados um mal, algo a evitar, pois entram em colisão com efectivos direitos de terceiro, isto é, com as obrigações do Estado que a exerce. Porém, perante circunstâncias especiais, nos termos desta segunda norma, entende-se que, na medida em que forem efectivamente necessários e proporcionais, que os seus actos podem ser considerados justificados.

Daí decorre que a norma proibitiva integra o Direito primário, enquanto a norma justificativa integra o Direito secundário da Responsabilidade Internacional[1506]. Tal deve-se à circunstância de em rigor a norma não delimitar o âmbito do Direito primário, ao contrário com o que se passa numa situação de excepção interpretativa. A norma primária permanece plenamente em vigor e apenas a sua aplicação concreta a determinado acto ou actos é prejudicada pela eficácia da norma justificativa. Se se estiver perante uma obrigação de um tratado bilateral entre partes simples, isto é, que vincule apenas duas entidades, a obrigação pode ser totalmente inaplicável, mas continua a vincular o Estado que apenas pelo recurso à causa de justificação pode tornar lícito o seu desrespeito. Daí igualmente o facto de as causas de justificação serem compatíveis com a existência de um dever de indemnizar por facto lícito, mesmo que este não seja aplicável no caso da legítima defesa[1507, 1508].

---

[1505] Norma primária: usar a força é proibido. Norma justificativa: usar a força perante um ataque armado é lícito.

[1506] É esta a circunstância que explica o tratamento desta matéria pela Comissão de Direito Internacional no seu Projecto. Neste sentido: J. Crawford, *Revising* (...), cit., pág. 445.

[1507] Assim, o Tribunal Internacional de Justiça afirmou: "The state of necessity claimed by Hungary – supposing it to have been established – thus could not permit of the conclusion that, in 1989, it had acted in accordance with its obligations under the 1977 Treaty or that those obligations had ceased to be binding upon it. It would only permit the affirmation that, under the circumstances, Hungary would not incur international responsibility by acting as it did. Lastly, the Court points out that Hungary expressly acknowledged that, in any event, such

O descrito meio de funcionamento da norma justificativa torna também difícil a sua invocação concreta enquanto causa de justificação de um determinado comportamento.

Assim, ao nível do Direito substantivo, como ficou escrito, perante uma incerteza quanto à existência ou âmbito de uma causa de justificação, prevalece a norma cujo desrespeito se pretendia justificar, sendo a actuação ilícita. Isto é, se é discutível se, por exemplo, a legítima defesa justifica certas actuações, deve-se entender que a acção é ilícita. Já se se estiver a discutir a existência de uma excepção, isto é, se a norma proibitiva se aplica à actuação em causa ou não, a incerteza neste ponto favorece o Estado que agiu. Sem existência da norma proibitiva, a actuação do Estado não pode ser considerada como ilícita, não sendo necessário invocar qualquer segunda norma justificativa. Dado que os Estados, por força do princípio de liberdade que vigora quanto à sua actuação, apenas podem ser vinculados por força da vigência de normas (regra ou princípio geral) com tal sentido limitativo, uma indeterminação no Direito primário favorece-os[1509].

Igualmente, a nível processual da prova, provados os factos relativos ao desrespeito da norma proibitiva, cabe ao Estado responsabilizado o ónus de provar os factos constitutivos da causa de justificação que alega e do respeito dos requisitos exigidos no seu exercício[1510]. Assim já não se passariam

---

a state of necessity would not exempt it from its duty to compensate its partner" [cfr. *Case Concerning The Gabcíkovo-Nagymaros* (…), cit., *I.C.J. Reports* 1997, pág. 39, parág. 48; ver também pág. 63, parág. 10].

[1508] Ver, *supra*, sobre as causas de exclusão da responsabilidade, parág. 11.

[1509] Ver, *supra*, parág. 10.3.

[1510] Efectivamente, como é pacífico, o ónus da prova dos factos cabe ao Estado que acusa outro de certa acção como corolário da regra *actori incumbit probatio*. Como afirmou o Tribunal Internacional de Justiça: "Both Cambodia and Thailand base their respective claims on a series of facts and contentions which are asserted or put forward by one Party or the other. The burden of proof in respect of these will of course lie on the Party asserting or putting them forward" [cfr. *Temple of Preah Vihear* (Cambodia v. Thailand), Merits, Judgment 15 June 1962, *I. C. J. Reports* 1962, pág. 6, na pág. 16] e "it is the litigant seeking to establish a fact who bears the burden of proving it" [cfr. *Military and Paramilitary Activities in and against Nicaragua* (Nicaragua v. United States of America), *I.C.J. Reports* 1984, pág. 437, parág. 101]. Ver igualmente Mojtaba Kazazi/Bette E. Shifman, *Evidence before International Tribunals – Introduction*, ILF, Vol. 1, No. 4, 1999, pág. 193-196, na pág. 196; Eduardo Valencia-Ospina, *Evidence before the International Court of Justice*, ILF, Vol. 1, No. 4, 1999, pág. 202-207, na pág. 203.

Mas, por isso mesmo, provados os factos que se enquadram na previsão da norma proibitiva, cabe ao Estado acusado demonstrar os factos constitutivos de qualquer causa de justificação que lhe seja favorável. Não tem de ser o autor a demonstrar que não estavam

as coisas caso a conduta não fosse normalmente ilícita. Não sendo os factos reconduzíveis a qualquer norma proibitiva, claro está, o caso morreria imediatamente. Deste modo, cabe à entidade que pretende invocá-la o ónus de demonstrar os factos pressupostos.

Depois, estes pressupostos e o respeito dos limites a que está sujeito o exercício de uma causa de justificação são estritamente vinculados. A margem de apreciação que cabe ao Estado, embora seja diferente de causa para causa (sendo ainda relevante na legítima defesa e em certas formas de represálias, mas mínima nas restantes causas), é restrita. Também o regime no que diz respeito aos seus limites é rigoroso, embora mais uma vez varie em função da causa de justificação em concreto[1511].

Destas características resultam outros elementos importantes de diferenciação em relação às excepções efectivas. Por um lado, estas não se encontram vinculadas nos mesmos termos. Por outro lado, a situação jurídica de um sujeito que pode invocar uma causa de justificação é automática, decorre da Ordem Jurídica sem mediação prévia de qualquer instância. Pelo contrário, uma utilização da força no exercício de uma verdadeira excepção depende de um acto formal constitutivo. Apenas as excepções aparentes, isto é, meramente interpretativas, serão igualmente automáticas.

**39. Apreciação.** Cabe agora apreciar aspectos do regime jurídico do poder público bélico e confrontá-los com o quadro descrito de diferenças entre uma excepção e uma causa de justificação com vista a decidir qual a natureza daquele. Se se trata de uma causa de justificação, uma excepção puramente interpretativa ou efectiva.

O primeiro ponto a ter em conta é que este poder não está sujeito a um prejuízo de ilicitude, antes pelo contrário goza de uma presunção de legitimidade, especialmente quanto à decisão de o exercer[1512], mas igualmente

---

reunidos os seus pressupostos [também neste sentido: Q. Wright, *The Outlawry of War and the Law* (...), cit., pág. 370; M. Higginbotham, *International Law, the Use of Force* (…), cit., pág. 547; Kaiyan Kaikobad, *Self-Defence, Enforcement Action and the Gulf Wars, 1980-1988 and 1990-1991*, BYIL, 1992, vol. LXIII, pág. 299-366, na pág. 304].

[1511] Este aspecto é explorado a propósito da questão das diferenças quanto à aplicação do Direito Humanitário, *infra*, parág. 82.2.

[1512] Assim, o Tribunal Internacional de Justiça afirmou em tese geral: "when the Organization takes action which warrants the assertion that it was appropriate for the fulfillment of one of the stated purposes of the United Nations, the presumption is that such action is not *ultra vires* the Organization" [cfr. *Certain expenses of the United Nations* (Article 17, paragraph 2 of the Charter), Advisory Opinion of 20 July 1962: *I. C. J. Reports* 1962, na pág. 168]. Mais tarde, reafirmaria a mesma posição: "A resolution of a properly constituted organ of the

em relação ao modo concreto como foi exercido no terreno. Encontra-se, pois, numa situação diametralmente oposta. Cabe à entidade que pretende impugná-lo o ónus de demonstrar os factos que justificam a alegação da sua antijuridicidade. Este regime justifica-se no entendimento de que, embora deva ser excepcional, a utilização da força cabe à Comunidade. Porém, no plano do Direito, esta presunção não preclude a possibilidade de um controlo[1513] dos actos de exercício do poder público. Implicará tão somente que, não sendo possível, por força do carácter indeterminado dos seus pressupostos e flexibilidade dos seus limites, concluir de forma clara que estes actos são contrários ao Direito aplicável, se terá de considerar que estes são efectivamente lícitos/válidos.

Também quanto ao grau de vinculação, a situação em que se encontra a entidade que exerce este poder público é completamente distinta. Este é um poder discricionário, embora o seu exercício deva ser limitado, designadamente, pelo acto de delegação, caso exista. Cabe-lhe não apenas o poder de apreciar com alguma autonomia a situação de facto, como igualmente a necessidade (adequação e minimização dos danos), bem como a proporcionalidade, das medidas a adoptar. Este seu carácter discricionário torna

---

United Nations which is passed in accordance with that organ's rules of procedure, and is declared by its President to have been so passed, must be presumed to have been validly adapted" [cfr. *Legal Consequences for States* (…), cit., *I.C.J. Reports* 1971, pág. 22, parág. 20]. Deixou a mesma posição implícita em *Questions of Interpretation and Application of the 1971 Montreal Convention arising from the Aerial Incident at Lockerbie* (Libyan Arab Jamahiriya v. United States of America), *I. C. J. Reports* 1992, pág. 126-127, parág. 41-42.

Também neste sentido: Mohamed Shahabuddeen, *Separate Opinion*, em *Questions of Interpretation* (…) (Libya v. USA), *I. C. J. Reports* 1992, pág. 140; Mohammed Bedjaoui, *Dissenting Opinion*, em *Questions of Interpretation* (…) (Libya v. USA), *I. C. J. Reports* 1992, pág. 156, parág. 27; I. Brownlie, *International Law and the Use of Force* (…), cit., pág. 335; E. Lauterpacht, *The Legal Effect of Illegal Acts of International Organisations*, em *Cambridge Essays in International Law – Essays in Honour of Lord McNair*, London, 1965, pág. 88-121, na pág. 117; Edward Gordon, *The World Court and the Interpretation of Constitutive Treaties*, AJIL, Vol. 59, No. 4, 1965, pág. 794-833, na pág. 831; Ebere Osieke, *The Legal Validity of Ultra Vires Decisions of International Organizations*, AJIL, Vol. 77, 1983, pág. 239-256, na pág. 248; Derek Bowett, *The Impact of Security Council Decisions on Dispute Settlement Procedures*, EJIL, Vol. 5, 1994, pág. 89-101, na pág. 93 e 101; G. Capaldo, *Verticalità* (…), cit., pág. 86-87. Ver, porém, as reservas a esta presunção de Bernd Martenczuk, *The Security Council, the International Court and judicial review: What lessons from Lockerbie*, EJIL, Vol. 10, No. 3, 1999, pág. 517-547, na pág. 538-539. Ver, mais desenvolvidamente a propósito do controlo por Estados dos actos das Nações Unidas, *infra*, parág. 91.2.1.

[1513] Como sublinha B. Martenczuk, *The Security Council* (…), cit., pág. 539.

consequentemente relativamente limitado um controlo jurídico que se pretenda exercer sobre estes aspectos, embora este seja viável[1514].

De facto, os Estados não atribuíram à Comunidade, de que são elementos constitutivos, o poder de os vincular por um acto unilateral de vontade livre de limites. A Comunidade, ou a entidade por si criada para o efeito, não podem, pois, decidir recorrer à força arbitrariamente, mas somente perante situações de alguma gravidade, com medidas que visem em última análise a manutenção ou reposição da paz e segurança internacionais[1515]. O exercício do poder público bélico não é livre, não se baseia num puro acto de vontade. Mas também não é inteiramente vinculado, puramente executivo, como o serão tendencialmente as causas de justificação no que diz respeito à reunião dos seus pressupostos e âmbito dos seus limites; antes se caracteriza por uma apreciável margem de autonomia no seu exercício[1516].

Também o próprio regime de limitação deste poder quanto ao rigor da necessidade e proporcionalidade, embora teoricamente seja idêntico ao da legítima defesa, na realidade é mais tutelador da entidade que o exerce por força da referida presunção de licitude[1517].

Genericamente, pode dizer-se que o exercício do poder público bélico, ainda que deva ser excepcional, é o meio bélico normal, enquanto as causas de exclusão da ilicitude são estritamente subsidiárias. Por este motivo, entende-se que qualquer uso privado da força é por si desvalioso e necessita de uma justificação que cabe ao seu autor. O exercício daquele poder público não é por si desvalioso, goza de uma excepção, embora sujeita a restrições, não tendo de se basear numa causa de justificação.

Destas características jurídicas, só por si, pode-se concluir que o poder público bélico não constitui uma causa de justificação. Tal como se passa nos Ordenamentos internos, onde aquele compete na maioria dos casos ao Poder Judicial que, por meio de mandados de busca ou captura, habilita a Administração a usar a força (sem prejuízo de esta a poder utilizar com base em qualquer causa de justificação), também em Direito Internacional Público esta figura se distingue das meras causas de justificação.

---

[1514] Sobre a sua amplitude e regime desta autonomia e do seu controlo, ver, *infra*, parág. 77.

[1515] Ver, sobre o regime dos pressupostos e limites ao exercício do poder público bélico, *infra*, parág. 78-89.

[1516] Ver, *infra*, parág. 77.

[1517] Ver, *infra*, parág. 87-88.

Assim, embora o artigo 53, n.º 1, segunda parte, CNU, concretize o artigo 2, n.º 4 em relação às organizações regionais e internacionais em geral, este não é aplicável às Nações Unidas, enquanto entidade especial criada pela Comunidade Internacional. Isto é, não existe uma norma internacional que proíba as Nações Unidas de utilizar a força cujo desrespeito tenham de justificar com base numa causa de exclusão da ilicitude. Antes existem normas que lhes atribuem o poder de utilizar essa força: o artigo 42 da Carta e a correspondente norma costumeira.

Mas, excluído que se trate de uma causa de justificação, deve-se questionar se este poder poderá em algum caso ser qualificado como uma excepção, seja aparente ou efectiva.

A utilização da força pela Comunidade Internacional ou pelas Nações Unidas não se encontra proibida, mas somente limitada. Desta forma, esta somente poderá ser considerada uma excepção aparente em relação à proibição do uso privado da força constante do artigo 2, n.º 4 CNU e, mais em particular, do artigo 53, n.º 1, segunda parte, CNU. De facto, as Nações Unidas gozam de uma excepção em relação a estas duas normas, mas que é puramente interpretativa, já que estas simplesmente não visam aplicar-se a esta organização.

Mas existem situações em que o exercício do poder público bélico (em sentido amplo) constitui uma excepção efectiva, quer ao artigo 2, n.º 4, quer ao artigo 53, n.º 1, segunda parte, CNU. É o caso do denominado uso privado habilitado[1518]. Aqui o Conselho por meio de um acto de habilitação constitutivo permite a Estados ou organizações a utilização da força à margem de qualquer causa de justificação, portanto com um regime paralelo ao do poder público bélico. Em relação aos primeiros, trata-se claramente de uma efectiva excepção em relação ao artigo 2, n.º 4, já que nesta situação normalmente utilizam a força em termos que ficam proibidos por esta norma. E fazem-no não no exercício de qualquer causa de justificação[1519] ou numa excepção interpretativa, mas com base num acto constitutivo que cria uma situação jurídica nova, quer para os destinatários da habilitação, quer para a entidade que será alvo do exercício desta. Encontram-se, pois, reunidos os requisitos da existência de uma verdadeira excepção tal como ficou delineada.

---

[1518] Ver, *supra*, parág. 5 e 9 e, *infra*, parág. 70-75.

[1519] Contra, considerando que a "delegation" do Conselho constitui uma causa de justificação: V. Gowlland-Debbas, *The limits of* (...), cit., pág. 368 e 371.

Mas o mesmo se passa em relação ao artigo 53, n.º 1, segunda parte. De facto, este preceito contém não uma, mas duas normas[1520]. Uma primeira que proíbe a utilização da força por estruturas regionais e uma segunda que cria uma excepção efectiva à primeira, permitindo esse uso com base numa habilitação do Conselho de segurança[1521].

Concluindo, dado que não existe uma proibição internacional de recurso à força aplicável à Comunidade Internacional, ou a uma entidade criada por esta para exercer o poder público, a utilização das suas faculdades bélicas por esta não é uma excepção efectiva em relação à proibição de utilização privada da força. Esta Comunidade goza de uma excepção interpretativa em relação àquela proibição. A Comunidade Internacional é, portanto, titular de um poder bélico que está somente sujeito a determinados pressupostos e a alguns limites quanto seu exercício. Estes limites derivam do facto de, apesar de não vinculada pela referida proibição, a comunidade se encontar obrigada ao respeito pelos direitos dos estados em geral, sem prejuízo de os poder restringir no exercício do seu poder. Entidades que o exerçam em seu nome ficam sujeitas ao mesmo regime.

Mas quer enquanto poder originário comunitário, quer como poder derivado, esta faculdade constitui em ambos os casos um poder já que permite a alteração unilateral da situação jurídica de terceiros e não segue o regime das causas de justificação. Este poder público, que compreende faculdades executivas bélicas, é um monopólio da Comunidade Internacional, visto que lhe cabe exclusivamente. Como se procurou demonstrar, nem os Estados isoladamente, nem quaisquer comunidades (ou organizações por estas criadas) regionais podem actualmente reivindicar poder paralelo. Também em Direito Internacional Público existe, pois, uma entidade que tem o monopólio do exercício legítimo da força[1522] enquanto poder, restando a cada elemento da Comunidade faculdades de utilização desta somente com base em causas de justificação em relação à proibição a que se encontram sujeitas.

Claro está, tal monopólio quanto ao poder bélico só não é mais visível por força da faculdade que tem a Comunidade Internacional, ou qualquer

---

[1520] "But no enforcement action shall be taken under regional arrangements or by regional agencies without the authorization of the Security Council".

[1521] Ver, sobre este preceito, *supra*, parág. 9.3 e, *infra*, parág. 74 e 75.2.1.

[1522] Em sentido semelhante: H. Kelsen, *Collective Security* (...), cit., pág. 785-786; U. Villani, *L'Intervento* (...), cit., pág. 43; J. Miranda, *Direito* (...), 2000, cit., pág. 79-80; B. Fassbender, *The United Nations* (...), cit., pág. 566. Contra, falando apenas num quase-monopólio: H. Freudenschuß, *Kollektive Sicherheit*, cit., pág. 71.

entidade por si criada para o efeito, de habilitar entidades privadas a exercê-
-lo; bem como por força da dependência estrutural em que esta se encontra
em relação a estas mesmas entidades quanto à formação das forças que
sejam sujeitas ao seu comando ou, actualmente, ao das Nações Unidas[1523].
Outro factor é a liberalidade com que os Estados e outras entidades podem
ainda recorrer a causas de exclusão da ilicitude ou da responsabilidade para
usar unilateralmente a força nas suas relações internacionais[1524].

Cabe, finalmente, sublinhar ainda um último ponto quanto à sua
natureza. O poder público constitui um poder funcional, isto é, um dever
que inclui faculdades de alteração unilateral da situação jurídica de terceiros
cujo exercício confere uma apreciável discricionariedade, e não um direito.
Mesmo em relação à Comunidade Internacional, a associação deste poder
aos direitos bélicos tradicionais dos Estados, que veio substituir, não deve
fazer esquecer que se trata essencialmente de um corolário da proibição
privada de uso da força, que visa prevenir e reprimir as suas violações.
Deste modo, deve ser exercido pelos Estados no interesse colectivo e não
em função dos interesses privados de cada um destes. Em última análise,
tal como a proibição de uso da força, este poder público visa proteger os
indivíduos dos flagelos dos conflitos armados[1525, 1526].

Esta natureza de poder funcional tem consequências práticas relevantes.
Por um lado, os poderes consuetudinários da Comunidade, mesmo que
entregues às Nações Unidas, não podem ser por estas restringidos pontualmente (sem provocar uma alteração da norma internacional costumeira), o
que significa que devem ser considerados como atribuídos por uma norma
internacional *iuris cogentis*. Designadamente, os Estados membros ou mesmo
as Nações Unidas não podem limitá-los por meio dos seus actos[1527].

---

[1523] Ver sobre a constituição de forças públicas internacionais, *infra*, parág. 58.

[1524] Ver, *supra*, parág. 11-14.

[1525] É com o frisar deste objectivo que abre o preâmbulo da Carta: "Decididos: A
preservar as gerações vindouras do flagelo da guerra que por duas vezes, no espaço de uma
vida humana, trouxe sofrimentos indizíveis à humanidade" ("Determined to save succeeding
generations from the scourge of war, which twice in our lifetime has brought untold sorrow
to mankind"). Mesmo o preâmbulo do Pacto da Sociedade das Nações falava em "to achieve
international peace and security (...) in the dealings of organised peoples with one another".
Em última análise reconhecia-se que eram os Povos que se visava proteger e não apenas ou
sobretudo os interesses directos dos Estados.

[1526] Sobre esta natureza humanitária desta proibição, ver, *supra*, parág. 14.4.

[1527] Ver, *infra*, parág. 84.1 e 85.

Por outro lado, dado que o poder público deve ser exercido com vista a atingir determinados fins colectivos, isto é, públicos, a prossecução destes deve ser não só externa, mas ter igualmente um peso relevante na formação da vontade de cada órgão responsável por este exercício. Por conseguinte, mesmo em termos subjectivos, encontra-se vedada a sua utilização para fins exclusivamente privados. Esta proibição impõe mesmo aos Estados que, por meio do seu voto nas decisões quanto ao seu exercício, prossigam subjectivamente ao menos igualmente estes fins públicos e não somente os seus próprios interesses[1528].

---

[1528] Sobre a questão da relevância subjectiva dos fins e do desvio de poder, ver, *infra*, parág. 89.3.

...

Parte II

**Regime Jurídico**

## Capítulo I
### Exercício pelas Nações Unidas

**I – Introdução.**

**40. Preliminares.** Analisado o conceito de poder público bélico, bem como figuras que com este se relacionam, necessário se torna interpretar o seu regime vigente nesta Parte II.

A caracterização apresentada do poder público bélico foi realizada à luz do Direito Internacional Costumeiro, mas é necessário agora na análise do seu regime actual ter primeiramente em conta a Carta das Nações Unidas, já que esta introduz algumas limitações formais e orgânicas quanto ao seu exercício que não decorrem do Direito Costumeiro. Máxime, a transferência dos seus poderes de exercício para as Nações Unidas e, de forma mais relevante, no seu seio, para o Conselho de Segurança.

**41. Sistemática.** Esta análise do regime do poder público bélico encontra-se dividida em três partes. Inicia-se pelo presente Capítulo relativo à determinação das entidades com legitimidade para o exercer, bem como as condições formais a que se encontram sujeitas no seu exercício à luz da Carta.

A primeira entidade abordada é o órgão das Nações Unidas que materialmente se identifica com o titular originário deste poder, a Comunidade Internacional, a sua Assembleia Geral. Vigorando uma atribuição de poderes da primeira a favor das Nações Unidas, cabe apurar se aquela Comunidade ainda pode reassumir em alguma situação o seu poder ou exercê-lo através da Assembleia Geral. Especialmente, é necessário apurar se aquela atribuição apenas se extingue pela revogação da Carta, instrumento de que deriva, ou se a Comunidade Internacional pode recorrer a outro meio para a contornar. Segue-se uma análise da competência do Conselho de Segurança, das delegações que este pode conceder a órgãos das Nações Unidas, máxime, o Secretário-Geral, e, finalmente, das condições em que pode habilitar entidades exteriores à organização a utilizarem a força.

As duas partes seguintes correspondem aos pressupostos e limites deste poder e ao seu controlo e responsabilidade pelo seu exercício ilícito.

## II – Poder público originário?

**42. Introdução.** Tendo em conta o actual quadro jurídico vigente estabelecido pela Carta (artigo 24 e artigo 11, n.º 2, parte final) que aparentemente retira à Comunidade Internacional, mesmo por intermédio da Assembleia Geral, o exercício do poder público bélico, necessário se torna determinar em concreto se é possível àquela Comunidade reassumi-lo e em que condições.

Esta reassunção poderia dar-se por duas vias. Ou um exercício directo destes poderes por aquela Comunidade nos termos do Direito Internacional Costumeiro. Ou, tendo em conta a identidade substancial existente entre a Comunidade Internacional e a Assembleia Geral das Nações Unidas, um exercício daqueles poderes por meio deste órgão.

A primeira via ficou já referida. A Carta das Nações Unidas vincula os Estados membros e, deste modo, a Comunidade Internacional, de modo a que apenas com uma revogação ou, pelo menos, suspensão da Carta nos termos gerais do Direito Internacional dos Tratados, seria possível tal exercício originário[1529].

A segunda alternativa, o seu exercício através da Assembleia Geral, exige uma análise da sua compatibilidade com a Carta. Esta análise passa pela interpretação dos poderes da Assembleia Geral consagrados na Carta em matéria de paz e segurança internacionais. A questão decisiva é determinar se a Assembleia Geral tem competência para exercer poderes, isto é, alterar a situação jurídica dos Estados membros unilateralmente em matéria de manutenção da paz pela adopção de actos constitutivos. Mas porque igualmente por meio de actos puramente declarativos a Assembleia pode exercer actos com alguma semelhança, torna-se necessário iniciar a abordagem da questão pela análise destes últimos actos.

**43. Adopção de actos declarativos pela Assembleia Geral.** A Carta atribui à Assembleia Geral uma competência secundária em matéria de paz

---

[1529] Ver, *supra*, parág. 21, 23 e 27.

e segurança internacionais, como se retira do artigo 24 e do artigo 11, n.º 2, primeira parte, CNU[1530]. Para efeitos da análise da competência desta para a adopção de medidas, bélicas ou não, torna-se necessário distinguir, por um lado, a adopção de actos constitutivos, verdadeiras manifestações de poder público; e, por outro lado, a adopção de meros actos declarativos, incluindo a criação de estruturas executivas, máxime, operações de manutenção da paz.

Os actos constitutivos são aqueles que contêm medidas que não podem ser fundadas em qualquer causa de justificação ou outra norma do Direito Internacional Costumeiro. Deste modo, os seus únicos fundamentos jurídicos seriam o próprio acto que as criasse e a disposição da Carta que conferisse à Assembleia competência para o aprovar.

Actos declarativos, pelo contrário, são actos que embora devam ter um fundamento orgânico na Carta, visto que esta tem de reconhecer à Assembleia competência para os aprovar, encontram o seu fundamento substantivo no Direito Internacional Costumeiro. Isto é, a Assembleia limita-se a recomendar que sejam adoptadas medidas que o Direito Internacional já permitiria que fossem adoptadas, designadamente, pelos Estados membros independentemente de qualquer acto das Nações Unidas.

Dentro destes actos, caberá analisar se a Assembleia pode criar estruturas que visem garantir de forma consensual e isenta decisões adoptadas pelas Nações Unidas, ou pelas próprias partes, entre várias outras funções possíveis, isto é, operações de manutenção da paz[1531].

**43.1. Recomendação de medidas compulsivas declarativas.** No âmbito do exercício da sua competência secundária em matéria de manutenção da paz e segurança internacionais, a Carta permite à Assembleia Geral que esta adopte recomendações, seja a Estados membros, seja a Estados não membros, seja ainda ao Conselho de Segurança (artigo 11, n.º 2, primeira parte).

---

[1530] Deste modo, o Tribunal Internacional de Justiça afirmou: "The responsibility conferred is "primary", not exclusive. This primary responsibility is conferred upon the Security Council, as stated in Article 24, "in order to ensure prompt and effective action" (…). The Charter makes it abundantly clear, however, that the General Assembly is also to be concerned with international peace and security" [cfr. *Certain expenses* (…), *I. C. J. Reports* 1962, cit., pág. 163].

[1531] Com efeito, verificou-se já que o Direito Internacional Costumeiro permite a sua criação mesmo a Estados ou, no limite, mesmo a um único Estado, desde que com o consentimento das partes e no respeito das regras da isenção e do uso da força somente com fins de defesa (ver, *supra*, parág. 32.7).

A questão a colocar é se a Assembleia Geral pode por meio de uma recomendação qualificar uma dada situação como constitutiva de uma qualquer causa de justificação, mesmo a legítima defesa, e proclamar que o Estado vítima a pode legitimamente exercer. É necessário frisar que, nestes casos, se estará perante resoluções puramente declarativas. Ou seja, actos que se limitam a aprovar medidas legitimadas directamente pelo Direito Internacional Costumeiro.

Segundo se julga, trata-se de uma competência que lhe cabe. De facto, a Carta permite-lhe apreciar violações dos seus próprios termos, como decorre do artigo 14, parte final, CNU, fazer recomendações quanto a questões relativas à manutenção da paz (artigo 11, n.º 2, primeira parte, CNU) e mesmo chamar a atenção do Conselho para situações típicas do Capítulo VI (artigo 11, n.º 3 CNU). Logo, julga-se que resulta claro que pode e deve ocupar-se de situações mais graves de violações da Carta, como as resultantes de uma agressão, na sua forma mais drástica de um ataque armado. E que poderá pronunciar-se sobre os direitos que assistem à parte atacada, máxime, o recurso à legítima defesa. O artigo 11, n.º 2, parte final, não constitui obstáculo, visto que não se trata de decidir qualquer acção das Nações Unidas e muito menos uma acção constitutiva. Trata-se simplesmente de declarar a existência de um direito que decorre directamente do Direito Internacional Costumeiro e da Carta[1532].

A Assembleia limita-se a fornecer uma interpretação jurídica que terá um valor político enorme, mas será inútil se de facto for possível demonstrar que está errada, máxime, se tal demonstração for realizada por um tribunal[1533]. Esta conclusão vale ainda que se trate de recomendar aos Estados membros o exercício da legítima defesa colectiva. A resolução não atribui (ou retira) nada que as partes no litígio já não tivessem. Limita-se a declarar que se encontram reunidos os pressupostos de um direito e a incentivar ao seu exercício. Não é constitutiva do direito ou formalmente legitimadora do seu exercício.

Concluindo, julga-se legítimo que a Assembleia aprove resoluções apelando ao uso da força em legítima defesa, mesmo colectiva, desde que

---

[1532] O único obstáculo que se poderia vislumbrar seria o artigo 12, n.º 1 CNU, caso o Conselho se estivesse a ocupar da questão, mas este preceito perdeu praticamente toda a sua relevância jurídica por força da sua sistemática violação pela Assembleia, sem oposição consistente dos membros permanentes, principais Estados prejudicados (ver, *infra*, parág. 91.1).

[1533] E tal erro nem sequer poderá ser invocado para excluir a eventual responsabilidade do Estado ou Estados que recorrerem à força (ver, *infra*, parág. 101).

o Estado vítima do ataque armado tenha consentido no auxílio ou existam tratados de auxílio mútuo[1534]. Trata-se de conclusão confirmada pela prática da Assembleia[1535].

Aceita-se igualmente que aprove resoluções recomendando aos Estados a adopção de medidas coercivas não bélicas, designadamente, embargos comerciais totais ou parciais, aéreos, congelamento de bens, *etc.*, desde que estas se possam fundamentar em qualquer causa de justificação internacional, máxime, enquanto represálias por violação de obrigações *erga omnes*. A prática confirma igualmente este entendimento[1536, 1537].

---

[1534] Sobre os pressupostos da legítima defesa colectiva, ver, *supra*, parág. 12.7.

[1535] Assim, a Assembleia Geral na sua Resolução 2383 (XXIII), de 7 de Novembro de 1968 (texto em RDGAOR, 23rd Session, 1968, pág. 6-7), parág. 5, afirmou: "Calls upon the Government of the United Kingdom to use force in order to put an immediate end to the illegal regime in Southern Rhodesia", por força da declaração de independência por parte da minoria de origem europeia. Tratava-se de um poder que já cabia ao Reino Unido à luz do Direito Internacional Costumeiro (ver, *supra*, parág. 8 e 15.1), enquanto Potência administrante, de modo a evitar uma independência que não correspondesse a um exercício do direito de autodeterminação pela generalidade do Povo.

Igualmente na sua Resolução 46/242, de 25 de Agosto de 1992, preâmbulo (texto em RDGAOR, 46th Session, 1992, vol. II, pág. 6-7); Resolução 47/121 de 18 de dezembro de 1992, parág. 15 do Preâmbulo e parág. 7 (texto em RDGAOR, 47th Session, 1992, vol. I, pág. 44-45), Resolução 48/88 de 20 de Dezembro de 1993, parág. 17 e 18 (texto em RDGAOR, 48th Session, 1993, vol. I, pág. 40-42), e Resolução 49/10 de 3 de Novembro de 1994, parág. 22 e 23 (texto em RDGAOR, 49th Session, 1994, vol. I, pág. 9-10), considerou que a Bósnia-Herzegovina gozava do direito de legítima defesa e apelou aos Estados membros que alargassem a sua cooperação com esta no exercício daquele. Isto apesar do embargo de armas decretado pelo Conselho de Segurança (ver sobre a possibilidade de um controlo sobre este por parte da Assembleia, *infra*, parág. 91.1).

[1536] Com efeito, registam-se várias iniciativas da Assembleia Geral de adopção de resoluções com este conteúdo. Na sua Resolução 39 (I), de 12 de Dezembro de 1946 (texto em RDGAOR, 1st Session, 1946-1947, pág. 63), depois de qualificar o Governo Franquista espanhol como uma imposição do nazismo, a Assembleia apelou aos Estados membros que chamassem os chefes das suas representações diplomáticas em Madrid. Tratou-se ainda de uma mera retorsão, perfeitamente legítima, mas que abriu caminho a recomendações mais drásticas em questões posteriores.

Na sua Resolução 193 (III), de 27 de Novembro de 1948 (texto em RDGAOR, 3rd Session, 1948-1949, pág. 18-20), parág. 9, recomendou aos Estados (membros e não membros) que se abstivessem de assistir directa ou indirectamente por meio de algum Estado qualquer grupo armado em luta contra o Governo grego. Tratou-se de um embargo implícito à exportação de material bélico para a Albânia, Bulgária e Jugoslávia, dado o auxílio que estes estavam a prestar aos rebeldes na Grécia, como ficou comprovado pela comissão de inquérito nomeada pela Assembleia.

No conflito na Coreia, à altura Estado unitário não membro das Nações Unidas, a Assembleia, para lá de outras medidas bélicas (ver, *infra*, parág. 44.2), depois de ter qualificado a China como agressora na sua Resolução 498 (V), de 1 de Fevereiro de 1951, parág. 1, 3 e 5 (texto em RDGAOR, 5th Session, 1950-1951, pág. 1), aprovou a Resolução 500 (V) de 18 de Maio de 1951 (texto em RDGAOR, 5th Session, 1950-1951, pág. 2), em que no seu parág. 1, al. a) recomenda a adopção de um embargo de armas, e a outros produtos de utilidade bélica, contra o Governo chinês continental e autoridades do Norte da Coreia.

Na sua Resolução 1598 (XV), de 13 de Abril de 1961 (texto em RDGAOR, 15th Session, 1960-1961, pág. 5-6), depois de qualificar o então *Apartheid* na África do Sul como uma ameaça à paz, recomendou no parág. 3 a adopção de medidas contra esta que a levassem a alterar esta política, embora sem as especificar e exigindo a sua conformidade com a Carta. A sua posição endureceria com a Resolução 1761 (XVII), de 6 de Novembro de 1962 (texto em RDGAOR, 17th Session, 1962, pág. 9-10), onde recomenda, no parág. 4, para lá da ruptura das relações diplomáticas, um embargo marítimo, aéreo e comercial total. Pela sua Resolução 1899 (XVIII), de 13 de Novembro de 1963 (texto em RDGAOR, 18th Session, 1963-1964, pág. 46-47), considerou que a continuação da ocupação da Namíbia pela África do Sul constituiria "a serious threat to international peace and security" (ou seja, qualificando a situação ainda ao nível do Capítulo VI) e recomendou um embargo de armas e produtos petrolíferos contra esta (parág. 7). Na sua Resolução 2054 A (XX), de 15 de Dezembro de 1965 (texto em RDGAOR, 20th Session, 1965, pág. 16-17), volta a qualificar como uma ameaça à paz o regime Sul-Africano e chama a atenção do Conselho para a necessidade de utilizar os meios do Capítulo VII (parág. 6), com reafirmação da Resolução 1761 no preâmbulo, condenação dos Estados que a desrespeitaram (parág. 7) e apelo às Organizações do sistema das Nações Unidas para que suspendam a concessão de empréstimos e a cooperação com a África do Sul (parág. 10). Apelo reafirmado na sua Resolução 2105 (XX) de 20 de Dezembro de 1965 (texto em RDGAOR, 20th Session, 1965, pág. 3-4). Pela sua Resolução 2325 (XXII), de 16 de Novembro de 1967 (texto em RDGAOR, 22nd Session, 1967-1968, pág. 3-4), parág. 6, recomendou aos Estados com relações comerciais com a África do Sul que adoptassem medidas contra esta de forma a levarem-na a abandonar a Namíbia. Esta seria reafirmada pelo preâmbulo da sua Resolução 2372 (XXII), de 12 de Junho de 1968 (texto em RDGAOR, 22nd Session, 1967-1968, pág. 1-2), contendo recomendações idênticas (parág. 8-9). A tentativa de proscrever completamente a África do Sul por força da sua ocupação da Namíbia e do *Apartheid* seria levada ao extremo nos anos 80, designadamente, com a Resolução 36/121 B, de 10 de Dezembro de 1981 (texto em RDGAOR, 36th Session, 1981-1982, pág. 31-33), onde recomenda a todos os Estados a adopção de medidas que levem ao isolamento desta a nível político, económico, militar e cultural, enunciando uma séria de embargos diplomáticos, comerciais, financeiros e turístico, com limites exclusivamente humanitários.

Na Resolução 2107 (XX), de 21 de Dezembro de 1965 (texto em RDGAOR, 20th Session, 1965, pág. 62-63), considerou a manutenção das colónias portuguesas e a repressão dos movimentos de libertação como uma ameaça à paz (parág. 8 do preâmbulo), e recomendou aos Estados a retorsão da ruptura das relações diplomáticas, a represália da adopção de um embargo marítimo, aéreo e comercial, especialmente quanto a material bélico (parág. 7-8), apelando às organizações especializadas do sistema das Nações Unidas a cessação da cooperação com Portugal (parág. 9). Esta Resolução seria reafirmada pela Resolução 2184 (XXI), de 12 de Dezembro de 1966 (texto em RDGAOR, 21st Session, 1966, pág. 70-71), com especial ênfase no embargo ao comércio de meios bélicos (parág. 8) e apelando ao

Especialmente este último poder tem grande amplitude. Dado não existir uma proibição de recurso a represálias pacíficas, mas apenas alguns limites, os Estados podem recorrer a estas com limites semelhantes àqueles a que o Conselho de Segurança se encontra sujeito nos termos do artigo 41 e restante regime decorrente da Carta e do Direito Internacional Costumeiro[1538]. Isto significa que a Assembleia Geral pode recomendar a adopção de medidas semelhantes às decretadas pelo Conselho, dado se tratar de uma medida que o Direito Internacional autoriza aos Estados, mesmo não afectados, desde que se pretenda reagir contra violações de obrigações *erga omnes*. No entanto, a competência do Conselho tem pressupostos menos exigentes, já

---

Banco Internacional de Reconstrução e Desenvolvimento e ao Fundo monetário Internacional a não cooperarem com Portugal (parág. 9). Apelo reafirmado ainda na sua Resolução 2426 (XXIII), de 18 de Dezembro de 1968, parág. 4-5 (texto em RDGAOR, 23rd Session, 1968-1969, pág. 61-62), entre outras posteriores até 1974.

Na sua Resolução 2383 (XXIII) de 7 de Novembro de 1968 (texto em RDGAOR, 23rd Session, 1968-1969, pág. 58), na sequência de outras resoluções onde apela ao Reino Unido para recorrer à força contra a Rodésia (parág. 2 e 5), que proclamara unilateralmente a independência, recomenda ao Conselho de Segurança a adopção de um embargo total contra esta nos termos do artigo 41 da Carta (parág. 9).

Igualmente Israel tem sido o alvo de recomendações de represálias adoptadas pela Assembleia Geral. Assim, na sua Resolução 37/123 A, de 16 de Dezembro de 1982 (texto em RDGAOR, 37th Session, 1982-1983, pág. 36-37), parág. 13, recomenda um embargo de material bélico e a suspensão da assistência militar, uma suspensão da assistência económica, financeira e tecnológica e a interrupção das relações diplomáticas, comerciais e culturais com este (mas aprovada com alguma oposição: 87 votos a favor, 22 contra e 31 abstenções). A mesma recomendação consta de Resoluções posteriores, como a 39/146 B, de 14 de Dezembro de 1984, parág. 13 (texto em RDGAOR, 39th Session, 1984-1985, pág. 52-53). Ver igualmente Resolução ES-9/1, de 5 de Fevereiro de 1982, parág. 12; Resolução 38/180 A, de 19 de Dezembro de 1983, parág. 13; Resolução 40/168 B, de 16 de Dezembro de 1985, parág. 13; Resolução 41/162 B, de 5 de Dezembro de 1986, parág. 13; Resolução 42/209 C, de 11 de Dezembro de 1987, parág. 13; Resolução 43/54 B, de 6 de Dezembro de 1988, parág. 13; Resolução 44/40 B, de 4 de Dezembro de 1989, parág. 13.

[1537] Também neste sentido: N. White, *Keeping the Peace* (...), cit., pág. 170; Hailbronner/ Klein, *Article 10*, cit., pág. 233-234; Louis Sohn, *Global Attitudes on the Role of the United Nations in the Maintenance and Restoration of Peace*, GJICL, Vol. 26, 1996, pág. 77-80, na pág. 77-78. Porém, contra: B. Conforti, *Organizzazione* (...), cit., pág. 294.

[1538] É certo que o princípio da necessidade da represália tem sido interpretado em termos mais severos do que quando aplicável em relação ao Conselho de Segurança. Mas a proposta de que o recurso a represálias devia ficar sujeito ao esgotamento prévio dos meios de resolução de conflitos acabou por não ser consagrada pela Comissão de Direito Internacional no artigo 52 do seu Projecto de 2001 sobre a Responsabilidade dos Estados (ver, *supra*, parág. 31.2). Igualmente ao nível dos pressupostos, especialmente no que diz respeito a reacções a meras ameaças à paz o regime é distinto (ver, *infra*, no texto deste parágrafo).

que se basta com ameaças à paz que, excepcionalmente, podem nem ter por base um acto ilícito[1539]. Mas a diferença, muito significativa, reside na circunstância de que a primeira apenas as pode recomendar, mas não já impô-las a todos os Estados e outras instituições, como é possível ao Conselho nos termos do artigo 41.

**43.2. Criação de operações de manutenção da paz.** Menos líquido é se à Assembleia Geral assistirá a competência para criar operações de manutenção da paz[1540].

Julga-se claro que a Assembleia goza de competência para criar missões de observação ou comissões de investigação ou conciliação, bem como, claro está, para constituir grupos mediadores[1541]. Todas estas, regra geral, são constituídas por um número reduzido de pessoal, muitas vezes puramente civil, encontrando-se os seus membros, salvo excepções pontuais, desarmados. Devem ser consideradas estruturas das Nações Unidas, nos termos do artigo 22 CNU[1542], sendo os seus membros órgãos da organização subsidiários em relação à Assembleia Geral, criadas com base no artigo 11, n.º 2 ou no artigo 14[1543, 1544].

---

[1539] Ver, *infra*, parág. 79.

[1540] Sobre a noção de operação de manutenção da paz e a distinção entre missões de observação e Forças de manutenção da paz, ver, *infra*, parág. 55.

[1541] Neste sentido, o Tribunal Internacional de Justiça afirmou: "The functions of the General Assembly for which it may establish such subsidiary organs include, for example, investigation, observation and supervision, but the way is which such subsidiary organs are utilized depends on the consent of the State or States concerned" [cfr. *Certain expenses* (...), I. C. J. Reports 1962, cit., pág. 165].

[1542] Sobre a natureza das operações de manutenção da paz, enquanto órgãos ou estruturas, ver, *infra*, parág. 54.2.

[1543] Assim, a Assembleia Geral criou, pela Resolução 106 (S-I), de 15 de Maio de 1947 (texto em RDGAOR, 1st Special Session, 1947, pág. 6-7), parág. 1, o Comité Especial das Nações Unidas para a Palestina (UNSCOP), com competência para determinar os factos relevantes para a resolução da questão da Palestina e apresentar um relatório à Assembleia, base da sua decisão quanto ao famoso plano de partilha. A Comissão das Nações Unidas para a Palestina criada pela Assembleia pela sua Resolução 181 (II), de 29 de Novembro de 1947 (texto em RDGAOR, 2nd Session, 1947, pág. 131-150), já não podia ser qualificada como uma mera comissão de inquérito ou observação, daí aliás a cooperação do Conselho de Segurança na questão.

Em 21 de Outubro de 1947, pela sua Resolução 109 (III) (texto em RDGAOR, 3rd Session, 1947-1948, pág. 13-14), criou o Comité Especial das Nações Unidas para os Bálcãs (UNSCOB) para apurar o cumprimento pela Albânia, Bulgária, Jugoslávia e Grécia das recomendações quanto à normalização das suas relações e cessação do apoio das três primeiras aos rebeldes na guerra civil que dividia a Grécia. Pela sua Resolução 508 B (VI), de 7 de

De facto, embora o artigo 11, n.º 2 literalmente apenas se refira à aprovação de recomendações, a verdade é que apenas veda actos pela Assembleia que pressuponham uma acção. Ora, entre uma recomendação e uma acção compulsiva existe margem para diversos actos incluindo a constituição de uma comissão de inquérito ou uma missão de observação. De resto, tendo em conta que a Assembleia pode chamar a atenção para o Conselho em relação a qualquer situação que possa fazer perigar a paz

---

Dezembro de 1951 (texto em RDGAOR, 6th Session, 1951-1952, pág. 9-10), esta seria substituída por uma subcomissão de observação com apenas seis elementos, criada desnecessariamente com invocação expressa da Resolução *União para a Paz* (ver, *infra*, parág. 44.3).

Posteriormente, entre outras comissões, pela sua Resolução 1132 (XI), de 10 de Janeiro de 1957, criou a Comissão Especial para a Questão da Hungria com vista a investigar os factos que levaram à intervenção da União Soviética. A Assembleia Geral aprovou pela sua Resolução 1601 (XV), de 15 de Abril de 1961 (texto em RDGAOR, 15th Session, 1960-1961, pág. 18) ainda uma comissão de inquérito com vista a investigar o assassínio do anterior Primeiro-Ministro do Congo.

Refira-se ainda, por exemplo, que pela sua Resolução 45/2 de 10 de Outubro de 1990 (texto em RDGAOR, 45th Session, 1990, vol. I, pág. 12), a Assembleia Geral criou a ONUVEH (Grupo de Observação das Nações Unidas para as Eleições no Haiti), que compreendia 64 observadores com missões de segurança. O argumento determinante foi o de que a Missão não constituía uma força de manutenção da paz e que o seu mandato, dominado pela questão da monitorização das eleições, não era predominantemente de manutenção da paz. Os membros permanentes não têm visto com maus olhos este exercício de competências limitadas pela Assembleia Geral, desde logo porque deste modo estas Missões não são abrangidas pelo orçamento das operações de manutenção da paz em que a sua percentagem de contribuição para as receitas é maior do que em relação ao orçamento geral (ver, *infra*, parág. 91.1).

Na Declaração sobre Prevenção e Remoção de Controvérsias e Situações Susceptíveis de Fazer Perigar a Paz e Segurança Internacionais e relativa ao Papel das Nações Unidas nesta Matéria, aprovada pela Resolução 43/51 de 5 de Dezembro de 1988 (texto em RDGAOR, 43rd Session, 1988, vol. I, pág. 276-277), parág. 18, a Assembleia Geral considera que deve recorrer mais às suas próprias capacidades investigatórias perante controvérsias ou situações que possam fazer perigar a paz (típicas do Capítulo VI), invocando como base para estas o artigo 11 CNU. Igualmente a Declaração sobre Investigação de Factos (*Fact-finding*) pelas Nações Unidas em Matéria de Manutenção da Paz, aprovada pela sua Resolução 46/59, de 9 de Dezembro de 1991 (texto em RDGAOR, 46th Session, 1991, vol. I, pág. 290-291), frisa no parág. 7: "Fact-finding missions may be undertaken by the Security Council, **the General Assembly** and the Secretary-General, **in the context of their respective responsibilities for the maintenance of international peace and security** in accordance with the Charter" (também parág. 11).

[1544] Neste sentido: D. Bowett, *United Nations* (...), cit., pág. 64; Hailbronner/Klein, *Article 10*, cit., pág. 228; Michael Bothe, *Peace-Keeping*, em *The Charter of the United Nations – A Commentary* (ed. Bruno Simma), München, 1994, pág. 571-603, na pág. 592.

(artigo 11, n.º 3), resulta claro que para apurar se tal se verifica necessita de meios para conhecer objectivamente os factos sem ter de se basear unicamente nas alegações das partes ou de Estados implicados[1545].

A questão da criação de forças de manutenção da paz é mais complexa. Entendida a ressalva da parte final do artigo 11, n.º 2 como acção compulsiva, interpretação que tem apoio jurisprudencial[1546], nada na Carta literalmente impedirá que se entenda que a Assembleia tem competência para criar operações desta espécie, portanto, baseadas no consentimento das partes[1547]. A base para esta competência será o artigo 11, n.º 2, primeira parte. A dificuldade de distinguir as meras comissões ou missões destas forças será um argumento adicional nesse sentido.

Outro preceito avançado como base para esta competência, o artigo 14 CNU[1548], é menos plausível. Segundo se julga, este que se prende, especial-

---

[1545] Trata-se de argumento utilizado para atribuir a mesma competência para criar comissões de inquérito ao Secretário-Geral com base no artigo 99 (ver, *infra*, parág. 60).

[1546] Foi este o entendimento do Tribunal Internacional de Justiça [cfr. *Certain expenses* (…), *I. C. J. Reports* 1962, cit., pág. 165]. Ver a análise da questão, *infra*, parág. 44.1.

[1547] O Tribunal Internacional de Justiça sustentou expressamente a competência da Assembleia Geral para a criação destas operações: "This paragraph [11, n.º 2], which applies not merely to general questions relating to peace and security, but also to specific cases brought before the General Assembly by a State under Article 35, in its first sentence empowers the General Assembly, by means of recommendations to States or to the Security Council, or to both, to organize peacekeeping operations, at the request, or with the consent, of the States concerned. This power of the General Assembly is a special power which in no way derogates from its general powers under Article 10 or Article 14, except as limited by the last sentence of Article 11, paragraph 2" [cfr. *Certain expenses* (…), *I. C. J. Reports* 1962, cit., pág. 164-165]. Daí que tenha considerado como conforme com a Carta a criação da UNEF pela Assembleia: "It could not therefore have been patent on the face of the resolution that the establishment of UNEF was in effect "enforcement action" under Chapter VII which, in accordance with the Charter, could be authorized only by the Security Council" [cfr. *Certain expenses* (…), *I. C. J. Reports* 1962, cit., pág. 171].

Posteriormente, apesar da abstenção da Assembleia em criar novas Operações, o Tribunal Penal para a ex-Jugoslávia pareceu aceitar a sua competência na matéria ao referir: "The General Assembly did not need to have military and police functions and powers in order to be able to establish the United Nations Emergency Force in the Middle East ("UNEF") in 1956." [cfr. *Decision on (…) Jurisdiction in Prosecutor v. Dusko Tadic*, Appeals Chamber, October 2, 1995, parág. 38, ILM, cit., pág. 45].

[1548] O Tribunal Internacional de Justiça entendeu que a base para uma operação de manutenção da paz seria também o artigo 14: "The Court notes that these "actions" may be considered "measures" recommended under Article 14, rather than "action" recommended under Article 11. The powers of the General Assembly stated in Article 14 are not made subject to the provisions of Article 11, but only of Article 12. Furthermore, as the Court has

mente, com a questão da revisão de situações[1549], incluindo as criadas por tratado[1550], não é base adequada para tal.

Assim, o critério para distinguir a aplicação do artigo 11, n.º 2 da do artigo 14 prende-se com os seus pressupostos. No caso do artigo 14, embora a questão possa derivar de uma violação dos princípios da Carta, como resulta da sua parte final, a situação não é ainda de ordem a constituir uma imediata ameaça à paz ou sequer uma questão que pela sua subsistência possa vir a constituir uma ameaça à paz. É apenas, como frisa o artigo, uma situação que a Assembleia "julgue prejudicial ao bem-estar geral ou às relações amistosas entre nações". Trata-se de uma figura que, embora não tenha um âmbito idêntico, já que é mais ampla, pode ser aproximada da prevista no artigo 34 (questão "susceptível de provocar atritos entre as Nações ou de dar origem a uma controvérsia"), enquanto pressuposto para um inquérito do Conselho para determinar se esta preenche os pressupostos do Capítulo VI; isto é, questão cuja continuação pode torná-la numa ameaça à paz[1551, 1552].

Já o artigo 11, n.º 2, ao frisar que deve estar em causa uma questão de manutenção da paz, inclui no seu âmbito de aplicação apenas situações que possam vir a tornar-se ameaças à paz (isto é, questões do Capítulo VI) ou que já sejam ameaças a esta, constituam rupturas da paz ou agressões (questões do Capítulo VII).

---

already noted, the word "measures" implies some kind of action. So far as concerns the nature of the situations in the Middle East in 1956, they could be described as "likely to impair... friendly relations among nations", just as well as they could be considered to involve "the maintenance of international peace and security". Since the resolutions of the General Assembly in question do not mention upon which article they are based, and since the language used in mast of them might imply reference to either Article 14 or Article 11, it cannot be excluded that they were based upon the former rather than the latter article" [cfr. *Certain expenses* (…), *I. C. J. Reports* 1962, cit., pág. 172]. Também neste sentido: D. Bowett, *United Nations* (…), cit., pág. 98.

[1549] Sobre as suas origens no artigo 19 do Pacto da Sociedade das Nações, ver, *supra*, parág. 36.

[1550] Assim, ver H. Kelsen, *The Law* (…), cit., pág. 16; Otto Kimminich, *Article 14*, em *The Charter of the United Nations – A Commentary* (ed. Bruno Simma), München, 1994, pág. 279-287, na pág. 281-282.

[1551] Sobre estas figuras, ver, *infra*, parág. 79.

[1552] Igualmente no sentido de que se trata de pressupostos mais amplos do que aqueles a que se encontra sujeito o Conselho de Segurança: Koretsky, *Dissenting Opinion*, em *Certain Expenses* (…), cit., *I. C. J. Reports* 1962, pág. 259; N. White, *Keeping the Peace* (…), cit., pág. 128.

Para lá da diferença quanto aos pressupostos, estes atribuem igualmente poderes com características distintas. Paradoxalmente, o regime do artigo 14 parece conceder maior margem à Assembleia do que o artigo 11, n.º 2. Assim, à luz do primeiro, a Assembleia parece poder actuar por iniciativa própria ou poder aprovar as suas recomendações sem qualquer limite quanto à natureza dos destinatários, já que o artigo 14 nem exige que sejam Estados[1553].

No entanto, estas diferenças são aparentes. A iniciativa própria ou a dependência de uma proposta de um Estado ou do Conselho de Segurança é pouco relevante. No artigo 11, n.º 2, não se exige que o Estado seja parte na controvérsia, logo qualquer Estado pode pedir a inclusão da questão na agenda provisória, tal como decorre igualmente do artigo 35, n.º 1, parte final[1554] [1555]. Deste modo, a Carta, ao exigir a iniciativa de um Estado no artigo 11, n.º 2 ou do Conselho, limitar-se-ia a excluir a possibilidade de questões relativas à manutenção da paz serem integradas na agenda por proposta directa do Secretário-Geral ou de um outro órgão principal das Nações Unidas[1556]. Mas esta limitação não tem tido grande apoio na prática, atenta a liberalidade do Regimento da Assembleia Geral sobre a matéria e faria pouco sentido. Seria estranho que o Secretário-Geral, que pode chamar a atenção do Conselho para questões que façam perigar a paz, não o pudesse fazer em relação à Assembleia, quando o pode fazer em relação a todas as outras matérias[1557].

---

[1553] A explicação de que tal derivaria da intenção da Carta em conceder ao Conselho maior exclusividade quanto à manutenção da paz tendo em conta a sua responsabilidade primária nesta questão (artigo 24, n.º 1 CNU) [como sustenta: O. Kimminich, *Article 14*, cit., pág. 285], não se afigura inteiramente persuasiva, nem o tem sido para a Assembleia à luz da sua prática. De qualquer forma, tendo em conta a limitação do artigo 12, n.º 1, tal explicação seria sempre pouco convincente. Se a Assembleia literalmente não pode aprovar recomendações quando o Conselho esteja a apreciar uma questão, não vale a pena limitar-lhe os seus poderes em função dos deste.

[1554] Nos termos do artigo 13, al. e) do Regimento da Assembleia Geral. A Agenda deverá depois ser aprovada logo que possível pela Assembleia, por uma maioria simples (artigos 21, 22 e 85).

[1555] Trata-se de uma manifestação do princípio de que uma controvérsia que pode pela sua subsistência fazer perigar a paz é algo que interessa juridicamente a qualquer Estado [como sublinha: H. Neuhold, *Das System friedlicher* (...), cit., pág. 63]. O mesmo vale para uma ameaça à paz, ruptura desta ou agressão, mesmo que o artigo 39 não o esclareça.

[1556] Como é permitido pelo artigo 13, al. d) e g) do Regimento da Assembleia.

[1557] Designadamente tendo em conta que até Estados não membros o podem fazer, podendo escolher se levantarão a questão perante o Conselho ou perante a Assembleia, nos termos do artigo 35, n.º 2 CNU. Isto, claro está, sem prejuízo de o Conselho poder assumir a sua competência primária sobre a questão e poder prejudicar a competência da Assembleia

Também a questão da natureza do destinatário não é relevante. Na sua prática, a Assembleia tem assumido competência para aprovar recomendações sem qualquer limite em relação aos destinatários, dirigindo-as a não membros, mesmo quando estes não submeteram a questão nos termos do artigo 35, n.º 2, bem como em relação a entidades que não constituem Estados[1558]. Tal como têm sido interpretados pela Assembleia, esta tem os mesmos poderes de iniciativa e quanto aos destinatários à luz do artigo 11, n.º 2 e à luz do artigo 14[1559].

Assim, o artigo 11, n.º 2 visa aplicar-se a situações mais graves do que as previstas no artigo 14 e deve-se entender que permite a adopção de recomendações que podem ter por conteúdo a adopção de medidas que não sejam meramente pacíficas, desde que baseadas em causas de exclusão da ilicitude. O artigo 14, pelo contrário, pretende aplicar-se primeiramente a situações menos graves, que ainda não constituem um perigo para a paz e, deste modo, compreende apenas a adopção de medidas pacíficas. Atribui à Assembleia igualmente o específico poder de recomendar soluções para a questão de fundo, eventualmente com uma revisão da situação concreta.

Claro está, os poderes conferidos pelo artigo 14 também podem ser aplicados a situações de ameaça à paz. Se podem ser usados em situações menos graves, por maioria de razão o poderão ser em situações mais graves. Pode mesmo ser utilizado em associação com o artigo 11, n.º 2. Assim, por um lado, a Assembleia pode recomendar medidas para a manutenção da paz ou mesmo criar uma missão de observação, à luz do artigo 11, n.º 2. E, por outro, recomendar às partes alterações na situação jurídico-formal de forma a pacificar a situação[1560].

---

por força do artigo 12, n.º 1 CNU. Pelo menos se esta acatar esta limitação literal à sua competência, o que não tem acontecido quando a maioria dos Estados considera que a questão deve ser objecto de uma intervenção da Assembleia (ver, *infra*, parág. 91.1).

[1558] Assim, por exemplo, logo na sua Resolução 107 (S-I), de 15 de Maio de 1947 (texto em RDGAOR, 1st Special Session, 1947, pág. 7), sobre a Palestina, afirmou: "Calls upon all Governments and **peoples, and particularly upon the inhabitants of Palestine**, to refrain, pending action by the General Assembly on the report of the Special Committee on Palestine, from the threat or use of force (...)". Posteriormente, na Resolução 49/10, de 3 de Novembro de 1994 (texto em RDGAOR, 49th, 1994, vol. I, pág. 9-10), a propósito do conflito na Bósnia--Herzegovina, afirmou com termos que vão bem para lá da mera recomendação: "*Strongly condemns* the **Bosnian Serb party** for its refusal to accept the proposed territorial settlement, and **demands that it immediately accept this settlement unconditionally and in full**".

[1559] Deixando de lado a questão da Resolução *União para a Paz*; sobre esta, ver, *infra*, parág. 44.3.

[1560] Assim, julga-se que foi o que aconteceu na citada Resolução 181 (II), de 29 de Novembro de 1947. Resulta claro que a Assembleia utilizou o seu poder à luz do artigo 14

Tendo em conta este enquadramento, não parece, pois, curial basear no artigo 14 a criação de uma Força de manutenção da paz. A ser possível, a base deverá ser o artigo 11, n.º 2. A própria circunstância de a limitação mais drástica aos poderes da Assembleia, a parte final do artigo 11, n.º 2, constar deste número e não do artigo 14, sugere que é o artigo 11, n.º 2 a base das suas competências em matéria de manutenção da paz e não o artigo 14. Acresce que, literalmente, o artigo 14 se aplica a soluções pacíficas. A criação de uma Força de interposição armada, mesmo consensual, possivelmente com competência para usar a força em legítima defesa para o cumprimento do seu mandato, talvez não se enquadre perfeitamente no conceito de solução pacífica. Já se aceita que o artigo 14 possa ser base para a criação de uma comissão de inquérito ou de uma missão de observação, designadamente, em questões eleitorais ou de direitos humanos em geral.

Seja como for, a competência quanto à criação pela Assembleia Geral de uma Força das Nações Unidas, mesmo à luz do artigo 11, n.º 2, tem sido prejudicada pelo entendimento dominante de que tal compete, pelo menos primariamente, ao Conselho de Segurança. Com efeito, nos casos pontuais em que a Assembleia Geral criou forças de manutenção da paz[1561], tal

---

CNU. Com efeito, no preâmbulo, citou o pressuposto da sua actuação à luz do artigo: "Considers that the present situation in Palestine is one which is likely to impair the general welfare and friendly relations among nations". E utilizou os seus poderes para uma revisão da situação jurídico-formal da Palestina: "Recommends to the United Kingdom, as the mandatory Power for Palestine, and to all other Members of the United Nations the adoption and implementation, with regard to the future Government of Palestine, of the Plan of Partition with Economic Union set out below". Mas não se ficou por aqui e criou a Comissão das Nações Unidas para a Palestina que nos termos da sua Resolução, Parte I-B, deveria assumir poderes transitórios de Administração. A base destes poderes é, contudo, remetida para uma Resolução do Conselho de Segurança a ser adoptada nos termos do artigo 39 e 41 CNU, depois de uma qualificação da situação como uma ameaça à paz. Isto é, embora implicitamente a Assembleia reconheça estar-se perante uma situação destas fez uso do artigo 14. Pode-se mesmo entender que a criação da Comissão já foi realizada à luz do artigo 11, n.º 2. Isto é, que houve uma aplicação conjunta de ambos os preceitos.

[1561] Operações que constituíram claramente forças de manutenção da paz criadas pela Assembleia Geral [para lá da citada Comissão para a Palestina à luz da sua Resolução 181 (II), a ser criada conjuntamente com o Conselho], foram: A Força de Emergência das Nações Unidas (UNEF I), criada pela Resolução 1000 (ES-I), de 5 de Novembro de 1956 (texto em RDGAOR, 1st Emergency Special Session, 1956, pág. 2-3), para monitorizar a retirada das tropas de Israel, Grã-Bretanha e França do Suez e servir de força de interposição entre Israelitas e Egípcios. Teve ainda poderes públicos internos, isto é, de manutenção da ordem em relação a civis. Seria retirada a pedido do Egipto em 1967 (sobre esta retirada, ver, *infra*, parág. 91.2.2).

suscitou protestos[1562] e a prática nas últimas décadas orientou-se no sentido de aquela se abster de o fazer, sendo estas operações das Nações Unidas criadas sistematicamente pelo Conselho de Segurança.

Deste modo, a questão da competência da Assembleia Geral nesta matéria não é de resposta inteiramente líquida. Por um lado, em apoio, existem as disposições amplas atributivas de competência, designadamente, os artigos 10, 11, n.º 2, 14 e 22 CNU; o facto de as forças de manutenção da paz serem típicas de situações do Capítulo VI da Carta e conformes com o seu espírito[1563] e a Assembleia ter competência em situações reconduzíveis a este nos termos do artigo 11, n.º 2 e 35, n.º 2; o apoio jurisprudencial a esta criação (por força da interpretação realizada da parte final do artigo 11, n.º 2 e do artigo 14 CNU); o facto de as dificuldades para delimitar rigorosamente estas forças em relação a simples missões de observação não justificarem uma diferenciação radical quanto à competência para o seu estabelecimento; a circunstância de se tratar de uma medida declarativa, já que qualquer grupo de Estados (ou mesmo um só actuando com o consentimento das partes no conflito) pode constituir uma Força de manutenção da paz; bem como os casos pontuais em que a Assembleia Geral as estabeleceu efectivamente.

---

Foi igualmente a Assembleia que pela Resolução 1752 (XVII), de 21 de Setembro de 1962, parág. 2-3 (texto em RDGAOR, 5th Special Session, 1967, pág. 1-2), mandatou o Secretário-Geral para criar a Administração Temporária das Nações Unidas para o Território do Irião Ocidental (parte oeste da Nova Guiné) (UNTEA) com o apoio da Força de Segurança das Nações Unidas (UNSF). Esta constituiu uma Força de manutenção da paz com cerca de 1500 efectivos criada nos termos de tratados entre a Holanda e a Indonésia (ver sobre estes, *supra*, parág. 8). O seu objectivo era o de administrar o território durante o período de transferência da soberania holandesa para a jurisdição da Indonésia. Tinha igualmente poderes públicos internos. Seria retirada no final da administração das Nações Unidas, em 1963.

A Assembleia Geral não voltaria a criar qualquer operação susceptível de ser considerada como uma Força de manutenção da paz, tendo-se limitado a apoiar a criação de outras forças e a reiterar resoluções sobre estas do Conselho de Segurança, incluindo em relação à ONUC (ver, *infra*, parág. 64).

[1562] Assim, a União Soviética, designadamente, na 986.ª reunião da Quinta Comissão (Administrativa e Orçamental) da Assembleia Geral, em Maio de 1963, afirmou a pensar na UNEF e em parte na ONUC, com apoio do seu bloco e em parte da França: "the Western powers had taken flagrant advantage of the UN by inducing it to station forces in the country that had been the victim of aggression. Since the Security Council could obviously not have approved such maneuvers, the Western powers had illegally resorted to the General Assembly" (cfr. *Summary of Activities – United Nations – General Assembly*, IO, Vol. 17, No. 4, 1963, pág. 926-938, na pág. 928). Estes Estados recusar-se-iam a pagar a sua quota-parte nas despesas destas Forças (ver, *infra*, parág. 91.2).

[1563] Ver, *infra*, parág. 56.2.

Por outro lado, apontam em sentido contrário, o facto deste estabelecimento ter suscitado acusações de antijuridicidade e a prática subsequente se ter orientado no sentido de reservar a competência para a criação destas Forças ao Conselho de Segurança[1564].

Dir-se-á que em situações normais a Assembleia se deve abster de criar forças de manutenção da paz, mas que numa situação de bloqueio do Conselho pelo veto de um dos seus membros permanentes ou de simples passividade deste, a competência subsidiária da Assembleia em matéria de manutenção da paz deve ser exercida. Neste caso, esta poderá criar uma Força das Nações Unidas, mesmo fortemente armada e com amplo número de efectivos, desde que sem poder para recorrer à força, salvo em legítima defesa pública, com o consentimento das principais partes implicadas na questão e com uma actuação isenta em relação a estas.

**44. Exercício do poder público pela Assembleia?** Mas apurado que a Assembleia Geral tem competência para adoptar medidas declarativas em questões de manutenção da paz, cabe questionar se pode ir mais longe e adoptar legitimamente igualmente medidas constitutivas; isto é, exercer um poder que é necessariamente público tendo em conta o facto de ser composta por todos os Estados membros. E, muito particularmente, determinar se pode exercer as faculdades bélicas deste.

**44.1. Competência.** Ao contrário do Pacto da Sociedade das Nações[1565], a Carta não fornece bases para entender que a Assembleia Geral tem

---

[1564] No sentido de que a Assembleia não pode criar Forças de manutenção da paz: Koretsky, *Dissenting Opinion*, em *Certain Expenses* (...), cit., *I. C. J. Reports* 1962, pág. 273; M. Bothe, *Peace-Keeping*, cit., pág. 592; John Norton Moore, *Toward a New Paradigm: Enhanced Effectiveness in United Nations Peacekeeping, Collective Security, and War Avoidance*, VJIL, Vol. 37, 1997, pág. 811-890, na pág. 878-879, nota 94.
Em sentido contrário, entendem que esta tem competência para as criar: D. Bowett, *United Nations* (...), cit., pág. 98; O. Schachter, *Uses of Law* (...), cit., pág. 1104 e 1106; F. Seyersted, *United Nations* (...), cit., pág. 171-172; António Patrício, *O Conselho de Segurança das Nações Unidas*, BMJ, n.º 280, 1978, pág. 45-158, na pág. 102 (tendo em conta a prática); B. Zimbler, *Peacekeeping* (...), cit., pág. 225; M. Gagnon, *Peace Forces* (...), cit., pág. 817-818; H. Herrera Caceres, *The Use of Force by International Organizations*, em *International Law: Achievements and Prospects* (ed. M. Bedjaoui), Paris, 1991, pág. 743-764, na pág. 754; N. White, *Keeping the Peace* (...), cit., pág. 193 e 200; Hailbronner/Klein, *Article 10*, cit., pág. 234 (mas indo longe demais); Amy E. Eckert, *United Nations Peacekeeping In Collapsed States*, DCLJILP, Vol. 5, 1996, pág. 273-303, na pág. 288-291.

[1565] Ver sobre este, *supra*, parág. 19.2-19.3.

competência para exercer o poder público bélico, antes se julga que proíbe tal exercício. O seu artigo 11, n.º 2[1566] estabelece que esta poderá discutir uma questão relativa à manutenção da paz e aprovar recomendações, mas que deverá remetê-la ao Conselho de Segurança se uma acção for necessária.

O melhor entendimento será o de que por acção se deve compreender uma acção compulsiva[1567] nos termos do Capítulo VII da Carta que pressuponha uma decisão constitutiva de uma nova situação jurídica; isto é, uma actuação que leve a uma alteração dos direitos e deveres de alguns ou todos os membros[1568]. Esta interpretação é confirmada sistematicamente e pela prática da Assembleia.

---

[1566] Mais concretamente, o último segmento: "Any such question on which action is necessary shall be referred to the Security Council by the General Assembly either before or after discussion" ["Qualquer destas questões, para cuja solução seja necessária uma acção, será submetida ao Conselho de Segurança pela Assembleia Geral, antes ou depois da discussão"]. O Tribunal Internacional de Justiça afirmou que a Assembleia recorreu a esta disposição, designadamente: "By resolution 2145 (XXI) the General Assembly terminated the Mandate. However, lacking the necessary powers to ensure the withdrawal of South Africa from the Territory, it enlisted the co-operation of the Security Council by calling the latter's attention to the resolution, thus acting in accordance with Article 11, paragraph 2, of the Charter" [cfr. *Legal Consequences for States* (...), cit., *I.C.J. Reports* 1971, pág. 51, parág. 106].

[1567] Utiliza-se o termo compulsivo para designar decisões obrigatórias adoptadas em relação a uma parte contra a sua vontade, tenham ou não natureza bélica. Prefere-se esta expressão em vez do mais vulgarizado termo medidas coercivas, já que a Carta utiliza este segundo para designar medidas bélicas e não igualmente as medidas compulsivas pacíficas, que apelida de medidas preventivas (ver, *supra*, parág. 31.2).

[1568] O Tribunal Internacional de Justiça entendeu que o termo acção se reportava a uma medida compulsiva do Capítulo VII: "The Court considers that the kind of action referred to in Article 11, paragraph 2, is coercive or enforcement action". e "The word "action" must mean such action as is solely within the province of the Security Council (...). The "action" which is solely within the province of the Security Council is that which is indicated by the title of Chapter VII of the Charter, namely "Action with respect of threats to the peace, breaches of the peace, and acts of aggression". If the word "action" in Article 11, paragraph 2, were interpreted to mean that the General Assembly could make recommendations only of a general character affecting peace and security in the abstract, and not in relation to specific cases, the paragraph would not have provided that the General Assembly may make recommendations on questions brought before it by States or by the Security Council. Accordingly, the last sentence of Article 11, paragraph 2, has no application when the necessary action is not enforcement action" [cfr. *Certain expenses* (...), *I. C. J. Reports* 1962, cit., pág. 165].

De facto, as restrições ao órgão composto pela Comunidade Internacional não devem ser interpretadas extensivamente. Apenas será de integrar no seio desta restrição igualmente medidas compulsivas com carácter constitutivo adoptadas à luz do artigo 94, n.º 2 da Carta,

Assim, o artigo 10 atribui uma competência genérica à Assembleia que entra mesmo em concorrência com a dos outros órgãos, máxime, a do Conselho de Segurança. Por este motivo, este remete expressamente para o artigo 12, concretamente para o seu n.º 1, que literalmente impede a Assembleia de aprovar recomendações sobre matérias "Enquanto o Conselho de Segurança estiver a exercer, em relação a qualquer controvérsia ou situação, as funções que lhe são atribuídas na presente Carta". Também os artigos 11, n.º 2 e 14 que concretizam a competência do artigo 10 em relação a questões específicas relacionadas com a manutenção da paz e concórdia entre os Estados[1569] ressalvam a mesma limitação. Nem o artigo 10, nem o artigo 14 remetem para a limitação específica da parte final do artigo 11, n.º 2, mas tal seria desnecessário. É este último preceito que regula especificamente o poder da Assembleia em questões cuja gravidade poderia em abstracto justificar o recurso a soluções compulsivas, mesmo bélicas, de um litígio. O artigo 10 é simplesmente a regra geral e o artigo 14 aplica-se à resolução pacífica de questões, portanto, consensual e não compulsiva[1570]. Não é, consequentemente, possível invocar qualquer um destes para contornar o artigo 11, n.º 2.

Esta distribuição de poderes está de acordo com a atribuição pela Carta ao Conselho de Segurança da competência primária em matéria de manutenção da paz (artigo 24, n.º 1). Deste modo, como se verificou, à Assembleia Geral apenas poderá caber uma mera competência secundária; isto é, essencialmente complementar, por se aplicar também a situações menos graves (à luz do artigo 14); subsidiária, intervindo a Assembleia em questões que o Conselho tenha ignorado, decidido expressamente não analisar ou sujeitar à Assembleia (artigo 12, n.º 1, parte final); e finalmente sem eficácia jurídica por ser exercida em relação aos Estados membros por actos

---

já que este artigo compreende igualmente o poder de adoptar decisões obrigatórias que não estão sujeitas ao regime do Capítulo VII; designadamente no que diz respeito à exigência de verificaçao de, ao menos, uma ameaça à paz. Podem existir desrespeitos de sentenças do Tribunal Internacional de Justiça que, pelo seu carácter secundário, o Conselho de Segurança entenda não as dever qualificar como tal, nem mesmo tacitamente (ver, *infra*, parág. 50.4).

[1569] O artigo 11, n.º 1 atribui-lhe competência para formular parâmetros gerais e abstractos, com a eficácia de mera recomendação, no domínio da cooperação na manutenção da paz e da segurança internacionais. O preceito pode ser aproximado do artigo 13, n.º 1, al. a), primeira parte (especialmente, "promoting international cooperation in the political field") visto que ambos se sobrepõem parcialmente, embora este segundo seja naturalmente mais amplo quanto às matérias abrangidas.

[1570] Sobre o artigo 14, ver, *supra*, parág. 43.2.

que não passam de meras recomendações (artigos 10; 11, n.º 1 e 2; 12, n.º 1 e 14 CNU).

Não vale a pena tentar argumentar que a Assembleia Geral no âmbito desta sua competência estaria impedida de tomar decisões obrigatórias, matéria que caberia exclusivamente ao Conselho de Segurança, mas que poderia formular recomendações preconizando o exercício de poder público bélico por uma Força das Nações Unidas ou o uso da força pelos Estados membros[1571]. A recomendação é um acto cujo único efeito jurídico que poderá produzir é o mero consentimento precário por parte dos Estados que votaram favoravelmente em relação ao acto, ou acção, preconizado. Deste modo, por este meio encontra-se impossibilitada de alterar a situação jurídica dos Estados, desde logo os que votaram contra[1572, 1573]. Aliás, sustentar este

---

[1571] Como defendem: L. H. Woolsey, *The "Uniting for Peace" Resolution of the United Nations*, AJIL, Vol. 45, No. 1, 1951, pág. 129-137, na pág. 134; Juraj Andrassy, *Uniting for Peace*, AJIL, Vol. 50, No. 3, 1956, pág. 563-582, na pág. 567-568; N. White, *Keeping the Peace* (...), cit., pág. 131-132; Hailbronner/Klein, *Article 10*, em *The Charter of the United Nations – A Commentary* (ed. Bruno Simma), München, 1994, pág. 226-242, na pág. 235.

[1572] Segundo se julga, as recomendações, se da perspectiva do seu procedimento de conclusão, são actos jurídicos, na realidade não produzem efeitos jurídicos. Com efeito, estas encontram-se impossibilitadas de alterar por si a situação jurídica de um Estado (contra: J. Andrassy, *Uniting for Peace*, cit., pág. 571, nota 28, que sustenta poderem legitimar actos contra terceiros que normalmente seriam ilícitos). De facto, entender que estas podem tornar lícitos actos que à luz do Direito Internacional Costumeiro seriam ilícitos, como o uso da força, só seria possível atribuindo-lhes eficácia jurídica (isto é, constitutiva obrigatória) contra a entidade alvo da medida. Ora, a Carta apenas confere esta eficácia aos actos do Conselho de Segurança adoptados nos termos do Capítulo VII, do artigo 53, n.º 1, segunda parte, ou do artigo 94, n.º 2.

Assim, visto que as recomendações da Assembleia Geral não alteram a situação jurídica dos destinatários, deve-se concluir que são juridicamente ineficazes [também neste sentido: H. Kelsen, *The Law* (...), cit., pág. 195-197; Leo Gross, *The United Nations and the Role of Law*, IO, Vol. 19, No. 3, 1965, pág. 537-561, pág. 556-557]. Destas apenas decorrem os efeitos de qualquer acto político, isto é, um mero consentimento precário por parte dos seus autores. O seu carácter precário impede que se fale num verdadeiro consentimento jurídico. Este pode em qualquer altura ser retirado sem qualquer justificação, a menos que se tenha constituído uma nova situação jurídica por força de outra figura, como o *estoppel*. O seu não acatamento, por si (isto é, a menos que sejam declarativas de uma norma de uma outra Fonte Jurídica) não constitui qualquer violação jurídica.

Todavia, os seus efeitos políticos, bem como a sua influência sobre o Costume, não são de modo algum desprezíveis. A tentativa de procurar meios termos em figuras como a denominada *Soft Law* não parece convincente [ver C. Baptista, *Direito* (...), cit., respectivamente, pág. 100, nota 272, pág. 103 e 73-74]. Muito menos será possível atribuir à Assembleia Geral uma competência legislativa [contra, M. Alvarez, no seu voto de vencido, afirmou: "The Assembly is becoming a real international legislative power for, apart from recommendations

poder da Assembleia Geral implicaria equiparar os seus poderes aos do Conselho quanto ao exercício do poder público bélico, visto que este não pode vincular os Estados membros a utilizarem a força ou, na falta dos acordos previstos no artigo 43 CNU, forçá-los a fornecerem-lhe contingentes de tropas para que seja a organização a usá-la[1574]. Segundo se julga, tal posição constitui uma revisão dos termos da Carta sem existirem bases para tal.

Também não é possível alegar-se que enquanto titulares originários dos poderes do Conselho, os Estados poderiam reassumi-los sempre que este órgão se visse impedido de exercer as suas funções por força de um veto de um membro permanente. Que tal permitiria então o seu exercício pela Assembleia Geral, incluindo recomendações quanto à utilização da força, em estado de necessidade perante o risco de ineficácia completa da organi-

---

made to States, it adopts resolutions whose provisions are binding on them all" e "A number of publicists and statesmen have expressed the desire for the establishment of an international legislative power: in fact such power already exists" (cfr. *Effect of Awards of Compensation made by the United Nations Administrative Tribunal Order*, *Advisory Opinion*, 13 July 1954, *ICJ Reports* 1954, pág. 71); defende também o carácter obrigatório das resoluções da Assembleia Geral: Mohammed Bedjaoui, *Para uma Nova Ordem Económica Internacional* (trad. ed. francesa 1979), Lisboa, 1980, Parte II, Cap. I, pág. 185-187 (embora negue que seja um verdadeiro poder legislativo), Conclusão Geral, pág. 277-278 e 279; bem mais moderados: Jorge Castaneda, *The Underdeveloped Nations and the Development of International Law*, IO, Vol. 15, No. 1, 1961, pág. 38-48, na pág. 47-48; Richard A. Falk, *On the Quasi-Legislative Competence of the General Assembly*, AJIL, Vol. 60, No. 4, 1966, pág. 782-791, na pág. 789--791; Blaine Sloan, *General Assembly Resolutions Revisited (Forty Years After)*, BYIL, Vol. 58, 1987, pág. 39-150, na pág. 99-100 e 102; quanto às competências obrigatórias restritas desta Assembleia, ver C. Baptista, Ius Cogens (...), cit., pág. 370-373].

[1573] O mesmo raciocínio já não vale necessariamente para as resoluções do Conselho de Segurança, mesmo que a sua disposição central esteja redigida como uma mera recomendação. Este pode adoptar resoluções que para os seus destinatários constituem uma habilitação, contenha ou não uma recomendação, cabendo-lhes decidir se adoptam as medidas preconizadas ou não, mas que para a entidade visada pelas medidas serão actos compulsivos que produzem efeitos constitutivos; isto é, alteram a sua situação jurídica, sujeitando-a a uma medida que, não fora a resolução, poderia ser ilícita. Neste caso, a resolução contém simultaneamente um acto compulsivo constitutivo, que terá de ter base no Capítulo VII da Carta (ou no seu artigo 94, n.º 2), e uma mera habilitação concedida aos Estados membros para o executar, acompanhada ou não de uma recomendação (ver, *infra*, parág. 71.1).

Mas esta eficácia constitutiva é precisamente o que falta às competências da Assembleia Geral. O Conselho pode dar conteúdo de recomendação a um dos seus actos obrigatórios em relação a alguns Estados, sem que este perca a sua eficácia obrigatória em relação ao Estado visado. Mas a Assembleia simplesmente não tem competência para atribuir eficácia obrigatória//constitutiva aos seus actos em matéria de manutenção da paz.

[1574] Ver, *infra*, parág. 58.1.

zação[1575, 1576]. Se é certo que actualmente os Estados, enquanto Comunidade Internacional, são titulares originários deste poder, este foi atribuído à organização, enquanto competência a ser exercida pelo Conselho. Só o poderão reassumir, no mínimo, com uma suspensão da Carta. Ora, esta suspensão não pode ser parcial, visto que enquanto tratado constitutivo de uma organização internacional, esta constitui um tratado integral. Ora, suspensa a Carta, a Assembleia Geral deixaria de poder funcionar[1577].

Do mesmo modo, não se pode pretender que o artigo 11, n.º 2 apenas exige que a Assembleia Geral remeta a questão que dependa da adopção de uma acção para o Conselho de Segurança. Que caso o Conselho fosse impedido por um veto de exercer as suas funções em relação a esta ou decidisse não se ocupar da questão, seria possível à Assembleia então exercer poderes em relação a esta[1578]. Tal interpretação reduz o artigo 11, n.º 2 a um mero preceito de valor idêntico ao do artigo 12, n.º 1, isto é, um mero obstáculo procedimental.

Na realidade, o artigo 11, n.º 2 tem uma eficácia bem mais drástica. Sublinha a incompetência da Assembleia para decidir sobre acções compulsivas. A própria existência do artigo 12, n.º 1 o confirma. Este sublinha que em relação a qualquer questão a Assembleia não pode pronunciar-se caso o Conselho se encontre a desempenhar as suas funções em relação a esta. Deste modo, o artigo 11, n.º 2, à luz do texto original da Carta, só se aplicará no caso do Conselho não se estar a ocupar da questão, por força do artigo 12, n.º 1: seja porque decidiu não se ocupar desta, seja por já o ter tentado e ter sido bloqueado por um veto. Ainda assim, a Carta obriga a Assembleia a remeter a questão para o Conselho, venha este a ocupar-se

---

[1575] Esta posição tem algum apoio na Resolução *União para a Paz*, Resolução 377 A (V), de 3 de Novembro de 1950 (texto em RDGAOR, 5th Session, 1950-1951, pág. 10; também em YUN, 1950, pág. 193-195); mas, como se procura demonstrar, esta Resolução não é conforme com a Carta (ver, *infra*, parág. 44.3).

[1576] Neste sentido: Bustamante, *Dissenting Opinion*, em *Certain Expenses* (...), cit., *I. C. J. Reports* 1962, pág. 292-293 ("as a body representative of all the Member States, the Assembly would be reassuming the exercise of the competence and the responsibility conferred by them on the Security Council under Article 24", invocando como fundamento para esta reassunção "force majeure", o que equivale na realidade a estado de necessidade). Ver ainda D. Sarooshi, *The United Nations* (...), cit., pág. 7, nota 26 (considera a posição "interesting").

[1577] A possibilidade de uma suspensão parcial da Carta é afastada a propósito da possível aplicação da figura da excepção do não cumprimento como eventual fundamento, *infra*, neste parágrafo.

[1578] Como defende: J. Andrassy, *Uniting for Peace*, cit., pág. 567-568; ver em termos semelhantes Hailbronner/Klein, *Article 10*, cit, pág. 235.

desta ou não[1579]. Não é, pois, por uma questão de procedimento, mas de incompetência estrutural desta.

Uma segunda formulação desta posição passaria pelo entendimento que cabe à Assembleia um poder de controlo sobre o desempenho do Conselho de Segurança[1580] e sobre a forma como cada membro permanente utiliza o seu direito de veto[1581]. Um veto numa situação de incontestável ruptura da paz ou, por maioria de razão, de agressão, especialmente por parte de um membro permanente responsável por esta, constituiria um acto abusivo ou mesmo violador dos deveres especiais que a Carta atribui aos membros permanentes quanto à manutenção da paz[1582].

Pode-se tentar retirar este regime dos artigos 2, n.º 2 e 24, n.º 2 CNU. O primeiro determina que os Estados membros devem cumprir de boa-fé as obrigações decorrentes da Carta. O segundo vincula o Conselho de Segurança ao respeito pelos fins e princípios estabelecidos pela Carta no exercício dos seus poderes funcionais, cujo exercício constitui um dever e não um direito. O artigo 24, n.º 2, só por si, poderia deixar dúvidas enquanto base para impugnar um veto, dado que se trata de um actuação imputável a um membro do Conselho e não directamente a este. Já os dois preceitos associados

---

[1579] Neste sentido: Salo Engel, *The Facto Revision of the Charter of the United Nations*, JP, Vol. 14, No. 1, 1952, pág. 132-144, na pág. 136.

[1580] Sobre esta questão, ver, *infra*, parág. 91.1.

[1581] Assim, M. Alvarez, num voto de vencido, declarou: "It has been argued that the Security Council is alone competent to appraise the use made by one of its permanent Members of the right of veto, and that this is shown by the practice which has become established. I cannot agree with that opinion either: the General Assembly is entitled not only to ask the Council for what reason it has failed to recommend a State seeking admission, but also to determine whether or not this right of veto has been abused" (cfr. *Competence of the General Assembly for the Admission of a State to the United Nations*, Advisory Opinion, March 3, 1950, *I. C. J. Reports* 1950, pág. 20).

[1582] Assim, a Resolução 40 (I), de 13 de Dezembro de 1946, da Assembleia Geral (texto em RDGAOR, 1st session, 1946, pág. 64-65), apela à adopção de práticas que facilitem o consenso no seio do Conselho de Segurança. Mas além dos seus termos serem muito suaves, foi aprovada com 36 votos a favor, 6 contra e 9 abstenções, incluindo o voto contrário da então União Soviética e a abstenção da China e da França. Posteriormente, a Assembleia Geral adoptaria a Resolução 267 (III), de 14 de Abril de 1949 (texto em RDGAOR, 3rd session, 1967, pág. 7), por 43 votos a favor, 6 contra e 2 abstenções. No seu parág. 3, al. c) declara--se "If there is not unanimity, to exercise the veto only when they consider the question of vital importance". Tratou-se, pois, de um apelo à abstenção e ao não exercício do veto. A própria referida Resolução *União para a Paz*, no parág. 5 do preâmbulo, afirma: *"Reaffirming* (...) the **duty** of the permanent members to seek unanimity and exercise restraint in the use of the veto".

poderiam levar a sustentar que cada membro do Conselho, como qualquer outro membro, no exercício dos seus direitos, deve respeitar os fins e princípios das Nações Unidas, enquanto obrigações que decorrem da Carta[1583].

Em apoio desta posição, seria possível alegar que a Carta permite a suspensão dos direitos de membros (artigo 5) e, especialmente, a expulsão de um destes que persistentemente tenha violado os seus princípios (artigo 6). Subjacente a este regime encontra-se, pois, a ideia de um controlo jurídico-político a ser realizado pela Assembleia Geral e pelo Conselho de Segurança sobre a actuação dos membros. Que os membros permanentes não estão isentos deste regime de controlo pela Assembleia e teoricamente nem sequer estão isentos da sanção, bastaria que não apresentassem um veto à sua própria expulsão.

Ora, assumindo que uma violação da Carta na forma de uma agressão de um membro permanente, seguida de um veto como forma de impedir a tomada de medidas pela organização, constitui uma violação grave da Carta, seria possível tentar retirar consequências desta à luz do Direito Internacional Costumeiro. Com efeito, o regime consuetudinário[1584], perante uma violação substancial de um tratado por uma parte, permite às restantes, por unanimidade, suspender o tratado no todo ou em parte entre si e o autor da violação ou em relação a todas as partes. Por conseguinte, seria possível tentar alegar que perante uma violação grave da Carta, seguida de um veto em causa própria, as restantes partes poderiam suspender a parte final do

---

[1583] Com efeito, o Tribunal Internacional de Justiça afirmou a propósito do artigo 4 da Carta que não eram apenas os órgãos enquanto tais que tinham de respeitar os limites do seu poder, mas que: "the Members are bound to conform to the requirements of Article 4 in giving their votes (...)", concluindo que "a Member of the United Nations which is called upon, in virtue of Article 4 of the Charter, to pronounce itself by its vote, either in the Security Council or in the General Assembly, on the admission of a State to membership in the United Nations, is not juridically entitled to make its consent to the admission dependent on conditions not expressly provided by paragraph 1 of the said Article" [cfr. *Conditions of Admission of a State to Membership in the United Nations (Article 4 of the Charter)*, Advisory Opinion of 28 May 1948, *I.C.J. Reports 1947-1948*, pág. 60 e 65].

[1584] Codificado nos artigos 60, n.º 2, al. a) das referidas Convenções de Viena sobre o Direito dos Tratados de 1969 e de 1986. O Tribunal Internacional de Justiça afirmou a propósito do primeiro: "The rules laid down by the Vienna Convention on the Law of Treaties concerning termination of a treaty relationship on account of breach (adopted without a dissenting vote) may in many respects be considered as a codification of existing customary law on the subject" [cfr. *Legal Consequences for States* (...), cit., *I.C.J. Reports* 1971, pág. 47, parág. 94; ver igualmente *Case Concerning The Gabcíkovo-Nagymaros* (...), cit., *C. I. J. Reports* 1997, pág. 38, parág. 46 e pág. 62, parág. 99].

artigo 11, n.º 2 de forma a possibilitar a que a Assembleia Geral pudesse exercer poderes públicos nos termos latos do artigo 11, n.º 2, primeira parte, CNU.

Mas também esta solução não parece viável com este objectivo. Poder--se-á começar por alegar que o Direito dos Tratados exige a unanimidade das restantes partes, o que dificilmente seria obtido. É certo que se pode invocar novamente o regime dos artigos 5 c 6 CNU que permitem, respectivamente, suspender os direitos e expulsar um membro. Nos termos do artigo 18, n.º 2 CNU, trata-se de decisões que, no seio da Assembleia Geral, são tomadas por uma maioria de dois terços dos membros votantes. Assim, por analogia em relação a uma suspensão da Carta, poder-se-ia alegar que o regime costumeiro se bastaria com uma maioria qualificada. Ainda que fosse necessária uma recomendação do Conselho de Segurança, com os votos concordantes dos membros permanentes, o do membro em causa não deveria ser tido em conta, já que igualmente à luz do Direito Costumeiro não tem direito a participar na decisão[1585, 1586].

Mas não parece possível ultrapassar os restantes obstáculos a esta solução com vista a conferir poderes públicos bélicos à Assembleia Geral. É certo que o regime costumeiro da excepção do não cumprimento permite a suspensão de apenas parte do tratado, quer entre as restantes partes, quer em relação apenas ao Estado responsável. Mas esta vigência parcial não parece compatível com um tratado constitutivo de uma organização internacional, especialmente no que diz respeito a normas orgânicas que constituem a trave mestre da organização. Estes constituem tratados que funcionam em bloco. A alteração das competências de um órgão pela suspensão de um preceito do tratado que altera todo a distribuição de poderes no seio da organização não parece compatível com a sua natureza[1587].

---

[1585] Até seria possível sustentar que uma aproximação ao regime do artigo 108 permitiria a dispensa da intervenção do Conselho de Segurança, desde que os membros permanentes, salvo o responsável, não votassem contra a resolução da Assembleia.

[1586] Artigos 60, n.º 2, al. a) das citadas Convenções de Viena sobre o Direito dos Tratados de 1969 e 1986: "the other parties by unanimous agreement to suspend the operation of the treaty in whole or in part or to terminate it either", em caso de uma violação substancial de um tratado multilateral.

[1587] É certo que as Convenções de Viena admitem a separabilidade das disposições do tratado com base em excepção do não cumprimento em termos muito liberais (tendo criado uma ressalva expressa ao regime mais restritivo no artigo 44, por força do seu n.º 2, parte final) e mandam aplicar o seu regime aos tratados constitutivos de organizações internacionais (artigo 5), mas "without prejudice to any relevant rules of the organization". Ora, parece fazer muito pouco sentido uma suspensão parcial da Carta que permita a assunção por um órgão

Acresce que mesmo suspensa a parte final do artigo 11, n.º 2, não é nada líquido que fosse possível considerar que a Assembleia Geral teria competência para alterar a situação jurídica externa dos Estados membros. À luz da letra da Carta, esta apenas tem competência para aprovar recomendações em matéria de manutenção da paz.

Depois, mesmo que uma agressão por parte de um membro permanente constituísse em si uma violação substancial[1588] da Carta de forma a invocar a excepção do não cumprimento, já é bem menos líquido que um veto por si seja susceptível de ser qualificado como abusivo ao ponto de permitir considerá-lo uma violação da Carta. Na prática das Nações Unidas apenas esporadicamente se encontram acusações de abuso no exercício do direito de veto, mesmo quando este foi manifesto[1589, 1590]. Mas uma agressão, espe-

---

das competências de um outro. Neste aspecto, parece muito difícil fugir à aplicação da exigência do artigo 44, n.º 3, al. a) que apenas admite a redução quando as disposições do tratado sejam separáveis. Ora, a Carta estabelece um regime de emenda unitário que impede que uma alteração entre em vigor apenas em relação a alguns Estados, o que sugere que se trata de um regime inseparável, quer em relação a cada Estado, quer mesmo em relação ao sistema completo por esta criado. Não se conhece qualquer precedente de uma suspensão parcial de um tratado que atingisse a distribuição de competências dos órgãos principais de uma organização internacional.

[1588] Esta noção é definida pelos artigos 60, n.º 3, al. b) das citadas Convenções de Viena como "the violation of a provision essential to the accomplishment of the object or purpose of the treaty". Sendo o objecto do tratado as disposições essenciais para realização do seu fim, é necessário estar-se perante uma violação de uma disposição essencial no seio destas disposições essenciais [ver C. Baptista (...), cit., pág. 325]. Assim, talvez uma simples violação do artigo 2, n.º 4 CNU não integrasse esta noção. Mas um ataque armado seguido de um veto em causa próprio pelo agressor certamente que já o preencheria.

[1589] Assim, em 24 de Maio de 1948, na 303.ª Reunião do Conselho, a propósito do veto da União Soviética sobre a questão da Checoslováquia, o Chile afirmou: "USSR had abused the right of «veto»" (cfr. RPSC, 1946-1951, Chapter IV, pág. 169). O fundamento, porém, foi a violação do seu dever de abstenção (ver, *infra*, parág. 48.4). O Comité Especial contra o *Apartheid*, no seu relatório anual de 1981, afirmou que o voto contrário dos Estados ocidentais à condenação pelo Conselho da África do Sul pela agressão a Angola "represented a violation of their responsibilities under the Charter and an abuse of the veto" (cfr. RPSC, 1981-1984, Chapter VI, pág. 81). Igualmente, em 12 de Setembro de 1983, na 2476.ª reunião do Conselho, perante um veto Soviético em relação ao projecto de resolução que condenava a União Soviética pelo derrube do avião KE007 Sul-Coreano, o Japão declarou "the Soviet veto of the revised draft resolution was an abuse of the veto" (cfr. RPSC, 1981-1984, Chapter VIII, pág. 269). Em 15 de Novembro de 1995, na Assembleia Geral, o Botswana afirmou: "The power of veto had been abused very often" [cfr. UNPR, GA/8997 60th Meeting (AM) 15 November 1995]. Em 10 de Janeiro de 1997, na 3730.ª reunião do Conselho, perante um veto da China à colocação de observadores militares na Guatemala, devido ao facto de esta ter convidado representantes da Formosa para a cerimónia de paz, a Guatemala afirmou: "a permanent

cialmente sob a forma de um ataque armado, seguida de um veto em causa própria, dificilmente não seria considerada como uma violação grave da Carta.

Assim, julga-se que não se deve excluir a possibilidade de invocação da excepção do não cumprimento contra um membro permanente por violação grave da Carta, apesar de a aplicação da figura estar longe de ser líquida, dado a Carta já conter disposições relativas à suspensão de direitos e expulsão em caso de violações das suas disposições[1591]. Existem precedentes de expulsão ou suspensão de membros de organizações internacionais com apoio tendencial na figura[1592] e esta poderá servir de base para superar o

---

member of the Council should not be encouraged in the use of its veto, which was an abuse of its status" [cfr. UNPR, SC/6311 3730th Meeting (Night) 10 January 1997]. Mas mesmo a referida Resolução *União para a Paz* apenas faz uma tímida referência à moderação no uso do veto. Não existe qualquer invocação da excepção do não cumprimento. De facto, a Resolução encontra-se elaborada em termos puramente objectivos, sem responsabilizar directamente o membro permanente autor do veto. Parece aceitar como naturais a possibilidade de divergências entre estes membros

[1590] Daí que alguma Doutrina entenda que o veto não está sujeito a qualquer limitação derivada das obrigações substantivas do membro permanente: B. Simma/Brunner, *Article 27*, cit., pág. 465-466. Também rejeitam a relevância do abuso de veto: M. Bothe/B. Martenczuk, *Die NATO und die Vereinten Nationen* (...), cit., pág. 131; ver ainda Christine Chinkin, *The state that acts alone-bully, good Samaritan or Iconoclast*, EJIL, Vol. 11, No. 1, 2000, pág. 31-41, na pág. 34, nota 16. Outros autores defendem o carácter abusivo de certos vetos, mas reconhecem que produzem os seus efeitos até existir uma declaração vinculativa em contrário: Aleksander W. Rudzinski, *Majority Rule vs. Great Power Agreement in the United Nations*, IO, Vol. 9, No. 3, 1955, pág. 366-375, na pág. 368, nota 4.

A então União Soviética sustentou que o bloqueio pelo veto era uma forma de o Conselho de Segurança exercer as suas funções (cfr. YUN, 1950, pág. 192). Alguns autores sustentam igualmente, com excessivo optimismo, que a teleologia da Carta é de considerar como natural e mesmo positivo para a paz internacional que não haja intervenção das Nações Unidas quando um dos membros permanentes se opõe [neste sentido: E. Kouassi, *Rôles* (...), cit., pág. 435-436]. Evidentemente, no caso de utilização do veto em causa própria por parte de um membro permanente agressor esta espécie de raciocínio é inaceitável.

[1591] O artigo 60, n.º 4 das referidas Convenções de Viena manda ter em conta as regras do tratado aplicáveis em caso de violação das suas disposições.

[1592] Um caso relevante diz respeito à expulsão da União Soviética da Sociedade das Nações, membro permanente do seu Conselho. Os Estados que votaram favoravelmente a medida no Conselho, em 14 de Dezembro de 1939, consideraram que pela sua agressão contra a Finlândia e posterior atitude "the USSR has placed itself outside the League of Nations. It follows that the USSR is no longer a member of the League" (texto da Resolução da Assembleia, com a mesma data, em *Appel du Gouvernement Finlandais a la Société des Nations*, RMTSN, Supplément Spécial, Décembre 1939, pág. 82-83). Embora tenham invocado igualmente o artigo 16, n.º 4 do Pacto e não tenham alegado expressamente a excepção do

veto do membro. Com efeito, graças à natureza não procedimental da questão de expulsão, os membros permanentes podem recorrer a este como modo de impedir logo a nível do Conselho a aprovação da necessária recomendação deste (artigo 6 CNU). Esta excepção já seria susceptível de ser aplicada contra a vontade de um destes membros por aplicação do regime descrito de desconsideração do seu voto e aplicação de uma maioria de dois terços dos votos expressos. Mas apenas para levar a uma suspensão completa da Carta ou a uma expulsão ou suspensão do membro permanente e não já a uma suspensão parcial da Carta.

Sublinhe-se que, ainda que nestes termos, a prática não tem apoiado a sujeição da Carta ao regime costumeiro da excepção do não cumprimento por força de uma violação grave seguida de um veto. Mesmo no período

---

não cumprimento, o caso merece referência. Uma das razões que terão levado os membros a utilizar estes termos pode ter sido o facto de não estar reunido o quórum completo exigido pelo artigo 16, n.º 4 do Pacto, e de teram existido algumas abstenções (ver, *supra*, parág. 19.2).

Igualmente a Organização de Estados Americanos suspendeu os direitos do Governo de Cuba de participar nos seus órgãos, muito embora à altura não existisse qualquer fundamento para esta decisão na sua Carta. A Resolução adoptada na VII Reunião de Consulta de Ministros dos Negócios Estrangeiros, Punta del Este, 22-31 de Janeiro de 1962, Parte VI, estabelece: "2. That the present Government of Cuba, which has officially identified itself as a Marxist-Leninist government, is incompatible with the principles and objectives of the inter-American system. 3. That this incompatibility excludes the present Government of Cuba from participation in the inter-American system" (texto em AJIL, Vol. 56, 1962, pág. 610-612). O fundamento para esta decisão foi a violação da já referida Declaração de Caracas de Março de 1954, onde os seus membros se comprometem a rejeitar o sistema comunista.

Limitações drásticas na política interna a adoptar por um Estado podem colocar questões relativas ao direito de autodeterminação do Povo, direito *iuris cogentis*. Mas o Tribunal Internacional de Justiça pareceu aceitar a sua validade [sustentou que: "Every State possesses a fundamental right to choose and implement its own political, economic and social systems (...). 259. However, the assertion of a commitment raises the question of the possibility of a State binding itself by agreement in relation to a question of domestic policy, such as that relating to the holding of free elections on its territory. The Court cannot discover, within the range of subjects open to international agreement, any obstacle or provision to hinder a State from making a commitment of this kind (cfr. *Military and Paramilitary Activities*, cit., *I.C.J. Reports* 1986, pág. 131, parág. 258-259)].

Assim, aceite a existência da violação, uma base aparente para esta suspensão de direitos será precisamente a excepção do não cumprimento (neste sentido: Charles Fenwick, *The Issues at Punta Del Este: Non-Intervention v. Collective Security*, AJIL, Vol. 56, No. 2, 1962, pág. 469-474, na pág. 473-474). Ver também, discutindo outras hipóteses: L. Sohn, *Expulsion* (…), cit., pág. 1419-1420; Frederic Kirgis, Jr, *Admission of Palestine as a Member of a Specialized Agency and Withholding the Payment of Assessments*, AJIL, Vol. 84, No. 1, 1990, pág. 218-230, na pág. 224-225.

mais negro da Guerra Fria e do recurso generalizado ao veto[1593], ainda que em causa própria depois de agressões[1594], nunca esta foi formalmente invocada[1595]. A maioria dos Estados membros parece ter estado mais disposta a abandonar as Nações Unidas em caso de bloqueio definitivo do seu sistema,

---

[1593] Não existem números oficiais sobre vetos. Estudos apontam para que até 1999 tenham existido 247 vetos formais, isto é, votos contrários apresentados por um membro permanente durante uma votação formal de um projecto de resolução apresentado perante o Conselho. Ficam de fora a contabilização de vetos informais, portanto, em que o membro permanente por força da sua prévia manifestação de oposição logrou evitar a sujeição da proposta a votação. Também não estão incluídos 43 vetos apresentados contra propostas de Secretário-Geral pelo Conselho. Destes 247 vetos, 120 foram utilizados pela União Soviética, mas esta desde 1986 apenas voltou a utilizá-lo duas vezes. Pelo contrário, de 1946 a 1965 usou-o 105 vezes. Os EUA usaram-no 72 vezes, mas durante o período de 1946 a 1965 não terão apresentado qualquer veto formal. Porém, o final da Guerra Fria não os demoveu: de 1986 a 1999 realizaram 26 vetos. Dos restantes membros permanentes, o Reino Unido é responsável por 32 vetos; a França por 18 e a China por 5 (apenas um dos quais formulado pelo Governo nacionalista, em 1955). Houve anos em que o bloqueio do Conselho de Segurança foi claro. Assim, em 1955, foram aprovadas apenas 5 resoluções por este, mas foram apresentados 19 vetos. Refira-se, contudo, que uma parte importante dos vetos se deveu a questões internas; assim, 59 foram utilizados para impedir a admissão como membros de certos Estados. Só uma minoria relativa se deveu a questões de manutenção da paz, embora alguns tenham tido consequências graves [cfr. Sydney Bailey/Sam Daws, *The Procedure of the Un Security Council*, 3rd ed., Oxford, 1998, pág. 230-239].

[1594] Infelizmente, estes vetos têm sido frequentes, devido aos termos liberais do artigo 27, n. 3, parte final, que apenas exige que uma parte numa controvérsia se abstenha de votar quando esteja em causa uma resolução não obrigatória (capítulo VI e artigo 52, n.º 3) e, especialmente, por força da reiterada violação desta exigência pelos membros do Conselho (ver, *infra*, parág. 48.4). Deste modo, podem-se referir vários casos de recurso ilícito à força por parte de um membro permanente seguido de um veto seu no Conselho como forma de impedir a aprovação por este de uma resolução condenatória. Refira-se o caso dos vetos da França e do Reino Unido em 30 de Outubro de 1956, na 749.ª reunião do Conselho, contra os projectos de resoluções que visavam impedi-los de executar o seu ultimato contra o Egipto (cfr. RPSC, 1956-1958, Chapter VIII, pág. 100), que se viria a concretizar no dia seguinte com a sua intervenção armada. Também os vetos da então União Soviética aos projectos de resolução que a condenava pelas suas intervenções armadas na Hungria, na 754.ª reunião do Conselho, em 4 de Novembro de 1956 (cfr. RPSC, 1956-1958, Chapter VIII, pág. 110), na Checoslováquia, na 1443.ª reunião do Conselho, em 22/23 de Agosto de 1968 (cfr. RPSC, 1966-1968, Chapter VIII, pág. 172) e no Afeganistão, na 2189.ª reunião, em 7 de Janeiro de 1980 (cfr. RPSC, 1975-1980, Chapter VIII, pág. 350). Igualmente em 25-27 de Outubro de 1983, o veto dos EUA contra a resolução condenatória do Conselho da sua intervenção em Granada (cfr. RPSC, 1981-1984, Chapter VIII, pág. 274).

[1595] Mesmo na Doutrina só pontualmente foi invocada a excepção do não cumprimento em associação com utilizações abusivas de vetos por um membro permanente e em termos pouco convincentes; ver: C. Fenwick, *The Quarantine Against Cuba* (...), cit., pág. 588.

e em recorrer a meios privados de defesa colectiva, do que em procurar eventualmente excluir da organização um membro permanente e utilizar os meios desta contra este. Deste modo, se, nos termos descritos, a invocação da excepção do não cumprimento por dois terços dos membros (e pelo menos a não oposição dos restantes membros permanentes) não deve ser excluída, há que reconhecer que esta será de pouco verosímil aplicação.

Seja como for, e concluindo, não se julga possível que a excepção do não cumprimento sirva de fundamento para qualquer assunção de um poder público pela Assembleia Geral: porque não é adequada para suspender o artigo 11, n.º 2, parte final, da Carta; e porque mesmo que este pudesse ser suspenso, nem por isso a Assembleia seria competente para exercer aquele poder.

**44.2. A actuação no Conflito Coreano.** Apesar de ser o regime descrito no parágrafo precedente que se julga decorrer da Carta, existem alguns precedentes (concretos ou gerais e abstractos) de exercício de poderes pela Assembleia que devem ser analisados antes de se retirar alguma conclusão final; designadamente, com vista a determinar se estes são de ordem a poder falar numa emenda tácita ao regime descrito.

O primeiro precedente de assunção pela Assembleia deste poder encontra-se no Conflito na Coreia entre as autoridades do Norte e as do Sul[1596].

---

[1596] São conhecidos os acontecimentos que deram lugar ao envio de tropas de vários membros das Nações Unidas para a Coreia. Um conflito de baixa intensidade existia já desde Outubro de 1949, com sucessivos incidentes fronteiriços que já tinham custado muitas vidas, intervalados com mútuas ameaças de invasão para reunificação pela força da Coreia (cfr. E. Hoyt, *The United States Reaction to the Korean Attack* (...), cit., pág. 48; Kathryn Weathersby, *Soviet Aims in Korea and the Origins of the Korean War, 1945-1950: New Evidence from Russian Archives*, Cold War International History Project, Working Paper No. 8, Washington, D.C., 1993, pág. 33 e nota 82; Shen Zhihua, *Sino-Soviet Relations and the Origins of the Korean War: Stalin's Strategic Goals in the Far East*, JCWS, Vol. 2, No. 2, 2000, pág. 44-68, na pág. 46). Apesar destas circunstâncias, poucos contestam que a situação não justificava de modo algum o ataque em larga escala levado a cabo pelo exército das autoridades do Norte, em 25 de Junho de 1950, e que a estas cabe a responsabilidade pela escalada do conflito.

Uma coincidência bizarra permitiu que, com importantes adaptações e em termos dificilmente compatíveis com a Carta, o sistema de segurança das Nações Unidas funcionasse. Com efeito, a então União Soviética encontrava-se ausente das Nações Unidas como forma de protestar contra a não admissão do Governo chinês comunista como órgão da China na organização. Depois da derrota dos nacionalistas no Conflito interno na China e seu refúgio na Formosa, eram ainda as autoridades nacionalistas que continuavam a ter acento nas Nações Unidas e no Conselho de Segurança. Deste modo, com a ausência do representante soviético e com o voto chinês nacionalista [já se viu que a rejeição da delegação do Governo comunista da China foi ilícita (ver, *supra*, parág. 34.4.4); quanto à ausência soviética, esta foi inócua

Em finais de Setembro de 1950, tendo as forças norte coreanas sido repelidas para norte do paralelo 38, que estabelecia a divisão entre as duas zonas da Coreia, em 30 de Setembro as unidades sul coreanas trataram de prosseguir o seu avanço em território dominado pelas autoridades do Norte da Coreia[1597]. Depois da rejeição pelas autoridades do Norte de uma exigência

quanto à validade dos actos, ver, *infra*, parág. 48.1], o Conselho de Segurança, no próprio dia do ataque, aprovou a sua Resolução 82 (1950), de 25 de Junho (texto em RDSCOR, 1950, pág. 4-5: por 9 votos a favor, nenhum contra, uma abstenção e a ausência da União Soviética), onde, considerando verificar-se uma "ruptura da paz", pedia o fim das hostilidades e a retirada das tropas. Entretanto, forças dos Estados Unidos intervêm ao lado das autoridades do sul da   Coreia.

Dois dias depois, na sua Resolução 83 (1950), de 27 de Junho (texto em RDSCOR, 1950, pág. 5), após verificar o incumprimento da Resolução 82 pelas autoridades do Norte da Coreia, o Conselho de Segurança pede a todos os Estados membros que assistam as autoridades do Sul com vista a "repel the armed attack and to restore international peace and security in the area". Assim, a intervenção Norte-Americana, apesar de iniciada antes da aprovação da Resolução 83, tinha já algum amparo na parte III da Resolução 82 e digamos que a sua interpretação desta foi ratificada pela Resolução 83. Embora tal não seja líquido, já que se tratou do primeiro caso de habilitação ao uso privado da força (e não de uma Força das Nações Unidas como foi sustentado) em contradição com os termos da Carta que apenas permite habilitações a estruturas regionais (ver, *infra*, parág. 75.3.1).

Seguidamente, na sua Resolução 84 (1950), de 7 de Julho (texto em RDSCOR, 1950, pág. 5-6), o Conselho pede a todos os membros que enviaram contingentes, 16 no total, que integrem as suas forças sob um "comando unificado dos Estados Unidos". Estes ficavam autorizados a escolher o comandante, mas sujeitos ao dever de apresentar ao Conselho relatórios do evoluir da situação. Ficavam os contingentes nacionais autorizados a usar a bandeira das Nações Unidas. O Conselho aprovou ainda a Resolução 85 (1950), de 31 de Julho (texto em RDSCOR, 1950, pág. 6-7), relativa a assistência humanitária ao Povo da Coreia. Mas no dia seguinte a delegação soviética veio retomar o seu lugar, assumindo a presidência do Conselho, e passou a vetar todas as iniciativas tendentes a aprovar novas resoluções em apoio das autoridades do Sul da Coreia.

Posteriormente, sobre esta questão, o Conselho apenas aprovaria duas resoluções sobre matéria procedimental, que em rigor nem necessitariam de ser adoptadas sob a forma de resolução: a Resolução 88 (1950), de 8 de Novembro (texto em RDSCOR, 1950, pág. 7), que decide convidar um representante do Governo popular da China, e a Resolução 90 (1951), de 31 de Janeiro (texto em RDSCOR, 1951, pág. 1; RPSC, 1946-1951, Chapter VIII, pág. 358), que retira, por unanimidade, a questão da agenda do Conselho de forma a acabar com as dúvidas quanto à inaplicabilidade do artigo 12, n.º 1, deixando a Assembleia Geral livre para decidir sobre esta. Todas as outras propostas de resolução foram vetadas pela União Soviética (as propostas por Estados ocidentais) ou rejeitadas pela maioria no Conselho (as propostas pela União Soviética).

[1597] Foi a Terceira Divisão Sul Coreana a primeira a cruzar o paralelo 38, em 30 de Setembro de 1950 [cfr. Chen Jian, *The Sino-Soviet Alliance And China's Entry Into The Korean War*, Working Paper No. 1 (Cold War International History Project, Washington, D.C., 1992; texto em CWIHP), pág. 29].

de rendição incondicional apresentada a 1 de Outubro, também o comando Norte-Americano, que obtivera permissão do Presidente dos EUA para o efeito em 27 de Setembro, decidiu que seria de continuar a sua marcha para norte.

Com o Conselho de Segurança já bloqueado pelo veto soviético, a Assembleia Geral, na sua Resolução 376 (V), de 7 de Outubro de 1950[1598], recomendou que "all appropriates steps be taken to ensure conditions of stability throughout Korea" e "for the establishment of a unified, independent and democratic government" [parág. 1, al. a) e preâmbulo]. O que foi considerado como uma autorização da invasão do norte pelas forças aliadas[1599]. A Resolução foi aprovada com 45 votos favoráveis, 5 contra (incluindo a então União Soviética) e 7 abstenções (de Estados liderados pela Índia e renitentes em apoiar a reunificação pela força).

Tendo em conta que o Conselho de Segurança apenas habilitara as forças das "Nações Unidas" a repelir as forças norte coreanas e a garantir a segurança, resulta claro que a tentativa de reunificar a Coreia pela força extravasou a habilitação. A Assembleia Geral procurou nesta resolução permitir uma intervenção nos assuntos internos da Coreia para atingir um fim insusceptível de ser legitimado com base nas resoluções do Conselho sobre a questão ou no Direito Internacional que proíbe intervenção em conflitos bélicos internos entre movimentos armados[1600].

---

[1598] Texto da Resolução em RDGAOR, 5th Session, 1950-1951, pág. 9-10.

[1599] É essencialmente com esta eficácia que esta é vista por Norman Padelford, *The United Nations and Korea: A Political Résumé*, IO, Vol. 5, No. 4, 1951, pág. 685-708, na pág. 694; B. Weng, *Communist China's* (...), cit., pág. 682; Guenter Weissberg, *The International Status of the United Nations*, New York, 1961, pág. 88; N. White, *Keeping the Peace* (...), cit., pág. 170; Georges Abi-Saab, *Remarque*, *Débats*, em *Le Chapitre VII de la Chartre des Nations Unies* (SFDI – Colloque de Rennes), Paris, 1995, pág. 108; S. Alexandrov, *Self-Defense* (...), cit., pág. 257.

[1600] A qualificação do conflito como interno não é pacífica, mas foi sustentada com bons argumentos pela União Soviética. Esta afirmou, em 3 de Agosto de 1950, na 482.ª reunião do Conselho: "It is clear to anyone (...) that a civil war is in progress in Korea between the North and South Koreans. The military operations between the North and South Koreans are of an internal character; they bear the character of a civil war. There is therefore no justification for regarding these military operations as aggression" (cfr. RPSC, 1946-1951, Chapter XII, pág. 474). Trata-se de qualificação que também é admitida por: Pitman B. Potter, *Legal Aspects of the Situation in Korea*, AJIL, vol. 44, n.º 4, 1950, pág. 709-712, na pág. 712; Q. Wright, *Prevention of Aggression*, cit., pág. 524-525; D. Bowett, *United Nations* (...), cit., pág. 35 (mas depois aceita a aplicação da legítima defesa); Louis Fisher, *The Korean War: On What Legal Basis Did Truman Act?*, AJIL, Vol. 89, No. 1, 1995, pág. 21-39, na pág. 34; John Quigley, *The United Nations Security Council: Promethean Protector or Helpless Hostage*, TILJ, Vol. 35, 2000, pág. 129-172, na pág. 164. Em sentido contrário: E. Hoyt, *The United*

A qualificação do conflito como interno decorre do facto de à altura ser geralmente reconhecido (mesmo por ambas as partes) que a Coreia constituía um Estado unitário, com duas entidades a reivindicarem o estatuto de seu Governo. A Assembleia Geral, nas suas Resolução 195 (III), de 12 Dezembro de 1948[1601], parág. 2 e Resolução 293 (IV), de 21 de Outubro de 1949[1602], parág. 5 do preâmbulo, sustentara a existência de um só Estado Coreano, tendo reconhecido como único Governo legítimo as autoridades do Sul, na sequência das eleições parlamentares de 10 de Maio e presidenciais de 20 de Julho de 1948, consideradas livres e justas pela Comissão Temporária das Nações Unidas na Coreia. Isto apesar do boicote da maioria da oposição a estas e das perseguições do Governo do Sul aos movimentos que manifestassem qualquer simpatia pelas autoridades do Norte.

De qualquer modo, este reconhecimento não reunia os requisitos tradicionais para o reconhecimento de Governo, dado que as autoridades do Sul não controlavam metade do território, e foi realizado com a oposição da União Soviética e com a marginalização do Governo comunista chinês que se opôs a este. Estes reconheceram antes as autoridades do Norte como Governo da Coreia. Consequentemente, não parece que o reconhecimento do Governo do Sul reunisse os requisitos para constituir um reconhecimento constitutivo de Governo com eficácia *erga omnes*[1603].

No entanto, embora se julgue que inicialmente se tratou de um conflito interno[1604], na verdade tinha particularidades derivadas do facto de resultar de uma situação criada pela Segunda Guerra Mundial e da recente ocupação da Coreia pelas duas superpotências. Ora, cada uma destas assistiu uma das partes no seu rearmamento, especialmente a União Soviética em relação às autoridades do norte. Mesmo assim, a intervenção não poderia ser justificada à luz do artigo 107 da Carta, já que a Coreia embora tivesse sido parte integrante do Japão, Estado inimigo, não podia ser identificada com este. Nem este fundamento foi invocado.

Segundo se julga, o Direito Internacional Costumeiro proibia, tal como actualmente, intervenções estrangeiras num conflito armado interno entre

---

*States Reaction to the Korean* (…), cit., pág. 58, nota 49; N. White, *Keeping the Peace* (…), cit., pág. 21 (implicitamente, já que aplica o artigo 2, n.º 4); J. Frowein, *Article 39*, cit., pág. 609.

[1601] Texto em RDGAOR, 3rd Session, 1948, pág. 25-27.

[1602] Texto em RDGAOR, 4th Session, 1949, pág. 15-16.

[1603] Ver, *supra*, parág. 34.4.4 e 35.2.

[1604] Sem que tal pudesse, claro está, impedir a intervenção das Nações Unidas, desde logo por força da parte final do artigo 2, n.º 7 da Carta.

duas entidades como as autoridades do norte e as do sul da Coreia, mesmo a pedido de uma das partes[1605]. Não parece que este regime jurídico se altere por força da prévia intervenção estrangeira de ambos os lados na sequência da derrota do Japão ou do apoio que as autoridades do norte receberam da União Soviética[1606]. Mas mesmo que este atenuasse a ilicitude de uma intervenção externa do lado do Sul é no mínimo discutível que justificasse a intervenção massiva ocorrida e, especialmente, a tentativa de reunificação forçada da Coreia.

Também a legítima defesa colectiva não era invocável na situação como forma de justificar a intervenção estrangeira do lado das autoridades do Sul da Coreia[1607]. Tal só seria aceitável se se entendesse que ambas as

---

[1605] Ver, *supra*, parág. 16.1.

[1606] Não é líquido que o apoio que as autoridades do norte receberam da União Soviética tenha sido desmesuradamente superior ao recebido pelas autoridades do sul dos EUA, embora seja claro que tinham mais armamento pesado, designadamente ao nível de tanques. De qualquer modo, parte das forças do norte tinham lutado do lado dos comunistas no Conflito Chinês (cfr. Chen Jian, *China's Road to the Korean War: The Making of the Sino-American Confrontation*, New York, 1994, Part II, 4, texto notas 65-72 e 85-87, que refere a recusa inicial das autoridades do norte em receber auxílio militar directo chinês, por força de suspeitas históricas em relação à China), tendo, portanto, bem mais experiência. Acresce que as forças do sul se encontravam mal treinadas e, aparentemente, pouco motivadas, dado que o regime do sul não gozava de grande popularidade. Houve grandes debandadas na frente em 26 de Junho. A experiência bélica e motivação das forças do norte terão sido mais decisivas ainda do que a sua superioridade bélica na fácil vitória sobre as forças do sul e no quase arrasar das forças aliadas no perímetro de Pusan em princípios de Setembro, até que o envio massivo de reforços (só os EUA tinham já no local mais de 80.000 militares) e o desembarque anfíbio em Inchon alteraram radicalmente a situação.

[1607] Contra: F. Seyersted, *United Nations* (...), cit., pág. 129; A. Karaosmanoglu, *Les actions* (...), cit., pág. 264-265; E. Rostow, *Until What* (...), cit., pág. 508; N. White, *Keeping the Peace* (...), cit., pág. 21, 56 e 106; J. Frowein, *Article 39*, cit., pág. 614; S. Alexandrov, *Self-Defense* (...), cit., pág. 262-263. D. Bowett, *Collective Self-defence* (...), cit., pág. 160 também parece aceitar a aplicação da figura; em *United Nations* (...), cit., pág. 34, manifesta as suas reticências quanto à intervenção de terceiros por força da sua inaceitável tese quanto ao carácter próprio da legítima defesa colectiva (ver, *supra*, parág. 12.7), mas aceita o uso da figura pelas autoridades no sul da Coreia e, aparentemente, alguns dos Aliados que tinham interesses próprios na região.

Não deixa de ser surpreendente a facilidade com que estes autores dão por adquirido, normalmente sem discutir sequer a questão, que se aplicava a legítima defesa e que, consequentemente, se estaria necessariamente perante uma violação da norma costumeira codificada (em 1950, provavelmente apenas parcialmente) no artigo 2, n.º 4 CNU. De facto, já que a Coreia não era membra das Nações Unidas, só o Direito Costumeiro seria aplicável, visto que, como novo Estado independente, não estaria vinculada como sucessora do Japão em relação ao citado Tratado Briand-Kellog (além de este não se aplicar a conflitos internos).

parcelas da Coreia estavam obrigadas a não usar a força, já que só assim se estaria perante um ataque armado ilícito, pressuposto da figura[1608], o que é difícil de sustentar[1609]. A Carta não lhes era aplicável, já que a Coreia não era membra e, mesmo à luz desta, não parece que o artigo 2, n.º 4 fosse aplicável, dado que a proibição se aplica às relações internacionais entre Estados, organizações internacionais e só muito excepcionalmente entre movimentos fortemente enraizados. Ora, foi sublinhado pela Assembleia Geral, a Coreia era um Estado único. À luz do Direito Internacional Costumeiro, também não se julga poder considerar aplicável a proibição de uso

---

Mas, quanto à aplicação da proibição do uso da força, é necessário ter em conta a declaração expressa da Assembleia Geral de que a Coreia era um só Estado que compreendia ambas as partes (entendimento confirmado por ambas as partes) e que a situação tinha menos de um ano, desde a retirada das forças estrangeiras. Porém, considerar que a proibição costumeira de uso da força em 1950 se aplicava a uma situação ainda não estabilizada ao longo de um período amplo entre duas partes no seio do mesmo Estado é, no mínimo, controverso (ver, *supra*, parág. 10.5.2). Ora, sem existir uma violação desta proibição nunca será possível invocar legítima defesa.

[1608] Ver, *supra*, parág. 12.1.

[1609] Julga-se que não é possível invocar a posição assumida nas referidas Resolução 82 (1950), de 25 de Junho e Resolução 83 (1950), de 27 de Junho pelo Conselho de Segurança como apoio da existência de uma violação da proibição do uso da força e da aplicação da legítima defesa. Estas, como a segunda refere expressamente, afirmam que *"Having Determined that the armed attack upon the Republic of Korea by forces from North Korea constitutes a breach of the peace"*. Mas não parece que a expressão ataque armado tenha sido utilizada com o sentido com que se encontra consagrado no artigo 51 CNU.
Um ataque armado é a forma mais grave de agressão e, portanto, de violação da proibição de uso da força (ver, *supra*, parág. 12.1). Deste modo, afirmar-se que um ataque armado constitui uma mera ruptura da paz não faz juridicamente sentido. Um ataque armado é sempre uma agressão. A referência a ruptura da paz consistiu numa forma de evitar afirmar que a proibição do uso da força fora violada, logo, a expressão ataque armado foi utilizada no seu sentido material de invasão ou prática de actos bélicos em apreciável escala e não no seu sentido técnico-jurídico. De facto, a queixa inicial dos EUA fora apresentada sob a denominação de "Aggression upon the Republic of Korea" (cfr. RPSC, 1946-1951, Chapter VIII, pág. 354), mas o termo agressão acabou por não constar das resoluções aprovadas.
É certo que a Assembleia Geral na sua Resolução 498 (V), de 1 de Fevereiro de 1951, parág. 1, 3 e 5 (texto em RDGAOR, 5th Session, 1950-1951, pág. 1) qualificou como autores de "aggression" quer as autoridades do Norte da Coreia, quer o Governo (comunista) da China. Mas a China já se encontrava plenamente vinculada pela proibição de uso da força, altura em que já era possível invocá-la e falar em agressão; de qualquer modo, tratou-se de um juízo essencialmente em causa própria por parte das Nações Unidas, dado o apoio dado pela organização aos Estados aliados que se procuraram mesmo assumir como Força destas (ver sobre a questão, *infra*, parág. 75.3.1).

da força[1610]. De qualquer forma, ainda que fosse aplicável, a legítima defesa poderia justificar a continuação moderada das hostilidades a Norte do paralelo 38 como forma de forçar a um armistício que garantisse minimamente a segurança na região, mas não poderia legitimar a reunificação forçada da Coreia.

Deste modo, ainda que as resoluções do Conselho de Segurança tivessem legitimado a intervenção dos Aliados do lado das autoridades do Sul da Coreia (o que não se afigura nada claro), a continuação do combate com vista a unificar a Coreia pela força exorbitou a habilitação conferida por aquelas. Claro está, sendo um conflito interno[1611], as forças das autoridades do sul da Coreia poderiam livremente continuar as hostilidades a Norte, mas não as forças aliadas. O ultrapassar do paralelo 38 e a continuação das hostilidades para Norte deste pelas forças aliadas com o objectivo aberto de unificar pela força a Coreia não se afigura, pois, compatível com a Carta das Nações Unidas ou, como se procurou justificar, com o Direito Internacional Costumeiro[1612]. De facto, não sendo possível legitimar este fim nos direitos conferidos aos Estados pelo Direito Internacional Costumeiro, a Assembleia não seria competente para legitimar constitutivamente esta acção

Acresce ainda a circunstância de a Coreia à altura não ser membra das Nações Unidas. De facto, em 1950, as Nações Unidas não gozavam de um poder costumeiro contra entidades terceiras com amplitude idêntica ao estabelecido na Carta[1613]. É certo que as autoridades do norte da Coreia, que constituíam uma mera organização armada, desencadearam um conflito interno que, mesmo que formalmente não pudesse ser considerado como uma violação do Direito Internacional, podia legitimamente ser qualificado como uma ameaça à paz internacional ou, porventura, de forma mais controversa, uma ruptura da paz, como ocorreu. Os recursos aplicados por ambas as partes

---

[1610] Ver, *supra*, parág. 10.5.2.

[1611] Pelo menos até à intervenção do Governo comunista chinês que internacionalizou o conflito. Tal resulta óbvio no mínimo em relação aos Estados, como o Reino Unido, que o tinham reconhecido, levando a um claro conflito entre Governos, logo entre Estados. Mas como se verificou, o Governo comunista chinês era já à luz do Direito Internacional Costumeiro o único Governo efectivo da China e logo o seu Governo nos termos do regime então vigente (ver, *supra*, parág. 34.4.4).

[1612] Também críticos da ultrapassagem do paralelo 38, embora de uma perspectiva mais político-militar do que jurídica: Q. Wright, *Prevention* (...), cit., pág. 531-532; Edwin Hoyt, *Review: China Crosses the Yalu: The Decision to Enter the Korean War*, AJIL, Vol. 56, n. 1, 1962, pág. 253-254, na pág. 254; ver também S. Alexandrov, *Self-Defense* (...), cit., pág. 257- -259.

[1613] Ver, *supra*, parág. 20.3.

tornavam o conflito de dimensões idênticas a um conflito internacional, entre dois Estados pertencentes a grupos político-militares opostos. Acresce que ambas as partes se encontravam numa situação particular, já relativamente estabilizada e anteriormente internacionalizada pela presença de forças estrangeiras de ambos os lados.

Assim, o Conselho de Segurança tinha poder para intervir militarmente no conflito[1614], mesmo que um Estado não tivesse legitimidade para o fazer à luz do Direito Internacional Costumeiro. Mas já não parece que tivesse poder para legitimar a acção reunificativa empreendida em relação a um Estado não membro. Por maioria de razão, a Assembleia Geral não teria competência para tal. De qualquer modo, quando, em Fevereiro de 1951, depois de uma longa retirada, os Aliados conseguiram rechaçar o ataque das forças chinesas e norte-coreanas para lá do paralelo 38, renunciaram ao objectivo da reunificação pela força da Coreia.

Não tendo as Nações Unidas poderes costumeiros para legitimar a imposição da reunificação da Coreia pela força, resulta claro que as autoridades do Norte da Coreia poderiam protestar contra esta tentativa de as aniquilar como realidade política. Menos claro é se, a não existir este obstáculo, estas poderiam protestar invocando o vício orgânico da incompetência da Assembleia Geral. De facto, a organização armada que eram as autoridades do Norte da Coreia constituía uma entidade terceira em relação à Carta (visto que a Coreia não era membra da organização), não podendo invocar os seus termos. Parece, contudo, que como entidade prejudicada pela acção teria direito a invocar um abuso que se considera manifesto das suas competências pela Assembleia[1615]. Tal conclusão resulta especialmente clara quando esta incompetência era acompanhada de vícios formais derivados de não se estar perante uma decisão comunitária à luz do Direito Internacional Costumeiro, máxime, por força do voto contrário da então União Soviética e da oposição do Governo (comunista) da China[1616].

Em última análise, estes aspectos podem mesmo ter justificado a intervenção militar do Governo comunista chinês no Conflito Coreano e a posterior intervenção encapotada da União Soviética[1617], como contra

---

[1614] Embora seja discutível que em 1950 pudesse habilitar outros Estados a o fazerem; ver, *infra*, sobre o regime do uso privado habilitado, parág. 75.3.

[1615] Se, sendo a violação manifesta, a própria organização pode invocá-la contra terceiro parece igualmente este o poderá fazer (ver, *infra*, parág. 84.1). Contra: F. Seyersted, *United Nations* (...), cit., pág. 174-175; N. White, *Keeping the Peace* (...), cit., pág. 154.

[1616] Ver, *supra*, parág. 35.2.

[1617] Especialmente com a sua força aérea; cfr. K. Weathersby, *Soviet Aims* (...), cit., pág. 32.

intervenções legítimas face à ilicitude da actuação das Nações Unidas e dos Estados aliados. De facto, por um lado, um dos fins visados pelo uso da força, a reunificação, era ilícito, por ser estabelecido contra um não membro e por ter sido decidido pela Assembleia Geral que não tinha competência para tal à luz da Carta, contra o voto de um membro permanente e marginalização ilícita de um outro. E o Governo chinês comunista poderia sempre invocar a Carta, já que estava vinculado por esta pela sua aceitação pelo Governo nacionalista, vinculação confirmada ao reivindicar o assento da China[1618]. Por outro lado, o mero fim de garantir a segurança na zona não justificaria uma ocupação total do território coreano e o aproximar da fronteira com a China.

Acresce que o Governo chinês comunista se sentia ainda legitimamente agravado em consequência da sua marginalização das Nações Unidas e da intervenção dos EUA em defesa dos nacionalistas na Formosa (Taiwan), decidida depois do início do conflito coreano. Intervenção que deve ser qualificada como ilícita, por constituir uma intervenção num conflito armado interno generalizado[1619], ainda que tenha visado exclusivamente o cessar das hostilidades e não constituir um apoio unilateral às acções da Formosa[1620].

Contudo, igualmente a China comunista interveio no conflito na Coreia visando atingir o mesmo fim, a reunificação forçada desta. Daí que uma vez atingido o paralelo 38, a continuação para Sul do seu exército com vista a concretizá-lo não seja isenta de crítica, embora tenha sido uma contra-intervenção rigorosamente proporcional à realizada pelos Estados aliados[1621].

---

[1618] Ver, *supra*, parág. 20.5.1.

[1619] Neste sentido: E. Hoyt, *The United States Reaction to the Korean* (…), cit., pág. 64; Leland M. Goodrich/A. P. Simons, *The United Nations and the Maintenance of International Peace and Security*, Brookings Inst., Washington, 1955, pág. 435-436 (embora seja descabido um dos seus argumentos da inaplicabilidade da legítima defesa colectiva por não estar em causa um membro; a China era membra, o problema é que o ataque iminente do Governo comunista contra a Formosa, a aceitar-se que já era território que a China controlava legitimamente, era uma operação num conflito armado interno e não uma violação do artigo 2, n.º 4 CNU que pudesse ser resistida por legítima defesa de terceiro; acresce que a figura era e é aplicável em relação a Estados não membros).

[1620] Ver os protestos da China e justificações dos EUA apresentadas no Conselho de Segurança em 24 e 25 de Agosto de 1950, em RPSC, 1946-1951, Chapter VIII, pág. 358; ver igualmente, *supra*, parág. 10.5.2.1.

[1621] Acresce que as contra-intervenções com tropas do lado dos rebeldes parecem ser ilícitas, mesmo que proporcionais (ver, *supra*, parág. 16.2). No entanto, não parece possível considerar como rebeldes as autoridades do Norte, já que como ficou escrito as autoridades do Sul não eram objectivamente o Governo da Coreia.

A Assembleia Geral, na Resolução 498 (V), de 1 de Fevereiro de 1951[1622], parág. 1, qualificou a primeira como agressora[1623], mas tratou-se de um juízo em causa própria; nenhuma das partes estava isenta de pecados jurídico--internacionais, sendo os dos aliados mais graves[1624].

Já se entende que a utilização da forma da recomendação não cria problemas, pois embora para os seus destinatários se tratasse de um acto não obrigatório, cabendo a cada Estado decidir se intervinha ou não ao lado das autoridades do Sul da Coreia, para as autoridades do Norte este acto teve a pretensão de ter alterado a sua situação jurídica, habilitando os restantes Estados a usarem a força contra esta mesmo fora do quadro de uma situação de legítima defesa. A Assembleia Geral não pode vincular os seus destinatários, mas a ser competente para praticar o acto de habilitação quanto ao uso da força, este produziria efeitos independentemente da forma ou dos seus termos peremptórios ou permissivos[1625]. O problema encontra-se na incompetência da Assembleia Geral para praticar tal acto.

---

[1622] Texto em RDGAOR, 5th Session, 1950-1951, pág. 1.

[1623] A mesma qualificação é realizada por: L. Woolsey, *The "Uniting for Peace"* (...), cit., pág. 132 e 136; C. G. Fenwick, *The Recognition of the Communist Government of China*, AJIL, Vol. 47, No. 4, 1953, pág. 658-661, na pág. 660; N. White, *Keeping the Peace* (...), cit., pág. 21 e 56 (pelo menos na acção inicial); Y. Dinstein, *War, Aggression* (...), cit., pág. 153 e 275.

[1624] De um ponto de vista extra-jurídico, tendo em conta a invasão premeditada realizada pelas autoridades do Norte visando aniquilar o regime do Sul, é difícil não atribuir as responsabilidades à parte comunista, apesar da tentativa posterior realizada pelos Aliados de alcançar o mesmo objectivo. Mas, juridicamente, tendo em conta a natureza interna do conflito e os contestáveis objectivos da intervenção estrangeira, a posição comunista parece mais segura. A um uso interno condenável, mas internacionalmente lícito, seguiu-se uma intervenção estrangeira que no mínimo prosseguiu fins ilícitos, a que o Governo chinês comunista respondeu com uma contra-intervenção igualmente excessiva nos seus objectivos, ainda que não mais do que o fora a inicial.

Claro está, qualquer invocação do carácter totalitário do regime imposto pelas autoridades do Norte (que se afigura incontestável) não é argumento jurídico para justificar a intervenção. Pode ser apelativa para um defensor dos direitos humanos, mas era irrelevante jurídico-internacionalmente. O Direito Internacional Costumeiro em 1950 não fazia qualquer distinção na matéria. De qualquer forma, considerar que a intervenção internacional foi legítima por ter salvo milhões de coreanos da ditadura do Norte é uma cândida e perigosa afirmação (sobre a pretensa intervenção democrática, ver, *supra*, parág. 14.4). De resto, os Governos do Sul, especialmente entre 1972 e 1987, não passaram de ditaduras, com o beneplácito do Ocidente.

[1625] Ver, *infra*, a propósito da eficácia constitutiva das habilitações do Conselho de Segurança, parág. 71.1.

Assim, a única forma de tentar justificar este seu acto é entendendo que a Comunidade Internacional pretendeu reassumir o seu poder público bélico, exercendo-o através de um acto da Assembleia com vista a habilitar os Estados membros a resolver militarmente o conflito, pela subjugação das autoridades do Norte. Porém, este deparou com a oposição aberta de uma minoria de Estados, em que se incluiu um, ou mesmo dois, com a China (comunista), membros permanentes do Conselho de Segurança. Não serve, portanto, de apoio a qualquer tentativa para demonstrar que se verificou no domínio das competências da Assembleia Geral uma emenda no sentido de lhe atribuir poderes públicos bélicos.

**44.3. A Resolução *União para a Paz*.** Um segundo precedente[1626] foi criado com a aprovação pela Assembleia Geral da conhecida Resolução *União para a Paz*[1627], a Resolução 377 A (V), de 3 de Novembro de

---

[1626] A criação da Comissão interina pela Assembleia Geral enquanto órgão subsidiário (artigo 22) pela sua Resolução 111 (II), de 13 de Novembro de 1947 (texto em RDGAOR, 2nd Session, 1947-1948, pág. 15-16) não pode ser considerada como qualquer assunção de poderes públicos, embora tenha constituído um primeiro passo nessa direcção. O seu objectivo principal era permitir que existisse um acompanhamento permanente por parte dos Estados membros dos problemas relativos à manutenção da paz, sendo convocada esta Comissão no período entre sessões regulares da Assembleia, composta por um representante de cada membro (parág. 1). Mas os seus termos eram muito tímidos. Frisavam com ênfase as competências do Conselho de Segurança e a necessidade de serem respeitadas (parág. 3) e as competências que lhe eram atribuídas eram somente as reconhecidas pacificamente à Assembleia Geral, incluindo a constituição de comissões de inquérito, sem qualquer poder para adoptar actos constitutivos. Apesar disso seria severamente criticada como contrária aos termos da Carta pelo então bloco socialista que o boicotou (cfr. Yuen-Li Liang, *The Establishment of the Interim Committee of the General Assembly*, AJIL, Vol. 42, No. 2, 1948, pág. 435-439, na pág. 437-438). A sua actuação ficou-se pela realização de alguns estudos preparatórios de resoluções da Assembleia (cfr. Clyde Eagleton, *The Work of the UN Interim Committee*, AJIL, Vol. 42, No. 3, 1948, pág. 627-630; Yuen-Li Liang, *Some Aspects of the Work of the Interim Committee of the General Assembly*, AJIL, Vol. 42, No. 4, 1948, pág. 887-900, na pág. 887, 893 e 899-900). A Comissão interina seria restabelecida pela Resolução 295 (IV), de 21 de Novembro de 1949 (texto em RDGAOR, 4th Session, 1949-1950, pág. 17-18), em moldes idênticos. Posteriormente, cairia no esquecimento, não tendo voltado a reunir.

Igualmente a posterior actuação da Assembleia Geral no que diz respeito à ONUC no Congo não pode ser vista como um exercício de poderes públicos. As resoluções que aprovou na matéria foram baseadas nas do Conselho de Segurança (ver, *infra*, parág. 64).

[1627] Também denominada por Resolução Acheson, nome do então Secretário de Estado norte americano que a promoveu.

1950[1628], adoptada por 52 votos a favor, 5 contra (União Soviética, Ucrânia, Bielorússia, Polónia e Checoslováquia) e duas abstenções (Argentina e Índia).

Trata-se de uma resolução que surge na sequência do retorno da delegação soviética às Nações Unidas e do seu consequente veto em todas as iniciativas substantivas da maioria ocidental no Conselho de Segurança sobre o Conflito na Coreia. Numa das leituras possíveis visou simplesmente generalizar a solução aplicada na citada Resolução 376 (V), relativa à prossecução do Conflito Coreano para norte do paralelo 38. Esta leitura tem, porém, consequências importantes.

Na Resolução, no seu preâmbulo[1629], começa-se por afirmar que o fracasso do Conselho de Segurança em desempenhar as suas responsabilidades em nome dos Estados membros não libera estes ou as Nações Unidas das suas obrigações quanto à manutenção da paz e segurança ou priva a Assembleia Geral dos seus direitos ou a desobriga face às suas responsabilidades na matéria.

Existe no seu preâmbulo uma afirmação clara de que todos os poderes do Conselho de Segurança derivam dos Estados, seus titulares originários, daí a referência aos Estados membros em nome de quem o Conselho actua. Estes arrogam-se a exercer um controlo sobre o desempenho dos seus representantes neste Conselho e em reafirmar os seus direitos e deveres em caso de incumprimento por parte deste dos seus deveres. O quadro apenas se baralha no modo como é introduzida a Assembleia Geral. Não basta a proclamação do seu carácter comunitário, de órgão constituído pela Comu-

---

[1628] Texto em YUN, 1950, pág. 193-195. A Resolução 377 encontra-se dividida em três Resoluções agregadas (A, B e C), sendo a primeira dividida ainda em cinco partes (A, B, C, D e E). É esta a Resolução 377 A que constitui a Resolução *União para a Paz*.

[1629] Afirma-se, nos parágrafos preambulares 7 e 8: "Conscious that failure of the Security Council to discharge its responsibilities on behalf of all the Members States (...) does not relieve Member States of their obligations or the United Nations of its responsibility under the Charter to maintain international peace and security; Recognizing in particular that such failure does not deprive the General Assembly of its rights or relieve it of its responsibilities under the Charter in regard to the maintenance of international peace and security". Seguidamente, o parágrafo 1 da sua parte A introduz os aspectos mais significativos: "Resolves that if the Security Council, because of lack of unanimity of the permanent members, fails to exercise its primary responsibility for the maintenance of international peace and security in any case where there appears to be a threat to the peace, breach of the peace, or act of aggression, the General Assembly shall consider the matter immediately with a view to making appropriate recommendations to Members for collective measures, including in the case of a breach of the peace or act of aggression the use of armed force when necessary (...)".

nidade Internacional, para legitimar a sua actuação. A remissão para os direitos e responsabilidades desta à luz da Carta ilustra a petição de princípio. Parte-se do princípio de que esta tem certos poderes à luz da Carta que não constam desta, antes lhe são expressamente retirados[1630].

Com efeito, se se interpretar o parágrafo 1 da Resolução *União para a Paz* no sentido de que este atribui à Assembleia o poder de não apenas recomendar o exercício de uma causa de justificação, mas igualmente de habilitar os Estados membros ao exercício do poder público bélico, então esta resolução vai mais longe do que a Carta permite.

A sua letra não é clara, as passagens que estabelecem como pressuposto desta habilitação que, além da paralisação do Conselho de Segurança pelo veto de um dos seus membros permanentes, tenha ocorrido uma agressão, apontam para o exercício de legítima defesa, a se ter verificado um ataque armado[1631]. Mas a inclusão igualmente da referência ao uso da força em situações de mera "ruptura da paz", em que não existe determinação de um agressor[1632], os seus termos indeterminados que autorizam conclusões bem

---

[1630] Raciocina-se com base no princípio de interpretação óbvio de que os órgãos de uma organização criada por um tratado apenas têm os poderes que lhe sejam atribuídos e não os que lhe não são excluídos [também: James Murdock, *Collective Security Distinguished from Intervention*, AJIL, Vol. 56, No. 2, 1962, pág. 500-503, na pág. 501; N. White, *Keeping the Peace* (...), cit., pág. 138]. No caso, a exclusão de determinados poderes apenas é relevante pelo facto de a Carta ser generosa quanto ao âmbito material das competências da Assembleia Geral. Sem esta limitação seria simples reconduzir às suas cláusulas amplas de poderes competência material para aprovar recomendações sobre qualquer matéria, embora já fosse mais difícil atribuir às suas resoluções eficácia jurídica constitutiva. Isto sem prejuízo de ser possível aplicar de forma moderada o princípio interpretativo dos poderes implícitos, como corolário do elemento teleológico da interpretação (sobre este princípio, ver, *infra*, parág. 75.2.3).

[1631] Esta interpretação declarativista da Resolução tem algum apoio pontual nos seus trabalhos preparatórios. Assim, o Reino Unido, que integrava o grupo de sete Estados que propuseram o projecto inicial, depois de afirmar que também considerava que a Assembleia não tinha poder para adoptar medidas coercivas, declarou durante o debate na Primeira Comissão da Assembleia: "If, therefore, a General Assembly recommendation implied positive action by a Member State it was perfectly lawful for the Member State to exercise the powers **which it already possessed under international law, including the right to defend itself and to assist friendly powers in the face of unjustified aggression**" (cfr. YUN, 1950, pág. 187). Esta posição também tem alguns defensores entre a Doutrina: Josef Kunz, *The Secretary General on the Role of the United Nations*, AJIL, vol. 52, 1958, pág. 300-304, na pág. 303; A. Karaosmanoglu, *Les actions* (...), cit., pág. 56 e 265-267. Mas é correctamente rejeitada por L. Woolsey, *The "Uniting for Peace"* (...), cit., pág. 135.

[1632] Ver, *infra*, parág. 80.

mais amplas, bem como o precedente da tentativa de reunificação da Coreia levam mesmo a concluir que a Assembleia pretendeu assumir o poder público bélico; pelo menos a sua faculdade de habilitar em termos constitutivos os membros a usar a força. De outro modo, a sua recomendação juridicamente de nada serviria; não atribuiria aos Estados nada que estes já não tivessem. O artigo 51 serviria de base para qualquer acção colectiva em legítima defesa e o Direito Internacional Costumeiro da Responsabilidade poderia ser invocado como meio para fundar a invocação de outra causa de justificação.

Assim, esta resolução entra em contradição com a Carta[1633], tal como alguns Estados o declararam aquando da sua aprovação, incluindo um membro permanente[1634]. Para lá do aspecto referido, também a sua legitimação

---

[1633] A maioria dos autores, embora por vezes considerando atendíveis os fins visados pela Resolução *União para a Paz*, entende que esta viola a Carta; assim, neste sentido: I. Brownlie, *International* (...), cit., pág. 334, nota 1; D. Bowett, *United Nations* (...), cit., pág. 291; Jacques Soubeyrol, *Las Iniciativas Coercitivas de la O.N.U. y la Legalidad Interna de la Organización*, Valladolid, 1970, pág. 65 e 67; Jacques Ballaloud, *L'Onu et les Opérations de Maintien de la Paix*, Paris, 1971, pág. 30-31; Jochen Frowein, *Legal Consequences for International Law Enforcement in Case of Security Council Inaction*, em *The Future of International Law Enforcement, New Scenarios – New Law* (ed. Jost Delbrück), Berlin, 1992, pág. 111-124, na pág. 118-119; Edmond Kouassi, *Rôles respectifs du Conseil de Sécurité et de l'Assemblée générale dans le traitement des opérations de maintien de la paix*, em *Le développement du rôle du Conseil de Sécurité* (org. R. J. Dupuy), Nijhoff, 1993, pág. 425--446, na pág. 436; G. Pereira/F. Quadros, *Manual* (...), pág. 495; A. Ribeiro, *A Organização* (...), cit., pág. 81; S. Bailey/S. Daws, *The Procedure* (...), cit., pág. 229 ("doubtful legality"). Outros consideram que a prática a legitimou: A. Pellet, *Brief Remarks* (…), cit., pág. 390 e em *"La guerre* (...), cit., pág. 165; Maurice Kamto, *Le cadre juridique des opérations de maintien de la paix des Nations Unies*, ILF, Vol. 3, No. 2, 2001, pág. 95-104, na pág. 99 (fala na formação de uma norma costumeira).

Existem, porém, defensores da compatibilidade desta com a Carta: L. Woolsey, *The "Uniting for Peace"* (…), cit., pág. 134-135 (mas contesta a autoridade conferida pela Resolução à Assembleia para dirigir forças das Nações Unidas, aspecto que se considera superável); J. Andrassy, *Uniting for Peace*, cit., pág. 572-573; Q. Wright, *The Prevention* (...), cit., pág. 524 (aceita a sua aplicação, embora sem justificações); Louis Sohn, *The Authority of the United Nations to Establish and Maintain a Permanent United Nations Force*, AJIL, vol. 52, n. 2, 1958, pág. 229-240, na pág. 234-235 (pelo menos não contesta a sua aplicação); Hailbronner/ Klein, *Article 10*, cit., pág. 235 e em *Article 11*, em *The Charter of the United Nations – A Commentary* (ed. Bruno Simma), München, 1994, pág. 243-253, na pág. 249-250; R. Bilder, *Kosovo* (…), cit., pág. 164 (defende a sua aplicação no Kosovo); N. White, *Keeping the Peace* (…), cit., pág. 153-154 e 156-157 (porém, na pág. 137-138 adopta posição menos favorável) e em *The Legality Of Bombing* (...), cit., pág. 39-41 (invocando também o apoio da prática); E. Mcwhinney, *International Law Antinomies* (…), cit., pág. 434.

[1634] Os membros mais críticos foram os cinco que integravam o então bloco soviético e que votaram contra: a então União Soviética, a Ucrânia, a Bielorússia, a Polónia e a

automática da intervenção da Assembleia, sem se fazer referência à necessidade de ser respeitado o artigo 12 CNU, merece alguma atenção. Este aspecto é superável. Por um lado, o Conselho de Segurança, quando se encontrou paralisado por um veto de um dos seus membros permanentes, em diversas ocasiões retirou a questão[1635] da sua agenda[1636]. Depois, a melhor interpretação do artigo 12, n.º 1 levará a concluir que se o Conselho de Segurança se encontrar definitivamente bloqueado por um veto em relação a uma questão, sem perspectivas de um acordo entre os seus membros permanentes, dever-se-á entender que este não está a "exercer, em relação a qualquer controvérsia ou situação, as funções que lhe são atribuídas na presente Carta"[1637]. Esta interpretação tem sido mesmo levada ainda mais

---

Checoslováquia. Estes, na Primeira Comissão da Assembleia, afirmaram que "Article 11 of the Charter made it quite clear that if a recommendation were to involve some action the General Assembly would have no right to take such action and consequently could not recommend what was to be done. To say that the General Assembly could recommend action under the Charter to forestall aggression would be a violation of article 11, paragraph 2, which clearly vested that prerogative in the Security Council" (cfr. YUN, 1950, pág. 185). Citando Kelsen, o representante da então União Soviética acrescentaria: "The General Assembly could make recommendations on any subject within the framework of the Charter, but those recommendations must not imply coercive action" (cfr. ob. cit., pág. 185).

Mesmo Estados que votaram favoravelmente a Resolução e a apoiaram como um progresso sublinharam, ainda durante o debate na Primeira Comissão, que esta ia para lá do permitido pela Carta. Assim, a Suécia declarou: "during the past few years the General Assembly had tended to extend its competence beyond the limits indicated by the Charter (...). The letter of the Charter had been exceeded in these decisions but this was a happy development". A Síria afirmou: "the interpretation put forward by the sponsors of the join draft resolution regarding the Assembly's power to use armed force had not occurred to any delegation at San Francisco" (cfr. ob. cit., pág. 184). Durante o debate no plenário da Assembleia Geral seriam apresentadas considerações semelhantes (cfr. ob. cit., pág. 191).

[1635] Por uma decisão procedimental em relação à qual não existe veto: artigo 27, n. 2 CNU. Ver, *infra*, parág. 48.2.

[1636] Em diversos casos posteriores, convocaria uma sessão especial de emergência em aplicação do sistema de convocação consagrado pela *União para a Paz*. Ver casos citados, *infra*, no presente subparágrafo.

[1637] Trata-se de posição que seria sustentada por alguns Estados durante os debates que levaram à aprovação da Resolução: os sete Estados patrocinadores (Canadá, EUA, França, Filipinas, Reino Unido, Turquia e Uruguai) (cfr. YUN, 1950, pág. 184); Reino Unido (cfr. ob. cit., pág. 187); Cuba (cfr. ob. cit., pág. 191).

A então União Soviética responderia a estas alegações que o Conselho de Segurança ainda desempenhava as suas funções mesmo paralisado pelo veto: "This was not a non discharge of functions, as the Council's function was not necessarily to accept the majority decision" (cfr. ob. cit., pág. 192). No entanto, este Estado veio a votar favoravelmente resoluções, como por exemplo a Resolução 119 (1956), de 31 de Outubro (texto em RDSCOR, 1956,

longe pela Assembleia Geral que tem entendido, num plano já inovador e não interpretativo, poder formular recomendações mesmo quando o Conselho de Segurança tomou uma posição sobre o conflito, mas em relação às quais a Assembleia tem sérias discordâncias[1638]. Daí que o artigo 12, n.º 1 tenha perdido praticamente toda a sua relevância jurídica[1639].

Mas, mesmo superada esta questão, subsiste a primeira. A resolução atribui à Assembleia uma competência que lhe é retirada pela Carta[1640].

Resta questionar se esta pode servir de base para entender que foi realizada uma emenda tácita à Carta nesta matéria, isto é, uma revogação parcial do artigo 11, n.º 2, parte final, nas situações em que estivessem reunidos os pressupostos estabelecidos pela Resolução. Porém, como se

---

pág. 9), relativa à questão do Suez, onde se afirma: *"Taking into account* that the lack of unanimity of its permanent members at the 749th and 750th meetings of the Security Council has prevented it from exercising its primary responsibility for the maintenance of international peace and security". O mesmo faria no tocante à Resolução 129 (1958), de 7 de Agosto, aprovada por unanimidade (texto em RDSCOR, 1958, pág. 6), que contém exactamente a mesma frase, com a agravante de neste caso o bloqueio do Conselho nas suas reuniões 834 e 837 ter sido devido a dois vetos da autoria da União Soviética em relação à questão do Líbano (cfr. RPSC, 1956-1958, Chapter VIII, pág. 124 e 125). Isto é, ao votar favoravelmente esta frase, a União Soviética aceitou ter sido responsável pelo não desempenho das funções do Conselho. Trata-se, pois, de uma posição diametralmente oposta à anterior.

Acresce que a sua posição pressupõe um relativismo total na determinação da existência de uma das situações que constituem pressupostos de competência do Conselho. Significa entender que apenas existirá uma agressão quando a maioria dos membros, incluindo todos os permanentes, entenderem que assim é. Ora, "agressão" constitui uma qualificação com escassa margem de autonomia (ver, *infra*, parág. 77 e 81), logo numa situação de clara agressão será muito difícil concordar que existe desempenho das funções do Conselho quando um membro, por exemplo, parte interessada, decide vetar a actuação da maioria. Em situações controversas, a melhor solução será mesmo reconhecer à maioria dos membros do Conselho a legitimidade para determinar se se pode considerar que este órgão foi impedido de exercer as suas funções numa situação em que tal não deveria ocorrer. Tratando-se de uma situação desta espécie, caberá à maioria, por uma decisão procedimental, retirar a questão da agenda do Conselho ou mesmo convocar a Assembleia Geral, como é confirmado pela prática referida (neste sentido: Hailbronner/Klein, *Article 11*, cit., pág. 257).

[1638] Assim, a Assembleia Geral tem adoptado várias posições divergentes das do Conselho de Segurança, procurando influenciar os seus actos mesmo em relação a questões que este se encontrava previamente a analisar. Ver, *infra*, parág. 91.1.

[1639] Também: A. Abbott, *General Assembly* (...), cit., pág. 579; N. White, *Keeping the Peace* (...), cit., pág. 132-133 e 140; Hailbronner/Klein, *Article 12*, em *The Charter of the United Nations – A Commentary* (ed. Bruno Simma), München, 1994, pág. 253-264, na pág. 259.

[1640] Ver, *supra*, parág. 44.1.

verificou, a então União Soviética, membro permanente, votou contra a resolução, tendo protestado contra a sua aprovação e aplicação por mais do que uma vez, por a considerar ilegal. Ora, se para uma emenda formal à Carta é necessário o consentimento de todos os membros permanentes para que aquela entre em vigor, por maioria de razão o terá de ser para uma emenda tácita[1641].

É certo que, posteriormente, a então União Soviética chegou a votar positivamente resoluções que visaram aplicar a Resolução *União para a Paz*, mas apenas o seu procedimento de convocação das sessões especiais de emergência da Assembleia Geral[1642] e não a parte A relativa ao recurso

---

[1641] Sobre a emenda tácita, ver, *supra*, parág. 27.2.

[1642] A Resolução *União para a Paz* foi utilizada para a convocação de sessões especiais de emergência da Assembleia Geral pelo Conselho de Segurança em seis ocasiões, tendo existido uma sétima transferência de uma questão nos seus termos mas para uma sessão ordinária da Assembleia. Igualmente os Estados membros convocaram algumas sessões mais.

Assim, pela sua Resolução 119 (1956), de 31 de Outubro (texto em RDSCOR, 1956, pág. 9), com voto favorável soviético, na sequência do bloqueio do Conselho pelo veto francês e britânico, na questão da intervenção franco-britânica no Suez em 1956 (tem dúvidas escusadas que o procedimento tenha sido seguido correctamente: Keith S. Petersen, *The Uses of the Uniting for Peace Resolution since 1950*, IO, Vol. 13, No. 2, 1959, pág. 219-232, na pág. 227). A Assembleia Geral iniciaria consequentemente em 1 de Novembro de 1956, isto é, no dia seguinte como estabelece a *União para a Paz*, a sua Primeira Sessão Especial de Emergência na sequência desta convocação.

Dias depois, na questão da Hungria, uma nova falta de consenso no Conselho de Segurança levou à adopção, por uma maioria de dez votos a favor e um contra (a União Soviética), da Resolução 120 (1956), de 4 de Novembro (texto em RDSCOR, 1956, pág. 8), com nova submissão da questão à Assembleia Geral, desta vez com expressa invocação da Resolução 377 (V). Deste modo, a Segunda Sessão Especial de Emergência seria iniciada nessa mesma tarde do dia 4 de Novembro, enquanto ainda decorria a Primeira, já que ambas apenas seriam encerradas no dia 10 do mesmo mês. A vantagem de convocar uma nova Sessão em vez de inserir a questão na agenda da anterior é que para este segundo acto é necessário uma maioria de dois terços dos membros (artigo 19 do Regimento da Assembleia), enquanto para a convocação da nova sessão bastava uma maioria de sete membros do Conselho.

Em 1958, sobre a questão do Líbano, não tendo sido possível chegar a um acordo, o Conselho aprovou a Resolução 129 (1958), de 7 de Agosto (texto em RDSCOR, 1958, pág. 6), convocando nova sessão especial de emergência da Assembleia, portanto, com aplicação da terminologia da Resolução *União para a Paz*. Em consequência, iniciou-se no dia seguinte, 8 de Agosto de 1958, a Terceira Sessão Especial de Emergência, que apenas terminaria em 21 de Agosto.

A propósito da questão do Congo, em 1960, novamente o Conselho, pela sua Resolução 157 (1960), de 17 de Setembro (texto em RDSCOR, 1960, pág. 8), convocou a Quarta Sessão Especial de Emergência da Assembleia com apoio soviético, com expressa invocação da Resolução 377 (V). Esta duraria de 17 a 20 de Setembro de 1960. Depois, na sua Resolução

à força ou sequer as partes C e D relativas à organização de forças pelos membros e ao Comité de Medidas Colectivas. Ora, aquele procedimento de convocação nada tem de antijurídico. É mesmo possível sustentar que é puramente concretizador da Carta, nada trazendo que esta já não preveja no seu artigo 20[1643].

De facto, a Resolução *União para a Paz*, na parte A, parág. 1, veio permitir a convocação de uma sessão especial de emergência por decisão de sete membros, hoje nove, do Conselho de Segurança ou da maioria dos membros das Nações Unidas. Em relação à convocação pela maioria dos membros, o artigo 20 CNU afirma o mesmo. De facto, esta maioria corresponde à maioria dos membros da Assembleia Geral prevista no artigo 20 CNU visto todos os membros da organização estarem representados nesta.

---

303 (1971), de 6 de Dezembro (texto em RDSCOR, 1971, pág. 10; com abstenção soviética), sobre o conflito entre a Índia e o Paquistão, o Conselho de Segurança, por falta de consenso entre os membros permanentes, remeteu a questão para a Assembleia Geral, invocando novamente de forma expressa a "377 A (V)". No entanto, por a Assembleia Geral estar reunida em sessão ordinária, não se iniciou uma Sessão Especial de Emergência.

Pela quinta vez foi convocada pelo Conselho uma nova Sessão Especial de Emergência, a Sexta, na sequência do veto da União Soviética à proposta de resolução do Conselho que condenava a sua intervenção no Afeganistão. Foi convocada pela Resolução 462 (1980), de 9 de Janeiro (texto em RDSCOR, 1980, pág. 2; por 12 votos favoráveis, dois contra, a União Soviética e a República Democrática Alemã, além de uma abstenção).

Posteriormente, apenas seria convocada mais uma Sessão Especial de Emergência pelo Conselho, a Nona, em 28 de Janeiro de 1982, pela sua Resolução 500 (1982) (texto em RDSCOR, 1982, pág. 2). Em consequência do veto dos EUA, o Conselho convocou-a a propósito da questão do Médio Oriente. A então União Soviética voltou a votar favoravelmente esta convocação. Esta contém a mesma fórmula "lack of unanimity of its permanent members at the 2329th meeting of the Security Council has prevented it from exercising its primary responsibility for the maintenance of international peace and security".

As restantes Sessões Especiais de Emergência foram convocadas pela maioria dos membros das Nações Unidas e não pelo Conselho. Trata-se da Quinta, que decorreu de 17 Junho de 1967 a 18 de Setembro de 1967, convocada pela própria União Soviética, sobre o Médio Oriente, na sequência do Conflito dos Seis Dias. A Sétima que, numa anomalia, teve cinco fases que se prolongaram para lá do reinicio de mais do que uma sessão ordinária (de 22 a 29 de Julho de 1980; 20 a 28 de Abril de 1982; de 25 a 26 de Junho de 1982; de 16 a 19 de Agosto de 1982 e em 24 de Setembro de 1982; ver a crítica justificada de Yehuda Z. Blum, *The Seventh Emergency Special Session Of The Un General Assembly: An Exercise In Procedural Abuse*, AJIL, Vol. 80, 1986, pág. 587-600, na pág. 595-596). A Oitava que decorreu de 3 a 14 de Setembro de 1981 sobre a questão da Namíbia e a Décima que ocorreu em 24 a 25 de Abril de 1997, sobre a questão de Jerusalém e restantes territórios palestinianos ocupados.

[1643] Neste sentido: J. Andrassy, *Uniting for Peace*, cit., pág. 577; D. Bowett, *United Nations* (...), cit., pág. 297-298.

Mas igualmente a convocação por simples maioria de nove membros do Conselho corresponde ao regime da Carta[1644, 1645]. Efectivamente, a convocação de uma sessão da Assembleia é sempre uma decisão procedimental, sujeita ao regime do artigo 27, n.º 2 CNU, isto é, a maioria de quaisquer nove membros. Tal decorre da epígrafe procedimento da secção em que está integrado o artigo 20, bem como da prática das Nações Unidas[1646]. O simples acrescentar da denominação "emergência" em nada altera o regime destas convocações em relação às simples sessões especiais, que poderiam seguir o mesmo regime à luz da Carta.

Assim, a aceitação soviética deste aspecto do regime da Resolução *União para a Paz* não significa o seu apoio ao resto do conteúdo da Resolução, esse sim, contrário à Carta. Também da prática da agora Rússia não se pode fazer decorrer qualquer aceitação deste regime. Acresce que a *União para a Paz* nunca serviu de base real para a criação de qualquer Força com poderes públicos[1647] pela Assembleia ou para a concessão de qualquer habilitação ao uso da força aos Estados.

---

[1644] Durante os trabalhos preparatórios que levaram à aprovação da Resolução, a então União Soviética sustentou o contrário, considerando a convocação sem o voto conforme de todos os membros permanentes como uma violação do artigo 20 CNU (cfr. YUN, 1950, pág. 184). Mas nesta matéria existiu posteriormente um claro recuo seu, já que como se verificou viria a votar positivamente convocações contra o voto de membros permanentes. Também seria a posição da Síria (cfr. ob. cit., pág. 184), mas acabou por votar favoravelmente a Resolução.

[1645] Também neste sentido: J. Andrassy, *Uniting for Peace*, cit., pág. 577; B. Simma/ /Brunner, *Article 27*, cit., pág. 442.

[1646] Sobre a questão, ver, *infra*, parág. 48.2.

[1647] Não é possível invocar a criação da UNEF I como um caso de aplicação dos poderes especiais da Assembleia à luz desta resolução. Se é certo que a sessão especial de emergência, em que as resoluções que a constituíram e delinearam foram aprovadas [trata-se das Resoluções 999 (ES-1), de 5 de Novembro de 1956, 1000 (ES-1), com a mesma data, e a 1001 (ES-1), de 7 de Novembro de 1956 (texto em RDGAOR, 1st Emergency Special Session, 1956, pág. 2-3)], foi convocada com base na *União para a Paz*, na verdade esta não é invocada pela Assembleia como fundamento para a criação da UNEF I. O Tribunal Internacional de Justiça evitou qualquer referência à *União para a Paz*, fundamentando a competência da Assembleia exclusivamente na Carta, concretamente, no artigo 14 [cfr. *Certain expenses* (…), *I. C. J. Reports* 1962, cit., pág. 172]. De qualquer modo, a UNEF I não tinha quaisquer poderes públicos internacionais, mas apenas internos, portanto, em relação a particulares ou, quando muito, bandos armados (ver, *supra*, parág. 8).

Na Resolução 508 B (VI), de 7 de Dezembro de 1951 (texto em RDGAOR, 6th Session, 1951-1952, pág. 9-10), a Assembleia indicou à Comissão de Observação para a Paz criada pela *União para a Paz* (a sua secção B, parág. 3) que criasse uma subcomissão de observação para os Balcãs com seis elementos, invocando expressamente a Resolução *União para a Paz*. Mas tratava-se de uma simples comissão de observação que poderia ser simplesmente criada nos termos do artigo 11, n.º 2, primeira parte e artigo 22 CNU.

Não é, portanto, possível compatibilizar esta Resolução com a Carta por via de uma emenda tácita que esta ou a sua aplicação tivesse operado. Pelo menos até que se possa considerar que o seu regime foi integralmente aceite por uma maioria que cumpra os requisitos substantivos estabelecidos pelo artigo 108 CNU[1648].

Assim, é a sua difícil compatibilização com a Carta e, claro está, a alteração política na composição da Assembleia Geral[1649] que explicam o desuso em que se encontra esta Resolução e a assunção por este órgão do poder público bélico. Em rigor, o seu regime quanto à atribuição deste poder à Assembleia nunca chegou a ser utilizado. Entretanto, as condições políticas que levaram a sua aprovação foram superadas, não sendo de esperar que qualquer membro permanente tenha interesse em a fazer reviver, muito pelo contrário. Será, pois, de esperar que esta continue sem qualquer efectividade.

**45. Conclusões.** Confirma-se, portanto, que a Comunidade Internacional não possui, à luz do actual quadro jurídico decorrente da Carta, legitimidade para exercer o poder público bélico de que mantém uma mera titularidade nua[1650]. Os Estados, que actualmente se encontram todos representados na Assembleia Geral[1651], enquanto elementos constitutivos desta Comunidade, pela mesma Carta, renunciaram ao exercício deste poder, atribuindo-o a um grupo restrito destes, organizado juridicamente no Conselho de Segurança. Não podem agora consentir no seu exercício de modo a decidir validamente que a Organização (nem, por maioria de razão, um ou mais Estados) possa recorrer à força fora dos termos consentidos pelo Direito Internacional Costumeiro.

Não podem sequer procurar exercer estes poderes através do órgão que formam no seio das Nações Unidas, a Assembleia Geral, já que também esta como se procurou demonstrar não possui qualquer poder público de decisão

---

[1648] Contra: A. Pellet, *Brief Remarks* (…), cit., pág. 390; N. White, *The Legality Of Bombing* (...), cit., pág. 39-41; M. Kamto, *Le cadre* (…), cit., pág. 99.

[1649] Como é pacificamente reconhecido, os EUA, grandes promotores da Resolução *União para a Paz*, perderam todo o interesse na sua aplicação a partir do momento em que deixaram de poder controlar a Assembleia Geral, com a entrada de sucessivos novos Estados, especialmente não alinhados durante a Guerra Fria.

[1650] Em sentido semelhante: N. White, *The Legality of Bombing* (...), cit., pág. 29 [embora acabe por chegar a conclusões na prática opostas visto que permite o seu exercício pela Assembleia Geral em *Keeping the Peace* (…), cit., pág. 131-132].

[1651] Ainda que a Suíça e a Santa Sé/Vaticano, como meros Estados observadores, sem direito de voto (ver, *supra*, parág. 20.1).

quanto ao uso da força distinto daquele que cabe aos Estados individualmente considerados.

Apenas ao nível do reconhecimento a Comunidade Internacional mantém um poder público com impacte significativo, já que lhe cabe o reconhecimento de Estados de forma constitutiva quando estes não reúnam os requisitos estabelecidos pelo Direito Internacional Costumeiro[1652]. Já o reconhecimento de Governo e de outras entidades menores encontra-se entregue de forma concorrencial à Comunidade Internacional e às Nações Unidas, podendo qualquer uma destas tomar uma decisão constitutiva que vinculará a outra, embora nesta matéria esta competência ainda não se tenha exercido, salvo quando muito pela negativa, recusando o estatuto de Governo a uma entidade que à luz do Direito Internacional Costumeiro parecia gozar deste[1653].

Desta forma, no que diz respeito ao poder público bélico, a Comunidade Internacional apenas o pode reassumir, formalmente, com a revogação, emenda nesse sentido ou suspensão da Carta. Enquanto esta estiver plenamente em vigor esta operação é juridicamente impossível.

Perante uma situação de revogação ou suspensão da Carta, os Estados, livres do seu espartilho, poderão no respeito do Direito Internacional Costumeiro, exercer conjuntamente, como titulares originários, os seus poderes; incluindo adoptar actos unilaterais que vincularão *erga omnes* mesmo os Estados que tiverem votado contra nos termos do regime consuetudinário analisado[1654]. Em face de uma alteração da Carta no sentido de conferir poderes públicos à Assembleia, formalmente, tratar-se-ia ainda de um acto das Nações Unidas, mas substancialmente estar-se-ia também perante uma decisão comunitária. Deste modo, seria possível um exercício do poder público bélico susceptível de ser qualificado como originário.

No entanto, sem tais alterações, a Assembleia Geral não pode sequer recomendar o uso da força ou a adopção de medidas coercivas não bélicas, fora dos termos estabelecidos em geral pelo Direito Internacional em matéria de causas de exclusão da ilicitude, e só excepcionalmente poderá criar meras forças de manutenção da paz e não de imposição da paz ou bélicas. A conclusão a retirar é que perante o quadro jurídico estabelecido pela Carta apenas é possível um exercício derivado do poder público, não já um exercício pelo seu titular originário, isto é, o conjunto dos Estados, enquanto Comunidade Internacional.

---

[1652] Ver, *supra*, parág. 34.4.3.
[1653] Ver, *supra*, parág. 34.4.4.
[1654] Ver, *supra*, parág. 35.

## III – Poder público derivado.

### A – Pelo Conselho de Segurança.

### α – Regime formal.

**46. Introdução.** Como se procurou demonstrar, à luz da Carta das Nações Unidas é ao Conselho de Segurança que compete o exercício do poder público, seja quanto à tomada de decisões vinculativas, seja quanto à execução compulsiva destas, designadamente pelo recurso à força. O exercício deste poder é, pois, um exercício derivado. Não é realizado directamente pela Comunidade Internacional (formal ou sequer substancialmente, por intermédio da Assembleia Geral), mas sim por um órgão restrito, onde têm um peso dominante as grandes potências, mas que age com o consentimento daquela em virtude da relação específica[1655] que subsiste entre si e a organização.

Pode, porém, nos termos da Carta, o Conselho de Segurança delegar em outros órgãos das Nações Unidas parcelas importantes deste poder, máxime, no Secretário-Geral ou em órgãos subsidiários por si criados e controlados[1656]. A prática foi ainda mais longe e alargou a figura do uso privado habilitado (isto é, um uso da força legitimado por uma mera decisão habilitante do Conselho de Segurança que não é acompanhada de efectivos poderes de direcção por parte deste em relação àquele uso), não apenas a organizações regionais (artigo 53, n.º 1, segunda parte, CNU), mas igualmente aos Estados membros[1657]. Ambas estas figuras se integram no seio de uma noção ampla de poder público bélico derivado[1658].

A análise do regime deste poder público derivado inicia-se, naturalmente, pela competência do Conselho de Segurança. Efectivamente, a Carta atribui-lhe a responsabilidade primária quanto à manutenção da paz e segurança

---

[1655] Ver sobre esta, *supra*, parág. 27.3.

[1656] A Assembleia Geral, como se verificou, à luz da Carta não o pode fazer. Ver, *supra*, parág. 44-45.

[1657] Ver, *infra*, parág. 70-75 e, *supra*, parág. 9.

[1658] Ver, *supra*, parág. 5.

internacionais (artigo 24, n.º 1). Em matéria de poder público bélico, esta atribuição significa que, embora outros órgãos possam ter nesta matéria um papel, qualquer participação destes dependerá sempre de uma decisão que compete exclusivamente ao Conselho.

No desempenho da sua missão, o Conselho está sujeito a alguns requisitos formais específicos, para lá dos substanciais aplicáveis genericamente a qualquer entidade que exerça o poder público bélico, sob delegação ou habilitação sua. Os requisitos formais dizem respeito às regras quanto ao seu quórum e relativas às suas maiorias de deliberação.

**47. Quórum deliberativo.** A questão do quórum do Conselho de Segurança tem sido objecto de algum debate, dado que a Carta e o Regimento deste órgão não regulam a matéria por força de divergências que durante anos dividiram os seus membros, especialmente os permanentes.

Do artigo 27 CNU resulta claro que têm de estar presentes pelo menos nove dos seus 15 membros para o Conselho poder adoptar qualquer decisão sobre matéria procedimental, nos termos do seu n.º 2. De facto, pelo menos este número terá de votar positivamente qualquer resolução.

Mas se este é o número que claramente terá de no mínimo estar sempre presente, cabe questionar se o quórum de aprovação de qualquer acto não será mais exigente e não implicará a reunião de todos os seus membros. Mas uma solução como esta parece dever ser rejeitada, dado que atribuiria a cada membro, mesmo aos não permanentes, um direito de veto sobre toda a actividade do Conselho de Segurança. Bastar-lhe-ia ausentar-se para bloquear o funcionamento deste. Ora, este direito seria bem mais extenso do que o direito de veto atribuído aos membros permanentes, já que se aplicaria mesmo a decisões procedimentais, sem encontrar qualquer amparo na Carta.

Acresce que a ausência de um membro pode ser devida a situações incontornáveis como a incapacidade da Assembleia Geral para eleger um ou vários membros não permanentes, uma vez caducado o mandato dos anteriores[1659]. Ou à circunstância de um destes ter visto os seus direitos

---

[1659] Esta situação já se verificou em Janeiro de 1980, devido à incapacidade de se obter os dois terços necessários para eleger o representante do grupo latino-americano (sobre a repartição geográfica dos lugares de membros não permanentes, ver, *infra*, parág. 91.1). Apenas em 7 de Janeiro de 1980, a Assembleia Geral pela sua decisão 34/328 (cfr. RDGAOR, 34th Session, 1979-1980, pág. 263), conseguiria eleger todos os cinco membros não permanentes. Deste modo, na sua 2185.ª, 2186.ª, 2187.ª e 2188.ª reuniões, em 5 e 6 de Janeiro de 1980, o Conselho tomou algumas decisões quanto à agenda e de convites a membros para participar em relação à questão do Afeganistão, sem a sua composição estar completa. Embora não tenha adoptado qualquer resolução (cfr. RDSCOR, 1980, pág. 1).

suspensos nos termos do artigo 5 ou sido expulso nos termos do artigo 6 ou mesmo a um acidente ou atraso[1660]. Ora, a prática sugere que tais situações não impedirão o Conselho de deliberar normalmente[1661].

Deve-se, porém, questionar se em relação a matérias não procedimentais não terão de estar necessariamente representados os 5 membros permanentes tendo em conta os termos do artigo 27, n.º 3[1662].

É claro que qualquer ausência imposta a um membro permanente fora do quadro da suspensão dos seus direitos (artigo 5) ou expulsão (artigo 6)[1663] à luz da Carta implica a nulidade de todas as decisões tomadas. A imposição da ausência a um membro permanente para evitar o seu veto terá o mesmo valor que a adopção da decisão apesar do seu veto. O resultado é idêntico. A decisão não terá qualquer valor em relação ao próprio membro e, pelo menos se este manifestar a sua oposição, igualmente em relação aos restantes membros.

Mais delicada é a questão de forçar à ausência efectiva de um membro permanente por força da rejeição das credenciais do delegado de um novo Governo saído de uma ruptura interna. Esta está enevoada pela complexidade da problemática do reconhecimento e do reconhecimento de Governo em especial. Mas, segundo se julga, a menos que exista um fundamento jurídico para a recusa do reconhecimento que invalide a efectividade das

---

[1660] Assim, na 392.ª reunião do Conselho, realizada em Paris, em 24 de Dezembro de 1948, o delegado da Ucrânia, à altura membro não permanente, não esteve presente, por força de um atraso em Nova Iorque. O Presidente "asked the Council whether it was agreed that the absent member "must be counted as having abstained". There were no objections". O Presidente durante a reunião, em todas as votações, contou a Ucrânia como membro que se abstivera (cfr. RPSC, 1946-1951, Chapter I, pág. 50-51, caso 101).

[1661] Também neste sentido: S. Engel, *The Facto Revision* (…), cit., pág. 137; W. Michael Reisman, *The Case of the Nonpermanent Vacancy*, AJIL, Vol. 74, 1980, pág. 907-913, na pág. 910; B. Simma/Brunner, *Article 27*, cit., pág. 454; Theodor Schweisfurth, *Article 28*, em *The Charter of the United Nations – A Commentary* (ed. Bruno Simma), München, 1994, pág. 469-504, na pág. 472 473.

[1662] Trata-se da posição sustentada por Hans Kelsen, *Organization and Procedure of the Security Council of the United Nations*, HLR, Vol. 59, 1946, pág. 1087-1121, na pág. 1098-1099.

[1663] Evidentemente, devido à possibilidade que a Carta oferece de vetos em causa própria é praticamente impossível utilizar o regime normal de suspensão ou expulsão em relação a um membro permanente, já que sendo a recomendação destes actos por parte do Conselho de Segurança à Assembleia Geral uma questão não procedimental, o membro terá direito de veto e logo evitará a sua própria suspensão ou expulsão (ver, *infra*, parág. 48.2 e 48.4).

autoridades enquanto novo Governo[1664], os Estados membros e as Nações Unidas estão vinculados a conceder aos delegados deste o assento permanente a que o Estado de que são órgãos tem direito. Daí que a sua recusa seja fundamento de invalidade das decisões pelo menos em relação ao próprio membro excluído[1665].

Diferente é a questão da ausência voluntária de um membro permanente. Embora a questão ainda não seja pacífica, a melhor solução será entender que estando os membros do Conselho obrigados a permitir que este possa funcionar continuamente e, portanto, a se encontrarem representados permanentemente (artigo 28, n.º 1 CNU), o abandono seja ilícito, independentemente do motivo. Ora, a prática de um acto ilícito não deve ser considerada um obstáculo ao desempenho das funções do Conselho de Segurança[1666].

É certo que qualquer membro permanente tem o poder de impedir que o Conselho desempenhe efectivamente as suas funções em relação a questões não procedimentais, por meio do seu veto, e que a ausência de um membro permanente nestes casos fará com que a maioria exigida pelo artigo 27, n.º 3 não seja reunida. Mas se um membro permanente deseja exercer o seu direito de veto, deverá fazê-lo de forma expressa e não pela sua ausência. Acresce que deste modo, pelo menos levada a exigência às últimas circunstâncias, se poderia estar a atribuir aos membros permanentes um meio de vetar mesmo as decisões sobre questões procedimentais[1667] ou aquelas em relação às quais este tem um dever de abstenção (artigo 27, n.º 3, parte final, CNU). A ausência voluntária deve, pois, ser equiparada a uma abstenção ou a uma não participação na votação, que não impede a aprovação de

---

[1664] Como se procurou demonstrar, tal verifica-se quando o Governo foi instituído com intervenção decisiva de um Estado estrangeiro e apenas se mantém graças ao seu apoio militar directo, pouco mais sendo do que um Governo fantoche. O mesmo se passa quando o Governo se mantém apenas graças a um sistema de discriminação racial sistemática ou constitui um Governo colonial. E existem precedentes da sua aplicação em caso de tomada do poder pela força em violação de direitos políticos (ver, *supra*, parág. 34.4.4).

[1665] O único precedente, o caso da não aceitação do representante do Governo (comunista) chinês a partir de Novembro de 1949 até 1971, segundo se julga, foi ilícito (ver, *supra*, parág. 34.4.4).

[1666] Neste sentido: J. Kunz, *Legality* (...), cit., pág. 141; D. Bowett, *United Nations* (...), cit., pág. 36; A. Karaosmanoglu, *Les actions* (...), cit., pág. 244; M. Akehurst, *A Modern* (...), cit., pág. 212-213.

[1667] Como afirmou a Holanda, na 40.ª reunião, em 8 de Maio de 1946: "It cannot be the intention of the Charter to give to any member of the Council, whether permanent or not, the power to prevent a resolution from being adopted by the simple expedient of absenting himself" (cfr. RPSC, 1946-1951, Chapter IV, pág. 177, caso 202).

qualquer decisão, mesmo que esteja em causa um ou mais membros permanentes[1668, 1669], desde que se mantenha o quórum mínimo de 9 membros[1670, 1671]. A prática tem-se orientado neste sentido[1672].

Deste modo, existe uma aproximação da ausência voluntária à abstenção. Em ambos os casos existe uma conduta voluntária pela qual o membro, permanente ou não, renuncia a intervir na decisão. Como é relativamente pacífico, a abstenção, mesmo de um membro permanente, não deve ser considerada como um impeditivo para a aprovação de uma resolução, mesmo que sobre questões não procedimentais, não obstante os termos do artigo 27, n.º 3 CNU[1673].

---

[1668] Assim, Cuba, perante as alegações da União Soviética constantes de um cabograma de que as Resoluções aprovadas em relação ao Conflito Coreano na sua ausência, violavam a Carta, sustentou que "it is an established practice in the Council, and one that the USSR has accepted on many occasions, that the abstention of a permanent member from participation in decisions of the Council does not constitute a veto" (cfr. RPSC, 1946-1951, Chapter IV, pág. 178, caso 204; 476.ª reunião, em 7 de Julho de 1950).

[1669] Sobre a abstenção e a não participação na votação por parte de um membro permanente, ver, *infra*, parág. 48.1.

[1670] Assim, o Reino Unido afirmou, a propósito da ausência da União Soviética na questão iraniana, na 40.ª reunião, em 8 de Maio de 1946: "I believe we have no rule relating to a necessary quorum, unless you could infer something from the voting rule which requires that any actual resolution or decision requires an affirmative vote of at least seven members" (cfr. RPSC, 1946-1951, Chapter IV, pág. 177, caso 202).

[1671] Não se julga convincente a defesa de que a ausência deve produzir efeitos distintos em função da intenção do membro permanente ausente [como sustenta: B. Conforti, *Organizzazione* (...), cit., pág. 283-284].

[1672] Os precedentes mais conhecidos são os criados com a ausência do representante soviético da 461.ª, em 13 de Janeiro de 1950, à 480.ª reunião, em 1 de Agosto de 1950, em que retomou o seu assento para tomar posse como Presidente. Durante este período, o Conselho aprovou sete Resoluções (da 79 à 85), incluindo as importantes citadas Resoluções 82 a 85, de 1950, relativas ao Conflito Coreano (ver sobre este caso RPSC, 1946-1951, Chapter IV, pág. 176-177, casos 193-199).

No entanto, já anteriormente tinham sido aprovadas resoluções com a ausência voluntária da União Soviética, em protesto. Tratou-se da Resolução 3 (1946), de 4 de Abril, aprovada na 30.ª reunião, relativa à questão da retirada das tropas soviéticas do Irão, aprovada por 9 votos a favor, a abstenção da Austrália e ausência voluntária do representante soviético (cfr. RDSCOR, 1946, pág. 3). E da Resolução 5 (1946), de 8 de Maio, aprovada na 40.ª reunião, por 10 votos a favor e ausência voluntária soviética (cfr. RDSCOR, 1946, pág. 4). Entretanto, a União Soviética ausentara-se de outras reuniões em que questão fora discutida: a 27.ª, a 28.ª e 29.ª reuniões (de 27 de Março a 4 de Abril de 1946, em que fora convidado o delegado do Irão). Posteriormente, a União Soviética ausentar-se-ia igualmente na 43.ª reunião, em 22 de Maio, em que se decidiu manter a questão na agenda (cfr. RDSCOR, 1946, pág. 4; ver igualmente para este caso o RPSC, 1946-1951, Chapter IV, pág. 175-176, casos 190-192).

[1673] Ver, *infra*, parág. 48.1.

Em suma, nove membros presentes devem ser considerado como o quórum deliberativo do Conselho, independentemente de estarem presentes todos os membros permanentes, se a sua ausência for voluntária[1674].

**48. Maioria e veto.** A questão da maioria necessária para a tomada de uma decisão é sempre uma matéria delicada numa organização internacional. A Conferência de São Francisco, reconhecendo a inconveniência de manter a unanimidade estabelecida no Pacto da Sociedade das Nações, afastou a aplicação desta regra, mas com uma limitação severa que introduziu uma segunda característica desigualitária no seio do Conselho de Segurança.

Com efeito, a Carta manteve a característica herdada do Pacto, a existência de membros permanentes e não permanentes no Conselho, mas tornou esta distinção ainda mais significativa, ao estabelecer que para as decisões efectivamente importantes (as não procedimentais) seria necessária a unanimidade entre os primeiros (artigo 27, n.º 3). Estava, pois, criado o veto dos membros permanentes.

Trata-se de uma figura filha do realismo político. Perante a insistência dos cinco grandes vencedores da Segunda Guerra Mundial, os restantes Estados optaram pelo mal menor[1675]. Em princípio será preferível um despotismo oligárquico, ao menos de carácter negativo, do que a pura anarquia.

---

[1674] Também neste sentido: B. Simma/Brunner, *Article 27*, cit., pág. 454; Schweisfurth, *Article 28*, cit., pág. 272-273.

[1675] Deste modo, o veto surgiu como uma imposição dos 5 membros permanentes que condicionaram a sua participação na criação das Nações Unidas ao escrupuloso respeito do seu direito de veto. Colocados perante a alternativa de participarem numa organização desigualitária ou de não participarem em nenhuma, os restantes Estados, não obstante alguns protestos e resistências (ver referência a estas, *supra*, parág. 35.2), preferiram a primeira.

A justificação prática mais comum, veiculada, por exemplo, pelo primeiro Secretário-Geral da organização, sustenta que: "In so far as the great Powers are concerned, these instruments of peaceful settlement are the only ones that the Security Council can, in practice employ. The unanimity rule applies to all decisions for enforcement action and even if there were no such rule, the situation would not be changed in substance. Enforcement action against a great Power would not be police action, it would be war- in fact a new world war" [cfr. *Introduction to the Annual Report of the Secretary-General (Lie) on the Work of the Organization*, July 7, 1949; texto, designadamente, em IO, Vol. 3, No. 4, pág. 748-758, na pág. 752]. Na realidade, esta justificação seria desmentida pelo Conflito Coreano, em que existiu um conflito entre uma parte dos Estados membros, apoiados pela Organização (em termos juridicamente duvidosos), e um membro permanente, a China (sob controlo do seu Governo efectivo, o comunista, único internacionalmente legítimo), apoiado por um outro, incluindo por meio das suas forças militares, a União Soviética (ver, *supra*, parág. 44.2).

Um sistema de Segurança colectiva visa idealmente garantir a paz pela superação do mero equilíbrio de poderes (neste sentido: George Egerton, *Collective Security as Political*

**48.1. A abstenção de um membro permanente.** Um dos aspectos mais negativos do regime do veto consagrado no texto original da Carta é o estabelecimento da necessidade do voto afirmativo dos membros permanentes para que seja aprovada uma decisão sobre uma questão não procedimental (artigo 27, n.º 3). Esta exigência literalmente implica que a mera abstenção[1676] tem o valor de um veto. Perante uma mera abstenção de um membro permanente numa votação seria necessário entender que o projecto de resolução fora reprovado.

No entanto, facilmente surgiu a convicção que tal regime era um excesso sem sentido, que obrigava um membro permanente a comprometer-se, contrariado, numa decisão que não pretendia apoiar, mas de que também não desejaria ser o responsável pela rejeição. Cedo surgiram precedentes não contestados de decisões não procedimentais com a abstenção de um membro permanente[1677].

*Myth* em *Essays on the League of Nations*, I, texto entre nota 2-3; A. Karaosmanoglu, *Les actions* (...), cit., pág. 15-16; Domingo E. Acevedo, *The U.S. Measures Against Argentina Resulting From The Malvinas Conflict*, AJIL, Vol. 78, 1984, pág. 323-344, na pág. 331-332; David P. Fidler, *Caught Between Traditions: The Security Council In Philosophical Conundrum*, MJIL, Vol. 17, 1996, pág. 411-453, na pág. 415). Este princípio pode ser uma garantia da paz, embora possa igualmente provocar as chamadas guerras preventivas, para evitar um desequilíbrio crescente.

No entanto, o sistema das Nações Unidas, por reconhecer o veto às grandes potências, tradicionais factores determinantes do equilíbrio de poderes, permitiu a manutenção da sua relevância. Este só seria suplantado se fosse possível no quadro das Nações Unidas uma acção eficaz (jurídica e efectivamente) contra um membro permanente. Ora, por força da possibilidade dos vetos em causa própria, é necessário concluir que a Carta não criou um sistema desta espécie, nem sequer no papel. Deste modo, entre os membros permanentes, a organização juridicamente é pouco mais do que um fórum de harmonização de interesses (artigo 1, n.º 4 CNU). Não ultrapassa o nível da mera cooperação. O princípio do equilíbrio de poderes mantém a sua aplicabilidade.

O surgimento da OTAN e do Pacto de Varsóvia, entre outras alianças regionais militares, não foi uma mera consequência da Guerra Fria, mas igualmente o reconhecimento da incapacidade do sistema da Carta para superar este princípio político-militar entre estes membros e seus aliados. Ainda assim, este princípio é igualmente um dos sustentáculos do Sistema das Nações Unidas, pois força os membros permanentes a respeitar "as regras do jogo" e a cooperar no seio da organização. Consequentemente, com o fim da Guerra Fria, a hegemonia dos EUA está a afectar fortemente a eficácia deste princípio político e, deste modo, igualmente a eficácia do Sistema, que pressupõe que nenhuma das cinco grandes potências consiga sobrepor-se às quatro restantes (ver, *supra*, parág. 12.4.2).

[1676] Excepto nos termos da parte final do artigo 27, n.º 3, embora a abstenção de votar nesta circunstância se enquadre mais correctamente na figura da não participação na votação (ver, *infra*, parág. 48.4).

[1677] A primeira situação surgiu na aprovação da Resolução 4 (1946), de 29 de Abril de 1946 (texto em RDSCOR, 1946, pág. 8), a propósito da questão do então Governo em

Espanha, aprovada por 10 votos a favor, nenhum contra, mas com a abstenção da União Soviética (cfr. RDSCOR, 1946, pág. 8). Este Estado declarou, contudo: "my abstention from voting on this matter may in no way be regarded as a precedent capable of influencing in any way the question of the abstention of permanent members of the Security Council" (cfr. RPSC, 1946-1951, Chapter IV, pág. 173, caso 180).

Mas, posteriormente, todos os restantes membros permanentes viriam a adoptar tal posição, incluindo a União Soviética, sem protestos. Assim, os EUA, em 18 de Abril de 1947, na 131.ª reunião, sobre a questão grega [que daria lugar à aprovação da Resolução 23 (1947)], afirmaram que tinham "considerable regard for a practice which has grown in the Security Council, by usage, to constitute a very good practical construction of Article 27 of the Charter. And in this case, although the United States is opposed to the resolution, it will abstain, but will not veto it" (cfr. RPSC, 1946-1951, Chapter IV, pág. 173-174, caso 182). Igualmente o Reino Unido e a França adoptaram a mesma posição em 1 de Agosto de 1947, na 173.ª reunião, sobre a questão indonésia, tendo o Presidente declarado que se tratava de "it is now jurisprudence in the Security Council -and the interpretation accepted for a long time – that an abstention is not considered a veto" (cfr. RPSC, 1946-1951, Chapter IV, pág. 174, caso 183).

A União soviética em 4 de Março de 1949, na 414.ª reunião, perante uma contestação da Argentina e do Egipto à aprovação da Resolução 69 (1949) [com a mesma data, que recomendava a admissão de Israel] com a abstenção do Reino Unido, afirmou: "in accordance with the established practice of the Security Council, when a permanent member of the Council abstains from voting, such action is not interpreted in the way that some are now endeavouring to interpret it" (cfr. RPSC, 1946-1951, Chapter IV, pág. 175, caso 187). A China, que nunca se opusera a esta prática, depois da acreditação da delegação do Governo comunista, passou a adoptá-la frequentemente, designadamente, sob a forma de não participação na votação. Assim, adoptou-a pela primeira vez na aprovação da Resolução 305 (1971), de 13 de Dezembro (cfr. RDSCOR, 1971, pág. 2, nota 8).

Tal posição seria aceite também por praticamente todos os Estados das Nações Unidas. Assim, em 13 de Dezembro de 1946, a Assembleia Geral, na sua Resolução 40 (I) (texto em RDGAOR, 1st session, 1946, pág. 64-65; também em YUN, 1946-1947, pág. 134), recomendou aos membros permanentes que procurem utilizar o seu direito de voto privilegiado de forma a não impedir a tomada de decisões pelo Conselho de Segurança, adoptando práticas que facilitem a aplicação do artigo 27. Apesar da referência ao respeito da Carta, na realidade existe um claro apoio ao contornar da exigência do artigo 27, n.º 3. Como, aliás, é habitual, já que as modificações tácitas são sempre encapotadas como "interpretações". É certo que esta resolução foi aprovada por 36 votos a favor, 6 contra (incluindo o da então União Soviética, embora não por força deste aspecto e sim devido ao facto de esta ver tal resolução como uma crítica à sua postura de recurso ao veto e uma tentativa de alterar a Carta: cfr. RPSC, 1946-1951, Chapter IV, pág. 173-174, caso 182) e 9 abstenções (incluindo as da China e França).

Posteriormente, a Assembleia Geral adoptaria de forma mais clara a Resolução 267 (III), de 14 de Abril de 1949 (texto em RDGAOR, 3rd Session, 1967, pág. 7), por 43 votos a favor, 6 contra e 2 abstenções [o motivo do voto contrário da União soviética e seus aliados

Pode-se afirmar de forma tendencialmente pacífica que tal exigência perdeu vigência[1678], tal como foi confirmado jurisprudencialmente[1679]. Trata-se do melhor exemplo de uma emenda tácita à Carta que aparentemente obteve uma virtual unanimidade entre os membros, incluindo os permanentes[1680, 1681].

---

deveu-se a divergências quanto à qualificação de certas questões como procedimentais e mais uma vez por considerar que se tratava de uma forma de limitar o veto em termos contrários à Carta: cfr. Yuen-Li Liang, *Consideration of the Problem of Voting in the Security Council by the AD Hoc Political Committee of the General Assembly (1948)*, AJIL, Vol. 43, No. 2, 1949, pág. 303-311, na pág. 304]. No seu parág. 3, al. c) recomenda-se aos membros permanentes "to exercise the veto only when they consider the question of vital importance". Ou seja, existe um claro apelo à abstenção na convicção que tal não impedirá a aprovação da resolução. Em 1963, aquando da emenda ao artigo 27 em resultado do alargamento do número de membros não permanentes, nada sugere que se tenha pretendido colocar em causa esta modificação tácita. Antes se terá considerado desnecessária qualquer alteração formal.

[1678] Existem ainda autores que levantam reticências: Richard Falk, *La Forza e la Guerra nel Sistema delle Nazioni Unite, Democrazia e Diritto*, Anno XXXII, 1992, pág. 311-329, na pág. 320; anteriormente, ver igualmente contra: Leo Gross, *Voting in the Security Council: Abstention in the Post-1965 Amendment Phase and Its Impact on Article 25 of the Charter*, AJIL, Vol. 62, 1968, pág. 315-334, na pág. 333-334 (resoluções aprovadas com abstenções de membros permanentes são válidas, produzindo efeitos permissivos, mas não efeitos vinculativos); António Patrício, *Efeito do Voto de Abstenção de um Membro Permanente do Conselho de Segurança sobre Matéria Não Processual*, RDES, Ano XV, 1968, pág. 182-193, na pág. 187-193.

[1679] Como corolário desta prática, o Tribunal Internacional de Justiça confirmaria expressamente a validade das resoluções adoptadas com a abstenção de um membro permanente: "However, the proceedings of the Security Council extending over a long period supply abundant evidence that presidential rulings and the positions taken by members of the Council, in particular its permanent members, **have consistently and uniformly interpreted the practice of voluntary abstention by a permanent member as not constituting a bar to the adoption of resolutions**. By abstaining, a member does not signify its objection to the approval of what is being proposed; in order to prevent the adoption of a resolution requiring unanimity of the permanent members, a permanent member has only to cast a negative vote. This procedure followed by the Security Council, which has continued unchanged after the amendment in 1965 of Article 27 of the Charter, has been generally accepted by Members of the United Nations and **evidences a general practice of that Organization**" [cfr. *Legal Consequences for States* (…), cit., *I.C.J. Reports* 1971, pág. 22, parág. 22].

[1680] No sentido de que o artigo 27, n.º 3 sofreu neste aspecto uma modificação tácita: J. Halderman, *United Nations* (...), cit., pág. 99; Constantin A. Stavropoulos, *The Practice of Voluntary Abstentions by Permanent Members of the Security Council Under Article 27, Paragraph 3, of the Charter of the United Nations*, AJIL, Vol. 61, No. 3, 1967, pág. 737-752, na pág. 746; J. Leo Cefkin, *The Rhodesian Question at the United Nations*, IO, Vol. 22, No. 3, 1968, pág. 649-669, na pág. 664-665 (não é claro, mas fala apenas numa prática, seguindo Stavropoulos); B. Simma/Brunner, *Article 27*, cit., pág. 452 (embora também admitam uma

Com efeito, não se considera adequado falar numa norma costumeira que teria alterado a Carta nesta matéria dado que, a ser assim, estar-se-ia perante uma cláusula costumeira do tratado[1682]. Isto é, a norma costumeira teria de ter sido integrada na Carta, sendo interpretada sistematicamente à sua luz, manteria a sua vigência nos termos desta e apenas em relação aos Estados seus membros. Ora, o Costume é uma fonte que cria normas hierarquicamente superiores ao Direito Convencional, não fazendo sentido fazer depender a sua vigência e interpretação da de um tratado, por mais importante que este seja[1683, 1684].

Também parecem algo forçadas as tentativas de por via interpretativa alargar o âmbito do termo "concurring votes" do artigo 27, n.º 3 CNU de forma a compreender no seu seio igualmente a abstenção. A abstenção não pode ser considerada uma forma de votar e muito menos um voto com o mesmo sentido[1685, 1686].

---

interpretação compatibilizadora desta prática com a Carta); S. Bailey/S. Daws, *The Procedure* (...), cit., pág. 7 ("de facto amendments"). Também a citada posição do Tribunal Internacional de Justiça aponta neste sentido [cfr. *Legal Consequences for States* (...), cit., *I.C.J. Reports* 1971, pág. 22, parág. 22].

[1681] Sobre esta possibilidade, ver, *supra*, parág. 27.2.

[1682] Contra, falando numa norma costumeira: B. Conforti, *Organizzazione* (...), cit., pág. 283; G. Pereira/F. Quadros, *Manual* (...), pág. 500; A. Ribeiro, *A Organização* (...), cit., pág. 77.

[1683] A justificação em C. Baptista, Ius (...), cit., pág. 375 e 379-381 e em *Direito* (...), cit., pág. 70-71 e 121-122. Ver ainda, *supra*, parág. 27.2.

[1684] Uma outra possibilidade seria a de considerar tal norma modificatória como uma norma costumeira interna do Ordenamento das Nações Unidas e não como uma norma costumeira internacional. Tal explicaria a limitação da sua vinculação apenas aos membros desta Organização. No entanto, duvida-se que o seu Ordenamento interno e as próprias Nações Unidas já tenham adquirido estabilidade e estruturação suficiente para ter desenvolvido uma base estrutural de normas costumeiras internas. Acresce que se manteria o problema da dependência estrutural desta norma em relação à Carta, já que, não tendo criado qualquer estrutura consuetudinária, a existência das Nações Unidas depende exclusivamente da Carta.

[1685] Parcialmente contra: B. Simma/Brunner, *Article 27*, cit., pág. 449. Existe também quem defenda que dado que nos artigos 108 e 109, n.º 2, CNU se fala expressamente em "todos os membros permanentes", enquanto na versão em inglês do artigo 27, n.º 3 se omite a referência a "all", apenas se devia exigir o voto positivo dos membros votantes, não dos que se abstivessem [neste sentido: J. Kunz, *Legality* (...), cit., pág. 142; G. Weissberg, *The International Status* (...), cit., pág. 79]. No entanto, em textos autênticos de outras línguas tal diferença não se verifica. Assim, o texto francês do artigo 27, n.º 3 também refere a necessidade do voto de "tous les membres permanents", bem como na versão espanhola ("todos los miembros permanentes").

[1686] De resto, o texto francês é mais claro ao referir no artigo 27, n.º 3: "Les décisions du Conseil de Sécurité sur toutes autres questions sont prises par un vote affirmatif de neuf

Deste modo, desde que seja respeitada a maioria estabelecida no artigo 27, n.º 3, incluindo a inexistência de qualquer voto contrário de um membro permanente, uma resolução pode ser adoptada com uma, várias ou mesmo a abstenção de todos os membros permanentes[1687, 1688], por força de uma emenda tácita à Carta que incidiu sobre este preceito.

A mesma solução deve valer para uma situação em tudo semelhante à abstenção que é a presença com não participação na votação. O membro encontra-se representado na reunião do órgão, mas chegado ao momento do seu voto, limita-se a recusar participar na votação, sem sequer declarar que se abstém[1689].

As motivações para esta posição são várias. Por vezes, ao contrário da abstenção, o Estado não pretende com esta postura adoptar uma posição

---

de ses membres dans lequel sont comprises les voix de tous les membres permanents". Ao evitar a referência aos votos no mesmo sentido, deixa claro que os votos dos membros permanentes deveriam estar incluídos nos votos positivos. Mas o texto espanhol não deixa qualquer dúvida a este respeito ao repetir o termo afirmativo igualmente a propósito do voto dos membros permanentes: "Las decisiones del Consejo de Seguridad sobre todas las demás cuestiones serán tomadas por el voto afirmativo de nueve miembros, incluso los **votos afirmativos** de todos los miembros permanentes".

[1687] Claro está, esta possibilidade só foi tornada viável pela emenda ao artigo 23, operada pela Resolução 1991 A-B (XVIII) de 17 de Dezembro de 1963 (texto em RDGAOR, 18th Session, 1963-1964, pág. 21-22), que entrou em vigor em 31 de Agosto de 1965 para todos os membros (cfr. MTDSG), e que alargou o número de membros do Conselho de 11 para 15. As tentativas de Estados como a África do Sul e Portugal de usar esta emenda e esta possibilidade como argumento contra a eficácia de resoluções adoptadas com a abstenção de membros permanentes (ver, *infra*, parág. 65) são correctamente rejeitadas por C. Stavropoulos, *The Practice* (...), cit., pág. 751-752.

[1688] Trata-se de situação já verificada na prática do Conselho de Segurança. Assim, a Resolução 344 (1973), de 15 de Dezembro, foi aprovada com a não participação da China na votação, apesar de estar presente, e com a abstenção dos restantes quatro membros permanentes (cfr. RDSCOR, 1973, pág. 13, nota 35).

[1689] Na prática das Nações Unidas, esta postura foi adoptada pela primeira vez por um membro não permanente, a Austrália, na adopção da Resolução 3 (1946), de 4 de Abril, relativa à questão do Irão (cfr. RDSCOR, 1946, pág. 3). Um membro permanente, o Reino Unido, adoptaria o mesmo comportamento aquando da adopção da Resolução 22 (1947), de 9 de Abril, sobre os incidentes do Estreito de Corfu, mas por se estar perante uma controvérsia em que era parte; ou seja, actuou em cumprimento do artigo 27, n.º 3, parte final (ver, *infra*, parág. 48.4). Posteriormente, esta prática tem sido seguida especialmente pela China, depois de 1971 (cfr. Sally Morphet, *China as a Permanent Member of the Security Council- October 1971 – December 1999*, SD, Vol. 31, No. 2, 2000, pág. 151-166, na pág. 166, nota 6), quando o Governo comunista tomou o assento chinês no Conselho. Assim, a primeira vez que a adoptou foi na aprovação da Resolução 305 (1971), de 13 de Dezembro (cfr. RDSCOR, 1971, pág. 2, nota 8).

neutral em relação à decisão, mas antes sublinhar a sua não concordância com esta. No entanto, porque não pretende ser responsabilizado pela rejeição da resolução, recorre a este meio, para que esta ainda assim possa ser aprovada. Em outros casos, esta posição do Estado deve-se à falta de instruções do seu delegado no Conselho quanto ao sentido da sua votação, sendo esta uma via de evitar tomar posição[1690]. Em qualquer destes casos, trata-se de actos que têm juridicamente os mesmos efeitos que uma abstenção implícita[1691].

Dado que os restantes Estados estão normalmente bastante interessados em não deparar com um veto de um membro permanente, a não participação na votação não tem sido objecto de protestos, sendo considerada uma atitude legítima.

**48.2. Questões procedimentais e não procedimentais.** Avisadamente, a Carta apenas reconhece direito de veto nas decisões que não são de natureza procedimental (artigo 27, n.º 2 e n.º 3). Contudo, não determina o que entender por questão procedimental, nem fornece uma enumeração indicativa ou estabelece qualquer meio para a sua determinação[1692].

Da Carta resulta que é a noção de questão procedimental que tem natureza restrita e não a oposta. A regra é a de que a questão é não procedimental, daí a referência expressa a questões procedimentais (artigo 27, n.º 2), enquanto para designar as restantes se utiliza a genérica noção de "todas as outras matérias" (artigo 27, n.º 3), em vez de uma noção mais precisa como questões substantivas. Assim, é o conceito de questão procedimental que se deve começar por concretizar, cabendo por exclusão de partes no âmbito das questões não procedimentais todas as restantes matérias.

Tem-se uma base literal para entender que as questões abordadas nos artigos 28 a 32 CNU devem ser consideradas procedimentais, dada a deno-

---

[1690] Assim, foi este o motivo que levou o Egipto e a Índia a não participarem na votação da Resolução 84 (1950), de 7 de Julho, em relação ao auxílio militar às autoridades do Sul da Coreia contra o ataque levado a cabo pelas do Norte (cfr. RDSCOR, 1950, pág. 5, nota 12).

[1691] Deste modo, Cuba, na 476.ª reunião, em 7 de Julho de 1950, sustentou que "it is an established practice in the Council (...) that the abstention of a permanent member from participation in decisions of the Council does not constitute a veto" (cfr. RPSC, 1946-1951, Chapter IV, pág. 178, caso 204). Neste sentido também: B. Simma/Brunner, *Article 27*, cit., pág. 453.

[1692] Ao contrário do que faz em relação à noção de "questões importantes" para efeitos da aplicação da maioria qualificada na Assembleia Geral (artigo 18, n.º 2 e n.º 3).

minação "Procedimento" da secção que os compreende[1693]. Mas não é simples obter um critério de aplicação geral que permita distingui-las das questões não procedimentais. Com efeito, do facto de ser uma noção restrita não se pode depreender de modo algum que a enumeração constante destes artigos seja exaustiva[1694].

Durante a Conferência de S. Francisco, em resposta a uma série de questões apresentadas pelo subcomité III/1-B, integrado no Comité relativo à Composição, Funções e Procedimento do Conselho de Segurança, os quatros Estados organizadores da Conferência, os EUA, União Soviética, Reino Unido e China, adoptaram a Declaração das Delegações dos Governos Organizadores relativa ao Procedimento de Votação no Conselho de Segurança de 7 de Junho de 1945, conhecida por Declaração de S. Francisco[1695]. A França aderiria no dia seguinte ao seu conteúdo.

Nesta, para lá de declararem que as questões dos actuais artigos 28 a 32 devem ser consideradas como procedimentais, sustentam que a fronteira entre as questões procedimentais e as que o não são se deve situar no facto das primeiras serem apenas as que se prendem com a inclusão de uma questão na agenda, isto é, determinar se uma questão deve ser objecto de discussão. Qualquer outra medida posterior, como a abertura de um inquérito para apurar os factos[1696], o convite a que as partes resolvam a controvérsia por meios pacíficos ou, em geral, a emanação de recomendações a estas, deveriam ser consideradas como de natureza não procedimental, por, na perspectiva dos seus autores, poderem criar uma cadeia de eventos que forçasse à adopção de medidas compulsivas[1697].

---

[1693] Contra, porém: H. Kelsen, *Organization and Procedure* (...), cit., pág. 1100.

[1694] Neste sentido: Alexander Rudzinski, *The So Called Double Veto*, AJIL, Vol. 45, No. 3, 1951, pág. 443-461, na pág. 446; B. Simma/Brunner, *Article 27*, cit., pág. 437.

[1695] Texto em UNCIOSD, pág. 751-754.

[1696] Que nos termos do artigo 5, n.º 2 do Pacto da Sociedade das Nações era considerado como uma medida procedimental.

[1697] Pontos 2 e 3 e, especialmente, o 4 da Declaração: "4. Beyond this point, decisions and actions by the Security Council may well have major political consequences and may even initiate a chain of events which might, in the end, require the Council under its responsibilities to invoke measures of enforcement under Section B, Chapter VIII. This chain of events begins when the Council decides to make an investigation, or determines that the time has come to call upon states to settle their differences, or make recommendations to the parties. It is to such decisions and actions that unanimity of the permanent members applies, with the important proviso, referred to above, for abstention from voting by parties to a dispute".

A Declaração não passa de um elemento dos trabalhos preparatórios, portanto, a ser consultado como mero meio subsidiário de interpretação. Mas, neste aspecto, a Carta está longe de ser clara, sendo deste modo legítimo recorrer a este meio, entre outros elementos interpretativos auxiliares[1698]. De qualquer modo, mais importante do que a Declaração, que constitui apenas um acordo interpretativo entre os membros permanentes que não foi aceite pelos outros Estados membros na Conferência[1699], é a prática posterior. Ora, esta consagrou de forma bastante próxima o regime decorrente da Declaração[1700].

---

[1698] O artigo 32 da Convenção de Viena sobre o Direito dos Tratados de 1969, que salvo num aspecto da sua alínea b), corresponde ao Direito Costumeiro na matéria [ver C. Baptista, *Direito* (...), cit., pág. 259-260], permite o recurso aos trabalhos preparatórios para determinar o sentido de um preceito quando este seja ambíguo [al. a)], como é o caso da noção de questões procedimentais.

[1699] A Austrália frisou que a Declaração não fora aprovada pela Conferência ou por qualquer dos seus comités ou subcomités, tendo manifestado a sua discordância em relação a alguns dos seus aspectos [cfr. *Verbatim Minutes of the Fourth Meeting of Commission III, June 20* (Doc. 1149, June 22); texto em UNCIOSD, pág. 795-810, na pág. 802 e 803-804]. A sua não obrigatoriedade em relação aos próprios membros permanentes poderia ser sustentada se se entendesse que entrava em colisão com a Carta, altura em que não seria invocável por força do artigo 103.

Mas, não sendo possível apurar se esta viola ou não os termos da Carta, por força do seu carácter vago, é necessário reconhecer que será obrigatória entre estes, enquanto acordo interpretativo, a menos que se sustente que se tratou de um acordo sem carácter jurídico. A questão tem sido objecto de alguma discussão, quer entre os Estados [em que a União Soviética insistiu na sua obrigatoriedade jurídica entre os membros permanentes e os outros quatro membros não contestaram abertamente este carácter, mas, salvo o Reino Unido ("we stand by the San Francisco Declaration", afirmou na 848.ª reunião, em 7 de Setembro de 1959; cfr. RPSC, 1959-1963, Chapter IV, pág. 93), não o assumiram formalmente, deixando pelo menos em entreaberta a hipótese de se desvincularem em aparente aplicação da excepção do não cumprimento], quer entre a Doutrina. No sentido da sua obrigatoriedade: Leo Gross, *The Double Veto and the Four-Power Statement on Voting in the Security Council*, HLR, Vol. 67, 1953, pág. 251-280, na pág. 259 e 278; mais restritivamente: B. Simma/Brunner, *Article 27*, cit., pág. 435-436; aparentemente cépticos: H. Kelsen, *Organization and Procedure* (...), cit., pág. 1103-1104; Yuen-li Liang, *The So-Called "Double Veto"*, AJIL, Vol. 43, No. 1, 1949, pág. 134-144, na pág. 140.

O princípio geral é o de que qualquer acordo entre Estados, especialmente escrito, terá natureza jurídica a menos que se possa depreender de algum elemento que existiu um acordo no sentido de o esvaziar de tal eficácia [cfr. C. Baptista, *Direito* (...), cit., pág. 157]. Ora, nada sugere a existência de tal acordo, nem sequer a prática posterior das cinco partes.

[1700] Também neste sentido: Norman Padeldorf, *The Use of Veto*, IO, Vol. 2, No. 2, 1948, pág. 227-246, na pág. 240 e 243-244; L. Gross, *The Double Veto* (...), cit., pág. 278.

A Assembleia Geral, na sua resolução 267 (III), de 14 de Abril de 1949[1701, 1702], veio igualmente contribuir para a determinação da noção de questões procedimentais. Recomendou aos membros do Conselho de Segurança que considerassem como procedimentais as questões que enuncia no seu anexo. A Resolução não foi consensual[1703], mas estas têm, com pontuais excepções a analisar, sido confirmadas pela prática.

As recomendações quanto ao carácter procedimental (ou que devem seguir o seu regime) podem ser organizadas nas seguintes categorias.

Decisões adoptadas em concretização dos artigos 28 a 32 CNU: como criação de órgãos subsidiários; aprovação e alterações ao Regimento; convites a Estados membros e não membros[1704]; decisões relativas ao funcionamento, como a convocação do Conselho, o local da reunião, a aprovação das credenciais dos delegados (mas não a sua rejeição política), a suspensão de uma reunião ou o seu adiamento.

Questões relativas à agenda do Conselho, que ainda podem ser reconduzidas aos referidos preceitos, por se prenderem com o seu funcionamento: definição da agenda, incluindo a ordem a seguir na análise das questões e inclusão ou remoção de uma questão da agenda.

Decisões relativas às relações com outros órgãos das Nações Unidas, salvo, designadamente, o pedido de um parecer ao Tribunal Internacional de

---

[1701] Texto em RDGAOR, 3rd Session, 1967, pág. 7.

[1702] Esta resolução foi baseada num relatório da referida Comissão interina elaborado sem a presença do bloco soviético (visto que este boicotou este órgão, sob acusação de que a sua criação violara a Carta: ver, *supra*, parág. 44.3); trata-se do *Report of Interim Committee of the General Assembly on the Problem of Voting in the Security Council*, July 15, 1948 [partes essenciais do texto em IO, Vol. 3, No. 1, 1949, documents (UN Doc. A/578), pág. 190--202].

[1703] Como ficou referido, a União Soviética e mais cinco Estados votaram contra e houve mais duas abstenções.

[1704] A prática, especialmente nos últimos anos, tem ido mais longe e considerado igualmente como uma questão procedimental convites para participação dirigidos a quaisquer entidades e determinação dos seus direitos de participação, independentemente da natureza da entidade a convidar e se o convite é feito enquanto delegado de uma entidade (artigo 37 do Regimento) ou a título pessoal (artigo 39 do Regimento). Assim, a Organização de Libertação da Palestina foi convidada a participar nos trabalhos do Conselho de Segurança, com direitos de participação equivalentes aos de um Estado, a partir de 1976 e ao longo dos anos 80, sempre com o voto contrário dos EUA (cfr. RPSC, 1981-1984, Chapter IV, pág. 54: refere 11 convites concretizados, com voto contrário dos EUA; RPSC, 1985-1988, Chapter IV, pág. 60: enumera 18 convites concretizados). Igualmente neste sentido: B. Simma/Brunner, *Article 27*, cit., pág. 441. Contra, pelo menos inicialmente: Leo Gross, *Voting in the Security Council and the PLO*, AJIL, Vol. 70, No. 3, 1976, pág. 470-491, na pág. 479.

Justiça ou a nomeação do Secretário-Geral. Assim, recomendou que fossem consideradas como procedimentais a convocação da Assembleia Geral em sessão especial ou especial de emergência nos termos da Resolução *União para a Paz*, a apresentação de relatórios à Assembleia, a indicação ao Secretário-Geral para que notifique a Assembleia das matérias que constam da sua agenda nos termos do artigo 12, n.º 2 (ou que uma deixou de constar), sujeição de uma questão a esta nos termos do artigo 11, n.º 2 ou o pedido à Assembleia que emane uma recomendação em relação a uma dada questão nos termos do artigo 12, n.º 1.

Especialmente a qualificação desta última como procedimental é polémica, já que o procedimento do duplo veto chegou a ser utilizado como forma de a qualificar como não procedimental. Mas, tendo em conta que o Conselho pode retirar a questão da sua agenda, de forma a permitir à Assembleia aprovar recomendações sobre a questão[1705], não parece fazer sentido a qualificação como não procedimental[1706]. Acresce que o simples facto de ter sido necessário o duplo veto para impor tal qualificação confirma que esta é minoritária[1707].

Do que ficou escrito, retira-se que as outras questões para lá destas deverão, em princípio, ser qualificadas como não procedimentais, ficando sujeitas a veto.

**48.3. O Duplo veto.** Mas existindo dúvidas quanto à qualificação de uma questão como procedimental ou não, colocou-se a questão de saber se a decisão sobre esta questão preliminar qualificativa devia ser considerada como procedimental ou não. Ou, por outras palavras, saber se um membro permanente pode vetar uma proposta de qualificação de uma matéria como questão procedimental, de forma a esta vir a ser considerada como uma

---

[1705] Além do facto do artigo 12, n.º 1 ter perdido relevância jurídica; ver, *infra*, parág. 91.1.

[1706] Contra: H. Kelsen, *Organization and Procedure* (...), cit., pág. 1113; Padeldorf, *The Use of Veto*, cit., pág. 236; B. Simma/Brunner, *Article 27*, cit., pág. 442.

[1707] Igualmente o Reino Unido, na Comissão Interina, aquando precisamente da discussão da qualificação desta questão, sustentou que "was not prepared to admit that the use of the "double veto" in any way changes the law or the correct interpretation of the Charter. It may frustrate the action of the Security Council at the time, but it cannot alter the nature of any question under the provisions of the Charter. The United Kingdom representative did not therefore regard the instance referred to as a precedent that the decision is substantive" [cfr. *Report of Interim Committee of the General Assembly on the Problem of Voting* (...), cit., parág. 11, pág. 193].

questão não procedimental e, por este meio, aquele membro gozar de veto na decisão final. Podendo desta forma impedir a adopção por parte da maioria de uma decisão contrária aos seus interesses ou entendimento. Trata-se do denominado duplo veto.

Esta figura, efectivamente, tem algum amparo na Carta.

A solução de considerar como não procedimental a qualificação de cada questão tem um apoio indirecto no sistema consagrado para a concretização do que são "questões importantes" para efeito de determinação da maioria necessária de aprovação na Assembleia Geral. O artigo 18, n.º 3 considera que a qualificação de outras questões como importantes não é uma "questão importante", já que sujeita tal qualificação à maioria simples. No entanto, como aqui a noção de "questões importantes" tem natureza restrita, isto significa que se utiliza a regra geral da maioria simples para determinar esta noção restrita. E, na falta de uma decisão em contrário, a questão não deve ser considerada importante, sendo decidida por maioria simples. Ou seja, a regra é a de que a maioria qualificada não se aplica, a menos que uma maioria simples assim o decida.

No Conselho de Segurança, é o regime oposto que está consagrado no artigo 27, pois neste é a noção de questão procedimental que tem carácter restrito[1708]. A regra é a da aplicação da maioria agravada (isto é, decisão sujeita a veto). A menos que se decida que é procedimental, esta deve ser considerada não procedimental. Ora, no artigo 18 a decisão da questão qualificativa é sujeita à regra geral, naquele caso, a maioria simples. Este aspecto apoia a sujeição a veto da decisão da questão preliminar igualmente no Conselho de Segurança, visto que é esta a regra geral[1709, 1710]. E que a

---

[1708] Deste modo, a comparação com o regime da Assembleia Geral favorece o duplo veto e não o contrário. Ver, contudo, em sentido contrário, declarações da Argentina na Comissão Interina [cfr. *Report of Interim Committee* (…), cit., parág. 21, al. b), pág. 194].

[1709] A Declaração de S. Francisco, na sua Parte II, ponto 2, confirma esta interpretação, dado que os Estados seus autores defendem a natureza não procedimental da qualificação: "2. In this case, it will be unlikely that there will arise in the future any matters of great importance on which a decision will have to be made as to whether a procedural vote would apply. Should, however, such a matter arise, the decision regarding the preliminary question as to whether or not such a matter is procedural must be taken by a vote of seven members of the Security Council, **including the concurring votes of the permanent members**".

[1710] Neste sentido: H. Kelsen, *Organization and Procedure* (…), cit., pág. 1101; Leo Gross, *The Double Veto* (...), cit., pág. 277 e em *The Question of Laos and the Double Veto in the Security Council*, AJIL, Vol. 54, No. 1, 1960, pág. 118-131, na pág. 127; Marion Kellogg, *The Laos Question: Double what veto?*, VLR, Vol. 45, 1959, pág. 1352-1360, na pág. 1358-1359; B. Simma/Brunner, *Article 27*, cit., pág. 443.

questão deva ser considerada como não procedimental, a menos que seja decidido por maioria sujeita a veto que tem natureza procedimental[1711, 1712].

---

[1711] Existe alguma prática quanto ao duplo veto. Assim, na 49.ª Reunião, em 26 de Junho de 1946, a propósito da proposta de manter na agenda a questão espanhola, a votação deu um resultado de nove votos a favor e dois contra, um deles da União Soviética. Perante a decisão do Presidente de que a proposta fora aprovada, esta última protestou, alegando que continha aspectos não procedimentais, e, logo, o seu voto contra implicara um veto. Decidiu--se então proceder à votação sobre a qualificação da questão, em que o resultado foi de oito votos no sentido do seu carácter procedimental, dois em sentido oposto (um da União Soviética) e uma abstenção. O Presidente considerou então que a votação no sentido do carácter procedimental não fora aprovada e que, consequentemente, se deveria considerar como não aprovada igualmente a proposta inicial (cfr. RPSC, 1946-1951, Chapter IV, pág. 155-156, caso 82). Claro está, estava-se sobre uma questão relativa à agenda, que era procedimental, consequentemente a aplicação do duplo veto neste caso foi abusiva.

No caso relativo à proposta de adiamento da deliberação sobre a admissão da Albânia e Mongólia como membros das Nações Unidas, em 28 de Agosto de 1946, na 55.ª reunião, não chegou a existir um duplo veto, visto que quer a decisão quanto ao carácter procedimental, quer a proposta final, não obtiveram a maioria de sete votos então aplicável. Mas existiu uma votação sobre a qualificação da questão, dado que a decisão do Presidente no sentido de que a questão era procedimental foi contestada. O resultado foi de cinco votos a favor do carácter procedimental, quatro contra (todos de membros permanentes) e duas abstenções. O Presidente concluiu que a questão era não procedimental (cfr. RPSC, 1946-1951, Chapter IV, pág. 156, caso 83). Claro está, a questão era efectivamente procedimental, como viria a ser afirmado pela maioria dos Estados na Resolução 267 e decorria já da Declaração de S. Francisco, já que se tratava de uma questão relativa à agenda. No entanto, o Presidente entendeu não aplicar o regime do artigo 30 (que manda que a decisão do Presidente vale a menos que seja colocada em causa por uma decisão procedimental do Conselho) quanto à sua decisão de que se tratava de uma questão procedimental, dado que não houve maioria em sentido contrário.

Na 202.ª reunião, em 15 de Setembro de 1947, em relação à questão da fronteira grega, perante a proposta de solicitar à Assembleia Geral uma recomendação sobre a questão (nos termos do artigo 12, n.º 1 CNU), a União Soviética, então na Presidência, declarou que se trataria de uma decisão não procedimental. Porque tal foi contestado, a União Soviética decidiu que deveria ser realizada uma votação prévia sobre a questão. A sua decisão presidencial sobre a votação prévia foi revogada por decisão maioritária e seguiu-se a votação da proposta que, naturalmente, deparou com o seu voto contrário (nove a favor e dois contra). A União Soviética declarou a decisão não adoptada, mas este entendimento foi contestado. Seguiu-se uma votação sobre a qualificação da questão, que deu oito a favor, dois contra (claro, um voto soviético) e uma abstenção. Apesar do voto maioritário contra, o Presidente declarou que a proposta de considerar como procedimental a questão fora reprovada por força do seu veto (cfr. RPSC, 1946-1951, Chapter IV, pág. 156, caso 84). Existiu, pois, um duplo veto, numa questão que tem sido polémica.

O caso seguinte ocorreu a propósito da questão checoslovaca. Encontrava-se em causa uma proposta (apresentada em 12 de Abril de 1948, na 281.ª reunião) de constituir uma subcomissão com funções de inquérito, já que lhe caberia ouvir testemunhas, entre outros aspectos (como bem entendeu o então Presidente do Conselho, delegado da França, interpretando

De qualquer forma, sendo a questão suscitada, a qualificação deve ser decidida antes de a decisão final ser tomada. Tal é lógico, decorrendo mesmo da sua denominação[1713]. Contudo, caso a questão apenas posteriormente seja suscitada perante uma tentativa de lhe aplicar a maioria relativa a questões procedimentais, resulta claro que o duplo veto pode ocorrer na mesma. O facto de a votação sobre a qualificação ser realizada antes ou depois de a decisão final não lhe retira o valor, como é confirmado pela prática[1714].

Contudo, não é legítimo levantar a questão preliminar da qualificação da matéria quando a sua natureza seja clara, quer à luz da Carta, quer perante a prática habitual[1715, 1716]. Caso contrário, o duplo veto serviria para

a Declaração de S. Francisco: cfr. RPSC, 1946-1951, Chapter IV, pág. 149-150, caso 49). Uma votação sobre o carácter da questão seria realizada no dia 24 de Maio de 1948, na 303.ª reunião, sendo a votação de oito a favor do carácter procedimental, dois contra (um dos quais a União Soviética) e uma abstenção. O Presidente decidiu que a questão deveria ser qualificada como não procedimental, por força do veto de um membro permanente. Perante a contestação desta decisão, foi realizada uma segunda votação sobre a decisão do Presidente, no fundo, para decidir se a qualificação deveria estar sujeita a veto ou não. A votação foi de seis votos a favor da rejeição da decisão do Presidente, dois contra (um dos quais da União Soviética) e três abstenções. O Presidente considerou que a sua decisão fora mantida, aplicando implicitamente o regime do artigo 30. Seguiu-se a votação final sobre a criação da subcomissão que foi rejeitada por força do veto soviético. Seria interessante saber qual a reacção se a decisão do Presidente tivesse sido confrontada por um voto de sete membros contrário, apesar do voto contrário soviético. Provavelmente haveria quem alegasse a aplicação de um triplo veto neste caso.

Nos outros dois casos em que foi votada a qualificação da questão houve duas tentativas de formular vetos duplos, mas que se goraram por força da intervenção do Presidente (ver, *infra*, neste parágrafo).

[1712] Na Comissão Interina, quando a questão foi discutida, os EUA e vários outros Estados (que não eram membros permanentes do Conselho) sustentaram que a decisão da qualificação deveria ficar sujeita a uma maioria de sete (hoje nove membros; isto é, seguir o regime das questões procedimentais), visto que a Declaração de S. Francisco estava a ser abusada. Já a França e o Reino Unido entenderam em sentido oposto, considerando que esta ficava sujeita a veto [cfr. *Report of Interim Committee* (...), cit., parág. 21, pág. 193-194]. Apesar de a recomendação da Comissão ter sido no sentido de a qualificação dever ficar sujeita à maioria aplicável às questões procedimentais, a Assembleia não a acolheria na referida Resolução 267.

[1713] Neste sentido: B. Simma/Brunner, *Article 27*, cit., pág. 446.

[1714] Como se verificou na resenha da prática, a questão tem sido suscitada umas vezes depois da tomada de decisão final, outras vezes antes, sem que tal lhe afecte a validade.

[1715] Deste modo, os EUA afirmaram, a propósito da questão da Formosa, em 29 de Setembro de 1950, na 7.ª reunião: "Section II, paragraph 2 of the San Francisco Declaration was never intended, and cannot properly be construed, as giving the five permanent members of the Security Council the right to use the device of the double veto to determine unilaterally

diminuir drasticamente a relevância do regime do artigo 27, n.º 2 CNU. Já se a qualificação da questão for polémica, a questão preliminar pode ser levantada e aplicar-se o duplo veto.

Coloca-se, porém, a questão de saber a quem cabe decidir se a qualificação é clara à luz da Carta ou prática.

Uma possibilidade passaria por reconhecer ao Presidente do Conselho de Segurança o poder de, por uma decisão nos termos do artigo 30 do Regimento[1717], rejeitar que a questão da qualificação fosse levantada em casos abusivos. Perante um caso claro em que um membro procurasse obter uma decisão sobre a qualificação sujeita a veto, o Presidente rejeitaria tal pretensão. A sua decisão só poderia ser questionada por uma maioria dos membros do Conselho, nos termos do artigo 27, n.º 2 CNU[1718].

No entanto, esta solução não parece ter apoio na prática. Nos dois casos em que a utilização do duplo veto foi rejeitada, as decisões do Presidente sobre a matéria não foram autónomas, antes foram baseadas em decisões da maioria de Estados. Não houve qualquer rejeição definitiva de uma votação sobre a questão qualificativa (num caso houve apenas o seu adiamento para depois da votação final da resolução). A questão foi sujeita a votação e o Presidente limitou-se a seguir o entendimento da maioria que a questão era procedimental e a rejeitar o entendimento de um membro permanente que defendia o contrário[1719].

---

as non-procedural, matters which according to the Charter, or by agreement contained in part I of the San Francisco Declaration, are procedural" (cfr. RPSC, 1946-1951, Chapter IV, pág. 162, caso 99).

[1716] Assim: A. Rudzinski, *The So Called* (…), cit., pág. 456-457; L. Gross, *The Double Veto* (...), cit., pág. 278; B. Simma/Brunner, *Article 27*, cit., pág. 443-444. Contra, considerando-a aplicável em todos os casos, mesmo os claros: M. Kellogg, *The Laos Question* (…), cit., pág. 1359-1360.

[1717] Este artigo estabelece que o seu Presidente pode tomar decisões sobre questões suscitadas que serão vinculativas a menos que sejam revogadas por uma decisão do Conselho de Segurança, neste caso, nos termos do artigo 27, n.º 2, isto é, maioria simples. Portanto, a menos que o membro permanente obtenha o apoio de mais oito membros do Conselho, verá a sua pretensão rejeitada. O artigo 30 do Regimento dispõe: "If a representative raises a point of order, the President shall immediately state his ruling. If it is challenged, the President shall submit his ruling to the Security Council for immediate decision and it shall stand unless overruled" (texto do regimento do Conselho em U.N. Doc. S/96/Rev.7).

[1718] Neste sentido: M. Akehurst, *A Modern* (....), cit., pág. 213; B. Simma/Brunner, *Article 27*, cit., pág. 444-446.

[1719] O primeiro caso diz respeito à questão relativa à Formosa (Taiwan) e ocorreu em 29 de Setembro de 1950. Estava em causa uma proposta de convidar o Governo (comunista) da China a participar na reunião do Conselho. O Delegado (nacionalista) da China na 506.ª reunião procurou que fosse realizada uma votação prévia sobre a questão da qualificação, mas tal pretensão foi rejeitada por decisão do Presidente do Conselho. Seguiu-se a votação da proposta do convite que obteve sete votos a favor, três contra, incluindo dois membros permanentes, EUA e China, e uma abstenção. O Presidente declarou que considerava a proposta aprovada, o que foi imediatamente contestado pelo delegado da China. Na 507.ª reunião, nesse mesmo dia, procedeu-se então à votação sobre a qualificação da questão. Houve nove votos no sentido de que se tratava de uma questão procedimental, o voto contrário da China e uma abstenção. O Presidente declarou que tendo em conta a votação considerava a proposta de convite ao Governo (comunista) da China como aprovada. Novamente, a China contestou a decisão, invocando o seu duplo veto. O Presidente considerou que se tratava de uma questão procedimental, negando a aplicação do veto. O delegado chinês sustentou que a decisão do Presidente era *ultra vires*. Este último perguntou então se alguém apoiava a contestação. Como ninguém se pronunciou (nem o delegado da China, por a considerar contrária à Carta), considerou que a sua decisão se mantinha nos termos do artigo 30. O delegado da China considerou que a decisão era ilegal, por entender que a qualificação não estava sujeita ao regime do artigo 30 do Regimento, mas de nada serviu (cfr. RPSC, 1946--1951, Chapter IV, pág. 157, caso 86). Assim, ficou aprovada a Resolução 87 (1950), de 29 de Setembro (texto em RDSCOR, 1950, pág. 8), que convida o representante do Governo (comunista) da China para participar no debate da questão.

Não é simples determinar exactamente o que aconteceu juridicamente. Se houve um caso de aplicação do artigo 30 do Regimento ou não. Aparentemente, a ter existido uma ou mais decisões presidenciais nos termos do artigo 30 uma teria ocorrido logo no momento em que o Presidente rejeitou por sua iniciativa uma votação sobre a qualificação da questão, ainda antes da votação da questão de fundo na 506.ª reunião. Mas esta não foi sujeita a uma votação de contestação. Seguiu-se a interpretação do Presidente quanto aos resultados da votação da questão de fundo, a que se seguiu a votação quanto à qualificação da questão. Ora, para se poder afirmar que a interpretação dos resultados constituíra uma decisão presidencial para efeitos do artigo 30 seria necessário que a votação sobre a qualificação não se tivesse realizado e sim apenas uma votação sobre a contestação da decisão, para ver se existia uma maioria susceptível de revogar esta última nos termos do artigo 30. É necessário, pois, concluir que até aqui não houvera qualquer decisão presidencial para efeitos deste artigo do Regimento.

A votação sobre a qualificação da questão deu um resultado flagrante de apoio à decisão e não à contestação, mas com o voto contrário da China. A última decisão de considerar como aprovada a resolução e a sua sujeição retórica a votação (em que ninguém participou), bem como a declaração final de que esta se mantinha nos termos do artigo 30 do Regimento são pouco convincentes como apoio a que se tenha estado perante uma aplicação do seu regime. Os dados não são claros, mas não confirmam a aplicação do regime das decisões presidenciais neste caso [em sentido semelhante: L. Gross, *The Double Veto* (...), cit., pág. 275]. De qualquer modo, tudo indica que a questão era efectivamente procedimental, dado que a matéria de convites deve ser considerada como tendo esta natureza.

Um segundo caso verificou-se na aprovação da Resolução 132 (1959), de 7 de Setembro (texto em RDSCOR, 1959, pág. 2), relativa ao Laos, na 848.ª reunião, que criou uma comissão

Assim, afigura-se que ao Presidente não cabe qualquer poder autónomo na matéria quando esta seja controversa. Será à maioria dos Estados que caberá decidir se considera admissível ou não que um Estado imponha por meio do duplo veto que a questão de fundo em debate seja qualificada como não procedimental. O meio mais conforme com a Carta seria simplesmente sujeitar a votação a questão da admissibilidade de uma votação sobre a questão preliminar da qualificação. Na realidade, têm ocorrido votações sobre a qualificação da questão de fundo em que o Presidente segue o entendimento da maioria sobre se a questão é ou não procedimental; tem, consequentemente, rejeitado a relevância de um voto contrário à qualificação como procedimental da questão de fundo quando a maioria entendeu que esta tinha esta natureza. O duplo veto encontra-se, pois, ao menos nos casos em que existe um consenso quanto ao carácter procedimental da questão[1720], seriamente limitado[1721].

---

de inquérito e, portanto, decidiu proceder a este. A pedido do delegado da União Soviética, o Presidente do Conselho (Itália) colocou a questão da qualificação da matéria a votação e perante um voto de 10 dos membros a favor de que se tratava de uma questão procedimental, e um contra da União Soviética, entendeu que assim era, apesar da tentativa de duplo veto desta. Seguiu-se uma discussão jurídica quanto à aplicação da Declaração de S. Francisco e do duplo veto em que esta figura ficou bastante fragilizada. A União Soviética considerou a decisão do Presidente ilegal mas não procurou que fosse realizada qualquer votação em relação a este. Por entender que este regime não é aplicável e porque perderia. Seguiu-se a votação da Resolução que viria a ser considerada aprovada com o voto contrário desta. O delegado soviético declarou que considerava a Resolução sem qualquer efeito (cfr. RPSC, 1959-1963, Chapter IV, pág. 91-94, casos 23-25).

Tudo indica que a União Soviética tinha razão, dado que se a criação da comissão era procedimental, a decisão de levar a cabo o inquérito devia ser considerada como não procedimental tendo em conta a referida Declaração de S. Francisco e, sobretudo, a prática posterior. Assim, no mínimo, a sua qualificação como procedimental seria discutível, devendo ser aplicável o duplo veto. Mas não se encontra igualmente apoio neste aspecto para aplicar o regime das decisões presidências. A tal ter ocorrido, o Presidente simplesmente teria recusado sujeitar a votação a questão da qualificação e teria decidido que a questão era procedimental autonomamente. A decisão serviria para evitar o duplo veto pela rejeição prévia de qualquer votação e não para a sua desconsideração em função do voto da maioria como se passou.

Para se poder falar na existência de uma decisão do presidente era necessário que este a considerasse como eficaz mesmo que existisse uma votação maioritária contra, desde que esta não obtivesse os setes votos favoráveis então aplicáveis. Ora, o que estes casos demonstram é que o Presidente baseia a sua decisão na decisão da maioria dos membros e não numa decisão autónoma. Este ainda não se arrogou a aplicar o regime do artigo 30 do Regimento à qualificação da questão [em sentido semelhante: L. Gross, *The Double Veto* (...), cit., pág. 272-278 e em *The Question of Laos* (...), cit., pág. 127-128].

[1720] Mas já com precedentes de rejeição do duplo veto mesmo em casos em que este poderia ser legitimamente aplicado, como no referido caso do Laos. A partir do momento em

É necessário sublinhar, porém, que grande parte das questões relacionadas com o duplo veto, e com os meios susceptíveis de o limitar, perderam grande parte da sua relevância prática. Por um lado, formou-se um relativo consenso ao redor da noção de questão procedimental que afasta a necessidade de recorrer à qualificação da questão. Por outro lado, os membros permanentes passaram a evitar recorrer ao veto por aspectos como a qualificação de uma questão, especialmente quando há poucas bases que apoiem a sua qualificação como não procedimental. Porventura, as descritas limitações quanto ao uso do duplo veto tiveram igualmente um papel nesta evolução positiva. Finalmente, a maioria também não tem tentado, tendo em conta o referido consenso quanto ao âmbito das questões procedimentais, considerar como

---

que o Conselho passou a ter quinze membros é mesmo teoricamente possível que a maioria que rejeita a aplicação de um duplo veto seja composta exclusivamente por membros não permanentes.

Contudo, por um lado, em casos em que a questão preliminar tenha sido rejeitada quando se estava perante uma questão final normalmente considerada como não procedimental, o membro permanente que tenha levantado a questão, e votado contra na questão final, poderá considerar que a decisão é antijurídica, pois deveria ter ficado sujeita a maioria agravada nos termos do artigo 27, n.º 3 CNU (cfr. sobre o direito dos Estados de desobedecer a decisões antijurídicas do Conselho, ver, *infra*, parág. 91.2.1). Assim, no caso do Laos, a União Soviética sustentou que considerava "the resolution as non-existent, illegal and not binding upon anyone" (cfr. RPSC, 1959-1963, Chapter IV, pág. 94). Claro está, por vezes tal de nada serve, pois não é necessária a cooperação do membro em causa para a executar; caso precisamente da comissão de inquérito nomeada pela referida Resolução 132 (1959).

Mas, por outro lado, a estar-se efectivamente perante uma questão não procedimental, só excepcionalmente um membro permanente estará disposto a a qualificar como procedimental. Tal alargamento da noção de questão procedimental seria directamente proporcional à limitação correspondente que sofreria o seu próprio direito de veto em futuras ocasiões. Como se verificou na prática [por exemplo, no referido caso da proposta de adiamento da deliberação sobre a admissão da Albânia e Mongólia como membros das Nações Unidas (cfr. RPSC, 1946-1951, Chapter IV, pág. 156, caso 83)], muitas vezes outros membros permanentes votaram do lado do membro isolado depois de ter existido uma cedência do Presidente ao peso do duplo veto e uma contestação, votando contra os seus interesses imediatos, mas na defesa do seu direito de veto, mesmo quando estavam em causa decisões procedimentais. Será, pois, de esperar que estes membros constituam um bloco votando contra uma qualificação abusiva. Ora, com a influência de que os membros permanentes gozam não lhes será difícil evitar decisões de qualificação de questões como procedimentais quando estão em causa situações de facto não procedimentais. Tendo em conta que o artigo 27, n.º 2 CNU estabelece uma maioria de 9 membros, dificilmente os membros permanentes não conseguirão obter a oposição ou abstenção de dois membros não permanentes. É esta realidade que explica o desaparecimento da figura do duplo veto na prática do Conselho.

[1721] Também: A. Rudzinski, *The So Called* (...), cit., pág. 457 (embora confira igualmente um papel às decisões do Presidente).

procedimental uma questão claramente não procedimental. Estas circuns-tâncias explicam que a questão preliminar da qualificação da matéria a decidir, e a consequente possibilidade do duplo veto, tenham desaparecido da prática do Conselho de Segurança. Desde 1959 que não se verifica nenhum duplo veto[1722].

De qualquer forma, a Carta criou um regime que tutela fortemente o direito de veto, dado que limita severamente qualquer meio de o restringir, já que sujeita quer as emendas, quer mesmo uma interpretação limitadora "criativa", ao veto de cada um dos membros permanentes.

**48.4. O veto em causa própria.** O aspecto que de forma mais clara confirma as cautelas da Carta na defesa do direito de veto é o seu regime quanto à imposição da abstenção em situações de nítida falta de isenção, tal como está consagrado no artigo 27, n.º 3, parte final, CNU.

É líquido que este dever de abstenção apenas se aplica a questões não procedimentais. De facto, a inclusão da referência a este no artigo 27, n.º 3, que contém o regime exclusivo destas questões, não deixa grandes dúvidas a este respeito. Assim, é possível votar em causa própria nas questões procedimentais, mas visto que em relação a estas não existe direito de veto, não são permitidos vetos em causa própria por esta via.

Contudo, precisamente nas decisões não procedimentais mais importan-tes, as obrigatórias, que se prendem de forma mais directa com a principal razão de ser das Nações Unidas, a Carta estabelece que o membro permanente pode utilizar o seu veto em causa própria. Assim, apenas é imposta a sua abstenção nas resoluções não procedimentais relativas a questões de resolução pacífica das controvérsias nos termos do Capítulo VI e artigo 52, n.º 3 da Carta; actos que não são vinculativos[1723]. Portanto, designadamente, quando esteja em causa uma proposta de decisão obrigatória adoptada no âmbito do

---

[1722] Segundo o *Repertoire of Practice of the Security Council*, de 1946 a 1951 houve os cinco casos citados de qualificação da questão. No período de 1952 a 1958 não houve qualquer caso de qualificação da questão e, logo, de qualquer tentativa de duplo veto (cfr. RPSC, 1952-1955, Chapter IV, pág. 63; RPSC, 1956-1958, Chapter IV, pág. 61). No período entre 1959 e 1963 houve apenas o referido caso relativo ao Laos. Posteriormente, de 1964 a 1988, o *Repertoire* indica que não existiu qualquer novo caso (cfr. RPSC, 1964-1965, Chapter IV, pág. 61; RPSC, 1966-1968, Chapter IV, pág. 69; RPSC, 1969-1971, Chapter IV, pág. 49; RPSC, 1972-1974, Chapter IV, pág. 45; RPSC, 1975-1980, Chapter IV, pág. 59; RPSC, 1981-1984, Chapter IV, pág. 53; RPSC, 1985-1988, Chapter IV, pág. 59). Não se encontrou igualmente nenhum caso de 1989 a 2000.

[1723] Ver, *infra*, parág. 49.

Capítulo VII ou à luz do artigo 94, n.º 2, um membro permanente, mesmo directamente visado por esta, pode vetá-la[1724, 1725].

---

[1724] O projecto saído da Conferência restrita de Dumbarton Oaks (texto do projecto em YUN, 1946-1947, pág. 4-9) não continha qualquer referência à questão da votação no seio do Conselho de Segurança. Com efeito, durante a Conferência não fora possível chegar a acordo em relação àquela. Na sequência do regime estabelecido no Pacto da Sociedade das Nações, o Reino Unido sustentara a necessidade de existir um dever de abstenção quando qualquer membro se encontrasse implicado na questão em análise. Ao contrário, a então União Soviética, bem recordada da sua expulsão da Sociedade das Nações, em consequência da sua invasão da Finlândia em 30 de Novembro de 1939 (ver, *supra*, parág. 19.2 e 44.1), defendeu a aplicação do veto em qualquer circunstância [trata-se de conversações não publicadas; cfr. Dwight Lee, *The Genesis of the Veto*, IO, Vol. 1, No. 1, 1947, pág. 33-42, na pág. 36-37; Charles Nelson, *Revisionism and the Security Council Veto*, IO, Vol. 28, No. 3, 1974, pág. 539-555, na pág. pág. 539-540 e 553-554 (extensa análise da posição americana); Thomas Campbell, *US Motives in the Veto Power*, IO, Vol. 28, No. 3, 1974, pág. 557-560, na pág. 558-559; Ian Hurd, *Legitimacy, authority, and power at the United Nations Security Council*, Yale Diss., 2001, pág. 87-91]. Na sequência de uma proposta norte-americana, seria adoptada pelos três Estados na Conferência de Ialta uma fórmula de compromisso que viria a ser aceite pela China e França e, posteriormente, pelos restantes Estados na Conferência de São Francisco como artigo 27.

[1725] Em relação às medidas adoptadas nos termos do artigo 94, n.º 2 para executar uma sentença do Tribunal Internacional de Justiça, a não aplicação do dever de abstenção do artigo 27, n.º 3, parte final, constitui um claro entorse aos princípios que tem subjacente. Basta ter presente o artigo 36, n.º 3 CNU. No entanto, tendo em conta que o artigo 94, n.º 2 permite a adopção de medidas compulsivas, não se encontra apoio para entender que estas não se encontram sujeitas a veto, mesmo por um membro permanente que seja parte na controvérsia e no caso perante o Tribunal. Já seria sustentável que medidas que não passassem do nível da recomendação não devessem ficar sujeitas a veto em causa própria (em sentido paralelo: Attila Tanzi, *Problems of Enforcement of Decisions of the International Court of Justice and the Law of the United Nations*, EJIL, Vol. 6, No. 4, 1995, pág. 539 e segs., Part III, B.1). Porém, a prática não confirma este entendimento.

Assim, os EUA, depois de a sua condenável recusa em cumprir a várias vezes citada sentença do Tribunal Internacional de Justiça no *Case Concerning Military And Paramilitary Activities In And Against Nicaragua* [acto em relação ao qual um seu Tribunal interno afirmou: "For the moment, we assume *arguendo* that Congress' decision to disregard the ICJ judgment violates customary international law"; cfr. United States Court Of Appeals For The District Of Columbia Circuit, *Committee Of United States Citizens Living In Nicaragua, et al., appellants v. Ronald Wilson Reagan, President US, et al.*, October 14, 1988 (partes da sentença, designadamente, em AJIL, Vol. 83, 1989, No. 2, pág. 380-384)], na 2704.ª reunião, em 31 de Julho de 1986, vetaram isolados (onze votos a favor, um contra e três abstenções) a proposta de resolução que apelava, enquanto mera recomendação, ao cumprimento integral da sentença. Este veto não causou qualquer protesto (cfr. RPSC, 1985-1988, Chapter VI, pág. 126-128).

Na 2718.ª reunião, em 28 de Outubro de 1986, desta vez com base num pedido expresso da Nicarágua de aplicação do artigo 94, n.º 2, novamente os EUA vetaram isolados

Acresce que literalmente não é imposta a abstenção em todos as questões a serem resolvidos à luz do Capítulo VI em que o membro do Conselho se encontre envolvido, mas apenas o é em relação àquelas que possam ser qualificadas como controvérsias. Efectivamente, o artigo 27, n.º 3, parte final, fala em "parte numa controvérsia". Ora, o Capítulo VI distin-gue entre controvérsias ("disputes") e situações, atribuindo-lhes um regime parcialmente distinto.

Tal como decorre do Capítulo VI da Carta, uma controvérsia[1726] pressupõe uma divergência aberta entre Estados sobre um aspecto de facto ou de Direito. Portanto, nesta verifica-se já uma polémica jurídica e/ou política exteriorizada entre estes[1727]. Ao contrário, uma situação é apenas um estado

---

uma resolução com conteúdo idêntico, que recebeu a mesma votação da anterior, novamente sem protesto (cfr. RPSC, 1985-1988, Chapter VI, pág. 132-133) [este veto teria um elevado custo político; de 1986 a 1989, Assembleia Geral aprovou quatro resoluções recomendando o urgente cumprimento da sentença, em que os EUA se viram apoiados no seu voto contrário apenas por Israel em três destas (ver, *infra*, parág. 95.3)]. Só uma semana depois, na 53.ª reunião da 41.ª Sessão da Assembleia Geral, a Nicarágua considerou o veto uma violação do artigo 27, n.º 3, parte final, CNU [cfr. A. Tanzi, *Problems of Enforcement* (…), cit., nota 55].

A Doutrina maioritária não considera sujeito ao dever de abstenção as resoluções adoptados à luz do artigo 94, n.º 2: Oscar Schachter, *The Enforcement of International Judicial and Arbitral Decisions*, AJIL, Vol. 54, No. 1, 1960, pág. 1-24, na pág. 23; James P. Rowles, *Nicaragua versus the United States: Issues of Law and Policy*, IL, Vol. 20, 1986, pág. 1245 e segs., na nota 160 (não contesta juridicamente o veto, apesar de ser crítico do incumprimento); Robert E. Lutz II, *Perspectives on the World Court, the United States, and International Dispute Resolution in a Changing World*, IL, Vol. 25, 1991, pág. 675 e segs., nota 128; B. Simma/Brunner, *Article 27*, cit., pág. 457 (mas, correctamente, já exigem a abstenção quando a resolução seja adoptada nos termos do Capítulo VI e não do artigo 94, n.º 2, mesmo que a questão da execução da sentença conste do texto).

[1726] O artigo 36, n.º 3, distingue entre controvérsias jurídicas e políticas. Contudo, a distinção não tem qualquer relevância jurídica automática para efeitos da jurisdição do Tribunal Internacional de Justiça (ver, *infra*, parág. 93) e muito menos em relação à competência do Conselho.

[1727] O Tribunal Internacional de Justiça, a propósito da interpretação do mesmo termo controvérsia constante também dos artigos 36, n.º 2 e 38, n.º 1 do seu Estatuto (ainda artigos 36, n.º 6; 40, n.º 1 e 60), afirmou: "As recalled by the Parties, the Permanent Court of International Justice stated in 1924 that "**A dispute is a disagreement on a point of law or fact, a conflict of legal views or of interests between two persons**" (*Mavrommatis Palestine Concessions, 1924, P.C.I.J., Series A, No. 2*, p. 11). The present Court for its part, in its Judgment of 30 June 1995 in the case concerning *East Timor (Portugal* v. *Australia)* emphasized the following: "**In order to establish the existence of a dispute, 'It must be shown that the claim of one party is positively opposed by the other'** (*South West Africa, Preliminary Objections, Judgment, I.C.J. Reports 1962*, p. 328; and further, 'Whether there exists an international dispute is a matter for objective determination' (*Interpretation of Peace Treaties*

de coisas que pode provocar uma controvérsia, como decorre do artigo 34 CNU[1728].

Assim, o facto de rebeldes utilizarem o território de um Estado vizinho para preparar actos bélicos contra o Governo do Estado de que são cidadãos é uma situação da qual pode decorrer uma controvérsia entre ambos os Estados. A controvérsia surge no momento em que este Governo protesta contra a situação e o outro Estado, por exemplo, impugna os factos, negando que o seu território esteja a ser utilizado para tal. Deste modo, subjacente a uma controvérsia existirá em princípio uma qualquer situação[1729] que já desencadeou uma polémica entre os Estados[1730, 1731].

---

with Bulgaria, Hungary and Romania, First Phase, Advisory Opinion, I.C.J. Reports 1950, p. 74)." (I.C.J. Reports 1995, p. 100.)" [cfr. Case Concerning Questions of Interpretation and Application of the 1971 Montreal Convention Arising from the Aerial Incident at Lockerbie (Libyan Arab Jamahiriya v. United States of America), 27 February 1998, Judgement, Preliminary Objections, I.C.J. Reports 1998, pág. 122-123, parág. 21].

[1728] Esta distinção realizada nestes termos encontra-se também frequentemente na prática dos Estados. Assim, já no período inicial das Nações Unidas, por exemplo, ver a opinião de um comité de peritos ao Conselho de Segurança de 23 de Abril de 1946 (texto em RPSC, 1946-1951, Chapter 2, pág. 92-93, na pág. 93).

A Comissão Interina da Assembleia Geral, durante a discussão da questão relativa à votação no Conselho de Segurança, aprovou uma definição de controvérsia que conciliava o critério subjectivo (em que esta é assumida pelas partes), com o referido critério objectivo: "(1)(a) If the State or States bringing the matter before the Security Council, and the State or States whose conduct is impugned, agree that there is a dispute. (b) Whenever the State or States bringing the matter before the Security Council allege that the actions of another State or States in respect of the first State or States constitute a breach of an international obligation or are endangering or are likely to endanger the maintenance of international peace and security, or that such actions demonstrate preparation to commit a breach of international obligations or to endanger the maintenance of international peace and security, and the State or States which are the subject of these allegations contest, or do not admit, the facts alleged or inferences to be drawn from such allegations. (2) Further, if a State bringing before the Security Council a matter of the nature contemplated under paragraph (1) above, alleges that another State is violating the rights of a third State, and the latter supports the contention of the First State, then the third State shall also be deemed to be a party to the dispute. (3) Nothing in this definition shall prevent the Security Council from deciding that a dispute exists in circumstances not covered by the above definition" [cfr. Report of Interim Committee of the General Assembly on the Problem of Voting (…), cit., parág. 22-B, pág. 196].

[1729] Pode suceder, porém, que efectivamente não exista qualquer situação real por o Estado que faz as alegações estar em erro ou de má-fé. Pode igualmente existir uma situação, mas em que na realidade esteja implicado antes um outro Estado.

[1730] Trata-se de um critério pacífico na Doutrina: H. Kelsen, The Law (...), cit., pág. 360 e em Organization and Procedure (...), cit., pág. 1110; Hailbronner/Klein, Article 12, cit., pág. 256; Simma/Brunner, Article 27, cit., pág. 459; Torsten Stein/Stefan Richter, Article 36, em

Em termos de regime jurídico, uma situação tem efeitos mais restritos do que uma controvérsia. Apenas estas podem levar a uma recomendação do Conselho de Segurança quanto à questão de fundo (artigo 37, n.º 2 CNU), pois em relação a situações o Conselho apenas pode aprovar recomendações quanto à metodologia para se chegar a uma resolução (artigo 36, n.º 1 CNU)[1732]. Somente as controvérsias podem ser submetidas ao Conselho de Segurança igualmente por Estados não membros que sejam partes nestas (artigo 35, n.º 2 CNU). Do mesmo modo, Estados não membros somente deverão ser chamados a participar numa reunião do Conselho se estiver em causa uma controvérsia em que são partes (artigo 32 CNU), não no caso de uma simples situação; embora Estados membros já possam participar se a situação os afectar de forma particular (artigos 31 CNU).

A estes aspectos acresce o já referido elemento que literalmente decorre do artigo 27, n.º 3, parte final: o dever de abstenção apenas existe em relação a membros do Conselho que sejam partes numa controvérsia, não já quando se esteja perante uma situação.

---

*The Charter of the United Nations – A Commentary* (ed. Bruno Simma), München, 1994, pág. 534-546, na pág. 537; John Collier/Vaughan Lowe, *The Settlement of Disputes in International Law*, Oxford/New York, 1999, pág. 1; H. Neuhold, *Das System friedlicher* (...), cit., pág. 63.

[1731] Daí o facto de se encontrar na Carta a utilização da expressão "situação" enquanto termo abrangente que engloba igualmente controvérsias. É o caso dos artigos 11, n.º 3 e 40. Também surge no artigo 14 onde claramente abrange quer situações, quer controvérsias, mas que ainda não colocam em causa a paz, caso contrário seria aplicável o artigo 11, n.º 2 ou interviria o Conselho de Segurança [assim: O. Kimminich, *Article 14*, cit., pág. 284-285]. Isto sem prejuízo de o termo abrangente que visa compreender situações e controvérsias normalmente utilizado ser o de "questão". Assim, surge com este sentido no artigo 10 [neste preceito encontra-se lado a lado com a expressão "assuntos", que designa temas gerais e abstractos, típicos dos artigos 11, n.º 1 e 13, portanto, independentes de qualquer questão concreta; contra, entendendo que se trata de uma tautologia: H. Kelsen, *The Law* (...), cit., pág. 198; Hailbronner/Klein, *Article 10*, cit., pág. 228], no artigo 11, n.º 2 e no artigo 31. O termo "questão" surge também na Carta com um sentido mais abrangente que engloba mesmo "assuntos" e qualquer outro aspecto em relação ao qual a Assembleia Geral tenha competência, como questões de funcionamento interno, *etc.*. É o que se passa com a sua utilização no artigo 18, n.º 2 e n.º 3 CNU. Por vezes surge ainda com outros sentidos específicos, ver o artigo 47, n.º 1 e n.º 3 e o artigo 96, n.º 1 e n.º 2.

[1732] No entanto, por nem sempre ser simples a qualificação, não parece que tal pormenor literal constitua grande obstáculo ao poder do Conselho de recomendar termos para resolver uma situação. Assim, a Resolução 1378 (2001), de 14 de Novembro [UN Doc. S/RES/1378 (2001), 14 November 2001], cujo parág. 1 recomenda termos para o futuro Governo do Afeganistão, que parecem ter sido aprovados à luz do artigo 37, n.º 2 (ver, *supra*, parág. 12.4.1), pode ser entendido como reportando-se a um aspecto da questão que era uma situação e não uma controvérsia.

Este regime faz pouco sentido[1733]. Mas parecem incontornáveis os argumentos, ainda que meramente literais, a favor desta restrição do dever de abstenção às controvérsias[1734]. A restrição tem igualmente apoio jurisprudencial[1735].

Assim, desde logo, pode-se referir que apenas existem partes em controvérsias[1736]. Em meras situações podem existir interessados, mas

---

[1733] Com efeito, igualmente nas situações existem Estados directamente afectados (como decorre expressamente do artigo 31 CNU) que irão tomar uma posição determinada pelos seus interesses na questão. Especialmente nos frequentes casos em que uma situação não passa de um interlúdio de uma controvérsia aberta. O facto de os poderes do Conselho em relação às situações serem menores não invalida que aquele voto seja um voto com falta de isenção. A este aspecto acrescem as dificuldades para delimitar rigorosamente as controvérsias das situações (também críticos da diferenciação de regimes: T. Stein/S. Richter, *Article 36*, cit., pág. 540).

[1734] Os EUA alegaram na Comissão Interina que por uma interpretação histórica era possível sustentar que o dever de abstenção se aplicava igualmente a controvérsias e a situações [cfr. *Report of Interim Committee* (...), cit., parág. 22-C, pág. 196]. Mas a sua prática posterior coloca completamente em causa este entendimento.

[1735] O Tribunal Internacional de Justiça defendeu a restrição deste dever de abstenção às partes numa controvérsia e foi ao ponto de afirmar que tal dependia de uma qualificação da questão como controvérsia pelo Conselho: "This proviso [artigo 27, n.º 3, parte final] also requires for its application the prior determination by the Security Council that a dispute exists and that certain members of the Council are involved as parties to such a dispute" [cfr. *Legal Consequences for States* (...), cit., *I.C.J. Reports* 1971, pág. 23, parág. 26].

[1736] Surgem, porém, problemas para determinar exactamente o que é uma parte numa controvérsia. A sua concretização é um imperativo, já que a noção de "parte numa controvérsia" consta de vários preceitos da Carta (cfr. artigos 32; 33; 35; 36, n.º 2 e n.º 3; 37, n.º 1; 38; estando implícito em outros, como os artigos 2, n.º 3 e 40). Julga-se claro que a noção de parte tem de ser objectiva e não subjectiva. O reconhecimento pelos Estados implicados na controvérsia de que são partes nesta é um elemento importante (tese subjectiva), mas não essencial. O elemento essencial é existir uma situação de protesto ou reivindicação de um Estado contra outro ou outros, seja por violação de uma obrigação internacional, seja por ameaçar ou poder ameaçar com os seus actos a paz, que depara com a rejeição ou pelo menos com o não reconhecimento de tais alegações pelo Estado ou Estados visados.

Deste modo, a controvérsia existe já independentemente de ser alegada perante o Conselho de Segurança, mas as suas partes são definidas formalmente à luz das alegações (neste sentido: B. Simma/Brunner, *Article 27*, cit., pág. 459) apresentadas pelo Estado autor do protesto ou reivindicação (funcionando aqui o princípio processual da aparência; o autor das alegações determina pois o objecto da controvérsia até a questão ser esclarecida). Assim, mesmo que um outro Estado seja responsável pelos actos alegados, segundo os critérios de imputação estabelecidos no Direito Internacional da Responsabilidade, este não será parte na controvérsia a menos que seja visado como tal (mas deverá ser considerado interessado na situação subjacente).

formalmente não exactamente partes[1737]. Também a circunstância de que se o Capítulo VI também abrange situações, já o artigo 52, n.º 3, para que remete igualmente o artigo 27, n.º 3, literalmente, apenas se refere a controvérsias. A isto acresce que os poderes do Conselho de Segurança de recomendação de uma solução para a questão de fundo apenas existem literalmente em relação às controvérsias. A possibilidade de um membro do Conselho votar numa solução pacífica de fundo para uma situação em que é interessada fica assim restringida (apesar de o Conselho o poder fazer, e com efeitos obrigatórios, à luz do Capítulo VII[1738]). Já é menos grave que possa votar em relação a uma situação, já que o Conselho em princípio não se pode pronunciar sobre a questão de fundo[1739].

Contudo, o problema agrava-se em consequência das dificuldades práticas para distinguir uma situação de uma controvérsia. Devido a esta circunstância, e à pressão dos membros permanentes no sentido da ampliação do seu direito de veto, a prática da maioria dos Estados no Conselho de Segurança tem sido de ignorar este dever de abstenção[1740]. Normalmente, as

---

[1737] Mas o pouco sentido substancial de diferenciar rigidamente partes e interessados ressalta da própria Carta. O artigo 40 refere partes interessadas na situação. No entanto, como neste artigo a expressão pretende ter um sentido abrangente, englobando igualmente controvérsias, não se pode retirar deste preceito grande apoio para impugnar este argumento em apoio de uma interpretação alargada do artigo 27, n.º 3 neste aspecto.

[1738] Ver, *supra*, parág. 36.

[1739] Embora, como se verificou, este argumento seja débil, dado que tal obstáculo literal não tem impedido o Conselho de recomendar soluções para situações.

[1740] Registam-se, contudo, vários casos de não participação na votação ou abstenção de um membro do Conselho parte em controvérsias, mesmo por parte de membros permanentes. Estas têm assumido quer a forma da abstenção, quer a mais rigorosa forma de não participação na votação. Assim, o Reino Unido absteve-se na sua controvérsia com a Albânia relativa ao caso do Estreito de Corfu, não tendo participado na votação da decisão de 27 de Fevereiro de 1947, na 114.ª reunião do Conselho, bem como na aprovação da Resolução 22 (1947), de 9 de Abril, na 127.ª reunião. Embora tenha votado na anterior Resolução 19 (1947), de 27 de Fevereiro (cfr. RDSCOR, 1947, pág. 3, nota). Nas 198.ª, 200.ª e 201.ª reuniões, em 28 e 29 de Agosto e em 10 de Setembro de 1947, o Reino Unido não participou na votação da questão com o Egipto (cfr. RPSC, 1946-1951, Chapter IV, pág. 166).

Na 471.ª reunião, em 12 de Abril de 1950, a Índia não participou na votação da questão entre esta e o Paquistão, igualmente com este fundamento; o mesmo faria na 539.ª reunião, em 30 de Março de 1951, na 543.ª reunião, em 30 de Abril de 1951, e na 548.ª reunião, em 29 de Maio de 1951. Igualmente o Egipto, em 17 de Novembro de 1950, na 524.ª reunião, não votou na questão da Palestina, embora manifestasse as suas dúvidas se se tratava de uma controvérsia ou uma situação (cfr. RPSC, 1946-1951, Chapter IV, pág. 166-167).

As ausências da União Soviética na questão iraniana derivaram da circunstância de o Presidente do Conselho lhe ter declarado que, nos termos do artigo 27, n.º 3, parte final, enquanto parte na controvérsia, não lhe seria possível votar (cfr. RPSC, 1946-1951, Chapter IV, pág. 167).

No entanto, a partir desta data nota-se uma clara diminuição da prática. Assim, entre 1952 e 1955 apenas se regista um caso. Este ocorreu na 611.ª reunião, em 23 de Dezembro de 1953. O Paquistão absteve-se na consideração da sua questão com a Índia (cfr. RPSC, 1952-1955, Chapter IV, pág. 67). No período entre 1956 e 1958 não houve qualquer caso (cfr. RPSC, 1956-1958, Chapter IV, pág. 61 e 64). No período entre 1959 e 1963 houve apenas o caso causado pelo rapto de um conhecido nazi por Israel de território argentino. A Argentina, à altura membra do Conselho, embora a matéria não tenha sido qualificada na resolução como uma controvérsia, não participaria na votação da Resolução 138 (1960), de 23 de Junho sobre a questão (cfr. RDSCOR, 1960, pág. 4, nota 3; RPSC, 1959-1963, Chapter IV, pág. 94). Posteriormente, entre 1964 e 1965, o *Repertoire* indica que não existiu qualquer novo caso (cfr. RPSC, 1964-1965, Chapter IV, pág. 63), no entanto, talvez seja de inserir no seio deste o caso resultante da votação da Resolução 188 (1964), de 9 de Abril, relativa à acção militar do Reino Unido contra o Iémen. Apesar de a questão não ter sido qualificada como uma controvérsia, o Reino Unido aceitaria a sua própria condenação pelo Conselho, abstendo-se (cfr. RDSCOR, 1964, pág. 10), embora sem invocar o seu dever de abstenção (cfr. RPSC, 1964-1965, Chapter IV, pág. 128-129). De 1966 a 1968 parece não ter existido nenhum caso (cfr. RPSC, 1966-1968, Chapter IV, pág. 70).

O mesmo ocorreu de 1969 a 1980 (cfr. RPSC, 1969-1971, Chapter IV, pág. 50; RPSC, 1972-1974, Chapter IV, pág. 47; RPSC, 1975-1980, Chapter IV, pág. 62). Contudo, apesar de não ter existido nenhum caso registado de abstenção em aplicação do preceito, existem três casos de invocação do seu regime por parte de outros Estados durante este período. Assim, em 6 de Fevereiro de 1976, na 1888.ª reunião do Conselho, perante um voto da França na questão dos Comores, o Benin "questioned the right of France, as a party to the dispute, to participate in the vote". A Líbia "expressed his "most explicit reservations" concerning the vote", invocando o artigo 27, n.º 3. O Panamá "also questioned the right of the representative of France to vote". Quer a França, quer os EUA sustentaram o direito de votar (cfr. RPSC, 1975-1980, Chapter I, pág. 10-11 e Chapter IV, caso 2, pág. 62). Cuba, na 1970.ª reunião, em 12 de Novembro de 1976, questionou o direito dos EUA de votarem na admissão do Vietname como membro, invocando o artigo 27, n.º 3. Igualmente Israel, na 2147.ª reunião do Conselho, em 12 de Junho de 1979, questionou o direito do Kuwait de votar a resolução sobre a questão do Médio Oriente, considerando estar-se perante um caso de aplicação do artigo 27, n.º 3 (cfr. RPSC, 1975-1980, Chapter IV, caso 3 e 1, pág. 62).

No período entre 1981 e 1984 voltou a não haver nenhum caso de não votação com base expressa no preceito. No entanto, o Panamá chegou a invocar o regime questionando se a futura Resolução 502 (1982), de 3 de Abril, relativa à questão das Malvinas/Falklands, estava a ser aprovada nos termos do Capítulo VI ou VII. Que no primeiro caso, o Reino Unido não poderia votar. Foi esclarecido, porém, que se tratava de uma questão de aplicação do Capítulo VII (cfr. RPSC, 1981-1984, Chapter IV, pág. 55). No período entre 1985-1988 também não existe nenhum caso (cfr. RPSC, 1985-1988, Chapter IV, pág. 62).

Entre 1989 e 2001, pode-se registar, designadamente, a crítica da Líbia à votação por parte dos EUA e do Reino Unido da Resolução 731 (1992), sobre o caso *Lockerbie*. Igualmente

controvérsias são referidas sob a designação neutra de "questões" ou como situações[1741]. Ora, sem a qualificação de uma questão como uma controvérsia pelo Conselho, em termos práticos, faz-se depender a aplicação do regime do seu espontâneo cumprimento pelo membro interessado. Como se verificou, no passado tal ocorreu diversas vezes, mas posteriormente tais actos foram desaparecendo[1742].

o seu juiz ad-hoc El-Kosheri, *Dissenting Opinion*, em *Case Concerning Questions of Interpretation* (...) (Libya v. USA), cit., *I.C.J. Reports* 1992, pág. 205, parág. 15 (extensa citação das declarações da Líbia no Conselho).

Ao longo destes anos, em sentido contrário, encontram-se diversos casos em que a exigência de abstenção foi pura e simplesmente ignorada, mesmo em situações flagrantes. Assim, entre muitas outras, a Resolução 348 (1974), de 28 de Maio, relativa a uma controvérsia fronteiriça entre o Iraque e o Irão, foi votada pelo primeiro, à altura membro do Conselho (cfr. RDSCOR, 1974, pág. 2). Não houve invocação do Capítulo VII, ou seja, tratou-se de uma resolução adoptada no âmbito do Capítulo VI, existindo dever de abstenção para o Iraque. O mesmo se passou na aprovação da Resolução 530 (1983), de 19 de Maio, desencadeada pelas queixas da Nicarágua de intervenção nos seus assuntos internos, especialmente contra os EUA (cfr. RPSC, 1981-1984, Chapter VIII, pág. 220-221). A primeira, à altura, era membra do Conselho. Quer esta, quer os EUA, votaram a resolução, que foi aprovada por unanimidade (cfr. RDSCOR, 1983, pág. 10). Trata-se de uma resolução claramente aprovada nos termos do Capítulo VI.

[1741] Existem, contudo, excepções. Assim, por exemplo, a Resolução 34 (1947), de 15 de Setembro (texto em RDSCOR, 1947, pág. 5), refere a questão entre a Grécia e a Jugoslávia, Albânia e Bulgária, como uma controvérsia, mas para a retirar da agenda [cfr. ver ainda a Resolução 12 (1946), de 10 de Dezembro, parág. 3 (texto em RDSCOR, 1946, pág. 6)]. O mesmo se faz nas citadas Resolução 19 (1947), de 27 de Fevereiro, e Resolução 22 (1947), de 9 de Abril, bem como numa decisão de 20 de Janeiro de 1947 (95ª reunião) (cfr. RDSCOR, 1947, pág. 2), todas relativas à controvérsia entre o Reino Unido e a Albânia sobre os incidentes no Estreito de Corfu. Igualmente na Resolução 395 (1976), de 25 de Agosto (texto em RDSCOR, 1976, pág. 15-16), sobre Chipre e os desentendimentos entre a Grécia e a Turquia; o Conselho qualificou a questão como uma controvérsia (parág. 4), convidando as partes a recorrer ao Tribunal Internacional de Justiça em cumprimento do artigo 36, n.º 3 CNU. Na Resolução 713 (1991), de 25 de Setembro, parág. 5 e Resolução 724 (1991), de 15 de Dezembro (textos em RDSCOR, 1991, pág. 42-43 e 45-46), parág. 4, apesar de conterem decisões adoptadas à luz do Capítulo VII, qualifica-se como controvérsias, a resolver pacificamente, os problemas existentes na então Jugoslávia. Também na Resolução 1037 (1996), de 15 de Janeiro (texto em RDSCOR, 1996, pág. 25), considera como partes numa controvérsia a Croácia e a Comunidade Sérvia Croata. Igualmente na Resolução 1226 (1999), de 29 de Janeiro (texto em RSSC, 1999, pág. 7-8), parág. 5 do preâmbulo e parág. 5 e 7, qualifica-se como controvérsia fronteiriça a questão entre a Etiópia e a Eritréia. Na Resolução 1222 (1999), de 15 de Janeiro (texto em RSSC, 1999, pág. 2-4), refere-se, no preâmbulo e parág. 5, à "disputed issue of Prevlaka" entre a Croácia e a República Federal da Jugoslávia. Na Resolução 1225 (1999), de 28 de Janeiro (texto em RSSC, 1999, pág. 5-7), o Conselho fala em "disputed issues", a propósito da questão da Abkházia, na Geórgia.

[1742] Não é líquida a natureza procedimental ou não da determinação de uma questão

Assim, na prática do Conselho, a distinção entre situação e controvérsia tem em diversos casos sido desprezada, aproximando-se o regime da segunda do da primeira. Julga-se, porém, que tal ainda não minou a eficácia deste dever de abstenção. Ao contrário de outras situações, em que a alteração foi assumida de forma clara, nenhum membro do Conselho se arrogou a afirmar que considera que a exigência de abstenção perdeu vigência[1743]. Com efeito,

---

como controvérsia ou situação. Na 19.ª reunião, em 14 de Fevereiro de 1946, o Egipto entendeu que se tratava de uma questão procedimental, argumentando, com razão, que de outra forma um membro permanente podia frustrar o dever de abstenção vetando a qualificação como controvérsia de uma questão em que se fosse parte. Mas a União Soviética sustentou posição oposta (cfr. RPSC, 1946-1951, Chapter IV, pág. 168, caso 117) [também no sentido de que se trata de uma questão não procedimental: H. Kelsen, *Organization and Procedure* (...), cit., pág. 1110; B. Simma/Brunner, *Article 27*, cit., pág. 459].

A Comissão Interina entendeu que a questão devia ficar sujeita a uma votação de apenas sete votos favoráveis, isto é, ao regime do artigo 27, n.º 2, mas sem a qualificar expressamente como procedimental [cfr. *Report of Interim Committee* (...), cit., parág. 22-a e 35, pág. 197]. A Assembleia Geral, na referida Resolução 267 (III), não incluiu a questão entre a sua lista de questões procedimentais. A Declaração de S. Francisco não se lhe refere, embora considere expressamente como procedimental o convite a qualquer Estado parte numa controvérsia, o que pressupõe a qualificação da questão como tal, bem como a inclusão de uma questão na agenda como controvérsia ou situação. Ora, a inclusão da questão na agenda é algo bem mais determinante do que a sua qualificação em concreto e parece poder considerar--se como incluindo este aspecto.

Reconheça-se, porém, que a questão não é líquida. De qualquer modo, a considerar-se a qualificação da questão como controvérsia ou situação como não procedimental será necessário que as alegadas partes nesta se abstenham de votar imediatamente na qualificação, sob pena de se frustrar completamente o dever de abstenção. Na qualificação da questão deve caber imediatamente igualmente a questão da determinação das suas partes (neste sentido: Simma/Brunner, *Article 27*, cit., pág. 459). Com efeito, de outro modo, um membro permanente poderia sempre vetar a qualificação da questão como uma controvérsia, esvaziando de sentido a posterior determinação formal das suas partes (já que seria qualificada como situação e estas não têm partes em termos formais) em que este estaria incluído.

Outra solução, como a de conferir ao Presidente o poder de qualificar a questão como uma controvérsia ou situação parece ir longe de mais na extensão dos poderes deste à luz do artigo 30 do Regimento.

[1743] Alguma Doutrina fala em desuso do preceito [assim: Kurt Herndl, *Reflections on the Role, Functions and Procedures of the Security Council of the United Nations*, RDC, 1987, VI, tome 206, pág. 331; M. Akehurst, *A Modern* (...), cit., pág. 213-214; A. Tanzi, *Problems of Enforcement* (...), cit., nota 78; Steven R. Ratner, *Image and Reality in the UN's Peaceful Settlement of Disputes*, EJIL, Vol. 6, No. 3, 1995, pág. 426-444, texto nota 21]. Outra contesta, afirmando que, na realidade, o facto de um membro parte numa controvérsia votar não será importante a menos que o seu voto seja decisivo para a aprovação ou rejeição da resolução (neste sentido: B. Simma/Brunner, *Article 27*, cit., pág. 461). Concorda-se que o preceito ainda se encontra em vigor, mas o facto de se aceitar que uma parte numa controvérsia vote

em diversas ocasiões, como se verificou, membros do Conselho têm protestado contra o voto de um membro parte numa controvérsia a ser resolvida por meios do Capítulo VI.

Sublinhe-se, de resto, que qualquer questão relativa à manutenção da paz que não seja de forma clara resolvida à luz do Capítulo VII[1744] deve ser considerada como encontrando-se sob regime do Capítulo VI, já que não existe alternativa. As questões de manutenção da paz a ser resolvidas pelo Conselho[1745] encontram-se sempre sujeitas a um destes dois Capítulos[1746]. Deste modo, existirá sempre dever de abstenção quando não sejam utilizados os meios do Capítulo VII (incluindo os meios consensuais nos termos do artigo 39 e 40), mesmo que porventura se esteja perante uma situação que deveria ter sido objecto de uma qualificação nos termos do artigo 39. Se o não foi, expressa ou tacitamente, o regime aplicável é o do Capítulo VI. O facto de o artigo 27, n.º 3 ter referido expressamente o Capítulo VI e o artigo 52, n.º 3 em vez de simplesmente excluir o capítulo VII deve-se ao facto de todas as outras questões fora do âmbito da manutenção da paz também não se encontrarem sujeitas a dever de abstenção, ainda que constituam uma controvérsia; por exemplo, nos termos do artigo 94, n.º 2 CNU.

De qualquer modo, o desvio de poder[1747] no exercício do veto é pois aparentemente tutelado sem grandes limites por meio dos votos (e mais

---

numa resolução adoptada à luz do Capítulo VI sem qualquer objecção é prática que mina a vigência da exigência da parte final do artigo 27, n.º 3 CNU. Mesmo a prática de sistematicamente evitar qualificar uma questão como controvérsia, quando todos os elementos indiciam que se está perante um caso de aplicação da figura, é um elemento que favorece a perda de vigência desta norma.

Contudo, visto que está em causa um princípio fundamental, que, segundo se julga, tem natureza costumeira (ver, *supra*, parág. 35.2), enquanto não existir prática clara que sustente que este perdeu vigência não é possível considerar que tal ocorreu. É possível, porém, que a prática contrária tenha sido de ordem a fazer com que tal dever tenha perdido capacidade para invalidar uma decisão tomada pelo Conselho mesmo que o voto da parte tenha sido decisivo para obter a sua aprovação; pelo menos se nenhum Estado membro protestar contra o voto [como na prática sustentou o Tribunal Internacional de Justiça na passagem já citada; cfr. *Legal Consequences for States* (…), cit., *I.C.J. Reports* 1971, pág. 23, parág. 26].

[1744] Isto é, com base numa qualificação expressa realizada à luz do artigo 39 ou, pelo menos, tacitamente, com a invocação clara de um dos preceitos do Capítulo VII (ver, *infra*, parág. 49.1).

[1745] Incluindo as relativas ao Capítulo VIII, que salvo a questão das habilitações regionais do artigo 53, n.º 1, segunda parte, não atribui qualquer novo poder ao Conselho (ver, *infra*, parág. 49.3).

[1746] Sobre a rejeição de competências baseadas directamente no artigo 24, ver, *infra*, parág. 49.4.

[1747] Ver, *infra*, parág. 89.3.

graves vetos) em causa própria, num regime criticável que constitui um retrocesso claro em relação ao Pacto da Sociedade das Nações[1748]. Contudo, claramente, este regime foi previsto, desejado e aceite, com maior ou menor resistência, pela Conferência de S. Francisco.

Porém, um sistema desta espécie, que permite o esvaziamento da força normativa da Carta e a colocação em causa dos seus fins, não deve ser interpretado de forma a impossibilitar alguma válvula de escape. Deste modo, entende-se que, em casos extremos, máxime, de um ataque armado ilícito por parte de um membro permanente contra outra Estado, seguido de um veto seu de forma a evitar a sua sujeição a alguma das medidas do Capítulo VII, que tal acto pode ainda assim desencadear uma reacção por parte dos restantes Estados de forma a poderem recorrer ainda aos poderes das Nações Unidas[1749].

Infelizmente, os meios para reagir contra um ataque destes, seguido de um veto, são limitados. Mas admite-se que uma maioria de dois terços dos restantes Estados (sem a oposição dos restantes membros permanentes), poderá nos termos do princípio costumeiro da excepção do não cumprimento suspender ou expulsar o membro permanente das Nações Unidas (à margem do regime dos artigos 5 e 6), deste modo viabilizando a utilização contra este dos meios jurídicos colocados à disposição da organização[1750].

Registe-se, porém, que as Nações Unidas se, inicialmente, com iniciativas como a aprovação da Resolução *União para a Paz*, pareceram inclinar-se nesta direcção, posteriormente abandonaram esta via como forma de enfrentar situações destas, parecendo aceitá-las como um mal inevitável. Isto é, embora se aceite que este regime poderia ser aplicável, é duvidoso que o venha a ser alguma vez, visto que no passado houve várias ocasiões em que não foi seguido, apesar do ambiente internacional ser propício a acções do género.

**48.5. O veto positivo.** O veto normalmente tem efeitos puramente negativos, no sentido em que surge como um obstáculo que impede a aprovação de um acto e a produção dos efeitos visados por este. Assim, este veto negativo pode constituir um meio responsável pelo incumprimento por omissão das obrigações do Conselho de Segurança, mas não de violações por acção.

---

[1748] Ver, *supra*, parág. 34.1.

[1749] O facto de se poder ou não qualificar tal veto como abusivo tem escassa relevância. Perante uma violação do artigo 2, n.º 4 desta gravidade, a questão da ilicitude deste veto é puramente secundária (sobre a questão do abuso de veto, ver, *supra*, parág. 44.1).

[1750] Ver, *supra*, parág. 44.1.

Porém, o veto pode igualmente ter este último efeito quando surge como obstáculo à revogação de um acto anterior do Conselho[1751]. Efectivamente, o artigo 27, n.º 3 não distingue entre as resoluções criadoras de efeitos positivos e as que se limitem a revogar ou limitar o âmbito de aplicação de anteriores resoluções. Também estas últimas não podem ser consideradas como meramente procedimentais; logo, também estas estão sujeitas a veto.

Assim, nestas situações, um só membro permanente tem o poder de manter em vigor um acto que a maioria dos membros do Conselho julga inconveniente ou que considera começar mesmo a violar a Carta ao tornar-se desproporcionado em relação aos fins que visa atingir devido ao prolongamento da sua vigência e agravamento das consequências que provoca[1752]. O seu veto ganha um efeito positivo, no sentido em que mantém em vigor um acto que de outro modo seria revogado.

Não pode ser excluída a possibilidade de se considerar neste último caso, quando estejam reunidos os necessários requisitos, a resolução anterior caduca por alteração de circunstâncias ou extinta a partir do momento em que, por força do agravar da situação, as consequências se tornam desproporcionadas ou violadoras de normas *iuris cogentis*. Isto é, apesar de inicialmente válido, o embargo, ou alguns dos seus termos, perderá vigência a partir do momento em que as suas consequências atingirem um grau inaceitável[1753].

---

[1751] Como a Doutrina tem sublinhado: David Caron, *The Legitimacy of the Collective Authority of the Security Council*, AJIL, vol. 87, No. 4, 1993, pág. 552-588, na pág. 585-587; Patrick Daillier, *L'action de l'O.N.U.*, em *Le Chapitre VII de la Chartre des Nations* Unies (SFDI – Colloque de Rennes), Paris, 1995, pág. 121-160, na pág. 147-148; M. Mattler, *The Distinction* (...), cit., pág. 699-700; T. Christakis, *L'Onu* (...), cit., pág. 149; David Bills, *International Human Rights and Humanitarian Intervention: The Ramifications of Reform on the United Nations' Security Council*, TILJ, Vol. 31, 1996, pág. 107-130, na pág. 127.

[1752] Os exemplos mais frequentes têm-se prendido com a manutenção em vigor de embargos comerciais, especialmente quando completos, cuja revogação tem sido vetada, formal ou informalmente, e que se tornam desproporcionados com o tempo. O caso típico é a manutenção das sanções contra o Iraque por força da ameaça de veto dos EUA que nem sequer precisou de ser concretizada, já que as propostas de revogação ou atenuação nem sequer têm chegado a ser submetidas a votação. Assim, o Iraque em 22 de Fevereiro de 1999, declarava na 3980.ª reunião do Conselho: "that the United States had declared it would use the right of veto to prevent any resolution from lifting the sanctions against Iraq, and it had wanted those sanctions (...) to continue in effect" [cfr. UNPR SC/6646 Resumed 3980th Meeting (AM & PM) 22 February 1999, pág. 28]. Sobre a ilicitude deste embargo, ver, *infra*, parág. 82.1.

[1753] Não é, pois, líquido que se possa falar numa situação de invalidade superveniente, parecendo estar-se perante uma extinção, não por força de uma alteração jurídica, mas por

Mas, mesmo com natureza declarativa, resoluções do Conselho que declarassem existir uma situação desta espécie dificilmente conseguiriam fugir ao veto do membro interessado. Qualquer possibilidade de autocontrolo fica, pois, prejudicada. Existem possibilidades de heterocontrolo sobre estas decisões, mas todas elas deparam com algumas dificuldades para a sua efectivação.

As únicas vias efectivas seriam por meio de uma sentença contenciosa do Tribunal Internacional de Justiça nesse sentido (o pedido de um parecer encontra-se sujeito a veto e a decisão não é vinculativa), por uma decisão da Assembleia Geral ou por desobediência de um ou vários Estados à resolução cuja revogação foi impedida pelo veto.

Contudo, a intervenção, mesmo a título incidental, do Tribunal na fiscalização da compatibilidade das resoluções dos órgãos das Nações Unidas com a Carta ou com normas internacionais aplicáveis, depara com problemas de jurisdição e com a questão da sua eficácia em relação às Nações Unidas (embora seja claramente vinculativa para o Estado autor do veto); deve-se entender que a resposta é positiva em relação a ambos, mas tal não é inteiramente pacífico[1754].

Em relação à Assembleia Geral, esta não tem assumido essa competência expressamente, embora tenha adoptado actos que não andaram longe, apesar do artigo 12, n.º 1 CNU[1755]. De qualquer modo, a sua resolução não teria qualquer eficácia jurídica constitutiva; limitar-se-ia a constituir um incentivo à desobediência por parte dos Estados.

Via alternativa mais promissora, embora efectivamente apenas aberta aos Estados mais poderosos ou à maioria destes perante um veto positivo, será a desobediência unilateral por invocação da invalidade das sanções[1756], de alteração de circunstâncias ou de caducidade das sanções por terem atingido os seus objectivos[1757]. Mas, claro está, esta não só deparará com a

---

força de uma alteração de facto. O mesmo se passa com algumas causas de caducidade dos actos jurídicos internacionais. Isto sem prejuízo de, uma vez extinto o embargo, os seus actos de execução serem efectivamente inválidos.

[1754] Ver, *infra*, parág. 95.2-95.3.

[1755] Ver, *infra*, parág. 91.1.

[1756] Segundo se julga, esta via é juridicamente possível, já que os Estados não têm o dever de acatar os actos das Nações Unidas, incluindo as resoluções do Conselho de Segurança, que sejam inválidas ou ineficazes. Ver, *infra*, parág. 91.2.1.

[1757] Existem precedentes em relação a este último fundamento. Assim, em relação às sanções adoptadas contra a Rodésia do Sul, o Reino Unido, em carta de 12 de Dezembro de 1979, informou o Conselho que, na sequência do acordo de Lancaster House: "a British Governor had assumed his functions in Salisbury on 12 December and the state of rebellion had been brought to an end. Therefore, the United Kingdom Government held, **the situation**

resistência dos restantes membros do Conselho de Segurança como constituirá mais um precedente perigoso para a autoridade deste órgão[1758].

Deste modo, a única forma segura de evitar os vetos positivos é sujeitar as medidas do Conselho, designadamente, sanções económicas, a um termo certo resolutório; isto é, um prazo de validade que force a uma nova decisão de manutenção daquelas em vigor para que não se dê a sua caducidade. Tem sido neste sentido que a prática do Conselho se orienta[1759, 1760].

---

in Southern Rhodesia had been remedied and the obligations of Member States under Article 25 of the Charter had been discharged. Accordingly the United Kingdom was terminating the measures taken pursuant to the decisions adopted by the Security Council" (cfr. RPSC, 1975-1980, Chapter VIII, pág. 279). Na 2181.ª reunião do Conselho, em 21 de Dezembro de 1979, o Reino Unido acrescentou o que ficara claro, que tinha considerado as sanções como "automatically terminated with the return of the colonial territory to legality" (cfr. RPSC, cit., pág. 280). Igualmente os EUA terminaram as suas sanções contra a Rodésia do Sul em 16 de Dezembro (cfr. Marian L. Nash, *U.S. Practice*, AJIL, Vol. 74, 1980, pág. 418-432, na pág. 432). Ainda assim, esta atitude deparou com a condenação do grupo de Estados Africanos nas Nações Unidas por carta de 14 de Dezembro de Madagáscar, então o seu Presidente (cfr. RPSC, cit., pág. 279). Igualmente a Zâmbia, na mesma reunião 2181.ª, afirmou "contrary to the Position of the United Kingdom and other countries that had acted unilaterally, the sanctions could only be abrogated by the Security Council itself" (cfr. RPSC, cit., pág. 280). Esta crítica foi realizada igualmente por outros Estados (cfr. RPSC, cit., pág. 281). Tal não impediu que na mesma reunião o Conselho de Segurança terminasse as sanções pela sua Resolução 460 (1979), de 21 de Dezembro (texto em RDSCOR, 1979, pág. 15-16), parág. 2. De qualquer modo, posteriormente, quer os EUA, quer o Reino Unido, a propósito das sanções decretadas contra o Iraque, viriam a sustentar que cabe apenas ao Conselho determinar quando é que as suas sanções devem perder vigência.

[1758] No sentido de que só o Conselho pode terminar a aplicação de sanções por si estabelecidas: D. Caron, *The Legitimacy* (...), cit., pág. 582.

[1759] Em relação à criação de operações das Nações Unidas esta tem sido a prática reiterada. Como forma de evitar que um só membro permanente possa impor à organização o encargo financeiro de sustentar a operação, cedo se adoptou a prática de sujeitar a um prazo de validade, regra geral, seis meses, a criação destas operações, devendo ser aprovada uma nova resolução antes deste prazo decorrer.

Já no domínio bem mais importante das sanções, os precedentes são bem mais restritos. Inicialmente, apenas foram criados prazos de validade em relação a decisões que são em si negativas, isto é, de suspensão de sanções em vigor, suspensão que fica sujeita a um renovamento. Deste modo, a consequência é permitir a continuação do veto positivo e ainda igualmente o de evitar o veto negativo contra uma eventual decisão de retoma de sanções. Cada membro permanente fica completo senhor da suspensão.

Assim, na sua Resolução 943 (1994), de 23 de Setembro, parág. 1 (texto em RDSCOR, 1994, pág. 32), o Conselho de Segurança suspendeu parcialmente as pesadas sanções que vigoravam contra a República Federal da Jugoslávia, por um prazo de 100 dias. Deste modo, terminado o prazo sem uma renovação da suspensão, estas reentrariam imediatamente em vigor. Tal foi evitado graças à Resolução 970 (1995), de 12 de Janeiro, parág. 1 (texto em

RDSCOR, 1995, pág. 6), que prolongou a suspensão por mais 100 dias; pela Resolução 988 (1995), de 21 de Abril, parág. 1 (texto em RDSCOR, 1995, pág. 8), que as estende até 5 de Julho de 1995; seguido pela Resolução 1003 (1995), de 5 de Julho, parág. 1 (texto em RDSCOR, 1995, pág. 11); pela Resolução 1015 (1995), de 15 de Setembro, parág. 1 (texto em RDSCOR, 1995, pág. 15); até que foram suspensas totalmente sem termo, embora a suspensão fique sujeita à condição resolutória de se verificarem incumprimentos graves por parte da nova Jugoslávia pela Resolução 1022 (1995) de 22 de Novembro, parág. 1-3 (texto em RDSCOR, 1995, pág. 42). Esta situação apenas terminaria de acordo com o parág. 4, 10 dias depois das eleições na Bósnia-Herzegovina previstas no citado Acordo de Dayton.

Já as propostas no sentido de sujeitar a um prazo de validade as sanções decretadas têm sofrido a oposição de um ou dois membros permanentes, visto que limita o seu poder, ao excluir o veto positivo (ver as discussões sobre a questão em RSCCUN, 2000 [Supplement No. 33 (A/55/33)], pág. 12, parág. 71). Daí a ambiguidade quanto ao problema dos prazos que consta das linhas gerais adoptadas pela Assembleia Geral sobre a questão das sanções impostas pelas Nações Unidas pela sua Resolução 51/241, de 26 de Setembro de 1997 (texto em RDGAOR, 51th Session, 1996-1997, Vol. III, pág. 54), Anexo II, parág. 3.

Porém, a Resolução 1306 (2000), de 5 de Julho (texto em RS&C, 2000, pág. 39-43), nos seus parág. 1 e 6, conseguiu superar esta resistência, criando um importante precedente no bom sentido. Veio estabelecer um embargo ao comércio de diamantes com os rebeldes na Serra Leoa, sujeitando-o a um prazo de 18 meses de validade. Claro está, o precedente apesar de aprovado por unanimidade não poderia passar sem um comentário crítico do único Estado que se mostrou cioso do seu veto positivo, os EUA. Estes afirmaram na 4168.ª reunião que a aprovou: "We will vote to adopt this resolution, but we do so with reservations on the time-frame. We are concerned about the negative implications of putting in place time-limited sanctions. Sanctions are difficult for Member States to impose within their own national legal systems. They become more difficult to implement if turned off and on" e "This draft resolution links the removal of sanctions to the arbitrary passage of time, rather than to fair and reasonable compliance with requirements established by the Council. We do not agree with time limits, but we have accepted the consensus view of other Council members on this issue" (cfr. S/PV.4168, 5 July 2000). Enfim, chega a ser assombroso o modo como os Estados se esforçam vãmente por apresentar argumentos para tentar fundamentar altruisticamente posições que prosseguem exclusivamente os seus próprios interesses. Os restantes membros permanentes apoiaram o limite temporal. A Rússia e a China fizeram-no expressamente. O Reino Unido foi o autor do projecto e a França, falando em nome da União Europeia e dos vários Estados associados, apoiou igualmente o limite. A Argentina apoiou o princípio, embora aceitasse que neste caso o período deveria ser mais longo. A Holanda mostrou-se favorável a uma revisão periódica, mas contra um sistema de caducidade automática (cfr. UN Doc. S/PV.4168, 5 July 2000).

Aberto este precedente, muitos outros facilmente se seguirão. Assim, a Resolução 1343 (2001), de 7 de Março [texto em UN Doc. S/RES/1343 (2001)], sujeita as sanções contra a Libéria a um prazo de validade de 14 e 12 meses (parág. 9 e 10).

[1760] Também: M. Mattler, *The Distinction* (…), cit., pág. 699-700. Outras soluções avançadas, como o estabelecimento, na própria resolução que decida as medidas, que uma maioria mais restrita poderá terminar estas medidas [neste sentido: D. Caron, *The Legitimacy* (…), cit., pág. 585-587] parecem incompatíveis com os termos do artigo 27, n.º 3 CNU.

## β – O Sistema estabelecido pela Carta.

**49. Bases do poder público.** Como se procura demonstrar, julga-se que os artigos 39, 40, 41 e 42[1761] são os únicos preceitos do Capítulo VII que permitem a adopção de actos externos autónomos obrigatórios à luz do artigo 25. Fora deste Capítulo haverá que acrescentar apenas o artigo 53, n.º 1, segunda parte, relativo às habilitações regionais[1762] e o artigo 94, n.º 2 a propósito da execução de sentenças do Tribunal Internacional de Justiça, que confere igualmente poderes vinculativos ao Conselho[1763]. Considera-se, pois, que o Conselho apenas pode adoptar actos de exercício do seu poder público à luz destes seis preceitos[1764].

---

[1761] Sobre estes quatro preceitos, ver, *infra*, parág. 50.

[1762] Já que estas têm subjacente um acto constitutivo vinculativo para a entidade alvo destas, além de implicarem alguns efeitos quanto a deveres menores de assistência às forças habilitadas (ver, *infra*, parág. 71).

[1763] Ver sobre este, *infra*, parág. 50.4 e, *infra*, parág. 95.3.

[1764] Não foi este o entendimento do Tribunal Internacional de Justiça que sustentou poder o Conselho adoptar actos obrigatórios com base no artigo 25 fora destes casos (afirmou: "It has been contended that Article 25 of the Charter applies only to enforcement measures adopted under Chapter VII of the Charter. It is not possible to find in the Charter any support for this view. Article 25 is not confined to decisions in regard to enforcement action but applies to "the decisions of the Security Council" adopted in accordance with the Charter. Moreover, that Article is placed, not in Chapter VII, but immediately after Article 24 in that part of the Charter which deals with the functions and powers of the Security Council. If Article 25 had reference solely to decisions of the Security Council concerning enforcement action under Articles 41 and 42 of the Charter, that is to say, if it were only such decisions which had binding effect, then Article 25 would be superfluous, since this effect is secured by Articles 48 and 49 of the Charter" [cfr. *Legal Consequences for States* (...), cit., *I.C.J. Reports* 1971, pág. 52-53, parág. 113; em consequência, considerou que as Resoluções 264, 269 e 276 do Conselho continham disposições obrigatórias, tendo em conta os seus termos: parág. 115]).

Mas esta jurisprudência deparou com a oposição de alguns membros, incluindo permanentes. Assim, além da discordância total, esperada, da África do Sul, a França, na Reunião 1588.ª reunião, em 5 de Outubro de 1971, criticou neste aspecto a sentença, afirmando: "Although the Security Council was empowered to take decisions binding on all States, those decisions were limited to cases which fell within the framework of Chapter VII of the Charter and had been adopted as a result of determination of threats to the peace, as required by Article 39". Posição idêntica tomaram os EUA, o Reino Unido, bem como a Itália que, na 1589.ª reunião, em 6 de Outubro, sustentou: "a far reaching interpretation of Articles 24 and 25 of the Charter – an interpretation not shared by his Government". A Bélgica, na 1594.ª reunião, em 14 de Outubro, declarou: "decisions mandatory for all Member States of the United Nations only when, in conformity with Chapter VII of the Charter". Já a Libéria, porém, apoiou este alargamento dos poderes do Conselho na mesma reunião (cfr. RPSC, 1969-1971, Chapter VI, pág. 79-80 e nota 87). E não tem tido apoio na prática do Conselho que tende a citar sistematicamente o Capítulo VII ou, pelo menos, a realizar uma qualificação à luz do artigo 39, como fundamento dos seus actos obrigatórios.

Acresce que o próprio Tribunal não voltou a reafirmá-la, tendo mesmo afirmações que a colocam em causa. Assim, em 1986, afirmou a propósito do dever de acatar decisões: "A commitment of this kind is accepted by Members of the United Nations in respect of Security Council decisions taken on the basis of Chapter VII of the United Nations Charter (Art. 25)" (cfr. *Military and Paramilitary Activities*, cit., *I.C.J. Reports* 1986, pág. 116, parág. 223). Posteriormente, evitou deliberadamente a questão afirmando: "Without prejudice to the question whether the resolutions under discussion could be binding in nature" [cfr. *Case Concerning East Timor* (Portugal v. Australia), Judgement, 30 June 1995, *I.C.J. Reports* 1995, pág. 104, parág. 32]. Finalmente, no caso *Lockerbie*, considerou sem discussão que a Resolução 731 (1992) era uma mera recomendação: "As to Security Council resolution 731 (1992), adopted before the filing of the Application, it could not form a legal impediment to the admissibility of the latter because it was a mere recommendation without binding effect, as was recognized moreover by the United States [cfr. *Case Concerning Questions of Interpretation* (...) (Libya v. USA), cit., *I.C.J. Reports* 1998, pág. 131, parág. 43; também em *Case Concerning Questions of Interpretation* (...) (Libya v. UK), cit., *I.C.J. Reports* 1998, pág. 26, parág. 44].

A maioria dos autores também criticou a jurisprudência inicial do Tribunal, sustentando que o Conselho apenas pode adoptar decisões com base no Capítulo VII ou artigo 94, n.º 2: G. Fitzmaurice, *Dissenting Opinion*, em *Legal Consequences for States* (...), cit., *I.C.J. Reports* 1971, pág. 293, parág. 112-113; Gros, *Dissenting Opinion*, em *Legal Consequences for States* (...), cit., *I.C.J. Reports* 1971, pág. 340, parág. 34; B. Conforti, *Organizzazione* (...), cit., na pág. 284 e em *Le Pouvoir Discrétionnaire* (...), cit., pág. 54, nota 7; P. Malanczuk, *Countermeasures* (...), cit., pág. 237; Jochen Frowein, *Collective Enforcement of International Obligations*, ZAORV, 1987, 47/1, pág. 67-79, na pág. 69-70; Pierre-Marie Dupuy, *Sécurité Collective et Organisation de la Paix*, RGDIP, tome 97, 1993/3, pág. 617-627, na pág. 618, nota 6; Giorgio Gaja, *Réflexions sur le rôle du Conseil de sécurité dans le nouvel ordre mondial*, RGDIP, tome 97, 1993, n.º 2, pág. 297-320, na pág. 311; Tadashi Mori, *Namibia Opinion Revisited: A Gap In The Current Arguments On The Power Of The Security Council*, ILSAJICL, Vol. 4, 1997, pág. 121-139, na pág. 133 e 138-139.

Contra, apoiando-a: Rosalyn Higgins, *The Advisory Opinion on Namibia: Which UN Resolutions are Binding under Article 25 of the Charter*, ICLQ, vol. 21, pág. 270-286, na pág. 283-286; N. White, *Keeping the Peace* (...), cit., pág. 65-66; J. Delbrück, *Article 25*, cit., pág. 416; S. Ratner, *Image and Reality* (...), cit., texto notas 8-9; F. Kirgis, *The Security Council's First* (...), cit., pág. 526-527; J. Alvarez, *Judging* (...), cit., pág. 5, nota 31. Em relação aos alegados poderes genéricos baseados no artigo 24, n.º 1 e 2, ver, *infra*, parág. 49.4.

## 49.1. A exigência de qualificação da situação à luz do artigo 39.

Tendo em conta a limitação aos referidos seis artigos dos seus poderes para impor obrigações externas aos membros em matéria de manutenção da paz ou de execução de sentenças do Tribunal Internacional de Justiça, deve-se concluir que, salvo no caso do artigo 94, n.º 2 CNU, estes dependerão sempre da qualificação de uma dada situação ao menos como uma ameaça à paz à luz do artigo 39.

É necessário reconhecer, todavia, que esta limitação é relativamente simples de contornar. Dado que a qualificação das situações à luz do artigo 39 confere grande autonomia de apreciação, o entendimento dominante é o de que quando o Conselho invoca o Capítulo VII realizou tacitamente tal qualificação. Não se tem dúvidas de que esta não é uma prática totalmente conforme com exigências de segurança que deveriam presidir igualmente à tomada de decisões pelo Conselho. Isto é, este deveria efectivamente realizar uma qualificação expressa da situação nos termos do artigo 39 e apresentar uma fundamentação sucinta para esta, antes de recorrer aos seus poderes públicos. Mas, tendo em conta a flutuação da sua prática, aceite sem contestação, não é possível defender que esta exigência constitua um requisito de validade das suas resoluções.

Seja como for, pensa-se que não é possível ir mais longe. Não se aceita que seja legítimo dar o passo seguinte e concluir que quando o Conselho utiliza termos peremptórios nas suas resoluções como "decide" ou "exige" em questões externas se está a basear no Capítulo VII e a qualificar implicitamente a situação. Para que o Conselho possa exercer os seus poderes à luz do Capítulo VII é indispensável sempre uma qualificação nos termos do artigo 39, expressa ou implícita, mas clara, que não se basta com a terminologia utilizada na resolução. O próprio artigo 39 parece bem claro a este respeito: exige tal qualificação e só seguidamente refere a utilização pelo Conselho dos seus poderes[1765].

---

[1765] Trata-se de opinião relativamente consensual: L. C. Green, *Book Review: Collective Responses to Illegal Acts in International Law: United Nations Action in the Question of Southern Rhodesia. By Vera Gowlland-Debbas*, AJIL, Vol. 86, 1992, pág. 412-415, na 414; Benedetto Conforti, *Le Pouvoir Discrétionnaire du Conseil de Sécurité en matière de constatation d'une Menace contre la Paix, d'une Rupture de la Paix ou d'un acte de Agression*, em *Le Développement du Rôle du Conseil de Sécurité, Peace Keeping and Peace Building* – Colloque de la Haye (21-23 Juillet 1992), Académie de Haye (org. R. J. Dupuy), Nijhoff, 1993, pág. 51-60, na pág. 52; N. White, *Keeping the Peace* (...), cit., pág. 43-44; U. Villani, *L'Intervento* (...), cit., pág. 19; V. Grado, *Il Consiglio di Sicurezza* (...), cit., pág. 190; Martti Koskenniemi, *The Police in the Temple Order, Justice and the UN: A Dialectical View*, EJIL, Vol. 6, No. 3, 1995, pág. 317-348, texto entre notas 68-69; D. Sarooshi, *The United Nations*

Qualquer resolução que não realize esta qualificação expressamente ou não invoque o Capítulo VII, algum dos seus preceitos ou, ao menos, reafirme de forma clara uma outra resolução em que conste uma destas qualificações em relação à situação subjacente (sem que entretanto se tenha dado qualquer alteração da situação no terreno), deve ser considerada como não obrigatória em termos formais, mesmo que sejam utilizados termos vinculativos ou que a situação no terreno seja claramente enquadrável numa das situações previstas no artigo 39[1766]. Tratando-se de resoluções sobre matéria de manutenção da paz será necessário concluir que foram adoptadas nos termos do Capítulo VI[1767, 1768]. Poderá, contudo, suceder que substancialmente os termos da

---

(...), cit., pág. 33. Ver, porém, contra: F. Kirgis, The Security Council's First (...), cit., pág. 512 (defende que apenas as medidas compulsivas dependem de uma qualificação, mas parece entender que tem de ser expressa).

Alguns autores admitem que o Conselho possa adoptar medidas à luz do artigo 40 sem ter realizado qualquer determinação da existência de uma situação das consagradas no artigo 39, invocando a prática deste órgão [assim: L. Goodrich/A. P. Simons, The United Nations (...), cit., pág. 346; A. Karaosmanoglu, Les actions (...), cit., pág. 251-252; P. Manin, L'Organisation des Nations Unies (...), cit., pág. 23; Jean-Marc Sorel, L'élargissement de la notion de menace contre la paix, em Le Chapitre VII de la Chartre des Nations Unies (...), cit., pág. 3-57, na pág. 8]. Discorda-se desta posição, já que nada no artigo 40 o excepciona da necessidade de preencher este pressuposto geral. De facto, este refere-se expressamente a uma situação que se visa prevenir que se agrave com tais medidas; situação, claro está, que deverá ser uma das previstas no artigo 39. Aliás, o artigo 40 contém um importante poder público (ver, infra, parág. 50.2) que seria inaceitável que pudesse ser exercido em termos diferentes dos restantes.

A prática confirma este entendimento, já que o Conselho tende a aplicar o artigo 39 e 40 conjuntamente. Também se encontram declarações expressas de Estados no mesmo sentido. Assim, a Bélgica sustentou no Conselho de Segurança, a propósito da questão Indonésia, em 1947: "the Council would not, under the Charter, be justified in applying Article 40 without first having determined the existence of a threat to the peace, a breach of the peace or na act of aggression, in accordance with the actual terms of Article 39" (cfr. RPSC, 1946-1951, chapter 11, pág. 430).

[1766] Existe quem sustente, em sentido contrário, que é possível determinar se uma resolução foi adoptada nos termos do Capítulo VII igualmente pela apreciação directa da situação factual subjacente: A. Tanzi, Problems of Enforcement (...), cit., Part III, B.2, texto notas 79-80.

[1767] Como afirmou a Nicarágua perante o Tribunal Internacional de Justiça, com a concordância deste: "Until the Security Council makes a determination under Article 39, a dispute remains to be dealt with by the methods of peaceful settlement provided under Article 33, including judicial settlement" [cfr. Military and Paramilitary Activities, cit., I.C.J. Reports 1984, pág. 432, parág. 90]; isto é, à luz do Capítulo VI. Também no sentido de que sem qualificação será necessário considerar que se trata de uma resolução aprovada nos termos do Capítulo VI: N. White, Keeping the Peace (...), cit., pág. 43-44.

[1768] Reconheça-se que esta posição implica que se considere como meras recomendações muitas das resoluções adoptadas pelo Conselho durante os anos 60, 70 e 80, algumas das quais têm sido alvo de aceso debate e mantêm ainda hoje apreciável relevância prática. Recorde-se das suas resoluções sobre a questão de Chipre (ver, sobre esta, *supra*, parág. 16.1) e a questão dos territórios árabes ocupados por Israel (ver ainda, *supra*, parág. 12.5).

De facto, as relativas a esta segunda questão não realizam qualquer qualificação da situação subjacente, nem invocam qualquer base no Capítulo VII. Pense-se na Resolução 242 (1967), de 22 de Novembro (texto em RDSCOR, 1967, pág. 8), sobre os princípios para a solução do conflito entre Israel e os seus vizinhos Árabes; ou a Resolução 338 (1973), de 22 de Outubro e a Resolução 340 (1973), de 25 de Outubro (textos em RDSCOR, 1973, pág. 10 e 11), ambas sobre o Conflito do *Yom Kippur*. A 242 e a 338 de facto nem sequer utilizam terminologia vinculativa. Os termos de acordo contidos na primeira são uma simples aplicação do artigo 37, n.º 2, parte final, isto é, uma mera recomendação [ver também S. Ratner, *Image and Reality* (…), cit., texto nota 14-15 (embora o autor sustente, sem fundamento convincente, que Resoluções à luz do Capítulo VI podem ser igualmente obrigatórias)].

Mais complexa é a Resolução 497 (1981), de 17 de Dezembro (textos em RDSCOR, 1981, pág. 6), que considera ("Decides") nula a anexação dos Montes Golã e exige a revogação deste acto por Israel em termos peremptórios ("Demands that Israel, the occupying Power, should rescind forthwith its decision"). Apesar de o Conselho se ter predisposto a tomar medidas em caso de incumprimento (parág. 4), não apoia a vinculatividade da decisão em qualquer fundamento na Carta, ainda que a situação de facto fosse própria do Capítulo VII. O seu fundamento provável, tal como qualquer condenação jurídica que não tenha apoio expresso no Capítulo VII, será o artigo 36, n.º 1 (ver sobre este preceito, *infra*, parág. 56.2). A Assembleia Geral, porém, na sua Resolução 48/59 B, de 14 de Dezembro de 1993 (texto em RDGAOR, 48th Session, 1993, pág. 38-39), preâmbulo, considera que Israel violou o artigo 25 CNU por não a ter acatado; mas trata-se de posição difícil de justificar juridicamente.

O mesmo se diga de Resoluções adoptadas posteriormente sobre a questão: 1109 (1997), de 28 de Maio e 1139 (1997), de 21 de Novembro. Idênticas considerações valem para as Resoluções sobre a retirada de Israel de Jerusalém e dos restantes territórios Palestinianos, direitos dos refugiados ou dos civis em geral: 237 (1967), de 14 de Junho; 252 (1968), de 21 de Maio; 259 (1968), de 27 de Setembro; 267 (1969), de 3 de Julho; 271 (1969), de 15 de Setembro; 298 (1971), de 25 de Setembro; 446 (1979), de 22 de Março; 452 (1979), de 20 de Julho; 465 (1980), de 1 Março; 471 (1980), de 5 de Junho; 476 (1980), de 30 de Junho; 478 (1980), de 20 de Agosto; 592 (1986), de 8 de Dezembro; 605 (1987), de 22 de Dezembro; 607 (1988), de 5 de Janeiro; 636 (1989), de 6 de Julho; 641 (1989), de 30 de Agosto; 672 (1990), de 12 de Outubro; 673 (1990), de 24 de Outubro; 681 (1990), de 20 de Dezembro; 694 (1991), de 24 de Maio; 726 (1992), de 6 de Janeiro; 799 (1992), de 18 de Dezembro; 904 (1994), de 18 de Março; 1073 (1996), de 28 de Setembro; 1322 (2000), de 7 de Outubro (os respectivos textos constam das fontes já citadas). Uma análise das manobras diplomáticas subjacentes a estas resoluções pode ser vista em Phyllis Bennis, *The United Nations and Palestine: partition and its aftermath*, ASQ, Vol. 19, 1997, pág. 47-76.

Nenhuma destas resoluções realizou uma qualificação nos termos do artigo 39, foi aprovada com base no Capítulo VII ou citou qualquer disposição deste. Claro está, tal não impede que os seus termos sejam declarativos do Direito Internacional aplicável, designadamente a proibição de aquisição de território pela força e respeito do direito de autodeterminação,

resolução possam ser considerados vinculativos se decorrerem de normas de Direito Internacional, sendo meramente declarativos. Mas, nestes casos, claro está, o parâmetro violado não será formalmente a resolução, mas o princípio que esta concretiza.

Fazer depender a aplicação do Capítulo VII variar em função das expressões autoritárias utilizadas pela resolução, ou pela situação efectiva no terreno que determinou a aprovação desta, permitiria incertezas inaceitáveis quanto ao regime aplicável e, consequentemente, quanto à eficácia obrigatória ou não dos actos adoptados. A utilização de expressões peremptórias pelo Conselho é um elemento relevante apenas quando se está perante uma resolução adoptada formalmente nos termos do Capítulo VII, para decidir se se trata de uma recomendação à luz do artigo 39 ou de uma decisão vinculativa. Outro entendimento poderia servir de meio para que alguns membros conseguissem adoptar actos obrigatórios defraudando as expectativas dos outros. Um texto ambíguo perante uma situação no terreno enquadrável numa das figuras do artigo 39 poderia ser fundamento para que um ou alguns membros viessem alegar o seu carácter obrigatório contra a vontade de Estados que tinham votado positivamente ou se abstido confiantes que fora aprovada nos termos do Capítulo VI. E, claro está, o inverso também poderia suceder. Para que se efective o controlo político dos seus membros sobre as decisões do Conselho é necessário que cada um tenha perfeita consciência dos actos que está a aprovar.

Depois, seria impossível aplicar o critério da variação do regime em função da gravidade da situação perante a maioria das questões tendo em conta o carácter vago da noção de ameaça à paz. Finalmente, a prática do Conselho tem-se orientado no sentido preconizado. O Conselho, depois de alguns anos de ambiguidade na aprovação de várias resoluções, tem-se firmemente orientado no sentido de fundar as suas resoluções obrigatórias numa qualificação à luz do artigo 39, na invocação expressa do Capítulo VII ou implícita pela invocação de um dos seus artigos.

---

igualmente sublinhados por estas resoluções, os direitos dos refugiados e dos Palestinianos em geral, incluindo os que são derivados da clara aplicação da Convenção de Genebra de 1949 sobre Protecção de Civis em Tempo de Guerra aos territórios ocupados.

Seria tentador interpretar esta prática no sentido de que efectivamente não é necessário ao Conselho invocar o Capítulo VII para tornar obrigatórias as suas resoluções (trata-se essencialmente da posição de K. Herndl, *Reflections* (...), cit., pág. 331 e 335-336, baseando--se no artigo 24 CNU). Porém, mesmo durante este período, o Conselho invocou o Capítulo VII quando quis adoptar actos claramente vinculativos ou sanções. Acresce que esta ambiguidade foi abandonada nos anos 90, com citações sistemáticas deste Capítulo quando o Conselho efectivamente pretendeu conferir obrigatoriedade às suas resoluções.

Mas mesmo que se aceitasse que o Conselho podia adoptar actos vinculativos à luz do Capítulo VII, sem lhe fazer qualquer referência ou realizar uma qualificação à luz do artigo 39, ainda assim esta posição seria mais prudente do que a que tenta fundar decisões obrigatórias nos artigos 24[1769] e 25 CNU. Com efeito, além de ter um mínimo de amparo, os seus actos poderiam ainda ser controlados quanto aos pressupostos (ao menos em termos restritivos), visto que estariam sujeitos aos do Capítulo VII. Já um alargamento desmesurado dos poderes do Conselho baseado directamente naqueles artigos independentemente de qualquer situação das previstas no artigo 39 seria bem mais perigoso. Acresce que criaria o paradoxo de conferir poderes menos limitados fora dos termos do Capítulo VII do que os que são conferidos por este, supostamente aqueles que visam enfrentar as situações mais graves[1770].

**49.2. Outros preceitos do Capítulo VII, em especial o artigo 48.**
Como se esclareceu, julga-se que não existem outros preceitos que confiram poderes de autoridade externa ao Conselho no Capítulo VII, para além dos referidos artigos 39, 40, 41 e 42. Com efeito, neste Capítulo todos os restantes preceitos, do artigo 43 ao 50, são instrumentais; não conferem qualquer poder para a tomada de decisões obrigatórias autónomas ou este é dirigido exclusivamente em relação às forças das Nações Unidas (como o artigo 46).

O próprio artigo 48, n.º 1 deve ser entendido neste sentido[1771]. Este podia ser interpretado como dizendo respeito não só a acções não bélicas do artigo 41, como igualmente às acções militares do artigo 42. Embora, por uma interpretação sistemática e actualista, se conclua que este tem a sua relevância dirigida para as primeiras (como sugere o seu n.º 2), tendo em conta a inexistência dos acordos do artigo 43. Em relação a medidas pacíficas, o artigo 48, n.º 1 limita-se a esclarecer um aspecto das decisões previstas no artigo 41. Assim, quando o Conselho decide estabelecer um embargo comercial, identifica logo os Estados membros que o devem respeitar, regra geral, todos, salvo alguma excepção baseada no artigo 50. Excepção que, em princípio, deve ser aceite por órgãos subsidiários criados para o efeito

---

[1769] Ver, *infra*, sobre os alegados poderes do Conselho à luz do artigo 24 CNU, parág. 49.4.

[1770] Como bem sublinha G. Gaja, *Réflexions* (...), cit., pág. 311.

[1771] Existe quem vá ainda mais longe e o considere mesmo como um fundamento autónomo para o recurso à força; ver, *infra*, parág. 50.3.

pelo Conselho, as comissões de sanções[1772], e que se limita igualmente a reduzir o âmbito de aplicação de uma decisão adoptada nos termos do artigo 41. Trata-se, pois, de uma faculdade inserida no poder atribuído por este preceito.

No que diz respeito ao papel do artigo 48, n.º 1 em relação às acções do artigo 42, este ainda é menor. Como resulta dos acordos previstos no artigo 43, o Conselho não pode decidir obrigatoriamente, independentemente de qualquer acordo nesse sentido celebrado com um Estado, que este deve participar numa operação militar com as suas forças armadas[1773].

**49.3. Nos Capítulos VIII e VI, em particular o artigo 34.** Fora do Capítulo VII, o Capítulo VIII, com excepção do artigo 53, n.º 1, segunda parte, em matéria de habilitações, não lhe confere novos poderes para adoptar actos vinculativos independentes dos poderes que lhe são conferidos pelo Capítulo VII.

O artigo 53, n.º 1, primeira parte, constitui simplesmente uma mera forma adicional de organizar forças das Nações Unidas para serem utilizadas nos termos do artigo 42[1774]. Os restante preceitos deste Capítulo limitam-

---

[1772] Estas são constituídas por um representante de cada membro do Conselho. Funcionam normalmente à luz da regra da não objecção, no sentido de que excepções, designadamente humanitárias, apenas são aceites se nenhum dos membros objectar. Por exemplo, a Resolução 687 (1991), de 3 de Abril (texto em RDSCOR, 1991, pág. 11-15), na sua Parte F, parág. 20, estabelece uma excepção em relação ao embargo contra o Iraque em relação a alimentos a ser controlada pela Comissão de Sanções estabelecida pela Resolução 661 (1990), sujeita à "approval of that Committee, under the simplified and accelerated "no-objection" procedure". A proposta de excepção é feita circular pelos membros e será considerada aprovada se ninguém levantar nenhuma objecção. É muito duvidoso que o sistema seja efectivamente simplificado e acelerado, além de atribuir um direito de veto a cada membro, mesmo os não permanentes, pouco compatível com o sistema de voto do artigo 27, n.º 3 CNU.

Sempre que é necessário, perante a instituição de medidas contra uma entidade diferente, cria-se uma nova comissão de sanções que, formalmente, é distinta das restantes que existam, podendo mesmo ser constituída no caso de delegações numerosas por representantes distintos dos quinze Estados membros. Tal leva a diferentes práticas e interpretações que complicam mais ainda a tarefa de obter uma isenção (cfr. L. Minear/D. Cortright/J. Wagler/G. Lopez/T. Weiss, *Toward More Humane And Effective Sanctions Management: Enhancing The Capacity Of The United Nations System*, Watson Institute, 1998, pág. 56). Daí que a *Note by the President of the Security Council: Work of the Sanctions Committees* (UN Doc. S/1999/92, 29 January, 1999), parág. 6, estabeleça "The sanctions committees should, as far as possible, harmonize their guidelines and routines of work".

[1773] Ver, sobre os acordos do artigo 43, *infra*, parág. 48.1.

[1774] Ver, *infra*, parág. 58.3.

-se a estabelecer direitos e deveres para os membros e, marginalmente, mesmo para as organizações regionais num entorse ao princípio da relatividade dos tratados[1775].

No que diz respeito ao Capítulo VI, para lá de sistematicamente qualificar os actos do Conselho como meras recomendações[1776, 1777], implicitamente vê-se excluído como fundamento de actos obrigatórios pelo artigo 27, n.º 3, parte final. Se a Carta, que atribui aos membros permanentes direito de veto em praticamente todas as decisões obrigatórias previstas (excepções pontuais para a Assembleia Geral, a mais importante das quais consta do artigo 17), obriga um membro a abster-se em relação a decisões do Capítulo VI, parece claro que se pode concluir que se trata de decisões não vinculativas. De outra forma, os membros permanentes não teriam aceite este dever de abstenção[1778].

Existe quem sustente que o Conselho pode adoptar resoluções obrigatórias para os Estados membros quando estabelece uma comissão de inquérito à luz do artigo 34. Que teria poder para, pelo menos, a impor ao Estado ou Estados em cujo território se tenham passado os factos a apurar ou em que se encontrem elementos necessário para o inquérito. Entendem que este Estado ou Estados ficariam vinculados a permitir o acesso dos membros da comissão ao seu território[1779]. Na realidade, julga-se que o Conselho só o poderá fazer no caso de decidir, com os elementos que já tenha, que se encontra no mínimo perante uma ameaça à paz; isto é, no quadro do Capítulo VII[1780].

---

[1775] Que se explica pelo carácter consuetudinário destes; ver, *supra*, parág. 20.4.

[1776] A propósito do artigo 37, n.º 2, durante a Conferência de S. Francisco, os EUA e o Reino Unido asseguraram que a competência para formular recomendações não implicava efeitos obrigatórios [cfr. *Report of Rapporteur of Committee III/2 to Commission III* (Doc. 1027, June 16), em UNCIOSD, pág. 756-760, na pág. 759].

[1777] Igualmente o Tribunal Internacional de Justiça sustentou que a Resolução 731 (1992), sobre o caso *Lockerbie* "could not form a legal impediment to the admissibility of the latter because it **was a mere recommendation without binding effect**, as was recognized moreover by the United States [cfr. *Case Concerning Questions of Interpretation* (...) (Libya v. USA), cit., *I.C.J. Reports* 1998, pág. 131, parág. 43; também em *Case Concerning Questions of Interpretation* (...) (Libya v. UK), cit., *I.C.J. Reports* 1998, pág. 26, parág. 44].

[1778] Contra: J. Delbrück, *Article 25*, cit., pág. 412.

[1779] Neste sentido: L. Sohn, *The Authority* (...), cit., pág. 238-239; J. Delbrück, *Article 25*, cit., pág. 412; Theodor Schweisfurth, *Article 34*, em *The Charter of the United Nations – A Commentary* (ed. Bruno Simma), München, 1994, pág. 514-526, na pág. 35-36; N. White, *The UN Security Council* (...), cit., parág. 13-14; James Nafziger/Edward M. Wise, *The Status in United States Law of Security Council Resolutions Under Chapter VII of the United Nations Charter*, AJCL, Vol. 46, 1998, pág. 421-436, na pág. 428-429.

[1780] Ficou já frisado que se entende que o Conselho pode criar comissões de inquérito à luz do artigo 39 (ver, *supra*, parág. 36).

O artigo 34 literalmente apenas se aplica a inquéritos que visem apurar se se está numa situação típica do Capítulo VI, mas resulta claro que o Conselho tem poderes igualmente para realizar investigações à luz do Capítulo VII, com base no artigo 39[1781]. Perante esta qualificação poderá então, à luz do Capítulo VII, criar uma comissão de investigação, concedendo-lhes poderes que devem ser obrigatoriamente respeitados pelo Estado ou Estados alvos do inquérito.

Deste modo, o Conselho pode criar uma comissão de inquérito contra a vontade do Estado em cujo território se passaram os factos a determinar[1782], nada impedindo que proceda a investigações nos termos do artigo 34, como a audição de vítimas, testemunhas, apreciação de documentos e outros meios de prova, cuja análise não implique a entrada em território de uma ou ambas as partes sem o seu consentimento. Mas para ir ao terreno ou obter a colaboração do Estado em causa necessitará da sua cooperação voluntária ou de uma decisão nos termos do Capítulo VII.

Outra solução implicaria tornar a comissão de inquérito numa operação compulsiva, isto é, imposta ao Estado no seu próprio território, o que é contrário à teleologia do Capítulo VI. Com a agravante de neste caso tal inquérito poder ser decidido sem base em qualquer pressuposto minimamente controlável. Com efeito, o artigo 34, ao contrário dos artigos 33, n.º 2, 36 e 37, n.º 2, não exige que se esteja perante uma questão cuja subsistência possa fazer perigar a paz. Nos termos deste artigo basta estar-se perante qualquer controvérsia ou situação susceptível de criar fricção internacional ou uma controvérsia. Praticamente qualquer questão que tenha suscitado alguma reacção de outro Estado satisfaz este pressuposto, já que pode ser necessário averiguar por um inquérito se se pode tornar num perigo para a paz.

Não são convincentes os argumentos contrários retirados da terminologia do preceito, ao atribuir ao Conselho poder para "investigar", enquanto os

---

[1781] A prática confirma-o. Assim, os vários inquéritos realizados em território do Iraque para apurar da existência de armas proibidas pelo Conselho têm sido realizados nos termos do Capítulo VII [cfr. a referida Resolução 687 (1991), de 3 de Abril, parág. 9, b)i); Resolução 1284 (1999), de 17 de Dezembro (texto em RSSC, 1999, pág. 86), parág. 1, cria a Comissão de Monitorização, Verificação e Inspecção das Nações Unidas (UNMOVIC) em substituição da anterior comissão especial de inspecção; ambas aprovadas nos termos do Capítulo VII].

[1782] Claro está, a menos que este seja um membro permanente e possa exercer o seu direito de veto pelo facto de o Conselho não ter entendido estar-se perante uma controvérsia em que este seja parte para efeitos do dever de abstenção, nos termos do artigo 27, n.º 3, última parte (ver, *supra*, parág. 48.4).

restantes preceitos falam apenas em aprovar recomendações ou instar as partes. De facto, o Conselho pode investigar, mas não no território de um Estado sem o seu consentimento. Assim, o Capítulo VI não fornece qualquer base para a adopção de actos obrigatórios. Tal decorre do seu texto e teleologia, bem como da referida exclusão do direito de voto de um Estado parte numa controvérsia quando estejam em causa questões relacionadas com este Capítulo e, portanto, incluindo o veto dos membros permanentes (artigo 27, n.º 3, parte final). Ora, a intenção destes foi rejeitar a exclusão do veto em relação a resoluções que os pudessem vincular[1783, 1784].

---

[1783] A prática das Nações Unidas tem seguido neste sentido. Assim, a Declaração sobre Investigação de Factos (*Fact-finding*) pelas Nações Unidas em Matéria de Manutenção da Paz, aprovada pela Resolução 46/59, de 9 de Dezembro de 1991 (texto em RDGAOR, 46th Session, 1991, vol. I, pág. 290-291), frisa no parág. 6: "The sending of a United Nations fact-finding mission to the territory of any State **requires the prior consent of that State**, subject to the relevant provisions of the Charter of the United Nations". A última frase explica-se pela possibilidade de esta ser decidida nos termos do Capítulo VII. De qualquer modo, a Resolução frisa em outros preceitos o direito do Estado de recusar a entrada da missão de investigação, embora apele aos Estados para adoptarem uma política de aceitação destas (parág. 20 e 21). Igualmente o Conselho afirmou por meio de uma declaração presidencial: "The Security Council recalls its important role in the peaceful settlement of disputes under Chapter VI (...). In this regard, it expresses continued willingness to consider the use of Council missions, **with the consent of host countries**, in order to determine whether any dispute, or any situation which might lead to international friction or give rise to a dispute, is likely to endanger the maintenance of international peace and security" [cfr. Declaração Presidencial 2000/25 de 20 de Julho de 2000; ver também Resolução 1327 (2000), de 13 de Novembro, Part V (texto de ambos os actos em RSSC, 2000, pág. 118-121 e 71-75)].

Refira-se, porém, que inicialmente a questão suscitou grandes divergências no seio do Conselho. Assim, pela sua Resolução 15 (1946), de 19 de Dezembro (texto em RDSCOR, 1946, pág. 6-7), este criou por unanimidade, expressamente com base no artigo 34, a comissão de inquérito para investigar as alegações de violações da fronteira entre a Grécia e a Albânia, Jugoslávia e Bulgária. Estes três últimos Estados, apesar de terem aceite as obrigações decorrentes da Carta em matéria de resolução pacífica nos termos do artigo 35, n.º 2, vieram declarar que a criação da comissão de investigação nos termos do artigo 34 não os vinculava, pois "Article 25 was not applicable to recommendations provided for in Chapter VI, but only to decisions of the Council taken under Chapter VII" (cfr. RPSC, 1946-1951, Chapter X, pág. 392: 147.ª reunião, em 27 de Junho de 1947. Igualmente a União Soviética afirmou "This means that any decision we may take in the Council on this question will be in the nature of a recommendation and will have nothing in common with the decisions provided for in Article 25 of the Charter" (cfr. RPSC, cit., pág. 392: 160.ª reunião, em 17 de Julho de 1947). A maioria dos Estados presentes declarou-se, porém, favorável à obrigatoriedade da criação de uma comissão de investigação. Assim, os EUA declararam: "Article 34 gives the Security Council the right to investigate any dispute regardless of whether or not the State investigated approves or likes it; and other stipulations of the Charter impose on the State being investigated the duty to accept the investigation whether or not it likes it, and to co-operate loyally" (cfr.

**49.4. O artigo 24.** Merece igualmente atenção o artigo 24 como sede possível de um fundamento adicional para poderes públicos do Conselho.

Estabelece este artigo que ao Conselho de Segurança cabe "primary responsibility for the maintenance of international peace and security" e que para o exercício dos seus deveres goza de poderes específicos nos termos dos Capítulos VI, VII, VIII e XII. Existe quem tenha sustentado que os poderes específicos atribuídos por estes Capítulos não excluem outros poderes gerais que decorreriam deste artigo 24 que se revelassem necessários para o desempenho da função essencial do Conselho que é a manutenção da paz e segurança internacionais[1785, 1786].

---

RPSC, cit., pág. 393: 166.ª reunião, em 24 de Julho de 1947). Igualmente o Reino Unido sustentou que "a decision to establish a commission of investigation under Article 34 of the Charter was a decision within the meaning of article 25" (cfr. RPSC, cit., pág. 393: 168.ª reunião, em 28 de Julho de 1947); igualmente a Bélgica, Brasil, Colômbia e França sustentaram a mesma posição (cfr. RPSC, cit., pág. 393). Os primeiros Estados mantiveram, porém, a sua posição e recusaram a entrada da comissão no seu território.

[1784] Também sustentam que as comissões de inquérito criadas nos termos do artigo 34 não são obrigatórias: D. Bowett, *United Nations* (...), cit., pág. 67; A. Rudzinski, *Majority Rule* (...), cit., pág. 367.

[1785] Na prática do Conselho, esta posição foi defendida pela primeira vez na questão do Irão. Colocava-se a questão de saber se o Conselho estava obrigado a retirar uma questão da sua agenda que lhe fora submetida por uma das partes uma vez que tal lhe fosse pedido por ambas as partes. Entre outras fundamentações, na 36ª reunião em 23 de Abril de 1946, o México sustentou que o Conselho poderia conservar a questão, alegando: "We base this opinion on the letter and the spirit **Article 24, paragraph 2, first sentence**, of the Charter, **which invests the Council with implied powers wider in scope than the specific powers laid down in Chapters VI, VII, VIII, and XII**, to which the second sentence of the same paragraph and article refers" (cfr. RPSC, 1946-1951, Chapter XII, pág. 480).

A mesma posição seria sustentada no caso de Trieste. Tratou-se de saber se era compatível com a Carta a atribuição ao Conselho pelo Tratado de Paz com a Itália do poder de velar pelo respeito do Estatuto de Trieste e de praticar alguns actos de administração desta. Tal como outros membros, o Secretário-Geral defendeu, na 91ª reunião em 10 de Janeiro de 1947, que o Conselho tinha poderes para aceitar os termos do tratado com base no artigo 24: "Furthermore, the records of the San Francisco Conference demonstrate that the powers of the Council under Article 24 are not restricted to the specific grants of authority contained in Chapters VI, VII, VIII and XII. (...) It was recognized in this discussion that the responsibility to maintain peace and security carried with it a power to discharge this responsibility. This power, it was noted, was not unlimited, but subject to the purposes and principles of the United Nations. "It is apparent that this discussion reflects a basic conception of the Charter, namely, that the Members of the United Nations have conferred upon the Security Council powers commensurate with its responsibility for the maintenance of peace and security" (cfr. RPSC, cit., pág. 483).

De igual modo, o Egipto, em 16 de Agosto de 1951, na 553.ª reunião do Conselho, afirmou: "Although we do not want to pretend that the functions and powers of the Security

No entanto, esta conclusão pressupõe um salto lógico. É claro que o artigo 24, n.º 2 não pretende excluir quaisquer outros poderes específicos ou genéricos do Conselho consagrados na Carta para lá dos que cita. Não teria sentido que o fizesse. Qualquer conclusão interpretativa deve ter em conta o elemento sistemático[1787] e, portanto, ter presente outros poderes consagrados na Carta. Com efeito, os poderes específicos do Conselho, mesmo em matérias directamente relacionadas com a manutenção da paz, não se restringem aos consagrados nos Capítulos VI, VII, VIII e XII.

Casos marcantes de poderes nesta matéria consagrados em outros Capítulos são os atribuídos pelos artigos 5 e 6, do Capítulo II, que tornam decisiva a intervenção do Conselho na suspensão de direitos de um membro contra o qual aquele tenha adoptado medidas coercivas nos termos do

---

Council are limited to those specific powers mentioned in paragraph 2 of Article 24 of the Charter" (cfr. RPSC, 1946-1951, Chapter XII, pág. 488).

Trata-se igualmente de posição que teve o apoio do Tribunal Internacional de Justiça: "As to the legal basis of the resolution, Article 24 of the Charter vests in the Security Council the necessary authority to take action such as that taken in the present case. The reference in paragraph 2 of this Article to specific powers of the Security Council under certain chapters of the Charter does not exclude the existence of general powers to discharge the responsibilities conferred in paragraph 1. Reference may be made in this respect to the Secretary-General's Statement, presented to the Security Council on 10 January 1947" (segue-se citação da já referida declaração) [cfr. *Legal Consequences for States* (...), cit., *I.C.J. Reports* 1971, pág. 52, parág. 110].

Refira-se, porém que o Tribunal foi bastante mais longe do que tinha ido a prática. De facto, embora em ambos os casos do Irão e de Trieste o Conselho tenha considerado que tinha os poderes que eram questionados, tratava-se de poderes menores, que não criavam novos deveres fundamentais para os Estados ou ampliavam substancialmente os existentes [como foi frisado pela França, em 10 de Janeiro de 1947, ainda na 91ª reunião do Conselho: "The case is not one where the principle of the sovereignty of States (...) is at stake" (cfr. RPSC, cit., pág. 484)]. Ver a crítica desta jurisprudência do Tribunal, igualmente realizada por Estados, e o seu aparente posterior recuo, *supra*, parág. 49.

[1786] À luz do artigo 24, n.º 2 têm-se elaborado construções inesperadas: K. Herndl, *Reflections* (...), cit., pág. 331 e 335-336, sugere, no final dos anos 80, que o Capítulo VI e mesmo o VII se encontravam em desuso e que a generalidade das resoluções do Conselho eram adoptadas com base no artigo 24. Mais frequente é a defesa de que este preceito constituiria o fundamento para a criação de um regime intermédio entre o Capítulo VI e o VII, em que se fundariam, designadamente, as operações de manutenção da paz [neste sentido: V. Gowlland-Debbas, *Collective Responses to Illegal Acts* (...), cit., pág. 391-393; V. Grado, *Il Consiglio di Sicurezza* (...), cit., pág. 172-173]. Ver a crítica desta interpretação, *infra*, parág. 56.2.

[1787] Cfr. o artigo 31, n.º 2 da citada Convenção de Viena sobre o Direito dos Tratados de 1969 ("The context for the purpose of the interpretation of a treaty shall comprise (...) the text" e não apenas o preceito em concreto, num regime evidente).

Capítulo VII ou na expulsão de qualquer membro. Trata-se de poderes indiscutivelmente relacionados com a manutenção da paz. O mesmo se pode dizer em relação à sua intervenção no procedimento de admissão de novos membros, tendo em conta o critério, cada vez menos relevante, de Estado amante da paz. Também o artigo 12, n.º 1, integrado no Capítulo IV, confere ao Conselho a competância de requerer à Assembleia Geral a aprovação de uma recomendação sobre qualquer questão que se encontre a analisar. O artigo 26, do próprio Capítulo V, torna o Conselho responsável pela aprovação de planos de regulamentação de armamentos. No Capítulo XIV, o artigo 94, n.º 2 confere-lhe o poder de tomar decisões obrigatórias para levar ao cumprimento de uma sentença do Tribunal Internacional de Justiça, em caso de ser desrespeitada por uma das partes; poder este que pode ter relevância importante para a manutenção da paz, ainda que não estejam reunidos os pressupostos do Capítulo VII[1788].

Mas uma coisa é concluir-se que este não pretende excluir outros poderes consagrados na Carta. Outra bem diferente é concluir que o artigo 24, n.º 2 pretende atribuir poderes importantes ao Conselho que a Carta em mais nenhuma disposição refere. O simples facto de este referir a existência de poderes específicos não significa que existam necessariamente poderes genéricos e, muito menos, que lhos pretenda atribuir. Nem é possível entender que estes poderes ser-lhe-iam atribuídos pelo artigo 24, n.º 1 somente por força da sua atribuição ao Conselho de responsabilidade primária pela manutenção da paz. Este n.º 1 diz respeito apenas a responsabilidades e deveres; remete a questão dos poderes para os levar a cabo para o n.º 2.

Ou seja, para que fosse possível retirar dessa expressão uma atribuição de poderes genéricos em matéria de manutenção da paz e segurança internacionais seria necessário que o artigo 24, n.º 2, em vez de a uma primeira leitura se apresentar limitador destes poderes, atribuísse positivamente poderes não constantes dos Capítulos para que remete ou em outras disposições da Carta. Seria ainda necessário poder determinar o que são poderes genéricos e o que é que os distingue dos específicos[1789]. Supostamente, os primeiros seriam de aplicação a quaisquer situações relativas à manutenção da paz, enquanto os segundos apenas se aplicariam perante situações particulares. Mas esta noção parece colocada em causa pelo próprio artigo 24, n.º 2 que qualifica como específicos todos os poderes consagrados nos Capítulos VI,

---

[1788] Ver, *infra*, parág. 50.4.

[1789] O projecto de Dumbarton Oaks, na sua secção B-3 do Capítulo VI, convertido depois no actual artigo 24, n.º 2, já continha a referência a poderes específicos.

VII, VIII e XII. O poder de recomendar às partes que resolvam as suas controvérsias por meios pacíficos (artigo 33, n.º 2 CNU) é deste modo qualificado como específico, embora seja o mais genérico possível. Um conteúdo para a expressão fica assim prejudicado.

Julga-se que a melhor solução é entender que de facto com o artigo 24 a Carta não pretende atribuir quaisquer poderes novos. Limita-se a não excluir outros fora dos referidos Capítulos e a deixar entreaberta a porta para uma aplicação moderada do princípio interpretativo dos poderes implícitos[1790]. De qualquer modo, não parece que pudesse em qualquer caso atribuir novos poderes, portanto vinculativos, visto que estes necessariamente limitariam severamente os direitos dos Estados membros. Como se verificou, a invocação deste preceito na prática da organização nunca serviu para mais do que o reconhecimento de meras competências secundárias, facilmente legitimadas no princípio dos poderes implícitos.

De resto, as conclusões a que tal aplicação levaria seriam juridicamente desastrosas. Criar-se-iam poderes sem pressupostos, sem claros limites e fundamento, que inviabilizariam mesmo um controlo político efectivo. Acresce que se deixaria de saber ao certo quais os actos do Conselho obrigatórios. Os seus únicos limites seriam o fim e parâmetros, como os princípios da necessidade e da proporcionalidade, subjectivamente concretizados. Apenas actos contendo violações grosseiras seriam susceptíveis de ser impugnadas[1791]. Na realidade, os únicos limites passariam a ser os decorrentes da realidade política, máxime, da correlação de forças[1792].

O Conselho pode por força da sua prática procurar criar uma situação jurídica desta espécie, mas, para que tal ocorra, será necessário uma emenda tácita à Carta que respeite os requisitos substanciais de maioria estabelecidos no artigo 108 CNU[1793].

**50. Base do poder público bélico.** A Carta das Nações Unidas consagra expressamente o poder público bélico, atribuindo-o ao Conselho de Segurança. Porém, existe alguma discussão quanto a determinar se apenas o

---

[1790] Ver sobre este princípio, *infra*, parág. 75.2.3.

[1791] Ver, *infra*, parág. 77 e 82-89.

[1792] Isto não significa que na realidade os limites a que o Conselho está sujeito não sejam em grande medida primariamente político-diplomáticos, mas não o são exclusivamente. Deste modo, a possibilidade de um controlo jurídico permanece intacta; ver, *infra*, parág. 90--98.

[1793] Ver, *supra*, parág. 27.2.

artigo 42 consagra esta figura ou se existem outros preceitos que servem de base para o uso da força pelas Nações Unidas.

Excepcionada alguma controvérsia à volta dos poderes da Assembleia Geral[1794], é questão relativamente pacífica que, à luz da Carta, as Nações Unidas apenas nos termos do Capítulo VII podem exercer o poder público bélico em sentido estrito. Efectivamente, o Capítulo VI apenas é compatível com utilizações da força em legítima defesa pública[1795]. O Capítulo VIII, caducada a disposição constante do artigo 53, n.º 1, última parte, relativa aos ex-inimigos[1796], também não fornece qualquer fundamento adicional, salvo o poder de habilitar estruturas regionais. É certo que este compreende uma dimensão bélica integrável no poder público bélico, a decisão de habilitar outras entidades a usar a força. Ainda assim, tal decisão tem de respeitar os pressupostos do Capítulo VII e vai acabar por ser exercida por entidades privadas num exercício do poder público exclusivamente em sentido amplo[1797].

Não obstante ser relativamente claro, o Capítulo VII tem suscitado interpretações divergentes. Tem-se procurado encontrar neste mais do que uma base para a utilização da força.

**50.1. O artigo 39?** Alguns Estados e autores encontram logo no artigo 39 fundamento para o emprego da força ou pelo menos para uma decisão quanto ao uso desta. Afirmam correctamente que o artigo 39 não se limita a permitir que o Conselho de Segurança adopte recomendações, antes lhe atribui competência para adoptar decisões obrigatórias. Mas, a partir desta conclusão, consideram que este preceito constitui uma base para decisões quanto ao uso da força ou ao menos para habilitar Estados a fazer uso desta[1798, 1799].

---

[1794] Ver, *supra*, parág. 44.1.

[1795] Literalmente nem tal concede; sobre a legítima defesa pública, ver, *infra*, parág. 51.

[1796] Ver, *supra*, parág. 30.

[1797] Ver, *supra*, parág. 5, 9 e 70-75.

[1798] Assim, o Reino Unido, em 7 de Julho de 1950, na 476.ª reunião do Conselho, alegou como fundamento para a acção na Coreia, na falta dos acordos do artigo 43, "the Council can naturally act only under Article 39, which enables the Security Council to recommend what measures should be taken to restore international peace and security. The necessary recommendations were duly made in the resolutions of 25 and 27 June, but in the nature of things they could only be recommendations to individual Members of the United Nations" (cfr. RPSC, Chapter XI, pág. 442).

[1799] Trata-se de tese defendida por: L. Goodrich/A. P. Simons, *The United Nations* (...), cit., pág. 428; G. Weissberg, *The International Status* (...), cit., pág. 85; D. Bowett, *United*

É certo que o artigo 39 permite a adopção de decisões obrigatórias. Na realidade, é este um dos artigos base, juntamente com o artigo 40[1800], para a adopção de decisões primárias[1801] à luz da Carta[1802]. Serão as decisões adoptadas à sua luz que, em caso de não serem respeitadas, poderão ser executadas coercivamente, seja por medidas pacíficas (artigo 41), seja por meios bélicos (artigo 42). O próprio artigo 41 refere decisões a ser executadas nos seus termos ou nos do artigo 42. Ora, estas decisões só podem ter base suficiente nos artigos 39 e 40.

Mas tal não significa que o artigo 39 constitua uma disposição atributiva de competência para decidir constitutivamente o uso da força. São duas competências distintas, a de adoptar actos obrigatórios e a de os executar pela força. Igualmente a sua inserção sistemática, logo na abertura do Capítulo VII, é pouco compatível com um entendimento que procure considerá-la base autónoma para actos bélicos. Toda a lógica de sequência, não necessária, mas tendencial, que vai do artigo 39 ao 42, como último recurso, ficaria frustrada[1803]. Acresce que a letra do artigo 39, ao contrário da do artigo 42, não fornece qualquer apoio para o entendimento de que o Conselho pode recomendar (e muito menos decidir, tendo em conta a exigência dos acordos do artigo 43) aos Estados o uso da força fora do quadro permitido em termos de exercício de uma causa de exclusão da ilicitude ou da responsabilidade, como a legítima defesa.

Sublinhe-se, porém, que o Conselho poderá à luz do artigo 39 considerar que estão reunidos os pressupostos da legítima defesa a favor de um Estado[1804]. Mas, neste caso, o seu acto é destituído de qualquer efeito jurí-

---

*Nations* (...), cit., pág. 32 e 276-278; Karaosmanoglu, *Les actions* (...), cit., pág. 247; Michael Glennon, *The Constitution and Chapter VII of the United Nations Charter*, AJIL, Vol. 85, No. 1, 1991, pág. 74-88, na pág. 80-81 (mas com base no artigo 51 também); B. Simma, *Does the UN Charter* (...), cit., pág. 138-139; II Villani, *L'Intervento* (...), cit., pág. 43-44.

[1800] Ver, *infra*, parág. 50.2 e 83.

[1801] Os artigos 41 e 42 são já base para decisões secundárias, isto é, decisões obrigatórias adoptadas para forçar ao cumprimento de decisões primárias aprovadas à luz do artigo 39 e 40. O artigo 94, n.º 2 também pode servir de base para a adopção de ordens às partes, paralelas às do artigo 40, mas é especialmente um fundamento para a aplicação de medidas semelhantes às do artigo 41 (ver, *infra*, parág. 50.4).

[1802] Ver, *supra*, parág. 36.

[1803] Também neste sentido: Helmut Freudenschuss, *Between Unilateralism and Collective Security: Authorizations of the Use of Force by the UN Security Council*, EJIL, vol. 5, n.º 4, 1994, pág. 492-531, na pág. 524. Ver ainda B. Weston, *Security Council* (...), cit., pág. 521.

[1804] O Conselho já o fez por mais do que uma vez. Assim, na sua Resolução 546 (1984), de 6 de Janeiro (texto em RDSCOR, 1984, pág. 1-2), em relação ao conflito entre

dico na justificação da actuação bélica do Estado titular da legítima defesa ou de terceiros que o assistam a seu pedido em exercício da legítima defesa colectiva. Trata-se de um puro acto declarativo, de interpretação das normas da Carta (artigo 51) e do Direito Internacional Costumeiro. Não se estará, pois, perante qualquer utilização pública da força ou sequer de uma habilitação (constitutiva) ao exercício desta.

Assim, o artigo 39 estabelece os pressupostos de aplicação das competências do Conselho previstas no Capítulo VII e atribui a este órgão competência para adoptar recomendações ou decisões obrigatórias, podendo optar discricionariamente entre estas. Assim, não obstante entender que está perante um caso de ameaça à paz, ruptura da paz ou, literalmente, agressão, pode ainda o Conselho limitar-se a adoptar meras recomendações à luz deste artigo 39. Claro está, perante uma situação de agressão, a sua autonomia para optar pela adopção de uma mera recomendação será menor. Especialmente caso esta seja desrespeitada, a sua margem para poder continuar a adoptar meras recomendações será escassa, pois estará a colocar em causa os seus deveres[1805].

---

Angola e a África do Sul, o Conselho afirmou no seu parág. 5: "Reaffirms the right of Angola, in accordance with the relevant provisions of the Charter of the United Nations and, in particular, Article 51, to take all the measures necessary to defend and safeguard its sovereignty, territorial integrity and independence". Idêntico reconhecimento existe na Resolução 574 (1985), de 7 de Outubro (texto em RDSCOR, 1985, pág. 18), parág. 4, igualmente quanto à questão entre Angola e a África do Sul.

O mesmo se passou no Conflito no Golfo, em que o Conselho, na sua Resolução 661 (1990), de 6 de Agosto (texto em RDSCOR, 1990, pág. 19-20), no parág. 6 do seu preâmbulo, reconhece o direito de legítima defesa contra o ataque armado do Iraque. Do mesmo modo, a Resolução 1234 (1999), de 9 de Abril (texto em RSSC, 1999, pág. 17-18), sobre a situação na República Democrática do Congo (ex-Zaire), invoca a legítima defesa no preâmbulo, implicitamente a favor do Congo contra as acções de forças do Uganda e Ruanda no seu território. A invocação da legítima defesa pressupõe ao menos uma tácita qualificação da existência de uma agressão para efeitos do artigo 39, ou seja, que se está perante uma situação do Capítulo VII.

Menos claras ainda são a Resolução 1368 (2001), de 12 de Setembro [texto em UN Doc. S/RES/1368 (2001), 12 September 2001] e a Resolução 1373 (2001), de 28 de Setembro [UN Doc. S/RES/1373 (2001), 28 September 2001], relativas aos actos terroristas nos EUA de 11 de Setembro de 2001. Ambas contêm nos seus preâmbulos reafirmações do direito de legítima defesa, implicitamente a favor dos EUA, mas em relação a actos e a responsáveis por identificar. O Conselho evitou comprometer-se nesse aspecto (ver sobre estas, *supra*, parág. 12.4.1).

[1805] É essa a principal razão que tem levado o Conselho a evitar o uso da qualificação de agressão, embora existam alguns casos em que o fez. Ver, *infra*, parág. 81. Sobre a questão da responsabilidade por omissão, ver, *infra*, parág. 77 e 100.1.

Mesmo que o Conselho opte por recorrer a meras recomendações, não se estará perante recomendações adoptadas no âmbito do Capítulo VI, dado que neste caso terá existido uma qualificação da situação como de ameaça à paz, ruptura desta ou agressão. Nos casos em que não houve qualificação expressa da situação, ou qualquer referência ao Capítulo VII, será necessário mesmo entender que se está perante uma situação do Capítulo VI, ainda que tenha existido abertura de hostilidades[1806].

De qualquer modo, também as recomendações aprovadas com base no artigo 39 não podem conter qualquer permissão constitutiva quanto ao uso da força. As recomendações a que faz referência o artigo 39 dizem ainda respeito à resolução pacífica das controvérsias que vêm na sequência do Capítulo VI, embora com base numa situação de facto mais grave. Com efeito, a gravidade da situação pode ser perfeitamente compatível e mesmo impor meios mais flexíveis de solução do que o recurso imediato a decisões obrigatórias que em caso de desrespeito implicariam o recurso a sanções, eventualmente indesejáveis. Assim, entendeu-se que o apuramento da existência de uma situação de ameaça à paz não deve por si limitar a margem de apreciação do Conselho quanto aos meios a que recorrer[1807].

Concluindo, não é possível sustentar que igualmente o recurso à força se possa considerar integrado nos meios à disposição do Conselho por este artigo, seja por decisão, seja por recomendação dirigida aos Estados para a levarem a cabo. A sua remissão para o artigo 42, a sua inserção sistemática e a sujeição de todos os actos bélicos à autoridade do Conselho à luz do Capítulo VII não permitem outro entendimento[1808].

**50.2. O artigo 40?** Também o artigo 40 deve ser afastado como um fundamento possível para o poder público bélico. Este atribui uma competência ao Conselho de Segurança para dirigir indicações às partes/interessados na questão com vista à manutenção ou restabelecimento da paz e segurança internacionais.

Como prescreve o artigo, estas não devem prejudicar a situação jurídica[1809] de cada parte e, portanto, devem ser essencialmente neutras quanto

---

[1806] Sobre esta questão, ver, *supra*, parág. 49.1.

[1807] Ver, *infra*, parág. 52.

[1808] Também neste sentido: H. Freudenschuss, *Between Unilateralism* (...), cit., pág. 524; J. Frowein, *Article 39*, cit., pág. 614-615. Igualmente B. Weston, *Security Council* (...), cit., pág. 521. Ver ainda, *infra*, sobre o uso privado habilitado, parág. 75.1.1.

[1809] Trata-se dos direitos das partes, isto é, a situação jurídica em que se encontram e não da situação de facto [contra: A. Karaosmanoglu, *Les actions* (...), cit., pág. 251]. Resulta

à questão de fundo. Mas tal não impede que possa implicar um juízo de censura em relação aos métodos utilizados por uma ou ambas as partes[1810].

Assim, este artigo 40 é perfeitamente compatível com um juízo sobre a existência de uma agressão e, por maioria de razão, com um juízo neutro de mera ruptura da paz ou ameaça à paz. Claro está, será sempre necessário um juízo desta espécie, já que este é pressuposto de aplicação de todo o Capítulo VII, incluindo deste artigo[1811]. Efectivamente, um Estado pode ter toda a razão do seu lado quanto à questão de fundo e, porém, ser o agressor, por ter utilizado a força para fazer valer a sua legítima posição. Nada impede que o Conselho condene o Estado e adopte medidas cautelares à luz do artigo 40, impondo o cessar fogo e a retirada das forças. Simplesmente, as medidas que adoptar com base neste preceito não devem implicar um juízo sobre a questão de fundo que causou a situação[1812, 1813].

Reconheça-se, contudo, que nem sempre é simples delimitar rigorosamente a fronteira entre medidas cautelares que afectam apenas a situação de facto e medidas de fundo que já pressupõem um juízo sobre as pretensões das partes. A questão tem bastante relevância prática, já que estas medidas cautelares podem impor deveres que restringem a liberdade dos Estados, enquanto as medidas de fundo devem ser conformes com os seus direitos[1814].

À luz da sua letra, os actos dirigidos às partes têm um carácter cautelar, portanto, pressupõem que o Conselho ainda não tenha adoptado qualquer decisão quanto à questão de fundo. Claro está, uma vez aprovada tal decisão, o Conselho poderá igualmente adoptar medidas dirigidas a

---

claro que o Conselho pode por meio de medidas cautelares alterar a situação de facto, por exemplo, em caso de ocupação bélica do território de um Estado por parte de outro, impondo uma retirada deste para as fronteiras internacionalmente reconhecidas.

[1810] Assim, na sua Resolução 49 (1948), de 22 de Maio (texto RDSCOR, 1948, pág. 19), relativa ao Conflito na Palestina, o Conselho, embora sem citar expressamente o artigo 40, afirmou: "*Calls upon* all Governments and authorities, without prejudice to the rights, claims or position of the parties concerned, to abstain from any hostile military action in Palestine".

[1811] Ver, *supra*, parág. 49.1.

[1812] Aliás, esta interpretação foi já confirmada pelo Conselho de Segurança. Assim, na Resolução 660 (1990) de 2 de Agosto, no parágrafo 3 do preâmbulo (texto em RDSCOR, 1990, pág. 19), a propósito do início da Guerra do Golfo, o Conselho afirmou "Acting under Articles 39 and 40 of the Charter of the United Nations", mas tal não o impediu de no parág. 1 declarar "Condemns the Iraqi invasion of Kuwait", exigindo no parág. 2 a retirada Iraquiana.

[1813] Aparentemente contra: D. Bowett, *United Nations* (...), cit., pág. 32.

[1814] Sobre esta questão e a delimitação das medidas cautelares perante as decisões de fundo, ver, *infra*, parág. 83.

ambas às partes com vista a executá-la, mas neste caso o seu fundamento será já o artigo 39 e não o artigo 40. Deste modo, a restrição temporal constante do artigo 40 (o seu carácter prévio) não constitui uma verdadeira limitação dos seus poderes, mas apenas força a uma alteração de fundamento.

Em princípio, tal como um tribunal (nacional) pode adoptar medidas cautelares obrigatórias[1815] apoiadas na força ou ameaça do recurso a esta, também nada impediria o Conselho de o fazer. No entanto, o artigo 40 limita-se a referir que o Conselho poderá "instar" ("call") as partes a as aceitar. Isto é, apelar ou convidar ao cumprimento destas. Terminologia pouco firme, embora seja utilizada igualmente no artigo 41, não obstante neste último ser claro que compreende o poder de conferir obrigatoriedade formal às medidas que prevê, nos termos do artigo 25. A parte final do artigo 40 afirma que o incumprimento autoriza apenas o Conselho a registá--lo para efeitos de avaliação do responsável pela situação. Ou seja, quer a terminologia "call", quer esta parte final, parecem sugerir que se trata ainda de actos com valor de mera recomendação, sem obrigatoriedade jurídica[1816]. O mesmo fica sugerido no facto de o artigo 39 apenas referir como fundamento de decisões (obrigatórias) os artigos 41 e 42 e não já o artigo 40.

No entanto, esta conclusão parece fazer pouco sentido tendo em conta a teleologia do Capítulo VII e a própria discricionariedade que o artigo 39 atribui ao Conselho para optar entre recomendações e decisões. Se este pode optar por tomar uma decisão obrigatória quando resolve definitivamente uma questão de fundo, por que motivo não poderá adoptar decisões em relação a medidas cautelares? Não serão estas ainda mais prementes? Actos típicos que cabem na previsão deste artigo, como uma ordem de cessar-fogo ou de retirada de território ocupado, fazem menos sentido como meras reco-mendações, embora sejam vulgares na prática do Conselho.

Acresce que as medidas a adoptar no âmbito do artigo 40 integram a noção de acção preventiva consagrada nos artigos 1, n.º 1; 2, n.º 5; 5 e 50, já que o próprio artigo 40 qualifica as medidas adoptadas como preventivas.

---

[1815] Sobre a obrigatoriedade das medidas cautelares do Tribunal Internacional de Justiça, ver, infra, parág. 95.3.

[1816] Assim, Israel afirmou, em 4 de Novembro de 1948, na 376.ª reunião do Conselho: "Article 40, dealing with provisional measures, provides that the Security Council shall 'duly take note of failure to comply with provisional measures'. Whatever that phrase means **it does not mean that the Security Council may apply the provisions of Chapter VII for non-compliance with provisional measures. The provisional measures under Article 40 are not ordered. The parties are called upon in the language of recommendation to accept them**" (cfr. RPSC, 1946-1951, Chapter XI, pág. 445).

Ora, o termo acção pressupõe uma natureza compulsiva, mesmo que com fins preventivos. No próprio artigo 40, pode-se sustentar que a referência à alternativa entre medidas consideradas pelo Conselho como necessárias ou desejáveis pode ser entendida como medidas obrigatórias ou facultativas.

Julga-se, pois, que o artigo 40 pode ser interpretado sistemática e teleologicamente de forma a permitir basear decisões obrigatórias neste, mesmo se a letra do preceito não é clara. A prática tem seguido claramente no sentido da sua obrigatoriedade[1817, 1818, 1819].

Por conseguinte, o artigo 40 permite a adopção de medidas obrigatórias, mas não habilita o Conselho de Segurança a utilizar a força, nem mesmo

---

[1817] Assim, na Resolução 54 (1948), de 15 de Julho (texto em RDSCOR, 1948, pág. 22-
-23), depois de no parág. 1 afirmar "Determines that the situation in Palestine constitutes a threat to the peace within the meaning of Article 39 of the Charter of the United Nations", no parág. 2 declarou: "Orders the Governments and authorities concerned, pursuant to Article 40 of the Charter, to desist from further military action and to this end to issue cease-fire orders to their military and paramilitary forces". A obrigatoriedade desta ordem decorre claramente do parág. 3 em que sustenta que "Declares that failure by any of the Governments or authorities concerned to comply with the preceding paragraph of this resolution would demonstrate the existence of a breach of the peace within the meaning of Article 39 of the Charter requiring immediate consideration by the Security Council with a view to such further action under Chapter VII of the Charter".

Posteriormente, na Resolução 598 (1987), de 20 de Julho, parág. 10 do preâmbulo (texto em RDSCOR, 1987, pág. 5-6), em relação à Guerra entre o Iraque e o Irão, o Conselho invocou os artigos 39 e 40, exigindo depois no parág. 1 o cessar-fogo e a retirada das forças para as fronteiras internacionalmente reconhecidas, com termos que sugerem a sua obriga-toriedade. Também na Resolução 660 (1990) de 2 de Agosto, no parágrafo 3 do preâmbulo (texto em RDSCOR, 1990, pág. 19), a propósito do início da Guerra do Golfo, o Conselho invocou novamente os artigos 39 e 40 como fundamento da sua actuação. Assim, além de condenar o Iraque pela invasão do Kuwait, no seu n.º 2, o Conselho exige peremptoriamente a retirada Iraquiana. Portanto, nestes casos, não se tratou de meros apelos ou recomendações, mas de actos que visaram ser obrigatórios.

[1818] O Tribunal Penal para ex-Jugoslávia evitou tomar posição sobre se o artigo 40 podia ser base para medidas obrigatórias: "the question of their mandatory or recommendatory character is subject to great controversy" [cfr. *Decision on (…) Jurisdiction in Prosecutor v. Dusko Tadic*, Appeals Chamber, October 2, 1995, parág. 33, ILM, cit., pág. 44].

[1819] No sentido de que o Conselho de Segurança pode adoptar actos obrigatórios com base no artigo 40: J. Kunz, *Legality* (...), cit., pág. 140; P. Manin, *L'Organisation des Nations Unies* (…), cit., pág. 42 ; A. Karaosmanoglu, *Les actions* (...), cit., pág. 250-251; Rosalyn Higgins, *United Nations Peacekeeping, 1946-1967 – Documents and Commentary, III (Africa)*, Oxford, 1980, pág. 56; M. Akehurst, *A Modern* (....), cit., pág. 221; A. Arend/R. Beck, *International* (...), cit., pág. 50; J. Frowein, *Article 39*, cit., pág. 620-621; T. Christakis, *L'Onu* (...), cit., pág. 101. Contra: Benedetto Conforti, *Diritto Internazionale*, 4ª ed., Napoli, 1992, pág. 383-384; G. Pereira/F. Quadros, *Manual* (…), cit., pág. 516-517.

em caso de incumprimento das medidas cautelares. Claro está, tal incumprimento poderá ser qualificado, por si, como uma ameaça à paz ou levar a uma ruptura da paz ou agressão, ou ser um elemento que permita requalificar a situação global de forma mais gravosa. No entanto, em qualquer caso, se o Conselho em consequência decidir utilizar a força, tal decisão terá por base o artigo 42 e não já o artigo 40. Julga-se que esta conclusão se retira da parte final do artigo 40 em que se estabelece que o Conselho registará o incumprimento das medidas cautelares. Isto é, à luz deste artigo nada mais poderá fazer[1820].

Como decorre do que ficou escrito, actos típicos adoptados à luz do artigo 40 serão os que impõem um cessar-fogo ou a retirada para as posições ocupadas antes do início das hostilidades. Trata-se de actos que são uma constante na prática do Conselho, mas que este raramente fundamenta em algum preceito. É possível, contudo, entender que à luz do preceito o Conselho pode ir mais longe e criar igualmente estruturas de observação e mesmo Forças de manutenção da paz[1821].

**50.3. Os artigos 44 e 48?** Também não é possível invocar os artigos 44 ou 48 como base jurídica autónoma para o uso da força. O primeiro pressupõe que a decisão de uso da força já foi tomada[1822] com base no

---

[1820] Refira-se, porém, que o então Secretário-Geral, em mais do que uma ocasião procurou justificar as medidas bélicas adoptadas no Congo contra a secessão do Katanga à luz do artigo 40. Assim, na 920.ª reunião do Conselho, em 13-14 de Dezembro de 1960, afirmou: "My own view, which I have expressed to the Council, is that the resolutions may be considered as implicitly taken under Article 40 and, in that sense, as based on an implicit finding under Article 39. But what I should like to emphasize is that neither the Council nor the Assembly has ever endorsed this interpretation" (cfr. RPSC, 1959-1963, Chapter XI, pág. 273; também 915.ª reunião, 8-9 de Dezembro de 1960, na pág. 272). Posteriormente, um outro Secretário-Geral defenderia também que Forças de imposição da paz poderão ser criadas à luz deste preceito [cfr. An Agenda for Peace (UN doc. A/47/277  S/24111, 17 June 1992), parág. 44].

Mas tal preceito, segundo se julga, não constitui fundamento aceitável para a criação de forças desta espécie. Também crítico desta posição: J. Soubeyrol, Las Iniciativas (...), cit., pág. 59-60; parece também afastá-la L. Sohn, The Authority (...), cit., pág. 230 (mas admite a criação de uma Força de manutenção da paz à sua luz), embora em The New Dimensions of United Nations Peacemaking, GJICL, Vol. 26, 1996, pág. 123-134, na pág. 129, já o pareça aceitar. Sobre a acção no Congo, primeiro exercício do poder público bélico pelas Nações Unidas, ver, infra, parág. 64.

[1821] Quanto a missões de observação e mesmo de inquérito, ver: D. Bowett, United Nations (...), cit., pág. 62 e 63. Em relação à criação de forças de manutenção da paz, ver autores referidos e fundamentação apresentada, infra, parág. 56.1.

[1822] Fala-se em "has decided to use force"; "a décidé de recourir à la force"; "haya decidido hacer uso de la fuerza".

artigo 42. Uma vez tomada tal decisão, limita-se a regular aspectos relacionados com o direito de participação nas decisões estratégicas dos Estados membros que forneçam contingentes de forças[1823].

O artigo 48 encontra-se na mesma situação. Visa regular aspectos da execução de uma decisão quanto ao uso da força já anteriormente tomada[1824]. Trata-se de conclusão que, segundo se julga, ressalta claramente da sua letra. Fala-se na acção necessária para dar execução às decisões do Conselho; isto é, decisões já tomadas, quer quanto à questão de fundo (artigo 39), quer quanto aos meios a utilizar, em princípio pacíficos, já que o Conselho não pode ordenar o uso da força aos Estados, na falta dos acordos do artigo 43[1825].

**50.4. O artigo 94, n.° 2?** O artigo 94, n.° 2 merece particular atenção[1826]. Este permite que o Conselho perante um incumprimento de uma sentença do Tribunal Internacional de Justiça adopte decisões para lhe dar execução a pedido da parte afectada.

Claro está, tal incumprimento poderá por si causar uma situação de ameaça à paz que permita ao Conselho intervir oficiosamente. Mas, fora destes casos, este preceito vem alargar as competências do Conselho, permitindo-lhe adoptar decisões, isto é, actos obrigatórios para os membros em matérias exteriores ao funcionamento das Nações Unidas, sem estarem reunidos os pressupostos do Capítulo VII[1827, 1828].

---

[1823] Ver sobre o artigo 44, *infra*, parág. 58.1.

[1824] No mesmo sentido: B.-O. Bryde, *Article 48*, cit., pág. 652; H. Freudenschuss, *Between Unilateralism* (...), cit., pág. 525; Michael Bothe, *Les Limites des Pouvoirs du Conseil de sécurité*, em *Le Développement du Rôle du Conseil de Sécurité, Peace Keeping and Peace Building* – Colloque de la Haye (21-23 Juillet 1992), Académie de Haye (org. R. J. Dupuy), Nijhoff, 1993, pág. 67-81, na pág. 73. Contra, entendendo que o artigo 48 constitui um fundamento autónomo para o uso da força: J. Acosta Estévez/J. L. Pinol I Rull, *Legitimidad, Legalidad y Proporcionalidad en el Uso de la Fuerza Armada Contra Irak*, ADI, vol. X, 1994, pág. 15-46, na pág. 27; S. Alexandrov, *Self-Defense* (...), cit., pág. 287 e 289.

[1825] Ver, *supra*, parág. 49.2 e, *infra*, parág. 58.1.

[1826] Sobre o papel deste preceito na determinação da eficácia das decisões do Tribunal entre Estados em relação ao Conselho de Segurança, ver, *infra*, parág. 95.3.

[1827] O Conselho nunca se serviu deste preceito como fundamento para a adopção de actos obrigatórios. A sua intervenção foi solicitada pelo Reino Unido nos termos do artigo 94, n.° 2 em resultado da violação pelo Irão das medidas provisórias adoptadas pelo Tribunal Internacional de Justiça no caso *Anglo-Iranian Oil Co.*, Interim Protection, Order 5 July 1951, *I. C. J. Reports* 1951, pág. 89, na pág. 93-94. Mas o Conselho, devido a dúvidas quanto a determinar se o preceito se aplicava igualmente a medidas provisórias, em 1 de Outubro de

1951, na 559.ª reunião, acabou por não adoptar qualquer decisão (cfr. RPSC, 1946-1951, Chapter VI, pág. 236).

Igualmente a Nicarágua, na sequência do incumprimento pelos EUA da sentença final no citado *Case Concerning Military And Paramilitary Activities In And Against Nicaragua*, solicitou a adopção de medidas de execução nos termos do artigo 94, n.º 2 CNU. Contudo, na 2718.ª reunião, em 28 de Outubro de 1986, os EUA vetaram isolados (onze votos a favor, um contra e três abstenções) uma proposta de resolução que apelava ao cumprimento integral da sentença (cfr. RPSC, 1985-1988, Chapter VI, pág. 132-133). Uma resolução com conteúdo idêntico, que não fora formalmente solicitada pela Nicarágua nos termos do artigo 94, n.º 2, fora igualmente vetada na 2704.ª reunião, em 31 de Julho de 1986 (cfr. RPSC, 1985-1988, Chapter VI, pág. 126-128).

Do mesmo modo, na sequência das medidas provisórias adoptadas pelo Tribunal Internacional de Justiça em *Application of the Convention (...) of Genocide*, Provisional Measures, Order of 8 April 1993, *I.C.J. Reports* 1993, pág. 24, parág. 52, a Bósnia-Herzegovina na sua carta de 16 de Abril de 1993 (texto em UN Doc. S/25616, 16 April 1993), depois de acusar a nova Jugoslávia de dirigir as forças sérvias bósnias em novos ataques, afirmou "Pursuant to Article 94, paragraph 2 of the Charter of the United Nations, request is hereby made that the Security Council take immediate measures under Chapter VII of the Charter to stop the assault and to enforce the order of the International Court of Justice". O Conselho de Segurança no preâmbulo da sua Resolução 819 (1993), de 16 de Abril (texto em RDSCOR, 1993, pág. 6-7) citou a decisão do Tribunal, mas não lhe fez mais referências no texto desta, além de ter invocado o Capítulo VII e não o artigo 94, n.º 2. O que aponta no sentido de o artigo 94, n.º 2 perder relevância por si quando o Conselho já qualificou a situação como própria do Capítulo VII.

O Conselho em diversas outras ocasiões exigiu o cumprimento de decisões do Tribunal Internacional de Justiça, embora sem citar o artigo 94, n.º 2. Em uns casos foi claro que o fundamento não foi o artigo 94, n.º 2, já que estava em causa um simples parecer do Tribunal. Caso das Resoluções 366 (1974), de 17 de Dezembro (texto em RDSCOR, 1974, pág. 12-13), parág. 3 e 385 (1976), de 30 de Janeiro (texto em RDSCOR, 1976, pág. 8-9), parág. 9, que exigem ("demands") o cumprimento do referido Parecer sobre o caso Namíbia.

Na Resolução 461 (1979), de 31 de Dezembro (texto em RDSCOR, 1976, pág. 24-25), parág. 2, afirma: "Deplores the continued detention of the hostages contrary to Security Council resolution 457 (1979) and the Order of the International Court of Justice of 15 December 1979". Porém, os EUA não invocaram o artigo 94, n.º 2 (cfr. RPSC, 1975-1980, Chapter VI, pág. 85 e 106).

Na Resolução 915 (1994), de 4 de Maio (texto em RDSCOR, 1994, pág. 118), o Conselho criou a UNASOG para observar a execução da sentença do Tribunal no *Case Concerning the Territorial Dispute* (Libyan Arab Jamahiriya/Chad), Judgement, 3 February 1994, *I.C.J. Reports* 1994, pág. 4 e segs., que invoca. Mas a execução foi consensual, não tendo existido uma aplicação do artigo 94, n.º 2. Ver igualmente a Resolução 910 (1994) de 14 de Abril (texto em RDSCOR, 1994, pág. 117) e a Resolução 926 (1994), de 13 de Junho (texto em RDSCOR, 1994, pág. 119) sobre esta questão.

[1828] Alguma Doutrina contesta que o artigo 94, n.º 2 constitua um fundamento autónomo para a adopção de actos obrigatórios, entendendo que apenas o poderá fazer com base no

O artigo permite a tomada de medidas para levar ao cumprimento da sentença, sem especificar quais. Julga-se que, em função da gravidade da questão, portanto, no respeito do princípio da necessidade e proporcionalidade, estas poderão ser paralelas às previstas no artigo 41, mas não às do artigo 42[1829]. Isto é, não estando em causa ao menos uma ameaça à paz, não fazem sentido medidas bélicas em situação alguma de incumprimento de uma sentença. Caso este incumprimento provoque uma ameaça à paz, então o regime aplicável já será o Capítulo VII.

A letra do artigo 94, n.º 2 não permite outro entendimento, já que apenas fala em decidir sobre as medidas a tomar. Ora, o termo "medidas"[1830] é utilizado no artigo 41, mas não no artigo 42, que fala em acção, o que sugere que o seu poder à luz deste preceito compreende apenas os actos compulsivos pacíficos previstos no primeiro e não já os consagrados no segundo preceito[1831]. Acresce que o artigo 42 limita expressamente a acção a levar a cabo ao fim da manutenção ou restabelecimento da paz e segurança internacionais, o que apoia o entendimento de que apenas nessas circunstâncias a Carta admite o uso da força pela organização. Não já simplesmente para fazer cumprir uma sentença do Tribunal. Já o artigo 41 refere-se a medidas para executar as decisões do Conselho, o que aponta no sentido de estas medidas serem consideradas por excelência o meio compulsivo do

---

Capítulo VII. Mas, além de tal interpretação esvaziar de sentido a referência a decisões que consta do preceito, esta poderia constituir um incentivo ao Estado beneficiado pela sentença para que dramatizasse a situação de forma a criar uma ameaça à paz [neste sentido: O. Schachter, *The Enforcement of International* (…), cit., pág. 19-20; A. Tanzi, *Problems of Enforcement* (…), cit., Part III, B.1 e Part IV].

[1829] Percy Spender/Gerald Fitzmaurice, *Joint Dissenting Opinion*, em *South West Africa* (Ethiopia v. South Africa; Liberia v. South Africa), Preliminary Objection, Judgment, 21 December 1962, *I.C.J. Reports* 1962, pág. 511, sustentam que este preceito permite ao Conselho adoptar "possible sanctions or enforcement action at the instance of a State in whose favour judgment has been pronounced". Da oposição entre sanções e acção coerciva parece decorrer que estes juízes tinham em mente a atribuição ao Conselho igualmente do poder de recorrer a meios bélicos. Pelo que ficou escrito, discorda-se de tal posição.

No sentido da exclusão das medidas bélicas: O. Schachter, *The Enforcement of International* (…), cit., pág. 22; American Law Institute, *Restatement* (…), cit., parág. 903, comment g) (apenas cita as medidas económicas); A. Tanzi, *Problems of Enforcement* (…), cit., notas 73 e 88 (embora considere que se trata de uma questão irrelevante em termos práticos, graças ao poder de qualificar a questão como ameaça à paz).

[1830] "Measures", "mesures", "medidas".

[1831] No artigo 1, n.º 1 fala-se em medidas colectivas eficazes para englobar quer as medidas do artigo 41, quer a acção do artigo 42, mas aí o termo utilizado não é simplesmente medidas.

Conselho. De qualquer forma, tendo em conta o alargamento da figura da ameaça à paz[1832], se se revelar necessário, normalmente o Conselho poderá considerar que o incumprimento da sentença provocou uma situação de ameaça à paz.

Deste modo, o artigo 94, n.º 2 atribui ao Conselho poderes públicos, mas não qualquer faculdade bélica à margem do artigo 42.

**50.5. Conclusões.** Segundo se julga, a base central para o poder público bélico (em sentido estrito, isto é, o uso da força sob comando das Nações Unidas) à luz da Carta é o artigo 42[1833].

As medidas previstas neste não implicam necessariamente a utilização efectiva da força. De facto, o preceito consagra medidas de ameaça de uso da força por meio de demonstrações e manobras intimidativas. De qualquer modo, pressupõe que a direcção efectiva da utilização da força esteja a cargo das Nações Unidas, cabendo ao Conselho de Segurança o topo da hierarquia[1834]. Sem prejuízo de o comando militar caber a um outro órgão

---

[1832] Ver, *infra*, parág. 79.

[1833] O Tribunal Internacional de Justiça adoptou implicitamente esta posição quando afirmou: "This prohibition of the use of force is to be considered in the light of other relevant provisions of the Charter. In Article 51, the Charter recognizes the inherent right of individual or collective self-defence if an armed attack occurs. A further lawful use of force is envisaged in Article 42, whereby the Security Council may take military enforcement measures in conformity with Chapter VII of the Charter" [cfr. *Legality Of The Threat* (…), *I.C.J. Reports* 1996, parág. 38]. Sem afirmar expressamente que a Carta actualmente (com a perda de vigência da parte final do artigo 53, n.º 1 relativa aos Estados inimigos: ver, *supra*, parág. 30) não reconhece mais nenhuma base para o uso da força pelo Conselho de Segurança, deixou-o implícito ao não citar mais nenhuma. Embora, claro está, exista ainda o caso do artigo 53, n.º 1, segunda parte, sobre as habilitações regionais.

[1834] Existem autores que distinguem entre a primeira parte e a segunda parte do artigo 42. Alegam que nesta última seria possível uma mera habilitação aos Estados membros, não sendo necessário o comando do Conselho [assim: Udo Fink, *Kollektive Friedenssicherung – Kapitel VII UN-Charta in der Praxis des Sicherheitsrats der Vereinten Nationen*, Teil 2, Frankfurt am Main, 1999, pág. 596-598; Ferdinand Trauttmansdorff, *Die Organe der Vereinten Nationen*, em *Die Vereinten Nationen – Recht und Praxis* (hrsg. F. Cede/L. Sucharipa-Behrmann), Wien/München, 1999, pág. 25-53, na pág. 33]. No entanto, ambas as partes do preceito se encontram ligadas, sendo a segunda uma mera exemplificação das medidas que podem ser levadas a cabo sob direcção do Conselho, ainda que por meio de forças fornecidas pelos Estados membros; que, desta forma, se convertem em forças das Nações Unidas (ver, *infra*, parág. 54.1). Daí que a segunda parte se inicie por uma remissão para a primeira parte do artigo, ao referir-se a "Tal acção" ("Such action"). Sobre a direcção das forças pelo Conselho à luz do artigo 42 e sua importância, ver, *infra*, parág. 75 e 75.1.2.

das Nações Unidas, seja o Secretário-Geral, seja concretamente o comandante da Força, sob autoridade daquele[1835].

Além do artigo 42, o único preceito que merece referência é o artigo 53, n.º 1, segunda parte, já que este consagra expressamente o uso privado habilitado da força na sua vertente regional. Ora, a decisão de habilitar uma estrutura regional ao uso da força é em si uma componente do poder público bélico (em sentido estrito). Contudo, por um lado, os pressupostos de aplicação do artigo 53, n.º 1, segunda parte, são idênticos aos do artigo 42; isto é, é necessário uma qualificação da situação à luz do artigo 39 e que os meios pacíficos sejam inadequados.

Por outro lado, a aprovação de uma habilitação constitui uma manifestação secundária do poder público bélico (em sentido estrito) pela qual em rigor as Nações Unidas se abstêm de exercer este poder, confiando o seu uso a entidades terceiras. Só no seu sentido amplo, o poder público bélico compreende igualmente o uso privado habilitado da força, seja na sua vertente regional, baseado neste artigo 53, n.º 1, segunda parte, seja na sua vertente estadual, que tem base na prática do Conselho à luz do Capítulo VII[1836].

**51. A legítima defesa pública.** A legítima defesa pública, isto é, a que é exercida por Forças das Nações Unidas, é um outro fundamento para o uso público da força, embora não constitua um exercício do poder público bélico internacional[1837]. Resulta claro, desde logo à luz de prática consensual, que o seu exercício é legítimo, no respeito do seu regime; mas a figura não tem fundamento expresso na Carta.

Trata-se de uma utilização da força baseada numa causa de exclusão da ilicitude, mas que é ainda um uso público da força. A natureza pública advém-lhe neste caso da qualidade da entidade que utiliza a força, as Nações Unidas.

A Carta apenas consagra expressamente a legítima defesa privada, não regulando a legítima defesa exercida pela organização[1838]. Com efeito, o artigo 51 apenas se aplica à legítima defesa exercida pelos Estados ou por organizações por estes criadas, no exercício da denominada legítima defesa

---

[1835] Ver, *infra*, parág. 53, 61-62 e 75.1.

[1836] Ver, supra, parág. 9.2 e 9.3 e, *infra*, parág. 74-75.

[1837] O seu conceito ficou já analisado; ver, *supra*, parág. 6.

[1838] Como bem sublinha L-A Sicilianos, *Le Contrôle* (...), cit., pág. 90; ver ainda Joseph P. Bialke, *United Nations Peace Operations: Applicable Norms and the Application of the Law of Armed Conflict*, AFLR, Vol. 50, 2001, pág. 1-63, na pág. 19.

colectiva[1839]. Mas em rigor a legítima defesa pública própria não necessita de qualquer base jurídica expressa na Carta, devendo-se entender que decorre do Direito Internacional Costumeiro. Tal como os Estados e organizações regionais ou internacionais gozam do direito de legítima defesa para proteger os seus direitos à luz do Direito Internacional Costumeiro, igualmente às Nações Unidas se deve reconhecer o mesmo direito[1840, 1841].

De resto, em última instância, embora sejam realidades distintas, o direito de legítima defesa da Força tem em diversas situações ainda uma base última no direito de legítima defesa pessoal que cabe a cada indivíduo, decorrente dos direitos individuais, de que gozam igualmente os membros da Força. Qualquer pessoa que se veja a si própria ou aos seus bens atacada ilicitamente pode responder com a força para repelir a agressão, dentro de certos limites. Contudo, apesar de a existência desta relação de fundamentação entre a legítima defesa pessoal dos membros da Força e a legítima defesa pública, trata--se de figuras distintas[1842], que se aplicam em princípio a situações diferentes.

Mas a questão essencial é saber se a primeira está sujeita aos mesmos termos aplicáveis à legítima defesa privada; isto é, essencialmente, estadual e de organizações intergovernamentais[1843].

Ficou sustentado que de acordo com os termos do artigo 51 CNU, a legítima defesa privada está sujeita à ocorrência de um ataque armado, não podendo ser utilizada contra uma agressão que não possa ser qualificada como tal. Este ataque deve ser actual, o que exclui as situações de alegada

---

[1839] Recorde-se que a razão que levou à consagração do artigo 51 não foi propriamente legitimar o exercício da legítima defesa pelos Estados, questão que sempre foi pacífica, mas sim esclarecer que igualmente organizações ou estruturas regionais poderiam exercer a legítima defesa, própria e, sobretudo, de terceiro (ver, *supra*, parág. 12.7).

[1840] Trata-se de conclusão que se retira, desde logo, por analogia a partir da legítima defesa privada. Mas que é confirmada por toda a prática de consagração da figura a propósito da criação das diversas forças de manutenção da paz (ver no presente parágrafo). Assim, o Secretário-Geral afirmou: "the right of self-defence inherent in any United Nations peace-keeping operation" [cfr. *Report Of The Secretary-General Pursuant To Security Council Resolutions 982 (1995) And 987 (1995)* (UN Doc. S/1995/444), 30 May 1995, parág. 56].

[1841] A Doutrina tem considerado a legítima defesa como um direito inerente em qualquer operação das Nações Unidas: Yasushi Akashi, *The Use of Force in a United Nations Peace-Keeping Operation: Lessons Learnt From The Safe Areas Mandate*, FILJ, Vol. 19, 1995, pág. 312-323, na pág. 317; Christopher Greenwood, *Protection Of Peacekeepers: The Legal Regime*, DJCIL, Vol. 7, 1996, pág. 185-207, na pág. 198.

[1842] Sobre a diferença entre ambas, ver, *supra*, parág. 7.

[1843] Portanto, as entidades vinculadas pela proibição de uso da força nas relações internacionais, sem prejuízo de esta em situações excepcionais se aplicar igualmente a movimentos estabilizados sem estatuto de Estado (ver, *supra*, parág. 10.5.2).

legítima defesa preventiva e apenas tolera, em situações excepcionais, uma legítima defesa preemptiva que constitui uma mera causa de exclusão da responsabilidade[1844]. Será este regime aplicável à legítima defesa pública? A resposta, segundo se julga, deve ser negativa. A prática do Conselho parece inequívoca em conferir às forças das Nações Unidas um regime bem mais liberal. Resulta claro que não é necessário estar-se perante um ataque armado (isto é, uma agressão em larga escala) para que estas possam recorrer à legítima defesa. Tal decorre da consagração, designadamente, da legítima defesa para garantir a liberdade de movimentos e, em geral, a execução do mandato[1845]. Isto é, uma Força das Nações Unidas para usar a força em legítima defesa não necessita de ter sido objecto de um ataque armado. Quando tal decorra do seu mandato, basta que os seus movimentos tenham sido ilicitamente limitados colocando em causa a execução daquele.

Este regime específico justifica-se em duas considerações. Por um lado, a utilização da força pelas Nações Unidas não se encontra sujeita à desconfiança que atinge o uso privado da força. Não prosseguindo, ao menos no plano jurídico, interesses privados internacionais, esta utilização da força é considerada como visando objectivos de "interesse comum", como refere o preâmbulo da Carta. É esta circunstância que justifica igualmente o regime próprio do poder público bélico, enquanto excepção (interpretativa) à proibição de uso privado da força[1846]. Este raciocínio é válido para a legítima defesa para garantir o exercício do mandato, mas igualmente para a legítima defesa própria de uma Força atacada. A defesa de um instrumento público, como é o caso de uma Força das Nações Unidas, é sempre de interesse comum.

A exigência de ocorrência de um ataque armado para legitimar uma defesa privada justifica-se em abusos históricos de meros incidentes para desencadear uma agressão armada[1847]. Estes receios não se aplicam em relação às Nações Unidas. Daí que tecnicamente a legítima defesa não é sequer utilizada para justificar uma violação defensiva da proibição de uso da força, que não vincula as Nações Unidas, mas sim o desrespeito dos direitos do Estado alvo ou dos indivíduos atingidos.

Por outro lado, as situações em que se encontram normalmente forças da Organização são completamente diferentes das situações normais próprias das forças estaduais. Estas últimas encontram-se, regra geral, organizadas

---

[1844] Sobre estes aspectos do regime da legítima defesa privada, ver, *supra*, parág. 12.1.
[1845] Ver, sobre esta figura, *supra*, parág. 6.
[1846] Ver, *supra*, parág. 39.
[1847] Ver, *supra*, parág. 12.1.

por detrás de fronteiras claras que não necessitam de cruzar. As forças das Nações Unidas têm sido colocadas na maioria dos casos em locais onde se encontram dois ou mais beligerantes, sendo necessário à Força a circulação por espaços sob domínio de cada um destes. Uma exigência de ataque armado para que seja possível recorrer à legítima defesa perde todo o sentido. Os mandatos humanitários para protecção de localidades e civis também não se compadecem com uma exigência de um ataque armado. Qualquer agressão a civis deve legitimar imediatamente uma reacção de legítima defesa de terceiro, se tal estiver previsto no seu mandato.

A prática sugere igualmente que a legítima defesa preemptiva se encontra abrangida pela legítima defesa pública enquanto causa de exclusão da ilicitude. Isto é, esta não se encontrará restringida a gozar excepcionalmente de uma mera exclusão de responsabilidade como ocorre quando estão em causa entidades privadas[1848, 1849].

---

[1848] Assim, este regime decorre do mandato da Força das Nações Unidas na Serra Leoa (UNAMSIL) constante da Resolução 1313 (2000), de 4 de Agosto (texto em RSSC, 2000, pág. 52-53), parág. 3, al. b): "To deter and, where necessary, decisively counter the threat of RUF attack by responding robustly to any hostile actions or **threat of imminent and direct use of force**". Esta atribuição pelo Conselho constitui uma verdadeira consagração de um regime de legítima defesa pública preemptiva. O ataque tem de estar efectivamente iminente. O Secretário--Geral chegou a invocar este regime para tentar justificar uma operação da UNAMSIL: "In addition, UNAMSIL received indications that the group might have considered joining RUF and attacking UNAMSIL. To pre-empt such an attack, UNAMSIL launched a military operation on 22 July to remove illegal checkpoints and to clear the Occra Hills area of armed groups" [cfr. Quinto Relatório do Secretário-Geral sobre a UNAMSIL, de 31 de Julho de 2000 (texto em UN Doc. S/2000/751), parág. 23]. Não parece, contudo, que estivessem reunidos os seus pressupostos (ver sobre a UNAMSIL, *infra*, parág. 68).

Do mesmo modo, em relação à UNPROFOR, o Secretário-Geral afirmou "a general pre-emptive use of force to ensure security or freedom of movement would lead to an escalation that would make UNPROFOR a party to the conflict" [cfr. *Report Of The Secretary-General Pursuant To Security Council Resolutions 982 (1995) And 987 (1995)* (UN Doc. S/1995/444), 30 May 1995, parág. 56]. Ou seja, ainda que um direito geral de legítima defesa preemptiva fosse de exercício inconveniente ou mesmo abusivo, um uso preemptivo localizado seria lícito.

Igualmente ao nível das regras quanto à utilização da força pelos comandantes das forças das Nações Unidas tem sido permitido o uso da força contra meras ameaças. Assim, o comandante da UNOSOM II por decisão de finais de Maio de 1993 interpretou mesmo latamente o termo ameaça: "Organized, armed militias, technicals and other crew served weapons are considered a threat to UNOSOM Forces and may be engaged without provocation" (cfr. F. M. Lorenz, *Rules Of Engagement In Somalia: Were They Effective?*, NLR, Vol. 42, 1995, pág. 62-78, na pág. 65-66). Interpretadas literalmente como permitindo o uso da força contra quaisquer grupos armados ou indivíduos portadores de armas pesadas, independentemente de mostrarem quaisquer sinais de hostilidade, estas regras suscitam reservas. É certo

Em relação aos requisitos, julga-se que o regime é idêntico. Também a legítima defesa pública se encontra sujeita aos princípios da necessidade e proporcionalidade em termos idênticos aos da legítima defesa privada[1850]. Como ficou escrito, a legítima defesa pública pode também abranger a protecção de terceiro. Contudo, por força da natureza internacional da Força e dos limites a que está sujeito o seu mandato, especialmente se for consensual, a permissão para a defesa de terceiros (máxime, civis e membros de organismos humanitários) do fogo das partes beligerantes deve constar do mandato da Força, embora não necessariamente de forma expressa. Assim, se o mandato da Força compreender a criação de condições para facilitar a distribuição do auxílio humanitário ou para o melhoramento das condições dos civis, poder-se-á depreender que estará legitimado o uso da força em defesa destes contra ataques directos. Obviamente, se a Força (isto

---

que a UNOSOM II não actuava com base em legítima defesa, mas com poderes coercivos (ver, *infra*, parág. 66), mas estas regras parecem dificilmente compatíveis com o princípio da necessidade que constitui um limite para o exercício deste.

O mesmo regime tem sido aplicado mesmo a forças organizadas por entidades privadas com base numa decisão do Conselho. Assim, a Resolução 1031 (1995), de 15 de Dezembro (texto em RDSCOR, 1995, pág. 18), que cria a IFOR (Força multinacional na Bósnia-Herzegovina, sob direcção da OTAN), no seu parág. 17, estipula: "Authorizes Member States to take all necessary measures, at the request of IFOR, either in defence of IFOR or to assist the force in carrying out its mission, and recognizes the right of the force to take all necessary measures to defend itself from attack or **threat of attack**". A mesma cláusula de poderes consta da Resolução 1088 (1996), de 12 de Dezembro, parág. 20 (texto em RDSCOR, 1996, pág. 42), relativa à sua substituição pela SFOR; bem como das Resoluções que renovam a habilitação aos poderes da SFOR: 1174 (1998), de 15 de Junho, parág. 12 (texto em RSSC, 1998, pág. 47); 1247 (1999), de 18 de Junho, parág. 12 (texto em RSSC, 1999, pág. 38); e 1305 (2000), de 21 de Junho, parág. 12 (texto em RSSC, 2000, pág. 35-39); Resolução 1357 (2001), de 21 de Junho [texto em UN Doc. S/RES/1357 (2001)], parág. 12 (sobre a IFOR e a SFOR, ver, *infra*, parág. 67).

Deste modo, a mera ameaça de um ataque legitima a utilização de todas as medidas necessárias, incluindo a força. Trata-se, segundo se julga, de uma consagração da legítima defesa preemptiva, mas já não da "legítima defesa preventiva" (ver, *supra*, parág. 12.1). Assim, esta resolução limita-se a conferir a uma entidade internacional privada o direito de utilizar um regime idêntico ao da legítima defesa pública (ver, *infra*, no texto).

[1849] A questão não tem merecido grande atenção. Em sentido afirmativo, de forma sucinta: D. Bowett, *United Nations* (...), cit., pág. 202 (em relação à ONUC); A. Karaosmanoglu, *Les actions* (...), cit., pág. 163-164 (em relação à UNFICYP); A. Perez, *On the Way* (...), cit., pág. 413, nota 306; J. Bialke, *United Nations Peace* (...), cit., pág. 20-21; ver as dúvidas de Katherine E. Cox, *Beyond Self-Defense: United Nations Peacekeeping Operations & the Use of Force*, DJILP, Vol. 27, 1999, pág. 239-273, na pág. 270.

[1850] Ver, *supra*, parág. 12.6 e, mais desenvolvidamente, *infra*, parág. 87-88.

é, os seus órgãos) tiver recebido uma delegação para exercer o poder público bélico, terá igualmente base para exercer a legítima defesa de terceiro de acordo com os termos do seu mandato.

Mesmo as forças consensuais podem ainda ir mais longe e utilizar a legítima defesa para assegurar as condições necessárias ao cumprimento do seu mandato, especialmente a sua liberdade de movimentos. Mais uma vez esta utilização depende dos termos do seu mandato, não podendo presumir-se, embora não necessite de ter base expressa.

A delegação de poderes quanto à legítima defesa de terceiro ou para levar a cabo o mandato não precisa de ser baseada no Capítulo VII[1851]. Se as partes tiverem aceite o mandato, aceitaram igualmente que a Força empregue a força perante a criação activa de obstáculos. Estas podem, pois, basear-se no Capítulo VI[1852]. De facto, o Conselho de Segurança já autorizou forças de manutenção da paz a utilizar a força para assegurar o desempenho do seu mandato sem base no Capítulo VII o que confirma, por um lado, que considerava ainda estar fora do domínio do poder público bélico e, por outro, que é desnecessário fundamento no Capítulo VII[1853].

---

[1851] Neste sentido, também: T. Christakis, *L'Onu* (...), cit., pág. 162.

[1852] Sobre a possibilidade de o Conselho de Segurança criar forças de manutenção da paz, portanto, consensuais, perante situações típicas do Capítulo VI, ver, *infra*, parág. 56.2.

[1853] Assim, o Conselho de Segurança, na sua Resolução 467 (1980), de 24 de Abril (texto em RDSCOR, 1980, pág. 7-8), a propósito da UNIFIL, no seu preâmbulo: "(d) That "self-defence would include resistance to attempts by forceful means to prevent it from discharging its duties under the mandate of the Security Council"". Esta posição seria reafirmada na Resolução 488 (1981), de 19 de Junho (texto em RDSCOR, 1981, pág. 3-4), preâmbulo; Resolução 498 (1981), de 21 de Dezembro (texto em RDSCOR, 1981, pág. 6-7), parág. 5; e Resolução 501 (1982), de 25 de Fevereiro, parág. 3 (texto em RDSCOR, 1982, pág. 2-3). Embora a situação em que foi criada a Força fosse claramente típica do Capítulo VII nada sugere nestas resoluções que o Conselho se tivesse baseado neste. Ora, na ausência de uma referência a este (seja pela qualificação nos termos do artigo 39, seja pela menção ao Capítulo VII, expressa ou referindo preceitos do seu regime), se se tratar de uma questão de manutenção da paz, estar-se-á perante um caso de aplicação do Capítulo VI (ver, *supra*, parág. 49.1).

É certo que nos últimos anos se tem verificado algum cuidado por parte do Conselho em invocar expressamente o Capítulo VII mesmo para reconhecer a forças das Nações Unidas a faculdade de recorrer a uma legítima defesa pública alargada. Assim, por exemplo, a Resolução 1270 (1999), de 22 de Outubro (texto em RSSC, 1999, pág. 68-71), que cria a UNAMSIL na Serra Leoa, afirma no parág. 14: "Acting under Chapter VII of the Charter of the United Nations, decides that in the discharge of its mandate UNAMSIL may take the necessary action to ensure the security and freedom of movement of its personnel and, within its capabilities and areas of deployment, to afford protection to civilians under imminent threat of physical violence, taking into account the responsibilities of the Government of Sierra Leone and ECOMOG". No entanto, tendo em conta a prática anterior e os termos gerais das forças de manutenção da paz, julga-se que tal é desnecessário.

Mas determinado que o regime da legítima defesa pública é mais liberal do que o da privada, cabe questionar se o Conselho poderá habilitar entidades privadas internacionais (máxime, Estados e organizações intergovernamentais) a exercer a legítima defesa com um regime idêntico ao da primeira. A prática parece confirmar que sim. Houve, desde logo, casos em que Estados membros foram autorizados a defender uma Força das Nações Unidas, ou a auxiliá-la no cumprimento do seu mandato (sem que se possa considerar que ficassem efectivamente subordinados a esta[1854]), em termos mais latos do que o da legítima defesa privada; portanto, com um regime próprio da legítima defesa pública. Embora no caso mais importante tenham ficado sujeitos a instruções específicas nesse sentido, altura em que não se pode falar exactamente numa habilitação, mas numa permissão limitada[1855].

Mas noutros casos, uma Força multinacional foi habilitada a usar a força defensiva em termos amplos para cumprir um mandato de mera manutenção da paz[1856]. Embora nestes casos não pareça que o regime aplicável fosse efectivamente a legítima defesa pública na sua amplitude, mas antes a mera auto-tutela defensiva. Mas existiram situações em que o Conselho acompanhou uma habilitação ao uso de poderes coercivos com uma permissão

---

[1854] Caso contrário, converter-se-iam em parte da Força das Nações Unidas (ver, *supra*, parág. 9.1 e 54.1) e ficariam simplesmente sujeitos ao regime da legítima defesa pública, deixando-se de se poder falar numa habilitação.

[1855] Ver, sobre a UNPROFOR, *infra*, parág. 67.

[1856] Assim, na Resolução 1101 (1997), de 28 de Março (texto em RSSC, 1997, pág. 12--13), parág. 4, depois de autorizar Estados membros a criarem uma Força multinacional de protecção humanitária na Albânia, o Conselho acrescentou: "acting under Chapter VII of the Charter of the United Nations, further authorizes these Member States to ensure the security and freedom of movement of the personnel of the said multinational protection force". O seu mandato foi alargado ligeiramente pela Resolução 1114 (1997), de 19 de Junho (texto em RSSC, 1997, pág. 24-26), parág. 3, mas quanto ao recurso à força foi mantido nos mesmos termos (parág. 4). Ou seja, a Força não tem poderes públicos bélicos, mas pode exercer a legítima defesa com um regime mais liberal do que o da legítima defesa privada, pelo menos quanto à garantia da sua liberdade de movimentos. Embora este possa ser explicado por um simples recurso à auto-tutela defensiva. A Força foi criada a pedido da Albânia (ver sobre esta Força, *infra*, parág. 75.3).

Do mesmo modo, a Missão Inter-Africana de Monitorização da Execução dos Acordos de Bangui (MISAB), mera Força de manutenção da paz na República Centro Africana, foi igualmente autorizada a usar a força em sua defesa e para garantir a sua liberdade de movimentos. Ver as Resoluções 1125 (1997), de 6 de Agosto, parág. 3; 1136 (1997), de 6 de Novembro, parág. 4 (texto de ambas em RSSC, 1997, pág. 43-44 e 59-60); 1152 (1998), de 5 de Fevereiro, parág. 5; 1155 (1998), de 16 de Março, parág. 4 e 1159 (1998), de 27 de Março (texto destas em RSSC, 1998, pág. 8, 13 e 18).

para recorrer a um regime que parece efectivamente idêntico ao da legítima defesa pública em relação a forças multinacionais ou regionais de imposição da paz[1857].

A questão a determinar é se será necessário um acto baseado no Capítulo VII para que se verifique este alargamento dos termos da legítima defesa privada de modo a conferir-lhe o âmbito da pública. De facto, este alargamento opera por um acto constitutivo, que altera a situação jurídica dos Estados. É certo que estes por meio da auto-tutela defensiva poderiam chegar a resultados semelhantes[1858]. Mas estes não seriam idênticos. Como se verificou, a legítima defesa pública compreende medidas de defesa preemptiva. Mas embora a auto-tutela defensiva pareça compreender medidas preemptivas estritamente defensivas[1859], julga-se que o regime da legítima defesa

---

[1857] Assim, a citada Resolução 1031 (1995), de 15 de Dezembro, que cria a força multinacional IFOR dirigida pela OTAN na Bósnia-Herzegovina para garantir o cumprimento do Acordo de Dayton, em termos que compreendem a utilização do poder público bélico, estipula no já citado parág. 17: "Authorizes Member States to take all necessary measures, at the request of IFOR, either in defence of IFOR or to assist the force in carrying out its mission, and recognizes the right of the force to take all necessary measures to defend itself from attack **or threat of attack**". Isto é, além de estar legitimada a exercer o poder público bélico (parág. 15 e 16), pode exercer a legítima defesa em termos mais amplos do que permite a legítima defesa privada ou mesmo a tutela defensiva. Pode mesmo empregar medidas preemptivas perante meras ameaças de ataques. Assim, pela sua amplitude, parece mesmo que existiu aqui uma permissão para usar a força com um regime idêntico ao da legítima defesa pública. Claro está, o facto de esta ter sido habilitada a exercer poderes bélicos retirou grande parte da relevância prática a este regime. O mesmo regime consta das citadas Resoluções 1088 (1996), de 12 de Dezembro de 1996, relativa à sua substituição pela SFOR; 1174 (1998), de 15 de Junho, parág. 12; 1247 (1999), de 18 de Junho, parág. 12; e 1305 (2000), de 21 de Junho, parág. 12; Resolução 1357 (2001), de 21 de Junho, parág. 12.

[1858] Ficou sustentado que esta figura permite exercer medidas defensivas que se integrariam perfeitamente no âmbito da legítima defesa, não fora a exigência de ocorrência de um ataque armado constante do artigo 51 CNU (ver, sobre esta figura, *supra*, parág. 12.1). Ora, considera-se lícito à luz do Direito Internacional Costumeiro a um ou mais Estados exerceram funções de mera manutenção da paz (isto é, por meio de uma força consensual, imparcial e sem poderes bélicos) em um outro Estado (ver, *supra*, parág. 32.7) e utilizarem a força em auto-tutela defensiva para garantir o cumprimento do seu mandato, caso tal lhes tenha sido reconhecido pelo acordo constitutivo com as partes beligerantes. Deste modo, a resolução do Conselho de Segurança nada mais faria do que confirmar uma situação já existente. O problema é que a legítima defesa pública é mais ampla do que a soma das faculdades conferidas pela legítima defesa privada e tutela defensiva, máxime, por justificar juridicamente (e não apenas excepcionalmente excluir a responsabilidade) acções preemptivas em larga escala.

[1859] Ver, *supra*, parág. 12.1 e 12.2.

pública é mais liberal, permitindo acções preemptivas em larga escala e perante actos cuja iminência é menos efectiva. Assim, quando se pretenda permitir acções desta última espécie, julga-se que será mesmo necessário uma habilitação (constitutiva) com base no Capítulo VII. Pelo contrário, quando se se tratar simplesmente de permitir uma acção defensiva para garantia da liberdade de movimentos ou de acções preemptivas limitadas, provavelmente tal será desnecessário, tal como o é em relação a uma Força das Nações Unidas. A prática, contudo, tem sido cautelosa e o Conselho tem invocado sistematicamente o Capítulo VII[1860].

De qualquer modo, nestes casos não se estará exactamente perante um uso privado habilitado da força[1861] porquanto a legítima defesa pública tem pressupostos rigorosos, enquanto causa de justificação. Está-se antes perante uma permissão quanto à aplicação de um regime mais liberal de defesa por meio da criação de uma excepção ao regime da legítima defesa privada que o torna idêntico ao da pública. Claro está, nestes casos nunca se estará perante um exercício do poder público bélico, nem sequer em sentido amplo.

**52. Enquadramento geral.** A Carta, no seu Capítulo VII, consagrou um sistema faseado bastante cristalino quanto ao exercício do poder público bélico.

Como se verificou, pressuposto essencial é que uma dada situação seja qualificada à luz do artigo 39 como uma ameaça à paz, ruptura da paz ou agressão[1862]. Sem esta qualificação, ao menos implícita, não será possível qualquer utilização das competências públicas previstas no Capítulo VII[1863].

Mesmo operada a qualificação, o Conselho pode fazer um juízo global sobre a questão e optar por adoptar meras recomendações sobre esta, à luz deste artigo 39, mantendo, pois, o grau jurídico da sua intervenção ao nível do Capítulo VI[1864]. Com efeito, a diferença básica entre o regime do Capítulo VI e o do VII não tem a ver necessariamente com as diferentes medidas jurídicas susceptíveis de ser adoptadas, mas sim com os diferentes pressupostos que têm de estar reunidos para que estas o sejam.

---

[1860] As referidas Resoluções 1101 (1997), de 28 de Março, parág. 4, e 1114 (1997), de 19 de Junho, parág. 4, são baseadas expressamente no Capítulo VII. O mesmo se passa com as citadas Resoluções em relação à IFOR/SFOR e à MISAB.

[1861] Sobre este, ver, *supra*, parág. 9 e, *infra*, parág. 70-75.

[1862] Sobre estas ver, *infra*, parág. 77-81.

[1863] Ver, *supra*, parág. 49.1.

[1864] Embora com limitações que aumentam na proporção directa da gravidade da questão; ver, *infra*, parág. 77.

Assim, o elemento que permite distinguir ambos os Capítulos é a espécie de questões a que se visam aplicar. No caso do Capítulo VI, meras controvérsias cuja subsistência as poderá converter em perigos para a manutenção da paz e segurança internacionais ou situações análogas (artigos 33, n.º 1 e 34 CNU). No caso do Capítulo VII, questões de ameaça à paz, ruptura desta ou agressão. Claro está, cabendo tal qualificação ao Conselho e tratando-se de uma qualificação em relação à qual goza de ampla margem de autonomia[1865], este no fundo determina em grande medida qual o regime a aplicar.

Mas, tal como este não pode aplicar o regime do Capítulo VII a situações que inequivocamente são próprias do Capítulo VI[1866], também não se afigura correcto que considere aplicável o Capítulo VI quando se está perante uma questão própria do Capítulo VII. É necessário, porém, sublinhar que, neste último caso, não é possível sustentar que tal seja causa de antijuridicidade dos actos assim aprovados. O Conselho tem nesta matéria uma intervenção constitutiva. Ainda que a situação de facto seja claramente própria do Capítulo VII, se o Conselho não realizar a indispensável qualificação à luz do artigo 39 será necessário concluir que se está perante uma aplicação do regime do Capítulo VI[1867, 1868].

---

[1865] Ver, *infra*, parág. 77.

[1866] Podendo uma qualificação de ameaça à paz manifestamente errónea de uma situação própria do Capítulo VI ser causa de invalidade da Resolução; ver, *infra*, parág. 77 e 79.

[1867] A prática do Conselho tem ainda ido mais longe. Este normalmente apenas realiza uma qualificação nos termos do artigo 39 ou invoca o Capítulo VII quando decidiu adoptar medidas obrigatórias. Assim, algumas vezes, mesmo perante conflitos armados internacionais que constituíam inequívocas situações típicas do Capítulo VII, o Conselho preferiu recorrer a qualificações próprias do Capítulo VI, mantendo-se sob o regime deste.

Assim, na Resolução 514 (1982), de 12 de Julho (texto em RDSCOR, 1982, pág. 19), preâmbulo, e Resolução 522 (1982), de 4 de Outubro (texto em RDSCOR, 1982, pág. 19--20), preâmbulo, ambas sobre a situação entre o Irão e o Iraque, em que fala em "endangering peace and security", apesar da situação constituir uma clara ruptura da paz. Também o conflito armado entre a Arménia e o Azerbaijão seria tratado da mesma forma na Resolução 822 (1993), de 30 de Abril, preâmbulo, Resolução 874 (1993), de 14 de Outubro, preâmbulo e parág. 10, e Resolução 884 (1993), de 12 de Novembro (textos em RDSCOR, 1993, pág. 70-74), preâmbulo e parág. 6 ("undermine" ou "endanger peace and security in the region"). Trata-se de situações que revelaram a incapacidade ou ausência de vontade política do Conselho para pôr termo mesmo a conflitos internacionais, constituindo neste segundo caso omissões ilícitas da sua parte. Muito embora pudesse ter recorrido às mesmas medidas não vinculativas nos termos do artigo 39 ou 40 da Carta, este preferiu ignorar a realidade dos factos, preocupado com o risco de uma qualificação à luz do Capítulo VII o tornar parte numa espiral viciosa de progressivo agravamento da sua intervenção e responsabilidade.

Em outros casos, o Conselho, em situações típicas do Capítulo VII, reconheceu implícita-

De qualquer forma, o Capítulo VII permite ao Conselho a utilização de medidas idênticas às do Capítulo VI, nos termos dos artigos 39 e 40. Estranho seria que o não fizesse. A resolução de conflitos armados ou de ameaças à paz não se compadece com qualquer obrigatoriedade de recurso a determinadas medidas ou sequer com uma limitação do leque de medidas utilizáveis[1869].

---

mente a situação, mas preferiu não usar terminologia própria de nenhum dos Capítulos. Assim, na Resolução 27 (1947), de 1 de Agosto (texto em RDSCOR, 1947, pág. 6), sobre a questão da Indonésia, afirma: "Noting with concern the hostilities in progress between the armed forces of the Netherlands and the Republic of Indonesia", mas depois utilizou termos puramente apelativos. Embora o estatuto da Indonésia como Estado não se encontrasse completamente esclarecido (esta declarara a sua independência em 17 de Agosto de 1945 e no Acordo de Linggadjati de 25 de Março de 1947 com a Holanda esta reconheceu a efectividade da Indonésia em partes apreciáveis do território, bem como a sua constituição como Estado Federal), a situação podia ser qualificada como uma ruptura da paz ou, pelo menos, como uma ameaça à paz. A proposta de resolução da Austrália falava em ruptura da paz, tal como vários Estados durante a sua discussão e em posteriores reuniões (cfr. RPSC, 1946-1951, Chapter 11, pág. 430-433). O Conselho reconheceu o carácter internacional da situação ao designar a Indonésia como República da Indonésia e, na sua Resolução 32 (1947), de 26 de Agosto (texto em RDSCOR, 1947, pág. 8), ao falar no Governo Indonésio.

Igualmente na sua Resolução 1177 (1998), de 26 de Junho (texto em RSSC, 1998, pág. 52-54), perante o eclodir das hostilidades entre a Eritréia e a Etiópia, limitou-se a exigir o cessar-fogo, sem qualquer qualificação da questão à luz do artigo 39. Segundo se julga, consequentemente, o seu acto não teve qualquer obrigatoriedade. Só posteriormente viria a realizar a qualificação de ameaça à paz, quando se estava perante uma clara ruptura da paz ou, provavelmente, mesmo uma agressão por parte da Eritréia.

[1868] Sobre esta questão da necessidade de uma qualificação à luz do artigo 39, ver, *supra*, parág. 49.1.

[1869] Como afirmaram os EUA, em 6 de Outubro de 1948, na 363.ª reunião do Conselho, a propósito da questão da Palestina: **"the fact this matter comes before the Council under Chapter VII of the Charter does not mean that the Council is precluded from using any of the machinery of pacific settlement suggested in any other part of the Charter**. In this case, as in all cases that come before it, **the Security Council has the greatest flexibility of action** in order to carry out the primary responsibility conferred upon it for the maintenance of peace" (cfr. RPSC, 1946-1951, Chapter 11, pág. 441). Também a França declarara: "continued efforts of pacific settlement under Chapter VI, as proposed by the United Kingdom, were not inconsistent with the recognition that there was a threat to peace as envisaged in the United States draft resolution within the framework of Chapter VII" (cfr. RPSC, cit., pág. 436).

Igualmente o Tribunal Internacional de Justiça afirmou: "Articles of Chapter VII of the Charter speak of 'situations' as well as disputes, and it must lie within the power of the Security Council to police a situation even though it does not resort to enforcement action against a State" [cfr. *Certain expenses* (…), *I. C. J. Reports* 1962, cit., pág. 167]. Ver também: W. Michael Reisman, *The Constitutional Crisis in the United Nations*, AJIL, Vol. 87, No. 1, 1993, pág. 83-100, na pág. 88-89.

De qualquer modo, perante uma das três situações que são pressupostos de aplicação do Capítulo VII nos termos do artigo 39, o Conselho poderá eventualmente decidir ou recomendar a adopção pelas partes de medidas cautelares nos termos do artigo 40. O facto de estarem esclarecidas responsabilidades não será obstáculo à aplicação deste preceito, desde que o Conselho não se pronuncie sobre a questão de fundo[1870].

Se o Conselho entender que as recomendações seriam sempre inúteis ou se estas, sejam sobre a questão de fundo e sua execução (artigo 39), sejam cautelares (artigo 40), se tiverem revelado insuficientes, poderá recorrer à adopção de actos obrigatórios nos termos de qualquer destes artigos.

Não existe qualquer relação de sequência necessária entre as medidas não bélicas dos artigos 40 e 41 e as medidas bélicas do artigo 42. A Carta denomina as primeiras de preventivas e as segundas de coercivas. Trata-se de qualificação que se retira da contraposição entre ambas no artigo 1, n.º 1; artigo 2, n.º 5; artigo 5 e artigo 50[1871]. Em rigor, ambas são compulsivas, simplesmente as primeiras são pacíficas e as segundas em princípio não, já que podem implicar meramente a ameaça de uso da força por meio de demonstrações intimidativas.

O recurso às medidas bélicas, tal como em geral a quaisquer outras, está sujeito aos princípios da necessidade e da proporcionalidade[1872]. Mas, tal como decorre expressamente do artigo 42, cabe ao Conselho apreciar a adequação de medidas não bélicas, seja *a posteriori*, seja por antecipação, podendo decidir com alguma margem de discricionariedade que as primeiras seriam sempre inúteis e optar pelo recurso às segundas[1873, 1874]. Também o artigo 41 pode ser uma fase eventual. De facto, num caso de agressão

[1870] Ver, *supra*, parág. 50.2.

[1871] Ver, *supra*, parág. 31.2.

[1872] Ver, *infra*, parág. 87 e 88.

[1873] Assim, na Sexta Comissão da Assembleia Geral, o representante dos EUA afirmou: "the Charter did not state that all peaceful means of settlement had to be exhausted before the Security Council could impose such enforcement measures. The Charter did not provide such a limitation because the framers understood that the Council must have the flexibility to act effectively. By the same token, the imposition of sanctions should not and did not bar the further pursuit of appropriate peaceful means for settlement, which was what normally happened in the real world" [cfr. UNPR GA/L/3110 7th Meeting (AM) 15 October 1999].

[1874] Assim: Gowlland-Debbas, *Security Council Enforcement Action and Issues of State Responsibility*, ICLQ, 1994, vol. 43, n. 1, pág. 55-98, na pág. 62; George K. Walker, *United States National Security Law And United Nations Peacekeeping Or Peacemaking Operations*, WFLR, Vol. 29, 1994, pág. 435-509, na pág. 454; U. Villani, *L'Intervento* (...), cit., pág. 37--38; L. Fielding, *Taking The Next Step* (...), cit., pág. 372.

aberta, a adopção de medidas não bélicas pode ser considerada desnecessária, e o Conselho decidir recorrer apenas às bélicas. Embora a situação normal seja a de acumulação de ambas, designadamente como forma de impedir o comércio de armamento com o agressor, ainda que um dever de não fornecer armamento ao agressor se possa retirar directamente do artigo 2, n.º 5 CNU, segunda parte.

Isto é, em todo este procedimento apenas existe uma fase efectivamente necessária: a qualificação da situação à luz do artigo 39. Depois, o Conselho pode optar por qualquer medida, no respeito pelos seus deveres de actuação e de alguns limites, tendo em conta o fim da manutenção ou restabelecimento da paz: desde a mera recomendação até ao exercício do poder público bélico.

A decisão do Conselho quanto à natureza jurídica das medidas a adoptar ou quanto aos seus termos, embora se caracterize por uma apreciável margem de discricionariedade, encontrar-se-á limitada por exigências decorrentes do princípio da necessidade e proporcionalidade, embora a fiscalização do seu respeito seja relativamente limitada[1875].

**53. A Comissão de Estado-Maior.** A Carta estabelece que o uso da força deve ser levado a cabo por forças colocadas sob autoridade do Conselho de Segurança[1876]. Tal não significa que caiba ao Conselho de Segurança a direcção efectiva das acções militares.

A Carta prevê que o Conselho seja assistido na elaboração dos planos estratégicos para a utilização da força pela Comissão de Estado-Maior (artigo 46), cabendo a esta a direcção estratégica efectiva de todas as Forças colocadas sob a autoridade do Conselho, sujeita à intervenção deste (artigo 47, n.º 3). Fica igualmente previsto um comando militar, distinto desta Comissão (artigo 47, n.º 3, parte final)[1877].

A noção de "direcção estratégica" não é inteiramente líquida. Mas a Comissão de Estado-Maior foi constituída sob inspiração do modelo do comando unificado aliado durante a Segunda Guerra Mundial. Ora, a este cabia a tarefa de converter os objectivos políticos dos aliados em planos militares, tendo em conta as recomendações do comando militar. Assim, por

---

[1875] Ver, *infra*, sobre o controlo do poder do Conselho, parág. 77 e 90-98.
[1876] Ver, *infra*, parág. 75 e 75.1.2.
[1877] No *Report of Rapporteur of Committee III/3 to Commission III on Chapter VIII, Section B* (Doc. 881, June 10), em UNCIOSD, pág. 761-771, na pág. 768, sublinha-se que cabe à Comissão de Estado-Maior o comando estratégico, mas não o militar.

direcção estratégica deve entender-se essa função de interligação entre a direcção política e o comandante militar[1878].

A Comissão de Estado-Maior é composta pelos chefes de estado-maior dos membros permanentes, ou pelos seus representantes, e de outros Estados membros cuja presença seja útil, designadamente por contingentes seus participarem na Força das Nações Unidas (artigos 47, n.º 2 CNU). Porque tal nunca se passou, a Comissão tem sido constituída exclusivamente pelos referidos representantes dos membros permanentes.

Com efeito, na realidade, esta Comissão nunca teve qualquer papel efectivo na utilização da força pelas Nações Unidas[1879]. Apesar de reunir regularmente duas vezes por mês[1880], a Comissão não tem desempenhado qualquer função importante. Depois de durante os anos da Guerra Fria estas reuniões terem sido puramente formais, durando escassos minutos, servindo para pouco mais do que a marcação da data da reunião seguinte[1881], actual-

---

[1878] Neste sentido: James Houck, *Command and Control of United Nations Forces in the Era of Peace Enforcement*, DJCIL, Vol. 4, 1993, pág. 1 e segs., texto notas 31-34; igualmente D. Bowett, *United Nations* (...), cit., pág. 359; Jarat Chopra/Åge Eknes/Toralv Nordbø, *Fighting for Hope in Somalia*, JHA, 26 October 1995, *I. Peace-Enforcement*; Jarat Chopra, *Achilles' Heel in Somalia: Learning from a Conceptual Failure*, TILJ, Vol. 31, 1996, pág. 495-516, na pág. 498.

[1879] Depois de frustradas, em 1948, as suas iniciativas para aprovar um projecto de acordo para concretizar o artigo 43 CNU que reunisse o consenso entre os membros permanentes, esta Comissão somente em 1991 viria a ter algum destaque com a referência que lhe faz a referida Resolução 665 (1990), de 25 de Agosto, parág. 4, do Conselho de Segurança. Tal deveu-se a insistência soviética, mas mal passaria do papel. A Comissão limitar-se-ia a reunir informalmente duas ou três vezes em 1990 para facilitar a troca de informação sobre as operações de vigilância marítima do embargo ao Iraque. O frisar-se que se tratava de reuniões informais visou evitar que se considerasse que a Comissão estava a assumir as suas funções previstas pela Carta e a controlar efectivamente as operações ["The committee will be meeting informally since some of the powers fear that a formal meeting would signal that it had assumed control of Gulf forces; cfr. *UN military committee will discuss Gulf forces*, TT, October 26, 1990, Section: Overseas news; *Military Panel Of U.N. Plans Gulf Meeting*, WP, October 27, 1990, pág. A21; *UN votes to seek reparations from Iraq*, FT, October 30, 1990, pág. 6]. Daí que o Relatório do Conselho de Segurança não faça qualquer referência a estas actividades da Comissão, mantendo a estereotipada declaração habitual sobre as suas actividades [cfr. RSC, 1990-1991 (UN Doc. A/46/2), Chapter 16, pág. 202].

[1880] Assim, no período de Junho de 1999 a Junho de 2000 a Comissão reuniu 26 vezes [cfr. RSC, 1999-2000 (UN Doc. A/55/2), Chapter 37, pág. 219]. O mesmo fez, por exemplo, de 16 de Junho de 1993 a 15 de Junho de 1994 [cfr. RSC, 1993-1994 (UN Doc. A/49/2), Chapter 31, pág. 446] ou de 16 de Junho de 1990 a 15 de Junho de 1991 [cfr. RSC, 1990--1991 (UN Doc. A/46/2), Chapter 16, pág. 202].

[1881] É esta circunstância que explica que a Comissão de Estado-Maior na realidade seja sempre constituída por meros representantes dos chefes de estado-maior. Os representantes

mente estas limitam-se à discussão dos contactos estabelecidos com o con-selheiro militar do Secretário-Geral e com o Departamento de Questões de Desarmamento do Secretariado[1882].

Com efeito, o Conselho de Segurança tem muitas vezes optado por não utilizar a estrutura estabelecida pela Carta, preferindo recorrer a simples habilitações a Estados ou a organismos regionais para utilizarem a força. Trata-se de situações em que o uso da força escapa ao comando do Conselho e, consequentemente, à Comissão de Estado-Maior[1883]. Acresce que nunca foram celebrados acordos com natureza idêntica aos previstos no artigo 43 CNU, de forma a criar uma infra-estrutura jurídico-militar dirigida por esta Comissão.

Deste modo, nas poucas situações em que o sistema coercivo previsto no Capítulo VII foi utilizado, foi-o com adaptações. Assim, na formulação mais aproximada dos termos da Carta, o poder público bélico tem sido delegado num órgão das Nações Unidas, o Secretário-Geral ou no seu representante especial, que tem autoridade sobre o comandante da Força criada para o efeito[1884]. Por esta forma, a Organização mantém plena autoridade, por intermédio do Conselho de Segurança e destes órgãos que se lhe encontram subordinados. Contudo, tal tem sido feito com base nos referidos acordos específicos de fornecimento de efectivos e não estruturado na espécie de acordos previstos no artigo 43[1885].

Mas a utilização feita pelo Conselho do artigo 42 levanta outra questão, a das competências da Comissão de Estado-Maior. Esta não tem tido qualquer papel efectivo, em aparente desrespeito pelo artigo 47, especialmente o seu n.º 3. É o Secretário-Geral que na prática tem assumido as suas funções. Nos relatórios que apresenta ao Conselho fornece um quadro da situação de

---

dos EUA são um general ou um almirante acompanhado de um outro oficial de alta patente, enquanto os restantes membros se fazem representar por oficiais de alta patente do pessoal militar da respectiva embaixada junto das Nações Unidas ou dos EUA [cfr. RSC, 1999-2000, Chapter 37, pág. 219. Também Francis Delon, *La concertation entre les Membres Permanentes du Conseil de Sécurité*, AFDI, XXXIX, 1993, pág. 53-64, na pág. 54; Brun-Otto Bryde, *Article 47*, em *The Charter of the United Nations – A Commentary* (ed. Bruno Simma), München, 1994, pág. 644-651, na pág. 646].

[1882] Cfr. RSC, 1999-2000, Chapter 37, pág. 219. Que, tal como os anteriores relatórios, sublinha que "During the period, the Committee remained prepared to carry out the functions assigned to it under the terms of Article 47 of the Charter".

[1883] Ver, *infra*, parág. 70-75.

[1884] Ver sobre estas delegações, *infra*, parág. 61-62.

[1885] A simples não celebração de acordos nos termos preconizados pelo artigo 43 não é obstáculo ao recurso ao artigo 42 CNU (ver, *infra*, parág. 58.1).

facto e avança propostas de medidas a adoptar, militares ou outras, que normalmente são acolhidas. Igualmente, o Conselho de Segurança tem delegado neste a organização e estruturação das forças, bem como o poder de decidir o emprego efectivo da força. Em outros casos, o Conselho tem delegado directamente o poder bélico no representante especial, que tem autoridade sobre o comandante da Força, que serão nomeados pelo Secretário-Geral em consulta com o Conselho[1886].

O fundamento da delegação no Secretário-Geral pode ser encontrado no artigo 98 CNU[1887]; a delegação em outros órgãos como o representante especial do Secretário-Geral ou o comandante da Força pode retirar-se dos artigos 7, n.º 2 e 29 CNU[1888]. Mas se é possível fundamentar estas delegações, já se torna mais difícil justificar a exclusão da Comissão de Estado-Maior. É muito clara a sua competência como conselheira do Conselho de Segurança em matéria de manutenção da paz e direcção estratégica das Forças das Nações Unidas[1889].

Alguns argumentos jurídicos avançados como justificação não são inteiramente convincentes. Tem-se argumentado que a competência da Comissão de Estado-Maior apenas se aplicaria às forças utilizadas pelo Conselho de Segurança nos termos do artigo 42. Assim, desde logo, ficariam de fora as operações de manutenção da paz clássicas, isto é, baseadas no consenso das partes envolvidas, isentas e sem qualquer poder público bélico[1890].

---

[1886] Por exemplo, foi o que sucedeu com a UNTAET, criada pela Resolução 1272 (1999), de 25 de Outubro (texto em RSSC, 1999, pág. 73-76), que é autorizada a utilizar "all necessary measures to fulfil its mandate" (parág. 4), devendo todas as competências desta ser exercidas pelo representante especial (parág. 6).

[1887] Ver, *infra*, parág. 61.

[1888] Ver, *infra*, parág. 62.

[1889] Provavelmente foi este aspecto que levou o Secretário-Geral a afirmar, na 915.ª reunião do Conselho, em 8/9 de Dezembro de 1960, a propósito dos poderes coercivos da ONUC: "has the Council (...) ever given the Secretary-General or the Force the means – I mean now the legal means – by which we could carry out the wider mandate which you believe has been given to the Force? And if so, let me ask this last question: **could the Council have given such means to the Force, through the Secretary-General, without acting against the clear injunctions of the Charter?**" (cfr. RPSC, 1959-1963, Chapter XI, pág. 272). Os argumentos de que as competências da Comissão de Estados Maior são puramente facultativas à luz da Carta, podendo o Conselho ignorá-las completamente (neste sentido: Andrew S. Miller, *Universal Soldiers: U.N. Standing Armies and the Legal Alternatives*, GLJ, Vol. 81, 1993, pág. 773-828, na pág. 807) não são compatíveis com a letra do artigo 47, n.º 1 e n.º 3.

[1890] O Tribunal Internacional de Justiça sustentou que o artigo 43 não se aplicaria a meras forças de manutenção da paz: "the operations known as UNEF and ONUC were not

Porém, além de não justificar a não intervenção da Comissão de Estado-Maior em relação à direcção das forças estabelecidas com a natureza de forças de imposição da paz ou bélicas[1891], portanto, coercivas, a ideia de que a competência consultiva e de direcção da Comissão se restringe ao Capítulo VII está longe de ter base clara na Carta. É certo que existe o argumento literal decorrente do facto dos preceitos que regulam a Comissão constarem exclusivamente do Capítulo VII. No entanto, os n.º 1 e n.º 3 do artigo 47 são muito abrangentes. O segundo refere que as competências da Comissão se aplicarão em relação a quaisquer forças colocadas à disposição do Conselho de Segurança, sem fazer tal depender dos objectivos ou poderes da Força.

Pelo mesmo motivo, também não se revela convincente sustentar a exclusão da intervenção da Comissão de Estado-Maior alegando que a sua competência está dependente da celebração dos acordos previstos no artigo 43. Os acordos celebrados com objectivos transitórios, embora tenham uma índole distinta, têm servido igualmente de base para a criação de operações de imposição da paz, portanto, coercivas. De resto, o artigo 43 sugere o seu carácter permanente, mas não o impõe[1892]. O simples facto de terem sido celebrados pelo Secretário-Geral e não pelo Conselho de Segurança também não é obstáculo. Mais uma vez é possível trazer à colação o artigo 98 CNU: o Conselho pode delegar no Secretário-Geral a competência para celebrar estes acordos.

Depois, compreender-se-ia mal que por princípio a competência da Comissão devesse depender da celebração dos tratados estritamente previstos no artigo 43. Como se a aptidão técnico-militar daquela ou as necessidades de apoio ao Conselho de Segurança pudessem depender do instrumento onde se baseará o fornecimento das unidades de tropas[1893].

Pela abrangência das competências da Comissão parece difícil negar que tem existido uma violação destas. Se tal pode ser discutível em relação

---

enforcement actions within the compass of Chapter VII of the Charter and that therefore Article 43 could not have any applicability" [cfr. *Certain expenses* (...), *I. C. J. Reports* 1962, cit., pág. 166]. Mas julga-se que sem grande base na Carta (ver, *infra*, parág. 58.1).

Esta posição seria sustentada igualmente pelo então Secretário-Geral na citada *An Agenda for Peace*, parág. 43.

[1891] Sobre estas, ver, *infra*, parág. 55.2, 64 e 66-69.

[1892] Embora seja de admitir que já constitua um obstáculo relevante o carácter automático da disponibilização das forças subjacente aos acordos previstos no artigo 43; ver, *infra*, parág. 58.1.

[1893] Também rejeita esta dependência da Comissão em relação aos acordos do artigo 43: F. Kirgis, *The Security Council's First* (...), cit., pág. 521.

às Forças de manutenção da paz, já é bem difícil de negar que tal se verifique em relação a operações coercivas levadas a cabo pelas Nações Unidas sob comando directo do Secretário-Geral.

Contudo, os membros das Nações Unidas dos quais seria de esperar uma maior oposição só inicialmente se opuseram a este esvaziamento das competências da Comissão. Em sucessivas resoluções, o Conselho tem criado forças e encarregado o Secretário-Geral de as efectivar e dirigir, sem a menor menção à Comissão[1894].

De facto, devido ao ambiente criado pela Guerra fria entre os membros permanentes, foi estabelecida a política de aceitar o fornecimento de tropas por parte de Estados não alinhados e não daqueles membros, como forma de garantir a isenção das forças das Nações Unidas[1895]. Esta circunstância tornou a Comissão, dominada pelos membros permanentes, um órgão menos adequado para exercer o comando, mesmo que estratégico, destas forças. Como garantir a isenção de uma Força perante as partes, muitas vezes alinhadas com membros permanentes, quando estes membros depois irão exercer poderes sobre o modo como esta será utilizada, ao menos ao nível estratégico[1896]?

Acresce que, diversas vezes, o Conselho deparou com a impossibilidade de chegar a uma decisão quanto aos objectivos e meios a utilizar por forças das Nações Unidas devido à oposição de algum membro permanente ou mesmo à falta de maioria de apoio. Nestes casos, a entrega do comando ao Secretário-Geral permitiu que a Força das Nações Unidas continuasse a

---

[1894] Existe um ou outro traço que sugere que o Conselho de Segurança estaria disposto a alterar esta postura. Assim, na Resolução 1327 (2000), de 13 de Novembro (texto em RSSC, 2000, pág. 71-75), que contém as recomendações quanto a operações de manutenção da paz, na sequência das propostas do Painel sobre a matéria, na Parte IV, afirma "Undertakes to consider the possibility of using the Military Staff Committee as one of the means of enhancing the United Nations peacekeeping capacity". Voltou a utilizar a mesma frase na sua Resolução 1353 (2001), de 13 de Junho [UN Doc. S/RES/1353 (2001)], Annex 1, C, parág. 1, sobre a Cooperação entre os Estados contribuintes para as operações de paz. Mas perante os obstáculos extra-jurídicos à intervenção desta, é duvidoso que tal disposição tenha algum reflexo prático. Parece ser mais uma manifestação do desejo dos Estado em conter o protagonismo do Secretário-Geral na matéria, do que propriamente uma medida realista. Aliás, o relatório do Painel sobre as Operações de Paz das Nações Unidas (texto em UN Doc. A/55/305-S/2000/809, de 21 August 2000), não contém qualquer referência à Comissão de Estado-Maior.

[1895] Ver, infra, parág. 58.2.

[1896] Em sentido semelhante: Julius Stone, Feasible Tasks for Survival, TILJ, Vol. 3, 1967, pág. 237-252, na pág. 249; B.-O. Bryde, Article 47, cit., pág. 649.

desempenhar as suas funções[1897]. A atribuição do comando estratégico à Comissão de Estado-Maior, composta por representantes dos membros permanentes, faria com que se repetisse no seu seio o bloqueio verificado no Conselho.

Finalmente, a necessária atribuição do comando estratégico à Comissão de Estado-Maior poderia ser uma fonte de problemas tendo em conta a dependência a que estão sujeitas as forças das Nações Unidas em relação ao consentimento quer das partes envolvidas na situação (quando sejam de manutenção da paz), quer dos Estados contribuintes com contingentes[1898] [1899]. A competência automática da Comissão enquadra-se melhor perante um sistema como o previsto nos acordos do artigo 43, isto é, um sistema aplicável independentemente do consentimento específico dos Estados contribuintes e das partes envolvidas na situação.

Reconheça-se, porém, que estes argumentos são de ordem essencial-mente extra-jurídica. Nenhum deles se encontra consagrado na Carta como fundamento para excluir a competência da Comissão de Estado-Maior. Em última análise, estes servem apenas para explicar a prática da generalidade dos membros das Nações Unidas de desvio do texto da Carta. Assim, mais uma vez, a prática afastou-se dos termos da Carta, sem oposição consistente, criando um Direito mais flexível e adequado às necessidades da organização de forma a melhor cumprir os objectivos estabelecidos naquela[1900].

O Direito efectivamente vigente, em sentido contrário aos termos da Carta, estabelece, pois, que as competências da Comissão de Estado-Maior não são exclusivas, podendo o Conselho recorrer a outros órgãos para as desempenhar.

---

[1897] Também: Herbert Nicholas, *UN Peace Forces and the Changing Globe: The Lessons of Suez and Congo*, IO, Vol. 17, No. 2, 1963, pág. 321-337, na pág. 337 e em *An Appraisal*, em *International Military Forces – The Question of Peacekeeping in an Armed and Disarming World* (Lincoln P. Bloomfield), MIT, 1964, pág. 105-125, na pág. 124.

[1898] O papel dos Estados contribuintes de contingentes tem sido pois de peso, conseguindo em diversos casos condicionar as decisões quanto à natureza (manutenção ou imposição da paz) e direcção da Força. De facto, visto que o sistema adoptado pela prática lhes reconhece o direito de retirar o seu contingente da Força de forma praticamente livre (ver, *infra*, parág. 91.2.2), as Nações Unidas ficam de "mãos atadas". Em consequência, tornaram-se frequentes as reuniões de consulta com os Estados contribuintes, quer do Conselho de Segurança, quer do seu Presidente, quer do Secretário-Geral. É nestas que as principais decisões são tomadas. Esta prática, nestas três vertentes, foi reconhecida pelo Conselho de Segurança na sua Resolução 1353 (2001), de 13 de Junho [UN Doc. S/RES/1353 (2001)], no seu Anexo II.

[1899] Neste sentido: Robert Siekmann, *National Contingents in United Nations Peace-Keeping Forces*, Dordrecht/Boston/London, 1991, pág. 119; B.-O. Bryde, *Article 47*, cit., pág. 650.

[1900] Sobre esta possibilidade e seus requisitos, ver, *supra*, parág. 27.2.

γ – As forças das Nações Unidas.

**54. Identificação e natureza.** A actuação das Nações Unidas no domínio da manutenção da paz tem nas suas forças um instrumento essencial. É certo que estas são apenas uma das formas possíveis que lhes assiste, lado a lado com outros meios consensuais, compulsivos ou mesmo coercivos, designadamente a habilitação ao uso privado da força. Contudo, são estas que merecem maior destaque, devido à sua ligação directa ao uso público da força.

São vários os problemas que colocam. Destacam-se os que se prendem com a sua identificação, mas igualmente o da sua natureza, os decorrentes da necessidade de diferenciar as várias espécies destas forças e de as contrapor com outros instrumentos ou órgãos das Nações Unidas, dos poderes de que gozam, bem como do regime da sua criação.

**54.1. Identificação.** O problema relativo à sua identificação, naturalmente, decorre da determinação do elemento essencial que converte uma operação militar em operação das Nações Unidas. Este já ficou referido[1901]: é essencial que as forças utilizadas se encontrem sob direcção das Nações Unidas, encontrando-se no topo da hierarquia o Conselho de Segurança. O seu comando deve, pois, ser entregue a uma pessoa que responde perante a organização e não perante o Estado de que seja nacional. É este elemento que torna cada decisão tomada num acto das Nações Unidas. Esta caracterização decorre expressamente do artigo 1, al. c) da referida Convenção sobre Segurança do Pessoal das Nações Unidas e Associado adoptada pela Assembleia Geral pela sua Resolução 49/59, de 9 de Dezembro de 1994[1902].

De facto, não tendo até ao momento sido criado um regime de recrutamento directo de indivíduos pelas Nações Unidas para a formação de uma

---

[1901] Ver, *supra*, parág. 9.1.

[1902] Este define operação das Nações Unidas como uma "operation established by the competent organ of the United Nations in accordance with the Charter of the United Nations and **conducted under United Nations authority and control** (...)".

Força permanente destas[1903], os contingentes das forças têm sido sempre fornecidos directamente pelos Estados membros. Assim, o Capítulo VII, nos artigos 42, parte final, 43, 44, 45 e 48, consagra expressamente o carácter nacional dessas forças, mas sob a direcção do Conselho de Segurança e da Comissão de Estado-Maior (artigos 46 e 47).

O único elemento, pois, que permite diferenciar quando as forças nacionais actuam como forças estaduais ou como forças das Nações Unidas é o elemento da cadeia de comando. Se esta tiver no topo efectivamente o Conselho de Segurança estar-se-á perante uma Força das Nações Unidas[1904]. Outros aspectos simbólicos como a bandeira ou uniformes são essencialmente irrelevantes[1905]. É a estrutura de comando que cria uma relação entre as Nações Unidas e a Força que permite considerar que a segunda é um instrumento da primeira, tornando-a responsável por todos os seus actos, haja ou não excessos da Força na execução do seu mandato[1906].

Neste sentido, a Carta ao denominar ainda como forças dos Estados membros as forças utilizadas pelo Conselho (artigo 42, parte final), sob sua autoridade, não procede a uma qualificação jurídica rigorosa[1907]. A partir do momento em que se encontram sob comando das Nações Unidas passam a ser forças destas.

**54.2. Natureza.** A questão da natureza das forças das Nações Unidas prende-se com a do fundamento genérico para a sua criação, máxime, pelo Conselho de Segurança. Estas são geralmente qualificadas como um órgão subsidiário, criadas nos termos do artigo 29[1908]. Mas cabe questionar se de facto tecnicamente o serão.

---

[1903] Ver sobre esta possibilidade, *infra*, parág. 58.4.

[1904] Neste sentido: F. Seyersted, *United Nations* (...), cit., pág. 121-122; M. Bothe, *Peace-Keeping*, cit., pág. 574-575; A. Estévez/P. Rull, *Legitimidad* (...), cit., pág. 28, 39 e 41; Michel Voelckel, *La Coordination des Forces d'Intervention de l'ONU dans le Cadre du Chapitre VII: Bilan, Prospective et Perspectives*, em *Le Chapitre VII de la Chartre des Nations Unies* (SFDI – Colloque de Rennes), Paris, 1995, pág. 161-190, na pág. 172; Ralph Zacklin, *Le Droit Applicable aux Forces d'Intervention sous les auspices de l'ONU*, em *Le Chapitre VII de la Chartre des Nations Unies* (...), cit., pág. 191-199, na pág. 192-193.

[1905] Daí que a utilização de símbolos das Nações Unidas pelas forças aliadas na Coreia não tenha grande significado. Tratou-se de um uso privado habilitado e não de um uso público em sentido estrito (ver, *infra*, parág. 75.3.1).

[1906] Ver, *supra*, parág. 9.1 e, *infra*, parág. 100.1.

[1907] Contra: Koretsky, *Dissenting Opinion*, em *Certain Expenses* (...), cit., *I. C. J. Reports* 1962, pág. 257.

[1908] Sem prejuízo de além deste fundamento genérico ser necessário um fundamento específico que legitime a criação em concreto da Força; por exemplo, um preceito do Capítulo VI ou VII da Carta. Sobre a questão, ver, *infra*, parág. 56.

Não teriam cabimento grandes desenvolvimentos da questão da natureza das pessoas colectivas e seus órgãos, visto que é uma problemática de Teoria Geral do Direito. No entanto, pretende-se sublinhar alguns pontos.

Por um lado, que a noção de órgão, enquanto meio de formação da vontade da pessoa colectiva, deve ser mantida, pelo menos até ser encontrada uma alternativa adequada. Que, pelo contrário, a diferenciação entre órgão e agente não tem razão de ser, especialmente em Direito Internacional. Com efeito, à luz do Direito Internacional da Responsabilidade, a distinção entre órgão e agente não pode ser realizada nos termos habituais. Todos os indivíduos ao serviço de um Estado ou organização internacional imputam directamente os actos que praticam no exercício das suas funções à pessoa colectiva[1909, 1910]. Devem, pois, ser considerados como órgãos da pessoa

---

[1909] Assim, o artigo 4 do referido Projecto sobre Responsabilidade dos Estados da Comissão de Direito Internacional de 2001: "The conduct of any State organ shall be considered an act of that State under international law, whether the organ exercises legislative, executive, judicial or any other functions, whatever position it holds in the organization of the State (...)". O artigo 6 do anterior Projecto de 1996 (com a epígrafe "Irrelevance of the position of the organ in the organization of the State") sublinhava "whether it holds a superior or a subordinate position in the organization of the State". O Tribunal Internacional de Justiça considerou que este último preceito tinha carácter costumeiro: "According to a well-established rule of international law, the conduct of any organ of a State must be regarded as an act of that State. This rule, which is of a customary character, is reflected in Article 6 of the Draft Articles on State Responsibility adopted provisionally by the International Law Commission on first reading" (cfr. *Difference Relating to Immunity from Legal Process of a Special Rapporteur of the Commission on Human Rights*, Advisory Opinion, 29 April 1999, *I.C.J. Reports* 1999, pág. 87, parág. 62).

Claro está, a alteração de redacção do preceito do artigo 6 de 1996 para o actual artigo 4 de 2001 não introduziu qualquer modificação no regime. Assim, como afirma a Comissão no comentário a este artigo 4: "Nor is any distinction made at the level of principle between the acts of "superior" and "subordinate" officials, provided they are acting in their official capacity. This is expressed in the phrase "whatever position it holds in the organization of the State" in article 4" [cfr. *Report of the International Law Commission*, Fifty-third session, 2001 (UN Doc. A/56/10), pág. 87, parág. 7 do comentário].

A Comissão de Direito Internacional, no comentário ao artigo 5 do Projecto inicial confirmou que apenas poderão ser qualificados como agentes os meros representantes (cfr. YILC, 1973, Vol. II, Part 2, pág. 193, parág. 13). Ver igualmente o seu comentário ao artigo 6 de 1996 em que rejeita a ideia de que apenas órgãos superiores possam fazer o Estado incorrer em responsabilidade (cfr. YILC, 1973, Vol. II, Part 2, pág. 193-198, parág. 9-14). E o seu referido comentário ao actual artigo 4 do Projecto de 2001 (RILC, 2001, pág. 88, parág. 7).

[1910] Note-se que se poderia ainda tentar distinguir órgão e agente em função de um critério que passaria por considerar como órgãos os que gozem de poderes para a prática de actos jurídicos em sentido estrito, isto é, manifestações de vontade que visam produzir efeitos sobre a situação jurídica do autor ou dos seus destinatários, máxime pela criação de uma

colectiva. Deste modo, serão igualmente órgãos quaisquer membros de uma Força, mesmo um simples soldado subalterno, visto que podem ter autoridade para adoptar actos vinculativos em relação a civis, para manter a ordem, *etc.*, pelo menos se a Força gozar de poderes públicos internos. Para além de qualquer acto material seu poder implicar responsabilidade das Nações Unidas.

Mas se todos os membros de uma Força das Nações Unidas podem ser considerados órgãos da organização, coloca-se a questão de saber se a Força em si será igualmente um órgão[1911]. Julga-se que a resposta deverá ser negativa. A Força não é um meio formador da vontade das Nações Unidas. Esta vontade é formada pelo seu Comandante, restantes oficiais e mesmo soldados, mas não pela Força em si. Com efeito, esta não pode ser considerada como um órgão colegial, composta pelos seus membros. Tal apenas faria sentido se existissem actos da Força adoptados pelo conjunto dos seus

---

obrigação jurídica; por contraposição a agentes que apenas poderiam praticar simples actos materiais de execução de um dado acto jurídico.

Mas, mesmo segundo este critério, praticamente todos os funcionários de um Estado ou organização internacional poderão ser considerados como órgãos. Com efeito, mesmo um funcionário subalterno terá competência para aprovar actos vinculativos simples. Imagine-se ordenar o abandono de umas instalações depois do seu encerramento ou impedir a entrada a pessoas estranhas ao serviço. Deste modo, esta categoria de "agentes" ficaria reduzida a um grupo insignificante. Acresce que mesmo estes últimos indivíduos poderão fazer incorrer o Estado em responsabilidade por actos materiais, num regime exactamente idêntico ao dos que têm competências para emanar actos jurídicos. No caso de titulares de órgãos colegiais que apenas tenham competências enquanto membros destes poder-se-ia tentar desconsiderá-los como meros agentes. Porém, nestes casos, dificilmente não terão qualquer competência de carácter administrativo em relação a funcionários que colaborem com o órgão colegial. Ora, esta basta para a qualificar como órgãos. Um acto seu em relação a um subalterno pode ser considerado violador de normas internacionais, por exemplo, no domínio dos direitos humanos.

Para efeitos de responsabilidade internacional, pode ter relevância igualmente a distinção entre órgãos com poderes para adoptar actos com eficácia externa ou meramente interna, no sentido de que apenas adoptam actos preparatórios. Apenas os primeiros poderão fazer a pessoa colectiva incorrer em responsabilidade. Mas nem por isso deixam de adoptar actos jurídicos, formando pois uma vontade que é imputada ao Estado ou organização internacional. Continuam a poder fazer incorrer o Estado em responsabilidade em relação a subalternos ou por meio de actos materiais.

[1911] No sentido de que se trata de um órgão: E. M. Miller, *Legal Aspects of the United Nations Action in the Congo*, AJIL, Vol. 55, No. 1, 1961, pág. 1-28, na pág. 11; D. Bowett, *United Nations* (...), cit., pág. 283; M. Bothe, *Le Droit de la Guerre* (...), cit., pág. 211; Mutoy Mubiala, *À la Recherche du Droit Applicable aux Opérations des Nations Unies sur le Terrain pour la Protection des Droits de l'Homme*, AFDI, XLIII, 1997, pág. 167-183, na pág. 173--174.

membros, incluindo soldados. Parece, pois, que a Força não será um órgão, mas um instrumento ou uma estrutura administrativa das Nações Unidas. Os seus membros podem ser considerados órgãos, mas não esta[1912].

De qualquer modo, julga-se que com o termo "órgão" os artigos 7, n.º 2, 29 e 22 da Carta não pretenderam excluir a criação de quaisquer estruturas administrativas pelo Conselho ou pela Assembleia. Deve-se interpretar o termo em sentido amplo e não no seu sentido técnico restrito[1913].

---

[1912] Outra possibilidade teoricamente possível seria a Força ser personalizada e o seu comandante e restantes membros serem órgãos desta e não das Nações Unidas. Mas, desde logo, tal teria de decorrer da respectiva resolução de constituição e dos termos dos acordos, especialmente o celebrado com o Estado anfitrião. Acresce que esta via levantaria problemas de compatibilidade com a Carta. Seria necessário determinar se as Nações Unidas podem criar outras pessoas jurídicas para prosseguir, mesmo que sob a sua direcção, funções que lhe estão atribuídas. Literalmente, a Carta atribui a responsabilidade da criação de organizações especializadas aos Estados membros pela via do tratado (cfr. artigo 57, n.º 1 CNU). A atribuição de poderes públicos à entidade assim criada faria com que estes passassem a ser exercidos por uma pessoa distinta das Nações Unidas. Embora, por força da prática das habilitações, se possa concluir que tal não é necessariamente contrário ao Direito aplicável. Existindo direcção da nova entidade pela organização, em rigor estar-se-ia perante uma simples diferente forma técnica de constituir a Força. Mesmo em termos de responsabilidade internacional nada se alteraria. Em função do seu controlo efectivo sobre a entidade, as Nações Unidas responderiam pelos seus actos (ver, *infra*, parág. 100.2).

Seja como for, esta forma não tem sido utilizada. As forças criadas não têm gozado de personalidade jurídica internacional, sendo qualificadas como órgãos subsidiários das Nações Unidas [por exemplo, artigo 23 do Acordo entre as Nações Unidas e Chipre relativo à Força de Manutenção da paz das Nações Unidas em Chipre de 31 de Março de 1964 (texto em UNTS, 1964, n.º 7187, pág. 56-86); artigo 15 do Modelo de Acordo sobre o Estatuto das Forças em Operações de manutenção da paz [UN Doc. A/45/594, de 9 de Outubro de 1990; a Resolução 52/12 B de 9 de Janeiro de 1998 (texto em RDGAOR, 52nd Session, 1997, Vol. I, pág. 13-16), parágrafo 7, manda aplicá-lo provisoriamente enquanto não for celebrado um acordo formal com o Estado anfitrião; artigo 4 do Modelo de Acordo entre a Organização das Nações Unidas e os Estados membros que forneçam pessoal e equipamento às Operações de manutenção da paz das Nações Unidas (texto em UN Doc. A/46/185, de 23 de Maio de 1991)].

[1913] O Tribunal Internacional de Justiça tem interpretado em termos latos estes artigos, reconduzindo expressa ou implicitamente a criação de Forças das Nações Unidas aos seus termos: "Such committees, commissions or other bodies or individuals, constitute, in some cases, subsidiary organs established under the authority of Article 22 of the Charter. The functions of the General Assembly for which it may establish such subsidiary organs include, for example, investigation, observation and supervision" e "The Charter does not forbid the Security Council to act through instruments of its own choice: under Article 29 it "may establish such subsidiary organs as it deems necessary for the performance of its functions"" [cfr. *Certain expenses* (...), *I. C. J. Reports* 1962, cit., pág. 177].

Esta interpretação é confirmada pelo artigo 7, n.º 1, CNU que qualifica como órgão o secretariado. Ora, à luz das considerações feitas, claro está, o secretariado não é um modo de formação da vontade das Nações Unidas, é uma estrutura administrativa composta de órgãos e meios materiais. O órgão no seu seio que deve ser considerado como órgão principal das Nações Unidas para efeitos do artigo 7, n.º 1, é o Secretário-Geral.

Ou seja, a Carta tem uma noção de órgão ampla, que abrange igualmente estruturas executivas. Deve-se entender que a mesma noção é utilizada nos artigos 7, n.º 2, 22 e 29 CNU (bem como nos artigos 8, 10, 101, n.º 2 e 102, n.º 2; ao contrário dos artigos 15, n.º 2, 92, 96, n.º 2 e 98, em que, ao pressuporem a prática de actos pelo órgão, já se referem a centros de formação da vontade das Nações Unidas).

Por vezes encontra-se na prática a qualificação destas estruturas, ou de outras paralelas, como órgãos subsidiários do Conselho[1914]. Porém, claro está, ainda que as forças fossem órgãos, seriam órgãos das Nações Unidas[1915] e não do Conselho. Não existem órgãos de órgãos[1916]. Já é correcto que a Força seja considerada uma estrutura subsidiária em relação ao Conselho pois existe para exercer uma competência delegada por este[1917].

---

[1914] Por exemplo, a Resolução 715 (1991), de 11 de Outubro (texto RDSCOR, 1991, pág. 26-27), no seu parág. 4, qualifica a comissão especial criada com funções de monitorização no Iraque em questões nucleares como "a subsidiary organ of the Security Council".

[1915] Como, aliás, também se encontra na prática das Nações Unidas. Assim o citado artigo 23 do Acordo entre as Nações Unidas e Chipre relativo à UNFICYP refere "The Force as a subsidiary organ of the United Nations". O mesmo fazem os mencionados *Model Status-of-Forces Agreement for Peace-keeping Operations*, parág. 15 ("The United Nations Peace-keeping Operation, as a subsidiary organ of the United Nations") e artigo 4 do Modelo de Acordo entre a Organização das Nações Unidas e os Estados membros que forneçam pessoal e equipamento às Operações de manutenção da paz das Nações Unidas.

[1916] É certo que existem situações qualificadas geralmente como órgãos complexos. Pense-se na Assembleia Geral, com o plenário, a comissão geral (artigo 38 a 44 do seu Regimento), as seis comissões principais (artigo 98 do Regimento), as subcomissões (artigo 102 do Regimento), o seu Presidente (artigo 21 da Carta) e os vinte e um Vice-Presidentes (artigo 31 do Regimento). Como resulta claro do texto do seu Regimento, a Assembleia Geral é o seu plenário. Este identifica-se com aquela. De facto, o Regimento nem sequer o menciona como plenário e sim sempre como Assembleia Geral. Os restantes órgãos são órgãos subsidiários das Nações Unidas e não da Assembleia Geral, embora tenham sido criados por esta. A vontade por estes formada é importante na formação da vontade da Assembleia, mas os actos da Assembleia são exclusivamente os actos aprovados pelo seu plenário, mesmo que algum dos restantes órgãos tenha contribuído com um acto preparatório para a sua aprovação, como um projecto. Pela mesma razão, qualquer acto aprovado por um destes órgãos não pode ser considerado como um acto da Assembleia, embora, claro está, constitua um acto das Nações Unidas.

[1917] Assim, a Resolução 1284 (1999), de 17 de Dezembro (texto em RSSC, 1999, pág.

**55. Espécies.** Ao redor da noção de forças das Nações Unidas, mas com pontos de contacto com esta, existem outras figuras que merecem referência como as missões de observação e outras comissões das Nações Unidas com competências a exercer no território de Estados, bem como em geral a categoria mais ampla de operações de manutenção da paz.

**55.1. Forças, operações de manutenção da paz e outras figuras.** Por operação de manutenção da paz entende-se quer forças de manutenção da paz, quer missões de observação, quer operações globais que compreendem ambas as dimensões juntamente com outras funções. No entanto, tendo presente que se trata de analisar os aspectos bélicos em particular, vai-se conferir destaque à distinção entre missão de observação e forças de manutenção da paz. A diferenciação entre ambas nem sempre é simples. As forças criadas têm vulgarmente competência para proceder a investigações e, claro está, o seu mandato compreende sempre a observação.

Um primeiro critério de distinção passa pelos objectivos: uma Força de manutenção da paz tem regra geral objectivos mais amplos do que meramente observar. Mas tem sucedido que efectivamente o seu papel seja essencialmente este.

Nestes casos pode-se recorrer a critérios baseados na estrutura da operação das Nações Unidas. Por princípio, os membros das missões de observação são constituídos por pessoal do secretariado das Nações Unidas ou associado às Nações Unidas temporariamente por meio de um acordo pontual com Estados membros que abranja um grupo de indivíduos. Normalmente encontram-se desarmados, ainda que habitualmente sejam militares. Pelo contrário, as forças de manutenção da paz são baseadas em contingentes nacionais fornecidos directamente pelos Estados membros, mantendo uma estrutura interna de comando e disciplina, uniformes nacionais, ainda que com insígnia das Nações Unidas, regra geral sustentados financeiramente quanto as suas despesas habituais pelo respectivo Estado, *etc.*[1918]. Sem prejuízo de este depois ser reembolsado pelas Nações Unidas pelas despesas extraordinárias. Este fornecimento de contingentes é regulado por um acordo específico que segue um modelo padrão[1919, 1920].

---

86), parág. 1, cria a Comissão de Monitorização, Verificação e Inspecção das Nações Unidas (UNMOVIC), é qualificada como "a subsidiary body of the Council".

[1918] Ver, *infra*, parág. 58.

[1919] Que consta do UN Doc. A/46/185 de 23 de Maio de 1991.

[1920] Estas três formas de obtenção de efectivos pelo secretariado são analisadas no *Requirements for United Nations peace-keeping operations – Report of the Secretary-General* (UN Doc. A/45/217, 8 May 1990), parág. 3 e 6-20.

Nos casos em que a estrutura tenha sido constituída por contingentes nacionais, mas que apenas tenha competências de observação, o critério terá a ver com o número dos seus efectivos e o facto de estarem ou não desarmados, tornando-se mais fluído; mas são situações excepcionais.

Deste modo, qualitativamente quanto aos seus poderes e carácter, de um ponto de vista jurídico, nada distingue uma missão de monitorização de um cessar-fogo de uma Força de manutenção da paz. Ambas apenas podem usar a força em legítima defesa, são consensuais e devem actuar imparcialmente. Em ambos os casos, a situação jurídica das partes apenas foi alterada por meio do seu consentimento. A decisão que cria a operação não estabeleceu qualquer alteração jurídica unilateral na esfera jurídica do Estado anfitrião. Neste sentido, quer as forças de manutenção da paz, quer as missões de observação se encontram no mesmo plano. Acabam por, neste aspecto, ser idênticas a um conjunto de operações em que se incluem também as comissões de investigação e as missões de consolidação da paz consensuais[1921].

É pacífico que esta espécie de operações terá sempre de se basear no consentimento das principais partes implicadas. As missões de observação compreendem fins tão gerais como a monitorização de cessar-fogo, de actos eleitorais ou mesmo de controlo do modo como é desempenhada uma habilitação concedida a uma entidade terceira pelo Conselho[1922].

Paralelas são as missões constituídas ou representantes enviados, designadamente pelo Secretário-Geral, para efeito de levar a cabo medidas de diplomacia preventiva ou restabelecimento da paz por recurso aos meios pacíficos de resolução de controvérsias. Ambas compreendem o recurso a estes meios, mas os primeiros são utilizados antes de um conflito armado ser desencadeado precisamente para o prevenir, enquanto os segundos depois deste irromper. Ambas podem compreender também o recurso a outros meios, mas normalmente estes já estarão fora do âmbito dos poderes destas missões[1923].

### 55.2. Forças de manutenção da paz, de imposição da paz e bélicas.

Dentro da figura das forças das Nações Unidas integram-se igualmente reali-

---

[1921] O Conselho de Segurança pode impor às partes uma comissão de observação ou de inquérito, criada nos termos do Capítulo VII, se estiverem reunidos os seus pressupostos (ver, *supra*, parág. 36). Mas à luz do Capítulo VI somente o poderá fazer, nos termos do artigo 34, na medida em que tal não pressuponha a deslocação da comissão a espaços sob jurisdição daquelas partes sem o seu consentimento (ver, *supra*, parág. 49.3).

[1922] Ver, *infra*, parág. 73.

[1923] Cfr. *An Agenda for Peace*, cit, parág. 21, 23-33 e 34-45.

dades diferentes. Desde logo, torna-se necessário distinguir, por um lado, as forças de manutenção da paz e, por outro lado, as forças de imposição da paz e as forças bélicas, em função dos seus poderes quanto ao uso da força e carácter compulsivo.

Às forças sujeitas a comando efectivo das Nações Unidas, regra geral, não se lhes tem sido atribuído o poder público bélico. Com pontuais excepções, têm sido forças de manutenção da paz e não de imposição da paz ou bélicas. Como tal, apenas podem usar a força com base em causas de exclusão da ilicitude, máxime, a legítima defesa pública, e a sua instalação no terreno depende do consentimento das principais partes nos conflitos[1924]. Sem prejuízo

---

[1924] A noção de principal parte não é simples de determinar. O apuramento destas é complexo numa situação de guerra civil em que várias facções se digladiam, como a que caracterizava a Somália na altura da criação da UNOSOM I, em Abril de 1992. O critério deverá ser o da efectividade. Apenas movimentos armados, portanto, que dominam efectivamente parcelas de território terão direito a ser consultados. Em princípio será necessário o consentimento de todos para a instalação de uma Força de manutenção da paz. Tal resulta claro em relação àqueles cuja implantação no terreno possa converter a sua oposição armada numa ameaça à execução do mandato da Força das Nações Unidas. De facto, o que se pretende com a obtenção do consentimento é evitar que a Força surja como mais um adversário a ser combatido como qualquer outro. Assim, será em função do seu poder armado que deverão ser identificadas as principais partes. Meros bandos armados, que não controlam efectivamente parcelas do território (sobre a distinção e sua relevância, ver, *supra*, parág. 34.4.2), ou associações políticas não têm de ser incluídos nesta noção de principais partes.

Esta noção é também relevante para determinar onde começa o uso de mero poder público interno, isto é, dirigido a civis, e o verdadeiro poder público internacional, portanto, que visa coagir movimentos armados com uma implantação no terreno que os torna aptos a exercer controlo sobre este, ou seja, que são capazes de facto de utilizar poderes públicos internos (ver sobre esta figura, *supra*, parág. 8).

Existirão pois sempre dificuldades na determinação de quais as partes a consultar para levar a cabo uma operação de manutenção da paz. Trata-se de uma questão de grau, cuja avaliação dependerá sempre das circunstâncias concretas. Existe mesmo a possibilidade de ao longo da existência da operação poderem verificar-se alterações na correlação de forças entre as partes, com o surgimento de uma nova facção importante ou o desaparecimento de uma anterior. Assim, a obtenção posterior do consentimento de uma parte não é incompatível com a qualificação da Força como consensual. Esta só o deixará de ser se pretender impor-se perante uma oposição aberta à sua presença por uma parte efectivamente importante. Existindo diversas facções que consentiram à implantação da Força, a revogação do consentimento por parte de apenas uma destas não é suficiente para colocar em causa a legitimidade da Força de manutenção de paz ou impor a sua conversão em Força de imposição da paz (a prática na Somália aponta neste sentido; ver, *infra*, sobre a revogação do consentimento, parág. 91.2.2). Tudo dependerá do poder do movimento em causa e da consistência da sua oposição, cabendo alguma margem de manobra às Nações Unidas [em sentido semelhante: D. Wippman, *Military Intervention* (...), cit., pág. 236-237].

de poderem utilizar a legítima defesa para proteger terceiros, incluindo civis de ataques das partes, e para garantir o cumprimento do seu mandato, podendo usar a força para garantir a sua liberdade de movimentos[1925]. Outra limitação essencial é que estão obrigadas a actuar imparcialmente, devendo tratar todas as partes de forma isenta.

Diferentemente se passam as coisas com as denominadas forças de imposição da paz[1926]. Estas são criadas especificamente mandatadas para usar a força para fazer cumprir objectivos de paz acordados pelas partes, se necessário tomando o partido de um dos beligerantes e mantendo-se no terreno mesmo contra a vontade de uma das partes que violou os termos do acordo ou que não aceita que este seja executado coercivamente contra si. O seu regime é, pois, diferente do das Forças de manutenção da paz[1927].

---

Daí que a Declaração Presidencial de 28 de Maio de 1993 (texto em RDSCOR, 1993, pág. 49-50), que consagra alguns princípios genéricos aplicáveis às operações de manutenção da paz admita que em casos excepcionais não seja necessário obter o consentimento das outras partes para lá do Governo ("the consent of the Government and, where appropriate, the parties concerned, save in exceptional cases").

[1925] Sobre esta figura ver, *supra*, parág. 6 e parág. 51.

[1926] *Peace enforcement, Imposition de la paix*. A terminologia foi introduzida pelo relatório *An Agenda for Peace* (UN doc. A/47/277 – S/24111, 17 June 1992), parág. 44, apresentado em 1992 pelo então Secretário-Geral na sequência da Declaração Presidencial de 31 de Janeiro de 1992 (texto em RDSCOR, 1992, pág. 65-67), proferida depois da primeira reunião do Conselho de Segurança ao nível de Chefes de Estado e Governo. A figura da Força das Nações Unidas de imposição da paz tinha, porém, já sido efectivamente criada, com a ONUC, e a sua necessidade vinha sendo sustentada por alguns observadores (cfr. Brian Urquhart, *Who Can Stop Civil Wars*, NYT, December 29, 1991, pág. 9).

[1927] O Conselho de Segurança, pela referida Declaração Presidencial de 28 de Maio de 1993 consagrou os seguintes princípios aplicáveis às operações de manutenção da paz: "a clear political goal with precise mandate subject to periodic review and to change in its character or duration only by the Security Council itself; the **consent of the Government and**, where appropriate, **the parties concerned, save in exceptional cases**; support for a political process or for the peaceful settlement of the dispute; **impartiality** in implementing Security Council decisions; readiness of the Council to take appropriate measures against parties which do not observe its decisions; and the right of the Council to authorize all means necessary for United Nations forces to take appropriate **measures for self-defence**".

Como resulta claro, o Conselho define, como regra, o que são Forças de manutenção da paz e, como excepção, o que são Forças de imposição da paz. As mesmas noções constam da Convenção sobre Segurança do Pessoal das Nações Unidas e Associado de 1994, que no artigo 2, n.º 2, estabelece: "This Convention shall not apply to a United Nations operation authorized by the Security Council as an enforcement action under Chapter VII of the Charter of the United Nations in which any of the personnel are engaged as combatants against organized armed forces and to which the law of international armed conflict applies". O seu artigo 4 pressupõe o consentimento do Estado e o artigo 6, n.º 1, al. B), exige imparcialidade na execução do mandato.

No entanto, apesar de ter um mandato compulsivo, segundo se julga, uma Força de imposição da paz ainda visa executar uma paz acordada pelas partes, o que significa que a sua presença deve ter sido aceite por estas. Simplesmente, se, por vicissitudes do procedimento de paz, uma das partes pretender renegar as suas obrigações à luz do acordado ou rejeitar a presença da Força, esta poderá ignorar tal oposição e utilizar mesmo os seus meios coercivos com vista a impor a paz acordada. Deste modo, uma Força de imposição da paz pode ser mantida contra a vontade de uma ou várias das partes (teoricamente, mesmo contra a vontade de todas), podendo utilizar a força para levar a cabo a sua missão de executar a paz acordada, convertendo--se em aliado de facto de uma ou duas contra a outra ou outras. Mas necessita do consentimento das partes ou pelo menos da sua não oposição aberta para se instalar.

Assim, estas forças de imposição da paz são um dos instrumentos por excelência das Nações Unidas para o exercício do seu poder público bélico. Não parece, contudo, que esgotem este poder. Existe ainda lugar para uma terceira espécie de Força das Nações Unidas, com idênticos poderes quanto ao exercício do poder público de uso da força, mas com objectivos mais amplos e drásticos[1928].

Na Força de imposição da paz, está ainda em causa a execução da paz. Mas trata-se de uma paz cujos termos foram aceites pelas partes e que incluem a presença da Força das Nações Unidas. Em alguns aspectos instrumentais ou, em resultado da violação dos termos do Acordo por uma das partes, a Força pode vir a impor medidas não acordadas, mas que não implicarão alterações drásticas da situação dos beligerantes prevista no Acordo de paz. Pode passar pelo desarmamento das partes, pelo acantonamento das suas forças, mas só excepcionalmente implicará alterações drásticas quanto ao território controlado por cada uma destas que não tenham sido aceites ou quanto aos seus direitos previstos no acordo.

---

[1928] Em rigor são possíveis ainda forças híbridas que não se enquadram em nenhuma destas espécies por terem características de mais do que uma. Assim, são possíveis forças impostas a uma ou mais das partes num conflito mas que não possam exercer o poder público bélico, ficando limitadas ao uso da força em legítima defesa. Foi o que se passou com a ONUC numa das suas fases (ver, *infra*, parág. 64). Neste caso, não se tratará de uma força de manutenção da paz, já que não é consensual, mas também não é uma força de imposição da paz, já que não é titular de poderes bélicos. Esta espécie de forças, naturalmente terá de ter base no Capítulo VII, podendo ter base no artigo 41 ou no artigo 40 em função de ter subjacente já alguma decisão quanto à questão de fundo ou não (ver, *infra*, parág. 56.1 e 83).

No entanto, situações podem surgir em que não exista qualquer paz para impor, mas antes seja necessário recorrer à força em larga escala para alterar uma situação de facto provocada pelo uso ilícito da força e que exija a instalação de uma Força das Nações Unidas apesar da oposição armada de uma das partes. Exemplos típicos serão as resultantes de um ataque armado, seguido de anexação ou ocupação de uma parcela ou totalidade do território de um Estado, normalmente por forças organizadas, isto é, de um outro Estado ou de um movimento armado fortemente estruturado. Se as Nações Unidas tiverem de recorrer à força para alterar uma situação desta espécie, a noção de Força de imposição da paz não parece ser a mais adequada[1929]. Esta força não visa impor a paz, pelo menos não qualquer paz aceite pelas partes, mas levar a cabo um conflito armado para alterar uma determinada situação e forçar a uma paz unilateralmente imposta pela força. Trata-se de forças que visam concretizar da forma mais drástica o sistema coercivo estabelecido nos artigos 42 e seguintes da Carta. Máxime, impor termos de paz estabelecidos unilateralmente pelo Conselho nos termos do artigo 39[1930]. São pura e simplesmente Forças bélicas das Nações Unidas.

Assim, quanto aos meios, as Forças de imposição da paz e coercivas não se distinguem de um ponto de vista jurídico. Ambas podem exercer o poder público bélico. A distinção passa pelos objectivos. No caso da primeira, trata-se de realizar objectivos essencialmente aceites pelas partes. No segundo caso, existe uma imposição dos próprios objectivos, o que normalmente implicará a utilização de meios bem mais drásticos.

---

[1929] Também o Secretário-Geral B. Ghali, na referida *An Agenda for Peace*, parág. 44, sustenta que as Forças de imposição da paz são distintas das Forças criadas nos termos do artigo 42-43, mas defendendo que aquelas têm base no artigo 40, o que não pode ser aceite. Com efeito, qualquer situação de imposição da paz normalmente implica um Acordo de paz, em que portanto já foram adoptadas medidas em relação à questão de fundo, o que é incompatível com o artigo 40 (além de este não ser fundamento para usar a força coercivamente; ver, *supra*, parág. 50.2). Julga-se que são forças distintas, mas que têm ambas base no artigo 42. Este não exige de modo algum que a força tenha de ser utilizada em larga escala. Antes pelo contrário, aborda o uso da força pela negativa e, portanto, de modo bastante restritivo, quase dissimulado. E compreende no seio do artigo 42 meras medidas de ameaça ao uso da força, como manobras, que refere expressamente. Ver também seguindo o Secretário-Geral: J.-M. Sorel, *L'élargissement* (...), cit., pág. 36; James Rossman, *Article 43: Arming The United Nations Security Council*, NYUJILP, Vol. 26, 1994, pág. 227-263, na pág. 234, nota 19; J. Chopra, *Achilles' Heel in Somalia* (...), cit., pág. 501-502 (embora sustente que o Secretário--Geral abandonou esta distinção no seu Suplemento, o que não fica claro).

[1930] Ver, *supra*, parág. 36.

Consequentemente, por constituírem um exercício do mesmo poder, tendo base no mesmo preceito, o artigo 42 CNU, a relevância da sua distinção não é tão importante como a de manutenção e imposição da paz. No entanto, esta relevância prende-se com o facto de uma Força de imposição da paz poder acabar por actuar de facto puramente como uma Força de manutenção da paz, em virtude de as partes terem executado sem dificuldades a paz acordada e não ter sido necessário qualquer recurso aos seus poderes bélicos. Esta circunstância implicará consequências a nível da aplicação da protecção penal dos membros da Força contra ataques das partes. Enquanto actuar de facto como Força de manutenção da paz estes terão direito a tal protecção. Já os membros de uma Força bélica não terão este direito, ainda que os ataques contra si sejam ilícitos, ao menos por força da Resolução do Conselho[1931].

Acresce que à luz do princípio da necessidade, resulta claro que as Nações Unidas não devem tentar impor os seus objectivos às partes (ou alguma ou algumas destas) quando seja possível mediar um acordo entre estas que consagre tais objectivos. Isto é, não devem recorrer a uma Força bélica quando seja viável uma mera Força de imposição da paz que vele pela execução do acordado entre as partes.

Na realidade, nunca foi constituída nenhuma Força bélica das Nações Unidas. Nas situações em que esta se justificaria, o Conselho tem optado por recorrer à figura do uso privado habilitado da força[1932].

Todas estas espécies de forças podem compreender outras tarefas inte-gráveis no conceito de medidas de consolidação da paz posteriores ao con-flito[1933], embora estas sejam mais frequentes em operações de manutenção da paz. Este integra medidas como a assistência humanitária, o desarmamento, a desminagem, o apoio à reestruturação do sistema de segurança, legislativo e judicial, especialmente para a defesa dos direitos humanos, de reorganização do sistema eleitoral e monitorização de actos eleitorais e de apoio económico e social em geral[1934]. A maioria das operações das Nações Unidas tem com-preendido várias destas tarefas.

---

[1931] Ver sobre a questão, *infra*, parág. 102.

[1932] Os dois melhores exemplos de casos desta espécie são as habilitações ao uso da força contra as autoridades do norte da Coreia e contra o Iraque, embora igualmente a habilitação contra as autoridades de facto no Haiti e na Somália mereçam a mesma qualificação, embora nestes dois últimos casos não tenha afinal existido resistência (ver, *infra*, parág. 66, 75.3.1 e 75.3.2).

[1933] Post-conflict peace-building; consolidation de la paix après les conflits.

[1934] Assim: D. P. Forsythe, *U. N. Intervention in Conflict Situations Revisited*, IO, Vol. 23, No. 1, 1969, pág. 115-139, na pág. 118; *An Agenda for Peace*, cit, parág. 15, 21 e 55-

Pode igualmente ser atribuído à operação poder público interno; isto é, jurisdição sobre todas as questões da administração do território, podendo mesmo compreender todos os poderes políticos necessários ao desempenho das funções político-legislativa e judicial durante um período transitório[1935], além dos poderes coercivos em relação a movimentos armados ou Estados (poder público internacional). Nestes casos, a Força de manutenção ou imposição da paz será simplesmente um dos elementos da operação global[1936].

**56. Criação de forças de manutenção da paz.** A questão do fundamento específico na Carta para a criação de Forças das Nações Unidas tem suscitado um debate interminável, quer quando estas têm meras funções de manutenção da paz, quer quando podem exercer o poder público bélico.

As Forças de manutenção da paz ficaram definidas como forças baseadas no consentimento das principais partes beligerantes, sujeitas a deveres de imparcialidade e com faculdades quanto ao uso da força restringidas à legítima defesa, incluindo legítima defesa para assegurar as condições para o cumprimento do seu mandato. Não faltam autores a sustentar que estas não têm qualquer base na Carta, sendo uma pura criação da prática das Nações Unidas, segundo um regime à margem do Capítulo VI e VII[1937]. Julga-se que esta posição não é inteiramente exacta.

---

-59; Paul F. Diehl/D. Druckman/J. Wall, *International Peacekeeping and Conflict Resolution: A Taxonomic Analysis With Implications*, JCR, Vol. 42, No. 1, 1998, pág. 33-55, na pág. 39--40; Michael W. Doyle, *Conclusions: International Organizations, Peace And Security*, em *International Security Management and the United Nations* (ed. M. Alagappa/T. Inoguchi), Tokyo/New York/Paris, 1999, pág. 445-458, na pág. 446-447 (que seguindo outros autores fala em operações de segunda geração).

[1935] Ver, *supra*, parág. 8.

[1936] O melhor exemplo é o da UNTAET que formalmente goza do poder público bélico internacional, se bem que em rigor não o tenha utilizado por não existirem verdadeiros movimentos armados que se tenham oposto ao exercício do seu mandato, mas meros bandos armados (ver, *infra*, parág. 69).

[1937] Assim os serviços do Secretariado das Nações Unidas parecem subscrever esta posição, seguindo o Secretário-Geral Dag Hammarskjöld, ao sustentar que as operações de manutenção da paz não têm base nem no Capítulo VI, nem no VII, mas num "Capítulo VI e meio", isto é, um regime específico criado pela prática: *50 Años – 1948-1998. Las Naciones Unidas e el Mantenimiento de la Paz*, Naciones Unidas, Nueva York, 1999, pág. 3; igualmente R. Siekmann, *National* (...), cit., pág. 7 e 9; Boutros Boutros-Ghali, *Maintaining International Peace and Security: The United Nations as Forum and Focal Point*, LLAICLJ, Vol. 16, 1993, pág. 1-8, na pág. 3; G. Naarden, *Un Intervention* (...), cit., pág. 234 e 235-236; Ruth Wedgwood, *The Evolution of United Nations Peacekeeping*, CILJ, Vol. 28, 1995, pág. 631--640, na pág. 636 e 640; Hugo Slim, *Military Humanitarianism And The New Peacekeeping:*

De qualquer modo, se o problema do fundamento específico na Carta da competência do Conselho de Segurança[1938] para criar estas forças tem suscitado debate, já a questão da legitimidade das Nações Unidas para as criar é mais pacífica. O artigo 1, n.º 1, como base geral das atribuições das Nações Unidas no domínio da manutenção da paz e segurança internacionais, é suficientemente amplo para abranger a criação destas Forças. Efectivamente, ao utilizar a expressão "medidas colectivas", em oposição ao termo mais específico de "medidas coercivas" (artigos 2, n.º 7 e 50) ou "acção coerciva" (artigos 2, n.º 5; 5; 45; 53, n.º 1 CNU) que se referem apenas a medidas bélicas[1939], sugere que podem ser adoptadas medidas colectivas não coercivas, mesmo para prevenir ameaças contra a paz[1940].

**56.1. À luz do Capítulo VII.** Tentando encontrar base para a sua criação à luz do Capítulo VII, facilmente se conclui que estas forças consensuais, dadas as suas características, não têm base jurídica nos artigos 41 e 42 CNU. Ambos estes artigos pressupõem que a entidade alvo não consentiu na sua aplicação. Caso tivesse consentido não faria sentido recorrer a este regime. A entidade estaria disposta a acatar as decisões tomadas pelo Conselho, à luz do artigo 39 e 40, sendo desnecessário recorrer a medidas compulsivas.

Mas do facto de não se poder reconduzir a criação das operações de manutenção da paz aos artigos 41 e 42 CNU não deriva que o Conselho não possa criar operações desta espécie à luz do Capítulo VII.

Já se verificou que a distinção quanto à aplicação do Capítulo VI ou VII não deriva necessariamente do regime dos actos adoptados, mas dos pressupostos reunidos. Com efeito, à luz dos artigos 39 e 40 do Capítulo VII, o Conselho de Segurança pode recorrer a meios jurídicos típicos do Capítulo VI. Desde recomendações a medidas consensuais. Neste ponto não existem diferenças de regime jurídico[1941]. Deste modo, mesmo perante uma

---

*An Agenda For Peace?*, JHA, 22 September 1995, Peacekeeping Old and New; Joe Byrnes Sills, *United Nations Peacekeeping: The Years Past, The Years Ahead*, DJILP, Vol. 24, 1996, pág. 451-460, na pág. 452. Outra versão deste entendimento é a tese que sustenta que estas forças têm base no artigo 24 CNU: R. Higgins, *Peace and Security* (...), cit., texto nota 6; K. Herndl, *Reflections* (...), cit., pág. 337; V. Gowlland-Debbas, *Collective Responses to Illegal Acts* (...), cit., pág. 391-393; V. Grado, *Il Consiglio di Sicurezza* (...), cit., pág. 172-173.

[1938] Em relação à Assembleia Geral, ver, *supra*, parág. 43.2.

[1939] Ver, *supra*, parág. 31.2.

[1940] Neste sentido: J. Halderman, *Legal Basis* (...), cit., pág. 982; H. Caceres, *The Use of Force* (...), cit., pág. 753. Ver ainda J. Bialke, *United Nations Peace* (...), cit., pág. 7-8.

[1941] Ver, *supra*, parág. 52.

questão típica do artigo 39 e após ter realizado a sua qualificação como tal, o Conselho pode ainda assim adoptar meras recomendações e outras medidas consensuais, como a criação de uma operação de manutenção da paz[1942].

A conclusão positiva quanto à possibilidade de o Conselho criar uma Força de manutenção da paz à luz do Capítulo VII retira-se também de um simples argumento de que quem pode o mais, criar uma Força coerciva, dotada de poderes públicos para usar a força, nos termos do artigo 42 do Capítulo VII, também poderá o menos: neste caso, criar uma Força consensual, com poderes restringidos ao uso da força em legítima defesa. Em suma, o Conselho de Segurança, apesar de estar perante uma ameaça à paz, pode recorrer a uma medida consensual, como a criação de uma Força de manutenção da paz à luz do Capítulo VII[1943], medida que se considera típica do regime do Capítulo VI[1944].

---

[1942] Não é, pois, possível realizar distinções entre Forças de manutenção da paz e de imposição da paz caracterizando as primeiras como Forças do "Capítulo VI" e as segundas como Forças do "Capítulo VII", critério que é frequente encontrar na prática dos Estados. Não tem fundamento a ideia de que qualquer Força de paz estabelecida à luz do Capítulo VII significa necessariamente que esta será uma Força coerciva. Assim, o México mostrou preocupação pela "proliferation of peace-keeping operation mandates that invoked Chapter VII of the Charter, **which referred exclusively to the United Nations using enforcement measures** to punish violators of international legal orders" (cfr. UNPR GA/PK/141 137th Meeting (PM) 3 April 1996, pág. 3). Igualmente Cuba afirmou-se: "concerned about the growing tendency to relate peace-keeping operations to Chapter VII of the Charter. Such a tendency could lead to the legitimization of the imposition of peace-keeping operations and to their being linked to the use of force by the Organization" (cfr. UNPR GA/PK/141 137th Meeting (PM) 3 April 1996, pág. 7).

[1943] Neste sentido, também: D. Bowett, *United Nations* (...), cit., pág. 277; M. Bothe, *Peace-Keeping*, cit., pág. 590-591; A. Eckert, *United Nations Peacekeeping* (...), cit., pág. 294-296; M. Kamto, *Le cadre juridique des opérations* (...), cit., pág. 101-102.

[1944] A prática confirma este entendimento. Assim, várias resoluções que criaram Forças de manutenção da paz foram aprovadas expressamente com base no Capítulo VII. É certo que em algumas destas o Conselho parece ter invocado este Capítulo por outros motivos, como aprovar uma habilitação a Estados membros. No entanto, para todos os efeitos, fica confirmado que o Conselho pode criar uma força de manutenção da paz quando já se encontra no quadro do Capítulo VII e, portanto, ao menos tacitamente, realizou uma qualificação da situação à luz do artigo 39.

Deste modo, no caso da UNOSOM II, depois de esta ter sido uma Força de imposição da paz foi novamente convertida numa Força de manutenção da paz com qualificação expressa da situação como ameaça à paz e invocação do Capítulo VII pela Resolução 897 (1994), de 4 de Fevereiro (texto em RDSCOR, 1994, pág. 55) (ver, *infra*, parág. 66).

Igualmente a Resolução 981 (1995), de 31 de Março (texto em RDSCOR, 1995, pág. 23-25), depois de invocar o Capítulo VII no preâmbulo, cria no seu parág. 2 a Operação das Nações Unidas para a Restauração da Confiança na Croácia (UNCRO). O motivo determinante

Segundo se julga, a base no Capítulo VII para a criação destas operações consensuais pelo Conselho será o artigo 40 ou o artigo 39.

Assim, se forem rigorosamente neutrais e não tiverem subjacente qualquer juízo sobre o litígio de fundo, estas forças poderão ser fundadas no artigo 40 como medidas cautelares. Por exemplo, uma mera força provisória de interposição. É certo que o artigo em princípio apenas se refere a medidas a serem adoptadas pelas partes e não a estruturas criadas pelo Conselho. Mas estas visam precisamente evitar que a situação se agrave e as partes têm um papel determinante na sua instalação, devendo dar o seu consentimento[1945, 1946].

Claro está, por se estar perante uma decisão baseada no artigo 40, que constitui fundamento para a adopção quer de recomendações, quer de decisões

---

para invocar o Capítulo VII terá sido a decisão constante do parág. 6 de permitir aos Estados, individualmente ou organizados regionalmente, que, em cooperação com o Secretário-Geral, adoptassem todas as medidas necessárias para proteger os membros da UNCRO. De forma mais clara, a Resolução 990 (1995), de 28 de Abril (texto em RDSCOR, 1995, pág. 30), que autoriza à instalação da UNCRO, invoca igualmente o Capítulo VII no preâmbulo embora não contenha qualquer decisão para o uso da força.

Também a criação da Administração Transitória das Nações Unidas para a Eslavónia Leste, Baranja e Sirmium Oeste (UNTAES) pelo Conselho mediante a sua Resolução 1037 (1996), de 15 de Janeiro (texto em RDSCOR, 1996, pág. 25), parág. 1, foi realizada depois de uma qualificação da situação na Croácia como ameaça à paz e com expressa invocação do Capítulo VII. A Administração tinha uma componente militar de 5.000 mil soldados (parág. 10), mas sem qualquer poder público bélico.

Do mesmo modo, a Resolução 1270 (1999), de 22 de Outubro, parág. 8, que cria a UNAMSIL (que apesar de denominada missão, é uma Força das Nações Unidas; ver, *infra*, parág. 68), confirma no preâmbulo que a situação subjacente na Serra Leoa constituía uma ameaça à paz, colocando-se, portanto, em sede do Capítulo VII. Invoca-o expressamente no parág. 14 para delegar na UNAMSIL (seus órgãos cimeiros) uma faculdade alargada de recorrer à legítima defesa pública, incluindo para defesa de terceiros e da sua liberdade de circulação.

[1945] Já se viu que alguns Secretários-Gerais têm mesmo sustentado que o artigo 40 pode ser base para forças de imposição da paz [cfr. RPSC, 1959-1963, Chapter XI, pág. 272 e 273 (a propósito da ONUC, mas numa fase em que esta ainda não assumira esta natureza); *An Agenda for Peace* (UN doc. A/47/277 – S/24111, 17 June 1992), parág. 44], o que já não se aceita. Em relação à ONUC, julga-se, porém, que não tendo o Conselho feito qualquer menção ao Capítulo VII, que esta foi criada inicialmente no âmbito do Capítulo VI e não, portanto, à luz do artigo 40 (ver, *infra*, parág. 64).

[1946] Defendem que o artigo 40 é uma base susceptível de fundamentar a criação de operações de manutenção da paz: L. Sohn, *The Authority* (…), cit., pág. 230; D. Bowett, *United Nations* (...), cit., pág. 177-178, 180 e 280-283; A. Karaosmanoglu, *Les actions* (...), cit., pág. 252; H. Caceres, *The Use of Force* (…), cit., pág. 753.

obrigatórias[1947], o Conselho pode criá-las enquanto operação clássica, isto é, consensual, ou impô-las às partes. No entanto, reconheça-se que será excepcional uma situação em que se imponha uma operação das Nações Unidas e não se lhe conceda poderes públicos quanto ao uso da força. Não gozando do consentimento de todas as partes, as que se lhe opõem facilmente a considerarão mais um inimigo, recusando-se a cooperar com esta e convertendo-a em mais um alvo. Porém, se tais poderes públicos lhe forem delegados, a base já não poderá ser este artigo 40, mas o artigo 42. E, em qualquer caso, sendo imposta, não será já uma operação de manutenção da paz.

Por outro lado, na maioria das operações de manutenção da paz existiu já uma decisão subjacente quanto aos direitos das partes, normalmente decorrente de acordo das partes, mediado pelo Secretário-Geral ou seu enviado e apoiado pelo Conselho. O que implica que não será possível sustentar que estas operações constituem medidas cautelares à luz do artigo 40.

Julga-se, contudo, que o Conselho de Segurança pode igualmente criar uma operação de manutenção da paz, portanto, consensual, à luz do artigo 39. Este permite quer a adopção de recomendações, quer de decisões. Ora, as decisões não estão limitadas às adoptáveis nos termos dos artigos 41 e 42, pelo contrário, o artigo 39 é o fundamento central de adopção de decisões primárias obrigatórias a ser executadas à luz dos artigos 41 e 42[1948]. Acresce que para a criação de uma operação de manutenção da paz clássica nem sequer é necessária qualquer decisão obrigatória para os Estados membros (isto é, com natureza constitutiva para estes). Nada impede, pois, que à luz do artigo 39 seja criada uma Força consentida pelas principais partes no conflito[1949], portanto, estruturalmente distinta de uma Força imposta, que teria base no artigo 42 ou, se não tivesse poderes coercivos, no artigo 40 ou 41.

Com efeito, aceitando-se que faz sentido uma Força imposta a uma das partes, mas em que esta não possa recorrer a medidas coercivas (bélicas)[1950],

---

[1947] Ver, *supra*, parág. 50.2.

[1948] Ver, *supra*, parág. 36 e 50.1.

[1949] Em sentido semelhante: D. Bowett, *United Nations* (...), cit., pág. 277.

[1950] Já se referiu que numa fase da sua existência foi esta a situação da ONUC. Somente podia usar a força em legítima defesa, mas fora criada sem o consentimento de uma das partes envolvidas, o autoproclamado independente Katanga. Inicialmente podia-se sustentar que a sua criação não foi entendida como uma medida coerciva contra este, já que o movimento separatista do Katanga não foi consultado, mas também não se opôs à sua criação. Mas, posteriormente, opôs-se expressamente à sua entrada no território que controlava. Esta oposição acabaria por forçar à alteração do mandato da Força, convertendo-a numa Força imposta em relação a este movimento, apesar de só lhe terem sido delegados poderes bélicos mais tarde (sobre esta ver, *infra*, parág. 64).

ainda assim esta já terá de ter base no capítulo VII, sendo enquadrável no artigo 40, enquanto medida cautelar, se não tiver existido uma decisão quanto à questão de fundo; ou então no artigo 41, caso tenha já existido uma decisão desta espécie[1951]. O artigo 41[1952] não menciona nada do género de criação de uma Força, se necessário imposta a uma ou todas as partes, mas este expressamente não pretende ser exaustivo[1953, 1954].

---

[1951] No sentido de que o artigo 41 pode servir de base para criar uma Força das Nações Unidas sem poder para usar a força: L. Sohn, *The Authority* (...), cit., pág. 230; D. Bowett, *United Nations* (...), cit., pág. 279-280 (embora considere mais adequados os artigos 39, 40 ou 42). Contra: A. Karaosmanoglu, *Les actions* (...), cit., pág. 252-253 (com base no argumento correcto de que às Forças de manutenção da paz falta natureza compulsiva; claro está, tal argumento não se aplica a estas forças *sui generis* compulsivas mas sem qualquer poder público bélico).

[1952] Outra possibilidade seria considerar que, sendo compulsiva e estando armada, como todas as Forças de Paz, ao menos com armas ligeiras, poderia ser considerada como criada imediatamente à luz do artigo 42. Com efeito, é necessário sublinhar que as medidas à luz do artigo 42 não implicam necessariamente o uso da força; podem-se bastar com a mera ameaça do uso desta. Daí a referência ao recurso a meras demonstrações intimidatórias. Poderá uma Força das Nações Unidas, imposta a uma das partes, mas sem qualquer poder para exercer o poder público, mas somente legítima defesa, ser considerada uma acção à luz do artigo 42? Dúvidas poderiam colocar-se quando esta estivesse fortemente armada e pudesse agir em legítima defesa de civis e para garantir o seu mandato. Contudo, o artigo 42 parece pressupor que as manobras intimidatórias se baseiam já numa prévia delegação do poder público bélico, constituindo apenas um primeiro passo para um uso efectivo da força. Com efeito, sendo públicas as resoluções do Conselho e devendo a parte visada em princípio ser ouvida, se a Resolução em causa apenas permitisse manobras, tal em si não constituiria qualquer acto ameaçador. A parte visada saberia de antemão que não passavam de manobras.

[1953] Neste sentido, o Tribunal Penal para a ex-Jugoslávia afirmou: "It is evident that the measures set out in Article 41 are merely illustrative examples which obviously do not exclude other measures. All the Article requires is that they do not involve "the use of force." It is a negative definition." [cfr. *Decision on* (...) *Jurisdiction in Prosecutor v. Dusko Tadic*, Appeals Chamber, October 2, 1995, parág. 35, ILM, cit., pág. 44].

[1954] O carácter não exaustivo das medidas previstas no artigo 41 é relativamente pacífico: L. Sohn, *The Authority* (...), cit., pág. 230; O. Schachter, *United Nations Law in the Gulf Conflict*, cit., pág. 454; T. Christakis, *L'Onu* (...), cit., pág. 195; Faiza King, *Sensible Scrutiny: The Yugoslavia Tribunal's Development of Limits on the Security Council's Powers Under Chapter VII of the Charter*, EILR, Vol. 10, 1996, N. 2, pág. 520; M. Ruffert, *The Administration* (...), cit., pág. 620; Daniel Pickard, *When Does Crime Become a Threat to International Peace and Security?*, FJIL, Vol. 12, 1998, pág. 1-21, na pág. 5; A. Dale, *Countering Hate Messages* (...), cit., pág. 120. Contra, porém: Tara Sapru, *Into the Heart of Darkness: The Case Against the Foray of the Security Council Tribunal into the Rwandan Crisis*, TILJ, Vol. 32, 1997, pág. 329-354, na pág. 340.

**56.2. À luz do Capítulo VI.** Menos clara é a questão da sua criação à luz da Capítulo VI, isto é, perante uma questão típica deste: uma controvérsia ou situação susceptível de por força da sua subsistência se converter num perigo para a manutenção da paz e segurança internacionais (artigo 33, n.º 1 e 34 CNU).

Com efeito, não existe nenhum preceito neste Capítulo que confira ao Conselho competência para criar estruturas consensuais de garantia do acatamento de um acordo entre partes numa controvérsia ou envolvidas numa situação, para prevenir um agravamento de uma situação ou em geral para minorar os efeitos humanitários de um conflito. Ora, têm sido estes os principais objectivos das forças de manutenção da paz.

É certo que as forças de manutenção da paz podem ser consideradas como "órgãos subsidiários"[1955] para efeitos do artigo 29 da Carta, tendo o Conselho uma competência genérica para os criar. Mas tal não é de modo algum fundamento suficiente para a sua criação. É ainda primeiramente necessário encontrar um preceito que o considere competente para prosseguir os referidos objectivos, bem como para criar um instrumento como uma Força enquanto meio legítimo para os atingir.

Em relação aos objectivos, esse preceito pode ser considerado o artigo 24, n.º 1. Isto é, o fim primordial que o Conselho deve prosseguir é a manutenção da paz. Mas também este passo adicional não basta para se concluir que o Conselho tem competência para o fazer nos termos do Capítulo VI. É essencial encontrar base na Carta para se poder concluir que o Conselho está autorizado a utilizar esse meio quando estejam em causa questões da natureza visada por este Capítulo e não apenas perante questões típicas do Capítulo VII.

O Capítulo VI literalmente apenas confere ao Conselho de Segurança competência para investigar controvérsias ou situações com vista a determinar se podem vir a ser um perigo para a paz (segundo o artigo 34) e, tendo concluído que sim: competência para convidar as partes a resolver esta controvérsia por meios pacíficos (à luz do artigo 33, n.º 2), de adoptar recomendações às partes na controvérsia para que adoptem um determinado meio específico de resolução pacífica (com base no artigo 36, n.º 1[1956]),

---

[1955] Já se viu que tecnicamente não serão órgãos, mas que o artigo 29 utiliza a expressão em sentido amplo (ver, *supra*, parág. 54.2).

[1956] A diferença entre o artigo 33, n.º 2 e o artigo 36, n.º 1 é, portanto, que no primeiro caso o Conselho se limita a convidar as partes a resolver uma dada questão por meios pacíficos sem recomendar nenhum em particular, enquanto à luz do segundo preceito já lhes

incluindo o recurso ao Tribunal Internacional de Justiça (artigo 36, n.º 3) ou de recomendar uma solução de fundo para a questão (nos termos do artigo 37, n.º 2 ou do artigo 38)[1957].

Nenhum destes preceitos fornece uma base satisfatória para atribuir ao Conselho competência para garantir que as partes respeitam a forma como resolveram pacificamente uma controvérsia. O artigo 34 é uma base para criar meras comissões de inquérito para determinar os factos e permitir a avaliação da sua gravidade. Assim, pode constituir base para a criação de missões de observação, mas não de forças de manutenção da paz[1958]. O artigo 33, n.º 2 limita-se a conferir uma competência para fazer convites abstractos para a resolução de uma controvérsia por meios pacíficos.

O artigo 36, n.º 1 tem a seu favor a ampla liberdade de iniciativa que confere ao Conselho, mas apenas lhe permite que recomende um determinado meio pacífico para a resolução em concreto de uma controvérsia. Tem servido de base para condenações de atitudes de resistência de uma parte a resolver pacificamente uma controvérsia ou de actos de violação de um acordo firmado entre estas, já que permite a intervenção do Conselho em qualquer momento da evolução da controvérsia[1959]. Mas literalmente não

---

indica um meio específico. Tal é esclarecido pelos trabalhos preparatórios, designadamente por declarações da União Soviética [cfr. *Verbatim Minutes of Third Meeting of Commission III, June 18* (doc. 1088, June 19), em UNCIOSD, pág. 791-794, na pág. 793].

[1957] Sem entender que a questão (controvérsia ou situação) é susceptível de pela sua continuação fazer perigar a paz, o Conselho não pode utilizar estas competências (salvo a de inquérito) [como sublinha Clyde Eagleton, *The Jurisdiction of the Security Council Over Disputes*, AJIL, Vol. 40, 1946, pág. 513-533, na pág. 518-520 e 528; E. Kerley, *The Powers of Investigation* (...), cit., pág. 898]. No entanto, à luz da prática, esta qualificação pode ser presumida [mais longe parece ir: F. Kirgis, *The Security Council's First* (...), cit., pág. 512, que a parece considerar dispensável]. Se o Conselho fizer uso das suas competências em matéria de manutenção da paz e não qualificar a questão como própria do artigo 39, entende--se que o fez à luz do Capítulo VI. Apenas a qualificação nos termos do Capítulo VII tem de ser realizada de forma clara (embora não necessariamente expressa), visto que é esta que abre caminho ao exercício do seu poder público (ver, *supra*, parág. 49.1).

[1958] Também neste sentido: A. Karaosmanoglu, *Les actions* (...), cit., pág. 255-256. Contra, considerando o artigo 34, em associação com o artigo 29, base para a criação de operações de manutenção da paz: A. Randelzhofer, *Article 2 (4)*, cit., pág. 121 (mas com dúvidas).

[1959] O Conselho normalmente não fundamenta na Carta as suas condenações de violações de acordos ou de resistência à resolução pacífica de questões, mas julga-se que o artigo 36, n.º 1 fornece base suficiente para tais actos (neste sentido: T. Stein/S. Richter, *Article 36*, cit., pág. 540). Pensa-se mesmo que permite que o Conselho apele à adopção de represálias (pacíficas, claro está) contra Estados. É certo que represálias não são exactamente um meio de resolução pacífica dos conflitos, mas são um meio de induzir uma parte a retomar as negociações ou a adoptar uma postura menos rígida nestas, quando é responsável por violações de obrigações *erga omnes* ou é parte numa controvérsia ou responsável por uma situação própria do Capítulo VI. De resto, o preceito aplica-se igualmente em relação a situações que podem ser provocadas pelo comportamento de um Estado em relação a cidadãos seus ou a outros indivíduos sujeitos à sua jurisdição. Diversas destas situações poderão ser qualificadas como ameaças à paz e o apelo a represálias será então realizado nos termos do artigo 39. Mas se o Conselho, tendo em conta a sua autonomia na qualificação da questão, optar por enquadrá-la no Capítulo VI (designadamente, por serem menos graves), poderá recomendar a adopção de represálias nos termos deste artigo 36, n.º 1. Claro está, sem carácter constitutivo ou vinculativo. O Conselho estará simplesmente a apelar aos Estados para que exerçam um direito (por vezes mesmo dever) que lhes é conferido pelo Direito Internacional: o de reagir contra violações de obrigações *erga omnes*.

Não se considera necessário criar um pressuposto intermédio (ameaças à paz potenciais) de actuação do Conselho, com poderes igualmente intermédios, entre o Capítulo VI e o Capítulo VII, baseado no artigo 24 CNU [neste sentido: V. Gowlland-Debbas, *Collective Responses to Illegal Acts* (…), cit., pág. 391-393; V. Grado, *Il Consiglio di Sicurezza* (...), cit., pág. 172-173]. É certo que se pode tentar encontrar algum apoio para esta visão, mesmo quanto à competência de criação de Forças de manutenção da paz, em alguma ambiguidade na prática do Conselho de Segurança quanto ao fundamento de várias das suas resoluções durante muitos anos da Guerra Fria. Mas, por um lado, tal ambiguidade desapareceu (sobre o artigo 24, ver, *supra*, parág. 49.4 e ainda 49-49.1) e, por outro, tendo em conta que neste caso estarão sempre em causa competências para emanar actos não vinculativos, considera--se que o Capítulo VI, concretamente, o artigo 36, n.º 1 serve de base para apelos à aplicação de represálias.

Julga-se, pois, de enquadrar nestes termos resoluções que apelam à adopção de medidas de embargo sem terem base no Capítulo VII: Resolução 180 (1963), de 31 de Julho (texto em RDSCOR, 1963, pág. 3-5), parág. 6 (apelo a embargo de material bélico contra Portugal); Resolução 181 (1963), de 7 de Agosto (texto em RDSCOR, 1963, pág. 7), parág. 3 (apelo a embargo de material bélico contra a África do Sul); Resolução 217 (1965), de 20 de Novembro (texto em RDSCOR, 1965, pág. 8), parág. 8 (apelo a embargo de material bélico contra a Rodésia do Sul).

Já não é possível fundar no Capítulo VI reconhecimentos quanto à legitimidade do exercício da legítima defesa, já que neste caso estar-se-á perante uma qualificação, no mínimo implícita, da existência de uma agressão e, logo, já no domínio do Capítulo VII, nos termos do artigo 39. É o caso das citadas Resoluções 546 (1984), de 6 de Janeiro, parág. 5 e 574 (1985), de 7 de Outubro, parág. 4, ambas em relação ao conflito entre Angola e a África do Sul. É igualmente o caso da mencionada Resolução 661 (1990), de 6 de Agosto, no parág. 6 do seu preâmbulo, sobre o Conflito do Golfo, embora aqui tenha existido invocação do Capítulo VII. Pode-se ainda referir a Resolução 1234 (1999), de 9 de Abril (texto em RSSC, 1999, pág. 17-18), sobre a situação na República Democrática do Congo (ex-Zaire), que invoca a legítima defesa no preâmbulo, implicitamente a favor do Congo contra as intervenções de Forças do Uganda e Ruanda [condenadas posteriormente pela Resolução 1304 (2000), de

permite que o Conselho crie um meio de garantia, mesmo consensual, para o acatamento do acordado como é, geralmente, o caso de uma Força de manutenção da paz[1960].

O artigo 37, n.º 2 também não é uma base adequada. O melhor entendimento, bem como a prática do Conselho[1961], vão no sentido de que, ainda que nenhuma das partes acate a obrigação de submeter a controvérsia ao Conselho nos termos do artigo 37, n.º 1[1962], este não ficará impedido de

---

16 de Junho, parág. 4, a)]. Menos clara é a Resolução 1368 (2001), de 12 de Setembro [UN Doc. S/RES/1368 (2001)] e a Resolução 1373 (2001), de 28 de Setembro [UN Doc. S/RES/ /1373 (2001)], que invoca a legítima defesa, implicitamente a favor dos EUA, a propósito dos atentados de 11 de Setembro de 2001 (sobre estas últimas duas resoluções ver, *supra*, parág. 12.4.1).

[1960] Contra: D. Bowett, *United Nations* (...), cit., pág. 553 (com base possível no artigo 36, n.º 1); A. Karaosmanoglu, *Les actions* (...), cit., pág. 253-254 (baseando-se numa interpretação extensiva).

[1961] Exemplo de resoluções que fizeram uso deste poder do Conselho de recomendar termos de resolução de uma controvérsia à luz do artigo 37, n.º 2 são a Resolução 47 (1948), de 21 de Abril (texto em RDSCOR, 1948, pág. 3-8), em relação à controvérsia entre a Índia e o Paquistão quanto a Jammu e Kashmira; Resolução 67 (1949), de 28 de Janeiro (texto em RDSCOR, 1949, pág. 2-5), parág. 4, que recomenda medidas de fundo a adoptar pela Holanda e Indonésia para resolverem a sua controvérsia; a Resolução 118 (1956), de 13 de Outubro (texto em RDSCOR, 1956, pág. 7), sobre a questão do Suez entre a França/Reino Unido e o Egipto; a Resolução 242 (1967), de 22 de Novembro (texto em RDSCOR, 1967, pág. 8), com os termos em relação aos territórios árabes ocupados; Resolução 1092 (1996), de 23 de Dezembro (texto em RDSCOR, 1996, pág. 111), parág. 14, em relação à resolução da questão de Chipre; a Resolução 1378 (2001), de 14 de Novembro [UN Doc. S/RES/1378 (2001), 14 November 2001], parág. 1, que ao contrário da Resolução 1363 (2001) não contém qualquer qualificação da situação no Afeganistão como uma ameaça à paz (apesar desta constituir uma ruptura da paz), recomenda termos para o futuro Governo deste Estado, embora sem identificar qualquer controvérsia (ver, *supra*, parág. 12.4.1).

Estes casos demonstram como na prática muitas vezes a fronteira entre o artigo 37, n.º 2 e o artigo 38 se esbate porquanto ainda que a intervenção do Conselho seja solicitada inicialmente unilateralmente por uma das partes, estas acabaram por participar ambas no procedimento que levou à adopção das medidas de fundo recomendadas pelo Conselho.

[1962] De facto, é relativamente claro que a submissão da questão ao Conselho não necessita de ser realizada por ambas as partes. O artigo 15, n.º 1, parte final, do Pacto da Sociedade das Nações esclarecia abertamente a questão, mas tudo indica que a mesma solução deve ser aplicada à luz do artigo 37, n.º 1 CNU. Assim, tendo em conta a clareza do artigo 38 no sentido de exigir o acordo das partes, seria estranho chegar à mesma conclusão em relação ao artigo 37, n.º 1 que nada diz a esse respeito. Acresce que sendo um último recurso, quando os restantes meios pacíficos foram esgotados sem sucesso, faria pouco sentido fazer depender a sua aplicação de um acordo entre duas partes aparentemente irredutíveis em permanecer desavindas (neste sentido: T. Stein/S. Richter, *Article 37*, cit., pág. 550-551).

considerar que foram esgotados sem sucesso os meios pacíficos por aquelas[1963] e que se impõe uma tomada de posição substancial sua sobre a controvérsia[1964]. É certo que a redacção deste seu n.º 2 sugere uma dependência em relação ao n.º 1, mas seria estranho que um desrespeito das partes pela obrigação contida neste último inviabilizasse a intervenção do Conselho à luz do n.º 2. Acresce que não sendo as recomendações do Conselho obrigatórias, a sua intervenção não afectará juridicamente as suas posições. Assim, entende-se que os poderes conferidos por este artigo podem mesmo ser utilizados oficiosamente pelo Conselho, depois de apurar que está perante uma situação típica do Capítulo VI.

Mas, na realidade, a sua aplicação depende da circunstância de os meios pacíficos terem sido esgotados pelas partes sem sucesso ou tudo indicar que as partes não resolverão deste modo a questão. Ora, aquando da criação de uma Força de manutenção da paz, esta fase já foi normalmente ultrapassada; já existiu um acordo entre as partes e o que se torna necessário é que as Nações Unidas velem pelo seu respeito. Acresce, finalmente, que o preceito apenas permite ao Conselho que recomende uma solução de fundo e não que crie garantias para o acatamento desta.

O mesmo se diga do artigo 38 que ainda tem contra si a dependência de um acordo das partes quanto à submissão da controvérsia ao Conselho[1965].

---

Acresce que se trata de conclusão que tem amparo na prática do Conselho já que raramente este interveio com base no acordo prévio das partes, mesmo se em casos como a controvérsia entre a Índia e o Paquistão quanto a Jammu e Kashmira estas depois se tenham colocado de acordo quanto à intervenção do Conselho (cfr. RPSC, 1946-1951, Chapter X, pág. 381; 229.ª reunião, em 17 de Janeiro de 1948).

[1963] Não é necessário que as partes tenham efectivamente recorrido a todos os meios pacíficos. Basta que o recurso a estes tenha demonstrado ser inviável. Como afirmou o Egipto, na 193.ª reunião do Conselho de Segurança, em 22 de Agosto de 1947: "I think it cannot be contended that all of the methods mentioned in Article 33 must have been exhausted. The text refers to them not as cumulative but as alternative methods. It does not enjoin an endless procedure. A party to a dispute is not obliged first to try negotiation; then that failing, to go on to enquiry; and that failing, to proceed successively to mediation, conciliation, arbitration, judicial settlement, and other peaceful means." (cfr. RPSC, 1946-1951, Chapter X, pág. 381).

[1964] Neste sentido: T. Stein/S. Richter, *Article 37*, cit., pág. 554-555; F. Kirgis, *The Security Council's First* (...), cit., pág. 528; S. Ratner, *Image and Reality* (...), cit., texto nota 15-16. Com reservas e crítico do preceito como um retrocesso em relação ao Pacto da Sociedade das Nações: Leo Gross, *The International Court of Justice: Enhancing Its Role in the International Legal Order*, AJIL, Vol. 65, No. 2, 1971, pág. 253-326, na pág. 261-262 (chega a sugerir a necessidade de um acordo das partes nesse sentido invocando o artigo 37, n.º 1).

[1965] Embora ambos permitam que o Conselho adopte recomendações quanto à questão de fundo, como ficou escrito, o regime do artigo 37, n.º 2 distingue-se do do artigo 38

De qualquer modo, a prática tem ido no sentido de o Conselho poder criar forças de manutenção da paz igualmente à luz do Capítulo VI[1966]. De

---

porquanto permite que aquele tome uma iniciativa independentemente das partes, enquanto o segundo depende de um acordo entre estas para que a questão lhe seja submetida. Por força desta possibilidade de intervenção unilateral oficiosa do Conselho, enquanto o artigo 38 se aplica em relação a qualquer controvérsia que as partes lhe submetam, já o artigo 37, n.º 2 apenas pode ser aplicado pelo Conselho em relação a controvérsias cuja subsistência é susceptível de fazer perigar a paz.

Por outro lado, os artigos excluem-se mutuamente, já que o artigo 37, n.º 2 depende de ter falhado o recurso pelas partes aos meios pacíficos de resolução dos conflitos (artigo 33, n.º 1), altura em que ficam obrigadas a apresentar a questão ao Conselho (artigo 37, n.º 1). Ora, numa situação em que as partes acordam em submeter a questão para decisão do Conselho nos termos do artigo 38, naturalmente ainda não esgotaram os meios pacíficos [neste sentido: Torsten Stein/Stefan Richter, *Article 38*, em *The Charter of the United Nations – A Commentary* (ed. Bruno Simma), München, 1994, pág. 560-565, na pág. 562].

[1966] Assim, a Resolução 186 (1964), de 4 de Março (texto em RDSCOR, 1964, pág. 2--3), que pelo seu parág. 4 cria a Força de Manutenção da Paz em Chipre (UNFICYP), qualifica a situação subjacente em Chipre como "likely to threaten international peace and security". Ora, trata-se de terminologia própria do Capítulo VI, mesmo se não rigorosamente exacta, o que significa que a Força foi criada nos termos deste Capítulo [também: D. Bowett, *United Nations* (...), cit., pág. 553; A. Karaosmanoglu, *Les actions* (...), cit., pág. 193; ver ainda: N. White, *Keeping the Peace* (...), cit., pág. 241-242].

A Resolução 340 (1973), de 25 de Outubro (texto em RDSCOR, 1973, pág. 11), que cria a UNEF II no Egipto, é menos clara, já que apesar da situação no terreno ser claramente típica do Capítulo VII, com sucessivas violações do cessar-fogo que terminou o Conflito do *Yom Kippur*, esta não realiza qualquer qualificação. Para complicar a qualificação do regime, utiliza terminologia vinculante (parág. 1: "Demands that immediate and complete cease-fire"). Ainda assim, tendo em conta o que ficou escrito, julga-se que se tratou de uma Resolução adoptada nos termos do Capítulo VI, visto que se trata de uma questão de manutenção da paz e não existe qualquer menção do Capítulo VII [admite ainda assim que tenha sido criada à luz do artigo 40: N. White, *Keeping the Peace* (...), cit., pág. 244].

Igualmente, por exemplo, as Resoluções 425 (1978), de 19 de Março e 426 (1978), de 19 de Março (textos em RDSCOR, 1978, pág. 5) que criam a Força Provisória das Nações Unidas no Líbano (UNIFIL), não invocam minimamente o Capítulo VII, antes pelo contrário, já que embora a situação fosse típica deste Capítulo a primeira se limita a referir "Gravely concerned at the deterioration of the situation in the Middle East, and its consequences to the maintenance of international peace". Trata-se, pois, de mais uma Força criada nos termos do Capítulo VI.

O mesmo se diga da criação da Força de Protecção das Nações Unidas (UNPROFOR) pela Resolução 743 (1992), de 21 de Fevereiro (texto em RDSCOR, 1992, pág. 8-9), aprovada com uma qualificação ambígua mas própria do Capítulo VI (ver, *infra*, parág. 67) e da criação da UNOSOM I pela Resolução 751 (1992), de 24 de Abril (texto em RDSCOR, 1992, pág. 57-58) com base numa qualificação idêntica (ver, *infra*, parág. 66). O mesmo fundamento se encontrou subjacente à criação da UNAMIR no Ruanda (ver, *infra*, parág. 75.3.3), pela

facto, sendo uma medida consensual, a criação destas integra-se claramente no espírito do regime não compulsivo deste Capítulo[1967].

---

Resolução 872 (1993), de 5 de Outubro (texto em RDSCOR, 1993, pág. 102-103), parág. 2. Aliás, o Secretário-Geral considerou que a UNAMIR constituía "a peace-keeping force operating under Chapter VI of the Charter" [cfr. Carta de 20 de Junho de 1994 (UN Doc. S/1994/728), parág. 12].

No caso da criação da UNPREDEP (Força de Instalação Preventiva das Nações Unidas), primeira Força criada a título puramente preventivo na Macedónia, o fundamento no Capítulo VI é relativamente claro já que a situação se afigurava típica do Capítulo VI. O Conselho, na Resolução 983 (1995), de 31 de Março (texto em RDSCOR, 1995, pág. 26), que a cria, não afirmou existir qualquer ameaça à paz ou invocou o Capítulo VII. O seu mandato seria renovado pelas Resoluções 1082 (1996), de 26 de Novembro; Resolução 1105 (1997), de 9 de Abril; Resolução 1110 (1997), de 28 de Maio; 1140 (1997), de 28 de Novembro; 1142 (1997), de 4 de Dezembro; 1186 (1998), de 21 de Julho. Em 25 de Fevereiro de 1999, a China vetou a extensão do seu mandato (cfr. UNPR SC/6648 3982nd Meeting (PM) 25 February 1999).

Igualmente a extensão inicial do mandato da UNPROFOR à Macedónia realizada anteriormente pela Resolução 795 (1992), de 11 de Dezembro (texto em RDSCOR, 1992, pág. 37-38), foi realizada sem qualquer qualificação da situação ou invocação do Capítulo VII. Apenas se invoca o Capítulo VIII.

Do mesmo modo, a Resolução 1246 (1999), de 11 de Junho (texto em RSSC, 1999, pág. 36), que pelo seu parág. 1 cria a Missão das Nações Unidas em Timor Leste (UNAMET), limita-se a considerar, citando o Secretário-Geral, que a situação no território continua "extremely tense and volatile". Mantém-se, pois, claramente no âmbito do Capítulo VI. É certo que se trata de uma missão de observação, que se pode ainda reconduzir ao artigo 34, mas esta tinha uma componente militar ligeira. O parág. 2 e 3 autorizavam um número de 250 polícias civis e 50 militares.

[1967] Assim, a Declaração sobre Prevenção e Remoção de Controvérsias e Situações Susceptíveis de Fazer Perigar a Paz e Segurança Internacionais e relativa ao Papel das Nações Unidas nesta Matéria, aprovada pela Resolução 43/51 de 5 de Dezembro de 1988 da Assembleia Geral (texto em RDGAOR, 43ª, 1988, vol. I, pág. 276-277), como estabelece no parág. 1 do seu preâmbulo, visa aplicar-se a controvérsias e situações que, pela sua continuação, podem vir a constituir um perigo para a paz e segurança internacionais, isto é, típicas do Capítulo VI. Mas, no seu parág. 12, expressamente apela ao Conselho de Segurança para que, ainda numa fase inicial, estabeleça uma presença das Nações Unidas no terreno, "including observers and **peace-keeping operations**, as a means of preventing the further deterioration of the dispute or situation in the areas concerned". Isto é, por consenso, os membros das Nações Unidas declararam entender que o Conselho pode criar uma Força de manutenção da paz perante uma questão típica do Capítulo VI.

O mesmo decorre da sua Resolução 47/71, de 14 de Dezembro de 1992 (texto em RDGAOR, 47th Session, 1992, Vol. I, pág. 101-104), parág. 53, que afirma: "*Emphasizes* that any deployment of peace-keeping operations should be accompanied, as appropriate, by an intensification of coordinated political efforts by the States concerned, by regional organizations and by the United Nations itself as part of the political process for a peaceful settlement of

Com efeito, se o Conselho pode recomendar o recurso a um determinado meio pacífico de resolução da controvérsia ou situação, condenar violações de acordos obtidos e mesmo recomendar uma solução de fundo, parece igualmente poder criar uma estrutura das Nações Unidas (portanto, à luz do artigo 29 CNU), que vele de forma isenta pelo respeito do acordado com o consentimento das partes e cujos membros apenas possam usar a força em legítima defesa pública[1968].

Muitas vezes o mais difícil não é obter uma solução pacífica para uma controvérsia baseada no acordo entre as partes, mas fazer com que estas respeitem o acordado. A criação de uma Força que vele pelo respeito do acordado é, pois, uma medida que se integra perfeitamente na teleologia dos poderes conferidos e fins visados pelo Capítulo VI.

Acresce que negar esta possibilidade seria entender que as Nações Unidas apenas poderiam criar estas operações com base no Capítulo VII, portanto em situações de grande gravidade, perdendo-se algumas virtualidades de uma actuação a título puramente preventivo. De qualquer modo, à luz do Capítulo VII, não faria sentido exigir uma decisão constitutiva para criar uma operação que mesmo organizações regionais ou Estados podem criar à luz do Direito Internacional Costumeiro sem qualquer habilitação do Conselho[1969]. Ora, a ser assim, regra geral, estas serão criadas à luz do artigo 39 ou 40 sem carácter externamente obrigatório, num regime paralelo ao do Capítulo VI.

Reconheça-se, contudo, que, por muito enquadráveis que estas Forças sejam na espécie de poderes que o Capítulo VI atribui ao Conselho de Segurança, este não fornece uma base clara para a sua criação. A primeira solução para legitimar esta falta de base seria entender que também nesta matéria a prática foi mais longe do que aquilo que a Carta permite. Mais

---

the crisis situation or conflict in accordance with Chapters VI and VIII of the Charter;". Portanto, fica reconhecido que uma operação de manutenção da paz pode ser criada numa situação própria do capítulo VI. Ora, resulta claro que o termo visa abranger igualmente forças de manutenção da paz.

[1968] No sentido de que o Conselho pode criar operações de manutenção da paz à luz do Capítulo VI: D. Bowett, *United Nations* (...), cit., pág. 275 e 553; A. Karaosmanoglu, *Les actions* (...), cit., pág. 253-254 e 255-256; N. White, *Keeping the Peace* (…), cit., pág. 201 e 241; A. Randelzhofer, *Article 2 (4)*, cit., pág. 121; M. Bothe, *Peace-Keeping*, cit., pág. 591; S. Ratner, *Image and Reality* (…), cit., texto nota 29; K. Heath, *Could We Have* (...), cit., pág. 286-287; A. Eckert, *United Nations Peacekeeping* (...), cit., pág. 291-292 (pouco clara); J. Bialke, *United Nations Peace* (...), cit., pág. 7-8 (com base nos artigos 1 e 33) e pág. 29 (mas na pág. 9-10 fala no "Chapter VI and 1/2").

[1969] Ver, *supra*, parág. 32.7.

uma vez, uma prática consensual, dado que não tem existido oposição à criação destas Forças pelo Conselho, mesmo sem qualquer invocação do Capítulo VII, teria levado a uma emenda tácita da Carta[1970]. Emenda que respeitaria os requisitos substanciais do artigo 108 CNU.

Contudo, nesta matéria, por se tratar de um aspecto menor das competências do Conselho que não cria qualquer nova obrigação essencial para os Estados membros, salvo a de financiamento da Força, é possível que o princípio interpretativo dos poderes implícitos amparado no artigo 24, n.º 2 CNU possa ter alguma relevância[1971]. À luz do sucesso razoável destas forças e do generalizado recurso a estas, pode-se claramente concluir que se trata de um poder necessário para a prossecução do principal fim das Nações Unidas, a manutenção da paz (artigo 1, n.º 1 CNU), mesmo em situações típicas do Capítulo VI e não apenas do Capítulo VII; fim de manutenção da paz em relação ao qual o Conselho tem a responsabilidade principal de salvaguardar (artigo 24, n.º 1 CNU).

Assim, pode-se entender que a solução será enquadrável interpretativamente por extensão dos poderes conferidos pelo Capítulo VI da Carta à luz do princípio dos poderes implícitos e que, de qualquer modo, tal extensão veio a ser confirmada pela prática dos Estados membros, neste caso com valor meramente interpretativo[1972].

**56.3. Conclusões.** Assim, julga-se que estas operações se tiverem o consentimento de todos os Estados e/ou principais partes implicadas, e não gozarem de poderes públicos bélicos, podem ser criadas quer perante questões visadas pelo Capítulo VI, quer em face de questões que são pressupostos de aplicação do Capítulo VII[1973]. A diferença reside nos pressupostos. Para que o Conselho recorra ao Capítulo VII terá, pois, de qualificar, ao menos tacitamente, a situação como ameaça à paz, ruptura desta ou agressão, já que a reunião dos pressupostos do artigo 39 é uma condição necessária para a adopção de qualquer medida do Capítulo VII.

Caso o Conselho não proceda a tal qualificação e decida criar uma operação de manutenção da paz, portanto consensual, sem poderes coercivos

---

[1970] Essencialmente neste sentido: M. Bothe, *Peace-Keeping*, cit., pág. 591.

[1971] Sobre a associação entre o princípio dos poderes implícitos e o artigo 24, n.º 2 CNU, ver, *supra*, parág. *infra*, parág. 49.4 e 75.2.3.

[1972] Cfr. artigo 31, n.º 3, al. b) da Convenção de Viena sobre o Direito dos Tratados de 1969.

[1973] Neste sentido, também: M. Bothe, *Peace-Keeping*, cit., pág. 590-591.

e neutral, será necessário concluir que se está perante uma criação da Força à luz do Capítulo VI[1974]. De qualquer modo, a questão da identificação da base jurídica nestes casos em que o Conselho não chega a aplicar qualquer medida coerciva típica do Capítulo VII é de escassa relevância. O regime é idêntico ao do Capítulo VI[1975].

Claro está, caso o Conselho delegue nos órgãos cimeiros da Força das Nações Unidas o exercício do poder público bélico, tal delegação terá de ter base no artigo 42, já que este é o único fundamento na Carta para o exercício efectivo daquele[1976].

Fora de uma situação em que se pudesse considerar que o fundamento da Força era o artigo 40, estas operações, se tiverem base no Capítulo VII, não estão obrigadas à imparcialidade de tratamento das partes, embora o Conselho de Segurança possa decidir que assim será em função das circunstâncias, como tem sucedido.

**57. Criação de forças de imposição da paz e bélicas.** É menos controversa a questão do fundamento na Carta para a criação de Forças das Nações Unidas mandatadas para o exercício do poder público bélico com vista a impor a paz.

É relativamente pacífico que o Conselho de Segurança apenas pode criar forças desta espécie para concretizar uma decisão sua de utilizar a força nos termos do Capítulo VII, mais concretamente do artigo 42[1977]. Não pode, pois, criar uma Força desta espécie à luz do Capítulo VI ou de qualquer outro preceito da Carta.

Como se procura demonstrar[1978], a criação da Força pode seguir o regime do artigo 43, ser composta por efectivos de organizações regionais

---

[1974] Ver, *supra*, parág. 49.1.

[1975] Daí a referida tendência por parte do Conselho em só se preocupar em invocar o Capítulo VII quando adopta medidas compulsivas (ver, *supra*, parág. 52).

[1976] Ver, *supra*, parág. 50.5.

[1977] Como ficou referido, o Secretário-Geral já sustentou que Forças de imposição da paz são criadas nos termos do artigo 40 [cfr. *An Agenda for Peace*, cit., parág. 44; e em parte igualmente de Hammarskjöld: cfr. RPSC, 1959-1963, Chapter XI, pág. 272 e 273]. Ficaram já apresentados os motivos porque se pensa que tal não parece viável (ver, *supra*, parág. 50.2 e 56.1).

Alguma Doutrina tem também sustentado poder o Conselho criar Forças coercivas nos termos do artigo 24, n.º 2 [trata-se de posição que parece ser aceite por K. Herndl, *Reflections* (...), cit., pág. 336-337]. Não se pode, contudo, aceitar esta visão (ver, *supra*, parág. 50.4).

[1978] Ver, *infra*, parág. 58.

ou ser baseada em acordos específicos. A possibilidade de decorrer de um recrutamento directo embora seja juridicamente possível, afigura-se financeiramente pesada, por passar a ser um encargo permanente, mas sobretudo politicamente inaceitável para a maioria dos Estados.

**58. Formas de constituição.** Elementos essenciais na criação de qualquer corpo militar são, naturalmente, os indivíduos que a integrarão.

A Carta consagra e regula duas formas de constituir forças das Nações Unidas: os acordos especiais regulados no artigo 43 e a constituição por meio de contingentes regionais nos termos do artigo 53, n.º 1, primeira parte. Mas outras são juridicamente possíveis, como a prática tem confirmado, desde o recurso a acordos específicos até ao recrutamento directo.

**58.1. Os acordos especiais do artigo 43.** O regime do artigo 43 foi consagrado com o objectivo de ser a forma principal de organizar uma Força das Nações Unidas. Trata-se de conclusão apoiada não apenas pelo cuidado com que foi elaborado, mas igualmente pela precaução em se criar um sistema transitório até este ser concretizado; trata-se do regime constante do artigo 106 CNU que atribui um poder de substituição aos membros permanentes em relação à actuação executiva bélica das decisões do Conselho de Segurança.

Tal não implica que a ausência de acordos nos termos preconizados pelo artigo 43 constitua um obstáculo ao recurso ao artigo 42 CNU. Com efeito, não resulta destes preceitos que as forças utilizadas em operações coercivas tenham necessariamente de ser fornecidas segundo o regime do artigo 43[1979].

---

[1979] Conformemente, o Tribunal Internacional de Justiça declarou: "Moreover, an argument which insists that all measures taken for the maintenance of international peace and security must be financed through agreements concluded under Article 43, would seem to exclude the possibility that the Security Council might act under some other Article of the Charter. The Court cannot accept so limited a view of the powers of the Security Council under the Charter. It cannot be said that the Charter has left the Security Council impotent in the face of an emergency situation when agreements under Article 43 have not been concluded" [cfr. *Certain expenses* (...), *I. C. J. Reports* 1962, cit., pág. 167]. No mesmo sentido: L. Sohn, *The Authority* (...), cit., pág. 230; F. Seyersted, *United Nations* (...), cit., pág. 130-131, 163 e 169; D. Bowett, *United Nations* (...), cit., pág. 277; U. Villani, *L'Intervento* (...), cit., pág. 39-40. Contra, mas sem avançar qualquer argumento: B. Weston, *Security Council* (...), cit., pág. 519.

É certo que o artigo 106 CNU estabelece uma ligação entre a aplicação do artigo 42 e a celebração dos acordos previstos no artigo 43, mas tal ligação não é exclusiva. A função do artigo 106 é criar um regime transitório até à celebração desses acordos que permita o recurso a medidas bélicas fora do quadro do Capítulo VII[1980]. Visa fornecer uma alternativa ao sistema destes acordos, mas sem pretender com isso excluir outras opções. De facto, o aspecto saliente do artigo 106 é que este faz depender de uma decisão do Conselho a aplicação do sistema do artigo 42 baseado na sua direcção ou, em alternativa, do regime transitório que cria de habilitação aos membros permanentes. Mas em que a própria celebração dos acordos do artigo 43 não é condição suficiente para a opção pelo sistema do artigo 42. O artigo 106 exige ainda que o Conselho entenda que a execução dos acordos celebrados tenha sido de ordem a tornar viável o recurso às forças obtidas por este meio. Ou seja, cabe ao Conselho decidir se se encontra em condições de fazer uso do sistema do artigo 42 ou não. Nada sugere que se encontre obrigado a seguir necessariamente os termos do artigo 43. Pode entender que, apesar de não terem sido celebrados os acordos previstos, que existem condições para utilizar o artigo 42, sendo desnecessário recorrer ao sistema do artigo 106. Consequentemente, esta será apenas a forma pormenorizadamente regulada de constituir Forças das Nações Unidas, outras são igualmente possíveis e legítimas[1981].

A confirmação desta posição encontra-se no Capítulo VIII, mais concretamente no artigo 53, n.º 1, primeira parte. Este permite que o Conselho utilize organismos regionais para aplicar medidas coercivas, incluindo exercer o poder bélico. Isto é, este não se encontra limitado à utilização das forças obtidas por via da aplicação dos acordos celebrados à luz do artigo 43. Pode antes recorrer a forças facultadas por um organismo regional ou empregar conjugadamente ambas, desde que sempre sob sua autoridade nos termos do artigo 42. É certo que o artigo 43, n.º 3, ao referir a celebração de acordos com grupos de Estados, pode aplicar-se igualmente ao fornecimento de forças por acordos regionais. Mas já parece excessivo englobar directamente no seu âmbito forças constituídas com base em contingentes fornecidos formalmente por uma organização regional e não pelos seus Estados membros.

---

[1980] Embora no respeito das restantes competências do Conselho de Segurança à luz da Carta e do Capítulo VII em particular a tomada das decisões a serem executadas pelos membros permanentes, bem como a decisão de que se justifica o uso da força. De qualquer modo, o artigo 106 parece ter perdido vigência. Sobre o artigo 106, ver, *infra*, parág. 75.2.2.

[1981] Que serão analisadas, *infra*, nos subparágrafos seguintes.

O artigo 43 fala em acordos com Estados membros e não com organizações regionais[1982].

A prática veio igualmente interpretar o sistema do artigo 43 e o artigo 106 desta forma, pois nunca foram celebrados acordos que correspondessem ao modelo subjacente ao artigo 43. Nem sequer foi alguma vez utilizado o sistema transitório do artigo 106. Isto é, quer o sistema principal para constituir uma Força das Nações Unidas, quer o sistema alternativo transitório, nunca foram aplicados.

De facto, o artigo 43 pressupõe um acordo genérico, ou alguns acordos com vários Estados, cujo elemento característico central é o facto de colocarem na disponibilidade automática do Conselho forças armadas estaduais de forma tendencialmente permanente, sob autoridade deste e com a possibilidade de serem utilizadas no exercício do poder público bélico. O seu sentido é o de que sejam atribuídas forças ao Conselho de Segurança que este possa utilizar independentemente do consentimento concreto de cada Estado fornecedor. Daí que estas devam ser disponibilizadas perante um mero pedido deste, como afirma o artigo 43, n.º 1[1983], bem como o artigo 44. Uma vez concedidas de forma tendencialmente permanente, estas forças deverão poder ser utilizadas pelo Conselho nas operações que entenda necessárias sem que os Estados fornecedores tenham qualquer direito de veto mesmo em relação ao seu contingente, podendo apenas participar nos termos do artigo 44 ou no quadro da sua eventual associação à Comissão de Estado-Maior. Assim, se as Nações Unidas não teriam exactamente uma Força permanente, em termos práticos, pretendia-se que tal se passasse como se assim fosse.

Na pureza do Sistema da Carta, tal não levantaria grandes problemas, pois decorre da composição da Comissão de Estado-Maior (sem prejuízo da possibilidade de serem associados a esta membros não permanentes contribuintes de efectivos) que o grosso dos efectivos utilizados pelas Nações Unidas seria fornecido pelos membros permanentes. Esta conclusão quanto a esta responsabilidade primária depreende-se ainda igualmente do próprio artigo 106, já que são predominantemente estes membros que deverão executar as decisões do Conselho; apenas se a situação o exigir poderão consultar outros membros e, presumivelmente, pedir a sua participação na acção

---

[1982] Sobre o exercício do poder público bélico com recurso a organismos ou acordos regionais, ver, *infra*, parág. 58.3.

[1983] No mesmo sentido: R. Siekmann, *National Contingents* (...), cit., pág. 62; ver ainda Michael J. Glennon/Allison R. Hayward, *Collective Security and the Constitution: Can the Commander in Chief Power Be Delegated to the United Nations?*, GLJ, Vol. 82, 1994, pág. 1573-1603, na pág. 1578-1579 e 1594.

executiva[1984, 1985]. Ora, gozando estes membros de direito de veto, nunca as suas forças sujeitas à autoridade das Nações Unidas seriam utilizadas numa dada situação sem o seu consentimento.

Claro está, os membros não permanentes e, muito especialmente, os membros das Nações Unidas não representados no Conselho, encontravam-se numa situação bem menos confortável. À luz do regime decorrente do

---

[1984] Também a Assembleia Geral, na sua Resolução 1874 (S-IV), de 27 June 1963 (texto em RDGAOR, 4th Special Session, 1963, pág. 3), sobre o financiamento das operações de manutenção da paz, no seu parágrafo 1, al. d), refere "The special responsibilities of the permanent members of the Security Council for the maintenance of peace and security".

[1985] Igualmente dos trabalhos preparatórios parece decorrer que os próprios membros permanentes aceitaram esta responsabilidade primária. Assim, o México, depois de declarar que interpretava o futuro artigo 23 e a sua consagração do estatuto de membro permanente no Conselho como manifestação do "juridical principle of correlation between powers and duties which safeguards the basic principle of equal rights of all states" e for the reason that these are the states whose responsibility for the maintenance of peace (...) is greater in the international community" [cfr. *Verbatim Minutes of the Fourth Meeting of Commission III, June 20* (Doc. 1149, June 22); texto em UNCIOSD, pág. 795-810, pág. 796], citou algumas declarações de membros permanentes que sugerem a mesma conclusão.

A Comissão de Estado-Maior, no seu relatório sobre a organização da Força das Nações Unidas, no artigo 10 estabeleceu, por acordo entre os membros que,"initially" e com vista a facilitar a criação da Força, os membros permanentes forneceriam a maior parte dos efectivos da Força [cfr. *Report by the Military Staff Committee to the Security Council on the General Principles Governing the Organization of the Armed Forces Made Available to the Security Council by Member Nations of the United Nations*, April 30, 1947 (texto designadamente em IO, Vol. 1, No. 3, 1947, pág. 561-574, na pág. 563)].

Mas a França, na sua declaração em relação a este relatório da Comissão de Estado-Maior, defendeu que os membros permanentes tinham responsabilidades particulares na questão: "b. With regard to the comparison of contributions by Permanent Members and by other Member Nations of United Nations, the French Delegation considers that, in spirit, the Charter entrusts the five Permanent Members with the major portion of responsibilities. The proof of this can be found in two of its main provisions: i. Article 27 of the Charter requires the concurring votes of the five Permanent Members to adopt any decision by the Security Council on any question other than a matter of procedure. The greater the responsibility, the greater should be the liabilities. ii. Article 106 of the Charter entrusts the five Permanent Members with the responsibility of maintaining international peace and security, pending the coming into force of Special Agreements referred to in Article 43 of the Charter" [cfr. *Report by the Military Staff Committee* (...), cit., pág. 572)]. Já os EUA sustentaram ao contrário que: "the Permanent Members of the Security Council should contribute initially the major portion of the Armed Forces in order to facilitate the early establishment of these forces as indicated in Article 10. It may be that the contributions of the other nations will never overtake those of the five Permanent Members. However, the U.S. Delegation cannot agree that this condition necessarily will govern for all time" [cfr. *Report by the Military Staff Committee* (...), cit., pág. 574)].

artigo 43, poderiam ver efectivos seus usados contra a sua vontade. Daí a tentativa de minorar esta situação com a consagração do artigo 44 que vincula o Conselho a convidar um membro não representado a participar nas suas decisões relativas à utilização dos contingentes militares que tenha fornecido.

O melhor entendimento é o de considerar que o membro assim convidado tem direito de voto na questão da utilização concreta das Forças[1986, 1987], mas não, claro está, qualquer direito de veto. Esta conclusão retira-se do artigo 31 e também do 32 CNU. De facto, se se entendesse que não gozava de direito de voto, o artigo 44 de nada serviria, pois o membro teria sempre o mero direito a participar na reunião à luz do artigo 31. Acresce que aqueles artigos frisam expressamente que o membro não terá direito de voto, enquanto o artigo 44 não o faz, antes refere a participação do membro na decisão.

Esta concessão de direito de voto a mais um membro adicional poderá, contudo, criar situações anómalas que forçarão a uma adaptação da regra quanto à formação da vontade no seio do Conselho[1988].

---

[1986] Tal é confirmado pelos trabalhos preparatórios. De facto, o artigo 44 foi introduzido por uma proposta do Canadá que ficou registada como visando conferir o direito de voto aos membros assim convidados. Tratou-se de consagrar aquilo a que a Holanda denominou "No military action without representation" [cfr. *Report of Rapporteur of Committee III/3 to Commission III on Chapter VIII, Section B* (Doc. 881, June 10), em UNCIOSD, pág. 761-771, na pág. 762].

[1987] Neste sentido: H. Kelsen, *The Law* (...), cit., pág. 245 e em *Organization and Procedure* (...), cit., pág. 1093; Brun-Otto Bryde, *Article 44*, em *The Charter of the United Nations – A Commentary* (ed. Bruno Simma), München, 1994, pág. 640-641, na pág. 641.

[1988] Imagine-se que existem quatro membros não permanentes que forneceram contingentes a ser utilizados numa dada acção da organização e que estes participaram numa votação. Pode-se verificar uma situação em que ambas as posições, a favorável e a contrária a uma dada decisão, obtenham a maioria prevista no artigo 27, n.º 3: uma com 10 votos e a outra com nove ou ambas com nove votos, em consequência de uma abstenção. Nestes casos, a regra do artigo 27, n.º 3 terá de ser adaptada. Claramente, deverá ser aprovada simplesmente a mais votada, desde que tenha os nove votos ou mais. No caso de um empate a nove votos, ou mais, deverá considerar-se que a decisão não foi aprovada.

Outra solução seria adaptar proporcionalmente a regra. Assim, a maioria para as questões não procedimentais obtém-se por um voto positivo de 9 membros em 15, ou seja, exige-se uma maioria de 60%. A estar-se perante um novo membro com direito de voto, o Conselho para esse efeito passaria a ter 16 membros, o que, aplicando a referida maioria de 60%, daria 9.6; isto é, seria necessário o voto conforme de 10 membros. Uma maioria de 11 membros para um Conselho com 17, já que seriam necessários 10.2; a mesma para 18 membros, *etc.*. Esta solução, porém, parece colidir com o artigo 27, n.º 3, já que este estabelece rigidamente

O artigo 44 apenas deverá ser aplicado em relação a fornecimento de efectivos que respeitem o modelo de acordo subjacente ao artigo 43, isto é, em que estes sejam facultados independentemente de qualquer consentimento concreto em relação a cada utilização[1989]. Não deve, pois, ser aplicado em relação ao género de acordos específicos que têm sido celebrados, quer em relação a Forças de manutenção da paz, quer de imposição da paz, sem prejuízo de aplicação do sistema de consulta informal criado com os Estados fornecedores de contingentes[1990].

Por outro lado, o artigo 43 estabelece que estes acordos devem ser celebrados entre o Conselho de Segurança e os Estados fornecedores dos contingentes. Na realidade, juridicamente, são as Nações Unidas que constituem a parte celebrante dos acordos, vinculando-se mediante a actuação do Conselho. De qualquer modo, como tem demonstrado a prática da celebração dos acordos específicos de fornecimento de efectivos pelo Secretário-Geral, nada impede que o Conselho delegue tal celebração neste órgão, nos termos do artigo 98 CNU.

Segundo os termos do artigo 43, cada membro tem um dever de participar com efectivos para a constituição desta Força das Nações Unidas. Claro está, tendo em conta o que ficou escrito, os membros permanentes têm deveres especiais na matéria. Os restantes Estados ficam sujeitos a um dever que depende directamente das suas possibilidades militares, posicionamento geo-estratégico do seu território, para efeitos de direitos de passagem, e capacidade económica. Como prémio, a Carta, no artigo 23, n.º 1, implicitamente, considera como critério primordial para a eleição pela Assembleia Geral dos membros não permanentes do Conselho a sua contribuição para a manutenção da paz, incluindo participação com efectivos nas forças das Nações Unidas[1991].

No entanto, este dever não é directamente exequível. Depende da celebração dos referidos acordos especiais. Assim, em matéria de medidas

---

que uma proposta que receba nove votos positivos deve ser considerada como adoptada [assim, H. Kelsen, *The Law* (...), cit., pág. 245 e em *Organization and Procedure* (...), cit., pág. 1093 e 1099, sustenta que se aplicam as regras normais]. Tal só assim não se passará, excepcionalmente, nos termos acima descritos.

[1989] Também neste sentido: B.O. Bryde, *Article 44*, cit., pág. 641; contra: D. Sarooshi, *The United Nations* (...), cit., pág. 35.

[1990] Ver, *supra*, parág. 53.

[1991] Na realidade, este prémio não tem sido concedido, visto que a Assembleia Geral tem dado prevalência ao critério secundário estabelecido pelo artigo 23, n.º 1, o da adequada representatividade regional (ver, *infra*, parág. 91.1).

compulsivas pacíficas, o Conselho pode vincular os Estados a cumpri-las, como decorre do artigo 48, n.º 1 CNU e não é prejudicado pelo termo instar ("call") que consta do artigo 41. Mas no que diz respeito a medidas de coerção militar, o Conselho está dependente da celebração destes acordos. Nenhum membro pode ser forçado a participar com efectivos seus nestas forças sem previamente ter celebrado um acordo que estabelecerá a medida do seu esforço.

Por conseguinte, pode-se concluir legitimamente do artigo 43 que o Conselho de Segurança não pode forçar um Estado a fornecer contingentes militares de forma a viabilizar a criação de uma Força das Nações Unidas para utilizar o artigo 42[1992]. A mesma conclusão se retira do artigo 44, quando faz expressamente depender o pedido do Conselho aos Estados membros, quanto ao fornecimento de efectivos, das obrigações assumidas nos acordos do artigo 43. A prática apenas tem confirmado esta solução, já que nunca o Conselho tentou obrigar qualquer Estado a participar numa operação das Nações Unidas, seja de manutenção, seja de imposição da paz[1993]. Igualmente os trabalhos preparatórios apontam no mesmo sentido[1994].

O Artigo 43 não é claro quanto à forma de estruturação dos efectivos fornecidos. Se deverão ser organizados por contingentes nacionais, em prin-

---

[1992] Neste sentido: L. Woolsey, *The "Uniting for Peace"* (...), cit., pág. 136; Alfred Verdross, *Austria's Permanent Neutrality and the United Nations Organization*, AJIL, Vol. 50, No. 1, 1956, pág. 61-68, na pág. 66; F. Seyersted, *United Nations* (...), cit., pág. 161-162 e 171; D. Bowett, *United Nations* (...), cit., pág. 277; B.-O. Bryde, *Article 48*, cit., pág. 652; J. Paust, *Peace-Making* (...), cit., pág. 143; J. Murphy, *Force and Arms* (...), cit., pág. 281; Detlev Vagts, *The Traditional Legal Concept of Neutrality in a Changing Environment*, AUILR, Vol. 14, 1998, pág. 83-102, na pág. 89; Brian Havel, *An International Law Institution in Crisis – Rethinking Permanent Neutrality*, OSLJ, Vol. 61, 2000, pág. 167-266, na pág. 225, nota 218. Contra: Y. Dinstein, *War, Aggression* (...), cit., pág. 152-153.

[1993] Neste sentido, a Bélgica declarou na 143.ª reunião do Conselho, em 20 de Junho de 1947: "The obligation to make armed forces available to the Security Council thus presupposed not only the conclusion of special agreements, but also a call from the Security Council" (cfr. RPSC, 1946-1951, Chapter XI, pág. 446).

[1994] O Reino Unido em nome dos restantes três Estados patrocinadores da conferência afirmou que os Estados membros não estariam vinculados a fornecer tropas para lá do que ficasse convencionado nos acordos especiais [cfr. *Report of Rapporteur of Committee III/3 to Commission III on Chapter VIII, Section B* (Doc. 881, June 10), em UNCIOSD, pág. 761-771, na pág. 765]. No entanto, ao sublinhar-se no artigo 43, n.º 3 que a iniciativa da sua celebração cabe ao Conselho de Segurança pretendeu-se frisar que os membros têm o dever de celebrar tais acordos e que o Conselho poderá exigir termos adequados para estes [cfr. *Report* (...), cit., pág. 767].

cípio submetidos cada um a uma cadeia hierárquica interna, respondendo o comandante nacional desta perante o comandante internacional da Força, como se tem verificado nos acordos específicos celebrados[1995]; ou se deverão ser organizados de forma supranacional, integrados independentemente da sua nacionalidade em contingentes mistos.

No entanto, a primeira opção recebeu consagração no artigo 45 CNU, que refere expressamente contingentes aéreos nacionais. O mesmo decorre da parte final do artigo 42 que continua a falar em forças dos Estados membros, apesar de juridicamente estas se converterem em forças da organização caso lhe caiba o comando. Acresce que considerações políticas e de eficiência apoiam a adopção deste modelo. De facto, cada Estado prefere manter o controlo sobre as suas tropas por meio do comando directo de um nacional seu, cabendo-lhe a disciplina destas, sem prejuízo de submissão ao comando internacional da Força. Por outro lado, diferenças entre cada contingente a nível do equipamento militar e logístico utilizado também justificam esta solução de um ponto de vista de eficiência militar[1996].

Um aspecto destes acordos é desenvolvido, num excesso de concretização da Carta, pelo referido artigo 45, quanto à colocação à disposição do Conselho de forças aéreas para acções militares de emergência. Em rigor, o artigo 43 já cobre esta situação, pois inclui entre os elementos a constar do acordo ou acordos especiais o grau de preparação dos efectivos; ou seja, regula igualmente a criação de forças de emergência[1997]. O artigo 45 não é independente do artigo 43. A confirmá-lo existe a remissão que faz expressamente para os limites deste. A sua aplicação depende, pois, igualmente da celebração dos referidos acordos. Numa situação de emergência sem que estes tivessem sido celebrados, no sistema da Carta, haveria que recorrer ao artigo 106.

A intenção do artigo 43 é de se aplicar a qualquer espécie de Força que o Conselho de Segurança pretenda criar. Aliás, nada no artigo 43 sugere qualquer restrição do seu âmbito de aplicação a forças coercivas criadas para dar aplicação ao artigo 42. A única ligação entre estes dois artigos consta

---

[1995] Ver, *infra*, parág. 58.2.

[1996] Os termos do projecto de acordo segundo o modelo do artigo 43 em relação aos quais houve consenso entre os membros permanentes, no seio da Comissão de Estado-Maior, apontavam igualmente no sentido de uma forte base nacional dos efectivos fornecidos (ver, *infra*, neste subparágrafo).

[1997] Neste sentido: Brun-Otto Bryde, *Article 45*, em *The Charter of the United Nations – A Commentary* (ed. Bruno Simma), München, 1994, pág. 642-643, na pág. 642-643.

do artigo 106, mas já se viu que não se trata de uma ligação necessária. Assim, idealmente, este seria de aplicação quer às Forças de imposição da paz, quer às de manutenção de paz, fossem criadas nos termos do Capítulo VI ou VII[1998].

De qualquer modo, nunca foram celebrados acordos conformes com o modelo de atribuição automática e duradoura de forças dos Estados membros às Nações Unidas. A estruturação do sistema falhou imediatamente num pressuposto necessário deste: o acordo dos membros permanentes quanto ao modelo de Força das Nações Unidas e papel dos Estados membros na sua organização[1999].

---

[1998] É sabido que o Tribunal Internacional de Justiça entendeu em sentido contrário: "for reasons fully expounded later in this Opinion, the operations known as UNEF and ONUC were not enforcement actions within the compass of Chapter VII of the Charter and that therefore Article 43 could not have any applicability to the cases with which the Court is here concerned" [cfr. *Certain expenses* (...), *I. C. J. Reports* 1962, cit., pág. 166]. No entanto, o Tribunal não apresentou qualquer argumento convincente neste sentido. A sua preocupação em legitimar a UNEF e a ONUC induziram-no a forçar o regime do artigo 43 e a noção de acção coerciva com vista a fugir ao monopólio da Comissão de Estado-Maior quanto à sua direcção estratégica.

[1999] Pela sua Resolução 1 (1946), de 23 de Janeiro (texto em RDSCOR, 1946, pág. 12), o Conselho determinou a reunião pela primeira vez da Comissão de Estado-Maior em Londres em 1 de Fevereiro de 1946 com vista a submeter propostas quanto ao seu regimento e organização ao Conselho. Em 16 de Fevereiro de 1946, na sua 23.ª reunião, o Conselho decidiu que a Comissão deveria elaborar um relatório sobre o artigo 43 de um ponto de vista militar (cfr. RPSC, 1946-1951, Chapter IX, na pág. 366). Em 13 de Fevereiro de 1947, na sua 105.ª reunião, determinou que a Comissão apresentasse um relatório até 30 de Abril sobre a organização de uma Força das Nações Unidas (cfr. RPSC, cit., pág. 366). Na sequência desta decisão, a Comissão apresentou o seu referido relatório na data limite fixada.

No entanto, não fora possível chegar a acordo no seio da Comissão em relação a diversos pontos. As divergências sobrevieram essencialmente entre a então União Soviética e os restantes membros permanentes, sem prejuízo de terem igualmente surgido algumas diferenças de opinião entre estes últimos. Por força destas, a negociação dos princípios relativos aos acordos especiais, iniciada no seio da Comissão de Estado-Maior a pedido do Conselho de Segurança, foi efectivamente abandonada em Agosto de 1948. No relatório da Comissão ficaram consagrados os pontos acordados entre os membros, bem como os pontos divergentes. Dos 41 artigos do relatório, existiam divergências em relação a 16. O Conselho adoptaria provisoriamente os artigos em que existira acordo no seio da Comissão em quatro reuniões entre 18 e 30 de Junho de 1947, mas não logrou obter consenso quanto aos pontos divergentes (cfr. RPSC, cit., pág. 366-367).

Ficou acordado a forte componente nacional dos contingentes, sujeitos à disciplina interna de um comandante nacional, mas com comando internacional sob autoridade do Conselho de Segurança, que os poderia utilizar independentemente de consentimento posterior do Estado nacional, assistido pela Comissão de Estado-Maior (cfr. artigos 3, 18 e 37-40). As

**58.2. Acordos específicos ou disponibilização unilateral.** Assim, em vez do modelo de atribuição automática de forças que decorre do artigo 43, na realidade, os acordos celebrados têm tido sempre carácter transitório e visado aplicar-se a uma situação específica. Consequentemente, a utilização das forças tem ficado na dependência do acordo do Estado fornecedor de um contingente de tropas para cada situação. Deste modo, cada Estado pode aceitar ou recusar participar numa Força das Nações Unidas em função do juízo político-militar que realize em relação à decisão do Conselho de intervir numa dada questão. É este o elemento que torna os acordos celebrados estruturalmente distintos do modelo consagrado no artigo 43.

Outros elementos distintivos já são secundários. Caso do órgão responsável pela respectiva celebração que tem sido diferente do estabelecido na Carta. O artigo 43 estabelece como órgão competente das Nações Unidas o Conselho de Segurança, enquanto estes têm sistematicamente sido celebrados pelo Secretário-Geral. Mas, como ficou escrito, tal pode ser compatibilizado com a Carta por recurso ao artigo 98 CNU que permite a este exercer qualquer competência delegada.

Um outro aspecto, igualmente secundário e entretanto superado, pelo qual os acordos celebrados se distinguiram do modelo subjacente ao artigo 43, prende-se com os Estados fornecedores dos contingentes. Como se verificou, pode-se retirar dos direitos especiais dos membros permanentes, do

---

principais divergências assentaram no número de efectivos, que os Estados ocidentais e China pretendiam avultados, enquanto a então União Soviética optava por números mais reduzidos, que mesmo assim eram elevados face aos números utilizados actualmente (o número seria de 12 divisões, cerca de 124.000 homens, face às 20 divisões propostas pelos Estados ocidentais, além de outras forças aéreas e marítimas). A então União Soviética insistiu na aplicação do princípio da igualdade entre os membros permanentes quanto ao fornecimento de efectivos; opinião que não foi compartilhada pelos outros membros permanentes [daí as diferentes versões do artigo 11 e as declarações anexas; cfr. *Report by the Military Staff Committee* (...), cit., pág. 563 e 571-574)]. Existiam ainda divergências, designadamente, quanto à localização das tropas enquanto não fossem reclamadas pelo Conselho e quanto à possibilidade de um Estado fornecedor de efectivos poder obter auxílio de outro quanto ao suporte logístico [ver as versões diferentes dos artigos 20-21, 31 e 32; cfr. *Report by the Military Staff Committee* (...), cit., pág. 565 e 568-569)].

Tudo junto parece bem pouco para ter inviabilizado militarmente a concretização do sistema da Carta. Resulta claro que foi sobretudo o clima de crescente desconfiança política e depois militar entre a União Soviética e os restantes membros permanentes que impediu a concretização do sistema [neste sentido, também: D. Bowett, *United Nations* (...), cit., pág. 18]. Estas divergências pontuais terão sido essencialmente um pretexto para um bloqueio das negociações de um texto de um acordo que, ainda que tivesse sido aprovado, dificilmente teria sido aplicado efectivamente.

papel que lhes é atribuído pelo artigo 106 e da sua presença obrigatória na Comissão de Estado-Maior que seriam estes os principais fornecedores de tropas para as Forças das Nações Unidas. No entanto, devido às referidas tensões e suspeitas entre os membros permanentes durante a Guerra Fria, muitas vezes estes foram implicitamente ou mesmo expressamente excluídos pelo próprio Conselho de Segurança ou Assembleia Geral de participar na constituição da Força[2000]. Procurou-se desta forma garantir a sua isenção e imparcialidade face às duas partes na Guerra Fria, especialmente em teatros de operações em que estas duas combatiam por meio de Estados interpostos. Com o fim da bipolarização, esta preocupação perdeu grande parte do seu sentido, tendo-se vulgarizado a participação dos membros permanentes[2001].

Embora também não se trate de um elemento decisivo, cabe referir que os acordos celebrados só excepcionalmente têm admitido o uso coercivo da força sob autoridade das Nações Unidas. As operações das Nações Unidas têm sido quase exclusivamente de manutenção da paz e não de imposição desta[2002]. Muito embora o artigo 43 não vise aplicar-se apenas ao exercício do poder público bélico, na realidade a sua principal função seria essa.

Uma outra alternativa decorre da disponibilização de forças unilateral-mente por Estados membros, embora estes compromissos tenham sempre levado à efectiva celebração de acordos específicos. De qualquer modo, é perfeitamente viável que um Estado membro se autovincule, por promessa, a fornecer às Nações Unidas contingentes militares dentro de certas condições precisas. Já parece bem menos líquido que se possa qualificar como uma promessa uma declaração de disponibilidade de efectivos que fica dependente de uma apreciação discricionária. De facto, uma promessa de fornecimento de tropas sujeita a uma apreciação livre converte-se numa mera promessa

---

[2000] Assim, por exemplo, a Resolução 1000 (ES-I), de 5 de Novembro de 1956 (texto em RDGAOR, 1st Emergency Special Session, 1956, pág. 2-3), que cria a primeira Força de Emergência das Nações Unidas (UNEF II) no Egipto, no seu parág. 3, estabelece: "*Authorizes* the Chief of the Command immediately to recruit, from the observer corps of the United Nations Truce Supervision Organization, a limited number of officers who shall be nationals of countries **other than those having permanent membership in the Security Council**". Igualmente, a Resolução 340 (1973), de 25 de Outubro, que cria a segunda Força de Emergência das Nações Unidas (UNEF II), afirma no seu parág. 3: "Decides to set up immediately under its authority a United Nations Emergency Force to be composed of personnel drawn from states members of the United Nations **except the permanent members of the Security Council**, and requests the Secretary General to report within 24 hours on the steps taken to this effect".

[2001] Apesar de alguma resistência da maioria destes em colocar tropas suas sob autoridade das Nações Unidas; ver, *infra*, parág. 63.

[2002] Ver, *infra*, parág. 63-69.

de encarar seriamente qualquer pedido de fornecimento de efectivos apresentado pelas Nações Unidas, o que é de muito duvidosa juridicidade[2003, 2004].

Foi o que se passou na sequência da aprovação da Resolução *União para a Paz* [377 (V)], Parte C, em que a Assembleia Geral recomendou aos membros que mantivessem contingentes de tropas prontos para serem utilizados pelas Nações Unidas. Recomendação que pode ser enquadrável nas suas competências nos termos do artigo 11, n.º 1 CNU[2005], mesmo sendo certo que a utilização destes efectivos pela Assembleia seria normalmente contrária à Carta. Contudo, este sistema criado pela *União para a Paz* não teve qualquer concretização com futuro, sendo hoje letra morta.

Alguns Estados têm ainda assim organizado contingentes de forças para serem disponibilizados num curto espaço de tempo (regime *stand-by*) às Nações Unidas[2006]. Mas, mesmo nestes casos, a disponibilização concreta

---

[2003] Aparentemente contra: R. Siekmann, *National Contingents* (...), cit., pág. 54.

[2004] É certo que o Tribunal Internacional de Justiça aceitou a obrigatoriedade de promessas, portanto, actos unilaterais. Mas sublinhou igualmente que: "The Court finds that the unilateral undertaking resulting from these statements **cannot be interpreted as having been made in implicit reliance on an arbitrary power of reconsideration**" [cfr. *Nuclear Tests* (Australia v. France), Judgment 20 December 1974, *I. C. J. Reports* 1974, pág. 270, parág. 51; *Nuclear Tests* (New Zealand v. France), Judgment 20 December 1974, *I. C. J. Reports* 1974, pág. 475, parág. 53]. Ou seja, entendeu que uma promessa jurídica não pode estar sujeita a uma condição que implique uma livre apreciação por parte do seu autor quanto à conveniência ou não de a cumprir.

[2005] Neste sentido: L. Sohn, *The Authority* (…), cit., pág. 232-233.

[2006] Foram frequentes as propostas de criação de um sistema das Nações Unidas de forças em *standby* que viabilizasse a rápida colocação de uma Força das Nações Unidas no terreno. Os Estados escandinavos, a Holanda e o Canadá manifestaram ao Secretário-Geral a sua disponibilidade rápida de forças para participar em operações de manutenção da paz (mas não de imposição da paz) já na primeira metade dos anos 60 [cfr. R. Siekmann, *National Contingents* (…), cit, pág 48-53]. Posteriormente, estas iniciativas ganharam nova força depois do final da Guerra Fria. Uma das mais importantes é a *Multinational Stand-by Forces High Readiness Brigade* (SHIRBRIG) constituída pela Argentina, Áustria, Canadá, Dinamarca, Finlândia, Holanda, Itália, Noruega, Polónia, Roménia e Suécia e que visa obter capacidade para reunir uma Força composta por 4 a 5.000 efectivos. A sua Carta de Intenções foi assinada em 15 de Dezembro de 1996 (texto em http://www.shirbrig.dk/) e estipula que "the SHIRBRIG will only be employed **on a case-by-case basis, in a manner safe-guarding national sovereignty considerations**, on deployments of up to 6 months duration in peacekeeping operations mandated by the Security Council under Chapter VI of the Charter of the United Nations, including humanitarian tasks". Ou seja, fica dependente de apreciação específica e exclui a participação em Forças de imposição da paz.

Igualmente a nível de África se têm desenvolvido esforços para constituir uma Força multinacional de manutenção da paz que poderia ser utilizada sob comando das Nações

fica sempre dependente do consentimento específico do Estado, normalmente concretizado mediante a celebração de um acordo. A própria Assembleia Geral tem sempre frisado este carácter nas suas resoluções sobre a questão[2007, 2008].

---

Unidas (cfr. UNCM, No. 1, 1997, Summer). De qualquer modo, seja por meio de iniciativas multinacionais, seja a nível individual, em 1997, 66 Estados tinham aceite participar no actual sistema de acordos *standby*, incluindo os cinco membros permanentes (cfr. *UN Annual Briefing to Member States on Standby Arrangements*, 29 May 1997, texto em UNCM, No. 1, 1997, Summer).

[2007] Assim, na Resolução 33/114 de 18 de Dezembro de 1978 (texto em RDGAOR, 33rd Session, 1978, pág. 72), a Assembleia Geral afirmou: "Invites all interested Member States to consider supplying the Secretary-General with up-to-date information relating to possible stand-by capacities, including logistics, which could, **without prejudice to the sovereign decision of the Member State on each occasion**, be made available if required;".

Igualmente, a Resolução 44/49, de 8 de Dezembro de 1989 (texto em RDGAOR, 44th Session, Vol. I, 1989, pág. 110-111), no seu parág. 2, estabelece: "(...) to invite Member States, by means of a questionnaire, to identify those personnel, material and technical resources and services which they would be ready, **in principle**, to contribute to United Nations peace-keeping operations". A resposta ao questionário seria, porém, limitada. O Secretário-Geral na sua *Agenda for Peace*, cit., parág. 51, afirmou: "Member States were requested in 1990 to state what military personnel they were in principle prepared to make available; few replied. I reiterate the request to all Member States to reply frankly and promptly. Stand-by arrangements should be confirmed, as appropriate, through exchanges of letters between the Secretariat and Member States concerning the kind and number of skilled personnel they will be prepared to offer the United Nations as the needs of new operations arise". Igualmente a Assembleia, na sua Resolução 47/71, de 14 de Dezembro de 1992 (texto em RDGAOR, 47th Session, 1992, Vol. I, pág. 101-104), no seu parág. 2: "*Notes* that only a small number of Member States have to date responded to the questionnaire issued by the Secretary-General on 21 May 1990 pursuant to General Assembly resolution 44/49 of 8 December 1989 (...)"; no seu parág. 8, reafirmaria o carácter condicional de tais ofertas de efectivos e recursos logísticos: "*Requests* the Secretary-General to promote, based on the questionnaires, the establishment on a voluntary basis among Member States of a pool of resources, including military units, military observers, civil police, key staff personnel and humanitarian materiel, that might be made readily available to United Nations peace-keeping operations, **subject to national approval**".

Na sequência destas iniciativas, surgiu a esperança de que pudesse ser formada uma Força baseada em acordos segundo o modelo do artigo 43, ainda que aplicável no terreno apenas em operações de manutenção da paz. Tais esperanças cedo se desvaneceram ("However, after consultation with Member States in 1993 and 1994, the idea of the Standby Forces was limited to what it is now called, – "the Standby Arrangements System" since a basic prerequisite for the UN Standby Forces could not be met. This prerequisite is defined as **an unconditional political commitment** of earmarked resources by Member States into the UN Standby Forces pool; whereas the Standby Arrangements System is based on conditional pledges by Member States to contribute specific resources with agreed response time into the system" e "The Standby Arrangements System is based on the established principle that a member state

Resulta claro que este regime não é conforme com o artigo 43 que, como ficou escrito, estipula o dever dos Estados membros de celebrar acordos que confiram plena autoridade (automática) às Nações Unidas sobre as forças abrangidas. A organização deveria poder utilizar os efectivos e meios disponibilizados perante situações futuras independentemente de qualquer consentimento do Estado nacional. No entanto, há que reconhecer que o dever de celebrar tais acordos depende de iniciativa do Conselho de Segurança (artigo 43, n.º 3) e os Estados membros deste, especialmente os membros permanentes, já demonstraram que entendem que o artigo 43 se tornou letra morta.

Ou seja, actualmente, o regime efectivamente vigente estabelece que cada membro apenas celebrará os acordos que entender, ainda que tenha

---

retains the right to say "No" to the Secretary General's request for participation in a specific UN peacekeeping operation" (cfr. *UN Annual Briefing to Member States on Standby Arrangements*, 29 May 1997, texto em UNCM, No. 1, 1997, Summer).

O Secretário-Geral no seu *Supplement To An Agenda For Peace*, de 1995, voltaria ao assunto: "the United Nations does need to give serious thought to the idea of a rapid reaction force. Such a force would be the Security Council's strategic reserve for deployment when there was an emergency need for peace-keeping troops. It might comprise battalion-sized units from a number of countries. These units would be trained to the same standards, use the same operating procedures, be equipped with integrated communications equipment and take part in joint exercises at regular intervals. They would be stationed in their home countries but maintained at a high state of readiness. The value of this arrangement would of course depend on how far the Security Council could be sure that the force would actually be available in an emergency" (cfr. *Supplement to an Agenda for Peace: Position Paper of the Secretary-General on the Occasion of the Fiftieth Anniversary of the United Nations* – UN Doc. A/50/60 – S/1995/1, 3 January 1995, parág. 44). Trata-se, pois, de uma sugestão ao Conselho para que esta Força fosse criada segundo o modelo do artigo 43, isto é, cujas forças estivessem automaticamente disponíveis, independentemente do consentimento dos Estados nacionais.

A resposta do Conselho seria pouco animadora. Na sua Declaração Presidencial 1995/9, de 22 de Fevereiro de 1995 (texto em RDSCOR, 1995, pág. 68), declara-se: "To that end, it encourages the Secretary-General to continue his study of options aimed at improving the capacity for such rapid deployment and reinforcement. The Council believes that the **first priority** in improving the capacity for rapid deployment **should be the further enhancement of the existing standby arrangements** (...)". Os Estados não estão, pois, dispostos a concretizar o artigo 43.

[2008] Trata-se de realidade reconhecida pela Doutrina: R. Siekmann, *National Contingents* (...), cit., pág. 62-63; Lamin J. Sise, *Illusions of a Standing United Nations Force*, CILJ, Vol. 28, 1995, pág. 645-647, na pág. 646-647; David J. Scheffer, *United Nations Peace Operations and Prospects for a Standing Force*, CILJ, Vol. 28, 1995, pág. 649-660, na pág. 654; Shibley Telhami, *Is a Standing United Nations Army Possible Or Desirable*, CILJ, Vol. 28, 1995, pág. 673-683, na pág. 681.

manifestado a sua disponibilidade em participar no sistema de acordos *standby*. Com a agravante de a prática ter ido mesmo mais longe, sendo ponto assente que os Estados podem mesmo retirar os seus contingentes de uma Força da organização que se encontre instalada no terreno, por motivos puramente políticos, com um mero pré-aviso[2009].

**58.3. Utilização de efectivos de organizações regionais.** Nos termos do Capítulo VIII da Carta, mais concretamente, do seu artigo 53, n.º 1, primeira parte, o Conselho de Segurança pode recorrer a acordos ou organismos regionais para exercer o seu poder bélico[2010]. Esta faculdade coloca, porém, alguns problemas.

O primeiro é o de determinar se as Forças dos Estados partes no acordo utilizado ou da organização se passam a integrar na estrutura das Nações Unidas quando sejam empregues pelo Conselho de Segurança sob sua autoridade ou de um outro órgão destas em quem tenha sido delegada tal autoridade. Isto é, determinar se estas forças podem ser qualificadas como forças das Nações Unidas.

Tendo presente que estas forças ficaram identificadas em função da sua subordinação a um ou mais órgãos das Nações Unidas, a resposta é positiva. Com efeito, o facto de a estrutura organizativa da Força ser exclusivamente estadual ou da organização regional e de os seus militares continuarem a fazer parte da organização dos respectivos Estados não é argumento para contrariar a sua natureza de membros de uma Força das Nações Unidas. Já se viu que, com pontuais excepções, mesmo efectivos fornecidos especificamente para a constituição de uma Força das Nações Unidas nos termos de um acordo, incluindo os acordos do artigo 43, mantêm uma forte componente nacional.

O elemento central é a subordinação da Força à vontade emanada pelas Nações Unidas, tornando esta última responsável por toda a actuação destas tropas[2011]. Deste modo, todos os membros da Força se convertem em órgãos[2012] das Nações Unidas e esta converte-se numa Força destas[2013].

---

[2009] Ver, *infra*, parág. 91.2.2.

[2010] Trata-se de possibilidade que já foi concretizada parcialmente por meio das intervenções da OTAN contra os Sérvios da Bósnia sob controlo incompleto do Secretário-Geral (ver, *infra*, parág. 67).

[2011] Já ficou referido que do artigo 6 do Projecto final sobre Responsabilidade Internacional dos Estados de 2001 da Comissão de Direito Internacional (sob a epígrafe "Conduct of organs placed at the disposal of a State by another State"), se pode depreender que tal como as forças colocadas por um Estado (ou organização internacional, como afirmava o artigo 9 do Projecto de 1996) à disposição de um Estado para serem utilizadas por este (sob

Assim, como ficou frisado, o artigo 53, n.° 1, primeira parte, CNU[2014] constitui uma forma alternativa ao artigo 43, igualmente tipificada na Carta, de constituir forças das Nações Unidas. É certo que o sistema do artigo 43 já compreenderá o fornecimento de efectivos nos termos de acordos com Estados partes num tratado regional, visto que o seu n.° 3 consagra a possibilidade de os acordos serem celebrados com grupos de Estados. Mas já eventuais acordos com organizações regionais para o fornecimento de forças às Nações Unidas encontram-se fora do âmbito do artigo 43, que apenas se aplica aos Estados membros. Claro está, as organizações regionais não se encontram vinculadas pelas obrigações decorrentes do artigo 43 CNU, visto que são aspectos específicos do regime da Carta que não podem ser considerados como consuetudinários, até por se encontrarem em manifesto desuso.

No que diz respeito à relação das competências do Conselho à luz do Capítulo VIII com os poderes consagrados no Capítulo VII, o primeiro aspecto a sublinhar é que o Capítulo VIII não estabelece novos poderes para o Conselho de Segurança independentes dos pressupostos e limites a que estão sujeitos os que lhe são atribuídos pelo Capítulo VII[2015].

Assim, designadamente, este não cria qualquer novo fundamento para que o Conselho possa recorrer à força. Para o Conselho poder utilizar efectivos de Estados partes num acordo ou de uma organização regional numa operação coerciva bélica terá de previamente ter decidido actuar nos termos do artigo 42. Portanto, terá de estar reunido um dos pressupostos de aplicação do Capítulo VII, isto é, existir no mínimo uma situação de ameaça à paz. Em suma, o artigo 53, n.° 1, primeira parte, limita-se a criar outro meio de organizar uma Força das Nações Unidas, nada mais.

---

sua direcção) responsabilizam este Estado directamente, convertendo-se juridicamente em parte da sua organização, também o inverso é verdade. Uma organização internacional passa a ser responsável pelos actos de forças estaduais ou de uma outra organização colocadas sob a sua direcção (ver, *infra*, parág. 100.1).

[2012] Verificou-se que em Direito Internacional a distinção entre órgão e agente é irrelevante. Todos estes imputam directamente os actos que praticam no exercício das suas funções à pessoa colectiva, seja esta um Estado ou uma organização internacional. Ver, *supra*, 54.2.

[2013] Também neste sentido: G. Ress, *Article 53*, cit., pág. 730; D. Momtaz, *La Délégation* (...), cit., pág. 114 (mas referindo-se ao uso habilitado, o que já não torna a Força regional em Força das Nações Unidas).

[2014] O artigo 53, n.° 1, segunda parte, já cria uma realidade diferente; as habilitações do Conselho a organismos regionais são abordadas, como uma modalidade do uso privado habilitado, *infra*, parág. 74.

[2015] Como correctamente sustenta: G. Ress, *Article 53*, cit., pág. 731.

Mas porque o Conselho se encontra igualmente sujeito aos limites gerais do Capítulo VII, daqui resulta que também esta forma de criar uma Força das Nações Unidas está sujeita ao princípio fundamental do artigo 43 que é a necessidade de existir um acordo, prévio ou específico, dos Estados ou organizações regionais implicadas, antes do Conselho de Segurança poder utilizar os seus efectivos[2016].

Efectivamente, outra solução não faria sentido. Tendo-se apurado que o artigo 43 se aplica igualmente a acordos de fornecimento de contingentes por Estados membros partes em acordos regionais, pode-se retirar deste preceito que estes só nos seus termos ficam vinculados a fornecer tais efectivos. Esta solução impõe-se por maioria de razão em relação a organizações regionais, já que estas formalmente não poderiam estar vinculadas a fornecer quaisquer efectivos, dado que nem sequer se encontram obrigadas pelo artigo 43[2017]. Acresce que outra conclusão implicaria a completa sujeição de todos os membros das Nações Unidas partes em acordos ou mesmo organizações regionais, designadamente, dotadas de meios militares, a intervir em quaisquer conflitos sob autoridade das Nações Unidas, sem aparentes limites de efectivos ou condições. Tudo seria decidido unilateralmente pelo Conselho, num regime desproporcionado face ao do Capítulo VII. A situação de cada membro isoladamente ou parte num acordo regional não é diferente em qualquer medida que justifique uma diferença de regime desta ordem. Muito menos faria sentido sujeitar organizações regionais a este regime.

Em suma, o Conselho não pode vincular os Estados partes num acordo ou uma organização regional a participar numa operação das Nações Unidas sem o seu consentimento, seja esta coerciva ou de mera manutenção da paz. O número de efectivos, as suas obrigações, o seu financiamento, a determinação do período em que serão utilizadas, bem como outras facilidades a conceder, terão de ser acordadas, seja previamente, como decorre dos termos do artigo 43, seja por meio de um acordo específico, como tem sido prática na constituição de forças das Nações Unidas[2018].

---

[2016] Assim: H. Caceres, *The Use of Force* (…), cit., pág. 749; G. Ress, *Article 53*, cit., pág. 731.

[2017] É certo que apesar de as organizações regionais serem pessoas jurídicas distintas dos seus membros, as Nações Unidas, como entidade especificamente criada pela Comunidade Internacional, gozam de um poder público válido *erga omnes* à luz do Direito Costumeiro. Desta forma, podem mesmo vincular entidades que não sejam partes na Carta (ver, *supra*, parág. 20.4). No entanto, do artigo 43 retira-se que o poder do Conselho nesta matéria é limitado, mesmo em relação aos próprios Estados membros. Logo, não poderá ser mais extenso em relação a organizações regionais (ou quaisquer outras).

[2018] O mesmo já não se pode dizer em relação a medidas compulsivas pacíficas. Se à

Do ponto de vista das Nações Unidas, a principal função dos efectivos regionais será a de constituir bases para a organização de uma Força colocada sob a sua autoridade. Esta Força, nos termos do artigo 53, n.º 1, primeira parte, poderá exercer poderes públicos bélicos, em aplicação do artigo 42 CNU.

De um simples argumento de maioria de razão resulta que o Conselho também poderá criar Forças das Nações Unidas de manutenção da paz com efectivos fornecidos por Estados partes em acordos ou por organizações regionais. De facto, se o pode fazer para exercerem acções bélicas coercivas, também o poderá fazer para meros fins de manutenção da paz, desde que com o consentimento destas[2019].

**58.4. Recrutamento directo.** Uma outra possibilidade de constituir forças das Nações Unidas, claramente a que lhes conferiria uma verdadeira natureza internacional, é a do recrutamento directo de efectivos por esta organização. Assim, deve-se questionar se, em vez de recorrer a contingentes nacionais ou, quando muito, de organizações regionais, as Nações Unidas não poderão realizar um recrutamento aberto a nacionais de Estados membros (ou mesmo não membros) de forma a constituir de raiz uma verdadeira Força permanente sua[2020].

---

luz da Carta, o Conselho não tem poderes para forçar as organizações regionais a adoptar tais medidas, como decorre do artigo 48, n.º 2, parte final, à luz do Direito Costumeiro tudo indica que sim (ver, *supra*, parág. 20.4).

[2019] Questão diferente é determinar se Estados partes em acordos regionais ou as organizações regionais poderão criar operações de manutenção da paz sem para tal ser necessária qualquer habilitação do Conselho; ver, *supra*, parág. 31.2 e 32.7.

[2020] As vantagens desta solução são óbvias. A primeira seria a garantia de disponibilidade automática desta Força, sem estar dependente do consentimento dos Estados nacionais. Trata--se de um aspecto bastante relevante. Basta ter em conta que quando pela sua Resolução 918 (1994), de 17 de Maio (texto em RDSCOR, 1994, pág. 6), em pleno genocídio no Ruanda, o Conselho de Segurança decidiu alargar a Missão de Assistência das Nações Unidas no Ruanda (UNAMIR), nenhum dos 19 Estados que então participavam no sistema de *standby* acedeu a participar nesta (cfr. *Supplement To An Agenda For Peace*, cit., parág. 43; os esforços do Secretário-Geral para adquirir os meios humanos, materiais e logísticos para o reforço da UNAMIR são descritos na sua Carta de 20 de Junho de 1994 ao Presidente do Conselho (UN Doc. S/1994/728), parág. 5-11; ver, ainda, *infra*, parág. 75.3.3, sobre a UNAMIR e o genocídio no Ruanda], o que malogrou os esforços para evitar o agravamento da situação.

Por outro lado, o facto das forças serem recrutadas internacionalmente tornaria mais simples politicamente para os Estados decidir quanto à sua utilização quando necessária, sem que as flutuações nas respectivas opiniões públicas internas influenciassem de forma determinante a decisão de fornecer contingentes ou de os retirar à primeira baixa (ver igualmente:

Resulta claro que este modelo não é o consagrado nos artigos 43, 44 e 45[2021] ou sequer mesmo no artigo 42 que se refere ao emprego de forças dos Estados membros. Propostas no sentido de se criar uma Força das Nações Unidas baseada em recrutamento directo ou, pelo menos, a integração permanente de forças nacionais na estrutura das Nações Unidas não foram aceites. Mas significa isto que a Carta proíbe esta alternativa ou que, pelo menos, não fornece fundamento jurídico para que as Nações Unidas a concretizem?

Já se viu que o artigo 43 e mesmo o artigo 42, com a sua referência a forças dos Estados membros, não podem constituir fundamento para proibir outras alternativas. Desde logo, o artigo 53, n.º 1, primeira parte, permite a utilização de forças regionais, que podem ser provenientes de uma organização internacional[2022]; isto é, formalmente não se tratará de forças

---

Henry H. Perritt, Jr., *Policing International Peace And Security: International Police Forces*, WILJ, Vol. 17, 1999, pág. 281-324, na pág. 291).

De facto, um aspecto determinante seria a impossibilidade em qualquer caso dos Estados membros retirarem os seus nacionais da Força. Esta faculdade tem forçado o Secretário-Geral, e mesmo o Presidente do Conselho de Segurança, a conceder praticamente um poder de condirecção da Força aos Estados participantes, sujeitando as acções daquela aos interesses políticos destes (ver, *supra*, parág. 53). Acresce que permitiria maior controlo pelas Nações Unidas dos membros da Força, o que lhe conferiria garantias superiores de isenção e a tornaria mais operacional. Qualquer acção disciplinar e penal sobre estas forças passaria a caber às Nações Unidas, e não aos Estados membros (ver, *infra*, parág. 100.1), o que reforçaria a disciplina. Os seus elementos estariam habituados a trabalhar conjuntamente, segundo as mesmas normas, com os mesmos comandantes e, especialmente, terminariam os sucessivos recursos dos comandantes dos contingentes aos seus Governos sempre que discordam de uma ordem do comandante da Força ou não estão certos se a execução é conforme com a vontade do seu Governo, *etc.*. Consultas aos Governos e tentativas de influência por partes destes sobre o seu contingente que são incompatíveis com o artigo 100 CNU, mas que nem por isso são menos frequentes.

Com efeito, mesmo que as forças fornecidas para estas operações não integrem formalmente o secretariado, na realidade a sua sujeição à autoridade das Nações Unidas e as funções internacionais que visam executar impõem o respeito do artigo 100. Trata-se de regime que consta expressamente do modelo de Acordo entre as Nações Unidas e os Estados membros fornecedores de pessoal para Operações de manutenção da paz (UN Doc. A/46/185, 23 May 1991), no seu parág. 9, que proíbe o Governo ou os membros do contingente de dar ou aceitar instruções.

[2021] Como é sublinhado por A. Miller, *Universal Soldiers: U.N. Standing Armies* (...), cit., pág. 792-794.

[2022] Na Bósnia-Herzegovina, embora não tenha existido uma aplicação do artigo 53, n.º 1, primeira parte, substancialmente as forças da OTAN foram associadas às Nações Unidas, ao ponto de estas serem responsáveis pelos actos daquelas forças quando existiram instruções específicas da sua parte (ver, *infra*, parág. 67).

de Estados membros, apesar do que afirma o artigo 42. Na prática, mesmo Estados não membros têm fornecido efectivos para operações das Nações Unidas[2023]. Uma leitura literal a partir da qual se pretenda retirar uma proibição de um recrutamento directo parece, pois, excluída. Aliás, seria estranho que se retirasse do artigo 43, que contém alguns preceitos praticamente extintos, uma proibição de criar um sistema alternativo viável.

Resta saber se, não sendo proibido, este sistema de recrutamento pode encontrar alguma base na Carta. Segundo se julga, a resposta deve ser considerada como positiva. A Carta também não prevê os acordos específicos que têm sido celebrados e, contudo, ninguém os tem impugnado, apesar de o seu modelo ser claramente incompatível com o subjacente ao artigo 43 e ser responsável pelo minar drástico da autoridade das Nações Unidas em relação aos Estados fornecedores de contingentes e mesmo em relação aos membros destes.

Ora, tendo em conta a falência do sistema do artigo 43, o recrutamento directo pode ser a única forma de viabilizar a actuação bélica pelas Nações Unidas. Só esta alternativa poderá evitar que a organização se encontre permanentemente dependente da boa vontade e caprichos de cada Estado membro que tenha fornecido um contingente e pretenda ditar o modo como este será utilizado em função dos seus interesses. Constituir uma Força deste género pode ser, pois, considerado um meio necessário, mesmo essencial, para a concretização das atribuições das Nações Unidas. Assim, esta circunstância, à luz do elemento teleológico da interpretação, tendo em conta moderadamente o princípio dos poderes implícitos, é um factor interpretativo relevante na procura de um fundamento para a criação de um sistema de recrutamento directo.

Acresce que um sistema deste género teria de ser apoiado pelo Conselho de Segurança e pela Assembleia Geral, dadas as competências financeiras desta segunda. Isto é, teria de ter o apoio da grande maioria dos Estados membros. Segundo se pensa, nada impedirá que uma leitura actualista da Carta, tendo em conta a emenda tácita parcial do artigo 43 e considerações teleológicas, viabilize um sistema de recrutamento directo. Como se procura mostrar, este já existe, ainda que de forma limitada.

Argumentos quanto à soberania dos Estados membros ou quanto à estrutura intergovernamental das Nações Unidas, que não são um Governo

---

[2023] Em 30 de Setembro de 2001, a Suíça tinha 19 observadores, 15 polícias e um militar em operações em curso (cfr. *Monthly Summary Of Military And Civilian Police Contribution To United Nations Operations*, 30 Sept 2001, pág. 5).

mundial[2024], parecem pouco convincentes. Para um Estado membro que seja alvo de uma acção militar, provavelmente será preferível que esta seja comandada pelas Nações Unidas e não por um Estado membro a quem seja confiado o comando unificado de uma força multinacional habilitada pelo Conselho[2025].

Duas vias seriam possíveis. Uma delas passaria por organizar esta Força permanente em moldes paralelos à das forças constituídas nos termos do artigo 43 e 45, embora organizada desde a sua base pelas Nações Unidas. Esta seria criada pelo Conselho de Segurança, nos termos do artigo 29 CNU, constituindo um corpo das Nações Unidas, sendo os seus membros órgãos da organização. Mas estes não integrariam o secretariado, ficando sob comando directo do Conselho de Segurança e, eventualmente, da Comissão de Estado-Maior ou, por delegação expressa, do Secretário-Geral.

O argumento para a não integração desta Força no secretariado passaria pela sua natureza militar face à natureza administrativa e civil deste, bem

---

[2024] Assim, os EUA, na 138.ª reunião do Conselho, em 4 Junho de 1947, a propósito dos acordos do artigo 43, afirmaram: "the United Nations was not a world government, but was based on the principle of sovereign equality of all its Members. It could not, therefore, have a permanent standing armed force of its own in the same sense that individual nations possessed such forces" (cfr. RPSC, 1946-1951, Chapter XI, pág. 445).

[2025] Por diversas vezes, provou ser verdadeira a lógica de Clausewitz, de que a guerra, apesar de ser a continuação da política por outros meios ("Wir behaupten dagegen, der Krieg ist nichts als eine Fortsetzung des politischen Verkehrs mit Einmischung anderer Mittel"; cfr. Carl von Clausewitz, *Vom Kriege*, 1832, Dritter Teil, Achtes Buch, Sechstes Kapitel: B), cria as suas próprias sinergias uma vez desencadeada e que passa a ditar as suas leis quanto aos meios a utilizar, pois que, como afirma o autor, tal como entre fogo e água não pode existir trégua, igualmente dois exércitos inimigos estão condenados a destruir-se por qualquer suspensão das hostilidades ser contrária à natureza das coisas ("So ist also nach dieser Vorstellungsart ein Stillstand im kriegerischen Akt strenge genommen ein Widerspruch mit der Natur der Sache, weil beide Heere wie zwei feindliche Elemente einander unausgesetzt vertilgen müssen, so wie Feuer und Wasser sich nie ins Gleichgewicht setzen, sondern solange auf einander einwirken, bis eines ganz verschwunden ist"; cfr. C. Clausewitz, ob. cit., Erster Teil, Drittes Buch, Sechzehntes Kapitel; igualmente em *Principles of War*, 1812, III, 1, 5: "The first and most important rule to observe in order to accomplish these purposes, is to use our entire forces with the utmost energy. Any moderation shown would leave us short of our aim (...). Suppose the country suffers greatly from this, no lasting disadvantage will arise; for the greater the effort, the sooner the suffering will cease"). E tal assim se passou mesmo em operações habilitadas ou até que actuaram sob instruções específicas das Nações Unidas: pense-se no modo como foi executada a habilitação no conflito do Golfo de 1991 ou a operação *Deliberate Force* na Bósnia em Setembro de 1995 (ver, *infra*, parág. 67). Apesar de tudo, as acções comandadas pelas Nações Unidas, porventura à custa de alguma eficiência, têm conseguido limitar esta lógica.

como o paralelo com as forças das Nações Unidas criadas nos termos do artigo 43 e 45. Também poderia ser alegado que a sua integração no secretariado tornaria automaticamente o Secretário-Geral em seu comandante supremo, por força da parte final do artigo 97 CNU, já que é este o chefe da hierarquia administrativa das Nações Unidas. Ora, especialmente se esta Força tivesse funções militares, isto poderia colidir com as competências do Conselho de Segurança (afastada que está a exclusividade das competências da Comissão de Estado-Maior).

Uma segunda via seria precisamente a da criação desta Força militar permanente no seio do secretariado. Efectivamente, a Carta estabelece a existência de uma organização administrativa das Nações Unidas, o secretariado (artigo 97 e 100), sob direcção do Secretário-Geral. Nada diz quanto à possibilidade de um corpo desta organização ter natureza militar, mas estabelece que o secretariado será composto pelo "pessoal exigido pela Organização". Deixa, pois, aberta a porta a que dentro deste possam existir unidades militares ou, pelo menos, militarizadas com funções de segurança, por exemplo das instalações das Nações Unidas.

Em relação às objecções à integração desta Força no secretariado pode-se contrapor o seguinte: que a conversão do Secretário-Geral em seu comandante supremo pouco traz de novo, já que o Secretário-Geral tem desempenhado estas funções por delegação do Conselho de Segurança. O simples facto de tal nesta situação ocorrer automaticamente por força do artigo 97[2026] não colidirá com as competências do Conselho de Segurança, já que o Secretário-Geral ficará sob sua direcção política e estratégica. Este e a Força que comandaria seriam um mero instrumento adicional do Conselho.

Foi afastado por emenda tácita da Carta o argumento mais forte contra esta possibilidade, decorrente da letra do artigo 47, n.º 3 CNU, relativo à competência exclusiva da Comissão de Estado-Maior quanto à direcção estratégica das Forças das Nações Unidas[2027]. Aliás, sempre se poderia acrescentar que a integração desta Força no secretariado apenas afectaria o seu comando e não a sua direcção estratégica. Ora, a questão do comando é deixada em aberto pela parte final do artigo 47, n.º 3 CNU.

Tendo em conta a prática seguida pelas Nações Unidas de marginalizar a Comissão de Estado-Maior e destacar o papel do Secretário-Geral parece

---

[2026] No sentido de que o Secretário-Geral tem esta competência à luz do artigo 97: Charles Winchmore, *The Secretariat-Retrospect and Prospect*, IO, Vol. 19, No. 3, 1965, pág. 622-639, na pág. 633.

[2027] Ver, *supra*, parág. 53.

claro que o caminho a seguir será a segunda via apresentada. A Força a criar seria de integrar no seio do secretariado. A simples diferença de natureza não justifica a criação de um corpo autónomo deste serviço administrativo, tendo em conta que vários problemas decorrentes da necessidade de pagar aos elementos deste corpo ou assegurar-lhes direitos decorrentes do desempenho da função (direitos e deveres laborais, sistema de segurança social, saúde, imunidades perante a jurisdição dos Estados, recursos administrativos e judiciais internos, *etc.*) seriam idênticos aos criados pelos restantes membros do secretariado. O que já não se passaria em relação aos membros de uma Força constituída segundo o modelo do artigo 43, dado que estes manteriam a sua ligação ao respectivo Estado. O que justifica a sua autonomia em relação ao secretariado; justificação inexistente neste caso.

Assim, o melhor entendimento aponta no sentido de que a Carta permitiria a criação de um sistema de recrutamento directo[2028, 2029, 2030] e que

---

[2028] Em sentido contrário, a União Soviética afirmou na 338.ª reunião do Conselho, em 15 de Julho de 1948: "it would be inconsistent with the Charter to entertain the fantastic notion of creating some sort of an armed force within the United Nations Secretariat. The creation of an armed force recruited from the Secretariat would be inconsistent both with the Charter and with the dictates of common sense" (cfr. RPSC, 1946-1951, Chapter XI, pág. 447).

[2029] Também são desta opinião, a maioria à luz do princípio dos poderes implícitos: L. Sohn, *The Authority* (...), cit., pág. 235; F. Seyersted, *United Nations* (...), cit., pág. 160-161; D. Bowett, *United Nations* (...), cit., pág. 327; M. Bothe, *Le Droit de la Guerre* (...), cit., pág. 195-196; R. Lillich, *Humanitarian* (...), cit., pág. 573, nota 62; A. Miller, *Universal Soldiers* (...), cit., pág. 794, nota 104 (embora sem se comprometer abertamente). Contra, aparentemente: Koretsky, *Dissenting Opinion*, em *Certain Expenses* (...), cit., *I. C. J. Reports* 1962, pág. 257; também crítico da solução, mas com argumentos extra-jurídicos: D. Scheffer, *United Nations Peace* (...), cit., pág. 659-660.

[2030] O recrutamento em si não necessitaria de qualquer consentimento do Estado de que fossem cidadãos os indivíduos recrutados (a menos que a campanha de alistamento decorresse no seu território), nem este teria qualquer controlo directo posterior sobre estes. Uma tentativa de proibir os seus cidadãos de se alistarem por parte de um Estado membro poderia ser considerada como uma violação gratuita das suas obrigações de cooperação com as Nações Unidas (subjacentes ao artigo 2, n.º 5 CNU, ainda que não se trate já de uma "acção"), mesmo que a decisão de criação da Força e de realização de recrutamentos não fosse obrigatória. Se os Estados não se encontram obrigados a fornecer contingentes de tropas às Nações Unidas na falta de um acordo nesse sentido nos termos do artigo 43, parece que nem por isso deixam de estar sujeitos a alguns deveres de abstenção [neste sentido: L. Sohn, *The Authority* (...), cit., pág. 237-238]. Poderia igualmente ser considerada como uma forma de pressão ilegítima sobre o secretariado, em violação do artigo 100, n.º 2 da Carta, já que caberia ao Secretário-Geral a organização do recrutamento.

a Força assim criada, fosse com funções de segurança, fosse militares, poderia ser integrada no secretariado[2031].

Esta Força ou forças poderiam não apenas ter missões de segurança das instalações das Nações Unidas, como igualmente funções de manutenção da paz, imposição da paz ou mesmo bélicas. Mas seria necessário que tivessem condições materiais para as desempenhar. Como ficou escrito, são limitações financeiras e, sobretudo, políticas que tornam pouco crível que estas venham a desempenhar a curto ou médio prazo as duas últimas funções[2032]. Não são obstáculos jurídicos.

A prática das Nações Unidas confirma este entendimento. De facto, desde cedo foi efectivamente criada, no seio do secretariado, uma pequena força policial das Nações Unidas que guarda as suas instalações, designadamente a sua sede em Nova Iorque. 50 dos elementos desta Força e de outros membros do secretariado chegaram a ser destacados por decisão do Secretário-Geral para a Palestina com vista a garantir a segurança do mediador das Nações Unidas a pedido deste em Julho de 1948[2033].

---

[2031] Neste sentido: L. Sohn, *The Authority* (…), cit., pág. 235.

[2032] Os custos e obstáculos à criação e manutenção de uma Força destas têm sido sublinhados: William Frye, *A United Nations Peace Force*, New York, 1957, pág. 71-78; S. Telhami, *Is a Standing United Nations* (...), cit., pág. 676 e 676-677; Alex Morrison, *The Theoretical and Practical Feasibility of a United Nations Force*, CILJ, Vol. 28, 1995, pág. 661--672, na pág. 670-671; Carl Conetta/Charles Knight, *Vital Force – A Proposal for the Overhaul of the UN Peace Operations System and for the Creation of a UN Legion*, Cambridge (Massachusetts), 1995, pág. 67 e 103-104 (em termos mais optimistas); Ruth Wedgwood, *United Nations Peacekeeping Operations and the Use of Force*, WUJLP, Vol. 5, 2001, pág. 69--85, na pág. 79.

É possível, porém, que os custos mais altos (especialmente os decorrentes do apoio logístico e das despesas habituais, normalmente a cargo dos Estados), em relação aos resultantes do pagamento aos Estados membros pelos contingentes e meios que têm fornecido, se justificassem face às referidas vantagens. É preciso ter em conta que as Nações Unidas têm necessitado permanentemente de forças para fazer face às sucessivas crises que têm irrompido. A possibilidade de unidades militares da organização se encontrarem sem qualquer função para desempenhar, enquanto dissipam escassos recursos financeiros em ociosos exercícios, não passa de uma ilusão; na realidade, uma utopia, já que pressuporia o fim dos conflitos armados. O maior obstáculo é a ausência de vontade política. Com a marginalização das Nações Unidas, relegada a mero fórum de cooperação diplomática (artigo 1, n.º 1, segunda parte, n.º 3 e 4 CNU) ou a simples executora de operações de consolidação ou manutenção da paz em conflitos secundários, qualquer possibilidade de criação de uma Força permanente parece bem distante.

[2033] Na 331.ª reunião, em 7 de Julho de 1948, numa declaração escrita, o Secretário--Geral fundamentou esta sua decisão, designadamente, no artigo 97 CNU: "If, in the judgment of the Mediator, he requires guards as part of his staff in the fulfilment of his functions, these

Mais relevante, posteriormente, na sequência de uma iniciativa do Secretário-Geral[2034], a Assembleia Geral reconheceu que este tinha poderes próprios para criar uma Força de segurança (*Field Service*) mais alargada[2035]. O que viria a ser concretizado por este em Julho de 1950 pelo estabelecimento de uma unidade de segurança das Nações Unidas que alcançou trezentos e quarenta e cinco efectivos em 1951. Estes elementos foram disponibilizados pelos Estados membros, mas integrados no secretariado. A maioria dos efectivos foi encarregada da segurança das instalações das Nações Unidas em Nova Iorque e Genebra. Mas a alguns foram conferidas missões em operações de paz[2036]. O corpo foi alargado em função das necessidades e

---

guards are clearly part of such staff as the Organization may require within the meaning of Article 97 of the Charter. The Secretary-General, therefore, is authorized both under the Charter and under the resolution of the General Assembly to furnish such guards to the Mediator to perform the functions previously described." (cfr. RPSC, 1946-1951, Chapter XI, pág. 447).

[2034] O Secretário-Geral apresentou propostas no sentido da criação de uma Guarda das Nações Unidas no seu Relatório de 28 de Setembro de 1948. As suas funções teriam natureza militar, compreendendo protecção de bens, zonas neutralizadas ou a supervisão de um armistício ou da realização de um plebiscito. Mas frisou que não exerceria funções militares coercivas nos termos do artigo 42 CNU. Seria criada à luz dos artigos 97 e 98 CNU, sendo integrada no secretariado. Seria composta por 800 indivíduos; 300 deles recrutados a título permanente e 500 mantidos numa reserva organizada a nível dos Estados membros. Perante alguma oposição que a sua proposta enfrentou, o Secretário-Geral introduziu-lhe alterações. Veio então propor a criação da referida Força de segurança (*Field Service*), bem como um esboço de Força militar (*Panel of Field Observers*). Esta segunda, a quem caberiam as funções militares, seria organizada nacionalmente e a sua ligação ao secretariado seria restrita aos momentos em que fosse convocada pela Assembleia Geral, Conselho de Segurança ou outro órgão para tal competente. Isto é, seria apenas uma lista de duas mil pessoas qualificadas e dispostas a participar em acções das Nações Unidas perante convocação do Conselho ou da Assembleia [cfr. *Introduction to the Annual Report of the Secretary-General (Lie) on the Work of the Organization*, July 7, 1949; texto, designadamente, em IO, Vol. 3, No. 4, pág. 748-758, na pág. 756]. A Assembleia Geral, não obstante a oposição do então bloco soviético, viria a aprovar este plano na sua Resolução 297 B (IV), de 22 de Novembro de 1949 (texto em RDGAOR, 4th Session, 1949-1950, pág. 21-22), por 38 votos a favor, 6 contra e 11 abstenções.

[2035] Pela Resolução 297 A (IV), de 22 de Novembro de 1949 (texto em RDGAOR, 4th Session, 1949-1950, pág. 21), aprovada por 46 votos a favor, 5 contra e três abstenções, onde afirma: "Considering that the Secretary-General has authority to establish the United Nations Field Service, subject to budgetary limitations and the normal administrative controls of the General Assembly, Takes note of the intention of the Secretary-General to establish this proposed unit as modified by the observations contained in the report of the special Committee".

[2036] Cfr. *Secretariat*, IO, Vol. 4, No. 4, 1950, pág. 663-669, na pág. 668; *Secretariat*, IO, Vol. 5, No. 2, 1951, pág. 361-363, na pág. 363.

constrangimentos orçamentais tendo um papel relevante na coordenação, logística e hierarquia de diversas operações das Nações Unidas nos últimos 50 anos. Mas a falta de renovação e formação dos seus efectivos tem diminuído o seu valor[2037].

Note-se que a decisão quanto à criação de uma Força destas não pode caber exclusivamente ao Secretário-Geral. Desde logo, este necessitará sempre do concurso da vontade da Assembleia Geral por força da competência exclusiva orçamental desta. Sem base financeira, será impossível ao Secretário-Geral criá-la. Mas se a Força não tiver missões puramente de segurança, mas assumir natureza militar, julga-se que a sua criação deverá necessariamente passar pelos órgãos políticos das Nações Unidas, máxime, o Conselho de Segurança. De facto, cabendo-lhe a competência primária em matéria de manutenção da paz e segurança internacionais (artigo 24, n.º 1 CNU), bem como o poder de decidir (parcialmente em conjunto com os Estados fornecedores de unidades) quanto aos efectivos destas Forças e planos para a sua aplicação (artigos 43, 44, 45 e 46, e 47, n.º 1 e n.º 3 CNU), deve tomar parte decisiva na criação da Força, ainda que esta não seja constituída como seu "corpo subsidiário". Deve, pois, especificar a natureza, funções e organização da Força. Qualquer utilização da Força deverá igualmente ser decidida pelo Conselho nos mesmos termos em que lhe compete tomar as decisões em relação a qualquer Força provisória das Nações Unidas[2038].

---

[2037] Cfr. *Report of the Panel on United Nations Peace Operations* (UN Doc. A/55/305-S/2000/809, 21 August 2000), pág. 24, parág. 139-140.

[2038] Deste modo, a Assembleia Geral apenas poderia decidir a utilização de uma Força permanente se esta assumisse meras funções de manutenção da paz (e já não de imposição da paz ou bélicas) e o Conselho se encontrasse paralisado pelo veto (ver, *supra*, parág. 43.2). Daí que se deva duvidar da competência da Assembleia para a criação do *Panel of Field Observers* pela referida Resolução 297 B (IV). Mesmo que este não fosse utilizado para missões coercivas sem o aval do Conselho, parece que a sua simples criação só poderia ser estabelecida pela Assembleia no caso de o Conselho ter sido paralisado pelo veto. As críticas do então bloco de leste neste ponto parecem ser legítimas.

## δ – Delegação de poderes.

**59. Introdução.** O poder público derivado cabe, portanto, ao Conselho de Segurança. Contudo, este pode delegar algumas das faculdades jurídicas que compreende em outros órgãos, bem como criar órgãos ou estruturas que levem à execução das suas decisões (artigo 29 CNU), com competências por si delegadas.

Em relação ao poder público bélico, as principais estruturas são as forças das Nações Unidas, já analisadas[2039]. No que diz respeito à delegação de poderes em órgãos estabelecidos directamente pela Carta ou criados pelo Conselho, entre estes destacam-se o Secretário-Geral, os seus representantes especiais e os comandantes das forças.

Verificou-se já que o Secretário-Geral constitui o órgão principal das Nações Unidas que mais tem visto a sua importância crescer[2040], à custa

---

[2039] Ver, *supra*, parág. 54-58.

[2040] Este crescendo de importância do Secretário-Geral iniciou-se na segunda metade da década de 50 do século XX, com o seu destacado papel na estruturação da UNEF no Suez, por mandato da Assembleia Geral. Embora o anterior sucesso em 1954-1955 na libertação dos aviadores norte-americanos detidos pelo Governo chinês comunista a pedido igualmente da Assembleia Geral tenha constituído um momento chave na alteração do clima dominante. O papel do então titular, Dag Hammarskjöld, não pode ser ignorado, bem como o aumento do peso do grupo afro-asiático e a então momentânea divisão no bloco ocidental, por força da intervenção franco-britânica no Suez, criticada legitimamente pelos EUA. Este movimento foi imediatamente assinalado pela Doutrina mais atenta: Elmore Jackson, *The Developing Role of the Secretary-General*, IO, vol. 11, 1957, n.º 3, pág. 431-445, na pág. 435, 436-437, 441 e 444-445; J. Kunz, *The Secretary General* (...), cit., pág. 301-302.

É necessário reconhecer que anteriormente já tinham sido estabelecidos alguns importantes precedentes pelo primeiro Secretário-Geral, Trygve Lie (cfr. Mark Zacher, *The Secretary-General and the United Nations' Function of Peaceful Settlement*, IO, Vol. 20, No. 4, 1966, pág. 724-749, na pág. 726 e 731; Stephen Schwebel, *Review: Trygve Lie and the Cold War. The UN Secretary-General Pursues Peace, 1946-1953*, AJIL, Vol. 85, No. 1, 1991, pág. 209-212, na pág. 212). Mas este não teve o apoio por parte dos restantes órgãos políticos em relação a estas iniciativas que viria a ter o seu sucessor. Ainda habituadas à discrição do Secretário-Geral da Sociedade das Nações, as grandes potências viram com alguma suspeita as diligências activas do Secretário-Geral, preferindo delegar tarefas em comités com representantes governamentais que se vieram a revelar normalmente ineficazes. Daí o facto de o

especialmente de um outro órgão, a Comissão de Estado-Maior[2041]. Estes desenvolvimentos têm algum amparo na Carta. Por algum motivo esta coloca o secretariado entre os órgãos principais das Nações Unidas (artigo 7, n.º 1)[2042, 2043], conferindo ao seu dirigente um papel de muito maior importância do que cabia ao mesmo órgão da Sociedade das Nações[2044]. Esta nova rea-

---

Regimento do Conselho ter normas, como a do seu artigo 22 (ver também o artigo 23), que atribuem poderes óbvios ("The Secretary-General, or his deputy acting on his behalf, may make either oral or written statements to the Security Council concerning any question under consideration by it"). Poder este que, porém, chegou a ser contestado. Assim, o delegado das autoridades nacionalistas chinesas, em 13 de Março de 1950, em reacção a um memorando do Secretário-Geral sobre a representação da China, afirmou que este apenas se podia pronunciar sobre questões que ameaçavam a paz e segurança internacionais, nos termos do artigo 99 CNU (cfr. RPSC, 1946-1951, chapter 1, pág. 24).

[2041] Ver, *supra*, parág. 53.

[2042] Já ficou sublinhado que a qualificação do secretariado como órgão não é tecnicamente correcta. O órgão principal no seu seio é efectivamente o Secretário-Geral (ver, *supra*, parág. 54.2).

[2043] Assim: Joseph Lash, *Dag Hammarskjöld 's Conception of his Office*, IO, Vol. 16, No. 3, 1962, pág. 542-566, na pág. 546; C. Winchmore, *The Secretariat* (...), cit., pág. 622; Alan James, *The United Nations at Fifty: Retrospect and Prospect*, em *The United Nations at Fifty -The Welsh Contribution* (ed. W. R. Davies), Cardiff, 1995, pág. 1-14, na pág. 9-10.

[2044] O Pacto da Sociedade das Nações referia igualmente o secretariado no artigo 2 juntamente com a Assembleia e o Conselho, mas não lhe atribuía o mesmo estatuto. O projecto chegou a ser alterado, passando a referir-se "with a permanent Secretariat"/"assistés d'une Secrétariat permanent" em vez do "and"/"et". De facto, o Pacto era bastante parco nos seus poderes: o Secretário-Geral assistia às reuniões do Conselho e Assembleia e podia nomear os membros do secretariado, embora sob aprovação (na prática meramente formal para o pessoal subalterno) do Conselho (artigo 6, parág. 1 e 4). Não tinha qualquer poder de convocar o Conselho ou Assembleia por sua iniciativa, só o podendo fazer a pedido de um membro (artigo 11, parág. 1). Nos termos do artigo 15, parág. 1 e 2, perante uma submissão de uma disputa ao Conselho, o Secretário-Geral deveria realizar uma investigação completa dos factos e alegações das partes (ver ainda artigo 1, parág. 1; 18 e 24, parág. 2 do Pacto para competências administrativas).

Os dois Secretários-Gerais da Sociedade actuaram sempre com grande circunspecção, não procurando potenciar, por exemplo, o seu direito a participar enquanto tais nas reuniões do Conselho e Assembleia e de expressar publicamente a estes as suas opiniões (cfr. Josef Kunz, *The Legal Position of the Secretary General of the United Nations*, AJIL, vol. 40, n.º 4, 1946, pág. 786-792, na pág. 786-788; Leland Goodrich, *The Political Role of the Secretary-General*, IO, Vol. 16, No. 4, 1962, pág. 720-735, pág. 720), embora a sua influência por detrás dos bastidores possa ter sido maior do que geralmente se admite, especialmente de Eric Drummond, primeiro titular do cargo (cfr. Bryce Wood, *The Court, the Charter and the Secretariat- Recent Books on International Organization*, IO, Vol. 7, No. 1, 1953, pág. 35- -46, na pág. 40; Stephen Schwebel, *Review: Office Without Power: Secretary-General Sir Eric Drummond, 1919-1933. By James Barros*, AJIL, Vol. 74, 1980, pág. 695-697, na pág. 695-

lidade deve-se aos consideráveis poderes que têm sido delegados no Secretário-Geral, especialmente pelo Conselho de Segurança, mas igualmente pela Assembleia Geral. Este órgão, contudo, tem importantes competências próprias, quer administrativas, quer sobretudo políticas, que serviram de base a esta extensão de poderes.

**60. Poderes do Secretário-Geral.** A Carta, contudo, não é clara quanto ao exacto âmbito dos poderes do Secretário-Geral.

Os seus poderes administrativos resultam da sua qualificação como órgão superior do secretariado (artigo 97 CNU). Estes compreendem pois o poder de nomear os membros do secretariado e organizá-lo, tendo em conta as instruções da Assembleia Geral e limites impostos pela Carta (artigo 101)[2045]. Bem como o poder de direcção em relação a todos os

---

-696; Martin Dubin, *Transgovernmental Processes in the League of Nations*, IO, Vol. 37, No. 3, 1983, pág. 469-493, na pág. 471-473 e 478-479: quanto ao seu papel na estruturação de um secretariado internacional e não mera emanação dos Estados).

[2045] A nomeação dos membros do Secretariado à luz dos dois critérios enunciados pela Carta (o primeiro, teoricamente mais importante, que se prende com as qualidades dos candidatos; o segundo, com a sua representatividade geográfica: artigo 101, n.° 3; um terceiro, enquanto limite predominantemente negativo, deve ser tido igualmente em conta: a não discriminação em função do sexo, nos termos do artigo 8 CNU), que se revelam muitas vezes contraditórios, tem suscitado críticas que remontam aos primeiros anos das Nações Unidas. Que o sistema, na verdade, muitas vezes, cede às pressões dos Estados membros para que os seus nacionais sejam contratados (assim, ver: Walter Crocker, *Some Notes on the United Nations Secretariat*, IO, Vol. 4, n.° 4, 1950, pág. 598-613, na pág. 612-613). Isto apesar de, contrariamente ao Pacto da Sociedade das Nações, a Carta conferir a competência para as nomeações, mesmo para os mais altos cargos, exclusivamente ao Secretário-Geral (artigo 101, n.° 1), proibindo, portanto, quaisquer pressões por força do artigo 100 (como é pacífico: Theodor Meron, *Staff of the United Nations Secretariat*, AJIL, Vol. 70, No. 4, 1976, pág. 659--693, na pág. 660-661).

Claro está, sem uma carreira estável, autónoma em relação à de cada Estado, será impossível que os seus membros actuem de forma independente do Estado de que são cidadaos. Por isso mesmo, a nomeação também não deve depender do consentimento do Estado, embora estes muitas vezes exerçam fortes pressões para que um seu nacional não seja admitido ou o inverso [são especialmente os Estados autoritários que insistem em contratos a termo que lhes permitem controlar os seus nacionais durante o desempenho do cargo; no passado, o bloco de leste, actualmente ainda especialmente a China: Leland M. Goodrich, *Geographical Distribution of the Staff of the UN Secretariat*, IO, Vol. 16, No. 3, 1962, pág. 465-482, na pág. 469-470; Henri Reymond, *The Staffing of the United Nations Secretariat*, IO, Vol. 21, No. 4, 1967, pág. 751-767, na pág. 751; Theodor Meron, *Exclusive Preserves and the New Soviet Policy Toward the UN Secretariat*, AJIL, Vol. 85, No. 2, 1991, pág. 322-329, na pág. 322-329, na pág. 324; sem prejuízo de igualmente os EUA, especialmente nos anos

membros do secretariado e poderes conexos, como o de revogação dos actos destes e disciplinar. Dentro dos limites estipulados pela Assembleia[2046], o Secretário-Geral pode mesmo emanar actos que, para efeitos internos do secretariado, têm eficácia normativa, ainda que formalmente assumam natureza regulamentar. O seu fundamento é o poder de direcção que lhe cabe em relação a este serviço. Deste modo, estes podem incidir sobre quaisquer matérias abrangidas por este poder[2047].

Mas o Secretário-Geral tem ainda importantes competências políticas próprias. Para além de participar nas reuniões dos órgãos políticos enquanto tal (artigo 98 CNU; artigo 45 do Regimento da Assembleia; artigo 21 do Regimento do Conselho), pode ainda chamar a atenção do Conselho de Segurança para qualquer questão (isto é, situação ou controvérsia) que

---

cinquenta, terem tentado controlar o pessoal que era admitido: Maxwell Cohen, *The United Nations Secretariat – Some Constitutional and Administrative Developments*, AJIL, Vol. 49, No. 3, 1955, pág. 295-319, na pág. 303-304; C. Winchmore, *The Secretariat* (...), cit., pág. 627]. Mas aquelas exigências constituem um pressuposto da aplicação do artigo 100, sendo estas pressões violações do seu n.º 2.

É desnecessário entrar em questões pormenorizadas quanto à forma de estruturação do secretariado, designadamente determinar em que medida precisa a noção de "wide a geographical basis" (constante do artigo 101, n.º 3 CNU) deve ser considerada distinta da de "equitable geographical distribution" (artigo 23, n.º 1 CNU), bem como da de "representation of the main forms of civilization and of the principal legal systems of the world" (constante do artigo 9 do Estatuto do Tribunal). Resulta claro que nenhuma delas permite excluir totalmente algumas pressões, senão de origem estadual, pelo menos da parte dos grandes grupos de Estados que estruturam a Comunidade Internacional. A prática tem confirmado este entendimento, com o estabelecimento de uma percentagem de pessoal a ser nomeado por critérios geográficos [ver: Richard Swift, *Personnel Problems and the United Nations Secretariat*, IO, Vol. 11, No. 2, 1957, pág. 228-247, na pág. 231-236; porém, as críticas de T. Meron, *Staff* (...), cit., pág. 666, 669-670 e 671-672, 680 e 691-692].

[2046] As Resoluções dos órgãos políticos das Nações Unidas têm, pois, uma hierarquia superior, de natureza paralela à legislativa, em relação aos regulamentos do Secretário-Geral. Esta sua natureza decorre directamente dos termos do artigo 101, n.º 1 CNU, concretamente, em relação aos actos da Assembleia. Mas este regime encontra-se igualmente implícito na referência às delegações no Secretário-Geral (artigo 98 CNU) no exercício das quais este, claro está, terá de se sujeitar aos termos do acto de delegação. De facto, mesmo as recomendações dos outros órgãos políticos das Nações Unidas são vinculativas para o Secretário--Geral, e restantes membros do secretariado, se se puder depreender que o pretenderem ser e não limitarem os poderes daquele de forma contrária à Carta [essencialmente neste sentido: M. Zacher, *The Secretary-General* (...), cit., pág. 730-731].

[2047] Um dos exemplos mais marcantes é o Regulamento de 6 de Agosto de 1999 em relação à aplicação do Direito Humanitário às Forças das Nações Unidas (U.N. Doc. ST/SGB/ 1999/13). Sobre este, ver, *infra*, parág. 84.2.

entenda poder ameaçar a paz ou segurança internacionais (artigo 99 CNU e artigos 3 e 22 do Regimento do Conselho). O mesmo pode fazer perante a Assembleia Geral, incluindo em relação a outras questões para lá da manutenção da paz [artigos 13, al. g), 14, 18 e 19 do Regimento da Assembleia[2048]]. Ora, desta competência é possível fazer decorrer poderes de apreciação política da situação internacional, bem como de recolha de informações sobre esta[2049].

Foi esta circunstância, bem como as delegações sistemáticas do Conselho quanto à organização de operações, que levou à criação em 1992 pelo Secretário-Geral do Departamento de Operações de Manutenção da Paz no seio do Secretariado[2050]. É a este departamento que compete recolher dados e elaborar os relatórios apresentados pelo Secretário-Geral aos órgãos políticos das Nações Unidas que são por vezes os únicos meios pelos quais estes avaliam uma dada situação[2051, 2052], sem prejuízo de outras fontes que cada Estado membro disponha. Nestes relatórios, o Secretário-Geral fornece um quadro da situação de facto e apresenta propostas de medidas a adoptar, militares ou outras, que normalmente são acolhidas.

---

[2048] Também na Resolução 47/120, de 18 de Dezembro de 1992 (texto em RDGAOR, 47th Session, 1992, vol. I, pág. 41-44), Parte II, parág. 6.

[2049] Como é sublinhado pela Doutrina: J. Kunz, *The Legal Position* (…), na pág. 790-791; Michel Virally, *Vers une Reforme du Secrétariat des Nations Unies*, IO, vol. 15, n.º 2, 1961, pág. 236-255, na pág. 236-237; Eric Stein, *Mr. Hammarskjold, the Charter Law and the Future Role of the United Nations Secretary General*, AJIL, vol. 56, 1962, pág. 9-32, na pág. 13-14; M. Zacher, *The Secretary-General* (…), cit., pág. 730; Stephen M. Schwebel, *Authorizing the Secretary-General Of The United Nations To Request Advisory Opinions Of The International Court Of Justice*, AJIL, Vol. 78, 1984, pág. 869-878, na pág. 877-878; Edward Newman, *The UN Secretary-General from the Cold War to the New Era – A Global Peace and Security Mandate?*, Houndmills/New York, 1998, pág. 32 e 34-35.

[2050] A Assembleia Geral na sua Resolução 47/71, de 14 de Dezembro de 1992 (texto em RDGAOR, 47th Session, 1992, Vol. I, pág. 101-104), parág. 26, aplaudiu a iniciativa: "Welcomes the creation of the Department of Peace-keeping Operations (,,,)".

[2051] O Departamento encontra-se regulado pelo *Secretary-General's bulletin – Functions and organization of the Department of Peacekeeping Operations* (texto em UN Doc. ST/SGB//2000/9, 15 May 2000). A sua secção 2.1, c) dispõe que lhe cabe: "Prepares the Secretary-General's reports to the Security Council and the General Assembly, as required, on individual peacekeeping operations, on peacekeeping issues in general and on mine action". No seu seio, os aspectos militares encontram-se entregues à Divisão Militar e de Polícia Civil (regulada pela secção 8 do Boletim), dirigida pelo Conselheiro Militar.

[2052] O artigo 23 do Regimento do Conselho permite que este torne o Secretário-Geral relator de qualquer questão específica; claro está, incluindo questões relacionadas com a manutenção da paz. O seu artigo 26 torna-o responsável pela apresentação de quaisquer documentos necessários ao funcionamento do Conselho. O artigo 39 permite que o Conselho consulte qualquer membro do secretariado.

Porém, este regime não baliza inteiramente os limites dos poderes próprios do Secretário-Geral. Por um lado, resulta claro que este não pode adoptar actos obrigatórios para os Estados membros em caso nenhum. Mas que pode adoptar actos vinculativos para qualquer membro do secretariado ou de uma estrutura das Nações Unidas, como uma operação de manutenção da paz, colocada sob a sua autoridade por meio de uma delegação do órgão político que a tenha criado, máxime, o Conselho de Segurança, seja em si próprio, seja num órgão que se lhe encontre subordinado, como um representante especial[2053].

Por outro lado, também é líquido que o Secretário-Geral não pode criar por si uma Força das Nações Unidas, mesmo que de manutenção da paz ou mesmo uma missão formal e alargada de observação[2054]. Mas tudo indica que pode oferecer os seus bons ofícios, ou a sua mediação, ou destacar enviados especiais seus para os oferecerem às partes numa controvérsia que possa pela sua subsistência converter-se num perigo para a paz[2055]; isto é, numa situação típica do Capítulo VI da Carta[2056]. Do artigo 99 CNU também

---

[2053] Ver, *infra*, parág. 61-62.

[2054] Neste sentido: M. Virally, *Vers une Reforme* (…), cit., pág. 241; M. Bothe, *Peace-keeping*, cit., pág. 592.

[2055] Assim: M. Virally, *Vers une Reforme* (…), cit., pág. 240-241; L. Goodrich, *The Political* (…), cit., pág. 724; B. G. Ramcharan, *The Good Offices of the United Nations Secretary--General in the Field of Human Rights*, AJIL, Vol. 76, 1982, pág. 130-141, na pág. 136; M. Bothe, *Peace-keeping*, cit., pág. 592; Thomas M. Franck, *The Secretary-General's Role in Conflict Resolution: Past, Present and Pure Conjecture*, EJIL, Vol. 6, 1995, No. 3, pág. 360 e segs., texto nota 4; Alys Brehio, *Good Offices of the Secretary-General as Preventive Measures*, NYUJILP, vol. 30, 1998, pág. 589-643, na pág. 595-596.

[2056] Trata-se de uma competência que a Carta não lhe atribui expressamente, mas que se pode fazer decorrer da prática [também em sentido paralelo: B. Ramcharan, *The Good Offices* (…), cit., pág. 136 (fala em Direito Costumeiro); T. Franck, *The Secretary-General's* (…), cit., texto nota 4; E. Newman, *The UN Secretary-General* (…), cit., pág. 32; ver ainda Hugo Caminos/Roberto Lavalle, *New Departures in the Exercise of Inherent Powers by the UN and OAS Secretaries-General*, AJIL, Vol. 83, 1989, pág. 395-402, na pág. 395, nota 3].

Os precedentes de bons ofícios e mediação directa do Secretário-Geral remontam aos primeiros anos das Nações Unidas. Esta actividade foi muito facilitada pela criação de representações permanentes dos Estados membros junto das Nações Unidas, o que permite ao Secretário-Geral desenvolver várias iniciativas diplomáticas de forma discreta e eficiente [cfr. M. Zacher, *The Secretary-General* (…), cit., pág. 734; C. Winchmore, *The Secretariat* (…), cit., pág. 635]. Na década de cinquenta, o então Secretário-Geral Dag Hammarskjöld desenvolveu a prática dos enviados.

Estas práticas são actualmente pacíficas, tendo sido reconhecidas designadamente pela Assembleia Geral. Assim, na Declaração sobre Prevenção e Remoção de Controvérsias e

se pode retirar competência para atribuir funções de inquérito aos seus enviados em relação a qualquer controvérsia ou situação no terreno (já problemática ou que potencialmente o poderá vir a ser) cuja subsistência possa fazer perigar a manutenção da paz ou segurança internacionais [incluindo monitorização de eleições ou com vista a possibilitar advertências precoces (*early warning*)], designadamente de modo a determinar se se está já perante uma situação típica do Capítulo VII[2057]. Ou mesmo para criar uma comissão de inquérito formal. Claro está, sempre com o consentimento das partes ou do Estado ou Estados que exerçam jurisdição sobre o território onde decorre a situação[2058, 2059].

---

Situações Susceptíveis de Fazer Perigar a Paz e Segurança Internacionais e relativa ao Papel das Nações Unidas nesta Matéria, aprovada pela Resolução 43/51 de 5 de Dezembro de 1988 (texto em RDGAOR, 43ª, 1988, vol. I, pág. 276-277), parág. 20, esta afirma: "The Secretary-General, if approached by a State or States directly concerned with a dispute or situation, should respond swiftly by urging the States to seek a solution or adjustment by peaceful means of their own choice under the Charter and by offering his good offices or other means at his disposal, as he deems appropriate" e no parág. 21: "The Secretary-General should consider approaching the States directly concerned with a dispute or situation in an effort to prevent it from becoming a threat to the maintenance of international peace and security". Igualmente o Conselho de Segurança, na sua Resolução 1366 (2001), de 30 de Agosto [UN Doc. S/RES/1366 (2001)], parág. 18, afirmou: "Supports the enhancement of the role of the Secretary-General in conflict prevention including by increased use of United Nations inter-disciplinary fact-finding and confidence-building missions to regions of tension". Igualmente o *Secretary-General's Bulletin – Organization Of The Secretariat Of The United Nations* (UN Doc. ST/SGB/1997/5, 12 September 1997), na sua secção 2, al. c), afirma que é função do secretariado "(...) to carry out activities mandated by these two organs [o Conselho e a Assembleia] or decided by the Secretary-General in the areas of prevention, control and resolution of conflicts".

[2057] Claro está, a competência do Secretário-Geral à luz do artigo 99 compreende a chamada de atenção do Conselho de Segurança em relação a questões quer próprias do Capítulo VII, quer do Capítulo VI. A letra do preceito abrange ambas. Assim, na sua Resolução 1366 (2001), de 30 de Agosto [UN Doc. S/RES/1366 (2001)], parág. 5, estabelece: "*encourages the Secretary-General to convey to the Security Council his assessment of **potential threats to international peace and security** with due regard to relevant regional and subregional dimensions, as appropriate, **in accordance with Article 99** of the Charter of the United Nations*".

[2058] Neste sentido, a Assembleia Geral, na citada Declaração sobre Prevenção e Remoção de Controvérsias, parág. 21, sustentou que: "The Secretary-General should, where appropriate, consider making full use of fact-finding capabilities, including, **with the consent of the host State**, sending a representative or fact-finding missions to areas where a dispute or a situation exists; where necessary, the Secretary-General should also consider making the appropriate arrangements". Também na Declaração sobre Investigação de Factos (*Fact-finding*) pelas Nações Unidas em Matéria de Manutenção da Paz, aprovada pela Resolução 46/59, de 9 de

Balizados os extremos, pode-se questionar se poderá criar e remeter para o terreno, com o consentimento das partes, uma missão formal restrita de observação constituída por membros do secretariado, desarmados, independentemente de delegação nesse sentido da Assembleia Geral ou do Conselho de Segurança. A questão não é de resposta líquida porque entre um enviado, observadores ou comissão de inquérito e uma missão formal restrita de observação a diferença é meramente quantitativa. A prática parece sugerir que tal será legítimo na condição de se tratar de uma missão com escassos efectivos, de o Secretário-Geral comunicar imediatamente a sua constituição ao Conselho (ou Assembleia Geral, caso a questão conste apenas da agenda desta) e de este não manifestar a sua oposição[2060].

---

Dezembro de 1991 (texto em RDGAOR, 46th Session, 1991, vol. I, pág. 290-291), depois de se frisar no parág. 6 a necessidade do consentimento do Estado, afirma-se nos parág. 7, 12 e 13 a competência do Secretário-Geral para criar comissões de investigações a pedido do Estado ou por sua iniciativa com o consentimento deste. O parág. 15 chega a estabelecer um princípio da preferência pelo Secretário-Geral em relação a comissões de inquérito designadas pelo Conselho e Assembleia: "The Security Council and the General Assembly should, in deciding to whom to entrust the conduct of a fact-finding mission, give preference to the Secretary-General (...)".

Do mesmo modo, na Resolução 47/120, de 18 de Dezembro de 1992 (texto em RDGAOR, 47th Session, 1992, vol. I, pág. 41-44), Parte II, parág. 1, a Assembleia declara: "*Encourages* the Secretary-General to set up an adequate early-warning mechanism for situations which are likely to endanger the maintenance of international peace and security" e parág. 2: "*Invites* the Secretary-General to strengthen the capacity of the Secretariat for the collection of information and analysis"; também Parte III, parág. 5. Ver do mesmo modo a citada Resolução 1366 (2001), de 30 de Agosto, parág. 18, do Conselho de Segurança. Igualmente por mais do que uma vez o próprio Secretário-Geral reivindicou poderes de inquérito invocando como fundamento o artigo 99 CNU (cfr. RPUNO, 1970-1978, Vol. V, pág. 133).

[2059] Assim, também: B. Ramcharan, *The Good Offices* (...), cit., pág. 132 e 134; H. Caminos/R. Lavalle, *New Departures* (...), cit., pág. 395, nota 3; M. Christiane Bourloyannis, *Fact-Finding by the Secretary-General of the United Nations*, NYUJILP, Vol. 22, 1990, pág. 641-669, na pág. 646-647, 650 e 659; Scott Pasternack, *The Role of the Secretary-General in Helping to Prevent Civil War*, NYUJILP, Vol. 26, 1994, pág. 701-759, na pág. 715-716, e nota 47, e 718-719; E. Newman, *The UN Secretary-General* (...), cit., pág. 34-35 e 45; Karl J. Irving, *The United Nations and Democratic Intervention: Is Swords into Ballot Boxes Enough*, DJILP, Vol. 25, 1996, pág. 41-70, na pág. 66.

[2060] Assim, o Secretário-Geral criou, designadamente, em 21 de Dezembro de 1992, a Missão de Observadores das Nações Unidas no Tadjiquistão, acto do qual deu conta ao Conselho em carta com a mesma data (cfr. RDSCOR, 1993, pág. 117). O Conselho apoiou-o como fica expresso em carta do seu Presidente de 29 de Abril de 1993 (cfr. RDSCOR, 1993, pág. 117) e implicitamente na Declaração Presidencial de 23 de Agosto de 1993 (texto em RDSCOR, 1993, pág. 117-118).

Igualmente a Assembleia Geral, na sua citada Resolução 47/71, de 14 de Dezembro de 1992, parág. 44, afirma: "Believes that the Secretary-General should have the means to

Ainda com funções relacionadas com a manutenção da paz, mas que a extravasam, cabe referir igualmente a competência do Secretário-Geral para criar representações provisórias em Estados no âmbito da criação de sistemas de advertência precoce[2061], coordenação de assistência humanitária, distribuição de informação sobre as Nações Unidas, *etc.*. Trata-se de agências restritas com funções e pessoal puramente civil, com um director nomeado pelo Secretário-Geral e alguns funcionários, normalmente contratados localmente. No entanto, a prática seguida tem sido a de que compete à Assembleia Geral conferir autorização para que estas representações ganhem um estatuto de permanência[2062].

**61. Poderes delegáveis no Secretário-Geral.** Além dos seus poderes próprios, o Secretário-Geral pode ser destinatário de delegações avultadas de poderes nos termos do artigo 98 CNU, incluindo em matéria de manutenção da paz. A possibilidade de estas ocorrerem nesta matéria decorre do facto de tais delegações poderem ser realizadas pelo Conselho de Segurança, cuja principal competência é precisamente a manutenção da paz. Bem como devido à circunstância de o Secretário-Geral já ter competências próprias em relação a estas questões, designadamente nos termos do citado artigo 99.

Assim, como ficou referido, à luz deste artigo 98, é o Secretário-Geral que na prática tem assumido as funções da Comissão de Estado-Maior. Tomada uma decisão de constituir uma Força das Nações Unidas, normalmente nos moldes propostos pelo Secretário-Geral, o Conselho de Segurança tem sistematicamente delegado neste a sua organização e estruturação, bem

---

dispatch his own missions, with the consent of the parties concerned, where necessary in cooperation with regional organizations, and to evaluate the situation and develop his peacemaking activities as appropriate;".

[2061] Em relação a estas funções, a base invocada tem sido a citada Parte II, parág. 1 da referida Resolução 47/120 de 18 de Dezembro de 1992. A sua Parte III, parág. 5 afirma ainda: "*Invites* the Secretary-General to continue to dispatch fact-finding **and other missions** in a timely manner in order to assist him in the proper discharge of his functions under the Charter of the United Nations". Actuando nos seus termos, o Secretário-Geral criou representações provisórias das Nações Unidas em vários Estados da antiga União Soviética.

[2062] Assim, por exemplo, a Resolução 48/209, de 21 de Dezembro de 1993 (texto em RDGAOR, 48th Session, 1993, vol. I, pág. 181-182), parág. 2: "*Authorizes* the establishment of field offices in Armenia, Azerbaijan, Belarus, Eritrea, Georgia, Kazakhstan, the Russian Federation, Ukraine and Uzbekistan, and decides that those offices shall be field offices of the United Nations system dealing with development". A Assembleia decidiu limitar as funções destas representações não lhes conferindo formalmente funções de segurança. Ver também S. Pasternack, *The Role of the Secretary-General* (…), cit., pág. 720-723.

como normalmente o poder de escolher (em consulta com o Conselho) o seu representante especial, como chefe da operação, e o comandante desta e de tomar todas as decisões necessárias para a sua concretização. Dentro destas, inclui-se a celebração com Estados membros em nome das Nações Unidas dos acordos específicos de fornecimento de unidades militares e do Acordo quanto ao estatuto da Força com o Estado anfitrião. Como corolário desta delegação de poderes, quando o mandato da Força compreende a utilização do poder público bélico, confere-lhe igualmente o poder de decidir em concreto quanto ao seu exercício[2063, 2064].

Tendo em conta a prática de habilitação de Estados para o uso da força sem qualquer controlo efectivo do Conselho[2065], parece que nada impede que este delegue tais poderes no Secretário-Geral, por maioria de razão. Especialmente se o Conselho mantiver plena autoridade e controlo sobre tal utilização da força, como se tem essencialmente verificado, ao menos no plano teórico[2066, 2067].

---

[2063] Assim, como afirma o próprio Secretário-Geral: "The Secretary-General has overall responsibility for the conduct of a peace-keeping operation, **under the authority given to him by the Security Council when the operation is established.** The Secretary-General therefore has the **same ultimate authority over the military component** of a peace-keeping operation (except in matters of discipline, which remain the responsibility of the troop-contributing countries) that he has over its civilian component. **He exercises that authority through a chain of command**, the most senior official of which, in the mission area, is normally the Chief of Mission as defined above. The Chief of Mission implements the mandate of the operation utilizing, inter alia, the national units provided by Member States" [cfr. *Requirements for United Nations peace-keeping operations – Report of the Secretary-General* (UN Doc. A/ /45/217, 8 May 1990), pág. 2, parág. 5]. Como se verá, em rigor este quadro já não é inteiramente correcto, visto que a prática do Conselho de Segurança se tem orientado no sentido de delegar directamente no Chefe da Missão os poderes de direcção de todos os aspectos da operação. No entanto, por este ser quase sempre nomeado pelo Secretário-Geral, em consulta com o Conselho, e ficar sob sua direcção, como seu representante especial, na prática a situação não é diferente (ver, *infra*, parág. 62).

[2064] Ver, *infra*, quanto à prática do exercício do poder público bélico, parág. 64-69.

[2065] Ver, *infra*, parág. 75.3.

[2066] Assim, o Tribunal Internacional de Justiça afirmou a propósito da ONUC, segundo se julga o primeiro caso de utilização do artigo 42: "In the light of such a record of reiterated consideration, confirmation, approval and ratification by the Security Council and by the General Assembly of the actions of the Secretary-General in implementing the resolution of 14 July 1960, it is impossible to reach the conclusion that the operations in question usurped or impinged upon the prerogatives conferred by the Charter on the Security Council. The Charter does not forbid the Security Council to act through instruments of its own choice: under Article 29 it "may establish such subsidiary organs as it deems necessary for the performance of its functions"; under Article 98 it may entrust "other functions" to the Secretary-

Julga-se que os poderes que podem ser atribuídos ao Secretário-Geral com base neste artigo 98 compreendem verdadeiras delegações de poderes e não apenas a competência para executar as resoluções destes órgãos que já decorrem das competências administrativas do artigo 97[2068]. Mas os limites destas delegações não são claros. Nem o artigo 98, nem qualquer outra disposição da Carta, os estabelece expressamente.

Pode-se questionar primeiramente se existirão poderes insusceptíveis de ser delegados. Julga-se que poderes que sejam um pressuposto da delegação, como os de realizar as qualificações necessárias à luz do artigo 39, são insusceptíveis de delegação[2069]. Um órgão subsidiário, como, por exemplo, uma missão de observação, poderá realizar uma qualificação à luz dos factos que tenha apurado, mas tal qualificação não vinculará minimamente o Conselho, nem terá quaisquer efeitos à luz do artigo 39. Já não parece, porém, possível sustentar que existam poderes que pela sua inerência não possam ser delegados[2070], uma vez estabelecidos os pressupostos do seu exercício.

Resulta claro igualmente que têm de ser para uma situação concreta, não podendo ter âmbito abstracto. O Conselho apenas pode delegar o poder de constituir uma determinada Força das Nações Unidas e não um poder genérico para constituir forças ou utilizar este ou aquele poder perante uma situação descrita abstracta e genericamente. Outra solução implicaria admitir que o Conselho delegasse no Secretário-Geral competências que não tem[2071];

---

-General. It is not necessary for the Court to express an opinion as to which article or articles of the Charter were the basis for the resolutions of the Security Council" [cfr. *Certain expenses* (…), cit., *I. C. J. Reports* 1962, pág. 177].

[2067] Defendem a legitimidade destas delegações: B. Conforti, *Organizzazione* (...), cit., pág. 292-293; Giuseppe Cataldi, *Il Consiglio di Sicurezza delle Nazioni Unite*, em *A Crise do Golfo e o Direito Internacional*, Porto, 1993, pág. 139-153, na pág. 147-148; D. Sarooshi, *The United Nations* (…), cit., pág. 52 (não directamente no artigo 98, mas por interpretação sistemática e teleológica).

[2068] Contra: D. Sarooshi, *The United Nations* (…), cit., pág. 10-11 e 52.

[2069] Neste sentido: D. Sarooshi, *The United Nations* (…), cit., pág. 33 e 53 (embora vá mais longe); F. Kirgis, *Book Review* (…), cit., pág. 973.

[2070] A Bélgica, porém, em 28 de Julho de 1972, na 1654.ª reunião, a propósito dos poderes da comissão criada pela Resolução 253 (1968) em relação à Rodésia do Sul, sustentou: "Even if the Council would wish it so, it would not be free to delegate to a subordinate body the responsibilities which the Charter has made incumbent on it alone" (cfr. RPSC, 1972--1974, Chapter V, pág. 59). Mas sem mais desenvolvimentos.

[2071] Como afirmou o Brasil no Conselho, na sua 135.ª reunião, em 20 de Maio de 1947, a propósito da subdelegação da Comissão de investigação na Grécia num comité subsidiário: "the self-evident theory that the mandatory cannot use powers which it does not possess" (cfr. RPSC, 1946-1951, Chapter V, pág. 206).

isto é, para exercer poderes com eficácia abstracta em relação aos Estados membros[2072].

Também se pode concluir da natureza dos seus poderes, enquanto funções que deve exercer, que o Conselho não poderá realizar uma delegação em termos tais que esta venha a constituir um obstáculo ao exercício por si daqueles. A delegação não pode ser irrevogável, conter um prazo de validade incontornável ou qualquer limite quanto à avocação de poderes pelo Conselho.

Estando em causa a criação de uma Força das Nações Unidas, do acto de delegação deve constar o fim visado por esta, bem como a identificação dos seus poderes. Na falta de clareza dos seus termos e incapacidade do Conselho para os interpretar, por exemplo por força de falta da maioria necessária, caberá ao Secretário-Geral a interpretação dos seus poderes. É mesmo de admitir que possa servir-se de meras manifestações informais da maioria dos membros do Conselho, quando por força de um veto seja impossível aprovar uma resolução[2073, 2074].

---

[2072] Ver, *supra*, parág. 36.

[2073] A prática confirma-o. Assim, em 22 de Julho de 1958 foi necessário reforçar o Grupo de Observadores das Nações Unidas no Líbano (UNOGIL), criado pela Resolução 128 (1958), de 11 de Junho, do Conselho de Segurança. Uma insurreição contra o Governo do Líbano, apoiada pela Síria (então parte da República Árabe Unida com o Egipto), tinha tornado perigosa a situação no Líbano. Os EUA tinham intervindo com 14.000 homens [cfr. John Kelly, *Lebanon: 1982-1984*, em *U.S. and Russian Policymaking with Respect to the Use of Force* (ed. Jeremy R. Azrael/Emil A. Payin), Rand, 1996, Section Two, 6, texto nota 1] a pedido do Governo do Líbano. Perante a impossibilidade de obter uma Resolução do Conselho no sentido desse reforço (devido ao veto soviético causado pelo facto do projecto japonês não condenar a intervenção Norte-Americana; cfr. RPSC, 1956-1958, Chapter VIII, pág. 122 e 124-125), o Secretário-Geral entendeu que a votação era favorável a esse reforço. Em consequência, a UNOGIL alcançaria um total máximo de 591 efectivos.

Foi também o que sucedeu na interpretação do mandato da ONUC à luz das Resoluções 143 (1960), de 14 de Julho, 145 (1960), de 22 de Julho, e 146 (1960), de 9 de Agosto (textos em RDSCOR, 1960, pág. 5-7). Existindo divergências, o Secretário-Geral acabou por seguir a posição adoptada pela maioria dos membros do Conselho, apesar de não ter sido possível aprovar qualquer resolução interpretativa (ver, *infra*, parág. 64). O Secretário-Geral (Dag Hammarskjöld) procuraria justificar esta prática também nos poderes políticos que lhe são conferidos pelo artigo 99 (cfr. *Two Differing Concepts of United Nations Assayed. Introduction to the Annual Report – 16 June 1960-15 June 1961*, IV; texto, designadamente em IO, Vol. 15, No. 4, 1961, pág. 549-563, na pág. 557).

[2074] Neste sentido: M. Virally, *Vers une Reforme* (…), cit., pág. 241; L. Goodrich, *The Political Role* (…), cit., pág. 723; D. Bowett, *United Nations* (...), cit., pág. 184-185 (com cautelas); D. Sarooshi, *The United Nations* (…), cit., pág. 57, nota 34.

O controlo exercível pelo Conselho sobre os poderes delegados no Secretário-Geral, ou em qualquer outro órgão, compreende o poder de avocar questões para sua decisão directa, bem como o de alterar ou terminar em qualquer momento a delegação realizada[2075] ou fornecer directrizes supervenientes quanto à utilização dos poderes delegados[2076]. Poderá mesmo ir mais longe e revogar actos com que não concorde[2077, 2078].

---

[2075] Assim, em 29 de Dezembro de 1948, na 396.ª reunião do Conselho, a propósito da questão da alteração do mandato da Comissão para a Palestina criada pela Resolução 61 (1948), de 4 de Novembro (texto em RDSCOR, 1948, pág. 28-29), a França afirmou que se o Conselho de Segurança "was entitled to define the original functions, it is obviously also entitled to alter them". A União Soviética responderia, concordante neste ponto, que "the Security Council could assign any functions to the Committee of the Security Council on Palestine. This is, of course, true, but it is altering the constitution of the Committee itself" (cfr. RPSC, 1946-1951, Chapter V, pág. 207).

[2076] Assim, na Resolução 1338 (2001), de 31 de Janeiro [texto em UN Doc. S/RES/1338 (2001)], preâmbulo e parág. 3, o Conselho afirma "Requests the Special Representative of the Secretary-General to continue to take steps to delegate progressively further authority within the East Timor Transitional Administration (ETTA) to the East Timorese people". Ora, o representante do Secretário-Geral fora o órgão estabelecido pelo Conselho em quem este delegara competências pela Resolução 1272 (1999), de 25 de Outubro (texto em RSSC, 1999, pág. 73-76), que cria a UNTAET (parág. 1 e 6).

[2077] No mesmo sentido: Green Hackworth, *Dissenting Opinion*, em *Effect of Awards* (...), *ICJ Reports* 1954, pág. 79 ("The principal organ must continue to be the principal organ with authority to accept, modify, or reject, the acts or recommendations of the subordinate organs if the former is not to become functus officio in any given field"; embora na questão em análise não se tratasse de uma delegação, dado estar em causa a criação de um órgão judicial, cuja independência decorria dos direitos individuais dos funcionários da organização, direitos que a vinculam: ver, *infra*, parág. 62); D. Sarooshi, *The United Nations* (...), cit., pág. 7-8.

[2078] O Secretário-Geral afirmou que "As regards command and control, it is useful to distinguish three levels of authority: (a) Overall political direction, which belongs to the Security Council; (b) Executive direction and command, for which the Secretary-General is responsible; (c) Command in the field, which is entrusted by the Secretary-General to the chief of mission (special representative or force commander/chief military observer). The distinctions between these three levels must be kept constantly in mind in order to avoid any confusion of functions and responsibilities. **It is as inappropriate for a chief of mission to take upon himself the formulation of his/her mission's overall political objectives as it is for the Security Council or the Secretary-General in New York to decide on matters that require a detailed understanding of operational conditions in the field**" (cfr. *Supplement To An Agenda For Peace*, cit., parág. 38). No entanto, à luz do Direito das Nações Unidas não existe qualquer aplicação rígida da separação entre a função política e a função administrativa, incluindo a militar. Daí que, à luz da Carta, mesmo a Comissão de Estado-Maior exerça a direcção estratégia "under the Security Council". Se é muito conveniente que o Conselho deixe as decisões militares ao comandante da Força, juridicamente, nada o impede de adoptar

Mas o Conselho já não pode, nem mesmo em associação com a Assembleia Geral, demitir o Secretário-Geral por força de discordâncias pelo modo como este exerceu os poderes delegados. É certo que a independência deste apenas pode ser invocada contra os Estados membros individualmente, ou organizados regionalmente, não já contra os órgãos das Nações Unidas, especialmente aqueles que o nomearam. O artigo 100 CNU sublinha que o Secretário-Geral está obrigado a não aceitar instruções de governos ou autoridades externas às Nações Unidas, mas que é responsável perante a organização[2079].

Deste modo, os actos dos órgãos colegiais políticos, mesmo que assumam a forma de recomendação, são vinculativos para o Secretário-Geral[2080], se se puder depreender que tiveram tal intenção e não limitarem os seus poderes de forma contrária à Carta. Daí que, enquanto órgão das Nações Unidas, o Secretário-Geral esteja obrigado a exercer a delegação que lhe foi conferida, sem prejuízo de gozar de uma margem de autonomia permitida até pelas dificuldades políticas em obter um consenso no Conselho quanto a aspectos mais particulares da delegação.

É igualmente de ter em conta que a Carta não estabelece o termo do mandato do Secretário-Geral. Limita-se a regular superficialmente a forma da sua nomeação (artigo 97)[2081]. Assim, a determinação do prazo do mandato

---

decisões militares. As acusações dirigidas por alguns Secretários-Gerais ao Conselho de realizar micro-gestão das operações de paz, imiscuindo-se nas competências do secretariado, não têm, pois, grande apoio na Carta.

[2079] Aparentemente contra, invocando o artigo 100 contra os restantes órgãos das Nações Unidas: S. Pasternack, *The Role of the Secretary-General* (...), cit., pág. 711-712.

[2080] Também: M. Zacher, *The Secretary-General* (...), cit., pág. 730-731.

[2081] O artigo 141 do Regimento da Assembleia também nada diz quanto ao prazo do mandato do Secretário-Geral, embora o artigo 139 estabeleça a regra geral de que todos os mandatos de titulares de órgãos das Nações Unidas deverão iniciar-se a 1 de Janeiro e terminar a 31 de Dezembro, após a eleição dos seus sucessores. A Assembleia pela sua Resolução 11 (I), de 24 de Janeiro de 1946 (texto em RDGAOR, 1st Session, 1946-1947, pág. 14), parág. 3, estabeleceu um prazo de cinco anos para o mandato da primeira nomeação do Secretário-Geral e decidiu que todas as votações para esta nomeação, quer na Assembleia, quer no Conselho, seriam realizadas por voto secreto, devendo o Conselho recomendar um único candidato [parág. 4, al. d)]. Esta regra consta hoje do citado artigo 141 do seu Regimento, que estabelece igualmente que a reunião será privada, isto é, encerrada ao público e comunicação social.

No Conselho, a votação secreta é realizada de forma a permitir identificar votos negativos de membros permanentes (cfr. RPSC, 1946-1951, Chapter VI, pág. 218, nota 40). De facto, é prática corrente considerar que a nomeação do Secretário-Geral é uma questão não procedimental, logo sujeita a veto nos termos do artigo 27, n.º 3 CNU [trata-se de regime

cabe nos poderes dos dois órgãos competentes para a nomeação[2082]. Mas não a criação de um sistema de censura política ao Secretário-Geral. Tal mecanismo sancionatório não se encontra previsto e constituiria uma interferência

---

reconhecido pela Assembleia na citada Resolução 11 (I), parág. 4, al. c); ver, *supra*, parág. 48.2; ver também: Paul Szasz, *The Role of the U.N. Secretary-General: Some Legal Aspects*, NYUJILP, Vol. 24, 1991, pág. 161-198, na pág. 165-166]. As reuniões do Conselho quanto à nomeação do Secretário-Geral são igualmente privadas (artigo 48 do Regimento do Conselho).

Apesar dos termos do artigo 97, quem tem tido a palavra determinante sobre quem será o Secretário-Geral é o Conselho, e, no seu seio, os cinco membros permanentes. A recomendação do Conselho tem incidido sempre sobre uma única pessoa, nos termos da citada Resolução 11 da Assembleia, que tem sido sistematicamente aceite por esta. Isto não significa que a maioria dos Estados na Assembleia não tenha oportunidade de fazer ouvir a sua voz. Tal ocorre, desde logo, por meio dos membros não permanentes do Conselho eleitos por esta, mas igualmente por meio de contactos informais prévios à decisão do Conselho. São estas circunstâncias que têm impedido que a nomeação do Secretário-Geral seja um mero arranjo das grandes potências (menos crente neste sistema e sugerindo que o Conselho passe a recomendar mais do que um candidato: Joakim E. Parker, *Electing the U.N. Secretary-General After the Cold War*, HLJ, vol. 44, 1992, pág. 161-184, na pág. 162-163).

[2082] Na prática da Assembleia, nos termos do estabelecido na citada Resolução 11 (I), e do Conselho, o mandato do Secretário-Geral tem a duração de cinco anos, embora este prazo inicialmente nem sempre tenha sido seguido, por circunstâncias várias. Assim, Trygve Lie exerceu o cargo de 1 de Fevereiro de 1946 a 1 de Fevereiro de 1951, seguido de novo mandato decidido unilateralmente pela Assembleia de três anos, terminado por demissão do próprio em Novembro de 1952, face à oposição da União Soviética à extensão do seu mandato pela Assembleia. Dag Hammarskjöld levou a cabo um mandato de 10 de Abril de 1953 a 10 de Abril de 1958 e depois parte do segundo de 11 de Abril de 1958 a 18 de Setembro de 1961, data da sua morte. O terceiro Secretário-Geral, U Thant, desempenhou funções de 3 de Novembro de 1961 a 10 de Abril de 1963, pelo período restante do mandato de Hammarskjöld; de 11 de Abril de 1963 a 3 de Novembro de 1966, prorrogado até 31 de Dezembro de 1966; e de 1 de Janeiro de 1967 a 31 de Dezembro de 1971. O quarto Secretário-Geral cumpriu dois mandatos de 1 de Janeiro de 1972 a 31 de Dezembro de 1976 e 1 de Janeiro de 1977 a 31 de Dezembro de 1981. Quanto a Perez de Cuellar, exerceu funções de 1 de Janeiro de 1982 a 31 de Dezembro de 1986 e 1 de Janeiro de 1987 a 31 de Dezembro de 1991 [cfr. Resoluções 494 (1981), de 11 de Dezembro, e 589 (1986), de 10 de Outubro, do Conselho; e Resoluções 36/137 de 15 de Dezembro de 1981 e 41/1 de 10 de Outubro de 1986 da Assembleia]. Boutros Boutros-Ghali exerceu o cargo de 1 de Janeiro de 1992 a 31 de Dezembro de 1996 [Resolução 720 (1991), de 21 de Novembro, do Conselho; e Resolução 46/21 de 3 de Dezembro de 1991 da Assembleia]. Kofi Annan encontra-se a exercer o primeiro mandato de 1 de Janeiro de 1997 a 31 de Dezembro de 2001 [cfr. Resolução 1090 (1996), de 13 de Dezembro, do Conselho; e Resolução 51/200, de 17 de Dezembro de 1996, da Assembleia].

Inicialmente a questão da determinação do prazo do mandato foi deixada pelo Conselho à Assembleia. A partir da Resolução 400 (1976), de 7 de Dezembro, que renovou o mandato do quarto Secretário-Geral, o Conselho passou a indicar sistematicamente a data de início e termo do mandato, no prazo convencionado de cinco anos, apesar de já o ter feito anteriormente.

drástica no exercício das funções de um órgão que integra o grupo dos órgãos principais da organização[2083].

Será sempre legítima a adopção de censuras ao Secretário-Geral por parte da Assembleia Geral pela maioria necessária para a sua eleição, isto é, a maioria simples dos membros presentes[2084], que podem ser acompanhadas por uma recomendação nesse sentido do Conselho. Mas tal não terá qualquer efeito directo sobre o mandato do Secretário-Geral[2085]. Claro está, se juridicamente tais actos serão ineficazes, politicamente poderão levar o titular do órgão a demitir-se voluntariamente[2086].

À luz do Direito das Nações Unidas as delegações dirigidas pelos órgãos políticos colegiais ao Secretário-Geral não caducam com a alteração do seu titular. Ainda que a subsistência das delegações dependesse da existência de uma relação de confiança entre delegante e delegado[2087], dado

---

A prática dos últimos anos de renovação do mandato do Secretário-Geral (com excepção de Boutros-Ghali) tem sido criticada como constituindo um meio de limitar a independência deste [assim: T. Meron, *Staff* (...), cit., pág. 678; ver também P. Szasz, *The Role* (...), cit., ].

[2083] Contra: Howard H. Lentner, *The Political Responsibility and Accountability of the United Nations Secretary-General*, JP, Vol. 27, No. 4, 1965, pág. 839-860, na pág. 860.

[2084] A Carta não estabelece que a eleição do Secretário-Geral constitua uma questão importante para efeitos da aplicação da maioria qualificada, de modo a que vigora a regra geral da maioria simples do artigo 18, n.º 3, a menos que a Assembleia decida em contrário nos termos do mesmo preceito. Trata-se de interpretação adoptada igualmente pela Assembleia na sua citada Resolução 11 (I), parág. 4, al. c).

[2085] Diferente poderá ser a situação se o Secretário-Geral for responsável pela prática de crimes. A Convenção sobre Direitos e Imunidades das Nações Unidas de 13 de Fevereiro de 1946 (texto em AJIL, *supplement*, Vol. 43, No. 1, 1949, pág. 1-7), artigo V, secção 20, permite ao Conselho retirar a imunidade ao Secretário-Geral neste caso. Pode-se sustentar que neste caso este veja as suas funções suspensas e que, pelo menos em caso de condenação, o seu mandato cesse.

[2086] Nada impedirá que seja desenvolvida uma prática no sentido de sujeitar a manutenção de um Secretário-Geral à existência de confiança política por parte dos órgãos que o nomearam, numa parlamentarização do sistema das Nações Unidas. Tal fará sentido, tendo em conta o alargamento das responsabilidades do Secretário-Geral. Existem já precedentes. A forte oposição da então União Soviética ao Secretário-Geral Trygve Lie, por força da sua actuação no Conflito Coreano, levou à demissão voluntária deste em Novembro de 1952, após mais de dois anos de sucessivos bloqueios do Conselho quanto à recomendação de um Secretário-Geral diferente. Igualmente Hammarskjöld, perante críticas novamente da União Soviética, declarou em 12 de Junho de 1961 à imprensa que se demitiria se não tivesse o apoio de dois terços dos membros da Assembleia [cfr. H. Lentner, *The Political Responsibility* (...), cit., pág. 842]. Mas tal implicará uma alteração tácita do actual regime da Carta.

[2087] O que se julga que não se verifica à luz do Direito das Nações Unidas; ver, *infra*, parág. 62.

que em qualquer caso o novo Secretário-Geral é nomeado pelo Conselho e pela Assembleia manter-se-á sempre tal confiança, não sendo necessário renovar tais delegações. A prática confirma a conclusão, já que os novos Secretários-Gerais têm exercido as delegações conferidas aos anteriores sem necessidade de qualquer renovação destas, designadamente pelo Conselho de Segurança[2088].

**62. Delegações a outros órgãos e subdelegações.** Para além de delegações ao Secretário-Geral nos termos do artigo 98 CNU, o Conselho de Segurança pode igualmente delegar poderes em outros órgãos. Esta possibilidade encontra-se implícita no artigo 29 CNU[2089]. De facto, como fica expresso no artigo, estes órgãos subsidiários são criados normalmente para desempenhar funções que cabem ao Conselho. Naturalmente, muitas vezes nos termos por este definidos numa delegação e não meramente numa atribuição de simples poderes executivos ou na atribuição de poderes próprios no momento da sua criação.

As bases específicas para a criação destes órgãos ficaram já analisadas, a propósito da criação das forças das Nações Unidas[2090]. O que ficou escrito vale essencialmente para a criação de outras estruturas para lá das operações de paz. Se estas tiverem natureza compulsiva a base jurídica será constituída pelo artigo 41 (desde que não possam utilizar a força). Caso contrário, pode ser o artigo 39 ou 40 em função de existir ou não uma decisão que afecte

---

[2088] Formalmente o Conselho faz a transição entre o anterior e o novo Secretário-Geral como se nada se passasse. Assim, por exemplo, na Resolução 725 (1991), de 31 de Dezembro (texto em RDSCOR, 1991, pág. 36-37), parág. 2, o Conselho afirmou "Reiterates its support for further efforts by the Secretary-General for the organization and the supervision, by the United Nations in cooperation with the Organization of African Unity, of a referendum for self-determination of the people of Western Sahara". Ora, no dia seguinte entraria em funções o novo Secretário-Geral. Este parágrafo constitui, pois, um apoio (embora não uma delegação) dirigido ainda a um Secretário-Geral para uma acção que seria exercida pelo seu sucessor. Essencialmente o mesmo sucedeu na Resolução 1092 (1996), de 23 de Dezembro (texto em RDSCOR, 1996, pág. 111), parág. 10 ("stresses its support for the Secretary-General's mission of good offices"), quando daí a oito dias haveria um Secretário-Geral novo.

[2089] O Tribunal Internacional de Justiça também invocou este preceito como fundamento para as delegações no Secretário-Geral e na ONUC dos poderes que exerceram no Congo, na já citada passagem: "The Charter does not forbid the Security Council to act through instruments of its own choice: under Article 29 it "may establish such subsidiary organs as it deems necessary for the performance of its functions"" [cfr. *Certain expenses* (...), cit., *I. C. J. Reports* 1962, pág. 177].

[2090] Ver, *supra*, parág. 56-57.

a questão de fundo. No caso de serem consensuais e se não tiverem poderes compulsivos, podem igualmente ser criadas nos termos do Capítulo VI.

Órgãos importantes com competências delegadas ou subdelegadas no domínio do uso público da força são os comandantes das forças, a quem cabem poderes decisivos; desde logo, o comando operacional destas, mas igualmente em domínios administrativos e financeiros[2091]. Mas mais importantes ainda têm sido os representantes especiais do Secretário-Geral, a quem cabem todas as competências políticas de direcção da operação, perante quem se encontram subordinados os efectivos militares, incluindo o comandante da Força.

A delegação realizada pelo Conselho (ou Assembleia) a favor do representante especial do Secretário-Geral ou do comandante da Força ocorrerá sempre que seja este órgão a proceder directamente à nomeação[2092], já que nestes casos serão delegados imediatamente alguns poderes no representante ou comandante, expressa ou implicitamente. A simples previsão pelo Conselho, na resolução que estabeleça a Força, do órgão do representante especial ou do comandante da Força com competências implícitas também já implica uma delegação, mas esta fica dependente de uma condição para que se concretize: a nomeação efectiva do órgão. Enquanto estes não forem nomeados, todos os seus poderes serão exercidos pelo Secretário-Geral.

Com efeito, a prática tem-se orientado no sentido de o Conselho de Segurança delegar os poderes não no Secretário-Geral[2093] e sim, literalmente, na própria estrutura das Nações Unidas[2094]. Ora, dado que esta não é um

---

[2091] Como afirmou a Assembleia Geral na sua Resolução 47/71, de 14 de Dezembro de 1992 (texto em RDGAOR, 47th Session, 1992, Vol. I, pág. 101-104), parág. 14: *"Stresses* the need to delegate increased financial and administrative authority to Force Commanders, or Special Representatives for multi-component missions, in order to increase the missions' capacity to adjust to new situations and specific requirements;".

[2092] Assim, no caso da UNEF, o comandante foi designado directamente pela Assembleia Geral na própria Resolução 1000 (ES-I), de 5 de Novembro de 1956 (texto em RDGAOR, 1st Emergency Special Session, 1956, pág. 2-3), pelo seu parág. 2 *"Appoints,* on an emergency basis, the Chief of Staff of the United Nations Truce Supervision Organization, Major-General E. L. M. Burns, as Chief of the Command;". O seu parág. 3 delegava directamente neste poderes para recrutar membros da Força. Mas tratou-se de uma excepção na prática das Nações Unidas.

[2093] Embora tal também tenha sucedido, como no caso da ONUC, em que o Conselho encarregou o Secretário-Geral de organizar toda a operação (ver, *infra*, parág. 64).

[2094] Tem sido esta a metodologia utilizada nos últimos anos pelo Conselho nas resoluções pelas quais cria operações das Nações Unidas. Assim, por exemplo, a Resolução 1244 (1999), de 10 de Junho (texto em RSSC, 1999, pág. 30), que estabelece a UNMIK no Kosovo, parág.

órgão, em rigor o Conselho está a delegar as competências directamente no órgão superior da estrutura[2095]. Por manter a autoridade suprema sobre a operação, o Conselho pode dar instruções quer ao representante especial, quer ao Secretário-Geral, quanto ao modo como se devem relacionar[2096]. Assim, em rigor, o Secretário-Geral nestes casos não confere qualquer delegação ao seu representante especial[2097] que se limita a nomear em consulta

---

10 e 11, delega nesta (denominada presença civil internacional) poderes para prosseguir objectivos. O Secretário-Geral fica meramente encarregue de concretizar esta presença e de nomear, em consulta com o Conselho, o seu representante especial (parág. 6). De forma ainda mais clara, a Resolução 1272 (1999), de 25 de Outubro (texto em RSSC, 1999, pág. 73-76), que cria a UNTAET em Timor Leste, delega directamente nesta os poderes (parág. 1), considerando que estes serão exercidos pelo representante especial do Secretário-Geral (parág. 6). Ou seja, na realidade há uma delegação directa no representante do Secretário-Geral a ser nomeado por este último.

[2095] Tal resulta claro, por exemplo, na Resolução 751 (1992), de 24 de Abril (texto em RDSCOR, 1992, pág. 57-58), parág. 2, que cria a UNOSOM na Somália. O seu parág. 4 estabelece que "Agrees, in principle, also to establish under the overall direction of the Secretary-General's Special Representative a United Nations security force (...)" e o parág. 6 que "Welcomes the intention expressed by the Secretary-General in paragraph 64 of his report (S/23829) to appoint a Special Representative for Somalia to provide overall direction of United Nations activities in Somalia". Fica, pois, explícito que ao representante especial do Secretário-Geral caberá por delegação directa do Conselho a autoridade sobre quer a componente civil, quer a militar da UNOSOM.

[2096] Deste modo, na Resolução 767 (1992), de 27 de Julho (texto em RDSCOR, 1992, pág. 59-60), sobre a UNOSOM, no seu parág. 13, afirma: "Requests the Secretary-General to ensure that his Special Representative for Somalia is provided with all the necessary support services to enable him to effectively carry out his mandate".

Igualmente no caso da UNPROFOR, o Conselho pela sua Resolução 908 (1994), de 31 de Março (texto em RDSCOR, 1992, pág. 38), parág. 12, afirmou: "Encourages the Special Representative of the Secretary-General for the Former Yugoslavia, in cooperation with the authorities of the former Yugoslav Republic of Macedonia, to use his good offices as appropriate to contribute to the maintenance of peace and stability in that Republic". Tratou-se de uma instrução dada directamente a um órgão que neste caso era um subdelegado do Secretário-Geral.

[2097] Assim, no caso da UNMIK, o representante especial do Secretário-Geral na *Regulation no. 1999/1 on the Authority of the Interim Administration in Kosovo* (UN Doc. UNMIK/REG/ 1999/1, 25 July 1999), espécie de Lei fundamental da UNMIK, invoca no preâmbulo directamente a referida Resolução 1244 (1999) como fundamento dos seus poderes e não qualquer delegação do Secretário-Geral. O mesmo faz o representante especial (administrador transitório) no caso da UNTAET na sua *Regulation No. 1999/1 On The Authority of the Transitional Administration in East Timor* (UN Doc. UNTAET/REG/1999/1, 27 November 1999) que desempenha as mesmas funções em relação a esta administração transitória.

com o Conselho[2098, 2099]. No entanto, por exercer poderes de direcção sobre o seu representante, na realidade a situação jurídica deste não se distingue significativamente da de um mero subdelegado. O Secretário-Geral não poderá revogar a delegação ou alterar os seus termos, mas pode, em consulta com o Conselho, nomear um novo representante (ou comandante da Força[2100])

---

[2098] Assim, a referida Resolução 1244 (1999), no parág. 6, estabelece "<u>Requests</u> the Secretary-General to appoint, in consultation with the Security Council, a Special Representative". Esta consulta é realizada por troca de cartas entre o Secretário-Geral e o Presidente do Conselho, depois de consultar os membros do Conselho. Assim, na sua carta de 4 de Outubro de 2000 dirigida ao Presidente do Conselho (UN Doc. S/2000/947, 4 October 2000), o Secretário--Geral afirma: "**On the basis of the customary consultations**, I intend to appoint, with immediate effect, Mr. Legwaila Joseph Legwaila (Botswana) as my Special Representative for Ethiopia and Eritrea. I should be grateful if you would bring this matter to the attention of the Council". O mesmo se passa em relação aos comandantes das Forças. Assim, pela sua carta de 22 de Maio de 1997 (UN Doc. S/1997/389, 22 May 1997), o Presidente do Conselho de Segurança, em resposta ao Secretário-Geral, afirma: "I have the honour to inform you that your letter dated 9 May 1997 (S/1997/388) concerning your intention to appoint (...) the next Force Commander of the United Nations Disengagement Observer Force (UNDOF) has been brought to the attention of the members of the Council. They agree with the intention contained in the letter".

Desta prática parece resultar, como afirmou o Secretário-Geral, que o seu acto tem efeito imediato, não ficando dependente da aprovação do Conselho. No entanto, se este discordar da pessoa escolhida terá poderes para indicar ao Secretário-Geral que este revogue a nomeação e encontre um substituto aceitável. Também é relativamente claro que o Conselho poderá, à luz do seu poder de avocação, revogar a nomeação e nomear uma outra pessoa da sua escolha. Claro está, tal poderia colocar melindres políticos pelo facto do nomeado não ter a confiança do Secretário-Geral e por, salvo indicação em contrário do Conselho, dever ficar formalmente integrado no secretariado sob a autoridade do Secretário-Geral. O artigo 101, n.º 1 CNU não constitui obstáculo para este poder do Conselho porquanto se trata de questões em que o Secretário-Geral actua por delegação.

[2099] É quase sempre o Secretário-Geral que apresenta relatórios ao Conselho sobre o desempenho das operações. Mas, desde logo, quando existir uma relação directa de delegação entre o Conselho e o representante especial nada impede que este reporte directamente perante o Conselho, pelo menos em caso de divergências com o Secretário-Geral. Assim, o primeiro representante especial na Somália, ainda antes de se demitir, apresentou uma comunicação ao Conselho criticando as condições de desempenho da sua missão que levou à aprovação da Declaração de 16 de Outubro de 1992 do Presidente do Conselho (texto RDSCOR, 1992, pág. 62-63) de apoio a ambos (ver sobre a UNOSOM, *infra*, parág. 66).

[2100] Claro está, muitas vezes o comandante da Força é escolhido não apenas em consulta com o Conselho, mas especialmente com os Estados fornecedores de contingentes, em particular quando existe um que se destaca. Por exemplo, em relação à UNPROFOR, o então Secretário--Geral para demitir o comandante desta de nacionalidade francesa teve de fazer valer os seus argumentos perante a França, principal fornecedor dos efectivos, e aceitar outro comandante da mesma nacionalidade (cfr. *Dispute Grows Over U.N.'s Troops in Bosnia*, NYT, January 20, 1994, pág. A8; *U.N. Balkan Commander Demands Airstrike Power*, WP, January 25, 1994, pág. A15).

ou emanar instruções quanto ao modo como certas competências devem ser exercidas.

Caso a nomeação caiba ao Secretário-Geral e este determine em termos amplos os poderes do representante especial, estar-se-á perante uma subdelegação realizada por este, titular dos poderes delegados[2101].

De facto, como é confirmado pela prática, a delegação compreende o poder de subdelegar[2102, 2103]. Em rigor, a subdelegação é um acto discricio-

---

[2101] Como sucedeu no referido caso da ONUC ou no caso da UNPROFOR (ver, *infra*, parág. 67).

[2102] A questão de determinar se o poder de subdelegar está compreendido imediatamente em qualquer delegação à luz do Direito das Nações Unidas, ou se depende de uma disposição nesse sentido que conste da delegação, colocou-se a propósito da comissão de investigação criada pela Resolução 15 (1946), de 19 de Dezembro (texto em RDSCOR, 1946, pág. 6-7) na questão dos incidentes na fronteira da Grécia. Esta comissão criou um comité subsidiário em que delegou a quase totalidade dos seus poderes (cfr. RPSC, 1946-1951, Chapter V, pág. 206). Na 137.ª reunião, em 22 de Maio de 1947, a União Soviética apresentou uma proposta de resolução que censurava este acto que, porém, foi rejeitada, apenas tendo recebido dois votos favoráveis, seis contra e três abstenções (RPSC, cit., pág. 207). Como justificação alegou que "it is impossible to delegate automatically to the Subsidiary Group, functions assigned to the Commission. In the contrary case, the establishment of the Subsidiary Group would lose its meaning, since the Subsidiary Group would, in fact, be another commission". Igualmente a Síria entendeu "since it had not been instructed to that effect by the Security Council, the Commission of Investigation should not have established «new terms of reference or a new form of mandate for the Subsidiary Group»". Mas a maioria dos Estados parece ter concordado com o Brasil no sentido de que "the mandator, when conferring power on the mandatory, expressly authorizes it to extend those powers to another agent" (RPSC, cit., pág. 206-207).

Posteriormente, este poder tem sido reafirmado em diversos acordos entre as Nações Unidas, por intermédio do Secretário-Geral, e os Estados anfitriões de operações de paz. Assim, o Acordo entre as Nações Unidas e a África do Sul relativo ao Estatuto do Grupo Transitório de Assistência das Nações Unidas na Namíbia (UNTAG) de 10 de Março de 1989 (texto em UNTS, Vol. 1526, No. 26465, 1989, pág. 3-14), no seu parágrafo II, a), estabelece: "Any reference to the Special Representative in this Agreement shall, except in paragraph 31, include any member of UNTAG to whom he delegates a specified function or authority". A mesma disposição consta, por exemplo, do Acordo entre o Supremo Conselho Nacional do Camboja e as Nações Unidas relativo ao Estatuto da Autoridade Provisória da Organização das Nações Unidas no Camboja de 7 de Maio de 1992 (texto em UNTS, Vol. 1673, No. 28913, 1992, pág. 385-396), parág. 1, a), i); ou do Acordo entre as Nações Unidas e o Governo do Haiti relativo ao Estatuto da Missão das Nações Unidas no Haiti de 15 de Março de 1995 (texto em UNTS, Vol. 1861, No. 31695, 1995, pág. 268-279), parág. 1, a), i).

[2103] Segundo se julga, o princípio *delegatus potest non delegare* não tem, pois, qualquer apoio na prática das Nações Unidas. Restrições pontuais ao poder de subdelegar devem-se a exigências específicas e não a este princípio [contra: D. Sarooshi, *The United Nations* (…), cit., pág. 32].

nário[2104], embora fique sujeita a ser revogada pelo Conselho de Segurança, caso este discorde desta. O Secretário-Geral terá em relação ao órgão em quem delegou, ou subdelegou competências, todos os poderes que cabem ao Conselho em relação às suas delegações. O de avocar questões concretas, de alterar os termos da delegação, pôr-lhe termo, aprovar instruções (e ordens, dado existir igualmente uma relação hierárquica entre ambos) para o seu desempenho[2105] ou revogar os actos do órgão subdelegado[2106].

Julga-se que a alteração do Secretário-Geral ou do órgão destinatário da delegação não afecta a manutenção da delegação. A alteração do subdelegado será normalmente realizada pelo próprio Secretário-Geral de modo a que nestes casos se mantém inteiramente a sua confiança no novo órgão. Pode, contudo, verificar-se que tenha sido o próprio Conselho de Segurança a impor a alteração do órgão. Ou pode verificar-se antes uma alteração de Secretário-Geral. Nestes casos, o Secretário-Geral encontra-se perante um subdelegado em quem pode não depositar confiança. No entanto, das alterações que se têm verificado ao nível do Secretário-Geral decorre que tal não implica qualquer caducidade automática das subdelegações. O novo Secretário-Geral pode alterar os poderes ou mesmo demitir o comandante da Força ou o seu representante especial, mas necessita de praticar um acto específico para o efeito, não existindo, portanto, qualquer caducidade automática.

Com efeito, tendo em conta que o subdelegado por sua vez normalmente nomeia vários órgãos a quem por sua vez atribui várias competências[2107],

---

[2104] Aparentemente também neste sentido: F. Kirgis, *Book Review* (…), cit., pág. 974. D. Sarooshi, *The United Nations* (…), cit., pág. 74, enuncia um limite, mas que é puramente teórico.

[2105] Assim, o Secretário-Geral afirmou, a propósito do comandante da ONUC, em que existiu uma verdadeira delegação do Conselho no Secretário-Geral e depois uma subdelegação deste no comandante e no seu representante especial: "the Command is under instructions of the Secretary-General acting on the authority of the Security Council. The command would have taken any kind of order which I gave. I have reported the matter in my report to the Security Council and I would shoulder, naturally, full responsibility if the Security Council were to find that my order was wrong" (cfr. RPSC, 1959-1963, Chapter I, pág. 14; 885.ª reunião do Conselho, em 8 de Agosto de 1960).

[2106] Conformemente, na 134.ª reunião do Conselho, em 16 de Maio de 1947, a Bélgica declarou a propósito do comité subsidiário criado pela comissão de investigação na Grécia: "It derives its powers from the Security Council which may define, modify or terminate them either directly or through the intermediary of the Commission" (cfr. RPSC, 1946-1951, Chapter V, pág. 206).

[2107] Por exemplo, no caso da UNMIK no Kosovo, a citada *Regulation no. 1999/1 on the Authority of the Interim Administration in Kosovo* (UN Doc. UNMIK/REG/1999/1, 25 July

algumas das quais por meio de delegação[2108], qualquer teoria de caducidade automática poderia implicar uma cascata de caducidades que levaria ao colapso das operações de paz das Nações Unidas em curso. Efectivamente, como ficou escrito, a pratica confirma que igualmente o subdelegado pode subdelegar por sua vez a menos que o contrário possa ser depreendido dos termos da delegação ou de alguma instrução posterior do delegante. Claro está, este último poderá sempre revogar a delegação ou instruir o delegado ou subdelegado no sentido de terminar a subdelegação de primeiro ou segundo grau.

Em relação a operações de paz das Nações Unidas, a prática do Secretário-Geral tem-se orientado no sentido de nomear um representante especial seu com a autoridade suprema da operação (com competências directas no

---

1999) aprovado pelo representante especial do Secretário-Geral estabelece na secção 1, n.º 2: "The Special Representative of the Secretary-General may appoint any person to perform functions in the civil administration in Kosovo, including the judiciary, or remove such person".

[2108] É necessário, porém, afastar a figura da delegação da figura da criação de um determinado órgão com poderes próprios. A delegação constitui um acto pelo qual um órgão permite que um outro exerça uma competência que pertence igualmente ao delegante. Na criação de um órgão com poderes próprios, o órgão que o cria tem competência para constituir o novo órgão mas não para exercer as suas competências. A distinção surge clara em sistemas caracterizados pela aplicação do princípio tradicional da separação de poderes, em que o órgão político-legislativo pode criar órgãos administrativos ou judiciais mas não pode exercer as suas competências, sob pena de inconstitucionalidade. Num sistema como as Nações Unidas em que os órgãos políticos são igualmente titulares de poderes administrativos, qualquer criação de um órgão administrativo pode confundir-se com uma delegação. Mas o mesmo já não se passa com a criação de um órgão judicial, por incompetência do órgão político em exercer as suas funções. Nestes casos não se estará claramente perante delegações.

Assim, o Tribunal Internacional de Justiça afirmou a propósito da criação do Tribunal Administrativo pela Assembleia Geral: "By establishing the Administrative Tribunal, the General Assembly **was not delegating the performance of its own functions: it was exercising a power which it had under the Charter to regulate staff relations**" [cfr. *Effect of Awards* (…), *ICJ Reports* 1954, pág. 61]. Igualmente o Tribunal Penal para a ex-Jugoslávia afirmou em relação à sua própria criação: "The establishment of the International Tribunal by the Security Council **does not signify, however, that the Security Council has delegated** to it some of its own functions or the exercise of some of its own powers" [cfr. *Decision on* (…) *Jurisdiction in Prosecutor v. Dusko Tadic*, Appeals Chamber, October 2, 1995, parág. 38, ILM, cit., pág. 45].

Trata-se de distinção que é esquecida por alguns: Green Hackworth, *Dissenting Opinion*, em *Effect of Awards* (…), *ICJ Reports* 1954, pág. 79; D. Sarooshi, *The United Nations* (…), cit., pág. 8 (que continua a considerar tratar-se de delegações, embora sujeitas a um regime específico).

domínio político e civil)[2109] e um comandante da Força com competências militares (e lateralmente administrativas e mesmo financeiras) mas subordinado ao primeiro. Estes podem ser altos funcionários do secretariado ou personalidades especialmente convidadas pelo Secretário-Geral para desempenhar estas funções.

Estruturas importantes na tomada de decisões quanto às actividades das forças das Nações Unidas são as Comissões Consultivas constituídas pelos Estados membros fornecedores de contingentes. Não se pode falar aqui numa subdelegação do Secretário-Geral nestas. O seu papel é meramente consultivo e julga-se que não constituem órgãos das Nações Unidas[2110]. São antes uma estrutura consultiva externa à organização criada entre o Secretário-Geral e os Estados membros que deve a sua influência à dependência em que se encontra a organização em relação às unidades armadas dos membros[2111]. Trata-se de uma estrutura que surge para permitir a estes Estados exercer direitos de participação mais drásticos do que os consagrados nos artigos 44 e 47, n.º 2 CNU.

---

[2109] Assim, no caso da UNMIK, o citado *Regulation no. 1999/1* (…), cit., estabelece na secção 1, n.º 1 "All legislative and executive authority with respect to Kosovo, including the administration of the judiciary, is vested in UNMIK and is exercised by the Special Representative of the Secretary-General". Embora neste caso, a Força existente no terreno não seja uma Força das Nações Unidas, mas da OTAN, daí que o seu comandante não seja um órgão das Nações Unidas.

[2110] Pouco claro: C. Winchmore, *The Secretariat* (…), cit., pág. 636 ("anomalous bodies").

[2111] Sobre influência destes sobre a direcção das operações das Nações Unidas, ver, *supra*, parág. 53.

ε – **Prática.**

**63. Excepcionalidade do exercício do poder público bélico.** Como ficou referido, as acções das Nações Unidas têm-se limitado quase exclusivamente à manutenção da paz e não à imposição desta, isto é, ao exercício do poder público bélico.

Por conseguinte, quando tem sido necessário exercer o poder público bélico, o Conselho de Segurança tem por regra optado por habilitar Estados membros a utilizarem a força directamente, num uso privado habilitado[2112], em vez de recorrer a um verdadeiro corpo armado sob sua autoridade; isto é, ao exercício do poder público bélico em sentido estrito.

Para explicar esta realidade têm sido avançadas várias razões. Depois de décadas de quase exclusiva utilização das suas forças em operações de manutenção de paz, ou seja, consensuais, imparciais e destituídas de qualquer poder público bélico, as Nações Unidas parecem ter ganho escrúpulos em tomar uma posição firme. Sentem uma obrigação moral de utilizar a força de uma forma exemplar aos olhos da opinião pública mundial[2113], sujeitando-a a maiores controlos e a uma cadeia de comando excessivamente longa, em que por vezes a tomada de decisões quanto ao uso desta não cabe aos oficiais no terreno ou sequer ao comandante da Força, mas sim ao Secretário-Geral[2114]. Estas circunstâncias, bem como o deficiente controlo sobre as tropas, por força das constantes ingerências e resistências dos Estados fornecedores dos contingentes[2115], têm tornado as intervenções militares das Nações Unidas pouco eficientes.

---

[2112] Sobre este, ver, *infra*, parág. 70 75.

[2113] Ver igualmente: Giandomenico Picco, *The U.N. and the Use of Force; Leave the Secretary General Out of It*, FA, 1994 September-October, pág. 14 e segs., The Strength Of The Nation State; Thomas G. Weiss, *UN Military Operations in the 1990s: "Lessons" from the Recent Past and Directions for the Near Future*, em *International Security Management and the United Nations* (ed. M. Alagappa/T. Inoguchi), Tokyo/New York/Paris, 1999, pág. 409--426, na pág. 417-418.

[2114] Assim, inicialmente, no caso da intervenção coerciva das Nações Unidas, por intermédio da OTAN, na Bósnia-Herzegovina; ver, *infra*, parág. 67.

[2115] Ver, *supra*, parág. 58.4.

Mas a principal explicação deve-se à atitude dos Estados membros. Por um lado, ainda existe alguma divisão entre os membros permanentes. Alguns destes Estados têm levantado reticências à utilização coerciva de forças das Nações Unidas[2116]. Por outro lado, vários Estados que habitualmente contribuem com contingentes para as operações de manutenção de paz simplesmente não estão dispostos a aceitar que estes sejam utilizados em operações coercivas. Quer por motivos de resistência a tomar uma posição política em relação à controvérsia que divide as partes, quer por não quererem ver os seus soldados implicados num conflito aberto que lhes acarreta riscos bem mais sérios[2117, 2118].

---

[2116] Assim, a Rússia afirmou que o seu Governo se encontrava particularmente preocupado com o que qualificou como a perigosa tendência de "favouring the use of enforcement elements and military force and departing from the established principles of peace maintenance in settling conflicts" (cfr. UNPR GA/SPD/77 21st Meeting (PM) 15 November 1995, pág. 4).

Também a China declarou: "While changes in the international situation called for changes in the mandate and scope of peace-keeping operations, frequent resort to force in an attempt to settle conflicts by military means was a dangerous trend in peace-keeping operations. To invoke Chapter VII of the Charter on flimsy grounds, establish multinational forces or turn peace-keeping operations into enforcement actions, or confuse one with the other, would only aggravate problems and block their settlement" (cfr. UNPR GA/SPD/76, 20th Meeting (PM) 14 November 1995, pág. 6). De qualquer modo, a China tem tido uma postura de distância em relação a todas as Forças das Nações Unidas, mesmo de mera manutenção da paz. Assim, afirmou: "The representative of China said that China had always been opposed to the dispatch of so-called "peace-keeping forces" and maintained that position also with regard to the Middle East, because such a practice could only pave the way for further international intervention and control with the super-Powers as the behind-the-scenes boss" (cfr. RPSC, 1972-1974, Chapter VIII, pág. 136; 1750.ª reunião, em 25 de Outubro de 1973). Esta sua perspectiva encontra as suas raízes no Conflito Coreano em que se defrontou com uma pretensa Força da organização (neste sentido: Lincoln Bloomfield, *China, the United States, and the United Nations*, IO, Vol. 20, No. 4, 1966, pág. 653-676, na pág. 662-663).

Igualmente da parte do Movimento dos Não-Alinhados se encontram manifestações de resistências às operações de imposição da paz. Assim, a Jordânia, falando em nome destes, em 11 de Fevereiro de 2000, perante o Comité Especial sobre Operações de manutenção da paz, declarou: "the establishment of new peacekeeping operations should be based not only on the consent of the parties, but also on the non-use of force – except in self-defence, as well as impartiality, clearly defined mandates and secure financing" (cfr. UNPR GA/PK/164, 158th Meeting (PM), 11 February 2000).

[2117] Assim, a referida Carta de Intenções da SHIRBRIG (ver, *supra*, parág. 58.2), constituída pela Argentina, Áustria, Canadá, Dinamarca, Finlândia, Holanda, Itália, Noruega, Polónia, Roménia e Suécia, estipula que esta apenas será usada em "peacekeeping operations mandated by the Security Council under Chapter VI of the Charter of the United Nations, including humanitarian tasks".

[2118] Estas resistências têm mesmo levado o Secretário-Geral a procurar minimizar os

De facto, à luz da prática do recurso a habilitações aos Estados para o uso da força, parece que quando estão em causa interesses directos dos Estados, estes preferem tomar a questão nas suas próprias mãos, não considerando as Nações Unidas como uma entidade idónea a impor militarmente as soluções que consideram convenientes. Pelo contrário, quando estão em causa interesses secundários, os Estados já não se preocupam que a questão seja resolvida pelas Nações Unidas. Mas, por estar em causa um interesse secundário, também não aceitam que contingentes de tropas suas que participem numa Força sejam utilizados em operações que podem ter um custo em vidas humanas excessivo. Portanto, quando for necessário, e valer a pena, impor militarmente uma solução, os Estados membros preferem actuar directamente, não aceitando que as suas forças sejam utilizadas sob comando das Nações Unidas.

Esta postura é especialmente adoptada pelos membros permanentes que continuam a resistir a que tropas suas sejam colocadas sob autoridade das Nações Unidas, especialmente quando essa autoridade passou a ser exercida por um órgão que estes não controlam, o Secretário-Geral[2119, 2120]. Isto é, as divisões entre estes impediram a concretização do sistema previsto na Carta, estruturado na Comissão de Estado-Maior. Mas a substituição deste sistema pelo actual, baseado no Secretário-Geral, aumentou a sua resistência a realizarem o que o sistema da Carta espera deles, que sejam os principais fornecedores de contingentes para as forças das Nações Unidas, como se retira de alguns aspectos do regime da Carta, incluindo a composição da Comissão de Estado-Maior e o artigo 106[2121].

Deste modo, pouco apoiada politicamente pelos Estados membros e, especialmente, pelos Estados fornecedores dos contingentes, as Nações Unidas

---

poderes coercivos de forças das Nações Unidas como forma de não alienar Estados fornecedores de contingentes. Foi o que ocorreu em relatórios sobre a UNAMSIL (ver, *infra*, parág. 68)

[2119] Isto não significa que os membros permanentes não contribuam para estas operações, mas alguns membros não permanentes têm contribuições de longe superiores. Assim, em 30 de Setembro de 2001, o Bangladesh tinha 6048 nacionais, entre tropas e outro pessoal, a servir em operações de paz das Nações Unidas; o Paquistão tinha 5552; a Nigéria 3446; a Índia tinha 2852; a Jordânia tinha 2728; o Gana 2116 e o Quénia 2080. Ao contrário, a França, que aparece em 19.ª lugar quanto ao número de efectivos, apenas tinha 673; os EUA 732; o Reino Unido 688; a Rússia 334 e a China 111 (cfr. *Monthly Summary Of Military And Civilian Police Contribution To United Nations Operations*, 30 Sept 2001, pág. 2).

[2120] As justificações avançadas por alguns autores para não confiar ao Secretário-Geral o comando de forças bélicas com poderes coercivos são pouco convincentes: G. Picco, *The U.N. and the Use of Force* (…), cit., pág. 14 e segs..

[2121] Ver, *supra*, parág. 58.1.

não têm condições para um uso credível da força. Logo que deparam com uma resistência que provoca excessivos custos (em vidas e financeiros) são forçadas a ceder e a retirar, por pressão dos Estados fornecedores dos contingentes[2122] [2123] ou, caso estes aceitem que a questão concreta merece o sacrifício, a dar lugar a uma intervenção directa destes.

Existem, contudo, excepções a esta prática. Segundo se julga, cinco, em que foram constituídas operações ou forças das Nações Unidas com um mandato para o exercício do poder público bélico: a ONUC, a UNOSOM II, a UNPROFOR, UNAMSIL e a UNTAET; no caso da UNPROFOR, esta foi ainda apoiada por uma Força de um organismo regional, a OTAN, cujos actos são imputáveis às Nações Unidas por força de instruções específicas dadas quanto às operações desencadeadas ou, quanto aos excessos, por ratificação posterior. O mesmo se passou num sexto caso, em relação às instruções específicas dadas ao Reino Unido para o arresto de um navio no Alto Mar. Nestes casos, embora as forças utilizadas não se tenham convertido em órgãos da organização, a acção foi-lhe imputada.

Necessário se torna analisar estes casos em que se entende ter existido um verdadeiro exercício do poder público bélico.

**64. A ONUC.** A República Democrática do Congo[2124] obteve a independência da Bélgica em 30 de Junho de 1960, tendo-se tornado membro das Nações Unidas em 20 de Setembro de 1960[2125]; isto é, já depois da instalação da ONUC no terreno.

Desde o início que a sua génese foi conturbada. Logo em 5 e 6 de Julho, as suas forças de segurança amotinaram-se. No dia 11 de Julho, o

---

[2122] O caso do fracasso da UNAVEM II na Somália é um exemplo claro desta situação (ver, *infra*, parág. 66).

[2123] Daí os protestos de alguns Estados contra a falta de empenho das Nações Unidas, em especial nas operações em África, que consideram com razão ser tratada de forma discriminatória. Assim, em 1995, o Zimbabwe afirmava no Quarto Comité da Assembleia Geral: "Many had asked why the patience of the United Nations seemed to run out faster when the Organization was handling peace-keeping missions in Africa. That continent had been host to an inordinate number of aborted, or abandoned peace-keeping missions". Decisões que seriam determinadas em função dos "narrow national interests of a handful of Member States" (cfr. UNPR GA/SPD/76, 14 November 1995). Ver igualmente: Sammy Buo, *Reflections on United Nations Peace Operations in Africa*, ILF, Vol. 3, No. 2, 2001, pág. 87-94, na pág. 91.

[2124] Trata-se da sua denominação original, que vigorou até 27 de Outubro de 1971. Nesta data, alterou-a para Zaire, nome que se manteve até 17 de Maio de 1997, altura em que retomou o original (cfr. MTDSG).

[2125] Cfr. MTDSG.

Presidente da Província do Katanga, dominada por uma minoria étnica, proclamou a secessão desta. No dia seguinte, o Governo Belga alegando a necessidade de proteger as vidas e bens dos seus cidadãos residentes no país, levou a cabo uma intervenção armada. Esta intervenção suscitou, no próprio dia 12 de Julho de 1960, da parte do Congo uma queixa junto das Nações Unidas, em que acusava a Bélgica de agressão e de apoio à secessão no Congo, acompanhado de um pedido às Nações Unidas de assistência militar[2126]. Num segundo telegrama de 13 de Julho, o Congo esclarecia que o objectivo deveria ser a protecção do Congo contra a intervenção belga e não a reposição da ordem interna; e que a assistência militar pedida devia ser concretizada numa Força da organização composta por Estados neutros[2127].

Actuando nos termos do artigo 99 CNU, o Secretário-Geral convocou o Conselho de Segurança[2128], que reuniu no dia 13 de Julho. Desta iniciativa resultou a Resolução 143 (1960), de 14 de Julho[2129], aprovada por 8 votos a favor, nenhum contra e três abstenções (China, França e Reino Unido), onde o Conselho instou o Governo belga a retirar do Congo (parág. 1) e autorizou o Secretário-Geral a conceder a assistência militar que se revelasse necessária à República do Congo (parág. 2).

Porque a retirada belga não se concretizou e a República do Congo voltou a protestar, o Conselho aprovou, por unanimidade, a Resolução 145 (1960), de 22 de Julho[2130]. Para lá de reiterar o seu apelo à retirada belga (parág. 1) e instar todos os Estados a abster-se de intervir nos assuntos internos do Congo e a evitar qualquer acto que dificultasse a restauração da ordem interna ou ameaçasse a sua integridade territorial e independência (parág. 2), aprova o primeiro relatório do Secretário-Geral (parág. 3), de 18 de Julho, onde este estrutura a ONUC. A República do Congo aceitaria a presença da Força no acordo de 27 de Julho de 1960[2131], para lá de esta ter sido criada a seu pedido.

---

[2126] "regarded the Belgian action as an act of aggression against the Congo" e acusava "the Government of Belgium of having carefully prepared the secession of Katanga with a view to maintaining a hold on the Congo" (cfr. RPSC, 1959-1963, Chapter 8, pag. 161).

[2127] Cfr. RPSC, 1959-1963, Chapter 8, pág. 161.

[2128] O Secretário-Geral afirmou na 873.ª reunião do Conselho, em 13 de Julho, que a situação no Congo "had led him to bring the matter to the attention of the Security Council under Article 99" (cfr. RPSC, 1959-1963, Chapter 8, pág. 161).

[2129] Texto em RDSCOR, 1960, pág. 5.

[2130] Texto em RDSCOR, 1960, pág. 6.

[2131] Este acordo foi concretizado pelo Acordo entre as Nações Unidas e a República do Congo relativo ao Estatuto Jurídico da ONUC de 27 de Novembro de 1961 (texto em UNTS, No. 5975, 1961, pág. 230-251).

À luz deste relatório, a ONUC apenas podia usar a força em legítima defesa. O seu modelo é o da, várias vezes referida, UNEF, criada pela Assembleia Geral como força de interposição para o Egipto, na sequência do conflito armado relacionado com o Canal do Suez. O seu mandato era o de ajudar a manter a ordem no Congo e assistir tecnicamente as forças de segurança, de modo a permitir-lhes levar tal tarefa a cabo[2132]. Porém, não é inteiramente claro e várias divergências vão surgir em resultado da sua ambiguidade.

O fundamento na Carta para a criação da ONUC pelo Conselho de Segurança não é claro. Não se pode duvidar que este tinha poderes para tal[2133]. A questão é apenas a de determinar qual a base jurídica específica para a sua criação e tentar encontrar a confirmação para a conclusão a que se chegue na prática do Conselho a propósito desta Força.

Como se esclareceu, julga-se que o Conselho de Segurança pode criar Forças de manutenção da paz quer à luz do Capítulo VI, quer nos termos do Capítulo VII. Estando-se perante uma questão relativa à manutenção da paz, o fundamento concreto da criação da Força dependerá da existência ou não de uma qualificação da situação à luz do Capítulo VII, nos termos do artigo 39, ou pelo menos de uma referência ao Capítulo VII de onde se possa retirar tal qualificação. Caso contrário, será necessário concluir que se esteve perante um acto adoptado à luz do Capítulo VI[2134].

A situação no terreno incluía o surgimento de um movimento separatista armado e, sobretudo, uma intervenção militar de um Estado no território de outro sem o seu consentimento, que deu naturalmente lugar a uma controvérsia entre ambos[2135]. Julga-se que se tratava de uma situação que preenchia

---

[2132] A assistência da ONUC ao Congo foi muito para lá dos aspectos militares ou de segurança, fazendo-se sentir, em cooperação com organizações especializadas, nos mais diversos aspectos da vida civil (cfr. Robert L. West, *The United Nations and the Congo Financial Crisis*, IO, Vol. 15, No. 4, 1961, pág. 603-617, na pág. 604, 608-609 e 611; Harold K. Jacobson, *Onuc's Civilian Operations: State-Preserving and State-Building*, WPS, Vol. 17, No. 1, 1964, pág. 75-107, na pág. 84-86 e 92-95). Antecipou, pois, muitos dos problemas que viriam mais tarde a surgir em diversas operações em que as Nações Unidas foram chamadas a exercer poderes transitórios de administração (ver, *supra*, parág. 8).

[2133] Ver, *supra*, parág. 56.

[2134] Ver, *supra*, parág. 49.1.

[2135] Pelo que ficou escrito sobre a intervenção para resgate de cidadãos no estrangeiro, julga-se que a actuação da Bélgica foi ilícita (ver sobre esta também, *supra*, parág. 13.2). A ter respeitado os contornos da figura, o que não ocorreu, o máximo a que poderia aspirar era a uma exclusão de responsabilidade (ver, *supra*, parág. 13.3). Mas, segundo se julga, excedeu--os claramente. A insistência do Conselho na sua retirada apenas confirma este entendimento,

claramente os pressupostos do Capítulo VII, isto é, sendo no mínimo uma ameaça à paz ou, seguramente, mesmo uma ruptura desta. Porém, o Conselho inicialmente evitou a qualificação, parecendo hesitar entre o regime do Capítulo VI e o do VII, acabando por optar deste modo pelo regime do primeiro, já que só de forma clara poderia ter optado pelo segundo[2136].

---

embora o tenha feito em termos que mostram alguma compreensão pela acção belga. De qualquer modo, só se tem de retirar, como insistiu o Conselho, quem não tem o direito de se encontrar num determinado local.

Quanto às acusações do Congo de que a acção belga visou favorecer a secessão do Katanga, máxime, por causa dos seus interesse nos recursos mineiros da zona, os dados a que se teve acesso não permitem uma conclusão absolutamente clara. A Bélgica sempre negou tal intenção, embora outra coisa não fosse de esperar ["The only aim of the Belgian Government in the Congo (...), was to assist technically that country in order to help it overcome its difficulties", como declarou o Ministro dos Negócios Estrangeiros Belga na 974.ª reunião do Conselho (cfr. IO, Vol. 16, No. 1, 1962, pág. 183-194, na pág. 186)]. Uma coisa é certa, esta forneceu armas ao Katanga, sem grande consideração pelas recomendações da Assembleia Geral ou do Conselho no sentido de proibir estes actos ou do princípio da não intervenção. Assim, o Secretário-Geral na 896.ª reunião do Conselho, em 9/10 de Setembro de 1960, afirmou: "As regards the situation in Katanga, the Secretary-General said that he had to protest against the import of arms, contrary to the Security Council resolutions, and deplored the continued use of foreign elements in the forces organized in Katanga. However, the Belgians were not alone in supplying assistance to Katanga. Others also followed a similar line" (cfr. RPSC, 1959-1963, Chapter I, pág. 16, caso 29). Igualmente o então representante do Secretário--Geral no Katanga é muito claro nas suas acusações à Bélgica, designadamente, ver o seu escrito Conor C. O'Brien, *Changing the Guard*, NYRB, June 23, 1966 ["Belgium, under UN and US pressure, withdrew its own armed forces, but only after gaining enough time (with the acquiescence of the UN and the US) to set up a Katangan armed force, with officers from the Belgian Regular Army"; ver igualmente Conor C. O'Brien, *Reply To Plight Of Biafra*, NYRB, March 14, 1968].

[2136] Mas existia consciência de que se estava perante uma situação típica do Capítulo VII. Efectivamente, o Secretário-Geral chegou a sustentar perante o Conselho na 884.ª reunião, em 8 de Agosto de 1960: "The resolutions of the Security Council of 14 July [S/4387] and 22 July [S/4405] were not explicitly adopted under Chapter VII, but they were passed on the basis of an initiative under Article 99. For that reason I have felt entitled to quote three articles under Chapter VII and I repeat what I have already said in this respect: in a perspective which may well be short rather than long the problem faced the Congo is one of peace or war and not only in the Congo" (cfr. RPSC, 1959-1963, Chapter XI, pág. 272, nota 30). No entanto, a competência para a qualificação constitutiva das situações à luz do Capítulo VII cabe exclusivamente ao Conselho de Segurança e não ao Secretário-Geral. Ora, nas duas primeiras resoluções, o Conselho não o fez. Acresce que a circunstância de o Conselho ter aceite a iniciativa do Secretário-Geral à luz do artigo 99 não é argumento bastante para qualquer qualificação à luz do artigo 39, desde logo pelo facto de o artigo 99 se aplicar igualmente a situações próprias do Capítulo VI (ver, *supra*, parág. 60).

Efectivamente, na citada Resolução 143 (1960), o Conselho não utiliza qualquer termo de onde se possa depreender que realizou a qualificação necessária à luz do artigo 39. De resto, os termos com que apela à retirada da Bélgica são claramente não vinculativos, nada existindo, pois, que leve a excluir que se encontrava ainda no âmbito do Capítulo VI, mais concretamente do seu artigo 36, n.º 1.

Também na Resolução 145 (1960), em que efectivamente aprova a criação da Força, não foi operada uma qualificação nos termos do artigo 39, expressa ou implícita. Daí que o Conselho ainda não adopte qualquer medida coerciva. O seu apelo à Bélgica é mais premente, mas nem sequer os termos são vinculativos.

Nesta resolução, o Conselho vai mais longe, já que toma uma posição quanto à questão de fundo entre o Congo e a Bélgica. Não só é reiterado o apelo à retirada, medida neutra, como é feito um apelo genérico, mas que tem a Bélgica como principal destinatário, para que todos os membros se abstenham de qualquer actividade em apoio da secessão do Katanga. Se é certo que o Conselho não dirigiu ao movimento secessionista qualquer decisão, não se tendo pronunciado em relação à questão essencial que era a secessão do Katanga, a sua intervenção não pode ser já considerada meramente uma recomendação quanto ao procedimento pacífico a seguir à luz do artigo 36, n.º 1 CNU. Havia já uma tomada de posição favorável aos direitos do Congo, ficando decidida a questão de fundo entre este e a Bélgica: esta devia retirar e abster-se de intervir no Congo. O fundamento para os parágrafos 1 e 2 da Resolução terá pois de ser procurado no artigo 37, n.º 2, parte final CNU, já que este permite recomendações quanto à solução para a questão de fundo[2137].

Também o parágrafo 3 da Resolução 145 (1960), que aprova a criação da Força, tem base no Capítulo VI[2138], embora se trate de medida que não

---

[2137] Ver, *supra*, parág. 56.2.

[2138] Em sentido contrário, encontram-se declarações do Secretário-Geral que sustenta ter sido a ONUC criada desde o início com fundamento no artigo 40, portanto, já com base no Capítulo VII: "My own view, which I have expressed to the Council, is that the resolutions may be considered as implicitly taken under Article 40 and, in that sense, as based on an implicit finding under Article 39. But what I should like to emphasize is that neither the Council nor the Assembly has ever endorsed this interpretation, much less put such endorsement in a resolution" (cfr. RPSC, 1959-1963, Chapter XI, pág. 273; 920.ª reunião do Conselho, em 13/14 de Dezembro de 1960). É evidente que este raciocínio que depende de duas invocações implícitas é pouco convincente. De uma invocação expressa do artigo 40 pode-se retirar que houve uma qualificação implícita à luz do artigo 39, mas já não se encontra base para sustentar que existiu uma invocação implícita do artigo 40. Acresce que se, inicialmente, se

tem consagração expressa neste Capítulo, tendo sido consagrada pela prática com amparo no princípio interpretativo dos poderes implícitos[2139] [2140].

A Força é rapidamente estruturada, baseada em contingentes nacionais que alcançam um valor máximo de 19.828 efectivos militares (em Julho de 1961), provenientes, até à data da sua retirada, em 30 de Junho de 1964, de 30 Estados membros, entre os quais não se encontrava nenhum membro permanente do Conselho de Segurança[2141]. Ainda em Julho de 1960 os primeiros contingentes entram no Congo.

No entanto, a tentativa de instalação da ONUC no Katanga deparou com a oposição do seu autoproclamado Governo que, numa carta de 3 de Agosto de 1960, ameaça opor-se com a força às tropas das Nações Unidas[2142]. Pelo seu lado, o Governo do Congo insiste nessa entrada e esta é aceite pela Bélgica que ainda tem o grosso da sua Força de intervenção neste território.

Perante esta situação, o Secretário-Geral apresentou um segundo relatório ao Conselho de Segurança, tendo-se este reunido para apreciar a questão em 8 de Agosto. Do debate resultou a aprovação de uma terceira Resolução, a 146 (1960), de 9 de Agosto[2143], por 9 votos favoráveis, nenhum contra e duas abstenções.

---

poderia discutir se existiu ou não uma pronúncia sobre as questões de fundo (desde logo, em relação à questão entre a Bélgica e o Congo), a partir do momento em que as Nações Unidas assumem a defesa da integridade territorial do Congo inviabilizando de facto a secessão, torna-se impossível sustentar que a ONUC constituía ainda uma mera medida cautelar à luz do artigo 40, que pressupõe medidas neutras quanto ao fundo da questão (ver, *supra*, parág. 50.2 e 56.1).

Apesar disto, vários autores adoptaram igualmente a posição de que o fundamento da criação da Força foi o artigo 40: E. Miller, *Legal Aspects* (...), cit., pág. 4-5; John L. Washburn, *Amenability of the United Nations to Suit: Damage to Belgian Property in the Congo*, HILCB, Vol. 3, 1961-1962, pág. 134-138, na pág. 136 (apenas inicialmente, já que entende correctamente que posteriormente a sua base passou a ser o artigo 42); D. Bowett, *United Nations* (...), cit., pág. 175-176; R. Higgins, *United Nations Peacekeeping* (...), III (Africa), cit., pág. 54 e 55; Christian Dominicé, *La sécurité collective et la crise Golfe*, EJIL, Vol. 2, No. 2, 1991, pág. 85-109, parág. 6.

[2139] Ver, *supra*, parág. 56.2.

[2140] Também nestes sentido, em relação precisamente à ONUC: N. White, *Keeping the Peace* (...), cit., pág. 236; Udo Fink, *Kollektive Friedenssicherung – Kapitel VII UN-Charta in der Praxis des Sicherheitsrats der Vereinten Nationen*, Teil 1, Frankfurt am Main, 1999, pág. 300-301.

[2141] Cfr. *50 Años – 1948-1998* (...), cit., pág. 18.

[2142] Afirmou que "the Katanga government was determined to resist by every means the Lumumba Government and its representatives and the dispatch of United Nations forces to Katanga" (cfr. RPSC, 1959-1963, Chapter V, pág. 107).

[2143] Texto em RDSCOR, 1960, pág. 6-7.

O Conselho confirma a autoridade do Secretário-Geral para executar as anteriores e a presente resolução (parág. 1 e 6) e insta a Bélgica a retirar as suas forças do Katanga imediatamente. Mas desta vez vai mais longe. Embora afirme que a ONUC não deve ser parte em qualquer conflito interno (parág. 4), declara que a entrada da Força no Katanga é condição necessária para a execução da resolução. Trata-se do primeiro passo numa progressiva mutação da natureza do mandato da ONUC. A confirmá-lo, no seu parág. 5, insta todos os membros a cumprirem a resolução nos termos dos artigos 25 e 49 da Carta.

Ou seja, embora mais uma vez ainda não tenha qualificado explicitamente a questão como uma ameaça à paz, ruptura desta ou agressão, o Conselho fê-lo tacitamente, pois invoca expressamente o regime do Capítulo VII, desde logo o artigo 49. Se se julga dever negar que as duas anteriores resoluções tenham tido base no Capitulo VII, em relação a esta tal conclusão é incontestável[2144]. Compreende-se a necessidade de invocar este regime. Estando em causa a entrada da Força no território do Katanga, apesar da oposição do movimento armado que efectivamente o controlava, a aplicação deste Capítulo era inevitável.

Segundo se julga, a ONUC com esta resolução muda parcialmente a sua natureza, passando de uma Força de manutenção da paz, constituída nos termos do Capítulo VI, segundo o modelo da UNEF I, para uma Força compulsiva fundada no artigo 41. Isto é, uma medida imposta, pois uma das partes principais no conflito foi forçada a aceitar a sua presença, ainda que não fosse um Estado[2145, 2146]. Claro está, o facto de o Congo à altura ainda

---

[2144] Também neste sentido: Koretsky, *Dissenting Opinion, Certain Expenses* (...), cit., *I. C. J. Reports* 1962, pág. 270; D. Bowett, *United Nations* (...), cit., pág. 157 e 175; U. Fink, *Kollektive Friedenssicherung* (...), cit., Teil 1, pág. 301-302.

[2145] Com efeito, o Conselho de Segurança pode adoptar medidas coercivas também em relação a entidades sem natureza estadual; ver, *supra*, parág. 20.5.

[2146] É certo que posteriormente o movimento do Katanga viria a aceitar a entrada da ONUC no território que controlava sob garantia do Secretário-Geral de que não existiria interferência dos efectivos da Força nos assuntos internos do Congo, mas entretanto esta entrada fora aprovada contra a sua vontade. O regime do artigo 41 fora, pois, implicitamente invocado. Qualquer posterior alteração da posição do movimento, como se veio a verificar, passou a ser juridicamente irrelevante quanto à legitimidade da Força. Na altura, o Secretário-Geral para garantir a imparcialidade dos efectivos da ONUC apenas permitiu que os contingentes sueco e irlandês entrassem no Katanga, não já os dos Estados africanos participantes. Tal suscitou repetidos protestos da parte destes Estados (cfr. RPSC, 1959-1963, Chapter XII, pág. 309 e notas 147-149). Mas estes protestos só mostram a prudência do então Secretário-Geral.

não ser formalmente um Estado membro cria algumas dificuldades[2147], mas em 1960 as Nações Unidas, como entidade dotada de carácter comunitário, já gozariam de poderes costumeiros para criar uma Força imparcial e sem poderes coercivos, ainda que compulsiva. Até porque a situação embora tivesse sido qualificada como mera ameaça à paz, devia ser considerada como uma ruptura da paz, por força da intervenção da Bélgica[2148].

Com efeito, a sua criação constituiu uma medida que não implicava ainda o exercício do poder público bélico, não tendo, pois, base no artigo 42. Ficou sublinhado que a ONUC continuava a poder usar a força somente em legítima defesa[2149].

Assim, a ONUC, de uma Força consensual, criada à luz do Capítulo VI, já que então o movimento de secessão do Katanga ainda não manifestara a sua oposição a esta, dado que ainda não entrara no território que controlava, converteu-se numa Força compulsiva, com base no Capítulo VII, artigo 41, apesar de ainda não ter qualquer poder público bélico. Este passo, porém, surgiria naturalmente. De facto, como ficou escrito, faz pouco sentido prático uma Força compulsiva, portanto, que é rejeitada por uma das partes no conflito, que não tenha poderes para constranger esta última[2150].

No terreno, a situação tornou-se progressivamente mais confusa durante o mês de Agosto. Surgiram divergências entre o Primeiro-Ministro Congolês e o Secretário-Geral, por força do primeiro entender que a ONUC deveria ser utilizada contra as forças rebeldes do Katanga, como defendeu decorrer das três resoluções do Conselho, designadamente em carta de 14 de Agosto de 1960[2151].

---

[2147] Apesar de a admissão do Congo já ter sido aprovada pela Resolução 142 (1960), de 7 de Julho (texto em RDSCOR, 1960, pág. 12), do Conselho, a Assembleia apenas o viria a fazer em 20 de Setembro. Tal significa que o instrumento de aceitação formal das obrigações da Carta por parte do Congo, apresentado imediatamente no dia 1 de Julho de 1960 (cfr. RPSC, 1959-1963, Chapter VII, pág. 135), ainda vinculava o Katanga, mas formalmente ainda não entrara internacionalmente em vigor. As medidas compulsivas aprovadas pelo Conselho por esta Resolução 146 (1960), de 9 de Agosto, contra o Katanga foram, pois, medidas adoptadas contra um movimento armado instalado num Estado não membro que, portanto, formalmente não se encontrava ainda vinculado por estas.

[2148] Ver, *supra*, parág. 20.3 e 20.5.

[2149] Assim, no seu Segundo Relatório sobre a ONUC, o Secretário-Geral afirmou: "United Nations military units are not entitled to act except in self-defence. This rule categorically prohibits the troops participating in the operation from taking the initiative of resorting to armed force, but permits them to reply by force to an armed attack, in particular to any attempts to resort to force which might be made with the object of compelling them to evacuate positions which they occupy on orders of their commander (...)" (cfr. RPSC, 1959--1963, Chapter V, pág. 107).

[2150] Ver, *supra*, parág. 55.2 e 56.1.

[2151] Cfr. RPSC, 1959-1963, Chapter V, pág. 104, nota 50.

Chamado pelo Secretário-Geral a esclarecer o mandato da ONUC, o Conselho, nas suas reuniões 887.ª a 889, dias 21 e 22 de Agosto de 1960, apesar de uma maioria de Estados apoiar a interpretação de não intervenção do Secretário-Geral[2152], não chegou a aprovar qualquer resolução[2153].

A situação é prejudicada pela continuação da presença das forças belgas no Congo e pela contínua assistência estrangeira às partes no conflito. Em início de Setembro de 1960, irrompe uma disputa entre o Primeiro--Ministro e o Presidente do Congo derivada do pedido de auxílio do primeiro dirigido à União Soviética, com cada um decretando a demissão do outro[2154], o que vem tornar a situação ainda mais delicada. Um golpe militar em 14 de Setembro que depõe o novo Governo nomeado pelo Presidente vai levar ao colapso das instituições.

As divergências no seio do Conselho levaram ao seu bloqueio[2155] e a que este, pela sua Resolução 157 (1960), de 17 de Setembro[2156], convocasse a Quarta Sessão Especial de Emergência da Assembleia com base no procedimento criado pela Resolução *União para a Paz*[2157]. Esta duraria de 17 a 20 de Setembro de 1960, tendo a Assembleia aprovado a Resolução 1474 (ES-IV), de 20 de Setembro de 1960[2158]. Apesar de alguns particularismos de linguagem, esta não introduziu qualquer alteração no mandato da ONUC[2159]. Assim, apoia as resoluções do Conselho (parág. 1) e pede ao Secretário-Geral que continue a sua acção vigorosa, mas nos termos das resoluções do Conselho (parág. 2). Uma novidade foi o pedido ao Secretário--Geral para que apoiasse o Governo central do Congo na defesa da unidade, integridade territorial e independência do Congo (parág. 2). Mas parece que tal pedido era dirigido ainda contra as actividades de Estados terceiros, daí

---

[2152] O essencial dos debates consta do RPSC, 1959-1963, Chapter V, pág. 104-107.

[2153] O Presidente limitar-se-ia a declarar: "The Secretary-General asked for this meeting to be convened so that he might obtain clarification, for his own guidance, of the views of the Security Council. We have listened, throughout the day and even into the early hours of this morning, to different and sometimes conflicting opinions (...). I am convinced that the Secretary-General will have found in this debate the clarification which he desired, and that it will assist him in the pursuit of his mission" (cfr. RPSC, 1959-1963, Chapter VIII, pág. 166).

[2154] Cfr. RPSC, 1959-1963, Chapter I, pág. 15, caso 26.

[2155] Cfr. RPSC, 1959-1963, Chapter I, pág. 16, caso 29.

[2156] Texto em RDSCOR, 1960, pág. 8.

[2157] Ver, *supra*, parág. 44.3.

[2158] Texto em RDGAOR, 4th Emergency Special Session, 1960, pág. 1.

[2159] No sentido de que as resoluções da Assembleia sobre a questão foram meramente declarativas das resoluções do Conselho: D. Bowett, *United Nations* (...), cit., pág. 182; N. White, *Keeping the Peace* (...), cit., pág. 237.

a menção à independência do Congo e não um apelo a que a ONUC servisse de instrumento para reprimir o movimento de secessão. Realiza igualmente um apelo a que os Estados se abstenham de fornecer armas a qualquer das partes no conflito (parág. 6), parecendo incluir neste apelo qualquer uma das facções no seio do aparelho de Estado.

No terreno, a situação agrava-se. Em resultado do referido colapso das instituições derivado da disputa entre o Presidente e o Primeiro-Ministro e do golpe de Estado no seio de parte das forças do Congo, sucessivos motins das tropas governamentais levam à anarquia. A prisão do Primeiro-Ministro leva a que o seu Vice-Primeiro-Ministro se proclame chefe de Governo, obtendo o apoio de vários Estados do bloco de leste[2160]. A situação acabou por levar ao homicídio do anterior Primeiro-Ministro em Janeiro de 1961.

Perante esta situação, reuniu-se apoio suficiente para alargar o mandato da ONUC com vista a evitar que esta fosse forçada a retirar. O Conselho, pela sua Resolução 161 (1961), de 21 de Fevereiro[2161], depois de no preâmbulo da parte A desta invocar a ameaça para a paz e segurança internacionais, veio permitir que as Nações Unidas usassem a "force, if necessary, in the last resort" com vista a evitar o conflito armado interno (parág. 1). No parág. 2, instou a que fossem tomadas medidas para que fossem evacuadas todas as forças armadas belgas e estrangeiras do Congo, que não estivessem sob comando das Nações Unidas, incluindo mercenárias[2162].

Ou seja a tarefa da ONUC que fora até então de se encarregar apenas da interferência estrangeira no Congo e ajudar a manter a ordem[2163], passou igualmente a ser a de evitar activamente, se necessário pelo uso da força, o conflito armado interno e de terminar a interferência armada estrangeira. Não fica claro se era possível utilizar a força para expulsar efectivos armados estrangeiros. À luz desta Resolução 161, a resposta parece dever ser considerada como negativa[2164]. Assim, a Assembleia Geral pela sua Resolução 1599 (XV), de 15 de Abril de 1961[2165], enfatizou a necessidade

---

[2160] Ver as declarações do Secretário-Geral na 928.ª reunião do Conselho, em 1 de Fevereiro de 1961 (cfr. RPSC, 1959-1963, Chapter I, pág. 23, caso 48).

[2161] Texto em RDSCOR, 1961, pág. 2-3.

[2162] A Parte B da Resolução 161 apela à reorganização política e militar do Congo.

[2163] Como afirmou o Secretário-Geral, na 928.ª reunião, em 1 de Fevereiro de 1961: "the task of the United Nations in the Congo was to deal only with interference front outside the country and with the maintenance of law and order within the country" (cfr. RPSC, 1959-1963, Chapter I, pág. 19, caso 38).

[2164] Igualmente neste sentido: Stanley Hoffmann, *In Search of a Thread: The UN in the Congo Labyrinth*, IO, Vol. 16, No. 2, pág. 331-361, na pág. 347

[2165] Texto em RDGAOR, 15th Session, 1960-1961, pág. 17.

de retirada das forças belgas e das restantes forças militares e paramilitares com um "Decides" (parág. 2) que parece ser dirigido ao Secretário-Geral, mas sem falar no uso da força. Pelo contrário, a sua Resolução 1600 (XV), de 15 de Abril de 1961[2166], apela a uma solução pacífica entre as partes (parág. 1) e, embora incentive o Secretário-Geral a adoptar medidas efectivas para impedir o fornecimento de armas às partes, não refere o uso da força (parág. 2)[2167]. De qualquer modo, a permissão para utilizar a força para evitar um conflito armado interno parece já extravasar da legítima defesa e entrar no domínio do poder bélico.

O que a Resolução 161 (1961) não conferira, a permissão de uso da força para deter, desarmar e expulsar elementos armados estrangeiros e mercenários, veio a ser expressamente permitido pela Resolução 169 (1961), de 24 de Novembro[2168], pelo seu parág. 4[2169]. O Conselho de Segurança adoptou igualmente uma postura abertamente contrária à secessão do Katanga, que é condenada como ilegal e como apoiada externamente (parág. 1), tendo exigido o seu fim (parág. 8). Declara ainda apoio ao Governo central do Congo (parág. 9)[2170] e recomenda, na sequência das Resoluções da Assembleia Geral, um embargo de armas, embora ambiguamente apele igualmente ao apoio dos Estados membros ao Governo, de acordo com a Carta. Existiu, pois, uma clara alteração da postura de imparcialidade sustentada pelo

---

[2166] Texto em RDGAOR, 15th Session, 1960-1961, pág. 17-18.

[2167] A Assembleia Geral aprovou ainda uma comissão de inquérito com vista a investigar o assassínio do anterior Primeiro-Ministro pela sua Resolução 1601 (XV), de 15 de Abril de 1961 (texto em RDGAOR, 15th Session, 1960-1961, pág. 18) na sequência do parágrafo 4 da Parte A da Resolução 161 (1961) do Conselho. A sua anterior Resolução 1592 (XV), de 20 de Dezembro de 1960 (texto em RDGAOR, 15th Session, 1960-1961, pág. 67) foi puramente formal, mantendo a questão na sua agenda (apesar de continuar a constar da do Conselho de Segurança).

[2168] Texto em RDSCOR, 1961, pág. 3-4.

[2169] "Authorizes the Secretary-General to take vigorous action, including the use of the requisite measure of force, if necessary, for the immediate apprehension, detention pending legal action and for deportation of all foreign military and paramilitary personnel and political advisers not under the United Nations Command, and mercenaries".

[2170] Assim, o Secretário-Geral interpretou a nova postura das Nações Unidas na 982.ª reunião do Conselho, em 24 de Novembro de 1961: "everything possible must be done to avert civil war, even by the employment of force, should this prove necessary as a last resort. This, I believe, necessarily implies a sympathetic attitude of a part of ONUC towards the efforts of the Government to suppress all armed activities against the Central Government and secessionist activities. Supporting the territorial integrity of the country, the United Nations position, it seems to me, is automatically against all armed activities against the Central Government and against secessionist forces" (cfr. RPSC, 1959-1963, Chapter I, pág. 21, caso 41).

anterior Secretário-Geral, falecido em 18 de Setembro de 1961 num acidente de aviação[2171], e uma rejeição da aplicação do princípio da não intervenção nos assuntos internos do Congo[2172].

Segundo se julga, este alargamento do mandato da ONUC e as permissões contidas nas Resoluções 161 e 169 para o uso da força implicam que esta foi convertida numa Força de imposição da paz, com base no artigo 42 CNU[2173, 2174]. De facto, a detenção e expulsão de efectivos armados

[2171] A versão de acidente na morte de Hammarskjöld tem sido contestada, designadamente por representantes do Secretário-Geral no Katanga (cfr. George I. Smith/Conor C. O'Brien, *Hammarskjold Plane Crash 'No Accident'*, TG, September 11, 1992, pág. 18; Conor C. O'Brien, *Foul Play On The Albertina*, TG, September 25, 1992, pág. 19, que acusa do acto oficiais franceses de extrema direita). Também surgiram algumas acusações na sequência da descoberta pela Comissão de Verdade e Reconciliação Sul-Africana de alguns alegados documentos que implicariam agências secretas anglo-saxónicas no acto, mas cuja veracidade tem sido contestada (cfr. *West 'plotted to kill' UN chief*, TT, August 21, 1998, que refere que o único sobrevivente da queda do avião afirmou ter existido uma explosão antes desta; *O'Brien dismisses Hammarskjold plot*, TIT, August 21, 1998, pág. 10).

[2172] No mesmo sentido: S. Hoffmann, *In Search of a Thread* (...), cit., pág. 349; M. Mattler, *The Distinction* (...), cit., pág. 665.

[2173] O Tribunal Internacional de Justiça, contudo, defenderia outra posição, embora baseado no erróneo argumento de que a Força não fora utilizada contra um Estado: "the operations of ONUC did not include a use of armed force against a State which the Security Council, under Article 39, determined to have committed an act of aggression or to have breached the peace. The armed forces which were utilized in the Congo were not authorized to take military action against any State. The operation did not involve "preventive or enforcement measures" against any State under Chapter VII and therefore did not constitute "action" as that term is used in Article 11" [cfr. *Certain expenses* (...), *I. C. J. Reports* 1962, cit., pág. 177].

Já se verificou, porém, que o Capítulo VII, e o seu artigo 42 em especial, não são aplicáveis apenas em relação a Estados. Aliás, o Tribunal não afirmou tal. Nem sequer afirmou que as acções para serem consideradas coercivas tinham de ser dirigidas contra um Estado. Pelo contrário, afirmou que tinham sido acções coercivas, mas não contra um Estado e que portanto não poderiam ser consideradas uma "acção" para efeitos do artigo 11, n.º 2. Não se pode concordar com o Tribunal nesta conclusão. Devem ser consideradas como acções para efeitos do artigo 11, n.º 2 quaisquer acções compulsivas baseadas numa decisão constitutiva, independentemente de serem dirigidas contra Estados ou contra qualquer entidade armada que controle efectivamente parcelas de território, exercendo poderes públicos internos nesta (ver, *supra*, parág. 44.1). De qualquer modo, a acção no Congo foi decidida pelo Conselho, sendo as decisões da Assembleia Geral sobre a questão de relevância secundária. Julgue-se, pois, que o artigo 11, n.º 2 é irrelevante em relação à ONUC. Houve acção decidida pelo Conselho e não pela Assembleia, que se limitou a apoiar as decisões deste.

[2174] Neste sentido: J. Washburn, *Amenability of the United Nations* (...), cit., pág. 137; A. Karaosmanoglu, *Les actions* (...), cit., pág. 89, 245-246 e 248 (discordando do Tribunal Internacional de Justiça, sustenta correctamente que tiveram base nos artigos 39 e 42, quando

estrangeiros que se encontravam ao serviço do movimento do Katanga, se necessário pelo uso da força, consistiu numa acção coerciva contra este. A legítima defesa seria compatível com uma postura de resistência a acções activas do movimento[2175], mas não com a tentativa de desarmar, deter e expulsar elementos integrados nos seus efectivos pelo uso da força ou ameaça do uso desta[2176, 2177].

---

lhe foi alargado o mandato); P. Manin, *L'Organisation des Nations Unies* (...), cit., pág. 92--93 e nota 179 (sem se comprometer claramente); Agola Auma-Osolo, *A Retrospective Analysis of United Nations Activity in the Congo and Its Significance for Contemporary Africa*, VJTL, Vol. 8, 1975, pág. 451-474, na pág. 462 e 469; M. Bothe, *Peace-Keeping*, cit., pág. 577 e 591. Também sustentam que a ONUC tinha poderes coercivos que foram para lá da legítima defesa: J. Ballaloud, *L'Onu* (...), cit., pág. 148-149; A. Patrício, *O Conselho de Segurança* (...), cit., pág. 97-99; N. White, *Keeping the Peace* (...), cit., pág. 239-240 ("*de facto* enforcement action"); A. Walter Dorn/David Bell, *Intelligence and Peacekeeping* (...), cit., ("mandate was transformed to include an enforcement dimension" e que visou "bring about the end of the Katangese secession"); A. Perez, *On the Way* (...), cit., pág. 413-414 (""self-defense" was arguably a pretext for enforcement action"); Lilly Sucharipa-Behrmann/Thomas Franck, *Preventive Measures*, NYUJILP, Vol. 30, 1998, pág. 485-537, na pág. 505 ("full-scale military action, mostly against tribal secessionists").

Contra, seguindo o Tribunal Internacional de Justiça: E. Miller, *Legal Aspects* (...), cit., pág. 4-5; D. Bowett, *United Nations* (...), cit., pág. 175-176; R. Higgins, *United Nations Peacekeeping* (...), III (Africa), cit., pág. 57-58 (e invocando a circunstância de as Nações Unidas terem continuado a sublinhar a necessidade de respeitar o princípio da não ingerência, quando nos termos do artigo 2, n.º 7 não estariam vinculadas se se tratasse de uma medida do artigo 42; porém, o artigo 2, n.º 7 não é aplicável, ainda que o preceito mantivesse o âmbito com que foi consagrado na Carta, como limite para qualquer acção compulsiva nos termos do Capítulo VII, mesmo adoptada à luz do artigo 40; depois, nada impediria, ainda assim, as Nações Unidas de respeitarem tal princípio se assim desejassem, mesmo actuando nos termos do artigo 42; finalmente, as Nações Unidas manifestamente não respeitaram este princípio, acabando por intervir abertamente num conflito armado interno do lado do Governo alegadamente em reacção à intervenção estrangeira do lado do Katanga); C. Dominicé, *La sécurité* (...), cit., parág. 6.

[2175] Como afirmou o Secretário-Geral interino, numa passagem já citada, a legítima defesa "permits them to reply by force to an armed attack, in particular **to any attempts to resort to force which might be made with the object of compelling them to evacuate positions which they occupy on orders of their commander** (...)" (cfr. RPSC, 1959-1963, Chapter V, pág. 107).

[2176] Em 28 de Agosto de 1961, a ONUC deteve 200 mercenários ao serviço do Katanga [tratou-se da chamada operação *Rumpunch*; cfr. a referência do então representante do Secretário-Geral no Katanga, C. O'Brien, *Foul Play* (...), cit., pág. 19] o que só evitou um conflito armado grave por estes terem sido apanhados de surpresa e a acção ter sido tolerada pelo Katanga. De qualquer modo, como se viu, não parece que a ONUC tivesse nesta altura poderes para deter pessoas por meio do uso da força ou ameaça desta visto que apenas lhe foram atribuídos pela citada Resolução 169 (1961), de 24 de Novembro [igualmente: S. Hoffmann, *In Search of a Thread* (...), cit., pág. 347].

Acresce que a postura abertamente hostil contra o movimento do Katanga, suas actividades e objectivos separatistas, bem como o apoio declarado ao novo Governo do Gongo na sequência da resolução da crise no seio das autoridades centrais em Agosto de 1961, cedo levou a uma interpretação de facto das Resoluções 161 e 169 no sentido de estas permitirem um uso alargado da força contra aquele movimento. De 13 de Setembro de 1961 até ao cessar-fogo de 20 de Setembro (ainda antes da aprovação da Resolução 169), de 5 a 15 de Dezembro de 1961 e, finalmente, de Dezembro de 1962 a Janeiro de 1963 (operação *Grand Slam*), foram conduzidas pela ONUC importantes operações militares contra as forças do Katanga, com armas pesadas e mesmo aviação[2178], que levaram à sua capitulação em 15 de Janeiro de 1963[2179].

Esta intervenção decisiva da ONUC do lado do Governo do Congo na repressão do movimento do Katanga não deixa de suscitar dúvidas quanto à sua legitimidade. Pode-se levantar a questão de saber se tal acção militar não extravasou as delegações contidas no parágrafo 1 da Resolução 161 e parág. 4 da Resolução 169[2180]. Desde logo, as realizadas em Setembro de 1961 que apenas poderiam ter por fundamento a prevenção de um conflito armado interno. É certo que as autoridades do Katanga acabaram por aceitar

---

[2177] Daí que o citado Acordo entre o Congo e as Nações Unidas de 27 de Novembro de 1961, no seu parág. 43, b), dispusesse: "The United Nations shall not have recourse to the use of force except as a last resort and subject to the restrictions imposed by its mandate and by the resolutions of the Security Council and the General Assembly". Não havia qualquer limitação quanto ao uso da força aos casos de legítima defesa.

[2178] Esta foi organizada em Outubro de 1961 com base em 4 F86 etíopes, cinco jactos suecos J29 e quatro bombardeiros ligeiros B(1) Canberra indianos, a que se juntaram posteriormente em Novembro de 1962 dois aviões Saab 29C suecos (cfr. Edward Bowman/ James Fanning, *The Logistics Problems of a UN Military Force*, IO, Vol. 17, No. 2, 1963, pág. 355-376, na pág. 366; A. Walter Dorn/David Bell, *Intelligence and Peacekeeping: The UN Operation in the Congo 1960-64*, IP, Vol. 2, No. 1, 1995, pág. 11-33). Estes meios aéreos só intervieram, pois, nas últimas duas operações.

[2179] Trata se de operações que foram bem mais longe do que as levadas a cabo pela UNAMSIL até meados de 2001 e, contudo, pensa-se que igualmente esta última constitui uma Força com um mandato aprovado nos termos do artigo 42 (ver, *infra*, parág. 68).

[2180] No sentido de que a ONUC exorbitou o seu mandato: Koretsky, *Dissenting Opinion*, em *Certain Expenses* (...), cit., *I. C. J. Reports* 1962, pág. 268; S. Hoffmann, *In Search of a Thread* (...), cit., pág. 347-348 (especificamente quanto ao uso da força, falando em desvio de poder quanto a este). Lincoln Bloomfield, *Headquarters-Field Relations: Some Notes on the Beginning and End of ONUC*, IO, Vol. 17, no. 2, 1963, pág. 377-389, na pág. 386-387 sugere que as forças no terreno tomaram o assunto nas suas mãos um pouco à revelia da direcção política em Nova Iorque.

os termos propostos pelo Secretário-Geral, visando pôr termo à secessão. Mas em Dezembro de 1962, perante a sua resistência quanto à execução do acordo, este acabou na prática por ser executado pela força, mesmo que o fundamento formal tenha sido a garantia da liberdade de circulação da ONUC e os ataques das forças separatistas contra esta. A ter existido legítima defesa em todos os casos, parece claro que a reacção foi claramente excessiva. Existiu, pois, uma imposição da paz que implicou mesmo a liquidação militar de uma das partes. Senão nos seus objectivos assumidos, pelo menos na sua prática[2181, 2182].

Da acção da ONUC fica a postura clara com que as Nações Unidas se afastaram do respeito ao princípio da não intervenção nos assuntos internos, ao manterem a todo o custo a integridade territorial de um Estado membro. De facto, se esta acção contra intervenções estrangeiras ilícitas, no caso a da Bélgica, seria sempre conforme com este princípio, já a repressão de uma secessão levada a cabo por um movimento interno constituiu um desrespeito deste[2183]. No entanto, o Katanga acabou por aceitar as propostas das Nações Unidas de renúncia à secessão. Estas simplesmente acabaram por ser executadas contra a sua vontade. Mas, ainda assim, o fim da secessão não foi unilateralmente imposto, já que foi aceite. A execução coerciva do acordado não constitui em si uma violação do artigo 2, n.º 7 CNU já que este, desde logo, não vincula as Nações Unidas em relação a medidas aprovadas nos termos do artigo 42[2184].

A ONUC retiraria do Congo por limitações orçamentais em 30 de Junho de 1964, apesar de subsistirem conflitos armados internos, embora não já com fins separatistas ou com intervenção externa permanente[2185].

---

[2181] Ora, a actuação efectiva, ainda que ilícita, tem relevância a vários títulos, incluindo para efeitos de protecção penal dos membros da Força contra agressões; ver, infra, parág. 102.

[2182] Contra, sustentando que se limitou a garantir a sua liberdade de movimentos em legítima defesa: H. Nicholas, UN Peace Forces (...), cit., pág. 331-332 e 336; Brian E. Urquhart, A UN Perspective, em International Military Forces – The Question of Peacekeeping in na Armed and Disarming World (Lincoln P. Bloomfield), MIT, 1964, pág. 126-144, na pág. 137-138; D. Bowett, United Nations (...), cit., pág. 194; O. Schachter, Uses of Law (...), cit., pág. 1112; M. Gagnon, Peace Forces (...), cit., pág. 835.

[2183] Uma secessão interna, mesmo por meios violentos, ou uma dissolução de um Estado federado, não violam o Direito Internacional, que apenas veda a utilização de certos meios para a concretizar (ver, supra, parág. 15.2).

[2184] Ver, infra, parág. 86.2.

[2185] Sobre a intervenção da Bélgica, apoiada pelos EUA, consentida pelo Zaire e para resgate de cidadãos, de Novembro 1964, ver, supra, parág. 13.2.

**65. Rodésia do Sul.** A declaração unilateral de independência da Rodésia do Sul de 11 de Novembro de 1965, sob um Governo dominado pela minoria de origem europeia[2186, 2187], segundo se pensa, desencadeou o segundo caso em que foi permitido o exercício do poder público bélico em sentido estrito, embora este não se tenha chegado a concretizar.

Com efeito, pela sua Resolução 217 (1965), de 20 de Novembro[2188], parág. 1, o Conselho, com estudada ambiguidade resultante de um compromisso, considerou que a situação era de ordem a que "its continuance in time constitutes a threat to international peace and security"[2189]. Ora, não podendo considerar-se esta qualificação como conforme com os termos do artigo 39, é necessário concluir que a resolução foi adoptada nos termos do Capítulo VI[2190]. No seu parág. 8, o Conselho apelou a que os Estados membros adoptassem um embargo de armas em especial contra a Rodésia do Sul, bem como um embargo comercial genérico com incidência particular no petróleo. Tratou-se, pois, de um apelo, que tem o valor de uma mera recomendação, que se julga ter tido base no artigo 36, n.º 1[2191, 2192], não sendo consequentemente vinculativo.

---

[2186] Cfr. a carta com a mesma data do Reino Unido dirigida ao Conselho de Segurança (cfr. RPSC, 1964-1965, Chapter VIII, pág. 145).

[2187] Esta declaração de independência deparou com a condenação do Conselho de Segurança e apelo ao não reconhecimento constantes da sua Resolução 216 (1965), de 12 de Novembro (texto em RDSCOR, 1965, pág. 8). Ver, *supra*, parág. 34.4.3.

[2188] Texto em RDSCOR, 1965, pág. 8-9.

[2189] A maioria dos Estados africanos insistiu imediatamente no dia 12 de Novembro, na 1257.ª reunião do Conselho, que a situação constituía uma ameaça à paz (cfr. RPSC, 1964--1965, Chapter VIII, pág. 145). O mesmo entendimento foi sustentado pela União Soviética e pela Índia na 1258.ª reunião, em 20 de Novembro, bem como pelo Paquistão, Malásia, Jamaica, além de pelos Estados africanos presentes (cfr. RPSC, cit., pág. 147), como ficava consagrado na proposta de resolução apresentada pela Costa do Marfim em seu nome. Esta ia ao ponto de decidir o recurso ao regime dos artigos 42 e 43, delegando no Secretário Geral a incumbência de adoptar as medidas necessárias para este efeito (cfr. RPSC, cit., pág. 148). Uma proposta mais moderada apresentada pela Bolívia e Uruguai, que qualificava igualmente a situação como uma ameaça à paz, foi aprovada como Resolução 217 (1965), depois de precisamente sofrer a alteração no parág. 1 (cfr. RPSC, cit., pág. 148) por pressão do Reino Unido, apoiado pelos outros Estados ocidentais. A intenção subjacente foi, pois, evitar a qualificação como uma ameaça à paz à luz do Capítulo VII, acabando por remeter o seu fundamento para o Capítulo VI.

[2190] Ver, *supra*, parág. 49.1.

[2191] Ver, *supra*, parág. 56.2.

[2192] V. Gowlland-Debbas, *Collective Responses to Illegal Acts* (…), cit., pág. 391-393, considera que o seu fundamento foi o artigo 24 CNU (sobre este preceito, ver, *supra*, parág. 49.4), mas aceita que não era aplicável o regime do artigo 41 (pág. 387) ou que esta fosse

Ora, esta não obrigatoriedade do embargo provocou problemas. Com efeito, o Reino Unido teve conhecimento de que a Rodésia do Sul importara petróleo e que navios, em particular o *Joanna V*, sob pavilhão grego, se dirigiam a Moçambique com vista a desembarcar o petróleo no porto da Beira, existindo suspeitas de que este era destinado à Rodésia. Perante a resistência da Grécia a que o *Joanna V* fosse forçado a alterar o seu curso pela marinha britânica, o Reino Unido recorreu ao Conselho de Segurança[2193]. Reunido no dia 9 de Abril de 1966, o Conselho apreciou uma proposta de resolução apresentada pelo Reino Unido no sentido de lhe atribuir poderes de revista no Alto Mar de navios suspeitos de transportar petróleo para a Rodésia e para impedir que aportassem ao porto da Beira, em Moçambique, então administrado por Portugal.

A sua proposta viria a ser aprovada, com algumas alterações, como Resolução 221 (1966), de 9 de Abril[2194]. Esta pela primeira vez qualifica expressamente a "situação decorrente" como uma ameaça à paz. Ou seja, não é exactamente a situação na Rodésia do Sul que é qualificada como tal[2195] mas antes o fornecimento de petróleo à Rodésia pelo apoio e assistência que permitiria ao regime subsistir por mais tempo. Ou seja, fica sugerido que a situação propriamente dita na Rodésia só poderia ser qualificada ainda como uma situação cuja subsistência poderia provocar uma ameaça à paz, isto é, própria do Capítulo VI. Mas que o fornecimento de meios para essa subsistência já constituía uma ameaça à paz. De qualquer modo, a resolução 221 tem, pois, clara base no Capítulo VII da Carta.

Os seus parágrafos 2 e 3 dirigiam apelos ao Governo Português para que este proibisse o abastecimento de petróleo à Rodésia pelo oleoduto da

---

obrigatória (pág. 395). Também no sentido da não obrigatoriedade: Gary A. MacDonald, *Review: The United Nations, International Law, And The Rhodesian Independence Crisis. By Jericho Nkala*, MLR, Vol. 85, 1987, pág. 1129-1134, na pág. 1131; U. Fink, *Kollektive Friedenssicherung* (...), cit., Teil 1, pág. 325-326.

[2193] Ver o sumário das suas cartas de 7 e 8 de Abril de 1966 em RPSC, 1966-1968, Chapter VIII, pág. 113.

[2194] Texto em RDSCOR, 1966, pág. 5-6.

[2195] A qualificação da própria situação na Rodésia como uma ameaça à paz, que seria realizada pela Resolução seguinte sobre a questão depois do fracasso de um acordo entre o Reino Unido e as autoridades na Rodésia, a 232 (1966), de 16 de Dezembro (texto em RDSCOR, 1966, pág. 7), parág. 1, foi criticada por alguns autores (assim: C. G. Fenwick, *When is There a Threat to the Peace?*, AJIL, Vol. 61, No. 3, 1967, pág. 753-755, na pág. 754 e 755) e defendida, correctamente, por outros [neste sentido: J. Cefkin, *The Rhodesian Question* (...), cit., pág. 649-650 e 663-664; M. McDougal/W. Reisman, *Rhodesia* (...), cit., pág. 6-12; V. Gowlland-Debbas, *Collective Responses to Illegal Acts* (...), cit., pág. 455].

Beira e que não recebesse petróleo para esta pelo porto da Beira. O parágrafo 4 apela a que os Estados que suspeitem que navios seus transportam petróleo destinado à Rodésia os forcem a desviar o seu curso. A utilização do termo instar/apelar (*calls*) suscita, contudo, dúvidas quanto à obrigatoriedade destes parágrafos[2196].

O mesmo termo consta do parág. 5[2197] que constitui a disposição central da Resolução que cabe analisar por estar directamente relacionado com a questão do poder público bélico. Segundo se julga, como decorre até da sua formulação, esta contém dois actos explícitos, mas igualmente um implícito. O acto implícito é a decisão de converter o embargo petrolífero contra a Rodésia estabelecido pelo parág. 8 da Resolução 217 (1965) de facultativo em obrigatório. De facto, os dois actos explícitos só fazem sentido partindo do princípio de que o embargo passou a ser obrigatório. Julga-se, pois, que se esteve perante um caso de aplicação do artigo 41 CNU.

O primeiro acto explícito, contido na primeira parte do parágrafo, constituiu uma habilitação ao Reino Unido para impedir que aportassem à Beira quaisquer navios em relação aos quais existissem fundadas suspeitas de transportarem petróleo destinado à Rodésia, se necessário pelo uso da força. Ou seja, qualquer uso da força com este fim constituiria um uso privado habilitado da força, visto que seria exercido no Alto Mar contra navios sujeitos à jurisdição de Estados terceiros em violação desta[2198, 2199].

---

[2196] Portugal e a África do Sul contestaram a validade da Resolução 221 (1966) em cartas dirigidas ao Secretário-Geral (cfr. RPSC, 1966-1968, Chapter VIII, pág. 114, nota 102) como forma de tentar justificar o seu incumprimento desta e a contínua permissão a que a Rodésia importasse petróleo através dos seus territórios. O principal fundamento invocado foi a circunstância de esta ter sido aprovada com cinco abstenções em que se encontravam dois membros permanentes, a França e a União Soviética (cfr. RDSCOR, 1966, pág. 6; em 1 de Janeiro entrara em vigor a emenda ao artigo 23 CNU alargando o número de membros de 11 para 15). Alegaram que tal era desconforme com o artigo 27, n.º 3 CNU. Como se verificou, uma prática consensual já modificara o preceito no sentido de impedir que a mera abstenção constituísse um veto (ver, *supra*, parág. 48.1). De qualquer modo, o fundamento alegado, como é habitual, foi um mero pretexto para tentar justificar o incumprimento de uma resolução que estes dois Estados consideraram politicamente inconveniente.

[2197] Este estabelecia: "Calls upon the Government of the United Kingdom of Great Britain and Northern Ireland to prevent, by the use of force if necessary, the arrival at Beira of vessels reasonably believed to be carrying oil destined for Southern Rhodesia, and empowers the United Kingdom to arrest and detain the tanker known as the Joanna V upon her departure from Beira in the event her oil cargo is discharged there".

[2198] Ver, *infra*, parág. 75.3.1.

[2199] No sentido de que se tratou da figura que ficou qualificada como uso privado habilitado: O. Schachter, *United Nations Law in the Gulf Conflict*, cit., pág. 454; U. Villani, *L'Intervento* (...), cit., pág. 44; J. Murphy, *Force and Arms* (...), cit., pág. 281.

Mas a segunda parte do parágrafo, expressamente autonomizada da primeira, segundo se julga contém uma outra realidade. Trata-se de uma instrução específica. O Conselho concede um poder ao Reino Unido para usar a força se necessário para arrestar um navio específico, o *Joanna V*, sujeito a uma condição clara: que este tenha descarregado o seu petróleo no porto da Beira. Ora, tendo em conta os critérios aplicáveis pelo Direito Internacional para imputar um acto a um sujeito internacional, encontravam-se reunidas as condições para considerar que este acto praticado pela marinha do Reino Unido seria imputável às Nações Unidas. Isto é, seria um acto coercivo praticado pela organização no exercício do seu poder público bélico[2200]. É certo que o Reino unido não tinha um dever de praticar tal acto, mas, como ficou escrito, entende-se que tal não é um pressuposto desta imputação, basta que a instrução não deixe grande margem de liberdade de apreciação ao seu destinatário[2201].

Na realidade, o *Joanna V* não descarregou o seu petróleo na Beira e, no cumprimento das instruções, pôde seguir livremente o seu caminho sem ser molestado pela marinha britânica[2202]. A Resolução 221 (1966) não passou, pois, de uma mera previsão de um exercício do poder público bélico em sentido estrito que não chegou a ser concretizado.

Deve-se, contudo, questionar se, no caso de este petroleiro ter sido detido, teria sido um verdadeiro exercício do poder público bélico. Com efeito, o *Joanna V* vira o seu registo cancelado pela Grécia e, depois de ter alterado o seu pavilhão para o do Panamá, igualmente este fora cancelado pelas autoridades deste segundo Estado[2203]. Tratava-se, pois, de um navio sem pavilhão que pode ser detido no Alto Mar sem que se considere que se trata de um acto contrário aos direitos de qualquer Estado[2204]. Parece que

---

[2200] O. Schachter, *United Nations Law in the Gulf Conflict*, cit., pág. 454, apesar de reconhecer o seu carácter específico, fala ainda em mera autorização.

[2201] Ver, *supra*, parág. 9.1.

[2202] Como foi comunicado ao Secretário-Geral pelo Reino Unido em carta de 20 de Setembro de 1966 [cfr. V. Gowlland-Debbas, *Collective Responses to Illegal Acts* (…), cit., pág. 406].

[2203] Cfr. V. Gowlland-Debbas, *Collective Responses to Illegal Acts* (…), cit., pág. 402.

[2204] O artigo 92, n.º 1 da referida Convenção sobre o Direito do Mar de 1982 estabelece que "A ship may not change its flag during a voyage or while in a port of call, save in the case of a real transfer of ownership or change of registry". E o seu n.º 2 estabelece que "A ship which sails under the flags of two or more States, using them according to convenience, may not claim any of the nationalities in question with respect to any other State, and may be assimilated to a ship without nationality". De qualquer forma, ao ver cancelado qualquer dos seus registos, o navio ficou efectivamente sem pavilhão, logo sem nacionalidade (assim,

qualquer Estado poderá mesmo impor a sua legislação interna contra estes navios sem nacionalidade ainda que por actos praticados em locais fora da sua jurisdição e, deste modo, deter o navio e sujeitar a tripulação às penalidades pela violação daquela. Deste modo, perante a situação concreta em que se encontrava o *Joanna V*, parece que o Reino Unido já teria autoridade para o deter por violação do embargo que, juridicamente apenas obrigava à luz do seu Direito interno, bem como do de vários outros Estados, incluindo o Grego, mas não à luz da Resolução 217 (1965) do Conselho, mera recomendação.

No entanto, não parece que o Conselho de Segurança tenha tido presente a situação jurídica do *Joanna V*. O seu objectivo parece que seria que este fosse arrestado, independentemente de ter ou não um pavilhão, no caso de ter descarregado o petróleo no porto da Beira. Deste modo, pretendeu mesmo instruir o Reino Unido para um eventual exercício de um poder público bélico.

Claro está, neste caso, levanta-se o problema da retroactividade da Resolução 221 (1996). De facto, o Conselho instruiu o Reino Unido para arrestar o *Joanna V* no caso de este ter violado um embargo que juridicamente, à luz do Direito das Nações Unidas, se baseava numa mera recomendação. Tendo presente que o Governo Grego proibira internamente o comércio de petróleo com a Rodésia e que, ao mudar de pavilhão, o comandante se sujeitou igualmente à legislação britânica com o mesmo sentido, parece bem que a Resolução 221 (1996) do Conselho não violou a proibição da retroactividade da lei penal consagrada internacionalmente. Mas esta não é isenta de crítica. Não é juridicamente admissível a execução coerciva contra indivíduos de uma recomendação ou de forma retroactiva.

---

o Tribunal Internacional do Direito do Mar, depois de citar o artigo 91 da Convenção, afirmou: "unless a fishing vessel like the Grand Prince is registered in Belize, Belize would not be the flag State of that vessel. It is necessary that there is sufficient evidence to establish that a vessel is registered and, therefore, has the right to fly the flag of Belize at the relevant time" [cfr. *The "Grand Prince" Case* (Belize v. France), Application For Prompt Release, Judgment, 20 April 2001, Case No. 8, parág. 82-83]). Ora, a mesma Convenção no seu artigo 110, n.º 1, al. d) permite o direito de visita e revista em caso "the ship is without nationality". A convenção, porém, não esclarece se um Estado pode impor a sua legislação interna contra estes navios sem nacionalidade mesmo por actos praticados fora da sua jurisdição e, deste modo, deter o navio e sujeitar a tripulação às penalidades pela violação daquela. Embora, não existindo violação da jurisdição de qualquer Estado, se deva sustentar que sim, desde que no respeito dos direitos dos acusados consagrados pelo Direito Internacional. Ver neste sentido Tribunal Permanente Justiça Internacional, The lotus, judgment of 7 september 1927, P.C.I.J., series A, N.º 10, pag. 19.

**66. A UNOSOM II.** A situação na Somália remonta a 26 de Janeiro de 1991, quando o então presidente foi derrubado após um conflito armado interno iniciado em 1982 com movimentos de oposição baseados em diferentes clãs instigados pela derrota somali no conflito armado com a Etiópia. A sua queda desencadeou, contudo, um conflito entre os dois principais movimentos vitoriosos que se arrastou com catastróficas consequências humanitárias. O colapso do aparelho de Estado levou à anarquia e à multiplicação pelo país de bandos armados independentes de qualquer um dos dois principais movimentos que alcançavam o número da dúzia; alguns dos quais sem qualquer objectivo político, não passando de grupos de salteadores. A esta situação acresce que a antiga Somalilândia britânica declarou a sua independência em Maio desse ano como Somalilândia[2205].

Esta situação, que se agravou a partir de Novembro de 1991, terá provocado cerca de 300.000 mortos, entre vítimas directas do conflito ou indirectas, por força de fome ou doença. Aproximadamente quatro milhões e meio de somalis, mais de metade da população, estavam com fortes carências alimentares, encontrando-se cerca de um milhão e meio destes em risco de vida. Existia um milhão de refugiados somalis nos países vizinhos[2206].

Existiam várias agências humanitárias a trabalhar no país, mas as Nações Unidas acabaram por decidir que se impunha uma tomada de posição sobre a questão, depois de algumas iniciativas diplomáticas sem sucesso do Secretário-Geral e de organizações regionais. Assim, pela sua Resolução 733 (1992), de 23 de Janeiro[2207], o Conselho de Segurança depois de invocar o pedido da Somália[2208] para que a situação fosse considerada pelo Conselho

---

[2205] A Somalilândia Britânica uniu-se, em 1960, com a Somalilândia italiana, ambas tornadas independentes nesse ano, para formar a actual Somália. A sua proclamação de independência de 1991 não foi reconhecida por qualquer Estado de acordo com a postura que têm seguido de acatar escrupulosamente o princípio do respeito pela integridade territorial dos outros Estados (ver, *supra*, parág. 34.4.3). De qualquer modo, os seus dirigentes não excluíram a possibilidade de um acordo de associação com o resto da Somália (cfr. *Report Of The Secretary-General On The Situation In Somalia*, UN Doc. S/24343, 22 July 1992, pág. 8, parág. 39).

[2206] Cfr. *The United Nations and the Situation in Somalia*, UN Department Of Public Information (DPI/1321/Rev.4 – May 1995), *Background*. Ver igualmente o *Report of the Secretary-General* (...), cit., 22 July 1992, pág. 5, parág. 26. Também *First UN Food Relief Reaches Somali Dock*, CSM, May 5, 1992, pág. 5; *Patients vie for food scraps amid ruins of Mogadishu*, TT, May 9, 1992, Section: Home news.

[2207] Texto em RDSCOR, 1992, pág. 55-56.

[2208] Conferido pela delegação de um Governo que não tinha qualquer efectividade no terreno.

e de retractar brevemente a situação[2209], veio afirmar que a "continuation of this situation constitutes (...) a threat to international peace and security" (parág. 4 do preâmbulo). Ou seja, apesar de alguma ambiguidade, o Conselho enquadra a situação no Capítulo VI da Carta: apenas por força da sua continuação esta viria a constituir uma ameaça à paz. Um argumento adicional será a sua invocação do pedido da Somália para que a questão fosse considerada, como que para esclarecer que o artigo 2, n.º 7 não constituía um obstáculo à sua intervenção, dada a existência de consentimento[2210].

No entanto, no parág. 5, o Conselho estabeleceu um embargo ao comércio de armamento com a Somália invocando expressamente o Capítulo VII. Claro está, a invocação deste Capítulo pressupõe que se está perante uma qualificação tácita da situação como uma ameaça à paz[2211]. Uma forma de compatibilizar esta invocação com a conclusão que se retirou do preâmbulo passa por considerar que o Conselho entendeu que apenas o fornecimento de armas às partes no conflito constituiria uma ameaça à paz e não já a situação em si na Somália. O facto de, nas resoluções imediatamente seguintes, o Conselho ter persistido na sua qualificação ambígua da situação em termos paralelos à do Capítulo VI e invocado sempre o convite da Somália a que se ocupasse da questão parece apontar nesse sentido. Deste modo, o raciocínio subjacente terá sido o de que a situação em si mesma, tal como se encontrava, ainda não constituía uma ameaça à paz, mas que qualquer aumento do nível de armamento das partes já a implicaria[2212]. Ou seja, chega-se à conclusão de que, apesar de um aspecto da situação constituir uma ameaça à paz, a situação em si continuou a ser regida pelos termos do Capítulo VI[2213, 2214].

---

[2209] Afirmou no preâmbulo: "Gravely alarmed at the rapid deterioration of the situation in Somalia and the heavy loss of human life and widespread material damage resulting from the conflict in the country and aware of its consequences on the stability and peace in the region".

[2210] É relativamente pacífico que a formulação neutra do artigo 2, n.º 7 permite que com base no consentimento do Estado membro a questão possa ser analisada pelas Nações Unidas (ver, *infra*, parág. 86.1).

[2211] Ver, *supra*, parág. 49.1.

[2212] Tratar-se-ia de uma subtileza semelhante à utilizada na Resolução 221 (1966), de 9 de Abril (texto em RDSCOR, 1966, pág. 5-6), a propósito da diferença entre a situação em si na Rodésia do Sul e a decorrente do fornecimento de petróleo a esta (ver, *supra*, parág. 65).

[2213] Sem prejuízo de a terminologia utilizada no preâmbulo merecer críticas por criar dúvidas desnecessárias.

[2214] Aparentemente no sentido de que a situação fora qualificada à luz do artigo 39: Mark R. Hutchinson, *Restoring Hope: U.N. Security Council Resolutions for Somalia and an Expanded Doctrine of Humanitarian Intervention*, HILJ, Vol. 34, 1993, pág. 624-640, na pág. 627-628.

Os restantes termos da Resolução são compatíveis com ambos os Capítulos, já que se relacionam com a assistência humanitária, os esforços diplomáticos a levar a cabo pelo Secretário-Geral em ligação com organizações regionais e um apelo ("Strongly urges") às partes para que cessem os combates.

O Secretário-Geral conseguiu que as duas principais partes no conflito se reunissem de 12 a 14 de Fevereiro nas instalações das Nações Unidas e que um cessar-fogo provisório fosse acordado que se manteve até à assinatura de um Acordo formal de cessar-fogo em 3 de Março de 1992 em Mogadíscio. Neste mesmo Acordo ficou estabelecido que uma Força de segurança das Nações Unidas seria instalada no terreno com vista a facilitar a distribuição da ajuda humanitária e monitorizar o cessar-fogo[2215].

Tendo em conta estes progressos diplomáticos, o Conselho de Segurança aprovou a sua Resolução 746 (1992), de 17 de Março[2216]. Esta mantém a mesma qualificação ambígua no seu preâmbulo[2217], apoia a celebração do cessar-fogo (parág. 2), volta a insistir no seu apelo a que as partes no conflito permitam a assistência humanitária (parág. 3) e apoia a iniciativa do Secretário-Geral de mandar um grupo técnico para estudar os termos de colocação no terreno de uma presença das Nações Unidas (parág. 6, por remissão para o relatório do Secretário-Geral).

De 23 de Março a 1 de Abril de 1992 o grupo técnico esteve na Somália a preparar a futura UNOSOM I, obtendo o acordo de princípio das duas principais partes em cartas de 27 e 28 de Março em relação a esta[2218]. Isto sem prejuízo de no terreno o cessar-fogo não estar a ser cumprido. Não só porque vários grupos armados escapavam ao controlo das duas partes que o tinham assinado, mas igualmente porque mesmo entre estas não era efectivo.

A Operação das Nações Unidas na Somália (UNOSOM I) seria então criada pela Resolução 751 (1992), de 24 de Abril[2219], parág. 2, com os objectivos de assegurar a distribuição da ajuda humanitária e monitorizar o

---

[2215] Cfr. *The United Nations and the Situation in Somalia*, cit., *Early United Nations Efforts*.

[2216] Texto em RDSCOR, 1992, pág. 56-57.

[2217] "Deeply disturbed by the magnitude of the human suffering caused by the conflict and concerned that the continuation of the situation in Somalia constitutes a threat to international peace and security" (parág. 6 do preâmbulo).

[2218] Cfr. *The United Nations and the Situation in Somalia*, cit., *Early United Nations Efforts*.

[2219] Texto em RDSCOR, 1992, pág. 57-58.

cessar-fogo (parág. 2 e 7). A autoridade sobre esta é delegada directamente no representante especial do Secretário-Geral (parág. 4)[2220] que será exercida quer sobre a sua componente civil, quer em relação à sua componente militar que o Conselho, em princípio, aceita que venha a ser constituída (parág. 4). Até ao estabelecimento da operação, o Secretário-Geral deve destacar uma unidade de 50 observadores para monitorizar o cessar-fogo (parág. 3) e continuar com as negociações com as partes em relação à insta-lação da operação (parág. 5). Tendo em conta as suas funções, o consenti-mento das partes e o facto de a sua componente militar apenas poder utilizar a força em legítima defesa[2221] resulta claro que a UNOSOM I constituía uma típica operação de manutenção da paz[2222].

Efectivamente, esta Resolução mantém no preâmbulo (parág. 6) a mesma qualificação ambígua da anterior Resolução 746 (1992), além de reafirmar a Resolução 733 (1992). Ou seja, nada permite concluir que tenha tido base no Capítulo VII. Nem a criação da ONOSOM I, que pelas suas características era de ordem a poder ser enquadrada no Capítulo VI[2223], nem pelo facto de ter criado uma comissão de sanções para observar o cumpri-mento do embargo ao comércio de armas (parág. 11) estabelecido pela Resolução 733 (1992)[2224]. Em ambos os casos se está perante a criação de estruturas que não implicam quaisquer deveres externos para os Estados membros. O Conselho continuava, pois, a operar nos termos do Capítulo VI da Carta.

Apenas em 23 de Junho existiu acordo das partes principais para a instalação no terreno dos 50 observadores previstos (desarmados), os primeiros dos quais chegaram a Mogadíscio em 5 de Julho, tendo os restantes chegado a 23 de Julho. Eram provenientes de 10 Estados[2225]. Somente em 12 de Agosto se chegou a acordo com aquelas partes quanto à instalação

---

[2220] O Secretário-Geral, em carta de 24 de Abril de 1992 dirigida ao Presidente do Conselho, informou o Conselho de que nomeara o seu representante especial. Em Carta de 28 seguinte, o Presidente comunicou ao Secretário-Geral que os membros tinham aceite o nomeado (cfr. RDSCOR, 1992, pág. 58-59).

[2221] Cfr., designadamente, a carta do Secretário-Geral de 29 de Novembro de 1992 dirigida ao Presidente do Conselho de Segurança (UN Doc. S/24868, 30 November 1992), pág. 2.

[2222] Sobre a sua noção, ver, *supra*, parág. 55.2.

[2223] Ver, *supra*, parág. 56.2.

[2224] O embargo de pouco servira, o tráfico de armas pelas fronteiras da Somália continuara imperturbado [cfr. *Report Of The Secretary-General* (...), cit., 22 July 1992, pág. 10, parág. 53].

[2225] Cfr. *Report Of The Secretary-General* (...), cit., 22 July 1992, pág. 3, parág. 16.

no terreno da Força da UNOSOM I a ser composta por 500 efectivos dotados de armas ligeiras, os primeiros dos quais chegaram a 14 de Setembro de 1992. A traduzir estas dificuldades diplomáticas, as agências humanitárias e os elementos das Nações Unidas presentes deparavam com a oposição de grupos armados e mesmo de membros das duas partes principais para desenvolver a sua acção humanitária. Os abastecimentos eram roubados por elementos armados, não existia liberdade de circulação pelo território e a luta armada continuava[2226].

Entretanto, o Conselho de Segurança aprovara a sua Resolução 767 (1992), de 27 de Julho[2227] que traz uma ligeira alteração de postura tendo em conta as dificuldades descritas no terreno. Este passou a omitir a referência à continuação da situação como pressuposto da sua qualificação como ameaça à paz, mas utiliza um termo ainda hesitante já que se mostra apenas preocupado que a situação constitua uma ameaça à paz, em vez de determinar que esta o é[2228]. Ou seja, limita-se a aumentar a ambiguidade, parecendo sugerir que ainda não se encontrava perante uma situação própria do Capítulo VII. De qualquer modo, o Conselho não utilizou quaisquer dos seus poderes compulsivos, mantendo a sua intervenção ao nível da das duas anteriores resoluções, com meras recomendações dirigidas às partes.

Nesta Resolução, o Conselho mostra a sua preocupação pela situação humanitária e pelas violações do cessar-fogo, insistindo na necessidade de ser facilitada a distribuição da ajuda humanitária. Pede a cooperação das partes com a UNOSOM e, em reflexo da tendencial nova postura decorrente da alteração literal de qualificação, acrescenta: "In the absence of such cooperation, the Security Council does not exclude other measures to deliver humanitarian assistance to Somalia" (parág. 4).

---

[2226] Cfr. *Report Of The Secretary-General On The Situation In Somalia*, UN Doc. S/ 24480, 24 August 1992, pág. 3, parág. 12, pág. 4, parág. 20 e pág. 5, parág. 23.

[2227] Texto em RDSCOR, 1992, pág. 59-60.

[2228] "Deeply disturbed by the magnitude of human suffering caused by the conflict and concerned that the situation in Somalia constitutes a threat to international peace and security" (sétimo parágrafo preambular). A qualificação da situação é, portanto, ainda tendencial, devido à utilização do termo "concerned", sem uma clara determinação como viria a surgir na seguinte Resolução 794 (1992). Esta conclusão é confirmada pela prática. Com efeito, esta passagem do preâmbulo não foi interpretada no sentido de ter realizado qualquer qualificação à luz do artigo 39. Designadamente, o Secretário-Geral deixou claramente sugerido que o regime em que esta resolução fora adoptada era ainda o do Capítulo VI [ver a sua carta de 29 de Novembro de 1992 dirigida ao Presidente do Conselho de Segurança (UN Doc. S/ /24868, 30 November 1992), pág. 3].

Seguiu-se a Resolução 775 (1992), de 28 de Agosto[2229], que mantém a ambígua referência à ameaça à paz, em que o Conselho apreciou a proposta do Secretário-Geral de alargar a UNOSOM para mais cerca de 3.000 efectivos com vista a melhor garantir as condições para cumprir os aspectos humanitários do seu mandato, tendo-a aprovada (parág. 3).

Por carta de 8 de Setembro do Presidente do Conselho[2230], este comunicou ao Secretário-Geral que fora aprovada a sua proposta de alargar ainda a UNOSOM com um contingente suplementar logístico de 719 efectivos. Esta estava, pois, autorizada a atingir um número de 4219 efectivos.

Dificuldades no terreno levaram a que o representante especial do Secretário-Geral comunicasse ao Conselho a sua falta de condições para levar a cabo o mandato da UNOSOM, o que acabou posteriormente por levar ao seu pedido de demissão[2231]. O Presidente do Conselho em Declaração de 16 de Outubro de 1992[2232] manifestou o seu apoio à acção quer do representante, quer do Secretário-Geral, em palavras diplomáticas.

Estas dificuldades, contudo, apenas se agravaram já que uma das principais partes [o Congresso Somali Unido/Aliança Nacional Somali (USC//SNA)] alterou a sua postura em relação à presença da UNOSOM nos territórios que considerava sob seu controlo, realizando alguns ataques contra as suas forças na zona do aeroporto de Mogadíscio; igualmente a segunda parte no conflito impediu a distribuição da ajuda por alguns dias[2233]. Assim, apesar de existirem muitos recursos alimentares disponíveis, estes não estavam a chegar a quem destes necessitava. Em resultado, aparentemente, cerca de 3.000 pessoas estariam a morrer de fome por dia[2234].

Esta situação, como se entrevia já na Resolução 775 (1992), vai levar o Conselho a adoptar a Resolução 794 (1992), de 3 de Dezembro[2235] com termos bem mais drásticos[2236, 2237]. Começou por determinar de modo que

---

[2229] Texto em RDSCOR, 1992, pág. 61-62.

[2230] Cfr. RDSCOR, 1992, pág. 62.

[2231] O Secretário-Geral nomeou um novo representante no dia 3 de Novembro de 1992 (Cfr. *The United Nations and the Situation in Somalia*, cit., nota 1). Não se encontrou referência no RDSCOR, 1992, pág. 63 a qualquer consulta entre este e o Conselho de Segurança; mas certamente terá ocorrido.

[2232] Texto em RDSCOR, 1992, pág. 62-63.

[2233] Cfr. Carta de 24 de Novembro de 1992 do Secretário-Geral ao Presidente do Conselho de Segurança, UN Doc. S/24859, 27 November 1992, pág. 2-3.

[2234] Cfr. *The United Nations and the Situation in Somalia*, cit., *Situation Deteriorates*.

[2235] Texto em RDSCOR, 1992, pág. 63-65.

[2236] Que se procura justificar, de forma a evitar a criação de um precedente, com o 2.º parágrafo preambular: "Recognizing the unique character of the present situation in Somalia

não suscita qualquer dúvida que a situação constituía uma ameaça à paz[2238], enquadrando-a claramente no quadro do Capítulo VII. A confirmá-lo, toda a Resolução é marcada por decisões obrigatórias dirigidas às partes e grupos armados no conflito interno na Somália, adoptadas nos termos dos artigos 39 e 40.

O parágrafo 1, na sua primeira parte, contém uma ordem de cessar--fogo adoptada nos termos do artigo 40[2239]. Já a sua segunda parte contém uma ordem para que as facções cooperem com a UNOSOM e as forças habilitadas; o parágrafo 2 exige que facilitem a distribuição da ajuda humanitária; o parágrafo 3 que assegurem a segurança dos elementos das Nações Unidas, agências humanitárias e forças habilitadas; o parágrafo 4 uma ordem para o cessar das violações do Direito Internacional Humanitário e o parágrafo 5 uma condenação de todas as violações deste ramo do Direito Internacional; segundo se julga, todas estas ordens foram adoptadas nos termos do artigo 39[2240].

Mas é o parágrafo 10 que justifica todo este exercício de autoridade. Nos termos da oferta dos EUA para intervir militarmente na Somália com vista a assegurar uma situação que permitisse a distribuição da ajuda humanitária[2241] e as ofertas de outros Estados para participarem (aplaudidas

---

and mindful of its deteriorating, complex and extraordinary nature, requiring an immediate and exceptional response".

[2237] Esta Resolução baseou-se nas propostas do Secretário-Geral apresentadas na sua carta de 29 de Novembro de 1992 dirigida ao Presidente do Conselho de Segurança (UN Doc. S/24868, 30 November 1992), em que tendo em conta a situação descrita na anterior carta de 24 de Novembro, propôs como alternativas: a manutenção da situação actual da UNOSOM como mera Força de manutenção da paz, apenas reforçada até ao limite estipulado de cerca de 4200 efectivos. A retirada da Força de manutenção da paz e a restrição da UNOSOM aos seus observadores. Ou, terceira alternativa, recorrer aos meios do Capítulo VII por uma qualificação da questão à luz do artigo 39, por modo a permitir se necessário à UNOSOM o uso de meios coercivos, uma vez reforçada. Uma quarta alternativa passaria por permitir uma intervenção militar de Estados membros para tanto autorizados. Uma quinta opção seria a criação de uma Força coerciva das Nações Unidas fortemente armada. O Secretário-Geral favoreceu claramente estas últimas duas alternativas (pág. 2-5).

[2238] 3.º parágrafo preambular: "Determining that the magnitude of the human tragedy caused by the conflict in Somalia, further exacerbated by the obstacles being created to the distribution of humanitarian assistance, constitutes a threat to international peace and security".

[2239] Quanto à possibilidade do Conselho adoptar actos obrigatórios à luz do artigo 40, ver, *supra*, parág. 50.2.

[2240] Ver sobre as competências à luz do artigo 39, *supra*, parág. 36.

[2241] Os EUA manifestaram ao Secretário-Geral em 25 de Novembro de 1992 a sua disponibilidade para organizar e comandar uma força multinacional para intervir na Somália (cfr. a citada carta do Secretário-Geral de 29 de Novembro de 1992, pág. 5).

pelo parág. 8 e 9), o Conselho habilitou estes Estados em cooperação com o Secretário-Geral "to use all necessary means to establish as soon as possible a secure environment for humanitarian relief operations in Somalia". Apesar da necessidade de cooperação com as Nações Unidas, por intermédio do Secretário-Geral, ficou claro que estas forças não ficariam colocadas sob autoridade deste órgão, nem sujeitas a quaisquer instruções específicas deste. O artigo 13 exige apenas que sejam estabelecidos mecanismos de coordenação entre as forças estaduais habilitadas e as Nações Unidas e o parág. 15 que sejam instalados no comando unificado oficiais de ligação à UNOSOM. Tratou-se, pois, de uma habilitação ao uso privado da força[2242].

Em execução desta habilitação, os EUA, na sua operação *Restore hope*, desembarcaram na Somália, perto de Mogadíscio, em 9 de Dezembro de 1992, como principal contingente da UNITAF (*Unified Task Force*)[2243]; isto é, a força multinacional habilitada pela Resolução 794 (1992), sob comando unificado norte-americano[2244].

Nas semanas seguintes a UNITAF atingiu os seus objectivos de controlar não só a capital, como igualmente importantes localidades na Somália, sem incidentes graves com os movimentos e bandos armados locais, intimidados pela manifestação de força. Cerca de 40% do território da Somália ficou sob seu controlo. Nesta zona as condições materiais da população melhoraram apreciavelmente, sendo drasticamente diminuídas as fatalidades derivadas da fome. A zona a norte, controlada pela autoproclamada Somalilândia, e outras, subsistiram, porém, fora do seu controlo, continuando a verificar-se combates. Ainda assim, apoiada militarmente, a diplomacia daria os seus frutos. Foram celebrados os acordos de 8 de Janeiro entre 14 partidos e facções somalis[2245] patrocinados pelas Nações Unidas e organizações regio-

---

[2242] Esta natureza foi proposta, como quarta alternativa, pelo Secretário-Geral na citada carta de 29 de Novembro de 1992, pág. 4-5 e foi encarada desta forma pelos EUA na sua oferta. Seria desta forma considerada pelo Secretário-Geral no seu *Supplement To An Agenda For Peace*, cit., parág. 78. Igualmente no sentido de que se tratou de uma autorização ao uso da força: R. Zacklin, *Le Droit* (...), cit., pág. 194; U. Villani, *L'Intervento* (...), cit., pág. 45; C. Pontecorvo, *Somalia* (...), cit., pág. 240-241 e 242-243.

[2243] Cfr. o *Report by the United States pursuant Security Council Resolution 794 (1992)* (UN Doc. S/24976, 17 December 1992), pág. 2, apresentado pelos EUA em cumprimento do seu dever de informar o Conselho.

[2244] Viriam ainda a participar na UNITAF tropas de pelo menos mais 20 Estados, tendo esta alcançado o impressionante número de 37.000 efectivos, cerca de 28.000 dos EUA

[2245] Textos em anexo II, III e IV ao *The Situation in Somalia – Progress Report of the Secretary-General* (UN Doc. S/25168, 26 January 1993), pág. 11-18.

nais, que estabeleceram um cessar-fogo e modalidades de desarmamento, bem como a convocação de uma conferência de reconciliação nacional para 15 de Março[2246, 2247].

Na sequência de recomendações do Secretário-Geral, o Conselho de Segurança, pela sua Resolução 814 (1993), de 26 de Março[2248], decidiu substituir a UNITAF por uma alargada UNOSOM II, delegando nos órgãos cimeiros desta o poder público bélico.

Assim, depois de determinar que a situação na Somália continuava a constituir uma ameaça à paz na região[2249], na sua Parte B, adoptada com invocação do Capítulo VII, vem regular a transição entre estas duas estruturas, essencialmente por remissão para o citado Relatório de 3 de Março de 1993 do Secretário-Geral, parágrafos 56 a 88. Este estabelece no essencial como objectivos da UNOSOM II a garantia do cumprimento dos Acordos de 8 de Janeiro, a manutenção da segurança e protecção do pessoal humanitário e suas actividades, a recolha de armas proibidas e desarmamento de grupos ilegais e tarefas de assistência na reconstrução do Estado somali[2250].

Ficou consagrado o carácter compulsivo da UNOSOM II, visto que a sua instalação não ficou dependente do consentimento de qualquer movimento armado e tinha um mandato sobre todo o território da Somália. E podia utilizar a força de forma coerciva para impor o acordo de paz de 8 de Janeiro contra qualquer parte que o violasse, para desarmar grupos ou apreender armas pesadas aos movimentos[2251]. Estabelece um procedimento de quatro fases para a transição entre a UNITAF e a UNOSOM II[2252], deven-

---

[2246] Cfr. *The Situation in Somalia – Progress Report of the Secretary-General*, cit., pág. 2, parág. 8; igualmente em *Further Report of the Secretary-General Submitted in Pursuance of paragraphs 18 and 19 of Resolution 794 (1992)* (UN Doc. S/25354, 3 March 1993), pág. 2-3, parág. 6, pág. 4, parág. 10-11 e pág. 5, parág. 17.

[2247] Esta conferência fora apoiada pela Assembleia Geral pela sua Resolução 47/167 de 18 de Dezembro de 1992 (texto em RDGAOR, 47th Session, 1992, Vol. I, pág. 47-48).

[2248] Texto em RDSCOR, 1993, pág. 80-82.

[2249] Este preciosismo regionalista é inconveniente tendo em conta a terminologia do artigo 39, mas, à luz da prática do Conselho, constitui uma forma de qualificar a situação reconduzível à ameaça à paz (ver, *infra*, parág. 79).

[2250] Cfr. o referido *Further Report of the Secretary-General* (...), pág. 12-13, parág. 57. É relevante especialmente a al. b) "To prevent any resumption of violence and, if necessary, take appropriate action against any faction that violates or threatens to violate the cessation of hostilities".

[2251] Cfr. *Further Report of the Secretary-General* (...), pág. 14, parág. 63.

[2252] Cfr. *Further Report of the Secretary-General* (...), pág. 17-18, parág. 79-87.

do esta alcançar um número de efectivos de cerca de 28.000[2253] militares apoiada ainda por uma força de reacção rápida dos EUA de 1.000 soldados sob comando autónomo norte-americano. O comando dos efectivos no terreno foi assumido pela UNOSOM em 4 de Maio.

Julga-se, pois, de concluir que se esteve perante a delegação do exercício do poder público bélico nos órgãos superiores da UNOSOM II, o que significa que as Nações Unidas fizeram uso directo dos seus poderes à luz do artigo 42 da Carta, único preceito que lho permite[2254, 2255]. Novamente não foi conferido qualquer papel à Comissão de Estado-Maior, mas o artigo 42 não o exige e já se viu que em rigor o monopólio da direcção estratégica que lhe é conferida pelo artigo 47, n.º 3 deixou de existir por emenda tácita à Carta[2256]. A UNOSOM II deve ser qualificada como uma Força de imposição da paz e não uma Força bélica[2257], já que apesar do seu carácter compulsivo, a sua presença foi aceite pelas partes, bem como a paz que visava executar pelos referidos Acordos de 8 de Janeiro de 1993.

---

[2253] Cfr. *Further Report of the Secretary-General* (…), pág. 15, parág. 71-72 e pág. 16, parág. 76.

[2254] No mencionado *Further Report of the Secretary-General* (…), pág. 13, parág. 58, escreve-se "UNOSOM II will not be able to implement the above mandate unless it is endowed with enforcement powers under Chapter VII of the Charter". Ver igualmente pág. 19, parág. 89.

Do mesmo modo, durante os debates da 3188.ª reunião do Conselho que aprovou esta Resolução vários oradores sublinharam que se tratava de uma Força baseada no Capítulo VII, que alguns consideraram sem precedentes (esquecendo a ONUC): assim, foi o caso de Cabo Verde (cfr. UN Doc. S/PV.3188, 26 March 1993, pág. 11), da China (cfr. doc. cit., pág. 21), da França, (cfr. doc. cit., pág. 23), da Espanha (cfr. doc. cit., pág. 26: carácter excepcional, sem precedentes), da Hungria (cfr. doc. cit., pág. 35) e Reino Unido (cfr. doc. cit., pág. 37: com um mandato firme que leve ao desarmamento baseado no Capítulo VII).

[2255] No sentido de que se tratou de uma acção coerciva, baseada no artigo 42: M. Bothe, *Peace-Keeping*, cit., pág. 586, 575, 590 e 591; J.-M. Sorel, *L'élargissement* (…), cit., pág. 37 (mas sem invocar o artigo 42); R. Zacklin, *Le Droit* (...), cit., pág. 192-194; M. Hutchinson, *Restoring Hope* (…), cit., pág. 624-625 e 628-63; Concetta Pontecorvo, *Somalia e Nazioni Unite*, em *Interventi delle Nazioni Unite e Diritto Internazionale* (dir. Paulo Picone), Padova, 1995, pág. 201-259, na pág. 249, 250-251 e nota 190, pág. 252-253 (operação das Nações Unidas de imposição da paz, com aparente base no artigo 42); Michael Reppas, *The Lawfulness Of Humanitarian Intervention*, STLR, Vol. 9, 1997, pág. 463-480, na pág. 476; U. Fink, *Kollektive Friedenssicherung* (...), cit., Teil 2, pág. 749. Menos claro: Rajendra Ramlogan, *Towards A New Vision Of World Security: The United Nations Security Council And The Lessons Of Somalia*, HJIL, Vol. 16, 1993, pág. 213-260, na pág. 249-250 e 252 (afirma que é uma Força de imposição da paz baseada no Capítulo VII, mas depois já hesita).

[2256] Ver, *supra*, parág. 53.

[2257] Sobre a distinção entre estas duas espécies de forças coercivas, ver, *supra*, parág. 55.2.

Em resultado da referida Conferência de reconciliação nacional em Addis Abeba, foi assinado por quinze movimentos, bandos armados e partidos um Acordo em 27 de Março de 1993, que reafirma os referidos Acordos de 8 de Janeiro. Este regula aspectos de segurança e desarmamento, reconstrução nacional e resolução de controvérsias. Consagrava um Sistema Nacional Transitório que exerceria funções políticas durante o período transitório de dois anos composto por representantes das quinzes partes e de distritos regionais. Foram igualmente estabelecidos órgãos regionais. O papel da UNITAF e da UNOSOM II foi reconhecido e incentivado[2258].

No entanto, no terreno as questões relativas ao desarmamento não foram resolvidas de forma tão simples. Em 5 de Junho, quando a direcção das acções já cabia exclusivamente à UNOSOM, 24 soldados desta do contingente paquistanês foram mortos, 10 foram dados como desaparecidos e 40 foram feridos numa série de emboscadas no sul de Mogadíscio, aparentemente orquestradas pelo principal movimento, o Congresso Somali Unido/Aliança Nacional Somali (USC/SNA)[2259, 2260].

---

[2258] Cfr. *The United Nations and the Situation in Somalia*, cit., *Reconciliation Conference.*

[2259] Cfr. *Further Report Of The Secretary-General Submitted In Pursuance Of Paragraph 19 Of Resolution 814 (1993) And Paragraph A 5 Of Resolution 865 (1993)* (UN Doc. S//26738, 12 November 1993), pág. 16, parág. 62.

[2260] Aparentemente, este ataque não foi provocado, designadamente por qualquer tentativa de desarmamento da USC/SNA por parte da UNOSOM II. As Nações Unidas sustentam que apenas depois de dia 5 de Junho iniciaram tais operações de desarmamento (cfr. *The United Nations and the Situation in Somalia*, cit., *The 3 October 1993 Incident*). Embora tivessem corrido rumores nos dias antecedentes ao ataque que a UNOSOM pretendia ocupar uma rádio utilizada por este movimento para lançar inflamadas acusações contra a Força das Nações Unidas e realizar inspecções ao armamento que desta vez passariam pela sua apreensão.

Igualmente a UNITAF não procedeu a desarmamentos sistemáticos, embora ainda tenha confiscado mais de duas mil armas ligeiras e várias centenas de armas pesadas, designadamente, de forças que ameaçavam os seus efectivos. Aliás, tal terá sido um ponto de discórdia entre os EUA e o Secretário-Geral que insistira que a Força multinacional realizasse um desarmamento em larga escala, ao menos do armamento pesado [cfr. J. Chopra/Å. Eknes/T. Nordbø, *Fighting for Hope in Somalia*, cit., 2. A "Secure Environment" e Parte VI, 6. Political Failure; S. Murphy, *Nation-Building* (…), cit., pág. 27; os EUA resistiram ao seu envolvimento no desarmamento por causa do fantasma do Vietname (cfr. *Broader U.S. Role Developing in Somalia*, WP, December 31, 1992, pág. A16].

Nestes termos, o ataque realizado pela USC/SNA parece completamente injustificado. A ter efectivamente existido um plano de desarmamento coercivo da USC/SNA, ao menos do armamento pesado, como estava previsto nos acordos, ter-se-á tratado de um erro grave já que os acontecimentos de 5 de Junho desencadearam todo o procedimento que a seu tempo levou à retirada da UNOSOM II. Ao contrário da UNITAF, esta Força não tinha efectivos ou armamento suficiente para se impor de forma esmagadora às facções. De facto, uma coisa é esta poder legitimamente adoptar acções coercivas, outra muito diferente é tal ser conveniente.

Em reacção, o Conselho de Segurança aprovou a sua Resolução 837 (1993), de 6 de Junho[2261], em que condenou fortemente o ataque e reafirmou que o Secretário-Geral se encontrava autorizado a utilizar todos os meios necessários contra os responsáveis por estes (parág. 5)[2262]. Considerou mesmo que os responsáveis incorreriam em responsabilidade penal por tal ataque[2263].

Esclarecido que os seus poderes compreendiam o de reprimir esta acção, no dia 12 de Junho a UNOSOM II adoptou uma série de acções bélicas contra a USC/SNA na zona Sul de Mogadíscio, terminando com as emissões de uma rádio deste movimento que incentivava a população contra si. A acção continuou no dia seguinte, causando algumas baixas entre civis somalis, aparentemente devido ao facto da USC/SNA os utilizar como escudos humanos[2264]. Estas seriam lamentadas pelo Conselho de Segurança pela Declaração Presidencial de dia 14 de Junho, apesar de a acção ter sido apoiada[2265].

Depois de uma investigação que implicava a USC/SNA no ataque de 5 de Junho, a UNOSOM procurou levar a julgamento o seu dirigente, iniciando uma caça ao homem, além de recorrer a uma política de desarmamento coercivo deste movimento. Deste modo, os ataques contra as suas forças por parte da USC/SNA continuaram[2266].

---

[2261] Texto em RDSCOR, 1993, pág. 83.

[2262] Que tem o seguinte texto: "Reaffirms that the Secretary-General is authorized under resolution 814 (1993) to take all necessary measures against all those responsible for the armed attacks referred to in paragraph 1 above, including against those responsible for publicly inciting such attacks, to establish the effective authority of UNOSOM II throughout Somalia, including to secure the investigation of their actions and their arrest and detention for prosecution, trial and punishment;".

[2263] Tendo em conta que, aparentemente, a UNOSOM actuara de facto como um mera Força de manutenção de paz até então, esta posição não era descabida, mas tinha escasso apoio. Sobre esta questão, ver, *infra*, parág. 102.

[2264] Cfr. *Further Report Of The Secretary-General Submitted In Pursuance Of Paragraph 19 Of Resolution 814* (...), pág. 16, parág. 63.

[2265] Trata-se de declaração que não consta do RDSCOR, 1993, mas que é referida em *The United Nations and the Situation in Somalia*, cit., *UNOSOM II Acts*.

[2266] Assim, no dia 8 de Agosto de 1993, quatro militares norte-americanos da UNOSOM foram mortos num ataque contra o seu veículo. No dia 5 de Setembro, uma unidade nigeriana foi atacada, tendo morrido sete soldados e 10 ficado feridos. No dia 9 de Setembro foi a vez de um soldado paquistanês ser morto e outros dois serem feridos, bem como três soldados norte--americanos. Em 13 de Setembro, dois soldados italianos foram igualmente mortos num ataque de atiradores furtivos [cfr. *Further Report Of The Secretary-General Submitted In Pursuance Of Paragraph 19 Of Resolution 814* (...), pág. 16, parág. 64 e pág. 17, parág. 66-68].

Na sua Resolução 865 (1993), de 22 de Setembro[2267], o Conselho condenou estes ataques, voltando a frisar que implicavam responsabilidade penal (Parte A, parág. 3) e apoiou a reconstituição do aparelho de Estado da Somália, em particular o sistema policial e judicial.

No dia 3 de Outubro de 1993, numa operação de captura de vários dirigentes da USC/SNA, forças dos EUA que cooperavam com a UNOSOM II[2268] viram os seus helicópteros atingidos por fogo de membros deste movimento, o que provocou a queda de dois destes. Na retirada do local, 18 membros da Força americana foram mortos e 75 foram feridos, além de terem morrido várias centenas de somalis. Em reacção, os EUA reforçaram transitoriamente as suas forças, mas anunciaram a sua retirada da Somália até 31 de Março de 1994. No dia 9 de Outubro, a USC/SNA anunciou um cessar-fogo unilateral com a UNOSOM que permitiu que a situação acalmasse[2269, 2270].

Pela sua Resolução 878 (1993), de 29 de Outubro[2271], o Conselho renovou provisoriamente o mandato da UNOSOM até 18 de Novembro, com vista a permitir ao Secretário-Geral apresentar um relatório completo sobre a situação.

Na sua Resolução 885 (1993), de 16 de Novembro[2272], o Conselho decidiu criar uma comissão de inquérito para apurar os factos relativos aos incidentes de 5 de Junho e 3 de Outubro, mandando suspender a captura dos indivíduos acusados até que o relatório da comissão estivesse terminado (parág. 8).

Em resultado, o Secretário-Geral mandou libertar alguns dos detidos da USC/SNA, apenas mantendo sob custódia oito membros deste movimento. Mesmo estes seriam libertados em 17 de Janeiro de 1994[2273]. A abordagem da questão estava nitidamente a mudar.

---

[2267] Texto em RDSCOR, 1993, pág. 84-85.

[2268] Ainda que não se encontrassem sob seu comando, embora por exemplo na acção de 12 de Julho tenham operado sob direcção da UNOSOM.

[2269] Cfr. *Further Report Of The Secretary-General Submitted In Pursuance Of Paragraph 19 Of Resolution 814* (...), pág. 17, parág. 70 e pág. 18, parág. 72 e 75.

[2270] No entanto, no Norte, a autoproclamada Somalilândia fazia exigências para que a UNOSOM II retirasse dos seus territórios, deixando no ar ameaças de uso da força caso tal não ocorresse. O Secretário-Geral decidiu consultar o Conselho de Segurança sobre a questão que por intermédio da carta do seu Presidente de 1 de Outubro de 1993 lhe manifestou as expectativas dos membros do Conselho no sentido de que por meios pacíficos a UNOSOM pudesse continuar a sua acção na zona do noroeste da Somália (cfr. RDSCOR, 1993, pág. 85).

[2271] Texto em RDSCOR, 1993, pág. 85-86.

[2272] Texto em RDSCOR, 1993, pág. 86.

[2273] Cfr. *The United Nations and the Situation in Somalia*, cit., *Three Options Presented*.

Pela sua Resolução 886 (1993), de 18 de Novembro[2274], o Conselho nos termos do capítulo VII renovou o mandato da UNOSOM II, sem alterações, até 31 de Maio de 1994 (parág. 3). Mas decidiu rever este mandato até 1 de Fevereiro de 1994 (parág. 6). Frisou várias vezes a importância da reconciliação, voltando a sublinhar que a responsabilidade por esta residia nas mãos do Povo somali e que os esforços das Nações Unidas dependiam da cooperação deste. Ou seja, a linguagem era já bem diferente.

No terreno, os esforços para reconciliar a USC/SNA e o segundo movimento mais importante (apoiado por uma coligação de doze grupos e partidos) continuavam a deparar com obstáculos, já que o primeiro, sentindo-se reforçado no terreno, entendia que o acordo de 27 de Março de 1993 devia ser revisto. Em várias zonas da Somália alguns conflitos armados entre clãs e as pilhagens de bandos armados continuavam; e mesmo em Mogadíscio, apesar de não existirem combates entre a USC/SNA e a UNOSOM II, a situação era de maior insegurança, tendo sido atacados alguns membros de agências humanitárias e civis da UNOSOM. O desarmamento voluntário não sofrera qualquer desenvolvimento positivo; pelo contrário, as principais partes pareciam estar a rearmar-se em antecipação de futuros conflitos. Vários Estados membros tinham já manifestado ao Secretário-Geral a sua intenção de retirar os seus contingentes da operação, sem que tivesse sido possível encontrar alternativas. O nível de efectivos previsto para o final de Março de 1993 era de 19.700[2275].

Tendo em conta este contexto e a recomendação do Secretário-Geral de que o mandato da UNOSOM II voltasse a limitar-se ao de uma Força de manutenção da paz baseada na cooperação das partes, o Conselho na sua Resolução 897 (1994), de 4 de Fevereiro[2276], decidiu acolher esta opção, terminando formalmente com mais este precedente de exercício do poder público bélico em sentido estrito.

Assim, invocando o Capítulo VII e mantendo a qualificação de que a situação ameaçava a paz internacional, veio expurgar o mandato da UNOSOM II de todos os aspectos coercivos, designadamente o desarmamento das partes e a imposição do cessar-fogo. Fica um papel de mero assistente das partes na reconstrução e reconciliação, de ajuda à distribuição da ajuda humanitária, e de protecção dos principais centros de comunicações, incluindo

---

[2274] Texto em RDSCOR, 1993, pág. 86-88.
[2275] Cfr. *The United Nations and the Situation in Somalia*, cit., *Political Aspects* e *Security Issues*.
[2276] Texto em RDSCOR, 1994, pág. 55.

portos e aeroportos, e do pessoal e instalações internacionais (parág. 2). Permite a redução dos seus efectivos (parág. 3) e, tendo em conta as notícias de rearmamento, volta a insistir no embargo estabelecido pela Resolução 733 (1992) (parág. 9).

Durante este período final da UNOSOM até ao seu procedimento de retirada pouco existe a relatar. Um novo acordo de paz de 24 de Março de 1994 entre as duas principais partes no conflito somali constante da Declaração de Nairobi seria de pouca dura. A Conferência de Reconciliação Nacional prevista para 15 de Maio de 1994 para eleger um Presidente, Vice-Presidentes e um Governo nunca se reuniu.

O Conselho pela sua Resolução 923 (1994), de 31 de Maio[2277], renovou o mandato da UNOSOM até 30 de Setembro de 1994.

No terreno, a situação quanto à segurança foi-se progressivamente deteriorando, registando-se mesmo alguns ataques contra membros da UNOSOM. Não houve qualquer progresso no procedimento de reconciliação. Depois de um incidente mais grave em 29 de Julho de 1994, a UNOSOM começou a concentrar as suas forças em três ou quatro locais chave da Somália[2278].

O Conselho na sua Resolução 946 (1994), de 30 de Setembro[2279], estendeu o mandato da UNOSOM até dia 31 de Outubro. Seguindo recomendações do Secretário-Geral, e depois de uma análise directa por uma comissão do Conselho na Somália que apoiou a mesma conclusão, o Conselho renovou o mandato da UNOSOM até 31 de Março de 1995 já com vista a terminá-lo; o que viria a ocorrer por intermédio das Resoluções 953 (1994) e 954 (1994) de 31 de Outubro e de 4 de Novembro[2280].

Esta última Resolução consagra a última manifestação de exercício do poder público bélico na Somália, já que delega na UNOSOM (isto é, nos órgãos das Nações Unidas que a dirigiam, especialmente o comandante da Força, directamente referido) o poder de recorrer a todas as medidas necessárias para levar a bom termo a retirada da Força (parág. 6)[2281]. Pedia ainda aos Estados membros que fornecessem assistência à organização da retirada da Força.

---

[2277] Texto em RDSCOR, 1994, pág. 56.

[2278] Cfr. *The United Nations and the Situation in Somalia*, cit., *Council Expresses Grave Concern*.

[2279] Texto em RDSCOR, 1994, pág. 58.

[2280] Textos em RDSCOR, 1994, pág. 59.

[2281] "Authorizes UNOSOM II military forces to take those actions necessary to protect the UNOSOM II mission and the withdrawal of UNOSOM II personnel and assets, and, to the extent that the Force Commander deems it practicable and consistent, in the context of withdrawal, to protect personnel of relief organizations;".

Esta assistência seria conferida por uma força multinacional, a *Combined Task Forces United Shield*, cujas tropas fornecidas por sete Estados[2282] desembarcaram em Mogadíscio em 28 de Fevereiro de 1995. A retirada ficou terminada em 3 de Março sem qualquer baixa[2283].

Com a retirada da UNOSOM a situação no terreno regressou a um estado essencialmente idêntico àquele em que se encontrava aquando da aprovação da Resolução 751 (1992), de 24 de Abril, que a criou. Com o fim desta operação, que deve ser considerada o maior fracasso das Nações Unidas no domínio das suas operações[2284], tendo em conta o investimento realizado, acabou a época de ouro das forças de imposição da paz das Nações Unidas, quando mal começara. Os futuros exercícios do poder público bélico pela organização seriam bem mais cautelosos.

**67. A UNPROFOR e as acções na Bósnia-Herzegovina e Croácia.**
Igualmente importante para o exercício do poder público bélico é a acção das Nações Unidas na ex-Jugoslávia.

São conhecidos os factos relativos às declarações unilaterais de independência da Eslovénia, Croácia, Macedónia e Bósnia-Herzegovina, então Estados federados da ex-Jugoslávia e do consequente procedimento de dissolução desta última[2285]. Esta foi acompanhada por um conflito armado que irrompeu inicialmente de forma restrita na Eslovénia, mas que se alargou à Croácia e depois, com consequências ainda mais trágicas, à Bósnia-Herzegovina.

O Conselho pronunciou-se sobre a questão pela primeira vez por meio da sua Resolução 713 (1991), de 25 de Setembro[2286]. Nesta mostra-se

---

[2282] França, Índia, Itália, Malásia, Paquistão, Reino Unido e EUA.

[2283] Cfr. *The United Nations and the Situation in Somalia*, cit., *UNOSOM II Withdrawn*.

[2284] A retirada da UNOSOM II teve consequências trágicas na situação da Somália, que ainda se mantém, mas muito especialmente no Ruanda. Com efeito, foi o fracasso na Somália que levou a que as Nações Unidas não encontrassem apoio dos Estados membros para intervir no Ruanda de forma a evitar o genocídio de 1994. Assim, no *Report Of The Independent Inquiry Into The Actions Of The United Nations During The 1994 Genocide In Rwanda* (UN Doc. S/1999/1257, 15 December 1999), III. Conclusions, parág. 8, afirma-se: "It has often been said that UNAMIR was an operation which was created in the shadow of Somalia. In particular the deaths of the Pakistani and US peacekeepers in Somalia in 1993 had a deep effect on the attitude towards the conduct of peacekeeping operations". Concluindo-se que a falta de apoio e redução da UNAMIR no Ruanda no momento mais crítico foi devida em parte aos acontecimento da Somália (ver, *infra*, parág. 75.3.3).

[2285] Ver, *supra*, parág. 20.1.

[2286] Texto em RDSCOR, 1991, pág. 42-43.

preocupado que a subsistência da situação na ex-Jugoslávia constitua uma ameaça à paz[2287], utilizando uma fórmula ambígua[2288], que tudo o indica visava ainda enquadrá-la à luz do Capítulo VI. Daí a referência que faz ao consentimento da Jugoslávia para que a situação fosse apreciada pelo Conselho, como forma de evitar qualquer invocação do artigo 2, n.º 7 CNU; de facto, à luz do Capítulo VI a sua actuação encontra-se sujeita a este princípio[2289].

No entanto, como viria a ocorrer em relação à situação na Somália, invocou o Capítulo VII, no parágrafo 6, apenas para impor um embargo de armas e material bélico em relação à Jugoslávia, portanto, incluindo todos os seus Estados federados[2290]. Ou seja, entendeu que, embora a situação em si na Jugoslávia não constituísse claramente uma ameaça à paz, o fornecimento de armas a qualquer uma das partes já o seria[2291]. De resto, o Conselho limita-se a apoiar as iniciativas europeias de paz.

Pela sua Resolução 721 (1991), de 27 de Novembro[2292], o Conselho, referindo o pedido nesse sentido da Jugoslávia e o apoio de todas as partes no conflito, admitiu a criação de uma operação de manutenção da paz. Fez, contudo, depender uma decisão nesse sentido do cumprimento das partes do acordo de 23 de Novembro de 1991 (parág. 2). A Resolução consagra a qualificação de que a continuação e o agravamento da situação constitui uma ameaça à paz, mantendo-se pois ainda ao nível do Capítulo VI.

O Conselho manteria a mesma posição em relação à criação de uma Força de manutenção da paz na sua Resolução 724 (1991), de 15 de Dezembro[2293], parág. 2. Nesta, invocando o Capítulo VII apenas no parágrafo

---

[2287] Terceiro parágrafo preambular: "Concerned that the continuation of this situation constitutes a threat to international peace and security".

[2288] Que seria igualmente empregue nas referidas Resolução 767 (1992), de 27 de Julho e Resolução 775 (1992), de 28 de Agosto, sobre a situação na Somália.

[2289] Ver, *infra*, parág. 86.2.

[2290] A questão viria a suscitar algum debate, especialmente em relação à Bósnia-Herzegovina que considerou que este embargo violava o seu direito de legítima defesa (ver, *supra*, parág. 12.5).

[2291] Apesar de o pedido nesse sentido da então Jugoslávia, bem como o seu carácter neutro, não se afigura possível considerar que se trata de uma medida do artigo 40 [em sentido contrário: T. Christakis, *L'Onu* (...), cit., pág. 101]. Não se tratou já de uma medida provisória dirigida às partes como é previsto no artigo 40, mas uma medida contra as partes que passa já por uma injunção dirigida a terceiros: não comerciar armas com estas. Trata-se de uma medida própria do artigo 41.

[2292] Texto em RDSCOR, 1991, pág. 44.

[2293] Texto em RDSCOR, 1991, pág. 45-46.

5, criou uma comissão de sanções, requerendo aos Estados membros que apresentassem relatórios quanto ao cumprimento do embargo estabelecido pela mencionada Resolução 713 (1991). De resto, a Resolução não realiza qualquer qualificação, situando-se consequentemente em geral no âmbito do Capítulo VI[2294]. Apenas o tráfico de armas fora implicitamente qualificado como uma ameaça à paz já na referida Resolução 713.

Por meio da Resolução 727 (1992), de 9 de Janeiro[2295], o Conselho apoiou o envio pelo Secretário-Geral de 50 observadores para vigiar o cumprimento do cessar-fogo (parág. 3) e veio esclarecer que o embargo ao armamento previsto na Resolução 713 se aplicava a todas as partes da Jugoslávia, independentemente de serem reconhecidas como Estados, por remissão para o Relatório do Secretário-Geral (parág. 6). A não ser meramente interpretativo, este esclarecimento poderia provocar dúvidas quanto ao seu fundamento, já que o Conselho não invoca o Capítulo VII.

Na Resolução 740 (1992), de 7 de Fevereiro[2296], o Conselho voltou a apoiar as iniciativas do Secretário-Geral em procurar obter o consentimento de todas as partes na Jugoslávia para a criação da Força de manutenção da paz das Nações Unidas (parág. 2), além de aprovar o alargamento do número de observadores no terreno (em particular na Croácia) para 75 (parág. 3). Instou o Secretário-Geral a iniciar os preparativos para a instalação da Força.

Esta Força denominada Força de Protecção das Nações Unidas (UNPROFOR) viria a ser criada pela Resolução 743 (1992), de 21 de Fevereiro[2297]. Esta Resolução, ao contrário das três últimas que nada tinham referido quanto a qualificações, utiliza uma qualificação[2298] ainda mais ambígua do que a da Resolução 713. É certo que se mostra preocupado que

---

[2294] No Preâmbulo refere "Recalling its primary responsibility under the Charter of the United Nations for the maintenance of international peace and security", mas tal não pode ser considerado como uma invocação do artigo 24 CNU como fundamento. O Conselho já anteriormente deixara claro que se encontrava a actuar nos termos do Capítulo VI. Acresce que, como se verá, na Resolução 743 (1992), faz esta referência às suas responsabilidades em simultâneo com uma qualificação própria do Capítulo VI. Ora, tal confirma que esta invocação das suas responsabilidades não tem relevância quanto ao fundamento das suas resoluções (sobre as competências com base no artigo 24, ver, *supra*, parág. 49.4).

[2295] Texto em RDSCOR, 1992, pág. 7.

[2296] Texto em RDSCOR, 1992, pág. 7-8.

[2297] Texto em RDSCOR, 1992, pág. 8-9.

[2298] "Concerned that the situation in Yugoslavia continues to constitute a threat to international peace and security".

a situação continue a constituir uma ameaça à paz. Mas o "continue" por referência à situação não faz sentido. O Conselho não qualificara a situação já como ameaça à paz, mas apenas o fornecimento de armas. Não vale a pena afirmar que se tratou de uma interpretação autêntica da qualificação realizada na Resolução 713. Não parece mesmo que a qualificação constante desta Resolução 743 satisfaça os requisitos do artigo 39, por força da referência a uma mera preocupação[2299, 2300].

No entanto, algo inesperadamente, a Resolução invoca no preâmbulo igualmente o artigo 25 CNU. Porém, nesta Resolução, o Conselho apenas dirige aos Estados membros o parágrafo 12, mas em termos não vinculativos, já que diz respeito à concessão de facilidades de passagem e apoio à UNPROFOR, matérias em que só restritivamente seriam possíveis exigências vinculativas, tendo em conta a necessidade de tais facilidades constarem de acordos nos termos do artigo 43[2301]. Outra justificação seriam os parágrafos 8, 9 e 10 dirigidos às partes com vista a cumprirem o cessar-fogo, assegurarem a segurança dos membros da UNPROFOR, e outro pessoal internacional presente no terreno, e de cooperarem com a mediação internacional com vista a alcançar um acordo. O parágrafo 9 efectivamente contém um termo injuntivo ("Demands"). Porém, o dever de assegurar tal segurança dificilmente justificaria a invocação do artigo 25, já que decorre de deveres internacionais de respeitar as forças de manutenção da paz das Nações Unidas[2302]. Acresce que tal invocação não seria possível sem uma qualificação da questão à luz do artigo 39. Assim, a única justificação para a invocação do artigo 25 parece ser o parágrafo 11 que excepciona do embargo de armas as relativas à UNPROFOR, deste modo mantendo-o em vigor em relação a todas as restantes. A invocação do artigo 25 será possível dada a citação neste parágrafo e no preâmbulo da Resolução 713 que invoca o Capítulo VII.

Deste modo, a UNPROFOR foi criada como uma Força de manutenção da paz à luz do Capítulo VI. O cuidado em obter o consentimento das partes aponta igualmente neste sentido. O facto de o Conselho a qualificar como um "interim arrangement to create the conditions of peace and security"

---

[2299] É necessário ter em conta que na referida Resolução 767 (1992), de 27 de Julho, em relação à Somália, o Conselho utilizou o mesmo termo e o entendimento geral, confirmado pelo Secretário-Geral, foi o de que não realizara uma qualificação à luz do artigo 39 (ver, *supra*, parág. 66).

[2300] Ver em sentido contrário: N. White, *Keeping* (...), cit., pág. 253; T. Christakis, *L'Onu* (...), cit., pág. 20-21.

[2301] Ver, *supra*, parág. 58.1 e, *infra*, parág. 71.2.

[2302] Ver, *infra*, parág. 102.

(parág. 5) e acrescentar que "reaffirms that the United Nations peace-keeping plan and its implementation is in no way intended to prejudge the terms of a political settlement" poderia levar a pensar no artigo 40. No entanto, segundo se julga, sem a necessária qualificação à luz do artigo 39, esta interpretação é inviável[2303].

Porque as violações do cessar-fogo na Croácia continuaram, o Conselho pela sua Resolução 749 (1992), de 7 de Abril[2304], autorizou a instalação completa da UNPROFOR (parág. 2). Mais uma vez não realizou qualquer qualificação da situação.

Inicialmente a UNPROFOR foi instalada apenas na Croácia, em particular nas denominadas Áreas Protegidas das Nações Unidas (UNPA), maioritariamente habitadas por sérvios, na Eslavónia e na Krajina. Nestas, os sérvios tinham-se revoltado contra o poder central croata e, com o apoio do exército federal da Jugoslávia, tinham obtido o seu controlo. A situação mantinha-se, pois, bastante tensa, com sucessivas violações do cessar-fogo. A missão da UNPROFOR consistia na monitorização da retirada do exército jugoslavo e na desmilitarização das áreas.

Entretanto, o conflito armado na Bósnia-Herzegovina irrompe depois da declaração de independência desta (reconhecida pelos EUA e União Europeia em 6 de Abril de 1992) e da declaração de independência dos sérvios da Bósnia. Os sucessivos cessar-fogos foram sendo ignorados pelas partes. O conflito desenvolve-se quer entre o Governo e os sérvios bósnios, quer com os croatas bósnios.

O Conselho pela sua Resolução 752 (1992), de 15 de Maio[2305], mostrou a sua preocupação com a situação[2306] e admitiu a instalação de uma Força de manutenção da paz na Bósnia (parág. 10)[2307]. A resolução contém igualmente vários parágrafos dirigidos às partes no conflito e à Sérvia e Croácia para retirarem as suas tropas (parág. 3 e 4) com expressões imperativas ("Demands"). Algumas destas derivam de estarem em causa princípios

---

[2303] Ver, *supra*, parág. 49.1.

[2304] Texto em RDSCOR, 1992, pág. 10.

[2305] Texto em RDSCOR, 1992, pág. 12-13.

[2306] Já o fizera anteriormente por intermédio da Declaração Presidencial de 24 de Abril de 1992 (texto em RDSCOR, 1992, pág. 11).

[2307] O Secretário-Geral já tomara a iniciativa de remeter 40 observadores para a Bósnia-Herzegovina, para a zona de Mostar, em 30 de Abril de 1992. Contingente posteriormente reforçado. Uma parte deste retiraria entre 14 e 17 de Maio por força do agravamento da situação (cfr. *The United Nations And The Situation In The Former Yugoslavia* [UN Department of Public Information – DPI/1312/Rev.2 (Reprint) and Add.1 – January 1995], pág. 4-5).

jurídicos, como a não intervenção[2308]. Outras relativas ao desarmamento das forças irregulares (parág. 5) são bem mais difíceis de justificar. A Resolução não realiza qualquer qualificação e a invocação implícita do artigo 24 CNU[2309], segundo se julga, não constitui qualquer fundamento para a obrigatoriedade destas ordens.

Claro está, estas ordens do Conselho não tiveram qualquer impacte no terreno. Na Resolução 757 (1992), de 30 de Maio[2310], o Conselho lamenta no preâmbulo a desconsideração das suas exigências, realiza então uma qualificação inequívoca da situação na ex-Jugoslávia como uma ameaça à paz e invoca o Capítulo VII igualmente no preâmbulo[2311]. Segue-se uma condenação da nova Jugoslávia pelo incumprimento das citadas exigências da Resolução 752 (1992). Segundo se julga, trata-se de uma condenação juridicamente insustentável, dado a Resolução 752 não ser vinculativa; apenas no princípio da não intervenção seria possível fundamentá-las. A Croácia, ao contrário, não foi condenada, tendo existido apenas uma renovação da exigência da sua retirada (parág. 2). Segue-se a adopção de medidas compulsivas completas (apenas com excepções humanitárias[2312]) comerciais (parág. 4), financeiras (parág. 5), de comunicações aéreas (parág. 7) e diplomáticas restritas (parág. 8) contra a nova Jugoslávia. Ainda assim, estas medidas são conformes com a Carta visto que se a nova Jugoslávia não era juridicamente condenável por violar as meras recomendações da Resolução 752, já o era por violar o princípio da não intervenção[2313, 2314, 2315].

---

[2308] O Conselho, pela sua Resolução 755 (1992), de 20 de Maio (texto em RDSCOR, 1992, pág. 116), recomendou a admissão da Bósnia-Herzegovina como membra das Nações Unidas, o que viria a ocorrer pela Resolução 46/237, de 22 de Maio de 1992 da Assembleia (cfr. MTDSG).

[2309] Quarto parágrafo preambular: "Recalling its primary responsibility under the Charter of the United Nations for the maintenance of international peace and security".

[2310] Texto em RDSCOR, 1992, pág. 13-16.

[2311] "Determining that the situation in Bosnia and Herzegovina and in other parts of the Former Socialist Federal Republic of Yugoslavia constitutes a threat to international peace and security".

[2312] Alargadas, em relação às sanções comerciais, pela Resolução 760 (1992), de 18 de Junho (texto em RDSCOR, 1992, pág. 18), que invoca o Capítulo VII.

[2313] A ameaça à paz não depende em alguns casos de qualquer violação jurídica, mas segundo se julga, a imposição de sanções já está dependente de uma responsabilidade jurídica (ver, *infra*, parág. 79).

[2314] A nova Jugoslávia também não era membra das Nações Unidas, mas o Conselho de Segurança já tinha competência à luz do Direito Internacional Costumeiro para aprovar sanções contra Estados terceiros, mesmo perante meras ameaças à paz (ver, *supra*, parág. 20.3).

[2315] Claro está, a não sujeição da Croácia a sanções suscita acusações de tratamento desigualitário que têm sido formuladas com algum fundamento (assim: T. Christakis, *L'Onu*

Pela Resolução 758 (1992), de 8 de Junho[2316], o Conselho alargou a UNPROFOR à Bósnia-Herzegovina e reforçou os seus efectivos, seguindo as recomendações do Secretário-Geral (parág. 2). Fez, contudo, depender a completa instalação da Força de uma decisão sua posterior em função da reunião dos requisitos necessários (parág. 3). A Resolução contém ainda algumas exigências dirigidas às partes em matéria de cessar-fogo, cooperação com a UNPROFOR e criação de condições para a distribuição da ajuda humanitária. Tendo em conta a qualificação geral da situação como uma ameaça à paz pela Resolução 757 (1992), que é invocada no preâmbulo, admite-se que tais exigências fossem vinculativas.

Pela Resolução 761 (1992), de 29 de Junho[2317], o Conselho concedeu permissão para que o resto da UNPROFOR fosse instalada na Bósnia, na sequência do Acordo de 5 Junho relativo à colocação de efectivos desta no aeroporto de Sarajevo, de garantias quanto à segurança da UNPROFOR na zona e a criação de corredores humanitários do aeroporto a Sarajevo. O Acordo permitiu, pois, a reabertura do aeroporto ao auxílio humanitário[2318].

A Resolução seguinte sobre a questão, a 762 (1992), de 30 de Junho[2319], prende-se com a situação na Croácia. O Conselho permitiu um novo reforço da UNPROFOR neste país (parág. 7) e a extensão da sua presença a outros territórios de maioria sérvia que iriam passar para controlo da Croácia com a retirada do exército jugoslavo[2320]. Um novo reforço na Croácia seria realizado pela Resolução 769 (1992), de 7 de Agosto[2321], e uma nova extensão do âmbito da UNPROFOR seria consagrada pela Resolução 779 (1992), de 6 de Outubro[2322], parág. 2, para fazer face à retirada dos últimos contingentes do exército jugoslavo.

Entretanto, a situação na Bósnia-Herzegovina não sofrera qualquer melhoria, continuando os combates e os obstáculos à distribuição da ajuda humanitária, incluindo com violações do Acordo de 5 de Junho de 1992 relativo ao aeroporto de Sarajevo. Em reacção, o Conselho aprovou a sua

---

(...), cit., pág. 56). Mas não parece que o princípio da igualdade constitua neste caso fundamento de invalidade das resoluções do Conselho de Segurança (ver, *infra*, parág. 87).

[2316] Texto em RDSCOR, 1992, pág. 17-18.

[2317] Texto em RDSCOR, 1992, pág. 19.

[2318] Cfr. *The United Nations And The Situation In The Former Yugoslavia*, cit., pág. 5.

[2319] Texto em RDSCOR, 1992, pág. 16-17.

[2320] Cfr. *The United Nations And The Situation In The Former Yugoslavia*, cit., pág. 8-10.

[2321] Texto em RDSCOR, 1992, pág. 23.

[2322] Texto em RDSCOR, 1992, pág. 24-25.

Resolução 764 (1992), de 13 Julho[2323], em que insiste no cumprimento do Acordo e permite ao Secretário-Geral que reforce a zona do aeroporto com mais efectivos (parág. 2). Porque esta Resolução não teve qualquer impacte, aprovou então a Resolução 770 (1992), de 13 de Agosto[2324] em que vai alterar drasticamente a sua abordagem e consagrar mais uma manifestação do poder público bélico (em sentido estrito), sob a forma de instruções específicas das Nações Unidas a uma entidade regional.

Assim, depois de requalificar a situação na Bósnia-Herzegovina como uma ameaça à paz e de considerar que a ajuda humanitária era um dos elementos essenciais para que fosse possível restaurar a paz e segurança internacionais na região[2325], invocou novamente o Capítulo VII ainda no preâmbulo. Após exigir o cessar das hostilidades no parágrafo 1, veio, no parágrafo 2, afirmar: "Calls upon States to take nationally or through regional agencies or arrangements all measures necessary to facilitate in coordination with the United Nations the delivery by relevant United Nations humanitarian organizations and others of humanitarian assistance to Sarajevo and wherever needed in other parts of Bosnia and Herzegovina". No parágrafo 4 veio estabelecer deveres de informação a cargo dos executores do parágrafo 2 e convidou o Secretário-Geral a determinar que outras medidas seriam necessárias para assegurar a distribuição da ajuda humanitária. No parágrafo 5 instou ainda os Estados a apoiar estas medidas.

Esta Resolução não viria, contudo, a ser executada nestes termos já que se acabou por entender que a UNPROFOR podia levar a cabo no essencial estas tarefas, uma vez reforçada[2326]. Deste modo, o Conselho pela sua Resolução 776 (1992), de 14 de Setembro[2327, 2328], afirmou no parág. 2:

---

[2323] Texto em RDSCOR, 1992, pág. 19-20.

[2324] Texto em RDSCOR, 1992, pág. 24-25.

[2325] Claro está, para ser necessário restaurar a paz seria necessário que existisse ao menos uma ruptura desta e não apenas uma ameaça, mas são contradições facilitadas pela circunstância de existir uma ruptura da paz interna na Bósnia-Herzegovina (sobre a possibilidade de uma ruptura da paz interna constituir uma ameaça à paz internacional, ver, *infra*, parág. 79).

[2326] No entanto, esta fórmula de uso da força em cooperação entre as Nações Unidas e as entidades executantes voltaria a ser utilizada em futuras Resoluções sobre a questão e suscitaria problemas de interpretação relevantes para a questão do exercício do poder público bélico. De qualquer modo, o mandato da UNPROFOR neste ponto não passaria da legítima defesa de terceiro, enquanto os poderes conferidos pelo parágrafo 2 da Resolução 770 iam mais longe.

[2327] Texto em RDSCOR, 1992, pág. 33.

[2328] Entretanto aprovara ainda a Resolução 771 (1992), de 13 de Agosto (texto em RDSCOR, 1992, pág. 25-26) em que condena a violação do Direito Internacional Humanitário

"Authorizes, in implementation of paragraph 2 of resolution 770 (1992), the enlargements of UNPROFOR's mandate and strength in Bosnia and Herzegovina". Em relação aos Estados membros, solicita apenas a sua assistência à UNPROFOR. Existiu, pois, uma revogação dos poderes concedidos aos Estados membros ou estruturas regionais pelo parágrafo 2 da Resolução 770 (1992).

Esta linha de progressivo endurecimento da acção das Nações Unidas, em particular perante a continuação das hostilidades, violações massivas do Direito Internacional Humanitário e impedimento da distribuição da ajuda humanitária, vai ser continuada pela Resolução 781 (1992), de 9 de Outubro[2329]. Nesta o Conselho impõe uma zona de exclusão aérea a quaisquer aviões militares em todo o território da Bósnia-Herzegovina, com o consentimento desta, excepto voos relacionados com a UNPROFOR ou em seu apoio (parág. 1). A Resolução não realiza qualquer qualificação da questão ou sequer invoca o Capítulo VII, mas invoca como fundamento a Resolução 770 (1992), que realiza aquela qualificação e invoca este Capítulo da Carta. Tratou-se, pois, de uma medida adoptada nos termos do Capítulo VII.

Aparentemente, visto que existiu consentimento da Bósnia, tratou-se essencialmente de uma medida contra as intervenções da aviação dos seus vizinhos sérvios e croatas, declarativa do princípio da não intervenção. Contudo, estes Estados ao realizarem voos militares sobre a Bósnia passaram igualmente a incorrer em responsabilidade perante as Nações Unidas. Acresce que passou a vincular mesmo a aviação bósnia, ainda que a Bósnia mudasse de opinião. Constituiu, pois, uma medida compulsiva já que é claramente obrigatória ("Decides"). Porque nessa altura o Conselho de Segurança já adoptara medidas à luz dos artigos 39, 41 e mesmo 42[2330], resulta claro que não é possível entender que esta tem base no artigo 40. O seu fundamento será, pois, o artigo 41, visto que não implica, para já, o uso da força. O Conselho deixou, contudo, em aberto tal possibilidade no parágrafo 6.

---

no território da ex-Jugoslávia e em particular na Bósnia-Herzegovina. A sua preocupação com a questão levá-lo-ia a instar o Secretário-Geral a nomear uma comissão de especialistas para determinar os crimes que estavam a ser cometidos pela sua Resolução 780 (1992), de 6 de Outubro (texto em RDSCOR, 1992, pág. 36-37), parág. 2. O Conselho aprovaria ainda a Resolução 798 (1992), de 18 de Dezembro (texto em RDSCOR, 1992, pág. 32) exclusivamente sobre a questão da violação do Direito Internacional Humanitário na ex-Jugoslávia, que finalmente o levariam a criar o Tribunal Penal das Nações Unidas para a Ex-Jugoslávia (ver, *infra*, parág. 96.1).

[2329] Texto em RDSCOR, 1992, pág. 27.

[2330] Mediante a Resolução 770 (1992), parág. 2, embora não executada neste aspecto, como se verificou.

A zona de exclusão aérea seria reafirmada pela Resolução 786 (1992), de 10 de Novembro[2331], parág. 2, que aprova ainda um novo reforço da UNPROFOR (parág. 5) com vista a permitir que esta monitorizasse aeroportos na Croácia, Bósnia e nova Jugoslávia de modo a evitar violações da zona.

A Resolução 787 (1992), de 16 de Novembro[2332], contém outros elementos importantes. Volta a reafirmar o carácter de ameaça à paz da situação na Bósnia-Herzegovina (segundo parágrafo preambular) e nos parágrafos 1 e 3 contém tomadas de posição quanto à resolução da questão de fundo, mas não vinculativas. Condena, especialmente os sérvios da Bósnia, a recusa em cumprir as suas resoluções (parág. 4) e exige que as unidades do exército croata retirem da Bósnia (parág. 5), reitera anteriores exigências quanto ao cessar-fogo e respeito do Direito Internacional Humanitário (parág. 6-8) e reforça o embargo contra a Jugoslávia invocando o Capítulo VII (parág. 9-12).

Entre estas últimas medidas destaca-se a habilitação constante do seu parágrafo 12 dirigida a Estados ou estruturas regionais com invocação do capítulo VII e VIII "to use such measures commensurate with the specific circumstances as may be necessary" para fiscalizar os navios com destino ao território que pertencia à ex-Jugoslávia com vista a impor o embargo de armas e armamento e os embargos contra a nova Jugoslávia. Está-se perante uma habilitação que compreendia o direito de visita, revista e apreensão que permitia implicitamente o uso da força, se necessário e proporcionado ("commensurate"). Esta conclusão não é minimamente afectada pela circunstância de ficar frisado que tais actos seriam praticados sob autoridade do Conselho. De facto, trata-se de uma mera expressão de retórica jurídica, esvaziada de relevância prática, se com esta se pretende conferir-se-lhe o sentido com que é utilizada pelo artigo 53, n.º 1, primeira parte, CNU. De facto, tal expressão pressupõe uma verdadeira direcção por parte das Nações Unidas que tenha o Conselho no topo da hierarquia e não a mera possibilidade teórica de revogar a habilitação ou exercer alguma fiscalização sobre as medidas adoptadas[2333].

Depois da concessão de poderes constante da Resolução 770 (1992), posteriormente revogada, tratou-se, portanto, de um caso de exercício dos poderes públicos bélicos do Conselho: a decisão de habilitar ao uso da força ou ameaça desta. Já o exercício da habilitação pela OTAN e pela União da Europa Ocidental constituiu um uso privado habilitado, na sua forma regio-

---

[2331] Texto em RDSCOR, 1992, pág. 28.
[2332] Texto em RDSCOR, 1992, pág. 29-31.
[2333] Ver, *supra*, parág. 9.3.

nal[2334]. Aspecto relevante é que esta habilitação poderia ter por alvos igualmente navios sob pavilhão ou controlo da nova Jugoslávia, Estado não membro das Nações Unidas, perante uma mera ameaça à paz[2335].

Perante os relatórios de várias violações da zona de exclusão aérea sobre a Bósnia por aviões militares (cerca de 465), a mais grave das quais em 13 de Março de 1993, que constituiu o primeiro caso de efectiva utilização de aviões para realizar ataques contra o solo da responsabilidade dos sérvios[2336], o Conselho recorreu às medidas que deixara em suspenso no parágrafo da Resolução 781 (1992). Pela sua Resolução 816 (1993), de 31 de Março[2337 2338], que requalifica a questão como uma ameaça à paz e invoca o Capítulo VII, veio reforçar a zona de exclusão aérea (parág. 1) e, sobretudo, autorizar os membros directamente ou por intermédio de estruturas regionais a adoptar todas as medidas necessárias perante novas violações da zona de exclusão aérea, em cooperação estreita com o Secretário-Geral (parág. 4)[2339]. O dever de coordenação era concretizado de forma ambígua no parágrafo 5[2340] e o parágrafo 7 impunha um dever de informar o Secre-

---

[2334] Ver, *supra*, parág. 9.3 e, *infra*, parág. 74.

[2335] Ver, *supra*, parág. 20.1 e 20.3.

[2336] Acção condenada pela Declaração Presidencial de 17 de Março de 1993 (texto em RDSCOR, 1993, pág. 3-4).

[2337] Texto em RDSCOR, 1993, pág. 4-5.

[2338] Entretanto, pela sua Resolução 795 (1992), de 11 de Dezembro (texto em RDSCOR, 1992, pág. 37-38), o Conselho, a pedido da Macedónia, instalara a UNPROFOR igualmente no território desta a título puramente preventivo. Na Croácia, a ofensiva do exército croata de Janeiro de 1993 contra a Krajina suscitaria uma condenação do Conselho, tal como as duas posteriores, mas nada mais do que isso (sobre a reocupação pela Croácia do seu território sob domínio dos sérvios croatas, ver, *supra*, parág. 10.5.2.2). A sua Resolução 807 (1993), de 19 de Fevereiro (texto em RDSCOR, 1993, pág. 23) qualifica especificamente a situação na Croácia como uma ameaça à paz e invoca o Capítulo VII, mas não vai além das meras exigências. Estendeu o prazo do mandato da UNPROFOR na Croácia. O mesmo fez na Resolução 815 (1993), de 30 de Março (texto em RDSCOR, 1993, pág. 24) e na Resolução 847 (1993), de 30 de Junho (texto em RDSCOR, 1993, pág. 24-25).

[2339] "Authorizes Member States, seven days after the adoption of this resolution, acting nationally or through regional organizations or arrangements, to take, under the authority of the Security Council and subject to close coordination with the Secretary-General and UNPROFOR, all necessary measures in the airspace of the Republic of Bosnia and Herzegovina, in the event of further violations to ensure compliance with the ban on flights referred to in paragraph 1 above, and proportionate to the specific circumstances and the nature of the flights".

[2340] "Requests the Member States concerned, the Secretary-General and UNPROFOR to coordinate closely on the measures they are taking to implement paragraph 4 above, including the rules of engagement".

tário-Geral de qualquer medida adoptada. A execução das medidas ficava dependente da passagem de sete dias; se entretanto tivesse existido algum progresso nas negociações que decorriam de modo a ser obtido um acordo, tais medidas seriam incluídas como medidas de execução deste (parág. 6).

Desta vez, estas medidas foram efectivamente executadas, já que não existiu qualquer progresso nas negociações que as pudesse inviabilizar[2341]. Existia, porém, alguma ambiguidade na concessão de poderes, não sendo claro se se estava perante uma mera habilitação ao uso privado da força ou se seria possível entender que os mecanismos de coordenação eram suficientes para permitir um controlo por partes das Nações Unidas que servisse de fundamento para lhe imputar as acções. A questão não é clara, mas tendo em conta que a decisão de recorrer à força, numa situação concreta de violação da zona de exclusão, cabia à OTAN, sem necessidade de consulta prévia às Nações Unidas, designadamente ao Secretário-Geral ou ao seu representante especial, responsável máximo pela UNPROFOR, parece que não é possível sustentar que o uso da força seria imputável directamente às Nações Unidas. Não existia qualquer controlo efectivo por partes destas ou, no mínimo, instruções suficientemente específicas. As Nações Unidas limitaram-se a aprovar as regras quanto ao uso da força da OTAN como estabelecia o citado parágrafo 5 da Resolução 816 (1993). A sua concretização no caso concreto ficou simplesmente a cargo desta. A existir uma cadeia de comando entre estas e as Nações Unidas todos os actos seriam imputáveis a esta organização. Mas na sua falta julga-se que o critério das instruções específicas não é aplicável neste caso[2342].

Na Resolução 819 (1993), de 16 de Abril[2343], o Conselho alargou ainda mais o grau de interferência das Nações Unidas no conflito. Assim, depois

---

[2341] Em carta de 9 de Abril de 1993, o Secretário-Geral informou o Presidente do Conselho de que por carta de 8 de Abril o Secretário-Geral da OTAN o informara que tinham sido adoptados os mecanismos necessários para permitir tomar as medidas necessárias para executar o parágrafo 4 da Resolução 816 (1993) a partir de dia 12 de Abril (cfr. RDSCOR, 1993, pág. 6).

Desde o estabelecimento da zona de exclusão aérea até 1 de Março de 1994 a UNPROFOR registou 1484 violações. O mais grave acidente ocorreu em 28 de Fevereiro de 1994 em que seis jactos sérvios bósnios entraram na zona e ignoraram dois avisos prévios por parte de caças F-16 da OTAN. Quatro dos aviões sérvios seriam abatidos (cfr. *The Nato Handbook-Chronology*, Office of Information and Press NATO, Brussels, 1998, pág. 59; *The United Nations And The Situation In The Former Yugoslavia*, cit., pág. 13). Tratou-se da primeira acção bélica da OTAN na sua história.

[2342] Ver sobre este, *supra*, parág. 9.1.

[2343] Texto em RDSCOR, 1993, pág. 6-7.

de condenar as acções dos sérvios da Bósnia e invocar o Capítulo VII no preâmbulo, criou a primeira zona segura, a cidade de Srebrenica e seus arredores que se encontrava sob forte pressão sérvia e onde se tinham refugiado muitos civis. Todas as partes ficaram obrigadas a não atacar esta zona (parág. 1). Tratou-se de uma decisão unilateral obrigatória (utiliza a expressão "Demands") que não tinha sido consentida pelo movimento armado sérvio. Instou ainda o Secretário-Geral para reforçar a presença da UNPROFOR em Srebrenica (parág. 4).

Apenas em 17 de Abril o Comandante da UNPROFOR, o comandante local das forças sérvias e o comandante local das forças do Governo Bósnio celebraram um acordo relativo à desmilitarização de Srebrenica. Foram colocados na cidade 170 efectivos da UNPROFOR que rapidamente a desmilitarizaram. No dia 21 de Abril estava terminada a recolha dos meios bélicos na zona[2344]. Esta passou a poder ser considerada uma localidade civil para efeitos da sua protecção à luz do Direito Internacional Humanitário o que o não era quando foi classificada como zona segura.

Tendo em conta o sucesso da medida e o pedido nesse sentido da Bósnia-Herzegovina, o Conselho, pela sua Resolução 824 (1993), de 6 de Maio[2345], invocando o Capítulo VII, alargou a outras localidades bósnias o regime de zona segura, concretamente à capital Sarajevo, a Tuzla, Zepa, Gorazde e Bihac e respectivos arredores (parág. 3). Exigiu consequentemente o cessar de todos os ataques contra estas zonas, a retirada das forças sérvias bósnias da sua proximidade e livre acesso por parte da UNPROFOR e agências humanitárias a estas (parág. 4). Não exigiu, porém, a sua desmilitarização pelo exército do Governo bósnio, o que não deixa de suscitar estranheza. Autorizou o Secretário-Geral a reforçar a UNPROFOR com mais 50 elementos com vista a permitir monitorizá-las. Deixou em suspenso a tomada de medidas com vista a protegê-las por meios coercivos.

Entretanto, o Conselho aprovara a sua Resolução 820 (1993), de 17 de Abril[2346], em que reforçara ainda mais as sanções contra a nova Jugoslávia (parág. 13 a 29) e as estendera às áreas controlados pelos sérvios bósnios (parág. 12)[2347]. Merece destaque o alargamento da habilitação para usar a

---

[2344] Cfr. *The United Nations And The Situation In The Former Yugoslavia*, cit., pág. 14.

[2345] Texto em RDSCOR, 1993, pág.11-12.

[2346] Texto em RDSCOR, 1993, pág. 7-10.

[2347] Um dos motivos determinantes foi a então resistência do movimento sérvio em aceitar o plano de paz Vance-Owen entretanto aceite pelos Croatas e Governo Bósnio. O Conselho insiste na aceitação do plano por parte dos sérvios (parág. 3). O fracasso do plano

força para impor o embargo por via marítima constante do parágrafo 12 da Resolução 787 (1992) igualmente ao Mar Territorial da nova Jugoslávia, ainda um Estado não membro das Nações Unidas. Bem como a consagração de um regime de bloqueio (em parte fictício[2348]), com a permissão de confisco dos meios de transporte, e respectiva carga, aos responsáveis por violações do embargo.

Pela Resolução 836 (1993), de 4 de Junho[2349], o Conselho procurou reagir aos ataques nas zonas seguras, dando o passo lógico seguinte: mandatou a UNPROFOR para velar pelas zonas seguras (parág. 5) e permitiu-lhe que "acting in self-defence, to take the necessary measures, including the use of force, in reply to bombardments against the safe areas by any of the parties or to armed incursion into them or in the event of any deliberate obs- -truction in or around those areas to the freedom of movement of UNPROFOR or of protected humanitarian convoy" (parág. 9). E foi mais longe e permitiu aos Estados membros directamente ou por intermédio de estruturas regionais que adoptassem todas as medidas necessárias para apoiar a UNPROFOR na sua acção em defesa das zonas seguras. Fez depender essa acção de coope- ração estreita com o Secretário-Geral e a UNPROFOR (parág. 10)[2350].

Estas disposições da Resolução 836 (1993) colocam alguns problemas directamente relacionados com o exercício do poder público bélico. O primeiro prende-se com a acção da UNPROFOR. Pode esta ser efectivamente qualificada como meramente legítima defesa de terceiro como fica consagrado no parágrafo 9? A resposta depende da natureza das zonas seguras.

A de Srebrenica, graças ao referido Acordo de 17 de Abril de 1993 entre as partes e à sua desmilitarização, é relativamente clara. Qualquer

---

acabaria mesmo por levar a hostilidades entre os antigos aliados, os croatas bósnios e as forças do Governo Bósnio (cfr. *The United Nations And The Situation In The Former Yugoslavia*, cit., pág. 16).

[2348] Embora não pareça que o Conselho esteja limitado pela regra clássica da necessária efectividade do bloqueio; o artigo 42 CNU que refere a figura não o exige e trata-se de uma norma que integra o Direito dos direitos bélicos dos Estados e não o Direito Humanitário. Ora, se este segundo vincula o Conselho, o primeiro já não o parece vincular nos mesmos exactos termos (ver, *infra*, parág. 82.2).

[2349] Texto em RDSCOR, 1993, pág. 13-14.

[2350] "Decides that, notwithstanding paragraph 1 of resolution 816 (1993), Member States, acting nationally or through regional organizations or arrangements, may take, under the authority of the Security Council and subject to close coordination with the Secretary-General and UNPROFOR, all necessary measures, through the use of air power, in and around the safe areas in the Republic of Bosnia and Herzegovina, to support UNPROFOR in the performance of its mandate set out in paragraph 5 and 9 above".

ataque contra esta seria um ataque contra um alvo civil, ilícito à luz do Direito Internacional Humanitário[2351], contra o qual existiria legítima defesa pública de terceiro[2352]. Igualmente Zepa foi desmilitarizada por acordo entre as partes[2353]. Mas as outras zonas não foram formalmente aceites como seguras pelo movimento sérvio e, sobretudo, não foram desmilitarizadas. É certo que um ataque a estas consistia numa violação da Resolução 824 (1993) que decidira que se tratava de zonas seguras, ou seja, tratava-se de um ataque ilícito. Mas porque tal protecção não decorria do Direito Internacional Humanitário, os alvos militares no seu seio eram perfeitamente legítimos[2354]. Recorde-se que não existe uma proibição geral de uso da força aplicável às partes em conflitos internos[2355].

Uma entidade que coloca tropas em locais decisivos para as acções armadas de um dos beligerantes e proíbe o outro de as atacar, não pode considerar a sua intervenção como simples legítima defesa[2356]. Logo, a

---

[2351] Claro está, tal só assim sucederia enquanto Srebrenica permanecesse desmilitarizada; na realidade, esta posteriormente voltaria a ser militarizada pelo Governo Bósnio. Assim, o Secretário-Geral, no seu Relatório de 30 de Maio de 1995 (UN Doc. S/1995/444), no parág. 37, afirma: "The Government also maintains a substantial number of troops in Srebrenica (in this case, in violation of a demilitarization agreement)".

[2352] Ver sobre esta, *supra*, parág. 6 e 51.

[2353] Em relação a Zepa, ver o Relatório de 9 de Maio de 1994 do Secretário-Geral (UN Doc. S/1994/555), parág. 7, bem como o Relatório de 1 de Dezembro de 1994 (UN Doc. S/1994/1389), parág. 3.

[2354] Assim, o Secretário-Geral, no seu Relatório de 11 de Março de 1994 (UN Doc. A/1994/291), no parág. 17, afirma: "the Army of Bosnia and Herzegovina has also used the safe areas as locations in which its troops can rest, train and equip themselves as well as fire at Serb positions, thereby provoking Serb retaliation." e no Relatório de 30 de Maio de 1995 (UN Doc. S/1995/444), no parág. 37: "In recent months, government forces have considerably increased their military activity in and around most safe areas, and many of them, including Sarajevo, Tuzla and Bihac, have been incorporated into the broader military campaigns of the government side". O representante especial do Secretário-Geral para a ex-Jugoslávia de 1 de Janeiro de 1994 a 1 de Novembro de 1995 (Yasushi Akashi) sustenta que já na altura da aprovação da Resolução 836 (1993) elementos da UNPROFOR alegaram que tal viria a suceder a menos que as zonas seguras fossem desmilitarizadas [cfr. Y. Akashi, *The Use Of Force* (...), cit., pág. 314-315].

[2355] Ver, *supra*, parág. 15.1-15.2.

[2356] Em sentido contrário, o Secretário-Geral afirmou no seu Relatório de 30 de Maio de 1995 (UN Doc. S/1995/444), no parág. 33: "there was no enforcement component to the safe area concept at its inception. Resolution 836 (1993) referred to Chapter VII, but paragraph 9 defined the parameters for the use of force as being "in self-defence" and the mandate given to UNPROFOR did not include any provision for enforcement". Na verdade, como a criação das zonas seguras foi compulsiva e a acção de defesa não é apenas para defesa própria, mas

decisão unilateral de proteger estas zonas conjugada com a de tornar a UNPROFOR garantia destas não pode ser considerada como legítima defesa[2357]. O sentido útil da referência à legítima defesa na Resolução (para lá de fins políticos de legitimação) só poderá ser o de limitar os actos da UNPROFOR a meras reacções e de a proibir de tomar a iniciativa.

A protecção pela UNPROFOR destas áreas consistiu, portanto, numa tomada de posição do lado de uma das partes contra a outra em execução de uma decisão unilateral vinculativa do Conselho: isto é, tratou-se de uma acção coerciva integrada num exercício do poder público bélico. A UNPROFOR por meio da Resolução 836 (1993) converteu-se numa Força com poderes bélicos[2358, 2359]. O fundamento para estes seus poderes coercivos foi, pois, o artigo 42.

igualmente destas zonas, a UNPROFOR tinha portanto poder para executar coercivamente uma decisão compulsiva. Se o Conselho permitisse que uma Força das Nações Unidas defendesse as tropas de uma das partes num conflito interno (em que não existe uma proibição geral de uso da força) contra ataques da outra ninguém diria que se tratava puramente de legítima defesa. Era antes uma intervenção coerciva num conflito interno. Apenas num conflito internacional se poderia argumentar em sentido contrário, precisamente por existir uma proibição de uso da força e supostamente as Nações Unidas estarem a intervir do lado da vítima contra o agressor.

[2357] Em sentido semelhante: V. Grado, *Il Consiglio di Sicurezza* (...), cit., pág. 178; Y. Akashi, *The Use Of Force* (...), cit., pág. 316-318.

[2358] O próprio Secretário-Geral o reconheceu parcialmente, mesmo antes da sua reinterpretação dos poderes da UNPROFOR à luz das acções de Setembro de 1995. Assim, no seu Relatório de 30 de Maio de 1995 (UN Doc. S/1995/444), no parág. 61, afirmou: "At present the Force's mandate, on a literal reading of the relevant resolutions, is almost entirely peace-keeping. But it also contains some elements of enforcement (...)", embora no parágrafo 64 conclua: "The absence of a clear enforcement mandate in the Council's resolutions on Bosnia and Herzegovina, notwithstanding their frequent references to Chapter VII, and the Council's reluctance to authorize the additional troops that I have judged necessary to enable it to perform even its peace-keeping functions (34,000 for the safe areas, 10,000 for border monitoring), permit one to conclude that the Council's answer to the above question is  that, so far, it has wished UNPROFOR to  be a peace-keeping operation". Ou seja, nominalmente a UNPROFOR teve poderes coercivos, mas não teve os meios ou apoio político para os utilizar, confiando na OTAN para o efeito.

[2359] No sentido de que a UNPROFOR teve poderes coercivos: J.-M. Sorel, *L'élargissement* (...), cit., pág. 37; R. Zacklin, *Le Droit* (...), cit., pág. 192; V. Grado, *Il Consiglio di Sicurezza* (...), cit., pág. 178; Paul C. Szasz, *Peacekeeping in Operation: A Conflict Study of Bosnia*, CILJ, Vol. 28, 1995, pág. 685-699, na pág. 696-697 (nominais); Y. Akashi, *The Use Of Force* (...), cit., pág. 316-318 e 322 ("semi-peace-enforcement operation"); Michael Stopford, *Peace-Keeping or Peace-Enforcement: Stark Choices for Grey Areas*, UDMLR, Vol. 73, 1996, pág. 499-523, na pág. 509-510 (zona intermédia entre ambas); Mats R. Berdal, *The Security Council, Peacekeeping And Internal Conflict After The Cold War*, DJCIL, Vol. 7, 1996, pág. 71-91, na pág. 78 e 83-85.

Deste modo, igualmente os poderes conferidos pelo seu parágrafo 10 aos Estados membros e estruturas regionais não podem ser qualificados como de mera defesa da UNPROFOR. A partir do momento em que esta Força das Nações Unidas estava a exercer poderes bélicos, qualquer apoio que lhe fosse conferido para alcançar os seus objectivos impostos a uma das partes seria da mesma forma um exercício de poderes idênticos. Coloca-se, porém, a questão de determinar qual a relação que se estabeleceu entre as Nações Unidas e a entidade que exerceu esses poderes, a OTAN.

Com efeito, está longe de ser clara a forma como o parágrafo 10 concede tais poderes. Esta falta de clareza suscitou problemas interpretativos. Era pacífico que "all necessary measures" compreendia a utilização da força[2360]. Mas não era clara exactamente que forma de coordenação deveria ser estabelecida entre as Nações Unidas, através do Secretário-Geral e da UNPROFOR, e a entidade executante daquelas medidas, a OTAN. Resulta claro que a referência à autoridade do Conselho de Segurança não passava de uma proclamação esvaziada de sentido prático, não podendo ser invocada como argumento para qualquer uma das interpretações possíveis. A interpretação seguida pelo Secretário-Geral e que seria aceite pelo Conselho e pela OTAN, foi a de que esta última apenas poderia actuar com base num pedido específico prévio do Secretário-Geral[2361, 2362].

---

Contra, entendendo que foi uma mera Força de manutenção da paz: M. Bothe, *Peace-Keeping*, cit., pág. 585 (mas porventura por estar a escrever em meados de 1993); T. Christakis, *L'Onu* (...), cit., pág. 179.

[2360] Ver sobre este eufemismo, *infra*, parág. 72.

[2361] Assim, no seu Relatório de 14 de Junho de 1993 (UN Doc. 25939 and Add. 1, 14 June 1993), pág. 2, parág. 4, o Secretário-Geral afirmou: "In keeping with the provisions of paragraph 10 of resolution 836 (1993), I have asked the North Atlantic Treaty Organization (NATO), which is already assisting the United Nations in the implementation of several earlier Security Council resolutions, to prepare plans for provision of the necessary air support capacity, in close coordination with me and my Special Representative for the former Yugoslavia. In a letter dated 11 June 1993 from its Deputy Secretary-General, NATO confirmed its willingness to offer "protective air power in case of attack against UNPROFOR in the performance of its overall mandate, if it so requests."" e "It is of course understood that the first decision to initiate the use of air resources in this context will be taken by the Secretary-General in consultation with the members of the Security Council" (pág. 4, parág. 8). O Conselho aprovaria este relatório pela sua Resolução 844 (1993), de 18 de Junho (texto em RDSCOR, 1993, pág. 15-16). Igualmente o Relatório do Secretário-Geral de 9 de Maio de 1994 (UN Doc. S/1994/555), parág. 10, refere "The agreement of NATO to act only in full consultation with UNPROFOR".

[2362] Interpretação aceite igualmente pela Doutrina: Xavier Guérin, *L'Organisation des Nations Unies, L'Organisation du Traité de l'Atlantique Nord et le Maintien de la Paix*, AFDI,

Ora, um pedido específico prévio satisfaz o critério das instruções específicas como fundamento de imputação dos actos assim adoptados às Nações Unidas[2363]. Julga-se, portanto, que os actos de execução por parte da OTAN[2364] eram igualmente actos das Nações Unidas e, deste modo, devem ser considerados como um exercício do poder público bélico em sentido estrito, pelo menos na medida em que se contivessem dentro dos limites das instruções ou que, mesmo excedendo-os, fossem posteriormente apoiados pelo órgão competente da organização[2365].

É, portanto, necessário concluir que por intermédio da Resolução 836 (1993), o Conselho delegou poderes coercivos nos órgãos cimeiros da UNPROFOR, no caso o Secretário-Geral que, por sua vez, os subdelegou no comandante da Força; e que concedeu ainda poderes ao Secretário-Geral

---

XL, 1994, pág. 171-174, na pág. 173; Hervé Cassan, *Le Secrétaire Général et le Conseil de Sécurité a l'épreuve de Chapitre VII: Un couple tumultueux*, em *Le Chapitre VII de la Chartre des Nations Unies* (SFDI – Colloque de Rennes), Paris, 1995, pág. 243-254, na pág. 252; M. Stopford, *Peace-Keeping* (...), pág. 519-520; D. Sarooshi, *The United Nations* (...), cit., pág. 72-73; porém, com reservas que tal decorresse dos seus termos, a pensar na Resolução 770 (1992): T. Christakis, *L'Onu* (...), cit., pág. 161 e nota 536 (mas reconhece que foi a efectivamente seguida e aceite).

[2363] Tal como ocorreu em relação à instrução de arrestamento de um petroleiro na questão da Rodésia do Sul (ver, *supra*, parág. 65); sobre este critério, ver ainda, *supra*, parág. 9.1.

[2364] A OTAN na alteração ao seu conceito estratégico operada em Roma em 8 de Julho de 1991 deixara em aberto a cooperação com as Nações Unidas em operações de manutenção da paz. Esta abertura foi confirmada em 1994 e veio a ser formalmente consagrada posteriormente com a nova alteração do seu conceito estratégico, na Cimeira de Washington, de 23 a 25 de Abril de 1999 (texto em *The Reader's Guide to the NATO Summit in Washington, 23 – 25 April 1999*, Office of Information and Press – NATO, 1999, pág. 47-60). Esta veio alargar, e mesmo centralizar a sua esfera de actuação (ver igualmente: Enzo Cannizzaro, *La nuova dottrina strategica della NATO e gli interventi "fuori area"*, RDI, vol. LXXXII, 1999, n.º 3, pág. 749-751, na pág. 750), na prossecução de fins de manutenção da paz: "NATO's essential and enduring purpose, set out in the Washington Treaty, is to safeguard the freedom and security of all its members by political and military means (...). The achievement of this aim can be put at risk by crisis and conflict affecting the security of the Euro-Atlantic area. The Alliance therefore not only ensures the defence of its members but contributes to peace and stability in this region"; cfr. *The Alliance's Strategic Concept*, parág. 6; também parág. 20, 24, 25 e 31 (participação em operações de manutenção da paz).

[2365] Cfr. o artigo 11 do referido Projecto da Comissão de Direito Internacional de 2001 que deve ser aplicável analogicamente a organizações internacionais: "Conduct which is not attributable to a State under the preceding articles shall nevertheless be considered an act of that State under international law if and to the extent that the State acknowledges and adopts the conduct in question as its own". Este preceito é especialmente aplicável nas situações em que a imputação a uma entidade é realizada por força de instruções específicas (artigo 8), mas estas foram excedidas.

para dar instruções específicas à OTAN quanto ao uso da força no exercício de poderes idênticos. As acções em concretização destes poderes constituíram exercícios do poder público bélico visto serem imputáveis às Nações Unidas.

Dada a necessidade de fortalecer a UNPROFOR novamente para fazer face ao mandato de protecção das zonas seguras[2366], o Conselho adoptou[2367] a Resolução 844 (1993), de 18 de Junho[2368], que permitiu o reforço da UNPROFOR em mais 7.600 efectivos (parág. 2), além de reafirmar o parágrafo 10 da Resolução 836 (1993) quanto aos poderes dos Estados membros ou estruturas regionais a intervir em coordenação estreita com o Secretário-Geral (parág. 4). Tratou-se, porém, de um reforço que ficou muito aquém do necessário para qualquer protecção efectiva das zonas, como fora sublinhado pelo Secretário-Geral, e que, mesmo este, não foi concretizado completamente.

Seguiu-se a Resolução 859 (1993), de 24 de Agosto[2369], em que o Conselho requalifica a situação na Bósnia como uma ameaça à paz e invoca o Capítulo VII no preâmbulo. Manifesta a sua apreciação pela indicação fornecida pelo Secretário-Geral de que o apoio aéreo à UNPROFOR por parte da OTAN se encontrava operacional (parág. 5). Estabeleceu depois princípios inegociáveis para qualquer plano de paz (parág. 6) num exercício do seu poder público de impor soluções para questões de fundo à luz do artigo 39[2370].

Pelas suas Resoluções 869 (1993), de 30 de Setembro, 870 (1993), de 1 de Outubro, e 871 (1993), de 5 de Outubro[2371], alargou o mandato da

---

[2366] No seu Relatório de 14 de Junho de 1993 (UN Doc. 25939 and Add. 1, 14 June 1993), pág. 3-4, parág. 5 e 6, o Secretário-Geral sustentou que seria necessário um reforço de cerca de 34.000 efectivos para que a UNPROFOR pudesse desempenhar as suas funções de protector militar. Mas, sendo inviável esta opção, que um reforço de 7.600 efectivos poderia alcançar o objectivo, se acompanhado de uma ameaça credível de ataques aéreos e se existisse alguma cooperação das partes.

[2367] Entretanto aprovara ainda a Resolução 838 (1993), de 10 de Junho (texto em RDSCOR, 1993, pág. 14-15), em que, para tentar pôr cobro ao contínuo tráfico de material bélico da nova Jugoslávia para as áreas sob controlo sérvio na Croácia e na Bósnia, instou o Secretário-Geral a estudar a questão da colocação de monitores da UNPROFOR na fronteira da Bósnia com a nova Jugoslávia. Perante um relatório do Secretário-Geral que apenas mostrava como praticável um mero sistema de monitorização, o Conselho em carta de 7 de Julho de 1993 do seu Presidente (texto em RDSCOR, 1995, pág. 16) instou o Secretário-Geral a tentar concretizar tal sistema.

[2368] Texto em RDSCOR, 1993, pág. 15.

[2369] Texto em RDSCOR, 1993, pág. 16-17.

[2370] Ver, *supra*, parág. 36.

[2371] Textos das três Resoluções em RDSCOR, 1993, pág. 25-27.

UNPROFOR em relação à Croácia e Bósnia invocando o Capítulo VII. Nesta última, apoiou a criação pelo Secretário-Geral de comandos autónomos, mas subordinados ao seu Representante Especial, em relação a cada uma das três vertentes da UNPROFOR, na Croácia, Bósnia-Herzegovina e Macedónia (parág. 2). E, mais relevante, permitiu que a UNPROFOR usasse a força na Croácia para assegurar a sua segurança e liberdade de movimentos (parág. 9). Mas não já para defender as UNPA ou as outras áreas em que se encontrava instalada, o que alteraria a natureza do seu mandato na Croácia introduzindo-lhe elementos coercivos, desta vez para proteger os sérvios croatas. Também deixou em aberto a possibilidade de vir a estender à Croácia o apoio da OTAN à UNPROFOR (parág. 10).

O ano de 1994 não viu qualquer evolução positiva no terreno, com a continuação dos ataques sérvios contra Sarajevo e a intervenção aberta do exército croata em apoio dos croatas bósnios[2372], à medida que os sucessivos cessar-fogos eram desrespeitados[2373]. Em particular suscitou vivas condenações o bombardeamento de um mercado em Sarajevo em 5 de Fevereiro, que causou 58 mortes e 142 feridos entre civis e cujas imagens brutais correram mundo, mesmo se a sua autoria não foi esclarecida[2374].

Uma reiteração da disponibilidade por parte da OTAN em levar a cabo operações aéreas em apoio da UNPROFOR que fora manifestada em 11 de Janeiro de 1994[2375] tinha já levado à análise da questão dos ataques pelo representante especial do Secretário-Geral[2376]. Os acontecimentos subsequentes ao bombardeamento do mercado em Sarajevo de 5 de Fevereiro levaram a que a OTAN, a pedido do Secretário-Geral de 6 de Fevereiro[2377], formulasse um ultimato aos sérvios para que colocassem as suas armas pesadas sob

---

[2372] Condenada pela Declaração Presidencial 1994/6 de 3 de Fevereiro (texto em RSC, 1993-1994, pág. 100), mas sem grandes efeitos práticos porquanto em 17 de Fevereiro o Secretário-Geral ainda informava em carta dirigida ao Presidente do Conselho que calculava em cerca de 5000 as tropas do exército croata na Bósnia (cfr. RSC, 1993-1994, pág. 106).

[2373] Cfr. *The United Nations And The Situation In The Former Yugoslavia*, cit., pág. 19-20.

[2374] A carta do Secretário-Geral de 6 de Fevereiro dirigida ao Presidente do Conselho (cfr. RSC, 1993-1994, pág. 101).

[2375] Cfr. *UN, NATO at Odds; Bosnia becomes their turf war*, Newsday, January 23, 1994, pág. 14.

[2376] Como informou o Secretário-Geral por carta de 18 de Janeiro ao Presidente do Conselho (cfr. RSC, 1993-1994, pág. 98).

[2377] O pedido é referido pelo Secretário-Geral na sua carta de 18 de Abril dirigido ao Secretário-Geral da OTAN (texto em anexo ao UN Doc. S/1994/466, 19 April 1994, pág. 2). Nesta carta, o Secretário-Geral pede igualmente apoio aéreo na defesa das outras zonas seguras.

controlo da UNPROFOR num prazo de 10 dias sob pena de estas serem bombardeadas[2378]. Estas pressões[2379] permitiram progressos na zona de Sarajevo com a obtenção de acordos de 17 e 18 de Fevereiro para a remoção das armas pesadas sérvias dos seus arredores em cumprimento da Resolução 824 (1993) e colocação destas sob controlo da UNPROFOR, bem como as pertencentes ao exército bósnio. Foi, pois, decidido suspender as acções aéreas[2380].

Estes progressos seriam aplaudidos pela Resolução 900 (1994), de 4 de Março[2381], aprovada com nova qualificação da situação como ameaça à

---

[2378] O Conselho da OTAN em 9 de Fevereiro de 1994 permitiu o lançamento de ataques aéreos contra posições sérvias a pedido do Secretário-Geral. O Secretário-Geral autorizou o seu representante especial a determinar em conjunto com o comandante em chefe das forças aliadas no Sul da Europa os procedimentos quanto ao uso da força, como comunicou em carta de 11 de Fevereiro dirigida ao Presidente do Conselho (cfr. RSC, 1993-1994, pág. 103).

Note-se que formalmente este ultimato foi dirigido a ambas as partes, sérvios, mas igualmente ao Governo Bósnio, e ambas ficaram sujeitas a ver as suas armas pesadas bombardeadas caso se encontrassem dentro do perímetro de exclusão ao redor de Sarajevo. O Governo Bósnio respondeu positivamente ao ultimato. Assim, declarou no Conselho em 14 de Fevereiro: "The Government of the Republic of Bosnia and Herzegovina is, under resolutions 824 (1993) and 836 (1993), explicitly allowed to retain its forces and weapons within the "safe areas", including Sarajevo. None the less, as a commitment of good will, we have also agreed to withdraw or to deliver our heavy weaponry to United Nations control" (cfr. UN Doc. S/PV.3336, 14 February 1994, pág. 10). A não existir consentimento do Governo Bósnio, um ataque contra as forças deste podia efectivamente levantar questões. Desde logo, seria a primeira vez que as Nações Unidas seriam responsáveis directos (mesmo que a título de meras instruções) por um acto bélico contra as forças do Governo de um Estado membro. Mas resulta claro que só formalmente o ultimato abrangia ambas as partes. É natural mesmo que a Bósnia tenha concordado com esta cláusula previamente a pedido da OTAN com vista a tornar aparentemente mais isento o ultimato.

[2379] Na 3336.ª reunião do Conselho, em 14 de Fevereiro de 1994, a maioria dos Estados, defendeu que a Resolução 836 (1993) constituía base suficiente para as acções da OTAN sem ser necessária qualquer outra autorização do Conselho: caso da Bósnia-Herzegovina (cfr. UN Doc. S/PV.3336, 14 February 1994, pág. 9-10); da França ("there is no need for these decisions of the North Atlantic Council to be submitted to the Security Council for any further decision"; doc. cit., pág. 16); da Espanha ("We also consider that those Security Council resolutions give sufficient authority to the United Nations Secretary-General"; doc. cit., pág. 28). A mesma conclusão esteve subjacente a todos os Estados que se pronunciaram a favor dos ataques. Mesmo a Rússia não contestou estas afirmações (doc. cit., pág. 41-44). Com efeito, se fosse necessária uma aprovação caso a caso dos ataques, a Resolução 836 de nada serviria.

[2380] Cfr. *The United Nations And The Situation In The Former Yugoslavia*, cit., pág. 24; também o Relatório do Secretário-Geral de 9 de Maio de 1994 (UN Doc. S/1994/555), parág. 8.

[2381] Texto em RDSCOR, 1994, pág. 24.

paz e invocação do capítulo VII. Deixou em aberto a aplicação do regime de zonas seguras a mais três localidades: Maglaj, Mostar e Vitez (parág. 7).

Na Resolução 908 (1994), de 31 de Março[2382], o Conselho apoiou os progressos diplomáticos obtidos em Washington, com a assinatura dos Acordos Constitucionais de 18 de Março entre o movimento croata bósnio e o Governo Bósnio. Invocando o Capítulo VII, renovou o mandato da UNPROFOR (parág. 3), autorizou o seu reforço (parág. 4) e exigiu que o movimento sérvio bósnio se abstivesse de ataques contra a cidade de Maglaj (parág. 22), num primeiro passo para uma aplicação do regime de zona segura, que ficou em aberto (parág. 23).

Mas a disposição mais importante foi a que permitiu aos Estados membros ou estruturas regionais a utilização de meios aéreos em defesa da UNPROFOR na Croácia (parág. 8), em estreita colaboração com o Secretário--Geral. Ou seja, na sequência da interpretação da Resolução 836 (1993), sob instruções específicas deste. Neste caso, dado que a UNPROFOR não tinha poderes bélicos na Croácia, tratou-se de uma mera permissão a que esta recorresse ao apoio de actos de legítima defesa da OTAN. Embora sob o regime mais liberal da legítima defesa pública e não do da legítima defesa privada[2383].

Ataques dos sérvios bósnios contra a zona segura de Gorazde[2384] levaram às primeiras acções contra as forças sérvias por parte da OTAN, excepção feita para o referido derrube de quatro jactos sérvios em 28 de Fevereiro. Assim, perante a continuação dos ataques sérvios, o comandante da UNPROFOR solicitou o apoio aéreo da OTAN para a defesa dos seus observadores ameaçados. Em 10 de Abril de 1994, dois F-16 americanos ao serviço da OTAN atacaram um tanque e um posto de comando sérvio próximo de Gorazde. No dia seguinte, dois F-18 americanos igualmente sob comando da OTAN atacaram um segundo tanque e transportes de tropas sérvias na mesma zona. No dia 16 um caça *Harrier* britânico foi derrubado quando realizava uma missão de ataque em apoio da UNPROFOR[2385].

Do que ficou escrito, resulta que não é possível sustentar que se tratou de legítima defesa, dado a UNPROFOR estar a defender zonas que compreendiam também alvos militares legítimos. Isto, claro está, apesar de se

---

[2382] Texto em RDSCOR, 1994, pág. 38.

[2383] Ver, *supra*, parág. 6 e 51.

[2384] Condenados pela Declaração Presidencial 1994/19 de 14 de Abril (texto em RSC, 1993-1994, pág. 116).

[2385] Cfr. *The Nato Handbook-Chronology*, cit., pág. 60.

ter tratado de uma acção perfeitamente lícita, dado se encontrar baseada nas Resoluções citadas do Conselho e em pedido das Nações Unidas. Em reacção, os sérvios detiveram vários elementos da UNPROFOR utilizando--os como escudos humanos[2386], acto manifestamente ilícito, mesmo que a UNPROFOR pudesse ser considerada como parte no conflito.

Em resposta, o Conselho adoptou a sua Resolução 913 (1994), de 22 de Abril[2387], em que reiterou condenações destes actos invocando o Capítulo VII. Exigiu um cessar-fogo, em particular em Gorazde (parág. 1), a retirada dos sérvios da zona (parág. 3) e a libertação de todo o pessoal das Nações Unidas ainda detido (parág. 5).

A situação apenas seria resolvida por meio de novas ameaças da OTAN que exigiu a retirada dos Sérvios e de todas as suas armas pesadas num raio de 20km de Gorazde, formando uma zona de exclusão militar, até ao dia 27 de Abril. No dia 24 de Abril foi obtido um Acordo em Belgrado entre a UNPROFOR e o movimento sérvio bósnio nesse sentido, que seria executado dentro do prazo limite do ultimato[2388]. Registaram-se, porém, incidentes armados em 30 de Abril entre forças sérvias e forças da UNPROFOR que em legítima defesa ripostaram ao fogo, causando baixas entre as primeiras[2389].

Pela Resolução 914 (1994), de 27 de Abril[2390], o Conselho permitiu novamente o reforço da UNPROFOR em cerca de mais 7000 efectivos (parág. 2). A UNPROFOR em 15 de Março atingia já o número de 30.655 efectivos militares, mais 679 polícias civis, 1.075 membros civis internacionais e 1.574 membros contratados localmente[2391]. Em 15 de Setembro de 1994 atingiria o valor de 38.582 efectivos militares, 641 polícias, 1870 membros civis internacionais e 2188 membros contratados localmente[2392].

A situação em Sarajevo agravou-se, depois de alguma acalmia permitida pelo Acordo de 17 de Março para garantir a liberdade de circulação na zona. Em consequência, depois de em 5 de Agosto os sérvios terem retirado cinco armas pesadas do depósito à guarda da UNPROFOR de Ilidza, a UNPROFOR pediu a intervenção aérea da OTAN, que atacou um carro blindado sérvio

---

[2386] Cfr. o Relatório do Secretário-Geral de 9 de Maio de 1994 (UN Doc. S/1994/555), parág. 9.

[2387] Texto em RDSCOR, 1994, pág. 26.

[2388] Cfr. o Relatório do Secretário-Geral de 19 de Maio de 1994 (UN Doc. S/1994/600), parág. 4-5 e 8-9.

[2389] Cfr. o citado Relatório do Secretário-Geral de 19 de Maio de 1994, parág. 11.

[2390] Texto em RDSCOR, 1994, pág. 40.

[2391] Cfr. *The United Nations And The Situation In The Former Yugoslavia*, cit., pág. 26.

[2392] Cfr. o Relatório do Secretário-Geral de 17 de Setembro de 1994 (UN Doc. S/1994/1067), parág. 2.

dentro da zona de exclusão de Sarajevo. Os sérvios cederam e devolveram as armas pesadas retiradas do depósito[2393]. Apesar do Acordo de 14 de Agosto contra os atiradores furtivos na zona, a situação só temporariamente melhorou e, em 22 de Setembro, novamente a OTAN foi chamada a realizar ataques contra alvos sérvios[2394].

Entretanto, no plano diplomático, estabelecidos os Acordos constitutivos da Federação entre os bósnios muçulmanos e croatas, procurou-se chegar a um acordo entre a nova Federação e os sérvios bósnios, incluindo quanto à demarcação territorial entre ambas as entidades. Um plano apresentado pelo grupo de contacto (EUA, Rússia, Reino Unido, França e Grã-Bretanha) em Julho de 1994 seria aceite por muçulmanos e croatas, mas rejeitado pelos sérvios.

Esta sua postura seria condenada pelo Conselho pela sua Resolução 942 (1994), de 23 de Setembro[2395], parág. 3, que volta a qualificar a situação como uma ameaça à paz e invoca o Capítulo VII[2396]. De seguida, reforçou drasticamente as sanções contra estes (parág. 6-18). Ao contrário, na mesma data, adoptou a sua Resolução 943 (1994)[2397], pela qual suspendeu as sanções contra a nova Jugoslávia por um período inicial de 100 dias. O fundamento desta iniciativa foi o facto da Jugoslávia ter fechado a fronteira com a Bósnia dominada pelos sérvios em resultado da sua ruptura com este movimento em 4 de Agosto por força da sua recusa em aceitar o plano de paz[2398]. O que aponta no sentido de a autoridade de Belgrado sobre os sérvios da Bósnia ser menor do que a alegada[2399].

Pela sua Resolução 947 (1994), de 30 de Setembro[2400], o Conselho renovou o mandato da UNPROFOR na Croácia e na Bósnia-Herzegovina (parág. 2), nos termos do Capítulo VII.

---

[2393] Cfr. o Relatório do Secretário-Geral de 1 de Dezembro de 1994 (UN Doc. S/1994//1389), parág. 8.

[2394] Cfr. o citado Relatório do Secretário-Geral de 1 de Dezembro de 1994, parág. 11.

[2395] Texto em RDSCOR, 1994, pág. 30.

[2396] Na mesma data o Conselho pela sua Resolução 941 (1994) (texto em RDSCOR, 1994, pág. 30) voltou a condenar as violações do Direito Internacional Humanitário por parte dos sérvios bósnios.

[2397] Texto em RDSCOR, 1994, pág. 32.

[2398] Aparentemente, esta ruptura foi real e não meramente orquestrada, ainda que existam registos de algum apoio aos sérvios da Croácia (cfr. Steven L. Burg/Paul S. Shoup, *The War In Bosnia-Herzegovina – Ethnic Conflict and International Intervention*, New York/London, 1999, pág. 309-310).

[2399] Ver, *supra*, sobre as conclusões do Tribunal Penal das Nações Unidas para a ex-Jugoslávia, parág. 12.4 e 9.1.

[2400] Texto em RDSCOR, 1994, pág. 41.

Na Resolução seguinte sobre a questão, a 958 (1994), de 19 de Novembro[2401], o Conselho foi mais longe do que fora na 908 (1994) e permitiu que os Estados membros ou estruturas regionais recorressem a todos os meios necessários, em estreita coordenação com o Secretário-Geral, por meio de forças aéreas para apoiar a UNPROFOR no exercício do seu mandato igualmente na Croácia. Ou seja, não se trata já, como ficara consagrado na Resolução 908 (1994), de defender a UNPROFOR, mas de a apoiar na execução do seu mandato. Claro está, para determinar exactamente que poderes tinham sido atribuídos é necessário ter em conta que as UNPA na Croácia tinham natureza diferente das zonas seguras na Bósnia. Estas últimas, com excepção de Srebrenica, tinham sido estabelecidas unilateralmente como excepção às hostilidades que decorriam. As UNPA na Croácia tinham sido criadas com base no acordo geral de cessar-fogo entre as partes. O dever de não as atacar não tinha sido, pois, imposto coercivamente por uma Resolução do Conselho, nem a UNPROFOR tinha poderes para proteger os seus habitantes. O seu mandato na Croácia era puramente de manutenção da paz.

Deste modo, aparentemente esta nova atribuição de poderes pouco vem acrescentar. Na realidade, os factos que se lhe encontram subjacentes explicam a sua razão de ser. A Resolução 958 foi adoptada depois de se registarem ataques contra Bihac, uma das localidades seguras nos termos da Resolução 824 (1993), designadamente por aviões do movimento sérvio croata em 18 de Novembro de 1994[2402]. Tratou-se, pois, de alargar simplesmente os poderes bélicos conferidos à UNPROFOR-OTAN na Bósnia igualmente ao território da Croácia, mas para executar o mandato conferido em relação à Bósnia e não o inócuo mandato desta na Croácia.

Em execução deste alargamento dos poderes bélicos, a OTAN desencadeou no dia 21 de Novembro de 1994 ataques por cerca de 50 dos seus aviões contra o aeroporto de Udbina, na Croácia sob domínio sérvio[2403], embora com escassos resultados militares. Este fora utilizado para realizar os referidos ataques contra Bihac. Seria obtido das autoridades sérvias croatas um compromisso de não intervenção em 23 de Novembro, mas que foi

---

[2401] Texto em RDSCOR, 1994, pág. 45.

[2402] Acção condenada pela Declaração Presidencial 1994/69 de 18 de Novembro (texto em RSC, 1994-1995, pág. 123), bem como pela Resolução 959 (1994), de 19 de Novembro, parág. 2 (texto em RDSCOR, 1994, pág. 35).

[2403] Cfr. o citado Relatório do Secretário-Geral de 1 de Dezembro de 1994, parág. 15.

imediatamente violado[2404]. Uma tentativa de realizar novos ataques pela OTAN em 25 de Novembro contra posições sérvias ao redor de Bihac, acabou por ser cancelada por falta de condições de visibilidade. Em retaliação, os sérvios fizeram reféns cerca de 400 capacetes azuis da UNPROFOR.

Em 26 e 31 de Dezembro de 1994 é obtida uma trégua de quatro meses entre as partes no conflito armado na Bósnia com duração de 1 de Janeiro a 1 de Maio de 1995, que gozaria de alguma efectividade.

Pela sua Resolução 970 (1995), de 12 de Janeiro[2405], o Conselho renovou por um segundo período de 100 dias a suspensão das sanções contra a nova Jugoslávia decidida pela Resolução 943 (1994).

Pelas suas Resoluções de 31 de Março de 1995, o Conselho cindiu formalmente a UNPROFOR em três operações distintas. Assim, pela sua Resolução 981 (1995)[2406], criou a Operação de Restauração da Confiança das Nações Unidas (UNCRO) na Croácia, com um mandato de pura manutenção da paz, tal como o da anterior UNPROFOR (parág. 2-3). Manteve a concessão de poderes aos Estados membros para actuarem em estreita cooperação com o Secretário-Geral e o comandante da UNCRO na defesa desta no exercício do seu mandato (parág. 6). Dado esta não ter poderes coercivos, tratou-se de uma simples manutenção do regime de acções em defesa dos seus membros, portanto, mero exercício de legítima defesa.

Na sua Resolução 982 (1995), igualmente com a data de 31 de Março[2407], renovou o mandato da UNPROFOR na Bósnia até 30 de Novembro de 1995 (parág. 2) e instruiu o Secretário-Geral para que transferisse até 30 de Junho o pessoal desta na Croácia que não ficasse afecto à UNCRO (parág. 3)[2408]. A Resolução 983 (1995)[2409], com a mesma data, limitou-se a rebaptizar a UNPROFOR na Macedónia como Força de Instalação Preventiva das Nações Unidas (UNPREDEP).

No terreno, a trégua de quatro meses na Bósnia continuava a sofrer algumas violações, verificando-se igualmente ataques contra a UNPROFOR, apesar de a situação ser bastante mais calma do que anteriormente.

---

[2404] Cfr. o citado Relatório do Secretário-Geral de 1 de Dezembro de 1994, parág. 16 e 20.

[2405] Texto em RDSCOR, 1995, pág. 6.

[2406] Texto em RDSCOR, 1995, pág. 23.

[2407] Texto em RDSCOR, 1995, pág. 25.

[2408] Pela sua Resolução 990 (1995), de 28 de Abril (texto em RDSCOR, 1995, pág. 30), o Conselho aprovou os termos de instalação da UNCRO.

[2409] Texto em RDSCOR, 1995, pág. 26.

O Conselho pela sua Resolução 987 (1995), de 19 de Abril[2410], aprovada com invocação do capítulo VII, condenou estas violações do cessar-fogo, exigiu o fim dos ataques contra a UNPROFOR e apelou à extensão do prazo de validade da trégua (parág. 3). Por meio da Resolução 988 (1995), de 21 de Abril[2411], renovou novamente a suspensão de sanções contra a nova Jugoslávia até 5 de Julho (parág. 1), que seriam novamente suspensas pela Resolução 1003 (1995), de 5 de Julho[2412], até 18 de Setembro de 1995 e depois pela Resolução 1015 (1995), de 15 de Setembro[2413], até 18 de Março de 1996.

Entretanto, a situação no terreno agravou-se com o fim da trégua em 1 de Maio, sem que os esforços diplomáticos desenvolvidos para a sua renovação tivessem permitido qualquer resultado, altura em que desde a Croácia[2414] até à Bósnia o conflito armado se agudizou[2415]. Na zona de Sarajevo, a recolocação de armas pesadas no perímetro de exclusão, levou a ataques da OTAN em 25 e 26 de Maio contra depósitos de munições sérvias na "capital" sérvia Pale. Em resposta, estes voltaram a deter algumas centenas de capacetes azuis, tendo usado vários como escudos humanos, e bombardearam todas as zonas seguras. Verificaram-se igualmente alguns combates pontuais entre membros da UNPROFOR e forças sérvias com baixas de ambos os lados[2416].

Tendo em conta que os sérvios bósnios mantiveram detidos membros da UNPROFOR até 18 de Junho, o Conselho aprovou a sua Resolução 998 (1995), de 16 Junho[2417], com base no Capítulo VII. Nesta exigiu a libertação dos últimos capacetes azuis (parág. 1) e reforçou a UNPROFOR com uma unidade de reacção rápida (parág. 9), tendo permitido o alargamento da UNPROFOR em mais 12.500 efectivos militares (parág. 10). Esta unidade viria a participar activamente nas acções de Setembro[2418].

---

[2410] Texto em RDSCOR, 1995, pág. 7.

[2411] Texto em RDSCOR, 1995, pág. 8.

[2412] Texto em RDSCOR, 1995, pág. 11.

[2413] Texto em RDSCOR, 1995, pág. 15.

[2414] Em relação à ofensiva croata de 1 a 7 de Maio e a reacção do Conselho, ver, supra, parág. 10.5.2.2.

[2415] O que seria lamentado pela Declaração Presidencial 1995/24 de 3 de Maio (texto em RDSCOR, 1995, pág. 10).

[2416] Cfr. o Relatório do Secretário-Geral de 30 de Maio de 1994 (UN Doc. S/1995/444), parág. 12 e 14.

[2417] Texto em RDSCOR, 1995, pág. 27.

[2418] Pela sua Declaração Presidencial 1995/40, de 19 de Agosto (texto em RDSCOR, 1995, pág. 28), criticou alguns obstáculos que estavam a ser levantados à sua colocação no terreno.

Em 6 de Julho inicia-se a conquista do enclave de Srebrenica, zona segura, por parte das forças sérvias bósnias. Um ataque aéreo de última hora da OTAN de nada serviu[2419]. Em 12 de Julho, Srebrenica cai nas mãos dos sérvios. Seguiu-se a expulsão da população muçulmana, cerca de 25.000 pessoas, e o homicídio sistemático às mãos dos sérvios de milhares de homens e adolescentes[2420]. Ataques contra Sarajevo em 22 de Julho que causaram a morte de alguns membros da UNPROFOR levaram esta a bombardear posições sérvias em redor com morteiros pesados[2421]. No dia 27 de Julho, é a vez de Zepa, outra zona segura das Nações Unidas, ser conquistada pelas forças sérvias, a que se seguiu nova limpeza étnica[2422].

O Conselho de Segurança reagiu a estes acontecimentos com sucessivas resoluções e declarações presidenciais condenatórias. Pela sua Resolução 1004 (1995), de 12 de Julho[2423], condenou a tomada de Srebrenica e a detenção dos capacetes azuis colocados na cidade. Na Declaração Presidencial 1995/32, de 14 de Julho[2424], condenou a limpeza étnica que se lhe seguiu, ainda desconhecedor dos massacres. Pelas suas Declarações Presidenciais 1995/33, de 20 de Julho e 1995/34, de 25 de Julho[2425], condenou os ataques contra Zepa. As mesmas preocupações e condenações constam da sua Resolução 1010 (1995), de 10 de Agosto[2426], bem como da Declaração Presidencial 1995/43 de 7 de Setembro[2427].

Em 3 de Agosto inicia-se a ofensiva croata na Krajina, que apesar de condenada[2428] acabou por ser diplomaticamente tolerada, ou mesmo velada-

---

[2419] O ataque sérvio e as hesitações que levaram à omissão de reacção por parte das Nações Unidas são detalhadamente analisados no *The fall of Srebrenica – Report of the Secretary-General pursuant to General Assembly resolution 53/35* (UN Doc. A/54/549, 15 November 1999), pág. 60-73.

[2420] Os números ainda não são seguros, mas terão sido no mínimo 7.400 pessoas. O Tribunal Penal das Nações Unidas para a ex-Jugoslávia descreve sucintamente os factos relativos ao massacre (cfr. *Decision in Prosecutor* v. *Dragen Erdemovic*, Appeals Chamber, Judgement of 7 October 1997, Case No: IT-96-22-A, parág. 3). Ver igualmente com grande pormenor o *The fall of Srebrenica – Report of the Secretary-General* (...), cit., pág. 78-79 e 82-84.

[2421] Cfr. *The fall of Srebrenica – Report of the Secretary-General* (...), cit., pág. 93, parág. 419.

[2422] Cfr. *The fall of Srebrenica – Report of the Secretary-General* (...), cit., pág. 93-94.

[2423] Texto em RDSCOR, 1995, pág. 11.

[2424] Texto em RDSCOR, 1995, pág. 12.

[2425] Textos em RDSCOR, 1995, pág. 13-14.

[2426] Texto em RDSCOR, 1995, pág. 14.

[2427] Texto em RDSCOR, 1995, pág. 14.

[2428] Sobre estas condenações, ver, *supra*, parág. 10.5.2.2.

mente apoiada, por alguns membros permanentes do Conselho como um meio essencial para forçar os sérvios bósnios a cederem na frente negocial. Assim, os EUA deram um sinal amarelo inicial à ofensiva croata, mas passaram a dar-lhe um apoio discreto na sequência da debandada dos sérvios croatas e da conjugação de esforços militares entre croatas e bósnios na libertação do enclave de Bihac e depois na ofensiva contra as posições sérvias[2429]. Graças a esta acção militar conjunta, em inícios de Outubro de 1995 os sérvios bósnios tinham perdido cerca de 20% do território da Bósnia e o mapa proposto pelos mediadores de cerca de 50% de território para estes tornara-se uma realidade no terreno. Claro está, os cerca de 200.000 sérvios que se viram forçados a abandonar a Krajina pagaram um preço bem alto pela paz[2430].

Outro factor decisivo na aceitação pelos sérvios da nova situação no terreno foi a acção da UNPROFOR e OTAN iniciada em 30 de Agosto (*Operation Deliberate Force*) em reacção contra um novo trágico bombardeamento por morteiros de um mercado de Sarajevo ocorrido em 28 de Agosto que causou 37 mortos e cerca de 80 feridos, sobretudo entre civis. Por se encontrar ausente o comandante da UNPROFOR que, por subdelegação do Secretário-Geral[2431], detinha o poder para decidir quanto ao pedido de apoio aéreo da OTAN, a decisão coube ao comandante da UNPROFOR em Sarajevo, por subdelegação do comandante da Força. Tendo-se concluído que os sérvios eram responsáveis pelo ataque, os ataques foram desencadeados depois de um compasso de espera para evitar que tropas da UNPROFOR em trânsito por território controlado pelos sérvios fossem tomadas como reféns.

Tratou-se de uma conjugação de fogo aéreo e das armas pesadas da unidade de reacção rápida da UNPROFOR, que assim exerceu claramente uma acção coerciva essencialmente retaliatória. Ao mesmo tempo foram

---

[2429] Cfr. Ivo H. Daalder, *Getting to Dayton: The Making of America's Bosnia Policy*, Brookings Press, 2000, pág. 122-125.

[2430] Cfr. *The fall of Srebrenica – Report of the Secretary-General* (...), cit., pág. pág. 95, parág. 434 ("Approximately 200,000 Serbs fled their homes in Croatia during and immediately after the fighting. The few that remained were subjected to violent abuses by the victorious Croats"). Os poucos croatas que viviam nas zonas controladas pelos sérvios bósnios foram em contrapartida igualmente expulsos para receber parte dos sérvios em fuga (cfr. parágrafo citado). Nas Declarações Presidenciais 1995/44, de 7 de Setembro e 1995/49, de 3 de Outubro (textos em RDSCOR, 1995, pág. 35-36), o Conselho condenou estes actos.

[2431] Ocorrida em 1994, depois de várias pressões nesse sentido por parte de comandantes da Força (cfr. *Dispute Grows Over U.N.'s Troops in Bosnia*, NYT, January 20, 1994, pág. A8; *U.N. Balkan Commander Demands Airstrike Power*, WP, January 25, 1994, pág. A15).

apresentadas condições aos sérvios para a cessação dos ataques que passavam pelo fim das acções sérvias contra as zonas seguras ainda existentes, retirada por parte destes das suas armas pesadas num raio de 20km de Sarajevo e um cessar-fogo global no terreno[2432].

No secretariado em Nova Iorque existiu algum desconforto por não terem sido informados previamente, face à escala dos ataques[2433]. No entanto, dado que o comandante da UNPROFOR em Sarajevo tinha uma subdelegação para o efeito, não é possível considerar que esta ausência de consulta tenha em si constituído uma violação do regime da Resolução 836 (1993). De resto, ficou já sublinhado que se entende que este compreendia o poder de usar a força de forma coerciva.

Aparentemente, a acção desenrolou-se à luz da regra de que seria necessário o consentimento quer do comandante da UNPROFOR, quer do comandante responsável da OTAN para que fosse possível cancelá-la[2434]. No entanto, este parece ser o regime que decorria da Resolução 836. Outra solução deixaria de significar cooperação da OTAN com as Nações Unidas para significar uma sujeição da primeira às segundas, convertendo-se numa situação semelhante à de uma cadeia de comando e de conversão das suas forças em forças das Nações Unidas[2435]. Em qualquer caso, a acção acabou por ter o apoio do Secretário-Geral que a defendeu perante o Conselho de Segurança, desta forma ratificando eventuais excessos iniciais[2436].

Os bombardeamentos foram suspensos no dia seguinte, 31 de Agosto, por causa de más condições de tempo, ao que se seguiu uma suspensão

---

[2432] Cfr. *The fall of Srebrenica – Report of the Secretary-General* (…), cit., pág. 97.

[2433] "The Secretariat was also concerned that the rapid reaction force was not only responding to attacks with counter-battery fire, but was also operating in the "offensive mode". The Secretariat urged UNPF not to go beyond a "zone of reasonableness" that was circumscribed by the mission's mandate, by the basic and indispensable impartiality of the United Nations, and by the need to continue to work with all parties to achieve a durable settlement" [cfr. *The fall of Srebrenica – Report of the Secretary-General* (…), cit., pág. 98, parág. 445; também parág. 441].

[2434] Na sua carta de 30 de Agosto dirigida ao comandante das forças sérvias bósnias, o comandante da UNPROFOR afirmou: "You should be aware that the conduct of the current operations is under the control of NATO military commanders, and that United Nations officials are not in a position to stop those operations" [cfr. *The fall of Srebrenica – Report of the Secretary-General* (…), cit., pág. 97, parág. 442].

[2435] Contra: Tarcisio Gazzini, *NATO Coercive Military Activities in the Yugoslav Crisis*, EJIL, Vol. 12, No. 3, 2001, pág. 391-435, na pág. 427-428 (sustenta o carácter unilateral e desproporcionado da acção).

[2436] Cfr. *The fall of Srebrenica – Report of the Secretary-General* (…), cit., pág. 99, parág. 452.

formal até dia 4 de Setembro para que os sérvios cumprissem as condições exigidas. Por tal não ter sucedido, no dia 4 de Setembro, pelas 13h e 5m, os ataques foram retomados por decisão do comandante da UNPROFOR e do comandante das Forças da OTAN no Sul da Europa[2437].

Devem-se levantar questões quanto ao rumo que a operação tomou a partir de 6 de Setembro, em que se começaram a bombardear alvos no Norte da Bósnia que já não tinham qualquer relação com a situação em Sarajevo[2438]. Trata-se de actos que suscitam sérias dúvidas quanto aos fins compreendidos no mandato da UNPROFOR. Mais do que defender as zonas seguras que restavam, a acção parece ter visado essencialmente afectar a capacidade bélica dos sérvios com vista a permitir ao Governo bósnio e aos croatas impor o plano de paz. Mas, ainda que o objectivo tenha sido o de garantir as zonas seguras, é difícil considerar a acção proporcionada face ao bombardeamento que lhe deu causa[2439, 2440].

---

[2437] Cfr. *The fall of Srebrenica – Report of the Secretary-General* (...), cit., pág. 98-99, parág. 448 e 451.

[2438] Ao mesmo tempo, responsáveis da UNPROFOR proferiam declarações pouco compatíveis com o mandato desta: "The aim is to cripple the BSA war machine and render its military capabilities so devalued that General Mladic is forced to negotiate". Estas declarações suscitaram críticas e pedidos de esclarecimento por parte do Secretariado das Nações Unidas [cfr. *The fall of Srebrenica – Report of the Secretary-General* (...), cit., pág. 99, parág. 453].

[2439] A Rússia em plena campanha da OTAN convocou de urgência o Conselho de Segurança para protestar contra os bombardeamentos. Assim, na 3575.ª reunião, em 8 de Setembro de 1995, afirmou que os bombardeamentos "go beyond the decisions of the Security Council, change the peace-keeping character of the United Nations operation in Bosnia and involve the international community in a conflict against one of the parties" e que "The only logic we can see in NATO's actions is a punitive one". Considerou ainda que os mecanismos de consulta tinham sido violados. Baseou esta afirmação na alegação de que a Resolução 844 (1993) tinha exigido que os bombardeamentos fossem precedidos de consulta aos membros do Conselho.

Na realidade, a Resolução 1844 apenas fala em consultas aos Estados participantes na UNPROFOR e apenas com vista a reforçá-la (parág. 3). O seu parágrafo 4 que reforça a Resolução 836 (1993) apenas exige coordenação com o Secretário-Geral. É certo que em outras ocasiões o Secretário-Geral antes de autorizar o pedido de intervenção da OTAN consultou os membros do Conselho, mas fê-lo por sua livre iniciativa; nada o exigia. De qualquer modo, a subdelegação do poder de uso da força no comandante visou precisamente acabar com os atrasos que este procedimento causava. A Rússia acrescentou, aqui provavelmente com razão que "the bombing and shelling this time were disproportionate and extensive". Alegou ainda que os procedimentos de consentimento por parte das Nações Unidas e da OTAN tinham sido violados por se ter sustentado que "now the United Nations had no opportunity to put an end to the use of force without NATO's agreement". Já se verificou que, em rigor, tal poder de terminar um ataque não decorria do regime consagrado na Resolução

836 (1993), este necessitava apenas de se conter dentro dos termos do pedido. Acrescentou finalmente que a participação da Força de reacção rápida da UNPROFOR nestes ataques constituíra um abuso do seu mandato previsto na Resolução 988 (1995) (cfr. UN Doc. S/PV.3575, 8 September 1995, pág. 2-4). Provavelmente tinha razão neste ponto.

Claro está, os Estados directamente responsáveis pela acção sustentaram a sua conformidade com as Resoluções do Conselho: o Reino Unido (a acção era "appropriate and justified"; cfr. doc. cit., pág. 4); a França ("strict respect for the prerogatives of our Council"; cfr. doc. cit., pág. 5); os EUA ("Those actions are fully authorized by existing Security Council resolutions"; cfr. doc. cit., pág. 6). A Alemanha foi mais longe na sua defesa. Sustentou que "punishment, once decided upon, is independent of a culprit's subsequent behaviour" e que "when the Bosnian Serbs comply with the demands I have just mentioned, the air attacks will end. That is why the air strikes are clearly not of a punitive nature. They are coercive and enforcement measures"; cfr. doc. cit., pág. 6). A Checoslováquia apoiou igualmente a acção da OTAN e das Nações Unidas (cfr. doc. cit., pág. 7). Igualmente a Indonésia apoiou a acção (cfr. doc. cit., pág. 8-9). Também a Argentina (cfr. doc. cit., pág. 9), a Itália (cfr. doc. cit., pág. 10), a Bósnia-Herzegovina (cfr. doc. cit., pág. 10-11), a Croácia (cfr. doc. cit., pág. 12), o Egipto (cfr. doc. cit., pág. 15), a Turquia (cfr. doc. cit., pág. 16) e o Paquistão (cfr. doc. cit., pág. 16-17) apoiaram os bombardeamentos.

Outros Estados adoptaram posições menos favoráveis ou críticas. A Nigéria, moderadamente, afirmou "we have seen the recent NATO air strikes as an appropriate and measured response to the recent artillery attack by the Bosnian Serb forces against a civilian centre, but at the same time we regretted that it became necessary to employ such force", acrescentando que "We think it is not too late to reassess the current strategy" (cfr. doc. cit., pág. 8). A China que "China is not in favour of using air strikes to exert pressure" (cfr. doc. cit., pág. 8). A nova Jugoslávia sustentou que "The scope and intensity of the bombing greatly exceed the mandate that was given to the Secretary-General and NATO" (cfr. doc. cit., pág. 12). A Ucrânia sustentou que os avanços diplomáticos obtidos levavam a questionar a continuação dos bombardeamentos (cfr. doc. cit., pág. 14).

[2440] Claro está, para quem sustente que a proporcionalidade da reacção se deve ponderar em função do conjunto das violações praticados pela entidade alvo e não do acto que a provocou, o massacre em Srebrenica e a conquista de Zepa justificariam bem esta reacção. Contudo, esta forma de contabilização baseada na teoria da acumulação não recebeu grande apoio do Conselho de Segurança em relação a represálias armadas (ver, *supra*, parág. 12.3 e 88.2). Na realidade, a decisão de usar a força contra os Sérvios tinha já sido tomada em 15 de Julho, porquanto os riscos de fracasso completo da UNPROFOR e da necessidade da sua retirada tinham levado os EUA à conclusão que uma intervenção drástica sua no terreno era inevitável [cfr. S. Burg/P. Shoup, *The War In Bosnia-Herzegovina* (...), cit., pág. 325-327; I. Daalder, *Getting to Dayton* (...), cit., pág. 129-130]. O bombardeamento de Sarajevo constituiu, pois, essencialmente o pretexto para desencadear uma acção previamente decidida. No sentido de que esta foi desproporcionado: T. Christakis, *L'Onu* (...), cit., pág. 184-185; T. Gazzini, *NATO Coercive* (...), cit., pág. 427-428; Shalini Chawla, *Trends in United Nations Peacekeeping*, SAMJ, Vol. XXIV, No. 10, 2001, texto notas 13-14.

Somente a 14 de Setembro, depois de mais um importante acordo ter sido assinado e os sérvios terem cedido nas exigências[2441], a operação foi suspensa. E somente em 21 de Setembro foi formalmente cancelada[2442]. Entretanto, a ofensiva do Governo Bósnio e dos Croatas continuava.

O Conselho na sua Declaração Presidencial 1995/47, de 18 de Setembro[2443], exigiu o cessar das hostilidades, mas sem qualquer condenação. O mesmo faria na Resolução 1016 (1995), de 21 de Setembro[2444], que também não faz referências aos ataques da UNPROFOR/OTAN e demonstrou grande tolerância pela ofensiva bósnia e croata, limitando-se a um apelo ao cessar-fogo global (parág. 1 e 3).

Apenas em 5 de Outubro de 1995[2445] as partes acederam num acordo de cessar-fogo a iniciar-se no dia 10 de Outubro por um período de dois meses. O Conselho pela Declaração Presidencial 1995/50, de 6 de Outubro[2446], aplaudiu o acordo. No entanto, a data de cessar-fogo acabou por ser adiada para dia 12 de Outubro[2447], mas a 13 ainda as armas não se tinham silenciado com a ofensiva do Governo Bósnio contra Prijedor. No dia 16, as forças bósnias e sérvias ainda trocam salvas de artilharia em Sanski Most, no noroeste da Bósnia, aparentemente causadas por notícias de limpezas étnicas na zona da responsabilidade dos sérvios. Mas são as últimas manifestações de um conflito armado, que só na Bósnia-Herzegovina durou três anos e meio, em que praticamente todos perderam[2448].

---

[2441] Para lá dos Acordos entretanto obtidos, máxime, a Declaração de princípios de Genebra de 8 de Setembro entre a Bósnia-Herzegovina, a Croácia e a nova Jugoslávia (que nos termos do acordo de 30 de Agosto anterior, representava igualmente os sérvios bósnios) que foi aplaudida pela Declaração Presidencial 1995/45 de 8 de Setembro (texto em RDSCOR, 1995, pág. 15).

[2442] Cfr. *The fall of Srebrenica – Report of the Secretary-General* (…), cit., pág. 100, parág. 458.

[2443] Texto em RDSCOR, 1995, pág. 16.

[2444] Texto em RDSCOR, 1995, pág. 16.

[2445] No dia 2 de Outubro, aviões da OTAN tinham ainda atacado baterias de mísseis SAM sérvias (cfr. *The Nato Handbook-Chronology*, cit., pág. 71).

[2446] Texto em RDSCOR, 1995, pág. 40.

[2447] A entrada em vigor do cessar-fogo seria aplaudida pela Declaração Presidencial 1995/52 de 12 de Outubro (texto em RDSCOR, 1995, pág. 17), ao mesmo tempo que condenada acções de limpeza étnica em especial da responsabilidade dos sérvios.

[2448] Com excepção da Croácia que, apesar de alguns danos, manteve as suas fronteiras, a sua autoridade essencialmente plena sobre o seu território e se livrou de uma minoria "indesejável" de cerca de 200.000 sérvios. E, quem sabe?, a prazo talvez ainda venha a apropriar-se de uma parcela de território bósnio dominada pelos croatas locais. Graças a este balanço é o único Estado que pode considerar-se vencedor do conflito.

A Bósnia-Herzegovina, depois da tragédia descrita, tem o seu destino fragilizado, como

No dia 1 de Novembro, iniciaram-se as negociações em Dayton entre os Presidentes da Bósnia-Herzegovina, Croácia e nova Jugoslávia, enquanto representante dos sérvios bósnios. O Acordo de Dayton seria rubricado em 21 de Novembro e assinado em Paris a 14 de Dezembro[2449].

Entretanto, na sua Resolução 1019 (1995), de 9 de Novembro[2450], o Conselho condenou as acções de limpeza e perseguição étnica da responsabilidade dos sérvios bósnios e da Croácia na Krajina, bem como nas suas Declarações Presidenciais 1995/60 de 7 de Dezembro e 1995/63 de 22 de Dezembro[2451]. As mesmas condenações, dirigidas aos sérvios bósnios, constam da sua Resolução 1034 (1995), de 21 de Dezembro[2452].

Pela Resolução 1021 (1995), de 22 de Novembro[2453], aplaudiu a rubrica do Acordo de Dayton e, com manutenção da qualificação de ameaça à paz e invocação do Capítulo VII, estabeleceu os termos para o fim do embargo de armamento em relação aos Estados da ex-Jugoslávia. 90 dias depois da assinatura formal dos Acordos pelas três partes, seria cessado o embargo quanto a armas ligeiras. O embargo contra o restante armamento seria terminado no prazo de 180 dias se as partes tivessem executado o anexo 1B relativo à estabilização regional. Pela sua Resolução 1022 (1995), de 22 de Novembro, suspendeu indefinidamente as sanções contra a nova Jugoslávia, embora permitindo que fossem retomadas automaticamente em caso de violações substancias por esta dos Acordos de Paz (parág. 3). As sanções foram mantidas ainda contra os sérvios bósnios até que retirassem para as linhas acordadas (parág. 2).

Pela Resolução 1023 (1995), com a mesma data[2454], aplaudiu o acordo celebrado em 12 de Novembro de 1995 entre a Croácia e as autoridades

---

Estado dividido cuja paz interna é garantida por um exército multinacional que corre o risco de ter de permanecer no seu território por mais uma geração. A nova Jugoslávia, arruinada pelas sanções e pela campanha da OTAN de 1999 provocada pela crise do Kosovo, arrisca-se a desaparecer com a secessão do Montenegro e, talvez, do Kosovo. A Macedónia, para lá do problema do seu nome e símbolos com a Grécia, teve de pagar igualmente o preço do conflito armado de 2001 com a sua minoria albanesa, que ainda não se encontra completamente pacificado. A Eslovénia foi o único Estado que, salvo os incidentes iniciais com o exército federal, escapou à loucura que dominou a ex-Jugoslávia graças ao facto de não ter minorias étnicas com significado.

[2449] Texto designadamente em ILM, Vol. 35, No. 1, 1996, pág. 75-168. Ver sobre a estrutura constitucional da Bósnia-Herzegovina consagrada nestes, *supra*, parág. 14.4.

[2450] Texto em RDSCOR, 1995, pág. 40.

[2451] Textos em RDSCOR, 1995, pág. 18 e 37.

[2452] Texto em RDSCOR, 1995, pág. 21.

[2453] Texto em RDSCOR, 1995, pág. 41.

[2454] Texto em RDSCOR, 1995, pág. 36.

sérvias croatas no sector leste, junto à fronteira com a Sérvia (Eslavónia Leste, Baranja e Sirmium Ocidental), que previa a criação da UNTAES[2455]. Na sua Resolução 1025 (1995), de 30 de Novembro[2456], abordou a questão da transição entre a UNCRO e a futura UNTAES.

A presença internacional quanto à execução do Acordo de Dayton foi regulada pelo Conselho, depois de na Resolução 1026 (1995), de 30 de Novembro[2457], se ter limitado a alargar o mandato da UNPROFOR até 31 de Janeiro de 1996[2458]. Assim, pela Resolução 1031 (1995), de 15 de Dezembro[2459], nos termos do Capítulo VII, decidiu quanto aos termos da transição entre a UNPROFOR e a IFOR, a Força multinacional comandada pela OTAN prevista no anexo 1A do Acordo de Dayton (parág. 33). Terminou os poderes coercivos concedidos para a defesa da UNPROFOR e em apoio da execução do seu mandato, colocando termo a mais esta experiência de exercício do poder público bélico, com deferimento para a data da transição (parág. 19). Numa inovação relevante[2460], sujeitou os poderes públicos concedidos à IFOR a um termo de validade de um ano. Trata-se de um eficaz mecanismo de controlo do exercício destes pelo Conselho[2461].

Mas, em contrapartida, concedeu importantes poderes à IFOR e aos Estados membros que a apoiavam. Tratou-se de meras habilitações e não de qualquer concessão de poderes cujo exercício possa ser imputado às Nações Unidas. Os Estados participantes e a OTAN receberam uma ampla habilitação sem qualquer mecanismo de cooperação efectiva, apesar da presença no terreno da UNMIBH e da Força Internacional de Polícia das Nações Unidas. Assim, depois de autorizar a criação da IFOR (parág. 14), quer esta Força, quer os Estados participantes, receberam uma habilitação para o recurso a um regime de defesa idêntico ao da legítima defesa pública para a protecção da primeira, incluindo para acções preemptivas (parág. 17 e 15). Habilitou ainda quer a IFOR, quer os Estados membros, a usar todas as medidas necessárias para executar o Acordo de Dayton (parág. 15[2462], 16 e 17)[2463].

---

[2455] Ver sobre esta, *supra*, parág. 8.

[2456] Texto em RDSCOR, 1995, pág. 37.

[2457] Texto cm RDSCOR, 1995, pág. 17.

[2458] Pela sua Resolução 1027 (1995), de 30 de Novembro (texto em RDSCOR, 1995, pág. 43), estendeu igualmente o mandato da UNPREDEP na Macedónia.

[2459] Texto em RDSCOR, 1995, pág. 18.

[2460] Na Resolução 929 (1994), de 22 de Junho (texto em RDSCOR, 1994, pág. 10), parág. 4, em relação à habilitação à intervenção no Ruanda, o Conselho já estabelecera um prazo de dois meses, mas sem intenção de a renovar depois de uma reapreciação da situação.

[2461] Ver, *infra*, parág. 73.

[2462] Que permite "enforcement action by IFOR as may be necessary".

[2463] De acordo com o previsto pelo artigo I, 2-B do anexo 1A do citado Acordo de Dayton.

Estas Estados ficaram sujeitos a meros deveres de apresentação de relatórios ao Conselho (parág. 25). Ficaram ainda autorizados a usar todos os meios necessários para assegurar a retirada segura da UNPROFOR (parág. 36).

Com vista a executar o anexo 11 do Acordo de Dayton, e seguindo as recomendações do Secretário-Geral[2464], o Conselho refere a criação da Força Internacional de Polícia das Nações Unidas com competência para supervisionar as actividades de polícia e judiciais na Bósnia-Herzegovina (parág. 30). Esta Força seria criada formalmente pela Resolução 1035 (1995), de 21 de Dezembro[2465], juntamente com a Missão das Nações Unidas na Bósnia--Herzegovina (UNMIBH) (parág. 2), ambas sob autoridade do Secretário--Geral (parág. 3).

Também na Resolução 1037 (1996), de 15 de Janeiro[2466], no parág. 14, o Conselho concedeu poderes aos Estados membros ou a organizações para a pedido da UNTAES, e com base em procedimentos comunicados às Nações Unidas, utilizarem a força para a defender ou protegerem a sua retirada. Tudo indica que se tratou de uma consagração de uma cooperação semelhante à utilizada na Resolução 836 (1993) e que, portanto, quaisquer acções seriam imputáveis às Nações Unidas. No entanto, os poderes concedidos não ultrapassavam o nível do exercício da legítima defesa pública. Estes poderes seriam reafirmados pela Resolução 1120 (1997), de 14 de Julho[2467], parág. 12. A UNTAES seria retirada em Janeiro de 1998, uma vez completada a sua administração transitória. O seu sucesso seria aplaudido pela Declaração Presidencial 1998/3, de 13 de Fevereiro[2468].

Cumprido o seu mandato de execução inicial dos Acordos de Paz, a IFOR seria substituída pela força multinacional SFOR, numa operação essencialmente de alteração de denominação, pela Resolução 1088 (1996), de 12 de Dezembro[2469]. Esta Força, igualmente comandada pela OTAN, recebeu os mesmos poderes da IFOR quanto ao uso privado habilitado da força, tal como os Estados participantes (parág. 19-21), por um período de 18 meses. Estes poderes seriam renovados por um novo período de 12 meses pela Resolução 1174 (1998), 15 de Junho[2470], parág. 6 e 11-13; pela Resolução

---

[2464] Cfr. Relatório do Secretário-Geral de 13 de Dezembro de 1995 (UN Doc. S/1995//1031), parág. 19-20 e 24-30.

[2465] Texto em RDSCOR, 1995, pág. 23.

[2466] Texto em RDSCOR, 1996, pág. 25.

[2467] Texto em RSSC, 1997, pág. 33-36.

[2468] Texto em RSSC, 1998, pág. 124.

[2469] Texto em RDSCOR, 1996, pág. 42.

[2470] Texto em RSSC, 1998, pág. 47.

1247 (1999), de 18 de Junho[2471], parág. 10-13; pela Resolução 1305 (2000), de 21 de Junho[2472], parág. 10-13 e pela Resolução 1357 (2001), de 21 de Junho[2473], parág. 10-13. Tudo indica que terão de ser renovados muitas mais vezes, já que a situação se mantém tensa[2474].

**68. A UNAMSIL.** Ficou já analisada a situação que levou à criação da UNAMSIL na Serra Leoa[2475].

Com efeito, apesar de alguns incidentes menores[2476], a temporária pacificação conseguida pelo citado Acordo de Lomé entre as partes no conflito, e o facto deste estabelecer a criação de uma Força neutral e a retirada da ECOMOG, levaram o Conselho de Segurança, pela Resolução 1270 (1999), de 22 de Outubro[2477], parág. 8, a criar a Missão das Nações Unidas para a Serra Leoa (UNAMSIL). Tratou-se de uma Força das Nações Unidas de cerca de 6000 membros que substituiu a UNOMSIL (parág. 9). Actuando nos termos do Capítulo VII, atribuiu-lhe o poder de recorrer às medidas necessárias para garantir a sua liberdade de circulação e para proteger civis de ataques (parág. 14). Os seus poderes encontram-se, pois, ainda no âmbito da noção de manutenção de paz.

Porém, no terreno, apesar de alguns progressos políticos, com a nomeação do novo Governo de unidade nacional, a situação militar deteriora-se em Outubro e Novembro de 1999 por força da acção dos rebeldes. A FUR e a CRFA atacam-se mutuamente em alguns conflitos graves. Contudo, com a ECOMOG e UNAMSIL apenas ocorrem incidentes menores[2478]. Verificam--se também alguns progressos iniciais no desarmamento e desmobilização das forças de defesa civil e rebeldes[2479].

[2471] Texto em RSSC, 1999, pág. 38.

[2472] Texto em RSSC, 2000, pág. 35.

[2473] Texto em UN Doc. S/RES/1357 (2001).

[2474] No terreno, o que se verifica, apesar de todas as anteriores declarações em contrário, é a consolidação da limpeza étnica realizada, implicitamente legitimada no traçado das linhas de delimitação entre sérvios bósnios e muçulmanos e croatas. O trágico é que esta realidade parece difícil de alterar ["repugnant reality", como lhe chama T. Weiss, *UN Military Operations* (...), cit., pág. 413] sob pena do risco de se provocar novos conflitos ou, pelo menos, novas violações dos direitos humanos.

[2475] Ver, *supra*, parág. 32.4.

[2476] Cfr. Oitavo Relatório do Secretário-Geral sobre a UNOMSIL de 28 de Setembro de 1999, UN doc. S/1999/1003, parág. 9-10.

[2477] Texto em RSSC, 1999, pág. 68-71.

[2478] Cfr. Primeiro Relatório do Secretário-Geral sobre a UNAMSIL, de 6 de Dezembro de 1999, parág. 7-12 e 20-21 (texto em UN Doc. S/1999/1223).

[2479] Primeiro relatório citado, parág. 13 e 33. Também Segundo Relatório do Secretário-Geral sobre a UNAMSIL, de 11 de Janeiro de 2000, parág. 10-11 (texto em UN Doc. S/2000/13).

A Resolução 1289 (2000), de 7 de Fevereiro[2480], alargou o número dos membros da UNAMSIL, que passa a poder atingir 11.000 (parág. 9) com vista a substituir completamente a ECOMOG, e amplia o seu mandato. A UNAMSIL é autorizada a recorrer à acção necessária para levar a cabo o seu mandato, garantir a sua liberdade de circulação e proteger civis (parág. 10). Este mandato compreende objectivos latos que vão desde a segurança, à cooperação com as Forças da Serra Leoa e guarda de armamento, mas literalmente ainda se contém dentro dos limites da manutenção da paz. Não existe um poder de se impor às partes e de as obrigar pela força, se necessário, por exemplo, a desarmar-se ou a retirar das suas posições[2481].

Mas no terreno a situação continuou-se a agravar, culminando nos acontecimentos de Maio de 2000. Em Março, a liderança da FUR reconheceu que a UNAMSIL constituía a força neutral prevista no referido Acordo de Lomé, deste modo cessando algumas resistências anteriores[2482]. Igualmente, salvo alguns incidentes entre rebeldes, ou contra a UNAMSIL, em Março e Abril a situação manteve-se calma[2483].

Porém, em 1 de Maio, ocorreram graves incidentes na zona de Maqueni, no campo de desmobilização local. Por aparente coincidência, tratou-se da data em que a UNAMSIL ia iniciar a sua instalação na zona de Koidu, no Leste da Serra Leoa, principal localização das minas de diamantes, controlada pela FUR e véspera da partida das últimas tropas da ECOMOG[2484]. Estes incidentes generalizaram-se nas áreas dominadas pela FUR, tendo havido combates abertos entre forças desta e a UNAMSIL e detenções de membros desta Força que se prolongaram pelas duas semanas seguintes. Em 15 de Maio de 2000, a FUR detinha 352 membros da UNAMSIL, 25 tinham sido feridos em resultado dos combates e 15 encontravam-se desaparecidos[2485]. A situação, ainda assim, mantinha-se estabilizada, muito por força da chegada

---

[2480] Texto em RSSC, 2000, pág. 6-9.

[2481] Neste sentido, o Reino Unido declarou na reunião do Conselho que aprovou a Resolução 1289: "UNAMSIL was not a Chapter VII peace enforcement operation, but all recognized in formulating the mandate for the force, as set out in the resolution, that the task would require a robust and serious stance against possible threats" [cfr. UNPR SC/6801, 4099th Meeting (PM), 7 February 2000].

[2482] Cfr. Quarto Relatório do Secretário-Geral sobre a UNAMSIL, de 19 de Maio de 2000, parág. 4 (texto em UN Doc. S/2000/455).

[2483] Cfr. Quarto Relatório citado, parág. 15-20.

[2484] Cfr. Quarto Relatório citado, parág. 56 e 59.

[2485] Cfr. Quarto Relatório citado, parág. 57-68.

de um contingente britânico e de reforços para a UNAMSIL[2486]. Aparentemente, a liderança da FUR apoiou a sua acção militar[2487].

O Conselho, pela Declaração Presidencial 2000/14 de 4 de Maio de 2000[2488] condenou estas acções e considerou que a liderança da FUR deveria ser sancionada.

Tendo em conta a situação no terreno, o Conselho pela sua Resolução 1299 (2000), de 19 de Maio[2489], alargou ainda mais o número dos efectivos da UNAMSIL para 13.000 (parág. 1)[2490] e isentou os Estados que cooperavam com a UNAMSIL do embargo de armas decretado pela referida Resolução 1171 (1998)[2491] contra as forças rebeldes.

Pela sua Resolução 1306 (2000), de 5 de Julho[2492], o Conselho tentou estrangular a fonte de rendimentos e principal factor de incentivo do conflito[2493], proibindo o comércio de diamantes não certificado pelo Governo da Serra Leoa (parte A, parág. 1 e 5)[2494]. A parte B da Resolução é dedicada a tentar dar maior efectividade ao embargo criado pela Resolução 1171 (1998), que estava a ser sistematicamente violado.

Entretanto, no teatro de operações, igualmente graças à influência diplomática da Libéria, os membros detidos (461) da UNAMSIL foram libertados na Segunda Quinzena de Maio[2495]. Outros elementos cercados

---

[2486] Cfr. Quarto Relatório citado, parág. 69.

[2487] Cfr. Quarto Relatório citado, parág. 70.

[2488] Texto em RSSC, 2000, pág. 110.

[2489] Texto em RSSC, 2000, pág. 27-28.

[2490] O Secretário-Geral, no seu citado Quarto Relatório, recomendara um alargamento para 16.500 (parág. 86-88) e, embora entendesse que tal não seria indispensável, aceitou que fosse conferido um mandato de imposição da paz à UNAMSIL (parág. 89 e 100).

[2491] Ver, *supra*, parág. 32.4.

[2492] Texto em RSSC, 2000, pág. 39-43.

[2493] Como afirmou o delegado da Serra Leoa na 4168.ª reunião do Conselho que aprovou a Resolução 1306 "The root of the conflict is, and remains, diamonds, diamonds, diamonds" (cfr. S/PV.4168, 5 July 2000).

[2494] Claro está, porque a FUR controla, além das zonas de diamantes, igualmente as zonas fronteiriças com a Guiné e parte da fronteira com a Libéria, é fácil traficar os diamantes para estes países e vendê-los lá como produto nacional. De facto, a principal multinacional do sector, que o controla com mão de ferro, tem uma delegação na Guiné (cfr. Sheryl Dickey, *Sierra Leone: Diamonds for Arms*, HRB, Vol. 7, 2000, pág. 9 e segs.; Lucinda Saunders, *Holding De Beers Accountable for Trading Conflict Diamonds*, FILJ, Vol. 24, 2001, pág. 1402-1476, na pág. 1427-1428, 1430-1432 e 1434-1435). Já o tráfico pela Libéria foi afectado pela Resolução 1343 (2001), de 7 de Março [texto em UN Doc. S/RES/1343 (2001)], cujo parág. 6 da sua parte B, impõe um embargo contra diamantes.

[2495] Cfr. Quinto Relatório do Secretário-Geral sobre a UNAMSIL, de 31 de Julho de 2000 (texto em UN Doc. S/2000/751), parág. 24.

foram resgatados por uma operação militar de grande envergadura da UNAMSIL, em 15 e 16 de Julho de 2000, que pode ser considerada como um exercício da legítima defesa pública[2496, 2497]. A Força, ainda assim, durante este período adoptou outras acções com vista a retomar posições entretanto ocupadas pelos rebeldes que se parecem integrar já na noção de imposição da Paz[2498].

O passo seguinte quanto à conversão da UNAMSIL numa força de imposição da paz ao abrigo do artigo 42 CNU seria dado pela Resolução 1313 (2000), de 4 de Agosto[2499], cujo parág. 3 estabelece um mandato de clara alteração da situação de facto, se necessário pelo uso da força[2500]; apesar de não recorrer à tradicional expressão de "todos os meios necessários". A alínea a) e parte final da c) encontram-se ainda dentro dos limites da

---

[2496] Quinto Relatório citado, parág. 26-27. O Secretário-Geral afirma: "UNAMSIL decided to launch a robust military operation to ensure the security of United Nations personnel and to restore their freedom of movement, in accordance with its mandate and rules of engagement" (parág. 26).

[2497] O Conselho por intermédio da Declaração Presidencial 2000/24, de 17 de Julho de 2000 (texto em RSSC, 2000, pág. 117-118), apoiou a acção, considerando que esta se encontrava "authorized under the mandate of UNAMSIL".

[2498] O Secretário-Geral, no seu citado Quinto Relatório, parág. 23, afirma que "In addition, UNAMSIL received indications that the group [da CRFA] might have considered joining RUF and attacking UNAMSIL. To pre-empt such an attack, UNAMSIL launched a military operation on 22 July to remove illegal checkpoints and to clear the Occra Hills area of armed groups. The operation was successful and was concluded without casualties on the part of UNAMSIL". A aparente tentativa de justificar a acção (denominada Operação *Thunderbolt*) em legítima defesa pública preemptiva é forçada. A remoção das barreiras poderia ser ainda considerada como uma acção de garantia da sua liberdade de movimentos e de distribuição da ajuda humanitária, mas a remoção do grupo da área parece ter ido além.

[2499] Texto em RSSC, 2000, pág. 52-53.

[2500] "(a) To maintain the security of the Lungi and Freetown peninsulas, and their major approach routes; (b) To deter and, where necessary, decisively counter the threat of RUF attack by responding robustly to any hostile actions or threat of imminent and direct use of force; (c) To deploy progressively in a coherent operational structure and in sufficient numbers and density at key strategic locations and main population centres and, in coordination with the Government of Sierra Leone **to assist**, through its presence and within the framework of its mandate, the efforts of the Government of Sierra Leone **to extend state authority, restore law and order and further stabilize the situation progressively throughout the entire country**, and, within its capabilities and areas of deployment, to afford protection to civilians under threat of imminent physical violence; (d) To **patrol actively** on strategic lines of communication, specifically main access routes to the capital in order to dominate ground, ensure freedom of movement and facilitate the provision of humanitarian assistance; (e) **To assist in** the promotion of the political process leading, inter alia, to a **renewed disarmament, demobilization and reintegration** programme where possible;".

legítima defesa pública, incluindo contra actos iminentes e de defesa de terceiros[2501]. Mas a alínea b) ao permitir-lhe assistir o Governo da Serra Leoa a estender a sua autoridade a todo o território passou os limites desta figura. É certo que é por meio da sua presença e no âmbito do seu mandato que tal assistência será conferida, mas estes objectivos são incompatíveis com uma conservadora legítima defesa. Não se visa proteger uma dada situação. Visa-se assistir na sua alteração efectiva. Se deparar com resistência, um uso da força já não se circunscreverá à legítima defesa, a menos que a Força deixasse de cumprir o mandato e retirasse perante oposição. O que não é crível[2502]. Igualmente a alínea d) ao incumbir-lhe a assistência no desarmamento e desmobilização, quando for possível, sugere igualmente deveres activos incompatíveis com a legítima defesa. Julga-se, pois, que se está perante uma delegação no Secretário-Geral e no comando da Força do poder público bélico[2503, 2504].

Este alargamento do mandato não foi, contudo, seguido da exploração das suas virtualidades bélicas. No terreno, os conflitos continuaram, mas foram as forças governamentais que lançaram algumas limitadas ofensivas contra a FUR, além de uma operação de resgate levada a cabo por forças britânicas contra um ex-grupo da CRFA que tomara como reféns 11 militares britânicos encarregues de treinar o exército da Serra Leoa[2505]. É nas fronteiras

---

[2501] Ver, *supra*, parág. 6 e 51.

[2502] Não se reúne uma Força de 12.443 efectivos [cfr. Sexto Relatório do Secretário-Geral sobre a UNAMSIL, de 24 de Agosto de 2000 (texto em UN Doc. S/2000/832), parág. 13 e anexo] para retirar perante a primeira resistência.

[2503] O Secretário-Geral, no seu citado Sexto Relatório, faz, ainda assim, uma interpretação moderada dos poderes da UNAMSIL: "In accordance with the Mission's present mandate and rules of engagement, the use of force by UNAMSIL troops would be limited to the defence of its personnel, assets and mandate, including its freedom of movement and the protection of civilians, to the extent that it is capable of doing so and within its areas of deployment. At the same time, UNAMSIL would be expected to respond robustly to any action or to the threat of imminent use of force by hostile groups" (parág. 24). Deste modo, qualifica ainda o mandato da Força como de manutenção da paz ("while fully committed to its peacekeeping objectives"), mas parece que tal moderação se deve aos receios das reacções dos Estados fornecedores dos contingentes: "Most delegations stressed that their contingents could not be expected to take part in a peace-enforcement operation" (parág. 45).

[2504] Os trabalhos preparatórios publicados não fornecem qualquer auxílio interpretativo. O texto da resolução, aprovado por unanimidade, foi negociado em consultas informais. A acta da 4184.ª reunião do Conselho não contém qualquer declaração dos membros, com excepção da intervenção formal do Presidente (cfr. S/PV.4184, 4 August 2000).

[2505] Cfr. Sétimo Relatório do Secretário-Geral sobre a UNAMSIL, de 31 de Outubro de 2000 (texto em UN Doc. S/2000/1055), parág. 14-17.

da Serra Leoa com a Libéria e a República da Guiné que irrompem conflitos armados, com troca de acusações de apoio às respectivas oposições[2506, 2507]. A situação é agravada pelo anúncio de retirada até Dezembro de 2000-Janeiro de 2001 dos contingentes da Índia e do Líbano que perfaziam 4968 efectivos num total de 12510 em 30 de Outubro de 2000[2508]. Estas dificuldades mantêm a situação imobilizada, com a FUR a dominar ainda grande parte do território, especialmente as minas de diamantes, parcelas em que a UNAMSIL pouco ou nenhum controlo ou presença tem.

No plano político, entretanto, o Conselho aprovara a Resolução 1315 (2000), de 14 de Agosto[2509], em que fica consagrada a criação do Tribunal Penal Especial para a Serra Leoa (parág. 1), a pedido desta, como forma de terminar com a impunidade pelos crimes cometidos e de liquidar a amnistia prevista no Acordo de Lomé. Trata-se de um Tribunal criado por acordo entre as Nações Unidas e a Serra Leoa, devendo ser considerado como um Tribunal Internacional[2510] e não das Nações Unidas como os para a Ex-Jugoslávia e para o Ruanda[2511].

Pela sua Resolução 1317 (2000), de 5 de Setembro[2512], o Conselho limitou-se a renovar o mandato da UNAMSIL por uns dias e pela sua Resolução 1321 (2000), de 20 de Setembro[2513], até ao final do ano.

No terreno, seria obtido o Acordo de Cessar-Fogo de 10 de Novembro de 2000 entre o Governo da Serra Leoa e a FUR[2514]. Este reafirma no preâmbulo o Acordo de Lomé e aplaude a existência de uma nova liderança na FUR. Estabelece um cessar-fogo (parág. 1) e fica reconhecido expressamente o papel da UNAMSIL, embora apenas com funções de monitorização do cessar-fogo e investigação das suas violações (parág. 3), sendo-lhe reconhecido o direito de se instalar em todo o território, incluindo onde se encontram

---

[2506] Cfr. Sétimo Relatório citado, parág. 5-7 e 13.

[2507] Estes incidentes seriam condenados pela Declaração Presidencial 2000/31, de 3 de Novembro de 2000 (texto em RSSC, 2000, pág. 124-125).

[2508] Cfr. Sétimo Relatório citado, parág. 48 e anexo. As ofertas de outros Estados não chegaram para cobrir imediatamente estas retiradas (parág. 53-54).

[2509] Texto em RSSC, 2000, pág. 56-58.

[2510] O Secretário-Geral qualifica-o como "sui generis"; cfr. Relatório sobre o Tribunal de 4 de Outubro de 2000, parág. 9 (texto em UN Doc. 2000/915). Igualmente: Robert Cryer, *A special Court for Sierra Leone?*, ICLQ, Vol. 50, 2001, pág. 435-446, na pág. 437

[2511] Ver, *infra*, parág. 96.1.

[2512] Texto em RSSC, 2000, pág. 59.

[2513] Texto em RSSC, 2000, pág. 65.

[2514] Texto em anexo a UN Doc. S/2000/1091.

as minas de diamantes (parág. 4). As partes comprometem-se a continuar o procedimento de desmobilização (parág. 7). Nada fica dito quanto à amnistia ou ao Tribunal Penal Especial.

Pela sua Resolução 1334 (2000), de 22 de Dezembro[2515], o Conselho registou a celebração do acordo (parág. 2), reafirmou o mandato da UNAMSIL (parág. 3), como que a sublinhar que este não se restringia às funções consagradas no acordo, apelou aos Estados membros para que contribuíssem com contingentes (parág. 4) e renovou o mandato da Força.

Na Serra Leoa a situação militar manteve-se estável, excepto nas fronteiras com a Guiné onde conflitos entre a FUR e forças governamentais daquele Estado continuaram a ocorrer[2516]. Continuaram igualmente as trocas de acusações entre a Guiné e a Libéria de apoios às respectivas oposições[2517]. Existem também notícias de que a FUR continua a fortalecer-se militarmente[2518]. A crise causada pela iminente retirada dos contingentes da Índia e Líbano foi superada graças à esperada chegada de contingentes de outros Estados[2519]. O Reino Unido manteve igualmente um contingente de tropas, além dos seus instrutores do exército da Serra Leoa, mas que não se encontra integrado na UNAMSIL[2520]. Confirma-se, pois, a lamentável resistência dos membros permanentes em colocar tropas suas sob comando das Nações Unidas[2521].

O Conselho, pela sua Resolução 1343 (2001), de 7 de Março[2522], viria a tomar uma decisão drástica para terminar com o apoio externo à FUR. Com base no inquérito levado a cabo pela comissão constituída nos termos do parág. 19 da referida Resolução 1306 (2000), que acusou a Libéria de conferir grande apoio à FUR[2523], qualificou tal apoio como uma ameaça à

---

[2515] Texto em RSSC, 2000, pág. 93.

[2516] Sendo a FUR um movimento armado, encontra-se vinculada internacionalmente pela proibição de uso da força contra Estados vizinhos e pelo dever de respeitar a sua soberania (ver, *supra*, parág. 10.5.1, 15.2 e 34.4.2).

[2517] Cfr. Oitavo Relatório do Secretário-Geral sobre a UNAMSIL, de 15 de Dezembro de 2000 (texto em UN Doc. S/2000/1199), parág. 10 e 22.

[2518] Cfr. Oitavo Relatório citado, parág. 69.

[2519] Cfr. Oitavo Relatório citado, parág. 25-26.

[2520] Cfr. Oitavo Relatório citado, parág. 32.

[2521] A Libéria protestou contra esta situação, mas a Serra Leoa insistiu na sua manutenção, tendo mesmo existido manifestações populares nesse sentido (cfr. Oitavo Relatório citado, parág. 14). O Secretário-Geral agradeceu o papel britânico no controlo da situação (parág. 67).

[2522] Texto em UN Doc. S/RES/1343 (2001).

[2523] Cfr. *Report of the Panel of Experts appointed pursuant to Security Council resolution 1306 (2000), paragraph 19, in relation to Sierra Leone*, December 2000 (UN Doc. S/2000/1195, 20 December 2000), pág. 32-34, parág. 180-193 e pág. 42, parág. 252 ("Liberia is

paz e adoptou sanções contra esta: um embargo a material bélico e contra diamantes, bem como uma inibição de viagens internacionais contra altos membros do Governo da Serra Leoa e outros responsáveis por apoios à FUR (parág. 5-7).

As medidas foram suspensas por dois meses para dar tempo à Libéria para acatar a exigência de terminar todo o apoio à FUR e sujeitas a prazos de validade de 14 e 12 meses, para evitar o veto positivo[2524]. Essencialmente, o Conselho adoptou sanções contra a Libéria por esta ter violado os embargos que decretou contra os rebeldes na Serra Leoa. Trata-se, pois, de um precedente (que em parte se verificara igualmente contra a nova Jugoslávia durante o conflito interno na Bósnia[2525]) que vem reforçar a autoridade do Conselho.

Na Serra Leoa, a situação manteve-se calma, salvo na fronteira com a Guiné, onde os combates prosseguiram[2526]. Mas salvo algumas concessões pela FUR quanto à colocação de observadores da UNAMSIL em algumas áreas, o processo de extensão da presença da Força das Nações Unidas não sofreu qualquer desenvolvimento efectivo e muito menos o alargamento da autoridade do Governo da Serra Leoa sobre as áreas controladas pela FUR, a começar pelas das minas de diamantes. Existe descontentamento por parte dos rebeldes quanto à manutenção sob prisão de membros da sua liderança que integravam o Governo, bem como receios de que todos venham a ser julgados pelos seus crimes[2527].

A pressão sobre a FUR aumentou por força da decisão da Libéria anunciada em 12 de Janeiro de 2001 de terminar todo o apoio que lhe conferia na sequência das pressões internacionais de que começou a ser alvo[2528]. Mas tais medidas não chegaram para evitar a aprovação do regime de sanções contra esta constante da referida Resolução 1343 (2001). No mesmo dia em que esta foi aprovada, a Libéria anunciou que iria executar as restantes medidas que esta exigia, incluindo um certificado de origem para a exportação de diamantes[2529].

---

actively breaking Security Council embargoes regarding weapons imports into its own territory and into Sierra Leone"). Acusa igualmente o Burkina Faso.

[2524] Ver, _supra_, parág. 48.5.

[2525] Ver, _supra_, parág. 67.

[2526] O que levou a UNAMSIL a decidir instalar um contingente de 1796 efectivos nas fronteiras entre a Serra Leoa e a Libéria e Guiné [cfr. Nono Relatório do Secretário-Geral sobre a UNAMSIL, de 14 de Março de 2001 (texto em UN Doc. S/2001/228), parág. 25].

[2527] Cfr. Nono Relatório citado, parág. 5, 8, 12, 17, 22.

[2528] Cfr. Nono Relatório citado, parág. 27.

[2529] Cfr. Nono Relatório citado, parág. 28.

O Conselho aprovou posteriormente a Resolução 1346 (2001), de 30 de Março[2530], em que renova o mandato da UNAMSIL e alarga o limite dos seus efectivos para 17.500, além dos 260 militares observadores já no terreno (parág. 2), de acordo com as propostas do Secretário-Geral[2531].

Em 2 de Maio de 2001, as partes reafirmaram o Acordo de 10 de Novembro de 2000, o que seria aplaudido pelo parágrafo 5 da Resolução 1370 (2001), de 18 de Setembro[2532]. Nesta, sem invocar o Capítulo VII, mas depois de citar no preâmbulo Resoluções anteriores que o fazem, o Conselho renovou o mandato da UNAMSIL por mais seis meses (parág. 1) e instou a FUR a acatar a liberdade de movimentação da UNAMSIL e o alargamento da autoridade do Governo (parág. 6) e a converter-se em partido político (parág. 7 e 13).

Pela sua Resolução 1385 (2001), de 19 de Dezembro[2533], nos termos do Capítulo VII, o Conselho renovou o embargo ao comércio de diamantes não certificado pelo Governo, para atingir os rebeldes, estabelecido pela Resolução 1306 (2000) por um período de 11 meses a contar de 5 de Janeiro de 2002 (parág. 3).

A situação no terreno, porém, continua preocupante, visto que os aspectos essenciais ainda não receberam execução. A UNAMSIL continua sem ter uma presença significativa nos territórios controlados pela FUR, que aparentemente ainda não desistiu de tentar reforçar-se militarmente em vez de desmobilizar os seus efectivos. Especialmente as zonas ricas em diamantes permanecem solidamente nas suas mãos.

A Força das Nações Unidas, apesar de ter um mandato que se considera de imposição da paz, ainda não fez uso dos seus poderes desde que este lhe foi reconhecido. A ter usado a força em termos que implicam um exercício do poder público bélico, fê-lo quando este ainda não lhe fora reconhecido.

**69. A UNTAET.** A administração transitória de Timor Leste pelas Nações Unidas por intermédio da UNTAET tem a sua origem no Acordo de 5 de Maio de 1999 entre Portugal (potência administrante em título) e a Indonésia[2534, 2535] quanto à realização de uma consulta popular[2536] organizada

---

[2530] Texto em UN Doc. S/RES/1346 (2001).
[2531] Cfr. Nono Relatório citado, parág. 100.
[2532] Texto em UN Doc. S/RES/1370 (2001).
[2533] Texto em UN Doc. S/RES/1385 (2001).
[2534] Texto em Anexo I ao Relatório do Secretário-Geral de 5 de Maio de 1999 (UN Doc. A/53/951-S/1999/513), pág. 4-23.
[2535] O procedimento negocial que conduziu ao Acordo encontra-se sucintamente descrito

pelas Nações Unidas sobre o destino do território ocupado militarmente pelo segundo Estado em 1975 e anexado em 17 de Julho de 1976[2537].

---

no Relatório do Secretário-Geral à Assembleia Geral sobre a Questão de Timor de 13 de Dezembro de 1999 (UN Doc. A/54/654), parág. 2-13.

[2536] Este termo neutro derivou das resistências iniciais da Indonésia em realizar uma consulta nos moldes em que acabou por ocorrer, baseado no voto directo, universal e secreto. Considera-se como critério adequado para distinguir o referendo do plebiscito que, embora ambos possam incidir sobre questões constitucionais, o primeiro nestes casos tem por base uma proposta constitucional deliberada por um órgão parlamentar, enquanto o segundo constitui um instrumento do poder executivo para legitimar as suas propostas de alteração constitucional à revelia do Parlamento. Deste modo, a consulta, por incidir sobre questões constitucionais (a integração de Timor na Indonésia ou a independência) e numa proposta acordada pelos Governos de dois Estados com mediação internacional, constituiu um plebiscito. O projecto de autonomia, dadas as condições existentes, não fora decidido livremente por representantes do Povo Timorense, mas por entidades externas. Mas continuar-se-á simplesmente a falar em consulta popular.

[2537] A Assembleia Geral, pela sua Resolução 3485 (XXX), de 12 de Dezembro de 1975 (texto em RDGAOR, 30th Session, 1975-1976, pág. 118-119), parág. 4, lamentou vivamente a intervenção indonésia em Timor-Leste. O Conselho de Segurança, pela Resolução 384 (1975), de 22 de Dezembro, preâmbulo e parág. 2 (texto em RDSCOR, 1975, pág. 10), mostrou-se gravemente preocupado pela perda de vidas e pediu a retirada sem demora das forças indonésias de Timor Leste, tendo sublinhado o direito de autodeterminação do seu Povo. Aprovaria ainda a Resolução 389 (1976), de 22 de Abril (texto em RDSCOR, 1976, pág. 18-19) em termos idênticos. Não voltaria, porém, a pronunciar-se sobre a questão.

Coube à Assembleia Geral a aprovação de sucessivas resoluções sobre a questão pedindo o respeito do direito de autodeterminação e mostrando preocupação pela situação humanitária trágica: a 31/53 de 1 Dezembro de 1976 (texto em RDGAOR, 31th Session, 1976-1977, pág. 125); a 32/34 de 28 de Novembro de 1977 (texto em RDGAOR, 32th Session, 1977-1978, pág. 169-170); a 33/39 de 13 de Dezembro de 1978 (texto em RDGAOR, 33th Session, 1978-1979, pág 181-182); a 34/40 de 21 de Novembro de 1979 (texto em RDGAOR, 33th Session, 1979-1980, pág 206); a 35/27 de 11 Novembro de 1980 (texto em RDGAOR, 33th Session, 1980-1981, pág 219); a 36/50 de 24 Novembro de 1981 (texto em RDGAOR, 33th Session, 1981-1982, pág 200) e a 37/30 de 23 de Novembro de 1982 (texto em RDGAOR, 33th Session, 1982-1983, pág 227). Nesta última, no parágrafo 1, solicita ao Secretário-Geral para iniciar consultas com as partes de modo a se chegar a uma resolução da questão. Esta seria a base formal para a tentativa de mediação da controvérsia de sucessivos Secretários-Gerais, sem grandes resultados até às alterações internas na Indonésia.

O texto destas resoluções da Assembleia Geral foi perdendo alguma firmeza com os anos, bem como apoio. A partir de 1982 não foi possível obter a maioria necessária para aprovar uma resolução sobre a questão, embora esta tenha sido mantida na agenda da Assembleia e Timor Leste na lista dos territórios não autónomos. Apenas ao nível da Comissão de Direitos Humanos do Conselho Económico e Social seriam aprovadas resoluções condenando as práticas da Indonésia em matéria de direitos humanos no território, mas não já sobre a questão do estatuto deste. Assim, ver a Resolução 1997/63, de 16 de Abril de 1997 (UN

A decisão popular incidia sobre a aprovação do estabelecimento de um estatuto de autonomia especial no seio da Indonésia para Timor Leste (cujo texto constava de anexo ao Acordo) ou a sua rejeição e opção pela independência que a Indonésia ficava vinculada a respeitar nos termos do artigo 6 do Acordo. Neste caso, o Acordo já previa a administração do território pelas Nações Unidas (artigo 6). A consulta deveria ser realizada por meio de uma votação directa, universal e secreta (artigo 1). Nos termos do artigo 2 e 7 do Acordo, os dois Estados solicitavam ao Secretário-Geral que estabelecesse uma presença adequada das Nações Unidas imediatamente que deveria manter-se depois dos resultados da consulta popular até à execução de qualquer uma das opções. Ambos os Estados aceitavam que no período até à realização da consulta caberia à Indonésia a manutenção da ordem em Timor (artigo 3).

Na mesma data, estes dois Estados celebraram ainda com as Nações Unidas dois Acordos: um sobre os termos da consulta popular e um segundo sobre segurança desta[2538].

O Conselho de Segurança, pela sua Resolução 1236 (1999), de 7 de Maio[2539], depois de invocar as suas anteriores resoluções (embora sem as mencionar especificamente), bem como a Resolução 1514 e 1541 quanto ao direito de autodeterminação[2540], aplaudiu a celebração dos Acordos (parág. 1) e o estabelecimento da presença das Nações Unidas no território com vista a executar os acordos celebrados (parág. 3).

Esta presença seria formalmente aprovada pela Resolução 1246 (1999), de 11 de Junho[2541] como Missão das Nações Unidas em Timor (UNAMET) (parág. 1). O Conselho autorizou que esta fosse composta por 250 polícias para servirem de consultores junto da polícia indonésia e 50 militares para servirem de elementos de ligação junto do exército indonésio (parág. 2-3).

---

Doc. E/CN.4/RES/1997/63), que refere ainda a sua Resolução 1993/97 de 11 de Março de 1993. Apenas ao nível da Comissão Especial de Descolonização da Assembleia Geral (ou comité dos 24) a questão seria debatida anualmente, mas sem consequências práticas.

Igualmente o Tribunal Internacional de Justiça, embora considerando que não tinha jurisdição para se pronunciar sobre a questão, considerou de passagem a acção da Indonésia como uma "intervention" e que ambas as partes reconheciam que o Povo de Timor não exercera o seu direito de autodeterminação [cfr. *Case Concerning East Timor* (...), *I.C.J. Reports* 1995, pág. 96, parág. 14 e pág. 105-106, parág. 37].

[2538] Textos em Anexo II e III ao referido Relatório do Secretário-Geral de 5 de Maio de 1999, pág. 24-28 e 29.

[2539] Texto em RSSC, 1999, pág. 20.

[2540] Como fazia o Acordo entre Portugal e a Indonésia.

[2541] Texto em RSSC, 1999, pág. 36.

Aprovou ainda as propostas do Secretário-Geral quanto às componentes política, eleitoral e informativa que implicavam cerca de 660 membros internacionais e 4000 a contratar localmente[2542].

A UNAMET constituía, portanto, uma operação de múltiplas funções, cuja componente militar se restringia a uma mera actividade de observação e a componente policial a mera consulta. Estas duas componentes mantinham--se, pois, ao nível da mera missão de observação. O Conselho não realizou qualquer qualificação da situação, desde logo à luz do artigo 39, mas a sua acção é reconduzível ainda às suas atribuições no domínio da manutenção da paz, já que visava terminar uma controvérsia que se arrastava há décadas entre Portugal e a Indonésia. Assim, não se estando perante uma situação do Capítulo VII, por falta da necessária qualificação, é necessário entender que a sua criação teve fundamento no Capítulo VI da Carta[2543], com base numa interpretação extensiva do artigo 34, apoiada pela prática[2544, 2545]. O consentimento de Portugal e da Indonésia por intermédio dos acordos celebrados torna pacífica esta operação[2546].

Porque a situação no terreno era tensa, por força das actividades de bandos armados (milícias) contra defensores da independência[2547], o Conselho voltou a afirmar a responsabilidade da Indonésia em garantir as condições para a realização da consulta em segurança e liberdade (parág. 9) e condenou os actos de violência (parág. 11).

A situação no terreno melhorou um pouco com a instalação progressiva da UNAMET, bem como graças à cooperação das autoridades centrais da

---

[2542] Cfr. *Questão de Timor Leste – Relatório do Secretário-Geral de 22 de Maio de 1999* (UN Doc. S/1999/595), parág. 9.

[2543] Ver, *supra*, parág. 49.1.

[2544] Ver, *supra*, parág. 56.2.

[2545] Ver as dúvidas de Geneviève Burdeau, *Quelle voie pour le Conseil de sécurité après l'affaire du Kosovo? Le ban d'essai du Timor-Oriental*, ILF, Vol. 2, 2000, pág. 32-40, na pág. 39.

[2546] No passado, a Assembleia Geral assumiu competência em situações de descolonização e autodeterminação paralelas, como a do Irião Ocidental e a criação da UNTEA (ver, *supra*, parág. 8), mas os tempos são outros; actualmente, o Conselho de Segurança, reflexo das grandes potências, domina claramente as questões de fronteira de competência entre ambos.

[2547] O Secretário-Geral afirmava no seu relatório: "I regret to inform the Security Council that credible reports continue to be received of political violence, including intimidation and killings, by armed militias against unarmed pro-independence civilians" e que "the militias, believed by many observers to be operating with the acquiescence of elements of the army" (cfr. *Questão de Timor Leste – Relatório de 22 de Maio*, cit., parág. 23).

Indonésia[2548], mas continuaram-se a registar actos de violência e intimidação por parte das milícias armadas, que o Secretário-Geral aceitou estarem a actuar com o consentimento de sectores do exército indonésio local[2549]. A UNAMET, num esforço assinalável, em meados de Julho já se encontrava completamente instalada[2550]. Tal não impediu que os incidentes provocados pelas milícias continuassem, mesmo contra membros da UNAMET[2551]. Estes últimos ataques seriam condenados pelo Conselho por intermédio da Declaração Presidencial 1999/20, de 29 de Junho[2552], que considerou que os autores deveriam ser julgados por tais actos[2553].

Em resultado deste clima e dos atrasos que provocara no recenseamento, o Secretário-Geral decidiu adiar a data da consulta, de dia 8 de Agosto para dia 30, utilizando o poder que lhe era conferido pelo artigo 3 do Acordo de Segurança. Comunicou este adiamento ao Conselho pela sua carta de 28 de Julho de 1999[2554]. O Conselho, depois de registar esta alteração, pela sua Resolução 1257 (1999), de 3 de Agosto[2555], alargou o termo do mandato da UNAMET para dia 30 de Setembro.

Tendo em conta o Acordo entre Portugal e a Indonésia e as propostas do Secretário-Geral[2556], o Conselho pela sua Resolução 1262 (1999), de 27 de Agosto[2557], reforçou a componente policial da UNAMET até um limite de 460 e os seus efectivos militares para 300, além de ter prolongado o seu mandato até 30 de Novembro de 1999 (parág. 1). Sublinhou que a Indonésia continuaria a ser responsável pela manutenção da ordem no período interino (parág. 3).

---

[2548] Cfr. *Questão de Timor Leste – Relatório do Secretário-Geral de 22 de Junho de 1999* (UN Doc. S/1999/705), parág. 13.

[2549] Cfr. *Questão de Timor Leste – Relatório de 22 de Junho*, parág. 14.

[2550] Cfr. *Questão de Timor Leste – Relatório do Secretário-Geral de 20 de Julho de 1999* (UN Doc. S/1999/803), parág. 4-5.

[2551] Cfr. *Questão de Timor Leste – Relatório de 22 de Junho*, parág. 9 e 15 e, com mais desenvolvimentos, o *Relatório do Secretário-Geral à Assembleia Geral sobre a Questão de Timor de 13 de Dezembro de 1999* (UN Doc. A/54/654), parág. 21.

[2552] Texto em RSSC, 1999, pág. 106.

[2553] Ver sobre a questão, *infra*, parág. 102.

[2554] Texto em UN Doc. S/1999/830 ("I took this decision for technical reasons, and also as a consequence of the delay in the start of registration that occurred in mid-July, which was necessary at that time in order to seek an improvement in the security situation").

[2555] Texto em RSSC, 1999, pág. 49.

[2556] Cfr. *Questão de Timor Leste – Relatório do Secretário-Geral de 9 de Agosto de 1999* (UN Doc. S/1999/862), parág. 4-5 e 8-9.

[2557] Texto em RSSC, 1999, pág. 56.

A consulta seria realizada no dia 30 de Agosto de 1999, tendo resultado numa decisão contra o projecto de autonomia e a favor da independência de 78.5% contra 21.5%[2558], depois de uma afluência massiva às urnas de 98.6 dos recenseados e uma votação considerada genuína[2559, 2560]. Este resultado desencadeou uma vaga de violência por parte das milícias armadas contra os defensores da independência, com o beneplácito e mesmo participação das autoridades locais e exército indonésio[2561] que levou à fuga de milhares de timorenses para fora das cidades e para Timor Ocidental, na Indonésia. A própria UNAMET teve de retirar a quase totalidade dos seus elementos do território.

---

[2558] Cfr. *Carta do Secretário-Geral ao Presidente do Conselho de Segurança de 3 de Setembro de 1999* (UN Doc. S/1999/944) ["that 94,388 (21.5 per cent) votes were cast in favour of the proposed special autonomy framework and 344,580 (78.5 per cent) votes were cast against it"].

[2559] Cfr. o citado *Relatório do Secretário-Geral à Assembleia Geral de 13 de Dezembro de 1999*, parág. 30-31.

[2560] O Conselho, pela sua Declaração Presidencial 1999/27, de 3 de Setembro (texto em RSSC, 1999, pág. 112), aplaudiu a realização da consulta.

[2561] A organização, cooperação e controlo das milícias por parte de membros do exército indonésio é sustentada por testemunhos relatados no *Report Of The International Commission Of Inquiry On East Timor To The Secretary-General* (UN Doc. A/54/726-S/2000/59, 31 January 2000), designadamente, parág. 41, 45, 46, 48, 51, 56-58, 64-65, 70, 75-78 e 81. Igualmente, o Secretário-Geral afirma: "There were consistent reports, from United Nations staff, credible international observer groups and the media, of the direct involvement of TNI and police personnel in this campaign" (cfr. o citado *Relatório do Secretário-Geral à Assembleia Geral de 13 de Dezembro de 1999*, parág. 32). O que seria confirmado ainda por uma missão do Conselho de Segurança no terreno [cfr. *Report Of The Security Council Mission To Jakarta And Dili, 8 To 12 September 1999* (UN Doc. S/1999/976, 14 September 1999), parág. 14 ("this activity could not have occurred without the involvement of large elements of the Indonesian military and police" e "There were consistent reports of the direct involvement of large elements of TNI and the police in this forced relocation campaign"]. Ver ainda no mesmo sentido o *Relatório do Secretário-Geral sobre a Situação em Timor Leste de 4 de Outubro de 1999* (UN Doc. S/1999/1024), parág. 3.

Igualmente a maioria da Doutrina chegou às mesmas conclusões: P. Galvão Teles, *Autodeterminação em Timor Leste*, DDC, n.º 79-80, 1999, pág. 381-454, na pág. 413-414; Jennifer Toole, *A False Sense of Security: Lessons Learned From the United Nations Organization and Conduct Mission in East Timor*, AUILR, Vol. 16, 2000, pág. 199 e segs., nota 23; Shalini Chawla, *Shaping East Timor: A Dimension of United Nations Peacekeeping*, SAMJ, Vol. XXIV, No. 12, 2001, texto notas 9-10; Mohamed Othman, *Peacekeeping operations in Asia: Justice and UNTAET*, ILF, Vol. 3, 2001, pág. 114–126, na pág. 114-115 e 115-116; David Dickens, *The United Nations in East Timor: Intervention at the military operational level, Contemporary Southeast Asia*, Vol. 23, No. 2, 2001, pág. 213-232, nota 3-4. Ver, porém, em sentido contrário: Jani Purnawanty, *Various Perspectives In Understanding The East Timor Crisis*, TICLJ, Vol. 14, 2000, pág. 61-73, na pág. 67.

Perante a incapacidade demonstrada pelo Governo indonésio para controlar a situação, aparentemente devido ao desrespeito pelas forças armadas indonésias em Timor Leste das suas instruções, várias pressões diplomáticas foram exercidas por diversos Estados sobre a Indonésia para que esta aceitasse a entrada no território de uma Força multinacional habilitada para o efeito pelo Conselho[2562].

Obtido o consentimento da Indonésia a 12 de Setembro de 1999[2563, 2564],

---

[2562] Tratou-se de uma trágica oportunidade perdida para uma instalação prévia de uma Força das Nações Unidas [assim: Christoph Schreuer, *East Timor and the United Nations*, ILF, Vol. 2, 2000, pág. 18-25, na pág. 23; J. Toole, *A False Sense* (...), cit, texto notas 258-272 e 318-319; S. Chawla, *Shaping East Timor* (...), cit., texto nota 11-12; Catriona Drew, *The East Timor Story: International Law on Trial*, EJIL, Vol. 12, No. 4, 2001, pág. 651-684, na pág. 677-678 e 680-681] que, em rigor, não seria preventiva, visto que as milícias já se encontravam activas desde Janeiro de 1999, logo que as primeiras notícias de concessão de uma autonomia alargada começaram a circular.

Mas, dadas as circunstâncias diplomáticas, só com grandes pressões dos membros do Conselho de Segurança e outras potências regionais teria sido possível forçar a Indonésia a consentir nessa presença. Infelizmente, tais pressões só surgiram depois da generalização da violência após a publicação dos resultados da consulta. De algum modo, o volta-face da Indonésia, consentindo na realização da consulta e aceitando retirar do território em caso de resultado negativo, foi tão inesperado que quer o Secretário-Geral, quer Portugal, simplesmente não quiseram arriscar-se a perder aquela oportunidade com exigências suplementares. Porventura, quando o procedimento de recenseamento se iniciara e a violência continuou em Julho de 1999, mesmo com ataques contra a UNAMET, teria sido altura para pressionar a Indonésia a aceitar uma Força de manutenção da paz, num momento em que esta já dificilmente poderia recuar.

[2563] Cfr. *Report Of The Security Council Mission* (...), cit., parág. 12; também o *Relatório do Secretário-Geral sobre a Situação em Timor Leste de 4 de Outubro de 1999* (UN Doc. S/1999/1024), parág. 6.

[2564] Resulta claro que o consentimento da Indonésia era determinante em termos extra-jurídicos, para que não existissem quaisquer riscos de que o seu exército realizasse represálias sobre a população ou mesmo resistisse à instalação no terreno das tropas da Força multinacional (também neste sentido: Mark Rothert, *U.N. Intervention in East Timor*, CJTL, Vol. 39, 2000, pág. 257-282, na pág. 274, que frisa a necessidade do Capítulo VII para evitar qualquer alteração de posição da Indonésia e por causa das milícias). Daí a ênfase colocada pelo Conselho na cooperação da Indonésia com a Força (parág. 4). Mas, juridicamente, o consentimento era desnecessário já que a decisão foi tomada com base no Capítulo VII da Carta com vista a uma acção compulsiva. Tal, claro está, não impede que igualmente à luz do Capítulo VII o Conselho possa adoptar actos meramente consensuais, como resulta claro do artigo 39 e parcialmente do artigo 40 (ver, *supra*, parág. 52 e 56.1) [o que não é tido em conta por G. Burdeau, *Quelle voie* (...), cit., pág. 37, na sua crítica à Resolução neste ponto].

Menos líquido é se o consentimento da Indonésia seria juridicamente necessário para uma intervenção unilateral, portanto, sem ter por base qualquer habilitação do Conselho. É certo que a sua permanência em Timor Leste apenas fora reconhecida transitoriamente para efeitos de manutenção da ordem com vista à realização da consulta (artigo 3 do Acordo entre

pela sua Resolução 1264 (1999), de 15 de Setembro[2565], o Conselho qualificou a situação como uma ameaça à paz nos termos do artigo 39 CNU[2566] e

Portugal e a Indonésia). Tendo o resultado sido negativo, os poderes da Indonésia sobre o território teriam terminado (assim: M. Galvão Teles, *As Nações Unidas e a Questão de Timor-Leste*, PI, n.º 20, 1999, n.º 3, pág. 177-191, na pág. 188-189).

No entanto, o Conselho na sua Resolução 1262 (1999), no parág. 6, considerou que as responsabilidades da Indonésia se alargavam ao período transitório, interpretando neste sentido algo que não era completamente claro à luz do Acordo. Entendimento que confirmou na Resolução 1264 (1999), parág. 5, adoptada nos termos do Capítulo VII. Claro está, tal não inquinou o carácter passivo, precário e funcional da situação jurídica da Indonésia. Esta encontrava-se sujeita a um dever, tendo poucos direitos. Perante o seu fracasso no cumprimento desse dever não lhe seria fácil opor a terceiros o monopólio quanto à manutenção da ordem. Mas a realidade no terreno, longa de anos, era a sua ocupação e esta, só por si, mesmo ilícita, confere alguns direitos logo ao final de pouco mais do que dois anos, designadamente o de não ser removida pelo uso da força (ver, *supra*, parág. 12.5). O cuidado do Conselho em obter o seu consentimento segue no mesmo sentido.

Assim, apenas com base numa intervenção humanitária se poderia procurar excluir a responsabilidade por uma acção contra a vontade desta. A circunstância de a Indonésia ter meros poderes funcionais transitórios sobre o território, que não exercera ou violara abertamente, facilitaria a sua invocação. Pode-se discutir se seria com base em perigo extremo ou em tutela defensiva (ver, *supra*, parág. 14.1 e 14.3), já que os principais responsáveis pela violência eram bandos armados. Contudo, tudo indica que estes tiveram apoio de parte das forças indonésias locais que segundo os relatórios referidos terão mesmo participado em actos de perseguição e homicídio e terão cooperado e instruído as milícias nesse sentido. Aparentemente, este apoio, controlo e participação é suficiente para satisfazer os critérios de imputação de actos destes grupos ao Estado indonésio, com base no controlo efectivo do exército sobre estes ou pelo menos na existência de instruções específicas para a prática destes actos. O facto do exército local ter desobedecido a ordens centrais não exime este Estado de responsabilidade, como se encontra consagrado no artigo 7 do referido Projecto sobre Responsabilidade dos Estados de 2001 da Comissão de Direito Internacional (ver, *supra*, parág. 9.1).

Caso estes actos sejam imputáveis à Indonésia com base em algum destes dois fundamentos (e não apenas os danos provocados por estes, pelos quais esta será responsável a título de violação dolosa dos deveres de manutenção da ordem) estar-se-ia perante uma aplicação da tutela defensiva. Caso contrário, perante uma situação de perigo extremo, em que a Indonésia teria de aceitar ver os seus direitos de administração transitória de Timor restringidos em nome da necessidade de defender a população contra bandos armados que esta demonstrara não ter capacidade ou vontade de controlar.

[2565] Texto em RSSC, 1999, pág. 58.

[2566] O Conselho utilizou simplesmente o termo ameaça à paz e não ameaça à paz e segurança internacionais, mas o resultado é idêntico para todos os efeitos decorrentes da qualificação à luz do artigo 39 [contra: M. Rothert, *U.N. Intervention* (...), cit., pág. 277-278]. Este preceito utiliza apenas a expressão ameaça à paz, sem outra exigência, embora a sua referência na parte final a manutenção ou restabelecimento da paz e segurança internacionais confirme que a paz que se encontra em causa é a internacional (ver, *infra*, parág. 79).

invocou o Capítulo VII. No seu parágrafo 3[2567] habilitou uma Força multinacional comandada pela Austrália, a INTERFET, a utilizar todos os meios necessários para assegurar a ordem. Tratou-se, pois, de mais um caso claro de habilitação ao uso privado da força[2568]. É certo que o Conselho insta a Força a cooperar com as Nações Unidas, mas apenas para efeitos da transição de administração a favor destas (artigo 8). Não existe qualquer sistema de cooperação instituído quanto ao uso da força que permita considerar que os actos da Força multinacional pudessem de algum modo ser imputados às Nações Unidas ou sequer ser fiscalizados de forma efectiva por esta, para lá do dever de apresentar relatórios ao Conselho (parág. 12).

Depois de contactos preliminares com as autoridades indonésias que resultou no Acordo de 19 de Setembro entre a Austrália e a Indonésia, os primeiros efectivos australianos da INTERFET entraram em Timor Leste em 20 de Setembro de 1999. A Força viria a ser composta por efectivos de 22 Estados[2569] e em 29 de Setembro atingia já o número de 3700 efectivos, projectando-se que alcançasse cerca de 8.000[2570]. Além de funções de segurança, com vista a acabar com as perseguições, distribuiu igualmente ajuda humanitária pela população, incluindo por via aérea. Não se verificaram inicialmente incidentes graves com membros das milícias[2571].

---

[2567] "Authorizes the establishment of a multinational force under a unified command structure, pursuant to the request of the Government of Indonesia conveyed to the Secretary-General on 12 September 1999, with the following tasks: to restore peace and security in East Timor, to protect and support UNAMET in carrying out its tasks and, within force capabilities, to facilitate humanitarian assistance operations, and **authorizes the States participating in the multinational force to take all necessary measures to fulfil this mandate**".

[2568] No sentido de que se tratou de uma autorização: C. Schreuer, *East Timor* (...), cit., pág. 24; Nico Schrijver, *Some aspects of UN involvement with Indonesia, West Irian and East Timor*, ILF, Vol. 2, 2000, pág. 26-31, na pág. 29 e 30; Roger S. Clark, *East Timor, Indonesia, And The International Community*, TICLJ, Vol. 14, 2000, pág. 75-87, na pág. 86; Lynn H. Miller, *East Timor, Collective Action, And Global Order*, TICLJ, Vol. 14, 2000, pág. 89-99, na pág. 89, nota 1 e 95; G. Burdeau, *Quelle voie* (...), cit., pág. 37-38; M. Ruffert, *The Administration* (...), cit., pág. 618.

[2569] Austrália, Brasil, Canadá, França, Itália, Malásia, Nova Zelândia, Noruega, Filipinas, Coreia do Sul, Tailândia, EUA e Reino Unido (cfr. o *Relatório apresentado pela Austrália sobre a INTERFET de 29 de Setembro de 1999*; anexo ao UN Doc. S/1999/1025, 4 October 1999, parág. 4-6). A que se juntariam mais nove Estados (cfr. o citado *Relatório do Secretário-Geral à Assembleia Geral de 13 de Dezembro de 1999*, parág. 35).

[2570] Cfr. o mencionado *Relatório do Secretário-Geral sobre a Situação em Timor Leste de 4 de Outubro de 1999*, parág. 7.

[2571] Os detalhes da instalação da INTERFET e suas relações com o exército indonésio são analisados, com base em entrevistas com oficiais australianos daquela, por D. Dickens, *The United Nations* (...).

Em cumprimento dos resultados da consulta, o exército indonésio retirou rapidamente do território e em 20 de Outubro de 1999 a Assembleia indonésia revogaria a anexação de Timor Leste. Por carta de 25 de Outubro de 1999 do Presidente da Indonésia e resposta do Secretário-Geral foi acordada a assunção de poderes pelas Nações Unidas, que já tinha sido aceite em conferência tripartida com Portugal e a Indonésia em 28 de Setembro[2572]. Desta forma tentou-se colmatar imediatamente o vazio de poderes criado pelo colapso da administração indonésia.

Com base em propostas do Secretário-Geral[2573], o Conselho pela sua Resolução 1272 (1999), de 25 de Outubro[2574], voltou a qualificar a situação como uma ameaça à paz e a invocar o Capítulo VII no preâmbulo. Criou então a Administração Transitória das Nações Unidas em Timor Leste (UNTAET) que assumiu todos os poderes de administração do território, incluindo legislativos, executivos e judicias, com vista a prepará-lo para a independência (parág. 1)[2575] [2576]. Foi dotada de uma Força de apoio que poderia alcançar 8.950 efectivos militares e 200 observadores (parág. 3). Esta deveria substituir a INTERFET (parág. 9).

Pelo seu parágrafo 5 o Conselho delegou na "UNTAET" o poder de usar todos os meios necessários, por intermédio da sua componente militar, para desempenhar o seu mandato[2577]. No entanto, tendo em conta que a

---

[2572] Cfr. o citado *Relatório do Secretário-Geral à Assembleia Geral de 13 de Dezembro de 1999*, parág. 39 e ainda o mencionado *Relatório do Secretário-Geral sobre a Situação em Timor Leste de 4 de Outubro de 1999*, parág. 12-13 e 25.

[2573] Cfr. o mencionado *Relatório do Secretário-Geral sobre a Situação em Timor Leste de 4 de Outubro de 1999*, parág. 26 e segs..

[2574] Texto em RSSC, 1999, pág. 73

[2575] Sobre a questão do fundamento desta competência e precedentes, ver, *supra*, parág. 8.

[2576] A Amnistia Internacional procura aplicar (aparentemente por analogia) o regime de tutela do artigo 76 CNU à situação jurídica de Timor Leste sob administração das Nações Unidas [cfr. International Amnesty, *Timor Oriental: Construir un nuevo país sobre la base de los derechos humanos*, 2000 (ASA 57/05/00/s), pág. 3, nota 4]. A situação tecnicamente não é de tutela (mesmo que as Nações Unidas possam igualmente ser administradores destes territórios, nos termos do artigo 81 CNU e tal tenha chegado a ser proposto em alguns casos; ver, *supra*, parág. 8), já que esta, ainda que transitória, pressupõe um período prolongado no tempo e fica sujeita à competência igualmente do Conselho de Tutela, actualmente suspenso de facto (ver, *supra*, parág. 8) e, quanto à aprovação dos seus termos, da Assembleia Geral [artigos 79 e 85, n.º 1 CNU; ver também M. Ruffert, *The Administration* (...), cit., pág. 629]. No entanto, a analogia com o seu regime, com as devidas adaptações, faz sentido.

[2577] Que compreendia: "a) To provide security and maintain law and order throughout the territory of East Timor; (b) To establish an effective administration; (c) To assist in the

UNTAET não é um órgão das Nações Unidas em sentido técnico, por não formar qualquer vontade como alegado órgão colegial composto pelos seus membros[2578], na realidade a delegação foi realizada directamente no Representante Especial do Secretário-Geral, enquanto administrador transitório e autoridade máxima na UNTAET (parág. 6). Não existiu sequer qualquer subdelegação do Secretário-Geral neste, que se limitou a nomeá-lo em consulta com o Conselho. Daí que este Representante na sua *Regulation No. 1999/1 On The Authority of the Transitional Administration in East Timor*[2579], que constitui a Lei fundamental da UNTAET, invoque no preâmbulo directamente a referida Resolução 1272 (1999) como fundamento dos seus poderes e não qualquer delegação do Secretário-Geral[2580].

Da amplitude da delegação quanto ao uso da força, que decorre da utilização do eufemismo habitual "all necessary measures", julga-se de concluir que o Administrador transitório foi investido da direcção quanto ao exercício do poder público bélico (internacional) e não de um mero poder público interno, portanto dirigido contra civis ou meros bandos armados[2581]. É certo que tudo indicava que as milícias não passavam de simples bandos armados, não podendo ser qualificados como movimentos armados por não controlarem efectivamente qualquer parcela de território. No entanto, por se desconhecer ainda qual o grau de efectividade destas, os poderes delegados parecem ter compreendido a possibilidade do uso da força mesmo contra qualquer um destes grupos que adquirisse efectividade.

---

development of civil and social services; (d) To ensure the coordination and delivery of humanitarian assistance, rehabilitation and development assistance; (e) To support capacity-building for self-government; (f) To assist in the establishment of conditions for sustainable development" (parág. 2).

[2578] Ver, *supra*, parág. 54.?

[2579] UN Doc. UNTAET/REG/1999/1, 27 November 1999.

[2580] No seu citado *Relatório sobre a Situação em Timor Leste de 4 de Outubro de 1999*, parág. 27, o Secretário-Geral afirma que "In fulfilling its responsibilities, UNTAET will operate under the authority of the Security Council, vested in the Secretary-General and exercised by the Special Representative". Tem-se algumas reservas quanto a esta descrição da situação jurídica da UNTAET. Como estrutura administrativa esta não tem responsabilidades, mas sim os órgãos das Nações Unidas que a dirigem e a integram. A autoridade não reside no Secretário-Geral, mas sim no seu representante especial por delegação do Conselho de Segurança. A autoridade exercida pelo Secretário-Geral decorre simplesmente do facto de este ter poderes de direcção sobre o seu representante, enquanto órgão supremo do Secretariado (artigo 97 CNU). Ver, *supra*, parág. 62.

[2581] Ver, *supra*, parág. 8.

Esta possibilidade não viria, porém, a ocorrer. Sem o apoio fornecido pelas autoridades indonésias locais, as milícias, para lá de incidentes pontuais, nunca revelaram capacidade para levar a cabo operações militares que lhes permitissem dominar parcelas do território de Timor Leste. O uso da força contra estas consistiu, pois, num mero exercício de poder público interno.

De qualquer forma, a UNTAET, apesar de baseada no Capítulo VII, não tinha tido natureza compulsiva efectiva, apesar de o poder ter tido, se o Conselho assim tivesse decidido. A Indonésia consentiu na sua presença e as milícias não se revelaram com efectividade que forçasse a um recurso a uma medida juridicamente compulsiva. Como meros bandos armados, o seu consentimento era desnecessário mesmo para a criação de uma operação de manutenção da paz clássica à luz do Capítulo VI ou do Capítulo VII. No entanto, porque lhe foi delegado o exercício de um poder público que poderia conter um âmbito internacional (caso as milícias se convertessem em movimentos armados), o seu fundamento foi consequentemente também o artigo 42 CNU.

Esta foi, pois, potencialmente uma operação coerciva. A sua componente militar tinha poderes de imposição da paz. Caso as milícias obtivessem pela sua efectividade o estatuto de movimento armado[2582], esta teria sido efectivamente uma Força de imposição da paz, já que o acordo entre a Indonésia e Portugal as vincularia[2583]. No entanto, visto que as milícias o não adquiriram, a Força efectivamente não passou do nível da manutenção da paz, ainda que com uma reserva de poderes coercivos.

Até à substituição da INTERFET pela Força da UNTAET (portanto, com poderes de imposição da paz) verificaram-se alguns incidentes entre milícias armadas e militares da INTERFET. Ao longo de Outubro de 1999 ocorreram cinco incidentes em que morreram quatro membros das milícias e onze ficaram feridos. A INTERFET teve dois feridos. O confronto mais grave teve igualmente a participação de membros do exército indonésio, mas aparentemente tal deveu-se também a erros quanto à identificação das fronteiras por força de mapas divergentes[2584]. Em 10 de Janeiro de 2000, verificou-se mais um incidente igualmente próximo da fronteira com a Indonésia, em que dois membros das milícias foram capturados. Novos

---

[2582] Estatuto que é estabelecido directamente pelo Direito Internacional, independentemente de qualquer reconhecimento (ver, *supra*, parág. 34.4.2).

[2583] Ver, *supra*, parág. 20.5.1.

[2584] Cfr. *Relatório do Secretário-Geral sobre a UNTAET de 26 de Janeiro de 2000* (UN Doc. S/2000/53), parág. 18.

incidentes ocorreram na mesma zona entre 17 e 19 de Janeiro, mas seguindo essencialmente o mesmo padrão: troca de tiros entre membros das milícias e a INTERFET seguida de fuga dos primeiros para Timor Ocidental[2585].

Em Fevereiro, por fases, a Força da UNTAET assumiu as funções da INTERFET, tendo vários contingentes desta integrado a primeira[2586]. Em meados de 2000, os efectivos da Força da UNTAET eram 8032 militares[2587]. Entre finais de Fevereiro e meados de Março de 2000, vários incidentes voltaram a ocorrer junto da fronteira com a Indonésia, com trocas de tiros entre membros das milícias e da Força da UNTAET. A situação melhorou depois de contactos entre a UNTAET e as autoridades indonésias quanto ao controlo da fronteira. No entanto, em 28 de Maio, 21 de Junho e, especialmente, em 24 de Julho, ocorrerem novos confrontos breves, seguidos de fuga dos membros das milícias para Timor Ocidental. Neste último confronto, no distrito de Covalima, morreu o primeiro militar ao serviço da UNTAET[2588]. Este incidente foi condenado pela Declaração Presidencial 2000/26, de 3 de Agosto[2589].

Em 10 de Agosto, ocorreu novo incidente grave no mesmo distrito que causou a morte a mais um membro da Força da UNTAET, bem como dois feridos. Ao longo desse mês, bem como depois em Setembro, verificaram-se várias incursões de milícias nas zonas fronteiriças, que totalizariam um número de cerca de 150 elementos, que causaram a fuga a cerca de 3.000 pessoas. Estes acontecimentos levaram ao adiamento da projectada redução dos efectivos militares da Força da UNTAET[2590].

Em reacção, o Conselho de Segurança pela sua Resolução 1319 (2000), de 8 de Setembro[2591], condenou estes ataques, bem como as mortes de três membros do Alto Comissariado para os Refugiados, ocorrida em Timor Ocidental em 6 de Setembro por instigação de membros das milícias. Acrescentou que "Underlines that UNTAET should respond robustly to the

---

[2585] Cfr. o referido *Relatório do Secretário-Geral de 26 de Janeiro de 2000*, parág. 20-23.

[2586] Cfr. *Relatório do Secretário-Geral sobre a UNTAET de 26 de Julho de 2000* (UN Doc. S/2000/738), parág. 51.

[2587] Cfr. *Relatório do Secretário-Geral de 26 de Julho de 2000*, parág. 55.

[2588] Cfr. o mencionado *Relatório do Secretário-Geral de 26 de Julho de 2000*, parág. 52-53.

[2589] Texto em RSSC, 2000, pág. 121.

[2590] Cfr. *Relatório do Secretário-Geral sobre a UNTAET de 16 de Janeiro de 2001* (UN Doc. S/2001/42), parág. 10-11.

[2591] Texto em RSSC, 2000, pág. 62.

militia threat in East Timor, consistent with its resolution 1272 (1999) of 22 October 1999" (parág. 6). Sublinhou a responsabilidade da Indonésia em controlar Timor Ocidental e desarmar as milícias (parág. 1). Voltaria a frisar este aspecto na Declaração Presidencial 2000/39, de 6 de Dezembro[2592].

Em resultado de acções militares da UNTAET na zona fronteiriça, em finais de Setembro de 2000 a situação acalmou novamente. Contudo, continuaram-se a registar pequenos incidentes, como em 2 de Dezembro e 1 de Janeiro de 2001 no distrito de Bobonaro[2593].

Pela sua Resolução 1338 (2001), de 31 de Janeiro[2594], o Conselho renovou o mandato da UNTAET até 31 de Janeiro de 2002 (parág. 2), voltou a frisar que a UNTAET deveria responder vigorosamente às acções das milícias (parág. 7) e as responsabilidades da Indonésia, embora reconhecendo os esforços positivos desta (parág. 9). Aceitou a manutenção de uma presença substancial das Nações Unidas em Timor depois da sua independência (parág. 12).

No terreno, a situação manteve-se relativamente calma, por comparação com o mês de Setembro do ano anterior. Continuaram-se, porém, a registar incidentes com membros das milícias integracionistas. Especialmente a partir de inícios de Abril, com o fim da época de chuvas, voltaram a ocorrer trocas de tiros entre estas e a Força da UNTAET. Nestes incidentes, mais dois soldados da UNTAET foram mortos[2595]. Os efectivos desta totalizavam 8162 militares[2596]. Posteriormente, a situação acalmaria, embora em Timor Ocidental as milícias continuassem a controlar os campos de refugiados em que permanecem vários milhares de Timorenses[2597].

Entretanto, o caminho em direcção à independência foi sendo percorrido. Em 30 de Agosto de 2001 realizaram-se sem incidentes as eleições para a Assembleia Constituinte com uma participação massiva de 91.3%[2598]. Com a tomada de posse dos deputados, iniciaram-se os trabalhos constituintes e foi nomeado um Governo transitório, composto por timorenses, que reflectia

---

[2592] Texto em RSSC, 2000, pág. 130.

[2593] Cfr. *Relatório do Secretário-Geral de 16 de Janeiro de 2001*, parág. 10.

[2594] UN Doc. S/RES/1338 (2001).

[2595] Cfr. *Relatório do Secretário-Geral sobre a UNTAET de 2 de Maio de 2001* (UN Doc. S/2001/436), parág. 22.

[2596] Cfr. *Relatório de 2 de Maio de 2001*, cit., parág. 24.

[2597] Cfr. *Relatório do Secretário-Geral sobre a UNTAET de 24 de Julho de 2001* (UN Doc. S/2001/719), parág. 47-51.

[2598] Que seriam aplaudidas pelo Conselho por intermédio da sua Declaração Presidencial 2001/23, de 10 de Setembro (UN Doc. S/PRST/2001/23).

os resultados das eleições para a Assembleia[2599]. As actividades das milícias têm decrescido[2600], confirmando-se a sua falta de efectividade. Só a retirada da Força da UNTAET poderia novamente torná-las uma ameaça real.

Pela sua Declaração Presidencial 2001/32, de 31 de Outubro[2601], o Conselho apoiou a marcação da data de 20 de Maio de 2002 para a independência de Timor Lorosae.

---

[2599] Cfr. *Relatório do Secretário-Geral sobre a UNTAET de 18 de Outubro de 2001* (UN Doc. S/2001/983), parág. 5-7.

[2600] Cfr. *Relatório de 18 de Outubro de 2001*, parág. 27-28.

[2601] UN Doc. S/PRST/2001/32.

**B – Uso privado habilitado.**

**α – A habilitação.**

**70. Introdução.** Como ficou referido, para lá da possibilidade de ser a própria Comunidade Internacional, ou presentemente as Nações Unidas como entidade criada para o efeito por aquela, a exercer o poder público bélico, existe ainda a figura do uso privado habilitado. Nesta, uma entidade, sem qualquer legitimidade própria para exercer um poder bélico, recebe uma habilitação pública que lhe confere licença a utilizar a força segundo um regime parcialmente idêntico.

Esta figura compreende mais do que uma realidade que são determinadas em função das entidades habilitadas. Esta pode assumir a forma de um uso privado regional habilitado, que tem por destinatárias estruturas regionais, isto é, organizações ou Estados organizados a nível não universal; ou ser aprovada a favor de apenas um Estado ou um grupo de Estados que se organizam especificamente para o efeito, num mero uso privado estadual habilitado. A primeira figura tem clara consagração na Carta, no seu artigo 53, n.º 1, segunda parte. A questão do fundamento da segunda tem sido objecto de debate.

Assim, a figura do uso privado habilitado da força compreende-se ainda no seio do conceito de poder público bélico em sentido amplo, por efectivamente existir um uso da força segundo um regime semelhante. No entanto, a entidade que utiliza a força depende de uma habilitação pública para o poder fazer. Mas esta habilitação atribui-lhe grande autonomia quanto a esta utilização, não convertendo aquela entidade privada num mero instrumento das Nações Unidas.

Daí os perigos da figura. A entidade privada habilitada, embora obrigada a um dever de informação, utiliza a força tendo em conta os fins estabelecidos pela habilitação, mas com ampla autonomia na escolha dos meios e mesmo parcialmente na concretização dos fins. A Carta apenas consagra a habilitação a estruturas regionais, mas a prática foi mais longe. Por um lado, consagrou um entendimento amplo da figura da estrutura regional que pode ser destinatária destas habilitações, de tal modo que se tornou difícil distingui-la de um mero grupo ocasional de Estados[2602]. Por outro lado, banalizou a figura da habilitação directamente a Estados, permitindo habilitações para o exercício do poder público bélico até a um único Estado[2603].

Assim, como ficou escrito, a distinção entre as duas figuras passa por qualificar como habilitação a uma estrutura regional (nos termos do artigo 53, n.º 1, segunda parte, CNU) apenas a que seja levada a cabo por organizações ou grupos de Estados organizados regionalmente de forma prévia e prolongada. Para a vertente do uso estadual habilitado devem ser reconduzidas todas as habilitações que sejam concedidas a meros grupos de Estados unidos momentaneamente para enfrentar uma ameaça específica ou a um único Estado.

De qualquer modo, por força do referido alargamento levado a cabo pela prática, a distinção entre estas espécies tem relevância apenas teórica. Segundo se julga, o regime jurídico aplicável é o mesmo. A distinção apenas tem relevância para efeitos de determinação da base jurídica da segunda figura. Daí o tratamento conjunto da figura que se segue.

**71. O acto habilitante.** Por meio do recurso à figura do uso habilitado a Estados, baseados ou não em acordos regionais, ou a organizações (regionais, subregionais ou internacionais), as Nações Unidas, por intermédio do Conselho de Segurança, gozam de uma alternativa ao exercício do seu poder público bélico, nos termos do artigo 42 CNU.

No entanto, esta figura não lhe permite contornar a necessidade de reunir os pressupostos de aplicação do referido artigo 42 CNU. Já se sublinhou que o Capítulo VIII não confere novos poderes ao Conselho, especialmente a partir do momento em que a prática permite a habilitação igualmente à luz do Capítulo VII em relação a Estados. Mas esta prática tem confirmado precisamente que só é possível uma habilitação, seja a Estados, seja a organizações ou estruturas regionais/internacionais, quando estejam reunidos os pressupostos do Capítulo VII. Este Capitulo tem sido invocado sistematicamente como fundamento para os actos habilitantes, o que implica que têm de estar reunidos os seus pressupostos; isto é, é necessário estar-se perante uma situação reconduzível à figura da ameaça à paz, ruptura desta ou agressão, e que o Conselho assim a qualifique nos termos do artigo

---

[2602] Ver, *supra*, parág. 29.
[2603] Ver sobre a prática desta figura, *infra*, parág. 75.3.

39. Como decorre do artigo 42, o Conselho terá de ter utilizado sem sucesso para resolver a questão as medidas do artigo 41 ou ter concluído antecipadamente que a sua utilização seria inútil.

**71.1. Eficácia em relação aos destinatários e alvo.** Por este meio, o Conselho poderá habilitar os Estados a usar a força, mas na falta de um acordo nesse sentido, não poderá vinculá-los a utilizá-la. A falta dos acordos do artigo 43 a isso impõe. Claro está, se for celebrado um acordo com esse sentido, um acto habilitante vinculativo passará a ser viável. A mesma conclusão vale para as habilitações a organizações ou Estados partes num acordo regional. Tal como não pode forçá-los, nos termos do artigo 53, n.º 1, primeira parte, a fornecer quaisquer efectivos militares para constituir uma Força das Nações Unidas[2604], também não pode criar directamente qualquer obrigação para estes de usarem a força.

Consequentemente, a habilitação deve assumir sempre a forma de uma permissão e não de uma injunção. Uma habilitação injuntiva não seria conforme com a Carta e, portanto, não teria de ser acatada pelos Estados membros nos termos do artigo 25 CNU[2605]. Assim, o acto habilitante deve constituir uma autorização ou uma recomendação[2606].

---

[2604] Ver, a propósito da constituição de Forças das Nações Unidas com efectivos regionais, *supra*, parág. 58.3.

[2605] Sobre o controlo dos actos do Conselho pelos Estados, ver, *infra*, parág. 91.2.1.

[2606] A prática do Conselho tem sido conforme com esta limitação. As suas habilitações têm tido mero carácter permissivo. Na Resolução 787 (1992), de 16 de Novembro (texto em RDSCOR, 1992, pág. 13-16), parág. 13, o Conselho afirmou: "reaffirms the responsibility of riparian States to take necessary measures to ensure that shipping on the Danube is in accordance with resolutions 713 (1991) and 757 (1992)". Ora, o Conselho tinha habilitado ao uso da força para cumprir o embargo estabelecido por estas resoluções, mas em espaços internacionais (ver, *supra*, parág. 67). Porém, nesta Resolução 787 (1992), o Conselho não está a exigir a estes Estados que exerçam poderes habilitados, mas sim poderes próprios que estes gozam nos territórios sob sua jurisdição. Trata-se sim de exigir que estes exerçam os seus deveres, iguais para todos os Estados, de impedir que o seu território seja utilizado para cometer violações do embargo com aplicação de poderes próprios e não habilitados. Esteve-se, pois, perante uma simples aplicação de um princípio de Direito Internacional, o de que os Estados têm o dever de evitar que o seu território sirva de base para violações deste Ordenamento. Não se tratou de se exigir que utilizassem a força em zonas fora da sua jurisdição.

A confirmar o entendimento quanto à não obrigatoriedade do exercício da habilitação, não foi executada a que constava da Resolução 1080 (1996), de 15 de Novembro (texto em RDSCOR, 1996, pág. 117), parág. 3 e 5, que habilitava Estados a intervir no Leste do Zaire para facilitar a ajuda humanitária necessária por força da guerra civil e do enorme fluxo de refugiados do Ruanda. A Força era para ser comandada pelo Canadá, mas acabou por não

De qualquer modo, a aprovação da habilitação constitui em si um acto de exercício do poder público do Conselho. Tal implica que este acto tenha de ter base no Capítulo VII da Carta, sem prejuízo de poder ainda ter apoio em outros preceitos fora deste, como o artigo 53, n.º 1, segunda parte, CNU. O facto de os seus termos serem puramente permissivos não impede que o acto de habilitação pressuponha simultaneamente um acto jurídico com plena eficácia jurídica e efeitos constitutivos de uma nova situação jurídica para o Estado que fica sujeito a ser licitamente alvo de uma acção bélica[2607, 2608]. Trata-se, pois, de um acto que cria uma excepção em relação à mais importante norma internacional vigente, a que proíbe o recurso privado à força nas relações internacionais[2609]. Pode ainda suceder, quando o alvo da habilitação seja um movimento armado que controle parte do território de um Estado, que esta estabeleça antes uma excepção em relação à proibição de intervenção em conflitos armados internos.

---

se concretizar, em função do juízo que realizaram sobre a situação dos refugiados (ver, *infra*, parág. 75.3.4).

[2607] Esta dualidade fica sugerida na Resolução 221 (1966), de 9 de Abril (texto em RDSCOR, 1966, pág. 5), sobre a questão da Rodésia do Sul, no seu parág. 5: "**Calls upon the Government of the United Kingdom** of Great Britain and Northern Ireland to prevent, by the use of force if necessary, the arrival at Beira of vessels reasonably believed to be carrying oil destined for Southern Rhodesia, **and empowers the United Kingdom** to arrest and detain the tanker known as the Joanna V upon her departure from Beira in the event her oil cargo is discharged there.".

O Conselho distingue entre o apelo, que tem o valor de uma recomendação, e a concessão do poder. É certo que se tratou de figuras diferentes. Como ficou sustentado, na concessão deste poder de deter o *Joanna V* encontrava-se uma instrução específica que tornaria imputável às Nações Unidas a eventual detenção (ver, *supra*, parág. 65). Já na primeira parte, em relação a navios indeterminados, existiu uma habilitação. Ainda assim, subjacente à habilitação encontra-se igualmente uma atribuição de poder, já que em ambas se cria uma excepção à proibição de uso privado da força. Simplesmente, a primeira concede uma margem de liberdade ao destinatário que a segunda não permite. Em ambas existe uma actuação privada, já que mesmo existindo instruções específicas e sendo imputado o acto às Nações Unidas, a Força que actua não se converte numa Força das Nações Unidas (ver, *supra*, parág. 9.1).

[2608] Também neste sentido: B. Simma, *Does the UN Charter* (...), cit., pág. 138-139; G. Cataldi, *Il Consiglio* (...), cit., pág. 146-147 (daí que a considera ilegítima); P. Picone, *Interventi delle Nazioni Unite* (...), cit., pág. 546, nota 99 (embora seja crítico da figura, à luz da Carta); ver igualmente Alissa Pyrich, *United Nations: Authorizations Of Use Of Force*, HILJ, Vol. 32, 1991, pág. 265-274, na pág. 268 e 269-270. Contra: J. Frowein, *Article 39*, cit., pág. 614-615 e *Legal Consequences* (...), cit., pág. 113; as hesitações de V. Gowlland-Debbas, *Security Council* (...), cit., pág. 88-90.

[2609] Ver, sobre a natureza do poder público bélico, *supra*, parág. 38-39.

Este acto pressupõe ainda um outro plenamente vinculativo, a qualificação da situação como uma ameaça à paz, ruptura da paz ou agressão para efeitos do artigo 39[2610], já que a habilitação bélica está dependente da reunião dos pressupostos do artigo 42. Mas nada impõe que esta qualificação conste da resolução em que está contido o acto de habilitação. Esta pode já ter sido realizada numa resolução anterior reafirmada pela resolução em causa (sem que tenha existido qualquer alteração relevante na situação subjacente) ou decorrer implicitamente da invocação do Capítulo VII[2611].

**71.2. Eficácia em relação aos outros Estados.** Do carácter constitutivo e parcialmente vinculativo destes actos, mesmo contendo termos permissivos, decorrem efeitos colaterais para os Estados. Em relação aos que não participem na acção bélica, resulta claro que estarão vinculados pelo artigo 2, n.º 5, segunda parte, CNU, ficando obrigados a não assistir o Estado ou outra entidade alvo da acção habilitada. De facto, mesmo que não se possa considerar as acções habilitadas como acções das Nações Unidas, a simples existência de uma habilitação aprovada por esta organização é base suficiente para tornar este dever aplicável.

A menos que tal possa ter alguma relevância prática, já não estarão vinculados pela primeira parte do artigo 2, n.º 5 CNU que impõe um dever de assistir as Nações Unidas, visto que tratando-se de uma acção privada, serão, pois, os Estados ou outras entidades intervenientes a necessitar de assistência. Terá antes plena aplicabilidade o artigo 49 que estabelece o dever de os Estados membros se auxiliarem mutuamente na execução das decisões do Conselho.

O Conselho tem feito regular apelo aos Estados para que assistam os Estados participantes nas operações habilitadas[2612], mas só raramente o tem

---

[2610] Assim:  B. Simma, *Does the UN Charter* (…), cit., pág. 138-139.

[2611] Ver, *supra*, parág. 49.1.

[2612] Este tem apelado a que se forneça assistência aos Estados participantes em acções privadas habilitadas; por exemplo, o parág. 3 da citada Resolução 678 (1990), relativa à habilitação ao uso da força contra o Iraque; no parág. 15 da Resolução 787 (1992), de 16 de Novembro (texto em RDSCOR, 1992, pág. 13-16), em relação à fiscalização do embargo à ex-Jugoslávia, chega a invocar nesse sentido a Carta. Do mesmo modo, o parág. 7 da Resolução 794 (1992), de 3 de Dezembro (texto em RDSCOR, 1992, pág. 63-64), relativa à habilitação à intervenção na Somália;  ou parág. 12 da Resolução 940 (1994), de 31 de Julho (texto em RDSCOR, 1994, pág. 51), relativa à intervenção habilitada no Haiti.

Na Resolução 1088 (1996), de 12 de Dezembro (texto em RDSCOR, 1996, pág. 42), parág. 24 ("Invites all States, in particular those in the region, to continue to provide appropriate support and facilities, including transit facilities, for the Member States acting under paragraph

concretizado e, neste caso, sempre com termos não vinculativos. Resulta do artigo 43 que este dever de assistência é limitado. Nenhum Estado poderá ser obrigado a ir mais longe do que o fornecimento de informações, a concessão de auxílio humanitário aos membros, designadamente feridos ou doentes das operações, a permissão de aterragem de emergência de aviões atingidos ou com falta de combustível, e a ponderar de boa-fé outros pedidos. Mesmo a concessão de direitos de trânsito pelo seu território terrestre não lhes pode ser exigido, dado ser uma forma de facilidades que deve constar de acordo, como estabelece o artigo 43, n.º 1 CNU[2613, 2614].

---

18 above"), relativa à criação da força multinacional SFOR, dirigida pela OTAN na Bósnia--Herzegovina e Croácia, que habilita tanto esta organização como os Estados participantes a exercer poderes bélicos (parág. 19-21; também o artigo I, 2-B do anexo 1A ao referido Acordo de Dayton; ver, *supra*, parág. 66) o Conselho foi mais longe. De facto, concretizou este dever de assistência, referindo as facilidades de passagem. O mesmo apelo seria feito em relação à SFOR na Bósnia-Herzegovina no parág. 16 da Resolução 1174 (1998), de 15 de Junho (texto em RSSC, 1998, pág. 47); parág. 16 da Resolução 1247 (1999), de 18 de Junho (texto em RSSC, 1999, pág. 38); no parág. 16 da Resolução 1305 (2000), de 21 de Junho (texto em RSSC, 2000, pág. 35); e no parág. 16 da Resolução 1357 (2001), de 21 de Junho (UN Doc. S/RES/1357 (2001); resoluções que reafirmam os mesmos poderes. Igualmente na Resolução 1080 (1996), de 15 de Novembro (texto em RDSCOR, 1996, pág. 117), parág. 10 (embora se trate de apoio essencialmente financeiro para que Estados Africanos possam participar na Força). Ver também Resolução 1048 (1996), de 29 de Fevereiro (texto em RDSCOR, 1996, pág. 87), parág. 11; Resolução 1123 (1997), de 30 de Julho (texto em RSSC, 1997, pág. 38), parág. 7; Resolução 1141 (1997), de 28 de Novembro (texto em RSSC, 1997, pág. 66), parág. 6; Resolução 1212 (1998), de 25 de Novembro (texto em RSSC, 1998, pág. 109), parág. 4, todas relativas ao Haiti, embora já não para exercício de poderes bélicos internacionais.

[2613] Em sentido semelhante: Jochen Frowein, *Article 2 (5)*, em *The Charter of the United Nations – A Commentary* (ed. Bruno Simma), München, 1994, pág. 129-131, na pág. 130.

[2614] Em relação a este regime, cabe chamar a atenção para o artigo 5 da referida Convenção sobre Segurança do Pessoal das Nações Unidas e Associado adoptada pela Assembleia Geral pela sua Resolução 49/59, de 9 de Dezembro de 1994, que estabelece: "A transit State shall facilitate the unimpeded transit of United Nations and associated personnel and their equipment to and from the host State". Contudo, este preceito não estabelece automaticamente direitos de trânsito por parte de todos os Estados cujo território seja um ponto de passagem conveniente em direcção ao Estado anfitrião. Com efeito, o artigo 20, al. b) da mesma Convenção estabelece que "Nothing in this Convention shall affect: b) The rights and obligations of States, consistent with the Charter of the United Nations, regarding the consent to entry of persons into their territories". Deste modo, o artigo 5 da Convenção limita-se a criar uma obrigação de facilitar a criação desses direitos de passagem. No entanto, apenas se aplica a forças das Nações Unidas e não já a forças habilitadas (ver, *infra*, parág. 102.1). Apesar de vir alargar o regime da Carta, não entra em colisão com esta, já que o artigo 103 CNU apenas manda dar prevalência às obrigações da Carta. Este artigo 5 vem ampliar essas obrigações.

A questão dos direitos de sobrevoo é menos clara. O carácter bem mais limitado da ingerência que implica a breve passagem de aeronaves, mesmo militares, parece permitir uma interpretação mais restrita dos direitos de passagem contemplados no artigo 43, n.º 1, de forma a exclui-los da necessidade de estarem previstos em acordos e, deste modo, torná-los obrigatórios à luz do artigo 2, n.º 5 em relação a forças das Nações Unidas e nos termos do artigo 49 CNU no que diz respeito a forças habilitadas.

A prática parece orientar-se neste sentido e mesmo pretender abranger, embora com termos não vinculativos, os direitos de trânsito terrestre[2615]. Mas em relação a estes, só será possível considerá-los como um dever para os Estado com base numa emenda tácita da Carta que ainda não terá ocorrido.

De qualquer modo, fica prejudicada qualquer invocação de neutralidade por parte de um Estado, mesmo que não seja membro das Nações Unidas. Perante uma acção das Nações Unidas ou habilitada por estas, nenhum Estado pode tratar de modo idêntico o Estado ou entidade alvo e as forças das Nações Unidas ou habilitadas. Desde logo, estarão obrigados a acatar todas as decisões do Conselho, incluindo as que contenham medidas adoptadas nos termos do artigo 41. Tal como dispunha o Direito da Neutralidade, estarão proibidos de assistir o Estado ou entidade considerada agressora nos termos do citado dever constante do artigo 2, n.º 5, segunda parte, CNU. Mas, contrariamente ao que estabelecia aquele Direito, estarão obrigados pela primeira parte deste preceito a favorecer a organização, nas acções levadas a cabo por esta, ou os Estados habilitados nos termos do referido artigo 49 CNU.

Assim, a situação mais distanciada que poderão assumir em relação à acção habilitada (ou das Nações Unidas) será a de não beligerância, isto é, de não participação nas hostilidades, mas de claro favor em relação à acção, acompanhada pela adopção das sanções económicas e políticas que eventualmente tenham sido tornadas obrigatórias pelo Conselho[2616]. Tal como os restantes Estados que apoiem abertamente a acção, só estarão vinculados a participar militarmente ou a conceder direitos de passagem terrestres nos termos de acordo com a organização ou com os Estados habilitados[2617].

---

[2615] Assim, a citada Resolução 1088 (1996), parág. 24.

[2616] Sobre o actual regime da neutralidade e da não beligerância, ver, *supra*, parág. 10.5.2.3 e C. Baptista, Ius (...), cit., pág. 453-454, nota 190, e prática e Doutrina referida.

[2617] O Conselho nos termos do artigo 48, n.º 1 pode decidir isentar alguns membros, incluindo membros com um estatuto de neutralidade permanente, do dever de acatar sanções estabelecidas nos termos do artigo 41 em cada situação [assim: J. Lalive, *International* (...),

**72. Aspectos formais.** Como ficou escrito, ainda que não seja vinculativo para as entidades habilitadas, o acto de habilitação é um acto dotado de eficácia jurídica, máxime contra a entidade alvo, mas como se verificou igualmente com alguns efeitos laterais para os restantes Estados e mesmo organizações[2618]. Daí a necessidade de que este seja praticado por um acto do Conselho de Segurança com uma forma adequada. Portanto, esta exigência nada tem a ver com o seu carácter de permissão ou recomendação, mas com a forma do acto que o aprova. Segundo se julga, este deve constar de uma resolução formal.

Excluídas ficam, pois, as declarações do Presidente do Conselho de Segurança. Estas são um meio menos formal de manifestar a opinião do Conselho em relação a determinadas matérias, sendo insusceptíveis de criar efeitos constitutivos vinculativos por si. Isto é, a sua eficácia é puramente declarativa. Apenas podem afirmar deveres que decorrem já directamente da Carta ou do Direito Internacional ou ter a eficácia puramente política de uma recomendação; não lhes é possível criar novas situações jurídicas externas[2619]. Somente em relação ao Secretário-Geral e secretariado estes actos

---

cit., pág. 88. Já vão longe demais A. Verdross, *Austria's Permanent Neutrality* (...), cit., pág. 66-67 e Josef Kunz, *Austria's Permanent Neutrality*, AJIL, Vol. 50, No. 2, 1956, pág. 418-425, na pág. 424, quando aceitam uma declaração abstracta, em relação a todas as situações, semelhante àquela de que gozou a Suíça na Sociedade das Nações em relação a todas as acções militares e a partir de 1938 a todas as sanções económicas; tal situação causaria uma situação de desigualdade injustificável; só caso a caso será possível abrir alguma excepção] mas tal nunca ocorreu.

É bom recordar que o artigo 2, n.º 5 da Carta foi adoptado na Conferência de S. Francisco na sequência de um entendimento de que este era incompatível com o estatuto de neutralidade permanente, considerando-se desnecessário incluir no texto uma proposta francesa nesse sentido [cfr. *Report of Rapporteur of Subcommittee I/1/A to Committee I/1* (Doc. 723, June 1), texto em UNCIOSD, pág. 476-489, na pág. 486]. Tal interpretação deve ser aceite se reportada a uma neutralidade integral e não a um mero estatuto de não beligerância [também: H. Taubenfeld, *International Actions* (...), cit., pág. 395-396; Todd Wynkoop, *The Use of Force Against Third Party Neutrals to Enforce Economic Sanctions against a Belligerent*, NLR, Vol. 42, 1995, pág. 91-119, na pág. 108; B. Havel, *An International* (...), cit., pág. 225-226 e nota 218].

[2618] Quanto à sua vinculação pelos actos do Conselho, ver, *supra*, parág. 20.4.

[2619] Parecem concordar com esta posição: F. Kirgis, *The Security Council's First* (...), cit., pág. 520 (crítico do alargamento da figura); N. White/R. Cryer, *Unilateral Enforcement of Resolution 687* (...), cit., pág. 276. Paul Tavernier, *Les Déclarations du Président du Conseil de Sécurité*, AFDI, XXXIX, 1993, pág. 86-103, na pág. 101-103, vai mais longe na associação dos efeitos das declarações às resoluções, embora seja forçado a admitir (apesar de parecer fazê-lo com base em motivos políticos) que é difícil conceber declarações a adoptar medidas compulsivas.

poderão produzir efeitos jurídicos vinculativos, já que terão natureza administrativa interna; isto é, em relação aos órgãos administrativos das Nações Unidas[2620].

Em relação aos termos a utilizar, a habilitação deve ser clara quanto às medidas que compreende, mesmo que não tenha necessariamente de incluir o termo "uso da força"[2621]. Por este motivo, não se pode aceitar qualquer habilitação tácita. Assim, o facto de o Conselho não condenar uma acção bélica levada a cabo por Estados ou organizações regionais, seja ou não por força de um veto, não pode de modo algum ser entendido como uma habilitação desta acção[2622, 2623].

---

[2620] Sobre a vinculação do Secretariado aos actos dos órgãos políticos, ver, *supra*, parág. 60.

[2621] Assim, na prática do Conselho tem-se utilizado o eufemismo "todas as medidas necessárias" ou "todos os meios necessários" para esclarecer que se pretende compreender igualmente a utilização da força. Assim, ver os citados actos: Resolução 678 (1990), parág. 2; Resolução 794 (1992), parág. 10; Resolução 940 (1994), parág. 4; Resolução 1031 (1995), parág. 15-17; Resolução 1088 (1996), parág. 19-21; Resolução 1080 (1996), de 15 de Novembro, parág. 5; Resolução 1174 (1998), parág. 6 e 11-13; Resolução 1247 (1999), parág. 6 e 11-13; Resolução 1264 (1999), parág. 3; Resolução 1272 (1999), parág. 4. Esta expressão, embora generalizada pela Resolução 678, já anteriormente fora utilizada pelo Conselho com o mesmo sentido para abranger medidas de legítima defesa [cfr. Resolução 411 (1977), de 30 de Junho (texto em RDSCOR, 1977, pág. 9-11), último parágrafo do preâmbulo].

[2622] Também exigindo o carácter expresso da habilitação: J. Frowein, *Legal Consequences* (...), cit., pág. 119; B. Simma, *Does the UN Charter* (...), cit., pág. 139; Jules Lobel/Michael Ratner, *Bypassing The Security Council: Ambiguous Authorizations To Use Force, Cease-Fires And The Iraqi Inspection Regime*, AJIL, Vol. 93, 1999, pág. 124-154, na pág. 135-136, e nota 42, e pág. 153; N. White, *The Legality of Bombing* (...), cit., pág. 31-32; C. Schreuer, *Regionalism v. Universalism*, cit., texto nota 62 e em *Is there a Legal Basis for the Air Strikes* (...), cit., pág. 73; J. Rytter, *Humanitarian Intervention* (...), cit., pág. 123.

[2623] É esta exigência que permite rejeitar as alegações norte-americanas e britânicas de que as resoluções do Conselho em relação ao Iraque, incluindo as que condenam a violação destas por este Estado, legitimam as represálias armadas que têm desencadeado contra este. Foi à luz destas alegações que estes Estados levaram a cabo as operações de 13 de Janeiro de 1993, Setembro de 1996 e a *Desert Fox* (de dia 16 a 19 de Dezembro de 1998) desencadeadas contra alvos no Iraque onde se encontrariam armas de destruição massiva, bem como, em parte, fundado as centenas de incidentes que se têm verificado nas denominadas zonas de exclusão aérea (segundo fontes norte-americanas e britânicas, os EUA e o Reino Unido em dois anos abriram fogo contra posições iraquianas mais de 250 vezes desde 1 de Janeiro de 1999: cfr. CNN, February 16, 2001; TT, February 20, 2001), que culminaram com os ataques contra instalações de radar em Bagdade em 16 de Fevereiro de 2001 (que foram condenados pelos outros três membros permanentes do Conselho de Segurança: cfr. CNN, February 17, 2001; TT, February 20, 2001; bem como pelo Presidente do Movimento dos

Não-Alinhados em declaração de 19 de Fevereiro de 2001: texto em http://www.nam.gov.za/ nam.html).

Estes Estados invocam especialmente a referida resolução 678 (1990), de 29 de Novembro, cujo parág. 2 habilitou os membros a usarem a força para expulsar o Iraque do Kuwait. Assim, o Reino Unido, na 3939.ª reunião do Conselho, em 5 de Novembro de 1998, afirmou que "the authorization to use force as approved by previous Council resolutions might be revived if there was a serious breach of the conditions set down in resolution 687 (1991)" e os EUA sustentaram que "that all options were on the table, and that the United States had the authority to act" [cfr. UNPR SC/6591 3939th Meeting (PM) 5 November 1998, pág. 10; ver igualmente neste sentido: Ruth Wedgwood, *The Enforcement of Security Council Resolution 687: The Threat of Force Against Iraq's Weapons of Mass Destruction*, AJIL, Vol. 92, 1998, pág. 724-728, na pág. 725-726 e 727-728 (invoca também os bombardeamentos de 13 de Janeiro de 1993 como precedente, convertendo assim uma violação em fundamento para outras posteriores); também, embora sem se comprometer abertamente: Frederic L. Kirgis, *The Legal Background on the Use of Force to Induce Iraq to Comply with Security Council Resolutions*, ASILI, November 1997].

Porém, a Resolução 686 (1991), de 2 de Março (texto em RDSCOR, 1991, pág. 8-9), adoptada depois da derrota do Iraque, no seu parág. 4, estabelecia que a autorização constante da Resolução 678 (1990) continuava em vigor, mas apenas até terem sido cumpridas pelo Iraque as resoluções anteriores, especialmente, revogar a anexação do Kuwait e retirar deste. Condições que cedo foram satisfeitas. O seu parág. 8 frisava o objectivo de um rápido cessar definitivo das hostilidades. Mas nenhuma das resoluções anteriores fazia qualquer exigência quanto a desarmamento iraquiano. Apenas a citada resolução 687 (1991), de 3 de Abril, que constituiu o acto formal de cessar-fogo, veio impor a eliminação das armas de destruição massiva iraquianas, mas sem legitimar qualquer uso da força em caso de incumprimento. Somente em relação à inviolabilidade da fronteira, no seu parág. 4, contém uma referência dúbia à tomada das medidas necessárias para a garantir. O incumprimento pelo Iraque das restantes obrigações fica sujeito exclusivamente à sanção da continuação do embargo comercial estabelecido na anterior resolução 661 (1990) e confirmado, com uma excepção humanitária mínima, nos seus parág. 20-21.

Deste modo, o parág. 6 da resolução 687 estabelecia a retirada da coalizão de território iraquiano e o seu parág. 33 afirmava que, uma vez aceites as condições pelo Iraque, entraria em vigor formalmente o cessar-fogo. O seu parág. 34 refere a tomada de posteriores medidas requeridas com vista a dar execução aos seus termos, mas nada permite incluir nestas actos bélicos, muito pelo contrário. Não existe qualquer referência ao eufemismo tradicional ("todos os meios necessários") utilizado para os designar. Este consta das resoluções 773 (1992), de 26 de Agosto (texto em RDSCOR, 1992, pág. 72), parág. 4, e 833 (1993), de 27 de Maio (texto em RDSCOR, 1993, pág. 36-37), parág. 6, mas, mais uma vez, apenas para garantir a fronteira entre o Kuwait e o Iraque.

Não se aceita, pois, em caso algum a invocação de uma violação dos termos da Resolução 687 (1991) (ou de outra, que não preveja tal sanção) como fundamento para um uso da força, nem sequer quando o Conselho reconheça existir tal violação [em sentido contrário, embora de forma bastante restritiva e em termos tecnicamente rigorosos: J. Lobel/

/M. Ratner, *Bypassing The Security Council* (...), cit., pág. 151-152]. Mesmo uma violação grave de tal Resolução, a menos que satisfaça os pressupostos da legítima defesa (ou auto-tutela defensiva) não permite qualquer uso da força, salvo autorização clara do Conselho. Pretender atribuir a uma condenação de uma violação grave o efeito de uma suspensão do cessar-fogo seria partir do princípio de que a situação entre os Estados da coalizão e o Iraque é de conflito armado permanente, limitado por um mero cessar-fogo temporário. A situação jurídica de guerra há muito que desapareceu (ver, *supra*, parág. 10.2) e só outra habilitação do Conselho poderá legitimar o uso da força. Um mero reconhecimento de uma violação grave, mesmo acompanhada de uma ameaça, não constitui base suficiente. Assim, não é possível invocar a Declaração Presidencial de 11 de Janeiro de 1993 (texto em RDSCOR, 1993, pág. 34-35), como fundamento para os ataques dos EUA, Reino Unido e França de 13 de Janeiro de 1993. É certo que estavam em causa também incursões limitadas de unidades iraquianas em território do Kuwait, mas estas não eram de ordem a justificar uma reacção bélica em pura represália à luz da Resolução 687 e 773, sem uma declaração nesse sentido do Conselho.

Nas várias resoluções subsequentes em que se condenou o Iraque por violação da resolução 687 não se admitiu o recurso a tais meios. Assim, a Resolução 1154 (1998), de 2 de Março (texto em RSSC, 1998, pág. 12), sublinha que nova violação pelo Iraque das suas obrigações à luz daquela Resolução "would have severest consequences for Iraq". Porém, o seu parágrafo 5 afirma: "<u>Decides</u>, in accordance with its responsibility under the Charter, to remain actively seized of the matter, in order to ensure implementation of this resolution, and to secure peace and security in the area". É, pois, ao Conselho que cabe executar a Resolução. Daí que o Brasil na reunião 3858.ª do Conselho que a aprovou tenha afirmado: "Only the Council had the authority to determine if, when and under which conditions the formal cease-fire it declared in 1991 held or not. Since the beginning of informal consultations on the text, its co-sponsors had given assurances that it was not their intention to imply any automaticity in the authorization for the use of force, in the case of a possible violation by Iraq" (cfr. UNPR SC/6483 3858th Meeting (Night) 2 March 1998, pág. 8).

Consequentemente, as resoluções do Conselho de Segurança apenas conferem, quando muito, uma habilitação para o uso da força contra o Iraque perante uma situação de violação aberta da fronteira com o Kuwait. Não é, pois, possível invocar as violações dos termos da Resolução 687 pelo Iraque como fundamento para qualquer reposição da Resolução 678 em vigor, numa pretensa invocação da excepção do não cumprimento. Cabe exclusivamente ao Conselho determinar se a violação dos seus actos ocorreu, se esta deve ser sancionada e quais as formas que estas sanções devem assumir. O artigo 2, n.º 4, e a correspondente norma costumeira, apenas poderão ser desrespeitados por decisão deste. Em resumo, as acções dos EUA e Reino Unido contra o Iraque constituem violações graves do Direito Internacional, devendo ser qualificadas como agressões [em sentido paralelo, também: U. Villani, *La Nuova Crisi* (...), cit., pág. 458-462; P.-M. Dupuy, *The Place and Role* (...), cit., pág. 26-27; N. White, *The Legality of Bombing* (...), cit., pág. 31-32; J. Lobel/M. Ratner, *Bypassing The Security Council* (...), cit., pág. 154; J. Lobel, *Benign Hegemony* (...), cit., pág. 35-36; N. White/R. Cryer, *Unilateral Enforcement of Resolution 687* (...), cit., pág. 278-279; C. Schreuer, *Is there a Legal Basis for the Air Strikes* (...), cit., pág. 74-75; contra: P. Picone, *Interventi delle Nazioni Unite* (...), cit., pág. 568-569, nota 172].

Pode-se aceitar que uma ratificação pelo Conselho legitime actos bélicos já desencadeados por uma organização regional ou por Estados, mas esta deve ser clara[2624] e não justifica os seus actos retroactivamente perante o

O mesmo se diga em relação à imposição armada das zonas de exclusão aérea. Também estas não têm qualquer apoio nos actos do Conselho de Segurança, tendo sido criadas unilateralmente (contra: Michael A. Lysobey, *How Iraq Maintained Its Weapons Of Mass Destruction Programs: An Analysis Of The Disarmament Of Iraq And The Legal Enforcement Options Of The United Nations' Security Council In 1997-1998*, UCLAJILFA, Vol. 5, 2000, pág. 101-157, na pág. 146-147, invoca a Resolução 687 e as suas violações). A Resolução 688 (1991), de 6 de Abril (texto em RDSCOR, 1991, pág. 31-32), não autorizou qualquer acção militar estadual para dar cumprimento à exigência de cessação da repressão iraquiana que faz no seu parág. 2. A acção inicial de defesa das minorias curda e xiita merece tolerância como uma intervenção humanitária (ver, *supra*, parág. 14.2, incluindo as declarações nesse sentido do Reino Unido e, em parte, dos EUA), mas a institucionalização das zonas criadas constitui uma conversão ilícita do Iraque num mero território ocupado.

Neste sentido, na citada declaração de 19 de Fevereiro de 2001, a Presidência do Movimento dos Não-Alinhados afirmou: "The Movement wishes to reiterate that it deplores the imposition and continued military enforcement of "No Fly Zones" on Iraq by individual countries, and reiterates that this imposition is without any authorization from the United Nations Security Council or General Assembly". A mesma posição consta da Declaração de Cartagena de 9 de Abril de 2000 do mesmo Movimento [texto em UN doc. A/54/917–S/2000/ 580, 16 June 2000), pág. 34, parág. 136]. Igualmente a Rússia declarou: "The no-fly zones had nothing to do with the Council's resolutions. Ongoing systematic bombings and foreign invasion of northern Iraq were causes for deep concern. He called on all concerned to end acts that ran counter to the fundamental principles of the Charter and international law, and that led to the death of civilians" [cfr. UNPR SC/6646 Resumed 3980th Meeting (AM & PM), 22 February 1999, pág. 27-28]. Do mesmo modo, a China declarou na 4084.ª reunião do Conselho: "The no-fly zone in Iraq had never been authorized or approved by the Council. Members concerned should cease immediately such actions that flouted international law, and the Council's authority" (cfr. UNPR SC/6775, 17 December 1999).

Uma zona terrestre de restrição militar criada no Sul do Iraque tem algum apoio na Resolução 949 (1994), de 15 de Outubro (texto em RDSCOR, 1994, pág. 71), na sequência de um reforço ameaçador das forças iraquianas na zona, mas nada autoriza a executá-la unilateralmente pela força.

[2624] É esta exigência que impede que se considere que o Conselho de Segurança ratificou juridicamente as actuações da ECOWAS/ECOMOG na Libéria e Serra Leoa, da CEI no Tadjiquistão, da Rússia na Geórgia ou da OTAN contra a nova Jugoslávia (ver, *supra*, parág. 32). Contra: D. Momtaz, *La Délégation* (...), cit., pág. 113; A. Pellet, *Brief Remarks* (...), cit., pág. 389. Tal não impede que se aceite que o Conselho ao conferir o seu apoio a uma acção desta espécie esteja a fornecer bases para um entendimento de que tal acção é, por si e independentemente de qualquer habilitação/ratificação, um acto lícito à luz da Carta e do Direito Internacional Costumeiro ou, pelo menos, não censurável dadas as circunstâncias. Mas trata-se de dois actos de natureza e com efeitos diferentes. Na habilitação/ratificação há uma intervenção constitutiva. No apoio a uma acção existe um mero reconhecimento de que tal acto é lícito em si ou que, pelo menos, não deve ser condenado por gozar de uma causa de exclusão da responsabilidade.

Estado destinatário das medidas[2625, 2626]. Isto é, a ratificação do Conselho apenas tornará lícitos os actos praticados depois da aprovação desta e não qualquer acto anterior. Outra solução implicaria que se conferisse ao Conselho de Segurança o poder de legitimar retroactivamente actos que constituíram violações do Direito Internacional. Não se pode argumentar que a ratificação do Conselho confirmará a adequação da actuação privada (regional/estadual). O que é adequado à luz das competências do Conselho não o é à luz dos direitos dos Estados e estruturas regionais. A posição contrária constituiria, aliás, um incentivo para que estes recorressem à força sem qualquer habilitação prévia, na expectativa de que numa conjuntura política mais favorável os seus actos viessem a ser legitimados; porventura, já depois de a acção militar ter atingido os seus objectivos e a situação se ter consumado.

Pode-se questionar se a Carta permite que o Conselho habilite em termos gerais e abstractos um organismo regional a utilizar a força em determinadas circunstâncias. No entanto, julga-se que a resposta deve ser negativa, por força de alguns fundamentos.

Assim, uma habilitação geral e abstracta, ainda que estivesse sempre sujeita a ser revogada pelo Conselho, ficaria sujeita à possibilidade de continuar indefinidamente em vigor por força de um veto positivo de um dos membros permanentes interessados nesta, recorrendo ao veto sempre que a tentassem revogar[2627]. Poderia, pois, implicar uma verdadeira alienação do poder do Conselho em vez de constituir uma mera e contingente habilitação. Também o artigo 53, n.º 1, segunda parte, parece sugerir a necessidade de a habilitação ser específica ao exigir que nenhuma acção seja levada a cabo sem autorização do Conselho. Isto é, será necessária uma habilitação para cada acção. Qualquer habilitação para o uso da força deve, pois, ser para

---

[2625] Verificou-se já que existe um precedente. Trata-se do caso da citada Resolução 1132 (1997), de 8 de Outubro, que autoriza a ECOWAS a impor, se necessário pela força, o embargo decretado contra a Serra Leoa; Resolução que se limitou a ratificar decisão idêntica da ECOWAS de 29 de Agosto (ver, *supra*, parág. 32.4 e 32.7).

[2626] Parece também a posição de N. White, *The Legality of Bombing* (...), cit., pág. 32; J. Lobel, *Benign Hegemony* (...), cit., pág. 31.

Contra: D. Momtaz, *La Délégation* (...), cit., pág. 113; P. Picone, *Interventi delle Nazioni Unite* (...), cit., pág. 565-566; J. Levitt, *Humanitarian Intervention* (...), cit., pág. 360; K. Heath, *Could We Have* (...), cit., pág. 304 (implicitamente); A. Schwabach, *Yugoslavia* (...), cit., pág. 83 e 101. Com dúvidas: Z. Deen-Racsmány, *A Redistribution* (...), cit., pág. 327.

[2627] A menos que estivesse sujeita a um termo de validade, mas então a sua abstracção ficaria reduzida a um determinado período.

aplicação exclusiva numa dada situação[2628]. Isto sem prejuízo de esta se poder estender por um período longo de tempo, mas para ser exercida contra uma ou mais entidades perfeitamente identificadas e numa situação determinada[2629].

No que diz respeito a aspectos terminológicos, o Conselho tem conferido preferência ao termo autorização, que de facto tem consagração na Carta (artigo 53, n.º 1, segunda parte). Mas também se encontra na sua prática a utilização do termo "convida/insta" ("calls upon")[2630] [2631]. O emprego da neutra expressão "autoriza" ou a de "insta/apela" ou "recomenda"[2632] não é irrelevante. Nestes últimos casos está-se perante actos que consistem essencialmente em recomendações quanto ao exercício da habilitação e que podem agravar a eventual responsabilidade das Nações Unidas pelo acto de habilitação, caso dê lugar a um uso ilícito da força[2633].

Prefere-se a expressão habilitação pelo facto de esta poder precisamente compreender estas diferentes fórmulas recomendatórias e não apenas a mera neutra autorização; além de poder abranger igualmente uma eventual vertente injuntiva, caso exista um acordo prévio dos destinatários desta[2634].

---

[2628] Também neste sentido: J. Frowein, *Legal Consequences* (…), cit., pág. 119. Contra: B. Simma, *Does the UN Charter* (…), cit., pág. 139, nota 40. Ver, porém, as dúvidas de M. Bothe/B. Martenczuk, *Die NATO und die Vereinten Nationen* (...), cit., pág. 128.

[2629] Claro está, nada impede que a própria habilitação específica se encontre sujeita a um termo de validade (ver, *infra*, parág. 73).

[2630] Cfr. a referida Resolução 665 (1990), de 25 de Agosto, parág. 1, relativa à fiscalização por todos os meios necessários do embargo contra o Iraque; a mencionada Resolução 787 (1992), de 16 de Novembro, parág. 12, relativa à fiscalização marítima pelos meios necessários do embargo em relação à Ex-Jugoslávia. A expressão também consta da referida Resolução 770 (1992), de 13 de Agosto, parág. 2, mas, a ter sido aplicada, ter-se-ia tratado de um exercício do poder público bélico em sentido estrito (ver, *supra*, parág. 67).

[2631] Na Resolução 908 (1994), de 31 de Março (texto em RDSCOR, 1994, pág. 38), utiliza a expressão "podem" ("may"), no entanto, tratou-se de um caso de exercício do poder público bélico em sentido estrito por força do sistema de instruções específicas consagrado (ver, *supra*, parág. 67).

[2632] Caso da citada Resolução 83 (1950), de 27 de Junho, relativa à Coreia "Recommends that the Members of the United Nations furnish such assistance to the Republic of Korea as may be necessary to repel the armed attack and to restore international peace and security in the area" (ver, *supra*, parág. 44.2).

[2633] Ver, *infra*, parág. 101.

[2634] Julga-se de evitar o termo delegação para as habilitações já que estas seguem um regime distinto. Estas existirão apenas em relação a actos de concessão de poderes ao Secretário--Geral ou a outros órgãos da organização (ver, *supra*, parág. 9.1 e 61-62).

**73. Controlo pelo Conselho de Segurança.** Teoricamente, o Conselho deveria manter um controlo apertado das acções habilitadas. A Carta, no seu artigo 54, a propósito, designadamente, de habilitações a estruturas regionais, é bem clara a este propósito. Claramente, o regime do artigo 54 deve ser aplicado às habilitações em geral, por identidade de razão, sejam dirigidas a organizações regionais ou a grupos de Estados organizados regionalmente, sejam dirigidas aos membros em geral ou a algum em particular.

Deste modo, qualquer entidade destinatária de uma habilitação fica sujeita a um dever de informar o Conselho de Segurança de todas as medidas. E, como precisa o artigo, a informação deve abranger não apenas as medidas adoptadas, mas igualmente as que se pretende adoptar[2635].

Mas para lá deste dever das entidades habilitadas, que deve ser ainda mais rigoroso do que o que recai sobre as entidades que desempenhem actividades de manutenção da paz por iniciativa própria[2636], o Conselho tem importantes poderes sobre a actuação das entidades habilitadas. Trata-se de poderes parcialmente semelhantes aos de que goza em relação às delegações a órgãos das Nações Unidas. Mesmo depois de emanada a habilitação, pode aprovar novas limitações para o exercício desta, proibir a prática de determinados actos ou mesmo revogar a habilitação[2637].

No entanto, ao contrário do que se passa no âmbito de delegações, o Conselho já não tem qualquer poder de direcção positiva. Visto que a habilitação tem, salvo acordo da entidade habilitada, natureza puramente permissiva ou, quando muito, recomendatória, não existe nenhum dever de a exercer. O que significa que o Conselho não pode impor deveres positivos à entidade quanto à adopção de uma determinada acção bélica. Quando muito, pode condicionalmente estabelecer termos positivos para o exercício da habilitação, no sentido de que se a entidade desejar exercer a habilitação deve fazê-lo nestes termos[2638]. Mas, claro está, as probabilidades de a habilitação ser exercida diminuem na proporção directa do aumento das exigências feitas pelo Conselho. Por este motivo, mesmo o poder de avocar para

---

[2635] Neste sentido: Michael Schweitzer/Waldemar Hummer, *article 54*, em *The Charter of the United Nations – A Commentary* (ed. Bruno Simma), München, 1994, pág. 752-757, na pág. 755.

[2636] Ver, *supra*, parág. 32.7.

[2637] Também: D. Sarooshi, *The United Nations* (…), cit., pág. 7-8 (embora vá mais longe).

[2638] Em termos idênticos àqueles pelos quais as partes num tratado podem sujeitar um terceiro a condições quanto ao exercício de um direito que lhe atribuam (cfr. artigo 36, n.º 2 da referida Convenção de Viena sobre o Direito dos Tratados de 1969 e artigo 36, n.º 3 da Convenção de Viena de 1986).

decisão questões concretas ou a revogação de decisões da entidade habilitada podem ser de exercício problemático, por poderem implicar deveres positivos consequentes para a entidade habilitada.

De qualquer modo, se estes poderes de controlo negativo parecem incontestáveis, na realidade, só pontualmente têm sido exercidos pelo Conselho e, em alguns casos importantes, este órgão foi escassamente informado do modo como a força foi utilizada ou nem sequer voltou a debater a questão durante o período de exercício deste poder para procurar controlá--lo[2639]. Acresce que os Estados habilitados em alguns casos não apresentaram quaisquer relatórios formais da sua acção ao Conselho[2640, 2641]. Os membros deste e o Secretário-Geral foram informados por meio de relatórios puramente informais, verbais ou, em qualquer caso, que não circularam como actos de acesso público. Em outros casos em que foram apresentados relatórios que circularam como documentos públicos, estes foram claramente insuficientes, tendo duas ou três páginas que se limitam a descrever alguns factos que qualquer meio de comunicação social já noticiara previamente[2642]. Apesar disso, têm sido escassas as reacções do Conselho à escassez de informação fornecida pelas entidades habilitadas[2643].

---

[2639] Assim, na segunda situação mais importante de recurso ao uso privado habilitado, o Conflito do Golfo, desde a aprovação na sua reunião n.º 2963 da Resolução 678 (1990), de 29 de Novembro (texto em RDSCOR, 1990, pág. 27-28), que habilitou ao uso da força, até ao dia 13 de Fevereiro de 1991, na sua reunião n.º 2977, já depois da cessação das hostilidades, o Conselho de Segurança não aprovou qualquer resolução ou decisão sobre a questão (ver RDSCOR, 1991, pág. 7).

[2640] Isto não significa que os Estados habilitados não tenham apresentado relatórios informais quanto ao modo como estavam a exercer a habilitação. Assim, em relação ao referido caso da habilitação ao uso da força no Conflito do Golfo, o Secretário-Geral afirmou: "What we know about the war, which I prefer to call hostilities, is what we hear from the three members of the Security Council which are involved – Britain France and the United States – **which every two or three days report to the Council, after the actions have taken place**" (cfr. *Crisis in the Gulf: UN 'has no role in running war'*, TI, February 11, 1991, pág. 2).

[2641] Ver as críticas de M. Koskenniemi, *The Police* (...), cit., texto notas 91-92; J. Quigley, *The United Nations* (...), cit., pág. 155.

[2642] Assim, os relatórios apresentados pelos EUA, enquanto Estado no comando da UNITAF, habilitada ao uso da força na Somália (ver, *supra*, parág. 66), são praticamente destituídos de valor prático, tendo duas páginas cada. Ver *Report by the United States pursuant Security Council Resolution 794 (1992)* (UN Doc. S/24976, 17 December 1992) e *Report dated 16 January 1993 by the United States of America pursuant Security Council Resolution 794 (1992)* (UN Doc. S/25126, 19 January 1993). Já, por exemplo, o relatório apresentado pela Austrália por força do seu comando da INTERFET em Timor Leste (ver, *supra*, parág. 69) é um pouco mais desenvolvido (cfr. o anexo ao UN Doc. S/1999/1025, 4 October 1999).

[2643] Na Declaração Presidencial 1998/35 de 30 de Novembro de 1998, o Conselho

A principal razão da falta de controlo é de ordem política. Estas habilitações, na maioria dos casos, têm sido conferidas a membros permanentes ou para serem dirigidas por um ou alguns destes, apesar de só indirectamente estes serem nomeados na resolução. Uma vez atribuída a habilitação, qualquer controlo efectivo que implique uma alteração do modo como a força está a ser utilizada poderá ser inviável. O membro permanente, ou membros, dificilmente estarão dispostos a aceitar que seja aprovada uma resolução sobre a matéria que implique uma crítica ou ordem para alterar o modo como estão a empregar a força. Ora, graças ao seu veto poderão sempre evitar que tal suceda[2644].

Por outro lado, o desenrolar de um conflito armado impõe algumas medidas de contenção da informação, de modo a evitar que esta chegue ao inimigo. Apesar de poder reunir à porta fechada, sendo um órgão composto por quinze membros, a apresentação dos planos para o emprego da força poderá implicar riscos. Mas, claro está, estas cautelas apenas justificarão restrições em relação a medidas planeadas e não em relação às efectivamente aplicadas, ao menos em relação aos seus aspectos genéricos. Deste modo, mesmo que alguns aspectos deste dever de informação se encontrem politicamente prejudicados, nem por isso deverá este deixar de ser acatado, sendo absolutamente necessária a apresentação de informação que permita um acompanhamento efectivo, no mínimo *a posteriori*, pelo Conselho.

No entanto, para lá deste dever de informação, que é exequível por si próprio, já que decorre do artigo 54, é difícil considerar que a criação de mecanismos efectivos de controlo suplementares seja um requisito de validade do acto de habilitação[2645]. Se é certo que existiu uma evolução positiva da prática na matéria, esta nem sempre tem sido consistente. Habilitações existiram posteriores em que, pelo menos inicialmente, não foi criado qualquer sistema de controlo do modo como a habilitação seria executada no terreno ou porque não era possível perder tempo e/ou porque não existiam condições para tal[2646]. Ou seja, de acordo com a Carta, quanto maior controlo as

---

limitou-se a afirmar, a pensar sobretudo em actividades desencadeadas autonomamente: "The Security Council urges Member States and regional and subregional organizations to ensure the Council is kept fully informed of their activities for the maintenance of peace and security".

[2644] Também: U. Villani, *L'Intervento* (...), cit., pág. 42 e 52.

[2645] Também neste sentido: N. White, *Keeping* (...), cit., pág. 110.

[2646] Assim, a Resolução 1264 (1999), de 15 de Setembro (texto em RSSC, 1999, pág. 58), em relação à intervenção da INTERFET em Timor Leste, não criou qualquer sistema de monitorização ou dever de cooperação com a UNAMET, que praticamente abandonara o

Nações Unidas tiverem sobre o uso da força, mais conforme este será com o seu modelo original. Mas segundo a prática, a criação de sistemas de controlo é um objectivo a prosseguir, mas não uma condição de validade da habilitação ou de licitude da sua execução.

Uma forma experimentada com algum sucesso de fiscalizar operações habilitadas é a de criar uma missão de observação das Nações Unidas, com autonomia de comando em relação às forças habilitadas, que monitorize a execução da habilitação, apresentando os seus relatórios ao Secretário--Geral e este ao Conselho[2647, 2648, 2649]. Embora não constitua um meio de evitar um eventual veto, será uma forma mais adequada de determinar com exactidão os factos. A publicação dos relatórios pelas Nações Unidas permitirá sempre um julgamento da opinião pública mundial e, por esta via, um aumento da pressão sobre a entidade habilitada em caso de excessos da sua parte.

---

território (ver, *supra*, parág. 69). A situação era de emergência humanitária, qualquer perda de tempo a concretizar sistemas de fiscalização teria consequências inaceitáveis e seria provavelmente impossível de realizar em tempo útil.

[2647] Assim, no caso da autorização ao uso da força a favor da UNITAF, comandada pelos EUA na Somália, estabeleceu-se a necessidade de existirem mecanismos de coordenação com o Secretário-Geral e com a UNOSOM (ver, *supra*, parág. 66). Também a habilitação para a intervenção no Ruanda exige que os Estados destinatários desta cooperem com o Secretário-Geral e a UNAMIR [Resolução 929 (1994), de 22 de Junho (texto em RDSCOR, 1994, pág. 10), parág. 2, 3 e 8]. Igualmente a habilitação ao uso da força para remover as autoridades de facto no Haiti foi monitorizada pela UNMIH nos termos da própria Resolução 940 (1994), de 31 de Julho (texto em RDSCOR, 1994, pág. 51), parág. 5.

Na Bósnia-Herzegovina esta cooperação foi levada tão longe que se converteu numa forma de controlo que acabou por permitir imputar os actos da OTAN às próprias Nações Unidas, convertendo a maioria das suas acções num exercício do poder público em sentido estrito (ver, *supra*, parág. 67). Esta forma de fiscalização tem sido igualmente experimentada com algum sucesso em relação a acções regionais militares coercivas, embora encapotadas como operações de manutenção da paz, sem habilitação adequada do Conselho. Pense-se na UNOMIL na Libéria e na UNOMSIL na Serra Leoa, ambas monitorizando acções da ECOMOG (ver, *supra*, parág. 32.3 e 32.4).

[2648] Assim, na citada Declaração Presidencial 1998/35 de 30 de Novembro de 1998 afirma-se: "one possible means of monitoring activities of forces authorized by it, while also contributing to the broader aspects of a peace process, is through co-deployment of United Nations observers and other personnel together with an operation carried out by regional or subregional organization or by a coalition of Member States". Igualmente os EUA afirmaram: "the Organization might continue to enlist the assistance of regional arrangements, ad hoc coalitions or individual Member States. It would, however, remain essential for the Security Council to monitor such operations" (cfr. UNPR GA/PK/141 137th Meeting (PM) 3 April 1996, pág. 3).

[2649] Ver também Muthiah Alagappa, *Regional Institutions, The United Nations, And International Security*, em *International Security Management and the United Nations* (ed. M. Alagappa/T. Inoguchi), Tokyo/New York/Paris, 1999, pág. 269-295, na pág. 291.

Outra alternativa, mais eficaz, mas mais melindrosa, é a sujeição da habilitação a um prazo de validade[2650]. Não parece que esta tenha grande viabilidade precisamente nas habilitações em que poderia ser mais útil, isto é, as que implicam o uso massivo da força numa operação bélica[2651]. Dificilmente seria aceite pelos Estados ou entidade habilitada. Seria um risco que poucos estariam dispostos a aceitar o de serem forçados a retirar em consequência de um veto a uma renovação da habilitação numa situação de conflito armado aberto contra uma força militar organizada de um Estado ou movimento armado solidamente organizado. Mas esta, como é confirmado pela prática, já será viável numa habilitação para uma imposição da paz, em que existiu já um acordo entre as partes e se visa apenas garantir o seu cumprimento, se necessário coercivamente, ou em relação a uma operação limitada[2652].

O controlo das operações habilitadas por outros órgãos das Nações Unidas, especialmente a Assembleia Geral, também deve ser tido em conta. Esta poderá ter um papel incontestável de controlo jurídico-político da utilização da força, designadamente do seu respeito pelos limites impostos pela Carta e pelo Direito Internacional Humanitário, e encontra-se livre de riscos de bloqueio por força do veto de um ou alguns membros permanentes responsáveis pelas operações. Mas este já constitui um controlo exterior ao Conselho que a Assembleia pode exercer sobre qualquer exercício do poder público bélico em sentido amplo, mesmo sob comando das Nações Unidas[2653].

---

[2650] Limite defendido por: M. Alagappa, *Regional Institutions* (...), cit., pág. 291; M. Doyle, *Conclusions: International Organizations* (...), cit., pág. 454; Peter V. Jakobsen, *Overload, Not Marginalization, Threatens UN Peacekeeping*, SD, Vol. 31, No. 2, 2000, pág. 167-178, na pág. 172.

[2651] Caso da acção na Coreia, contra as forças das autoridades do Norte, bem como no Conflito do Golfo.

[2652] Trata-se de situação com precedentes. Foi o caso da habilitação concedida à intervenção no Ruanda que foi limitada a dois meses [a citada Resolução 929 (1994), de 22 de Junho, parág. 4], embora neste caso não se tenha colocado a hipótese da sua renovação, deixando de servir de meio de controlo. Já as habilitações ao uso da força pela IFOR e SFOR na Bósnia-Herzegovina foram limitadas com a clara intenção de permitir uma reapreciação pelo Conselho. As habilitações concedidas a ambas as forças ficaram sujeitas a um prazo de 12 meses, com excepção da primeira à SFOR que foi de 18 meses (ver, *supra*, parág. 67). O mesmo se diga da habilitação não concretizada no Leste do Zaire constante da Resolução 1080 (1996), de 15 de Novembro (texto em RDSCOR, 1996, pág. 117), cujo parág. 8 impunha como limite o dia 31 de Março de 1997 (ver, *infra*, parág. 75.3).

[2653] A questão é, portanto, analisada a propósito do controlo destas acções; ver, *infra*, parág. 91.1.

## β – Fundamento.

**74. Uso regional.** Abordado o regime geral da figura do uso habilitado, cabe agora analisar a base específica de cada uma destas suas espécies na Carta, começando pelo uso privado regional habilitado.

Já ficou referido que as Nações Unidas podem utilizar efectivos de estruturas regionais para constituir forças próprias. Quando se verifica esta situação está-se simplesmente perante uma outra forma de constituir forças das Nações Unidas. Trata-se, pois, de um verdadeiro exercício do poder público bélico em sentido estrito[2654].

No entanto, o artigo 53, n.º 1, segunda parte, consagra ainda uma outra realidade jurídica bem distinta. Com efeito, permite não apenas a utilização de efectivos regionais na constituição de forças das Nações Unidas, mas ainda que o Conselho de Segurança habilite estas estruturas regionais a utilizar a força com grande autonomia. Nesta situação já não se está perante a criação de uma Força das Nações Unidas, mas sim perante um uso privado habilitado.

Ficaram já determinados os poderes que estas estruturas regionais têm por legitimidade própria, sem necessitarem para os exercer de qualquer habilitação. Concluiu-se que são idênticos aos que cabem aos Estados individual ou colectivamente, embora uma acção multinacional ou regional suscite normalmente maior confiança[2655]. Mas o artigo 53, n.º 1, segunda parte, vai mais longe e permite que estas sejam destinatárias de actos que alarguem a sua liberdade de acção em matéria de uso da força[2656].

---

[2654] Ver, *supra*, parág. 58.3.

[2655] Ver, *supra*, parág. 31 e 32.7.

[2656] Verificou-se igualmente que uma terceira espécie de situação é juridicamente possível, embora seja integrável no poder público bélico em sentido estrito. O de serem concedidos poderes a uma Força regional que embora não se encontre sujeita a direcção formal ou controlo efectivo das Nações Unidas fica, contudo, sujeita a instruções específicas desta (que é livre de não cumprir) (ver, *supra*, parág. 9.2). Foi o que sucedeu com a maioria das acções bélicas da OTAN na Bósnia-Herzegovina (ver, *supra*, parág. 67) ou esteve previsto em relação à detenção de um petroleiro pelo Reino Unido na questão da Rodésia do Sul (ver, *supra*, parág. 65).

Com efeito, o artigo 53, n.º 1 não deixa grandes dúvidas quanto à possibilidade de os Estados partes em acordos regionais, ou as organizações regionais, poderem exercer o poder público bélico por habilitação[2657]. Ficou escrito que o termo acção coerciva constante deste se reporta precisamente a acções bélicas, já que é com esse sentido que a Carta utiliza a expressão[2658]. A última parte ao referir-se à adopção de medidas contra a renovação de uma política de agressão por parte dos Estados vencidos na Segunda Guerra Mundial, em associação com os termos do artigo 107 CNU, confirma claramente que estas podem incluir o emprego da força.

**75. Uso estadual.** Polémica é a base jurídica na Carta para a figura do uso privado habilitado estadual.

Como ficou referido, esta integra-se ainda num conceito amplo do poder público bélico, dado que segue em grande medida o mesmo regime jurídico. A sua legitimidade depende também de uma decisão constitutiva e não de uma causa de exclusão da ilicitude. No entanto, não pode ser qualificada como um poder público bélico em sentido estrito, pois a direcção do uso da força não depende da entidade pública que o legitimou, antes é entregue a um ou mais Estados[2659].

É precisamente este aspecto que torna a figura de polémica compatibilidade com a Carta. De facto, a aceitação de que os Estados utilizem a força com fundamento num acto constitutivo do Conselho numa situação em que estes estariam vedados pelo Direito Internacional Costumeiro (e pelo artigo 2, n.º 4 da Carta) constitui a criação de uma verdadeira excepção[2660, 2661] à proibição de uso privado da força. Ora, esta não tem base clara na Carta, ao contrário, como se verificou, da habilitação a organizações e Estados organizados regionalmente.

Segundo a interpretação que se considera mais correcta, é o artigo 42 o fundamento único na Carta para o exercício efectivo do poder público

---

[2657] A prática também o confirma, com as habilitações concedidas à IFOR e SFOR na Bósnia-Herzegovina, comandadas pela OTAN (ver, *supra*, parág. 67).

[2658] Ver, *supra*, parág. 31.2.

[2659] Ver, *supra*, parág. 9.2 e 9.3.

[2660] Ver sobre a natureza desta excepção, *supra*, parág. 39.

[2661] Em sentido semelhante: A. Pyrich, *United Nations* (...), cit., pág. 268; B. Simma, *Does the UN Charter* (...), cit., pág. 138-139; G. Cataldi, *Il Consiglio* (...), cit., pág. 146-147 (daí que a considere ilegítima); P. Picone, *Interventi delle Nazioni Unite* (...), cit., pág. 546 e nota 99.

bélico[2662]. Ora, este pretendeu afastar claramente o modelo de uso habilitado, típico do passado[2663]. Este estabelece que o uso da força é levado a cabo pelo Conselho de Segurança, isto é, sob sua autoridade[2664]. Daí a concessão pelos membros ao Conselho dos poderes na matéria (artigo 24, n.º 1 CNU).

Como ressalta também dos artigos 46 e 47, a Carta não se satisfaz com um mero acompanhamento pelo Conselho de Segurança da utilização da força, antes exige que lhe caibam as decisões estratégicas determinantes e que, portanto, em última instância, lhe compita uma direcção efectiva. É certo que o artigo 47, n.º 3 deixa em aberto a questão do comando, mas na verdade o comandante da Força deverá responder directamente perante o Conselho de Segurança, perante a Comissão de Estado-Maior ou outro órgão das Nações Unidas que receba uma delegação deste (como o Secretário-Geral) e não perante o Governo de um Estado membro.

De resto, o comandante da Força constituirá igualmente um órgão das Nações Unidas. De modo a que, ainda que nem todas as decisões caibam ao Conselho de Segurança, na verdade todas deverão caber a órgãos desta organização. Em suma, que a acção seja uma acção das Nações Unidas e não de Estados[2665].

A efectiva direcção pela organização não é um pormenor. É esta que torna o uso da força um uso rigorosamente público, transformando a acção numa acção das Nações Unidas; que deste modo deixa de ser uma mera acção privada habilitada. Esta organização passa a ser directamente respon-

---

[2662] Apenas o referido artigo 53, n.º 1, segunda parte, consagra ainda um aspecto deste poder, mas apenas em relação a organizações regionais.

[2663] Trata-se do sistema que decorria do artigo 16 do Pacto da Sociedade das Nações, assente no modelo da mera habilitação ao uso privado da força, embora também tenham existido interpretações deste no sentido de o compatibilizarem com um sistema de exercício do poder público pela Sociedade; ver, *supra*, parág. 19.3.

[2664] Neste sentido: Philippe Weckel, *Le Chapitre VII de la Charte et son Application par le Conseil de Sécurité*, AFDI, vol. XXXVII, 1991, pág. 165-202, na pág. 190-191; M. Bothe, *Les limites* (...), cit., pág. 73 e em *Peace-Keeping*, cit., pág. 574; Frederic L. Kirgis, Jr., *Armed Intervention In Haiti*, ASILN, September, 1994; G. Cataldi, *Il Consiglio* (...), cit., pág. 146-147; Benedetto Conforti, *L'Azione del Consiglio di Sicurezza per il Mantenimento della Pace*, em *Interventi delle Nazioni Unite e Diritto Internazionale* (dir. Paulo Picone), Padova, 1995, pág. 201-259, na pág. 1-15, na pág. 3; U. Villani, *L'Intervento* (...), cit., pág. 35 e 38-39; P. Picone, *Interventi delle Nazioni Unite* (...), cit., pág. 548-549; John Quigley, *The Privatization of Security Council Enforcement Action: A Threat to Multilateralism*, MJIL, Vol. 17, 1996, pág. 249-283, na pág. 255.

[2665] Ver ainda argumentos avançados, *infra*, parág. 75.1 e autores que sustentam posições contrárias.

sável por todos os actos praticados e, sobretudo, a acção passa a ter um comando verdadeiramente internacional, mais isento e imparcial e, portanto, mais independente dos interesses privados dos membros intervenientes[2666]. Até porque, cabendo as despesas do exercício do uso privado habilitado ao Estado ou Estados intervenientes (sem prejuízo da constituição de fundos estruturados em contribuições voluntárias) e não às Nações Unidas[2667], será de esperar que estes só intervenham quando tiverem efectivos interesses em causa[2668]. Igualmente por estes motivos, uma habilitação a um ou poucos Estados é bem mais perigosa do que as habilitações regionais previstas na Carta, pelos riscos de falta de isenção.

Apesar de estas dificuldades para compatibilizar a figura com a Carta, a prática do Conselho de Segurança de recorrer a esta figura quando se encontra perante situações do Capítulo VII fez surgir várias tentativas de a fundamentar.

**75.1. Alegados fundamentos no Capítulo VII.** Assim, no seio do Capítulo VII da Carta, foram avançados vários fundamentos.

**75.1.1. O artigo 39.** Uma das primeiras soluções sustentadas foi a de basear esta figura no artigo 39 CNU[2669].

Contudo, este preceito, já analisado, não é susceptível de ser interpretado no sentido de permitir qualquer habilitação dirigida a Estados para o uso da

---

[2666] Neste sentido D. Bowett, *United Nations* (...), cit., pág. 215; B. Conforti, *Organizzazione* (...), cit., pág. 291 e 293 e em *Non-Coercive Sanctions in the United Nations Charter: Some Lessons from the Gulf War*, AJIL, Vol. 2, No. 2, 1991, pág. 110-113, parág. 3; Lori F. Damroch, *Role of the Great Powers in United Nations Peace-Keeping*, YJIL, Vol. 18, 1993, pág. 429-434, na pág. 430-431; U. Villani, *L'Intervento* (...), cit., pág. 42.

[2667] Como o Conselho normalmente frisa nas resoluções em que concede habilitações: por exemplo, a Resolução 929 (1994), de 22 de Junho (texto em RDSCOR, 1994, pág. 10), parág. 2, parte final, em relação ao Ruanda; Resolução 940 (1994), de 31 de Julho (texto em RDSCOR, 1994, pág. 51), parág. 4, parte final, em relação ao Haiti; Resolução 1264 (1999), de 15 de Setembro (texto em RSSC, 1999, pág. 58), parág. 9, em relação a Timor Leste.

[2668] Como bem refere C. Schreuer, *East Timor* (...), cit., pág. 25.

[2669] Neste sentido: H. Kelsen, *Recent Trends* (...), cit., pág. 932-933 (aceita que seja uma interpretação possível); L. Goodrich/A. P. Simons, *The United Nations* (...), cit., pág. 428; G. Weissberg, *The International Status* (...), cit., pág. 85; D. Bowett, *United Nations* (...), cit., pág. 32-34 e 276-278; A. Karaosmanoglu, *Les actions* (...), cit., pág. 247; M. Glennon, *The Constitution and Chapter VII* (...), cit., pág. 80-81 (mas com base no artigo 51 também); B. Simma, *Does the UN Charter* (...), cit., pág. 138-139; U. Villani, *L'Intervento* (...), cit., pág. 43-44.

força[2670]. O máximo que este permitirá é que o Conselho considere estarem reunidos os pressupostos para o uso da força por um Estado à luz do artigo 51 ou com base em qualquer outra causa de exclusão da ilicitude à luz do Direito Internacional Costumeiro. Não lhe fornece competência para, por meio de um acto jurídico, criar constitutivamente uma excepção a favor de um Estado numa situação em que o Direito Internacional não considere justificada uma actuação bélica. Por conseguinte, o artigo 39 contém um preceito que fornece base apenas para a adopção de actos como recomendações, que serão necessariamente declarativas quanto à situação jurídica do Estado e que a não alterarão, ou decisões obrigatórias (logo, constitutivas) primárias. Isto é, decisões que impõem deveres que, uma vez desrespeitados, podem levar à adopção de medidas coercivas nos termos dos artigos 41 e 42. O facto de remeter para os termos destes últimos artigos confirma este entendimento[2671].

A prática também não apoia conclusão diferente. Nunca o artigo 39 foi invocado pelo Conselho em qualquer uma das suas decisões em habilitar Estados membros a usar a força.

**75.1.2. O artigo 42.** Foram igualmente realizadas tentativas para compatibilizar as habilitações com o artigo 42. Alegou-se que a segunda parte deste artigo fala em utilização de forças de Estados membros e que este deve ser igualmente associado ao artigo 48. Que, deste modo, seria possível distinguir entre a primeira parte e a segunda parte do artigo 42. Na primeira existiria uma acção sob comando das Nações Unidas, mas a segunda parte permitiria já uma acção pelas forças dos Estados membros com uma habilitação do Conselho[2672].

---

[2670] No mesmo sentido: H. Freudenschuss, *Between Unilateralism* (…), cit., pág. 524; J. Frowein, *Article 39*, cit., pág. 614-615. Ver também B. Weston, *Security Council* (…), cit., pág. 521.

[2671] Ver sobre esta questão, *supra*, parág. 36 e 50.1.

[2672] Neste sentido, embora nem todos chamem a atenção para a segunda parte do artigo 42: Christopher Sabec, *The Security Council comes to Age: An Analysis of the International Legal Response to the Iraqi Invasion of Kuwait*, GJICL, 1991, pág. 63-101, na pág. 100; A. Pyrich, *United Nations: Authorizations* (…), cit., pág. 269-270; J. Delbrück, *Article 25* (…), cit., pág. 417 e nota 47; J. Frowein, *Legal Consequences* (…), cit., pág. 118; U. Fink, *Kollektive Friedenssicherung* (…), cit., Teil 2, pág. 596-598 (distingue as duas partes do artigo 42); F. Trauttmansdorff, *Die Organe der* (…), cit., na pág. 33 (também se apoia na segunda parte do artigo 42); em parte, também: U. Villani, *L'Intervento* (…), cit., pág. 42-43 (em associação com o artigo 39 e interpretação sistemática tendo em conta o artigo 53, n.º 1, segunda parte, CNU); F. Kirgis, *The Security Council's First* (…), cit., pág. 521 (e apoio no princípio dos poderes implícitos).

No entanto, o artigo 42, primeira parte, refere que é o Conselho que leva a cabo a acção; isto é, é a este que cabe o comando supremo das forças fornecidas pelos Estados membros[2673]. Não se trata de se limitar a decidir a acção; trata-se de a exercer[2674]. As forças fornecidas ficarão subordinadas às Nações Unidas; em rigor, converter-se-ão em forças da organização[2675]. Em rigor, a segunda parte do preceito não contraria minimamente este entendimento, nem vem consagrar uma figura distinta da constante da primeira parte. A segunda parte limita-se a exemplificar as medidas que podem ser tomadas pelo Conselho. Daí a ligação entre ambas as partes do preceito pelo uso do termo "Tal uso" ("such action"), isto é, a acção prevista na primeira parte levada a cabo pelo Conselho.

Neste sentido, a parte final do artigo 42 ao referir forças dos Estados membros está-se a referir simplesmente ao facto de estas serem fornecidas por estes Estados, em princípio nos termos do artigo 43 ou 53, n.º 1, primeira parte. Ora, em ambas estas duas modalidades, o comando pertence ao Conselho[2676]. A circunstância de o artigo 43 se seguir imediatamente ao artigo 42 e de consagrar um sistema de sujeição das forças nacionais à autoridade do Conselho confirma o entendimento que é este o modelo consagrado no artigo 42. Como refere o artigo 2, n.º 5 CNU, são as Nações Unidas que levam a cabo as acções coercivas; isto é, à luz das regras da imputação, sob seu comando.

Quando a Carta pretendeu consagrar a possibilidade de uma mera autorização a entidades para utilizar a força, utilizou expressamente o termo, como se passa na segunda parte do artigo 53, n.º 1. Nada de semelhante consta do artigo 42.

**75.1.3. O artigo 48.** Ainda no Capítulo VII, o artigo 48, mais uma vez, também não pode ser trazido à colação como modo de tentar operar tal compatibilização[2677]. O seu âmbito de aplicação encontra-se reduzido às medidas do artigo 41, tendo em conta a inexistência dos acordos do artigo

---

[2673] "it may take such action"; "il peut entreprendre"; "podrá ejercer".

[2674] Ver sobre a questão e igualmente a Doutrina neste sentido, *supra*, parág. 75.

[2675] Ver, *supra*, parág. 9.1 e 54.1.

[2676] Apenas na segunda parte do artigo 53, n.º 1 tal já não se passa, mas aí apenas perante estruturas regionais (ver, sobre esta, especialmente, *supra*, parág. 9.3 e 74 e, infra, parág. 75.2.1).

[2677] Como faz: S. Alexandrov, *Self-Defense* (...), cit., pág. 287 e 289; N. White, *The Legality of Bombing* (...), cit., pág. 30 e nota 18; ver também em associação com o artigo 42: J. Delbrück, *Article 25* (...), cit., pág. 417 e nota 47; M. Ruffert, *The Administration of Kosovo* (...), cit., pág. 617-618.

43, visto que sem estes o Conselho não pode ordenar aos Estados membros que utilizem a força ou lhe forneçam efectivos. De qualquer modo, ainda que fosse aplicável ao uso da força, este teria de ser interpretado de acordo com o artigo 42 e 43, já que não constitui um artigo com autonomia em relação a estes; visaria, sim, dar-lhes concretização, nos seus estritos termos[2678]. A acção é levada a cabo materialmente pelos Estados membros, mas sob direcção do Conselho e não por estes sob sua responsabilidade[2679].

**75.1.4. O artigo 51.** Finalmente, alguns autores procuram reconduzir a figura do uso privado habilitado, ou pelo menos algumas das suas manifestações, ao artigo 51 CNU.

Alegam que estes actos do Conselho de Segurança constituiriam meras reafirmações do direito de legítima defesa dos Estados membros, com a vantagem de existir uma declaração por parte do Conselho de Segurança a certificar a reunião dos seus pressupostos no caso concreto[2680]. Argumentam que o facto de este direito apenas subsistir até o Conselho adoptar medidas não impediria tal qualificação, porquanto tais medidas teriam de ser efectivamente adequadas para cessar a aplicabilidade da legítima defesa. Este último argumento é de facto correcto[2681], mas não resolve outros problemas colocados por esta tese.

Assim, em primeiro lugar, em vários casos a habilitação tem sido conferida em situações em que não estavam reunidos os pressupostos da legítima defesa[2682, 2683].

---

[2678] Ver, *supra*, parág. 50.3.

[2679] Rejeitam igualmente que este artigo seja fundamento para habilitações: H. Freudenschuss, *Between Unilateralism* (...), cit., pág. 525; B.-O. Bryde, *Article 48*, cit., pág. 652 (referindo-se ao Conflito no Golfo).

[2680] Como defendem: O. Schachter, *UN Law and the Gulf War*, cit., cit., pág. 459-460; E. Rostow, *Until What* ( ), cit, pág. 508-509; B. Conforti, *Non Coercive Sanctions* (...), cit., pág. 2-3; P. Weckel, *Le Chapitre VII* (...), cit., pág. 191-192; David R. Penna, *The Right to Self-Defense in the Post-Cold War Era: The Role of The United Nations*, DJILP, Vol. 20, 1991, pág. 41-54, na pág. 53; G. Cataldi, *Il Consiglio* (...), cit., pág. 148-149; Y. Dinstein, *War, Aggression* (...), cit., pág. 275; S. Alexandrov, *Self-Defense* (...), cit., pág. 252-278; W. Q. Beardslee, *The United States' Haiti Intervention: The Dangers of Redefined National Security Interests*, DJILP, Vol. 25, 1996, pág. 189-197, na pág. 195-196 (reconduz ao artigo 51 a intervenção no Haiti?).

[2681] Ver, *supra*, parág. 12.5.

[2682] Pense-se nas habilitações em relação à execução do embargo na Rodésia e na Serra Leoa (ver, *supra*, parág. 65 e 32.4), das com fins humanitários na Bósnia-Herzegovina (apesar das alegações de que existia uma situação de legítima defesa: ver, *supra*, parág. 12.5 e 67), na Somália (ver, *supra*, parág. 66), no Ruanda (ver, *infra*, parág. 75.3.3), no Congo (Zaire)

Em segundo lugar, os fins visados têm também sido mais amplos do que os permitidos por esta[2684].

Em terceiro, a habilitação tem sido sujeita a limites, designadamente temporais, incompatíveis com a legítima defesa[2685].

Em quarto lugar, o Conselho tem apelado aos Estados para cooperarem com as forças habilitadas, chegando a invocar nesse sentido a Carta[2686], sendo certo que não existe qualquer dever nesse sentido estabelecido por esta quando se esteja perante um exercício da legítima defesa[2687].

Finalmente, compreender-se-ia mal neste caso a utilidade jurídica da intervenção do Conselho e a necessidade de uma qualquer habilitação para que os Estados exercessem uma acção que é legitimada directamente pela Carta e pelo Direito Internacional Costumeiro. É certo que o aval do Conselho seria um factor de legitimação da acção no caso concreto. Mas estando reunidos efectivamente os seus pressupostos, este aval em nada alteraria a situação jurídica dos Estados intervenientes. Deste modo, seria desnecessária a invocação expressa do Capítulo VII pelo Conselho como base para os poderes que exerce aquando da aprovação destas resoluções. Seria mesmo dispensável a utilização da forma de resolução. Uma mera declaração presidencial bastaria para conferir apoio jurídico-político ao exercício da legítima defesa.

---

(ver, infra, parág. 75.3.4) ou em Timor Leste (ver, *supra*, parág. 69) e, por maioria de razão, na habilitação com fins democráticos em relação ao Haiti (ver, *infra*, parág. 75.3.2). Mas, segundo se julga, igualmente no Conflito Coreano (ver, *supra*, parág. 44.2).

[2683] Ver também C. Pontecorvo, *Somalia* (...), cit., pág. 238; P. Picone, *Interventi delle Nazioni Unite* (...), cit., pág. 547; U. Fink, *Kollektive Friedenssicherung* (...), cit., Teil 2, pág. 597 e 747; H. Freudenschuß, *Kollektive Sicherheit*, cit., pág. 81.

[2684] Assim, na Resolução 678 (1990), de 29 de Novembro (texto em RDSCOR, 1990, pág. 27-28), relativa ao Conflito no Golfo, o âmbito da habilitação compreendia "to uphold and implement resolution 660 (1990) and all subsequent relevant resolutions and to restore international peace and security in the area" (parág. 2), o que seria mais vasto do que os objectivos integráveis na mera legítima defesa [como é reconhecido mesmo por defensores da tese da legítima defesa: D. Penna, *The Right to Self-Defense* (...), cit., pág. 53, além de pelos seus adversários: F. Kirgis, *The Security Council's First* (...), cit., pág. 521; D. Sarooshi, *The United Nations* (...), cit., pág. 14]. Claro está, nos casos em que nem se encontravam reunidos os pressupostos da legítima defesa, o carácter mais amplo dos fins da acção é manifesto.

[2685] A Resolução 678, no citado parág. 2, estabelecia um prazo de recurso a negociações que se deveria prolongar até 15 de Janeiro de 1991, o que entra em contradição com a actualidade da reacção em legítima defesa.

[2686] Ver as resoluções citadas, *supra*, parág. 71.2.

[2687] Neste sentido: H. Freudenschuss, *Between Unilateralism* (...), cit., pág. 525.

De qualquer modo, esta rejeição da fundamentação no artigo 51 de qualquer dos actos de habilitação não impede que se reconheça que existiram situações em que inicialmente se esteve perante actos de legítima defesa, mesmo depois de o Conselho ter adoptado medidas compulsivas pacíficas nos termos do artigo 41[2688]. Já se sublinhou que estas por si não são um obstáculo ao exercício da legítima defesa[2689]. Contudo, este direito acabou por ser consumido pelo regime do uso privado habilitado. Com efeito, ao habilitar ao uso privado da força, o Conselho submete a actuação estadual a um regime que se afasta nos aspectos referidos do da legítima defesa, inviabilizando, pois, o seu exercício. Pode sujeitar este uso da força a limites ou alargar os seus objectivos em termos dificilmente compatíveis com aquela.

No fundo, a tentativa de fundamentar a figura das habilitações ao uso da força no artigo 51 é mais uma manifestação da tendência habitual da Doutrina para tentar reconduzir a figuras que lhe são familiares actos que pela sua especificidade se revelam rebeldes a um enquadramento teórico. Só depois de algumas tentativas frustradas surgem então entendimentos que reconhecem a autonomia da figura em análise perante os conceitos tradicionais.

**75.1.5. Conclusões.** Assim, nenhum dos preceitos do Capítulo VII parece constituir fundamento aceitável para as habilitações a Estados. O facto de o Conselho citar sistematicamente o Capítulo VII como fundamento para estas, sem invocar qualquer preceito, aponta igualmente no sentido de

---

[2688] Assim, no Conflito no Golfo, onde os EUA instalaram forças na Arábia Saudita, a pedido desta, para fazer frente a qualquer nova agressão do Iraque e em que se chegaram a verificar conflitos armados com forças Iraquianas. E o Conselho, na sua Resolução 661 (1990), de 6 de Agosto (texto em RDSCOR, 1990, pág. 19-20), no parág. 6 do seu preâmbulo, expressamente reconhece o direito de legítima defesa contra o ataque armado do Iraque. Mas este acabou por ser afastado pela habilitação da Resolução 678 que, em rigor, proibiu o seu exercício, salvo uma alteração da situação. De facto, desde logo, foi proibido até dia 15 de Janeiro de 1991. E, depois desta data, a utilização da força já não se fez nos termos do artigo 51. Apenas esporadicamente terão existido exercícios de legítima defesa, como os actos de defesa restrita de Israel e da Arábia Saudita contra mísseis lançados contra si (ver, *supra*, parág. 12.5).

Como ficou justificado, pensa-se que já não foi o caso da Coreia, em que nunca terão estado reunidos os pressupostos da legítima defesa, visto que a proibição do uso da força não se aplicava às relações entre as duas autoridades na Coreia, que era um Estado único. O conflito inicialmente era, pois, essencialmente interno, apesar de algumas particularidades resultantes da anterior intervenção internacional em resultado da Segunda Guerra Mundial (ver, *supra*, parág. 44.2).

[2689] Ver, *supra*, parág. 12.5.

que este entende que nenhum dos preceitos específicos que este compreende constitui fundamento para o seu acto.

Mas também pouco se adianta se se alegar que o fundamento são simplesmente os poderes genéricos contidos neste Capítulo[2690]. Todos os poderes (sejam qualificados como genéricos ou específicos) consagrados neste Capítulo estão dependentes de requisitos para o seu exercício que são incompatíveis com as características das habilitações, pelo menos por recurso aos meios da interpretação[2691].

Claro está, também não é possível tentar superar o problema de compatibilização da figura com este Capítulo esgrimindo argumentos simplistas como o de que se o Conselho pode utilizar a força, por maioria de razão, poderia habilitar um Estado a fazê-lo[2692]. Este argumento poderá funcionar ao contrário, no sentido de que se o Conselho pode impor que os Estados adoptem certos actos (como sanções à luz do artigo 41), poderá por maioria de razão impô-los directamente se tiver meios para o fazer[2693]. Mas o

---

[2690] Trata-se de posição sustentada por: J. Murphy, *Force and Arms* (…), cit., pág. 281--282; Carl-August Fleischhaufer, *Inducing Compliance*, em *United Nations Legal Order* (ed. O. Schachter/C. Joyner), Vol. I, New York/Melbourne, 1995, pág. 231-243, na pág. 233.

O Tribunal Penal para a ex-Jugoslávia pareceu aceitar a existência de poderes genéricos à luz do Capítulo VII: "A question arises in this respect as to whether the choice of the Security Council is limited to the measures provided for in Articles 41 and 42 of the Charter (as the language of Article 39 suggests), or whether it has even larger discretion in the form of general powers to maintain and restore international peace and security under Chapter VII at large. In the latter case, one of course does not have to locate every measure decided by the Security Council under Chapter VII within the confines of Articles 41 and 42, or possibly Article 40" [cfr. *Decision on* (…) *Jurisdiction in Prosecutor v. Dusko Tadic*, Appeals Chamber, October 2, 1995, parág. 21, ILM, cit., pág. 41]. Mas não se estava a referir à questão do fundamento das habilitações. E é duvidoso que aceitasse que tais poderes genéricos pudessem constituir base suficiente para permitir a adopção de actos em violação de requisitos estabelecidos para o exercício dos seus poderes bélicos.

[2691] A questão de saber se tais requisitos não foram alterados por força da prática do Conselho, sem oposição significativa dos Estados membros, é analisada, *infra*, parág. 75.3.

[2692] Como alegam: A. Karaosmanoglu, *Les actions* (…), cit., pág. 247; M. Akehurst, *A Modern* (….), cit., pág. 222, n. 2 e 224.

[2693] Como afirmou o Tribunal Penal para a ex-Jugoslávia: "Logically, if the Organization can undertake measures which have to be implemented through the intermediary of its Members, it can a fortiori undertake measures which it can implement directly via its organs, if it happens to have the resources to do so. It is only for want of such resources that the United Nations has to act through its Members. (…) **Action by Member States on behalf of the Organization is but a poor substitute faute de mieux, or a "second best" for want of the first. This is also the pattern of Article 42 on measures involving the use of armed force**. [cfr. *Decision on* (…) *Jurisdiction in Prosecutor v. Dusko Tadic*, Appeals Chamber, October 2, 1995, parág. 36, pág. 45].

inverso já não é verdadeiro. As Nações Unidas receberam poderes concedidos pelos Estados membros para o uso da força e não podem autorizar os Estados a substituírem-se-lhes sem um fundamento na Carta. Como ficou escrito, a utilização da força por um ou alguns Estados não oferece a mesma espécie de garantia que é fornecida pelo seu exercício pelas Nações Unidas.

**75.2. Alegados fundamentos fora do Capítulo VII.** Tem-se procurado fundamentar esta figura igualmente em preceitos de outros Capítulos da Carta. E, efectivamente, alguns fornecem-lhe um apoio parcial, mas como se procura demonstrar, não cabal.

**75.2.1. O artigo 53, n.º 1.** Assim, importante é o fundamento que se pode retirar do Capítulo VIII, mais concretamente, do citado artigo 53, n.º 1, segunda parte.

Com efeito, verificou-se que este permite, por interpretação *a contrario*, que o Conselho de Segurança habilite Estados partes num acordo regional ou uma organização regional a adoptar medidas coercivas. Deste modo, este preceito constitui base para acções que devem ser integradas no seio da figura do uso privado habilitado. Ou seja, segundo se julga, esta figura tem efectivamente amparo neste preceito da Carta quando se trate de habilitações a Estados organizados regionalmente ou a organizações regionais[2694].

No entanto, este preceito não permite fundamentar a maioria dos precedentes de aplicação do uso privado habilitado. De fora ficam claramente os casos em que apenas um Estado foi habilitado ou em que na realidade apenas um executou uma habilitação dirigida a Estados membros[2695], já que nem sequer se estará perante qualquer agrupamento de Estados e, logo, muito menos existirá um acordo ou organização regional.

Mas, especialmente, como ficou esclarecido, julga-se que ficam também excluídos os casos em que não existia qualquer organização regional ou qualquer acordo regional preexistente, ou em que participaram Estados que não eram partes neste. O alargamento da figura da estrutura regional não pode ser realizado ao ponto de abranger acordos que só surgem *a posteriori*

---

[2694] Ver, *supra*, parág. 9.3 e 74.

[2695] Caso da habilitação ao Reino Unido para fiscalizar, se necessário utilizando a força, o respeito do embargo à então Rodésia (ver, *supra*, parág. 65). Algumas habilitações acabaram por ter essencialmente por destinatário um único Estado que comandou a operação, tendo a participação de outros sido meramente nominal. Caso da habilitação à França para intervir no Ruanda ou dos EUA em relação ao Haiti (ver, *infra*, parág. 75.3.4 e 75.3.2).

como reacção à situação concreta ou em resultado da habilitação do Conselho. O mínimo dos mínimos que se pode exigir a um acordo regional para que este seja enquadrável no Capítulo VIII é que este exista enquanto estrutura regional susceptível de ser destinatária de uma habilitação, o que implica que este tenha de ter uma estruturação na realidade prévia à ocorrência da crise concreta[2696, 2697, 2698].

Ora, na maioria dos casos em que o Conselho procedeu a habilitações, fê-lo em relação aos Estados membros e não a qualquer organização regional ou conjunto de Estados partes num acordo regional. Este preceito do artigo 53, n.º 1, segunda parte, não serve, pois, de base para habilitações dirigidas genericamente aos Estados ou especialmente a um único Estado ou em que este domina em termos quantitativos e qualitativos a operação. Constitui apenas um primeiro precedente de onde se pode depreender que a figura do uso habilitado, mesmo a do uso privado estadual habilitado, não é visceralmente incompatível com a Carta.

**75.2.2. O artigo 106.** Do mesmo modo, o artigo 106 não pode fornecer base para estes actos. Trata-se de uma norma provisória que se aplicaria apenas na ausência dos acordos do artigo 43 se o Conselho de Segurança entendesse que a sua falta o impedia de cumprir as suas responsabilidades. Na realidade, o Conselho entendeu que não e tem procurado desempenhar as suas funções mesmo na falta destes.

Por outro lado, embora este artigo pressuponha que todas as decisões, designadamente as adoptadas à luz dos artigos 39 a 41, sejam tomadas necessariamente pelo Conselho, permite, ainda assim, a acção directa dos principais membros das Nações Unidas em substituição deste para as executar[2699]. Ora, no uso privado habilitado, existe sempre uma habilitação expressa pelo Conselho quanto ao uso da força. Habilitação que não é necessária à luz do artigo 106, mesmo se se deve entender que seria sempre necessário um entendimento da parte do Conselho de que o uso da força era

---

[2696] Já se deu como exemplo os acordos que criaram a coalizão formada para enfrentar o Iraque no conflito do Golfo. Não é possível considerá-los como acordos regionais para efeitos do Capítulo VIII. Apesar de terem sido celebrados antes da aprovação da citada Resolução 678 (1990), surgiram na sequência da crise e não antes de esta.

[2697] Ver, sobre a análise da noção de acordo ou organização regional, *supra*, parág. 29.

[2698] Também neste sentido: U. Villani, *L'Intervento* (...), cit., pág. 41.

[2699] Ver Rudolf Geiger, *Article 106*, em *The Charter of the United Nations – A Commentary* (ed. Bruno Simma), München, 1994, pág. 1149-1151, na pág. 1151.

necessário[2700]. Mas neste caso tal entendimento não constituiria uma habilitação constitutiva com efeito derrogatório em relação ao artigo 2, n.º 4. Existindo acordo entre os membros permanentes quanto à aplicação do artigo 106, é a própria Carta que excepciona o artigo 2, n.º 4.

Assim, em rigor, trata-se de um uso privado habilitado, mas habilitado directamente pela Carta numa situação excepcional e perfeitamente delimitada. Pode-se afirmar que a Carta cria mais um precedente desta figura, mas fá-lo de forma directa, e não por intermédio de uma decisão constitutiva do Conselho de Segurança. Encontra-se igualmente sujeita a um pressuposto que nunca foi reunido, o acordo entre os membros permanentes quanto à sua aplicação. Acresce que do artigo 106 parece decorrer que seria necessário uma acção conjunta das forças dos cinco membros permanentes. Ora, trata-se de requisito que não foi satisfeito por nenhuma acção habilitada.

No fundo, o que a figura do uso privado habilitado da força vem demonstrar é que o artigo 106 não só é mera letra morta, como terá mesmo perdido vigência. O Conselho parece ter passado a entender que não basta um entendimento seu de que é necessário o uso da força e um acordo dos membros permanentes de aplicação do artigo 106. Que é necessário um acto formal seu de habilitação e que este acto pode ser executado por qualquer membro e não necessariamente pelos membros permanentes conjuntamente.

**75.2.3. O princípio dos poderes implícitos.** Outra tentativa de fundamentar a figura tem sido baseada no princípio interpretativo dos poderes implícitos.

Este princípio, corolário do elemento teleológico da Interpretação[2701], tem tido ampla consagração jurisprudencial, designadamente em relação às

---

[2700] Assim, durante a Conferência de S. Francisco, os EUA afirmaram que o artigo 106 apenas limitava os poderes que o Conselho não pudesse exercer por falta da celebração dos acordos à luz do artigo 43 [cfr. *Report of Rapporteur of Committee III/3 to Commission III on Chapter XII* (Doc. 1095, June 19), em UNCIOSD, pág. 771-775, na pág. 773]. Do mesmo modo, o então Secretário de Estado norte-americano, no seu relatório sobre a Carta, afirmou: "this five-power action must be joint and that consultation with other members of the United Nations is provided for. In other words, while this action may, in a formal sense, be outside the framework of the Organization, it is to be completely within the spirit of the Charter" [cfr. *Charter of the United Nations – Report to the President* (...), cit., pág. 163]. Também: U. Villani, *L'Intervento* (...), cit., pág. 40. Em sentido parcialmente contrário: A. Miller, *Universal Soldiers* (...), cit., pág. 777 e 782 (sugere que o artigo 106 permite que os membros permanentes ajam à margem do Conselho).

[2701] Ver C. Baptista, *Direito* (...), cit., pág. 257 e 267.

Nações Unidas[2702]. Parece igualmente ter algum apoio adicional no artigo 24 tendo em conta as largas atribuições das Nações Unidas em matéria de manutenção da paz (preâmbulo e artigo 1, n.º 1, primeira parte, CNU) e a consagração na Carta da primordial responsabilidade do Conselho na prossecução destas com poderes para o efeito (artigo 24, n.º 1 e n.º 2). A prática tem confirmado o recurso a estas disposições como base para reconhecer poderes menores ao Conselho[2703].

Esta consagração não significa, contudo, que se possa à luz deste princípio criar novos poderes determinantes ou, sobretudo, libertar os poderes atribuídos pela Carta ao Conselho dos pressupostos ou limites a que os sujeita[2704]. Se a Carta faz depender o exercício de certos poderes do preen-

---

[2702] Assim, o Tribunal Internacional de Justiça afirmou: "Under international law, the Organization must be deemed to have those powers which, though not expressly provided in the Charter, are conferred upon it by necessary implication as being essential to the performance of its duties" (cfr. *Reparation For Injuries Suffered In The Service Of The United Nations*, *Advisory Opinion*, April 11th, 1949, *I.C.J. Reports 1949*, pág. 182). Depois de citar esta passagem, afirmou posteriormente que: "In these circumstances, the Court finds that the power to establish a tribunal, to do justice as between the Organization and the staff members, was essential to ensure the efficient working of the Secretariat, and to give effect to the paramount consideration of securing the highest standards of efficiency, competence and integrity. Capacity to do this arises by necessary intendment out of the Charter" [cfr. *Effect of Awards* (...), *ICJ Reports* 1954, pág. 57]. Sustentou do mesmo modo que: "when the Organization takes action which warrants the assertion that it was appropriate for the fulfillment of one of the stated purposes of the United Nations, the presumption is that such action is not *ultra vires* the Organization" [cfr. *Certain expenses* (...), *I. C. J. Reports* 1962, cit., pág. 168]. E também que "The powers conferred on international organizations are normally the subject of an express statement in their constituent instruments. Nevertheless, the necessities of international life may point to the need for organizations, in order to achieve their objectives, to possess subsidiary powers which are not expressly provided for in the basic instruments which govern their activities. It is generally accepted that international organizations can exercise such powers, known as "implied" powers" [cfr. *Legality of the Use by a State* (...), *I.C.J. Reports 1996*, cit., parág. 25].

[2703] Note-se, porém, que uma tentativa de fundamentar as habilitações ao uso privado da força directamente no artigo 24 depararia logo com a dificuldade de o Conselho nunca o invocar como fundamento ou sequer genericamente as suas responsabilidade para a manutenção da paz, mas apenas o Capítulo VII. Ora, o artigo 24 fica localizado no Capítulo V [como bem refere F. Kirgis, *Armed Intervention* (...), cit.]. Para lá deste não parecer constituir qualquer fundamento para novos poderes independentes do princípio dos poderes implícitos. Ver sobre o artigo 24, *supra*, parág. 49.4.

[2704] Entende-se que o princípio dos poderes implícitos constitui um princípio interpretativo e, portanto, que se encontra sujeito aos limites gerais da interpretação, corolário do elemento teleológico (igualmente: M. Luísa Duarte, *A Teoria dos Poderes Implícitos e a Delimitação de Competências entre a União Europeia e os Estados – Membros*, Lisboa, 1997, pág. 495-503)

chimento de determinadas condições, não é legítimo ao intérprete procurar contorná-los por recurso a figuras interpretativas. Ao assumir esse papel, o intérprete cruza claramente a fronteira entre o terreno da Interpretação e o da alteração do Direito vigente, por muito fluida que esta seja.

A prática também não confirma minimamente que seja possível atribuir novos poderes ao Conselho de Segurança para aprovar actos vinculativos[2705] à luz deste princípio. Por conseguinte, este apenas pode atribuir ao Conselho poderes que, sendo efectivamente necessários para a prossecução da sua função essencial de manutenção da paz, não sejam colocados em causa por disposições da Carta, não criem novas obrigações fundamentais para os membros ou se revelem desrazoáveis face ao fim a atingir.

Assim, não se aceita que se procure basear a figura do uso privado habilitado da força no princípio interpretativo dos poderes implícitos[2706]. A

---

não podendo servir de meio para alterações manifestas do Direito aplicável [contra, sustentando que à luz desta teoria as organizações internacionais acabam por ter os poderes necessários que estiverem em condições de exercer e não forem proibidos: F. Seyersted, *United Nations* (...), cit., pág. 155].

Julga-se claro que este não se aplica apenas em relação aos poderes das organizações internacionais, mas que também é relevante em relação ao reconhecimento de uma determinada competência a um órgão. Também se afigura líquido que o poder para ser reconhecido por aplicação deste princípio não necessita de ser indispensável para a existência da organização, mas que basta que seja efectivamente necessário para o adequado prosseguimento das suas atribuições. É esta visão que se retira da jurisprudência do Tribunal; de facto, ainda que no citado caso *Reparação* este tenha chegado a utilizar a expressão "essencial" na realidade acabou por não a aplicar num sentido restritivo [em sentido semelhante: Dapo Akande, *The Competence of International Organizations and the Advisory Jurisdiction of the International Court of Justice*, EJIL, Vol. 9, 1998, pág. 437-467, na pág. 444-445; ver também M. Rama-Montaldo, *International Legal Personality and Implied Powers of International Organizations*, BYIL, Vol. 44, 1970, pág. 111-155, na pág. 154]. Mas, sublinhe-se, tal não significa que este princípio permita reconhecer novos poderes, mesmo que necessários, se estes implicarem restrições significativas da independência dos Estados ou forem contrários de qualquer forma aos termos ou teleologia do tratado [em sentido paralelo: K. Skubiszewski, *Implied Powers* (...), cit., pág. 858]. Para alterações desta espécie existem as emendas ao tratado constitutivo, sem prejuízo de estas poderem ocorrer tacitamente. Mas nestes casos, inicialmente, a actividade da organização terá sido antijurídica. Será normalmente este o meio utilizado nas situações de fronteira, em que se afigura discutível se se está já a alterar o Direito ou apenas a interpretá-lo. De qualquer forma, não se adopta uma posição crítica ao princípio como a de Arangio-Ruiz, *"The Federal Analogy" and UN Charter* (...), cit., parte VI e VII.

[2705] E verificou-se já que as habilitações produzem efeitos constitutivos na esfera jurídica quer do Estado alvo, quer dos destinatários. No caso do primeiro, com eficácia compulsiva (ver, *supra*, parág. 71.1).

[2706] Como defendem: M. Bothe, *Peace-Keeping*, cit., pág. 575, nota 26; F. Kirgis, *The Security Council's First* (...), cit., pág. 521 e 522 (com apoio também no artigo 42); Niels

Carta estabelece os pressupostos e condições para o uso público da Força, que pretende que seja dirigido pelas Nações Unidas. Afasta-se, pois, claramente do modelo das meras habilitações concedidas aos Estados admitido no Pacto da Sociedade das Nações[2707]. Não é, pois, legítimo remover as imposições que a Carta estabelece por alegada via interpretativa.

Acresce que o princípio dos poderes implícitos é um fundamento interpretativo para alargar os poderes de uma organização à custa dos direitos dos Estados membros e não para servir de fundamento a actos que efectivamente limitam os poderes da organização a favor dos Estados membros[2708]. De facto, por meio do acto de habilitação, as Nações Unidas permitem o uso da força aos Estados com um regime paralelo ao público, em detrimento do exercício dos seus próprios poderes.

Nem vale a pena argumentar que se trata da única solução materialmente viável, perante a falta de celebração de acordos segundo o modelo do artigo 43[2709]. Em todos os casos de habilitação teria sido igualmente possível colocar o comando unificado nas mãos das Nações Unidas por intermédio do Secretário-Geral ou de um comandante por este designado, recorrendo ao sistema alternativo (ainda que sofrível) dos acordos específicos. Como se verificou, existem vários precedentes de exercício do poder público pelas Nações Unidas com base nestes[2710]. O que faltou em todos os casos de habilitação foi vontade política em aceitar o comando da organização ou desconfiança em relação às suas capacidades. Mas tal não torna a solução a única possível, a não ser que o incumprimento da Carta seja considerado um factor legítimo de impossibilidade.

Em suma, à luz do texto da Carta não é possível fundamentar em toda a sua extensão a figura do uso privado habilitado, embora a figura tenha uma consagração restrita no artigo 53, n.º 1, segunda parte, e, à luz do texto original, igualmente no artigo 106.

**75.3. Modificação tácita da Carta por meio da prática.** No entanto, é necessário admitir que neste aspecto, como em vários outros analisados,

---

Blokker, *Is the Authorization Authorized? Powers and Practice of the UN Security Council to Authorize the Use of Force*, EJIL, Vol. 11, No. 3, 2000, pág. 541–568, na pág. 547-549.

[2707] O que não significa que o Pacto não permitisse outras interpretações. Ver, *supra*, parág. 19.3.

[2708] Neste sentido: U. Villani, *L'Intervento* (...), cit., pág. 36.

[2709] Alegação realizada por N. Blokker, *Is the Authorization Authorized* (...), cit., pág. 549.

[2710] Ver, *supra*, parág. 64 e 66-69.

a prática dos Estados criou Direito[2711]. Os precedentes de mera habilitação ao uso da força tornaram-se frequentes e a oposição a estes praticamente desapareceu[2712], especialmente quando são criados sistemas de acompanhamento no terreno da execução da habilitação.

**75.3.1. Coreia, Rodésia do Sul, Iraque, ex-Jugoslávia e Somália.** Assim, devem ser qualificados como usos privados habilitados da força: a intervenção de Estados membros ao lado das forças das então autoridades do Sul da Coreia[2713].

---

[2711] No sentido de que a figura da habilitação ao uso da força pelos Estados foi consagrada pela prática: A. Estévez/P. Rull, *Legitimidad* (...), cit., pág. 41-43; H. Freudenschuss, *Between Unilateralism* (...), cit., pág. 526; L-A Sicilianos, *Le Contrôle* (...), cit., pág. 87; Martti Koskenniemi, *The Place Of Law In Collective Security*, MJIL, Vol. 17, 1996, pág. 455-490, na pág. 462; Natalino Ronzitti, *Raids aerei contro la Repubblica federale di Iugoslavia e Carta delle Nazioni Unite*, RDI, vol. LXXXII, 1999, n.º 2, pág. 476-482, na pág. 478; M. Bothe/B. Martenczuk, *Die NATO und die Vereinten Nationen* (...), cit., pág. 129; V. Gowlland--Debbas, *The limits of* (...), cit., pág. 369; T. Franck, *When, If Ever, May* (...), cit., pág. 54.

[2712] Sobre os requisitos para que se possa modificar tacitamente a Carta, ver, *supra*, parág. 27.2.

[2713] A intervenção na Coreia ficou já analisada (ver, *supra*, parág. 44.2). O Conselho pareceu aceitar que as forças dos Estados aliados constituíam uma Força das Nações Unidas. Assim, na Resolução 84 (1950), de 7 de Julho (texto em RDSCOR, 1950, pág. 5-6), fala numa comando unificado das Nações Unidas e autoriza as suas tropas a utilizar a bandeira da organização. Igualmente se encontram inúmeras declarações dos Estados participantes nesse sentido [assim, o então Presidente dos EUA em mensagem ao Congresso afirmou: "United Nations action in Korea has been truly collective action. Concrete aid in the form of combat troops, ships and planes, field hospitals and medical equipment, other equipment, supplies, and food has been made available by 39 members of the United Nations; political support, by no less than 53 members" e fala em "United Nations troops" (cfr. *Message to the Congress Transmitting Report of U.S. Participation in the United Nations for 1950, July 26*, 1951; texto em http://www.presidency.ucsb.edu/docs/pppus/truman/1951/170.htm). No entanto, do facto de as forças utilizadas terem estado sob comando supremo dos EUA resulta claro que não é possível considerar que se tratou de uma Força das Nações Unidas. Estas não exerceram qualquer direcção sobre as operações no terreno. No sentido de que se tratou de uma recomendação ao uso da força pelos Estados membros (isto é, um uso privado habilitado): H. Kelsen, *Recent Trends* (...), cit., pág. 936-937; J. Kunz, *The Secretary General* (...), cit., pág. 302; F. Seyersted, *United Nations* (...), cit., pág. 121-122; A. Pyrich, *United Nations: Authorizations* (...), cit., pág. 271; M. Bothe, *Peace-Keeping*, cit., pág. 575 (mas com maior conexão às Nações Unidas); R. Zacklin, *Le Droit* (...), cit., pág. 193; T. Franck/F. Patel, *UN Police* (...), cit., pág. 74; A. James, *The United Nations* (...), cit., pág. 5-6; K. Harper, *Does The United* (...), cit., pág. 111; A. Miller, *Universal Soldiers* (...), cit., pág. 778; U. Villani, *L'Intervento* (...), cit., pág. 44; P. Picone, *Interventi delle Nazioni Unite* (...), cit., pág. 546 (embora atípica); J. Head, *The United States*

A utilização da força pelo Reino Unido no Alto Mar para impor o embargo à Rodésia segundo habilitação conferida pela mencionada Resolução 221 (1966), de 9 de Abril, parág. 5, primeira parte[2714].

As medidas coercivas a nível marítimo utilizadas para aplicar o embargo contra o Iraque, nos termos da Resolução 665 (1990), de 25 de Agosto[2715], parág. 1 e depois a utilização da força contra este pela coalizão comandada pelos EUA de forma a expulsar as forças iraquianas do Kuwait nos termos da referida Resolução 678 (1990), parág. 2, a partir de 15 de Janeiro de 1991[2716, 2717].

Em relação aos conflitos na ex-Jugoslávia, os actos quanto ao uso da força por parte do Conselho de Segurança devem ser divididos entre duas categorias. Aqueles que, seguindo o modelo da mencionada Resolução 770 (1992) (que não foi aplicada) e, especialmente, da Resolução 836 (1993),

---

(...), cit., pág. 6. Contra, defendendo que se tratou de uma Força das Nações Unidas: J. Halderman, *Legal Basis (...)*, cit., pág. 975-976; G. Weissberg, *The International Status* (...), cit., pág. 78-80, 84 e 100; D. Bowett, *United Nations* (...), cit., pág. 33-34 e 45-47.

Esta teve a particularidade de a habilitação ter assumido a forma de uma recomendação. Outro aspecto relevante foi o facto de igualmente a Assembleia Geral ter alargado os objectivos da habilitação concedida pelo Conselho pela sua citada Resolução 376 (V), de 7 de Outubro de 1950, que aprovou a continuação das hostilidades para Norte do paralelo 38 com vista a unificar pela força a Coreia. Deste modo assumiu igualmente a autoridade para conceder habilitações aos Estados. Contudo, segundo se julga, excedeu claramente as suas competências ao adoptar tal acto (ver, *supra*, parág. 44.2).

[2714] Esta habilitação ficou já analisada (ver, *supra*, parág. 65). Teve igualmente a particularidade de ser acompanhada por um "Calls" que tem também o valor de uma recomendação. Da habilitação deve, porém, ser distinguida a segunda parte deste parágrafo 5 da Resolução que contém antes uma instrução específica. Trata-se, pois, de um acto imputável às Nações Unidas, neste caso por intermédio do próprio Conselho de Segurança. Deste modo, como ficou referido, a habilitação apenas abarcou a recomendação genérica para que fossem impedidos outros navios que transportassem petróleo para a Rodésia. Já o poder para arrestar o *Joanna V* constituiu um exercício potencial do poder público bélico pelas Nações Unidas. No sentido de que se tratou de uma habilitação, embora sem distinguir a primeira da segunda parte do parágrafo: O. Schachter, *United Nations Law in the Gulf Conflict*, cit., pág. 454; J. Murphy, *Force and Arms* (...), cit., pág. 281; U. Villani, *L'Intervento* (...), cit., pág. 44; N. Blokker, *Is the Authorization Authorized* (...), cit., pág. 543.

[2715] Texto em RDSCOR, 1990, pág. 21-22.

[2716] No sentido de que se tratou de uma habilitação: C. Sabec, *The Security Council* (...), cit., na pág. 100; T. Franck/F. Patel, *UN Police Action* (...), cit., pág. 74; M. Bothe, *Peace-Keeping*, cit., pág. 574-575; R. Zacklin, *Le Droit* (...), cit., pág. 192-194; P. Picone, *Interventi delle Nazioni Unite* (...), cit., pág. 546; D. Sarooshi, *The United Nations* (...), cit., pág. 14.

[2717] Em relação a alguns aspectos desta acção, em especial a resolução da questão de fundo pelo Conselho de Segurança, pela Resolução 687 (1991), ver, *supra*, parág. 36.

ficaram sujeitos à cooperação com as Nações Unidas; cooperação que, segundo a interpretação então seguida, implicou a formulação de instruções específicas por parte do Secretário-Geral ou da UNPROFOR quanto ao uso da força. A execução destes deve ser considerada como um exercício do poder público bélico em sentido estrito, já que foi imputada às Nações Unidas, quando estas se contiveram dentro dos limites das instruções ou quando foram posteriormente ratificadas. E houve um outro conjunto de actos que constituíram puras habilitações, por não ficarem dependentes de quaisquer instruções, mas, quando muito, sujeitas a monitorização no terreno. Neste último grupo integram-se, designadamente, as concedidas à SFOR, ainda em vigor, na sequência de idênticos poderes atribuídos à IFOR[2718].

Igualmente na questão da Somália, a citada Resolução 794 (1992), de 3 de Dezembro, constituiu uma habilitação[2719] quanto ao uso da força pela Força multinacional UNITAF liderada pelos EUA que preparou o terreno para a UNOSOM II[2720].

**75.3.2. No Haiti.** As habilitações seguintes seriam concedidas para fazer face à renitência das autoridades de facto do Haiti em devolver o poder ao Presidente eleito que tinham deposto no golpe de Estado de 29 de Setembro de 1991.

Assim, após a condenação do golpe[2721], o Conselho de Segurança depois de qualificar a questão de forma dúbia[2722], invocou o Capítulo VII

---

[2718] Estas concessões de poderes ficaram já analisadas; ver, *supra*, parág. 67.

[2719] Esta qualificação é pacífica: R. Zacklin, *Le Droit* (...), cit., pág. 194; U. Villani, *L'Intervento* (...), cit., pág. 45.

[2720] Em termos já abordados, ver, *supra*, parág. 66.

[2721] A Assembleia Geral rejeitou as credenciais das autoridades de facto no Haiti (ver sobre a rejeição de credenciais, *supra*, parág. 34.4.4) depois de ter condenado fortemente o golpe pelas suas Resoluções 46/7 de 11 de Outubro de 1991, parág. 1 e 46/138 de 17 de Dezembro de 1991, parág. 2 (textos de ambas em RDGAOR, 46th Session, Vol. I, 1991, pág. 13 e 211). Na segunda condena igualmente as violações de direitos humanos e mostra a sua preocupação pela onda massiva de refugiados.

[2722] O Conselho, depois de referir no preâmbulo o pedido do delegado do Governo eleito do Haiti para a universalização pelas Nações Unidas das sanções adoptadas pela Organização de Estados Americanos contra o Haiti, de deplorar a não devolução do poder ao Presidente eleito e a sua preocupação pelas condições no Haiti e a onda de refugiados, na sua Resolução 841 (1993), de 16 de Junho (texto em RDSCOR, 1993, pág. 119-120) adoptou um embargo a produtos petrolíferos e armamento (parág. 5-6) e o congelamento de fundos no estrangeiro do Governo do Haiti (parág. 8).

No entanto, quanto à qualificação da situação, o Conselho fê-lo de forma criticável ao afirmar que "the continuation of this situation threatens international peace and security in the

e aprovou sanções contra o Haiti[2723]. Viria posteriormente a permitir que fossem executadas coercivamente por meio de uma habilitação que compreendia o direito de visita e revista do comércio marítimo com o Haiti pela

region"; isto é, sugeriu que se tratava de uma questão própria do Capítulo VI. Apenas a sua continuação a poderia fazer ameaçar a paz. E, porém, invocou o Capítulo VII no parágrafo preambular seguinte, com um incompreensível "therefore". Trata-se de uma incongruência formal na fundamentação da Resolução. Esta pode ser superada se se entender que, ao invocar o Capítulo VII, o Conselho com aquela infeliz passagem pretendeu mesmo realizar uma qualificação à luz do artigo 39; ou que, embora entendendo que a situação global era ainda própria do Capítulo VI, considerou que o fornecimento de armas e de produtos petrolíferos constituía uma ameaça à paz, em técnica semelhante à utilizada inicialmente na Rodésia do Sul, na Jugoslávia e na Somália. Mas então compreende-se mal que a invocação do Capítulo VII seja igualmente realizada no preâmbulo e não nos parágrafos relevantes. De qualquer forma, tendo em conta a invocação do Capítulo VII, é necessário entender que o Conselho pretendeu realizar uma qualificação tácita da situação como uma verdadeira ameaça à paz (ver, *supra*, parág. 49.1).

Mas resolvida a questão da fundamentação incongruente, que não constitui só por si, neste caso, fundamento de invalidade ou não obrigatoriedade da Resolução, fica por resolver a questão substancial. Como se procura demonstrar (*infra*, parág. 79), fora do núcleo essencial de questões que razoavelmente podem provocar um conflito armado entre dois Estados, só é legítimo ao Conselho realizar uma qualificação de ameaça à paz internacional perante violações graves de normas internacionais que imponham obrigações *erga omnes*.

Ora, a primeira questão a colocar é se, em 29 de Setembro de 1991, quando se verificou o primeiro golpe de Estado, este poderia ser considerado uma violação de uma norma desta espécie. À luz do Direito Internacional Costumeiro, a resposta é negativa. A única possibilidade seria invocar o artigo 25 do citado Pacto dos Direitos Civis e Políticos. De facto, o Haiti tinha acabado de aderir a este Tratado em 6 de Fevereiro de 1991 (tendo este entrado em vigor em relação a si três meses depois, nos termos do seu artigo 49). No entanto, o artigo 25 do Pacto não tem sido entendido como proibindo golpes de Estado, pelo menos em todos os casos (sobre a questão do direito a um regime que respeite estes direitos eleitorais, ver, *supra*, parág. 34.4.4). Claro está, as violações dos direitos humanos podem igualmente ser fundamento de uma qualificação de uma situação como ameaça à paz (ver, *infra*, parág. 79), mas é discutível que o nível destas fosse de ordem a poder falar-se em ameaça à paz. Embora o fluxo de refugiados também deva ser tido em conta. De qualquer forma, como todos os actos que criam um precedente, este é susceptível de ser contestado [ver as reservas de: R. Falk, *The Haiti Intervention* (...), cit., texto nota 71; Michael Glennon, *Sovereignty and Community After Haiti: Rethinking the Collective Use of Force*, AJIL, Vol. 89, No. 1, 1995, pág. 70-74, na pág. 71-72 e 74; R. Gordon, *Humanitarian Intervention* (...), cit., pág. 53; em defesa da qualificação: W. Reisman, *Haiti* (...), cit., pág. 82-83; W. Beardslee, *The United States' Haiti* (...), cit., pág. 193]. É possível, porém, que esta qualificação não tenha exorbitado a margem de apreciação de que o Conselho goza na interpretação da noção de ameaça à paz (ver, *infra*, parág. 77 e 79).

[2723] Depois da citada Resolução 841 ter criado o referido embargo parcial, foram celebrados os Acordos entre o Presidente do Haiti e as autoridades de facto de 3 de Julho e de 16 de Julho de 1993 que estipulavam a devolução do poder. Em sua execução tomou posse

Resolução 875 (1993), de 16 de Outubro[2724], parág. 1[2725] e Resolução 917 (1994), de 6 de Maio[2726], parág. 10. Além de as ter reforçado e alargado substancialmente nesta última Resolução (parág. 2-4, 6 e 9).

No entanto, as sanções demonstraram ser incapazes para forçar as forças militares a respeitar o novo Governo nomeado na sequência dos referidos Acordos[2727]. Seguiu-se o novo golpe de 11 de Maio de 1994 com a instalação de um novo Presidente e, posteriormente, de um novo Governo. Deste modo, o Conselho acabou por aprovar a Resolução 940 (1994), de 31 de Julho[2728], com base numa nova qualificação de ameaça à paz. Esta

---

o Primeiro-Ministro nomeado pelo Presidente eleito. Tendo em conta estes acontecimentos, o Conselho suspendeu estas sanções pela sua Resolução 861 (1993), de 27 de Agosto (texto em RDSCOR, 1993, pág. 121), parág. 1. Pela Resolução 862 (1993), de 31 de Agosto (texto em RDSCOR, 1993, pág. 121-122) tomou as primeiras medidas com vista à criação da futura Missão das Nações Unidas no Haiti (UNMIH). A UNMIH seria criada pela Resolução 867 (1993), de 23 de Setembro (texto em RDSCOR, 1993, pág. 122-123). O seu objectivo era dar formação ao exército e polícia do Haiti (parág. 3-4), com vista a terminar o ciclo de abusos dos direitos humanos que tradicionalmente os caracterizava. Era, pois, uma mera operação de manutenção da paz, cujos efectivos militares e policiais não deviam ultrapassar os 1267 elementos. Foi aprovada sem qualquer qualificação da situação, embora invocando as responsabilidades do Conselho para a manutenção da paz. Como ficou defendido, tal não deve ser visto como uma invocação do artigo 24 como fundamento, mas antes que a Resolução foi criada à luz do Capítulo VI da Carta (ver, *supra*, parág. 49.1 e 56.2).

Porém, perante o incumprimento dos Acordos quanto à devolução do poder e a obstrução à instalação no terreno da UNMIH [já condenada pela Declaração Presidencial de 11 de Outubro de 1993 (texto em RDSCOR, 1993, pág. 124)], pela insubordinação das forças armadas e policiais ao poder político e apoio a bandos armados, o Conselho na sua Resolução 873 (1993), de 13 de Outubro (texto em RDSCOR, 1993, pág. 125) terminou a suspensão das sanções, recolocando-as em vigor.

[2724] Texto em RDSCOR, 1993, pág. 125-126.

[2725] "Calls upon Member States, acting nationally or through regional agencies or arrangements, cooperating with the legitimate Government of Haiti, to use such measures commensurate with the specific circumstances as may be necessary under the authority of the Council to ensure strict implementation of the provisions of resolutions 841 (1993) and 873 (1993) relating to the supply of petroleum or petroleum products or arms and related materiel of all types, and in particular to halt inward maritime shipping as necessary in order to inspect and verify their cargoes and destinations;".

[2726] Texto em RDSCOR, 1994, pág. 47.

[2727] O que seria verificado e condenado em outros actos, como a Resolução 905 (1994), de 23 de Março (texto em RDSCOR, 1994, pág. 108) e as anteriores Declarações Presidenciais de 25 de Outubro de 1993, de 30 de Outubro de 1993 e 15 de Novembro de 1993 (textos em RDSCOR, 1994, pág. 126-127).

[2728] Texto em RDSCOR, 1994, pág. 51.

contém a habilitação[2729] para o uso da força para depor as autoridades de facto e reinstalar o Presidente eleito (parág. 4)[2730]. O seu parágrafo 5 decidiu a instalação no terreno de um grupo avançado da UNMIH que poderia ter 60 elementos para, designadamente, monitorizar a acção da Força Multinacional.

O Acordo de 18 de Setembro obtido finalmente quando a intervenção habilitada[2731] se encontrava iminente evitou o conflito armado com as autoridades militares. A acção no Haiti da Força Multinacional, iniciada no dia 19 de Setembro por cerca de 2.000 fuzileiros norte-americanos[2732], fez-se apenas com um incidente mais grave[2733], permitindo o restabelecimento do Presidente deposto e a instalação completa da UNMIH.

**75.3.3. No Ruanda.** Pela sua Resolução 929 (1994), de 22 de Junho[2734], o Conselho aprovou mais uma habilitação, concedida essencialmente à França

---

[2729] Tratou-se da habilitação mais polémica que o Conselho de Segurança conferiu. Com excepção da Argentina, todos os Estados da América Latina se opuseram à intervenção que, apesar da legitimação pelo Conselho, lhes lembrava excessivamente as intervenções norte-americanas do passado. Graças ao peso destes Estados na Organização de Estados Americanos, mesmo esta foi crítica da acção, apesar de o seu Secretário-Geral a ter apoiado. No entanto, os 12 Estados e uma Província dependente do Reino Unido que compõem a Comunidade das Caraíbas (CARICOM) apoiaram a acção. Vários destes participaram mesmo simbolicamente na Força multinacional que interveio (cfr. *U.S.-CARICOM Efforts To Support UN Security Council Resolution 940*, USDSD, Vol. 5, Supplement 5, 1994; em anexo a este documento consta a Declaração conjunta adoptada em 30 de Agosto de 1994 pelos EUA e os membros da CARICOM de apoio à Resolução 940).

[2730] No sentido de que se tratou de uma habilitação: F. Kirgis, Jr., *Armed Intervention* (...), cit.; B. Conforti, *L'Azione del Consiglio* (...), cit., pág. 7.

[2731] Para levar a cabo a intervenção foi constituída a Força Multinacional (MNF), dirigida e dominada claramente pelas forças dos EUA, embora com participação mais ou menos formal de 28 Estados [cfr. *The United Nations And The Situation In Haiti* (DPI/1668 – UN Department of Public Information), New York, 1995, Multinational Force Deployed].

[2732] Em 27 de Setembro, a Força Multinacional no Haiti totalizava já 15.697 elementos [cfr. *Report Of The Secretary-General On The Question Concerning Haiti* (UN Doc. S/1994/ 1143, 28 September 1994), parág. 3]. Igualmente o referido grupo avançado da UNMIH se instalou no terreno pouco depois, desempenhando a sua função de monitorização da intervenção com 49 efectivos [cfr. *Report Of The Secretary-General On The Question Concerning Haiti* (UN Doc. S/1994/1180, 18 October 1994), parág. 3-4].

[2733] Em 24 de Setembro, um conflito armado entre forças do Haiti e da Força Multinacional provocou 10 baixas entre as primeiras [cfr. *Report Of The Secretary-General* (...), 28 September 1994, cit., parág. 3; ver igualmente *Report Of The Secretary-General* (...), 18 October 1994, parág. 5].

[2734] Texto em RDSCOR, 1994, pág. 10.

para intervir no Ruanda. Pela sua trágica importância, esta situação e a reacção (ou ausência desta) que suscitou das Nações Unidas merece alguma atenção.

No início do genocídio[2735] no Ruanda, encontrava-se no terreno a Missão de Assistência das Nações Unidas no Ruanda (UNAMIR), uma Força de manutenção da paz criada pela Resolução 872 (1993), de 5 de Outubro[2736, 2737], com vista a monitorizar a aplicação do Acordo de paz de Arusha de 4 de Agosto de 1993 entre o Governo dominado pela maioria Hutu, o movimento rebelde dominado pela minoria Tutsi e outras partes menores. Vigorava então um precário cessar-fogo entre as partes no conflito armado interno que dividia o país desde 1990.

A UNAMIR ficou imediatamente fragilizada pela retirada do contingente belga, por força do homicídio de 10 militares seus tomados como prisioneiros, logo no início dos massacres em 7 de Abril, que faziam a guarda ao Primeiro-Ministro que foi igualmente assassinado[2738]. O que reduziu a UNAMIR de 2486 efectivos para 1705[2739].

Em face desta situação e da incapacidade das partes para aceitar um cessar-fogo, o Secretário-Geral apresentou então três alternativas ao Conselho: um forte reforço das capacidades da UNMIR e do seu mandato, porventura com poderes coercivos nos termos do Capítulo VII; a redução da UNAMIR para cerca de 270 efectivos, essencialmente para dar segurança ao seu Representante no Ruanda, que continuaria os esforços de mediação; ou a retirada completa. O Secretário-Geral não recomendava esta solução, mas

---

[2735] Qualificação realizada pelo Tribunal Penal para o Ruanda: "Consequently, the Chamber concludes from all the foregoing that genocide was, indeed, committed in Rwanda in 1994 against the Tutsi as a group. Furthermore, in the opinion of the Chamber, this genocide appears to have been meticulously organized" (cfr. *The Prosecutor Versus Jean-Paul Akayesu*, Trial Chamber, Case No. ICTR-96-4-T, Judgement, 2 September 1998, parág. 235).

[2736] Texto em RDSCOR, 1993, pág. 102-103.

[2737] Operação que integrou no seu seio os efectivos da anterior UNOMUR, Missão de observação na fronteira entre o Ruanda e o Uganda, criada pela Resolução 846 (1993), de 22 de Junho (texto em RDSCOR, 1993, pág. 100-101).

[2738] Este episódio é descrito detalhadamente no *Report Of The Independent Inquiry Into The Actions Of The United Nations During The 1994 Genocide In Rwanda* (UN Doc. S/1999/1257, 15 December 1999), *II. Description of Key Events*; ver igualmente o *Preliminary report of the Independent Commission of Experts established in accordance with Security Council resolution 935 (1994)*, parág. 54 [texto em anexo à Carta do Secretário-Geral ao Presidente do Conselho de Segurança de 4 de Outubro de 1994 (UN Doc. S/1994/1125)].

[2739] Cfr. *Special Report Of The Secretary-General On The United Nations Assistance Mission For Rwanda* (S/1994/470, 20 April 1994) parág. 5 e 7.

deixava sugerido que a primeira era irrealista, apesar de referir o apoio do Uganda[2740]. A possibilidade de manter ao menos a UNAMIR com os então efectivos para tentar dar alguma protecção aos civis não foi sequer proposta neste relatório[2741].

O Conselho, na sua patética Resolução 912 (1994), de 21 de Abril[2742], enquanto decorriam massacres generalizados no Ruanda, decidiu por unanimidade adoptar a segunda proposta de reduzir a UNAMIR, por mera e discreta remissão para o citado relatório do Secretário-Geral (parág. 8)[2743, 2744].

---

[2740] Cfr. *Special Report* (...), cit., parág. 12-19.

[2741] Embora tenha sido avançada pelo Secretário-Geral anteriormente no frenesim de propostas, consultas e discussões que se seguiram entre dia 7 e dia 20 de Abril (a melhor narração dos acontecimentos consta do *Report Of The Independent Inquiry Into The Actions Of The United Nations* (...), cit., *The continued role of UNAMIR*).

[2742] Texto em RDSCOR, 1994, pág. 4.

[2743] Já muito foi escrito sobre o episódio mais lamentável da História das Nações Unidas em que estas, por um conjunto de razões [analisadas em grande detalhe no *Report Of The Independent Inquiry Into The Actions Of The United Nations* (...), cit.], violaram a Carta por acção ao reduzir a UNAMIR no pior momento e por omissão ao não tomarem medidas para prevenir e depois reprimir o genocídio premeditado e sistemático ocorrido no Ruanda entre Abril e Julho de 1994; que terá custado a vida a entre 500.000 e 800.000 pessoas, a maioria de etnia Tutsi, embora igualmente a sua oposição ao Governo e ao genocídio tenham custado a vida a milhares de Hutus. Isto quando a UNAMIR informara o secretariado da organização de dados que indiciavam a sua preparação [cfr. Human Rights Watch, *Leave None to Tell the Story – Genocide in Rwanda*, 1999 (texto em HRWW), *Introduction*; John Eriksson, *Synthesis Report – The International Response to Conflict and Genocide: Lessons from the Rwanda Experience*, JHA, 12 June 1998, Chapter 2; Linda Malvern, *The Security Council: Behind the Scenes*, IA, Vol. 77, No. 1, 2001, pág. 101-111, na pág. 103].

As críticas à acção da organização têm sido generalizadas [ver: Giuseppe Cataldi, *Il Consiglio di Sicurezza delle Nazioni Unite e la Questione del Ruanda*, em *Interventi delle Nazioni Unite e Diritto Internazionale* (dir. Paulo Picone), Padova, 1995, pág. 445-461, na pág. 450; Tor Sellström/Lennart Wohlgemuth, *The International Response to Conflict and Genocide: Lessons from the Rwanda Experience*, JHA, 14 September 1997, pág. 57-58; Human Rights Watch, *Leave None* (...), *International Responsibility*]. As palavras do actual Secretário-Geral, à altura responsável pelo Departamento de Operações de paz da organização, são elucidativas: "All of us must bitterly regret that we did not do more to prevent it. There was a United Nations force in the country at the time, but it was neither mandated nor equipped for the kind of forceful action which would have been needed to prevent or halt the genocide. On behalf of the United Nations, I acknowledge this failure and express my deep remorse" (cfr. UNPR SG/SM/7263, 16 December 1999).

[2744] O Secretário-Geral teve o bom senso de não reduzir a UNAMIR até aos limites apontados de 270 efectivos. Esta, em Maio de 1994, ainda tinha 444 elementos [cfr. *Report Of The Secretary-General On The Situation In Rwanda* (UN Doc. S/1994/565, 13 May 1994), parág. 2].

Em resultado do crescendo do número de vítimas e da pressão da opinião pública, em Carta de 29 de Abril, o Secretário-Geral veio sublinhar a situação catastrófica que se verificava e a necessidade de tomar medidas, se necessário habilitando os Estados membros a agir[2745]. O Conselho limitou--se a adoptar a Declaração Presidencial 1994/21, de 30 de Abril[2746], em que para lá de mais algumas condenações patéticas das violações do Direito Internacional Humanitário e apelos, designadamente a um embargo de armas, se limita a afirmar que irá considerar "urgently" a carta do Secretário-Geral e outras recomendações deste sobre o assunto. Apenas por carta de 6 de Maio, o Presidente do Conselho pediu ao Secretário-Geral que apresentasse urgentemente propostas para reforçar a UNAMIR.

Apenas em 13 de Maio o Secretário-Geral apresentou formalmente o seu relatório[2747] e foram necessários mais quatro dias para aprovar a Resolução 918 (1994), de 17 de Maio[2748]. Nesta, quase um mês depois, o Conselho emendou a mão, embora apenas no papel. Depois de qualificar a situação humanitária como uma ameaça à paz, decidiu reforçar "urgently" a UNAMIR para 5500 elementos (parág. 5) com um mandato que abrangia a legítima defesa de civis e zonas protegidas (parág. 2)[2749]. Na sua Parte B, finalmente, decidiu estabelecer um embargo de armas contra o Ruanda (parág. 13).

Assistiu-se então à situação lamentável de nenhum Estado aceitar fornecer contingentes para reforçar a UNAMIR[2750]. A aprovação da Resolução

---

[2745] Esta carta é referida pelo Secretário-Geral na sua Carta de 20 de Junho de 1994 ao Presidente do Conselho (UN Doc. S/1994/728), parág. 2.

[2746] Texto em RSC, 1993-1994, pág. 199-201.

[2747] O citado *Report Of The Secretary-General* (...), cit., parág. 12-17.

[2748] Texto em RDSCOR, 1994, pág. 6.

[2749] Mas sem poderes coercivos [cfr. *Report Of The Secretary-General* (...), cit., parág. 15].

[2750] Segundo o Secretário-Geral, nenhum dos 19 Estados que então participavam no sistema de *standby* acedeu a participar na UNAMIR (cfr. *Supplement To An Agenda For Peace*, cit., parág. 43). No seu relatório aprovado na altura o Secretário-Geral foi mais diplomático, mas sublinhou que "It is important for Council members to keep in mind that the concept of operations and the various scenarios are predicated on the assumption that the required troops with full equipment are made available to UNAMIR by Governments without further delay. Unless Member States show a determination to take prompt and decisive action, UNAMIR will not be able to implement its mandate effectively" [cfr. *Report Of The Secretary-General On The Situation In Rwanda* (S/1994/640, 31 May 1994), parág. 26]. Ou seja, no dia 31, quase 15 dias depois da aprovação da Resolução 918, a UNAMIR ainda não tinha os efectivos necessários para cumprir o seu mandato. Os seus esforços para obter meios humanos e logísticos para reforçar a UNAMIR são descritos na sua Carta de 20 de Junho de 1994 (UN Doc. S/1994/728), parág. 5-11. Essencialmente, apenas Estados africanos ofereceram tropas

918 não passara, pois, de um simples gesto diplomático de propaganda. Nenhum dos Estados que a aprovou estava disposto a arriscar a vida dos seus cidadãos no Ruanda. O fantasma da Somália assombrava-os a todos[2751].

Na sua Resolução 925 (1994), de 8 de Junho[2752], o Conselho reafirmou o mandato de legítima defesa de terceiro da UNAMIR (parág. 5) e apelou aos Estados membros para responderem aos pedidos de recursos humanos e materiais do Secretário-Geral para reforçar a UNAMIR (parág. 9). Mas a maioria dos próprios Estados que aprovou este apelo não o teve minimamente em conta, a começar pelos membros permanentes.

Daí que em 29 de Junho, quando o Conselho, pela sua referida Resolução 929, aprovou a habilitação a uma Força multinacional sob proposta da França e apoio do Secretário-Geral (desesperado pela falta de recursos[2753]), este ainda refira os problemas na estruturação da UNAMIR[2754] e renove o seu apelo (parág. 5-7). A habilitação foi concedida com base numa qualificação da situação no Ruanda como uma ameaça à paz[2755] e nos termos do Capítulo VII (parág. 2-3), utilizando a costumeira fórmula da autorização para uso de todos os meios necessários. O Conselho frisou "the strictly humanitarian character of this operation which shall be conducted in an impartial and neutral fashion, and shall not constitute an interposition force between the parties". Ficou, pela primeira vez, limitada por um termo de

---

mas, com excepção da Etiópia, todas estas se encontravam por equipar. Os Estados ocidentais apenas ofereceram alguns meios logísticos, muitos destes com proibição de serem utilizados no Ruanda.

[2751] É pacificamente reconhecido que o malogro da UNOSOM II na Somália foi um dos factores determinantes desta reacção [cfr. *Report Of The Independent Inquiry* (...), III. Conclusions, parág. 8].

[2752] Texto em RDSCOR, 1994, pág. 8.

[2753] Cfr. Carta do Secretário-Geral de 20 de Junho de 1994 ao Presidente do Conselho (UN Doc. S/1994/728), parág. 12 ["the Security Council may wish to consider the offer of the Government of France to undertake, subject to Security Council authorization, a French-commanded multinational operation in conjunction with other Member States, under Chapter VII of the Charter of the United Nations, to assure the security and protection of displaced persons and civilians at risk in Rwanda. Such an operation was one of the options envisaged in my letter of 29 April (S/1994/518) and a precedent exists for it in the United States-led operation Unified Task Force in Somalia (UNITAF)"].

[2754] A UNAMIR desde a Resolução 918 (1994), de 17 de Maio, que permitira o seu reforço de 270 elementos para 5500, quando tinha 444 efectivos, apenas fora capaz de alargar os seus membros para 503, número que tinha em 20 de Junho! (cfr. a referida Carta do Secretário-Geral de 20 de Junho, parág. 4).

[2755] Em termos estritamente humanitários: "Determining that the magnitude of the humanitarian crisis in Rwanda constitutes a threat to peace and security in the region".

validade de apenas dois meses, além de sujeita ainda à condição de a UNAMIR ser dotada dos meios necessários para levar a cabo o seu mandato antes da passagem deste prazo; altura em que a Força multinacional deveria retirar mais cedo (parág. 4). O Conselho instou ainda os Estados participantes[2756] a cooperarem com a UNAMIR e o Secretário-Geral a criar um sistema que viabilizasse esta cooperação (parág. 8).

De qualquer forma, sublinhe-se que não é inteiramente líquido que a operação *Turquoise* da França tenha tido um papel verdadeiramente útil na interrupção do genocídio[2757] ou que tenha sido absolutamente isenta[2758].

---

[2756] Na realidade, devido às suspeitas de que a iniciativa foi alvo, mesmo os poucos Estados que inicialmente tinham aceite participar, acabaram por recuar. A intervenção foi quase exclusivamente francesa, tendo tido uma componente menor do Senegal (cfr. *Dans l'attente d'une décision des Nations unies le projet d'intervention française au Rwanda suscite de plus en plus de critiques*, LM, 23 juin 1994, *Etranger*; também *L'intervention militaire française au Rwanda: Le Conseil de sécurité de l'ONU a approuve de justesse la résolution présentée par la France*, LM, 24 juin 1994, *Etranger*).

[2757] Ver, porém, os elogios da acção em *L'intervention de la France au Rwanda et l'action internationale – La responsabilité de tous*, LM, 2 juillet 1994, *Etranger*. O delegado francês no Conselho sublinhou que «L'initiative française poursuit un but exclusivement humanitaire, elle est motivée par la seule détresse des populations, (...) nos soldats au Rwanda n'auront pas pour mission de s'interposer entre les belligérants et encore moins d'influer de quelque manière que ce soit sur la situation militaire et politique dans ce pays» [cfr. *L'intervention militaire française au Rwanda* (...), cit.].

[2758] A França desde inícios de Outubro de 1990 até Dezembro de 1993 tinha intervindo no Ruanda. O fundamento alegado foi a necessidade de resgatar os seus cidadãos em perigo (ver sobre esta, *supra*, parág. 13) no país, que efectivamente resgatou. Mas posteriormente na denominada operação *Noroit* lutou do lado das forças do Governo Hutu contra o movimento armado rebelde dominado pelos Tutsis, tendo impedido que o primeiro caísse [cfr. *Dispatch of French Troops to Troubled Rwanda May Draw Fire in Paris*, WP, October 7, 1990, pág. A32; LM, Juin 24, 1994, Section: Etranger; Human Rights Watch, *Leave None* (...), *French Support for Habyarimana*].

Tratou-se de uma campanha de discutível licitude (ver, *supra*, parág. 16), embora possa ser legitimada no apoio directo (ilícito) do exército do Uganda ao movimento rebelde. Apesar das promessas de neutralidade na sua intervenção, vários observadores sustentaram que o objectivo francês era no mínimo duplo: eventualmente impedir a continuação do genocídio, mas sobretudo impedir que o movimento da minoria Tutsi tomasse o poder ou, pelo menos, forçá-lo a negociar com a maioria Hutu e a aceitar um Governo dominado pelos Hutus moderados, como acabou por suceder. Não deixa de ser estranho que a França, que tinha intervindo durante três anos, só se tenha disposto a agir quando o genocídio estava praticamente terminado. Em grande parte, este foi impedido graças ao avanço dos rebeldes e não à zona de exclusão criada pelas forças francesas que no essencial apenas protegeu hutus. Aparentemente, os Tutsis não procuraram vingar-se do genocídio indiscriminadamente contra a população Hutu, tendo as suas forças passado por colunas de refugiados sem os molestar. Mas existam registos

Ainda assim, não existiram conflitos com as forças rebeldes[2759] e esta acabou mesmo por ter alguns efeitos positivos, designadamente, permitiu uma transição segura do controlo dessa zona para o novo Governo do Ruanda que evitou nova fuga em massa de refugiados hutus. A intervenção manifestamente pecou por ter sido tragicamente tardia e não tanto por eventuais objectivos políticos laterais.

De qualquer modo, a UNAMIR iniciou a sua instalação na zona de protecção que a Força criara em 10 de Agosto no Sudoeste do Ruanda de cerca de 1/5 do seu território e viria a assumir responsabilidade integral por esta em 21 de Agosto[2760], com a retirada das forças francesas, no cumprimento do prazo estipulado pela Resolução 929.

**75.3.4. No Congo (Zaire).** A habilitação seguinte seria concedida em resultado de uma situação criada ainda pelo genocídio no Ruanda. Tratou-se da situação no Leste do (então ainda) Zaire, provocada pelo fluxo massivo de quase dois milhões de refugiados do Ruanda em 1994, dos quais cerca de metade permanecia ainda no Zaire. Esta situação acabou por contribuir para desencadear um conflito armado aberto no Zaire entre o

---

de muitas execuções sumárias de hutus suspeitos de genocídio ou de pertencerem às milícias e mesmo de opositores políticos [sobre estes aspectos, ver *French Establish A Base In Rwanda To Block Rebels*, NYT, July 5, 1994, pág. A32; *Report Of The Secretary-General On The Situation In Rwanda* (S/1994/640, 31 May 1994), parág. 7-9; Human Rights Watch, *Leave None* (...), *The Rwandan Patriotic Front*]. As suspeitas que esta acção desencadeou levaram a que fosse oposta pelo movimento rebelde e fosse recebida com grande reserva pela Organização de Unidade Africana (cfr. *Dans l'attente d'une décision des Nations unies le projet d'intervention française au Rwanda suscite de plus en plus de critiques*, LM, 23 juin 1994, *Etranger*).

Certamente que é compreensível a preocupação da França em evitar que a minoria Tutsi governasse novamente a maioria Hutu, mas, a tal objectivo ter influenciado a sua prática, tratou-se de um claro abuso da habilitação. De qualquer forma, os massacres não se restringiram a 1994. Embora com números menos trágicos, os ataques deliberados contra civis continuaram. Só nos primeiros meses de 1997 terão sido assassinadas mais de 6000 pessoas (cfr. Amnesty International, *Rwanda – Ending the Silence*, pág. 3). A zona dos grandes lagos, o Ruanda, o Burundi, o Uganda e o Congo (Zaire) continuam num conflito armado dos mais complexos jamais desencadeados, com intervenção de Angola, Zimbabwe e Namíbia do lado do Governo do Congo, a que os meios de comunicação social pouco ou nada ligam. A sua origem é ainda essencialmente o genocídio no Ruanda de 1994, já que várias centenas de milhares de refugiados ruandeses continuam a provocar o caos no Congo (ver, *supra*, parág. 16.2).

[2759] Cfr. *Report Of The Secretary-General On The Situation In Rwanda* (S/1994/924, 3 August 1994), parág. 7.

[2760] Cfr. *Progress Report Of The Secretary-General On The United Nations Assistance Mission For Rwanda* (S/1994/1133, 6 October 1994), parág. 24.

Governo e rebeldes em Setembro de 1996 com participação dos Estados vizinhos[2761] que veio agravar fortemente a situação, já de si dramática, dos refugiados[2762].

Assim, na sua Resolução 1078 (1996), de 9 de Novembro[2763], o Conselho qualificou a situação como uma ameaça à paz e segurança internacionais na região e, tendo em conta o apelo de Estados africanos reunidos em Nairobi em 5 de Novembro[2764], prontificou-se a habilitar uma Força multinacional a intervir com vista a criar condições para a distribuição da ajuda humanitária no Leste do Congo (parág. 6 e 8). Solicitou ao Secretário-Geral que desenvolvesse contactos com vista a organizá-la (parág. 10).

Na sua Resolução 1080 (1996), de 15 de Novembro[2765], o Conselho voltou a qualificar a situação como uma ameaça à paz e segurança internacionais na região e habilitou os Estados membros a intervir no Leste do Zaire para facilitar a distribuição da ajuda humanitária (parág. 3 e 5). Aplaudiu a oferta de um membro, o Canadá[2766], para organizar e comandar a operação (parág. 4). Utiliza mais uma vez o eufemismo "todos os meios necessários" para descrever o âmbito das medidas autorizadas. Estabelecia também um termo necessário para o fim da operação: 31 de Março de 1997 (parág. 8).

Contudo, a Força acabou por não ser concretizada, já que cerca de 500.000 refugiados regressaram posteriormente ao Ruanda. O Presidente do Conselho por Carta de 23 de Dezembro de 1996 ao Secretário-Geral informou-o que o Conselho aceitara a proposta do Canadá em cessar a habilitação por entender que esta perdera a razão de ser[2767].

---

[2761] Sobre este conflito, ver, *supra*, parág. 16.2.

[2762] As hostilidades tinham já sido condenadas pela Declaração Presidencial 1996/44, de 1 de Novembro (texto em RDSCOR, 1996, pág. 114).

[2763] Texto em RDSCOR, 1996, pág. 115.

[2764] Cfr. *Report Of The Secretary-General On The Implementation Of Resolution 1078 (1996)* (UN Doc. S/1996/993), parág. 14. Igualmente o órgão central (composto por 17 Estados) do Sistema de Prevençao, Gestão e Resolução de Conflitos da Organização de Unidade Africana, em 11 de Novembro, apelou à intervenção de uma Força neutra habilitada pelo Conselho. O (então ainda) Zaire pediu a criação de corredores humanitários (parág. 16).

[2765] Texto em RDSCOR, 1996, pág. 117.

[2766] O Canadá, na 3713.ª reunião do Conselho em que foi aprovada a Resolução 1080, referiu que "20 countries already committing over 10,000 troops", especialmente o próprio Canadá, a França, os EUA e o Reino Unido. Sublinhou que "The mission did not envisage disarmament or interposition as elements of the force's mandate. Indeed, disarmament could not be part of the mandate" e "primary and immediate mission (...) was to make possible the delivery of humanitarian aid" [cfr. UNPR SC/6291 3713th Meeting (PM) 15 November 1996].

[2767] Cfr. RSC, 1996-1997, pág. 150; ver também o UNPR SC/6313, 14 January 1997, pág. 3.

**75.3.5. Serra Leoa, Kosovo, Timor e Afeganistão.** Posteriormente[2768], o Conselho realizaria quatro outras habilitações que foram já abordadas. A que concedeu à ECOWAS a utilizar implicitamente a força para executar a

---

[2768] Entretanto, o Conselho permitiu igualmente que uma Força multinacional interviesse na Albânia com o consentimento do seu Governo para fazer frente à anarquia que irrompeu no país em 1997. Na Resolução 1101 (1997), de 28 de Março (texto em RSSC, 1997, pág. 12-13), parág. 4, depois de autorizar Estados membros a criarem uma Força multinacional de protecção humanitária na Albânia, o Conselho acrescentou: "acting under Chapter VII of the Charter of the United Nations, further authorizes these Member States to ensure the security and freedom of movement of the personnel of the said multinational protection force". O seu mandato, que se encontrava sujeito a um limite de três meses (parág. 6), foi renovado e alargado ligeiramente pela Resolução 1114 (1997), de 19 de Junho (texto em RSSC, 1997, pág. 24-26), parág. 3, mas quanto ao recurso à força foi mantido nos mesmos termos (parág. 4).

Ou seja, a Força não tinha poderes bélicos, mas podia exercer a legítima defesa com um regime idêntico à legítima defesa pública, pelo menos quanto à garantia da sua liberdade de movimentos. Provavelmente esta permissão do Conselho seria desnecessária por se estar perante uma Força de manutenção da paz, solicitada pelo Governo albanês, e estes poderes serem susceptíveis de ser justificados com base em tutela defensiva. De facto, não parece que a revolta fosse de ordem a ter precludido a legitimidade de uma intervenção externa a pedido do Governo, essencialmente com fins meramente humanitários (manifesta, porém, as suas dúvidas: Dino Kritsiotis, *Security Council Resolution 1101 (1997) and the Multinational Protection Force of Operation Alba in Albania*, LJIL, Vol. 12, 1999, pág. 511-547, na pág. 526-528). No entanto, por esta figura ter contornos complexos (ver, *supra*, parág. 12.1 e 12.2), tratou-se de um esclarecimento do seu mandato. Não existiu, pois, qualquer habilitação de poderes públicos bélicos. A Força foi criada na sequência de revoltas populares, que se agravaram em Março, acompanhadas de pilhagens generalizadas e perda de controlo por parte do Governo em diversas localidades. A Força multinacional, comandada pela Itália, instalou-se no terreno em Abril. Seria retirada em meados de Agosto de 1997, uma vez controlada a situação. No essencial, o seu papel restringiu-se a garantir a segurança da distribuição da ajuda humanitária.

Igualmente em relação à MISAB, a Missão Inter-Africana de Monitorização da Execução dos Acordos de Bangui, na República Centro-Africana, o Conselho permitiu-lhe que garantisse a sua segurança e liberdade de movimentos, numa aplicação de meros actos paralelos à legítima defesa na defesa do mandato. Trata-se das suas Resoluções 1125 (1997), de 6 de Agosto, parág. 3; 1136 (1997), de 6 de Novembro, parág. 4 (texto de ambas em RSSC, 1997, pág. 43-44 e 59-60); 1152 (1998), de 5 de Fevereiro, parág. 5; 1155 (1998), de 16 de Março, parág. 4 e 1159 (1998), de 27 de Março (texto destas em RSSC, 1998, pág. 8, 13 e 18). Esta sucessão de actos foi necessária pelo facto da permissão ter ficado sujeita a prazos. O Conselho realizou estas habilitações com base numa qualificação da situação como uma ameaça à paz e com invocação do Capítulo VII. Mas pensa-se que se tratou de actos que seriam igualmente susceptíveis em qualquer caso de ser justificados com base em tutela defensiva. Em suma, a MISAB constituiu uma Força de manutenção da paz que nem sequer necessitaria de qualquer permissão do Conselho ou de um mandato adoptado com base no Capítulo VII.

nível marítimo o embargo decretado contra os rebeldes na Serra Leoa[2769] pela sua Resolução 1132 (1997), de 8 de Outubro[2770], parág. 8.

A realizada pela sua Resolução 1244 (1999), de 10 de Junho[2771], parág. 7 e 9, que permite que a KFOR imponha se necessário o cessar-fogo no Kosovo[2772] e lhe atribui a responsabilidade pelo desarmamento do KLA[2773].

A que concedeu à INTERFET em relação a Timor Leste[2774] pela sua Resolução 1264 (1999), de 15 de Setembro[2775].

E a atribuída pela sua Resolução 1386 (2001), de 20 de Dezembro[2776], à Força Internacional de Assistência e Segurança (ISAF) dirigida pelo Reino Unido com vista a auxiliar a Autoridade interina do Afeganistão a manter a ordem em Cabul e arredores (parág. 1)[2777].

**75.3.6. Conclusões.** Além de estes precedentes concretos, o Conselho tem reafirmado a legitimidade da concessão de habilitações aos Estados membros para utilizar a força[2778]. Igualmente o Secretário-Geral o tem feito[2779, 2780].

---

[2769] Ver, *supra*, parág. 32.4.

[2770] Texto em RSSC, 1997, pág. 51-54.

[2771] Texto em RSSC, 1999, pág. 30.

[2772] Ver, *supra*, parág. 32.6.

[2773] Ver igualmente: M. Ruffert, *The Administration* (...), cit., pág. 619.

[2774] Ver, *supra*, parág. 69.

[2775] Texto em RSSC, 1999, pág. 58.

[2776] UN Doc. S/RES/1386 (2001), 20 December 2001.

[2777] Ver, *supra*, parág. 12.4.1.

[2778] Deste modo, pela Declaração Presidencial 1998/35 de 30 de Novembro (texto em RSSC, 1998, pág. 153), afirmou em termos genéricos a propósito das habilitações: "While reaffirming its primary responsibility under the Charter of the United Nations for the maintenance of international peace and security, it underlines the increasingly important role of regional arrangements and agencies, **and of coalitions of Member States in the conduct of activity in this field**. The Council reaffirms that all such activity taken under regional arrangements or by regional agencies, including enforcement action, shall be carried out in accordance with Articles 52, 53 and 54 of Chapter VIII of the Charter of the United Nations" e, especialmente, "It recognizes that the **authorization by the Council of action** by regional or subregional organizations, or **by Member States or coalitions of States, can be one type of effective response to conflict situations**".

[2779] Assim, afirmou: "In the situation between Iraq and Kuwait, the Council chose to authorize Member States to take measures on its behalf" (cfr. *An Agenda for Peace*, cit., parág. 43) e "In 1950, the Security Council authorized a group of willing Member States to undertake enforcement action in the Korean peninsula. It did so again in 1990 in response to aggression against Kuwait. More recently, the Council has authorized groups of Member States to undertake enforcement action, if necessary, to create conditions for humanitarian relief operations in

Esta prática, apesar da sua frequência, apenas tem suscitado oposição pontual[2781]. Ou seja, existem bases para se entender que igualmente nesta

---

Somalia and Rwanda and to facilitate the restoration of democracy in Haiti" (cfr. *Supplement to an Agenda for Peace*, cit., parág. 78) e ainda: "Where significant force is likely to be required the Security Council has in recent years frequently chosen to authorize action by willing Member States or coalitions of States. This has been the case, for example, in Albania, Bosnia and Herzegovina, Haiti, Iraq and Somalia" (cfr. *The causes of conflict and the promotion of durable peace and sustainable development in Africa* – Report of the Secretary-General, UN doc. S/1998/318, 13 April 1998, parág. 42).

[2780] Também o Comité de Medidas Colectivas, criado pela parte A-d da resolução *União para a Paz*, no seu primeiro relatório sobre os métodos para manter e reforçar a paz e segurança internacional defendeu, tendo em conta a experiência adquirida no Conflito Coreano, que, em cada situação em que surgisse a necessidade de uma intervenção, fosse nomeado pelo Conselho de Segurança ou pela Assembleia Geral uma autoridade militar executiva, composta por um ou mais Estados, a quem caberia a designação do comandante da força de intervenção e o comando militar em geral. Esta autoridade ficaria sujeita ao controlo político e coordenação dos órgãos das Nações Unidas, a quem deveria prestar todas as informações. O Comité qualifica as forças criadas desta forma como forças das Nações Unidas [sumário dos três relatórios do Comité, em *General Assembly*, IO, Vol. 6, No. 1, 1952, pág. 55-75, na pág. 57-58; *Summary of Activities – General Assembly*, IO, Vol. 6, No. 4, 1952, pág. 559-575, na pág. 559-561; *Summary of Activities – General Assembly*, IO, Vol. 7, No. 2, 1953, pág. 243-254, na pág. 254; ver igualmente D. Bowett, *United Nations* (...), cit., pág. 21-28, que parece concordar com a qualificação destas forças como forças das Nações Unidas).

Contudo, não parece que se tratasse de forças da organização. O controlo político e dever de informação preconizado não permitem de modo algum falar numa cadeia de comando ou sequer na dependência de instruções específicas (e estas últimas só por si não converteriam estas unidades em forças das Nações Unidas; ver, *supra*, parág. 9.1). O amplo poder conferido à autoridade militar executiva, figura puramente estadual, parece impossibilitar que se considere tratar-se de forças das Nações Unidas e, portanto, que estes relatórios preconizassem um verdadeiro exercício do poder público bélico em sentido estrito. Antes se afigura tratar-se de mais um caso de mero uso privado habilitado.

[2781] Tem existido alguma crítica jurídica por parte de alguns Estados membros à prática das habilitações, com acusações da sua incompatibilidade com a Carta: assim, na 2963.ª reunião do Conselho, em 29 de Novembro de 1990, que aprovou a referida Resolução 678 contra o Iraque, este Estado sustentou: "in this case [do artigo 42] only collective action under the command and control of the Security Council, in co-ordination with the Military Staff Committee, can lead to the use of force against any country, and no individual Member State may be authorised to lynch a particular country for any reason" (cfr. S/PV.2963, 29 November 1990, pág. 21). Também o Iémen, afirmou: "the draft resolution before us is not related to a specific article of Chapter VII of the Charter; hence the Security Council will have no control over those forces, which will fly their own national flags. Furthermore, the command of those forces will have nothing to do with the United Nations, although their actions will have been authorized by the Security Council. It is a classic example of authority without accountability" (cfr. doc. cit., pág. 33).

matéria terá existido uma alteração tácita da Carta com base numa prática que respeita os requisitos substanciais do artigo 108. À luz desta emenda tácita, o Conselho de Segurança pode encarregar um ou mais Estados de usar a força, renunciando às suas responsabilidades quanto à sua direcção, mantendo meros poderes de fiscalização, nos termos que ficaram globalmente analisados.

---

Do mesmo modo, Cuba afirmou: "Cuba believes that it would not be advisable to adopt a resolution which is a virtual declaration of war, a fixed-term ultimatum before hostilities are launched, and is equivalent to giving the United States and its allies carte blanche to use their enormous sophisticated military capability. (...) The text before us moreover violates the Charter of the United Nations by authorizing some States to use military force in total disregard of the procedures established by the Charter" (cfr. doc. cit., pág. 58). Na mesma reunião, a Malásia sustentou igualmente que: "Any proposed use of force must be brought before the Council for its prior approval, in accordance with the specific provisions of Chapter VII of the Charter. We regret that this point is not clearly reflected in this resolution, a precedent that may not bode well for the future. When the United Nations Security Council provides the authorization for countries to use force, these countries are fully accountable for their actions to the Council through a clear system of reporting and accountability, which is not adequately covered in resolution 678 (1990)" (cfr. doc. cit., pág. 76). Embora a Malásia nesta declaração não se manifeste contra as autorizações em si e sim contra a falta de um sistema de fiscalização pelo Conselho.

Em 14 de Novembro de 1995, num debate na Quarta Comissão da Assembleia Geral, também o México afirmou: "Peace-keeping operations should not be replaced with unilateral actions, which lacked a legal foundation and were tantamount to the United Nations abrogating its responsibilities to Members based on dubious legality" (cfr. UNPR GA/SPD/76 20th Meeting (PM) 14 November 1995, pág. 13). O mesmo Estado afirmou-se "concerned by the substitution of multinational forces for peace-keeping operations. While such action would seem to meet the demands of efficiency and cost-containment, it lacked legal basis and went against the spirit and the letter of the Charter" (cfr. UNPR GA/PK/141 137th Meeting (PM) 3 April 1996, pág. 3). Ainda o México voltaria a alegar em 25 de Março de 1999 que "Mexico was concerned at recurring episodes involving "coalitions of interested parties", an institution claiming to operate under Chapter VII of the Charter. That practice was tantamount to the abdication by the United Nations of its responsibilities to a group of States acting under a Security Council authorization of dubious constitutionality" (cfr. UNPR GA/PK/160 154th Meeting (PM) 25 March 1999, pág. 5).

Igualmente em outras ocasiões, alguns Estados têm manifestado preocupações idênticas, embora normalmente tenham colocado a ênfase na falta de fiscalização por parte das Nações Unidas do modo como estas serão executadas. De qualquer modo, esta oposição não tem partido de um número de Estados suficiente para se poder constituir em minoria de bloqueio de uma modificação tácita. Esta oposição teria de ter o apoio de pelo menos 1/3 dos Estados membros, visto que estes actos têm tido sempre o concurso ou pelo menos a não oposição dos membros permanentes do Conselho (ver, *supra*, parág. 27.1).

# Capítulo II
## Pressupostos e limites

## I – Introdução.

**76. Preliminares.** Analisada a competência para o exercício do poder público pelos órgãos das Nações Unidas, aborda-se de seguida o regime dos seus pressupostos; isto é, as condições que devem estar reunidas para que qualquer entidade competente possa exercer este poder. Bem como o regime dos limites que, uma vez reunidos os pressupostos, a entidade tem de respeitar para que aquele exercício seja lícito.

Mas necessário se torna previamente uma análise da autonomia de que gozam as entidades ou órgãos que exerçam o poder público bélico na interpretação dos referidos pressupostos e limites.

**77. Autonomia na sua concretização.** A análise da questão da autonomia de que goza uma entidade ou órgão com poderes públicos bélicos é complicada pela circunstância de estes terem naturezas distintas. Por um lado, pode-se estar perante um exercício pelo Conselho de Segurança, órgão com competência primária à luz da Carta[2782]. Por outro lado, pode-se estar em face do exercício por um órgão delegado ou mesmo subdelegado em mais do que um grau. Ora, a sua situação quanto à necessidade de cumprimento de pressupostos, e mesmo de limites, é substancialmente distinta.

No primeiro caso, estar-se-á perante decisões políticas primárias, directamente baseadas na Carta, dotadas de apreciável autonomia, especialmente na interpretação do pressuposto mais abrangente do exercício do poder público, a ameaça à paz. No segundo caso, qualquer exercício deste poder pelo Secretário-Geral, pelo seu representante especial ou pelo comandante da Força, já não se encontra dependente da interpretação do artigo 39 da

---

[2782] A Comunidade Internacional só o poderia fazer com uma alteração do regime que decorre da Carta (ver, *supra*, parág. 21, 23 e 45).

Carta, mas de eventuais pressupostos adicionais estabelecidos pelo Conselho no acto de delegação ou por outro delegado no acto de subdelegação, de interpretação bem mais estrita[2783]. Igualmente a sua situação quanto a um limite, o teleológico, é distinta[2784].

Assim, a interpretação pelo Conselho dos pressupostos da sua competência nos termos do artigo 39 é distinta da interpretação realizada pelos órgãos delegados duplamente: quanto à autonomia que lhe é conferida pela Carta nesta interpretação e quanto aos pressupostos. O Conselho encontra-se em relação ao secretariado numa posição semelhante àquela em que se encontram os órgãos políticos nos Estados perante os órgãos administrativos[2785].

Por conseguinte, porque a interpretação dos pressupostos estabelecidos pela Carta para o exercício do poder público bélico cabe exclusivamente ao Conselho é especialmente a posição deste que se torna relevante determinar.

Resulta claro que a sua posição varia em função do pressuposto em concreto. A noção de agressão é uma noção com um conteúdo apreciavelmente densificado. O mesmo se diga da de ruptura da paz. O mesmo já não

---

[2783] Ver, *supra*, parág. 61-62 e, *infra*, parág. 85.

[2784] Ver, *infra*, parág. 89.3.

[2785] Sendo necessário ter presente que não é possível importar noções utilizadas a nível do Direito das Administrações dos Estados para analisar a questão da sua posição. Quando muito, tal seria possível com algumas cautelas em relação a figuras aplicáveis aos órgãos políticos perante os pressupostos estabelecidos pela Constituição. De qualquer modo, evitou-se deliberadamente o recurso à Doutrina e jurisprudência interna em matéria de discricionariedade e interpretação de conceitos indeterminados. Sendo os regimes jurídicos e situações de facto que se lhes encontram subjacentes bastante distintos, qualquer importação automática seria perigosa e sem fundamento seguro no Direito Internacional. Pelo contrário, com algumas cautelas, aceitou-se utilizar noções desenvolvidas por outros tribunais que actuam em situações paralelas, em particular o Tribunal de Justiça da União Europeia. Apesar das instituições que a compõem não deverem ser consideradas como organizações internacionais, mas associações de Estados atípicas, o regime jurídico é semelhante, como é confirmado pela jurisprudência do Tribunal Penal das Nações Unidas para a ex-Jugoslávia e, em parte, do próprio Tribunal Internacional de Justiça.

De facto, um aspecto que deveria servir de contrabalanço, limitando o poder dos órgãos políticos das Nações Unidas, seria a circunstância de os destinatários dos seus actos não serem primordialmente indivíduos, mas entidades independentes. No entanto, tal circunstância também não tem limitado seriamente os poderes de entidades paralelas. Claramente tal não se tem verificado nas relações entre Estados federais e Estados federados, mas igualmente em outras associações de Estados em relação a estes. A aplicação do princípio dos poderes implícitos (ver, *supra*, parág. 75.2.3) sugere que perante as necessidades do funcionamento da entidade, é pouco relevante a qualidade do sujeito, desde que a decisão tenha apoio suficiente dos membros.

se passa com a noção de ameaça à paz, que tem subjacente uma prognose complexa. E que por vezes tem sido qualificada como uma noção política[2786]. Esta qualificação não é inteiramente feliz, já que não existem noções políticas e noções jurídicas. Mesmo a ideia de que as primeiras atribuiriam uma autonomia interpretativa, enquanto as segundas não, não se afigura convincente. Por força da natureza do objecto sobre que incide, a interpretação jurídica muitas vezes não faculta soluções unívocas. Mas entre um conceito jurídico perfeitamente determinado e um conceito jurídico completamente indeterminado existe uma mera diferença de grau que é insusceptível de ser delimitada. Não se pode afirmar simplesmente que uns atribuem uma autonomia interpretativa e os outros não. A noção de agressão também permite ao Conselho uma margem de autonomia interpretativa[2787] e não apenas a de ameaça à paz, embora no caso da primeira esta seja francamente menor[2788].

---

[2786] Assim, a Secção de Recurso do Tribunal Penal para a ex-Jugoslávia afirmou: "While the "act of aggression" is more amenable to a legal determination, the "threat to the peace" is more of a political concept. But the determination that there exists such a threat is not a totally unfettered discretion, as it has to remain, at the very least, within the limits of the Purposes and Principles of the Charter." [cfr. *Decision on (…) Jurisdiction in Prosecutor v. Dusko Tadic*, Appeals Chamber, October 2, 1995, parág. 29, ILM, cit., pág. 43].

[2787] Quanto à natureza destes poderes, julga-se que, em relação à interpretação de pressupostos indeterminados, se deve falar em autonomia interpretativa ou, quando muito, em margem de apreciação e não em discricionariedade. Em questões interpretativas, está-se simplesmente perante uma autonomia decorrente de uma isenção de controlo e não de qualquer atribuição de uma autonomia substantiva, apesar de o Conselho de Segurança constituir um órgão político. De facto, independentemente de outras questões, o artigo 39 da Carta encontra-se redigido em termos puramente objectivos [ver também no mesmo sentido: B. Martenczuk, *The Security Council (…)*, cit., pág. 542; A. Stein, *Der Sicherheitsrat (…)*, cit., pág. 28 (que chama a atenção para o facto de a expressão "determine", na versão inglesa, que ainda pode sugerir um papel constitutivo, na versão francesa é substituída por uma mais neutra "constate"]; não existe qualquer remissão para um entendimento subjectivo como já se pode retirar do artigo 42 ("Should the Security Council consider that measures provided for in Article 41 would be inadequate"). Segundo se julga, nenhuma espécie de conceito indeterminado autoriza a presumir tal remissão para um juízo subjectivo, sem prejuízo de, por impossibilidade de realizar um controlo completo objectivo, este juízo acabar normalmente por prevalecer.

Idêntica perspectiva parece ter sido adoptada pelo Tribunal Internacional de Justiça em relação à Carta e ao Conselho. Assim, afirmou que a Carta impõe limites aos órgãos políticos, que estes devem acatar, mas que lhes atribui liberdade de apreciação, designadamente, por intermédio de conceitos jurídicos indeterminados, no caso, os utilizados pelo artigo 4 CNU: "The political character of an organ cannot release it from the observance of the treaty provisions established by the Charter when they constitute limitations on its powers or criteria for its judgment. To ascertain whether an organ has freedom of choice for its decisions, reference most be made to the terms of its constitution. In this case, the limits of this freedom are fixed by Article 4 and allow for a **wide liberty of appreciation**" [cfr. *Conditions of*

Mas porque se trata ainda de interpretar uma noção e a autonomia que esta operação permite se encontra regulada pelas normas relativas a esta,

---

*Admission* (...), *I.C.J. Reports 1947-1948*, cit., pág. 64]. Não fala em poderes discricionários na interpretação destes conceitos. O Tribunal Penal para a ex-Jugoslávia, na citada passagem [cfr. *Decision on* (...) *Jurisdiction in Prosecutor v. Dusko Tadic*, Appeals Chamber, October 2, 1995, parág. 29, ILM, cit., pág. 43], não foi claro quanto à natureza desta margem de apreciação.

A mesma terminologia tem sido adoptada pela Doutrina em relação aos poderes do Conselho com vista a distinguir a interpretação de conceitos indeterminados e a discricionariedade: M. Bothe, *Les Limites* (...), cit., pág. 70; V. Gowlland-Debbas, *The Relationship Between* (...), cit., pág. 663, nota 104; P. Pozo Serrano, *La Corte Internacional de Justicia y las Competencias del Consejo de Seguridad en el Ámbito del Mantenimiento de la Paz y Seguridad Internacionales*, ADI, Vol. XIV, 1998, pág. 417-542, na pág. 430 (porém, pág. 429). Contra, falando em discricionariedade: G. Capaldo, *Verticalità* (...), cit., pág. 70; C. Evans, *The Concept of "Threat* (...), cit., pág. 218; Alexander C. Dale, *Countering Hate Messages That Lead To Violence: The United Nations's Chapter Vii Authority To Use Radio Jamming To Halt Incendiary Broadcasts*, DJCIL, Vol. 11, 2001, pág. 109-131, na pág. 118 e 121; H. Freudenschuß, *Kollektive Sicherheit*, cit., pág. 71.

Igualmente o Tribunal Europeu dos Direitos do Homem tem falado numa margem de apreciação dos Estados na concretização de conceitos jurídicos indeterminados utilizados pela Convenção Europeia dos Direitos do Homem e não em um poder discricionário: "the Court accepts that the limits of the margin of appreciation left to the Contracting States by Article 15, n. 1 were not overstepped" (cfr. Series A, vol. 25, *Case of Ireland V. The United Kingdom*, Judgement of 18 January 1978, pág. 82); "national authorities enjoy a wide margin of appreciation in matters of morals" [cfr. Series A, vol. 246, *Case of Open Door and Dublin Well Woman v. Ireland*, Judgement of 9 February 1993, pág. 29; ver igualmente *Case Of Waite And Kennedy v. Germany* (Application no. 26083/94), Judgment, 18 February 1999, parág. 59]. Neste sentido também: K. Partsch, *Freedom of Conscience* (...), cit., pág. 220-221 e 233; Alexandre-Charles Kiss, *Permissible Limitations on Rights*, em *The International Bill of Rights*, cit., pág. 290-310, na pág. 307; Rosario Sapienza, *Sul Margine d'Apprezzamento Statale nel Sistema della Convenzione Europea dei Diritti dell'Uomo*, RDI, vol. LXXIV, 1991, n. 3, pág. 571-614, na pág. 609-614.

A mesma terminologia se encontra na jurisprudência do Tribunal de Justiça da União Europeia: "the particular circumstances justifying recourse to the concept of public policy may vary from one country to another and from one period to another, and it is therefore necessary in this matter to allow the competent national authorities an area of discretion within the limits imposed by the treaty" (cfr. *Yvonne van Duyn v Home Office*, Case 41-74, Judgment of 4 December 1974, parág. 18). Fala-se, pois, em "discretion", embora tal não seja relevante, pois na versão francesa da sentença o termo utilizado é o referido "marge d'appréciation".

²⁷⁸⁸ Com efeito, perante uma qualificação de um Estado como agressor, tratar-se-á de apurar factos e realizar a sua qualificação à luz da existência ou não de uma violação grave da norma que proíbe o uso da força nas relações internacionais. São aspectos em relação aos quais a margem interpretativa do Conselho será pequena. Recorde-se, aliás, que o citado Estatuto de Roma do Tribunal Penal Internacional prevê que este possa julgar o crime de agressão, uma vez estabelecida uma definição deste [artigo 5, n.º 1, al. d) e n.º 2]. A sua

será sempre possível concluir que estas normas foram violadas e que o resultado interpretativo a que o Conselho chegou é incompatível com os termos da noção. No entanto, a autonomia que estas noções permitem, especialmente a de ameaça à paz, é de ordem a exigir que apenas se possa considerar uma qualificação como inválida em casos em que seja razoavelmente inequívoco que se chegou a uma interpretação que exorbita o âmbito da noção[2789].

Tal significa que um erro interpretativo claro será fundamento de invalidade de uma qualificação[2790, 2791] e, consequentemente, da própria

---

sujeição a julgamento pelo Tribunal Penal Internacional confirma que se trata de uma noção de interpretação em grande medida determinada, mesmo se a noção utilizada no Estatuto será necessariamente mais restritiva do que a constante do artigo 39. A ideia subjacente aos crimes contra a paz é a de que apenas a "guerra" de agressão satisfaz os seus requisitos (ver sobre a agressão, *infra*, parág. 81).

[2789] Ao falar-se em interpretação está-se a utilizar a expressão como compreendendo igualmente a chamada aplicação. Parte-se da perspetiva de que a aplicação é um momento interpretativo que se confunde com a interpretação cabal do preceito por meio da chamada espiral hermenêutica [ver C. Baptista, *Direito* (...), cit., pág. 253-254]. Deste modo, não se pode sustentar que a interpretação é vinculada, mas a aplicação não. Trata-se de um único procedimento.

[2790] Neste sentido: G. Gaja, *Réflexions* (...), cit., pág. 315 (em caso de apreciação arbitrária do Conselho); V. Gowlland-Debbas, *Security Council* (...), cit., pág. 94 (mas recorre à figura do abuso do direito por parte dos Estados membros do Conselho); Pierre Eisemann, *Débats,* em *Le Chapitre VII de la Chartre des Nations Unies* (SFDI – Colloque de Rennes), Paris, 1995, pág. 300; G. Capaldo, *Verticalità* (...), cit., pág. 95 (incluindo em relação à ameaça à paz, em caso de "abuso del potere discrezionale"); também implicitamente: G. Fitzmaurice, *Dissenting Opinion*, em *Legal Consequences for States* (...), cit., *I.C.J. Reports* 1971, pág. 293, parág. 112 e pág. 293, parág. 116; Thomas Franck, *The Security Council and "Threats to the Peace": Some Remarks on Remarkable Recent Developments*, em *Le Développement du Rôle du Conseil de Sécurité, Peace Keeping and Peace Building – Colloque de la Haye* (21-23 Juillet 1992), Académie de Haye (org. R. J. Dupuy), Nijhoff, 1993, pág. 83-110, na pág. 110. Mais longe vai ainda B. Martenczuk, *The Security Council* (...), cit., pág. 542-544.

Contra: C. Weeramantry, *Dissenting Opinion,* em *Questions of Interpretation (...)* (Libya v. USA), *I. C. J. Reports* 1992, pág. 170 e 176; Peter Kooijmans, *The Enlargement of the Concept "Threat to the Peace"*, em *Le Développement du Rôle du Conseil de Sécurité, Peace Keeping and Peace Building – Colloque de la Haye*, cit., pág. 111-121, na pág. 111 e 117 (fala numa completa liberdade); R. Lillich, *Humanitarian* (...), cit., pág. 564 ["the Charter is what (in this case) the Security Council says it is"]; Allan Pellet, *Débats,* em *Le Chapitre VII* (...), cit., pág. 303; D. Bowett, *The Impact of Security Council* (...), cit., pág. 94.

[2791] O Tribunal de Justiça da União Europeia tem interpretado de forma rigorosa conceitos jurídicos indeterminados constantes dos Tratados constitutivos, sem grandes limitações: "the concept of public policy in the context of the community (...) must be interpreted strictly, so

resolução do Conselho que utilize os meios do Capítulo VII com base naquela[2792]. Casos em que tal resultará claro são aqueles em que a qualificação de uma dada situação, mesmo como ameaça à paz, derivar de uma alegada violação jurídica por parte de um Estado ou outra entidade. Nestes casos, por se basear num juízo sujeito a vínculos mais intensos, o controlo poderá ser mais minucioso[2793]. Já tratando-se de uma qualificação que derive de uma situação lícita ou de um misto de actos ilícitos e actos meramente ameaçadores para a paz[2794], o controlo será mais restrito[2795]. Outras situações de controlo integral incluem casos de decisões baseadas directamente em interpretações das disposições atributivas de poderes ao Conselho que se considere erróneas. Imagine-se o Conselho entender que uma mera desobediência a uma resolução sua adoptada nos termos do Capítulo VI constitui em si mesma uma ameaça à paz[2796].

O controlo de aspectos discricionários da actuação do Conselho, já no plano dos efeitos a decidir, é igualmente problemático. De facto, a Carta atribui-lhe apreciável margem de liberdade[2797] na decisão política de agir ou não, bem como na decisão quanto aos meios a que recorrer[2798].

---

that its scope cannot be determined unilaterally by each member state without being subject to control by the institutions of the community" (cfr. *Yvonne van Duyn v Home Office*, Case 41-74, Judgment of 4 December 1974, parág. 18; igualmente em *Roland Rutili v Ministre de l'intérieur*, Case 36-75, Judgment of 28 October 1975, parág. 27). Daí que o tenha mesmo determinado para efeitos de permitir um controlo judicial: "the concept of public policy may be relied upon in the event of a genuine and sufficiently serious threat to the requirements of public policy affecting one of the fundamental interests of society" (cfr. *Criminal proceedings against Donatella Calfa*, Case C-348/96, Judgment of 19 January 1999, parág. 21).

[2792] Tal não terá apenas relevância em sede de controlo judicial, mas igualmente quanto ao controlo exercido pelos Estados ou pela própria Assembleia Geral (ver, *infra*, parág. 91-98).

[2793] Assim: G. Gaja, *Réflexions* (...), cit., pág. 315 ; G. Capaldo, *Verticalità* (...), cit., pág. 95.

[2794] Sobre a possibilidade da ameaça à paz decorrer da prática de actos lícitos, ver, *infra*, parág. 79.

[2795] Neste sentido: G. Gaja, *Réflexions* (...), cit., pág. 315.

[2796] Como se tem verificado em relação a algumas resoluções do Conselho em matéria de extradição de indivíduos acusados de terrorismo (ver, *infra*, parág. 79).

[2797] Porque em relação à actuação do Conselho à luz do Capítulo VII, o fim não é um elemento que vincule estritamente os seus membros, nem mesmo subjectivamente, a decisão de cada um destes goza mesmo de alguns aspectos verdadeiramente livres: isto é, que podem prosseguir outros fins para lá dos juridicamente previstos (ver, *infra*, parág. 89.3).

[2798] "Article 39 leaves the choice of means and their evaluation to the Security Council, which enjoys wide discretionary powers in this regard; and it could not have been otherwise, as such a choice involves political evaluation of highly complex and dynamic situations" [cfr. *Decision on (...) Jurisdiction in Prosecutor v. Dusko Tadic*, Appeals Chamber, October 2, 1995, parág. 39, ILM, cit., pág. 45].

No entanto, a margem de liberdade quanto à decisão de agir e quanto aos meios a escolher diminui na proporção directa do aumento da gravidade da situação no terreno. É necessário ter em conta que mesmo em relação aos preceitos em que a Carta utiliza termos impositivos quanto ao exercício dos poderes do Conselho, esta faz depender tal dever da verificação do preenchimento de conceitos jurídicos indeterminados. Esta liberdade na decisão de agir ou não atinge o seu grau máximo perante meras ameaças à paz, especialmente aquelas que assentam em violações de princípios jurídicos que não provocam riscos iminentes de criar um conflito armado. De facto, caberá no âmbito da discricionariedade do Conselho entender que uma intervenção sua formal poderá agravar a situação e que a questão deverá ser resolvida por via diplomática directa.

Esta margem é bem menor perante agressões abertas[2799]. Trata-se de um dos aspectos que tem levado o Conselho em determinadas situações a evitar qualificar certas agressões como tais, por vezes procurando remetê-las mesmo para o âmbito do Capítulo VI[2800]. Resulta claro que tais expedientes são inúteis como forma de procurar justificar uma omissão em actuar ilícita à luz da Carta[2801]. O facto de o Conselho entender que não se encontra perante uma das situações em que deve agir, não o isenta dos seus deveres de acção quando se demonstre que se estava perante uma situação própria do Capítulo VII e que de forma clara a passividade do Conselho não apenas agravou de facto a situação, como era perfeitamente previsível que tal ocorreria. É certo que a Carta em diversos preceitos utiliza noções facultativas como "pode" (artigos 40, 41 e 42). No entanto, a Carta considera que o prosseguimento das atribuições do Conselho constitui um dever para este (artigo 24, n.º 1 e 2)[2802] e em outros preceitos sublinha que este deve exercer os seus poderes (artigo 37, n.º 2 e, sobretudo, no central artigo 39, fala em "shall").

---

[2799] Assim, durante a Conferência de S. Francisco o Comité III/3 aprovou por unanimidade uma declaração no sentido de que a possibilidade de aprovar meras recomendações nos termos do artigo 39 "refers above all to the presumption of a threat of war. The committee is unanimous in the belief that, on the contrary, **In the case of flagrant aggression (...) enforcement measures should be taken without delay**", a menos que medidas cautelares do artigo 40 se mostrem suficientes para levar o agressor a recuar [cfr. *Report of Rapporteur of Committee III/3 to Commission III on Chapter VIII, Section B* (Doc. 881, June 10), em UNCIOSD, pág. 761-771, na pág. 765].

[2800] Ver uma referência a alguns casos flagrantes, *supra*, parág. 52.

[2801] Sobre a questão da responsabilidade por omissão do Conselho, ver, *infra*, parág. 100.1.

[2802] Igualmente a prática do Secretário-Geral, ao assumir responsabilidade por omissões nos casos do Ruanda e Srebrenica (sobre estes, ver, *supra*, parág. 67 e 75.3), aponta no mesmo sentido (ver, *infra*, parág. 100.1).

Na escolha dos meios a que recorrer, o Conselho encontra-se em princípio sujeito aos termos do *Ius Cogens*, da Carta e aos do Direito Internacional dispositivo aplicável, bem como a eventuais tratados que as Nações Unidas tenham celebrado ou a que se tenham vinculado informalmente[2803]. Os membros do secretariado e de forças das Nações Unidas encontram-se adicionalmente sujeitos a actos adoptados pelo Conselho e por órgãos hierarquicamente superiores do secretariado[2804].

De entre os limites impostos pela Carta à escolha destes meios destacamse os princípios da necessidade e da proporcionalidade[2805]. Ainda assim, a sua aplicação deixa ainda uma apreciável margem de discricionariedade ao Conselho. Apenas em casos em que de forma clara sejam adoptados meios inadequados, dispensáveis ou desproporcionados, será possível concluir pela invalidade da decisão[2806].

---

[2803] Ver, *infra*, parág. 82-84.

[2804] Ver, *infra*, parág. 85.

[2805] Sobre estes princípios, ver, *infra*, parág. 87-88.

[2806] A este respeito, o Tribunal Penal para a ex-Jugoslávia, por intermédio da sua Secção de recurso, afirmou: "Obviously, the wider the discretion of the Security Council under the Charter of the United Nations, the narrower the scope for the International Tribunal to review its actions, even as a matter of incidental jurisdiction. Nevertheless, this does not mean that the power disappears altogether, particularly in cases where there might be a **manifest contradiction** with the Principles and Purposes of the Charter" [cfr. *Decision on (…) Jurisdiction in Prosecutor v. Dusko Tadic*, Appeals Chamber, October 2, 1995, parág. 21, ILM, cit., pág. 41].

Do mesmo modo, o Tribunal de Justiça da União Europeia, em relação aos mesmos princípios da necessidade e da proporcionalidade, e em circunstâncias paralelas, sustentou: "However, with regard to judicial review of compliance with the abovementioned conditions, it must be stated that, in matters concerning the common agricultural policy, the Community legislator **has a discretionary power** which corresponds to the political responsibilities imposed by Articles 40 and 43. **Consequently, the legality of a measure adopted in that sphere can be affected only if the measure is manifestly inappropriate** having regard to the objective which the competent institution intends to pursue (cfr. *Hermann Schräder HS Kraftfutter GmbH & Co. KG v Hauptzollamt Gronau*, Case 265/87, Judgment of 11 July 1989, parág. 22; também em *The Queen v Minister of Agriculture, Fisheries and Food and Secretary of State for Health, ex parte: Fedesa and others*, Case C-331/88, Judgment of 13 November 1990, parág. 14; *NMB France SARL, NMB-Minebea-GmbH, NMB UK Ltd and NMB Italia Srl v Commission of the European Communities*, Case T-162/94, Judgment of the Court of First Instance (Second Chamber, extended composition) of 5 June 1996, parág. 70).

Este Tribunal afirmou ainda de forma mais sistematizada: "As to judicial review of those conditions, however, the Council must be allowed a wide discretion in an area which, as here, involves the legislature in making social policy choices and requires it to carry out complex assessments. Judicial review of the exercise of that discretion must therefore be limited to examining **whether it has been vitiated by manifest error or misuse of powers, or whether**

**the institution concerned has manifestly exceeded the limits of its discretion**" (cfr. *United Kingdom of Great Britain and Northern Ireland v Council of the European Union*, Case C-84/94, Judgment of 12 November 1996, parág. 58; também em *Italian Republic v Council of the European Union*, Case C-120/99, Judgment of 25 October 2001, parág. 44; *Kingdom of the Netherlands v Council of the European Union*, Case C-301/97, Judgment of 22 November 2001, parág. 74; *Camar srl, Tico srl and Italian Republic, intervener, v Commission of the European Communities*, Joined Cases T-79/96, T-260/97 and T-117/98, Judgment Of The Court Of First Instance (Fourth Chamber), 8 June 2000, parág. 145; *EPAC – Empresa para a Agroalimentação e Cereais, SA, v Commission of the European Communities*, Joined Cases T-204/97 and T-270/97, Judgment Of The Court Of First Instance, 13 June 2000, parág. 97; *Glencore Grain Ltd v Commission of the European Communities*, Case T-509/93, Judgment Of The Court Of First Instance, 8 November 2000, parág. 51). Isto por força do princípio de que o Tribunal não deve substituir o seu juízo subjectivo ao dos órgãos políticos competentes: "the Court cannot substitute its assessment for that of the Council as to the appropriateness or otherwise of the measures adopted, if those measures have not been shown to be manifestly inappropriate for achieving the objective pursued" (cfr. *United Kingdom of Great Britain and Northern Ireland v Council of the European Union*, Case C-150/94, Judgment of 19 November 1998, parág. 91; também, designadamente, em *Italian Republic v Commission of the European Communities*, Case C-99/99, Judgment of 14 December 2000, parág. 26; *Regione autonoma Friuli-Venezia Giulia v Commission of the European Communities*, Case T-288/97, Judgment Of The Court Of First Instance (Fourth Chamber, Extended Composition), 4 April 2001, parág. 74).

Igualmente o Tribunal Administrativo da Organização Internacional do Trabalho reiterou o mesmo princípio: "As the Tribunal has held in many judgments, a decision by an international organisation to make an appointment is a discretionary one and as such is subject to only limited review. It may be quashed only if it was taken without authority, or in breach of a rule of form or of procedure, or if it rested on an error of fact or of law, or if some essential fact was overlooked, or if there was abuse of authority, or if clearly mistaken conclusions were drawn from the evidence. Moreover, the Tribunal will exercise its power of review with special caution in such cases **and will not replace the organisation's assessment of the candidates with its own**" [cfr. *In re Durand-Smet* (No. 4), Judgment No. 2040, 3 November 2000/31 January 2001, parág. 5; ver também anteriormente, por exemplo, *In re Wacker*, Judgment No. 1969, 5 May 2000/12 July 2000, parág. 8].

Trata-se de princípio reafirmado no artigo 189 da referida Convenção das Nações Unidas sobre o Direito do Mar em relação ao controlo dos actos da autoridade ["The Sea-Bed Disputes Chamber shall have no jurisdiction with regard to the exercise by the Authority of its discretionary powers in accordance with this Part; **in no case shall it substitute its discretion for that of the Authority** (...)"].

## II – Pressupostos.

**78. Introdução.** A Carta das Nações Unidas consagra três pressupostos que condicionam o recurso ao poder público bélico ou, genericamente, mesmo em relação a usos do poder público, incluindo, portanto, a faculdade de tomar decisões obrigatórias[2807].

Como se verificou, suspensa ou revogada a Carta, seria admissível o exercício do poder bélico por parte da Comunidade Internacional. Seria ainda possível materialmente este exercício do poder público originário através da Assembleia Geral com uma alteração da Carta que lho permitisse[2808]. Nesta situação, estes pressupostos aplicar-se-lhe-iam igualmente e nos mesmos termos à luz do Direito Costumeiro (ou da Carta, em caso de simples alteração). De forma que também àquela cabe a mesma autonomia interpretativa que cabe ao Conselho na qualificação de situações. Nesta matéria, como em outras, deve-se concluir que o regime da Carta foi recebido pelo Direito Internacional Costumeiro[2809].

De qualquer modo, a Carta reconhece à Assembleia competência para realizar qualificações relativas aos pressupostos deste poder; o seu artigo 11, n.º 3 CNU permite-lhe considerar que certas questões são de ordem a colocarem em perigo a paz internacional. O mesmo decorre do artigo 35. Ora, se tem competência para realizar qualificações próprias do Capítulo VI, mesmo sendo certo que estas não vinculam o Conselho de Segurança, por maioria de razão terá competência para qualificar questões mais graves como ameaças à paz, rupturas desta ou agressões[2810]. A mesma competência

---

[2807] Fora do Capítulo VII, apenas se encontram outros dois fundamentos que permitem a tomada de decisões obrigatórias, o artigo 94, n. 2 e, em relação ao Estado alvo da habilitação, o artigo 53, n.º 1, segunda parte: ver, *supra*, parág. 49-50.

[2808] Já que à luz da Carta, a Assembleia Geral não tem competência para o exercer (ver, *supra*, parág. 44.1).

[2809] Ver, *supra*, parág. 20.3-20.5.

[2810] Assim, na Resolução *União para a Paz*, a Assembleia assumiu competência (sobre a legitimidade desta assunção, ver, *supra*, parág. 44.3) para intervir em caso de "threat to the peace, breach of the peace, or act of aggression". Independentemente da antijuridicidade da

se encontra subjacente ao artigo 14 e em relação a figuras mais amplas. Mas, claro está, nos termos da Carta, estas qualificações da Assembleia Geral são pressupostos para a aprovação por parte desta de meras recomendações e não para o exercício do poder bélico.

Como ficou referido, a Carta estabelece três pressupostos para o exercício do poder público pelas Nações Unidas: ameaça à paz, ruptura da paz e

---

parte substancial desta resolução, a competência da Assembleia para proceder a estas qualificações tem sido reafirmada na sua prática: na sua Resolução 193 (III), de 27 de Novembro de 1948 (texto em RDGAOR, 3rd Session, 1948-1949, pág. 18-20), esta considerou que o auxílio à guerrilha no conflito armado civil grego por parte dos Estados vizinhos fazia perigar a paz nos Balcãs (parág. 5). Na Resolução 498 (V), de 1 de Fevereiro de 1951, parág. 1, 3 e 5 (texto em RDGAOR, 5th Session, 1950-1951, pág. 1), no parágrafo 1, qualificou como agressão a intervenção chinesa no Conflito Coreano do lado da Coreia do Norte.

Igualmente Israel tem sido condenado pela Assembleia como autor de "aggressions" contra Estados Árabes; assim, entre muitas outras, várias delas idênticas: 32/161, de 19 de Dezembro de 1977, parág. 1, 2f e 5 (texto em RDGAOR, 32nd session, 1977, pág. 97-98); 34/70, de 6 de Dezembro de 1979 (texto em RDGAOR, 34th session, 1979, pág. 21-22), quarto parágrafo preambular; 34/136 de 14 de Dezembro de 1979 (texto em RDGAOR, 34th session, 1979, pág. 125), parág. 3; 35/110, de 5 de Dezembro de 1980 (texto em RDGAOR, 35th Session, 1980, pág. 164-165), parág. 3; 35/207, de 16 de Dezembro de 1980 (texto em RDGAOR, 35th session, 1980, pág. 39-40), preâmbulo e parág. 7. Ou a Resolução 48/47, de 10 de Dezembro de 1993 (texto em RDGAOR, 48th Session, 1993, Vol. I, pág. 125-128), preâmbulo e parág. 17, que qualifica a África do Sul como agressora contra Estados vizinhos.

No Conflito na Bósnia-Herzegovina, realizou igualmente qualificações de agressões: Resolução 46/242 de 25 de Agosto de 1992 (texto em RDGAOR, 46th Session, 1992, vol. II, pág. 6-7), sétimo parágrafo preambular; 47/121 de 18 de Dezembro de 1992, parág. 7 (Jugoslávia como agressora); 48/88 de 20 de Dezembro de 1993, parág. 3, 6 do preâmbulo (agressões por parte dos Croatas da Bósnia) e 13; 49/10 de 3 de Novembro de 1994 (texto em RDGAOR, 49th, 1994, vol. I, pág. 9-10), parág. 3 do preâmbulo.

Do mesmo modo, em diversas resoluções considerou como ameaça à paz várias situações: o *Apartheid* na África do Sul [cfr. 1598 (XV), de 13 de Abril de 1961 (texto em RDGAOR, 15th Session, 1960-1961, pág. 5-6), parág. 5 (faz perigar a paz); Resolução 2054 A (XX), de 15 de Dezembro de 1965 (texto em RDGAOR, 20th Session, 1965, pág. 16-17), parág. 6: ameaça à paz] ou a sua aquisição de armas nucleares [assim, Resolução 42/14, de 4 de Dezembro de 1986 (texto em RDGAOR, 42nd Session, 1987, vol. I, pág. 24-29), parág. 58; no parágrafo 53 qualifica como agressões as operações bélicas desta contra os seus vizinhos], a independência da Rodésia [cfr. Resolução 2022 (XX), de 5 de Novembro de 1965 (texto em YUN, 1965, pág. 130-131), parág. 13], as acções de repressão de Portugal nas suas colónias [cfr. Resolução 2107 (XX), de 21 de Dezembro de 1965 (texto em RDGAOR, 20th Session, 1965, pág. 62-63), 8.º parágrafo preambular], as actividades de Israel no Médio Oriente [por exemplo, Resolução 41/101, de 4 de Dezembro de 1986 (texto em RDGAOR, 41st Session, 1986, pág. 163-166), parág. 31], o bombardeamento pelos EUA da Líbia em 1986 [Resolução 41/38, de 20 de Novembro de 1986 (texto em RDGAOR, 41st Session, 1986, pág. 34-35), preâmbulo] ou a situação na ex-Jugoslávia, entre outras.

agressão (artigo 39). Trata-se de pressupostos em sentido técnico, isto é, situações que a não se verificarem, e a não serem como tal qualificadas, tornam desde o início ilegítimo o recurso àquele poder. O que significa que com falta de um pressuposto todos os actos adoptados serão ilícitos. Quando estejam em causa limites, apenas serão ilícitos os actos em concreto que os violem: uns poderão ser ilícitos, enquanto outros não.

Como se verificou, a qualificação destes tem natureza constitutiva no sentido de que a Carta não se satisfaz com a sua ocorrência factual, exige que o Conselho exteriorize o seu entendimento de que ocorreram factos que preenchem a previsão do artigo 39 em qualquer uma das suas modalidades. Como tem sucedido, o Conselho pode validamente manter a sua actuação sob o Capítulo VI apesar de estar perante uma situação própria do Capítulo VII; embora já não possa fazer o inverso, pelo menos em situações claras[2811].

Lado a lado com estes pressupostos do poder público, a Carta estabelece outras figuras que são pressupostos de uma actuação do Conselho de Segurança ou da Assembleia Geral que não constituem exercícios deste poder, máxime, a prática dos actos previstos no capítulo VI. Os seus pontos de contacto com a ameaça à paz tornam, porém, conveniente a sua análise.

**79. Ameaça à paz.** A ameaça à paz é de entre as três figuras que caracterizam os pressupostos de actuação do Conselho nos termos do Capítulo VII a mais nebulosa, devido ao seu grau de indeterminação. Por este motivo é a mais abrangente das consagradas no artigo 39 e aquela que atribui maior autonomia na sua concretização. Pode-se afirmar com segurança que constitui uma questão menos grave do que a de ruptura da paz ou a de agressão, como decorre claramente do sentido das palavras. Naquela ainda existe paz a manter, nestas duas últimas já não. Mas a Carta não vai muito mais longe na sua caracterização.

Tendo presentes estas características alguns autores vieram sustentar que o conceito de ameaça à paz seria puramente formal. Seria um mero requisito procedimental sem conteúdo. Ameaça à paz seria o que o Conselho considerasse como tal[2812]. Porém, esta tese é inaceitável. Se tal fosse a

---

[2811] Ver, *supra*, parág. 49.1.

[2812] Neste sentido: H. Kooijmans, *The Enlargement* (...), cit., pág. 111 e 117; Richard B. Lillich, *The Role Of The Un Security Council In Protecting Human Rights In Crisis Situations: Un Humanitarian Intervention In The Post-Cold War World*, TJICL, Vol. 3, 1995, pág. 1-17, na pág. 9 ("the Charter is what the Security Council says it is"); A. Rubin, *Secession* (...), cit., pág. 259.

intenção da Carta, não faria sentido distinguir entre os três pressupostos do Capítulo VII ou sequer consagrar qualquer espécie de pressuposto. O Conselho poderia agir sempre que existisse vontade política para tal[2813]. Acresce que não faria igualmente sentido a distinção entre o Capítulo VI, com o seu pressuposto específico, e o Capítulo VII[2814]. Finalmente, tal implicaria igualmente em grande medida a irrelevância do artigo 2, n.º 7 em relação ao Conselho de Segurança, já que este preceito excepciona medidas coercivas adoptadas nos termos do Capítulo VII, a que este órgão passaria a poder recorrer sem qualquer pressuposto efectivo[2815]. Por conseguinte, impõe-se procurar densificar substancialmente a figura. Aliás, só por esta via será possível estruturar um qualquer controlo jurídico, seja de origem política, seja de origem judicial, quanto à reunião dos pressupostos do poder público.

Assim, este conceito contém duas noções. A de "ameaça" e a de "paz". Apesar dos desenvolvimentos que a Carta tem sofrido na sua aplicação, julga-se que paz deve continuar a ser definida negativamente simplesmente como a ausência de conflitos armados entre Estados ou outras entidades sujeitas à proibição de uso da força nas relações internacionais[2816]. De facto, embora exista alguma prática do Conselho de alargamento do conceito[2817], afigura-se

---

[2813] Esta visão formal da ameaça à paz tem sido correctamente criticada: Mary Ellen O'Connell, *Continuing Limits on UN Intervention in Civil War*, ILJ, Vol. 67, 1992, pág. 903--913, na pág. 911; B. Martenczuk, *The Security Council* (...), cit., pág. 542; A. Stein, *Der Sicherheitsrat* (...), cit., pág. 29; G. Arangio-Ruiz, *On the Security* (...), cit., pág. 699, nota 162.

[2814] Ver igualmente neste sentido: B. Martenczuk, *The Security Council* (...), cit., pág. 542; A. Stein, *Der Sicherheitsrat* (...), cit., pág. 30.

[2815] Como refere A. Stein, *Der Sicherheitsrat* (...), cit., pág. 29.

[2816] Em sentido semelhante: H. Kelsen, *The Law* (...), cit., pág. 19; M. Bothe, *Les Limites* (...), cit., pág. 72; P. Kooijmans, *The Enlargement* (...), cit., pág. 114; J. Frowein, *Article 39*, cit., pág. 608; B. Martenczuk, *The Security Council* (...), cit., pág. 543-544.

[2817] O Presidente do Conselho de Segurança, na Declaração de 31 de Janeiro de 1992 (texto em RDSCOR, 1992, pág. 65-67), resultante da primeira reunião do Conselho ao nível de Chefes de Estado ou de Governo, afirmou: "The absence of war and military conflicts among States does not in itself ensure international peace and security. The non-military **sources of instability in the economic, social, humanitarian and ecological fields** have become threats to peace and security. The United Nations membership as a whole, working through the appropriate bodies, needs to give the highest priority to the solution of these matters". Mas nesta claramente é a noção de ameaça que está em causa e não a de paz que continua a ser vista como ausência de um conflito armado.

Igualmente na Declaração 2000/25, de 20 de Julho (texto em RSSC, 2000, pág. 118--121), sobre a questão "Role of the Security Council in the prevention of armed conflicts", declarou que "The Security Council recognizes that **peace is not only the absence of conflict,**

que esta extensão incide antes sobre a primeira noção de ameaça. A simples existência de uma controvérsia não implica o fim da situação de paz, tal como esta não desaparece com uma situação que a ameaça. Apenas a ruptura da paz implica o fim da paz, precisamente porque ocorreu um conflito armado.

Daí que não faça sentido afirmar que a paz deve ser entendida como abrangendo o respeito no seio dos Estados de determinados direitos humanos básicos ou que a paz implica o respeito de limites essenciais ambientais, para não falar da questão do desenvolvimento. Tal afirmação implicaria que se considerasse que uma violação destes parâmetros constituiria não uma mera ameaça à paz, mas uma verdadeira ruptura da paz. De facto, quem considere que a paz implica o respeito da proibição de actos de genocídio, terá que concluir que existindo actos desta espécie, mesmo fora de uma situação de conflito armado interno, já não existe paz; isto é, que existe uma ruptura desta e não uma mera ameaça à paz[2818].

Trata-se de uma ideia interessante e apelativa, mas que se julga que não corresponde ao actual Direito vigente. No plano interpretativo, tal implica um alargamento incomportável da noção de ruptura da paz. No plano da alteração do Direito, é necessário sublinhar que não existe qualquer prática de onde se possa sequer tentar fazer derivar uma alteração do artigo 39 CNU com tal sentido. O Conselho tem qualificado situações de violações dos direitos humanos como ameaças à paz e não como rupturas desta[2819].

---

but requires a positive, dynamic, participatory process where dialogue is encouraged and conflicts are solved in a spirit of mutual understanding and cooperation". Mas, como sugere a denominação da Declaração, com tal pretendeu sublinhar a necessidade de um espírito conciliador na resolução de conflitos e a sua competência para intervir preventivamente.

A situação é complicada pela circunstância de excepcionalmente ser possível uma situação de fim da paz internacional (isto é, de ruptura da paz) em consequência do desencadear de um conflito interno, se este for em larga escala e numa situação em que os oponentes têm estruturas que de facto são equivalentes à de um Estado e foram objecto de alguns reconhecimentos como tal ou como Governo. Ver, *infra*, sobre a ruptura da paz, parág. 80.

[2818] Como defende: Bardo Fassbender, *Review Essay: Quis judicabit? The Security Council, Its Powers and Its Legal Control*, EJIL, Vol. 11, 2000, No. 1, pág. 219 e segs. [o autor apoia-se em obra de Martin Lailach (1998), que constitui um dos objectos da sua longa recensão]; J. Mertus, *The Imprint Of Kosovo* (...), cit., pág. 534-535 (que, aliás, daí retira um argumento perigoso: afirma que se não há paz quando os direitos humanos estão a ser violados, uma intervenção humanitária unilateral não constitui um incumprimento do artigo 2, n.º 4 CNU!); C. Schreuer, *The Changing* (...), cit., pág. 419 e segs. (5. Peace and Security). Ver outras concepções amplas de paz em Juan Somavía, *The humanitarian responsibilities of the Security Council, Development in Practice*, Vol. 7, No. 4, 1997, pág. 353-362, na pág. 353-354.

[2819] Mesmo a situação extrema do genocídio no Ruanda foi qualificada pelas referidas Resoluções 918 (1994), de 18 de Maio e 929 (1994), de 22 de Junho, como uma ameaça à paz e não como ruptura desta.

Por sua vez, a noção de ameaça, numa primeira aproximação, deveria ser entendida como qualquer questão susceptível de criar condições que pudessem razoavelmente predispor um ou mais Estados a utilizar num prazo breve a força para a resolver. Ou seja, uma ameaça à paz seria uma questão com gravidade suficiente para criar um risco sério de provocar um conflito armado entre Estados dentro de um prazo razoável[2820]. A prática, porém, como se verá, alargou esta noção.

Por questão entende-se quer uma situação, quer uma controvérsia. De facto, embora o artigo 40 se refira a uma situação, esta expressão não volta a surgir no Capítulo VII. E o artigo 39 não limita de modo algum a aplicação da figura a situações. Depois decorre do Capítulo VI, concretamente dos seus artigos 33, n.º 1 e 34, que quer situações, quer controvérsias podem pela sua subsistência converter-se em ameaças à paz. Acresce que subjacente a uma controvérsia encontra-se quase sempre uma situação efectiva em que se encontram implicadas as partes na controvérsia. Tal só não sucederá se um dos Estados acusado de ser responsável pela situação estiver erradamente identificado ou os factos alegados como constitutivos da situação forem completamente falsos. Em qualquer caso, uma simples controvérsia constitui em si mesma sempre uma situação, ainda que não tenha qualquer situação substancial subjacente por força de um erro[2821].

Sublinhe-se que esta questão, seja uma controvérsia formal ou uma situação, deve ser concreta e não geral e abstracta. Tal decorre dos citados artigos 40 e 50, bem como do Capítulo VI, que falam em situação e em partes ou Estados determinados. Uma qualificação abstracta de ameaça à paz legitimaria o recurso a poderes legislativos formais por parte do Conselho o que não tem base na Carta[2822].

Dentro da questão da natureza da ameaça à paz avulta um problema importante, já que se prende directamente igualmente com a questão dos limites a que está sujeito o Conselho de Segurança: a de saber se a ameaça à paz tem de derivar de uma violação do Direito Internacional.

---

[2820] Com efeito, se a situação não fosse de ordem a poder criar um conflito num prazo razoável seria necessário entender que ainda não seria uma ameaça à paz, mas apenas uma situação que, pela sua subsistência, poderia criar uma ameaça à paz; isto é, uma situação própria do Capítulo VI. O factor tempo quanto ao risco de irromper um conflito armado constituía um elemento importante na distinção dos pressupostos do Capítulo VI e VII.

[2821] Sobre as noções de situação e controvérsia, ver, *supra*, parág. 48.4.

[2822] Na sua citada Resolução 1373 (2001), o Conselho qualificou em termos abstractos todos os actos de terrorismo internacional como ameaças à paz e aplicou medidas legislativas contra estes; mas por este motivo esta Resolução é de muito duvidosa validade (ver sobre esta e os marginais poderes legislativos do Conselho, *supra*, parág. 36).

A primeira reacção seria a de responder que teria de facto de ter sido causada por um acto ilícito. Efectivamente, entender o contrário implica atribuir ao Conselho o poder de proibir aos Estados uma conduta que à luz do Direito Internacional é lícita, o que causa resistências justificadas[2823]. Se o Conselho pode entender que um acto lícito é uma ameaça à paz, claro está, terá poder à luz do artigo 40 (ou artigo 39, se já houver uma decisão de fundo) para ordenar ao Estado que cesse essa actividade; ou seja, terá poder para ordenar aos Estados que se abstenham de praticar actos que estes têm o direito de efectuar. Esta ordem será uma decorrência lógica da verificação da reunião do pressuposto.

E, contudo, a conclusão de que o Conselho tem este poder afigura-se incontornável ao menos num número restrito de questões que integram o núcleo central da figura da ameaça à paz. De facto, a Carta no artigo 39 não limita a ameaça à paz a questões derivadas de violações do Direito Internacional[2824].

É certo que existe a reserva de jurisdição interna, consagrada no artigo 2, n.º 7. Esta constitui precisamente uma norma que visa evitar que as Nações Unidas actuem sem base no Direito Internacional; isto é, regra geral, só devem actuar quando um Estado tiver sido responsável por uma violação das suas obrigações internacionais[2825]. A circunstância de esta excepcionar os meios compulsivos à luz do Capítulo VII não é decisiva. Esta excepção limita-se a afirmar que o facto das medidas compulsivas em si serem contrárias aos direitos dos Estados não é em si um obstáculo. Nada diz em relação à questão de se poder qualificar uma acção lícita de um Estado como uma ameaça à paz[2826]. No entanto, em última análise, o que a excepção da parte final do artigo 2, n.º 7 pretende sublinhar é que o fim da manutenção da paz deve extraordinariamente prevalecer sobre os direitos dos Estados. Ora, existem situações em que a prática de actos lícitos pode, ainda assim, ter efeitos "explosivos".

Assim, no núcleo duro da figura, que abrange as questões que podem razoavelmente provocar um conflito armado, podem-se encontrar algumas que, excepcionalmente, decorrem da prática de actos lícitos à luz do Direito

---

[2823] Trata-se de posição que tem directas consequências sobre a questão da vinculação do Conselho pelo Direito Internacional Costumeiro dispositivo; ver, *infra*, parág. 83.

[2824] Também se pode alegar que o mesmo se passa na ruptura da paz, por também esta não pressupor necessariamente uma violação do Direito Internacional (ver, *infra*, parág. 80).

[2825] Ver, *infra*, parág. 86.1.

[2826] Ver, *infra*, parág. 86.2.

Internacional. Situações típicas enquadráveis nesta categoria serão as de manobras de tropas, uma mobilização geral, concentração de tropas nas fronteiras, experiências com armas de destruição massiva[2827], corridas aos

---

[2827] Menos líquida é a questão da proliferação de armas de destruição massiva. Já na Resolução 687 (1991), de 3 de Abril (texto em RDSCOR, 1991, pág. 11-15), no preâmbulo, o Conselho afirmou: "Conscious of the threat that all weapons of mass destruction pose to peace and security in the area". Igualmente, na referida Declaração do Presidente do Conselho de Segurança de 31 de Janeiro de 1992, afirma-se: "The proliferation of all weapons of mass destruction constitutes a threat to international peace and security". Esta afirmação seria reiterada pelo parág. 2 do preâmbulo da Resolução 1172 (1998), de 6 de Junho (texto em RSSC, 1998, pág. 42-44), que condena no parág. 1 os testes nucleares da Índia e Paquistão de Maio de 1998. No entanto, em relação a estes em concreto, o Conselho limitou-se a afirmar "gravely concerned at the danger to peace and stability in the region". Situou-se, pois, ainda no âmbito do Capítulo VI, apesar de alguns termos peremptórios que chega a utilizar (parág. 3). É marcante a influência no texto dos termos do comunicado dos cinco membros permanentes adoptado em 4 de Junho sobre a questão (texto em UNPR SC/6527, 5 June 1998), que aliás é confirmado pela Resolução (parág. 2). Em apoio de que a proliferação de armas de destruição massiva constitui uma ameaça à paz: Lois E. Fielding, *Taking A Closer Look At Threats To Peace: The Power of the Security Council to Address Humanitarian Crises*, UDMLR, Vol. 73, 1996, pág. 551-568, na pág. 568; Margaret Doxey, *International Sanctions in Contemporary Perspective*, 2nd ed., London/New York, 1996, pág. 49-50; D. Pickard, *When Does (...)*, cit., pág. 13; Anne J. Semb, *Sovereignty Challenged*, Oslo, 2000, 5.1.4., iii, pág. 29 (pág. 61).

A conclusão de que a aquisição de armas de destruição massiva por parte de um Estado que se tenha obrigado por tratado a não o fazer constitui uma ameaça à paz é relativamente pacífica. Tal violação das obrigações do Estado pode levar outros Estados a invocá-la para suspenderem o tratado, invocando a excepção do não cumprimento [nos termos codificados no artigo 60, n.º 2, al. c) e n.º 3 da referida Convenção de Viena sobre o Direito dos Tratados de 1969]. Poderá, deste modo, provocar uma corrida a esta espécie de armas.

Já a aquisição de armas desta espécie por um Estado que não se encontre sujeito a qualquer obrigação de o não fazer é mais problemática. A alegação de que o regime de não proliferação se converteu em Direito Internacional Costumeiro (assim: Susan Carmody, *Balancing Collective Security And National Sovereignty: Does The United Nations Have The Right To Inspect North Korea's Nuclear Facilities?*, FILJ, Vol. 18, 1994, pág. 229-284, na pág. 230, nota 7, pág. 273, 275 e 276) não é convincente. Os Estados não partes não têm demonstrado aceitar tal regime. Certamente que a aquisição por estes destas armas pode provocar um desequilíbrio de poderes levando outros Estados a tentar invocá-lo para se desvincular de eventuais obrigações a que se encontrem sujeitos. No entanto, em particular em relação às armas nucleares, afirmar que um Estado que as adquira licitamente é responsável por uma ameaça à paz enquanto aqueles que já as possuem (especialmente os membros permanentes do Conselho) o podem continuar a fazer sem qualquer problema é criar uma casta privilegiada de Estados. Aliás, a própria reacção (ruidosa, mas nada mais do que isso) do Conselho às experiências nucleares do Paquistão e da Índia (ambas não são partes no Tratado de Não Proliferação de Armas Nucleares) coloca dúvidas se a aquisição lícita destas armas poderá em si ser considerada como uma ameaça à paz.

armamentos ou, em alguns casos, mesmo a proliferação de armamento ligeiro, especialmente como risco de criar conflitos internos[2828]. Portanto, situações directamente relacionadas com as forças armadas de um Estado ou com o seu armamento que podem criar um clima de conflito iminente entre dois Estados (ou, excepcionalmente, no seio de um), agravando as suspeitas e receios mútuos[2829, 2830].

Ou seja, um primeiro elemento a ter em conta na densificação da noção de ameaça à paz é o de que mesmo uma actuação lícita pode excepcionalmente ser considerada como uma ameaça à paz[2831] e, portanto, constituir fundamento para a adopção de uma decisão obrigatória que vincule o Estado responsável a abster-se de praticar um acto que, segundo o Direito Internacional, este tem o direito de adoptar[2832].

Qualquer uma destas situações, uma vez qualificada como tal, pode legitimar uma intervenção autoritária do Conselho de Segurança, à luz do Capítulo VII da Carta, impondo determinados comportamentos às partes.

---

[2828] Na referida Declaração Presidencial 2000/25, de 20 de Julho de 2000, declara-se: "The Security Council also highlights, in particular, the importance of preventive disarmament in averting armed conflicts, and expresses concern that the **proliferation, excessive and destabilizing accumulation and circulation of small arms and light weapons** in many parts of the world have contributed to the intensity and duration of armed conflicts and **pose a threat to peace and security**".

[2829] Note-se que para justificar qualificações destas situações como ameaças à paz não basta sustentar que estas decorrerão de ameaças ilícitas de uso da força. O Conselho pode entender que em nome da paz quer a parte responsável pelas iniciais atitudes ameaçadoras, quer a parte que se limitou a reagir a estas, devem ambas acatar as suas subsequentes decisões provisórias. Ora, em relação à parte "inocente", será impossível considerar as suas acções como ameaça à paz sem basear esta qualificação em considerações extra-jurídicas.

[2830] Outra possibilidade de ameaça à paz independente de qualquer violação jurídica significativa é um conflito armado interno em que as partes respeitem no essencial as suas obrigações à luz do Direito Internacional Humanitário. As simples baixas militares e os "danos colaterais" em civis e sua propriedade podem justificar uma qualificação como ameaça à paz, desde logo para estabelecer um embargo de armas (ver, infra, no texto).

[2831] Neste sentido: M. McDougal/W. Reisman, Rhodesia (...), cit., pág. 8 e 11; Rosalyn Higgins, The Place of International Law in the Settlement of Disputes by the Security Council, AJIL, Vol. 64, 1970, pág. 1-18, na pág. 16-17; V. Gowlland-Debbas, Collective Responses to Illegal Acts (...), cit., pág. 451-452; B. Conforti, Le Pouvoir Discrétionnaire (...), cit., pág. 56 (implicitamente); Giorgio Gaja, Réflexions sur le rôle du Conseil de sécurité dans le nouvel ordre mondial, RGDIP, tome 97, 1993, n.° 2, pág. 297-320, na pág. 300; J.-M. Sorel, L'élargissement (...), cit., pág. 19-20. Contra: P.-M. Dupuy, Sécurité Collective (...), cit., pág. 624-625. Também renitente: A. Stein, Der Sicherheitsrat (...), cit., pág. 50 (apenas para prevenir violações do Direito Internacional).

[2832] Ver, infra, parág. 83.

Isto não significa que seja legítimo ao Conselho adoptar normalmente medidas contra um Estado (ou outra entidade) que provocou a situação de ameaça à paz por meio de uma actuação lícita. Salvo quanto a aspectos pontuais, como um embargo de armas, julga-se que apenas o poderá fazer depois de este ter desrespeitado a sua decisão vinculativa. O princípio de que uma entidade não deve ser sancionada sem ter praticado um acto ilícito deve normalmente ter inteira aplicação[2833]. Mas, para todos os efeitos, o Conselho estará a impor medidas contra o responsável pela persistência numa acção que é em si lícita, só se tendo convertido em ilícita pela sua própria decisão. A sua decisão foi, pois, constitutiva da nova situação jurídica.

Esta é a noção de ameaça à paz que decorre de forma essencialmente literal da Carta. Mas este entendimento de que compreende questões (excepcionalmente mesmo provocadas por actos lícitos quando estejam em causa forças armadas ou armamento) que razoavelmente poderão ser consideradas como susceptíveis de provocar um conflito armado entre Estados cedo foi alvo de tentativas de alargamento no seio das Nações Unidas[2834].

Assim, a Carta fala em ameaça à paz sem concretizar directamente se se reporta unicamente à paz internacional. No entanto, o facto de utilizar a expressão sempre em associação com a paz internacional não deixa grandes dúvidas de que se refere apenas a esta[2835]. O artigo 1, n.º 1 dispõe que a

---

[2833] Josef Kunz, *La Crise et les Transformations du Droit des Gens*, RDC, 1955, II, tome 88, pág. 9-101, na pág. 30-31, não concede grande relevância a este princípio.

[2834] Assim, durante a discussão da questão espanhola em 1946 no Conselho de Segurança, o delegado polaco afirmou: "The functions of the Security Council are preventive as well as repressive. The Security Council is free, within the purposes and principles of the Organization, to determine whether a situation is a threat to the peace in the sense of Article 39. **The Charter does not demand that such a situation, in order to be recognized as a threat to the peace, be an immediate danger of a breach of peace or act of aggression within the next few days, weeks or even months. Potential, as well as imminent, dangers can be construed as a threat to the peace in the sense of Article 39**". Em resposta, o delegado francês concordaria: "If the two Articles of the Charter referred to are compared, it seems to me that the report merely meant to say that we ought to rely on Article 39 or Article 34, according to **whether the threat is more or less remote, or more or less imminent**. The report relies on Article 34, because of its estimate of the facts and as a result of assessing the more or less imminent nature of the threat. **But this does not mean that Article 39 is not applicable except when a threat is already on the point of being transformed into action**" (cfr. RPSC, 1946-1951, chapter 11, pág. 425).

[2835] Estas flutuações terminológicas suscitaram um debate jurídico na 296.ª e 297.ª reuniões do Conselho. Na primeira, em 18 de Maio de 1948, o Reino Unido sustentou que tais flutuações eram um lapso que a Carta se referia apenas à paz internacional e, portanto, o conflito na Palestina não devia ser considerado como uma ameaça à paz. Os EUA rejeitaram

manutenção da paz e segurança internacionais passa pela prevenção e remoção de ameaças à paz; o mesmo se passa nos artigos 39 e 99 (embora neste último o seu sentido seja mais amplo).

Com efeito, o sistema da Carta foi elaborado primordialmente para enfrentar conflitos internacionais. Daí a circunstância de a Carta apenas proibir a utilização da força nas relações internacionais (artigo 2, n.º 4), e não já a nível interno[2836], e apenas vincular à resolução pacífica dos conflitos internacionais (artigo 2, n.º 3) e não dos meramente internos.

Contudo, o facto de o seu artigo 2, n.º 7 excluir a relevância da reserva de jurisdição interna em relação às medidas coercivas adoptadas à luz do Capítulo VII sugere que igualmente o que se passa em conflitos internos não foi considerado como fora da órbita das Nações Unidas. Depois, o Capítulo VI e VII não referem os pressupostos da sua aplicação como questões entre Estados, mas entre partes. Fica, pois, aberto a que esta se verifique com uma parte ou mesmo ambas ou todas destituídas de carácter estadual[2837]. Acresce que apesar dos termos do Preâmbulo terem em vista conflitos internacionais,

---

esta interpretação: "referring to the contention that the omission of the word "international" in the first part of Article 39 might be due to an oversight", afirmaram que "How can that be when another very significant word was substituted for it; namely, the word 'any'? 'Any' includes 'international' and includes all other kinds of threats to the peace, breaches of the peace, or acts of aggression". No dia 20 de Maio, a Síria ainda viria a apoiar o Reino Unido argumentando que: "the word "any" in Article 39 was an adjective qualifying the threat or breach, but not the peace itself. "Any" threat to peace or "any" breach of peace did not mean "any" peace. It was therefore clear that, although the word "international" was omitted in the first part of Article 39, the meaning was international peace. Consequently, Article 39 could not be applied in the case of Palestine". O Conselho, porém, viria a qualificar a situação como uma ameaça à paz na sua Resolução 54 (1948), de 15 de Julho (texto em RDSCOR, 1948, pág. 22-23), preâmbulo, tendo o Reino Unido já revisto formalmente a sua posição em 27 de Maio, na 306.ª Reunião (cfr. RPSC, 1946-1951, Chapter 11, pág. 435, 436 e 437).

De qualquer modo, a questão de saber se o termo "any" do artigo 39 se reporta à ameaça ou à paz é pouco relevante. Julga-se que o representante Sírio tinha razão e esta diz respeito às ameaças, mas tal não invalida que a paz internacional possa ser posta em causa por um conflito armado interno. Pois ainda que a paz não seja alargada de modo a abranger a paz interna, ainda assim pode-se atingir o mesmo objectivo pelo alargamento da ameaça. Se qualquer ameaça à paz internacional é relevante, como se verá, é possível considerar qualquer ruptura da paz interna como uma ameaça.

[2836] Ver, *supra*, parág. 10.5 e 15.1.

[2837] Israel afirmou em 1948 a propósito do seu conflito com os Palestinianos e Estados vizinhos: "the juridical status of Palestine had no relevance to any determination of a threat to the peace or an act of aggression within the meaning of Chapters VI or VII, since the word "State" did not occur in either of those Chapters in connexion with the definition of threats to the peace and acts of aggression" (cfr. RPSC, 1946-1951, Chapter 11, pág. 439).

na realidade ambas as espécies de conflitos internacionais podem causar danos paralelos[2838]. O trágico exemplo de alguns conflitos internos no período entre Guerras, como o Espanhol, terá levado os autores da Carta a não excluir estes do seu âmbito de aplicação. Finalmente, a não aplicabilidade da proibição do uso da força a nível interno não é obstáculo à intervenção do Conselho nos termos do Capítulo VI ou mesmo do VII, já que a ameaça à paz não depende necessariamente da prática de actos ilícitos.

Assim, ainda que não se possa afirmar que a paz a que se refere a Carta seja igualmente a paz interna no seio de um Estado, julga-se que a noção de ameaça é suficiente lata para compreender um conflito armado puramente interno de forma a permitir uma intervenção autoritária do Conselho.

Mesmo numa simples interpretação da Carta, sempre se afigurou a melhor solução entender que uma efectiva ruptura da paz no interior de um Estado, pela eclosão de um conflito civil abrangente, devia ser qualificada como uma ameaça à paz internacional. Desde logo, pela instabilidade que tais conflitos acarretam, ao menos para os Estados vizinhos, mas igualmente em termos humanitários[2839, 2840]. A prática cedo o confirmou[2841].

---

[2838] O Preâmbulo fala em "preservar as gerações vindouras do flagelo da guerra que por duas vezes, no espaço de uma vida humana, trouxe sofrimentos indizíveis à humanidade" ("to save succeeding generations from the scourge of war, which twice in our lifetime has brought untold sorrow to mankind"), referindo-se claramente às duas Guerras Mundiais, isto é, a conflitos internacionais. Mas o argumento prova demais. Efectivamente, a ser aplicado literalmente as Nações Unidas apenas velariam por impedir conflitos globais como aqueles dois e não já meros conflitos internacionais localizados. Ora, um conflito interno pode ser tão ou mais devastador que um conflito internacional localizado. Se o objectivo é poupar qualquer parte da Humanidade do flagelo da guerra existe identidade de razão na prevenção e resolução de conflitos armados internos, mesmo que o seu regime jurídico não seja idêntico.

[2839] Conformemente, o Tribunal Penal para a ex-Jugoslávia afirmou, embora invocando igualmente a prática das Nações Unidas: "But even if it were considered merely as an "internal armed conflict", it would still constitute a "threat to the peace" according to the settled practice of the Security Council and the common understanding of the United Nations membership in general. Indeed, the practice of the Security Council is rich with cases of civil war or internal strife which it classified as a "threat to the peace" and dealt with under Chapter VII, with the encouragement or even at the behest of the General Assembly, such as the Congo crisis at the beginning of the 1960s and, more recently, Liberia and Somalia. It can thus be said that there is a common understanding, manifested by the "subsequent practice" of the membership of the United Nations at large, that the **"threat to the peace" of Article 39 may include, as one of its species, internal armed conflicts**" [cfr. _Decision on (…) Jurisdiction in Prosecutor v. Dusko Tadic_, Appeals Chamber, October 2, 1995, parág. 30, ILM, cit., pág. 43].

[2840] Neste sentido: William Fox, _Collective Enforcement of Peace and Security_, APSR, Vol. 39, No. 5, 1945, pág. 970-971, na pág. 971; Q. Wright, _The Prevention (…)_, cit., pág.

A prática foi tão longe na extensão da noção de ameaça à paz aos conflitos armados internos que se pode começar a questionar se até uma situação de iminência ou mesmo de mero perigo grave de eclosão de um conflito de grandes proporções no seio de um Estado não poderá ser considerado como uma ameaça à paz internacional[2842].

---

524; Ruth E. Gordon, *Humanitarian Intervention by the United Nations – Iraq, Somalia, and Haiti*, TILJ, Vol. 31, 1996, pág. 43-56, na pág. 48; D. Wippman, *Change And Continuity* (...), cit., pág. 463-464 e 467; M. Ruffert, *The Administration of Kosovo* (...), cit., pág. 617; A. Dale, *Countering Hate Messages* (...), cit., pág. 119. Também B. Nowroje, *Joining* (...), cit., texto nota 8-10 (com base na prática).

Contra: M. J. O'Connell, *Continuing Limits on UN* (...), cit., pág. 911; A. Rubin, *Dayton, Bosnia* (...), cit., pág. 41 e segs.; T. Sapru, *Into the Heart* (...), cit., pág. 339; David Malone, *The Security Council in the Post-Cold War Era*, em *International Security Management and the United Nations* (ed. M. Alagappa/T. Inoguchi), Tokyo/New York/Paris, 1999, pág. 394-408, na pág. 400 (pelo menos em alguns casos).

[2841] Os primeiros casos surgem em situações em que pelo menos uma das partes tinha um estatuto misto por força da existência de alguns reconhecimentos quanto ao seu carácter estadual ou governamental. A Resolução 27 (1947), de 1 de Agosto (texto em RDSCOR, 1947, pág. 6), sobre a questão Indonésia, limitou-se a afirmar dubiamente "Noting with concern the hostilities in progress between the armed forces of the Netherlands and the Republic of Indonesia". Mas a proposta de resolução da Austrália falava em ruptura da paz, tal como vários Estados durante a sua discussão e em posteriores reuniões (cfr. RPSC, 1946-1951, Chapter 11, pág. 430-433), apesar de em 1947 o estatuto da Indonésia ainda não ser claro (ver, *supra*, parág. 52). Do mesmo modo, a qualificação como ameaça à paz do conflito na Palestina pelo preâmbulo da referida Resolução 54 (1948), de 15 de Julho. Bem mais longe foi a referida Resolução 82 (1950), de 25 de Junho, que qualificou como ruptura da paz, e não mera ameaça à paz internacional, o Conflito Coreano, que inicialmente deveria ser qualificado como um conflito interno (ver, *supra*, parág. 44.2).

Mais tarde, a qualificação de conflitos internos como ameaças à paz generalizou-se: no Congo (apesar da intervenção belga; ver, *supra*, parág. 64), em parte na Rodésia (ver, *supra*, parág. 65), em parte na Bósnia-Herzegovina (apesar da qualificação do conflito ser polémica: ver, *supra*, parág. 9.1, 12.6 e 67), na Somália (ver, *supra*, parág. 66), no Ruanda (ver, *supra*, parág. 75.3.3), em Angola (ver, *supra*, parág. 20.5.2); Kosovo (ver, *supra*, parág. 32.6) e Timor Leste (ver, *supra*, parág. 69). O mesmo ocorreu na Libéria (ver, *supra*, parág. 32.3) e Serra Leoa (ver, *supra*, parág. 32.4 e 68), embora a intervenção da ECOWAS os tenha tornado mais complexos, ainda que em rigor não os tenha internacionalizado, já que a sua ECOMOG não chegou travar combates com forças governamentais, mas tão só rebeldes (sobre a noção de conflito internacional, ver, *supra*, parág. 9.1, 15 e, sobretudo, 102.1).

[2842] A ênfase colocada nesta viragem de milénio na prevenção dos conflitos, especialmente internos, vem confirmar esta conclusão. Na citada Declaração Presidencial 2000/25, o Conselho embora não se refira expressamente a conflitos internos, está claramente a pensar nestes. As menções aos problemas de tráfico de diamantes em África são referências claras aos actuais conflitos internos da Serra Leoa e Angola. Ou seja, o Conselho considera-se competente na prevenção de conflitos internos, embora nos termos do Capítulo VI; isto é, considera situações

Tal não significa que o regime jurídico das partes numa disputa interna seja idêntico ao aplicável a conflitos internacionais. Não existe ainda uma proibição de utilização da força a nível interno[2843]. Consequentemente, também não existe um dever de resolver por meios pacíficos estas controvérsias com conteúdo idêntico ao vigente internacionalmente; isto é, o artigo 2, n.º 3 da Carta, concretizado no Capítulo VI, especialmente pelo artigo 33, e consagrado pelo Direito Internacional Costumeiro[2844].

A prática não se ficou pela confirmação do alargamento interpretativo da noção de ameaça à paz aos conflitos armados internos. Foi mais longe, provavelmente provocando uma alteração do âmbito desta noção, por emenda tácita da Carta e não simplesmente por meio de uma interpretação extensiva. O fundamento deste alargamento já não pode considerar-se como predominantemente de manutenção da paz, mas sim pelo menos igualmente humanitário.

De qualquer forma, no que diz respeito ao alargamento da ameaça à paz para fora deste núcleo duro, com vista a aplicá-la a outras situações, o regime já será diferente. Qualquer aplicação da noção terá de ter por base necessariamente violações de normas de Direito Internacional e apenas quando imponham obrigações *erga omnes*[2845]. De facto, é o carácter *erga omnes* da violação que justifica a intervenção de uma entidade que, mesmo criada com poderes especiais pela Comunidade Internacional, é terceira em relação à questão e que só indirectamente tem poderes para velar pelo respeito destas obrigações.

---

de perigo de eclosão de um destes conflitos como questões cuja subsistência pode constituir uma ameaça à paz. Mas tal não significa que fique completamente excluída uma intervenção autoritária nos termos do Capítulo VII, mesmo numa mera situação de iminência ou perigo grave de surgimento de um conflito interno de grandes proporções.

[2843] Ver, *supra*, parág. 10.5 e 15.

[2844] Como ficou já sublinhado, o artigo 2, n.º 3 literalmente refere-se apenas a "controvérsias internacionais", embora estejam a surgir os primeiros elementos de prática (ainda prudente) que o visam estender às partes num conflito interno de grandes proporções (ver, *supra*, parág. 15.2.4).

[2845] Alguns autores aproximam mesmo a ameaça à paz da figura do "crime internacional" dos Estados: G. Gaja, *Réflexions* (...), cit., pág. 307; P.-M. Dupuy, *Sécurité Collective* (...), cit., pág. 625, nota 24; Manfred Mohr, *The ILC's Distinction between « International Crimes» and «International Delicts» and its Implications*, em *United Nations Codification of State Responsibility* (ed. Marina Spinedi/Bruno Simma), 1987, pág. 115-141, na pág. 126-127. Outros seguem a posição que se julga preferível: a da sua associação nestes casos simplesmente com violações graves de obrigações *erga omnes*: P. Picone, *Interventi delle Nazioni Unite* (...), cit., pág. 545 (embora o autor restrinja excessivamente a noção de obrigação *erga omnes*).

Os exemplos paradigmáticos desta extensão da noção prendem-se com situações de violações sistemáticas e graves dos direitos humanos[2846, 2847, 2848]

---

[2846] Assim, o Conselho afirmou: "<u>Notes</u> that the deliberate targeting of civilian populations or other protected persons and the committing of systematic, flagrant and widespread violations of international humanitarian and human rights law in situations of armed conflict **may constitute a threat to international peace and security**" [cfr. Resolução 1296 (2000), de 19 de Abril, parág. 5 (texto em RSSC, 2000, pág. 20-24)]. A utilização do "may" é uma forma de garantir a manutenção da sua autonomia interpretativa, legitimando a abstenção do Conselho em realizar tal qualificação quando o entenda politicamente conveniente. Este entendimento está longe de ser exclusivo do Conselho, a Assembleia Geral há muito que o sustenta; assim, para lá de situações específicas, por exemplo: "Calls upon all States, in accordance with the basic principles of international law, to refrain from practices aimed at **the violation of basic human rights** and which **constitute a threat to peace and international security**" [cfr. Resolução 40/148, de 13 de Dezembro de 1985 (texto em RDGAOR, 40th Session, 1985-1986, pág. 256-257, parág. 4].

[2847] Isto sem prejuízo das dificuldades em distinguir entre violações de direitos humanos que permitem uma intervenção do Conselho e violações que a não permitem. Em última análise, será sempre o direito à vida que constituirá o elemento essencial, embora a integridade física deva igualmente ser tida em conta. Mas não é possível ou sequer desejável traçar uma linha quanto ao número de vítimas (também Anne Julie Semb, *The New Practice of UN-Authorized Interventions- A Slippery Slope of Forcible Interference*, JPR, Vol. 37, No. 4, 2000, pág. 469-488, na pág. 479-480). Claramente, existem grupos mais protegidos, como crianças ou minorias étnicas, mas as motivações, o carácter deliberado das violações e o carácter inocente das vítimas são igualmente elementos a ter em conta.

A exigência de uma violação de uma norma internacional que imponha obrigações *erga omnes* não prejudica a qualificação como ameaças à paz de golpes militares que visem derrubar Governos democraticamente eleitos e a consequente legitimidade do recurso por parte do Conselho a medidas para pôr termo a estes. Ficou referido que o Direito Internacional não proíbe revoltas internas, mas que golpes de Estado [isto é, actos de ruptura da Ordem Jurídica interna levados a cabo por órgãos (incluindo militares) do Estado] serão normalmente ilícitos se o Governo deposto tiver base em eleições democráticas; de facto, tal implica violação dos direitos políticos dos cidadãos que o elegeram, ao colocar em causa o resultado do exercício destes. Os indivíduos responsáveis por estes, enquanto órgãos do Estado, encontram-se vinculados igualmente pelos direitos individuais reconhecidos pelo Direito Internacional (ver, *supra*, parág. 16.1 e 34.4.4). Claro está, um argumento que reforça a legitimidade da acção pelo Conselho é a ausência de título jurídico ao poder por parte das autoridades de facto (ver, *supra*, parág. 34.4.4).

A Doutrina, na sequência do precedente do Haiti, tem aceite que uma situação destas pode constituir uma ameaça à paz, ao menos se for associada a outras violações graves dos direitos humanos ou à fuga massiva de refugiados [neste sentido: W. Reisman, *Haiti* (...), cit., pág. 82-83; W. Beardslee, *The United States' Haiti* (...), cit., pág. 193; Douglas Lee Donoho, *Evolution or Expediency: The United Nations Response to the Disruption of Democracy*, CILJ, Vol. 29, 1996, pág. 329-382, na pág. 331 e 364-370; D. J. Lecce, *A Study Of The Dominican Republic And Haiti*, NLR, Vol. 45, 1998, pág. 247-262, na pág. 259; R. Ezetah, *The Right To Democracy* (...), cit., pág. 508-510 (parece basear estas intervenções no artigo

ou de destruição das condições ambientais com reflexos internacionais graves[2849, 2850].

---

24, o que não tem base na prática). Contrários ou com reservas: R. Falk, *The Haiti Intervention* (...), cit., texto nota 71; M. Glennon, *Sovereignty* (...), cit., pág. 71-72 e 74; R. Gordon, *Humanitarian Intervention* (...), cit., pág. 53.

[2848] No sentido de que violações graves e sistemáticas dos direitos humanos no seio de um Estado são ameaças à paz: R. Lillich, *Humanitarian* (...), cit., pág. 564 e em *The Role Of The Un Security* (...), cit., pág. 9 (por emenda tácita); C. Tomuschat, *Obligations* (...), cit., pág. 250-251; W. Michael Reisman, *Haiti and the Validity of International Action*, AJIL, Vol. 89, No. 1, 1995, pág. 82-84, na pág. 83; G. Capaldo, *Verticalità* (...), cit., pág. 70 e 74; Cedric E. Evans, *The Concept of "Threat to Peace" and Humanitarian Concerns: Probing the Limits of Chapter VII of the U.N. Charter*, TLCP, Vol. 5, 1995, pág. 213-236, na pág. 223-224 e 233; D. Bills, *International Human Rights* (...), cit., pág. 108-109, 114, 116 e 126; D. Wippman, *Change And Continuity* (...), cit., pág. 467-468; D. Pickard, *When Does* (...), cit., pág. 7; P. A. Fernández Sánchez, *La Violation Grave des Droits de l'Homme comme Menace contre la Paix*, RDISDP, Vol. 77, n. 1, 1999, pág. 23-51, na pág. 41 e 43; M. Bothe/B. Martenczuk, *Die NATO und die Vereinten Nationen* (...), cit., pág. 130; Anna Segall, *Economic sanctions: legal and policy constraints*, IRRC, No. 836, 31 December 1999, pág. 763-784, nota 39-40; C. Portela, *Humanitarian Intervention* (...), cit., pág. 11; C. Schreuer, *East Timor* (...), cit., pág. 23-24; N. Schrijver, *Some aspects* (...), cit., pág. 31. Contra: R. Falk, *The Haiti Intervention* (...), cit., texto nota 71. Com algumas reservas: S. Murphy, *Nation-Building* (...), cit., pág. 36-37.

Existe quem conteste este alargamento da noção "ameaça à paz", argumentando que a norma que se formou é a de que perante violações dos direitos humanos o Conselho de Segurança poderá actuar nos termos do Capítulo VII e que é um formalismo considerar que se está perante uma ameaça à paz, que seria uma distorção completa da noção [neste sentido: F. Teson, *Collective* (...), cit., pág. 370]. No entanto, tem sido esta a via seguida pelo Conselho, invocar sistematicamente o artigo 39 e a noção de "ameaça à paz". Ignorar como este tem fundamentado os seus actos não parece a melhor solução [também: D. Wippman, *Change And Continuity* (...), cit., pág. 464-465]. Não está em causa que uma ameaça à paz "clássica" e uma estritamente baseada em questões limitadas ao seio de um Estado imponham normalmente reacções distintas. Mas o regime jurídico é idêntico [contra: Robert C. Johansen, *Limits and Opportunities in Humanitarian Intervention*, em *The Ethics and Politics of Humanitarian Intervention* (ed. S. Hoffmann), Notre Dame, 1997, pág. 61-86, na pág. 63-66; invoca designadamente a necessidade de ter parcialmente em conta o artigo 2, n.º 7 CNU nas acções humanitárias; mas este preceito dificilmente terá qualquer aplicabilidade, pois está-se perante violações de obrigações *erga omnes* e o seu âmbito tem sofrido grandes limitações]. Simplesmente, a aplicação em concreto do regime do Capítulo VII poderá levar a soluções diferentes, tendo em conta a flexibilidade que permite.

[2849] O Conselho de Segurança, por intermédio da Declaração Presidencial de 31 de Janeiro de 1992 (texto em RDSCOR, 1992, pág. 65-67), sustentou em abstracto "The non-military sources of instability in the economic, social, humanitarian and **ecological fields** have become threats to peace and security". Não existem, contudo, precedentes concretos nesse sentido. O Conselho já em algumas resoluções se mostrou preocupado com as consequências ambientais de actos de Estados [cfr. Resolução 540 (1983), de 31 de Outubro (texto em RDSCOR, 1983, pág. 6-7), parág. 5 (sobre o conflito armado entre o Iraque e o Irão, em

Deste modo, à medida que as questões vão perdendo a sua perigosidade directa quanto à manutenção da paz, o grau de exigência quanto à responsabilidade dos Estados, ou outras entidades, implicados na situação aumenta para que se possa qualificar a questão como uma ameaça à paz. De uma mera responsabilidade material, independente da prática de qualquer acto ilícito, passa-se a exigir que a entidade com o seu comportamento tenha praticado um acto ilícito grave que viole uma norma que estabelece obrigações em relação à Comunidade Internacional[2851].

relação à vida marinha); a citada Resolução 687 (1991), de 3 de Abril, parág. 16, sobre os danos ambientais provocados pelo Iraque no conflito do Golfo; Declaração Presidencial 2001/13, de 3 de Maio (UN Doc. S/PRST/2001/13): "The Security Council notes with concern the terrible toll the conflict is taking on the people, economy and **environment** of the Democratic Republic of the Congo"], mas nunca as qualificou directamente como uma ameaça à paz. Tudo indica, contudo, que poderão existir situações em que se justifique uma intervenção autoritária por força de uma ameaça grave ao ambiente.

[2850] A sua qualificação como ameaças à paz é sustentada: Catherine Tinker, *"Environmental Security" in the United Nations: Not a Matter for the Security Council*, TELR, Vol. 59, 1992, pág. 787-801, na pág. 790, 793-794 e 800 (mas considera que as medidas bélicas não serão as mais adequadas); Linda A. Malone, *Discussion In The Security Council On Environmental Intervention In Ukraine*, LLALR, Vol. 27, 1994, pág. 893-916, na pág. 895, 898, 902-903, 906 e 911 (parece a sua posição, já que na sua ficção a proposta só não é aprovada devido a um veto) e em *"Green Helmets"* (...), cit., pág. 523, 530, 533 e 534; M. Doxey, *International Sanctions* (...), cit., pág. 50. Contra: Alfred P. Rubin, *Book Review: Recueil des Cours de l'Académie de Droit International de La Haye, 1976*, AJIL, Vol. 79, 1985, pág. 251-254, na pág. 253.

[2851] O caso em que o Conselho de Segurança foi mais longe na qualificação de uma questão concreta como ameaça à paz é a que se prende com o incidente aéreo de Lockerbie. Na sua Resolução 748 (1992), de 31 de Março (texto em RDSCOR, 1992, pág. 52-54), o Conselho veio considerar que a recusa da Líbia em entregar aos EUA ou Reino Unido os dois acusados pelo atentado, cidadãos da primeira, constituía uma ameaça à paz. Assim, no último parágrafo do preâmbulo desta Resolução afirma-se: "Determining in this context that the failure by the Libyan Government to demonstrate, by concrete actions its renunciation of terrorism and **in particular** its continued failure to respond fully and effectively to the requests in resolution 731 (1992), constitute a threat to international peace and security," e parág. 1: "Decides that the Libyan Government must now comply without any further delay with paragraph 3 of resolution 731 (1992) regarding the requests contained in documents S/23306, S/23308 and S/23309". Documentos estes que contêm a exigência de extradição dos acusados. Mas à luz do Direito Internacional Costumeiro, bem como da Convenção de Montreal de 1971 (que, pelo menos, deixa intocado este direito; embora esta convenção não vincule o Conselho), a Líbia tinha clara legitimidade para recusar a extradição, desde que julgasse os seus cidadãos. Assim, converteu-se em ameaça à paz a recusa da Líbia em aceder a exigências de outros Estados no exercício de um direito reconhecido ou de acatar uma Resolução não vinculativa. De facto, a Resolução 731 (1992), de 21 de Janeiro (texto em RDSCOR, 1992, pág. 51-52), que é invocada pelo Conselho, foi adoptada à luz do Capítulo VI [o que não impediu que os EUA, Reino Unido e França, partes na controvérsia, tivessem votado, em violação do artigo 27, n.º 3, parte final (ver, *supra*, parág. 48.4)], sendo uma mera recomendação. É certo que esta no preâmbulo considera actos de terrorismo como uma ameaça à paz, mas em abstracto. Não qualifica em concreto o ataque ao avião comercial americano em Lockerbie como tal. Daí que o Tribunal Internacional de Justiça tenha afirmado: "As to Security Council resolution 731 (1992), adopted before the filing of the Application, it could not form a legal impediment to the admissibility of the latter because it **was a mere recommendation without binding effect, as was recognized moreover by the United States** [cfr. *Case Concerning Questions of Interpretation* (...) (Libya v. USA), cit., *I.C.J. Reports* 1998, pág. 131, parág. 43; *Case Concerning Questions of Interpretation* (...) (Libya v. United Kingdom), cit., *I.C.J. Reports* 1998, pág. 26, parág. 44]; contra: Evensen, Tarassov, Guillaume e Aguilar Mawdsley, *Joint Declaration*, em *Case Concerning Questions of Interpretation* (...) (Libya v. USA), cit., *I.C.J. Reports* 1992, pág. 136, parág. 4; El-Kosheri, *Dissenting Opinion*, em *Case Concerning* (...), cit., pág. 202, parág. 11 (embora a considere uma mera recomendação, mas alega que fundada no artigo 39); G. Capaldo, *Verticalità* (...), cit., pág. 67].

Que um acto lícito que em si constitua uma ameaça directa à paz possa ser qualificado como tal, estará muito bem, mas é abusivo que um acto lícito inofensivo sob o ponto de vista militar seja qualificado deste modo [ver também: Bernhard Graefrath, *Leave to the Court What Belongs to the Court – The Libyan Case*, EJIL, Vol. 4, No. 2, 1993, pág. 184 e segs., texto notas 37-38 e 50-52; P. Picone, *Interventi delle Nazioni Unite* (...), cit., pág. 544-545; F. Kirgis, *The Security Council's First* (...), cit., pág. 515]. Ora, segundo se julga, com esta qualificação, o Conselho não se limitou a interpretar/aplicar erroneamente a noção "ameaça à paz", cometeu mesmo um erro manifesto, que invalidou as suas medidas e viabilizou uma apreciação judicial do modo como utilizou a sua autonomia interpretativa. A situação coloca ainda um segundo problema que é o de determinar se com a exigência consequente à Líbia para extraditar os seus cidadãos o Conselho não terá violado limites a que o seu poder se encontra sujeito (ver, *infra*, parág. 83).

O mesmo voltaria a fazer na Resolução 1054 (1996), de 26 de Abril (texto em RDSCOR, 1996, pág. 74), onde afirma: "*Determining* that the non-compliance by the Government of Sudan with the requests set out in paragraph 4 of resolution 1044 (1996) constitutes a threat to international peace and security". Ora, a invocada Resolução 1044 (1996), de 31 de Janeiro (texto em RDSCOR, 1996, pág. 72), no seu parág. 4, exige que o Sudão extradite os responsáveis pela tentativa de homicídio contra o Presidente do Egipto ocorrida na Etiópia em 26 de junho de 1995. Contudo, mais uma vez, esta resolução não pode ser considerada como obrigatória já que não tem base no Capítulo VII, visto que não o invoca ou realiza qualquer qualificação à luz do artigo 39. Trata-se, pois, de um acto semelhante ao constante da Resolução 748 (1992). A única diferença é que a Resolução 1044 (1992) invoca igualmente como fundamento para a extradição um tratado sobre a questão entre a Etiópia e o Sudão, não sendo, porém, nada claro que este fosse aplicável. Em consequência, a referida Resolução 1054, no seu parág. 3 e 4, bem como a Resolução 1070 (1996), de 16 de Agosto (texto em RDSCOR, 1992, pág. 75), parág. 3, estabeleceram sanções contra o Sudão. Estas apenas seriam revogadas pela Resolução 1372 (2001), de 28 de Setembro [UN Doc. S/RES/1372 (2001)], parág. 1.

Mas esta prática de considerar como ameaças à paz o desrespeito de resoluções que não são vinculativas em matéria de terrorismo não se ficou por aqui. Assim, em relação aos

Mesmo nestes termos, este alargamento tornou qualificáveis como ameaças à paz questões que a uma primeira aproximação apenas poderiam ser consideradas como integrando a figura prevista no Capítulo VI, isto é, uma controvérsia ou uma situação cuja subsistência poderá fazer perigar a manutenção da paz e segurança internacionais[2852, 2853].

Talibãs no Afeganistão, o Conselho "exigiu" pela Resolução 1214 (1998), de 8 de Dezembro, parág. 13 (texto em RSSC, 1998, pág. 113-115), que não tinha base no Capítulo VII, que estes cessassem o seu apoio a terroristas. Posteriormente, pela sua Resolução 1267 (1999), de 15 de Outubro (texto em RSSC, 1999, pág. 63-65), veio considerar que "Determining that the failure of the Taliban authorities to respond to the demands in paragraph 13 of resolution 1214 (1998) constitutes a threat to international peace and security". Em consequência, exigiu com base no Capítulo VII que os Talibãs extraditassem um indivíduo acusado da destruição das Embaixadas Americanas em 7 de Agosto de 1998 no Quénia e Tanzânia (parág. 2) e adoptou sanções para levar ao cumprimento da exigência (parág. 4). Agravadas pela Resolução 1333 (2000), de 19 de Dezembro (texto em RSSC, 2000, pág. 88-92), parág. 5-8. Apenas na Resolução 1363 (2001), de 30 de Julho [UN Doc. S/RES/1363 (2001), 30 July 2001], o Conselho qualificou a própria situação no Afeganistão como uma ameaça à paz, convalidando, para o futuro, este vício no fundamento destas sanções.

Deste modo, os membros do Conselho parecem entender que a Carta legitima que se considere como uma ameaça à paz a desobediência a uma resolução não vinculativa, pelo menos em matéria de terrorismo [sustentou igualmente esta posição H. Kelsen, *The Law* (...), cit., pág. 96 e 293; C. Eagleton, *The Jurisdiction* (...), cit., pág. 514, admite-a, mas sem se comprometer, sublinhando que estas recomendações não são obrigatórias].

Segundo se julga, trata-se de uma interpretação que não deve ser acolhida. Tal levaria a uma identificação prática do regime do Capítulo VI e do Capítulo VII em desconsideração da letra da Carta, que distingue as meras recomendações das decisões, sujeitando estas últimas sempre ao direito de veto (ver, *supra*, parág. 49.3). Quer os actos adoptados à luz do segundo, quer os do primeiro, poderiam ser executados compulsivamente. O Conselho, quando muito, poderá considerar que o mero apoio de um Estado ao terrorismo é uma ameaça à paz e, na sequência desta qualificação, impor um dever de cessar este apoio. Mas, especialmente na Resolução 1267 (1999), resulta bem claro que não são as actividades iniciais da entidade que estão em causa, mas o simples desrespeito da recomendação. Assim, o Conselho por meio de uma recomendação conseguiu fazer alterar o regime do Capítulo VI para o VII, sem que a nível factual existisse qualquer alteração (pelo menos que este tivesse tido em conta), salvo a inacção perante a sua recomendação.

Claro está, se esta interpretação da Carta se mantiver sem protestos, ao menos de uma minoria dos membros das Nações Unidas, será necessário reconhecer que esta prática poderá vir a ter eficácia para diminuir ainda mais os limites a que o Conselho de Segurança está sujeito. Tal significará que, na prática, igualmente as suas resoluções aprovadas nos termos do Capítulo VI se tornarão obrigatórias, já que o seu simples incumprimento justificará a aprovação de sanções. Mas, perante o actual regime vigente, julga-se que as qualificações realizadas nestes três casos devem ser consideradas como inválidas, bem como as sanções aprovadas à sua luz.

[2852] Na sua prática, o Conselho de Segurança tem utilizado muitas vezes expressões ambíguas que parecem referir-se simultaneamente ao Capítulo VI e ao VII. Assim, por exemplo, na Resolução 713 (1991), de 25 de Setembro (texto em RDSCOR, 1991, pág. 42-43), a propósito da situação que se começava a agravar na então Jugoslávia, afirmou no preâmbulo: "the continuation of this situation constitutes a threat to international peace and security". Isto é, a situação ainda não era uma ameaça, apenas a continuação o seria, sugerindo que se estava perante uma questão do Capítulo VI. No entanto, no parág. 6 criou um embargo nos termos do Capítulo VII. Ou seja, é necessário entender que a situação em geral na Jugoslávia era ainda típica do Capítulo VI, mas o fornecimento de armas já constituía uma ameaça à paz (ver, *supra*, parág. 67).

Na Resolução 765 (1992), de 16 de Julho (texto em RDSCOR, 1992, pág. 104-105), no parág. 3 do preâmbulo, sobre a situação na África do Sul, afirma-se "Concerned that the continuation of this situation would seriously jeopardize peace and security in the region". A subtileza do uso do termo "seriously jeopardize", que parece ir mais longe do que a situação própria do Capítulo VI, mas depois a referência à "continuation of this situation". Resulta claro que não se esteve perante uma situação própria do Capítulo VII, mas estas subtilezas não facilitam a tarefa do intérprete. Na mesma situação se encontra a Resolução 746 (1992), de 17 de Março (texto em RDSCOR, 1992, pág. 56-57) que fala em "concerned that the continuation of the situation in Somalia constitutes a threat to international peace and security" (parág. 6 do preâmbulo).

Outra qualificação que é um prodígio de ambiguidade consta da Resolução 767 (1992), de 27 de Julho (texto em RDSCOR, 1992, pág. 59-60), igualmente sobre a questão da Somália, que utiliza a frase "concerned that the situation in Somalia constitutes a threat to international peace and security" (sétimo parágrafo preambular). Aparentemente, está-se mesmo perante uma qualificação própria do artigo 39, mas a ambiguidade é introduzida pelo "concerned". O Conselho ainda não qualifica a situação como uma ameaça à paz, limita-se a manifestar preocupação que esta o seja. A prática sugere que efectivamente o Conselho ainda não quis realizar uma qualificação à luz do artigo 39 (ver, *supra*, parág. 66).

Mas a qualificação mais ambígua que se encontrou foi a consagrada na Resolução 743 (1992), de 21 de Fevereiro (texto em RDSCOR, 1992, pág. 8-9), que afirma "Concerned that the situation in Yugoslavia continues to constitute a threat to international peace and security". Na realidade, apenas na referida resolução 713 (1991), o Conselho fizera uma qualificação tácita do fornecimento de armas como uma ameaça à paz, não qualificara a situação em si como ameaça à paz. Logo a referência ao "continues" não faz sentido. Nem se pode afirmar que realizou uma interpretação autêntica da qualificação realizada da situação na Resolução 713. A qualificação constante desta Resolução 743, por força do "concerned", tendo em conta o precedente da Resolução 767 (1992), não parece satisfazer as exigências do artigo 39. Julga-se, pois, que continuou a actuar à luz do Capítulo VI [contra: N. White, *Keeping* (...), cit., pág. 253; T. Christakis, *L'Onu* (...), cit., pág. 20-21].

Noutros casos, apesar da situação no terreno ser claramente uma ruptura da paz, o Conselho utilizou expressões ainda próximas do Capítulo VI. Assim, na Resolução 514 (1982), de 12 de Julho (texto em RDSCOR, 1982, pág. 19), preâmbulo, e Resolução 522 (1982), de 4 de Outubro (texto em RDSCOR, 1982, pág. 19-20), preâmbulo, ambas sobre a situação entre o Irão e o Iraque, em que fala em "endangering peace and security". Também o conflito armado internacional entre a Arménia e o Azerbaijão seria tratado da mesma forma na Resolução

Ao lado da ameaça à paz podem ainda ser enquadradas por grau de gravidade outras noções que a Carta estabelece como pressuposto de actuação do Conselho de Segurança ou mesmo da Assembleia Geral.

A mais ampla e menos grave é a consagrada no artigo 14 CNU: situação que a Assembleia "julgue prejudicial ao bem-estar geral ou às relações amistosas entre nações". É um conceito que abrange quer situações, quer controvérsias, mas que ainda não colocam questões de manutenção da paz, caso contrário seria aplicável o artigo 11, n.º 2 ou interviria o Conselho de Segurança[2854].

Em bom rigor, está-se perante duas figuras. Aquela que pela sua natureza pode prejudicar o "bem estar geral" e aquela que pode prejudicar "as relações amistosas entre nações". Trata-se de noções que embora possam compreender situações derivadas da prática de actos ilícitos, como é referido expressamente pelo artigo 14, parte final, podem igualmente incluir situações puramente objectivas. No entanto, tendo em conta o artigo 2, n.º 7, a abordagem destas situações terá de ter o consentimento das partes ou, pelo menos, não implicar qualquer censura para estas.

---

822 (1993), de 30 de Abril, preâmbulo, Resolução 874 (1993), de 14 de Outubro, preâmbulo e parág. 10 e Resolução 884 (1993), de 12 de Novembro (textos em RDSCOR, 1993, pág. 70-74), preâmbulo e parág. 6 ("undermine" ou "endanger peace and security in the region").

Noutro plano se encontram outras qualificações que são já próprias do Capítulo VII. Assim, por vezes utiliza a frase "threats to international peace and security in the region". Mas nestes casos a referência à região é apenas uma identificação da zona onde estes têm ocorrido e pretende mesmo ser uma qualificação à luz do artigo 39 CNU e, portanto, de aplicação do Capítulo VII. Foi o que se passou, por exemplo, na Resolução 460 (1979), de 21 de Dezembro (texto em RDSCOR, 1979, pág. 15-16), preâmbulo, sobre a Rodésia; na Resolução 688 (1991), de 5 de Abril (texto em RDSCOR, 1991, pág. 31-32), preâmbulo e parág. 1 e 2 (sobre o Iraque, embora não cite o Capítulo VII expressamente); Resolução 815 (1993), de 30 de Março (texto em RDSCOR, 1993, pág. 24), preâmbulo (ex-Jugoslávia); Resolução 873 (1993), de 13 de Outubro (texto em RDSCOR, 1993, pág. 125), preâmbulo e Resolução 940 (1994), de 31 de Julho (texto em RDSCOR, 1994, pág. 51), preâmbulo (em relação ao Haiti e ambas invocam o Capítulo VII).

Igualmente em uns casos qualifica a situação como ameaça à paz e em outras como ameaça à paz e segurança internacionais, mas ambas pretendem realizar qualificações da situação à luz do artigo 39. Trata-se de flutuações terminológicas juridicamente irrelevantes. À luz da prática, uma ameaça à paz e uma ameaça à paz e segurança têm sido aplicadas às mesmas situações e sujeitas ao mesmo regime.

[2853] N. White, *Keeping the Peace* (...), cit., pág. 38-39 considera difícil distinguir entre as duas, mas porque distingue apenas entre ameaça e perigo para a paz quando a figura consagrada no artigo 34 apenas criará perigo pela sua subsistência. Esta não constitui ainda um perigo. A grande diferença é se é já imediatamente ou não um perigo/ameaça, já que a diferença entre perigo e ameaça é pequena.

[2854] Assim: O. Kimmnich, *Article 14*, cit., pág. 284-285.

Claramente, à luz da primeira figura, a Assembleia pode intervir perante situações derivadas de problemas ecológicos ou crises económicas. Nas situações que podem "prejudicar as relações amistosas" podem ser integradas questões como a extrema pobreza, subdesenvolvimento, violações menos graves ou pontuais dos direitos humanos ou, claro está, questões que se prendem com a intenção original do preceito: situações que por alteração de circunstâncias se tornaram injustas, sendo avisada a sua revisão, designadamente, situações derivadas da execução de um tratado[2855].

Outra noção que constitui também um pressuposto da competência da Assembleia Geral é a constante do artigo 11, n.º 2: "quaisquer questões relativas à manutenção da paz e da segurança internacionais". Julga-se que se trata de uma figura que compreende as situações de ameaça à paz, ruptura desta e agressão, bem como questões compreendidas no Capítulo VI da Carta. Ou seja controvérsia ou situação susceptível de pela sua subsistência poder vir a constituir uma ameaça à paz (artigos 33, n.º 1 e 34 CNU). Esta conclusão é confirmada pelo artigo 35 que atribui competência à Assembleia Geral concorrente com o Conselho[2856] em relação a questões próprias do Capítulo VI.

Este entendimento é igualmente apoiado pela noção constante do artigo 11, n.º 3 que permite à Assembleia chamar a atenção do Conselho para quaisquer questões susceptíveis de colocar em perigo a paz. Trata-se de uma noção substancialmente idêntica à prevista no artigo 99, que confere o mesmo poder ao Secretário-Geral. Pode-se aceitar que literalmente corresponde à figura do Capítulo VI ou, quando muito, compreende igualmente a ameaça à paz; mas por maioria de razão deve aplicar-se a todas as situações do Capítulo VII. Seria estranho que a Assembleia Geral ou o Secretário-Geral pudessem chamar a atenção do Conselho para questões do Capítulo VI ou ameaças à paz, mas não para rupturas da paz[2857]. Também o artigo 12, para o qual o artigo 11, n.º 2 remete, confirma este entendimento. De facto, o artigo 12 não restringe o seu âmbito de aplicação apenas aos momentos em que o Conselho de Segurança está a exercer as suas com-

---

[2855] Ver sobre o artigo 14, *supra*, parág. 43.2 e 44.1.

[2856] Salvo, literalmente, o artigo 12; mas a eficácia jurídica deste parece praticamente eliminada (ver, *infra*, parág. 91.1).

[2857] De algum modo, os autores da Carta entenderam que as rupturas da paz e agressões seriam tão claras que não seria necessário qualquer chamada de atenção pela Assembleia Geral ou pelo Secretário-Geral. A prática do Conselho tem mostrado que tal nem sempre se tem verificado (já ficaram referidas as omissões do Conselho em conflitos como o verificado entre o Iraque e o Irão ou entre a Arménia e o Azerbaijão; ver, *supra*, parág. 52).

petências previstas no Capítulo VI, mas sim em geral em relação a qualquer controvérsia ou questão. Deste modo, pressuposta ao artigo 12 encontra-se a competência da Assembleia Geral para se pronunciar sobre qualquer questão sobre a qual o Conselho se possa debruçar. Estão, pois, compreendidas as questões abrangidas pelo Capítulo VI e VII. Acresce que substancialmente não faria sentido restringir a competência da Assembleia a apenas qualquer um dos Capítulos. Ambos dizem respeito à manutenção da paz.

Mas o Capítulo VI, para lá da figura de questão susceptível de pela sua subsistência se converter num perigo para a paz e à segurança internacionais, consagra no artigo 34 ainda duas outras figuras. A primeira é simplesmente qualquer controvérsia; e a segunda a de situação susceptível de causar fricção internacional ou provocar uma controvérsia. São noções paralelas à figura do artigo 14, embora tenham um âmbito mais restrito. A segunda é uma situação que constitui pressuposto para a abertura oficiosa de um inquérito pelo Conselho de Segurança para determinar se esta preenche os pressupostos do Capítulo VI, isto é, questão cuja subsistência pode torná--la num perigo para a paz. Quer esta, quer a primeira prevista pelo artigo 33, n.º 1, são mais restritas do que a prevista no artigo 14, porquanto já se estabelece uma ligação entre esta e o surgimento de um atrito ou controvérsia. Não se trata de poder prejudicar uma relação amistosa, mas já de criar um problema sério entre dois Estados.

De qualquer forma, por força do alargamento da noção de ameaça à paz de modo a compreender igualmente situações que caberiam apenas no pressuposto do Capítulo VI, é necessário concluir que igualmente este deve ser interpretado liberalmente. O Conselho parece, pois, poder intervir nos termos do Capítulo VI perante uma situação semelhante às previstas no artigo 14 da Carta, embora por se encontrar sujeito ao artigo 2, n.º 7, só o possa fazer em caso de violações do Direito Internacional ou com o consentimento das partes[2858].

**80. Ruptura da paz.** A figura da ruptura da paz é um pressuposto com maior grau de densidade semântica do que a da ameaça à paz.

Em relação à sua estrutura, a ruptura distingue-se da ameaça à paz pela circunstância de nesta última ainda existir uma situação de paz, ainda que ameaçada. Na ruptura da paz já não existe qualquer situação de paz. Esta foi substituída por uma conjuntura de conflito armado ou pelo menos pela verificação de actos bélicos; isto é, trata-se de uma figura estritamente

---

[2858] Ver sobre o artigo 2, n.º 7, *infra*, parág. 86.

bélica, insusceptível de ser alargada para fora deste âmbito, ao contrário da ameaça à paz. Mas para que se possa sustentar que existe uma ruptura da paz o conflito armado deve ser mais do que um simples incidente fronteiriço. Deve ser caracterizado por alguma continuidade, como aparentemente é confirmado pela prática do Conselho de Segurança[2859].

De qualquer modo, com o fim da relevância da figura do estado jurídico de guerra[2860] é pouco importante determinar exactamente quando é que se pode considerar que deixou de existir uma situação de paz, por ter ocorrido uma ruptura.

Materialmente, quanto à amplitude das operações militares, a ruptura da paz não é necessariamente menos grave do que a agressão. Pode até ser mais grave. Simplesmente, juridicamente, as situações são distintas, pois na ruptura da paz o Conselho abstém-se, pelo menos na fase inicial, de responsabilizar um Estado por esta. Portanto, não é identificado um agressor. A ruptura da paz é ainda uma qualificação puramente material. Não implica um juízo jurídico em relação à responsabilidade de uma das partes[2861].

---

[2859] O Conselho na sua Resolução 54 (1948), de 15 de Julho (texto em RDSCOR, 1948, pág. 22-23), parág. 4 do preâmbulo, depois de qualificar a situação entre Israelitas e Árabes como uma ameaça à paz e ordenar a cessação das hostilidades, afirmou: "Declares that failure by any of the Governments or authorities concerned to comply with the preceding paragraph of this resolution would demonstrate the existence of a breach of the peace within the meaning of Article 39". Em rigor, a situação já seria de ruptura da paz, mas dado que a situação, apesar das intervenções estrangeiras e do reconhecimento restrito de Israel, ainda tinha algumas componentes internas, o Conselho entendeu restringir a qualificação à mera ameaça à paz. Todas as qualificações formais de ruptura da paz realizadas pelo Conselho disseram respeito a conflitos armados abertos entre Estados ou, pelo menos, entre exércitos organizados, como na Coreia, em que ambas as partes tinham já sido objecto de alguns reconhecimentos formais como Governo. Assim, na sua mencionada Resolução 82 (1950) de 25 de Junho, relativa ao conflito na Coreia; na Resolução 502 de 3 de Abril de 1982, parág. 3 do preâmbulo (texto em RDSCOR, 1982, pág. 15), sobre o conflito nas Malvinas; na Resolução 598 (1987) de 20 de Julho, parág. 9 do preâmbulo (texto em RDSCOR, 1987, pág. 5-6) sobre o Conflito entre o Irão e o Iraque; e na Resolução 660 (1990) de 2 de Agosto, parág. 2 do preâmbulo (texto em RDSCOR, 1990, pág. 19), sobre a Guerra do Golfo.

[2860] Ver, *supra*, parág. 10.2.

[2861] Assim, durante a discussão da questão indonésia em 1947, perante conflito armado entre a Indonésia e a Holanda, a Austrália afirmou: "Under Article 39, we are alleging a breach of the peace, but we assume that this means a breach of international peace and applies to cases where hostilities are occurring, but where it is not alleged that one particular party is the aggressor or has committed an act of aggression" (cfr. RPSC, 1946-1951, Chapter 11, pág. 430).

Tal não significa que subjacente não se encontre uma violação do Direito Internacional. De facto, normalmente existirá uma violação da proibição de uso da força, embora sejam configuráveis hipóteses em que tal não aconteça. Assim, se um bando armado realiza um ataque a partir do território de um Estado contra outro e as forças deste segundo respondem em estado de necessidade: o bando armado não violou o Direito Internacional, pois este não o vincula a não usar a força; e o Estado atacado ao responder também não o violou em relação ao Estado cujo território foi usado pelo grupo, visto poder justificar o acto numa causa de exclusão da ilicitude[2862]. No entanto, porque existiu um conflito transfronteiriço, mesmo que uma das suas partes não seja um Estado, o Estado que reage atinge ainda o território do Estado vizinho, desrespeitando a sua soberania e praticando um acto que colide com a proibição de uso da força que necessita de uma justificação. Existe, pois, uma ruptura da paz. Outra possibilidade é um conflito armado interno entre duas partes fortemente organizadas e que já obtiveram algum reconhecimento internacional, apesar de ainda não terem obtido efectividade suficiente para ficarem sujeitas à proibição de uso da força[2863].

De qualquer forma, nas rupturas da paz, o Conselho simplesmente abstém-se de apontar o responsável ou, pelo menos, entende que a violação da proibição de uso da força não implicou naquele caso uma agressão.

No que diz respeito aos seus responsáveis, à luz da prática do Conselho, a ruptura da paz é caracterizada por um conflito armado entre sujeitos vinculados pela proibição de uso da força ou entre um destes sujeitos e outra entidade, mas que atinge o território de outro Estado. Excepcionalmente, pode decorrer igualmente de um conflito armado entre entidades que, apesar de não estarem vinculadas pela proibição de uso da força entre si, obtiveram já alguns apoios internacionais e se encontram fortemente organizados, com estruturas paralelas às dos Estados. Este apoio já se terá traduzido em alguma forma de reconhecimento que trará muito maior melindre jurídico-político ao conflito e riscos de intervenção estrangeira[2864].

Deste modo, um conflito entre movimentos armados ou de um destes contra um Governo em que os movimentos não tenham passado a gozar da protecção da proibição de uso da força não constituirá uma situação de

---

[2862] Ver, *supra*, parág. 12.3.

[2863] Como se terá passado no Conflito Coreano (ver, *supra*, parág. 10.5.2.1 e 44.2).

[2864] Em sentido paralelo: Q. Wright, *The Prevention* (...), cit., pág. 524-525; J. Frowein, *Article 39*, cit., pág. 609 (em termos um pouco mais latos); contra, insistindo na natureza interestadual: T. Christakis, *L'Onu* (...), cit., pág. 50.

ruptura da paz. Normalmente, estes movimentos não terão obtido apoio formal internacional que torne a situação politicamente complexa. Tratando-se de um conflito interno não se justificará a sua qualificação como uma ruptura da paz internacional na falta destes elementos. Claro está, a existir intervenção no conflito de um Estado estrangeiro com as suas forças armadas do lado do movimento armado, a situação mudará de figura. Com efeito, se este utilizar as suas forças contra o Governo do Estado em que existe o conflito, existirá um puro conflito armado internacional, plenamente sujeito à proibição de uso da força.

Embora tal não seja inteiramente líquido, uma ruptura da paz poderá igualmente existir numa situação em que um movimento armado ataque um Estado vizinho. De facto, estes movimentos encontram-se vinculados pela proibição de uso da força em relação a Estados estrangeiros, mesmo que não possam reivindicar a sua protecção. Esta apenas não se aplica em relação às forças do Governo do seu próprio Estado[2865].

Em suma, normalmente a ruptura da paz pressupõe um conflito internacional, isto é, entre entidades plenamente vinculadas pela proibição de uso da força ou que afecte o seu território. Tal só não sucederá em casos em que se esteja perante um conflito entre movimentos armados fortemente organizados que foram já objecto de reconhecimentos contraditórios como Governo ou Estado, sem que reúnam as condições para se lhes aplicar a proibição de uso da força ou para terem adquirido automaticamente o estatuto de Governo/Estado por força do Direito Internacional ou por um reconhecimento constitutivo[2866]. Ou quando um movimento armado ataque um Estado terceiro.

**81. Agressão.** Tal como a ruptura da paz, trata-se de uma figura aplicável apenas a situações bélicas, sejam já conflitos armados abertos, sejam ao menos utilizações pontuais da força dotadas de alguma gravidade. Estes têm de ter sido provocados por um Estado ou por uma outra entidade sujeita à proibição do uso da força, como será o caso de uma organização internacional ou um movimento armado contra um Estado estrangeiro[2867].

---

[2865] Ver, *supra*, parág. 10.5.1.

[2866] Ver, *supra*, parág. 34.

[2867] Não é de excluir a possibilidade de as próprias Nações Unidas poderem ser autoras de uma agressão por decidirem usar a força em violação grave dos pressupostos ou limites do seu poder bélico. Mas, claro está, tal é irrelevante para efeitos do artigo 39. Se esta agressão decorrer de um abuso do mandato concedido pelo Conselho aos órgãos superiores de uma Força da organização, o Conselho poderá sempre intervir independentemente de

Esta conclusão deve-se à circunstância de a agressão se distinguir da ruptura da paz precisamente porque na primeira existiu uma violação clara daquela proibição imputável a uma das partes[2868].

Já ficou esclarecido que a agressão constitui uma violação grave da proibição de recurso à força e que, deste modo, nem todas as violações do artigo 2, n.º 4 e artigo 53, n.º 1, segunda parte, ou das correspondentes normas costumeiras, constituem agressões. Ficou igualmente explanado que a noção de agressão não se identifica com a figura do ataque armado prevista no artigo 51 CNU como pressuposto da legítima defesa. A noção de ataque armado é mais restrita (e grave) do que a de agressão, o que significa que existem actos de agressão que não legitimam o recurso à legítima defesa[2869]. Deste modo, a agressão é mais restrita do que a noção de violação do artigo 2, n.º 4, mas mais ampla do que a de ataque armado, que constitui uma agressão mais extensa, por pressupor uma escala apreciável. Mais grave do que o ataque armado somente a chamada "guerra" de agressão que é considerada como um crime contra a paz que, ao menos teoricamente, implica responsabilidade penal dos indivíduos responsáveis pelas principais decisões[2870].

---

qualquer qualificação à luz do artigo 39. Este tem sempre autoridade sobre o secretariado, incluindo à luz do Capítulo VI (ver, *supra*, parág. 60). Se for o próprio Conselho o responsável pela agressão, a Assembleia Geral ou os Estados poderão condenar a acção independentemente da qualificação da acção. A possibilidade de sujeitar os responsáveis pela decisão das Nações Unidas a responsabilidade penal por crimes contra a paz nunca foi seriamente considerada e não será de esperar que a tipificação deste à luz do Estatuto de Roma os possa abranger.

[2868] A condenação da agressão constante da Resolução 507 (1982), de 28 de Maio (texto em RDSCOR, 1982, pág. 12-13), parág. 2 ("Strongly condemns the mercenary aggression against the Republic of Seychelles"), dirigida contra um grupo de mercenários, é problemática. Esta só poderá ser considerada como uma agressão se se estiver perante uma violação do artigo 2, n.º 4 CNU. Ora, este preceito não se aplica em relação a meros bandos armados (ver, *supra*, parág. 10.5). Claro está, se por força da sua organização e poder, tendo em conta a capacidade bélica do Estado atacado, este grupo for uma ameaça real para este Estado, a qualificação já poderá ser aplicável. O grupo afinal, em relação aquele Estado, poderá ser considerado como um movimento armado. Mas, resolvido este problema, coloca-se um segundo. Saber se o grupo/movimento é essencialmente estrangeiro, altura em que se encontrará vinculado pela proibição de uso da força em relação àquele Estado ou se é essencialmente constituído por nativos; neste caso, não se encontrará sujeito ao artigo 2, n.º 4, por se estar perante uma acção interna. Nesta situação, aparentemente, tratou-se de uma acção de mercenários essencialmente sul-africanos, mesmo que ao serviço do deposto Presidente. A qualificação não será, pois, descabida.

[2869] Embora permitam auto-tutela defensiva; ver, *supra*, parág. 12.1.

[2870] Trata-se da posição que ficou consagrada no citado Estatuto do Tribunal Militar Internacional de Nuremberga, artigo 6, al. a), que passaria para o artigo 5, al. a) do referido Estatuto do Tribunal Militar Internacional do Extremo Oriente (Tóquio). Daí que o Tribunal

A qualificação de agressão implica, pois, um apuramento do responsável e o consequente juízo jurídico sobre a acção deste. O agressor é responsabilizado directamente pelo início do conflito; o que acarreta uma série de consequências jurídicas e políticas.

Assim, por um lado, implica responsabilidade internacional pela acção que recai sobre o Estado ou entidade colectiva agressora[2871].

---

Internacional de Nuremberga tenha afirmado com base no Direito Internacional Costumeiro (e não no seu Estatuto): "that resort to a war of aggression is not merely illegal, but is criminal" (cfr. *Trial of the Major War Criminals before the International Military Tribunal*, Nuremberg, 1947, vol. I, pág. 171-341 (sentença), na pág. 222) e o Tribunal Internacional de Tóquio tenha declarado: "Aggressive war was a crime at international law long prior to the date of the Declaration of Potsdam" (partes essenciais da sua sentença de 12 de Novembro de 1948 em ADRPILC, vol. XV, 1948, pág. 356-376, na pág. 363). Os princípios contidos no Estatuto do Tribunal de Nuremberga e consagrados na jurisprudência do Tribunal seriam reafirmados por unanimidade pela Assembleia Geral na sua Resolução 95 (I), de 11 de Dezembro de 1946 (texto em ANU, 1948, pág. 257-258).

A noção de "guerra de agressão" é referida como fundamento de responsabilidade penal pela citada Definição de Agressão da Assembleia Geral, no seu artigo 5, n.º 2 ("A war of aggression is a crime against international peace"). O referido Estatuto de Roma do Tribunal Penal Internacional estipula que o crime de agressão fica sob jurisdição deste, mas faz depender o seu exercício de uma definição de agressão a ser introduzida no Estatuto por emenda [artigo 5, n.º 1, al. d) e n.º 2]. À luz da prática, o crime de agressão deve abranger apenas ataques armados graves, isto é, invasões em larga escala, normalmente com fins territoriais. Nada impede, porém, que as partes no Estatuto vão mais longe. A mera agressão apenas dá lugar a responsabilidade civil do Estado.

[2871] Assim, a citada Definição de Agressão da Assembleia Geral, no seu artigo 5, n.º 2, afirma: "Aggression gives rise to international responsibility". Igualmente o Conselho afirmou na Resolução 546 (1984), de 6 de Janeiro, parág. 7: "Reaffirms further that Angola is entitled to prompt and adequate compensation for the damage to life and property consequent upon these acts of aggression and the continuing occupation of parts of its territory by the South African military forces" (texto em RDSCOR, 1984, pág. 1-2). Também Resolução 573 (1985), de 4 de Outubro, parág. 4 (texto em RDSCOR, 1985, pág. 23; a favor da Tunísia por "armed aggression" de Israel). Igualmente a Resolução 290 (1970), de 8 de Dezembro, parág. 3 (texto em RDSCOR, 1970, pág. 13-14; indemnização a favor da República da Guiné por "armed attack" de Portugal).

No caso da agressão do Iraque contra o Kuwait, o Conselho, na Resolução 674 (1990), de 29 de Outubro (texto em RDSCOR, 1990, pág. 25-27), parág. 8 e na citada Resolução 687 (1991), não se limitou a enunciar o princípio [parág. 16: "Reaffirms that Iraq (...) is liable under international law for any direct loss, damage, including environmental damage and the depletion of natural resources, or injury to foreign Governments, nationals and corporations, as a result of Iraq's unlawful invasion and occupation of Kuwait"] e estabeleceu condições para a efectiva responsabilização do primeiro, com a criação da Comissão de Compensações das Nações Unidas baseada num fundo financiado com parte das receitas do petróleo que o Iraque foi autorizado a exportar pela Resolução 692 (1991), de 20 de Maio (texto em RDSCOR, 1991, pág. 18), parág. 3. Embora esta seja por vezes qualificada como um tribunal (assim:

Por outro lado, acarreta um juízo de censura sobre este que normalmente não propícia um clima adequado para negociações. De facto, se as Nações Unidas, por meio do Conselho de Segurança, qualificam uma das partes num conflito como agressor, o mais natural é que qualquer mediação destas possa ser prejudicada, já que a entidade visada tenderá a considerar que esta não será isenta e a exigir um terceiro "neutro" como mediador.

Finalmente, o Conselho tem bem menor margem de autonomia perante uma agressão do que perante uma mera ameaça à paz ou mesmo uma ruptura da paz. Em princípio, perante uma agressão deve imediatamente adoptar medidas compulsivas contra o Estado agressor[2872].

Estas consequências têm levado o Conselho a evitar utilizar a noção mesmo em situações flagrantes[2873].

---

William E. Huth, *The Iraq Claims Tribunal: An overview of the U.N. Compensation Commission*, DRJ, Vol. 54, No. 2, 1999, pág. 24-31, na pág. 24-25), o facto de o seu órgão mais importante, o Conselho de Governo, ser composto por representantes dos 15 Estados membros do Conselho inviabiliza este entendimento (também: Robert C. O'Brien, *The Challenge of Verifying Corporate and Government Claims at the United Nations Compensation Commission*, CILJ, Vol. 31, 1998, pág. 1-29, na pág. 8; embora também não seja adequado qualificá-la como uma simples comissão de inquérito, como faz Gregory Townsend, *The Iraq Claims Process: A Progress Report On The United Nations Compensation Commission & U.S. Remedies*, LLAICLJ, Vol. 17, 1995, pág. 973-1027, na pág. 978). As decisões são tomadas por comissários que actuam a título pessoal, mas estas têm de ser confirmadas pelo Conselho. A Comissão tem exercido funções jurisdicionais, o que não deixa de levantar algumas questões, já que o Iraque normalmente nem sequer é ouvido. Mas um tribunal não se caracteriza apenas ou sequer essencialmente por exercer esta função e sim pelo estatuto dos seus membros e, portanto, pelas garantias da sua isenção, que não existem neste caso.

[2872] Ver, *supra*, parág. 77.

[2873] Daí que as resoluções em que o Conselho condenou acções bélicas como agressões ou actos agressivos se reportem a Estados em relação aos quais já não existiam grandes esperanças diplomáticas. Assim, a Resolução 386 (1976), de 17 de Março (texto em RDSCOR, 1976, pág. 7), parág. 3 do preâmbulo e parág. 2 (condena "aggressive acts" da Rodésia do Sul contra Moçambique). Resolução 411 (1977), de 30 de Junho (texto em RDSCOR, 1977, pág. 9-11), parág. 1 e 2 ("Strongly condemns the illegal racist minority regime in Southern Rhodesia for its recent acts of aggression against the People's Republic of Mozambique"). Resolução 527 (1982), de 15 de Dezembro (texto em RDSCOR, 1982, pág. 20), parág. 4-7 do preâmbulo e parág. 1 (condena "aggressive acts" da África do Sul contra o Lesoto). Resolução 546 (1984), de 6 de Janeiro (texto em RDSCOR, 1984, pág. 1-2), parág. 3 do preâmbulo e parág. 1 (condena "aggression" da África do Sul contra Angola). Resolução 573 (1985), de 4 de Outubro (texto em RDSCOR, 1985, pág. 23), parág. 1 do preâmbulo e parág. 1-2 (condena a "armed aggression" de Israel contra a Tunísia constituída pelo bombardeamento aéreo levado a cabo pelo primeiro da sede da OLP em Tunes). Resolução 667 (1990), de 16 de Setembro (texto em RDSCOR, 1990, pág. 23-24), preâmbulo e parág. 1 (condena "aggressive acts" do Iraque contra embaixadas estrangeiras no Kuwait).

## III – Limites.

### A – Fontes destes.

**82. O *Ius Cogens* Internacional.** Em matéria de fonte de limites para o exercício do poder público internacional, o *Ius Cogens* é um dos poucos consensuais. Esta posição tem consagração jurisprudencial[2874] e forte apoio doutrinário[2875].

---

[2874] A Secção de Primeira Instância do Tribunal Penal das Nações Unidas para a ex--Jugoslávia aceitou implicitamente a sujeição das resoluções do Conselho de Segurança das Nações Unidas ao *Ius Cogens*, embora se tenha, criticavelmente, declarado incompetente para apreciar a sua conformidade com este: "None of the hypothetical cases which commentators have suggested as examples of **limits on the powers of the Security Council**, whether imposed by the terms of the Charter or general principles of international law and, **in particular, *jus cogens*,** have any relevance to the present case. **Moreover, even if there be such limits, that is not to say that any judicial body, let alone this International Tribunal, can exercise powers of judicial review to determine whether, in relation to an exercise by the Security Council of powers under Chapter VII, those limits have been exceeded**" (cfr. *Decision in Prosecutor v. Dusko Tadic*, cit., Trial Chamber, 10 August 1995, parág. 17). Porém, a Secção de Recurso deste Tribunal aceitou conhecer da validade das resoluções do Conselho de Segurança (ver, *infra*, parág. 95.2 e 96.1) e viria a ser mais clara quanto à sujeição do Conselho às normas de *Ius Cogens*: "it is open to the Security Council – **subject to respect for peremptory norms of international law (jus cogens)** – to adopt definitions of crimes in the Statute which deviate from customary international law" [cfr. *Prosecutor v. Dusko Tadic*, Appeals Chamber, Case No: IT-94-1-A, Judgement of 15 July 1999, parág. 296). Ver também E. Lauterpacht, *Separate Opinion*, em *Application of the Convention on the Prevention and Punishment of the Crime of Genocide* (Bosnia and Herzegovina v. Yugoslavia), Provisional Measures, Order 13 September 1993, *I. C. J. Reports* 1993, pág. 440-441, parág. 100-104 ("a resolution which becomes violative of jus cogens must then become void and legally ineffective").

[2875] Na Doutrina, no sentido da aplicação do *Ius Cogens* a estes actos: E. P. Nicoloudis, *La Nullité de Jus Cogens et le Développement Contemporain du Droit International Public*, Atenas, 1974, pág. 133-134; Maarten Bos, *The Hierarchy among the recognized Manifestations (sources) of International Law*, em *Estudios de Derecho Internacional-Homenaje al profesor Miaja de la Muela*, vol. I, Madrid, 1979, pág. 363-374, na pág. 365-366 e 373; G. Espiell, *No Discriminación* (...), cit., pág. 68; V. Gowlland-Debbas, *Security Council* (...),cit., pág. 91--93 e nota 149; A. Pellet, *Peut-on* (…), cit., pág. 236-237; Geoffrey Watson, *Constitutionalism,*

**82.1. Termos de aplicação.** A Carta constitui o fundamento do poder das Nações Unidas, já que é o título pelo qual o poder público internacional foi conferido a esta organização. Mas nem por isso deixa de ser um tratado, sujeito aos limites imperativos da Ordem Pública Internacional. Deste modo, as suas partes não poderiam libertar eficazmente[2876] os órgãos desta do dever de cumprir o Direito Internacional Costumeiro imperativo, excepto com base no mesmo Direito Internacional. Se os Estados não podem por tratado exonerar-se mutuamente do respeito destas normas também não deverão poder exonerar organizações internacionais, por mais importantes que estas sejam.

Nem vale a pena sustentar que as Nações Unidas não se encontram vinculadas pelo *Ius Cogens* em geral, por obedecerem a um regime específico. É certo que esta organização não se encontra vinculada por algumas destas normas, como a que proíbe o uso da força nas relações internacionais. Mas este regime específico tem de ser demonstrado[2877]. Seria inaceitável que as Nações Unidas não se encontrassem vinculadas pelas normas de quem têm sido os principais defensores e que estão obrigadas a fazer respeitar pela sua própria Carta, como no domínio dos direitos humanos[2878].

---

*Judicial Review, and the World Court*, HILJ, vol. 34, 1993, pág. 1-45, na pág. 36-37; B. Graefrath, *Leave to* (…), cit., texto notas 59-60; J. Paust, *Peace-Making* (…), cit., pág. 140-142; G. Capaldo, *Verticalità* (...), cit., pág. 70, 71 e 94; P. Serrano, *La Corte* (...), cit., pág. 437, 438 e 528; Andrew K. Fishman, *Between Iraq And A Hard Place: The Use Of Economic Sanctions And Threats To International Peace And Security*, EILR, Vol. 13, 1999, pág. 687--727, na pág. 709. Ver ainda J. Frowein, *Collective Enforcement* (…), cit., pág. 69 e em *The Internal and External Effects of Resolutions by International Organizations*, ZAORV, 1989, 49/4, pág. 778-790, na pág. 781-783. Contra, apenas se encontrou: Gabriël Oosthuizen, *Playing the Devil's Advocate: the United Nations Security Council is Unbound by Law*, LJIL, Vol. 12, 1999, pág. 549-563, na pág. 559; B. Martenczuk, *The Security Council* (…), cit., pág. 545-546.

[2876] As disposições relativas ao conceito e aplicabilidade das normas de *Ius Cogens* não são exactamente normas *iuris cogentis*, mas antes normas logicamente inderrogáveis. Qualquer tentativa de as derrogar seria completamente ineficaz como modo de evitar que um acto de um órgão das Nações Unidas contrário a uma norma *iuris cogentis* fosse inválido [ver C. Baptista, Ius (...), cit., pág. 482-483].

[2877] Contra: B. Martenczuk, *The Security Council* (…), cit., pág. 545-546.

[2878] O dever de promover estes direitos consta expressamente da Carta [cfr. preâmbulo, artigos 1, n.º 2 e 3; 13, n.º 1, al. b), 55, 56, 62, n.º 2, 68, 73 e 76]. Acresce que o próprio *estoppel* serve de fundamento para a sua sujeição aos Tratados e actos unilaterais de que constam estes direitos, já que foram adoptados por actos da organização, como a citada Resolução 217 A (III), de 10 de Dezembro de 1948, que aprovou a Declaração Universal dos Direitos Humanos ou a referida Resolução 2200 A (XXI) de 16 de Dezembro de 1966 que adoptou o Pacto dos Direitos Económicos, Sociais e Culturais (texto em UNTS, 1976, vol.

Embora os actos unilaterais das Nações Unidas integrem o seu Direito interno, nunca ninguém procurou invocar uma qualquer teoria dualista para os furtar ao *Ius Cogens* Internacional. De qualquer modo, não parece que o Dualismo alegadamente vigente nas relações entre Direito Internacional e os Direitos internos dos Estados seja obstáculo, em qualquer caso, à aplicação das normas internacionais *iuris cogentis* na esfera interna dos Estados; logo, muito menos o seria em relação à Ordem Jurídica interna das Nações Unidas[2879].

No seio do *Ius Cogens* destacam-se como limites específicos aplicáveis ao exercício do poder público as normas costumeiras relativas aos direitos humanos que constituem parâmetros importantes, designadamente, em relação

---

993, n. 14531, pág. 3-106, na pág. 4-12: inglês; bem como em anexo à citada Resolução 2200 A). Igualmente as regras internas quanto ao secretariado vinculam os seus membros ao respeito pelos direitos humanos [cfr. *Secretary-General's bulletin – Status, Basic Rights And Duties Of United Nations Staff Members* (UN Doc. ST/SGB/1998/19, 10 December 1998), regulation 1.2., (a)]. Sobre o *estoppel*, ver mais desenvolvidamente, a propósito da vinculação aos tratados sobre o Direito Humanitário, *infra*, parág. 84.2.

De resto, quando têm assumido a administração de territórios e seus habitantes (ver, *supra*, parág. 8), as Nações Unidas têm-se obrigado a respeitar estes direitos: por exemplo, a *Regulation no. 1999/1 on the Authority of the Interim Administration in Kosovo* (UN Doc. UNMIK/REG/1999/1, 25 July 1999) e a *Regulation No. 1999/1 On The Authority of the Transitional Administration in East Timor* (UN Doc. UNTAET/REG/1999/1, 27 November 1999), leis fundamentais, respectivamente da UNMIK e da UNTAET, exigem o respeito pelos direitos humanos por parte das Administrações da organização nestes territórios. Assim, o artigo 2 da segunda estipula: "In exercising their functions, all persons undertaking public duties or holding public office in East Timor shall observe internationally recognized human rights standards, as reflected, in particular, in: The Universal Declaration on Human Rights of 10 December 1948; The International Covenant on Civil and Political Rights of 16 December 1966 and its Protocols; The International Covenant on Economic, Social and Cultural Rights of 16 December 1966; The Convention on the Elimination of All Forms of Racial Discrimination of 21 December 1965; The Convention on the Elimination of All Forms of Discrimination Against Women of 17 December 1979; The Convention Against Torture and other Cruel, Inhumane or Degrading Treatment or Punishment of 17 December 1984, The International Convention on the Rights of the Child of 20 November 1989. They shall not discriminate against any person on any ground such as sex, race, colour, language, religion, political or other opinion, national, ethnic or social origin, association with a national community, property, birth or all other status".

Ora, se as Nações Unidas se encontram vinculadas por estes tratados, por maioria de razão se encontrarão vinculadas às correspondentes normas internacionais costumeiras universais, partes do *Ius Cogens* Internacional.

[2879] Ver C. Baptista, Ius (...), cit., pág. 510-520 e em *Direito* (...), cit., pág. 471 e 414--422.

às medidas coercivas não bélicas. Este compreende não apenas os direitos civis e políticos, como os económicos, sociais e culturais[2880]. Outro grupo de normas internacionais *iuris cogentis* de grande importância como limite especificamente ao poder público bélico é constituído pelas normas do Direito Internacional Humanitário Costumeiro[2881].

No entanto, estabelecido este ponto de princípio de que o Conselho está vinculado pelas normas de *Ius Cogens*, cabe perguntar se não existirão situações em que este poderá deixar de as cumprir em situações em que igualmente os Estados o poderiam fazer com base numa causa de justificação, estritamente regulada pelo Direito Internacional. De facto, o Conselho no exercício do seu poder público encontra-se vinculado por estas normas, mas não existem motivos para considerar que se encontre numa situação mais limitada do que os Estados. Se estes poderem actuar contra estas normas com base em causas de justificação, não existe motivo para pensar que o Conselho não o possa fazer em termos idênticos, com base no seu poder público. Trata-se de um argumento no mínimo de identidade de razão. Ou seja, este encontrar-se-á plenamente sujeito ao Direito Internacional nesta matéria e em situação igual à dos Estados ou outras entidades privadas internacionais.

Ora, como se julga ser confirmado pela prática, algumas normas de *Ius Cogens* podem ser, excepcionalmente, desrespeitadas no exercício de perigo extremo, legítima defesa, estado de necessidade ou represálias, além, claro está, de força maior[2882].

As situações mais frequentes verificar-se-ão em consequência da adopção de medidas económicas pelo Conselho que poderão colocar em causa direitos humanos protegidos por normas *iuris cogentis*, como os direitos à alimentação e à saúde e mesmo a um nível de vida condigno[2883, 2884]. O Conselho tem

---

[2880] Sobre o carácter *iuris cogentis* das normas costumeiras do Direito Internacional dos Direitos Humanos ver C. Baptista, Ius (...), cit., pág. 396-400.

[2881] Sobre o carácter *iuris cogentis* das normas humanitárias costumeiras do Direito Internacional dos Conflitos Armados ver C. Baptista, Ius (...), cit., pág. 432-434.

[2882] É sabido que não é esta a posição da Comissão de Direito Internacional, que alargou mesmo no artigo 26 do seu Projecto final de 2001 sobre Responsabilidade dos Estados a proibição de invocar qualquer causa de justificação contra uma norma de *Ius Cogens* [o que no anterior Projecto de 1996 apenas ficava consagrado em relação ao estado de necessidade e às represálias: artigos 33, n.º 2, al. a) e 50, al. e)], bem como da generalidade da Doutrina. Ver autores citados e discussão em C. Baptista, Ius (...), cit., pág. 321-335.

[2883] Direitos que se considera parte do *Ius Cogens* Internacional, mesmo que os dois últimos tenham componentes programáticas. Tal não impede que tenham um conteúdo preceptivo, designadamente uma vez concretizados [ver C. Baptista, Ius (...), cit., pág. 410-

-411]. Alguns autores sustentam mesmo que têm um valor preceptivo idêntico ao dos direitos civis e políticos: Peter Bailey, *The Right to an Adequate Standard of Living*, AJHR, Vol. 4, No. 1, 1997, texto nota 9-21. Mas mesmo os direitos culturais têm relevância como limites à actuação das Forças das Nações Unidas, designadamente, nas medidas de consolidação da paz (neste sentido: Joakim E. Parker, *Cultural Autonomy: A Prime Directive For The Blue Helmets*, UPLR, Vol. 55, 1993, pág. 207-237, na pág. 208-209, 229 e 231-232).

[2884] Alguma Doutrina parece negar qualquer relevância a estes direitos enquanto limites para a actuação dos Estados, afirmando que um embargo ou limitação no comércio entre dois Estados é uma mera retorsão, sendo um puro exercício de soberania [neste sentido: O. Schachter, *United Nations Law*, cit., pág. 15; Jerry Cain Jr., *The United Nations General Assembly's Call for an End to the U.S. Trade Embargo*, GJICL, Vol. 24, 1994, pág. 379-396, na pág. 393]. Porém, tais embargos constituem limitações unilaterais à actividade privada de indivíduos estrangeiros em detrimento de contratos celebrados, o que pode constituir uma violação da propriedade e autonomia privada (sem prejuízo da questão do âmbito da sua consagração internacional como direitos individuais ser pouco clara; ver, porém, a perspectiva generosa em relação ao primeiro de Fausto de Quadros, *A Protecção da Propriedade Privada pelo Direito Internacional Público*, Coimbra, 1998, pág. 164-165 e 183-185).

Acresce que da prática internacional resulta que tais actos podem ser considerados ilícitos por violarem estes direitos, designadamente o direito a um nível de vida condigno.

Assim, o embargo Norte-Americano a Cuba tem provocado várias reacções internacionais igualmente com base nestes direitos. A Declaração de Viena da Conferência Mundial dos Direitos Humanos, de 25 de Junho de 1993 (texto em UN doc. A/CONF. 157/23, pág. 11), no parág. 31, afirma: "The World Conference on Human Rights calls upon States to refrain from **any unilateral measure** not in accordance with international law and the Charter of the United Nations that **creates obstacles to trade** relations among States and impedes the full realization of the human rights set forth in the Universal Declaration of Human Rights and international human rights instruments, in particular the **rights of everyone to a standard of living adequate for their health and well-being, including food and medical care, housing and the necessary social services**". O mesmo tem feito a Assembleia Geral e com um apoio progressivamente mais generalizado. Na sua Resolução 47/19, de 24 de Novembro de 1992 (texto em RDGAOR, 47th Session, 1992, Vol. I, pág. 19-20), a aprovação foi por 59 votos a favor, 3 contra e 71 abstenções. Já a Resolução 54/21, de 9 de Novembro de 1999 (texto em RAGA, 54th Session, First Part, 1999, pág. 14-15) foi aprovada por 108 votos a favor, 2 contra e 8 abstenções, deixando os EUA praticamente isolados, apenas com o apoio do seu incondicional Israel (outros apoiantes preferiram ausentar-se). A Assembleia reiterara esta posição em anteriores resoluções, embora invocando especialmente a liberdade de comércio e navegação e esquecendo os direitos individuais, o que é lamentável (ver Resoluções 48/16, de 3 de Novembro de 1993; 49/9, de 26 de Outubro de 1994; 50/10, de 2 de Novembro de 1995; 51/17, de 12 de Novembro de 1996; 52/10, de 5 Novembro 1997 e 53/4, de 4 Outubro de 1998).

Outro aspecto é o facto de a Lei Helms-Burton, entretanto aprovada pelos EUA em Março de 1996 [texto em ILM, Vol. 35, No. 2, 1996, pág. 357-378] e que veio agravar o embargo ter, designadamente, efeitos extraterritoriais contrários ao Direito Internacional [ver, neste sentido: *Opinion of the Inter-American Juridical Committee in Response to Resolution*

aceite o dever de proteger os dois primeiros dos efeitos das suas medidas compulsivas, criando excepções humanitárias para estes[2885]. Deve-se, porém,

---

*Ag/Doc.3375/96 Of The General Assembly*, 23 August 1996, especialmente, parág. 10 final, da Organização de Estados Americanos (texto em ILM, Vol 35, 1996, pág. 1329-1334], visto que permite que sejam interpostas acções judiciais nos EUA contra empresas estrangeiras que operem igualmente nos EUA e comerciem, mesmo que a partir de territórios fora da jurisdição americana, com empresas cubanas nacionalizadas a Norte-Americanos.

De qualquer forma, trata-se apenas de mais uma entre várias leis que estabelecem proibições para qualquer barco de acostar aos EUA se tiver aportado em Cuba, proibições de empresas americanas ou subsidiárias estrangeiras controladas por americanos de comerciar com Cuba ou mesmo empresas estrangeiras com subsidiárias nos EUA de o fazer, ainda que a partir de território estrangeiro. Os EUA já se viram forçados a suspender a sua aplicação em relação a empresas da União Europeia (cfr. *Memorandum of understanding concerning the U.S. Helms-Burton act and the U.S. Iran and Libya sanctions act*, de 11 de Abril de 1997; texto em ILM, Vol. 36, n.º 3, 1997, pág. 529-530) e a sua iniciativa levou a União Europeia, o Canadá e o México (além de Cuba) a adoptar legislação em reacção para proteger as suas empresas.

No sentido de que esta extraterritorialidade (bem como as restrições à liberdade de circulação de bens, em contradição com o artigo V do GATT) viola o Direito Internacional: J. Cain Jr., *The United Nations* (...), cit., pág. 393-395; Shari-Ellen Bourque, *The Illegality of the Cuban Embargo in the Current International System*, BUILJ, Vol. 13, 1995, pág. 191 e segs., ponto IV-B (texto nota 150 a nota 176); Andreas Lowenfeld, *Congress and Cuba. The Helms-Burton Act*, AJIL, Vol. 90, No. 3, 1996, pág. 419-434, na pág. 430; Bernhard Jansen, *The Limits of Unilateralism from a European Perspective*, EJIL, Vol. 11, No. 2, 2000, pág. 309-313, na pág. 310-311; Pierre-Marie Dupuy, *The place and role of Unilateralism in Contemporary International Law*, EJIL, Vol. 11, No. 1, 2000, pág. 19-29, na pág. 26. Contra: Brice Clagett, *Title III of the Helms-Burton Act is Consistent with International Law*, AJIL, Vol. 90, No. 3, 1996, pág. 434-440, na pág. 436-438.

[2885] Assim, tem aceite como excepção aos embargos comerciais que impõe as importações de bens alimentares, medicamentos e outros bens de primeira necessidade ou, quanto a embargos aéreos, os voos humanitários ou mesmo para fins educacionais; por exemplo: Resolução 661 (1990), parág. 5 (em relação ao Iraque; texto em RDSCOR, 1990, pág. 19--20); Resolução 757 (1992), de 30 de Maio, parág. 7, al. a e parág. 13, al. f (em relação à Sérvia e Montenegro; texto em SCOR, 1992, pág. 13-16); Resolução 820-B (1993), de 17 de Abril, parág. 12, 22 e 27 (quanto às mesmas; texto em RDSCOR, 1993, pág. 7-10); Resolução 986 (1995), de 14 de Abril, parág. 8 (a favor do Iraque; texto em RDSCOR, 1995, pág. 101); Resolução 988 (1995), de 21 de Abril, parág. 9, 13 e 15 (em relação aos Sérvios da Bósnia e Croácia; texto em RDSCOR, 1995, pág. 8); Resolução 1003 (1995), de 5 de Julho, preâmbulo, em relação aos Sérvios da Bósnia e Croácia (texto em RDSCOR, 1995, pág. 11); Resolução 1015 (1995), de 15 de Setembro (texto em RDSCOR, 1995, pág. 15); Resolução 1267 (1999), de 15 de Outubro (texto em RSSC, 1999, pág. 63-66), parág. 4, em relação aos Talibãs; Resolução 1280 (1999), de 3 de Dezembro (texto em RSSC, 1999, pág. 83), quanto ao programa de petróleo por alimentos no Iraque; Resolução 1281 (1999), de 10 de Dezembro (texto em RSSC, 1999, pág. 83), quanto ao mesmo programa; Resolução 1284 (1999), de 17 de Dezembro (texto em RSSC, 1999, pág. 86), parág. 17 e 27 (em relação ao Iraque);

duvidar que em alguns casos tais excepções tenham sido aplicadas em termos conformes com o *Ius Cogens* Internacional[2886].

---

Resolução 1360 (2001), de 3 de Julho [UN Doc. S/RES/1360 (2001)], parág. 1-2, 7, 9 e 13, também em relação ao Iraque.

Daí que a *Note by the President of the Security Council: Work of the Sanctions Committees* (UN Doc. S/1999/92, 29 January, 1999), estabeleça no seu parág. 16: "Foodstuffs, pharmaceuticals and medical supplies should be exempted from United Nations sanctions regimes. Basic or standard medical and agricultural equipment and basic or standard educational items should also be exempted. Consideration should be given to the drawing up of lists for that purpose. Other essential humanitarian goods should be considered for exemption. In this regard, it is recognized that efforts should be made to allow the population of the targeted countries to have access to appropriate resources and procedures for financing humanitarian imports"; e no parág. 11: "The sanctions committees should monitor, throughout the sanctions regime, the humanitarian impact of sanctions on vulnerable groups, including children, and make required adjustments of the exemption mechanisms to facilitate the delivery of humanitarian assistance. The indicators for assessment developed by the Secretariat could be used by the committees".

[2886] De facto, as restrições práticas impostas à importação de bens de primeira necessidade têm provocado consequências trágicas. Assim, o Iraque que desde a sua agressão contra o Kuwait tem estado sujeito a severas sanções, incluindo um drástico embargo comercial, sofreu, designadamente, aumentos calamitosos da taxa de mortalidade infantil, por subnutrição e/ou doença, encontrando-se a sua economia ao nível de 1962, apesar da população ter duplicado (cfr. René Provost, *Starvation as a Weapon: Legal Implications of the United Nations Food Blockade Against Iraq and Kuwait*, CJTL, vol. 30, 1992, n. 3, pág. 577-639, na pág. 586-588 e 615-616; Chris Jochnik/Roger Normand, *The Legitimation of Violence: A Critical History of the Laws of War*, HILJ, vol. 35, n. 1, 1994, pág. 49-95, na pág. 50, nota 4; Eric Rouleau, *America's Unyielding Policy toward Iraq*, FA, 1995, January/February, pág. 59 e segs.; Geoff Simons, *The Scourging of Iraq: Sanctions, Law and Natural Justice*, 2nd ed., Houndmills/New York, 1998, pág. 122-171; A. Fishman, *Between Iraq (…)*, cit., pág. 718-722). Números calculados a partir da modificação da taxa de mortalidade infantil desde 1991 por um estudo da Universidade Norte-Americana de Colômbia falam em 239.000 crianças iraquianas mortas até 1998 por causa do embargo [cfr. *UN Sanctions: How Effective? How Necessary?* (Strategic Planning Unit, Executive Office of the Secretary General), em *2nd Interlaken Seminar On Targeting United Nations Financial Sanctions, 29-31 March, 1999*, pág. 101-115, na pág. 107]. É certo que tal se pode dever igualmente à circunstância de o Governo Iraquiano desviar para despesas militares recursos que deveriam ser utilizados na compra de bens de primeira necessidade e de ter recusado até 1995 o sistema de excepções pontuais (insistindo num levantamento completo das sanções); mas, ainda assim, estes números trágicos implicam que se tenha de concluir que as sanções em vigor constituem uma violação manifesta dos padrões humanitários *iuris cogentis* aplicáveis [ver as acusações de que estas sanções violam a Carta realizadas pelo Iraque, por exemplo, em 16 de Outubro de 2001, perante a Assembleia Geral: UN Doc. A/56/PV.28, 16 October 2001, pág. 8 ("sanctions that are permanent in nature, contrary to the provisions of the Charter")].

Tentou-se compatibilizá-las com estes padrões com o programa *Oil for food*, que entrou em vigor em 1996 [cfr. Resolução 986 (1995), de 14 de Abril (texto em RDSCOR, 1995, pág.

**82.2. O Direito Internacional Humanitário Costumeiro.** A questão da vinculação das Nações Unidas pelo Direito Internacional Humanitário Costumeiro, parte integrante do *Ius Cogens*, coloca outras questões.

---

101), parág. 1 e 3], embora sujeito a sucessivas renovações de seis em seis meses, para permitir o veto positivo na sua plenitude. Porém, apenas cerca de 50% das receitas são utilizadas para adquirir bens humanitários, a outra parte é utilizada para pagar as indemnizações devidas pelo Iraque por intermédio do referido fundo e comissão de compensação (ver, *supra*, parág. 81). E de qualquer modo, só mais recentemente os valores permitidos por este programa começaram a ser significativos, quando muito do mal já estava feito [ver Resoluções 1360 (2001), de 3 de Julho (UN Doc. S/RES/1360 (2001)), 1284 (1999), de 17 de Dezembro (UN Doc. S/RES/1284 (1999)) e 1382 (2001), de 29 de Novembro (UN Doc. S/RES/1382 (2001))].

As histórias de fracasso de sanções comerciais e económicas em geral como forma de fazer frente a violações graves do Direito Internacional remontam às suas origens. Mesmo deixando de lado medidas adoptadas em tempo de conflito armado, o insucesso das medidas da Sociedade das Nações contra a Itália foi notório (ver, *supra*, parág. 19.2). No âmbito das Nações Unidas, é relativamente pacífico que foi a situação militar provocada pelo movimento rebelde, reforçado pela independência das colónias portuguesas, que levou à cedência do Governo na Rodésia do Sul e não as sanções (assim: Saint Brides, *The Lessons of Zimbabwe-Rhodesia*, IS, Vol. 4, No. 4, 1980, pág. 177-184, na pág. 180-181), mesmo que estas tivessem sido prejudicadas pela sua violação por Portugal e pela África do Sul. É certo que se verificam alguns sucessos pontuais (as sanções contra a nova Jugoslávia tiveram influência na sua ruptura com os sérvios da Bósnia, mas por esta não ser uma parte directa no conflito; ver, *supra*, parág. 67); mas, mais recentemente, o arrastar das sanções em relação ao Iraque, juntamente com os sacrifícios que estas impõem às populações, colocam seriamente em causa em geral a sua eficácia e legitimidade [ver também: Johan Galtung, *On the Effects of International Economic Sanctions: With Examples from the Case of Rhodesia*, WPS, Vol. 19, No. 3, 1967, pág. 378-416, na pág. 409-412; Monroe Leigh, *The Political Consequences of Economic Embargoes*, AJIL, Vol. 89, No. 1, 1995, pág. 74-77 (embora a pensar em represálias estaduais); Margaret Doxey, *United Nations Sanctions: Lessons of Experience*, em *2nd Interlaken Seminar On Targeting United Nations Financial Sanctions, 29-31 March, 1999*, pág. 207-220, na pág. 212-215]. Medidas comerciais restritas (especialmente, no domínio do armamento), financeiras directamente sobre os recursos do Estado e dos governantes e isolamento político e diplomático parecem constituir um meio bem menos gravoso, mas dotado da mesma relativa eficácia (embora exista quem a conteste, ao menos no curto e médio prazo, por levar a um reforço dos radicais e a um espírito de resistência nacional: assim, ver George A. Mudge, *Domestic Policies and UN Activities: The Cases of Rhodesia and the Republic of South Africa*, IO, Vol. 21, No. 1, 1967, pág. 55-78, na pág. 78, com base num interessante estudo da reacção na Rodésia e África do Sul, em que os radicais ganharam eleições após o início das sanções) para lentamente forçar um Estado a alterar a sua política sem com isso levar o respectivo Povo à miséria (também: Kimberly Elliott, *Analysing the Effects of Targeted Financial Sanctions*, em *2nd Interlaken Seminar On Targeting United Nations Financial Sanctions, 29-31 March, 1999*, pág. 189-206, na pág. 194-195).

De facto, as Nações Unidas são uma organização sujeita a um regime jurídico especial por força da sua tarefa específica. Mas talvez em consequência desta missão se deva esperar da organização uma actuação exemplar neste domínio para o qual tanto tem contribuído.

Ficou afirmado que o seu poder público não tem a natureza de uma causa de justificação, antes goza de uma excepção interpretativa perante a proibição de uso privado da força nas relações internacionais, o que significa que as Nações Unidas actuam militarmente numa situação distinta da dos Estados ou outras organizações. Cabe determinar se isso tem consequências quanto à aplicação do Direito Humanitário Costumeiro e do Direito dos Conflitos Armados em geral (que compreende o primeiro).

Já ficou escrito que alguém que pretende exercer uma causa de justificação se encontra numa situação em grande medida vinculada; situação em que já não se encontrará quem aja no âmbito de uma excepção, especialmente interpretativa. Tal tem algumas consequências quanto ao exercício da legítima defesa por força do modo de aplicação do Direito Internacional dos Conflitos Armados[2887].

Este ramo do Direito Internacional tem normas de duas espécies, com natureza diferente: por um lado, as que atribuem direitos aos Estados e outras partes beligerantes, que têm correspondentes deveres bilaterais para os Estados que sejam partes num conflito armado e mesmo em relação aos neutros e não beligerantes; e, por outro lado, as normas que lhes atribuem deveres por estarem em causa direitos de indivíduos (e não de Estados) que criam obrigações *erga omnes* em relação a todos os restantes Estados vinculados pela norma.

Este ramo do Direito Internacional surgiu inicialmente para se aplicar numa situação de suspensão dos direitos dos Estados por força do início de um estado de guerra. Mas com o desaparecimento desta figura[2888], a sua natureza alterou-se. Estas eram normas que se aplicavam numa situação de vácuo jurídico teórico; mas passaram a constituir normas que atribuem direitos aos Estados[2889] que entram em colisão com o artigo 2, n.º 4 CNU (e artigo 53, n.º 1, segunda parte, no que diz respeito a organizações internacionais), bem como com as correspondentes normas costumeiras, que proíbem estes actos, e que permanecem em vigor. Converteram-se, pois, em

---

[2887] Ver, a propósito da natureza do poder público bélico, *supra*, parág. 38-39.

[2888] Ver, *supra*, parág. 10.2.

[2889] Por exemplo, de bombardear alvos militares, de apresar navios de nacionais inimigos, de revistar navios mercantes de neutros e apreender o contrabando de guerra.

faculdades compreendidas em causas de justificação, seja a legítima defesa[2890], seja o estado de necessidade em relação aos neutros. Ou seja, as normas do Direito dos Conflitos Armados atribuem direitos bélicos aos Estados e regulam positivamente o exercício de uma causa de justificação, máxime, a legítima defesa, enquanto as normas que impõem deveres humanitários delimitam negativamente este exercício. Mas ambas concretizam os princípios da necessidade e da proporcionalidade[2891]. Trata-se, pois, da unificação entre o Direito regulador do uso da força e o Direito dos Conflitos Armados[2892].

Como se viu, esta alteração tem algumas consequências, pois se um Estado for considerado como agressor, normalmente pelo Conselho de Segurança, não terá quaisquer direitos à luz do Direito dos Conflitos Armados. Mesmo os actos bélicos contra alvos estritamente militares serão considerados como violações do Direito Internacional. E o desrespeito do Direito Humanitário apenas agravará a sua responsabilidade[2893], podendo implicar respon-

---

[2890] Como foi reconhecido pelo Conselho de Segurança na citada Resolução 95 (1951), de 1 de Setembro (texto em RDSCOR, 1951, pág. 10-11), que fala em "exercise the right of visit, search and seizure for any legitimate purpose of self-defence". Também: Greenwood, *The Concept* (...), cit., pág. 298-299; Michael Bothe, *Neutrality in Naval Warfare* em *Humanitarian Law of Armed Conflict Challenges Ahead-Essays in Honour of Frits Kalshoven*, Dordrecht/Boston/London, 1991, pág. 387-405, na pág. pág. 394-395; Natalino Ronzitti, *Le Droit Humanitaire Applicable aux Conflits Armés en Mer*, RDC, 1993, V, tomo 242, pág. 9-196, na pág. 138-139.

[2891] Como afirmou o Tribunal Internacional de Justiça: "a use of force that is proportionate under the law of self-defence, must, in order to be lawful, also meet the requirements of the law applicable in armed conflict which comprise in particular the principles and rules of humanitarian law" [cfr. *Legality Of The Threat or Use* (...), *I.C.J. Reports* 1996, parág. 42].

[2892] Deste modo, dentro do Direito dos Conflitos Armados encontram-se dois subramos jurídicos: um composto pelo Direito Bélico que regula os direitos bélicos dos Estados que é puramente dispositivo, estabelecendo permissivamente o que estes podem fazer num conflito armado; e um outro subramo constituído pelo Direito Humanitário que é *iuris cogentis*, se se tratar de normas costumeiras. Tradicionalmente, partindo do estado de guerra, o Direito da Guerra era basicamente um Direito Humanitário, já que estabelecia limites a um direito teoricamente ilimitado (visto que o Direito da Paz se encontrava suspenso), se se entendesse que o princípio da necessidade então já aplicável decorria igualmente do Direito Humanitário. Actualmente, o Direito dos direitos bélicos é um direito concretizador da legítima defesa (e marginalmente do estado de necessidade e outras causas de justificação) e tem plena autonomia, sendo essencial para tornar lícitos os actos militares. Esta distinção pode ser aproximada da tradicional separação entre o Direito de Haia (Direito dos direitos bélicos) e o Direito de Genebra (Direito Humanitário), embora esta nunca tenha sido rigorosa, por existirem inúmeras normas humanitárias no Direito de Haia. Em qualquer caso, os Protocolos Adicionais de 1977 vieram tornar obsoleta esta divisão, por compreenderem normas de ambos os subramos.

[2893] Ver C. Baptista, Ius (...), cit., pág. 453-454.

sabilidade penal individual, mesmo para os simples soldados. Tal não impedirá que a outra parte tenha todos os deveres humanitários em relação aos membros do exército agressor e civis seus nacionais. A questão da legitimidade do uso da força apenas afecta a aplicação do Direito dos Conflitos Armados, enquanto emanação da legítima defesa, não já do Direito Humanitário. De facto, este é aplicável independentemente da licitude do uso da força, como emanação do princípio da necessidade e proporcionalidade e dos direitos individuais afectados[2894].

Deste modo, a situação de um Estado que actue em legítima defesa não será grandemente alterada em relação à situação tradicional das partes à luz do Direito da Guerra. Como se afirmou, por estar a agir a coberto de uma mera causa de justificação, o princípio da liberdade não se aplica. Este apenas poderá adoptar actos bélicos autorizados pelo Direito Internacional, já que estes constituirão desrespeitos dos direitos do Estado agressor, e especialmente de direitos dos seus cidadãos, que terão de ser justificados. Esta afirmação terá relevância em relação a questões em que o Direito não é claro (e no Direito dos Conflitos Armados existem zonas em que tal é frequente, especialmente à luz do Direito Costumeiro[2895]). Mas a relevância não é tão grande como se poderia esperar, por força do direito geral de legítima defesa. O facto de não existir norma que claramente permita o acto não significa que não se possa retirar daquele direito que este acto é lícito[2896].

Mas, visto que as Nações Unidas, ou entidades privadas no exercício de uma habilitação, não utilizam a força no exercício de uma causa de justificação, cabe questionar se o seu regime será distinto do de um Estado actuando em legítima defesa no que diz respeito à aplicação do Direito dos Conflitos Armados.

Por exercerem um poder público que pode mesmo colocar em causa nas suas medidas de execução os direitos dos Estados[2897], julga-se que as

---

[2894] O citado Protocolo Adicional I de 1977, no seu preâmbulo estabelece de forma clara: "Reaffirming further that the provisions of the Geneva Conventions of 12 August 1949 and of this Protocol must be fully applied in all circumstances to all persons who are protected by those instruments, without any adverse distinction based on the nature or origin of the armed conflict or on the causes espoused by or attributed to the Parties to the conflict".

[2895] Ver C. Baptista, Ius (...), cit., pág. 452-459.

[2896] Daí as dificuldades sentidas pelo Tribunal Internacional de Justiça, a propósito da questão da licitude do recurso a armas nucleares, que o levaram a concluir por um sem precedentes formal *non liquet* [cfr. *Legality Of The Threat* (...), *I.C.J. Reports* 1996, parág. 105, 2e].

[2897] Ver sobre a questão da sujeição do poder público ao Direito Internacional dispositivo, *infra*, parág. 83.

Nações Unidas dispõem de poderes mais vastos do que os de um Estado actuando em legítima defesa. De facto, podem, por exemplo, proibir que os restantes Estados comerciem todo e qualquer produto (salvo bens humanitários, a serem controlados) com o Estado contra o qual agem e não apenas proibir o comércio de contrabando de guerra[2898]. E tal proibição, que em relação aos Estados apenas pode ser imposta com base num bloqueio efectivo, não depende da imposição de qualquer mecanismo efectivo de controlo no local[2899]. No entanto, a presunção deverá ser a de que igualmente estas normas quanto aos direitos bélicos se aplicam nos mesmos termos às Nações Unidas e que, desta forma, só com fundadas bases se pode desviar deste, tendo em conta os princípios da necessidade e da proporcionalidade[2900, 2901]. Os Estados e outras entidades privadas internacionais, pelo contrário, podem fazer somente o que lhes seja autorizado, ao menos pelo direito geral de legítima defesa e pela forma como tradicionalmente este tem sido concretizado pelo Direito dos direitos bélicos.

Mas no que diz respeito ao cumprimento das normas internacionais humanitárias costumeiras, que como ficou esclarecido se julga gozarem de

---

[2898] Esta conclusão é óbvia à luz dos poderes do artigo 41 CNU e da prática do Conselho. Basta pensar nas medidas decretadas contra o Iraque. Ver igualmente neste sentido: William Bivens, *Restatement of the Laws of War as Applied to the Armed Forces of Collective Security Arrangements*, AJIL, Vol. 48, No. 1, 1954, pág. 140-145, na pág. 141.

[2899] A prática do Conselho parece confirmá-lo. Na sua citada Resolução 820 (1993), de 17 de Abril, parág. 24 e 25, estabeleceu um bloqueio contra a nova Jugoslávia, em que permitiu o confisco de navios, aviões ou outros veículos que tivessem violado os termos das Resoluções 713 (1991), 757 (1992) e 787 (1992). É certo que tinha sido instituído um meio de controlo, mas não parece que este cumprisse os critérios de efectividade tradicionais consagrados no parágrafo 4 da Declaração sobre Direito Marítimo de 16 de Abril de 1856 (texto em NRG, 1.ª Série, tomo XV, pág. 791-792) e artigo 2 e 3 da Declaração de Londres sobre o Direito da Guerra Marítima de 26 de Fevereiro de 1909 (texto em NRG, 3.ª Série, tomo VII, pág. 39-72; que formalmente não chegou a entrar em vigor). E, sobretudo, ainda que cumprisse tais critérios, tal cumprimento não era pressuposto da eficácia do bloqueio ou da sanção de confisco.

[2900] A aplicação rigorosamente idêntica das normas sem carácter humanitário do Direito dos Conflitos Armados às Nações Unidas tem, porém, sido sustentada por diversos autores: Josef Kunz, *The Laws of War*, AJIL, Vol. 50, No. 2, 1956, pág. 313-337, na pág. 320-321; D. Bowett, *United Nations* (...), cit., pág. 496, 499 e 503; M. Bothe, *Le Droit de la Guerre* (...), cit., pág. 203-204, 206-207 e 213-215; C. Greenwood, *Protection* (...), cit., pág. 187-188 e 188-189 (seguindo o Institut de Droit International); Walter G. Sharp, Sr, *Revoking An Aggressor's License To Kill Military Forces Serving The United Nations: Making Deterrence Personal*, MJILT, Vol. 22, 1998, pág. 1 e segs., texto notas 119-121.

[2901] Ver, *infra*, sobre estes princípios, parág. 87-88.

carácter *iuris cogentis*, esta organização encontra-se vinculada nos mesmos termos que qualquer Estado[2902]. Isto é, não se trata de lhe ser aplicável o espírito ou os princípios fundamentais do seu regime. Todo o regime humanitário consagrado pelo Direito Costumeiro deverá ser aplicável às Nações Unidas, salvo, claro está, as normas deste cuja previsão não seja preenchida por esta organização, como se passa em relação a qualquer Estado.

Por exemplo, os direitos dos prisioneiros de guerra não serão aplicáveis, claro está, enquanto as forças da organização efectivamente não aprisionarem inimigos[2903]. As exigências de garantias de processo no julgamento destes não serão igualmente aplicáveis a menos que sejam efectivamente julgados prisioneiros, *etc.*. Mas o mesmo se passa em relação a qualquer outra parte. Não existe qualquer diferença. Se as previsões dessas normas forem efectivamente accionadas, as Nações Unidas encontrar-se-ão vinculadas na mesma estrita medida a todas as normas internacionais costumeiras humanitárias. A prática das Nações Unidas, apesar de alguma flutuação quanto ao âmbito desta vinculação, apoia esta conclusão[2904].

---

[2902] Neste sentido: Howard Taubenfeld, *International Armed Forces and the Rules of War*, AJIL, Vol. 45, No. 4, 1951, pág. 671-679, na pág. 673-674, 676-677 e 679; W. Bivens, *Restatement* (…), cit., pág. 141; J. Kunz, *The Laws of War*, cit., pág. 320-321; F. Seyersted, *United Nations* (...), cit., pág. 196-197 e 201-203; M. Bothe, *Le Droit de la Guerre* (…), cit., pág. 203-204, 206-207 e 213-215; Umesh Palwankar, *Applicability of International Humanitarian Law to United Nations Peace-Keeping Forces*, IRRC, Vol. 294, 1993, pág. 227 e segs., texto notas 17-18; Richard D. Glick, *Lip Service To The Laws Of War: Humanitarian Law And United Nations Armed Forces*, MJIL, Vol. 17, 1995, pág. 53-107, na pág. 75, 78--79, 95 e 106; Luigi Condorelli, *Le Statut des Forces de L'Onu et le Droit International Humanitaire*, RDI, Vol. LXXVIII, 1995, n.º 4, pág. 881-906, na pág. 901; F. Almeida, *O Princípio* (...), cit., pág. 398; C. Greenwood, *Protection* (…), cit., pág. 187-188; Brian D. Tittemore, *Belligerents in Blue Helmets: Applying International Humanitarian Law to United Nations Peace Operations*, SJIL, Vol. 33, 1997, pág. 61-117, na pág. 103; W. Sharp, Sr, *Revoking* (…), cit., texto notas 119-121; J. Parker, *Cultural Autonomy* (...), cit., pág. 228-229; Daphna Shraga, *Book Review And Note: The Blue Helmets: Legal Regulation of United Nations Military Operations. By Hilaire McCoubrey and Nigel D. White*, AJIL, Vol. 92, 1998, pág. 163--165, na pág. 164-165 e em *UN Peacekeeping Operations. Applicability of International Humanitarian Law and Responsibility for Operations-Related Damage*, AJIL, Vol. 94, 2000, pág. 406-412, na pág. 408-409; A. Fishman, *Between Iraq* (…), cit., pág. 713 e 717; J. Bialke, *United Nations Peace* (...), cit., pág. 36-37; Jean-Marc Thouvenin, *Le statut juridique des forces de maintien de la paix des Nations Unies*, ILF, Vol. 3, 2001, pág. 105-113, na pág. 113.

[2903] Quanto à questão da incriminação dos ataques contra membros das Forças das Nações Unidas, ver, *infra*, parág. 102.

[2904] Para lá dos elementos que apoiam a vinculação das Nações Unidas aos próprios tratados humanitários (de onde por maioria de razão se pode depreender a sua vinculação ao Direito Internacional costumeiro) a sujeição destas ao Direito Internacional Humanitário

Ou seja, a conclusão a retirar quanto à aplicação do *Ius Cogens* às Nações Unidas é que estas se encontram sujeitas àquele nos mesmos exactos termos em que se encontram os Estados incluindo a possibilidade de o desrespeitar em situações em que igualmente os Estados o podem fazer com base em alguma causa de justificação pertinente.

**83. O Direito Internacional Costumeiro dispositivo e a Carta.** A questão de determinar se e em que medida o Direito Internacional Costumeiro dispositivo constitui uma fonte de limites para a actuação do Conselho de Segurança tem recebido respostas díspares.

Existem autores que sustentam que este não constitui um parâmetro obrigatório, podendo o Conselho adoptar actos que o desrespeitem sem grandes ou nenhumas limitações (salvo, normalmente, as decorrentes do *Ius Cogens*)[2905]. E outros que defendem que, pelo contrário, o Conselho está obrigado pelas normas deste[2906].

---

Costumeiro é confirmada por alguns actos. Assim, a referida Convenção sobre Segurança do Pessoal das Nações Unidas e Associado, no seu artigo 20, estabelece: "Nothing in this Convention shall affect: a) The applicability of **international humanitarian law and universally recognized** standards of human rights as contained in international instruments in relation to the protection of United Nations operations and United Nations and associated personnel or **the responsibility of such personnel to respect such law and standards**". Parece referir-se não apenas ao Direito Convencional, mas igualmente ao Direito Internacional Costumeiro. A Resolução 53/87, de 27 de Janeiro de 1999 [texto em RAGA, 53rd Session, 1998 (UNPR GA/ 9541), pág. 97-99], parág. 12, da Assembleia Geral: "Reaffirms the necessity for humanitarian personnel and United Nations personnel to be properly informed, inter alia, by their sponsoring organizations of the scope of their activities and **the standards that they are required to meet, including those contained in relevant domestic and international law**". Igualmente, o Conselho de Segurança, na sua Resolução 1327 (2000), de 13 de Novembro (texto em RSSC, 2000, pág. 71-75), na sua Parte I, afirma: "the need for any provisions for a peacekeeping operation to meet minimum conditions, including the need for (...) compliance with the rules and principles of international law, in particular international humanitarian, human rights and refugee law".

No mesmo sentido, o Secretário-Geral afirmou: "The applicability of international humanitarian law to United Nations forces when they are engaged as combatants in situations of armed conflict entails the international responsibility of the Organization and its liability in compensation for violations of international humanitarian law committed by members of United Nations forces" [cfr. *Report Of The Secretary-General – Administrative And Budgetary Aspects Of The Financing Of United Nations Peacekeeping Operations* (UN Doc. A/51/389 (1996), 20 September 1996; texto igualmente em ILM, Vol. 37, No. 3, 1998, pág. 700-712), parág. 16].

[2905] Trata-se da posição de: C. Eagleton, *The Charter Adopted* (...), cit., pág. 942; Herbert W. Briggs, *Rebus Sic Stantibus Before the Security Council: The Anglo-Egyptian*

Para procurar responder à questão da medida de vinculação do Conselho de Segurança pelo Direito Internacional dispositivo é necessário sublinhar que a Carta, tal como qualquer outro tratado, pode derrogar normas internacionais costumeiras dispositivas entre as partes. Ou seja, o Conselho pode efectivamente ser libertado pela Carta de qualquer dever de respeitar aquelas normas, pelo menos em relação aos Estados membros. Deste modo, a resposta àquela questão depende directamente da interpretação da Carta.

A Carta regula expressamente a questão, embora em termos que não são cristalinos. Esta é clara em vincular o Conselho ao respeito dos fins e princípios das Nações Unidas (artigo 24, n.º 2) e tal não pode ser senão entendido como abrangendo não apenas os fins e princípios, mas igualmente a sua sujeição a qualquer outra norma da Carta que possa ser colocada em causa pela sua actuação[2907]. O Conselho encontra-se obrigado plenamente às normas da Carta.

---

*Question*, AJIL, vol. 43, n.º 4, 1949, pág. 762- 769, na pág. 769 (pode desrespeitar tratados); H. Kelsen, *Collective Security and Collective Self-Defense* (…), cit., pág. 788-789 e em *The Law* (...), cit., pág. 16 e 294-295; W. Reisman, *The Constitutional Crisis* (…), cit., pág. 88, 89, 91, nota 33 e 93; G. Watson, *Constitutionalism* (…), cit., pág. 38 (mas não de *Ius Cogens*); B. Conforti, *Le Pouvoir Discrétionnaire* (…), cit., pág. 55 e 60; Alain Pellet, *Peut-on et doit-on contrôler les actions du Conseil de sécurité?*, em *Le Chapitre VII de la Chartre des Nations Unies* (SFDI – Colloque de Rennes), Paris, 1995, pág. 221-238, na pág. 235; Judith G. Gardam, *Legal Restraints On Security Council Military Enforcement Action*, MJIL, Vol. 17, 1996, pág. 285-322, na pág. 297; Roger D. Scott, *Getting Back To The Real United Nations: Global Peace Norms And Creeping Interventionism*, MILLR, Vol. 154, 1997, pág. 27-52, na pág. 47-48 e nota 121; B. Tittemore, *Belligerents* (…), cit., pág. 100-101 (em relação aos actos compulsivos); G. Oosthuizen, *Playing the Devil* (...), cit., pág. 552-553; B. Martenczuk, *The Security Council* (…), cit., pág. 545-546.

[2906] Embora os defensores desta posição sustentem normalmente que, se a Carta o permitir especificamente, o Conselho se poderá afastar dos termos do Direito Internacional: C. Weeramantry, *Dissenting Opinion*, em *Questions of Interpretation (...)* (Libya v. USA), *I. C. J. Reports* 1992, pág. 175; Mohammed Bedjaoui, *Nouvel Ordre Mondial et Contrôle de la Légalité des Actes du Conseil de Sécurité*, Bruxelles, 1994, pág. 47 e em *Un Contrôle de la Légalité des Actes du Conseil de Sécurité est-il possible?*, em *Le Chapitre VII de la Chartre des Nations Unies* (SFDI – Colloque de Rennes), Paris, 1995, pág. 255-297, na pág. 272, D. Bowett, *The Impact of Security Council* (…), cit., pág. 90-93; G. Capaldo, *Verticalità* (...), cit., pág. 71-72 e 94.

[2907] Registe-se que na Conferência de S. Francisco não foi aprovada uma proposta que previa que o Conselho tinha o dever de "act not only in accordance with the purposes and principles of the Organization but also in accordance with the Charter" [cfr. *Report of Rapporteur of Committee III/1 to Commission III* (Doc. 1050, June 17), em UNCIOSD, pág. 734-746, na pág. 737]. No entanto, tal não pode ser interpretado de forma a concluir-se que o Conselho não está obrigado por limites substantivos que a Carta impõe, como o princípio da necessidade ou da proporcionalidade, bem como por quaisquer outros limites específicos decorrentes da

Em relação ao Direito Internacional dispositivo, a Carta estabelece ainda inequivocamente que o respeito do Direito Internacional é um dos seus fins (preâmbulo e artigo 1, n.º 1) para que remete o artigo 24. Deve-se, contudo, discutir se este fim constitui um limite intransponível em todas as situações, mesmo aquelas em que o Conselho utiliza meios autoritários, tendo em conta outros preceitos da Carta[2908].

---

Carta, para lá daqueles que são obviamente aplicáveis, como os formais, relativos à formação da vontade no seio do Conselho. A rejeição desta alteração ao texto apenas sugere que efectivamente foi intencional a concessão de uma ampla margem de manobra ao Conselho.

Conformemente, o Tribunal Internacional de Justiça sustentou que: "The political character of an organ cannot release it from the observance of the treaty provisions established by the Charter when they constitute limitations on its powers or criteria for its judgment" [cfr. *Conditions of Admission* (...), *I.C.J. Reports 1947-1948*, cit., pág. 64]. Noutra ocasião acrescentou: "The primary place ascribed to international peace and security is natural, since the fulfilment of the other purposes will be dependent upon the attainment of that basic condition. These purposes are broad indeed, but **neither they nor the powers conferred to effectuate them are unlimited.**" [cfr. *Certain expenses* (...), *I. C. J. Reports* 1962, cit., pág. 168]. Do mesmo modo, o Tribunal Penal para a ex-Jugoslávia, por meio da sua Secção de Recurso, afirmou: "But this does not mean that its powers are unlimited. The Security Council is an organ of an international organization, established by a treaty which serves as a constitutional framework for that organization. The Security Council is thus subjected to certain constitutional limitations, however broad its powers under the constitution may be. Those powers cannot, in any case, go beyond the limits of the jurisdiction of the Organization at large, not to mention other specific limitations or those which may derive from the internal division of power within the Organization. In any case, neither the text nor the spirit of the Charter conceives of the Security Council as *legibus solutus* (unbound by law)." [cfr. *Decision on* (...) *Jurisdiction in Prosecutor v. Dusko Tadic*, Appeals Chamber, October 2, 1995, parág. 28, ILM, cit., pág. 42]. Ver do mesmo modo, sustentando o dever do Conselho respeitar toda a Carta: Josef Kunz, *The United Nations and the Rule of Law*, AJIL, Vol. 46, No. 3, 1952, pág. 504-508, na pág. 508; A. Pellet, *Peut-on* (...), cit., pág. 234; B. Graefrath, *Leave to* (...), cit., texto notas 59-60; B. Martenczuk, *The Security Council* (...), cit., pág. 537.

Ou seja, a conclusão a retirar-se é que o Conselho está efectivamente obrigado por todas as normas da Carta que visem aplicar-se-lhe, constem estas ou não dos fins e princípios das Nações Unidas. Deste modo, o Conselho, por exemplo, não pode sujeitar um Estado membro a um sistema permanente de tutela, por força do artigo 78 CNU (sem prejuízo de situações similares transitórias; ver, *supra*, parág. 8), mesmo que tal pudesse ser útil para a paz. Também não poderá adoptar medidas que coloquem os membros do secretariado dependentes da autoridade de um Estado em violação do artigo 100, *etc.*.

[2908] Afigura-se a posição sustentada pelo Egipto, a propósito da sua pretensão em manter direitos marítimos de visita e presa apesar da manutenção do armistício com Israel, em 16 de Agosto de 1951, na 553.ª reunião do Conselho: "We affirm that those powers and duties are limited and should be strictly regulated and governed by the fundamental principles and purposes laid down in Chapter I of the Charter. Paragraph 2 of Article 24, on the 'functions

Em relação aos meios pacíficos de resolução de conflitos, parece claro que o Direito Internacional constitui efectivamente um limite intransponível por força do referido artigo 1, n.º 1, parte final, CNU[2909, 2910]. No entanto, a uma primeira abordagem, por força deste preceito apenas parecem sujeitos a este limite as resoluções do Conselho adoptadas à luz do Capítulo VI: desde logo, nos termos dos artigos 37, n.º 2 e 38, preceitos que permitem ao Conselho adoptar medidas quanto à resolução da questão de fundo. Estas não podem, pois, desrespeitar os direitos das partes[2911].

---

and powers' of the Security Council reminds us that 'In discharging these duties the Security Council shall act in accordance with the Purposes and Principles of the United Nations'. Those Purposes and Principles of the United Nations are laid down in Chapter I of the Charter; Article 1, paragraph 1, demands that the adjustment or settlement of international disputes should be 'in conformity with the principles of justice and international law'" e que "**the Council is bound** by the stipulations of the United Nations Charter, including those which enjoin it **to act in conformity with the principles of justice and international law** and in accordance with the Purposes and Principles of the United Nations. We believe that **the Security Council has no authority to abrogate the rights of States or of individuals**" (cfr. RPSC, 1946-1951, Chapter XII, pág. 488).

[2909] Note-se que as Propostas de Dumbarton Oaks falavam apenas em "due regard" pelos princípios de justiça e Direito Internacional. No entanto, o Subcomité I/1/A, no seu relatório, justificou a alteração do termo para o actual "in conformity with" afirmando que: "It was held by the Subcommittee unanimously that «with due regard to the principles of justice and international law» was not sufficiently emphatic. «With due regard» consequently became «in conformity with»" (cfr. *Report of Rapporteur of Subcommittee I/1/A to Committee I/1* (Doc. 723, June 1), texto em UNCIOSD, pág. 476-489, na pág. 481). Pretendeu-se, pois, sublinhar que deveria existir uma obediência estrita a estes princípios por parte do Conselho.

[2910] Também: G. Capaldo, *Verticalità* (...), cit., pág. 70-71; B. Tittemore, *Belligerents* (...), cit., pág. 100; B. Martenczuk, *The Security Council* (...), cit., pág. 544-545.

[2911] Esta afirmação não significa que o Direito Internacional estrito determine sempre completamente a solução que o Conselho adopte. Este está obrigado a não aprovar decisões desconformes com os direitos dos Estados. Mas, por vezes, serão possíveis soluções baseadas em princípios gerais, incluindo equitativos quando o Direito Internacional para estes remeta ou com base em outros princípios gerais, como a alteração de circunstâncias, a usucapião ou o *estoppel*. Julga-se que é o que se pode retirar da remissão igualmente para os princípios da justiça (ver, *supra*, parág. 36). Não se pode, pois, aceitar a ideia de que este se pode afastar das situações jurídicas das partes numa controvérsia [como defendem: T. Stein/S. Richter, *Article 37*, cit., pág. 558; ver ainda H. Kelsen, *The Law* (...), cit., pág. 16-18; H. Neuhold, *Das System friedlicher Streitbeilegung* (...), cit., pág. 59]. Quando muito, o Conselho poderá propor para aceitação pelas partes termos de um acordo que se afastem do regime decorrente do Direito Internacional, enquanto mediador, sublinhando que se trata de um acordo político e não de uma solução jurídica. Mas enquanto conciliador à luz do artigo 37, n.º 2 e artigo 38, já não parece possível que apresente uma recomendação final às partes desconforme com a situação jurídica destas, salvo com o seu consentimento expresso, numa decisão *ex aequo et bono*.

Claro está, o Conselho também não pode recomendar às partes, nos termos do artigo 36, n.º 1, meios específicos de resolução pacífica de controvérsias ou métodos de ajustamento de situações[2912] que sejam contrários ao Direito Internacional Costumeiro dispositivo. Esta conclusão retira-se igualmente do artigo 36, n.º 2 que manda ter em conta meios que as partes já tenham adoptado. A mesma conclusão se julga aplicável quanto à aprovação de recomendações de adopção, ou abstenção de adopção, de certos actos (incluindo represálias) às partes ou a terceiros igualmente à luz deste artigo 36, n.º 1[2913], já que o fundamento de validade destes actos será precisamente o Direito Internacional Costumeiro dispositivo.

Menos clara é a situação das resoluções que contenham recomendações quanto a meios pacíficos adoptadas nos termos dos artigos 39 e 40, e as decisões obrigatórias de questões de fundo (artigo 39). Estarão estes actos sujeitos ao Direito Internacional Costumeiro dispositivo?

Segundo se julga a resposta é positiva em relação a todos estes actos, mesmo se os segundos são já um exercício do poder público. Em relação às meras recomendações, estes terão conteúdo idêntico às aprovadas à luz do artigo 36, n.º 1, artigo 37, n.º 2 e artigo 38. Não faria sentido qualquer alteração quanto ao Direito Internacional aplicável. Julga-se que a mesma conclusão vale igualmente para as decisões obrigatórias do Conselho quanto à resolução definitiva de questões de fundo[2914]. Quanto ao conteúdo são idênticas às recomendações do artigo 37, n.º 2 e artigo 38, não se justificando em princípio qualquer alteração do regime aplicável, salvo restrições temporárias[2915]. Esta conclusão parece especialmente clara para decisões que alterem o estatuto territorial de Estados, os seus direitos sobre este, o seu regime político ou a sua capacidade internacional; isto é, que incidam sobre a situação jurídica permanente do Estado e não sobre alguns actos específicos deste. Mas em rigor, qualquer decisão sobre a questão de fundo deve respeitar o Direito Internacional.

---

[2912] A expressão "ajustamento" (artigo 1, n.º 1, embora neste preceito a ordem de referência sugira erradamente o contrário; artigo 14 e artigo 36, n.º 1) distingue-se da expressão "resolução" porquanto a primeira se aplica em relação a situações e a segunda em relação a controvérsias [ver também: H. Kelsen, *The Law* (...), cit., pág. 359-360].

[2913] Sobre esta interpretação do artigo 36, n.º 1, ver, *supra*, parág. 56.2.

[2914] Sobre este poder, ver, *supra*, parág. 36.

[2915] Quanto à solução da questão de fundo em termos definitivos e finais julga-se que esta deve mesmo ser conforme com o Direito Internacional Costumeiro; admite-se, contudo, soluções transitórias desconformes, ainda como manifestações do poder do Conselho de suprimir ameaças à paz, rupturas desta ou agressões [ver sobre a Resolução 687 (1991) e o Iraque, *supra*, parág. 36].

A limitação destes actos do Conselho tem apoio na Carta. O artigo 1, n.º 1, parte final, sujeita aos princípios do Direito Internacional a resolução pacífica de questões susceptíveis de levar a uma ruptura da paz. Não se refere questões susceptíveis de fazer perigar a paz, terminologia típica do Capítulo VI. Fala-se em ruptura da paz, noção própria do Capítulo VII. Acresce que uma situação susceptível de levar a uma ruptura da paz é uma ameaça directa a esta. Trata-se de um argumento que aponta no sentido da sujeição destes actos de resolução pacífica (facultativa ou obrigatória) adoptados nos termos do Capítulo VII igualmente ao Direito Internacional, já que parecem ser os únicos que nos termos do artigo 1, n.º 1 poderiam estar sujeitos a estes.

A mesma conclusão se retira também do artigo 40. Mesmo este, que não permite que o Conselho se pronuncie sobre a questão de fundo, sublinha que as medidas adoptadas à sua luz não devem prejudicar os direitos ou posição[2916] das partes[2917]. Parece que igualmente as medidas definitivas de fundo os devem respeitar, embora possam colocar em causa, claro está, as suas pretensões, se estas não tiverem fundamento jurídico.

Esta conclusão tem ainda algum apoio adicional no artigo 2, n.º 7 CNU. De facto, segundo se julga, este estipula que as Nações Unidas não estão autorizadas pela Carta a actuar sem base no Direito Internacional. E a sua parte final apenas excepciona as medidas coercivas adoptadas nos termos do Capítulo VII. Isto é, literalmente, medidas bélicas adoptadas nos termos do artigo 42[2918]. Deste modo, todas as restantes medidas adoptadas à luz do Capítulo VII estariam sujeitas ao Direito Internacional Costumeiro dispositivo.

A sujeição ao Direito Internacional dos actos de resolução directa facultativa ou obrigatória de controvérsias pelo Conselho tem igualmente apoio nos trabalhos preparatórios[2919, 2920].

---

[2916] Implicitamente a sua posição jurídica, já que as suas medidas podem prejudicar a sua situação de facto, forçando por exemplo a uma retirada (ver, *supra*, parág. 50.2).

[2917] Neste sentido. D. Bowett, *The Impact of Security Council* (...), cit., pág. 90; igualmente G. Arangio-Ruiz, *On the Security* (...), cit., pág. 625-630, 647, 698-699 e 704-705.

[2918] Mas em rigor este regime aplica-se a outros actos igualmente, embora não aos que decidam questões de fundo; ver, *infra*, parág. 86.2.

[2919] Assim, ficou afirmado num relatório aprovado na Conferência de S. Francisco que "When the organization has used the power given to it and the force at its disposal to stop war, **then it can find the latitude to apply the principles of justice and International Law**, or can assist the contending parties to find a peaceful solution" e "the concept of justice and International Law can thus find a more appropriate place in context with the last part of the paragraph dealing with disputes and situations" [cfr. *Report of Rapporteur of Committee I/1*

Apurados estes aspectos, cabe determinar o regime jurídico das medidas compulsivas do Conselho. A primeira parte do artigo 1, n.º 1 não sujeita ao Direito Internacional as "medidas colectivas eficazes" para a prevenção e remoção das ameaças à paz ou supressão das rupturas da paz ou agressões. Assim, fica sugerido que quer as decisões obrigatórias "preventivas" do Capítulo VII (artigos 40 e 41), quer as medidas bélicas do artigo 42, não se encontram limitadas pelo Direito Internacional Costumeiro dispositivo[2921].

Já o argumento que se tem procurado retirar do artigo 103 CNU[2922] para apoiar igualmente a conclusão de que o Conselho não se encontra

---

*to Commission I* (Doc. 944, June 13), em UNCIOSD, pág. 490-503, na pág. 494]. Isto é, a solução decidida pelo Conselho deve respeitar o Direito Internacional.

[2920] Sobre a utilização deste poder pelo Conselho, em particular no caso da decisão da controvérsia entre o Iraque e o Kuwait, ver, *supra*, parág. 36.

[2921] As tentativas durante a Conferência de S. Francisco para sujeitar toda a actividade do Conselho de Segurança ao Direito Internacional foram rejeitadas de forma a não lhe limitar a acção. Para justificar a sua rejeição afirmou-se a já referida passagem no relatório do Comité I/1 de que o Direito Internacional deveria voltar a prevalecer na solução final da questão uma vez obtida a paz [cfr. *Report of Rapporteur of Committee I/1 to Commission I* (Doc. 944, June 13), em UNCIOSD, pág. 490-503, na pág. 494]. Houve a intenção de fazer prevalecer o valor da paz e segurança sobre os do Direito e da Justiça [como afirmou o Tribunal Internacional de Justiça: "The primary place ascribed to international peace and security is natural, since the fulfilment of the other purposes will be dependent upon the attainment of that basic condition" [cfr. *Certain expenses (…)*, *I. C. J. Reports* 1962, cit., pág. 168]; também: Clyde Eagleton, *International Law and the Charter of the United Nations*, AJIL, Vol. 39, No. 4, 1945, pág. 751-754, na pág. 753; H. Kelsen, *The Law* (...), cit., pág. 16 e 294-295], mas uma vez obtida a primeira os segundos deverão prevalecer novamente.

[2922] Não obstante a sua clareza, o artigo 103 CNU tem suscitado algumas interpretações divergentes. Existe quem sustente que este estabelece a nulidade das disposições de um tratado que sejam contrárias às da Carta [neste sentido: Henri Rolin, *Les Principes de Droit International Public*, RDC, 1950, II, tomo 77, pág. 309-479, na pág. 434; A. Mcnair, *The Law of Treaties*, Oxford, 1986 (reimp. de ed. 1961), pág. 218; Louis Delbez, *Les Principes Généraux du Droit International Public*, 3ª ed., Paris, 1964, pág. 239-240; Krystyna Marek, *Contribution a l'Étude du Jus Cogens en Droit International*, em *Recueil d'Etudes de Droit International en Hommage a Paul Guggenheim*, Genève, 1968, pág. 426-459, na pág. 442; B. Conforti, *Organizzazione* (...), cit., pág. 268-269 (mas alegando que a norma do artigo 103 se tornou costumeira); e, ao que parece, Mario Miele, *Diritto Internazionale*, 3ª ed., Pádua, 1972 pág. 45; D. W. Greig, *International Law*, London, 1970, pág. 369-371].

Mas o melhor entendimento é que este se limita a impor a prevalência das obrigações decorrentes da Carta sobre as decorrentes de um tratado com as quais num caso concreto entrem em colisão [assim: S. Engel, *The Facto Revision* (…), cit., pág. 143; Michel Virally, *Réflexions sur le Jus Cogens*, AFDI, vol. XII, 1966, pág. 5-29, na pág. 26; Leland Goodrich/ Eduard Hambro/A. Patricia Simons, *Charter of the United Nations-Commentary and Documents*, 3ª ed., New York, 1969, pág. 614-615; Jerzy Sztucki, *Jus Cogens and the Vienna Convention*

vinculado pelo Direito Internacional Costumeiro[2923] não é aceitável. Este é um preceito com relevância nas relações entre Estados membros e não entre o Conselho e os membros. As Nações Unidas não estão vinculadas por estes tratados não por força do artigo 103, mas sim simplesmente porque não são partes nestes[2924], pois caso o sejam o artigo 103 não será aplicável. É pres-

---

*on the Law of Treaties – A Critical Appraisal*, Vienna/New York, 1974, pág. 40; Karol Wolfke, *Jus Cogens in International Law (Regulations and Prospects)*, PYIL, VI, 1974, pág. 145-162, na pág. 157; J. Combacau, *Le Pouvoir* (...), cit., pág. 281-282; William Riphagen, *Preliminary Report on the Content, Forms and Degrees of International Responsability (Part 2 of the Draft Articles on State Responsability)*, em YILC, 1980, vol. II, Parte I, pág. 107-129, na pág. 124, parág. 83; G. Gaja, *Jus Cogens* (...), cit., na pág. 282; Georges Perrin, *La Nécessité et les Dangers du Jus Cogens*, em *Etudes et Essais sur le Droit International Humanitaire et sur les Principes de la Croix-Rouge en l'Honneur de Jean Pictet* (ed. Christophe Swinarski), Genève/La Haye, 1984, pág. 751-759, na pág. 756; Natalino Ronzitti, *Trattati Contrari a Norme Imperative del Diritto Internazionale?*, em *Studi in Onore di Giuseppe Sperduti*, Milano, 1984, pág. 209-272, na pág. 217-218; Elena Sciso, *On Article 103 of the Charter of the United Nations in the Light of the Vienna Convention on the Law of Treaties*, AJPIL/OZORV, vol. 38, 1987, pág. 161-179, na pág. 174-175; Emmanuel Roucounas, *Engagements Parallèles et Contradictoires*, RDC, 1987, VI, tomo 206, pág. 9-288, na pág. 66; Czaplinski/Danilenko, ob. cit., pág. 16; Thiébaut Flory, *Article 103*, em *La Charte des Nations Unies* (Jean-Pierre Cot/Alain Pellet), 2ª ed., Paris, 1991, pág. 1381-1388, na pág. 1384].

Ultrapassada a situação, o tratado permanece plenamente em vigor e as suas obrigações voltam a aplicar-se. O artigo 30, n.º 1 da Convenção de Viena sobre o Direito dos Tratados de 1969 ainda deixa entreaberta a porta a que a Carta constituísse uma excepção ao seu regime geral de conflitos entre tratados. Mas o artigo 30, n.º 6 da Convenção de 1986 limita--se a reproduzir o artigo 103, confirmando este entendimento.

De qualquer modo, o artigo 103 constitui uma causa de suspensão das obrigações de um tratado que entre em conflito com as impostas pela Carta ou por um acto com eficácia constitutiva adoptado pelo Conselho. A prática do Conselho confirma este entendimento. Assim, o seu Presidente pela Declaração de 10 de Fevereiro de 1993 (texto em RDSCOR, 1993, pág. 22) afirmou em nome do Conselho: "They also recall that under Article 103 of the Charter, the obligations of the Members of the United Nations under the Charter prevail over their obligations under any other international agreement. The members of the Council condemn any such retaliatory action and threats of such action by the authorities of the Federal Republic of Yugoslavia (Serbia and Montenegro). It is wholly unacceptable for those authorities to take retaliatory measures in response to action by a State in fulfillment of its obligations under the Charter of the United Nations". Note-se que já será aceitável que o outro Estado invoque a excepção do não cumprimento, como simples meio de reequilibrar a situação contratual, de modo a evitar que o primeiro Estado seja favorecido unilateralmente. Mas apenas poderá suspender o tratado e não extingui-lo, salvo perda objectiva do interesse neste.

[2923] Invocam o artigo 103 como base para esta conclusão: A. Pellet, *Peut-on* (...), cit., pág. 235; B. Tittemore, *Belligerents* (...), cit., pág. 101; P. Serrano, *La Corte* (...), cit., pág. 441.

[2924] Sem prejuízo de a organização os poder invocar como fundamento para proferir condenações pela sua violação, designadamente na sequência de um protesto de uma das suas

suposto da aplicação do artigo 103 que as Nações Unidas não sejam partes nesse tratado[2925].

O artigo 103 não permite minimamente ao Conselho de Segurança afastar-se do Direito Internacional, manda apenas que os membros das Nações Unidas dêem prevalência às suas obrigações decorrentes da Carta sobre as decorrentes de qualquer outro tratado. Entre as obrigações decorrente da Carta encontra-se a criada pelo artigo 25 de respeitar as resoluções do Conselho, nos termos da própria Carta. Isto é, apenas as que forem válidas e obrigatórias[2926, 2927]. Assim, do artigo 103 e do artigo 25 retira-se que um Estado membro, perante um conflito entre uma obrigação decorrente de um tratado e uma obrigação decorrente de uma resolução do Conselho vinculativa nos termos da Carta, deve acatar a segunda[2928]. Daqui pode-se concluir que

---

partes. De facto, o preâmbulo estabelece o respeito do Direito Internacional como um dos fins das Nações Unidas ("to establish conditions under which justice and respect for the obligations arising from treaties and other sources of international law can be maintained"). Mesmo que não se possa considerar que qualquer violação de um tratado constitui simultaneamente uma violação da Carta, na realidade deve-se entender que as Nações Unidas têm legitimidade para se ocupar de qualquer violação de um tratado que crie uma situação "likely to impair the general welfare or friendly relations among nations, including situations resulting from a violation of the provisions of the present Charter setting forth the Purposes and Principles of the United Nations" (artigo 14) (também neste sentido: Oscar Schachter, *The Quasi-Judicial Role of the Security Council and the General Assembly*, AJIL, Vol. 58, 1964, pág. 960-965, na pág. 960). Logo, por maioria de razão, poderão ocupar-se da questão quando esta provoque uma situação mais grave.

[2925] De facto, tratados em que as Nações Unidas sejam partes constituem limites para a actuação destas e, logo, igualmente do Conselho (ver, *infra*, parág. 84).

[2926] Também neste sentido: D. Bowett, *The Impact of Security Council* (...), cit., pág. 92.

[2927] Ver, *infra*, parág. 91.2.1.

[2928] Como afirmou o Tribunal Internacional de Justiça: "Whereas both Libya and the United Kingdom, as Members of the United Nations, are obliged to accept and carry out the decisions of the Security Council in accordance with Article 25 of the Charter; whereas the Court (...) considers that prima facie this obligation extends to the decision contained in resolution 748 (1992); and whereas, in accordance with Article 103 of the Charter, the obligations of the Parties in that respect prevail over their obligations under any other international agreement, including the Montreal Convention" (cfr. *Questions of Interpretation and Application of the 1971 Montreal Convention arising from the Aerial Incident at Lockerbie* (Libyan Arab Jamahiriya v. United Kingdom), Provisional Measures, Order 14 April 1992, *I. C. J. Reports* 1992, pág. 15, parág. 39; também em *Questions of Interpretation* (...) (Libyan Arab Jamahiriya v. United States of America), *I. C. J. Reports* 1992, pág. 126, parág. 42).

Do mesmo modo, o Reino Unido afirmou, em 20 de Março de 1998, no Conselho de Segurança: "The United Kingdom was arguing before the Court that the matter was governed by the relevant resolutions of the Security Council, which obliged Libya to surrender the two

o facto de a resolução entrar em conflito com o tratado não é causa de ineficácia desta. Mas seria estranho que o fosse. As Nações Unidas não são partes neste, logo aplica-se a regra *pacta tertiis*: os tratados não vinculam organizações internacionais que não sejam partes nestes[2929], de modo a que seria impossível que o tratado afectasse a eficácia de um dos seus actos.

Concluindo, o artigo 103 é irrelevante nas relações entre as Nações Unidas e os Estados membros. A sua relevância restringe-se às relações entre os membros. O seu objectivo é que as obrigações que vinculam os membros entre si não constituam obstáculo ao cumprimento da Carta e nada mais. Se se chegar à conclusão de que o Conselho deve respeitar o Direito Internacional Costumeiro, claramente o artigo 103 de nada servirá para tentar contrariar tal conclusão.

Afastado o artigo 103 CNU como elemento relevante, é necessário precisar alguns aspectos. Até agora tem-se falado simplesmente em Direito Internacional Costumeiro dispositivo sem precisar o que entender por este. Com efeito, em matéria de resolução pacífica das controvérsias tratava-se de determinar se o Conselho de Segurança se encontrava vinculado pelos direitos dos Estados, isto é, pelo Direito Internacional Costumeiro dispositivo aplicável aos Estados[2930]. Não se estava a discutir a questão dos poderes e do Direito Internacional Costumeiro aplicável exclusivamente a entidades criadas especificamente pela Comunidade Internacional, como é o caso das Nações Unidas.

No entanto, verificou-se já que existe um Direito Internacional Costumeiro aplicável somente à Comunidade Internacional e a uma entidade por esta criada[2931] e que este regula em particular o exercício do poder público, isto é, precisamente aquele poder que é exercido pelos actos cujo regime jurídico se encontra agora em análise. Deste modo, a questão de saber se estes actos se encontram sujeitos ao Direito Internacional Costumeiro coloca-se a propósito do Direito aplicável aos Estados e não ao aplicável às Nações

---

accused for trial in Scotland or the United States, he said. **Obligations under the United Nations Charter, including compliance with Council resolutions, took precedence over any other alleged international obligations**" [cfr. UNPR SC/6490 3864th Meeting (AM) 20 March 1998, pág. 18].

[2929] Cfr. artigo 34 da Convenção de Viena sobre o Direito dos Tratados entre Estados e Organizações Internacionais ou entre estas de 21 de Março de 1986 (texto em UN Doc. A/CONF. 129/15).

[2930] Sobre o carácter *iuris dispositivi* dos direitos dos Estados, ver C. Baptista, Ius (...), cit., pág. 277-281 e 487-489.

[2931] Ver, *supra*, parág. 20-21.

Unidas. Não se pode obviamente duvidar que as Nações Unidas devem respeitar as obrigações decorrentes do Direito Internacional Costumeiro que lhes sejam especificamente aplicáveis, mesmo que a questão seja irrelevante, por estas serem idênticas às que decorrem da Carta ou terem sido derrogadas validamente por esta. Concluindo, trata-se de determinar se o Conselho se encontra obrigado pelo Direito Internacional Costumeiro aplicável aos Estados igualmente no exercício dos seus poderes públicos executivos, tal como se encontra vinculado quando exerce as suas competências quanto à resolução pacífica dos conflitos, incluindo quanto à tomada de decisões obrigatórias quanto a questões de fundo.

Para responder a esta questão julga-se que é necessário distinguir três espécies de actos obrigatórios: um primeiro conjunto destes compreende os que estabelecem uma solução permanente para a questão de fundo, que como se verificou devem ser compatíveis com o Direito Internacional Costumeiro aplicável aos Estados.

Uma segunda categoria são os actos vinculativos adoptados nos termos do artigo 40[2932] ou, depois de se pronunciar sobre a questão de fundo, à luz do artigo 39 CNU, que podem conter ordens que o Conselho dá às partes na controvérsia ou interessados na situação. Segundo se julga, estes podem, excepcionalmente, proibir actuações conformes com o Direito Internacional quando estas em si provoquem uma ameaça directa à paz por constituírem actos das suas forças armadas ou relativas a armamentos[2933];

---

[2932] Ficou já esclarecido que o Conselho pode adoptar actos vinculativos à luz deste preceito (ver, *supra*, parág. 50.2).

Em bom rigor, estes actos podem não ser vinculativos sem deixarem de se encontrar sujeitos ao mesmo regime. Com efeito, se o Conselho pode ordenar às partes que retirem o grosso das suas forças uns quilómetros das suas fronteiras, como medida de confiança, também poderá recomendar-lhe que o façam. Estará, pois, a realizar um apelo para que as partes façam algo que estas, em princípio (salvo em relação à parte que tenha realizado a concentração massiva de forças na fronteira de modo a constituir uma ameaça ilícita quanto ao uso da força, não já em relação à parte que se tenha limitado a reagir a esta igualmente com uma mobilização) não terão um dever de fazer. Nem se pode considerar a recomendação contrária ao Direito Internacional. Não produzindo as recomendações efeitos jurídicos (entenda-se, obrigatórios), o Conselho não está a tentar impor qualquer restrição aos direitos das partes.

Existe quem sustente igualmente que as meras recomendações não estão sujeitas ao Direito Internacional Costumeiro dispositivo, mas entenda que estes actos prejudicam igualmente os direitos que este confere [assim: W. Reisman, *The Constitutional Crisis* (...), cit., pág. 89], o que não se pode aceitar. Um acto que não produz efeitos jurídicos é incapaz de alterar a situação jurídica dos Estados. Não pode, pois, privá-los dos seus direitos.

[2933] Por exemplo, uma mobilização geral; manobras militares, testes com armas, *etc*. Ver, *supra*, parág. 79.

ou mesmo exigir uma actuação que os Estados têm o direito normalmente de recusar[2934].

Estes actos justificam-se precisamente pelo facto de visarem proibir ou suprimir actos que, embora em si lícitos[2935], constituem ameaças directas para a manutenção da paz. Todos estes são actos das respectivas forças armadas ou que implicam questões relativas a armas, isto é, meios para concretizar uma ruptura da paz.

Fora deste núcleo essencial da ameaça à paz, da ruptura da paz ou da agressão, os poderes directivos do Conselho às partes têm de respeitar o Direito Internacional dispositivo. Assim, as ordens que este pode adoptar perante ameaças à paz que decorram de violações do Direito Internacional terão de respeitar os seus direitos escrupulosamente[2936].

Perante este regime jurídico específico, torna-se importante delimitar com algum rigor estas ordens que o Conselho pode dar às partes para suprimir uma ameaça à paz ou fazer cessar uma ruptura da paz ou agressão

---

[2934] Assim, designadamente, impor uma retirada parcial de tropas concentradas na fronteira ou impor temporariamente uma cessação de hostilidades, mesmo em relação ao Estado agredido, até que se demonstre que o agressor não retirou do território do Estado vítima ou continuou as hostilidades.

Trata-se de um poder paralelo ao que cabe às forças policiais a quem geralmente à luz dos vários Ordenamentos Jurídicos internos é reconhecido não apenas o poder de fazer cumprir o Direito, mas igualmente o de manter genericamente a ordem. Tal permite-lhes se necessário forçar indivíduos a abster-se de actos ou mesmo a adoptar outros, como por exemplo a circular e dispersar, só porque a sua estada num local (em abstracto perfeitamente lícita) faz surgir o risco de provocar um conflito. O Direito Internacional reconhece aos Estados este poder, mesmo em relação a pessoas em situação específica como os apátridas (assim, a já citada Convenção sobre o Estatuto dos Apátridas de 28 de Setembro de 1954, estabelece no seu artigo 22: "Every stateless person has duties to the country in which he finds himself, which require in particular that he conform to its laws and regulations **as well as to measures taken for the maintenance of public order**").

[2935] Salvo nos casos em que possam ser considerados como ameaças ilícitas de uso da força, o que apenas se aplicará a uma das partes, a que ameaça iniciar uma agressão. Ora, estas ordens costumam ser dirigidas pelo Conselho a ambas.

[2936] Assim, se a ameaça à paz é constituída por uma repressão por parte do Governo de um movimento armado rebelde com ataques contra civis, claro está, o Conselho pode e deve ordenar a cessação destes ataques. Nestes casos, esta ordem não se confunde com uma decisão sobre a questão de fundo, que é constituída pelas divergências políticas entre o Governo e o movimento rebelde. Apenas incide sobre os actos que provocaram a ameaça à paz. E, de qualquer forma, trata-se de uma ordem perfeitamente compatível com o Direito Internacional, pois limita-se a especificar um dever internacional que o Estado se encontra a violar. O mesmo raciocínio vale para qualquer caso decorrente de outras violações de direitos humanos.

perante as decisões de questões de fundo. De facto, como se verificou, estas estão sempre obrigadas a respeitar os direitos costumeiros dos Estados. Especialmente em determinadas situações, a distinção torna-se problemática. O Direito Internacional terá sempre um papel determinante nesta diferenciação, mas serão igualmente relevantes alguns critérios de ponderação de responsabilidade objectiva.

Podem existir situações em que, por exemplo, uma divergência territorial ou quanto ao cumprimento de um tratado, leve a uma ruptura das relações diplomáticas, que é sempre um acto lícito, e a situação entre dois Estados fique à beira de um conflito armado. Todos os actos seguintes com carácter militar que agravem a situação podem ser visados pelo Conselho com ordens dirigidas às partes para que se abstenham destes ou os suprimam, mesmo que sejam actos lícitos. Já uma tomada de posição sobre a questão territorial ou o incumprimento do tratado será uma decisão sobre a questão de fundo que deverá respeitar o Direito Internacional[2937]. Em qualquer caso, podem

---

[2937] Apesar desta aparente simplicidade, na realidade a delimitação nem sempre é cristalina. Assim, por exemplo, no caso entre os EUA/Reino Unido (e igualmente com a França) e a Líbia, os primeiros exigiram a extradição de nacionais desta acusados de responsabilidades no ataque bombista contra o avião comercial americano sobre Lockerbie e acusaram-na de se encontrar igualmente por detrás do ataque. Controvérsias semelhantes ocorreram entre o Sudão e Egipto pela tentativa de homicídio contra o Presidente do Egipto ocorrida na Etiópia em 26 de junho de 1995 e entre os EUA e os Talibãs no Afeganistão, por força da acusação de que davam apoio a um terrorista acusado dos ataques de 7 de Agosto de 1998 contra as embaixadas deste em Nairobi (Quénia) e Dar-es-Salaam (Tanzânia). Mas nestes últimos dois casos aparentemente não estavam em causa nacionais sudaneses ou afegãos (ver sobre estes três casos, *supra*, parág. 79).

A questão é a seguinte: a exigência de extradição dos dois líbios e a sua rejeição pela Líbia faz parte da questão de fundo subjacente à controvérsia ou é um elemento que constitui uma ameaça à paz, susceptível de ser decidida pelo Conselho à margem dos direitos costumeiros dos Estados (isto é, do Direito Internacional Costumeiro dispositivo)? O Direito Internacional Costumeiro reconhece aos Estados, na ausência de um tratado, o direito de recusarem extraditar indivíduos acusados de crimes. Apenas em relação a crimes internacionais tal direito pode ser questionado, com o progressivo surgimento de deveres de julgar ou extraditar. De qualquer modo, parece certo que tal não se aplica ainda à luz do Direito Internacional Costumeiro (e muito menos se aplicava em 1992) a cidadãos.

Por conseguinte, o Conselho de Segurança pretendeu obrigar a Líbia a fazer algo a que o Direito Internacional não a obrigava e, consequentemente, a autorizava a recusar. Assim, a Líbia declarou perante o Conselho de Segurança: "the United States and the United Kingdom demanded the extradition of the two Libyan citizens suspected of being involved in the incident of the destruction of Pan Am flight 103 over Lockerbie in 1988. That demand contradicted Libyan national law and most international laws relating to jurisdiction and non-extradition of citizens and contradicted international customary law. It also contradicted the

1971 Montreal Convention and ran counter to the judgments of the United States Supreme Court, which barred extradition in the absence of an extradition treaty" [cfr. UNPR, SC/6490 3864th Meeting (AM) 20 March 1998, pág. 4].

A causa directa da controvérsia foi a acusação de que a Líbia se encontrava por detrás do ataque bombista ao avião, daí o pedido de compensação exigido. Mas foi acompanhada igualmente da exigência de extradição. Esta integra a questão de fundo. A sua rejeição não pode ser considerada como um acto que constituiu ou agravou a ameaça à paz. Trata-se de um aspecto directamente relacionado com a questão subjacente já que não faria sentido se a Líbia não fosse acusada igualmente de estar implicada no ataque [no mesmo sentido: B. Graefrath, *Leave to* (...), cit., II e texto nota 15; G. Arangio-Ruiz, *On the Security* (...), cit., pág. 706]. Até porque, salvo a questão da compensação, a entrega dos acusados teria feito no essencial desaparecer a controvérsia. A ser correcta esta visão, a recusa de extradição dos dois acusados pela Líbia integra a controvérsia subjacente e, consequentemente, não é susceptível de ser objecto de uma decisão contrária aos direitos da Líbia: neste caso o de rejeitar a extradição. A ameaça à paz será causada pelo seu eventual apoio ilícito aos terroristas, bem como pela velada ameaça de recurso à força por parte dos EUA e do Reino Unido, que deverá ser resolvida no sentido de a primeira se abster de o fazer, e indemnizar se foi responsável, e os segundos se absterem de realizar ameaças ilícitas.

Mas mesmo que assim não fosse, e a simples recusa da Líbia em extraditar constituísse um acto que agravara a ameaça à paz distinto da questão de fundo, não parece que o Conselho de Segurança pudesse exigir a extradição enquanto ordem a uma das partes contrária aos seus direitos [igualmente neste sentido: G. Arangio-Ruiz, *On the Security* (...), cit., pág. 702 e 706]. Tal só seria possível em relação àquele núcleo de actos que em si próprios constituem uma ameaça efectiva à paz, isto é, que implicam actos que tornam a ruptura da paz iminente por, regra geral, constituírem actos das suas forças armadas ou relacionados com armamentos. Ora, a recusa de extraditar dois acusados dificilmente poderá ser considerada como uma ameaça à paz (ver contra: Michael Plachta, *The Lockerbie Case: The Role of the Security Council in Enforcing the Principle Aut Dedere Aut Judicare*, EJIL, Vol. 12, 2001, pág. 125-140, na pág. 129-130). Daí, aliás, as reacções internacionais críticas que estas sanções provocaram da parte do Movimento dos Não Alinhados e da Organização de Unidade Africana, que chegaram ao extremo de explicitamente assumir o incumprimento de parte destas, alegando o seu carácter injustificado (ver, *infra*, parág. 91.2.1).

É verdade que existem os precedentes de criação dos Tribunais Penais Internacionais e de exigências de entrega de cidadãos para serem julgados por estes (no fundo, de extradições, ainda que não fiquem sujeitos a todos os aspectos do seu regime), mas não parece que o Conselho pudesse neste caso impor à Líbia a extradição dos seus nacionais para serem julgados por um Estado estrangeiro em 1992. Não existiam precedentes em que o dever de julgar ou extraditar, mesmo em relação a crimes internacionais, tivesse sido levado ao extremo de impor a extradição de nacionais, salvo em casos de subjugação de um Estado, como o da Alemanha ou do Japão no final da Segunda Guerra Mundial. Embora neste caso não tenha existido extradição, já que estes foram julgados por Tribunais estrangeiros nas respectivas zonas de ocupação, além de pelos Tribunais Internacionais de Nuremberga e Tóquio. Mesmo no final da Primeira Guerra Mundial os aliados cederam e não exigiram a aplicação do artigo

existir situações puramente objectivas, de responsabilidade distribuída entre as duas partes. Mas, em outros casos, existe uma parte que apesar de poder ter razão na questão subjacente, pela sua reacção ilícita ou, apesar de lícita, manifestamente desproporcionada, ficará sujeita a ser a destinatária das ordens mais importantes. Nestes casos, uma ordem do Conselho dirigida à parte inocente para que ceda num acto perfeitamente lícito perante as exigências abusivas da outra parte em nome da paz será manifestamente violador da Carta.

Deste modo, a conclusão de que o Conselho pode dar ordens que não respeitem os direitos dos Estado não significa que a Carta atribua ao Conselho de Segurança o poder de livremente os contrariar. Apenas dentro dos limites estabelecidos por esta tal será possível. Apenas será legítimo contrariar uma norma internacional se tal for necessário e proporcional perante o fim em concreto que se pretende atingir. Numa situação criada pelas pretensões abusivas de uma das partes, uma cedência perante estas constituiria sempre uma violação dos direitos da outra parte desproporcionada face à sua responsabilidade na situação[2938]. Logo, será susceptível de ser desconsiderada pela parte prejudicada.

Já é menos claro se, ainda dentro destas ordens às partes, o Conselho pode ordenar a uma ou ambas uma actuação desconforme em si própria com o Direito Internacional Costumeiro aplicável aos Estados. A resposta parece dever ser considerada como positiva em alguns casos pontuais. Desde logo, tal é permitido ao Conselho no exercício do seu poder de decretar medidas compulsivas que não se encontrem justificadas como represálias à luz do Direito Internacional Costumeiro. É certo que estas medidas devem ser adoptadas por todos os Estados e não apenas pelas partes, mas igualmente a "inocente" ficará sujeita a esta ordem. Pense-se ainda numa ordem para

---

228 do Tratado de Versalhes (texto em NRG, 3ª série, tomo XI, pág. 323-673) que obrigava a Alemanha a extraditar os seus cidadãos para serem julgados por crimes de guerra pelos tribunais dos Estados aliados [ver C. Baptista, Ius (...), cit., pág. 241-242]. Embora exista quem defenda o surgimento de um dever neste sentido, quando o Estado não possa ou deseje julgar os acusados e que, consequentemente, a Resolução não violou o Direito Internacional [assim: G. Capaldo, *Verticalità* (...), cit., pág. 76, 78 e 82]. Mas esta tese em 1992 era insustentável.

A Líbia acabou por concordar em entregar ambos os acusados com vista a serem julgados por um Tribunal Escocês que reuniu na Holanda, o que permitiu a revogação das sanções contra si (sobre o acordo obtido, a suspensão das sanções e a sentença do Tribunal Escocês, ver, *infra*, parág. 91.2.1).

[2938] Ver sobre os princípios da necessidade e da proporcionalidade, *infra*, parág. 87-88.

que o Estado vítima não retire de uma parcela do território do Estado agressor que ocupou num contra-ataque, como forma de pressionar este segundo a retirar do território que ocupa[2939].

Finalmente, existe uma terceira categoria, a dos meios compulsivos (sanções e uso da força) que o Conselho utiliza ou as ordens que dá a Estados terceiros em relação à questão na sua actuação em relação às partes/ /interessados, nos termos dos artigos 41 e 42. Especialmente nestes casos, resulta claro que o Conselho não se encontra vinculado pelo Direito Internacional Costumeiro aplicável aos Estados, precisamente por se encontrar sujeito a um Direito Internacional Costumeiro particular, igualmente consagrado na Carta. De facto, viu-se que o Conselho pode utilizar a força segundo um regime específico que nada tem a ver com o regime aplicável aos Estados. O mesmo se passa em matéria de recurso a represálias/medidas compulsivas, embora o seu regime neste aspecto seja bastante mais semelhante ao aplicável aos Estados, salvo na circunstância de poder decorrer de uma ameaça lícita à paz.

Uma confirmação deste entendimento encontra-se no artigo 2, n.º 7, parte final, CNU. Este isenta a actuação do Conselho de Segurança, à luz do artigo 42 (bem como, por identidade de razão, do artigo 41), da necessidade de respeitar a reserva de jurisdição interna dos Estados. Ora, esta figura proíbe intervenções em assuntos, ou aspectos destes, que o Direito Internacional deixa ao critério dos Estados[2940]. No fundo, sublinha que as Nações Unidas não ficam autorizadas pela Carta a pronunciar-se sem base no Direito Internacional. Mas, pelo menos à luz do artigo 42 e 41, o Conselho não está obrigado a este limite, podendo agir, portanto, à margem dos direitos dos Estados, isto é, do Direito Internacional dispositivo.

Em matéria de medidas compulsivas, pelo facto de os Estados terem um dever de adoptar as decretadas pelo Conselho, tendo em conta o artigo 25 CNU[2941], deve-se imputar às Nações Unidas os próprios actos estaduais

---

[2939] Mesmo se a ocupação pelo Estado vítima poderia ser justificada como uma medida de legítima defesa para garantir a libertação do seu próprio território ocupado. Embora se possam configurar situações em que o Estado vítima da agressão inicial tenha acabado por ocupar uma extensão desproporcionada perante aquela que o Estado agressor ainda mantém depois do eventual contra-ataque.

[2940] Ver, *infra*, parág. 86.1.

[2941] Como se verificou, o Conselho pode igualmente aprovar recomendações aos Estados (e outras entidades) para que adoptem represálias contra um Estado, seja à luz do Capítulo VI (com base no artigo 36, n.º 1), seja com base no artigo 39.

Teoricamente nada impediria que um acto constituísse uma recomendação para os membros, mas contivesse um acto plenamente eficaz em relação ao Estado visado que alterasse

de execução destas, dado existirem instruções específicas (e obrigatórias) nesse sentido por parte da organização[2942]. Já não se pode sustentar que os aparelhos dos Estados membros se convertem em instrumentos do Conselho, dado que não existe controlo efectivo deste sobre todas as actuações daqueles, designadamente repressivas nos seus territórios.

Desta forma, as ordens do Conselho à luz do artigo 41 criam excepções a favor dos Estados que legitimam a sua actuação desconforme com o Direito Internacional, desde logo, nos casos em que estes não estivessem autorizados a recorrer a represálias. Mas não se pode afirmar que a actuação em si do Conselho seja desconforme com o Direito Internacional Costumeiro. Este não se encontra sujeito à proibição de adopção de actos contra os Estados nos mesmos termos: ou seja, a actuação do Conselho é conforme com o seu regime específico, as normas costumeiras e da Carta que o regulam enquanto entidade criada pela Comunidade Internacional com legitimidade para tal. Mas desta forma pode desviar-se do regime previsto para os Estados, não necessitando de respeitar os seus direitos.

Concluindo: o Conselho está sempre vinculado pelo seu regime específico, mas como este é diferente do dos Estados, tal significa que embora este órgão esteja obrigado a respeitar os direitos dos Estados na adopção de soluções de fundo finais para as controvérsias, já pode utilizar meios desconformes com estes para impor esta solução ou obter a paz ou suprimir uma ameaça directa a esta derivada de acções das forças armadas das partes:

---

a sua situação jurídica de forma a permitir a adopção dos actos de embargo mesmo em contradição com tratados em vigor nos termos do artigo 103 e com deveres costumeiros em matéria de promoção de direitos humanos, incluindo direitos económicos. O problema é que esta espécie de acto apenas poderia ter base no Capítulo VII, concretamente no artigo 41, e este impõe que as medidas sejam vinculativas. Uma mera recomendação com efeitos constitutivos levantaria, pois, mais dificuldades ainda que as habilitações aos Estados para o uso da força (ver, *supra*, parág. 75). Acresce que não existe qualquer precedente. Todas as sanções à luz do artigo 41 têm sido obrigatórias para os Estados.

Só restará, pois, a primeira alternativa. Tal recomendação ter sido adoptada com base no Capítulo VI ou à luz do Capítulo VII, artigo 39, como um mero incentivo para que os Estados adoptem represálias nos termos do Direito Internacional Costumeiro contra o Estado visado, não produzindo por si a recomendação qualquer efeito jurídico. Mas neste caso este acto terá de ser perfeitamente conforme com o Direito Internacional (com o regime dos pressupostos e requisitos das represálias de "terceiro", designadamente que tenha sido violada uma obrigação *erga omnes*), sob pena de o Conselho estar a recomendar aos Estados que adoptem represálias ilícitas, o que pode mesmo implicar responsabilidade das Nações Unidas (ver, *infra*, parág. 101).

[2942] A menos que exista violação das instruções; ver sobre este critério de imputação de actos às Nações Unidas, *supra*, parág. 9.1.

assim, no respeito de certos limites pode, excepcionalmente, obrigar as partes a adoptar actos a que o Direito Internacional Costumeiro não as vincula ou até as proíbe de adoptar e proibi-las de adoptar actos que este não proíbe, quando tal seja estritamente necessário e proporcionado; e pode ainda recorrer a meios compulsivos proibidos pelo Direito Internacional Costumeiro aplicável aos Estados.

Tal significa que o Conselho não está obrigado pelos direitos dos Estados, tutelados pelo Direito Internacional dispositivo, nos mesmos termos que os Estados. Assim, se necessário e proporcional para a manutenção da paz, pode desconsiderá-los nas medidas instrumentais que adoptar, embora não já nas decisões de fundo. A situação tem semelhanças com a situação dos Estados à luz de uma causa de justificação. A diferença resulta do facto de o Conselho criar uma excepção em relação a estes direitos nestes casos e de não se encontrar obrigado a respeitar uma norma que os tutela, a proibição de uso da força. Deste modo, não tem de justificar as acções de incumprimento de uma determinada proibição, mas somente justificar a necessidade e proporcionalidade dos seus actos perante uma colisão do seu poder com os direitos dos Estados[2943].

**84. Tratados e outros actos internacionais das Nações Unidas.** Já se concluiu que os tratados celebrados pelos membros não são oponíveis às Nações Unidas (salvo se constituírem alterações da Carta), pela simples razão de que estas não são partes nestes[2944]. Pode-se, pois, concluir que os tratados celebrados pelos membros não são limites ao poder público do Conselho.

A esta circunstância acresce o facto de o artigo 103 estabelecer, no que diz respeito às relações entre os Estados membros, partes em tratados derrogatórios das obrigações impostas pela Carta, que também estes não podem invocá-los como forma de justificarem desrespeitos pela Carta; ou sequer para que um membro procure responsabilizar outro que não cumpriu um tratado em consequência da necessidade de cumprir uma obrigação decorrente da Carta.

**84.1. Limitação convencional e unilateral.** Porém, as Nações Unidas já se podem autovincular por meio de qualquer acto a que o Direito Internacional atribua tal eficácia, desde logo um tratado, mas igualmente por meio

---

[2943] Ver, *supra*, parág. 38-39.
[2944] Ver, *supra*, parág. 83.

de promessa ou *estoppel*[2945]. Tais actos vincularão todo e qualquer órgão destas, ainda que não tenham sido celebrados por si e sim por outro órgão da organização[2946].

Desta forma, o Conselho de Segurança pode ver limitado o exercício dos seus poderes por um tratado celebrado, por exemplo, pela Assembleia Geral ou pelo Secretário-Geral. Caso tais tratados violem a Carta, concretamente as competências do Conselho, a sua obrigatoriedade para as Nações Unidas em geral, e para o Conselho em especial, depende de alguns aspectos importantes.

Assim, se o tratado tiver sido celebrado com um Estado membro, dado que a Carta vincula quer as Nações Unidas, quer esse membro, o Conselho poderá invocar a sua invalidade. E poderá fazê-lo quer o fundamento seja formal, por exemplo, a incompetência do órgão que o celebrou, quer material, por o sentido do seu conteúdo ser contrário à Carta. Com efeito, sendo a Carta um Direito comum às partes, por estas considerado como superior, esta poderá ser sempre invocado para impugnar o tratado. O fundamento não será directamente o artigo 103, mas este pode ser aplicado analogicamente.

A solução já poderia ser diferente caso se estivesse perante um Estado ou outra entidade não vinculada pela Carta, como uma organização internacional cujo tratado constitutivo (ou um outro tratado) não a sujeite aos termos desta. Em princípio, neste caso, aplicar-se-ia o regime codificado no artigo 46 da referida Convenção de Viena sobre o Direito dos Tratados entre Estados e organizações internacionais ou entre estas de 1986. Tal implicaria a exclusão de qualquer vício material e a invocabilidade apenas de vícios manifestos resultantes da incompetência do órgão que a aprovou.

Questões relativas à matéria apenas poderiam servir de fundamento para a impugnação do tratado alegando a incapacidade das Nações Unidas.

---

[2945] Verificou-se já que esta figura tem relevância na sujeição das Nações Unidas ao Direito Internacional Convencional dos Direitos Humanos (ver, *supra*, parág. 82), mas tem igualmente relevância para efeitos da sua sujeição ao Direito Humanitário Convencional (ver, *infra*, parág. 84.2).

[2946] Afirmar que as Nações Unidas se encontram vinculados pelos seus tratados constitui um truísmo. É evidente que se encontram obrigadas pelo princípio *Pact sunt servanda*. O Tribunal Internacional de Justiça afirmou genericamente: "**International organizations** are subjects of international law and, as such, **are bound** by any obligations incumbent upon them under general rules of international law, under their constitutions or **under international agreements to which they are parties**" [cfr. *Interpretation of the Agreement* (…), *I. C. J. Reports* 1980, pág. 89-90, parág. 37]. Logicamente, o artigo 26 da citada Convenção de Viena sobre o Direito dos Tratados entre Estado e Organizações Internacionais ou entre Estas de 1986 é puramente codificatório, sob pena de a própria convenção não vincular as partes.

Porém, além da noção de capacidade das Organizações Internacionais ser controversa, tendo em conta a amplitude dos seus fins (artigo 1 CNU), é impossível encontrar uma matéria que pudesse ser considerada como se encontrando manifestamente fora do âmbito daqueles. Ora, o carácter manifesto do exorbitar dos seus fins é pressuposto da invocabilidade da incapacidade como fundamento de nulidade dos tratados[2947]. Este carácter é uma imposição da tutela dos direitos da outra parte no tratado que não tem a obrigação de conhecer os termos da Carta por não se encontrar vinculada por esta.

Porém, este regime é parcialmente contornado pelo facto de os preceitos da Carta relativos aos poderes públicos decorrerem do Direito Internacional Costumeiro e gozarem da natureza de *Ius Cogens*. De facto, estes não consagram direitos das Nações Unidas, mas poderes funcionais, que esta não pode renunciar a exercer ou limitar por tratado com terceiro, salvo com base na Carta/Direito Internacional Costumeiro[2948]. Esta natureza codificativa de normas *iuris cogentis* (costumeiras, claro está) torna-os oponíveis mesmo em relação a Estados ou organizações não vinculados pela Carta, já que também estas entidades se encontram vinculadas por aqueles poderes e os podem invocar, designadamente se forem violados, tornando nulos os termos do tratado[2949]. Ou seja, qualquer tratado celebrado pelas Nações Unidas que viole estes termos codificados na Carta, pode por estas ser desconsiderado independentemente de as restantes partes serem ou não membras das Nações Unidas ou se encontrarem formalmente vinculadas aos termos da Carta. E esta conclusão vale mesmo em relação a um tratado celebrado pelo próprio Conselho de Segurança, já que também este está obrigado a respeitar os seus próprios poderes funcionais.

Mas a mesma conclusão não se aplicará a um tratado que atribua poderes a um órgão que os não pode exercer à luz da Carta. O Direito Internacional Costumeiro não remete para os termos pelos quais a Carta distribui as competências pelos seus órgãos. Logo, a violação das normas de competência só será oponível a uma entidade não vinculada pela Carta se tiver um carácter manifesto[2950]. Aceita-se que tal ocorra numa situação em que a

---

[2947] Ver C. Baptista, *Direito* (...), cit., pág. 304-307.

[2948] Será o que se passa com as habilitações regionais (artigo 53, n.º 1, segunda parte, CNU) ou estaduais (ver, *supra*, parág. 74-75). Quanto ao dever das Nações Unidas exercerem os seus poderes, ver, *supra*, parág. 77.

[2949] Ver, *supra*, parág. 20.

[2950] O Tribunal Internacional de Justiça afirmou a propósito das Nações Unidas: "Both national and international law contemplate cases in which the body corporate or politic may be bound, as to third parties, by an ultra vires act of an agent" [cfr. *Certain expenses* (...), *I. C. J. Reports* 1962, cit., pág. 168].

Assembleia Geral procure assumir num tratado poderes públicos, mas já não merece tal qualificação uma situação em que estes sejam assumidos pelo Secretário-Geral, dado que a outra parte não tem a obrigação de saber se este foi ou não habilitado para o efeito pelo Conselho de Segurança. O mesmo vale para tratados aprovados por órgão incompetente.

Assim, se a Assembleia aprovar um acordo de tutela em relação a um território de interesse estratégico[2951], cuja aprovação compete ao Conselho nos termos do artigo 16 e 83, n.º 1 CNU, tal por si não será invocável como fundamento oponível a entidades não vinculadas pela Carta. Porém, já será invocável se os termos do acordo limitarem os poderes das Nações Unidas (por intermédio do Conselho) em relação àquele área estratégica, dado o seu referido carácter costumeiro *iuris cogentis*.

Isto não significa que baste a simples opinião, por exemplo, do Conselho, de que o tratado é nulo para que este entendimento vincule a outra parte. Ao actuar por intermédio do recurso ao tratado, as Nações Unidas fazem-no numa situação de igualdade perante a outra parte de modo a obter desta concessões que não podem obter por via autoritária. Qualquer pretensão de invalidade do tratado, seja por alegadamente violar estas disposições codificadas na Carta, seja por o seu procedimento de conclusão ter desrespeitado outra disposição do Direito Internacional, terá de seguir os termos de resolução de controvérsias relativas a questões de invalidade dos tratados[2952]. Deste modo, o Conselho deve informar a outra ou outras partes da sua

---

[2951] Trata-se de um exemplo puramente teórico, já que deixaram de existir territórios sob tutela (ver, *supra*, parág. 8).

[2952] Parcialmente codificados nos artigos 65 a 68 da referida Convenção de Viena sobre o Direito dos Tratados de 1986. As Nações Unidas encontram-se já vinculadas por esta, visto que depois de a terem assinado em 12 de Fevereiro de 1987, a vieram a confirmar formalmente em 21 de Dezembro de 1998 (cfr. MTDSG). De qualquer forma, pelo menos um aspecto deste regime não é codificatório do regime consuetudinário; trata-se da questão do prazo de três meses do seu artigo 65, n.º 3. E para que as divergências do seu regime em relação ao Direito Consuetudinário se restrinjam a este aspecto é necessário que se reconheça que ele permite grande dose de unilateralismo [ver C. Baptista, *Direito* (...), cit., pág. 347-351].

Assim, o Tribunal Internacional de Justiça aceitou que os princípios contidos nos artigos 65-67 da Convenção de Viena sobre o Direito dos Tratados de 1969, essencialmente idênticos aos da Convenção de 1986, têm natureza consuetudinária, por decorrência da boa-fé. Considerou curto um mero prazo de espera de 6 dias concedido pela Hungria antes de se desvincular do referido Tratado sobre o Projecto de Barragens de Gabčíkovo-Nagymaros de 16 de Setembro de 1977, embora admita que o prazo variará de acordo com as circunstâncias: "In this regard, it should be noted that, according to Hungary's Declaration of 19 May 1992, the termination of the 1977 Treaty was to take effect as from 25 May 1992, that is only six days later. Both

pretensão de deixar de cumprir o tratado, apresentando as suas justificações e, salvo urgência, aguardar durante um prazo razoável que estas se pronunciem. Caso haja protestos, não poderá simplesmente ignorá-los, devendo procurar obter um acordo ou sujeitar a questão a um terceiro imparcial[2953], a menos que a situação cause prejuízos que justifiquem o incumprimento unilateral. Neste caso, as Nações Unidas podem deixar de cumprir o tratado, sujeitando-se às consequências em termos de responsabilidade internacional caso o tratado seja afinal considerado como válido. Claro está, a outra ou outras partes gozam de direitos idênticos. Também estas podem impugnar um tratado que tenham celebrado com as Nações Unidas com fundamento na sua contrariedade nestes aspectos costumeiro relativos ao poder público, mesmo que não sejam partes na Carta.

As mesmas considerações valem em relação a eventuais promessas jurídicas realizadas por órgãos das Nações Unidas. Também estas não podem ser revogadas sem fundamento em alguma causa de extinção (essencialmente idênticas às do Tratado[2954]) ou declaradas inválidas sem fundamento numa causa aceite[2955].

---

Parties agree that Articles 65 to 67 of the Vienna Convention on the Law of Treaties, if not codifying customary law, at least generally reflect customary international law and contain certain procedural principles which are based on an obligation to act in good faith. As the Court stated in its Advisory Opinion on the *Interpretation of the Agreement of 25 March 1951 between the WHO and Egypt* (in which case the Vienna Convention did not apply): "Precisely what periods of time may be involved in the observance of the duties to consult and negotiate, and what period of notice of termination should be given, are matters which necessarily vary according to the requirements of the particular case. In principle, therefore, it is for the parties in each case to determine the length of those periods by consultation and negotiation in good faith." (*I.C.J. Reports 1980*, p. 96, para. 49.). The termination of the Treaty by Hungary was to take effect six days after its notification. On neither of these dates had Hungary suffered injury resulting from acts of Czechoslovakia. The Court must therefore confirm its conclusion that Hungary's termination of the Treaty was premature [cfr. *Case Concerning The Gabcíkovo-Nagymaros* ( ), cit , C. I. J. Reports 1997, pág. 66 67, parág. 109].

[2953] A sujeição da actividade do Conselho a uma comissão jurídica das Nações Unidas ou à arbitragem tem os seus defensores: D. Bowett, *The Impact of Security Council* (...), cit., pág. 99.

[2954] Ver C. Baptista, *Direito* (...), cit., pág. 407-408.

[2955] Normalmente estas promessas estão contidas em actos com forma interna das Nações Unidas, sendo simultaneamente actos do seu Direito interno. Simplesmente libertaram-se do seu amparo directo na Carta para passarem a gozar de fundamento directo no princípio internacional da Boa fé. Para tal se verificar é necessário entender que as Nações Unidas se pretenderam vincular à luz do Direito Internacional, ficando o eventual incumprimento da

**84.2. O Direito Humanitário Convencional.** Como se verificou, a questão da vinculação das Nações Unidas ao Direito Internacional Humanitário não tem suscitado grande oposição em relação ao consagrado pelo Direito Consuetudinário. Sendo as normas humanitárias parte do *Ius Cogens* Internacional, faria pouco sentido entender que as Nações Unidas, ou quaisquer Estados que actuem ao abrigo de uma habilitação destas, estariam isentos da sua aplicação[2956].

Menos líquida é a sujeição das Nações Unidas ao Direito Humanitário Convencional. Mesmo sendo certo que esta tem algum apoio na prática da Organização, não é clara a forma jurídica pela qual esta se vinculou, bem como o modo como os Estados que actuem sob habilitação ficarão sujeitos àquele Direito, no caso de não serem partes nas Convenções ou num acordo que os vincule a tal.

Em relação ao exercício do poder público em sentido estrito, isto é, acções levadas a cabo por uma Força das Nações Unidas, a melhor solução será entender que as Nações Unidas criaram desde muito cedo uma situação de *estoppel*[2957]. De facto, tendo em conta a sua actividade na promoção,

---

promessa sujeito ao Direito Internacional da Responsabilidade e não ao seu Direito interno. A diferença de regime é significativa. Uma promessa internacional é bem mais difícil de revogar do que uma baseada na Carta, visto que esta segunda fica sujeita às amplas competências de cada órgão para revogar os seus próprios actos (ver, *infra*, parág. 85).

[2956] Ver, *supra*, parág. 82.

[2957] O *estoppel* (ou preclusão) é a situação em que se encontra um Estado que, por força do seu comportamento ou declarações num determinado sentido, induziu um outro Estado a adoptar determinada posição na expectativa de que aquele comportamento decorria de uma obrigação, provocando a este segundo, se alterar tal comportamento, prejuízos especificamente derivados da nova posição que o induziu a adoptar. Reunidos estes requisitos, o primeiro Estado fica obrigado a manter esse comportamento ou posição jurídica. Trata-se de um corolário do princípio da boa-fé, que tutela as expectativas e a posição jurídica do segundo Estado, bem como de exigências de consistência nas relações internacionais.

Assim, o Tribunal Internacional de Justiça afirmou: "only the existence of a situation of estoppel could suffice to lend substance to this contention,-that is to say if the Federal Republic were now precluded from denying the applicability of the conventional regime, by reason of past conduct, declarations, etc., which not only clearly and consistently evinced acceptance of that regime, but also had caused Denmark or the Netherlands, in reliance on such conduct, detrimentally to change position or suffer some prejudice" [cfr. *North Sea Continental Shelf* (Federal Republic of Germany/Denmark; Federal Republic of Germany/ Netherlands), Judgment 20 February 1969, *I. C. J. Reports* 1969, pág. 26, parág. 30]. Igualmente posteriormente afirmou no mesmo sentido: "An estoppel would only arise if by its acts or declarations Cameroon had consistently made it fully clear that it had agreed to settle the boundary dispute submitted to the Court by bilateral avenues alone. It would further be necessary that, by relying on such an attitude, Nigeria had changed position to its own

interpretação e encorajamento quanto à criação e desenvolvimento deste Direito convencional, do seu apoio ao seu respeito e constante condenação da sua violação pelos Estados partes, bem como as disposições da Carta que estabelecem como atribuição da organização a promoção do respeito dos direitos humanos[2958], estas não podem legitimamente por sua vez desrespeitá--lo[2959]. Seria no mínimo estranho que as Nações Unidas pudessem, num dia, condenar um Estado por violar uma convenção relativa ao Direito Humanitário e, no dia seguinte, arrogarem-se a violar a mesma convenção por intermédio das suas próprias forças. Uma entidade que, seguindo os termos do seu tratado constitutivo, promove o desenvolvimento e cumprimento de um Direito não pode por sua vez atribuir-se o privilégio de o poder violar. Não vale a pena alegar o seu estatuto de não parte; se este não as impede de invocar a sua violação, mesmo oficiosamente, também não pode legitimar o seu próprio incumprimento.

Por conseguinte, Estados, ou outras entidades, que sejam partes beligerantes num conflito armado com uma Força das Nações Unidas têm o direito de confiar que os seus cidadãos ou forças armadas serão tratadas por esta organização de acordo com as convenções humanitárias que esta promoveu e cuja violação reiteradamente condenou. O investimento desta confiança que constitui o tratamento conforme com estas convenções que

---

detriment or had suffered some prejudice" (cfr. *Land and Maritime Boundary between Cameroon and Nigeria*, Preliminary Objections, Judgment 11 June 1998, *I. C. J. Reports* 1998, pág. 303, parág. 57). Anteriormente afirmara: "it sees no evidence of some essential elements required by estoppel: a statement or representation made by one party to another and reliance upon it by that other party to his detriment or to the advantage of the party making it" (cfr. *Land, Island and Maritime Frontier Dispute* (El Salvador/Honduras), Application to Intervene, Judgment, *I.C.J. Reports* 1990, pág. 118, parág. 63). Também: Antoine Martin, *L'Estoppel en Droit International Public*, Paris, 1979, pág. 259-260 e 270-271 (mas com uma concepção restritiva, dado que o restringe a questões de facto); Megan L. Wagner, *Jurisdiction by Estoppel in the International Court of Justice*, CALR, Vol. 74, 1986, pág. 1777-1804, na pág. 1779--1780. As críticas à jurisprudência do Tribunal, acusando-a de inconsistência em matéria de *estoppel* (neste sentido: Christopher Brown, *A Comparative and Critical Assessment of Estoppel in International Law*, UMLR, Vol. 50, 1995, pág. 369-412, na pág. 399-408 e 410-412), se faziam algum sentido inicialmente, entretanto parecem ter sido francamente superadas.

[2958] Preâmbulo, artigo 1, n.º 2 e n.º 3; artigo 13, n.º 1, al. b); artigos 55 e 56; artigo 62, n.º 2; artigo 68 e artigos 73 e 76.

[2959] Em sentido semelhante, embora sem invocar *estoppel*: B. Tittemore, *Belligerents* (...), cit., pág. 100; A. Fishman, *Between Iraq* (...), cit., pág. 712-713; Mark Thieroff/Edward A. Amley, Jr., *Proceeding to Justice and Accountability in the Balkans: The International Criminal Tribunal for the Former Yugoslavia and Rule 61*, YJIL, Vol. 23, 1998, pág. 231-274, na pág. 257-258.

supostamente darão à Força das Nações Unidas é suficiente para legitimar que se fale em *estoppel*[2960]. Qualquer outro entendimento constituiria uma legitimação de um manifesto *Venire contra factum proprium*.

---

[2960] O *estoppel* não depende de qualquer consentimento formal. Isto é, o consentimento, mesmo quando tácito, é sempre um acto jurídico formal, que depende de vontade nesse sentido manifestada pelo Estado que consente. Daí que este acto se encontre sujeito a todas as exigências dos actos jurídicos unilaterais, incluindo ser emanado de um indivíduo com plenos poderes para o efeito. O *estoppel*, pelo contrário, pode derivar de actos emanados por órgãos menores ou mesmo de actos políticos ou meras recomendações, que não são manifestados com qualquer intenção de autovinculação. Daí as exigências pesadas que são prescritas para que este implique uma obrigação jurídica. É necessário que tenha existido não apenas confiança legítima criada no outro Estado mas igualmente um investimento realizado por este em nome dessa confiança.

A questão da distinção entre o *estoppel*, o consentimento tácito e a *acquiescence*, mesmo entre os autores britânicos [já que a figura tem origem no Direito Britânico, embora seja aplicável predominantemente em matéria de prova: A. Martin, *L'Estoppel* (...), cit., pág. 7 e seg. e 270-271], não é líquida. Ora identificam o *estoppel* com a "acquiescence", ora as contrapõem [assim, I. Brownlie, *Principles* (...), cit., pág. 18, 640-642 e 655-656 (o autor parece hesitar entre as duas posições); M. Akehurst, *A Modern* (...), cit., pág. 150-151 (sugere que o *estoppel* será uma consequência da *acquiescence*, impedindo que se volte atrás; contudo, a identificar-se *acquiescence* com consentimento tácito, parece que, em Direito Internacional, o *estoppel* não tem essa tarefa, pois qualquer consentimento formal só pode ser retirado em termos restritos); I. Sinclair, *The Vienna Convention* (...), cit., pág. 168, distingue-os, mas em termos discutíveis; ao contrário, Hugh Thirlway, *The Law and Procedure of the International Court of Justice (1960-1989)*, BYIL, vol. LX, 1989, pág. 29-30, sustenta, correctamente, que são figuras distintas, já que o *estoppel* não pressupõe consentimento].

As confusões, porém, parecem ser derivadas da noção de *acquiescence* e não da de *estoppel*. Uns autores, como Thirlway, identificam-na com o consentimento tácito, logo afirmam correctamente que o *estoppel* não depende desta. Outros consideram-na uma simples forma de acomodação ou negligência em protestar, precisamente figuras que podem em alguns casos dar lugar a *estoppel*, especialmente se forem acompanhadas de outras declarações expressas.

O Tribunal Internacional de Justiça nas citadas passagens, pareceu partir do princípio de que o *estoppel* pressupõe "acquiescence/acceptation", mas precisamente não se estaria a referir à necessidade de um consentimento formal, que claramente traduzisse a assunção de uma obrigação jurídica, e sim a uma mera aceitação concreta, ainda que sem vontade de se vincular, caso contrário não faria sentido a exigência de um investimento de confiança por parte dos destinatários. Em 1984, numa decisão de uma secção, mostrou não ter também uma posição firme sobre a questão, mas claramente considerou-as figuras distintas, embora baseando ambas no princípio da Boa-fé: "The Chamber observes that in any case the concepts of acquiescence and estoppel, irrespective of the status accorded to them by international law, both follow from the fundamental principles of good faith and equity. They are, however, based on different legal reasoning, **since acquiescence is equivalent to tacit recognition manifested by unilateral conduct which the other party may interpret as consent** while

Esta situação preclusiva das Nações Unidas foi confirmada pela sua prática posterior, especialmente a dos últimos 10 anos. Por um lado, tem constado dos acordos de fornecimento de contingentes nacionais para forças das Nações Unidas, o dever de estas tropas acatarem o espírito e princípios das disposições das convenções gerais sobre Direito Humanitário[2961], na sequência aliás de instruções internas às suas forças que desde cedo foram adoptadas. A mesma disposição, a partir de 1993, passou a constar igualmente dos Acordos quanto ao estatuto das operações de paz das Nações Unidas com os Estados anfitriões, enquanto dever internacional assumido pela própria organização para garantir que a Força respeitará aqueles princípios[2962, 2963].

---

estoppel is linked to the idea of preclusion. According to one view, preclusion is in fact the procedural aspect and estoppel the substantive aspect of the same principle." [cfr. *Case Concerning Delimitation of the Maritime Boundary in the Gulf of Maine Area* (Canada/United States Of America), 12 October 1984, *I. C. J. Reports* 1984, pág. 305, parág. 130]. A noção de *acquiescence* do Tribunal neste caso aproxima-se pois da ideia de consentimento tácito enquanto verdadeiro acto jurídico vinculativo, daí que a distinga do *estoppel*.

[2961] Deste modo, o modelo de Acordo entre as Nações Unidas e os Estados membros fornecedores de pessoal para Operações de manutenção da paz (UN Doc. A/46/185, 23 May 1991), no seu parág. 28, vincula as operações das Nações Unidas a cumprir os princípios e o espírito das convenções sobre o Direito Internacional Humanitário, em que inclui as quatro Convenções de Genebra de 1949, os seus dois Protocolos Adicionais de 1977 e a Convenção da UNESCO de 1954 sobre Protecção de Bens Culturais.

[2962] Assim, o primeiro destes terá sido o Acordo entre as Nações Unidas e o Governo do Ruanda relativo ao Estatuto da UNAMIR de 5 de Novembro de 1993 (texto em UNTS, Vol. 1861, No. 31695, 1995, pág. 268-279), que prevê no seu parágrafo 7, al. a): "The United Nations shall ensure that UNAMIR shall conduct its operations in Rwanda with full respect for the principles and spirit of the general conventions applicable to the conduct of military personnel. These international conventions include the four Geneva Conventions of 12 August 1949 and their Additional Protocols of 8 June 19773 and the UNESCO Convention of 14 May 1954 on the Protection of Cultural Property in the event of armed conflict". Este preceito tem constado dos Acordos de Estatuto de Forças posteriores. Por exemplo, a Troca de Notas entre as Nações Unidas e a ex-República Jugoslava da Macedónia relativa ao Estatuto da UNPROFOR na Macedónia de 1/14 de Junho de 1994 (texto em UNTS, Vol. 1788, No. 31078, 1994, pág. 257-273), parág. 7, al. a); ou o Acordo entre as Nações Unidas e o Governo do Haiti relativo ao Estatuto da Missão das Nações Unidas no Haiti de 15 de Março de 1995 (texto em UNTS, Vol. 1861, No. 31695, 1995, pág. 268-279), parág. 7, al. a).

[2963] Refira-se igualmente a mencionada Convenção sobre Segurança do Pessoal das Nações Unidas e Associado, cujo seu já citado artigo 20, estabelece: "Nothing in this Convention shall affect: a) The applicability of **international humanitarian law** and universally recognized standards of human rights as contained **in international instruments** in relation to the protection of United Nations operations and United Nations and associated personnel or **the responsibility of such personnel to respect such law and standards**".

É certo que as Nações Unidas não são partes nesta Convenção (esta, nos termos dos seus artigos 24 e 26 só se encontra aberta em relação a Estados) que deste modo constitui

Não parece que se justifique minimamente a limitação da vinculação das Nações Unidas apenas ao espírito e princípios das convenções, como, aliás, fica confirmado pelos próprios actos dos últimos anos da organização[2964]. Tendo em conta a sua prática de promoção do Direito Humanitário Con-

---

um pacto a favor de terceiro. Ao que acresce que esta apenas sublinha que nada na convenção afectará tal vinculação, sem, claro está, a estabelecer, pois tal constituiria aparentemente um acto ilegítimo de tentativa de imposição de um dever em relação a terceiro. Mas esta convenção foi adoptada por um acto da própria organização, a Resolução 49/59, de 9 de Dezembro de 1994, da Assembleia Geral (texto em RDGAOR, 49th Session, 1994, Vol. I, pág. 299), que deste modo apoiou o seu regime. E, por outro lado, apenas pode ser afectado algo que já existe, isto é, a vinculação da organização a estes instrumentos. Nem vale a pena dizer que são os membros da Força e não a organização que é responsável. Os membros estão a actuar como órgãos desta, logo são a organização, sem prejuízo de eventual responsabilidade penal individual.

[2964] O mais importante destes é o Regulamento aprovado pelo Secretário-Geral em 6 de Agosto de 1999 (U.N. Doc. ST/SGB/1999/13), dedicado exclusivamente a esta questão. É certo que, pela sua importância, se trata de uma matéria eminentemente político-legislativa. A sua aprovação deveria, pois, caber a um dos órgãos políticos colegiais. Tendo em conta a matéria, o órgão competente deveria ser o Conselho de Segurança. Com efeito, apesar de a sua competência ser essencialmente dirigida para situações individuais e concretas, a Carta atribui-lhe competência para a adopção de actos gerais e abstractos em relação à utilização das forças das Nações Unidas. Os artigos 45 e 46 CNU referem-se-lhes como planos, mas no seu seio ficam compreendidos todos e quaisquer actos de regulamentação das forças, dentro dos termos estabelecidos nos acordos celebrados com os Estados fornecedores de contingentes.

Pode-se, contudo, sustentar que este regulamento do Secretário-Geral mais não faz do que concretizar decisões já tomadas quer pelo Conselho, quer pela Assembleia: submeter as forças das Nações Unidas ao Direito Internacional Humanitário, incluindo convencional, apesar de a organização não ser parte nas convenções sobre a matéria. Acresce que este foi aprovado por um órgão que, embora subordinado, tem sido o comandante-chefe das forças das Nações Unidas.

A secção 1.1 deste Regulamento do Secretário-Geral considera-o aplicável a quaisquer forças das Nações Unidas, quer de imposição da paz, quer de manutenção da paz que utilize a força no exercício da legítima defesa. A sua secção 2 depois de sublinhar o seu carácter não exaustivo, declara não ficarem prejudicadas a aplicação de outras normas do Direito Internacional Humanitário ou do Direito interno.

A sua secção 3 vincula as Nações Unidas a fazer constar dos acordos relativos ao estatuto de contingentes a sua obrigação de assegurar que a sua Força respeitará "**the principles and rules of the general conventions** applicable to the conduct of military personnel" e que, de qualquer modo, "The obligation to respect the said principles and rules is applicable to United Nations forces even in the absence of a status-of-forces agreement". Seguem-se várias secções onde se consagram os princípios da limitação dos meios bélicos a utilizar, respeito pelos civis e seus bens e pelos prisioneiros, bem como de regras que os concretizam. Ou seja, fica estabelecida a sua vinculação aos princípios e regras das Convenções gerais sobre a matéria e não apenas ao seu espírito e princípios.

vencional esta deve ser considerada como destinatária de todas as suas normas. Não parecem atendíveis as tentativas de fundamentar esta limitação na alegação de que estas convenções não foram elaboradas para vincular organizações internacionais e sim Estados. Deste modo, em termos substantivos, o melhor entendimento é que tal limitação ao espírito e princípios não tem já qualquer relevância. Existem disposições das convenções (e do Direito Internacional Costumeiro) que não serão aplicáveis às Nações Unidas por estas simplesmente não adoptarem actos que preencham a sua previsão; pois caso tal ocorra, encontrar-se-ão vinculadas integralmente[2965, 2966].

O passo seguinte em relação à consolidação da vinculação das Nações Unidas pelo Direito Humanitário Convencional passará pelo entendimento de que estas não apenas se encontram numa situação de *estoppel*, mas igualmente assumiram já obrigações unilaterais por meio de promessa de cumprir este Direito. A relevância desta consolidação não é grande. Tornaria simplesmente esta vinculação mais clara. Esta promessa poderia ser retirada dos referidos actos da organização dos quais decorre uma obrigação de respeitar tais convenções internacionais. Assim, não se trataria de basear esta obrigação no Direito interno das Nações Unidas. É claro que esta obrigação existe, por força de uma imposição dos órgãos política e administrativamente competentes para vincularem as forças da organização. Tratar--se-ia, sim, de retirar destes actos internos uma verdadeira obrigação interna-

---

[2965] Como ficou escrito a propósito do Direito Internacional Humanitário, por exemplo, as garantias processuais penais para julgamento de prisioneiros de guerra não serão aplicáveis enquanto as Nações Unidas não constituírem tribunais para os julgar. No entanto, fizeram-no com os dois Tribunais Penais para o Ruanda e ex-Jugoslávia [ver igualmente R. Glick, *Lip Service* (…), cit., pág. 68], logo já estarão igualmente sujeitas a estas normas, não apenas as costumeiras, mas igualmente as convencionais constantes da referida Convenção III de Genebra Relativa ao Tratamento dos Prisioneiros de Guerra de 12 de Agosto de 1949 (artigos 99-108). Até porque esta Convenção continua em vigor mesmo depois do termo das hostilidades em relação aos indivíduos que tenham sido detidos para efeitos de julgamento ou em consequência de uma condenação (cfr. artigo 119).

[2966] A vinculação das Nações Unidas pelo Direito Humanitário Convencional tem dividido a Doutrina. Alguns autores têm defendido esta vinculação, embora normalmente sem invocar um fundamento técnico: L. Condorelli, *Le Statut des Forces* (…), cit., pág. 899 e 901-904 (algo vago); D. Shraga, *Book Review And Note: The Blue Helmets* (…), cit., pág. 164-165; B. Tittemore, *Belligerents* (…), cit., pág. 100; A. Fishman, *Between Iraq* (…), cit., pág. 712-713, 717 e 719-722 (baseia-se nos preceitos da Carta que impõem respeito dos direitos humanos). Outros negam-na, considerando ser necessário uma adesão formal (ou informal) das Nações Unidas aos tratados: H. Taubenfeld, *International Armed Forces* (…), cit., pág. 674-675; F. Seyersted, *United Nations* (...), cit., pág. 181, 191-192 e 216; F. Almeida, *0 Princípio* (...), cit., pág. 398; J. Bialke, *United Nations Peace* (...), cit., pág. 36-37.

cional invocável por qualquer entidade que fosse alvo de actos das Nações Unidas, ainda que porventura não pudesse invocar a Carta e os actos praticados pela organização à sua luz. Esta obrigação teria, pois, base no Direito Internacional Costumeiro, e não apenas na Carta. Deste modo, apenas seria susceptível de ser revogada em termos paralelos aos aplicáveis ao Tratado[2967].

No entanto, estes actos não são suficientemente claros para satisfazer os rígidos pressupostos para a assunção unilateral formal de obrigações internacionais por meio da promessa[2968]. Existe uma clara assunção de uma obrigação, mas esta foi realizada por actos internos que parecem ainda se encontrar apenas sujeitos ao Direito das Nações Unidas e não ao Direito Internacional. Não existiu uma promessa realizada de forma *erga omnes*. Mas, segundo se julga, o *estoppel* constitui fundamento suficiente para a vinculação da organização aos tratados humanitários.

Em relação à aplicação do Direito Humanitário convencional ao uso privado habilitado a questão é mais complexa. O problema não se coloca se todos os Estados intervenientes na acção habilitada tiverem ratificado as convenções internacionais sobre a matéria aplicáveis. Nem se colocará se o próprio acto habilitante (ou outro posterior) do Conselho contiver uma disposição quanto à necessidade de respeito de uma determinada convenção ou convenções[2969] ou existir um acordo entre os Estados participantes, ou entre estes e as Nações Unidas, que vincule ao respeito destas convenções.

A questão da existência de uma coligação dotada de um comando único de um Estado pode igualmente solucionar a questão. Desde logo, quando esse comando determinar que todas as operações deverão ser realizadas com respeito por determinadas convenções. Outra forma de atingir o mesmo resultado será possível quando os efectivos disponibilizados pelos outros Estados para a Força comandada pelo Estado responsável possam ser

---

[2967] Ver C. Baptista, *Direito* (...), cit., pág. 407-408.

[2968] Ver C. Baptista, *Direito* (...), cit., pág. 393-394.

[2969] O que nunca sucedeu expressamente, embora existam passagens a partir das quais se pode fazer decorrer a vinculação a uma convenção humanitária. Assim, na sua Resolução 686 (1991), de 2 de Março (texto em RDSCOR, 1991, pág. 8-9), sobre a execução da habilitação contra o Iraque, no parág. 5, afirma: "Welcomes the decision of Kuwait and the Member States cooperating with Kuwait pursuant to resolution 678 (1990) to provide access and to commence immediately the release of Iraqi prisoners of war under the auspices of the International Committee of the Red Cross, as required by the terms of the Geneva Convention relative to the Treatment of Prisoners of War, of 12 August 1949". Isto é, considera como aplicável esta convenção sem fazer qualquer referência à circunstância de todos os Estados participantes na coligação serem ou não partes nesta.

qualificados como unidades deste último, à luz do critério da direcção jurídica formal ou controlo efectivo[2970]. Tudo depende da autonomia que for conferida a cada contingente no seio da Força conjunta. Se estes estiverem sujeitos a uma rígida cadeia de comando que não permita qualquer autonomia operacional a cada contingente, o Direito Internacional considera que estes se converteram em forças do Estado a quem cabe a direcção destas. Neste caso, claro está, o Direito Humanitário de origem convencional aplicável automaticamente a todas as forças da coligação será o Direito que vincula o Estado responsável pelo comando. Mas tudo depende do entendimento das partes na coligação. Se o comando for estritamente militar e permitir alguma autonomia, bem como se as decisões políticas e estratégicas forem tomadas formalmente conjuntamente, então não será já possível recorrer a este meio[2971].

Mas, não existindo tais actos, será necessário reconhecer que os Estados não estarão vinculados ao respeito deste Direito. Nesse caso, cada Estado participante, se gozar de autonomia de comando para as suas tropas, poderá adoptar medidas proibidas pelo Direito Humanitário Convencional a que não se encontre vinculado, sem incorrer em responsabilidade ou implicar qualquer responsabilidade para as Nações Unidas; desde que seja respeitado o Direito Internacional Humanitário Costumeiro a que estarão sempre vinculados.

**85. O Direito das Nações Unidas.** Por Direito das Nações Unidas entende-se o seu Direito interno, isto é, o sistema constituído pelos actos aprovados pelos seus órgãos que encontram fundamento directo de validade na Carta. Portanto, compreende actos como as resoluções do Conselho, da Assembleia ou de outros órgãos da organização. Segundo se julga, não se trata de actos de Direito Internacional[2972]. Encontram-se numa situação em relação ao Direito Internacional paralela à que caracteriza o Direito interno dos Estados.

Deste modo, não são apenas os actos dirigidos pelos órgãos colegiais políticos ao secretariado da organização, ou adoptados por membros deste, que são actos internos. Estes são actos administrativos internos. Se se quiser, são internos em duplo grau: internos à organização e internos à sua administração. Mas os actos adoptados pela organização em relação aos seus

---

[2970] Cfr. o artigo 6 do citado Projecto sobre Responsabilidade dos Estados de 2001 da Comissão de Direito Internacional; sobre este, ver, *supra*, parág. 9.1 e *infra*, parág. 100.1 e 101.

[2971] Ver em sentido paralelo: F. Seyersted, *United Nations* (...), cit., pág. 318-319.

[2972] Ver C. Baptista, *Direito* (...), cit., pág. 26 e 470.

membros são igualmente actos de Direito interno desta. Não são actos que produzam efeitos jurídico-internacionais, ainda que tenham uma componente internacional por serem baseados na Carta, que constitui um acto internacional. A violação destes actos não provoca responsabilidade internacional, isto é, sujeita ao Direito Internacional da Responsabilidade, e sim responsabilidade perante as Nações Unidas que é regulada pela Carta de modo distinto. Designadamente, proíbe normalmente que os Estados membros procurem forçar ao seu acatamento por meios de auto-tutela[2973].

A maioria dos actos que integram este Direito não é obrigatória para os membros. Contudo, nos casos em que criem estruturas executivas, como operações de manutenção da paz, mesmo que não sejam vinculativas para os membros, são obrigatórios para os membros da operação criada, bem como para todos os membros do secretariado das Nações Unidas. Por esta via, adquirem, portanto, grande importância.

---

[2973] A Secção de recurso do Tribunal Penal para a ex-Jugoslávia parece ter ido demasiado longe na concessão de um direito de adopção de medidas pelos Estados conjuntamente para a execução das decisões vinculativas de órgãos das Nações Unidas, como as do próprio Tribunal. Afirmou a este respeito: "every Member State of the United Nations has a legal interest in seeking compliance by any other Member State with the International Tribunal's orders and requests issued pursuant to Article 29. Faced with the situation where a judicial finding by the International Tribunal of a breach of Article 29 has been reported to the Security Council, each Member State of the United Nations may act upon the legal interest referred to; consequently it may request the State to terminate its breach of Article 29. In addition to this possible unilateral action, a collective response through other intergovernmental organizations may be envisaged (...). They therefore give pride of place to collective or joint action to be taken through an intergovernmental organization." (cfr. *Prosecutor v. Tihomir Blaskic*, Appeals Chamber, Judgement, Case No: IT-95-14-AR108 *bis*, 29 October 1997, parág. 36).

Já ficou sublinhado que as obrigações impostas pela Carta, mesmo de cumprir os actos das Nações Unidas, não foram estabelecidas entre cada membro e a organização, mas entre cada membro perante os restantes, como o Tribunal igualmente concorda, mesmo que de modo unilateral tais obrigações estabeleçam poderes para a organização (ver, *supra*, parág. 27.1). Assim, apesar de esta natureza estadual, as partes na Carta criaram uma entidade com competência para velar pelo respeito destas obrigações, a própria organização que é a entidade favorecida por estas. Aos Estados, actuando unilateralmente, apenas caberá um papel subsidiário. E a sua actuação colectiva deve ser levada a cabo por intermédio dos órgãos da organização e só excepcionalmente por recurso a organizações terceiras. Se as reacções contra as violações da própria Carta podem caber ainda aos Estados, actuando isolada ou colectivamente (no respeito pelo Direito Internacional), já a violação de actos da organização deve deparar com uma reacção dirigida pela própria organização. De qualquer modo, esta posição do Tribunal não pode ser desligada da questão relativa à intervenção de entidades terceiras, designadamente a OTAN, na detenção de indivíduos por aquele acusados.

Estes actos constituem o modo mais importante de limitação do poder público das Nações Unidas, sob a forma de uma autovinculação. Contudo, são um limite apenas para os órgãos subordinados ao Conselho e não para este, já que os pode revogar livremente. De facto, este não se encontra vinculado por eventuais resoluções da Assembleia Geral ou de qualquer outro órgão das Nações Unidas, salvo o Tribunal Internacional de Justiça[2974].

Deste modo, as delegações do Conselho, designadamente, a favor do Secretário-Geral, bem como as subdelegações deste a favor de outros órgãos ou as sucessivas subdelegações que estes realizem, contêm sempre limitações ao exercício deste poder. Estas decorrem dos fins que lhe são estabelecidos, da própria atribuição de poderes, que implicitamente exclui outros[2975], do enunciar de pressupostos e de limites, etc.. A regra é a de que o delegante pode em qualquer momento alterar a delegação, seja no sentido do seu alargamento, restrição, com a imposição de novos limites, ou revogação. Pode igualmente avocar a decisão de qualquer questão ou revogar actos específicos do delegado[2976].

Um regime com algumas semelhanças aplica-se às habilitações, isto é, autorizações ou recomendações quanto ao exercício do poder público a favor de entidades externas às Nações Unidas; seja a habilitação regional, a favor de estruturas regionais, seja a da habilitação estadual, a favor de Estados[2977].

---

[2974] Ver, *infra*, parág. 95.3.

[2975] Por exemplo, quando utiliza termos como "todos os necessários", "de utilizar a força em defesa de civis", etc..

[2976] Ver, *supra*, parág. 61-62.

[2977] Ver, *supra*, parág. 9 e 70-75.

## B – Limites impostos pela Carta em especial.

**86. A reserva de jurisdição interna?** Tal como o Pacto da Sociedade das Nações, no seu artigo 15, n.º 8, também a Carta contém uma disposição limitadora do poder de intervenção das Nações Unidas em relação aos seus Estados membros, o seu artigo 2, n.º 7. Contudo, como se procura demonstrar, esta não tem relevância enquanto limite ao poder público bélico e só parcialmente é relevante em relação às outras faculdades contidas no poder público.

**86.1. Noção.** Este preceito encontra-se redigido de forma diferente do seu correspondente no Pacto, já que o artigo 15, n.º 8 remetia expressamente para o Direito Internacional, enquanto o artigo 2, n.º 7 não o faz. No entanto, substancialmente, o seu regime é idêntico neste aspecto. De facto, a noção de jurisdição interna dos Estados é uma noção jurídica tradicional, determinada, portanto, pelo Direito Internacional Costumeiro, independentemente de a Carta remeter para este neste ponto específico. Assim, também à luz deste preceito se deve entender que é o Direito Internacional que regula o que é a jurisdição interna dos Estados.

De facto, questões de jurisdição interna têm sido, de forma tendencialmente pacífica, consideradas como questões em relação às quais o Direito Internacional atribui aos Estados a liberdade de actuar como entenderem[2978, 2979]. Normalmente define-se as matérias abrangidas por esta como

---

[2978] Neste sentido, citando o seu antecessor, o Tribunal Internacional de Justiça afirmou: "the question whether a certain matter is or is not solely within the jurisdiction of a State is an essentially relative question and depends upon 'the development of international relations'. It pointed out that a matter which is not, in principle, regulated by international law and is thus a matter within the State's domestic jurisdiction, will cease to be such if the State has undertaken obligations towards other States with respect to that matter" [cfr. *Aegean Sea Continental Shelf* (Greece v. Turkey), Jurisdiction, Judgment 19 December 1978, *I. C. J. Reports* 1978, pág. 25, parág. 59]; anteriormente sustentara ainda que "The interpretation of the terms of a treaty for this purpose could not be considered as a question essentially within the domestic jurisdiction of a State. It is a question of international law which, by its very nature, lies within the competence of the Court. These considerations also suffice to dispose

matérias que o Direito Internacional não regula. Em bom rigor, todas as matérias são reguladas de uma forma ou outra pelo Direito Internacional, nem que seja considerando que os Estados à luz do princípio de liberdade que os rege podem lidar com estas como bem entenderem. Mas tal situação é ainda estabelecida pelo Direito Internacional.

---

of the objection based on the principle of domestic jurisdiction and directed specifically against the competence of the Court, namely, that the Court, as an organ of the United Nations, is bound to observe the provisions of the Charter, including Article 2, paragraph 7" (cfr. *Interpretation of Peace Treaties with Bulgaria, Hungary and Romania*, Advisory Opinion, 30 March 1950, *I. C. J. Reports* 1950, pág. 70-71). Veio ainda a declarar: "A State's domestic policy falls within its exclusive jurisdiction, provided of course that it does not violate any obligation of international law" (cfr. *Military and Paramilitary Activities*, cit., *I.C.J. Reports* 1986, pág. 131, parág. 258).

Igualmente no mesmo sentido: H. Kelsen, *The Law* (...), cit., pág. 771 e 776-777; Chagla, *Dissenting Opinion*, *Right of Passage over Indian Territory*, Preliminary Objection, Judgment 26 November 1957, *I. C. J. Reports* 1957, pág. 125, na pág. 174 ("If India has undertaken any international obligation, then the matter is no longer exclusively within her domestic jurisdiction"); Q. Wright, *Prevention* (...), cit., pág. 514-515 e em *The Goa Incident*, AJIL, Vol. 56, No. 3, 1962, pág. 617-632, na pág. 620; G. Pereira/F. Quadros, *Manual* (...), pág. 440; Felix Ermacora, *Article 2 (7)*, em *The Charter of the United Nations – A Commentary* (ed. Bruno Simma), München, 1994, pág. 139-154, na pág. 152; Kristen Walker, *An Exploration of Article 2 (7) of the United Nations Charter as an Embodiment of the Public/Private Distinction in International Law*, NYUJILP, Vol. 26, 1994, pág. 173-199, na pág. 176-177; M. Rothert, *U.N. Intervention* (...), cit., pág. 263.

Em sentido contrário, concepções "naturais" de jurisdição interna foram igualmente sustentadas. Partem da base de que, independentemente da evolução do Direito Internacional, algumas questões integrariam sempre esta reserva (ver uma forma limitada desta posição em: Henry Rolin, *The International Court of Justice and Domestic Jurisdiction*, IO, Vol. 8, No. 1, 1954, pág. 36-44, na pág. 43-44; uma outra igualmente "natural", baseada no dualismo, considera que o artigo 2, n.º 7 não veda matérias, mas actos que interfiram directamente com indivíduos: Arangio-Ruiz, *Le Domaine Réservé* (...), cit., pág. 136-137 e 414). Salvo a circunstância de o preceito não referir directamente o Direito Internacional, a primeira tese nada mais tem em apoio. Acresce que fica por indicar qual o critério para identificar essa noção de jurisdição interna. Perante duas matérias amplamente reguladas pelo Direito Internacional o que é que justifica que uma a integre e a outra não? Apenas o interesse político da questão?

[2979] O princípio do respeito pela reserva de jurisdição interna dos Estados que tem como destinatária as Nações Unidas tem, pois, idêntico âmbito material ao do princípio da não intervenção nos assuntos internos dos Estados que vincula todos os restantes Estados (ver, *supra*, parág. 16). Ambos proíbem intervenções em matérias em que o Direito Internacional não impõe obrigações. Isto não significa que vinculem as Nações Unidas e os Estados nas mesmas situações. As primeiras, desde logo por força da excepção do Capítulo VII, ficam sujeitas a este em termos bem mais limitados, para lá da erosão que este limite tem sofrido.

Assim, tecnicamente, não é inteiramente correcta a ideia de que a jurisdição interna são as questões não reguladas pelo Direito Internacional, mesmo se a expressão pode ser utilizada entendida nos devidos termos. Existem questões detalhadamente reguladas pelo Direito Internacional que, ainda assim, abrangem aspectos entregues à jurisdição interna, porque deixam liberdade de acção aos Estados[2980]. Jurisdição interna são simplesmente as questões que o Estado tem o direito de regular, ou decidir, como bem entender, por serem livres de obrigações. Esta identifica-se pois com o conjunto dos seus direitos e, nesta medida, constitui um reflexo da fonte destes, o Direito Internacional dispositivo, cuja aplicabilidade em relação aos actos de exercício do poder público ficou já analisada[2981].

O artigo 2, n.º 7 considera que basta que uma questão seja essencialmente[2982] entregue à jurisdição interna do Estado para ficar sujeita ao seu

---

[2980] Apenas a título de exemplo. Pense-se na denúncia de um tratado (bilateral, claro está) prevista e regulada por este com exigências de aviso prévio. A denúncia é regulada e, no entanto, a decisão de denunciar o tratado é uma questão sujeita à jurisdição interna do Estado, dado que é livre. Este não deverá ser forçado a denunciar ou a o não fazer sob pena de existir uma intervenção no âmbito da sua jurisdição interna. No século XIX, a figura da jurisdição interna era aproximada das questões "internas", isto é, que diziam respeito às relações entre os Estados e os seus cidadãos. Mas tal aproximação devia-se ao facto de, efectivamente, o Direito Internacional impor escassas obrigações na matéria.

[2981] Ver, *supra*, parág. 83.

[2982] Já o citado artigo 15, n.º 8 do Pacto exigia que a questão dependesse exclusivamente ("solely") da jurisdição interna para que ficasse vedada à actuação ao Conselho. A alteração justifica-se por força da evolução do Direito Internacional de 1919 a 1945. Em 1945 já não seriam muitas as matérias que eram exclusivamente reguladas pelo Direito interno, daí a necessidade de diminuir o grau de exigência do preceito. Outras diferenças significativas entre a disposição do Pacto e a da Carta reside no facto de a determinação das matérias que cabiam no âmbito da reserva no Pacto ser decidida pelo Conselho da Sociedade das Nações, bem como a circunstância de a reserva ser consagrada no artigo relativo aos poderes de conciliação do Conselho e não num preceito aplicável a todos os poderes e em relação a todos os órgãos da organização, como se passa com o artigo 2, n.º 7 CNU (salvo, claro está, o Capítulo VII). Finalmente, o Pacto exigia que a reserva fosse invocada por uma das partes. Esta não era de conhecimento oficioso. À luz da Carta a questão do respeito da reserva pode ser suscitada por qualquer membro e apreciada pelo órgão independentemente de qualquer alegação nesse sentido do Estado visado. Mas já se julga que não impedirá o Estado de renunciar a invocá-la, consentindo expressa ou tacitamente que o órgão delibere sobre a questão de fundo. Neste sentido aponta o facto de o artigo 2, n.º 7 afirmar que nada na Carta permitirá em vez de estabelecer que ficam proibidas as Nações Unidas de intervir, ao contrário do que estabelecia o artigo 15, n.º 8 do Pacto. Assim, o Tribunal Penal para a ex-Jugoslávia aceitou que o consentimento constitui uma forma de excepcionar a aplicação da reserva: "matters can be taken out of the jurisdiction of a State. In the present case, the Republic of Bosnia and Herzegovina not only has not contested the jurisdiction of the International Tribunal but has

regime. Tal aparentemente significa que questões em relação às quais o Direito Internacional impõe aos Estados escassas obrigações não devem igualmente ser objecto de qualquer intervenção por parte das Nações Unidas, desde que os aspectos importantes se encontrem no âmbito da liberdade dos Estado.

Mas esta conclusão deve ser encarada com cautela. Apenas quando estejam em causa aspectos marginais que não justifiquem uma pronúncia pela organização se deve considerar que a questão pertence essencialmente à jurisdição interna do Estado. Caso contrário, este artigo 2, n.º 7 não pode ser entendido como significando que todos os aspectos da questão se encontrem isentos de análise por parte das Nações Unidas, só porque a maioria ou mais importantes o estão. Apenas os aspectos em que o Direito Internacional não impõe qualquer obrigação o estarão[2983].

Ou seja, concluindo, a reserva de jurisdição interna significa afinal simplesmente que um Estado não pode ser criticado no seio das Nações Unidas pelo modo como resolveu uma questão quando a pretensão do outro Estado parte na controvérsia ou interessado na situação não é apoiada pelo Direito Internacional; isto é, quando o primeiro Estado não tem qualquer obrigação internacional em relação ao aspecto que deu origem ao problema. Teoricamente, à luz do artigo 2, n.º 7, também não poderá ser forçado a

---

actually approved, and collaborated with, the International Tribunal" [cfr. *Decision on* (...) *Jurisdiction in Prosecutor v. Dusko Tadic*, Appeals Chamber, October 2, 1995, parág. 56, ILM, cit., pág. 50]. Também M. Rothert, *U.N. Intervention* (...), cit., pág. 262-263; D. Murphy, *Humanitarian Intervention* (...), cit., pág. 75 (a pensar numa autorização pela prática ou Direito Internacional)].

[2983] Assim, o Direito Internacional Costumeiro não estabelece obrigações para os Estados quanto à questão dos direitos políticos, máxime de eleger e ser eleito, dos estrangeiros residentes nos Estados. Trata-se, pois (salvo existência de tratado aplicável), de uma questão entregue à jurisdição interna dos Estados, que estes podem regular como entenderem. Porém, alguns aspectos encontram-se sujeitos a obrigações impostas pelo Direito Internacional como, por exemplo, a proibição da discriminação racial. Isto significa que se um Estado atribuir certos direitos políticos a uns estrangeiros, mas não a outros por motivos raciais, a sua regulamentação interna não poderá escapar à crítica pelas Nações Unidas pela invocação do artigo 2, n.º 7. Por conseguinte, a questão não se encontra reservada quanto a este aspecto, mesmo que o essencial (a decisão de atribuir ou não direitos) o esteja.

Assim, o Equador afirmou na Terceira Comissão da Assembleia: "if a matter was dealt with by domestic jurisdiction as well as by international jurisdiction, it no longer pertained exclusively to domestic law. For example, when South Africa sought to qualify apartheid as a domestic affair, the international community rejected the interpretation. That State had signed the United Nations Charter and had therefore undertaken to respect human rights without any discrimination" [cfr. UNPR GA/SHC/3550 36th Meeting (AM) 8 November 1999].

dirimir uma questão segundo os meios de resolução pacífica das controvérsias estabelecidos pelo Direito Internacional nestas situações, embora a conclusão de que se está numa destas situações normalmente apenas possa ser retirada precisamente depois de concluído um processo de resolução pacífica da questão. Por outras palavras, à luz do artigo 2, n.º 7 CNU, as Nações Unidas (excepto em parte à luz do Capítulo VII) não podem criticar um Estado, recomendar ou forçá-lo a adoptar uma atitude a menos que este esteja a violar o Direito Internacional. Não são legítimas críticas políticas ou recomendações sem base jurídica[2984].

**86.2. Excepções.** Como sublinha a parte final do artigo 2, n.º 7, esta reserva não é invocável como modo de furtar um Estado à aplicação de medidas coercivas nos termos do Capítulo VII; ou seja, desde logo as estipuladas no artigo 42, que implicam o uso da força ou a ameaça de uso desta por demonstrações, bloqueios ou medidas similares[2985].

No entanto, parece que igualmente, por identidade de razão, as medidas "preventivas" do artigo 41 devem ser excepcionadas[2986]. Sendo ambas medidas executivas de uma decisão adoptada nos termos do Capítulo VII, compreende-se mal porque razão as medidas bélicas estarão excepcionadas, mas não as primeiras. De facto, normalmente o problema do respeito da reserva de jurisdição interna colocar-se-á no momento da tomada de decisão a executar

---

[2984] Esta conclusão poderia ser posta em causa pelo artigo 14, já que este permite que a Assembleia Geral faça recomendações quanto à "revisão pacífica" de certas situações, designadamente decorrentes de tratados, em termos muito genéricos; isto é, mesmo que a situação não constitua sequer uma ameaça à paz (ver, *supra*, parág. 43 e 44.1). No entanto, é possível compatibilizar esta interpretação do artigo 14 com o artigo 2, n.º 7 se se entender que o primeiro apenas é aplicável com base no Direito Internacional e não em meras motivações políticas. Em relação a tratados, o fundamento será a Alteração fundamental de circunstâncias (essencialmente codificada no artigo 62 das Convenções de Viena sobre o Direito dos Tratados de 1969 e 1986). Um argumento que apoia o entendimento de que a origem da questão deve ser jurídica resulta da parte final do artigo 14 que expressamente consagra o caso de decorrer de violação da Carta. Uma segunda possibilidade será a do Estado ou Estados partes ou interessados consentirem na intervenção das Nações Unidas ou, admita-se, esta ser puramente amigável, sem qualquer condenação das partes.

[2985] Já se viu que na Carta a expressão "medidas coercivas" deve ser entendida como medidas bélicas. Ver, *supra*, parág. 31.2.

[2986] O Tribunal Penal para a ex-Jugoslávia entendeu que igualmente as medidas do artigo 41 se encontram excepcionadas do respeito do artigo 2, n.º 7 CNU, considerando que a sua própria criação não estava sujeita a esta reserva [cfr. *Decision on (…) Jurisdiction in Prosecutor v. Dusko Tadic*, Appeals Chamber, October 2, 1995, parág. 56, ILM, cit., pág. 50]. Ver igualmente M. Rothert, *U.N. Intervention (...)*, cit., pág. 263-264.

e não na altura da sua execução. Acresce que já se verificou que estas medidas não se encontram sujeitas ao Direito Internacional dispositivo, que tutela os direitos dos Estados[2987]. Logo, a reserva de jurisdição interna fará pouco sentido como limite para estas.

A mesma conclusão vale para a faculdade de que goza o Conselho de conceder habilitações bélicas a entidades terceiras[2988]. De facto, como ficou sublinhado, esta encontra-se sujeita aos mesmos pressupostos e limites do poder bélico constante do artigo 42, de que é um dos aspectos componentes, mesmo quando sejam adoptadas nos termos do artigo 53, n.º 1, segunda parte, CNU.

Esta conclusão não significa necessariamente que um Estado possa ser alvo de medidas compulsivas por uma questão que é ela própria uma questão que cabe no âmbito da reserva de jurisdição interna. O artigo 2, n.º 7 não o afirma. Limita-se a afirmar que não será um limite para a aplicação de medidas coercivas. Ou seja, no fundo, que estas podem implicar desrespeito dos seus direitos: podem, por exemplo, força-lo a não comerciar com Estados terceiros, o que é um direito seu, bem como forçar estes Estados a não comerciar com aquele (apesar de não terem responsabilidades na situação[2989]). Viu-se, porém, que a própria questão pode, excepcionalmente, ser qualificada como ameaça à paz ou mesmo ruptura da paz sem existir uma violação do Direito Internacional[2990], o que significa que pode ser uma questão que pertence à jurisdição interna do Estado responsabilizado (a existir).

Ora, se assim se passam as coisas, tal significa que igualmente as ordens dadas pelo Conselho para controlar a ameaça à paz ou ruptura desta, nos termos dos artigos 40 (portanto, que não incidam sobre a questão de fundo[2991]) e 39 (depois de existir uma decisão sobre a questão de fundo[2992]) podem igualmente bulir com a reserva de jurisdição interna. E também estas decisões poderão ser aplicadas coercivamente por recurso aos meios do artigo 41 e 42. Assim, após uma decisão nos termos do artigo 40 que obrigue dois Estados à beira de um conflito a terminar manobras militares ou experiências com armas (actos que em condições normais são lícitos e,

---

[2987] Ver, *supra*, parág. 83.

[2988] Ver, *supra*, parág. 74-75.

[2989] Daí o artigo 50 para tentar compensar eventuais prejuízos desproporcionados ou desigualitários.

[2990] Ver, *supra*, parág. 79-80.

[2991] Ver, *supra*, parág. 50.2 e 83.

[2992] Ver, *supra*, parág. 83.

portanto, integram a sua jurisdição interna), caso um destes ignore a ordem, o Conselho pode adoptar medidas com vista a forçá-lo a acatá-la. Concluindo, também o artigo 2, n.º 7 não é invocável como modo de evitar a adopção de ordens às partes nos termos do artigo 40[2993] ou, depois de uma decisão sobre a questão de fundo, à luz do artigo 39[2994]. Mas, sublinhe-se, tal apenas poderá ocorrer nas situações em que a própria qualificação da situação como uma ameaça ou ruptura da paz decorreu da prática de actos lícitos; o que só excepcionalmente pode ocorrer, por estarem em causa actos de conse-quências "explosivas" relacionados com manobras militares ou armamento.

Mas existe base para ir um pouco mais longe. Se o Conselho pode excepcionalmente adoptar medidas obrigatórias mesmo quando estejam em causa questões que se encontram essencialmente no âmbito da jurisdição interna, então não existe fundamento para excluir que possa igualmente adoptar medidas não obrigatórias[2995] nos termos dos mesmos artigos 40 e

---

[2993] Contra, o Tribunal Penal para a ex-Jugoslávia declarou: "Moreover, not being enforcement action, according to the language of Article 40 itself ("before making the recommendations or deciding upon the measures provided for in Article 39"), such provisional measures are subject to the Charter limitation of Article 2, paragraph 7" [cfr. *Decision on (...) Jurisdiction in Prosecutor v. Dusko Tadic*, Appeals Chamber, October 2, 1995, parág. 33, ILM, cit., pág. 44].

[2994] Ver, *supra*, parág. 83.

[2995] Dá-se como adquirido que a noção de intervenção consagrada no artigo 2, n.º 7 CNU, isto é, os actos que ficam proibidos se atentarem contra a reserva que consagra, abrange também simples recomendações. O argumento contrário baseado num dos sentidos da noção de intervenção enquanto acção coerciva esvazia de relevância o preceito. De facto, só o Conselho pode adoptar esta espécie de actos à luz do texto da Carta, concretamente do Capítulo VII, actos que se encontram isentos do dever de respeitar o preceito. De fora só ficariam os adoptados à luz do artigo 94, n.º 2, mas estes são insusceptíveis de violar esta reserva (ver, *infra*, no presente parágrafo). Assim, este preceito apenas estaria a proibir actos que não lhe estão sujeitos, precisamente os actos coercivos do Conselho, já que mais nenhum órgão tem competência para os aprovar [também: J. Watson, *Autointerpretation* (...), cit., pág. 65, nota 18]. Também se entende que quaisquer medidas de investigação (inquérito ou observação) constituem uma intervenção [aparentemente contra: F. Ermacora, *Article 2 (7)*, cit., pág. 150].

Em relação à questão da mera inscrição de uma questão na agenda e do seu debate, a solução depende de ser ou não possível determinar facilmente a natureza da questão. Será uma intervenção proibida a inscrição de uma questão na agenda se já tiver existido um debate que tenha levado à conclusão que a questão integrava a jurisdição interna, sem que entretanto tenha existido qualquer alteração no Direito Internacional aplicável. No caso de ser controversa a qualificação da questão, a inscrição e debate estarão justificados na medida em que sejam necessários para levar a uma decisão [também: H. Kelsen, *The Law* (...), cit., pág. 772; contra, sustentando que a discussão é sempre livre: Quincy Wright, *Is Discussion Intervention?*, AJIL,

39[2996]. Encontra-se presente não apenas um argumento de maioria de razão (se pode adoptar medidas obrigatórias deve poder adoptar meras recomendações), como um argumento de protecção do Estado contra medidas obrigatórias desnecessárias e de efeito útil para a protecção dos fins acautelados pela Carta.

De facto, por um lado, o Conselho não podendo adoptar recomendações seria obrigado a adoptar medidas vinculativas, causadoras de maiores constrangimentos para o Estado destinatário. Por outro lado, sendo estas medidas bem mais difíceis de ser adoptadas por motivos políticos, tal podia induzir o Conselho a deixar de actuar, colocando em causa a manutenção da paz e segurança internacionais.

Questão diferente é determinar se igualmente decisões ou recomendações que afectem a questão de fundo adoptadas pelo Conselho à luz do artigo 39 não deverão igualmente ser isentas da necessidade de respeitar esta reser-

---

vol. 50, n. 1, 1956, pág. 102-110, na pág. 106 e 109-110; K. Walker, *An Exploration of Article 2 (7)* (…), cit., pág. 178]. De facto, sendo meras recomendações os actos a aprovar, o simples debate com uma significativa maioria dos membros do órgão a adoptar a mesma posição em pouco se distinguirá da aprovação formal da recomendação. Os efeitos políticos, únicos produzidos por uma recomendação, já terão sido alcançados em grande medida com o mero debate [no mesmo sentido: H. Kelsen, *The Law* (...), cit., pág. 772; B. Conforti, *Organizzazione* (...), cit., pág. 278; G. Pereira/F. Quadros, *Manual* (...), pág. 472-473].

[2996] Alguns Estados parecem mesmo ir mais longe, defendendo a sua inaplicabilidade mesmo em relação a questões do Capítulo VI. Assim, a Holanda afirmou numa reunião deste: "everything in the Charter with regard to the prevention of armed conflict – **in Chapters VI and VII and in Article 99** – appeared to have been drafted with conflicts between States in mind. However, the overwhelming majority of present-day conflicts on the Council's agenda were of an internal, domestic nature. Against that background, a rigid interpretation of Article 2 paragraph 7 would preclude adaptation to that reality and, in effect, make all the Charter's provisions on the prevention of armed conflict ineffectual (...). He said that the paragraph could not possibly be "the alpha and the omega of the Charter today"" (cfr. UNPR, SC/6759, 29 November 1999).

Mas, reconheça-se, a adoptar-se uma posição destas, ter-se-ia de concluir que o artigo 2, n.º 7 deixara de ter qualquer relevância como limite para a actuação do Conselho de Segurança e igualmente da Assembleia Geral, já que esta tem competências em relação a questões próprias do Capítulo VI (ver, *supra*, parág. 44.1). No entanto, a prática, especialmente do Conselho, sugere que este limite se aplica às questões do Capítulo VI. Basta recordar, por exemplo, a invocação por parte deste órgão do consentimento da Jugoslávia e da Somália (apesar de, neste caso, por parte de um Governo sem qualquer efectividade) na fase inicial da sua acção, enquanto não qualificou a questão como uma ameaça à paz (ver, *supra*, parág. 66-67). No sentido de que este limite se aplica às medidas do Capítulo VI: D. Bills, *International Human Rights* (…), cit., pág. 111; Henry J. Richardson, III, *Constitutive Questions In The Negotiations For Namibian Independence*, AJIL, Vol. 78, 1984, pág. 76-120, na pág. 111.

va. Em relação às qualificações de uma situação como ameaça à paz, ruptura da paz ou agressão, resulta claro do próprio artigo 2, n.º 7 que estas não se encontram abrangidas por este limite. A agressão, desde logo, por constituir uma violação do Direito Internacional. Mas a mesma conclusão vale para as outras duas figuras já que a sua qualificação constitui um pressuposto incontornável do recurso às medidas coercivas, expressamente excepcionadas. Outra conclusão implicaria que apenas seria possível adoptar estas medidas com base numa agressão ou outra violação do Direito Internacional.

Solução diferente se aplica aos actos adoptados nos termos deste artigo 39 sobre a questão de fundo, sejam vinculativos, sejam meras recomendações. Verificou-se que estes se encontram obrigados a respeitar o Direito Internacional dispositivo[2997], ou seja, não podem implicar qualquer intervenção em assuntos compreendidos na reserva de jurisdição dos Estados.

Por conseguinte, chega-se à conclusão de que o artigo 2, n.º 7 não constitui limite para a tomada de decisões ou recomendações de controlo da situação à luz do artigo 40 ou do artigo 39 nos casos excepcionais em que a qualificação como ameaça ou ruptura da paz decorra da prática de actos lícitos, bem como em relação a medidas executivas nos termos dos artigos 41 e 42. Deste modo, embora nos restantes casos de ordens às partes ou de tomada de decisões vinculativas sobre a questão de fundo esta reserva constitua um limite ao poder público, nas suas restantes faculdades não o será; em particular não se lhe encontram sujeitas as suas faculdades bélicas[2998].

---

[2997] Ver, *supra*, parág. 83.

[2998] Já fora do âmbito do exercício do poder público, pode-se questionar se, designadamente, a Assembleia Geral pode igualmente furtar-se à aplicação do artigo 2, n.º 7 CNU quando estejam em causa questões típicas do Capítulo VII, isto é, no mínimo uma ameaça à paz, já que em relação a questões do Capítulo VI se encontrará obrigada pelo preceito. Já se verificou que a Assembleia é competente para fazer qualificações desta espécie, mesmo que estas não vinculem o Conselho, e para se pronunciar sobre as questões de fundo sob a forma de recomendações, mas que não tem competência para adoptar actos constitutivos, máxime obrigatórios (ver, *supra*, parág. 43-44). À luz do artigo 2, n.º 7 a resposta é claramente negativa. a Assembleia está obrigada a acatar a reserva de jurisdição interna mesmo perante questões típicas do Capítulo VII.

No entanto, a prática da Assembleia não parece inteiramente conforme, tal como a dos restantes órgãos colegiais das Nações Unidas. A organização têm-se pronunciado sobre diversas questões decorrentes de actuações que não violavam o Direito Internacional, seja por intermédio da Assembleia, seja do Conselho Económico e Social e mesmo do Conselho de Tutela, sem dar grande atenção aos protestos do Estado implicado [assim: Leland Goodrich, *The United Nations and Domestic Jurisdiction*, IO, Vol. 3, No. 1, 1949, pág. 14-28, na pág. 26-27; F. Ermacora, *Article 2 (7)*, cit., pág. 153-154; N. White, *Keeping the Peace* (…), cit., pág. 140]. Deste modo, não só esta reserva tem sofrido a natural compressão decorrente do progresso

Um outro aspecto do poder público poder-se-ia encontrar igualmente sujeito a esta reserva: a adopção de decisões para executar sentenças do Tribunal Internacional de Justiça, nos termos do artigo 94, n.º 2 CNU.

A decisão em si de ordenar ao Estado faltoso que execute a sentença dificilmente poderia implicar uma violação da reserva de jurisdição. De facto, salvo a existência de um erro de Direito ou um excesso de poder do tribunal ao se pronunciar sobre questão fora do âmbito da sua jurisdição, esta situação será sempre conforme com a jurisdição interna dos Estados, isto é, com os seus direitos. Das duas uma: ou a sentença se baseou no

---

do Direito Internacional (em áreas como os direitos humanos, a tutela do Ambiente, a utilização dos recursos marítimos, *etc.*), como o preceito que a consagra tem sofrido restrições por meio de emenda tácita no sentido de não se aplicar a todas as questões que constituam ameaças à paz, rupturas desta ou agressões, mesmo perante outros órgãos para lá do Conselho. Não é de excluir mesmo que este preceito venha a ser remetido para uma situação de irrelevância jurídica, vindo a ser permitido às Nações Unidas pronunciarem-se em relação a qualquer questão contida nos seus fins sem base no Direito Internacional, mas em considerações políticas e éticas [em sentido semelhante: N. White, *Keeping the Peace* (…), cit., pág. 140; G. Pereira/F. Quadros, *Manual* (...), pág. 477; porém, contra: J. Watson, *Autointerpretation* (...), cit., pág. 82-83].

Para já, esta irrelevância não parece corresponder ao Direito vigente. É certo que a reserva de jurisdição interna tem sofrido compressões, mas os órgãos das Nações Unidas têm continuado a demonstrar alguma contenção em algumas questões ou pelo menos a mencionar o consentimento do Estado em questões próprias do Capítulo VI. Tal tem-se verificado mesmo na prática do Conselho de Segurança [ver, a propósito do início da acção das Nações Unidas nos conflito na ex-Jugoslávia e na Somália, *supra*, parág. 66 e 67; igualmente a citada Resolução 688 (1991), de 5 de Abril, apesar de realizar uma qualificação de ameaça à paz relativa à situação dos Curdos no Iraque, invoca no preâmbulo o artigo 2, n.º 7].

Apesar disso, algumas alterações no Direito Internacional em matéria de direito de autodeterminação e direitos humanos em geral foram realizadas por força da prática dos Estados desenvolvida no seio dos órgãos políticos das Nações Unidas, isto é, inicialmente, com desrespeito pela reserva de jurisdição interna. Efectivamente, sendo inaceitável que seja o Estado interessado a determinar unilateralmente se uma questão integra a sua jurisdição interna, na impossibilidade de a questão ser decidida judicialmente, em termos práticos, acaba por ser a maioria dos Estados no órgão colegial que decide se a questão tem natureza interna ou internacional [assim: Yuen-Li Liang, *The Question of Domestic Jurisdiction in the Anglo-Iranian Oil Dispute Before the Security Council*, AJIL, Vol. 46, No. 2, 1952, pág. 272-282, na pág. 282; Q. Wright, *Is Discussion* (…), cit., pág. 105-106; G. Pereira/F. Quadros, *Manual* (...), pág. 477 e 481-482 (embora críticos da solução); K. Walker, *An Exploration of Article 2 (7)* (…), cit., pág. 177-178; C. Evans, *The Concept of "Threat* (…), cit., pág. 218; T. Franck, *When, If Ever, May* (…), cit., pág. 66], sem que tal signifique que a sua decisão seja indiscutível e vincule necessariamente o Estado prejudicado, especialmente nos casos em que seja claramente violadora do conceito (ver sobre o controlo pelos Estado membros dos actos das Nações Unidas, *infra*, parág. 91.2.1).

Direito Internacional e, portanto, não pode estar em causa uma questão de jurisdição interna; ou foi uma decisão baseada em critérios *ex aequo et bono*[2999], ou seja extra-jurídicos, mas necessariamente com o consentimento do Estado, que prescindiu de invocar a sua reserva, já que o Tribunal apenas pode decidir deste modo com base em acordo das partes (artigo 38, n.º 2 do seu Estatuto).

Já em relação a eventuais medidas compulsivas adoptadas pelo Conselho, a questão é mais relevante, já que colidem necessariamente com os direitos do Estado alvo e mesmo dos restantes[3000]. No entanto, tendo em conta que estas medidas seguem o regime do artigo 41[3001], parece que faz todo o sentido que se encontrem igualmente isentas da necessidade de respeitar o artigo 2, n.º 7. Qualquer outro entendimento implicaria esvaziar uma parte da sua relevância. Só poderiam ser adoptadas nos termos do regime das represálias de terceiro. No entanto, não parece curial sujeitar o Conselho ao regime das represálias quando a Carta expressamente estabelece que este pode adoptar decisões sobre a questão com vista a executar a sentença. Já ficou sublinhado que o Direito Internacional atribui ao Conselho, enquanto órgão de uma entidade criada pela Comunidade Internacional para o efeito, um regime jurídico específico nesta matéria que o isenta da obrigação de respeitar os direitos dos Estados (no que for necessário e proporcional) e, logo, a sua reserva de jurisdição interna[3002].

**87. Princípio da necessidade.** O princípio da necessidade encontra-se expressamente consagrado na Carta em termos que o convertem num princípio geral de actuação das Nações Unidas[3003] e não apenas do Conselho de Segurança ou do exercício do poder público por este[3004].

---

[2999] A não identificar com a equidade; ver C. Baptista, *Direito* (...), cit., pág. 72-73.

[3000] De facto, podem impor obrigações de não importar ou mesmo exportar bens ou de não fazer voar os seus aviões para um determinado Estado, actos que o Direito Internacional normalmente não proíbe.

[3001] Ver, *supra*, parág. 50.4.

[3002] Ver, *supra*, parág. 83.

[3003] Poder-se-ia questionar se também o princípio da igualdade não deveria ser considerado como um limite relevante na disciplina do exercício do poder público bélico, tendo em conta a sua aparente consagração no artigo 2, n.º 1 que considera que a organização se baseia na igual soberania dos membros. De facto, apesar de neste preceito a ênfase ser mais colocada no aspecto da soberania, daí a consagração da reserva de jurisdição interna, este princípio afigura-se aplicável em determinados aspectos, como na proibição de encargos discriminatórios. Seria inaceitável que o Conselho estabelecesse arbitrariamente isenções de participação nas suas medidas à luz do artigo 50 ou que a Assembleia Geral determinasse as quotas dos membros sem apoio em dados objectivos.

No entanto, já não parece possível ir mais longe e considerar que o Conselho está já vinculado a tratar de modo idêntico situações essencialmente iguais. É certo que na sua prática o Conselho em algumas ocasiões tem frisado o aspecto excepcional e único de uma situação (ver, *supra*, sobre a Somália e o Haiti, parág. 66 e 75.3), mostrando a sua preocupação com a consagração de precedentes que o vinculem, à luz da igualdade, a actuar em ocasiões futuras paralelas. Mas estas preocupações não se têm reflectido em efectivas limitações jurídicas. Estas têm desencadeado somente críticas essencialmente políticas, em grande medida justificadas, de aplicação de dois pesos e duas medidas, com reacções diferentes em função dos intervenientes.

Não parece, pois, que o princípio da igualdade constitua na sua plenitude já um verdadeiro limite para a actuação coerciva do Conselho de Segurança, pelo menos não de forma a tornar inválido um acto seu ou ilícita uma omissão. Muito menos será possível tornar ilícita uma acção, só porque no passado não actuou [o Tribunal Penal para o Ruanda na sua decisão sobre jurisdição no caso Prosecutor v. Kanyabashi de 18 de Junho de 1997, entendeu que o facto de o Conselho não ter no passado actuado em situações idênticas não o precludia de adoptar medidas (cfr. Vircinia Morris, *International Decision: Prosecutor v. Kanyabashi, Decision On Jurisdiction. Case No. ICTR-96-15-T. International Criminal Tribunal for Rwanda, June 18, 1997*, AJIL, Vol. 92, 1998, pág. 66-70, na pág. 69); também afasta a aplicação deste princípio: J. Alvarez, *Judging* (...), cit., pág. 20; ver, porém, Albert Bleckmann, *Article 2 (1)*, em *The Charter of the United Nations – A Commentary* (ed. Bruno Simma), München, 1994, pág. 88; e em termos genéricos para as organizações internacionais: Bernard H. Oxman, *The Third United Nations Conference on the Law of the Sea: The Eighth Session (1979)*, AJIL, Vol. 74, 1980, pág. 1-47, na pág. 19].

[3004] Alguma Doutrina, a propósito dos limites dos poderes do Conselho de Segurança, considera o princípio da necessidade como um subprincípio do princípio da proporcionalidade [assim: M. Bothe, *Les Limites* (...), cit., pág. 76], seguindo a jurisprudência do Tribunal de Justiça da União Europeia. Assim, este Tribunal afirmou: "in order to ascertain whether a provision of community law is consistent with the principle of proportionality, it must first be determined whether the means applied to achieve its aim correspond to the importance of that aim and, secondly, whether they are necessary in order to achieve it" [cfr. *Office belge de l'économie et de l'agriculture (OBEA) v SA Nicolas Corman et fils*, Case 125/83, Judgment of 1 October 1985, parág. 36; também, entre vários outros, em *Denkavit France SARL v Fonds d'orientation et de régularisation des marchés agricoles (FORMA)*, Case 266/84, Judgment of 22 January 1986, parág. 17] e, posteriormente, que "the principle of proportionality requires the measures imposed by the community institutions to be appropriate to achieve the intended objective and not to exceed the limits of what is necessary to that end" (cfr. *Commission of the European Communities v Federal Republic of Germany*, Case 116/82, Judgment of 18 September 1986, parág. 21; igualmente em *Zuckerfabrik Bedburg AG and others v Council and Commission of the European Communities*, Case 281/84, Judgment of 14 January 1987, parág. 36; *Roquette Frères SA v Office national interprofessionnel des céréales (ONIC)*, Case 47/86, Judgment of 30 June 1987, parág. 19; *SA Société pour l'exportation des sucres v*

Assim, a Carta estabelece a sua aplicabilidade não apenas à actuação e organização interna da organização (artigos 7, n.º 2; 20; 22; 29; 68; 72, n.º 2; 90, n.º 2; 97; 101, n.º 2), mas igualmente à sua actuação externa (cfr. artigo 2, n.º 6 e 59; bem como à sua legitimidade, às suas imunidades e as do seu pessoal: artigos 104 e 105, n.º 2 e n.º 3; ainda artigo 106) e, especialmente, em relação ao Conselho de Segurança quanto ao exercício dos seus poderes públicos (artigo 40; 42; 43; 48, n.º 1; 51 e 94, n.º 2; também artigo 47, n.º 2), mas também quando actua por meio de meras recomendações (cfr. artigo 33, n.º 2). É certo que a exigência feita quanto à necessidade da actuação ou dos diferentes aspectos em causa nestes preceitos nem sempre assume a mesma natureza. Mas estas referências permitem concluir que se trata efectivamente de um princípio geral estabelecido pela Carta. De qualquer modo, ainda que o não fosse, a sua aplicabilidade aos poderes públicos do Conselho decorre claramente da Carta.

O princípio da necessidade tem dois subprincípios que concretizam as suas exigências em termos de relação meios-fim e de meios-consequências: adequação e minimização dos danos.

---

*Office belge de l'économie et de l'agriculture (OBEA)*, Case 56/86, Judgment of 18 March 1987, parág. 28; *NMB* (…) *v Commission*, Case T-162/94, Judgment of the Court of First Instance of 5 June 1996, parág. 69.

Porém, a distinção entre ambos os princípios tem consagração em Direito Internacional. Assim, por exemplo, na sua notificação ao Conselho de Segurança de 20 de Agosto de 1998 em relação às represálias que adoptou contra o Afeganistão e Sudão, mas que qualificou como legítima defesa (ver, *supra*, parág. 12.4.1), os EUA alegaram: "The targets struck, and the timing and method of attack used, were carefully designed to minimize risks of collateral damage to civilians and to comply with international law, including **the rules of necessity and proportionality**" (cfr. UN Doc. S/1998/780, 20 August 1998).

Igualmente a jurisprudência do Tribunal Internacional de Justiça é clara na diferenciação dos dois princípios, a propósito da legítima defesa, cfr. *Military and Paramilitary Activities*, cit., *I.C.J. Reports* 1986, pág. 94, parág. 176; também pág. 122-123, parág. 237; igualmente em *Legality Of The Threat* (…), *I.C.J. Reports* 1996, parág. 41 e 44. A distinção entre os dois princípios encontra-se consagrada do mesmo modo no tratamento diferenciado que a Comissão de Direito Internacional lhes confere a propósito do regime das represálias no seu mencionado Projecto sobre Responsabilidade dos Estados de 2001 (artigos 51 e 52, sobretudo, o n.º 2).

Compreende-se a razão da diferenciação. O princípio da necessidade estabelece requisitos absolutos, no sentido de que são independentes da gravidade da situação que se visa resolver. As medidas ou são ou não são necessárias face à situação, seja esta muito ou pouco grave. Estão em causa questões de pura eficácia meio-fim e de escolha do meio menos gravoso. Já a proporcionalidade impõe um requisito relativo, no sentido de que implica uma ponderação de valores ou interesses em colisão, entre as consequências provocadas pela situação contra a qual se reage e as consequências provocadas pela reacção.

O primeiro exige que as medidas a adoptar sejam aptas para prosseguir o fim almejado em termos de pura eficácia material[3005]. Compreende-se esta exigência. A adopção de medidas desadequadas nunca poderia ser considerada como necessária. Pode-se, contudo, questionar à luz de que informações se deve estabelecer esta exigência. Se aquelas que o órgão que se encontra a exercer o poder público bélico dispunha no momento em que adoptou a decisão ou que, pelo menos, poderia ter obtido com um mínimo exigível de diligência, ou igualmente informações adquiridas posteriormente, designadamente no momento em que se realize um controlo da necessidade das medidas. Resulta claro que um juízo de desvalor que recaísse sobre o órgão em concreto nunca poderia ser baseado nas segundas, mas apenas nas primeiras. Diferente já poderia ser a conclusão em relação a um juízo objectivo de validade do acto em si, independentemente de se ter de concluir que o órgão que o adoptou não poderia ser responsabilizado. No entanto, a jurisprudência tem sublinhado que o juízo de adequação deve ser realizado com os elementos de que o órgão dispunha no momento da adopção do acto[3006].

O subprincípio da minimização dos danos exige que, dentro das medidas adequadas para prosseguir o objectivo visado, se escolha aquela que menores consequências prejudiciais terá em outros bens com que colida. Se todas forem igualmente aptas para atingir o fim almejado, a opção por qualquer uma que não seja a menos gravosa constituirá uma violação do princípio da necessidade[3007].

---

[3005] Cfr. a referida jurisprudência do Tribunal de Justiça da União Europeia: *Office belge de l'économie* (...), Case 125/83, parág. 36; *Denkavit France SARL* (...), Case 266/84, parág. 17; *Commission v Germany*, Case 116/82, parág. 21; *Zuckerfabrik Bedburg* (...), Case 281/ /84, parág. 36; *Federal Republic of Germany v Council of the European Union*, Case C-426/ /93, Judgment of 9 November 1995, parág. 42.

[3006] Assim, o Tribunal Penal para a ex-Jugoslávia afirmou: "**It would be a total misconception of what are the criteria of legality and validity in law to test the legality of such measures** *ex post facto* **by their success or failure to achieve their ends**" [cfr. *Decision on* (...) *Jurisdiction in Prosecutor v. Dusko Tadic*, Appeals Chamber, October 2, 1995, parág. 39, ILM, cit., pág. 45]. Igualmente o Tribunal de Justiça da União Europeia sustentou que "where the Community legislature is obliged, in connection with the adoption of rules, to assess their future effects, which cannot be accurately foreseen, **its assessment is open to criticism only if it appears manifestly incorrect in the light of the information available to it at the time of the adoption of those rules**" (cfr. *United Kingdom of Great Britain and Northern Ireland v Council of the European Union*, Case C-150/94, Judgment of 19 November 1998, parág. 87).

[3007] Esta ideia encontra-se subjacente à própria jurisprudência do Tribunal Internacional de Justiça que declarou, a propósito da legítima defesa/contra-intervenções: "Thus it was possible to eliminate the main danger to the Salvadorian Government without the United

Este constitui o conteúdo abstracto do princípio da necessidade. Contudo, a Carta parece sujeitar a apreciação da aplicação deste princípio a um juízo subjectivo do Conselho e não a uma situação a ser apreciada em termos de grande rigor. Esta conclusão resulta clara em relação à decisão mais drástica que a Carta permite ao Conselho: a decisão de que os meios pacíficos foram esgotados sem sucesso ou que seriam sempre inadequados para fazer face a uma situação típica do Capítulo VII. Ora, a Carta estabelece que tal decisão pode ser adoptada "Se o Conselho de Segurança considerar que as medidas previstas no artigo 41 seriam ou demonstraram ser inadequadas", numa aparente remissão para um mero juízo subjectivo[3008].

---

States embarking on activities in and against Nicaragua. Accordingly, it cannot be held that these activities were undertaken in the light of necessity" [cfr. *Military and Paramilitary Activities*, cit., *I.C.J. Reports* 1986, pág. 122, parág. 237].

Igualmente o Tribunal de Justiça europeu afirmou a propósito do seu princípio global da proporcionalidade/necessidade de forma expressa: "Of course, when there is a choice between several appropriate measures, the least onerous measure must be used" [cfr. *Hermann Schräder HS Kraftfutter GmbH & Co. KG v Hauptzollamt Gronau*, Case 265/87, Judgment of 11 July 1989, parág. 21; ver igualmente em *Vincenzo Zardi v Consorzio agrario provinciale di Ferrara*, Case C-8/89, Judgment of 26 June 1990, parág. 10; *The Queen v Minister of Agriculture* (...), C-331/88, 1990, parág. 14; *NMB* (...) *v Commission*, Case T-162/94, Judgment of the Court of First Instance of 5 June 1996, parág. 69); *Acciaierie di Bolzano SpA v Commission of the European Communities*, Case T-158/96, Judgment of the Court of First Instance (Fifth Chamber, extended composition) of 16 December 1999, parág. 95.

[3008] Trata-se de um regime bem diferente do que resulta da formulação tradicional do princípio da necessidade que remonta ao já citado caso *Caroline*, em que na famosa nota do Secretário de Estado norte-americano Webster de 27 de Julho de 1842 (texto completo desta em R. Jennings, *The Caroline and McLeod Cases*, cit., pág. 89) se afirmou que a licitude quanto ao uso da força dependia de "an instant and overwhelming necessity for self-defense leaving no choice of means, and no moment of deliberation".

No entanto, esta formulação do princípio parece demasiado rigorosa para ser aplicável em termos genéricos [também neste sentido: W. Mallison, Jr, *Limited Naval Blockade* (...), cit., pág. 348; J. Gravelle, *The Falkland (Malvinas)* (...), cit., pág. 57; uma defesa rígida desta concepção, porém, em B. Weston, *Security Council* (...), cit., pág. 520-521]. A prática não confirma que em situações de legítima defesa, portanto, contra um ataque armado, seja necessário um escrutínio tão rigoroso e uma situação tão dramática para que seja possível recorrer à força. Em conflitos armados, o planeamento prévio cuidado das operações militares é condição óbvia para o seu sucesso. Tal exigência rigorosa será de aplicar apenas a estado de necessidade (em rigor, o caso *Caroline* era uma situação destas, já que se tratou de uma acção do Reino Unido com vista a evitar uma acção de particulares e não dos EUA em território deste último; ver, *supra*, parág. 12.3), à auto-tutela defensiva e, mesmo neste caso, apenas em relação a medidas preemptivas (ver, *supra*, parág. 12.1. e 12.2). Trata-se de conclusão que tem apoio na jurisprudência do Tribunal Internacional de Nuremberga que

Resulta claro que a decisão do Conselho em recorrer à força nos termos do artigo 42 (ou de habilitar um Estado ou estrutura regional a usá-la) não depende de um efectivo esgotamento dos meios pacíficos. Basta-se com um juízo prévio de que tal recurso seria sempre inadequado, como resulta deste artigo[3009] [3010].

Por a Carta aparentemente remeter para um juízo subjectivo, portanto discricionário, o controlo jurídico da decisão do Conselho sofrerá algumas limitações. Apenas um recurso que se revele de forma razoavelmente inequívoca como desnecessário será susceptível de ser considerado como inválido à luz do princípio da necessidade[3011].

Em situação distinta se encontram já os órgãos militares ou administrativos das Nações Unidas responsáveis pelo uso da força por parte de uma Força de imposição da paz ou bélica da organização. Parece que nestas circunstâncias o princípio da necessidade se aplica em termos paralelos aos aplicáveis aos Estados em situações de legítima defesa: isto é, cabe-lhes alguma margem de discricionariedade quanto ao uso desta, mas que se encontra sujeita a um escrutínio mais rigoroso. Em rigor a sua situação pode mesmo ser mais limitada, desde logo, porque os Estados no exercício da

---

sustentou: "It must be remembered that preventive action in foreign territory is justified only in case of "an instant and overwhelming necessity for self-defense leaving no choice of means, and no moment of deliberation"" [cfr. *International Military Tribunal*, cit, AJIL, vol. 39, 1945, pág. 172-333, na pág. 205]. Ou seja, apenas as acções preemptivas se encontram sujeitas a este regime rígido.

[3009] Assim, na Sexta Comissão da Assembleia Geral, o representante dos EUA afirmou: "the Charter did not state that all peaceful means of settlement had to be exhausted before the Security Council could impose such enforcement measures. The Charter did not provide such a limitation because the framers understood that the Council must have the flexibility to act effectively. By the same token, the imposition of sanctions should not and did not bar the further pursuit of appropriate peaceful means for settlement, which was what normally happened in the real world" [cfr. UNPR GA/L/3110 7th Meeting (AM) 15 October 1999].

[3010] Assim: A. Pyrich, *United Nations* (...), cit., pág. 269, nota 31; Gowlland-Debbas, *Security Council Enforcement Action* (...), cit., pág. 62; G. Walker, *United States* (...), cit., pág. 454; U. Villani, *L'Intervento* (...), cit., pág. 37-38; L. Fielding, *Taking The Next Step* (...), cit., pág. 372.

[3011] Ficou já citada (ver, *supra*, parág. 77) jurisprudência do Tribunal Penal para a ex-Jugoslávia neste sentido a propósito destes princípios: *Decision on* (...) *Jurisdiction in Prosecutor v. Dusko Tadic*, Appeals Chamber, October 2, 1995, parág. 21, ILM, cit., pág. 41. Bem como do Tribunal de Justiça da União Europeia: *Hermann Schräder* (...), Case 265/87, Judgment of 11 July 1989, parág. 22; *The Queen v Minister of Agriculture* (...), Case C-331/88, Judgment of 13 November 1990, parág. 14); *NMB* (...) *v Commission*, Case T-162/94, Judgment of the Court of First Instance of 5 June 1996, parág. 70.

legítima defesa gozam mesmo de uma liberdade marginal, dado que não se encontram vinculados subjectivamente por qualquer fim[3012]. Os membros de uma Força das Nações Unidas, pelo contrário, encontram-se vinculados a tal, já que actuam com base num mandato, sujeitos ao princípio da competência e não da liberdade[3013]. Neste caso, o limite teleológico pode igualmente ter reflexos na forma como se aplica o princípio da necessidade, dado que o fim primordial das Nações Unidas é precisamente a paz[3014].

**88. Princípio da proporcionalidade.** Um segundo princípio de grande importância enquanto limite ao exercício de qualquer poder é o da proporcionalidade.

**88.1. Aplicabilidade.** Contudo, ao contrário do que faz em relação ao princípio da necessidade, a Carta, literalmente, não sujeita o exercício do poder público àquele princípio. Esta circunstância levou alguma Doutrina a sustentar que este não é aplicável[3015]. Porém, julga-se que se trata de um aspecto insuficiente para chegar a tal conclusão. A Carta também não sujeita as medidas de legítima defesa ao princípio da proporcionalidade e, contudo, é relativamente pacífico que este deve ser considerado aplicável[3016].

Um outro argumento invocável contra a sua aplicação é a circunstância de que, nas suas delegações e habilitações, literalmente, o Conselho na

---

[3012] Verificou-se já que as motivações subjacentes ao uso da força pelos Estados são irrelevantes; apenas a actuação objectiva é importante para apreciar a licitude de uma actuação bélica. Se os pressupostos estavam reunidos e os limites foram respeitados, o facto de o fim visado ser ilícito é irrelevante (ver, *supra*, parág. 12.6 e 14.4).

[3013] Ver, sobre a relevância do limite teleológico, *infra*, parág. 89.

[3014] Suscitam, pois, reservas as regras quanto ao uso da força decretadas pelo comandante da UNOSOM II na Somália por decisão de finais de Maio de 1993 no sentido de que: "Organized, armed militias, technicals and other crew served weapons are considered a threat to UNOSOM Forces and may be engaged without provocation" [cfr. F. M. Lorenz, *Rules Of Engagement In Somalia* (...), cit., na pág. 65-66]. Interpretadas literalmente como permitindo o uso da força contra quaisquer grupos armados ou indivíduos portadores de armas pesadas, independentemente de mostrarem quaisquer sinais de hostilidade, não parecem compatíveis com o princípio da necessidade.

[3015] Nega que o princípio da proporcionalidade se aplique às decisões do Conselho: V. Gowlland-Debbas, *Security* (...), cit., pág. 62. Cita em apoio a Comissão de Direito Internacional, mas esta limita-se a afirmar que o princípio se aplica de forma distinta e não que este seja inaplicável (cfr. YILC, 1979, Vol. II, Part 2, pág. 121).

[3016] Neste sentido, ver declarações já citadas (ver, *supra*, 12.6) do Tribunal Internacional de Justiça em *Military and Paramilitary Activities*, cit., *I.C.J. Reports* 1986, pág 94, parág. 176; também em *Legality Of The Threat* (...), I.C.J. *Reports* 1996, parág. 41.

maioria dos casos se limitou a sujeitar as medidas a utilizar ao princípio da necessidade e não igualmente ao da proporcionalidade. Trata-se de um aspecto inegável, mas que se considera que também não basta como fundamento para o considerar inaplicável.

Efectivamente, julga-se que existem razões que levam a concluir que este princípio deve mesmo ser respeitado quer na tomada de decisão pelo Conselho de utilizar a força, quer no emprego no terreno desta.

Assim, em primeiro lugar, pode-se entender que a Carta e o Conselho ao referir o princípio da necessidade pretendem igualmente abranger o princípio da proporcionalidade. Efectivamente, ambos são normalmente tratados conjuntamente, por vezes um sendo reconduzido ao outro[3017].

Em segundo lugar, a Carta, na disposição mais importante quanto aos poderes públicos que cabem às Nações Unidas, contém uma implícita referência ao princípio da proporcionalidade. Assim, no artigo 1, n.º 1, esta distingue, por um lado, as ameaças à paz que devem levar à adopção de medidas colectivas para a sua prevenção e remoção; e, por outro, as rupturas da paz e agressões que devem levar a adoptar medidas para a sua supressão. Existe, pois, uma distinção em função da gravidade dos pressupostos de actuação pública do Conselho. E fica a sugestão de que as ameaças à paz devem ser preferencialmente combatidas com os meios "preventivos" do artigo 41 e as rupturas da paz e agressões com os meios bélicos do artigo 42.

Claro está, não se pretende estabelecer uma correspondência rígida que espartilhe o Conselho. O artigo 42, ao referir que as medidas que prevê podem servir para manter ou para restaurar a paz e segurança internacionais, confirma claramente que estas se aplicam igualmente em questões que

---

[3017] Assim, o referido Código de Conduta para Agentes de Polícia de 1979 da Assembleia Geral, no seu citado artigo 3, sobre o uso da força, apenas refere literalmente o princípio da necessidade. Mas a Assembleia no seu comentário, al. b), afirma que "It is to be understood that such national principles of proportionality are to be respected in the interpretation of this provision. In no case should this provision be interpreted to authorize the use of force which is disproportionate to the legitimate objective to be achieved".

Igualmente, o Tribunal de Justiça da União Europeia, além de reconduzir o princípio da necessidade ao princípio da proporcionalidade, iniciou a aplicação de ambos no âmbito da então ainda Comunidade Europeia sem qualquer apoio nos tratados. Ainda actualmente o revisto Tratado da Comunidade Europeia (antes denominado Tratado da Comunidade Económica Europeia), no seu artigo 5 (antigo artigo 3-B), limita-se a estabelecer o princípio da necessidade: "A acção da Comunidade não deve exceder o necessário para atingir os objectivos do presente Tratado". Tal não tem impedido o Tribunal de continuar a aplicar a sua mencionada concepção ampla do princípio da proporcionalidade (ver ainda, *infra*, parág. 88.2).

constituam meras ameaças à paz[3018]. Trata-se antes de verificar que a Carta estabeleceu uma diferenciação entre pressupostos e reacções baseada, não em critérios de mera adequação e necessidade, mas de proporcionalidade. Com efeito, não se trata de averiguar quais os meios necessários e sim de estabelecer uma ligação tendencial entre pressupostos e meios baseada na gravidade dos primeiros[3019].

Em terceiro lugar, sendo o princípio da proporcionalidade um princípio de aplicação genérica à generalidade das causas de exclusão da ilicitude, julga-se de afastar que a simples circunstância de o poder público não ser uma destas causas deva levar à rejeição da sua aplicação. Esta simples diferença de natureza entre aquelas causas e este poder não parece justificar por si a rejeição da sua aplicação. Sendo as medidas utilizadas na aplicação do poder público em tudo paralelas às empregues no exercício de qualquer causa de exclusão da ilicitude, julga-se que, por identidade de razão, o princípio da proporcionalidade deverá ter aplicação.

Depois, a rejeição da sua aplicação poderia levar a situações em que as medidas, embora necessárias, acabassem por ter efeitos bem mais gravosos do que os próprios actos que visavam impedir ou rescindir. Especialmente quanto a decisões de emprego da força, trata-se de um resultado desrazoável, incompatível com uma organização que tem na paz o seu valor cimeiro (parág. 1 do Preâmbulo e artigo 1, n.º 1 CNU)[3020]. Deste modo, designada-

---

[3018] Uma correspondência chegou a ser sustentada pela União Soviética, na 46.ª reunião do Conselho, em 18 de Junho de 1946: "measures recommended in Article 41 of the Charter are of a preventive character, while the measures prescribed by Article 42 of the Charter are applicable in cases of breaches of the peace and acts of aggression". A Austrália, na mesma reunião, chamaria correctamente a atenção para que "as Article 42 says "to maintain or restore international peace and security"; that is to say, to maintain peace if there has been no actual breach of the peace and to restore peace if there has been an actual breach" (cfr. RPSC, 1946-1951, Chapter 11, pág. 443).

[3019] A vinculação do Conselho a considerações de proporcionalidade pode ainda retirar-se do facto de este estar sujeito na resolução de controvérsias aos princípios do Direito Internacional e à justiça (artigo 1, n.º 1, segunda parte); sujeição confirmada, no artigo 37, n.º 2, pela necessidade de os termos de acordo propostos pelo Conselho serem apropriados ("Appropriate"; "appropriées"; "apropiados"). Não se trata de escolher apenas os adequados (como será o caso do artigo 36, n.º 1, quanto aos meios pacíficos a recomendar, ou no artigo 53, n.º 1). Trata-se de recomendar soluções que estão sujeitas aos referidos princípios do Direito Internacional e da justiça, incluindo o da proporcionalidade. No entanto, por a Carta não sujeitar as medidas compulsivas do Conselho a estes princípios (ver, *supra*, parág. 83) não é possível retirar deste ponto qualquer apoio à limitação da acção compulsiva do Conselho.

[3020] A Paz é o valor primordial das Nações Unidas, prevalecendo sobre os seus restantes fins. Como afirmou o Tribunal Internacional de Justiça: "The primary place ascribed to international peace and security is natural, since the fulfilment of the other purposes will be dependent

mente, a paz não deve ser colocada em causa, especialmente por uma acção das Nações Unidas, quando sejam de esperar consequências resultantes da ruptura desta bem mais graves do que as decorrentes da manutenção da situação. Isto é, ainda que se conclua que apenas meios bélicos poderão evitar a manutenção de uma dada situação ilícita por um período largo de tempo, deve-se evitar recorrer àqueles se for de presumir que tal exercício do poder público bélico causará prejuízos desproporcionados.

Em quinto lugar, pode-se ainda alegar que a circunstância de o Conselho não referir normalmente o princípio nas suas delegações e habilitações não significa que, na ponderação das medidas a utilizar ou a habilitar, este não tenha tido em conta exigências de proporcionalidade. A prática do Conselho sugere que tem existido esta ponderação. De facto, mesmo em situações em que as medidas pacíficas adoptadas não se revelaram eficazes, nem por isso o Conselho tem optado por recorrer à força quando o fim visado não se revela suficiente valioso para tornar esta utilização proporcionada[3021]. Depois, existem precedentes em que o Conselho exigiu explicitamente que o exercício da força por meio de uma habilitação respeitasse exigências de proporcionalidade[3022]. Não parece que faça sentido excluir a sua aplicação nos outros casos, apenas porque apenas nestes foi mencionado.

---

upon the attainment of that basic condition" [cfr. *Certain expenses* (...), *I. C. J. Reports* 1962, cit., pág. 168].

[3021] Foi o que se passou no caso da Rodésia, da África do Sul, do Iraque, quanto à eliminação das suas armas de destruição massiva, da Líbia, da UNITA em Angola, do Sudão, dos Talibãs no Afeganistão, entre outros.

[3022] Assim, na referida Resolução 665 (1990), de 25 de Agosto, no parág. 1, em que habilita os Estados membros a executar coercivamente o embargo decidido contra o Iraque, a habilitação é circunscrita a "to use such measures commensurate to the specific circumstances as may be necessary". Ou seja, não se trata de utilizar todos os meios necessários, mas apenas os que forem igualmente proporcionados às circunstâncias específicas. A mesma fórmula consta das citadas Resolução 787 (1992), de 16 de Novembro, parág. 12 e da Resolução 820 (1993), de 17 de Abril, parág. 29, que habilitam os Estados a executar o embargo contra a Ex-Jugoslávia. Bem como das mencionadas Resolução 875 (1993), de 16 de Outubro, parág. 1 e Resolução 917 (1994), de 6 de Maio, parág. 10, que habilitam à execução do embargo contra o Haiti. Ainda mais clara é a Resolução 816 (1993), de 31 de Março (texto em RDSCOR, 1993, pág. 4-5), parág. 4, que autoriza os Estados membros directamente ou por intermédio de estruturas regionais a adoptar "all necessary measures (...) proportionate to the specific circumstances and the nature of the flights" em caso de novas violações da zona de exclusão aérea sobre a Bósnia-Herzegovina.

Igualmente Estados têm sustentado expressamente a aplicação do princípio. Assim, o Brasil afirmou em 29 de Novembro de 1999 no Conselho de Segurança: "the Council should keep a sense of proportionality between the situation it intended to address and the measures it considered applying" (cfr. UNPR SC/6759, 29 November 1999).

A questão da sujeição do exercício do poder público ao princípio da proporcionalidade tem relevância não apenas ao nível da tomada da decisão política (máxime, de empregar a força) pelo Conselho de Segurança, mas igualmente na decisiva questão do modo como esta será executada, especialmente quando esteja em causa o uso da força. Ora, da sujeição das Forças das Nações Unidas ao Direito Internacional Humanitário, retira-se um sexto argumento que apoia a aplicação do princípio da proporcionalidade ao exercício do poder público bélico.

Com efeito, o Direito Humanitário dos Conflitos Armados é, em grande medida, o resultado de ponderações de exigências resultantes do princípio da necessidade e da proporcionalidade[3023]. Trata-se de um regime que decorre de princípios seculares, mas que ainda se compreende melhor à luz das alterações introduzidas nas últimas décadas. Com o fim do estado de guerra como situação jurídica decorrente de uma novação no Ordenamento Internacional, de Direito da Paz para Direito da Guerra, o uso privado da força apenas deve ocorrer no exercício de uma causa de exclusão da ilicitude[3024]. Ora, a aplicação destas está sujeita àqueles dois princípios.

Deste modo, negar a aplicação do princípio da proporcionalidade às decisões do Conselho de Segurança ou ao modo de execução destas implicará negar que o Direito Internacional Humanitário se aplique nos mesmos termos ao exercício do poder público com que se aplica ao uso privado da força. Verificou-se, porém, que tal diferenciação não tem fundamento no Direito Internacional, nem em relação ao Direito Humanitário Costumeiro[3025], nem sequer em relação ao de base convencional[3026].

Em suma, o princípio da proporcionalidade é igualmente um princípio aplicável a todas as decisões do Conselho no exercício dos seus poderes públicos, bem como a todos os actos de execução destas, incluindo no exercício de delegações ou habilitações[3027]. Assim, seria preferível que fosse realizada uma menção expressa a este de forma sistemática nestes actos e não apenas da forma aleatória com que tem sido incluída.

---

[3023] Como afirmou o Tribunal Internacional de Justiça: "a use of force that is proportionate under the law of self-defence, must, in order to be lawful, also meet the requirements of the law applicable in armed conflict which comprise in particular the principles and rules of humanitarian law" [cfr. *Legality Of The Threat or Use* (…), *I.C.J. Reports* 1996, parág. 42].

[3024] Ver, *supra*, parág. 10.2.

[3025] Ver, *supra*, parág. 82.1.

[3026] Ver, *supra*, parág. 84.2.

[3027] No sentido da aplicação do princípio da proporcionalidade ao exercício dos poderes pelo Conselho de Segurança: E. Rostow, *Until What* (...), cit., pág. 514; R. Lillich, *Humanitarian*

**88.2. Conteúdo.** Mas apurado que o princípio da proporcionalidade é aplicável ao exercício do poder público, cabe concretizar o seu conteúdo.

Como é intuitivo, este exige que exista uma proporção entre o acto adoptado pelas Nações Unidas, ou entidades habilitadas, e a gravidade da situação e suas consequências. É necessário, porém, esclarecer se esta proporção significa equivalência ou apenas proibição de desproporção dos danos, bem como determinar que danos devem ser contabilizados: se apenas os sofridos em consequência dos últimos eventos que desencadearam a acção pública, e eventualmente outros que se encontrem iminentes, ou igualmente todos os sofridos em resultado da situação, mesmo provocados por actos já remotos.

Segundo se julga, o princípio da proporcionalidade aplicável ao poder público deve ter conteúdo idêntico ao aplicável à legítima defesa. Este regime justifica-se por identidade de razão. Com efeito, apesar do poder público bélico comportar utilizações da força que materialmente são idênticas a represálias, não parece ser de lhes aplicar o regime mais rígido destas. Julga-se que o regime das represálias proíbe que estas provoquem danos superiores ao dobro dos danos sofridos, nas situações em que estes são quantificáveis e comparáveis[3028].

---

(...), cit., pág. 572; Judith G. Gardam, *Proportionality and Force in International Law*, AJIL, Vol. 87, No. 3, 1993, pág. 391-413, na pág. 391 e nota 3; M. Bothe, *Les Limites* (...), cit., pág. 78-79; G. Capaldo, *Verticalità* (...), cit., pág. 94; F. Kirgis, *The Security Council's First* (...), cit., pág. 517; J. Alvarez, *Judging* (...), cit., pág. 17; L. Fielding, *Taking The Next Step* (...), cit., pág. 372.

[3028] Ver C. Baptista, Ius (...), cit., pág. 314-316, nota 110. O Tribunal Internacional de Justiça não parece andar longe deste entendimento já que sustentou: "the effects of a countermeasure must be commensurate with the injury suffered, taking account of the rights in question" [cfr. *Case Concerning The Gabcíkovo-Nagymaros* (...), cit., *I.C.J. Reports* 1997, pág. 56, parág. 85], embora sem precisar o que entender por tal em termos quantitativos.

Existe quem sustente que as represálias não devem provocar mais danos do que os sofridos pela violação (assim: International Committee of the Red Cross, *Commentary on the Additional Protocols of 8 June 1977 to the Geneva Conventions of 12 of August 1949*, (ed. Y. Sandoz, C. Swinazski, B. Zimmermann), Genève, 1987, pág. 987. A maioria dos autores, porém, sustenta que as represálias podem ultrapassar o nível de danos sofridos, quer represálias entre partes beligerantes num conflito armado por violações do Direito Humanitário, quer represálias não armadas: Frits Kalshoven, *Belligerent Reprisals*, Leyden, 1971, pág. 341-342; Christopher Greenwood, *Reprisals and Reciprocity in the New Law of Armed Conflict*, em *Armed Conflict and the New Law: Aspect of the Geneva Protocols and the 1981 Weapons Convention* (ed. Michael Meyer), London, 1989, pág. 227-250, na pág. 231; Y. Dinstein, *War, Aggression* (...), cit., pág. 219-220 (embora baseado num princípio de equivalência). A questão foi debatido no seio da Comissão de Direito Internacional, tendo em conta a imprecisão do

O regime da proporcionalidade aplicável à legítima defesa é mais liberal, embora não seja simples de quantificar[3029]. A reacção pode provocar bem mais do dobro dos danos provocados pelo acto ou situação contra a qual se visa reagir, mas é difícil apresentar qualquer limite quantitativo. A fórmula utilizável é simplesmente a de que a reacção não pode ser desrazoavelmente desproporcionada, tendo em conta igualmente elementos qualitativos, como a gravidade jurídica do acto que a causou, a responsabilidade da entidade alvo, além, claro está, dos danos causados.

Na determinação destes, os elementos existentes indicam que apenas poderão ser tidos em conta os provocados pelo acto contra a qual se reage e eventuais danos iminentes. Não parece possível ter em conta danos anteriores provocados por actos contra os quais se não reagiu[3030], mesmo se a prática não é inteiramente clara[3031].

Deste modo, a proporcionalidade em relação às acções de exercício do poder público, em particular o bélico, devem ser ponderadas tendo em conta

---

então artigo 49 do seu Projecto sobre a matéria de 1996 (cfr. RILC, 52nd Session, 2000, pág. 103, parág. 344). O artigo 51 do Projecto de 2001, num progresso, veio consagrar uma formulação positiva para a exigência, seguindo o Tribunal Internacional de Justiça ("Countermeasures must be commensurate with the injury suffered, taking into account the gravity of the internationally wrongful act and the rights in question"), sugerindo que não se encontra sujeito a um critério rígido de equivalência, mas que deve ter em conta não apenas elementos quantitativos, mas igualmente qualitativos (cfr. os parág. 6-7 do comentário ao artigo 51, RILC, 2001, pág. 344).

[3029] A jurisprudência internacional não tem fornecido grandes dados de apoio para solucionar a questão, quer em relação à proporcionalidade aplicável ao exercício do poder público, quer mesmo à aplicável à legítima defesa. Em relação a esta última, o Tribunal Internacional de Justiça limitou-se a considerar algumas actividades bélicas como desproporcionadas sem especificar que critério de proporção estava a utilizar [cfr. *Military and Paramilitary Activities*, cit., *I.C.J. Reports* 1986, pág. 122, parág. 237].

Igualmente o Tribunal de Justiça da União Europeia, em relação à actuação desta entidade, se tem ficado neste aspecto por enunciações imprecisas, muitas vezes limitando o conteúdo do princípio da proporcionalidade ao princípio da necessidade que integra no primeiro. Mas sustentou que: "the disadvantages caused must not be disproportionate to the aims pursued" [cfr. *The Queen v Minister of Agriculture* (...), C-331/88, 1990, parág. 13].

[3030] O Tribunal Internacional de Justiça afirmou a este respeito que "self-defence would warrant only measures which are proportional to the armed attack" [cfr. *Military and Paramilitary Activities*, cit., *I.C.J. Reports* 1986, pág. 94, parág. 176]. Ora, esta afirmação sugere que é exclusivamente a escala do ataque armado que deve ser tida em conta na ponderação da proporcionalidade da reacção defensiva e não eventuais actos anteriores contra os quais não se reagiu.

[3031] Pelo menos em relação a represálias, a prática do Conselho parece ir no sentido de rejeitar a chamada teoria da acumulação de eventos e suas consequências (ver, *supra*, parág. 12.3).

os danos provocados pelo acto/situação contra a qual se reage, bem como aqueles que ainda se estão a produzir ou se encontram iminentes. As desvantagens esperadas da adopção de determinadas medidas de reacção devem ser ponderadas num juízo que tenha em conta todos os elementos, desde os danos para os valores e atribuições da organização (máxime a paz, como fim limite para uma decisão de uso da força, mas igualmente a defesa dos direitos humanos, seja como argumento a favor, seja contrário), aos danos materiais esperados[3032]. Qualquer ultrapassagem desrazoável desta medida deve levar a excluir como ilícita a reacção[3033].

**89. Teleológicos.** A relevância dos fins das Nações Unidas enquanto limites aos seus poderes pode ser tripla.

**89.1. Princípio da especialidade.** Assim, desde logo, estes limitam a legitimidade de acção da organização. Uma acção que não vise prosseguir um dos fins consagrados no artigo 1 ou decorrentes especificamente de outros preceitos da Carta deve ser considerada violadora da Carta, como *ultra vires*[3034]. Esta conclusão retira-se do chamado princípio da especialidade. As organizações internacionais apenas têm legitimidade para prosseguir os objectivos que integram as suas atribuições[3035]. Um acto ou acção fora do âmbito destes será, pois, contrário à Carta[3036].

---

[3032] Incluindo cálculos baseado em meros elementos de riscos de escalada; assim, o Tribunal Internacional de Justiça, depois de alegar que "Certain States (...) contend that the very nature of nuclear weapons, and the high probability of an escalation of nuclear exchanges, mean that there is an extremely strong risk of devastation", concluiu "the very nature of all nuclear weapons and the profound risks associated therewith are further considerations to be borne in mind by States believing they can exercise a nuclear response in self-defence in accordance with the requirements of proportionality" [cfr. *Legality Of The Threat or Use* (...), *I.C.J. Reports* 1996, parág. 43].

[3033] Exemplos de actos imputáveis às Nações Unidas a título de instruções específicas (ou de ratificação posterior, quando excessivos) que se revelaram desproporcionados são os desencadeados contra os Sérvios da Bósnia na *Operation Deliberate Force*, em particular vários dos levados a cabo entre 6 e 14 de Setembro de 1995 (ver, *supra*, parág. 66).

[3034] Como afirmou o Tribunal Internacional de Justiça numa passagem já citada: "when the Organization takes action which warrants the assertion that it was appropriate for the fulfillment of one of the stated purposes of the United Nations, the presumption is that such action is not *ultra vires* the Organization" [cfr. *Certain expenses* (...), *I. C. J. Reports* 1962, cit., pág. 168]. Isto é, caso a acção não se encontre nesta situação deverá ser considerada como *ultra vires*.

[3035] Conformemente, o Tribunal Internacional de Justiça afirmou: "international organizations are subjects of international law which do not, unlike States, possess a general

Deste modo, será possível confrontar as Nações Unidas com alegações de ilicitude da sua actuação por força da adopção de actos num domínio fora do âmbito das suas atribuições. Sublinhe-se, contudo, que, tendo em conta a grandeza das atribuições das Nações Unidas, serão pouco frequentes os casos em que será possível impugnar um acto com este fundamento.

Já a invocação desta mesma ilegitimidade pela própria organização como forma de legitimar o incumprimento de um acto que a vincule direc- tamente a luz do Direito Internacional, como um tratado ou promessa, será ainda mais limitada. Só será possível em relação a entidades partes na Carta ou por esta vinculadas. Com efeito, não parecendo ser aplicável as organi- zações internacionais a noção de capacidade, mesmo actos que prossigam fins não previstos serão válidos perante terceiros.

**89.2. Como limites externos.** A segunda situação em que os fins constituem limites prende-se com a circunstância de as próprias disposições que os consagram serem em si limites para as actuações em concreto das Nações Unidas, tal como qualquer outra disposição limitativa da Carta.

Deste modo, o artigo 1 CNU, mas igualmente outras disposições que sujeitam a concessão de competências que realizam a um determinado fim, constituem parâmetros externos de validade de actos jurídicos e de licitude das acções, tal como qualquer outra disposição. Esta sua natureza dispositiva autónoma é confirmada em preceitos como o artigo 14, parte final, que expressamente consagra uma situação de a violação destes preceitos teleoló- gicos ser causa do surgimento de uma questão. Por outro lado, o artigo 24, n.º 2 sujeita a actuação do Conselho ao respeito destas mesmas disposições, máxime o artigo 1 CNU.

Assim, por exemplo, dado que a Carta sustenta que o fim primordial das Nações Unidas é a manutenção da paz, ainda que esse fim seja o visado em última análise pelo Conselho ao tomar uma decisão quanto ao uso da força, decisões como esta deverão ser cuidadosamente ponderadas, visto colidirem com aquele objectivo primordial. Desta forma, esta disposição teleológica exigirá que uma decisão destas seja apreciada de forma mais severa à luz do princípio da proporcionalidade. O mesmo raciocínio vale para o respeito dos direitos humanos, já que igualmente estes serão colocados

---

competence. International organizations are governed by the "principle of speciality", that is to say, they are invested by the States which create them with powers, the limits of which are a function of the common interests whose promotion those States entrust to them" [cfr. *Legality of the Use by a State* (…), *I.C.J. Reports 1996*, cit., parág. 25].

em causa por uma decisão bélica. Obviamente, a necessidade de evitar que actuações ilícitas dos Estados se repitam pode levar à conclusão que se impõe mesmo uma actuação bélica[3037].

De qualquer modo, o fim a prosseguir pelo uso público da força não é apenas repelir à agressão[3038]. Tal significaria reduzir o poder público bélico à legítima defesa pública. O fim, como estabelece o artigo 42, na sequência dos artigos 39 e 1, n.º 1, é manter ou restaurar a paz e segurança internacionais. Trata-se de um fim muito amplo onde se compreendem objectivos que vão para lá da mera defesa, mesmo interpretada em termos latos. Tendo em conta a interpretação extensiva que a noção de ameaça à paz sofreu, o objectivo de suprimir estas ameaças pode abarcar fins amplos, desde a garantia de direitos humanos básicos até à defesa do Ambiente, em situações de ameaça de catástrofe ecológica[3039]. De facto, basta que se esteja perante uma ameaça à paz para que o Conselho possa adoptar decisões vinculativas que, respeitados os princípios da necessidade e proporcionalidade[3040], poderão ser executadas pela força. Tal é confirmado pelos artigos 39, 41 e 42. O primeiro autoriza ao recurso aos dois últimos para manter ou restaurar a paz. E estes artigos 41 e 42 estabelecem uma relação

---

[3036] Neste sentido, a Secção de Recurso do Tribunal Penal para a ex-Jugoslávia afirmou que: "The Security Council is thus subjected to certain constitutional limitations, however broad its powers under the constitution may be. Those powers cannot, in any case, go beyond the limits of the jurisdiction of the Organization at large" [cfr. *Decision on (…) Jurisdiction in Prosecutor v. Dusko Tadic*, Appeals Chamber, October 2, 1995, parág. 28, ILM, cit., pág. 42].

[3037] São ponderações desta última natureza que poderão justificar decisões de recorrer à força mesmo depois de a situação se encontrar "pacificada"; por exemplo, depois da ocupação violenta de uma parcela ou totalidade do território de um Estado. Pense-se na decisão do Conselho de habilitar os Estados membros a utilizar a força contra a ocupação iraquiana do Kuwait pela citada Resolução 678 (1990), de 29 de Novembro. Claro está, a ocupação militar e as violações de direitos humanos que estavam a ocorrer em sua consequência também foram tidas em conta.

[3038] Também: O. Schachter, *United Nations Law in the Gulf Conflict*, cit., pág. 456-457; E. Rostow, *Until What* (...), cit., pág. 514. Contra: John Quigley, *The United States and the United Nations in the Persian Gulf War: New Order or Disorder?*, CJIL, Vol. 25, 1992, pág. 1-49, na pág. 16-17.

[3039] Ver, *supra*, parág. 79.

[3040] Evidentemente, há situações em que o uso da força será completamente despropositado e constituiria uma violação manifesta do princípio da proporcionalidade, ainda que os meios pacíficos tivessem sido esgotados e, portanto, o princípio da necessidade estivesse cumprido.

de subsidiariedade do segundo em relação ao primeiro, mas para executar as mesmas decisões do artigo 39[3041].

Igualmente o fim da manutenção da segurança permite a adopção de medidas vastas. Pode mesmo legitimar, ao menos transitoriamente, a imposição de medidas discriminatórias contra um Estado enquanto não existirem garantias suficientes de que este alterou efectivamente a sua política externa, máxime, pela alteração do seu Governo[3042, 3043]. Trata-se de um poder perigoso, mas é preferível reconhecê-lo a uma instituição criada pela Comunidade Internacional do que negá-lo e criar as condições para que os Estados o exerçam unilateralmente sob falsos pretextos[3044].

**89.3. Como limites internos: o desvio de poder.** Em terceiro lugar, é necessário determinar se as disposições teleológicas são simultaneamente directrizes para a formação da vontade dos órgãos da organização; isto é, se não constituem também limites internos. Uma resposta positiva levará à conclusão que um acto cujo conteúdo não seja estritamente vinculado praticado com fim distinto do que a Carta estabelece deverá ser considerado como viciado por desvio de poder[3045].

---

[3041] Ver, *supra*, parág. 36 e 50.1.

[3042] Pense-se nas proibições de manutenção e desenvolvimento de armas de destruição massiva e, especialmente, a proibição de mísseis com alcance superior a 150km impostas ao Iraque pelo Conselho de Segurança na referida Resolução 687 (1991), parte C, que decidiu os termos da cessação de hostilidades na Guerra do Golfo (embora este aspecto não seja pacífico: ver, *supra*, parág. 36).

[3043] Também: O. Schachter, *United Nations Law in the Gulf Conflict*, cit., pág. 456-457; E. Rostow, *Until What* (...), cit., pág. 514.

[3044] Ver, sobre a execução coerciva unilateral pelos EUA e Reino Unido contra o Iraque das suas obrigações decorrentes da Resolução 687 (1991), *supra*, parág. 72.

[3045] A consagração do desvio de poder como fundamento de invalidade de actos de organizações internacionais tem gradualmente recebido aceitação. Uma das mais importantes consta da citada Convenção das Nações Unidas sobre o Direito do Mar, no seu artigo 187, al. b), ii) e artigo 189, que o consagra em relação aos actos da Autoridade dos Fundos Marinhos.

No entanto, a generalização da figura parece dever-se à sua consagração ao nível das então Comunidades Europeias. Assim, consta já do artigo 33 do Tratado relativo à Comunidade do Carvão e do Aço, tendo daí passado para o actual artigo 230, parág. 2, do Tratado da Comunidade Europeia [com as alterações do Tratado de Maastricht de 7 de Fevereiro de 1992 (texto em ILM, Vol. 37, 1998, pág. 67-78), do Tratado de Amsterdão de 2 de Outubro de 1997 (texto em ILM, Vol. 37, 1998, pág. 79-140), além de especificamente pelo Tratado de Nice de 26 de Fevereiro de 2001 (texto em OJEC, 2001/C 80/01-87), artigo 2, parág. 34], bem como do artigo 146 do Tratado da Comunidade Europeia da Energia Atómica e o actual artigo

A questão parece pacífica em relação aos órgãos não estaduais da organização, independentemente de terem uma natureza puramente administrativa, incluindo os militares, ou igualmente política, em que fica compreendido também o Secretário-Geral. O facto de estes estarem proibidos de prosseguir fins próprios por força dos deveres da sua função, bem como fins de Estados, incluindo aqueles de que são nacionais, por força do artigo 100, parece não permitir outra conclusão. Tal decorre do seu dever expresso de isenção (artigo 100, n.º 1 CNU), que é oponível aos Estados membros (artigo 100, n.º 2 CNU). Estas cautelas com a sua isenção apenas se compreendem à luz de uma intenção da Carta de os vincular estritamente à prossecução exclusiva dos fins que consagra, mesmo a nível mental[3046].

Não vincular o Secretário-Geral e restantes membros do secretariado subjectivamente a estes fins, designadamente estabelecidos pela delegação do Conselho de Segurança, e permitir que prosseguissem outros fins não reconhecidos pela Carta para o seu acto, constituiria uma violação clara das exigências deste artigo. A mesma conclusão vale, claro está, para todos os indivíduos que se encontrem ao serviço ou sob direcção da organização, incluindo membros dos contingentes nacionais colocados à sua disposição na formação de uma Força das Nações Unidas.

Deste modo, aos membros do secretariado ou outros sob direcção da organização, a que se aplica o artigo 100, tem plena aplicabilidade o desvio

---

35, n.º 6 do Tratado da União Europeia alterado pelo Tratado de Amsterdão. Estes Tratados influenciaram o regime de instituições similares que consagraram igualmente a figura; assim, o Tratado que estabelece o Mercado Comum do Leste e Sul de África (COMESA) de 5 de Novembro de 1993 (texto em ILM, Vol. 33, 1994, pág. 1067-1124), no seu artigo 24, n.º 2 ("A Member State may refer for determination by the Court, the legality of any act, regulation, directive or decision of the Council on the grounds that such act, regulation, directive or decision is ultra vires or unlawful or an infringement of the provisions of this Treaty or any rule of law relating to its application or **amounts to a misuse** or abuse **of power**"). Acresce que, como se verá, a sua aplicabilidade em relação a órgãos das Nações Unidas tem consagração jurisprudencial e no Direito da organização quanto ao secretariado.

[3046] O Tribunal Internacional de Justiça já se serviu do artigo 100 para fundamentar poderes de protecção diplomática a favor das Nações Unidas [cfr. *Reparation For Injuries* (...), cit., *I.C.J. Reports 1949*, pág. 183-184]. Igualmente o Tribunal Administrativo das Nações Unidas teve já ocasião de o utilizar como fundamento para considerar actos administrativos do Secretário-Geral como ilícitos. Por exemplo, nos casos *Levcik v. Secretary-General of the United Nations* (n. 192 de 1974) e *Qiu v. Secretary-General of the United Nations* (n. 482 de 25 de Maio de 1990) [ver comentário e passagens deste em John Knox, *Qiu v. Secretary-General of the United Nations*, AJIL, vol. 85, n.º 4, 1991, pág. 686-689, na pág. 687].

de poder como causa de invalidade dos seus actos, designadamente dos que pratiquem no exercício de uma delegação de poder público bélico[3047, 3048]. Questão bem mais complexa é a de determinar se os fins das Nações Unidas constituem igualmente um limite interno, portanto de natureza subjectiva, determinante para a formação da vontade dos órgãos compostos por delegados dos Estados membros. A questão não tem sido abordada com o cuidado que merece. Aparentemente, a Jurisprudência, mesmo que de forma pouco clara, parece inclinar-se em sentido positivo, embora tenha consciência das limitações do seu controlo devido a dificuldades probatórias. E a aplicação não se dirige apenas em relação aos actos de órgãos individuais, mas, estando-se perante órgãos colegiais, igualmente no que diz respeito ao voto de cada um dos seus membros. Também estes são considerados como

---

[3047] As regras internas quanto ao secretariado sublinham a vinculação exclusiva dos seus membros ao interesse das Nações Unidas [cfr. *Secretary-General's bulletin – Status, Basic Rights And Duties Of United Nations Staff Members* (UN Doc. ST/SGB/1998/19, 10 December 1998), regulation 1.2. (e): "By accepting appointment, staff members pledge themselves to discharge their functions and regulate their conduct with the interests of the Organization only in view. Loyalty to the aims, principles and purposes of the United Nations, as set forth in its Charter, is a fundamental obligation of all staff members by virtue of their status as international civil servants"; no comentário a este preceito sublinha-se que "it has been consistently been held by the Administrative Tribunal that decisions cannot be tainted by prejudice, improper motive"; igualmente a regulation 1.2. (g)].

[3048] O Tribunal Internacional de Justiça aceitou a aplicação do desvio de poder aos actos de membros do secretariado em questões laborais internas. Assim, sustentou que "The adoption by the General Assembly of the Statute of the Administrative Tribunal and the jurisprudence developed by this judicial organ constitute a system of judicial safeguards which **protects officials of the United Nations against wrongful action of the administration, including such exercise of discretionary powers as may have been determined by improper motives**, in violation of the rights or legitimate expectations of a staff member" [cfr. *Application for Review of Judgement No. 158 of the United Nations Administrative Tribunal*, Advisory Opinion, 12 July 1973, *I.C.J. Reports* 1973, pág. 205, parág. 81; igualmente, em apenso à mesma sentença, Andre Gros, *Dissenting Opinion*, pág. 271, parág. 50 ("Misuse of powers is use of a power for a purpose other than that for which it was conferred. A court has therefore to ascertain the motives of the authors of the act, and it is usually the enquiry into a case which provides such information")].

Em sentença posterior, citou com aprovação jurisprudência do Tribunal Administrativo das Nações Unidas: ""Such discretionary powers must be exercised without improper motive so that there shall be no misuse of power, since any such misuse of power would call for the rescinding of the decision"" (cfr. *Application For Review Of Judgment No. 333 of the United Nations Administrative Tribunal*, Advisory Opinion, May 27, 1987, *I. C. J. Reports* 1987, pág. 53, parág. 65).

Ora, o regime jurídico em que se encontram os membros do secretariado não se altera em função de estarem em causa questões laborais ou político-militares.

limitados internamente pelos fins a que tanto o órgão como os seus membros estão vinculados. De facto, os membros são o órgão, considerar que este está vinculado, mas os membros não, não faz qualquer sentido[3049, 3050].

---

[3049] Assim, o Tribunal Internacional de Justiça proferiu uma afirmação que merece análise: "Although the Members are bound to conform to the requirements of Article 4 in giving their votes, the General Assembly cat hardly be supposed to have intended to ask the Court's opinion as to the reasons which, in the mind of a Member, may prompt its vote. **Such reasons, which enter into a mental process, are obviously subject to no control**. Nor does the request concern a Member's freedom of expressing its opinion. Since it concerns a condition or conditions on which a Member "makes its consent dependent", the question can only relate to the statements made by a Member concerning the vote it proposes to give" [cfr. *Conditions of Admission* (...), *I.C.J. Reports 1948*, cit., pág. 60].

Deste modo, o Tribunal, por um lado, afirma que as motivações reais de cada membro ao votar não são susceptíveis de ser controladas, pelo menos directamente. Mas, por outro lado, sustenta que as limitações a que se encontra sujeito o órgão, e cada um dos seus membros, o vinculam; e que tal será controlável com base nas declarações e fundamentos que avançam quanto ao seu voto. Não fica, pois, claro se o Tribunal considera as motivações dos membros irrelevantes por si ou se apenas as não tem em conta por força de dificuldades probatórias e daí basear-se em elementos externos, como as declarações proferidas.

A questão tem relevância quando as justificações apresentadas forem incompatíveis com as motivações reais. Estaria neste caso o Tribunal disposto a ajuizar das motivações reais se tivesse elementos probatórios suficientes? A resposta parece ser positiva. Mas a ser assim, nada obriga a que apenas as declarações proferidas sirvam de meio para fiscalizar as motivações reais. Não haverá fundamento para recusar relevância a declarações feitas em outras sedes, incluindo documentos diplomáticos externos às reuniões do Conselho a que o Tribunal tenha acesso, *etc.*. Isto é, devem ser admissíveis toda a espécie de meios de prova aceites pelo Estatuto e Regulamento do Tribunal, incluindo prova testemunhal (cfr. artigos 43, n.º 5 e 49--51 do Estatuto do Tribunal; artigos 57-58 e 62-64 do Regulamento).

Mais clara foi a Secção de Primeira Instância do Tribunal Penal para a ex-Jugoslávia que sustentou: "if the Security Council acted arbitrarily or **for an ulterior purpose** it would be acting outside the purview of the powers delegated to it in the Charter" (cfr. *Decision on the Defence Motion On Jurisdiction In Prosecutor v. Dusko Tadic*, Trial Chamber, Case No. IT-94-1-T, 10 August 1995, parág. 15). Cita como exemplos, seguindo Brownlie: "collateral and independent purposes, such as the overthrow of a government or the partition of a State".

[3050] Na Doutrina, neste sentido: J. Fawcett, *Détournement de pouvoir by International Organizations*, BYIL, Vol. 33, 1957, pág. 311-316, na pág. 312 e 316; E. Osieke, *The Legal Validity* (...), cit., pág. 247 (demasiado sucinto); Jörg Müller, *Article 2 (2)*, em *The Charter of the United Nations – A Commentary* (ed. Bruno Simma), München, 1994, pág. 89-97, na pág. 96 e nota 27 (por decorrência do princípio da Boa-fé).

Em sentido aparentemente contrário: O. Schachter, *The Quasi-Judicial Role* (...), cit., pág. 962 (implicitamente); D. Bowett, *The Impact of Security Council* (...), cit., pág. 95 (considera irrelevantes "bias", embora esta só por si não possa ser considerada como consubstanciando um desvio de poder caso não seja determinante).

Esta conclusão, porém, é colocada em causa por um aspecto do regime da Carta, a permissão do voto em causa própria (incluindo o veto dos membros permanentes no Conselho de Segurança) que se aplica igualmente a qualquer membro, seja no Conselho (excepto quando sejam partes em controvérsias a que se aplique o Capítulo VI ou artigo 52, n.º 3 CNU[3051]), seja na Assembleia Geral ou em relação a qualquer outro órgão político de composição estadual. Resta questionar qual a relevância deste aspecto. Se se deve a uma cedência política aos interesses dos membros permanentes do Conselho, principais responsáveis por este regime, a interpretar restritiva-mente, ou se se trata de um corolário de um princípio geral de irrelevância dos fins como limite interno[3052].

Uma forma de justificar este regime de votos em causa própria seria entender que a Carta como que ingenuamente atribuiu a cada membro o poder de apreciar as próprias questões em que estão implicados, confiando que estes mesmo aí decidirão com isenção[3053]. No entanto, tal abordagem

---

[3051] Ver, *supra*, parág. 48.4.

[3052] Os vetos formulados com vista a prosseguir fins manifestamente divergentes com os estabelecidos pela Carta continuam a ser frequentes. Em 10 de Janeiro de 1997, na 3730.ª reunião do Conselho, a China vetou a colocação de observadores militares na Guatemala, alegando que esta "the Guatemalan Government had for four years supported activities aimed at splitting China in the Organization in violation of the United Nations Charter. **It disregarded China's warnings and invited Taiwan authorities to the signing ceremony of the peace agreement in Guatemala**, providing them with a venue for secessionist activities against China" [cfr. UNPR, SC/6311 3730th Meeting (Night) 10 January 1997, pág. 1]. Em resposta a Guatemala afirmou: "a permanent member of the Council should not be encouraged in the use of its veto, which was an abuse of its status" [UNPR, cit.]. O único aspecto assinalável foi a confissão do motivo real subjacente ao veto chinês, que mostra como os membros permanentes parecem sentir-se livres de prosseguir os fins que bem entenderem com os seus votos.

Em 25 de Fevereiro de 1999, novamente a China vetou a extensão do mandato da Força de Instalação Preventiva das Nações Unidas (UNPREDEP) na Macedónia. A sua justificação oficial foi a que a continuação da Força já não se justificava [cfr. UNPR SC/6648, 3982nd Meeting (PM), 25 February 1999]. Mas aparentemente a razão efectiva foi o facto de a Macedónia ter estabelecido relações diplomáticas com a Formosa (segundo o então embaixador espanhol nas Nações Unidas, Inocencio Arias, *Humanitarian Intervention: Could The Security Council Kill The United Nations?*, FILJ, Vol. 23, 2000, pág. 1005-1027, na pág. 1024).

[3053] Este entendimento tem algum apoio no regime dos juizes do Tribunal Internacional de Justiça. Os deveres de isenção e as garantias a que estes estão sujeitos (artigos 2, 16, 17, 20 e 24 do Estatuto) parecem sugerir uma obrigação rigorosa de prossecução dos fins a que estão vinculados. Porém, existe, como elemento perturbador, a possibilidade de cada parte manter o juiz da sua nacionalidade ou escolher um juiz *ad hoc* (cfr. artigo 36 Estatuto; artigos

seria uma pura ficção. É evidente que ao consagrar este regime a Carta veio estabelecer uma forte limitação à vinculação interna aos fins, designadamente, no importante domínio do Capítulo VII em relação à actuação do Conselho e, logo, dos seus membros.

Mesmo aceitando-se que tal não prejudica o princípio geral da relevância dos fins enquanto limite interno, a possibilidade de votos em causa própria sugere que a Carta considerou que deveria ser conferida grande margem a cada membro na própria determinação dos fins a prosseguir por cada acto obrigatório. Especialmente no Conselho de Segurança, tendo em conta o veto dos membros permanentes, afigura-se que se entendeu que poderia ser igualmente contrário à paz (pelo menos em casos não manifestos) a aprovação de uma resolução nos termos do Capítulo VII contra o voto de um destes, mesmo que seja parte na controvérsia. Isto significa que a cada membro é atribuído um direito de interpretar os fins das Nações Unidas à luz dos seus próprios interesses.

Isto não significa que aqueles fins passem a ser simplesmente ignoráveis. Assim, serão relevantes, desde logo, em relação a matérias em que exista dever de abstenção (no caso do Conselho: artigo 27, n.º 3, parte final, CNU), já que este regime demonstra uma preocupação de isenção que sugere um dever de prossecução dos fins das Nações Unidas.

Mas no exercício do poder público nos termos do Capítulo VII cada membro não pode ignorar os fins da Carta, determinando o seu voto exclusivamente em função dos seus próprios interesses, em particular quando estes sejam incompatíveis com aqueles. Tal constituiria uma violação da sua obrigação de cumprir de boa-fé as obrigações decorrentes da Carta (artigo 2, n.º 2).

Este limite não tem grande relevância nos casos em que, por exemplo, um membro permanente que, sendo responsável por uma agressão, vete uma decisão do Conselho que o condene ou procure adoptar medidas contra si. Nestes casos, a sua agressão em violação da Carta consumirá em grande medida o desvio de poder do seu voto e será aquela violação que poderá justificar a adopção de medidas de reacção políticas[3054]. A questão já se poderá colocar em relação a Estados que vetem igualmente a resolução por

---

1, n.º 2-3, 7 e 8 e 35-37 Regulamento do Tribunal). Os autores do Estatuto parecem ter confiado que o juiz não se deixará influenciar pela sua ligação à parte que o nomeou e que actuará imparcialmente, como fica sugerido pelo artigo 36, n.º 6 Estatuto e artigo 8 do Regulamento do Tribunal.

[3054] Ver, supra, parág. 44.1.

mero apoio político ao Estado agressor. Mas, ainda aqui, a prática não apoia que os meros votos, especialmente negativos, possam ser impugnados isoladamente como inválidos[3055].

De qualquer modo, o desvio de poder é geralmente considerado como relevante quando o fim exclusivo ou principal, isto é, determinante, do acto jurídico final for incompatível com o fim a prosseguir pela competência em questão[3056]. Resulta claro que tal critério será aplicável aos actos do secretariado e mesmo aos do Conselho que fiquem sujeitos a dever de abstenção nos termos do artigo 27, n.º 3, parte final, isto é, à luz do Capítulo VI e artigo 52, n.º 3 CNU.

No entanto, em relação aos restantes, em que se integra os respeitantes ao exercício do poder público, o regime parece ser mais liberal. Afigura-se que o desvio de poder apenas será relevante em situações em que o membro mais do que concretizar os fins que pode prosseguir, incluindo fins políticos próprios em conjunto com os fins estabelecidos pela Carta, se limita a ignorar os segundos e a dar relevância apenas aos primeiros. Em suma, no exercício do poder público, os actos do Conselho e seus membros apenas parecem poder ser impugnados por desvio de poder quando os fins exclusivos do acto sejam estranhos aos previstos e não já quando estes tiverem sido tidos igualmente em consideração.

---

[3055] A figura do desvio de poder no uso do veto ou do abuso de veto tem escasso apoio na prática (ver, *supra*, parág. 44.1 e 48.4).

[3056] O Tribunal de Justiça da União Europeia determinou que: "a measure is only vitiated by misuse of powers if it appears, on the basis of objective, relevant and consistent evidence to have been taken with the **exclusive or main purpose** of achieving an end other than that stated or evading a procedure specifically prescribed by the Treaty for dealing with the circumstances of the case" (cfr. *Kingdom of the Netherlands v Council of the European Union*, Case C-110/97, Judgment of 22 November 2001, parág. 137; *Bernard Connolly, appellant, v Commission of the European Communities*, Case C-274/99 P, Judgment of 6 March 2001, parág. 175; *Kingdom of the Netherlands v Council of the European Union*, Case C-301/97, Judgment of 22 November 2001, parág. 153; ver igualmente *Jean-Claude Martinez, etc. v European Parliament*, Joined Cases T-222/99, T-327/99 and T-329/99, Judgment Of The Court Of First Instance (Third Chamber, Extended Composition, 2 October 2001, parág. 276). Trata-se de jurisprudência com quase meio século. Enquanto Tribunal da ainda solitária Comunidade do Carvão e do Aço, o Tribunal afirmara em 1954: "even if the grounds for the high authority's decisions included, in addition to proper grounds, the improper one of avoiding subjecting guilty undertakings to penalties, this would not make the decisions invalid for misuse of powers, **in so far as they do not detract from the main aim**" (cfr. *French Republic v High Authority of the European Coal and Steel Community*, Case 1-54, Judgment of 21 December 1954).

Assim, é necessário reconhecer que a relevância dos fins como limite interno sofre uma forte compressão, actuando os Estados neste domínio com uma verdadeira liberdade marginal já que podem prosseguir igualmente fins, mesmo determinantes, estranhos aos consagrados na Carta. Pelo menos, na medida em que os fins da Carta tenham sido efectivamente tidos em conta igualmente[3057].

Embora o desvio de poder seja aplicável também aos actos antecedentes, estes apenas poderão ser impugnados por força das suas consequências sobre o acto final. Assim, nos casos normais, o desvio do poder no exercício por um membro do seu direito de voto num órgão político colegial será irrelevante. O desvio de poder no voto apenas terá relevância jurídica na validade do acto final se o voto tiver sido necessário para a aprovação deste acto pelo órgão colegial[3058].

---

[3057] Assim, por exemplo, ainda que se demonstrasse que a ameaça do veto positivo por parte dos EUA à revogação do embargo contra o Iraque (ver, *supra*, parág. 48.5) tem sido determinada pelo seu objectivo de derrubar o actual Governo iraquiano e não com vista a executar a citada Resolução 687 (1991), nem por isso seria possível considerar este eventual veto como inválido (com este fundamento; sobre as consequências do embargo, ver, *supra*, parág. 82.1), já que o fim de fazer cumprir esta Resolução também estará presente. Parece claro que esta tem sido violada pelo Iraque.

Claro está, também existe quem alegue que os EUA têm sido os principais beneficiados pela manutenção no poder do Governo iraquiano, graças aos biliões de dólares em armamento vendidos aos Estados Árabes da região que se sentem ameaçados por aquele e que os converteram em devedores de somas enormes. Tal permite-lhe controlar estes Estados e manter as suas tropas na Arábia Saudita, o que facilita a gestão do preço do petróleo. Contudo, esta visão esquece as despesas com a manutenção das suas tropas na região e os custos que o embargo provoca aos EUA, já que o levantamento deste provavelmente faria descer o preço do petróleo por força das exportações iraquianas.

[3058] No âmbito da Assembleia Geral só excepcionalmente tal acontecerá, daí o facto de a questão do dever de abstenção nem sequer ser regulada neste órgão ou no Conselho Económico e Social ou de Tutela (embora este se tenha convertido com o tempo num órgão mais restrito e, actualmente, suspenso). Já no seio do Conselho de Segurança a questão é bem mais relevante. Casos relativamente frequentes são os de um ou mais membros do Conselho (ou de Estados que nem são membros do Conselho) conceder a outro (ou outros) incentivos de ordem financeira ou outra para que este vote num determinado sentido.

Assim, a aprovação da mencionada Resolução 678 (1990), de 29 de Novembro, que contém no seu parág. 2 a habilitação para a utilização da força contra o Iraque, foi precedida de perdões de dívidas, empréstimos financeiros e outras benesses por parte dos EUA, da Arábia Saudita e do Kuwait a favor de vários membros do Conselho; pelo contrário, o Iémen foi fortemente pressionado e posteriormente aparentemente prejudicado economicamente por ter votado contra. Em 28 de Novembro, nas vésperas da aprovação da resolução, o Ministro dos Negócios Estrangeiros saudita ofereceu quatro mil milhões de dólares à então União

Poder-se-ia mesmo ir mais longe e argumentar que apenas se o fim divergente tivesse sido prosseguido pela maioria que aprovou o acto este poderia ser considerado como viciado, não já quando tivesse sido determinante apenas de um voto que, por acaso, fez a diferença e permitiu aprovar o acto. Esta conclusão, porém, não parece curial. Existindo desvio de poder no voto do membro que fez a diferença, aquele foi determinante para a aprovação do acto[3059].

De qualquer forma, o desvio de poder apenas terá um relevo autónomo, permitindo invalidar um acto que seria válido, em casos em que a actuação

---

Soviética num encontro em Moscovo com o Presidente Gorbachev (cfr. FT, November 29, 1990, pág. 24); claro está, para alguns comentadores russos, a União Soviética sofrera danos provocados pelo conflito que mereciam ser compensados (cfr. CDSP, September 19, 1990, Volume XLII, No. 33, pág. 13).

Obviamente, esta situação não se confunde com a corrupção, já que esta apenas existirá se os incentivos forem pessoalmente dirigidos ao representante do Estado. Neste caso, é o próprio Estado que decide pelos seus órgãos superiores aceitar a oferta e votar conformemente. Assim, pode suceder que em alguns casos os apoios tenham sido o motivo determinante do voto favorável, mas é natural que tenham estado igualmente presentes os fins das Nações Unidas, designadamente a reacção a agressões [também no sentido da sua licitude e validade da resolução assim aprovada: U. Villani, *L'Intervento* (...), cit., pág. 37; contra: B. Weston, *Security Council* (…), cit., pág. 524, embora este autor coloque a ênfase nas ameaças e "punição" do Iémen pelo seu voto negativo; no entanto, neste caso, precisamente, tais actos dos EUA não tiveram influência na aprovação da Resolução já que este Estado votou contra, sem prejuízo de aquelas serem de muito discutível licitude, por constituírem coerção económica que tem sido condenada (ver, *supra*, parág. 10.1)].

Já a corrupção de um representante de modo a fazê-lo votar de modo contrário a instruções ou aos interesses do seu Estado será causa de nulidade do voto, em termos paralelos em que o é quanto ao consentimento em relação a um tratado [artigo 47 e 50 das Convenções de Viena sobre o Direito dos Tratados de 1969 e 1986; ver C. Baptista, *Direito* (...), cit., pág. 290-292 e 296-298].

[3059] Já não faz sentido exigir má-fé para a relevância do desvio de poder. Parece que mesmo que o órgão ou seu membro actue de boa-fé convencido que a norma de competência pode ser utilizada para um determinado fim se estará perante desvio de poder caso tal fim seja proibido. O Tribunal de Justiça da União Europeia não foi inteiramente claro sobre a questão, mas das decisões citadas sobre a questão [cfr. *Netherlands v Council*, Case C-110/97, 2001, parág. 137; B. *Connolly v Commission*, Case C-274/99 P, 2001, parág. 175; *Netherlands v Council*, Case C-301/97, 2001, parág. 153; *Jean-Claude Martinez, etc. v European Parliament*, Joined Cases T-222/99, T-327/99 and T-329/99, Court Of First Instance, 2001, parág. 276] resulta a exclusão da necessidade de má-fé. O fim prosseguido não é diferente necessariamente do declarado pelo órgão, mas sim do estabelecido juridicamente ("stated"). Alguns autores exigem má-fé: J. Fawcett, *Détournement* (…), cit., pág. 312; P. Kenneth Kiplagat, *Dispute Recognition and Dispute Settlement in Integration Processes: The COMESA Experience*, JILB, Vol. 15, 1995, pág. 437-490, na pág. 472.

do órgão não seja estritamente vinculada[3060]. Para lá dos problemas probatórios que tornam de difícil relevância a figura.

Assim, segundo se julga, o desvio de poder é plenamente causa de invalidade dos actos dos órgãos que integram o secretariado e igualmente dos actos dos órgãos políticos colegiais de composição estadual, apesar de forma mais limitada, salvo em relação aos actos do Conselho sujeitos a dever de abstenção nos termos do artigo 27, n.º 3 CNU, isto é, nos termos do Capítulo VI e artigo 52, n.º 3 CNU, em que se aplicará em termos idênticos aos aplicáveis ao secretariado.

Este regime já não se aplica aos Estados que exerçam uma habilitação do Conselho para a utilização da força. Neste caso, encontram-se obrigados pelos fins estabelecidos pelo Conselho apenas externamente. Desde que objectivamente a sua actuação seja conforme com estes e os meios utilizados respeitem os limites analisados, nada existe a condenar. O facto de alguns dos Estados participarem com vista a alcançar outros fins desconformes será irrelevante[3061]. Está-se ainda perante um uso privado da força, que neste ponto segue o regime aplicável a este de conformidade apenas externa com os fins estabelecidos[3062].

---

[3060] Pense-se numa qualificação de uma situação interna de violação de direitos humanos como uma ameaça à paz que seja obtida por escassa maioria no Conselho, graças ao antagonismo de alguns Estados em relação ao Governo do Estado alvo e a alguns favores financeiros a outros. Se a qualificação não extravasar os limites da noção deverá ser considerada como válida em si (ver, *supra*, parág. 77). Igualmente algumas sanções diplomáticas aprovadas nos termos do artigo 41 seriam sempre conformes com o princípio da necessidade e proporcionalidade. Contudo, tudo indica que num caso destes a resolução poderia mesmo ser considerada como inválida por desvio de poder. Os fins visados foram exclusivamente políticos e interesseiros e a não a manutenção da paz ou a defesa dos direitos humanos, como possível elemento desta.

[3061] Georges Abi-Saab, *Whither the International Community?*, EJIL, Vol. 9, No. 2, 1998, pág. 248 e segs., 3, C, i), refere riscos de desvio de poder no exercício de habilitações, mas não parece que o autor estivesse a utilizar o termo em sentido técnico.

[3062] Sobre a irrelevância das intenções dos Estados na utilização da força, na legítima defesa e na intervenção humanitária, ver, *supra*, parág. 12.6 e 14.4.

# Capítulo III
## Controlo e Responsabilidade

## I – Introdução.

**90. Preliminares.** Analisado o regime jurídico quanto ao exercício do poder público, necessário se torna abordar as formas do seu controlo e as consequências em termos de responsabilidade pela violação do seu regime.

Para efeitos de estudo dos meios e regime jurídico deste controlo interessa não apenas aquele que é realizado a nível interno das Nações Unidas, por outros órgãos independentes do Conselho (máxime, a Assembleia Geral) e os membros, mas também o que é exercido externamente, por Estados ou outras entidades não vinculadas pela Carta. Mas no seio do controlo interno já não se abrange o levado a cabo pelo Conselho de Segurança em relação a estruturas ou órgãos que este crie para o efeito[3063] ou em relação a órgãos que exerçam este poder nos termos da Carta ou por meio de uma delegação[3064], ou ainda em relação a entidades a quem tenha atribuído uma habilitação[3065]. Este último é um controlo intrínseco, integrado no conjunto dos poderes do Conselho, enquanto titular supremo em exercício deste poder, que ficou já abordado.

Começa-se por fazer uma distinção entre controlo político e controlo judicial. No seio deste, é efectuada a referida distinção entre controlo (político) interno e externo.

Segue-se então a abordagem de questões de responsabilidade. O destaque é conferido à responsabilidade pelo exercício do poder público (em sentido amplo), mas analisa-se igualmente a responsabilidade por actos contra as Nações Unidas.

---

[3063] Assim, uma Operação das Nações Unidas e o seu responsável ou o comandante da sua Força de apoio (ver, *supra*, parág. 62).

[3064] Caso da Comissão de Estado-Maior ou do Secretário-Geral (ver, *supra*, parág. 53 e 61).

[3065] Ver, *supra*, parág. 73.

## II – Controlo político.

**91. Controlo interno.** O controlo político é o exercido por órgãos políticos. Mas este não é necessariamente um controlo político quanto à sua natureza, pois pode dar lugar a controlos meramente jurídicos por se pretenderem basear exclusivamente em parâmetros desta espécie. Pode ser exercido por órgãos das Nações Unidas, dos Estados membros ou ainda, a nível externo, por órgãos de entidades não vinculadas pela Carta.

A primeira forma de controlo é, pois, levada a cabo a nível interno das Nações Unidas, por órgãos distintos daqueles que exerceram o poder público, o Conselho de Segurança e outros no exercício de delegações deste ou entidades terceiras no exercício de uma habilitação. Não sendo a Assembleia Geral competente para exercer este poder, será sobretudo a esta que caberá o principal papel de controlo. No entanto, também os Estados membros exercem um controlo interno às Nações Unidas.

**91.1. Pela Assembleia Geral.** A Assembleia tem algumas formas de exercer um controlo político sobre a actividade do Conselho, além de poder ainda realizar um controlo jurídico.

Em relação ao controlo político, a Assembleia Geral tem-se baseado por vezes na ideia de que exercendo o Conselho de Segurança as suas funções para velar pela paz e segurança internacionais em nome de todos os Estados membros, deverá responder politicamente perante o órgão em que todos estes se encontram representados[3066, 3067]. Esta visão tem algum amparo na circunstância de o Conselho estar obrigado a apresentar relatórios à Assembleia (artigo 15, n.º 1 e 24, n.º 3 CNU) ou de esta eleger os mem-

---

[3066] Assim, na referida Resolução *União para a Paz*, a 377 A (V), de 3 de Novembro de 1950, no parág. 7 e 8 do preâmbulo, afirma-se: "Conscious that failure of the Security Council to discharge its responsibilities on behalf of all the Members States (...) does not relieve Member States of their obligations or the United Nations of its responsibility under the Charter to maintain international peace and security; Recognizing in particular that such failure does not deprive the General Assembly of its rights or relieve it of its responsibilities under the Charter in regard to the maintenance of international peace and security".

[3067] Assim: F. Delon, *La concertation* (...), cit., pág. 63.

bros não permanentes do Conselho (artigo 23, n.º 2 CNU). Por esta forma criam-se ligações políticas paralelas às da representação entre os membros assim eleitos e os Estados que os elegeram.

Mas as semelhanças terminam aqui. A Carta descreve com termos inócuos a competência que cabe à Assembleia em relação aos relatórios do Conselho. Não se trata de os aprovar, mas apenas de os considerar[3068] [3069]. Reconheça-se, no entanto, que tal não tem grande relevância. Julga-se que nada proíbe a Assembleia de censurar duramente o Conselho ou algum membro deste, incluindo um permanente, pela sua actuação, em função de critérios políticos. O problema é que tal censura praticamente não terá consequências. De facto, qualquer competência que caiba à Assembleia para rejeitar o relatório do Conselho será inútil se não for acompanhada, ao menos, do poder de demitir um ou vários dos membros não permanentes eleitos por esta. Ora, trata-se de competência que esta não tem[3070].

De resto, a existência de membros permanentes com um papel decisivo no Conselho que não respondem formalmente perante a Assembleia inviabiliza uma representação política do Conselho em relação a esta e, sobretudo, uma visão de verdadeira subordinação do primeiro em relação à segunda[3071].

---

[3068] O artigo 15, n.º 1 fala em "consider" ("étudie", "considerará") e o artigo 24, n.º 3 em "consideration" ("examen", "consideración"). Não foram aprovadas propostas apresentadas na Conferência de S. Francisco quanto à concessão à Assembleia do poder de supervisionar as actividades do Conselho, de as sujeitar a aprovação e de realizar recomendações quanto ao cumprimento por parte deste dos seus deveres [cfr. *Report of Rapporteur of Committee III/1 to Commission III* (Doc. 1050, June 17), em UNCIOSD, pág. 734-746, na pág. 736-737]. No entanto, foi aprovada uma declaração no sentido de que o actual artigo 15, n.º 1 não prejudicava as restantes competências da Assembleia Geral consagradas nos artigos 10 e seguintes de discutir todos os pontos e fazer recomendações [cfr. *Report of Rapporteur* (…), cit., pág. 745]. Apenas a proposta australiana de que o Conselho deveria apresentar relatórios à assembleia logrou ser aprovada, convertendo-se nestes artigos 15, n.º 1 e 24, n.º 3.

[3069] A própria Assembleia Geral refere-se à sua competência para apreciar o relatório do Conselho em termos bastante inócuos. Ver a Resolução 51/241 de 31 de Julho de 1997 (texto em RDGAOR, 51st Session, 1996-1997, Vol. III, pág. 54), anexo, parág. 12 ("The President of the General Assembly shall assess the debate on this item and consider the need for further consideration of the report of the Security Council. In the light of that assessment, informal consultations shall be held after the debate in plenary meetings, under the chairmanship of the President or one of the Vice-Presidents of the Assembly, to discuss the need and content of any action by the Assembly based on the debate").

[3070] Também neste sentido: Francis Delon, *L'Assemblée Générale peut-elle contrôler le Conseil de Sécurité?*, em *Le Chapitre VII de la Chartre des Nations Unies* (SFDI – Colloque de Rennes), Paris, 1995, pág. 239-242, na pág. 242.

[3071] Assim, o Tribunal Internacional de Justiça declarou: "The General Assembly and the Security Council are both principal organs of the United Nations. The Charter does not place

Tal não impede, como se afirmou, que a Assembleia possa controlar politicamente a actividade do Conselho e mesmo procurar exercer um poder de condirecção na acção das Nações Unidas. De facto, tem meios para tentar influenciar o Conselho e mesmo bloquear acções com que discorda. Em diversos preceitos a Carta confiou à Assembleia um papel activo na formação da vontade do Conselho, embora sempre por meio de meras recomendações e chamadas de atenção (cfr. artigo 10; 11, n.º 1, n.º 2 e sobretudo o seu n.º 3). Além de permitir que o Conselho lhe solicite uma tomada de posição em relação a questões que constem da sua agenda (artigo 12, n.º 2), se necessário convocando uma sessão especial ou de emergência desta (artigo 20). Mas já não é possível ir mais longe. A Assembleia Geral não tem qualquer poder para revogar actos vinculativos do Conselho de Segurança com fundamentos políticos[3072, 3073]. Como se procura demonstrar, o máximo que poderá fazer é rejeitar actos do Conselho de Segurança com base em fundamentos jurídicos[3074].

O artigo 12, n.º 1 deixou de ser um obstáculo relevante a este poder de condirecção da Assembleia. Claro está, este nunca proibiu que a Assembleia discutisse quaisquer questões, apenas lhe vedava a aprovação de recomendações sobre uma questão em relação à qual o Conselho se encontrasse a desempenhar as suas funções. Deste modo, a primeira limitação introduzida na sua relevância foi o entendimento de que uma vez bloqueado o Conselho pelo veto de um dos seus membros permanentes, seria possível à Assembleia Geral pronunciar-se sobre a questão[3075]. O passo seguinte foi alegar que

---

the Security Council in a subordinate position" [cfr. *Competence of the General Assembly* (...), cit., *I. C. J. Reports* 1950, pág. 8].

[3072] Durante a Conferência de S. Francisco não foram aprovadas propostas no sentido de conferir à Assembleia o poder de decidir apelos de Estados membros contra decisões do Conselho e de as alterar [cfr *Report of Rapporteur of Committee III/1 to Commission III*, cit., pág. 738].

[3073] Contra, sustentando um poder semelhante da Assembleia: M. Koskenniemi, *The Police* (...), cit., texto notas 74, 82-85 e 93-99.

[3074] Ver, *infra*, no presente parágrafo.

[3075] Assim, esta posição foi sustentada pelos setes Estado que propuseram a aprovação da *União para a Paz*, incluindo três membros permanentes (Canadá, EUA, França, Filipinas, Reino Unido, Turquia e Uruguai) (cfr. YUN, 1950, pág. 184 e pág. 187) e por Cuba (cfr. ob. cit., pág. 191). A então União Soviética rejeitou estas alegações ("This was not a non discharge of functions, as the Council's function was not necessarily to accept the majority decision"; cfr. ob. cit., pág. 192), mas mais tarde este Estado viria a votar positivamente resoluções no Conselho de Segurança de convocação de sessões especiais de emergência da Assembleia Geral que consagravam expressamente este entendimento (ver, *supra*, parág. 44.3).

resoluções de apoio à acção do Conselho seriam sempre legítimas. Mas cedo a Assembleia começou a aprovar recomendações contendo críticas à actuação do Conselho e mesmo recomendações aos Estados membros distintas (ou mesmo contraditórias) das adoptadas pelo Conselho em relação à mesma questão[3076]. Deste modo, o preceito contido no artigo 12, n.º 1 CNU encontra-se esvaziado de relevância[3077].

Um meio de influência política mais eficaz resulta da referida competência da Assembleia para eleger os membros não permanentes do Conselho pelo breve período de dois anos (artigo 23, n.º 1 e n.º 2 CNU), por decisão de dois terços dos seus membros (artigos 18, n.º 2 CNU e 83 do Regimento da Assembleia). Escolhendo estes em função das posições que têm ou manifestam estar dispostos a adoptar perante os interesses da maioria dos membros, pode deste modo mais uma vez tentar evitar a adopção de decisões pelo Conselho com as quais discorda[3078]. Embora já não possa impor aos membros permanentes uma qualquer decisão sujeita a veto destes. O facto de o período do mandato dos membros não permanentes ser de apenas dois anos permite manter um controlo sobre a sua actuação[3079, 3080].

---

[3076] A Assembleia apresentou visões divergentes e mesmo implicitamente críticas da actuação do Conselho em questões como a da Rodésia, da África do Sul, das colónias portuguesas ou dos territórios árabes ocupados por Israel (ver, *supra*, parág. 43.1) ou do embargo de armas contra o Governo da Bósnia-Herzegovina (ver, *supra*, parág. 12.5).

[3077] Também: Ian Brownlie, *Introduction: The United Nations As a Form of Government*, HILJ, Vol. 13, 1972, pág. 421-432, na pág. 429; A. Abbott, *General Assembly* (...), cit., pág. 579; N. White, *Keeping the Peace* (...), cit., pág. 132-133 e 140; Hailbronner/Klein, *Article 12*, cit., pág. 259; S. Ratner, *Image and Reality* (...), cit., texto nota 20-21 ("has been dead for years"); M. Koskenniemi, *The Police* (...), cit., texto notas 58-60; S. Bailey/S. Daws, *The Procedure* (...), cit., pág. 7 ("de facto amendments").

[3078] Também: F. Delon, *L'Assemblée* (...), cit., pág. 240; L. Sohn, *Global* (...), cit., pág. 77.

[3079] A circunstância de a eleição dos 10 membros não permanentes se realizar por duas fases, cinco em cada ano (artigo 142 do Regimento da Assembleia), contribui igualmente para que a maioria exerça grande pressão sobre os eleitos.

[3080] Como se verificou, o facto de a Assembleia não eleger dentro do prazo necessário os membros não permanentes não impede que o Conselho de Segurança possa funcionar normalmente, desde que se mantenha o seu quórum de 9 membros (ver, *supra*, parág. 47). Claro está, numa situação de afrontamento total, a Assembleia poderia recusar-se a eleger os membros não permanentes, altura em que o Conselho acabaria por ficar sem quórum para funcionar. Mas tal constituiria uma violação grave dos deveres da Assembleia e da maioria dos seus membros à luz da Carta, tendo em conta a sua obrigação de os eleger nos termos do artigo 23, n.º 2 e a caracterização do Conselho como órgão que deverá funcionar continuamente (artigo 28, n.º 1). De facto, uma omissão deste género não constituiria uma forma de controlo ou condirecção, mas simplesmente de obstrução total.

Este meio de controlo é, contudo, fragilizado por duas circunstâncias. O facto de estar excluída a ameaça de não reeleição como forma de pressionar o membro a acatar a opinião da maioria dos membros da Assembleia, dado não serem permitidas reeleições seguidas (artigo 23, n.º 2, parte final, CNU; artigo 144 do Regimento da Assembleia). Um Estado eleito sabe, porém, que uma actuação conforme com os interesses da maioria dos membros pode facultar-lhe no futuro nova eleição,

A segunda limitação decorre dos critérios de distribuição geográfica dos lugares de membros não permanentes realizados pela Assembleia, sobrevalorizando os termos do artigo 23, n.º 1, parte final, CNU de forma excessivamente rígida[3081]. Estes critérios forçam a Assembleia a eleger Estados primordialmente em função da localização do seu território ou integração regional e não das posições que costumam adoptar[3082].

No entanto, o meio mais eficaz que lhe cabe com vista a controlar as acções do Conselho de Segurança decorre da sua competência em matéria financeira. Em última análise, qualquer acção do Conselho de Segurança que dependa de verbas significativas terá sempre de obter o aval da Assembleia[3083]. Neste sentido, as operações das Nações Unidas ficam dependentes de uma dupla aprovação. Pelo Conselho e por esta[3084].

---

[3081] Resolução 1991 A (XVIII) de 17 de Dezembro de 1963 (texto em RDGAOR, 18th session, 1963, pág. 21-22) que estabelece, no seu parág. 3: *"Further decides* that the ten non-permanent members of the Security Council shall be elected according to the following pattern: (*a*) Five from African and Asian States; (*b*) One from Eastern European States; (*c*) Two from Latin American States; (*d*) Two from Western European and other States".

[3082] Têm surgido práticas mesmo de distribuição automática no seio destes grupos dos candidatos por critérios como o da ordem alfabética do nome do Estado, o que subverte a ordem de prioridades estabelecida pelo artigo 23, n.º 1 que manda primeiramente ter em conta a contribuição de cada membro para a manutenção da paz [assim: S. Engel, *The Facto Revision* (...), cit., pág. 138; L. Gross, *The United Nations* (...), cit., pág. 540, nota 7; Louis Sohn, *Important Improvements in the Functioning of the Principal Organs Of The United Nations*, AJIL, Vol. 91, 1997, pág. 652-662, na pág. 653].

[3083] Como afirmou o Tribunal Internacional de Justiça: "In this context, it is of no legal significance whether, as a matter of book-keeping or accounting, the General Assembly chooses to have the item in question included under one of the standard established sections of the "regular" budget or whether it is separately listed in some special account or fund. The significant fact is that the item is an expense of the Organization and under Article 17, paragraph 2, the General Assembly therefore has authority to apportion it" [cfr. *Certain expenses* (...), *I. C. J. Reports* 1962, cit., pág. 169-170].

[3084] Sem prejuízo de terem sido criados meios provisórios que permitem ao Conselho de Segurança, e mesmo ao Secretário-Geral, tomar iniciativas financiadas por verbas atribuídas automaticamente até um certo montante. Assim, a Resolução 47/217 de 23 de Dezembro de

Não é de acolher a posição que sustenta que a Assembleia Geral se encontra impossibilitada de usar os seus poderes em matéria financeira para impedir a concretização ou continuação de uma operação de manutenção da paz por força do dever dos Estados membros acatarem as decisões vinculativas do Conselho de Segurança nos termos do artigo 25 CNU[3085]. Por um lado, muitas das decisões que criam operações de manutenção da paz não são vinculativas para os Estados membros, por serem adoptadas à luz do Capítulo VI ou por, embora adoptadas à luz do Capítulo VII, não pretenderem ter tal eficácia vinculativa. Por outro lado, cada Estado membro está obrigado a respeitar tais decisões obrigatórias, se adoptadas nos termos da Carta, mas pode igualmente exercer os poderes que lhe são atribuídos pela mesma Carta, designadamente, exercer a sua quota-parte de controlo financeiro sobre as decisões do Conselho de Segurança[3086].

Em suma, se cabe ao Conselho a competência primária quanto à tomada de decisões em matéria de manutenção da paz, nem por isso este goza de uma competência absoluta de vincular a Assembleia em matéria financeira. A esta caberá sempre um poder de controlo por força da sua competência exclusiva em relação a estas questões[3087, 3088]. Este poder justifica-se igualmente pela circunstância de importantes contribuintes para

---

1992 da Assembleia Geral (texto em RDGAOR, 1992, vol. I, pág. 272-273) criou um fundo das operações de manutenção da paz para fazer frente a despesas imprevistas decorrentes das actividades de uma operação das Nações Unidas ou para a criação de uma outra. O Secretário--Geral fica autorizado a despender um montante sem qualquer autorização da Assembleia ou do Conselho, e este último pode aplicar um montante superior com mera aprovação do Comité consultivo para as questões administrativas e orçamentais, órgão subsidiário associada à Assembleia Geral. De qualquer modo, a Assembleia terá uma palavra decisiva na questão, podendo vetar a continuação da operação pela rejeição da atribuição de novas verbas no orçamento das operações de manutenção da paz.

[3085] Como sustenta: E. Kouassi, *Rôles* (...), cit., pág. 441-442. Menos claro F. Delon, *L'Assemblée* (...), cit., pág. 242.

[3086] Igualmente neste sentido: D. Sarooshi, *The United Nations* (...), cit., pág. 141.

[3087] O Tribunal Internacional de Justiça pareceu aceitar esta posição ao afirmar: "The provisions of the Charter which distribute functions and powers to the Security Council and to the General Assembly give no support to the view that such distribution excludes from the powers of the General Assembly the power to provide for the financing of measures designed to maintain peace and security" [cfr. *Certain expenses* (...), *I. C. J. Reports* 1962, cit., pág. 164].

[3088] A Assembleia já teve oportunidade de mostrar as suas reservas em relação a iniciativas do Conselho, restringindo o financiamento destas. Foi em parte o que se passou em relação ao Tribunal Penal para o Ruanda. Ver, *infra*, parág. 96.1.

o orçamento das Nações Unidas deverem ter um direito a participar livremente na decisão de afectar mais recursos próprios na manutenção da paz[3089].

Com efeito, a questão dos critérios que devem presidir à delimitação da participação financeira de cada Estado membro no financiamento das operações de manutenção da paz acabou por ser resolvida no sentido de o respectivo orçamento ser financiado essencialmente de acordo com os mesmos critérios utilizados para o orçamento ordinário da organização, embora com responsabilidades acrescidas dos membros permanentes[3090] [3091]. Deste modo,

---

[3089] Esta interpretação poderia em alguns casos fornecer meios à Assembleia Geral para impedir a execução das obrigações do Conselho de Segurança à luz da Carta em matéria de manutenção da paz. Mas por força da prática das meras habilitações a Estados membros para levarem a cabo acções sob sua responsabilidade, normalmente financiadas com os seus próprios meios ou por meio de doações (ver, *supra*, parág. 75), o Conselho terá sempre este meio de recurso para escapar a este controlo financeiro. Mesmo uma Força das Nações Unidas poderá ser organizada pelo Secretário-Geral à margem de qualquer financiamento aprovado pela Assembleia Geral graças a doações dos membros permanentes e seus aliados.

[3090] Responsabilidades acrescidas cuja afirmação é já antiga. Assim, a Resolução 1874 (S-IV) de 27 June 1963 (texto em RDGAOR, 4th Special Session, 1963, pág. 3), no seu parágrafo 1, al. d), estabelece: "The special responsibilities of the permanent members of the Security Council for the maintenance of peace and security should be borne in mind in connexion with their contributions to the financing of peace and security operations".

[3091] As restantes soluções avançadas para distribuir as despesas não tiveram acolhimento. Assim, sustentou-se que o financiamento deveria ser realizado pelos responsáveis pela situação ou que este deveria caber aos membros permanentes, por serem os principais responsáveis pela manutenção da paz. Dir-se-á que o financiamento pelas entidades responsáveis pela situação apenas será viável quando existir uma determinação vinculativa da entidade culpada, máxime, quando exista uma qualificação desta como agressora. Neste caso, a sua responsabilização por estas despesas será um mero corolário da sua responsabilidade internacional em geral. Sem tal qualificação, o critério perde operacionalidade perante operações que normalmente colocam todas as partes implicadas num plano de igualdade. Em relação à segunda solução, a responsabilização exclusiva dos membros permanentes seria sempre excessiva. Estes já têm as suas contribuições agravadas pelo seu estatuto, quando não existam contribuições voluntárias suficientes para lhes fazer frente.

De qualquer modo, a opção por uma destas soluções é essencialmente uma decisão política, já que a Carta não impõe qualquer regime. Quando muito poder-se-á afirmar que esta impõe alguns limites jurídicos a esta decisão. Uma solução que procurasse responsabilizar exclusivamente os cinco membros permanentes poderia ser considerada como violadora do princípio da igualdade soberana dos Estados membros ou pelo menos desproporcionada. Os privilégios que estes membros têm são de algum modo equilibrados pelo dever que fica subjacente à Carta de estes contribuírem de forma acrescida com recursos humanos e materiais para a manutenção da paz (ver, *supra*, parág. 58.1). Não se justificará um dever exclusivo de financiamento. Esta apenas frisa um aspecto: que esta decisão cabe à Assembleia Geral (artigo 17, n.º 2) e que esta vinculará todos os Estados membros, mesmo os que votaram contra.

cada operação implica custos acrescidos para os Estados membros em relação aos quais estes devem ter o direito de se pronunciar.

Finalmente, além destes meios de controlo predominantemente político, a Assembleia pode ainda exercer um controlo jurídico sobre os actos do Conselho que é o determinante quanto à fiscalização do respeito por parte deste dos limites jurídicos ao seu poder. Segundo se julga, pode recusar-se a acatar e incentivar os membros a desconsiderar actos do Conselho que violem a Carta ou o Direito Internacional aplicável[3092]. Isto é, em última análise, pode declarar nulo um acto do Conselho. Teoricamente, trata-se de um acto meramente declarativo, que se limita a verificar uma realidade jurídica. Com efeito, se cada Estado membro não está obrigado a cumprir os actos antijurídicos do Conselho[3093], muito menos a Assembleia Geral o estará.

---

Assim, o Tribunal Internacional de Justiça afirmou: "The decision to "approve" the budget has a close connection with paragraph 2 of Article 17, since there under the General Assembly is also given the power to apportion the expenses among the Members and the exercise of the power of apportionment creates the obligation, specifically stated in Article 17, paragraph 2, of each Member to bear that part of the expenses which is apportioned to it by the General Assembly. When those expenses include expenditures for the maintenance of peace and security, which are not otherwise provided for, it is the General Assembly which has the authority to apportion the latter amounts among the Members." [cfr. *Certain expenses* (...), *I. C. J. Reports* 1962, cit., pág. 164].

[3092] A Assembleia Geral nas suas resoluções 46/242, de 25 de Agosto de 1992, preâmbulo (reconhece a legítima defesa a favor da Bósnia) (texto em RDGAOR, 46th, 1992, vol. II, pág. 6-7), 47/121, de 18 de Dezembro de 1992, parág. 7 (texto em RDGAOR, 47th, 1992, vol. I, pág. 44-45), 48/88, de 20 de Dezembro de 1993, parág. 17 e 18 (texto em RDGAOR, 48th, 1993, vol. I, pág. 40-42) e 49/10 de 3 de Novembro de 1994, parág. 22 e 23 (texto em RDGAOR, 49th, 1994, vol. I, pág. 9-10), não foi ao extremo de considerar sem valor o embargo a material bélico ordenado pelo Conselho de Segurança na parte que dizia respeito à Bósnia-Herzegovina. Limitou-se a pedir ao Conselho que o revogasse em relação a esta e a apelar algo dubiamente aos Estados que alargassem a sua cooperação com a Bósnia no exercício do direito de legítima defesa desta.

Afirmou várias vezes a existência de uma agressão da nova Jugoslávia contra a Bósnia-Herzegovina, qualificação que o Conselho de Segurança nunca realizou. Na Resolução 49//10, parág. 3 do preâmbulo, chega mesmo a afirmar que tal agressão constitui uma ameaça contra a paz, o que juridicamente não faz sentido. A agressão pressupõe que não há já paz susceptível de ser ameaçada. De resto, para efeitos da Carta, existindo uma agressão, claro está, é nulo o valor de a qualificar como uma ameaça à paz. Os efeitos da primeira consumem e suplantam os da existência da segunda. De algum modo, a Assembleia terá pretendido afirmar que se tratava primordialmente de uma "agressão interna" e que esta constituiria uma ameaça à paz internacional.

Sem dúvida que esta competência que, formalmente a Assembleia ainda não reivindicou, pode ser facilmente abusada, convertendo actos com que politicamente discorda em actos alegadamente violadores do Direito aplicável. No entanto, todos os poderes podem ser abusados, a começar pelos do Conselho. Abuso por abuso, certamente será menos perigoso o de um mero poder negativo de declarar sem efeito actos que a maioria dos Estados considera antijurídicos. Qualquer acto destes da Assembleia terá de superar a opinião contrário dos cinco membros permanentes (já que terão ao menos de se ter abstido na votação no Conselho). Ora, as dificuldades políticas que tal acarreta constituem a melhor garantia de que tal só ocorrerá em situações extremas.

Segundo se julga, o controlo da Assembleia sobre o Conselho, isto é, sobre os seus membros, pode ir ao extremo de permitir a expulsão ou suspensão mesmo de um membro permanente por uma violação essencial da Carta à margem do sistema normal de expulsão dos membros, com vista a furtar-se ao seu direito de veto[3094].

Claro está, a Assembleia Geral poderá usar a sua competência orçamental para bloquear os actos do Conselho que entenda serem antijurídicos se estes dependerem de financiamento do orçamento das Nações Unidas.

**91.2. Pelos Estados membros.** Uma outra forma de controlo interno jurídico sobre o exercício do poder público internacional é a que compete aos Estados membros das Nações Unidas. Claro está, esta forma de controlo apenas ganhará alguma eficácia se for concedido aos Estados um direito de desobediência em relação a decisões antijurídicas do Conselho.

**91.2.1. Resistência dos Estados a actos antijurídicos.** O reconhecimento deste direito tem algum amparo no próprio fundamento da obrigatoriedade das decisões do Conselho cuja vinculatividade seja estabelecida pela Carta[3095]. o artigo 25 CNU.

Com efeito, este faz depender a obrigatoriedade das decisões do Conselho da sua conformidade com a Carta[3096]. Deste modo, atribui aos Estados

---

[3093] Ver, *infra*, o parág. 91.2.1.

[3094] Ver, *supra*, parág. 44.1.

[3095] Sobre o enunciado destas, ver, *supra*, parág. 49.

[3096] Com efeito, quando afirma "in accordance with the present Charter" ("conformément à la présente Charte" ou "de acuerdo con esta Carta"), o artigo 25 pode ser entendido como estando-se a referir ao dever de aceitação e aplicação das resoluções que existiria de acordo com a Carta. E como é o próprio artigo 25 que regula em geral este dever, o único entendimento

um direito de desobediência quando estas sejam desconformes com a Carta, convidando-os a realizar um controlo da compatibilidade das decisões daquele órgão com o Direito aplicável[3097].

Alguma Doutrina sustenta que tal pode minar de uma forma inaceitável a autoridade do Conselho, permitindo que qualquer Estado visado por um acto vinculativo venha arguir a sua incompatibilidade com a Carta, proclamando o seu direito de o desrespeitar. Que deste modo, todos os actos do Conselho ou outro órgão deveriam ser considerados obrigatórios independentemente de serem conformes com os termos da Carta[3098]. Outros autores sustentam que, devido aos perigos de subjectivismo e abusos que este controlo (designadamente, unilateral) pelos Estados permitiria, deve apenas incidir sobre os aspectos formais e procedimentais da aprovação do acto do Conselho, não já sobre a compatibilidade do seu conteúdo com a Carta[3099].

Estas posições, contudo, levadas às suas consequências lógicas, permitiriam que mesmo actos que de uma forma manifesta e grave violassem a Carta ou o *Ius Cogens* Internacional mantivessem a sua obrigatoriedade.

---

viável seria entender que se estaria a referir aos preceitos da Carta que conferem obrigatoriedade formal às resoluções aprovadas à sua luz: isto é, o artigo 25 estaria a afirmar que são obrigatórias aquelas que a Carta afirma que o são em função da sua forma jurídica de decisão obrigatória (que, segundo se julga, pode ter base apenas nos artigos 39, 40, 41, 42, 53, n.º 1, segunda parte, e 94, n.º 2).

Uma segunda interpretação irá no sentido de que a expressão "in accordance with the present Charter" se reporta às resoluções e não ao dever dos Estados membros as cumprirem: isto é, afirmará que os membros devem aceitar e aplicar as resoluções que sejam conformes com a Carta, portanto, cuja forma, procedimento e conteúdo respeitem os termos da Carta. É com este último sentido que a expressão surge no artigo 2, n.º 5 em relação ao dever de assistência dos membros às acções das Nações Unidas. Apenas existe em relação às conformes com a Carta. É igualmente este o sentido com que a expressão se encontra no artigo 7, n.º 2, em relação à criação de órgãos subsidiários.

Segundo se julga, a ambiguidade criada deve levar a entender que ambos os sentidos devem ser extraídos da disposição. Só são obrigatórias as resoluções que a Carta especificamente considere formalmente obrigatórias e apenas se forem conformes formal, orgânica e materialmente com a Carta.

[3097] Neste sentido: L. Gross, *Voting in the Security Council: Abstention* (...), cit., pág. 320-321; J. Paust, *Peace-Making* (...), cit., pág. 142; D. Bowett, *The Impact of Security Council* (...), cit., pág. 92.

[3098] Ver neste sentido: G. Morelli, Separate Opinion, *Certain Expenses* (...), cit., *I. C. J. Reports* 1962, pág. 224; E. Osieke, *The Legal Validity* (...), cit., pág. 255 (embora pareça admitir excepções).

[3099] Trata-se da posição de: J. Combacau, *Le Pouvoir* (...), cit., pág. 260-261; J. Delbrück, *Article 25*, cit., pág. 414.

Tendo em conta as restrições da fiscalização judicial destes, para que serviriam então os limites substanciais a que está sujeito o poder do Conselho? Os seus limites seriam verdadeiramente apenas políticos. A utilidade e razão de ser do Direito Internacional enquanto parâmetro limitador dos poderes do Conselho seriam esvaziados se a sua violação não tivesse nenhuma consequência na validade e eficácia das suas decisões.

Acresce que, embora os poderes exercidos pelo Conselho sejam hoje atribuídos pelo Direito Costumeiro, é a Carta que fornece o título que legitima que este órgão os exerça. Deste modo, apenas poderão ser utilizados nos seus termos. Se os seus principais destinatários fossem indivíduos já se poderia contestar que os actos antijurídicos adoptados fossem vinculativos, pelo menos à luz dos princípios de um Estado de Direito e perante violações significativas de direitos fundamentais. Mas, neste caso, os principais destinatários são entidades formalmente independentes que não devem ser vinculadas pelos actos antijurídicos de uma entidade por si criada.

Será que esta interpretação cria um meio verdadeiramente perigoso que pode afectar drasticamente a autoridade do Conselho, por meio de alegações abusivas da desconformidade dos seus actos com a Carta? É necessário reconhecer que estes abusos poderão suceder devido às dificuldades para determinar a compatibilidade com o Direito aplicável. Acresce que mesmo naqueles casos em que a conformidade com a Carta seja relativamente pacífica, tal poderia ainda assim ser utilizado de forma abusiva, como um mero pretexto.

No entanto, os perigos deste regime têm sido exagerados[3100]. Este é já o regime jurídico em vigor, quer no plano jurídico, quer no plano dos factos.

Assim, o Conselho nunca se arrogou a sustentar que tem direito a vincular os Estados mesmo em violação da Carta. E estes têm por diversas ocasiões invocado a antijuridicidade de resoluções deste como fundamento para as desrespeitar. Aliás, sempre que as decisões das Nações Unidas têm colocado em causa um interesse essencial de um Estado a sua reacção tem sido sistematicamente a mesma: com base em alegações de violação da Carta, este recusou-se a cumpri-las[3101]. Apesar disto, as Nações Unidas têm sobrevivido e atingido, com maior ou menos celeridade, os seus objectivos.

---

[3100] Estes perigos são proclamados por J. Combacau, *Le Pouvoir* (...), cit., pág. 259-260; J. Delbrück, *Article 25*, cit., pág. 414.

[3101] A assunção de posturas de não cumprimento de um acto adoptado por um órgão das Nações Unidas sob alegação de que este violou os termos da Carta tem sido frequente na prática dos membros da organização. Assim, para lá do caso da criação da Comissão interina da Assembleia Geral ou da adopção da Resolução *União para a Paz* (sobre estes casos, ver, *supra*, parág. 44.3), a então União Soviética afirmou no Conselho, em 13 de Janeiro de 1950, a propósito da questão da representação chinesa, que "will not recognize as legal any decision of the Security Council adopted with the participation of the representative of the Kuomintang group, and will not be guided by any such decisions" (cfr. RPSC, 1946--1951, Chapter IV, pág. 176; ver, *supra*, parág. 34.4.4). Em consequência, a União Soviética abandonou o Conselho até 1 de Agosto seguinte (ver, *supra*, 44.2).

Igualmente significativas foram as referidas recusas da então União Soviética, acompanhada do seu bloco, da França e de alguns outros Estados membros Sul Americanos e Asiáticos em contribuir para o pagamento das despesas da UNEF e ONUC nos termos que tinham sido decididos vinculativamente pela Assembleia Geral nos termos do artigo 17, n.º 2 CNU. Estes alegavam que, em relação à UNEF, a Assembleia Geral era incompetente para estabelecer a sua criação. E que, de qualquer modo, as despesas destas operações seriam extraordinárias, não tendo a Assembleia competência para distribuir os encargos pelos membros nos termos do artigo 17, n.º 2 CNU. Assim, a União Soviética na 986.ª reunião da Quinta Comissão (Administrativa e Orçamental) da Assembleia Geral, em Maio de 1963, afirmou: "It would consider unacceptable any decision seeking to compel Member States to participate in financing the costs of UNEF and ONUC if it were taken in violation of the Charter and in usurpation of the prerogatives of the Security Council" e ainda que "From 1963 on, the Soviet government would no longer contribute to the financing of the following activities, which had been unlawfully included in the regular budget: the UN Commission for the Unification and Rehabilitation of Korea; the UN Memorial Cemetery in Korea; the UN Truce Supervision Organization in Palestine; and the UN Field Service". Defenderia o princípio do direito de resistência a actos contrários à Carta na 1001ª reunião da Quinta Comissão, em Junho de 1963: "**Nor would the Soviet government consider itself bound by decisions adopted by the Assembly in contravention of the Charter**" (cfr. *Summary of Activities – United Nations – General Assembly*, IO, Vol. 17, No. 4, 1963, pág. 926-938, na pág. 928-929 e 932; igualmente declarações da França: pág. 928). Como se verificou, o Tribunal Internacional de Justiça rejeitou estes fundamentos em relação à UNEF e ONUC, no seu citado parecer *Algumas Despesas*.

Portugal alegou violação da Carta pelas resoluções que o forçavam a descolonizar e que lhe impunham deveres de informação [assim, alegou na 1042.ª reunião do Conselho, em Julho de 1963: "that Portugal considered the resolutions concerning information on Portuguese territories to be illegal" (cfr. RPSC, 1959-1963, Chapter VIII, pág. 210); ver igualmente declarações completas do então Ministro dos Negócios Estrangeiros, Franco Nogueira, *Debate Singular*, Lisboa, 1970, pág. 128-129 e 162]. Juntamente com a África do Sul, alegou igualmente a nulidade das resoluções relativas à Rodésia por terem sido aprovadas com abstenções de membros permanentes (ver, *supra*, parág. 65). Esta última em carta de Julho de 1963, em relação à questão do *Apartheid*, declarou "the South African Government had decided not to participate in the discussion of the Council on matters which it considered to fall solely within its domestic jurisdiction" (cfr. RPSC, 1959-1963, Chapter VIII, pág. 213).

Israel adoptou a mesma posição em relação às resoluções que condenavam as suas represálias contra os Estados vizinhos, alegando violação do seu direito de legítima defesa [assim, por exemplo, na 2573.ª reunião do Conselho, afirmou: "the draft resolution then

De facto, a Carta não revela grandes ilusões a respeito da probabilidade das decisões do Conselho serem acatas por si próprias, pelo menos nos casos graves. Tal realismo revela-se na panóplia de sanções criadas para induzir ao seu cumprimento. A desobediência dos Estados alvo é, pois, encarada como uma eventualidade mais do que esperada[3102]. Um Estado que, por exemplo, está disposto a recorrer à força ilicitamente para atingir os seus fins já sabe que irá enfrentar sérios problemas para levar a sua avante. Provavelmente estará decidido a desobedecer a qualquer decisão que não seja acompanhada de sanções adequadas. A questão da sua validade será normalmente levantada como um mero pretexto. Em questões menos importantes, mesmo que o Estado alvo da decisão esteja sinceramente convencido da sua antijuridicidade, acabará por se submeter a esta, com vista a evitar as consequências da desobediência. Aliás, o próprio princípio da proporcionalidade, que regula qualquer meio de auto-tutela, incluindo este direito de resistência dos Estados, recomendará que a desobediência se limite aos casos em que a execução da decisão provoque prejuízos graves.

Por conseguinte, nos casos em que a alegação é injustificada ou sustentada de forma inconsistente, o Estado autor, por força do seu isolamento ou de sanções adoptadas contra si, acabará por se ver forçado a acatá-la. Pelo contrário, nos casos em que a acusação de antijuridicidade se afigure justificada, o acto em causa vai perdendo apoio entre a maioria dos Estados e o órgão responsável pela aprovação acaba por ser compelido a ceder na sua posição ou a ignorar as suas próprias decisões[3103]. Mas os poderes do

---

before the Council (S/17000), were it to be adopted, would not stop Israel from defending its men, women and children against attack" (cfr. RPSC, 1985-1988, Chapter XI, pág. 427)]. O mesmo fez a Bósnia-Herzegovina contra a aplicação do embargo de armas contra as suas forças, no que foi apoiada por vários Estados e pela própria Assembleia Geral (ver, *supra*, parág. 12.5 e 91.1). Igualmente a Líbia foi apoiada pela maioria dos Estados contra as sanções de que foi alvo em resultado do caso *Lockerbie*, em parte com base na sua contradição com a Carta e o Direito Internacional (ver, *infra*, neste parágrafo).

[3102] Ver igualmente, a propósito do veto: Pitman B. Potter, *Voting Procedure in the Security Council*, AJIL, Vol. 39, No. 2, 1945, pág. 318-322, na pág. 321.

[3103] O melhor exemplo é fornecido pelas sanções adoptadas contra a Líbia pelas Resoluções 748 (1992), de 31 de Março (texto em RDSCOR, 1992, pág. 52-54) e 883 (1993), de 11 de Novembro (texto em RDSCOR, 1993, pág. 113-115) em consequência do caso *Lockerbie* (sobre a análise deste, ver, *supra*, parág. 79 e 83). Estas provocaram reacções generalizadas de contestação, que apenas se tinham visto em relação à aplicação do embargo de armas à Bósnia-Herzegovina. Assim, a Organização de Unidade Africana, na sua Resolução 1587 (LXII), de 23 de Junho de 1995, do seu Conselho de Ministros (texto em anexo ao UN Doc. S/1995/596, 19 July 1995), depois de as qualificar como "unjust sanctions" no seu preâmbulo, afirma que "to impose further sanctions or use force as a method in dealing with other States in violation of the Charters of the OAU and the United Nations as well as international laws and norms", concluindo com um "Deplores the maintenance of sanctions against Libya" (parág. 6). O Movimento dos Não Alinhados, foi ainda mais longe, pois afirmou "unless the Western countries concerned respond to the request of regional organizations, the proposals for the peaceful settlement of the crisis, and the flexibility shown by the Libyan Arab Jamahiriya, **the States Members of the NonAligned Movement will not be able to continue to abide by the sanctions resolutions**, especially that these resolutions have caused not only the Libyan people, but also several peoples of States Members of the Non-Aligned Movement great human and economic loss" (cfr. *Eleventh Conference Of Heads Of State Or Government Of The Non-Aligned Countries*, Cartagena De Indias, Colombia, October 18-20, 1995, parág. 163 (texto em http://www.nam-csstc.org/documents/eleven1.htm). Na sua Cimeira de 1998, no Burkina Faso, a Organização de Unidade Africana decidiu que os seus membros poderiam realizar viagens aéreas em violação das sanções quando em missão oficial.

Os EUA e o Reino Unido acabaram por aceitar um meio termo do julgamento em Estado terceiro, a Holanda, embora por um Tribunal escocês, segundo proposta da Organização de Unidade Africana e da Liga Árabe [cfr. Non-Aligned Movement XII Ministerial Conference New Delhi, April 1997, parág. 122 (o seu texto pode ser encontrado em http://www.nam.gov.za/minmeet/delhi2.htm)] e aceitaram a suspensão das sanções. Ora, pode-se sustentar que as Resoluções em causa, ao remeterem para os termos das exigências destes Estados, impunham o dever de as satisfazer. Houve, pois, um recuo, não apenas destes Estados, mas do próprio Conselho.

Pela Resolução 1192 (1998), de 27 de Agosto (texto em RSSC, 1998, pág. 73-74), invocando o Capítulo VII, o Conselho, depois de referir o acordo entre as partes para o julgamento dos acusados segundo os termos descritos, declarou no parág. 8: "(...) decides that the aforementioned measures shall be suspended immediately if the Secretary-General reports to the Council that the two accused have arrived in the Netherlands for the purpose of trial before the court described in paragraph 2 or have appeared for trial before an appropriate court in the United Kingdom or the United States, and that the Libyan Government has satisfied the French judicial authorities with regard to the bombing of UTA 772". Pelo seu comunicado de imprensa de 5 de Abril de 1999 "The members of the Council note that with this report the conditions set forth in paragraph 8 of Security Council resolution 1192 (1998) for the immediate suspension of the measures established in Security Council resolution 748 (1992) and 883 (1993) have been fulfilled. These measures have been therefore effectively suspended." (cfr. UNPR SC/6662, 5 April 1999). A suspensão das sanções contra a Líbia seria formalmente reconhecida pelo Conselho na Declaração Presidencial 1999/10, de 8 de Abril de 1999 (texto em RSSC, 1999, pág. 100). Apesar desta suspensão, os EUA mantiveram as suas sanções unilaterais contra a Líbia (cfr. William M. McGlone/Michael L. Burton, *Economic Sanctions and Export Controls*, IL, Vol. 34, 2000, pág. 383 e segs., nota 18) [sobre a ilicitude de sanções unilaterais comerciais se não for possível justificá-las como represálias, ver, *supra*, parág. 82.1].

A decisão do Tribunal Escocês foi no sentido de considerar um dos acusados como culpado do ataque bombista e inocente o outro: High Court Of Justiciary At Camp Zeist, *Her*

Conselho de Segurança são tão vastos, e os seus limites tão reduzidos, que qualquer alegação credível de antijuridicidade terá de ser bem fundamentada e em dados geralmente aceites.

Julga-se, portanto, que têm sido sobrestimados os perigos da defesa de um direito de desobediência perante actos antijurídicos das Nações Unidas. E esta defesa tem algumas vantagens, visto que, estando-se perante uma alegação credível, o Estado alvo poderá receber dos restantes Estados um apoio importante.

É certo que este sistema é falível, e tem contra si a sua morosidade e os prejuízos provocados em Estados vítimas de sanções por desobedecerem a actos antijurídicos até que obtenham suficiente apoio que leve à sua alteração. Mas é preferível a não ter nenhum outro e a sujeitar os Estados a um Conselho de Segurança dotado de poderes absolutos. Apenas uma interpretação cuidada dos poderes do Tribunal Internacional de Justiça que permita concluir que este tem competência para conhecer da validade das decisões dos restantes órgãos das Nações Unidas (e, sobretudo, para os vincular com a sua sentença) poderá evitar, ou pelo menos minorar, as suas consequências[3104].

Concluindo, pensa-se que um Estado membro (ou qualquer outra entidade destinatária destes actos, como se verá[3105]) tem direito de desobedecer aos actos (mesmo formalmente obrigatórios) das Nações Unidas quando estes sejam contrários ao Direito aplicável[3106] e a sua execução lhe cause prejuízos que justifiquem a sua reacção.

---

*Majesty's Advocate v. Abdelbaset Ali Mohmed Al Megrahi And Al Amin Khalifa Fhimah*, Case No: 1475/99, (texto em http://www.scotcourts.gov.uk/html/lockerbie.htm), parág. 85 e 89.

[3104] Ver, *infra*, parág. 95.

[3105] Ver, *infra*, parág. 92.

[3106] Neste sentido: Winiarski, *Dissenting Opinion*, em *Certain Expenses* (...), cit., *I. C. J. Reports* 1962, pág. 232; Bustamante, *Dissenting Opinion*, em *Certain Expenses* (...), cit., *I. C. J. Reports* 1962, pág. 304; L. Gross, *Voting in the Security Council* (...), cit., pág. 320--321; J. Watson, *Autointerpretation* (...), cit., pág. 60-66; Gros, *Separate Opinion*, em *Interpretation of the Agreement of 25 March 1951 between the WHO and Egypt*, Advisory Opinion, 20 December 1980, *I. C. J. Reports* 1980, pág. 104; J. Frowein, *The Internal and External* (...), cit., pág. 783 (como um mal incontornável); Michel Virally, *Unilateral Acts of International Organizations*, em *International Law: Achievements and Prospects* (ed. M. Bedjaoui), Paris, 1991, pág. 241-263, na pág. 253-254; El-Kosheri, *Dissenting Opinion*, em *Case Concerning Questions of Interpretation* (...) (Libya v. USA), cit., *I.C.J. Reports* 1992, pág. 206-210, parág. 23-22; Pierre-Marie Dupuy, *Droit International Public*, Paris, 1992, pág. 105; Serge Sur, *Sécurité collective et rétablissement de la paix: la résolution 687 (3 avril 1991) dans l'affaire du Golfe*, em *Le développement du rôle du Conseil de Sécurité* (org. R. J. Dupuy), Nijhoff, 1993, pág. 13-49, na pág. 19-20; M. Koskenniemi, *The Police* (...), cit.,

Isto significa que se entende que os actos das Nações Unidas nestas circunstâncias devem ser considerados como nulos automaticamente[3107], independentemente de o fundamento da sua invalidade ser formal ou substancial. Com efeito, não se justifica a defesa de um regime de anulabilidade num sistema que não consagra um recurso de anulação com plenos efeitos. Nem este parece conforme com um sistema aplicável a Estados independentes que apenas consentiram em se submeter nos termos da Carta e do restante Direito Internacional aplicável.

Esta conclusão não implica que se esteja a reconhecer a cada Estado um direito de realizar interpretações unilaterais definitivas da Carta que se sobreponham às dos órgãos competentes das Nações Unidas[3108]. Significa sim que cada Estado pode fazer uma interpretação provisória dos seus direitos e deveres, assumindo as suas responsabilidades caso esta interpretação venha a ser considerada como errada por uma entidade judicial ou pela grande maioria dos Estados membros de forma consistente.

Deste modo, uma postura de desobediência deve ser abandonada, como recomenda o bom senso, se o Estado responsável por esta não conseguir convencer uma parcela significativa dos restantes Estados membros da bondade da sua interpretação. Pelo mesmo motivo, a desobediência deve igualmente ser abandonada caso o Tribunal Internacional de Justiça se pronuncie sobre a questão, mesmo que por meio de um simples parecer. De facto, neste caso, a entidade com maior legitimidade para efectuar interpretações definitivas (salvo interpretação autêntica pela grande maioria dos Estados) realizou-a. O Estado resistente, mesmo que não esteja sujeito a um dever formal de acatar o parecer do Tribunal, perderá toda a credibilidade. Este nunca conseguirá obter o apoio dos restantes e a sua resistência será uma mera fonte de problemas para si.

O facto de o Estado resistente poder ter a razão do seu lado será pouco relevante a médio prazo se estiver isolado ou acompanhado de uma pequena

---

texto notas 72-73. Outros autores defendem um direito de desobediência como último recurso perante determinadas violações graves ou evidentes: Gerald   Fitzmaurice, *Separate Opinion*, em *Certain Expenses* (...), cit., *I. C. J. Reports* 1962, pág. 203-205; J. Combacau, *Le Pouvoir* (...), cit., pág.  260-261; J. Delbrück, *Article 25*, cit., pág. 414.

[3107] Contra: G. Morelli, Separate Opinion, *Certain Expenses* (...), cit., *I. C. J. Reports* 1962, pág. 222-224; E. Osieke, *The Legal Validity* (...), cit., pág. 254-255.

[3108] Tal seria inaceitável como bem sublinham: Q. Wright, *Is Discussion* (...), cit., pág. 105; E. Osieke, *The Legal Validity* (...), cit., pág. 254-255. Porém uma defesa interessante deste direito definitivo de autointerpretação pode ser vista em: J. Watson, *Autointerpretation* (...), cit., pág. 60-66.

minoria. Com efeito, se uma maioria dos Estados membros de dois terços, incluindo os membros permanentes, tem direito de emendar tacitamente a Carta[3109], então também terá direito a interpretá-la de forma vinculativa para a minoria[3110] e mesmo de adoptar actos contrários à Carta e impô-los a esta minoria, por via de uma emenda tácita que respeite os requisitos substantivos do artigo 108[3111]. Entende-se, pois, que o diferendo interpretativo, e mesmo quanto à validade do acto, entre as Nações Unidas e o Estado visado será resolvido por aplicação do princípio maioritário, embora sujeito a uma maioria agravada e a uma exigência de consistência na postura durante um período razoável[3112].

Deste modo, na falta de uma decisão judicial, uma interpretação apenas poderá ser impugnada a longo prazo por uma minoria significativa e consistente. Caso contrário, a insistência da maioria poderá ser entendida como uma alteração da Carta que convalida para o futuro o acto impugnado. Claro está, tal não poderá ocorrer quando esteja em causa uma norma internacional *iuris cogentis*, pelo menos enquanto esta permanecer em vigor e também não parece que o possa fazer retroactivamente. Assim, esta visão da questão resolverá problemas derivados da criação de órgãos ou estruturas contrárias à Carta, mas não já os problemas derivados da necessidade de pagar as suas despesas iniciais.

---

[3109] Ver, *supra*, parág. 27.2.

[3110] Assim, na Conferência de S. Francisco no relatório de um dos subcomités afirma-se: "It is to be understood of course, that **if an interpretation** made by any organ of the Organization or by a committee of jurists **is not generally acceptable it will be without binding force**. In such circumstances, or in cases where it is desired to establish an authoritative interpretation as a precedent for the future, it may be necessary to embody the interpretation in an amendment to the Charter" [cfr. *Report of Rapporteur of Committee IV/2 to Commission IV* (Doc. 933, June 12), em UNCIOSD, pág. 875-882, na pág. 880]. Ou seja, uma interpretação será obrigatória se for geralmente aceite. Não necessita de ser unanimemente aceite.

[3111] Também em sentido semelhante: E. Lauterpacht, *The Legal Effect of Illegal Acts* (...), cit., pág. 119. Contra: Percy Spender, *Separate Opinion*, em *Certain expenses* (...), *I. C. J. Reports* 1962, cit., pág. 189-190 e 196; J. Watson, *Autointerpretation* (...), cit., pág. 77.

[3112] Um dos melhores exemplos é o relativo ao princípio da autodeterminação dos Povos coloniais. A prática quanto à sua formação era bem anterior à aprovação da Resolução 1514 (XV), de 14 de Dezembro de 1960 (texto em YUN, 1960, pág. 49-50) (pense-se na série de actos de descolonização que se verificaram entre a Segunda Guerra Mundial e 1960), no entanto foi à sua luz que este princípio se veio a consolidar até ao final da década. O Tribunal Internacional de Justiça, no seu parecer no caso *Namíbia* de 14 de Junho de 1971, considerou o princípio como um princípio jurídico vigente: *Legal Consequences* (...), cit., *I.C.J. Reports* 1971, pág. 31-32, parág. 52-53 (o Tribunal sugere que a própria Carta foi alterada pela prática). Isto apesar das objecções reiteradas de Estados como Portugal (ver, *supra*, no presente subparágrafo).

A solução também não será aplicável quando entre a minoria se encontre um membro permanente do Conselho. Com efeito, o direito da maioria de emendar tacitamente a Carta não é oponível a um membro permanente tendo em conta o artigo 108, embora se julgue que já o será o de a inter-pretar, se se confinar dentro dos limites da Interpretação. Claro está, uma delimitação exacta entre ambas as operações é uma ficção, de modo a que a questão acabará por ser resolvida politicamente, caso não exista uma decisão judicial sobre esta. O membro permanente continuará a sua resistência considerando tratar-se de uma decisão antijurídica. A maioria insistirá que não. Se o membro permanente estiver isolado, provavelmente, acabará por ceder[3113].

De qualquer modo, independentemente do modo como a questão seja solucionada, a maioria não tem direito de alterar a Carta contra a vontade de um membro permanente ou, segundo se julga, retroactivamente. Mas na dúvida se se trata de uma mera interpretação ou uma alteração entende-se que deve prevalecer a presunção de validade dos actos da organização e, portanto, partir-se do princípio de que se trata de uma mera interpretação oponível ao membro permanente.

**91.2.2. Meios estaduais de reacção.** Uma medida claramente lícita ao dispor dos Estados para recusar cooperar na execução de decisões que considerem antijurídicas é a recusa em participar nesta, quando estejam em causa actos voluntários. Assim, desde logo, a recusa de participação em operações das Nações Unidas, visto que esta é sempre facultativa, na falta de acordo em contrário[3114].

---

[3113] No referido caso relativo às despesas da UNEF e ONUC, sob alegação de que o parecer não era vinculativo a maioria dos Estados que se recusavam a pagar a sua parte nas despesas persistiram na sua posição. Assim, a União Soviética afirmou, com o apoio do seu bloco, na 986.ª reunião da Quinta Comissão (Administrativa e Orçamental) da Assembleia Geral, em Maio de 1963: "the advisory opinion of the International Court on UN financing had no legal or moral force" (cfr. *Summary of Activities – United Nations – General Assembly*, IO, Vol. 17, No. 4, 1963, pág. 926-938, na pág. 928; igualmente a França: pág. 930). Claro está, o que lhes permitiu esta posição criticável foi a circunstância de entre estes se encontrarem dois membros permanentes e constituírem uma importante minoria. A sua posição acabaria por essencialmente vencer, visto que os restantes Estados, seguindo os EUA, acabaram por desistir de aplicar o artigo 19 (cfr. Ruth Russell, *United Nations Financing and "the Law of the Charter"*, CJTL, Vol. 5, 1966, pág. 68-95, na pág. 68-69; Yashpal Tandon, *Consensus and Authority Behind United Nations Peacekeeping Operations*, IO, Vol. 21, No. 2, 1967, pág. 254-283, na pág. 254; que, até à decisão recente de conferir carácter automático à sua sanção, foi pouco mais do que letra morta. O essencial das despesas incorridas foi pago por meio de contribuições voluntárias.

[3114] Ver, *supra*, parág. 58.1.

Actualmente, é igualmente pacífico que um Estado pode recusar continuar a participar numa operação, mesmo depois de ter fornecido efectivos para esta. Assim, poderá ordenar a retirada do seu contingente quando existam bases para entender que a actuação da operação extravasou o mandato conferido. A mesma conclusão vale para uma situação em que, por força da alteração do mandato, este passou a violar os limites decorrentes do Direito Internacional a que está sujeito.

Com efeito, o que inicialmente foi motivo de polémica foi a questão do direito de um Estado retirar os seus contingentes por meros motivos políticos. A solução sempre foi considerada consensualmente positiva para o caso de alteração relevante dos termos do mandato (por exemplo, conversão de uma Força de manutenção da paz em imposição da paz), ou necessidade derivada de problemas de segurança externa ou interna do Estado no seu território que tornassem indispensável o regresso das suas forças[3115][3116].

Mas já era menos líquida a legitimidade da retirada do contingente por meras discordâncias políticas na execução do mandato da Força, forte agravamento da situação militar no terreno ou em geral por simples conveniência para o Estado[3117]. Porém, este direito foi designadamente reconhecido pela citada Convenção sobre Segurança do Pessoal das Nações Unidas e Associado de 9 de Dezembro de 1994, no seu artigo 20, al. d)[3118,3119].

---

[3115] A comparação do actual regime de participação voluntária em forças das Nações Unidas com o regime que se pretendia estabelecer para os acordos celebrados à luz do artigo 43 CNU revela diferenças radicais neste ponto. Os membros permanentes não chegaram a acordo sobre a questão, mas a divergência situou-se em relação a um regime minimalista quanto ao direito de utilizar os contingentes fornecidos por parte do Estado nacional. Assim, a França e a China propuseram o seguinte artigo 17: "In case of self-defense (Article 51 of the Charter) and of national emergencies, Member Nations will have the right to make use of Armed Forces, which they have made available to the Security Council in conformity with the terms of special agreements. They undertake, however, to assume anew all of their obligations within the shortest possible space of time". Apesar da sua moderação, que acabava por remeter para situações de estado de necessidade do Estado em relação às Nações Unidas, os EUA, o Reino Unido e a União Soviética não aceitaram este regime, insistindo que os contingentes não poderiam ser retirados [cfr. *Report by the Military Staff Committee to the Security Council* (...), cit., pág. 564].

[3116] Assim: D. Bowett, *United Nations* (...), cit., pág. 381-382; R. Siekmann, *National Contingents* (...), cit., pág. 188-189.

[3117] Crítico desta possibilidade: D. Bowett, *United Nations* (...), cit., pág. 381-382.

[3118] O artigo 20, al. d), prescreve: "Nothing in this Convention shall affect: d) The right of States which **voluntarily** contribute personnel to a United Nations operation to withdraw their personnel from participation in such operation". Igualmente o modelo de Acordo entre as Nações Unidas e os Estados membros fornecedores de pessoal para Operações de manutenção

Sublinhe-se, porém, que este direito apenas fica reconhecido em relação a contingentes concedidos voluntariamente sem qualquer reserva quanto à retirada, não já quando o acordo de concessão regule a retirada dos contingentes em termos mais restritivos ou, claro está, perante acordos que concretizem o artigo 43 CNU; isto é, que concedam direitos automáticos às Nações Unidas sobre determinados contingentes de um Estado em relação a qualquer teatro de operações, independentemente do seu consentimento[3120]. Consequentemente, tal direito apenas existirá na medida em que não tenha sido alienado pelo acordo de concessão do contingente. Numa situação destas, uma retirada do contingente por motivos políticos constituirá uma violação do acordo e, consequentemente, estará sujeita aos termos gerais do Direito Internacional da Responsabilidade. Tal só poderá ser justificado por estado de necessidade, perante crises de segurança externa ou interna. Nos casos em que o acordo nada diga, este direito será invocável pelo Estado membro sujeito a um prazo razoável de pré-aviso em função das circunstâncias.

Também tem sido alvo de divergências a resposta à questão de saber se um Estado anfitrião que aceitou ter no seu território uma Força de manutenção da paz[3121] poderá legitimamente retirar tal consentimento de forma unilateral e exigir a retirada da Força do seu território. Resulta claro que tal será uma reacção legítima deste Estado em face de violações por parte da Força dos limites do seu mandato ou das normas de Direito das Nações Unidas e do Direito Internacional aplicáveis. Estar-se-á perante uma

---

da paz (UN Doc. A/46/185, 23 May 1991), no seu parág. 26 limita-se a fazer depender a retirada do contingente de um aviso prévio, sem sequer estabelecer um prazo mínimo para este. Consequentemente, esta mesma disposição tem constado de vários acordos entre as Nações Unidas e os Estados fornecedores de efectivos.

[3119] A prática também confirma a existência deste direito. Em diversas ocasiões o Secretário-Geral tem deparado com notificações de Estados quanto à retirada dos respectivos contingentes com períodos de pré-aviso escassos, mesmo quando os seus efectivos são essenciais para a manutenção da Força. Assim, por exemplo, a Índia e o Líbano, cujos contingentes na UNAMSIL atingiam, respectivamente, 3151 e 1817 efectivos (num total de 12.510), informaram o Secretário-Geral que iriam retirar as suas forças. A Índia fê-lo em 20 de Setembro de 2000, que iria retirar um primeiro batalhão em Novembro e o segundo em Janeiro. E o Líbano em 19 de Outubro, pretendendo retirar as suas forças até ao final do ano [cfr. Sétimo Relatório do Secretário-Geral sobre a UNAMSIL, de 31 de Outubro de 2000 (texto em UN Doc. S/2000/ 1055), parág. 48]. Ou seja, avisos de menos de dois meses, sem que entretanto se tivesse verificado qualquer alteração na situação no terreno ou do mandato da UNAMSIL (ver sobre esta, *supra*, parág. 68).

[3120] Ver, *supra*, parág. 58.1.

[3121] Não, claro está, perante uma Força de imposição da paz ou coerciva, já que não dependem do consentimento do Estado anfitrião (ver, *supra*, parág. 55.2).

violação do acordo quanto ao estatuto da Força por parte das Nações Unidas, de modo a que o Estado anfitrião poderá invocar a excepção do não cumprimento para lhe pôr termo.

Mas as dúvidas, mais uma vez, surgem perante exigências de retirada fundadas em motivos puramente políticos[3122]. Tudo indica que, salvo qualquer decisão do Conselho que, nos termos do Capítulo VII, decida converter a Força numa Força de imposição de paz, esta deva mesmo ser retirada, ainda que, por interpretação do acordo, se chegue à conclusão de que o Estado anfitrião se comprometera a o não fazer unilateralmente[3123, 3124, 3125]. De

---

[3122] No sentido de que o não pode fazer unilateralmente a menos que tal tenha ficado estabelecido: Yashpal Tandon, *UNEF, the Secretary-General, and International Diplomacy in the Third Arab-Israeli War*, IO, Vol. 22, No. 2, 1968, pág. 529-556, na pág. 534-535. Sustenta antes a posição que o pode fazer unilateralmente a menos que um acordo o proíba: D. Bowett, *United Nations* (...), cit., pág. 422.

Mas a maioria da Doutrina sustenta que as Nações Unidas terão de retirar a Força se o Estado anfitrião o exigir unilateralmente, mesmo que o acordo o proíba: Thomas M. Franck, *Nation Against Nation: What Happened To The U.N. Dream And What The U.S. Can Do About It*, New York/Oxford, 1985, pág. 90-91 (embora critique o Secretário-Geral das Nações Unidas por ter sido demasiado lesto a cumprir a exigência do Egipto em relação à UNEF); Elgin Clemons, *No Peace To Keep: Six And Three-Quarters Peacekeepers*, NYUJILP, 1993, pág. 107-141, na pág. 119-120; N. White, *Keeping the Peace* (...), cit., pág. 202-203; R. Wedgwood, *The Evolution* (...), cit., pág. 633; D. Wippman, *Military Intervention* (...), cit., pág. 235 (mas com um pré-aviso razoável).

[3123] O Modelo de Acordo sobre o Estatuto das Forças em Operações de manutenção da paz (UN Doc. A/45/594, de 9 de Outubro de 1990) nada diz sobre a questão da retirada a pedido do Estado anfitrião. Os Acordos de estatuto de forças que se consultou são igualmente omissos.

[3124] A prática é escassa, embora exista um precedente claro. Em 16 de Maio de 1967, autoridades militares do Egipto exigiram a retirada da UNEF do seu território. O Secretário-Geral, depois de confirmar junto do Governo Egípcio esta exigência, mandou-a retirar sem protestos [cfr. a cronologia dos eventos no *Report of the Secretary-General on the Withdrawal of the Emergency Force* (June 26, 1967), parág. 4-27]. No seu relatório de 19 de Maio de 1967, procuraria justificar a sua decisão argumentando, segundo se julga, correctamente: "The decision of the Government of the United Arab Republic to terminate its consent for the continued presence of the United Nations Emergency Force on United Arab Republic controlled territory in Gaza and its decision to move its troops up to the line had eliminated the buffer function which the Force has been performing. The operation of the Force was based entirely on its acceptance by the governing authority on the territory on which it operated and that was not in any sense related to Chapter VII of the Charter. Neither the United Nations Emergency Force nor any other United Nations peace-keeping operation thus far undertaken would have been permitted to enter the territory if there had been any suggestion that it had the right to remain there against the will of the governing authority" (cfr. RPSC, 1966-1968, Chapter VIII, pág. 134, nota 247). Ver igualmente o citado *Report of the Secretary-General*

facto, a sua manutenção no terreno contra a vontade do Estado anfitrião iria contra a natureza consensual destas operações.

A situação não pode ser, pois, equiparada a um tratado pelo qual seja conferido a um Estado o direito de criar uma base militar num outro. Aqui cada Estado tem um interesse próprio que deve ser respeitado. No caso de uma operação de manutenção da paz, as Nações Unidas não têm um interesse próprio para lá de manter a paz. Supostamente, encontram-se no terreno

---

*on the Withdrawal of the Emergency Force*, parág. 34 ("It follows that the decision taken by him on 18 May 1967 to comply with the request for the withdrawal of the force was seen by him as the only reasonable and sound action that could be taken").

O Acordo por troca de notas entre o Egipto e as Nações Unidas, por intermédio do Secretário-Geral, de 8 de Fevereiro de 1957 (texto em UNTS, No. 3704, 1957, pág. 61-88), à luz do qual a UNEF foi instalada no Egipto, não é claro quanto à retirada da Força (por força da obscura declaração do Egipto constante da sua nota de aceitação dos termos do acordo: "Recalling the declaration of the Government of Egypt that, when exercising its sovereign powers on any matter concerning the presence and functioning of the United Nations Emergency Force, it would be guided, in good faith, by its acceptance of the General Assembly resolution of 5 November 1956"). A Doutrina encontra-se dividida quanto à sua interpretação [aceitam que este não era claro: D. Bowett, *United Nations* (...), cit., pág. 421-422; Y. Tandon, *UNEF* (...), cit., pág. 529-534; em sentido contrário, entende que a retirada à luz do Acordo dependia de um juízo das Nações Unidas pela Assembleia Geral, dada a remissão para a resolução desta: T. Franck, *Nation Against Nation* (...), cit., pág. 90-91].

No entanto, o Secretário-Geral afirmou a propósito deste: "Over the years, in discussions with representatives of the United Arab Republic, the subject of the continued presence of U.N.E.F. has occasionally come up, and it was invariably taken for granted by United Arab Republic representatives that if their Government officially requested the withdrawal of U.N.E.F. the request would be honoured by the Secretary General. There is no record to indicate that this assumption was ever questioned" (cfr. o referido *Report of the Secretary-General on the Withdrawal of the Emergency Force*, parág. 34). Assim, por maioria de razão deverão aplicar-se os termos descritos: direito do Estado anfitrião de exigir a retirada da Força de acordo com a natureza consensual desta.

[3125] Este regime já parece não ser aplicável nos mesmos termos em relação ao consentimento de meros movimentos armados. Assim, na Somália, ainda quando a UNOSOM I constituía uma pura Força de manutenção da paz, em 12 de Novembro de 1992, um destes movimentos exigiu que as forças desta retirassem do aeroporto de Mogadíscio sob alegação de que os elementos do movimento que tinham assinado um acordo específico quanto à presença da Força neste não tinham poderes para tal. O Secretário-Geral instruiu o seu representante especial para que recusasse realizar tal retirada alegando que o acordo base já previa a segurança de aeroportos pela UNOSOM. Esta postura fez com que no dia seguinte as posições das forças da UNOSOM no aeroporto fossem alvos de alguns ataques (cfr. Carta de 24 de Novembro de 1992 do Secretário-Geral ao Presidente do Conselho de Segurança, UN Doc. S/24859, 27 November 1992, pág. 2-3). Ou seja, em relação a meros movimentos armados, enquanto não obtiverem o estatuto de Governo, parece que uma vez assinado um acordo não poderão exigir a retirada de Forças das Nações Unidas, mesmo que de mera manutenção da paz.

para proteger os interesses igualmente do Estado anfitrião. Caberá a este decidir em última análise sobre os seus interesses. Se as Nações Unidas entenderem que o interesse da paz exige a sua imposição ao Estado, deverão alterar a natureza da operação, terminando com o seu estatuto de mera manutenção da paz.

Mas se o Estado tiver alienado este direito, tendo renunciado a pedir a retirada da Força, por exemplo, durante um determinado prazo, pode incorrer em responsabilidade se o vier a fazer antes do decurso deste. No entanto, não será legítimo às Nações Unidas obrigar o Estado a cumprir o tratado pela recusa em retirar-se, pelo menos sem uma alteração da natureza da operação para uma Força de imposição da paz. O Estado será simplesmente responsabilizado por todos os prejuízos causados pela retirada da Força derivados de despesas realizadas com vista ao prolongamento da estadia desta.

Uma outra forma de resistência às decisões antijurídicas das Nações Unidas que tem frequentemente surgido na prática consiste na recusa de pagamento das contribuições financeiras por parte de um Estado membro na parte correspondente às despesas de execução daquelas[3126].

Sublinhe-se, porém, que excluídas ficam as recusas de pagamentos baseadas em motivos políticos com vista a forçar a maioria dos membros a alterar as suas posturas em relação a determinados aspectos. É certo que esta prática foi adoptada igualmente por vários Estados. Mas estas suspensões unilaterais de pagamentos têm deparado com a oposição e protesto dos restantes membros e órgãos da organização, devendo ser consideradas como violações do artigo 17, n.º 2 CNU[3127]. Refira-se, aliás, que a sanção do

---

[3126] Assim, recorde-se as referidas recusas de alguns Estados em contribuir para o pagamento das despesas da UNEF e ONUC (ver, *supra*, parág. 91.2.1).

[3127] Neste sentido: Thomas Franck, *Unnecessary Un-Bashing Should Stop*, AJIL, Vol. 80, 1986, pág. 336-337, na pág. 336; Richard Nelson, *International Law and U.S. Withholding of Payments to International Organizations*, AJIL, Vol. 80, 1986, pág. 973-983, na pág. 978 e 980-981; Institut de Droit International, na sua Resolução *Legal Consequences for Member States of the Non-Fulfilment by International Organizations of their Obligations Towards Third Parties*, 1996, Vol. II, pág. 444-453, no artigo 9, n.º 3; Francesco Francioni, *Multilateralism à la carte: the limits to unilateral withholdings contributions UN budget*, EJIL, 2000, Vol. 11, No. 1, pág. 43-59, na pág. 49; Michael P. Scharf, *Dead Beat Dead End: A Critique of the New U.S. Plan for Payment of U.N. Arrears*, NEICLA, Vol. 6, 2000, pág. 1-4, na pág. 2. Ver, porém, contra: Elisabeth Zoller, *The "Corporate Will" of the United Nations and the Rights of the Minority*, AJIL, Vol. 81, 1987, pág. 610-634, na pág. 631-634; M. Mattler, *The Distinction* (...), cit., pág. 690; Allan Gerson, *Multilateralism à la carte: the consequences of unilateral 'pick and pay' approaches*, EJIL, 2000, Vol. 11, No. 1, pág. 61-66, na pág. 66 (mas mais de uma perspectiva extra-jurídica).

artigo 19 CNU tem sido efectiva, já que o sistema é completamente automático, não dependendo de qualquer decisão política. Uma vez atingido o nível de dois anos de contribuições em atraso[3128], o Estado fica com o seu voto imediatamente suspenso por simplesmente o seu terminal de voto deixar de funcionar. Sanção que já assombrou alguns Estado poderosos, embora durante muito tempo esta não tenha tido o carácter automático que agora a caracteriza, e que já atingiu alguns Estados membros[3129].

A questão da admissibilidade da recusa em pagar as despesas de actos antijurídicos da organização coloca, porém, a questão de determinar se estas podem ainda ser consideradas como despesas da organização e a de determinar quem deverá ser responsável pelo seu pagamento.

De facto, mesmo de forma contrária à Carta, as Nações Unidas acabaram por agir e por realizar despesas. Afigura-se difícil não as considerar como despesas da organização, já que foram realizadas pelo secretariado ou por pessoas sob suas ordens, desde que o seu fim não se encontrasse manifestamente fora do âmbito das atribuições da organização, o que seria aliás sempre difícil de ocorrer dada a latitude destas. Mas o facto de se tratar de despesas das Nações Unidas não implica que se lhes deva aplicar o artigo 17, n.º 2 CNU no caso de se concluir que estas são contrárias à Carta. A jurisprudência existente, mesmo não sendo clara sobre o ponto, parece sugerir que, neste caso, os Estados membros que votaram contra o acto que lhes serviu de base, alegando a sua antijuridicidade, não ficarão obrigados ao seu pagamento[3130]. Por exclusão, pode-se concluir que deverão

---

[3128] Aparentemente, por força das regras de contabilidade das Nações Unidas, na prática é quando as contribuições em atraso totalizam o valor de três anos (cfr. Paula Escarameia, *Quatro Anos nas Nações Unidas: Testemunhos, impressões, especulações*, PI, n.º 20, 1999, n.º 3, pág. 129-157, na pág. 151, nota 20).

[3129] Esta atingiu, designadamente, o Iraque, visto que os seus requerimentos para que a Assembleia Geral suspendesse a sanção nos termos do artigo 19, última parte, foram rejeitados ["Iraq's representative said that while the continued embargo made payment impossible, previous requests for exemption had been denied for political reasons."; cfr. UNPR GA/AB/3249, 12th Meeting (AM), 23 October 1998, pág. 2-3].

Em 12 de Setembro de 2001, o Presidente (interino) da Assembleia Geral, na abertura da 56.ª Sessão, declarou que "15 Member States are in arrears in the payment of their financial contributions to the United Nations within the terms of Article 19 of the Charter" (cfr. UN Doc. A/56/PV.1, 12 September 2001, pág. 1-2).

[3130] O Tribunal Internacional de Justiça realizou uma distinção entre despesas para prosseguir atribuições que cabem às Nações Unidas e despesas que prossigam outros fins. Considerou que as segundas nem sequer poderiam ser consideradas despesas das Nações Unidas: "if an expenditure were made for a purpose which is not one of the purposes of the United Nations, it could not be considered an 'expense of the Organization'". Isto é, pode-

ser os que votaram favoravelmente a arcar com as despesas[3131]. Em relação aos que se tenham abstido, normalmente fará sentido vinculá-los ao pagamento destas[3132].

---

se concluir que os Estados objectantes não estariam obrigados a pagá-las. Em relação às despesas realizadas para prosseguir uma atribuição da organização, afirmou: "If it is agreed that the action in question is within the scope of the functions of the Organization but it is alleged that it has been initiated or carried out in a manner not in conformity with the division of functions among the several organs which the Charter prescribes, one moves to the internal plane, to the internal structure of the Organization. If the action was taken by the wrong organ, it was irregular as a matter of that internal structure, but this would not necessarily mean that the expense incurred was not an expense of the Organization. Both national and international law contemplate cases in which the body corporate or politic may be bound, as to third parties, by an ultra vires act of an agent" [cfr. *Certain expenses* (...), *I. C. J. Reports* 1962, cit., pág. 168].

Mas esta afirmação não implica que o Tribunal tenha entendido que estas despesas "irregulares" seriam necessariamente despesas das Nações Unidas a serem pagas por todos os Estados membros. Parece que o Tribunal só retirou do facto de serem despesas realizadas para prosseguir uma atribuição da organização que estas gozariam de uma presunção de que eram despesas das Nações Unidas e de que a organização teria de as honrar perante terceiros ["If the Security Council, for example, adopts a resolution purportedly for the maintenance of international peace and security and if, in accordance with a mandate or authorization in such resolution, the Secretary-General incurs financial obligations, **these amounts must be presumed to constitute 'expenses of the Organization'**"].

Tal não significa que existisse um dever dos membros que votaram contra de as pagar. Com efeito, o Tribunal posteriormente analisou com algum cuidado a compatibilidade com a Carta a vários títulos das Resoluções. Esta análise não teria sentido se este tivesse entendido que, ainda que fossem irregulares, eram automaticamente despesas das Nações Unidas a cargo de todos os membros. Um argumento desta espécie eliminaria completamente a razão de ser da questão da sua juridicidade. Ou seja, o Tribunal parece ter aceite que quer as despesas realizadas fora do âmbito dos fins da organização, quer as integráveis nestes, mas "irregulares", não teriam de ser pagas pelos Estados que contestaram a sua juridicidade e votaram contra. Embora, reconheça-se, não tenha sido claro em relação a estas últimas. Uma interpretação semelhante da sentença é apresentada por G. Fitzmaurice, *Separate Opinion*, em *Certain Expenses* (...), cit., *I. C. J. Reports* 1962, pág. 199-200; E. Lauterpacht, *The Legal Effect* (...), cit., pág. 111-112.

[3131] No sentido de que os membros que votaram contra não estão obrigados a arcar com despesas ilegais: G. Fitzmaurice, Separate Opinion, *Certain Expenses* (...), cit., *I. C. J. Reports* 1962, pág. 199-200; Winiarski, Dissenting Opinion, *Certain Expenses* (...), cit., *I. C. J. Reports* 1962, pág. 228; Bustamante, Dissenting Opinion, *Certain Expenses* (...), cit., *I. C. J. Reports* 1962, pág. 289-290; Nelson, *International* (...), cit., pág. 981 (mas exigindo que a alegação seja demonstrada); F. Francioni, *Multilateralism à la carte* (...), cit., pág. 51; ver também E. Zoller, *The "Corporate Will"* (...), cit., pág. 631-633 (mas com criticável latitude); F. Kirgis, Jr, *Admission* (...), cit., pág. 229 (de forma renitente). No mesmo sentido estarão os citados autores defensores de um direito de desobediência a actos antijurídicos, mesmo que limitado: J. Delbrück, *Article 25*, cit., pág. 414.

**92. Controlo externo.** Como ficou escrito, o controlo externo é o realizado por entidades não vinculadas formalmente pela Carta. Por estas entidades não formarem uma vontade imputável às Nações Unidas, encontram-se na mesma situação que os Estados membros: o único controlo que podem exercer com alguma eficácia é jurídico. Críticas de natureza política são destituídas de eficácia, designadamente, como modo de justificar incumprimentos de actos das Nações Unidas.

Mesmo esta equiparação aos Estados membros pode levantar dúvidas. Se a invocação de disposições de Direito Internacional Costumeiro para impugnar actos das Nações Unidas será compreensível, já a violação das disposições da Carta será uma questão que em princípio apenas dirá respeito aos Estados membros e não aos não membros. No entanto, esta conclusão tem excepções, designadamente em relação a violações manifestas. De facto, mesmo entidades terceiras em relação à Carta poderão formular protestos perante um uso violador desta quando a sua ilicitude seja clara[3133].

É este o regime que decorre dos princípios gerais costumeiros codificados no artigo 46, n.º 2 da referida Convenção de Viena sobre o Direito dos Tratados entre Estados e Organizações Internacionais de 1986. É certo que apenas a entidade cujo consentimento foi viciado pela violação do seu Direito interno pode invocar este como fundamento para se desvincular, não já outra parte ou um terceiro. Mas qualquer entidade pode, em casos manifestos, recusar-se a celebrar o tratado invocando o risco de um vício do consentimento da outra parte e que este lhe venha a ser mais tarde oposto. Sem que tal possa suscitar qualquer acusação de uma ingerência nos assuntos internos da segunda. Ora, se assim é, também parece que poderá invocar esta violação, se manifesta, quando o acto o prejudica.

Para fundamentar este regime não é necessário invocar o facto de a Carta constituir o acto pelo qual as Nações Unidas foram investidas com eficácia *erga omnes* de poderes costumeiros. O aspecto relevante é o acto

---

Já a tentativa de isentar de pagamento membros que tenham votado favoravelmente por força de "reservas" que tenham oposto a aspectos da decisão [como sustenta Koretsky, *Dissenting Opinion, Certain Expenses* (...), cit., *I. C. J. Reports* 1962, pág. 278] se afiguram bem menos convincentes. Um Estado que votou favoravelmente uma resolução, quando podia ter votado contra, está a responsabilizar-se por todo o seu conteúdo, mesmo que politicamente discorde de alguns aspectos e tenha manifestado essa discordância. Se discorda, deve votar contra.

[3132] Sobre a responsabilidade dos Estados membros por actos antijurídicos da organização, ver, *infra*, parág. 100.2.2.

[3133] Contra: F. Seyersted, *United Nations* (...), cit., pág. 174-175; N. White, *Keeping the Peace* (...), cit., pág. 154.

em si e não os termos pelos quais este organizou organicamente o exercício dos poderes pelas Nações Unidas. O Direito Internacional Costumeiro não remete para os termos da Carta, antes regula directamente os aspectos essenciais. Assim, quanto aos aspectos substantivos, o Direito Costumeiro regula estes poderes actualmente em termos idênticos aos da Carta, bem como em relação a alguns aspectos formais e orgânicos básicos[3134].

Por conseguinte, apenas em relação à invocação de vícios formais e orgânicos menores a situação dos membros e dos não membros será distinta. Os primeiros podem invocar qualquer vício. Os segundos apenas os decorrentes de contradições com o Direito Costumeiro ou manifestas em relação à Carta. Assim, qualquer Estado poderá contestar um acto aprovado sem a reunião dos pressupostos para a sua aprovação ou cujo conteúdo viole princípios aplicáveis ou um acto com pretensão a exercer o poder público bélico adoptado pela Assembleia Geral, por ser uma violação manifesta da distribuição de poderes no seio da organização[3135]. Pelo menos se for prejudicado por esse acto.

O regime só será completamente idêntico se o Estado não membro[3136] tiver aceite as obrigações decorrentes da Carta, designadamente por força do artigo 35, n.º 2. Neste caso, encontrar-se-á numa situação de igualdade em relação aos Estados membros quanto àquele caso particular. Poderá, pois, invocar qualquer vício dos actos adoptados quanto a este.

Por outro lado, e este aspecto tem bem maior importância prática dada a escassez de Estados não membros, esta posição é igualmente aplicável a qualquer entidade não obrigada directamente pela Carta, mas susceptível de ser vinculada por actos das Nações Unidas, por intermédio do Conselho de Segurança. Quer organizações internacionais, quer outros sujeitos de Direito Internacional que exerçam poderes públicos internos, quer mesmo particulares, podem invocar violações das normas aplicáveis aos actos das Nações Unidas como fundamento para desobedecer a um acto vinculativo. A prática confirma o[3137].

---

[3134] Ver, *supra*, parág. 20.3-20.5 e 21.

[3135] Ver, *supra*, parág. 44.1 e 45.

[3136] A Carta apenas prevê a possibilidade de Estados aceitarem as obrigações que estabelece para efeitos de resolução pacífica das controvérsias, mas nada impede que igualmente outras entidades não vinculadas pela Carta o façam, a começar por organizações regionais. A questão, contudo, deixou de ter relevância substantiva, já que o Conselho tem poder para vincular quaisquer entidades terceiras (ver, *supra*, parág. 20.4-20.5).

[3137] Verificou-se que a OUA e o Movimento dos não alinhados ameaçaram deixar de obedecer às sanções decretadas pelo Conselho contra a Líbia e a primeira depois autorizou mesmo os seus membros a desobedecerem parcialmente a estas (ver, *supra*, parág. 91.2.1).

## III – Controlo judicial.

### A – Pelo Tribunal Internacional de Justiça.

**93. Admissibilidade.** A problemática do controlo judicial dos actos das Nações Unidas compreende diversos problemas, os mais intrincados dos quais se prendem com o seu controlo pelo Tribunal Internacional de Justiça. Mas igualmente a eventual fiscalização por outros tribunais, quer internacionais, quer internos, merece alguma atenção.

O controlo por parte deste Tribunal dos actos dos órgãos políticos das Nações Unidas, máxime os que se prendem com o exercício do poder público, levanta várias questões. A primeira é, desde logo, a da admissibilidade deste controlo à luz da Carta e do Estatuto do Tribunal, quer em processos consultivos, quer em processos contenciosos. Mas também deve ser analisada a questão dos efeitos destas sentenças, designadamente quanto à sua eficácia em relação aos órgãos políticos das Nações Unidas.

Como é pacífico, a competência do Tribunal Internacional de Justiça não fica minimamente precludida pela circunstância de a Assembleia Geral ou mesmo o Conselho de Segurança estarem a deliberar sobre a questão em relação à qual é chamado a decidir[3138].

---

[3138] Deste modo, o Tribunal Internacional de Justiça declarou: "Whereas Article 12 of the Charter expressly forbids the General Assembly to make any recommendation with regard to a dispute or situation while the Security Council is exercising its functions in respect of that dispute or situation, no such restriction is placed on the functioning of the Court by any provision of either the Charter or the Statute of the Court" (cfr. *United States Diplomatic and Consular Staff in Tehran*, Judgement, May 24, 1980, *I.C.J. Reports* 1980, parág. 40, pág. 22). Posteriormente afirmaria: "the fact that a matter is before the Security Council should not prevent it being dealt with by the Court and that both proceedings could be pursued pari passu" e "The Council has functions of a political nature assigned to it, whereas the Court exercises purely judicial functions. Both organs can therefore perform their separate but complementary functions with respect to the same events." [cfr. *Military and Paramilitary Activities in and against Nicaragua* (Nicaragua v. United States of America), Judgement, Jurisdiction and Admissibility, November 26, 1984, *I.C.J. Reports* 1984, pág. 433, parág. 93, e pág. 434-435, parág. 95]. Esta jurisprudência foi reafirmada ainda em *Application of the Convention (...) of*

Por um lado, não existe qualquer disposição paralela à do artigo 12, n.º 2 CNU que limite a sua competência em relação a outro órgão. Por outro lado, disposições como os artigos 33, n.º 1 e n.º 2 e 36, n.º 3 CNU sugerem mesmo uma complementaridade entre as funções do Tribunal e as dos outros órgãos. Neste último preceito fica mesmo claro que o Tribunal pode ser chamado a intervir posteriormente, por iniciativa do Conselho de Segurança[3139]. Esta não se restringe apenas ao Capítulo VI, devendo aplicar-se igualmente mesmo nos casos em que o Conselho decidiu actuar com base no Capítulo VII[3140].

Esta conclusão vale seja para a sua competência contenciosa seja para a sua competência consultiva. Em relação a esta última, tal é apoiado precisamente pela possibilidade de qualquer dos órgãos com legitimidade processual activa para iniciar um processo consultivo, incluindo o Conselho e a Assembleia (artigo 96, n.º 1 CNU), o poderem fazer para esclarecer um aspecto de uma questão que se encontrem a analisar ou em que sejam partes[3141].

---

*Genocide*, Provisional Measures, Order of 8 April 1993, *I.C.J. Reports* 1993, pág. 19, parág. 33; e em *Case concerning Armed Activities on the Territory of the Congo*, cit., Provisional Measures, Order 1 July 2000, parág. 36.

[3139] Como aliás sucedeu já. Assim, pela sua Resolução 22 (1947), de 9 de Abril (texto em RDSCOR, 1947, pág. 4), sobre a questão do Estreito de Corfu entre a Grã-Bretanha e a Albânia, parág. 2: "*Recommends* that the United Kingdom and Albanian Governments should immediately refer the dispute to the International Court of Justice in accordance with the provisions of the Statute of the Court". Igualmente na Resolução 395 (1976), de 25 de Agosto (texto em RDSCOR, 1976, pág. 15-16), sobre Chipre e os desentendimentos entre a Grécia e a Turquia, no parág. 4, o Conselho declarou: "Invites the Governments of Greece and Turkey in this respect to continue to take into account the contribution that appropriate judicial means, in particular the International Court of Justice, are qualified to make to the settlement of any remaining legal differences". Neste caso, porém, o convite não teve qualquer acolhimento pelas partes.

[3140] Como afirmou a Nicarágua perante o Tribunal, com a concordância deste: "Until the Security Council makes a determination under Article 39, a dispute remains to be dealt with by the methods of peaceful settlement provided under Article 33, including judicial settlement; **and even after a determination under Article 39, there is no necessary inconsistency between Security Council action and adjudication by the Court.**" [cfr. *Military and Paramilitary Activities*, cit., *I.C.J. Reports* 1984, pág. 432, parág. 90].

[3141] Em relação a esta última possibilidade, o artigo 66, n.º 1, al. c) da Convenção de Viena sobre o Direito dos Tratados entre Estados e Organizações Internacionais ou entre estas de 1986 autoriza as Nações Unidas (ou outra parte), sendo partes numa controvérsia baseada numa questão relacionada com a validade de um tratado por contradição com uma norma de *Ius Cogens*, a recorrer ao Tribunal, solicitando um parecer. Este, nos termos da sua al. e), será vinculativo para as partes na controvérsia, incluindo as Nações Unidas. Estas são já partes na Convenção, visto que depois de, em 12 de Fevereiro de 1987, terem assinado a Convenção, a vieram a confirmar formalmente em 21 de Dezembro de 1998 (cfr. MTDSG).

A circunstância de a sua decisão ir incidir sobre uma questão predominantemente política é irrelevante quanto à jurisdição do Tribunal, seja consultiva, seja contenciosa. Com efeito, apesar de a distinção entre controvérsias jurídicas e políticas ainda constar da Carta (artigo 36, n.º 3 e artigo 96, n.º 1 e n.º 2), esta é um mero resquício da figura das "questões políticas" que tradicionalmente eram excepcionadas da aplicação das cláusulas obrigatórias de recurso à arbitragem, na sequência do artigo 16 da Convenção (I) para a Resolução Pacífica das Controvérsias Internacionais de Haia de 29 de Julho de 1899[3142]. A mesma noção seria recebida pelo artigo 13, n.º 2 do Pacto da Sociedade das Nações. Passando para o Estatuto do Tribunal Permanente de Justiça Internacional[3143] (artigo 36, parág. 2: "legal disputes") e deste para o Estatuto do actual Tribunal (artigo 36, n.º 2; e também em relação à sua competência consultiva, numa alteração em relação ao Estatuto do Tribunal Permanente: artigo 65, na sequência do artigo 96, n.º 1 e n.º 2 da Carta).

Actualmente, não se tem dúvidas em sustentar que todas as questões com dignidade jurídica podem ser apreciadas por um tribunal internacional. Esta conclusão deriva em grande medida da jurisprudência do Tribunal Internacional de Justiça[3144]. E esta jurisprudência parece estar em consonância com a Carta e com uma interpretação que tenha em conta a evolução da figura.

---

[3142] Que estabelece jurisdição "In questions of a legal nature, and especially in the interpretation or application of International Conventions (...)" (texto da Convenção em NRG, 2.º Série, tomo XXVI, pág. 920-946).

[3143] Texto em LNTS, Vol. 6, 1921, No. 170, pág. 379-413, na pág. 389-411 (francês – inglês).

[3144] Inicialmente, o Tribunal ainda pareceu conceder alguma relevância à noção, embora excluindo sistematicamente a sua aplicabilidade: "The Court cannot attribute a political character to a request which, framed in abstract terms, invites it to undertake an essentially judicial question, the interpretation of a treaty provision" [cfr. *Conditions of Admission* (...), *I.C.J. Reports 1947-1948*, cit., pág. 61]. Mas, mais tarde, pela generalidade das suas posições de rejeição de aplicabilidade da figura, parece tê-la esvaziado de toda a relevância como limite à sua jurisdição: "Whatever its political aspects, the Court cannot refuse to admit the legal character of a question which invites it to discharge an essentially judicial task, namely, an assessment of the legality of the possible conduct of States with regard to the obligations imposed upon them by international law (...)". Concluindo que: "The Court moreover considers that the political nature of the motives which may be said to have inspired the request and the political implications that the opinion given might have are of no relevance in the establishment of its jurisdiction to give such an opinion" [cfr. *Legality Of The Threat or Use* (...), *I.C.J. Reports* 1996, parág. 13. Ver ainda, entre outros sentenças, *Certain expenses* (...), *I. C. J. Reports* 1962, cit., pág. 155; *Aegean Sea Continental Shelf* (Greece v. Turkey), Jurisdiction, Judgment 19 December 1978, *I. C. J. Reports* 1978, pág. 13, parág. 31; e também *Legality of the Use* (...), *I.C.J. Reports* 1996, cit., parág. 16].

Com efeito, a necessidade de limitar estas questões existia somente em relação à competência contenciosa aplicável por força da apresentação de uma cláusula de jurisdição, visto que, regra geral, esta se aplicaria em relação a todas as questões jurídicas. Não já em relação à competência decorrente de tratado ou compromisso arbitral, já que nestes casos a matéria se encontrava previamente delimitada e fora especificamente aceite pelos Estados. O Estado parte não se arriscava a deparar com um caso sobre uma questão politicamente inconveniente com que não contara.

Por este mesmo motivo, também nunca houve necessidade de aplicar a mesma limitação em relação à competência consultiva, já que por muito inconveniente que fosse o resultado de um parecer, nunca seria mais do que um acto não vinculativo. E, de resto, normalmente, os Estados interessados teriam tido a oportunidade de manifestar o seu desacordo quanto ao pedido do parecer e, por esta via, mesmo de o impedir à luz do Pacto, por força da regra da unanimidade (salvo encontrando-se sujeitos a dever de abstenção). Daí a latitude do artigo 36, n.º 1 do actual Estatuto do Tribunal sobre a jurisdição em geral do Tribunal, inspirado na mesma latitude constante do artigo 14 do Pacto da Sociedade das Nações e artigo 65 do Estatuto do Tribunal Permanente. Estes preceitos literalmente permitem às partes até que coloquem ao Tribunal uma questão extra-jurídica para ser decidida sob critérios estranhos ao Direito[3145].

Ora, o ter-se passado a caracterizar a competência consultiva do actual Tribunal igualmente por recurso à mesma noção de questão jurídica (artigo 96, n.º 1 e n.º 2 da Carta e artigo 65 do actual Estatuto), quando esta não pode ameaçar a posição jurídica dos Estados, sugere que esta perdeu essa natureza de protecção dos Estados da jurisdição do Tribunal em relação a questões politicamente sensíveis. Deixou de constituir um limite material a aplicar no seio das questões juridicamente reguladas, excluindo as politicamente essenciais. Passou antes a constituir simplesmente um critério de

---

[3145] Na realidade, o Tribunal Internacional de Justiça, seguindo a jurisprudência do Tribunal Permanente de Justiça Internacional, já afirmou que não decidiria uma questão nesses termos: "A choice amongst them could not be based on legal considerations, but only on considerations of practicability or of political expediency; it is not part of the Court's judicial function to make such a choice" [cfr. *Haya de la Torre* (Colombia v. Peru), Judgment 13 June 1951, *I. C. J. Reports* 1951, pág. 79] e "the Court's authority to give advisory opinions must be exercised as a judicial function", reafirmando depois aquela jurisprudência [cfr. *Northern Cameroons* (Cameroon v. United Kingdom), Judgment 2 December 1963, *I. C. J. Reports* 1963, pág. 30]. Embora esta jurisprudência não prejudique a possibilidade de uma decisão *ex aequo et bono*.

limitação da competência do Tribunal às questões juridicamente reguladas. Isto é, o Tribunal pode pronunciar-se, de uma perspectiva jurídica, sobre quaisquer questões que sejam juridicamente regulados[3146, 3147].

**94. Em processos consultivos.** A legitimidade de um controlo judicial dos actos dos órgãos políticos das Nações Unidas em processos consultivos é pacífica, dado que existem já precedentes em que o Tribunal Internacional de Justiça o exerceu[3148]. De resto, o artigo 65, n.º 1 do Estatuto atribui ao

---

[3146] A Doutrina tem chegado à mesma conclusão, seguindo a jurisprudência do Tribunal: Vera Gowlland-Debbas, *The Relationship Between the International Court of Justice and the Security Council in the Light of the Lockerbie Case*, AJIL, Vol. 88, No. 4, 1994, pág. 643-677, na pág. 652-653; D. Akande, *The Competence* (…), cit., pág. 442-443; P. Serrano, *La Corte* (...), cit., pág. 450-453; B. Martenczuk, *The Security Council* (…), cit., pág. 529. Mas a rejeição da distinção entre controvérsias jurídicas e políticas é já antiga: Harrop Freeman, *The United Nations Organization and International Law*, CLQ, Vol. XXXI, No. 3, 1946, pág. 259-284, na pág. 265-266 (seguindo Kelsen). Contra: D. Bowett, *The Impact of Security Council* (…), cit., pág. 94. Pouco claro: S. Evans, *The Lockerbie* (…), cit., nota 312.

[3147] Evidentemente, o Tribunal não deve pronunciar-se sobre questões que o Direito Internacional regula atribuindo aos Estados o direito de actuar como entenderem. Para fundamentar esta conclusão nem sequer é necessário invocar o artigo 2, n.º 7 CNU. Mesmo que este não existisse nem por isso a conclusão deixaria de ser incontornável. Um Tribunal deve basear as suas conclusões exclusivamente no Direito, a menos que as partes acordem em solicitar uma sentença baseada em critérios *ex aequo et bono*. Mas esta conclusão nada tem a ver com a problemática da figura das questões políticas. Esta surgiu como um meio de evitar o julgamento judicial de questões plenamente reguladas pelo Direito Internacional por força da sua importância política e não de questões em que este deixa à liberdade política de um Estado actuar como pretenda [contra: D. Bowett, *The Impact of Security Council* (…), cit., pág. 94; J. Collier/V. Lowe, *The Settlement of Disputes* (…), cit., pág. 15]. Perante uma situação destas o Tribunal não deve considerar que se trata de uma questão política, mas sim considerar que uma das partes tem o direito de agir como entender e, portanto, a pretensão da outra deve ser julgada com base no Direito Internacional.

[3148] Assim, o Tribunal afirmou: "The rejection of the French amendment does not constitute a directive to the Court to exclude from its consideration the question whether certain expenditures were "decided on in conformity with the Charter", if the Court finds such consideration appropriate. It is not to be assumed that the General Assembly would thus seek to fetter or hamper the Court in the discharge of its judicial functions; the Court must have full liberty to consider all relevant data available to it in forming an opinion on a question posed to it for an advisory opinion" [cfr. *Certain Expenses* (…), cit., *I.C.J. Reports* 1962, pág. 157]. Posteriormente, afirmou, embora de forma restritiva: "The Government of South Africa has contended that for several reasons resolution 284 (1970) of the Security Council, which requested the advisory opinion of the Court, is invalid, and that, therefore, the Court is not competent to deliver the opinion. A resolution of a properly constituted organ of the United Nations which is passed in accordance with that organ's rules of procedure, and is declared

Tribunal uma competência consultiva em relação a "qualquer questão jurídica"[3149]. Deste modo, qualquer órgão das Nações Unidas com legitimidade processual para tal poderá solicitar um parecer sobre a validade de uma decisão das Nações Unidas, mesmo que esta tenha sido adoptada por um outro órgão[3150].

---

by its President to have been so passed, must be presumed to have been validly adapted. However, since in this instance the objections made concern the competence of the Court, the Court will proceed to examine them" e ainda que "Undoubtedly, the Court does not possess powers of judicial review or appeal in respect of the decisions taken by the United Nations organs concerned. The question of the validity or conformity with the Charter of General Assembly resolution 2145 (XXI) or of related Security Council resolutions does not form the subject of the request for advisory opinion. However, in the exercise of its judicial function and since objections have been advanced the Court, in the course of its reasoning, will consider these objections before determining any legal consequences arising from those resolutions". [cfr. *Legal Consequences for States* (...), cit., *I.C.J. Reports* 1971, pág. 21-22, parág. 20 e pág. 45, parág. 89]. Assim, o Tribunal viria a apreciar objecções à validade das resoluções em causa do Conselho e da Assembleia Geral (*idem*, pág. 22-23, parág. 21-26).

Num outro processo anterior fora mais longe e declarara como contrário aos termos do Tratado constitutivo uma eleição dos membros de um órgão da Organização Intergovernamental Consultiva Marítima: "that the Maritime Safety Committee of the Inter-Governmental Maritime Consultative Organization, which was elected on 15 January 1959, is not constituted in accordance with the Convention for the Establishment of the Organization" (cfr. *Constitution of the Maritime Safety Committee of the Inter-Governmental Maritime Consultative Organization*, Advisory Opinion, 8 June 1960, *I. C. J. Reports* 1960, pág. 171). O Tribunal só não retirou as devidas consequências deste parecer, declarando a sua nulidade, porque tal não lhe fora pedido.

[3149] Noção a propósito da qual o Tribunal Internacional de Justiça afirmou: "references to 'any legal question' in the abovementioned provisions of the Charter and Statute are not to be interpreted restrictively" (cfr. *Western Sahara*, Advisory Opinion, 16 October 1975, *I.C.J. Reports* 1975, pág. 20, parág. 18; ver já em *Reservations to the Convention on the Prevention and Punishment of the Crime of Genocide*, Advisory Opinion, 28 May 1951, *I.C.J. Reports* 1951, pág. 20). O termo é tão amplo que permite mesmo que o Tribunal se pronuncie sobre questões não reguladas pelo Direito Internacional, mas exclusivamente por um Direito interno, como o das Nações Unidas. Pense-se nos recursos de decisões administrativas no âmbito das Nações Unidas que lhe têm sido submetidos para parecer nos termos do Estatuto do Tribunal Administrativo destas (também: Robert Ago, *Binding Advisory Opinions of the International Court of Justice*, AJIL, vol. 85, No. 3, 1991, pág. 439-451, na pág. 445).

[3150] Segundo se julga, a Assembleia Geral poderá pedir um parecer sobre a validade de um acto do Conselho de Segurança. O artigo 12 deixou de constituir obstáculo a tal pedido, visto que, à luz da prática, parece ter sido revogado tacitamente. Refira-se que o Tribunal Internacional de Justiça, perante alegações de que o artigo 96, n.º 1 CNU apenas permitia que a Assembleia Geral solicitasse pareceres sobre questões da sua competência (não obstante a diferença literal do n.º 1 perante o n.º 2 que não deixa grande margem para esta interpretação),

Claro está, esta espécie de processos tem contra si a não obrigatoriedade do parecer do Tribunal. Juridicamente este não produz efeitos[3151], sendo uma mera opinião que vale por força da autoridade jurídica do seu autor. Somente por meio de tratados e outros actos jurídicos se tem estabelecido pontualmente a obrigatoriedade dos pareceres[3152, 3153].

---

afirmou: "In the view of the Court, it matters little whether this interpretation of Article 96, paragraph 1, is or is not correct; in the present case, the General Assembly has competence in any event to seise the Court. Indeed, Article 10 of the Charter has conferred upon the General Assembly a competence relating to "any questions or any matters" within the scope of the Charter." [cfr. *Legality Of The Threat or Use* (...), *I.C.J. Reports* 1996, parág. parág. 11; ver, porém, contrário a um pedido de parecer com este conteúdo: M. Bedjaoui, *Un Contrôle de la Légalité* (...), cit., pág. 278].

[3151] Assim, o Tribunal declarou: "The Court's reply is only of an advisory character: as such, it has no binding force" [cfr. *Interpretation of Peace Treaties* (...), 1st Phase, *I.C.J. Reports* 1950, pág. 71; ver igualmente *Western Sahara*, *I.C.J. Reports* 1975, pág. 24, parág. 31].

[3152] Assim, entre outras, a nível multilateral: a citada Constituição da Organização Internacional do Trabalho, artigo 37, n.º 2 (em relação a um tribunal criado para resolver litígios entre os membros); a Convenção sobre Direitos e Imunidades das Nações Unidas de 13 de Fevereiro de 1946 (texto em AJIL, *supplement*, Vol. 43, No. 1, 1949, pág. 1-7), artigo VIII, secção 30; a Convenção sobre Direitos e Imunidades das Organizações Especializadas de 21 de Novembro de 1947, artigo XI, secção 32; o Acordo sobre Direitos e Imunidades da Agência Internacional da Energia Atómica de 1 de Julho de 1959, artigo X, secção 34; a citada Convenção de Viena sobre o Direito dos Tratados entre Estados e Organizações Internacionais ou entre estas de 1986, artigo 66, n.º 2, al. e); bem como a Convenção das Nações Unidas contra o Tráfico Ilícito de Narcóticos e Substancias Psicotrópicas de 19 de Dezembro de 1988, artigo 32, n.º 3 (texto em ILM, vol. 28, n.º 2, 1989, pág. 497-526).

A nível bilateral, refira-se o Acordo entre as Nações Unidas e o Chile de Regulamentação das Condições de Funcionamento da Sede da Comissão Económica das Nações Unidas para a América Latina de 16 de Fevereiro de 1953, artigo XI, secção 21; o Acordo entre as Nações Unidas e a Tailândia igualmente relativo à sede da referida Comissão Económica de 26 de Maio de 1954, artigo XIII, secção 26; o Acordo entre a Agência Internacional da Energia Atómica e o Egipto para o Estabelecimento de um Centro Rádio-Isotópico no Cairo de 14 de Setembro de 1967, artigo XVI, secção 39. Refira-se ainda o Estatuto do Tribunal Administrativo das Nações Unidas, artigo 11, n.º 3 (texto em UN Doc. AT/11/Rev. 5, 1998) e o Estatuto do Tribunal Administrativo da Organização Internacional do Trabalho, artigo XII [cfr. R. Ago, *"Binding" Advisory* (...), cit., pág. 439].

[3153] A propósito destes actos, afirmou o Tribunal: "Under Article XII of the Statute of the Administrative Tribunal, the Opinion thus requested will be 'binding'. Such effect of the Opinion goes beyond the scope attributed by the Charter and by the Statute of the Court to an Advisory Opinion. However, the provision in question is nothing but a rule of conduct for the Executive Board, a rule determining the action to be taken by it on the Opinion of the Court. It in no wise affects the way in which the Court functions; that continues to be determined by its Statute and its Rules. Nor does it affect the reasoning by which the Court forms its Opinion or the content of the Opinion itself" [cfr. *Judgments of the Administrative*

Ainda assim, o seu parecer não será juridicamente irrelevante. Não é possível considerá-lo como vinculativo para os restantes órgãos das Nações Unidas. No entanto, este tirará toda a credibilidade a qualquer resistência com fundamentos jurídicos de Estados em relação a uma resolução cuja legitimidade seja confirmada. Por outro lado, legitimará esta resistência no caso de o Tribunal rejeitar a sua conformidade com o Direito aplicável[3154, 3155].

Um outro aspecto negativo é a circunstância de não servir de meio de defesa de uma minoria de Estados, já que o parecer não pode ser requerido por Estados, mas apenas por órgãos das Nações Unidas ou organizações internacionais do seu sistema. Nos termos do artigo 96 CNU, somente o Conselho de Segurança, a Assembleia Geral ou outros órgãos das Nações Unidas ou organizações autorizadas pela Assembleia o poderão fazer[3156]. Tal como os Estados têm um monopólio na constituição de processos contenciosos, as organizações internacionais têm o seu monopólio quanto ao requerimento de pareceres.

**95. Em processos contenciosos.** O controlo de actos de órgãos políticos em processos contenciosos levanta problemas mais complexos. É necessário

---

*Tribunal of the International Labour Organization upon Complaints Made against UNESCO*, Advisory Opinion, 23 October 1956, *I.C.J. Reports* 1956, pág. 84; ver também *Application for Review of Judgement No. 158 of the United Nations Administrative Tribunal*, Advisory Opinion, 12 July 1973, *I.C.J. Reports* 1973, pág. 182, parág. 39; igualmente em *Difference Relating to Immunity* (...), *I.C.J. Reports* 1999, pág. 76-77, parág. 25].

[3154] Ver, *supra*, sobre o direito de resistência em relação a actos das Nações Unidas, parág. 91.2.1.

[3155] Do mesmo modo: G. Capaldo, *Verticalità* (...), cit., pág. 96-97.

[3156] Além do Conselho e da Assembleia encontram-se autorizados a solicitar pareceres mais três órgãos das Nações Unidas: o Conselho Económico e Social, o Conselho de Tutela e a Comissão Interina da Assembleia, embora esta última tenha cessado a sua actividade e o Conselho de Tutela se encontre, pelo menos para já, em situação praticamente idêntica. Foram igualmente autorizadas dezasseis organizações do sistema das Nações Unidas: a Organização Internacional do Trabalho, Organização das Nações Unidas para a Alimentação e a Agricultura, Organização das Nações Unidas para a Educação, Ciência e Cultura, a Organização da Aviação Civil Internacional, a Organização Mundial da Saúde, o Banco Mundial, a Sociedade Financeira Internacional, a Associação do Desenvolvimento Internacional, o Fundo Monetário Internacional, a União Internacional de Telecomunicações, a Organização Meteorológica Mundial, a Organização Internacional Marítima, a Organização Mundial da Propriedade Intelectual, o Fundo Internacional para o Desenvolvimento Agrícola, a Organização das Nações Unidas para o Desenvolvimento Industrial e a Agência Internacional da Energia Atómica (cfr. *Report of the International Court of Justice*, 1 August 1999 – 31 July 2000, parág. 49).

distinguir entre a possibilidade de um controlo por via principal e um por via incidental, apesar desta segunda poder atingir em grande medida os efeitos da primeira.

**95.1. Como questão principal?** A defesa da existência de um controlo do Tribunal por via principal é a que depara com maiores obstáculos. Por um lado, existe jurisprudência expressa do Tribunal Internacional de Justiça que a nega[3157], amparada no escasso apoio literal nos preceitos que regulam a sua competência e numa interpretação historicista da Carta baseada nos seus trabalhos preparatórios[3158].

Por outro lado, visto que as acções contenciosas perante o Tribunal Internacional de Justiça se encontram estruturadas como processos entre duas partes, um controlo por via principal só seria possível enquanto acção contra as próprias Nações Unidas. Todavia, nos termos do artigo 34, n.º 1 do Estatuto do Tribunal, apenas os Estados podem ser partes nos processos contenciosos e não já qualquer organização internacional.

Outra solução só seria viável pela interposição de uma acção contra os Estados que tivessem votado favoravelmente o acto impugnado. Mas, mesmo neste caso, para lá de problemas derivados da provável falta de jurisdição do Tribunal em relação a alguns destes, não se estaria exactamente perante um processo de controlo por via principal de um acto das Nações Unidas; antes de fronte de um processo contra a actuação de alguns Estados enquanto

---

[3157] Assim, entendeu que os actos dos órgãos políticos das Nações Unidas gozam de uma presunção de validade e que "In the legal systems of States, there is often some procedure for determining the validity of even a legislative or governmental act, but no analogous procedure is to be found in the structure of the United Nations. Proposals made during the drafting of the Charter to place the ultimate authority to interpret the Charter in the International Court of Justice were not accepted; the opinion which the Court is in course of rendering is an advisory opinion" [cfr. *Certain expenses* (…), *I. C. J. Reports* 1962, cit., pág. 168]. No ano seguinte já adoptou uma posição menos clara ao afirmar "The Applicant here has expressly said it does not ask the Court to revise or to reverse those conclusions of the General Assembly or those decisions as such, and it is not therefore necessary to consider whether the Court could exercise such an authority" (cfr. *Northern Cameroons*, cit., *I. C. J. Reports* 1963, pág. 32; também pág. 33).

[3158] Com efeito, a proposta da Bélgica apresentada na Conferência de S. Francisco de concessão de poderes de controlo ao Tribunal Internacional de Justiça em relação aos actos do Conselho de Segurança acabou por ser retirada perante a oposição da maioria dos Estados com fundamento em que não seria adequado, dada a natureza da Carta, atribuir ao Tribunal uma competência em última instância sobre a matéria [cfr. *Report of Rapporteur of Committee IV/2 to Commission IV* (Doc. 933, June 12), em UNCIOSD, pág. 875-882, na pág. 880].

seus membros, em que a validade do acto da organização surgiria como uma questão incidental. Fica, pois, prejudicado um controlo realizado por via principal formal. Apenas por via de alteração da Carta será possível instituir um sistema desta espécie a cargo do Tribunal Internacional de Justiça.

**95.2. Como questão incidental.** Um controlo incidental em processos contenciosos interpostos com outro objecto coloca igualmente algumas questões, mas que se revelam resolúveis.

A primeira é claramente a do fundamento jurídico deste poder do Tribunal Internacional de Justiça. No entanto, a ampla cláusula de poderes consagrada no artigo 36 do seu Estatuto afigura-se base suficiente para tal controlo[3159]. Desde logo, o seu n.º 1 constitui uma disposição aberta a praticamente qualquer questão que lhe seja submetida pelas partes ou nos termos de um tratado em vigor, mesmo que as normas aplicáveis não sejam jurídicas, por estas terem decidido solicitar-lhe uma decisão *ex aequo et bono* (artigo 38, n.º 2 do Estatuto).

Mas igualmente à luz do artigo 36, n.º 2, portanto para Estados que tenham apresentado uma declaração facultativa de jurisdição, é possível fundar a sua competência nesta matéria. De facto, a questão da interpretação dos parâmetros de validade das resoluções dos órgãos das Nações Unidas está compreendida claramente nas suas alíneas a) e b). Assim, a Carta é um tratado, logo fica abrangida pela primeira; e as normas internacionais costumeiras aplicáveis encontram-se compreendidas na al. b) do artigo 36, n.º 2.

A questão do poder do Tribunal para confrontar as referidas resoluções com estes parâmetros já é menos líquida. Regra geral, a questão será apresentada ao Tribunal na sequência de actos de um Estado adoptados na execução de uma destas resoluções[3160]. Actos cuja licitude o Estado autor

---

[3159] Alguns autores parecem considerá-los igualmente base suficiente para o poder de controlo do Tribunal: M. Bedjaoui, *Un Contrôle de la Légalité* (...), cit., pág. 281 e 285-286. Outros, porém, entendem que estes preceitos não fornecem base clara: G. Watson, *Constitutionalism* (...), cit., pág. 7-8; Ken Roberts, *Second-Guessing The Security Council: The International Court Of Justice And Its Powers Of Judicial Review*, PILR, Vol. 7, 1995, pág. 281-327, na pág. 289. Mas a maioria nem refere a questão, entendendo simplesmente que este poder decorre dos poderes judiciais que cabem a qualquer tribunal [por exemplo: B. Martenczuk, *The Security Council* (...), cit., pág. 527].

[3160] Foi o que essencialmente fez a Líbia nos referidos casos *Aplicação da Convenção de Montreal*. Assim, sem afirmar abertamente a invalidade das Resoluções 748 (1992) e 883 (1993) do Conselho, sustenta que o Tribunal deve fazer uma interpretação destas conforme à Carta: "the Court must interpret those resolutions "in accordance with the Charter, which

contesta e que pede a sua apreciação à luz da al. c) deste artigo 36, n.º 2 do Estatuto. Mas as resoluções pelo seu lado serão actos das Nações Unidas que muitas vezes nem sequer constituirão actos de Direito Internacional, mas sim actos de Direito interno da organização[3161]. Neste caso a questão da sua validade não poderá literalmente ser considerada como exclusivamente uma questão de Direito Internacional para efeitos da referida al. b).

No entanto, tal não constitui obstáculo ao seu conhecimento. Os tribunais em geral não têm levantado obstáculos a apreciar e interpretar actos de Direito interno dos Estados para apurar se estes são compatíveis com as obrigações internacionais do seu autor[3162].

Acresce que, no caso da resolução em causa ter tido eficácia constitutiva, constituindo o alicerce jurídico dos actos estaduais de execução (por exemplo, um embargo comercial ou uma habilitação estadual ao uso da força), resulta claro que esta será um acto jurídico internacional. É um acto ao qual o Direito Internacional, por meio da Carta (artigo 25 e, em relação a tratados entre os membros, o artigo 103) e do Direito Costumeiro[3163], atribui eficácia que legitima a prática de actos estaduais que normalmente seriam ilícitos. A sua interpretação é, portanto, uma questão de Direito Internacional. A base para a competência do Tribunal para a realizar encontra-se deste modo

---

determined their validity", and that the Charter prohibited the Council from requiring Libya to hand over its nationals to the United States or the United Kingdom" [cfr. em relação aos Estados Unidos: *Case Concerning Questions of Interpretation and Application* (...), *I.C.J. Reports* 1998, pág. 130, parág. 41; em relação ao Reino Unido: *Case Concerning Questions of Interpretation and Application of the 1971 Montreal Convention Arising from the Aerial Incident at Lockerbie* (Libyan Arab Jamahiriya *v.* United Kingdom), 27 February 1998, Judgement, Preliminary Objections, *I.C.J. Reports* 1998, pág. 25, parág. 42].

[3161] Ver, *supra*, parág. 85.

[3162] Existem mesmo precedentes de declarações de nulidade de actos internos; assim, o Tribunal Permanente de Justiça Internacional no seu parecer de 11 de Outubro de 1932, *Interpretation of the Statute of the Memel Territory*, August 11th, 1932, P.C.I.J., Series A/B, No. 49, pág. 336- 337, só não declarou a nulidade de um acto interno porque entendeu que tal não estivera na intenção das partes ao consultarem-no. É certo que estava a exercer a sua competência consultiva, bem mais lata do que a contenciosa à luz da declaração facultativa de jurisdição. Mas no caso *Legal Status of Eastern Greenland* (Denmark v. Norway), April 5th, 1933, P.C.I.J., Series A/B, No. 53, pág. 75 e 64, foi expresso em apreciar os actos internos de ocupação da Noruega e em declará-los ilegais e inválidos. Igualmente o Tribunal Interna-cional de Justiça, embora no exercício da sua competência consultiva, considerou como ilegais ou nulas as medidas internas da África do Sul na Namíbia depois da extinção do seu mandato [cfr. *Legal Consequences for States* (...), cit., *I.C.J. Reports* 1971, pág. 56, parág. 125].

[3163] Ver, *supra*, parág. 20.3-21.

na al. b) do artigo 36, n.º 2 do seu Estatuto. Consequentemente, o Tribunal deverá interpretá-la de modo a averiguar se efectivamente os actos executivos se conformam com os seus termos. Aliás, outra conclusão permitiria que um Estado invocasse quaisquer resoluções como forma de justificar actos arbitrários, fundando-se na alegada incompetência do Tribunal para as interpretar.

Mas, para interpretar estas resoluções, o Tribunal tem previamente de se inteirar de que esta efectivamente foi adoptada pelo órgão seu autor e que a Carta lhe atribui a eficácia alegada e as condições a que a sujeita para que a produza. Por conseguinte, se a Carta fizer depender essa eficácia do respeito dos seus termos e restantes normas internacionais aplicáveis, o Tribunal não poderá furtar-se a avaliar se a resolução em causa reúne estas condições. Ora, já se verificou que a Carta e o Direito Internacional aplicável são parâmetro de validade e eficácia das resoluções, tornando nulas automaticamente as que lhes são contrárias[3164].

É precisamente a natureza deste desvalor jurídico da resolução que constitui um segundo fundamento para a competência do Tribunal para ajuizar da sua validade. Com efeito, a declaração do que é Direito, e do que não o é, é a mais elementar das faculdades compreendidas no âmbito dos poderes implícitos de qualquer órgão judicial no exercício da função jurisdicional[3165]. Se se tratasse de uma anulabilidade, portanto, não automática, em que a sentença do Tribunal teria uma natureza constitutiva, esta intervenção

---

[3164] Ver, *supra*, parág. 82-83 e 91.2.1.

[3165] O Tribunal Penal para a ex-Jugoslávia, pela sua Secção de Recurso, afirmou a propósito do poder de determinar a sua própria jurisdição: "the constitutive instrument of an international tribunal can limit some of its jurisdictional powers, but only to the extent to which such limitation does not jeopardize its "judicial character", as shall be discussed later on. Such limitations cannot, however, be presumed and, in any case, they cannot be deduced from the concept of jurisdiction itself" e ainda que "To assume that the jurisdiction of the International Tribunal is absolutely limited to what the Security Council "intended" to entrust it with, is to envisage the International Tribunal exclusively as a "subsidiary organ" of the Security Council (see United Nations Charter, Arts. 7(2) & 29), a "creation" totally fashioned to the smallest detail by its "creator" and remaining totally in its power and at its mercy. But the Security Council not only decided to establish a subsidiary organ (the only legal means available to it for setting up such a body), it also clearly intended to establish a special kind of "subsidiary organ": a tribunal" [cfr. *Decision on (…) Jurisdiction in Prosecutor v. Dusko Tadic*, Appeals Chamber, October 2, 1995, parág. 11 e 15, ILM, cit., pág. 39].

Assim, igualmente os membros originais das Nações Unidas não poderiam limitar certos poderes do Tribunal Internacional de Justiça sem simultaneamente estarem a defraudar e falsear a sua natureza judicial.

judicial dependeria de uma norma de competência expressa. Perante uma nulidade automática, a intervenção do Tribunal é meramente declarativa. Limita-se a verificar uma realidade jurídica preexistente.

Deste modo, o controlo da validade das resoluções das Nações Unidas, no caso de estas surgirem incidentalmente no processo enquanto alicerces jurídicos de actos de um Estado, constitui uma questão de Direito Internacional para a qual o Tribunal é competente nos termos do artigo 36, n.º 2, al. b) do seu Estatuto e no âmbito dos seus poderes gerais enquanto órgão judicial (artigo 92 CNU e artigo 1 do Estatuto).

Esta conclusão tem actualmente um importante apoio jurisprudencial[3166] e igualmente doutrinário[3167].

---

[3166] Assim, a Secção de Recurso do Tribunal Penal para a ex-Jugoslávia, na notável sentença já citada, afirmou expressamente a sua competência para conhecer a título incidental da desconformidade dos actos do Conselho de Segurança com a Carta: "Obviously, the wider the discretion of the Security Council under the Charter of the United Nations, the narrower the scope for the International Tribunal to review its actions, even as a matter of incidental jurisdiction. Nevertheless, this does not mean that the power disappears altogether, particularly in cases where there might be a manifest contradiction with the Principles and Purposes of the Charter" [cfr. *Decision on (...) Jurisdiction in Prosecutor v. Dusko Tadic*, Appeals Chamber, October 2, 1995, parág. 21, ILM, cit., pág. 41]. Afastou a relevância das anteriores tomadas de posição do Tribunal Internacional de Justiça argumentando que "All these dicta, however, address the hypothesis of the Court exercising such judicial review as a matter of "primary" jurisdiction. They do not address at all the hypothesis of examination of the legality of the decisions of other organs as a matter of "incidental" jurisdiction, in order to ascertain and be able to exercise its "primary" jurisdiction over the matter before it" (parág. 21, pág. 41).

Igualmente o Tribunal Penal para o Ruanda, seguindo o Tribunal para a ex-Jugoslávia, na sua decisão sobre jurisdição no caso Prosecutor v. Kanyabashi de 18 de Junho de 1997, apreciou a validade da referida Resolução 955 (1994), de 8 de Novembro, do Conselho que o criara [cfr. V. Morris, *International Decision: Prosecutor v. Kanyabashi* (...), cit., pág. 67-68].

Merece citação pela sua clareza: Charles D. Onyeama, *Separate Opinion*, em *Legal Consequences for States* (...), cit., *I.C.J. Reports* 1971, pág. 143-144 ("The Court's powers are clearly defined by the Statute, and do not include powers to review decisions of other organs of the United Nations; but when, as in the present proceedings, such decisions bear upon a case properly before the Court, and a correct judgment or opinion could not be rendered without determining the validity of such decisions, the Court could not possibly avoid such a determination without abdicating its role of a judicial organ").

[3167] Ver igualmente no mesmo sentido: T. Franck, *The «Powers of Appreciation»* (...), cit., pág. 521; G. Gaja, *Réflexions* (...), cit., pág. 317; A. Pellet, *Peut-on* (...), cit., pág. 225--226; M. Bedjaoui, *Un Contrôle de la Légalité* (...), cit., pág. 281 e 285-286; B. Graefrath, *Leave to* (...), cit., texto notas 71-72; G. Capaldo, *Verticalità* (...), cit., pág. 93-94; J. Alvarez, *Judging* (...), cit., pág. 22-24 e 39; M. Koskenniemi, *The Police* (...), cit., texto notas 71-72; P. Serrano, *La Corte* (...), cit., pág. 530-533; B. Martenczuk, *The Security Council* (...), cit., pág. 527-528.

Já se pode duvidar que o fundamento decorrente do artigo 36, n.º 1, al. b) do Estatuto seja aplicável perante uma mera recomendação. Esta poderá, quando muito, ser causa de responsabilidade das Nações Unidas por autoria moral ou cumplicidade moral[3168]. Não constituirá qualquer justificação para a acção do Estado e, por conseguinte, regra geral, não existirá necessidade e, logo, fundamento na al. b), para a fiscalização da sua validade. Mas se a questão for juridicamente relevante para a resolução do litígio, o Tribunal poderá sempre pronunciar-se à luz dos seus poderes genéricos para declarar o Direito.

Uma outra questão prende-se com o âmbito dos poderes do Tribunal Internacional de Justiça. Poderá este somente apreciar a conformidade de uma resolução com a Carta ou Direito Internacional ou poderá igualmente declarar a sua nulidade e extrair todas as consequências desta?

Apesar de a questão não ser pacífica, entende-se que o Tribunal pode e deve declarar a nulidade de uma resolução contrária ao Direito aplicável. Efectivamente, ao considerar que a resolução não constituiu fundamento eficaz para os actos estaduais adoptados em sua execução e que estes são ilícitos o Tribunal mais não faz do que afirmar que esta é nula. Se o faz literalmente, ou não, não é de grande importância, mas é a solução mais cristalina e adequada a uma boa administração da justiça. Com efeito, a nulidade da resolução é precisamente uma das justificações da intervenção

---

Igualmente favoráveis, mas com grandes cautelas: Jean-Marc Sorel, *Les Ordonnances de la Cour Internationale de Justice du 12 Avril 1992*, RGDIP, tome 97, 1993, n.º 3, pág. 689-725, na pág. 723-724; Scott S. Evans, *The Lockerbie Incident Cases: Libyan-Sponsored Terrorism, Judicial Review And The Political Question Doctrine*, MJILT, Vol. 18, 1994, pág. 21 e segs., texto notas 298-306; K. Roberts, *Second-Guessing* (...), cit., pág. 312 e 321-325; C. Evans, *The Concept of "Threat* (...), cit., pág. 222-223; Eric Zubel, *The Lockerbie Controversy: Tension Between The International Court Of Justice And The Security Council*, ASICL, Vol. 5, No. 1, 1999, pág. 259-285, na pág. 281-285; Anne-Marie La Rosa, *Les sanctions des Nations Unies et le droit international*, ILF, Vol. I, No. 3, 1999, pág. 178-180, na pág. 180 (refere opiniões manifestadas neste sentido num congresso);.

Contra ou, pelo menos, cépticos quanto a este controlo: Elena Sciso, *Può la Corte Internazionale di Giustizia Rilevare l'Invalidità di una Decisione del Consiglio di Sicurezza?*, RDI, vol. LXXV, 1992, pág. 369-374, na pág. 374; W. Reisman, *The Constitutional Crisis* (...), cit., pág. 93-94 (por alegada falta de limites jurídicos); R. Lillich, *Humanitarian* (...), cit., pág. 568 e em *The Role Of The Un Security* (...), cit., pág. 9 e 12-13 (segue o anterior autor); Deborah D'Angelo, *The «Check» On International Peace And Security Maintenance: The International Court Of Justice And Judicial Review Of Security Council Resolutions*, STLR, Vol. 23, 2000, pág. 561-593, na pág. 590-591.

[3168] Ver, *infra*, parág. 101.

do Tribunal no âmbito dos poderes implícitos que cabem a qualquer órgão judicial no exercício da função jurisdicional[3169].

A questão de saber que espécie de efeitos a sentença do Tribunal poderá produzir em relação às Nações Unidas já implica a análise do regime geral destes.

**95.3. Efeitos da sentença para as Nações Unidas.** A questão da situação das Nações Unidas em relação a uma sentença contenciosa do Tribunal Internacional de Justiça que considere inválido um acto da organização tem relevância a mais do que um título.

Em primeiro lugar, qualquer controlo realizado pelo Tribunal poderá ser de pouca utilidade senão tiver eficácia vinculativa em relação ao órgão das Nações Unidas que aprovou o acto declarado contrário ao Direito aplicável, seja a Carta ou outro. Deste modo, em alguns casos, a obrigatoriedade em relação à Organização das Nações Unidas da sentença que realize o controlo será um pressuposto da sua utilidade.

No entanto, a vinculatividade para as Nações Unidas, e logo para qualquer um dos seus órgãos, das sentenças do Tribunal não é questão nada líquida à luz da Carta ou do Estatuto do Tribunal. De facto, este último no seu artigo 59 apenas estabelece a obrigatoriedade das sentenças para as partes em relação ao caso concreto[3170] e já ficou sublinhado que as Nações

---

[3169] Contra: G. Capaldo, *Verticalità* (...), cit., pág. 98; K. Roberts, *Second-Guessing* (…), cit., pág. 325-326. M. Bedjaoui, *Un Contrôle de la Légalité* (…), cit., pág. 286, só parece afastar uma declaração de nulidade *erga omnes* por entender que a sentença não tem efeitos para as Nações Unidas.

[3170] Esta limitação do acto para o caso concreto não impede, de qualquer modo, que as partes fiquem vinculadas à sentença quanto ao que esta tiver decidido em relação à invalidade de um dado acto das Nações Unidas, mesmo perante uma circunstância distinta. O Tribunal já sustentou mesmo que as partes teriam direito a voltar a recorrer a si: "However, the Court observes that if the basis of this Judgment were to be affected, the Applicant could request an examination of the situation in accordance with the provisions of the Statute" [cfr. *Nuclear Tests* (Australia v. France), Judgment 20 December 1974, *I. C. J. Reports* 1974, pág. 272, parág. 60; *Nuclear Tests* (New Zealand v. France), Judgment 20 December 1974, *I. C. J. Reports* 1974, pág. 477, parág. 63]. Viria, porém, em *Request for an Examination of Situation in Accordance with Paragraph 63 of the Court's Judgment of 20 December 1974 in the Nuclear Tests (New Zealand v. France) Case*, Order 22 September 1995, *I. C. J. Reports* 1995, pág. 306, parág. 63 e 65, a entender que a base do seu julgamento apenas abrangia testes nucleares atmosféricos e não já subterrâneos; rejeitou, em consequência, o pedido da Nova Zelândia.

Unidas, enquanto organização internacional, nunca poderão ser partes num processo contencioso (artigo 34, n.º 1 Estatuto)[3171].

Mas sendo o Tribunal um dos órgãos principais das Nações Unidas (artigo 7, n.º 1 CNU), e logo o seu principal órgão judicial, coloca-se a questão de saber se uma sentença sua não deverá ter algum efeito sobre a organização e, portanto, sobre os restantes órgãos. A confirmá-lo, o artigo 94, n.º 2 CNU confere ao Conselho poderes para executar as sentenças do Tribunal. E o artigo 41 do Estatuto do Tribunal manda que este avise o Conselho das medidas provisórias que tiver adoptado[3172].

É certo que o artigo 94, n.º 2 não estabelece um dever para o Conselho de tomar medidas para executar a sentença[3173]. Com efeito, este afirma que o Conselho, perante um incumprimento e um pedido da parte afectada (previsão da norma), deverá realizar um juízo de oportunidade subjectivo ("se o considerar necessário") sobre se é necessária uma acção sua, que poderá assumir a forma de recomendações ou decisões[3174]. Ou seja, trata--se de um preceito que remete para uma decisão discricionária do Conselho sobre a necessidade de uma intervenção sua. Tal necessidade deve ser apreciada à luz do objectivo de dar efectividade à sentença. Assim, serão necessárias as medidas que se revelem indispensáveis para a execução da sentença. A mesma conclusão é confirmada pelo "pode" utilizado na esta-tuição da norma que compreende uma ponderação das medidas necessárias a adoptar à luz das suas outras funções, máxime, a manutenção da paz e

---

[3171] O Tribunal Internacional de Justiça parece ter concordado com alegações de que uma sentença sua relativa a um acto das Nações Unidas não as vincularia por força deste preceito: "In accordance with Article 59 of the Statute, the judgment would not be binding on Nigeria, or on any other State, **or on any organ of the United Nations**. These truths are not controverted by the Applicant" (cfr. *Northern Cameroons*, cit., *I. C. J. Reports* 1963, pág. 33). Mas é provável que tenha sido a circunstância de a própria parte interessada nessa vinculação [os Camarões que consideravam nula a Resolução 1608 (XV) da Assembleia Geral] ter adoptado tal posição que levou o Tribunal a se pronunciar sobre este efeito do artigo 59 do seu Estatuto, sem cuidar de determinar se não existiam preceitos na Carta que a colocariam em causa.

[3172] Preceito concretizado pelo artigo 77 do Regulamento do Tribunal.

[3173] Este regime está claramente ligado à postura política da Carta, perante a perspectiva mais jurídica que caracterizava o Pacto da Sociedade das Nações. Daí que este estabelecesse no seu artigo 13, n.º 4 uma obrigação clara do Conselho da Sociedade de adoptar medidas de execução de uma sentença do Tribunal Permanente de Justiça Internacional (ou de qualquer tribunal arbitral): "In the event of any failure to carry out such an award or decision, the Council shall propose what steps should be taken to give effect thereto".

[3174] Viu-se já que estas segundas podem ter natureza obrigatória ou mesmo adoptar medidas compulsivas pacíficas paralelas às do artigo 41; ver, *supra*, parág. 50.4.

segurança internacionais. Se entender que a sua actuação poderá prejudicar a causa da paz, poderá abster-se de fazer recomendações ou de tomar decisões que visem dar execução à sentença[3175, 3176].

Ainda assim, o Conselho perante uma sentença incumprida, e um protesto da parte prejudicada perante si, terá um dever de apreciar a questão e ponderar se as medidas de execução são no seu entendimento necessárias e se se revelam compatíveis com a manutenção da paz. Se não tem um dever jurídico estrito de agir, encontra-se ainda assim numa situação jurídica de natureza passiva provocada pelo incumprimento da sentença, embora caracterizada por um apreciável poder discricionário.

Mas, esclarecido que o Conselho não tem um dever positivo de actuar, cabe questionar se não terá um dever negativo de não violar pela sua actuação a sentença. Parece necessário distinguir duas situações.

Aquelas em que a sentença não realiza qualquer juízo sobre uma actuação das Nações Unidas que possa directa ou indirectamente ser imputada ao Conselho e que este tenha o poder de alterar. Nestes casos, a sentença limita-se a julgar a conduta de um Estado e apenas se deve questionar se o Conselho poderá apoiar de alguma forma o incumprimento desta. Dado que se concluiu que o Conselho pode utilizar meios que são proibidos aos Estados ou que, pelo menos se encontram sujeitos a um regime jurídico específico, é possível que se tenha de concluir que o Conselho possa mesmo apoiar o Estado incumpridor da sentença em nome da manutenção da paz, quando tal se revele estritamente necessário e proporcionado, num mero adiar da sua execução para quando a paz estiver assegurada[3177].

---

[3175] Os EUA no seu veto à proposta de resolução que apelava ao cumprimento da sentença de que eram destinatários do Tribunal Internacional de Justiça no citado *Case Concerning Military And Paramilitary Activities In And Against Nicaragua*, na 2718.ª reunião, em 28 de Outubro de 1986, invocaram como justificação precisamente "Approval by the Council of a resolution that simply ignored those fatal defects in Nicaragua's position before the Council would not serve the cause of peace in Central America" (cfr. RPSC, 1985-1988, Chapter VI, pág. 133).

[3176] Em sentido paralelo, sublinhando o poder discricionário do Conselho: O. Schachter, *The Enforcement of International* (…), cit., pág. 18; Giuseppe Barile, *Lezioni di Diritto Internazionale*, Pádua, 1983, pág. 223; A. Tanzi, *Problems of Enforcement* (…), cit., Part II; J. Alvarez, *Judging* (…), cit., pág. 5, nota 29.

[3177] A Doutrina, mesmo que de forma renitente, tem reconhecido esta possibilidade: A. Tanzi, *Problems of Enforcement* (…), cit., Part II, A.3 (sustenta que os órgãos políticos têm um dever de restrição, não devendo questionar juridicamente as sentenças do Tribunal, mas que se podem afastar dos seus termos por motivos políticos); J. Collier/V. Lowe, *The Settlement of Disputes* (…), cit., pág. 178 (admitem que possa desviar-se da sentença à luz do artigo 94, n.º 2, mas criticam tal actuação).

Mas a solução já parece ser distinta quando a sentença contenha um juízo de ilicitude sobre a actuação do Conselho ou de um outro órgão ou entidade que se lhe encontre subordinado e actue segundo instruções suas ou nos termos de uma habilitação sua. Nestes casos, o Conselho não pode invocar o seu regime jurídico particular, criado em nome da Paz, como forma de justificar o desrespeito da sentença do Tribunal: esta sentença já foi elaborada tendo em conta tal regime e, em matéria de interpretação, o Tribunal constitui a entidade mais credível para realizar em última instância tais interpretações.

Nestes casos, o Conselho estará mesmo obrigado a não violar positivamente a sentença. Ora, como esta incide sobre a sua própria actuação, o Conselho não terá alternativa senão modificar a sua actuação de modo conforme com a sentença. Efectivamente, faz pouco sentido que o Conselho seja tornado pela Carta num garante do respeito das sentenças do Tribunal, ainda que sem um dever claro de actuar, e simultaneamente esta mesma Carta lhe reconheça o poder de contribuir activamente com os seus actos para a violação destas, quando segundo o Tribunal o seu regime jurídico particular, incluindo o que decorre do Capítulo VII da Carta, o não justifica. Ou seja, o Conselho pode legitimamente entender que a sua actuação para executar uma sentença do Tribunal não é necessária ou seria inconveniente e, consequentemente, abster-se de actuar. Pode mesmo actuar positivamente do lado de um Estado considerado como responsável e deste modo contribuir para o incumprimento da sentença enquanto tal se possa justificar à luz das suas obrigações para manter ou restaurar a paz. Mas não quando a sentença incide sobre a actuação do Conselho e realizou já uma aplicação do regime particular deste, tendo concluído que a sua actuação foi desconforme com este.

Julga-se, pois, que as Nações Unidas estão proibidas, nos termos do artigo 94, n.º 2 CNU de continuar uma actuação que tenha sido considerada como ilícita pelo Tribunal. Deste modo, se na sentença o Tribunal concluir que, por exemplo, o Conselho adoptou um acto contrário à Carta, este deve renunciar a o executar, pelo menos de forma contrária ao entendimento do Tribunal.

O artigo 41, n.º 2 do Estatuto parece confirmar este entendimento. É certo que este não estabelece qualquer dever para o Conselho de adoptar actos que levem ao acatamento das medidas provisórias adoptadas pelo Tribunal em caso de incumprimento. No entanto, por algum motivo o Estatuto estabelece este dever de informação ao Conselho em termos idênticos ao que existe em relação às partes. Não se trata de um mero acto de informação às Nações Unidas, caso contrário seria informada sobretudo ou pelo menos também a Assembleia Geral, de forma a que todos os membros fossem igualmente informados. Trata-se, sim, de comunicar ao garante das decisões do Tribunal que mais uma foi adoptada por este[3178].

Consequentemente, julga-se que faz todo o sentido aplicar o artigo 94, n.º 2 CNU em relação igualmente a medidas provisórias adoptadas pelo Tribunal, apesar de este literalmente se referir apenas a julgamentos. De facto, aquelas são tão vinculativas como uma sentença final[3179], como se encontra actualmente esclarecido jurisprudencialmente[3180, 3181].

---

[3178] Sem prejuízo de igualmente a Assembleia Geral poder, no âmbito da sua competência de manutenção da paz (artigo 11, n.º 2) ou de ajustamento de situações (artigo 14) ocupar-se da questão resultante do incumprimento de uma sentença do Tribunal [neste sentido: O. Schachter, *The Enforcement of International* (…), cit., pág. 24 (à luz do artigo 10); A. Tanzi, *Problems of Enforcement* (…), cit., nota 28].

Aliás, a Assembleia já o fez pela sua Resolução 41/31 de 3 de Novembro de 1986 (texto em RDGAOR, 41st Session, 1986, pág. 23-24; por 94 votos a favor, três contra e 47 abstenções; cfr. pág. 312), parág. 1: "Urgently calls for full and immediate compliance with the Judgment of the International Court of Justice of 27 June 1986 in the case of "Military and Paramilitary Activities in and against Nicaragua" in conformity with the relevant provisions of the Charter of the United Nations". Posteriormente, adoptaria em cada ano resoluções idênticas até ao sucesso do procedimento de paz em 1989-1990 na Nicarágua e América Central: Resolução 42/18 de 12 de Novembro de 1987 (texto em RDGAOR, 42nd Session, 1987, pág. 39-40; por 94 votos a favor, dois contra e 48 abstenções; cfr. pág. 347); Resolução 43/11, de 25 de Outubro de 1988 (texto em RDGAOR, 43rd Session, 1988, pág. 18-19; por 89 votos a favor, dois contra e 48 abstenções; cfr. pág. 347); Resolução 44/43, de 7 de Dezembro de 1989 (texto em RDGAOR, 44th Session, 1989, pág. 46; por 91 votos a favor, dois contra e 41 abstenções; cfr. pág. 359).

[3179] A obrigatoriedade das medidas provisórias do Tribunal para os Estados partes no Acto Geral Revisto para a Resolução Pacífica das Controvérsias Internacionais de 28 de Abril de 1949 adoptado pela Assembleia Geral (texto em UNTS, 1950, No. 912, pág. 101-126) sempre foi indiscutível. O seu artigo 33, n.º 1 estabelece expressamente: "In all cases where a dispute forms the object of arbitration or judicial proceedings, and particularly if the question on which the parties differ arises out of acts already committed or on the point of being committed, the International Court of Justice, acting in accordance with Article 41 of its Statute, or the Arbitral Tribunal, shall lay down within the shortest possible time the provisional measures to be adopted. **The parties to the dispute shall be bound to accept such measures**". O mesmo fazia o artigo 33, n.º 1 do original Acto Geral de Genebra de 26 de Setembro de 1928 em relação ao Tribunal Permanente de Justiça Internacional (texto inglês-francês em NRG, 3.ª série, tome XXX, pág. 158-185). Estes preceitos devem ser vistos como uma interpretação do artigo 41.

A prática do Conselho em relação ao artigo 41, n.º 2 do Estatuto é escassa. Na sequência da adopção pelo Tribunal Internacional de Justiça de medidas provisórias na acção interposta pelo Reino Unido contra o Irão a propósito das nacionalizações deste da indústria petrolífera (cfr. *Anglo-Iranian Oil Co.*, Interim Protection, Order 5 July 1951, *I. C. J. Reports* 1951, pág.

89, na pág. 93-94), perante o incumprimento destas, o Reino Unido, em 1 de Outubro de 1951, na 559.ª reunião do Conselho, afirmou: "It is, therefore, a necessary consequence, we suggest, of the bindingness of the final decision that the interim measures intended to preserve its efficacy should equally be binding" e que, consequentemente, "the Security Council has the power to deal with matters arising out of such interim measures", nos termos do artigo 94, n.º 2 CNU. O Irão rejeitaria estas alegações: "The language of Article 41 itself negatives the inference which the United Kingdom representative would have the Security Council draw. That language is exhortative and not obligatory" (cfr. RPSC, 1946-1951, Chapter VI, pág. 236). O Equador apoiaria a posição iraniana. O Conselho acabou por decidir adiar a questão, para quando existisse uma pronúncia definitiva do Tribunal. Este acabaria por considerar que não tinha jurisdição sobre o caso [cfr. *Anglo-Iranian Oil Co. Case* (United Kingdom v. Iran), Judgment 22 July 1952, *I. C. J. Reports* 1952, pág. 20, na pág. 155]. Julga-se que o Conselho deveria ter adoptado medidas à luz do artigo 94, n.º 2.

Na Resolução 461 (1979), de 31 de Dezembro (texto em RDSCOR, 1976, pág. 24-25), parág. 2, o Conselho deplorou a contínua detenção dos reféns norte-americanos pelo Irão em violação das medidas provisórias adoptadas pelo Tribunal no caso *United States Diplomatic and Consular Staff in Tehran* (United States of America v. Iran), Indication of Provisional Measures, Order, December 15, 1979, *I.C.J. Reports* 1979, pág. 7 e segs., mas sem citar o artigo 94, n.º 2. Igualmente os EUA não o invocaram (cfr. RPSC, 1975-1980, Chapter VI, pág. 85 e 106).

Também a Bósnia-Herzegovina solicitou a aplicação do artigo 94, n.º 2 como modo de executar as medidas provisórias adoptadas pelo Tribunal Internacional de Justiça em *Application of the Convention (...) of Genocide*, Provisional Measures, Order of 8 April 1993, *I.C.J. Reports* 1993, pág. 24, parág. 52. O Conselho de Segurança no preâmbulo da sua Resolução 819 (1993), de 16 de Abril (texto em RDSCOR, 1993, pág. 6-7) citou a decisão do Tribunal, mas não lhe fez mais referências no texto desta, além de ter invocado o Capítulo VII e não o artigo 94, n.º 2.

[3180] O Tribunal pronunciou-se finalmente sobre a questão, sendo peremptório: "the Court has reached the conclusion that orders on provisional measures under Article 41 have binding effect" [cfr. *LaGrand Case* (Germany V. United States of America), Judgment 27 June 2001, parág. 109 (texto em ICJW)].

Este esclarecimento judicial surge na sequência da execução pelos EUA do indivíduo que fora protegido pelas medidas provisórias decretadas pelo Tribunal [cfr. *Lagrand Case* (Germany v. United States Of America), Provisional Measures, Order 3 March 1999, *I.C.J. Reports* 1999, pág. 16, parág. 29]. Uma situação idêntica se passara anteriormente com as medidas decretadas no caso *Vienna Convention on Consular Relations* (Paraguay v. United States of America), Provisional Measures, Order 9 April 1998, *I.C.J. Reports* 1998, pág. 258, parág. 41, em que igualmente o indivíduo condenado foi executado não obstante as medidas decretadas. A terminologia utilizada pelo Tribunal também não ajudou a dar firmeza à sua decisão: "The United States should take all measures at its disposal to ensure that Angel Francisco Breard is not executed pending the final decision in these proceedings". A substituição da expressão suave de "should" por "shall" constituiria um progresso. A justificação determinante apresentada pelos EUA para o seu incumprimento da decisão no caso com o Paraguai

Assim, do artigo 94, n.º 2 CNU (e em alguma medida do artigo 41, n.º 2 do Estatuto) parece retirar-se uma extensão dos efeitos da sentença para lá do âmbito restrito do artigo 59 do Estatuto[3182].

---

foi a de que as medidas não eram vinculativas, invocando em apoio precisamente o termo "should" utilizado na decisão do Tribunal (cfr. CPUSRIL, Vol. 93, 1999, pág. 173). Tomou a mesma posição em relação às medidas provisórias decretadas no caso com a Alemanha (cfr. *LaGrand Case*, Judgment 27 June 2001, parág. 33).

A questão durante muitos anos suscitou respostas divergentes. Contra a obrigatoriedade destas medidas: Shahabuddeen, *Separate Opinion*, em *Application of the Convention (…)*, cit., Order 13 September 1993, *I.C.J. Reports* 1993, pág. 367 (embora atribuindo-lhe alguns efeitos enquanto determinação judicial da situação jurídica); G. Barile, *Lezioni (…)*, cit., pág. 224; Giorgio Gaja, *Quale Conflitto fra Obblighi negli Affari Relativi all'Incidente Aereo di Lockerbie?*, RDI, vol. LXXV, 1992, n.º 2, pág. 374-376, na pág. 375; Jonathan I. Charney/ W. Michael Reisman, *Breard: The Facts*, AJIL, Vol. 92, 1998, pág. 666-675, na pág. 672. A favor da sua vinculatividade: O. Schachter, *The Enforcement of International (…)*, cit., pág. 24; A. Tanzi, *Problems of Enforcement (…)*, cit., texto notas 107-115; M. Assunção V. Pereira, *As Medidas Provisórias na Jurisprudência Recente do Tribunal Internacional de Justiça*, Coimbra, 1998, pág. 307-318 e 327; Carlos Manuel Vazquez, *Breard and the Federal Power to Require Compliance with ICJ Orders of Provisional Measures*, AJIL, Vol. 92, 1998, pág. 683-691, na pág. 686; Sanja Djajic, *The Effect of International Court of Justice Decisions on Municipal Courts in the United States*, HICLR, Vol. 23, 1999, pág. 27-108, na pág. 38-39; J. Collier/V. Lowe, *The Settlement of Disputes (…)*, cit., pág. 175].

A melhor solução sempre foi a de que as medidas provisórias do Tribunal eram obrigatórias. Como o Tribunal referiu, os trabalhos preparatórios não colocam em causa tal conclusão, antes pelo contrário. E, de qualquer modo, no artigo 94, n.º 1, CNU os membros das Nações Unidas comprometem-se a respeitar as decisões do Tribunal e não apenas os seus julgamentos. Acresce que o efeito útil da sentença final poderia ser colocado em causa por um desrespeito destas medidas. Mas, enfim, estes argumentos são secundários face ao esclarecimento final dado pelo Tribunal que terminou com as dúvidas.

[3181] Igualmente no sentido da aplicação do artigo 94, n.º 2 às medidas provisórias: O. Schachter, *The Enforcement of International (…)*, cit., pág. 24; A. Tanzi, *Problems of Enforcement (…)*, cit., texto notas 107-115. Contra, além de todos os autores que lhes negam obrigatoriedade: Harry H. Almond, Jr., *The Military Activities Case: New Perspectives on the International Court of Justice and Global Public Order*, IL, Vol. 21, 1987, pág. 195 e segs., nota 26; J. Collier/V. Lowe, *The Settlement of Disputes (…)*, cit., pág. 175

[3182] A Doutrina normalmente esquece o artigo 94, n.º 2 CNU ao discutir o artigo 59 do Estatuto, no entanto, no sentido da vinculação das Nações Unidas pela sentença, mas baseada em princípios gerais: G. Capaldo, *Verticalità (…)*, cit., pág. 98. Já O. Okafor, *The Global Process (…)*, cit., pág. 131, embora favorável a uma alteração da Carta de modo a consagrar esta vinculação, apenas fala em "persuasive effect". Igualmente vão pouco mais longe M. Bedjaoui, *Un Contrôle de la Légalité (…)*, cit., pág. 286; B. Martenczuk, *The Security Council (…)*, cit., pág. 527-528 (efeito paralelo a um parecer). Em termos igualmente restritivos: A. Tanzi, *Problems of Enforcement (…)*, cit., Part II, A.3; O. Schachter, *The Enforcement of International (…)*, cit., pág. 22 (aceita a suspensão temporária da eficácia da decisão do

Contudo, esta conclusão não implica que as Nações Unidas se tornem em partes no processo. Deste modo, os poderes do Tribunal em relação a estas são limitados. Fora de causa está qualquer decisão do Tribunal que procure vincular as Nações Unidas a adoptarem actos em consequência da invalidade da sua decisão. Não será possível ao Tribunal, por exemplo, declarar que estas têm um dever de indemnizar o Estado prejudicado. Esta conclusão é incontornável, tendo em conta os artigos 34, n.º 1 e 59 Estatuto.

Apesar desta limitação na eficácia das sentenças do Tribunal, encontra--se reunida uma primeira condição para um controlo viável por via incidental dos actos das Nações Unidas em geral e do Conselho em particular. A circunstância de os efeitos da sentença abrangerem as Nações Unidas, vinculando-as a ao menos não adoptarem actos contrários ao seu sentido, pode auxiliar a ultrapassar um segundo problema relativo à jurisdição do Tribunal.

Este em jurisprudência constante tem extraído do princípio do carácter voluntário da sua jurisdição o corolário geralmente denominado regra do caso *Ouro Monetário*. Estabelece esta que o Tribunal não pode exercer a sua jurisdição em relação a uma questão quando o núcleo essencial desta incida sobre a actuação de um Estado terceiro ao processo que, portanto, não consentiu neste[3183]. Deste modo, nestes casos, existirá uma causa de inad-

---

Tribunal, mas aparentemente não a sua violação); Anthony D'Amato, *The United States Should Accept, By A New Declaration, The General Compulsory Jurisdiction Of The World Court*, AJIL, Vol. 80, 1986, pág. 331-336, na pág. 334 (não execução, por poder colidir com a manutenção da paz, mas não parece aceitar a sua violação activa). Negam efeitos à sentença fora do núcleo das partes, por se basearem normalmente apenas no artigo 59: S. Engel, *The Facto Revision* (…), cit., pág. 142; K. Roberts, *Second-Guessing* (…), cit., pág. 325-326; P. Serrano, *La Corte* (...), cit., pág. 533.

[3183] O Tribunal decidiu não exercer a sua jurisdição em dois casos com base neste fundamento; no citado caso *Ouro Monetário* e no caso *Timor Leste*. No primeiro sustentou que não pode exercer a sua jurisdição quando esta implique que, sem o consentimento do seu titular, "legal interests would not only be affected by a decision, but would form the very subject-matter of the decision", pois tal iria contra o "well-established principle of international law embodied in the Court's Statute, namely, that the Court can only exercise jurisdiction over a State with its consent" [cfr. *Monetary Gold Removed from Rome in 1943* (Italy v. France, United Kingdom of Great Britain and Northern Ireland and United States of America), Judgement, 15 June 1954, *I.C.J. Reports* 1954, pág. 32)]. No segundo sustentaria que "Indonesia's rights and obligations would thus constitute the very subject-matter of such a judgment made in the absence of that State's consent. Such a judgment would run directly counter to the" [princípio do consentimento, citando a passagem acima referida] [cfr. *Case Concerning East Timor* (…), *I.C.J. Reports* 1995, pág. 105, parág. 34].

Em outras ocasiões, porém, o Tribunal rejeitou a aplicação do princípio. Assim, sublinhou que "There is no trace, either in the Statute or in the practice of international tribunals, of an

missibilidade do pedido por este forçar o Tribunal a pronunciar-se sobre os direitos e deveres deste Estado terceiro.

O Tribunal Internacional de Justiça ainda não aplicou esta regra numa situação em que a entidade terceira fosse uma organização internacional. Claro está, o facto de estas não poderem ser partes num processo contencioso perante o Tribunal não impediria que o eventual obstáculo derivado da sua ausência pudesse ser ultrapassado pela simples manifestação do seu consentimento em relação ao processo[3184]. Julga-se certo que, sendo o Direito aplicável nas suas relações essencialmente o mesmo que vigora nas relações entre Estados, a regra do caso *Ouro Monetário* deverá ser aplicada em relação a organizações internacionais.

---

'indispensable parties' rule" e que "The circumstances of the Monetary Gold case probably represent the limit of the power of the Court to refuse to exercise its jurisdiction; and none of the States referred to can be regarded as in the same position as Albania in that case, so as to be truly indispensable to the pursuance of the proceedings" [cfr. *Military and Paramilitary Activities* (…), *I.C.J. Reports* 1984, pág. 431, parág. 88]. Posteriormente, adoptou a mesma postura: "In the present case, a finding by the Court regarding the existence or the content of the responsibility attributed to Australia by Nauru might well have implications for the legal situation of the two other States concerned, but no finding in respect of that legal situation will be needed as a basis for the Court's decision on Nauru's claims against Australia. Accordingly, the Court cannot decline to exercise its jurisdiction" [cfr. *Certain Phosphate* (…), *I.C.J. Reports* 1992, pág. 261-262, parág. 55]. Num caso posterior, reafirmaria esta posição: "the Court has also emphasized that it is not necessarily prevented from adjudicating when the judgment it is asked to give might affect the legal interests of a State which is not a party to the case" e "the legal interests of Chad as a third State not party to the case do not constitute the very subject-matter of the judgment to be rendered on the merits of Cameroon's Application; and therefore, the absence of Chad does not prevent the Court from proceeding to a specification of the border between Cameroon and Nigeria in the Lake" [cfr. *Land and Maritime Boundary* (...), *I. C. J. Reports* 1998, pág. 312, parág. 79].

Ou seja, a regra apenas terá aplicabilidade quando estiverem reunidas duas condições: o directo responsável pela situação objecto da disputa não for parte processual e a acção não poder ser decidida sem ser apreciada a sua actuação. Não já quando o Estado terceiro for somente co-responsável ou quando, apesar de principal responsável, for possível ajuizar da conduta de outros sem necessariamente julgar a do primeiro.

[3184] Nos termos do artigo 34, n.º 2, segunda parte, do Estatuto e artigo 69, n.º 2 do Regulamento do Tribunal (ver sobre estes, *infra*, neste subparágrafo). No caso *Ouro Monetário* o Tribunal pareceu entender que um mero consentimento à sua jurisdição pelo Estado terceiro directamente visado seria suficiente para viabilizar o exercício desta. Mas seguramente estaria a pensar numa intervenção à luz do artigo 62 do Estatuto por este Estado, no caso a Albânia. Tudo indica que esta seria admissível (neste sentido: C. M. Chinkin, *Third-Party Intervention before the International Court of Justice*, AJIL, vol. 80, 1986, pág. 495-531, na pág. 508). Mesmo não sendo viável uma intervenção à luz do artigo 62 ou artigo 63 para uma organização internacional, o mesmo efeito pode ser atingido pelo recurso aos referidos artigos 34 do Estatuto e 69 do Regulamento.

No entanto, por um lado, não basta a circunstância de actos de um órgão das Nações Unidas terem relevância directa no processo para se poder considerar que estão reunidos os pressupostos de aplicação da regra do caso *Ouro Monetário*. Será necessário que aqueles actos constituam o núcleo essencial da questão. Ora, pode bem entender-se que o simples facto de as Nações Unidas terem aprovado actos que legitimaram a adopção de certos comportamentos lesivos para um Estado não os integra neste núcleo. Especialmente se o litígio não decorrer da mera execução destes[3185].

Por outro lado, deve-se questionar se a circunstância de o efeito da sentença se reflectir nas Nações Unidas não deverá impedir que a regra lhes seja aplicável. Se qualquer sentença contenciosa produz efeitos em relação às Nações Unidas por força do artigo 94, n.º 2 CNU e da circunstância de o Tribunal Internacional de Justiça ser um órgão daquelas, então fará sentido entender que não lhe é aplicável a regra do caso *Ouro Monetário*. De facto, sendo o Tribunal um órgão da organização, para todos os efeitos, esta já se encontra presente. Assim, por força da Carta, as Nações Unidas estarão obrigadas às decisões de um órgão que é afinal o seu principal órgão judicial, independentemente de terem dado o seu consentimento. O órgão político em causa não terá outra alternativa além de participar no processo e tentar fazer valer a sua posição[3186].

---

[3185] Nos casos *Aplicação da Convenção de Montreal*, implicitamente o Tribunal confirmou este entendimento, já que decidiu exercer a sua jurisdição não obstante estar igualmente em causa a actuação do Conselho de Segurança. Isto apesar de os EUA arguirem que "because of the adoption of those resolutions, the only dispute which existed from that point on was between Libya and the Security Council" e que "Libya was endeavouring to "undo the Council's actions"" [cfr. *Case Concerning Questions of Interpretation and Application* (...), *I.C.J. Reports* 1998, pág. 128 e 129, parág. 36 e 40]. O Reino Unido fez alegações idênticas [cfr. *Case Concerning Questions of Interpretation and Application* (...), *I.C.J. Reports* 1998, pág. 23 e 24, parág. 37 e 41]. Contudo, a Líbia afirmou que as resoluções do Conselho não lhe exigiam a extradição dos seus cidadãos, tendo a actuação dos EUA e do Reino Unido ido além dos seus termos (*idem*, USA, pág. 130, parág. 41 e *idem*, UK, pág. 25, parág. 42). Desta perspectiva, poder-se-ia sustentar que os actos do Conselho não constituíam o núcleo essencial da questão ou que, pelo menos, na fase do processo relativa às objecções preliminares, não seria possível esclarecer cabalmente este aspecto (sobre o caso *Lockerbie*, ver, *supra*, parág. 79, 83 e 91.2.1).

[3186] Caberá ao órgão autor dos actos em causa decidir se deverá ou não participar no processo por iniciativa própria (nos termos do artigo 34, n.º 2, segunda parte, do Estatuto e artigo 69, n.º 2 do Regulamento do Tribunal) ou na sequência de algum pedido formulado pelo Tribunal (nos termos do artigo 34, n.º 2, primeira parte, do seu Estatuto e artigo 69, n.º 1 do Regulamento) ou notificação por estar em causa a interpretação da Carta (nos termos do artigo 34, n.º 3 do Estatuto e artigo 69, n.º 3 do Regulamento).

Em relação a várias organizações especializadas das Nações Unidas, os tratados celebrados com as Nações Unidas estabelecem o dever de responder a requerimentos de informação do Tribunal [por exemplo, artigo VII, n.º 1 do Acordo entre as Nações Unidas e a União Internacional de Telecomunicações de 4/9-15/11/1947 (texto em UNTS, 1949, No. 175, pág. 316-334); artigo X, n.º 1 do Acordo entre as Nações Unidas e a Organização da Aviação Civil Internacional e Protocolo de 1 de Outubro de 1947 (texto em UNTS, 1947, No. 45, pág. 315-342); artigo X, n.º 1 do Acordo de 12 de Novembro de 1948 entre as Nações Unidas e a Organização Mundial de Saúde (texto em UNTS, 1948, No. 115, pág. 193-216); ou o artigo X, n.º 1 do Acordo entre as Nações Unidas e a Organização Internacional dos Refugiados e Protocolo de 7 de Fevereiro de 1947 (texto em UNTS, 1949, No. 153, pág. 299--320)]. Porém, não parece possível, por falta de base na Carta ou Estatuto, considerar que os órgãos colegiais políticos das Nações Unidas estão sujeitos a um dever idêntico. Mas tendo-se sustentado que as Nações Unidas não podem levar à aplicação da regra do caso *Ouro Monetário*, perde importância uma tomada de posição quanto à relevância jurídica de uma participação destas no processo pela apresentação de uma memória nos termos do artigo 69, n.º 2 do Regulamento ou observações nos termos do seu n. 3.

De qualquer modo, a solução para esta questão não é simples em relação a outras organizações. Por um lado, os referidos artigos 34 e 69 regulam a questão em termos puramente técnicos. Trata-se de fornecer informação, o que parece afastar qualquer ideia de vinculação da organização à sentença, ou mesmo a parte desta. Por outro lado, é sabido como a diferença entre fornecer informação e tomar uma posição própria sobre uma questão jurídica é ténue. No caso de a organização apresentar por sua iniciativa uma memória (nos termos dos artigos 34, n.º 2, segunda parte, do Estatuto e 69, n.º 2 do Regulamento), poderá haver base para entender que deverão ser aplicadas analogicamente as consequências do artigo 63, n.º 2 do Estatuto (e implicitamente, artigo 62, pelo menos se o Estado interveniente se tornar parte, ficando sujeito ao artigo 59). Isto é, a organização seria equiparada a um Estado que interveio no processo, mesmo que formalmente não se torne parte neste, ficando vinculada pelos termos da sentença respeitantes à questão em relação à qual teria um interesse jurídico (no caso do artigo 63, n.º 2, apenas a interpretação do tratado multilateral). Mas tal acontecerá apenas se a sua posição, tal como fica expressa na sua memória, poder ser equiparada substancialmente à de uma parte. Em princípio, não já no caso de se tratar de meras observações nos termos do artigo 34, n.º 3 do Estatuto e artigo 69, n.º 3 do Regulamento.

É certo que a organização nunca poderá respeitar requisitos exigidos pelo artigo 62 do Estatuto. De facto, a melhor solução será entender que um Estado para intervir, ao menos como parte (com todos os seus direitos, incluindo a um juiz *ad hoc*) nos termos do artigo 62 do Estatuto, deve ter aceite a jurisdição do Tribunal em termos idênticos aos dos Estados partes no litígio, de forma a estarem respeitadas exigências de reciprocidade nos termos do artigo 81, n.º 2, al. c) [em sentido parcialmente crítico desta disposição: C. Chinkin, *Third-Party* (...), cit., pág. 524 e 526; ver ainda Philip Jessup, *Intervention in the International Court*, AJIL, vol. 75, 1981, pág. 903-909, na pág. 907; D. W. Greig, *Third Party Rights and Intervention Before the International Court*, VJIL, vol. 32, n. 2, 1992, pág. 286-376, na pág. 299-300]. Ora, para uma organização internacional é impossível respeitar este requisito, já

Deste modo, garantida uma vinculação parcial das Nações Unidas e ultrapassado o obstáculo da sua ausência nos processos contenciosos, parece estar aberta a possibilidade de um controlo pelo Tribunal dos actos dos órgãos políticos da organização, máxime, do Conselho de Segurança, por via incidental. Por este meio, não obstante a inexistência de uma acção de anulação, será possível alcançar em grande medida os efeitos desta. De facto, nada impede que um Estado constitua um processo contra outro ou outros implicados na execução de uma decisão do Conselho de Segurança com o fim primordial de a impugnar. Esta constituirá normalmente a única via prática a que um Estado pouco apoiado poderá recorrer como forma de enfrentar uma decisão obrigatória do Conselho[3187] e, portanto, de dar realidade prática aos limites a que o poder deste último se encontra sujeito[3188].

---

que não tem acesso contencioso ao Tribunal. Mas, neste caso, tendo as organizações acesso ao Tribunal nos termos dos artigos 34 do Estatuto e 69 do Regulamento em termos bem mais generosos do que os estabelecidos para a intervenção dos Estados à luz do artigo 62 e actualmente do artigo 63 do Estatuto (apesar de o Tribunal ter progressivamente limitado o acesso, mesmo por via do artigo 63: Jerzy Sztucki, *Intervention Under Article 63 of the ICJ Statute in the Phase of Preliminary Proceedings: The "Salvadoran Incident"*, AJIL, vol. 79, 1985, pág. 1005-1036, na pág. 1029-1031), a criação de mecanismos de vinculação das primeiras apenas ajudará a equilibrar a sua posição com a das partes e a minorar eventuais excessos da responsabilidade destas no exercício destas faculdades.

Mas em relação a meras observações informativas ou fornecimento de informação técnica em resultado de um pedido parece mesmo que estas apenas poderão ficar vinculadas em termos paralelos aos aplicáveis ao consentimento exigido para fundar um *Forum prorogatum*; isto é, o que decorre da interposição de acção fundada em consentimento ainda não formulado pelo Estado demandado (artigo 38, n.º 5 do Regulamento do Tribunal). Apenas uma declaração clara nesse sentido nas observações poderá servir de base para entender que foi prestado consentimento pela organização a ficar vinculada pela sentença. Como afirmou o Tribunal: "The letter of July 2nd, therefore, in the opinion of the Court, constitutes a voluntary and indisputable acceptance of the Court's jurisdiction" [cfr. *Corfu Channel* (United Kingdom v. Albania), Preliminary Objection, Judgement, 25 March 1948, *I.C.J. Reports* 1947-1948, pág. 27) e ainda que "The Court does not find that the Respondent has given in this case a "voluntary and indisputable" consent [cfr. *Application of the Convention* (...), *I.C.J. Reports* 1996, pág. 621, parág. 40].

[3187] Mas tal será de pouca utilidade se se mantiverem os actuais prazos de decisão do Tribunal. Nos casos da Líbia, as petições interpostas em 3 de Março de 1992 apenas obtiveram uma decisão sobre a jurisdição em 27 de Fevereiro de 1998. Na maioria dos restantes casos perante o Tribunal, o ritmo tem sido idêntico. É certo que o Tribunal manteve tradicionalmente uma boa cadência de decisão e que grande responsabilidade da situação cabe igualmente às partes, com os seus pedidos de prazos largos para apresentarem as suas posições.

Mas a principal explicação reside no sensível aumento de casos perante o Tribunal que, segundo este, tem deparado com limitações estruturais derivadas do não crescimento do seu

## B – Por outros tribunais.

**96. Das Nações Unidas.** Além do Tribunal Internacional de Justiça, igualmente os outros tribunais das Nações Unidas podem apreciar a validade dos actos do Conselho de Segurança. Contudo, em qualquer caso, as sentenças destes não vincularão as Nações Unidas ou os seus Estados membros a menos que o contrário decorra de um acto que os vincule. De facto, o artigo 94, n.º 2 apenas se aplica às decisões do Tribunal Internacional de Justiça.

Cabe, pois, apreciar o papel de controlo dos Tribunais Penais especiais e do Tribunal Administrativo das Nações Unidas.

**96.1. Os Tribunais Penais especiais.** Entre os órgãos criados pelo Conselho destacam-se os dois Tribunais Penais das Nações Unidas[3189, 3190].

---

orçamento. Assim, em 27 de Outubro de 1998, o seu Presidente declarava perante a Assembleia Geral: "While the caseload had significantly increased, the Court had not enjoyed a proportional growth in its resources. The budget of the Court today — in the order of $11 million — accounted for a smaller percentage of the United Nations budget than it had in 1946. The financial situation of the Court had resulted in an enlarging gap between the conclusion of the written, and the opening of the oral phase of a case, he said. While it might sound trite, he continued, it was true **that justice delayed might be justice denied**" [cfr. UNPR, GA/9487 44th Meeting (AM) 27 October 1998, pág. 7].

O autor da declaração citada, anos antes, já antecipara que o Tribunal teria dificuldades em gerir mais do que três casos contenciosos por ano (cfr. Stephen Schwebel, *Widening the Advisory Jurisdiction of the International Court of Justice without Amending Its Statute*, CULR, vol. 33, 1984, pág. 355-361, na pág. 355). Ora, não deixa de ser surpreendente que um Tribunal com um orçamento de 11 milhões de dólares apenas consiga resolver três casos por ano. Algumas mudanças nos seus métodos de trabalho serão claramente necessárias, acabando designadamente com as enormes declarações de voto (ver igualmente: Jonathan I. Charney, *The Impact On The International Legal System Of The Growth Of International Courts And Tribunals*, NYUJILP, Vol. 31, 1999, pág. 697-708, na pág. 701-702).

[3188] Ver, *supra*, parág. 77-89.

[3189] Oficialmente, estes são denominados Tribunais Internacionais. Mas deve-se duvidar que efectivamente o sejam. Estes são órgãos das Nações Unidas e não pessoas jurídicas autónomas [como foi sublinhado pelo próprio Tribunal para a ex-Jugoslávia: "the Security Council (...) intended to establish a special kind of "subsidiary organ": a tribunal"; cfr.

Estes podem ser considerados órgãos subsidiários das Nações Unidas, enquanto órgãos criados por um órgão principal para o auxiliarem no exercício das suas funções (artigos 7, n.° 2 e 29 CNU)[3191].

São devidas algumas palavras em relação ao problema da sua criação. O maior obstáculo quanto à juridicidade desta não parece ser exactamente

---

*Decision on (...) Jurisdiction in Prosecutor v. Dusko Tadic*, Appeals Chamber, October 2, 1995, parág. 15, ILM, cit., pág. 39]. Foram criados por um acto unilateral das Nações Unidas (embora tenha eficácia internacional, designadamente em relação a não membros e organizações internacionais, por força do Direito Internacional Costumeiro; ver, *supra*, parág. 20) e funcionam no seu âmbito, ainda que apliquem parcialmente o Direito Internacional (já que aplicam primordialmente o seu Estatuto e se possa discutir se os crimes tipificados neste seriam puramente codificatórios; ver, *supra*, parág. 20.5.1). A base da obrigatoriedade dos seus actos é o próprio acto da organização que criou o seu Estatuto e só indirectamente o artigo 25 da Carta. Os seus juízes integram o pessoal das Nações Unidas, daí que gozem das imunidades próprias desta organização, como estabelece o artigo 30 do Estatuto do Tribunal para a ex-Jugoslávia [texto em UN. Doc. S/25704 and Add. 1 de 3 de Maio de 1993; alterado pela Resolução 1166 (1998), de 13 de Maio (texto em RSSC, 1998, pág. 33; Resolução 1329 (2000), de 30 de Novembro (texto em RSSC, 2000, pág. 75-80)] e o artigo 29 do Estatuto do Tribunal para o Ruanda [texto em anexo à Resolução 955 (1994), de 8 de Novembro, do Conselho de Segurança (texto em RDSCOR, 1994, pág. 15) que cria o Tribunal, com alterações introduzidas pela Resolução 1165 (1998), de 30 de Abril (texto em RSSC, 1998, pág. 30) e pela citada Resolução 1329 (2000)].

A violação destas sentenças não cria, pois, responsabilidade internacional propriamente dita, mas sim responsabilidade perante as Nações Unidas. Por isso mesmo, perante uma violação de uma decisão destes Tribunais, a questão deve ser levada perante o Conselho de Segurança e não resolvida nos termos do Direito Internacional da Responsabilidade, por meio de represálias ou negociações directas entre os Estados interessados [sobre a aplicação destes critérios para delimitar o Direito Internacional Público perante o Direito interno das organizações internacionais, ver C. Baptista, *Direito* (...), cit., pág. 26]. O Tribunal Penal para a ex-Jugoslávia pareceu aceitar uma acção dos membros em apoio das suas sentenças, mas julga-se que em termos excessivos (ver, *supra*, parág. 85).

Ou seja, julga-se dever concluir que estes Tribunais são Tribunais das Nações Unidas e não internacionais.

[3190] O Tribunal Penal Especial para a Serra Leoa, consagrado pela referida Resolução 1315 (2000), de 14 de Agosto, do Conselho, já não pode ser considerado como um terceiro Tribunal das Nações Unidas, visto que nem foi criado pelo Conselho, mas por um acordo com a Serra Leoa. Trata-se de um Tribunal Internacional, já que resulta de um acordo entre a Serra Leoa e as Nações Unidas e tem participação de juízes nomeados por estas, mas que mantém igualmente uma forte componente nacional (ver, *supra*, parág. 68).

[3191] Assim, o Tribunal Penal para a ex-Jugoslávia afirmou: "But the Security Council not only decided to establish a subsidiary organ (the only legal means available to it for setting up such a body), it also clearly intended to establish a special kind of "subsidiary organ": a tribunal" [cfr. *Decision on (...) Jurisdiction in Prosecutor v. Dusko Tadic*, Appeals Chamber, October 2, 1995, parág. 15, ILM, cit., pág. 39].

o que se prende com o seu enquadramento no artigo 41, enquanto medida coerciva atípica[3192]. O artigo 41 poderá servir de base para a criação de órgãos com poderes compulsivos delegados pelo Conselho[3193].

---

[3192] Trata-se da posição adoptada pelo Tribunal Penal para a ex-Jugoslávia, que se considera correcta: "In sum, the establishment of the International Tribunal falls squarely within the powers of the Security Council under Article 41", depois de alegar que "Logically, if the Organization can undertake measures which have to be implemented through the intermediary of its Members, it can a fortiori undertake measures which it can implement directly via its organs, if it happens to have the resources to do so" [cfr. *Decision on (...) Jurisdiction in Prosecutor v. Dusko Tadic*, Appeals Chamber, October 2, 1995, parág. 36, pág. 45].

Contudo, o Tribunal Penal para o Ruanda sustentou que o fundamento da sua criação foi o artigo 39: "this Tribunal was established by the Security Council pursuant to Chapter VII of the Charter of the United Nations within the context of measures the Council was empowered to take under Article 39 of the said Charter to ensure that violations of international humanitarian law in Rwanda in 1994 were halted and effectively redressed" (cfr. *The Prosecutor Versus Jean Kambanda*, Trial Chamber, Case No. ICTR 97-23-S, Judgement and sentence, 4 September 1998, parág. 26). O artigo 41 parece efectivamente um fundamento mais adequado para um acto que constitui uma entidade com poderes compulsivos, mas sem autoridade para utilizar a força.

[3193] Partindo do princípio de que o artigo 41 não tem carácter exaustivo, como se julga ser a solução mais acertada (ver, *supra*, parág. 56.1), deve-se ainda discutir se a criação dos Tribunais era um meio necessário para a manutenção da paz. De facto, o Conselho não tem competência primária para impor o respeito do Direito Internacional Humanitário, muito menos por meios coercivos com base no Capítulo VII. Apenas o poderá fazer no âmbito da manutenção da paz.

Em relação ao Tribunal para a ex-Jugoslávia dificilmente se levantarão algumas dúvidas quanto à sua necessidade. Este foi criado quando o conflito se encontrava longe do fim e a prática de crimes se encontrava no auge. Estes, para lá de tragédias humanitárias, constituíam um obstáculo à paz, já que acirravam o ódio nas vítimas e o desejo de vingança dos membros da comunidade atingida.

Já em relação ao Ruanda se podem levantar questões. O conflito e os crimes tinham praticamente cessado. No entanto, a paz dificilmente poderia ser obtida sem um julgamento exemplar dos crimes ocorridos no Ruanda. Existia o risco de uma vingança estruturada em execuções sumárias, de que já existiam registos, por parte da minoria perseguida, agora no poder (ver, *supra*, parág. 75.3.3). Tratou-se de uma condição de reconciliação [como fica reafirmado no preâmbulo da citada Resolução 955 (1994), de 8 de Novembro, que o criou ("would contribute to the process of national reconciliation and to the restoration and maintenance of peace"); também o Tribunal Penal para o Ruanda afirmou: "the aim for the establishment of the Tribunal was to prosecute and punish the perpetrators of the atrocities in Rwanda in such a way as to put an end to impunity and thereby to promote national reconciliation and the restoration of peace" (cfr. *The Prosecutor Versus Jean Kambanda*, Trial Chamber, Case No. ICTR 97-23-S, Judgement and sentence, 4 September 1998, parág. 26); ver igualmente Lawyers Committee for Human Rights, *Prosecuting Genocide in Rwanda: A Lawyers Committee report on the ICTR and National Trials*, 1997, II e IX; contra: Makau

No entanto, a atribuição de poderes realizada pelo Conselho a favor destes tribunais não constituiu uma delegação[3194]. As delegações são actos pelos quais um órgão legitima um outro a exercer uma competência cujos poderes se compreendem igualmente no seio das competências do órgão delegante[3195]. Ora, o Conselho tem poderes em alguma medida paralelos aos jurisdicionais, mas é manifestamente incompetente para julgar e condenar indivíduos. Desde logo, qualquer exercício de poderes judiciais criminais por este constituiria uma violação de garantias criminais atribuídas pelo Direito Internacional Costumeiro aos indivíduos; máxime, o direito de ser julgado por um órgão composto de juristas independentes. Garantias que,

---

Mutua, *Questioning The Yugoslav And Rwanda Tribunals*, TICLJ, Vol. 11, 1997, pág. 167--187, na pág. 185-187]. Ora, o Ruanda não tinha (nem tem) manifestamente condições para o julgamento de dezenas de milhares de acusados que têm aguardado julgamento presos em condições degradantes.

Mas deve-se discutir se a via seguida foi efectivamente necessária. Criou-se um Tribunal que acabou mesmo por ser imposto ao próprio Ruanda que votou contra a Resolução que o estabeleceu, apesar de este não se opor ao Tribunal e sim apenas a alguns aspectos do modo como este foi estabelecido. Claro está, o precedente do Tribunal para a ex-Jugoslávia teve um grande peso na decisão. Mas a opção seguida na Serra Leoa de criar um Tribunal Internacional misto com forte componente nacional, mas igualmente das Nações Unidas, poderia ter sido uma via a seguir. De algum modo, esta alternativa seguida na Serra Leoa foi uma reacção do Conselho à resistência que a criação do Tribunal Penal para o Ruanda criou. Mas ainda que esta criação não tivesse sido estritamente necessária não parece que se possa considerar que tal permita impugnar a decisão da sua criação [contra: T. Sapru, *Into the Heart* (...), cit., pág. 339-341]. Apenas actos cuja desnecessidade seja razoavelmente inequívoca o poderão ser (ver, *supra*, parág. 77). Ora, pode-se sempre considerar que não existiam condições no Ruanda para criar um Tribunal equivalente ao da Serra Leoa. O simples facto de ter sido necessário estabelecer a sede do Tribunal Penal das Nações Unidas para o Ruanda em Arusha, na Tanzânia, para garantir a sua isenção, aponta nesse sentido.

[3194] Também o próprio Tribunal Penal para a ex-Jugoslávia afirmou: "The establishment of the International Tribunal by the Security Council does not signify, however, that the Security Council has delegated to it some of its own functions or the exercise of some of its own powers" [cfr. *Decision on* (...) *Jurisdiction in Prosecutor v. Dusko Tadic*, Appeals Chamber, October 2, 1995, parág. 38, ILM, cit., pág. 45]. O Tribunal Internacional de Justiça afirmara o mesmo a propósito da criação do Tribunal Administrativo pela Assembleia Geral: "By establishing the Administrative Tribunal, the General Assembly was not delegating the performance of its own functions: it was exercising a power which it had under the Charter to regulate staff relations" [cfr. *Effect of Awards* (...), *ICJ Reports* 1954, pág. 61]. Em sentido contrário: D. Sarooshi, *The United Nations* (...), cit., pág. 8 e nota 33; ver também Joseph L. Falvey, Jr., *United Nations Justice Or Military Justice: Which Is The Oxymoron? An Analysis Of The Rules Of Procedure And Evidence Of The International Tribunal For The Former Yugoslavia*, FILJ, Vol. 19, 1995, pág. 475-528, na pág. 487-488 e nota 233.

[3195] Ver, *supra*, parág. 61-62.

claro está, vinculam as Nações Unidas[3196]. Mas, sobretudo, apesar de os seus vastos poderes de polícia internacional, o Conselho não tem claramente poderes judiciais para punir indivíduos[3197].

A criação dos Tribunais Penais pelo Conselho foi um acto político idêntico ao da criação de um tribunal interno por um parlamento estadual. As resoluções que os criaram, ao afectarem directamente Estados e indivíduos com eficácia geral e abstracta[3198], constituíram verdadeiras leis. Ora, julga-se claro que o Conselho tem poder para excepcionalmente adoptar resoluções com conteúdo legislativo, como decorre da eficácia *erga omnes* das suas sanções "preventivas" de carácter comercial, diplomático ou financeiro (artigo 41). Mas já é bem mais contestável que possa legislar sobre matéria criminal e sobre Direito Processual Penal, incluindo garantias criminais. Trata-se de questões essenciais sobre as quais órgãos de polícia e mesmo Governos não devem legislar: à luz da prática interna da generalidade dos Estados, tal cabe

---

[3196] Ver, *supra*, parág. 82.

[3197] Mesmo o confisco por violação do bloqueio estabelecido pela sua já mencionada Resolução 820 (1993), de 17 de Abril, parág. 24 e 25, devia ser confirmada judicialmente ou pelo menos ficar sujeito a recurso judicial perante os tribunais dos Estados responsáveis por estes actos.

[3198] Recorde-se que a Resolução 827 (1993), de 25 de Maio (texto em RDSCOR, 1993, pág. 29), pela qual [na sequência da sua Resolução 808 (1993), de 22 de Fevereiro (texto em RDSCOR, 1993, pág. 28)] o Conselho criou o Tribunal Penal para a ex-Jugoslávia, no seu parág. 2, deixa a marcação da data do término temporal da jurisdição do Tribunal para data futura. A criação do Tribunal teve, pois, plena eficácia geral e abstracta em relação ao território da Jugoslávia. Foi perfeitamente indeterminada a atribuição de jurisdição, já que era indeterminável o número de crimes futuros a que esta se aplicaria. O mesmo já não se passou na referida Resolução 955 (1994), de 8 de Novembro, que criou o Tribunal Penal para o Ruanda, visto que a situação interna fora controlada e deste modo foi possível estabelecer um período (correspondente ao ano de 1994: parág. 1) que delimitou temporalmente a jurisdição do Tribunal. Assim, os crimes a que a jurisdição do Tribunal seria aplicável eram determináveis, mas indeterminados no momento em que este foi criado. A generalidade e abstracção não foram perfeitas, mas existiram.

No entanto, tendo em conta a restrição da competência do Conselho de Segurança em relação a questões concretas (ver, *supra*, parág. 36), qualquer pretensão de aplicar automaticamente a sua jurisdição em relação aos crimes ocorridos no Kosovo em 1998 e 1999 levantaria sérios problemas. De facto, o Conselho confirmou que estava perante uma nova situação, distinta do conflito na ex-Jugoslávia, ao qualificar como uma ameaça à paz autónoma (ver, *supra*, parág. 32.6). Contudo, a jurisdição do Tribunal foi reafirmada pelo Conselho, à luz do Capítulo VII, logo nas suas citadas Resoluções 1199 (1998), parág. 13, 1203 (1998), parág. 14, 1207 (1998), parág. 4 e Resolução 1244 (1999), preâmbulo e parág. 14, mesmo que de forma criticavelmente declarativa. Deixando sugerido, erroneamente, que tal jurisdição já decorria automaticamente das anteriores resoluções.

a Assembleias representativas. A existir um órgão competente no seio das Nações Unidas seria a Assembleia Geral, tendo em conta a sua prática de adopção de textos não vinculativos sobre a matéria, nos termos da Carta (artigo 13; com apoio do Conselho Económico e Social: artigo 62)[3199].

Mas tendo em conta a incompetência da Assembleia para adoptar actos vinculativos nesta matéria, só por meio de uma cooperação entre os dois órgãos, paralela à existente em outras matérias (como a revisão da Carta ou a admissão, suspensão e expulsão de membros), seria possível procurar conciliar a criação destes Tribunais com a Carta e o Direito Internacional. No entanto, esta cooperação acabou por se verificar; a Assembleia ratificou a criação destes Tribunais, seja expressamente, seja pela aprovação das verbas necessárias ao seu funcionamento e participação na eleição dos seus juízes[3200, 3201, 3202].

[3199] Recorde-se que fora a Assembleia Geral que anteriormente criara tribunais das Nações Unidas. Foi o caso do Tribunal para a Líbia estabelecido pela Resolução 388 (V) B, de 15 de Dezembro de 1950, artigo X (texto em RDGAOR, 5th Session, 1950-1951, pág. 17--19). Bem como o Tribunal das Nações Unidas para a Eritréia criado pela sua Resolução 530 (VI) de 29 de Janeiro de 1952, artigo XI (texto em RDGAOR, 6th Session, 1952, pág. 24--27). Ambos estes tribunais tinham competência para resolver questões relacionadas com a interpretação das Resoluções que os tinham criado e que regulavam o fim da administração italiana na Líbia e na Eritréia. Recorde-se que estas resoluções tinham sido tornadas possíveis pela sujeição da questão das colónias italianas à Assembleia Geral pelas potências ocupantes, os EUA, Reino Unido e França. O mesmo se diga da criação do Tribunal Administrativo das Nações Unidas.

[3200] Assim, na sua Resolução 48/88, de 20 de Dezembro de 1993 (texto em RDGAOR, 48th Session, Vol. I, 1993, pág. 40-42), parág. 24, afirmou: *"Welcomes* the establishment of the International Tribunal constituted pursuant to Security Council resolution 827 (1993) of 25 May 1993". O mesmo já não se passou em relação ao Tribunal Penal para o Ruanda. A maioria dos membros da Assembleia não viu com bons olhos a criação do Tribunal em termos criticados pelo novo Governo do Ruanda [que, enquanto membro eleito do Conselho de Segurança, votou contra a Resolução 955 que o criou, embora por discordar de aspectos como a localização da sede ou a proibição da pena de morte e não da criação do Tribunal). Daí que nas Resoluções da Assembleia de 1994 relativas ao Ruanda (Resoluções 49/20, de 29 de Novembro; 49/24, de 2 de Dezembro; e 49/174, de 23 de Dezembro; textos em RDGAOR, 49th Session, Vol. I, 1994, pág. 245, 30 e 191) não se encontre qualquer manifestação de apoio à criação do Tribunal. No entanto, embora renitente e de forma restritiva, a Assembleia acabou por ratificar a sua criação ao disponibilizar fundos para o funcionamento do Tribunal. Ver, designadamente, as Resoluções 49/251 de 20 de Julho de 1995 e 50/213 A de 23 Dezembro de 1995; 50/213 B de 11 Abril de 1996; 50/213 C de 7 de Junho de 1996; 51/215 A de 18 de Dezembro de 1996; e 51/215 B de 13 de Junho de 1997.

[3201] Em relação à criação dos Tribunais Penais das Nações Unidas, as opiniões doutrinárias encontram-se divididas, mas a tendência geral é de apoio, ao menos perante o facto consumado: P.-M. Dupuy, *Sécurité Collective* (...), cit., pág. 626; James O'Brien, *The International Tribunal*

De qualquer modo, estes Tribunais, especialmente o Tribunal Penal para a ex-Jugoslávia, merecem destaque pela circunstância de, pela primeira vez em processos contenciosos, ambos terem aceite conhecer da validade de resoluções do Conselho de Segurança, precisamente as que os criaram[3203]. É certo que se trata de um processo contencioso com particularidades. Neste uma das partes, ao menos em sentido formal, é um órgão das Nações Unidas: o procurador[3204]. Ou seja, estas são partes no processo, além desta

---

*for Violations of International Humanitarian Law in the Former Yugoslavia*, AJIL, Vol. 87, No. 4, 1993, pág. 639-659, na pág. 643; Richard Goldstone, *The International Tribunal For The Former Yugoslavia: A Case Study In Security Council Action*, DJCIL, Vol. 6, 1995, pág. 5-10, na pág. 5-6 e em *The United Nations' War Crimes Tribunals: An Assessment*, CJIL, Vol. 12, 1997, pág. 227-240, na pág. 229; Karl A. Hochkammer, *The Yugoslav War Crimes Tribunal: The Compatibility of Peace, Politics, and International Law*, VJTL, Vol. 28, 1995, pág. 120-172, na pág. 168 e nota 286; F. Kirgis, *The Security Council's First* (…), cit., pág. 522-523; Christopher K. Penny, *'No Justice, No Peace?': A Political and Legal Analysis of the International Criminal Tribunal for the Former Yugoslavia*, OLR, Vol. 30, 1998-1999, pág. 259-313, na pág. 286-288. Contra, entendendo que o Conselho não tinha poderes para tal: T. Christakis, *L'Onu* (…), cit., pág. 196; T. Sapru, *Into the Heart* (…), cit., pág. 330, 336 e 339-341.

[3202] Como referiu o próprio Tribunal Penal para a ex-Jugoslávia: "In addition, the establishment of the International Tribunal has been repeatedly approved and endorsed by the "representative" organ of the United Nations, the General Assembly: this body not only participated in its setting up, by electing the Judges and approving the budget, but also expressed its satisfaction with, and encouragement of the activities of the International Tribunal in various resolutions" [cfr. *Decision on* (…) *Jurisdiction in Prosecutor v. Dusko Tadic*, Appeals Chamber, October 2, 1995, parág. 44, ILM, cit., pág. 47]. O Tribunal concluiu que fora criado conformemente com a Carta: "In sum, the establishment of the International Tribunal falls squarely within the powers of the Security Council under Article 41." (cfr. parág. 36, pág. 45).

[3203] O Tribunal Penal para a ex-Jugoslávia na sua *Decision on* (…) *Jurisdiction in Prosecutor v. Dusko Tadic*, Appeals Chamber, October 2, 1995, parág. 21, ILM, cit., pág. 41 (ver as citações relevantes, *supra*, parág. 95.2). O Tribunal Penal para o Ruanda, seguindo o primeiro, na sua decisão sobre jurisdição no caso Prosecutor v. Kanyabashi de 18 de Junho de 1997 [cfr. V. Morris, *International Decision. Prosecutor v. Kanyabashi* (…), cit., pág. 67-68].

[3204] Os Estatutos dos Tribunais qualificam o procurador [que é comum a ambos os Tribunais, nos termos do artigo 15 do Estatuto do Tribunal para o Ruanda (em anexo à citada Resolução 955)] como órgão do Tribunal. Mas é evidente que o não é. Não existem órgãos de órgãos (ver, *supra*, parág. 54.2). Visto que o Tribunal não é uma entidade autónoma, mas um órgão das Nações Unidas [como foi reconhecido pelo próprio Tribunal para a ex-Jugoslávia: em passagem já citada; cfr. *Decision on* (…) *Jurisdiction in Prosecutor v. Dusko Tadic*, Appeals Chamber, October 2, 1995, parág. 15, ILM, cit., pág. 39], e o Procurador é um órgão autónomo, este é um órgão das Nações Unidas, tal como o Tribunal, embora agregado a este. Em bom rigor, o Tribunal também não é um órgão, mas um conjunto de órgãos autónomos. As secções de primeira instância e a secção de recurso, que são órgãos colegiais, além dos restantes funcionários administrativos.

organização ser simultaneamente juiz, por meio do Tribunal, seu órgão judicial. Trata-se de características próprias de pessoas colectivas com vontades distintas ou mesmo contraditórias em função de agirem por intermédio de órgãos igualmente diferentes[3205].

Mas o facto de, nestes processos, as Nações Unidas serem partes por intermédio de um dos seus órgãos, nada altera. Os restantes órgãos não se encontram vinculados pelas sentenças destes tribunais. À luz dos seus Estatutos, estes podem vincular os Estados a conceder-lhes assistência[3206], mas não têm qualquer poder semelhante em relação ao Conselho. Este não está obrigado sequer a forçar os Estados a executar os actos vinculativos destes Tribunais[3207].

Tal não impede que uma pronúncia de um destes Tribunais quanto à invalidade de uma resolução do Conselho tivesse certamente um impacte significativo, não devendo ser ignorada por este órgão. Mas que não iria além daquele que tem um parecer.

**96.2. O Tribunal Administrativo.** Merece uma breve referência o Tribunal Administrativo das Nações Unidas visto que este tem competência expressa para fiscalizar por via principal actos da organização, designadamente, dos órgãos superiores do Secretariado[3208]. As suas decisões vinculam

---

[3205] Não será descabido falar em esquizofrenia jurídica a este propósito.

[3206] Artigo 29 do Estatuto do Tribunal para a ex-Jugoslávia e artigo 28 do Estatuto do Tribunal para o Ruanda.

[3207] Como afirmou a Secção de Recurso: "any time a State fails to fulfil its obligation under Article 29, thereby preventing the International Tribunal from discharging the mission entrusted to it by the Security Council, the International Tribunal is entitled to report this non-observance to the Security Council." (cfr. *Prosecutor v. Tihomir Blaskic*, Appeals Chamber, Judgement, Case No: IT-95-14-AR108 *bis*, 29 October 1997, parág. 33). Poder consagrado no artigo 7b das Regras deste Tribunal. Mas o Tribunal não sustentou que o Conselho tivesse qualquer dever de forçar o Estado recalcitrante.

Na prática, perante estes relatórios do Tribunal, o Conselho tem chamado a atenção da entidade visada para a necessidade de cumprir as suas obrigações e condenado a violação destas. Por exemplo: "The Council has considered the letter from the President of the International Tribunal of 11 July 1996 (S/1996/556), which referred to the conclusion of the Trial Chamber of the International Tribunal regarding the failure to execute the warrants of arrest issued against Radovan Karadcic and Ratko Mladic due to the refusal of the Republika Srpska and the Federal Republic of Yugoslavia to cooperate with the Tribunal. It condemns this failure to execute these arrest warrants" (cfr. Declaração Presidencial 1996/34 de 8 de Agosto; texto em RDSCOR, 1996, pág. 40).

[3208] Assim, o artigo 2, n.º 1 do seu Estatuto (alterado já algumas vezes; texto em UN Doc. AT/11/Rev.5, 1998): "The Tribunal shall be competent to hear and pass judgement upon applications alleging non-observance of contracts of employment of staff members of the

não apenas este, mas as próprias Nações Unidas e, logo, igualmente os seus órgãos políticos[3209].

Mas os seus poderes de conhecimento da validade de actos por via principal restringem-se essencialmente a actos de membros do secretariado com natureza laboral e administrativa[3210], não já em relação a actos aprovados no exercício de outras funções do Secretário-Geral, máxime as com natureza política.

Em relação a estes actos políticos, apenas poderá realizar um controlo idêntico ao do Tribunal Internacional de Justiça, isto é, um controlo por via incidental. O mesmo se diga em relação a actos de órgãos colegiais de composição estadual das Nações Unidas[3211].

---

Secretariat of the United Nations or of the terms of appointment of such staff members.". O seu artigo 9, n.º 1: "If the Tribunal finds that the application is well founded, it shall order the rescinding of the decision contested or the specific performance of the obligation invoked.". O artigo 13 estende ainda a sua competência em relação a outras entidades.

[3209] Conformemente, o Tribunal Internacional de Justiça afirmou a este propósito que: "As this final judgment has binding force on the United Nations Organization as the juridical person responsible for the proper observance of the contract of service, that Organization becomes legally bound to carry out the judgment and to pay the compensation awarded to the staff member. It follows that the General Assembly, as an organ of the United Nations, must likewise be bound by the judgment" [cfr. *Effect of Awards* (…), *ICJ Reports* 1954, pág. 53].

[3210] O exercício de largos poderes de revisão pelo Tribunal nesta sede, mesmo quando estavam em causa conceitos jurídicos indeterminados, deu azo a alterações do seu Estatuto no sentido do alargamento da margem de apreciação do Secretário-Geral [ver M. Cohen, *The United Nations* (…), cit., pág. 311-312].

[3211] Assim, imagine-se que o Tribunal conclui que uma norma consagrada no Estatuto ou Regras aplicáveis aos funcionários do secretariado contraria o artigo 8 CNU que consagra a proibição de discriminação em função do género a nível das Nações Unidas. Segundo se julga, o Tribunal pode e deve declarar tal norma inválida e decretar que a funcionária prejudicada seja tratada de modo conforme com aquele princípio e/ou indemnizada. Quer os membros do secretariado, quer a Assembleia Geral, estarão obrigados a executar esta sentença. No entanto, a Assembleia nao estará formalmente obrigada a considerar a norma como inválida ou a alterá-la.

O Tribunal Internacional de Justiça pareceu aceitar que a Assembleia Geral não estaria vinculada por sentenças do Tribunal Administrativo em que este tivesse excedido as suas competências ou não estivesse regularmente constituído, embora não se tenha pronunciado ["The Court does not therefore seem to be requested to express its view with regard to awards which may exceed the scope of that statutory competence" e "the Court understands that the first Question submitted to it contemplates awards made by a properly constituted Tribunal" (cfr. *Effect of Awards* (…), *ICJ Reports* 1954, pág. 50)]. No entanto, este fundamento não será invocável em casos como este. Apenas se o Tribunal Administrativo procurasse vincular a Assembleia a alterar a norma se poderia chegar à conclusão que existia um excesso que invalidava a sentença.

**97. Tribunais internacionais.** Igualmente em relação a outros Tribunais internacionais se pode colocar relevantemente a questão da sua competência para conhecer da invalidade de decisões de órgãos políticos das Nações Unidas, máxime, do Conselho de Segurança[3212].

Qualquer um dos mais importantes tribunais internacionais existentes (ou em vias de constituição), como o Tribunal Penal Internacional, o Tribunal Internacional do Direito do Mar, o Tribunal Europeu e o Tribunal Americano dos Direitos Humanos, ou eventuais tribunais arbitrais, pode deparar com a necessidade de apreciar a validade de uma resolução das Nações Unidas. A solução quanto à questão da sua competência para o fazer deverá ser sempre positiva, ao menos à luz dos seus poderes gerais de entidades judiciais para distinguir o que é Direito do que o não é.

Porém, se qualquer um destes tribunais entender que, por exemplo, o Conselho de Segurança agiu contra a Carta, a sua sentença será um mero acto unilateral que não vincula minimamente terceiros. Apenas as partes que o constituíram se encontrarão vinculadas por esta. Acresce que, por força do artigo 103 CNU, em associação com o seu artigo 25, o Estado interessado na validade da resolução do Conselho poderá recusar-se a cumprir a sentença, sustentando que o seu dever de cumprir a resolução prevalece sobre o dever de cumprir a sentença à luz do tratado que estabeleça o tribunal que a tenha emanado. Apenas o Tribunal Internacional de Justiça tem autoridade para afastar a aplicação de uma resolução de forma oponível às Nações Unidas por força do referido artigo 94, n.º 2 CNU.

Poderão, contudo, verificar-se situações pontuais em que um Tribunal tenha de apreciar um acto das Nações Unidas e conclua pela sua invalidade, sem que, porém, a sua sentença implique uma violação de tal acto pelas partes[3213].

---

[3212] O artigo 298, n.º 1, al. c) da Convenção das Nações Unidas sobre o Direito do Mar de 1982 estabelece que um Estado pode recusar jurisdição dos Tribunais previstos no artigo 287 (o Tribunal Internacional do Direito do Mar, o Tribunal Internacional de Justiça ou tribunais arbitrais constituídos de acordo com a Convenção) em relação a "disputes in respect of which the Security Council of the United Nations is exercising the functions assigned to it by the Charter of the United Nations, unless the Security Council decides to remove the matter from its agenda or calls upon the parties to settle it by the means provided for in this Convention". O que reconhece, *a contrario*, que não existe qualquer litispendência entre estes tribunais e o Conselho de Segurança.

[3213] No caso da apreciação pelo Tribunal Penal das Nações Unidas para a ex-Jugoslávia da validade da resolução que o criara, se este tivesse concluído pela sua invalidade, a sua sentença não teria implicado para as partes qualquer obrigação de violar a resolução. Esta obrigava os Estados a cooperar com o Tribunal e a obedecer aos seus actos, incluindo um que considerasse o próprio Tribunal invalidamente constituído.

**98. Tribunais estaduais.** Igualmente os tribunais internos de cada Estado podem no âmbito da sua provável competência para conhecer do Direito apreciar a validade dos actos das Nações Unidas. Contudo, os seus actos são ainda actos unilaterais do Estado de que são órgãos[3214] não sendo minimamente oponíveis aos outros Estados e especialmente às Nações Unidas.

Contudo, visto que os Estados podem recusar-se a cumprir resoluções inválidas das Nações Unidas, julga-se que o podem fazer quer mediante decisões dos seus órgãos políticos, quer por meio de sentenças judiciais[3215]. Terão é de arcar com as consequências, designadamente, a possibilidade de serem adoptadas sanções pelos órgãos políticos competentes das Nações Unidas contra si, caso a execução da sentença implique a desobediência do acto considerado nulo e tal posição não obtenha o apoio de uma parte significativa dos restantes membros ou do Tribunal Internacional de Justiça.

Existem alguns precedentes de actos das Nações Unidas declarados expressa ou implicitamente inválidos por Tribunais estaduais, embora em situações de marcado interesse político na decisão por parte dos respectivos Governos[3216]. Claro está, foi nula a eficácia jurídica, ou mesmo o impacte político, destes actos a nível internacional.

---

[3214] Como sustentou o Tribunal Internacional de Justiça: "the conduct of an organ of a State – even an organ independent of the executive power – must be regarded as an act of that State" [cfr. *Difference Relating to Immunity* (…), *I.C.J. Reports* 1999, pág. 88, parág. 63].

[3215] Também em sentido idêntico: Christoph Schreuer, *The Relevance of United Nations Decisions in Domestic Litigation*, ICLQ, vol. 27, n. 1, 1978, pág. 1-17, na pág. 9; A. Pellet, *Peut-on* (…), cit., pág. 227-228.

[3216] Em 1960, um Tribunal Egípcio duvidou da conformidade com a Carta da citada Resolução 181, de 29 de Novembro de 1947, da Assembleia Geral, por considerar que esta não tinha competência para partilhar territórios, no caso, o da Palestina. O mesmo faria um Tribunal da Rodésia, em relação às decisões das Nações Unidas sobre a questão da sua independência unilateral, por força de uma alegada desconformidade com a Carta da submissão desta pelo Reino Unido perante a Organização. Refira-se igualmente que, em 1953, um Tribunal Australiano que julgava um processo contra um jornal, acusado de propaganda subversiva relativa à participação da Austrália no Conflito Coreano, deparou com uma alegação deste de que a acção na Coreia constituía uma violação da Carta, por ter sido decidida com a ausência da União Soviética. O Tribunal acabaria por rejeitar a alegação, após consulta do Ministério dos Negócios Estrangeiros da Austrália [cfr. Schreuer, *The Relevance* (…), cit., pág. 8-9].

## IV – Responsabilidade.

**99. Introdução.** A responsabilidade em consequência da violação das normas aplicáveis constitui um elemento essencial de qualquer Ordenamento Jurídico. Esta pode assumir várias formas: desde a mera satisfação, que se obtém pela condenação do acto violador por um terceiro ou pela apresentação de desculpas, até à forma mais exigente de responsabilidade civil, a reconstituição da situação tal como esta existiria se a violação não tivesse ocorrido; ou a mais severa responsabilidade penal, com a punição do autor do acto. Se no mínimo a primeira destas formas de responsabilidade não existir, será necessário concluir que não se estará perante uma Ordem Jurídica, na medida em que em rigor não existirá exigibilidade externa das obrigações que impõe[3217].

Em Direito Internacional, resulta claro que, ao menos teoricamente, alguma destas formas de responsabilidade existe sempre[3218]. Contudo, este

---

[3217] Assim, o Tribunal Permanente de Justiça Internacional afirmou: "it is a principle of international law, **and even a general conception of law**, that any breach of an engagement involves an obligation to make reparation" (cfr. *The Factory At Chorzow – Claim for Indemnity* (Merits), Judgment No. 13, P.C.I.J., Series A, No. 17, Sept. 13th, 1928, pág. 29).

[3218] O princípio de que a violação de uma norma internacional implica responsabilidade é pacífico. Assim, o Tribunal Permanente de Justiça Internacional sustentou: "It is a principle of international law that the breach of an engagement involves an obligation to make reparation in an adequate form" (cfr. *The Factory at Chorzów – Claim for indemnity*, Jurisdiction, Judgment No. 8, July 26, 1927, P.C.I.J. Series A, No. 9, pág. 21) e ainda a citada passagem em *The Factory At Chorzow* (...) (Merits), P.C.I.J., Series A, No. 17, pág. 29). A mesma afirmação foi reiterada pelo Tribunal Internacional de Justiça que cita o seu antecessor [cfr. *Reparation for Injuries* (...), cit., *I.C.J. Reports* 1949, pág. 184] e que afirmou ainda: "it is clear that refusal to fulfil a treaty obligation involves international responsibility" (cfr. *Interpretation of Peace Treaties with Bulgaria, Hungary and Romania*, 2nd Phase, Advisory Opinion, 18 July 1950, *I. C. J. Reports* 1950, pág. 228).

É, pois, consensual que o princípio constante do artigo 1 do Projecto da Comissão de Direito Internacional sobre Responsabilidade Internacional dos Estados é costumeiro, excepcionada a questão da relevância do dano [cfr. o comentário da Comissão ao artigo 1 do Projecto de 1996 (em YILC, 1973, Vol. II, Part 2, pág. 173-176; e ao artigo 1 do Projecto de 2001 (cfr. RILC, 2001, pág. 63-68)].

é um Sistema Jurídico que entrega a execução das suas normas aos seus destinatários, os Estados, ou primordialmente a órgãos políticos de entidades por estes constituídas. Em que os órgãos judiciais só excepcionalmente têm uma jurisdição automática. Daí que a responsabilidade internacional se encontre quase sempre sujeita a contingências políticas.

Muitas vezes, esgota-se em protestos que quase se tornam patéticos, mesmo se carregados de justiça. As coisas passam-se deste modo especialmente quando está em causa uma violação da proibição do uso da força ou dos pressupostos e limites que o Direito Internacional estabelece para as suas causas de justificação; desde logo, quando é utilizada por entidades privadas (isto é, Estados, organizações internacionais ou movimentos armados em relação a Estados terceiros). Mas esta situação será especialmente provável perante uma utilização ilícita da força por parte de uma organização, como as Nações Unidas, ou fundada numa habilitação desta.

Mas, mesmo que este cenário não seja invulgar, nem por isso constitui a regra. Quando estão implicados apenas Estados, as normas internacionais relativas ao uso da força tendem a manifestar-se, ao menos sob a forma de uma condenação colectiva, muitas vezes por parte de uma instituição internacional[3219]. Já a reconstituição natural completa é sempre impossível, desde logo por força de danos pessoais. E a compensação é sempre a excepção, normalmente apenas obtida pela vitória sobre o adversário[3220]. A existência de responsabilidade criminal dos Estados, apesar de por vezes sustentada, não parece ter suficiente apoio em Direito Internacional[3221]; e a

---

[3219] Ver, supra, parág. 10.4.

[3220] Com ocasionais excepções, máxime, quando existe intervenção judicial. Assim, por exemplo, o Tribunal Internacional de Justiça decidiu atribuir 843.947 libras de indemnização a favor do Reino Unido por actos da Albânia similares ao uso da força (especialmente cumplicidade na colocação de minas) [cfr. Corfu Channel (United Kingdom v. Albania), Compensation, Judgment 15 December 1949, I. C. J. Reports 1949, pág. 244, na pág. 250]. Posteriormente, reconheceu que a Nicarágua tinha direito a uma compensação por actos de uso da força e intervenção nos assuntos internos da responsabilidade dos EUA (cfr. Military and Paramilitary Activities, cit., I. C. J. Reports 1986, pág. 149, pontos 13 a 15).

[3221] Nem os artigos 40 e 41 (que alteraram o artigo 19 da versão em primeira leitura de 1996) do citado Projecto da Comissão de Direito Internacional sobre Responsabilidade dos Estados de 2001 colocam esta afirmação em causa. Depois das críticas de alguns Estados e de uma clara divisão no seio da Comissão sobre a questão (ver ILCR, 1998, Chapter VII, parág. 241-331) perdeu-se qualquer aproximação da figura a uma responsabilidade criminal dos Estados. De qualquer modo, mesmo na versão de 1996, o Projecto não estabelecia nenhuma consequência para a prática de um "crime" que não fosse puramente "civil" [ver sobre a questão C. Baptista, Ius (...), cit., pág. 404-405, nota 29]. Mesmo o actual regime merece crítica, mas pela limitação dos seus efeitos a violações graves do Ius Cogens. Parece

dos indivíduos, em consequência de responsabilidade dirigente em utilizações agressivas muito graves da força, tem sido verdadeiramente excepcional[3222].

A responsabilidade das Nações Unidas pela utilização ilícita da força coloca-se, desde logo, a propósito do uso público da força: isto é, aquele que é levado a cabo sob direcção de um órgão da organização. Mas não se restringe a estes casos.

**100. Por acções ou omissões próprias.** A responsabilidade das Nações Unidas coloca alguns problemas delicados. Não exactamente quanto à questão da responsabilidade da organização, que é pacífica, mas antes no que diz respeito a eventuais obrigações que esta implique para os Estados membros.

As conclusões avançadas quanto à sua responsabilidade pelo uso da força aplicam-se nos mesmos termos à responsabilidade por outras formas de exercício dos seus poderes.

**100.1. Responsabilidade das Nações Unidas.** Resulta claro que as Nações Unidas respondem pelos actos ilícitos praticados pelas forças sob sua direcção, ainda que estas sejam compostas por contingentes de tropas fornecidos pelos Estados membros[3223]. Esta conclusão vale não apenas para os casos de exercício ilícito do poder público bélico em sentido estrito, mas igualmente para os casos de alegada legítima defesa pública que se revele infundada ou quando esta seja utilizada em excesso[3224, 3225]. O mesmo vale para qualquer outro uso da força excessivo levado a cabo sob direcção da organização com base noutra causa de justificação.

Com efeito, as Nações Unidas constituem um sujeito de Direito Internacional distinto dos seus membros e incorrem em responsabilidade por actos de indivíduos que, à luz do seu Direito interno, constituem seus órgãos[3226] ou que se converteram em tais por terem sido colocados sob sua

---

que o regime decorrente destes actos se aplica igualmente a violações graves de normas convencionais que impoem obrigações *erga omnes* entre as partes, pelo menos se o respectivo tratado não o derrogar.

[3222] Ver, *supra*, parág. 81.

[3223] Ver, *supra*, parág. 58.1-58.3.

[3224] Ver sobre esta, *supra*, parág. 6 e 51.

[3225] As Nações Unidas podem igualmente ser responsabilizadas por usos pessoais da força por parte dos membros da sua Força, sejam estes actos excessivos de legítima defesa pessoal ou simplesmente ilícitos (ver, *supra*, parág. 7).

[3226] Neste sentido, o Tribunal Internacional de Justiça afirmou: "Finally, the Court wishes to point out that the question of immunity from legal process is distinct from the issue

autoridade por tratado[3227]. E cabe-lhes tal responsabilidade mesmo em situações em que estes órgãos tenham desobedecido a ordens da organização, desde que estivessem ainda a actuar minimamente no âmbito da autoridade e fins genéricos estabelecidos[3228, 3229].

---

of compensation for any damages incurred as a result of acts performed by the United Nations or by its agents acting in their official capacity. **The United Nations may be required to bear responsibility for the damage arising from such acts.** However, as is clear from Article VIII, Section 29, of the General Convention, any such claims against the United Nations shall not be dealt with by national courts but shall be settled in accordance with the appropriate modes of settlement that "[t]he United Nations shall make provisions for" pursuant to Section 29" [cfr. *Difference Relating to Immunity* (...), *I.C.J. Reports* 1999, pág. 88-89, parág. 66].

[3227] Deste modo, a Comissão de Direito Internacional, no artigo 6 do seu Projecto sobre Responsabilidade dos Estados de 2001, estabelece: "The conduct of an organ placed at the disposal of a State by another State shall be considered an act of the former State under international law if the organ is acting in the exercise of elements of the governmental authority of the State at whose disposal it is placed". Ora, colocar à disposição significa sujeitar à completa direcção do outro Estado os efectivos (órgãos). Na versão de 1996 (cfr. RILC, 1996, Chapter III), o correspondente artigo 9 referia expressamente a possibilidade de os órgãos colocados à disposição pertencerem a uma organização internacional. A omissão da referência deve-se a ter-se considerado a hipótese de escassa relevância prática.

Por conseguinte, tal como as forças colocadas por uma organização internacional à disposição de um Estado para serem utilizadas por este sob sua direcção responsabilizam este Estado directamente, convertendo-se juridicamente em parte da sua organização, também o inverso é verdade. Uma organização internacional passa a ser responsável pelos actos de forças estaduais ou de uma outra organização colocadas sob a sua direcção. A Comissão de Direito Internacional, no comentário ao artigo 57 do seu Projecto de 2001, parágrafo 3, reconhece expressamente este regime (cfr. RILC, 2001, pág. 361) [ver igualmente neste sentido: D. Bowett, *United Nations* (...), cit., pág. 244-245; F. Seyersted, *United Nations* (...), cit., pág. 119; M. Bothe, *Le Droit* (...), cit., pág. 207 e 210; Knut Ipsen, *Völkerrechtliche Verantwortlichkeit und Völkerstrafrecht*, em *Völkerrecht* (K. Ipsen), 3° auf., München, 1990, pág. 488 e segs., na pág. 514 e 529; R. Glick, *Lip Service* (...), cit., pág. 100-101; a mesma conclusão já se retirava de Clyde Eagleton, *International Organization and the Law of Responsibility*, RDC, tome 76, 1950, I, pág. 319-425, na pág. 387].

[3228] Assim, o Secretário-Geral afirmou: "The international responsibility of the United Nations for the activities of United Nations forces is an attribute of its international legal personality and its capacity to bear international rights and obligations" e "In recognition of its international responsibility for the activities of its forces, the United Nations has, since the inception of peacekeeping operations, assumed its liability for damage caused by members of its forces in the performance of their duties (...)" [cfr. *Report Of The Secretary-General – Administrative And Budgetary Aspects Of The Financing Of United Nations Peacekeeping Operations* (UN Doc. A/51/389 (1996), 20 September 1996; texto igualmente em ILM, Vol. 37, No. 3, 1998, pág. 700-712), parág. 6 e 7]. Daí que o Modelo de Acordo sobre o Estatuto das Forças em Operações de manutenção da paz (UN Doc. A/45/594, de 9 de Outubro de 1990), no seu parágrafo 51 (bem como os vários acordos que têm sido celebrados seguindo

A responsabilidade das Nações Unidas pode ser provocada quer por uma acção, quer por uma omissão[3230] nas situações em que esta organização violou um dever que lhe impunha uma acção. As mais frequentes são as derivadas da omissão em agir perante uma situação que de forma inequívoca preencha os pressupostos dos poderes funcionais do Conselho de Segurança[3231]. A prática das Nações Unidas confirma esta responsabilidade, embora apenas sob a forma de satisfação, ou seja, apresentação de desculpas ou reconhecimento da falta[3232, 3233].

---

os seus termos), estabeleça uma comissão arbitral para apreciar pretensões decorrentes de actos praticados pela Força pelos quais a organização responde.

[3229] Como estabelece a Comissão de Direito Internacional no seu citado Projecto sobre Responsabilidade dos Estados de 2001, artigo 9 ("The conduct of an organ of a State or of a person or entity empowered to exercise elements of the governmental authority shall be considered an act of the State under international law if the organ, person or entity acts in that capacity, even if it exceeds its authority or contravenes instructions"). Este regime é directamente transponível para a responsabilidade das Nações Unidas. Ver no mesmo sentido: D. Bowett, *United Nations* (...), cit., pág. 245; M. Bothe, *Le Droit* (...), cit., pág. 210; R. Glick, *Lip Service* (...), cit., pág. 101-102.

[3230] A responsabilidade por omissão é pacífica em Direito Internacional. Assim, o Tribunal Internacional de Justiça depois de afirmar "every State's obligation not to allow knowingly its territory to be used for acts contrary to the rights of other States", declarou: "In fact, nothing was attempted by the Albanian authorities to prevent the disaster. **These grave omissions involve the international responsibility** of Albania" [cfr. *The Corfu Channel* (...), cit., *C.I.J. Reports* 1949, pág. 23]. Ver igualmente *United States Diplomatic and Consular Staff in Tehran* (United States of America v. Iran), Judgement, May 24, 1980, *I.C.J. Reports* 1980, pág. 32, parág. 67 ("**This inaction** of the Iranian Government **by itself constituted clear and serious violation** of Iran's obligations to the United States"). Ver igualmente o artigo 2 do Projecto sobre Responsabilidade dos Estados da Comissão de Direito Internacional.

[3231] Sobre o dever de agir do Conselho nestes casos, ver, *supra*, parág. 77.

[3232] Assim, a propósito da mais grave omissão cometida pelas Nações Unidas, em relação ao Ruanda (ver, *supra*, parág. 75.3), o Secretário-Geral afirmou: "On behalf of the United Nations, I acknowledge this failure and express my deep remorse" (cfr. UNPR SG/SM/7263, 16 December 1999).

Em relação a outro caso deplorável, já que as Nações Unidas tinham assumido obrigações unilaterais quanto à defesa de Srebrenica (ver, *supra*, parág. 67), o Conselho afirmou "The tragic events at Srebrenica must not be forgotten. The Council regrets the deplorable events and recalls its resolve to ensure that justice is carried out fully through the work of the International Criminal Tribunal for the former Yugoslavia, and that such crimes are not repeated in the future. The Council stresses the importance that lessons be learned and acknowledges the Secretary-General's report on Srebrenica (A/54/549)" (Declaração Presidencial 2000/23 de 13 de Julho de 2000; texto em RSSC, 2000, pág. 117). O massacre fora já condenado em 1995 pelo Conselho na sua Resolução 1034 (1995), de 21 de Dezembro (texto em RDSCOR, 1995, pág. 21), parág. 2-3. A tentativa de responsabilizar criminalmente alguns membros do secretariado pela sua acção ou omissão nesta situação perante o Tribunal Penal para a ex-

Jugoslávia acabou por ser rejeitada pela procuradora (cfr. *BOSNIA: Srebrenica Accusations Dismissed*, UN Wire, 11 Feb 2000, *Section: Human Rights, Justice and Democracy*).

De facto, os funcionários e outros órgãos das Nações Unidas podem incorrer em responsabilidade criminal pelos seus actos à luz do Direito Internacional, tal como quaisquer outros indivíduos. As Nações Unidas não têm tribunais penais permanentes, mas a criação dos Tribunais para a ex-Jugoslávia e para o Ruanda confirma que se trata de uma lacuna facilmente suprível. De qualquer modo, os seus órgãos poderão ser julgados por tribunais de Estados ao abrigo da jurisdição universal em relação a certos crimes ou pelos Estados onde o crime se praticou ou que fossem o Estado nacional das vítimas. É certo que a referida Convenção sobre Imunidades das Nações Unidas de 1946 estabelece a imunidade dos agentes destas por actos praticados no exercício das suas funções, sem aparentemente estabelecer excepções, salvo com base em decisão do Secretário-Geral ou, em relação a este, do Conselho de Segurança (artigo V, secção 20). Mas o melhor entendimento é que esta imunidade não abrange a prática de crimes internacionais perante um tribunal internacional ou nacional que excepcionalmente tenha jurisdição sobre as Nações Unidas, por exemplo com o consentimento destas. Como afirmou o Tribunal Penal das Nações Unidas para a Ex-Jugoslávia, pela sua Secção de Recurso, em tese geral: "These exceptions arise from the norms of international criminal law prohibiting war crimes, crimes against humanity and genocide. Under these norms, those responsible for such crimes cannot invoke immunity from national or international jurisdiction even if they perpetrated such crimes while acting in their official capacity" [cfr. *Prosecutor* v. *Tihomir Blaskic*, 29 October 1997, Case No: IT-95-14-AR108 *bis*, parág. 41].

Em relação aos membros de contingentes nacionais que integrem forças da organização, a jurisdição penal cabe aos respectivos Estados [cfr. o citado modelo de Acordo entre as Nações Unidas e os Estados membros fornecedores de pessoal para Operações de manutenção da paz, parágrafo 25]. Já por diversas vezes, membros de contingentes foram julgados por crimes praticados enquanto membros de forças das Nações Unidas. Assim, designadamente, em relação a militares que participaram na UNOSOM II, o Canadá e a Bélgica levaram a julgamento vários elementos das suas forças por crimes, tendo alguns sido condenados [cfr. *Photos reveal Belgian paratroopers' abuse in Somalia*, CNN, April 17, 1997, Web posted at: 4:58 p.m. EDT (2058 GMT)]. Houve igualmente inquéritos em Itália [cfr. *Italian army cleared of widespread abuse in Somalia*, CNN, August 9, 1997, Web posted at: 2:16 p.m. EDT (1816 GMT)].

[3233] Deste modo, o Tribunal Internacional de Justiça decidiu: "Gives judgment that by reason of the acts of the British Navy in Albanian waters in the course of the Operation of November 12th and 13th, 1946, the United Kingdom violated the sovereignty of the People's Republic of Albania, and that this declaration by the Court constitutes in itself appropriate satisfaction" [cfr. *The Corfu Channel* (...), cit., *C.I.J. Reports* 1949, pág. 35]. No mesmo sentido, o Secretário-Geral das Nações Unidas afirmou: "New Zealand seeks an apology. France is prepared to give one. My ruling is that the Prime Minister of France should convey to the Prime Minister of New Zealand a formal and unqualified apology for the attack, contrary to international law, on the "Rainbow Warrior" by French service agents which took place on 10 July 1985" [cfr. United Nations Secretary-General, *Ruling Pertaining To The Differences Between France And New Zealand Arising From The Rainbow Warrior Affair*, July 6, 1986, parág. 1 (texto em ILM, Vol. 26, No. 5, 1987, pág. 1346-1373)].

O facto de a omissão ter sido provocada pelo veto de um membro permanente não isenta as Nações Unidas de responsabilidade. Obstáculos procedimentais ao respeito dos seus deveres não são invocáveis como justificações; um Estado também não pode invocar a impossibilidade de obter uma maioria política que apoie o cumprimento das suas obrigações internacionais como fundamento para uma violação destas[3234]. Já um caso de impossibilidade absoluta, por completa falta de meios, pode justificar a sua omissão com fundamento em força maior[3235, 3236].

**100.2. Efeitos sobre os Estados membros.** O regime descrito é relativamente pacífico. Porém, subjacente a este encontram-se dois problemas de resolução menos líquida. Poderão os membros das Nações Unidas em alguma circunstância ser responsabilizados pelos actos destas?

**100.2.1. Por cumplicidade.** O primeiro fundamento com base no qual tal poderá ocorrer será o de cumplicidade[3237], em relação aos Estados que

---

Também o artigo 37, n.º 2 do Projecto sobre responsabilidade Internacional dos Estados de 2001 da Comissão de Direito Internacional declara: "Satisfaction may consist in an acknowledgement of the breach, an expression of regret, a formal apology or another appropriate modality".

[3234] Contra: T. Stein/S. Richter, *Article 37*, cit., pág. 556.

[3235] Cfr. artigo 23, n.º 1 do Projecto da Comissão de Direito Internacional sobre responsabilidade dos Estados de 2001 ("The wrongfulness of an act of a State not in conformity with an international obligation of that State is precluded if the act is due to force majeure, that is the occurrence of an irresistible force or of an unforeseen event, beyond the control of the State, **making it materially impossible in the circumstances to perform the obligation**"; cfr. RILC, 2001, pág. 48).

[3236] Tal verificou-se em parte quanto ao Ruanda em que, depois de ter revogado a sua decisão em retirar e decidido reforçar a sua presença, as Nações Unidas simplesmente não conseguiram obter efectivos dos Estados membros com vista a concretizá-la, apesar dos esforços do Secretário-Geral (ver, *supra*, parág. 75.3.3).

[3237] Uma outra alternativa seria considerar que o duplo estatuto dos membros dos contingentes, que mantêm a natureza de órgãos do seu Estado, mas adquirem igualmente a qualidade de órgãos da organização, afectaria a questão da responsabilidade. Tal permitiria considerar que os actos ilícitos destes provocariam igualmente a responsabilidade dos seus Estados e não apenas das Nações Unidas [neste sentido: L. Condorelli, *Le Statut des Forces* (...), cit., pág. 896-897]. Parece claro que os membros dos contingentes têm esta dupla natureza, mantendo a sua qualidade de órgãos dos Estados [o modelo de Acordo entre as Nações Unidas e os Estados membros fornecedores de pessoal para Operações de manutenção da paz (UN Doc. A/46/185, 23 May 1991), no seu parágrafo 7 sublinha que estes se mantêm ao serviço do seu Estado]. Mas ao limitarem-se a executar ordens das Nações Unidas esta dupla natureza perde relevância em relação a questões de responsabilidade. A prática das Nações Unidas confirma inteiramente esta conclusão, visto que, como se verificou, a

participaram na Força das Nações Unidas. Com efeito, sendo voluntário o fornecimento de contingentes, os Estados que participem desta forma na acção devem ser considerados como cúmplices da acção levada a cabo por esta[3238], desde que conheçam os termos[3239] em que esta se encontra a ser levada a cabo[3240].

Assim, se o fornecimento de contingentes tivesse sido obrigatório nos termos de algum acordo adoptado segundo o modelo de cedência automática do artigo 43 CNU não existiria lugar a qualquer responsabilidade por cumplicidade do Estado membro. O mesmo se diga em situações em que a Força das Nações Unidas exorbite do mandato concedido, que em si era

---

organização tem assumido exclusivamente a responsabilidade pelos actos destes perante o Estado anfitrião ou terceiros prejudicados.

[3238] A cumplicidade na utilização ilícita da força pelos Estados é expressamente proibida. Assim, a Carta proíbe a assistência a um Estado contra o qual a organização tenha adoptado medidas preventivas ou coercivas (artigo 2, n.º 5). Mas à luz desta faz todo o sentido considerar proibido qualquer auxílio a uma violação do artigo 2, n.º 4, ainda que o Conselho não tenha adoptado medidas.

Foi esta a interpretação seguida pela Assembleia Geral na sua referida Resolução 3314 (XXIX) que define agressão; no seu artigo 3, al. f), considera como agressão "The action of a State in allowing its territory, which it has placed at the disposal of another State, to be used by that other State for perpetrating an act of aggression against a third State". E, especialmente, na sua Declaração relativa ao Reforço da Efectividade do Princípio da Proibição de Recorrer à Ameaça ou ao Uso da Força nas Relações Internacionais, aprovada pela Resolução 42/22 de 18 de Novembro de 1987 (texto em RDGAOR, 42ª, 1987, vol. I, pág. 287-289), parág. 4 ("States have the duty not to urge, encourage or **assist** other States to resort to the threat or use of force in violation of the Charter").

Deste modo, a propósito do bombardeamento de Trípoli e Bengazi na Líbia pelos EUA de 1986, a Assembleia Geral aprovou a Resolução 41/38, de 20 de Novembro de 1986 (texto em RDGAOR, 41st Session, 1986, pág. 34-35), parág. 3, em que declara: "Calls upon all States to refrain from extending any assistance or facilities for perpetrating acts of aggression against the Libyan Arab Jamahiriya".

Segundo se julga, faz todo o sentido aplicar este regime igualmente em relação a assistências a usos ilícitos da força por parte de organizações internacionais, incluindo neste ponto os da responsabilidade das Nações Unidas.

[3239] Como é natural que aconteça, já que estes se encontram em contacto com o comandante do seu contingente e são consultados na tomada das principais decisões relativas à Força, graças às comissões de consulta que integram (ver, *supra*, parág. 53).

[3240] O artigo 16 do Projecto sobre Responsabilidade dos Estados de 2001 da Comissão de Direito Internacional estabelece: "A State which aids or assists another State in the commission of an internationally wrongful act by the latter is internationally responsible for doing so if: (a) That State does so with knowledge of the circumstances of the internationally wrongful act; and (b) The act would be internationally wrongful if committed by that State". Ver o comentário da Comissão ao artigo, parágrafos 3-4 (cfr. RILC, 2001, pág. 156).

perfeitamente compatível com o Direito Internacional. Também neste caso não existirá responsabilidade a título de cumplicidade, a menos que os Estados tenham conhecimento deste abuso e não reajam.

Mas estabelecido que pode existir responsabilidade da parte dos Estados membros a título de cumplicidade, cabe apurar qual a medida da sua responsabilidade. Máxime, se existe uma responsabilidade solidária entre estes Estados e as Nações Unidas ou se, ao contrário, cada Estado responde exclusivamente pelos actos que tenha praticado.

O princípio básico é que cada Estado responde apenas pelos seus actos, o que significa que só será possível sustentar que vigora um regime de solidariedade[3241] (aplicável igualmente a organizações internacionais e às Nações Unidas em particular) entre entidades conjuntamente responsáveis por actos ilícitos se existir prática que satisfaça os critérios estabelecidos para a formação do Direito Internacional Consuetudinário[3242]. Ora, apesar de alguma prática nesse sentido (incluindo, prática em situações similares a nível de Direitos internos de sistemas completamente distintos), não parece claro que se possa sustentar a vigência de tal princípio de solidariedade entre co-responsáveis[3243, 3244, 3245].

---

[3241] À luz do regime de responsabilidade solidária, o Estado vítima poderá exigir a efectivação da totalidade da responsabilidade a qualquer uma das entidades co-responsáveis pela prática dos actos ilícitos. Caberá depois à entidade que a tiver assumido o ajuste com as outras co-responsáveis, de modo a repor o equilíbrio entre todas em função da respectiva quota parte de responsabilidade. Claro está, trata-se de um regime que protege fortemente a vítima em detrimento dos responsáveis. Corre por conta daquele que for forçado a cumprir a totalidade da indemnização o risco de não conseguir que os seus cúmplices honrem a sua quota parte de responsabilidade. Pelo contrário, num regime de conjunção, a vítima terá de exigir a cada co-responsável a sua quota parte e não mais do que esta.

[3242] Ver sobre estes C. Baptista, *Direito* (...), cit., pág. 94-118.

[3243] Assim, existe um regime de solidariedade em determinadas matérias, como no regime das obrigações *erga omnes*. Neste caso, existe uma solidariedade activa, isto é, do lado dos credores, já que qualquer um dos Estados pode exigir de um outro, vinculado pela obrigação, o cumprimento desta, não sendo necessário que tal exigência parta do conjunto dos Estados credores. Em alguns casos, um Estado pode mesmo exigir a efectivação da responsabilidade, designadamente a favor do verdadeiro titular do direito afectado pela violação da obrigação, normalmente um indivíduo, independentemente de qualquer vínculo de cidadania [ver C. Baptista, Ius Cogens (...), cit., pág. 494-495, nota 14], como aliás é expressamente permitido pela Convenção Europeia dos Direitos do Homem, artigo 33 e 41 (alterada pelo seu Protocolo n.º 11 de 11 de Maio de 1994; texto em ILM, Vol. 33, No. 4, 1994, pág. 960-967); ver igualmente os artigos 41 e 42 do pacto dos Direitos Civis e Políticos e o artigo 63 da Convenção Americana dos Direitos Humanos. Isto é, será de aceitar uma solidariedade activa no que diz respeito à responsabilidade decorrente de violações de obrigações *erga omnes*, pelo menos das que se denomina obrigações mediatas (cfr. ob. cit., pág. 292-293). Embora se trate de um regime criado a favor dos verdadeiros titulares do direito afectado e não em defesa de interesses próprios.

Mais importante no que diz respeito à responsabilidade em que intervenham organizações internacionais é o regime de solidariedade passiva estabelecido pelo artigo XXII da Convenção sobre Responsabilidade Internacional por Danos provocados por Objectos Espaciais de 29 de Março de 1972 (texto em UNTS, No. 13810, Vol. 961, 1975, pág. 187-261). Estabelece este que os Estados membros de uma organização internacional que sejam partes na Convenção (quando a organização tenha aceite os seus termos) serão solidariamente responsáveis por danos provocados pela organização em violação da Convenção no caso de esta não ter satisfeito no prazo de seis meses um pedido de indemnização acordado ou determinado por terceiro competente. A mesma convenção consagra o princípio da responsabilidade solidária entre Estados a quem sejam imputados actos danosos (artigos IV e V).

A referida Convenção das Nações Unidas sobre o Direito do Mar consagra igualmente um caso de responsabilidade internacional solidária que pode existir entre Estados e organizações internacionais por actividades na Área (artigo 139, n.º 2). O Anexo IX à Convenção, relativo a organizações internacionais, estabelece no seu artigo 6 que uma organização e os seus Estados membros devem fornecer a qualquer parte na Convenção informações sobre se é a primeira ou os segundos que têm poderes em relação a uma determinada matéria. Caso o não façam ou apresentem informação contraditória, serão solidariamente responsáveis pelas acções em causa.

O artigo 6 do Tratado relativo aos Princípios Reguladores das Actividades dos Estados na Exploração e Uso do Espaço Exterior, incluindo a Lua e Outros Corpos Celestes de 27 de Janeiro de 1967 (texto em UNTS, No. 8843, 1967, pág. 205-300), dispõe: "When activities are carried on in outer space, including the Moon and other celestial bodies, by an international organization, responsibility for compliance with this Treaty shall be borne both by the international organization and by the States Parties to the Treaty participating in such organization". Não fica esclarecido se se trata de uma responsabilidade interna ou externa. Isto é, se os Estados membros estão obrigados a exercer os seus direitos de participação na formação da vontade da organização de modo a levá-la a cumprir a obrigação ou se, pelo contrário, o artigo pretende sublinhar que estes podem ter de responder solidariamente pelos actos da organização. Mas a remissão para a participação nesta sugere que se trata do primeiro caso, num regime paralelo ao do artigo 48, n.º 2 CNU.

A obrigação de que a própria organização deve ficar sujeita aos termos deste Tratado coloca problemas, dado que o artigo 14, n.º 1 não prevê que organizações internacionais se tornem partes neste. Deste modo, a única forma de uma organização internacional poder formalmente incorrer em responsabilidade por força da sua violação será no caso de aceitar as suas obrigações informalmente. Não parece, contudo, que seja necessário que o faça por escrito ao contrário do que dispõe o artigo 35 da Convenção de Viena sobre o Direito dos Tratados entre Estados e Organizações Internacionais ou entre Organizações Internacionais de 21 de Março de 1986 [texto em UN Doc. A/CONF. 129/15); que em Março de 2001 ainda não entrara em vigor, dado ter 33 partes (cfr. MTDSG) quando são necessárias 35 nos termos do seu artigo 85, n.º 1], já que este não corresponde ao Direito Internacional Costumeiro [ver C. Baptista, *Direito* (...), cit., pág. 235-236].

---

³²⁴⁴ Perante o Tribunal Internacional de Justiça já houve alegações de responsabilidades solidária, mas o Tribunal não se chegou a pronunciar sobre a questão. Assim, afirmou: "Australia has raised the question whether the liability of the three States would be "joint and several" (solidaire), so that any one of the three would be liable to make full reparation for damage flowing from any breach of the obligations of the Administering Authority, and not merely a one-third or some other proportionate share. This is a question which the Court must reserve for the merits; but it is independent of the question whether Australia can be sued alone" [cfr. *Certain Phosphate Lands in Nauru* (Nauru v. Australia), Preliminary Objections, *I.C.J. Reports* 1992, pág. 258, parág. 48].

Os EUA na sequência do modo como foram tratados na Hungria aviadores Norte-Americanos perdidos num C-47 e forçados a aterrar neste país em 19 de Novembro de 1951, invocaram a responsabilidade solidária da União Soviética e Hungria nas negociações diplomáticas que se seguiram [cfr. O. Lissitzyn, *The Treatment* (...), cit., pág. 581]. O mesmo fariam mais tarde nos processos que interpuseram contra estes dois Estados perante o Tribunal Internacional de Justiça, que porém seriam rejeitados por falta de jurisdição do Tribunal (ver, *supra*, parág. 12.1). Nas alegações orais conjuntas nos casos que interpôs contra Estados da OTAN pela acção militar de que foi alvo em 1999, a Jugoslávia sustentou também a existência de responsabilidade solidária entre estes em relação aos danos que lhe provocou a acção da OTAN (cfr. International Court of Justice, Verbatim Record, CR 99/25, 12 May 1999, pág. 16).

³²⁴⁵ A Comissão de Direito Internacional, no seu citado Projecto de 2001, artigo 47, n.º 1, acaba por excluir a responsabilidade solidária ao estabelecer: "Where several States are responsible for the same internationally wrongful act, the responsibility of each State may be invoked in relation to that act". No seu comentário, sustenta que o princípio consagrado no Direito Internacional Geral é o da responsabilidade independente (parág. 3; ILCR, 2001, pág. 314). Aceita-se tal base, já que a responsabilidade solidária, enquanto imputação de responsabilidade a um Estado que cabe a outro (sem prejuízo de posterior compensação entre ambos), não pode presumir-se. Assim, na falta de prática em contrário, será este o princípio aplicável. Resta saber, porém, se não existem elementos suficientes de prática internacional, bem como de prática dos Estados por meio do seu Direito interno, para consagrar um regime de desenvolvimento progressivo do Direito Internacional nesta matéria (neste sentido: John E. Noyes/Brian D. Smith, *State Responsibility And The Principle Of Joint And Several Liability*, YJIL, Vol. 13, 1988, pág. 225-267, na pág. 260-265; John Quigley, *Complicity in International Law: A New Direction in the Law of State Responsibility*, BYIL, Vol. 57, 1986, pág. 76-131, na pág. 127-129, que parece sustentar que se trata já da solução vigente).

A Comissão não cita qualquer prática em apoio da exclusão da aplicação da responsabilidade solidária por actos ilícitos praticados por mais do que um Estado. Embora alguns autores do princípio do século XX sustentassem que o regime aplicável em Direito Internacional era efectivamente o da conjunção e não o da solidariedade (assim: Edouard Clunet, *De la Renonciation à telle des Clauses Générales du Traité de Versailles par l'Une des Puissances Signataires*, JDI, 1920, tome 47, pág. 881-886, na pág. 882). A protecção das vítimas talvez o justificasse, embora possam existir algumas situações em que responsabilizar um cúmplice secundário pela totalidade dos danos pudesse ser desrazoável. Assim, por vezes poderá ser difícil a um pequeno Estado recusar que um Estado aliado poderoso utilize o seu

Assim, os princípios actualmente vigentes são os do respeito pela personalidade das Nações Unidas e de assunção por parte destas da responsabilidade dos actos que lhe são imputados. Eventuais Estados cúmplices apenas respondem em termos secundários, pela mera cumplicidade.

**100.2.2. Responsabilidade subsidiária?** No entanto, cabe questionar se o princípio da responsabilidade das Nações Unidas não tem nenhuma excepção. Para lá de duas excepções geralmente aceites, mas inaplicáveis em relação a esta organização[3246], torna-se necessário analisar se em alguma

---

espaço aéreo para realizar acções militares contra um Estado terceiro. Força-lo a indemnizar a totalidade dos danos e a procurar depois ser compensado pelo Estado responsável pela acção bélica parece uma solução demasiado gravosa [também: J. Quigley, *Complicity* (...), cit., pág. 129]. A questão terá de ser decidida pela futura conferência que aprecie o Projecto.

Um regime de solidariedade poderia ser relevante por força da inaplicabilidade da regra do caso *Ouro Monetário* em relação às Nações Unidas (ver, *supra*, parág. 95.3). O que significa que, apesar da impossibilidade de accionar contenciosamente a organização perante o Tribunal Internacional de Justiça (artigo 34 do Estatuto), seria possível fazê-lo em relação a um ou vários Estados cúmplices sem que o pedido fosse considerado inadmissível por força da ausência do principal responsável. Por força do regime de solidariedade aplicável à responsabilidade, o Estado lesado poderia então pedir a totalidade da reparação a um único cúmplice.

[3246] Uma excepção decorre de casos em que a personalidade de uma organização não seja oponível ao Estado vítima, já que as organizações não universais não gozam de personalidade objectiva automática à luz do Direito Internacional Costumeiro (ver, *supra*, parág. 34.4.2). Mas, claro está, esta possibilidade não tem a menor relevância em relação às Nações Unidas, cuja personalidade se impõe a terceiros [como sustentou o Tribunal Internacional de Justiça: "fifty States, representing the vast majority of the members of the international community had the power, in conformity with international law, to bring into being an entity possessing objective international personality, and not merely personality recognized by them alone (...)"; cfr. *Reparation* (...), cit., *I.C.J. Reports* 1949, pág. 185]. A Carta não estabelece expressamente a personalidade da organização, embora esta se possa fazer decorrer (quer no plano do Direito interno dos Estados membros, quer do Direito Internacional), designadamente, dos seus artigos 104 e 105 ou da sua legitimidade para celebrar alguns tratados. Acresce que a Convenção sobre Direitos e Imunidades das Nações Unidas de 13 de Fevereiro de 1946 (texto em AJIL, *supplement*, Vol. 43, No. 1, 1949, pág. 1-7), no seu artigo I, veio estabelecer expressamente a sua personalidade jurídica.

Uma segunda possibilidade de desconsideração da personalidade de uma organização decorre de situações em que esta seja um puro instrumento nas mãos dos Estados membros, sem que nenhum órgão seu, independente destes, tenha qualquer competência autónoma, ainda que delegada, para adoptar um acto com significado. Parece bem que nestes casos a personalidade da organização não será oponível ao Estado que alega ter sido vítima de uma acção ilícita. Tal como decorre dos critérios gerais de imputabilidade dos actos, se existir uma direcção efectiva, um controlo total dos actos da organização pelos Estados membros, fará sentido considerar que esta não passa de um puro instrumento, perdendo a autonomia que lhe

situação os membros das Nações Unidas podem ser responsabilizados directamente por actos desta organização, sem ser a título de cumplicidade nestes.

A questão prende-se com determinar se, perante a incapacidade ou falta de vontade das Nações Unidas (ou outra organização internacional) em cumprir as suas obrigações, seja as de origem convencional, seja as decorrentes de compensações pela prática de actos ilícitos, os Estados membros devem responder e em que medida por estas. De facto, pode a organização não ter recursos ou recusar-se a assumir a responsabilidade. Nesta situação, coloca-se a questão de saber se pode existir responsabilidade subsidiária dos Estados membros.

Claro está, a resposta à questão é líquida se for possível concluir que os membros assumiram esta responsabilidade subsidiária; seja no tratado constitutivo, seja no tratado à luz do qual foram contraídas as obrigações ou praticados os actos ilícitos, seja por qualquer acordo posterior, em que todos ou alguns destes membros tenham aceite garantir solidariamente o cumprimento destas obrigações ou assumir subsidiariamente a responsabilidade por quaisquer actos ilícitos.

Mas nos casos em que não existe qualquer disposição nesse sentido, cabe questionar qual é o regime consuetudinário. A prática sobre a questão não é esclarecedora[3247]. A Jurisprudência sobre a questão tem sido igualmente

---

é conferido pela sua personalidade. Um dos indicadores nesse sentido será o facto de as decisões serem tomadas por unanimidade e qualquer decisão importante, mesmo executiva, depender de decisão dos Estados membros. Neste caso, os seus actos deverão ser considerados puramente como actos dos Estados membros, pelos quais estes devem responder directamente.

Assim, a nova Jugoslávia, nas suas alegações orais no pedido de medidas provisórias nos *Case Concerning Legality Of Use Of Force* utilizou este argumento contra os Estados membros da OTAN: "the respondent States are jointly and severally responsible for breaches of the Genocide Convention and other breaches of international law committed **through their instrumentality of NATO military command structure**" (cfr. International Court of Justice, Verbatim Record, CR 99/25, 12 May 1999). Do mesmo modo, o Institut de Droit International, na sua Resolução *Legal Consequences for Member States of the Non-Fulfilment by International Organizations of their Obligations Towards Third Parties*, 1996, Vol. II, pág. 444-453, no artigo 5, al. c), ii), reconhece a imputação directa aos Estados membros da responsabilidade dos actos de uma organização internacional que actue como seu mero agente, isto é, instrumento puro.

No entanto, também esta excepção não é aplicável às Nações Unidas, visto que as decisões do Conselho de Segurança, mesmo quando adoptadas por unanimidade, se impõem a todos os membros que não têm assento neste órgão (ver, *supra*, parág. 34.2). Será, pois, impossível considerar que a organização é um puro instrumento destes. Acresce que o Secretário-Geral tem competências importantes, mesmo no exercício de uma delegação (ver, *supra*, parág. 60-62).

[3247] Ficaram já referidos precedentes convencionais que consagram a responsabilidade solidária entre uma organização e os Estados membros em relação a actos da primeira. Trata-

escassa e contraditória, sendo proveniente especialmente de tribunais internos[3248].

-se do artigo XXII da Convenção sobre Responsabilidade Internacional por Danos provocados por Objectos Espaciais de 1972 e do artigo 139, n.º 2 e anexo IX, artigo 6, da citada Convenção das Nações Unidas sobre o Direito do Mar. Embora no artigo 139, n.º 2 se trate de responsabilidade solidária directa, já que os Estados membros e a organização têm de ter sido responsáveis conjuntamente pelos actos em causa para que este se aplique. Igualmente no Anexo IX, artigo 6, esta responsabilidade apenas existirá se não for esclarecido se é a organização ou os Estados membros que têm poderes na matéria.

Menos claro é o efeito sobre o Direito Costumeiro de cláusulas que constam de alguns tratados constitutivos de organizações internacionais financeiras no sentido de limitar ou excluir a responsabilidade dos Estados membros pelas dívidas das organizações internacionais. Caso do artigo 2, secção 6 do Acordo sobre o Banco Internacional de Reconstrução e Desenvolvimento de 27 de Dezembro de 1945 (texto em UNTS, No. 20, 1947) que limita a responsabilidade dos Estados partes às suas quotas. Daí que o artigo 4, secção 9 estabeleça que os títulos emitidos pela organização deverão indicar que não obrigam qualquer Governo. O artigo VI, secção 5, al. c) estabelece limites para a responsabilidade dos Estados membros em caso de suspensão de actividades da organização. Disposições semelhantes constam do Acordo sobre o Fundo Monetário Internacional e de outros tratados sobre instituições similares.

Outros ainda contêm cláusulas mais drásticas, que estabelecem expressamente a irresponsabilidade dos Estados membros. Assim, o Acordo sobre o Fundo Internacional para o Desenvolvimento Agrícola de 13 de Junho de 1976 (texto em ILM, Vol. 15, No. 4, 1976, pág. 922-949), artigo 3, secção 4 ("No Member shall be liable, by reason of its membership, for acts or obligations of the Fund"). Ou o artigo 174, n.º 4 da referida Convenção das Nações Unidas sobre o Direito do Mar e o seu Anexo 4, artigo 3, em relação às dívidas, actos e obrigações da Autoridade (ver a longa resenha de C. F. Amerasinghe, *Liability To Third Parties Of Member States Of International Organizations: Practice, Principle And Judicial Precedent*, AJIL, Vol. 85, 1991, pág. 259-281, na nota 48).

Claro está, a partir-se do princípio de que vigora um princípio que exclui a responsabilidade dos Estados pelas dívidas das organizações, estas disposições seriam desnecessárias. Contudo, estas também demonstram que os Estados não parecem estar dispostos a assumir responsabilidades pelas dívidas das organizações de que são membros, especialmente nas organizações que exercem actividades que implicam riscos financeiros.

Assim, a Polónia declarou na Sexta Comissão da Assembleia Geral: "Recent developments showed that non-responsibility of member States for the acts of an international organization was a separate subject of international law that could not be excluded" (cfr. UNPR GA/L/3124 21st Meeting (PM), 29 October 1999, pág. 1-2). O que parece um apoio a esta irresponsabilidade.

[3248] O Tribunal Arbitral no caso *Westland Helicopters Limited v. The Arab organization for Industrialization*, em sentença de 5 de Março de 1984, sustentou que os quatro Estados membros da Organização Árabe para a Industrialização eram responsáveis pelos actos desta organização. Contudo, esta sentença seria anulada pelo Tribunal de Justiça de Genebra, por sentença de 23 de Outubro de 1987, em relação a um destes Estados, com base no entendimento de que "The arbitral tribunal believes that, in the absence of provision excluding, expressly or implicitly, the liability of the States, that liability exists; however, the opposite conclusion

O recurso aos princípios gerais também não aponta claramente em qualquer dos sentidos. Por um lado, os Estados não devem poder fugir às suas responsabilidades pelo facto de criarem uma entidade terceira através da qual, substancialmente, incorreram em obrigações. Por outro lado, tendo em conta que a sua personalidade tem de ser oponível ao terceiro (o que no caso de um organização regional depende do seu reconhecimento[3249]) e que esta não pode ser um mero instrumento nas mãos dos Estados membros,

---

may be drawn from the Third Part of the Statute, relating to the capital of the organization, which fixes the amount of this capital, i.e. 1,040 million pounds paid in equal shares by the founding States, which implies that these States do not assume any personal financial understanding" (cfr. *Award in Westland Helicopters Limited and the Arab organization for Industrialization (AOI), the United Arab Emirates, Saudi Arabia, Qatar, Egypt, Arab British Helicopters Company Arbitration*; partes essenciais da sentença em ILM, Vol. 28, No. 3, 1989, pág. 688-691). O Tribunal Federal Suíço confirmou este entendimento por sentença de 19 de Julho de 1988 (partes essenciais da sentença em ILM, Vol. 28, No. 3, 1989, pág. 691-692).

Também a nível da jurisprudência interna britânica, a House of Lords decidiu que "The third argument (…), is that a rule of international law imposes on sovereign states, members of an international organisation, joint and several liability for the default of the organisation in the payment of its debts unless the treaty which establishes the international organisation clearly disclaims any liability on the part of the members. No plausible evidence was produced of the existence of such a rule of international law before or at the time of the Sixth Agreement in 1982 or thereafter" (cfr. *Maclaine Watson & Co Ltd v Department of Trade and Industry and related appeals – Maclaine Watson & Co Ltd v International Tin Council*, 26 October 1989). Confirmou, deste modo, a decisão do Tribunal de Apelo Britânico sobre a questão, que, por maioria, entendera igualmente que "cannot find any basis for concluding that it has been shown that there is any rule of international law, binding on the member states of the ITC, whereby they can be held liable, let alone jointly and severally, in any national court to the creditors of the ITC for the debts of the ITC resulting from contracts concluded by the ITC in its own name" (cfr. Court of Appeal, Civil Division, *Maclaine Watson & Co Ltd v Department of Trade and Industry and related appeals*; *Re International Tin Council*, 27 April 1988). Tratava-se de apreciar a possível responsabilidade dos Estados membros do Conselho do Estanho Internacional, uma organização internacional composta por 23 Estados e a então Comunidade Económica Europeia criada com vista a controlar o preço do estanho. Esta, depois de contrair vários empréstimos junto de entidades bancárias privadas, acabou por falir, o que foi um facto sem precedentes. Fora igualmente interposta uma acção contra a Comunidade Europeia junto do respectivo Tribunal de Justiça, mas que acabou por ser arquivada por acordo das partes (cfr. *Maclaine Watson & Company Limited v Council and Commission of the European Communities, Case* C-241/87, *Order of 10 May 1990*). O acordo estabeleceu que apenas 40% das dívidas seriam honradas pelos Estados membros e estes não assumiram que este derivava de qualquer obrigação internacional.

[3249] Visto que, em relação a estas organizações, o Direito Internacional Costumeiro não parece atribuir-lhes automaticamente personalidade válida *erga omnes*; ver, *supra*, parág. 34.4.2.

existem bases para entender que a organização é um sujeito autónomo. E que, deste modo, deve poder actuar sob sua própria responsabilidade.

Nestes termos, torna-se difícil justificar uma desconsideração da personalidade daquela por parte da entidade terceira prejudicada de modo a poder responsabilizar directamente os Estados membros[3250]. Desta perspectiva, terão de ser os Estados membros no seio da organização, por recurso às normas internas desta, a determinar de que modo é que o encargo quanto ao cumprimento das dívidas será distribuído entre si. E, em caso de recusa, o

---

[3250] Negam esta possibilidade à luz do Direito Internacional Costumeiro: S. Cunha, *Direito Internacional* (...), cit., pág. 111-112 (só a parece admitir com base no tratado ou prática da organização); C. Amerasinghe, *Liability To Third Parties* (...), cit., pág. 280-281; M. Singer, *Jurisdictional Immunity* (...), cit., pág. 71; e, sobretudo, o Institut de Droit International, Resolução *Legal Consequences for Member States* (...), cit., artigo 6, al. a) e no artigo 8 chega a sustentar que a norma não será adequada em termos de Direito a constituir. Ao contrário, a responsabilização dos Estados membros é sustentada numa monografia sobre a questão (cfr. Jan Klabbers, *Review: Hirsch, Moshe. The Responsibility of International Organizations toward Third Parties: Some Basic Principles*, EJIL, Vol. 8, No. 2, 1997, pág. 385). A Comissão, no seu Projecto sobre Responsabilidade dos Estados de 2001, no comentário ao artigo 57, parágrafo 4 (cfr. ILCR, 2001, pág. 362), evitou pronunciar-se em relação à questão da responsabilidade dos Estados pelas acções de organizações de que são membros.

Note-se que a questão não é solucionável simplesmente sustentando que os tratados da organização vinculam automaticamente os membros. Ainda que tal vinculação exista [como é sustentado por alguns autores: P. Reuter, *Introduction* (...), cit., pág. 101-102; Jean-Paul Jacque, *Acte et Norme en Droit International Public*, RDC, 1991, II, tomo 227, pág. 357-418, na pág. 405-406; Jean Combacau, *Le Droit des Traités*, Paris, 1991, pág. 89-91; Pierre-Marie Dupuy, *Droit International Public*, Paris, 1992, pág. 204-205; a proposta da Comissão de Direito Internacional de incluir um preceito que estabelecia expressamente este regime na Convenção de Viena sobre o Direito dos Tratados entre Estados e Organizações Internacionais ou entre estas de 21 de Março de 1986 (texto em UN Doc. A/CONF. 129/15) não foi aceite pela Conferência de Estados. O seu artigo 74, n.º 3 ressalva expressamente a questão ("The provisions of the present Convention shall not prejudge any question that may arise in regard to the establishment of obligations and rights for States members of an international organization under a treaty to which that organization is a party")], tal apenas significa que os Estados membros estão obrigados uns perante os outros a cumprir tais tratados e, indirectamente, perante a organização; não implica que um terceiro lhes possa exigir tal cumprimento. E muito menos que possa exigir o cumprimento de obrigações decorrentes de responsabilidade pela prática de actos ilícitos, já que mesmo os representados não estão vinculados pelos actos ilícitos dos representantes.

Assim, o artigo 300, n.º 7 (antigo artigo 228) do citado Tratado da Comunidade Europeia consagra a vinculação dos Estados membros aos tratados celebrados pela Comunidade. Mas tal não significa que os Estados membros respondam pelo incumprimento destes por parte da Comunidade. Ao contrário, é esta que responderá internacionalmente pelo incumprimento dos próprios Estados membros destes tratados.

credor terá de recorrer aos meios disponíveis para procurar levar a organização a cumprir as suas obrigações, sem responsabilizar directamente os Estados membros.

Coloca-se, contudo, a questão de saber como deverão, no seio da organização, ser distribuídos os encargos com despesas decorrentes da prática de actos ilícitos, seja à luz do tratado constitutivo, seja à luz do Direito Internacional Costumeiro ou de qualquer tratado que vincule a organização internacional.

Ficou já referido que um Estado que vote contra uma decisão alegando que esta é ilícita não deverá ter de responder pelos danos[3251]. Deste modo, a aceitação de que os Estados têm o direito de desobedecer a actos da organização que violem o Direito aplicável, e de não contribuir para as despesas da sua execução, apoia o entendimento de que não deverão igualmente ter de contribuir para suportar as despesas decorrentes destes actos. De facto, aplicado cegamente o princípio da contribuição automática de todos os Estados membros, independentemente da sua atitude perante a acção ilícita, até o Estado vítima da acção, se fosse membro, poderia ficar sujeita à sua quota-parte nesta, o que não faz sentido. Julga-se, pois, que os Estados que tenham votado contra não têm o dever de suportar estas despesas. Claro está, um Estado que tenha votado contra a decisão política, mas que depois incoerentemente contribua voluntariamente para a sua execução deve ficar sujeito a um dever de participar nas despesas.

Coloca-se, porém, ainda a questão de determinar se igualmente o mesmo princípio se aplicará aos Estados que se tenham abstido ou não participado na votação. Se se tratar de membros permanentes do Conselho de Segurança, julga-se que devem ser forçados a contribuir para estas despesas. Sobre estes recai uma responsabilidade acrescida e poderes determinantes. Se um membro permanente se abstém de utilizar o seu direito de veto, dificilmente poderá invocar uma oposição de fundo. Tinha o poder de bloquear a acção com que diz discordar e não o fez. Logo, deve responder pelas despesas. Mas o mesmo parece aplicar-se em relação a qualquer membro normal. A mera abstenção não parece que o isente de cumprir as suas obrigações de contribuir para as despesas da organização. Se um Estado considera um acto inválido ou ilícito a mera abstenção não se afigura a reacção adequada para o isentar de responsabilidades.

---

[3251] Trata-se de conclusão que parece ter apoio na jurisprudência do Tribunal Internacional de Justiça especificamente em relação às Nações Unidas, bem como em diversos autores (ver, *supra*, parág. 91.2.2).

Como ficou referido, os Estados que tenham participado voluntariamente na imposição de sanções ou, tratando-se de uma acção militar, no fornecimento de contingentes ou apoio logístico, terão uma responsabilidade a título directo, enquanto cúmplices, além deste dever de participar nas despesas da organização, caso esta decida honrar as suas obrigações ou seja forçada a tal por meio de uma decisão de um tribunal competente.

**101. Pelo uso habilitado da força.** A intervenção das Nações Unidas em actos estaduais coercivos pode verificar-se por diferentes formas. Pode ser puramente declarativa e pode ser habilitante (constitutiva). Neste segundo caso, pode ainda ser puramente neutra, contendo uma mera autorização, acompanhar a habilitação de uma recomendação ou, com base em um prévio acordo dos destinatários, implicar um verdadeiro dever de exercício; ou pode, finalmente, ser ratificatória da actuação estadual.

A primeira diz respeito a meras intervenções declarativas, em que o órgão das Nações Unidas se limita a reconhecer que um ou vários Estados têm o direito de levar a cabo uma acção coerciva que considera justificada directamente pelo Direito Internacional. Neste caso, a sua intervenção é puramente declarativa. Por exemplo, uma resolução de apoio a um Estado que foi vítima de um ataque armado, com expresso reconhecimento do seu direito de legítima defesa colectiva ou direito de adoptar contramedidas pacíficas justificadas enquanto represálias contra o Estado declarado agressor. Estes actos podem ser adoptados quer pelo Conselho de Segurança, quer pela Assembleia Geral, quer mesmo por outros órgãos da organização[3252].

Esta resolução pode ser puramente proclamatória ou pode igualmente conter uma recomendação, dirigida aos restantes Estados (já que não faz sentido recomendar que um Estado exerça o seu direito de legítima defesa própria), com vista a os incentivar a actuar. Esta recomendação será inócua enquanto forma de alterar a situação jurídica dos restantes Estados, mas pode alterar a situação das próprias Nações Unidas. De facto, aumenta o grau da sua participação na actuação estadual e, deste modo, a sua eventual responsabilidade, se esta actuação for ilícita.

Neste caso, em que as medidas coercivas declaradas lícitas (tenha esta declaração sido acompanhada ou não de uma recomendação quanto à sua adopção) forem afinal ilícitas, cabe questionar como qualificar a intervenção das Nações Unidas para efeitos do Direito Internacional da Responsabilidade.

---

[3252] Ver exemplos referidos, em relação à Assembleia Geral, *supra*, no parág. 43.1; e, em relação ao Conselho de Segurança, parág. 56.2.

Será o seu acto de apoio à acção igualmente ilícito, incorrendo esta também em responsabilidade, ou será que apenas se encontrarão nesta situação os Estados que tiverem efectivamente adoptado a acção em causa? De facto, o seu acto de apoio constituiu um incentivo para os Estados.

A questão da ilicitude de meros incentivos à adopção de um acto ilícito não é pacífica[3253], já que a prática não é inteiramente líquida[3254, 3255]. No

---

[3253] Assim, designadamente, a Comissão de Direito Internacional no comentário preliminar ao Capítulo IV do seu citado Projecto sobre Responsabilidade dos Estados de 2001 defende que o mero incentivo não deve ser qualificado como participação na prática do acto ilícito, distinguindo-se da cumplicidade. Entende, pois, que não deve ser considerado como ilícito, salvo nos casos em que tal decorra de um tratado (cfr. RILC, 2001, pág. 154, parág. 9). O mesmo fazia no seu comentário ao artigo 27 do seu Projecto inicial (cfr. YILC, 1978, vol. II, Part 2, pág. 99-105, parág. 5).

[3254] O Tribunal Internacional de Justiça afirmou, com incongruente prudência: "By virtue of such general principles, the United States **is bound to refrain from encouragement** of persons or groups engaged in the conflict in Nicaragua to commit violations of Article 3 which is common to all four Geneva Conventions of 12 August 1949. The question here does not of course relate to the definition of the circumstances in which one State may be regarded as responsible for acts carried out by another State, **which probably do not include the possibility of incitement**" [cfr. *Military and Paramilitary Activities*, cit., *I.C.J. Reports* 1986, pág. 129, parág. 255]. Ou seja, embora o Tribunal tenha admitido que o mero incentivo não constitua fundamento de responsabilidade para um Estado, na realidade sublinhou que os EUA tinham o dever de não encorajar (isto é, incentivar) a prática de violações do Direito Humanitário. Ora, é difícil não ver uma contradição nesta passagem, mesmo que se considere que ao ser responsabilizado por um incentivo um Estado não está a ser responsabilizado pelos actos de um outro Estado, mas pelos seus, tendo em conta as suas consequências na acção de outro Estado. De qualquer modo, provavelmente o Tribunal também estaria disposto a aceitar que estes têm o dever de não incentivar à prática de actos de revolta noutro Estado, especialmente por intermédio de meios públicos, sob pena de se estar perante uma intervenção nos assuntos internos.

[3255] A Comissão de Direito Internacional cita no sentido da irrelevância de meros incentivos uma sentença da primeira metade do século XIX, onde foi rejeitada a responsabilidade da França por ter incentivado a Dinamarca a adoptar certos actos contra cidadãos norte-americanos. No entanto, reconhece a existência de casos de protestos contra estes actos de incentivo. Ora, estes apenas se justificam se o acto de incentivo for ilícito. O seu argumento de que não há casos em que a responsabilidade de um Estado tenha sido excluída por força do incentivo de um terceiro (cfr. YILC, 1978, vol. II, Part 2, parág. 4-5) é irrelevante. Ninguém pretende que o incentivo tenha tal efeito e sim que poderá dar lugar a responsabilidade internacional autónoma por parte do Estado autor deste, ao menos sob a forma de satisfação. Ou que, em última análise, poderá levar a uma partilha da responsabilidade entre o Estado autor do incentivo e o Estado autor do acto ilícito objecto do incentivo.

A prática parece confirmar que ao menos o incentivo de certos actos é ilícito. Assim, a Convenção Internacional relativa à Utilização da Rádio em Prol da Paz, de 23 de Setembro de 1936 (texto em NRG, 3.ª Série, tomo XXXVI, pág. 744-759), proíbe a utilização da rádio

entanto, ao menos em relação ao uso da força, julga-se que um acto desta natureza não pode ser considerado como juridicamente inócuo ou irrelevante, como é confirmado pela prática. Este deve ser considerado como ilícito e susceptível de ser causa de responsabilidade do seu autor. Tal implicará que o autor do incentivo possa ser considerado como um cúmplice moral ou mesmo, em alguns casos, um autor moral (instigador). Este terá, pois, de assumir uma parcela de responsabilidade nos danos provocados pela acção ilícita que deve variar em função do peso que teve na decisão do autor material em agir[3256, 3257].

---

como forma de incentivar a perturbações em Estados vizinhos (artigo 1) ou à guerra (artigo 2). Também a Convenção sobre Prevenção e Repressão do Crime de Genocídio de 9 de Dezembro de 1948 (texto em UNTS, No. 1021, 1951, pág. 277-322), artigo III, c) ("The following acts shall be punishable: c) Direct and public incitement to commit genocide"). A Convenção Internacional para a Eliminação de Todas as Formas de Discriminação Racial, de 21 de Dezembro de 1965 (adoptado) – 7 de Março de 1966 (aberto para assinatura) (texto em UNTS, vol. 660, 1969, n. 9464, pág. 195-318, pág. 212-239: inglês/francês), artigo 4, obriga as partes a reprimir actos de incentivo à discriminação racial e, portanto, por maioria de razão, proíbe que os Estados pratiquem tais actos.

Ainda mais clara, por se reportar directamente a relações entre Estados e ao uso da força, a referida Declaração relativa ao Reforço da Efectividade do Princípio da Proibição de Recorrer à Ameaça ou ao Uso da Força nas Relações Internacionais, aprovada pela Resolução 42/22 de 18 de Novembro de 1987 da Assembleia Geral, parág. 4 ("States have the duty not to **urge, encourage** or assist other States to resort to the threat or use of force in violation of the Charter") e parág. 9, quanto à proibição da propaganda da guerra. Refira-se igualmente, quanto à proibição de intervenção, a citada Resolução 2625 (XXV) sobre os princípios de Direito Internacional: "Every State has the duty to refrain from organizing, **instigating**, assisting or participating in acts of civil strife or terrorist acts in another State" e "no State shall organize, assist, **foment**, finance, **incite** or tolerate subversive, terrorist or arm ed activities directed towards the violent overthrow of the regime of another State".

Ora, se existe um dever de não incentivar ao uso ilícito da força, então a violação deste dever é ilícita, implicando a responsabilidade do seu autor. Desde logo, se se adoptar a noção ampla de responsabilidade consagrada pela Comissão no artigo 1 do seu Projecto ("Every internationally wrongful act of a State entails the international responsibility of that State"). Este raciocínio vale quer para Estados, quer para organizações internacionais. Aliás, a Declaração, embora dirigida aos primeiros, é claramente aplicável igualmente às segundas. Não existe fundamento para realizar qualquer distinção entre ambas estas espécies de sujeitos internacionais quanto a este aspecto. Também James Crawford, no seu *Second report on State responsibility*, Addendum, U.N Doc. A/CN.4/498/Add.1, 1 April 1999, Part II, B, 1-b, parág. 159-f), nota 361, não parece concordar inteiramente com a exclusão da relevância do mero incentivo.

[3256] Como ficou referido (ver, *supra*, parág. 10.2.1), não parece que se possa afirmar que vigore um princípio de responsabilidade solidária na matéria entre os diferentes participantes na prática de um acto ilícito.

<sup>3257</sup> É irrelevante o facto de o Estado apoiado pelas Nações Unidas agir na convicção de que exerce um direito, induzido por este apoio, ou seja, em erro sobre o Direito. A consciência da ilicitude não é pressuposto da responsabilidade dos Estados. O Tribunal Internacional de Justiça, embora a pensar numa questão de compatibilidade de actos com o Direito Internacional e não exactamente numa questão de responsabilidade, afirmou: "In order to determine whether the laws and decrees applied by South Africa in Namibia, which are a matter of public record, constitute a violation of the purposes and principles of the Charter of the United Nations, the question of intent or governmental discretion is not relevant" [cfr. *Legal Consequences for States* (…), cit., *I.C.J. Reports* 1971, pág. 56, parág. 126].

Com efeito, o próprio erro sobre questões de facto é normalmente irrelevante. Nas questões em relação às quais existe responsabilidade independentemente de dolo ou negligência, que em Direito Internacional são a maioria [neste sentido: a Comissão de Direito Internacional, no artigo 2 do seu citado Projecto sobre Responsabilidade dos Estados de 2001 não os inclui como elementos do acto ilícito, embora a remissão para a norma violada não os exclua (ver o seu comentário ao artigo, parág. 3 e 10, em RILC, 2001, pág. 69-70 e 73); igualmente: Karl Zemanek, *Causes and Forms of International Liability*, em *Contemporary Problems of International Law – Essays in Honour of Georg Schwarzenberger on his Eightieth Birthday* (ed. B. Cheng/E. D. Brown), London, 1988, pág. 319-332, na pág. 328 (salvo em relação a omissões); Jean Salmon, *L'Intention en Matière de Responsabilité Internationale*, em *Le Droit International au Service de la Paix, de la Justice et du Développement – Mélanges Michel Virally*, Paris, 1991, pág. 413-422, na pág. 414-415; J. Aréchaga/A. Tanzi, *International State* (…), cit., pág. 350-351; Christian Dominicé, *The International Responsibility of States for Breach of Multilateral Obligations*, EJIL, Vol. 10, No. 2, 1999, pág. 353-363, na pág. 359--360], esta conclusão é clara. Já em relação às normas que exigem a presença destes requisitos para que se possa considerar que foram violadas, o erro pode ter relevância, mas apenas como um dado de facto a ser ponderado na apreciação da existência de negligência. Isto é, o erro pode ter relevância, mas integrado no conjunto de elementos que permitem que se aprecie se a conduta do Estado foi negligente. Não vale a pena afirmar que o erro implica a exclusão do dolo no acto, pois se existiu erro não houve dolo enquanto consciência e intenção de atingir um determinado resultado.

Podem, contudo, verificar-se situações em que actos semelhantes fiquem sujeitos a regimes distintos quanto à relevância do erro. Assim, uma acção em legítima defesa ou auto-tutela defensiva putativa numa situação de ausência de conflito armado não pode ser justificada por simples erro [existem precedentes de assunção de responsabilidade por se atingir aviões civis supondo que se tratava de um avião militar atacante (ver, *supra*, parág. 12.1); igualmente: D. Linnan, *Iran Air Flight* (…), cit., pág. 339 e 389 (rejeita a relevância do erro na legítima defesa)]. Mas numa situação de conflito armado aberto, a violação do princípio da distinção entre alvos militares e civis já exige dolo ou negligência, o que permite a relevância de um erro desculpável. Assim, o bombardeamento por erro desculpável de um alvo civil em conflito armado é relevante para excluir a ilicitude do acto [cfr. artigo 57, n.º 2 e n.º 4, do Protocolo Adicional I de 8 de Junho de 1977 às Convenções de Genebra (texto em UNTS, vol. 1125, 1979, no. 17512, pág. 4-57: inglês)].

Igualmente a consagração do carácter fortuito de um evento no artigo 23, n.º 1 do Projecto de Responsabilidade dos Estados de 2001 da Comissão de Direito Internacional

Ou seja, as Nações Unidas podem incorrer em responsabilidade quando adoptem um acto que declare que um Estado tem o direito à luz do Direito Internacional ou da Carta de usar a força contra outro, por exemplo, em legítima defesa, especialmente, quando este acto seja acompanhado de uma recomendação para que outros Estados auxiliem o primeiro e, afinal, tal uso da força se revele ilícito[3258]. Esta responsabilidade será circunscrita ao mero apoio, embora seja mais grave no segundo caso.

O mesmo raciocínio se aplica em relação à intervenção constitutiva das Nações Unidas numa acção estadual bélica por meio de uma habilitação, com ou sem uma recomendação para que esta seja desempenhada ou (com base em acordo) uma verdadeira injunção nesse sentido. Mas neste caso, pelo facto de a sua acção jurídica ter sido indispensável à acção habilitada, a sua responsabilidade será maior. O mesmo vale para uma ratificação constitutiva contrária ao Direito aplicável às Nações Unidas de uma acção bélica ilícita.

Como resulta claro, as Nações Unidas não responderão pelos actos dos Estados na execução da habilitação que se revelem ilícitos por terem excedido os termos desta ou violados os termos do Direito aplicável. Trata-se de actos imputados a estes e não à organização[3259].

---

como causa de exclusão da ilicitude acaba por tornar relevante o erro de facto em relação a situações sujeitas a aplicação de uma norma que exige uma mera acção diligente [igualmente: K. Zemanek, *Causes and Forms* (...), cit., pág. 329-330]. Com efeito, neste caso, pode não apenas estar-se perante um erro quanto a uma evolução de circunstâncias que se revela completamente inesperada, tornando impossível obter o resultado visado, como igualmente perante um erro desculpável sobre uma determinada realidade preexistente, que vem a determinar a referida evolução inesperada dos acontecimentos. Imagine-se a protecção de um órgão de um Estado estrangeiro em relação a uma manifestação que, tudo o indicava, teria escassos participantes e seria pacífica, mas se revela afinal massiva e com indivíduos que se tinham organizado para provocar danos na viatura do órgão a proteger que as autoridades com as forças disponíveis acabam por ser incapazes de evitar.

[3258] É óbvio que tal responsabilidade será normalmente puramente teórica. Um reconhecimento das Nações Unidas de que um Estado tem o direito de usar a força torna a posição jurídica do outro bastante frágil, por se estar perante uma interpretação do Direito aplicável que pode estar a ser realizado pela grande maioria dos Estados. Mesmo em casos em que a situação do Estado prejudicado não fosse afectada por esta interpretação, este teria poucos meios a que recorrer para exigir a assunção desta responsabilidade por parte das Nações Unidas.

[3259] Como afirmou o Secretário-Geral: "Where a Chapter VII-authorized operation is conducted under national command and control, international responsibility for the activities of the force is vested in the State or States conducting the operation. The determination of responsibility becomes particularly difficult, however, in cases where a State or States provide

**102. Por actos contra as Nações Unidas.** Se as Nações Unidas podem incorrer em responsabilidade internacional pelos seus actos, igualmente terceiros podem ser responsabilizados pela prática de actos ilícitos contra as Nações Unidas.

Dentro destes encontram-se compreendidos Estados, por responsabilidade civil, mas igualmente indivíduos, por responsabilidade primariamente criminal. Mas também outros sujeitos menores de Direito Internacional, como movimentos armados podem ser responsabilizados (pelos danos) à luz do Direito Internacional por actos contra pessoal ou bens das Nações Unidas[3260, 3261].

---

the United Nations with forces in support of a United Nations operation but not necessarily as an integral part thereof, and where operational command and control is unified or coordinated" [cfr. *Report Of The Secretary-General – Administrative And Budgetary Aspects Of The Financing Of United Nations Peacekeeping Operations* (UN Doc. A/51/389 (1996), 20 September 1996), parág. 17].

A resposta a esta última questão levantada pelo Secretário-Geral depende precisamente de existir mera coordenação ou controlo pelas Nações Unidas das forças fornecidas pelos Estados em seu apoio. No primeiro caso, os seus actos não são imputáveis à organização; existindo comando destas já o serão (como é reconhecido pelo Secretário-Geral, no parág. 18 do referido relatório: "In joint operations, international responsibility for the conduct of the troops lies where operational command and control is vested according to the arrangements establishing the modalities of cooperation between the State or States providing the troops and the United Nations. In the absence of formal arrangements between the United Nations and the State or States providing troops, responsibility would be determined in each and every case according to the degree of effective control exercised by either party in the conduct of the operation"), pelo facto destas forças se converterem em forças suas (ver, *supra*, parág. 9.1 e 54.1). Em sentido semelhante: F. Seyersted, *United Nations* (...), cit., pág. 120-122 e 125. Ver, porém, contra: D. Sarooshi, *The United Nations* (…), cit., pág. 163-165 (considera que basta um controlo genérico pelo Conselho e que para tal é suficiente uma habilitação seguida de apreciação de relatórios fornecidos; cita em apoio a alegação dos EUA na Coreia de que a responsabilidade pelos actos das suas forças cabia às Nações Unidas; porém, foram estes que acabaram por assumi-la e tal está ligado à sua pretensão infundada de que se tratava de uma Força das Nações Unidas; ver, *supra*, parág. 75.3.1).

[3260] Recorde-se que Israel foi responsabilizado por não ter oferecido adequada protecção ao enviado das Nações Unidas à Palestina, que viria a ser vítima mortal de um atentado em 17 de Setembro de 1948. Ora, à altura, Israel ainda não reunia os requisitos para poder ser considerado um Estado por decorrência directa do Direito Internacional, nem fora reconhecido como tal pela Comunidade Internacional de forma constitutiva (ver sobre o reconhecimento de Estado, *supra*, parág. 34.4.3).

[3261] Neste sentido: Quincy Wright, *Responsibility for Injuries to United Nations Officials*, AJIL, Vol. 43, n.º 1, 1949, pág. 95-104, na pág. 102. Sobre a responsabilidade destes movimentos, ver, *supra*, parág. 34.4.2.

O carácter criminoso de actos praticados contra pessoal das Nações Unidas pode resultar, claro está, da prática de crimes internacionais comuns contra estes; isto é, actos que seriam sempre criminosos independentemente de as vítimas estarem ligadas às Nações Unidas, por constituírem crimes de guerra, contra a Humanidade ou mesmo, ao menos teoricamente, contra a Paz, desde logo, por ataques armados em larga escala contra territórios sob administração provisória das Nações Unidas[3262].

Mas pode identicamente estar-se perante actos incriminados em função precisamente de serem praticados contra pessoas ligadas às Nações Unidas. Já resultava do Direito Internacional Humanitário que os membros de forças das Nações Unidas tinham direito a protecção contra ataques de beligerantes, enquanto não se assumissem eles próprias como partes no conflito[3263]; mesmo que não fosse nada claro que a violação deste regime constituísse um crime de guerra.

Mas o regime da sua protecção encontra-se actualmente regulado pelos artigos 7 a 9 da Convenção sobre Segurança do Pessoal das Nações Unidas e Associado adoptada pela Assembleia Geral pela sua Resolução 49/59, de 9 de Dezembro de 1994[3264]. Bem como pelo Estatuto do Tribunal Penal

---

[3262] Sobre estes, ver, *supra*, parág. 8.

[3263] Em relação a conflitos internacionais, o artigo 37, n.º 1, al. d) do referido Protocolo Adicional I de 1977 já deixa claro que as Nações Unidas gozam de um regime de protecção, ao proibir que se simule um regime de protecção por meio do uso dos símbolos desta. Mas este regime decorria dos princípios gerais de protecção dos não combatentes, já que o pessoal das Nações Unidas e seus bens não poderiam ser considerados como alvos militares para efeitos do artigo 52, n.º 2.
Igualmente em relação a conflitos sem carácter internacional, o artigo 3, n.º 1 comum às referidas Convenções de Genebra de 1949 que protege "Persons taking no active part in the hostilities" e os artigos 4, n.º 1 e n.º 2 do mencionado Protocolo Adicional II são aplicáveis igualmente a forças de manutenção da paz das Nações Unidas. O mesmo se diga das correspondentes normas costumeiras [neste sentido: C. Greenwood, *Protection* (…), cit., pág. 189-192; Kenneth S. Freeman, *Punishing Attacks On United Nations Peacekeepers: A Case Study Of Somalia*, EILR, Vol. 8, 1994, pág. 845-875, na pág. 855-856 (embora esquecendo as diferenças entre o regime dos conflitos internacionais perante o dos conflitos sem tal carácter)], que são mesmo mais amplas, por se aplicarem também a actos bélicos que não cumprem os requisitos de aplicação do Protocolo II (ver, *supra*, parág. 15.2.3). Sublinha-se, porém, que nenhum destas normas prevê que a sua violação implique responsabilidade criminal.

[3264] O artigo 9, sob a epígrafe "*Crimes against United Nations and associated personnel*", considera como tais: "The intentional commission of: (a) A murder, kidnapping or other attack upon the person or liberty of any United Nations or associated personnel; (b) A violent attack upon the official premises, the private accommodation or the means of transportation of any United Nations or associated personnel likely to endanger his or her person or liberty; (c) A

Internacional, adoptado em Roma em 17 de Julho de 1998[3265], pelo seu artigo 8, n.º 2, al. b), iii), em relação a conflitos armados internacionais[3266], e a al. e), iii), idêntica à anterior, relativa a conflitos armados sem carácter internacional. Ambas estipulam responsabilidade criminal individual pela sua violação.

No entanto, não é clara a determinação das situações em que pessoas ligadas às Nações Unidas gozam desta protecção específica, até porque estes dois tratados estabelecem regimes parcialmente distintos[3267].

### 102.1. A Convenção sobre Segurança do Pessoal das Nações Unidas.

Assim, o artigo 2, n.º 1, da referida Convenção de 1994 parece determinar um âmbito largo de aplicação ao remeter para a definição de Operação das Nações Unidas constante do seu artigo 1, al. c). Contudo, o artigo 2, n.º 2 estipula que esta não se aplicará a operações de imposição da paz ou bélicas criadas pelo Conselho de Segurança em que alguns dos seus membros actuem como combatentes contra forças armadas organizadas e a que se aplique o Direito dos Conflitos Armados Internacionais[3268].

Resulta claro que o regime de protecção penal desta convenção não se aplica a meras forças habilitadas de Estados ou organizações regionais ou

---

threat to commit any such attack with the objective of compelling a physical or juridical person to do or to refrain from doing any act; (d) An attempt to commit any such attack; and (e) An act constituting participation as an accomplice in any such attack, or in an attempt to commit such attack, or in organizing or ordering others to commit such attack, shall be made by each State Party a crime under its national law".

[3265] Texto em UN Doc. A/CONF.183/9, de 17 de Julho de 1998.

[3266] Esta dispõe: "Intentionally directing attacks against personnel, installations, material, units or vehicles involved in a humanitarian assistance or peacekeeping mission in accordance with the Charter of the United Nations, as long as they are entitled to the protection given to civilians or civilian objects under the international law of armed conflict".

[3267] De qualquer modo, quer o artigo 9 da Convenção de 1994, quer o artigo 8, n.º 2, al. b), iii), e al. e), iii), do Estatuto do Tribunal, incriminam somente actos dolosos e não a título de negligência. Um ataque contra uma Força da responsabilidade de uma parte que ignore justificadamente que se trata de uma Força das Nações Unidas não é punido (também neste sentido: Evan Bloom, *Protecting Peacekeepers: The Convention on the Safety of United Nations and Associated Personnel*, AJIL, Vol. 89, No. 3, 1995, pág. 621-631, na pág. 626--627). O mesmo se diga de um ataque realizado contra membros da Força que não se encontrem devidamente identificados. Sem prejuízo de poder provocar responsabilidade (civil).

[3268] "This Convention shall not apply to a United Nations operation authorized by the Security Council as an enforcement action under Chapter VII of the Charter of the United Nations in which any of the personnel are engaged as combatants against organized armed forces and to which the law of international armed conflict applies".

internacionais que actuem sem coordenação com uma Força das Nações Unidas[3269]. Portanto, este aplica-se exclusivamente a membros de uma operação comandada pelas Nações Unidas[3270] ou a pessoal associado a estas, nos termos do artigo 1, al. a), b) e c) da Convenção. Dentro da noção de pessoal das Nações Unidas compreendem-se não apenas os funcionários das Nações Unidas ou de outras organizações especializadas do seu sistema que cooperem numa operação daquelas, mas igualmente os membros de contingentes nacionais de tropas integrados na Força por acordo entre o respectivo Estado e as Nações Unidas e colocados sob a autoridade destas[3271]. A noção de pessoal associado[3272] abrange, designadamente, membros de forças que cooperam com as Nações Unidas, embora não estejam sujeitos ao seu comando[3273].

---

[3269] Também neste sentido: W. Sharp, Sr., _Protecting_ (...), cit., pág. 146 (embora crítico da solução); C. Greenwood, _Protection_ (...), cit., pág. 195-196.

[3270] Recorde-se que o artigo 1, al. c) da Convenção, já citado, define operação das Nações Unidas como uma operação estabelecida pelas Nações Unidas e conduzida "under United Nations authority and control".

[3271] Assim, o artigo 1, al. a) da Convenção de 1994: ""United Nations personnel" means: (i) Persons engaged or deployed by the Secretary-General of the United Nations as members of the military, police or civilian components of a United Nations operation; (ii) Other officials and experts on mission of the United Nations or its specialized agencies or the International Atomic Energy Agency who are present in an official capacity in the area where a United Nations operation is being conducted;".

[3272] O artigo 1, al. b) da Convenção de 1994 considera que ""Associated personnel" means: (i) Persons assigned by a Government or an intergovernmental organization with the agreement of the competent organ of the United Nations; (ii) Persons engaged by the Secretary-General of the United Nations or by a specialized agency or by the International Atomic Energy Agency; (iii) Persons deployed by a humanitarian non-governmental organization or agency under an agreement with the Secretary-General of the United Nations or with a specialized agency or with the International Atomic Energy Agency, to carry out activities in support of the fulfilment of the mandate of a United Nations operation;".

[3273] Exemplos serão a Força de reacção rápida dos EUA na Somália (ver, _supra_, parág. 66) ou as forças britânicas na Serra Leoa (ver, _supra_, parág. 68). Não já a força de reacção rápida da UNPROFOR que se encontrava, ao menos formalmente, sob comando das Nações Unidas. No entanto, a partir do momento em que a UNOSOM II e a UNAMSIL começaram a usar poderes coercivos, estas forças de apoio perderam naturalmente qualquer protecção, já que também as forças das Nações Unidas deixaram de gozar deste, pelo menos até que o seu estatuto voltasse a ser reconhecido pela outra parte.

Não basta, contudo, que uma Força habilitada seja monitorizada por uma missão das Nações Unidas ou mesmo que coopere com uma operação desta organização para se poder considerar que os membros daquela Força passam a gozar deste estatuto. Neste caso, a missão das Nações Unidas é acessória, a função principal é levada a cabo pela Força habilitada que

Também é óbvio que não gozarão deste estatuto os membros combatentes de Forças Bélicas das Nações Unidas que actuem contra forças de um Estado[3274]. Pelo contrário, é líquido que este se aplicará a forças de manutenção da paz, isto é, instaladas no terreno com o consentimento das principais partes, que actuem imparcialmente e que apenas possam utilizar a força em legítima defesa[3275].

Menos líquido é se se aplicará às forças de imposição da paz, portanto instaladas no terreno com poderes coercivos mas para executar uma paz acordada pelos dois Estado (ou outras partes sujeitas à proibição de uso da força) e com o seu consentimento. A relevância da sua aplicação é grande. A excluir-se esta aplicação, os actos bélicos praticados por Estados contra estas forças das Nações Unidas não serão em si crimes, mesmo que devam ser considerados ilícitos por constituírem uma violação da Resolução do Conselho (salvo se a Força abusar do seu mandato ou a Resolução for inválida), que vincula todas as partes[3276]. Neste caso, apenas os que constituírem crimes de guerra poderão ser penalizados.

Esta questão é regulada pela Convenção no referido artigo 2, n.º 2. Ora, este apenas exclui do seu âmbito de protecção operações de imposição da paz em que alguns dos seus membros actuem como combatentes contra forças armadas organizadas e a que se aplique o Direito dos Conflitos Armados Internacionais[3277]. Ou seja, faz depender esta exclusão de se estar

---

tem objectivos próprios e não se limita a apoiar o mandato das Nações Unidas [aparentemente contra, a pensar na Força multinacional habilitada para intervir no Haiti, por esta ter relações de cooperação com a UNMIH: E. Bloom, *Protecting Peacekeepers* (...), cit., pág. 623, nota 10].

[3274] Sobre esta noção, ver, *supra*, parág. 55.2.

[3275] Como resulta claro do artigo 1, n.º 1, al. c), i, este aplica-se a qualquer operação de manutenção ou reposição da paz, incluindo especialmente as forças de manutenção da paz criadas à luz do Capítulo VI, sem necessitarem de qualquer qualificação nos termos do mesmo artigo, n.º 1, al. c), ii, como operação de risco [como correctamente sustentam: E. Bloom, *Protecting Peacekeepers* (...), cit., pág. 623; C. Greenwood, *Protection* (...), cit., pág. 196; ver, porém, inesperadamente contra: Walter G. Sharp, Sr., *Protecting The Avatars Of International Peace And Security*, DICII, Vol 7, 1996, pág. 93-183, na pág. 146 147]. Com efeito, as forças de manutenção da paz criadas à luz do Capítulo VI constituem um exemplo perfeito de operações para a manutenção da paz, como é explicitado pela sua própria denominação. Restringir o preceito às operações do Capítulo VII não tem qualquer fundamento e poderia esvaziá-lo de conteúdo. À luz da prática do Conselho, as operações criadas expressamente nos termos deste Capítulo costumam ser operações de imposição da paz, que são, dentro de certas condições, excluídas do âmbito da Convenção pelo artigo 2.

[3276] Ver, *supra*, parág. 20.5.

[3277] Deste artigo 2, n.º 2 retira-se a conclusão de que o Direito dos Conflitos Armados Internacionais não se aplica automaticamente a qualquer intervenção de uma Força das Nações

perante um conflito com carácter internacional a que se aplica portanto o respectivo regime.

Nestes termos, uma Força de imposição da paz ou mesmo uma Força bélica das Nações Unidas que intervenha num conflito interno contra uma parte sem o estatuto de Estado/Governo nunca perde o direito à protecção penal desta convenção[3278]. Num regime paralelo ao aplicável pelos Governos

Unidas num conflito sem carácter internacional. Isto é, deste preceito, por interpretação *a contrario*, conclui-se que existem conflitos sem carácter internacional em que as Nações Unidas podem intervir sem ficarem sujeitas ao regime dos conflitos internacionais [contra: F. Seyersted, *United Nations* (...), cit., pág. 213-214; R. Glick, *Lip Service* (...), cit., pág. 82-83 e 89-90; no sentido de que as Nações Unidas nem sempre ficam sujeitas ao regime dos conflitos internacionais: E. Bloom, *Protecting Peacekeepers* (...), cit., pág. 625; C. Greenwood, *Protection* (...), cit., pág. 198-199].

Segundo se julga, só existe um conflito internacional entre sujeitos de Direito Internacional plenamente sujeitos à proibição privada de uso da força nas relações internacionais, sem prejuízo da internacionalização dos conflitos em que uma das partes seja um movimento de libertação nacional (ver, *supra*, parág. 15.2.1). O facto de serem sujeitos internacionais ambas as partes (critério tradicional) é irrelevante. Assim, os movimentos armados estão obrigados a respeitar esta proibição em relação a Estados terceiros, mas estes só estão obrigados a acatar a proibição de intervenção em relação àqueles movimentos (ver, *supra*, parág. 10.5 e 16.1), logo um conflito entre um Estado terceiro e um destes movimentos não é um conflito internacional. O que significa que pode existir um conflito em que diferentes operações/partes se encontrem sujeitas a regimes distintos [como tem sido reconhecido: *Military* (...), cit., *I.C.J. reports* 1986, pág. 114, parág. 219; *Decision on* (...) *Jurisdiction in Prosecutor v. Dusko Tadic*, Appeals Chamber, October 2, 1995, parág. 77, ILM, cit., pág. 57; *Prosecutor v. Duško Tadic*, Trial Chamber II, Case No. IT-94-1-T, Judgement of 7 May 1997, parág. 571; Heike Spieker, *The International Criminal Court and Non-International Armed Conflicts*, LJIL, Vol. 13, 2000, pág. 395-425, na pág. 411].

Isto é, num conflito interno em que um Estado intervenha do lado do Governo, está-se exclusivamente perante um conflito sujeito ao Direito dos Conflitos Armados sem carácter internacional. Se o Governo intervém do lado dos rebeldes e estes não se convertem em meras forças do Estado interventor, as operações do Governo contra forças rebeldes continuam a ser reguladas pelo Direito dos Conflitos Armados sem carácter internacional. Apenas as operações entre o Governo e o Estado interventor ficarão sujeitas ao regime dos conflitos internacionais (e à proibição de uso da força).

Aliás, a noção ampla de conflito sem carácter internacional constante do artigo 3 comum às Convenções de Genebra de 1949 e do Protocolo Adicional II de 1977 não se identifica com a noção de conflito interno. Pelo contrário, o artigo 2 comum àquelas convenções apenas aceita a existência de um conflito armado internacional entre partes, isto é, Estados. Apesar de se tratar de noção que não tem em conta, designadamente, o papel das organizações internacionais. Resulta claro que qualquer conflito entre uma organização internacional e as forças de um Estado será um conflito internacional, visto que estas se encontram plenamente sujeitas à proibição de uso da força (ver, *supra*, parág. 10.4).

[3278] Trata-se de conclusão adoptada igualmente por C. Greenwood, *Protection* (...), cit., pág. 199; ver, porém, criticando a convenção por considerar que esta não se aplica a forças

contra rebeldes, igualmente as Nações Unidas se arrogam a julgar como criminosos rebeldes num conflito interno que resistam às suas acções[3279]. Resulta claro que este regime não corresponde ao Direito Internacional Costumeiro[3280], mas será aplicável em relação a acções das Nações Unidas em Estados que a tenham ratificado, mesmo contra movimentos armados locais[3281, 3282].

de imposição da paz mesmo em conflitos internos: W. Sharp, Sr., *Protecting* (...), cit., pág. 151 (referindo-se à Somália).

[3279] Ver as críticas de R. Glick, *Lip Service* (...), cit., pág. 93-96.

[3280] Até porque não foi o adoptado pelo Estatuto de Roma (ver, *infra*, parág. 102.2) e parece ir contra o espírito do artigo 6, n.º 5 do citado Protocolo Adicional II de 1977, que apela a que no fim das hostilidades seja adoptada uma amnistia em relação aos participantes no conflito armado.

O único caso prévio à adopção desta Convenção de tentativa de incriminação foi aquele que constituiu a sua fonte histórica: os ataques contra elementos da UNOSOM II na Somália. Estes foram qualificados como crimes que implicavam responsabilidade criminal individual pelo Conselho de Segurança apesar da UNOSOM II dever ser considerada uma Força de imposição da paz. Assim, na sua Resolução 837 (1993), de 6 de Junho (texto em RDSCOR, 1993, pág. 83), parág. 1, limita-se a condenar os ataques contra a Força das Nações Unidas do dia anterior. Mas na Resolução 865 (1993), de 22 de Setembro (texto em RDSCOR, 1993, pág. 84-85), parág. 3, declara: "Condemns all attacks on UNOSOM II personnel and reaffirms that those who have committed or have ordered the commission of such criminal acts will be held individually responsible for them". No entanto, tal responsabilidade criminal não passaria do papel. Mesmo alguns responsáveis políticos que tinham sido capturados acabaram por ser libertados (ver, *supra*, parág. 66).

De qualquer modo, tendo em conta que, até aos referidos ataques, a UNOSOM II se comportara de facto como uma mera operação de manutenção da paz, pode-se sustentar que mesmo este caso não constitui um precedente para o regime desta Convenção de 1994 (ver, *infra*, neste parágrafo, quanto à protecção das forças de imposição da paz que actuem efectivamente como forças de manutenção da paz).

Posteriormente, a UNOSOM II alteraria a sua natureza, convertendo-se numa simples operação de manutenção da paz com funções essencialmente humanitárias e diplomáticas. O Conselho continuaria a condenar ataques subsequentes, embora só excepcionalmente afirmando a responsabilidade criminal dos seus autores. Assim, na Declaração Presidencial 1994/46, de 25 de Agosto (texto em RSC, 1994-1995, pág. 226), limita-se a condenar ataques contra esta. Com a saída da Força das Nações Unidas, é em relação a ataques contra o pessoal civil das Nações Unidas e pessoas associadas que dirige as suas condenações, sustentando o seu carácter criminoso. Assim, ver a Declaração Presidencial 1999/31, de 12 de Novembro (texto em RSSC, 1999, pág. 117: "strongly condemns attacks and acts of violence against and the murder of humanitarian workers in Somalia and reiterates its position that those responsible for these acts should be brought to justice").

[3281] Sobre a vinculação destes aos tratados celebrados pelo Estado (ver, *supra*, parág. 20.5.1).

[3282] O artigo 9 da Convenção indica que a Convenção não é directamente aplicável (ao contrário do Estatuto de Roma), dependendo da aprovação interna de legislação penal. Mas

Mas a questão já tem solução diferente em relação a conflitos internacionais. Nestes conflitos, coloca-se igualmente a questão de saber se em algum caso uma Força de imposição da paz pode ficar abrangida pela protecção penal conferida pela convenção. Nestes casos, estar-se-á perante uma Força criada necessariamente pelo Conselho de Segurança, à luz do Capítulo VII, nos termos do seu artigo 42, com vista a garantir a execução de um acordo de paz entre dois Estados ou outra entidade sujeita plenamente à proibição de uso da força nas relações internacionais. Ora, segundo os termos do artigo 2, n.º 2, esta espécie de Força não parece gozar desta protecção.

A resposta é óbvia nos casos em que, depois de um fracasso mais ou menos assumido do processo de paz, a Força das Nações Unidas utilizar os seus poderes bélicos contra uma das partes[3283]. Neste caso, resulta claro que a Força não goza desta protecção especial. O problema apenas se coloca em situações em que apesar de se estar perante uma Força criada nos termos do artigo 42, portanto cuja instalação não depende formalmente do consentimento das partes e dotada de poderes bélicos, na realidade existiu consentimento destas e se visa executar uma paz acordada por estas (caso contrário, estar-se-ia perante uma simples Força bélica[3284]). Tecnicamente, está-se perante uma Força de imposição da paz, dotada de poderes coercivos. No entanto, por esta ter sido aceite pelas partes e enquanto não fizer uso efectivo dos seus poderes, deve-se questionar se os ataques contra esta não deverão ser considerados como violações desta convenção.

Nestes casos, à luz da sua prática, a Força é ainda uma Força de manutenção da paz, embora tenha poderes e carácter (jurídico) de imposição da paz. Ora, este regime, tal como em geral o Direito dos Conflitos Armados, preocupa-se pouco com o plano jurídico-formal e sim com o da efectividade. Uma Força das Nações Unidas que seja formalmente de manutenção da paz deixará de gozar deste regime caso, abusando do seu mandato, recorra abertamente à força[3285]. Mas, do mesmo modo, também parece que uma

---

dado que estabelece jurisdição quase universal em relação a estes crimes (artigo 10), mesmo que não exista legislação interna no Estado em causa, outros Estados, designadamente os Estados cujos cidadãos participantes na Força foram vítimas de ataques, poderão procurar exercer a sua jurisdição.

[3283] Trata-se essencialmente da situação da ONUC no Congo (ver, supra, parág. 64) e da UNAMSIL na Serra Leoa (ver, *supra*, parág. 68), embora neste caso se tratasse de conflitos internos.

[3284] Ver sobre a distinção entre forças de imposição da paz e bélicas, *supra*, parág. 55.2.

[3285] Este aspecto fica mais claramente consagrado no regime do Estatuto de Roma que apenas atribui a protecção penal "as long as they are entitled to the protection given to civilians or civilian objects under the international law of armed conflict". Embora o regime da Convenção e do Estatuto de Roma sejam diferentes, neste aspecto parecem ser idênticos.

Força de imposição da paz aceite pelos Estados partes no conflito deverá gozar desta protecção especial enquanto não fizer uso dos seus poderes. Isto é, enquanto não tiver perdido o direito à protecção conferida pelo Direito Internacional Humanitário aos não combatentes. Neste sentido aponta precisamente o artigo 2, n.º 2 ao estabelecer que tal protecção apenas se perde num conflito "in which any of the personnel are engaged as combatants". Enquanto estes se limitarem a velar pelo cumprimento do acordo de paz e a defenderem-se de ataques contra si não parece que percam esta protecção[3286].

Assim, o critério para a aplicação deste regime de protecção a uma Força de imposição da paz deve passar pela questão de determinar se esta efectivamente ainda não passou do nível de uma Força de manutenção da paz, mesmo que tenha poderes para ir mais longe. Se o seu estatuto tiver sido aceite pelas partes, desde o início ou posteriormente, será esta aceitação que justificará a incriminação de violações posteriores deste. Por meio deste as partes reconheceram que a Força das Nações Unidas constitui uma entidade com uma diferente natureza, a quem conferem um papel pacificador que não podem depois tentar renegar sem incorrer numa sanção enquanto esta não abandonar a sua postura neutral e recorrer à força contra uma destas.

Assim, em relação a entidades independentes, não basta a autoridade do Conselho, pelo menos à luz do actual quadro jurídico, para justificar a aplicação de sanções penais aos membros de forças de um Estado que procurem resistir a uma Força das Nações Unidas a quem não deram o seu consentimento ou que utilize os seus poderes contra si. Na falta deste consentimento, considerar como crimes os seus actos de resistência contra as acções da Força seria colocar em causa o princípio da igualdade das partes num conflito armado. Implicaria remeter automaticamente para o plano criminal toda a actuação das partes contra a Força; o que poderia igualmente constituiria uma falta de incentivo a que acatassem o Direito Internacional Humanitário[3287].

---

[3286] Igualmente neste sentido: E. Bloom, *Protecting Peacekeepers* (…), cit., pág. 625.

[3287] Neste sentido: E. Bloom, *Protecting Peacekeepers* (…), cit., pág. 625; C. Greenwood, *Protection* (…), cit., pág. 198-199 e 203-206. Contra, criticando o regime: W. Sharp, Sr., *Protecting* (…), cit., pág. 147-150 e em *Revoking An Aggressor's* (…), cit., texto notas 250-285 (em que sustenta que se encontra em formação uma norma costumeira que confere protecção penal a quaisquer membros de forças das Nações Unidas, mesmo bélicas, em conflitos internacionais). No plano oposto parece estar R. Glick, *Lip Service* (…), cit., pág. 91 e 95-96, que nega em qualquer caso que um ataque contra forças das Nações Unidas constitua crime à luz do Direito Internacional Costumeiro.

Insista-se que tal não significa que a resistência das partes contra a Força das Nações Unidas não seja ilícita[3288]. De facto, estas encontram-se vinculadas pela resolução do Conselho de Segurança que criou a Força, necessariamente aprovada à luz do artigo 42 do Capítulo VII da Carta. Mas ilicitude não é sinónimao de actuação criminosa. Pode somente provocar responsabilidade pelos danos causados.

**102.2. A tutela consagrada no Estatuto de Roma.** O regime consagrado nos citados preceitos do artigo 8, n.º 2, al. b), iii), e al. e), iii), do Estatuto de Roma do Tribunal Penal Internacional tem importantes diferenças em relação ao da Convenção de 1994.

Segundo se julga, não é possível conciliá-los interpretativamente[3289], nem entender que este segundo revogou (quando entrar em vigor e em relação às partes em ambos) o decorrente da Convenção de 1994. O Estatuto de Roma, em relação às Nações Unidas, cria um regime especial apenas aplicável para efeitos da jurisdição do Tribunal Penal Internacional.

Assim, por um lado, o regime do Estatuto de Roma é mais amplo. Aplica-se não apenas a forças das Nações Unidas (isto é, sob comando de órgãos seus), mas igualmente a outras forças de manutenção de paz criadas de acordo com a Carta das Nações Unidas. Ou seja, nem sequer necessitam de ter sido criadas com base em habilitação das Nações Unidas, basta que tenham sido estabelecidas de acordo com a Carta. Portanto, de acordo com os princípios estabelecidos pela organização na sua prática: consensualidade, imparcialidade e uso da força apenas em legítima defesa[3290]. Trata-se, pois, de um alargamento enorme em relação ao regime da Convenção de 1994.

O Estatuto de Roma numa primeira leitura parece excluir a aplicação deste regime de protecção penal a forças de imposição da paz, pois restringe-o expressamente a operações de manutenção da paz. Ora, em princípio, deve-se presumir que esta noção foi aplicada com o seu sentido comum, isto é, técnico[3291], excluindo pois forças de imposição da paz. Acrescenta ainda

---

[3288] Salvo se as Nações Unidas tiverem violado o regime jurídico a que estão sujeitas, altura em que a resistência será sempre lícita, se necessária e proporcionada.

[3289] Existe quem entenda que o Estatuto de Roma veio esclarecer a Convenção de 1994, excluindo a relevância destes crimes em relação a Forças de imposição da paz, aparentemente mesmo em conflitos internos [neste sentido: D. Shraga, *UN Peacekeeping Operations* (...), cit., pág. 409].

[3290] Ver, *supra*, parág. 55.2.

[3291] Como estabelece a disposição costumeira constante do artigo 31, n.º 1 CVDT69. Este carácter tem sido confirmado pelo Tribunal Internacional de Justiça em várias ocasiões:

que esta protecção permanece apenas enquanto estas forças poderem ser consideradas como civis. Fica, pois, claro que se uma Força de manutenção da paz exorbitar o seu mandato e iniciar operações bélicas contra uma das partes perderá o direito a tal estatuto, pelo menos em relação aos membros desta parte. Parece, contudo, que a conclusão que se retirou da Convenção de 1994, de que uma Força de imposição da paz continuará a gozar de protecção enquanto se comportar de facto como uma Força de manutenção da paz, deve igualmente ter aplicabilidade.

A utilização do termo civil parece não fazer grande sentido e restringir o âmbito da protecção. Teria sido bem preferível o termo utilizado pela Convenção de 1994, não constituir parte no combate ou beligerante ou, ao menos, não combatente. É difícil considerar como civis os membros de uma Força de manutenção da paz que pode ter vários milhares de efectivos, armados e com legitimidade para se defender e mesmo de defender civis atacados directamente. Se este for lido literalmente poderá significar que o âmbito de actos de defesa permitidos pelo Estatuto sem que a Força perca esta protecção penal será mais restrito do que o permitido pela Convenção de 1994. Mas dado que o regime não faz sentido, será melhor entender que civis significa não serem partes no combate[3292]. O termo manutenção da paz

---

"The Court would recall that, in accordance with customary international law, reflected in Article 31 of the 1969 Vienna Convention on the Law of Treaties, a treaty must be interpreted in good faith in accordance with the ordinary meaning to be given to its terms in their context and in the light of its object and purpose" [cfr. *Case Concerning the Territorial Dispute* (Libyan Arab Jamahiriya/Chad), Judgement, 3 February 1994, *I.C.J. Reports* 1994, pág. 21--22, parág. 41; ver no mesmo sentido: *Case Concerning Maritime Delimitation and Territorial Questions between Qatar and Bahrain* (Qatar v. Bahrain), Jurisdiction and Admissibility, 15 February 1995, *I.C.J. Reports* 1995, pág. 18, parág. 33; e também em *Case Concerning Oil Platforms* (Islamic Republic of Iran v. United States of America), Preliminary Objections, Judgement, 12 December 1996, *I.C.J. Reports* 1996, pág. 812, parág. 23, ver ainda *Case Concerning Kasikili/Sedudu Island* (Botswana c. Namibia), 13 December 1999, Judgement, parág. 18]. Também afirmou: "Interpreted in accordance with their ordinary meaning, in their context and in the light of the object and purpose of the WHO Constitution (...)" [cfr. *Legality of the Use by a State* (...), *I.C.J. Reports 1996*, cit., parág. 21]. E mesmo quando não cita expressa ou implicitamente a Convenção, tem aplicado a noção de sentido comum [ver *Case Concerning the Land and Maritime Boundary between Cameroon and Nigeria* (Cameroon v. Nigeria), Preliminary Objections, 11 June 1998, *I.C.J. Reports* 1998, pág. 318, parág. 98].

[3292] Parece que tal não prejudicará medidas de legítima defesa restritas, ou seja de pura defesa contra ataques actuais, tal como não prejudica a aplicação da Convenção de 1994. Julga-se mesmo que medidas igualmente restritas contra obstáculos colocados à execução do mandato também não implicarão o fim deste regime de protecção. Conclusão idêntica parece aplicável a medidas, igualmente restritas, de defesa de civis atacados pelas partes. Porém,

constante do Estatuto de Roma deve, pois, ser entendido em sentido substancial e não meramente formal.

Outro aspecto em que o regime do Estatuto se desvia do da Convenção de 1994 é o facto de conferir o mesmo nível de protecção quer a conflitos internacionais, quer a conflitos sem este carácter. Isto é, uma força de imposição da paz que recorra aos seus poderes bélicos (ou a actos de legítima defesa activa) num conflito sem carácter internacional não gozará do regime de protecção do Estatuto, ao contrário do que fica consagrado na Convenção de 1994. Afigura-se este o regime conforme com o Direito Internacional Costumeiro.

---

qualquer recurso a medidas em maior escala, especialmente preemptivas, já não parecem ser compatíveis com este regime. Deste modo, a fronteira entre a aplicação ou não deste regime de protecção penal à luz do Estatuto de Roma e da Convenção de 1994 não se identifica com a fronteira entre legítima defesa pública (manutenção da paz) e poder público bélico (imposição da paz). Existem actos que se compreendem ainda no seio da primeira que parecem implicar a exclusão desta protecção.

Outro aspecto que se pode retirar deste regime é o de que não existe nenhuma exclusão entre o regime de protecção penal do Estatuto (ou da Convenção de 1994) e o Direito dos Conflitos Armados. Quaisquer medidas de legítima defesa encontram-se sujeitas imediatamente a este último Direito, mesmo que sejam restritas, sem contudo se perder a aplicação do regime de protecção penal [trata-se de realidade reconhecida pela Doutrina: E. Bloom, *Protecting Peacekeepers* (…), cit., pág. 625 e nota 12; C. Greenwood, *Protection* (…), cit., pág. 198-199; em sentido contrário: J. Bialke, *United Nations Peace* (...), cit., pág. 45].

# Conclusões

1. Encontra-se consagrado pelo Direito Internacional Costumeiro a favor da Comunidade Internacional, enquanto conjunto dos Estados existentes (cfr. parág. 22 e 23), o poder de adoptar decisões obrigatórias *erga omnes* no domínio da manutenção da paz em sentido lato e de as executar por meios compulsivos, incluindo meios bélicos, segundo um regime jurídico próprio. No exercício deste poder, a Comunidade pode vincular qualquer sujeito de Direito Internacional, desde um Estado até simples particulares, passando por qualquer organização internacional, movimento ou bando armado (cfr. parág. 17 e 20-21).

2. Este poder compreende faculdades para decidir questões de fundo, de adoptar ordens e de as executar compulsivamente, seja por meio de medidas pacíficas, seja pelo recurso à força, contra as partes em controvérsias ou entidades responsáveis por situações que ameacem a paz, tenham provocado uma ruptura desta ou uma agressão. Não compreende, porém, faculdades legislativas, visto que deve ser exercido em relação a uma dada situação em concreto. As suas faculdades bélicas permitem o uso da força directamente ou a habilitação a Estados, ou entidades por estes criadas, para que a utilizem (cfr. parág. 36-37). No seu seio encontram-se ainda faculdades de reconhecimento de novos sujeitos ou de alargamento do estatuto destes, mesmo quando não se encontram reunidos os pressupostos estabelecidos pelo Direito Internacional Costumeiro para a sua constituição automática. O mesmo se diga quanto à legitimação dos seus órgãos supremos (cfr. parág. 34).

3. O exercício deste poder público foi conferido pela Comunidade Internacional às Nações Unidas, não podendo agora esta Comunidade exercê-lo à margem desta organização, enquanto a Carta se encontrar em vigor com o actual conteúdo (cfr. parág. 21, 23, 27 e 45).

4. O exercício de tal poder pela Comunidade Internacional, uma vez suspensa ou revogada a Carta, pressupõe o apoio de uma maioria de dois terços dos Estados votantes desde que esta seja superior à maioria dos Estados presentes, incluindo, portanto, os que se abstiverem ou não par-

ticiparem na votação, sendo certo que têm de estar presentes pelo menos a maioria dos Estados existentes. No caso de não estar reunido este quórum, qualquer decisão comunitária terá de obter no conjunto o apoio de uma maioria de dois terços dos Estados existentes. Em qualquer caso, não pode ter suscitado a oposição dos Estados reconhecidos como grandes potências, em questões não procedimentais. No entanto, quando estejam em causa decisões sobre uma questão em que sejam partes, ou de uma situação em que tenham um interesse directo, a sua oposição já não será obstáculo à aprovação da decisão, não existindo nestes casos qualquer direito de veto (cfr. parág. 35).

5. Nenhuma outra entidade, incluindo qualquer comunidade regional, pode actualmente reivindicar um poder paralelo (cfr. parág. 31 e 32.7).

6. Este poder goza de uma excepção interpretativa, encontrando-se fora do âmbito da proibição do uso privado (isto é, por Estados, organizações internacionais ou entidades estaduais paralelas, bem como por movimentos armados contra outros Estados) da força nas relações internacionais, não tendo a natureza de uma causa de justificação. Constitui um poder funcional, que deve ser exercido pelo menos também no interesse colectivo e não apenas em função dos interesses de cada Estado, o que significa que o seu regime é de Ordem Pública, isto é, de *Ius Cogens* (parág. 38-39).

7. Pelo contrário, as entidades privadas encontram-se sujeitas a uma proibição completa de uso da força nas relações internacionais, que tem carácter costumeiro e não apenas convencional (cfr. parág. 10). Esta apenas pode ser desrespeitada licitamente com base numa causa de justificação, embora também o possam fazer sem consequências à luz de uma causa de exclusão de responsabilidade (parág. 11). O "estado de guerra" passou a ser irrelevante como fundamento para o uso da força (parág. 10.2).

8. Entre as causas de justificação invocáveis para um uso da força encontra-se a legítima defesa contra um ataque armado actual que viole a proibição de uso da força, a tutela defensiva contra violações actuais menores, o estado de necessidade e o perigo extremo (cfr. parág. 12).

9. Entre as causas de exclusão de responsabilidade encontram-se a legítima defesa preemptiva em certos casos extremos (cfr. parág. 12.2), represálias ou retaliações armadas prontas contra forças militares responsáveis pelos actos bélicos que as causaram (cfr. parág. 12.3), uma acção militar exclusivamente para resgate de cidadãos com base em estado de necessidade impróprio ou tutela defensiva (cfr. parág. 13.3), bem como uma intervenção estritamente humanitária baseada em perigo extremo ou tutela defensiva, ainda que em termos insusceptíveis de justificar a acção (cfr. parág. 14.3). Não pode ser aceite uma exclusão de responsabilidade por reacções contra

outros alvos, mesmo em caso de actos de terrorismo que constituam crimes contra a humanidade (cfr. parág. 12.4).

10. Os Estados gozam, porém, de uma excepção quanto à proibição de uso da força fora do âmbito das relações internacionais que lhes permite a repressão de bandos ou movimentos armados. Podem receber auxílio externo na repressão dos primeiros, mas não dos segundos (distinguidos em função de controlarem ou não território; cfr. parág. 34.4.2), sob pena de violação do princípio da não intervenção. Qualquer auxílio externo directo a estes grupos é ilícito, podendo a mera assistência ser justificada como contra-intervenção em reacção a um auxílio externo ilícito ao Governo ou em relação a movimentos de libertação nacional. Igualmente o apoio directo por forças armadas ao Governo contra movimentos armados pode ser justificado em reacção ao apoio ou assistência externa ilícita aos segundos (cfr. parág. 15-16).

11. Simples bandos armados ou particulares não se encontram sujeitos a qualquer proibição internacional de uso da força, mas podem ser responsabilizados por crimes contra a humanidade e de guerra (cfr. parág. 15.2.2--15.2.3).

12. No seio das Nações Unidas, o poder bélico foi atribuído exclusivamente ao Conselho de Segurança, não podendo ser exercido pela Assembleia Geral (cfr. parág. 44-45).

13. A Assembleia Geral pode, contudo, adoptar actos que declarem como lícito o exercício de direitos pelos Estados, incluindo o uso da força no âmbito de uma causa de justificação, bem como recomendar aos Estados que apoiem um destes vítima de um ataque armado. Pode igualmente criar operações de manutenção da paz quando o Conselho se mostre incapaz de exercer os seus poderes funcionais (cfr. parág. 43).

14. Os poderes públicos do Conselho de Segurança encontram-se consagrados exclusivamente nos artigos 39, 40, 41, 42, 53, n.º 1, segunda parte, e 94, n.º 2 CNU. No seio destes, as suas faculdades bélicas encontram-se consagradas no artigo 42 e no artigo 53, n.º 1, segunda parte, CNU (cfr. parág. 49-50), embora à luz da prática o Conselho possa igualmente adoptar habilitações bélicas com base genérica no Capítulo VII (cfr. parág. 75.3).

15. Com excepção dos poderes previstos no artigo 94, n.º 2 CNU, qualquer exercício destes depende de uma qualificação da situação à luz do artigo 39 CNU, como ameaça à paz, ruptura desta ou agressão. Sem ser realizada tal qualificação, de forma clara, mas não necessariamente expressa, se se estiver perante uma questão relativa à manutenção da paz, será necessário entender que a actuação do Conselho foi levada a cabo à luz do Capítulo VI (cfr. parág. 49.1).

16. Fora do âmbito do poder público bélico encontra-se a legítima defesa pública que goza de um regime mais liberal do que a privada (mesmo que somada à auto-tutela defensiva), podendo ser utilizada preemptivamente e contra meras agressões (cfr. parág. 6 e 51).

17. O órgão que nos termos da Carta era o responsável exclusivo pela direcção estratégica das forças das Nações Unidas, a Comissão de Estado--Maior, perdeu este monopólio por emenda tácita da Carta, sofrendo a concorrência do Secretário-Geral. Encontra-se em aberta crise funcional (cfr. parág. 53).

18. O poder público bélico em sentido estrito, isto é, exercido sob direcção (actualmente) das Nações Unidas (cfr. parág. 5) tem como instrumento essencial as forças desta organização. Devem-se qualificar como forças das Nações Unidas exclusivamente as que se encontrem sob a direcção de órgãos da organização. Mas devem ser qualificadas como instrumentos executivos desta e não como seus órgãos. Apenas os seus membros serão órgãos da organização (cfr. parág. 54).

19. As forças de manutenção da paz das Nações Unidas integram-se no seio da noção de operação de manutenção da paz, mas estas compreendem uma multiplicidade de funções para lá da segurança (cfr. parág. 55.1).

20. Dentro das forças da organização, devem ser distinguidas as de manutenção da paz, de imposição desta e bélicas. As primeiras caracterizam--se por dependerem do consentimento das partes no conflito, pela sua isenção e uso da força exclusivamente em legítima defesa pública, incluindo para fazer face a acções positivas de impedimento de exercício do seu mandato. As segundas, embora se caracterizem por uma aceitação pelas partes do estatuto e objectivos da Força, podem utilizar poderes bélicos contra a resistência destas, mesmo passiva, com vista ao cumprimento do seu mandato, o que implicará alterações das forças das partes no terreno. Finalmente, as forças bélicas não se baseiam em qualquer consentimento das partes e podem fazer igualmente uso de poderes bélicos para executar o seu mandato apesar deste não ter sido aceite pelas partes. A distinção tem relevância para efeitos da aplicação do regime de protecção penal dos seus membros (cfr. parág. 55.2).

21. As forças de manutenção da paz podem ser criadas quer à luz do Capítulo VI, quer nos termos do Capítulo VII, mas as forças de imposição da paz e bélicas apenas podem ser estabelecidas nos termos deste segundo, com base no artigo 42 CNU (cfr. parág. 56-57).

22. As forças das Nações Unidas podem ser constituídas por meio dos acordos previstos no artigo 43 CNU, que são estruturados num modelo de concessão de efectivos sem qualquer direito por parte do Estado nacional

de vetar a sua utilização, podendo apenas participar com direito de voto nos termos do artigo 44 CNU. Mas o dever da celebração de acordos sob este modelo perdeu vigência por emenda tácita (cfr. parág. 58.1).

23. Dado que o Conselho não pode vincular os Estados a fornecer efectivos para as forças da organização excepto com base nos inexistentes acordos do artigo 43, as Nações Unidas apenas podem em alternativa recorrer a acordos específicos, incluindo com organizações regionais, ou a recrutamento directo, que se julga conforme com a Carta (cfr. parág. 58.2-58.4).

24. O Secretário-Geral, para lá de importantes competências próprias quanto a inquérito, bons ofícios e nomeação de enviados e estabelecimento de pequenas operações das Nações Unidas, pode ser destinatário de poderes delegados determinantes. É esta competência delegada e a direcção operacional de todas as operações da organização que o converteram no substituto da Comissão de Estado-Maior. Sem prejuízo, claro está, dos poderes supremos do Conselho de Segurança, que pode revogar a delegação, alterar os seus termos, aprovar directrizes e avocar questões para decisão directa (cfr. parág. 59-62).

25. A prática do exercício do poder público bélico (em sentido estrito, portanto, à luz do artigo 42 CNU) tem, porém, sido excepcional. Apenas é possível referir como precedentes a ONUC no Congo (Zaire), um caso pontual, que não chegou a concretizar-se, de instruções específicas ao Reino Unido quanto à detenção de um navio no âmbito do controlo das medidas compulsivas decretadas contra a Rodésia do Sul, a UNOSOM II na Somália, a UNPROFOR e as acções bélicas da OTAN na Bósnia-Herzegovina (por instruções específicas ou ratificação posterior de actos excessivos), a UNAMSIL na Serra Leoa e a UNTAET em Timor Leste (cfr. parág. 63-69).

26. Como alternativa ao exercício do poder público bélico em sentido estrito, mas ainda no seio da noção ampla deste poder (cfr. parág. 5), encontra-se o uso privado habilitado da força. Por meio de um acto constitutivo de habilitação, o Conselho cria uma excepção em relação à proibição de uso privado da força que permite a um Estado ou organização regional (ou simplesmente intergovernamental) o uso da força com um regime com semelhanças ao do poder público bélico, embora com natureza distinta, já que permanece um uso privado da força (cfr. parág. 9 e 70-71).

27. Este acto habilitante produz efeitos em relação ao alvo da acção, visto que suspende o seu direito de protecção à luz da proibição de uso da força ou de intervenção (em caso de se tratar de um movimento armado), criando da mesma forma uma excepção a estes princípios a favor dos destinatários da habilitação. Implica igualmente deveres de não assistência à entidade alvo e de apoio menor às entidades habilitadas. As habilitações

poderão assumir a forma neutra de uma autorização, a forma de uma recomendação ou, com o acordo prévio do destinatário, de uma injunção (cfr. parág. 71).

28. Esta habilitação deve ser clara, embora não tenha de utilizar o termo uso da força, podendo empregar o eufemismo habitual de "todas as medidas necessárias". Em consequência, não são admissíveis habilitações tácitas. São possíveis ratificações claras de acções já desencadeadas sem prévia habilitação, mas não terão eficácia retroactiva na legitimação dos actos anteriores (cfr. parág. 72).

29. As entidades habilitadas encontram-se sujeitas a deveres de informação perante o Conselho (artigo 54 CNU). Decorre da Carta que o controlo destas acções pelas Nações Unidas deve ser o mais efectivo possível, mas não se pode sustentar que esta efectividade seja um pressuposto de validade das habilitações. Formas eficazes de fiscalização são a criação de missões de monitorização da acção habilitada ou a sua sujeição a prazos de validade (cfr. parág. 73).

30. O fundamento das habilitações a Estados organizados regionalmente ou a organizações intergovernamentais encontra-se no artigo 53, n.º 1, segunda parte, CNU (parág. 74).

31. Já o fundamento para as habilitações a Estados tem suscitado controvérsia. Nenhum dos preceitos no Capítulo VII constitui base suficiente para estas. Fora deste Capítulo, o artigo 53, n.º 1, segunda parte, o artigo 106 ou o princípio dos poderes implícitos também não são fundamento aceitável. Ainda assim, tendo em conta o amparo secundário nestes dois preceitos e a prática deve-se aceitar que se formou uma emenda tácita à Carta, permitindo estas habilitações (cfr. parág. 75).

32. Qualquer exercício do poder público (salvo à luz do artigo 94, n.º 2 CNU), incluindo as suas faculdades bélicas, encontra-se sujeita aos mesmos pressupostos da agressão, ruptura da paz ou, pelo menos, da existência de uma ameaça à paz, bem como sujeito a determinados limites jurídicos, designadamente, os princípios da necessidade e da proporcionalidade, além de limites teleológicos (cfr. parág. 76).

33. Contudo, por ser um poder, o seu exercício não se encontra rigidamente vinculado, permitindo alguma autonomia interpretativa, especialmente na concretização do pressuposto da ameaça à paz. Apenas uma aplicação deste que se revele abusiva de forma razoavelmente inequívoca poderá constituir fundamento de invalidade dos actos adoptados à sua luz. A autonomia em relação aos outros pressupostos é bem menor. Esta diminui na proporção directa da gravidade da situação, podendo levar a que se conclua que existiu uma omissão ilícita em certos casos de inacção. O

mesmo se diga quanto ao respeito dos limites a que se encontra sujeito, já que estes permitem a subsistência de uma margem de discricionariedade, máxime, do Conselho de Segurança (cfr. parág. 77).

34. A ameaça à paz deve ser concretizada substancialmente, não podendo ser considerada como um pressuposto meramente formal. Paz deve continuar a ser vista como ausência de um conflito armado, sendo na noção de ameaça que se tem verificado um alargamento. Esta pode excepcionalmente decorrer da prática de actos lícitos quando estes constituam actos das forças armadas de Estados ou outras entidades ou estejam relacionadas com armamentos com impacte no equilíbrio de poderes. Igualmente um conflito armado interno ou uma ameaça iminente de eclosão de um destes grave, pode constituir uma ameaça à paz. Por força da prática, igualmente violações graves e sistemáticas dos direitos humanos, ou de outras normas que impõem obrigações *erga omnes*, podem criar ameaças à paz (cfr. parág. 79).

35. A ruptura da paz pressupõe normalmente a eclosão de um conflito armado internacional. Não basta um mero incidente de fronteira. Mas excepcionalmente também pode decorrer de um conflito interno entre dois movimentos armados fortemente organizadas que foram já objecto de alguns reconhecimentos como Governo ou de um ataque de um destes movimentos contra um Estado terceiro (cfr. parág. 80).

36. A agressão constitui uma violação grave da proibição de uso da força, implicando para o seu autor responsabilidade internacional, já que ao contrário da ruptura da paz pressupõe uma determinação do responsável. Não se confunde com a figura do ataque armado, que constitui uma forma grave de agressão (cfr. parág. 12.1), nem com a "guerra" de agressão que formalmente implica um crime contra a paz. Uma qualificação de agressão implica deveres acrescidos de intervenção da Comunidade Internacional, de modo a que têm sido escassos os casos em que tem sido realizada (cfr. parág. 81).

37. O poder público encontra-se sujeito ao *Ius Cogens* nos mesmos termos que a actuação dos Estados. Assim, segundo se julga, as Nações Unidas apenas o poderão desrespeitar em situações idênticas àquelas em que os Estados o podem fazer; isto é, com base em causas de justificação aplicáveis. Este compreende especialmente as normas costumeiras relativas aos direitos humanos e humanitárias que se aplicam nos mesmos termos às Nações Unidas (cfr. parág. 82).

38. A Carta, e não apenas os seus fins e princípios, constitui um limite ao exercício do poder público. O Direito Internacional Costumeiro dispositivo apenas será um limite para o poder de decidir questões de fundo e parcialmente em relação às ordens que o Conselho de Segurança pode dar às partes, antes

(artigo 40) ou depois (artigo 39) de ter adoptado uma decisão de fundo. Estas ordens podem desrespeitar os direitos das partes nos casos em que a situação tenha sido qualificada como uma ameaça ou ruptura da paz com base em actos lícitos destas. Igualmente o poder de adoptar medidas compulsivas pacíficas e bélicas (artigos 41 e 42), por se encontrar sujeito a um regime específico, não se encontra vinculado necessariamente pelos direitos dos Estados. Os tratados celebrados pelos Estados membros não constituem limite ao Conselho pelo facto das Nações Unidas não serem partes nestes e não exactamente por força do artigo 103 que tem aplicabilidade apenas entre os membros (cfr. parág. 83).

39. Os tratados e outros actos internacionais unilaterais das Nações Unidas vinculam-nas plenamente, constituindo um limite ao poder público. Podem, contudo, ser inválidos se restringirem aspectos deste poder estabelecidos por normas costumeiras *iuris cogentis*. Entre os tratados a que as Nações Unidas se encontram vinculadas, por *estoppel*, destacam-se os tratados relativos ao Direito Internacional Humanitário e aos direitos humanos (cfr. parág. 84).

40. Os órgãos das Nações Unidas que exerçam o poder público com base numa delegação (ou subdelegação) ou as entidades que utilizem a força por meio de uma habilitação encontram-se plenamente sujeitos aos actos da organização que os visem limitar (parág. 85).

41. Entre os limites ao poder público, a reserva de jurisdição interna (artigo 2, n.º 7 CNU) tem um papel escasso. Esta compreende as questões que o Direito Internacional deixa à liberdade dos Estados, isto é, que são objecto de direitos seus. Deste modo, esta implica que as Nações Unidas não se encontram autorizadas pela Carta a adoptar actos contra um Estado sem que este tenha violado as suas obrigações internacionais (cfr. 86.1). Porém, esta reserva é inaplicável em relação ao poder público bélico, bem como ao poder de impor medidas compulsivas nos termos do artigo 41. Igualmente ordens às partes poderão não se encontrar sujeitas a esta reserva nos casos excepcionais em que a situação tenha sido qualificada como uma ameaça ou ruptura da paz com base na prática de actos lícitos. Já o poder de decidir questões de fundo encontra-se limitado por esta reserva, visto que esta é um mero corolário dos direitos dos Estados que devem ser respeitados por estas decisões (cfr. parág. 86.2).

42. O princípio da necessidade constitui um claro limite ao exercício do poder público que decorre directamente da Carta. Este compreende um subprincípio de adequação e um outro de minimização dos danos. Apenas medidas adequadas e, dentro destas, a que menos danos provocar, deverá ser considerada como conforme com este (cfr. parág. 87).

43. A aplicação do princípio da proporcionalidade é menos clara, mas existem diversos fundamentos de onde esta pode ser retirada, incluindo alguma prática do Conselho. Este impõe uma ponderação entre as consequências dos actos contra os quais se pretende reagir e as da reacção. Proíbe que se actue no caso em que esta actuação provoque danos desrazoavelmente superiores aos provocados pelos actos. Na contabilização dos danos destes pode-se ter em conta os iminentes, mas não os decorrentes de actos passados contra os quais se não reagiu (cfr. parág. 88).

44. Os limites teleológicos têm uma relevância tripla: como limites à capacidade das Nações Unidas, por decorrência do princípio da especialidade das organizações internacionais. Como limites externos, visto que constituem um parâmetro de validade como qualquer outra disposição da Carta. Mas igualmente como limites à formação da vontade dos órgãos das Nações Unidas. Com efeito, estes devem no exercício das suas funções que não sejam estritamente vinculadas prosseguir igualmente subjectivamente os fins estabelecidos na Carta, sob pena de invalidade dos seus actos por desvio de poder. Tal resulta claro em relação aos membros do secretariado ou outros órgãos que se encontrem subordinados à organização, como decorre do artigo 100 e do Direito Administrativo desta. Mas o desvio de poder é igualmente aplicável aos órgãos políticos. No entanto, salvo no caso de actos do Conselho em relação aos quais os membros tenham um dever de abstenção quando são partes na controvérsia (artigo 27, n.º 3, parte final), apenas os seus votos que prossigam exclusivamente fins estranhos aos estabelecidos poderão ser causa de invalidade do acto final se tiverem sido determinantes na sua aprovação. Ou seja, é necessário concluir que no exercício do poder público, incluindo o bélico, pelo Conselho, a relevância interna dos fins será marginal (cfr. parág. 89).

45. Dentro do controlo interno às Nações Unidas, o controlo do exercício do poder público bélico levado a cabo por órgãos políticos é assumido particularmente pela Assembleia Geral. Formalmente, o Conselho não responde perante esta, contudo a Assembleia tem alguns poderes importantes. Assim, para lá das recomendações que pode formular em relação à actuação do Conselho, cabe-lhe a eleição dos membros não permanentes e, sobretudo, a aprovação do orçamento da organização. Especialmente por meio deste, pode em última análise bloquear decisões do Conselho com que discorde politicamente ou que considere inválidas. Assim, segundo se julga, pode mesmo considerar que um acto do Conselho violou o Direito aplicável e que não deve ser acatado pelos Estados membros (cfr. parág. 91.1).

46. Igualmente os Estados membros, independentemente de qualquer entendimento nesse sentido da Assembleia Geral, podem unilateralmente

recusar-se a cumprir actos do Conselho com fundamento em violação da Carta ou do Direito Internacional aplicável. Terão de assumir as responsabilidades por este incumprimento caso não obtenham uma sentença do Tribunal Internacional de Justiça no mesmo sentido ou o apoio de um número significativo dos Estados membros que force o Conselho a recuar na sua decisão. Em reacção aos actos inválidos do Conselho, podem recusar-se a financiá-los, recusar participar na sua execução ou abandoná-la a meio, incluindo operações de manutenção da paz. Um Estado anfitrião pode igualmente exigir a sua retirada (cfr. parág. 91.2).

47. De modo paralelo, igualmente entidades não vinculadas pela Carta podem invocar a invalidade dos actos do Conselho que as prejudiquem e desconsiderá-los quando estes violem os termos do Direito Internacional Costumeiro aplicável ou quando a sua aprovação (por questões formais ou orgânicas) viole de forma clara os termos da Carta (cfr. parág. 92).

48. Um controlo judicial do exercício do poder público bélico não é prejudicado pela circunstância de a questão se encontrar ainda na agenda do Conselho ou este continuar activamente a procurar resolvê-la. Não existe litispendência entre o Conselho e um tribunal. O facto de esta ser eminentemente política deve ser considerado igualmente irrelevante; a figura das questões políticas deixou de ser aplicável como obstáculo à jurisdição de tribunais internacionais, especialmente do Tribunal Internacional de Justiça (cfr. parág. 93).

49. A possibilidade de um controlo do exercício do poder público pelo Tribunal Internacional de Justiça em processos consultivos é pacífica, tendo em conta a latitude da sua jurisdição, bem como a sua jurisprudência (cfr. parág. 94).

50. Não é possível considerar que o Tribunal Internacional de Justiça tenha poderes para realizar um controlo judicial deste poder a título principal, visto que a tal se opõe o facto das Nações Unidas não poderem ser partes num processo contencioso, os trabalhos preparatórios da Carta e a sua jurisprudência (cfr. parág. 95).

51. Existe controlo pelo Tribunal do poder público a título incidental, dado que tal tem apoio nas suas cláusulas de jurisdição, na sua natureza de órgão judicial e não é infirmado pela sua jurisprudência. Acresce que outros Tribunais das Nações Unidas, como os Tribunais Penais Especiais já realizaram tal controlo. A vinculação do Conselho pela sentença do Tribunal Internacional de Justiça encontra apoio no artigo 94, n.º 2 CNU. A regra do caso do *ouro monetário* é inaplicável às Nações Unidas (cfr. parág. 96).

52. Igualmente outros Tribunais Internacionais podem realizar um controlo incidental dos actos do Conselho, mas uma sentença que considere

um destes nulo não vinculará minimamente as Nações Unidas, a menos que estas sejam partes no processo. Acresce que qualquer Estado parte poderá recusar-se a cumprir a sentença invocando os artigos 103 e 25 da Carta, caso o acto em causa seja obrigatório (cfr. parág. 97).

53. Qualquer decisão idêntica de um tribunal estadual constituirá um acto unilateral do Estado de resistência ao acto do Conselho, ficando sujeito às mesmas consequências de qualquer desobediência (cfr. parág. 98).

54. As Nações Unidas respondem directamente pelos actos dos seus órgãos, incluindo os dos responsáveis pelas suas forças. Esta responsabilidade pode derivar igualmente de uma omissão, quando violem um dever em actuar numa dada situação. Os Estados responderão a título de cumplicidade pelos actos de apoio a uma actuação ilícita da organização, especialmente pelo fornecimento voluntário de tropas quando tenham consciência dos termos em que a Força das Nações Unidas se encontra a operar. Não parece, contudo, existir responsabilidade solidária destes cúmplices para com a organização. Os Estados membros não respondem solidária ou subsidiariamente pelos actos ilícitos das Nações Unidas, embora possam ter de contribuir a nível interno para as despesas destes, a menos que tenham votado contra arguindo a sua invalidade ou ilicitude (cfr. parág. 100).

55. As Nações Unidas podem ser responsabilizadas a título de incentivo quando declarem como lícito ou recomendem uma acção que se revele afinal ilícita. Por maioria de razão, tal ocorrerá quando habilitem uma entidade a actuar em termos ilícitos ou ratifiquem em violação do Direito aplicável uma acção ilícita. Não respondem, porém, pelos actos ilícitos de entidades que exerçam abusivamente uma habilitação que era, em si, conforme com o Direito aplicável (cfr. parág. 101).

56. Nos termos da Convenção sobre Segurança do Pessoal das Nações Unidas de 1994, qualquer Força das Nações Unidas, mesmo bélica, goza de protecção penal nos conflitos sem carácter internacional. Nos conflitos internacionais, apenas gozarão desta as suas Forças de manutenção da paz ou forças de imposição da paz enquanto mantiverem a sua actuação ao nível da manutenção da paz (cfr. parág. 102.1).

57. O Estatuto de Roma aplica o mesmo regime a todos os conflitos armados, independentemente do seu carácter. Apenas gozam desta protecção forças que actuem efectivamente como de manutenção da paz, com um recurso restritivo à legítima defesa (cfr. parág. 102.2).

# Elementos Citados[*]

## I

## Doutrina

ABBOTT, ALDEN/F. AUGUSTI/P. BROWN/E. RODE, *General Assembly, 29th Session: The Decredentialization of South Africa*, HILJ, Vol. 16, 1975, pág. 576-588.

ABDULLAH, YASMIN – *The Holy See At United Nations Conferences: State or Church?*, CLR, Vol. 96, 1996, pág. 1835-1875.

ABI-SAAB, GEORGES – *Wars of National Liberation in the Geneva Conventions and Protocols*, RDC, 1979, IV, tomo 165, pág. 353-446.

— *Remarque, Débats*, em *Le Chapitre VII de la Chartre des Nations Unies* (SFDI – Colloque de Rennes), Paris, 1995, pág. 108.

— *Whither the International Community?*, EJIL, Vol. 9, N.º 2, 1998, pág. 248 e segs..

ABRAHAM, SHARA – *Chechnya: Between War and Peace*, HRB, Vol. 8, 2001, pág. 9-37.

ACEVEDO, DOMINGO E. – *The U.S. Measures Against Argentina Resulting From The Malvinas Conflict*, AJIL, Vol. 78, 1984, pág. 323-344.

ADJOVI, ROLAND – *L'intervention Alliée en RFY et le Débat sur le Maintien de la Paix en Afrique*, AEDI, 1999.

AGO, ROBERT – *Addendum to the Eighth Report on State Responsibility* (doc. A/318 and Add. 5-7), em YILC, 1980, vol. II, part 1, pág. 13-70.

— *Obligations Erga Omnes and The International Community*, em *International Crimes of States – A Critical Analysis of the ILC's Draft Article 19 on State Responsibility* (ed. Weiler/Cassese/Spinedi), Berlin/New York, 1989, pág. 237-239.

---

[*] Apenas se indicam as obras e decisões citadas ao longo do presente estudo que foram pessoalmente consultadas. As principais fontes utilizadas de documentos ou factos são referidas na lista de abreviaturas. A maioria dos meios de comunicação social mencionados foi consultada por intermédio de bases de dados comerciais. Não foram tidos em conta elementos posteriores a Janeiro de 2002, data da conclusão do presente estudo.

— Binding Advisory Opinions of the International Court of Justice, AJIL, vol. 85, N.º 3, 1991, pág. 439-451.

AIRD, SARAH – Kosovo: History of a Human Rights Crisis: Part one, HRB, Vol. 9, 1999, pág. 30 e segs..

AKANDE, DAPO – The Competence of International Organizations and the Advisory Jurisdiction of the International Court of Justice, EJIL, Vol. 9, 1998, pág. 437-467.

AKASHI, YASUSHI – The Use Of Force In A United Nations Peace-Keeping Operation: Lessons Learnt From The Safe Areas Mandate, FILJ, Vol. 19, 1995, pág. 312-323.

Akehurst, Michael – A Modern Introduction to International Law, 6th ed., London/New York, 1992 (reed. 1987).

AKHAVAN, PAYAM – The International Criminal Tribunal for Rwanda: The Politics and Pragmatics of Punishment, AJIL, Vol. 90, N.º 3, 1996, pág. 501-510.

AKINRINADE, BABAFEMI – International Humanitarian Law and the Conflict in Sierra Leone, NDJLEPP, Vol. 15, 2001, pág. 391-454.

ALAGAPPA, MUTHIAH – Regional Institutions, The United Nations, And International Security, em International Security Management and the United Nations (ed. M. Alagappa/T. Inoguchi), Tokyo/New York/Paris, 1999, pág. 269-295.

ALAM, SHAH – Indian Intervention in Sri Lanka and International Law, NILR, Vol. XXXVIII, 1991, pág. 346-359.

ALAO, ABIODUN – Sierra Leone: Tracing The Genesis of a Controversy, Briefing Paper N.º 50 – Royal Institute of International Affairs, 1998 (texto em http://www.riia.org/briefingpapers/bp50.html).

ALBERT, SOPHIE – Le droit international et le statut d'autonomie du Kosovo, AEDI, novembre 1998.

ALDRED, KEN/MARTIN A. SMITH, Imperial Ambition or Humanitarian Concern? Russia and its 'Near Abroad', JHA, 1997, 4 July.

ALDRICH, GEORGE – Jurisdiction of the International Criminal Tribunal for the Former Yugoslavia, AJIL, Vol. 90, N.º 1, 1996, pág. 64-69.

ALEXANDER, KLINTON W. – NATO'S Intervention In Kosovo – The Legal Case For Violating Yugoslavia's National Sovereignty In The Absence Of Security Council Approval, HJIL, Vol. 22, 2000, pág. 403 e segs.

ALEXANDROV, STANIMIR A. – Self-Defense Against the Use of Force in International Law, Kluwer, The Hague/London/Boston, 1996.

ALEXANDROWICZ-ALEXANDER, C. H. – The Quasi-Judicial Function in Recognition of States and Governments, AJIL, Vol. 46, N.º 4, 1952, pág. 631--640.

ALLEN, JAMES JAY – *Effect of Acts and Decrees of Non-Recognized Governments upon Private Litigants*, GLJ, Vol. 46, 1957-1958, pág. 322-338.

ALLIN, C. D. – *Representation on the Council of the League of Nations*, MILR, Vol. 4, 1919-1920, pág. 117-154.

— *International Status of the British Dominions with Respect to the League of Nations*, MILR, Vol. 4, 1919-1920, pág. 190-218.

ALMEIDA, F. FERREIRA DE – *O Princípio da Não Ingerência e o Direito Internacional Humanitário*, BFD, vol. 71, 1995, pág. 373-401.

ALMOND, JR., HARRY H. – *The Military Activities Case: New Perspectives on the International Court of Justice and Global Public Order*, IL, Vol. 21, 1987, pág. 195 e segs..

ALVAREZ, JOSÉ – *Judging the Security Council*, AJIL, vol. 90, N.º 1, 1996, pág. 1-39.

AMBOS, KAI – *NATO, the UN and the Use of Force: Legal Aspects*, EJIL, Vol. 10, N.º 1, 1999 (Web site).

AMERASINGHE, C. F. – *Liability To Third Parties Of Member States Of International Organizations: Practice, Principle And Judicial Precedent*, AJIL, Vol. 85, 1991, pág. 259-281.

AMERICAN LAW INSTITUTE – *Restatement of the Law*, Third, Foreign Relations Law of the United States, 1985-1987.

AMNESTY INTERNATIONAL, *Rwanda – Ending the Silence*, 1997.

— *Sierra Leone: A peace agreement but no justice*, AFR 51/007/1999, 09/ /07/1999 (texto em AIW).

— *Israel and the Occupied Territories: Mass Arrests and Police Brutality*, MDE 15/058/2000, 10/11/2000 (texto em AIW).

AMSELEM, A. LLEONART Y – *Evolución del Derecho Internacional Americano y el Problema del Reconocimiento de Gobiernos "De Facto"*, REDI, Vol. XXIII, n.º 1, 1970, pág. 76-90.

ANDERSON, CHANDLER – *The Central American Policy of Non-Recognition*, AJIL, Vol. 19, N.º 1, 1925, pág. 164-166.

— *Harmonizing the League Covenant with the Peace Pact*, AJIL, Vol. 27, N.º 1, 1933, pág. 105-109.

ANDRASSY, JURAJ – *Uniting for Peace*, AJIL, Vol. 50, N.º 3, 1956, pág. 563- -582.

ANNACKER, CLAUDIA – *The Legal Régime of Erga Omnes Obligations in International Law*, AJPIL/OZORV, vol. 46, 1994, pág. 131-166.

— *Die Durchsetzung von erga omnes Verpflichtungen vor dem Internationalem Gerichtshof*, Hamburg, 1994.

ANZILOTTI, DIONISIO – *Corso di Diritto Internazionale*, vol. I, 4ª ed., Padova, 1964 (reed.).

APPIAH-MENSAH, SETH – *Lessons from Liberia*, United States Naval Institute – Proceedings, vol. 126, N.º 3, 2000 (March), pág. 66-68.

AQUINO, TOMÁS DE – *The Summa Theologica*, ed. 1947.

ARANGIO-RUIZ, GAETANO – *Le Domaine Réservé – L'Organisation Internationale et le Rapport entre Droit International et Droit Interne*, RDC, 1990, VI, tome 225, pág. 9-484.

—     *Counter-measures and Amicable Dispute Settlement Means in the Implementation of State Responsibility*, EJIL, vol. 5, 1994, n.º 1, pág. 20--53.

—     *"The Federal Analogy" and UN Charter Interpretation: A Crucial Issue*, EJIL, Vol. 8, 1997, pág. 1 e segs..

—     *On the Security Council "Law-Making"*, RDI, Vol. LXXXIII, 2000, n.º 3, pág. 609-725.

ARÉCHAGA, E. JIMÉNEZ DE – *International Law in the Past Third of a Century – General course in International Law*, RDC, 1978, I, tome 159, pág. 1-344.

ARÉCHAGA, E. JIMÉNEZ DE/ATILLA TANZI, *International State Responsibility*, em *International Law: Achievements and Prospects* (ed. M. Bedjaoui), Paris, 1991, pág. 347-380.

AREND, ANTHONY C. – *The United Nations, Regional Organizations, And Military Operations: The Past And The Present*, DJCIL, Vol. 7, 1996, pág. 3-33.

AREND, ANTHONY CLARK/ROBERT J. BECK – *International Law and the Use of Force: Beyond the UN Charter Paradigm*, London/New York, 1993.

ARIAS, INOCENCIO – *Humanitarian Intervention: Could The Security Council Kill The United Nations?*, FILJ, Vol. 23, 2000, pág. 1005-1027.

ARIAS, L. GARCÍA – *El Principio Representativo de los Estados en la Organización Internacional*, em *La Guerra Moderna y la Organización Internacional*, Madrid, 1962, pág. 423-486.

ATTIX, CHERI – *Between the Devil and the Deep Blue Sea: Are Taiwan's Trading Partners Implying Recognition of Taiwanese Statehood*, CWILJ, Vol. 25, 1995, pág. 357-387.

AUMA-OSOLO, AGOLA – *A Retrospective Analysis of United Nations Activity in the Congo and Its Significance for Contemporary Africa*, VJTL, Vol. 8, 1975, pág. 451-474.

BAER, GEORGE – *Sanctions and Security. The League of Nations and the Italian-Ethiopian War*, 1935-1936, IO, Vol. 27, N.º 2, 1973, pág. 165--179.

BAGGETT, TED – *Human Rights Abuses in Yugoslavia. To Bring an End to Political Oppression, the International Community Should Assist in*

*Establishing an Independent Kosovo*, GJICL, Vol. 27, 1999, pág. 457-
-476.

BAILEY, PETER – *The Right to an Adequate Standard of Living*, AJHR, Vol.
4, N.º 1, 1997.

BAILEY, SYDNEY – *Cease-Fires, Truces, and Armistices in the Practice of the
UN Security Council*, AJIL, Vol. 71, N.º 3, 1977, pág. 461-473.

BAILEY, SYDNEY/SAM DAWS, *The Procedure of the Un Security Council*, 3rd
ed., Oxford, 1998.

BAKER, MARK B. – *Terrorism And The Inherent Right Of Self-Defense (A
Call To Amend Article 51 Of The United Nations Charter)*, HJIL, Vol.
10, 1987, pág. 25-49.

BALANZINO, SERGIO – *Nato's Actions To Uphold Human Rights And Democratic
Values In Kosovo*, FILJ, Vol. 23, 1999, pág. 364-377.

BALLALOUD, JACQUES – *L'Onu et les Opérations de Maintien de la Paix*,
Paris, 1971.

BAPTISTA, E. CORREIA – Ius Cogens *em Direito Internacional*, Lisboa, 1997.

— *Direito Internacional Público – Conceito e Fontes*, vol. I, Lisboa,
1998.

BARILE, GIUSEPPE – *Lezioni di Diritto Internazionale*, Pádua, 1983.

— Obligationes Erga Omnes *e Individui nel Diritto Internazionale
Umanitario*, RDI, vol. LXVIII, 1985, n.º 1, pág. 5-31.

BARNES, KIMBERLY D. – *International Law, The United Nations, And Intervention In Civil Conflicts*, STLR, Vol. 19, 1995, pág. 117-151.

BARNETT, MICHAEL N. – *Dialogues in Arab Politics: Negotiations in Regional
Order*, New York, 1998.

BARTON, MATTHEW S. – *ECOWAS and West African Security: The New
Regionalism*, DILJ, Vol. 4, 2000, pág. 79-113.

BARUTCISKI, MICHAEL – *Politics Overrides Legal Principles: Tragic Consequences Of The Diplomatic Intervention In Bosnia-Herzegovina (1991-
-1992)*, AUJILP, Vol. 11, 1996, pág. 767-791.

BASDEVANT, JULES – *Étude sur quelques pratiques du Droit des Gens a la
fin du XVI Siècle et au commencement du XVII, d'après les "Annales"
et "Histoires" de Grotius*, RGDIP, 1903, tomo X, pág. 619-650.

BATY, THOMAS – *Abuse of Terms: "Recognition": "War"*, AJIL, Vol. 30,
N.º 3, 1936, pág. 377-399.

BAXTER, R. R. – *The Legal Consequences of the Unlawful Use of Force
Under the Charter*, ASIL, 62º year, 1968, pág. 68-75.

— *Treaties and Custom*, RDC, 1970, I, tome 129, pág. 25-106.

BEARDSLEE, W. Q. – *The United States' Haiti Intervention: The Dangers of
Redefined National Security Interests*, DJILP, Vol. 25, 1996, pág. 189-197.

BECK, ROBERT J./ANTHONY CLARK AREND – *"Don't Tread on Us"*: *International Law and Forcible State Responses to Terrorism*, WILJ, Vol. 12, 1994, pág. 153-219.

BEDERMAN, DAVID J. – *Book Review: Humanitarian Intervention: An Inquiry into Law and Morality. By Fernando R. Teson*, AJIL, Vol. 83, 1989, pág. 406-408.

—     *The Souls of International Organizations: Legal Personality and the Lighthouse at Cape Spartel*, VJIL, Vol. 36, 1996, pág. 275-377.

BEDJAOUI, MOHAMMED – *Para uma Nova Ordem Económica Internacional* (trad. ed. francesa 1979), Lisboa, 1980.

—     *Nouvel Ordre Mondial et Contrôle de la Légalité des Actes du Conseil de Sécurité*, Bruxelles, 1994.

—     *Un Contrôle de la Légalité des Actes du Conseil de Sécurité est-il possible?*, em *Le Chapitre VII de la Chartre des Nations Unies* (Société Française pour le Droit International – Colloque de Rennes), Paris, 1995, pág. 255-297.

BELLOCCHI, LUKE P. – *Self-Determination in the case of Chechnya*, BUJIL, Vol. 2, 1995, pág. 183-191.

BENNIS, PHYLLIS, *The United Nations and Palestine: partition and its aftermath*, ASQ, Vol. 19, 1997, pág. 47-76.

BENNOUNA, MOHAMED – *Le Consentement a l'Ingérence Militaire dans les Conflits Internes*, Paris, 1974.

BERDAHL, CLARENCE – *The Power of Recognition*, AJIL, Vol. 14, N.º 4, 1920, pág. 519-539.

—     *United States and the League of Nations*, Vol. 28, N.º 6, 1929, MLR, pág. 607-636.

BERDAL, MATS R. – *The Security Council, Peacekeeping And Internal Conflict After The Cold War*, DJCIL, Vol. 7, 1996, pág. 71-91.

BERES, LOUIS – *On Assassination As Anticipatory Self-Defense: The Case Of Israel*, HOLR, Vol. 20, 1991, pág. 321-340.

—     *After the Gulf War: Israel, Preemption and Anticipatory Self-Defense*, HJIL, Vol. 13, 1991, pág. 259-280.

—     *Israel and Anticipatory Self-Defense*, AJICL, Vol. 8, 1991, pág. 89-99.

—     *Preserving the Third Temple: Israel's Right of Anticipatory Self-Defense Under International Law*, VJTL, 1993, Vol. 26, pág. 111-148.

—     *A Rejoinder*, TICLJ, Vol. 9, 1995, pág. 445-449.

BERES, LOUIS R./YOASH TSIDDON-CHATTO, *Reconsidering Israel's Destruction of Iraq's Osiraq Nuclear Reactor*, TICLJ, Vol. 9, 1995, pág. 437-440.

BERGMAN, PHILIP – *Self-Determination, The Case of Czechoslovakia, 1968--1969*, Lugano-Bellinzona, 1972.

BERMAN, ALAN – *In Mitigation of Illegality: The U.S. Invasion of Panama*, KLJ, Vol. 79, 1991, pág. 735-800.

BETTATI, MARIO – *The Right of Humanitarian Intervention or the Right of Free Access to Victims?*, TR, n.º 49, 1992, pág. 1-11.

BIALKE, JOSEPH P. – *United Nations Peace Operations: Applicable Norms and the Application of the Law of Armed Conflict*, AFLR, Vol. 50, 2001, pág. 1-63.

BILDER, RICHARD B. – *Kosovo And The New Interventionism – Promise or Peril*, JTLP, Vol. 9, 1999, pág. 153-182.

BILLS, DAVID – *International Human Rights and Humanitarian Intervention: The Ramifications of Reform on the United Nations' Security Council*, TILJ, Vol. 31, 1996, pág. 107-130.

Bisone, Federica – *Killing a Fly With a Cannon: The American Response to the Embassy Attacks*, NYLSJICL, Vol. 20, 2000, pág. 93-115.

BISPO, J. E. SANTOS – *State Sponsored Terrorism and the States Right to Self-Defence: A Call for Judicial Supervision*, RJ, n.º 23, 1999, pág. 89-137.

BIVENS, WILLIAM – *Restatement of the Laws of War as Applied to the Armed Forces of Collective Security Arrangements*, AJIL, Vol. 48, N.º 1, 1954, pág. 140-145.

BLECKMANN, ALBERT – *Article 2 (1)*, em *The Charter of the United Nations – A Commentary* (ed. Bruno Simma), München, 1994, pág. 88.

BLISHCHENKO, IGOR – *Responsabilité en Cas de Violations du Droit International Humanitaire*, em *Les Dimensions Internationales du Droit Humanitaire* (AA. VV.), Pedone/Unesco, 1986, pág. 327-343.

BLOKKER, NIELS – *Is the Authorization Authorized? Powers and Practice of the UN Security Council to Authorize the Use of Force*, EJIL, Vol. 11, N.º 3, 2000, pág. 541-568.

BLOOM, EVAN – *Protecting Peacekeepers: The Convention on the Safety of United Nations and Associated Personnel*, AJIL, vol. 89, N.º 3, 1995, pág. 621-631.

BLOOMFIELD, LINCOLN – *Headquarters-Field Relations: Some Notes on the Beginning and End of ONUC*, IO, Vol. 17, N.º 2, 1963, pág. 377-389.

— *China, the United States, and the United Nations*, IO, Vol. 20, N.º 4, 1966, pág. 653-676.

BLUM, YEHUDA – *The Beirut Raid and the International Double Standard*, AJIL, vol. 64, 1970, pág. 73-105.

— *The Seventh Emergency Special Session Of The Un General Assembly: An Exercise In Procedural Abuse*, AJIL, Vol. 80, 1986, pág. 587-600.

— *UN Membership of the Former Yugoslavia*, AJIL, Vol. 87, N.º 2, 1993, pág. 248-251.

— *Russia Takes Over the Soviet Union's Seat at the United Nations*, EJIL, Vol. 3, N.º 2, 1993, pág. 354-362.

BLUNTSCHLI, JEAN-GASPAR – *Le Droit International Codifié*, 5.ª ed. (trad. ed. alemã), Paris, 1895.

BODANSKY, DANIEL – *What's so bad about unilateral action to protect the environment*, EJIL, Vol. 11, 2000, pág. 339-347.

BOED, ROMAN – *State of Necessity as a Justification for Internationally Wrongful Conduct*, YHRDLJ, 2000, pág. 1-43.

BOHAN, R. T. – *The Dominican Case: Unilateral Intervention*, AJIL, Vol. 60, 1966, pág. 809-812.

BOHR, SEBASTIAN – *Sanctions by the United Nations Security Council and the European Community*, EJIL, Vol. 4, N.º 2, 1993, pág. 256 e segs..

BORCHARD, EDWIN – *War and Peace*, AJIL, Vol. 27, N.º 1, 1933, pág. 114--117.

— *The Law of the Responsibility of States for Damage Done in Their Territory to the Person or Property of Foreigners* (relator Edwin Borchard), em AJIL, Vol. 23, N.º 2, 1929, *Supplement*, pág. 131-239.

— *Recognition and Non-Recognition*, AJIL, Vol. 36, N.º 1, 1942, pág. 108-111.

BORGEN, CHRISTOPHER – *The Theory and Practice of Regional Organization Intervention in Civil Wars*, NYUJILP, 1994, pág. 797-835.

BOS, MAARTEN – *The Hierarchy among the recognized Manifestations (sources) of International Law*, em *Estudios de Derecho Internacional-Homenaje al profesor Miaja de la Muela*, vol. I, Madrid, 1979, pág. 363-374.

BOTHE, MICHAEL – *Le Droit de la guerre et les Nations Unies: A Propos des Incidents Armés au Congo*, Genève, 1967.

— *Neutrality in Naval Warfare*, em *Humanitarian Law of Armed Conflict Challenges Ahead-Essays in Honour of Frits Kalshoven*, Dordrecht/Boston/London, 1991, pág. 387-405.

— *Les Limites des Pouvoirs du Conseil de sécurité*, em *Le Développement du Rôle du Conseil de Sécurité, Peace Keeping and Peace Building* – Colloque de la Haye (21-23 Juillet 1992), Académie de Haye (org. R. J. Dupuy), Nijhoff, 1993, pág. 67-81.

— *Peace-Keeping*, em *The Charter of the United Nations – A Commentary* (ed. Bruno Simma), München, 1994, pág. 571-603.

BOTHE, MICHAEL/BERND MARTENCZUK, *Die NATO und die Vereinten Nationen nach dem Kosovo-Konflikt: Eine völkerrechtliche Standortbestimmung*, VN, 4/1999, pág. 125-132.

BOURLOYANNIS, M. CHRISTIANE – *Fact-Finding by the Secretary-General of the United Nations*, NYUJILP, Vol. 22, 1990, pág. 641-669.

BOURQUE, SHARI-ELLEN – *The Illegality of the Cuban Embargo in the Current International System*, BUILJ, Vol. 13, 1995, pág. 191 e segs.

BOURQUIN, MAURICE – *La Sainte-Alliance – Un Essai d´Organisation Européenne*, RDC, 1953, II, tome 83, pág. 373-461.

BOUTROS-GHALI, BOUTROS – *Maintaining International Peace and Security: The United Nations as Forum and Focal Point*, LLAICLJ, Vol. 16, 1993, pág. 1-7.

BOWETT, DEREK W. – *Collective Self-defence under the Charter of the United Nations*, BYIL, Vol. 32, 1955-1956, pág. 130-161.

— *United Nations Forces. A Legal Study of United Nations Practice*, Stevens, London, 1964.

— *Reprisals Involving Recourse to Armed Force*, AJIL, Vol. 66, 1972, pág. 1-36.

— *The Impact of Security Council Decisions on Dispute Settlement Procedures*, EJIL, Vol. 5, 1994, pág. 89-101.

BOWMAN, EDWARD/JAMES FANNING, *The Logistics Problems of a UN Military Force*, IO, Vol. 17, N.º 2, 1963, pág. 355-376.

BOYLE, FRANCIS A. – *The Creation of the State of Palestine*, EJIL, Vol. 1, N.º 1/2, 1990, pág. 301-306.

BREHIO, ALYS – *Good Offices of the Secretary-General as Preventive Measures*, NYUJILP, vol. 30, 1998, pág. 589-643.

BRENFORS, MARTHA/MALENE M. PETERSEN, *The Legality of Unilateral Humanitarian Intervention – A Defence*, NJIL, Vol. 69, N.º 4, 2000, pág. 449-499.

BRENNAN, MAUREEN F. – *Avoiding Anarchy: Bin Laden Terrorism, the U.S. Response, and the Role of Customary International Law*, LLR, Vol. 59, 1999, pág. 1195 e segs..

BRICHAMBAUT, M. PERRIN DE – *Les Nations Unies et les Systèmes Régionaux*, em *Le Chapitre VII de la Chartre des Nations Unies* (Société Française pour le Droit International – Colloque de Rennes), Paris, 1995, pág. 97-106.

BRIDES, SAINT – *The Lessons of Zimbabwe-Rhodesia*, IS, Vol. 4, N.º 4, 1980, pág. 177-184.

BRIGGS, HERBERT W. – *Recognition of States: Some Reflections on Doctrine and Practice*, AJIL, vol. 43, N.º 1, 1949, pág. 113-121.

— *Rebus Sic Stantibus Before the Security Council: The Anglo-Egyptian Question*, AJIL, vol. 43, N.º 4, 1949, pág. 762-769.

— *Chinese Representation in the United Nations*, IO, Vol. 6, N.º 2, 1952, pág. 192-209.

BRING, OVE E. – *UN Membership of the Former Yugoslavia*, AJIL, Vol. 87, N.º 2, 1993, pág. 244-246.

BROWN, BARTRAM S. – *Humanitarian Intervention At A Crossroads*, WMLR, Vol. 41, 2000, pág. 1683-1741.

Brown, Christopher – *A Comparative and Critical Assessment of Estoppel in International Law*, UMLR, Vol. 50, 1995, pág. 369-412.

Brown, Davis – *The Role of Regional Organizations in Stopping Civil Wars*, AFLR, Vol. 41, 1997, pág. 235-282.

Brown, Philip M. – *The Geneva Protocol*, AJIL, Vol. 19, N.º 2, 1925, pág. 338-340.

—    *The Recognition of the Government of URSS*, AJIL, Vol. 27, N.º 2, 1933, pág. 290-293.

—    *Recognition of New States and Governments*, AJIL, Vol. 30, N.º 4, 1936, pág. 689-694.

—    *The Legal Effects of Recognition*, AJIL, Vol. 44, N.º 4, 1950, pág. 617-640.

Brownlie, Ian – *International Law and the Use of Force by States*, Oxford, 1983 (reimp. ed. 1963).

—    *Introduction: The United Nations As a Form of Government*, HILJ, Vol. 13, 1972, pág. 421-432.

—    *The Principle of Non-Use of Force in Contemporary International Law*, em *The Non-Use of Force in International Law* (ed. W. E. Butler), Dordrecht, 1989, pág. 17-27.

—    *Principles of Public International Law*, 4th ed., Oxford, 1990.

—    *Memorandum – Foreign Affairs Committee*, 1999 (texto em http://www.fas.org/man/dod-101/ops/2000/2802/28ap03.htm e igualmente em http://www.parliament.the-stationery-office.co.uk/pa/cm199900/cmselect/cmfaff/28/28ap03.htm).

BRÜCKNER, PETER – *The European Community and the United Nations*, EJIL, Vol. 1, N.º 1/2, 1990, pág. 174 e segs..

BRUNO, GIOVANNI – *L'Azione delle Nazioni Unite nell'Africa Australe: Il caso dell'Angola*, em *Interventi delle Nazioni Unite e Diritto Internazionale* (dir. Paulo Picone), Padova, 1995, pág. 407-444.

BRYDE, BRUN-OTTO – *Article 44; 45; 47; 48*, em *The Charter of the United Nations – A Commentary* (ed. Bruno Simma), München, 1994, pág. 640-641; 642-643; 644-651; 651-655.

BUIGUES, J. IGLESIAS – *La Prohibición General del Recurso a la Fuerza y las Resoluciones Descolonizadoras de la Asamblea General de las Naciones Unidas*, REDI, vol. XXIV, 1971, n.º 1-2, pág. 173-206.

BUO, SAMMY – *Reflections on United Nations Peace Operations in Africa*, ILF, Vol. 3, N.º 2, 2001, pág. 87-94.

BURDEAU, GENEVIÈVE – *Quelle voie pour le Conseil de sécurité après l'affaire du Kosovo? Le ban d'essai du Timor-Oriental*, ILF, Vol. 2, 2000, pág. 32-40.

BURG, STEVEN L./PAUL S. SHOUP, *The War In Bosnia-Herzegovina – Ethnic Conflict and International Intervention*, New York/London, 1999.

BURMESTER, BYRON F. – *On Humanitarian Intervention: The New World Order and Wars to Preserve Human Rights*, ULR, 1994, pág. 269-323.

BURTON, MICHAEL L. – *Legalizing the Sublegal: A Proposal for Codifying a Doctrine of Unilateral Humanitarian Intervention*, GLJ, Vol. 85, 1996, pág. 417-454.

BUTTERTON, GLENN R. – *Signals, Threats, and Deterrence: Alive and Well in the Taiwan Strait*, CULR, Vol. 47, 1997, pág. 51-111.

BYNKERSHOEK, CORNELIUS VAN – *Quaestionum Juris Publici Libri Duo*, Vol. II (The Classics Of International Law: trad. ed. 1737), Oxford, 1930.

CACERES, H. HERRERA – *The Use of Force by International Organizations*, em *International Law: Achievements and Prospects* (ed. M. Bedjaoui), Paris, 1991, pág. 743-764.

CAHIER, PHILIPPE – *Le Problème des Effets des Traités à l'égard des Etats Tiers*, RDC, 1974, III, tome 143, pág. 589-736.

— *Cours Général de Droit International Public*, RDC, 1985, VI, tome 195, pág. 9-374.

CAIN JR., JERRY – *The United Nations General Assembly's Call for an End to the U.S. Trade Embargo*, GJICL, Vol. 24, 1994, pág. 379-396.

CAMINOS, HUGO/ROBERTO LAVALLE – *New Departures in the Exercise of Inherent Powers by the UN and OAS Secretaries-General*, AJIL, Vol. 83, 1989, pág. 395-402.

CAMPBELL, LEAH M. – *Defending Against Terrorism: A Legal Analysis of the Decision to Strike Sudan and Afghanistan*, TLR, Vol. 74, 2000, pág. 1067-1096.

CAMPBELL, THOMAS – *US Motives in the Veto Power*, IO, Vol. 28, N.º 3, 1974, pág. 557-560.

CANNIZZARO, ENZO – *La nuova dottrina strategica della NATO e gli interventi "fuori area"*, RDI, vol. LXXXII, 1999, n.º 3, pág. 749-751.

— *Sull'attuazione di risoluzioni del Consiglio di sicurezza da parte di organizzazioni regionali*, RDI, vol. LXXVI, 1993, n.º 2, pág. 408-410.

CANOTILHO, J. GOMES – *Nova Ordem Mundial e Ingerência Humanitária (Claros-escuros de um Novo Paradigma Internacional)*, BFD, vol. 71, 1995, pág. 1-26.

CAPALDO, GIULIANA – *Verticalità della Comunità Internazionale e Nazioni Unite. Un Riesame del Caso Lockerbie*, em *Interventi delle Nazioni*

*Unite e Diritto Internazionale* (dir. Paulo Picone), Padova, 1995, pág. 61-99.

CAPLAN, RICHARD – *International Diplomacy and the Crisis in Kosovo*, IA, Vol. 74, N.º 4, 1998, pág. 741-761.

CAPOTORTI, FRANCESCO – *L'Extinction et la Suspension des Traités*, RDC, 1971, III, tome 134, pág. 417-588.

CARMODY, SUSAN – *Balancing Collective Security And National Sovereignty: Does The United Nations Have The Right To Inspect North Korea's Nuclear Facilities?*, FILJ, Vol. 18, 1994, pág. 229-284.

CARMONA, M./M. SILVA/M. VIEIRA/S. FIGUEIREDO, *Direito de Intervenção Humanitária*, RJ, n.º 20, 1996, pág. 259-297.

CAROLAN, CHRISTOPHER J. – *The Republic Of Taiwan: A Legal-Historical Justification For A Taiwanese Declaration Of Independence*, NYULR, Vol. 75, pág. 429-468.

CARON, DAVID D. – *The Legitimacy of the Collective Authority of the Security Council*, AJIL, vol. 87, N.º 4, 1993, pág. 552-588.

CAROTHERS, THOMAS – *Empirical Perspectives on the Emerging Norm of Democracy in International Law*, ASIL, 86, 1992, pág. 261-267.

CARTY, ANTHONY – *The Decay of International Law – A Reappraisal of the Limits of Legal Imagination in International Affairs*, Manchester, 1986.

CASANOVA, LUDOVICO – *Del Diritto Internazionale – Lezioni*, 3ª ed., vol. II, Florença, 1876.

CASSAN, HERVÉ – *Le Secrétaire Général et le Conseil de Sécurité a l'épreuve de Chapitre VII: Un couple tumultueux*, em *Le Chapitre VII de la Chartre des Nations Unies* (Société Française pour le Droit International – Colloque de Rennes), Paris, 1995, pág. 243-254.

CASSESE, ANTONIO – *The Status of Rebels under the 1977 Geneva Protocol on Non-International Armed Conflicts*, ICLQ, Vol. 30, Part II, 1981, pág. 416-439.

— *The International Community, Terrorism and Human Rights*, em *Studi in Onore di Giuseppe Sperduti*, Milano, 1984, pág. 475-498.

— *International Law in a Divided World*, Oxford, 1988.

— *Abraham, Antigone et les impératifs en conflit*, em *Violence et Droit dans un Monde Divisé* (trad. ed. italiana), Paris, 1990, pág. 145-194.

— *The Statute of the International Criminal Court*, EJIL, Vol. 10, 1999, pág. 144-171.

— *Ex iniuria ius oritur: Are We Moving towards International Legitimation of Forcible Humanitarian Countermeasures in the World Community?*, EJIL, Vol. 10, N.º 1, 1999, pág. 23 e segs..

CASTANEDA, JORGE – *The Underdeveloped Nations and the Development of International Law*, IO, Vol. 15, N.º 1, 1961, pág. 38-48.

CASTRO, P. CANELAS DE – *De Quantas Cartas se Faz a Paz Internacional?*, em Ab Vno Ad Omnes – *75 Anos da Coimbra Editora* (ed. A. Varela), Coimbra, 1998, pág. 1005-1060.

CATALDI, GIUSEPPE – *Il Consiglio di Sicurezza delle Nazioni Unite*, em *A Crise do Golfo e o Direito Internacional*, Porto, 1993, pág. 139-153.

— *Il Consiglio di Sicurezza delle Nazioni Unite e la Questione del Ruanda*, em *Interventi delle Nazioni Unite e Diritto Internazionale* (dir. Paulo Picone), Padova, 1995, pág. 445-461.

CAVICCHIOLI, LUCIA – *Sull'Elemento Soggettivo nei Crimini contro la Pace e la Sicurezza dell'Umanità*, RDI, vol. LXXVI, 1993, n.º 4, pág. 1047-1097.

CEDE, FRANZ – *Die Grundsätze und Ziele der Vereinten Nationen*, em *Die Vereinten Nationen – Recht und Praxis* (hrsg. F. Cede/L. Sucharipa-Behrmann), Wien/München, 1999, pág. 11-24.

CEFKIN, J. LEO – *The Rhodesian Question at the United Nations*, IO, Vol. 22, N.º 3, 1968, pág. 649-669.

CERNA, CHRISTINA M. – *Universal Democracy: An International Legal Right or Pipe Dream of The West?*, NYUJILP, Vol. 27, 1995, pág. 289-329.

CERONE, JOHN – *Acts of War and State Responsibility in 'Muddy Waters': The Non-state Actor Dilemma*, ASILI, September 2001.

CHANDLER, DAVID – *The Burden of Cambodia's Past*, em *Cambodia and the International Community: The Quest for Peace, Development, and Democracy* (eds. Frederick Brown/David Timberman), New York: Asia Society, 1998.

CHANG, PARRIS/KOK-UI LIM, *Taiwan's Case For United Nations Membership*, UCLAJILFA, Vol. 1, 1996/1997, pág. 393-430.

CHARNEY, JONATHAN I. – *Anticipatory Humanitarian Intervention in Kosovo*, VJTL, Vol. 32, 1999, pág. 1231-1248.

— *Anticipatory Humanitarian Intervention in Kosovo*, AJIL, Vol. 93, 1999, pág. 834-841.

— *The Impact On The International Legal System Of The Growth Of International Courts And Tribunals*, NYUJILP, Vol. 31, 1999, pág. 697-708.

— *Self-Determination: Chechnya, Kosovo, and East Timor*, VJTL, Vol. 34, 2001, pág. 455-46.

CHARNEY, JONATHAN I./J. R. V. PRESCOTT, *Resolving Cross-Strait Relations between China and Taiwan*, AJIL, Vol. 94, 2000, pág. 453-477.

CHARNEY, JONATHAN I./W. MICHAEL REISMAN, *Breard: The Facts*, AJIL, Vol. 92, 1998, pág. 666-675.

CHATEAUBRIAND, FRANÇOIS-RENÉ DE – *Congrès de Vérone, Guerre d'Espagne de 1823, Colonies Espagnoles* (edição original de 1861), Paris, 1997.
— *Mémoires d'Outre-tombe*, Paris, 1997.
— *Discours sur l'intervention en Espagne, prononcé à la chambre des pairs, en mai 1823*, em *Politique – Opinions et discours* (edição original de 1861), Paris, 1997.
CHAWLA, SHALINI – *Trends in United Nations Peacekeeping*, SAMJ, Vol. XXIV, N.º 10, 2001.
— *Shaping East Timor: A Dimension of United Nations Peacekeeping*, SAMJ, Vol. XXIV, N.º 12, 2001.
CHAZOURNES, BOISSON DE – *Unilateralism and Environmental Protection*, EJIL, Vol. 11, N.º 2, 2000, pág. 315-338.
CHEFFER, DAVID J. – *Law of Treaty Termination As Applied to the United States De-Recognition of the Republic of China*, HILJ, Vol. 19, 1978, pág. 931-1009.
CHEN, ANGELINE G. – *Taiwan's International Personality: Crossing the River by Feeling the Stones*, LLAICLJ, Vol. 20, 1998, pág. 223-255.
CHEN, LUNG-CHU – *Taiwan's Current International Legal Status*, NELR, Vol. 32, 1998, pág. 675-683.
CHENG, BIN – *Custom: The Future of General State Practice In a Divided World*, em *The Structure and Process of International Law: Essays in Legal Philosophy Doctrine and Theory* (ed. R. St. J. Macdonald/Douglas M. Johnston), Dordrecht/Boston/Lancaster, 1986, pág. 513-554.
CHESTERMAN, SIMON – *Rethinking Panama: International Law and the US Invasion of Panama, 1989*, em *The Reality of International Law – Essays in Honour of Ian Brownlie* (ed. G. Goodwin-Gill/S. Talmon), Oxford, 1999, pág. 57-94.
CHIANG, Y. FRANK – *State, Sovereignty, And Taiwan*, FILJ, Vol. 23, 2000, pág. 959-1004.
CHINKIN, CHRISTINE M. – *Third-Party Intervention before the International Court of Justice*, AJIL, vol. 80, 1986, pág. 495-531.
— *Kosovo: A "Good" or "Bad" War?*, AJIL, Vol. 93, 1999, pág. 841-847.
— *The state that acts alone-bully, good Samaritan or Iconoclast*, EJIL, Vol. 11, N.º 1, 2000, pág. 31-41.
CHIU, HUNGDAH – *China's Legal Position On Protecting Chinese Residents In Vietnam*, AJIL, Vol. 74, 1980, pág. 685-689.
CHIU, HUNGDAH/R. R. EDWARDS, *Communist China's Attitude Toward the United Nations: A Legal Analysis*, AJIL, Vol. 62, N.º 1, 1968, pág. 20-50.
CHOMSKY, NOAM – *"Limited War" in Lebanon*, Z Magazine, September 1993 (texto em http://www.zmag.org/chomsky/index.cfm).

— *Reply to Casey* (texto em http://www.zmag.org/).

CHOPRA, JARAT – *United Nations Authority In Cambodia*, T. J. Watson Jr. Institute, 1994.

— *Achilles' Heel in Somalia: Learning from a Conceptual Failure*, TILJ, Vol. 31, 1996, pág. 495-516.

CHOPRA, JARAT/ÅGE EKNES/TORALV NORDBØ, *Fighting for Hope in Somalia*, JHA, 26 October 1995.

CHRISTAKIS, THÉODORE – *L'Onu, le Chapitre VII et la Crise Yougoslave*, Montchrestien, 1996.

CLAGETT, BRICE – *Title III of the Helms-Burton Act is Consistent with International Law*, AJIL, Vol. 90, N.º 3, 1996, pág. 434-440.

CLARK, ROGER S. – *East Timor, Indonesia, And The International Community*, TICLJ, Vol. 14, 2000, pág. 75-87.

CLAUSEWITZ, CARL VON – *Principles of War*, 1812.

— *Vom Kriege*, 1832.

CLEMMONS, BYARD/GARY BROWN, *Rethinking International Self-Defense: The United Nations' Emerging Role*, NLR, Vol. 45, 1998, pág. 217-246.

CLEMONS, ELGIN – *No Peace To Keep: Six And Three-Quarters Peacekeepers*, NYUJILP, 1993, pág. 107-141.

CLUNET, EDOUARD – *De la Renonciation à telle des Clauses Générales du Traité de Versailles par l'Une des Puissances Signataires*, JDI, 1920, tome 47, pág. 881-886, na pág. 882.

COHEN, MAXWELL – *The United Nations Secretariat – Some Constitutional and Administrative Developments*, AJIL, Vol. 49, N.º 3, 1955, pág. 295-319.

— *Human Rights, the Individual and International Law*, em *René Cassin, Amicorum Disciplumque Liber*, vol. III, Paris, 1971, pág. 69-77.

COLLIER, ELLEN C. – *Instances of Use of United States Forces Abroad, 1798 – 1993* (texto em http://www.history.navy.mil/wars/foabroad.htm).

COLLIER, JOHN/VAUGHAN LOWE – *The Settlement of Disputes in International Law*, Oxford/New York, 1999.

COMBACAU, JEAN – *Le Pouvoir de Sanction de L'O.N.U.*, Paris, 1974.

— *Le Droit des Traités*, Paris, 1991.

COMITÉ INTERNATIONAL DE LA CROIX-ROUGE, *Commentaire I – La Convention de Genève pour l'Amélioration du Sort des Blessés et des Malades dans les Forces Armés sur Mer* (dir. Jean Pictet), Genève, 1952.

— *Commentaire II – La Convention de Genève pour l'Amélioration du Sort des Blessés et des Malades dans les Forces Armés sur Mer* (dir. Jean Pictet), Genève, 1959.

— *Commentaire III – La Convention de Genève Relative au Traitement des Prisonniers de Guerre* (dir. Jean Pictet), Genève, 1958.

— *Commentary on the Additional Protocols of 8 June 1977 to the Geneva Conventions of 12 of August 1949* (ed. Y. Sandoz, C. Swinazski, B. Zimmermann), Geneva, 1987.

CONDORELLI, LUIGI – *A propos de l'attaque américaine contre l'Irak du 26 juin 1993*, EJIL, Vol. 5, 1994, N.º 1, pág. 134 e segs..

CONFORTI, BENEDETTO – *Organizzazione delle Nazione Unite (ONU)*, ED, vol. XXXI (1981), pág. 265-303.

— *Non-Coercive Sanctions in the United Nations Charter: Some Lessons from the Gulf War*, AJIL, Vol. 2, N.º 2, 1991, pág. 110-113.

— *Diritto Internazionale*, 4.ª ed., Napoli, 1992.

— *Le Pouvoir Discrétionnaire du Conseil de Sécurité en matière de constatation d'une Menace contre la Paix, d'une Rupture de la Paix ou d'un acte de Agression*, em *Le Développement du Rôle du Conseil de Sécurité, Peace Keeping and Peace Building – Colloque de la Haye* (21-23 Juillet 1992), Académie de Haye (org. R. J. Dupuy), Nijhoff, 1993, pág. 51-60.

— *L'Azione del Consiglio di Sicurezza per il Mantenimento della Pace*, em *Interventi delle Nazioni Unite e Diritto Internazionale* (dir. Paulo Picone), Padova, 1995, pág. 201-259, na pág. 1-15.

CONETTA, CARL/CHARLES KNIGHT – *Vital Force – A Proposal for the Overhaul of the UN Peace Operations System and for the Creation of a UN Legion*, Cambridge (Massachusetts), 1995.

COPSON, RAYMOND W. – IB96037: Congo (formerly Zaire), NCSE, January 19, 2001 (texto em http://www.cnie.org/nle/inter-55.html).

CORTEN, OLIVIER – *La Résolution 940 du Conseil de Sécurité Autorisant une Intervention Militaire en Haïti: L'Émergence d'un Principe de Légitimité Démocratique en Droit International?*, EJIL, vol. 6, n.º 1, 1995, pág. 116-133.

CORTEN, OLIVIER/PIERRE KLEIN, *Action Humanitaire et Chapitre VII*, AFDI, XXXIX, 1993, pág. 105 e segs..

COT, JEAN-PIERRE – *La Conduite Subséquente des Parties a un Traité*, RGDIP, tome LXX, 1966, pág. 632-666.

COURSEN-NEFF, ZAMA – *Preventive Measures Pertaining To Unconventional Threats To The Peace Such As Natural And Humanitarian Disasters*, NYUJILP, Vol. 30, 1998, pág. 645-707.

COX, KATHERINE E. – *Beyond Self-Defense: United Nations Peacekeeping Operations & The Use Of Force*, DJILP, Vol. 27, 1999, pág. 239-273.

CRAIG, CAMPBELL – *Destroying the Village: Eisenhower and Thermonuclear War*, New York, 1998.

CRAWFORD, JAMES – *The Criteria for Statehood in International Law*, BYIL, 1976-1977, vol. XLVIII, pág. 93-182.

— *The Creation of the State of Palestine: Too Much Too Soon?*, EJIL, Vol. 1, 1990, 1-2, pág. 307 e segs..

— *Counter-measures as Interim Measures*, EJIL, Vol. 5, 1994, pág. 65--76.

— *First report on State responsibility*, Addendum, U.N Doc. A/CN.4/490, 24 April 1998.

— *Second Report on State Responsibility*, Addendum, U.N Doc. A/CN.4/498/Add.1, 1 April 1999.

— *Revising the Draft Articles on State Responsibility*, EJIL, Vol. 10, N.º 2, 1999, pág. 435-460.

— *Israel (1948-1949) and Palestine (1998-1999): Two Studies in the Creation of States*, em *The Reality of International Law – Essays in Honour of Ian Brownlie* (ed. G. Goodwin-Gill/S. Talmon), Oxford, 1999, pág. 95-124.

CRAWFORD, JAMES/PIERRE BODEAU, *Second Reading of the ILC Draft Articles on State Responsibility– Further Progress*, ILF, Vol. 2, 2000, pág. 45--54.

CROCKER, WALTER R. – *Some Notes on the United Nations Secretariat*, IO, Vol. 4, N.º 4, 1950, pág. 598-613.

CROFT, MICHAEL – *Russia's peacekeeping policy, Part I: Domestic imperatives and the Near Abroad*, Peacekeeping & International Relations, vol. 25, N.º 4, 1996, pág. 13 e segs..

CRYER, ROBERT – *A "special Court" for Sierra Leone?*, ICLQ, Vol. 50, 2001, pág. 435-446.

CUNHA, SILVA – *Direito Internacional Público, Relações Internacionais*, Lisboa, 1990.

CUNHA, J. SILVA/M. VALE PEREIRA – *Manual de Direito Internacional Público*, Coimbra, 2000.

CZAPLINSKI, W./G. DANILENKO – *Conflicts of Norms in International Law*, NYIL, vol. XXI, 1990, pág. 3-42.

DAALDER, IVO H. – *NATO, the UN, and the Use of Force*, Brookings Institution, 1999 (texto em http://www.unausa.org/issues/sc/daalder.htm).

— *Getting to Dayton: The Making of America's Bosnia Policy*, Brookings Press, 2000.

DAILLIER, PATRICK – *L'action de l'O.N.U.*, em *Le Chapitre VII de la Chartre des Nations Unies* (Société Française pour le Droit International – Colloque de Rennes), Paris, 1995, pág. 121-160.

DALE, ALEXANDER C. – *Countering Hate Messages That Lead To Violence: The United Nations's Chapter Vii Authority To Use Radio Jamming To Halt Incendiary Broadcasts*, DJCIL, Vol. 11, 2001, pág. 109-131.

D'AMATO, ANTHONY – *Israel's Air Strike Upon The Iraqi Nuclear Reactor*, AJIL, Vol. 77, 1983, pág. 584-588.

—  *Nicaragua And International Law: The "Academic" And The "Real"*, AJIL, Vol. 79, 1985, pág. 657-664.

—  *The United States Should Accept, By A New Declaration, The General Compulsory Jurisdiction Of The World Court*, AJIL, Vol. 80, 1986, pág. 331-336.

—  *Trashing Customary International Law*, AJIL, Vol. 81, N.º 1, 1987, pág. 101-105.

—  *The Invasion of Panama was a Lawful Response to Tyranny*, AJIL, Vol. 84, 1990, pág. 516-524.

—  *The Imposition of Attorney Sanctions for Claims Arising from the U.S. Air Raid on Libya*, AJIL, Vol. 84, N.º 3, 1990, pág. 705-711.

—  *Review: Right v. Might. International Law and the Use of Force*, AJIL, Vol. 85, 1991, pág. 201-204.

—  *International Law and Kosovo*, UNLR, Vol. 33, 1999, pág. 112-114.

DAMROCH, LORI F. – *Role of the Great Powers in United Nations Peace-Keeping*, YJIL, Vol. 18, 1993, pág. 429-434.

—  *Recent Security Council Actions Concerning Internal Conflicts: Economic Sanctions*, ASILI, 1994.

DANAHER, EUGENE A. – *The representation of China in the United Nations*, HILJ, Vol. 13, 1972, pág. 448-457.

D'ANGELO, DEBORAH – *The "Check" On International Peace And Security Maintenance: The International Court Of Justice And Judicial Review Of Security Council Resolutions*, STLR, Vol. 23, 2000, pág. 561-593.

DAVIS, ANTHONY – *Russia battle drug smugglers on Tajikistan border*, JDW, vol. 32, N.º 4, Jul 28, 1999, pág. 1.

DEEN, THALIF – *Globalisierung 2000 (II): Dritte Welt auf dem Rückzug – Die neue Machtverteilung in den Vereinten Nationen*, VN, 1/2000, pág. 6 e segs..

DEEN-RACSMÁNY, ZSUZSANNA – *A Redistribution of Authority Between the UN and Regional Organizations*, LJIL, Vol. 13, 2000, pág. 297-331.

DEFORREST, MARK E. – *Just War Theory and the Recent U.S. Air Strikes Against Iraq*, ABGILJ, Vol. 1, 1997, pág. 8 e segs..

DEGAN, VLADIMIR-DJURO – *UN Membership of the Former Yugoslavia*, AJIL, Vol. 87, N.º 2, 1993, pág. 240-244.

DEHAUSSY, JACQUES – *Article 108*, em *La Charte des Nations Unies* (J. P. Cot/A. Pellet), 2ª ed., Paris, 1991, pág. 1425-1436.

DELANIS, JAMES A. – *Force under Article 2(4) of the United Nations Charter: The Question of Economic and Political Coercion*, VJTL, Vol. 12, 1979, pág. 101-131.

DELBEZ, LOUIS – *Les Principes Généraux du Droit International Public*, 3ª ed., Paris, 1964.

DELBRÜCK, JOST – *A Fresh Look At Humanitarian Intervention Under The Authority Of The United Nations*, ILJ, Vol. 67, 1992, pág. 887-901.

— *Article 24; Article 25*, em *The Charter of the United Nations – A Commentary* (ed. Bruno Simma), München, 1994, pág. 397-407 e 407--418.

DELON, FRANCIS – *La concertation entre les Membres Permanents du Conseil de Sécurité*, AFDI, XXXIX, 1993, pág. 53-64.

— *L'Assemblée Générale peut-elle contrôler le Conseil de Sécurité?*, em *Le Chapitre VII de la Chartre des Nations Unies* (Société Française pour le Droit International – Colloque de Rennes), Paris, 1995, pág. 239-242.

DELUPIS, INGRID – *Foreign Warships And Immunity For Espionage*, AJIL, Vol. 78, 1984, pág. 53-75.

DESPRETZ, PATRICE – *Le droit international et les menaces d'intervention de l'OTAN au Kosovo*, AEDI, novembre 1998.

DICKENS, DAVID – *The United Nations in East Timor: Intervention at the military operational level*, Contemporary Southeast Asia, Vol. 23, N.º 2, 2001, pág. 213-232.

DICKEY, SHERYL – *Sierra Leone: Diamonds for Arms*, HRB, Vol. 7, 2000, pág. 9 e segs..

DIEHL, PAUL F./D. DRUCKMAN/J. WALL, *International Peacekeeping and Conflict Resolution: A Taxonomic Analysis With Implications*, JCR, Vol. 42, N.º 1, 1998, pág. 33-55.

DINH, NGUYEN QUOC/PATRICK DAILLIER/ALAIN PELLET, *Droit International Public*, 6ª ed., Paris, 1999.

DINSTEIN, YORAM – *War, Aggression and Self-defence*, 2nd ed., 1994.

DIPAOLA, PETER – *A Noble Sacrifice? Jus ad Bellum and the International Community's Gamble in Chechnya*, IJGLS, Vol. 4, 1997, pág. 435-469.

DJAJIC, SANJA – *The Effect of International Court of Justice Decisions on Municipal Courts in the United States*, HICLR, Vol. 23, 1999, pág. 27-108.

DOMINICÉ, CHRISTIAN – *La Sécurité Collective et la Crise du Golfe*, EJIL, Vol. 2, N.º 2, 1991, pág. 85-109.

— *La Contrainte entre États à l'Appui des Droits de L'Homme*, em *Hacia un Nuevo Orden Internacional – Estudios en Homenaje al Profesor Dom Manuel Diez de Velasco*, Madrid, 1993, pág. 261-272.

— *The International Responsibility of States for Breach of Multilateral Obligations*, EJIL, Vol. 10, N.º 2, pág. 353-363.

DONOHO, DOUGLAS LEE – *Evolution or Expediency: The United Nations Response to the Disruption of Democracy*, CILJ, Vol. 29, 1996, pág. 329-382.

DORE, ISAAK I. – *Recognition of Rhodesia and Traditional International Law: Some Conceptual Problems*, VJTL, Vol. 13, 1980, pág. 25-41, na pág. 39-41.

— *The United States, Self-Defense and the U.N. Charter*, SJIL, Vol. 24, 1987, pág. 1-19.

DORN, A. WALTER/DAVID BELL, *Intelligence and Peacekeeping: The UN Operation in the Congo 1960-64*, IP, Vol. 2, N.º 1, 1995, pág. 11-33.

DOYLE, MICHAEL W. – *Conclusions: International Organizations, Peace And Security*, em *International Security Management and the United Nations* (ed. M. Alagappa/T. Inoguchi), Tokyo/New York/Paris, 1999, pág. 445-458.

DOXEY, MARGARET – *International Sanctions in Contemporary Perspective*, 2nd ed., London/New York, 1996.

— *United Nations Sanctions: Lessons of Experience*, em *2nd Interlaken Seminar On Targeting United Nations Financial Sanctions, 29-31 March, 1999*, Interlaken, 1999, pág. 207-220.

DREW, CATRIONA – *The East Timor Story: International Law on Trial*, EJIL, Vol. 12, N.º 4, 2001, pág. 651-684.

DUARTE, M. LUÍSA – *A Teoria dos Poderes Implícitos e a Delimitação de Competências entre a União Europeia e os Estados – Membros*, Lisboa, 1997.

DUBIN, MARTIN – *Transgovernmental Processes in the League of Nations*, IO, Vol. 37, N.º 3, 1983, pág. 469-493.

DUBNOV, ARKADY YU. – *Tadjikistan*, em *U.S. and Russian Policymaking with Respect to the Use of Force* (ed. Jeremy R. Azrael/Emil A. Payin), Rand, 1996, Section One, 3.

DUGARD, JOHN – *Recognition and the United Nations*, Cambridge, 1987.

DUPUY, PIERRE-MARIE – *Action Public et Crime International de l´État: a Propos de l´article 19 du Projet de la Commission du Droit International sur la Responsabilité des États*, AFDI, vol. XXV, 1979, pág. 539-554.

— *Observations sur le Crime International de l´État*, RGDIP, tome 84, 1980, n.º 2, pág. 449-486.

— *Droit International Public*, Paris, 1992.

— *Sécurité Collective et Organisation de la Paix*, RGDIP, tome 97, 1993/3, pág. 617-627.

— *The Place and Role of Unilateralism in Contemporary International Law*, EJIL, Vol. 11, N.º 1, 2000, pág. 19-29.

— *The Law after the Destruction of the Towers*, EJIL (Web site), 2001.

DUPUY, RENÉ JEAN – *Droit d'Ingérence et Assistance Humanitaire*, em *Hacia un Nuevo Orden Internacional – Estudios en Homenaje al Profesor Dom Manuel Diez de Velasco*, Madrid, 1993, pág. 273-277.

DUY-TÂN, JOËLE – *The Law Applicable to Non-International Armed Conflicts*, em *International Law: Achievements and Prospects* (ed. M. Bedjaoui), Paris, 1991, pág. 787-809.

EAGLETON, CLYDE – *International Law and the Charter of the United Nations*, AJIL, Vol. 39, N.º 4, 1945, pág. 751-754.

— *The Charter Adopted at San Francisco*, APSR, Vol. 39, N.º 5, 1945, pág. 934-942.

— *The Jurisdiction of the Security Council Over Disputes*, AJIL, Vol. 40, 1946, pág. 513-533.

— *The Work of the UN Interim Committee*, AJIL, Vol. 42, N.º 3, 1948, pág. 627-630.

— *Palestine and the Constitutional Law of the United Nations*, AJIL, Vol. 42, N.º 2, 1948, pág. 397-399.

— *International Organization and the Law of Responsibility*, RDC, tome 76, 1950, I, pág. 319-425.

EBENROTH, CARSTEN T./MATTHEW J. KEMNER, *The Enduring Political Nature Of Questions Of State Succession And Secession And The Quest For Objective Standards*, UPJIEL, Vol. 17, 1996, pág. 753-819.

ECKERT, AMY E. – *United Nations Peacekeeping In Collapsed States*, DCLJILP, Vol. 5, 1996, pág. 273-303.

EGERTON, GEORGE W. – *Collective Security as Political Myth* em *Essays on the League of Nations* (texto da obra em http://www.unog.ch/frames/library/archives/lon/library/essays2.html).

EGUIZÁBAL, CRISTINA – *Regional Arrangements, the United Nations, and Security in Latin America*, em *International Security Management and the United Nations* (ed. M. Alagappa/T. Inoguchi), Tokyo/New York/Paris, 1999, pág. 347-368.

EIDE, ASBJORN – *Possible Ways and Means of Facilitating the Peaceful and Constructive Solution of Problems Involving Minorities* (UN Doc. E/CN. 4/Sub.2/1993/34, 10/8/1993).

ELIAS, T. O. – *Scope and Meaning of Article 2 (4) of the United Nations Charter*, em *Contemporary Problems of International Law – Essays in Honour of Georg Schwarzenberger on his Eightieth Birthday*, (ed. B. Cheng/E. D. Brown), London, 1988, pág. 70-85.

ELLIOTT, KATHRYN – *The New World Order and the Right of Self-Defense in the United Nations Charter*, HICLR, Vol. 15, 1991, pág. 55-81.

ELLIOTT, KIMBERLY – *Analysing the Effects of Targeted Financial Sanctions*, em *2nd Interlaken Seminar On Targeting United Nations Financial Sanctions, 29-31 March, 1999*, pág. 189-206.

ELROD, RICHARD – *The Concert of Europe: A Fresh Look at an International System*, WPS, Vol. 28, N.º 2, 1976, pág. 159-174.

ENGEL, SALO – *The Facto Revision of the Charter of the United Nations*, JP, Vol. 14, N.º 1, 1952, pág. 132-144.

EPPS, VALERIE – *Self-Determination in the Taiwan-China Context*, NELR, Vol. 32, 1998, pág. 685-693.

— *Self-Determination After Kosovo And East Timor*, ILSAJICL, Vol. 6, 2000, pág. 445-454.

ERIKSSON, JOHN – *Synthesis Report – The International Response to Conflict and Genocide: Lessons from the Rwanda Experience*, JHA, 12 June 1998.

ERMACORA, FELIX – *Article 2 (7)*, em *The Charter of the United Nations – A Commentary* (ed. Bruno Simma), München, 1994, pág. 139-154.

ERO, COMFORT – *ECOWAS and the Subregional Peacekeeping in Liberia*, JHA, 1995-September.

ESCARAMEIA, PAULA – *Quatro Anos nas Nações Unidas: Testemunhos, impressões, especulações*, PI, n.º 20, 1999, n.º 3, pág. 129-157.

ESPADA, C. GUTIERREZ – *El Estado de Necesidad y el Uso de la Fuerza en Derecho Internacional*, Madrid, 1987.

— *El Uso de la Fuerza y el Derecho Internacional después de la Descolonización*, Valladolid, 1988.

ESPIELL, H. GROS – *The Right to Self – Determination, Implementation of United Nations Resolutions* (UN Doc. E/CN– 4/Sub – 2/405/Rev. I, 1980).

— *No Discriminación y Libre Determinación como Normas Imperativas de Derecho Internacional*, em AHLADI, vol. 6, 1981, pág. 33-81.

ESTÉVEZ, J. ACOSTA/J. L. PINOL I RULL – *Legitimidad, Legalidad y Proporcionalidad en el Uso de la Fuerza Armada Contra Irak*, ADI, vol. X, 1994, pág. 15-46.

EVANS, CEDRIC E. – *The Concept of "Threat to Peace" and Humanitarian Concerns: Probing the Limits of Chapter VII of the U.N. Charter*, TLCP, Vol. 5, 1995, pág. 213-236.

EVANS, SCOTT S. – *The Lockerbie Incident Cases: Libyan-Sponsored Terrorism, Judicial Review And The Political Question Doctrine*, MJILT, Vol. 18, 1994, pág. 21 e segs..

EZETAH, REGINALD – *The Right To Democracy: A Qualitative Inquiry*, BJIL, Vol. 22, 1997, pág. 495-534.

FALK, RICHARD – *On the Quasi-Legislative Competence of the General Assembly*, AJIL, Vol. 60, N.º 4, 1966, pág. 782-791.

— *The Beirut Raid and the International Law of Retaliation*, AJIL, vol. 63, 1969, pág. 415-443.

— *La Forza e la Guerra nel Sistema delle Nazioni Unite*, DD, Anno XXXII, 1992, pág. 311-329.

— *The Haiti Intervention: A Dangerous World Order Precedent For The United Nations*, HILJ, Vol. 36, 1995, pág. 341 e segs..

— *The Complexities Of Humanitarian Intervention: A New World Order Challenge*, MJIL, Vol. 17, 1996, pág. 491-513.

— *Kosovo, World Order, and the Future of International Law*, AJIL, Vol. 93, 1999, pág. 847-857.

FALVEY, JR., JOSEPH L. – *United Nations Justice Or Military Justice: Which Is The Oxymoron? An Analysis Of The Rules Of Procedure And Evidence Of The International Tribunal For The Former Yugoslavia*, FILJ, Vol. 19, 1995, pág. 475-528.

FARER, TOM – *Political and Economic Coercion in Contemporary International Law*, AJIL, Vol. 79, 1985, pág. 405-413.

— *Panama: Beyond the Charter Paradigm*, AJIL, Vol. 84, 1990, pág. 503--515.

— *Intervention in Unnatural Humanitarian Emergencies: Lessons of the First Phase*, HRQ, Vol. 18, N.º 1, 1996, pág. 1-22.

FASSBENDER, BARDO – *The United Nations Charter As Constitution of The International Community*, CJTL, Vol. 36, 1998, pág. 529-619.

— *Review Essay: Quis judicabit? The Security Council, Its Powers and Its Legal Control*, EJIL, Vol. 11, 2000, N.º 1, pág. 219 e segs..

FAUCHILLE, PAUL – *Traité de Droit International Public*, Tome I, Troisième Partie – *Paix*, 8.ª Edition, Paris, 1926.

FAWCETT, J. – *Détournement de pouvoir by International Organizations*, BYIL, Vol. 33, 1957, pág. 311-316.

FENWICK, CHARLES G. – *The Recognition of New Governments Instituted by Force*, AJIL, Vol. 38, N.º 3, 1944, pág. 448-452.

— *Review: The Legal Position of the Holy See before and after the Lateran Agreements*, AJIL, Vol. 38, 1944, pág. 713-714.

— *The Recognition of de Facto Governments*, AJIL, Vol. 42, N.º 4, 1948, pág. 863-866.

— *The Recognition of the Communist Government of China*, AJIL, Vol. 47, N.º 4, 1953, pág. 658-661.

— *The Inter-American Regional System: Fifty Years of Progress*, AJIL, Vol. 50, N.º 1, 1956, pág. 18-31.

— *The Issues at Punta Del Este. Non-Intervention v. Collective Security*, AJIL, Vol. 56, N.º 2, 1962, pág. 469-474.

— *The Quarantine Against Cuba: Legal or Illegal?*, AJIL, Vol. 57, N.º 3, 1963, pág. 588-592.

— *Recognition of De Facto Governments in the Inter-American System*, AJIL, Vol. 58, N.º 1, 1964, pág. 109-113.

— *The Dominican Republic: Intervention or Collective Self-defense*, AJIL, Vol. 60, N.º 1, 1966, pág. 64-67.

— *When is There a Threat to the Peace?*, AJIL, Vol. 61, N.º 3, 1967, pág. 753-755.

FERNANDEZ-FLORES, JOSE-LUIZ – *Del Derecho de la Guerra*, Madrid, 1982.

FIDLER, DAVID P. – *Caught Between Traditions: The Security Council In Philosophical Conundrum*, MJIL, Vol. 17, 1996, pág. 411-453.

FIELD, MICHAEL E. – *Liberia v. Bickford: The Continuing Problem Of Recognition Of Governments And Civil Litigation In The United States*, MJILT, Vol. 18, 1994, pág. 113 e segs..

FIELDING, LOIS E. – *Taking The Next Step In The Development Of New Human Rights: The Emerging Right Of Humanitarian Assistance To Restore Democracy*, DJCIL, Vol. 5, 1995, pág. 329-377.

— *Taking A Closer Look At Threats To Peace: The Power of the Security Council to Address Humanitarian Crises*, UDMLR, Vol. 73, 1996, pág. 551-568.

FINCH, GEORGE – *The Nuremberg Trial and International Law*, AJIL, vol. 41, 1947, pág. 20-37.

FINK, JON E. – *From Peacekeeping To Peace Enforcement: The Blurring Of The Mandate For The Use Of Force In Maintaining International Peace And Security*, MJILT, Vol. 19, 1995, pág. 1 e segs..

FINK, UDO – *Kollektive Friedenssicherung – Kapitel VII UN-Charta in der Praxis des Sicherheitsrats der Vereinten Nationen*, Teil 1/2, Frankfurt am Main, 1999.

FIORAVANTI, CRISTIANA – *La Carta delle Nazioni Unite e il trattato Nato*, 1999 (texto em www.studiperlapace.org).

FISHER, LOUIS – *The Korean War: On What Legal Basis Did Truman Act?*, AJIL, Vol. 89, N.º 1, 1995, pág. 21-39.

FISHMAN, ANDREW K. – *Between Iraq And A Hard Place: The Use Of Economic Sanctions And Threats To International Peace And Security*, EILR, Vol. 13, 1999, pág. 687-727.

FLEISCHHAUFER, CARL-AUGUST – *Inducing Compliance*, em *United Nations Legal Order* (ed. O. Schachter/C. Joyner), Vol. I, New York/Melbourne, 1995, na pág. 231-243.

FLORY, THIÉBAUT – *Article 103*, em *La Charte des Nations Unies* (Jean-Pierre Cot/Alain Pellet), 2ª ed., Paris, 1991, pág. 1381-1388.

FORDHAM, BENJAMIN – *The Politics of Threat Perception and the Use of Force: A Political Economy Model of U.S. Uses of Force, 1949-1994*, ISQ, 42, 1998, pág. 567–590.

FORSYTHE, D. P. – *U. N. Intervention in Conflict Situations Revisited*, IO, Vol. 23, N.º 1, 1969, pág. 115-139.

FOX, GREGORY H. – *The Right to Political Participation in International Law*, YJIL, Vol. 17, 1992, pág. 539-607.

— *Addendum to ASIL Insight on Terrorist Attacks*, ASILI, September 2001.

FOX, GREGORY H./BRAD R. ROTH, *Democracy and international law*, RIS, Vol. 27, 2001, pág. 327–352.

FOX, WILLIAM – *Collective Enforcement of Peace and Security*, APSR, Vol. 39, N.º 5, 1945, pág. 970-971.

FRANCIONI, FRANCESCO – *Multilateralism à la carte: the limits to unilateral withholdings contributions UN budget*, EJIL, 2000, Vol. 11, N.º 1, pág. 43-59.

FRANCK, THOMAS – *Who Killed Article 2(4)*, AJIL, Vol. 64, N.º 4, 1970, pág. 809-837.

— *Dulce Et Decorum Est: The Strategic Role of Legal Principles in the Falklands War*, AJIL, Vol. 77, 1983, pág. 109-124.

— *Of Gnats and Camels: Is There a Double Standard at the United Nations?*, AJIL, Vol. 78, 1984, pág. 811-833.

— *Nation Against Nation: What Happened To The U.N. Dream And What The U.S. Can Do About It*, New York/Oxford, 1985.

— *Unnecessary Un Bashing Should Stop*, AJIL, Vol. 80, 1986, pág. 336--337.

— *The Emerging Right to Democratic Governance*, AJIL, Vol. 86, N.º 1, 1992, pág. 46-91.

— *The «Powers of Appreciation»: Who is the Ultimate Guardian of UN Legality*, AJIL, Vol. 86, N.º 3, 1992, pág. 519-523.

— *The Security Council and "Threats to the Peace": Some Remarks on Remarkable Recent Developments*, em *Le Développement du Rôle du Conseil de Sécurité, Peace Keeping and Peace Building – Colloque de la Haye* (21-23 Juillet 1992), Académie de Haye (org. R. J. Dupuy), Nijhoff, 1993, pág. 83-110.

—    *Fairness in the International Legal and Institutional System-General Course on Public International Law*, RDC, 1993, III, tomo 240, pág. 9-498.

—    *The Secretary-General's Role in Conflict Resolution: Past, Present and Pure Conjecture*, EJIL, Vol. 6, 1995, N.º 3, pág. 360 e segs..

—    *Lessons of Kosovo*, AJIL, Vol. 93, 1999, pág. 857-860.

—    *Sidelined in Kosovo? The United Nations' Demise Has Been Exaggerated; Break It, Don't Fake It*, FA, 1999 (July-August), pág. 116 e segs..

—    *When, If Ever, May States Deploy Military Force Without Prior Security Council Authorization?*, WUJLP, Vol. 5, 2001, pág. 51-68.

FRANCK, THOMAS/FAIZA PATEL, *UN Police Action in Lieu of War: The Old Order Changeth*, AJIL, Vol. 85, N.º 1, 1991, pág. 63-74.

FRANCK, THOMAS/NIGEL RODLEY, *After Bangladesh: The Law of Humanitarian Intervention by Military Force*, AJIL, Vol. 67, N.º 2, 1973, pág. 275-305.

FREEDMAN, LAWRENCE – *Victims and victors: reflections on the Kosovo War*, RIS, Vol. 26, 2000, pág. 335-358.

FREEMAN, HARROP – *The United Nations Organization and International Law*, CLQ, Vol. XXXI, N.º 3, 1946, pág. 259-284.

FREEMAN, KENNETH S. – *Punishing Attacks On United Nations Peacekeepers: A Case Study Of Somalia*, EILR, Vol. 8, 1994, pág. 845-875.

FRENCH-MERRILL, MICHAEL S. – *The Role of The United Nations and Recognition in Sovereignty Determinations: Australia – Timor Gap Treaty*, CJICL, Vol. 8, 2000, pág. 285-318.

FRESA, LUCIA – *A new interpretation of the term 'indigenous people': what are the legal consequences of being recognised as 'minorities' instead of as 'indigenous people' for the indigenous people of the world?*, 1999/2000 (texto em http://www.studiperlapace.org).

FREUDENSCHUß, HELMUT – *Between Unilateralism and Collective Security: Authorizations of the Use of Force by the UN Security Council*, EJIL, vol. 5, N.º 4, 1994, pág. 492-531.

—    *Kollektive Sicherheit*, em *Die Vereinten Nationen – Recht und Praxis* (hrsg. F. Cede/L. Sucharipa-Behrmann), Wien/München, 1999, pág. 69-84.

FRIEDMANN, WOLFGANG – *Law and Politics in the Vietnamese War: A Comment*, AJIL, Vol. 61, N.º 3, 1967, pág. 776-785.

FROWEIN, JOCHEN – *Collective Enforcement of International Obligations*, ZAORV, 1987, 47/1, pág. 67-79.

—    *The Internal and External Effects of Resolutions by International Organizations*, ZAORV, 1989, 49/4, pág. 778-790.

— *Legal Consequences for International Law Enforcement in Case of Security Council Inaction*, em *The Future of International Law Enforcement, New Scenarios – New Law* (ed. Jost Delbrück), Berlin, 1992, pág. 111-124.

— *The Reunification of Germany*, AJIL, Vol. 86, N.º 1, 1992, pág. 152-163.

— Article 2 (5); *Article 39*, em *The Charter of the United Nations – A Commentary* (ed. Bruno Simma), München, 1994, pág. 129-131; 605-616.

— *Reactions by Not Directly Affected States to Breaches of Public International Law*, RDC, 1994, IV, tomo 248, pág. 345-438.

FRYE, WILLIAM R. – *A United Nations Peace Force*, New York, 1957.

FU, ZHENGYUAN – *China's Perception of the Taiwan Issue*, UCLAJILFA, Vol. 1, 1996-1997, pág. 321-350.

FUNCK-BRENTANO, TH./ALBERT SOREL, *Précis du Droit des Gens*, 3eme ed., Paris, 1900.

GAETA, PAOLA – *The Defence of Superior Orders*, EJIL, Vol. 10, 1999, pág. 172-191.

GAGNON, MONA – *Peace Forces and the Veto. The Relevance of Consent*, IO, Vol. 21, N.º 4, 1967, pág. 812-836.

GAJA, GIORGIO – *Jus Cogens beyond the Vienna Convention*, RDC, 1981, III, tomo 172, pág. 271-316.

— *Quale Conflitto fra Obblighi negli Affari Relativi all'Incidente Aereo di Lockerbie?*, RDI, vol. LXXV, 1992, n.º 2, pág. 374-376.

— *Réflexions sur le rôle du Conseil de sécurité dans le nouvel ordre mondial*, RGDIP, 1993, n.º 2, pág. 297-320.

— *In What Sense was There an «Armed Attack»?*, EJIL (Web site), 2001.

GALLAGHER, KAREN – *No Justice, No Peace: The Legalities and Realities of Amnesty in Sierra Leone*, TJLR, Vol. 23, 2000, pág. 149 e segs..

GALTUNG, JOHAN – *On the Effects of International Economic Sanctions: With Examples from the Case of Rhodesia*, WPS, Vol. 19, N.º 3, 1967, pág. 378-416.

GARDAM, JUDITH G. – *Proportionality and Force in International Law*, AJIL, Vol. 87, N.º 3, 1993, pág. 391-413.

— *Legal Restraints On Security Council Military Enforcement Action*, MJIL, Vol. 17, 1996, pág. 285-322.

GARNER, JAMES – *Settlement of the Graeco-Bulgarian Dispute*, AJIL, Vol. 20, N.º 2, 1926, pág. 337-339.

— *Non-Recognition of Illegal Territorial Annexations and Claims to Sovereignty*, AJIL, Vol. 30, N.º 4, 1936, pág. 679-688.

— *Recognition of Belligerency*, AJIL, Vol. 32, N.º 1, 1938, pág. 106-113.

GARRAWAY, CHARLES – *Superior orders and the International Criminal Court: Justice delivered or justice denied*, IRRC, 1999, N.º 836, pág. 785-794.

GARRETT, STEPHEN A. – *Doing Good and Doing Well: An Examination of Humanitarian Intervention*, Westport (Connecticut)/London, 1999.

GASSER, HANS-PETER – *Interdiction des Actes de Terrorisme dans le Droit International Humanitaire*, IRRC, 1986, ano 68, n.º 760, pág. 207-221.

GAZZINI, TARCISIO – *NATO Coercive Military Activities in the Yugoslav Crisis (1992-1999)*, EJIL, Vol. 12, N.º 3, 2001, pág. 391-435.

GEIGER, RUDOLF – *Article 106*, em *The Charter of the United Nations – A Commentary* (ed. Bruno Simma), München, 1994, pág. 1149-1151.

GEISER, ERIC EDWARD – *The Fog of Peace. The Use of Weapons Against Aircraft in Flight During Peacetime*, JILS, Vol. 4, 1998, pág. 187 e segs..

GEISSLER, LAURA – *The Law of Humanitarian Intervention and the Kosovo Crisis*, HALR, Vol. 23, 2000, pág. 323-347.

GENET, RAOUL – *The Charge of Piracy in the Spanish Civil War*, AJIL, vol. 32, 1938, pág. 252-263.

GERSON, ALLAN – *Multilateralism à la carte: the consequences of unilateral 'pick and pay' approaches*, EJIL, 2000, Vol. 11, N.º 1, pág. 61-66.

GIDEL, GILBERT – *Le Droit International Public de la Mer*, tome I, Vaduz/ /Paris, 1981 (reimp. ed. 1932).

GINOR, ISABELLA – *The Russians Were Coming: The Soviet Military Threat in the 1967 Six-Day War*, MERIA, Vol. 4, N.º 4, 2000.

GLASER, STEFAN – *Introduction a l'Étude du Droit International Pénal*, Bruxelles/Paris, 1954.

GLENNON, MICHAEL – *The Constitution and Chapter VII of the United Nations Charter*, AJIL, vol. 85, N.º 1, 1991, pág. 74-88.

— *Sovereignty and Community After Haiti: Rethinking the Collective Use of Force*, AJIL, Vol. 89, N.º 1, 1995, pág. 70-74.

— *The New Interventionism: The Search for a Just International Law*, FA, Vol. 78, 1999, pág. 2 e segs..

GLENNON, MICHAEL J./ALLISON R. HAYWARD, *Collective Security and the Constitution: Can the Commander in Chief Power Be Delegated to the United Nations?*, GLJ, Vol. 82, 1994, pág. 1573-1603.

GLICK, RICHARD D. – *Lip Service To The Laws Of War: Humanitarian Law And United Nations Armed Forces*, MJIL, Vol. 17, 1995, pág. 53-107.

GODWIN, J.D. – *Nato's Role In Peace Operations: Reexamining The Treaty After Bosnia And Kosovo*, MILLR, Vol. 160, 1999, pág. 1-95, na pág. 54.

GOLDMAN, ROBERT K. – *Certain Legal Questions and Issues Raised by the September 11th Attacks*, HRB, Vol. 9, 2001, pág. 2-4.

GOLDSTONE, RICHARD – *The International Tribunal For The Former Yugoslavia: A Case Study In Security Council Action*, DJCIL, Vol. 6, 1995, pág. 5-10.

— *The United Nations' War Crimes Tribunals: An Assessment*, CJIL, Vol. 12, 1997, pág. 227-240.

GOODNOW, FRANCK – *Former Plans for a League of Nations*, CLR, Vol. 20, 1920, pág. 51-67.

GOODRICH, LELAND M. – *The United Nations and Domestic Jurisdiction*, IO, Vol. 3, N.º 1, 1949, pág. 14-28.

— *Geographical Distribution of the Staff of the UN Secretariat*, IO, Vol. 16, N.º 3, 1962, pág. 465-482.

— *The Political Role of the Secretary-General*, IO, Vol. 16, N.º 4, 1962, pág. 720-735.

GOODRICH, LELAND M./A.P. SIMONS, *The United Nations and the Maintenance of International Peace and Security*, Brookings Inst., Washington, 1955.

GOODRICH, LELAND/EDUARD HAMBRO/A. PATRICIA SIMONS, *Charter of the United Nations-Commentary and Documents*, 3ª ed., New York, 1969.

GORDON, EDWARD – *The World Court and the Interpretation of Constitutive Treaties*, AJIL, Vol. 59, N.º 4, 1965, pág. 794-833.

GORDON, RUTH E. – *Some Legal Problems with Trusteeship*, CILJ, Vol. 28, 1995, pág. 301-347, na pág. 331-332.

— *Humanitarian Intervention by the United Nations – Iraq, Somalia, and Haiti*, TILJ, Vol. 31, 1996, pág. 43-56.

— *Saving Failed States– Sometimes A Neocolonialist Notion*, AUJILP, Vol. 12, 1997, pág. 903-974.

GORINA-YSERN, MONTSERRAT – *Inter-American Regional Security Against Terrorism: A Shield and a Sword*, ASILI, 2001.

GOWLLAND-DEBBAS, VERA – *Collective Responses to Illegal Acts in International Law United Nations Action in the Question of Southern Rhodesia*, Dordrecht, 1990.

— *Security Council Enforcement Action and Issues of State Responsibility*, ICLQ, 1994, vol. 43, N.º 1, pág. 55-98.

— *The Relationship Between the International Court of Justice and the Security Council in the Light of the Lockerbie Case*, AJIL, Vol. 88, N.º 4, 1994, pág. 643-677.

— *The limits of unilateral enforcement of community objectives in the framework of UN peace maintenance*, EJIL, Vol. 11, 2000, pág. 361-383.

GRADO, VALENTINA – *Il Consiglio di Sicurezza e la Crisi Iugoslava*, em *Interventi delle Nazioni Unite e Diritto Internazionale* (dir. Paulo Picone), Padova, 1995, pág. 149-199.

GRAEFRATH, BERNHARD – *Leave to the Court What Belongs to the Court – The Libyan Case*, EJIL, Vol. 4, N.º 2, 1993, pág. 184 e segs..

GRAHAM, LORIE M. – *Self-Determination For Indigenous Peoples After Kosovo*, ILSAJICL, Vol. 6, 2000, pág. 455-466.

GRAHAM, MALBONE – *Some Thoughts on the Recognition of New Governments and Regimes*, AJIL, Vol. 44, N.º 2, 1950, pág. 356-360.

GRANT, THOMAS D. – *A Panel of Experts for Chechnya: Purposes and Prospects in Light of International Law*, VJIL, Vol. 40, 1999, pág. 115- -191.

— *The Recognition of States: Law and Practice in Debate and Evolution*, Westport (Connecticut)/London, 1999.

— *Extending Decolonization: How the United Nations Might Have Addressed Kosovo*, GJICL, Vol. 28, 1999, 9-54.

— *States Newly Admitted to the United Nations – Some Implications*, CJTL, Vol. 39, 2000, pág. 177-192.

— *Afghanistan Recognizes Chechnya*, AUILR, Vol. 15, 2000, pág. 869- -894.

— *Book Review: Brad R. Roth, Governmental Illegitimacy in International Law. Oxford: Clarendon Press, 1999*, EJIL, Vol. 11, N.º 3, 2000.

— *East Timor, the U.N. System, and Enforcing Non-Recognition in International Law*, VJTL, Vol. 33, 2000, pág. 273-310.

GRAVELLE, JAMES F. – *The Falkland (Malvinas) Islands: An International Law Analysis of the Dispute Between Argentina and Great Britain*, MILLR, Vol. 107, 1985, pág. 5-69.

GRAZIN, IGOR – *The International Recognition of National Rights: The Baltic States' Case*, NDLR, Vol. 66, 1991, pág. 1385-1419.

GREEN, L. C. – *Book Review: Collective Responses to Illegal Acts in International Law: United Nations Action in the Question of Southern Rhodesia. By Vera Gowlland-Debbas*, AJIL, Vol. 86, 1992, pág. 412- -415.

GREENWOOD, CHRISTOPHER J. – *The Concept of War in Modern International Law*, ICLQ, vol. 36, Part 2, 1987, pág. 283-306.

— *Reprisals and Reciprocity in the New Law of Armed Conflict*, em *Armed Conflict and the New Law: Aspect of the Geneva Protocols and the 1981 Weapons Convention* (ed. Michael Meyer), London, 1989, pág. 227-250.

— *How legitimate is force against Iraq?*, TT, August 10, 1990, Section: Features.

— *Protection Of Peacekeepers: The Legal Regime*, DJCIL, Vol. 7, 1996, pág. 185-207.

GREIG, D. W. – *International Law*, London, 1970.

— *Third Party Rights and Intervention Before the International Court*, VJIL, vol. 32, n.º 2, 1992, pág. 286-376.

GRIFFIN, MATTHEW – *Accrediting Democracies: Does The Credentials Committee Of The United Nations Promote Democracy Through Its Accreditation Process, And Should It*, NYUJILP, Vol. 32, 2000, pág. 725-785.

GROSS, LEO – *Was the Soviet Union Expelled From the League of Nations?*, AJIL, Vol. 39, N.º 1, 1945, pág. 35-44.

— *The Double Veto and the Four-Power Statement on Voting in the Security Council*, HLR, Vol. 67, 1953, pág. 251-280.

— *Progress Towards Universality of Membership in the United Nations*, AJIL, Vol. 50, N.º 4, 1956, pág. 791-827.

— *The Question of Laos and the Double Veto in the Security Council*, AJIL, Vol. 54, N.º 1, 1960, pág. 118-131.

— *Expenses of the United Nations for Peace-Keeping Operations*, IO, Vol. 17, N.º 1, 1963, pág. 1-35.

— *The United Nations and the Role of Law*, IO, Vol. 19, N.º 3, 1965, pág. 537-561.

— *Voting in the Security Council: Abstention in the Post-1965 Amendment Phase and Its Impact on Article 25 of the Charter*, AJIL, Vol. 62, 1968, pág. 315-334.

— *The International Court of Justice: Enhancing Its Role in the International Legal Order*, AJIL, Vol. 65, N.º 2, 1971, pág. 253-326.

— *Voting in the Security Council and the PLO*, AJIL, Vol. 70, N.º 3, 1976, pág. 470-491.

— *On the Degradation of the Constitutional Environment of the United Nations*, AJIL, Vol. 77, 1983, pág. 569-584.

GUARINO, GIANCARLO – *Palestina e Assemblea Generale delle Nazioni Unite*, em *Interventi delle Nazioni Unite e Diritto Internazionale* (dir. Paulo Picone), Padova, 1995, pág. 101-147.

GUEDES, A. MARQUES – *Direito Internacional Público* (policopiado), Lisboa, 1985.

— *O Direito e a Guerra*, em *A Crise do Golfo e o Direito Internacional*, Porto, 1993, pág. 37-59.

GUÉRIN, XAVIER – *L'Organisation des Nations Unies, L'Organisation du Traité de l'Atlantique Nord et le Maintien de la Paix*, AFDI, XL, 1994, pág. 171-174.

GUERREIRO, SARA – *Intervenção Quase Humanitária*, RFDUL, Vol. XLI, N.º 2, 2000, pág. 887-915.

GUGGENHEIM, PAUL – *Traité de Droit International Public*, tome I, Genève, 1967.

GUNTER, MICHAEL – *Switzerland and the United Nations*, IO, Vol. 30, N.º 1, 1976, pág. 129-152.

HAILBRONNER, KAY/ECKART KLEIN – *Article 10*; *Article 11*; *Article 12*, em *The Charter of the United Nations – A Commentary* (ed. Bruno Simma), München, 1994, pág. 226-242; 243-253; 253-264.

HALBERSTAM, MALVINA – *Excluding Israel from the General Assembly by a Rejection of Its Credentials*, AJIL, Vol. 78, 1984, pág. 179-192.

— *Terrorism On The High Seas: The Achille Lauro, Piracy And The Imo Convention On Maritime Safety*, AJIL, Vol. 82, 1988, pág. 269-310.

— *The Copenhagen Document: Intervention in Support of Democracy*, HILJ, Vol. 34, 1993, pág. 163-175.

— *The Legality Of Humanitarian Intervention*, CJICL, Vol. 3, 1995, pág. 1-8.

— *The Right to Self-Defense once the Security Council Takes Action*, MJIL, Vol. 17, 1996, pág. 229-248.

HALDERMAN, JOHN W. – *Legal Basis for United Nations Armed Forces*, AJIL, Vol. 56, N.º 4, 1962, pág. 971-996.

— *United Nations Territorial Administration and the Development of the Charter*, DLJ, Vol. 13, 1964, pág. 95-108.

HALL, WILLIAM – *A Treatise on International Law*, 2nd ed., Oxford, 1884.

HAMILTON, ALEXANDER – *Federalist 15 e 16*, em Alexander Hamilton/J. Madison/J. Jay, *The Federalist*, 1787-1788.

HANNIKAINEN, LAURI – *Peremptory Norms (Ius Cogens) in International Law – Historical Development, Criteria, Present Status*, Helsinki, 1988.

HARADA, SHIRO/AKIHIKO TANAKA – *Regional Arrangements, the United Nations, and Security in Asia*, em *International Security Management and the United Nations* (ed. M. Alagappa/T. Inoguchi), Tokyo/New York/Paris, 1999, pág. 323-346.

HARGROVE, JOHN L. – *The Nicaragua Judgment and the Future of the Law of Force and Self-Defense*, AJIL, Vol. 81, N.º 1, 1987, pág. 135-143.

HARHOFF, FREDERIK – *Unauthorised Humanitarian Interventions – Armed Violence in the Name of Humanity?*, NJIL, Vol. 70, N.º 1/2, 2001, pág. 65-119.

HARPER, KEITH – *Does The United Nations Security Council Have The Competence To Act As Court And Legislature?*, NYUJILP, 1994, pág. 103-157.

HARRIS, JENNIFER P. – *Kosovo: An Application of the Principle of Self-Determination*, HRB, Vol. 6, 1999, pág. 28-30.

HARVARD LAW SCHOOL – *Draft Convention and Comment on Piracy*, em AJIL, vol. 26, N.º 4, 1932, supplement, pág. 743-747.

HATHAWAY, JAMES – *America, defender of democratic legitimacy?*, EJIL, Vol. 11, 2000, N.º 1, pág. 121-134.

HAVEL, BRIAN – *An International Law Institution in Crisis – Rethinking Permanent Neutrality*, OSLJ, Vol. 61, 2000, pág. 167-266.

HEAD, JOHN W. – *The United States and International Law After September 11*, KJLPP, Vol. 11, 2001, pág. 1-11.

HEATH, KENNETH D. – *Could We Have Armed The Kosovo Liberation Army? The New Norms Governing Intervention In Civil War*, UCLAJILFA, Vol. 4, 2000, pág. 251-323.

HEINRICH JR., L. WILLIAM/AKIHO SHIBATA/YOSHIHIDE SOEYA, *UN Peace-Keeping Operations: a Guide to Japanese Policies*, Tokyo/New York/Paris, 1999.

HENKIN, LOUIS – *The Reports of the Death of Article 2 (4) Are Greatly Exaggerated*, AJIL, Vol. 65, 1971, pág. 544-548.

— *The Invasion of Panama Under International Law: A Gross Violation*, CJTL, Vol. 29, 1991, pág. 293-317.

— *War Powers "Short of War"*, UMLR, Vol. 50, 1995, pág. 201-208.

— *Kosovo and the Law of Humanitarian Intervention*, AJIL, Vol. 93, 1999, pág. 824-828.

HENRIKSON, ALAN K. – *The United Nations And Regional Organizations: "King-Links" Of A "Global Chain"*, DJCIL, Vol. 7, 1996, pág. 35-70.

HERDEGEN, MATTHIAS J. – *The Constitutionalization of the UN Security System*, VJTL, Vol. 27, 1994, pág. 135-159.

HERCZEGH, GÉZA – *Development of International Humanitarian* Law, Budapest, 1984.

HERNDL, KURT – *Reflections on the Role, Functions and Procedures of the Security Council of the United Nations*, RDC, 1987, VI, tome 206, pág. 289-396.

HEYDTE, F. VON DER – *Die Erscheinungsformen des Zwischenstaatlichen Rechts; Jus Cogens und Jus Dispositivum im Völkerrecht*, ZV, 1932, vol. XVI, pág. 461-478.

HIGGINBOTHAM, F. MICHAEL – *International Law, the Use of Force in Self-defense and the Southern African Conflict*, CJTL, Vol. 25, 1986-1987, pág. 529-592.

HIGGINS, ROSALYN – *The Place of International Law in the Settlement of Disputes by the Security Council*, AJIL, Vol. 64, 1970, pág. 1-18.

— *The Advisory Opinion on Namibia: Which UN Resolutions are Binding under Article 25 of the Charter*, ICLQ, vol. 21, 1972, pág. 270-286.

— *United Nations Peacekeeping, 1946-1967 – Documents and Commentary, III (Africa)*, Oxford, 1980.

— *International Law and the Avoidance, Containment and Resolution of Disputes – General Course on Public International Law*, RDC, 1991, V, tome 230, pág. 9-342.

— *Peace and Security: Achievements and Failures*, EJIL, Vol. 6, N.º 3, 1995, pág. 445-460.

HILLGRUBER, CHRISTIAN – *The Admission of New States to the International Community*, EJIL, Vol. 9, 1998, N.º 3, pág. 491-509.

HOCHKAMMER, KARL A. – *The Yugoslav War Crimes Tribunal: The Compatibility of Peace, Politics, and International Law*, VJTL, Vol. 28, 1995, pág. 120-172.

HOFFMANN, STANLEY – *In Search of a Thread: The UN in the Congo Labyrinth*, IO, Vol. 16, N.º 2, pág. 331-361.

— *Thoughts on the UN at Fifty*, EJIL, Vol. 6, N.º 3, 1995, pág. 317-324.

— *Humanitarian Intervention in the Former Yugoslavia*, em *The Ethics and Politics of Humanitarian Intervention* (ed. S. Hoffmann), Notre Dame, 1997, pág. 38-60.

HOLLIS, DUNCAN B. – *Accountability In Chechnya: Addressing Internal Matters with Legal and Political International Norms*, BCLR, Vol. 36, 1995, pág. 793-846.

HOLZAPFEL, MARC – *The Implications ff Human Rights Abuses Currently occurring in the Baltic States against the Ethnic Russian National Minority*, BUJIL, Vol. 2, 1995-1996, pág. 329-373.

HOUCK, JAMES W. – *Command and Control of United Nations Forces in the Era of Peace Enforcement*, DJCIL, Vol. 4, 1993, pág. 1 e segs..

HOYT, EDWIN C. – *The United States Reaction to the Korean Attack: A Study of the Principles of the United Nations Charter as a Factor in American Policy-Making*, AJIL, vol. 55, 1961, pág. 45-76.

— *Review: China Crosses the Yalu. The Decision to Enter the Korean War*, AJIL, Vol. 56, N.º 1, 1962, pág. 253-254.

HSIAO, ANNE H. – *Is China's Policy to Use Force Against Taiwan a Violation of the Principle of Non-Use of Force Under International Law*, NELR, Vol. 32, 1998, pág. 715-742.

HSIUNG, JAMES C. – *Anarchy & Order – The Interplay of Politics and Law in International Relations*, Boulder/London, 1997.

HUDSON, MANLEY – *Membership in the League of Nations*, AJIL, Vol. 18, N.º 3, 1924, pág. 436-458.

HULL, ROGER H. – *The Kissinger Commission's Omission*, IL, Vol. 18, 1984, pág. 504 e segs..

HUMAN RIGHTS WATCH – *Zaire*, 1997 (texto em HRWW).

— *Sowing Terror*: *Atrocities Against Civilians In Sierra Leone*, 1998, Vol. 10, N.º 3 (A) (texto em HRWW).

— *The Sierra Leone Amnesty under International Law*, August 3, 1999 (texto em HRWW).

— *Leave None to Tell the Story – Genocide in Rwanda*, 1999 (texto em HRWW).

— *Civilian Deaths In The Nato Air Campaign*, 2000 (texto em HRWW).

— *New Figures on Civilian Deaths in Kosovo War*, 2000 (texto em HRWW).

— *Russia/Chechnya – The "Dirty War" In Chechnya: Forced Disappearances, Torture, And Summary Executions*, March 2001, vol. 13, no 1(d) (texto em HRWW).

— *Russia/Chechnya – Burying The Evidence: The Botched Investigation Into A Mass Grave In Chechnya*, May 2001, Vol. 13, N.º 3 (D), pág. 4 (texto em HRWW).

HURD, IAN – *Legitimacy, authority, and power at the United Nations Security Council*, Yale Diss., 2001.

HUTCHINSON, D. N. – *Solidarity and Breaches of Multilateral Treaties*, BYIL, 1988, Vol. 59, pág. 151-215.

HUTCHINSON, MARK R. – *Restoring Hope: U.N. Security Council Resolutions for Somalia and an Expanded Doctrine of Humanitarian Intervention*, HILJ, Vol. 34, 1993, pág. 624-640.

HUTH, WILLIAM E. – *The Iraq Claims Tribunal: An overview of the U.N. Compensation Commission*, DRJ, Vol. 54, N.º 2, 1999, pág. 24-31.

HYDE, CHARLES – *The Recognition of the Czecho-Slovaks as Belligerents*, AJIL, Vol. 13, N.º 1, 1919, pág. 93-95.

INSTITUT DE DROIT INTERNATIONAL, *Resolutions Concerning the Recognition of News States and News Governments*, April 1936, AIDI, 1936, Vol. II, pág. 300-305; também em AJIL, Vol. 30, N.º 4, 1936, Supplement, pág. 185-187.

— Resolution *Legal Consequences for Member States of the Non-Fulfilment by International Organizations of their Obligations Towards Third Parties*, AIDI, 1996, Vol. II, pág. 444-453.

INTERNATIONAL AMNESTY, *Timor Oriental: Construir un nuevo país sobre la base de los derechos humanos*, 2000 (ASA 57/05/00/s).

International Congress On Criminal Law (XIV, Viena-1989), resolução *Efforts to Recognize and to Codify International Crimes*, em IRPL, vol. 61, 1990, pág. 131-133.

INTOCCIA, GREGORY F. – *American Bombing of Libya: An International Legal Analysis*, CWRJIL, Vol. 19, 1987, pág. 177-213.

IPSEN, KNUT – *Völkerrechtliche Verantwortlichkeit und Völkerstrafrecht*, em *Völkerrecht* (K. Ipsen), 3º auf., München, 1990, pág. 488 e segs..

IRVING, KARL J. – *The United Nations and Democratic Intervention: Is Swords into Ballot Boxes Enough*, DJILP, Vol. 25, 1996, pág. 41-70.

JACKSON, ELMORE – *The Developing Role of the Secretary-General*, IO, vol. 11, 1957, N.º 3, pág. 431-445.

JACKSON, JULIE – *An Update On Self-Determination And Humanitarian Intervention In A Community Of Power*, DJILP, Vol. 26, 1998, pág. 917--932.

JACOBSON, HAROLD K. – *Onuc's Civilian Operations: State-Preserving and State-Building*, WPS, Vol. 17, N.º 1, 1964, pág. 75-107.

JACQUE, JEAN-PAUL – *Acte et Norme en Droit International Public*, RDC, 1991, II, tomo 227, pág. 357-418.

JAKOBSEN, PETER V. – *Overload, Not Marginalization, Threatens UN Peacekeeping*, SD, Vol. 31, N.º 2, 2000, pág. 167–178.

JAMES, ALAN – *The United Nations at Fifty: Retrospect and Prospect*, em *The United Nations at Fifty -The Welsh Contribution* (ed. W. R. Davies), Cardiff, 1995, pág. 1-14.

JAMES, MATTHEW H. – *Keeping the Peace – British, Israeli, and Japanese Legislative Responses to Terrorism*, DJIL, Vol. 15, 1997, pág. 405-450.

JANSEN, BERNHARD – *The Limits of Unilateralism from a European Perspective*, EJIL, Vol. 11, N.º 2, 2000, pág. 309-313.

JENNINGS, ROBERT – *The Caroline and McLeod Cases*, AJIL, Vol. 32, N.º 1, 1938, pág. 82-99.

—     *General Course on Principles of International Law*, RDC, 1967, II, tome 121, pág. 323-606.

—     *Kosovo and International Lawyers*, ILF, Vol. I, N.º 3, 1999, pág. 166--170.

JESSUP, PHILIP – *Should International Law Recognize an Intermediate Status between Peace and War*, AJIL, Vol. 48, N.º 1, 1954, pág. 98-103.

—     *Intervention in the International Court*, AJIL, vol. 75, 1981, pág. 903--909.

JIAN, CHEN – *The Sino-Soviet Alliance And China's Entry Into The Korean War*, Working Paper N.º 1 (Cold War International History Project, Washington, D.C., 1992; texto em CWIHP).

—     *China's Road to the Korean War: The Making of the Sino-American Confrontation*, New York, 1994.

JOCHNIK, CHRIS/ROGER NORMAND, *The Legitimation of Violence: A Critical History of the Laws of War*, HILJ, vol. 35, n.º 1, 1994, pág. 49-95.

JOHANSEN, ROBERT C. – *Limits and Opportunities in Humanitarian Intervention*, em *The Ethics and Politics of Humanitarian Intervention* (ed. S. Hoffmann), Notre Dame, 1997, pág. 61-86.

JONES, CHRISTOPHER – *Soviet Hegemony in Eastern Europe: The Dynamics of Political Autonomy and Military Intervention*, WPS, Vol. 29, N.º 2, 1977, pág. 216-241.

JOVANOVIC, VLADISLAV – *The Status Of The Federal Republic Of Yugoslavia In The United Nations*, FILJ, Vol. 21, 1998, pág. 1719-1736.

JOYNER, CHRISTOPHER C. – *The United States Action in Grenada: Reflections on the Lawfulness of Invasion*, AJIL, Vol. 78, 1984, pág. 131-144.

KAHGAN, CARIN – *Jus Cogens and the Inherent Right to Selfdefense*, ILSAJICL, vol. 3, 1997, pág. 767-827.

KAIKOBAD, KAIYAN – *Self-Defence, Enforcement Action and the Gulf Wars, 1980-1988 and 1990-1991*, BYIL, Vol. LXIII, 1992, pág. 299-366.

KALSHOVEN, FRITS – *Belligerent Reprisals*, Leyden, 1971.

KAMTO, MAURICE – *Le cadre juridique des opérations de maintien de la paix des Nations Unies*, ILF, Vol. 3, N.º 2, 2001, pág. 95-104.

KANE, KEITH – *The Security Council*, FA, Vol. 24, 1, 1945-1946, pág. 12-24.

KARAOSMANOGLU, A. – *Les actions militaires coercitives et non coercitives des Nations Unies*, Droz, Genève,1970.

KARL, WOLFRAM/BERND MÜTZELBURG – *Article 109*, em *The Charter of the United Nations – A Commentary* (ed. Bruno Simma), München, 1994, pág. 1179-1189.

KAZAZI, MOJTABA/BETTE E. SHIFMAN – *Evidence before International Tribunals – Introduction*, ILF, Vol. 1, N.º 4, 1999, pág. 193-196.

KEIVER, MICHAEL F. – *The Pacific Salmon War: The Defence of Necessity Revisited*, DALJ, Vol. 21, 1998, pág. 408-428.

KELLMAN, BARRY/STEPHEN DYCUS, *International Security*, IL, Vol. 33, 1999, pág. 591-612.

KELLOGG, MARION – *The Laos Question: Double what veto?*, VLR, Vol. 45, 1959, pág. 1352-1360.

KELLY, JOHN H. – *Lebanon: 1982-1984*, em *U.S. and Russian Policymaking with Respect to the Use of Force* (ed. Jeremy R. Azrael/Emil A. Payin), Rand, 1996, Section Two, 6.

KELLY, MICHAEL J. – *Traveling the Road to Rambouillet: Is the Imposition of Federalism in Kosovo Pragmatic Foreign Policy or Unwise Meddling*, SOTLR, Vol. 40, 1999, pág. 789-810.

KELSEN, HANS – *Recognition in International Law – Theoretical Observations*, AJIL, 1941, vol. 35, pág. 605-617.

— *The Old and The New League*, AJIL, vol. 39, N.º 1, 1945, pág. 45-83.
— *The Legal Status of Germany According to the Declaration of Berlin*, AJIL, vol. 39, 1945, pág. 518-526.
— *Organization and Procedure of the Security Council of the United Nations*, HLR, Vol. 59, 1946, pág. 1087-1121.
— *Collective Security and Collective Self-Defense Under the Charter of the United Nations*, AJIL, Vol. 42, N.º 4, 1948, pág. 783-796.
— *The Law of the United Nations – A Critical Analysis of Its Fundamental Problems*, London, 1950.
— *The Draft Declaration on Rights and Duties of States*, AJIL, Vol. 44, N.º 2, 1950, pág. 259-276.
— *Recent Trends in the Law of the United Nations*, London, 1951.
— *Is the North Atlantic Treaty a Regional Arrangement?*, AJIL, 1951, pág. 162-166.
— *Théorie du Droit International Public*, RDC, 1953, III, tome 84, pág. 1-201.
— *Principles of International Law*, 2nd ed., New York, 1966.

KERLEY, ERNEST L. – *The Powers of Investigation of the United Nations Security Council*, AJIL, Vol. 55, 1961, pág. 892-918.

KHADDURI, MAJID – *The Arab League as a Regional Arrangement*, AJIL, Vol. 40, N.º 4, 1946, pág. 756-777.

KIMMINICH, OTTO – *Article 14*, em *The Charter of the United Nations – A Commentary* (ed. Bruno Simma), München, 1994, pág. 279-287.
— *Der Mythos der humanitären Intervention*, AV, Band 33, Heft 4, 1995, pág. 430-458.

KING, FAIZA P. – *Sensible Scrutiny: The Yugoslavia Tribunal's Development of Limits on the Security Council's Powers Under Chapter VII of the Charter*, EILR, Vol. 10, 1996, N.º 2, pág. 509-591.

KIPLAGAT, P. KENNETH – *Dispute Recognition and Dispute Settlement in Integration Processes: The COMESA Experience*, JILB, Vol. 15, 1995, pág. 437-490.

KIRGIS, JR, FREDERIC – *Admission of Palestine as a Member of a Specialized Agency and Withholding the Payment of Assessments*, AJIL, Vol. 84, N.º 1, 1990, pág. 218-230.
— *Armed Intervention In Haiti*, ASILN, September, 1994.
— *The Security Council's First Fifty Years*, AJIL, Vol. 89, N.º 3, 1995, pág. 506-539.
— *The Legal Background on the Use of Force to Induce Iraq to Comply with Security Council Resolutions*, ASILI, November 1997.

— *Book Review and Note: Decision-Making in the UN Security Council. By David M. Malone; The United Nations and the Development of Collective Security. By Danesh Sarooshi*, AJIL, Vol. 93, 1999, pág. 970-975.

— *Terrorist Attacks on the World Trade Center and the Pentagon*, ASILI, September 2001.

— *Security Council Adopts Resolution on Combating International Terrorism*, ASILI, October 1, 2001.

KISS, ALEXANDRE-CHARLES – *Permissible Limitations on Rights*, em *The International Bill of Rights – The Covenant on Civil and Political Rights* (ed. L. Henkin), New York, 1981, pág. 290-310.

KLABBERS, JAN – *Review: Hirsch, Moshe. The Responsibility of International Organizations toward Third Parties: Some Basic Principles*, EJIL, Vol. 8, N.º 2, 1997, pág. 385.

KLEFFENS, E. N. – *Regionalism and Political Pacts*, AJIL, Vol. 43, N.º 4, 1949, pág. 666-678.

KLOOZ, MARIE S. – *The Role of the General Assembly of the United Nations in the Admission of Members*, AJIL, Vol. 43, N.º 2, 1949, pág. 246-261.

KNOX, JOHN – *Qiu v. Secretary-General of the United Nations*, AJIL, vol. 85, N.º 4, 1991, pág. 686-689.

KOKOTT, JULIANE/MEIKE CONRADS, *International Decision: The Queen v. Hm Treasury And Bank Of England Ex Parte Centro-Com SRL. Case N.º C-124/95. Court of Justice of the European Communities, January 14, 1997*, AJIL, Vol. 91, 1997, pág. 722-727.

KOOIJMANS, PETER – *The Enlargement of the Concept "Threat to the Peace"*, em *Le Développement du Rôle du Conseil de Sécurité, Peace Keeping and Peace Building – Colloque de la Haye* (21-23 Juillet 1992), Académie de Haye (org. R. J. Dupuy), Nijhoff, 1993, pág. 111-121.

KOCH, ROLAND – *The Relations of UN Agencies and Non-governmental Organizations in Cross-border Humanitarian Assistance*, em *International Security Management and the United Nations* (ed. M. Alagappa/T. Inoguchi), Tokyo/New York/Paris, 1999, pág. 210-242.

KOSKENNIEMI, MARTTI – *The Police in the Temple: Order, Justice and the UN: A Dialectical View*, EJIL, Vol. 6, N.º 3, 1995, pág. 317-348.

— *The Place Of Law In Collective Security*, MJIL, Vol. 17, 1996, pág. 455-490.

KOUASSI, EDMOND K. – *Rôles Respectifs du Conseil de Sécurité et de l'Assemblée générale dans le traitement des opérations de maintien de la paix*, em *Le Développement du Rôle du Conseil de Sécurité, Peace Keeping and Peace Building – Colloque de la Haye* (21-23 Julho

1992), Académie de Haye (org. R. J. Dupuy), Nijhoff, 1993, pág. 425--446.

KOZHOKIN, EVGENY M. – *Georgia-Abkhazia*, em *U.S. and Russian Policymaking with Respect to the Use of Force* (ed. Jeremy R. Azrael/Emil A. Payin), Rand, 1996.

KRAUTHAMMER, CHARLES – *A World Imagined*, TNR, 15/03/1999 (texto em http://www.tnr.com/archive/0399/031599/krauthammer031599.html).

KRESOCK, DAVID M. – *Ethnic Cleansing in the Balkans: The Legal Foundations of Foreign Intervention*, CILJ, Vol. 27, 1994, pág. 203-239.

KRITSIOTIS, DINO – *Reappraising Policy Objections To Humanitarian Intervention*, MJIL, Vol. 19, 1998, pág. 1005-1050.

— *Security Council Resolution 1101 (1997) and the Multinational Protection Force of Operation Alba in Albania*, LJIL, Vol. 12, 1999, pág. 511-547.

KRYLOV, NIKOLAI – *Humanitarian Intervention: Pros and Cons*, LLAICLJ, Vol. 17, 1995, pág. 365-405.

KU, JULIAN G. – *The Delegation of Federal Power to International Organizations: New Problems with Old Solutions*, MILR, Vol. 85, 2000, pág. 71-145.

KUEHL, WARREN F./LYNNE K. DUNN, *Keeping the Covenant – American Internationalists and the League of Nations, 1920-1939*, Kent, 1997.

KUNZ, JOSEF – *The Inter-American System and the United Nations Organization*, AJIL, Vol. 39, N.º 4, 1945, pág. 758-767.

— *The Legal Position of the Secretary General of the United Nations*, AJIL, vol. 40, N.º 4, 1946, pág. 786-792.

— *Revolutionary Creation of Norms of International Law*, AJIL, vol. 41, 1947, pág. 119-126.

— *Individual and Collective Self-Defense in Article 51 of the Charter of the United Nations*, AJIL, Vol. 41, N.º 4, 1947, pág. 872-879.

— *Critical Remarks on Lauterpacht's "Recognition in International Law"*, AJIL, vol. 44, N.º 4, 1950, pág. 713-719.

— *The Chaotic Status of the Laws of War*, AJIL, Vol. 45, N.º 1, 1951, pág. 37-61.

— *Legality of the Security Council Resolutions of June 25 and 27, 1950*, AJIL, vol. 45, N.º 1, 1951, pág. 137-142.

— *Ending the War with Germany*, AJIL, Vol. 46, N.º 1, 1952, pág. 114-119.

— *The Status of the Holy See in International Law*, AJIL, Vol. 46, N.º 2, 1952, pág. 308-314.

— *The United Nations and the Rule of Law*, AJIL, Vol. 46, N.º 3, 1952, pág. 504-508.

— *The Contractual Agreements with the Federal Republic of Germany*, AJIL, Vol. 47, N.º 1, 1953, pág. 106-114.

— *General International Law and the Law of International Organizations*, AJIL, vol. 47, N.º 3, 1953, pág. 456-462.

— *La Crise et les Transformations du Droit des Gens*, RDC, 1955, II, tome 88, pág. 9-101.

— *The Laws of War*, AJIL, Vol. 50, N.º 2, 1956, pág. 313-337.

— *Austria's Permanent Neutrality*, AJIL, Vol. 50, N.º 2, 1956, pág. 418- -425.

— *The Secretary General on the Role of the United Nations*, AJIL, vol. 52, 1958, pág. 300-304.

KWAKWA, EDWARD – *The International Law of Armed Conflict: Personal and Material Fields of Application*, Dordrecht/Boston/London, 1992.

LACEY, MICHAEL – *Self-Defense or Self-Denial: The Proliferation of Weapons of Mass Destruction*, IICLR, vol. 10, 2000, pág. 293-315.

LALIVE, J. F. – *International Organization and Neutrality*, BYIL, Vol. 24, 1947, pág. 72-89.

LASH, JOSEPH – *Dag Hammarskjöld 's Conception of his Office*, IO, Vol. 16, N.º 3, 1962, pág. 542-566.

LAUN, KURT – *The Legal Status of Germany*, AJIL, Vol. 45, N.º 2, 1951, pág. 267-285.

LAURENT, FRANÇOIS – *Histoire du Droit des Gens – Études sur l'histoire de l'Humanité*, Vol. X, Paris, 1865.

LAUTERPACHT, ELIHU – *The Legal Effect of Illegal Acts of International Organisations*, em *Cambridge Essays in International Law – Essays in Honour of Lord McNair*, London, 1965, pág. 88-121.

— *The Legal Irrelevance of the "State of War"*, ASIL, 62º Year, 1968, pág. 58-68.

LAUTERPACHT, HERSCH – *Recognition of Governments – I*, CLR, Vol. XLV, 1945, pág. 815-864.

LAUWAARS, RICHARD H. – *The Interrelationship Between United Nations Law And The Law Of Other International Organizations*, MLR, Vol. 82, 1984, pág. 1604-1619.

LAWRENCE, T. J. – *Les Principes de Droit International* (trad. 5ª ed. inglesa), Oxford, 1920.

LAWYERS COMMITTEE FOR HUMAN RIGHTS, *Prosecuting Genocide in Rwanda: A Lawyers Committee report on the ICTR and National Trials*, 1997.

LECCE, D. J. – *A Study Of The Dominican Republic And Haiti*, NLR, Vol. 45, 1998, pág. 247-262.

LEE, CHE-FU – *China's Perception of the Taiwan Issue*, NELR, Vol. 32, 1998, pág. 695-706.

LEE, DWIGHT – *The Genesis of the Veto*, IO, Vol. 1, N.º 1, 1947, pág. 33-42.

LEE, STEPHEN – *The Issue Of The De Facto And De Jure Status Of Taiwan And Sovereignty*, BUJIL, Vol. 2, 1995/1996, pág. 323-327.

LEE, TZU-WEN – *The International Legal Status Of The Republic Of China On Taiwan*, UCLAJILFA, Vol. 1, 1996/1997, pág. 351-392.

LEIGH, MONROE – *The Political Consequences of Economic Embargoes*, AJIL, Vol. 89, N.º 1, 1995, pág. 74-77.

LENTNER, HOWARD H. – *The Political Responsibility and Accountability of the United Nations Secretary-General*, The Journal of Politics, Vol. 27, N.º 4, 1965, pp. 839-860.

LETTS, DAVID J. – *The use of force in patrolling Australia's fishing zones*, Marine Policy, Vol. 24, 2000, pág. 149-157.

LEVENFELD, BARRY – *Israel's Counter-Fedayeen Tactics in Lebanon: Self-Defense and Reprisal under Modern International Law*, CJTL, Vol. 21, 1982-1983, pág. 1-48.

LEVITT, JEREMY – *Humanitarian Intervention by Regional Actors in Internal Conflicts and the Cases of Ecowas in Liberia and Sierra Leone*, TICLJ, Vol. 12, 1998, pág. 333-375.

— *Conflict Prevention, Management, And Resolution: Africa – Regional Strategies For The Prevention of Displacement and Protection of Displaced Persons*, DJCIL, Vol. 11, 2001, pág. 39-79.

LIANG, YUEN-LI – *The Establishment of the Interim Committee of the General Assembly*, AJIL, Vol. 42, N.º 2, 1948, pág. 435-439.

— *Some Aspects of the Work of the Interim Committee of the General Assembly*, AJIL, Vol. 42, N.º 4, 1948, pág. 887-900.

— *The So-Called "Double Veto"*, AJIL, Vol. 43, N.º 1, 1949, pág. 134-144.

— *Consideration of the Problem of Voting in the Security Council by the AD Hoc Political Committee of the General Assembly (1948)*, AJIL, Vol. 43, N.º 2, 1949, pág. 303-311.

— *Recognition by the United Nations*, AJIL, Vol. 45, N.º 4, 1951, pág. 689-707.

— *The Question of Domestic Jurisdiction in the Anglo-Iranian Oil Dispute Before the Security Council*, AJIL, Vol. 46, N.º 2, 1952, pág. 272-282.

LILLEY, JAMES – *The United States, China, and Taiwan: A Future With Hope*, NELR, Vol. 32, 1998, pág. 743-750.

LILLICH, RICHARD – *Humanitarian Intervention trough the United Nations: Towards the Development of Criteria*, ZAORV, Vol. 53, n.º 3, 1993, pág. 557-575.

— *The Role Of The Un Security Council In Protecting Human Rights In Crisis Situations: Un Humanitarian Intervention In The Post-Cold War World*, TJICL, Vol. 3, 1995, pág. 1-17.

— *Kant and the Current Debate Over Humanitarian Intervention*, JTLP, Vol. 6, 1997, pág. 397-404.

LIMA, LOBO D' ÁVILA – *Da Sociedade das Nações*, Lisboa, 1927.

LIN, CHRISTA T. – *The International Criminal Court: Taiwan's Last Hope?*, PRLPJ, Vol. 6, 1997, pág. 755-772.

LINARELLI, JOHN – *An Examination Of The Proposed Crime Of Intervention In The Draft Code Of Crimes Against The Peace And Security Of Mankind*, STLR, Vol. 18, 1995, na pág. 1-51.

LINNAN, DAVID K. – *Iran Air Flight 655 and Beyond: Free Passage, Mistaken Self-Defense, and State Responsibility*, Vol. 16, YJIL, 1991, pág. 245--389.

LISSITZYN, OLIVER – *The Treatment of Aerial Intruders in Recent Practice and International Law*, AJIL, vol. 47, N.º 4, 1953, pág. 559-589.

— *Some Legal Implications of the U2 and RB-47 Incidents*, AJIL, vol. 56, N.º 1, 1962, pág. 135-142.

LLOYD, DAVID – *Succession, Secession, And State Membership In The United Nations*, NYUJILP, 1994, pág. 761-796.

LOBEL, JULES – *The Use of Force to Respond to Terrorist Attacks: The Bombing of Sudan and Afghanistan*, YJIL, Vol. 24, 1999, pág. 537-557.

— *Benign Hegemony: Kosovo and Article 2(4) Of The U.N. Charter*, CHJIL, Vol. 1, 2000, pág. 19-36.

LOBEL, JULES/MICHAEL RATNER, *Bypassing The Security Council: Ambiguous Authorizations To Use Force, Cease-Fires And The Iraqi Inspection Regime*, AJIL, Vol. 93, 1999, pág. 124-154.

LOPES, J. AZEREDO – *Agressão, Crimes Internacional e Crise do Golfo*, em *A Crise do Golfo e o Direito Internacional*, Porto, 1993, pág. 61-137.

— *Autodeterminação dos Povos, Uso da Força e Responsabilidade Internacional*, em *Juris et De Jure – Nos Vinte Anos da Faculdade de Direito da Universidade Católica Portuguesa*, Porto (coord. A. Vaz/A. Lopes), Porto, 1998, pág. 453-527.

LOPEZ, FELIX – *The Lawfulness of Humanitarian Intervention*, USAFAJLS, Vol. 2, 1991, pág. 97-107.

LORENZ, F. M. – *Rules Of Engagement In Somalia: Were They Effective?*, NLR, Vol. 42, 1995, pág. 62-78.

LOWE, VAUGHAN – *Self-Defence at Sea*, em *The Non-Use of Force in International Law* (ed. W. E. Butler), Dordrecht, 1989, pág. 185-202.

— _Precluding Wrongfulness or Responsibility: A Plea for Excuses_, EJIL, Vol. 10, N.º 2, 1999, pág. 405-411.

LOWENFELD, ANDREAS – _Congress and Cuba. The Helms-Burton Act_, AJIL, Vol. 90, N.º 3, 1996, pág. 419-434.

LUTZ, ELLEN L. – _Regional Commitment To Democracy And The Protection Of Human Rights_, HJIL, Vol. 19, 1997, pág. 643-657.

LUTZ II, ROBERT E. – _Perspectives on the World Court, the United States, and International Dispute Resolution in a Changing World_, IL, Vol. 25, 1991, pág. 675 e segs..

LYNCH, DOV – _Russian Peacekeeping Strategies in the CIS: The Cases of Moldova, Georgia and Tajikistan_, Palgrave, 2000.

LYSOBEY, MICHAEL A. – _How Iraq Maintained Its Weapons Of Mass Destruction Programs: An Analysis Of The Disarmament Of Iraq And The Legal Enforcement Options Of The United Nations' Security Council In 1997--1998_, UCLAJILFA, Vol. 5, 2000, pág. 101-157.

MACCHESNEY, BRUNSON – _Some Comments on the Quarantine of Cuba_, AJIL, Vol. 57, N.º 3, 1963, pág. 592-597.

MACDONALD, GARY A. – _Review: The United Nations, International Law, And The Rhodesian Independence Crisis. By Jericho Nkala_, MLR, Vol. 85, 1987, pág. 1129-1134.

MACDONALD, R. ST. J. – _Fundamental Norms in Contemporary International Law_, CYIL, vol. XXV, 1987, pág. 115-149.

— _The Charter of the United Nations and the Development of Fundamental Principles of International Law_, em _Contemporary Problems of International Law – Essays in Honour of Georg Schwarzenberger on his Eightieth Birthday_ (ed. B. Cheng/E. D. Brown), London, 1988, pág. 196-215.

MACFARLANE, S. NEIL – _On the front lines in the near abroad: The CIS and the OSCE in Georgia's civil wars_, TWQ, Vol. 18, N.º 3, 1997, pág. 509-525.

MACFARLANE, S. NEIL/LARRY MINEAR, _Humanitarian Action And Politics: The Case Of Nagorno-Karabakh_, Watson Institute, Occasional Paper N.º 25, 1997.

MACFARLANE, S. NEIL/LARRY MINEAR/STEPHEN SHENFIELD – _Armed Conflict in Georgia: A Case Study in Humanitarian Action and Peacekeeping_, Watson Institute, 1996.

MAHALINGAM, RAVI – _The Compatibility Of The Principle Of Nonintervention With The Right Of Humanitarian Intervention_, UCLAJILFA, Vol. 1, 1996, pág. 221-263.

MAHIOU, AHMED – *Article 2, Paragraphe 6*, em *La Charte des Nations Unies* (Jean-Pierre Cot/Alain Pellet), Paris, 2ª ed., 1991, pág. 133-139.

MALANCZUK, PETER – *Countermeasures and Self-Defense as Circumstances Precluding Wrongfulness in the International Law Commission's Draft articles on State Responsibility*, em *United Nations Codification of State Responsibility* (ed. Marina Spinedi/Bruno Simma), 1987, pág. 197-286.

—  *The Kurdish Crisis and Allied Intervention in the Aftermath of the Second Gulf War*, EJIL, Vol. 2, N.º 2, 1991, pág. 114 e seg..

MÄLKSOO, LAURI – *Professor Uluots, the Estonian Government in Exile and the Continuity of the Republic of Estonia in International Law*, NJIL, Vol. 69, N.º 3, 2000, pág. 289-316.

MALLISON, JR, W. T. – *Limited Naval Blockade or Quarantine Interdiction: National or Collective Defense Claims Valid Under International Law*, GWLR, Vol. 31, 1962, pág. 335-398.

MALONE, DAVID – *The Security Council in the Post-Cold War Era*, em *International Security Management and the United Nations* (ed. M. Alagappa/T. Inoguchi), Tokyo/New York/Paris, 1999, pág. 394-408.

MALONE, LINDA A. – *Discussion In The Security Council On Environmental Intervention In Ukraine*, LLALR, Vol. 27, 1994, pág. 893-916.

—  *"Green Helmets": A Conceptual Framework For Security Council Authority In Environmental Emergencies*, MJIL, Vol. 17, 1996, pág. 515-536.

—  *Seeking Reconciliation Of Self-Determination, Territorial Integrity, And Humanitarian Intervention*, WMLR, Vol. 41, 2000, pág. 1677-1682.

MALONE, M. KELLY – *UN Membership of the Former Yugoslavia*, AJIL, Vol. 87, N.º 2, 1993, pág. 246-248.

MALVERN, LINDA – *The Security Council: Behind the Scenes*, IA, Vol. 77, N.º 1, 2001, pág. 101-111.

MANIN, PHILIPPE – *L'Organisation des Nations Unies et le maintien de la paix. Le respect du consentement de l'Etat*, Paris, 1971.

MARCUS, JONATHAN, *Kosovo and after: American primacy in the twenty-first century*, WQ, Vol. 23, N.º 1, 2000, pág. 79 e segs..

MAREK, KRYSTYNA – *Contribution a l'Étude du Jus Cogens en Droit International*, em *Recueil d'Etudes de Droit International en Hommage a Paul Guggenheim*, Genève, 1968, pág. 426-459.

MAROTTOLI, STEFANIA – *La Santa Sede nel Diritto Internazionale*, Bari, 1997--1998.

MARTENCZUK, BERND – *The Security Council, the International Court and judicial review: What lessons from Lockerbie*, EJIL, Vol. 10, N.º 3, 1999, pág. 517-547.

MARTENS, GEORGE F. – *Précis du Droit des Gens Moderne de l'Europe*, 2.ª ed., Gottingue, 1801.

MARTIN, ANTOINE – *L'Estoppel en Droit International Public*, Paris, 1979.

MARTINS, MARGARIDA SALEMA O./A. D'OLIVEIRA MARTINS – *Direito das Organizações Internacionais*, vol. II, 2ª ed., Lisboa, 1996.

MASON, JOHN B. – *Review: Report on the Work of the League during the War*, AJIL, Vol. 41, N.º 1, 1947, pág. 338-339.

MATTLER, MICHAEL J. – *The Distinction Between Civil Wars and International Wars and Its Legal Implications*, NYUJILP, 1994, pág. 655-700.

McCALMON, BRIAN K. – *States, Refugees, and Self-Defense*, GILJ, Vol. 10, 1996, pág. 215-239.

McDOUGAL, MYRES – *Peace and War: Factual Continuum with Multiple Legal Consequences*, AJIL, Vol. 49, N.º 1, 1955, pág. 63-68, na pág. 66-67.

— *The Soviet-Cuban Quarantine and Self-Defense*, AJIL, Vol. 57, N.º 3, 1963, pág. 597-604.

McDOUGAL, MYRES S./RICHARD M. GOODMAN, *Chinese Participation in the United Nations: The Legal Imperatives of a Negotiated Solution*, AJIL, Vol. 60, N.º 4, 1966, pág. 671-727.

McDOUGAL, MYRES S./W. MICHAEL REISMAN, *Rhodesia and the United Nations: The Lawfulness of International Concern*, AJIL, Vol. 62, N.º 1, 1968, pág. 1-19.

McGLONE, WILLIAM M./MICHAEL L. BURTON, *Economic Sanctions and Export Controls*, IL, Vol. 34, 2000, pág. 383 e segs..

McKINNEY, KATHRYN – *The Legal Effects of the Israeli-PLO Declaration of Principles: Steps Toward Statehood for Palestine*, SULR, Vol. 18, 1994, pág. 93-128.

McNAIR, A. – *The Law of Treaties*, Oxford, 1986 (reimp. ed. 1961).

McWHINNEY, EDWARD – *The Legal Interdiction of International Terrorism*, em *Staat und Völkerrechtsordnung – Festschrift für Karl Doehring* (Hrsg. K. Haibronner/G. Ress/T. Stein), Berlin/Heidelberg, 1989, pág. 567-577.

— *International Law Antinomies And Contradictions Of An Era Of Historical Transition: Retrospective On The Nato Armed Intervention In Kosovo*, ILSAJICL, Vol. 6, 2000, pág. 433-436.

MEEKER, LEONARD (Department of State), *The Legality of United States Participation in the Defense of Viet-Nam*, em *Contemporary Practice of the United States Relating to International Law*, AJIL, Vol. 60, 1966, pág. 565-585

MENDELSON, M. H. – *The* Nicaragua Case *and Customary International Law*, em *The Non-Use of Force in International Law* (ed. W. E. Butler), Dordrecht, 1989, pág. 85-99.

MERRIAM, JOHN J. – *Kosovo and the Law of Humanitarian Intervention*, CWRJIL, Vol. 33, 2001, pág. 111-154.

MERON, THEODOR – *Staff of the United Nations Secretariat*, AJIL, Vol. 70, N.º 4, 1976, pág. 659-693.

— *Human Rights and Humanitarian Norms as Customary Law*, Oxford, 1991 (reimp. ed. 1989).

— *Exclusive Preserves and the New Soviet Policy Toward the UN Secretariat*, AJIL, Vol. 85, N.º 2, 1991, pág. 322-329.

— *International Criminalization of Internal Atrocities*, AJIL, vol. 89, 1995, N.º 3, pág. 554-577.

— *Classification of Armed Conflict in the Former Yugoslavia: Nicaragua's Fallout*, AJIL, Vol. 92, 1998, pág. 236-242.

— *War Crimes Law Comes Of Age*, AJIL, Vol. 92, 1998, pág. 462-468.

MERTUS, JULIE – *Reconsidering The Legality Of Humanitarian Intervention: Lessons From Kosovo*, WMLR, Vol. 41, 2000, pág. 1743-1787.

— *The Imprint Of Kosovo On The Law Of Humanitarian Intervention*, ILSAJICL, Vol. 6, 2000, pág. 527-540.

MEYER, JANE A. – *Collective Self-Defense and Regional Security: Necessary Exceptions to a Globalist Doctrine*, BUILJ, Vol. 11, 1993, pág. 391-433.

MEYER, MICHAEL – *Book Review: Rescuing Nationals Abroad Through Military Coercion and Intervention on Grounds of Humanity. By Natalino Ronzitti*, AJIL, Vol. 81, 1987, pág. 793-794.

MEYERS, MITCHELL A. – *A Defense Of Unilateral Or Multi-Lateral Intervention Where A Violation Of International Human Rights Law*, ILSAJICL, Vol. 3, 1997, pág. 895-913.

MIELE, MARIO – *Diritto Internazionale*, 3ª ed., Pádua, 1972.

MIGLIORINO, LUIGI – *La Dichiarazione delle Nazioni Unite sulle Misure per Eliminare il Terrorismo Internazionale*, RDI, 1995, N.º 4, Vol. LXXVIII, pág. 962-972.

MILLER, ANDREW S. – *Universal Soldiers: U.N. Standing Armies and the Legal Alternatives*, GLJ, Vol. 81, 1993, pág. 773-828.

MILLER, E. M. – *Legal Aspects of the United Nations Action in the Congo*, AJIL, Vol. 55, N.º 1, 1961, pág. 1-28.

MILLER, LYNN H. – *East Timor, Collective Action, And Global Order*, TICLJ, Vol. 14, 2000, pág. 89-99.

Minear, L./D. Cortright/J. Wagler/G. Lopez/T. Weiss, *Toward More Humane And Effective Sanctions Management: Enhancing The Capacity Of The United Nations System*, Watson Institute, 1998.

Minnerath, Roland – *The Position of The Catholic Church Regarding Concordats from a Doctrinal and Pragmatic Perspective*, CULR, Vol. 47, 1998, pág. 467-476.

Miranda, Jorge – *Direito Internacional Público – I*, Lisboa, 1995.

— *Direito Internacional Público – I (Substituições e Aditamentos)*, Lisboa, 2000.

Mirkine-Guetzévitch, Boris – *L'Influence de la Révolution Française sur le Développement du Droit International dans l'Europe Orientale*, RDC, 1928, II, tomo 22, pág. 299-457.

Mohr, Manfred – *The ILC's Distinction between "International Crimes" and "International Delicts" and its Implications*, em *United Nations Codification of State Responsibility* (ed. Marina Spinedi/Bruno Simma), 1987, pág. 115-141.

Momtaz, Djamchid – *La délégation par le Conseil de Sécurité de l'Exécution de ses Actions Coercitives aux Organisations Régionales*, AFDI, XLIII, 1997, pág. 105-115.

Moncada, H. Cabral de – *Algumas Considerações sobre o Conflito do Kosovo no Quadro da Desintegração da Jugoslávia*, Coimbra, 2001.

Montealegre, Hernán – *Conflictos Armados Internos y Derechos Humanos*, em *Etudes et Essais sur le Droit International Humanitaire et sur les Principes de la Croix-Rouge en l'Honneur de Jean Pictet* (ed. C. Swinarski), Genève/La Haye, 1984, pág. 735-742.

Morais, C. Blanco – *O Direito à Autodeterminação dos Povos – O Estatuto Jurídico do Enclave de Cabinda*, Lisboa, 1998.

Morawiecki, Wojciech – *Some Problems Connected with the Organs of International Organizations*, IO, Vol. 19, N.º 4, 1965, pág. 913-928.

Mori, Tadashi – *Namibia Opinion Revisited: A Gap In The Current Arguments On The Power Of The Security Council*, ILSAJICL, Vol. 4, 1997, pág. 121-139.

Moore, J. Norton – *The Lawfulness of Military Assistance to the Republic of Viet-Nam*, AJIL, Vol. 61, N.º 1, 1967, pág. 1-34.

— *The Secret War in Central America and the Future of World Order*, AJIL, Vol. 80, 1986, pág. 43-127.

— *The Nicaragua Case and the Deterioration of World Order*, AJIL, Vol. 81, N.º 1, 1987, pág. 151-159.

— *Toward a New Paradigm: Enhanced Effectiveness in United Nations*

*Peacekeeping, Collective Security, and War Avoidance*, VJIL, Vol. 37, 1997, pág. 811-890.

MORPHET, SALLY – *China as a Permanent Member of the Security Council – October 1971 – December 1999*, SD, Vol. 31, N.º 2, 2000, pág. 151--166.

MORRIS, VIRCINIA – *International Decision: Prosecutor v. Kanyabashi, Decision On Jurisdiction. Case N.º ICTR-96-15-T. International Criminal Tribunal for Rwanda, June 18, 1997*, AJIL, Vol. 92, 1998, pág. 66-70.

MORRISON, ALEX – *The Theoretical and Practical Feasibility of a United Nations Force*, CILJ, Vol. 28, 1995, pág. 661-672.

MOTALA, ZIYAD/DAVID BUTLERITCHIE, *Self-Defense in International Law, the United Nations, and the Bosnian Conflict*, UPLR, Vol. 57, 1995, pág. 1-33.

MOURGEON, JACQUES – *L' intervention internationale à titre humanitaire*, JDI, 121, 1994, n.º 3, pág. 643-652.

MOWER, JR., A. GLENN – *Observer Countries: Quasi Members of the United Nations*, IO, Vol. 20, N.º 2, 1966, pág. 266-283.

MUBIALA, MUTOY – *À la Recherche du Droit Applicable aux Opérations des Nations Unies sur le Terrain pour la Protection des Droits de l 'Homme*, AFDI, XLIII, 1997, pág. 167-183.

MUDGE, GEORGE A. – *Domestic Policies and UN Activities: The Cases of Rhodesia and the Republic of South Africa*, IO, Vol. 21, N.º 1, pág. 55-78.

MÜLLER, JÖRG – *Article 2 (2)*, em *The Charter of the United Nations – A Commentary* (ed. Bruno Simma), München, 1994, pág. 89-97.

MÜLLERSON, REIN A. – *The Principle of Non-Threat and Non-Use of Force in the Modern World*, em *The Non-Use of Force in International Law* (ed. W. E. Butler), Dordrecht, 1989, pág. 29-38.

— *Review: Humanitarian Intervention. The United Nations in an Evolving World Order. By Sean D. Murphy*, AJIL, Vol. 92, 1998, pág. 583-586.

— *The ABM Treaty: Changed Circumstances, Extraordinary Events, Supreme Interests and International Law*, ICLQ, Vol. 50, 2001, pág. 509-539.

MUNRO, ROSS H. – *Giving Taipei a Place at the Table*, FA, 1994 (Nov.--Dec.), pág. 109 e seg..

MURDOCK, JAMES – *Collective Security Distinguished from Intervention*, AJIL, Vol. 56, N.º 2, 1962, pág. 500-503.

MURPHY, JOHN – *Force and Arms*, em *United Nations Legal Order* (ed. O. Schachter/C. Joyner), Vol. I, New York/Melbourne, 1995, pág. 247--317.

MURPHY, MICHAEL K. – Achieving Economic Security with Swords as Ploughshares: The Modern Use of Force to Combat Environmental Degradation, VJIL, Vol. 39, 1999, pág. 1181-1219.

MURPHY, SEAN D. – Nation-Building: A Look At Somalia, TJICL, Vol. 3, 1995, pág. 19-43.

— Humanitarian Intervention: The United Nations in an Evolving World Order, Philadelphia, 1996.

MURSWIEK, DIETRICH – Die Problematik eines Rechts auf Sezession – Neu betrachtet, AV, vol. 31, n.º 4, 1993, pág. 307-332.

MUTHARIKA, A. PETER – The Role Of The United Nations Security Council In African Peace Management: Some Proposals, MJIL, Vol. 17, 1996, pág. 537-562.

MUTUA, MAKAU – Questioning The Yugoslav And Rwanda Tribunals, TICLJ, Vol. 11, 1997, pág. 167-187.

MYERS, DENYS P. – Procedure for Applying Sanctions, AJIL, Vol. 30, N.º 1, 1936, pág. 124-130.

— The League of Nations Covenant, APSR, Vol. 33, N.º 2, 1939, pág. 193-218.

NAARDEN, GREGORY L. – Un Intervention After The Cold War Political Will And The United States, TILJ, Vol. 29, 1994, pág. 231-256.

NAFZIGER, JAMES/EDWARD M. WISE – The Status in United States Law of Security Council Resolutions Under Chapter VII of the United Nations Charter, AJCL, Vol. 46, 1998, pág. 421-436.

NANDA, VED – U.S. Forces in Panama. Defenders, Aggressors or Human Rights Activists: The Validity of United States Intervention in Panama Under International Law, AJIL, Vol. 84, 1990, pág. 494-503.

— NATO's Armed Intervention in Kosovo and International Law, USAFAJLS, Vol. 10, 1999/2000, pág. 1-19.

NANDA, VED/T. MUTHER, JR/A. ECKERT, Tragedies In Somalia, Yugoslavia, Haiti, Rwanda and Liberia – Revisiting the Validity of Humanitarian Intervention Under International Law– Part II, DJILP, Vol. 26, 1998, pág. 827-868.

NEGRI, STEFANIA – L'Intervento delle Nazioni Unite nella Crisi Haitiana e Il Principio de Legittimità Democratica nell'Ordinamento Internazionale, em Interventi delle Nazioni Unite e Diritto Internazionale (dir. Paulo Picone), Padova, 1995, pág. 337-405.

NELSON, CHARLES – Revisionism and the Security Council Veto, IO, Vol. 28, N.º 3, 1974, pág. 539-555.

NELSON, RICHARD – International Law and U.S. Withholding of Payments to International Organizations, AJIL, Vol. 80, 1986, pág. 973-983.

NEUHOLD, HANSPETER – *Das System friedlicher Streitbeilegung der Vereinten Nationen*, em *Die Vereinten Nationen – Recht und Praxis* (hrsg. F. Cede/L. Sucharipa-Behrmann), Wien/München, 1999, pág. 57-68.

NEWCOMB, MARK E. – *Non-Proliferation, Self-Defense, and the Korean Crisis*, VJTL, Vol. 27, 1994, pág. 603-634.

NEWELL, CLAYTON R. – *Historical Dictionary of the Persian Gulf War 1990-1991*, Lanham/London, 1998.

NEWMAN, EDWARD – *The UN Secretary-General from the Cold War to the New Era – A Global Peace and Security Mandate?*, Houndmills/New York, 1998.

NICHOLAS, HERBERT – *UN Peace Forces and the Changing Globe: The Lessons of Suez and Congo*, IO, Vol. 17, N.º 2, 1963, pág. 321-337.

— *An Appraisal*, em *International Military Forces – The Question of Peacekeeping in an Armed and Disarming World* (Lincoln P. Bloomfield), MIT, 1964, pág. 105-125.

NICOLOUDIS, E. P. – *La Nullité de Jus Cogens et le Développement Contemporain du Droit International Public*, Atenas, 1974.

NIEMEYER, GERHART – *The Balance-Sheet of the League Experiment*, IO, Vol. 6, N.º 4, 1952, pág. 537-558.

NIPPOLD, O. – *Le Développement Historique du Droit International depuis de le Congrès de Vienne*, RDC, 1924, I, tome 2, pág. 5-121.

NOBLEMAN, ELI – *Quadripartite Military Government Organization and Operations in Germany*, AJIL, Vol. 41, N.º 3, 1947, pág. 650-655.

NOGUEIRA, FRANCO – *Debate Singular*, Lisboa, 1970.

NOVICHKOV, NIKOLAI – *Tajikistan and Russia near deal*, JDW, vol. 31, N.º 15, Apr 14, 1999, pág. 1.

NOWROJEE, BINAIFER – *Joining Forces: United Nations And Regional Peace-keeping – Lessons From Liberia*, HHRJ, Vol. 8, 1995, pág. 129 e segs..

NOWROT, KARSTEN/EMILY W. SCHABACKER, *The Use of Force to Restore Democracy: International Legal Implications of the ECOWAS Intervention in Sierra Leone*, AUILR, Vol. 14, 1998, pág. 321-412.

NOYES, JOHN E./BRIAN D. SMITH, *State Responsibility And The Principle Of Joint And Several Liability*, YJIL, Vol. 13, 1988, pág. 225-267.

NYS, ERNEST – *Le Droit International et la Papauté*, RDILC, 1978, vol. X, pág. 501-538.

O'BRIEN, CONOR C. – *Changing the Guard*, NYRB, June 23, 1966.

— *Reply To Plight Of Biafra*, NYRB, March 14, 1968.

— *Foul Play On The Albertina*, TG, September 25, 1992, pág. 19.

O'BRIEN, JAMES – *The International Tribunal for Violations of International*

*Humanitarian Law in the Former Yugoslavia*, AJIL, Vol. 87, N.º 4, 1993, pág. 639-659.

O'BRIEN, ROBERT C. – *The Challenge of Verifying Corporate and Government Claims at the United Nations Compensation Commission*, CILJ, Vol. 31, 1998, pág. 1-29.

O'BRIEN, WILLIAM V. – *Reprisals, Deterrence and Self-Defense in Counterterror Operations*, VJIL, Vol. 30, 1990, pág. 462-478.

O'CONNELL, D. P. – *The Status of Formosa and the Chinese Recognition Problem*, AJIL, Vol. 50, N.º 2, 1956, pág. 405-416.

O'CONNELL, MARY ELLEN – *Continuing Limits on UN Intervention in Civil War*, ILJ, Vol. 67, 1992, pág. 903-913.

O'ROURKE, VERNON – *Recognition of Belligerency and the Spanish War*, AJIL, Vol. 31, N.º 3, 1937, pág. 398-413.

OETER, STEFAN – *Kriegsverbrechen in den Konflikten um das Erbe Jugoslawiens*, ZAORV, 53, n.º 1, 1993, pág. 1-48.

OFODILE, ANTHONY C. – *The Legality of ECOWAS Intervention in Liberia*, CJTL, Vol. 32, N.º 2, 1994, pág. 381-418.

OKAFOR, OBIORA C. – *The Global Process of Legitimation and the Legitimacy of Global Governance*, AJICL, Vol. 14, 1997, pág. 117-140.

OLIVER, COVEY – *International Law and the Quarantine of Cuba*, AJIL, Vol. 57, N.º 2, 1963, pág. 373-377.

ONUF, NICHOLAS – *The Constitution of International Society*, EJIL, Vol. 5, 1994, N.º 1, pág. 1 e seg..

OOSTHUIZEN, GABRIËL – *Playing the Devil's Advocate: the United Nations Security Council is Unbound by Law*, LJIL, Vol. 12, 1999, pág. 549--563.

OPPENHEIM, LASSA – *International Law: A Treatise*, Vol. I, London, 1905; Vol. II, London, 1906.

ORENTLICHER, DIANE F. – *The Imprint Of Kosovo On International Law*, ILSAJICL, Vol. 6, 2000, pág. 541-545.

ORFORD, ANNE – *Locating the International Military and Monetary Interventions after the Cold War*, HILJ, Vol. 38, 1997, pág. 443-485.

OSIEKE, EBERE – *The Legal Validity of Ultra Vires Decisions of International Organizations*, AJIL, Vol. 77, 1983, pág. 239-256.

OTHMAN, MOHAMED – *Peacekeeping operations in Asia: Justice and UNTAET*, ILF, Vol. 3, 2001, pág. 114–126.

OXMAN, BERNARD H. – *The Third United Nations Conference on the Law of the Sea: The Eighth Session (1979)*, AJIL, Vol. 74, 1980, pág. 1-47.

PADELFORD, NORMAN – *The Use of Veto*, IO, Vol. 2, N.º 2, 1948, pág. 227--246.

— *The United Nations and Korea: A Political Résumé*, IO, Vol. 5, N.º 4, 1951, pág. 685-708.

PALWANKAR, UMESH – *Applicability of International Humanitarian Law to United Nations Peace-Keeping Forces*, IRRC, Vol. 294, 1993, pág. 227 e segs..

PARKER, JOAKIM E. – *Electing the U.N. Secretary-General After the Cold War*, HLJ, vol. 44, 1992, pág. 161-184.

— *Cultural Autonomy: A Prime Directive For The Blue Helmets*, UPLR, Vol. 55, 1993, pág. 207-237.

PARLEVLIET, MICHELLE – *Truth Commissions in Africa: the Non-Case of Namibia and the Emerging Case of Sierra Leone*, ILF, Vol. 2, 2000, pág. 98-111.

PARTSCH, KARL JOSEF – *Freedom of Conscience and Expression, and political Freedoms*, em *The International Bill of Rights – The Covenant on Civil and Political Rights* (ed. L. Henkin), New York, 1981, pág. 209-261.

PASTERNACK, SCOTT – *The Role of the Secretary-General in Helping to Prevent Civil War*, NYUJILP, Vol. 26, 1994, pág. 701-759.

PATEL, BIMAL – *The Accountability of International Organisations*, LJIL, Vol. 13, 2000, pág. 571-597.

PATRÍCIO, ANTÓNIO – *Efeito do Voto de Abstenção de um Membro Permanente do Conselho de Segurança sobre Matéria Não Processual*, RDES, Ano XV, 1968, pág. 182-193.

— *O Conselho de Segurança das Nações Unidas*, BMJ, n.º 280, 1978, pág. 45-158.

PAUST, JORDAN J. – *Peace-Making And Security Council Powers: Bosnia-Herzegovina Raises International And Constitutional Questions*, SILJ, Vol. 19, 1994, pág. 131-151.

— *War and Responses to Terrorism*, ASILI, September 2001.

— *Security Council Authorization to Combat Terrorism in Afghanistan*, ASILI, October 23, 2001.

PEIRCE, RACHEL – *The Definition Of The Crime Of Aggression And International Criminal Court*, BYUJPL, Vol. 15, 2001, pág. 281-299.

PELLET, ALAIN – *Peut-on et doit-on contrôler les actions du Conseil de sécurité?*, em *Le Chapitre VII de la Chartre des Nations Unies* (Société Française pour le Droit International – Colloque de Rennes), Paris, 1995, pág. 221-238.

— *"La guerre du Kosovo" – Le fait rattrapé par le droit*, ILF, Vol. I, N.º 3, 1999, pág. 160-165.

— *Brief Remarks on the Unilateral Use of Force*, EJIL, Vol. 11, N.º 2, 2000, pág. 385-392.

— Book Review and Note: *Governmental Illegitimacy in International Law*. By Brad R. Roth, AJIL, Vol. 94, 2000, pág. 419-421.

— *No, This is not War!*, EJIL (Web site), 3 October 2001.

PENNA, DAVID R. – *The Right to Self-Defense in the Post-Cold War Era: The Role of the United Nations*, DJILP, Vol. 20, 1991, pág. 41-54.

PENNY, CHRISTOPHER K. – *'No Justice, No Peace?': A Political and Legal Analysis of the International Criminal Tribunal for the Former Yugoslavia*, OLR, Vol. 30, 1998-1999, pág. 259-313.

PEREIRA, A. GONÇALVES – *Da Sucessão dos Estados quanto aos Tratados*, Lisboa, 1968.

PEREIRA, ANDRÉ GONÇALVES/FAUSTO DE QUADROS – *Manual de Direito Internacional Público*, 3ª ed., Coimbra, 1993.

PEREIRA, M. ASSUNÇÃO V. – *As Medidas Provisórias na Jurisprudência Recente do Tribunal Internacional de Justiça*, Coimbra, 1998.

PEREZ, ANTONIO F. – *On the Way to the Forum: The Reconstruction of Article 2(7) and Rise of Federalism Under the United Nations Charter*, TILJ, Vol. 31, 1996, pág. 353-450.

PERRIN, GEORGES – *La Nécessité et les Dangers du Jus Cogens*, em *Etudes et Essais sur le Droit International Humanitaire et sur les Principes de la Croix-Rouge en l'Honneur de Jean Pictet* (ed. Christophe Swinarski), Genève/La Haye, 1984, pág. 751-759.

PERRITT, JR., HENRY H. – *Policing International Peace And Security: International Police Forces*, WILJ, Vol. 17, 1999, pág. 281-324.

PETERSEN, FREDERICK J. – *The Facade Of Humanitarian Intervention For Human Rights In A Community Of Sovereign Nations*, AJICL, Vol. 15, 1998, pág. 871-904.

PETERSEN, KEITH S. – *The Uses of the Uniting for Peace Resolution since 1950*, IO, Vol. 13, N.º 2, 1959, pág. 219-232.

PETERSON, M. J. – *Recognition of Governments Should Not Be Abolished*, AJIL, Vol. 77, 1983, pág. 31-50.

— *Review: Recognition and the United Nations. By John Dugard*, AJIL, Vol. 82, 1988, pág. 391-394.

PETERSMANN, ERNST-ULRICH – *Constitutionalism and International Organizations*, JILB, Vol. 17, 1997, pág. 398-469.

PHELPS, JOHN – *Aerial Intrusions by Civil and Military Aircraft in Time of Peace*, MLR, Vol. 107, 1985, pág. 255-303.

PICCO, GIANDOMENICO – *The U.N. and the Use of Force; Leave the Secretary General Out of It*, FA, 1994 October, pág. 14 e segs..

PICKARD, DANIEL – *When Does Crime Become a Threat to International Peace and Security?*, FJIL, Vol. 12, 1998, pág. 1-21.

PICONE, PAOLO – *Obblighi Reciproci ed Obblighi Erga Omnes degli Stati nel Campo della Protezione Internazionale dell'Ambiente Marino dall'Inquinamento*, em *Diritto Internazionale e Protezione dell'Ambiente Marino* (Dir. Vicenzo Starace), Milano, 1983, pág. 15-135.

— *Nazioni Unite e Obblighi "Erga Omnes"*, CI, Vol. XLVIII, 1993, N. 4, pág. 709-730.

— *Interventi delle Nazioni Unite e Obblighi "Erga Omnes"*, em *Interventi delle Nazioni Unite e Diritto Internazionale* (dir. Paulo Picone), Padova, 1995, pág. 517-578.

PILLITU, P. A. – *Lo Stato di Necessità nel Diritto Internazionale*, Perugia, 1981.

PLACHTA, MICHAEL – *The Lockerbie Case: The Role of the Security Council in Enforcing the Principle Aut Dedere Aut Judicare*, EJIL, Vol. 12, N.º 1, 2001, pág. 125-140.

PLOFCHAN, JR., THOMAS K. – *Article 51: Limits On Self-Defense?*, MJIL, Vol. 13, 1992, pág. 336-373.

POLEBAUM, BETH M. – *National Self-defense in International Law. An emerging Standard for a Nuclear Age*, NYULR, Vol. 187, 1984, pág. 187-229.

POLITIS, N. – *Les représailles entre États membres de la Société des Nations*, RGDIP, tome 31, 1924, pág. 5-16.

PONTECORVO, CONCETTA – *Somalia e Nazioni Unite*, em *Interventi delle Nazioni Unite e Diritto Internazionale* (dir. Paulo Picone), Padova, 1995, pág. 201-259

PORTELA, CLARA – *Humanitarian Intervention, NATO and International Law*, Berlin, 2000 (texto em http://www.bitsberlin.de/public/researchreport/rr00-4-2.htm).

POTTER, PITMAN – *Is the Establishment of Peace and Disarmament Dependent Upon the Perfection of International Law and Organization?*, AJIL, Vol. 27, N.º 1, 1933, pág. 125-129.

— *Voting Procedure in the Security Council*, AJIL, Vol. 39, N.º 2, 1945, pág. 318-322.

— *Legal Bases and Character of Military Occupation in Germany and Japan*, AJIL, vol. 43, N.º 2, 1949, pág. 323-325.

— *Legal Aspects of the Situation in Korea*, AJIL, vol. 44, N.º 4, 1950, pág. 709-712.

— *Preventive War Critically Considered*, AJIL, Vol. 45, N.º 1, 1951, pág. 142-145.

— *Communist China: Recognition and Admission to the United Nations*, AJIL, Vol. 50, N.º 2, 1956, pág. 417-418.

— *Contemporary Problems of International Organizations*, AJIL, Vol. 59, N.º 2, 1965, pág. 291-304.

PRATT, DAVID – *Sierra Leone: The Forgotten Crisis*, Report to the Minister of Foreign Affairs, Canada, April 23, 1999 (texto em http://www.sierra-leone.org/pratt042399.html).

PROVOST, RENÉ – *Starvation as a Weapon: Legal Implications of the United Nations Food Blockade Against Iraq and Kuwait*, CJTL, vol. 30, 1992, n.º 3, pág. 577-639.

PUENTE, J. IRIZARRY Y – *Doctrines of Recognition and Intervention in Latin America*, TLR, Vol. 28, 1954, pág. 313-342.

PURNAWANTY, JANI – *Various Perspectives In Understanding The East Timor Crisis*, TICLJ, Vol. 14, 2000, pág. 61-73.

PYRICH, ALISSA – *United Nations: Authorizations Of Use Of Force*, HILJ, Vol. 32, 1991, pág. 265-274.

QUADROS, FAUSTO DE – *Direito das Comunidades Europeias e Direito Internacional Público*, Coimbra, Lisboa, 1991.

— *A Protecção da Propriedade Privada pelo Direito Internacional Público*, Coimbra, 1998.

QUANE, HELEN – *A Right to Self-Determination for the Kosovo Albanians?*, LJIL, Vol. 13, N.º 1, 2000, pág. 219-227.

QUIGLEY, JOHN – *Complicity in International Law: A New Direction in the Law of State Responsibility*, BYIL, Vol. 57, 1986, pág. 76-131.

— *The United States and the United Nations in the Persian Gulf War: New Order or Disorder?*, CJIL, Vol. 25, 1992, pág. 1-49.

— *Missiles with a Message: The Legality of the United States Raid on Iraq's Intelligence Headquarters*, HICLR, Vol. 17, 1994, pág. 241-274.

— *A Weak Defense of Anticipatory Self-Defense*, TICLJ, Vol. 10, 1996, pág. 255-257.

— *The Privatization of Security Council Enforcement Action: A Threat to Multilateralism*, MJIL, Vol. 17, 1996, pág. 249-283.

— *The Israel-PLO Interim Agreements: Are They Treaties?*, CILJ, Vol. 30, 1997, pág. 717-740.

— *The United Nations Security Council: Promethean Protector or Helpless Hostage?*, TILJ, Vol. 35, 2000, pág. 129-172.

RAIMUNDO, ISABEL – *Imperativo Humanitário e Não Ingerência*, Lisboa, 1999.

Rama-Montaldo, M. – *International Legal Personality and Implied Powers of International Organizations*, BYIL, Vol. 44, 1970, pág. 111-155.

RAMCHARAN, B. G. – *The Good Offices of the United Nations Secretary-General in the Field of Human Rights*, AJIL, Vol. 76, 1982, pág. 130--141.

RAMLOGAN, RAJENDRA – *Towards A New Vision Of World Security: The*

*United Nations Security Council And The Lessons Of Somalia*, HJIL, Vol. 16, 1993, pág. 213-260.

RAMOS, R. MOURA – *A Crise do Golfo e o Direito Internacional – Aspectos Gerais*, em *A Crise do Golfo e o Direito Internacional*, Porto, 1993, pág. 19-35.

RANDALL, H. L. – *Legal Antecedents of a League of Nations*, YLJ, Vol. XXVIII, 1919-1920, N.º 4, pág. 301-313.

RANDELZHOFER, ALBRECHT – *Article 2 (4)*; *51*, em *The Charter of the United Nations – A Commentary* (ed. Bruno Simma), München, 1994, pág. 106-128; 661-678.

RANJEVA, RAYMOND – *Peoples and National Liberation Movements*, em *International Law: Achievements and Prospects* (ed. M. Bedjaoui), Paris, 1991, pág. 101-110.

RATNER, STEVEN R. – *The Cambodia Settlement Agreements*, AJIL, Vol. 87, 1993, pág. 1-41.

— *Image and Reality in the UN's Peaceful Settlement of Disputes*, EJIL, Vol. 6, N.º 3, 1995, pág. 426-444.

RAYFUSE, ROSEMARY – *The Draft Code of Crimes against the Peace and Security of Mankind. Eating Disorders at the International Law Commission*, CLF, Vol. 8, 1997, pág. 43-86.

REISMAN, W. MICHAEL – *Termination of the USSR's Treaty Right of Intervention in Iran*, AJIL, Vol. 74, 1980, pág. 144-154.

— *The Case of the Nonpermanent Vacancy*, AJIL, Vol. 74, 1980, pág. 907--913.

— *Coercion and Self-Determination: Construing Charter Article 2(4)*, AJIL, Vol. 78, 1984, pág. 642-645.

— *Criteria for the Lawful Use of Force in International Law*, YJIL, Vol. 10, 1985, pág. 279-285.

— *Sovereignty and Human Rights in Contemporary International Law*, AJIL, Vol. 84, N.º 4, 1990, pág. 866-876.

— *The Constitutional Crisis in the United Nations*, AJIL, Vol. 87, N.º 1, 1993, pág. 83-100.

— *The Raid on Baghdad: Some Reflections on its Lawfulness and Implications*, EJIL, Vol. 5, 1994, N.º 1, pág. 120-133.

— *Haiti and the Validity of International Action*, AJIL, Vol. 89, N.º 1, 1995, pág. 82-84.

— *Humanitarian Intervention and Fledgling Democracies*, FILJ, Vol. 18, 1995, pág. 794-805.

— *Kosovo's Antinomies*, AJIL, Vol. 93, 1999, pág. 860-862.

— *International Legal Responses to Terrorism*, HJIL, 1999, pág. 3-61.

— *Unilateral action and the transformations of The World Constitutive Process: The Special Problem of Humanitarian Intervention*, EJIL, Vol. 11, 2000, N.º 1, pág. 3-18.

REPPAS, MICHAEL – *The Lawfulness of Humanitarian Intervention*, STTLR, Vol. 9, 1997, pág. 463-480.

RESS, GEORG – *Article 53*, em *The Charter of the United Nations – A Commentary* (ed. Bruno Simma), München, 1994, pág. 722-752.

REULAND, ROBERT C. – *The Customary Right of Hot Pursuit Onto the High Seas: Annotations to Article 111 of the Law of the Sea Convention*, VJIL, Vol. 33, 1993, pág. 557-589.

REUTER, PAUL – *Introduction au Droit des Traités*, Paris, 1985.

REYHAN, PATRICIA Y. – *Genocidal Violence In Burundi: Should International Law Prohibit Domestic Humanitarian Intervention?*, ALR, Vol. 60, 1997, pág. 771-779.

REYMOND, HENRI – *The Staffing of the United Nations Secretariat*, IO, Vol. 21, N.º 4, 1967, pág. 751-767.

RIBEIRO, M. ALMEIDA – *A Organização das Nações Unidas*, Coimbra, 1998.

RICH, ROLAND – *Recognition of States: The Collapse of Yugoslavia and the Soviet Union*, EJIL, Vol. 4, N.º 1, 1993, pág. 36-65.

RICHARDSON, III, HENRY J. – *Constitutive Questions In The Negotiations For Namibian Independence*, AJIL, Vol. 78, 1984, pág. 76-120.

— *A Critical Thought On Self Determination For East Timor And Kosovo*, TICLJ, Vol. 14, 2000, pág. 101-107.

RIEFF, DAVID – *Nagorno-Karabakh: Case Study in Ethnic Strife*, FA, March/ April, 1997, pág. 118 e segs..

RIGGS, RONALD M. – *The Grenada Intervention: A Legal Analysis*, MILLR, Vol. 109, 1985, pág. 1-81.

RIPHAGEN, WILLIAM – *Preliminary Report on the Content, Forms and Degrees of International Responsability (Part 2 of the Draft Articles on State Responsability)*, em YILC, 1980, vol. II, Parte I, pág. 107-129.

RIPOLLÉS, A. QUINTANO – *Tratado de Derecho Penal Internacional e Internacional Penal*, Tomo I, Madrid, 1955, pág. 178-184.

ROBERTS, GUY B. – *The Counterproliferation Self-Help Paradigm: A Legal Regime For Enforcing The Norm Prohibiting The Proliferation Of Weapons Of Mass Destruction*, DJILP, Vol. 27, 1999, pág. 483-359.

ROBERTS, KEN – *Second-Guessing The Security Council: The International Court Of Justice And Its Powers Of Judicial Review*, PILR, Vol. 7, 1995, pág. 281-327.

ROBINSON, JOSHUA – *United States Practice Penalizing International Terrorists*

*Needlessly Undercuts Its Opposition to the Passive Personality Principle*, BUILJ, Vol. 16, 1998, pág. 487-505.

ROBLEDO, A. GOMEZ – *Le Jus Cogens International: sa Genèse, sa Nature, ses Fonctions*, RDC, 1981, III, tome 172, pág. 9-217.

ROLIN, HENRI – *Les Principes de Droit International Public*, RDC, 1950, II, tomo 77, pág. 309-479.

— *The International Court of Justice and Domestic Jurisdiction*, IO, Vol. 8, N.º 1, 1954, pág. 36-44.

ROLING, B. V. A. – *Criminal Responsibility for Violations of the Law of the War*, RBDI, vol. XII, 1976, n.º 1, pág. 8-26.

ROMANO, JOHN-ALEX – *Combating Terrorism and Weapons of Mass Destruction: Reviving the Doctrine of a State of Necessity*, GLJ, Vol. 87, 1999, pág. 1023-1057.

Ronan, William – *English and American Courts and the Definition of War*, AJIL, Vol. 31, N.º 4, 1937, pág. 642-658.

RONZITTI, NATALINO – *Trattati Contrari a Norme Imperative del Diritto Internazionale?*, em *Studi in Onore di Giuseppe Sperduti*, Milano, 1984, pág. 209-272.

— *Rescuing Nationals Abroad Through Military Coercion and Intervention on Grounds of Humanity*, Dordrecht, 1985.

— *Use of Force, Jus Cogens and State Consent*, em *The Current Legal Regulation of the Use of Force* (ed. A. Cassese), Dordrecht/Boston/ Lancaster, 1986, pág. 147-166.

— *Guerra*, DDP, vol. VIII (1993), pág. 16-49.

— *Le Droit Humanitaire Applicable aux Conflits Armés en Mer*, RDC, 1993, V, tomo 242, pág. 9-196.

— *Raids aerei contro la Repubblica federale di Iugoslavia e Carta delle Nazioni Unite*, RDI, vol. LXXXII, 1999, n.º 2, pág. 476-482.

ROSA, ANNE-MARIE LA – *Les sanctions des Nations Unies et le droit international*, ILF, Vol. I, N.º 3, 1999, pág. 178-180.

ROSENBLATT, PETER R. – *What is Sovereignty: The Cases of Taiwan and Micronesia*, NELR, Vol. 32, 1998, pág. 797-800.

ROSSMAN, JAMES – *Article 43: Arming The United Nations Security Council*, NYUJILP, Vol. 26, 1994, pág. 227-263.

ROSTOW, EUGENE – *The Illegality of the Arab Attack on Israel of October 6, 1973*, AJIL, Vol. 69, N.º 2, 1975, pág. 272-289.

— *The Legality of the International Use of Force By and From States*, YJIL, Vol. 10, 1985, pág. 286-290.

— *Until What? Enforcement Action or Collective Self-Defense*, AJIL, vol. 85, N.º 3, 1991, pág. 506-516.

Rostow, Nicholas – *The International Use of Force after the Cold War*, HILJ, vol. 32, N.º 2, 1991, pág. 411-421.
— *Taiwan: Playing for Time*, NELR, Vol. 32, 1998, pág. 707-713.
Roth, Brad R. – *Governmental Illegitimacy in International Law*, Oxford, 1999.
— *Governmental Illegitimacy And Neocolonialism*, MLR, Vol. 98, 2000, pág. 2056-2065.
Rothert, Mark – *U.N. Intervention in East Timor*, CJTL, Vol. 39, 2000, pág. 257-282.
Rotnem, Thomas E. – *Tajikistan: Refugee Reintegration and Conflict Prevention* (review), *Peace Review*, vol. 11, N.º 4, 1999, pág. 617-619.
Roucounas, Emmanuel – *Engagements Parallèles et Contradictoires*, RDC, 1987, VI, tomo 206, pág. 9– 288.
Rouleau, Eric – *America's Unyielding Policy toward Iraq*, FA, 1995, January/February, pág. 59 e segs..
Rowles, James – *"Secret Wars", Self-Defense and the Charter*, AJIL, Vol. 80, N.º 3, 1986, pág. 568-583.
— *Nicaragua versus the United States: Issues of Law and Policy*, IL, Vol. 20, 1986, pág. 1245 e segs..
Rubin, Alfred P. – *Dayton, Bosnia, and the limits of law*, TNI, 1996, N.º 46, pág. 41 e segs..
— *Book Review: Recueil des Cours de l'Académie de Droit International de La Haye, 1976*, AJIL, Vol. 79, 1985, pág. 251-254.
— *Secession and Self-Determination: A Legal, Moral, and Political Analysis*, SJIL, Vol. 36, 2000, pág. 253-270.
Rudzinski, Alexander – *The So Called Double Veto*, AJIL, Vol. 45, N.º 3, 1951, pág. 443-461.
— *Majority Rule vs. Great Power Agreement in the United Nations*, IO, Vol. 9, N.º 3, 1955, pág. 366-375.
Ruffert, Matthias – *The Administration of Kosovo and East-Timor by the International Community*, ICLQ, Vol. 50, 2001, pág. 613-631.
Russell, Ruth – *United Nations Financing and "the Law of the Charter"*, CJTL, Vol. 5, 1966, pág. 68-95.
Rytter, Jens Elo – *Humanitarian Intervention without the Security Council: From San Francisco to Kosovo – and Beyond*, NJIL, Vol. 70, N.º 1/ /2, 2001, pág. 121-160.
Sabec, Christopher J. – *The Security Council comes to Age: An Analysis of the International Legal Response to the Iraqi Invasion of Kuwait*, GJICL, 1991, pág. 63-101.

SADURSKA, ROMANA – *Foreign Submarines in Swedish Waters: The Erosion of an International Norm*, YJIL, Vol. 10, 1985, pág. 34-58.

— *Threats of Force*, AJIL, Vol. 82, 1988, pág. 239-268.

SALMON, JEAN – *L'Intention en Matière de Responsabilité Internationale*, em *Le Droit International au Service de la Paix, de la Justice et du Développement – Mélanges Michel Virally*, Paris, 1991, pág. 413-422.

SÁNCHEZ, P. A. FERNÁNDEZ – *La Violation Grave des Droits de l'Homme comme Menace contre la Paix*, RDISDP, Vol. 77, n.º 1, 1999, pág. 23- -51.

SANDOZ, YVEZ – «*Droit*» or «*Devoir d'Ingérence*» and the Right to Assistance: the Issues Involved, TR, n.º 49, 1992, pág. 13-22.

SAPIENZA, ROSARIO – *Sul Margine d'Apprezzamento Statale nel Sistema della Convenzione Europea dei Diritti dell'Uomo*, RDI, vol. LXXIV, 1991, n.º 3, pág. 571-614.

SAPRU, TARA – *Into the Heart of Darkness: The Case Against the Foray of the Security Council Tribunal into the Rwandan Crisis*, TILJ, Vol. 32, 1997, pág. 329-354.

SAROOSHI, DANESH – *The United Nations and the Development of Collective Security: The Delegation by the UN Security Council of Its Chapter VII Powers*, Oxford, 1999.

SAUNDERS, LUCINDA – *Holding De Beers Accountable for Trading Conflict Diamonds*, FILJ, Vol. 24, 2001, pág. 1402-1476.

SAYRE, FRANCIS – *Legal Problems Arising from the United Nations Trusteeship System*, AJIL, Vol. 42, N.º 2, 1948, pág. 263-298.

SAXER, URS – *Kosovo und das Völkerrecht – Ein Konfliktmanagement im Spannungsfeld von Menschenrechten, kollektiver Sicherheit und Uni-lateralismus*, Basler, 1999 (http://www.unibas.ch/euro/inhalt/menu4/schriften/BS42-43.pdf).

SCELLE, GEORGES – *Quelques Réflexions sur l'Abolition de la Compétence de Guerre*, RGDIP, 1954, tomo LVIII, pág. 5-22.

SCHACHTER, OSCAR – *The Enforcement of International Judicial and Arbitral Decisions*, AJIL, Vol. 54, N.º 1, 1960, pág. 1-24.

— *The Quasi-Judicial Role of the Security Council and the General Assembly*, AJIL, Vol. 58, 1964, pág. 960-965.

— *Uses of Law in International Peace-Keeping*, VLR, Vol. 50, 1964, pág. 1096-1114.

— *International Law in Theory and Practice – General Course in Public International Law*, RDC, 1982, V, tome 178, pág. 9-396.

— *The Legality of Pro-Democratic Invasion*, AJIL, Vol. 78, 1984, pág. 645-649.

—   *The Right of States to Use Armed Force*, MLR, Vol. 82, 1984, pág. 1620-1646.

—   *The Lawful Resort to Unilateral Use of Force*, YJIL, Vol. 10, 1985, pág. 291-294.

—   *In Defense of International Rules on the Use of Force*, UCLR, Vol. 53, 1986, pág. 113-146.

—   *Self-Defense – Remarks*, ASIL, Vol. 81, 1987, pág. 350-354.

—   *Self-Defense and the Rule of Law*, AJIL, Vol. 83, 1989, pág. 259-277.

—   *United Nations Law in the Gulf Conflict*, AJIL, vol. 85, N.º 3, 1991, pág. 452-473.

—   *Is There a Right to Overthrow an Illegitimate Regime?*, em *Le Droit International au Service de la Paix, de la Justice et du Développement – Mélanges Michel Virally*, Paris, 1991, pág. 423-430.

—   *State Succession – The Once and Future Law*, VJIL, Vol. 33, 1993, pág. 253-260.

—   *United Nations Law*, AJIL, Vol. 88, N.º 1, 1994, pág. 1-23.

—   *Dispute Settlement and Countermeasures in the International Law Commission*, AJIL, Vol. 88, N.º 3, 1994, pág. 471-477.

SCHARF, MICHAEL P. – *Musical Chairs: The Dissolution of States and Membership in the United Nations*, CILJ, Vol. 28, 1995, pág. 29-69.

—   *Swapping Amnesty for Peace: Was There a Duty to Prosecute International Crimes in Haiti*, TILJ, Vol. 31, 1996, pág. 1-41.

—   *The Scope of The International Legal Obligation to Prosecute Human Rights Crimes*, LCP, Vol. 59, 1996, pág. 41-61.

—   *Bridging the Taiwan Strait-Problems and Prospects for China's Reunification or Taiwan's Independence: Foreword*, NELR, Vol. 32, 1998, pág. 661-664.

—   *Clear and Present Danger: Enforcing the International Ban on Biological and Chemical Weapons Through Sanctions, Use of Force, and Criminalization*, MJIL, Vol. 20, 1999, pág. 477-521.

—   *Dead Beat Dead End: A Critique of the New U.S. Plan for Payment of U.N. Arrears*, NEICLA, Vol. 6, 2000, pág. 1-4.

SCHEFFER, DAVID J. – *United Nations Peace Operations and Prospects for a Standing Force*, CILJ, Vol. 28, 1995, pág. 649-660.

SCHINDLER, DIETRICH – *Transformations in the Law of Neutrality Since 1945* em *Humanitarian Law of Armed Conflict Challenges Ahead-Essays in Honour of Frits Kalshoven*, Dordrecht/Boston/London, 1991, pág. 367-386.

—   *Neutrality and Morality: Developments in Switzerland and in the International Community*, AUILR, Vol. 14, 1998, pág. 155-170.

SCHMITT, MICHAEL N. – *Computer Network Attack and the Use of Force in International Law*, CJTL, Vol. 37, 1999, pág. 885-937.

SCHREUER, CHRISTOPH – *The Relevance of United Nations Decisions in Domestic Litigation*, ICLQ, vol. 27, n.º 1, 1978, pág. 1-17.

— *Regionalism v. Universalism*, EJIL, Vol. 6, N.º 3, 1995, pág. 477-499.

— *The Changing Structure Of International Organization*, TL, Vol. 11, 1998, pág. 419 e segs..

— *Is there a Legal Basis for the NATO Intervention in Kosovo?*, ILF, Vol. I, N.º 3, 1999, pág. 151-154.

— *East Timor and the United Nations*, ILF, Vol. 2, 2000, pág. 18-25.

— *Is there a Legal Basis for the Air Strikes Against Iraq?*, ILF, Vol. 3, 2001, pág. 72–75.

SCHRIJVER, NICO – *NATO in Kosovo: Humanitarian Intervention Turns into Von Clausewitz War*, ILF, Vol. I, N.º 3, 1999, pág. 155-159.

— *Some aspects of UN involvement with Indonesia, West Irian and East Timor*, ILF, Vol. 2, 2000, pág. 26–31.

SCHWABACH, AARON – *Yugoslavia v. Nato, Security Council Resolution 1244, and the Law of Humanitarian Intervention*, SJILC, Vol. 27, 2000, pág. 77-101.

— *The Legality Of The Nato Bombing Operation In The Federal Republic Of Yugoslavia*, PILR, 1999, pág. 405-418.

SCHWARZENBERGER, GEORG – *The Rule of Law and the Disintegration of the International Society*, AJIL, Vol. 33, N.º 1, 1939, pág. 56-77.

— *A Manual of Public International Law*, 5th ed., London, 1967.

— *International Law as Applied by International Law and Tribunals*, Vol. III, London, 1976.

SCHWEBEL, STEPHEN M. – *Widening the Advisory Jurisdiction of the International Court of Justice without Amending Its Statute*, CULR, vol. 33, 1984, pág. 355-361.

— *Authorizing the Secretary General Of The United Nations To Request Advisory Opinions Of The International Court Of Justice*, AJIL, Vol. 78, 1984, pág. 869-878.

— *Review: Office Without Power: Secretary-General Sir Eric Drummond, 1919-1933. By James Barros*, AJIL, Vol. 74, 1980, pág. 695-697.

— *Review: Trygve Lie and the Cold War. The UN Secretary-General Pursues Peace*, 1946-1953, AJIL, Vol. 85, N.º 1, 1991, pág. 209-212.

SCHWEISFURTH, THEODOR – *Article 28; Article 34*, em *The Charter of the United Nations – A Commentary* (ed. Bruno Simma), München, 1994, pág. 469-477 e pág. 514-526.

SCHWEITZER, MICHAEL/WALDEMAR HUMMER – *Article 54*, em *The Charter of the United Nations – A Commentary* (ed. Bruno Simma), München, 1994, pág. 752-757.

SCHWELB, EGON – *Withdrawal from the United Nations: The Indonesian Intermezzo*, AJIL, Vol. 61, N.º 3, 1967, pág. 661-672.

SCHWINDT, CONSTANCE J. – *Interpreting the United Nations Charter: From Treaty to World Constitution*, UCDJILP, Vol. 6, 2000, pág. 193-215.

SCISO, ELENA – *On Article 103 of the Charter of the United Nations in the Light of the Vienna Convention on the Law of Treaties*, AJPIL/OZORV, vol. 38, 1987, pág. 161-179.

— *Può la Corte Internazionale di Giustizia Rilevare l'Invalidità di una Decisione del Consiglio di Sicurezza?*, RDI, vol. LXXV, 1992, pág. 369-374.

SCOTT, COLIN/LARRY MINEAR/THOMAS G. WEISS, *Humanitarian Action and Security in Liberia, 1989-1994*, Occasional Paper 20, The Watson Institute, 1995.

SCOTT, CRAIG/QURESHI/MICHELL/KALAJDZIC/COPELAND/CHANG, *A Memorial For Bosnia: Framework Of Legal Arguments Concerning The Lawfulness Of The Maintenance Of The United Nations Security Council's Arms Embargo On Bosnia And Herzegovina*, MJIL, Vol. 16, 1994, pág. 1-135.

SCOTT, JAMES B. – *Interpretation of Article X of the Covenant of the League of Nations*, AJIL, Vol. 18, N.º 1, 1924, pág. 108-113.

SCOTT, ROGER – *Getting Back To The Real United Nations: Global Peace Norms And Creeping Interventionism*, MILLR, Vol. 154, 1997, pág. 27-52.

— *Territorially Intrusive Intelligence Collection and International Law*, AFLR, Vol. 46, 1999, pág. 217 e segs..

SEGALL, ANNA – *Economic sanctions: legal and policy constraints*, IRRC, N.º 836, 31 December 1999, pág. 763-784.

SELIVANOVA, IRINA F. – *Trans-Dniestria*, em *U.S. and Russian Policymaking with Respect to the Use of Force* (ed. Jeremy R. Azrael/Emil A. Payin), Rand, 1996.

SELLEN, KEITH L. – *The United Nations Security Council Veto In The New World Order*, MILLR, Vol. 138, 1992, pág. 187-262.

SELLSTRÖM, TOR/LENNART WOHLGEMUTH, *The International Response to Conflict and Genocide: Lessons from the Rwanda Experience*, JHA, 14 September 1997.

SEMB, ANNE J. – *Sovereignty Challenged*, Oslo, 2000.

— *The New Practice of UN-Authorized Interventions– A Slippery Slope of Forcible Interference*, JPR, Vol. 37, N.º 4, 2000, pág. 469-488.

SEYERSTED, FINN – *United Nations Forces in the Law of Peace and War*, Leiden, 1966.

SHARP, SR., WALTER G. – *Protecting The Avatars Of International Peace And Security*, DJCIL, Vol. 7, 1996, pág. 93-183.

— *Revoking An Aggressor's License To Kill Military Forces Serving The United Nations: Making Deterrence Personal*, MJILT, Vol. 22, 1998, pág. 1 e segs..

— *Operation Allied Force: Reviewing The Lawfulness Of Nato's Use Of Military Force To Defend Kosovo*, MJILT, Vol. 23, 1999, pág. 295-329.

— *The Use of Armed Force against Terrorism: American Hegemony or Impotence?*, CHJIL, Vol. 1, 2000, pág. 37-47.

SHAW, MALCOLM – *Genocide and International Law*, em *International Law at a Time of Perplexity – Essays in Honour of Shabtai Rosenne* (ed. Y. Dinstein), Dordrecht/Boston/London, 1989, pág. 797-820.

— *International Law*, 4th ed., Cambridge, 1997.

SHEN, JIANMING – *Sovereignty, Statehood, Self-determination, and the Issue of Taiwan*, AUILR, Vol. 15, 2000, pág. 1101-1161.

SHIHATA, IBRAHIM F.I. – *The Dynamic Evolution of International Organizations: The Case of the World Bank*, JHIL, Vol. 2, 2000, pág. 217–249.

SHOHAM, URI – *The Grenada Intervention: the Israeli Aerial Raid upon the Iraqi Nuclear Reactor and The Right of Self-Defense*, MILLR, Vol. 109, 1985, pág. 191-223.

SHRAGA, DAPHNA – *Book Review And Note: The Blue Helmets: Legal Regulation of United Nations Military Operations. By Hilaire McCoubrey and Nigel D. White*, AJIL, Vol. 92, 1998, pág. 163-165.

— *UN Peacekeeping Operations: Applicability of International Humanitarian Law and Responsibility for Operations-Related Damage*, AJIL, Vol. 94, 2000, pág. 406-412.

SICILIANOS, LINO-ALEXANDRE – *The Relationship between Reprisals and Denunciation or Suspension of a Treaty*, EJIL, vol. 4, 1993, pág. 341-359.

— *Le Contrôle par le Conseil de Sécurité des Actes de Légitimité Défense*, em *Le Chapitre VII de la Chartre des Nations Unies* (Société Française pour le Droit International – Colloque de Rennes), Paris, 1995, pág. 59-95.

SIEKMANN, ROBERT – *National Contingents in United Nations Peace-Keeping Forces*, Dordrecht/Boston/London, 1991.

SILLS, JOE BYRNES – *United Nations Peacekeeping: The Years Past, The Years Ahead*, DJILP, Vol. 24, 1996, pág. 451-460.

SILVANIE, HAIG – *Responsibility of States for Acts of Insurgent Governments*, AJIL, Vol. 33, N.º 1, 1939, pág. 78-103.

SILVERBERG, SANFORD R. – *Diplomatic Recognition of States in Statu Nascendi: The Case of Palestine*, TJCIL, Vol. 6, 1998, pág. 21-47.

SIMMA, BRUNO – *Does the UN Charter Provide an Adequate Legal Basis for Individual or Collective Responses to Violations of Obligations Erga Omnes*, em *The Future of the International Law Enforcement, New Scenarios – New Law* (ed. Jost Delbrück), Berlin, 1992, pág. 125-146.

— *NATO, the UN and the Use of Force – Legal Aspects*, EJIL, Vol. 10, 1999, pág. 1-22.

SIMMA, BRUNO/ANDREAS L. PAULUS, *The 'International Community': Facing the Challenge of Globalization*, EJIL, Vol. 9, N.º 2, 1998, pág. 266 e segs..

SIMMA, BRUNO/STEFAN BRUNNER – *Article 27*, em *The Charter of the United Nations – A Commentary* (ed. Bruno Simma), München, 1994, pág. 430-469.

SIMONS, GEOFF – *The Scourging of Iraq Sanctions, Law and Natural Justice*, 2nd ed., Houndmills/New York, 1998.

SINCLAIR, I. M. – *The Vienna Convention on the Law of Treaties*, Manchester, 2ª ed., 1984.

SINGER, MICHAEL – *Jurisdictional Immunity of International Organizations: Human Rights and Functional Necessity Concerns*, VJIL, Vol. 36, 1995, pág. 53-109.

SISE, LAMIN J. – *Illusions of a Standing United Nations Force*, CILJ, Vol. 28, 1995, pág. 645-647.

SKUBISZEWSKI, KRZYSZTOF – *Implied Powers of International Organizations*, em *International Law at a Time of Perplexity – Essays in Honour of Shabtai Rosenne* (ed. Y. Dinstein), Dordrecht/Boston/London, 1989, pág. 855-868.

SLIM, HUGO – *Military Humanitarianism And The New Peacekeeping: An Agenda For Peace?*, JHA, 22 September 1995.

SLOAN, BLAINE – *General Assembly Resolutions Revisited (Forty Years After)*, BYIL, Vol. 58, 1987, pág. 39-150.

SMITH, GEORGE I./CONOR C. O'BRIEN, *Hammarskjold Plane Crash 'No Accident'*, TG, September 11, 1992, pág. 18.

SMITH, MICHAEL E. – *NATO, the Kosovo Liberation Army, and the War for an Independent Kosovo*, AL, 2001, pág. 1-22.

SMITH, R. GRANT – *Tajikistan: The rocky road to peace*, Central Asian Survey, vol. 18, n. 2, Jun 1999, pág. 243-251.

SODER, JOSEF – *Die Vereinten Nationen und die Nichtmitglieder: Zum Problem d. Weltstaatenorganisation*, Bonn, 1956.

Sofaer, Abraham D. – *Terrorism And The Law*, FA, 1986, pág. 901 e segs.
— *International Law and Kosovo*, SJIL, Vol. 36, 2000, pág. 1-21.
Sohn, Louis B. – *The Authority of the United Nations to Establish and Maintain a Permanent United Nations Force*, AJIL, vol. 52, N.º 2, 1958, pág. 229-240.
— *Expulsion or Forced Withdrawal from an International Organization*, HLR, Vol. 77, 1964, pág. 1381-1425.
— *The International Court of Justice and the Scope of the Right of Self-Defense and the Duty of Non-Intervention*, em *International Law at a Time of Perplexity – Essays in Honour of Shabtai Rosenne* (ed. Y. Dinstein), Dordrecht/Boston/London, 1989, pág. 869-878.
— *Global Attitudes on the Role of the United Nations in the Maintenance and Restoration of Peace*, GJICL, Vol. 26, 1996, pág. 77-80.
— *The New Dimensions of United Nations Peacemaking*, GJICL, Vol. 26, 1996, pág. 123-134.
— *Important Improvements in the Functioning of the Principal Organs Of The United Nations*, AJIL, Vol. 91, 1997, pág. 652-662.
Somavía, Juan – *The humanitarian responsibilities of the Security Council, Development in Practice*, Vol. 7, N.º 4, 1997, pág. 353-362.
Soong, James W. – *Taiwan And Mainland China: Unfinished Business*, UCDJILP, Vol. 1, 1995, pág. 361-366.
Sorel, Jean-Marc – *Les Ordonnances de la Cour Internationale de Justice du 12 Avril 1992*, RGDIP, tome 97, 1993, n.º 3, pág. 689-725.
— *L'élargissement de la notion de menace contre la paix*, em *Le Chapitre VII de la Chartre des Nations Unies* (Société Française pour le Droit International – Colloque de Rennes), Paris, 1995, pág. 3-57.
Soubeyrol, Jacques – *Las Iniciativas Coercitivas de la O.N.U. y la Legalidad Interna de la Organización*, Valladolid, 1970.
Spencer, John – *The Italian-Ethiopian Dispute and the League of Nations*, AJIL, Vol. 31, N.º 4, 1937, pág. 614-641.
Spieker, Heike – *The International Criminal Court and Non-International Armed Conflicts*, LJIL, Vol. 13, 2000, pág. 395-425.
Stahn, Carsten – *Security Council Resolutions 1368 (2001) and 1373 (2001): What They Say and What They Do Not Say*, EJIL (Web site), 2001.
Stavropoulos, Constantin A. – *The Practice of Voluntary Abstentions by Permanent Members of the Security Council Under Article 27, Paragraph 3, of the Charter of the United Nations*, AJIL, Vol. 61, N.º 3, 1967, pág. 737-752.
Stein, Eric – *Mr. Hammarskjöld, the Charter Law and the Future Role of the United Nations Secretary General*, AJIL, Vol. 56, 1962, pág. 9-32.

STEIN, ANDREAS – *Der Sicherheitsrat der Vereinten Nationen und die Rule of Law*, Baden-Baden, 1999.

STEIN, TORSTEN/STEFAN RICHTER – *Article 36; Article 37; Article 38*, em *The Charter of the United Nations – A Commentary* (ed. Bruno Simma), München, 1994, pág. 534-546; 547-560; 560-565.

STEPHEN, MICHAEL – *Natural Justice at The United Nations: The Rhodesia Case*, AJIL, Vol. 67, N.º 3, 1973, pág. 479-490.

STEPHENS, DALE G. – *Rules of Engagement and the Concept of Unit Self Defense*, NLR, Vol. 45, 1998, pág. 126-151.

— *The Impact of the 1982 Law of the Sea Convention on the Conduct of Peacetime Naval-Military Operations*, CWILJ, Vol. 29, 1999, pág. 283-
-311.

STINSON, J. WHITLA – *Recognition of de Facto Governments and the Responsibility of States*, MLR, Vol. IX, 1924, pág. 1-20.

STONE, JULIUS – *Feasible Tasks for Survival*, TILJ, Vol. 3, 1967, pág. 237-
-252.

— *Hopes and Loopholes in the 1974 Definition of Aggression*, AJIL, vol. 71, N.º 2, 1977, pág. 224-246.

STOPFORD, MICHAEL – *Peace-Keeping or Peace-Enforcement: Stark Choices for Grey Areas*, UDMLR, Vol. 73, 1996, pág. 499-523.

SUCHARIPA-BEHRMANN, LILLY – *Die friedenserhaltenden Operationen der Vereinten Nationen*, em *Die Vereinten Nationen – Recht und Praxis* (hrsg. F. Cede/L. Sucharipa-Behrmann), Wien/München, 1999, pág. 85-100.

SUCHARIPA-BEHRMANN, LILLY/THOMAS FRANCK, *Preventive Measures*, NYUJILP, Vol. 30, 1998, pág. 485-537.

SUNGA, LYAL – *Individual Responsibility in International Law for Serious Human Rights Violations*, Dordrecht/Boston/London, 1992.

SUR, SERGE – *Sécurité collective et rétablissement de la paix: la résolution 687 (3 avril 1991) dans l'affaire du Golfe*, em *Le développement du rôle du Conseil de Sécurité* (org. R. J. Dupuy), Nijhoff, 1993, pág. 13-
-49.

SURCHIN, ALAN D. – *Terror And The Law: The Unilateral Use of Force and the June 1993 Bombing of Baghdad*, DJCIL, Vol. 5, 1995, pág. 457-
-497.

SUY, ERIC – *NATO's Intervention in the Federal Republic of Yugoslavia*, LJIL, Vol. 13, N.º 1, 2000, pág. 193-205.

SWIFT, RICHARD – *Personnel Problems and the United Nations Secretariat*, IO, Vol. 11, N.º 2, 1957, pág. 228-247.

Szasz, Paul – *Is the ASIL Policy on Divestment in Violation of International Law? Further Observations*, AJIL, Vol. 82, 1988, pág. 314-318.
— *The Role of the U.N. Secretary-General: Some Legal Aspects*, NYUJILP, Vol. 24, 1991, pág. 161-198.
— *Peacekeeping in Operation: A Conflict Study of Bosnia*, CILJ, Vol. 28, 1995, pág. 685-699.
— *The Irresistible Force of Self-Determination Meets the Impregnable Fortress of Territorial Integrity-Kosovo and Elsewhere*, GJICL, Vol. 28, 1999, pág. 1-8.
Sztucki, Jerzy – *Jus Cogens and the Vienna Convention on the Law of Treaties – A Critical Appraisal*, Vienna/New York, 1974.
— *Intervention Under Article 63 of the ICJ Statute in the Phase of Preliminary Proceedings: The "Salvadoran Incident"*, AJIL, vol. 79, 1985, pág. 1005-1036.
Tanca, Antonio – *Sulla Qualificazione del Conflitto nella ex Iugoslavia*, RDI, vol. LXXVI, 1993, n. 1, pág. 37-51.
— *Foreigner Armed Intervention in Internal Conflicts*, Dordrecht/Boston/London, 1993.
Tandon, Yashpal – *Consensus and Authority Behind United Nations Peacekeeping Operations*, IO, Vol. 21, N.º 2, 1967, pág. 254-283.
— *UNEF, the Secretary-General, and International Diplomacy in the Third Arab-Israeli War*, IO, Vol. 22, N.º 2, 1968, pág. 529-556.
Tanzi, Attila – *Problems of Enforcement of Decisions of the International Court of Justice and the Law of the United Nations*, EJIL, Vol. 6, N.º 4, 1995, pág. 539 e segs..
Tappe, Trent N. – *Chechnya and the State of Self-Determination in a Breakaway Region of the Former Soviet Union*, CJTL, Vol. 34, 1995, pág. 255 e segs..
Taubenfeld, Howard J, – *International Armed Forces and the Rules of War*, AJIL, Vol. 45, N.º 4, 1951, pág. 671-679.
— *International Actions and Neutrality*, AJIL, Vol. 47, N.º 3, 1953, pág 377-396.
Tavernier, Paul – *Les Déclarations du Président du Conseil de Sécurité*, AFDI, XXXIX, 1993, pág. 86-103.
— *Les Etats-Unis peuvent-ils invoquer la légitime défense?*, 6 octobre 2001, em *Débat – Les Etats-Unis sont-ils en situation de légitime défense à la suite des attentats du 11 septembre 2001?*, AEDI.
Taylor, Amos – *Economic Sanctions and International Security*, UPLR, Vol. 74, 1925-1926, pág. 155-168.

Telhami, Shibley – *Is a Standing United Nations Army Possible Or Desirable*, CILJ, Vol. 28, 1995, pág. 673-683.

Teles, M. Galvão – *As Nações Unidas e a Questão de Timor-Leste*, PI, n.º 20, 1999, n.º 3, pág. 177-191.

Teles, P. Galvão – *Obligations Erga Omnes in International Law*, RJ, n.º 20, 1996 (Nov.), pág. 73-137.

— *Autodeterminação em Timor Leste*, DDC, n.º 79-80, 1999, pág. 381--454.

Teson, Fernando R. – *Collective Humanitarian Intervention*, MJIL, Vol. 17, 1996, pág. 323-371.

Testa, Carlos – *Le Droit Public International Maritime* (trad. ed. portuguesa), Paris, 1886.

Thieroff, Mark/Edward A. Amley, Jr., *Proceeding to Justice and Accountability in the Balkans: The International Criminal Tribunal for the Former Yugoslavia and Rule 61*, YJIL, Vol. 23, 1998, pág. 231-274.

Thierry, Hubert – *L' Évolution du Droit International – Cours Général de Droit International Public*, RDC, 1990, III, tome 222, pág. 9-186.

Thirlway, Hugh – *The Law and Procedure of the International Court of Justice (1960-1989)*, BYIL, vol. LX, 1989, pág. 29-30.

Thouvenin, Jean-Marc – *Le statut juridique des forces de maintien de la paix des Nations Unies*, ILF, Vol. 3, 2001, pág. 105-113.

Thürer, Daniel – *The «failed State» and international law*, IRRC, 1999, N.º 836, pág. 731-761.

Tinker, Catherine – *"Environmental Security" in the United Nations: Not a Matter for the Security Council*, TELR, Vol. 59, 1992, pág. 787-801.

Tittemore, Brian D. – *Belligerents in Blue Helmets: Applying International Humanitarian Law to United Nations Peace Operations*, SJIL, Vol. 33, 1997, pág. 61-117.

Tomuschat, Christian – *Obligations Arising for States Without or Against their Will*, RDC, 1993, IV, tome 241, pág. 195-374.

— *Are Counter-measures Subject to Prior Recourse to Dispute Settlement Procedures?*, EJIL, Vol. 5, 1994, pág. 77-88.

Toole, Jennifer – *A False Sense of Security: Lessons Learned From the United Nations Organization and Conduct Mission in East Timor*, AUILR, Vol. 16, 2000, pág. 199 e segs..

Townsend, Gregory – *The Iraq Claims Process: A Progress Report On The United Nations Compensation Commission & U.S. Remedies*, LLAICLJ, Vol. 17, 1995, pág. 973-1027.

— *State Responsibility for Acts of De Facto Agents*, AJICL, Vol. 14, 1997, pág. 635-678.

TRAUTTMANSDORFF, FERDINAND – *Die Organe der Vereinten Nationen*, em *Die Vereinten Nationen – Recht und Praxis* (hrsg. F. Cede/L. Sucharipa-Behrmann), Wien/München, 1999, pág. 25-53.

TRAVALIO, GREGORY – *Terrorism, International Law, and the Use of Military Force*, WILJ, Vol. 18, 2000, pág. 145-191.

TSAGOURIAS, NICHOLAS N. – *Humanitarian Intervention After Kosovo and Legal Discourse: Self-Deception or Self-Consciousness?*, LJIL, Vol. 13, N.º 1, 2000, pág. 11-32.

TUCKER, ROBERT – *Reprisals and Self-Defense: The Customary Law*, AJIL, Vol. 66, N.º 3, 1972, pág. 586-596.

TURNDORF, DAVID – *The U.S. Raid on Libya: A Forceful Response to Terrorism*, BJIL, Vol. 14, 1988, pág. 187-221.

TUZMUKHAMEDOV, BAKHTIYAR – *The Legal Framework of CIS Regional Peace Operations*, IP, Vol. 6/1, 2000, pág. 1-6.

TYAGI, YOGESH K. – *Humanitarian Intervention Revisited*, MJIL, Vol. 16, 1995, pág. 883-910.

URQUHART, BRIAN E. – *A UN Perspective*, em *International Military Forces – The Question of Peacekeeping in an Armed and Disarming World* (Lincoln P. Bloomfield), MIT, 1964, pág. 126-144.

— *Who Can Stop Civil Wars*, NYT, December 29, 1991, pág. 9.

USHAKOV, YURI V. – *Humanitarian And Legal Aspects Of The Crisis In Chechnya*, FILJ, Vol. 23, 2000, pág. 1155-1168.

VAGTS, DETLEV F. – *State Succession – The Codifiers' View*, VJIL, Vol. 33, 1993, pág. 275-297.

— *The Traditional Legal Concept of Neutrality in a Changing Environment*, AUILR, Vol. 14, 1998, pág. 83-102.

VALENCIA-OSPINA, EDUARDO – *Evidence before the International Court of Justice*, ILF, Vol. 1, N.º 4, 1999, pág. 202-207.

VAZQUEZ, CARLOS MANUEL – *Breard and the Federal Power to Require Compliance with ICJ Orders of Provisional Measures*, AJIL, Vol. 92, 1998, pág. 683-691.

VATTEL, EMER DE – *The Law of Nations or Principles of The Law of Nature Applied to the Conduct and Affairs of Nations and Sovereigns* (trad. obra 1758), Philadelphia, 1883.

VENEZIA, JEAN-CLAUDE – *La Notion de Représailles en Droit International Public*, RGDIP, 1960, tome LXIV, pág. 465-498.

VERDROSS, ALFRED – *Austria's Permanent Neutrality and the United Nations Organization*, AJIL, Vol. 50, N.º 1, 1956, pág. 61-68.

VERDROSS, ALFRED/BRUNO SIMMA, *Universelles Völkerrecht – Theorie und Praxis*, Berlin, 1984.

VERHOEVEN, JOE – *La Reconnaissance Internationale: Déclin ou Renouveau*, AFDI, 1993, pág. 7-40.

VILLANI, UGO – *L'Intervento nella Crisi del Golfo*, em *Interventi delle Nazioni Unite e Diritto Internazionale* (dir. Paulo Picone), Padova, 1995, pág. 15-59.

— *La Nuova Crisi del Golfo e l'Uso della Forza contro l'Iraq*, RDI, vol. LXXXII, 1999, n. 2, pág. 451-462.

VIRALLY, MICHEL – *Vers une Reforme du Secrétariat des Nations Unies*, IO, vol. 15, N.º 2, 1961, pág. 236-255.

— *Réflexions sur le Jus Cogens*, AFDI, vol. XII, 1966, pág. 5-29.

— *Article 2: Paragraphe 4*, em *La Charte des Nations Unies* (Jean-Pierre Cot/Alain Pellet), Paris, 2ª ed., 1991, pág. 115-127.

— *Unilateral Acts of International Organizations*, em *International Law: Achievements and Prospects* (ed. M. Bedjaoui), Paris, 1991, pág. 241-263.

VITZTHUM, WOLFGANG G. – *Article 2 (6)*, em *The Charter of the United Nations – A Commentary* (ed. Bruno Simma), München, 1994, pág. 131-139.

VOELCKEL, MICHEL – *La Coordination des Forces d'Intervention de l'ONU dans le Cadre du Chapitre VII: Bilan, Prospective et Perspectives*, em *Le Chapitre VII de la Chartre des Nations Unies* (Société Française pour le Droit International – Colloque de Rennes), Paris, 1995, pág. 161-190.

VOGT, MARGARET A. – *Regional Arrangements, the United Nations, and Security in Africa*, em *International Security Management and the United Nations* (ed. M. Alagappa/T. Inoguchi), Tokyo/New York/Paris, 1999, pág. 295-323.

VOITOVICH, SERGEI A. – *The Commonwealth of Independent States: An Emerging Institutional Model*, EJIL, Vol. 4, N.º 3, 1993, pág. 418 e segs..

WACHENFELD, MARGARET G. – *Reflagging Kuwaiti Tankers: A U.S. Response in the Persian Gulf*, DLJ, Vol. 37, 1988, pág. 174-202.

WAGENEN, RICHARD VAN – *The Concept of Community and the Future of the United Nations*, IO, Vol. 19, N.º 3, 1965, pág. 812-827.

WAGNER, MEGAN L. – *Jurisdiction by Estoppel in the International Court of Justice*, CALR, Vol. 74, 1986, pág. 1777-1804.

WALDOCK, HUMPHREY – *The Regulation of the Use of Force by Individual States in International Law*, RDC, 1952, II, tome 81, pág. 455-517.

WALKER, GEORGE K. – *United States National Security Law And United Nations Peacekeeping Or Peacemaking Operations*, WFLR, Vol. 29, 1994, pág. 435-509.

— *Anticipatory Collective Self-Defense in the Charter Era. What the Treaties Have Said*, CILJ, Vol. 31, 1998, pág. 321-376.

WALKER, KRISTEN – *An Exploration of Article 2 (7) of the United Nations Charter as an Embodiment of the Public/Private Distinction in International Law*, NYUJILP, Vol. 26, 1994, pág. 173-199.

WALLACE, JR., DON – *International Law and the Use of Force: Reflections on the Need for Reform*, IL, Vol. 19, 1985, pág. 259 e segs..

WALLACE-BRUCE, NII LANTE – *Taiwan and Somalia: International Legal Curiosities*, QLJ, Vol. 22, 1997, pág. 453-485.

WANGSGARD, STEPHAN A. – *Secession, Humanitarian Intervention, And Clear Objectives: When To Commit United States Military Forces*, TJCIL, Vol. 3, 1996, pág. 313-334.

WARBRICK, COLIN – *Recognition of States – Part 2*, ICLQ, vol. 42, 1993, pág. 433-442.

WARRINER, WALLACE – *The Unilateral Use of Coercion Under International Law: A Legal Analysis of The United States Raid on Libya on April 14, 1986*, NLR, pág. 49-95.

WASHBURN, JOHN L. – *Amenability of the United Nations to Suit: Damage to Belgian Property in the Congo*, HILCB, Vol. 3, 1961-1962, pág. 134-138.

WATKINS, NICOLAS J. – *Disputed Sovereignty In The Falkland Islands: The Argentina-Great Britain Conflict Of 1982*, FSULR, Vol. 11, 1983, pág. 649-676.

WATSON, J. S. – *Autointerpretation, Competence, and the Continuing Validity of Article 2(7) of the UN Charter*, AJIL, Vol. 71, N.º 1, 1977, pág. 60--83.

WATSON, GEOFFREY R. – *Constitutionalism, Judicial Review, and the World Court*, HILJ, vol. 34, 1993, pág. 1-45.

WEATHERSBY, KATHRYN – *Soviet Aims in Korea and the Origins of the Korean War, 1945-1950: New Evidence from Russian Archives*, Cold War International History Project, Working Paper N.º 8, Washington, D.C., 1993.

WECKEL, PHILIPPE – *Le Chapitre VII de la Charte et son Application par le Conseil de Sécurité*, AFDI, vol. XXXVII, 1991, pág. 165-202.

— *Cour Internationale de Justice – Affaires relatives à la licéité de l'emploi de la force (Yougoslavie c. Allemagne et autres), Ordonnances du 2 juin 1999*, RGDIP, 1999, n.º 3, pág. 697-708.

WEDGWOOD, RUTH – *The Use of Armed Force in International Affairs: Self--Defense and the Panama Invasion*, CJTL, Vol. 29, 1991, pág. 609-628.

— *The Evolution of United Nations Peacekeeping*, CILJ, Vol. 28, 1995, pág. 631-640.

— *The Enforcement of Security Council Resolution 687: The Threat of Force Against Iraq's Weapons of Mass Destruction*, AJIL, Vol. 92, 1998, pág. 724-728.

— *NATO's Campaign in Yugoslavia*, AJIL, Vol. 93, 1999, pág. 828-834, na pág. 833-834.

— *Unilateral Action in the UN System*, EJIL, Vol. 11, 2000, pág. 349-359.

— *United Nations Peacekeeping Operations and the Use of Force*, WUJLP, Vol. 5, 2001, pág. 69-85.

WEIGHTMAN, M. A. – *Self-defense in International Law*, VLR, Vol. 37, 1951, pág. 1095-1115.

WEINER, JUSTUS R. – *The Hebron Protocol: The End of the Beginning or the Beginning of the End of the Israeli-Palestinian Peace Process*, BUILJ, Vol. 15, 1997, pág. 373-432.

WEISS, THOMAS G. – *UN Military Operations in the 1990s: "Lessons" from the Recent Past and Directions for the Near Future*, em *International Security Management and the United Nations* (ed. M. Alagappa/T. Inoguchi), Tokyo/New York/Paris, 1999, pág. 409-426.

WEISSBERG, GUENTER – *The International Status of the United Nations*, New York, 1961.

WELLER, MARC – *The Rambouillet Conference on Kosovo*, IA, Vol. 75, N.º 2, 1999, pág. 211-251.

WENG, BYRON S. – *Communist China's Changing Attitudes Toward the United Nations*, IO, Vol. 20, N.º 4, 1966, pág. 677-704.

WEST, ROBERT L. – *The United Nations and the Congo Financial Crisis*, IO, Vol. 15, N.º 4, 1961, pág. 603-617.

WESTLAKE, JOHN – *Chapters on the Principles of International Law*, Cambridge, 1894.

WESTON, BURNS – *Security Council Resolution 678 and Persian Gulf Decision Making: Precarious Legitimacy*, AJIL, Vol. 85, N.º 3, 1991, pág. 516--535.

WHEATON, HENRY – *History of the Law of Nations in Europe and America*, New York, 1845.

WHEELER, NICHOLAS J. – *Humanitarian Intervention After Kosovo: Emergent Norm, Moral Duty or the Coming Anarchy*, IA, Vol. 77, N.º 1, 2001, pág. 113-128.

WHITE, NIGEL D., *Keeping the peace: the United Nations and the maintenance of international peace and security*, Manchester/New York, 1993.

— *The UN Security Council and the Settlement of Disputes* (texto em http://www.nottingham.ac.uk/~llzweb/TEXTNDW.HTM).

— *The Legality Of Bombing In The Name Of Humanity*, JCSL, Vol. 5, N.º 1, 2000, pág. 27-43.

WHITE, NIGEL/ROBERT CRYER, *Unilateral Enforcement of Resolution 687: A Threat Too Far?*, CWILJ, Vol. 29, 1999, pág. 243-282.

WIDDOWS, KELVIN – *Security Council Resolutions and Non-Members of the United Nations*, ICLQ, vol. 27, N.º 2, 1978, pág. 459-462.

WILCOX, FRANCIS O. – *The Yalta Voting Formula*, APSR, Vol. 39, N.º 5, 1945, pág. 943-956.

— *Regionalism and the United Nations*, IO, Vol. 19, N.º 3, 1965, pág. 789-811.

WILDE, RALPH – *From Bosnia To Kosovo And East Timor: The Changing Role Of The United Nations In The Administration Of Territory*, ILSAJICL, Vol. 6, 2000, pág. 467-471.

WILLERTON, JOHN P. – *Russian Security Interests and The CIS*, WJILDR, Vol. 5, 1997, pág. 29-53.

WILLIAMS, E. T. – *The Conflict Between Autocracy and Democracy*, AJIL, Vol. 32, 1938, pág. 663-679.

WILLIAMS, JOHN FISCHER – *League of Nations and Unanimity*, AJIL, Vol. 19, 1925, pág. 475-488.

— *Some Thoughts on the Doctrine of Recognition in International Law*, HLR, Vol. 47, 1934, pág. 776-794.

WILLIAMS, PAUL R. – *Creating International Space for Taiwan: The Law and Politics of Recognition*, NELR, Vol. 32, 1998, pág. 801-804.

— *The Norm of Justice and the Negotiation of the Rambouillet/Paris Peace Accords*, LJIL, Vol. 13, N.º 1, 2000, pág. 207-217.

WILSON, HEATHER – *International Law and the Use of Force by National Liberation Movements*, Oxford, 1988.

WINCHMORE, CHARLES – *The Secretariat– Retrospect and Prospect*, IO, Vol. 19, N.º 3, 1965, pág. 622-639.

WINGFIELD, THOMAS – *Forcible Protection of Nationals Abroad*, DLR, Vol. 104, 2000, pág. 439-469.

WIPPMAN, DAVID – *Review: Peoples and Minorities in International Law (eds. Catherine Brolmann/Rene Lefeber/Marjoleine Zieck)*, AJIL, Vol. 88, N.º 2, 1994, pág. 388-391.

— *Treaty-Based Intervention: Who Can Say No*, UCLR, Vol. 62, 1995, pág. 607-687.

— *Change And Continuity In Legal Justifications For Military Intervention In Internal Conflict*, CHRLR, Vol. 27, 1996, pág. 435-485.

— *Military Intervention, Regional Organizations, And Host-State Consent*, DJCIL, Vol. 7, 1996, pág. 209-239.

— *Defending Democracy Through Foreign Intervention*, HJIL, Vol. 19, 1997, pág. 659-687.

— *Secession, Territorial Claims, and the Indeterminacy of Self-Determination*, YJIL, Vol. 25, 2000, pág. 287-289.

WITKIN, MERRIE F. – *Transkei: An Analysis of the Practice of Recognition – Political or Legal?*, HILJ, Vol. 18, 1977, pág. 605-627.

WOLFKE, KAROL – *Jus Cogens in International Law (Regulations and Prospects)*, PYIL, VI, 1974, pág. 145-162.

WOLFRUM, RÜDIGER – *Article 18*, em *The Charter of the United Nations – A Commentary* (ed. Bruno Simma), München, 1994, pág. 317-327.

WOOD, BRYCE – *The Court, the Charter and the Secretariat– Recent Books on International Organization*, IO, Vol. 7, N.º 1, 1953, pág. 35-46.

WOOLSEY, L. H. – *Peaceful War in China*, AJIL, Vol. 32, N.º 2, 1938, pág. 314-320.

— *The Settlement of the Chaco Dispute*, AJIL, Vol. 33, N.º 1, 1939, pág. 126-129.

— *The "Uniting for Peace" Resolution of the United Nations*, AJIL, Vol. 45, N.º 1, 1951, pág. 129-137.

WRIGHT, HERBERT – *The Status of the Vatican City*, AJIL, 1944, N.º 3, Vol. 38, pág. 452-457.

— *The Legality of the Annexation of Austria by Germany*, AJIL, Vol. 38, 1944, pág. 621-635.

WRIGHT, QUINCY – *The Test of Aggression in the Italo-Ethiopian War*, AJIL, Vol. 30, N.º 1, 1936, pág. 45-56.

— *Responsibility for Injuries to United Nations Officials*, AJIL, Vol. 43, N.º 1, 1949, pág. 95-104.

— *Some Thoughts About Recognition*, AJIL, Vol. 44, N.º 3, 1950, pág. 548-559.

— *The Status of Germany and the Peace Proclamation*, AJIL, Vol. 46, N.º 2, 1952, pág. 299-308.

— *The Outlawry of War and the Law of War*, AJIL, Vol. 47, N.º 3, 1953, pág. 365-376.

— *The Chinese Recognition Problem*, AJIL, Vol. 49, N.º 3, 1955, pág. 320-338.

— *Is Discussion Intervention?*, AJIL, vol. 50, N.º 1, 1956, pág. 102-110.

— *Prevention of Aggression*, AJIL, vol. 50, N.º 3, 1956, pág. 514-532.

— *United States Intervention in the Lebanon*, AJIL, Vol. 53, 1959, pág. 112-125.

— *Legal Aspects of the U-2 Incident*, AJIL, vol. 54, N.º 4, 1960, pág. 836-854.

— *The Goa Incident*, AJIL, Vol. 56, N.º 3, 1962, pág. 617-632.

— *The Cuban Quarantine*, AJIL, Vol. 57, N.º 3, 1963, pág. 546-565.

— *Legal Aspects of the Viet-Nam Situation*, AJIL, Vol. 60, N.º 4, 1966, pág. 750-769.

— *The Middle East Problem*, AJIL, Vol. 64, N.º 2, 1970, pág. 270-281.

WYNKOOP, TODD – *The Use of Force Against Third Party Neutrals to Enforce Economic Sanctions against a Belligerent*, NLR, Vol. 42, 1995, pág. 91-119.

YI, PU – *El Ultimo Emperador – Autobiografía* (trad. ed. original chinesa), Madrid, 1990.

YOUNGS, TIM/MARK OAKES/PAUL BOWERS – *Kosovo: NATO and Military Action*, Research Paper 99/34 (House Of Commons Library), 24 March 1999 (texto em http://www.parliament.uk/commons/lib/research/rp99/rp99-034.pdf).

YOXALL, THOMAS – *Iraq and Article 51: A Correct Use of Limited Authority*, IL, Vol. 25, 1991, pág. 967 e segs..

ZACHER, MARK W. – *The Secretary-General and the United Nations' Function of Peaceful Settlement*, IO, Vol. 20, N.º 4, 1966, pág. 724-749.

ZACKLIN, RALPH – *Le Droit Applicable aux Forces d'Intervention sous les auspices de l'ONU*, em *Le Chapitre VII de la Chartre des Nations Unies* (Société Française pour le Droit International – Colloque de Rennes), Paris, 1995, pág. 191-199.

ZAID, MARK S. – *Taiwan: It Looks Like It, It Acts Like It, But Is It a State? The Ability to Achieve a Dream Through Membership in International Organizations*, NELR, Vol. 32, 1998, pág. 805-818.

ZEDALIS, REX. J. – *Protection of Nationals Abroad: Is Consent the Basis of Legal Obligation?*, TILJ, Vol. 25, 1990, pág. 209-270.

ZEMANEK, KARL – *The Unilateral Enforcement of International Obligations*, ZAORV, 1987, vol. 47/1, pág. 32-43.

— *Causes and Forms of International Liability*, em *Contemporary Problems of International Law – Essays in Honour of Georg Schwarzenberger on his Eightieth Birthday* (ed. B. Cheng/E. D. Brown), London, 1988, pág. 319-332.

ZHIHUA, SHEN – *Sino-Soviet Relations and the Origins of the Korean War: Stalin's Strategic Goals in the Far East*, JCWS, Vol. 2, N.º 2, 2000, pág. 44-68.

ZIC, KRISTIJAN – *The International Criminal Tribunal For The Former*

*Yugoslavia: Applying International Law To War Criminals*, BUILJ, Vol. 16, 1998, pág. 507-533.

ZIMBLER, BRIAN L. – *Peacekeeping without the UN: The Multinational Force in Lebanon and International Law*, YJIL, Vol. 10, 1984, pág. 222-251.

ZOLLER, ELISABETH – *Peacetime Unilateral Remedies: An Analysis of Countermeasures*, New York, 1984.

—   *The «Corporate Will» of the United Nations and the Rights of the Minority*, AJIL, Vol. 81, 1987, pág. 610-634.

ZOLOTUKHIN, GENNADY – *Armed Forces of the Russian Federation in Peacekeeping Operations in the CIS Region: Legal Sources for Participation*, IP, Vol. 6/1, 2000, pág. 6-10.

ZOTIADES, GEORGE – *Intervention by Treaty Right – Its Legality in Present Day International Law*, Thessaloniki, 1965.

ZUBEL, ERIC – *The Lockerbie Controversy: Tension Between The International Court Of Justice And The Security Council*, ASICL, Vol. 5, N.º 1, 1999, pág. 259-285.

# II
## Jurisprudência


## I – Tribunal Permanente de Justiça Internacional.

— *S.S. Wimbledon*, Merits, Judgment N.º 1, August 17, 1923, P.C.I.J. Series A N.º 1.
— *Status of Eastern Carelia*, July 23rd, 1923, P.C.I.J. Series B, N.º 5.
— *Article 3, Paragraph 2, of the Treaty of Lausanne*, November 21st, 1925, P.C.I.J. Series B, N.º 12.
— *The Factory at Chorzow – Claim for indemnity*, Jurisdiction, Judgment N.º 8, July 26, 1927, P.C.I.J. Series A, N.º 9.
— *The Lotus*, Judgment, September 7th, 1927, P.C.I.J. Series A, N.º 10.
— *Jurisdiction of the Courts of Danzig*, March 3rd, 1928, P.C.I.J. Series B, N.º 15.
— *The Factory At Chorzow – Claim for Indemnity*, Merits, Judgment N.º 13, September 13th, 1928, P.C.I.J. Series A, N.º 17.
— *Austro-German Customs Union Case*, Advisory Opinion N.º 20, September 5th, 1931, P.C.I.J. Series A/B, N.º 41.
— *Interpretation of the Statute of the Memel Territory*, August 11th, 1932, P.C.I.J. Series A/B, N.º 49.
— *Legal Status of Eastern Greenland* (Denmark v. Norway), April 5th, 1933, P.C.I.J. Series A/B, N.º 53.


## II – Tribunal Internacional de Justiça.

— *Conditions of Admission of a State to Membership in the United Nations (Article 4 of the Charter)*, Advisory Opinion, 28 May 1948, *I.C.J. Reports* 1947-1948, pág. 57 e segs..
— *Corfu Channel* (United Kingdom v. Albania), Preliminary Objection, Judgement, 25 March 1948, *I.C.J. Reports* 1947-1948, pág. 15 e segs..

— *The Corfu Channel Case* (United Kingdom v. Albania), Merits, Judgement of April 9th, 1949, *I.C.J. Reports* 1949, pág. 4 e segs..

— *Reparation for Injuries Suffered in the Service of the United Nations*, Advisory Opinion, April 11th, 1949, *I.C.J. Reports* 1949, pág. 174 e segs..

— *Corfu Channel* (United Kingdom v. Albania), Compensation, Judgment 15 December 1949, *I. C. J. Reports* 1949, pág. 244 e segs..

— *Competence of the General Assembly for the Admission of a State to the United Nations*, Advisory Opinion, March 3, 1950, *I. C. J. Reports* 1950, pág. 4 e segs..

— *Interpretation of Peace Treaties with Bulgaria, Hungary and Romania*, 1st Phase, Advisory Opinion of 30 March 1950, *I. C. J. Reports* 1950, pág. 65 e segs..

— *Interpretation of Peace Treaties with Bulgaria, Hungary and Romania*, 2nd Phase, Advisory Opinion, 18 July 1950, *I. C. J. Reports* 1950, pág. 221 e segs..

— *Asylum* (Colombia/Peru), Judgment, 20 November 1950, *I. C. J. Reports* 1950, pág. 266 e segs..

— *Reservations to the Convention on the Prevention and Punishment of the Crime of Genocide*, Advisory Opinion, 28 May 1951, *I.C.J. Reports* 1951, pág. 15 e segs..

— *Haya de la Torre* (Colombia/Peru), Judgment 13 June 1951, *I. C. J. Reports* 1951, pág. 15 e segs..

— *Anglo-Iranian Oil Co. Case*, Interim Protection, Order 5 July 1951, *I. C. J. Reports* 1951, pág. 89 e segs..

— *Fisheries* (United Kingdom v. Norway), Judgment 18 December 1951, *I.C.J. Reports* 1951, pág. 116 e segs..

— *Anglo-Iranian Oil Co. Case* (United Kingdom v. Iran), Judgment 22 July 1952, *I. C. J. Reports* 1952, pág. 20 e segs..

— *Monetary Gold Removed from Rome in 1943* (Italy v. France, United Kingdom and United States of America), Judgement, 15 June 1954, *I. C. J. Reports* 1954, pág. 19 e segs..

— *Effect of Awards of Compensation made by the United Nations Administrative Tribunal Order*, Advisory Opinion of 13 July 1954, *I.C.J. Reports* 1954, pág. 47 e segs..

— *Aerial Incident of 10th, 1953* (USA v. Czechoslovakia), Order 14 March 1956, *I. C. J. Reports* 1956, pág. 6 e segs..

— *Aerial Incident of 7 October 1952* (USA v. USSR), Order 14 March 1956, *I. C. J. Reports* 1956, pág. 9 e segs..

— *Judgments of the Administrative Tribunal of the International Labour Organization upon Complaints Made against UNESCO*, Advisory Opinion, 23 October 1956, *I.C.J. Reports* 1956, pág. 77 e segs..

— *Right of Passage over Indian Territory* (Portugal v. India), Preliminary Objection, Judgment 26 November 1957, *I. C. J. Reports* 1957, pág. 125 e segs..

— *Aerial Incident of 4 September 1954* (USA v. USSR), Order 9 December 1958, *I. C. J. Reports* 1958, pág. 158 e segs..

— *Aerial Incident of 27 July 1955* (Israel v. Bulgaria), Judgment 26 May 1959 *I. C. J. Reports* 1959, pág. 127 e segs..

— *Aerial Incident of 27 July 1955* (UK v. Bulgaria), Order 3 August 1959, *I. C. J. Reports* 1959, pág. 264-265.

— *Aerial Incident of 7 November 1954* (USA v. USSR), Order 7 October 1959, *I. C. J. Reports* 1959, pág. 276 e segs..

— *Aerial Incident of 27 July 1955* (EUA v. Bulgaria), Order 30 May 1960, *I. C. J. Reports* 1960, pág. 146-148.

— *Constitution of the Maritime Safety Committee of the Inter-Governmental Maritime Consultative Organization*, Advisory Opinion, 8 June 1960, *I. C. J. Reports* 1960, pág. 150 e segs..

— *Temple of Preah Vihear* (Cambodia v. Thailand), Merits, Judgment 15 June 1962, *I. C. J. Reports* 1962, pág. 6 e segs..

— *Certain expenses of the United Nations (Article 17, paragraph 2 of the Charter)*, Advisory Opinion of 20 July 1962, *I.C.J. Reports* 1962, pág. 151 e segs.

— *South West Africa* (Ethiopia v. South Africa; Liberia v. South Africa), Preliminary Objection, Judgment, 21 December 1962, *I.C.J. Reports* 1962, pág. 319 e segs..

— *Northern Cameroons* (Cameroon v. United Kingdom), Judgment 2 December 1963, *I. C. J. Reports* 1963, pág.71 e segs..

— *South West Africa* (Ethiopia v. South Africa; Liberia v. South Africa), 2nd Phase, Judgment, 18 July 1966, *I.C.J. Reports* 1966, pág. 6 e segs.

— *North Sea Continental Shelf* (F. R. Germany/Denmark; F. R. Germany/ Netherlands), Judgment 20 February 1969, *I.C.J. Reports* 1969, pág. 3 e segs..

— *Barcelona Traction, Light and Power Company, Limited* (Belgium v. Spain), Judgment 5 February 1970, *I. C. J. Reports* 1970, pág. 3 e segs..

— *Legal Consequences for States of the Continued Presence of South Africa in Namibia (South West Africa) Notwithstanding Security Council Resolution 278 (1970)*, Advisory Opinion, 21 June 1971, *I.C.J. Reports* 1971, pág. 16 e segs..

— *Application for Review of Judgement N.º 158 of the United Nations Administrative Tribunal*, Advisory Opinion, 12 July 1973, *I.C.J. Reports* 1973, pág. 166 e segs..

— *Nuclear Tests* (Australia v. France), Judgment 20 December 1974, *I. C. J. Reports* 1974, pág. 253 e segs..

— *Nuclear Tests* (New Zealand v. France), Judgment 20 December 1974, *I.C.J. Reports* 1974, pág. 457 e segs..

— *Western Sahara*, Advisory Opinion, 16 October 1975, *I.C.J. Reports* 1975, pág. 12 e segs..

— *Aegean Sea Continental Shelf* (Greece v. Turkey), Jurisdiction, Judgment 19 December 1978, *I. C. J. Reports* 1978, pág. 3 e segs..

— *United States Diplomatic and Consular Staff in Tehran* (United States of America v. Iran), Indication of Provisional Measures, Order, December 15, 1979, *I.C.J. Reports* 1979, pág. 7 e segs..

— *United States Diplomatic and Consular Staff in Tehran* (United States of America v. Iran), Judgement, May 24, 1980, *I.C.J. Reports* 1980, pág. 3 e segs..

— *Interpretation of the Agreement of 25 March 1951 between the WHO and Egypt*, Advisory Opinion, 20 December 1980, *I.C.J. Reports* 1980, pág. 73 e segs..

— *Military and Paramilitary Activities in and Against Nicaragua* (Nicaragua c. United States of America), Provisional Measures, Order of 10 May 1984, *I.C.J. Reports* 1984, pág. 169 e segs..

— *Case Concerning Delimitation of the Maritime Boundary in the Gulf of Maine Area* (Canada/United States Of America), 12 October 1984, *I. C. J. Reports* 1984, pág. 246 e segs..

— *Military and Paramilitary activities in and against Nicaragua* (Nicaragua v. United States of America), Jurisdiction and Admissibility, Judgement, November 26, 1984, *I.C.J. Reports* 1984, pág. 392 e segs..

— *Military and Paramilitary Activities in and against Nicaragua* (Nicaragua c. United States of America), Merits, Judgement, 27 June 1986, *I.C.J. Reports* 1986, pág. 14 e segs..

— *Application For Review Of Judgment N.º 333 of the United Nations Administrative Tribunal*, Advisory Opinion, May 27, 1987, *I.C.J. Reports* 1987, pág. 18 e segs..

— *Land, Island and Maritime Frontier Dispute* (El Salvador/Honduras), Application by Nicaragua to Intervene, Judgment, September 13, 1990, *I.C.J. Reports* 1990, pág. 92 e segs.

— *Questions of Interpretation and Application of the 1971 Montreal Convention arising from the Aerial Incident at Lockerbie* (Libyan Arab Jamahiriya v. United Kingdom), Provisional Measures, Order 14 April 1992, *I.C.J. Reports* 1992, pág. 3 e segs..

— *Questions of Interpretation and Application of the 1971 Montreal*

*Convention arising from the Aerial Incident at Lockerbie* (Libyan Arab Jamahiriya v. United States of America), Provisional Measures, Order 14 April 1992, *I.C.J. Reports* 1992, pág. 114 e segs..

— *Certain Phosphate Lands in Nauru* (Nauru v. Australia), Preliminary Objections, *I.C.J. Reports* 1992, pág. 240 e segs..

— *Land, Island and Maritime Frontier Dispute* (El Salvador/Honduras: Nicaragua intervening), Judgment, 11 September 1992, *I.C.J. Reports* 1992, pág. 351 e segs.

— *Application of the Convention on the Prevention and Punishment of the Crime of Genocide Case* (Bosnia and Herzegovina v. Yugoslavia), Provisional Measures, Order of 8 April 1993, *I.C.J. Reports* 1993, pág. 3 e segs..

— *Application of the Convention on the Prevention and Punishment of the Crime of Genocide* (Bosnia and Herzegovina v. Yugoslavia), Provisional Measures, Order 13 September 1993, *I.C.J. Reports* 1993, pág. 325 e segs..

— *Case Concerning the Territorial Dispute* (Libyan Arab Jamahiriya/Chad), Judgement, 3 February 1994, *I.C.J. Reports* 1994, pág. 4 e segs..

— *Case Concerning Maritime Delimitation and Territorial Questions between Qatar and Bahrain* (Qatar v. Bahrain), Jurisdiction and Admissibility, Judgement, 15 February 1995, *I.C.J. Reports* 1995, pág. 6 e segs..

— *Case Concerning East Timor (Portugal v. Australia)*, Judgement, 30 June 1995, *I.C.J. Reports* 1995, pág. 90 e segs..

— *Request for an Examination of Situation in Accordance with Paragraph 63 of the Court's Judgment of 20 December 1974 in the Nuclear Tests (New Zealand v. France) Case*, Order 22 September 1995, *I. C. J. Reports* 1995, pág. 288 e segs..

— *Case concerning the Aerial Incident of 3 July 1988* (Israel v. Bulgaria), Order 22 February 1996, *I. C. J. Reports* 1996, púg. 9-11.

— *Legality Of The Threat or Use of Nuclear Weapons*, Advisory Opinion, 8 July 1996, *I.C.J. Reports* 1996, pág. 226 e segs..

— *Legality of the Use by a State of Nuclear Weapons in Armed Conflict*, Advisory Opinion, 8 July 1996, *I.C.J. Reports* 1996, pág. 66 e segs..

— *Application of the Convention on the Prevention and Punishment of the Crime of Genocide Case*, Preliminary Objections, Judgement, 11 July 1996, *I.C.J. Reports* 1996, pág. 595 e segs..

— *Case Concerning Oil Platforms* (Islamic Republic of Iran v. United States of America), Preliminary Objection, Judgement, 12 December 1996, *I.C.J. Reports* 1996, pág. 803 e segs..

— *Case Concerning The Gabcíkovo-Nagymaros Project* (Hungary/Slovakia), Judgement, 25 September 1997, *I.C.J. Reports* 1997, pág. 7 e segs..

— *Case Concerning Questions of Interpretation and Application of the 1971 Montreal Convention Arising from the Aerial Incident at Lockerbie* (Libyan Arab Jamahiriya *v.* United Kingdom), 27 February 1998, Judgement, Preliminary Objections, *I.C.J. Reports* 1998, pág. 9 e segs..

— *Case Concerning Questions of Interpretation and Application of the 1971 Montreal Convention Arising from the Aerial Incident at Lockerbie* (Libyan Arab Jamahiriya *v.* United States of America), 27 February 1998, Judgement, Preliminary Objections, *I.C.J. Reports* 1998, pág. 115 e segs..

— *Oil Platforms* (Islamic Republic of Iran v. United States of America), Counter-Claim, Order 10 March 1998, *I. C. J. Reports* 1998, pág. 190 e segs..

— *Vienna Convention on Consular Relations* (Paraguay v. United States of America), Provisional Measures, Order 9 April 1998, *I.C.J. Reports* 1998, pág. 248 e segs..

— *Case Concerning the Land and Maritime Boundary between Cameroon and Nigeria* (Cameroon *v.* Nigeria), Preliminary Objections, 11 June 1998, *I.C.J. Reports* 1998, pág. 275 e segs..

— *Lagrand Case* (Germany v. United States of America), Provisional Measures, Order 3 March 1999, *I.C.J. Reports* 1999, pág. 9 e segs..

— *Difference Relating to Immunity from Legal Process of a Special Rapporteur of the Commission on Human Rights*, Advisory Opinion, 29 April 1999, *I.C.J. Reports* 1999, pág. 62 e segs..

— *Case Concerning Legality of Use of Force* (Yugoslavia v. United States Of America), Provisional Measures, Order of 2 June 1999 (texto em ICJW).

— *Case Concerning Legality of Use of Force* (Yugoslavia v. Portugal), Provisional Measures, Order of 2 June 1999 (texto em ICJW).

— *Case Concerning Kasikili/Sedudu Island* (Botswana c. Namibia), 13 December 1999, Judgement (texto em ICJW).

— *Case concerning Armed Activities on the Territory of the Congo* (Democratic Republic of the Congo *v.* Uganda), Provisional Measures (texto em ICJW).

— *LaGrand Case* (Germany V. United States of America), 27 June 2001, Judgment (texto em ICJW).

## III – Outros tribunais internacionais:

**A – Tribunal Militar Internacional de Nuremberga** – *In re Goering and others*, em *Trial of Major War Criminals Before the International Military Tribunal*, Nuremberg, 14 de November 1945 – 1 October 1946, vol. I, Nuremberg, 1947, pág. 171-341; igualmente em AJIL, Vol. 41, 1947, pág. 172-333; parte principal ainda em ADRPILC, vol. XIII, pág. 221 e segs..

**B – Tribunal Militar Internacional do Extremo Oriente (Tóquio)** – *In Re Hirito and Others*, sentença de 12 de Novembro de 1948, partes principais em ADRPILC, vol. XV, 1948, pág. 356-376.

**C – Tribunal Europeu dos Direitos Humanos:**
— Series A, vol. 25, *Case of Ireland V. The United Kingdom*, Judgement of 18 January 1978.
— Series A, vol. 246, *Case of Open Door and Dublin Well Woman v. Ireland*, Judgement of 9 February 1993.
— *Case of Loizidou v. Turkey* (Merits), Judgement of 18 December 1996 (40/1993/435/514) (texto em ILM, Vol. 36, N.º 2, 1997, pág. 440-471).
— *Case Of Waite And Kennedy v. Germany* (Application N.º 26083/94), Judgment, 18 February 1999 (texto em http://www.echr.coe.int/Eng/Judgments.htm).

**D – Tribunal Americano dos Direitos Humanos:**
— Velasquez Rodriguez Case, Judgment of July 29, 1988, Inter-Am.Ct.H.R. (Ser. C) N.º 4 (1988).

**E – Tribunal Internacional do Direito do Mar:**
— *The "Grand Prince" Case* (Belize v. France), Application For Prompt Release, Judgment, 20 April 2001, Case N.º 8.

## IV – Tribunais de instituições internacionais:

## A – Tribunais das Nações Unidas:

**α – Tribunal Penal para a ex-Jugoslávia (http://www.un.org/icty/):**
— *Decision on the Defence Motion On Jurisdiction In Prosecutor v. Dusko Tadic*, Trial Chamber, Case N.º IT-94-1-T, 10 August 1995.

— *Decision on the Defence Motion for Interlocutory Appeal on Jurisdiction in Prosecutor v. Dusko Tadic*, Appeals Chamber, October 2, 1995 (texto em ILM, vol. 35, n.º 1, 1996, pág. 32-74; e em RDI, LXXVIII, 1995, n.º 4, pág. 1016-1081).

— *Prosecutor v. Duško Tadic,* Trial Chamber II, Case N.º IT-94-1-T, Judgement of 7 May 1997.

— *Prosecutor v. Tihomir Blaskic,* Appeals Chamber, Judgement on the Request of the Republic of Croatia for Review of the Decision of Trial Chamber II of 18 July 1997, Case N.º IT-95-14-AR108 *bis*, 29 October 1997.

— *Prosecutor v. Drazen Erdemovic*, Appeals Chamber, Case No: IT-96-22-A, Judgement of 7 October 1997.

— *Prosecutor v. Dusko Tadic*, Appeals Chamber, Case No: IT-94-1-A, Judgement of 15 July 1999 (texto também em ILM, Vol. 38, 1999, pág. 1518 e segs.).

## β – Tribunal Penal para o Ruanda (http://www.ictr.org/):

— *The Prosecutor Versus Jean-Paul Akayesu*, Trial Chamber I, Case N.º ICTR-96-4-T, Judgement, 2 September 1998.

— *The Prosecutor Versus Jean Kambanda*, Trial Chamber, Case N.º ICTR 97-23-S, Judgement and sentence, 4 September 1998.

## B – Tribunais da União Europeia
(http://europa.eu.int/cj/en/recdoc/indexaz/index.htm):

## α – Tribunal de Justiça:

— *French Republic v High Authority of the European Coal and Steel Community*, Case 1-54, Judgment of 21 December 1954.

— *Yvonne van Duyn v Home Office*, Case 41-74, Judgment of 4 December 1974.

— *Roland Rutili v Ministre de l'intérieur*, Case 36-75, Judgment of 28 October 1975.

— *Office belge de l'économie et de l'agriculture (OBEA) v SA Nicolas Corman et fils*, Case 125/83, Judgment of 1 October 1985.

— *Denkavit France SARL v Fonds d'orientation et de régularisation des marchés agricoles (FORMA)*, Case 266/84, Judgment of 22 January 1986.

— *Commission of the European Communities v Federal Republic of Germany*, Case 116/82, Judgment of 18 September 1986.

— *Zuckerfabrik Bedburg AG and others v Council and Commission of the European Communities*, Case 281/84, Judgment of 14 January 1987.

— *SA Société pour l'exportation des sucres v Office belge de l'économie et de l'agriculture (OBEA)*, Case 56/86, Judgment of 18 March 1987.

— *Roquette Frères SA v Office national interprofessionnel des céréales (ONIC)*, Case 47/86, Judgment of 30 June 1987.

— *Hermann Schräder HS Kraftfutter GmbH & Co. KG v Hauptzollamt Gronau*, Case 265/87, Judgment of 11 July 1989.

— *Maclaine Watson & Company Limited v Council and Commission of the European Communities*, Case C-241/87, Order of 10 May 1990.

— *Vincenzo Zardi v Consorzio agrario provinciale di Ferrara*, Case C-8/89, Judgment of 26 June 1990.

— *The Queen v Minister of Agriculture, Fisheries and Food and Secretary of State for Health, ex parte: Fedesa and others*, Case C-331/88, Judgment of 13 November 1990.

— *Federal Republic of Germany v Council of the European Union*, Case C-426/93, Judgment of 9 November 1995.

— *NMB France SARL, NMB-Minebea-GmbH, NMB UK Ltd and NMB Italia Srl v Commission of the European Communities*, Case T-162/94, Judgment of the Court of First Instance (Second Chamber, extended composition) of 5 June 1996.

— *United Kingdom of Great Britain and Northern Ireland v Council of the European Union*, Case C-84/94, Judgment of 12 November 1996.

— *The Queen ex parte: Centro-Com Srl v HM Treasury and Bank of England*, Case C-124/95, Judgment of 14 January 1997.

— *United Kingdom of Great Britain and Northern Ireland v Council of the European Union*, Case C-150/94, Judgment of 19 November 1998.

— *Criminal proceedings against Donatella Calfa*, Case C-348/96, Judgment of 19 January 1999.

— *Italian Republic v Commission of the European Communities*, Case C-99/99, Judgment of 14 December 2000.

— *Bernard Connolly, appellant, v Commission of the European Communities*, Case C-274/99 P, Judgment of 6 March 2001.

— *Italian Republic v Council of the European Union*, Case C-120/99, Judgment of 25 October 2001.

— *Kingdom of the Netherlands v Council of the European Union*, Case C-301/97, Judgment of 22 November 2001.

— *Kingdom of the Netherlands v Council of the European Union*, Case C-110/97, Judgment of 22 November 2001.

## β – Tribunal de Primeira Instância:

— *NMB France SARL, NMB-Minebea-GmbH, NMB UK Ltd and NMB Italia Srl v Commission of the European Communities*, Case T-162/94, Judgment of the Court of First Instance (Second Chamber, extended composition) of 5 June 1996.

— *Acciaierie di Bolzano SpA v Commission of the European Communities*, Case T-158/96, Judgment of the Court of First Instance (Fifth Chamber, extended composition) of 16 December 1999.

— *Camar srl, Tico srl and Italian Republic, intervener, v Commission of the European Communities*, Joined Cases T-79/96, T-260/97 and T-117/98, Judgment Of The Court Of First Instance (Fourth Chamber), 8 June 2000.

— *EPAC – Empresa para a Agroalimentação e Cereais, SA, v Commission of the European Communities*, Joined Cases T-204/97 and T-270/97, Judgment Of The Court Of First Instance, 13 June 2000.

— *Glencore Grain Ltd v Commission of the European Communities*, Case T-509/93, Judgment Of The Court Of First Instance, 8 November 2000.

— *Regione autonoma Friuli-Venezia Giulia v Commission of the European Communities*, Case T-288/97, Judgment Of The Court Of First Instance (Fourth Chamber, Extended Composition), 4 April 2001.

— *Jean-Claude Martinez, etc. v European Parliament*, Joined Cases T-222/99, T-327/99 and T-329/99, Judgment Of The Court Of First Instance (Third Chamber, Extended Composition, 2 October 2001.

## C – Tribunal Administrativo da Organização Internacional do Trabalho:

— *In re Wacker*, Judgment N.º 1969, 5 May 2000/12 July 2000.

— *In re Durand-Smet* (N.º 4), Judgment N.º 2040, 3 November 2000/31 January 2001.

## V – Tribunais internacionais arbitrais:

## A – Comissão de Arbitragem da Conferência para a Paz na Jugoslávia:

— Parecer n.º 1 de 29 de Novembro de 1991 (texto em RGDIP, tomo 96, 1992, n.º 1, pág. 264-266).

— Parecer n.º 8 de 4 de Julho de 1992 (texto em RGDIP, tome 97, 1993, n.º 2, pág. 588-590).

— Parecer n.º 9, de 4 de Julho de 1992 (texto em RGDIP, tome 97, 1993, n.º 2, pág. 591-593).

— Parecer n.º 10, de 4 de Julho de 1992 (texto em RGDIP, tome 97, 1993, n.º 2, pág. 594-595).

## B – Outros Tribunais Internacionais Arbitrais.

— *Arbitration between Great Britain and Costa Rica*, Opinion and Award of William H. Taft, Sole Arbitrator, Washington, D. C., October 18, 1923, texto em AJIL, Vol. 18, 1924, pág. 147 e segs..

— Decisão do Conflito sobre o Chaco, Presidentes dos EUA, Argentina, Brasil, Chile, Peru e Uruguai, texto em AJIL, Vol. 33, N.º 1, 1939, pág. 180-182.

IRAN – United States Claims Tribunal, *Kenneth P. Yeager, United States Of America v. The Islamic Republic Of Iran*, Chamber One, Award N.º 324-10199-1, November 2, 1987 (utilizou-se texto electrónico fornecido por base de dados comercial).

— Tribunal sobre a determinação da fronteira marítima da Guiné Bissau/Senegal, Sentença de 31 de Julho de 1989 (texto em RGDIP, 1990, n.º 1, pág. 204-275).

— United Nations Secretary-General, *Ruling Pertaining To The Differences Between France And New Zealand Arising From The Rainbow Warrior Affair*, July 6, 1986 (texto em ILM, Vol. 26, N.º 5, 1987, pág. 1346-1373).

## VI – Órgãos internacionais para-judiciais:

— *Opinion of the Inter-American Juridical Committee in Response to Resolution Ag/Doc.3375/96 of The General Assembly*, 23 August 1996, da Organização de Estados Americanos (texto em ILM, Vol 35, 1996, pág. 1329-1334).

## Comité dos Direitos Humanos do Pacto dos Direitos Civis e Políticos:

— Chiiko Bwalya v. Zambia, Communication N.º 314/1988, U.N. Doc. CCPR/C/48/D/314/1988 (1993).

— Adimayo M. Aduayom, Sofianou T. Diasso and Yawo S. Dobou v. Togo, Communications Nos. 422/1990, 423/1990 and 424/1990, U.N. Doc. CCPR/C/51/D/422/1990, 423/1990 and 424/1990 (1996).

## VII – Tribunais nacionais:

— Supremo Tribunal Alemão de Leipzig – Judgment in Case of Commander Karl Neumann, 4 de Junho de 1921 (texto em AJIL, Vol. 16, N.º 4, 1922, pág. 704-708).

— Supremo Tribunal Alemão de Leipzig – Judgment in Case of Lieutenants Dithmar and Boldt, 16 de Julho de 1921 (texto em AJIL, Vol. 16, N.º 4, 1922, pág. 708-724).

— Tribunal de Justiça de Genebra (sentença de 23 de Outubro de 1987) e Tribunal Federal Suíço (sentença de 19 de Julho de 1988), *Award in Westland Helicopters Limited and the Arab organization for Industrialization (AOI), the United Arab Emirates, Saudi Arabia, Qatar, Egypt, Arab British Helicopters Company Arbitration* (partes essenciais das sentenças em ILM, Vol. 28, N.º 3, 1989, pág. 688-692).

— Court of Appeal, Civil Division, *Maclaine Watson & Co Ltd v Department of Trade and Industry and related appeals*; *Re International Tin Council*, 27 April 1988 (utilizou-se texto electrónico constante de base de dados comercial).

— United States Court Of Appeals For The District Of Columbia Circuit, *Committee Of United States Citizens Living In Nicaragua, et al., appellants v. Ronald Wilson Reagan, President US, et al.,* October 14, 1988 (partes da sentença, designadamente, em AJIL, Vol. 83, 1989, N.º 2, pág. 380-384).

— House of Lords – *Maclaine Watson & Co Ltd v Department of Trade and Industry and related appeals – Maclaine Watson & Co Ltd v International Tin Council*, 26 October 1989 (utilizou-se texto electrónico constante de base de dados comercial).

— Supremo Tribunal Filipino, *Southeast Asian Fisheries Development Center Aquaculture Department v. NLRC* (G.R. N.º 86773 [1992]) (partes do texto da sentença em AYIL, 1994, pág. 268).

— *United States: Court Of Appeals For The Second Circuit Decision In Kadic v. Karadzic*, October 13, 1995 (texto em ILM, Vol. 34, N.º 6, 1995, pág. 1592-1614).

— High Court Of Justiciary At Camp Zeist, *Her Majesty's Advocate v. Abdelbaset Ali Mohmed Al Megrahi And Al Amin Khalifa Fhimah*, Case No: 1475/99, (texto em http://www.scotcourts.gov.uk/html/lockerbie.htm).

— Cour de cassation – Chambre criminelle, *Arrêt n° 1414 du 13 mars 2001* (00-87.215) (texto em http://www.courdecassation.fr/agenda/arrets/arrets/00-87215.htm).